Werner Busch · Peter Schmoock

KUNST

Die Geschichte ihrer Funktionen

KUNST

Die Geschichte ihrer Funktionen

Herausgegeben von
Werner Busch und Peter Schmoock

Quadriga/Beltz

Gesamtredaktion der neubearbeiteten Buchausgabe auf der Grundlage der Studienbegleitbriefe des Deutschen Instituts für Fernstudien an der Universität Tübingen zum Funkkolleg „Kunst“:
Professor Dr. Werner Busch und Dr. Peter Schmoock

Das Funkkolleg „Kunst“ war eine Veranstaltung im Medienverbund, die im Jahre 1984/1985
– vom Saarländischen Rundfunk (Federführung), von Radio Bremen, dem Hessischen Rundfunk, Süddeutschen Rundfunk, dem Südwestfunk sowie dem Westdeutschen Rundfunk,
– dem Deutschen Institut für Fernstudien an der Universität Tübingen,
– den Volkshochschul-Landesverbänden Baden-Württemberg, Bremen, Hessen, Rheinland-Pfalz, Saarland und Nordrhein-Westfalen,
– den Kultus- bzw. Wissenschaftsverwaltungen der genannten Länder,
– den Wissenschaftlichen Hochschulen der beteiligten Länder
entwickelt und durchgeführt wurde.

Das Wissenschaftliche Team:
Prof. Dr. Werner Busch (Vorsitz), Prof. Dr. Tilmann Buddensieg, Prof. Dr. Wolfgang Kemp, Prof. Dr. Jürgen Paul

Redaktion des Saarländischen Rundfunks:
Hans Jürgen Koch (verantwortlich)

Redaktion des Deutschen Instituts für Fernstudien an der Universität Tübingen:
Dr. Peter Schmoock (verantwortlich)

CIP-Kurztitelaufnahme der Deutschen Bibliothek
KUNST : d. Geschichte ihrer Funktionen / hrsg.
von Werner Busch u. Peter Schmoock. –
Weinheim ; Berlin : Quadriga, Beltz, 1987.
ISBN 3-88679-150-5
NE: Busch, Werner (Hrsg.)

Umschlaggestaltung: Manfred Manke
Gesamtherstellung: Druckhaus Beltz · 6944 Hemsbach
Printed in Germany
ISBN 3-88679-150-5

Inhaltsverzeichnis

Vorwort

Eine Binsenweisheit lehrt, daß wir nur mit Bewußtsein sehen, was wir kennen. Nun sollte man meinen, die steigenden Besucherzahlen in Museen und Ausstellungen – es gehen pro Jahr entschieden mehr Leute ins Museum als ins Fußballstadion –, der immer weitere Bereiche ergreifende Kunsttourismus, die Masse der Hochglanzkunstbücher ließen auf eine breite Vertrautheit mit Kunst schließen. Es ist sehr die Frage, ob das wirklich der Fall ist. Sicher zeigt der Boom der Bilder an, daß sie gern angeschaut werden. Die verschiedensten, zweifellos legitimen Bedürfnisse werden mit Hilfe der Kunst befriedigt. Und es ist ja auch nicht so, als würden wir über die Kunst, die wir sehen, nicht informiert: Vorträge und Führungen sind gut besucht, Kataloge nicht nur pfundschwer, sie werden auch tonnenweise verkauft – da herrscht kein Mangel. Dennoch ist es höchst selten, daß das, was wir sehen, und das, was „man" von einem Kunstgegenstand weiß, vermittelt werden. Wir werden nicht durch unser Sehen des Gegenstandes auf das Wissen vom Gegenstand neugierig gemacht. Insofern bleibt das Wissen für uns nicht selten abstrakt und unser Sehen kenntnislos. Die folgenden Beiträge möchten mithelfen, diese Kluft zwischen Sehen und Wissen zu schließen; sie möchten, so weit als möglich, Begreifen lehren.

Das Sehen aktualisiert das Kunstwerk; das Wissen entfernt es von uns, bettet es in uns ferne und fremde historische Räume und Erfahrungen ein. Gegenwärtige und historische Erfahrung wollen miteinander verglichen werden. Wir werden dabei begreifen, daß die Art unseres Sehens das Ergebnis eines langen und komplizierten historischen Prozesses des praktischen Umgangs mit Kunst ist. Im öffentlichen Museum beispielsweise befindet sich das Kunstwerk erst kaum zweihundert Jahre. Zuvor stand es in anderen Lebenszusammenhängen. Seine veränderten Lebenszusammenhänge fordern eine veränderte Sehweise. Um sie begreifen zu können, fragen wir nicht nur nach dem Ort des Erscheinens der Bilder, sondern nach der Funktion an dem jeweiligen Ort ihrer Inanspruchnahme. Wozu dienten sie, wer hat sie wie und warum so und nicht anders gefertigt, gesehen, genutzt, inszeniert, in Beziehung zu anderem gesetzt? Wissen wir von ihrer praktischen, ihrer ideellen, von ihrer öffentlichen und ihrer privaten Nutzung, ihrer Selbständigkeit oder Abhängigkeit, so wird uns das Fremde vertrauter und unser scheinbar selbstverständliches Sehen relativiert sich.

Von vielem haben wir eine Vorstellung, aber wir wissen nicht, wie und warum das Vorgestellte seine bestimmte Gestalt gewann oder warum historische Kunst und Kunstbeurteilung unserer Vorstellung grundsätzlich widersprechen können. Der Kirchturm scheint uns die Kirche überhaupt erst zur Kirche zu machen. Warum die Kirche aber einen Turm hat – das ist uns vielleicht schon nicht mehr klar. Ein Altar hat Flügel, doch welchen Zweck erfüllen sie? Oder weniger simpel: ein Porträt scheint uns ganz notwendig dadurch definiert, daß es die individuellen Züge des Dargestellten festhält. Wie kann es dann kommen, daß nicht nur im Mittelalter, sondern noch im 18. Jahrhundert bei der Darstellung einer ganz bestimmten Person die Wiedergabe der individuellen Züge nicht angestrebt ist? Daß eine Landschaft aus Vordergrund, Mittelgrund und Hintergrund besteht, erscheint uns selbstverständlich. Wieso eigentlich? Warum ist die Kuh in einem Bilde COURBETS im Verhältnis zu den Personen viel zu klein geraten – und wir nennen ihn dennoch einen Realisten? Daß REMBRANDT ein bedeutender Künstler ist, darüber kann es heute keine Diskussion geben; doch warum war man darüber noch im 19. Jahrhundert durchaus geteilter Meinung?

Die Frage nach der Funktion der Kunst, ihrer Rolle im sozialen Kontext wird uns helfen, unserer Vorstellung einen historischen Hintergrund zu geben. Begreifen wir unser Sehen als historisch bedingt, als nur *eine* Möglichkeit der Aktualisierung, so haben wir auch Augen für die Zusammenhänge, in denen Kunst in der Geschichte erschien und ihren Sinn hatte.

Es wäre viel gewonnen, wenn wir beispielsweise bei einer Fahrt nach Köln verstehen könnten, warum der Bahnhof direkt neben dem Dom liegt, die Eisenbahnbrücke direkt auf den Dom zuführt, warum der Dom isoliert auf einem Plateau erscheint, warum heute neue Museen sich an ihn anschließen; wenn wir verstünden, was der „Ring", die breite Umgehungsstraße Kölns, über die Entwicklung der Stadt aussagt; wenn uns angesichts des Dreikönigschreins im Domchor dessen Bedeutung für die Existenz und Geschichte des Domes nach einigem Nachsinnen deutlich würde und wir ein Verständnis für die Form dieses Schreins gewinnen könnten. Und wenn wir dann die wenigen Schritte vom Dom zum alten Wallraf-Richartz-Museum gingen, dann wäre es ganz im Sinne der folgenden Bemühungen, wenn wir uns vor den Denkmälern der Museumsstifter WALLRAF und RICHARTZ einige Gedanken darüber machten, warum gerade in dieser Form auf den Gründungsakt hingewiesen wird, wie und wann denn Museen entstanden sind, und was die museale Präsentierung für die Kunstgegenstände bedeutet. Dann würde uns vielleicht bei einem Rundgang durch das neue Museum die widersprüchliche Existenz der zahlreichen dort aufgestellten Altäre auffallen; wir würden uns Gedanken machen über ihre ursprüngliche Funktionseinbettung. Vor DÜRERS *„Pfeifer und Trommler"* würden uns Thema und Bildformat vielleicht darauf aufmerksam machen, daß dieser Gegenstand wohl aus einem größeren Zusammenhang stammt, und vor RUBENS' Selbstbildnis mit Mantuaner Freunden würden wir vielleicht das ernste Selbstbewußtsein des Künstlers verstehen können, vielleicht sogar darauf aufmerksam werden, daß die Anordnung der Personen auf dem Bild seltsam ist, und wir würden eine Lösung dieser Frage aus der Klärung der ursprünglichen Funktion des Gemäldes erwarten. An REMBRANDTS Selbstbildnis würde uns das Lachen irritieren, wir würden es wohl kaum erklären können – aber vielleicht wären wir sensibilisiert, nun nach dem Zusammenhang zu fragen, aus dem heraus es seinen Sinn bekommen könnte; zumindest dürfte uns deutlich werden, daß zwischen RUBENS' und REMBRANDTS Auffassung vom Selbstbildnis Welten liegen, und daß wir diese Diskrepanz nicht nur aufgrund sozialer und individueller Unterschiede der beiden Maler, sondern eben auch aufgrund unterschiedlicher Funktionen der Bilder zu erklären haben.

Sollten wir in der Tat neugierig darauf geworden sein zu erfahren, was man denn in der Geschichte mit Kunst angefangen hat, so könnte uns diese Neugierde vielleicht helfen, die irritierenden Phänomene auch gegenwärtiger Kunst wahrzunehmen und sie nicht nur mit einem Namen zu versehen, sondern sie auf uns wirken zu lassen. Brächte uns unsere Wahrnehmung zu einem Nachsinnen über die Funktion der Bilder, so wäre eine wichtige Funktion der folgenden Texte damit erfüllt.

Die Herausgeber

Die Kunst und der Wandel ihrer Funktion

Zur Einführung in die Themenstellung

Werner Busch

Methodische Vorüberlegungen

Der Umgang mit Kunst

Es scheint so zu sein, als führe das Überangebot an Bildern durch die Medien zu einer fortschreitenden Unfähigkeit der Konzentration auf das einzelne Bild. Andererseits scheint durch den hektischen Bilderge- und -verbrauch das Bedürfnis nach authentischen, wahren Bildern (was immer man darunter verstehen soll) zu steigen, nach Bildern, die das Innehalten lohnen, die auch nach dem zweiten und dritten Betrachten nicht schal werden. Derartige Bilder sollen viel leisten: Bestätigung, Tröstung, Erhebung oder Anstoß, Anleitung, Unterstützung oder – psychologischer und philosophischer formuliert – wir erwarten von ihnen Selbsterfahrung und Seinsbestimmung. All dies und noch viel mehr wird in besonderem Maße der Kunst abverlangt. Das mag das ausgeprägte zeitgenössische Interesse am Kunstbetrieb in all seinen Formen wenigstens zu einem Teil erklären. Was die Kunst ist, das wissen wir nicht so genau; eine verbindliche Bestimmung, gar eine verbindliche Theorie gibt es allen gegenwärtigen philosophischen definitorischen Bemühungen zum Trotz nicht, wir wollen diese Bemühungen hier auch nicht fortsetzen. Wir wollen auch nicht fragen – wie man seit dem 19. Jahrhundert immer wieder gefragt hat –, ob nicht die Kunst all das, was man von ihr fordert, nur scheinbar leistet. Wir wollen diese Frage, so unbefriedigend es erscheinen mag, hier auf sich beruhen lassen. Wir sehen allein, daß unterschiedliche Bedürfnisse an die Kunst herangetragen werden, daß die Kunst in verschiedenen Lebenszusammenhängen ihre Rolle spielt – und nach der Geschichte dieser Rolle wollen wir fragen. Wir fragen nach der Funktion der Kunst in der Geschichte.

Hier wäre der Vorwurf denkbar, damit fragten wir allein nach den äußeren Bedingungen und nicht nach dem Wesen des Kunstwerkes. Wir halten diese verabsolutierende Gegenüberstellung hier nicht für fruchtbar. Wir glauben vielmehr, daß gerade unsere Frage nach der Funktion der Kunst in der Lage ist, das Verhältnis zu erhellen, das zwischen den jeweiligen historischen Rahmenbedingungen der Kunst und ihrer individuellen Erscheinung besteht.

Zum Stand der kunsthistorischen Forschung

Auch von der Geschichte der Wissenschaftsdisziplin „Kunstgeschichte" her scheint sich eine Funktionsgeschichte durchaus anzubieten. Stark vereinfacht gesagt: Die Kunstgeschichte hat zwei große, sich überschneidende Phasen hinter sich, in denen sie ihren Stoff erfaßt, auch kategorial geordnet und benannt hat. Nach einer längeren Phase der reinen Stilkritik und -geschichte setzt nach 1910, in Deutschland dann noch einmal verstärkt nach 1950, eine stärkere Konzentration auf die Inhaltsdeutung und -geschichte, die Ikonologie, ein. Form und Inhalt wurden so mit jeweils sehr verfeinertem Instrumentarium behandelt. Während Stilgeschichte im Prinzip eine gänzlich kunstimmanente Formentwicklung annimmt, erklärt Ikonologie den Inhalt des Kunstwerkes zumeist allein aus dem geistesgeschichtlichen Umfeld, aus den in literarischen Zeugnissen greifbaren Denkmöglichkeiten einer Zeit. Beides wird zweifellos noch mit beträchtlichem Erfolg betrieben, aber es zeichnet sich immer mehr ab, daß auch die Ikonologie, als vorherrschende Methode, an ihrem Ende angelangt ist. Wir befinden uns in einer Zeit des Umbruchs. Der Versuch einer Synthese und Überwindung von Stilgeschichte und Ikonologie wird von den verschiedensten Seiten her unternommen. Dabei wird zudem immer deutlicher, daß es nun darauf ankommt, dem Einzelgegenstand in verstärktem Maße Gerechtigkeit widerfahren zu lassen. Dabei reicht es nicht mehr aus, ihn bloß zu benennen und etwa sein Thema herauszubekommen, aber es erscheint auch nicht möglich, ihn allein aus sich heraus zum Sprechen zu bringen. Vielmehr erscheint es nötig, aus der Erklärung seines individuellen Produktionsprozesses im gesellschaftlichen Kräftefeld der Entstehungszeit seine Wirkweise als historisch geworden und gesellschaftlichem Wandel unterliegend zu begreifen. Nicht nur seine abziehbare Mitteilung, sondern die individuelle „Formulierung“ der Mitteilung und der Prozeß seiner Rezeption sind historisch zu untersuchen. Eine Funktionsgeschichte, wie sie hier vorgeschlagen wird, kann in dieser Richtung fruchtbar werden; sie will damit der Analyse des individuellen Kunstwerkes den Boden bereiten.

Kunst und Funktion

Um vorab eine gewisse Vorstellung davon zu geben, wie wir unsere Funktionsfrage verstehen und anwenden wollen, seien hier der Reihe nach einige zentrale Fragen gestellt, für die im folgenden versucht werden soll, vorläufige Antworten zu finden:

Was ist eine Funktion?
Was ist die Funktion eines Kunstwerkes?
Wie ändert sich die Funktion von Kunst?
Was bedeutet der Funktionswandel für die Kunst?
Welche Funktionen sind in diesem Buch vorrangig zu behandeln?

Was ist eine Funktion?

Der Begriff der Funktion dürfte uns aus verschiedenen Zusammenhängen vertraut sein. So sprechen wir etwa von Körperfunktionen, den Funktionen von Körperteilen, das heißt: die Funktion bestimmt das Körperteil, sie definiert es. Funktion ist also, um mit einem philosophischen Lexikon zu sprechen, „die einem Teil im Rahmen eines Ganzen obliegende Verrichtung“, der Zweck, der dem Teil seinen Sinn gibt. Innerhalb eines Funktionsrahmens übernehmen die Teile die ihnen zugewiesene oder zugehörige Aufgabe. Es ist, um noch einen anderen Bereich zu nennen, die Aufgabe, die Funktion der Gesetze, die Abläufe innerhalb eines Staatswesens zu regeln.

Was ist die Funktion eines Kunstwerkes?

Diese Frage ist nicht ganz so leicht zu beantworten. Zwar ist der Funktionsrahmen der Kunst häufig noch einigermaßen präzise zu bestimmen. (Mit „Funktionsrahmen“ meinen wir zum Beispiel den Ort des Erscheinens und Wirksamwerdens der Kunst, also etwa Kirche, öffentlicher Platz, Museum oder Wohnzimmer.) Aber wie innerhalb dieses Rahmens das Kunstwerk eine oder seine Aufgabe erfüllen kann oder soll, das ist häufig schon sehr viel schwerer zu klären. Wir werden immerhin sagen können, es ist die Funktion eines Altarbildes in der Kirche, den Gläubigen auf den am Altar zu vollziehenden religiösen Akt vorzubereiten, ihm Glaubensinhalte zu vermitteln – aber wie, in welcher Form das geschehen kann und soll, das ist in jedem einzelnen Fall genauer zu bestimmen. Wir werden auch sagen können, es ist die Aufgabe eines Denkmals, vor der Öffentlichkeit etwa das Gedächtnis an eine bestimmte Person wachzuhalten, zu verstärken oder zu wecken – aber wie das im einzelnen geschieht, dafür gibt es verschiedene Möglichkeiten.

Zudem gilt es festzuhalten, daß verschiedene Zeiten und unterschiedliche Betrachter den Appell des Kunstwerkes verschieden verstehen werden, auch ganz Unterschiedliches in ihm sehen werden. Um es an einem Beispiel zu erläutern: Schon bei der Einweihung des Beethoven-Denkmals auf dem Bonner Münsterplatz 1845 standen sich mindestens drei sehr unterschiedlich interessierte Gruppen gegenüber: Staat, Stadt und Kirche. Der Staatsvertreter, der preußische König, der auch noch die englische Königin zu Gast hatte, stand bei der Einweihungsfeierlichkeit auf dem Balkon des Palais Fürstenberg. Auf die Achse des Palais war das Denkmal ausgerichtet, wandte ihm jedoch den Rücken zu. Links und rechts vom Denkmal waren Tribünen aufgebaut. Hier hatten die Honoratioren des Bürgertums und die Vertreter der Kirche Platz genommen. Die Kirche schlug sich damit betont auf die Seite der Bürgerschaft. Angesichts der Spannungen zwischen preußischem Königtum und katholischer Kirche im

Rheinland, die sich deutlich auch beim Weiterbau des Kölner Domes zeigten, war das nur zu verständlich. Die Kirche konnte das Denkmal aber auch auf das Münster, auf dessen Platz es stand, beziehen: den Festgottesdienst im Münster hatten die Einweihungsgäste gerade hinter sich, die „*Missa Solemnis*" war aufgeführt worden, der Zuständigkeitsanspruch der Kirche in Sachen Kultur damit entschieden verdeutlicht. Das Bürgertum schließlich sah das Denkmal auf einem öffentlichen Platz, mitten im Gemeinwesen, hatte es immerhin weitgehend finanziert und erkannte in BEETHOVEN einen seiner Geistesheroen, eine Identifikationsfigur. Es dürfte deutlich sein: die Augen der konkurrierenden Interessenvertreter – und sie wären noch weiter zu differenzieren – sahen sicher nicht dasselbe, als schließlich die Verhüllung des Denkmals fiel: Es wurde (und wird) sehr unterschiedlich in Anspruch genommen. Ein und dasselbe Kunstwerk kann also im gleichen Funktionsrahmen verschiedene Funktionen haben. Seine Form ist multifunktional. Aber: das Denkmal wurde und wird nicht nur unterschiedlich gesehen, auch die künstlerische Form, die es fand, ist von den unterschiedlichen Interessen, die auf seine Errichtung einwirkten, mitbedingt.

Wie ändert sich die Funktion von Kunst?

Funktionsanforderungen werden zwar von außen an die Kunst herangetragen, bleiben ihr aber nicht äußerlich. Die Gründe für einen Wandel der Funktion können sehr vielfältig sein. Jede Änderung des Bezugsrahmens ändert die Funktion. In unserem Zusammenhang von besonderem Interesse ist jedoch die Änderung der ästhetischen Funktion von Kunst. Jedes Kunstwerk ist zuallererst ästhetischer Natur: es wirkt sinnlich, es transportiert seine Mitteilung über die Sinne. Alle anderen Funktionen des Kunstwerkes kommen von außen – die ästhetische ist ihm eigen.

Historisch ändert sich die ästhetische Funktion durch einen Normenwandel in der Gesellschaft; sie verfügt die Funktionsanforderungen an das Kunstwerk. Eine Norm ist eine gesellschaftliche Übereinkunft über bestimmte, hier ästhetische Werte. Die Überzeugung davon, was schön ist und was nicht, ändert sich mit der Zeit. Die ästhetische Norm kann aber auch nur von einem Teil der Gesellschaft vertreten werden, es können Normen miteinander konkurrieren, also verschiedene ästhetische Anforderungen an die Kunst herangetragen werden: Für den einen kann die Kunst die Norm erfüllen und damit eine Funktion haben, für den anderen nicht.

In die Gestaltung des Kunstwerkes selbst gehen notwendig Normvorgaben mit ein. Zu fragen ist, wie das geschieht.

Was bedeutet der Funktionswandel für die Kunst?

Wir hatten gesagt, die Funktion, mit Ausnahme der ästhetischen, die das Kunstwerk definiert, werde von außen an die Kunst herangetragen. Sie kann sie übernehmen und auch wieder ablegen. Aber, so hatten wir betont, die Funktion bleibt der Kunst nicht äußerlich. Veränderungen in der Gebrauchsfunktion greifen in die mediale Struktur der Kunst ein: sie verändern einzelne Medien (etwa das Bild) und das Verhältnis der Medien zueinander (etwa von gemaltem zu gedrucktem Bild), und sie führen zur Erfindung neuer Medien (veränderte Bildauffassung, veränderte Anforderungen an das Bild etwa bringen die Fotografie hervor). Veränderungen in der Gebrauchsfunktion definieren Auftrag und Hierarchie der Bildgattungen neu; ihr Einfluß reicht bis in die Formgestaltung und Inhaltswahl. Die Art, wie durch Kunstmittel „Ausdruck" erzeugt wird, ändert sich: die Kunst wird anders. Was sie ist, ist neu zu bestimmen.

Wenn es etwa in erster Linie Funktion eines Porträts ist, dem Dargestellten den Platz in einer Ahnengalerie und damit persönliche Ansprüche zu sichern, dann wird es in seiner gesamten Struktur sehr anders aussehen, als wenn es seine primäre Funktion ist, die Züge des Dargestellten für eine vertraute Person als gleichsam ständig anwesend festzuhalten, oder wenn es seine Aufgabe ist, den individuellen Ruhm des Dargestellten für die Nachwelt im Bilde zu verewigen. Die unterschiedlichen Anforderungen können den jeweiligen Gegenstand nicht unverändert lassen. Der Prozeß seiner Konzipierung, die praktische Ausführung, seine Anspracheabsicht – all dies wird ihn neu strukturieren. Andere Malmittel und Techniken werden benutzt werden, ja die neuen Anforderungen werden wiederum neue hervorbringen. Wandel in den Funktionsanforderungen ist eine der Hauptantriebskräfte für die Kunstentwicklung.

Welche Funktionen sind in diesem Buch vorrangig zu behandeln?

Wir werden in vier größeren Kapiteln allein die religiöse, die ästhetische, die politische und die abbildende Funktion von Kunst untersuchen:

Die *religiöse Funktion* ist über Jahrhunderte die vorherrschende Funktion der Kunst gewesen; der weitaus größte Teil der überlieferten Kunst ist religiös bestimmt.

Historisch wird die religiöse als vorherrschende Funktion von der *ästhetischen Funktion* abgelöst. Ab dem späteren 15. Jahrhundert kann Kunst um ihrer selbst willen geschätzt werden. Sie übernimmt allerdings auch jetzt noch ganz selbstverständlich die verschiedensten Funktionen. Künstler, Auftraggeber und Betrachter bedenken nun aber zumeist in der einen oder anderen Form mit, daß die Kunst von Natur aus ästhetisch ist, das heißt sinnlich wirkt, also neben der ihr zugewiesenen Funktion eine Art eigenes Recht und Leben hat, das ideal für die jeweiligen Zwecke zu nutzen ist.

Neben der religiösen ist die *politische Funktion* von Kunst dazu da, vor der Öffentlichkeit Programmatisches zu verbildlichen. Seit der Einsicht in ihre grundsätzlich ästhetische Natur kann sie gerade in der politischen Öffentlichkeit Scheincharakter tragen, Idealbilder vorspiegeln, die der Überhöhung und Verbrämung der politischen Praxis dienen; sie kann aber auch kritische Potenz entwickeln. Kunst kann Meinung modellieren helfen.

Die *abbildende Funktion* von Kunst schließlich mag uns zwar in gewissem Sinne fremd geworden sein – Abbildfunktion scheinen andere technische Medien überzeugender zu übernehmen –, sie ist aber im Grunde genommen die naheliegendste Funktion von Kunst. Über Jahrhunderte bewahrte die Kunst das Wissen der Menschen in bildhafter Form auf. Was man sah und wußte, vor allem aber, wie man es sah, das konnte Kunst dokumentieren und interpretieren. Das vierte Kapitel, zur abbildenden Funktion, kann insofern als Klammer des Ganzen dienen, als wir diese Funktion chronologisch im Gang durch die Geschichte verfolgen werden.

Zweifellos gibt es zahlreiche weitere Funktionen von Kunst: die unterhaltende, die erzieherische, die bildende, die therapeutische, die erotische, usw. Manche dieser Funktionen dürften sich unter die eine oder andere der von uns gewählten subsumieren lassen.

Wir hoffen, die umfassendsten, historisch wichtigsten, die Möglichkeiten der Kunst am besten charakterisierenden Funktionen gewählt zu haben. Es sind diejenigen, deren Geschichte sich exemplarischer Darstellung anbietet, die ferner heute nach wie vor von Bedeutung sind. Sie entwerfen in ihrer Gesamtheit ein Bild von Kunst, das einerseits Korrektiv zur vorherrschenden Auffassung von Kunst als bloß schönem Schein oder als völlig autonomem Bereich sein kann und das andererseits auch das Verstehen gegenwärtiger Kunst erleichtern mag.

Zentrale Grundsätze

Den folgenden vier Kapiteln wollen wir acht kommentierte Merksätze voranstellen, die noch einmal unsere Hauptgedanken zum Funktionsbegriff zusammenfassen:

- *Wir verwenden keinen statischen, mechanistischen Funktionsbegriff, sondern einen dynamischen.*

Wir betrachten weder die Bestimmung des Kunstwerkes noch die seiner Funktionen als etwas ein für allemal Feststehendes. Das, was das Kunstwerk uns mitteilt, und das, was historisch an Funktionsanforderungen an das Kunstwerk gestellt wurde, ist aneinander zu messen. Dadurch mag sich einerseits die Erfahrung seiner Mitteilung modifizieren, andererseits seine Funktionsbestimmung präzisieren. Damit dient die Funktionsfrage der historischen Kontrolle auch unserer Kunsterfahrung.

- *Der dynamische Funktionsbegriff geht davon aus, daß sich die Funktionen des Kunstwerkes historisch wandeln, daß damit aber auch das Kunstwerk selbst in seiner Bestimmung historischem Wandel unterliegt.*

Das Kunstwerk wird in neuen Funktionszusammenhängen anders genutzt und gesehen. Ein und dasselbe Kunstwerk, aus seinem Kontext gelöst und in einen anderen verpflanzt, wird verschieden in Anspruch genommen.

• *Der Funktionswandel des Kunstwerkes greift grundsätzlich in seine Struktur ein, betrifft Form und Inhalt, vor allem aber das Verhältnis von Form und Inhalt.*

Im Prozeß eines historischen Funktionswandels ändern sich auch die Formen, mit denen Kunstwerke auf die neuen Anforderungen reagieren. Funktionswandel bringt neue Wirkformen auf seiten des Kunstwerkes hervor. Mag etwa auch das Thema grundsätzlich gleich bleiben – es wird anders zur Anschauung gebracht; damit ändern sich aber auch Sinn und Art seiner Mitteilung.

• *Das Kunstwerk ist grundsätzlich ästhetischer Natur, seine ästhetische Funktion kann jedoch Selbstzweck werden.*

Jedes Kunstwerk vermittelt seinen Sinn ästhetisch, es wirkt sinnlich. Diese grundsätzliche Wirkweise definiert das Kunstwerk als solches. Das Ästhetische kann allerdings im Dienste der verschiedensten Funktionen stehen, aber auch an sich Funktion des Kunstwerkes sein. Das Kunstwerk verselbständigt sich dadurch vom Anspruch her, es wird „autonom". Die Gesellschaft schafft dem allein so in Anspruch genommenen Kunstwerk dann Orte, an denen es diese primäre Funktion scheinbar ungestört ausüben kann, etwa das Museum.

• *Alle anderen Funktionen des Kunstwerkes werden ihm zugewiesen, können ihm auch wieder abgesprochen werden. Aus diesem historischen Prozeß geht das Kunstwerk nicht unverändert hervor.*

Wir dürfen nicht dem weitverbreiteten Aberglauben anhängen, daß alles, was das Kunstwerk von außen bedingt, zu seinem eigentlichen Verständnis unwichtig sei. Funktionsanforderungen an das Kunstwerk kommen zwar von außen, bleiben ihm aber nicht äußerlich.

• *Die ästhetische Funktion ist durch die ästhetische Norm bestimmt. Normenwandel erzeugt Funktionswandel. Normen- wie Funktionswandel sind historisch bedingt.*

Wir versuchen mit Hilfe des Begriffes „Norm" den Funktionswandel in seiner gesellschaftlichen Bedingtheit näher zu fassen. Wir sehen die Funktion normbestimmt, von einem mehr oder weniger umfassenden gesellschaftlichen Konsens getragen. Neue Werte, die sich zur Norm verfestigen können und damit die alte Norm ablösen, greifen in das Funktionsgefüge ein und verwandeln es. Das Kunstwerk reagiert in der einen oder anderen Form, ablehnend oder zustimmend, aber notwendig mit einer Strukturveränderung.

• *Das Kunstwerk ist nicht Abbild der Wirklichkeit, sondern verarbeitet Wirklichkeit im künstlerischen Formungsprozeß. Damit sind seine Form und sein Inhalt Bedeutungsträger.*

Die Erschließung des Sinnes eines Kunstwerkes erschöpft sich nicht in der bloßen Benennung seines Themas. Die Gestaltung des Themas im künstlerischen Prozeß hebt im Kunstwerk nicht nur individuelle und gesellschaftliche an das Thema geknüpfte Erfahrung auf, sondern schlägt auch eine eigenständige, nur sinnlich-ästhetisch erfahrbare und immer wieder neu zu aktivierende Sehweise der Dinge vor. Das Kunstwerk mag noch so realistisch erscheinen, sein Entstehungsprozeß und der Prozeß seiner Wahrnehmung folgen eigenen Gesetzen, die seine individuelle Mitteilung formen. Das Kunstwerk verändert unser Vorwissen und unsere Erwartung. Seine sprachliche Vergegenwärtigung ist nur sinnvoll, wenn sie die wechselseitige Einflußnahme von Form und Inhalt im künstlerischen Prozeß erfahrbar macht.

• *Das Kunstwerk kann gleichzeitig Träger vielfacher Funktionen sein, es kann Funktionszuwachs erfahren und Funktionsverlust erleiden. In diesem Buch soll es darauf ankommen, primäre Funktionen, ihre Geschichte und ihren Wandel zu verfolgen.*

Wenn wir in den vier Kapiteln jeweils nur eine Funktion behandeln, dann soll das nicht etwa bedeuten, daß die so betrachteten Kunstwerke an sich einfunktional wären. Es soll nur heißen, daß bestimmte Kunstwerke oder Kunstgattungen zu bestimmten Zeiten unter bestimmten Voraussetzungen primär von dieser oder jener Funktion bestimmt werden und daß wir durch das Herausarbeiten gerade dieser Funktion den Zugang zum Kunstwerk erleichtern wollen.

I. DIE RELIGIÖSE FUNKTION VON KUNST

Die religiöse Funktion von Kunst ist über Jahrhunderte ihre vorherrschende Funktion gewesen. Der weitaus größte Teil der überlieferten Kunst ist religiös bestimmt, wenn er auch heute in überwiegendem Maße aus den religiösen Zusammenhängen gelöst ist. Wir sträuben uns geradezu, in einem religiösen Bild einen religiösen Gebrauchsgegenstand zu sehen. Hier gilt es, die ursprüngliche Funktion religiöser Kunst sorgfältig historisch zu rekonstruieren. Es wird sich zeigen, daß der religiöse Zweck der Kunst für lange Zeit so dominant ist, daß sich erst ganz allmählich ein Bewußtsein vom besonderen Status der Kunst und des Künstlers herausbildet.

Historisch setzen wir dort ein, wo das entschiedene Übergewicht der religiösen Funktion zu erkennen und gleichzeitig ein hochentwickelter Stand der künstlerischen Produktion vorzufinden ist: in der Zeit des hohen Mittelalters, in der Gotik. Das „Gesamtkunstwerk" der gotischen Kathedrale steht im Zentrum dieses Kapitels. In den ersten beiden Beiträgen wird das Bauwerk geradezu vor uns aufgerichtet, seine Produktionsformen und -bedingungen werden vorgeführt; die folgenden Beiträge behandeln die Medien der Skulptur und der Malerei, soweit sie der gotischen Architektur untergeordnet sind, und zeigen, wie sie sich aus dem Verband des Bauwerks lösen und zu eigenen Gattungen (etwa Tafelbild und Freiplastik) entwickeln.

Das erste Kapitel stellt sich vor allem drei Aufgaben:

– Es will über die Realität einer längst vergangenen Kunstepoche informieren, den Reichtum ihrer künstlerischen Ausdrucksformen rekonstruieren und auch über die Entstehungsbedingungen mittelalterlicher Kunst Auskunft geben.

– Es will die religiösen Nutzungsformen von Kunstwerken beschreiben und die jeweils besonderen und sich verändernden Anforderungen des Glaubens an die Kunst und die Rückwirkung der Kunstwerke auf die Religiosität der Zeit analysieren.

– Es will im Sinne eines Differenzierungsmodells untersuchen, wie sich aus der Wechselbeziehung zwischen Kathedrale, religiöser Funktion und mittelalterlicher Kunst die Kunstformen der Neuzeit entwickeln, also wie Funktionswandel neue Themen, Gattungen und Auffassungsweisen hervorbringt.

1. Die gotische Kathedrale: Gestalt und Funktion

Dieter Kimpel / Robert Suckale

Stehen wir vor einer gotischen Kathedrale, dann bestimmen ihre gewaltige Größe und die Vielfalt der verschiedenen Formen unseren ersten Eindruck. Auch im Inneren verliert sich dieser Eindruck nicht: die uns ungewohnte Höhe des Raumes, der Reichtum an gemaltem und plastischem Dekor wirken auf uns zunächst überwältigend. Fragen wir uns aber nach dem Sinn dieses beeindruckenden Gebildes, dann stehen wir zumeist ratlos vor dieser uns fremden gotischen Baukunst. Wir wollen versuchen, die Kathedrale durch die Untersuchung ihrer Gestalt, ihrer Teile und ihrer Funktionen verstehen zu lernen.

Seit dem 18. Jahrhundert, als man die gotische Architektur „wiederentdeckte", ist deren Rezeption auch immer emotional oder ideologisch geprägt gewesen. Auffällig dabei ist, wie unterschiedlich dies etwa in Deutschland und Frankreich geschah. So wurde die Kathedrale im damaligen Preußen als Nationaldenkmal, als Zeugnis untergegangener deutscher Größe interpretiert. Der Ernst der älteren Religiosität wurde als vorbildhaft für die eigene Zeit, die Kathedrale als Zeichen einer intakten Welt und Gesellschaft gesehen. In Frankreich fanden sich zwar auch entsprechende Interpretationen, doch stand daneben eine ebenso wirksame Ausdeutung der Gotik als demokratischer Architektur – einer Architektur, die vom ganzen Volk getragen wurde.

Die heutige Rezeption – und damit auch Funktion – der gotischen Kathedrale hat sich gegenüber ihrer ursprünglichen Konzeption deutlich gewandelt: Der Aufbau ist in den Grundzügen sehr einfach; nur in der Gesamtheit der Formen wirkt er kompliziert. In ihrer klaren Struktur entspricht diese Architektur den religiösen Bedürfnissen und theologischen Auslegungen der Zeit ihrer Entstehung. So bemühte man sich im 13. Jahrhundert, die Eucharistie, das heilige Abendmahl, als Mittelpunkt des christlichen Gottesdienstes sichtbar zu machen, oder den Kirchenbau symbolisch als Himmlisches Jerusalem auszudeuten, so daß der zeitgenössische Betrachter ganz anschaulich den Himmel vor sich zu haben meinte. Ideelle und damit auch ästhetische Leitvorstellungen der Ordnung, der Zahl, des Maßes und der Proportionen sollten den Bau als dem Kosmos entsprechendes Beziehungsgeflecht gestalten. Man darf sich einen solchen Kirchenraum nicht weiß getüncht und leer vorstellen. Ursprünglich war er immer ausgemalt, und die Farbigkeit des Raumeindrucks wurde durch die bunten Glasfenster mit ihrer differenzierten Lichtwirkung verstärkt. Der Kirchenraum war Herberge für eine Fülle von Altären, Gräbern, den Lettner (die architektonische Trennwand zwischen Chor und Mittelschiff) sowie eine Menge anderer Kunstwerke – Goldschmiedearbeiten, Textilien oder Mobiliar.

Die Nutzung der Kathedrale war vielfältig. Den Geistlichen diente sie als Ort für die liturgischen Handlungen. Gleichzeitig gab sie anderen Personengruppen Raum für private Andacht. Aber sie diente auch öffentlichen Zwecken, sei es als Gerichtsplatz oder zur Verkündigung öffentlicher Erlasse. Ganz unvorstellbar für uns heute waren gänzlich unreligiöse Alltagsnutzungen des Kirchenraums. Die Kathedrale war zentraler Kommunikationsort der Stadt.

Probleme der Definition von Gotik

Die geläufige Reihung der Begriffe „Romanik"–„Gotik"–„Renaissance" spiegelt vor, diese Epochen seien deutlich voneinander abzugrenzen und folgten so aufeinander, daß man das Datum genau angeben könne, wann das eine Zeitalter endet und das nächste beginnt. An diesen Stilbegriffen, wie sie noch heute jedes Schulkind lernt und wie sie unzählige Stilkunden verbreiten, hängt weitgehend unsere Vorstellung von Wesen und Ablauf der Kunstgeschichte, ja der Geschichte selbst. Deshalb sind sie wert, genauer betrachtet und analysiert zu werden.

Die Definition der Epochenbegriffe erfolgt meist nur über die Auflistung von Stilmerkmalen. Sie werden benutzt wie Erkennungsmerkmale, mit deren Hilfe jedermann benennen kann, was er vor Augen hat. Für die Gotik ist dies vor allem der Spitzbogen. Die Verwendung dieser Bogenform ist in der Tat zwischen dem 12. und 16. Jahrhundert weit verbreitet, weil sie günstige statische Eigenschaften hat, günstigere als der Rundbogen der Romanik. Genauere Untersuchungen aber zeigen, daß es Spitzbögen früher und zugleich länger gibt als die Gotik. Die Ausschließlichkeit der Zuordnung ist falsch, also auch die Definition der Gotik als Spitzbogen-Stil oder die der Romanik als Rundbogen-Stil.

Ebenso aber sind alle anderen Versuche, an nur einem Element zu definieren, was diesen Stil ausmacht, gescheitert. Wir streiten nicht ab, daß es diese Architekturepoche „Gotik" gibt. Ehe wir sie aber zu analysieren versuchen, seien noch zwei weitere Probleme, die sich aus der herkömmlichen Definition ergeben, angeschnitten:

• Die in der Reihung enthaltene Idee der genauen zeitlichen Abfolge ist eine Fiktion. Die Kunsthistoriker sind sich mehrheitlich zwar einig, den Beginn gotischer Architektur im Pariser Becken in die Jahre um 1140 zu legen und als ein Schlüsselwerk den Neubau der Abteikirche von Saint-Denis bei Paris zu bezeichnen, in Deutschland wird man jedoch frühestens ab 1200 Bauten gotisch nennen können. In der ersten Zeit entstehen überall altertümliche, romanisch zu nennende, und moderne, gotische Bauten nebeneinander. Ähnliche „Ungleichzeitigkeiten" lassen sich zwischen einer Kathedrale und benachbarten Landkirchen oder zwischen den Bauten verschiedener religiöser Orden feststellen. Die Baukunst entspricht der Vielfalt der Gesellschaft, ihrer Träger und Gruppen.

Man darf sich fragen, ob nicht überhaupt die Loslösung der kunsthistorischen Epochenbegriffe von denen der Geschichte ein Irrweg ist. Diese Frage stellen wir, obwohl überall Tendenzen festzustellen sind, auch bei Historikern, die kunsthistorischen Epocheneinteilungen auch für die allgemeine Geschichtsschreibung zu verwenden.

Als Giorgio Vasari im 16. Jahrhundert den Begriff der gotischen Kunst prägte, meinte er damit die Zeit, in der die Barbaren Italien beherrschten. Der kunsthistorische Begriff enthielt also auch eine Vorstellung seiner geschichtlichen Begründung. Wir erheben uns heute zwar über die falsche Beurteilung der Kausalitäten durch den alten Italiener, doch sollten wir die Nase nicht zu hoch tragen: unsere kunsthistorischen Epochenteilungen sind erst recht ohne Bezug zur Wirklichkeit der Geschichte.
Es gibt eine Architekturepoche, die wir weiterhin „Gotik" nennen dürfen. Sie entspricht einer vielschichtigen, aber eingrenzbaren Periode in der Entwicklung der nationalen Gesellschaften Europas. Aber wir sollten nicht hoffen, sie in der Art simpler Stilfibeln definieren zu können.

• Schon Gervasius von Canterbury, unser wichtigster Zeuge aus der Bauzeit der Kathedralen, nennt verschiedene Merkmale, um das Neue zu kennzeichnen: die veränderte Bauzier vermerkt er ebenso wie die größere Höhe, den andersartigen Entwurfsprozeß ebenso wie die bessere Technik.[1] Auch daß die neue Kunst von Frankreich kommt, wird festgestellt; ähnlich in einer deutschen Quelle, die von französischer Bauweise *(opus francigenum)* spricht.

Indem wir uns die Beobachtungen des Gervasius zu eigen machen, stellen wir vorab fest: Die Architekturauffassung der Gotik wird im französischen Kronland und den der Monarchie verbundenen Bistümern der Nachbarschaft seit der Mitte des 12. Jahrhunderts ausgebildet. Die Hauptbauaufgabe ist die Bischofs-Kirche, die Kathedrale. Das Neue liegt ebenso auf technisch-konstruktivem wie auf künstlerischem und organisatorischem Gebiet. Die Ideen und Prinzipien wirken so überzeugend, daß sie bald außerhalb der engeren Entstehungsregion, der Ile-de-France, aufgegriffen werden, wenn auch unterschiedlich schnell und vielfältig abgewandelt. Sie verändern auch die Bildenden Künste, vor allem die in den Bauhütten besonders gepflegte Skulptur. Mit der Gotik beginnt eine neue Qualität künstlerischen Schaffens, dessen Prinzipien auch außerhalb Frankreichs und nach dem 12. und 13. Jahrhundert fruchtbar bleiben. Selbst nach dem Umbruch zur Renaissance verliert die gotische Architektur ihre Bedeutung nie völlig.

Ehe wir die Entstehungsbedingungen dieser neuen Architektur genauer darzustellen versuchen, ist es notwendig, diese Baukunst noch genauer zu analysieren.

Das Verhältnis Romanik/Gotik

Der Übergang von der Romanik zur Gotik geschieht allmählich, fast unmerklich, er ist auch kein so tiefgreifender Wechsel der Formen wie der Übergang von der Spätgotik zur Renaissance.

Schon das 12. Jahrhundert trennte zwischen den alten und den neuen Formen nicht so scharf, wie es die Stilgeschichte tut. Als man beispielsweise in den Jahren nach 1195 die Kathedrale von Bourges neu baute, kopierte man das System der über hundert Jahre älteren romanischen Abteikirche von Cluny. Daß man die Architektur des wohl berühmtesten der alten Klöster zitierte, ist nicht als Zeichen eigener Schwäche zu sehen. Denn letztlich wird das Alte mit einer durchaus neuen Qualität in Konstruktion und Formgebung überholt: die Architektur des mächtigsten der Klöster geht in dem Bau einer Bischofskirche auf. Doch wird auch deutlich, wie groß die Bewunderung für den romanischen Bau gewesen ist.

So versteht man auch besser, warum eine der Hauptsorgen des Abtes SUGER von Saint-Denis bei der Neuerrichtung des Chores seiner unmittelbar nördlich von Paris gelegenen Klosterkirche die Anpassung des Neubaus an den karolingischen Vorgängerbau war. Auch gibt es Fälle, in denen man in gotischer Zeit einen liegengebliebenen romanischen Bau in den alten Formen weiterbaute, so die Kirche Notre-Dame in Beaune (Côte-d'Or). Besonders aufschlußreich ist jedoch, daß noch lange romanische Formen weiterverwendet werden, wenn es um einfachere Bauaufgaben geht, etwa Häuser, Wirtschaftshöfe, Burgen. Man hat den Rundbogen oder die massive romanische Mauer nicht als unmodern abgelehnt; aber man empfand sie als weniger schön und auch als technisch unterlegen: für die höchste Bauaufgabe der Zeit, den Kirchenbau, konnte nur die „neue Baukunst" in Frage kommen.

Wie das Neue sich zeigt, wird an einem Vergleich der bereits erwähnten romanischen Abteikirche von Cluny mit der ersten gotisch zu nennenden Kathedrale Frankreichs in Sens deutlich. Sie wurde 1140 von dem Erzbischof HENRI Sanglier begonnen.

Vergleich der Abteikirche von Cluny mit der Kathedrale von Sens

Die *Abteikirche von Cluny* hatte ein Langhaus mit fünf Schiffen, hatte nicht nur ein, sondern zwei Querhäuser, jeweils mit mehreren Ostapsiden, selbstverständlich einen Umgangschor mit Kapellenkranz und obendrein eine große dreischiffige Vorkirche mit eigener Vorhalle. Der Bau hatte nicht nur zahlreiche Türme, sondern war bis zum Abriß im 19. Jahrhundert die größte Kirche der Christenheit *(Abb. 1)*.

Die nur gut halb so große *Kathedrale von Sens* hatte ein nur dreischiffiges Langhaus, überhaupt kein Querhaus, sondern nur je eine seitliche Kapelle, keinen Kapellenkranz, sondern nur eine einzige, rechteckige Scheitelkapelle. Auch der Aufriß war erheblich einfacher gestaltet, erst recht waren es die Einzelformen, etwa die Kapitelle *(Abb. 2)*. Der Bauaufwand war in allen Dingen geringer; Cluny wirkt im Vergleich geradezu luxuriös. Der geringere architektonische Aufwand wird aufgewogen durch die größere Geschlossenheit der Architektur: die Pfeilerabstände werden konsequent einander angeglichen, die einzelnen Joche zu einer übergreifenden, aber gegliederten Einheit zusammengefügt *(Abb. 3)*. Bei der Klosterkirche muß man eher von einer Addition der „Vielheit" von Einzelelementen sprechen. Der Verzicht auf Quantität in Sens führt zu einer neuen Qualität. Dies geht in eins mit einer neuen technischen Qualität im Gewölbebau und in der Benutzung des Strebewerks.

Kirchenreform und Gotik

Der Begründer des Kathedralneubaus in Sens, Erzbischof HENRI Sanglier, war ein Förderer der Reformorden (Zisterzienser, Viktoriner und Prämonstratenser), die eine Loslösung der Kirche von alten feudalen Bindungen anstrebten, ebenso eine Reform der geistlichen Lebensführung. In besonders enger Beziehung stand er zu dem Führer der zisterziensischen Bewegung, BERNHARD von Clairvaux. Dieser hatte für die Kirchen seines Ordens Bauvorschriften gegeben, die ein bewußtes Kontrastprogramm zum Bauluxus der Cluniazenser sind: keine Türme, keine überflüssige Raumhöhe oder -größe, vor allem kein figürlicher Schmuck, keine Farbe, überall möglichst große Einfachheit und zugleich Klarheit. Ähnliches zeigen die Kirchen der anderen Reformorden.

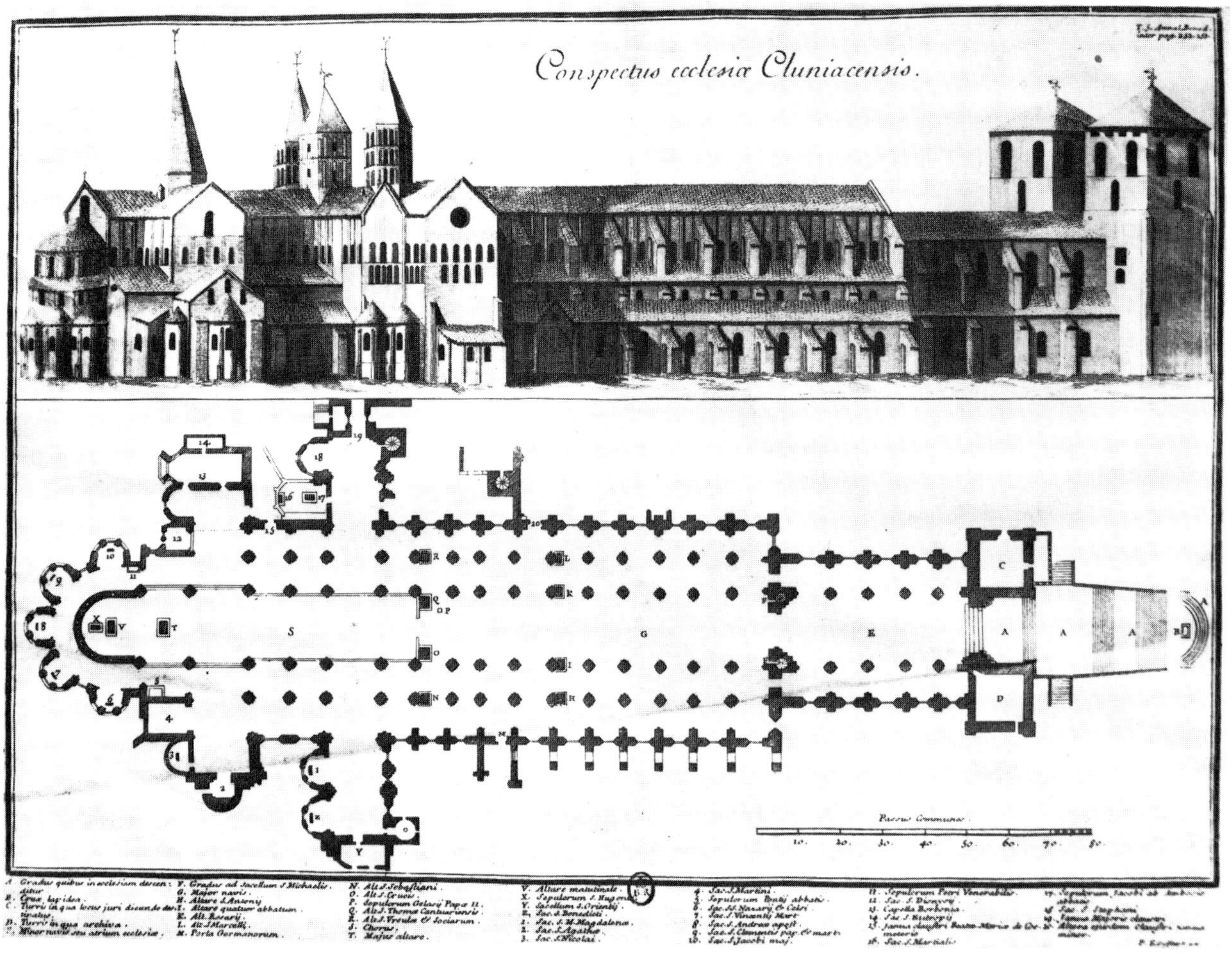

Abb. 1: Abteikirche von Cluny. 1088–1135 (Cluny III). Grundriß und Ansicht von Norden. Radierung von P. E. Giffart aus dem 17. Jahrhundert

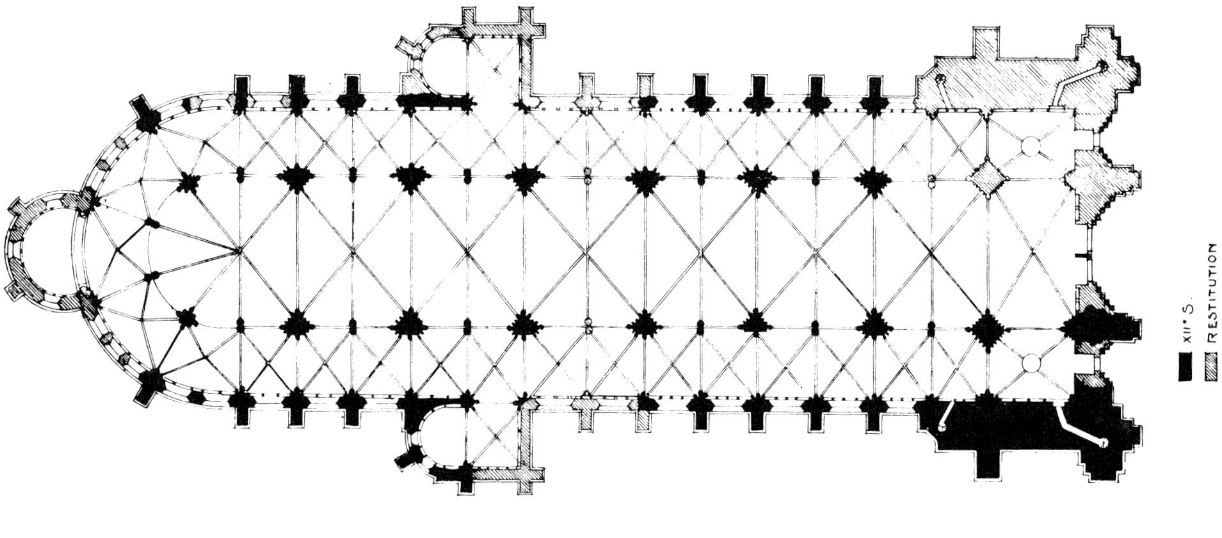

Abb. 2: Sens, Kathedrale. Grundriß. 12. Jahrhundert. Nach neueren Forschungen war die Achskapelle ehemals rechteckig

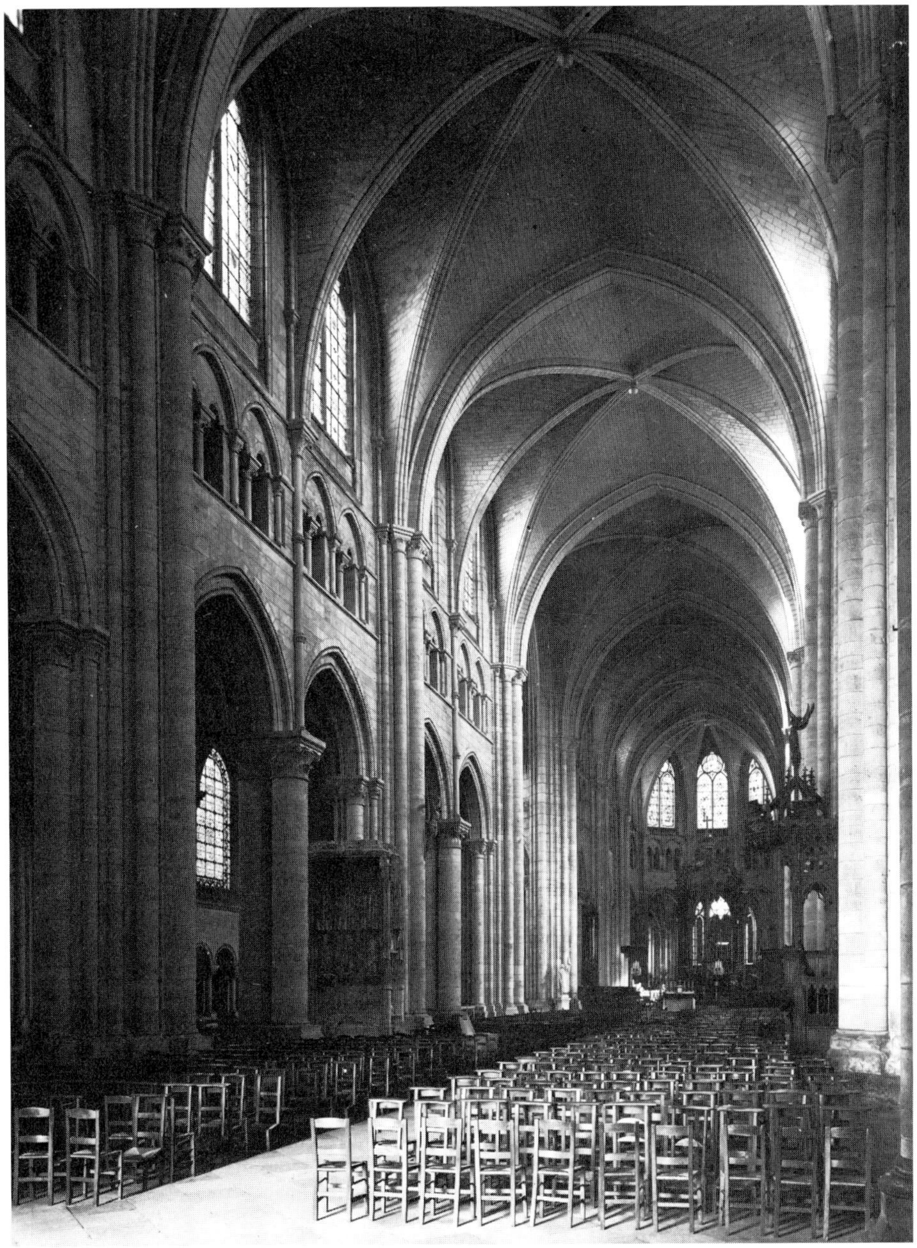

Abb. 3: Sens, Kathedrale. Mittelschiff des Langhauses, Blick zum Chor. 1140–um 1170

Bernhard von Clairvaux widmete Henri Sanglier seinen Traktat über die Amtsführung eines Bischofs. Zu den darin gegebenen Ratschlägen gehört auch die Empfehlung, Unmaß im Bauen zu vermeiden. Die Einfachheit der ersten gotischen Bauten erklärt sich also auch aus dem Bestreben, dem Vorbild der Ordensreformer nachzueifern. Die Bischöfe und Äbte des französischen Kronlandes waren allgemein den Reformen zugeneigt und mit ihnen die französischen Könige selbst. Paris wurde damals zum Mittelpunkt der gelehrten Studien, dort entstand die neue scholastische Reformtheologie.

Für die Kathedralen und großen Abteikirchen der Ile-de-France konnte es jedoch auf die Dauer nicht nur bei einer Reduktion der cluniazensischen oder der normannischen Romanik bleiben. Man bemühte sich, eine dem eigenen Anspruch gemäße neue Bauweise zu entwickeln. Außerdem war nach den allgemeinen Vorstellungen eine Bischofskirche ein Gebäude von höherem Rang und Ansehen als jede Abteikirche. Dies mußte sich auch auf die Dauer in einem wachsenden Bauaufwand zeigen, so etwa an der Pariser Kathedrale Notre-Dame (nach 1163). Doch zu diesem Zeitpunkt war die Baukunst in der Ile-de-France zu einer grundsätzlich neuen Qualität des Könnens gelangt, so daß ein „Rückfall" in den alten Stil nicht mehr in Frage kam. Dennoch integrierte man mit der

Zeit immer mehr Elemente der älteren Romanik in das „Neue Bauen" der Gotik; die Querhäuser und die Vielzahl der Türme wurden ebenso wieder eingeführt wie die reichen Zierformen und der Skulpturenschmuck.

Die Festigung der kapetingischen Monarchie – von der ländlichen zur städtischen Gesellschaft

Das 12. Jahrhundert bringt einen Wechsel in der führenden Bauaufgabe: an die Stelle der dem Totengedenken des Feudaladels und der Wallfahrt der Massen gewidmeten Klosterkirche tritt die städtische Kathedrale. Dies hat viele Gründe, die hier nur angedeutet werden können. Im Verlaufe des 12. Jahrhunderts nahmen die Produktion und der Handelsaustausch der Waren beständig zu. Wichtigstes Zentrum dieser Epoche nördlich der Alpen war das nordfranzösisch-belgische Grenzgebiet Flandern. Ein wichtiger Faktor dabei war die Ausbreitung der Geldwirtschaft, die neben der Anhäufung ganz anderer Schätze auch eine andere Art der Planung und Projektierung von Großvorhaben ermöglichte. Im selben Maße stieg der Druck, der feudalen Zersplitterung zugunsten größerer einheitlicher Herrschaften ein Ende zu bereiten. Schrittmacher war das anglonormannische Königreich, das einheitlich organisiert und regiert wurde wie kein Nachbarstaat.

Gegenüber so reichen Nachbarn, wie den Grafen von Flandern, und so übermächtigen, wie den Königen von England, die zugleich Herzöge über die Normandie, das Anjou, Poitou und das ganze Südwestfrankreich waren, befanden sich die kapetingischen Könige in ihrem ursprünglich sehr begrenzten Herrschaftsbereich der Ile-de-France in einer höchst prekären Situation. Doch gelang es ihnen, sich im Lauf des 12. und 13. Jahrhunderts aus ihr zu befreien und den Grundstock zur Einheit Frankreichs zu legen. Da jedoch ihre Ausgangslage so viel schlechter war, sie weder die Industrie noch die Einkünfte ihrer Nachbarn besaßen, waren sie ganz darauf angewiesen, in der Reorganisation ihres Landes und ihrer Gesellschaft eine neue Basis zu finden. Eine der Voraussetzungen dazu war Bereitschaft zur Innovation.

Diese Verhältnisse sind für die Ausbildung der neuen französischen Architektur der Zeit entscheidend gewesen. Zunächst zeigt sie sich als das Werk einer Gesellschaft von begrenzten Ressourcen, die die wenigen ihr gegebenen Mittel möglichst wirksam einsetzen muß. Sie sucht ihr Heil eher in technischen Verbesserungen und besserer Bauorganisation als in einer Steigerung des Bauluxus. Entsprechend unterscheidet sich die gotische Architektur von der romanischen nicht in ihren einzelnen Elementen: sowohl der Spitzbogen wie das Kreuzrippengewölbe oder das Strebewerk sind bereits in der Romanik vorhanden. Der Unterschied liegt im Wie, in der Kombination aller sinnvollen Bauneuerungen der vorangehenden Epoche sowie in der Systematik ihres Einsatzes.

Gegenüber der regionalen Vielfalt der Baustile während der Romanik ist die Gotik einheitlich. Doch ist sie weder an nur einem Ort der Ile-de-France entstanden noch an nur einem Bau. Das Eigene, Neue war nicht von Anfang an und in ganzem Umfang da, sondern bildete sich in lebhaftem Wettbewerb und Austausch mehrerer Bauzentren innerhalb von fünfzig Jahren heraus und wurde in den folgenden Jahrzehnten noch tiefgreifend verändert. Erst gegen 1270 erlahmte die innovatorische Kraft; die Architektur im französischen Königreich wurde akademisch.

Funktionen und Funktionswandel in der gotischen Kathedrale

Der Wandel von der Romanik zur Gotik läßt sich nicht primär als Veränderung der Funktionen beschreiben. Dies liegt einmal daran, daß der Kathedralklerus in seiner Liturgie eher Beharrungswillen als Neuerungslust zeigte. Auch sind die Funktionsunterschiede zwischen Benediktinerklöstern bzw. großen Stiftskirchen und den Kathedralen nicht so groß, da Domkapitel geistliche Korporationen von ähnlichem Charakter sind.

Vergleich mit den Funktionen großer Klosterkirchen

Die großen funktionalen Veränderungen im 12. Jahrhundert gehen nicht primär auf den Klerus der französischen Bischofsstädte zurück, und sie sind auch nicht als Ursache für die Schaffung der gotischen Bauweise anzusehen, wie man lange meinte. Wenn wir an die Vorhallen und Vorkirchen der großen Wallfahrtsabteien denken, die wir seit dem 13. Jahrhundert kaum noch finden, so hat das Vorhandensein bzw. Weglassen verschiedene Gründe. Ursprünglich waren sie der Platz für die Ungetauften und diejenigen, die sich im Stand der öffentlichen Buße befanden; diese Personen waren so in die Kirche integriert und doch ferngehalten. Doch schon bei den großen Abteien des 12. Jahrhunderts, vor allem denen an den Pilgerstraßen, war die Hauptfunktion die der Unterbringung von Wallfahrern. Entsprechend finden sich Vorhallen auch bei den Kathedralen mit intensiver Wallfahrt, wie etwa Noyon, Laon und Chartres. Erst als man in immer größerem Umfang Hospize und Hospitäler zur Verfügung hatte – und dies geschah im 13. Jahrhundert –, konnte man vollständig auf Vorhallen verzichten.

Eine weitere Funktion der Vorhalle war es, Gerichtsplatz zu sein, da nach germanischer Rechtsanschauung alle Rechtsakte öffentlich stattfinden mußten, um Gültigkeit zu gewinnen. Dies war auch einer der Gründe, am Portaltympanon oder an anderer, gut sichtbarer Stelle ein Bild des Jüngsten Gerichtes zur Mahnung anzubringen. In den Westvorhallen der Kathedralen von Amiens und Bourges wurde nachweislich Recht gesprochen. Dort stand auch ein Pranger. Da es aber bei der öffentlichen Austragung der Streitigkeiten und bei den Plädoyers der Advokaten oft sehr laut zuging, wuchs das Bedürfnis, die Gerichtsverhandlungen in eigene Säle im Bischofspalast zu verlegen. Dem kam auch die Durchsetzung des römischen Rechtes seit dem späten 12. Jahrhundert entgegen, das nicht mehr die Abhaltung der Sitzungen im Freien forderte.

Somit entfiel seit dieser Zeit in Klöstern wie in Kathedralen ein weiterer wichtiger Grund für die Schaffung von Vorhallen. Dies hatte selbstverständlich Folgen für die Gestaltung der Fassaden, ist aber nicht als die eigentliche Ursache für die reich ausgestattete Fassade der Gotik anzusehen, da es ja von Anfang an, das heißt seit SUGERS Neubau von Saint-Denis, die Möglichkeit gegeben hatte, die Vorhalle selbst durch eine Fassade zu verblenden.

Auch der Verzicht auf Krypten ist keineswegs erst mit den gotischen Kathedralen gegeben. Schon die Cluniazenserabteien waren davon abgekommen und hatten vorgezogen, die Reliquien in Schreinen und Ostensorien gut sichtbar auszustellen. Dies war einer der Gründe für die Schaffung von Chorumgängen, die den Pilgermassen die Sicht auf die Heiltümer erlaubten, ohne daß sie dabei die Altäre umlagerten und die Gottesdienste erschwerten. Das Fehlen eines Umganges und überhaupt die Schwierigkeiten, die Pilgermassen zu kanalisieren, waren für Abt SUGER einer der Hauptgründe für den Neubau des gotischen Chores von Saint-Denis. Aber nur das Streben nach einer neuen Lichtwirkung der Architektur und nach konstruktiver Kühnheit sind in Saint-Denis gotisch, nicht die Funktionsformen selbst.

Die gotische Architektur des 13. Jahrhunderts kennt auch keine Emporen mehr, im Gegensatz etwa zu der ihr vorausgehenden. Doch muß man auch hier zum Beispiel auf das Vorbild der romanischen Zisterzienserkirchen verweisen, die schon von Anfang an auf Emporen verzichtet hatten. Man hatte hierfür offenbar unterschiedliche Gründe: bei den Zisterziensern waren keine Laien in der Kirche unterzubringen, was den Einbau von Emporen notwendig gemacht hätte. Bei den gotischen Kathedralen erlaubte die wachsende Größe der Gebäude, allmählich auf diese zusätzlichen Plätze zu verzichten. Zudem wurde es in einer Zeit zunehmender eucharistischer Verehrung als unpassend empfunden, wenn sich große Mengen Volks oberhalb des Allerheiligsten befanden und zudem von der heilbringenden Sicht auf die Hostie ausgeschlossen waren.

Ein Funktionswandel innerhalb der Gotik selbst ist vor allem im Aufkommen der Kapellen zu sehen, die entweder als Einzelkapellen oder als Anfügungen an Kathedralen oder andere Kirchenräume vorkamen. Der Hauptgrund ist die Tendenz der einzelnen Gruppen und Schichten der Gesellschaft zu eigenen Kulträumen, die privat waren und doch zugleich der Selbstdarstellung dienen konnten. Daß die an sich durchaus alte Aufgabe des Kapellenbaus nun so in den Vordergrund rückte, wirkte sich sofort im Bauwesen aus; zumal in den fürstlichen Kapellen wird die Kathedralarchitektur in eine äußerst subtile Luxusarchitektur umgeprägt. Der gotische Stil wird schichtenspezifisch differenziert. Komplementär dazu ist die Schaffung einer eigenen Architektur für die Stadtbürger in den Kirchenbauten der Bettelorden.

Selbst wenn wir also feststellen müssen, daß die Architektur der gotischen Kathedralen keineswegs einem Funktionswandel verdankt wird, so bestimmen doch die einzelnen Funktionen sehr wohl die Raumdisposition und Gestalt der Kathedralen. Wir wollen ihnen noch einmal genauer nachgehen.

Der Gottesdienst in der gotischen Kathedrale

Zunächst war die Kathedrale der Gottesdienstraum des Domkapitels, das bei hohen Festtagen um Teile des Klerus zugehöriger Stiftskirchen oder der Diözesangeistlichkeit vermehrt wurde, so daß die Zahl der Kleriker leicht über hundert Personen anwachsen konnte. Dies war einer der Gründe für die Raumgröße des Chores und die Ausdehnung des Chorgestühls in den Kathedralen.

Die Umgänge, Querhäuser und Seitenschiffe erklären sich ebenfalls weitgehend aus den liturgischen Bedürfnissen des Domkapitels. Denn sehr viel mehr Gottesdienste als heute, vor allem aber die großen Festtage, waren mit großen, feierlichen Prozessionen verbunden. Sie fanden jedoch meist innerhalb der Kathedrale bzw. des Kathedralbezirks statt. Dies erzwang die Schaffung von entsprechenden Versammlungsräumen und Prozessionswegen. Auch schuf man extra Altäre und Kapellen, an denen die Prozessionen haltmachten. Hinzu kam noch die Tatsache, daß die Kathedrale die eigentliche Festtagspfarrkirche der Diözese war und genug Platz bieten mußte, um nicht allein die Bevölkerung der Bischofsstadt, sondern des ganzen Umlandes zu fassen. Dies alles waren Gründe genug für einen großen Kirchenraum.

An Werktagen kamen gewöhnlich nur wenige Besucher zu religiösen Zwecken. An den Nebenaltären in den Chorumgangskapellen und in den Seitenkapellen des Langhauses wurden Privatmessen gelesen. Dafür, daß die verschiedenen Kleriker, die gleichzeitig zelebrierten, sich nicht gegenseitig störten, sorgte die Vorschrift, daß der Priester auch die Stücke, die sonst von einem Sängerchor vorgetragen wurden (z.B. das Gloria, das Credo, Sanctus oder Agnus Dei), mitzulesen hatte, und zwar nur mit mittelstarker Stimme.

An Sonn- und mittleren Festtagen kamen gewöhnlich mehr Bewohner der Stadt zur Messe. Dabei kann man davon ausgehen, daß nicht alle mit derselben Regelmäßigkeit und auch nicht mit derselben Pünktlichkeit erschienen. Um der Unruhe und Verwirrung zu begegnen, die durch Zuspätkommende verursacht wurden, schloß man während des Opfers die Tore der Kirche und ließ niemanden hinein oder heraus. Am Ende des Gottesdienstes stand eine förmliche Entlassung der Gemeinde. Wer die Kirche schon vor der Spendung der Kommunion verlassen wollte, konnte das tun: Nach einem gemeinsamen Vaterunser und der Segnung wurden die Abkündigungen für die folgende Woche verlesen. Erst wenn alle gegangen waren, die nicht an der Kommunion teilnehmen wollten, wurde mit der Austeilung der Hostie begonnen.

In die eigentliche Meßzeremonie wurde das Volk nicht nur dadurch einbezogen, daß es die Worte, die im liturgischen Dialog zwischen Priester und Gemeinde von der Gemeinde gesagt werden müssen, zu sprechen hatte. Auch die Vorschriften, welche die Veränderung der Körperhaltung während des Gottesdienstes betreffen (etwa der Wechsel zwischen Stehen und Knien, das Senken des Kopfes, das Heben der Arme), sollten die innere Anteilnahme der Gläubigen am Meßgeschehen fördern. Man darf nicht vergessen, daß nur ein verschwindend geringer Teil der Nichtkleriker den Inhalt der Meßtexte überhaupt verstand. Die meisten konnten nur dem glanzvollen und klangvollen Ritus folgen. So ist es verständlich, daß bei den Besuchern der Meßfeiern das Schaubedürfnis ganz besonders ausgeprägt war.

Die im 12. Jahrhundert eintretende Neuerung im Ablauf der Meßzeremonie, nach der die Hostie (nach der Wandlung) als wahrhaftiger Leib Christi dem Volk präsentiert wurde, indem der Priester sie hoch hielt, reagierte auf dieses Bedürfnis. Die kostbaren Meßgefäße, Schaustücke von erlesener Goldschmiedekunst, und auch die prächtigen Tücher und Teppiche, mit denen die Kirche an Festtagen ausgeschmückt wurde, erfüllten ihren eigentlichen Zweck zwar bereits, indem sie einen würdigen Rahmen für das feierliche Geschehen schufen, verfehlten aber gewiß nicht, die schauende Menschenmenge noch zusätzlich zu beeindrucken.

An hohen kirchlichen Festtagen und zu herausragenden Gelegenheiten – etwa zur Krönung eines Königs oder zum Amtsantritt eines Bischofs – wurden Ritus und Dekor besonders bereichert. Alle Zeremonien waren so gestaltet, daß sie sowohl von den Mitwirkenden als auch von den näher oder entfernter stehenden Zuschauern als feierliche Handlungen sinnlich erlebt werden konnten.

SUGER von Saint-Denis schildert in seinem Bericht über den unter seiner Leitung erfolgten Neubau der Ostteile seiner Klosterkirche die nach der Beendigung der Bauarbeiten durchgeführte Weihzeremonie. Zahllose hohe kirchliche Würdenträger waren zur aktiven Teilnahme geladen. In einer Art innerem Kreis waren der König von Frankreich und sein Gefolge sowie eine große Zahl von adligen Herren als Zuschauer versammelt. Den äußeren

Kreis bildete die Volksmenge, die zu dem festlichen Ereignis zusammengekommen war. Zur Zeremonie gehörte das Besprengen der Mauern des neuen Gebäudes mit Weihwasser. Dazu formierten sich die kirchlichen Würdenträger zu einem Zug und nahmen dann im Hochchor Aufstellung. Was danach geschah, beschreibt SUGER im Ton höchster Begeisterung:

„Du hättest sehen sollen – und die dabei waren, haben es mit sehr großer Hingabe gesehen –, wie die Schar von so vielen mit Alben [weißen Talartuniken] prächtig gekleideten Priestern, mit priesterlichen Mitren und kostbaren Goldborten umhüllt, die Hirtenstäbe in ihren Händen haltend, das Becken mehrfach umschritten und zur Austreibung der bösen Geister den Namen des Herrn anriefen. So ruhmreich und so bewundernswert waren die Männer, die da so fromm die Hochzeit des Ewigen Bräutigams begingen, daß der Chor dem König und den dabeistehenden Edlen mehr himmlisch als irdisch erschien, eher wie ein Gotteswerk als wie ein Menschenwerk."[2]

Die Weihezeremonie von Saint-Denis, die noch zahlreiche weitere Programmpunkte umfaßte, beeindruckte Gemüt und Sinne der Teilnehmer und Zuschauer gleichermaßen.

Wie die eben geschilderte Weihezeremonie folgte auch der Ablauf anderer liturgischer Handlungen einer festgelegten Choreographie. Die „Akklamation" (Zuruf, Beifallspendung) auf einen Bischof war zum Beispiel in Reims folgendermaßen organisiert: Zwei Sänger stellten sich an der Epistel-Seite (südlich des Altars) auf und sangen den alten gallo-fränkischen Königs-Lobgesang *(Laudes regiae)*. Wenn sie zu der Stelle kamen, die „Te pastorem Deus elegit" lautet („Dich hat Gott als Hirten auserwählt"), wenn sie also den Erzbischof persönlich anredeten, bewegten sie sich langsam auf die Evangelien-Seite (nördlich des Altars) zu, wo der erzbischöfliche Thron stand, stiegen die Stufen zum Erzbischof hinauf, küßten seinen Ring und erhielten dann von ihm – zusammen mit seinem Segen – zwei Sous.[3]

Die Nutzung für staatspolitische Zwecke

Die Kathedralen lieferten auch den Rahmen für Staatszeremonien, zum Beispiel für Königskrönungen. Dies waren nicht eigentlich profane Handlungen, denn durch die Krönung und vor allem die Salbung des Königs von der Hand des dazu bestimmten Erzbischofs wurde gerade die unverbrüchliche Einheit zwischen weltlicher Herrschaft und geistlicher Berufung des Königs besiegelt; eine Königskrönung demonstrierte auf die eindrücklichste Weise die Einheit zwischen „Regnum" und „Sacerdotium", die für die Staatsidee des Mittelalters so bezeichnend ist. Während des Hochamtes in der Kathedrale, dem der König als bereits Gekrönter beiwohnte, präsentierte er sich selbst als den Vicarius (Statthalter) Christi, und die Lobgesänge, die ihm dargebracht wurden, bezeichneten ihn als den von Gott gekrönten und von Gottes Kirche angenommenen Herrscher.

Im 12. und 13. Jahrhundert war es üblich, daß der König, wenn er sich an Festtagen der Welt mit der Krone auf dem Kopf zeigen wollte, diese nicht einfach selbst aufsetzte, sondern in einer feierlichen Zeremonie von einem hohen kirchlichen Würdenträger „wiedergekrönt" wurde *(Abb. 4)*. Diese „Wiederkrönungen" unterschieden sich nur insofern von der ersten Krönung, als die Salbung wegfiel. Alle anderen Bestandteile des Ritus wurden wiederholt. So wurde der König dem Volke stets aufs neue als von Gott berufener Herrscher gezeigt. Es ist gewiß kein Zufall, daß dieser Brauch gerade in der Zeit seine Blüte erlebte, in der – zumindest in Frankreich und England – die Könige ihre Macht gegen die konkurrierenden Feudalherren ihres Landes durchzusetzen und zu behaupten begannen.

Die Kathedrale diente jedoch nicht allein diesen quasi-sakramentalen Krönungsriten. Sie war ein Ort der königlichen Selbstdarstellung. Wenn der König auf einer Huldigungsreise oder bei einem anderen Besuch in die Stadt Amiens einzog, so führte ihn sein Weg zuerst in die Kathedrale. Nach den alten Rechtsvorstellungen war er ja auch der eigentliche Eigentümer alles weltlichen Gutes der Bischöfe und Domkapitel, also auch der Kathedralkirche. Die Geistlichkeit hatte dies alles von ihm nur zu Lehen. Er zog also in „seine" Kirche ein. Entsprechend war er verpflichtet, diese Kirchen zu unterstützen, zu ihrer Baufinanzierung und ihrem Unterhalt beizutragen. Der Klerus wiederum brachte seine Bindung an das Königshaus unter anderem durch die Anbringung der königlichen Wappen oder durch Bilder der Könige zum Ausdruck. Somit wird aus der sakralen Institution des Königtums wie der politischen Bindung des Kathedralklerus klar, warum die politische und gesellschaftliche Funktion der Bischofskirchen so wichtig war.

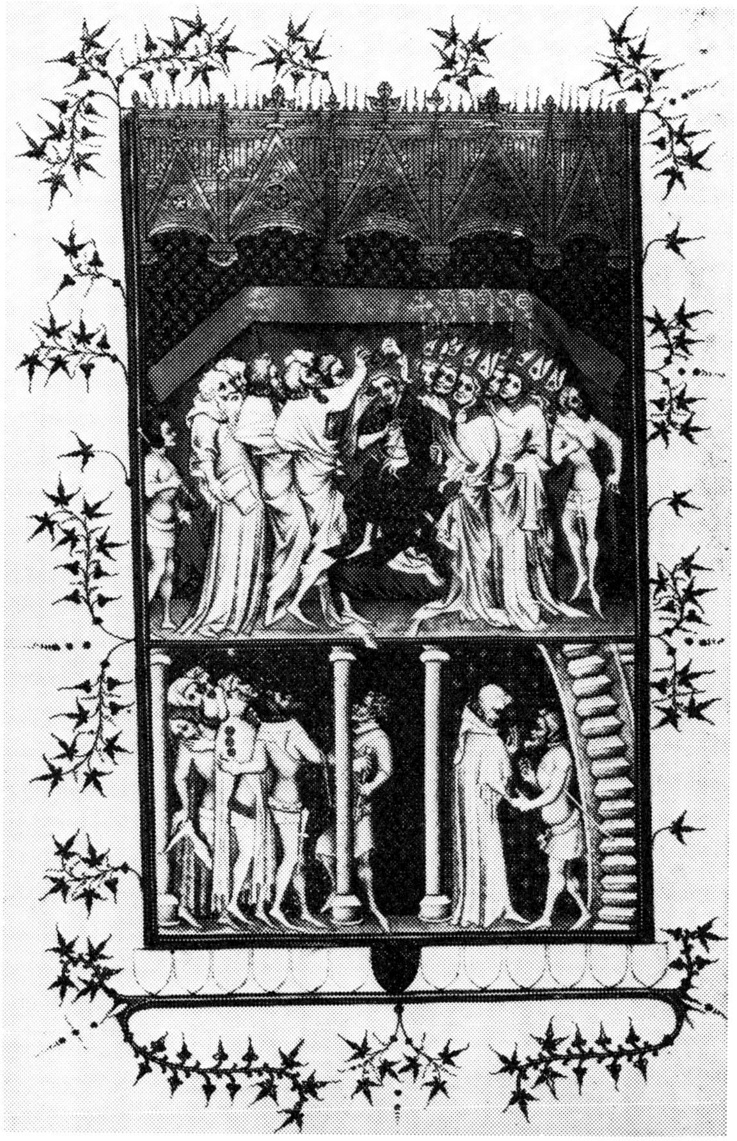

Abb. 4: König Karl VI. empfängt die Huldigung auf der Tribüne. Grandes Chroniques de France. Nachträglicher Vorsatz, nach 1380. Paris, Bibliothèque Nationale

Das Bild zeigt eine Teilzeremonie der Krönung Karls VI., die 1380 in der Kathedrale von Reims stattfand: der König, in einen prächtigen Mantel gehüllt, sitzt auf einem Thronsessel auf einer Tribüne. Die 12 Pairs von Frankreich – rechts die kirchlichen, links die weltlichen Herren – huldigen ihm und halten die Krone über seinem Haupt. In der unteren Zone, also unterhalb der Tribüne, zu der rechts eine Treppe hinaufführt, stehen links eine Gruppe von Zuschauern und ein Türhüter, die das Ereignis beobachten, sowie rechts eine wie ein königlicher Rat gekleidete Person mit einem weiteren Türwächter.

Das geistliche Theaterspiel

Der Wunsch der Menschen zu schauen und das Bestreben der Kirche, die Glaubensinhalte der christlichen Lehre dem Volk wirklich nahezubringen, waren die Ursache für die Schaffung der Mysterienspiele. Darin wurden die wichtigsten Ereignisse aus dem Leben Christi szenisch dargestellt. Die Texte der Evangelien wurden allerdings um Legenden und apokryphe Überlieferungen ergänzt und erweitert.

Ausgangspunkt war das Lesen der Texte mit verteilten Rollen, das schon für das 9. Jahrhundert bezeugt ist. Im Laufe der Zeit wurden diese Lesungen immer mehr um szenische Elemente bereichert. Im 13. Jahrhundert gehörten bereits die Kostümierung der Darsteller, die Verwendung von Requisiten und Schminke sowie die Errichtung von Kulissen zur Aufführung eines Mysterienspiels. Die Spiele fanden jeweils zu den Daten im Kirchenjahr statt, deren Hauptereignisse sie darstellten – zu Ostern gab man das Osterspiel, zu Weihnachten das Prophetenspiel, an Epiphanias das Dreikönigsspiel und so fort. Die Aufführungen waren eng mit der Organisation der Festgottesdienste verknüpft und konnten sich über mehrere Tage hinziehen.
Die Sprache der Mysterienspiele war zunächst noch Latein, also – wie die der Meßtexte – dem Volk nicht verständlich. Gegen Ende des 12. Jahrhunderts begann man, die lateinischen Vorlagen in der Volkssprache mitzusprechen und die Dramen gewissermaßen zweisprachig aufzuführen. Die ersten nur in Französisch gehaltenen Aufführungen fanden um die Mitte des 13. Jahrhunderts statt. Der architektonische Rahmen der Spiele war die Kirche – zuerst der Chor, dann auch das Langhaus und schließlich der Platz vor dem Westportal.

Das Spiel vom *„Besuch der drei Frauen am Grabe"*, das man unter anderem in Rouen aufführte, sah folgenden Handlungsablauf vor (vgl. dazu *Lukas 24, 1–10*):

Die drei Frauen, verkörpert von drei Klerikern in weißen Gewändern, nähern sich dem Grabe, das entweder von einem am Boden liegenden Schleier oder vom verhängten Hauptaltar vorgestellt wird. Der Darsteller der Maria Magdalena hält sich abseits von den anderen und sieht mehrfach in das „Grab" hinein. Als er den Leichnam Christi nicht findet, zieht er sich ein wenig zurück und weint. Dann setzen sich die Engel am Grabe nieder, Maria Magdalena kehrt dorthin zurück, steht jammernd vor dem Grabe und erklärt den Engeln den Grund ihres Schmerzes. Da erscheint Christus, als Gärtner gekleidet, und fragt Maria Magdalena nach ihrem Anliegen. Sie erkennt ihn als den, den sie sucht. Wenig später erscheint Christus wieder, diesmal in seidenen Gewändern, ein Kreuz in der Hand, und gebietet Maria Magdalena, die Tränen zu trocknen.[4]

Es wurden aber nicht nur Szenenfolgen von so feierlichem Ernst aufgeführt. Die Spiele enthielten meist auch komödiantische Einlagen.

Ein berühmtes Beispiel ist das „Eselsfest", das im 14. Jahrhundert in Beauvais stattfand. Dargestellt wurde die Flucht nach Ägypten. Ein schönes Mädchen spielte die Maria und ritt auf einem reich geschmückten Esel von der Kathedrale bis zur Pfarrkirche St. Stephan, wo sie – mitsamt Esel – neben dem Altar Aufstellung nahm. Danach wurde eine Messe gelesen, die sich unter anderem darin vom Üblichen unterschied, als der Priester am Ende nicht „Amen" sagte, sondern „IA", worauf die Gemeinde mit einem dreifachen „IA" antwortete *(Abb. 5)*.[5]

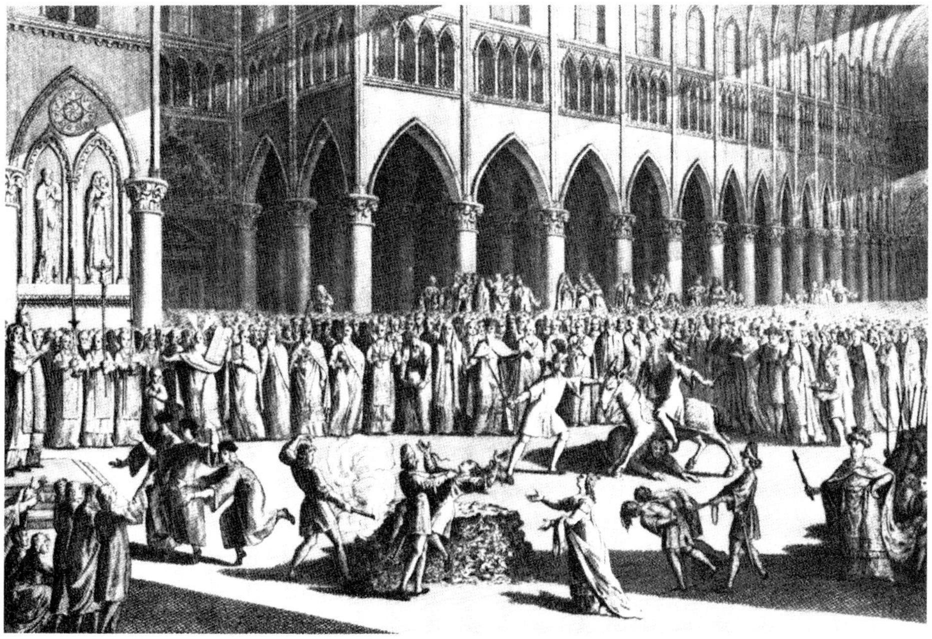

Abb. 5: Eselspiel in einer französischen Kathedrale. Anonyme Radierung des 17. Jahrhunderts. Paris, Bibliothèque de l'Arsenal

Für die Spiele der Zeit um Weihnachten waren spezielle Effekte nötig, für welche die Anlage des Oberbaus der Kirche ausgenutzt wurde. Beispielsweise befand sich der Darsteller des Engels, der den herbeieilenden Hirten die Geburt des göttlichen Kindes verkündete, im Triforiengang über dem Binnenchor – so überliefert es ein Manuskript aus Orléans. Als Stern, dem die drei Magier auf ihrem Wege zur Krippe in Bethlehem folgen, wurde zuerst ein auf einen Stab gestecktes Licht benutzt, das vor den drei Magiern hergetragen wurde. Später nahm man einen Lichterkranz, der vor dem Kreuz aufgehängt wurde. So war der Stern aber nicht beweglich, und deswegen ging man vermutlich dazu über, den Lichterkranz an ein langes Seil zu binden und von einem Mann, der sich auf einem der hochgelegenen Umgänge befand, langsam vorantragen zu lassen. Wenn in der Kathedrale Mysterienspiele stattfanden, wurden also die einzelnen Teile des Innenraums und sogar die hochgelegenen Galerien als Bühne bzw. als Kulisse benutzt. Daß dies bei der Planung des Baus berücksichtigt wurde, ist jedoch unwahrscheinlich.

Die Kathedralen waren im übrigen keinesfalls die einzigen Orte, an denen die Spiele stattfanden. Auch in den Klöstern und Stadtpfarrkirchen – wir sprachen von der Einbeziehung der Stadtpfarrkirche St. Stephan in das Eselsfest von Beauvais – wurden sie gespielt. Man darf davon ausgehen, daß sie, als Verbindung von veranschaulichtem Glaubensgut und Unterhaltung, die Gemüter der Mitspielenden und der zuschauenden Menschen tief bewegten. Erst seit dem späten 15. Jahrhundert wurden sie zunehmend als lächerlich empfunden.

Das weltliche Treiben

Die Kathedralen wurden gelegentlich als Warenspeicher, als Stall, als Gasthaus, als Hurentreff, als Markt und sogar als Festung benutzt.

Otto von Simson schildert in seinem Buch *„Die gotische Kathedrale"* das Treiben in der Kathedrale von Chartres und ihrer unmittelbaren Umgebung während der Märkte, die dort an Marienfesttagen abgehalten wurden:

„Der Dekan des Kapitels war für Frieden und Sicherheit der Märkte verantwortlich. Händler schlugen ihre Stände vor den Häusern der Domherren auf. In den drei Straßenzügen vor der Kathedrale wurden die wichtigsten Transaktionen getätigt. Am Südportal der Basilika verkaufte man Brennmaterial, Gemüse und Fleisch, am Nordportal Textilien. Nachts schliefen Fremde unter den Eingängen der Kathedrale, oder sogar in bestimmten Teilen der Krypta. Steinmetze, Zimmerleute und andere Handwerker versammelten sich in der Kathedrale, um dort auf Anstellung durch Bauunternehmer zu warten. Man duldete sogar den Verkauf von Lebensmitteln innerhalb der Kirche, solange er in geregelter Weise vor sich ging. Einmal mußte das Kapitel den Weinhändlern das Feilbieten ihrer Ware im Kirchenschiff untersagen, stellte ihnen aber für diesen Zweck einen Teil der Krypta zur Verfügung, damit den Händlern die Zölle erspart blieben, die der Graf von Chartres auf Verkäufe außerhalb der Kirche gelegt hatte. Die zahlreichen Verordnungen des Kapitels, die verhindern sollten, daß das laute Treiben des Marktplatzes auf das Heiligtum übergriff, zeigen nur, wie unzertrennlich die beiden Welten in Wirklichkeit waren."[6]

Durch einen Rechtsstreit zwischen dem Domkapitel und dem Rat der Stadt in Straßburg ist überliefert, daß die Huren der Stadt sich in den Seitenschiffen bzw. Kapellen der Kathedrale anbieten durften. Der Streit ging übrigens nicht etwa um die Frage, ob dies zu verbieten sei, sondern wer die Abgaben erhalten sollte, welche die Frauen zu entrichten hatten.

Ein anderes Beispiel: Ein altes Wegerecht konnte höher gewertet werden als Ruhe und Andacht und wohl auch Sauberkeit in der Kathedrale. In Straßburg war es den Schweinehirten erlaubt, ihre Tiere von der Bruderhofgasse vor dem Nordquerhaus zum als Schweinemarkt benutzten Fronhof (Münsterplatz) vor dem Südquerhaus durch das Münster zu tragen. Erst gegen Ende des 15. Jahrhunderts hat man dies als einen unzumutbaren Zustand abgeschafft.

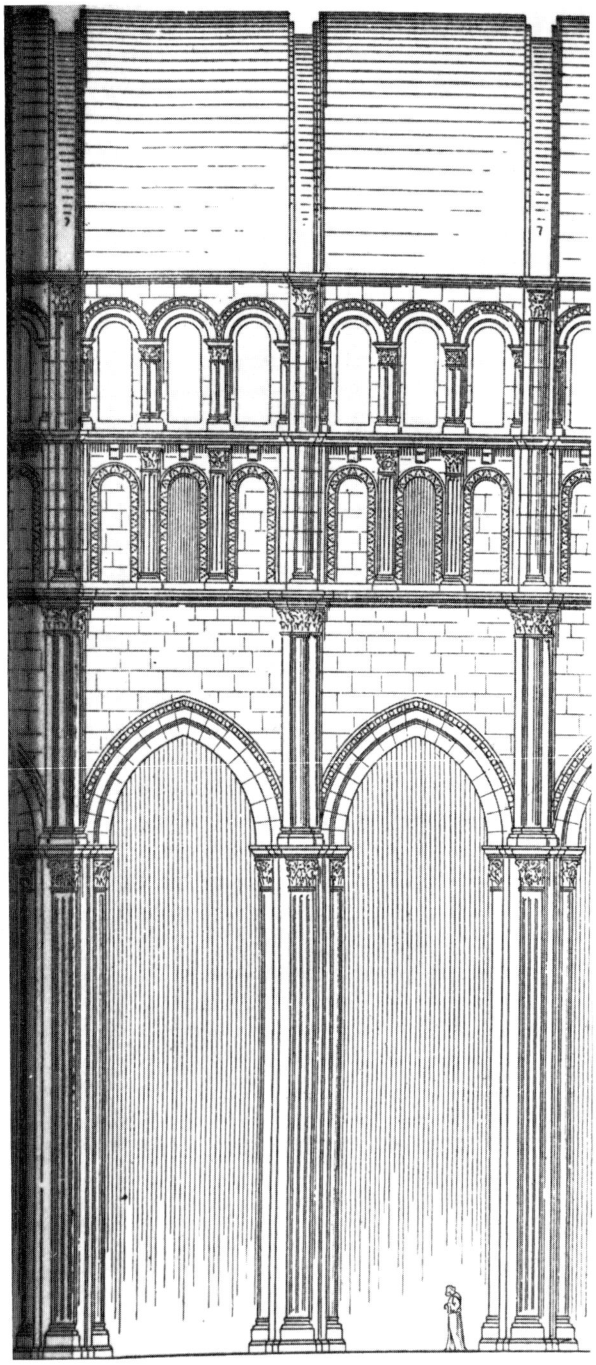

Abb. 6: Abteikirche von Cluny. 1088–1135 (Cluny III). Mittelschiff des Langhauses, Wandaufriß (Rekonstruktion). Abbildung 6 zeigt nicht den gestaffelten Aufriß der beiden Seitenschiffe (vgl. Grundriß, Abb. 1, S. 14)

Grundzüge der Gestaltung und Konstruktion gotischer Baukunst

In den bisherigen Betrachtungen kamen eigentlich immer nur die Bauherren als bestimmende Subjekte vor, so, als hätten die Architekten nur deren Wünsche erfüllt und nichts Eigenes zur Erneuerung und Veränderung der Architektur beigetragen.

Dieser Eindruck ist falsch. Um eine Vorstellung von dem Anteil zu vermitteln, der bei der Entwicklung der gotischen Baukunst den Architekten zukam, werden wir jetzt das Augenmerk auf die stilistischen und die konstruktiven Neuerungen richten, welche die gotische Baukunst von der romanischen unterscheiden.

Geschlossenheit

Beim Vergleich zwischen der Abteikirche von Cluny *(Abb. 6)* und der Kathedrale von Bourges *(Abb. 7)*, die hundert Jahre nach Cluny in Anlehnung an das dortige System errichtet wurde, ist festzustellen, daß die gotischen Baumeister nach einer geschlosseneren Raumwirkung strebten. Vorhalle und Querschiff sind in Bourges weggefallen, auch die neuen gestalterischen und konstruktiven Qualitäten der aufgehenden Architektur wirken in diese Richtung. Der einzelne Wandabschnitt bildet ein geschlossenes Element, isoliert sich aber nicht von den benachbarten Jochen, sondern ergibt erst zusammen mit diesen eine Einheit. So ist auch das Hauptschiff nicht getrennt von den Seitenschiffen, sondern ergibt erst mit diesen zusammen die angestrebte Raumwirkung. Die räumliche Einheit von Chor und Chorumgang zu schaffen, ist eines der Hauptziele der Architekten seit dem mittleren 12. Jahrhundert. Das Bemühen, die Stützen möglichst dünn zu gestalten, dient nicht allein der Selbstdarstellung konstruktiven Wagemuts, sondern ebenso der räumlichen Zusammenfassung.

Funktionslogik

Erstes Ziel der Baulogik der gotischen Architektur war es, Bauglieder funktional zu verwenden. Selbstverständlich hatten sie außerdem einen schmückenden Sinn.

Ein Beispiel: Das Triforium ist seiner Herkunft nach eine Schmuckform. Die romanischen Baumeister verwendeten es gern, meist als aufgeblendetes Bauglied; zuweilen legten sie zwei Triforien übereinander. Das tektonische und funktionale Empfinden der Baumeister des neuen Stils hat sich daran gestört: Sie verwandelten das Motiv funktional, das heißt, sie betonten die Funktion als Laufgang, von dem man unter anderem die Seitenschiffdächer gut erreichen konnte. Gerade an dieser Umwandlung eines nur dekorativen Baumotives in ein dekoratives und zugleich funktionales läßt sich die neue Baugesinnung gut ablesen.

Auch praktisch funktionierten die Bauten hervorragend. So waren gotische Kirchen in der Regel mit einem System inwendiger und auswärtiger Laufgänge, Treppen und Zugänge versehen, die ohne Mühen die Kontrolle des Bauzustands und entsprechende Reparaturen ermöglichten. Während der Errichtung der Kathedrale erschlossen sie den Bau für die Handwerker, ersetzten Gerüste. Sie spielten also bei der Planung und Organisation des Baubetriebs eine besondere Rolle. Ähnlich ausgeklügelt waren die Systeme zur

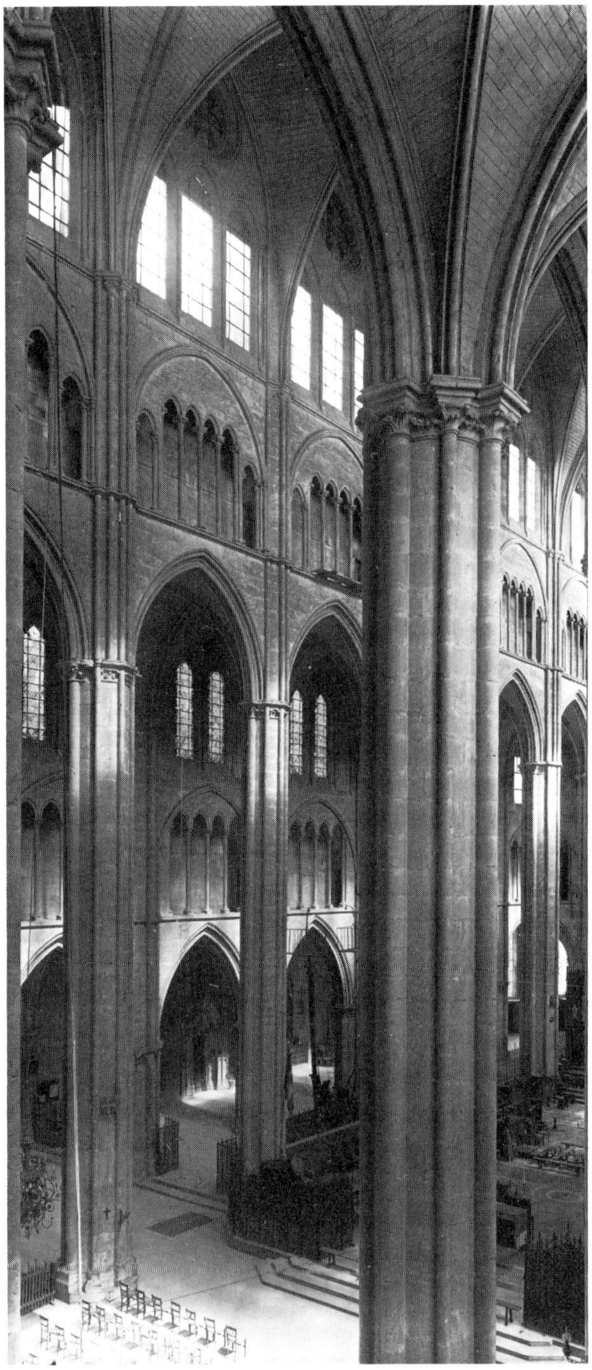

Abb. 7: Bourges, Kathedrale. Blick von Südwesten in das Mittelschiff und die Seitenschiffe. Ab 1195. Foto aus den Kriegsjahren 1940–1944, mit teilweise verdeckten Fenstern

Abführung des Regenwassers über Gesimse, Wasserschläge, Kanäle und Wasserspeier. Die Qualität und Funktionsgerechtigkeit dieser Systeme sind eine wesentliche Ursache für die erstaunliche Lebensdauer der oft sehr zierlichen Bauten.

Bautechnische Innovationen

Das spitzbogige Kreuzrippengewölbe ist den älteren Wölbarten erheblich überlegen:

- Bei den älteren rundbogigen Gewölben entstehen leicht zu flache, statisch gefährdete Bögen, welche die Außenmauern auseinanderdrücken. Mit Hilfe der Spitzbögen wurden die Gefährdungen eher vermieden.
- Man konnte die Gewölbekappen dünner und damit leichter machen.
- Da das Gewicht der Kappen auf den Rippen und Gurten lastete, wurde der Schub des Gewölbes auf die Stellen konzentriert, an denen die Rippen und Gurte auf die Außenmauern trafen. Die dazwischen liegende Mauerfläche wurde entlastet. Indem man an den Hauptpunkten Widerlager in der Form von Strebepfeilern und Strebebögen anbrachte, war die Voraussetzung geschaffen, die Mauern zwischen den Pfeilern immer dünner zu machen und Fenster oder andere Öffnungen zu vergrößern.
- Die Joche mußten nicht mehr quadratisch sein; möglich waren ebensogut rechteckige oder trapezförmige Grundrisse. Die Möglichkeiten der Raumgestaltung wurden dadurch größer.

Jede einzelne der genannten Innovationen war bereits in vorgotischer Zeit bekannt. Erst ihre Verbindung miteinander und die Ausprägung eines konstruktiven Systems machen jedoch den entscheidenden Schritt zur gotischen Architektur aus. Schon an SUGERS Chorbau von Saint-Denis fällt die Höhe technischen Könnens auf. Das Bestreben, die Konstruktion der Bauten zu verbessern, ist bis um 1270 kennzeichnend für die französischen Bauhütten. Es gab einen Wettbewerb nicht nur im Künstlerischen, sondern auch im Technischen.

Zwar haben wir aus dem 12. oder 13. Jahrhundert kaum Quellen über das statische Grundwissen der Architekten, doch können wir annehmen, daß ihr Handeln nicht nur „handwerklicher Erfahrung", sondern echtem Wissen entsprungen ist. Bauprobleme beim Mailänder Dombau um 1400 hatten die Lombarden veranlaßt, französische und deutsche Fachleute als Gutachter hinzuzuziehen. Aus den glücklicherweise erhaltenen Protokollen geht klar hervor, daß man

- Grundkenntnisse in der Festigkeitslehre hatte, also sehr wohl die Haltbarkeit der einzelnen Steinsorten kannte;
- das Gesamtgewicht von Gewölben berechnen und dementsprechend die Auslegung der Fundamente und die Größe der Strebepfeiler definieren konnte;
- über die Schubkräfte Bescheid wußte.

Zwar hatte man keine mathematisch begründete statische Theorie – die entstand erst seit dem 18. Jahrhundert –, doch hat es anscheinend praktische Versuche und davon ausgehend ein System von Faustregeln zur Berechnung der statischen Verhältnisse gegeben. Im übrigen fällt auf, wie sehr der französische Gutachter Jean MIGNOT seinen italienischen Kollegen an Kenntnissen überlegen ist, aber auch, daß die Italiener über Frankreich Bescheid wissen. Damals spricht MIGNOT den berühmten, für das Denken gotischer Baumeister typischen Satz: „ars sine scientia nihil est" (Kunst ohne Wissen ist nichts).

Untersucht man die Bauten der Zeit von 1150 bis 1250, so stellt man fest, daß ihre Baumeister die Festigkeit des vorhandenen Steinmaterials in ihre künstlerischen Überlegungen miteinbeziehen: Der poröse Muschelkalk der Chartreser Brüche ist ebenso bestimmend für die robuste Gestaltung der Kathedrale in Chartres wie der feine und feste Kalkstein Burgunds für die konstruktiv wagemutigen Kirchen von Auxerre und Dijon.

Die technischen Kenntnisse, aber auch der Wagemut nahmen mit der Zeit zu. Zuerst zogen die gotischen Baumeister ihre Schlüsse aus den Einstürzen romanischer Gewölbe oder Kirchen, ebenso aber auch aus den Schäden an eigenen Bauten. Hinzu traten eigene Experimente und Überlegungen. Die allmähliche Verbesserung ihres konstruktiven Könnens wird vor allem am Strebewerk sowie an der geschickten Verwendung von Auflasten sichtbar. Ein besonders schönes Beispiel für beides bietet die kleine Pfarrkirche Notre-Dame in Dijon, ein Bau aus dem zweiten Viertel des 13. Jahrhunderts *(Abb. 8)*.

Der französische Architekturhistoriker und Denkmalpfleger Eugène VIOLLET-LE-DUC kommentiert seine Zeichnung des Strebe-Systems von Wand und Strebepfeiler dieser Kirche mit folgenden Worten: „Nachdem die Stellung und geringste zulässige Ausdehnung des Strebepfeilers K ermittelt war, wurde der Kopf des Strebebogens bei A stark belastet; dann der Mauerhut B–C so geneigt, daß er zum Bogen die Tangente bildet; dann der obere Teil des Strebepfeilers D–E so eingerückt, daß der Abstand der Senkrechten P zu F ein Drittel von FG bildet. Dem Seiten-Schub des Hochschiffgewölbes wird durch die Last von A kräftig entgegengewirkt. Sollte der Strebebogen dennoch aus der Form gebracht werden, so läge die Bruchstelle bei S und der Pfeiler K würde sich nach außen neigen. Da aber die Strebepfeilerauflast D über die Senkrechte F bis P vorgerückt ist, wird durch sie die gefährdete Stelle S' ausreichend geschützt, denn D leistet nur der Tendenz des Bogens, sich bei S' zu heben, Widerstand, aber es belastet ihn nicht. Denn er ist aus langen Werkstücken zusammengesetzt und bildet eine homogene Masse; außerdem ist das Lager OC größer als der Überhang OP. Der Strebepfeiler würde also stehenbleiben, wenn man den Strebebogen wegnähme. Die Strebepfeilerauflast vollzieht also vermöge ihrer Gestalt die doppelte Aufgabe, den Strebebogen zu komprimieren und den Strebepfeiler, der für sich allein zu schwach wäre, um dem Schub zu widerstehen, standfest zu machen.

Weiter ist zu beachten, daß sich die Gewölbe nicht direkt auf den Kopf des Strebebogens schieben, sondern daß ein innerer Strebepfeiler V (eine Aufmauerung über dem Gurtbogen) eingeschoben ist. Er wird getragen von der Schwelle T. Diese sitzt in der Höhe, auf der der Schub des großen Gewölbes in Aktion tritt. In gleicher Höhe liegen drinnen die Kämpfer der Schildbögen, draußen der erste Keilstein des Strebebogens. Die Wandstrebe X ruht nicht auf dem Gurtbogen des Seitenschiffs: täte sie das, so würde ihre Last eine schräge Richtung nach einwärts nehmen und die tragende Säule aus dem Lot bringen; statt dessen ist sie auf Kragsteine gestellt und damit das Gleichgewicht gesichert."[7]

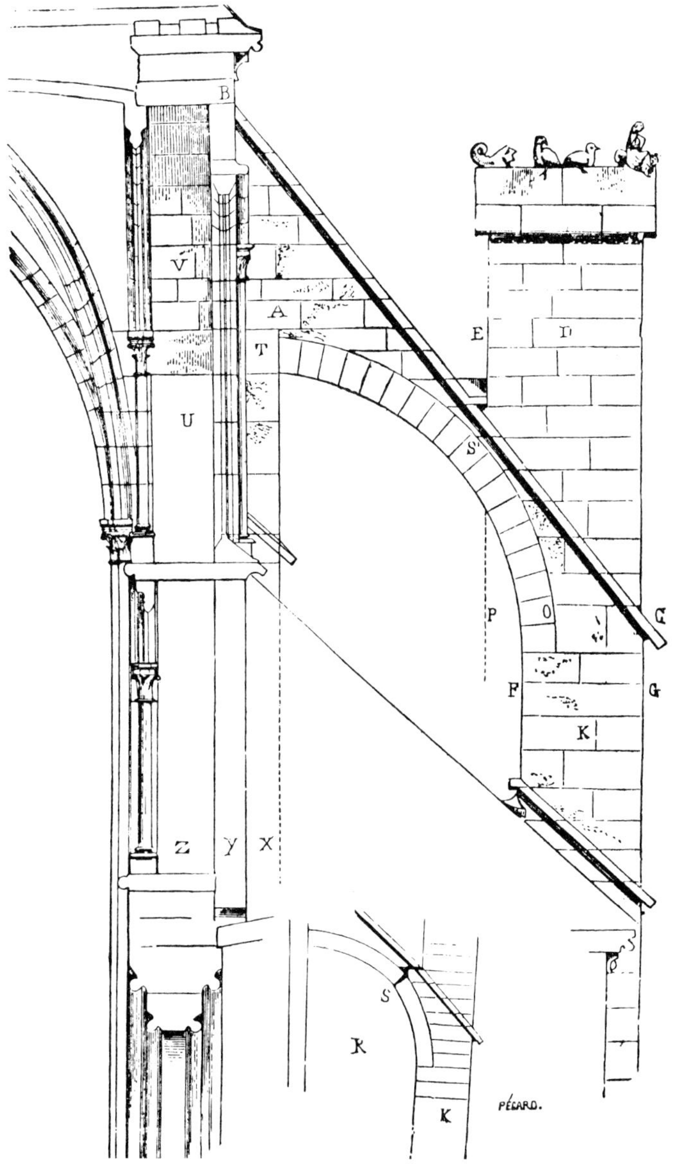

A = Strebebogen
B = Sargmauer
D = Strebepfeilerfiale
K = Strebepfeiler
S = Bruchstelle bei konventioneller Bauweise
S' = reale Situation
T = Kopfstück des Strebebogens bis in das Gewölbe
U = Obergadenlaufgang
V = Bogenaufmauerung des Obergadens
XY = Wand des Triforiums und Verstrebung außen
Z = Triforienlaufgang

Abb. 8: Strebepfeiler und Strebebogen an der Hochschiffwand der Pfarrkirche Notre-Dame in Dijon

Zunächst verwirrt es uns, daß man einen Bau statisch absichert, indem man die Auflast verstärkt. Klarmachen muß man sich zum Verständnis dieses Problems Folgendes: durch die Gewölbe, aber auch durch den Winddruck wird ein starker seitlicher Schub ausgeübt, dessen Kraftlinie diagonal verläuft. Durch das Gegengewicht der Strebepfeiler, ebenso aber durch die Auflast wird diese jedoch einer Senkrechten angenähert. Für die Standfestigkeit des Baus ist erstrebenswert, daß die Kraftlinie nicht aus der Wand bzw. den Strebepfeilern hervortritt. Diese Kenntnis der statischen Prinzipien und der Technik ihrer Beeinflussung ist eine der wichtigsten Errungenschaften der gotischen Baumeister. Erst hierdurch war es möglich, so himmelstürmende Bauten zu errichten wie die Kathedralen von Amiens oder Köln.

Für das konstruktive Können noch ein letztes Beispiel: Für uns scheinen die Schlußsteine eher ein dekorativer Mittel- und Höhepunkt der gotischen Gewölbe zu sein. In Wirklichkeit aber sind sie notwendiger Bestandteil der Statik: sie verhindern, daß durch das Gewicht des Mauerwerkes die Spitze des Gewölbes hochgeschoben wird; sie funktionieren also nach dem Prinzip der Auflast. Durch ein System von Druck und Gegendruck wird eine in sich stabile Konstruktion geschaffen, die auch noch den Druck heftiger Stürme auffangen kann.

Konstruktive Prägung der Einzelform

In der ersten Zeit übernahmen die gotischen Baumeister nicht nur die romanischen Bauelemente, sondern auch die Formen. Veränderungen zeigen sich zuerst an konstruktiv bedeutsamen Bauteilen wie Pfeilern oder Diensten. Der erste Schritt war, diese Glieder so dünn wie möglich zu gestalten. Offenbar sollte die Sicht in den Chorumgang bzw. in die Seitenschiffe verbessert werden. Aber auch der Wille, dem Bau den Anschein unwirklicher Leichtigkeit zu vermitteln, ist klar erkennbar. Ein frühes Beispiel dafür sind die aus der Mitte des 12. Jahrhunderts stammenden Säulen im Chorrund der Kathedrale Notre-Dame in Noyon *(Abb. 9)*.

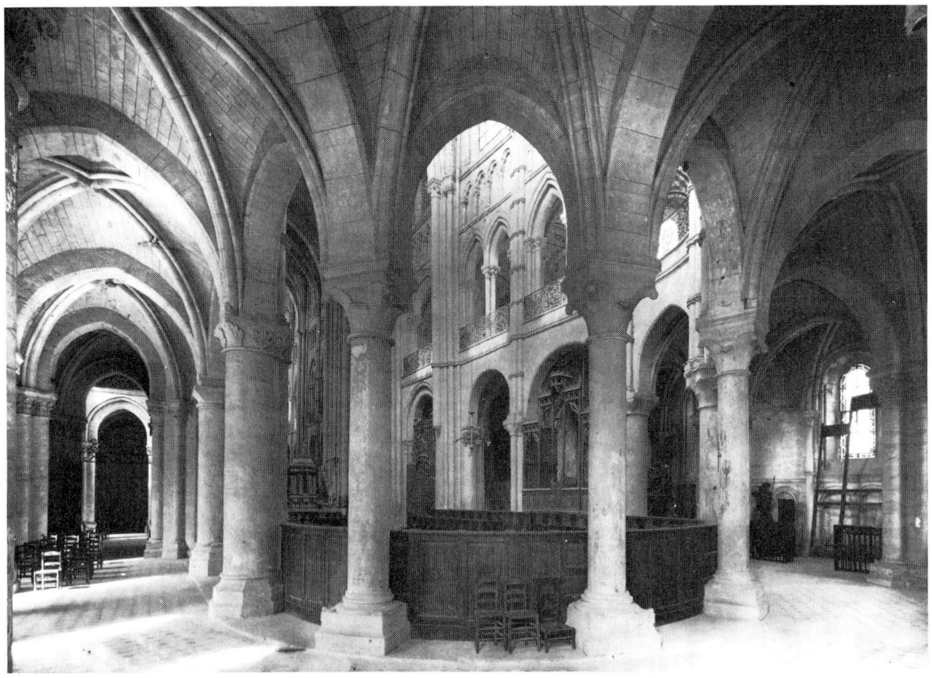

Abb. 9: Noyon, Kathedrale. Blick vom Chorumgang in den Binnenchor. Mitte 12. Jahrhundert

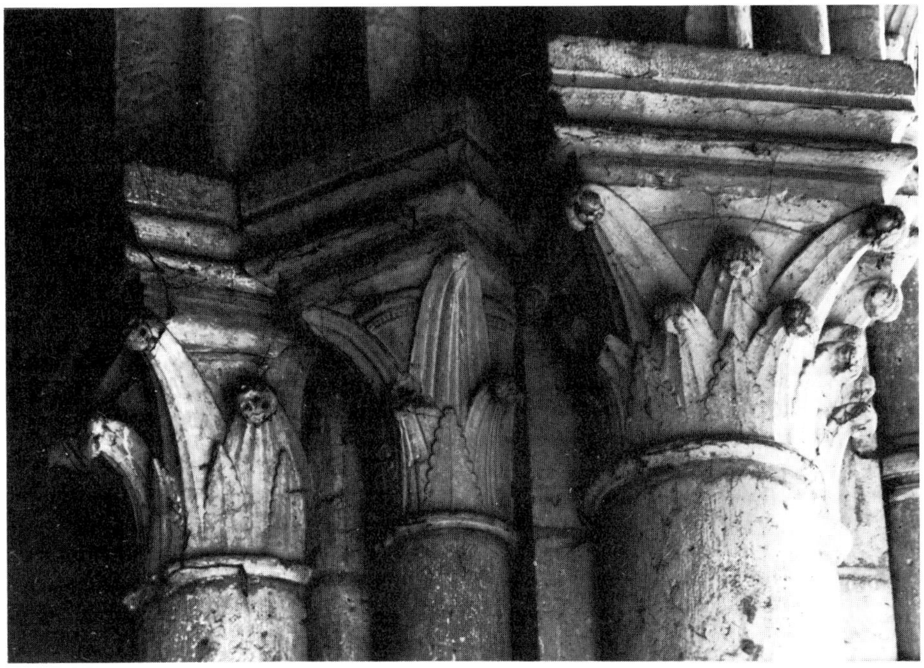

Abb. 10: Soissons, Kathedrale. Südquerhaus, Kapitelle der Wandpfeiler im Umgang des Erdgeschosses. Nach 1178

In derselben Zeit lassen sich erste Versuche bemerken, auch Einzelformen wie Basen und Kapitelle umzugestalten: die Basen werden stärker zusammengepreßt und erhalten infolgedessen Tellerform; die Kapitelle werden vereinfacht, ihre Blätter wirken wie stark belastete Konsolen.

Überall fällt die Vielfalt der Erfindung auf. Dies ist typisch für die Baukunst der Ile-de-France. Motive und Gestaltung wechseln von Ort zu Ort. Ebenso auch die Traditionen: in der einen Bauhütte orientierte man sich eher an alten normannischen Motiven, anderswo an antiken Formen; jeder Ort hatte seine eigenen Gewohnheiten. Diese Vielfalt ist solange festzustellen, wie die Bauhütten Frankreichs innovativ bleiben. Erst ab der Mitte des 13. Jahrhunderts geht sie in der Tendenz zu Uniformisierung und Zentralisierung unter.

Zwei gotische Erfindungen seien als besonders typisch und fruchtbar hervorgehoben:

• Die erste Erfindung ist das *Knospenkapitell (Abb. 10).* In ihm gingen konstruktiv-tektonisches Denken, geometrische Ideale und Liebe zur getreuen Wiedergabe der Natur eine bemerkenswerte Verbindung ein. Motivischer Ausgangspunkt ist das aus der antiken Architektur stammende korinthische Blattkapitell; doch ist die Abänderung so groß, die Konzeption so wandlungsfähig, daß die gotische Ableitung bald nichts mehr mit der antiken Tradition verbindet.

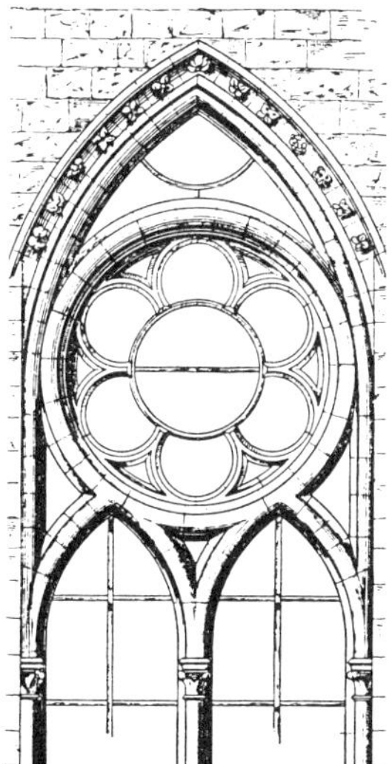

Reims, Kathedrale. Maßwerkschema des „Reimser Fensters". Um 1210

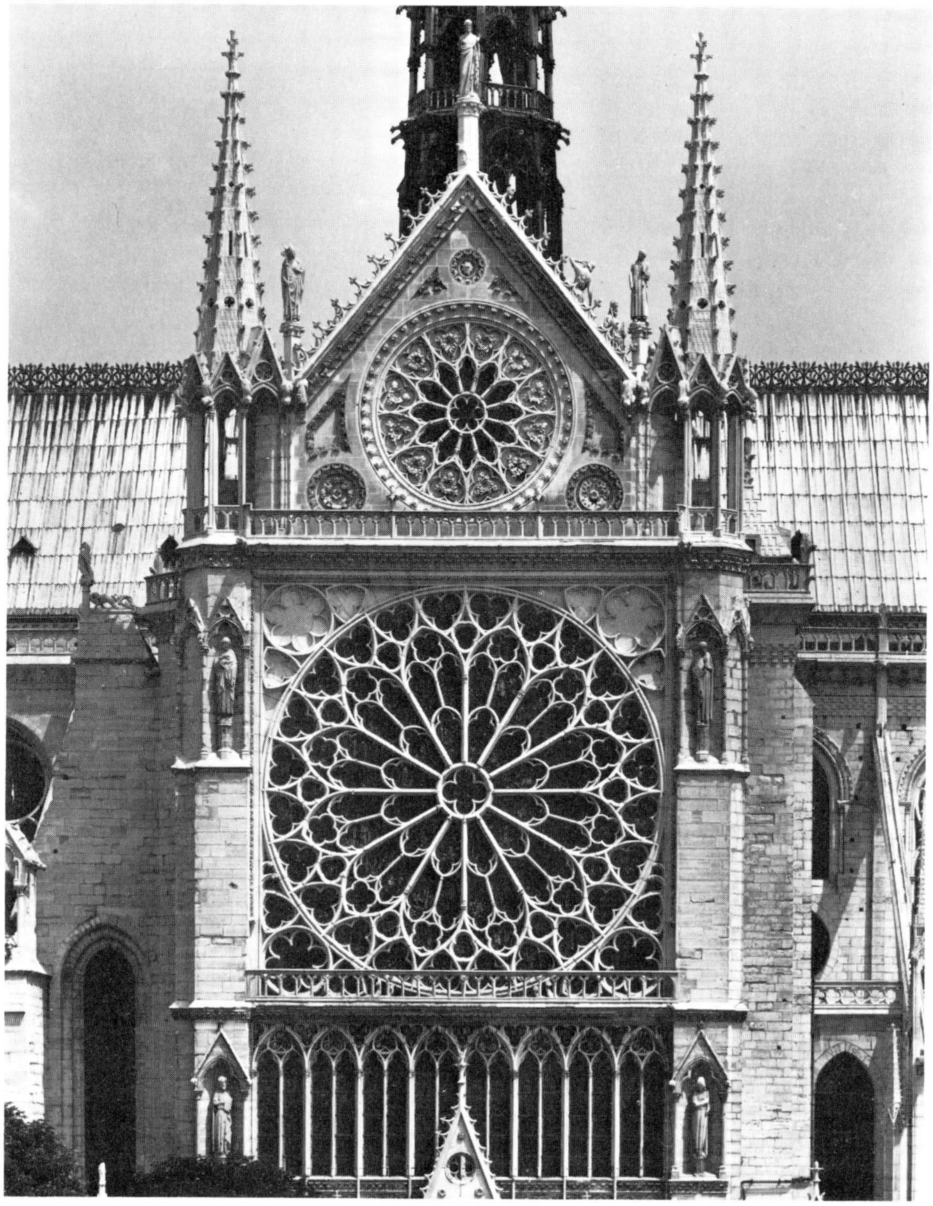

Abb. 11: Paris, Kathedrale Notre-Dame. Südquerhausfassade, Großes Rosenfenster von Pierre de Montreuil. Nach 1258

Das Kapitell vermittelt als „Kopfstück" zwischen den runden schmalen Diensten und der vier- oder achteckigen Deckplatte, dem „Kämpfer" oder Abakus. Entsprechend sind vier oder acht Knospen oben verteilt, jeweils unter den Ecken, also streng geometrisch. Die Knospen darunter sind genau in die Zwischenräume gesetzt. Ihre Grundform wirkt wie eine kleine Konsole und ist tektonisch gestaltet. Dieser Kern aber wird überzogen mit vielerlei nach der Natur studierten Blättern und Ästen. Zur Mitte des 13. Jahrhunderts hin scheinen sie in Angleichung an den Wildwuchs der Pflanzen immer unregelmäßiger zu werden und folgen doch einer inneren Geometrie.

• Die zweite Erfindung ist eine konstruktive Umsetzung geometrischer Zirkelspiele: das *Maßwerk*. Seit dem Ende des 12. Jahrhunderts wurde das Interesse der Architekten an der Geometrie zu einer Leidenschaft. Dies hat sicher auch mit der Tatsache zu tun, daß die Geometrie zu den höheren, den „freien" Künsten gehörte, die Architektur aber nur zu den sozial niedriger eingestuften mechanischen Handwerken. Die Beschäftigung mit der Geometrie war also ein Schritt der Selbstaufwertung der Architekten.

Zunächst waren die großen Fensterräder an den Fassaden Hauptobjekt geometrischer Studien. Dann fand man in der Ausgestaltung der kreisrunden Öffnungen im oberen Bereich der Fenster, der *Oculi* (Augen), ein neues dankbares Objekt, so etwa an den Obergadenfenstern der Kathedrale von Chartres. Der entscheidende konstruktive Schritt wurde durch den ersten Baumeister der Kathedrale von Reims, JEAN d'Orbais, getan, der das ganze Fenster als Maßwerk konzipierte (um 1210). Was danach geschah, darf man als den Siegeszug eines geometrischen Ornaments bezeichnen, der für drei Jahrhunderte zu immer neuen, überraschenden Abwandlungen führte *(Abb. 11)*.

Die Architekten des neuen Stiles nahmen also nicht allein neue Konstruktionsmittel in Gebrauch, sondern schufen aus den veränderten Bedingungen heraus auch eine neue Formenwelt. Selbst das Ornament, alter und durch Tradition geheiligter Bereich antiker Architektur, verwandelten sie von Grund auf.

Architektonische Komposition

Was gotische Architekturkomposition leistet und wie sie die Vorgaben der älteren Kunst übersteigt, sei am südlichen Querhaus der Kathedrale von Soissons skizziert, das seit etwa 1178 geschaffen wurde *(Abb. 12 und 13)*.

Die Säulen und Säulengruppen der inneren Wand sind so dünn, daß man kaum glauben mag, daß sie Mauern und Gewölbe tragen können. In der Tat vermögen sie dies auch nur, weil die äußeren Schiffwände und Strebepfeiler stützende Funktionen übernehmen. Innerhalb dieses leicht wirkenden Aufrisses aber ist alles sehr genau abgestuft: die Säulen des Untergeschosses sind stärker als die des folgenden und wirken deshalb robuster. Durch die gestelzten und lanzettartig zugespitzten Bögen ist aber auch der Eindruck einer Aufwärtsbewegung stärker als bei denen des zweiten Geschosses. Dieser Höhenrichtung wird ein horizontales Blattgesims von auffälliger optischer Wirkung entgegengesetzt, das sich sogar um die großen seitlichen Dienste verkröpft.

Im Triforium ist der Höhenzug der Bögen so abgeschwächt, daß es selbst wie eine Horizontalform wirkt. Da es nicht verglast ist, erscheint der Gegensatz zu den benachbarten Stockwerken zugleich auch als Lichtkontrast. Im Obergaden wird die Komposition durch eine in der Mitte überhöhte Dreiergruppe von Fenstern abgeschlossen. Die Folge der Geschosse wird verstanden als Wechsel von Bewegungen verschiedener Stärke, ausgedrückt durch die in ihrer Kräftigkeit verminderte Form der Säulchen und durch die abgewandelte Zeichnung und Proportionierung der Bögen. Entsprechend werden die Bewegungen verschieden deutlich unterbrochen oder gehemmt. Die Abfolge der Komposition durch die Geschosse erweist sich auch als eine Folge von Lichtstufungen. Das zentrale künstlerische Interesse an der Gestaltung der Lichtwirkung wird noch im weiteren am Beispiel von SUGERS Chor der Abteikirche von Saint-Denis (S. 42) und der wachsenden Bedeutung der Glasmalerei (S. 123–127) verdeutlicht. Betrachtet man das Querhaus von außen, so erscheint die Komposition derselben Wand in umgekehrter Tendenz und Reihenfolge wie innen: hier ist das unterste Geschoß am breitesten gelagert; es wird von Rundbogen abgeschlossen, das oberste aber ist spitzbogig und zudem gestelzt. Die Bewegungsintensität nimmt nach oben hin zu, um erst in dem spitzen Dach auszulaufen; entsprechend ist auch das oberste Horizontalsims optisch am stärksten.

Die Architekten der Gotik haben ein neues Maß an künstlerischer Selbständigkeit und Freiheit gewonnen, das sie gelegentlich in einer fast spielerischen Weise nutzten. Dies sollte nicht darüber hinwegtäuschen, daß sie bei ihrer Gestaltung immer den Rang des Bauteils wie des Bauwerks im Auge behielten. Am reichsten wurden die

Kathedralen gestaltet; aber auch innerhalb der Bischofssitze gab es hierarchische Abstufungen, weshalb etwa die Bischofskirche der kleinen Diözese Senlis viel bescheidener ist als die des Erzbischofs von Reims, der zudem noch darauf zu achten hatte, einen Raum zu erhalten, welcher der Krönung des französischen Königs angemessen war. Zuwenig bedacht wird auch, daß innerhalb der Kathedralen wiederum genau unterschieden wird: Chor und Langhaus werden abgestuft; innerhalb des Chorbereichs ist das Sanctuarium oft abgehoben und noch reicher ausgestaltet. Diese hierarchische Stufenleiter des Stils wird in vielen Zwischenschritten eingehalten, bis hin zur simplen Dorfkirche.

Für die Architekten waren die Freiheiten zur Neuerung bei den großen Kathedralen und Klosterkirchen am größten. Je geringer der Rang der Bauaufgabe war, desto größer meist das Gewicht von Typus und Tradition, desto größer auch der Druck, sich an die Architektur der Mutterkirche der Diözese, das heißt der Kathedrale, anzulehnen. Nur der Baumeister, der die Chance erhielt, eine Kathedrale oder eine große Abtei neu zu errichten, hatte die Möglichkeit, neue Maßstäbe zu setzen; neben ihm konnten sich nur noch die Architekten, die für den König arbeiteten, entfalten. Als mit der Mitte des 13. Jahrhunderts fast alle Bischofskirchen erneuert worden waren, war somit der Innovationsphase ein „natürlicher" Halt gesetzt.

Immerhin aber hatte die Gotik Vorbilder einer neuartig „künstlerischen" und zugleich technisch brillanten Baukunst geschaffen, die den weiteren Gang der Architekturgeschichte entscheidend prägten.

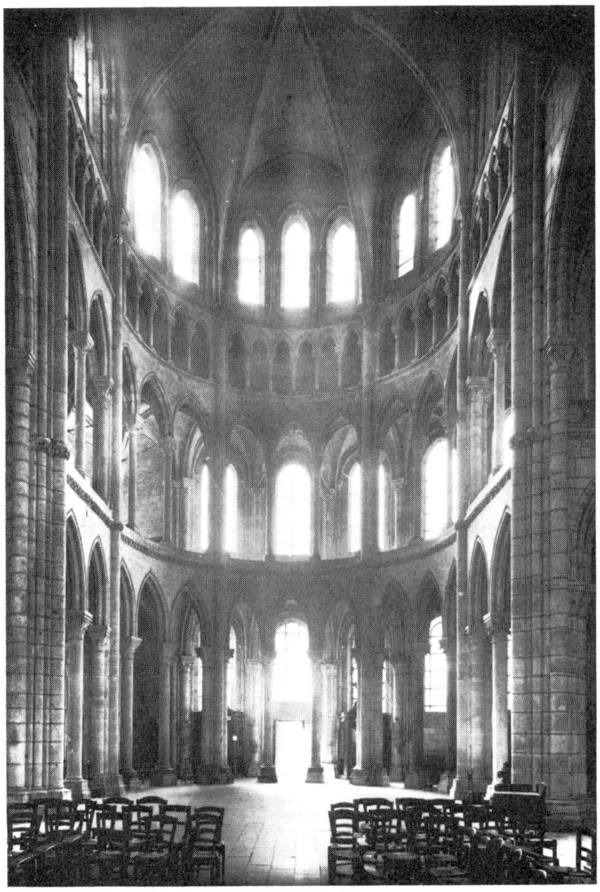

Abb. 12: Soissons, Kathedrale. Südquerhaus, Innenansicht, Blick nach Süden. Nach 1178

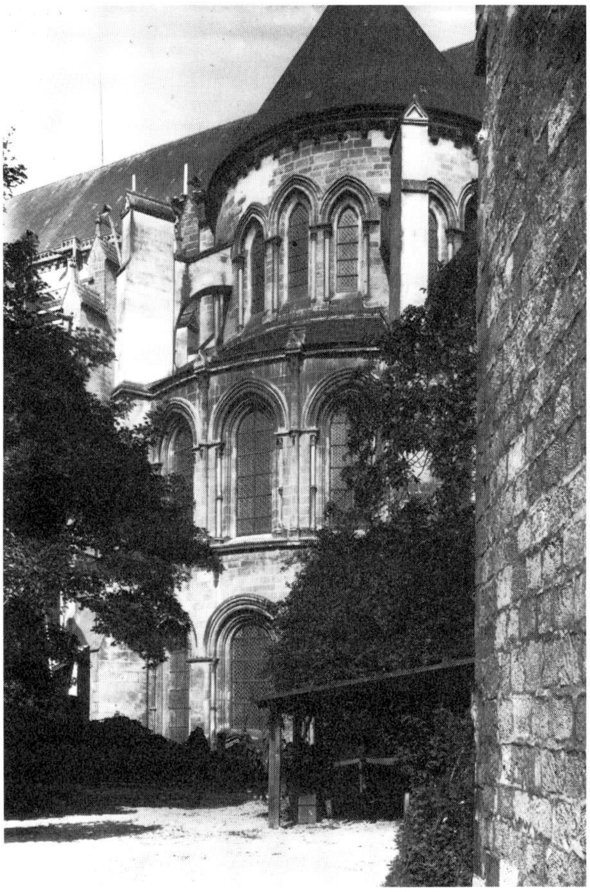

Abb. 13: Soissons, Kathedrale. Südquerhaus, Außenansicht, Blick von Südosten. Nach 1178

2. Wie entsteht eine gotische Kathedrale?

Dieter Kimpel / Robert Suckale

Wer hat sich angesichts einer gotischen Kathedrale nicht schon einmal gefragt, wie sie vor so vielen hundert Jahren ganz ohne die heutigen Maschinen gebaut werden konnte, wer diese Steinmassen aufeinandertürmte und wer die kühnen Pläne dazu entwarf. Kannte man eigentlich die Gesetze der Statik? Und, wenn man sie nicht kannte, wie wurde ermittelt, welche Konstruktion stabil sein würde und welche nicht?

Allerlei Legenden sprechen von der Mithilfe Gottes oder auch vom Zusammenwirken des ganzen Volkes, das in einer großen gemeinsamen Anstrengung die Kathedralen hervorgebracht habe. Die Bauhütten des Mittelalters werden nicht als das, was sie waren, nämlich Arbeitsräume für Steinmetzen und Bildhauer, dargestellt, sondern als geheimnisvolle Orte, in denen die gotische Architektur geschaffen wurde, ohne daß man genau sagen könnte, wie dies im einzelnen geschah. Die Art, wie gotische Architektur – auch von Fachwissenschaftlern – beschrieben wird, tut ein übriges, um den Prozeß der Erstellung einer Kathedrale zu verunklären. Mit Metaphern wie „gebaute Scholastik", „gefrorene Musik", „Flüssigkeit im Aggregatzustand eines Kristalls" werden die Kathedralen der Welt vollkommen entrückt, so als seien sie nur gedacht, aber nicht wirklich gebaut worden.

Die Kathedralen sind nicht nur die Produkte von theologischen und künstlerischen Ideen, sondern auch von wirtschaftlichen, politischen und technischen Prozessen. Und, was in unserem Zusammenhang das Wesentliche ist: wenn man die Bauten nur genau genug untersucht, kann man aus ihnen selbst, etwa aus der Art, wie die Steine behauen und vermauert sind, Schlüsse ziehen, die sowohl die Arbeitstechniken als auch die Arbeitsorganisation der Kathedralbaustelle nachvollziehbar machen.

Das historische Umfeld, die Bausoziologie und die gesellschaftliche Funktion der Kathedralen

Die Kathedralen entstanden in einer Zeit des wirtschaftlichen und politischen Umbruchs im Frankreich des 12. und 13. Jahrhunderts. Ihre Baukosten verschlangen einen nicht geringen Teil des gesellschaftlich erwirtschafteten Mehrwertes, der durch die Ertragssteigerungen in der Landwirtschaft und das sprunghafte Ansteigen der gewerblichen Produktion und des Handels in den Städten erzielt werden konnte. Die Kathedralen waren Ausdruck der gesellschaftlichen Veränderungen und wirkten gleichzeitig als weithin sichtbare Zeichen der Macht und des Einflusses ihrer Bauherren auf die gesellschaftlichen Bedingungen zurück. Wenn wir versuchen wollen, uns Klarheit darüber zu verschaffen, welche gesellschaftlichen Kräfte es waren, die den Bau der Kathedralen vorangetrieben haben und welche übergeordnete gesellschaftliche Funktion diese erfüllten, dann müssen wir uns die Rahmenbedingungen des Feudalzeitalters etwas genauer vor Augen führen.

Das historische Umfeld

Auch wenn die kunsthistorische Epochenteilung in eine romanische und eine gotische Epoche vielen Forschern zunehmend fragwürdig erscheint, so ist doch auffallend, wie eng diese Periodisierung übereinstimmt mit der Unterscheidung zwischen einem 1. und einem 2. Feudalzeitalter. Die wesentlichen Unterschiede zwischen den beiden Feudalzeitaltern waren wirtschaftlicher und gesellschaftlicher Natur, und es wäre verwunderlich, wenn sich diese Unterschiede nicht in irgendeiner Form auch in der Architektur niedergeschlagen hätten.

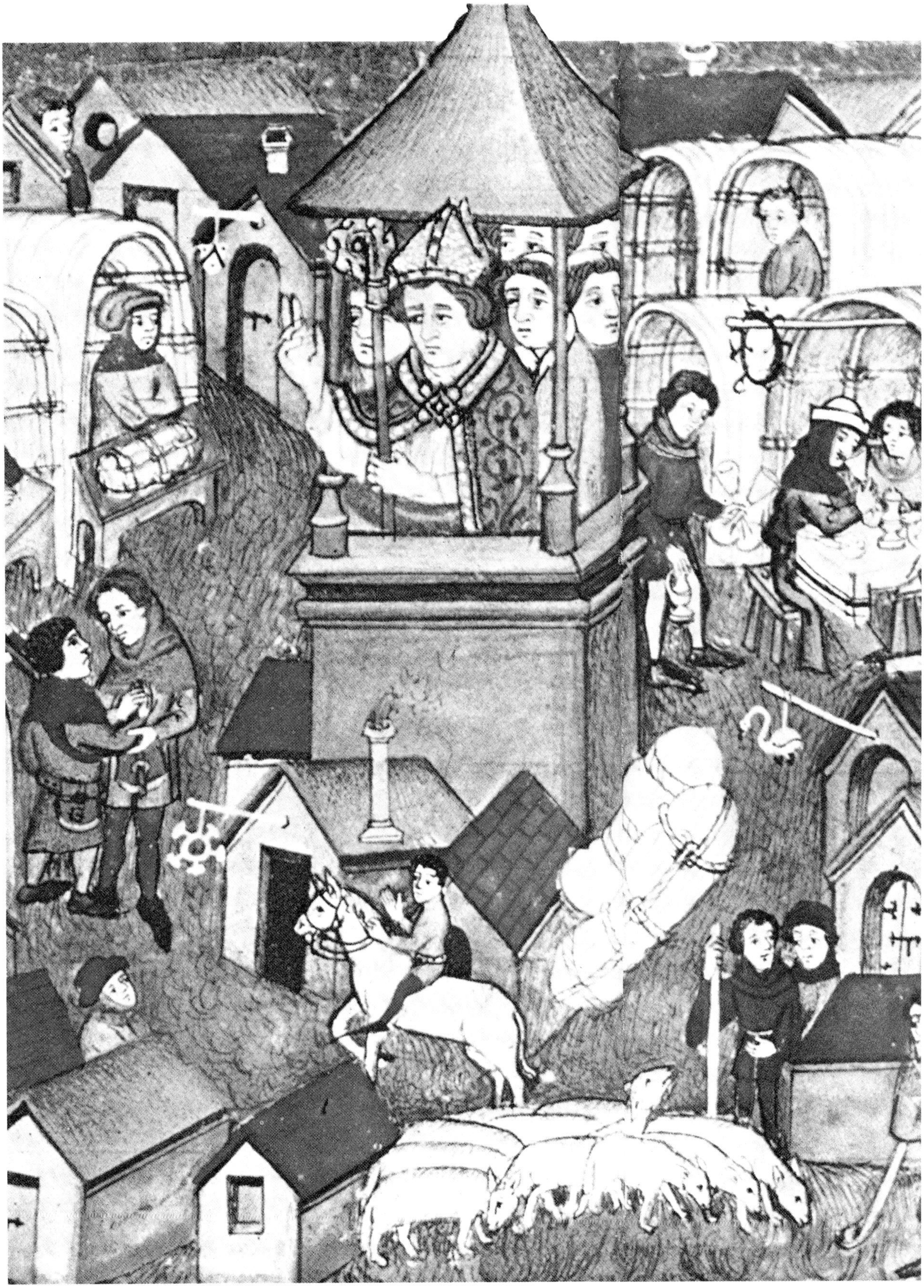

Abb. 1: Eröffnung der Messe mit dem Segen des Bischofs. Paris, Bibliothèque Nationale

Das 1. Feudalzeitalter, das in Frankreich seine Blüte zu Beginn des 12. Jahrhunderts erreichte, war durch eine vorwiegend hofwirtschaftliche Wirtschaftsform auf agrarischer Basis mit geringem Fernhandel und begrenztem Warentausch gekennzeichnet. Die Macht lag in den Händen der Territorialherren, die Machtzentren waren über das Land verstreut. Träger der Macht waren der Landadel, die Klöster auf dem Lande und die Bischöfe in den noch unentwickelten Städten. Auch wenn diese Herrschaftsträger rechtmäßig zentralen Instanzen unterstellt waren, also dem König oder dem Papst, so war die Herrschaftsstruktur doch im wesentlichen nicht zentral.

Diese Strukturen gerieten zunächst ins Wanken, um dann schließlich im 13. Jahrhundert von der übergroß werdenden zentralstaatlichen Machtstruktur des französischen Königreiches überlagert zu werden. Die Binnenerschließung des Landes wurde zu Ende geführt, die landwirtschaftliche Produktivität erhöht. Die freigesetzten Arbeitskräfte wandten sich verstärkt Handwerk und Handel zu – was zu einer Verstädterung von bisher unbekannten Ausmaßen und einem Produktionsaufschwung führte. Diesen begleitete eine industrielle Revolution: eine Vervielfachung der Mühlen, also expansive Nutzung der Wasserkraft, bei gleichzeitiger Vermehrung der Anwendungsbereiche dieser Mühlen, die nun nicht mehr nur zum Kornmahlen, sondern auch zum Sägen, Hämmern und Walken benutzt wurden. Hinzu kamen allerlei Maschinerien in Gestalt von Hebe- und Transportwerkzeugen und nicht zuletzt Militärmaschinen, auf deren zunehmende Verbesserungen der Befestigungsbau in Form von Burganlagen und Stadtmauern entsprechend reagierte.

Man kann die Lage von der Mitte des 12. bis zur Mitte des 13. Jahrhunderts vielleicht am besten dahingehend zusammenfassen, daß in fast allen gesellschaftlichen Bereichen, den wirtschaftlichen wie den kulturellen, ein ausgeprägtes „Innovationsklima" herrschte, dessen sich die Zeitgenossen lebhaft bewußt gewesen sind. Nicht daß sie die Ursachen der Neuerungen hätten erklären können, aber sie haben gespürt, daß sich auf vielen Gebieten, in der Landwirtschaft wie in der Philosophie, nie Dagewesenes ereignete.

Anhand der Textilindustrie beispielsweise kann man sich die Neuerungen im wirtschaftlichen Bereich durch das Verlagssystem klarmachen: Es führt zu einer erheblichen Produktionssteigerung, erfordert aber auch weitreichende Handelsverbindungen mit dem Ausland.

Das Verlagssystem besteht darin, daß einer der beteiligten Handwerksmeister oder Händler als „Verleger" auftritt und die Vor- und Weiterverarbeitung einem anderen Meister lediglich in Kommission gibt. Dieser veredelt dann das Zwischenprodukt, bekommt aber nur einen Teil des erzielten Gewinnes, den Rest erhält der Verleger. Was der in Kommission arbeitende Meister also verliert, häuft sich beim Verleger als Kapital an. Schon für das 13. Jahrhundert haben wir Zeugnisse, daß solche Verleger noch weiter zu gehen versuchen: sie machen eigene Betriebe auf, in denen sie von Lohnarbeitern walken, färben und strecken, also Tätigkeiten ausüben lassen, die rechtlich gesehen nur von selbständigen Meisterbetrieben anderer Zünfte ausgeführt werden durften. Dies sind Ansätze zum Wirtschaftssystem der Manufaktur, wo ein Produkt unter einer Regie und unter einem Dach von den verschiedensten Handwerkszweigen hergestellt wird.

Umschlagplätze des internationalen Handels waren die Messen in der Champagne. Sie bezogen ihre Bedeutung aus der Tatsache, daß sie etwa auf halbem Wege zwischen den nordeuropäischen Produktionszentren, wie Flandern, und den südeuropäischen, vor allem Italien, lagen und die Herzöge der Champagne, auf deren Territorium sich diese Umschlagplätze befanden, den Händlern aus Nord- und Südeuropa die Sicherheit der Transportwege garantieren konnten.

Das Medium dieses Fernhandels ist das Geld, und seit dem 12. Jahrhundert läßt sich in der Tat eine schnelle Zunahme des Geldverkehrs beobachten. Es ist die Zeit der ersten großen italienischen Bankhäuser, aber auch die Zeit der ersten Unternehmer-Kapitalisten. Die damals stattfindende Anhäufung der ersten großen Geldvermögen (primäre Kapitalakkumulation), die sich nach kapitalistischen Gesetzen vermehrten, war schon von den Zeitgenossen registriert worden. „Geld heckt Geld" hatte der heilige BERNHARD von Clairvaux, wenn auch in einem etwas anderen Zusammenhang, gesagt. Friedrich ENGELS kennzeichnet diese frühkapitalistische Epoche folgendermaßen:

„Während der Adel immer überflüssiger und der Entwicklung immer hinderlicher, wurden so die Städtebürger die Klasse, in der die Fortentwicklung der Produktion und des Verkehrs, der Bildung der sozialen und politischen Institutionen sich verkörpert fand [...] Lange ehe die Ritterburgen von den neuen Geschützen in Bresche gelegt, waren sie schon vom Geld unterminiert; in der Tat, das Schießpulver war sozusagen bloß der Gerichtsvollzieher im Dienst des Geldes. Das Geld war der große politische Gleichmachungshobel der Bürgerschaft."[1]

Man kann hinzufügen, daß es nicht nur den Ritterburgen so erging. Der französische Historiker Georges DUBY hat in zwei berühmt gewordenden Studien nachgewiesen, daß die im 11. Jahrhundert übermächtige Abtei von Cluny, die mehrere Päpste gestellt hatte und deren Kirche mit Sankt Peter in Rom konkurrierte, zu Beginn des

12. Jahrhunderts gerade deshalb in nicht mehr abreißende Schwierigkeiten kam, weil sie in ihrer aus dem 1. Feudalzeitalter stammenden Struktur durch den Geldhandel zunehmend verschuldet war. Auch große Abteien waren also schon vom Geldstrom unterhöhlt, ehe sie aus anderen Gründen in sich zusammenbrachen.[2]

Es versteht sich, daß all diese Prozesse von einem gewaltigen sozialen Umschichtungsprozeß begleitet waren, der den Gegensatz von Stadt und Land zugunsten der Städte verschärfte. Der alte Feudaladel und die Klöster waren wirtschaftlichem Stillstand und Machtverfall ausgesetzt, während umgekehrt die Stadtbürger, aber auch der Stadtklerus einen deutlichen Zuwachs an ökonomischer und damit auch politischer Macht verzeichneten. Die einzelnen Klassen waren deshalb tief zerklüftet. Bei den weltlichen Oberschichten, dem Adel, entstand eine Konkurrenz zwischen dem alten, abstiegsbedrohten Feudaladel und dem neuen, aufsteigenden Hof- und Beamtenadel. Auch in den geistlichen Oberschichten, also zwischen den verschiedenen Fraktionen des Klerus, gab es schwerwiegende Gegensätze. Und daß es im Bürgertum ähnlich war, konnte durch das Verlagssystem nicht ausbleiben: es spaltete sich in die kapitalkräftigen Geldschichten auf der einen und die von Abstieg und Proletarisierung bedrohten, zunehmend abhängigen kleinen Handwerker auf der anderen Seite. Es konnte nicht ausbleiben, daß diese Umschichtungsprozesse sowohl zu ideologischen als auch zu ganz handfesten Auseinandersetzungen zwischen den Klassen und Klassenfraktionen bis hin zu Bürgerkriegen führten. Aber lassen wir diesen Aspekt einmal beiseite, und kommen wir noch einmal auf die Rolle des Königshauses im Rahmen dieser Prozesse zu sprechen.

Die Kapetinger (987–1328) konnten im Verlaufe des 2. Feudalzeitalters ihre Hausmacht in einer Weise ausbauen, die in Staunen versetzt. Wie war dies möglich, wo sich die Dinge in anderen Ländern und vor allem in Deutschland doch eher in die entgegengesetzte Richtung entwickelten? Als Frankreich beim Tode des heiligen Ludwig im Jahre 1270 als gefestigter Zentralstaat dastand, herrschte im Heiligen Römischen Reich Deutscher Nation eine tiefe Zersplitterung, die noch viele Jahrhunderte währen sollte.

Das Weitsichtige an der Politik der Kapetinger bestand darin, daß sie die historisch vorantreibenden Kräfte unterstützten. So schufen sie einen treuen Beamtenadel, der nicht nur eine reibungslose Verwaltung des Königreichs garantierte, sondern der auch den alten Feudaladel, der auf seiner Selbständigkeit beharrte, immer mehr zurückdrängte – bis hinein ins Raubritterwesen. Genauso wichtig war die Förderung der städtischen Wirtschaftskraft durch Gewährung kommunaler Freiheiten für die Bürger und Sicherung der Handelswege. Denn die Steuern, welche die Städte und Händler von dem erwirtschafteten Mehrwert an den König abzuliefern hatten, erlaubten diesem nicht zuletzt, einen militärischen Apparat aufzubauen, der das neue Staatsgebilde schützen konnte. Diese militärische Sicherung bestand nicht nur in einem gut durchorganisierten Heer. Die Könige sorgten auch dafür, daß ihr Territorium durch ein Netz moderner Burgen mit festen Besatzungen und die Städte durch moderne Befestigungsanlagen vor Übergriffen gesichert wurden. Auch wenn solche Maßnahmen wie etwa im eroberten Südfrankreich imperialistischen Charakter hatten, sicherte die damit einhergehende innere Befriedung Königen wie Philipp II. August und dem heiligen Ludwig doch dauernde Popularität.

Wie wichtig all diese Zusammenhänge und wie richtig die Politik der Kapetinger im 2. Feudalzeitalter waren, sollte sich schon bald erweisen. Denn mit den seit dem späteren 13. Jahrhundert hereinbrechenden Wirtschaftskrisen, mit den innen- und außenpolitischen Verteilungskriegen, die daraus folgten, sollte die französische Monarchie noch einmal schwer gefährdet werden. Erst nach dem Ende des Hundertjährigen Krieges gegen England um die Mitte des 15. Jahrhunderts ging sie gestärkt aus der großen Krise hervor. Die Folgen, insbesondere der französische Absolutismus, sind bekannt; sie wirken bis heute nach.

Die Bausoziologie der Kathedralen

Angesichts der komplizierten im 2. Feudalzeitalter als dem Zeitalter der Kathedralen zu beobachtenden gesellschaftlichen Umschichtungsprozesse muß man sich fragen, wer denn die Betreiber der Kathedralbauten waren und was sie mit ihnen bezwecken wollten.

Man darf sich die Beantwortung nicht zu einfach vorstellen; denn schon die Frage, wer denn konkret der Bauherr dieser oder jener Kathedrale war, können wir oft nur annähernd beantworten; zudem sind gewöhnlich viele lokale Besonderheiten zu berücksichtigen. Im vorhergehenden Beitrag war von den institutionellen Nutzern der Kathedrale die Rede: vom Bischof, der dort seinen Amtssitz, seine „cathedra", hatte, und vom Kapitel, das im Chor mehrmals täglich den gemeinsamen Chordienst versah und dessen einzelne Mitglieder hier ihre täglichen

Pflichten verrichteten. Die Geistlichen lasen das gemeinsame Chorgebet und auch – einzeln – die Privatmessen, aus deren Abhalten sie beträchtliche Einnahmen bezogen.

Die Geschichts- und Kunstgeschichtsschreibung neigt dazu, bestimmte große Bauvorhaben mit dem Episkopat bestimmter Bischöfe oder der Regierungszeit bestimmter Äbte in Verbindung zu bringen. Vor dem 13. Jahrhundert hat das eine gewisse Berechtigung, besonders bei den Klöstern, da diese noch stärker hierarchisch-autoritär verwaltet wurden als die Kathedralen.

So war Abt SUGER von Saint-Denis sicher die treibende Kraft des Neubaus seiner Klosterkirche, die für viele Kathedralen vorbildlich werden sollte. Diese Abtei, die Grablege der französischen Könige, hatte schon in karolingischer Zeit höchste Ansprüche, sogar auf ein „Vizepapsttum", angemeldet, konnte bezeichnenderweise aber erst im 12. Jahrhundert, als sich auch das Königshaus gefestigt hatte, ihre Konkurrenten – vor allem die Abtei von Cluny – überflügeln. SUGER nutzte die ersten fünfzehn Jahre seiner Regierungszeit als Abt zunächst zur gründlichen wirtschaftlichen Stärkung des Klosters. Dabei kam ihm dessen Lage unmittelbar nördlich der Hauptstadt sehr zustatten (heute ist Saint-Denis ein Vorort von Paris). Erst nachdem er die Einkünfte des Klosters um ein Mehrfaches gesteigert hatte, begann man mit dem Neubau der Kirche. Über die Errichtung der Westfassade mit ihrer Eingangshalle und vor allem über den Neubau des Chores, der nach allgemeiner Einschätzung der Gründungsbau der Gotik ist (1144 geweiht), hat SUGER eine Abhandlung geschrieben, aus welcher der ganze Stolz eines erfolgreichen Bauherrn spricht.[3]
Knapp dreißig Jahre später, in der Chronik des GERVASIUS von Canterbury, hören wir dagegen überhaupt nichts vom Abt bzw. Erzbischof, und hier sind es immer nur die Mönche des Konvents, die darüber beraten, ob die 1174 zum Teil abgebrannte Kathedrale nun lediglich renoviert oder von Grund auf neu gebaut werden soll. Natürlich hat sich auch der etwas eitle Abt SUGER – das liest man mehr zwischen den Zeilen seines Bauberichts – mit seinen Mönchen beraten und abgestimmt. Dennoch scheint sich in dem Unterschied zwischen Saint-Denis und Canterbury (auch wenn dies ein Augustinerkonvent unter einem Erzbischof, jenes eine Benediktinerabtei war) ein allgemeiner Trend abzuzeichnen, der auch anderenorts vielfach belegbar ist. Martin WARNKE hat diesen Trend als die „Verallgemeinerung der Bauträgerschaft" bezeichnet.[4] War der französische gotische Gründungsbau noch weitgehend unter der autokratischen Regie des Abtes entstanden, so wurde die Entscheidung für den englischen Gründungsbau der Gotik – denn dies ist die Kathedrale von Canterbury – durch ein Kollegialorgan, also ein breiteres Gremium, getroffen.

Gewiß haben die Bischöfe immer wieder Anteil an dem Bau „ihrer" Kathedrale genommen. Doch auch wenn der Pariser Bischof MAURICE de Sully, der auf einem der Portale der Kathedrale Notre-Dame als Betreiber des Neubaus von 1163 dargestellt ist, eine gewisse Verantwortung für den Fortgang des Unternehmens getragen haben mag, so ging diese Verantwortung schon bald gänzlich auf das Domkapitel über. Nach den erhaltenen Urkunden zu urteilen, war es in Frankreich fast ausschließlich das Kapitel, das über alle wesentlichen Maßnahmen beschloß. Mag sein – und vieles weist darauf hin –, daß dieser Prozeß der „Verallgemeinerung der Bauträgerschaft" in Frankreich und übrigens auch in England früher abgeschlossen war als in Deutschland. Das Kapitel wählte aus seinen Reihen den *magister fabricae* („Bauhüttenmeister"), wie er beispielsweise in Paris hieß, dem die finanzielle Verwaltung und Abwicklung des Bauvorhabens oblagen und der gegenüber dem Kapitel Rechenschaft abzulegen hatte.

Man darf sich aber von der Tatsache, daß die Kapitel in der Regel die institutionellen Bauträger waren, genausowenig täuschen lassen wie von der scheinbar autokratischen Bauträgerschaft der Äbte und Bischöfe in früheren Zeiten. Denn auch das Kapitel war immer auf andere angewiesen, deren Mitwirkung am Bau sich in zweierlei Weise äußern konnte: in materieller Hilfe für den Bau und in Teilhabe an den Planungen.

Wer waren nun die Entscheidungsträger und materiellen Förderer beim Bau einer Kathedrale?

Leider sind die Schriftquellen für den Bereich der französischen Kathedralen, die uns die Beantwortung dieser Frage erleichtern könnten, nur spärlich erhalten und immer noch nicht hinreichend bearbeitet. Es kommt hinzu, daß man nicht ohne weiteres von den Verhältnissen einer Kathedrale auf die einer anderen schließen kann, da es viele lokale Besonderheiten gab – hier waren diese, dort waren jene Gruppen stärker beteiligt. Dennoch kann man einigermaßen sicher sagen, welche Personen und welche gesellschaftlichen Gruppen sich beim Kathedralbau engagiert haben.

- Gewiß waren die *Bischöfe* in der Regel nach wie vor beteiligt, auch wenn sie die direkte Verfügungsgewalt über die Bauvorhaben verloren hatten. Sie gaben vermutlich ihre Zustimmung zu den Planungen, und wir wissen von vielen Fällen, in denen sie eigene Mittel zu dem Vorhaben beigesteuert haben.

- Wenn die Belange eines *Königshauses* in besonderer Weise betroffen gewesen sind, kann man auch mit dessen Engagement rechnen. Für die Kathedrale von Paris ist ein solches Engagement zwar nicht direkt, aber doch indirekt überliefert. Die Darstellungen des französischen Königs sowohl auf dem ältesten als auch auf dem jüngsten Portal der Kathedrale von Notre-Dame verweisen auf dessen Teilhaberschaft. Solche bildlichen Hinweise auf die Beteiligung des Königshauses gibt es auch anderswo, etwa in den Glasfenstern der Kathedrale von Chartres. Wie umfangreich sie war, läßt sich nur schwer ermessen. Es wäre jedenfalls verwunderlich, wenn das Königshaus beispielsweise der Krönungskathedrale von Reims nichts hätte zukommen lassen. Und man kann auch davon ausgehen, daß der Umbau der königlichen Grabkirche von Saint-Denis, zu dem der König selbst den Grundstein legte, seiner Zustimmung bedurfte. Wenn, wie im Falle von Saint-Denis, auch keine direkte Unterstützung nachweisbar sein mag, so war diese sicherlich schon dadurch gegeben, daß der König die Politik des Klosters unterstützte, dessen Abt ja als Hüter der Insignien des Königreichs die nationalen Interessen mit denen des Klosters verband. Die königliche Gunst gegenüber den Kathedralen äußerte sich nicht zuletzt in der Überlassung kostbarer Reliquien, die, weil sie Pilger und Spenden anzogen, ein besonderes Kapital waren. Die Bauherren bedankten sich in Gestalt von Königsgalerien, aber auch von königlichen Fensterzyklen dafür. Mit anderen Worten: sie propagierten in diesen Bilderzyklen die Idee der Monarchie. Denn, „wes Brot ich ess', des Lied ich sing'".

- Das trifft natürlich auch für andere Stifter zu, wie den *örtlichen Adel,* dem im Gegenzug für Spenden prominente Begräbnisplätze und Totenfürbitte zugesichert wurden, ein Privileg, das im 13. Jahrhundert auch zunehmend Angehörigen der bürgerlichen Oberschicht zugute kam. Gewiß bedürfte es genauerer zahlenmäßiger Analysen, aber es hat den Anschein, als wäre die Rolle der alteingesessenen Feudalherren gering gewesen. Ja es gibt Fälle, an denen deutlich wird, daß die Interessen des alten Adels und der Domkapitel entschieden auseinandergingen. In der Kathedrale von Amiens gab es 1258 eine Brandstiftung, die in einem Prozeß einigermaßen aufgeklärt werden konnte: Drei junge Adlige hatten das Feuer offenbar deshalb gelegt, weil sie Urkunden verbrennen wollten, aus denen hervorging, daß Güter, auf die sie Anspruch erhoben, im Besitz des Kapitels waren. Diese Begebenheit verdeutlicht den Interessengegensatz zwischen jugendlichen Adligen, die den alten Führungsschichten entstammten, und denen, die eine Kathedrale bauten.

- Das aufsteigende *Bürgertum* der Städte beteiligte sich in entscheidendem Maße an den Kathedralbauten. Die Tatsache, daß die größten Kathedralen in der Regel auch in den reichsten Bürgerstädten stehen, spricht noch nicht unbedingt für sich; denn es gab Ausnahmen wie die Abteikirche Saint-Denis und andere Sonderfälle. So war etwa die Kathedrale von Chartres zugleich ein beliebtes Wallfahrtsziel mit entsprechenden Einkünften. An den späteren Baumaßnahmen der Kathedrale von Reims scheinen sich die Bürger nicht sonderlich beteiligt zu haben, im Gegenteil. Dort herrschten zwischen den Stadtbürgern, denen es nie gelungen war, sich durch Gewinnung kommunaler Freiheiten aus der Abhängigkeit des Erzbischofs zu lösen, und Erzbischof und Kapitel zeitweise bürgerkriegsartige Zustände, die 1235 zur Vertreibung der kirchlichen Herren führten. Beim Sturm auf die bischöfliche Burg Porte-Mars und zur Errichtung einer provisorischen Befestigung benutzten die Bürger, wie es in einer Quelle heißt, „Pflastersteine, Grabplatten und Steine, die für den Bau der Reimser Marienkathedrale bestimmt waren".[5] Der Hintergrund dieses Konflikts, der letzten Endes zuungunsten der Bürger ausging, war deren Furcht vor Verfolgung durch die Inquisition, die damals in Frankreich etabliert worden war. Die Inquisition setzte nämlich die von seiten der Kirche verbotenen Kapitalgeschäfte der Bürger mit Wucher gleich, und Wucher war zugleich Ketzerei. Man sieht, daß die Unternehmer, Bankiers und Handelskapitalisten auch in scharfen Gegensatz zu ihrem Kathedralklerus geraten konnten.

Dennoch ist die Beteiligung des städtischen Bürgertums und seiner Institutionen am Kathedralbau zu deutlich, um übersehen werden zu können. Da wo die großen Glasfensterzyklen erhalten sind oder wo die Quellen von ihnen berichten (also in Chartres, Bourges, Amiens), erweisen sie sich in großer Zahl als Stiftungen der städtischen Zünfte. Bürgerliche Bruderschaften ließen in den Kathedralen zahllose Kapellen errichten, die sie für ihre korporativen Zwecke nutzten. Auffallend ist im Verlauf der 1. Hälfte des 13. Jahrhunderts auch die ständige Zunahme individueller bürgerlicher Stiftungen.

Besonders aufschlußreich sind die Quellen bezüglich der Kathedrale von Amiens: als das Kapitel 1235 den Abriß der alten Firminskirche erwog, die dem Weiterbau im Wege stand, geschah dies ausdrücklich im Beisein und mit der Zustimmung der Delegierten der Bürgerschaft. Daß diese jedoch nicht nur um Rat gefragt wurde, sondern den Bau außerdem aktiv unterstützte, geht aus Stiftungen für heute verlorene Fenster und für Kapellen hervor: Auf der Südseite des Langhauses hatten sich beispielsweise „die Leute, die Färberwaid verkauften", also Angehörige der bedeutendsten Amienser Händlergilde, als Stifter darstellen lassen. Leider fehlen aber für Amiens wie für fast alle anderen Kathedralen die Archivalien, aus denen das genaue Ausmaß bürgerlicher und sonstiger Beteiligung hervorginge.

Um die Wichtigkeit der bürgerlichen Unterstützung zu ermessen, kann man auch umgekehrt zeigen, was passierte, wenn diese ausblieb. Im schon erwähnten Reimser Fall war es so, daß die Bauarbeiten bis zu dem Konflikt zwischen Bürgern und Klerus zügig fortschritten; danach kamen sie nur noch schleppend voran. Spätere

Kapellenstiftungen, die so typisch für bürgerliches Engagement sind, fehlen hier ganz. In der Regel scheint demnach die Beteiligung der Bürger die Hauptbedingung für das Gelingen der Kathedralbauten gewesen zu sein.

In Köln schritt der Bau nach dem Konflikt zwischen Bürgern und Bischof auch nicht mehr recht fort; er blieb schließlich unvollendet liegen. In Straßburg war es in vergleichbarer Lage nur deshalb anders, weil hier die Bürger nach dem Sieg über den Bischof einfach die Bauregie übernahmen. Schließlich gibt es Fälle, in denen es wegen der ständigen Konflikte zwischen Stadt und Kathedralgeistlichkeit überhaupt nicht zu nennenswerten Kathedralbauten kam, so etwa in der großen und reichen Stadt Lyon, deren Kathedrale neben anderen zeitgenössischen geradezu kümmerlich erscheinen mußte.

• Wenn nun aber die *Domkapitel* in der Regel die direkten Bauherren waren, stellt sich die Frage, welche Standesinteressen die Kathedralgeistlichkeit verfolgte. Ein Kapitel war ja nicht einheitlich zusammengesetzt. Zwar stammten viele seiner Mitglieder aus dem Adel, andere aber hatten innerhalb der Kirche Karriere gemacht. Vom doch so exklusiven Reimser Kapitel wissen wir zudem, daß im 13. Jahrhundert mindestens 10% seiner Mitglieder aus großbürgerlichen Ministerialenfamilien stammten, aus Familien also, die ihren Reichtum bürgerlichen Geschäftspraktiken verdankten.

Man sollte aber die soziale Zusammensetzung der Kapitel auch nicht überbewerten. Denn ob es sich nun um nachgeborene Adlige oder um Männer handelte, die in der Kirche Karriere gemacht hatten, oder gar um Bürgerliche – als privilegierte Nutznießer reicher Pfründen mußten sie zwangsläufig so etwas wie Corpsgeist und ein gemeinsames Interesse entwickeln, also eine Mentalität, die nicht notwendig mit jener der Schichten übereinstimmen mußte, denen sie entstammten. Während etwa ein ländlicher Feudalherr aufgrund seiner bedrohten Klassenlage sozusagen eine natürliche Feindschaft gegen das Stadtbürgertum entwickeln mußte, brauchte dies bei seinem jüngeren Bruder, der Kanoniker geworden war, nicht notwendig auch der Fall zu sein. Im Gegenteil! Gerade weil ein Domherr seinen Unterhalt in zunehmendem Maße mit bürgerlichen Zuwendungen bestreiten mußte und weil die Kapitel selbst zu bürgerlichen Verwertungspraktiken übergingen (etwa in der Form der Vermietung von Immobilien gegen Geld), konnten seine Angehörigen zu natürlichen Verbündeten des Bürgertums werden.

Hier schließt sich aber nun ein Kreis. Denn wenn die entscheidenden Impulse zu den Großbauten aus dem Stadtbürgertum kamen, wenn sich die Kapitel und zum Teil auch die Bischöfe mit diesem verbanden und wenn schließlich dieses Bündnis durch die Hilfe des Königs verstärkt wurde, dann fand sich hier eine Koalition aus genau den gesellschaftlichen Kräften zusammen, welche die Entwicklungen des 2. Feudalzeitalters so entscheidend getragen hatten. Was bedeutet das?

Die gesellschaftliche Funktion der Kathedralen

Wenn die Kathedralen Ergebnisse einer Interessenkoalition sind, die man, wenn auch nur in groben Zügen, annähernd umreißen kann, dann ist zu erwarten, daß diese Interessen in den Kathedralen zum Ausdruck kommen. Das bedeutet aber, daß die Kathedralen nicht das Produkt einer gesamtgesellschaftlichen Anstrengung und Vision sind, wie das „romantisierend" bis heute so oft behauptet wird. An dieser Tatsache ändert sich auch nichts dadurch, daß die Erbauer der Kathedralen vermutlich dieselbe Behauptung aufgestellt hätten. Denn indem die Kathedralen bestimmten Interessen Ausdruck verliehen, erfüllten sie eine übergeordnete politische Funktion, wenn auch in religiösem Gewande. Diese übergeordnete Funktion läßt sich in Umrissen beschreiben.

Mit ihrer Größe und Perfektion belegen die Kathedralen, für die es im Gegensatz zur vorhergehenden Epoche nun im ländlichen Bereich keine gleichwertigen Gegenstücke mehr gab, den neuen Stadt-Land-Gegensatz und den historisch berechtigten Führungsanspruch der Städte. Indem sie in vielen Fällen zu deren Wahrzeichen wurden (und es meist bis heute geblieben sind), konnten sich die Stadtbürger mit ihnen identifizieren: sie waren für die Städter Identifikationsobjekte. Für die untereinander konkurrierenden nordfranzösischen städtischen Volkswirtschaften sind sie ausgesprochene Statussymbole. Wie sonst soll man sich den Wettstreit um immer größere Ausmaße, höhere Gewölbe und Türme, aber auch die zunehmend prunkvollere Bauzier erklären? Sie rechtfertigen die Machtkoalition, die sie hervorgebracht hat, und behaupten deren Überlegenheit und Stabilität bis hinein in die Bildprogramme.

Wenn die Kathedralen nun aber die Interessen einer bestimmten Koalition vertreten, dann müssen sie sich zwangsläufig auch gegen bestimmte andere gesellschaftliche Kräfte wenden, und zwar gegen die Kräfte, welche die Ziele der Kathedralenbetreiber am meisten bedrohten. Wir wissen schon ungefähr, welche Kräfte das sind:

die alten, von Abstieg bedrohten Führungsschichten des Feudaladels, die ländlichen Großklöster, aber auch die nach oben drängenden Kräfte: die unterdrückten Schichten der Stadtbevölkerung, der niedere Klerus und natürlich die Ketzerbewegungen.

Schon von Zeitgenossen wurde vielfach Kritik an den Großbauten geäußert. Sie kam von verschiedenen Seiten, erst von den Zisterziensern als einem ländlichen Kolonisationsorden, dessen Angehörige in großer Zahl aus dem Landadel stammten, später, nach 1220, vor allem von den neuen Bettelorden, den Dominikanern und Franziskanern, die sich oft zum Sprachrohr der städtischen Unterschichten machten. In Paris gab es jedenfalls schwere Konflikte zwischen dem Kathedralklerus und den an der Universität unterrichtenden Gelehrten dieser Orden: Thomas von Aquin, Bonaventura und Albertus Magnus. Und all diese Orden bildeten denn auch für ihre Kirchen Baukonzepte aus, die sozusagen gegenkulturelle Leitbilder gegen die Kathedralen darstellen. Leider ist die Kritik an den Kathedralen nie systematisch unter Gesichtspunkten erforscht worden, wie sie uns hier interessieren. Zum Teil kam sie, etwa bei Petrus Cantor, einem Pariser und Reimser Kanoniker und bedeutsamen Theologen des 12. Jahrhunderts, aus den Kathedralkapiteln selbst.[6]

Der gleichsam imperialistische Anspruch der Kathedralen wird dort besonders deutlich, wo es die neue politische Ordnung in neu eroberten Gebieten aufzurichten galt. Wie sonst soll man sich erklären, daß die dem Kronland neu einverleibten Gebiete umgehend mit gotischen Kathedralen „beglückt“ wurden? Am augenfälligsten ist dies in Landstrichen, die durch die Ketzerei der asketischen Sekte der Katharer (hier vor allem der Albigenser) „verseucht“ waren, also im Languedoc, wo nach der siegreichen Beendigung des „Binnenkreuzzugs“ die Kathedralen von Béziers, Narbonne und Carcassonne errichtet wurden. Der Kathedralbau hatte hier gleich mehrere Funktionen: er führte unübersehbar den richtigen Kultus wieder ein und bezeugte mit diesen von Nordfrankreich eingeführten Formen zugleich, wer von nun an die Macht hatte.

Man kann gegen die vorgetragene Sichtweise ein gewichtiges Argument ins Feld führen, das zugleich als Überleitung zu den Erörterungen des folgenden Abschnittes dienen kann: die technische Überlegenheit der gotischen Architektur gegenüber allen anderen damals vorhandenen Bauweisen. Man könnte behaupten, daß die an den nordfranzösischen Kathedralen entwickelte Architektur einfach besser, das heißt rationeller, billiger und technisch perfekter war als irgendeine andere. Denn schließlich hat man an vielen Orten, die nicht vom direkten Vorherrschaftsstreben der französischen Krone bedroht waren, eben diese Architektur übernommen, offenbar weil sie moderner, schöner und kostengünstiger war.

Das Problem läßt sich aber unserer Meinung nach weder in der einen noch in der anderen Richtung eindeutig entscheiden: Es gilt vielmehr in jedem Einzelfall zu fragen, welches die Beweggründe für die Übernahme des Formengutes der gotischen Kathedralen gewesen sind, ob sie eher im Ideologischen oder eher im Praktisch-Technischen liegen oder in beidem. Dieses Problem führt uns aber auf einen Zwiespalt; denn die moderne Rezeption der gotischen Kathedralen spaltet sich ja in derselben Weise: Zum einen werden sie als technische Meisterleistungen bewertet, zum anderen aber als Ausdrucksträger für ganz bestimmte gesellschaftliche Zustände. Ob man diese Zustände jeweils richtig eingeschätzt hat oder nicht, ist dabei von untergeordneter Bedeutung.

Es gibt einen wichtigen und noch heute überprüfbaren Hinweis, der uns weiterhelfen kann bei der Frage, warum eine kathedral-gotische Formgebung übernommen wurde: die technische Beschaffenheit des Nachfolgebaus. Wenn sich bei einem solchen Bau herausstellt, daß er die kostenmindernden Faktoren einer gotischen Kathedrale aufweist, dann liegt die Vermutung nahe, daß die Entscheidung der Bauherren für einen modernen gotischen Bau durch Kostenerwägungen zumindest mitmotiviert war. Ist das nicht der Fall, handelt es sich also bei dem Nachfolgebau lediglich um eine Architektur, die zwar gotische Formen, nicht aber gotische Techniken aufweist, dann steht zu vermuten, daß die Gründe für die Übernahme gotischen Formenguts auf einer anderen als der technisch-rationell-finanziellen Ebene liegen. Auch diese Feststellung mag die eigentlichen historischen Probleme noch zu stark vereinfachen. Sie macht aber deutlich, daß wir uns die betriebswirtschaftlichen Vor- und Nachteile eines gotischen Kathedralbaus erst einmal klarmachen müssen, ehe wir die Gründe für die Übernahme gotischen Formengutes im ganzen Abendland weiter diskutieren können. Deshalb muß im nächsten Abschnitt von der Effizienz des gotischen Baubetriebs im Vergleich zu anderen Baupraktiken, die es damals gab, die Rede sein. Das sind jene, die wir als die romanischen bezeichnen. Aber welches auch immer die Gründe sein mögen, die ein Bauherrengremium in Deutschland, Italien, Spanien, England oder Schweden dazu bewogen haben, ihren Neubau statt in romanischen in gotischen Formen errichten zu lassen – eines muß man doch festhalten: In ihrem Entstehungsgebiet sind die gotischen Kathedralen Ausdruck besonderer gesellschaftlicher Verhältnisse, und sie erfüllen dort eine Funktion, die sie anderenorts, eben weil die Verhältnisse nicht dieselben waren, nicht in der gleichen Weise erfüllen konnten. Wenn die frühen Kathedralen in Nordfrankreich also dem Bündnis von Bürgertum, Monarchie, hohem Klerus und monarchisch orientiertem fortschrittlichen Adel Ausdruck verleihen konnten, so heißt das nicht, daß der im 14. Jahrhundert errichtete Prager Veitsdom dieselbe Ausdrucksfunktion hätte. Schon er scheint nämlich auf dem historischen Mißverständnis zu beruhen, die französischen Kathedralen seien einfach „Königskathedralen". Die Könige aus der Dynastie der Luxemburger haben in Prag offenbar deshalb eine Domkirche in Form einer französischen Kathedrale errichten lassen, weil sie, teils zu Recht und teils zu Unrecht, meinten, eine gotische Kathedrale sei die architektonische Darstellung der legitimen Monarchie schlechthin.

Auch anderswo hat man sich übrigens des Kathedralschemas bedient, um konkreten politischen Ansprüchen Geltung zu verschaffen. Aber all dies sind Vereinnahmungen der Kathedrale, deren Berechtigung bis heute offenbleibt. Denn man kann die gesellschaftliche Funktion der Kathedralen sowohl in ihrer Entstehungszeit als auch in ihrer Nachwirkung auch heute noch sehr unterschiedlich beurteilen. Bloß an einer Feststellung kommt man nicht vorbei: sie sind kulturelle Produkte höchsten Niveaus, ob man sie nun liebt oder nicht.

Die gotische Bauproduktion

Wir wollen in diesem Abschnitt klären, wie sich die mittelalterliche Bauproduktion vom 1. zum 2. Feudalzeitalter veränderte, wie sich der Architektenberuf in diesen Zusammenhängen wandelte, um schließlich zu fragen, ob diese Veränderungen innerhalb der Bauproduktion als Widerspiegelung des allgemeinen historischen Wandels verstanden werden können.

Vom romanischen zum gotischen Baubetrieb

Die wesentlichen Merkmale der romanischen Bauproduktion sollen zunächst am Beispiel des Speyerer Doms dargestellt werden, und zwar aus zwei Gründen: Zum einen handelt es sich um einen Bau von höchstem Anspruchsniveau und um einen Gründungsbau der „Großquadertechnik", zum anderen gibt es keinen romanischen Großbau, der im Hinblick auf die Fragen, die uns hier interessieren, so gut erforscht ist wie der Speyerer Dom.

Seit dem Jahr 1000, also mit dem beginnenden Aufschwung des 1. Feudalzeitalters, ist im Abendland eine äußerst rege Bautätigkeit zu verzeichnen, die auch von den zeitgenössischen Chronisten hervorgehoben wird. So berichtet der Chronist Raoul Glaber unter dem Titel *„Über die Erneuerung der Kirchen auf der ganzen Welt"*, daß man sich nach dem Jahrtausendwechsel überall, sowohl in Italien als auch in Gallien, eilends an die Erneuerung der Kirchen gemacht habe. Es sei so, als habe „sich die Welt überall ein weißes Gewand von Kirchen angezogen".[7]

Lassen wir die Gründe für diesen Bauboom einmal beiseite. Für unseren Zusammenhang ist wichtig, daß sich im Rahmen dieses Booms allmählich eine Technik durchsetzt, die wir den „Großquaderbau" nennen. Waren bislang auch anspruchsvolle Großbauten zu weiten Teilen aus kleinen Quadern oder nur grob zugerichteten Steinen verschiedener Formate errichtet worden, so bestehen in der Folge die Wände, Pfeiler und oft auch die Gewölbe aus exakt zugerichteten Quadern. Sieht man einmal von Gebieten wie der Po-Ebene, Südwestfrankreich oder Norddeutschland ab, in denen die Backsteinarchitektur zur Blüte kam, dann kann man eines festhalten: seit dem 11. Jahrhundert ist die anspruchsvolle europäische Sakralarchitektur aus Quadern errichtet worden. Und seit dem 12. Jahrhundert gilt dies, nicht zuletzt aus militärtechnischen Gründen, auch für den Bau von Burgen und anderen Profanbauten.

Der Bauforscher Walter Haas hat die Speyerer Bautechniken sehr genau dargestellt und dann Rückschlüsse auf die Arbeitsprozesse und die Bauproduktion als Ganze gezogen, so daß sich ein außerordentlich zuverlässiges Bild ergibt. Es sei hinzugefügt, daß die Befunde an anderen frühromanischen Großbauten auch in Frankreich (jedoch mit Ausnahme der Normandie) die Ergebnisse von Haas bestätigen. Das muß deshalb hervorgehoben werden, weil man sonst einwenden könnte, daß man nicht ohne weiteres einen deutschen mit einem französischen Bau vergleichen dürfe.[8]

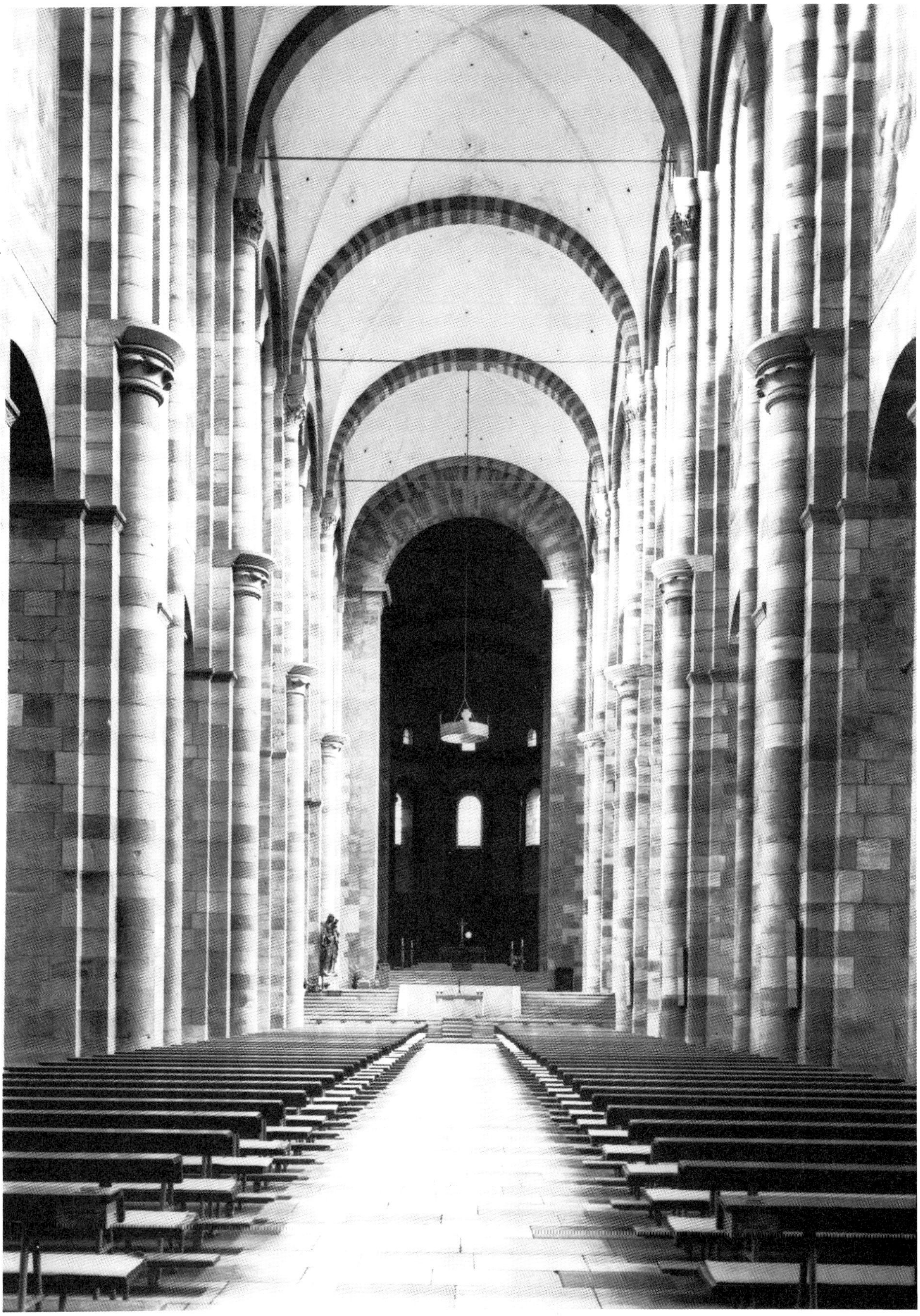

Abb. 2: Speyer, Dom. Mittelschiff des Langhauses, Blick zum Chor. 1030–1061, Umbau und Einwölbung 1080–1106

Der Speyerer Dom ist von 1030 bis 1061 errichtet und dann von 1080 bis 1106 noch einmal umgebaut worden *(Abb. 2)*. Bei diesem Umbau erhielt das zuerst flach gedeckte Mittelschiff eine Steinwölbung – was Änderungen des Wandaufrisses erforderlich machte. Großenteils, aber längst noch nicht durchgehend, bestehen Pfeiler und Wände aus Quadern. Oder genauer gesagt: sie haben einen Mantel aus Quadermauerwerk. Die Mauern sind nämlich zweischalig aufgeführt, das heißt, sie haben eine innere und eine äußere gequaderte Mauerschale. Der Zwischenraum ist mit Bruchsteinen in reichlicher Mörtelbettung ausgefüllt. Auch bei den Pfeilern bildet das Quaderwerk nur eine Schale für die Bruchstein-Mörtel-Mischung des Pfeilerkerns.

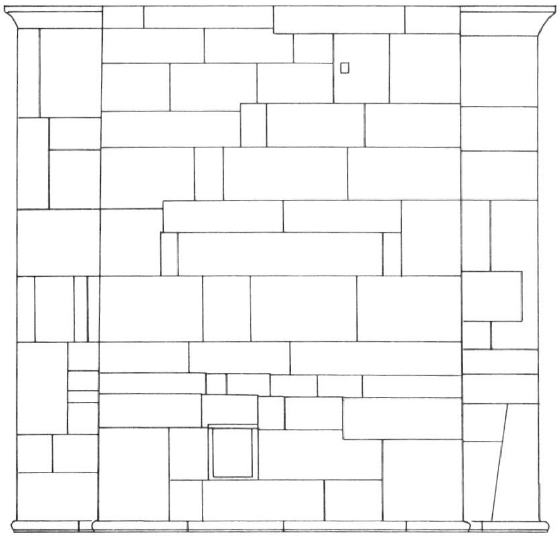

Abb. 3: Speyer, Dom. Schemazeichnung des Mauerverbundes

Wichtig ist nun, wie die Quader versetzt sind. HAAS hat gezeigt, daß die Quader vor allem zu Beginn der Speyerer Bautätigkeit häufig ein sehr unregelmäßiges und zum Teil sogar sonderbares Fugennetz bilden *(Abb. 3)*. Wenn man eine Lage Steine versetzt, ist man in aller Regel bestrebt, sie so anzuordnen, daß sie ein horizontal glatt durchlaufendes Oberlager bilden; denn nur so läßt sich auch die nächste Steinlage problemlos versetzen. Zwar erkennt man auch in Speyer das Bemühen, möglichst regelmäßig durchlaufende Lagerfugen zu erreichen; an vielen Stellen weisen diese horizontalen Fugen jedoch Sprünge auf, weil die Steine des Unterlagers verschiedene Höhen hatten. Die Folge war, daß, als man die nächste Steinlage versetzte, einzelne Steine nachbearbeitet werden mußten, damit auch sie paßten. Entweder mußte man die schon versetzten Steine des Unterlagers an ihrem Oberlager oder die zu versetzenden Steine an ihrem Unterlager nachträglich „ausklinken" (also entsprechend abmeißeln), es sei denn man behob die Schwierigkeiten durch kleine Füllsteine. Mit fortschreitendem Bauverlauf bemühte man sich in Speyer offenbar immer mehr, diese Schwierigkeiten gar nicht erst aufkommen zu lassen, indem man für jede Lage möglichst Steine derselben Höhe versetzte. Das ist in der Regel auch nicht so schwierig, weil ja die Rohquader, die man im Steinbruch aus einer Steinbank – also einer bestimmten Sedimentschicht – gewann, schon ungefähr dieselbe Höhe hatten. Man brauchte also bloß die Arbeiten im Steinbruch und auf der Baustelle etwas besser zu koordinieren.

In der vorgeschrittenen romanischen Baukultur des 12. Jahrhunderts kommen Sprünge in den Lagerfugen und Unregelmäßigkeiten, wie wir sie im 11. Jahrhundert in Speyer und anderenorts beobachten, nur noch sehr selten vor. Das Mauerwerk ist überall dort, wo die Materialbeschaffenheit des Steins das erlaubte, sorgfältig durchnivelliert, das heißt störungsfrei geschichtet. Diese für die hochromanische Architektur kennzeichnende und bauhandwerklich sehr befriedigende Technik war in der Normandie schon im 11. Jahrhundert zu hoher Blüte gelangt, und wir finden sie auch im Rheinland. Der Grund liegt vor allem in der Materialbeschaffenheit der Natursteine dieser Gegenden, also des normannischen Kreidekalks und des rheinischen Tuffs, die beide in verhältnismäßig beliebigen Formaten gebrochen und zudem sehr leicht bearbeitet werden konnten. Es kommt nicht von ungefähr, daß ausgerechnet diese Steinsorten in großen Mengen und über große Entfernungen auf dem Wasserweg, aber auch über Land exportiert worden sind, nämlich nach England, Friesland und Jütland. Aber halten wir fest: die hochromanische Architektur ist sehr gut durchnivelliert; während des Versatzvorgangs an den Steinen mußten kaum noch Nachbearbeitungen der Lagerflächen vorgenommen werden.

HAAS hat in Speyer noch eine andere wichtige Beobachtung gemacht: die Steine erfuhren ihre endgültige Oberflächenbearbeitung in vielen Fällen erst nach dem Versetzen. Man kann dies an den Bearbeitungsspuren sehen, aus denen sich auch die jeweils verwendeten Werkzeuge erschließen lassen. Diese Endzurichtung „après la pose" (nach dem Versatz) sollte sich zunehmend verlieren.

Insgesamt kommt HAAS zu dem überzeugenden Schluß, daß die Steinmetzen und Versetzer in Speyer ständig Hand in Hand gearbeitet haben, und er hält es für sehr wahrscheinlich, daß es überhaupt noch keine Arbeitsteilung zwischen diesen Berufsgruppen gegeben hat. Das heißt: die Arbeiter, welche die Steine zurichteten, versetzten sie auch. Wenn man nun bedenkt, daß Zurichtung und Versatz in enger Abstimmung aufeinander erfolgten, so hat dies eine sehr weitreichende Konsequenz. Denn da der Versatz nur in der

Sommerperiode und nicht in den Regen- und Frostzeiten erfolgen konnte, mußte der ganze Baubetrieb für die Wintermonate stillgelegt werden. Daß dies auch in frühgotischer Zeit so war, erfahren wir aus der schon erwähnten Chronik des GERVASIUS von Canterbury, wo es bei der Schilderung der jährlichen Bauarbeiten immer gleichbleibend heißt, daß sie eingestellt wurden, wenn die herbstlichen Regenfälle kamen.[9] Noch beim Bau der 1194 begonnenen Kathedrale von Chartres war das nicht anders, wie der australische Forscher John JAMES in seinen kürzlich vorgelegten Studien herausgestellt hat.[10] Damit soll nicht gesagt werden, daß der Baubetrieb der Kathedrale von Chartres dem des Speyerer Doms in allen Punkten geglichen habe – aber doch in diesem einen wesentlichen: der durch Winterpausen bedingten Unterbrechung der Arbeit.

Wir wollen uns jetzt die einzelnen Entwicklungsstufen der gotischen Bauproduktion vor Augen führen:

Betrachtet man die frühgotischen Kathedralen auf ihre Technik hin, dann stellt man zunächst keine Unterschiede zu den romanischen Baupraktiken fest. Die zwischen 1135 und 1170 entstandenen Kathedralen und Abteikirchen – also Saint-Denis, Noyon, Sens, Saint-Remi in Reims, Laon, Paris und Canterbury – sind alle regelmäßig durchnivelliert. Man kann also davon ausgehen, daß sie auf ähnliche Weise gebaut worden sind wie ihre romanischen Vorgänger und Zeitgenossen. In einem Punkt bringt aber schon der Gründungsbau der Gotik, der Chor von Saint-Denis, etwas Neues: in der Verwendung von zahlreichen dickeren und dünneren Säulenschäften. Es handelte sich dabei nicht mehr um antike Säulen, die man wie früher als „Raubstücke" *(Spolien)* anderen Bauten entnommen und hier wiederverwandt hätte, sondern um sogenannte „en-délit"-Elemente. Weil diese für die gotische Architekturentwicklung so wichtig wurden, müssen wir sie etwas näher erläutern *(Abb. 4)*.

Im Hausteinbau versetzt man die Steine in aller Regel so, daß ihre durch natürliche Sedimentierung entstandene Schichtung oder Maserung im Bau auch wieder horizontal zu liegen kommt. Ausnahmen von dieser Regel gibt es zwar schon seit der Antike, so etwa die „Orthostaten" (senkrecht Stehende) an den Sockeln griechischer Tempel, aber daß es sich um Ausnahmen handelt, sagt schon der mittelalterliche Terminus für diese aus der Reihe tanzenden Steine: man nannte sie „Juden". Die französische Bezeichnung „en-délit", von *lit:* „Bett", meint also Steine, die „entgegen ihrer Bettung" aufgestellt sind. Warum man Orthostaten in aller Regel vermied, liegt auf der Hand: Wenn die Maserung des Steins senkrecht verläuft, ist die Festigkeit geringer; auch dringt viel leichter Wasser ein, der Stein wird schneller brüchig, droht zu bersten oder splittert ab. Dafür könnte man viele konkrete Beispiele anführen, etwa eine ganze Reihe von „en-délit"-Elementen im Kölner Dom.

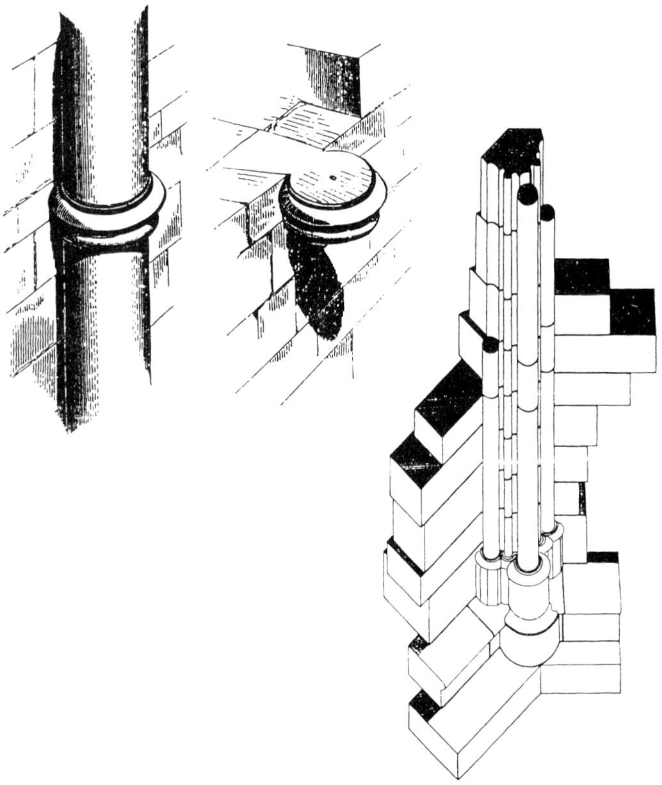

Abb. 4: Versatztechnik von En-délit-Diensten mit Schaftringen und Binderlagen

Wenn man also solche Elemente verwenden wollte, mußte man die Materialeigenschaften des Steins sehr sorgfältig prüfen. Der Stein mußte sehr feinkörnig und fest sein. In seinem Bericht über den Neubau von Saint-Denis schildert Abt SUGER, daß man lange überlegt habe, wie man geeignete Säulen auf dem langen und gefährlichen Seeweg von Rom nach Saint-Denis beschaffen könne. Durch Gottes Fügung sei man dieser Sorgen schließlich enthoben worden, weil man in unmittelbarer Nähe – nämlich bei Pontoise – einen Steinbruch gefunden habe, dessen Material so vorzügliche Eigenschaften besitze, daß man auf die römischen Importsäulen habe verzichten können.

Damit eröffneten sich nun ganz neue Möglichkeiten, die man bald auch anderswo nutzte. Sowohl in Burgund, wo ähnliches Material gefunden wurde, als auch in England, wo man sich seit der 2. Hälfte des 12. Jahrhunderts im ganzen Lande des schwarzen Purbeck-Marmors bediente, kam die durch die „en-délit"-Elemente ermöglichte Baupraxis zu großer Blüte, und durch den burgundischen Zisterzienserorden wurde sie über ganz Europa verbreitet.

Welches waren nun die Vorteile der Bautechnik, die sich solcher Elemente bedienen konnte? [11]

Ein Blick in Abt SUGERS Chor von Saint-Denis läßt das sofort erkennen *(Abb. 5)*. Denn wenn man Stützen und Säulen aus monolithen Schäften errichtete, konnten diese sehr viel dünner sein als die konventionell aufgemauerten Stützen. Die Raumgrenzen zwischen den Schiffen waren weniger stark betont – was eine größere Durchflutung des Raums mit Licht ermöglichte. Der Innenraum wurde also durchlässiger. Und in den Schriften von SUGER spielt denn auch das Licht die entscheidende Rolle, wenn es gilt, die neue – gotische – Architektur von der alten abzusetzen.

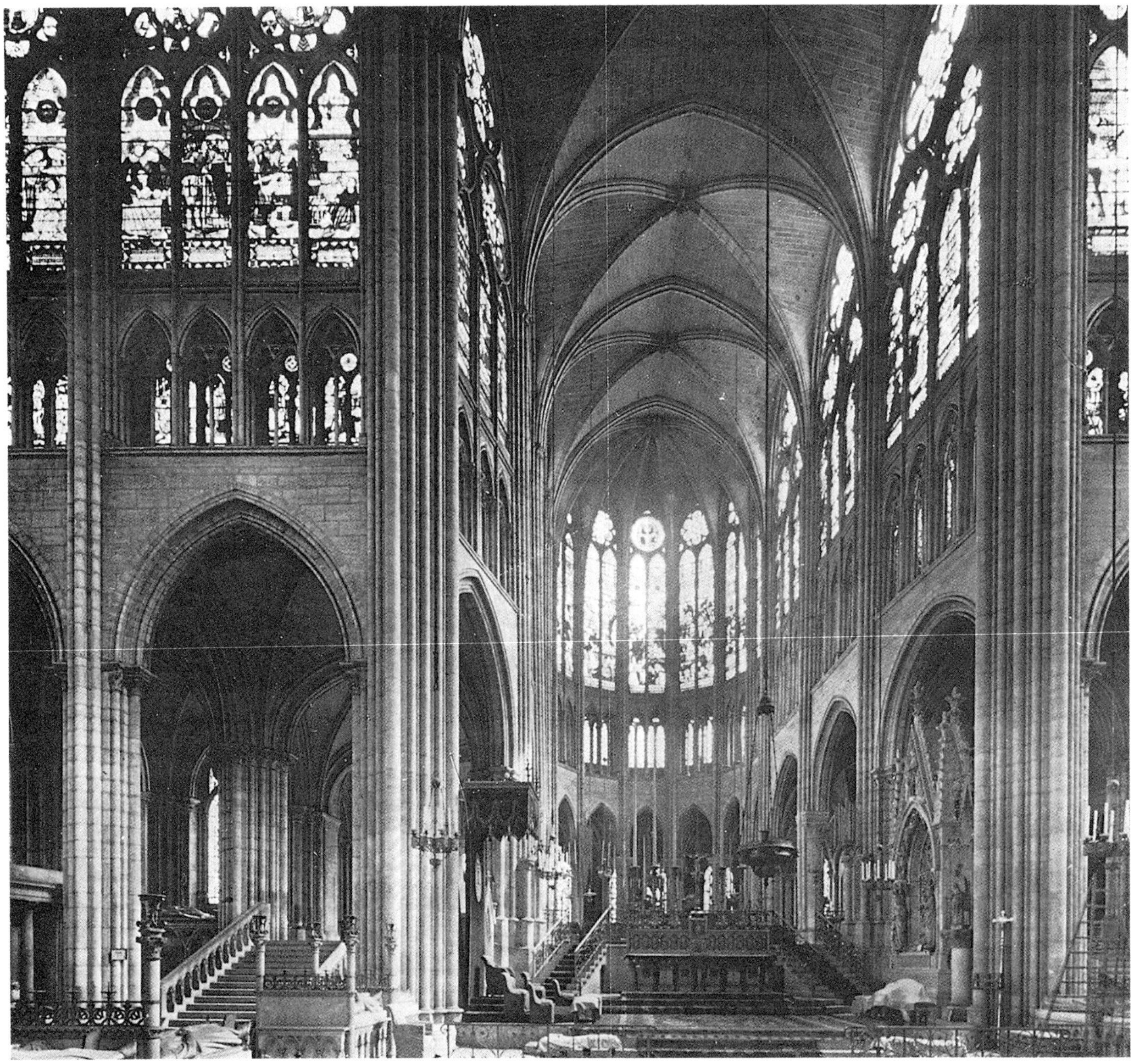

Abb. 5: Saint-Denis, Abteikirche, Einblick in den Chorumgang und die Kapellen des Suger-Chores. Chorumgang 1141–1144, Obergaden und Querhaus 1231–1240

Aber das ist nicht alles. Die „en-délit"-Elemente konnten auch als „Dienste", also dünne, aber feste Rundsäulen, zur Versteifung der inneren Wand beitragen und damit statisch-konstruktive Funktionen übernehmen, die vordem von dicken Mauern oder doch zumindest von ziemlich kompakt gebildeten Wandvorlagen übernommen worden waren. Mit anderen Worten: Die Verwendung von Dienstbündeln oder von einzelnen Diensten aus

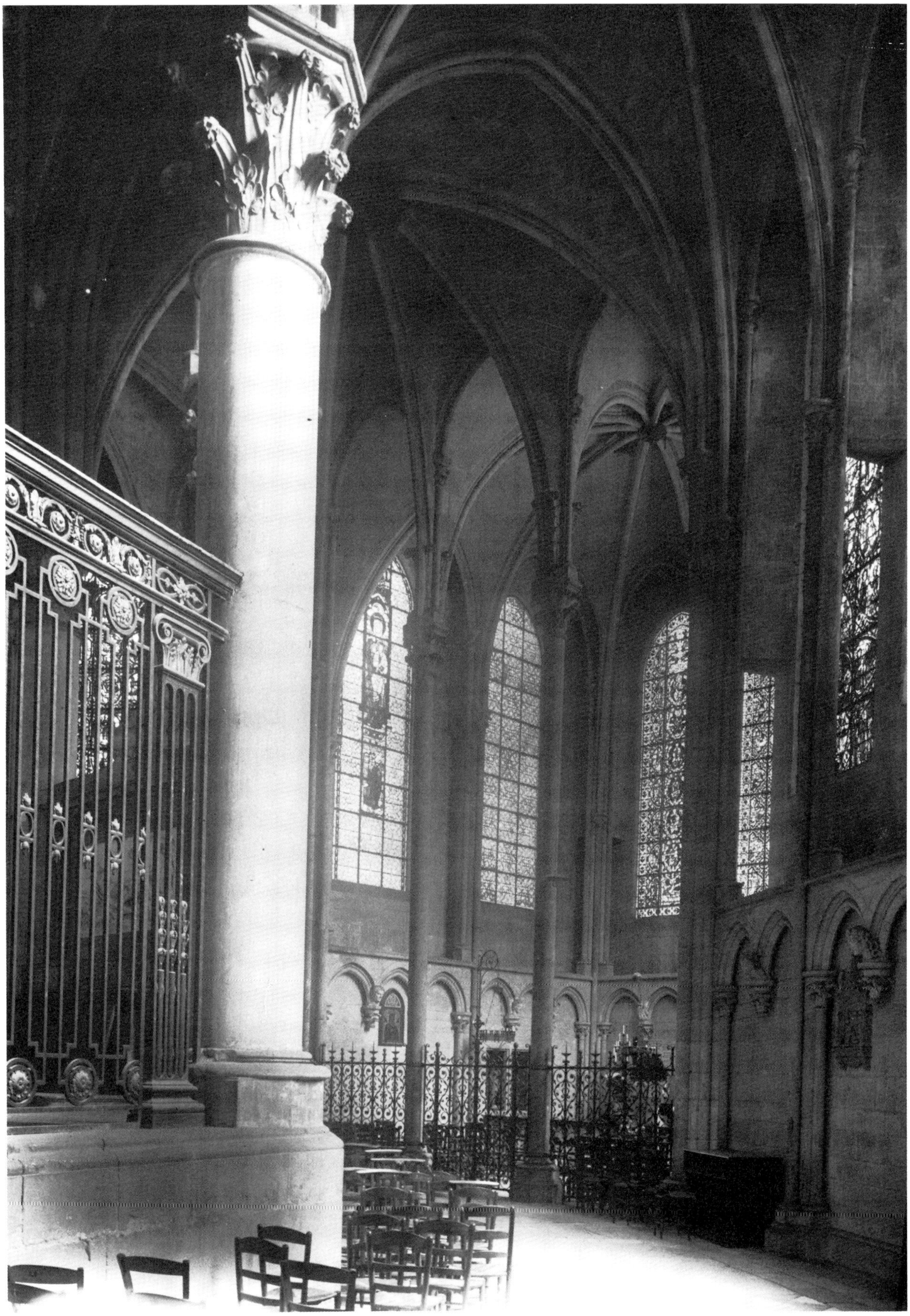

Abb. 6: Auxerre, Kathedrale. Blick vom Chorumgang in die Chorscheitelkapelle. 1. Drittel des 13. Jahrhunderts

„en-délit" aufgestellten Elementen erlaubte es, die Mauerstärken erheblich zu verringern. Schon in der frühgotischen Architektur stellen wir fest, daß die Außenmauern erheblich dünner werden und daß sie schließlich nicht mehr aus zwei Schalen von Quadermauerwerk mit Füllung bestehen, sondern nur noch aus einer sehr dünnen „Haut" von der Dicke *eines* Steins. Man kann sich die Vorteile der neuen Technik dort am besten vor Augen führen, wo diese am weitesten gediehen ist: in den burgundischen Kirchen aus der 1. Hälfte des 13. Jahrhunderts *(Abb. 6)*. Und man mag die Vorteile der neuen Technik ermessen, wenn man sich klarmacht, daß sie eine Verringerung der Mauerstärken von gut 1 Meter auf etwa 15 Zentimeter ermöglichten.

Die Kunstgeschichtsschreibung hat dieses Phänomen in der Regel als Ausdruck ästhetischer Konzepte beschrieben, denen sich die Technik nur angepaßt hätte. Aus einer materialistischen und historisch übrigens sehr gut begründbaren Sicht der Dinge stellt sich die Sache allerdings komplizierter, eben dialektisch dar: die neue Technik wurde im Rahmen der sich entfaltenden Formvorstellungen entwickelt und machte dann zugleich Lösungen möglich, für die vorher die Voraussetzungen gefehlt hatten.

Für die Entfaltung der frühgotischen Kathedralarchitektur war die „en-délit"-Technik also sicher von größter Bedeutung, und für die Entfaltung der burgundischen Architektur sollte sie es bis weit ins 13. Jahrhundert hinein bleiben. Im Kernland der Gotik, also in Nordfrankreich, beobachtet man jedoch seit etwa 1170 eine Reihe von Neuerungen, die diese Technik schließlich verdrängen sollten. Sie können hier nur in aller Kürze skizziert werden.

Wenn man Bauten bzw. Bauteile dieses Gebiets, die in den siebziger und achtziger Jahren des 12. Jahrhunderts entstanden sind, analysiert, macht man die Feststellung, daß die Steinformate erheblich vergrößert werden. Sieht man einmal von den Riesenformaten der Frühzeit des 11. Jahrhunderts ab, die mit Methoden transportiert und versetzt wurden, die wahrscheinlich den beim Bau der ägyptischen Pyramiden angewendeten Techniken nicht unähnlich waren, dann treffen wir im romanischen und frühgotischen Bauwesen fast durchweg Formate an, die von Hand von einem oder höchstens vier Bauleuten mit einer Trage oder sonstigen Hilfsmitteln an den Versatzort gebracht werden konnten. Dies wird übrigens auch durch die bildliche Überlieferung bestätigt *(Abb. 7)*.

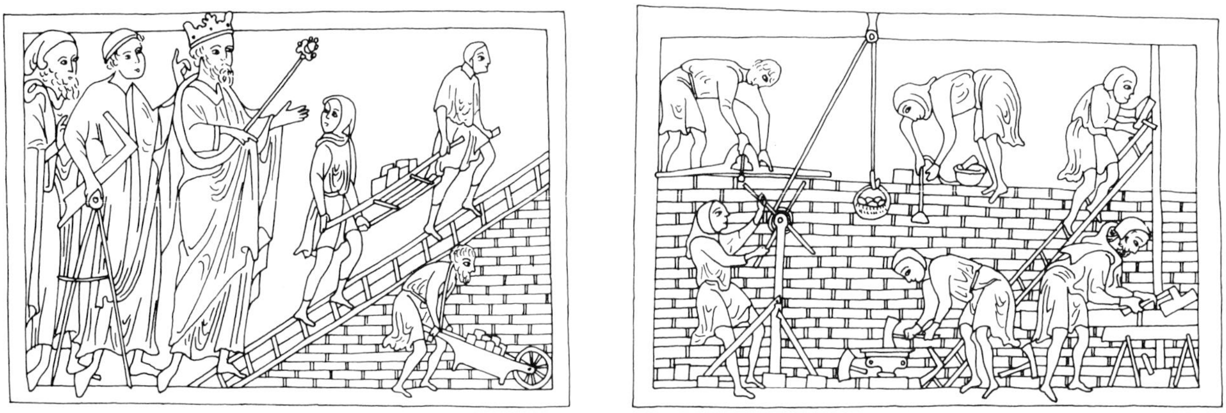

Abb. 7: Darstellung einer Kirchenbaustelle. Um 1250. Dublin, Trinity College (Umzeichnung)

Dargestellt sind folgende Tätigkeiten: Kapitell bearbeiten, Bohle beschlagen, Quader transportieren, Material aufziehen, Quader tragen, loten, Maueroberkante kontrollieren.
Benutzt werden folgende Geräte: Doppelfläche, Winkel, Holzklöpfel, Zirkel, Holzbock, Beschlagbeil, Schubkarre, Lastkran mit Haspel und Haken, Trage, Leiter, Mulde, Lot, Lotwaage.
Man beachte die Größenunterschiede der Personen: der Architekt hat die „Größe" des königlichen Auftraggebers.

Um 1170/80 wurde also die menschliche Arbeitskraft zum Teil offenbar durch maschinelle ersetzt. Nicht daß es Kräne und andere Hebemaschinen nicht schon vorher gegeben hätte, aber offensichtlich breitete sich deren Einsatz um 1170/80 auf ähnliche Weise aus, wie wir es in den letzten Jahrzehnten auf unseren modernen Baustellen beobachten konnten (vgl. *Abb. 8*).

Die Konsequenzen dieser Mechanisierung waren anscheinend ähnlich wie heute. Sie führte zu einer Typisierung der Bauelemente, das heißt, die zu versetzenden Steine wurden in zunehmendem Maße genormt, so daß man sie mit den neuen Maschinen auch schneller und reibungsloser versetzen konnte. Wenn aber die Bauelemente einmal

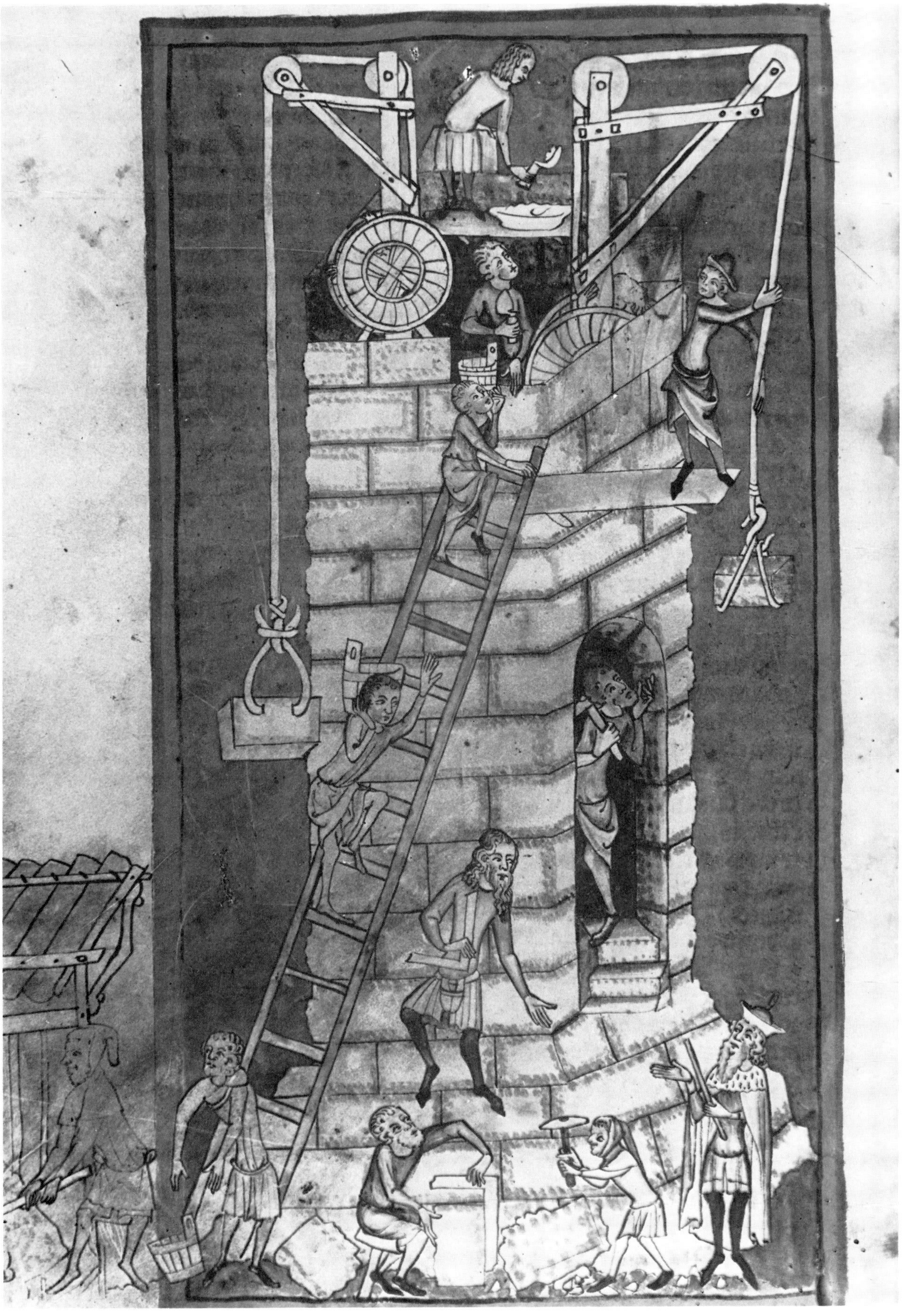

Abb. 8: Turmbau zu Babel. Aus: Weltchronik des Rudolf von Ems. Südwestdeutsch um 1360. Zürich. Zentralbibliothek

typisiert waren, und das war gegen 1190 weitgehend der Fall, dann drängte sich die Konsequenz auf, diese typisierten Elemente unabhängig vom Bau- und Versatzvorgang vorzufertigen, und zwar seriell vorzufertigen. Von einer solchen seriellen Vorfertigung ist – jedenfalls in den ersten Baujahren ab 1194 – in Chartres noch nichts zu merken, wohl aber nur wenige Jahre später, gegen 1200, in Soissons. Und daß man sie ab 1212 in Reims sehr extensiv praktiziert hat, steht inzwischen außer Zweifel: jedes Bauelement, das sich nur irgend typisieren und damit vorfertigen ließ, wurde von diesem Rationalisierungsprozeß erfaßt.

Diese Industrialisierung des Bauens ermöglichte einen Betrieb, der auch im Winter fortgeführt werden konnte – die „gotische Bauhütte". Ihre Entstehung ist in die Zeit zwischen 1200 und 1220 zu datieren, und weil diese Produktionsform so günstig, das heißt vor allem kostengünstig, war, verbreitete sie sich schnell über ganz Europa. Wir müssen uns kurz vor Augen führen, worin die Vorteile des Hüttenbetriebs gegenüber dem älteren Baubetrieb bestanden. Zunächst erlaubte er eine Einsparung an Material und Arbeitszeit und damit auch an Transportkosten, da die Typisierung zu immer günstigeren Steinzuschnitten führte. Aufgrund der erhöhten Stabilität der einzelnen Bauglieder wurde es möglich, immer leichtere, das heißt weniger materialaufwendige Strukturen aufzurichten. Dieser Sachverhalt an sich ist immer schon registriert worden, auch wenn man sich über die eigentlichen Ursachen dieses Prozesses bisher nicht im klaren war.

Ein anderer Vorteil des Hüttenbetriebs liegt in den erhöhten Qualifizierungschancen der Bauarbeiter. Wenn diese nämlich wenigstens zum Teil durcharbeiten konnten und keine Winterpausen mehr einlegen mußten, konnten sie ihre Fertigkeiten sehr viel konsequenter und schneller ausbilden. Daß die gesamte spätere gotische Architektur Zeugnis ablegt von einer bis dahin nicht dagewesenen handwerklichen Fertigkeit der Steinmetzen, hat man ebenfalls seit langem festgestellt. Man könnte, was die Produktivität der Großbaustellen angeht, noch andere Faktoren beibringen – zum Beispiel die Effektivierung der Arbeiten im Steinbruch, über die wir nur wenig wissen, und eine gewisse „Taylorisierung" der Arbeitsprozesse, die sich in Ansätzen ahnen läßt: Es scheint jedenfalls, daß ganz anders als in den romanischen Baubetrieben, wo im Prinzip noch jeder alles machen konnte, in den gotischen eine sehr weit gehende Spezialisierung der Fertigkeiten und damit auch eine Hierarchisierung des Betriebs zu verzeichnen ist. Behält man all dies im Auge, dann muß die in der älteren Forschung gelegentlich geäußerte Meinung, die Kosten für das Bauen seien über das ganze Mittelalter hinweg in etwa gleich geblieben, als äußerst fragwürdig erscheinen. Um es salopp auszudrücken: Ein Kubikmeter umbauter Gotik war erheblich billiger als ein Kubikmeter umbauter Romanik.

Die Industrialisierung der Großbaustellen schlägt sich aber auch noch auf andere Weise nieder. Es läßt sich zeigen, daß das, was die Kunstgeschichtsschreibung als die gotische Stilentwicklung beschrieben hat, auf weite Strecken durch die Fertigungsprozesse bedingt ist. Wenn sich also die Raumstruktur, die Wandgliederung, aber auch die Detailformen, in bestimmter Weise ändern, muß man sich immer fragen, inwieweit diese Änderungen – also der stilistische Wandel – durch die Produktionsprozesse beeinflußt sind. Eine solche Untersuchung ist deshalb so spannend, weil sie den Stilwandel wenigstens zu einem großen Teil aus historischen Phänomenen erklären kann, die sich eindeutig belegen lassen, nämlich aus der überprüfbaren Geschichte der Bauindustrie. Für viele Kunsthistoriker, die dem idealistischen Konzept anhängen, daß sich ein Kunststil sozusagen aus sich selbst heraus entfalte, daß er also eine starke Eigendynamik habe, ist ein solcher Ansatz immer noch pure Ketzerei und Verrat an der Wissenschaft.[12]

Die Entwicklung des Architektenberufs

Schließlich änderte sich im Rahmen des Skizzierten auch der Beruf des Architekten. Man kann, wie das Martin WARNKE in seinem Buch *„Bau und Überbau. Soziologie der mittelalterlichen Architektur nach den Schriftquellen"* getan hat, diese Entwicklung sozusagen von außen betrachten.[13] Dann stellt man fest, daß die Architekten des fortgeschrittenen 13. Jahrhunderts im Vergleich zu ihren Vorgängern einen ganz neuen Status einnahmen: sie wurden hoch geehrt, erhielten hohe Hof- und sonstige Ämter, hatten nun äußerst günstige Arbeitsverträge und wurden vor allem besser bezahlt. Aber solche Feststellungen liegen zu sehr auf der Erscheinungsebene, und sie erklären noch nicht viel. Auch WARNKES Begründungen des sozialen Aufstiegs dieser Berufsgruppe, die besagen, die Architekten hätten etwa von dem allgemeinen Trend der Verbeamtung höherer Posten im 2. Feudalzeitalter auf dieselbe Weise profitiert wie der neue Beamtenadel, gehen an den eigentlichen Ursachen vorbei.

Wenn man den Wandel des sozialen Status der Architekten begreifen will, muß man den Wandel ihres Berufsprofils ins Auge fassen. Nachdem wir uns Klarheit verschafft haben über die Entwicklung vom romanischen zum gotischen Baubetrieb, wird deutlicher, worin dieser Wandel zwangsläufig bestehen mußte. Wenn der gotische Architekt nicht mehr ständig auf der Baustelle anwesend sein mußte und seine frühere Arbeit an mittlere Kräfte wie die Poliere übertragen konnte, dann lag das vor allem an der Organisation der Baubetriebe selbst und an den Planungsmethoden, die sie erforderten. Mit anderen Worten: die Entwicklung der Industrie ließ also ein neues Berufsbild erstehen, und nicht umgekehrt! Das ist heute nicht anders.

Der „romanische" Architekt führte seine Planungen im Maßstab 1:1 durch. Den Grundriß einer Kirche legte er auf dem einplanierten Terrain mit Hilfe von Schnüren fest. Dabei unterliefen gelegentlich Fehler, wie etwa in Speyer, wo die Pfeiler wegen eines kleinen Meßfehlers alle einen parallelogrammförmigen Grundriß haben; aber gerade solche Fehler liefern unwiderlegbare Beweise für die angewandte Methode, die übrigens auch durch Bilder, die den Architekten mit langen Schnüren zeigen, belegt wird. Aber es gibt auch Texte, die uns diese Methode bestätigen, und Legenden wie die des Maria-Schnee-Wunders. Dieser zufolge zeichnete Papst LIBERIUS den Grundriß der römischen Kirche Santa Maria Maggiore in den frisch und zur Unzeit gefallenen Schnee, wonach sie dann auf Kosten eines Patriziers namens JOHANNES errichtet wurde.

Daß auch die Festlegung der Aufrißmerkmale im Maßstab 1:1 durch Triangulation erfolgte, bei der man wiederum Schnüre verwenden konnte, und daß auch die Baudetails mit Meßlatte und Bodenzirkel im Originalmaßstab entworfen wurden, wird ebenfalls durch viele Hinweise belegt. Noch im gotischen und auch im spätgotischen Baubetrieb sollten solche 1:1-Detailpläne eine wichtige Rolle spielen. In der Regel waren sie – wie auf dem Schnittmusterbogen eines heutigen Modejournals – auf dem „Reißboden" festgehalten. Diese Reißböden, von denen sich aus dem Mittelalter nur einer (in York in England) erhalten hat, bestanden aus einer glatten Gipsfläche, in welche die Formen eingeritzt waren. In Ausnahmefällen gravierte man sie auch in Stein, also etwa in eine Mauer. Davon haben sich nicht wenige an verschiedenen Orten erhalten, am eindrucksvollsten auf den granitenen Seitenschiffdächern der Kathedrale von Clermont-Ferrand *(Abb. 9)*.

Man darf sich von solchen 1:1-Detaillierungen aber nicht täuschen lassen und muß sich immer fragen, welche Funktion sie haben. Sind sie ein Mittel der Planung, oder sind sie ein Mittel, die Planung umzusetzen und für die Handwerker praktikabel zu machen? Bei den erhaltenen gotischen Ritzzeichnungen ist meist letzteres der Fall. Denn der Bau wurde nicht im Maßstab 1:1, sondern in einer verkleinerten Zeichnung geplant. Damit ergibt sich für uns die Frage, seit wann es denn überhaupt solche verkleinerten Architektenzeichnungen gibt.

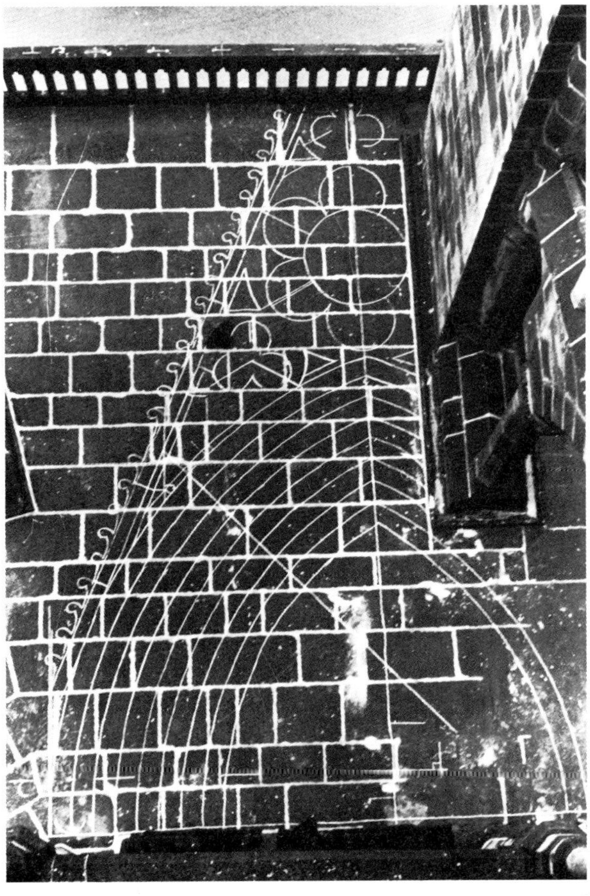

Abb. 9: Clermont-Ferrand, Kathedrale. 1:1-Ritzungen auf dem Dach des südlichen Chorumgangsteiles. Aufriß eines Portals. 2. Hälfte des 13. Jahrhunderts

Diese Frage ist, wie sich zeigen läßt, jedoch noch nicht genau genug gestellt. Denn Skizzen und Schemata, die eine ungefähre Vorstellung davon vermittelten, wie der fertige Bau aussehen sollte, gab es schon lange, vielleicht schon seit der Antike. Man muß also präziser fragen, seit wann es Architekturzeichnungen gegeben hat, die jedes Baudetail in verkleinertem Maßstab exakt festlegten, und zwar maßstäblich so genau, daß die Zeichnung zugleich als Anleitung für die direkte Baupraxis dienen konnte.

Diese Erfindung fiel in die Zeit um 1220; sie wurde in Nordfrankreich gemacht, und die Kathedrale von Amiens war vermutlich der erste abendländische Bau, der mit Hilfe dieses neuen Mediums gebaut wurde. Wenn wir uns noch einmal die Entwicklung des gotischen Baubetriebs in Erinnerung rufen, dann wird auch klar, wieso dieses planerische Hilfsmittel einfach erfunden werden mußte: Je mehr die serielle Vorfertigung voranschritt, um so mehr Planungskapazitäten mußte sie erfordern; denn die vorgefertigten Elemente mußten nicht nur in ihrer Form und in ihrer Menge festgelegt, sie mußten auch fachgerecht gelagert werden, damit die Versatzkolonnen sie schnell auffinden und transportieren konnten.

Wenn wir nun die Veränderungen auf den Baustellen selbst und die Veränderungen der Planung eines Großbaus vor Augen haben, dann wäre es in der Tat verwunderlich, wenn sich das Berufsprofil der Architekten nicht ebenfalls entsprechend geändert hätte. Wenn diese also zu gesellschaftlich hoch geachteten Personen und zu einer Art Generaldirektor wurden, dann hängt das in erster Linie – und das muß nachdrücklich betont werden – mit den veränderten Anforderungen zusammen, die eine Großbaustelle an ihre Planer und Leiter stellte. Im Grunde genommen sind es also vor allem betriebswirtschaftliche Faktoren, welche die Architekten zu den Schrittmachern des modernen Künstlerberufs gemacht haben.

Aber auch das ist wohl noch zu eng gesehen. Denn betriebswirtschaftliche Entwicklungen, wie sie hier für das mittelalterliche Bauwesen nachgezeichnet wurden, spiegeln ja in aller Regel übergreifende Veränderungen der Volkswirtschaft. Wir müssen uns also fragen, inwiefern die Entwicklung der Baubetriebe, die unter anderem die Entwicklung des Architektenberufs bedingt, ihrerseits den allgemeineren gesellschaftlichen Verhältnissen Ausdruck verschafft.

Die gotische Bauproduktion als Ausdruck der gesellschaftlichen Verhältnisse im 2. Feudalzeitalter

Wenn wir uns noch einmal vor Augen führen, worin die wesentlichen Merkmale des 2. Feudalzeitalters bestanden, dann wird sofort deutlich, daß auch auf den Baustellen ganz ähnliche Errungenschaften Platz griffen wie in anderen Bereichen der Wirtschaft: Die zunehmende Spezialisierung und Arbeitsteilung unter den Bauarbeitern, die Herausbildung von Sonderqualifikationen, die zunehmende Effektivität der Betriebe und Qualität der Produkte, die Erfindung neuer Maschinen und deren vermehrter Einsatz, die Rationalisierung des Planungsprozesses – all dies sind Merkmale, die sich in anderen Bereichen, also etwa der Textilindustrie, wiederfinden. Und es versteht sich, daß die Bedingungen für eine solche Entwicklung der Bauproduktion durch die gesellschaftlich-wirtschaftliche Entwicklung des 2. Feudalzeitalters in Nordfrankreich geschaffen worden waren.

Nur bei einer fortgeschrittenen gesellschaftlichen Arbeitsteilung und auch nur bei einer günstigen Konjunkturlage konnte es solche Großbaubetriebe geben. Man muß sich vergegenwärtigen, daß diese Betriebe ja nicht, wie der Wohnungsbau, die Landwirtschaft und Teile der Textilindustrie, der unmittelbaren Reproduktion dienten. Sie produzierten nicht für den absolut notwendigen Bedarf, den eine Gesellschaft befriedigen muß, wenn sie überleben will. Denn trotz aller mehr oder weniger notwendigen Funktionen, welche die Kathedralen erfüllten, waren sie doch unbestreitbar gesellschaftliche Luxusprodukte. Auch daß „man" sich im 2. Feudalzeitalter einen solchen Luxus überhaupt leisten konnte – und leistete! –, wirft ein Licht auf seine wirtschaftliche und soziale Struktur.

In einem Punkt scheinen die Großbaubetriebe im Vergleich zu anderen Produktionsbereichen jedoch nicht typisch gewesen zu sein. Denn wenn man es genau nimmt, funktionieren sie weder nach den Zunftregeln noch nach dem Verlagssystem. Vielmehr arbeiteten hier die verschiedensten Handwerkszweige, wie Steinmetzen, Maurer, Mörtelmischer, Zimmerleute, Schlosser, Maler, Glaser usw., unter einem Dach und unter einer Regie an ein und demselben Produkt. Auch wenn dieses Produkt nicht für den Markt bestimmt war, so entsprachen die Produktionsformen der Kathedralen doch den Gesetzen der Manufaktur, die sich in anderen Bereichen erst Jahrhunderte später durchsetzen sollten. Wie konnte das geschehen, wo sich doch die Städte in allen anderen Produktionsbereichen so entschieden gegen manufakturelle Produktionsformen wehrten?

Eine etwas vordergründige Erklärung wäre, daß sich die Kathedralbaustellen zwar in den Städten befanden, daß aber das Gebiet, auf dem sie lagen, der städtischen Gerichtsbarkeit entzogen war. Diese Erklärung überzeugt deshalb nicht, weil die Städte, hätten sie etwas gegen den Kathedralbau in der damals praktizierten Form gehabt, ihn gewiß zu unterbinden gewußt hätten. Die Lösung für diese scheinbare Widersprüchlichkeit liegt in der gesellschaftlichen Funktion der Kathedralen: gerade weil sie Produkte einer Interessenkoalition waren, an der die führende Stadtbourgeoisie beteiligt war, haben die Kommunen ihre gleichsam manufakturelle Produktionsform geduldet. Bei einem Privatbau hätten sie das sicher nicht getan. Selbst bei großen kommunalen Bauaufgaben wie etwa dem Brückenbau wurden noch lange die einzelnen Aufgaben an kleine selbständige Handwerksbetriebe vergeben. Mit anderen Worten: Auch in ihrer außergewöhnlichen Produktionsform verleihen die Kathedralbaubetriebe den Interessen der Führungsschichten und damit ganz bestimmten wirtschaftlichen und politischen Tendenzen im 2. Feudalzeitalter beredten Ausdruck.

Wandlungen der Architektur und ihrer Funktion im 13. Jahrhundert

Nach der Ausbildung des „klassischen" Kathedralentypus (wie er in Chartres verwirklicht ist) erfolgten auf lange Zeit keine tiefgreifenden Veränderungen am Raumprogramm der Bischofskirchen. Das bedeutet nicht, daß damit etwa die Innovationszeit der gotischen Architektur abgeschlossen gewesen wäre. In jedem Bau, der im Laufe der nächsten Jahrzehnte entstand, wurde ein eigenes, unverwechselbares Gliederungs-, Stützen- und Dekorationssystem geschaffen, in dem jeweils „Zitate" aus verschiedenen älteren Bauten und neue Erfindungen miteinander verbunden wurden. Die Architekten entwarfen immer kunstvollere Formen und Formkombinationen. Ein Hauptstück, auf das sie ihre Erfindungskraft konzentrierten, war die Fensterrose, die nicht nur an den Westfassaden, sondern auch an Querhausfassaden Verwendung fand. Im folgenden soll gezeigt werden, welchen Weg die Geschichte im Laufe des 13. Jahrhunderts nahm und welche Gründe für den Wandel der Architekturformen maßgebend gewesen sein könnten.

Die großen Kathedralneubauten um 1200

Die vielfältige frühgotische Bautätigkeit Frankreichs wird durch den Neubau der Kathedrale von Chartres abgeschlossen und gleichzeitig verwandelt *(Abb. 10)*. Der Chartreser Typus wird zur Musterlösung dafür, wie eine Kathedrale auszusehen hat. Beim Neubau in Reims folgt man diesem Vorbild ebenso wie in Amiens oder anderenorts. Dadurch erhalten die Kathedralen seit dieser Epoche fast etwas Monotones. Doch wird nur der Typus von Chartres zum Muster; in der Gestaltung der Einzelheiten geht jeder der Nachfolgebauten eigene Wege. Hierbei hat auch der künstlerisch so bedeutende Neubau von Bourges – der im Typus geradezu den Gegensatz zu Chartres bildet – wichtige Anregungen vermittelt.

Was unterscheidet die Kathedrale von Chartres von der älteren Architektur?

• Die *gesteigerte Höhe*. Die Kirche wird im Vergleich zu allen Vorgängerbauten der Ile-de-France um mehrere Meter erhöht. Das Emporengeschoß fällt weg. Die Steigerung wird durch Anhebung der Bogenhöhe unten erreicht, vor allem aber durch die riesigen Obergadenfenster, die gleich hoch sind wie die Arkaden.

• Der *dreiteilige Aufriß*. Zwar hatte es ihn, allerdings in anderen Proportionen, seit dem Beginn der Gotik gegeben. Daß Arkaden und Obergadenfenster nun jedoch gleich hoch bemessen werden und nicht mehr Empore und Triforium als Geschosse zwischen sich haben, sondern nur noch das Triforium, macht den Aufriß klar und einfach; er wird zum Vorbild für die meisten späteren Bauten.

• Die *angestrebte Monumentalität*. Der Erfinder des Chartreser Baukonzepts hat die Vorliebe älterer Baumeister für überdünne Glieder abgelehnt und statt dessen Pfeiler und Mauern einfach und robust gestaltet.

• Das Bemühen um *Vereinfachung und Systematisierung*. Die Gewölbe aller Joche sind gleich. Systematisch abgestuft wird auch das Verhältnis der einzelnen Gewölberippen zueinander. Die Pfeiler werden durch Ausstattung mit Vorlagen auf ihren vier Seiten in das System einbezogen. Nur in dem Wechsel von achteckigen und runden Pfeilern und Diensten bleibt ein Rest an rhythmischer Abwechslung, in dem Gegensatz von Pfeiler und Wand ein Element kompositorischer Kontrapunktik.

Die Kathedrale von Chartres ist eine Antithese zur älteren Bauauffassung. Aber durch sie wird die Baukunst der Zeit zugleich auf eine neue Stufe gehoben. Die späteren Baumeister fanden den „Vorrat" an Möglichkeiten für eigene Entwürfe um eine grundsätzlich neue Alternative bereichert. Leider fehlen uns Hinweise aus zeitgenössischen Quellen, die den tiefen Wandel der Auffassung in der Kirchenarchitektur, wie er sich in Chartres zeigt, verstehen helfen könnten. Immerhin dürfen wir festhalten, daß mit den Großbauten der Zeit um 1200 endgültig

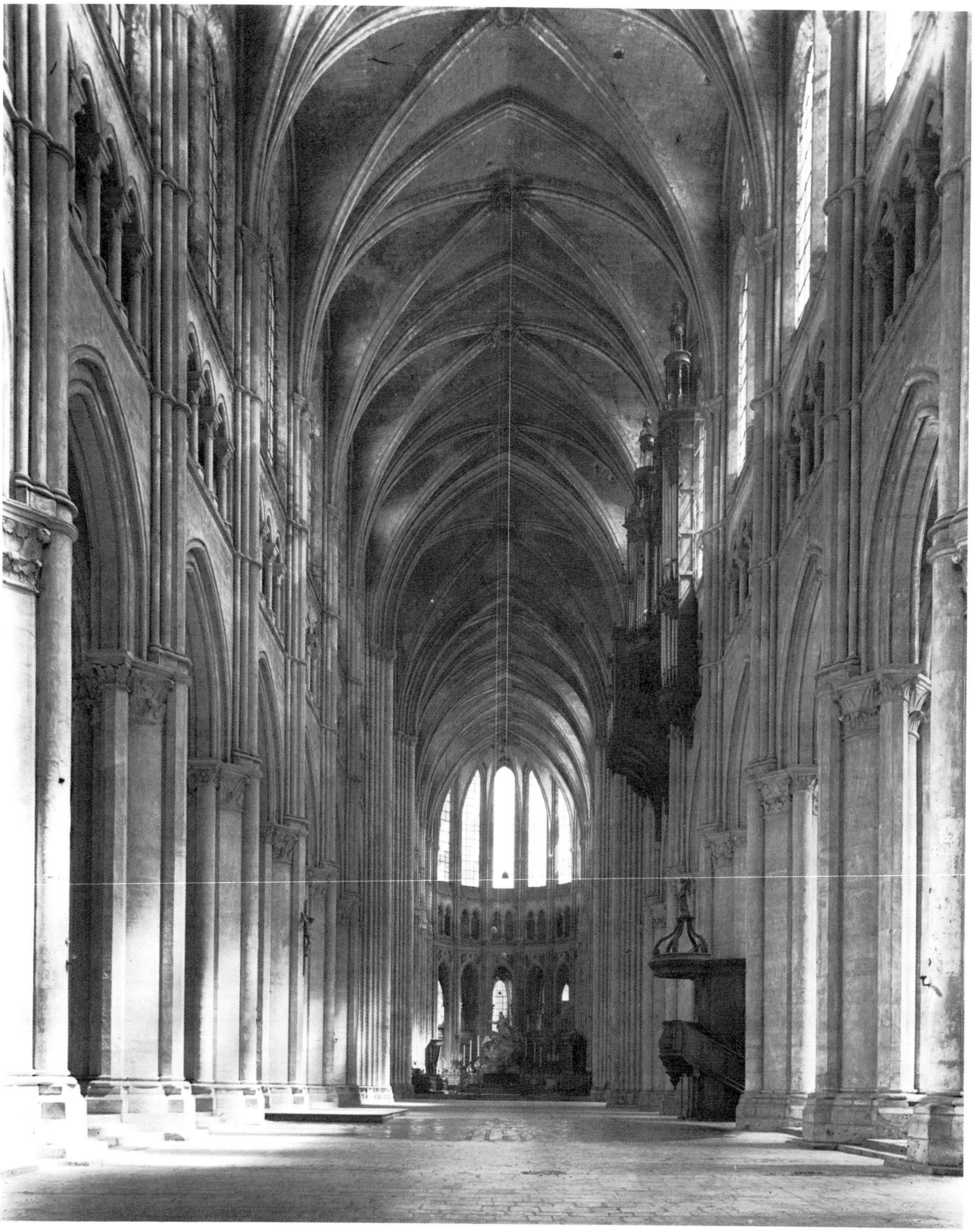

Abb. 10: Chartres, Kathedrale. Mittelschiff des Langhauses, Blick zum Chor. 1194–1260. Die Aufnahme entstand während des Zweiten Weltkrieges, als die farbigen Fenster ausgelagert waren

die Kathedrale als eigene, grundsätzlich von der Klosterkirche unterschiedene Bauaufgabe definiert wird. Bemerkenswert ist auch, daß gerade die Jahre zwischen 1190 und 1220 den endgültigen Sieg der französischen Monarchie über den Feudaladel, aber auch über die konkurrierenden Nachbarmächte England und Deutschland, bringen. Ob die neue Monumentalität Ausdruck des gestiegenen Selbstbewußtseins und der sich auf Europa ausdehnenden Machtansprüche des französischen Herrscherhauses ist? Wir können diese Frage bisher leider nicht beantworten.

Die Rayonnant-Gotik

Der nicht übersetzbare französische Name für den auf die großen Kathedralneubauten folgenden Abschnitt der Architekturgeschichte geht von der wachsenden Vorliebe für Rosettenformen aus Maßwerk aus. Der Begriff „rayonnant“: „ausstrahlend“ trifft etwas Wesentliches: Der Schwerpunkt architektonischer Tätigkeit liegt weniger in konstruktiven Neuerungen oder in dem Entwurf neuer Raumtypen, das Interesse zielt auf die Verfeinerung der überkommenen Motive und vor allem die Erfindung immer neuer Zierformen. Zum ersten Mal in der europäischen Kunstgeschichte wird die Originalität von Formerfindungen – fast schon um ihrer selbst willen – betont. Die ästhetischen Funktionen der Architektur beginnen die religiösen Funktionen zu beherrschen.

Die Epoche deckt sich mit der Regierungszeit des heiligen LUDWIG (1226–1270). In dieser Zeit prägen die Bauten für den König und seinen Kreis die Vorstellungen von Baukunst. Paris ist das Zentrum dieser Kunst, und von nun an wird das künstlerische Geschehen in Frankreich immer ausschließlicher von den Verhältnissen der Hauptstadt bestimmt.

Eine der wichtigsten Voraussetzungen dafür sind die im vorangegangenen Abschnitt beschriebene Erfindung der maßstäblich verkleinerten Planzeichnung und die dadurch bedingte Veränderung der architektonischen Entwurfstätigkeit. Die regionalen Bauvorhaben werden nun immer häufiger vom Zentrum aus mit Plänen versorgt. Die Architektenschaft trennt sich in zwei verschiedene Stände: in Planzeichner und Bauausführer – mit anderen Worten: in erfindende und nachvollziehende Architekten. Ruhm kann von diesem Zeitpunkt an nur noch der Neues erfindende Künstler gewinnen. Eine Ausnahme bildet der Erfinder bedeutender technischer Neuerungen. Da aber die Zeit der großen und schnellen technischen Fortschritte um 1230 vorüber ist, rückt der Erfinder neuer Formen und Formkombinationen in den Vordergrund.

Die Stilrichtung des „rayonnant“ ist nach unserem Kenntnisstand nicht in Paris selbst entstanden. Die Neigung zur Überfeinerung der Konstruktion ist zuerst bei burgundischen Bauvorhaben wie der Kathedrale von Auxerre festzustellen. Einer der wichtigsten Architekten der neuen Richtung, der Meister des Neubaus von Saint-Denis nach 1230 und der Kapelle von Saint-Germain-en-Laye, ist wohl burgundischer Herkunft. Das Streben nach immer größeren Fenstern und verbunden damit die Bereicherung des Maßwerks kommen vor allem aus der Amienser Kathedralhütte. Jedoch verdanken diese Tendenzen ihre Zusammenfassung und überregionale Verbreitung dem Zentrum Paris. Was in Paris keine Aufnahme findet, bleibt fast ohne Wirkung. Erst seit dieser Zeit kann das Regionale „provinziell“ werden.

Die Raffinessen in Bauversatz und Bauzier bezeugen einen wachsenden Bauluxus. Die brillante Konstruktion wird schon fast zum Hemmschuh rationalen Bauens: bei der Kirche Notre-Dame in Dijon können kaum noch größere Serien eines Steintyps gefertigt werden, weil die Zahl unterschiedlicher Steinformen immer weiter vermehrt wird. Aus konstruktiven Gründen sind die Einzelquader oft sehr groß und damit für die Fertigung umständlicher. Da fast jedes Teil eine statisch wichtige Aufgabe hat, muß sehr genau gearbeitet werden. Angesichts dieser konstruktiven Sorgfalt verwundert nicht, daß man sich bei der Ausführung oft des „Fugenplans“ bediente, also einer Zeichnung, welche die Ausmaße jedes einzelnen Steins festlegte, und Steinlisten verwendete. Dabei wurde jeder zugerichtete Stein gekennzeichnet, damit er beim Versatz auch genau an die vorgesehene Stelle kam. Dieses im 13. Jahrhundert erstmals anzutreffende Verfahren sollte dann über viele Jahrhunderte hinweg Geltung behalten.

Zur ausgeklügelten Struktur kommt sehr feine und reiche Bauzier; die Architektur wird virtuos. Fast kann man sie – dem heutigen Sprachgebrauch folgend – künstlich nennen. Vorlieben, wie wir sie schon bei dem Kathedralneubau von Noyon und dem älteren Kathedralquerhaus von Soissons feststellen konnten, sind nun erheblich ausgeprägter. Man hat jedoch das Gefühl, daß sie nicht mehr in erster Linie einem religiösen Ausdrucksbedürfnis dienen, sondern um ihres künstlerischen Wertes und ihrer reichen Schmuckformen willen geschätzt werden wollen.

Die Jahre um 1220–1260 sind eine Zeit konstruktiver und künstlerischer Brillanz. Eine neue Bauaufgabe tritt in den Vordergrund: die *Kapelle,* das heißt der kleinformatige Bau, an dem die Feinheiten aus nächster Nähe sichtbar sind und vom Kenner genossen werden können. Schon Notre-Dame in Dijon nähert sich diesem Typ, obwohl sie eine Pfarrkirche ist. Weit ausstrahlende Vorbilder sind die königlichen Kapellenstiftungen, allen voran die Sainte-Chapelle *(Abb. 11),* die König LUDWIG der Heilige in den Jahren 1243–1248 für die Aufbewahrung der von ihm erworbenen Reliquien, vor allem der Dornenkrone Christi, im Palastbezirk der Ile-de-la-Cité errichten ließ.

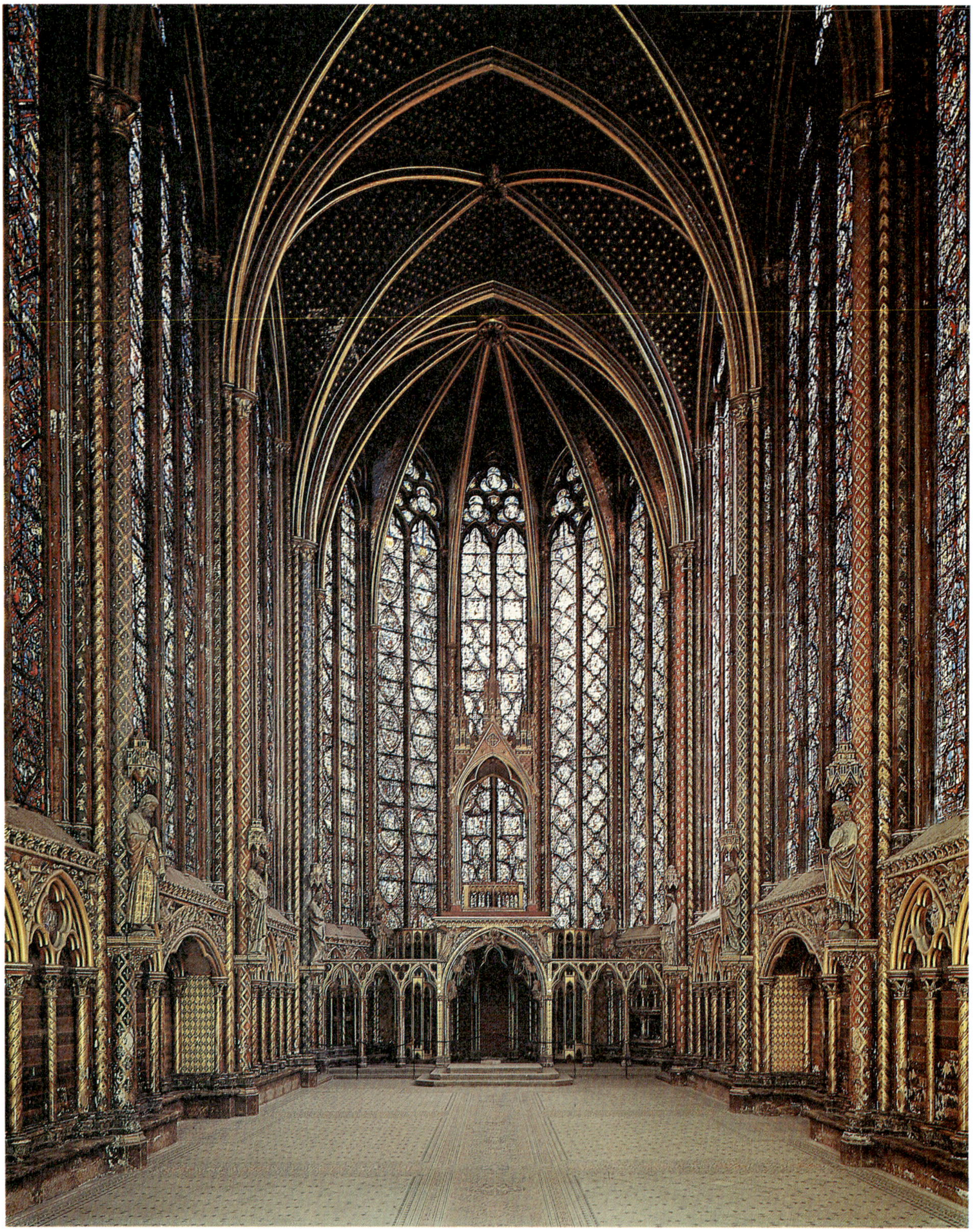

Abb. 11: Paris, Sainte-Chapelle, Oberkapelle, Blick nach Osten. 1243–1248

Baumeister der Sainte-Chapelle in Paris war vermutlich der Amienser Architekt ROBERT de Luzarches. Die hohe zweigeschossige Kapelle ist ein Bauwerk ohne Mauern. Sie besteht nur noch aus Pfeilern und Glasbildern, oder: aus Gerüst und Glasvorhängen. Die bildliche Ausstattung tritt in den Vordergrund, die Architektur wird zum dienenden Träger und Rahmen. Die Stabilität der Konstruktion wird mit starker Auflast und mit drei um die ganze Kapelle sich herumziehenden Eisenreifen gewährleistet; bezeichnend ist, daß die hervorragende konstruktive Leistung fast versteckt bleibt. Die Leitfunktion des Bautypus der Kapelle wird daran erkennbar, daß man sich an ihm auch bei großen Kathedralbauten – trotz deren eigenständiger und machtvoller Bautradition – orientierte. Typisches Beispiel ist der Neubau der Abteikirche von Saint-Denis nach 1230: Der Kirchenbau mißt sich in Größe und Anspruch mit jeder Kathedrale. Doch deuten etwa die Zierlichkeit der Bauglieder, der Reichtum der Formen und die vollständige Verglasung des Triforiums auf die gläsernen „Kapellenschreine" als bestimmendes Vorbild.

Der Übergang zur Spätgotik

In der Mitte des 13. Jahrhunderts war erst einmal eine Grenze des konstruktiv in der Steinmetzkunst Erreichbaren ausgelotet. Für „Turmbauten zu Babel" in der Art der Kathedrale von Beauvais wurden die finanziellen Mittel zu gering. Die Bereitschaft der Bauträger war erschöpft. Die weiter zunehmende Macht des französischen Königs führte noch zu einigen effektvollen Baudemonstrationen, nicht aber mehr zum Bau von Kathedralen und ebensowenig zu einer künstlerischen Erneuerung. Andererseits aber darf man keineswegs von einer künstlerischen Lähmung sprechen, noch weniger von einem Verfall des Könnens. Sicher: die Fähigkeiten zur großen, rationellen Bauplanung gingen verloren; nicht jedoch die konstruktiven Kenntnisse und die gestalterische Qualität. Die schlechteren Zeiten zwangen die Architekten dazu, sich immer mehr auf Reparatur- und Ergänzungsarbeiten zu konzentrieren und im übrigen ihre Zeit mit Zirkel und Lineal am Reißbrett mit theoretisch-zeichnerischen Studien zu verbringen.

Nach 1258 schuf PIERRE de Montreuil, der als *doctor lathomorum* (Lehrer aller Steinmetzen) gefeierte Pariser Architekt, die Südquerhausfassade der Kathedrale Notre-Dame. Typisch für diese Zeit ist, daß es bei diesem Bauvorhaben um die Gestaltung eines flächenhaften Gebildes, nicht um die Schaffung eines Raumes ging. Die Außenwirkung war wichtiger als die zum Innenraum. Betrachtet man die Fassade näher, so stellt man zwei Mittelpunkte fest: das Portal und – noch wichtiger – das darüber befindliche Rosenfenster. Alles übrige ist Zwischenraum und Rahmung. Die Fassade besteht – überspitzt gesagt – aus zwei getrennten Teilen. Konstruktive Probleme im eigentlichen Sinne waren nicht mehr zu lösen. JEAN de Chelles, der Architekt des älteren Nordquerhausrosenfensters, hatte dessen Durchmesser bereits auf 13 Meter ausgedehnt. Eine Ausweitung war ohne Sprengung der Querhausarchitektur nicht möglich. Das Neue konnte also nur im kompositionellen Witz liegen. PIERRE de Montreuil dachte sich daher das Kunststück aus, die Rose nicht nur aus Strahlen zu konzipieren, die entweder nach außen oder nach innen laufen, sondern beides miteinander zu verbinden. Er vereinte innerhalb derselben Form Bewegung und Gegenbewegung. Die Rose stand ehemals auf der Spitze eines Bogens; so wirkte sie ursprünglich noch labiler als heute und schien sich zu drehen. Um die Großartigkeit seiner Erfindung allen deutlich zu demonstrieren, hat der Architekt im Giebel über der Rose eine kleinere, konventionellere Variation ausführen lassen (vgl. S. 27). Daß diese Komposition sehr gelungen ist und noch konstruktive Vorteile gegenüber den meisten älteren Beispielen hat, macht sie zu einem der abschließenden Meisterwerke gotischer Architektur des 13. Jahrhunderts in Frankreich. Zugleich aber weisen die Dynamisierung und die Raffinesse bei der Durchbildung aller Einzelformen auf die flammenden Maßwerkformen des „gothique flamboyant", der „züngelnden" französischen Spätgotik. Die Logik der Architektur liegt nicht mehr offen zutage, sondern erschließt sich erst bei genauer Betrachtung. Der Betrachter muß nicht nur Geduld mitbringen, sondern auch eine verfeinerte Wahrnehmung. Als Adressat ist also nicht mehr so sehr eine breite Öffentlichkeit gemeint, sondern schon ein Betrachter, der den „Kenner" späterer Zeiten vorwegnimmt.

Wenn man angesichts der Architektur nach 1270 leicht den Eindruck gewinnt, sie sei dekadent oder spätzeitlich, so sollte man sich nicht zu vorschnellen Urteilen hinreißen lassen: die Architekturgeschichte nach 1270 läßt sich nicht als eine langdauernde Ermattung einer einstmals gloriosen Idee beschreiben. Die Prinzipien gotischer Architektur sind nicht an die Kathedrale, auch nicht an die Kapelle und erst recht nicht an Frankreich allein gebunden. Die Großartigkeit der durch diesen Stil eröffneten Möglichkeiten erweist sich zum Beispiel auch bei der Verpflanzung in andere Länder. Die Gotik ist auch nicht der Stil eines sich überlebenden Herrschaftssystems. Mit der Festigung der französischen monarchischen Regierungsform erstarrte dieser französische Stil in seinem Ursprungsland, aber auch dort nur zum Teil. Denn schon früh hat es von unten her eine Reaktion auf alle Züge der Überfeinerung und des Luxuriösen gegeben: sie drückte sich aus in den Kirchen der Bettelorden, vor allem der Franziskaner und Dominikaner. Leider sind fast alle französischen Bauten dieser Orden abgerissen; doch bieten die in Mitteleuropa erhaltenen Beispiele einen gültigen Ersatz. Von den Bettelorden lernten die Bürger, die gotische Architektur in ihrem Sinne als eine rational zu handhabende Raumkunst mit großen Ausdrucksmöglichkeiten zu gebrauchen: die großen Kirchen der italienischen Stadtstaaten oder Kataloniens, vor allem aber die niederländischen und mitteleuropäischen Stadtkirchen zeugen noch heute von der Fruchtbarkeit gotischer Architekturprinzipien.

3. Die gotische Kathedralfassade

Willibald Sauerländer

Die klassischen gotischen Kathedralen in Nordfrankreich aus dem 12. und 13. Jahrhundert zeigen repräsentative Eingangsseiten – Fassaden mit Galerien, Fensterrosen und hohen Türmen. Diese Fassaden beherrschten das Bild der mittelalterlichen Städte, die noch keine Wolkenkratzer oder Hochhäuser kannten. Vor ihnen lag meist nur ein kleiner Platz. Die Fassaden öffneten sich in hohen Portalen auf das Kircheninnere und bereiteten durch ein großes Programm aus Statuen und Reliefs den Pilger oder den Stadtbürger auf den Besuch des bischöflichen Gotteshauses vor. Ein solches Programm zeigte ihm die Heiligen, die er in der Kathedrale anrufen konnte; es wies ihn auf die Tugenden hin, die er als guter Christ ausüben sollte, und warnte ihn vor den Lastern, die sein Verderben herbeiführen konnten. Auch wurde er durch eine sehr ausführliche Darstellung an das Jüngste Gericht erinnert, das jeden Menschen am Ende der Zeit erwartete und über seine Aufnahme in den Himmel oder seinen Sturz in die Hölle entschied. Alle diese Bilder waren in einer körperhaft greifbaren, verständlichen Formensprache vorgetragen, die der Gläubige mit seiner natürlichen Erfahrung in Vergleich setzen konnte. Er wurde von diesen Statuen und Reliefs geistlich ermahnt, indem er mit den Mitteln der Kunst, ihrer Schönheit und ihrer Lebensnähe sinnlich angesprochen wurde. Indem sie für die Ziele der Kirche warb, gewann die Kunst, vor allem die Bildhauerkunst, an den Kathedralfassaden eine neue Natürlichkeit.

Zur Entwicklungsgeschichte der gotischen Kathedralfassade

Der architektonische Aufbau der gotischen Kathedralfassade, den wir in Amiens in der Zeit um 1220 voll entfaltet vor Augen haben, war das Ergebnis einer langen historischen Entwicklung.

Die ältesten großen christlichen Kirchen des Abendlandes, wie sie unter Konstantin dem Großen im 4. Jahrhundert in Rom entstanden, zeigten eine ganz andere Gestalt der Fassade. Die Eingangsseite der *Basilika* spiegelte dort einfach den Querschnitt des Innenraumes mit dem überhöhten Mittelschiff und den niederen Seitenschiffen. Wo ein Turm hinzutrat, stand er isoliert neben dem Kirchengebäude und war nicht in die Gliederung der Fassade einbezogen. Gewiß gab es auch an diesen frühen Fassaden schon Inschriften, gelegentlich auch gemalte Bilder oder Mosaiken, also eine Art inhaltliches Programm. Die reich ausgebildeten Portale mit dem weit ausgebreiteten bildhauerischen Schmuck, wie ihn die gotischen Kathedralfassaden zeigen, waren hier jedoch nicht einmal in Ansätzen vorgebildet. Dieser schlichte Fassadentypus der römischen Zeit mit seinem basilikalen Querschnitt und dem isoliert stehenden Einzelturm *(Campanile)* hat sich in Italien bis ins hohe Mittelalter, ja bis in die Zeit der gotischen Kathedralen gehalten. Die frühchristliche Tradition mit den großen römischen Kirchen über den Gräbern der Apostel blieb im Sitzland des Papsttums lange übermächtig. Der architekturgeschichtliche Weg, der zur gotischen Kathedralfassade führte, begann nicht am Mittelmeer, sondern nördlich der Alpen. Der zeitliche Einsatz lag um die Mitte des 11. Jahrhunderts, als eine umfassende technische Revolution nicht nur die Ökonomie, den Verkehr und die Landwirtschaft, sondern auch das Bauwesen des Mittelalters in Bewegung brachte.

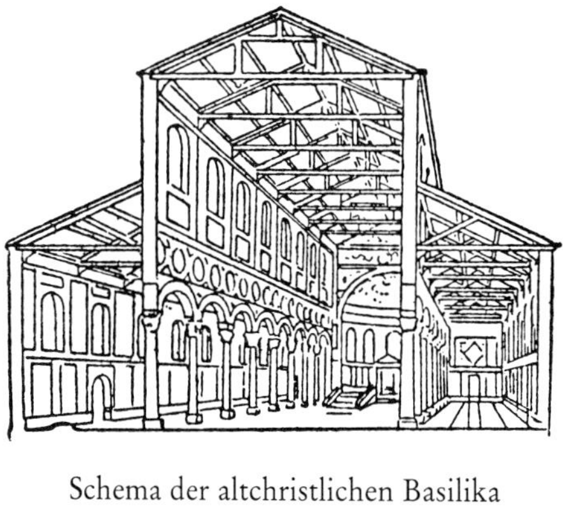

Schema der altchristlichen Basilika

Die Abteikirche Saint-Etienne in Caen

Der für die Geschichte der Kirchenfassade entscheidende Schritt erfolgte im Herzogtum Normandie, also im Nordwesten Frankreichs. Hier zuerst erscheint die makellose Verbindung einer durch Strebepfeiler in Mittel- und Seitenabschnitte gegliederten Fassade mit über den Flanken aufragenden quadratischen oder rechteckigen Türmen. Das schönste Beispiel für diese epochemachende Form der Fassadengliederung bietet die Abteikirche Saint-Etienne in Caen *(Abb. 1)*, die WILHELM der Eroberer, der normannische Herzog, der zum König von England wurde, etwa zwischen 1060 und 1080 errichten ließ.

Oft hat man die konstruktive Klarheit und Entschiedenheit dieser romanischen Fassade gerühmt. Hervorzuheben sind die straffe Gliederung des Fassadenblocks durch kräftige, schmucklose Strebepfeiler, die Betonung der vertikalen Achsen wie die saubere Trennung der Geschosse. Vorzüglich sind die Freigeschosse der Türme mit einer nach oben hin reicher werdenden Gliederung aus dem Unterbau entwickelt. Hier war ein Vorbild für die architektonische Formung der zweitürmigen Kirchenfassade aufgestellt, das über die räumlichen Grenzen des normannischen Herzogtums und über den Zeitraum des romanischen Stiles weit hinauswirken sollte. Die normannische Zweiturmfassade hat die architektonische Grundlage für die späteren Schauseiten der gotischen Kathedralen im französischen Kronland geschaffen. Freilich, die normannische Zweiturmfassade war bildlos. Sie kannte so gut wie keinen Skulpturenschmuck. Dort sprach allein die Konstruktion. Die gotischen Kathedralfassaden haben diesen Typus aufgegriffen, aber auch nachhaltig verändert und vor allem durch die Einführung der figürlichen Skulptur auf ganz andere Weise mit Sprache erfüllt.

Die Kathedrale Notre-Dame in Paris

Anderthalb Jahrhunderte später, um 1200, wurde in Paris, in der Hauptstadt des neuen Königreichs Frankreich, die Schauseite der Kathedrale Notre-Dame errichtet *(Abb. 2)*.

Grundzüge der an Saint-Etienne in Caen entwickelten Gliederung sind wiederzuerkennen. Die deutliche Einteilung des Fassadenblocks in Mittel- und Seitenabschnitte, die konsequente Entwicklung der Turmfreigeschosse aus dem Unterbau der Fassade sind erkennbar eine Weiterführung der in der Normandie geschaffenen Lösung. Um so deutlicher treten die Unterschiede hervor. Im Untergeschoß der Fassade haben sich die Buchten der Portale geweitet, reichen seitlich bis an die trennenden Strebepfeiler heran, schieben ihre spitzen Bögen bis an die Sockellinie des folgenden Geschosses empor. Das sind mehr als motivische Veränderungen. Die romanische Abteikirche in Caen zeigt mit ihrer stolzen, herrischen Fassade ein verschlossenes, nahezu abweisendes Antlitz. Die gotische Kathedrale in Paris öffnet sich, sie empfängt und lädt ein. Das ist der Sinn der großen Tore, die sich in ihrem Untergeschoß auftun und an deren Wandungen sprechend und werbend die Bilder der Propheten, der Apostel, der Heiligen warten.

In Caen herrschte die Vertikale. Die Strebepfeiler und Türme an der Fassade des herzoglichen Klosters ragen auf wie Lanzen. In Paris haben wir dagegen jenes kunstvolle Ineinander vertikaler und horizontaler Formen mit dem ruhenden Kreis in der Mitte, wie wir es schon von der Fassade der Kathedrale in Amiens kennen. Hier in Paris freilich ist die Lösung der Probleme der Fassadengliederung noch ausgewogener, vollkommener. Auf die tiefen Strebepfeiler und Giebel vor den Portalen ist verzichtet. Unmittelbar über den Eingängen breitet sich wundervoll ruhig die Galerie mit den 28 Königsstatuen aus. Diese Statuen stehen nicht wie in Amiens fortgerückt hoch oben an der Fassade, sondern dicht über dem Vorplatz, so als ob in der Residenzstadt die Figuren der Herrscher dem gläubigen Volk nahe und sichtbar bleiben sollten. Wir wissen aus der zeitgenössischen Literatur, daß diese Königsfiguren staunend begafft und angesprochen wurden. „Sieh mal da, Pippin", soll ein Gaffer gerufen haben, während ihm ein Taschendieb rücklings die Börse abschnitt. Ebenso kommt das Kreisfenster, die Rose, im Zentrum der Fassade zwischen den beiden Galerien – der unteren mit den Statuen, der oberen mit den offenen Arkaden – beherrschender zur Geltung als in Amiens. Die Skulpturen an der Fassade von Notre-Dame in Paris sind zu großen Teilen der Zerstörungswut der Französischen Revolution zum Opfer gefallen. Sie sind durch historistische Neuschöpfungen des vorigen Jahrhunderts ersetzt worden. Das ursprüngliche Programm aber ist bekannt, und die Restauratoren haben sich weitgehend daran gehalten. So stand schon ursprünglich oberhalb der Königsgalerie vor der Rose eine Statue der Muttergottes. Die Patronin der Kathedrale und Patronin von Paris war als zentrale Gestalt in der Mitte der Fassade gegenwärtig. Die große Statue der von Engeln flankierten Maria war das Hauszeichen der Kirche „Unserer Lieben Frau".

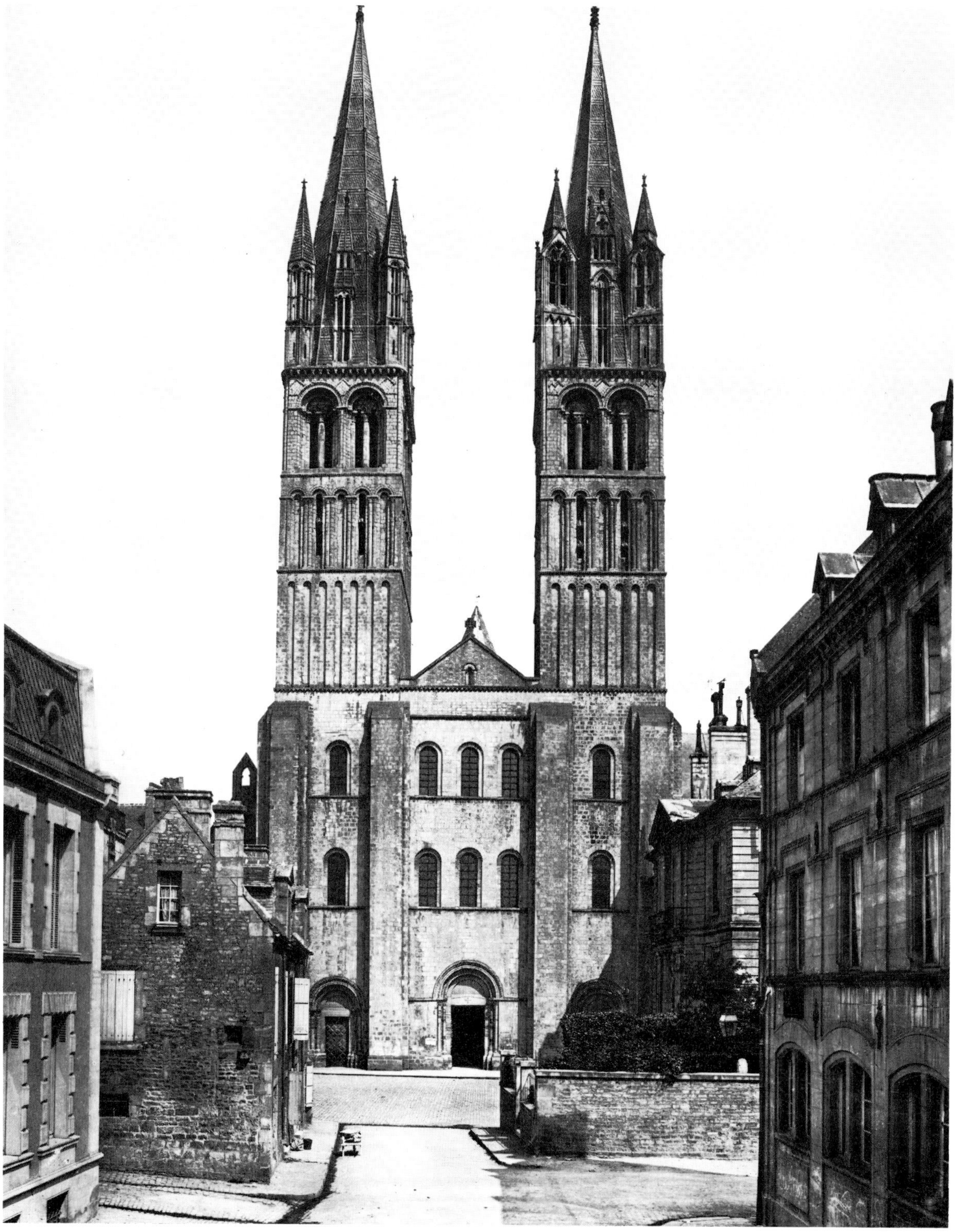

Abb. 1: Caen, Abteikirche Saint-Etienne. 2. Hälfte des 11. Jahrhunderts. Westfassade

Entscheidender Bau für die Ausbildung der klassischen Zweiturmfassade; eines der ersten Beispiele der durch Strebepfeiler in Mittel- und Seitenabschnitte gegliederten Fassade mit über den Flanken aufragenden Türmen. Zur Veranschaulichung der weiteren Entwicklung der Gotik am Beispiel der Westfassade vergleiche man, wie die hier vorhandenen Bauelemente im weiteren Verlauf immer mehr ab- und umgewandelt werden, so etwa die offen zutage tretenden Strebepfeiler, deren Stützfunktion später völlig hinter Skulpturen verschwindet *(Abb. 2–5)*. Zahlreiche neue Elemente kommen hinzu, die zur Umgestaltung der Fassade führen und ihren Charakter im Laufe der Zeit vollständig verändern.

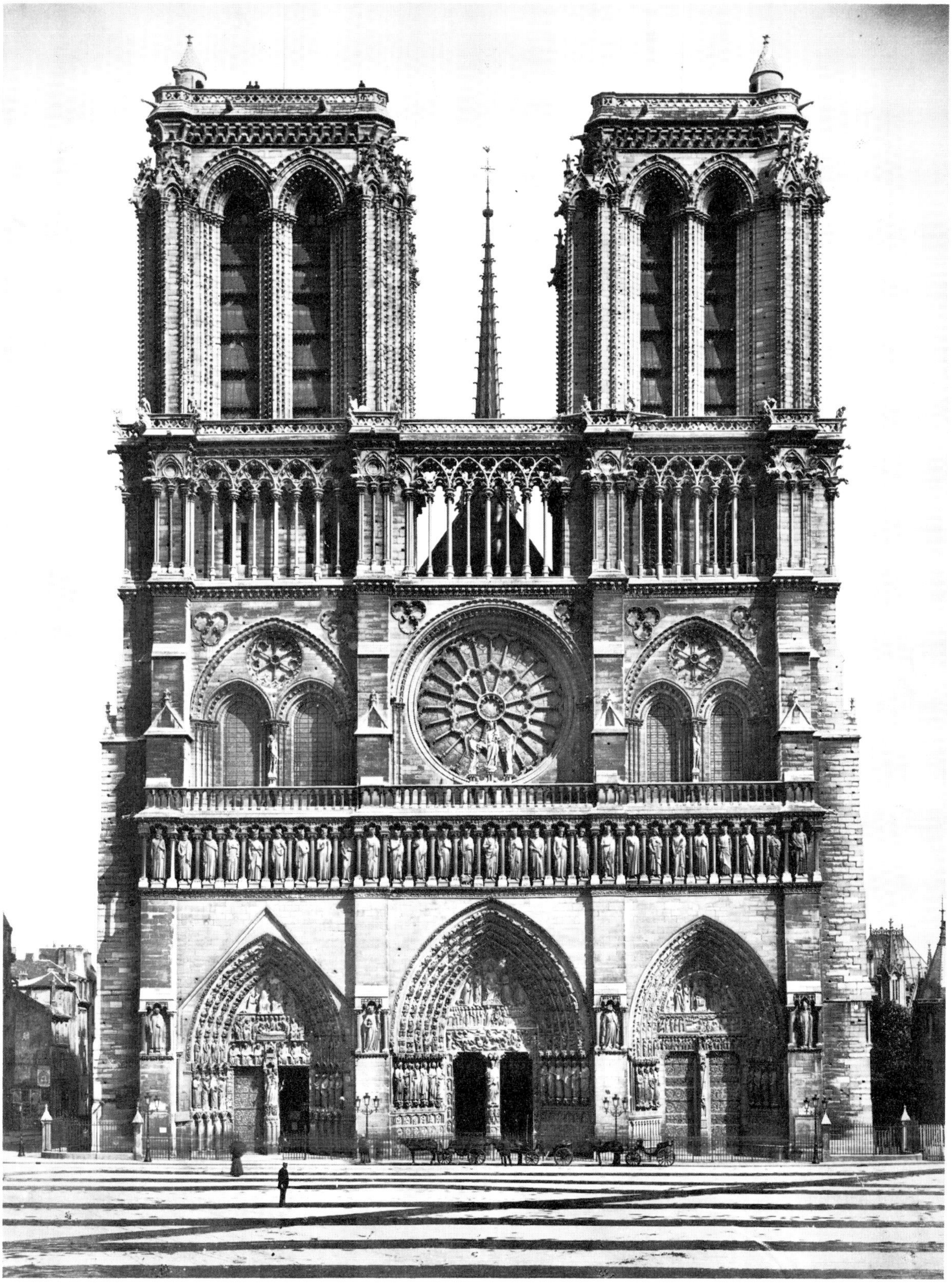

Abb. 2: Paris, Kathedrale Notre-Dame. 1. Hälfte des 13. Jahrhunderts. Westfassade

Im Unterschied zur Fassade von Saint-Etienne in Caen besitzt die gotische Fassade der Kathedrale Notre-Dame in Paris weite große Portale. Neu sind auch die Königsgalerie über der Portalzone und die Rose. Eine stärkere Betonung der Horizontalen läßt die Front gedrungener, aber dadurch auch mächtiger erscheinen.

Wie in Amiens blieben auch in Paris die Türme unvollendet. Diese mächtigen Turmstümpfe mit ihren doppelten Schallarkaden aber fügen sich gerade im unfertigen Zustand mit seltener Ausgewogenheit dem Aufbau der Pariser Kathedralfassade ein. Die gotische Baukunst und die gotische Skulptur Frankreichs bezeichnen in der Geschichte der mittelalterlichen Kunst den Triumph geschulter handwerklicher Kunstfertigkeit, überlegenden Kalküls wie gebändigten Affekts und verfeinerter Gesittung. In der Art, wie die zarte und maßvolle Gliederung der Eingangsfront von Notre-Dame in Paris dem kalten und brüsken Erscheinungsbild der normannischen Fassade in Caen gegenübertritt, ist etwas von diesem nicht nur formalen, sondern sozialen Wandel zu erkennen. Die gotische Baukunst galt bekanntlich den Jahrhunderten seit der Renaissance als eine verdammungswürdige Verfallserscheinung. Die Fassade von Notre-Dame in Paris aber ist in der Baukunst der französischen Hauptstadt immer ein Maßstab geblieben. Noch in Fassaden der großen Pariser Pfarrkirchen des 18. Jahrhunderts wirkt das Vorbild dieser disziplinierten Schaufront der gotischen Bischofskirche nach. Die Fassade von Notre-Dame wurde im Bewußtsein der Nachwelt zum ersten wirklich Pariserischen Bauwerk in der langen und glanzvollen Architekturgeschichte der französischen Metropole.

Die Kathedrale Notre-Dame in Laon

„Ich bin in vielen Ländern gewesen, wie ihr aus diesem Buche sehen könnt; aber an keinem Ort habe ich jemals einen solchen Turm erblickt, wie der von Laon einer ist." Mit diesem berühmt gewordenen Satze preist der Pikarde VILLARD d'Honnecourt, der im frühen 13. Jahrhundert große Teile Europas durchreiste und an den Baustellen der großen Kathedralen zeichnete, die Fassade der Kathedrale Notre-Dame in Laon *(Abb. 3).*

Der Bischof von Laon war wie der von Amiens dem Erzbischof von Reims nachgeordnet. Die Kathedrale von Laon, am östlichen Ende einer sich auf einem Bergrücken hinziehenden Stadt gelegen, noch heute dicht umbaut, gehört zu den wenigen mittelalterlichen Bischofskirchen in Frankreich, die annähernd noch mit ihrer ursprünglichen Umgebung erhalten sind. Die berühmte Fassade steht durch ihre dramatische Gliederung in einem deutlichen Gegensatz zu der Schaufront von Notre-Dame in Paris. In Paris bleibt der konstruktive Apparat, der die mächtigen Türme unterfängt, hinter der Stirn der Fassade verborgen, ist ins Innere der Kirche verlegt. Nur durch diesen Kunstgriff war das beispielhaft ruhige, vollendet ausgewogene Erscheinungsbild der Pariser Schaufront zu gewinnen. An der Fassade der Kathedrale von Laon wurde das ganze konstruktive Gerüst nach außen gestellt, ist sichtbar gemacht und gibt die Leitlinien der architektonischen Gliederung ab. Im Untergeschoß sind die Strebepfeiler weit nach vorn gezogen, so daß eine Vorhalle vor den Portalen entsteht (die ursprünglich an den Seiten geöffnet war). Ihre Bögen sind von Giebeln bekrönt, wie wir sie schon in Amiens gesehen haben, und auch die aufschießenden Türmchen zwischen diesen Giebeln, die Fialen, kehren hier wieder. Den Portalen wird durch diese tiefen Vorhallen gesteigerte Wirkung zuteil. Es mag sein, daß diese bedeckten Räume vor den Eingängen des Kirchengebäudes ursprünglich auch praktisch genutzt wurden, für Prozessionen, Segnungen, Rechtshandlungen, feierliche Begrüßungen. Noch zeigen die Stirnen der Vorhallen keine Statuen wie wenig später in Amiens. Auf den Giebeln aber sieht man die Figuren von Patronen und wichtigen Heiligen: im Zentrum Maria als die Herrin von Kathedrale und Stadt, links die heilige Proba, eine örtliche Märtyrerin, rechts der Erzengel Michael, der mit seinem Drachenkampf die Mächte des Bösen von der Kirche der Gottesmutter fernhält. Weit offen stehen hier in Laon die Tore der Kathedrale. Ein triumphaler Zug kommt in die Eingangsseite, und man begreift, daß die späteren Schaufronten der Bischofskirchen in Chartres, in Amiens und in Reims an das dramatische Vorbild von Laon angeknüpft haben.

Unmittelbar auf die Portale folgt in Laon das Hauptgeschoß der Fassade mit der Rose im Zentrum. Auch hier sind für die Gliederung bestimmend die weit vorgezogenen Strebepfeiler, die durch tiefe, runde Bögen untereinander verbunden sind. Die Rose mit dem großen zentralen Zwölfpaß und die seitlichen Spitzbogenfenster liegen daher tief zurück, bilden die Rückwand von mächtigen, höhlenähnlichen Nischen. Die ganze Fassade zeigt einen einerseits durchschluchteten, andererseits motorischen Charakter. Nicht einmal das trennende Gesims zwischen dem Rosengeschoß und der offenen Galerie über ihm verläuft in einer Horizontalen, sondern ist in der Mitte nach oben herumgeführt. Und von dieser offenen Galerie wiederum schieben sich an den Flanken der Türme offene Ziergehäuse *(Tabernakel)* ins folgende Geschoß empor, so daß der Eindruck entsteht, als befänden die Bauformen sich in kletternder Bewegung. Die Freigeschosse der Türme scheinen diese Motorik aufzunehmen. Die Turmstümpfe sind nicht wie in Caen, in Paris und in Amiens quadratisch oder rechteckig, sondern achtseitig. In den Diagonalen werden die achteckigen Turmkerne von offenen Tabernakeln umstellt, in zwei Geschossen sind

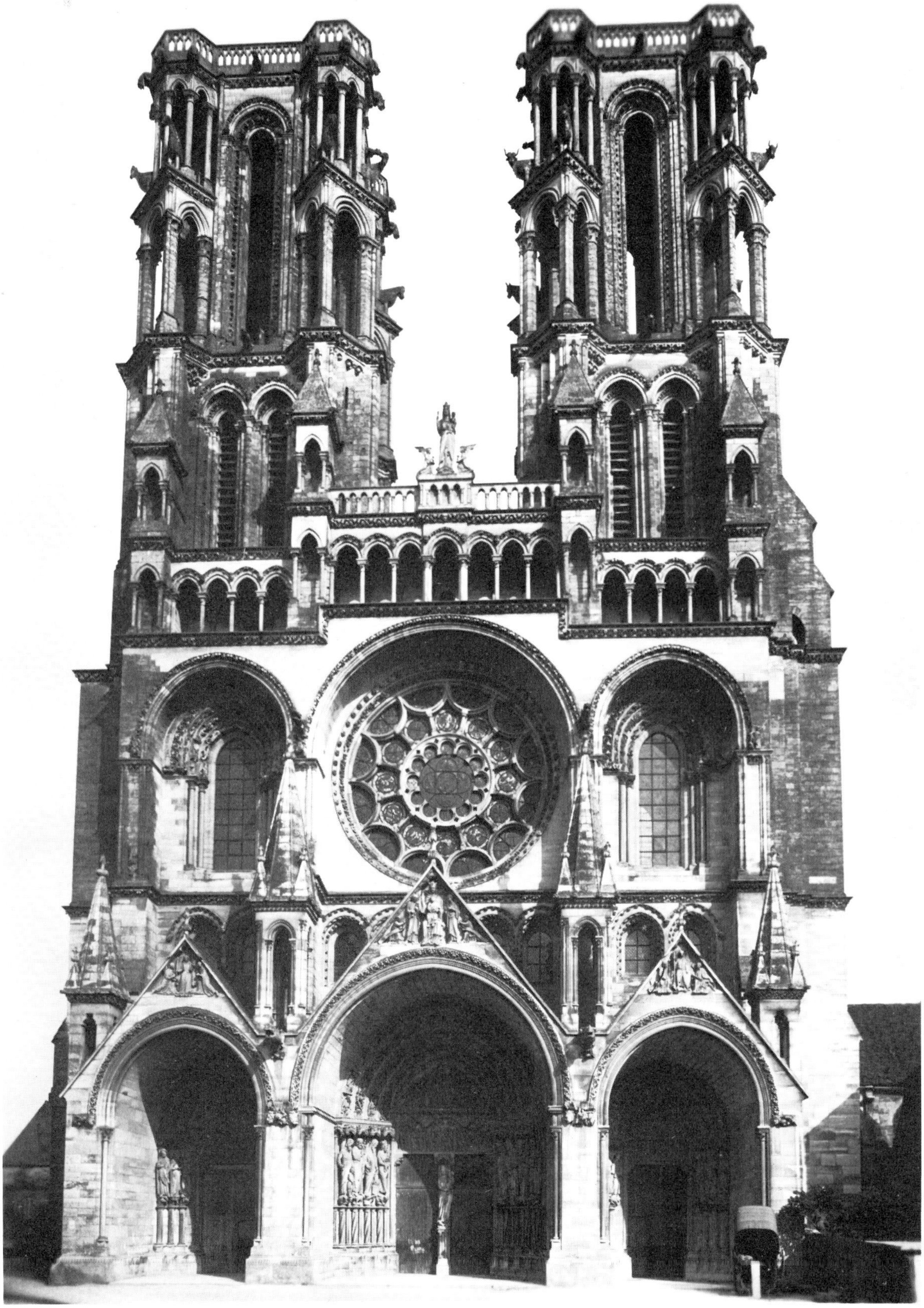

Abb. 3: Laon, Kathedrale Notre-Dame. Um 1200. Westfassade

Die Fassade der Kathedrale von Laon ist mit der Pariser Kathedrale fast zeitgleich. Durch die starke Betonung der konstruktiven Glieder und das Vor- und Zurückspringen einzelner Bauteile entsteht jedoch ein völlig anderer, dramatischerer Eindruck.

sie übereinandergetürmt. Die schlankeren, spitzbogigen Gehäuse oben öffnen sich in fünf Seiten eines Achtecks. Aus jeder zweiten Arkade streckt ein steinerner Ochse seinen Kopf heraus. Der Sinn dieses bizarren Motivs ist bis heute nicht wirklich geklärt. Forscher aus dem beginnenden Industriezeitalter mit seiner Begeisterung für technische Pioniertaten wollten hier eine Verherrlichung der Zugtiere erblicken, die das Material für den Bau der Kathedrale auf den Berg geschleppt hatten. Heute neigt man zu geistigeren, symbolträchtigeren Erklärungen und vermutet eher eine Anspielung auf die Ochsen, die nach dem Buch der Könige im Hof des Salomonischen Tempels zu sehen waren.

Vergleicht man die um 1200 entstandene gotische Fassade der Kathedrale von Laon mit der romanischen Fassade von Saint-Etienne in Caen, so wird man erkennen, daß die architektonischen Formen eine neue Sprachgewalt gewonnen haben. Diese weiten Portale mit ihren Giebeln, der mächtige Kreis des Rosenfensters, die Türme mit ihren offenen Tabernakeln – sie sind ein Stück redender Architektur, stellen sich dar, kündigen an, fordern auf. Die Öffentlichkeit der Schauseite gewinnt in der architektonischen Gliederung der Fassade von Laon auf dramatische Weise Gestalt. Das Moment der Bewegung hat an der gotischen Kathedralarchitektur moderne Betrachter häufig fasziniert. Die Fassade von Laon war dabei ein besonders gern herangezogenes Beispiel. Der Maler Robert DELAUNAY (1885–1941), der um 1914 den Pariser Eiffelturm auf seinen Bildern in taumelnde, stürzende Formen auflöste, malte nicht zufällig auch Bilder von der Kathedrale in Laon. In der Geschichte der gotischen Kathedralfassade bezeichnet Laon einen Wendepunkt. Diesem eruptiven Vorbild haben sich die großen Bauten der folgenden Jahrzehnte nicht entziehen können. Aber die gotische Kunst Frankreichs entfaltete sich in Klugheit und mit Maß. Die Architekten der Schaufronten der Kathedrale in Amiens und Reims suchten die Balance zwischen der ausgewogenen, weisen Lösung von Paris und dem dramatischen Experiment von Laon.

Die Kathedrale Notre-Dame in Amiens

Aus Laon übernahm der Architekt der Fassade in Amiens *(Abb. 4)* die weit vortretenden Strebepfeiler, die tiefen Portalschluchten und die bekrönenden Fialen und Giebel. Aber er hat die abrupte Lösung von Laon gemildert, indem er den Sockelschmuck und die Statuenreihe fortlaufend über die ganze Fassade ausbreitete. Die Portale an der Schaufront sind zu einer Einheit geworden, zu einer in sich zusammenhängenden Statuenwand. Und an der Fassade von Amiens ist der Vorhalle ein neuer Sinn verliehen. Hier vor den Portalen stehen jetzt die Statuen der Propheten, also jener biblischen Gestalten, die auch historisch vorausgingen und die Gottesherrschaft ankündigten. Die architektonische Gliederung, wie sie aus dem älteren Laon übernommen ist, wird inhaltlich ausgedeutet. Die ganze Fassade wird jetzt zu einem in Statuen und Reliefs sprechenden Lehrgebäude.

Aus Paris übernahm der Architekt der Fassade von Amiens die Galerien, die sich quer über die Fassade hinziehen. Aus Paris stammt vor allem der großartige Gedanke, an der Fassade einer Bischofskirche im französischen Kronland eine Galerie von Königsstatuen aufzustellen. Es bleibt bis heute umstritten, ob hier Herrscher aus dem Alten Testament oder Könige von Frankreich dargestellt sind. Diese Frage ist aber auch von zweitrangiger Bedeutung. Die Königsgalerien der französischen Kathedralen verkündeten auf jeden Fall die Vereinigung, das Zusammenwirken von kirchlicher und monarchischer Hierarchie. Mittelalterliche Könige haben sich stets mit den großen Herrschern des Alten Testaments, mit David und Salomo verglichen. Sie wollten von Gott erwählt sein wie die jüdischen Könige. Sollten an den Kathedralfassaden in Paris, in Chartres, in Amiens die biblischen Könige wiedergegeben sein, so wäre also der Hinweis auf die Könige von Frankreich noch immer mit einbegriffen gewesen. Das Volk scheint jüdische und französische Herrscher angesichts dieser Galerien ohnedies nicht auseinandergehalten zu haben. Die Gaffer vor der Fassade von Paris zeigten auf die Statuen und riefen, wie wir schon andeuteten: „Sieh einmal – Pippin". Die gemeinsamen Interessen von Kirche und Königtum spiegeln sich in diesen Figurenfolgen. Der Priester genießt den Schutz des Königs, der König wird vom Priester gesalbt. Die Öffentlichkeit der Kathedralfassade reicht mit diesem Teil ihres Bildprogramms ganz direkt in den politischen Bereich.

Unter allen gotischen Kathedralen zeigt jene von Amiens das geschlossenste Portalprogramm. Nirgends ist das Lehrgebäude aus Statuen und Reliefs so systematisch entfaltet wie an der pikardischen Bischofskirche. Nachdem wir jetzt bereits mehrere gotische Kathedralfassaden kennengelernt haben, können wir aber auch sehen, daß die Gliederung der Schaufront von Amiens im Architektonischen befremdliche Härten zeigt. Die gotischen Kathedralen wurden während des 13. Jahrhunderts zu den Wolkenkratzern in der Geschichte des christlichen Kirchenbaus. Immer höher hinauf trieb man die Gewölbe über den steil aufragenden Kirchenschiffen. In der

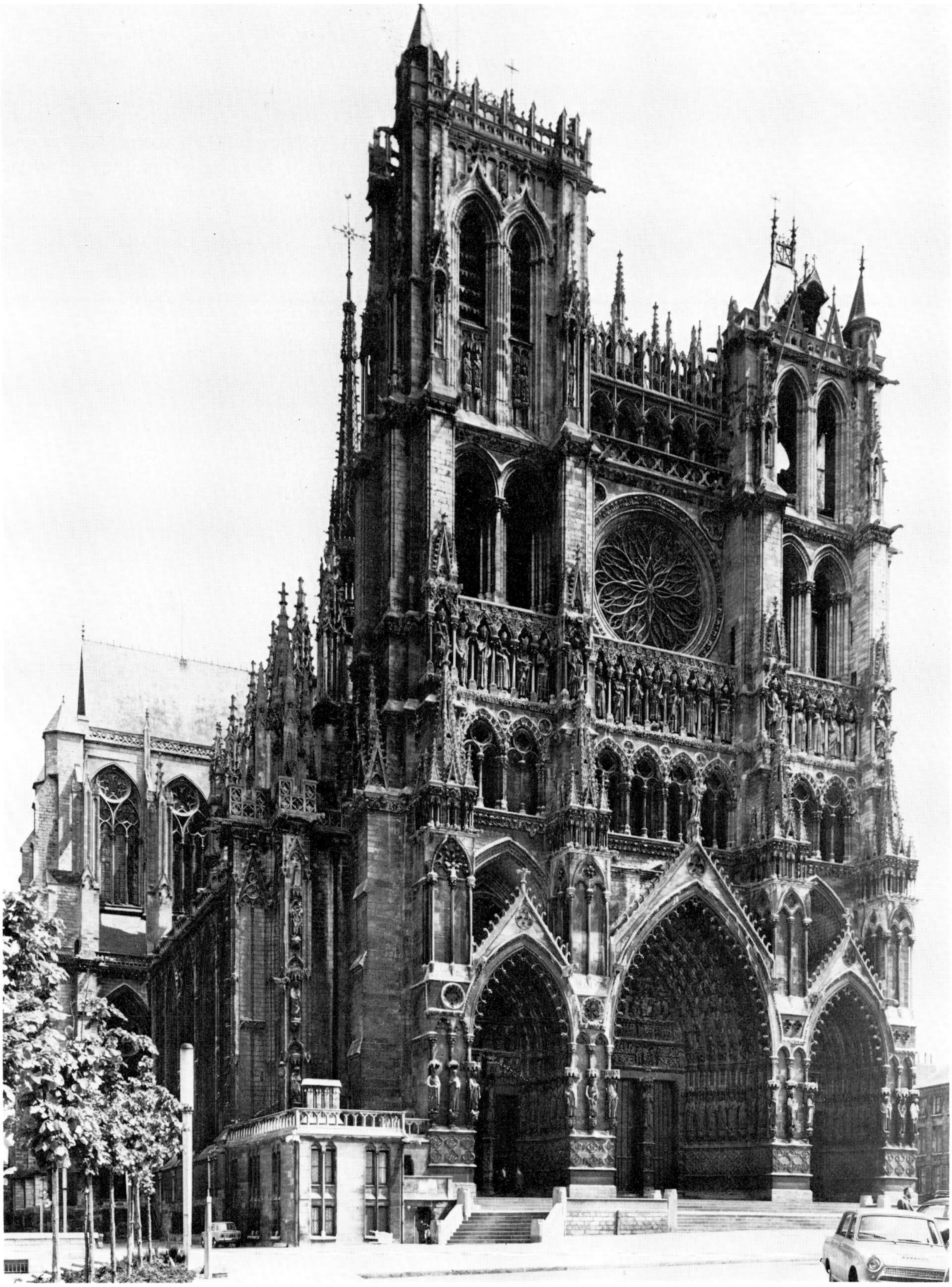

Abb. 4: Amiens, Kathedrale Notre-Dame, Westfassade. 1220–1235

In seltener Konsequenz und Systematik schmückt die drei großen Westportale der Kathedrale von Amiens ein umfassendes Skulpturenprogramm. Man hat von der „Bibel von Amiens" gesprochen. Würde man dieser Fassade den bildhauerischen Schmuck rauben, blieben nur drei dunkle Eingangsschluchten im riesigen Mauermassiv, die statisch notwendig durch weit vorragende Strebepfeiler getrennt sind. Erst die Bildhauerkunst hat die Portale miteinander verschmolzen.

Kathedrale in Amiens wie später im Dom zu Köln erreicht diese sich offensichtlich an den technischen Möglichkeiten eines neuen Bauverfahrens berauschende Entwicklung ihren Höhepunkt. Der Preis für die alle natürliche Vorstellungskraft übersteigende Steilheit des Kircheninneren ist in Amiens außen an der Fassade entrichtet worden. Riesenhaft klaffte hier der Höhenabstand zwischen den gewaltigen Eingängen unten und der verhältnismäßig kleinen, weit nach oben in die Höhe der Gewölbe des Kirchenschiffs geschobenen Rose. Und wie die Stockwerke eines im Rastersystem errichteten Hochhauses sind zwei Galerien übereinandergeschichtet, um diese tote Zone zu maskieren. Die steile Schaufront von Amiens, die wie ein Felsmassiv vor dem Betrachter aufragt, ist gewiß nicht ohne Kühnheit. Aber der Versuch, die aufschießenden Formen von Laon mit den sich quer über die ganze Kirchenfront hinziehenden Pariserischen Galerien zu verbinden, behält etwas Gewaltsames. Erst die Königin unter allen französischen Kathedralen, jene von Reims, sollte um die Mitte des 13. Jahrhunderts den glücklichen Ausgleich zwischen den aufgebrochenen und ungestümen Formen von Laon und der Harmonie der Pariser Fassade finden. „Gleichgewicht" hat der große französische Schriftsteller Paul VALÉRY in seinem Dialog *„Eupalinos oder der Architekt"* als höchstes Ideal der Baukunst bezeichnet. Die Entwicklung der gotischen Kathedralfassaden im 12. und 13. Jahrhundert ist gewiß voller innerer Spannung. Laon ist ein dramatisches Experiment, Amiens der kühne Versuch, die Fassade genau wie den Innenraum steil in die Höhe zu treiben. Die ausgereiftesten Lösungen für das architektonische Problem der Kathedralfassade sind auf eine sehr französische Weise durch „Gleichgewicht" im Sinne VALÉRYS bestimmt. Das erste Beispiel dafür bot um 1200 die Kathedrale in Paris. Die Krönung der ganzen Entwicklung bringt ein halbes Jahrhundert später die Schaufront der Kathedrale von Reims. Hier sind die Anregungen aus Laon, Paris und Amiens in eine wunderbar reiche, gleichermaßen strenge und gelöste Fassadenkomposition eingeschmolzen.

Die Kathedrale Notre-Dame in Reims

Durch die Portale der Kathedrale von Reims *(Abb. 5)* zogen die zukünftigen französischen Könige ein, um im Chor vom Reimser Erzbischof nicht nur gekrönt, sondern mit himmlischem Öl gesalbt zu werden. Blickten sie zu dem Geschoß über der Rose empor, so sahen sie unter den Freigeschossen der Türme eine Galerie mit Königsfiguren, wie wir sie schon aus Paris und Amiens kennen. Hier an der Krönungskathedrale ist nun über die Identität der Dargestellten kein Zweifel möglich. Es sind eindeutig französische Herrscher. In ihrer Mitte erblickt man CHLODWIG, den ersten christlichen König von Frankreich, der hier in der Kathedrale von Reims im Jahre 496 durch den Erzbischof REMIGIUS getauft worden war. Diese Taufe ist im Zentrum der Reimser Königsgalerie dargestellt. An dieses Ereignis knüpfte sich der historische Anspruch der Reimser Erzbischöfe, bis 1789, alle französischen Könige zu krönen. Blickten die zukünftigen Herrscher zu der Rose an der Schaufront empor, so konnten sie dort den Sieg Davids über Goliath, Davids Salbung durch Samuel und das Urteil König Salomons dargestellt sehen. Später, bei der Krönung, betete der Erzbischof, Gott möge den zukünftigen Herrscher Frankreichs gegen seine Feinde schützen, wie er David geschützt habe, und möge ihn mit der Weisheit Salomons erfüllen. Das Bildprogramm der Reimser Kathedralfassade nimmt in diesen Teilen also unmittelbar auf jenes Zusammenwirken von kirchlicher Hierarchie und Königtum Bezug, das in der feierlichen Krönung und Salbung der französischen Könige zum Ausdruck kommt. In Deutschland kennen wir nichts Vergleichbares. Der Aufstieg der französischen Monarchie, ihre institutionelle Festigung und die Ausbildung der Kunst der französischen Kathedralen zu einer ebenso systematischen wie geschmackssicheren Formensprache – das sind nicht nur zeitgleiche, sondern gesellschaftlich zusammengehörige Vorgänge. Die Schaufront der Kathedrale von Reims ist das strahlendste künstlerische Zeugnis für die einzigartige Verbindung von Königsherrschaft und Priestertum. Noch das bürgerliche Frankreich, das mit der Monarchie nichts mehr zu tun haben wollte, sah in der Reimser Bischofskirche die nationale Kathedrale Frankreichs. Die Beschießung der Fassade der Kathedrale von Reims durch deutsche Artillerie im September 1914 hat im französischen Nationalbewußtsein eine so tiefe Wunde hinterlassen wie kaum ein zweites Ereignis des Ersten Weltkriegs.

In den drei mächtigen Portalen an der Westfront der Reimser Kathedrale vollendet sich eine Entwicklung, die mit der Vorhalle an der Fassade in Laon begonnen hatte und in Amiens an den tiefen Portalbuchten weitergeführt worden war. Wie in Laon und Amiens bekrönen aufragende Giebel die spitzen Bögen der Portale. Aber dieses triumphale Motiv ist an der Reimser Kathedrale ins Grandiose gesteigert. Fünf Giebel, die von den Flanken der Fassade zum Zentrum hin stufenweise größer werden und höher aufsteigen, krönen das Portalgeschoß. Wie in Laon sind diese Wimperge mit Figuren geschmückt. Im Zentrum erscheint über dem Bogen des Mittelportals die Krönung Marias. Sie ist als zentrales Motiv gewählt, weil die Kathedrale der Gottesmutter Maria geweiht ist.

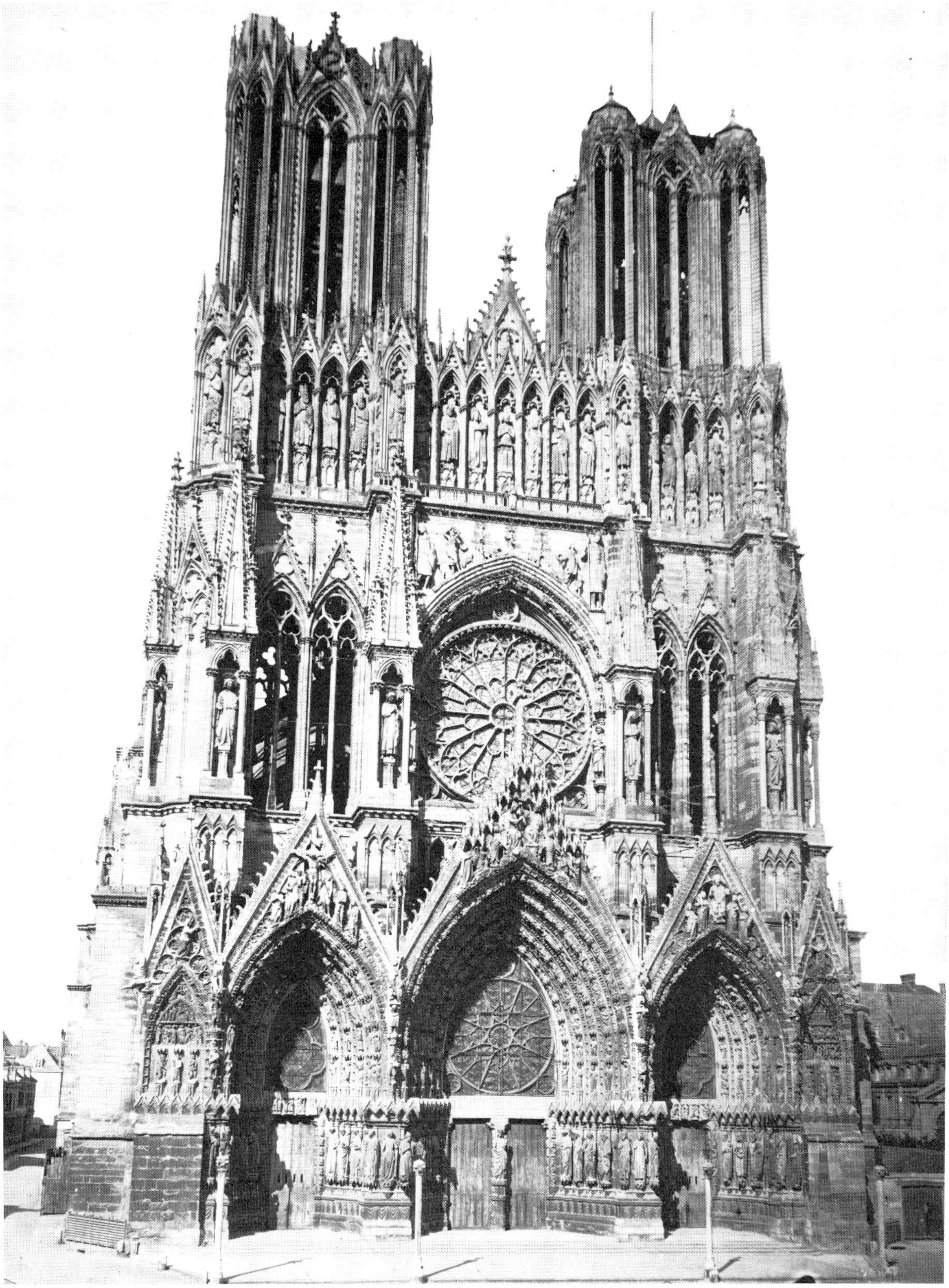

Abb. 5: Reims, Kathedrale Notre-Dame. 13. Jahrhundert. Westfassade

Die Formen von Laon und Amiens sind hier ins Virtuose gesteigert: Fünf Giebel zieren jetzt die Portalzone, und die große Königsgalerie liegt oberhalb des Rosengeschosses. Die Wand der Fassade scheint durch Skulptur „ersetzt" zu sein, gerade wenn man noch einmal rückblickend die Westfassade der Abteikirche Saint-Etienne *(Abb. 1)* als Ausgangspunkt der Entwicklung zum Vergleich heranzieht.

Zugleich aber ist das Bild dieser Krönung im Himmel von besonderer Wirkung an einem Portal, durch welches die zukünftigen Herrscher Frankreichs einzogen, um im Inneren der Kirche gekrönt zu werden. Immer wieder stoßen wir an der Reimser Fassade auf den Zusammenklang von Heiligkeit und Königtum.

Von Amiens übernahm der Architekt der Reimser Fassade den Gedanken einer ununterbrochenen Reihe von Statuen, die sich quer über die ganze Fassade hinzieht. Aber dieser Gedanke ist hier in eine neue Gestalt gefaßt. Der Sockelstreifen unter den Statuen ist jetzt ganz niedrig geworden. Auch fordert er dem Gläubigen nicht mehr ab, eine Vielzahl kleiner Reliefs zu entziffern, sondern ist nur noch mit aufgehängten Tüchern dekoriert. Und das Figurengewände wird nicht mehr wie in Amiens von vielen einzelnen Miniaturarchitekturen bekrönt, sondern zeigt als oberen Abschluß eine fortlaufende Giebelkette, die nochmals die Einheitlichkeit der ganzen Anlage unterstreicht. Wie auf einer Bühne stehen ganz nahe über dem Betrachter an den Wandungen der Portale die Statuen der Propheten und Könige, der Heiligen und Engel. In Frankreich gibt es eine Redensart: „Wer eine vollendet schöne Kathedrale bauen will, der nehme von Chartres die Türme, von Paris die Fassade, von Amiens das Schiff und von Reims die Skulpturen." Tatsächlich waren nie zuvor in der Kunst des europäischen Mittelalters die biblischen und heiligen Gestalten so statuarisch und lebendig dargestellt worden wie an den Portalen der Kathedrale von Reims. Sie schreiten heran oder wenden sich einander zu, sie neigen das Haupt oder sie lächeln sogar. So wie die Dichtung der Zeit von der Süße Mariens, der Sanftheit Christi schwärmt, erscheinen hier die Engel, die Heiligen als milde, heitere, freundliche Gestalten. In Frankreich entwickelte sich im 13. Jahrhundert eine verfeinerte weltliche Kultur, die sich in gesittetem Betragen, in der Sicherheit des Geschmacks, in der einfachen, aber formvollendeten Kleidung äußerte und das ganze gesellschaftliche Leben weit über die höchsten Stände hinaus mit einem neuen Ton von Höflichkeit und Ritterlichkeit erfüllte. Im gleichen Sinne hatte sich auch das Antlitz der Kirche verwandelt. Die Festlichkeit, Gastlichkeit der Reimser Kathedralfassade, die heitere, strahlende Art des Empfangens, die sich an ihren Portalen zeigt, sind der sichtbare Ausdruck eben dieses Wandels.

An der Reimser Fassade nimmt die Rose wieder die gleiche zentrale Stelle ein wie an der Schaufront von Notre-Dame in Paris. Von einem kleinen Kreis im Zentrum, der Nabe des riesenhaften Rades, strahlen zwölf Speichen in das Kreisrund aus. Nebenan, an den Wänden der Türme, öffnen sich schlanke, von spitzen Blendgiebeln bekrönte Doppelfenster. Es ist das Gliederungsschema der Pariser Fassade, nur sind jetzt, ein halbes Jahrhundert später, die Formen feiner und dünngliedriger, die Proportionen schlanker geworden. Der Architekt der Reimser Fassade hat aber ein Weiteres getan, um die Bedeutung des Rosengeschosses zu steigern: Vor die Strebepfeiler an den Flanken der Türme setzte er große Fialen, die durch das ganze Geschoß hindurch aufsteigen, ja mit ihren Spitzen eben noch in die nach oben hin folgende Königsgalerie hineinragen. Offensichtlich stammt das Motiv von der Fassade in Laon. In Reims aber ist es der unruhigen, stoßenden Wirkung entkleidet und in eine strenge Geschoßgliederung einbezogen. Diese Fialen des Reimser Rosengeschosses aber wirken um so sprechender, als sie nicht wie in Laon leere Gehäuse sind, dunkle Höhlungen an einem dramatisch zerklüfteten Bauwerk. In ihrem Inneren stehen Figuren von kolossalem Maßstab, die größten Bildwerke, die im 13. Jahrhundert geschaffen wurden. Das Portalprogramm der Reimser Fassade enthält einen breiten Passionszyklus. Er endet mit der Kreuzigung, die auf dem Giebel über dem linken Portalbogen dargestellt ist. Weitergeführt ist die Darstellung des Lebens Christi in den riesigen Fialen des Rosengeschosses. Hier sieht man den Auferstandenen, der den Jüngern auf dem Gang nach Emmaus begegnet, Maria Magdalena, die Petrus zuruft, daß sie den Herrn gesehen habe. Dieser österliche Zyklus mit seinen Hoffnung verheißenden Bildern erscheint in der Höhe, entrückt, in einer dem Himmel angenäherten Zone. Die Entwerfer der Programme an den gotischen Kathedralfassaden hatten ein entwickeltes Gespür für die Symbolkraft der Platzanweisung, des Oben und Unten, des Innen und Außen. In Reims ist der Osterzyklus aber nicht auf die Stirnseite der Fassade beschränkt. Auch an den Seitenfronten der Türme sind Erscheinungen Christi nach seiner Auferstehung wiedergegeben. Im Norden sieht man den Herrn mit dem ungläubigen Thomas, im Süden Christus, der dem Saulus in Damaskus erscheint und ihn zum Paulus werden läßt. Und geht man dann weiter nach Osten herum, so bemerkt man staunend, daß die ganze Kathedrale von solchen riesigen Fialen mit Figuren umstellt ist. 22 Engel mit ausgebreiteten Flügeln stehen wie Wächter des Himmlischen Jerusalem rings um die Kirche. Erinnern wir uns noch einmal der brüsken Schmucklosigkeit der romanischen Fassade von Saint-Etienne in Caen. Es wird dann vielleicht deutlich, was die Vermählung von Architektur und Skulptur an der gotischen Kathedrale für die Auffassung vom christlichen Kirchengebäude bedeutet hat. Plötzlich begannen diese riesigen Gotteshäuser zu sprechen, und zwar mit menschlichen Stimmen zu sprechen, schlossen Frömmigkeit und Sinnlichkeit sich nicht mehr aus. Die Ausbreitung der Bildwerke über alle Geschosse der Fassade, ja alle Geschosse des ganzen Kirchengebäudes, wie sie die Kathedrale von Reims zeigt, ist die triumphalste Bezeugung dieser neuen Versinnlichung des Religiösen.

Die gotische Kathedralskulptur

Das künstlerische Medium, welches diesem neuen Bedürfnis nach sinnlicher Veranschaulichung des Heiligen Ausdruck verlieh, war die im Zeitalter der gotischen Kathedralen neu erstehende vollrunde Skulptur. Das Christentum hatte ja von seinen Ursprüngen her ein tiefes Mißtrauen gegen alles plastische Bildwerk gehabt.

In der heidnischen Welt, welche die Apostel und ihre Nachfolger missioniert hatten, waren die Götter wie die Menschen durch *Statuen* geehrt worden. Die große Blüte der antiken Plastik beruhte auf diesem heidnischen Brauchtum. Als der christliche Apostel Paulus nach Athen, ins Zentrum der griechischen Kultur, kommt, ruft er den Bewohnern der Stadt eifernd zu:

„Athener, nach allem, was ich sehe, seid ihr besonders fromme Menschen. Denn, als ich umherging und mir eure Heiligtümer ansah, fand ich auch einen Altar mit der Aufschrift: EINEM UNBEKANNTEN GOTT. Was ihr verehrt, ohne es zu kennen, das verkünde ich euch. Gott, der die Welt erschaffen hat und alles in ihr, er, der Herr über Himmel und Erde, wohnt nicht in Tempeln, die von Menschenhand gemacht sind. Er läßt sich auch nicht von Menschen bedienen, als brauche er etwas..." (Apostelgeschichte 17,22–25).

Für Paulus und alle christlichen Missionare nach ihm sind die Statuen der griechischen und römischen Götter in den Tempeln nichts als verdammenswürdige Götzenbilder, die es so schnell wie möglich zu zerstören gilt. Ungezählt sind die Berichte, nach denen Päpste und Missionare die heidnischen Idole stürzen und zerbrechen ließen. Mit dem Sieg des Christentums waren zwar nicht die Bilder als solche abgeschafft worden, aber das vollrunde Bildwerk, das mehr als ein Jahrtausend im Zentrum des antiken Kunstschaffens gestanden hatte, verschwindet vom 5. Jahrhundert n. Chr. an für einen langen Zeitraum aus der Geschichte unserer Zivilisation. Das christliche Mittelalter kannte keine Götterstatuen, und auch die Sterblichen hat es fast nie in der Form der Statue, des Denkmals, geehrt. Das Mittelalter kannte sogar lange fast überhaupt keine Skulptur. Die Heiligen, die Ereignisse der Heilsgeschichte wurden in Malerei dargestellt. Vor allem im Inneren der Kirchen gab es riesige Freskenzyklen, die jenen Gläubigen, die des Lesens unkundig waren, den Inhalt der Bibel oder das Leben der Heiligen vor Augen führen sollten. Die Bildhauerkunst führte daneben lange nur ein Schattendasein. Sie war beschränkt auf die Dekoration von Kapitellen, steinernen Schranken, anderem kirchlichen Mobiliar, und sie war bei der Erfüllung dieser Aufgaben zu einer nahezu völlig unfigürlichen, ornamentalen Sprache verkümmert. Ihre Wiedergeburt im 11. und 12. Jahrhundert ist ein umstürzendes Ereignis in der Geschichte der christlichen Kunst, und sie ist nur verstehbar aus dem neuen Bedürfnis nach einer sinnlichen, sozusagen natürlich begreifbaren Vergegenwärtigung der Heilsgeschichte. Vom späten 11. Jahrhundert an sind weite Teile der Bevölkerung Europas aufgeklärter als während der Anfänge des Mittelalters. Verkehr und Handel, Städte und Landwirtschaft, Kriegstechnik, Wissenschaft und Unterricht entwickeln sich. Ein rationaleres Verständnis der Weltzusammenhänge breitet sich aus. Auch die Kirche konnte sich diesen Veränderungen nicht entziehen, ja trieb sie in ihren Schulen und durch ihre Reformen zuweilen selbst mit voran. Sie mußte Sprachen finden, mit denen sie sich den neuen Bedürfnissen der Menschen, ihrem gesteigerten sinnlichen Verlangen verständlich machen konnte. Diese Sprachfindung vollzog sich auf vielen Ebenen: in der Lehre, in der Predigt, in der Ausgestaltung des Gottesdienstes, im geistlichen Schauspiel. In der Bildenden Kunst führte sie zur Wiedergeburt der monumentalen Skulptur. Über ein halbes Jahrtausend nach Zerstörung der antiken Götterbilder werden an der gotischen Kathedrale die Propheten und Patriarchen des Alten Testaments, der Heiland und die Gottesmutter, die Apostel und die Heiligen als körperhaft greifbare, statuarische Figuren dargestellt. Das ist der große historische Zusammenhang, aus dem die Entstehung der gotischen Kathedralskulptur zu begreifen ist. Konkret vollzogen hat sich die Wiedergeburt der Statue in der Geschichte der christlichen Kunst um die Mitte des 12. Jahrhunderts im Zentrum des damaligen französischen Königreichs, in der Ile-de-France, der Region um Paris.

An einem Beispiel soll dieser Vorgang erläutert werden:

- Am Westportal der Kathedrale von Chartres, welches zwischen 1145 und 1155 errichtet worden sein dürfte, sind uns die ältesten gotischen Statuen erhalten *(Abb. 6)*. Es sind merkwürdig überlängte Gestalten, die in völlig ruhiger Haltung, kerzengerade vor den Schäften der Gewändesäulen aufragen. Ihre leicht gesenkten Füße ruhen auf kleinen runden, abschüssigen Konsolen. Die abgewinkelten, gesenkten oder erhobenen Arme sind genau vor die Mitte des Körpers geführt. Das Haupt zeigt eine frontale Haltung und ist jeweils von einem runden Heiligenschein hinterfangen. Der Eindruck, den diese Figuren auf einen heutigen Betrachter machen, wird im ersten Augenblick sehr befremdlich sein. Ohne festen Stand vor dem Gewände schwebend, ohne Aktion und ohne bestimmten Ausdruck, scheinen sie einer hoheitsvollen Traumwelt anzugehören, die sich unserem

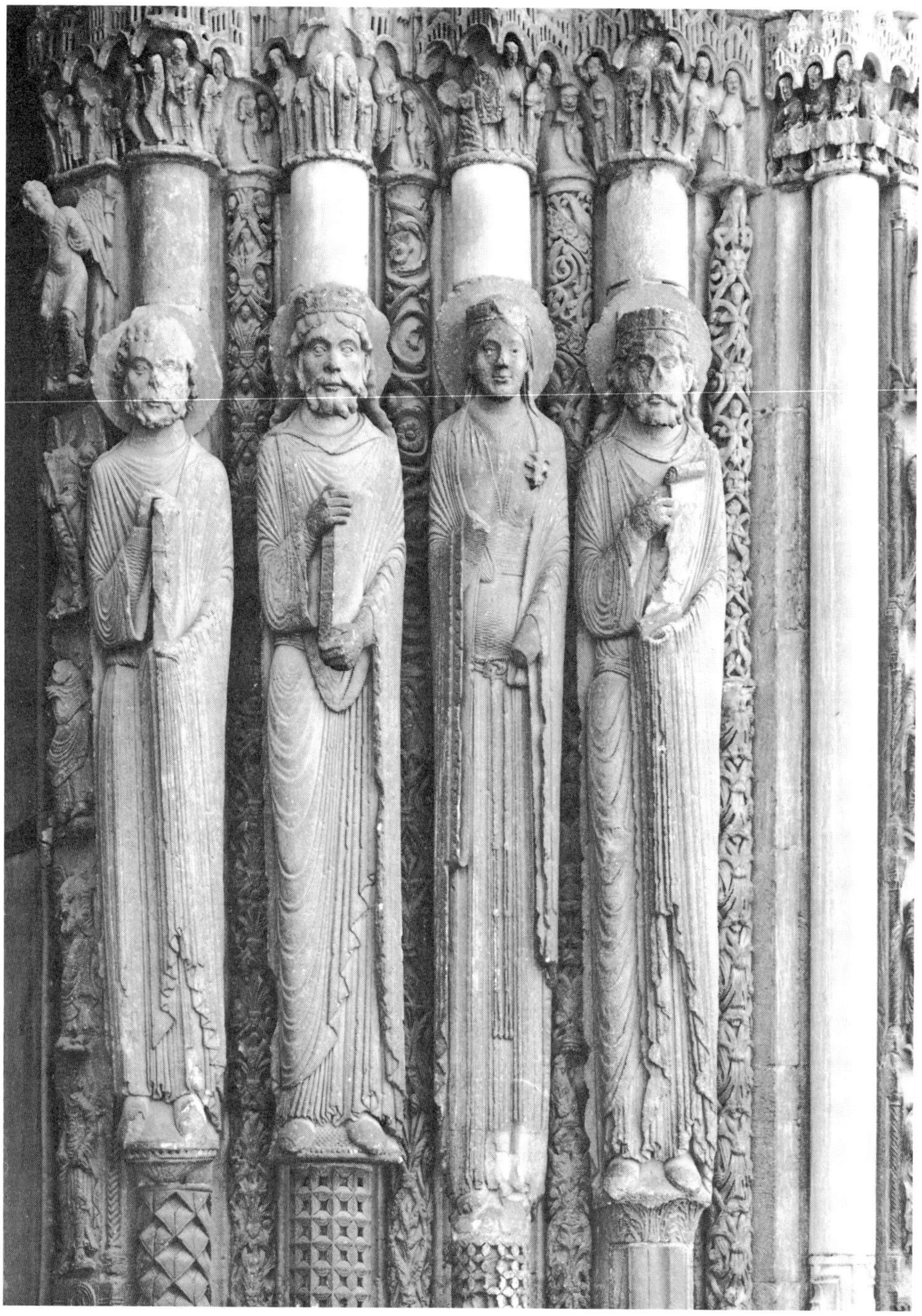

Abb. 6: Chartres, Kathedrale Notre-Dame. Mittleres Westportal, rechtes Gewände, Figuren des Alten Bundes. Um 1145–1155

natürlichen Verständnis entzieht. Sie scheinen die Behauptung, daß die neue gotische Bildhauerkunst der Versinnlichung des Religiösen diene, für den oberflächlichen Blick eher zu widerlegen. Sind sie nicht Wesen aus einer geistigen Sphäre, die den Sinnen gar nicht erreichbar ist?

Ehe wir hier eine Antwort versuchen, sind ein paar technische und inhaltliche Daten zu beachten. Diese feierlich ruhigen Gestalten, mit dem Schaft der Säule in ihrem Rücken, sind aus einem einzigen Block gemeißelt. Man kann die Kanten dieses Blockes, den der Bildhauer bis an die Ränder ausgenützt hat, an den seitlichen Konturen der Figuren und vorn an der Mittelachse, dort wo die Hände sich an die Bücher oder Schriftrollen legen, noch erspüren. Säule und menschliche Gestalt sind also aus dem gleichen Stein gehauen. Dieses merkwürdige Verfahren wird die gotische Bildhauerkunst über ein Jahrhundert lang beibehalten. Es hat zu einer eigenen Bezeichnung geführt: Man spricht angesichts dieser Statuen von „Säulenfiguren". Über den Ursprung dieser Säulenfiguren ist viel gerätselt worden. Man hat gedacht, hier seien vielleicht in Stein jene Figuren nachgeahmt, wie sie in den illustrierten Handschriften des Mittelalters gelegentlich an den Balken der Eingangsbuchstaben erscheinen. Mit mehr Berechtigung darf man wohl daran erinnern, daß es immer schon Figuren gab, die auf Säulen gemalt waren. Das Motiv bietet die Möglichkeit für sinnbildliche Auslegung. Noch heute gebrauchen wir die Sprachwendung, jemand sei eine „Stütze des Unternehmens" oder eine „Säule der Wissenschaft". Die mittelalterlichen Theologen sprachen von den Aposteln als den „Säulen des Kirchengebäudes". So sind diese Figuren, die mit den Säulen des Portalgewändes aus einem Block gemeißelt sind, wohl auch als Säulen des Heilsgebäudes im übertragenen Sinne zu verstehen.

Wer aber sind sie? Die Antwort auf diese Frage ist nicht leicht. Die einzige Namensinschrift, die ursprünglich zu sehen war – bei der Figur rechts außen –, ist erloschen. Wir erkennen zwei Könige mit Kronen auf dem Haupte und zwischen ihnen eine Herrscherin mit Krone und Szepter. Lange hat man gemeint, hier seien mittelalterliche Herrscher, Wohltäter der Kirche von Chartres, dargestellt. Gegen diese Annahme sprechen aber eindeutig die Heiligenscheine, welche die Figuren in eine heilige Sphäre rücken. Heute wissen wir, daß es sich um biblische Herrscher handelt, und Vergleiche haben es möglich gemacht, in der rechten Gestalt den König Salomo zu erkennen. Der zweite König weiter innen dürfte dann Salomos Vater, König David, sein. Die Herrscherin zwischen ihnen ist entweder Davids Gemahlin, Bathseba, oder jene sagenumwobene Königin von Saba, die aus fernen Landen zu Salomo zog, um ihn wegen seiner Weisheit zu befragen. Sind die französischen Könige damit für die direkte Benennung ausgeschieden, so bleibt es doch beziehungsvoll, daß an den Bischofskirchen des französischen Kronlandes schon um die Mitte des 12. Jahrhunderts Statuen von biblischen Königen und Königinnen die Eingänge zieren. Ein monarchisches Flair ist unübersehbar. Die vierte, kronenlose Figur dürfte einen Propheten oder Patriarchen aus dem Alten Testament darstellen.

Aber nun sind einige Worte zur sinnlichen Erscheinung dieser seltsamen Statuen zu sagen. Sie sind zwar für unser Auge befremdlich überlängt, aber doch fast vollrund ausgearbeitet. Sieht man genauer zu, so lassen sich an den Figuren der Könige durchaus Stand- und Spielbein unterscheiden. Der Fall und die Stofflichkeit der Gewänder, das leichtere Tuch des bis auf die Füße reichenden Unterkleides, das schwerere Material von Rock und Mantel sind sorgsam unterschieden. Das lange, über die Schulter fallende Haar, das gewellt oder gelockt ist, hat der Bildhauer mit hoher sinnlicher Wirkung wiedergegeben. Der Edelsteinschmuck der Mäntel und Kronen, die Schnittfläche eines Buches sind durch minutiöse Meißelarbeit sichtbar gemacht. Um diese Königsstatuen legt sich eine Aura von höfischem Luxus, von hochkultivierter Gepflegtheit, die keineswegs nur geistige, sondern durchaus diesseitige Züge trägt. Und dieser Eindruck verstärkt sich, wenn man die Frauenstatue in die Betrachtung miteinbezieht. Unter dem über die Schulter gelegten Mantel trägt sie ein fußlanges Kleid, das in der Taille von einem Gürtel mit dünnen, sehr langen Enden umschlungen wird. Das Haupt ist klein, aber das hübsche Kinn, die gerundeten Wangen, der nach unten gerichtete, lockende Blick sind von durchaus lebhafter Wirkung. Am auffallendsten sind die langen, bis zu den Knien hinabreichenden Zierärmel, wie wir sie aus der vornehmen Mode der Zeit kennen. Die ganze Aufmachung dieser Dame hat einen unübersehbaren Zug höfischer Mondänität. Die Geschichte der Kunst zeigt uns nur selten Frauenkostüme von ähnlich verführerischer Extravaganz. Die Chartreser Königin kann neben den raffiniertesten weiblichen Gestalten der ägyptischen Plastik wie neben den gewagtesten Jugendstildamen bestehen. Tatsächlich können wir nachweisen, daß das Gewand der Chartreser Königin von den Damen des französischen Hochadels um die Mitte des 12. Jahrhunderts getragen wurde. Von den Dichtern bewundert, stieß es auf die Kritik der Kirche. „Die Frauen", seufzt ein Kleriker, „schreiten in ihren Gewändern einher wie die Schlangen". Die Versinnlichung des Religiösen führte zu einer Aktualisierung des christlichen Bilderkreises. Bathseba oder die Königin von Saba stellt man dar wie eine Königin oder Herzogin am Hof in Paris, Angers oder Provins. Die Verbindung mit der zeitgenössischen Mode, die sensible Wechselbeziehung zu gesellschaftlichen Verhaltensweisen, zu Gesittung und Betragen, war von Beginn an für die gotische Bildhauerkunst charakteristisch. Vielfach spiegelt sie dabei die höfische Kultur, doch reicht ihr Darstellungskreis weit über die höchsten Stände hinaus. Auch wird das 13. Jahrhundert sich nicht mehr so vornehm geben wie die Zeit, in der die Chartreser Westportale entstanden.

Neben der Statue steht von Anfang an als ebenso gewichtige Äußerungsmöglichkeit der gotischen Skulptur das *Relief*. Auch im Relief werden die Figuren vor flachem Grunde fast vollrund ausgearbeitet. Das inhaltliche Spektrum ist breiter als bei der Statue, weitet sich ins Bewegte und Erzählerische aus. Es liegt jedoch in der Eigenart der gotischen kirchlichen Skulptur, daß auch im Relief die repräsentativen Darstellungen mit sozusagen zeremoniell geregeltem Betragen der Figuren weit in der Überzahl bleiben.

An zwei Beispielen aus dem Kreis der Marienbilder sei das näher erläutert:

- Ein Bogenfeld *(Tympanon)* an Notre-Dame in Paris zeigt die unter einem Baldachin thronende, von zwei weihräuchernden Engeln flankierte Muttergottes *(Abb. 7)*. Die zentrale Gestalt ist nahezu vollrund ausgearbeitet, aber Haltung und Ausdruck haben noch nichts Liebliches oder Intimes. An diesem um 1160 entstandenen Tympanon ist die Gottesmutter noch ganz die königliche Herrin der Kathedrale von Paris, die Patronin, die in feierlicher Pose ihren göttlichen Sohn den Gläubigen darbietet – eine Königin zwischen Engeln. Und um die himmlische Patronin sind auf der Ehrenseite zur Rechten die Vertreter der geistlichen Herrschaft in Gestalt eines stehenden Bischofs und eines schreibenden Klerikers versammelt. Auf der Seite zur Linken Marias sieht man den Repräsentanten der weltlichen Herrschaft, einen knienden König. Die Inschriften auf den Rollen, welche die Figuren in Händen halten, sind erloschen. So wissen wir nicht, ob es sich um den damals in Paris amtierenden Bischof MAURICE de Sully und den gleichzeitig regierenden König LUDWIG VI. von Frankreich handelt.

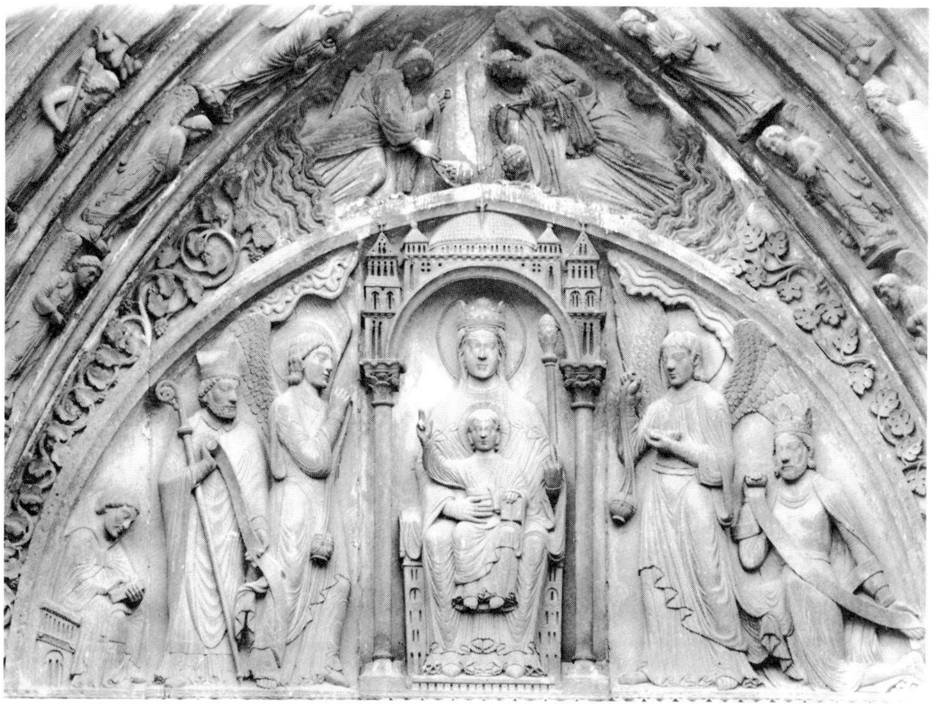

Abb. 7: Paris, Kathedrale Notre-Dame. Südliches Westportal, Tympanon. Um 1160. Thronende Madonna unter einem Baldachin zwischen Engeln, rechts König LUDWIG VI. (?), links Bischof MAURICE de Sully (?) und ein Geistlicher

Vielleicht haben wir auch eine retrospektive Darstellung vor uns: einen der frühen Pariser Bischöfe mit einem der merowingischen oder fränkischen Könige in Verehrung vor „Unserer Lieben Frau" von Paris. Die Frage ist in unserem Zusammenhang zweitrangig. Gotische Skulptur zeigt hier in ihrer Anfangszeit die geistliche und die weltliche Hierarchie, welche sich respektvoll der Königin des Himmels nähern. Ihre Formensprache ist dabei von einer durchaus elitären Eleganz. Man beachte das gespreizte Gehabe des knienden Königs, sein geschmeidiges Knien, die Gepflegtheit der höfischen Kleidung, den Rock mit dem Reitschlitz, die spitzen Schuhe. Wie schon am Portal in Chartres ist diese Bildhauerkunst sozial in den höchsten Rängen angesiedelt. Sie leiht dem Heiligen Züge von Ritterlichkeit, Höfischheit, Courtoisie. Sie bringt die christlichen Bildthemen in den Vorstellungskreis, das Repräsentationsbedürfnis der höfischen Gesellschaft des 12. Jahrhunderts ein. An einem Relief wird dieser Vorgang noch anschaulicher als an den scheinbar so abweisenden, in sich geschlossenen Statuen am Westportal von Chartres.

- Unser zweites Beispiel ist etwa ein halbes Jahrhundert jünger, datiert aus dem ersten Jahrzehnt des 13. Jahrhunderts. Es stammt vom Querhaus der seit 1194 neu errichteten Kathedrale in Chartres, von der nach einem verheerenden Brand wenig mehr als die Westfassade stehengeblieben war. Die Kathedrale in Chartres war das bedeutendste Zentrum der Marienverehrung auf französischem Boden. In zahlreichen Darstellungen feiern die Bildwerke an den Portalen und die farbigen Glasfenster im Inneren dieser Bischofskirche die Gottesmutter.

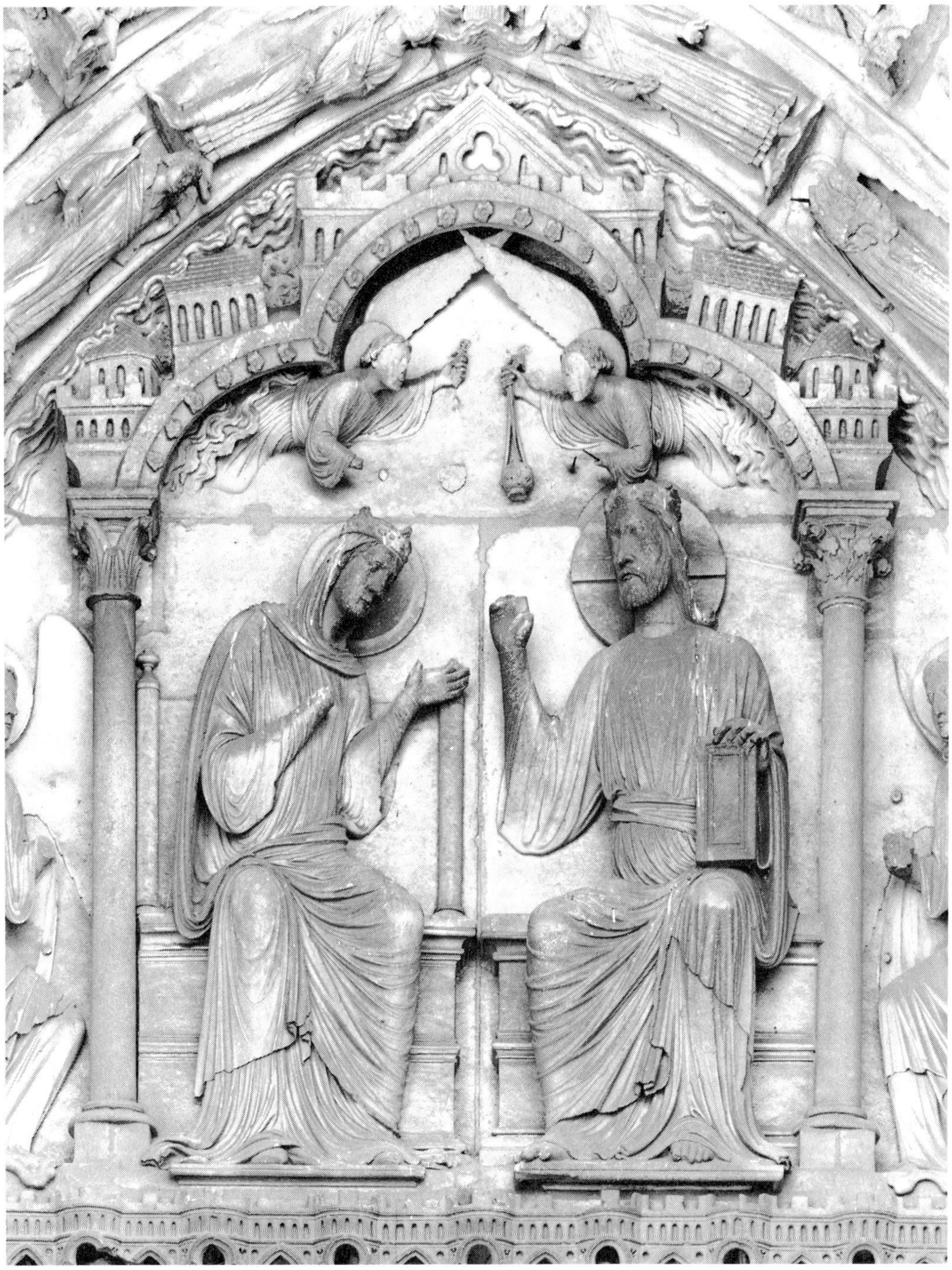

Abb. 8: Chartres, Kathedrale Notre-Dame. Nördliches Querhaus, aus dem Tympanon des mittleren Portals, Marienkrönung. 1205–1210

Auf einem Tympanon am nördlichen Querhaus *(Abb. 8)* erscheint sie als die Königin des Himmels auf dem Thron zu seiten ihres göttlichen Sohnes. Die Formensprache hat sich jetzt vor allem bei der Wiedergabe der Gewänder gegenüber der Zeit um 1150/60 stark verändert. Sie ist sinnlicher und biegsamer geworden, aber hat sich überraschenderweise von jener genauen Nachahmung des getragenen Kostüms, wie wir sie an den Statuen des Westportals in Chartres beobachtet haben, wieder entfernt. Eine große Zahl von geschwungenen, nicht sehr kräftigen Stoffalten umspielt die Glieder der Figuren, begleitet ihre Bewegungen und Gesten. Diese Falten sind von hohem dekorativen Reiz, aber sie sind keineswegs wirklichkeitsnah. Eher erinnern sie an die Gewandwiedergabe antiker, griechischer, vor allem aber römischer Bildwerke. Man mag sagen, es sei von einer historischen Zwangsläufigkeit gewesen, daß die wiedererwachende monumentale Skulptur des Mittelalters irgendwann auf das in den Bildwerken des Altertums gespeicherte sinnliche Material aufmerksam wurde und sich diese einer heidnischen Kultur entstammende Anregung zu eigen machte, um ihre christlichen Gestalten mit wärmerem

Leben zu erfüllen. Diese Aneignung vollzog sich denn auch in breitem Umfang an der Wende vom 12. zum 13. Jahrhundert. Aber wie so oft in der Geschichte der europäischen Kunst diente auch damals die Annäherung an die Antike eher der Idealisierung als der Naturalisierung der Darstellungsweise. Diese schlanken, reinlich konstruierten Figuren auf den edel geformten Thronen mit ihrer Beherrschtheit, mit der sanften, huldvollen Dominanz des thronenden Heilands, der scheuen, ehrerbietigen Verneigung der Maria, sie veranschaulichen den Adel der neuen gotischen Skulptur mit einem Maß an dünnblütiger Überzüchtung, das noch weit über die Statuen am Westportal in Chartres hinauszugehen scheint. Die kühle Virtuosität hat etwas von jener linearen Reinlichkeit, wie wir sie aus dem Klassizismus des ausgehenden 18. Jahrhunderts kennen. Keine Bewegung, keine Gewandfalte bleibt unberührt von einer Etikette, mit der die Gestalten völlig eins geworden zu sein scheinen. Die Gesichter werden einem heutigen Betrachter leer vorkommen. Sie sind nur edel, verraten nichts von den Gefühlen, welche diese sich so manierlich betragenden Figuren erfüllen könnten. Wenig später entstand die große Statue des über Tod und Sünde triumphierenden Christus an der Fassade von Amiens, an der uns ähnliche Züge von kühler Formvollendung aufgefallen waren *(Abb. 9)*.

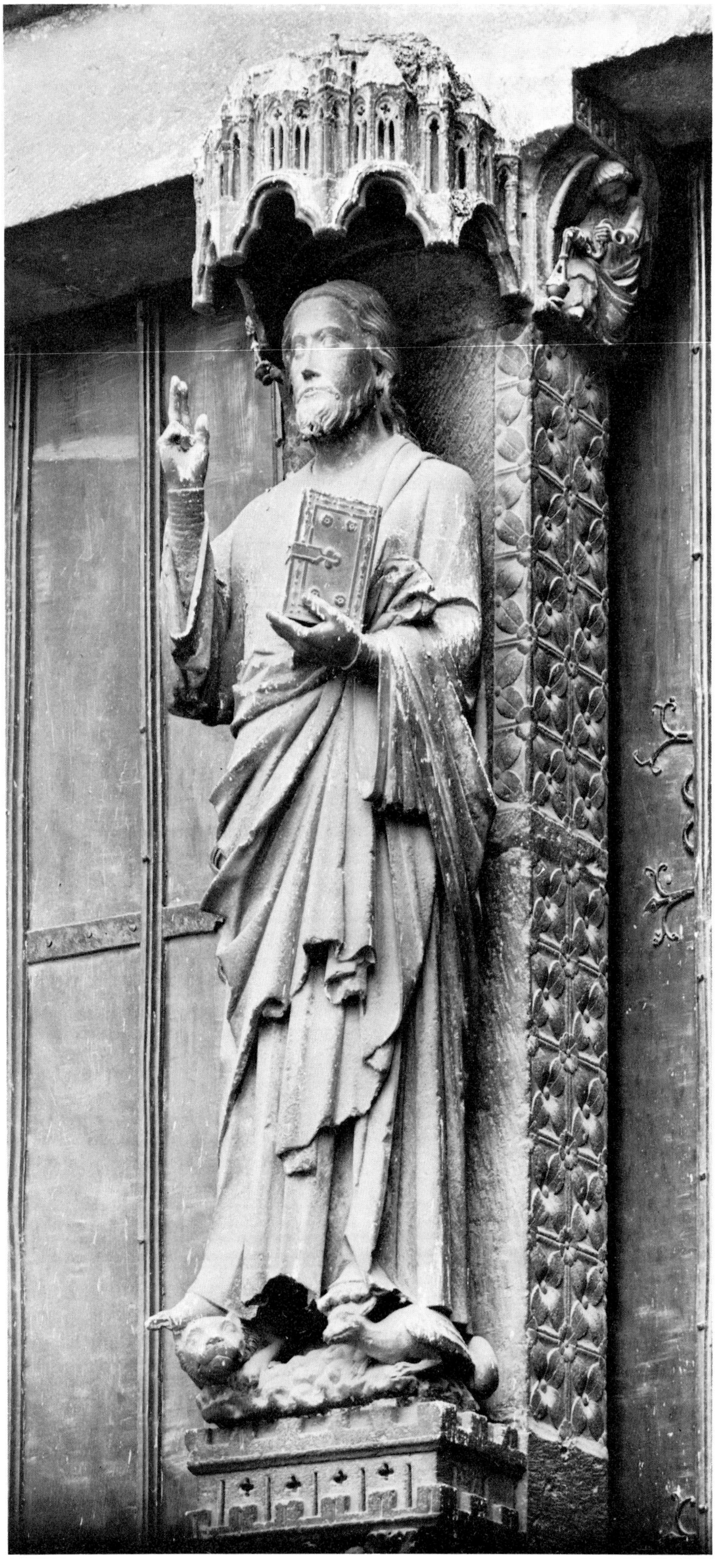

Abb. 9: Amiens, Kathedrale Notre-Dame, Christus am Türpfeiler des Hauptportals. 1220 bis 1235

Die inhaltlichen Bildprogramme der Kathedralfassade

Und doch ist die Skulptur an den gotischen Kirchenfassaden nicht auf diese höfische Ausdrucksweise beschränkt gewesen und vor allem nicht bei ihr stehengeblieben. Das 13. Jahrhundert mit der sich rasch ausbreitenden städtischen Kultur, dem politischen Erstarken des durch Handel und Gewerbe reich gewordenen Bürgertums, den neuen, volksnäheren Formen der Frömmigkeit, für welche vor allem die Bettelorden stehen, einer sich wandelnden Bildung, die erstmals neben dem Latein auch den Volkssprachen wenigstens eine begrenzte Bedeutung einräumt, hat auch eine Veränderung, Naturalisierung der Formensprache der gotischen Skulptur gebracht. Versinnlichung des Heiligen war von Beginn an ihre innere Zielsetzung gewesen und der Grund dafür, daß es überhaupt zur Wiederbelebung der Bildhauerkunst unter den Bedingungen einer christlichen Kultur kommen konnte. Im Laufe des 13. Jahrhunderts treibt diese innere Zielsetzung die gotische Bildhauerkunst stürmisch weiter dem Leben, der Sinnlichkeit, der Alltäglichkeit entgegen.

Betrachten wir zunächst die weitere Entwicklung der *Statue* an den Kathedralfassaden. Veranschaulichen wir uns die Veränderungen anhand einiger Beispiele:

• Die berühmte „Vergoldete Muttergottes" am Querhaus der Kathedrale von Amiens *(Abb. 10)* aus der Zeit um 1250 ist gewiß noch immer eine Himmelskönigin, welche die Gläubigen am Kirchenportal empfängt, eine kostbare Krone trägt und der die Engel dienen, indem sie einen schmucken Heiligenschein hinter das Haupt ihrer Herrin halten. Aber die Gottesmutter ist gekleidet in Gewänder aus schweren gewalkten Stoffen, wie sie während des 13. Jahrhunderts von Flandern aus in Mode gekommen waren. Da ist nichts mehr zu sehen von jener feinen Fältelung zarter, seidenähnlicher Textilien, wie wir sie in Paris und Chartres beobachtet haben. Keine Edelsteinborte besetzt den Saum des Mantels. Eine schlichte Spange, so wie sie im 13. Jahrhundert von vielen Frauen getragen wurde, schließt das Kleid oben am Halsausschnitt. In dieser neuen, einer modernisierten Mode folgenden Bildhauersprache liegen eine Kraft und Eindringlichkeit, äußern sich ein Schwung und Elan, welche der Gestalt der Gottesmutter vorher ungekannte sinnliche Gegenwärtigkeit verleihen. Am deutlichsten wird der Wandel zum Natürlichen hin aber in Haltung und Ausdruck des Hauptes. Maria neigt sich ihrem göttlichen Sohne zu und blickt ihn mit einem strahlenden Lächeln an. Die sinnliche Erfahrung, die Kultivierung der irdischen Liebe, welche die Kirche durch Jahrhunderte aus den Künsten und der Dichtung vertrieben hatte, war im 12. Jahrhundert zunächst in durchaus weltlichen Kreisen – an den Höfen und bei den Vaganten – und nicht ohne anarchische Züge in das Empfindungsleben des europäischen Mittelalters eingedrungen. In der Kirche hatten sich ähnliche emotionale Bedürfnisse in der Verehrung Mariens geäußert, die nicht nur ungewöhnlich zunahm, sondern sich auch dem Inhalt nach veränderte. Maria wurde die Süße, die Huldreiche, die Schöne, die Lächelnde und als solche nicht nur von Predigern, sondern auch von Dichtern und Künstlern gefeiert. In einem einzigen Jahrhundert ist aus der starr feierlichen Patronin auf dem Pariser Tympanon *(Abb. 7)* ein befreites Marienbild geworden, das nicht nur erstaunlich natürliche Züge trägt, sondern in seinem Lächeln ein Glück ausstrahlt, das die Sinne der Gläubigen anspricht. Abermals sehen wir: Die Wiedererstehung der Bildhauerkunst an den gotischen Kathedralen ist weit mehr als ein stilgeschichtlicher Vorgang gewesen. Sie hat mitgeholfen, das Antlitz der christlichen Kirche im Abendland für immer zu verändern, einen neuen, nie mehr aufzukündigenden Pakt zwischen dem Heiligen und dem Sinnlichen zu besiegeln. Man braucht nur zu den christlichen Kirchen des Ostens hinüberzublicken, die eine vergleichbare Veränderung ihres Bilderkreises nie durchgemacht haben, deren bewunderungswürdige Ikonenmalerei einem bis an die Schwelle unseres Jahrhunderts andauernden Traditionalismus verhaftet blieb, um zu erkennen, welchen tiefen Einschnitt in der Geschichte unserer Kultur und Religiosität die Ausbildung der gotischen Bildhauerkunst an den Fassaden der gotischen Kathedralen bedeutet hat.

• Annähernd gleichzeitig mit der „Vergoldeten Muttergottes" von Amiens sind die vier Statuen am linken Gewände des Mittelportals der Reimser Kathedrale entstanden *(Abb. 11)*. Noch immer handelt es sich um Säulenstatuen. Noch immer sind, wie ein Jahrhundert zuvor am Westportal in Chartres, die Figur und der Dienst in ihrem Rücken aus einem einzigen Block gemeißelt. Doch jetzt stehen die Figuren nicht mehr gerade wie Kerzen vor den Säulenschäften und sind nicht mehr in hoheitsvoller Ruhe voneinander isoliert. Sie sind zu einer plastischen Gruppe, einer vierfigurigen Szene, zusammengeführt. In der Mitte sieht man Maria, wie sie ihren Erstgeborenen dem Priester im jüdischen Tempel darbringt. Beobachten wir schon hier, wie zwei Figuren sich durch Körperdrehung und Gesten einander zuwenden, so steigert sich diese Art der szenischen Anteilnahme bei den beiden äußeren Figuren zu starker Lebhaftigkeit. In der Figur rechts von Maria dürfte Simeon zu erkennen sein, dem das Kommen Christi geweissagt worden war und der ihn nun im Tempel sieht. Immer schon wurde bei

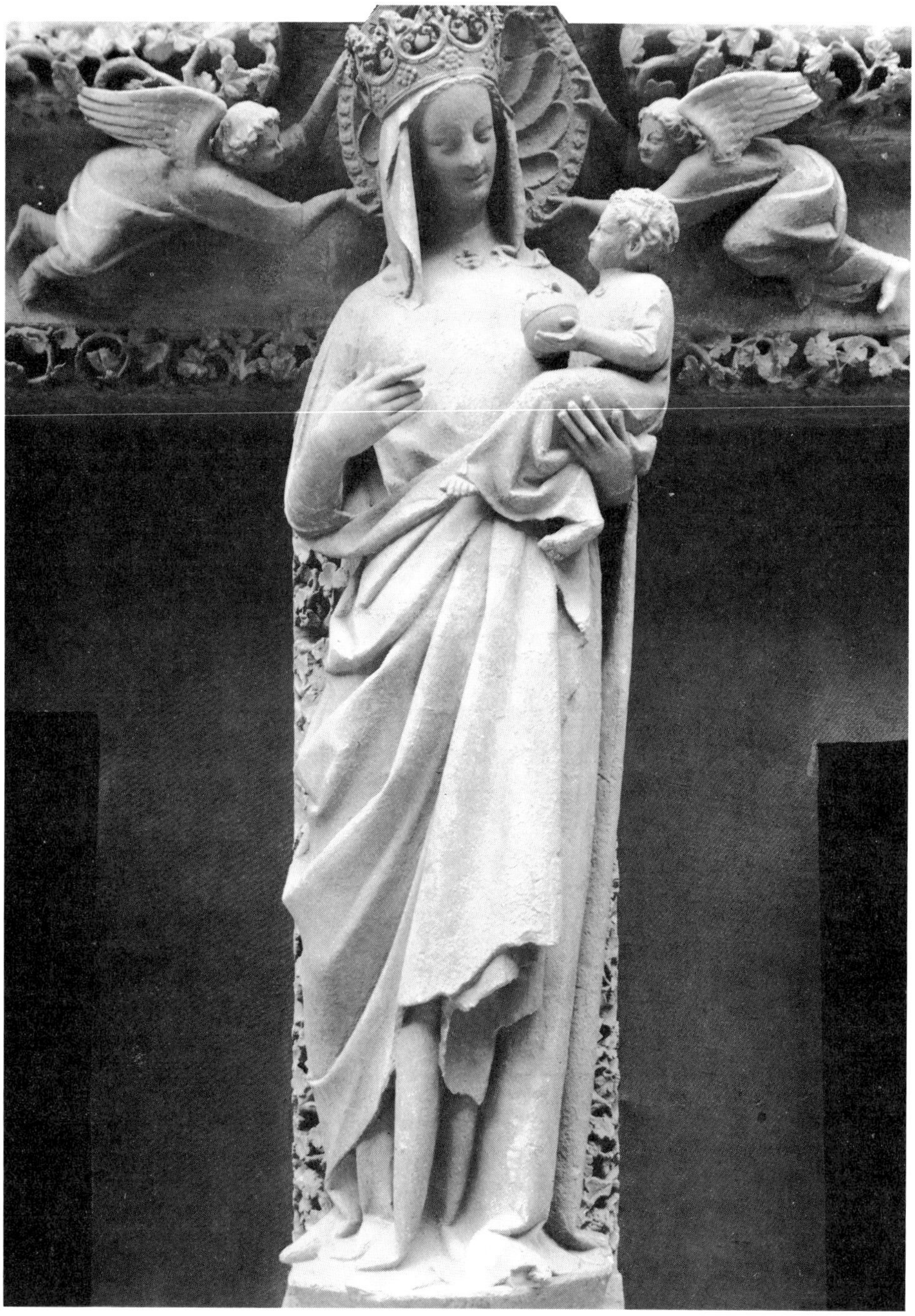

Abb. 10: Amiens, Kathedrale Notre-Dame. Südliches Querhausportal, Trumeau. Maria mit Kind, sog. „Vierge dorée". Um 1250

der Wiedergabe der Darbringung im Tempel gezeigt, wie Maria von dem Nährvater Joseph und weiblichem Gefolge begleitet war. Immer schon wurden diesen Nebenfiguren die Tauben in die Hände gegeben, die nach jüdischer Sitte als Opfer im Tempel abzugeben waren. So geht hier ikonographisch alles mit rechten Dingen zu. Die kirchliche Konvention bleibt gewahrt. Überraschend ist nur, wieviel augenblickliches Leben, wieviel sinnliche Gegenwärtigkeit, wieviel modische Aktualität der Bildhauer in dieses traditionelle ikonographische Schema gebracht hat. Joseph wie die weiblichen Begleitfiguren sind in jene aus schweren Wollstoffen gefertigten Gewänder gehüllt, die man um die Mitte des 13. Jahrhunderts trug und die meist in leuchtend bunten Tönen gefärbt waren. Indem der Bildhauer die Eigenart dieser Stoffe, sich in kräftige Bahnen zu legen, breite und tiefe Falten zu bilden, durch die künstlerische Wiedergabe übertrieb, spitzte er den Auftritt der beiden Randgestalten auf provozierende Weise zu. Er erweckte den Eindruck, als seien diese junge Frau und Joseph eben herangeeilt und wendeten just in diesem Augenblick ihre erwartungsvollen Blicke auf die feierliche Handlung in der Mitte des

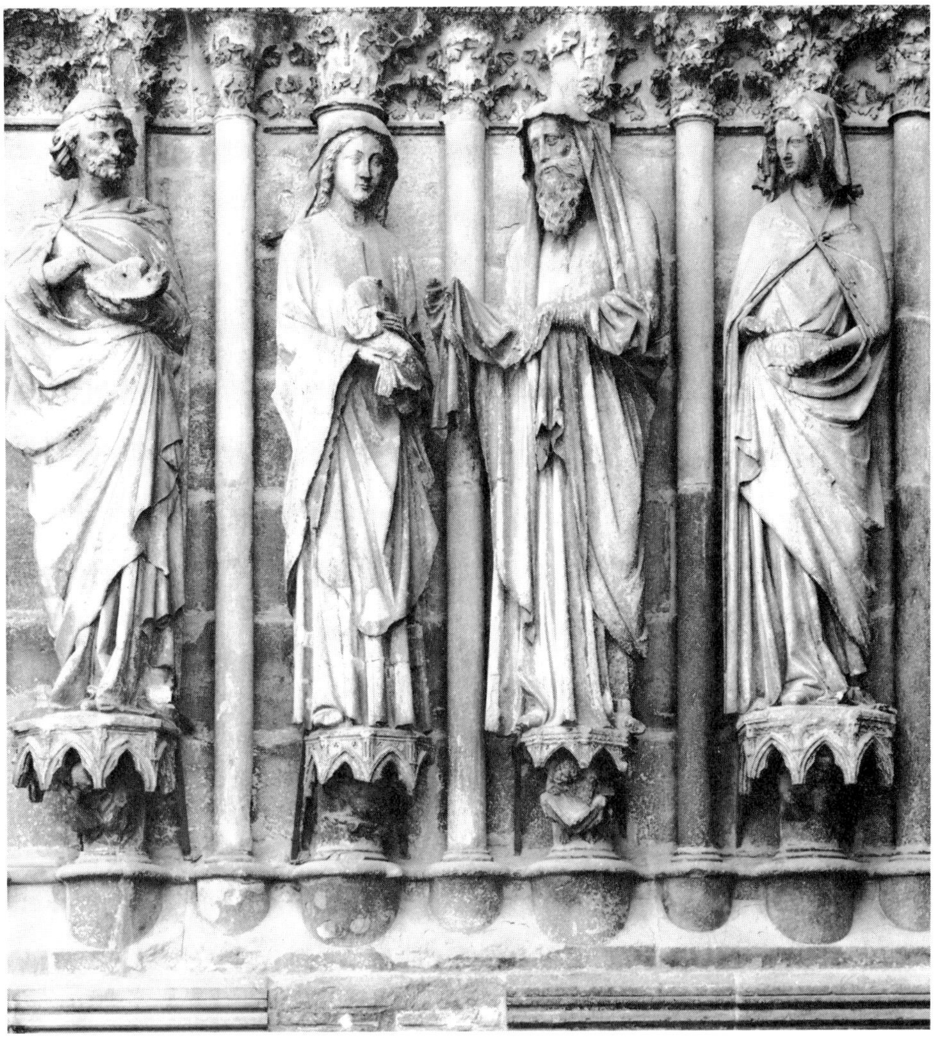

Abb. 11: Reims, Kathedrale Notre-Dame. Mittleres Westportal, linkes Gewände, Darbringung im Tempel. Versetzung etwa 1245–1255

Tempels. Joseph soll nach der Überlieferung ein alter, eher bedächtiger Mann gewesen sein. Man kennt die spätmittelalterlichen Darstellungen, auf denen er mit weißem Bart gezeigt ist und eifrig das Süppchen für den Neugeborenen rührt. Auch der Reimser Bildhauer hat ihm eine von Runzeln gezeichnete Stirn verliehen. Dennoch scheint dieser Gestalt mit dem flott zurückgestrichenen Haar, dem kunstvoll gekräuselten Bart, der elastischen Körperdrehung recht wenig von einem alten Manne anzuhaften. Das ist eine nicht untypische Beobachtung. Die Gotik hat im 13. Jahrhundert den ganzen christlichen Bilderkreis für einen kurzen Augenblick verjüngt. Ihr Ideal sind schlanke, schöne, jugendliche Gestalten mit zierlichen Gliedern und heiterem Antlitz. Man müßte die Dichtung der Zeit zitieren, die von dem weißen Teint der Gesichter, den kleinen Mündern, den flinken Augen, dem diskreten Lächeln, dem schlanken Wuchs schwärmt, um diesen neuartigen Figuren wirklich gerecht zu werden. Und die gotischen Bildwerke sahen auch nur einen kurzen Augenblick lang um die Mitte des 13. Jahrhunderts so aus. Schon am Ende des Jahrhunderts werden sie wieder stiller, in sich gekehrter, versonnener, bricht diese erstaunliche Verbindung von Kirchlichkeit und Weltfreude wieder auseinander.

Einige wichtige Positionen für das geschichtliche und ästhetische Verständnis dieser Bildwerke haben wir jetzt abgesteckt und können nun in schnellerer Folge eine Reihe weiterer Beispiele Revue passieren lassen. Auch die Gestaltung des *Reliefs* hat sich um die Mitte des 13. Jahrhunderts gegenüber dem Pariser Tympanon aus der Zeit um 1160 tiefgreifend verändert. Veranschaulichen wir uns also diese Veränderung anhand einiger Beispiele:

- Wird auf dem Bogenfeld eines Portals an der Westfassade der Kathedrale von Rouen *(Abb. 12)* die Hinrichtung Johannes' des Täufers mit dem vorausgehenden Tanz der Salome geschildert, so erhalten wir jetzt Einblick in den Bankettsaal eines Schlosses aus der Zeit des heiligen Ludwig. Die königliche Tafel steht auf einer Estrade, ein

Diener reicht den Pokal hinauf, der kahlköpfige Hofnarr erzählt Geschichten, und ein Hund macht Männchen. Salome führt vor ihrem staunenden Vater eine kunstvolle Tanzfigur aus. Es ist ein Handstand mit eingeschlagenen Beinen, eine akrobatische Übung, die auch sonst aus Darstellungen und Beschreibungen bezeugt ist. Draußen im Hof folgt dann das grausige Nachspiel, das in nicht weniger spitzer Sprache beschrieben wird. Der Henker ist ein Mohr oder Maure, der mit krummem Schwert sein tödliches Handwerk verrichtet. Man weiß, wie farbig und anschaulich von den zeitgenössischen Romanciers erzählt wird. Man glaubt zu wissen, wie ausgefeilt in der damaligen höfischen Gesellschaft Betragen und Unterhaltung gewesen sind. Keine Geste ist hier zufällig oder frei. Der Handlungsablauf hinter dem scheinbar so nichtssagenden, gaukelnden Gehabe ist präzise und rasch. Noch tanzt Salome, sieht Herodes wohlgefällig zu, während die böse Herodias auf ihn einredet, und schon folgen die nächsten Stationen des düsteren Geschehens: die Enthauptung des Täufers und die schmucke Salome, die der gekrönten Herodias, deren Sittenlosigkeit ein langer Zopf anzeigt, auf einer Schüssel den Kopf des Hingerichteten darbringt. Man beschreibt solche Szenen gerne, denn diese zugleich genaue und geschwätzige Art des Schilderns lädt zur sprachlichen Darstellung geradezu ein. Ist es ein höfisches Genrebild, das wir hier vor uns haben? Ja und nein. Über dem Haupt des Täufers sieht man Wolken, aus denen die Hand Gottes hervorkommt, die den Märtyrer segnet. So sind hier der Hofhund, der Narr, der Kunsttanz und das Eingreifen des Herrn auf eine für uns heute schwer verständliche Art ineinander verschränkt. Wir verstehen eine solche Darstellung gern als rein weltlich und stellen uns eine Martyrium und Sünde schildernde Szene nicht so formvollendet, nicht so äußerlich, nicht so kunstvoll und „höfisch" vor. Das 13. Jahrhundert hat die Geschichte von Salome und Johannes dem Täufer erzählen können wie einen höfischen Roman und dennoch den Bezug zur Heilsgeschichte noch zu wahren vermocht. Freilich, die neue Versinnlichung und Aktualisierung des Religiösen ist erstaunlich. Der gesamte Luxus des Hoflebens, seine Extravaganz und Hoffärtigkeit wurden aufgeboten, um eine unheimliche biblische Szene wie ein Drama aus dem eigenen Zeitgeschehen vor Augen zu führen. So kann man solche Darstellungen durchaus auf zwei Ebenen verstehen: als Bilder aus der Heilsgeschichte und als getreuen Spiegel zeitgenössischen

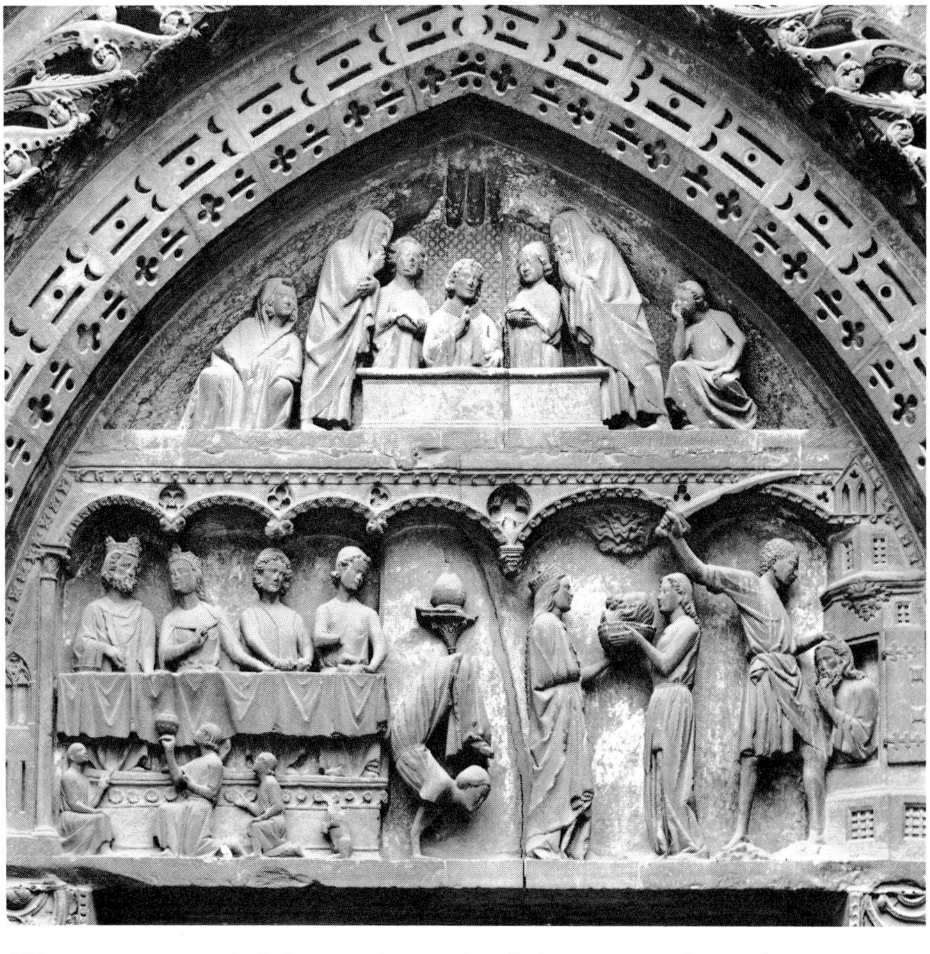

Abb. 12: Rouen, Kathedrale Notre-Dame. Nördliches Westportal, aus dem Tympanon, Szenen aus dem Leben Johannes' des Täufers. Um 1240

Lebens. Sie sind beides und vollenden dadurch die Versinnlichung, Vergesellschaftung des Heiligen, die wir als die innere Zielsetzung und den Daseinsgrund aller gotischen Skulptur erkannt haben.

• In der Kunstgeschichte macht man sich historischen Wandel noch immer am leichtesten durch Vergleiche klar. Kurz vor der Mitte des 13. Jahrhunderts errichtete man am nördlichen Querhaus von Notre-Dame in Paris ein Portal *(Abb. 13)*, das sich auf den Kreuzgang der Chorherren öffnete. Das war also ein Kircheneingang mit beschränkter Öffentlichkeit, und als Bebilderung empfahl sich ein Programm, das sich an diese besondere, aus den hohen Domgeistlichen und den Angehörigen der Bistumsverwaltung zusammengesetzte Benutzergruppe wendete. Man suchte eine der berühmtesten Marienlegenden aus, deren Inhalt sich auf die Vergabe von kirchlichen Ämtern, die Veruntreuung von Kirchengut, aber auch auf die wunderbare Hilfe bezog, welche Unsere Liebe Frau, die Patronin von Notre-Dame in Paris, dem reuigen Sünder selbst in größter Not und nach schlimmstem Frevel gewährte:

Theophilus war Statthalter des Bischofs von Adana in Kilikien. Bei einer Neubesetzung des Bischofsstuhls kam er um sein Amt. Er wandte sich daraufhin an einen jüdischen Zauberer, verkaufte seine Seele wie Faust an den Teufel, gewann durch diesen Pakt seinen früheren Posten unrechtmäßig zurück, verteilte Kirchengeld an seine Freunde. Schließlich aber wurde er von Reue gepackt, wandte sich um Hilfe an die Gottesmutter, die dem Teufel den verbrecherischen Vertrag entriß und die unheilvolle Urkunde dem bekehrten Sünder zurückerstattete. Theophilus, so die Legende, trat vor den Bischof und das Volk und berichtete von seinem Frevel wie von dem wunderbaren Beistand Mariens.

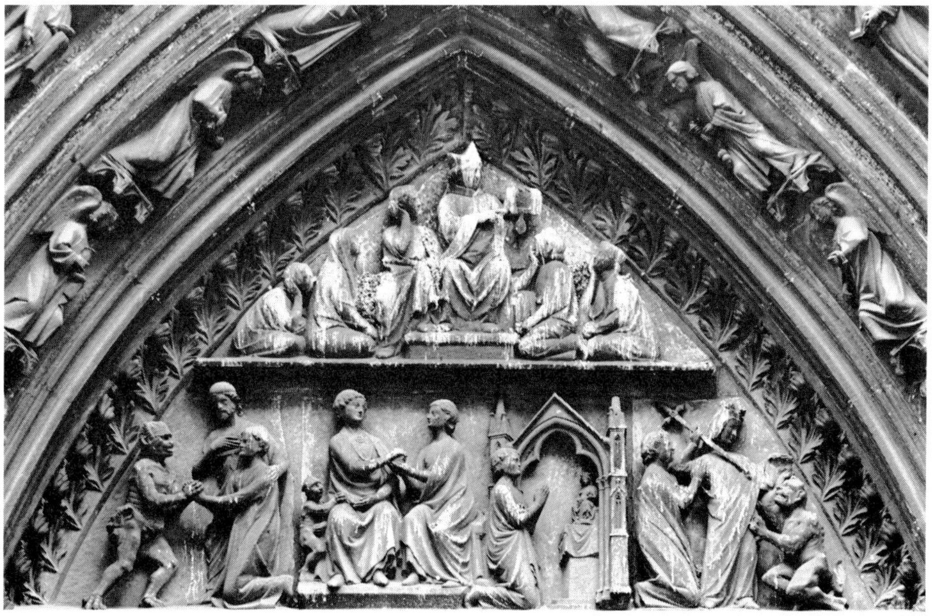

Abb. 13: Paris, Kathedrale Notre-Dame. Nördliches Querhaus, aus dem Tympanon, Legende vom Presbyter Theophilus. Um 1250

Diese im 12. und 13. Jahrhundert beliebte, sowohl in der Dichtung wie auf der Bühne variierte Legende war an einem für die geistliche Verwaltung bestimmten Domeingang ein in vieler Hinsicht anzügliches Thema: sie verwies auf die nicht seltenen Laster des Ämterschachers, der Urkundenfälschung, der Geldunterschleifung, die von der kirchlichen Verwaltung fernzuhalten waren. Sie brachte sogar ein antisemitisches Detail, was der sich seit dem 12. Jahrhundert steigernden Abneigung gegen die Juden und ihren angeblichen Zinswucher entsprach, und sie pries die Gnädigkeit Mariens, der Patronin der Pariser Bischofskirche. So wird deutlich, wie konkret, wie pragmatisch die Bilder an den Portalen gotischer Kathedralen zu verstehen waren. Wie wir schon bei Gelegenheit der Beschreibung des Programms an der Westfassade der Kathedrale von Amiens betont haben: diese Darstellungen befriedigen nicht nur die Schaulust, sie zeigen nicht nur die Heiligen, sondern sie moralisieren auch, sie geißeln die Laster und fordern zur rechten Ordnung im Sinne der Kirche auf.

Unsere Erwähnung dieses Portals sollte durch einen Vergleich nochmals die besondere Erzählweise der gotischen Reliefskulptur, ihre flinke Geschwätzigkeit und zugespitzte Deutlichkeit beleuchten: Mehr als ein Jahrhundert zuvor hatten die Benediktiner in Souillac im Süden Frankreichs am Eingang ihrer Kirche die gleiche Legende darstellen lassen *(Abb. 14)*.

Drastisch ist dort die Abmachung zwischen dem Teufel und dem bischöflichen Statthalter geschildert. Links sind sie im Disput über den Inhalt der Urkunde. Beide deuten mit ausgestreckten Zeigefingern auf die Schriftrolle mit dem unheilvollen Text. In einer Epoche, die nur bedingt und eingeschränkt ein allgemeines normiertes Recht kannte, hatte der schriftliche Vertrag eine Bedeutung, die sich der heutige Betrachter nicht leicht vorstellen kann,

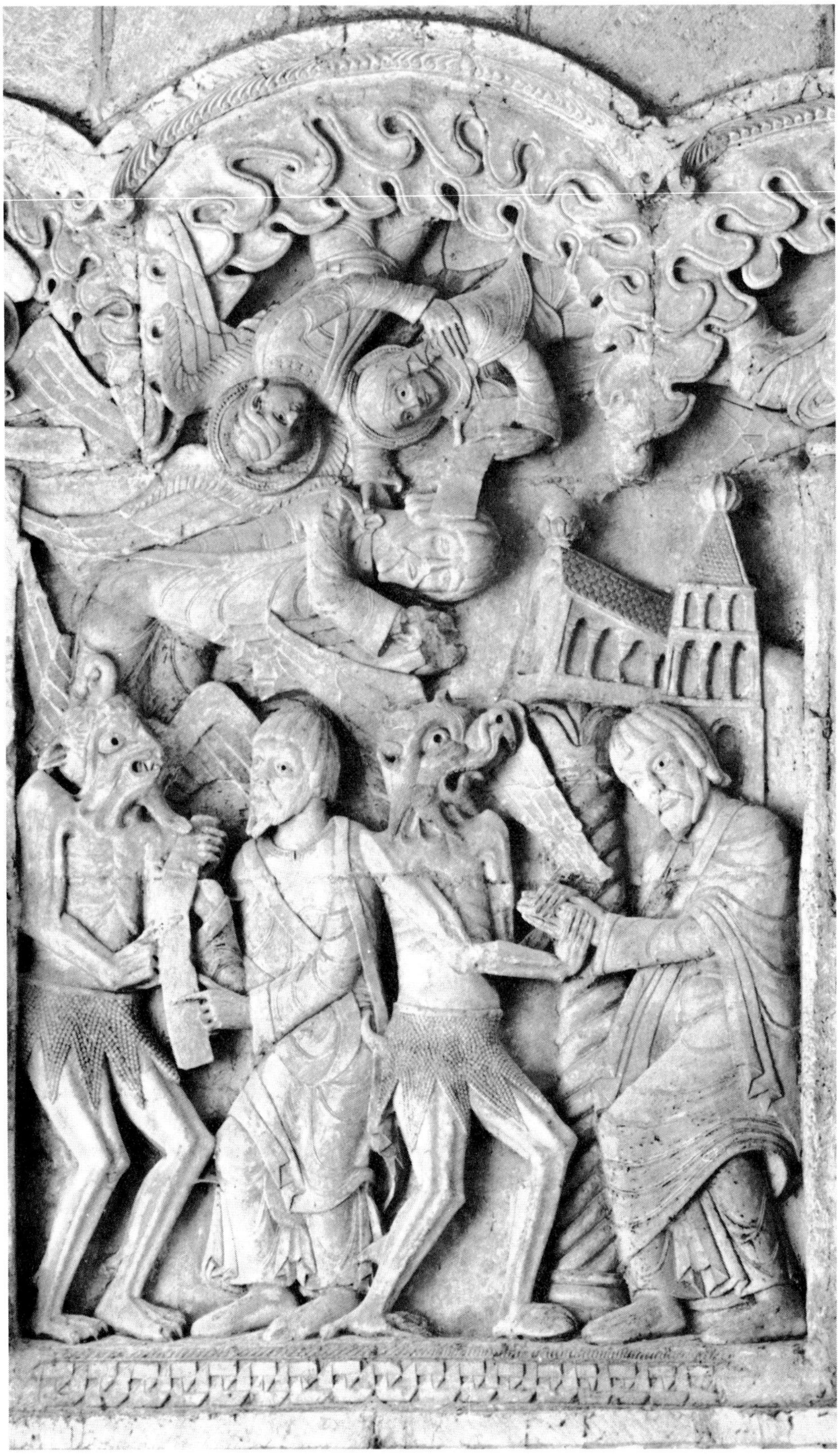

Abb. 14: Souillac, Abteikirche Saint-Pierre. Aus dem Tympanon, Theophiluslegende. Um 1130

die aber an der plakativen Darstellung in Souillac auf grelle Weise deutlich wird. Noch sprechender ist die folgende Szene. Theophilus legt seine Hände in jene des Teufels, er überantwortet sich ihm als Lehnsmann. Im Feudalzeitalter waren große Teile der gesellschaftlichen Ordnung auf solche persönlichen Treueverhältnisse zwischen Lehnsherrn und Belehntem begründet. Der Bruch eines solchen Treueverhältnisses war ein anarchischer, alle gesellschaftlichen Regelungen zerstörender Akt. So muß dieses Bild von dem Teufel, der triumphierend sein Haupt zurücklegt und den Lehnseid des frevelnden bischöflichen Statthalters entgegennimmt, zur Zeit seiner Entstehung von einer schwer zu ermessenden Sinnfälligkeit und Bedrohlichkeit gewesen sein. Über diesen beiden unteren Figurenpaaren schlägt in Souillac die Erzählweise jäh ins Verheißungsvolle und Wunderbare um. Vor einer Kirche ist Theophilus in die Knie gesunken, hat sich zu Boden geworfen und betet reuig zur Gottesmutter. Und schon öffnen sich die Wolken, aus dem Himmel herab neigt sich, von einem Engel begleitet, Maria und hält den verhängnisvollen Teufelspakt in Händen, den der ämtergierige Statthalter geschlossen hatte. Maria und der Teufel scheinen um die Seele dieses christlichen Faust zu ringen. Das Relief vom Portal einer romanischen Klosterkirche zeigt den Sünder Theophilus in einer dramatisch gefährlichen Situation zwischen der monströsen Macht des Dämons und der Gnade des Himmels. Die romanische Skulptur Frankreichs und Spaniens hatte eine ausdrucksstarke Formensprache entwickelt, die diesen schicksalhaften Streit um das Seelenheil eines sündigen Menschen visuell effektvoll versinnbildlichte.

Ein gutes Jahrhundert später geht der Bildhauer des Pariser Portals mit ganz anderen Mitteln an die Erfüllung der gleichen inhaltlichen Aufgabe heran *(Abb. 13)*. Vollrund ausgearbeitete Figuren erscheinen vor einem glatten, neutralen Hintergrund; sie sind voneinander abgerückt und einander zugewandt, deutlich konturiert, so daß jede Bewegung, jede Geste genau ablesbar ist und doch keine Einzelheit maßlos vergrößert wird. Die Figuren, die jetzt die Handlung bestreiten, sind klein, und sie sind alle von annähernd gleicher Größe. Es wird ausführlicher berichtet als in Souillac, Szene neben Szene, sozusagen wie in Fortsetzungen. Der Teufelspakt ist auch hier eindringlich vor Augen geführt, aber er wird mit gesellschaftlicher Geschmeidigkeit vollzogen. Flink und gewitzt tritt der Teufel jetzt seinem in die Knie gesunkenen Partner gegenüber und ergreift begierig dessen Hände, während der jüdische Zauberer wie ein Notar mit der besiegelten Urkunde im Hintergrund harrt. Ein Ereignis wie die Verteilung von öffentlichen Kirchengeldern an private Vertraute läßt man sich jetzt nicht mehr entgehen. Es sind zwei feine Herren, die sich da nebeneinander auf einer Bank niedergelassen haben. Sie tragen die Gewänder, wie man sie um die Mitte des 13. Jahrhunderts in Paris anzulegen pflegte. Sie haben keine Bärte mehr, denn Bärte waren in einer sich an Jugendlichkeit erfreuenden Zeit schon seit mehreren Jahrzehnten aus der Mode gekommen. Ihre Köpfe sind klein und rund, um die Lippen spielt ein vielsagendes Lächeln, und schon wandert das Geld von einer Hand in die andere. Eine Alltagsszene fast, möchte man meinen, mit einem Ruch von Bestechlichkeit, der mit spielerischer Leichtigkeit notiert ist. Aber ganz geheuer geht es da doch nicht zu; denn Theophilus empfängt das Spendengeld aus der Hand eines kleinen Teufels, der sich links neben ihm verborgen hat. So haben wir die gleiche Verschränkung von scheinbarem Alltagsbild und dem Eingreifen überweltlicher Mächte, wie wir sie schon an dem Johannestympanon der Kathedrale in Rouen beobachtet hatten. Der Bericht geht weiter. Der spitze Bogen mit dem Wimperg und den flankierenden Fialen ist die abgekürzte Wiedergabe der Kirche, in die Theophilus zum reuigen Gebet geeilt ist. Auf dem Altar steht die Statue der Muttergottes. Sogar die Decke, die den Altartisch bedeckt, ist wiedergegeben. Es gibt hier nicht mehr den jähen Sprung zwischen den durchaus irdischen Paktszenen und der Marienerscheinung, wie wir ihn in Souillac beobachtet hatten. Das Gebet des Theophilus ist die wirklichkeitsgetreue Spiegelung einer Andachtshandlung, wie sie in jeder Pariser Kirche oder Kapelle zur Zeit des heiligen Ludwig täglich vielmals vollzogen wurde. Die Legende wird jetzt dadurch interessant gemacht, daß sie geschrieben ist wie eine Reportage aus dem Pariser Leben um 1250. Die Bildhauerkunst hat eine geschliffene, spitze Sprache entwickelt, die sich aller Übersteigerung und Dramatik enthält, aber ebenso genau wie unterhaltsam mit ihren Mitteilungen verfährt. Dabei fehlt es nicht an geistvollen Pointen. Vier Szenen stehen in dem Streifen unten nebeneinander. Die Szenen in der Mitte schildern den tiefen Fall und die bittere Reue des Theophilus. Die Randszenen zeigen links den Triumph und rechts die Niederlage des Teufels. Dort mußte der Teufel nun vor Maria knien, die ihn mit einem Schwert bedroht und ihm den unrechtmäßigen Pakt entreißt. Man spürt die Freude am Erzählen, am eilfertigen, scharfzüngigen Berichten. In der Abschlußszene im Scheitel des Tympanons wird solches Erzählen, werden die Mitteilung der Neuigkeit und das neugierige Zuhören und Gaffen selbst zum Thema. Theophilus hat gestanden. Die schandbare Urkunde ist in Händen des Bischofs, der sie hoch erhoben in Händen hält. Die Zuhörer haben sich niedergelassen, sie horchen und schauen, legen den Kopf in die Hände, sind gefesselt.

Vor einer solchen Szene wird wohl vollends deutlich, was mit der Rede von der Versinnlichung, Vergesellschaftung des Heiligen durch die gotische Skulptur gemeint war. Übersteigerte Legendendarstellungen, wie wir sie in

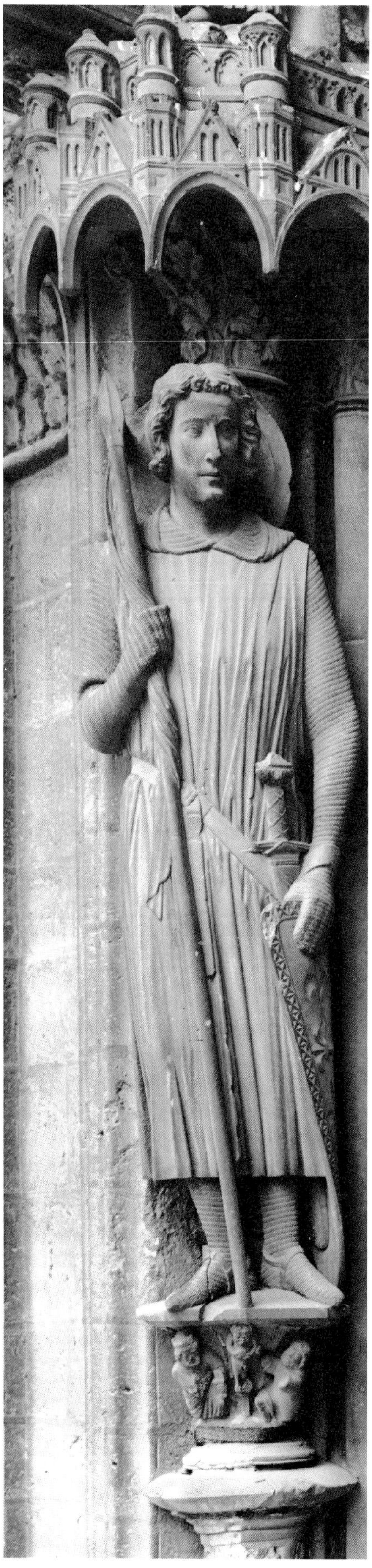

Souillac vor Augen haben mit all ihren dämonischen, magischen Zügen, gehören um 1250 der Vergangenheit an, und wo sie in der europäischen Kunst später noch einmal wiederkehrten, waren sie Rückfälle in eine eigentlich überwundene Irrationalität. Der Vergleich zwischen der Theophiluslegende in Souillac und der Theophiluslegende in Paris vermag zu zeigen, wieviel an Ängsten, an bedrohlicher Magie durch jene neue Verbindung zwischen dem Heiligen und dem Höfischen abgebaut worden war, die in der gotischen Kathedralskulptur Gestalt gewonnen hatte. Die gotische Skulptur ist nicht nur eine veränderte Formensprache, eine stilistische Neuerung gewesen, sondern eine umfassende zivilisatorische Leistung. Sie zeugt von neuer Beherrschung der Affekte, neuen, manierlicheren Verhaltensweisen; sie hat neue Brücken gebaut zwischen der natürlichen alltäglichen Erfahrung und dem überlieferten Glauben der Kirche.

• Enden wir mit einer Heiligenstatue vom südlichen Querhaus der Kathedrale in Chartres *(Abb. 15)*, die alle diese Züge beispielhaft verkörpert. Unter ihren Heiligen verehrte die Kirche seit frühester Zeit jene römischen Offiziere, die in den ersten Jahrhunderten n. Chr. zum neuen Glauben übergetreten waren und dann den Märtyrertod gefunden hatten. Sie wurden seit langem auf Bildern dargestellt, und zwar meist in mehr oder weniger getreu wiedergegebenen römischen Rüstungen. In Chartres aber sehen wir einen dieser römischen Militärheiligen dargestellt wie einen zeitgenössischen Ritter. Es geht nicht nur darum, daß er den Kettenpanzer, den Waffenrock, Schwert, Lanze und Schild zeigt, genau wie sie damals getragen wurden, so daß man die Statue als Demonstrationsstück in jedes Museum für Waffen- und Kostümkunde stellen könnte. Es geht um mehr, um die jugendliche Schönheit dieser Heiligenstatue, ihren tadelsfreien Wuchs, ihre von vollendeter Körperbeherrschung und feiner Gesittung zeugende Haltung. Das Heilige und das Ritterliche sind in dieser Figur zu einer Gestalt, zu einem Idealtypus verschmolzen, ein Vorgang, der für das Zeitalter der gotischen Kathedralen in Frankreich von symbolhafter Bedeutung ist.

Die Versinnlichung des Religiösen unter den Bedingungen der höfischen Gesellschaft, das war der eigentliche, tiefere Inhalt aller gotischen Kathedralskulptur. Sie spiegelte gewiß Alltägliches ab, berichtete aus dem Leben der Zeit; wir können die Kleidung, die Geräte, die Sitten im Frankreich zur Zeit des heiligen LUDWIG kennenlernen, wenn wir uns mit diesen Bildwerken beschäftigen. Die eigentliche Botschaft dieser christlichen Bildhauerkunst aber liegt doch auf einer anderen Ebene. In jener Chartreser Statue hat sie ein Bild des Ritters entworfen, an dem nichts Rohes, Gewalttätiges, Ungeschlachtes mehr ist, der durch seine Schönheit von einer neuen Gesittung, einer neuen Auffassung des Adels zeugt. Und sie hat gleichzeitig das Bild eines Heiligen geschaffen, welches sich der Sinnlichkeit der Welt nicht verweigert, sondern sie in sich aufnimmt. Darin wohl liegt die bleibende und fortwirkende Bedeutung der gotischen Kathedralskulptur nicht nur für die Geschichte unserer Kunst, sondern auch für die Entwicklung unserer allgemeinen Kultur und Gesittung.

Abb. 15: Chartres, Kathedrale Notre-Dame. Südliches Querhaus, linkes Gewände, Soldatenheiliger, vielleicht Theodor. 1230–1235

Stellung und Funktion der Kathedralfassade

Es fällt uns heute nicht leicht, Stellung und Funktion einer Kathedrale in einer mittelalterlichen Stadt zu verdeutlichen. Die Kathedrale, auf eigenem, auch rechtlich selbständigem Grund und Boden, beherrscht die Stadt schon durch ihre alles überragende Größe und verkörpert den bischöflichen Herrschaftsanspruch. Sie wendet der Stadt ihre Fassade, ihre repräsentative Schauseite, zu und dokumentiert mit ihrem ungemein vielfältigen figürlichen und szenischen Programm den hierarchischen Aufbau des Heilsplans und die Einbettung alles Weltlichen in die göttliche, harmonische Ordnung – verkörpert durch die Kirche. Alle Teile finden im Sinne scholastischer Theologie ihren systematischen Platz im Ganzen. Die Kathedralfassade zeigt die gläubige Utopie der dem Jüngsten Tag zustrebenden Heilsgeschichte; sie ist ein steinernes Monument strikter Rechtgläubigkeit.

Ihre Teile dienen verschiedenen Funktionen im didaktisch ausgerichteten Programm: Dokumentiert die Königsgalerie die Verbindung von kirchlichen und monarchischen Ansprüchen, so können die Seitenportale den universalen Anspruch der Kirche durch die Darstellung der örtlichen Heiligentradition ergänzen, können den Gläubigen auf die Heiligen- und Reliquienverehrung in der Kirche vorbereiten. Insoweit bildet die Fassade Heilsordnung ab. Teile von ihr können auch ganz direkt kirchlich genutzt werden. So sind die Portale einbezogen in den Festkreis des Kirchenjahres, haben ihre Aufgabe in Prozession oder geistlichem Schauspiel.

Mit der Fassade wendet sich die Kathedrale der Öffentlichkeit zu und reagiert auch notwendig auf deren Entwicklung. Im Grunde genommen ist bereits im 13. Jahrhundert der Anspruch der Bischofskirchen historisch überholt. Nicht nur entsteht mit den Bettelorden ein ganz anderes Bild von Kirche und ihren Aufgaben, sondern die Städte machen sich zu diesem Zeitpunkt von der Oberherrschaft der Bischöfe frei. Die Kirche sucht sich in diesem Prozeß zu behaupten, reagiert unter anderem, bei aller starren Dogmatik, durch lebendige Darstellung zeitgenössischen Lebens, insbesondere in der Sockelzone der Fassade, auf die gewandelte Wirklichkeitserfahrung des erstarkten städtischen Handelsbürgertums. Die Darstellungen haben die Funktion, dessen Ansprüche aufzufangen. Sosehr die Realität des täglichen Lebens eingebunden erscheint in die christliche Moraldidaktik – ihre Darstellung zeigt auch, daß die Kunst auf dem Wege ist, sich der gesamten Wirklichkeit zu bemächtigen.

4. Bilderkult und Bildersturm

Herbert Beck / Horst Bredekamp

Die Rechtfertigung bildlicher Darstellungen im christlichen Kult war seit der Spätantike außerordentlich problematisch. Regelmäßig stand das christliche Bild des Heiligen im Verdacht, heidnischer Götzenverehrung zu dienen. Demgemäß wurden wiederholt Bilderverbote erlassen, die aber immer wieder übertreten oder zugunsten einer Bilderverehrung abgeschwächt worden sind. Das Bedürfnis sowohl der Kirche, Bilder zur Glaubensverbreitung einzusetzen, als auch des Volkes, durch Bilder religiöse Vorstellungen konkretisiert zu sehen, überwand die frühchristliche Ablehnung und Skepsis gegenüber dem Heiligenbild.

Entscheidend in diesem Prozeß der Bildbejahung war die Übersteigerung der Bildbedeutung. Das Abbild Christi, seiner Mutter oder der Heiligen wuchs mit der kultisch höchst bedeutsamen Substanz der Reliquie. Bild und Reliquie traten in ein Verhältnis, in dem sie sich gegenseitig aufeinander beziehen konnten, um bei annähernd gleichbleibendem Wert einmal der Reliquie, ein andermal dem Bild die höhere Verehrung zuteil werden zu lassen. Andererseits wird die Geschichte des christlichen Bildgebrauchs von Anfang an von Bilderstürmen mit großer sozialer Sprengkraft begleitet. In dieser Spannung von Bilderkult und Bildersturm findet das christliche Bild seinen historischen Ort. Indem das Heiligenbild sich mit der Reliquiensubstanz verband, war die Grenze zwischen dem verweisenden Charakter des Bildes auf himmlische Wesen einerseits und der Präsenz ihrer Wirkungskräfte andererseits nicht mehr scharf gezogen. Insofern nahm das Heiligenbild Anteil an der Geschichte der Idolatrie, der Verehrung von Idolen – den ältesten von Menschen gestalteten Skulpturen, wie sie uns seit dem 3. Jahrtausend v. Chr. bekannt sind.

Die urchristliche Bildkritik und ihre Überwindung

Da die Bildkultur des Abendlandes über eineinhalb Jahrtausende vom Christentum bestimmt wurde, wird leicht übersehen, daß dieses ursprünglich bildlos war; zur christlichen Kunstauffassung gehört grundsätzlich die Kunstfeindlichkeit der ersten christlichen Generationen. Die Darstellung des christlichen „Bilderkultes" hat daher zunächst die Gründe der Ablehnung aller Bilder seitens der Urchristen zu klären; denn erst in Beziehung zur Bilderfeindlichkeit werden charakteristische Züge der christlichen Kunst und ebenso die Triebkräfte zu immer neuen Bilderstürmen deutlich, in denen in Erinnerung an das Urchristentum gegen die Bilder und Kunstwerke zu Felde gezogen wurde. Vor allem zwei Gründe waren für die ersten Christen ausschlaggebend: die Ablehnung der Verehrung der römischen Kaiserbildnisse und der spirituelle, monotheistische Gottesbegriff. Beide Gründe hängen miteinander zusammen, bedingen sich aber nicht vollständig: die Kunstfeindlichkeit der frühen Christen hätte sich vermutlich auch ohne ihren Konflikt mit der Verehrung von Kaiserbildnissen entwickelt.

Ablehnung der Kaiserbildverehrung

Erst spät wurden die Christen wegen ihrer Glaubensinhalte verfolgt; denn auch nichtrömische Religionsausübung war im römischen Reich ausdrücklich geduldet, solange ein Grundsatz unangetastet blieb: die Huldigung der Kaiserbildnisse. Diese Opferhandlung vor den Statuen oder Büsten des Kaisers bedeutete nach römischem Recht nicht Anerkennung eines bestimmten Glaubens, sondern die rituelle Loyalitätsbekundung gegenüber Kaiser und Staat (vgl. *Abb. 1*). Lehnten die Christen die Kaiserbildverehrung aus religiöser Überzeugung ab, so verweigerten

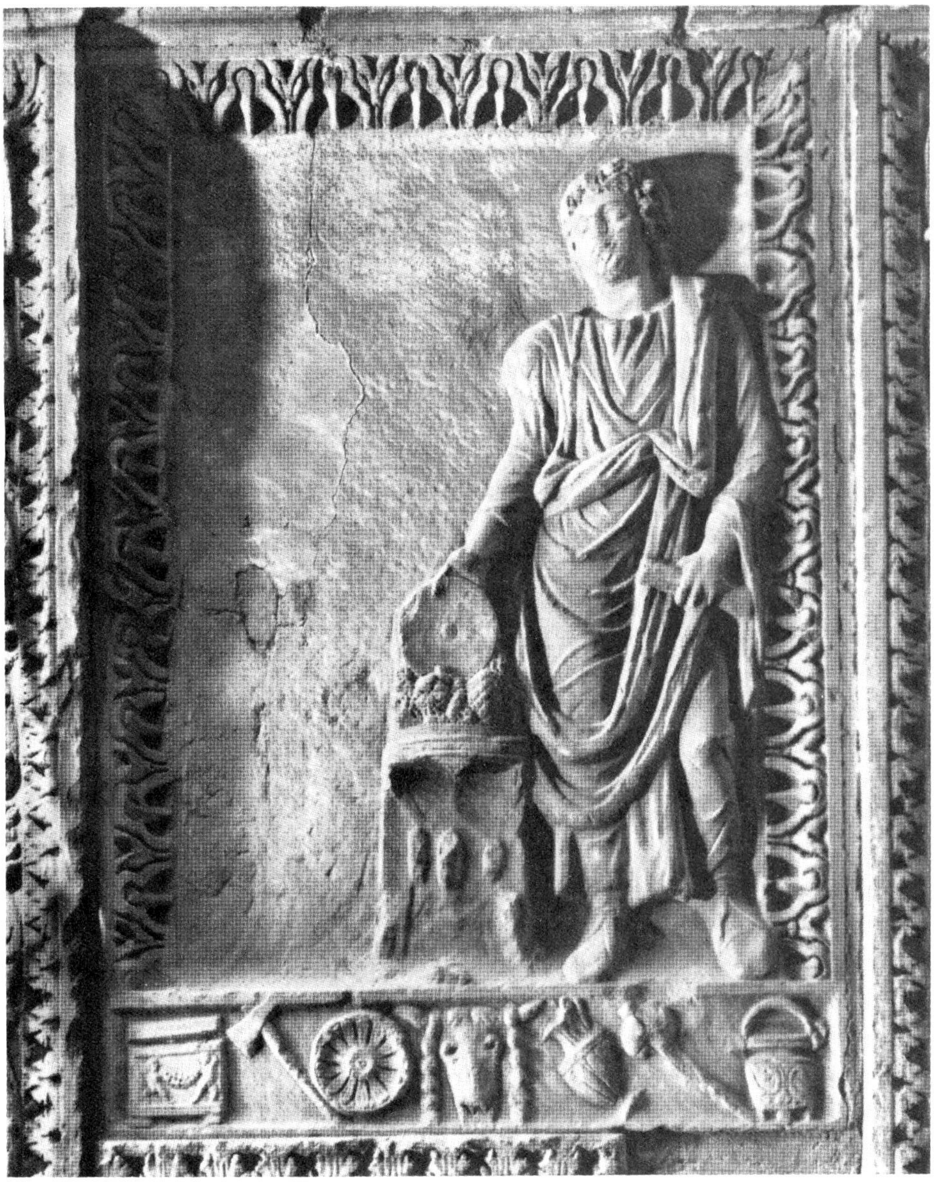

Abb. 1: Kaiser Caracalla am Opferaltar. Relief an dem zu Ehren des Septimius Severus errichteten Arcus Argentariorum in Rom. 204 n. Chr.

sie aus der Sicht des Staates die formalrechtlich gültige Treuebesiegelung gegenüber dem Gemeinwesen.[1] Und auch als Kaiser DECIUS in der Mitte des 3. Jahrhunderts das Christentum als Religion verfolgte, blieb die Bereitschaft zum Kaiserbildopfer das entscheidende Kriterium, das über Freispruch oder Tod des Verdächtigen entschied. Daher verkörperte die religiös überhöhte kaiserliche Bildnisstatue den Christen die Martyrien ihrer Mitglieder, die sich für Glauben und Kirche geopfert hatten. Dies hat bewirkt, daß die Einstellung der Christen zur Skulptur problembeladen blieb; auch und gerade in Hochzeiten der Bildproduktion wurde immer wieder diskutiert, inwieweit heidnische Praktiken durch sie wiederbelebt würden. Das dreidimensionale plastische Kultbild behielt insofern über lange Zeit auch eine negative Ausstrahlung.

Kultbildkritik

Diese Vorbehalte dem vollplastischen Bild wie auch jedweder Bildkunst gegenüber waren in grundsätzliche Bedenken theologischer Art eingebunden. Daß die ersten Christen den Gedanken an eine christliche Kunst als Zumutung empfunden hätten, lag nicht nur in ihrer Abneigung gegenüber den heidnischen Götterbildern, sondern erfolgte auch aus der Anschauung ihres eigenen Gottes. Die Christen lehnten Idole nicht ab, weil sie falsche, nichtchristliche Götter zeigten; vielmehr konnte die materielle, bildhafte Präsentation als solche ihrem Gottesbegriff nicht entsprechen.[2]

Vier Gründe waren es vor allem, die zu ihrer Kultbildkritik führten:

- *Der Monotheismus:* Die Vielzahl der Kultbilder geriet in Gegensatz zu ihrem Begriff vom einzigen Gott.
- *Der Spiritualismus:* Da der christliche Gott und alles mit ihm und der religiösen Praxis Verbundene als geistig und immateriell begriffen wurden, schien jedwede christliche Bilderpraxis Gotteslästerung.
- *Die Parusie:* Die beständige, erregte Erwartung der Wiederkehr Christi während der ersten Generationen und deren jenseitige Orientierung konnten kaum auf materielle, diesseitige Bilder vertrauen.
- *Das Bilderverbot der Zehn Gebote:* Die nicht vom Heidentum, sondern vom jüdischen Glauben übergetretenen Christen empfanden sich als Sachwalter des alttestamentlichen Erbes: „Du sollst dir kein geschnitztes Bild machen, kein Abbild von dem, was am Himmel droben oder unten auf der Erde oder im Wasser unter der Erde ist" (Deuteronomium 5,8; sowie Exodus 20,45).

Erforschung der frühesten Kunstzeugnisse

Die Verfechter einer eigenständigen christlichen Kunst standen dieser Erscheinung zunächst ratlos gegenüber. Als sich die Protestanten in ihrer Bildkritik auch auf das bildlose Urchristentum bezogen, fand die katholische Gegenreaktion in künstlerischen Zeugnissen der Katakomben geeignete Belege, um die These vom bilderlosen Christentum zu verneinen: Die dort aufgefundenen Malereien nahm man als Zeichen, daß sich die Christen auch und gerade zu Zeiten der Verfolgung der Bildkunst bedient hatten, um Gottvertrauen und Heilsgewißheit zu erhalten.

Es war der Geist der Gegenreformation, der im 16. Jahrhundert jene archäologischen Erkundungen der Katakomben auslöste, die in den Forschungen von Antonio Bosio (1576–1629) ihren Höhepunkt fanden. Sein Werk *„Roma sotteranea"* (1632) galt bis in das späte 19. Jahrhundert als gültiges Handbuch der frühchristlichen Kunst, und auch danach blieb das Bestreben unübersehbar, die Lücke zwischen der Lebzeit Christi und dem ersten Auftreten frühchristlicher Bilder mit Hinweis auf die Katakombenmalerei zu schließen.

Diese zumeist von katholischen Theologen vorgetragene Deutung hielt der Stilkritik auf Dauer jedoch nicht stand. Vergleiche haben zweifelsfrei belegt, daß christliche Katakombenbilder nicht vor dem späten 2. Jahrhundert entstanden sind. Skepsis entwickelte sich auch gegenüber der Identifizierung christlicher Motive. Bis vor wenigen Jahren hat man beispielsweise, sobald ein Meerungeheuer in Verbindung mit einem männlichen Wesen auftauchte, auf die alttestamentliche Darstellung des Jonas geschlossen, der vom Wal verschluckt und wieder ausgespien wurde. Ebenso schienen Fisch und Brot in Zusammenhang mit Flüssigkeit Christus und die Abendmahlsgeräte zu verkörpern. Schäferdarstellungen galten schließlich als bildliche Fassung von Christus als „Guter Hirte" *(Abb. 2).* Aber nur in den wenigsten Fällen hat sich der spezifisch christliche Gehalt dieser Darstellungen bestätigen lassen. Neuere Untersuchungen zeigen deutlich, daß die vermeintlich christlichen Motive bereits in römisch-heidnischem Zusammenhang der Vision friedlichen, jenseitigen Zusammenlebens aller Lebewesen dienten.[3] Sie lassen also keineswegs auf eine eigenständige, spezifisch christliche Kunst schließen; allenfalls erlauben sie, von kryptochristlichen oder synkretistischen Motiven zu sprechen, das heißt von Bildmustern, die sich christlich interpretieren ließen, aber auch anderen Religionen zugänglich waren.

Als zum ersten – und bis zum 4. Jahrhundert einzigen – Male von einem christlichen Theologen zu Bildern positiv Stellung genommen wird, geschieht dies bezeichnenderweise auf eher neutrale Art: Klemens von Alexandrien befürwortet um das Jahr 200 bei aller Kritik einer christlichen Kunst dennoch Siegelbilder. Er führt die Taube, den Fisch oder ein Schiff mit geschwellten Segeln als Motive auf. Natürlich hat dies an christliche Symbole denken lassen, er fährt aber fort: „oder eine Leier – das Musikinstrument, das Polykrates auf seinem Siegelring hatte –, oder ein Schiffsanker, wie ihn z. B. Seleukos als Siegelbild benutzte ...".[4] Kaum konnte mit diesen Siegelbildern griechischer Herrscher von vornherein ein christlicher Sinn beabsichtigt gewesen sein. Nicht christliche, sondern christliche Gehalte nur umschreibende Motive schlug Klemens also vor; und vielleicht waren solche Anregungen gerade deswegen möglich, weil ihre Neutralität das christliche Bildverbot grundsätzlich nicht antastete.

In der Kleinkunst, auf häuslichem und kirchlichem Gerät und auf Siegelbildern, die zur Bezeichnung von Schriftstücken und Besitz unerläßlich waren, scheint sich die Gewöhnung der Christen an bedeutungsvolle Bilder

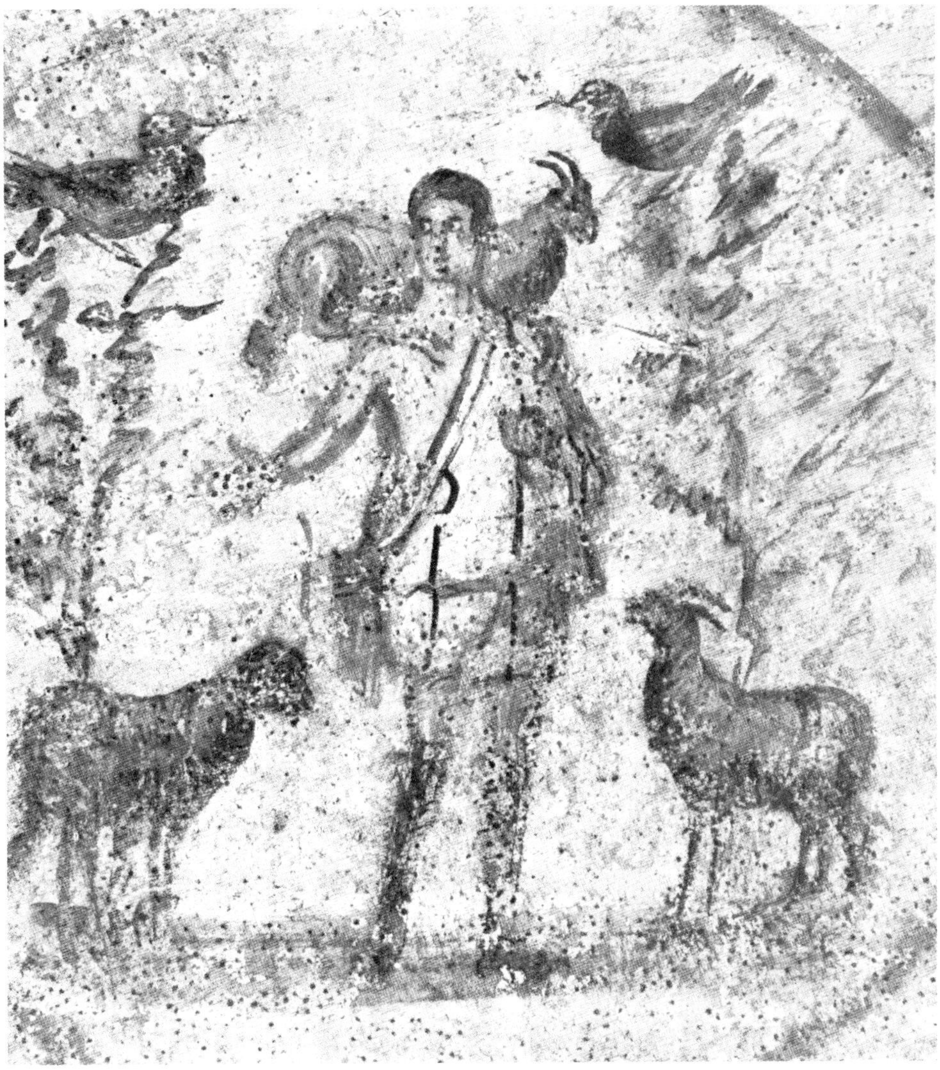

Abb. 2: Der gute Hirte (?). Deckengemälde in einer Grabkammer der Priscilla-Katakombe in Rom. Ende 3. Jahrhundert

angebahnt zu haben. Gegen die romantische Vorstellung vom Ursprung christlicher Kunst in den Verstecken der Katakomben hat die jüngere Forschung betont, daß sich der Einsatz christlicher Bilder im Zuge des sozialen Aufstiegs des Christentums auf kostbaren Geräten und Schmuckformen hochgestellter Gemeindemitglieder und der Kirchenhierarchie eher unterschwellig vollzog.[5] Von dort scheinen die Bilder zunächst in die Katakomben und später selbst in den Kircheninnenraum Eingang gefunden zu haben. So wurde bei der Ausgrabung von Dura Europos, einer römischen Garnisonsstadt am Euphrat, ein im Jahre 256 verschüttetes Privathaus entdeckt, in dem ein Kirchenraum ausgestaltet worden war.[6] Als sich die Synode im spanischen Elvira kurz nach 300 gegen die Bilder mit den unmißverständlichen Worten aussprach: „In den Kirchen darf es keine Bilder geben, und was man anbetet und verehrt, darf nicht auf die Wände gemalt werden",[7] geschah dies demnach nicht vorsorglich, sondern abwehrend gegen eine bereits verbreitete Gewöhnung an den Umgang mit Bildern.

Die Anfänge der Bildverehrung

Unter Kaiser Konstantin dem Großen stellte sich die Frage christlicher Kunst unter vollkommen neuen Bedingungen. Daß nach drei Jahrhunderten verschiedener Verfolgungswellen, von denen die letzte die furchtbarste gewesen war, der Kaiser als der früher entscheidende Widersacher das Christentum nunmehr nicht nur tolerierte, sondern nach Kräften förderte, mußte als Wunder, als göttliches Ereignis gewertet werden (vgl. *Abb. 3*). Waren die Christen ihrem eigenen Verständnis nach auch früher niemals Staatsfeinde, so hätte es ihnen danach geradezu gotteslästerlich erscheinen müssen, die Macht des Kaisers, der sich nun als Werkzeug Gottes

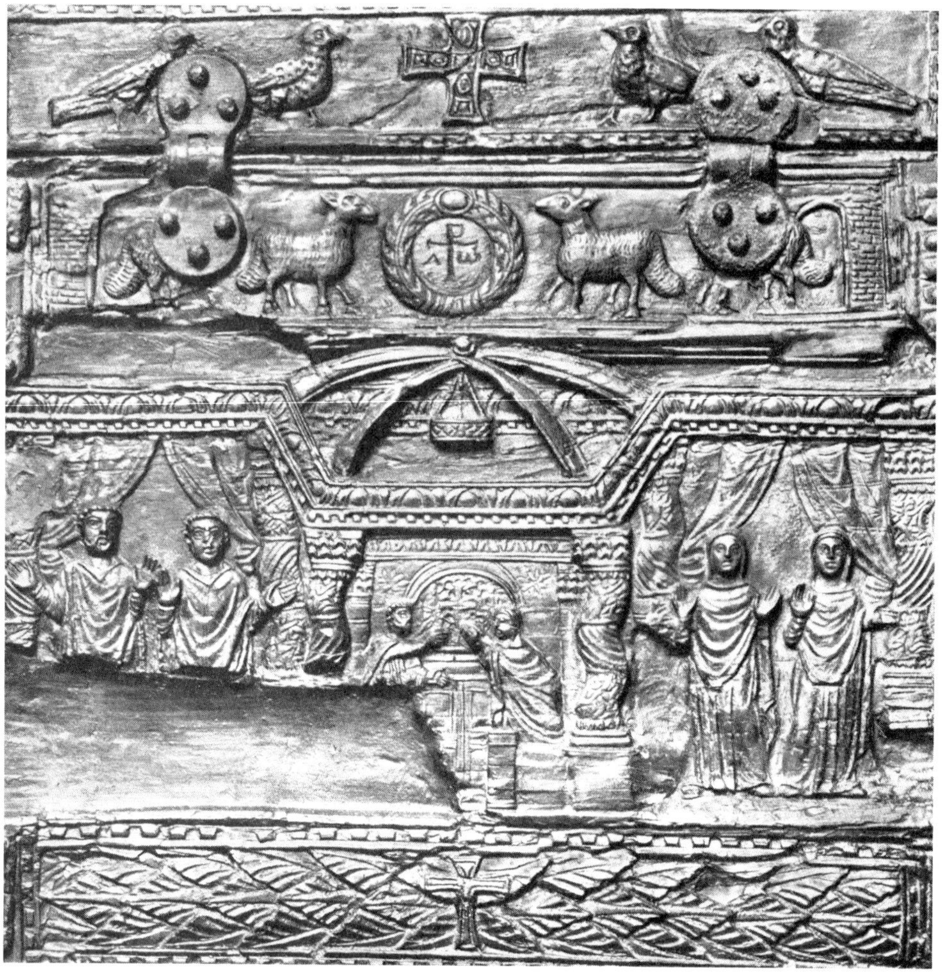

Abb. 3: Die Anbetung des Kreuzes in der Apsis der Konstantinischen Basilika in Rom. Relief auf einem Elfenbeinkasten. 5. Jahrhundert. Pula, Archäologisches Museum

erwiesen hatte, zu schwächen. Des Kaisers unmittelbarster Ausweis aber war und blieb sein Bildnis. KONSTANTIN der Große hat deshalb auf Statuenpolitik nicht verzichtet, sondern die überkommene Bilderpraxis in neue Formen überführt, die auch den Christen die Möglichkeit der Huldigung boten: in Rom ließ er eine Statue, die ihn durch einen Strahlenglanz um das Haupt als Sonnengott auswies, mit einer Lanze in Kreuzesform versehen.[8] Darüber hinaus kam zu den heidnischen Opfer- und Gebetsformen, die dem Kaiserbild weiterhin entgegengebracht wurden, auch ein besonderer Stil der Bildwerke. Sie trugen maskenhafte Züge und verwiesen durch ihre Abstraktheit auf die überpersönliche Göttlichkeit. In gewisser Weise leitete die heidnisch-römische Statuenpolitik damit die Monumentalisierung des Kaisers selbst ein, der zur Statue wurde: Entsprechend unbewegt, so lauten zeitgenössische Berichte, habe sich der Kaiser bei Audienzen den Standbildern seiner selbst anzugleichen versucht.[9] Analoge Gesetzgebung, welche die herausragende Bedeutung der Kaiserbilder hervorhebt, kennzeichnet das 4. Jahrhundert: Eine Bestimmung des Jahres 394 verlangt, daß an Plätzen, an denen Kaiserbilder geweiht werden sollten, keine anderen Bilder aufgestellt oder angebracht werden dürften. Diese monopolartige Inszenierungsform legte einen religiösen Zusammenhang nahe, so daß die wachsende Befürchtung nicht unberechtigt erschien, das Kaiserbild solle zuletzt womöglich auch im Kircheninnenraum aufgestellt werden.[10]

Bis sich die gegenüber Kaiserbildern praktizierten Verehrungsformen auch auf religiös-christliche Bilder im Kircheninneren bezogen, bedurfte es weiterer Entwicklungen. Unbestreitbar bleibt der erhebliche Anteil der Kaiserbildverehrung als „Vorarbeiter" dieses Vorgangs;[11] doch ebenso entschieden muß in Betracht gezogen werden, daß die frühe Bilderverehrung ein Mittel des Reliquienkultes war, dessen sich die Christen in Anlehnung an den antik-heidnischen Heroenkult bedienten. Vorbehalte gegenüber dem vorchristlichen Reliquienkult hatten die Christen bedenkenloser überwunden als ihre Abneigung gegenüber heidnischer Bilderverehrung. Die Leiber der Heiligen, an denen sich das Martyrium vollzogen hatte, schienen zu sehr mit übernatürlichen Kräften ausgestattet zu sein, als daß die Christen auf die Verehrung dieser leiblichen Überreste (primäre Reliquien) oder der Gegenstände, mit denen diese in Berührung gekommen waren (sekundäre Reliquien), verzichtet hätten (vgl. *Abb. 4*).

Ein Vorgang aus dem frühen 5. Jahrhundert zeigt eindrucksvoll, wie die Kraft der Primärreliquie auf ein Bild übergeht, das seinerseits damit in die Nähe der Primärreliquie gerückt wird: Als die Bewohner der nordafrikanischen Stadt Uzala angeblich durch die Reliquien des heiligen Stephanus vor Unglück bewahrt worden waren, erschien ein Fremder mit einem Bild, das dieses Ereignis wiedergab. Es wurde sofort als übernatürliches Produkt angenommen, wie die Reliquien selbst verehrt und von der Kirchenleitung zwischen den Reliquien im Kircheninnenraum deponiert: Die Gleichstellung von Reliquie und Bild war vollzogen.[12]

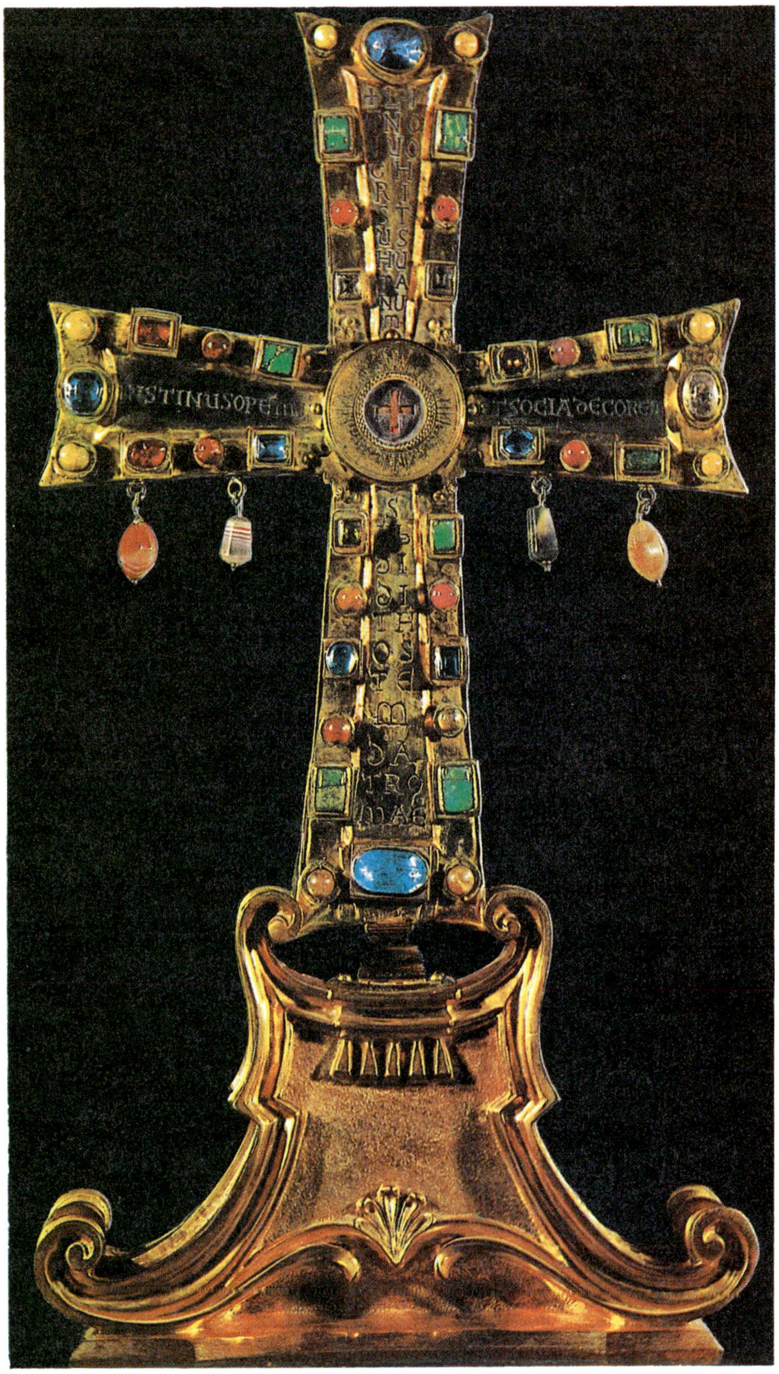

Abb. 4: Ein juwelenbesetztes Kreuz des 6. Jahrhunderts, Geschenk des byzantinischen Kaisers Justinian II. an den Vatikan. Das Kreuz enthält im Mittelmedaillon einen Splitter, der nach dem Glauben der Byzantiner vom Kreuz Christi in Jerusalem stammt

Bilderkult und Ikonoklasmus in Byzanz

Aus der Nähe zur Reliquie ging ein autonomer Bilderkult hervor, der sich um die wundertätigen „Acheiropoieta", angeblich nicht von Menschenhänden gemalte oder skulptierte Bilder, entfaltete. Ihnen wurden Lichter angesteckt, sie wurden durch Weihrauch entrückt, gewaschen und gesalbt, man brachte ihnen Kuß und Fußfall entgegen, auf Prozessionen wurden sie mit kaiserlichem Zeremoniell mitgeführt, und wie durch die Gegenwart des Kaiserbildes erhielten Akte, die in ihrem Angesicht vollzogen wurden, rechtsverbindlichen Charakter. Marien- und Christusbilder sollten Kommunen und Völker vor äußeren und inneren Feinden schützen. Die Lehre von der Transsubstantiation, der Verwandlung von Brot und Wein in Leib und Blut Christi während des Abendmahls, schien in der bildlichen Erscheinung Christi unmittelbar anschaulich, so daß die Bilder Gottes als „Fehdehandschuh" gegen Sektierer benutzbar erschienen.

Die Position der Urchristen hatte sich damit in ihr Gegenteil verkehrt: Nicht nur die Bejahung, sondern auch die Verehrung von Bildern aufgrund ihrer übernatürlichen Kraft wurde zum Hauptmerkmal von Rechtgläubigkeit.[13]

Folgerichtig bedurfte es eines beliebigen Anstoßes, um dieser im Vergleich zum vormaligen Umgang mit Bildern extremen Auffassung ihrerseits Ketzerei vorzuwerfen. Als es im 8. und 9. Jahrhundert zum Konflikt zwischen byzantinischem

Kaiser und Kirche kam, entwickelte er sich auch und vor allem als Kampf um die Bilder. Denn die Vernichtung der Bilder seitens der ikonoklastischen Kaiser meinte den gesamten sinnlichen Heilsapparat der Kirche: Mit den Bildern wurden auch die anderen seit dem Urchristentum entwickelten Praktiken verworfen, darunter der Heiligen- und Reliquienkult.[14] Waren die ersten Christen verfolgt worden, weil ihre Ablehnung der heidnischen Bilderverehrung als staatszersetzend empfunden wurde, so sah sich die Kirche nun angegriffen, weil ihr eigener Bilderkult der Staatsmacht nicht minder bedrohlich entgegenwirkte.

Die Entwicklung eines westlichen Bilderkultes

Während nach dem byzantinischen Ikonoklasmus in der Ostkirche plastische Bildwerke verboten blieben, kam es im Westreich, trotz aller Vorbehalte, zur Entwicklung einer Sakralskulptur.

Im folgenden soll insbesondere der Einfluß des Reliquienkultes auf die Entstehung des christlichen Kultbildes dargestellt werden.

Die karolingische Position

Auch im Westreich gab es, wenn auch seltener, Bilder und Skulpturen. Teils waren antike Werke erhalten, teils schuf man neue, nach ihrem Vorbild. Von eigener Skulpturenproduktion in karolingischer Zeit sprechen schriftliche Quellen. So soll das Stuckbildnis des Kaisers über dessen Grab angebracht gewesen sein, und in Kirchen gab es eine Reihe skulptierter Geräte und Bildwerke.[15] Von theologischer Seite aus versuchte man jedoch ein Anknüpfen an die spätantike Bilderpraxis zu vermeiden. Angesichts der Extreme von Bildanbetung und Ikonoklasmus in Byzanz stellte sich die Bilderfrage im Westen zumindest theologisch daher gemäßigt dar. Ausdrücklich betonten die unter KARL dem Großen als Antwort auf den byzantinischen Ikonoklasmus formulierten *„Libri Carolini"*, daß niemand zur Bildanbetung gezwungen werden könne:

„Wir gestatten die Bilder der Heiligen, wer auch immer sie formen will, ebenso innerhalb der Kirche als außerhalb der Kirche. Sie anzubeten aber zwingen wir auf keine Weise diejenigen, die es nicht wollen. Sie zu zerbrechen und zu zerstören aber, wenn es jemand wollen sollte, erlauben wir nicht."[16]

Bilder sind erlaubt, Bildanbetung aber ist zu vermeiden – gewissenhaft beschreibt dieser Text die vermittelnde Haltung der karolingischen Bildtheologie. Als CLAUDIUS von Turin, einer der Hoftheologen KARLS des Großen, in seiner Diözese alle Bilder, die er dort nach Rückkehr im Jahre 825 antraf, zerstören ließ, wurde er daher als Ketzer angegriffen.[17]

Reliquie und Reliquiar

Bei dieser zwischen Bildersturm und Bildanbetung ausgleichenden Haltung der *„Libri Carolini"* blieb es jedoch nicht. Allerdings mußten sich besondere Bedingungen entwickeln, bis Bildern auch im Abendland übernatürliche Fähigkeiten zugesprochen wurden und sich erneut Verehrungsformen entwickelten, die der Idolatrie verdächtig waren. Allem Anschein nach setzte wiederum die Verbindung zu Reliquien – wie schon ein halbes Jahrtausend zuvor – diesen Prozeß in Gang. In den Reliquien wähnte man die ungeteilte übermenschliche Kraft der verehrten Heiligen bewahrt, an der die Gemeinschaft, die im Besitz von Reliquien war, teilhaben konnte. Man glaubte, daß der Heilsschatz der Kirche auch in den Reliquien versammelt sei, von denen aus er seine erlösende Wirkung ausstrahlen würde. Zwar gab es je nach der Bedeutung der Heiligen unterschiedlich wertvolle Reliquien, aber dogmatisch bestand hinsichtlich der Wirkkraft ebensowenig ein qualitativer Unterschied wie hinsichtlich der Größe der Partikel, in deren kleinstem Teil noch die ganze Kraft des verehrten Heiligen lag:

„Sind auch die Leiber zerteilt, so wohnt ihnen doch ungeteilt Gnade inne, und jede unscheinbare und winzige Reliquie hat gleiche Kraft wie der in keiner Weise und in keinem Teile zerstückelte Märtyrerleib."[18]

Höchst folgenreich für die Kunstentwicklung war nun, daß auch die Sekundärreliquien, Gegenstände, die mit den Heiligen in Berührung gekommen waren, als kaum weniger heilsmächtig empfunden wurden, so daß auch die Behälter, die Reliquien bargen, zumindest atmosphärisch von deren Ausstrahlungskraft profitierten. Dem trug ihre Kostbarkeit Rechnung. Die aus der Zeit vor der Jahrtausendwende überlieferten Reliquiare sind sämtlich durch gleißende Edelmetalle und unergründlich schimmernde Edelsteine verziert. Auch ihnen wurde als Abglanz der Herrlichkeit Gottes magische Kraft zugesprochen.[19] Bis in das 10. Jahrhundert blieben die Reliquiare weitgehend bildlos; es scheint, als hätte man die Reliquien zunächst allein durch Materialheiligkeit und nicht durch Bilder geehrt, um sie in einer letzten Reserve freizuhalten von jedem Anflug verfemter Idolatrie.

Figürliche Reliquiare

Doch um die Mitte des 10. Jahrhunderts wird solche Vorsicht aufgegeben. Die „redenden" Reliquienbehälter nehmen die Formen von Köpfen, Armen oder Füßen an, um auf das Partikel zu verweisen, das sie bergen *(Abb. 5)*. Zwar ist nicht in jedem Fall eine Entsprechung zwischen Behälterform und Inhalt gegeben, aber fraglos war ursprüngliche Absicht, das betreffende Gliedmaß des bewahrten Leibrestes des Heiligen optisch rekonstruierend zu verdoppeln.

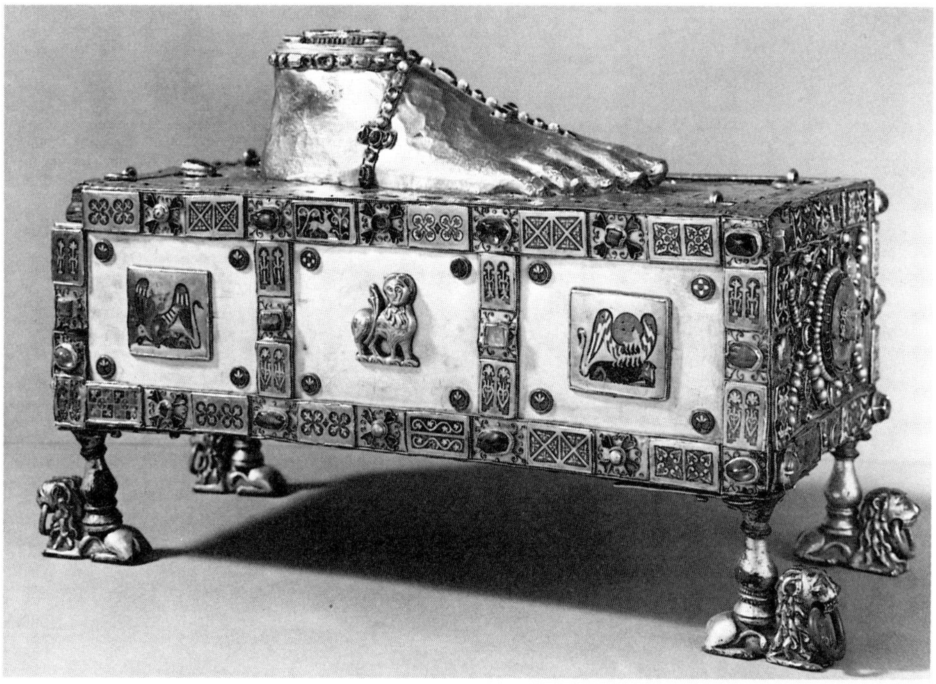

Abb. 5: Andreas-Reliquiar. 977–993. Trier, Domschatz

Der Grund für diese neue Entwicklung in der Geschichte von Reliquienverehrung und Skulptur ist kaum mehr vollständig zu klären. Mit Sicherheit war hierfür vor allem das gesteigerte Bedürfnis nach Reliquien verantwortlich, mit deren Besitz sich der Ausweis göttlicher Gegenwart und dadurch Ansehen und Macht verbanden. Auf Grund solcher Sucht nach Reliquien ging man immer öfter dazu über, die Überreste von Heiligen nicht geschlossen zu bewahren, sondern in immer neue Kleinpartikel zu teilen, um ihre Überbleibsel an verschiedene Orte verkaufen, verschicken und dort aufbewahren zu können. Je geringer aber das Teilchen, um so aufwendiger mußte an seine Herkunft erinnert werden. Offenbar übernahmen die „redenden" Reliquiare die Funktion, den Zusammenhang optisch zu rekonstruieren, dem das Teilchen entrissen war.[20] Nicht nur durch seine räumliche Nähe zur Reliquie erhält das so beschaffene Reliquiar den Charakter einer Sekundärreliquie, sondern auch durch seine Form, die das abwesende Gliedmaß augenscheinlich herbeizitiert.

Auf einen reliquiaren Kern unablösbar bezogen war also die Bildform; dies um so mehr, wenn nicht mehr nur „redende" Reliquiare, sondern vollständige Skulpturen Reliquien bargen. In diesem Fall konnten sich die Figuren auch vom Einzelsinn der Reliquie lösen und auf das Allgemeine des Heilsschatzes verweisen, das dieser darstellte: so wurden auch die Muttergottes und Christus selbst zu Reliquienträgern.

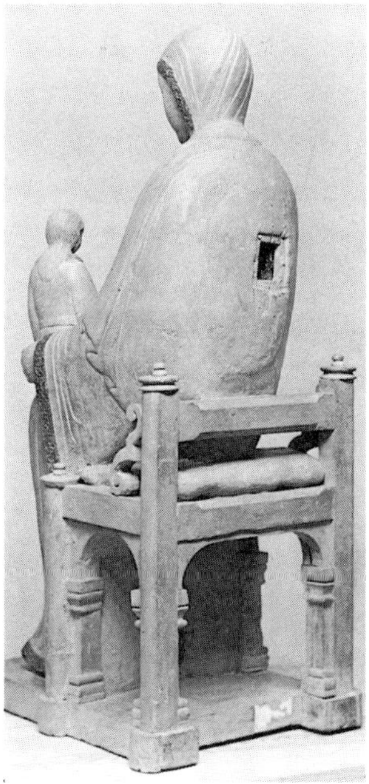

Imad-Madonna, Rückseite

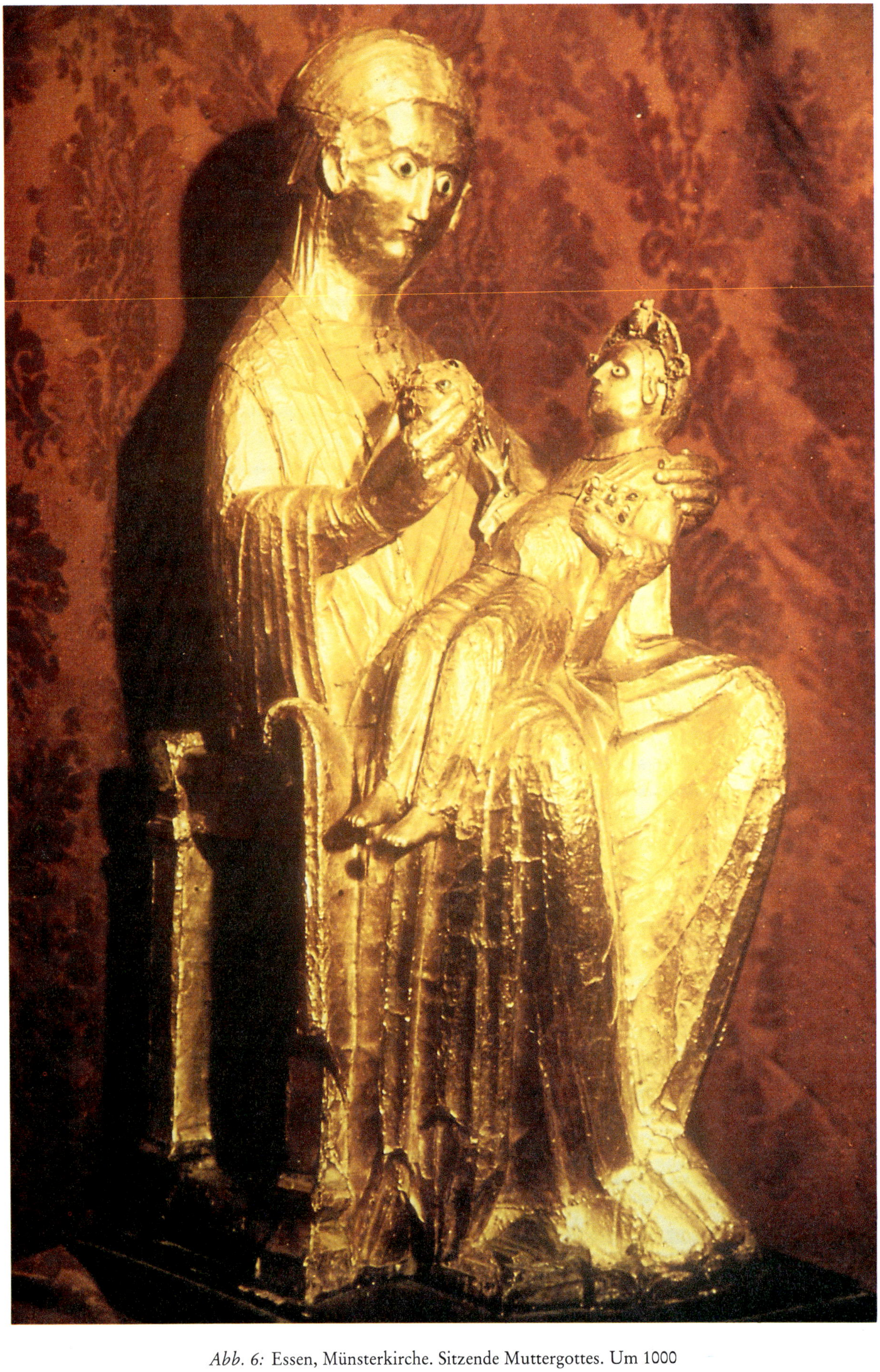

Abb. 6: Essen, Münsterkirche. Sitzende Muttergottes. Um 1000

Die überwiegende Mehrzahl, beispielsweise die thronenden Muttergottesstatuen, wie die Madonna aus dem Essener Münsterschatz *(Abb. 6)* oder die Paderborner Imad-Madonna *(Abb. 7)*, erhielten ihre Rechtfertigung durch rückseitig oder von unten her unsichtbar eingelagerte Reliquien.

Die Reliquie blieb damit dem Betrachter noch immer verborgen, wurde aber durch die skulpturale Gestaltung ihres Behälters ästhetisch-optisch übermittelt. Der Skulptur wuchs dadurch, daß ihre Form das Bewußtsein von der Existenz und Wirkungsweise der Reliquie garantierte, eine neue magische Aussagekraft zu. Das Auge wurde zum Mittler einer ursprünglich rein geistig aufgefaßten, geheimnisvollen Macht. Wie um der unerlaubten Nähe, die sich zwischen Göttlichem und Menschlichem hier aufbaut, Schranken zu setzen, wirken diese frühen Bildwerke furchterregend abweisend in ihrer frontalen Strenge. Diese Wirkung hat beispielsweise die Muttergottes aus dem Essener Münsterschatz, deren starr aufgerissener Edelsteinblick den Betrachter zu hypnotisieren scheint.

Gerade durch die Schaudern erregende, ebenso zugreifende wie distanzierende Aussagekraft dieses Reliquiars gewinnt die Skulptur ein Eigenleben, das eigentlich verboten war. Ein zwiespältiger Vorgang: Die Nähe zur Reliquie, die der Vollskulptur gegen alle Vorbehalte zum Durchbruch verhalf, begünstigte zugleich ihren idolatrischen Charakter, dem solche Einwände gegolten hatten.

Vor diesem Hintergrund ist zu bedenken, daß frühe Muttergottesstatuen an die Tradition heidnischer Muttergottheiten anknüpfen, die in großer Zahl erhalten geblieben waren.[21] Idolhafte Starre erwehrte sich der Annäherung; Goldglanz und Edelsteine taten das ihrige, die Erscheinung vom Diesseitigen abzurücken.

Figürliche Reliquiarskulpturen

Daneben aber entstanden aus Holz geschnitzte und mit feiner Bemalung versehene, also aus unedleren Materialien gefertigte Bildwerke. Bereits die Paderborner Imad-Madonna aus der Mitte des 11. Jahrhunderts zeigt trotz aller Unnahbarkeit ihrer frontalen Geschlossenheit und Starre distanzauflösende Tendenz: Wahrscheinlich war ihr Holzkern nicht, wie lange angenommen, mit Goldblech überzogen, sondern ursprünglich farbig gefaßt, und ihr verinnerlichter, in sich beruhigter Gesichtsausdruck erlaubt ganz im Gegensatz zur Essener Madonna geradezu emotionale Annäherung. Im Ausdruck weicher, in ihrer Körperhaftigkeit natürlicher, fordert sie zum Nachempfinden seelischen Ausdrucks auf. Künstlerisches Kennzeichen der Figur ist im Vergleich zur Essener Madonna ihre größere „Natürlichkeit". Dazu gehört die Beweglichkeit der Mutter-Kind-Gruppe mit ihrer durch feine Abweichungen vom starren symmetrischen Aufbau erzielten Lebendigkeit. Ihr entsprechen das Körpergefühl, sensible Leiblichkeit, die Überwindung der metallisch harten Oberfläche, die im sanften Wechsel der Schwünge wie aus leicht formbarem Ton gebildet erscheint. Am bedeutsamsten aber

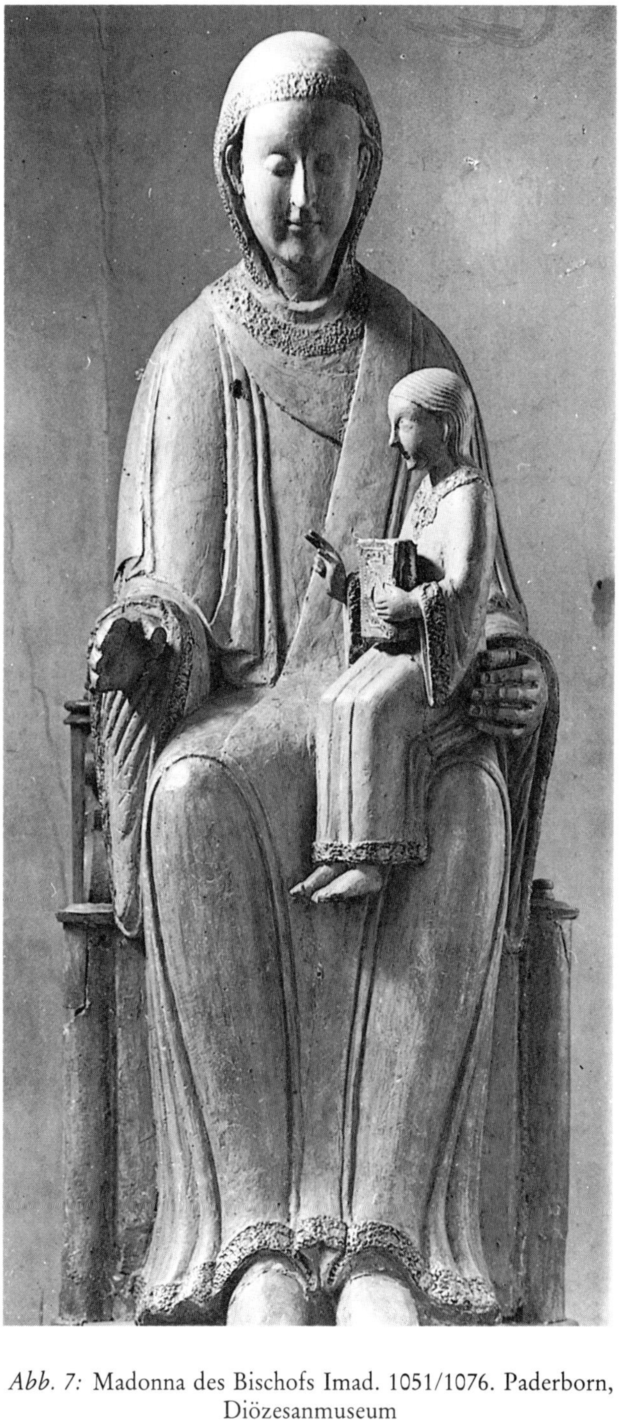

Abb. 7: Madonna des Bischofs Imad. 1051/1076. Paderborn, Diözesanmuseum

wirken die mild verklärten Gesichtszüge von Mutter und Kind, die nichts mehr vom vogelhaft fixierenden, starren Blick metallener Kultbilder an sich haben. Ihr Ausdruck erscheint verinnerlicht, nicht bannend, sondern verschleiert, um nicht abzuweisen. Distanzen sollte dieses Bild offenbar nicht erzeugen, erfahrungsgemäß Trennendes vielmehr aufheben, Annäherung anbietend, um das Bildwerk mit den Augen abtastend in seinem Wesen begreifen zu lassen.

Sein Wesentlichstes aber war die Reliquie, die dem Gläubigen über solche Bildform näherzubringen war. Fast möchte man den Vergleich mit Andachtsbildern des frühen 14. Jahrhunderts (Christus-Johannes-Gruppen oder Vesperbildern) suchen, die dreihundert Jahre später religiöse Übungen, Gebetsvorstellungen bis hin zu ekstatischen Visionen, zur höchsten Subjektivität treiben sollten.

Denselben Zug zur Individualisierung kultischer Praxis, Privatisierung des Rituals zum andächtigen Gebet scheint das ottonische Kultbild angestrebt zu haben. Nachfolgende Verhärtung der Bildformen in der zweiten Hälfte des 11. Jahrhunderts, Hierarchisierung der Komposition durch Verpflichtung auf Symmetrie in der romanischen Kunst wären sodann als Ausdruck einer wiederum entgegengerichteten Bemühung zu verstehen, die heilstiftenden oder das Heil verkündigenden Bilder auf eine höhere Stufe – den Gläubigen übergeordnet – zurückzustellen, um alte Distanzen zu restaurieren. Solches Bestreben könnte auch die nachträgliche Goldpanzerung der Imad-Madonna verursacht haben.

Retabel

Stellt man sich ein solches Kultbild im Zusammenhang mehrerer Figuren flächig zum Relief verbunden vor, so ergibt sich eine querrechteckige Bilderwand, die man, auf der Mensa aufgestellt, „Retabel" nennt. Wie Kultbilder haben auch Retabel ihren Bezug zu Reliquien. Wie die Vollskulptur sich als Behälter von Heiligenpartikeln durchsetzte, nahmen Retabelformen das Aussehen der Behälter der Gebeine von Heiligen auf. Zunächst entlehnten sie ihre Darstellungsweise dem Prunksarg *(Sarkophag)*.[22]

Aus der Zeit um 1160/70 ist ein Retabel kölnischer Herkunft in der Pfarrkirche des rheinischen Oberpleis erhalten. Die thronende Gottesmutter mit dem Jesusknaben auf dem Schoß wird dort angebetet von den Drei Königen auf der linken und, symmetrisch komponiert, drei Engeln auf der rechten Seite *(Abb. 8)*. Die Vergleichbarkeit dieses Reliefs mit der Frontseite eines frühchristlichen Sarkophages im Museo Pio Clementino

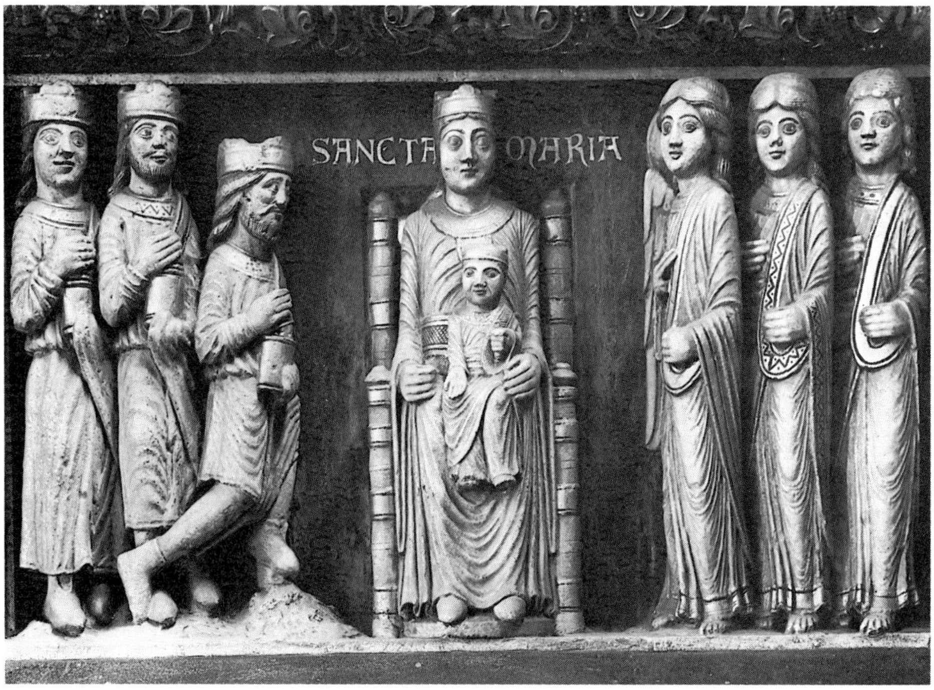

Abb. 8: Retabel der Pfarrkirche Sankt Pankratius in Oberpleis. Um 1160/70

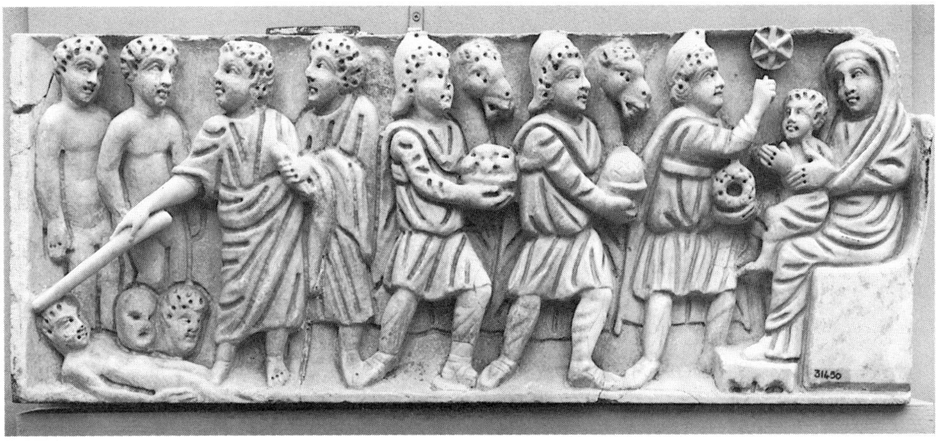

Abb. 9: Vorderseite eines Sarkophags. Um 420 n. Chr. Rom, Museo Pio Clementino

des Vatikans aus den zwanziger Jahren des 4. Jahrhunderts, wo ebenfalls die Anbetung des Jesusknaben durch die Magier dargestellt ist, weist auf mögliche typologische Wurzeln solcher Retabeldarstellungen hin *(Abb. 9)*.

Ebenso geläufig wie diese Figurenkomposition auf einheitlichem Feld ist in spätantiker Zeit die Untergliederung von Sarkophagschauseiten in einzelne Darstellungsfelder durch Säulen und Arkaden. Dieses architektonische Gliederungsschema findet sich ähnlich bei Reliquiaren und gotischen Reliquienschreinen. Besonders eindrucksvolle Beispiele geben die Reliquienschreine des NIKOLAUS von Verdun in Köln (Dreikönigsschrein) und Tournai (Marienschrein) und schließlich der etwa eine Generation später entstandene, sowohl im Figürlichen als auch im Architektonischen reichere Schrein des heiligen Eleutherius, ebenfalls in Tournai *(Abb. 10)*.

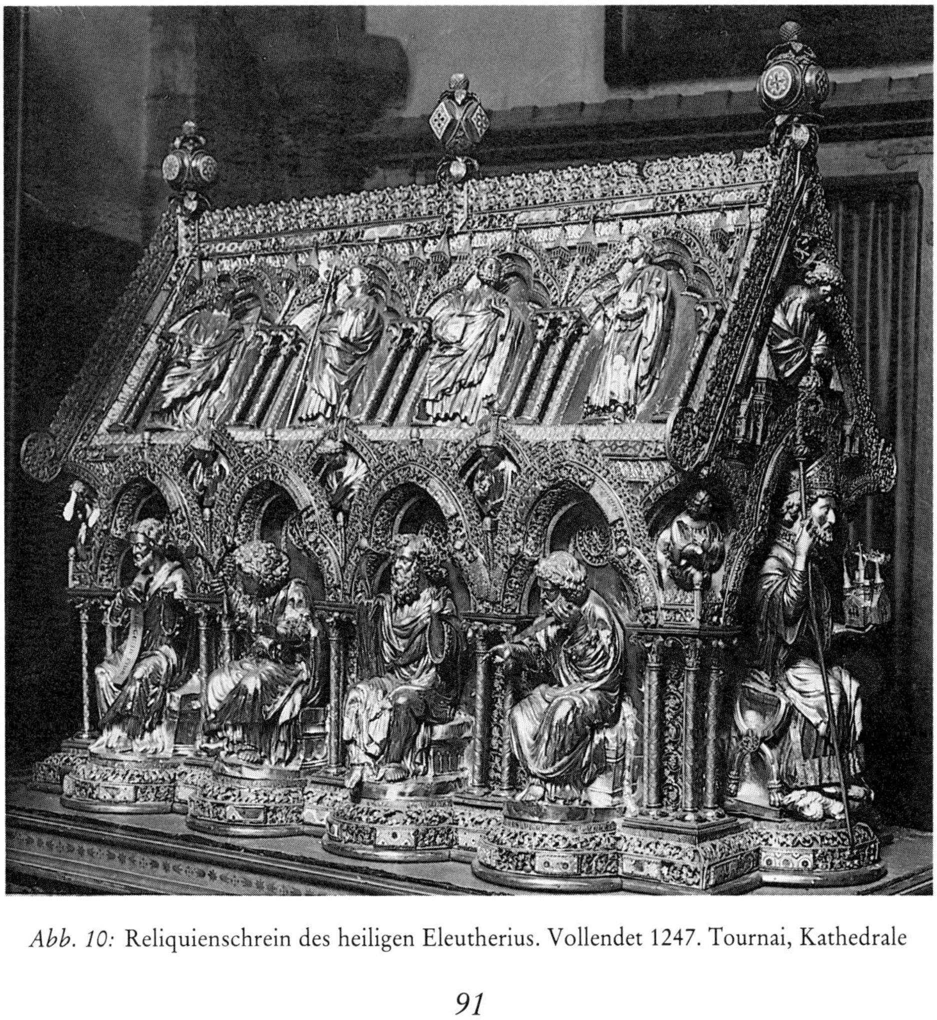

Abb. 10: Reliquienschrein des heiligen Eleutherius. Vollendet 1247. Tournai, Kathedrale

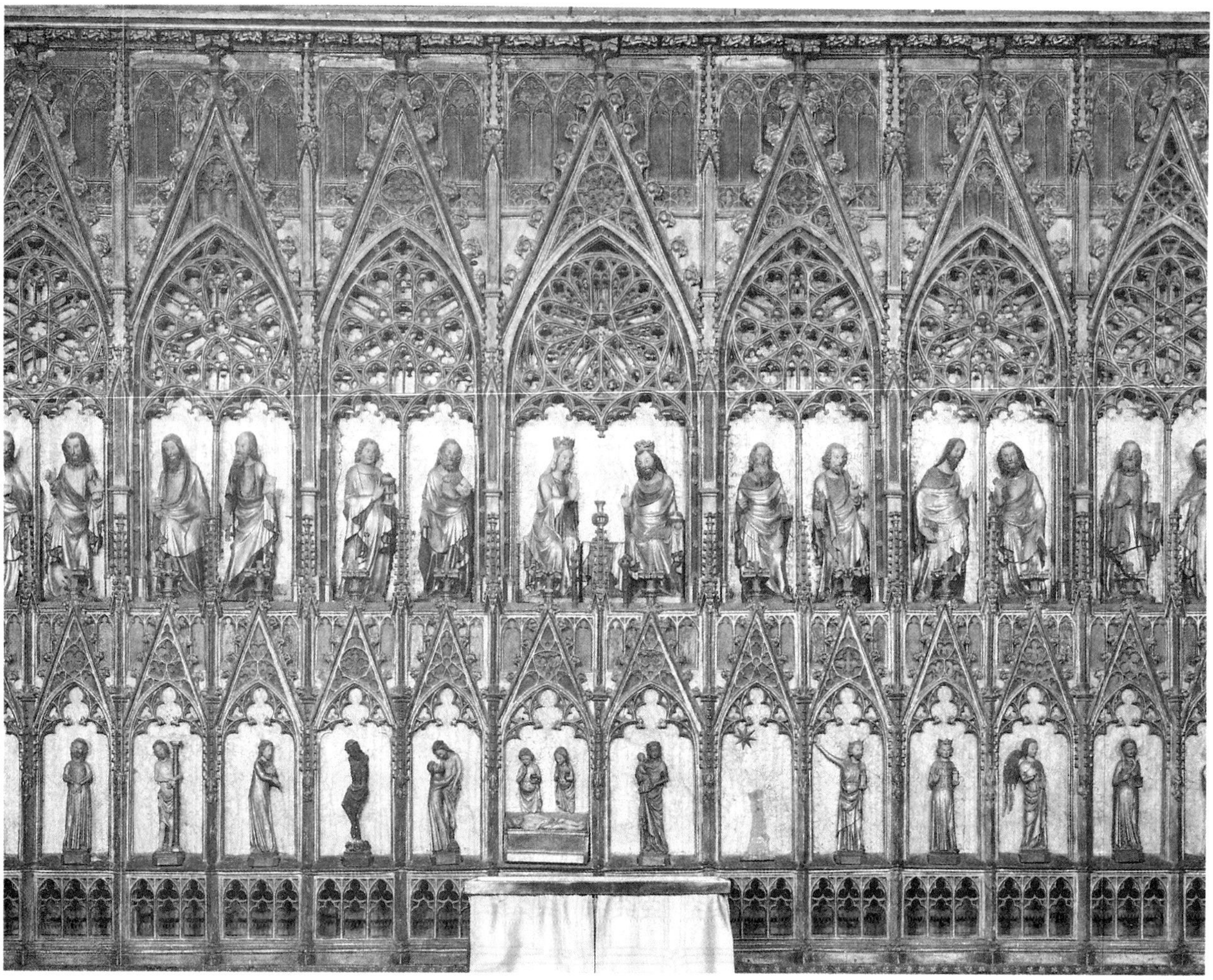

Abb. 11: Oberwesel, Liebfrauenkirche, Retabel des Hochaltars. Mittelteil. 1331

Stellt man sich letzteren in die Fläche projiziert und der Mensa aufgesetzt vor, so entspricht dies bereits dem Schema der mittleren Altartafel der Pfarrkirche von Oberwesel aus dem Jahre 1331 *(Abb. 11).* Der Aufbau ist von architektonischen Vorstellungen geprägt; zunächst vom hausförmigen Sarkophag, mehr und mehr durchsetzt und filigranhaft bereichert schließlich von der Formenwelt der hochgotischen Kathedrale, die den Reliquienschrein zuletzt als von Goldschmieden entwickeltes Modell eines Dombaues erscheinen ließ. Auf derartige Vorbilder konnte die Entstehung des Flügelaltares, des Retabels mit beweglichen Seitenflächen, die das Retabelzentrum verschließen und seine Erscheinungsform wandeln konnten, zurückgreifen.

Flügelaltar

Schließlich ist auch der Flügelaltar aus der Funktion, Reliquiensubstanz zu bewahren und optisch vermittelnd zu verstärken, geprägt, zumal der Reliquienschrank als sein gestaltgebender Vorläufer anzusehen ist.[23]

Einige solcher Schränke, wie zum Beispiel in der Klosterkirche in Doberan *(Abb. 12),* sind aus dem 13. Jahrhundert erhalten. Sie umschließen jeweils tiefe Gefächer mit maßwerkverzierten Rahmungen, die ursprünglich Reliquien, entweder figürlich gefaßt oder in Tuch gewickelt, aufgenommen haben. Geschützt vor Raub war der kostbare Schrankinhalt durch fest verschließbare Türen, die zu öffnen nur dem Eingeweihten möglich war; komplizierte Schließmechanismen, häufig nur von der Rückseite des Schrankes her zu bedienen, indem man dort Wandteile herausnahm, um sich so Zugriff durch das Schrankinnere hindurch bis zu den Fronttüren zu verschaffen, gaben den notwendigen Schutz. Im geöffneten Zustand aber bot der Reliquienschrank seinen kultischen Reichtum den Gläubigen anziehend dar. Die Innenseiten der Flügel zeigten gemalte Darstellungen heiliger Gestalten, die bisweilen in Bezug zur Reliquiensammlung gestanden haben mögen, und auch die äußeren Türseiten waren, wie am Beispiel des Doberaner Reliquienschrankes zu sehen, in der Regel verziert. Maßwerkgerahmten Feldern, jeweils paarweise nebeneinander auf beiden Türen, in 4 Reihen übereinander, waren dort insgesamt 16 Relieffigürchen eingefügt. Hinter jeder dieser Kleinskulpturen verbargen sich Reliquienfächer, die nur selten offen gezeigt wurden, so daß die kultische Substanz der Reliquien zumeist durch die Skulpturen dargestellt war.

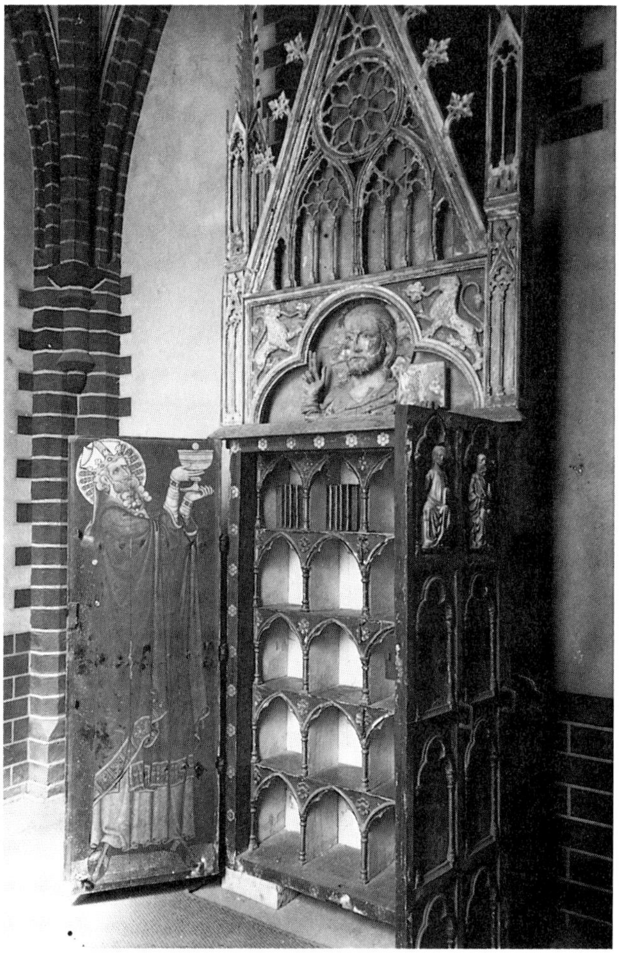

Abb. 12: Reliquienschrank in der Klosterkirche zu Doberan. 13. Jahrhundert

Vom Doberaner Reliquienschrank mit seiner innigen Verbindung von Reliquie und Bild zum ausgeformten Schema des Flügelretabels war es demnach nur ein kleiner Entwicklungsschritt, wie der um 1350 entstandene Flügelaltar der Zisterzienser-Klosterkirche von Marienstatt im Westerwald belegt *(Abb. 13)*. Der querrechteckige Mittelteil ist durch zwei Flügel zu verschließen; in geschlossenem Zustand bleibt dabei die zentrale Achse des Retabels wie beim Reliquienschrank in der Altarmitte und darüber der Darstellung der Marienkrönung ständig sichtbar.

Durch das Hervorgehen des Flügelretabels aus dem Reliquienschrank, der, auf die Maße der Altarmensa zugeschnitten, auf ihr schließlich zur Aufstellung kam, ist die vielleicht tiefste Wirkung, die das Retabel ausgelöst hat, faßbar: In der Austauschbarkeit von Bild und Reliquie lag ein Überzeugungs- und Vergegenwärtigungsmittel, das dem Meßopfer zur Seite trat. In diesem vollzog sich unsichtbar die Verwandlung von Brot und Wein in Christi Fleisch und Blut. Um so begieriger wird der Gläubige das sinnliche Schauspiel der Verbildlichung kultischer Substanz aufgegriffen haben, um fasziniert am Austausch von Bild und Reliquie, von Reliquie und Bild Anteil zu nehmen. Das Flügelretabel wurde zum optisch nachvollziehbaren, scheinbar rational begreifbaren Mittler des göttlichen Mysteriums.

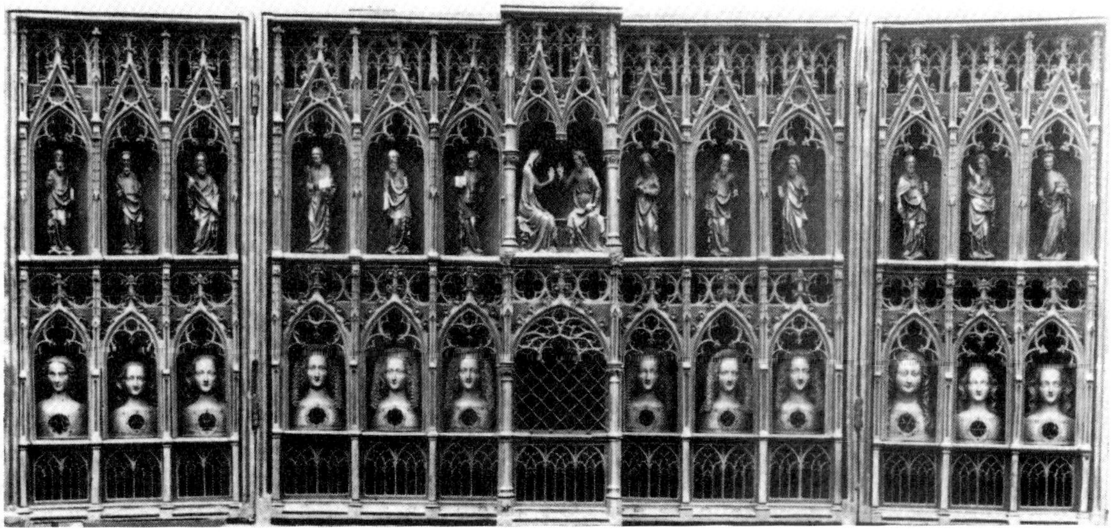

Abb. 13: Flügelaltar in der Zisterzienserkirche Marienstatt. Um 1350

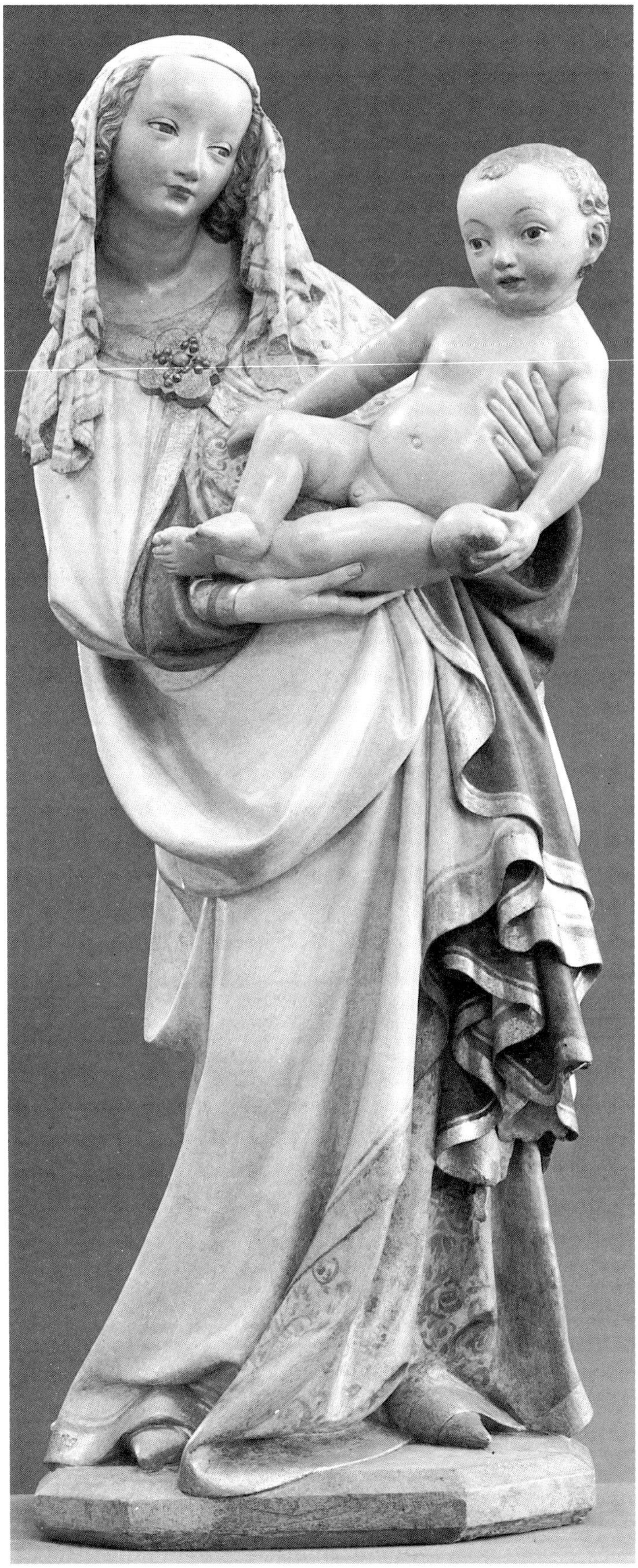

Abb. 14: Schöne Madonna in der Pfarrkirche von Altenmarkt im Pongau. Prag, vor 1393

Bildzeremoniell

Im jüngsten Forschungsbeitrag zu diesem Problemkreis ist die beschriebene Wechselwirkung zwischen Reliquie und dreidimensionalem Bild ausdrücklich bestätigt worden, zugleich aber wurde der These, das Flügelretabel habe sich aus dem Reliquienschrank entwickelt, eine andere Erklärung des Phänomens entgegengestellt: Die Entstehung des Wandelaltars sei auf das Anliegen der Kirche zurückzuführen, die Liturgie im Ablauf des Kirchenjahres illustrierend bildlich zu begleiten. Liturgische Gründe hätten die frühen Wandelaltäre in Oberwesel, Altenberg oder Marienstatt veranlaßt.[24]

Doch auch der Oberweseler Altar bestätigt das enge Verhältnis von Bild und Reliquie gerade durch die liturgische Schau *(Abb. 11)*. Bei geöffnetem Zustand zeigt das Retabel im Zentrum der oberen Bildzone die Marienkrönung, begleitet von den zwölf Aposteln sowie männlichen Heiligen auf der linken, weiblichen auf der rechten Seite, die insgesamt das Himmlische Jerusalem darstellen.[25] Die Illustrationen im unteren Bildstreifen beziehen sich auf jeweils eine der beiden zentralen Darstellungen: die Grablegung Christi bzw. Maria mit Kind. Beide der seitlichen Bildgruppen sind von außenstehenden Engeln angeführt, während nach innen alttestamentarische Darstellungen folgen: rechts die heilige Anna und drei Propheten des Alten Testamentes, schließlich Mose, links Adam und Eva, Abraham mit Isaak, Samuel und Melchisedech. Die Propheten der rechten Seite weisen auf die Szenenfolge der Geburt Christi hin, auf Johannes den Täufer, die Verkündigung sowie die Anbetung der Könige, die alttestamentlichen Szenen auf der gegenüberliegenden Seite auf die Passionsszenen, so daß einzelne Darstellungen kirchlichen Festtagen entsprachen.

Eine solch enge Verbindung der Bilder mit dem liturgischen Zeremoniell ist stärker noch als bei geöffneten Flügeln in geschlossenem Zustand faßbar. Gemalte Heiligendarstellungen begleiteten dort in zwei übereinander angeordneten Streifen eine ins Zentrum gestellte geschnitzte, heute entfernte Kalvarienberggruppe der trauernden Maria und Johannes' seitlich des Gekreuzigten. Das Kreuz war demgemäß über der Fuge der aneinanderstoßenden Flügel befestigt; vor dem Öffnen des Retabels mußte der Kruzifixus daher abgenommen werden. Gerade dieser feierlichste Akt aber verband sich wieder unmittelbar, auf höchster Stufe, mit dem Reliquie-Bild-Gedanken. Die Abnahme des Kruzifixus vollzog sich im Rahmen der Karfreitagsliturgie. Der vom Retabel abgenommene Gekreuzigte wurde in ein Heiliges Grab übertragen, dort hineingebettet und verehrt. Dabei wurde die natürliche Stofflichkeit des Bildes gewissermaßen überhöht im liturgischen Akt. Die Übertragung des Kruzifixus suggerierte, daß der künstlerisch gestaltete Naturstoff „bestattet" und damit, in eine Reliquie verwandelt, erneut auferstehen würde.

Kultbilder mit Reliquiencharakter

Zu Anfang des 14. Jahrhunderts ausgebildet, blieb das Schema des Flügelretabels bis zum Jahrhundertende verbindlich. Grundsatz war weiterhin die Beweglichkeit seiner Flügel; als Prinzip galten der Wechsel zwischen Reliquie und Skulptur sowie der Wandel zwischen Skulptur und gemaltem Bild. Auf verschiedenen Stufen entäußert sich das Unsichtbar-Unbegreifliche der Reliquien in das skulptierte und gemalte Bild.

Dieser Prozeß ging so weit, daß die Formen der Behälter auch dort Reliquien vermuten ließen, wo diese gar nicht vorhanden waren. Maßwerk beispielsweise, das im Sockelgeschoß der Flügelretabel deponierte Reliquien vor mißbräuchlichem Zugriff gitterartig schützen sollte, findet sich bald auch in solchen Zonen des Retabels, die zur Aufnahme von Reliquien niemals ausgebildet waren. Durch die Verbindung bestimmter Bildformen mit Reliquien vermochte das Bildwerk schließlich, auf die „Realpräsenz", das wirkliche Vorhandensein, der Reliquie verzichtend, seine Stelle einzunehmen. Damit war die christliche Skulptur vollkommen zum Kultbild geworden, dem nicht mehr nur hinweisender Charakter, sondern übersinnliche Macht entsprechend dem heidnischen Beispiel eigen war. Sie verlieh ihm Macht, Ablässe zu garantieren, aus natürlichen und persönlichen Nöten zu befreien und ganz allgemein göttliches Heil zu vermitteln.

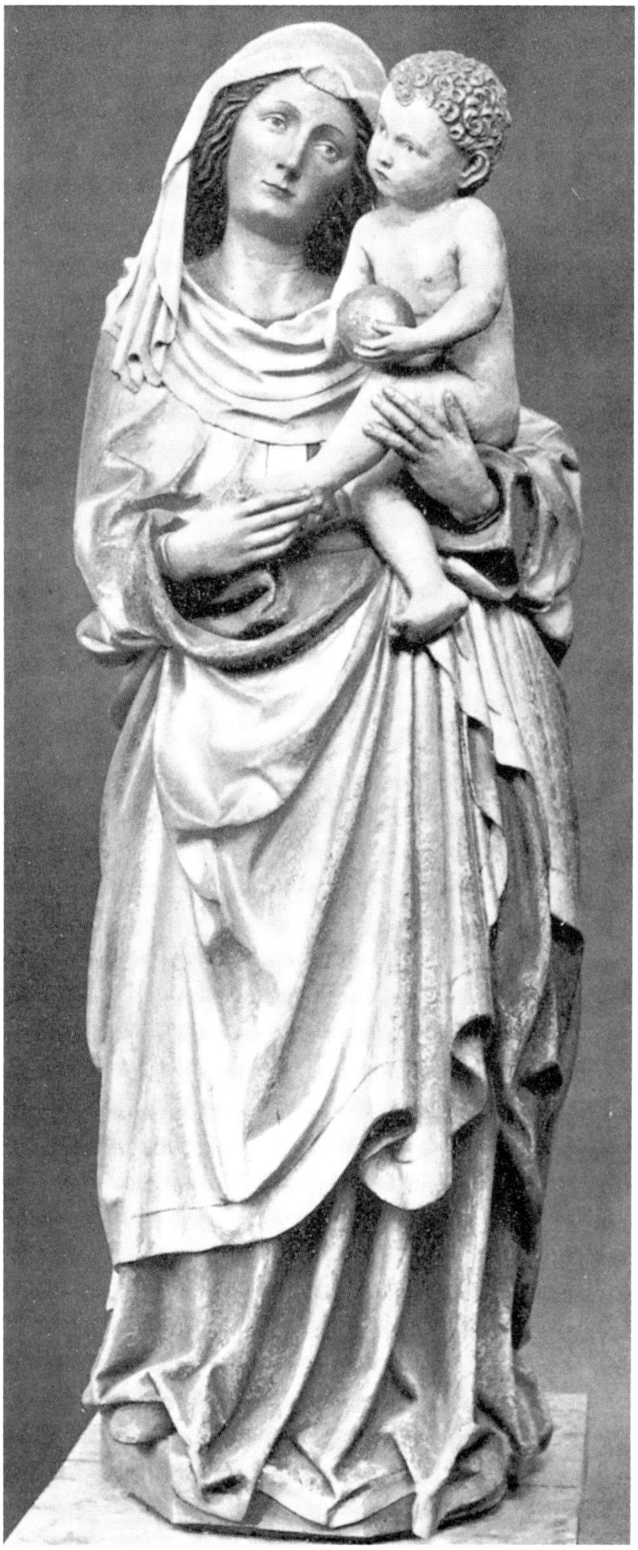

Abb. 15: Muttergottes mit Kind, gearbeitet von Hans Multscher, in der Pfarrkirche zu Ummendorf. Um 1450/55

Diesen bedeutsamen Schritt vollkommener Verschmelzung der Reliquie mit der Form der Skulptur vollzog ein neuer Bildtypus. Er vermochte sinnliche Präsenz in höchst abstrakter ästhetischer Verfeinerung und zugleich sensibelster Einfühlung darzustellen. Es entstanden die „Schönen Madonnen", deren Prototyp um 1385 wahrscheinlich in Böhmen entwickelt wurde *(Abb. 14)*.

Angesichts ihrer unübertrefflich grazilen, überfeinerten Formen wurde von höfischer Prägung gesprochen. Aber gerade die Schöne Madonna sprach nicht nur wenige, im Sinne der Zeit gebildete Liebhaber mit ästhetischem Raffinement an, sondern vermochte als Wallfahrtsbild Massen zu faszinieren. Ein Grund lag möglicherweise in ihrem Wechselspiel zwischen Sinnlichkeit und Idealität, Körperform und abstrakter Geistigkeit, das in vollendeter Form die sinnlich-übersinnliche Kraft der Reliquien in sich aufgenommen hatte. So weit war ihr Stoff geheiligt, daß das Werk die Reliquie ersetzte; aus dem Wechselverhältnis war Konkurrenz geworden, der die Reliquie zum Opfer fiel. Wo die Schöne Madonna Eingang in das Retabel fand, wurden die Reliquien aus ihm entfernt; dem Marienbild und bald auch szenischen Darstellungen überließ man von nun an jenen Raum, der zuvor der Ausstellung von Reliquien und ihrer Illustration gedient hatte. Dieses Raumangebot nahm das Kultbild, auch die Bildgruppe, wie selbstverständlich an. Kunstwerke breiteten sich von nun an im Retabel aus wie früher Reliquiensubstanz. Der Umfang der Bilddarstellungen im Retabel nahm zu, die Anzahl der Bildgruppen wuchs, bis ihre Aufstellungsmöglichkeiten erweitert werden mußten. Das Retabel wurde zur kastenartigen Bühne vergrößert, in welcher der Bildwert den Reliquienwert seinem Rang nach eingeholt zu haben schien: die kultische Bedeutung, die dem Retabel ehemals durch Reliquien Weihe gegeben hatte, war nun Teil des Bildwerkes selbst.

Die Profanierung des Heiligenbildes

Auf dem Höhepunkt dieser hinsichtlich des Bildwertes nicht mehr steigerungsfähigen Entwicklung bricht sich um 1430 eine neuerliche Verweltlichung *(Profanierung)* des heiligen Stoffes Bahn, um diese ästhetisierte, stark übersinnliche Wirkungskraft des Bildwerkes – die wiederum von allen vormals heidnischen Formen der Bilderverehrung wie Kerzenanzünden, Kniefall, Weihrauch, Gebet usw. begleitet war – zu brechen.

Vor allem zwei Künstlerpersönlichkeiten trieben diesen „spätgotischer Realismus" genannten Neuerungsprozeß voran:

• Hans MULTSCHER, um 1400 in Reichenhofen im Allgäu geboren, verbrachte Studienjahre in den Niederlanden und übertrug die damals modernsten Kunstformen der Malerei der Brüder VAN EYCK und des MEISTERS VON FLÉMALLE in die süddeutsche Skulptur *(Abb. 15)*. Mit der Darstellung differenzierter Stofflichkeit der Gewandung, der Fähigkeit, Haut und Haar ihrer natürlichen Beschaffenheit gemäß zu charakterisieren, seiner Bemühung schließlich, Gesichtszügen Porträthaftigkeit zu verleihen, setzte er den idealisierenden Neigungen des „Schönen Stils" um 1400 mitsamt dem Kultbild jener Zeit, der Schönen Madonna, ein Ende.

• Nicolaus GERHAERT, eine Generation jünger als MULTSCHER, aus den Niederlanden kommend und wie MULTSCHER aus den Quellen der von Naturerfahrung geprägten niederländischen Kunst schöpfend, trieb diese Entwicklung so weit, daß bei ihm die Grenzen zwischen Heiligenbild und weltlichem Porträt verwischen. Ein glänzendes Beispiel dieses Vorganges ist seine Büste der sogenannten „Bärbel von Ottenheim" *(Abb. 16)*. Zusammen mit ihrem Gegenstück, einer männlichen Porträtbüste, flankierte sie ursprünglich das von einer Marienfigur bekrönte Portal der 1463 errichteten Neuen Kanzlei in Straßburg. Eine bereits im 16. Jahrhundert verbreitete Legende gibt die männliche Büste als den Straßburger Stadtvogt Jakob VON LICHTENBERG aus, ihr weibliches Gegenstück benennt sie als seine Geliebte, besagte Bärbel.

Diese mit der spätgotischen Ikonographie unvereinbare Deutung – in Wirklichkeit stellten die beiden ursprünglich die eine Marienfigur begleitenden Büsten Prophet und Sibylle dar – kennzeichnet einen wesentlichen künstlerischen Grundzug der Darstellungen GERHAERTS: so weit ist Genauigkeit in den Gesichtszügen getrieben, daß sie die Gleichsetzung der alttestamentarischen Gestalten mit Zeitgenossen geradezu herausforderte. Entsprechend verbinden sich seit dieser Zeit nicht nur in Italien, wo vornehme Bürger als lebensgroß gebildete Figuren in Beweinungsgruppen auftreten, sondern auch nördlich der Alpen biblische oder Heiligengestalten mit Porträts historischer Persönlichkeiten.

Binnen eines halben Jahrtausends hatte sich das Verhältnis zwischen Kultobjekt und Gläubigen grundsätzlich verändert. Zuerst lag die verehrte kultische Substanz unsichtbar verschlossen im kostbar und reich verzierten, aber einfach gestalteten Reliquienbehälter. Nicht der Augenschein, sondern die historische Überlieferung und die rhetorische Darbietung begründeten Bedeutung und Wirkungsweise der Reliquien. Um die Jahrtausendwende aber erhielt die reliquiare Substanz durch figürliche Umkleidung menschliche Gestalt; das vertraute Aussehen des figürlichen Reliquienbehälters formte von nun an die Vorstellung der Wirkungsweise des inneliegenden

Heilspartikels. Das Bild erläuterte die Bedeutung der von ihm umkleideten Reliquie; zugleich rechtfertigte die eingefügte Reliquie die bildliche Darstellung. Durch die Verbindung mit der Reliquie war dem Bildwerk Kultwert zugewachsen, der auch dann erhalten blieb, wenn das Bildwerk auf reale Reliquiensubstanz verzichtete. Insbesondere die Schöne Madonna belegt, wie ästhetische Mittel Reliquiensubstanz ersetzten, ohne daß der Bildwert durch das Fehlen von Reliquien verringert wurde. Diesen höchsten Bildwert vereinnahmten sodann – zumindest tendenziell – die Stifter spätgotischer Altarretabel. Von jetzt an ließen die porträthaft gebildeten Heiligenstatuen das profane Porträt an ihrem kultisch geprägten Bildwert teilhaben. Gaben die Heiligen sich wie Bürger, so durften die Bürger sich den Heiligen nicht mehr allzu fern fühlen; das Bild war zum entscheidenden Medium neuzeitlichen Selbstbewußtseins geworden.

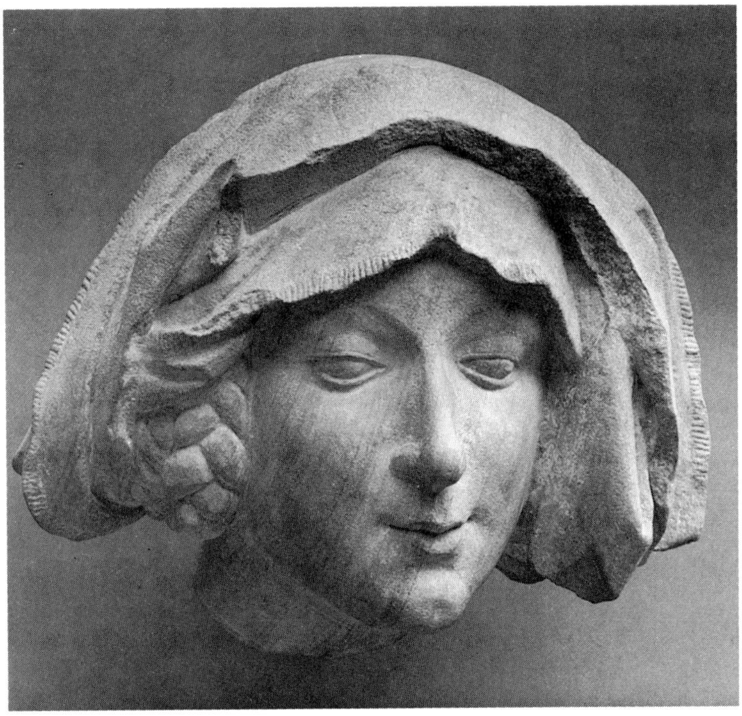

Abb. 16: Weibliche Büste, sog. Bärbel von Ottenheim, gearbeitet von Nicolaus Gerhaert. Fragment. 1463. Liebieghaus, Frankfurt am Main

Die Wiederkehr der urchristlichen Bildkritik

Nachdem wir zuerst das Verhältnis der frühen Christen zu Bildwerken und die den christlichen Bilderkult ständig begleitende Bildkritik sowie den byzantinischen Ikonoklasmus des 8. und 9. Jahrhunderts referierten, geht es im folgenden um Bilderstürme, die von reformatorischen Bewegungen ihren Anfang nahmen und mit einer scharfen Kirchenkritik verbunden waren: der neuzeitliche Ikonoklasmus der Hussiten, der Reformatoren um KARLSTADT und der Hugenotten.

Die katholische Kirche reagierte im Tridentinischen Konzil auf den Vorwurf des Bilderkultes mit einer kirchlichen Kontrolle der Bildproduktion und Bildverehrung. Die Antwort der protestantischen Gegenseite äußerte sich im Aufstand der Geusen in den Niederlanden in einem erneuten heftigen Bildersturm.

Der hussitische Ikonoklasmus

Durch ihre Stellvertreterschaft von Herrschern und Institutionen[26] sowie ihre Verbindung mit den Reliquien hatten die Bilder Macht gewonnen; an diesem Machtgewinn entzündete sich regelmäßig Kritik.

Kein Zufall scheint, daß der erste große Bildersturm seit dem byzantinischen Bilderstreit ausgerechnet dort tobte, wo die Schönen Madonnen als Höhepunkte mittelalterlicher Kultbildpraxis ihre Ausbildung und vermutlich auch stärkste Verbreitung gefunden hatten: in Böhmen. Zur selben Zeit, als der Typus der Schönen Madonna um 1385 vollendet ausgebildet war, legte aus der Verbannung der vormalige Prager Reformprediger MATTHIAS von Janow eine umfassende Bildkritik vor, die alle Verehrungsformen angriff, die sich auch und gerade um die Schönen Madonnen gebildet hatten: Das Volk werde durch die Bilderpraxis neuerlich zum Götzendienst verführt, und alle theologischen Rechtfertigungen des Bilderkultes seien nur gelehrtes Geschwätz, das die Neuauflage des heidnischen Götzendienstes ummäntele; „der Teufel verführt das Volk durch die Bilder".[27] Wiederholt taucht bei ihm wie bei den Aufständischen des 15. Jahrhunderts das Argument auf, die Priester würden die Bilder lediglich benutzen, um die Gläubigen zu Votivgaben vor diesen angeblich wundertätigen Statuen zu ermuntern: „Es ist notwendig, die Götzenbilder zu zerstören, aus denen die Pfarrer Gewinn ziehen!"[28]

Im hussitischen Aufstand zwischen 1419 und 1434, dieser ersten Revolution der Neuzeit, in der mit der Rebellion gegen die päpstliche Fremdbestimmung auch der Wunsch nach sozialer Umwälzung einherging, äußerten sich neben solch weltlichen Gründen der Bildkritik auch Argumente, die eng an die urchristliche Bildfeindlichkeit anknüpften. Auf das Gebot des Alten Testamentes zielten die Regel der urkommunistisch radikalisierten Taboriten und deren ikonoklastische Konsequenz:

„Desgleichen soll niemand eine Abbildung irgendwelcher himmlischer oder irdischer Dinge oder ein Bild machen oder besitzen noch ein solches in Ehren halten; denn das wäre ein Götzendienst [...] Desgleichen soll jede Kirche, Kapelle oder jeder Altar, die zu Ehre Gottes des Herrn und einem Heiligen zu Namen errichtet, als götzendienerisch vernichtet oder verbrannt werden.“[29]

Und ein Prager Parteigänger führte neben dieser urchristlichen Einhaltung des alttestamentlichen Gebotes mit der Spiritualität des christlichen Gottes- und Kirchenbegriffs einen weiteren Grund der ursprünglichen Bildkritik an:

„Die erste einfältige Kirche hielt Gottesdienste ohne Ornate, ohne Altäre und sogar ohne Kirchen, lediglich das Vaterunser beim Gottesdienst sprechend.“[30]

Das Gebet als allein erlaubtes, rein geistiges Gemeinschaftsband – dieser neue Spiritualismus durchzieht die gesamte hussitische Bildkritik.

In den Bildern verkörperte sich für die Hussiten die Gesamtheit des verachteten katholischen Heils- und Vermittlungssystems und der damit verbundenen kirchlichen und sozialen Hierarchien. Wie die Herrschaft Roms über die reformatorisch gesinnten Böhmen von diesen nicht als anonyme Macht, sondern sehr persönlich als Regiment der „babylonischen Hure“ gewertet wurde, so griffen sie die Bilder an, als wären sie lebendige Gegenüber. Nichts könnte den fast magischen Gehalt, den sie im Laufe der Jahrhunderte gewonnen hatten, schlagender illustrieren als die Tatsache, daß an ihnen dieselben Strafen ausgeführt wurden, die eigentlich Menschen zugedacht waren. Die Mehrzahl der Bilder wurde nicht einfach vernichtet, sondern verstümmelt *(mutiliert)*, um in dieser gedemütigten Gestalt die Schmach derer, die sie verkörperten, für immer zu dokumentieren.

So wurden beispielsweise einer vermutlich beim Bildersturm im Prager Veitsdom der Jahre 1420/21 angegriffenen besonders prachtvollen Pietà (um 1390) die Köpfe von Maria und Christus und dessen rechter Arm abgeschlagen *(Abb. 17)*, wie um an den gräßlich freiliegenden Bruchstellen die dumpfe Wirkungslosigkeit ihres materiellen Inneren zu betonen: das vorgeblich göttliche Gnadenbild als pures Menschenwerk, allenfalls sinnlich künstlerisches Gebilde. Über kaum ein Geschehnis waren die Gläubigen vermutlich stärker entgeistert als über solche Mißachtung heiliger Bilder.

Ein Beobachter vermeldete aufgebracht: „Was ist die häßliche Beschädigung oder Verstümmelung der heiligen Bilder anderes als vollkommene Unverschämtheit gegenüber Gott und seinen Heiligen? Was dies angeht, haben wir mit Schmerz und tiefer Trauer gesehen, daß die Bilder, welche jene verstümmelt hatten, alle mit abgehauener Nase, mit abgehauenem Kopf, ausgestochenen Augen oder auf jede Art und Weise im Gesicht verletzt zu sehen waren, als ob jene glaubten, sie träfen lebendige Menschen oder die, deren Bilder es waren.“

Und ein weiterer Berichterstatter führte aus: „Und deswegen brachen nicht nur die Taboriten, sondern mit ihnen viele Prager die Bilder aller Kirchen, wo immer sie diese finden konnten; sie zerbrachen sie nicht nur, sie zerschnitten und verbrannten sie oder rissen die Augen heraus oder schnitten die Nasen ab, und als diese wie verunstaltete Monster in großer Schande dastanden, sprachen sie die Blasphemie aus: ‚Wenn Du Gott bist, oder sein Heiliger, verteidige Dich selbst, und wir würden Dir glauben‘.“[31]

Noch in dieser Verhöhnung verbergen sich wie in einem Übersprungsakt Ehrfurcht und Demut, aber auch Zorn, von denen die so angegriffenen Kultbilder umgeben waren; sowohl die Aktionen der Bilderstürmer als auch die Verteidigungsreden der Bildverehrer offenbaren die Bannkraft der Bilder.

So bedauerlich dieser erste große Ikonoklasmus neuerer Zeit angesichts des Verlustes zahlreicher Kunstwerke rückblickend auch ist, so sehr ist für sein Verständnis zu bedenken, daß gerade die Objekte, die uns das Beispiel einer sensiblen, feinsinnigen Humanität abgeben, in den Augen der Hussiten die Zeugnisse und Bestandteile teuflischer Macht waren, die das Ideal der Urkirche verkehrt hätte in ein neues, mit ungeheuerlichem Bilderkult sich versehendes Heidentum. Und gerade der umfassende Ansatz und die Radikalität des hussitischen Ikonoklasmus ließen ihn zum Vorbild für alle gegen Rom gerichteten Bewegungen späterer Jahrhunderte werden; vor allem der nichtlutherische Protestantismus des 16. Jahrhunderts nahm das gesamte Arsenal seiner bildfeindlichen Argumente auf.

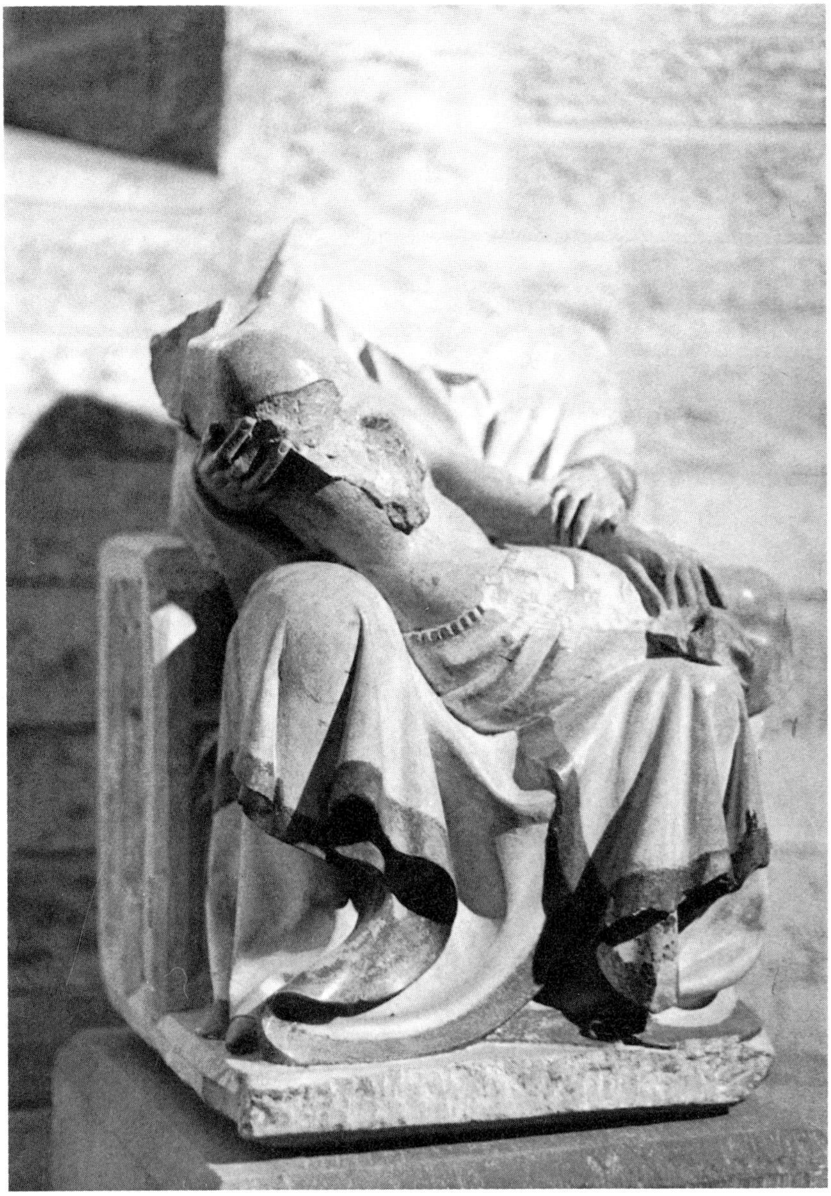

Abb. 17: Pietà (Vesperbild). Um 1390, 1420 mutiliert. Prag, Veitsdom

Die Regensburger Wallfahrt und der Wittenberger Bildersturm

LUTHER bahnte mit seiner Betonung der Heiligen Schrift als alleiniger Glaubensbasis den Weg zur rein geistigen Gläubigkeit, der alle äußeren Mittel, darunter auch und vor allem die Bilder, überflüssig, ja gefährlich erscheinen mußten. Als er den Winter 1521/22 auf der Wartburg in Schutzhaft zubrachte, nahmen sich seine Wittenberger Gefährten mit der Umgestaltung des Gottesdienstes und der Sozialordnung daher auch der Bilderfrage an.

In der „Wittenberger Ordnung" vom 24.1.1522 forderte Andreas Bodenstein, gen. KARLSTADT, die Entfernung aller Bilder:

„Auch die Bilder und Altäre in den Kirchen sollen abgetan werden, damit die Abgötterei vermieden wird, denn drei Altäre ohne Bilder sind genug."[32]

Zur selben Zeit bestimmte er in seiner theoretischen Streitschrift gegen den Bildgebrauch entschieden:

„I Daß wir Bilder in Kirchen und Gotteshäusern haben / ist unrecht / und gegen das erste Gebot. Du sollst nicht fremde Götter haben.

II Daß geschnitzte und gemalte Ölgötzen auf den Altären stehen / ist noch schädlicher und teuflischer.

III Darum ist es gut / notwendig / löblich / und göttlich / daß wir sie abtun…"[33]

Im Zusammenhang von Kult und Bild ist besonders bedeutsam, daß KARLSTADTS Bildkritik den geschichtlichen Prozeß nachzuzeichnen scheint, den die christliche Kunst genommen hatte: sind schon die christlichen Bilder an sich verwerflich, so geißelte er als den Gipfel der Schändlichkeit, Skulpturen und Gemälde auf dem Altar aufzustellen – ein vernichtendes Urteil gegen das Flügelretabel.

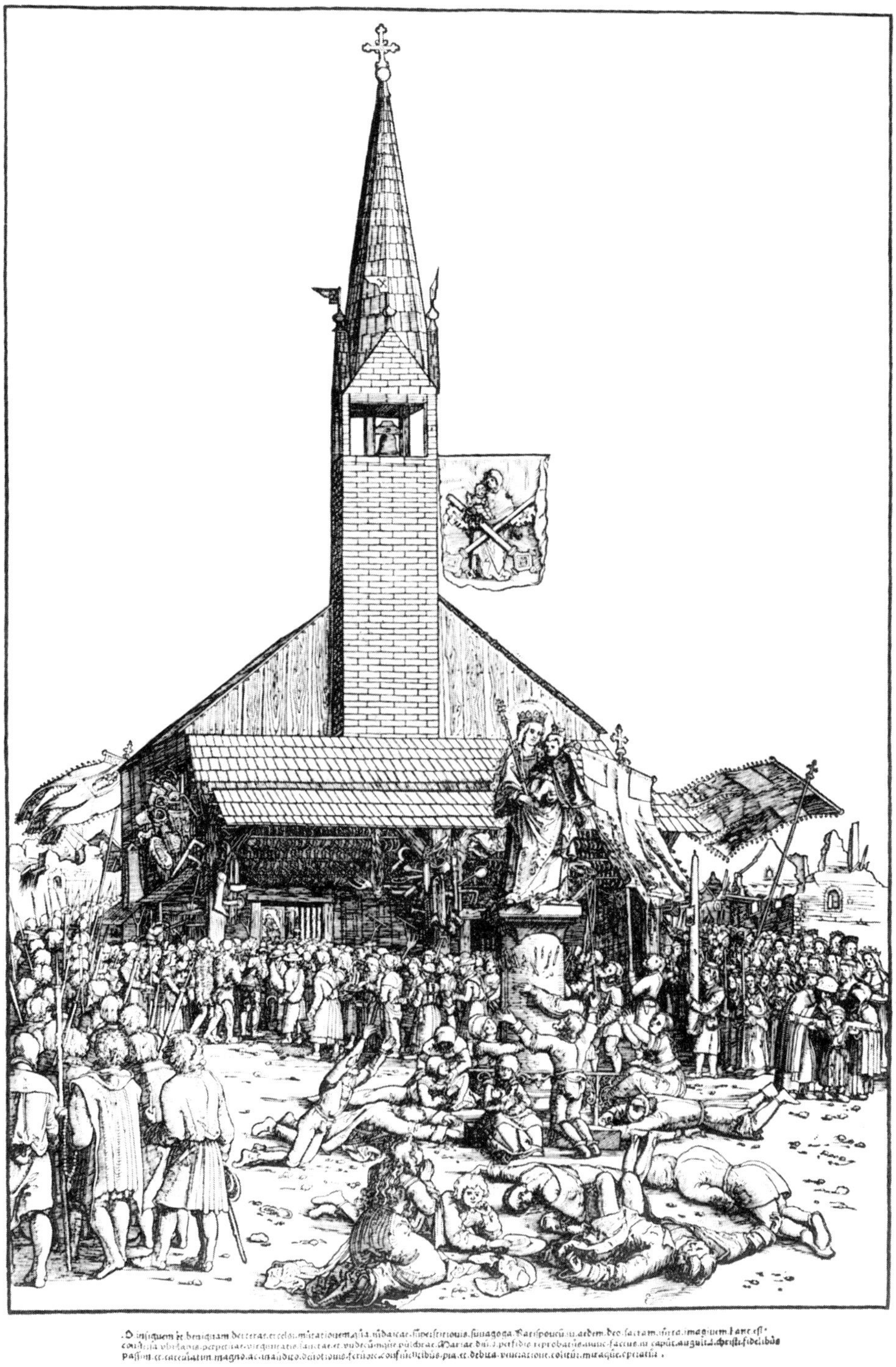

Abb. 18: Michael Ostendorfer: Die Wallfahrt zur Schönen Maria zu Regensburg. 1520

KARLSTADTS Ikonoklasmus stützte sich nicht nur auf Äußerungen des Alten und Neuen Testamentes zum Bildgebrauch. Eine Reihe von Indizien spricht dafür, daß sein Urteil: „Bildnisse sind greulich. Daraus folgt / daß wir auch greulich werden / wenn wir sie lieben"[34] vor allem durch die berühmt-berüchtigte Wallfahrt zur „Schönen Maria von Regensburg" inspiriert war. Die wirtschaftliche Notlage der Stadt auf die jüdische Minderheit projizierend, war es im Jahre 1519 in Regensburg mit Duldung des Rates zur Vertreibung der Juden,

Brandschatzung ihrer Häuser und zur Zerstörung ihrer Synagoge gekommen. Auf Michael Ostendorfers Holzschnitt von 1520, der das Ereignis und dessen Folgen festhält, sind die Trümmer der Häuser im Hintergrund rechts ebenso festgehalten wie die schnelle Umwandlung der Reste der Synagoge in eine provisorische Kirche *(Abb. 18)*. Um dem Judenpogrom den Schein von Gottgefälligkeit zu geben, hatte man die Errettung eines beim Abbruch der Synagoge verunglückten Handwerkers in einen wohlmeinenden Wink Gottes umgemünzt, auf den Trümmern eine Holzkapelle zu errichten, die das byzantinische, angeblich wundertätige Gnadenbild der „Schönen Maria von Regensburg" aufnahm. Der Erfolg der sofort einsetzenden Wallfahrt war so durchschlagend, daß schon in kurzer Zeit Lager angelegt werden mußten, um die Votivgaben der Pilger aufzunehmen, bis diese nach einem gewissen zeitlichen Abstand verkauft werden konnten.[35]

Die Pilger im Mittelgrund von Ostendorfers Holzschnitt bringen mit Kerzen, wächsernen Körperteilen, Feld- und Hausgerät die Gegenstände, die Karlstadt in seiner Kritik der Bilderverehrer nennt: solche Votive seien sinnlos, denn niemand könne doch bei vollem Verstand glauben, daß diese dem Gnadenbild dargebotenen Gaben „gesunde Beine / Arme / Augen / Köpfe usw. gemacht / oder Dir Äcker / Wiesen / Häuser / Ehre / Gut und Hab beschert hätten".[36] Wie Karlstadt, so legt Ostendorfer das Gewicht seiner Darstellung nicht so sehr auf das Gnadenbild, das auf seinem Holzschnitt im Blickpunkt des Kircheninneren erscheint, sondern auf die inszenierte Wallfahrt und die ekstatische, an Wahnsinn grenzende Verehrung, die sich selbst noch um die vollplastische Nachbildung des Gnadenbildes vor der Kapelle durch Erhard Heydenreich abspielte: vor Verzückung sich windende und niederstürzende, von der Magie der Bildsäule besessene Pilger. Wie vormals die Heilkraft der Reliquie auf das Bild übergegangen war, so vermochte sie nun auch von Bild zu Bild überzuspringen und Heilserwartungen zu befriedigen, die sich aus sozialer Not und psychisch-religiöser Verwirrung speisten.

Angesichts des ausufernden Bilderkultes, wie er sich im Extrem in der Regensburger Wallfahrt offenbarte, war das Entsetzen Karlstadts um so größer, als nach teils tumultuarisch verlaufenen Bilderstürmen in Wittenberg Ende Januar/Anfang Februar des Jahres 1522 Luther überstürzt zurückkehrte und zur Überraschung aller den Bildersturm scharf verdammte.[37] Luthers wütende Reaktion entsprang nicht daraus, daß ihm die Bilder heilig gewesen wären – gegen ihre geordnete Entfernung aus den Kirchen wandte er sich nicht –, sondern daß er die bildfeindliche Position hier von aufrührerischen Kräften in Anspruch genommen sah, die seinen Vorstellungen vom ordnungsstaatlichen Protestantismus gänzlich entgegenstanden.

Die Bilderstürme der Hugenotten

Bezüglich der Bilderfrage setzte sich, soweit überhaupt quantitativ zu ermessen, im Verlauf des 16. Jahrhunderts jedoch nicht Luther, sondern Karlstadt durch. Seine bereits zitierte Schrift *„Von Abtuhung der Bilder"* wurde zur Bibel der Bildfeindlichkeit, von Zwingli in Zürich über Capito und Butzer sowie die Wiedertäufer in Straßburg bis zu Calvin in Genf und dessen Anhängern in Westeuropa.[38]

Hartnäckigster Betreiber der Bilderstürme in der zweiten Hälfte des 16. Jahrhunderts, denen eine unübersehbare Zahl kirchlicher Kunstwerke vornehmlich in der Schweiz, Frankreich, den Niederlanden, England und vor allem Schottland zum Opfer fielen, war zweifellos der Franzose Johann Calvin. Ohne daß er jemals offen zum Bildersturm aufgerufen hätte, erregte seine bildfeindliche Theologie – nach der Ausmerzung aller kirchlichen Kunst in Genf, das seine Kirchenordnung nach schweren inneren Auseinandersetzungen verwirklicht hatte – zunächst in seinem Heimatland Aufsehen.

Während der ersten Aufstände nach den Massenverbrennungen von Calvinisten Ende der fünfziger Jahre waren die französischen Hugenotten – wie sie vermutlich in Anlehnung an die kampfkräftigen Schweizer „Eidguenoti" genannt wurden – auch ikonoklastisch tätig geworden. Schon im Jahre 1560 hatten sie die Kathedrale, den Bischofspalast und die Kapitelhäuser in Nîmes geplündert. In Reaktion auf die Verbrennung ihrer Glaubensbrüder steckten sie vor der Kirchenfassade Bilder, liturgische Gewänder, Reliquien und Archivalien in Brand und vernichteten mit den bildhaften Ausweisen einer verhaßten Obrigkeitskirche die Merkmale ihrer repräsentativen Öffentlichkeit und die juristischen Belege ihrer klerikalen Besitzansprüche.[39] Möglich ist, daß die Erinnerung an die bildfeindlichen Katharer des Hochmittelalters in dieser Region nachwirkte; in Montpellier fand schon im September und Oktober 1561 ein „Krieg gegen die Monumente" statt; in Saint-Pierre beispielsweise wurden „Kapellen, Altäre, Retabel, Bilder und alte Statuen in Stücke zerschlagen".[40] „Wo der Hugenotte Herr ist", hieß es im selben Jahr, „ruiniert er alle Bilder, zerschlägt die Skulpturen",[41] und insgesamt, so ist zu vermuten, fielen diesen Aktionen weitaus mehr Kunstwerke zum Opfer als während der Französischen Revolution.

Wie in den Hussitenkriegen wirkte bei Bilderstürmern wie Bildverteidigern auch jetzt noch der magische Begriff von der Belebtheit oder zumindest Stellvertreterschaft der Bildwerke nach. Wechselseitig sah man in den Skulpturen das Leid der jeweiligen Glaubensbrüder besonders aussagekräftig dargestellt; war der Ikonoklasmus der Hugenotten ein Teil der Rache für ihre eigene Verfolgung, so nahmen Katholiken die Angriffe auf Bilder mit geradezu körperlichem Schmerz auf. So berichtet ein Lehrer der Sorbonne voller Grauen, die Aufständischen hätten „kein Bild" zurückgelassen, „ohne ihm den Kopf abgeschlagen zu haben wie einem lebenden Heiligen".[42] Offenbar gab es neben bilderstürmerischen Spontanformen einen ikonoklastischen Schlagkodex: eine gezielte Ikonographie der Zerstörung. Dagegen scheint es eine überlegte „Destruktionsästhetik", wie sie bei den Wiedertäufern in Münster zu beobachten ist,[43] bei den Hugenotten zunächst allerdings nicht gegeben zu haben. Daß der Kampf gegen die Bilder in jedem Fall aber vorgetragen wurde wie ein Kriegszug, zeigt der Umstand, daß beispielsweise in Bourges und Lyon Skulpturen, die hoch in den Kirchen angebracht waren, mit Armbrüsten abgeschossen wurden.[44] Und die Vierungspfeiler von Sainte-Croix in Orléans wurden in die Luft gesprengt, so daß nichts blieb als ein „Berg von Trümmern".[45]

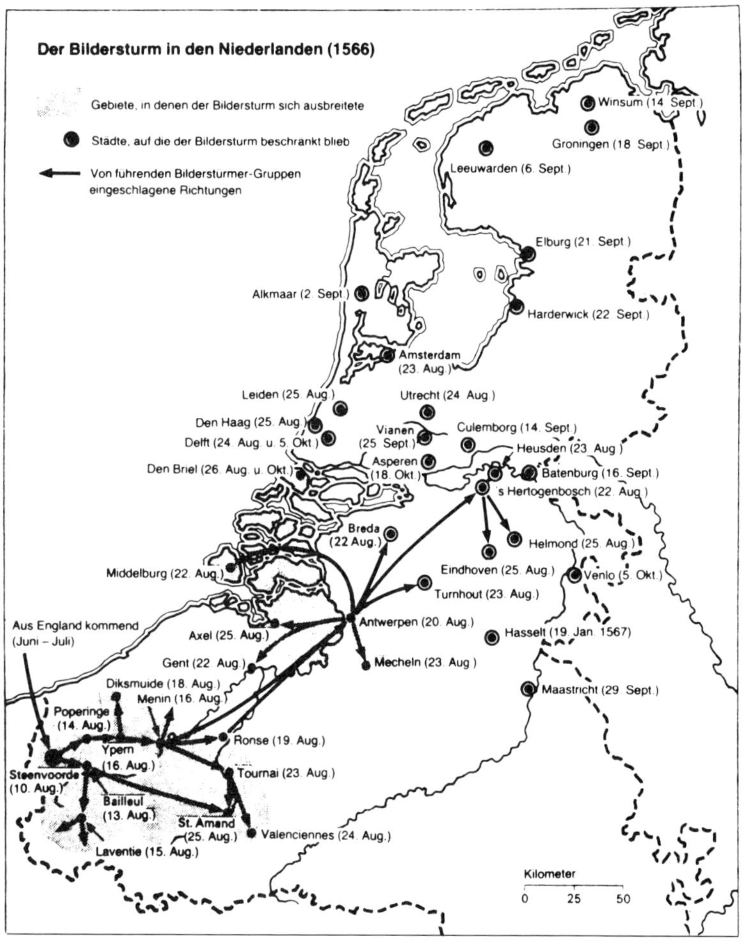

Abb. 19: Marschlinien der niederländischen Bilderstürmer. 1566

So bestürzend sich diese Zerstörungsformen ausnehmen – die Ikonoklasten als „Vandalen", einen ihrer Anführer als „hugenottischen Attila" zu bezeichnen, wie dies RÉAU in seiner *„Histoire du Vandalisme"* getan hat, mißachtet schon die soziale Zusammensetzung der Hugenotten: oberes Bürgertum, Gelehrte, Adel bis in die Spitze des Hofes. Zudem trieb die Calvinisten nicht blinde Zerstörungswut, sondern strenger Biblizismus. Kein Zweifel konnte für die Calvinisten daran bestehen, daß Christentum wie Judentum ursprünglich bildfeindliche Religionen gewesen waren. Nachdem die Kirche das Bild in ihren Propagandaapparat genommen hatte, beinhaltete folglich Bildkritik in aller Regel auch Kirchenkritik. Durch die Bilder, so verschärften die Calvinisten die über Jahrhunderte hinweg immer neu formulierte Anklage, fesselt der Klerus die Gläubigen an die Sinne; Sinne aber bedeuten Verfälschung des geistigen Gehaltes des Christentums, verführen zu Unglauben und Bestechlichkeit. Im Für oder Gegen die Bilder entschied sich für sie daher, wie schon für die Hussiten, die Stellung zum umfassenden Geltungsanspruch des Katholizismus.

Tridentinum und der niederländische Bildersturm

Diese Vorgänge machten eine Reaktion von katholischer Seite unumgänglich. Im November des Bürgerkriegsjahres 1562 forderte die französische Delegation auf dem Konzil von Trient die Behandlung der Bilderfrage:

„Da in unseren Tagen Bilderstürmer aufgestanden sind, die die Bilder zerstören zu müssen glauben, und daraus an vielen Orten schwere Unruhen entstanden sind, möge das Hl. Konzil Vorsorge treffen, daß das Volk darüber unterrichtet wird, was von der Verehrung der Bilder zu halten ist, und sich angelegen sein lassen, die bei ihrer Verehrung entstandenen abergläubischen Gebräuche und Mißstände abzustellen."[46]

Tatsächlich wurde im folgenden Jahr ein Bilddekret verabschiedet, das die höchste Einigkeit aller bis dahin erörterten Beschlüsse erzielte. Es stellt mit Nachdruck fest, daß Bilder Christi und der Heiligen erlaubt seien und daß sie auch durch Ehrbezeugungen wie Küssen, Hutabnehmen und Kniebeugen verehrt werden dürften; denn nicht ihnen selbst gelte diese Devotion, sondern dem Abgebildeten hinter den Bildern. „Großer Nutzen“ sei aus Bildern zu ziehen, wenn dem Volk beständig versichert würde, daß Bilder zu nichts als der Erinnerung und der Aufmunterung zu guten Taten dienen könnten. Falls Formen des Götzendienstes, der Anbetung der Bilder selbst, zu beobachten seien, sollten diese ebenso abgestellt werden wie alle Vermarktung von Gnadenbildern und deren Kult. Die Bilder selbst sollten sich streng an den religiösen Stoff halten und vor allem keine erotischen Motive zeigen. Fragwürdige Darstellungen müßten vom jeweils zuständigen Bischof begutachtet und genehmigt werden; bei komplizierten Streitfällen seien ein Erzbischof und das Kollegium der Mitbischöfe zu Rate zu ziehen. Aus der Kirchengemeinschaft solle ausgeschlossen werden, wer etwas Widersprechendes lehre oder glaube.[47]

Kaum werden sich die Konzilsmänner Illusionen darüber gemacht haben, daß diese Unterscheidung von erlaubter Bilderverehrung und verbotener Bildanbetung etwa noch Eindruck auf die bildfeindlichen Ikonoklasten gemacht hätte; eher ging es darum, die eigene Position von Extremen zu säubern und damit nach innen zu festigen. Die protestantische Antwort auf die Tridentiner Beschlüsse ließ denn auch nicht lange auf sich warten. Sie äußerte sich im niederländischen Aufstand der Geusen („Bettler“) gegen die spanisch-römische Herrschaft im August/Oktober 1566, der sich auch in einem heftigen Bildersturm entlud *(Abb. 19)*. Nachdem ab Juni Gruppen niederländischer Emigranten von England aus, wo sie den dortigen Bilderstürmen seit HEINRICH VIII. beigewohnt hatten,[48] eingesickert waren, begannen die bilderstürmerischen Aufstände, jeweils vorbereitet durch protestantische Prediger, am 10. August. Feldzugsartig nehmen sich ihre Marschlinien aus; in Trupps zu vierzig bis fünfzig Mann zogen sie von Ort zu Ort, in den meisten Fällen von aufständischen Stadträten gerufen, um das

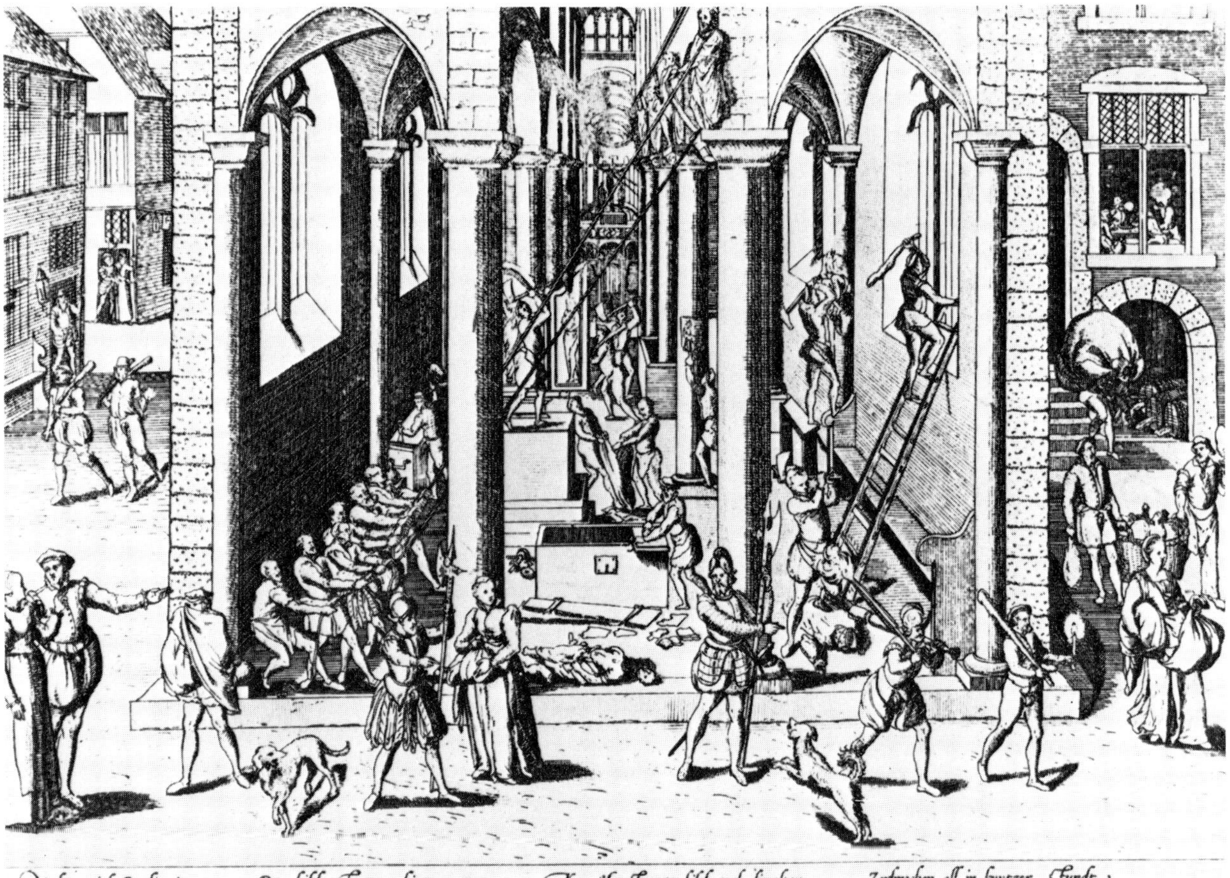

Abb. 20: Frans Hogenberg: Der calvinistische Bildersturm vom 20. August 1566. Aus: Michael Aitsinger, De leone Belgico, Köln 1588

Zerstörungswerk von Fachkräften gegen Bezahlung vornehmen zu lassen – wohl das erste Mal in der Geschichte, daß von „Berufsikonoklasten" zu sprechen ist.[49]

Daneben fanden spontane, lokal organisierte Bilderstürme in einer Vielzahl von Städten vor allem im Norden des Landes statt. Eine zeitgenössische Darstellung ist nicht überliefert; ein Bilddokument gibt erst der Stich Frans HOGENBERGS aus Michael AITSINGERS *„De leone Belgico"* des Jahres 1588 *(Abb. 20).*

Verschlüsselter ist Maarten VAN HEEMSKERCKS *„Zerstörung des Tempels von Bel"* *(Abb. 21)* aus dem Jahre 1569. Es ist unklar geblieben, ob dieser Verweis auf einen alttestamentlichen, göttlich legitimierten Bildersturm als Argument für oder gegen die Ikonoklasten gemeint ist.[50] Möglicherweise war der Zwiespalt beabsichtigt: denn HEEMSKERCK blieb zwar Katholik und konnte daher nicht offen für die Ikonoklasten eintreten, aber er scheint in der Szene des Alten Testamentes einen Vorwand gefunden zu haben, einen legitimen Bildersturm in aller Drastik vorzuführen und damit unterschwellig auch für die Gegenwart befürworten zu können.

Ein allegorisches Loblied auf die Bilderstürmer hat Marcus GHEERAERTS vorgelegt *(Abb. 22):* Verschreckt und aufgeregt wimmeln Massen von Mönchen und Klerikern wie Ameisen auf dem Riesenschädel eines toten Mönches: In seinem Mund wird die Messe gefeiert, in seinen Augen und Ohren finden aufgeregte Versammlungen statt, auf seiner Nase ist die Kreuzigung gebildet. Auf seinem kahlen Schädel steht eine Kirche, darüber als Krönung ein Feldaltar, behangen mit kirchlichen Würdezeichen und gestifteten Kultgegenständen; links daneben sacken Mönche das eingenommene Geld ein. Ganz unten am Hals aber erscheint eine Prozession bekehrter, reuiger Katholiken, die ihre Schreine und Bildwerke wie Waffen einer besiegten Armee in einen Graben werfen,

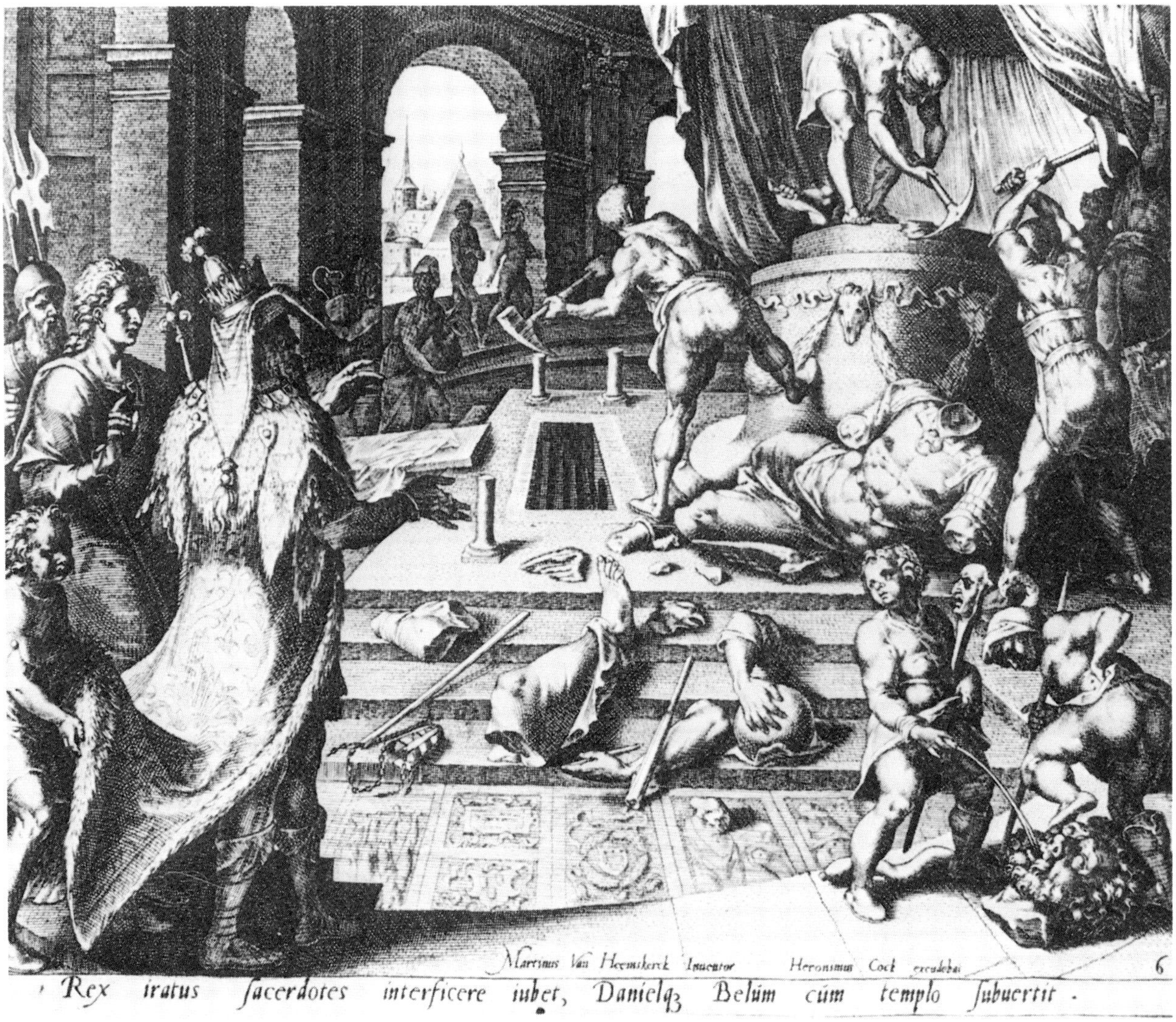

Abb. 21: Maarten van Heemskerck: Zerstörung des Tempels von Bel. 1569

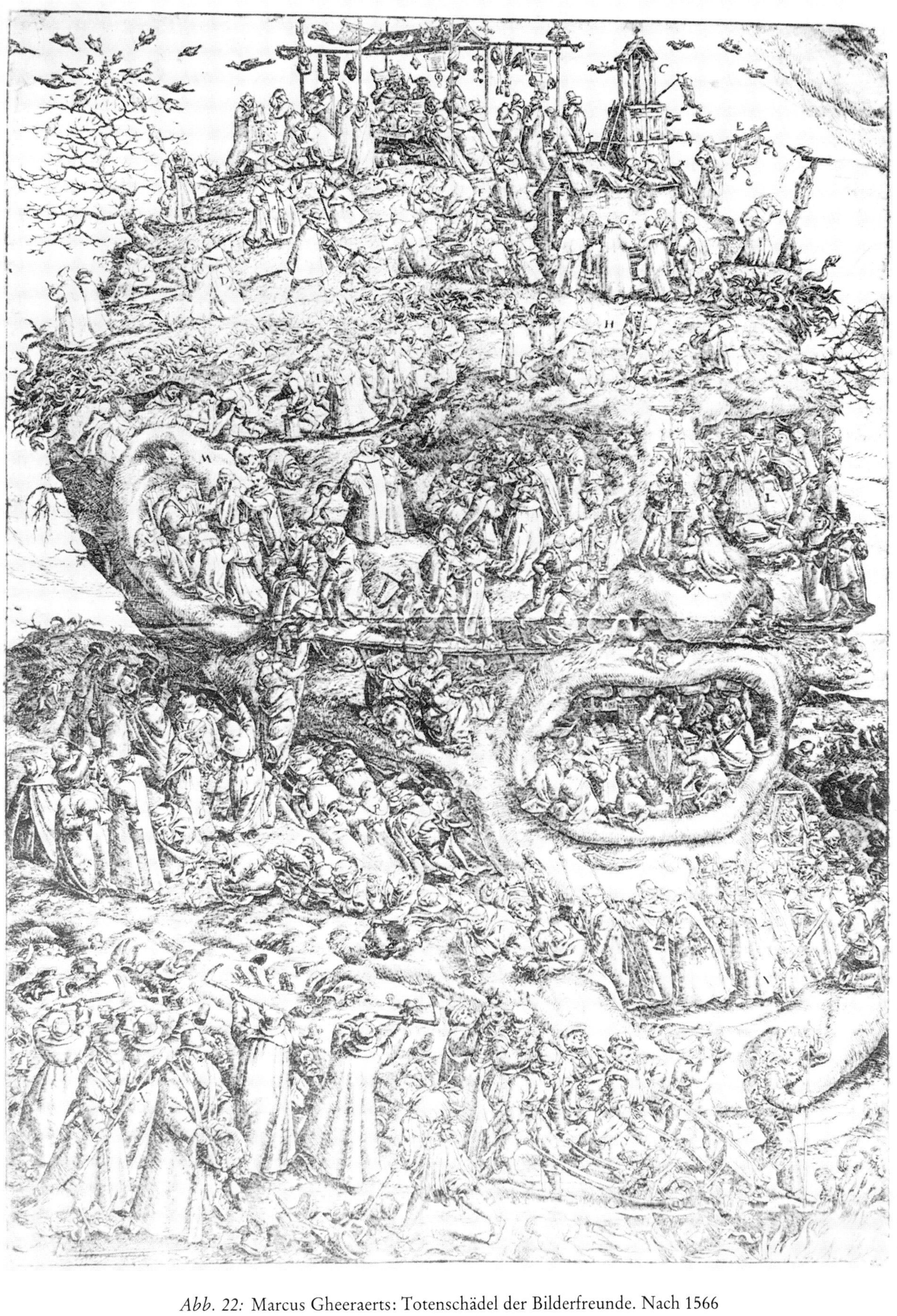

Abb. 22: Marcus Gheeraerts: Totenschädel der Bilderfreunde. Nach 1566

wo sie von den Bürgern im Vordergrund geangelt und geerntet werden, um rechts unten im Feuer der Hölle zu verschwinden.[51]

In der Regel scheinen die Bilderstürme in den Niederlanden allerdings gezielter, weniger spontan abgelaufen zu sein als in Frankreich. Fast scheint es, als hätte die Antwort der Geusen auf das Tridentiner Bilddekret darin bestanden, den Bildersturm auf die theoretische Höhe zu führen, die den theologischen Erörterungen in Trient angemessen war.

Nur ein Beispiel: Das Epitaph des Jacques Isack aus der Kathedrale von Tournai, 1566 verstümmelt, offenbart das unbeschädigte Stifterpaar, während das Gesicht der Muttergottes verwüstet, der Kopf des Christuskindes halb abgeschlagen erscheinen *(Abb. 23):* Attackiert ist Maria als Hauptheilige der katholischen Kirche, vernichtet auch die in den Augen der hugenottischen Geusen verbotene leibliche Fassung des Geistgottes, so daß die weiterhin aufrecht stehenden Seitenfiguren auf alle Ewigkeit dazu verdammt sind, die hier offenbar gewordene Bildtheologie der Hugenotten anzubeten.[52]

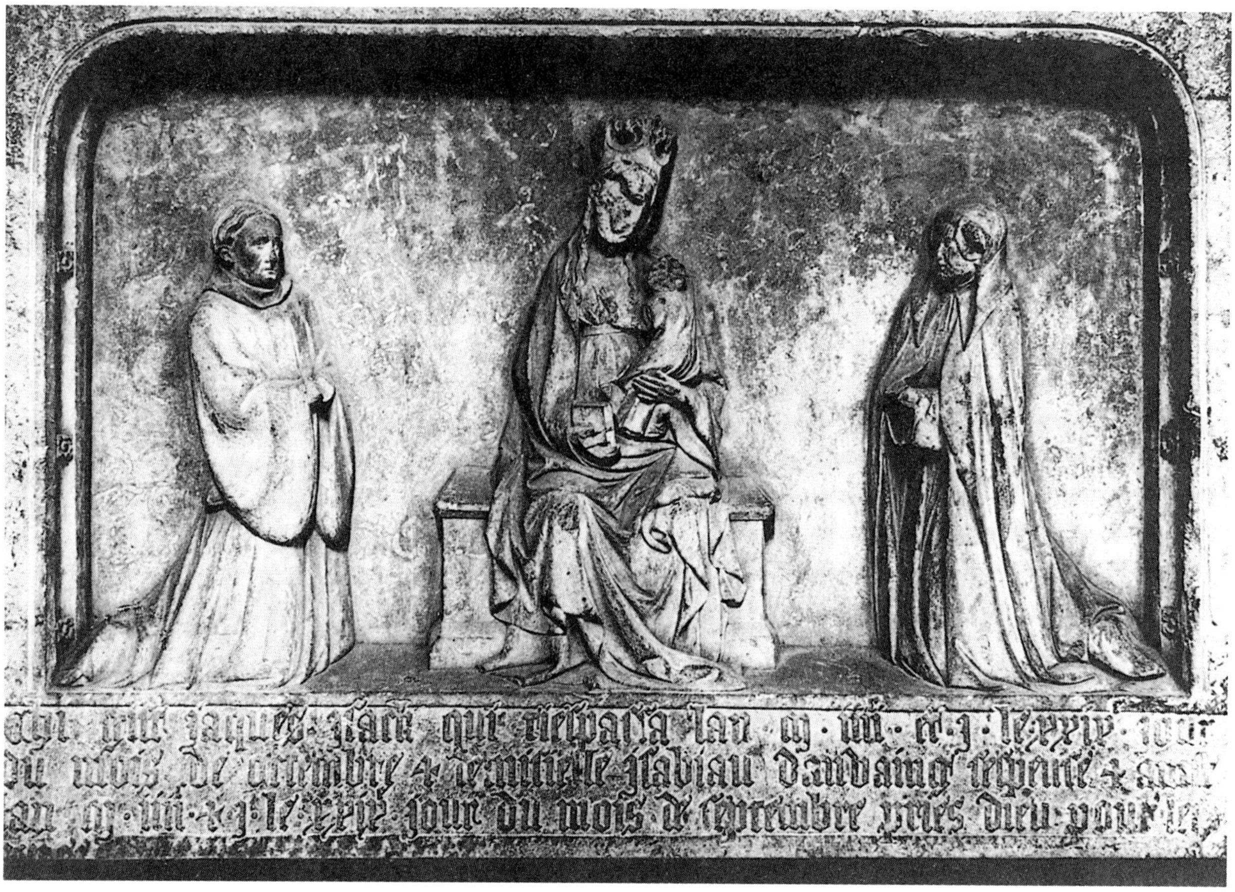

Abb. 23: Tournai, Kathedrale. Epitaph des Jacques Isack. Um 1400, 1566 mutiliert

Das Tridentiner Bilddekret mit seiner Bejahung des Bildgebrauchs und der Bilderverehrung einerseits und die calvinistisch inspirierten Bilderstürme in Frankreich und den Niederlanden andererseits markieren die unversöhnlichen Endpunkte der Diskussion um die Berechtigung christlicher Kunst, wie sie seit dem Urchristentum geführt worden war. Während die katholische Kirche nun vor allem auf die Überzeugungskraft des Bildes setzte – der Stil des Barock ist vornehmlich aus diesem Impuls zu verstehen –, blieb der protestantische Norden zumindest in den calvinistisch geprägten Einflußgebieten von grundsätzlicher Skepsis gegenüber religiöser Kunst bestimmt. Bis zu den vornehmlich politisch und sozial begründeten Bilderstürmen seit der Französischen Revolution, die sich im Gegensatzpaar „Bilderkult–Bildersturm" nicht mehr beschreiben lassen, blieb es bei einer Art Medienkrieg: die asketische Geistreligion der Protestanten gegen die sinnliche Erfassung des Heils durch die Katholiken.

5. Monumentalmalerei in kirchlichen Innenräumen

Jens T. Wollesen

Die Innenausstattung von Kirchen mit monumentalen Malereien, Mosaiken, mit Textilien und Glasfenstern ist an Kultbauten geknüpft, deren Funktionen heute nur noch sehr entfernt mit unserer gesellschaftlichen Wirklichkeit verbunden sind. Die Trennung von Staat und Kirche, die Entwicklung der Kirche zu einer von sozialen und karitativen Aufgaben getragenen Organisation sowie die Privatisierung des Glaubens haben deutlichen Einfluß auch auf die bildhafte Selbstdarstellung der Institution „Kirche" in ihrem Kultbau gehabt. Die kirchlichen Bauten heute – und besonders in der Phase des Wiederaufbaus nach dem Zweiten Weltkrieg im Europa der fünfziger Jahre – treten weniger, wenn überhaupt, durch eine aufwendige malerische Innenausstattung als durch ihre „modernen" architektonischen Strukturen in den Blick der Öffentlichkeit. Eine neue Ästhetik und ein gewandeltes Verhältnis zum gemalten Bild (abstrakte Kunst nach 1945) haben zu einem völligen Verzicht auf Ausmalungen geführt oder ließen nur an wenigen, hervorragenden Stellen malerische Dekorationen oder Glasfenster zu, die zumeist in abstrakter oder expressionistischer Form ins Bild gesetzt wurden. Die Innenausstattung mit szenischen Bildkomplexen und deren Funktion gehören ebenso der Vergangenheit an wie die originale, gesellschaftlich bestimmte Funktion der monumentalen Bildträger, nämlich vor allem der Basiliken und Kathedralen. Mit dem Verlust dieser Bauten als gesellschaftlicher Mitte ist auch das Wissen um die Arten und Funktionen sowohl der Bauten als auch ihrer monumentalen Ausstattungen verblaßt. Der von der individuellen Erlebnisfähigkeit und Bildung abhängende moderne Kunstgenuß beim Betrachten dieser historisch gewordenen Relikte einer religiös-gesellschaftlichen Vergangenheit soll hier durch ein tieferes Verständnis für die Bilder und ihre gesellschaftliche Funktion abgelöst werden.

Der monumentale Bilderschmuck frühchristlicher Kultbauten

Die Sehgewohnheiten des heutigen Betrachters sind durch die modernen Massenmedien, Kunstausstellungen und den Kunsttourismus geprägt. Die modernen Konzepte von Kunst erschweren das Verständnis mittelalterlicher monumentaler Kirchenräume und deren Ausstattungen mit Wandmalereien, Mosaiken, Textilien oder etwa Glasbildern (Glasfenster). Die Ausstattungen westlicher mittelalterlicher Kulträume basieren auf einer Tradition, die bis in das frühe Christentum zurückreicht. Zunächst ein Blick auf die Organisation dieser frühen christlichen Bilderserien, deren Funktionseinbindung es sich zu verdeutlichen gilt.

Die Art dieser monumentalen Bilderzyklen ist im wesentlichen an zwei architektonische Bauformen geknüpft: an den Longitudinalbau und den Zentralbau. Ersterer erstreckt sich in die Länge, auf eine Apsis zu, letzterer zeigt sein Hauptbild im Zenit des mittleren Kuppelgewölbes vor. Beide Bautypen entstanden nicht etwa erst im frühen Christentum, sondern kommen ähnlich bereits früher in der Antike vor. Mit der offiziellen Anerkennung des Christentums unter Kaiser KONSTANTIN im 1. Drittel des 4. Jahrhunderts wurden sie als christliche Versammlungs- und Kultstätten eingesetzt. Der runde oder polygonale (oktogonale) Zentralbau diente zunächst als Martyrergrab *(Martyrium)* oder aber als Taufkirche *(Baptisterium)*; eine gemeinsame Form für verschiedene Funktionen, die aber durch den Gedanken der Auferstehung miteinander verbunden sind. Beide Bautypen, das heißt die longitudinal ausgerichtete christliche Basilika wie auch der Zentralbau, waren sowohl im Westen als auch im Osten – seit der Gründung Ostroms nach 326 durch KONSTANTIN (Konstantinopel) – als Typen des christlichen Kultbaues eingeführt. Da das geistige und örtliche Zentrum der westlichen Christen in Rom lokalisiert war, so sind auch hier in der Regel die Prototypen sowohl der Architektur als auch der Innenraumausstattung mittelalterlicher westlicher Kultbauten zu finden.

Die alte – seit 1505 durch einen Neubau ersetzte – römische Petersbasilika wurde etwa um 320 über einem heidnischen Gräberfeld errichtet. Weitaus wichtiger als diese antike „Grundlage" war aber die Lage des Grabes Petri ebendort. Die Basilika des Judenapostels, des Begründers der jerusalemischen Urgemeinde und Apostelfürsten, war gewichtigstes Vorbild des gesamten westlichen Mittelalters und wurde deshalb auch oft im mittelalterlichen Sinne „kopiert": in der Kopie sollte der Typus erkennbar bleiben.

Das gleiche gilt für die wenig später, etwa 385, erbaute Paulsbasilika vor den Mauern Roms, deren ursprünglicher, aus dem 5. Jahrhundert stammender monumentaler Bildschmuck im Jahre 1823 einem verheerenden Großbrand zum Opfer fiel. Die heute sichtbare Basilika ist eine Rekonstruktion des 19. Jahrhunderts, ein Architektur-Faksimile – das immer noch einen Eindruck von der Größe und Mächtigkeit dieser ersten großen, unter KONSTANTIN entstandenen Basiliken geben kann.

Das gilt ähnlich für die heute zum größten Teil barockisierte Lateransbasilika (San Giovanni in Laterano), die ursprünglich dem Salvator, das heißt Christus als Retter, geweiht war. Eigentlich war sie die prominenteste unter den frühen Kirchen Roms. Der Legende nach wurden die Lateransbasilika, ebenso wie Alt Sankt Peter und Alt Sankt Paul von KONSTANTIN persönlich erbaut.

Bereits aus dem 5. Jahrhundert stammt die wichtigste römische Marienbasilika, Santa Maria Maggiore, deren Bildschmuck im Langhaus und an der ehemaligen Apsisstirnwand der einzig erhaltene frühe Bilderschmuck ist.

Das Innere dieser basilikalen Kultbauten, das heißt die Hochschiffwände des Langhauses, die Stirnwand vor der Apsis, die Apsis selbst und schließlich die innere Eingangswand, war mit bestimmten, in der Regel thematisch an ihren Ort gebundenen monumentalen Bildern versehen.

Die Bilderzyklen an den Hochschiffwänden des Langhauses

Die Hochschiffwanddekoration von Alt Sankt Peter zeigte ursprünglich unmittelbar über den Kolonnaden die „Porträts" von Päpsten in Medaillons *(Abb. 1)*. Dasselbe Bildthema ist für die alte Paulsbasilika sowie für die Salvatorbasilika des Laterans überliefert. Hierbei wurden jene frühchristlichen Päpste, die unmittelbar auf Petrus folgten, in chronologischer Reihung dargestellt; sie wurde aber nicht bis zum jeweils regierenden Papst fortgesetzt. Ein solcher naheliegender Gedanke wurde erst viel später, um 1300, verwirklicht. Aufgabe dieser untersten, hierarchisch niedrigsten und dem Betrachter zunächstliegenden Dekorationszone war die bildliche und deshalb auch dokumentarische Illustration der Nachfolge Petri.

Argument dieser Päpsteserie war also die Legitimation des Petrusamtes durch den jeweiligen Amtsträger. Die Bedeutung dieser Bildargumente zur Legitimation der jeweiligen „successores Petri" muß hoch angesetzt werden; denn bei der spätmittelalterlichen Restaurierung der römischen Apostelbasiliken und des Laterans wurden den bereits existierenden Papstbildserien neue hinzugefügt. Die neuen Papstbilder wurden gewissermaßen nahtlos in den alten Zusammenhang eingegliedert. Die „Aura" der altehrwürdigen frühchristlichen „Porträts" hat dabei zweifellos die Bedeutung der neu eingefügten, gewissermaßen interpolierten Medaillons gestützt. Dieser offensichtliche bildliche Bezug traf sich natürlich mit der Absicht der Päpste, ihr Amt aus der Gründerzeit der römischen Kirche herzuleiten. Bild und Kirchenpolitik sind hier nicht voneinander zu trennen. Keines dieser Bildnisse war ein Porträt nach heutigem Maßstab. Die „Ähnlichkeit" der „Porträtierten" mit ihrem Bild wurde vielmehr, wie auch sonst im Mittelalter üblich, allein durch die dem Bild beigefügten genauen Amtsbezeichnungen abgesichert.

Über dieser kirchenpolitisch bedeutsamen untersten Bildzone folgten Bilder aus allgemein bekanntem biblischen Themenvorrat. In Alt Sankt Peter zeigten die erzählenden *(narrativen)* Bildzyklen Begebenheiten auf der Textgrundlage des Alten und Neuen Testamentes. Sie wurden – theologischem Gedankengut der Zeit folgend – einander antithetisch gegenübergestellt. Je nach der zur Verfügung stehenden Fläche zwischen der Päpstezone (oder, wenn diese bei außerrömischen Kirchen fehlte: zwischen dem Architrav über den Kolonnaden oder den Arkaden) und den Fenstern des Lichtgadens war Platz für eine oder auch zwei Bilderreihen *(Register)*. Zwei Register sind zum Beispiel für die großen Apostelbasiliken Alt Sankt Peter und Sankt Paul vor den Mauern belegt *(Abb. 2)*; kleinere Basiliken mußten sich mit einzonigen Bildprogrammen begnügen.

Die Bezeichnung „Bildprogramm" verweist hier weniger auf die Gesamtheit der malerischen Ausstattung als auf den ihr zugrundeliegenden argumentativen (programmatischen) kirchenpolitischen Charakter, zumindest aus der Sicht der Programmentwerfer. Die Reaktion der des Lesens und Schreibens unkundigen Betrachter auf diese großartigen monumentalen Bilderserien dürfte von ganz anderen Gedanken getragen worden sein. Die Gegenüberstellung der Bilder aus dem Alten und Neuen Testament ergab sich keineswegs in erster Linie nur aus

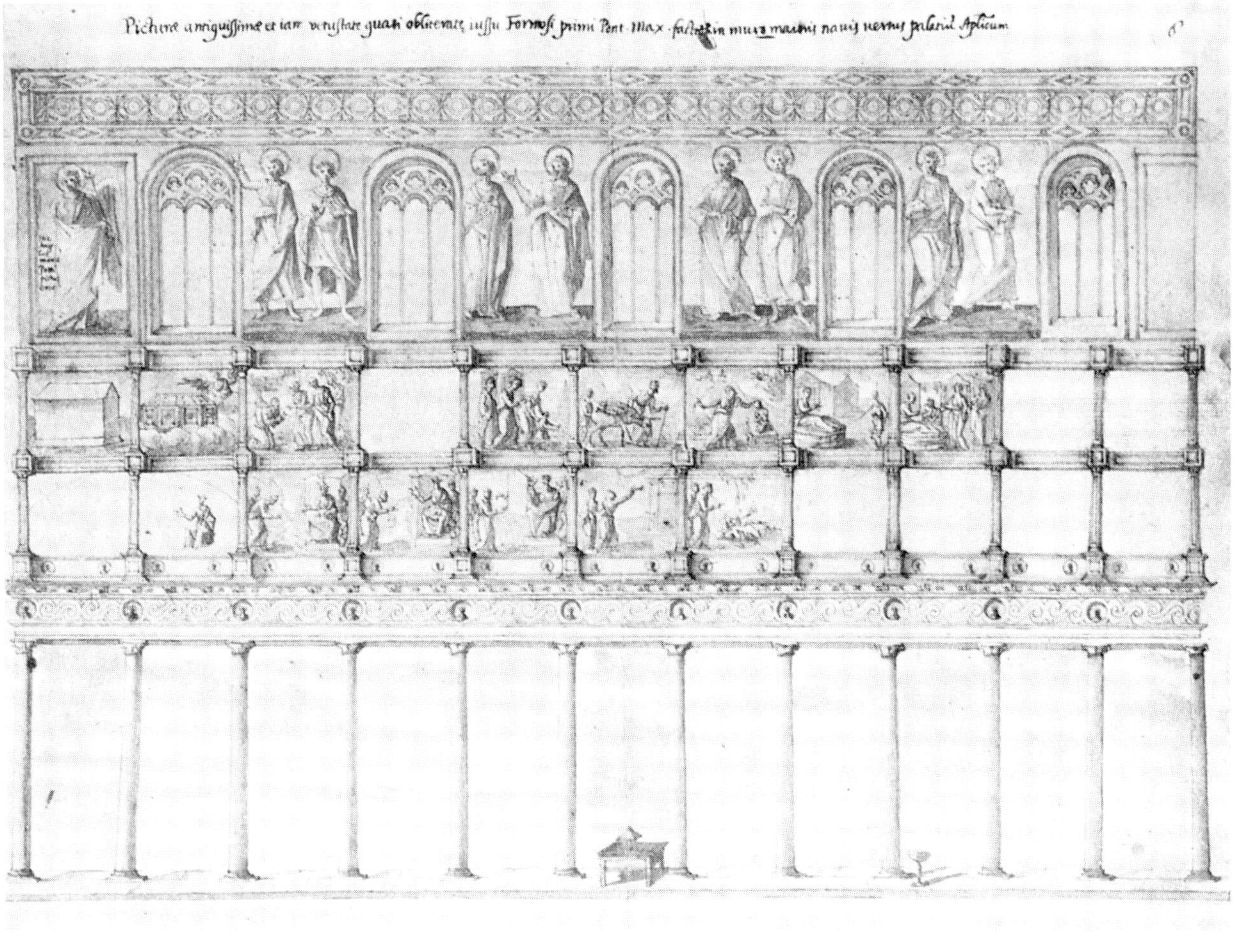

Abb. 1: Rom, Alt Sankt Peter, Langhauswand mit Darstellungen aus dem Alten Testament. 1. Hälfte des 4. Jahrhunderts. Kopie des 17. Jahrhunderts nach einer älteren Vorlage. (G. Grimaldi, aus dem Cod. Bibl. Vat. Barb. lat. 2733)

dem architektonisch notwendigen Gegenüber zweier Hochschiffwände, die übrigens auch im Zusammenhang mit dem gesamten Bau ihre allegorische Interpretation erfuhren. Wie schon angedeutet, beruhte diese Gegenüberstellung vielmehr auf einschlägigen typologischen Vorstellungen, wobei das Neue Testament als Erfüllung des Alten bzw. das Alte als Vorausdeutung *(Präfiguration)* des Neuen Testaments galt.

Diese kausale Abhängigkeit beider Bibelteile voneinander wurde in den monumentalen Bilderzyklen zuweilen bis in deren Detailstruktur fortgesetzt: so konnten im Zuge eines theologischen Arguments bestimmte Personen des Alten Testaments und deren Handlungen als Typus, Vorläufer oder Präfiguration von Personen und deren Taten im Neuen Testament angeführt werden. Die typologisch ausgerichtete Gegenüberstellung etwa von Adam und Christus (als neuem Adam) oder der Szene mit Mose vor dem brennenden Dornbusch (der aber nicht vom Feuer verzehrt wird) und der jungfräulichen Empfängnis Mariens sind geläufige Beispiele für solche Zuordnungen aus der Bildpraxis des Mittelalters. Diese – im Sinne des Einzelbildes unspezifische – Gegenüberstellung von Bildern des Alten und Neuen Testamentes wurde mit dem Begriff „concordia veteris et novi testamenti“, des Einklangs zwischen beiden Testamenten, bezeichnet. Auf die monumentalen Bildprogramme übertragen, dürften diese typologischen Gesichtspunkte eher von allgemeinerer Art gewesen sein, zumal die Einzelbilder in verhältnismäßig großer Höhe angebrachter Bilderzählungen kaum vom Betrachter aufeinander bezogen werden konnten.

Eine andere typologisierende Gegenüberstellung verschiedener Bildwände kam in Sankt Paul vor den Mauern zum Ausdruck. Dort war auf der – vom Eintretenden gesehen – linken Hochschiffwand die Apostelgeschichte unter Einbezug der Propheten aus dem Alten Testament, beginnend bei der Genesis, zu sehen. Gemäß dem Patrozinium, das heißt dem Patron (Paulus), dem die Kirche geweiht war, sowie der Funktion der Basilika, als Grabstätte und Versammlungsort über den Reliquien des Paulus, wurden im Rahmen der Apostelgeschichte besonders die Taten des Heidenapostels Paulus hervorgehoben.

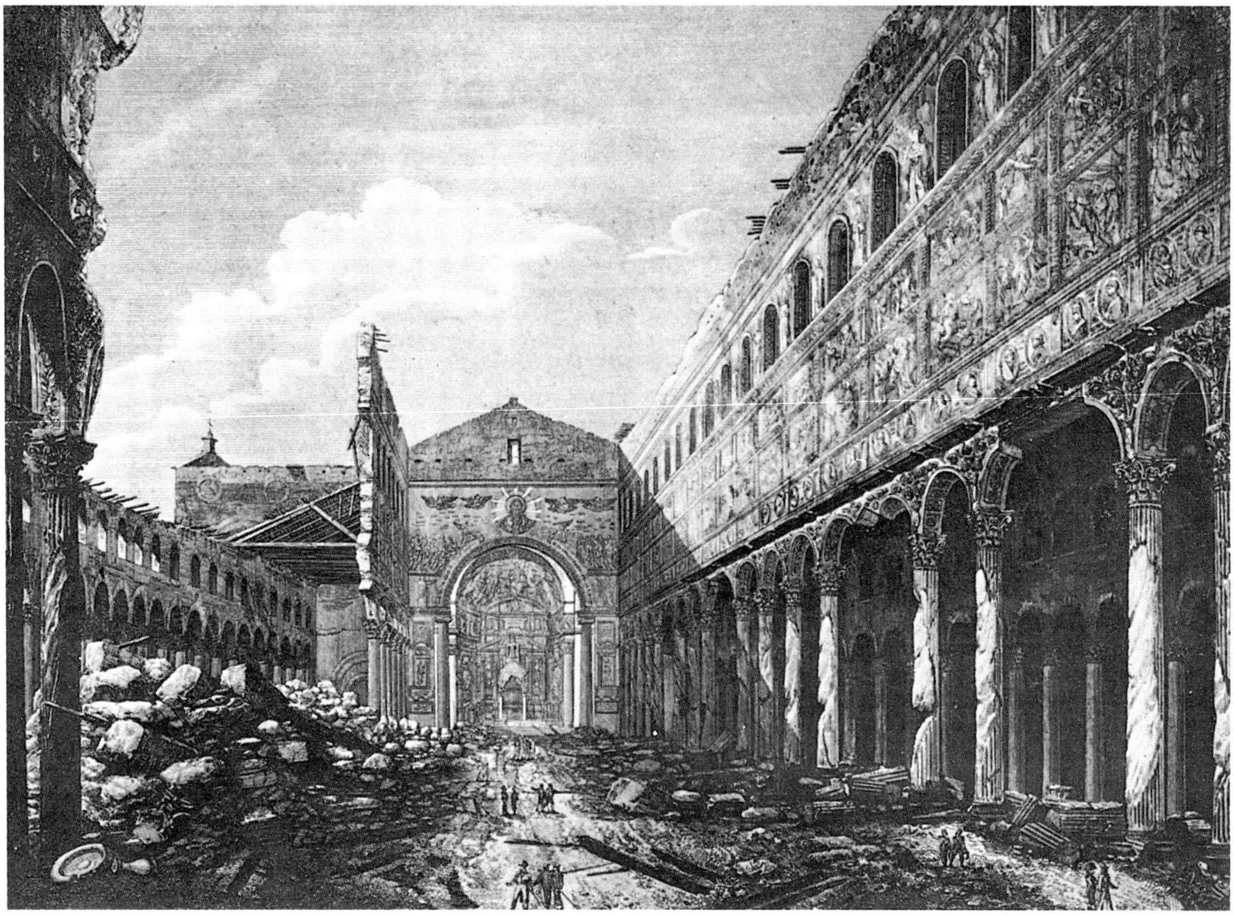

Abb. 2: Rom, Sankt Paul vor den Mauern (letztes Viertel des 4. Jahrhunderts) nach dem Brand von 1823. Die Hochschiffwanddekoration ist noch erhalten (Stich von L. Rossini, 1823)

In Santa Maria Maggiore indessen besetzten alttestamentliche Szenen die beiden Hochschiffwände. Links vom Eintretenden kann man noch heute die Geschichten der Zeit „Ante legem", das heißt vor der Gesetzgebung durch Mose, rechts jene der Periode „Sub lege", also während des Mosaischen Gesetzes, sehen. Die Apsisstirnwand war für die Bildgeschichte der Zeit „Sub gratia", also des Neuen Testamentes, reserviert. Zuletzt noch eine mittelalterliche Variation dieser Zuordnungsmöglichkeiten: die seit 1072 unter dem Abt DESIDERIUS von Montecassino erbaute oder wiederhergestellte Basilika Sant'Angelo in Formis bei Capua. Die Freskenausmalung hat sich hier verhältnismäßig gut erhalten; die Zyklen des Alten Testaments sind in die Seitenschiffe delegiert, dagegen füllt ein umfangreicher Zyklus des Neuen Testaments beide Hochschiffwände des Langhauses in jeweils drei Registern.

Die narrativen Bildfolgen der Hochschiffwände wurden in Höhe der Fensterzone oft durch gemalte Apostel- oder Prophetengestalten komplettiert, die also dort den hierarchisch höchsten Dekorationsteil darstellten. Die Decken der nicht gewölbten mittelalterlichen Basiliken wurden zumeist mit einem hölzernen, kassettierten oder einem sogenannten „offenen Dachstuhl" abgeschlossen. Hier war keine Erweiterung oder Fortsetzung des Bildprogramms möglich.

Die Bildprogramme der Apsis

Die monumentalen Bilderserien begleiteten den Betrachter bis zum Höhepunkt der gesamten Ausstattung und Ausmalung: der Apsis und der ihr voranstehenden Apsisstirnwand als Zentrum des Kultbaues *(Abb. 3)*. Noch davor befand sich – am Schnittpunkt des Querhauses mit dem Langhaus – ein Bogen, der seit dem 9. Jahrhundert auch als „Triumphbogen" bezeichnet wurde. Seine Bemalung stand in direkter Beziehung zu den Bildthemen an der Apsisstirnwand und in der Apsis selbst.

Der basilikale Kultbau ist architektonisch auf die Apsis hin orientiert. Die Apsis ist der Ort der liturgischen Feiern und die Grabstätte der Kirchenpatrone. Die Apsis und ihre sie umgebenden Bauglieder bildeten den thematischen Schwerpunkt des gesamten monumentalen Bildsystems. Hauptgegenstand dieses Kultraums ist der Altar, auf dem die Eucharistie, das von Christus vor seiner Passion eingesetzte Opfer- und Speisesakrament des Abendmahls gefeiert wird.

Die Apsisnische ist in der Regel nach Osten gerichtet. (Eine wichtige Ausnahme bilden die alte Petersbasilika und die von ihr abhängigen Bauten.) Der Osten war jene Himmelsrichtung, die als Ort des Paradieses galt, als Ausgangspunkt des „wahren Lichtes“, von woher die Wiederkunft des Menschensohnes erwartet wurde. Als „Torbogen“, in dem die Erscheinung Gottes sichtbar wird, erlaubte sie einen „Einblick“ in die himmlischen Gefilde.

Wie haben diese Bilder – im Gegensatz zu den narrativen Bildzyklen der Hochschiffwände – ausgesehen?

Die Bilder in und an der Apsis unterscheiden sich erheblich vom Rest der monumentalen Ausstattung. Sie sind visionären Inhalts und erlauben einen ausschnitthaften Blick in die himmlischen Sphären. Sie folgen biblischen

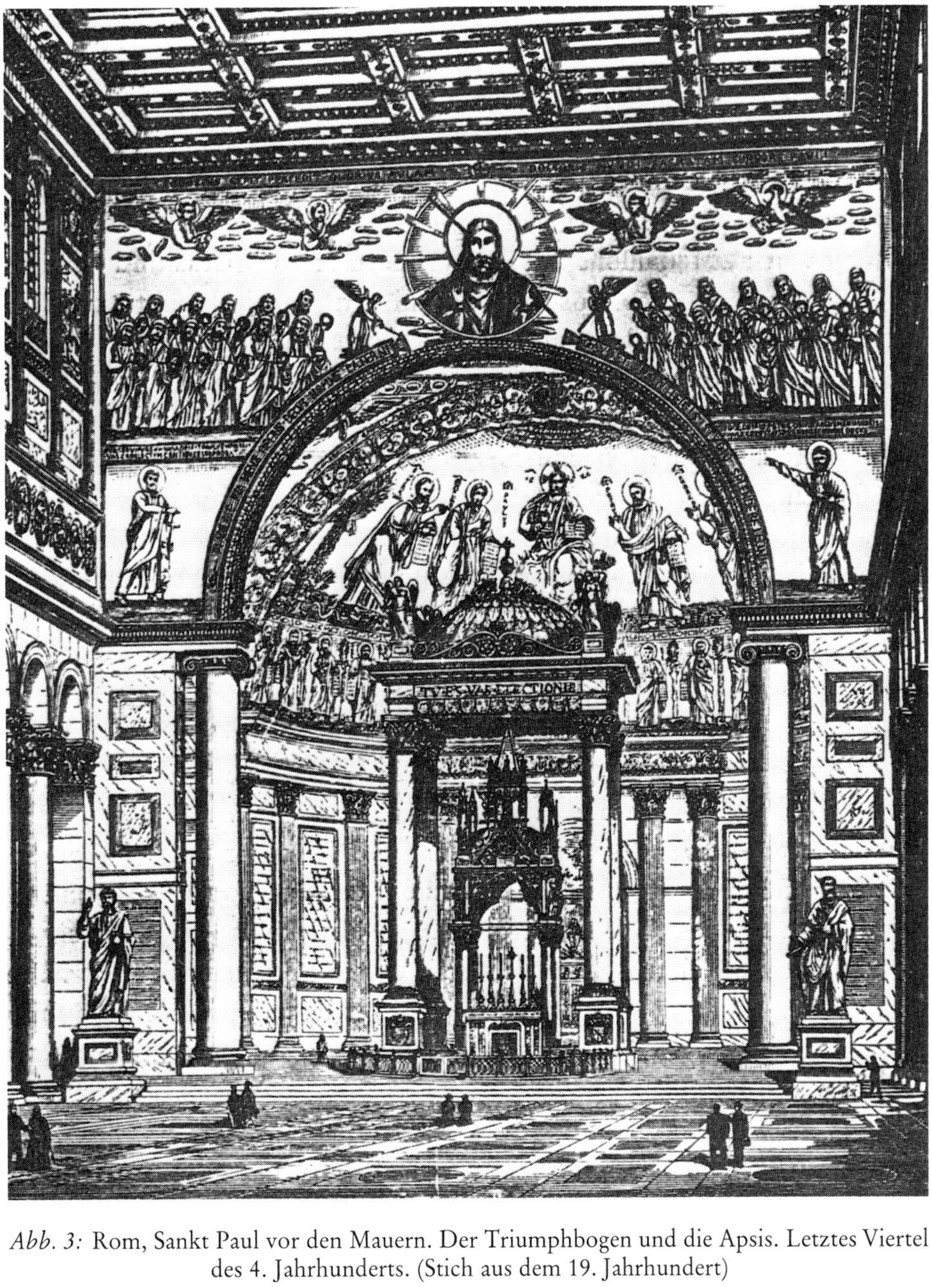

Abb. 3: Rom, Sankt Paul vor den Mauern. Der Triumphbogen und die Apsis. Letztes Viertel des 4. Jahrhunderts. (Stich aus dem 19. Jahrhundert)

Texten, wie zum Beispiel den Prophezeiungen des Hesekiel oder den ekstatischen Visionen vom Weltende in der Offenbarung des Johannes, der „Johannes-Apokalypse".

Sie geben einen ausschnitthaften Blick frei auf himmlische Sphären. Deren Bewohner sind unter anderen die sogenannten Vier Wesen. Das sind die zumeist geflügelten Symboltiere der vier Evangelisten Matthäus, Markus, Lukas und Johannes, nämlich – in der entsprechenden Reihenfolge – Engel (Homo), Löwe, Stier und Adler. Ein ebenso geläufiges Bild zeigt die Vierundzwanzig Ältesten, die Patriarchen und Propheten der Apokalypse. Sie huldigen fortwährend dem Lamm Gottes oder seiner majestätisch thronenden Gestalt, nämlich Christus. Diese Bilder bereiten auf das zentrale Apsisbild vor, dessen Hintergrund zumeist durch eine visionäre Schau des Paradieses gebildet wird.

Natürlich kann an dieser Stelle nicht auf das gesamte Spektrum mittelalterlicher Apsiskompositionen eingegangen werden. Es bleibt aber festzuhalten, daß der Gegenstand der Bilddekoration unmittelbar bei der Apsis (Triumphbogen und Apsisstirnwand) zumeist aus apokalyptischen Huldigungsbildern bestand.

Die Apsis selbst verbildlicht und vergegenwärtigt den Gegenstand dieser Huldigungen und die Hauptperson des jeweiligen Kultgebäudes nicht in einer narrativen, sondern einer eher statischen Präsentationsform. In dem paradiesischen Handlungsort der Bilder in der Apsis werden diejenigen Heiligen dargestellt, denen die Kirche geweiht und für deren Reliquien sie gebaut ist, also zum Beispiel Christus, Maria sowie eine besondere Auswahl aus dem Kreis der Heiligen, Märtyrer und Bekenner. So werden die Märtyrerheiligen durch Engel oder Heilige zu Christus oder Maria geführt, die sich in voller Gestalt – schon von weitem sichtbar – an den Betrachter wenden. Ebenso können Christus und Maria, majestätisch thronend, das Zentrum der Apsiskomposition einnehmen. Eine andere Variante des monumentalen Apsisbildes stellen die stehenden Märtyrerheiligen dar. Sie rufen das aufopfernde Bekennertum dieser Männer und Frauen in das Gedächtnis der Gläubigen und geben zugleich eine konkrete, sichtbare Vorstellung von ihren im Altar aufbewahrten oder bei der Apsis und an besonderen Orten des Kultbaues verehrten Reliquien.

Das Apsisbild und die Dekoration der vorgelagerten Teile gehören inhaltlich zusammen und nehmen auch sichtbaren Bezug aufeinander. Waren zum Beispiel Petrus und Paulus zu den Seiten der Apsisstirnwand dargestellt, so wurde ihnen auch der jeweils anliegende Hochschiffwandzyklus zugeordnet. Im Sinne einer bildlichen „concordia veteris et novi testamenti" stand Petrus, als Judenapostel, auf der Seite mit den Geschichten zum Alten Testament, wohingegen der Heidenapostel Paulus seinen Platz auf der Seite des Bildzyklus zum Neuen Testament fand.

Damit sind diejenigen Teile der monumentalen Ausmalung eines basilikalen Kultbaus beschrieben, die sich dem eintretenden Gläubigen in einer großartigen Zusammenschau sofort präsentierten. Es fehlt aber noch ein Glied im Zusammenhang des gesamten auf den Kult ausgerichteten Bildsystems: die Bilder an der inneren Eingangswand, die sich erst beim Verlassen der Basilika an den Betrachter wendeten.

Die Ausgestaltung der inneren Eingangswand

Dieser letzte Teil des dekorativen monumentalen Bildprogramms einer christlichen Basilika hat im Westen verhältnismäßig spät, erst im 8. Jahrhundert, seinen festen Bildort erobert. Die Darstellung vom Jüngsten Gericht ist dem Gläubigen gegenwärtig, wenn er den Kultraum verläßt. Sie verdeutlicht ihm die Folgen seines guten oder schlechten Tuns *(Abb. 4)*. Die bildliche Darstellung nimmt klaren Bezug auf den Betrachter, indem das Gericht Gottes über die Menschen in der Regel mit dem Bildvokabular einer irdischen Gerichtsverhandlung anschaulich gemacht wird. Dabei thront Christus majestätisch in der oberen Mitte und deutet oft mit einer Handbewegung den wohlwollenden Empfang der Seligen oder die brüske Zurückweisung der Verdammten an, die dann jeweils von Petrus und den Engeln bzw. von Satan und seinen teuflischen Helfern „betreut" werden. Als Beisitzer des Hohen Gerichts sind die zwölf Apostel berufen, über die oft geradezu militärisch gruppierte Engelchöre gesetzt sind; zudem steht die himmlische bzw. paradiesische Ordnung scharf in Gegensatz zum höllischen Chaos. Johannes und Maria, als die Anwälte der Menschheit, erbitten Gnade für problematische Fälle; darunter werden links vom Betrachter das Paradies und die Auferstehenden, rechts die Hölle dargestellt.

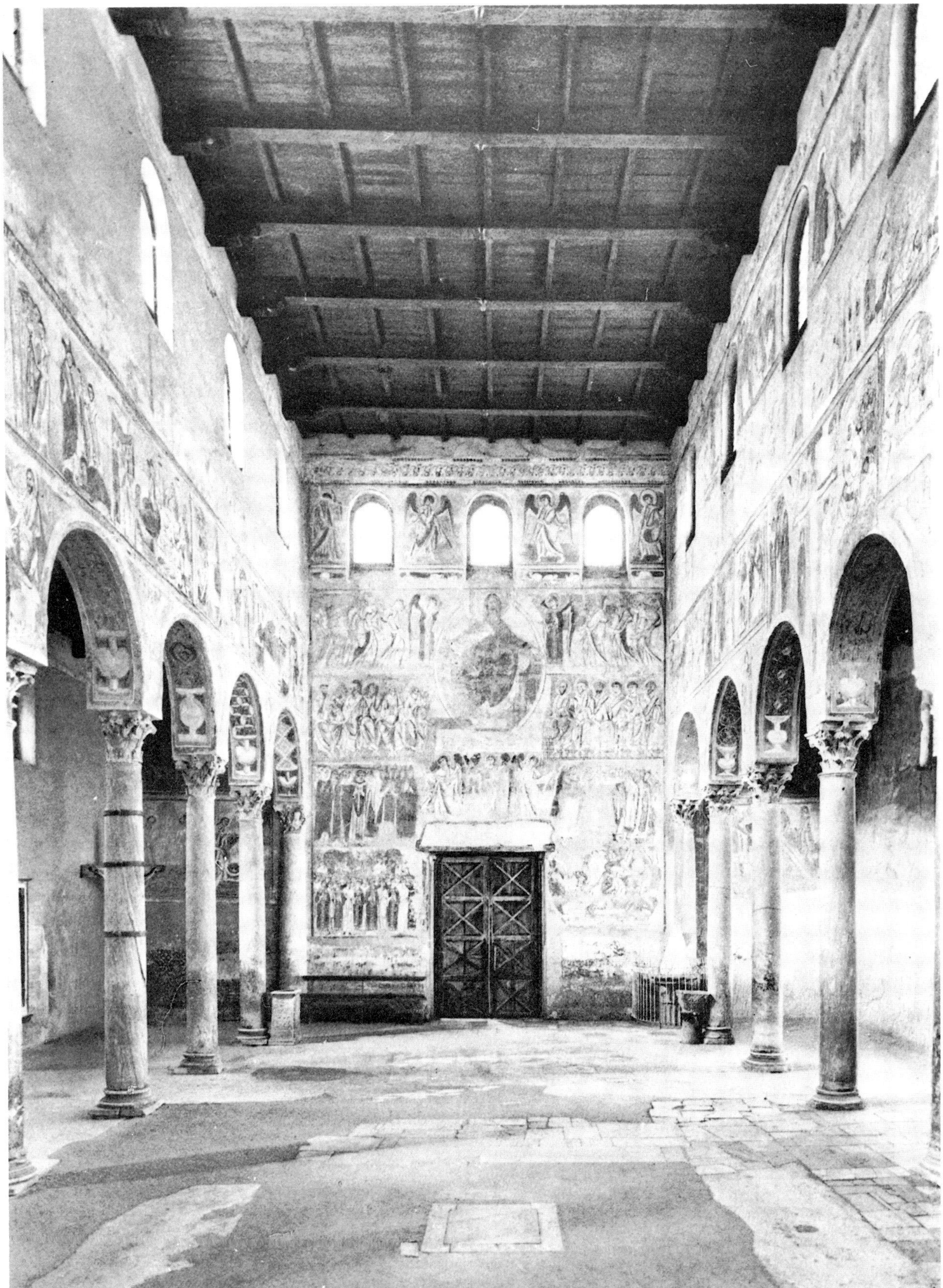

Abb. 4: Sant' Angelo in Formis bei Capua (Campania). Innere Eingangswand (Westwand). Jüngstes Gericht. 1072/1087

Die theologische Konzeption und die Wirkung auf den Betrachter

Schon hier wird ersichtlich, daß sich die Themen der szenischen monumentalen Dekoration basilikaler Bauten im allgemeinen auf theologisches und kanonisches, also auch biblisches Schriftgut berufen. Aber sowohl die Texte als auch die Bilder wurden den architektonischen und den besonderen örtlichen Bedingungen entsprechend systematisch und programmatisch ausgelegt.

Die spezifische Funktion und das Patrozinium des Kultbaues sowie dessen Standort bestimmten dabei das nähere Thema und dessen bildliche Inszenierung. Man darf annehmen, daß die Konzeption solcher Bildsysteme theologisch und kirchenpolitisch erfahrenen Fachleuten übertragen und nicht etwa den ausführenden Malern und Mosaiksetzern überlassen wurde. Der Künstler als geistiger „Berater" seiner eigenen Kunst tritt im Rahmen des Mediums der Monumentalmalerei erst im Spätmittelalter auf die Bühne der Kunstgeschichte.

Die Ortsgebundenheit der jeweiligen Kultbauten erforderte oft eine spezielle bildliche Auslegung offizieller biblischer Textvorlagen. Ebenso waren die Erfordernisse der lokalen liturgischen Feiern von maßgebender Bedeutung bei der Konzeption der Bildsysteme. Das heißt: Die Abfassung und Zuordnung der einzelnen oben vorgestellten Ausmalungsteile folgten nicht nur den offiziellen (biblischen) theologischen Texten. Von überaus großer Bedeutung waren die besonderen Bedürfnisse der jeweiligen Kultstätte und ihrer klerikalen Verwalter. Im Gegensatz zu den biblischen Texten und ihren vielfachen Auslegungen sind die liturgischen Gebräuche und Abläufe in den einzelnen Kulträumen oft nicht überliefert (und schwer rekonstruierbar). Das Wissen um die Funktionen der monumentalen Dekorationen muß dementsprechend dürftig bleiben. Zwar ließe sich die Struktur eines monumentalen Bildprogramms nach den Regeln der Kunstgeschichte beschreiben und aufschlüsseln, sein tatsächlicher Bezug zu den Kulthandlungen der liturgischen Praxis bleibt dagegen zumeist ungeklärt.

Im Vorfeld dieses Problems müßte natürlich zuerst die Frage beantwortet werden, ob die monumentalen Wandmalereien und Mosaiken überhaupt eine aktive Rolle im Verlauf der liturgischen Praxis gespielt haben. Die Antwort kann nur eingeschränkt positiv sein und müßte für jede Ausmalung getrennt untersucht werden. In der Regel ist jedoch keine aktive Einbeziehung anzunehmen. Die Malereien und Mosaiken verwiesen gewissermaßen „passiv" auf bestimmte, durch kultische Handlungen und Funktionen ausgezeichnete Bildorte. Im ausgehenden Mittelalter trug man überdies zunehmend der Gegenwart und der Wirklichkeit des Betrachters Rechnung.

Sicherlich waren den theologisch gebildeten Programmideologen die inhaltlichen Zusammenhänge der Bildzyklen ebenso geläufig wie etwa den dort zelebrierenden Vertretern der klerikalen Oberschicht. Sie konnten also die in den Bildern angelegten, oft recht komplizierten theologischen Argumente „lesen" und verstehen. Wie verhielt es sich aber mit den Laien und der städtischen Gesellschaft, welche diese Kirchen besuchten? Im späteren Mittelalter waren die Kirchenräume nicht mehr den strengen Beschränkungen des Zutritts zu den einzelnen Bereichen unterworfen. Wie haben die Laien diese Zyklen und Apsisbilder gesehen und verstanden? Vermutlich haben die in die Theologie hineinreichenden komplizierten Inhalte der Ausmalungen die Bildung und das theologische Wissen dieser Betrachterschicht überfordert. Die Wirkung der Ausmalung lag für den ungebildeten Betrachter zunächst wohl auf dem dekorativen und kultisch einstimmenden Charakter der monumentalen Dekoration. Darüber hinaus darf man annehmen, daß die Themen der Bilder von einer in die Testamente und das Glaubensmysterium eingeweihten Gemeinde bereits gewußt wurden und damit diesen Betrachtern auch bewußt waren. Diese Glaubenswahrheiten mußten also gar nicht erst durch das Bild eingeführt und vermittelt, sondern nur begleitend illustriert werden. Die Bildzyklen insgesamt beruhten auf Texten, die zugleich Allgemeingut der Betrachter waren.

Die im mittelalterlichen Schrifttum des 13. Jahrhunderts geforderte didaktische Information durch das Bild, insbesondere durch monumentale Wandmalereien und Mosaiken, wurde schon von den frühen Kirchenvätern in den Vordergrund gestellt. Diese Forderung dürfte aber nur eingeschränkt von den Bildern selbst tatsächlich eingelöst worden sein. Die dem Bild anhängige „Theorie" mußte hier leisten, was das Bild selbst noch nicht zu vollbringen vermochte – eine Problematik, die sich über weite Strecken der Bildgeschichte verfolgen ließe.

War auch das monumentale Bild zuweilen in der Lage, die Erwartungen, die an seine didaktische Wirkung gestellt wurden, zu erfüllen, so lag doch der Schwerpunkt der erwähnten Bildsysteme auf ihrer sinnlichen Wirkung, die durch Weihrauch, Kerzen, dämmeriges Halbdunkel der Innenräume, aufwendiges liturgisches Zeremoniell und Meßgesang erhöht wurde. Darüber hinaus schmückten diese monumentalen Bilder einen Kultbau, der als das materielle Abbild einer immateriellen Kirche, als diesseitiges Abbild des Himmlischen Jerusalems, galt.

Die Funktionen der oben skizzierten monumentalen Bildsysteme waren also eher passiver, begleitender und ergänzender Art. Die liturgischen Handlungen im Kultbau nahmen ja nicht auf die monumentalen Bilder Bezug, wohl aber waren die Bilder ganz allgemein auf ihren konkreten Bildort innerhalb des Kirchenraums und deshalb auf das Fundament der kultischen Praxis bezogen. In diesem Zusammenhang müßten auch die im Kultraum gehaltenen Predigten berücksichtigt werden, die wohl – im Gegensatz zum lateinischen Meßtext – in der Sprache des anwesenden Publikums gehalten wurden. Vielleicht haben sich diese konkret mit den monumentalen Bildern auseinandergesetzt. Aber auch hierfür sind keine verläßlichen Nachrichten dokumentiert.

Die Entwicklung des monumentalen Bildes

Verfolgen wir die Entwicklung der Monumentalmalerei im einzelnen, so stellen wir außerhalb und innerhalb Italiens unterschiedliche Linien fest.

Die Dekoration kirchlicher Innenräume außerhalb Italiens

Die Übernahme der insbesondere in Rom vorgebildeten Dekorationssysteme außerhalb Italiens war weitgehend von den ganz andersartigen architektonischen Bedingungen der jeweiligen Kultbauten geprägt. Gerade im Frankreich des 12. und 13. Jahrhunderts hatte sich ein gotisch strukturiertes Bausystem etabliert, das sich einer Anwendung der auf geschlossene Wandflächen eingerichteten monumentalen Bildsysteme Italiens widersetzte. Aber auch schon die gewölbten romanischen Kirchen Frankreichs stellten die Auftraggeber großangelegter Ausmalungen vor große Probleme. Wenn man Wert auf zyklische Wandmalereien legte, so entstand die Frage, wo man sie im Rahmen einer ganz anderen Wandgliederung anbrachte. Wenn auch in den romanischen Basiliken Frankreichs das oben beschriebene basilikale Bildsystem im wesentlichen übernommen wurde, so kam man doch – was die örtliche Zuweisung der einzelnen Teile dieses Ausmalungssystems angeht – zu ganz anderen Lösungen. Die aus Italien „importierten“ Vorbilder mußten also erheblich verändert werden.

Die im 11. Jahrhundert erbaute Kirche der Benediktinerabtei von Saint-Savin-sur-Gartempe (Vienne) zum Beispiel enthält den „sowohl künstlerisch wie ikonographisch bedeutsamsten Bestand romanischer Wandmalereien in Frankreich“.[1] Das Bildprogramm soll hier kurz vorgestellt werden *(Abb. 5)*.

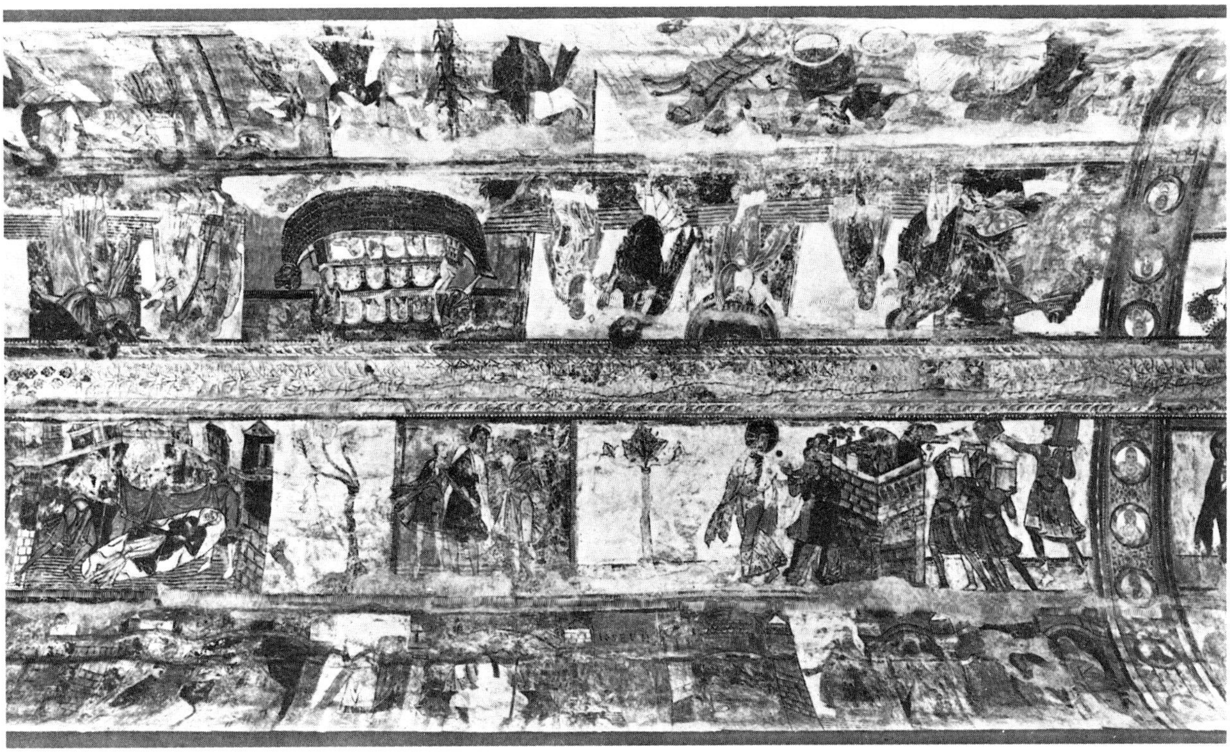

Abb. 5: Saint-Savin-sur-Gartempe, Abteikirche. Gewölbedecke des Mittelschiffes mit Fresken. Ausschnitt. Spätes 11. Jahrhundert

Die Kirche ist eine „Halle auf Rundpfeilern mit Querschiff, im Mittelschiff mit einem Tonnengewölbe, in den Seitenschiffen mit Kreuzgewölben gedeckt; über der im Erdgeschoß des Westturms gelegenen Eingangshalle eine verhältnismäßig enge und hohe (15 m) gegen das Schiff geöffnete Westempore, unter dem Chor eine tonnengewölbte Krypta" (DEMUS, S. 140). Hiermit sind auch schon die Bauträger der wichtigsten Bildprogramme umrissen. Thema der Bilder in der Westempore sind die Passion und die Auferstehung Christi, also Szenen aus dem Neuen Testament. Da die Säulen des Langhauses bis knapp unter das Tonnengewölbe reichen, gibt es auch nur hier Platz für ein zyklisches Bildprogramm: in zwei gegenständigen, im Scheitel der Wölbung aneinanderstoßenden Registern sind ausschließlich Themen des Alten Testaments inszeniert; dadurch wurde ein mehr oder weniger traditionelles Programm eines basilikalen Langhauses auf ein langgestrecktes Tonnengewölbe übertragen. Das Bildprogramm der Krypta bezieht sich auf die Begräbnisstätte der Heiligen und Märtyrer Savinus und Cyprianus ebendort. Das noch fehlende apokalyptische Programm ist in die Eingangshalle der Kirche verlagert worden. Dort werden der thronende Christus in einem ihn ganz umgebenden Heiligenschein als Richter beim Jüngsten Gericht und Szenen aus der Offenbarung des Johannes verbildlicht.

Die neuen Aufgaben der monumentalen Malerei in Italien

Die Entwicklung der monumentalen Wandmalerei nach 1300 in Italien wurde durch den Zugang neuer Auftraggeberschichten zum monumentalen Bild und die Bildpropaganda der Bettelorden, insbesondere der Franziskaner, mit ihren großangelegten Hallenkirchen, bestimmt. Die aufwendigen Mosaiken, eine typische Bildtechnik der frühchristlichen Epoche, wurden zugunsten der Wandmalerei nahezu völlig verdrängt.

Die neuen Aufgaben und Bildlösungen monumentaler Dekorationen waren zunächst durch die Bürger der republikanisch organisierten Stadtstaaten Oberitaliens (Florenz, Siena, Bologna u. a.) geprägt. Mit dem wachsenden Selbstverständnis der Kommunen dieser Städte entstanden etwa seit der Mitte des 13. Jahrhunderts die Kommunalpaläste mit besonders darauf eingerichteten Ausmalungen theologisch-profanen Inhalts.

In Siena beispielsweise schmücken sowohl die herrlich thronende Muttergottes mit den örtlich verehrten Heiligen als auch historische Bilder der wichtigsten militärischen Operationen der Kommune den Saal des hohen Bürgerrates (Palazzo Comunale). Maria, als Patronin der Stadt, präsidiert gewissermaßen – in ihrer ständigen bildlichen Präsenz – dem Rat der Stadt vor einem Bilderhintergrund, der die militärischen und diplomatischen Erfolge der Kommune verherrlicht und dokumentiert. Diesem Bildprogramm vom Beginn des 14. Jahrhunderts schloß sich schon 1348 eine allegorisch-narrative Monumentaldekoration im benachbarten Saal an: In einer großartigen Synopse werden auf drei Wänden der „Sala delle pace" jene bürgerlichen Tugenden und Laster, allegorisch und historisch-gegenwartsbezogen, verbildlicht, die zum Gemeinwohl *(Bonum Communis)* oder zur Gewaltherrschaft *(Tyrannis)* führen (s. S. 394, 396).

Die übrigen monumentalen Dekorationen kommunaler Paläste sind nurmehr dokumentarisch überliefert, äußerst fragmentarisch erhalten oder vielfach im Laufe der wechselvollen politischen Geschichte der Stadtkommunen übermalt worden.

Wir wissen von einer – nicht mehr erhaltenen – bildlichen Selbstdarstellung der Kommune von Florenz, kurz nach 1300 von GIOTTO im Palazzo Vecchio; die Ausmalung des „Palazzo della Ragione", des Paduaner Kommunalpalastes, geht ebenfalls auf GIOTTO zurück und zeigte ursprünglich eine, wenn auch vielschichtigere Selbstdarstellung der paduanischen Bürgereinrichtung in enzyklopädisch-kosmologischem Kontext.

Wie sich die bürgerlichen Institutionen ihre eigenen, unter Umständen mit den kirchlichen Räumen konkurrierenden Bildorte schufen, in denen außerbiblische, allegorische und historisch-narrative Themen vorherrschten, so beanspruchten die privaten, bürgerlichen Auftraggeber auch bestimmte Bildräume in den neuen Ordenskirchen. Hierfür eigneten sich besonders jene dem Kultraum angegliederten Kapellen, die als Grabkapellen wohlhabender Familien eingerichtet und in deren Auftrag finanziert und ausgemalt wurden. Diese Kapellen gehörten aber auch fest zum Kultraum der jeweiligen Kirche, das heißt, die Bildthemen der Ausmalungen waren auch in den allgemeinen Bildkreis des Kultbaues einbezogen. Dennoch – nach der Mehrzahl der erhaltenen Kapellendekorationen zum Beispiel in Florenz (Santa Croce) und der von GIOTTO ausgemalten Arena-Kapelle in Padua zu urteilen – kamen die besonderen Wünsche der Auftraggeber, die der Adels- oder reichen Bürgerschicht angehörten, in den Programmen dieser Kapellen auch bildlich zum Tragen. Diese Verschränkung profaner und kirchlicher Interessen schlug sich in den ausgefeilten Bildprogrammen der „Privat"-Kapellen im „öffentlichen" Kultraum nieder.

Die internen Versammlungsräume der Franziskaner und Dominikaner wurden in zunehmendem Maße mit allegorisch-typologischen Programmen versehen, die eine kritische Auseinandersetzung mit dem Medium des monumentalen Bildes als Argument der Propaganda und der Selbstreflexion der Orden bezeugen. Die althergebrachten funktional passiven, an den jeweiligen Bildort gebundenen Bildersysteme des Hochmittelalters wurden durch oft äußerst komplizierte monumentale Bildkomplexe ersetzt, welche die besonderen Belange ihrer Auftraggeber besser berücksichtigten als jemals zuvor.

Als typisches Beispiel einer ins Bild gesetzten Ordenspropaganda und der zeitbezogenen theologischen Philosophie des Ordensgründers THOMAS von Aquin (1225–1274) sei hier nur die Ausmalung der Spanischen Kapelle (neben Santa Maria Novella) in Florenz angeführt *(Abb. 6)*. Der Kapitelsaal diente als Versammlungsort

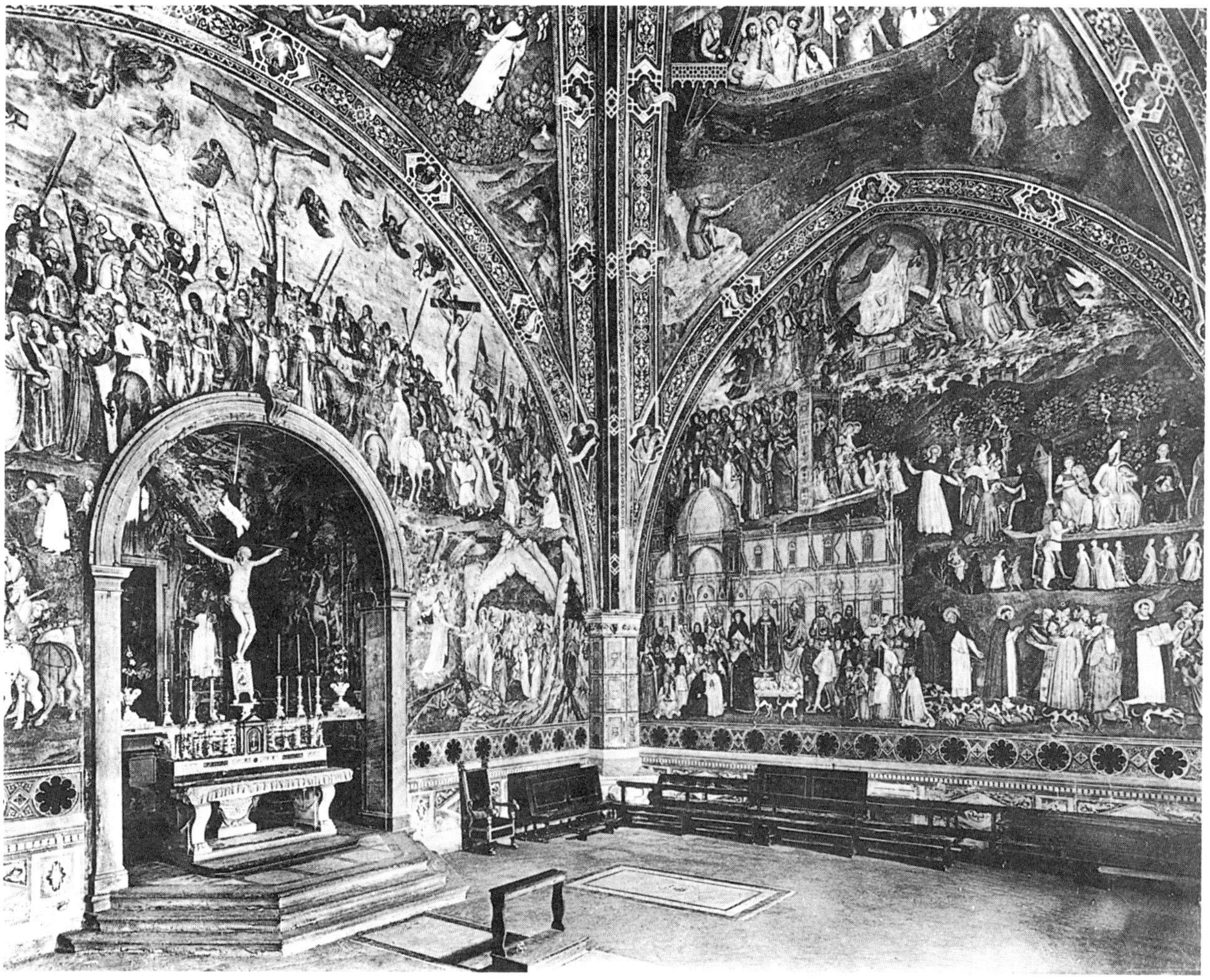

Abb. 6: Andrea di Bonaiuto: Allegorie der Kirche als „Corpus Christi Mysticum". Florenz, Santa Maria Novella, Spanische Kapelle, rechte Seitenwand. 1366/1368

des Konvents, als Ratssaal der Dominikaner der ganzen Provinz und wurde von einem wohlhabenden Kaufmann, Mico di Lapo GUIDALOTTI, finanziert. Deshalb wurde ihm auch in demselben Raum ein Altar für die Totenmessen der ebendort beigesetzten Familienangehörigen eingerichtet. Die Ausmalung der riesigen Wände besorgte Andrea di BONAIUTO zwischen 1366 und 1368. Diese Bilder illustrieren christologisch-narrative Themen auf der Eingangs- und Altarseite. Die beiden anderen Wände füllen Bilder allegorischen Inhalts, in die historische Anspielungen eingeflochten wurden: die Allegorie des heiligen THOMAS von Aquin oder die grandiose, spektakuläre Allegorie der Kirche als mystischem Körper Christi *(Corpus Christi Mysticum)*, die sich ausdrücklich an ein gelehrtes, dominikanisches Publikum richteten.

Die Reihe der Beispiele soll nicht abgeschlossen werden ohne einen Blick zurück nach Rom, auf die monumentale Ausstattung der Sixtinischen Kapelle *(Abb. 7)*. Sie bezog ihren Namen von Papst SIXTUS IV. (1471–1484), einem hervorragenden Theologen seiner Zeit. Er weihte die Kapelle der Maria der Verkündigung. Sie war päpstliche Hofkapelle und diente als exklusives Sanktuarium der Päpste für höchste kirchliche Festtage und allerhöchste Zeremonielle und muß zum Zeitpunkt des Beginns der Ausmalung als Ergänzung der rasch verfallenden Basilika von Alt Sankt Peter gesehen werden. Die erste Stufe der monumentalen Bilddekoration, mit der Maler wie PERUGINO, BOTTICELLI und GHIRLANDAIO beauftragt worden waren, wurde zwischen 1481 und 1483 beendet.

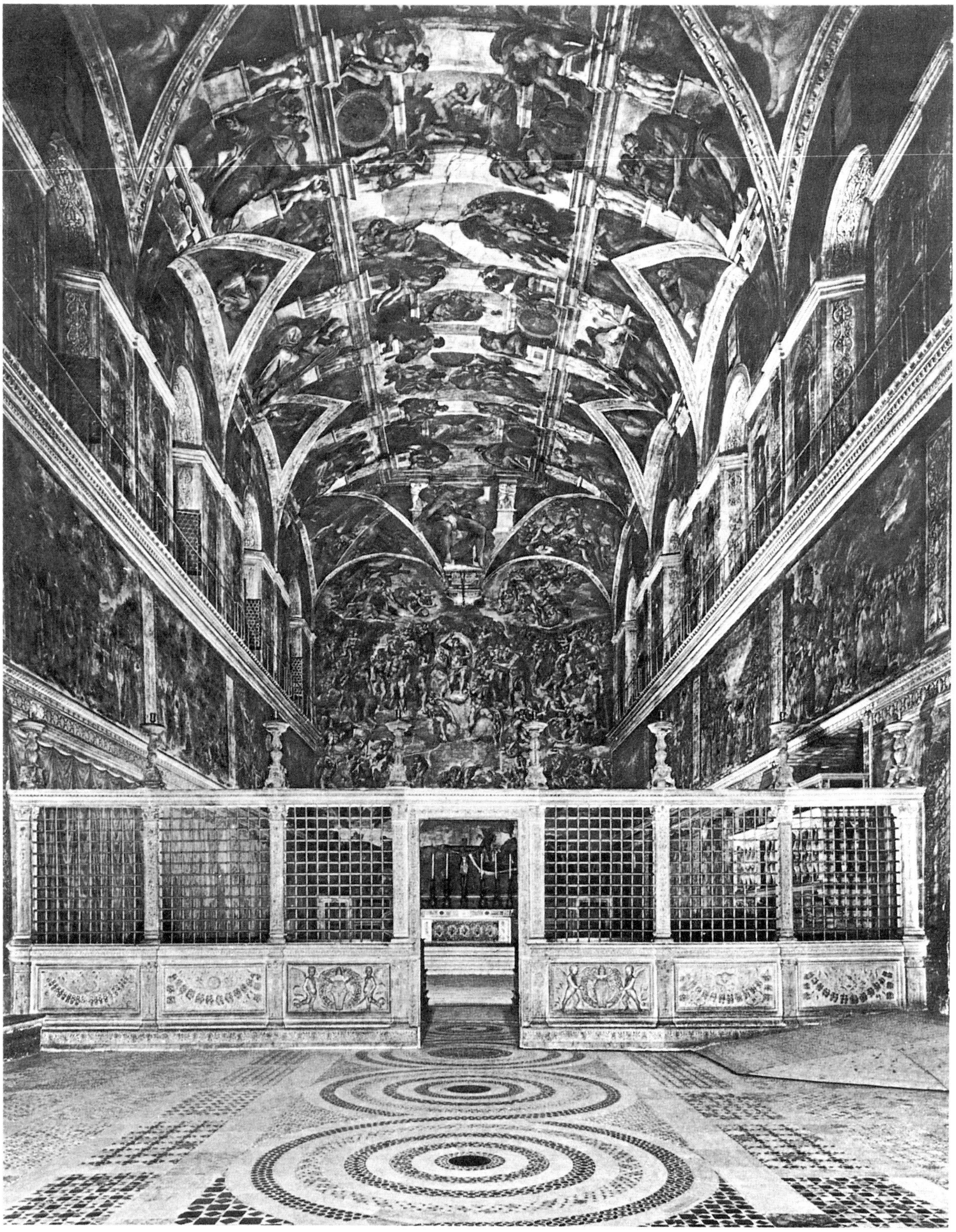

Abb. 7: Rom, Vatikan, Sixtinische Kapelle. Blick zur Altarwand. Wandmalereien aus dem späten 15. und der 1. Hälfte des 16. Jahrhunderts

Das Bildprogramm scheint – in Hinblick auf die benachbarte Petersbasilika – zunächst konventionell zu sein. Die unterste Zone der Kapelle „verkleidet“ ein umlaufender, gemalter Vorhang mit den Wappen der ROVERE, der Familie des Papstes. Die mittlere Zone zeigt auf der Südwand sechs Szenen aus dem Leben Mose, auf der gegenüberliegenden Nordwand ebenso viele Bilder aus dem Leben Christi. Beide Zyklen begannen ursprünglich – vor dem Eintritt MICHELANGELOS in die Geschichte dieser Ausmalung mit dem *„Jüngsten Gericht“* (1541 vollendet) – auf der Altarwand, die außerdem mit einem Bild von der Himmelfahrt Mariens versehen war. Sowohl die Zyklen als auch deren Einzelbilder sind einander typologisch zugeordnet (Altes/Neues Testament). Die einzelnen Bildfelder, die wiederum mehrere einzelne Szenen nach Art der mittelalterlichen „kontinuierenden Bilderzählung“ einfassen, sind nach biblischen Texten, deren mittelalterlichen Auslegungen (zum Beispiel der *„Historia Scholastica“* des PETRUS COMESTOR, ca. 1100–1179, eines der berühmtesten Vertreter der historisch-praktischen Theologie) und zeitgenössischen theologischen Schriften konzipiert, unter denen die Abhandlungen SIXTUS' IV. keine geringe Stelle einnahmen. Sie sind visuelle Symbole für die Kirche und die Päpste. SIXTUS IV. war sich offensichtlich der besonderen Wirkung des monumentalen Bildes bewußt und benutzte es als adäquaten Ausdruck seiner Theologie und Politik. Die zunächst traditionell erscheinende typologische Anordnung der Zyklen geht also bei näherer Betrachtung weit über das bekannte, oben angeführte Maß hinaus.

Über den narrativen Bildern folgen dreißig Porträts der frühesten Päpste, ein Programmteil, der schon im Zusammenhang der frühchristlichen Lateranskirche und der beiden Apostelbasiliken Sankt Paul vor den Mauern und insbesondere Alt Sankt Peter erwähnt wurde. Das auf traditionellem Schema aufgebaute, auf Alt Sankt Peter anspielende raffinierte allegorisch-typologische Bildprogramm wird ergänzt durch die in ihrem künstlerischen Rang alles übertreffenden Deckenbilder (1508–1512) von MICHELANGELO sowie dessen später folgendes *„Jüngstes Gericht“*. Das eigentliche Deckenfeld ist eine großartige illusionistische Inszenierung der Schöpfungsgeschichte und des Lebens Noah. Die Gurtbögen des Gewölbes werden von Propheten des Alten Testaments, die den Juden den kommenden Messias verhießen, und von Sibyllen, die den Heiden die Erlösung prophezeiten, „bewohnt“; damit wurde auch der Aspekt der Juden- und Heidenkirche in das Bildprogramm eingeführt. Die Stichkappen zeigen die Vorfahren Christi. Das gesamte Programm wird abgeschlossen durch das monumentale *„Jüngste Gericht“* MICHELANGELOS, das in diesem besonderen Fall nicht die Eingangswand, sondern die Altarwand bedeckt.

Zusätzliches dekoratives, aber auch bildprogrammatisches Ausstattungselement waren die von RAFFAEL entworfenen Wandteppiche *(Tapisserien)*, die in der Sockelzone über den (gemalten) ornamentalen Vorhang gehängt wurden.

Bei der Ausmalung ihrer privaten Hofkapelle beim vatikanischen Palast stellten sich SIXTUS IV. und seine Nachfolger im Amte bewußt in die frühchristlich-apostolische Bildtradition, wie sie immer noch in der benachbarten „Architektur-Reliquie“, der alten, konstantinischen Peterskirche, gegenwärtig war. Insofern war dieser Rückgriff auf das Programmsystem der petrinischen Apostelkirche kein rückschrittliches Element innerhalb eines sonst künstlerisch selbstbewußten und „progressiven“ Rahmens, sondern absichtsvoll als inhaltlich bedeutsames Zitat eingesetzt. Dem Betrachter der Sixtinischen Kapelle wird bei längerem Verweilen in der Kapelle bewußt, daß hier das monumentale Bild sich nicht nur längst vom Text und vom angestammten Bildort befreit, sondern sich bereits zu einer hohen künstlerischen Form gestaltet hat, die in den Malereien MICHELANGELOS ihren Höhepunkt fand.

Konkurrenten der monumentalen Bildmalerei

Die bisher besprochenen monumentalen Wandmalereien und Mosaiken waren an bestimmte Bildorte und architektonische Systeme gebunden: Sie waren nicht „transportabel“ und konnten auch nicht ohne weiteres für bestimmte Anlässe „umgerüstet“ werden. Hierzu dienten vielmehr die ehemals zahlreich vorhandenen Wandteppiche, die zu verschiedenen Anlässen genutzt werden konnten und den besonderen Wünschen ihrer Auftraggeber auch bildlich Rechnung trugen. Diese Tapisserien werden im folgenden Abschnitt behandelt. Der daran anschließende soll auf die besondere Rolle der Glasmalerei im gotischen Frankreich hinweisen, die – im Rahmen der neuen gotischen Architekturen – die althergebrachte Wandmalerei von ihrem Platz verdrängte.

Die Textilien

Geknüpfte, gewebte und gewirkte Textilien als Dekoration frühchristlicher und mittelalterlicher Kulträume sind zwar vielerorts dokumentarisch belegt, haben sich aber nur selten, und wenn, dann nur fragmentarisch erhalten. Grundsätzlich gilt es, ornamentale und figurative (szenisch-narrative) Tuchbilder und Vorhänge voneinander zu unterscheiden.

In spätantiker-frühchristlicher Zeit dienten Vorhänge oft als Zierde von Säulengängen in Palästen; ebenso wurde in der Malerei die Darstellung nur dem Kaiser zugänglicher Räume des Palastes im allgemeinen durch ein „Velum", also durch einen Vorhang, charakterisiert. Ein eindrucksvolles Bild davon überliefert ein Mosaik in Sant'Apollinare Nuovo bei Ravenna (um 520–526) *(Abb. 8).*

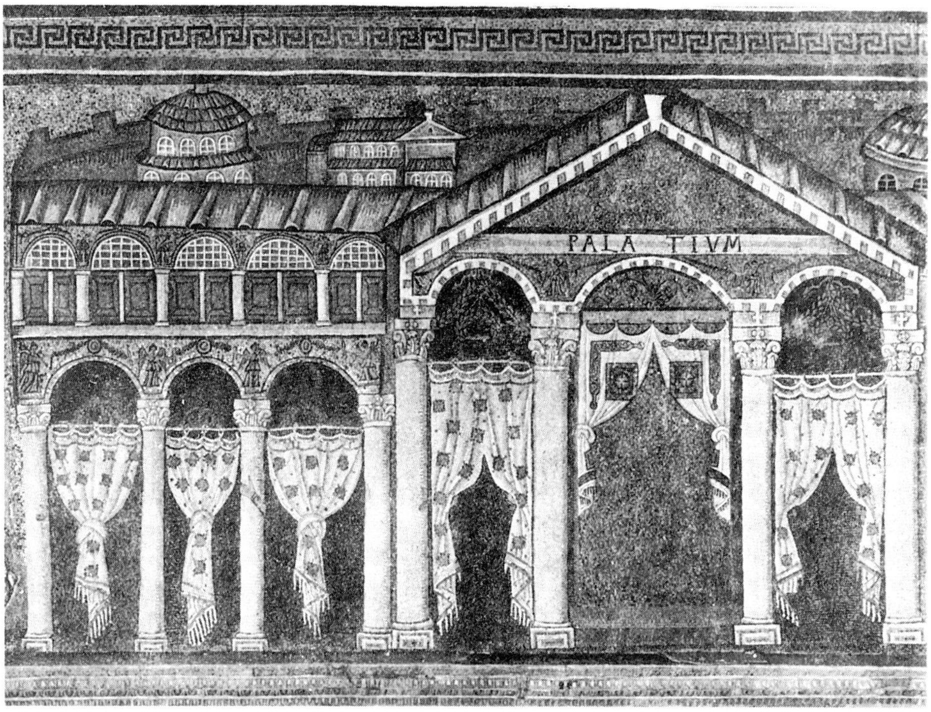

Abb. 8: Ravenna, Sant' Apollinare Nuovo. Mosaik: Ravenna und der Palast des Theoderich. Detail. 6. Jahrhundert

Teppiche und Vorhänge dienten in frühmittelalterlichen Kirchen als Behänge in den Apsiden, an den Seitenschiffwänden und in den Säulenzwischenräumen der Basiliken zur dekorativen und liturgischen Absonderung der Kirchenschiffe voneinander oder etwa zur Abgrenzung des Altarraums vom übrigen Teil der Kirche.

Wenn sich auch im Westen aus der Zeit bis zum 11. Jahrhundert kaum mehr monumentale Textilbilder erhalten haben, so bezeugen doch die vielfach noch sichtbaren eisernen Ringe an den Säulen (insbesondere von Basiliken), daß hier im Bedarfsfalle Vorhänge gespannt wurden, die auch mit narrativen Bilderzyklen versehen waren.

In dem berühmten Papstkatalog, dem *„Liber pontificalis"*, werden zum Beispiel achtzehn Vorhänge mit Darstellungen aus dem Leben des heiligen Petrus erwähnt, die von Papst Leo IV. (847–855) nach Alt Sankt Peter geschenkt wurden. Ähnliche Nachrichten gibt es für die Amtszeiten der Päpste Leo III. (795–817) und Paschalis I. (817–824).

Solche und ähnliche szenischen oder ornamental-dekorativen Vorhänge waren zweifellos äußerst kostbar – wie sich aus ihrer außergewöhnlichen Verwendung schließen läßt, die wohl auf besondere liturgische Anlässe oder wichtige Zeremonielle beschränkt blieb.

Ein früher Beleg für monumentale textile Dekorationen ist der in Bayeux aufbewahrte Teppich aus gewebtem Leinen, mit aufgestickten Bildern, welche die Invasion Wilhelms des Eroberers in England und den Sieg bei Hastings (1066) über König Harold darstellen *(Abb. 9).* Der recht schmale, nur etwa 50 Zentimeter breite Teppich maß ursprünglich mehr als die heute erhaltenen 70 Meter in der Länge; sein originaler Verwendungszweck ist allerdings unbekannt bzw. umstritten.

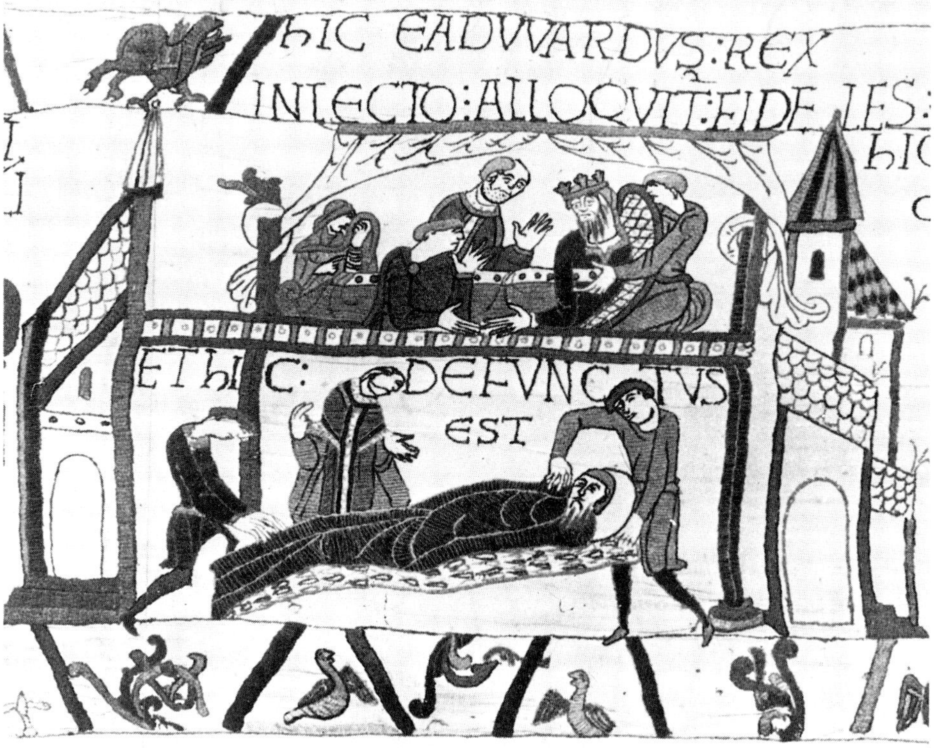

Abb. 9: Bayeux, gestickter Wandteppich. Ausschnitt. 2. Hälfte des 11. Jahrhunderts

Erst im späten 13. und besonders im 14. Jahrhundert bekam – nicht zuletzt durch die fortgeschrittene Technik bei der Fertigung – der Wandbehang bildliche Qualitäten, die ihn zum ernsthaften Konkurrenten der monumentalen Malerei werden ließen. Ihre Verwendung als Kälteschutz sowie die Mobilität dieser Behänge dürften außerdem eine wichtige Rolle für die zunehmende Beliebtheit gespielt haben – konnten sie doch, im Gegensatz zur immobilen Wandmalerei, für besondere Anlässe beschafft und ausgetauscht werden.

Abgesehen von Themen aus dem Alten und Neuen Testament verbildlichen die meisten Tapisserien des 14. Jahrhunderts höfisch-ritterliche Themenstoffe, etwa der populären Ritterromane *(„Roman de la Rose", „Yvain", „Tristan")*, die Todsünden, die „Neuf Preux", Damen auf der Jagd, die „Wilden Männer" oder auch Monatsbilder des Jahreslaufs. Den Themen entsprechend, setzte sich die Auftraggeberschicht auch zum größten Teil aus dem höfischen Rittertum oder dem gehobenen Adel zusammen, die während der 2. Hälfte des 14. Jahrhunderts besonders in Frankreich ihre Blütezeit erlebten.

Für die deutsche Entwicklung dieser Zeit soll nur auf die wollgestickten Wandteppiche im Kloster Wienhausen bei Celle aus dem 14. Jahrhundert verwiesen werden, die mit weltlichen Themen (Tristansage), Jagdmotiven und Prophetendarstellungen geschmückt sind. Die Besteller dieser Teppiche waren wohl im niedersächsischen Adel, das heißt am braunschweigisch-lüneburgischen Fürstenhof, zu finden.

Für den französischen Hof sind wir durch die Inventare König Karls V. (1364–1380) verhältnismäßig genau über die Herstellung von Tapisserien informiert, die dort als „tapis a ymeiges" bezeichnet und als „tapis notres" ausdrücklich von den orientalischen, geknüpften Erzeugnissen der „tapissiers sarazinois" abgehoben wurden. Berühmtes Beispiel für die Tapisseriekunst der Zeit sind die sieben Teppiche mit Darstellungen aus der Apokalypse, die um 1375 von seinem Bruder, Ludwig II. von Anjou, in Auftrag gegeben wurden und für die Säle und die Kapelle seines Schlosses bei Angers bestimmt waren. Für die Entwürfe griff man auf alte Apokalypse-Handschriften zurück, die vom Hofmaler Jean (Hennequin) de Bruges in Entwurfszeichnungen übertragen und schließlich vom angesehenen Pariser Tapisserie-Atelier unter der Leitung von Nicolas Bataille ausgeführt wurden *(Abb. 10)*.

Die Funktion dieser textilen monumentalen Wandbehänge war wohl in erster Linie in der Unterhaltung ihrer Besitzer zu sehen. Vom Inhalt nicht zu trennen ist die höchst aufwendige, kostbare Form, deren Materialwert, kunstfertige Produktion und künstlerische Darstellungsqualität die didaktischen Aspekte bei weitem in den Schatten gestellt haben müssen. Insofern sind diese Wandbehänge typische Bildträger einer profanen, ritterlich-

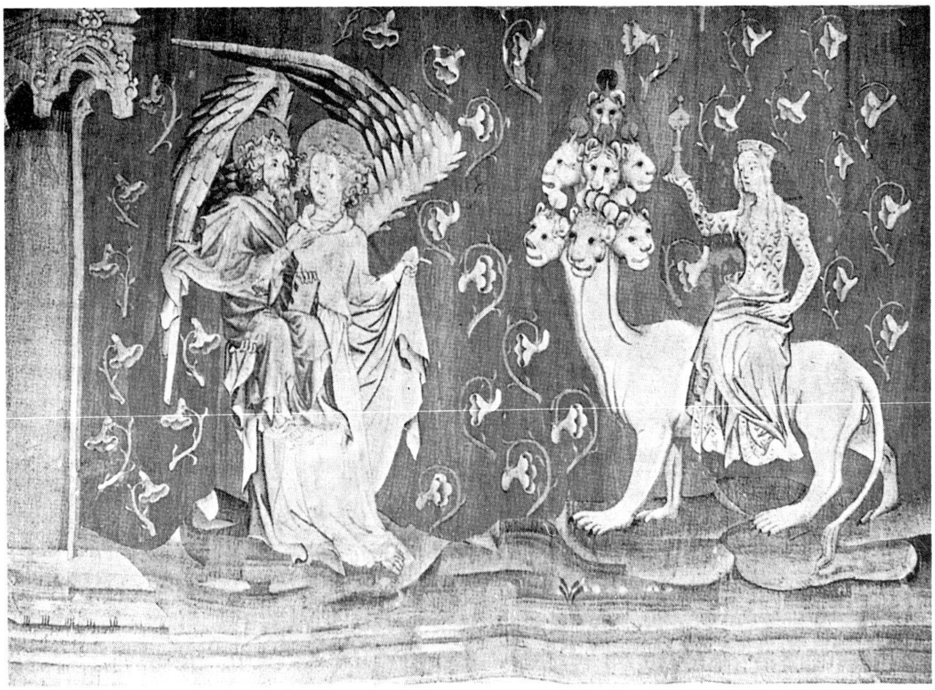

Abb. 10: Hennequin de Bruges / Nicolas Bataille: Das babylonische Weib erscheint dem Evangelisten Johannes. Angers, Schloß, Tapisserie. Ausschnitt. Ende 14. Jahrhundert

höfischen Besitzerschicht, die eine aufwendige Repräsentation von privatem oder institutionellem Vermögen beabsichtigte.

Zu einer vergleichbaren, nun allerdings bürgerlichen Schicht gehörte auch Enrico SCROVEGNI, der anläßlich der Weihe seines Oratoriums, der Arena-Kapelle in Padua, ebenfalls Wandbehänge aus Venedig anforderte. Der Rückgriff auf Venedig legt die Vermutung nahe, daß in Padua seinerzeit keine angemessenen Vorhangstoffe verfügbar waren. Im Gegensatz zu Padua trieb Venedig schwunghaften Handel mit der Levante, Byzanz (Konstantinopel) und Vorderasien, den Produktionsstätten wertvoller (Seiden-)Stoffe. In Venedig waren also am ehesten die Voraussetzungen für eine reichhaltige Auswahl an – aus dem Osten importierten oder erbeuteten – kostbaren Textilfabrikaten gegeben.

Wir wissen nicht, ob Enricos Vorhangstoffe mit szenischem Bildschmuck versehen waren und so noch vor der Fertigstellung der monumentalen malerischen Dekoration als transportable, vorläufige Stellvertreterdekoration dienten. In Anbetracht der Bezugsquelle ist jedoch wahrscheinlich, daß es sich um ausschließlich ornamental-dekorative, prunkvolle Gewebe handelte, mit denen – wenn nicht die ohnehin vielleicht schon ausgemalte Sockelzone – sicherlich die Stelle der zur Zeit Enricos noch fehlenden Apsisdekoration verdeckt bzw. verziert wurde.

In der Praxis der mittelalterlichen monumentalen Ausstattungen kirchlicher Innenräume konnten die Kosten für wertvolle Vorhangstoffe erheblich gesenkt werden, indem man die Textildekorationen in Freskomalerei nachahmte. Die Sockelzonen vieler romanischer und gotischer Kirchen in Italien, Frankreich, England, Deutschland und Spanien wurden deshalb mit gemalten Vorhängen versehen, wie übrigens auch in der Oberkirche von San Francesco in Assisi.

Die gemalten fingierten Vorhangstoffe schlossen aber keineswegs eine wirkliche Vorhangdekoration aus. Wohl herausragendstes Beispiel dafür sind die Teppiche mit Szenen aus dem Leben Petri und Pauli, die unter Papst LEO X. (1513–1521) von RAFFAEL entworfen wurden (1516–1517). Seine Vorlagen wurden von bekannten flämischen Webern unter Leitung von PIETER van Aelst in kostbare Tapisserien übersetzt (fertiggestellt vor 1521). Analog zum typologischen Bildsystem der Ausmalung der Sixtinischen Kapelle wurden hier, in Form von Vorhängen, Bilder aus dem Leben des Heidenapostels Paulus denen des Judenapostels Petrus gegenübergehängt. Damit wurde der Bildkomplex der päpstlichen Hofkapelle einerseits mit den bisher noch fehlenden Bildteilen ausgestattet, nämlich der Legende jener beiden Apostelfürsten, auf die sich das Fundament des apostolischen Rom gründet, andererseits muß die Gegenüberstellung der Paulinischen und Petrinischen Geschichten im Hinblick auf die alt- bzw. neutestamentlichen Seiten der Kapellenwände und die Verkündigungen an die Juden und die Heiden auf den Gurtbögen der Decke gesehen werden.

So erfüllten die ja nur zeitweise zu besonderen Anlässen aufgehängten Teppiche eine besondere Funktion: Abgesehen von ihrem außergewöhnlichen Wert und künstlerischen Rang trugen sie dem gelegentlich anwesenden exklusiven Publikum (Kaiser, Könige, Papst, Bischöfe, Kardinäle) mit den Paulinischen und Petrinischen Geschichten das Kernstück päpstlicher Propaganda vor, das zugleich das Programm der Gesamtausmalung pointiert ergänzte.

Es ist sicherlich angebracht, von dem vielschichtigen, multifunktionalen Bildprogramm der Sixtinischen Kapelle, der Verwendung von Bildern verschiedener Medien, auf einen ähnlichen Umgang mit dem Bild im gesamten Mittelalter zu schließen.

Die Glasmalerei

Farbiges Glas, vermutlich nur mit Ornamenten versehen, wird schon im 4. Jahrhundert von PRUDENTIUS erwähnt; szenische Glasmalereien für Fensteröffnungen können in Deutschland schon für das 9. Jahrhundert, nämlich für die Abteikirche in Essen-Werden, dokumentarisch nachgewiesen werden. Aus dem frühen 12. Jahrhundert, genauer aus der Zeit um 1130, haben sie sich in Form der Prophetenfenster im Augsburger Dom erhalten.

Die Glaserzeugung und Fertigung von Glasfenstern wurden um 1100 bereits von dem Presbyter THEOPHILUS in seiner Abhandlung *„Schedula diversarium artium“* beschrieben. Gefärbte Glasstücke wurden nach einer Vorzeichnung im gleichen Maßstab zugeschnitten, bemalt und mit Bleistegen zusammengefügt. Die Glasmalerei, das heißt die Verwendung von durchscheinendem, zumeist farbigem Glas als Bild und Bildträger, erlebte ihren Höhepunkt als monumentales Dekorationselement kirchlicher Innenräume in den gotisch-französischen Kathedralen des 12. und 13. Jahrhunderts. Einerseits war sie eine folgerichtige Antwort auf die besondere architektonische Struktur gotischer Innenräume, deren in eine Art von Skelettbau aufgelöste Wände keine ausreichenden Flächen für umfangreiche szenische Malereien zur Verfügung stellten. Andererseits spiegeln insbesondere die frühgotischen Glasmalereien ein geradezu mystisches Verhältnis zum durchscheinenden, transparenten und lichtvollen Bild.

Diesbezügliche Theorien kommen besonders deutlich in der berühmten Schrift des Stellvertreters französischer Könige, des Diplomaten und Abtes von Saint-Denis, SUGER (1081–1151), anläßlich der Fertigstellung des Chores der dortigen Abteikirche zur Sprache. Entgegen den extrem asketischen Vorstellungen seines Zeitgenossen BERNHARD von Clairvaux, der für eine nahezu schmucklose Kirchenausstattung eintrat, versah SUGER die Haus- und Grabeskirche der französischen Könige mit allem nur erdenklichen Prunk und kostbarem liturgischen Gerät, wobei polierte, glänzende, kostbare Edelmetalle (Gold, Silber) und funkelnde Edelsteine eine besondere Rolle spielten.

SUGER beginnt seine Ausführungen mit Betrachtungen zur Symbolik des Kirchengebäudes, die hier vor allem wegen ihres spekulativ-mystischen und allegorischen Charakters, aber auch wegen ihrer Parallelen zum (späteren) bereits erwähnten DURANDUS gestreift werden sollen. Die zwölf Säulen, wohl des neuen Chorbaues von Saint-Denis, vergleicht er mit der Zahl der zwölf Apostel, jene in den Seitenschiffen mit den Propheten. Jesus ist der Eckstein (Schlußstein), welcher die (gewölbten) Wände von beiden Seiten eint; jedes Bauwerk, sei es geistig oder materiell, wächst so zu einem heiligen Tempel in dem Herrn.

SUGER rechtfertigt die außergewöhnliche Prachtentfaltung mit dem symbolischen Vergleich zwischen der materiellen und der geistigen Kirche, der „Ecclesia materialis“ und der „Ecclesia spiritualis“. Diese spekulative Auslegung eröffnet erst das Verständnis für die kostbaren materiellen Investitionen SUGERS in seine Kirche, die übrigens auf erhebliche Kritik seiner Zeit- und Klostergenossen stießen. Die wichtigste Quelle für das „Kunstverständnis“ SUGERS, besonders im Hinblick auf die Glasmalerei, waren die Schriften des in Saint-Denis begrabenen und verehrten DIONYSIUS, des Pseudo-Areopagiten. Die angeblichen Schriften dieses „Apostels der Gallier“ wurden in eben dieser Kirche aufbewahrt. Dessen Traktat *„Über die himmlische Rangfolge“* (De Caeleste Hierarchia) konnte SUGER entnehmen, daß alle sichtbaren Dinge „materielle Bilder“ sind, die letztlich auch das „wahre Licht“ Gottes widerspiegeln. Je kostbarer das materielle Licht, das von der Oberfläche des Goldes

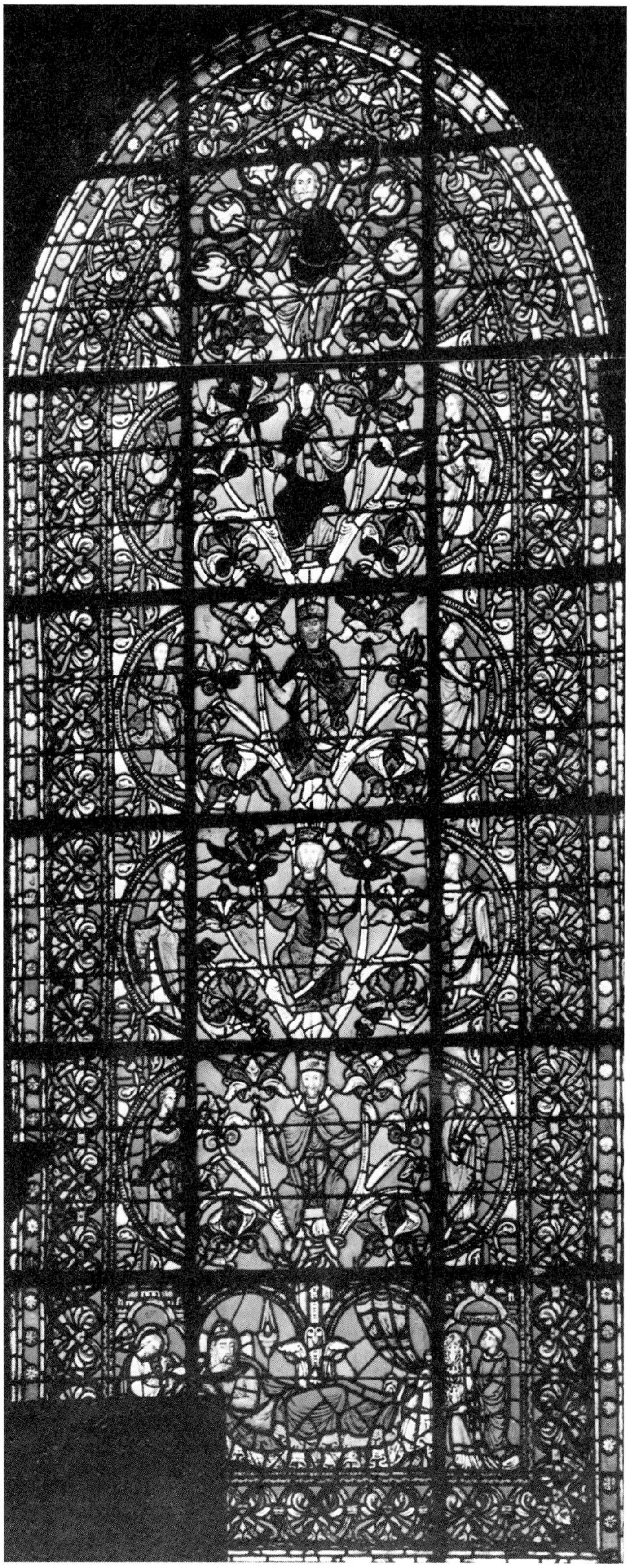

Abb. 11: Saint-Denis, Abteikirche. Apsisfenster mit der Darstellung der Wurzel Jesse. Um 1145

reflektiert und an den Facetten der Edelsteine gebrochen wird, um so intensiver kann es auch eine Vorstellung des immateriellen „wahren Lichtes" vermitteln. Dieser metaphysischen, neoplatonischen Konzeption SUGERS entsprach in idealer Weise die Verwendung von lichtdurchfluteten, transparenten Glasbildern *(Abb. 11)*. Die Ausstattung der gotischen Kathedralen (Chartres) mit riesigen Glasfenstern erhielt so, über ihre großartige ästhetische Wirkung hinaus, ihr raffiniertes theologisches Fundament.

Es ist im Sinne dieser Überzeugungen verständlich, wenn SUGER eben nicht die konventionelle Wandmalerei, sondern die zu dieser Zeit eigentlich schon überholte und veraltete Mosaikkunst einzig als geeignet erachtete, neben der lichtvollen leuchtenden Qualität der Glasfenster bestehen zu können: deshalb rechtfertigte er sich ausdrücklich für die außergewöhnliche Ausstattung des Tympanonfeldes am Nordportal von Saint-Denis mit Mosaiken, die er eigens, entgegen der Tradition, als Dekoration gewählt hatte.

Die Bilder der früh- und hochgotischen Glasfenster veranschaulichen biblische Themenkreise. Die szenischen französischen Fensterbildprogramme umgreifen aber zumeist nicht, wie in der italienischen Wandmalerei, den gesamten kirchlichen Kultraum, sondern scheinen zunächst in ihrer theologisch-typologischen Programmatik auf die jeweilige Fensterfläche beschränkt. Die in sich begrenzte Bildfläche bezieht darüber hinaus ihre Aussage konkreter auf einen darunterliegenden, einem Heiligen geweihten Altar.

Die meisten Fensterbilder sind in sich geschlossene Bildkomplexe, die in der Regel von unten nach oben gelesen werden sollen. Ihre Themen sind biblischem Gedankengut entlehnt. Viel mehr als die Wandmalerei berücksichtigen sie aber zeitgenössische theologisch-philosophische Auslegungen. Predigtsammlungen, wie etwa der „Kirchenspiegel" (Speculum Ecclesiae) von HONORIUS von Autun (geschrieben um 1090–1120), waren unter den Vorlagen, die beispielsweise im „symbolischen Fenster" der Kathedrale von Lyon *(Abb. 12)* ins Bild umgesetzt wurden. Eine Aufzählung aller möglichen, durch die scholastischen Kommentare und Traktate zur Bibel erweiterten Bildthemen würde ins Uferlose gehen.

Es bleibt festzuhalten, daß sich die Glasbilder – unmittelbarer als die monumentalen Wandbilder – an einer jeweiligen örtlichen liturgischen Praxis ausrichteten. Ihr Themenvorrat spiegelte oft zeitgenössische spekulative Textauslegungen wider und verbildlichte in sich ein kompaktes, in seinen theologischen Inhalten äußerst ausgefeiltes typologisches Programm. Die Entwerfer dieser Programme gehörten zu den glänzendsten Vertretern der großen Richtung der christlichen Theologie und Philosophie des Mittelalters, der Scholastik.

Die Glasfenster der großen französischen Kathedralen übernehmen deshalb auch nur in groben Zügen mit den italienischen Wandmalereien verwandte Aufgaben an etwa entsprechenden Bildorten, also an den Hochschiffwänden, den Apsiden und den Rosenfenstern an den inneren Eingangswänden. Allerdings sind den Bildorten keine festen Bildthemen zugeordnet. Wie in der italienischen Wandmalerei hängt die didaktische Qualität der szenischen, figuralen Glasbilder einerseits von der theologischen Bildung des Betrachters, andererseits in noch größerem Maße von der Lesbarkeit der verhältnismäßig kleinen Einzelbilder im lichtvollen Rahmen eines oft recht hoch angebrachten Glasfensters ab. Man darf vermuten, daß bei der gotischen monumentalen Glasmalerei der mystisch-transzendente Farblichteffekt im Vordergrund gestanden hat.

Die lichtvollen transparenten Glasbilder müssen außerdem – im Vergleich zu den herkömmlichen Wandmalereien und Mosaiken – einen hohen künstlerischen, ja „progressiven" Stellenwert gehabt haben. Im Kontext einer gotischen Architektur, zusammen mit der zeitgenössischen Skulptur, verdrängten sie die traditionellen Wandmalereien von ihren angestammten Orten und aus ihren Funktionen. Die Wandmalerei konnte sich nur dort halten, wo sie ein mehr oder weniger traditionelles Umfeld vorfand oder neben kleineren, schmalen Lanzettfenstern die restliche Fläche einer großen Wand ausfüllte. In jedem Fall „beraubte" die Glasmalerei die Wandmalerei ihres angestammten Funktionszusammenhangs und

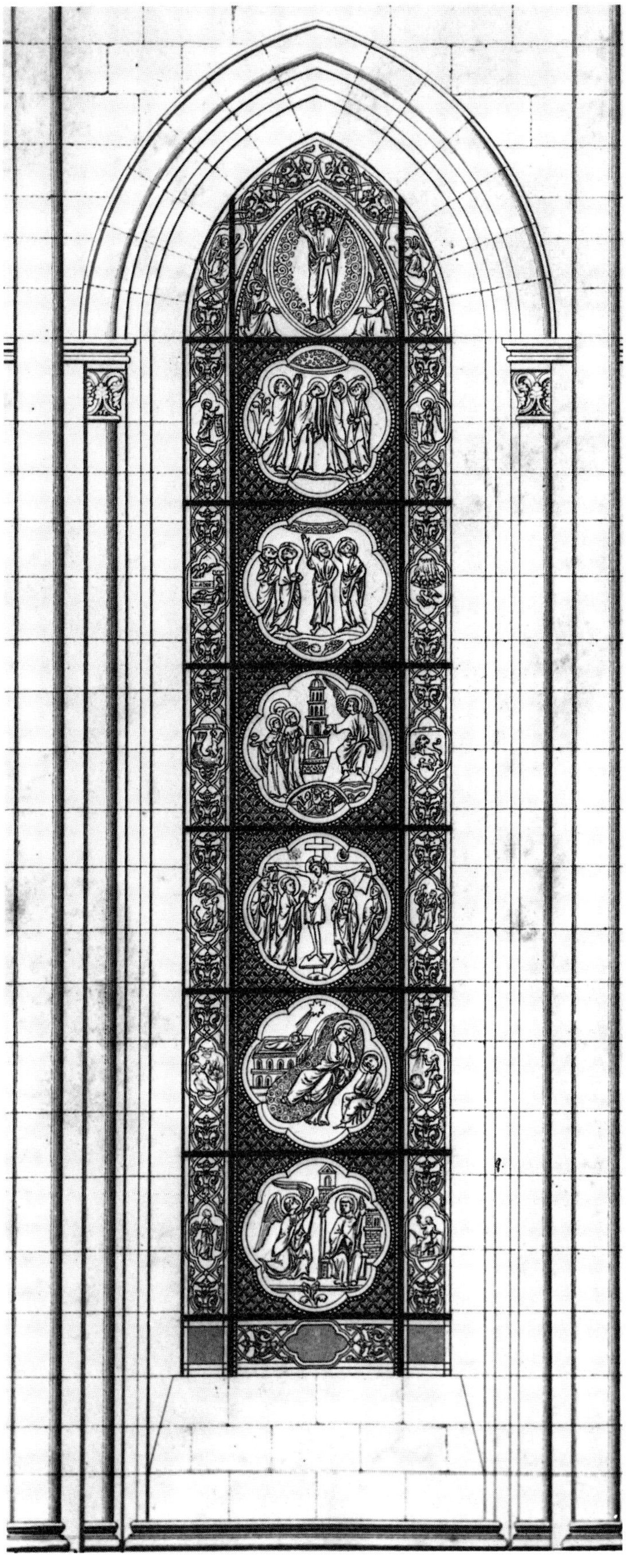

Abb. 12: Lyon, Kathedrale. Graphische Wiedergabe des Apsisfensters (sog. „symbolisches Fenster"). 13. Jahrhundert. Wiedergabe von 1841/1844

„korrumpierte" überdies deren traditionelle Farben und Formen. Die Wandmalerei übernahm nicht nur die in der Glasmalerei vorherrschenden Rot-, Blau- und Gelbtöne, sondern auch Ornamente und Muster, wie sie sonst nur in der Glasmalerei oder etwa in der gleichzeitigen Buchmalerei vorkamen, die gleichermaßen von der Glaskunst inspiriert wurde. Darüber hinaus ahmte sie Glasfenster, skulptierte Tabernakel und Mosaiken nach und übertrug Themen aus der Textilkunst und Buchmalerei in den monumentalen Maßstab. Wie kaum ein anderes künstlerisches Medium dieser Zeit zeigt die monumentale Glasmalerei in Frankreich die zunehmende Loslösung bestimmter Bildformen, Bildinhalte und Bildthemen von ihren angestammten Trägern und deren Funktionen.

Außerhalb Frankreichs, so in Italien, ist die französisch-gotische Glasmalerei stark beachtet worden. Sie konnte sich aber – schon wegen der großen Wandflächen der italianisierten gotischen Architekturen – nur sehr beschränkt durchsetzen. Die „Modernität" und „Progressivität" des neuen monumentalen Bildmediums blieb den Auftrag-

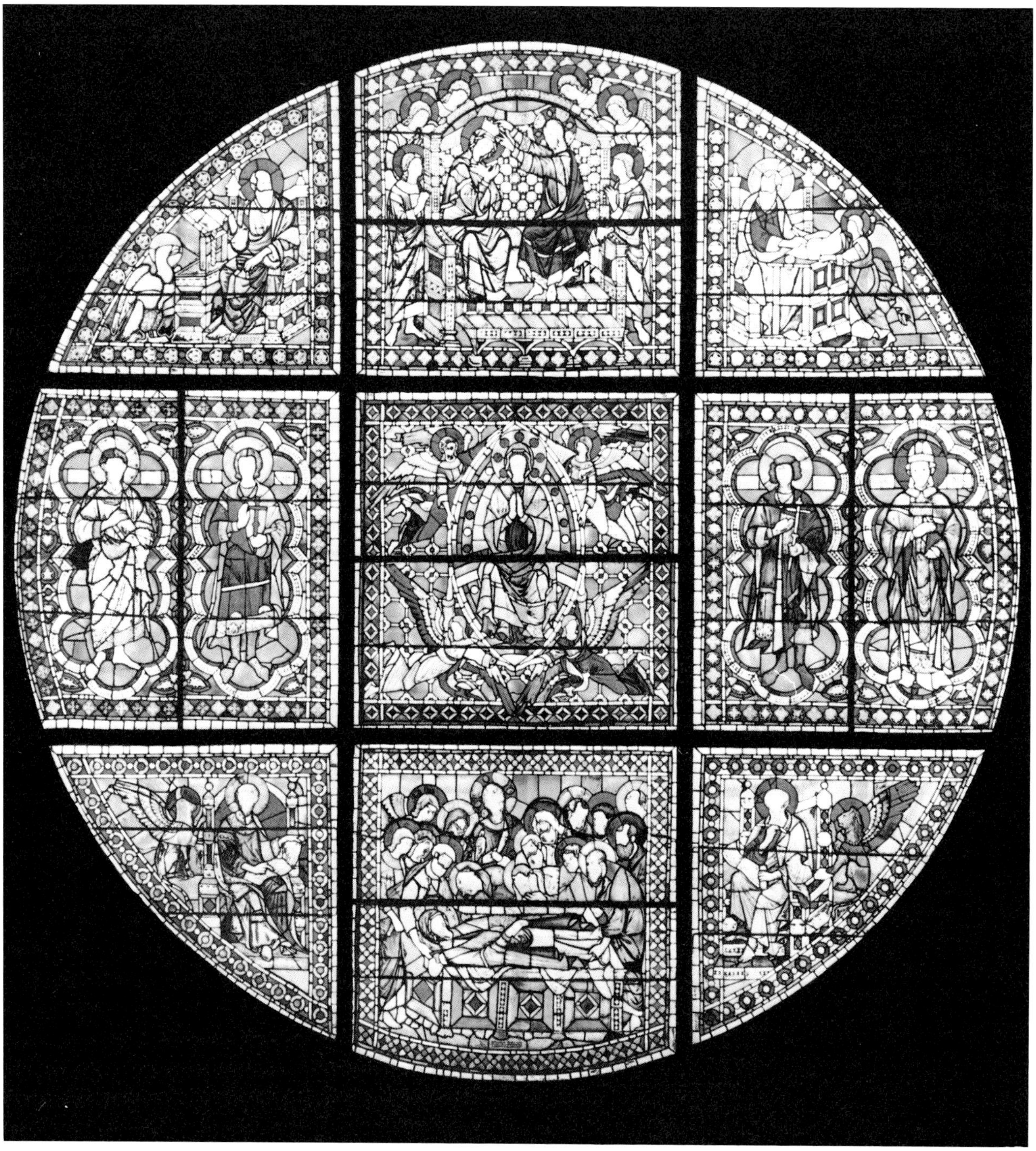

Abb. 13: Siena, Dom. Chorfenster. Um 1288

gebern und Malern, besonders in Norditalien, aber nicht verborgen. So wurde der gotisierende Innenraum der Mutterkirche des Franziskanerordens in Assisi, San Francesco, mit prachtvollen Glasfenstern ausgestattet. Sie führen in dem Maria geweihten Chorraum auch Bilder aus dem Leben der Gottesmutter vor und beziehen sich auch sonst auf die Themen der jeweils benachbarten Wandbilder.

Ein für italienische Verhältnisse frühes Glasfenster verziert die Apsis des Sieneser Doms (um 1288) *(Abb. 13)*. Auch diese Apsis ist der Jungfrau Maria – zugleich Stadtpatronin von Siena – geweiht. Das Glasbild zeigt den Tod Mariens und ihre Krönung durch Christus im Himmel. Bei der Bildvorlage und der technischen Verfertigung haben französisch-gotische Vorbilder eine tragende Rolle gespielt.

Im Vergleich zur Praxis der monumentalen Wandmalerei in Italien bis weit über die Renaissance hinaus bleiben diese gewissermaßen in einer importierten Technik produzierten Bilder jedoch bemerkenswerte Ausnahmen.

Die gesellschaftliche Funktion des monumentalen Bildes

Die Verwendung monumentaler Bildsysteme im westlichen Europa war von sehr verschiedenen Gesichtspunkten geprägt. Konkurrenzdenken, die besonderen örtlichen Traditionen, die neuen geistigen Strömungen im Verlauf der Jahrhunderte sowie neue Techniken (Glasmalerei) bestimmten wesentlich die Form und die Art der Innenausstattungen kirchlicher Bauten. Besonders während des 13. und des 14. Jahrhunderts trat der bürgerliche Laie als Auftraggeber in Erscheinung. Das Gewicht der monumentalen Innenausstattungen verlagerte sich zunehmend auf nicht-kirchliche Räume. In den nun entstehenden kommunalen Verwaltungsbauten erschienen ganz andere, von den bisher geläufigen Ausmalungen verschiedene Bildsysteme und Bildthemen. Im päpstlich-konservativen Rom herrschte der Rückbezug spätmittelalterlicher Ausstattungen auf das frühchristlich-apostolische und konstantinische Erbe vor. Dagegen orientierten sich die oberitalienischen Stadtstaaten an Vorbildern, die ihrer „modernen" republikanischen Gesinnung entsprachen. Sie waren auch offener für die neuen Bildkonzepte und die neuen Bildträger, die entweder aus dem byzantinischen Osten oder dem gotischen Frankreich „importiert" wurden.

Die Entwicklung der monumentalen Innenausstattungen war nicht nur durch die architektonischen Gegebenheiten der jeweiligen Kultbauten bedingt. Sowohl diese Bauten als auch ihre bildlichen Dekorationen erfuhren übergeordnete symbolische und allegorische Interpretationen. In gleichem Maße waren sie Ausdruck einer kirchenpolitisch ausgerichteten Wirklichkeit. So waren beide, das monumentale Bild und sein Bildort, in höchstem Maße mit den gesellschaftlichen Bedingungen ihrer Zeit verknüpft. Das Medium „Bild" stand in für uns heute kaum vorstellbarer Weise in der Mitte des damaligen gesellschaftlichen Lebens. Diese Bilder, ob an Textilien, Glasfenster, Mosaiken oder Fresken gebunden, waren nicht nur kunstvolle Dekorationen kirchlicher Innenräume. Sie dokumentierten, erzählten und erklärten die Gegenwart, Vergangenheit und vor allem die Zukunft ihrer Betrachter. Sie waren die Grundlage für Rechtsakte, rechtfertigten örtliche Traditionen und bildeten den sichtbaren Zugang zu den sonst transzendenten Glaubenswahrheiten. Der unvergleichlichen Rolle dieser Bilder entspricht die allmähliche Aufwertung nicht nur der durch sie vermittelten Inhalte, sondern auch des Bildobjektes selbst. Das Bild löste sich im Laufe der Jahrhunderte von seinen traditionellen Funktionen, Inhalten und Bildorten. Es wurde dadurch freigesetzt für neue Aufgaben und bekam – besonders seit dem 15. Jahrhundert – eine ausgesprochen künstlerische Dimension.

6. Vom Altarbild zur autonomen Tafelmalerei

Hans Belting

Das moderne Tafelbild, das wir heute an den Wänden von Museen und Sammlern sehen, ist ein ziemlich spätes Produkt in der Geschichte der europäischen Malerei. Das mag uns verwundern, da es für uns fast gleichbedeutend ist mit Malerei, ja eigentlich überhaupt mit Kunst. Seine uns heute geläufige Gestalt nahm es jedoch erst im ausgehenden Mittelalter und in der Renaissance an. Viele Voraussetzungen waren notwendig, um das Tafelbild zu einem eigenständigen Kunstprodukt und Sammlerobjekt zu machen. Damit wird deutlich, daß bestimmte Kunstgattungen nicht immer vorhanden, sondern an historische Erwartungen gebunden waren, die sie zu erfüllen hatten.

Frühe selbständige Kultbilder, die nicht erzählten und auch nicht bloßer Schmuck waren, sondern die Personen des christlichen Kults zur Erscheinung brachten, waren *Ikonen,* die seit dem 7. Jahrhundert in dieser Funktion in Rom bezeugt sind. Diese Ikonen werden in dem Augenblick zu gemalten „Standbildern", als sie im 13. Jahrhundert auf die Altäre gelangen und ihr Kult in einen liturgischen Rahmen eingebunden wird. Es entstehen daraus bald vielflügelige Altarbilder *(Polyptychen)* mit lehrhaften Programmen, wie man sie vorher an Kirchenfassaden zu sehen gewohnt war.

Besonders die Darstellung von Passionsthemen führt zu einem stark kontemplativen Umgang mit dem Bild, der persönliche Interessen zuläßt. *Andachtsbilder* waren „private Ikonen", die auch in der Formgebung auf einen privaten Betrachter reagierten und Symbole und Anschauungsformen für seine persönliche Frömmigkeit in einem privaten Rahmen bereitstellten.

Auf den *Stifterbildern* ist der private Bildbetrachter zunächst in gebührendem Abstand zum religiösen Thema dargestellt. Der Stifter ist zum einen in eine Gemeinschaft eingebunden, deren religiöse Überzeugungen er teilt, zum anderen jedoch durch seine besondere Rolle so herausgehoben, daß eine bildliche Darstellung überhaupt möglich wird, die letztlich auch den sozialen Status des Stifters unterstreicht. Zunehmend verbinden Stifterbilder zwei zentrale Funktionen des damals entwickelten Privatbildes miteinander: Andachtsbild und Porträt.

Das *Porträt* des Individuums gewinnt im bürgerlichen Ambiente des 15. Jahrhunderts einen neuen, privaten Status und damit eine völlig an die individuelle Person gebundene Form: die Ähnlichkeit. Als bürgerliches Porträt wird es zum selbständigen Bildthema und begünstigt die Erweiterung des Repertoires der Tafelmalerei.

Aus Andachtsbildern, die nicht mehr ausschließlich einer religiösen Funktion dienen, entstehen in der Renaissance *Sammlerbilder,* bei denen die ästhetische Funktion vorherrscht. Das religiöse Thema wird zum Anwendungsfall einer humanistischen Kunsttheorie, ohne die bisherige religiöse Funktion und das alte Ikonenschema aufzugeben. Die ästhetische Funktion ist noch kein Gegensatz: sie entwickelt sich im Rahmen der religiösen Funktion.

Die Entwicklung des Tafelbildes vom Kultbild zum Altarbild

Das gerahmte Tafelbild, das nicht mehr an einen festen Standort gebunden ist, erleben wir im Kunsttempel des Museums, in dem es seine natürliche Heimat besitzt. Hier ist seine Erfahrung als Kunstwerk schon programmiert. Dagegen muß das Bildverständnis, das dieser Entwicklung vorangeht und die frühen Tafelbilder ins Leben gerufen hat, vom heutigen Betrachter erst rekonstruiert werden. Das gilt auch für den Standort, für den diese frühen Bilder bestimmt waren. Er war sicher nicht das Museum; denn Museen existierten noch gar nicht. Erst am originalen Standort und in der ursprünglichen Umgebung enthüllt sich, wenn man die frühen Bilder dahin zurückversetzt, ihre eigentliche Aussage. Es zeigt sich dann, daß es nicht genug ist, ganz allgemein von ihrer religiösen Funktion zu sprechen; denn die versteht sich angesichts der religiösen Thematik von selbst. Vielmehr fächert sich diese allgemeine in eine Vielzahl spezifischer Funktionen auf, von denen wir vorab nur einige wenige stichwortartig nennen: auf den Altären der Kirchen, in einem bestimmten *Kultlokal,* als Mittelpunkt einer religiösen und ständischen Korporation, als Dokument eines rechtlich geschützten Stiftungsakts, auf einem Hausaltar, im Reisegepäck eines Hofes, in der bürgerlichen Wohnstube, als Prozessionsbild und offizieller Vertreter einer Stadt oder eines Klosters wuchsen ihm je verschiedene Aufgaben zu, die seine Benutzung prägten und oft auch sein Aussehen bestimmten. Man erfuhr das Bild immer in einem sehr spezifischen Kontext, in dem es sich bewährte und auf den es ausdrücklich Bezug nahm. Folglich kann seine Geschichte auch nur geschildert werden, wenn von seinen Funktionen die Rede ist. Ohne sie verengt sich das einzelne Bild auf eine Station in der Geschichte der Malerei, deren Fortschritt an seinem Stil abzulesen ist. Das ist aber eine moderne Sicht, die alles unbeachtet läßt, was es an spezifischen Aussagen mit sich trug.

Das Kultbild

Das Tafelbild tritt zuerst als *Kultbild* und dann als *Altarbild* in Erscheinung. Es läßt sich von anderen Formen der Malerei unterscheiden, die entweder schmücken oder erzählen, aber nicht als selbständige Bilder wahrgenommen werden: Sie schmücken die Wände eines Innenraumes (Fresken) bzw. eines Geräts (Schreinmalerei) oder die Seiten eines Buches (Miniaturmalerei), und sie erzählen oft eine Geschichte, entweder aus der Bibel oder den Heiligenlegenden. So sind sie immer abhängig von einem Bildträger und auch von einem Inhalt, den sie nacherzählen. Die hier gemeinte *Bildtafel* tritt dagegen, zumal wenn sie transportabel ist, als selbständiges Bild in Erscheinung. Und sie dient vorrangig der Darstellung von Personen (nicht Geschichten), besonders solcher Personen, die Gegenstand des kirchlichen oder außerkirchlichen Kults waren.

In Rom ist die Bildtafel in dieser Funktion seit dem 7. Jahrhundert als Ikone bezeugt. Als das Pantheon im Jahre 610 in eine Marienkirche umgeweiht wurde, erhielt es als „Tempelbild" eine ganzfigurige Ikone der Muttergottes.

Im Mittelalter wurde die wunderbar, nämlich „ohne Hände (eines Malers) entstandene" Christustafel des päpstlichen Palasts im Lateran *(Acheiropoiite)* am Vorabend des Festes von Mariä Himmelfahrt (15. August) in Prozession zur alten Marienkirche auf dem Esquilin, S. Maria Maggiore, geleitet, um dort der vom Evangelisten Lukas gemalten Marienikone zu begegnen, die den Ehrentitel einer „Heilbringerin des römischen Volkes" *(Salus populi Romani)* trug. Wenn die beiden Bilder sich einander näherten, wurden sie als Inkarnationen der beiden Personen erfahren, die man in ihnen verehrte. Dieser Status der gesteigerten Präsenz war an die Bedingung einer Porträtähnlichkeit gebunden, die durch die Legenden von ihrer Entstehung behauptet wurde. Die Christustafel war gleichsam vom Himmel selbst erzeugt worden, der Marientafel des Lukas hatte die Madonna angeblich in eigener Person Modell gesessen. Der besondere Kult dieser beiden Tafeln wurde mit ihrer besonderen Authentizität als Porträts gerechtfertigt.

Ein Kultbild blieb immer das Bild einer Person, selbst dort, wo es eine Szene darzustellen scheint. Und es bewohnte oft einen verschließbaren Schrein, in dem es zu besonderen Gelegenheiten sichtbar gemacht werden konnte: die kultische Ausstellung geht der Ausstellung von Kunst lange voran. Heute ist es immer ausgestellt. Damals aber war der Anblick solcher Kultbilder ein besonderes Privileg. Ihre Inszenierung, durch sehr seltene Schaustellung und Mitführung bei Prozessionen, gehörte untrennbar zu ihrem Kult. Der Kult war eine organisierte Form des Umgangs mit ihnen, die den Betrachter motivierte. Schließlich wurde er bei dieser Gelegenheit zum Empfänger besonderer Gnaden. Daher verstand er die Bilder, die sich ohnehin meist durch Wunderwirkungen eingeführt hatten, als *Gnadenbilder.*

Ein berühmtes, wenn auch recht spätes Beispiel ist die „Gnadenmadonna" von Cambrai *(Notre Dame de Grâce) (Abb. 1a).* Ein Kanoniker dieser französischen Kathedrale hatte das Marienbild, das in Wirklichkeit ein sienesisches Werk aus dem 14. Jahrhundert ist, im Jahre 1440 aus Rom mitgebracht und in der neuen Umgebung als Lukasbild eingeführt. Hier identifizierte man es mit dem Original der *„Hodegetria"* (aus dem Hodegon-Kloster in Konstantinopel stammend, der Legende nach von Lukas selbst gemalt), das in eben diesen Jahren im Türkensturm verlorenging, und führte es in Prozessionen mit. An der Kathedrale, in der es installiert wurde, gründete man eine Lukas-Bruderschaft, welche die Verehrung der Tafel in die Hand nahm. Alsbald wurden Aufträge an die niederländischen Maler Petrus Christus und Hayne von Brüssel vergeben, Kopien des „Originals" herzustellen. Eine dieser Repliken ist heute in der sehr qualitätsvollen Tafel in Kansas City erhalten *(Abb. 1b):* Sie reproduziert nicht den Stil, sondern die Gestalt des Vorbilds so genau, daß sie unter anderen

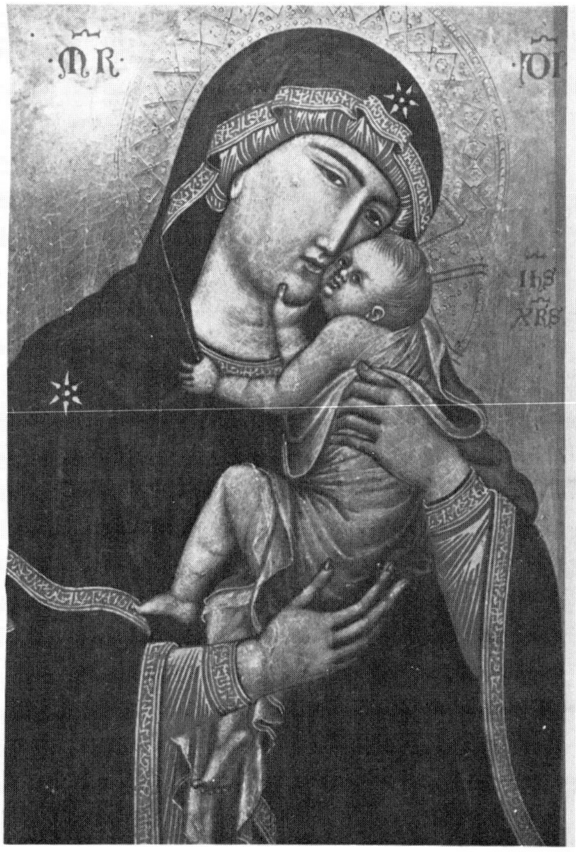

Abb. 1a: Cambrai, Kathedrale. Notre Dame de Grâce. Sog. „Hodegetria". 14. Jahrhundert

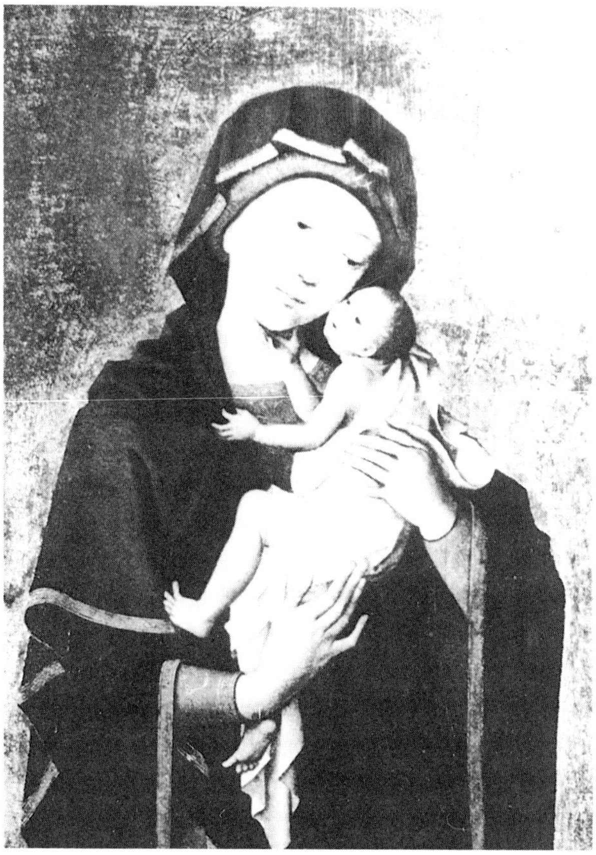

Abb. 1b: Kansas City, Replik der „Hodegetria"

Marienikonen als Nachbildung des lokalen Kultbilds identifizierbar ist. Die Identität der Erscheinung, die in der Haltung von Mutter und Kind charakterisiert ist, garantiert die Identität der Wirkung, die folglich vom Original auf das Nachbild übertragen wird. Die Malweise des Künstlers spielt dabei keine Rolle. Einige dieser Nachbilder gelangten offenbar in den privaten Bereich, wo sie als Andachtsbilder benutzt wurden. So läßt sich an diesem einen Beispiel der gesamte Funktionsraum eines mittelalterlichen Kultbilds verdeutlichen.

Allerdings wäre es ein Mißverständnis, die Geschichte des Kultbildes mit der Geschichte der gemalten Bildtafel gleichzusetzen. Das wäre nur im byzantinischen Osten möglich, der die Produktion der frühen Marienikonen in Rom angeregt hatte. Im Westen war das Kultbild lange Zeit in der Hauptsache ein rundplastisches Bildwerk, das dem Betrachter eine gesteigerte Erfahrung körperlicher Präsenz des Crucifixus oder der Madonna bot.

In der Zeit um 1200 brachte man häufig vollplastische oder reliefierte Madonnenfiguren hinter den Altären an, die man in Tabernakel oder Schreine mit beweglichen Flügeln einschloß. Diese *Schreinmadonnen* verbanden Skulptur (im Kultbild) mit Malerei (auf den Flügeln). Sie wurden im 13. Jahrhundert schrittweise von gemalten Tafelbildern abgelöst.

Ein Mischprodukt ist die Madonnentafel des florentinischen Malers COPPO di Marcovaldo in Santa Maria Maggiore in Florenz *(Abb. 2)*, ein Werk aus der Mitte des 13. Jahrhunderts. Die thronende Madonna mit Kind, eine feierliche Königin in liturgischer Robe, ist dem Typus einer Madonnenskulptur nachempfunden, die der Presbyter MARTINUS im Jahre 1199 geschnitzt hat *(Abb. 3)*. Die Anspielung von COPPOS Tafel auf eine Skulptur wird dadurch unterstrichen, daß die Madonna als Relief aus der glatten Malfläche hervortritt. Auch ihr gefalteter Heiligenschein greift oben über den Bildrahmen der Tafel hinaus. Ikone und Skulptur, eine neue und eine alte Spielart des Kultbildes aus Ost und West, sind somit zu einer Art Zwitter verbunden: Man will von der Skulptur noch nicht lassen, zugleich schon die neuen Möglichkeiten der Bildtafel erproben. Aber die Tafel siegt in diesem Wettbewerb über die Skulptur. Das bezeugt schon der erhaltene Bestand, an dem Skulpturen nurmehr einen ganz kleinen Anteil haben. In ganz wörtlichem Sinne scheinen Tafeln Skulpturen ersetzt und ihre Wesensmerkmale übernommen zu haben.

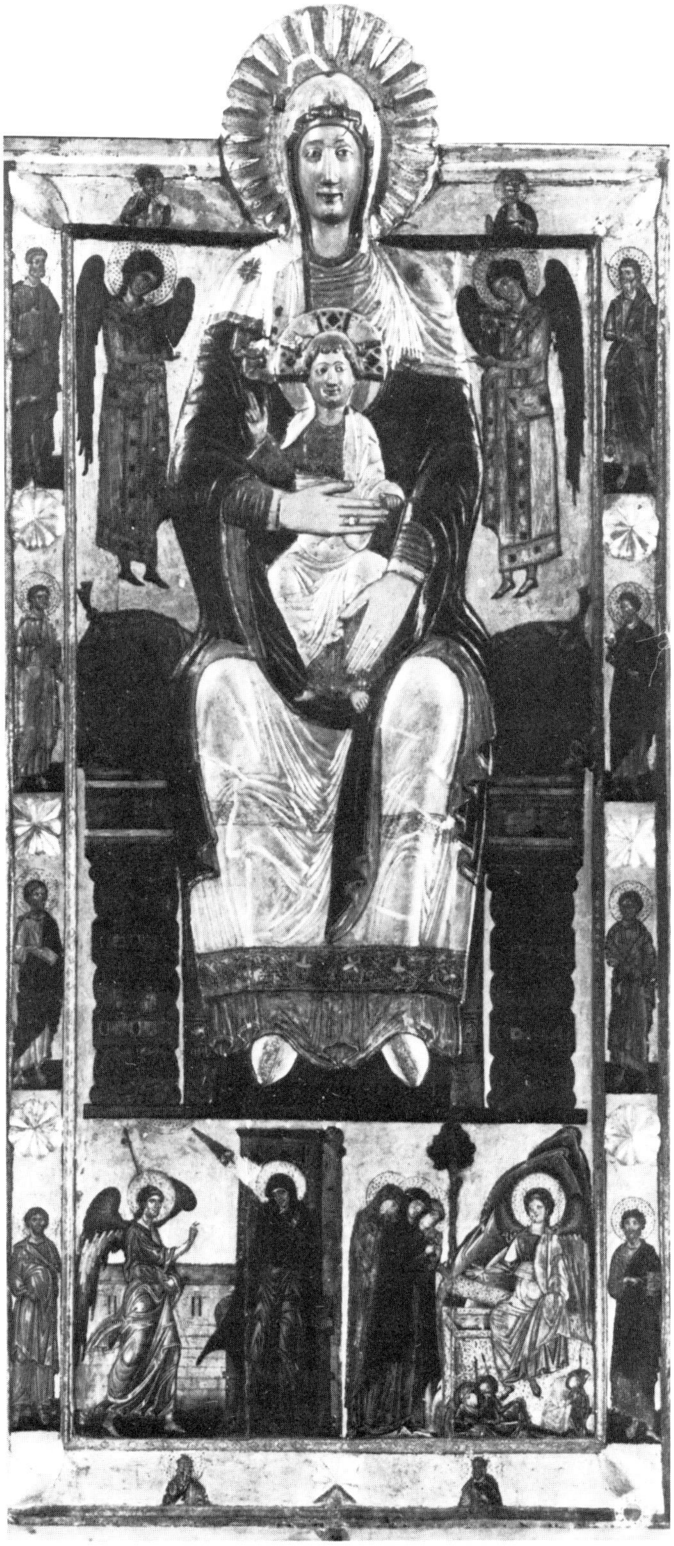

Abb. 2: Coppo di Marcovaldo: Madonnentafel. Mitte 13. Jahrhundert. Florenz, Santa Maria Maggiore

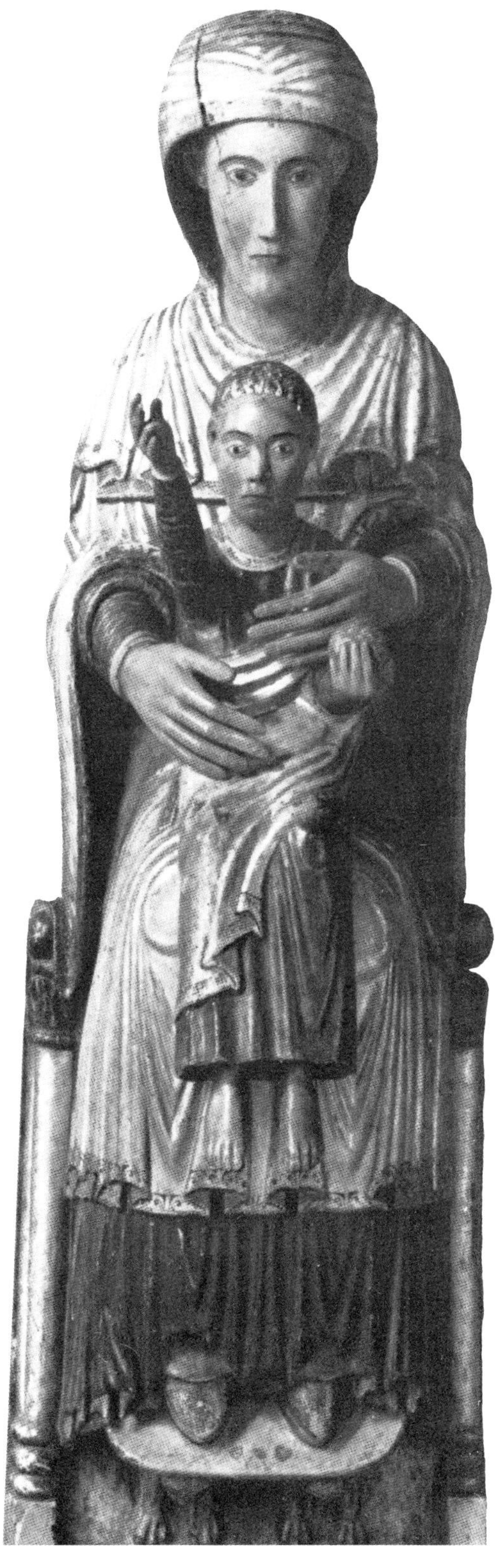

Abb. 3: Martinus: Madonnenskulptur. 1199. Berlin, Staatl. Museen Preuß. Kulturbesitz

Neben der Madonna gab es damals in Italien ein zweites Kultbild, den *Crucifixus.* Im Gegensatz zur Madonna, und auch zu den Crucifixen nördlich der Alpen, ist er in Italien schon im 12. Jahrhundert als gemaltes Kreuz bzw. Tafelkreuz überliefert.

Die frühen Beispiele beschränken sich aber nicht auf die Figur des ans Kreuz gehefteten Christus, sondern umgeben ihn mit einem ganzen Bildprogramm, das eine Kirchenausmalung auf kleinem Raum wiederholt.

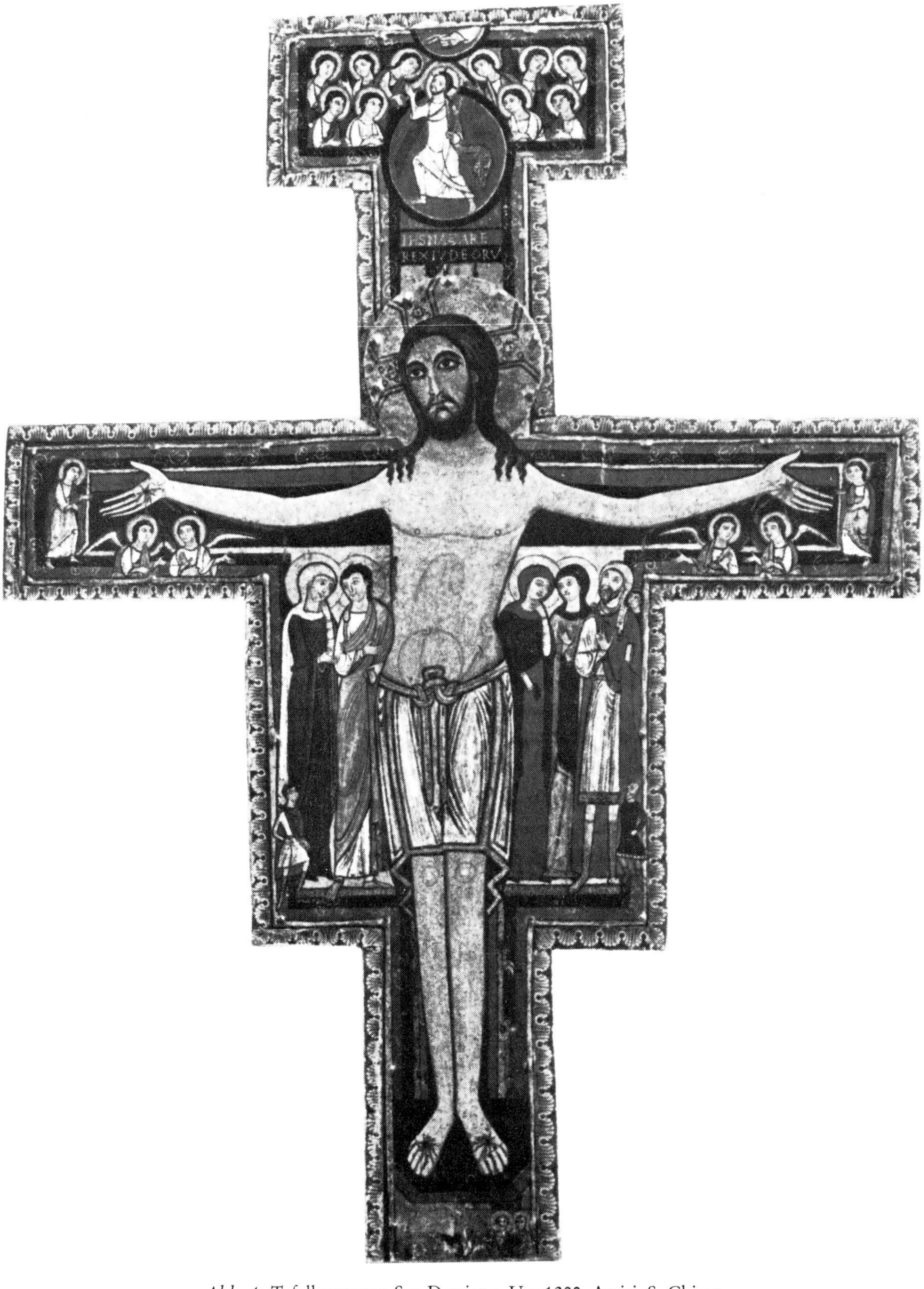

Abb. 4: Tafelkreuz von San Damiano. Um 1200. Assisi, S. Chiara

Das Tafelkreuz aus San Damiano bei Assisi *(Abb. 4)*, das den heiligen FRANZISKUS wie eine lebende Person angesprochen haben soll, ist ein solches Beispiel aus der Zeit um 1200. Die Nebenfiguren aus der historischen Kreuzigung und andere Szenen aus der Passion sind ebenfalls auf der Tafel untergebracht. Dadurch treten die Bildform des Crucifixus und die Objektform der Tafel, welche die Gestalt eines Kreuzes mit der Gestalt einer Bildtafel verbindet, auseinander.

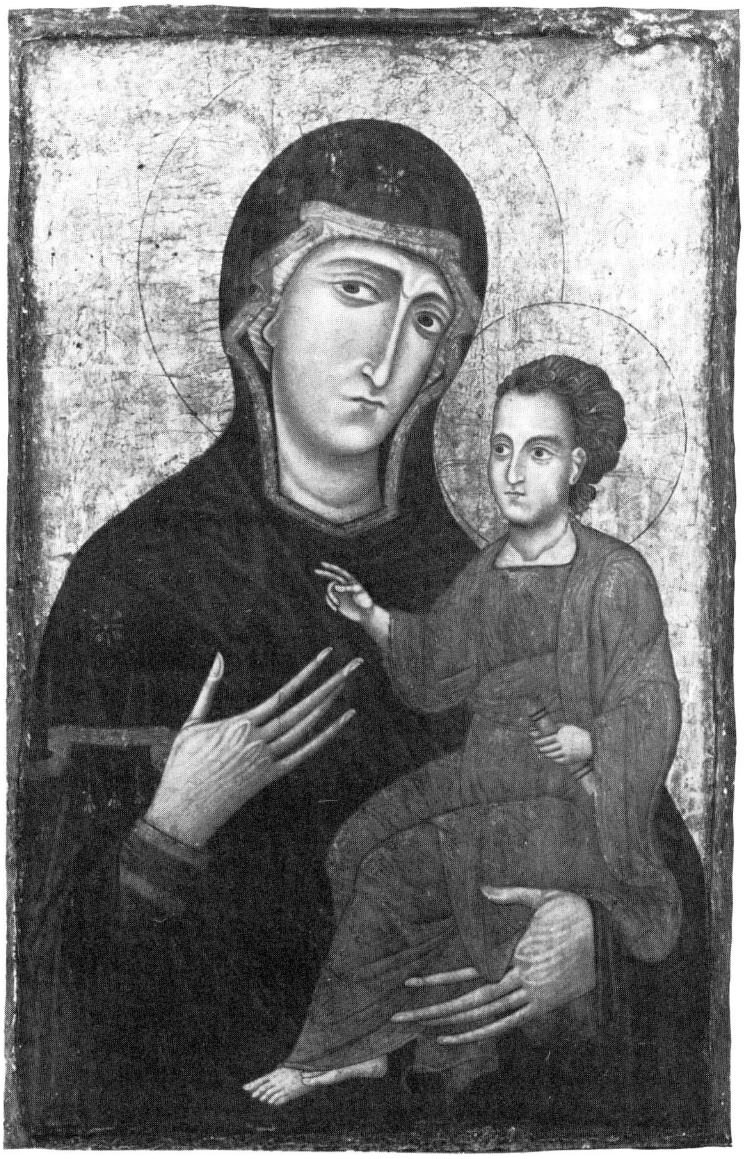

Abb. 5: Madonna Straus. Frühes 13. Jahrhundert. New York, Metropolitan Museum of Art

In anderen Werken verweisen die ausladenden Endstücke auf zusammengebaute Produkte der Metallkunst. Im 13. Jahrhundert sucht man die Einheit von Objekt (Tafel) und Bild (Crucifixus) mit künstlerischen Mitteln zu erzwingen. Die Nebenszenen werden vom Tafelkreuz verbannt. Nur die beiden Jünger sowie Maria und Johannes, die unter dem Kreuz Wache hielten, bleiben vom historischen Personal des Geschehens auf Golgatha übrig. Sie machen der Hauptfigur aber ihre Bildwirkung nicht streitig, sondern sind als zwei halbfigurige Ikonen an den waagerechten Kreuzenden angeschlossen, die den Maßstab der Hauptfigur wahren.

Diese Wandlung des italienischen Tafelkreuzes steht im Zusammenhang eines Massenimports byzantinischer Ikonen, auf denen diese neue Sicht des Gekreuzigten bereits die Norm war. Nach der lateinischen Eroberung Konstantinopels im Jahre 1204 gelangen Ikonen auf breiter Front in den Westen, vor allem nach Italien, wo man in Rom und Venedig bereits an solche Produkte gewöhnt war. Damals beginnt die uns bekannte Geschichte des europäischen Tafelbildes. Der englische Kunsthistoriker Edward B. Garrison hat einen Katalog italienischer Bildtafeln aus dem 13. Jahrhundert zusammengestellt, der immerhin noch insgesamt 700 Nummern aufweist, wobei zu bedenken ist, daß dies nur der kleinere, erhaltene Teil der ursprünglichen Produktion ist.[1] Es läßt sich heute nicht mehr bezweifeln, daß die beiden Vorgänge, der Ikonenimport und die gigantische Steigerung der Produktion italienischer Tafelbilder, in direktem Zusammenhang miteinander stehen. Davon zeugen auch die vielen Lehnformen aus der Ikonenmalerei, welche die italienischen Tafelmaler eifrig wiederholen. Ja, oft wird mit diesen Beispielen überhaupt entschieden, was ein Tafelbild ist und wie es auszusehen hat. Das reicht von der Objekt- und Rahmenform einteiliger und mehrflügliger (also verschließbarer) Werke, die als *Diptychen* oder *Triptychen* auftreten, bis zur Gestaltprägung der Figur, die ein Ikonenformular wiederholt.

Unser Bild von der östlichen Ikonenkunst ist inzwischen durch den heutigen Anteil später, zumal slawischer Ikonen am Kunstmarkt so verzerrt, daß man sich kaum mehr vorstellen kann, daß die Ikone die Geschichte der europäischen Tafelmalerei wesentlich geprägt, wenn nicht überhaupt begründet hat. Und noch ein anderes Klischee steht im Wege, wenn man die historische Rolle der Ikonen einschätzen will: die Vorstellung von der unnahbaren, archaisch-steifen Kunst des Ostens. Im Mittelalter wurde diese Kunst ganz anders erfahren, sie stand geradezu für das entgegengesetzte Ideal von Lebendigkeit und Nähe. Ikonen waren es, welche die Darstellung der Emotionalität einführten und damit das Ausdrucksrepertoire westlicher Kultbilder verwandelten. Ihre Andersartigkeit, die dem Gewohnten entgegenstand, wurde als positiv erfahren. Sie weckte Erwartungen, die dann die einheimische Malerei zu erfüllen hatte.

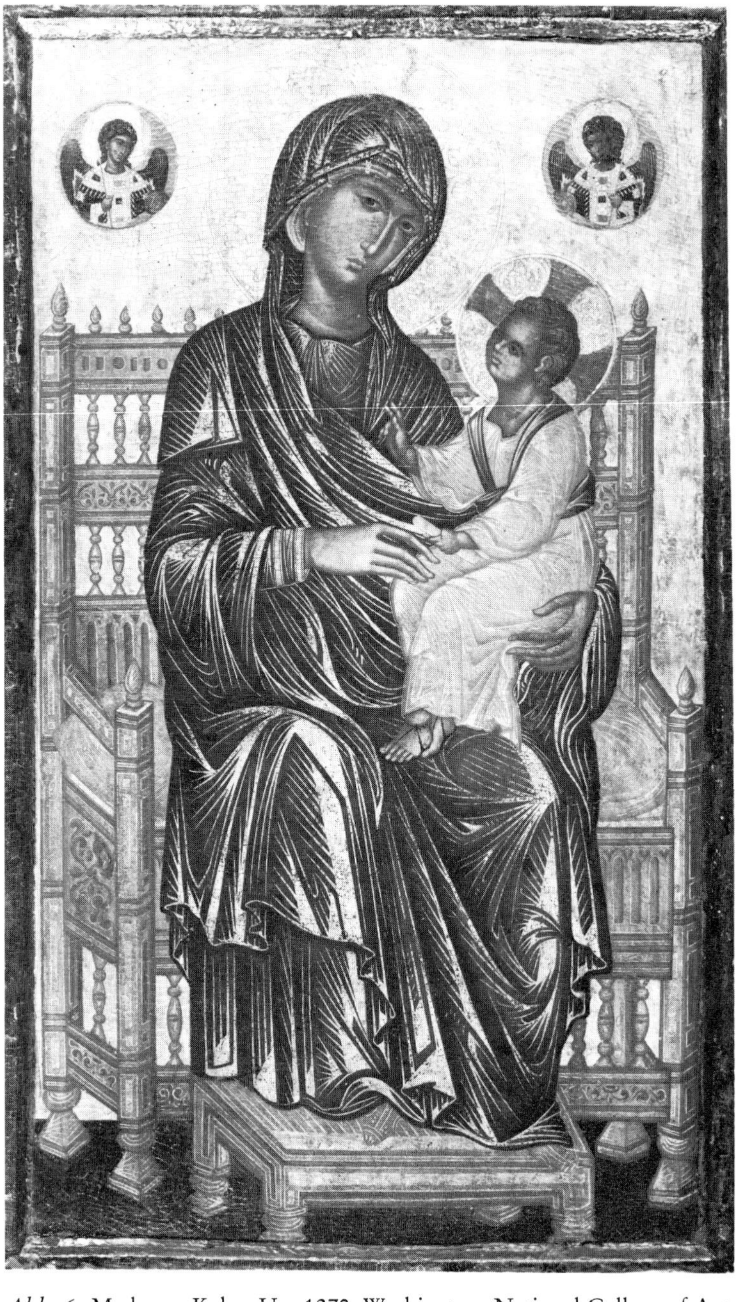

Abb. 6: Madonna Kahn. Um 1270. Washington, National Gallery of Art

Die Maler lernten von östlichen Produkten für ihr Handwerk und bereicherten damit ihr Repertoire. Oft müssen ihre Werke geradezu als Konkurrenzwerke empfunden worden sein. Die Rahmenform der Madonna des Malers COPPO (*Abb. 2*) ist eine Lehnform aus der östlichen Malerei, wie man an der Abfolge ganzfiguriger Heiliger auf dem breiten Rahmenband ablesen kann. Der Kontakt mit östlichen Werken war nicht auf Importstücke beschränkt. Man lernte auch griechische Maler kennen, die zum Beispiel in der Toscana für italienische Auftraggeber arbeiteten. Betrachten wir diesen von ihnen ausgehenden Einfluß der „maniera greca" oder „bizantina" anhand eines Werkes aus dem frühen 13. Jahrhundert:

Die „Madonna Straus" im Metropolitan Museum in New York, ein Werk der Malerschule von Lucca, ist nur im Malstil, aber nicht in der Auffassung von Mutter und Kind von östlichen Ikonen zu unterscheiden *(Abb. 5)*. In Bildausschnitt, Körperwendung und Gestik des Figurenpaares stimmt sie völlig mit einer im Sinai-Kloster entdeckten griechischen Bildtafel aus nahezu der gleichen Zeit überein. Das ist kein Zufall, sondern Absicht. Der Auftraggeber hat wahrscheinlich das Aussehen der Tafel vorgeschrieben. Die Bindung an östliche Vorlagen garantierte ihr mit der größeren Authentizität des Aussehens (denn schließlich kamen die Ikonen aus dem Land der Bibel, zumindest in damaligen Augen) auch eine höhere Autorität, und damit auch einen gesteigerten Kultwert.

Eine Madonnentafel in der National Gallery in Washington, die aus der Sammlung Kahn erworben wurde, ist das Produkt eines solchen „wandernden Künstlers" *(Abb. 6)*. Die Komposition der ganzfigurigen Thronfigur ist in der Toscana entwickelt und nicht von der Funktion des Altarbildes zu trennen. Auch die Ornamentierung des Goldgrundes ist in dieser Weise spezifisch für die toskanische Kunst um 1270.

Die farbige Modellierung ist aber ebenso wie die Maltechnik insgesamt das Zeichen eines griechischen Malerateliers. An diesem Beispiel erweist sich, daß sich im Lauf des 13. Jahrhunderts inzwischen eigene, lokale Konventionen herausgebildet hatten, an die sich der Grieche halten mußte, wenn er Arbeit finden wollte. In maltechnischem und künstlerischem Sinne war sein Produkt immer noch den einheimischen Künstlern überlegen, die inzwischen aber ihre eigenen „Ikonen" fortentwickelt hatten, ohne damit das Konzept der Ikone, das heißt das Abbild einer porträthaften Figur, aufzugeben.

Im Museo Horne in Florenz bezeugt ein Hausaltärchen mit reichem gedrechselten Rahmenwerk, wie sehr es auf die gefühlsmäßigen Werte solch letztlich östlicher Bildformeln ankam *(Abb. 7)*. Das religiöse Tragebild besitzt in seinem Binnenfeld eine Darstellung von Maria und dem Kinde, die man fast als Massenprodukt bezeichnen kann. Worauf es ankommt, ist der Nahausschnitt der Darstellung: Sixten RINGBOM hat ihn „close-up" genannt.[2]

Das Bild ist gleichsam eingeblendet auf die Köpfe von Mutter und Kind. Die Gefühlslage ist, in Kuß und Umarmung, auf zärtliche Liebe und melancholische Vorschau auf die Passion gestimmt. Alles andere ist so nebensächlich, daß es nicht einmal mehr Platz im Bild hat. Damit nimmt das Bild eine psychologische Wendung, die man am allerwenigsten von Kultbildern erwarten würde.

Und doch ist das Schema der Darstellung von östlichen Ikonen übernommen. Die Marientafeln dieses Typs fanden offenbar bei der Passionsliturgie Verwendung und symbolisierten die liturgischen Hymnen der Marienklagen, die man vor ihnen sang.

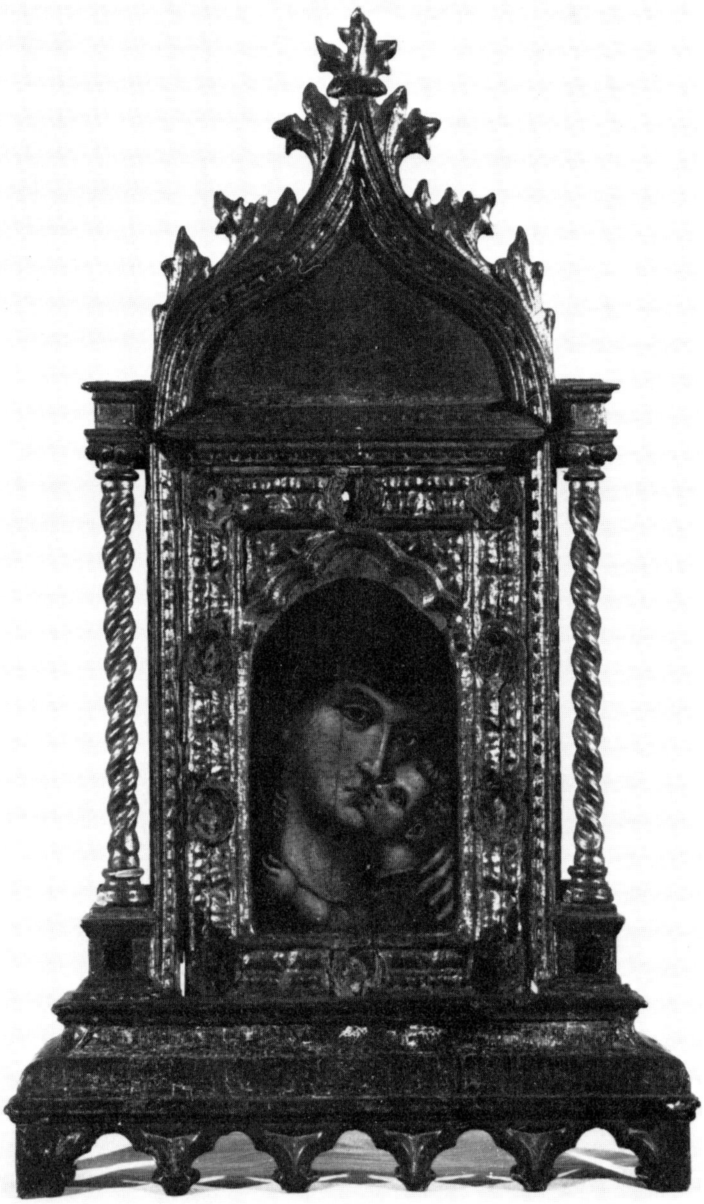

Abb. 7: Hausaltar mit Maria und Kind. Um 1370. Florenz, Museo Horne

Das Altarbild

Die Einbürgerung östlicher Ikonen fand aber dort ihre Grenzen, wo man in Italien die Bilder in neue Funktionen einwies: sie gelangten auf Altäre, auf denen man die Messe feiern und ihren Kult in feste, liturgische Formen einbinden konnte. Damit wurden sie gleichsam gemalte „Standbilder". Dieser Prozeß ist am frühesten an den Tafeln des heiligen FRANZISKUS von Assisi nachzuweisen, die seit 1228, dem Jahre der Heiligsprechung des erst 1226 verstorbenen Bettelmönchs, auf Seitenaltären der Ordenskirchen populär wurden.

Die älteste erhaltene Tafel, aus dem Jahre 1235, stammt von BERLINGHIERO BERLINGHIERI *(Abb. 8)*. Sie macht es sich zur Aufgabe, das Aussehen des neuen Heiligen zu bestimmen – womit sie dem frühen Porträt vorausgeht. Das geschieht mit Hilfe einer ganzfigurigen Ikone und beiderseits aufgereihten Wunderszenen, mit denen der Bettelmönch seine Heiligkeit gleichsam zu Protokoll gegeben hatte.

Die Kombination der Hauptfigur mit seitlichen Szenen war von den „Vita-Ikonen" der östlichen Kunst längst eingeführt. Aber die toskanische Tafel unterscheidet sich davon durch markante Änderungen wie die wesentlich verbreiterte Basis und den oberen Abschluß mit einer Giebelform. Dieser Wandel wurde von ihrer Aufstellung hinter bzw. auf dem Altar diktiert. Aus der Wandikone wurde ein Altarbild. Das war in der Ostkirche unbekannt. Dort waren die Altäre hinter der Schrankenanlage den Blicken entzogen. Die Ikonen fanden Platz an der „Bilderwand" *(Ikonostas)*, die den Altarraum abschloß. Sie endete oft in einem Fries aufgereihter Ikonen *(Templon)*, die dem Gebälk der Schrankenanlage aufgesetzt waren.

Ein solcher Ikonenfries hat aber seinerseits im Westen Schule gemacht, und zwar wieder am neuen, liturgischen Bildort: dem Altar. Ein zweiter Typus des frühen Altarbildes, der ihm auffallend ähnlich sieht, bietet ebenfalls eine friesartige Aufreihung einzelner Ikonen, staffelt sie aber beiderseits des Hauptbildes unter einem gemeinsamen Flachgiebel. In Pisa und Florenz haben sich frühe Vertreter dieses Typs, für den sich die Bezeichnung „Dossale" eingebürgert hat, erhalten. Vielleicht war seine Entstehung, außer an das formale Vorbild östlicher Ikonenfriese, zusätzlich auch an besondere Bedingungen gebunden, die wiederum im Bereich liturgischer

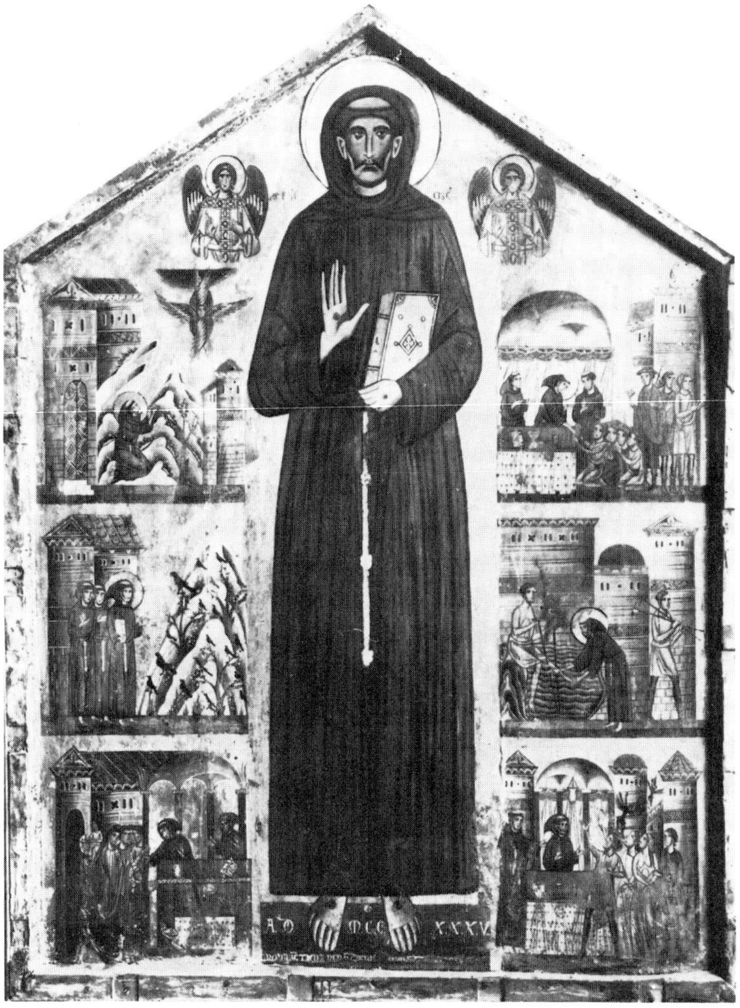

Abb. 8: Berlinghiero Berlinghieri: Franziskus-Darstellung. 1235. Pescia (Toscana)

Funktionen liegen. Eine Urformulierung des mehrteiligen Altarbildes wurde offenbar kurz nach 1261 auf dem Hauptaltar des Doms von Siena aufgestellt, und zwar in der Absicht, damit ein Gelübde *(voto)* einzulösen, das der Stadtstaat von Siena der Hauptpatronin Maria abgegeben hatte. Die *„Madonna del Voto"* hat sich davon allein erhalten und ist heute Kultobjekt einer eigenen Kapelle. Der holländische Forscher Henk VAN OS hat aber soeben nachweisen können, daß die Madonnentafel ursprünglich im Zentrum eines fünfteiligen Ensembles saß, das sie mit den vier übrigen Stadtpatronen Sienas zu einem Gruppenbild vereinigte.[3] Dieses Gruppenbild faßt das Kultprogramm der gesamten Kathedrale, statt eines Einzelkults auf einem Seitenaltar, auf dem Hauptaltar zusammen.

Damit ist das vielteilige oder, wie der Begriff „Poly-ptychon" besagt, vielflüglige Altarbild geboren. In der Breitenerstreckung ist es dem Hauptaltar einer Kirche, in der Auswahl von Ikonen den lokalen Kultverhältnissen *(Patrozinien)* einer größeren Kirche angepaßt. Bald wird es zur Konvention, ohne noch jeweils an solch spezifische Bedingungen gebunden zu sein. Sein

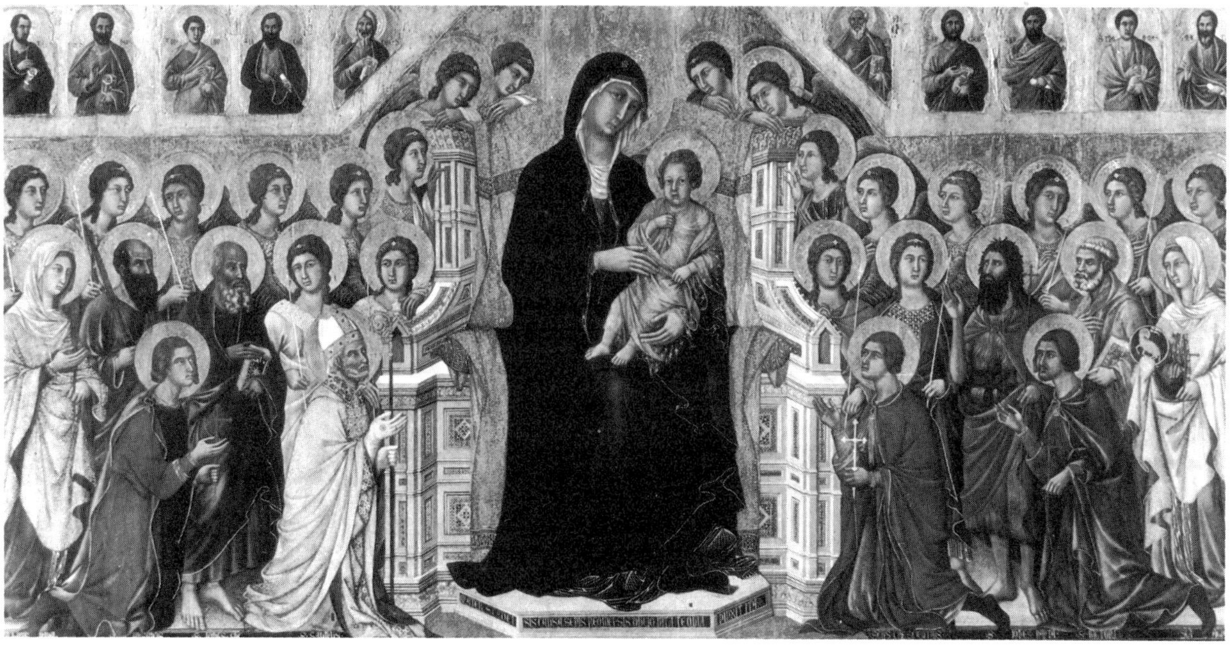

Abb. 9: Duccio: Maestà. 1308. Siena, Dommuseum

rascher Entwicklungsgang wird in geradezu drastischer Weise unterstrichen, als der Maler DUCCIO di Buoninsegna im Jahre 1308 von der Kommune in Siena den Auftrag erhält, das frühe Polyptychon im Dom durch ein größeres, prächtiges Werk zu ersetzen. Das Ergebnis ist die weltberühmte *„Maestà“ (Abb. 9).* Sie reproduziert in den vier vor der Madonna im Vordergrund knienden Stadtheiligen noch das Programm des Ikonenfrieses, der ihr Vorbild war. Jetzt ist dieses Gruppenbild aber in einen vielfigurigen Chor aus Engeln und Heiligen eingebunden, der sich am Thron Mariens versammelt hat. Und die in ganzer Figur mit Kind thronende Maria erweist sich im Kreis der Engelgarde als Zitat nach einem anderen Typus des Altarbildes, der sich neben dem mehrteiligen Ensemble in der Zwischenzeit in der Toscana verbreitet hatte: dem giebelförmigen Thronbild Mariens, das inzwischen wahre Riesenformate erreicht hatte. Im ersten Saal der Uffizien in Florenz sind die Hauptwerke dieser Art von Altartafel von der Hand DUCCIOS, CIMABUES und GIOTTOS heute nebeneinander aufgestellt. Auf solche Zusammenhänge nimmt DUCCIO in der *„Maestà“* Bezug, indem er seine Madonna inmitten der Versammlung von Himmelsbewohnern Platz nehmen läßt. Aber die Synthese aus zwei verschiedenen Traditionen des Altarbildes, Madonnentafel und Polyptychon, war ein Experiment, das keine Nachfolge fand, zumal sie auch noch die Forderung nach anschaulicher Bildeinheit zu erfüllen suchte. Nicht genug damit – der Haupttafel wurden an der Basis und in bekrönenden Aufsätzen wie auch auf der Rückseite noch erzählende Szenen kleinen Formats hinzugefügt, die ebenfalls in der Zwischenzeit am Altarbild Fuß gefaßt hatten.

Während DUCCIOS *„Maestà“* ein Sonderfall blieb, hat ein Altarbild seines jüngeren Landsmannes Simone MARTINI die Entwicklung der Gattung praktikabler zusammengefaßt und ihre Standardisierung eingeleitet *(Abb. 10).* Es ist das mehr als 3,40 Meter in der Breite messende Polyptychon, das 1320 auf dem Hauptaltar des Dominikanerkonvents Santa Caterina in Pisa aufgestellt wurde (heute im Museo Civico). Die Figuren sind auf einzelne Tafeln gemalt, die hinten durch zwei waagerechte Balken verbunden werden. Im Werk Simones ist ihre Zahl auf sieben erweitert. Vor allem tritt dieses nun als vielstöckige Mikroarchitektur aus halbfigurigen Ikonen in Erscheinung, die in verschiedenen Zonen und in abgestuften Formaten aufeinander folgen. Die Hauptzone bildet der alte Ikonenfries, über den die Madonna präsidiert. Die Heiligen zu beiden Seiten, auch sie unter einem rundbogigen Rahmen mit Dreipassfüllung, wenden sich ihr zu, um ihren Vorrang und zugleich die Einheit der Gruppe zu betonen. Die Titelheilige ist darunter ebenso vertreten wie die beiden wichtigsten Heiligen des Dominikanerordens. Oberhalb der Hauptzone wiederholt sich die Ikonenreihe im kleinen Format und in der

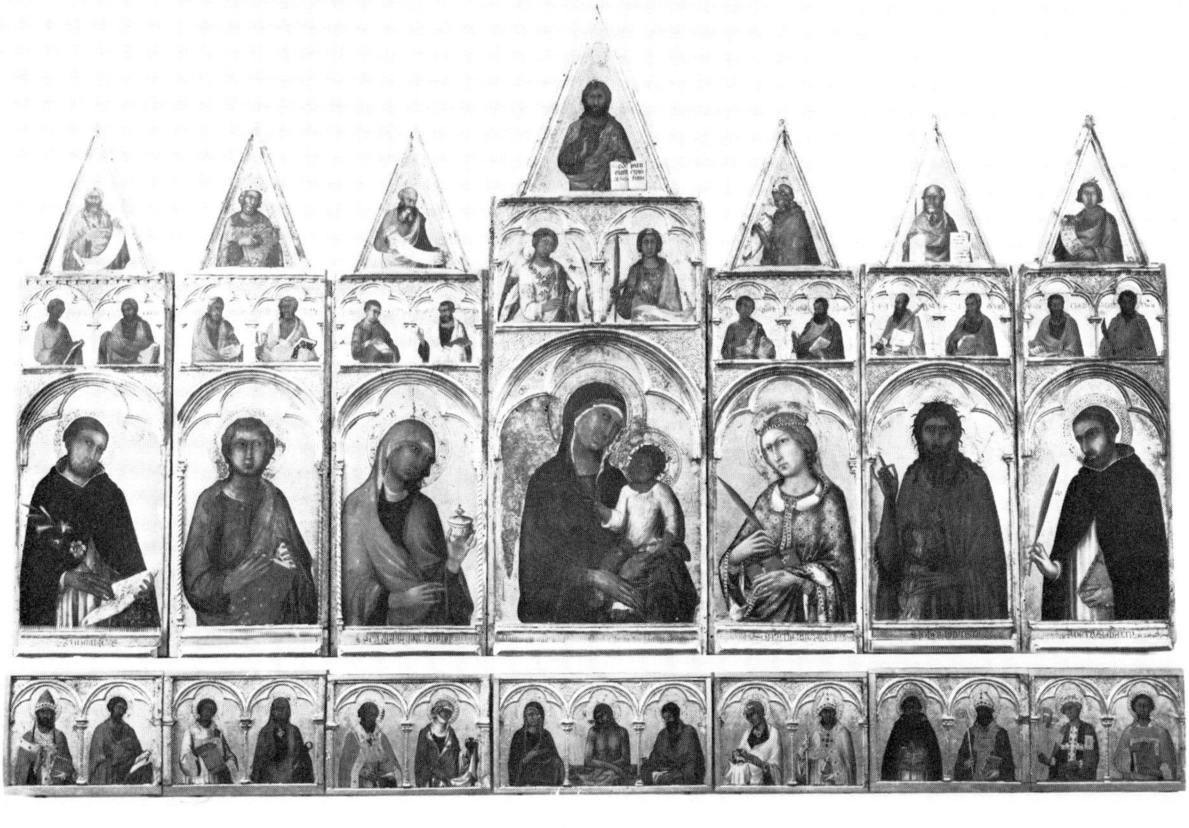

Abb. 10: Simone Martini: Polyptychon. 1320. Pisa, Museo Civico

doppelten Zahl eines Frieses von Apostelfiguren, bevor das Ganze in Giebeln endet, aus denen Propheten des Alten Testaments herausschauen. An der Basis ist ein neues Gebilde, die „Predella", eingefügt. Als niedriges Sockelband, das seinerseits einen Fries halbfiguriger Heiliger aufgenommen hat, bildet es eine Art Gelenk zwischen Retabel und Altartisch. In anderen Fällen ist die Predella szenischen Erzählungen vorbehalten.

Simone MARTINIS Polyptychon in Pisa ist in zweierlei Hinsicht ein Schlüsselwerk in der Geschichte des italienischen Altarbildes:

• Zum einen, daß es sich nicht mit einer Versammlung der hier besonders verehrten Heiligen begnügt, sondern ein lehrhaftes Programm entwickelt, das den Dominikanerorden im Kontext der gesamten Kirche (z.B. Propheten und Apostel) und in der Funktion der kirchlichen Heilsverkündung vorstellt, so, wie es früher dem plastischen Schmuck von Kirchenfassaden vorbehalten war.

• Zum anderen, daß es auch im Aufbau und in der Ausgestaltung des geschnitzten Rahmenwerks auf eine gotische Kirchenfassade anspielt, aus der auch das Repertoire der Architekturformen stammt. Im ursprünglichen Zustand trennten kleine Pfeiler mit spitz aufragenden Türmchen *(Fialen)* und Spitzgiebeln *(Wimperge)* die Tafeln.

Das Altarbild bezeugt eine Verwandlung des einschlägigen Typus von langreichender Wirkung: Was einst ein simpler Ikonenfries auf einer Tafel war, der auf der Mensa aufgestellt wurde, ist nun eine Art Schaufassade in mehreren Stockwerken und im Schmuck architektonischer Rahmenformen. Die Unterteilung der Wand- bzw. Tafelfelder und der Rahmengliederung gehört dazu. Erst in der Frührenaissance wird die Forderung nach der Einheit von Bildraum und Tafelfläche so gebieterisch, daß die Zwischenrahmen zwischen den Figuren fallen und die einzelnen Heiligen ihre Felder verlassen, um sich am gemeinsamen Ort für eine einheitliche Ansicht zu versammeln.

In der nordalpinen Kunst scheint die Entwicklung des Altarbildes anders zu verlaufen. Hier herrscht seit dem 14. Jahrhundert der geschnitzte Flügelaltar vor. Er birgt Reliquien und ändert durch Schließen und Öffnen der Flügel sein Erscheinungsbild im Lauf des liturgischen Jahres. Die Aufstellung kostbarer Schreine und Reliquiare aus Edelmetall sorgte für eine Schaustellung von Reliquien hinter den Altären, die im Bildschmuck ihrer Behälter aufleuchteten und andere Bildensembles überflüssig machten. Es ist deshalb bedeutsam, daß die verschließbaren Flügelaltäre der Zisterzienserklöster Doberan, Cismar und Marienstatt sowohl als Bildretabel wie auch als verschließbare Schränke für Reliquien dienten. Die Reliquien wurden in ihnen geschützt und für eine auf wenige Hochfeste beschränkte Schaustellung inszeniert. Die Verbindung von Reliquiar im Zentrum und Bildprogramm auf den gemalten Innenflügeln wird von einigen deutschen Sakristeischränken des 13. Jahrhunderts (in Halberstadt, Doberan und Brandenburg) vorweggenommen. Tafelbilder sind hier auf die Funktion von bemalten Türen beschränkt. Sie zeigen, wie die Ikonenfriese italienischer Retabeln, die Bilder der Heiligen, die von lokaler Bedeutung waren. Neben der Tresorfunktion erfüllt der bewegliche Flügelaltar im Norden aber schon früh die Aufgabe, den Altar mehransichtig zu machen, ihn also entsprechend dem liturgischen Jahr zu „wandeln". Man spricht deshalb auch von „Wandelaltar". Joseph BRAUN, der die Standardwerke über die Geschichte des Altars verfaßt hat, sieht hierin den Hauptsinn seiner Gestaltentwicklung.[4] Ein Altar, der die meiste Zeit im Jahr verschlossen war, konnte den Hochfesten Glanz verleihen und das Erlebnis des Kirchenbesuches erhöhen. Besonders in der Passionszeit neigte man dazu, kostbare Bildwerke und vor allem den Crucifixus den Blicken zu entziehen. Die Passionsthemen früher Flügelaltäre auf den Außenflügeln beweisen, daß sie während dieser Zeit verschlossen waren.

Wie man sieht, geht die Geschichte des Altarbildes in Nord und Süd verschiedene Wege. In beiden Fällen aber ist es die Funktion, welche die Gestaltfindung erklärt. Auch sie ist in Nord und Süd verschieden. Vor allem das gemalte Tafelbild scheint im Norden am Altar, und nicht nur hier, weniger bevorzugt worden zu sein. Dennoch ist dies eine einseitige Sicht, die der Korrektur bedarf. Donald L. EHRESMANN hat in einer kürzlich erschienenen Studie den Blick auf gemalte Flügelaltäre gelenkt, unter denen ein fragmentarisch überliefertes Ensemble aus Hofgeismar wegen seiner frühen Entstehung zu Anfang des 14. Jahrhunderts den ersten Platz einnimmt.[5] In den erhaltenen Tafeln, die auch durch ihr Format beeindrucken, liegt der Nachdruck auf der Geschichte der Passion, die auf den einzelnen Feldern unter einer gemalten Maßwerkrahmung in vielfigurigen Szenen geschildert wird. Sieht man von solchen Einzelgängern ab, so kann man in Köln schon um 1300 eine ganze Reihe kleinformatiger Altarbilder entdecken, die über ein großes Repertoire von Themen und Erscheinungsformen verfügen. Allen gemeinsam ist dabei eine Tendenz, die in den italienischen Beispielen nur am Rande eine Rolle spielte: sie erzählen.

Die Kindheit und die Passion Jesu stehen dabei im Vordergrund. Auch der Höhepunkt des Marienlebens, der mit der Krönung im Himmel erreicht wird, fehlt dabei nicht. Diese Eigenart, zu erzählen, läßt sich bis zu den ältesten Retabeln im Norden zurückverfolgen. Schon die Altäre des 13. Jahrhunderts aus Soest in Westfalen reihen über der Altarmensa Szenen dieser Art aneinander. Sie halten in ihren Bildinhalten eine Verbindung zum Altarsakrament und zur lokalen Heiligenverehrung, die am Altar stattfindet. Auch hier ist der Bildort bestimmend für die Funktionsform der zusammengesetzten Altartafel.

Auch in einer anderen Hinsicht lassen sich Sonderbedingungen der nordalpinen Tafelbilder ausmachen, die aus der Konkurrenz mit anderen, höher geschätzten und länger eingeführten Kunstgattungen resultierten. Eine kölnische Tafel aus dem frühen 14. Jahrhundert, ein Triptychon im Wallraf-Richartz-Museum in Köln, fällt auf durch Zonen von kastenartigen „Fenstern“ zwischen den Bildern, in die einst Reliquien eingelassen waren *(Abb. 11)*. In der Sekundärfunktion einer Bindung an den Reliquienkult stellt sich ein Zusammenhang mit Metall-

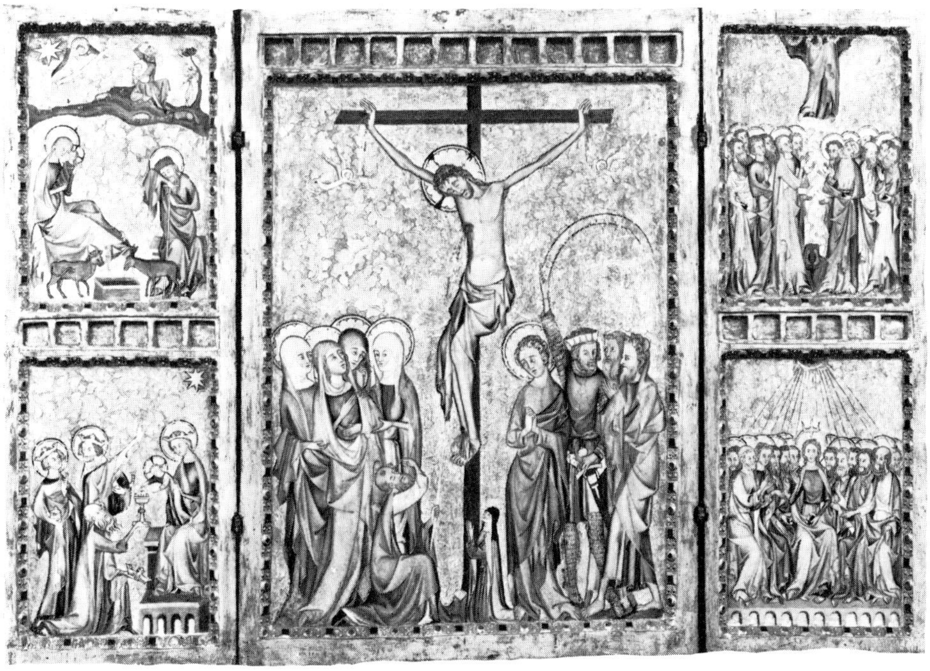

Abb. 11: Triptychon mit Kreuzigung. Frühes 14. Jahrhundert. Köln, Wallraf-Richartz-Museum

reliquiaren her, die der billigeren Tafelmalerei damals den Rang abliefen. Ein ebenfalls kölnisches Diptychon dieser Zeit in Bocholt verstärkt noch den Eindruck, daß solche Tafeln im Schatten der Goldschmiedekunst standen. Ein gemaltes Bild, das in dem uns gewohnten Sinne Einheit zwischen den Figuren der Handlung stiftet, ist erst im Entstehen. Es ist nicht so sehr der überall übliche Goldgrund als vielmehr die silhouettenhafte Vereinzelung der „bunten“ Figur in ihrer dekorativen Umgebung, welche die stilistische Bindung an die Ästhetik der „arts décoratifs“ bezeugt. Die nordalpine Tafelmalerei stand neben den anderen Bildmedien noch lange im zweiten oder dritten Glied. In Frankreich übernahm die Elfenbeinschnitzerei, ein überaus erfolgreicher Exportartikel, im 13. und 14. Jahrhundert viele der Rollen, die in Italien gemalten Altärchen und Andachtsbildern zugefallen waren.

Wenn also im Kölner Triptychon die Assoziationen mit kostbaren Goldarbeiten noch im Spektrum nördlicher Kunstbedingungen blieben, so laden andere Eigenschaften des Werks überraschenderweise doch zu einem Blick nach Italien ein. Die Darstellung der PETRONELLA von Schwerwe, die damals das Kölner Klarissenkloster leitete, im Hauptbild der Kreuzigung stellt die Tafel sofort in einen franziskanischen Zusammenhang, in dem die Tafelbildproduktion in Italien ein Hauptanliegen war. Schon die Objektform des Triptychons weist in diese Richtung; denn sie war unter den kleinformatigen Privatbildern und Reisealtären, aber auch im Kultbereich der Klarissen, in Italien als Lehnform aus der Ikonenmalerei gang und gäbe. Auch die erzählenden Szenen, aus denen das Kölner Werk besteht, breiteten sich auf solchen Tafeln mehr und mehr aus.

Aus dem engeren Kreis des sienesischen Hauptmeisters DUCCIO sind mehrfach Triptychen überliefert, auf denen die Kreuzigung wie in Köln das Hauptbild ist, und unter ihnen hat das Triptychon (in Boston), das DUCCIO selbst zugeschrieben wird, dasselbe Format wie das Kölner Altärchen. Man darf also vermuten, daß im Norden Kontakte mit italienischer Tafelmalerei bestanden haben.

Ein Stück, in dem Kontakte nördlicher Tafelmalerei mit dem Süden Geschichte machten, spielt am Prager Hof Karls IV. nach der Mitte des 14. Jahrhunderts. Auf der Burg Karlstein, auf der damals die Reichskleinodien gehütet wurden, begegnet man heute noch zwei Werken des Malers TOMMASO da Modena, die offenbar bei dem italienischen Meister in Auftrag gegeben wurden:

• Das eine ist ein kostbar gerahmtes Diptychon großen Formats, das die Madonna mit Kind, das Bildzeichen der Menschwerdung, zum Schmerzensmann, dem Bildzeichen des Erlösungsopfers der Passion, gesellt und damit das gesamte Heilsprogramm der christlichen Offenbarung in einem symbolischen Tête-à-tête des Figurenpaares verdichtet: Pendants dazu waren in der italienischen Kunst, vor allem im Umkreis privater, aber auch klösterlicher Bildmeditation, längst geläufig. In Böhmen blieb das importierte Altarbild dann ebenfalls nicht ohne Nachfolge.

• Das andere Werk TOMMASOS auf Karlstein ist ein Triptychon, das in die Wandverkleidung des „Allerheiligsten", der abgelegenen und hochgelegenen Kreuzkapelle, eingefügt ist. Diese Raumdekoration ist das merkwürdigste Arrangement von Tafelmalerei, das aus dem ganzen Mittelalter auf uns gekommen ist. Statt mit Fresken, wie es sonst immer üblich war, sind die Wände dieses Kultraums mit einer lückenlos aneinanderpassenden „Galerie" von Bildtafeln bedeckt, die gleichsam ein dreidimensionales Retabel abgeben. Da sie Einfassungen für Reliquien tragen, ist die Absicht augenfällig, hier ein Kultprogramm zusammenzustellen, welches das christliche Universum für den Kaiser repräsentieren sollte. Daß dies, wie im italienischen Altarbild, mit gerahmten Ikonen geschah, ist ohne die Kenntnis südlicher Bildpraktiken gar nicht denkbar, sosehr die Prager Version eine Ausnahme darstellt und im Umgang mit italienischen Bildkonventionen eigenartig ist. Sie ergänzt die Repräsentation der Heiligen durch ihr Bild mit einer solchen durch Körperreliquien.

Würde man aber mehr solcher Beispiele sammeln, so müßte man sich eingestehen, daß der scharfe Kontrast zwischen Nord und Süd, der nur Unvereinbares entdeckt, an den Rändern verblaßt.

Die Entstehung des Privatbildes

Mit dieser Einsicht kehren wir in den Bereich des italienischen Bildgebrauchs zurück. Dort sind uns zunächst das Kultbild und dann das Altarbild begegnet. Beides wird in DUCCIOS Sieneser *„Maestà"* zu einer „doppelgesichtigen" Bildform verbunden *(Abb. 9)*. Normalerweise bleiben Kultbild und Altarbild getrennte Kategorien. Man könnte im Altarbild geradezu die „Zähmung" des wuchernden, frei verfügbaren Kultbildes sehen, das im liturgischen Zusammenhang, der stationären Aufstellung auf der Altarmensa und in der Einbettung in andere Bilder in einen eng gefaßten Rahmen eingewiesen wurde. Man schrieb sozusagen fest, unter welchen Bedingungen es erfahren werden sollte. Aber das Altarbild hatte keinen so leichten Sieg, wie es im Lichte des erhaltenen Materials manchmal scheinen mag. In den Laienbruderschaften, die sich im eigenen Kultlokal zu gemeinsamem Gebet vor einem Bild versammelten, und im halböffentlichen Bereich vor allem der Nonnenklöster tauchen schon im 13. Jahrhundert Bilder auf, die nicht die offizielle Funktion des Hauptaltarbildes besaßen und folglich auch weniger auf verbindliche Standards festgelegt waren. Sie sind, in Format und Bildauswahl, mehr individuellem Zugang offen und führen alsbald mit fließenden Grenzen in den privaten Bereich.

Die Passionsthemen der Diptychen und Triptychen, von denen schon die Rede war, dienen einem gefühlsmäßigen und kontemplativen Umgang mit dem Bild, das persönliche Akzente besaß und persönliche Interessen zuließ. Man dachte und fühlte sich in den Kreisen, in denen solche Bilder beliebt waren, gern in ein Gegenüber ein, zu dem man sprechen konnte und von dem man Antwort erwartete. Oder man wollte eine biographische Situation aus dem Leben Jesu und Mariens miterleben.

Die private Bilderfahrung des Betrachters rechtfertigt die Unwahrscheinlichkeit, daß man die Madonna selbst gesprochen hatte, indem sie das Bild ein Wunder wirken läßt. Wenn aber Bilder im Augenblick des Wunders sprechen konnten und dann wieder verstummten, so entstand der Wunsch danach, daß sie immer sprachen, zumindest immer dann, wenn man das wollte. Dieser Wunsch führte dazu, daß die Bilder ihr Aussehen veränderten. Sie werden in der Lebendigkeit der Gesichtszüge verfügbar. Der Sprechakt des Bildes hört auf, ein Wunder zu sein, und wird zur psychologischen Sprachfähigkeit der Figuren. Dieser neue Bildausdruck bestimmt fortan das ästhetische System.

Brach man dabei in Tränen aus, so hatte man sich selbst bewiesen, daß man die Schwelle überschritten hatte, die vom eigenen Dasein zu einer höheren Form von Existenz führte. Man hatte sich einer Individualität versichert, die nicht durch Umstände des Standes und des Berufes begrenzt war. Daß dazu zunächst eine gleichgesinnte

Gemeinschaft – ob im Laien- oder im Mönchsstand – den Weg ebnete, ist nicht weiter verwunderlich. Schließlich betete man, wenn man das Geld dazu besaß, in den üblichen Gebetsstunden des Tages im privaten *Stundenbuch* nach, was im offiziellen kirchlichen Stundengebet vorgebetet wurde. Dabei konnte man dann, wenn man einen Maler gefunden hatte, auf den Buchseiten Bilder betrachten, die einem selbst gehörten. Sie hatten die gleichen Themen wie die Tafeln, die man alsbald in den eigenen Räumen an die Wand hängte. Es war also der Wunsch nach einem eigenen Bild, der schon früh die Tafelbildproduktion anregte. Wenn man sich dabei selbst mitdarstellen ließ – ob als Vertreter einer klösterlichen Gemeinschaft oder als Privatperson –, so empfahl es sich, eine Distanz zu wahren, die den Unterschied zur himmlischen Existenz des Heiligen im Bild ausdrückte. Dafür standen in Nord und Süd verschiedene Mittel zur Verfügung. Sie begannen mit einer drastischen Verkleinerung der Betrachterfigur, die den Zusammenhang mit den anderen Figuren eines Bildes unterbrach. Je mehr man aber im Süden einen Begriff vom Bild und seiner ästhetischen Einheit entwickelte, desto weniger kam diese Lösung in Frage und desto mehr griff man zu einer anderen Lösung. Sie bestand darin, zwischen Bild und Tafel zu trennen und das Hauptthema zu einem *Bild im Bild* zu entrücken, vor dem eine „diesseitige" Figur – ob Stifter oder Besitzer – Platz fand. Diese Lösung bot auch den Vorteil, den Dialog zwischen Bild und Betrachter – zwischen der „jenseitigen" Kultperson und der irdischen Existenz einer Privatperson – im Bilde festzuhalten. Hier wurde das eigene Konterfei zum Siegel des persönlichen Bildbesitzes.

Auch die Pose der dargestellten Privatperson spielte in diesem Zusammenhang eine Rolle. Kniend und in Bethaltung unterschied sie sich in szenischen Erzählungen von den handelnden Personen und in „ikonischen" Andachtsbildern von jenen Figuren, die sich direkt an den Betrachter außerhalb des Bildes wandten und dazu da waren, betrachtet zu werden. Schon der seitliche Platz und die Ansicht im Profil sorgten für notwendige Unterscheidungen. Wurde die abgebildete Person von einem Heiligen eingeführt, so machte sie damit deutlich, daß sie sich unter seine Protektion stellte und ein bestimmtes Anliegen vortrug. Das *Stifterbild* ist dafür ein geläufiges Beispiel. Noch die Bildtafel des Kanonikers VAN DER PAELE, die VAN EYCK 1436 in Brügge vollendete, ist diesem Prinzip verpflichtet *(Abb. 15)*. Sie führt aber eine weitere Unterscheidung ein, die um so notwendiger wurde, je mehr die Malerei symbolische Verweisformen gegen die volle Anschaulichkeit der Wirklichkeit austauschte. Der Blick des Stifters geht an den übrigen Bildfiguren, die einander anschauen, vorbei ins Leere, oder besser in eine Ferne, in welche die gemalte Vision entrückt wird. Das Bild macht anschaulich, was der Betrachter vor seinem inneren Auge sieht. Wappen auf der Rückseite oder auf dem Rahmen dokumentierten oft deutlicher, als es das Bildnis vermochte, den Besitzer der Tafel. Schließlich konnte man im Bildnis nur allgemeine Merkmale, wie Lebensalter und Standeszugehörigkeit, festhalten.

In der höfischen Kunst um 1400 steigerte sich auch die modische Komponente im Kostüm der Figuren zur übertriebenen Selbstdarstellung des Adels. Ein Werk wie das „Diptychon Wilton" in der National Gallery in London, das dem englischen König RICHARD II. (1367–1400) gehörte, ist ein wahres Modejournal, das zum ästhetischen Bekenntnis einer Gesellschaftsschicht gerät *(Abb. 12)*.

Auf den Innenseiten wird der kniende König von den Staatsheiligen des englischen Hofes in den himmlischen Hof eingeführt, wo man an der Einheitskleidung in himmlischem Blau seine persönliche Devise angesteckt hat. Madonna und Kind wenden sich ihm in lebhafter Bewegung zu. Auf den Außenseiten sind Devise und Wappen dazu da, die königliche Person als Bildbesitzer auszuweisen. In anderen Fällen tragen Inschriften auf den Rahmen oder auf Spruchbändern der Bildfiguren das hinzu, was das Bild mit eigenen Mitteln nicht aussprechen kann, und bezeichnen Umstände, Zweck und Inhaber eines Bildauftrags oder Bildgeschenks.

Geht man an die Anfänge des Privatbildes zurück, so muß man sich deutlich machen, daß es nicht neben dem Bild im öffentlichen Kultraum entstand, mit eigenen Themen und Formen, sondern eher dessen Aussehen übernahm, aber schrittweise „privatisierte". Denn man wollte keine andersartigen Bilder, sondern nur eines, das einem selbst gehörte. Die größte Faszination ging natürlich von Bildern aus, die Wunder wirkten oder vom Geheimnis einer wunderbaren Herkunft umgeben waren. Sie wenden sich dabei, ob öffentliches Kultbild oder nicht, an eine Person, die das Wunder erlebt. So entsteht eine private Bilderfahrung.

Das Tafelkreuz von San Damiano bei Assisi *(Abb. 4)* spielte als redendes Bild eine Schlüsselrolle bei der Bekehrung des heiligen FRANZISKUS. Nach seiner Schilderung forderte es ihn auf, die zerfallene Kapelle zu restaurieren, in der er auf es gestoßen war. Das Bild ist hier das Instrument, dessen sich der Crucifixus bedient, und für FRANZISKUS der Beleg, daß er aus dem Jenseits angesprochen worden war. Da Bilder normalerweise nicht sprechen, ist es ein Wunder, wenn sie es einmal tun. Der Vorfall begründete den franziskanischen Kult des Tafelkreuzes, insbesondere des Wunderbildes, das heute in San Damiano verehrt wird. In dem berühmten Zyklus

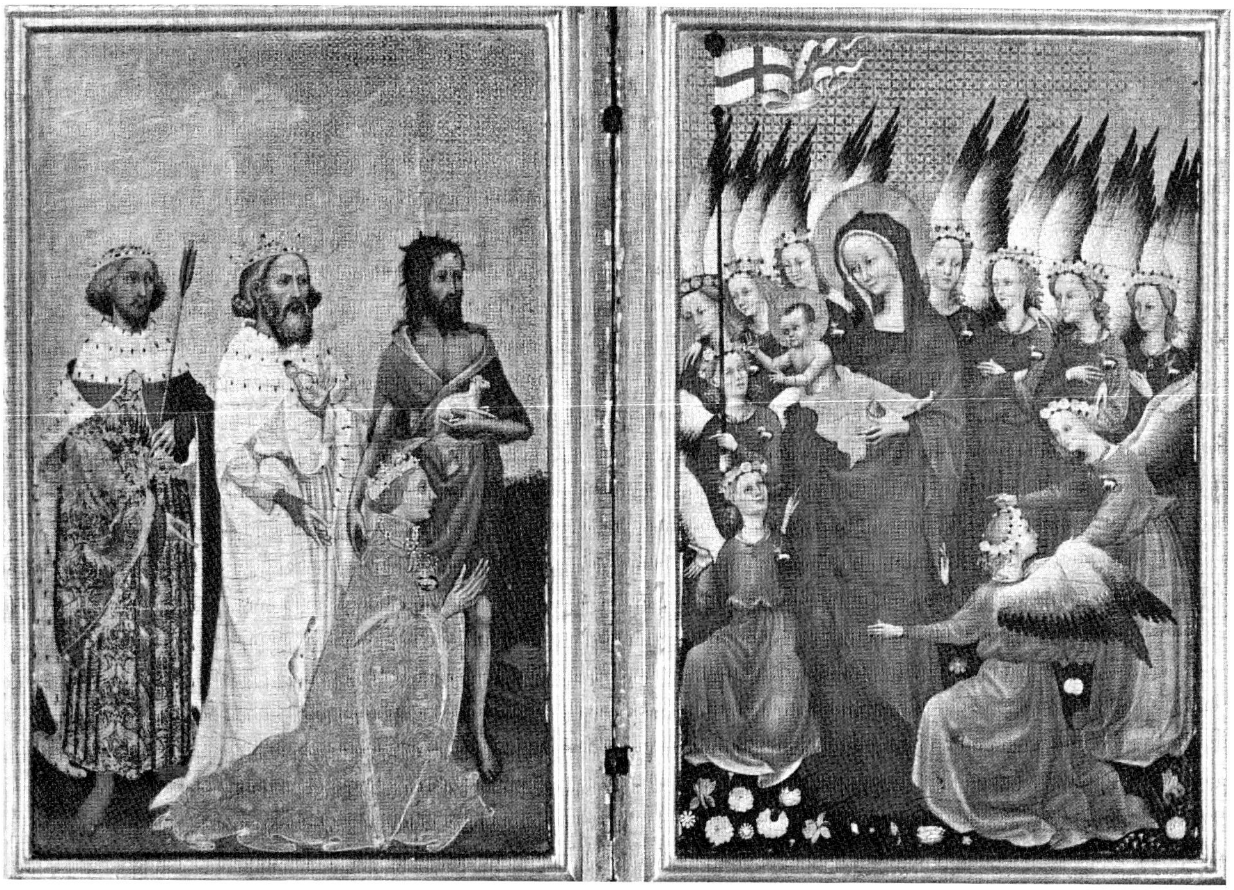

Abb. 12: Diptychon Wilton. Um 1395. London, National Gallery

von Wandbildern in der Oberkirche von San Francesco in Assisi, der das Leben des Heiligen nacherzählt, ist das Wunder von San Damiano festgehalten.

In einem anderen Fresko des gleichen Zyklus sieht man, daß ein Tafelkreuz fortan zur festen Einrichtung des liturgischen Raumes gehört. Es steht hier auf dem *Tramezzobalken*, der, an Stelle einer Chorschranke zwischen die Chorwände gespannt, die Grenze zwischen dem Laienraum und dem Chor markiert. Hier existierte also, neben dem Altar, ein zweiter Bildort, an dem man Einzelbilder in den Kirchen verehren konnte. Hier wurde im öffentlichen Kultraum eine Bilderfahrung begründet, die anschließend in den privaten Bereich abwanderte. Die zahlreichen Täfelchen mit der Madonna und dem Crucifixus aus dem 14. Jahrhundert, die in jedem größeren Museum existieren, sind dafür der beste Beweis. Auch die Propagierung des Gnadenbildes von Cambrai, von der oben die Rede war *(Abb. 1a)*, gehört in diesen Zusammenhang. Umgekehrt ist manches Bild, das zunächst in privater Nutzung stand, zu öffentlichem Kult gelangt.

Nachdem solche Zusammenhänge zwischen öffentlicher und privater Funktion der Bilder sichtbar werden, müssen noch weitere Schritte folgen, um die Eigenart des Privatbildes aufzuhellen: ein kleines Format reicht dafür ebensowenig aus wie die Einfügung der Figur seines Bestellers. Auch die Auswahl von Themen und Heiligen, sosehr sie in diesen Zusammenhang zählt, ist nicht die einzige Unterscheidung zum öffentlichen Bereich, von dem sie, wie wir sehen, ja gerade angeregt werden kann. Vielmehr darf man sich fragen, ob es nicht die Darstellungsweise der üblichen Themen ist, die sich unter dem Druck privater Bildbenutzung veränderte. Wenn die Hauptfiguren im Bild ausdrücklich auf jemanden reagieren, der sich darin darstellen ließ, so ist die Privatisierung des Bildsujets deutlich genug: In einem salzburgischen Hausaltärchen (des Museums in Cleveland) vom Ende des 14. Jahrhunderts scheinen die Madonna und ihre Mutter Anna das Jesuskind einem knienden Ehepaar zuzuführen, das im gleichen Maßstab mit ihnen das Bild teilt, so als würde sich hier unter umgekehrten Vorzeichen und in bürgerlichem Rahmen wiederholen, was in der oberen Bildzone aus der Bibel erzählt wird: die Anbetung des Kindes durch die drei Könige.

In anderen Fällen spielen sich zwischen den Figuren im Bildinneren Vorgänge ab, in die der Bildbesitzer miteinbezogen ist. Ein Beispiel für diese Art der Privatisierung ist das erwähnte Hausaltärchen im Museo Horne in Florenz: Das Kind liebkost die Mutter, die aber aus dem Bild herausblickt. Offenbar nimmt sie eine Adresse entgegen, die sie an das Kind weiterleitet *(Abb. 7)*.

Pietro LORENZETTI hat einen solchen Vorgang mit unübertrefflicher Genauigkeit in einem Fresko der Unterkirche von Assisi gedeutet, das aus den Jahren um 1320 stammen mag *(Abb. 13)*:

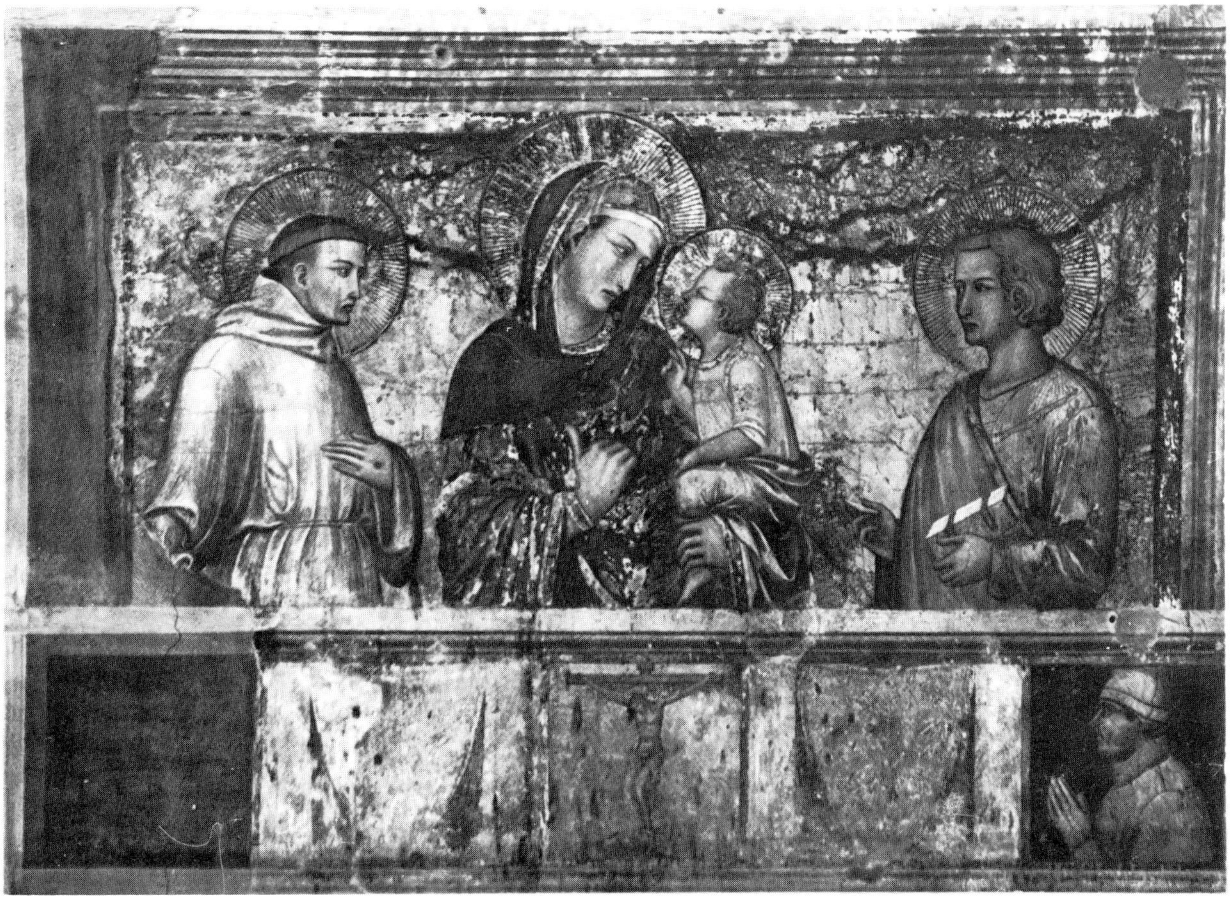

Abb. 13: Pietro Lorenzetti: Fresko in der Unterkirche von Assisi. Um 1320

Hinter einer Marmorbrüstung ragen Heiligenfiguren auf, die in wörtlichem Sinne miteinander im Gespräch sind. Der Evangelist Johannes gehört dazu, vor allem aber der Ortsheilige, Franziskus. Er weist mit der einen Hand auf seine Brust, wie um zu sagen, daß er es ist, der bei Maria vorspricht. Mit der anderen Hand reicht er nach unten, wo ursprünglich das weibliche Pendant aus dem Doppelporträt eines Ehepaares zu sehen war. Damit gibt er nicht nur zu erkennen, daß er redet, sondern auch, wovon er redet, nämlich von einer privaten Klientin, zu deren Wohl offenbar das Fresko gestiftet wurde. Sie befindet sich faktisch und ästhetisch außerhalb des Bildes, wird aber durch den Schutzheiligen darin einbezogen. Dieser leitet sein Plädoyer an die Madonna weiter, die sich ihrerseits dann an die höchste Instanz wendet, nämlich an den Gottessohn, den sie auf dem Arm trägt. Offenbar scheint er rückgefragt zu haben, auf wessen Bitten sie sich für ihre Mandantin einsetzt. Denn die Mutter weist unbefangen mit dem volkstümlichen Daumengestus auf Franziskus zurück, um sich auf ihn zu berufen. So ist eine ganze Kette von Sprechbeziehungen hergestellt, welche die einzelnen Figuren miteinander verknüpft.

Das Gespräch über die private Person, über deren Geschick hier verhandelt wird, gerät zu einer höchst lebendigen Bilderzählung. Sie macht die ikonische Präsenz dreier Heiligenfiguren für eine ganz private Sicht verfügbar, die nicht nur von einem privaten Thema handelt, sondern dies auf eine Weise tut, die der Betrachter als Privatwesen miterleben kann, so als spiele sich das alles just in diesem Moment vor seinen Augen ab. Das Fresko ist auf diese Weise ein klassisches Privatbild und steht für viele ähnliche Tafelbilder, wenn es auch in eine öffentliche Kirchenausmalung einbezogen ist.

Das Stifterbild und das Bildepitaph

Im Gegensatz zu anderen Spielarten des frühen Tafelbildes hatte das *Stifterbild* einen festumschriebenen rechtlichen Status. Es setzte Recht oder erinnerte an einen Rechtsakt. Die Stifterperson, die mit Bild oder Inschrift beurkundet ist, wird mit dem Objekt der Stiftung verbunden, durch das ein Rechtsanspruch begründet wurde. Eine religiöse Stiftung diente dem Ziel, eine Versicherung auf das Jenseits abzuschließen. Die Frömmigkeit war arithmetisch geworden, und man addierte die guten Werke, um nicht zu leicht befunden zu werden.[6] Hatte man Altarpfründen gestiftet, so war der Priester, der in ihren Genuß kam, vertraglich verpflichtet, an bestimmten Tagen auf diesem Altar Seelenmessen für den Stifter zu lesen. In der Gründungsakte für das Hospital in Beaune (Burgund) spricht Nicolas ROLIN 1443 von dem „glücklichen Tauschhandel" (heureux commerce), der materielle Stiftung im Diesseits gegen spirituelle Entlohnung im Jenseits eintauscht. Das Objekt einer Stiftung war selten in erster Linie eine Bildtafel, eher ein Kirchenraum (z.B. eine Privatkapelle), in dem sie aufgestellt war, oder ein Altar, auf dem vor ihr die Messe gelesen wurde. In diesen Fällen ist sie eine bildhafte „Schenkungsurkunde", die dazu bestimmt war, in Bild und Namensinschrift „das Andenken an den Stifter wachzuhalten".[7] Allerdings wurde sie in zunehmendem Maße selbst zum Gegenstand einer Stiftung, wenn sie kostbar war und der Öffentlichkeit zugute kam.

Die Abbildung der Stifterperson war überall dort gang und gäbe, wo sie durch Bild und Schrift im Verband mit einem festen Träger und Stiftungsobjekt zu beurkunden war. In Wandmalerei und Skulptur, also in monumentalen Medien, war sie früher eingebürgert als in der Tafelmalerei.

Der unscharfe Begriff „Stifterbild" meint sowohl den Bildzusammenhang, in dem eine Stifterfigur auftritt, als auch diese selbst. Deshalb muß der Begriff hier definiert werden: Er bezeichnet in unserem Zusammenhang eine Bildtafel, deren wichtigste Funktion es war, eine Stiftung zu dokumentieren. Das „Bildepitaph" fügt dem noch ein zusätzliches Element hinzu. Es bezieht sich auf das Grab oder das Seelengedächtnis einer Person, die bereits verstorben war, ist also ein gemaltes Denkmal für einen Verstorbenen. In Italien war es immer an das Grab selbst gebunden. Im Norden löste es sich davon und verselbständigte sich vom Grabmal zum Wandmal.

Die Grenzen zwischen Stifterbild und Bildepitaph sind fließend. Ein einziges Bild konnte beide Funktionen erfüllen. Beide Bildarten erinnerten im übrigen an die soziale Stellung dessen, von dem oder für den sie gestiftet worden waren. Die Stiftung war ja nicht nur an das Jenseits gerichtet, sondern galt in einem bestimmten Zusammenhang wie der bürgerlichen Öffentlichkeit als Verdienst und sicherte ein Prestige in der öffentlichen Stellung einer Person oder einer Familie. Daher muß der Unterschied zwischen Nord und Süd erwähnt werden, der die soziale Umgebung der Bilder prägte. Der städtischen Gesellschaft im Süden steht als Milieu der Auftraggeber die Welt der Fürstenhöfe im Norden gegenüber. In Italien entstehen die Kunstaufträge in der Regel im Rahmen der bürgerlichen Gesellschaft. Selbst die Kirche und die Orden, sosehr sie eine Welt für sich bilden, haben sich auf dieses Milieu eingestellt. Im Norden sind die Gewichte zwischen den Höfen und den Städten oft anders verteilt. Die Höfe und die von ihnen geförderten Klöster stehen als Kunstträger oft noch im Vordergrund. Die berufliche Alternative des Malers, Zunftmitglied in den Städten oder Hofkünstler auf den Schlössern zu werden, wirft ein Schlaglicht auf diese Teilung der Welt. Im 15. Jahrhundert wechselt die Szene allerdings fast zum Gegenbild. Während in den flandrischen Städten die Kunstaufträge und die religiösen Stiftungen immer häufiger in den Händen des städtischen Patriziats liegen, wird in Oberitalien die Rolle der Fürstenhöfe führend.

Sehen wir uns im erhaltenen Material um, so begegnen uns in der italienischen Tafelmalerei frühe Beispiele der Stifterfigur in großen Altarbildern, die von einer einzelnen Person gestiftet wurden. Das ist kaum ein Zufall; denn in der Tafelmalerei war das Altarbild die führende Gattung, und in der Wandmalerei bestand andererseits Gelegenheit genug, einen Stifterwillen zu beurkunden: das gilt selbst für private Stiftungen wie das Fresko des Pietro LORENZETTI in Assisi.

An einem niederländischen Tafelbild, das als Stifterbild und auch als Bildepitaph anzusprechen ist, wenngleich es einst ebenfalls auf einem Altar stand, wollen wir uns Art und Funktion dieser Bildgattung veranschaulichen: Die Altartafel stammt aus der Sint-Jans-Kerk in Utrecht und befindet sich heute in Antwerpen *(Abb. 14)*. Sie stellt auf reich gemustertem, vergoldetem Grund in emailliertem Rahmen die dreifigurige Kreuzigung dar. Zu Füßen des Kreuzes kniet in liturgischem Gewand, von dem Titelheiligen der Kirche mit einer Handgeste empfohlen, der Utrechter Propst und Erzdiakon Hendrik VAN RIJN. Er war nach Auskunft einer langen Inschrift in zwei rings gerahmten Textblöcken 1363, „am Morgen des Festes des hl. Bonifatius und seiner Gefährten" gestorben. Die Erwähnung des Todestages garantierte, daß ihm an diesem Tag die Messe gelesen wurde. Die Inschrift vermerkt

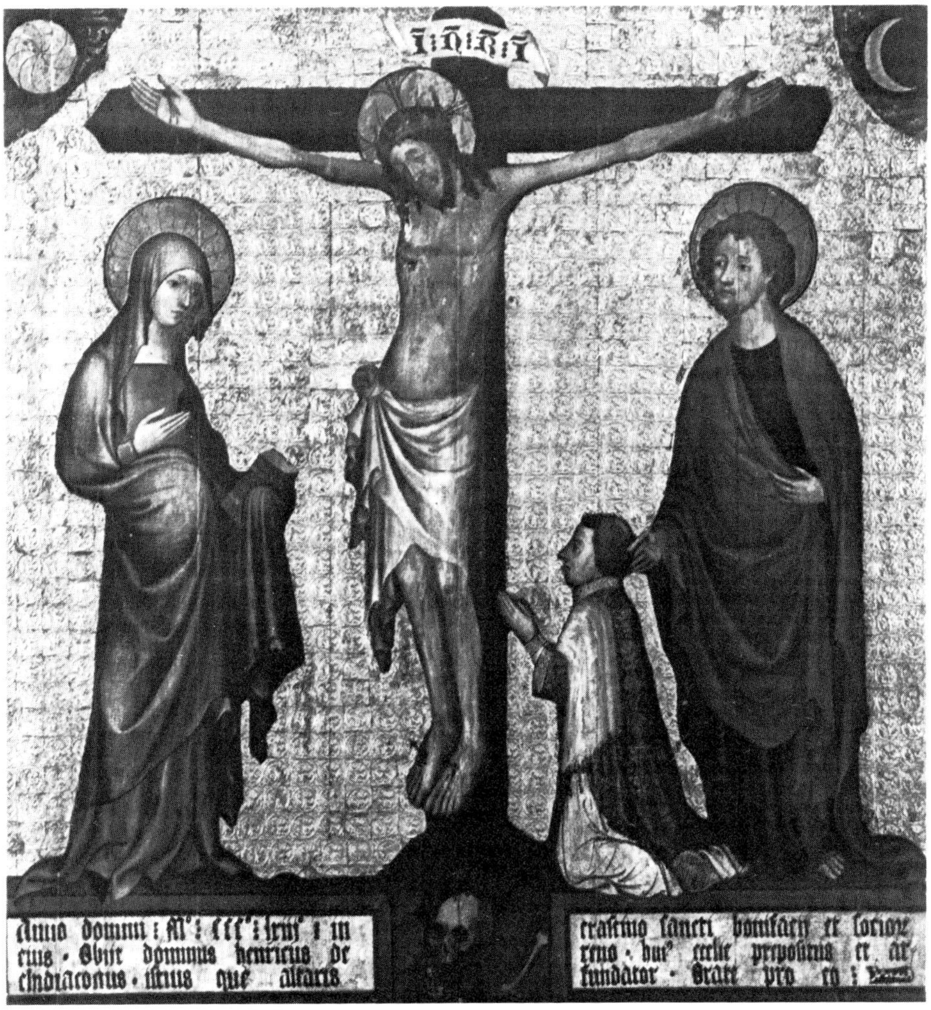

Abb. 14: van-Rijn-Epitaph. Nach 1363. Antwerpen, Musée Royal des Beaux-Arts

auch, daß der Propst „diesen Altar“ gestiftet hatte – also offenbar gerade den Altar, auf dem das Bild stand –, und schließt mit der Aufforderung: „Betet für ihn.“ Das Thema des Bildes, die Kreuzigung, eignet sich gut für ein Altarbild. Die Stifterfigur verweist nicht nur auf die Tafel, sondern auf den Altar, der wohl auch mit Messepfründen dotiert war. Der Altar war das primäre Stiftungsobjekt. Die Tafel stattete ihn mit einer kostbaren Schenkungsurkunde aus. Und sie hält den Todestag des Stifters fest. Auf diese Weise ist sie Stifterbild und Bildepitaph zugleich. Und sie sondert die Stifterfigur von den Heiligenfiguren der Tafel durch die Profilansicht der frühen Porträtkonvention und durch einen anderen Größenmaßstab ab.

Ein weiteres Beispiel ist das bereits erwähnte Stifterbild, das Jan VAN EYCK 1436 für den Kanoniker Georg VAN DER PAELE in Brügge gemalt hat *(Abb. 15)*. Es öffnet vor unseren Augen den dämmrigen Chorscheitel einer romanischen Kirche, in der die Madonna mit Kind unter einem kostbaren Baldachin aus Brokatstoff thront. Der heilige Ritter Georg führt den betagten Kanoniker, der an den Stufen des Throns in die Knie gesunken ist, im Beisein des Kirchenpatrons Donatian bei der Madonna ein. Der Stifter hat sein privates Brevier oder Stundenbuch, das er zu einer persönlichen Andacht benutzte, zur Hand. Die Lesebrille hat er abgenommen, um sich vor seinem inneren Auge das vorzustellen, was VAN EYCK wörtlich genommen hat, indem er es malte. So ist das Bild das gemalte Denkmal einer privaten Frömmigkeit. In unserem Zusammenhang betrachtet, dient es aber in erster Linie einer anderen Bestimmung, die freilich diese Frömmigkeit nur bestätigen konnte. Das macht die Rahmeninschrift deutlich, die in eine Metallfläche eingravierte Buchstaben fingiert. Sie berichtet, wer diese Tafel gestiftet hat, und außerdem, welche Verdienste der Bildstifter sich um die Donatiankirche in Brügge erworben hat: „Und er gründete zwei Kapellenpfründen *(capellanias)* im Chorscheitel i.J. 1434: (das Bild aber) wurde vollendet i.J. 1436.“ Der Text unterscheidet zwischen zwei Verdiensten VAN DER PAELES: der Tafel und den dotierten Altären, die der Kanoniker gestiftet hat. An ihnen sollte, wie uns eine andere Quelle berichtet, der Kaplan dreimal in der Woche die Messe lesen, montags das Requiem, mittwochs die Messe vom Tag und freitags

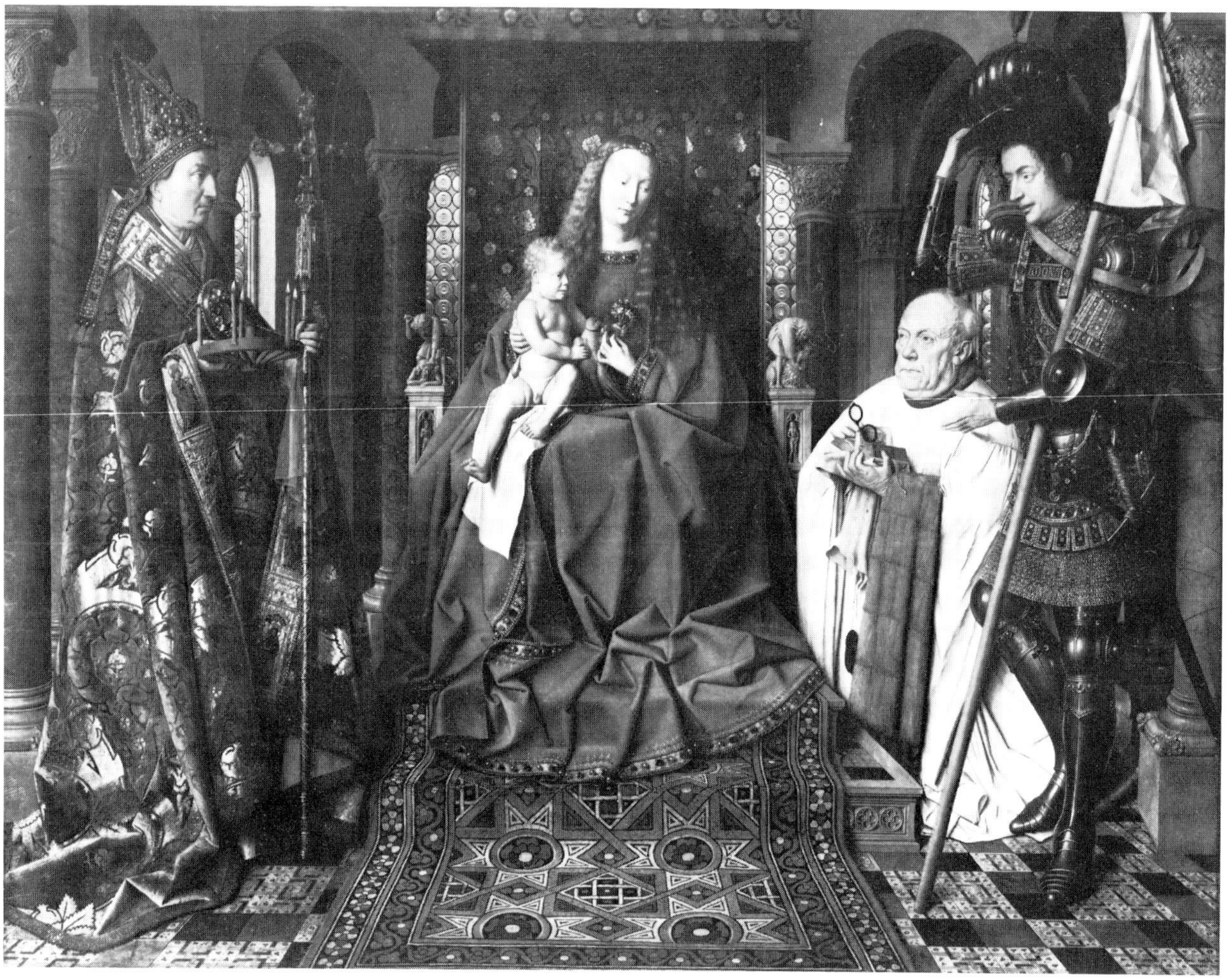

Abb. 15: Jan van Eyck: Bild des Kanonikers van der Paele. 1436. Brügge, Musée Communal des Beaux-Arts

die vom heiligen Kreuz. Nach seinem Tode aber, so schrieb der Stifter vor, hatte man nach der Messe an seinem Grab das „Miserere mei, Deus" oder das „De profundis" zu beten. Die Rahmeninschrift des Bildes, die einen ganz anderen Wortlaut hat als auf den Privatbildern Jan VAN EYCKS, unterstreicht den Rechtscharakter der Stiftung, die vorab in den beiden Altären bzw. Kapellen bestand. Die Eycksche Tafel war diesen Stiftungen wie ein gemaltes Dokument zugeordnet. Damit erklärt sich auch der halbrunde Chorscheitel im Bild, der für die räumliche Klärung des Bildpersonals höchst unpraktisch war und in seinen Bildern ein Sonderfall blieb. Wiewohl einer Maastrichter Kirche nachempfunden, nimmt er jedoch genau jene Mitteilung der Rahmeninschrift wörtlich, daß die Stiftungen „im Chorscheitel" lokalisiert waren. Noch genauer hat er seinen Auftrag genommen, den Stifter in dem Aussehen der Nachwelt zu überliefern, das er im Jahre seiner Stiftung, also in einem genau umschriebenen Lebensalter, besaß. So wird die Tafel zum Triumph einer Porträtkunst – die wiederum ihre eigene Geschichte hinter sich hatte. Damit ist ein weiteres Thema der frühen Tafelmalerei benannt.

Das Porträt

Der Kanoniker VAN DER PAELE profitiert in der Auffassung des Porträts von Jan VAN EYCKS Bildniskunst, die in dem etwa 1431 entstandenen Porträt des Kardinals ALBERGATI erstmals entwickelt ist *(Abb. 16)*. Die Genauigkeit in der Aufzeichnung des Modells, das nach dem Leben „konterfeit" wurde, ist dort vorgebildet, desgleichen die Seitenwendung des Kopfes nach links. Die Unterschiede sind solche, die von der verschiedenen Funktion der beiden Tafeln abhängig waren. VAN DER PAELE ist gleichsam in Aktion versetzt: Er kniet in ganzer Gestalt, den Blick vom Gebetbuch in die Ferne einer Vision erhoben, im Kreis der Heiligen, denen seine Stiftung galt. Der Kardinal dagegen ist ohne Ortsangabe und ohne einen bestimmbaren Zusammenhang mit seinem Aussehen im engen Ausschnitt des Brustbilds verewigt.

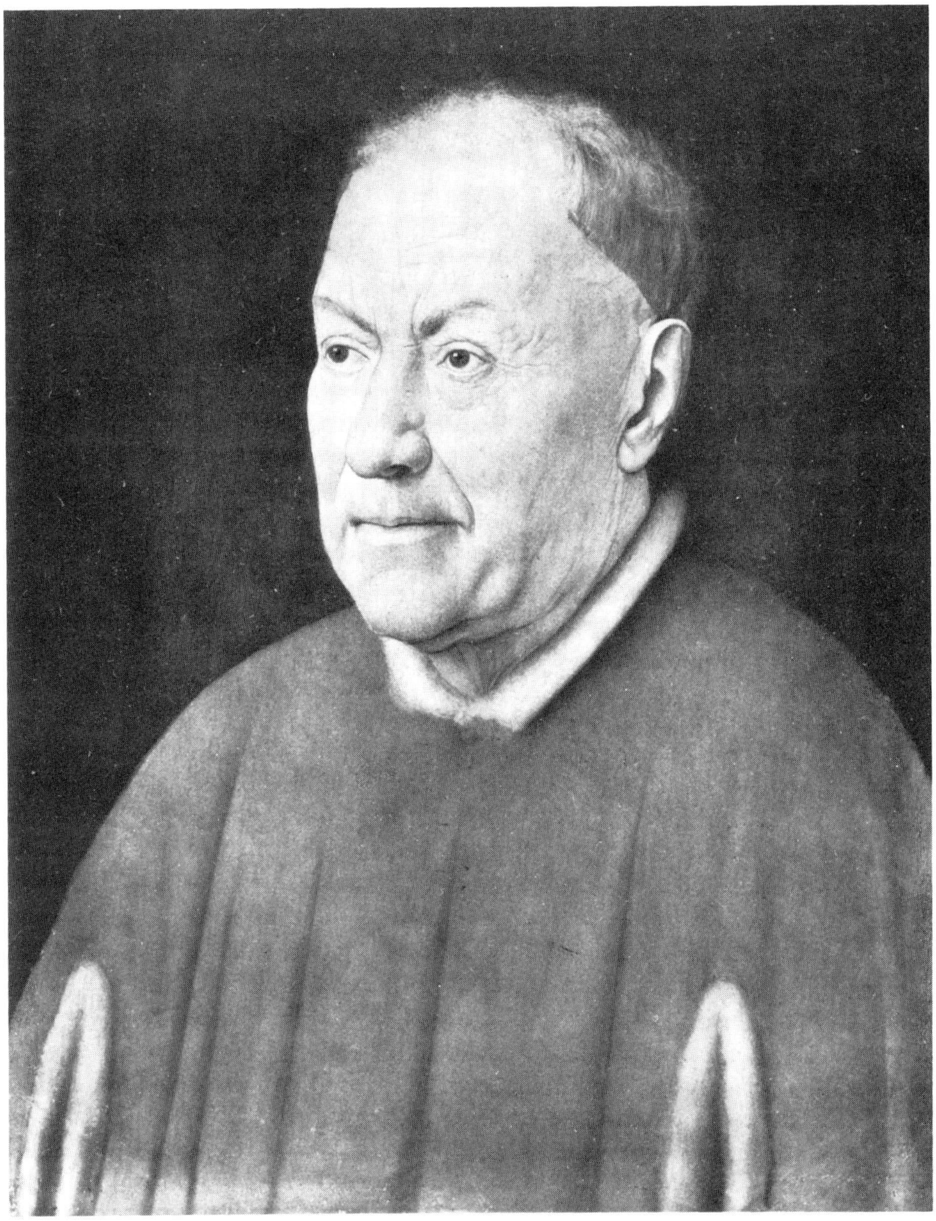

Abb. 16: Jan van Eyck: Kardinal Albergati. Um 1431. Wien, Kunsthistorisches Museum

Der Kleriker in Brügge posierte für eine porträthaft genaue Aufzeichnung als Stifterperson. Der Kardinal saß Modell für ein Porträt, das sein eigenes Thema, das Thema der Bilder selbst, ist. Das war damals eine Neuigkeit. Wir müssen also wiederum genau sein, wenn wir den Begriff „Porträt" verwenden: Einmal meint er das wiedererkennbare, physiognomisch exakte Abbild einer bestimmten Person, gleichgültig in welchem Zusammenhang. Zum anderen meint er eine selbständige Bildnistafel, die keinem anderen Zweck diente, als das Aussehen einer Person festzuhalten. Von diesem Fall, der selbständigen Bildnistafel, ist hier die Rede.

Allerdings genügt auch diese Unterscheidung noch nicht. Die selbstbestimmte Bildnistafel erscheint erst im Werk Jan van Eycks und seines großen Gegenspielers Robert Campin. Wo die Bildnistafel früher überliefert ist, hat sie eine dynastische oder politische Fremdbestimmung, dient also weniger dem Konterfei eines Charakters oder einer Persönlichkeit als vielmehr dem Bilddokument eines Amtsträgers oder einer Standesperson, vor allem in einem fürstlichen Familienverband, in dem die Verwandtschaftsverhältnisse zählen. Name und Rang waren hier ebenso wichtig wie das Aussehen, an das vielleicht der Beleg der Verwandtschaft gebunden war. Auch die Brautwerbung in höfischen Kreisen spielte für die frühe Bildnistafel eine gewisse Rolle.

Wie die Einführung der Bildnistafel in Italien verlief, ist mangels erhaltener Zeugnisse schwer abzuschätzen. Die Standards der Porträtgenauigkeit waren schon früh entwickelt, wie wir aus der öffentlichen Wandmalerei des

14. Jahrhunderts wissen: Im Rahmen von Gesellschaftsbildern, die den Einzelnen in den sozialen Kontext einbinden, ist das Konterfei gang und gäbe; nur als Stifter oder an seinem Grabe trat er dagegen allein auf.

Das Stifterbild in dem oben besprochenen Fresko des Pietro LORENZETTI in Assisi *(Abb. 13)* läßt sich, ohne daß dafür Sicherheit zu gewinnen ist, vielleicht als Reflex einer selbständigen, gerahmten Bildnistafel verstehen. Es zeigt den betenden Stifter als Halbfigur vor blauem Grund in der strengen Profilansicht, die auch das frühe höfische Porträt im Norden auszeichnet. Das hatte damals eine lange Tradition. Medaillen und Münzen aus der Antike mögen diese Porträtkonvention zusätzlich gefestigt haben.

Im Norden sind die frühesten selbständigen Porträts, die sich erhalten haben, ein Königsbildnis aus Frankreich und ein Herzogsbildnis aus Österreich: Das überlebensgroße Porträt des französischen Königs JOHANN des Guten (†1364) im Louvre folgt dem Profiltypus, von dem die Rede war *(Abb. 17)*. Es ist mit Goldgrund auf Leinwand gemalt und legt besonderen Wert auf Namen und Königswürde der Person, wie die große Inschrift „Johann, König von Frankreich“ (Jehan Roy de France) über dem Haupt des Monarchen beweist. Über die Entstehung und die Funktion der Tafel kann man nur Vermutungen anstellen. Vielleicht ist sie nicht einmal zu JOHANNS Lebzeiten entstanden. In einem Inventar seines Sohnes, König CHARLES' V. (1364–80), aus dem Jahre 1379 ist von einer „Holztafel aus vier verschließbaren Flügeln“ die Rede, auf welchen „der König gemalt ist und sein Onkel, der derzeit Kaiser ist, sowie sein Vater, der König Johann, und endlich Eduard, der König von England“. Hier hätten wir also einen Beleg für ein Bildnis eben jenes JOHANN des Guten, wie es im Louvre überliefert ist. Der Zusammenhang, in dem er erscheint, ist aber höchst bezeichnend. Das Porträt tritt nicht einzeln, sondern in Serie auf, als Reihenbildnis. Es dient der „Veröffentlichung“ regierender Monarchen und, im Falle des französischen Königs, ihrer Ahnen. So mag die Tafel im Louvre erst entstanden sein, als der Sohn und Nachfolger im Amt ein Interesse daran hatte, seine Ahnenfolge aufzuzeigen und seine Stellung im zeitgenössischen Regentenkreis zu festigen.

Ein anderes Exemplar des Reihenbildnisses ist im Besitz des Herzogs JEAN von Berry, des Bruders des Königs, erwähnt. Ein weiteres befand sich im 18. Jahrhundert in Dijon und mag vom burgundischen Hof stammen. Man vervielfältigte also offenbar die Porträtserien, um sie an andere Höfe zu versenden. Die meisten der frühen Porträts aus der höfischen Welt sind nur in Repliken überliefert. Dieser Umstand erschwert die Rekonstruktion einer Frühgeschichte der Porträttafel, denn man weiß nie, wie genau die Repliken den Originalen folgen oder wie tendenziös sie sie vielleicht abänderten, wenn es geboten schien.

Das bürgerliche Porträt, das die Pioniere der frühen niederländischen Malerei schufen, scheint von Anfang an von offiziellen Aufgaben und Nebenabsichten entlastet gewesen zu sein. Der Porträtierte repräsentiert nur sich selbst, also weder einen Stand noch eine Rolle. Diplomaten, Beamte und Kaufleute treten hier in den Blick, dazu Künstler. Die Ähnlichkeit wird zum bestimmenden Merkmal, sobald alle anderen Kennzeichnungen entfallen. Allerdings interpretiert der Maler seine Modelle, die Lebenssituation wird einbezogen.

Im Falle des Goldschmieds Jan DE LEEUW aus Brügge, der ein Schmuckstück, vielleicht den Verlobungsring, vorzeigt, ist das Lebensalter in der Rahmeninschrift angegeben, desgleichen der Zeitpunkt der Entstehung der Tafel. Der Maler nennt sich hier selbst als den Autor einer unerhört wahren Abbildung, in der er sein Modell „gheconterfeit ... heeft“. Er beglaubigt gleichsam die Authentizität mit einem Gütesiegel, das einen Wert für sich annimmt. In anderen Bildern fügt er seinen Wahlspruch hinzu: „So gut ich kann“ (als ich can), was wohl aus dem Milieu der gelehrten Schreiber und Chronisten angeregt ist.

Die Schönheit dieser meist kleinformatigen Täfelchen, die einen bis dahin unvorstellbaren Standard an analytischer Präzision und maltechnischer Qualität erreichen, bringt ebenso die Individualität des Porträtierten wie jene des Porträtisten ins Spiel. Der Künstler stellt einen neuen Kanon von Kunst auf, der sich an der selbständigen Bildnistafel in besonderem Maße bewährt und sie dementsprechend als neues Thema des Kunstsammelns verbreitet. Das oben erwähnte Porträt des Kardinals ALBERGATI *(Abb. 16)* wurde von einer etwas kleineren Silberstiftzeichnung (heute Dresden) nach dem lebenden Modell vorbereitet. Was bei der Modellsitzung nicht festzuhalten war, nämlich die Farbnuancen von Augen, Haut und Haaren, wurde am Rand handschriftlich vermerkt, wobei die gleiche Präzision erstrebt wird. Es ist dieser Anspruch von Perfektion und Wahrheit, der mindestens ebenso ins Gewicht fällt wie die bürgerliche Herkunft der Modelle. Deshalb genügt auch eine sozialgeschichtliche Erklärung allein nicht: philosophischer Voraussetzungen, die der Aussagefähigkeit des menschlichen Gesichtes als Spiegel eines Charakters Bedeutung zumaßen, bedurfte es ebensosehr.

Man kann in diesem Fall keine konkrete Funktion benennen, die das bürgerliche Porträt hervorgebracht hätte. Vielleicht war es eine Reaktion des anderen Milieus auf das höfische Porträt, und es wirkt bald auf dieses so zurück, daß die dort allein wichtige Betonung von Typus und Idealität an Boden verliert. Sicher sind die kleinen

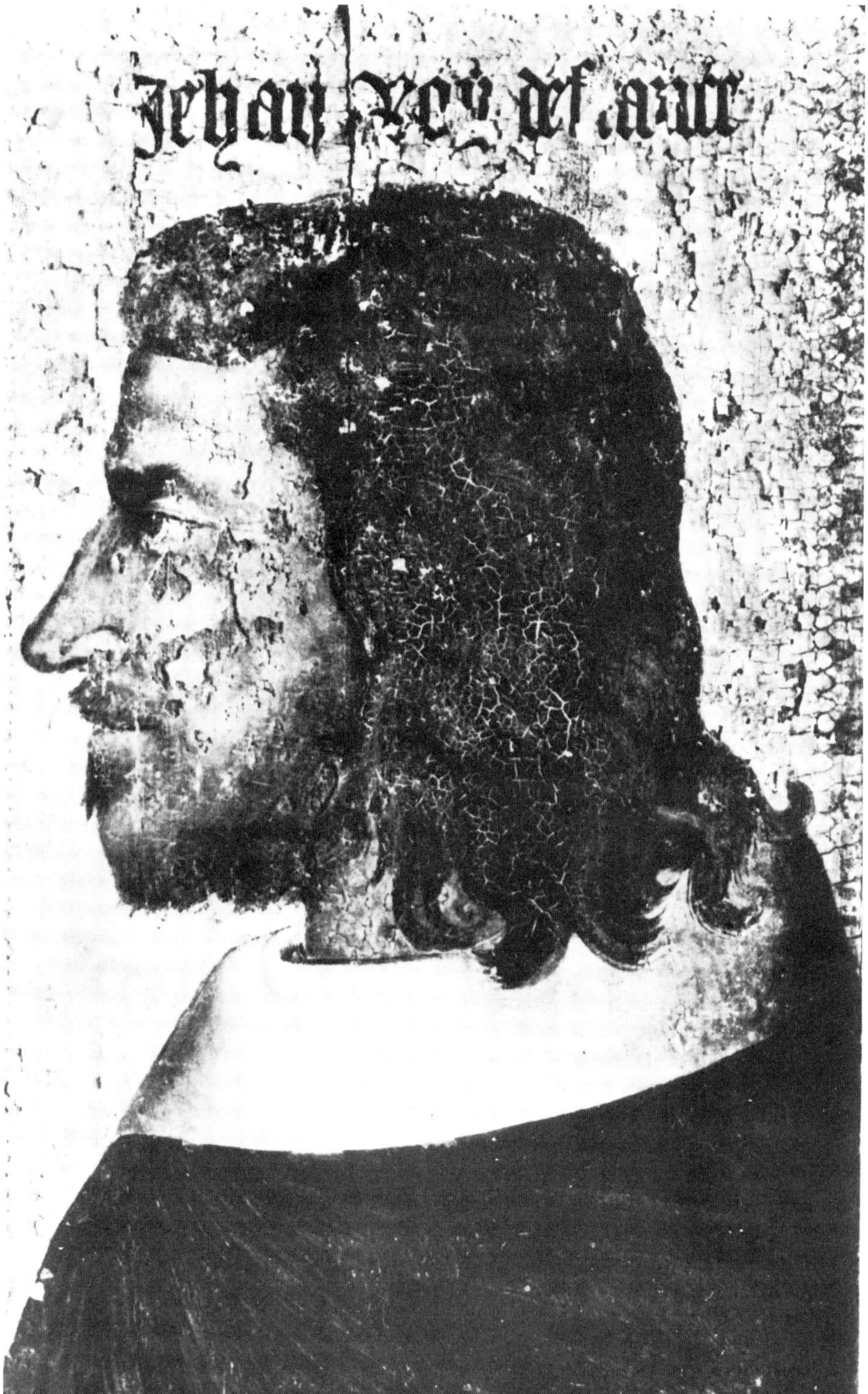

Abb. 17: König Johann der Gute. Ende des 14. Jahrhunderts. Paris, Louvre

Tafeln Privatbilder gewesen, und sie erschlossen neben dem ebenfalls privaten Andachtsbild einen neuen Zweig der Malerei, der schnell wuchs: das Porträt als selbständiges Thema. Der Künstler, als Spezialist einer neuen Porträtmalerei, erfüllt hier die Wünsche seines eigenen Milieus nach Selbstdarstellung, unabhängig von religiösen Bedingungen und offiziellen Aufgaben. Der anfängliche Erfolg der Porträttafel begründete eine Nachfrage und folglich auch eine Funktion. Dabei ist die neue Bildnisform alsbald eine Konvention. „Die intime Nähe entspricht der neuen Schicht und der neuen Sicht."[8]

II. DIE ÄSTHETISCHE FUNKTION VON KUNST

Alle Kunst ist ästhetisch – in welchen Verwendungszusammenhängen sie auch immer auftritt, sie arbeitet mit sinnlich gestaltetem Material für Sinneswesen. Was aber geschieht, wenn dieser wichtige und wesentliche, aber nicht einzige Aspekt immer stärker betont und schließlich verabsolutiert wird? Daß Kunst sich selbst ausdrückt, daß ihre Autonomie in jeder Hinsicht zu berücksichtigen sei, ist ein gängiges Denkmuster unserer Zeit. Nicht nur Denkmuster – viele Künstler scheinen nach dieser Maxime zu handeln. Wie sieht eine Kunst aus, die nur ihren eigenen Gesetzen gehorcht? Was wird aus den vielen Bereichen, die ebenfalls ästhetische Qualitäten aufweisen, aber Zwecken verhaftet sind, wenn die Leitfunktion der Kunst für sich bleibt? Kapitel II untersucht diese Fragen

– aus der Sicht der Institutionsgeschichte, das heißt, es wird gefragt: welche Einrichtungen fördern Kunst als Kunst bzw. bringen sie als solche erst eigentlich hervor?

– aus der Sicht der Kunstgeschichte, das heißt, es wird gefragt: welche Epochen, Stile, Künstler haben die Autonomiebewegung der Künste besonders vorangetrieben?

– aus der Sicht der Sozialgeschichte, besonders der Geschichte der ästhetischen Kultur, das heißt, es wird gefragt: welche Bedeutung hatten die Aussonderung und soziale Höherstellung der Künste für die Kultur allgemein, für die Kultur der oberen und niederen Klassen und für unser aller täglichen Umgang mit ästhetischen Objekten?

7. Kunst wird gesammelt – Kunst kommt ins Museum

Wolfgang Kemp

Am Übergang der Kapitel I und II, am Übergang von der religiösen zur ästhetischen Funktion der Kunst, ist es wichtig, sich den besonderen Beitrag des Sammelns zur Säkularisierung und Ästhetisierung der Kunst zu vergegenwärtigen: Im späten Mittelalter entsteht bei religiösen wie weltlichen Instanzen ein Überschuß an religiöser Kunst, der sich in zahlreichen Schatzsammlungen darstellt. Gleichzeitig regt sich starke Kritik an der ästhetischen Prachtentfaltung der Kirche – halb Europa wird unter ein Bilderverbot gestellt. (Wir haben diesen Vorgang in Beitrag 4, „Bilderkult und Bildersturm", ausführlicher dargestellt.) Das kirchliche Kunstmonopol wird gebrochen, und überall, auch und gerade in den protestantischen Ländern, bieten sich weltliche Liebhaber und Sammler als Pfleger eines zu Teilen verpönten Erbes an. In der Institution der Sammlung finden Kunstwerke in unserem engen Sinn sowie Sammelobjekte aus allen Gebieten der Natur und Kunsterzeugnisse aller Art ein neues Zuhause, das nicht minder integrierend war und nicht weniger die menschliche Kunstfertigkeit anregte, als die alten religiösen Kontexte es taten.

Vor dem 15. Jahrhundert war die künstlerische Produktion weitgehend auf den religiösen Bereich, in geringerem Maße auf die ästhetischen Bedürfnisse weltlicher Auftraggeber ausgerichtet. Sie stand in festen Diensten und war zum allergrößten Teil ortsgebunden. Eine Rangfolge der verschiedenen Medien gab es nicht (wenn man einmal von der Architektur absieht, die gewisse Vorrechte hatte): Zwischen den Tätigkeiten des Goldschmieds, des Freskomalers, des Buchmalers, des Teppichwirkers, des Bildhauers in Stein und des Bildners in Wachs bestanden keine, durch irgendeinen ästhetischen Kanon geregelten Rangunterschiede. Die Kunstproduktion war auf vielfältigste Weise mit den wichtigsten Lebensfunktionen der Gesellschaft verknüpft. „Kunst" in unserem Sinne gab es nicht. Eine besondere Sphäre, ein erkennbares Eigenrecht konnte die ästhetische Produktion nicht für sich beanspruchen. An der Kunstlehre und Ästhetik, an der Sozialgeschichte des Künstlers, an der Entwicklung der Institutionen, die den „Kunstbetrieb" ausmachen, kann man aufzeigen, wie sich die ästhetische Sphäre erst in spätmittelalterlicher Zeit langsam absondert und einrichtet.

Wir lenken unser Augenmerk in diesem Beitrag auf den institutionellen Aspekt dieser Entwicklung und auf die Folgen, die sich für die Kunstwerke selbst ergaben. Damit kein Mißverständnis entsteht: Vom 15. bis 20. Jahrhundert gibt es natürlich nicht nur die Institutionen der Sammlung und des Museums, und Kunstwerke werden nicht nur für diese beiden geschaffen. Nach wie vor erfüllt sich ein großer Teil der künstlerischen Anstrengungen in der Einrichtung und Ausstattung von Kirchen und Schlössern, von Klöstern und Bürgerhäusern, von Gärten und öffentlichen Gebäuden. Den Institutionen „Sammlung" und „Museum" wird dennoch hier so viel Aufmerksamkeit gewidmet, weil sie der Kunst selbst zugeordnet sind und wie in einem experimentellen Rahmen Selbst- und Fremdverständnis der Kunst, ihre Leistungen, ihre Möglichkeiten und Beanspruchungen erkennen lassen. Ein weiterer, nicht minder wichtiger Grund ist darin zu sehen, daß Kunst heute nicht das Ergebnis all der anderen Anwendungsgebiete und Funktionen, sondern in These und Gegenthese eben Ergebnis der Institutionsgeschichte ist. In Schlagworten wie „Kunst kommt von Kunst", „Der Kontext bestimmt den Text", „Nicht die Kunst macht die Kunsttheorie, sondern die Kunsttheorie macht die Kunst" drückt sich die weitverbreitete Überzeugung aus, daß Kunst heute von sich und für ihre Institutionen lebt. Wenn wir die Entwicklung bis zu diesem vorläufigen Schlußpunkt verfolgen, dürfen wir es nicht eilig haben und das Ende schon am Anfang vorfinden wollen.

Nur kurz wollen wir uns hier mit der Geschichte der Sammlungen befassen. Die erste große Phase des Kunstsammelns der neueren Kunstgeschichte reicht in ihren Anfängen bis ins 15. Jahrhundert zurück, entwickelt sich in ihren typischen Institutionen während des 16. Jahrhunderts und wird im 17. und 18. Jahrhundert zu einer europäischen Erscheinung der späten Feudalzeit. Ihr Leittyp ist die enzyklopädische Sammlung, die Privatsammlung im Besitz der Fürsten, Adligen und reichen Bürger. Dieser Typus wird dann im späten 18. Jahrhundert vom Typus der öffentlichen Sammlung, vom Museum, abgelöst.

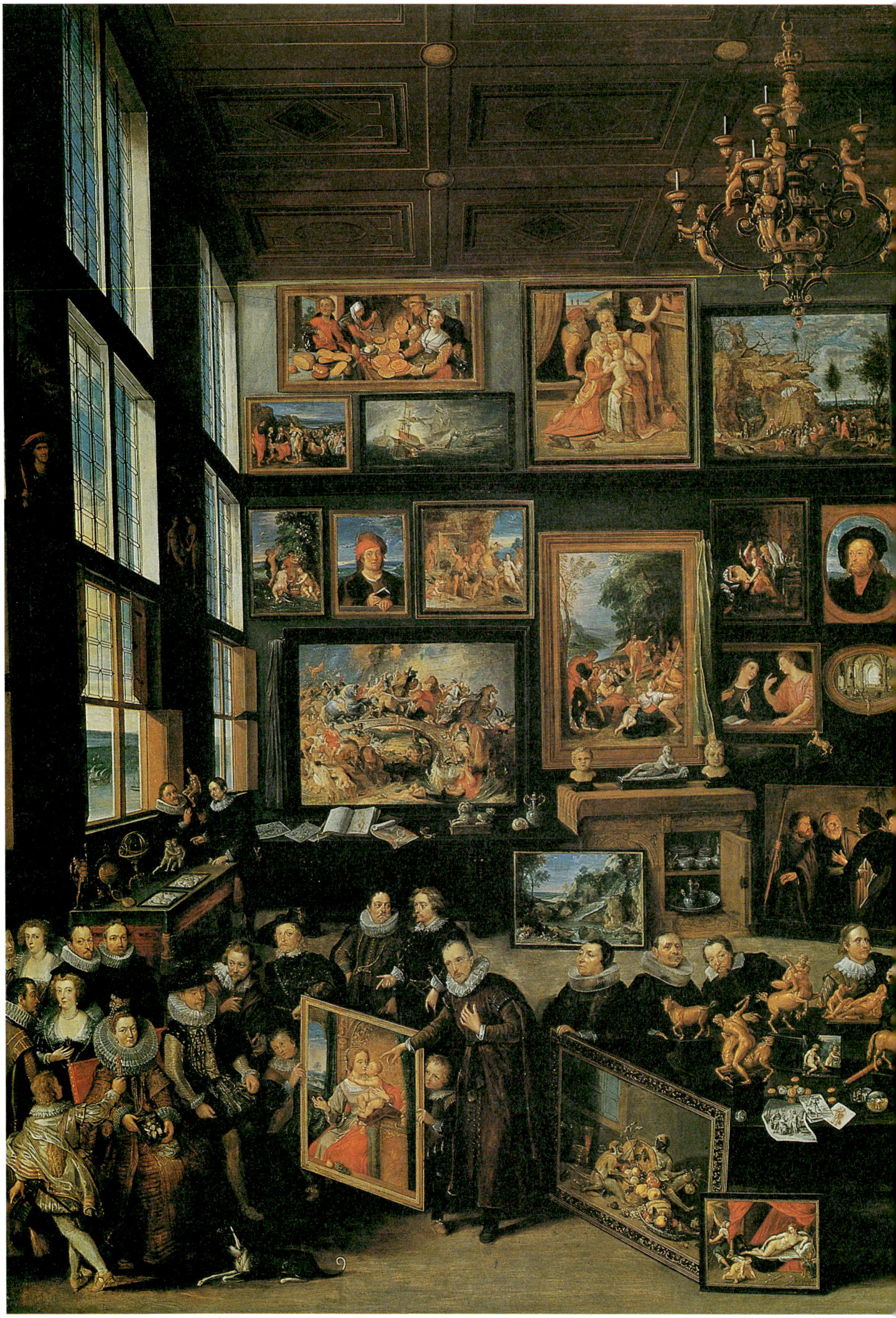

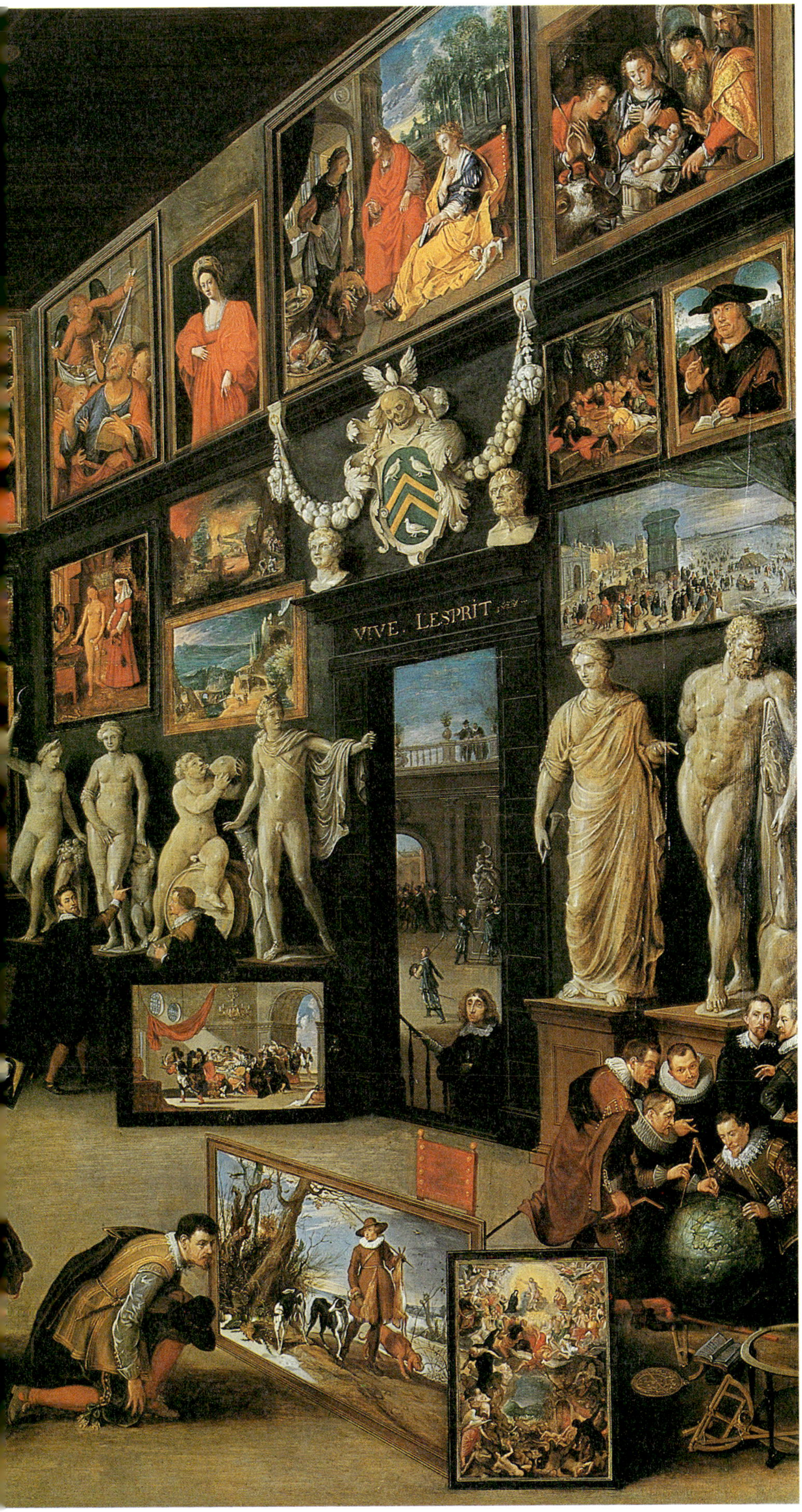

Abb. 1: Willem van Haecht: Die Sammlung des Cornelius van der Geest. 1628. Antwerpen, Rubenshaus

Die Sammlungen

Bestimmte historische Entwicklungen ermöglichten das Entstehen nicht-kirchlicher Kunstsammlungen. Am Beispiel Reformation und Bildersturm zeigt sich, was als Grundaussage auch für die Betrachtung anderer Faktoren gilt: das Bildmonopol der Kirche ist gebrochen, der Zusammenhang von Kunst und Kultus kann sich lösen. Indem die Bilder in neue Zusammenhänge gebracht werden, entstehen andere Formen des Bildgebrauchs, und es entwickeln sich neue Bildmedien.

Die Kunstsammlung der Medici in Florenz und die Sammlung in Schloß Salzdahlum bei Braunschweig zeigen den Vorgang paradigmatisch. An ihnen wird deutlich, daß sich die Kunstsammlungen damals von denen, die wir heute kennen, grundlegend unterschieden: sie waren nicht auf Gattungen oder Epochen spezialisiert, zeigten nicht, sauber voneinander getrennt, Bild auf Bild, sondern demonstrierten Fülle und Reichtum des menschlichen Schaffens, aber auch des Wirkens der Natur. Das einzelne Kunstwerk hatte nicht den Stellenwert, den wir ihm heute zubilligen; es war ein für sich verhältnismäßig unbedeutender Teil eines Ganzen, Element der Sammlung oder der Innenausstattung eines Raumes.

Die Begriffe „Kunst“ und „Sammlung“ hatten in der ersten Zeit eine grundlegend andere Bedeutung als heute: „Kunst“ bezeichnete alle Bereiche menschlicher Kunstfertigkeit, auch solche, die wir heute dem Handwerk, der Technik oder anderen Arbeitsbereichen zurechnen. Dieses Kunstverständnis der Sammlungen wirkte auf die Kunstproduktion zurück. Kunst wurde aus ihrem religiösen Zusammenhang gelöst und erhielt verstärkt eine ästhetische Funktion.

Um die typischen Merkmale einer Sammlung kurz zu charakterisieren, geben wir hier eine Beschreibung zu dem Galeriestück Willem VAN HAECHTS: *„Die Sammlung des Cornelius van der Geest“* (1628) *(Abb. 1).* Die Äußerungen zur inneren Struktur und Präsentationsform der Sammlung sollen dazu dienen, die vielen Informationen des Bildes nach und nach aufzulösen und eine Bestimmung der Wesensmerkmale der Institution „Sammlung“ zu ermöglichen.

„Das Bild zeigt einen Blick in die Sammlung des Antwerpener Gewürzhändlers Cornelis van der Geest, der inmitten zahlreicher Künstler und Kunstfreunde das Erzherzogspaar Albert und Isabella, die in den Niederlanden die spanische Krone vertraten, empfängt. Man hat vermutet, daß hier ein konkretes Ereignis zugrunde liegt, denn im August 1615 wurde van der Geest von Erzherzog Albert besucht, doch waren bei dieser Gelegenheit nicht alle auf dem Bild dargestellten Personen versammelt. In der Gruppe unten links erkennt man auf Stühlen sitzend das Erzherzogspaar, rechts daneben Rubens, hinter ihm mit Hut Wladislaw Sigismund von Polen (der erst 1624 in Antwerpen war), weiterhin den Münzmeister Jan van Montfort und den Maler Anton van Dyck, vor ihnen den Sammler selbst, der auf das von Pagen gehaltene Bild weist. Auch andere Details sind ein Beleg dafür, daß der Maler mehr als die Bildreportage eines Ereignisses vermitteln will. Einige der dargestellten Bilder im Hintergrund entstanden erst nach 1620, ihre Größenverhältnisse stimmen nicht mit den tatsächlichen überein und das Haus van der Geests wird wohl auch anders ausgesehen haben. Man kann davon ausgehen, daß van Haecht hier bemüht war, möglichst viel von der Sammlung vorzuführen. Programmatisch wird hier die Rolle van der Geests als Kunstsammler hervorgehoben, seine Stellung innerhalb der Gesellschaft, im Kreise der Künstler und Kenner, in den er durch sein Vermögen und seine Interessen für die Kunst aufgenommen worden war. Seine Sammeltätigkeit läßt ihn fürstlichen Sammlern ebenbürtig erscheinen. Der Fürst kommt zum bürgerlichen Sammler und beteiligt sich am Gespräch über Kunst. Rubens, der als Hofkünstler die Aufgabe hatte, Albert in Kunstdingen zu beraten, und van der Geest übernehmen die Rolle des Interpreten. – Alle Anwesenden sind Liebhaber der Künste: im Bild links die Gruppe von Adligen und Personen hohen sozialen Ranges, zu denen auch Maler wie Rubens gehören, der 1609 zum Hofmaler ernannt wurde, und van Dyck, dem wahrscheinlich 1628, dem Entstehungsjahr des Bildes, der Titel verliehen wurde; die Gruppe, die sich an dem Tisch in der Mitte aufhält, besteht vermutlich aus Sammlern; ganz rechts um den Globus gruppiert, diskutieren Maler. Im Hintergrund erkennt man vor den Antiken unter anderem den Bildhauer Jörg Petel, der mit Rubens und van der Geest befreundet war. – Rechts im Türrahmen mit der Inschrift ‚Vive l'esprit‘, die auf die Bedeutung des holländischen Wortes Geest anspielt (es lebe der Geist, es lebe van der Geest), erscheint in gewisser Distanz Willem van Haecht, der im Hause des Sammlers wohnte und dessen Sammlung betreute. – Das Bild, über das gesprochen wird, ist das Madonnenbild des Antwerpener Quinten Matsys, der als Begründer der Tradition der Antwerpener Malerschule angesehen wurde. In dem Gespräch über das geschätzte Meisterwerk gaben van der Geest und die ihn umgebenden Künstler wie Rubens und van Dyck zu erkennen, daß sie sich als Erben der Lokaltradition begreifen: Quinten Matsys wird zum Ahnen für die versammelten Künstler und Kunstfreunde. Vor diesem Hintergrund ist eine Anekdote zu verstehen, in der berichtet wird, der Erzherzog habe dies Bild kaufen wollen, aber nicht erhalten, weil van der Geest sich von ihm nicht habe trennen wollen. Sie ist hier aber wohl nicht verbildlicht, sondern durch das Gemälde ausgelöst.

Die auf dem Bild erscheinenden 43 Gemälde, zum Teil die gleichen, die van Haecht für das ‚Atelier des Apelles' verwendet hat, zeugen vom persönlichen Geschmack des Sammlers. Italiener und Deutsche sind vertreten, hauptsächlich aber Flamen: es finden sich unter anderem ein Bild Jan van Eycks, eine Badeszene darstellend, eine Landschaft Bruegels, drei Bilder von Quinten Matsys und zwei Gemälde von Rubens, darunter die ‚Amazonenschlacht' deutlich hervorgehoben. – Mit Rubens war van der Geest eng befreundet. Ihm hatte er mehrere bedeutende Aufträge verschafft, unter anderem für den Kreuzaufrichtungsaltar, heute in der Antwerpener Kathedrale. Der Stich von Hans Witdoeck nach diesem Bilde ist van der Geest gewidmet. [...]. – Nebeneinander finden sich in der Sammlung van der Geests Werke unterschiedlichster Thematik: die mythologische Szene (Amazonenschlacht) neben dem Porträt (der ‚Paracelsus' von Matsys), das religiöse Andachtsbild (die Madonna von Matsys) neben einem Stilleben (das Stilleben mit Affen und Früchten von Snyders). Werke, für die unterschiedlichsten Funktionen geschaffen, werden aus ihrem ursprünglichen Zusammenhang gelöst und – durch Kauf erworben – zum Sammelobjekt. So entsteht eine von den Künstlern nicht gewollte Rivalität der Werke, die in der Diskussion der Kenner, im vergleichenden Sehen sich einstellt.

Die Sammlung ist nicht auf Gemälde beschränkt, Skulpturen, Grafik, Kleinkunstwerke und vieles andere mehr sind Hinweis auf das umfassende Konzept. Die Kunstkammern der Zeit van der Geests sollten in einem Mikrokosmos das Ganze der Welt abbilden, ihre Bestände Anlaß zu Studium und Wissenschaft werden und insgesamt als Instrument der Welterkenntnis dienen. Auf diese enzyklopädische Anlage spielt rechts die Gruppe der um den Globus versammelten Maler an [...]."[1]

Die Auseinandersetzung mit dem Bild VAN HAECHTS kann die wichtigsten Merkmale der Institution „Sammlung" verdeutlichen:

- Die Sammlung ist Teil des Repräsentationsapparates der Mächtigen und Reichen.
- Die Sammlung ist ein gesellschaftlicher Ort – man empfängt dort, man trifft sich, diskutiert, lehrt und lernt in der Sammlung.
- Die Sammlung läßt mit ihrer Vielfalt und Fülle der Sammlungsobjekte den weitesten Begriff von Kunst zu.

Die Museen

Die früheste Epoche der Kunstgeschichte, die in diesem Buch behandelt wird, ist die Entstehungszeit der Kathedralen, das 13. Jahrhundert, die späteste ist das Kunstgeschehen unserer Gegenwart. Für unsere Zwecke überspitzt kann man sagen: Die Funktion, welche die Kathedrale als Hauptort und Leitinstanz der Künste im Mittelalter hatte, besetzt heute das Museum. Es ist soweit gekommen, daß wir nicht nur von Museumskunst, sondern schon von einer „musealen Kultur" der Jetztzeit sprechen, die außer den Künsten ganze Städte und Landstriche, ganze Produktionszweige und gesellschaftliche Gruppen erfaßt, die natürlich auch alle Großformen der alten Künste, die sich nicht im Museum unterbringen ließen, nach ihrem Gesetz verändert: Kirche und Schloß, Park und Denkmal, Rathaus und Stadtmauer sind oft ihrer ursprünglichen Funktionen entledigt und zur „Besichtigung" freigegeben.

Das Museum ist die Institution, die der ästhetischen Funktion zu reinster Wirksamkeit verhilft. Sie birgt nicht nur Kunstwerke, sondern bringt sie in unserem Sinne erst eigentlich hervor. Das Museum produziert Kunst, es macht Kunstgeschichte, es bestimmt unseren Begriff von Kunst. Unser Beitrag fragt, wie es zu dieser Entwicklung kommen konnte. Er behandelt die ästhetische Funktion unter ihrem institutionsgeschichtlichen Aspekt. Die Geschichte der großen fürstlichen Sammlungen begann in der Renaissance und endete dort, wo die ersten Museen im heutigen Sinne Gestalt annehmen: im 18. Jahrhundert. Sie waren die unmittelbaren Vorläufer der Museen. Sammlung und Museum haben jeweils drei Jahrhunderte Kunstgeschichte gemacht und den Begriff der Künste geprägt. Es ist zu untersuchen, wie sich diese erste Epoche der Sammlungsgeschichte zur nachfolgenden verhält und – als zentrale, schwierige Frage – welche Art von Kunst sie hervorbringt.

Seit der Zeit der großen bürgerlichen Kulturrevolution des ausgehenden 18. Jahrhunderts kennen wir Museen, die als öffentliche Einrichtungen dienen und – eine absolute Neuheit – nur auf Kunst im heutigen Sinn spezialisiert sind. Zu untersuchen sind die Gründungsgeschichte des Museums, seine Entwicklung bis heute und die Folgen der „Musealisierung", die für die Kunst eine Überbetonung des Ästhetischen bedeutet. Es wird versucht, die Bedeutung der Institution für die Definition alter wie gegenwärtiger Kunst anhand der Geschichte französischer und deutscher Museen vom 18. Jahrhundert bis heute zu beschreiben.

Welch vielfältige Funktionen die neue Einrichtung Museum annehmen konnte, macht zusammenfassend der Fragenkatalog des französischen Kunstschriftstellers Paillot DE MONTABERT in der ersten Hälfte des 19. Jahrhunderts deutlich:

„Man fragt sich, welches das Ziel der Regierungen ist, so zahlreiche Sammlungen von Bildern in Galerien einzurichten. Will man den nationalen Reichtum zur Schau stellen? Will man Modelle sammeln, die der Förderung der Kunstproduktion dienen, indem die Sammlung einen leichten Vergleich und den Studierenden das Kopieren schöner Dinge ermöglicht? Muß man den Überfluß aus den Kirchen wie in einem Depot sammeln? Ist es das Bedürfnis, dem Publikum Lektionen in Moral zu erteilen und seinen Geschmack an schönen Vorbildern zu schulen? (In diesem Fall müßte man sagen, daß die Regierungen sehr selten dieses wichtige Ziel erreicht haben.) Geht es darum, den Besitz eines Fürsten zu bewahren, ein unteilbares Erbgut zu bilden, das für immer beisammen bleiben soll? Oder ist es schließlich deswegen, weil man eine Attraktion für Fremde schaffen will?“[2]

Auf alle diese Fragen kann man getrost mit „ja“ antworten, und man hätte dennoch wohl noch nicht alle Funktionen der Institution „Museum“ zusammen. Für unseren kunsttheoretischen Zusammenhang stand allerdings eine ganz andere Funktion obenan. Wir haben gesagt, daß die ersten Museen aus dem vielgestaltigen Bereich des feudalen Sammelgutes einen kleinen Kernbereich hoher Kunst aussondern und die ästhetische Produktion der Vergangenheit wie der Gegenwart diesem eingeengten und letztlich unhistorischen Begriff von Kunst unterwerfen.

Wir werden auf die Geschichte und auf die Auswirkungen der Musealisierung jetzt erweiternd zu sprechen kommen.

Zur Geschichte der Museen

Das Wort „Museum“ taucht zum ersten Mal in der hellenistischen Antike, im 4. Jahrhundert v. Chr. in Alexandria auf und bezeichnet dort einen ganzen Stadtteil, der den Musen gewidmet war und vor allem die Bibliothek, die berühmteste des Altertums, umfaßte. „Den Musen gewidmet“ bedeutet: den neun Göttinnen der Dichtkunst, der Musik, des Tanzes und der Wissenschaften geweiht. An die Bezeichnung „Museum“ erinnerte man sich in der Renaissance. So schrieb der Humanist Paolo GIOVIO über den Teil seines Hauses in Como, der seine Sammlungen beherbergte, „Musaeum“ und ließ 1546 seine *„Musaei Joviani descriptio“* erscheinen, den ersten gedruckten „Museums“-Katalog. Das Wort diente fortan der Bezeichnung verschiedenster Sammlungen, auch solcher, die nur auf dem Papier zusammengetragen wurden. Als Begriff für eine neue Institution, für die öffentliche Sammlung, setzte es sich erst im ausgehenden 18. Jahrhundert langsam durch. Noch im 19. Jahrhundert gab es um den Vorrang kämpfende Wortprägungen – wie die Münchner Museen „Glyptothek“ (Sammlung geschnittener Steine, Skulpturensammlung) und „Pinakothek“ (Tafelsammlung, Bildergalerie) beweisen.

Versuchen wir, die Geschichte der Museen in Phasen zu gliedern und typologisch zu ordnen. Vor der Epoche der Museen kommt die Epoche der fürstlichen und großbürgerlichen Sammlungen. Will man den Unterschied zwischen „Museum“ und „Sammlung“ idealtypisch herausarbeiten, so kann man sagen:

- Die *Sammlung* ist im räumlichen, juristischen und inhaltlichen Sinn Teil der Lebenssphäre ihrer Besitzer. Der Konzeption nach ist sie enzyklopädisch angelegt.

- Das *Museum* ist eine verhältnismäßig selbständige, ihren eigenen Gesetzen gehorchende und zugleich einem unbestimmten Benutzerkreis, der „Öffentlichkeit“, verpflichtete Institution der Kulturpflege. Sie ist in der Regel Spezialsammlungen gewidmet.

Das sind, wie gesagt, idealtypische Bestimmungen, die sich in der historischen Wirklichkeit erst langsam durchsetzen konnten.

Einen wichtigen Zwischenzustand zwischen Fürstensammlung und öffentlichem Museum bildet das *Fürstenmuseum*. Das erste öffentliche Museum und Museumsgebäude auf dem Kontinent war das Museum Fridericianum in Kassel *(Abb. 2)*. In ihm machte ein deutscher Fürst der Aufklärung, Landgraf FRIEDRICH II. von Hessen, die Sammlungen seines Hauses einer interessierten Öffentlichkeit zur Besichtigung und den Wissenschaftlern zur Bearbeitung zugänglich. Das heißt nicht, daß man diese Bestände vorher nicht hätte sehen und benutzen können, aber in der neuen Institution ergab sich ein Qualitätssprung durch sachgerechte Zusammenfassung von Beständen, durch geregelte Benutzungsmöglichkeiten und einen spezialisierten Beamtenapparat.

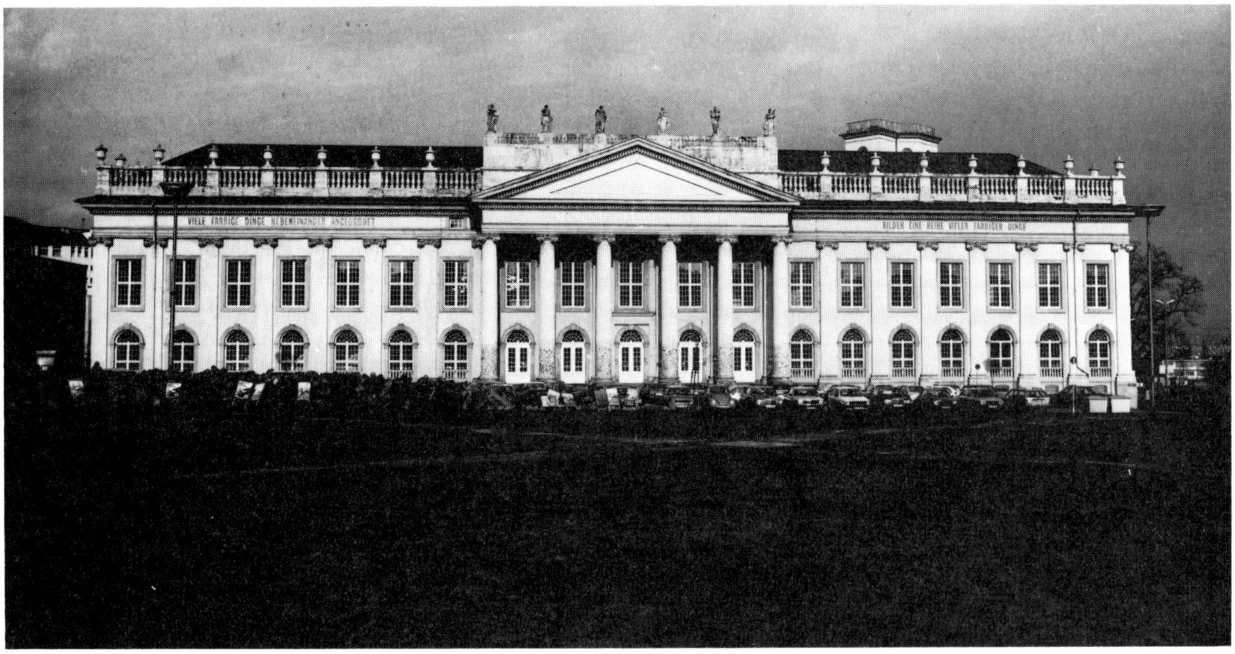

Abb. 2: Kassel, Museum Fridericianum. 1776. Wiederaufgebaut

War ein solches Museum erst einmal eingerichtet, dann waren seine Bestände dem unmittelbaren Zugriff des Fürsten weitgehend entzogen, selbst wenn sie formaljuristisch sein Eigentum blieben.

„Man kann die kulturpolitische Bedeutung des Kunstmuseums im 18. Jahrhundert wohl nur verstehen, wenn man davon ausgeht, daß im Wertsystem dieser Zeit der kulturellen Überlieferung eine so große Bedeutung zukam, daß die deutschen Fürsten in ihrer Legitimationsnot hoffen konnten, daran politisch zu profitieren. Die Fürstenmuseen repräsentierten den Anspruch der Feudalherrscher, für die Kultur verantwortlich zu sein und in ihrer Existenz dadurch gerechtfertigt zu bleiben, daß nur sie der Kultur Fortbestand sichern konnten. Das Angebot der Fürstenmuseen gegenüber dem Bürgertum war daher ebenfalls erzieherischer Art; die Fürstenmuseen wurden von ihren Gründern und Gestaltern strikt als Institutionen der *Bildung* verstanden und konzipiert. Die Fürstenmuseen räumten damit dem Bürgertum die Möglichkeit ein, den Blütestand der Kultur als Verdienst des Adels kennenzulernen; mit diesem Angebot der Teilhabe an einer bisher verschlossenen Kultur verknüpfte sich aber auch der Anspruch auf *soziale Unentbehrlichkeit.*“[3]

Man kann an diesem Beispiel sehr schön die Dialektik historischer Bewegungen fassen. In dieser Zeit starker sozialer Spannungen zwischen Feudalregime und Bürgertum versuchen beide Klassen, ihre politische Existenz durch kulturelle Aktivitäten zu rechtfertigen. Die verhältnismäßig wenigen aufgeklärten Fürsten handeln in ihrem Interesse, indem sie ihre Sammlungen institutionalisieren. Zugleich handeln sie langfristig gegen ihre Interessen, denn sie geben die Kunstsammlungen aus der eigenen in die Verfügungsgewalt der bürgerlichen Benutzer und wissenschaftlichen Verwalter. Und indem sie die Sammlungen aus dem Kosmos des Hofes entlassen, stärken sie auch die Eigenkräfte und Eigenrechte der Sammlungsgegenstände.

Die Fürstenmuseen haben mit dem Jahr 1776 ein klares Anfangsdatum – aber ein deutlicher Schlußpunkt ist ihnen in der Geschichte des 19. Jahrhunderts nicht gesetzt. Je länger in den einzelnen Ländern und Teilstaaten Europas Fürstengeschlechter die ungeteilte Macht hatten und keine Trennung zwischen staatlichem und herrscherlichem Kunstbesitz eingeführt war, desto länger geht der Gründungsimpuls von den Fürsten aus. In Frankreich wurde diese Kontinuität zuerst unterbrochen. Mit dem 1793 im Louvre eingerichteten Museum erreichen wir die Phase und den Typus des *staatlichen Museums,* das auch „Nationalmuseum“ heißen kann und in Wirklichkeit das Museum des bürgerlichen Staates ist. Der bürgerliche Staat als selbsternannter Erbe der Feudalmächte Kirche und Adel beauftragt die Institution „Museum“ mit der Bewahrung, wissenschaftlichen Bearbeitung und „Veröffentlichung“ des Kulturerbes. Seit den Tagen der ersten Französischen Revolution wurden die Museen den Parlamentsausschüssen, später Ministerien für Kultur und Bildung, unterstellt. So ist es bis heute geblieben. Über ihren Bildungsauftrag sagte ein Mitglied der ersten Museumskommission, der Maler Jacques-Louis David:

„Täuscht euch nicht, Mitbürger, das Museum ist keine oberflächliche Ansammlung von Luxusgegenständen oder Frivolitäten, die nur der Befriedigung der Neugier dienen sollen." Damit möchte er eine klare Grenzlinie zum adligen Kunstgenuß ziehen. „Es [das Museum] muß eine Ehrfurcht gebietende Schule werden [...] Wir schreiben nach Art der Alten [der antiken Staaten] unsere Geschichte in Monumenten; sie sollten groß und unsterblich sein wie die Republik, die wir geschaffen haben; und der Genius der Kunst, Erhalter erhabener Werke, die wir besitzen, sei zugleich ein schöpferisches Genie, das neue Meisterwerke hervorbringt."[4]

„Eine Ehrfurcht gebietende Schule" – damit ist bürgerlicher Ernst in diese Sphäre eingezogen: historische und ästhetische Bildung werden die neuen Lernziele. Sagen wir noch einmal, daß die kulturpolitische Revolution auch einen tiefgreifenden Wandel im Inneren der Museen mit sich bringt: Das feudale Sammelgut wird in Fächer und Fachmuseen aufgespalten, aber das Vorbild für alle Museumsgründungen geben die *Kunstmuseen,* nicht die naturkundlichen oder technikgeschichtlichen Sammlungen. Gemäß der im 18. Jahrhundert entwickelten Kunstideologie konzentriert sich der Sammeleifer der neuen Epoche auf Einzelwerke großer Meister, auf bewegliche Museumskunst, Tafelbilder und Skulpturen. Unter nationalgeschichtlichen Aspekten wird aber auch die anonyme Kunst des Mittelalters entdeckt, die sich freilich den neuen Kriterien für Kunstsammlungen unterwerfen muß und ausschließlich auf Einzelobjekte begrenzt wird.

Das 19. Jahrhundert ist die große Zeit der Museumsgründungen. Einige Daten: Das zweite Museum, das nach dem „Louvre" in Paris eingerichtet wurde, war das „Musée des Monuments Français" (eröffnet 1795), das französische Werke des Mittelalters und der Renaissance sammelte. Seit 1813 ist die Münchner „Glyptothek", das Antikenmuseum, in Planung, das nach den Plänen Leo VON KLENZES 1830 vollendet wird. SCHINKELS Berliner Museumspläne zum heutigen „Alten Museum" gehen auf die Zeit um 1800 zurück und erhalten endgültige Gestalt auch erst 1830. Von 1823 bis 1847 entsteht in London der Neubau des „British Museum", von 1831 bis 1838 die „National Gallery". Die Münchner Bildergalerie, die „Pinakothek", eröffnet 1836 *(Abb. 3).*

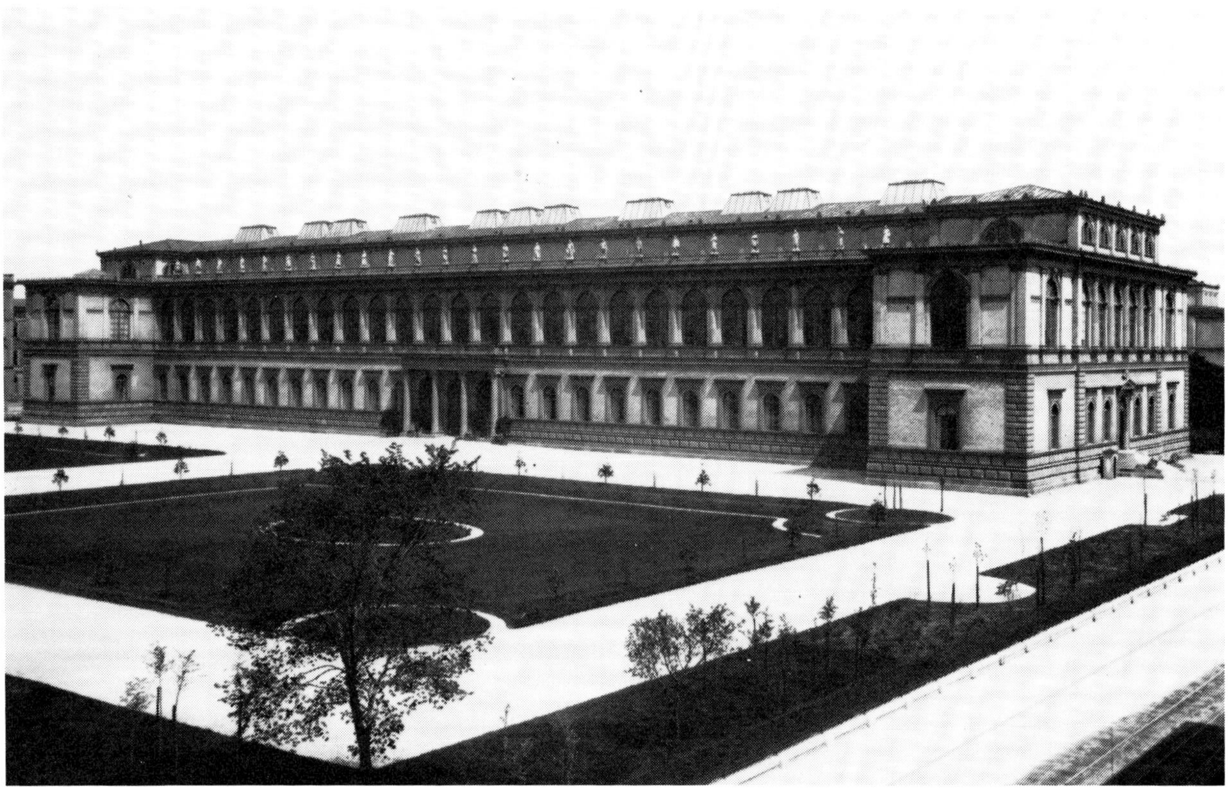

Abb. 3: München, Alte Pinakothek. 1836

Das „Nationalmuseum" in Budapest entsteht ab 1836, die „Eremitage" in Leningrad seit 1839. Damit sind wichtige Gründungsbauten der Metropolen genannt, es folgen nach und nach Zentralmuseen der kleineren Länder und Städte. Auch was die Ausbreitung der Museumsbewegung in die Provinz hinein anbelangt, war

Frankreich vorausgegangen: 1799 eröffnete in Versailles das „Musée spécial de l'Ecole française", das erste *Provinzialmuseum*. Weitere Einrichtungen dieser Art entstanden im Lauf des 19. Jahrhunderts in fast allen Hauptstädten der Departements. Außerhalb Frankreichs gingen lokale Museumsinitiativen meist von bürgerlichen Museums- und Heimatvereinen aus; heute sind es in der Regel Kommunen und Gebietskörperschaften, die Stadt-, Dorf- und Regionalmuseen ins Leben rufen. Diese Bewegung ist nicht abgeschlossen; sie wird ganz entscheidend durch das wachsende kulturelle Selbstbewußtsein der Regionen und durch die Angst vor einem totalen Ausverkauf historischer Werte gestärkt.

Die theoretische Auseinandersetzung um das Museumskonzept

Museumskritik ist beinahe so alt wie das Museum selbst. Und sie ist genauso lebendig wie das Museum. Ihre Motive sind schon früh beisammen und lassen sich leicht überschauen und verstehen. Ihre wichtigsten Vorwürfe lauten:

- Die Traditionspflege der Museen behindert die aktive Entwicklung der Künste.
- Das Museum entfremdet seine Gegenstände ihrer angestammten Umgebung und Funktion; es wird reich, indem es andere arm macht.

Wenn sich Jacques-Louis David in dem oben angeführten Zitat einen positiven Einfluß der Museumsbestände auf die zeitgenössische Kunst erhofft, so widerspricht ihm sein Zeitgenosse Quatremère de Quincy direkt:

„Man hat erlebt", so wettert er 1800 gegen die Verwalter der Museen, „wie diese Monumentensammler, um ihre Sammlungen zu vergrößern, Plünderungen angeregt und für Zerstörungen gestimmt haben [...] und wie es sie nach der Zerstörung von Bauwerken gelüstet, um in ihre Katakomben einzureihen, was sie Belegstücke der Kunstgeschichte nennen und was man besser ‚Todesanzeigen' nennen sollte. Solche Sammlungen regen im Publikum weniger die Liebe zu den Künsten an, sondern evozieren das Gefühl ihrer Nutzlosigkeit. Die Lehren, die die Künstler dort empfangen, sind tote Lehren [...] Das beste Mittel, die Künste zu fördern, besteht darin, ihre Werke nützlich zu machen und wo möglich notwendig. Das beste Mittel, sie zu entmutigen, besteht darin, ihre Werke nutzlos zu machen, indem man sie verurteilt, ausgestellte Ware in einem Kaufhaus zu sein oder das Aushängeschild eines überholten Luxus. Aus diesem Gefühl heraus ist diese universelle Anhäufung von Kunstwerken ohne Zweck entstanden [...] Das Schädliche dieser Institutionen ist die Tatsache, daß die Regierung, um Altertümer zu erwerben, um sie zu restaurieren und in Ordnung zu bringen, um Bestände zu ergänzen und um Pendants zu erwerben, all die Mittel ausgibt, die nötig wären, um die Künstler bei der Schaffung neuer Meisterwerke zu unterstützen [...] Dieser Mißbrauch ist noch nie so weit getrieben worden wie heute."[5]

Diese Äußerungen eines Augenzeugen der ersten großen Museumsgründungen fallen analytischer und konstruktiver aus als viele Pamphlete des späteren 19. und 20. Jahrhunderts. So heißt es beispielsweise im Gründungsmanifest des Futurismus von 1909:

„Museen: Friedhöfe! [...] Wahrlich identisch in dem unheilvollen Durcheinander von vielen Körpern, die einander nicht kennen. Museen: öffentliche Schlafsäle, in denen man für immer neben verhaßten oder unbekannten Wesen schläft! Museen: absurde Schlachthöfe der Maler und Bildhauer, die sich gegenseitig wild mit Farben und Linien entlang der umkämpften Ausstellungswände abschlachten! [...] Wahrlich, ich erkläre euch, daß der tägliche Besuch von Museen, Bibliotheken und Akademien (diesen Friedhöfen vergeblicher Anstrengungen, diesen Kalvarienbergen gekreuzigter Träume, diesen Registern gebrochenen Schwunges) für die Künstler ebenso schädlich ist wie eine zu lange Vormundschaft der Eltern für manche Jünglinge, die ihr Genie und ihr ehrgeiziger Wille trunken machen [...] Mögen also die lustigen Brandstifter mit ihren verkohlten Fingern kommen! Hier! Da sind sie! ... Drauf! ... [...] Leitet den Lauf der Kanäle ab, um die Museen zu überschwemmen! ... Oh, welche Freude, auf dem Wasser die alten, ruhmreichen Bilder zerfetzt und entfärbt treiben zu sehen!"[6]

Das sind Formulierungen, die sich im Aufbruch fast jeder neuen Kunstepoche und Stilrichtung einstellen. Bewirkt haben sie wenig: Weder haben sie die Werke des Futurismus von den Museen ferngehalten, noch haben sie Museen überhaupt verhindert.

Der Futurist Gino Severini 1913: „Ich sehe deshalb das Ende des Bildes und der Statue voraus. Diese Kunstformen beschränken, trotz unseres Erneuerungsgeistes, unsere schöpferische Freiheit und tragen ihr Schicksal in sich: Museen, Salons der Sammler [...]"[7]

Diese Hoffnungen haben sich nicht erfüllt: die Hauptwerke der futuristischen Kunst sind geschätztes Sammelgut vieler Museen in aller Welt; aber diese Hoffnungen sind auch nicht ganz und gar vereitelt worden: Der theoretischen folgte im 20. Jahrhundert die praktische Museumskritik.

Die Musealisierung des Kunstwerks

Museen, so haben wir bei Quatremère DE QUINCY gelesen, machen das Kunstwerk funktionslos. Die Wurzeln wurden zertrennt, die es mit seiner Umgebung und seinen Aufgaben verbanden. Dieser Kunsttheoretiker geht so weit, daß er das zentrale bürgerliche Kriterium für Kunst, den Begriff der Schönheit, zweiteilt und von einer inneren, absoluten und von einer relativen, abhängigen Schönheit spricht, die beide zusammen erst die wahre und lebendige Schönheit des Kunstwerks garantieren:

- Die relative (abhängige) Schönheit ergibt sich für das Kunstwerk aus seinen vielfältigen Beziehungen zu seinem angestammten Ort, zu historischen Gegebenheiten und Assoziationen, zu seinen Gebrauchsformen.
- Die innere (absolute) Schönheit ist identisch mit dem gängigen Begriff der Zeit; sie besteht in der vollkommenen Formgebung, der Idealität des Gegenstands usw.

Die Begründer der Kunstmuseen, die Gegner Quatremère DE QUINCYS, setzten darauf, daß die innere und absolute Schönheit überhaupt erst zur Erscheinung komme, wenn das Kunstwerk, von seinen „Äußerlichkeiten" befreit, als ästhetische Substanz an die neue Öffentlichkeit treten könne. Sie machten geltend, daß erst im öffentlichen Museum der Schutz der Objekte gewährleistet sei und sie als allgemeines Bildungsgut in Gebrauch genommen werden könnten. Dieser alte und immer wieder neue Streit wird wohl nie entschieden werden. Aber zweifellos ist jedem Kritiker recht zu geben, der behauptet, daß das Museum die Gestalt und den Begriff von Kunst verändert habe – sowohl der historischen als auch der jeweils aktuellen Kunst.

Welche Folgen der Musealisierung für die Kunst lassen sich feststellen?

Bei André MALRAUX lesen wir: „Ein romanischer Kruzifixus war von vorneherein ebensowenig eine Skulptur wie Duccios Madonna ein Bild. Selbst die Pallas Athene des Phidias war zunächst keine Statue [...] In diesem Verwandlungsprozeß, der Träume zu gemalten Bildern, Götter zu Statuen werden ließ, mußte dem Museum eine wichtige Rolle zukommen. Diese Verwandlung ins Bild geht bis zum Porträt [...] Was geht es uns an, wer der ‚Mann mit dem Goldhelm' oder der ‚Mann mit dem Handschuh' war [Malraux spielt hier auf zwei berühmte Bilder REMBRANDTS bzw. TIZIANS an]. Sie heißen Rembrandt und Tizian. Ein Porträt ist nicht mehr in erster Linie Abbild eines bestimmten Menschen. Bis zum 19. Jahrhundert war jedes Kunstwerk, ehe es als solches gewertet wurde – ja, um überhaupt als solches gewertet zu werden, zunächst Abbild von etwas Existierendem oder Nichtexistierendem [...] Das Museum löschte in nahezu allen Porträts (selbst wo sie ein Geträumtes darstellen) fast alles Modellmäßige; seinen Kunstwerken entriß es damit ihre eigentliche Funktion."[8]

Wir unterbrechen das Zitat an dieser Stelle, weil MALRAUX hier Behauptungen aufstellt, die den bisherigen Ausführungen zu widersprechen scheinen. Er sagt, die wesentliche Funktion der Kunst sei ihre *Abbildfunktion* gewesen, also jene Funktion, der unser Kapitel IV gewidmet ist. Das mag an dieser Stelle überraschen, da wir als erste und produktivste Funktion bisher die religiöse Funktion angesetzt haben. Aber der Widerspruch läßt sich leicht auflösen: Religiöse Kunst ist häufig – in der Sprache MALRAUX' – Abbild von Nichtexistierendem; aber sie ist Abbild, das heißt, sie möchte in ihrem Sach- und Wahrheitsgehalt ganz ernst genommen werden: sie verweist auf die höchste Realität gläubiger Zeiten, auf die überirdische Realität der Glaubensinhalte. Jede Kunst der Vergangenheit, sagt MALRAUX, ist zunächst einmal auf ihren Informationswert hin betrachtet worden; diese Funktion geht im Museum verloren:

„Für das Museum gab es kein Palladium [heiliges Bild der Pallas Athene], keinen Heiligen, Christus; die Begriffe Verehrung, Ähnlichkeit, Phantasie, Schmuck oder Besitz sind mit seinen Objekten nicht mehr verbunden [...] Eine gotische Statue stand im Verband der Kathedrale, ein klassisches Bild in dem seiner Zeit eigenen dekorativen Zusammenhang: jedes Kunstwerk lebte jedenfalls in irgendeiner Bindung; allerdings niemals mit Werken einer anderen Geisteshaltung. Von diesen blieb es im Gegenteil isoliert, um desto besser genossen werden zu können. Das Museum trennt das Kunstwerk von allem übrigen und bringt es mit entgegengesetzten oder rivalisierenden Werken zusammen" (ebda).

Diese Meinung teilt auch Walter GRASSKAMP: „Ein Altarbild im Museum hat seinen Charakter geändert, zwei Altarbilder nebeneinander erfahren einen erheblichen Bedeutungsverlust durch die integrierende Wirkung des Museums, in dem sich alles zur Kunst nivelliert."[9]

Die Kosten der Musealisierung heißen: Verlust der Funktionsbindung in religiösem, politischem und abbildend-informativem Sinne, Verlust des Realgehalts, Verlust der angestammten Bindungen „mit allem übrigen". Der Gewinn, wenn es denn einer ist, heißt: Bildung einer neuen Gemeinschaft der Kunstwerke aller Zeiten und Nationen, Herstellung eines neuen gemeinsamen Nenners, der auf so verschiedene Namen wie Stil, Schönheit, Kunstgeschichte, Form, reine Kunst hört und den wir kurz „ästhetische Funktion" nennen.

André MALRAUX hat in seiner *„Psychologie der Kunst“* neben dem Kunstmuseum des 19. Jahrhunderts als das Museum unserer Zeit das „Imaginäre Museum“ ausgemacht, das aus lauter Reproduktionen von Kunstwerken besteht. Was er für dieses medial vermittelte „Museum ohne Wände“ sagt, gilt aber in eingeschränktem Maße auch für das Museum des 19. Jahrhunderts und für seine Auswirkungen auf die zeitgenössische Kunstproduktion:

Es „eröffnet sich aber ein Gebiet künstlerischen Wissens, wie es so ausgedehnt der Mensch bisher noch nie gekannt hat. Dieses Gebiet – das sich mit wachsendem Bestand und weiterer Ausdehnung immer mehr intellektualisiert – ist nun zum erstenmal der ganzen Welt als Erbschaft gegeben. Diesem ungeheuren Bestand sieht sich die moderne Kunst gegenüber. Sie nimmt ihn auf, ordnet und verwandelt ihn [...]“[10]

Das Museum macht dem Künstler die Werke seiner Vorgänger in bisher ungekannter Freizügigkeit und Reichhaltigkeit zugänglich. Er hat nicht mehr nur *ein* praktisches Modell, das seines Lehrers, vor Augen und nicht mehr nur *ein* ideales Vorbild im Sinn, sagen wir: die Antike oder die Renaissance, sondern eine Vielzahl mehr oder minder gleichrangig präsentierter Gestaltungsmöglichkeiten zur Verfügung. Er kann, er muß auswählen; er steht vor der mehr oder minder bewußten Entscheidung, durch Abwägen und Verwerfen seinen Stil zu finden. Er kann nicht mehr behaupten, nichts gewußt zu haben. Die Vergleichsmöglichkeiten stehen nicht nur ihm, sondern auch den Kritikern und dem Publikum zur Verfügung.

So entwickelt sich durch den Einfluß des Museums auf die Kunstwelt eine historisierende Kunst, die Stile der Vergangenheit aufgreift und verarbeitet. Es hat sich herumgesprochen, daß die Kunst des 19. Jahrhunderts über weite Strecken unter dem Begriff des Historismus gefaßt wird: Ein Stil nach dem anderen wird durchprobiert – in der Malerei vielleicht nicht so offenkundig wie in der Architektur. Aber wenn man beginnt nachzudenken, kommt man auf eine ganze Reihe von Stilrückgriffen auch in der Malerei: die deutsche Künstlergruppe der Nazarener und die englische der Präraffaeliten lehnen sich an die christliche Malerei des 14. und 15. Jahrhunderts an, der französische Maler INGRES pflegt das Vorbild RAFFAEL, seine Kollegen BÖCKLIN und MAKART halten sich an die venezianische Malerei der Renaissance.

Man sollte aber nicht meinen, daß die Wiederverwendung der Kunstgeschichte mit jener Epochenschwelle abbricht, die wir „die Moderne“ nennen und die vom Ende des vergangenen Jahrhunderts datiert. Über MANET, den viele für den ersten Maler der Moderne halten, schreibt MALRAUX:

„Um den endgültigen Bruch mit der malerischen Tradition zu erleben [...], müssen wir bis Manet warten [...] Manets Werk vom ersten bis zu seinen letzten Werken entspricht dem Weg der Malerei vom Museum zur Kunst der Moderne.“[11]

Für MANET gilt zunächst, wie übrigens für alle Vorbereiter oder Gründungsväter der Moderne, daß sie die Kunst des Museums ausgiebig für ihre Zwecke nutzen; MANET war besonders der bis dahin unterbewerteten spanischen Malerei zugetan. Aber ob er, wie MALRAUX zu verstehen gibt, nicht nur die Vorbilder reformierte, sondern auch eine andere Kunst als eine Kunst des Museums schuf, das darf bezweifelt werden. Der französische Kulturhistoriker Michel FOUCAULT sagt dagegen:

„Was Flaubert für die Bibliothek war, das ist Manet für das Museum. Beide schufen ihre Werke in einer selbstbewußten Bezugnahme auf ältere Texte oder Bilder [...] Sie errichten ihre Kunst in den Archiven.“[12]

Damit ist das neue Verhältnis zur Tradition genauer bezeichnet: Man verschreibt sich nicht einem historischen Stil, sondern formuliert seine Position im Verhältnis zu den Vorgaben der Geschichte. Aber – das sieht auch MALRAUX:

„Ein anderer Stil, nicht nur eine andere Schule – diese Konzeption wäre nicht möglich gewesen, hätte nicht die Idee eines andern Stils selbst bereits bestanden.“[13]

Diese aber war, wie er selbst ausgeführt hat, das Produkt des Museums.

Auch in anderer Beziehung blieb die Kunst der frühen Moderne „in den Archiven“, im Museum: Sie mochte die inneren Mittel und Möglichkeiten der Kunst revolutionieren, die Farbe befreien, den Gegenstand abschaffen und was man mehr an Leistungen für die Moderne in Anspruch nimmt, was die Medien der Kunstproduktion anbelangt, so hielt man sich im Rahmen, also auch „in den Archiven“: Ölbilder, Zeichnungen, Graphiken, Marmor- und Bronzeplastiken waren und blieben der Gegenstand der formalen Neuerungen. Es dauerte, bis sie ins Museum kamen, aber es gab keine materiellen Schwierigkeiten, sie dort unterzubringen. 1923, in einer der stürmischsten Entwicklungsphasen der modernen Kunst, schrieb der russische Kunsttheoretiker Nikolai Tarabukin:

„Ob nun die Tafelbilder und Skulpturen gegenständlich und naturalistisch ausfallen [...], ob sie allegorisch und symbolisch sind [...] oder ob sie mit der Gegenständlichkeit brechen und einen nichtgegenständlichen Charakter annehmen [...], diese Kunst ist in jedem Fall Museumskunst, und das Museum bleibt die gestaltgebende Kraft, welche die Form, den Sinn und den besonderen Zweck der künstlerischen Schöpfung diktiert [...] Alle zeitgenössische Kunst, welche der ‚linke' Flügel hervorgebracht hat [Tarabukin spielt hier auf Bewegungen in der zeitgenössischen Kunstszene Rußlands an], findet ihre Rechtfertigung nur an den Museumswänden, und der ganze revolutionäre Sturm, den er hervorgerufen hat, findet seine letzte Ruhestätte auf dem Museumsfriedhof." Er schließt seine Überlegungen mit einem Seitenblick auf die Futuristen, die eben das Museums-Getto verlassen wollten: „Trotz ihres Futurismus vergessen diese Künstler nicht, sich ihren Platz in den Friedhöfen der Kunst anweisen zu lassen."[14]

Damit sind wir wieder so weit wie am Ende des letzten Abschnitts und fragen, ob das Museum denn der einzige Bestimmungsort einer zeitgenössischen Kunst ist, ob sich nicht Alternativen auftun und ob nicht die Kunst selbst, bei derart klar erkannter Sachlage, doch imstande war, kritische Gegenpositionen zu entwickeln.

Die Kunstausstellung (Salon)

Als das Museum des Louvre 1793 öffnete, zeigte es Bilder und Skulpturen der vergangenen vier Jahrhunderte; die jüngsten Werke waren schon mehrere Jahrzehnte alt. So, könnte man meinen, ist es geblieben: Aktuelle Kunst muß erst einige Zeit „abhängen", wie die Museumsleute sagen, bevor sie in die ständige Sammlung übernommen wird. Kann man also über das im vorigen Abschnitt Angedeutete hinaus von weiteren Folgen der Musealisierung für die jeweils zeitgenössische Kunstproduktion sprechen, wenn das Museum immer erst im nachhinein aktiv wird? Nun, es gibt auch indirekte und vorweggenommene Wirkungen – es wird zu zeigen sein, daß viel engere Beziehungen zwischen der neuen Institution und dem Kunstbetrieb des 19. und 20. Jahrhunderts bestehen, als man auf den ersten Blick vermuten sollte.

Kunstmarkt und Ausstellungswesen

Bevor wir dieses Verhältnis genauer darstellen, muß auf Institutionen der Kunstpflege hingewiesen werden, die vor allem der Vermittlung zeitgenössischer Kunst dienen und dienten. Bis ins ausgehende 18. Jahrhundert wird ein Großteil der Kunstproduktion im direkten Auftragsverhältnis ausgeführt: Ein Geistlicher bestellt bei einem Maler einen Altar, ein Adliger bei einem Bildhauer Gartenskulpturen, ein Bürger bei einem Stukkateur Verzierungen für die Decke seines Speisezimmers. Das war über viele Jahrhunderte der normale Gang der Dinge. Daneben etablierte sich aber auch ein freier *Kunstmarkt,* für den der Künstler auf Verdacht und Vorrat produzierte, auf dem Händler und Agenten als Mittelsmänner auftraten und der Käufer zwischen fertigen Waren auswählen konnte. Auf dieser Grundlage war etwa die Kunstproduktion der Niederländer im 17. Jahrhundert organisiert. Das Angebot erfolgte in Läden und auf Märkten, wo auch alle anderen Güter feilgeboten wurden.

Einen solchen Laden, der auch Geschmeide und Kunsthandwerk verkaufte, zeigt uns Watteaus berühmtes Ladenschild von 1720, gemalt für die Kunsthandlung des Kunsthändlers Edmé François Gersaint in Paris *(Abb. 4).* Dies ist freilich eine große und berühmte Kunsthandlung gewesen, die sich in ihrer Ausstattung, wie man sieht, an die fürstlichen Bildersammlungen anlehnte – die normalen Präsentationsbedingungen der Ware „Kunstwerk" müssen wir uns oft sehr viel bescheidener vorstellen. Im Paris dieser Jahre war es zum Beispiel durchaus üblich, daß Künstler ihre Werke unter freiem Himmel zum Verkauf anboten.

Massive und für den Kunstbetrieb insgesamt folgenreiche Konkurrenz erhielt der private Kunsthandel durch das *Ausstellungswesen,* das wiederum in engem Zusammenhang mit der Entwicklung der Kunstakademien steht. *Kunstakademien* sind Standesorganisationen bildender Künstler; ihre Ausbildungsfunktion, die wir heute vor allem in ihnen sehen, spielte in den Anfängen dieser Institution nicht die größte Rolle.

Nehmen wir das französische Beispiel: Die Pariser Kunstakademie wurde 1648 als „Académie Royale de Peinture et Sculpture" gegründet; seit 1665 veranstaltete sie Ausstellungen mit Werken ihrer Mitglieder. Dieser Anlaß wurde zu Zwecken der Selbstdarstellung der Akademie und des Hofes feierlich ausgestaltet; die Kunstwerke

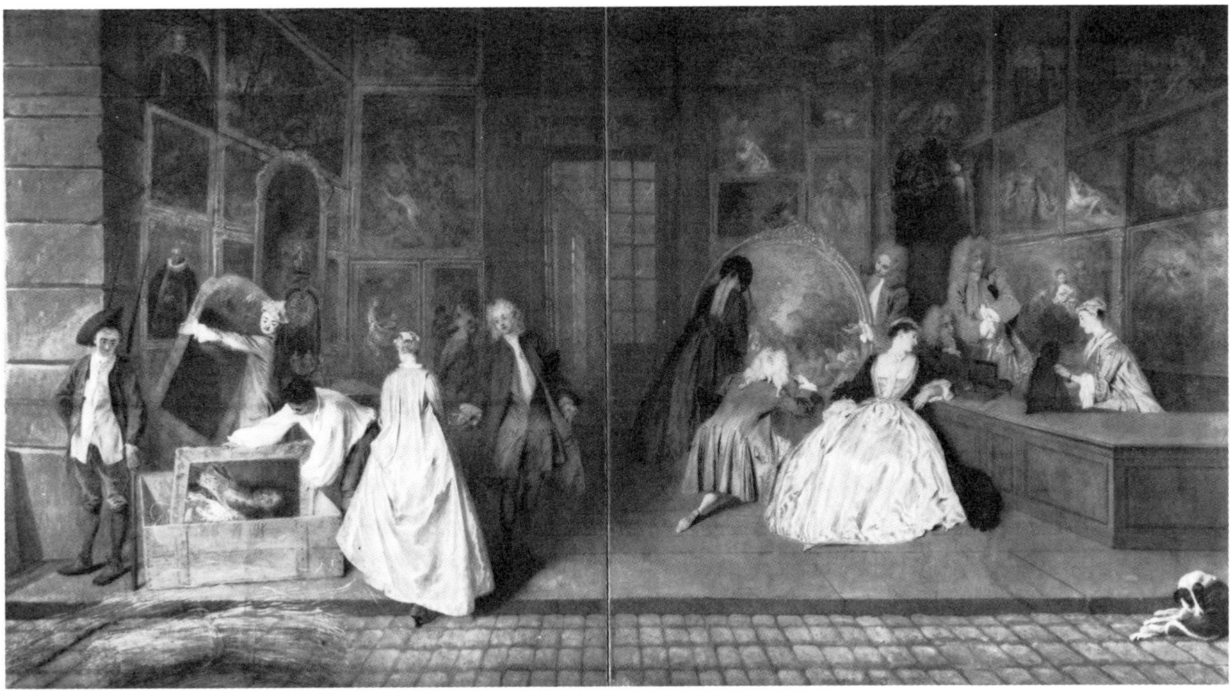

Abb. 4: Jean-Antoine Watteau: Ladenschild für die Kunsthandlung von Edmé François Gersaint. 1720. Berlin, Staatliche Schlösser und Gärten

spielten dabei die geringste Rolle: „Die Ausstellung ist Staatsakt und Teil offizieller Hoffeierlichkeiten."[15] Doch die weitere Entwicklung dieser Institution ging in eine andere Richtung: Nachdem die Öffentlichkeit zugelassen worden war, nachdem neben den Akademikern auch andere Künstler ihre Werke ausstellen konnten, wurde die Kunstausstellung allmählich zu einem Ereignis, das sich ganz Paris nicht entgehen lassen konnte. Von 1737–1848 fand sie im Salon Carré des Louvre statt – und dieser Raum hat der Institution „Salon" ihren Namen gegeben. Nicht nur in Paris sprach und spricht man, wenn von großen Kunstausstellungen die Rede ist, von einem „Salon".

Die Ausstellungen fanden bald in einjährigem, bald in zweijährigem Zyklus statt. Stetig wuchsen die Zahl der ausgestellten Kunstwerke und die Zahl der Besucher. Waren es 1673 erst 154 Werke und 1750 dann 288, so zählte man am Ende des Jahrhunderts schon 1462. In der Mitte des 19. Jahrhunderts bewegten sich die Ziffern um 3000; die absolute Höchstzahl dürfte der Salon von 1880 mit 7235 Gemälden erreicht haben. Was die Besucherzahlen angeht, so sind wir auf den Verkauf der Ausstellungskataloge angewiesen: 1755 lag der Verkauf bei rund 8000 Exemplaren, 1783 bei 20000. Der tatsächliche Besuch der – im übrigen kostenlosen – Salons lag natürlich viel höher. Ein Datum aus dem 19. Jahrhundert: An einem Sonntag des Jahres 1875 zählte man im Salon 30000 Besucher.

Daß das Pariser Erfolgsmodell bald von allen anderen Akademien nachgeahmt wurde, versteht sich von selbst. Die große Kunstausstellung ist neben dem Museum die wichtigste Institution des Kunstbetriebs im 18. und 19. Jahrhundert. Um den Unterschied noch einmal hervorzuheben: Im Gegensatz zum Museum ist die Kunstausstellung eine Organisation für den Verkauf zeitgenössischer Kunst. In der inneren Ausgestaltung kommen sich die beiden Einrichtungen dagegen sehr nahe. Wie *Abbildung 5* zeigt, bedienten sich die Salons des gleichen Prinzips der flächendeckenden Hängung, wie wir es zuerst in den Fürstengalerien und dann in den Museen beobachtet haben. Wieder kam es zu jenem für unsere Vorstellungen unbegreiflichen Arrangement, das nicht nur Hunderte von Bildern auf einer Wand, sondern auch die höchstplazierten in einer Entfernung von 10 bis 15 Metern vom Betrachter anbrachte.

Nach diesen Ausführungen können wir also unsere Frage vom Anfang dieses Abschnitts zuspitzen: Warum sollen sich Abhängigkeiten zwischen Museum und zeitgenössischer Kunst ergeben, wenn letztere ganz und gar in einer anderen Institution aufgehoben ist: der Institution der Kunstausstellung?

Es gibt eine sehr enge Verbindung, die auf den ersten Blick äußerlich und zufällig wirken mag. Die Geschichte fügte es, daß in den gleichen Räumen, wo seit dem 18. Jahrhundert die Akademie ihre Ausstellungen abhielt, im Salon Carré und in der Großen Galerie des Louvre, die Revolution ihre Kunstausstellungen einrichtete. Da für

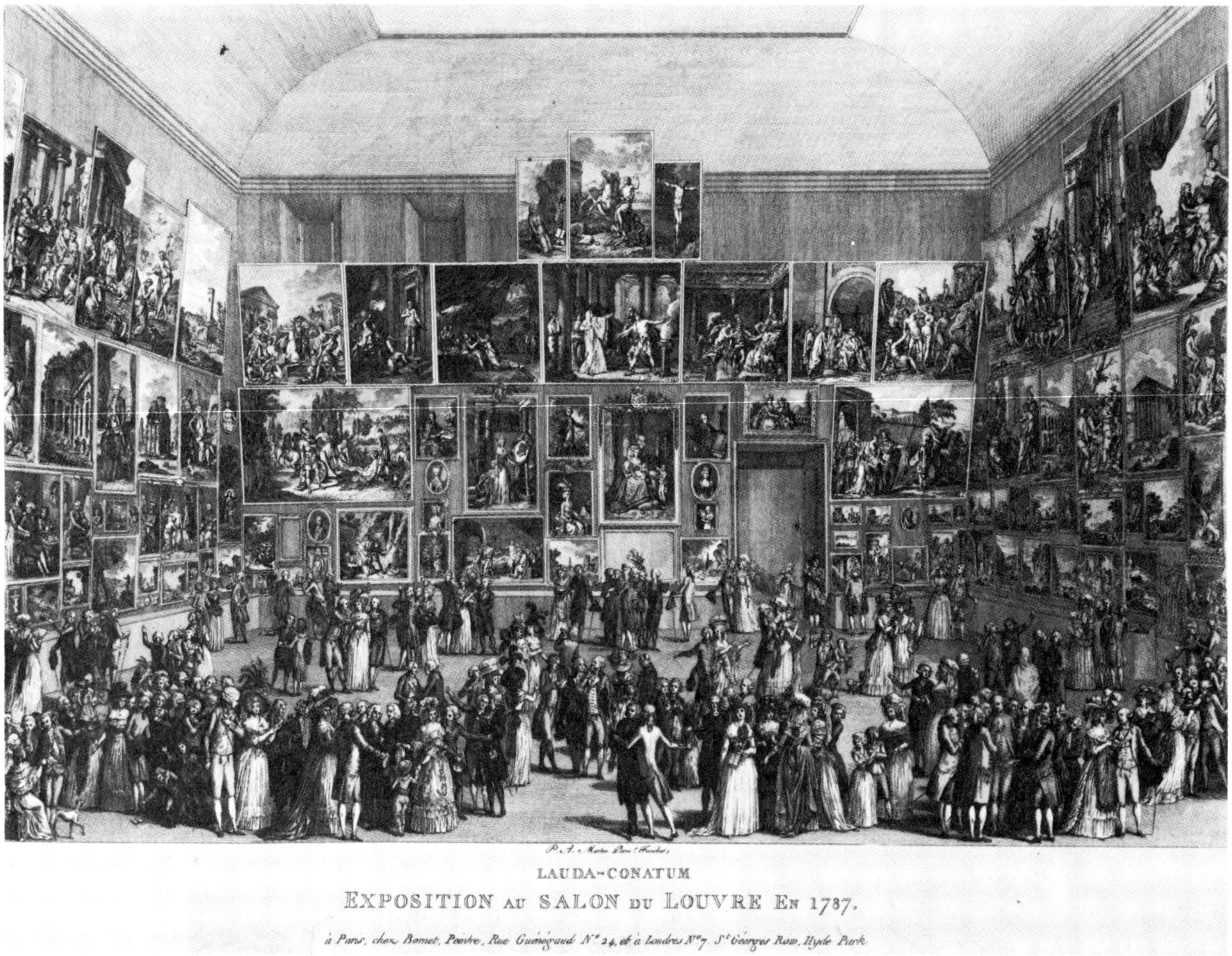

Abb. 5: Paris, Louvre, Salon Carré. 1787

diese Ausstellungen kein anderer Platz zur Verfügung stand, blieb nichts anderes übrig, als die alten Museumsbilder von den Wänden zu nehmen und ins Depot zu bringen. An die Stelle der alten Meister, zum Teil an die gleichen Haken und Bilderdrähte, kamen nun die Werke der Zeitgenossen. In London, in der National Gallery, und in vielen anderen, kleineren Museen war das nicht anders. Das heißt, daß historische und aktuelle Kunst gewissermaßen deckungsgleich geworden sind. Sie arbeiten beide mit denselben Materialien, Techniken, Formaten, Gattungen; sie sind, was die Malerei angeht, auf den Inbegriff des Kunstwerks, das Tafelbild in Ölmalerei, eingeschränkt. Die Werke von heute können also ihrer materiellen Erscheinung nach problemlos die Museumsbilder von morgen sein. Und sie wurden das auch in immer kürzeren Abständen.

Das Salonbild

Der Museumskritiker Quatremère DE QUINCY fand auch die großen Kunstausstellungen seiner Zeit bedenklich: Wenn der Künstler keine Möglichkeiten mehr habe, sein Kunstwerk „nobel" und „nützlich" zu machen, könne er nur noch das eine Ziel verfolgen, gekauft zu werden. Die niederen Gattungen, die dem Massenpublikum schmeicheln, würden sich in den Vordergrunddrängen: Schlachten, Landschaften, Genremalerei, Blumen und Früchtestilleben und natürlich Porträts. Wenn der Maler Größeres im Sinne habe, müsse er mit allen Mitteln versuchen, die Aufmerksamkeit der Regierung auf sein Museumsstück zu lenken oder den Sammler durch seine Einzigartigkeit zum Kauf zu verführen.

Quatremère DE QUINCY sieht das ganz richtig: Wenn der Künstler nicht nur einfache Gebrauchskunst liefern, sondern ein Hauptwerk schaffen wollte, dann mußte er allein schon durch Format und Thema die harte Konkurrenzsituation im Salon zu seinen Gunsten entscheiden. Am besten, er malte ein sehr großes Bild! Das verdrängte die Mitbewerber auf der Wand und ließ sich auch unter ungünstigen Hängungsbedingungen besser beurteilen. Das Problem war nur, daß große Bilder keine privaten Käufer fanden, sondern in jedem Fall nach dem Staat als Abnehmer verlangten. Der Staat kaufte sie, um sein Mäzenatentum unter Beweis zu stellen oder einfach dem Druck der öffentlichen Meinung folgend, und gab sie in die Obhut seiner Museen. So bildet sich verhältnismäßig schnell auch oder gerade unter den Bedingungen des freien Kunstmarktes eine staatlich subventionierte Museumskunst heraus, eine betont „noble", aber nicht unbedingt eine „nützliche" Kunst.

Welche Erfahrungen ein großer Künstler mit diesem System machte, sei am Beispiel Théodore GÉRICAULTS dargestellt. Nach kleineren Erfolgen arbeitete der gerade 26jährige seit 1818 an seinem Hauptwerk *„Das Floß der Medusa" (Abb. 6)*. So wie im 19. Jahrhundert ein Dichter seine Gesammelten Werke schreibt, so geht der Maler dieser Epoche an sein „Hauptwerk". Niemand konnte in diesem Fall wissen, daß es das einzige große Werk

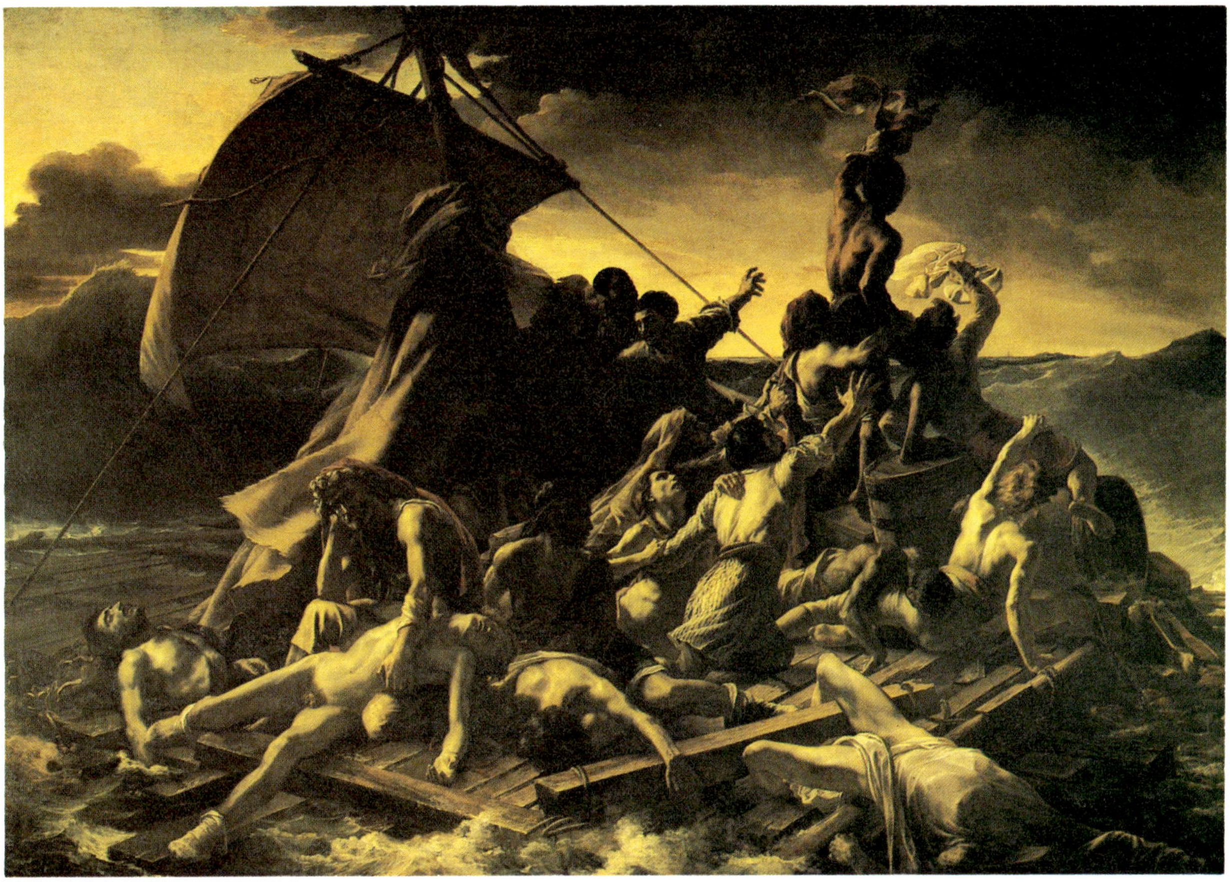

Abb. 6: Théodore Géricault: Das Floß der Medusa. 1819. Paris, Louvre

dieses Malers bleiben sollte – er starb 1824. GÉRICAULT plante das Unternehmen wie ein Profi: Er mietete ein großes Atelier, beschäftigte viele Modelle, konzipierte das Bild sehr sorgfältig, informierte sich grundlegend über sein Thema. Er malte eine Leinwand mit den Maßen 4,90 × 7,16 Meter – groß genug, um alle Konkurrenten zu verdrängen. Er entschied sich für eine Komposition, die ganz und gar aus der Sicht des Betrachters heraus entworfen ist: Wir sind ganz nahe am oder auf dem Floß der Schiffbrüchigen, wir stehen mit ihnen vorn im Wasser, und wir sehen mit ihnen, durch sie und über sie hinweg das alles entscheidende winzige Ereignis des Bildes: das Rettung bringende Schiff am Horizont. Eine zwingende Perspektive, ein dramatischer, „fruchtbarer" Moment – GÉRICAULT hätte sein Publikum nicht wirksamer ansprechen können. Sein Bild darf als *das* Salonbild des 19. Jahrhunderts schlechthin gelten.

Nun kann ein Gemälde das ideale Salonbild sein, aber es möchte dekoriert, gekauft und womöglich sofort wieder ausgestellt werden – am besten unter der Obhut des Staates. Das riesige Format und das Thema schlossen sowieso einen privaten Interessenten aus. Die Jury des Salons rang sich zwar zur Verleihung einer Goldmedaille für GÉRICAULT durch, aber zu dem erhofften Ankauf durch den Staat kam es nicht – aus mehreren Gründen. Der wichtigste hat mit der Wahl des Themas zu tun. Der Schiffbruch des französischen Kriegsschiffes „Medusa" im Jahr 1816 und die tragische und verlustreiche Geschichte seiner Besatzung waren im Jahr 1819, als das Werk im

Salon erschien, noch in aller Munde – ein sensationeller Stoff, dessen bildnerische Umsetzung mit dem Wissen und der Anteilnahme aller Betrachter rechnen konnte. Dennoch war es eine heikle Themenwahl, denn die Katastrophe war gleichbedeutend mit einem politischen Skandal. Das Verhalten der Verantwortlichen im Vorfeld des Ereignisses, während des Schiffbruchs und bei der Sorge für die Mannschaft sowie das juristische und politische Nachspiel des Falles bedeuteten zusammengenommen eine schwere politische und moralische Niederlage für die Regierung der Bourbonen in Frankreich. Hier wird die verzwickte Situation des Künstlers unter den Bedingungen des freien Marktes deutlich. GÉRICAULT ist frei, von Aufträgen und Anweisungen unabhängig, nur sich selbst, seinem künstlerischen und politischen Gewissen verpflichtet, aber er steht als Einzelner einem System gegenüber, das den großen Erfolg, das Hauptwerk in letzter Instanz nur mit Hilfe des Staates ermöglicht. GÉRICAULT nimmt nur auf die ersten Instanzen, auf sich und auf den Salon, Rücksicht; da muß er seine Leinwand wieder einrollen und mitnehmen.

Fünf Jahre später und einige Zeit nach dem Tode des Künstlers kam das Gemälde dann doch an den Ort, für den es eigentlich gedacht war: in das Museum des Louvre, wo es heute noch hängt *(Abb. 7)*. In der Zwischenzeit war es auf Tournee gegangen – in England, wo es in Einrichtungen volkstümlicher Unterhaltung gegen Geld zu sehen war. Danach lagerte es, wieder aufgerollt, in irgendwelchen Ateliers; man überlegte ernsthaft, die Leinwand in Stücke zu schneiden und die Teile an private Sammler zu verkaufen.

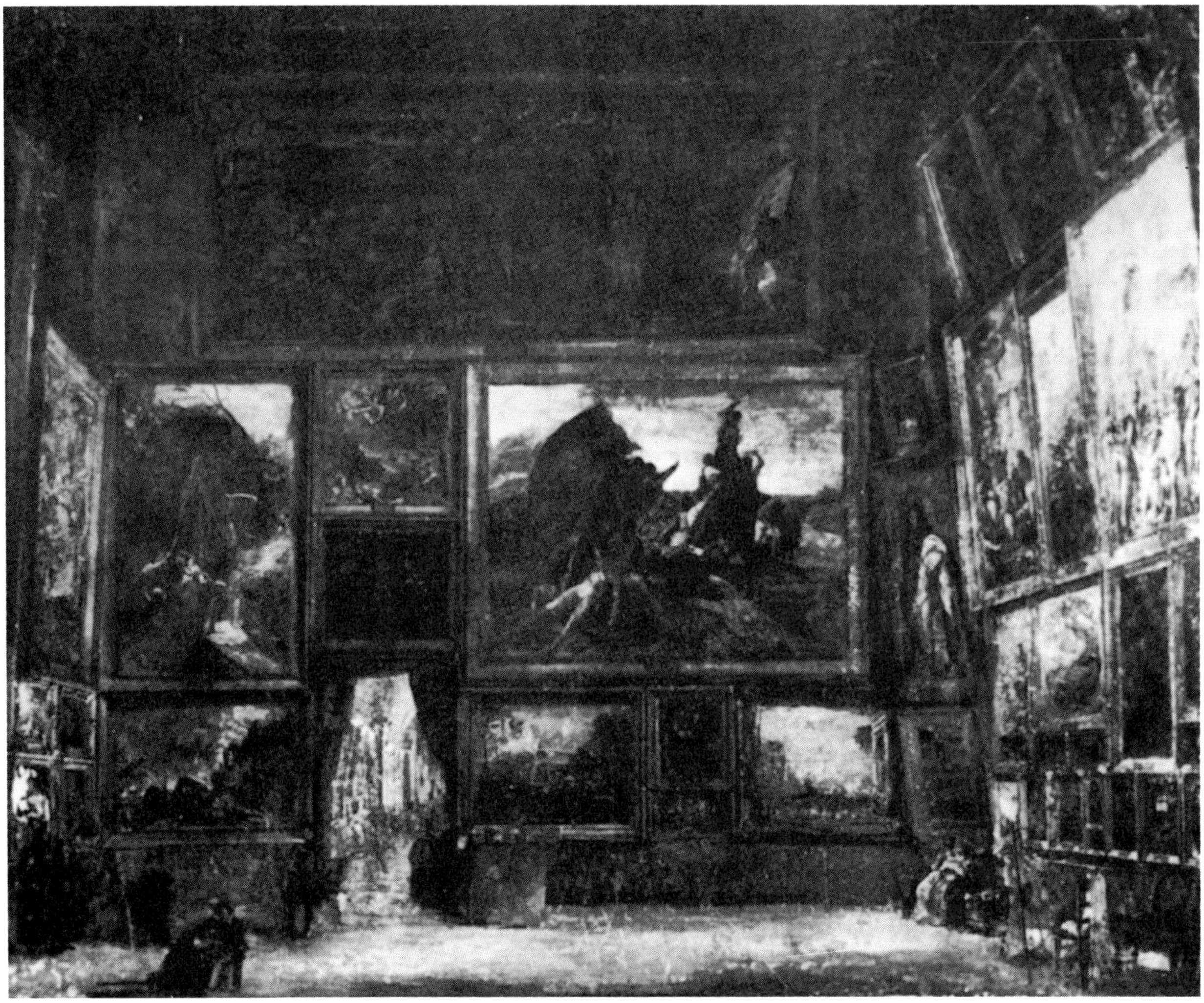

Abb. 7: Nicolas Sébastien Maillot: Der Salon Carré des Louvre um 1850. Paris, Louvre

Die Institution, der Kontext bestimmt hier nicht weniger die Werkgestaltung mit, als wir dies im Fall eines Galeriebildes beobachten können: Die Position, die der Vorhang in REMBRANDTS *„Heiliger Familie"* markiert *(Abb. 8)*, der einen Gebrauchsgegenstand der Sammlung zum Bilde selbst thematisiert, um sich gegen andere Bilder in der Sammlung zu behaupten, und den wir auch auf VAN HAECHTS Bild *(Abb. 1)* verwendet finden, wird in GÉRICAULTS Komposition von den vielen Betrachtern im Bild eingenommen, die das Publikum vertreten, es anlocken, lenken und fesseln.

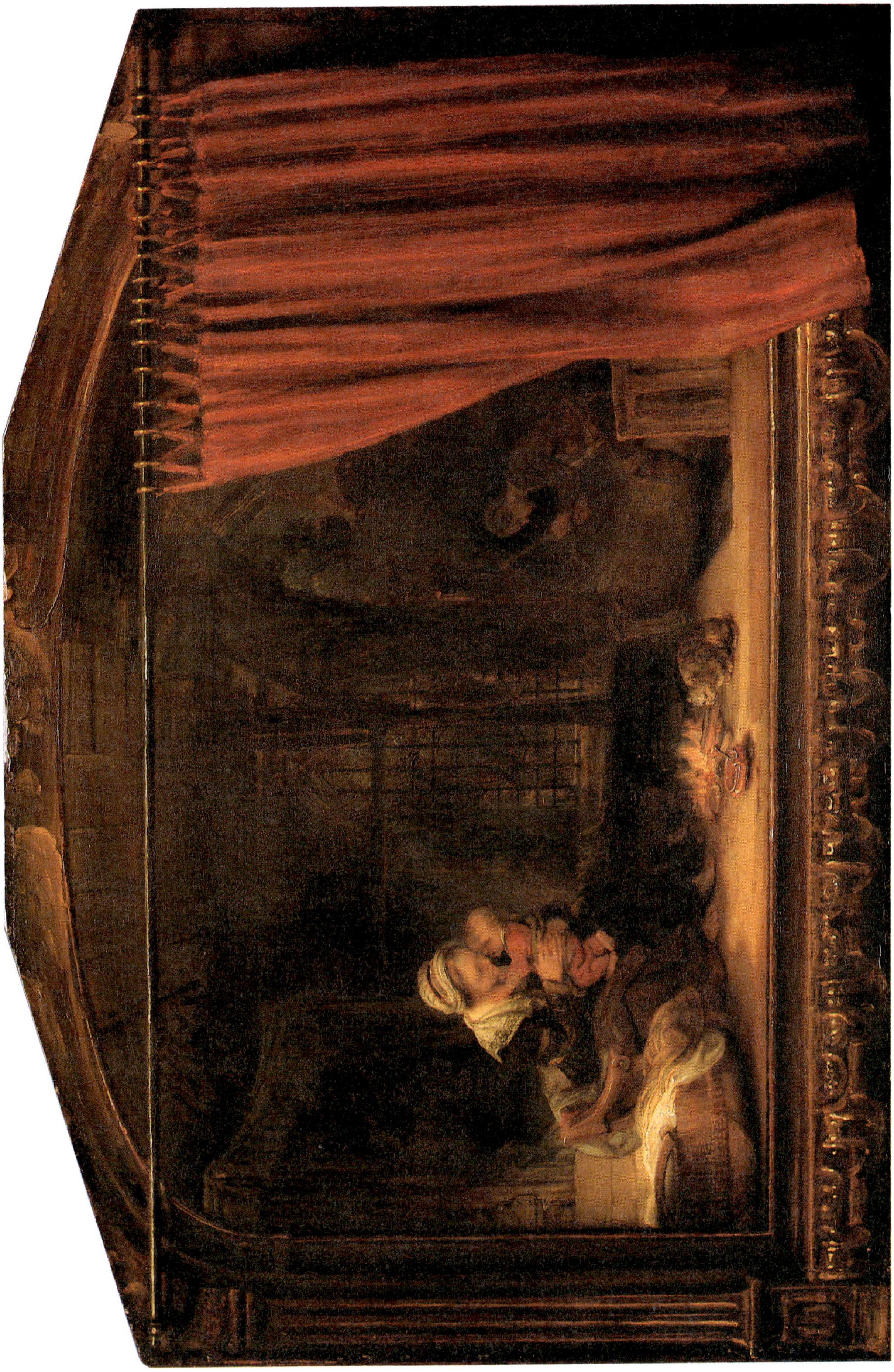

Abb. 8: Rembrandt: Die Heilige Familie mit dem Vorhang. 1646. Kassel, Staatliche Kunstsammlungen

Nehmen wir einmal an, die staatlichen Stellen hätten sich 1819 doch entschlossen, das große Werk anzukaufen. Sie hätten dies sicher nicht getan, weil sie das Bild als heilsame Erinnerung an die von ihnen mitverschuldete Katastrophe der „Medusa" ständig hätten um sich haben wollen – sie hätten sich gegen ihr besseres Wissen überzeugen lassen, weil der künstlerische Wert des Gemäldes eine offizielle Anerkennung verdiente. Ist die ästhetische Qualität also das enge Tor, durch das jedes Kunstwerk die staatliche oder kommunale Institution des Museums betreten muß, wobei alle anderen Qualitäten abgestreift werden: die abbildende als erste, wie MALRAUX sagt, die religiöse ebenso wie die politische? Die Zeit, die vergehen mußte, damit GÉRICAULTS *„Floß der Medusa"* museumsreif wurde, spricht für diese Annahme. Die Zeit, die die meisten Kunstwerke brauchen, um ins Museum zu kommen, stößt die Kanten ihres zeitgebundenen Engagements, auch ihres künstlerischen Wagnisses, ab und macht sie zu Belegstücken der Kunstgeschichte. Es ist sehr schwer, für die Künstler wie für die Betrachter, diesem Prozeß entgegenzuwirken.

Die Kunstgalerie

Was der Salon für die Vermittlung zeitgenössischer Kunst im 19. Jahrhundert leistete, hat im 20. Jahrhundert die *private Kunstgalerie* übernommen. Im Laufe der 2. Hälfte des 19. Jahrhunderts zogen sich immer mehr maßgebende Künstler aus den Salons zurück, weil sie mit den Präsentationsbedingungen und Auswahlkriterien, mit der ganzen Institution unzufrieden geworden waren. Sie organisierten ihre eigenen Ausstellungen oder taten sich zur Ausrichtung „unabhängiger Salons" zusammen. Die Nutznießer dieser Entwicklung waren private Kunsthändler, die sich bereit zeigten, auch radikale Neuansätze zu vertreten, und als Vertreter jener Reformbewegung, die um 1900 gerade die Innenarchitektur revolutionierte, auch dafür Sorge trugen, daß die neue Kunst einen neuen Rahmen erhielt. Das, was wir „Moderne Kunst" nennen, präsentiert sich in veränderter Umgebung, in „reinen, gutausgeleuchteten Räumen", die wie ein Atelier wirken, aus dem man alle Arbeitsspuren entfernt hat. Die Kunst der Moderne und ihre „weiße Zelle", der Galerieraum, wurden zum Inbegriff von Kunst überhaupt, so daß die Museen schließlich auch die alten Meister den gleichen Bedingungen unterwarfen.

Die überkommenen Präsentationsformen

GÉRICAULT schrieb den Mißerfolg seines Hauptwerks, *„Das Floß der Medusa" (Abb. 6)*, den ungünstigen Präsentationsbedingungen im Salon zu. Als er wenige Tage vor der Eröffnung in die Ausstellungsräume kam, fand er sein Bild in der Großen Galerie schlecht plaziert, vor allem – seiner Meinung nach – zu tief aufgehängt. Er erwirkte eine Änderung: eine Fläche im Salon Carré über der Tür zur Großen Galerie wurde ihm eingeräumt, ein an sich prominenter und ehrenvoller Platz:

„Nachdem die Stelle festgelegt war, blieb ich am Ort und verfolgte die Aktion voller Ängste. Wer stellt sich meinen Ärger und mein Bedauern vor, mit dem ich beim Hochhieven des Bildes meine Figuren von Moment zu Moment kleiner werden sah, bis sie nur noch wie Männchen erschienen."

Der erste Biograph GÉRICAULTS berichtet die Begebenheit etwas anders: „Er betrat den Salon Carré, er suchte sozusagen seine Leinwand und erblickte sie schließlich über der Tür zur Großen Galerie. Dort plaziert, war die ‚Szene eines Schiffbruchs' – ein beinahe unbedeutendes Bild. Die Perspektive des Bildes kam nicht zur Wirkung; alles verwirrte sich. Géricault erkannte sein Bild nicht wieder. Verzweiflung malte sich in seinen Zügen: er schlug sich gegen die Stirn wie ein Mensch, den eine jähe Ernüchterung befällt. Er verließ den Louvre und verbarg seinen Kummer in Versailles und beteuerte überall, der Malerei entsagen zu wollen."[16]

Szenen wie diese hat die Kunstwelt des 19. Jahrhunderts ungezählte Male erlebt, aber es dauerte unendlich lange, bis die längst gefestigten Vorstellungen über neue Präsentationsformen in Museen und Kunstausstellungen Wirklichkeit wurden. In den fünfziger Jahren war der Kunsttheoretiker und Schriftsteller John RUSKIN mit neuen Museumskonzeptionen befaßt – er schrieb damals an seinen Vater:

„Ich würde eine Galerie bauen, die das Vorbild für alle zukünftigen Bildergalerien abgeben könnte – in meinen Gedanken steht sie schon seit vielen Jahren fest. Ich würde sie einstöckig bauen und in Form eines Labyrinths, damit ich auf engerem Raum ihre Gänge so lang machen kann, wie ich will; Licht soll von oben kommen, und große Räume sollen auf Gänge folgen wie Perlen an einer Kette. In den großen Räumen soll man die großen Bilder aus angemessener Entfernung betrachten können, und alle Bilder sollen in Augenhöhe angebracht werden, niemals ein Bild über dem anderen. Jedes Bild soll das Licht gesondert empfangen, jedes Bild in seiner eigenen kleinen Kammer. Jede Zeichnung in einem eigenen goldenen Kasten mit Verschluß und

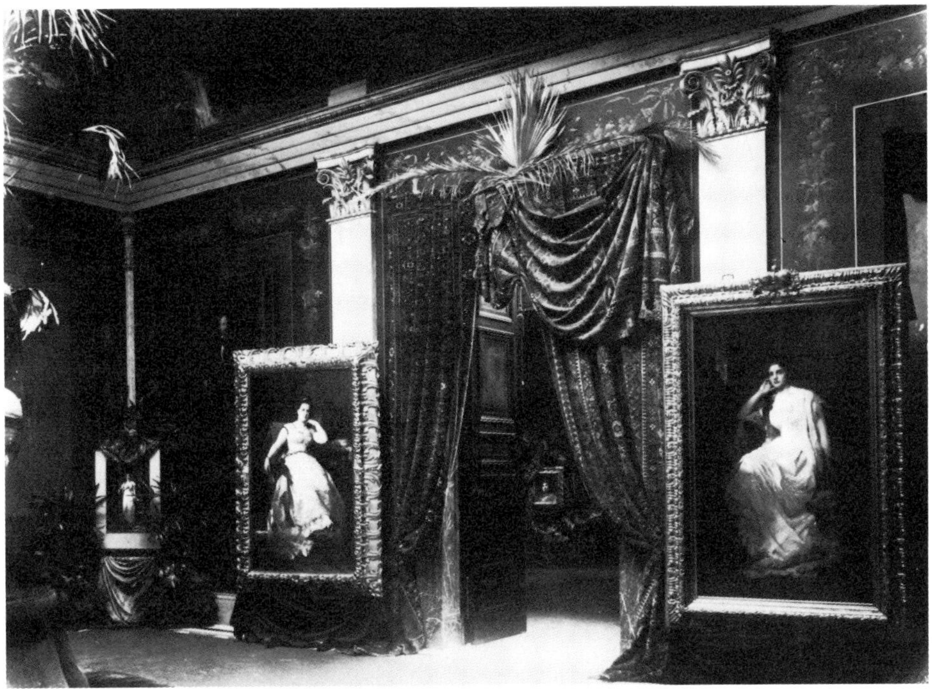

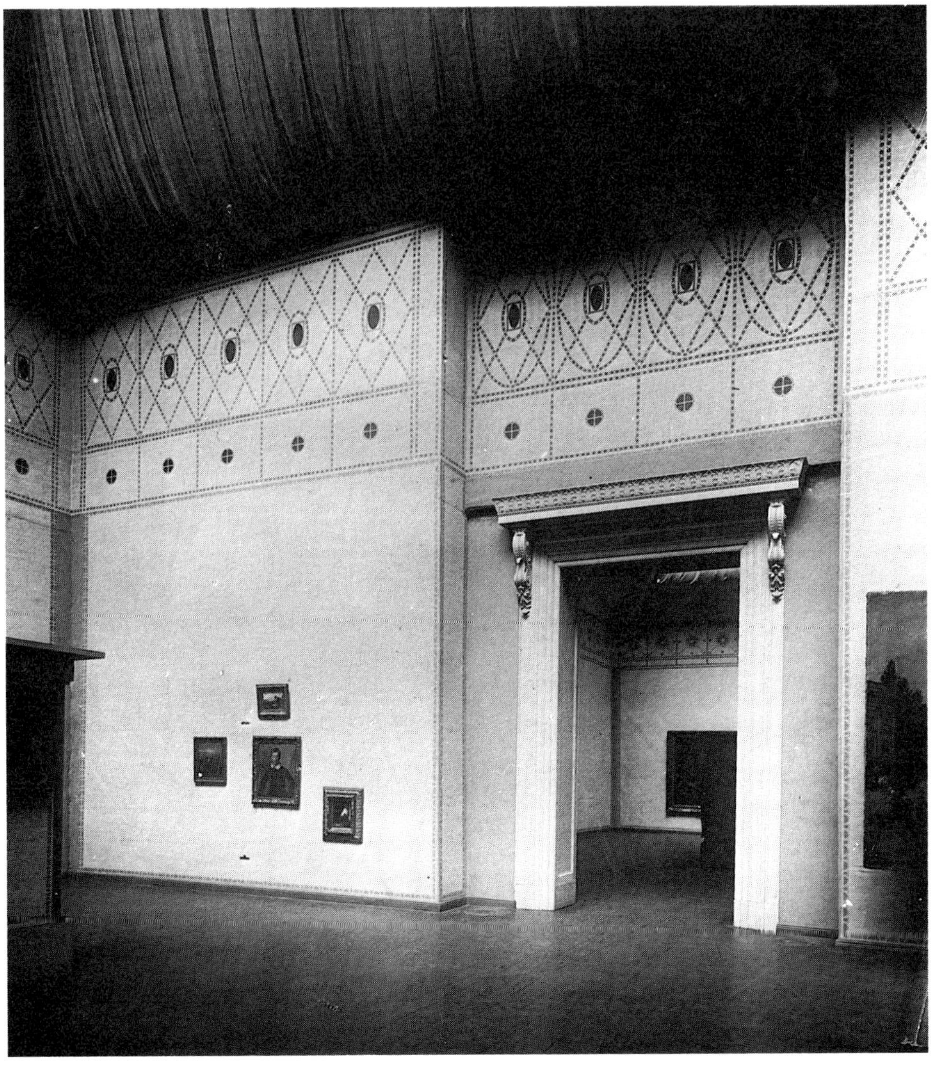

Abb. 9: Berlin, Nationalgalerie. *Oben:* Alte Dekoration, um 1880/90. *Darunter:* Neue Dekoration von Peter Behrens, 1906

Aufsehern in jedem Raum, die dafür sorgen, daß diese Kästen wieder geschlossen werden, wenn niemand die Zeichnung betrachtet. In der Mitte des Raums Glasvitrinen, die alle Vorzeichnungen für das Bild enthalten, wenn es denn welche gibt – und Abzüge von allen Stichen nach diesem Bild. So wären die Gegenstände von Interesse so weiträumig verteilt, daß sich nirgendwo eine Ansammlung von Besuchern ergibt, keine Menschen, die einander bedrängen, um zwei benachbarte Bilder zu sehen; Raum wäre für jedermann, jedes Ding zu sehen."[17]

RUSKIN und mit ihm alle Künstler und Kunstfreunde mußten fünfzig bis achtzig Jahre warten, bis ihre Wünsche in Erfüllung gingen. 1923 noch schreibt Paul VALÉRY:

„Nur eine weder Genuß noch Vernunft verhaftete Zivilisation hat dieses Haus des Nichtzusammengehörigen errichten können. Etwas seltsam Widersinniges geht von diesem nachbarschaftlichen Nebeneinander toter Gesichter aus: sie überwachen einander eifersüchtig und versuchen einander den Blick wegzustehlen, der ihnen ein Dasein zubringt. Von allen Wänden herab fordern sie meine unteilbare Aufmerksamkeit; sie bringen die Unruhe zum Rasen, die das ganze Laufwerk unseres Leibes dem zutreibt, was ihn anzieht [...] Das Ohr würde es nicht ertragen, zehn Orchester gleichzeitig anhören zu müssen [...] Der Geist vermag nicht, mehrere unterschiedene Unternehmungen auf einmal zu verfolgen, oder durchzuführen, und gleichzeitige Gedankengänge gibt es nicht. Den Augen aber wird bei jedem Aufwinkeln ihrer Pforten und im Augenblick selbst, da sie wahrnehmen, zugemutet, ein Porträt, ein Seestück, ein Kücheninneres und einen Triumphzug einzulassen, Gestalten verschiedenster Zuständigkeit und Größenordnungen – mehr noch: es hat in einem und demselben Schauen Harmonien und Malweisen aufzunehmen, die nichts miteinander zu tun haben."[18]

Es blieb dem 20. Jahrhundert vorbehalten, das alte Präsentationsmodell abzuschaffen und die Prinzipien der Einzelhängung, der gezielten, hellen Beleuchtung, der neutralen, ruhigen Atmosphäre zu verwirklichen. Für Deutschland können wir ziemlich genau sagen, wann dieses damals revolutionäre, heute selbstverständliche Modell eingeführt wurde: es war im Jahr 1906, als Peter BEHRENS die Räume der Berliner Nationalgalerie für die „Ausstellung deutscher Kunst aus der Zeit von 1775 bis 1875" umdekorierte *(Abb. 9)*. Er stellte und hängte vor die dunkelbespannten und getäfelten Wände helle Stellflächen und Vorhänge und plazierte die Ausstellungsobjekte in einem wohldurchdachten Rhythmus, der jedem Bild seinen Raum ließ und dennoch ein stimmiges Ganzes ergab. Was heute gängige Praxis der Ausstellungsarchitekten ist, wirkte damals sensationell: man merkte auf einmal, daß man den oft hellfarbigen Bildern des 19. Jahrhunderts im Grunde schon immer eine andere Umgebung schuldig gewesen war als das, was für die schweren Galeriebilder der Renaissance und des Barock gut gewesen sein mochte.

Nicht von ungefähr experimentierte man mit diesen neuen Formen zuerst in einer Ausstellung. Sehr weit ist die Forschung auf diesem Gebiet noch nicht, aber es will scheinen, als wären die ersten Schritte zu einer anderen Kunstpräsentation zuerst in privaten Kunstgalerien und kleinen Ausstellungen unternommen worden. Fest steht, daß die Museen auf breiter Front erst nachkamen, als in die Kunstgalerien längst jenes helle, sachliche Klima eingezogen war, das für den ganzen Kunstbereich heute so typisch ist.

Die „weiße Zelle"

Wenn die Künstler des 16.–18. Jahrhunderts beim Malen ihrer Bilder fest mit der besonderen Umgebung der fürstlichen Universalsammlung (bzw. ihrer kleineren Ableger im Besitz von Adligen und Bürgern) rechnen konnten, wenn GÉRICAULT für seine Werke die Strukturen und Zwänge der Institution „Salon" einkalkulieren mußte, dann haben die Künstler des 20. Jahrhunderts als ersten Erscheinungsort ihrer Produktionen die weißen Räume, die „weißen Zellen", der Kunstgalerien und Museen im Sinn *(Abb. 10)*. Der amerikanische Künstler und Kunsttheoretiker Brian O'DOHERTY hat als erster auf den Anteil der Institution „Kunstgalerie/Kunstmuseum" an der Entwicklung der zeitgenössischen Kunst aufmerksam gemacht:

„Und in der Mitte von alldem (was wir die Tradition der Moderne nennen) bemerkt man eine gleichmäßig erleuchtete Zelle, die entscheidend dazu beiträgt, daß das Ganze funktioniert, den Galerie-Raum. Die Geschichte der Moderne ist mit diesem Raum aufs engste verknüpft. Das heißt, die Geschichte der modernen Kunst kann mit Veränderungen dieses Raumes und der Art und Weise, wie wir ihn wahrnehmen, in Wechselbeziehung treten [...] Das Bild eines weißen, idealen Raumes entsteht, das mehr als jedes einzelne Gemälde als *das* archetypische Bild der Kunst des 20. Jahrhunderts gelten darf [...] Die ideale Galerie hält vom Kunstwerk alle Hinweise fern, welche die Tatsache, daß es ‚Kunst' ist, stören könnten. Sie schirmt das Werk von allem ab, was seiner Selbstbestimmung hinderlich in den Weg tritt [...] Schattenlos, weiß, clean und künstlich – dieser Raum ist ganz der Technologie des Ästhetischen gewidmet. Kunstwerke werden aufgezogen, aufgehängt, locker verteilt. Ihre sauberen Oberflächen erscheinen unberührt von der Zeit und ihren Wechselfällen. Hier existiert die Kunst in einer Art Ewigkeitsauslage, und obwohl es viele Perioden und Stile gibt, gibt es keine Zeit."[19]

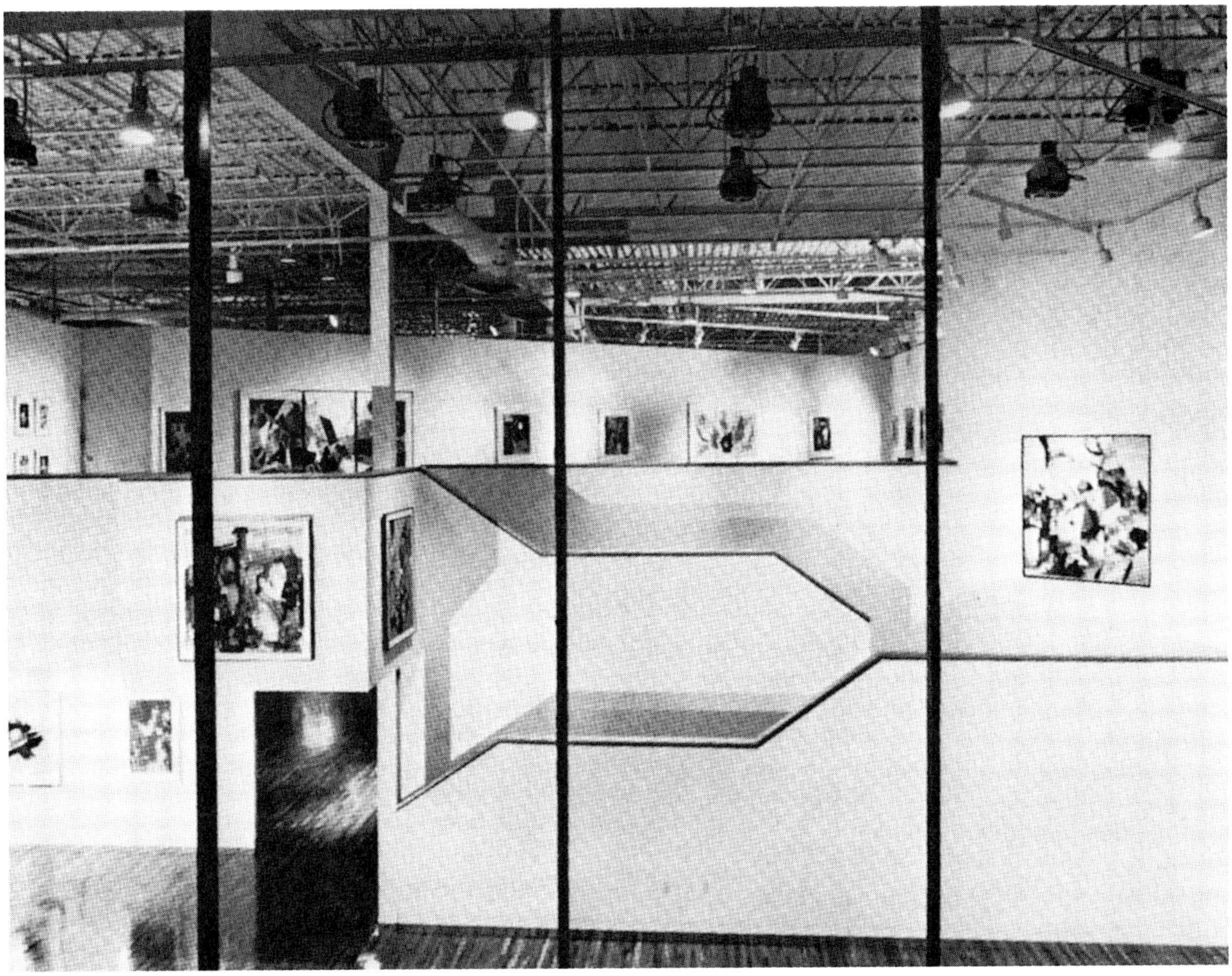

Abb. 10: Southfield, Park West Galleries

Die Kunst der Moderne

Brian O'DOHERTY sagt an einer Stelle seiner Untersuchung, daß die Prägekraft der „weißen Zelle" so stark ist, daß sie die in ihr enthaltene Kunst nicht nur mitbeeinflußt, sondern so stark durchdringt, daß der Kontext zum Text, die Umgebung zum Inhalt wird. Wir kommen damit, am Schluß unserer Ausführungen, wieder zu der Frage, die uns anläßlich von GÉRICAULT interessierte, wie nämlich die Zusammenhänge zwischen Bestimmungsort und moderner Kunst beschaffen sind. Es lassen sich drei verschiedene Weisen der Reaktion beobachten:

1. Die zeitgenössische Kunst nimmt ihre normale Umgebung als gegeben hin.

Die „geformten Leinwände", shaped canvasses, eines Frank STELLA etwa sind auf weiße Wände und viel Platz einfach angewiesen *(Abb. 11)*. Hier bestätigen sich Galerie/Museums-Raum und Bild gegenseitig.

Irgendwann in den sechziger Jahren kamen amerikanische Maler auf die Idee, daß Bilder nicht unbedingt Rechtecke oder Quadrate sein müßten, sondern sich auch in vielen anderen Formaten anlegen ließen. Das sogenannte „shaped canvas" entstand, die geformte Leinwand. Bilder als Drei-, Sechs- und Achtecke, als Kreise und als freie, oft wild gebrochene und gezackte Formen tauchen nun auf. Man stelle sich einmal kurz das Unmögliche vor: Bilder dieser Gattung müßten dem System der flächendeckenden Galeriewand unterworfen werden. Das ist eben nicht machbar: diese Werke verlangen aktiv nach Freiraum, nach viel Wand, nach neutralem Umraum. Bilder als Rechtecke beinhalten immerhin die Möglichkeit, daß man sie in einem engen Verbund anbringt; ihre Formate bestätigen einander durch Wiederholung. Ein Zweites: „shaped canvasses" haben nicht selten in der Mitte ein Loch, das heißt, sie zitieren in ihrem Inneren die dahinterliegende Wand.

Man stelle sich nun das wiederum Undenkbare vor: diese Werke würden vor einem starkfarbigen oder gar gemusterten Wandbehang angebracht sein, wie er in älteren Museums- und Galerieräumen üblich war. Nein, diese Bilder setzen einfach voraus, daß sie mit der Wand als Wand, als neutralem Grund arbeiten können. Dasselbe ließe sich auch für ihre Farbgebung beweisen. Diese Kunst hat also ihren Kontext schon verinnerlicht, im wörtlichen Sinne.

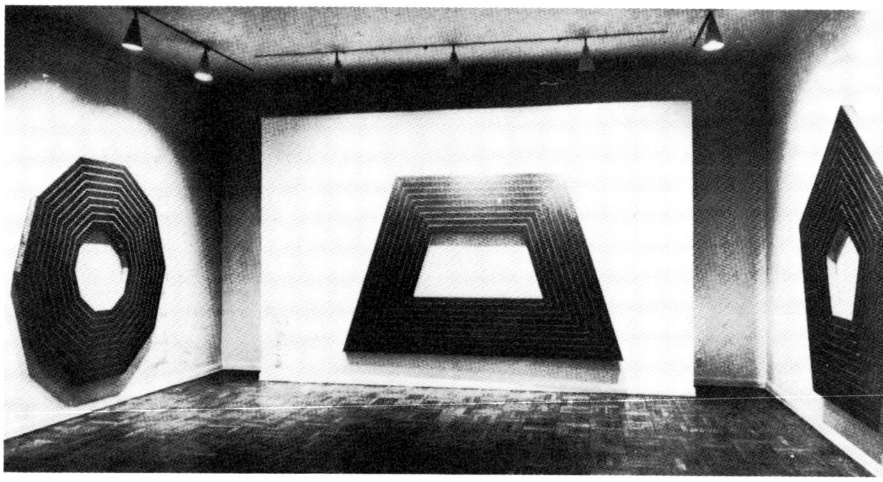

Abb. 11: Frank Stella: Shaped Canvasses. 1964

2. *Die zeitgenössische Kunst macht ihren Raum zum Thema.*

Das schlagendste Beispiel, das Brian O'DOHERTY fand, ist ein Gemälde des amerikanischen Künstlers William ANASTASI *(Abb. 12):*

„Er fotografierte die leere Dwan-Galerie [eine New Yorker Kunstgalerie], nahm die Maße der Wand von der Decke bis zum Boden, von rechts nach links, fixierte die Anbringung jeder Steckdose, die Weite des Raumes dazwischen. Durch Siebdruck übertrug er all diese Angaben auf eine Leinwand, die nur etwas kleiner war als die originale Wand, und hing sie an die Wand. Die Wand mit ihrem Bild zu bedecken, heißt, ein Kunstwerk genau in jenen Raum zu stellen, wo Oberfläche, Wandbild und Wand den Dialog führen, der die Moderne zentral betrifft. Die Geschichte dieses Dialogs war das Thema dieser Bilder; es

Abb. 12: William Anastasi: Wand der Dwan Gallery, New York. 1967

wurde mit einem Witz und einer Schlüssigkeit behandelt, die unseren schriftlichen Erläuterungen meist abgehen. Für mich hatte die Ausstellung eine merkwürdige Nachwirkung. Als das Gemälde abgehängt wurde, wurde die Wand zum Ready Made-Wandgemälde und beeinflußte so jede weitere nach ihr folgende Ausstellung."[20]

Einen Schritt weiter als ANASTASI ging die Bildhauerin Renate GÖBEL, als sie das Ganze eines Museums/Ausstellungs/Galerie-Raums reproduzierte, samt Besuchern, also ein dreidimensionales Double schuf *(Abb. 13).*

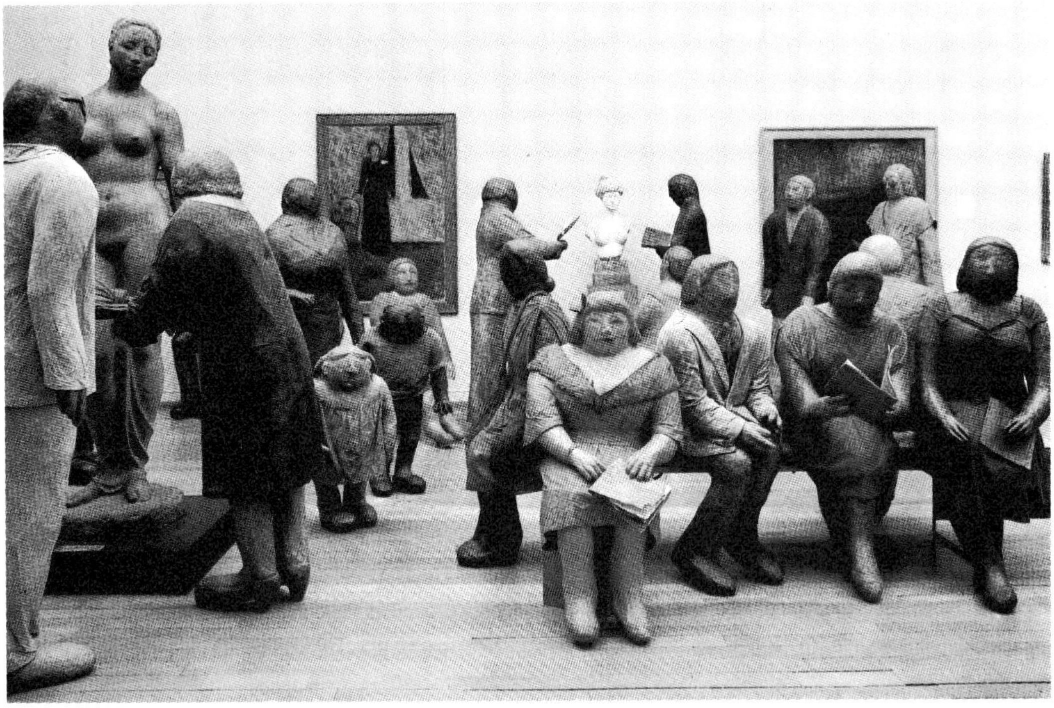

Abb. 13: Renate Goebel: Museumsbesucher. 1975–1981. Installation im von-der-Heydt-Museum, Wuppertal

Und noch einen Schritt weiter ging der amerikanische Künstler Edward KIENHOLZ, der die gleiche Ausgangssituation zum Gegenstand eines seiner „Environments" machte, aber das Personal stark verfremdete und das „Publikum" mittels eingebauter Tonbänder nichtssagende Phrasen abspulen ließ *(Abb. 14)*.

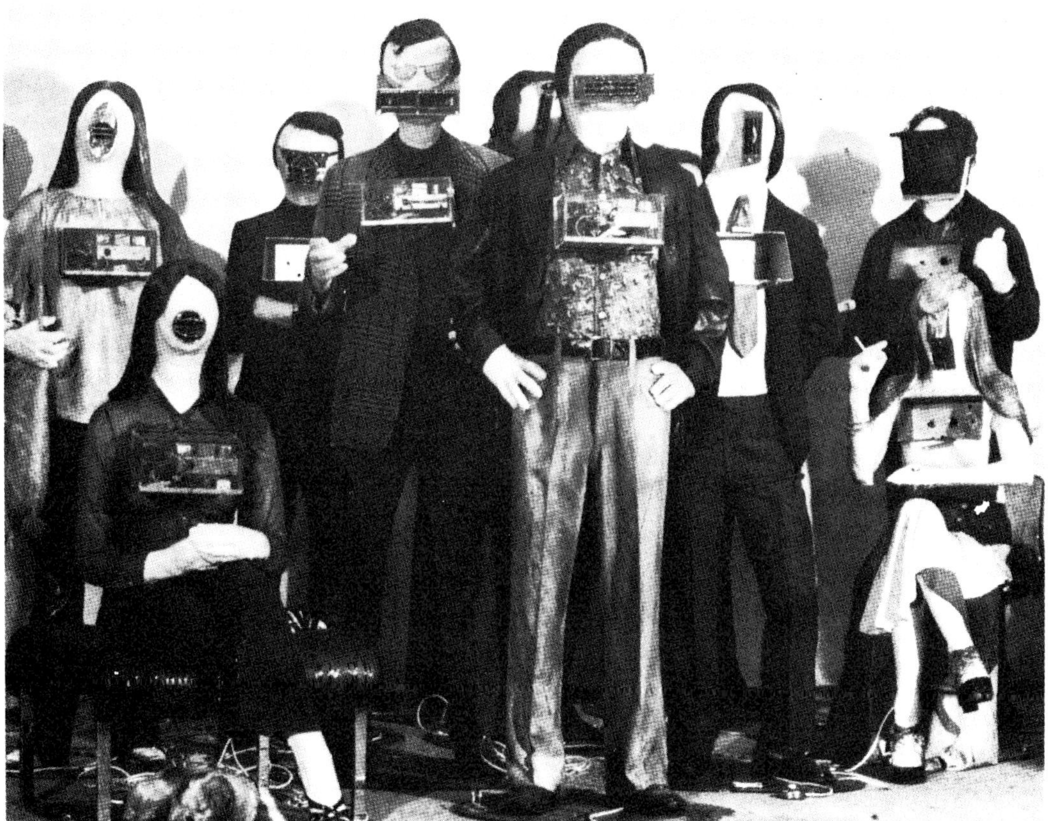

Abb. 14: Edward Kienholz: The Art Show. Tableau, Ausschnitt. 1963–1977

3. Die zeitgenössische Kunst kritisiert ihre Institutionen, indem sie sie zum Thema macht.

Diese Kritik hat seit dem Anfang des Jahrhunderts zwei verschiedene Wege eingeschlagen:

• Sie hat sich in Werken kristallisiert, die den klassischen Werkbegriff sprengen und durch Museum, Galerie und Kunstausstellung nicht mehr vereinnahmbar sind. Wir können hier auf diese Möglichkeit nicht näher eingehen; als Hinweis möge der „Verpackungskünstler" CHRISTO dienen, der Gebäude (auch Museen), Küstenstriche und Inseln in Folie eingepackt hat. Solche *Aktionskunst* verläßt notwendigerweise und von einem deutlichen institutionskritischen Impuls beseelt die „weißen Zellen" des Kunstbetriebs.

• Eine andere Richtung bleibt innerhalb der Institutionen, um dem dort herrschenden Kräftefeld entgegenzuarbeiten oder um es sichtbar und damit kritisierbar zu machen. Diese Richtung ist vor allem mit dem Namen des französischen Künstlers Marcel DUCHAMP verbunden (vgl. Beitrag 9). Es gehört zu den Schöpfungsakten der Moderne, daß er im 2. Jahrzehnt unseres Jahrhunderts in einigen Ausstellungen fertige Gebrauchsgüter unter seinem oder einem angenommenen Künstlernamen als Kunstwerke ausstellte: ein Pissoirbecken, einen Flaschentrockner, ein Speichenrad u. a. Es ist über diese „Ready-Mades" viel philosophiert worden – was sie immer alles noch und in ihren tiefsten Sinnschichten bedeuten mögen. Sie leben aus der Grundspannung zu der Institution, in der sie zuerst auftraten und deren Bestandteil sie heute noch sind. Man sagt häufig, der Künstler habe diese Alltagsobjekte einfach zu Kunst erklärt; sein „Schöpfungsakt" bestehe nicht mehr in einer Hervorbringung, sondern in dem geistigen Akt der Benennung *(Deklaration).* Ganz so einfach verhält sich die Sache aber nicht.

Hätte sich DUCHAMP in der Männertoilette des New Yorker Zentralbahnhofs hingestellt und eine der Pissoirschüsseln zum Kunstwerk erklärt, er wäre vermutlich nicht in die Annalen der Kunstgeschichte, sondern sehr bald in Gewahrsam genommen worden. Daß diese Deklaration in einer Kunstausstellung erfolgte, veränderte die Sachlage von Grund auf: hier erst bestand das Spannungsfeld, das dem Akt der Deklaration und dem betroffenen Objekt Kenntlichkeit, Bedeutung und Konsequenz verlieh *(Abb. 15).* Im Rahmen der Institution werden die Statusfragen geklärt; hier kann die Umwandlung vom Alltagsobjekt zum Kunstwerk vor sich gehen.

DUCHAMP war einer der Künstler, die nicht bereit waren, den immer größer gewordenen Apparat der Institution „Kunst" ungeschoren zu lassen und so zu tun, als ginge es nur darum, das Werk an sich hervorzubringen. Was war nicht alles aufgebaut und eingerichtet worden, seit jenen ersten Tagen, da die Fürsten des ausgehenden Mittelalters Kunstschätze aufhäuften, ohne sie in direkten Gebrauch als Objekte der Religionsausübung, der Wissensvermittlung oder der politischen Selbstdarstellung zu nehmen! Viele Jahrhunderte lang hatte es genügt, wenn ein Hofmaler oder der Besitzer selbst nach den Sammlungen sahen – für die große Salzdahlumer Gemäldegalerie hatte man den Hofbeamten zum Aufseher gemacht, der eigentlich die Wäschekammern verwaltete, weil er nun einmal mit Leinwänden zu tun hatte. Noch die Museumskommissare der Französischen Revolution waren ehrenamtlich verpflichtete Maler gewesen. Seitdem waren Hunderte von Museen eröffnet und mit Fachpersonal ausgestattet worden; es gab Kunstakademien und Kunstschulen beinahe in jeder größeren Stadt; nach und nach wurde „Zeichnen", später „Kunsterziehung" verbindliches Schulfach; es wurde eine hauptberufliche Kunstkritik nötig; die Disziplin „Kunstgeschichte" etablierte sich an den Universitäten; die Gattung „Kunstbuch" entstand, immer bessere Reproduktionen von Kunstwerken wurden möglich; Kunstvereine engagierten sich für zeitgenössische Kunst – kurz: es entstand für die Kunst bzw. über der Kunst ein tiefgegliederter und verzweigter Apparat, von dem abzusehen purer Idealismus wäre. DUCHAMP nimmt ihn nicht nur zu Hilfe, sondern überweist geradezu an ihn die Aufgabe, die Kunst zu machen. Von dieser Pflicht entlastet, kann er sich amüsiert zurücklehnen und beobachten, wie der Apparat diese ihm zugedachte Bestätigung zunächst natürlich als Störung empfindet.

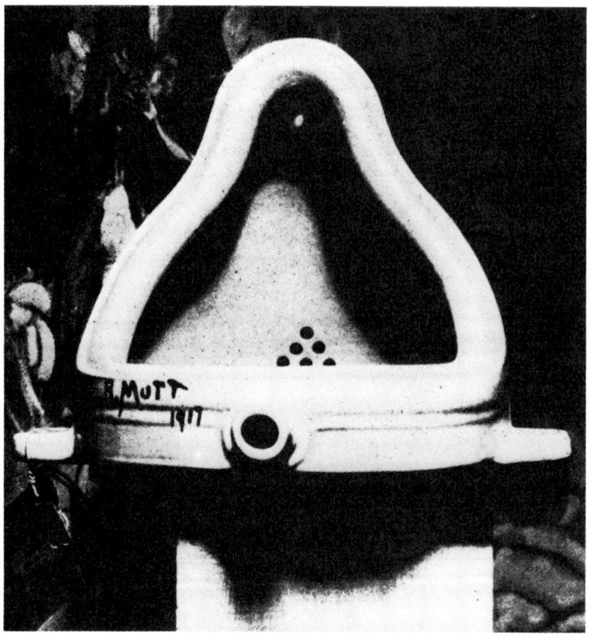

Abb. 15: Marcel Duchamp: Fountain. Ready-Made. 1917. Original verloren

DUCHAMP ließ nicht ab von dem Vorhaben, durch seine Kunst die Institution „Kunst" sichtbar zu machen. Während seine Freunde, Anhänger des Surrealismus, ihre kleinen Revolutionen nach wie vor mit Öl auf Leinwand und im sicheren Geviert des Tafelbildes stattfinden ließen, nahm er sich immer wieder der Räume an, in denen sie ihre Ausstellungen veranstalteten. Für die Internationale Ausstellung der Surrealisten in der Pariser Galerie des Beaux-Arts „stellte er den Besucher auf den Kopf", indem er an der Decke des Saals 1200 volle (womit gefüllte?) Kohlensäcke anbrachte. 1942 überraschte er die mitausstellenden Künstler und Besucher der Ausstellung „First Papers of Surrealism" mit seiner *„Eine Meile Schnur"*, mit der er den Raum und alle Kunstwerke in ein dichtes Netz verstrickte *(Abb. 16)*.

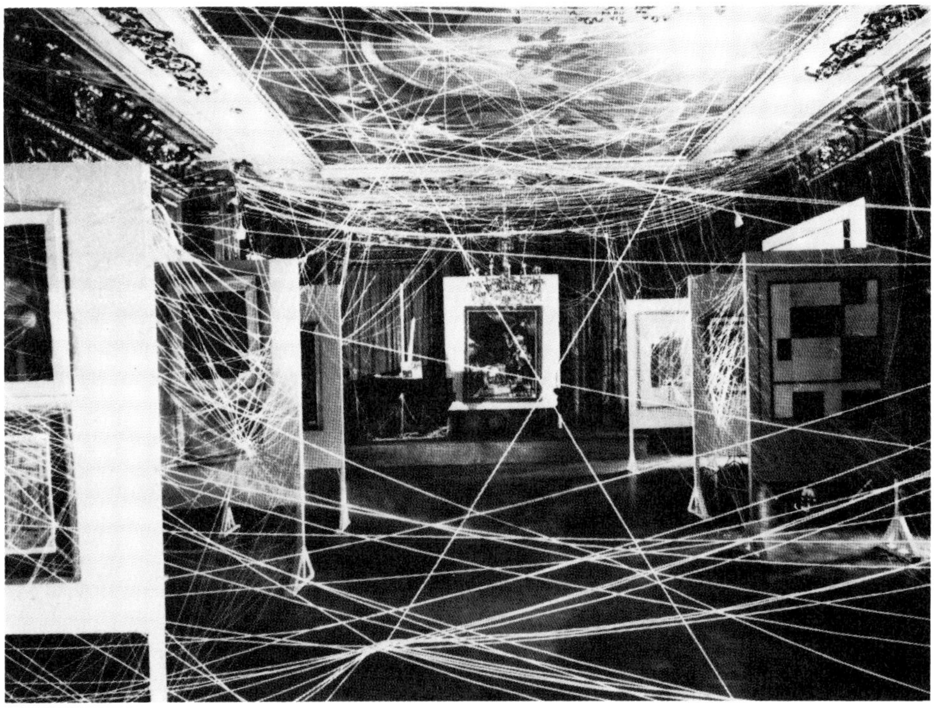

Abb. 16: Marcel Duchamp: Eine Meile Schnur. 1942

Um noch einmal O'DOHERTY zu zitieren:

„Indem er die Wirkung des Kontextes auf Kunst, der Verpackung auf das Verpackte ausstellte, besetzte Duchamp ein Feld der Kunst, das bisher unentdeckt geblieben war. Seine Entdeckung des Kontextes hatte eine Reihe von Gesten zur Folge, welche die Idee der Galerie als geschlossener Einheit und als manipulierbarer ästhetischer Zähler weiterentwickelten. Von diesem Moment an steht die Verbindung zwischen Kunst und ihrem Kontext unter Strom."[21]

1958 hatte der französische Maler Yves KLEIN eine Ausstellung in der Pariser Galerie Iris Clert unter dem Titel *„Le Vide"*. Am Eröffnungsabend kamen 3000 Besucher und sahen – nichts. Die Galerie war leer, bis auf die Menschen. Der Titel „Die Leere" war ernst zu nehmen. Man könnte diesen Gestus als die endgültige Antwort der Künstler auf ihre eigene Institution verstehen – die Galerie. Der Kunstbetrieb als Kunstwerk! War damit nicht das Ende aller Kunstproduktion angezeigt? Zwei Jahre später antwortete der französische Plastiker ARMAN auf KLEINS *„Le Vide"* mit der Aktion *„Le Plein"*, die Fülle. Er hatte die Galerieräume bis zur Decke mit Abfall gefüllt, gegen Fenster und Türen drückte der Müll: die Besucher mußten draußen bleiben.

Diese Daten der neueren Kunstgeschichte zeigen, daß auf die radikale Setzung des Nichts doch noch die Antwort eingeht, daß es weitergeht. Die eigenen Existenzbedingungen sind ein Thema der modernen Kunst geworden, das vielleicht ebenso viele Varianten zuläßt wie die Gestaltung der Heiligen Familie in der gegenständlichen Malerei der vergangenen Jahrhunderte. Kunst reflektiert immer ihre vorbestimmte Umgebung und Funktion, auch Museums- und Sammlungskunst, die weitgehend auf das Ästhetische begrenzt ist. Die Autonomie, die Befreiung der Kunst zu sich selbst, bringt neue Bindungen mit sich. Aus ihnen läßt sich das Kunstwerk der Vergangenheit nicht erklären, aber es wäre auch falsch, die „Kontextmarkierungen" zu übersehen, die ihre Werke mit sich führen. Das Moderne an der Kunst der Moderne erkennen wir im Gegensatz zu den früheren Beispielen darin, daß sie selbstbezüglich wird und das bildnerische Nachdenken über den institutionellen Rahmen ebenso zu einem vollwertigen Thema machen kann wie das Medium „Farbe" oder den Vorgang des Malens, oder das Verhältnis zur Tradition.

8. Die Autonomie der Kunst

Werner Busch

Zettelte man in beliebigem Kreise eine Diskussion darüber an, was die Kunst denn eigentlich sei, so machte sich vermutlich nach kurzer Zeit einige Ratlosigkeit breit. Daß Kunst etwas mit Kreativität zu tun hat, darüber wird man sich verständigen können. Aber bei wem das Ergebnis kreativer Produktion als Kunst zu bezeichnen ist und bei wem nicht, darüber werden die Meinungen weit auseinandergehen – auch darüber, wie dieser kreative Prozeß im einzelnen aussieht. Wir werden kaum sagen können, was einen Künstler zum Künstler macht, was das Wesen der Kunst ist. Bis heute ist das Problem der sozialen Einbindung des Künstlers in die Gesellschaft nicht gelöst – allen Bemühungen um eine Künstlergewerkschaft zum Trotz. Zwar gibt es einen Kunstmarkt, gibt es Galerien und Museen als Orte des Erscheinens der Kunst, also einen institutionellen Rahmen, doch ändert das an der Unsicherheit vor dem Phänomen „Kunst" wenig. Ja, man kann sogar sagen, daß der besondere institutionelle Rahmen diese Unsicherheit erst hervorgebracht hat. Es steht zu erwarten, daß das einzige, worauf man sich in einer Diskussion einigen würde, die sehr vage Bestimmung wäre, Kunst sei „etwas Besonderes", etwas „Außergewöhnliches", etwas von den „normalen" Sphären des sozialen Lebens Gesondertes. Die Geschichte dieser „Aussonderung" der Kunst wollen wir in diesem Beitrag verfolgen.

Diese Aussonderung der Kunst, wir sprechen von ihrer „Autonomie", ihrer Selbständigkeit und Selbstgesetzlichkeit, ist eine zwiespältige Sache: Wenn die Kunst bloß um ihrer selbst willen da ist, dann entbehrt sie aller sozialen Wirksamkeit; strenggenommen ist nach diesem Verständnis sogar das Reden über Kunst unmöglich. Hat sie keine Aufgabe, keinen Zweck, sind Kunstwerke zweckfreie Gebilde, Selbstzweck – dann in der Tat sind sie sinn-los. Konsequenterweise erreicht die Kunst am Beginn des 20. Jahrhunderts das Stadium der Gegenstandslosigkeit, wird zu einem scheinbar rein ästhetischen Gebilde.

Die Geschichte des Autonomisierungsprozesses der Kunst ist die Geschichte einer Gewinn- und einer Verlustrechnung. Gewonnen wird ein steigendes Bewußtsein von den Möglichkeiten der Kunst, den Möglichkeiten ihrer Mittel, ihrer ästhetischen Wirksamkeit, den Möglichkeiten des Darstellerischen jenseits des bloß Abbildhaften. Verloren geht ihre unmittelbare soziale Wirksamkeit, ihre Funktion, die Welt in ihrer Erscheinung darzustellen und zu erklären. Sie läuft in der Tradition dieses Verständnisses Gefahr, zum schönen Schein zu verkommen.

Dieser Beitrag verfolgt die Geschichte der Autonomie von Kunst anhand praktischer Beispiele in großen Schritten vom 15. bis zum 19. Jahrhundert. Er macht eher die Gewinn- als die Verlustrechnung auf, ohne die Verlustdimension des jeweiligen Zugewinns zu vergessen. Er versucht nicht einseitig, ein Stück Theoriegeschichte zu schreiben, führt also nicht nur die Geschichte der theoretischen Konzipierung von Autonomie in Kunsttheorie und Ästhetik vor, sondern will vielmehr jeweils am praktischen Beispiel anschaulich machen, wie ein sich wandelndes Bewußtsein von der Rolle und den Möglichkeiten des Künstlers und der Kunst das Aussehen der Kunst selbst verändert, ihr neue Bereiche des Darzustellenden hinzugewinnt. Nun ist dieser Prozeß selbst nicht autonom, von innerer Folgerichtigkeit, sondern historisch. Es ist ein fortlaufender Prozeß, der auf neue soziale und politische Anforderungen an Kunst und Künstler reagiert und ein zunehmendes Bewußtsein des Künstlers von der Selbständigkeit seiner selbst und seines Mediums zeigt. Dieses Bewußtsein, auf unterschiedlicher historischer Stufe in unterschiedlicher Ausprägung, ist das Wesentliche dieses Prozesses. Mag es auch von den verschiedensten Interessen genutzt worden sein und den Künstler nicht selten über seine realen Abhängigkeiten hinweggetäuscht haben, es hat dennoch die Geschichte der Kunst, das Aussehen des einzelnen Kunstwerkes entscheidend bestimmt.

Für die gerade in der heutigen Kunstgeschichte zahlreichen Vertreter eines reinen Autonomiekonzeptes, die also die Kunst im autonomen Kunstwerk erst zu ihrer Erfüllung kommen sehen, ist die in diesem Buch vorgeschlagene Funktionsfragestellung notwendig ein grobes Mißverständnis. Nach ihrer Vorstellung tangieren alle historischen

Bedingungen und Funktionen nicht das ästhetische Wesen des Kunstwerkes. Sie mögen den Inhalt bestimmen, so ihr bedeutendster Vertreter Hans-Georg GADAMER, seine ästhetische Dimension betreffen sie nicht. In diesem Buch dagegen wird das Kunstwerk als ästhetisches Objekt begriffen, das sich in der Geschichte dem Rezipienten jeweils unter einem bestimmten, wechselnden Aspekt zeigt. Wie wir in der Einführung deutlich gemacht haben, sehen wir das Kunstwerk, und mag seine Form auch noch so autonom erscheinen, notwendig in Form und Inhalt von seiner Funktion, von seinen Lebenszusammenhängen geprägt.

Die Entstehung eines neuen künstlerischen Selbstbewußtseins im 15. und 16. Jahrhundert

Die Behauptung von der Autonomie, der Eigenständigkeit und Eigengesetzlichkeit der Kunst, diente lange dazu, die Kunst von allen Bindungen frei zu sprechen, sie als einen Bereich, ja als den einzigen Bereich darzustellen, in dem Wahrheit und Schönheit in reiner Form zur Anschauung kämen, in der alles eigentlich Menschliche aufgehoben sei. In der Tradition dieses Verständnisses verkam Kunst zum schönen Schein, dessen Funktion es sein mochte, gesellschaftliche Widersprüche zu verdecken. Gegen diesen Fetisch ist zu Recht von der neueren Kunstgeschichte argumentiert worden. Es scheint jedoch auch, als seien in diesem Zusammenhang die historischen Autonomiebewegungen zu Unrecht in Mißkredit geraten. Vor allem zu zwei Zeiten, um 1500 und um 1800, sind Autonomiekonzeptionen besonders innovationsstiftend gewesen, so daß sie ganze Bereiche der Kunst überhaupt erst hervorgebracht haben. Es soll hier daher gezeigt werden, wozu der Autonomieanspruch in der Praxis geführt hat und in welchen Bereichen er auf welche Weise wirksam wurde.

Alberti – die Aufwertung künstlerischer Tätigkeit

Schon im Zusammenhang mit der Entwicklung vom Altarbild zur autonomen Tafelmalerei haben wir gehört, welch entscheidende Rolle der uns vor allem als Architekt und Kunsttheoretiker bekannte Leon Battista ALBERTI für die Formulierung eines neuen Konzeptes von Kunst gespielt hat, insbesondere durch seine bereits 1435 abgeschlossene Schrift *„Della pittura“* (Über die Malerei).[1] Es ist die erste neuzeitliche Theorie der Kunst, selbst wenn sie bis in Einzelheiten literarischen Mustern folgt. Sie prägt zum ersten Mal ein Bewußtsein von der Besonderheit und dem Rang der Kunst, indem sie definiert, was ein Kunstwerk ist, welche Regeln der Künstler bei der künstlerischen Tätigkeit zu berücksichtigen hat, welches Wissen er mitzubringen hat, was das Ziel eines Kunstwerkes ist und welche Strategien der Künstler zur Erreichung dieses Zieles anzuwenden hat. ALBERTI definiert dabei auch den Anspruch der Kunst und des Künstlers neu. Zum ersten Mal wird nicht nur eine praktische Malanleitung gegeben, sondern über Sinn und Zweck der Praxis theoretisch reflektiert.

Es hat einige Zeit gedauert, bis ALBERTIS Konzept allgemeine Wirkung zeitigte, die Künstler in größerem Umfange in der Lage waren, diesem Konzept gemäß zu verfahren. Eine Praxis auf der Basis von Theorie mußte notgedrungen zu einer Überprüfung konventioneller, zünftisch überlieferter Verfahrensweisen führen.

ALBERTIS Werk besteht aus drei Teilen: Der erste Teil dient der Verwissenschaftlichung der Kunst, ihrer Anbindung an die Erkenntnisse der Naturwissenschaften. Hier findet sich seine berühmte Definition der Malerei:

„Die Malerei wird also nichts anderes sein als die auf einer Fläche mittels Linien und Farben zu Stande gebrachte künstlerische Darstellung eines Querschnittes der Sehpyramide gemäß einer bestimmten Entfernung, einem bestimmten Augenpunkte und einer bestimmten Beleuchtung“ (S. 68).

ALBERTI beschreibt, wie diese Projektion des Sehbildes auf der Bildfläche technisch zu geschehen hat, er beschreibt die Umsetzung von räumlicher Erfahrung, die Anwendung geometrischer Erkenntnis. Diese Grundlegung und Rückführung auf bestimmte theoretisch begründbare Prinzipien setzt den Künstler in die Lage, sich die Erscheinungswelt in ihrer ganzen Fülle schrittweise zu erobern.

Der zweite Teil des Traktats beginnt mit einer bewußten Aufwertung der Kunst; ihre Würde wird besonders durch den Verweis auf die Hochschätzung in der Antike begründet. In diesem Zusammenhang wird das Vermögen des Künstlers zu einer wahrhaft göttlichen Kraft:

„Der Maler Zeuxis fing an, seine Werke zu verschenken, da diese, wie er sagte, nicht gekauft werden könnten. Er meinte damit nämlich, daß kein Preis gefunden werden könnte, der dem zu genügen vermöchte, welcher Wesen nachbildend und malend sich gleichsam wie ein göttliches Wesen vorkommen müßte. – So schließt denn die Malerei jene hohe Auszeichnung in sich, daß der, welcher sie mit Meisterschaft ausübt, seine Werke verehrt sehen und sich selbst gleichsam wie einen Gott geschätzt hören wird" (S. 90).

Hier ist die Vorstellung vom gottähnlichen Künstler formuliert, die in aller klassischen Theorie der Folgezeit in der einen oder anderen Form zum Tragen kommt. In der Zeuxis-Anekdote wird der Künstler zudem von handwerklichen Bindungen losgesprochen, er ist nicht mehr für aufgewendete Arbeit zu bezahlen, sein Werk entzieht sich der Geldwertbestimmung. Der Künstler ist nicht mehr zu entlohnen, sondern nur noch zu belohnen. Das ist ein gefährliches Spiel, auf das der Künstler hier im Begriffe ist sich einzulassen. Entzieht sich sein Werk ökonomischer Kalkulierbarkeit, so ist er – sein Selbstbewußtsein mag noch so ausgeprägt sein – auf Gedeih und Verderb von der Anerkennung und Gnade souveräner Herren abhängig. Auch läuft er Gefahr, daß sein Werk durchaus Wertschätzung erfährt, nicht aber er selbst. Nicht selten bleibt er bei Hofe nach wie vor an den „Katzentisch" verbannt, in der Gesellschaft von niederen Hofchargen, abhängig von der Laune seines Herrn. ALBERTI hat hier auch schon den Trost der folgenden Jahrhunderte bereit: Ruhm sei wichtiger als Reichtum.

Der Hauptteil des zweiten Kapitels von ALBERTIS Werk handelt dann von den Teilen der Malerei, ihrer Funktion und ihrem Zusammenwirken: Umriß, Komposition und Beleuchtung, womit die farbige Anlage des Bildes gemeint ist.

Bei der Erörterung der Beleuchtung bzw. Farbgebung legt er, nach der sorgfältigen Beschreibung der Erscheinung der einzelnen Farbtöne auf Körpern in Licht und Schatten, besonderen Wert auf die Farbkomposition. Wie in seinen Bemerkungen zur kompositionellen Anordnung der Gegenstände, so wird auch hier das Bild als selbständiger, in sich stimmiger Organismus begriffen.

Das dritte Kapitel beginnt wieder mit einer ausdrücklichen Aufwertung künstlerischer Tätigkeit. Doch hebt er hier sehr viel stärker als zu Beginn des zweiten Teils auf die notwendigen bildungsmäßigen Voraussetzungen des Künstlers ab. Ganz offensichtlich geht es ihm hier um die Deklarierung des Anspruches der Kunst auf einen Platz unter den freien Künsten, den universitären theoretischen Wissenschaften. Nicht nur Geometriekenntnisse hält er für unerläßlich. Um Historie darstellen zu können, muß der Künstler sich auch der Dichtung und Rhetorik gewidmet haben. Sie lehren ihn die Erfindung, ihre

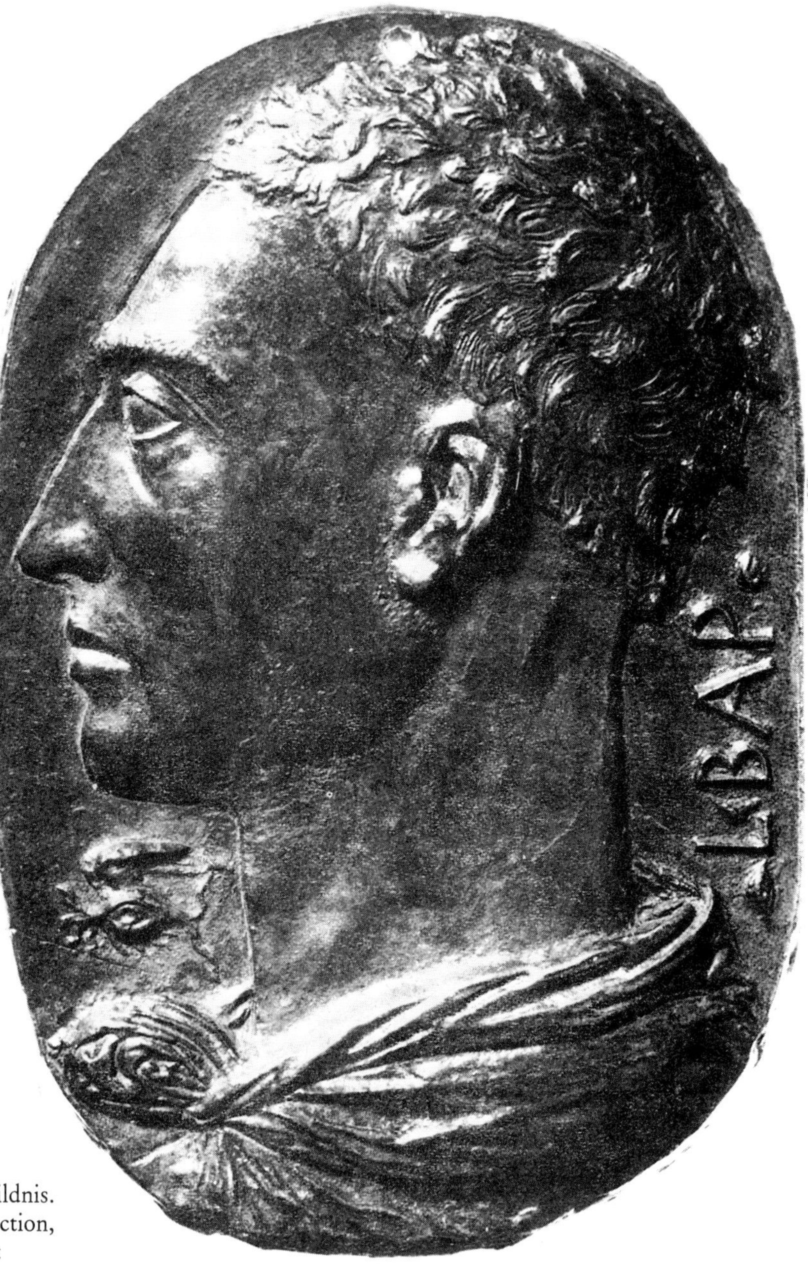

Abb. 1: Leon Battista Alberti: Selbstbildnis. Bronzeplakette. Um 1438. Kress Collection, Washington, National Gallery of Art

Erzählungen wecken in ihm eine Vorstellung schöner Bilder. Von hier ist es nicht mehr weit, im Künstler selbst den Produzenten autonomer künstlerischer Ideen zu sehen.

ALBERTI ist noch stärker als die Theoretiker des 16. Jahrhunderts dem Gedanken an die Praxis, an die praktische Verwirklichung, verhaftet, aber es deutet sich bereits, begrifflich gelegentlich noch unklar, eine Theorie autonomer künstlerischer Produktion an.

Nun hat ALBERTI dem Konzept von der Gottähnlichkeit des Künstlers auch bildlich Ausdruck gegeben. Offenbar stammt von seiner Hand eine Plakette, ein bronzenes hochovales Medaillon, mit seinem Profilbildnis *(Abb. 1)*. Aus seiner Vita ist überliefert, daß er von sich Wachsbildnisse gefertigt habe, „um anderen eine Vorstellung von seiner Person zu geben".[2] Nach einem derartigen Wachsmodell mag auch die fast 20 Zentimeter hohe Bronzeplakette entstanden sein. Sie ist rechts vom Kopf „L.BAP." (Leon Battista) beschriftet, links unterhalb des Kinnes trägt sie ein Emblem, ein geflügeltes Auge: die persönliche Imprese ALBERTIS.

Auf einer anderen, wohl etwa zehn Jahre später entstandenen Bildnismedaille ALBERTIS von der Hand des Medailleurs Matteo de' PASTI findet sich auf der Rückseite besagtes Emblem wieder, mit seinem auch sonst nachweisbaren Motto „Quid tum" *(Abb. 2)*. Kein Zweifel, in Motto und Emblem haben wir ein persönliches Bekenntnis zu sehen. Die Deutung dieser Imprese ist immer wieder versucht worden – ohne gänzlich befriedigenden Erfolg. Das ist kein Wunder. Denn wie alle frühe humanistische Emblematik, so ist auch dieses Sinnzeichen „hermetisch". Gerade also die Verhüllung seines Sinnes, die dialektische Gegenüberstellung oder Kombination von Anspielungen auf verschiedene Sinnbereiche, ohne daß deren gänzliche Auflösung erfolgte, macht sein Wesen aus. Dieses Verbergen des Sinnes ist nicht bloßes Versteckspiel, sondern Kennzeichen bewußten Tiefsinnes. Hinter dem Ausgesprochenen verbirgt sich zwar Geahntes, aber in seiner vollen Bedeutung Unaussprechbares.

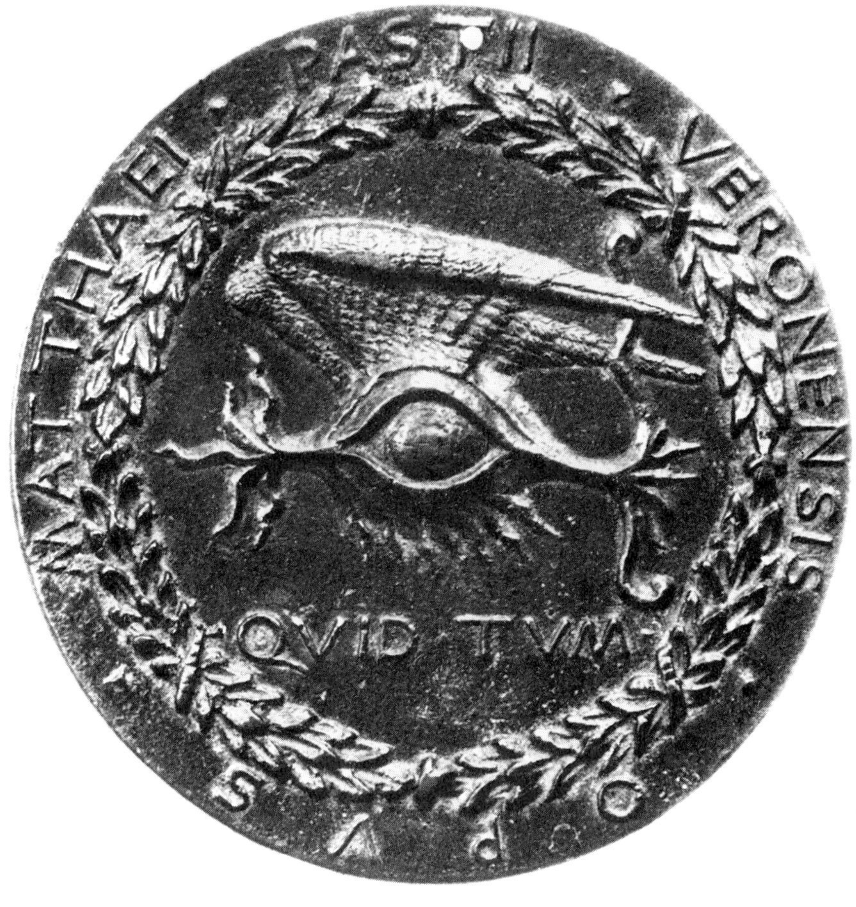

Abb. 2: Matteo de' Pasti: Rückseite der Bildnismedaille Alberti. 1446/1450. Kress Collection, Washington, National Gallery of Art

ALBERTI selbst allerdings gibt Hinweise auf die Bedeutung des geflügelten Auges. In seinem Dialog *„Anuli"* heißt es:

„[...] das Auge ist mächtiger als alles andere, schneller, würdiger; was soll ich sagen? Es ist derartig, daß es das erste, vorzüglichste, der König, ja wie ein Gott unter den Körperteilen ist. Warum sonst verstanden die Alten Gott als etwas dem Auge Ähnliches, als alles sehend und jedes unterscheidend. Dadurch werden wir folglich ermahnt, daß wir die Ehre für alle Dinge Gott abstatten müssen, daß wir uns von ganzem Herzen in ihm freuen müssen [...] in dem Bewußtsein, daß er alles sieht, was wir tun und denken. Andererseits werden wir dann allerdings ermahnt, daß wir stets wachsam und umsichtig sein müssen, soweit es die Kraft unseres Geistes nur erlaubt, damit wir alle Dinge aufspüren, die zum Ruhm der Tugend führen, und wir sollen uns auch in ihm freuen, wenn wir mit Fleiß und Eifer alle Dinge verfolgen, die gut und göttlich sind."[3]

Zuerst also ist mit ALBERTIS Emblem das allsehende Auge Gottes gemeint, dessen unmittelbare Allgegenwärtigkeit durch die Schnelligkeit anzeigenden Flügel verdeutlicht wird. Gott verdanken wir alles, er hat uns beständig im Auge. Dann aber nimmt das Argument eine Wendung. Wir sind es jetzt, die auf alles achten sollen, alles tun sollen, das uns zur Vollkommenheit bringt. Dafür sind auch wir mit dem göttlichen Auge gesegnet. Genauso vieldeutig wie das Bild ist das aus der klassischen Rhetorik des CICERO stammende Motto „Quid tum" – „Was dann?". Beziehen wir es auf Gottes Auge, so bekommt es eine geradezu heilsgeschichtliche Bedeutung: Was ist am Ende aller Tage, wenn wir vor Gottes Richterthron stehen? Gott ist nichts entgangen, er wird uns richten. Beziehen wir es aber auf das Auge des Menschen, oder noch genauer auf das Auge des Künstlers, dann wächst dem Motto eine Dimension stolzer Selbstgewißheit zu: Was gibt es nun weiter zu tun? Was soll das allsehende Auge des Künstlers noch erfassen und in Kunstform umsetzen?

In dieser Plakette ALBERTIS haben wir eines der allerersten Künstlerselbstbildnisse überhaupt vor uns. Der demonstrative Charakter der Selbstgewißheit wird hier besonders deutlich: Nur der von der Außergewöhnlichkeit seines Tuns überzeugte Künstler kann sich selbst verewigen, „anderen eine Vorstellung seiner Person", einer autonomen, sich selbst durch ihre Kunst verwirklichenden Person, geben wollen. Die Kunst leugnet zwar nicht, daß sie gottgegeben ist, aber sie ist nicht mehr nur Dienerin der Religion, auf ihre religiöse Funktion beschränkt, sondern selbst göttlich, da sie über alles Erscheinende verfügt.

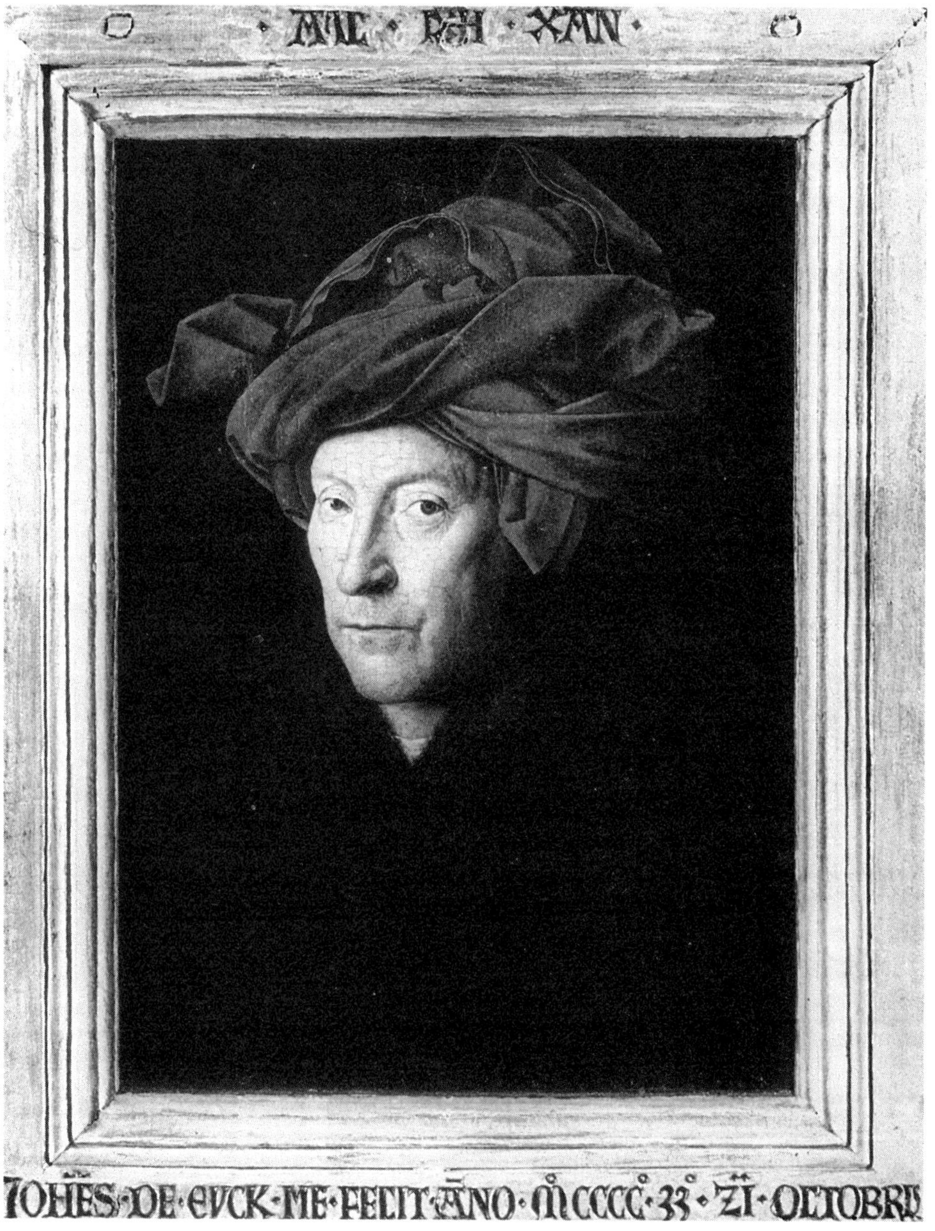

Abb. 3: Jan van Eyck: Mann mit rotem Turban (Selbstbildnis?). 1433. London, National Gallery

Diese theoretische Formulierung des künstlerischen Selbstverständnisses entsprach jedoch nicht der gesellschaftlichen Praxis von Kunst und Künstler: Nach wie vor werden zwischen Künstler und Auftraggeber Verträge geschlossen, die den Künstler sehr weitgehend festlegen, nach wie vor werden Bilder nach den verwendeten Materialien und der aufgewendeten Arbeit bezahlt. Noch im 17. Jahrhundert etwa können wir lesen, daß ein Bildnis in Dreiviertelfigur mehr kostet als eines in Halbfigur, daß nach der Zahl der dargestellten Personen bezahlt wird usw. Dennoch hat die Deklaration eines neuen Selbstbewußtseins nicht nur Ersatzfunktion, ist das neue Selbstbewußtsein auch nicht nur Ergebnis gewandelter historischer Verhältnisse, sondern verändert auf Dauer auch das Aussehen der Bilder selbst, bringt neue Bildformen hervor, erschließt neue Bereiche des Darstellbaren.

Jan van Eyck – das sogenannte Selbstbildnis (1433)

Bezeichnenderweise erklärt ALBERTI den in sein Spiegelbild verliebten Narziß der griechischen Sage zum Erfinder der Malerei; sie ist nach seiner Meinung nichts anderes als das künstlerische Festhalten des Ebenbildes. Dieser ungewöhnliche Vergleich soll offensichtlich deutlich machen, daß der Künstler erst, wenn er sich selbst erkennt, sich selbst zum Thema macht, ein Bewußtsein von dem bekommt, was Kunst eigentlich ist. Kein Wunder, daß ALBERTI es darauf anlegt, sein Selbstbildnis zu verbreiten.

Nur wenige Jahre vor seinem Selbstbildnis *(Abb. 1)* entsteht, auf den Tag genau datiert, und zwar den 21. Oktober 1433, eines der ersten uns überlieferten eigenständigen Selbstbildnisse eines Künstlers überhaupt, wenn wir es denn als ein solches anerkennen können: das Selbstbildnis des Jan VAN EYCK *(Abb. 3)*.

Auch hier, kein Zweifel, würde die bloße Existenz dieses Selbstbildnisses ein deutliches Zeichen für die neue Selbstgewißheit des Künstlers sein, der darin seine Fähigkeit dokumentiert, alles Existierende darstellen zu können. Zwei Dinge vor allem könnten bei diesem Bild für ein Selbstbildnis sprechen: die gewisse informelle Erscheinung des Dargestellten (er trägt einen locker, aber kunstvoll geschlungenen Turban), vor allem aber die Tatsache, daß der im Halbprofil Erscheinende direkt auf den Betrachter schaut. VAN EYCKS Bildnis scheint das erste Beispiel für diesen die Porträtmalerei für alle Zukunft prägenden Typus zu sein. Das erste Mal wird direkt Kontakt mit dem Betrachter aufgenommen, der Dargestellte spricht ihn an, der Betrachter kann sich dem Blick kaum entziehen. Für das Selbstbildnis, das Spiegelbild, ist der direkte Blick aus dem Bilde nur normal; VAN EYCK überträgt ihn bald danach auch auf andere Porträts. ALBERTI hatte sich, in Anlehnung an antike Münzporträts, im klassischen Profil dargestellt. Das Profil ist die distanzierteste Form der Porträtdarstellung, die En-face-Darstellung mit dem den Betrachter fixierenden Blick die direkteste, die bannendste Form.

Albrecht Dürer – Selbstbildnis (1500)

DÜRER wählt die En-face-Darstellung für sein berühmtes *„Selbstbildnis“* von 1500 *(Abb. 4)*. Dessen gänzliche Frontalität hat immer irritiert. Überdies hat man die bewußte Stilisierung dieses Porträts erkannt. Nicht nur die eingenommene Haltung mit der vor die Brust gelegten Hand wirkt besonders betont, auch seine Züge, vergleicht man mit dem zwei Jahre zuvor gemalten Selbstbildnis, scheinen geschönt, auf edle Symmetrie hin angelegt. Der leicht slawische Typ mit den hochsitzenden Backenknochen scheint abgeschwächt, die Augen erscheinen größer. Die langen, den Kopf bis zu den Schultern rahmenden Locken sind sorgsam geordnet. Die Beschriftung auf dem einfarbigen Bildgrund erscheint links und rechts in Augenhöhe in einer zu diesem Zeitpunkt noch gänzlich ungewöhnlichen Type, einer Humanistenantiqua. Ungewöhnlich ist auch der (lateinische) Text auf der rechten Seite: „Ich, Albrecht Dürer aus Nürnberg, bildete so mich nach in unvergänglichen Farben im Alter von 28 Jahren.“ Links erscheint allein das Dürermonogramm.

Daß wir in diesem Selbstbildnis, wie beim Albertischen Selbstbildnis, eine Demonstration künstlerischen Selbstverständnisses vor uns haben, kann keinem Zweifel unterliegen. Wenn dieses Selbstverständnis bei ALBERTI allerdings aus dem beigefügten Emblem zu entschlüsseln war, so bei DÜRER allein aus dem gewählten Bildtypus. Dieser war, das hat man längst erkannt, mit seiner gänzlichen Frontalität zuvor zumindest im Westen fast ausschließlich Christus vorbehalten. Es ist der in der Ostkirche für den alles beherrschenden Christus, den Pantokrator, gewählte Typus – in riesigem Format in Kuppeln und Apsiden byzantinischer Kirchen zu finden.

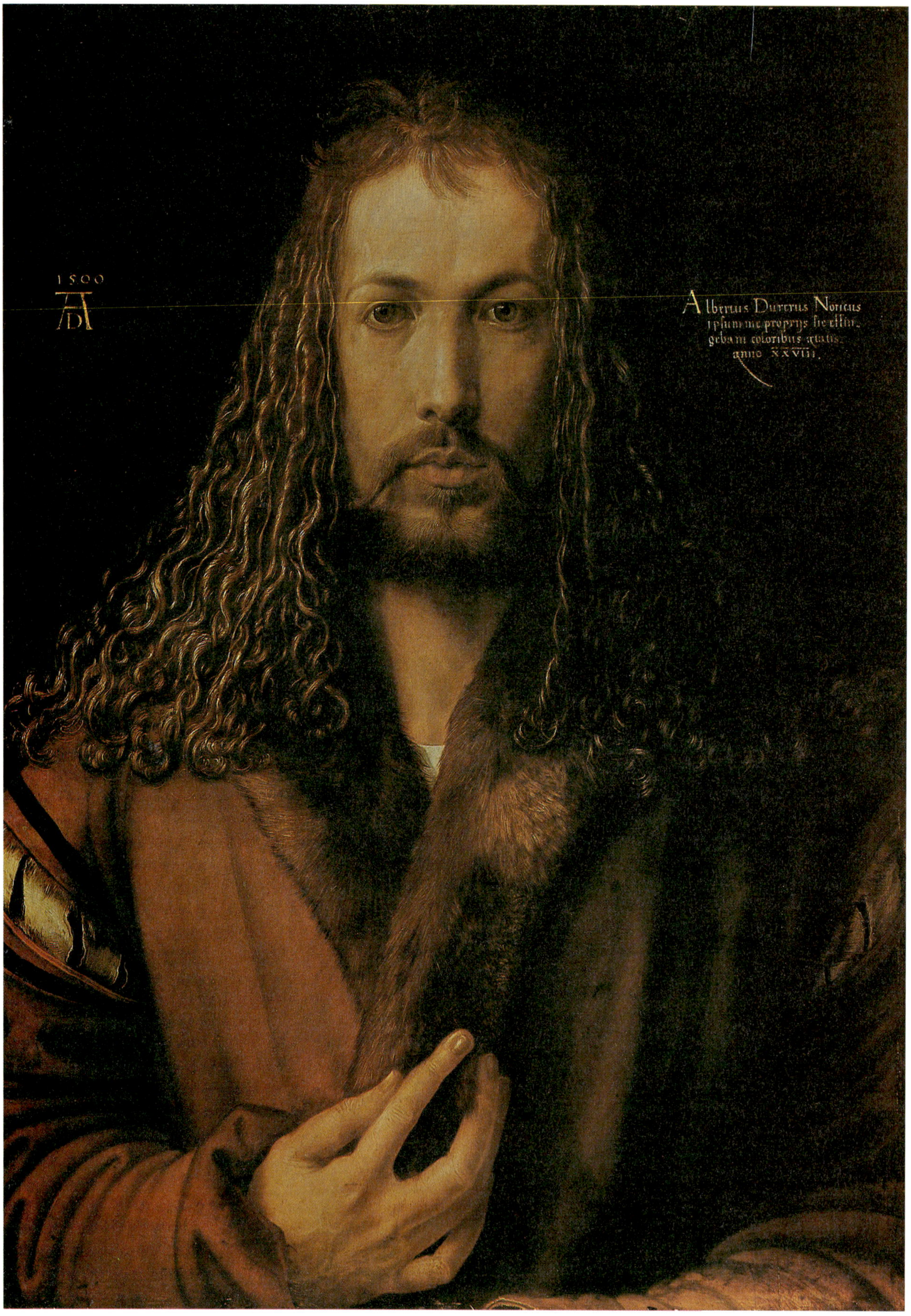

Abb. 4: Albrecht Dürer: Selbstbildnis. 1500. München, Alte Pinakothek

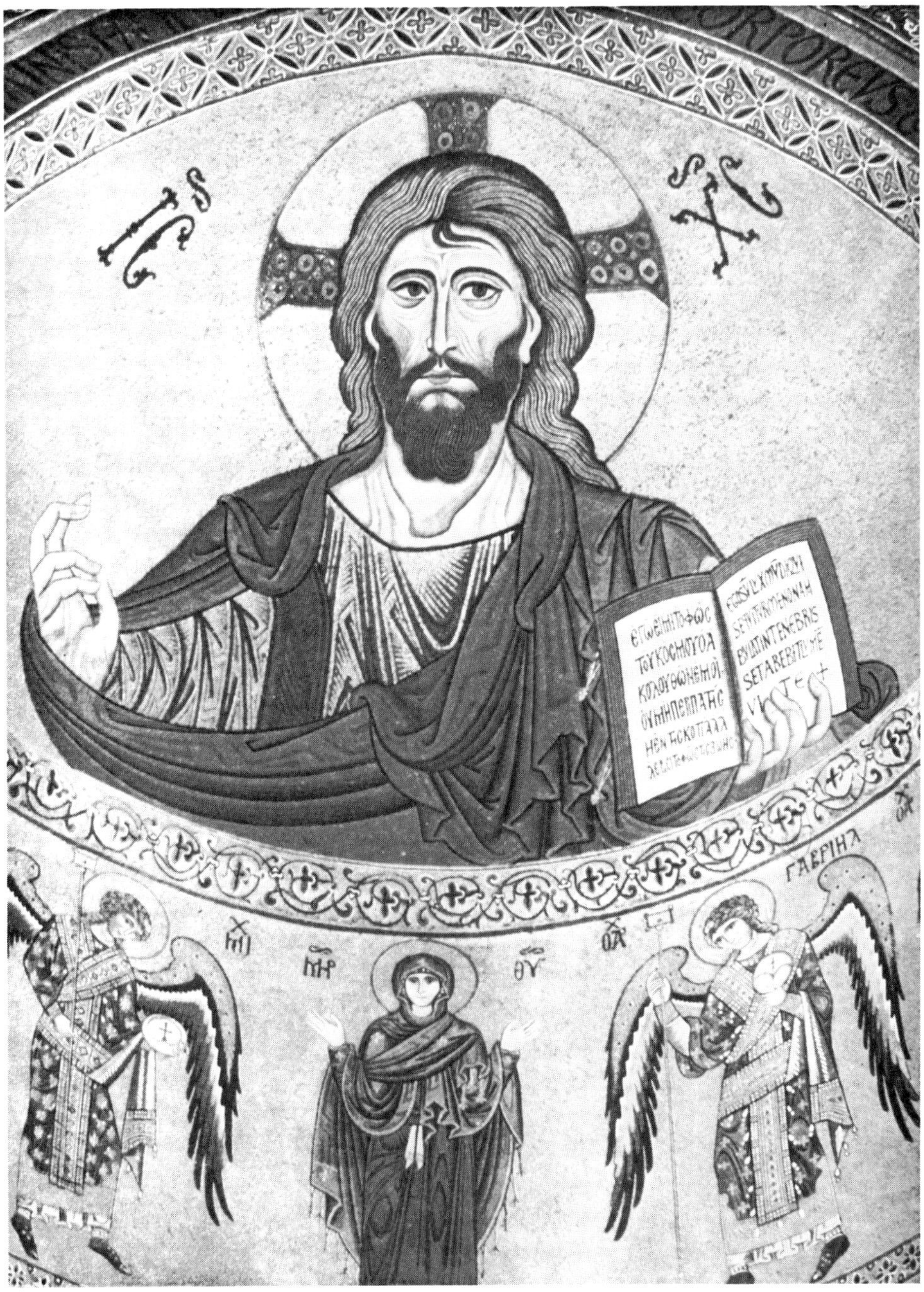

Abb. 5: Cefalù, Kathedrale. Apsismosaik, Pantokrator. 1148

Im Westen ist dieser Typus *(Abb. 5)* in verstärktem Maße seit dem 15. Jahrhundert als „vera icon", als das wahre, authentische Bild des Gottessohnes, geläufig. Der Legende nach zeichnete sich das Antlitz Christi auf dem Schweißtuch der Veronika ab, das diese ihm auf dem Kreuzweg gereicht hatte. Darstellungen des niederländischen 15. Jahrhunderts können DÜRER vertraut gewesen sein. Zwei Typen herrschen dort vor: Veronika weist das Tuch mit dem deutlichen Abdruck des Gesichtes des leidenden Christus vor *(Abb. 6),* oder das Tuch allein mit dem darauf sichtbaren frontalen Kopf Christi ist Bildgegenstand. Parallel dazu, von der Bedeutung her aber eher mit der byzantinischen Tradition verknüpft, entwickelt sich ein Typus, den wir im unmittelbaren Umkreis des Jan VAN EYCK finden. Er rührt von ihm selbst her – wenn wir diesen Typ vielleicht auch nur in Kopien kennen: Christus erscheint ohne Dornenkrone, dafür mit Kreuznimbus, dem Heiligenschein, als König der Könige, als Anfang und Ende, als der Weg, die Wahrheit und das Leben. Stolz hat offenbar Jan VAN EYCK auch in der Urfassung auf dem Rahmen (in lateinischer Schrift) signiert: „Jan van Eyck hat mich gemacht und im Jahre 1438 am 31. Januar vollendet." Über die Eigenhändigkeit von Bild und Inschrift brauchen wir hier nicht zu streiten; der Typus der Signatur findet sich bei Jan VAN EYCK mehrfach.

Wir haben hier ein Bild des triumphierenden Christus, das uns Jan VAN EYCK als authentisch vorstellt. Er läßt Christus sprechen: „Jan van Eyck hat mich gemacht." Der unmittelbare Blick auf den Betrachter bekräftigt den Anspruch auf Echtheit des Bildnisses und auf die Allmacht Gottes. So durchdringen sich auch bei Jan VAN EYCK religiöse Aussage und der Hinweis auf den künstlerischen Interpreten dieser Aussage. Wenn Jan VAN EYCK den Künstler sich in Christus spiegeln läßt, ALBERTI durch die Verlagerung der Aussage auf die Ebene der emblematischen Abstraktion den Bezug auf Gott oder den Künstler offenhält, so geht DÜRER noch einen Schritt weiter, indem er nun Christus sich im Künstler spiegeln läßt. Das hat auf den ersten Blick gotteslästerliche Züge. Da, wo in der byzantinischen Tradition an den Enden des waagerechten Kreuzbalkens des Nimbus das Christusmonogramm zu stehen pflegt, dort setzt DÜRER das seine hin. Und wenn im westlichen Typus Christus als Anfang und Ende, Alpha und Omega, angesprochen wird, dann erhebt DÜRER in der Inschrift Anspruch auf Ewigkeit, und zwar dadurch, daß er durch seine Kunst sein Bildnis nachahmte, so wie Gott den Menschen nach seinem Bildnis schuf.

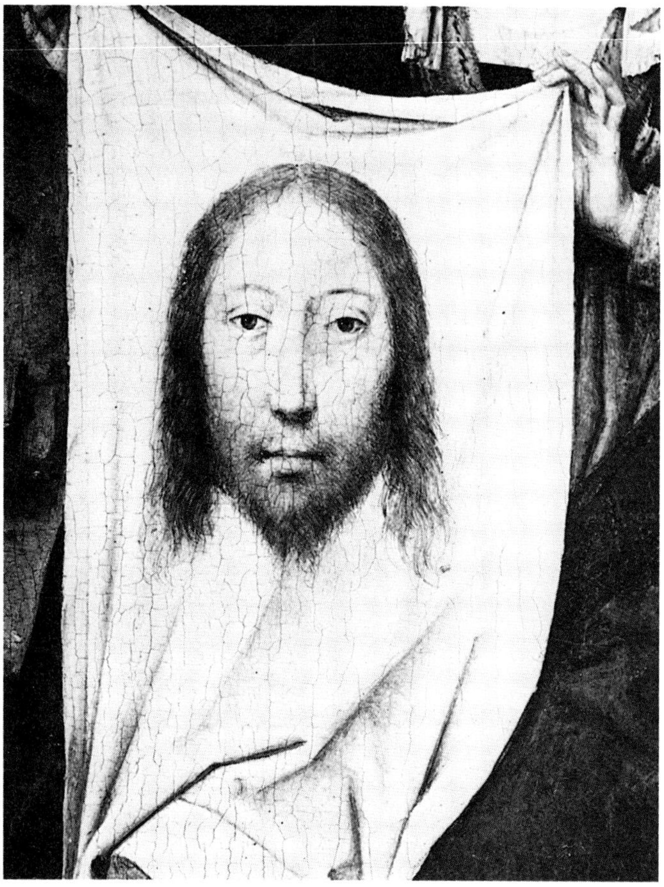

Abb. 6: Hans Memling: Schweißtuch der Veronika. Ausschnitt. Spätes 15. Jahrhundert. Washington, National Gallery of Art

Daß der Künstler schafft wie Gott und dadurch gottähnlich wird, das hat DÜRER in seinen Schriften in den Fußstapfen ALBERTIS mehrfach betont. Zwar ist die Kunst, so schreibt auch DÜRER, eine Gabe Gottes, und es heißt von der wahren Schönheit des Menschenleibes: „Gott weiß solches allein", aber, so fährt DÜRER fort, „wem er's offenbarte, der weiß es auch".[4] Gott ist der Inbegriff der Schönheit, aber je mehr der Mensch die Künste studiert, schreibt er an anderer Stelle, um so ähnlicher wird er dem göttlichen Bildnis. Wie bei ALBERTI so ist auch bei DÜRER ein tieferes Studium der Künste nur auf der Basis theoretischer Kenntnisse möglich. Beide meinen dabei in erster Linie die Geometrie, die zeichnerische Umsetzung absoluter Maßverhältnisse. Die Maßverhältnisse sind der Schlüssel zum Verständnis des göttlichen Weltenbaus. Durch ihre Kenntnis ist der Künstler nach DÜRERS Verständnis insofern gottähnlich, als er wie Gott nach der Harmonie der Zahlenverhältnisse schafft. Auf allen Wegen hat DÜRER versucht, das Geheimnis der Maßverhältnisse zu ergründen. Insbesondere auf der ersten Italienreise von 1494/95 mußte er den Vorrang der italienischen Künstler in diesem Punkte anerkennen. Im Jahre 1500 scheint er die antiken Proportionsverhältnisse gelernt zu haben; schon kurz darauf bringt er sie zur Anwendung. 1504 wird sein berühmter Stich *„Adam und Eva"* zum Demonstrationsobjekt für absolutes menschliches Maß und vollkommen richtige Verteilung der Körperlast auf Stand- und Spielbein; der Schwerpunkt des Körpers bei aller Bewegung war gefunden *(Abb. 7)*. Kein Wunder, daß DÜRER diese Erkenntnis beim ersten Menschenpaar, das nach Gottes Ebenbild geschaffen war, zur Anwendung bringt. Das Maß als Basis aller Kunst ist in seiner Bedeutung erkannt.

Auch DÜRERS *„Selbstbildnis"* ist in abstrakte, geometrische Formen eingebunden, vor allem in Kreis und Dreieck. Das Gesicht ist also Konstrukt abstrakter Maßverhältnisse. Kreis und Dreieck sind zudem geheiligte christliche Symbolformen, die auf den Kosmos und das allsehende Auge Gottes verweisen. In Nürnberg, in zünftische Verpflichtungen, Produktions- und Geschäftspraktiken eingebunden, konnte DÜRER Verständnis und Förderung seines Kunstbegriffes nur in einem verhältnismäßig engen Kreis von befreundeten Humanisten finden – in Italien sah er, daß es bereits eine breitere Kunstöffentlichkeit gab, die sein Selbstverständnis teilte.

Nun fragt man sich, aus welchen gedanklichen Traditionen heraus DÜRER die Angleichung an Christus vollzieht. Zum einen konnte er sich durch die christliche Lehre gerechtfertigt sehen. 1494 war in Nürnberg eines der am

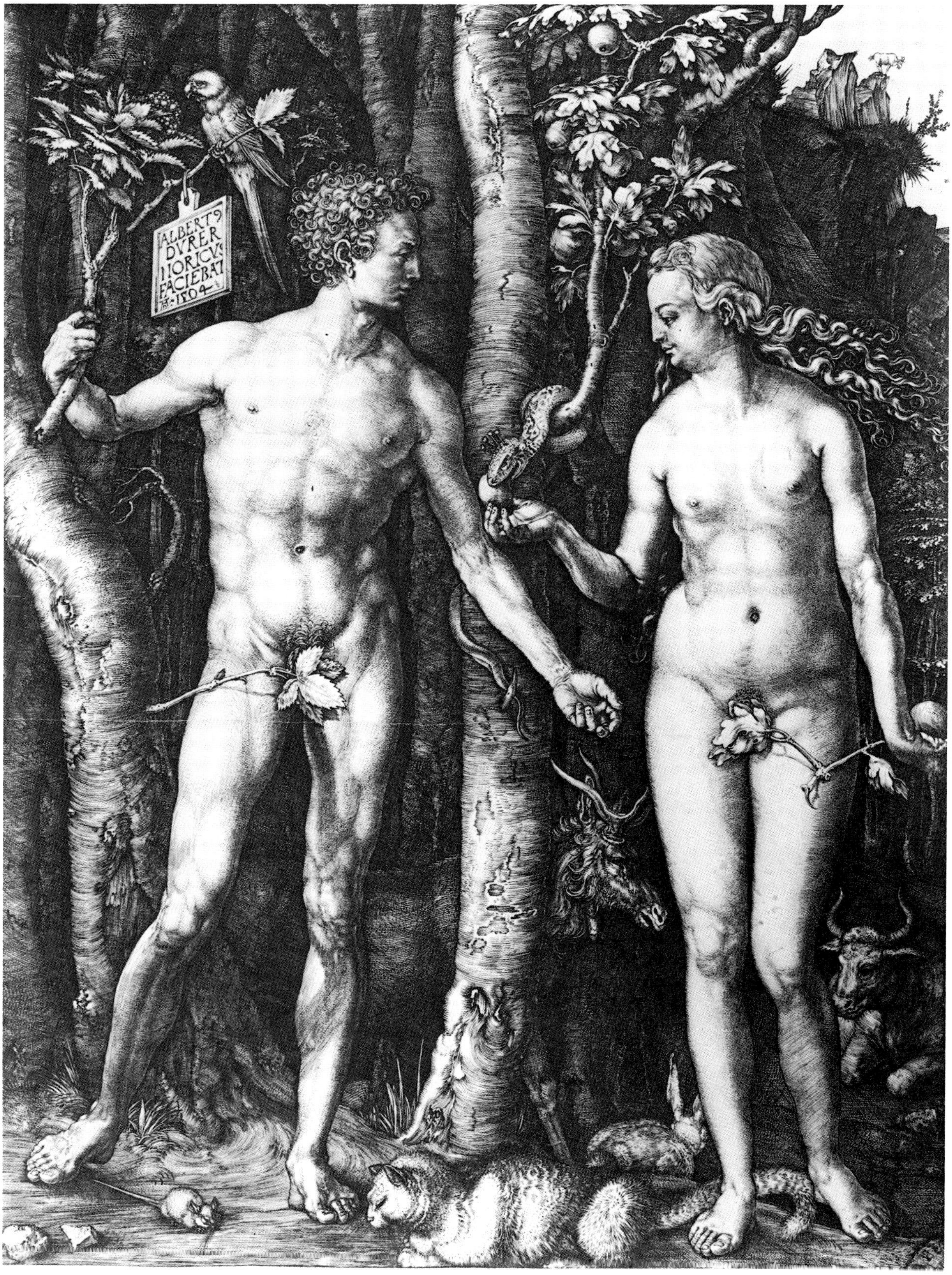

Abb. 7: Albrecht Dürer: Adam und Eva. 1504

häufigsten gedruckten Bücher der Christenheit überhaupt erschienen, THOMAS a Kempis' *„De imitatione Christi"*, das den Menschen zur Nachahmung Christi aufforderte. Doch ist damit natürlich keine bildliche Nachahmung gemeint, sondern eine Nachfolge in Christi Geist. Zum anderen dürfte DÜRER zur wirklichen bildlichen Nachahmung durch die Metaphorik der Florentiner Neoplatonikerschule der 2. Hälfte des 15. Jahrhunderts bewogen worden sein. DÜRER war diese Tradition durch seine Humanistenfreunde vermittelt worden. Dort ist nämlich ganz ausdrücklich bei ihrem geistigen Oberhaupt, Marsilio FICINO, und in seiner Nachfolge, die Rede von der Schöpfung als dem ersten Kunstwerk, und hier findet sich auch die Angleichung von Schöpfergott und schöpferischem Künstler. Von da ab wird die Formulierung zu einem Versatzstück in der Argumentation; es findet sich in ungezählten Kunsttraktaten. Sicher konnte FICINO auf die mittelalterliche Vorstellung von Gott als Weltenbaumeister zurückgreifen. In mittelalterlichen Handschriften finden wir Gott mit dem Zirkel in der Hand bei der Erschaffung der Welt dargestellt *(Abb. 8)*. Entscheidend für die Übertragbarkeit der Vorstellung auf den Künstler ist jedoch das Konzept der Platonischen Ideenlehre, nach der die Ausgießung der göttlichen Weisheit in den Geist des dafür vorherbestimmten Menschen als Erleuchtung begriffen wird. Durch die Vertiefung in die Geheimnisse der Welt kann der Mensch von Gott erleuchtet, entzündet, begeistert werden, den von Gott ausgehenden Strahl wie in einem Brennspiegel auffangen.

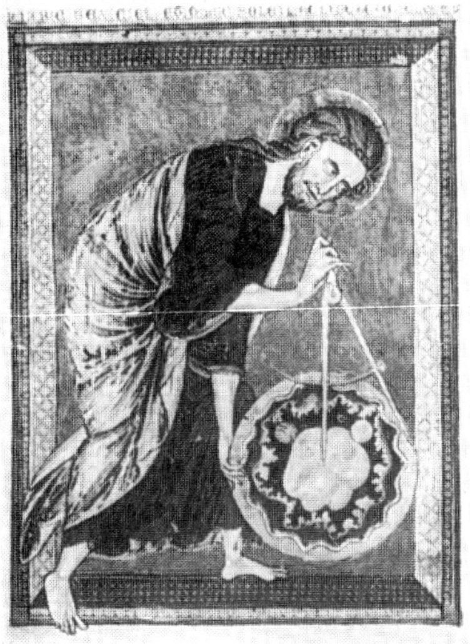

Abb. 8: Gott als Weltenschöpfer. Bible moralisée. Um 1270

Wenn DÜRER auch wohl nicht im einzelnen der schrittweise Vollzug des Platonischen Vergöttlichungsprozesses geläufig gewesen sein dürfte, so benennt er doch das Grundprinzip an verschiedenen Stellen in seinen Schriften ganz direkt:

„Zu der Kunst recht zu malen ist schwer zu kommen. Darum, wer sich dazu nicht geschickt findet, der untersteh sich der nicht. Denn es will kommen von den oberen Eingießungen [...] Die große Kunst der Malerei ist vor viel hundert Jahren bei den mächtigen Königen in großer Achtbarkeit gewesen, denn sie machten die fürtrefflichsten Künstler reich und hielten sie würdig, denn sie achteten solche Sinnreichigkeit ein gleichförmiges Geschöpf nach Gott. Denn ein guter Maler ist inwendig voller Figur, und ob es möglich war, daß er ewig lebte, so hätte er aus den inneren Ideen, davon Plato schreibt, allweg etwas Neues durch die Werk auszugießen" (S. 297f.). An anderer Stelle heißt es noch zusätzlich, daß dieses Neue etwas ist, „das man zuvor nicht gesehen und das kein anderer je gedacht hätte" (S. 218).

Der Künstler wird also göttlich erleuchtet und entäußert sich in seiner Kunst dieser göttlichen Eingebungen; dabei schafft er, wie Gott, völlig neue Gebilde.

Bei DÜRER stehen also zwei Konzepte nebeneinander, die nicht recht vermittelt sind: Zum einen will er die Kunstpraxis durch das Studium der Naturwissenschaften auf eine theoretische Basis stellen, zur rationalen Erkenntnis der Formungsprinzipien vordringen, zum anderen baut er auf einen irrationalen göttlichen Beseelungsprozeß, der auf unbegreifliche Weise Kunstwerke aus dem Künstler heraustreibt. DÜRERS eigentliches Anliegen ist das praxisbezogene Studium. Das Platonische Konzept wirkt aufgesetzt und dient vor allem der Adelung der künstlerischen Existenz. In der Folgezeit wird es Aufgabe der Kunsttheorie sein, zwischen diesen beiden Konzepten zu vermitteln.

Die Beispiele ALBERTI und DÜRER zeigen den Prozeß der Herausbildung künstlerischen Selbstbewußtseins. Der Künstler sucht sich und seine Tätigkeit vor der Gesellschaft neu zu bestimmen. Kunst soll aus den mittelalterlich ständischen handwerklichen Bindungen gelöst und den freien Künsten zugeschlagen werden. Sie soll den Rang intellektueller, auf Theorie gründender Tätigkeit erhalten. In der Praxis ist die Lösung aus tradierten Wirtschafts- und Sozialformen, in denen Künstler und Kunstwerk über Jahrhunderte aufgehoben waren, nicht leicht zu vollziehen. Theoriebildung dient einerseits dazu, den neuen Ansprüchen Ausdruck und Rechtfertigung zu verleihen, andererseits hat sie die Aufgabe, Bewußtsein zu schaffen und zu stabilisieren – einer Gesellschaft gegenüber, welche die partielle Zunftunabhängigkeit des Künstlers zwar durchaus selbst betreibt, aber nur, um diese relative Freiheit als eine des Marktes zu begreifen, auf dem der Wert des Künstlers nicht ideell, sondern nach dem Wert seiner Produkte bestimmt wird. Zudem läuft der sich aus dem Einflußbereich der Zünfte lösende Künstler Gefahr, aus zwar bescheidenen, aber gesicherten und rechtlich objektiven Verhältnissen in neue, vor allem höfische Abhängigkeitsverhältnisse zu geraten, die er kaum noch mitbestimmen konnte und die ihn subjektiver Willkür ausliefern mochten. Das soziale Ansehen des Künstlerstandes war gestiegen, die soziale Existenz des einzelnen Künstlers aber konnte unsicherer geworden sein. Dennoch gibt es keinen Zweifel, daß der das neue Bewußtsein in sich fassende Kunstbegriff für die Kunst selbst von größter Bedeutung gewesen ist, ihr Aussehen, ihre Gegenstandsbereiche radikal veränderte. Indem dieses Bewußtsein Kunst einerseits als besonderen, eigenständigen Bereich der sinnlichen Erfahrung des Menschen begriff, andererseits Kunstproduktion als Tat des individuellen Künstlers sah, machte es die ästhetische Funktion des Kunstwerkes, als primäre Funktion der Kunst in der Neuzeit, überhaupt erst sichtbar.

Die autonome Zeichnung im 16. Jahrhundert

Je mehr sich das Konzept von einer dem Künstler innewohnenden, ihn mit einem göttlichen Funken beseelenden Idee verfestigt, desto mehr kommt es zu einer Aufwertung der Zeichnung, des ersten Entwurfes, des Ergebnisses unmittelbarer Entäußerung der Idee. ALBERTI und DÜRER haben erst eine Ahnung davon: ALBERTI, wenn er schreibt, man sehe nicht selten, „daß die Linien des Umrisses von größter Feinheit seien, so beschaffen, als flöhen sie gleichsam gesehen zu werden";[5] DÜRER, wenn es bei ihm heißt: „Daraus kommet, daß mancher etwas mit der Feder in einem Tag auf einem halben Bogen Papier reißt oder mit seinem Eiselein etwas in ein klein Hölzlein versticht [in Holz schneidet], das wird künstlicher und besser denn eines anderen großes Werk, daran derselbe ein ganzes Jahr mit höchstem Fleiß macht. Und diese Gabe ist wunderlich."[6]

Die Zeichnung – unmittelbare Entäußerung der künstlerischen Idee

Schon hier, zu diesem sehr frühen Zeitpunkt, kommt es zu einer gewissen Aufwertung der Zeichnung, wenn sie auch noch nicht wie im fortgeschrittenen 16. Jahrhundert als Grundprinzip aller Kunst erkannt wird. Immerhin heißt es: „ja nicht selten sieht man, daß ein guter Umriß, d. h. gute Zeichnung, für sich allein auf das Angenehmste wirkt."[7]

Zugespitzt heißt das, daß eine kleine, schnell hingeworfene Zeichnung mehr wert sein kann – weil sie künstlerisch wertvoller ist – als das ausgeführte Gemälde eines anderen, das nicht von einer Idee beseelt ist. Es wird nicht lange dauern, und die Theorie wird das Grundprinzip aller Kunst ausdrücklich benennen: die „Zeichnung", italienisch: „disegno". Und es läßt sich auch bereits erkennen, daß sich die Handzeichnung als praktische künstlerische Gattung autonomer Wertschätzung erfreuen und zum Sammelobjekt werden wird. Mit der Feststellung ihrer ästhetischen Qualitäten ist aber auch die Erkenntnis ihrer jeweiligen historischen Dimension, mit der Einsicht in ihren absoluten also auch die Einsicht in ihren relativen Wert verbunden. Das ist nicht ganz leicht zu begreifen. Vereinfacht ausgedrückt: Wenn ich eine Zeichnung als individuelle Verwirklichung einer künstlerischen Idee hochschätze, dann kann ich, um das klassische Beispiel der Kunsttheorie des 16. Jahrhunderts aufzugreifen, RAFFAEL neben MICHELANGELO schätzen – so unterschiedlich sie sind; denn beide sind Produzenten autonomer Ideen in Kunstform. Ich beginne zu vergleichen und zu unterscheiden nach Maßgabe einer Theorie der Kunst. Unterscheidung bringt Relativierung mit sich, Relativierung führt zur Einsicht in die Möglichkeiten verschiedener historischer Kunststufen – so fremd sie uns auch sein mögen. Unterscheidet man historisch, wertet man relativ nach den jeweiligen historischen Möglichkeiten: dann wird man ein bestimmtes Bild des Ablaufes der Geschichte entwerfen. Es ist ein Geschichtsbild, das den Ablauf der Geschichte der Kunst nach nur der Kunst eigenen autonomen Gesetzen denkt.

Giorgio Vasari – die theoretische Fundierung der Kunst

All dies geschieht in den *„Viten"*, den Künstlerlebensläufen, des Giorgio VASARI zum ersten Mal: VASARI schildert die Geschichte der Kunst, wie sie sich in den Lebensläufen der Künstler seit dem späten 13. Jahrhundert spiegelt.[8] Zu diesem Zeitpunkt – mit den Künstlern CIMABUE und GIOTTO – setzt er, nach einer langen, barbarischen Verfallszeit, die auf den Höhepunkt der antiken Kunst folgte, einen Neubeginn, eine Wiedergeburt der Kunst an. Von da war die Kunst in einer beständigen, von VASARI in drei Stufen geschilderten Vervollkommnung begriffen, um ihren absoluten Höhepunkt in der Gegenwart, in den Werken RAFFAELS und MICHELANGELOS, zu erreichen. Schwierigkeiten hat dieses Geschichtsmodell mit der Zukunft. Wie ist die Kunst nach RAFFAEL und MICHELANGELO auf der einmal erreichten absoluten Höhe zu halten? Die Erhaltung des Erreichten wird unter anderem von der theoretischen Fundierung der Kunst und ihrer Institutionalisierung in Akademien erhofft. Wie neu für seine Zeitgenossen seine historisch relativierende Wertschätzung des nach seinem Stufenmodell noch Unvollkommenen sein mußte, das zeigt VASARIS mehrfache Betonung und Erklärung.

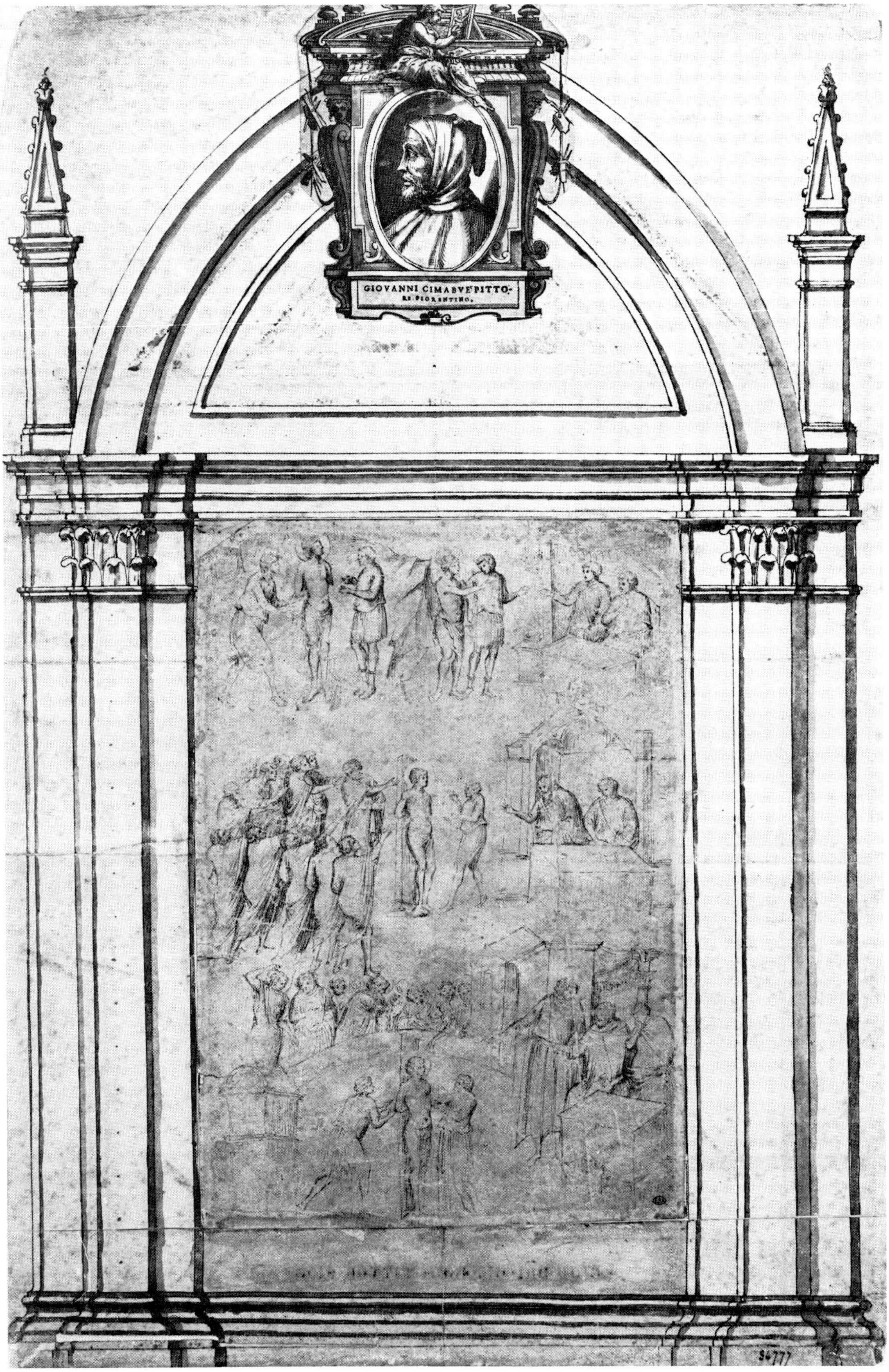

Abb. 9: Ehemals Cimabue zugeschriebene Zeichnung aus Giorgio Vasaris „Libro", heute als campanisch bezeichnet. Vorderseite. Um 1370. Paris, École des Beaux-Arts

VASARI: „Auch will ich nicht, daß jemand glaube, ich sei so sehr ohne Verstand und Urteil, daß ich nicht wisse, wie die Arbeiten Giottos, des Pisaners Andrea, Ninos und der anderen alle, die ich der Ähnlichkeit der Manier wegen in eine Periode gerechnet habe, im Vergleich zu den Werken derer, welche nach ihnen kamen, eben kein ungewöhnliches, ja nicht einmal ein mittelmäßiges Lob verdienten. Ich habe dies sehr wohl gesehen, als ich sie rühmte. Wer aber das Vermögen jener Zeit betrachtet, die geringe Zahl der Künstler, die Schwierigkeiten gute Hilfe zu haben, der wird sie nicht für schön halten, wie ich gesagt habe, sondern für bewundernswert, und wird ein unendliches Vergnügen empfinden, diese ersten Anfänge zu sehen, diese Funken des Guten, die in Gemälden und Bildhauerwerken hervorzuschimmern begannen" (Bd. II, 1, S. 12).

Oder an anderer Stelle heißt es: „Weil sie [die Kunst dieses frühen Zeitalters] der Anfang gewesen ist und der Weg, der zum Besseren führte, kann man schon deshalb nur Gutes von ihr sagen, und ihr wohl ein wenig mehr Ruhm zugestehen, als ihre Werke verdienen würden, wenn man sie nur streng nach den Regeln der Kunst beurteilen würde" (Bd. II, 1, S. 5).

An einer dritten Stelle äußert er sich noch präziser. Denen, die die älteren Künstler zu sehr gelobt sehen, „weiß ich nur zu entgegen, daß ich nicht geradehin, sondern stets, wie man sagt, bedingungsweise, mit Beachtung von Ort, Zeit und andren ähnlichen Umständen gelobt zu haben glaube [...] beachtenswert ist überdies, daß die Künstler unseres Jahrhunderts, welches den höchsten Grad der Vollkommenheit erreicht hat, nicht auf dem Punkte stehen würden, welchen sie behaupten, wären nicht jene vor uns das gewesen, was sie waren" (Bd. VI, S. 301).

Historisch relativierendes Denken und Entwicklungsdenken durchdringen sich, ohne eine Synthese einzugehen. Daß VASARI an eine autonome Entwicklung der Kunst denkt, wird etwa an seiner Formulierung von der „Manier" einer Periode deutlich. VASARI beginnt stilgeschichtlich zu argumentieren. Dies setzt ein hochgradiges neues Unterscheidungsvermögen im Sehen voraus, das seine Parallele in einer erstaunlich breiten Auffächerung der Funktion der Zeichnung im Werkprozeß hat. Von der ersten Ideenskizze bis zu einer bis ins Letzte ausgeführten unmittelbaren Vorlage für das folgende Gemälde kann sie die verschiedensten Stufen einnehmen.

Als Konsequenz aus diesen Beobachtungen beginnt VASARI künstlerische Belege für den gesamten von ihm untersuchten Zeitraum zu sammeln. Und er sammelt ausschließlich Zeichnungen; diese faßt er in seinem *„libro"* zusammen. Sie lassen ihn die besondere Eigenart, die Handschrift, eines Künstlers am ehesten erfahren, sind unmittelbarer Ausfluß der künstlerischen Idee, die sich schon im ersten zeichnerisch niedergelegten Gedanken, der ersten Skizze, vollständig ausdrückt. Alle Zeichnungen werden von VASARI mit einem von ihm entworfenen, gezeichneten Architekturrahmen umfaßt. Gelegentlich, wie bei den CIMABUE zugeschriebenen Skizzen *(Abb. 9)*, müht er sich gar, im Rahmenentwurf die Stilstufe der historischen Zeichnung zu treffen. Es handelt sich dabei um eine Art sorgfältiger kunsthistorischer Rekonstruktion der Stilstufe in einem anderen Kunstmedium. Schon der Gedanke hieran setzt ein erstaunliches Abstraktionsvermögen voraus. Selbst die unterhalb der Zeichnung der Rückseite angebrachte Beschriftung weiß die Schriftentwicklung der Zeit um 1300 geradezu paläographisch genau nachzuahmen.

In seiner Definition der Zeichnung versucht VASARI zwischen dem systematischen Anspruch einer eindeutigen begrifflichen Theorie und der praktischen Funktion des Mediums zu vermitteln:

„Die Zeichnung, der Vater unserer drei Künste, Architektur, Bildhauerei und Malerei, geht aus dem Intellekt hervor und schöpft aus vielen Dingen ein allgemeines Urteil, gleich einer Form oder Idee aller Dinge der Natur, die in ihren Maßen überaus regelmäßig ist. So kommt es, daß die Zeichnung nicht nur in den menschlichen und tierischen Körpern, sondern auch in den Pflanzen, Gebäuden, Skulpturen und Gemälden das Maßverhältnis der Teile untereinander und zum Ganzen erkennt. Und da aus dieser Erkenntnis eine bestimmte Vorstellung entspringt, und ein Urteil, das im Geiste die später mit der Hand gestaltete und dann Zeichnung genannte Sache formt, so darf man schließen, daß diese Zeichnung nichts anderes sei als eine anschauliche Gestaltung und Klarlegung der Vorstellung, die man im Sinne hat, und von dem, was ein anderer sich im Geiste vorgestellt und in der Idee hervorgebracht hat." (Bd. I, S. 59f.)

Aus dem nun schon fast selbstverständlichen Bewußtsein vom autonomen Charakter der Kunst heraus hat VASARI theoretische und praktische Konsequenzen gezogen: Er führte alle Kunst auf ein Grundprinzip, den „disegno", zurück, entwarf auf dieser Grundlage ein Konzept von der selbständigen Entwicklung der Kunst und ihrer Geschichte, kam ferner im Rahmen dieses Geschichtsentwurfes zu einer stilistischen Differenzierung individueller Kunstproduktion und drang schließlich bis zu einer Würdigung der relativen Qualitäten historischer, nach gegenwärtigen Vorstellungen unvollkommener Kunst vor. In seiner nach diesen kunsthistorischen Prinzipien aufgebauten Handzeichnungssammlung hatte VASARI einen Beleg und ein Instrument praktischer Kontrolle dieses Konzeptes in der Hand.

Immer noch überwiegt für den Künstler das Lernen aus der Erfahrung, das praktische Naturstudium. Von geistigen Vorstellungen ist zwar durchaus die Rede, sie sind aber an die empirische Erfahrung gebunden, nicht völlig autonome Gebilde. Wiederum jedoch wird es nicht mehr lange dauern, und die Zeichnung ist zwar selbstverständlich immer noch darstellend, insofern naturnachahmend, aber das Linien- oder Formengebilde auf einer Bildfläche wird ästhetisch autonom erfahrbar. Der einzelne Strich der Zeichnung kann zum einen als Teil eines reinen Bildornamentes wahrgenommen werden, zum anderen, wenigstens in Ansätzen, als autonomes und dennoch sinnhaltiges Bildzeichen. Diese Stufe ist am Ende des 16. Jahrhunderts mit der „Erfindung" der Karikatur erreicht.

Die Karikatur als autonome Kunstgattung im späten 16. und im 17. Jahrhundert

Ganz offensichtlich ist die „Erfindung" der Karikatur, die in den 1590er Jahren im Atelier der Bologneser Künstlerfamilie der CARRACCI gemacht wurde, ohne eine begrifflich ausformulierte Kunsttheorie nicht möglich gewesen. Wie wir sehen werden, setzt Karikaturenzeichnen ein Bewußtsein von den Möglichkeiten der Kunst und ein souveränes Verfügen über diese Möglichkeiten voraus.

Alter und neuer Karikaturbegriff

Nun entspricht unser Begriff von Karikatur nicht dem Begriff „caricatura", der am Beginn des 17. Jahrhunderts für die Zeichnungen der CARRACCI geprägt wurde. Für uns ist „Karikatur" in erster Linie „Zeitungskarikatur". Sie bezieht sich auf politische oder gesellschaftliche Öffentlichkeit, setzt somit deren Existenz voraus; diese ist erst im fortgeschrittenen 18. Jahrhundert zunächst in England mit seiner konstitutionellen Monarchie gegeben.
Hier bildet sich um die Mitte des 18. Jahrhunderts auch die szenische, bissig zum Tagesgeschehen Stellung nehmende Karikatur heraus. Sie ist, um ihren Öffentlichkeitsanspruch überhaupt erfüllen zu können, Druckgraphik, wird also vervielfältigt. Sie übertreibt zeichnerisch Züge tagespolitischer Größen; stellt sie in Situationen dar, die sie der Lächerlichkeit preisgeben; spricht aus, enthüllt bildlich, was die Betroffenen gern unausgesprochen, nur in verkleideter Form vor der Öffentlichkeit sehen würden *(Abb. 10).*

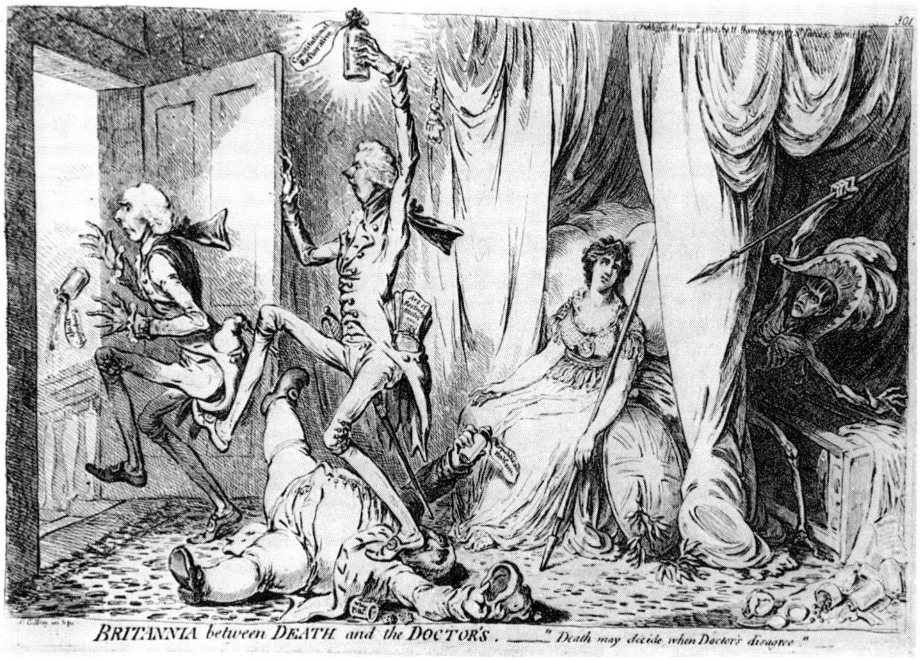

Abb. 10: James Gillray: Britannia between Death and the Doctors. Radierung. 20. Mai 1804.
Beispiel einer Karikatur, die unserem heutigen Karikaturbegriff entspricht

Um 1600 und von da an bis zur Mitte des 18. Jahrhunderts ist Karikatur dagegen allein Karikatur des zumeist isolierten individuellen Porträts. Sie hat keinen Öffentlichkeitscharakter, dient dem Vergnügen eines engen, geschlossenen, privaten Kreises, ist deswegen auch grundsätzlich nur gezeichnet, nicht zur Reproduktion gedacht. Der Karikierte ist selbst Mitglied dieses Kreises, die Karikatur soll und kann ihn aufgrund der Privatheit des Kreises nicht kränken. Eher im Gegenteil, die Karikatur betont die Exklusivität des Kreises; qua Amt, Würde und intellektueller Bedeutung kann man sich das interne Spiel mit der eigenen, bloßen Erscheinung leisten. Vor allem aber ist die Karikatur Beleg für die außerordentlichen Möglichkeiten des Künstlers.

Künstlerische Experimente im Atelier der Carracci

Seit den achtziger Jahren des 16. Jahrhunderts führte das Atelier der Carracci den Namen „Akademie". Das ist nicht im neuzeitlichen Sinne zu verstehen; es gab keine festen Statuten, keinen gegliederten Ausbildungsgang und keine Prüfungen. Es handelte sich vielmehr um einen größeren Atelierbetrieb, in dem allerdings nicht nur praktisch gearbeitet, sondern mit gebildeten, wohl meist adligen Laien auch kunsttheoretisch diskutiert wurde. An diesem Ort gingen also Theorie und Praxis eine enge Verbindung ein. Nun war die Karikatur in diesem Atelier nur ein künstlerisches Experiment unter anderen. Im vollen Bewußtsein sowohl praktischer als auch theoretischer Souveränität konnte die Kunst hier Grenzerweiterungen vornehmen bzw. mit den Grenzen spielen. Das ist höchst intellektualistisch.

Die Kunst, in einem langen Prozeß vom Anspruch her zu einer geistigen Wissenschaft und zu einer Tätigkeit, die sich nur mit wenigen, hohen Gegenständen beschäftigt, geworden, hat nun auch keine „Berührungsängste" mehr vor den Bereichen des Niederen, sofern deren Darstellung nicht Selbstzweck ist, sondern das souveräne künstlerische Verfügen auch über dieses Spektrum der Erscheinungswelt herausstellt.

Die Carracci gehen hierbei sehr weit; sie machen auch vor der Darstellung des Niederen im hohen, offiziellen Medium der Malerei nicht halt. Sie malen ein riesiges Gemälde eines Schlachterladens, bei dem allerdings der Kunstgebildete unter dem Flor des Alltäglichen bei einzelnen Figuren nicht nur klassische Figurenbildung, sondern versteckte Zitate der klassischen Hochkünstler Raffael und Michelangelo erkennen kann – und soll. Oder sie malen, nun eher als verblüffendes Kabinettstückchen, einen frontal zum Betrachter sitzenden Bohnenesser, der gerade den Löffel zum geöffneten Mund führt – wobei gar ein wenig Flüssigkeit vom Löffel rinnt. Um die Allmacht des Künstlers zu zeigen, ist bewußt ein derartiger flüchtiger Augenblick festgehalten, der nach klassischer Vorstellung gerade zu vermeiden ist. Oder Annibale Carracci malt als Spiel mit den Realitätsebenen sein Selbstbildnis im Atelier auf der Staffelei stehend *(Abb. 11)*.

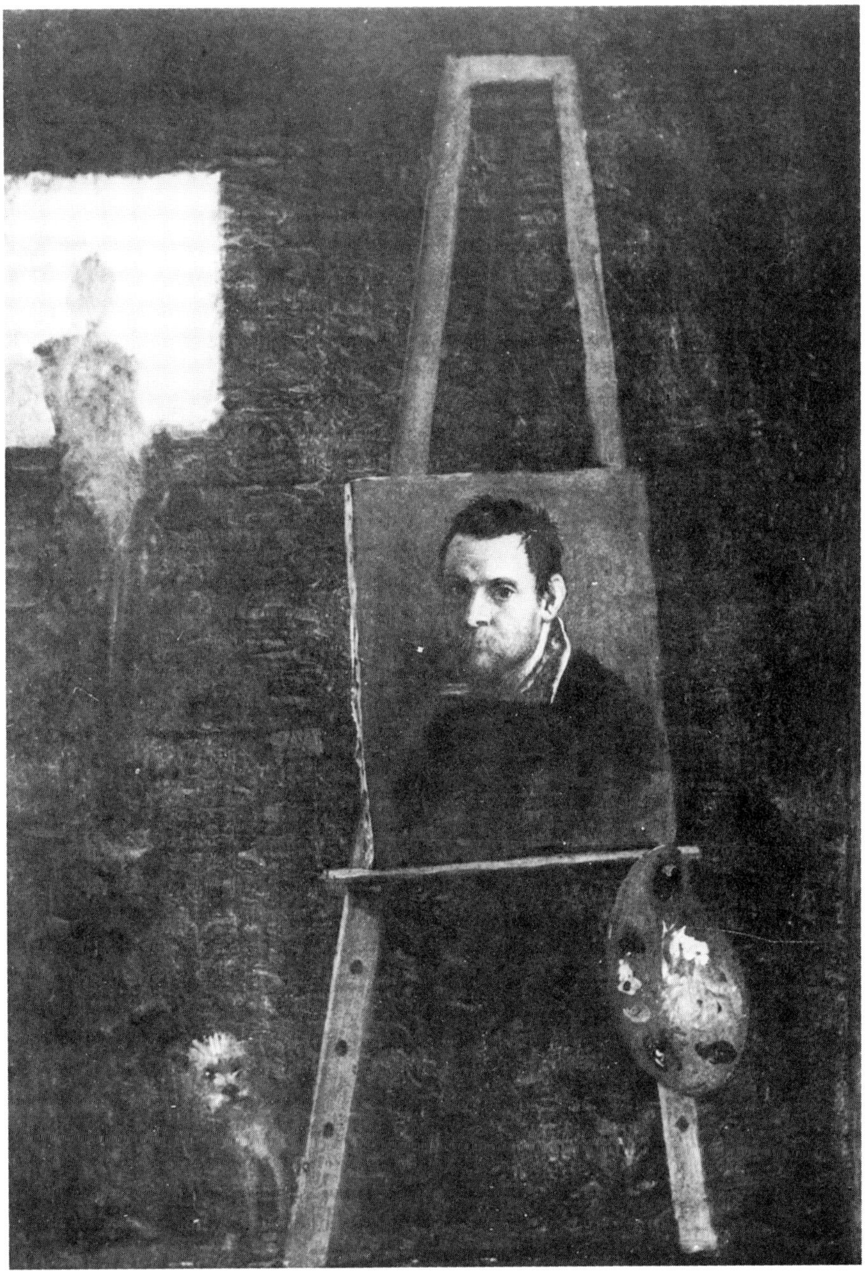

Abb. 11: Annibale Carracci: Selbstbildnis auf der Staffelei. Um 1604. Leningrad, Eremitage

Der Experimentalcharakter dieser zuletzt genannten Bilder wird deutlich durch die freie, eher skizzenhafte Malweise. Damit behalten sie einen stärker privaten Charakter; sie lassen uns Einblick in den Prozeß des künstlerischen Machens nehmen, haben nicht die Distanz eines vollendeten Bildes, das die Malspuren in der Ausarbeitung glättet. Der Künstler kann uns Einblick auch in das Handwerkliche gewähren, da es – verstanden als das individuell Handschriftliche – gerade seine Originalität offenbart.

Die meisten Experimente der CARRACCI jedoch finden im Medium der Zeichnung statt. Besonders hier werden Bereiche des Niederen, Alltäglichen „hoffähig". So zeichnen sie einen Lehrling an der Staffelei von hinten, häusliche Szenen mit einer Frau mit Kindern, die vorm Feuer Wäsche trocknet, oder eine Küchenszene, bei der alles Mögliche passiert, nur nichts, was der Darstellung eine durchgehende Handlung gäbe. Zahlreich sind die Zeichnungen nach einem besonders häßlichen Alten, der irgendeine Aufgabe im Atelier hatte; sein Aussehen ließ ihn zu einem beliebten Modell werden. Zeichnungen nach seinem Kopf, die in der Literatur als „Karikaturen" bezeichnet werden, sind vielmehr Physiognomiestudien; sie halten nur den sichtbaren Bestand fest.

Interessanter noch sind „Rätselzeichnungen", Bilderrätsel, die das 17. Jahrhundert als aus dem Atelier der CARRACCI stammend überliefert hat *(Abb. 12)*. Sie beschränken sich auf zwei Grundelemente des Zeichnens: den

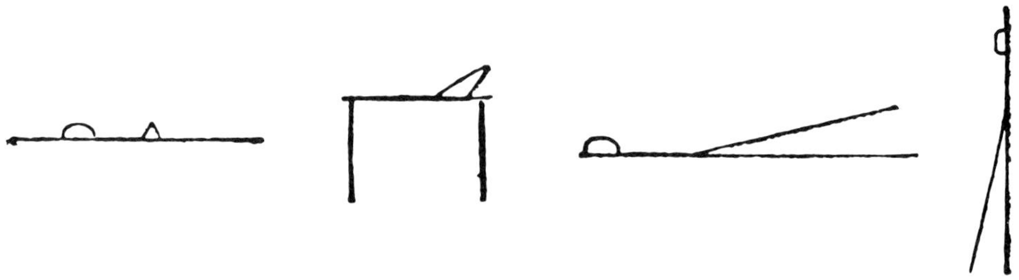

Abb. 12: Nach Annibale Carracci: Bilderrätsel (sog. Drudel) (Aus: Carlo Cesare Malvasia: Felsina Pittrice. Vite de pittori bolognesi, Bd. 1, Bologna 1678, S. 468)

geraden Strich und den Bogen. Wenige dieser abstrakten Elemente werden kombiniert, etwa zwei gerade Striche, ein halbkreisförmiger Bogen. Einem solchen Gebilde aus Grundformen mißt der Zeichner einen bestimmten Sinn bei, der auf eine entfernte, wie man sagen könnte, „physiognomische" Ähnlichkeit zwischen Zeichen und Bezeichnetem spekuliert. Eine waagerechte Linie, von deren Enden zwei kürzere senkrechte Linien nach unten führen und auf der, leicht aus der Mitte verschoben, ein schräggestelltes Dreieck aufsitzt, soll einen hinter seiner Kanzel eingeschlafenen Popen zeigen. Ein wiederum waagerechter Strich, auf dem am einen Ende ein kleiner Halbkreis aufsitzt und von dessen annähernder Mitte sich ein weiterer, kürzerer Strich in einem Winkel von annähernd 20 Grad erhebt, soll einen Arbeiter vorstellen, der mit einem Brett auf der Schulter hinter einer hohen Mauer entlangspaziert. Dasselbe Gebilde aber, um 90 Grad gedreht, kann etwas ganz anderes verkörpern. Man kann den Sinn der Gebilde kaum erraten; wird er dem Betrachter jedoch genannt, so versucht er seine Vorstellung der Sache auf das Formgebilde zu übertragen, mit diesem zur Deckung zu bringen. Gelingt dies, und zwar in Form eines Aha-Effektes, so löst dies Vergnügen aus. Diese Projektionsleistung setzt ein abstraktes physiognomisches Sehvermögen voraus, das erst auf einer sehr entwickelten Stufe künstlerischer Erfahrung möglich ist – auf beiden Seiten, auf seiten des entwerfenden Künstlers und auf seiten des mitspielenden Betrachters.

Karikatur und Hochkunst

Im Gegensatz zur Rätselzeichnung setzt die Karikatur auf das unmittelbare Erkennen des Gemeinten, jede Verzögerung in dieser Hinsicht zerstört den Effekt. Die Ähnlichkeit mit dem Gemeinten muß schlagend sein. Die Prinzipien der Karikatur sind Übertreibung und Reduktion. Wenige charakteristische Merkmale werden übertrieben, auf Kosten physiognomischer Details. Dabei, und das macht das Faszinierende einer guten Porträtkarikatur aus, versucht der Zeichner so weit wie möglich von der natürlichen Erscheinung des Karikierten abzuweichen. Er testet die Grenzen der Möglichkeiten der Verzerrung. Dabei sammelt er Erfahrungen von den physiognomischen Gesetzmäßigkeiten der Formen, die er durchaus auch nutzbringend in seiner ernsten Kunst zur Anwendung bringen kann. Das haben die Theoretiker früh gesehen und bis zu WINCKELMANN in der Mitte des 18. Jahrhunderts beständig wiederholt.

Schon die erste überlieferte theoretische Behandlung der Karikatur vom Beginn des 17. Jahrhunderts, die nicht nur auf die CARRACCI gemünzt ist, sondern offenbar deren eigene Überlegungen aus unmittelbarer Vertrautheit wiedergibt, versucht die Karikatur in das System einer „Idea della bellezza", einer Idee von der Schönheit, einzugliedern.

Der Autor läßt Annibale CARRACCI sagen, „daß ein guter Maler eine Porträtkarikatur dann gut macht, wenn er Raffael und den anderen Meistern nacheifert, die, nicht zufrieden mit der natürlichen Schönheit, die Schönheiten aus verschiedenen Modellen oder den vollkommensten Statuen zusammenfassen, um ein vollendetes Werk zu schaffen. Denn das Anfertigen von Karikaturen ist nichts anderes, als die Absicht der Natur wohl zu verstehen, als sie diese dicke Nase oder jenen breiten Mund schuf, um in der Figur eine schöne Deformation zu erzielen. Aber da die Natur bei der Veränderung der Nase oder des Mundes oder eines anderen Teils nicht bis zu dem Punkt gekommen ist, den die Schönheit der Entstellung verlangen würde, hilft ihr der fähige Künstler nach, indem er die Veränderungen deutlicher hervorhebt, und den Betrachtern von Porträtkarikaturen auf diese Weise vor Augen führt, was der vollendeten Entstellung zusteht."[9]

WINCKELMANN faßt 1756 in einem Satz zusammen, was hiermit gemeint ist: er halte es für „einen Vorzug bei den Künstlern des Altertums [...], daß sie über die Grenzen der gemeinen Natur gegangen und: tun unsere Meister in Karikaturen nicht eben dieses?"[10]

Idealisierung und Karikierung sind also zwei Seiten derselben Medaille; die Karikatur erweist sich als das dialektische Gegenstück zur Hochkunst. Das Idealkonzept der Kunst wird also durch die Karikatur nicht in Frage gestellt, sondern ganz im Gegenteil bestätigt. Der karikierende Künstler verfährt wie der idealisierende Künstler, beide gehen von der Natur und der Erfahrung aus, entwerfen aber nach einer ihnen innewohnenden Idee mit Hilfe autonomer Kunstmittel deren Idealbild oder Zerrbild; beide gehen über bloße Naturnachahmung hinaus. Karikatur und Idealbild sind also Produkte autonomer Kunstausübung. Die wissenschaftliche Richtigkeit ist nur noch die Grundlage einer nach derartigen Prinzipien verfahrenden Kunst, nicht mehr ihr Ziel.

Gianlorenzo Berninis Karikaturen

Betrachten wir die Karikatur nur eines Künstlers: Gianlorenzo BERNINIS, der wie die meisten Künstler des 17. und der 1. Hälfte des 18. Jahrhunderts, die Karikaturen zeichneten, zu den wichtigsten und offiziellsten Hofkünstlern der Zeit gehörte. Er, der Roms Aussehen wie kaum ein anderer als Architekt, Bildhauer und Maler geprägt hat, scheint über einen langen Zeitraum seines Lebens Karikaturen gezeichnet zu haben. Von seinem ersten wichtigen Gönner und Auftraggeber, dem Kardinal Scipione BORGHESE, existieren BERNINIS marmorne Porträtbüste von 1632 und zugleich eine Porträtkarikatur *(Abb. 13 und 14)*. Der Vergleich lehrt, daß BERNINI in der Tat die charakteristischen Züge dieses feisten, aber sehr lebhaften Kardinals hervorgehoben und übertrieben hat. Zudem zeigt dieses Beispiel gut, daß die Reduktion der Karikaturzeichnung auf wenige Linienzeichen einen bewußten Kunstverzicht insofern impliziert, als die individuelle Handschrift des Künstlers weitgehend getilgt ist. Von daher sind Karikaturen häufig sehr schwer zu datieren und bei Künstlern, welche die Reduktion bis zu einem Extrem treiben wie BERNINI, auch nicht einfach als Originale zu bestimmen. Sie können sich gelegentlich dem Abstraktionsgrad der Rätselzeichnung nähern. BERNINIS Kardinal besteht in der Karikatur nur noch aus wenigen Flächenzeichen, wobei diese Flächenzeichen allerdings höchst kunstvoll komponiert sind, mit Korrespondenzen und Entgegensetzungen arbeiten, die auch als Flächenornament wahrgenommen werden können. Die Autonomie der Zeichnung wird vorgeführt, ohne daß die einzelne Linie ihre Funktion, den Gegenstand zu bezeichnen, aufgibt. Insofern ist die Karikatur eine Demonstration der Künstlichkeit der Kunst.

Wir wollen hier nicht auf das überraschende Phänomen eingehen, daß die Karikatur besonders von bedeutenden Künstlern des päpstlichen Hofes gepflegt wurde, daß die Päpste selbst ganz offensichtlich größtes Vergnügen an der Karikatur hatten, sondern uns damit begnügen festzustellen, daß ganz allgemein die Karikatur bei Hofe ihren Platz hatte, wie das Spiel des Hofnarren.

Es lohnt sich, die Einführung der Karikatur am Hofe LUDWIGS XIV. etwas ausführlicher zu analysieren. Dabei wird deutlich werden, daß sich die Karikatur nur der sich seines sozialen Status gewisse Künstler leisten kann, ein Künstler, der „hauptberuflich" idealistischer Hochkünstler und als solcher auch absolut anerkannt ist; er muß mit den hohen Herren wie von gleich zu gleich verkehren. Zum anderen wird noch einmal belegt, daß die Karikatur für den Künstler Demonstrationsobjekt nicht nur für den hohen Rang der Kunst selbst ist, sondern eben auch für deren Kunstcharakter.

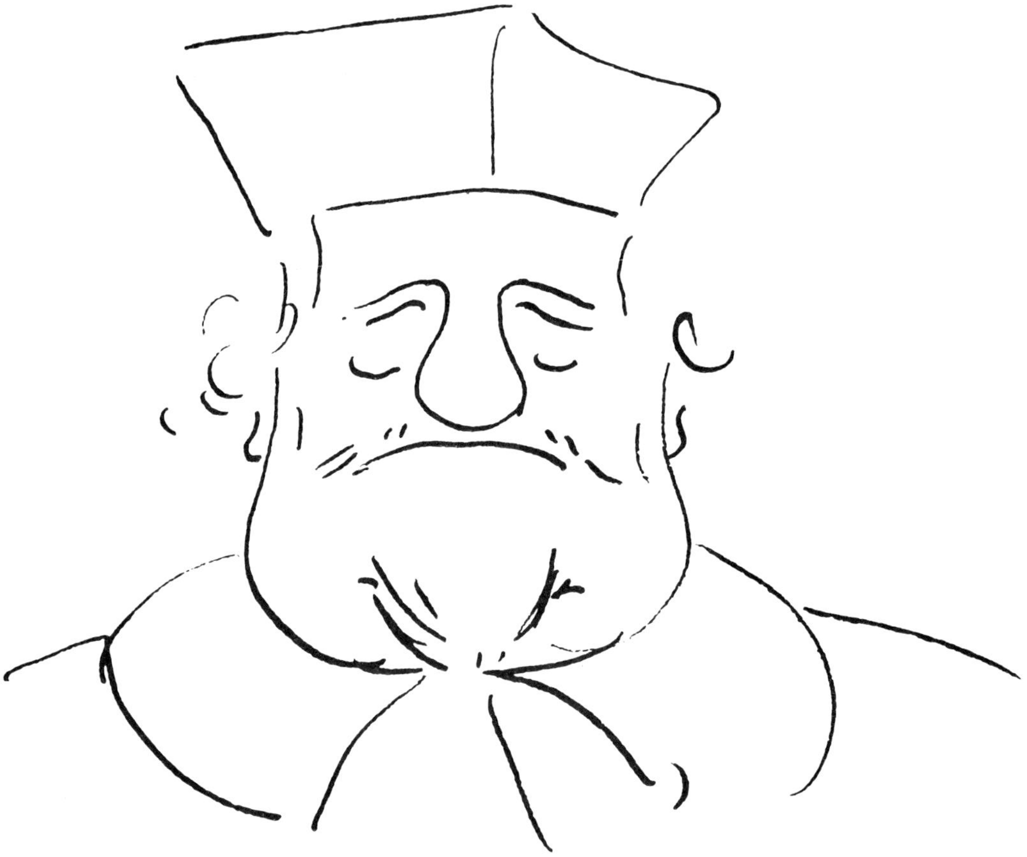

Abb. 13: Gianlorenzo Bernini: Karikatur des Kardinals Scipione Borghese. Mitte des 17. Jahrhunderts. Rom, Vatikanische Bibliothek, Cod. Aug. P. VI 4, f. 15 recto

In der offiziellen Büste des Scipione Borghese (Abb. 14) ist, für eine Plastik ungewöhnlich, für BERNINI aber bezeichnend, ein transitorischer Moment eingefangen: Der Kardinal scheint zu sprechen, er ist höchst aufmerksam, hat die Augenbrauen gehoben, den Blick direkt zielgerichtet. Der Kardinal in all seiner Feistheit scheint ein energischer, aber nicht unsensibler Mann zu sein. Die Karikatur dagegen schreibt die zentralen Merkmale dieser Physiognomie übertreibend fest: der Kopf ist in der Kinnpartie breiter als in der Stirnpartie, der Spitzbart sitzt wie ein Abzeichen am Kinn, der Mund, durch den Schnauzbart verbreitert und zum Teil verdeckt, wird zum breiten Strich, auch die Augen unter den dicken Lidwulsten werden auf bloße Striche reduziert; geradezu genial erkannt ist die in eins verlaufende Brauen- und Nasenpartie.

Hat man die Karikatur einmal gesehen, dann kann man nicht mehr umhin, dieses Substrat aus minimalsten Linienzeichen auch auf die Büste zu projizieren; man kann diese nur noch auf dem Hintergrund der Karikatur sehen. Mit Schwung wächst sich die Nase aus den Brauen in rundem Bogen zur Knolle aus – die kann der Kardinal nicht wieder loswerden. Die Karikatur bezeichnet, charakterisiert die Figur ein für allemal. Es ist zudem auf den besonderen Kunstcharakter von BERNINIS Karikatur abzuheben: Die Reduktion der Formen ist absolut, die Zeichnung ist bewußt kunstlos angelegt und damit schon wieder höchst kunstvoll. BERNINI spielt mit wenigen kontrastierenden und korrespondierenden Grundformen, benachbarte Linien antworten aufeinander, der Spitzbart reagiert auf den Hemdkragen, der Kragenrand auf den Halswulst. Das führt dazu, daß wir das Formgebilde auf zweifache Art und Weise zugleich wahrnehmen: wir sehen die einzelne Linie einerseits als bestimmte Formen des Gesichts, bestimmte Züge bezeichnend, als Illusion stiftend, und andererseits als Teil eines autonomen Ornaments. Wir sehen die reale Figur als Flächenmuster. Die Karikatur ist hier eine Reflexion über das Wesen der autonomen Kunst.

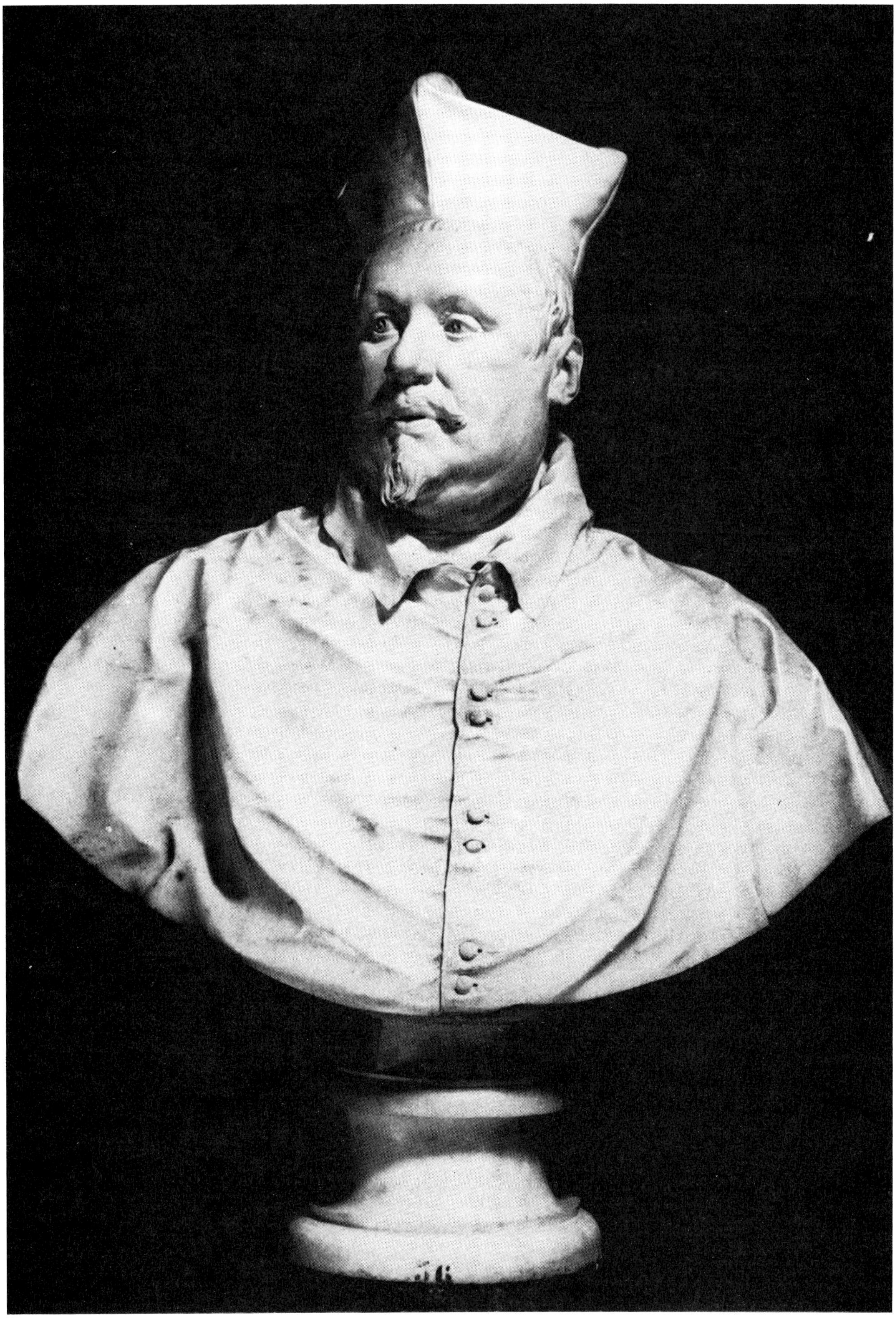

Abb. 14: Gianlorenzo Bernini: Büste des Kardinals Scipione Borghese. 1632. Rom, Galleria Borghese

Wir lassen den Herrn von Chantelou aus seinem Tagebuch berichten. Herr von Chantelou war BERNINI, als LUDWIG XIV. ihn unter höchsten Ehrbezeigungen nach Frankreich kommen ließ, als Reisebegleiter und höfische Bezugsperson beigesellt worden. In seinem Tagebuch schildert er sehr ins einzelne gehend die Gespräche, die BERNINI, der König und die Hofgesellschaft bei den täglichen Porträtsitzungen führten, bei denen BERNINI die Büste des Königs fertigte:

„Gegen Mittag kam der Herr Marschall von Villeroy, um die Büste anzusehen. Er war der Vorbote des Königs, der einen Augenblick später mit großem Gefolge eintraf. Der Cavaliere [Bernini] fing damit an, die Nase zu formen, die bis dahin nur skizziert war. Als Herr von Créqui dazwischentrat und dem König etwas ins Ohr flüsterte, tadelte der Cavaliere in scherzhaftem Ton: ‚Die hohen Herren haben den König den ganzen Tag nach ihrem Belieben und wollen ihn mir nicht einmal ein halbe Stunde lassen! Ich bin in Versuchung, von einem der Herren eine Karikatur zu machen.' Niemand verstand, was damit gemeint war, und ich erlaubte mir, den König aufzuklären, Karikaturen seien Porträts, deren Ähnlichkeit im Häßlichen und Lächerlichen bestehe. Der Abbé Butti stimmte eifrig ein, der Cavaliere sei ein Meister in derartigen Porträts. Seine Majestät müsse einige sehen."[11] Zu einer wenig später stattfindenden Sitzung – BERNINI arbeitete immer noch an der Nase – heißt es: „Der König hatte keine Lust, die Sitzung wieder aufzunehmen, hielt sich eine Weile vor dem Relief des Herrn Paolo auf, und als dann auf Karikaturen die Rede kam, erzählte der Cavaliere, er hätte den Abbé Butti karikiert. Wir suchten das Blatt, um es Seiner Majestät zu zeigen. Als es sich aber durchaus nicht finden lassen wollte, nahm der Cavaliere Stift und Papier zur Hand und warf vor den Augen Seiner Majestät in drei flotten Strichen eine neue Karikatur hin, welche die ganze Gesellschaft höchlich belustigte, den König selbst, Monsieur, das Gefolge im Saal und am allermeisten die Zaungäste an der Tür." (S. 189, 10. Sept. 1665)

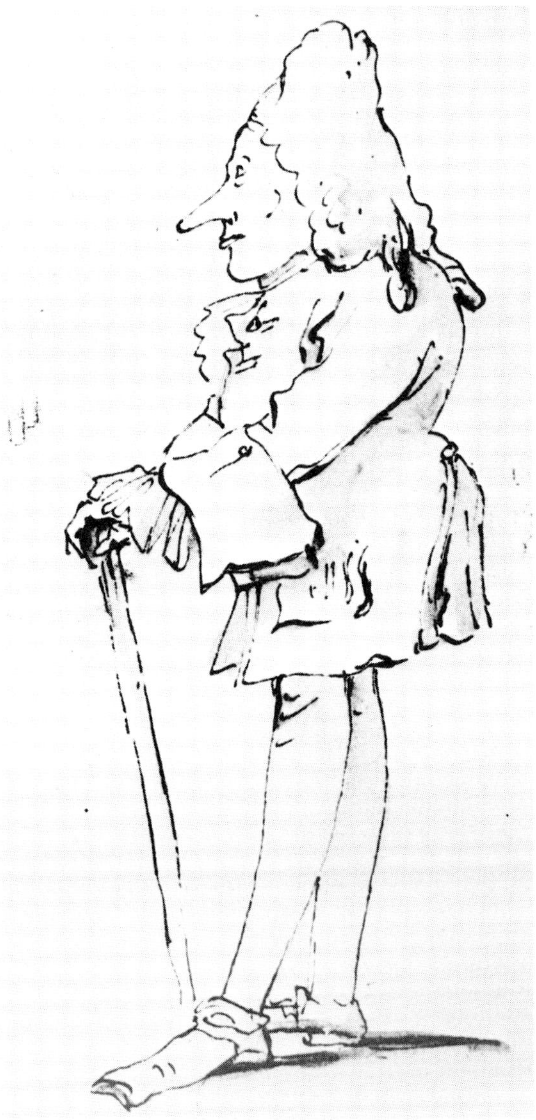

Abb. 15: Giovanni Battista Tiepolo: Karikatur. Federzeichnung. Mitte des 18. Jahrhunderts. Triest, Museo Civico

Mag es sich so abgespielt haben oder nicht, auffällig ist, daß BERNINI beide Male mit der Nase des Königs beschäftigt ist; das eine Mal fragt der König gar, ob seine Nase wirklich so schief sei wie von BERNINI auf der Büste angegeben. Das Beispiel der königlichen Nase zeigt, daß Idealisierung und Karikierung auch sehr nahe beieinander liegen können. Als Ludwig XIV., leicht irritiert, nach der Schiefheit seiner Nase fragt, wird ihm angedeutet, sie sei zwar schief, aber BERNINI werde noch ein wenig auf der einen Seite abnehmen – würde er ein wenig mehr geben, so hätten wir eine Karikatur. Die Karikatur des Abbé BUTTI zeichnet BERNINI in einem Moment, frei aus dem Gedächtnis, in drei Strichen. Es ist die Tat des genialen Künstlers, der aus dem Nichts eine Welt erschafft. Man amüsiert sich gemeinschaftlich; daß aber die Zaungäste an der Tür besonders laut lachen, ist wohl nicht nur ihrem niederen Rang zuzuschreiben, sondern zeigt auf seiten CHANTELOUS wenigstens eine Ahnung davon, welche Macht Karikatur haben könnte, wenn sie die geschlossene Hofgesellschaft verließe und Öffentlichkeit gewänne.

Die CARRACCI sind offenbar die ersten, welche die physiognomischen, fast schon wahrnehmungspsychologischen Möglichkeiten autonomer Liniengebilde erkannt haben und spielerisch damit umgegangen sind. Rätselzeichnung und Karikatur zeugen davon. In ihrer Nachfolge wurde die Karikatur zu einer selbständigen Gattung von höchstem intellektuellen Anspruch, die zudem von einem ganz erstaunlichen Selbstbewußtsein in künstlerischer wie gesellschaftlicher Hinsicht zeugt. Denn der Künstler treibt als Karikaturist ein dialektisches Spiel mit den Prinzipien idealistischer Kunst, indem er sie scheinbar auf den Kopf stellt. Die Karikaturen geben sich kunstlos und verstärken das Häßliche des Naturvorbildes. Da sie dies theoretisch jedoch nach dem Verfahren der Hochkunst tun und vor deren Folie, erweisen sie die besondere

Souveränität des Künstlers. Die Karikatur ist auch insofern ein besonders schlagendes Beispiel für die Autonomie der Kunst, als sie Ähnlichkeit gerade nicht durch Naturnachahmung, sondern verblüffenderweise durch extreme Naturabweichung erreicht.

Gerade für die bedeutendsten Hochkünstler bis hin zu Giovanni Battista TIEPOLO, dem höfischsten und letzten barocken Großkünstler des 18. Jahrhunderts, ist die Karikatur bei aller Komik sehr ernstzunehmendes zeichnerisches Experimentierfeld zur Erprobung der Möglichkeiten der Kunst überhaupt *(Abb. 15)*. Es ließe sich der Nachweis erbringen, daß die Erfahrungen, die TIEPOLO aus dem Zeichnen von Hunderten von Karikaturen gewann, in seine offizielle Kunst miteingeflossen sind, daß die Karikatur in der Tat so etwas wie der Gradmesser künstlerischer Intelligenz sein kann, daß sie die ästhetische Funktion der Kunst, ihren Kunstcharakter am ehesten verkörpert.

Der Autonomiebegriff um 1800 – das neue Verhältnis von Kunst und Gesellschaft

Der Begriff „Autonomie" selbst wird erst um 1800 auf die Kunst angewendet. Er reflektiert ein neues Verhältnis von Kunst und Gesellschaft. Wenn der Künstler sich um 1500 aus den Bindungen der Zunft löste – um seine vermeintliche Freiheit zumeist mit der einen oder anderen Form höfischer Indienstnahme zu bezahlen –, so versuchte er um 1800, die höfischen Fesseln abzuwerfen, um einem Ideal bürgerlicher Freiheit zu leben, das er wiederum nur allzu schnell als in der Realität uneinlösbar erfahren mußte.

Kunst und Philosophie

Asmus Jakob CARSTENS *(Abb. 16)* schrieb im Jahre 1796 aus Rom, wo er mit einem Stipendium des preußischen Königs weilte, an den Staatsminister VON HEINITZ, der ihn aufgefordert hatte, in seine Professur an der königlichen Akademie in Berlin zurückzukehren, einen höchst ungewöhnlichen Brief, aus dem wir die folgenden Passagen zitieren wollen:

„Ich habe die von Seiner Königl. Majestät zu meiner Ausbildung mir geschenkte Pension nützlich und gewissenhaft angewendet und Euer Exzellenz, als Staatshaushalter, sind dieserhalb außer Verantwortung. Was mir Seine Majestät geschenkt haben, gleichviel aus welchem Beutel, kann mir keiner wieder abfordern; und was haben meine Kunstwerke damit zu schaffen, die, nachdem die Akademie die Vorteile der Ausstellung davon eingezogen, in Beschlag genommen werden? [...] Da von gegenseitigen Verbindlichkeiten die Rede ist, so dienet darauf zur Antwort, daß ich gegen die Akademie nie Verbindlichkeiten gehabt habe. Ich habe für eine mittelmäßige Besoldung, unabhängig vom Direktorium, guten Unterricht erteilt. Ich bin nicht einmal Mitglied. Wenn ich Verbindlichkeiten habe, so sind diese gegen Euer Exzellenz. Aber ich habe oben schon gezeigt, weil ich aus Gerechtigkeit gegen mich selbst dazu genötigt werde, wie sich diese gegenseitige Verbindlichkeit aufhebt."[12] Er hält der Akademie im folgenden vor, daß sie „kein Recht an meinen Arbeiten hat, also dieselben auch weder in Beschlag nehmen, noch verauktionieren kann. Ich will nicht, daß sie unter diesem billigen Preis verkauft werden, und sollte dieses dennoch geschehen, so werde ich mich öffentlich darüber, als über eine Ungerechtigkeit eines öffentlichen Kollegiums gegen einen Privatmann, beschweren. – Übrigens muß ich Euer Exzellenz sagen, daß ich nicht der Berliner Akademie, sondern der Menschheit angehöre; und nie ist es mir in den Sinn gekommen, auch habe ich nie versprochen, mich für eine Pension, die man mir auf einige Jahre zur Ausbildung meines Talents schenkte, auf Zeitlebens zum Leibeigenen einer Akademie zu verdingen. Ich kann mich nur hier, unter den besten Kunstwerken, die in der Welt sind, ausbilden, und werde nach meinen Kräften fortfahren, mich mit meinen Arbeiten vor der Welt zu rechtfertigen. Lasse ich doch alle dortigen Vorteile fahren, und ziehe ihnen die Armut, eine ungewisse Zukunft, und vielleicht ein kränkliches, hülfloses Alter, bei meinem schon jetzt schwächlichen Körper vor, um meine Pflicht und meinen Beruf zur Kunst zu erfüllen. Mir sind meine Fähigkeiten von Gott anvertraut; ich muß darüber ein gewissenhafter Haushalter sein, damit, wenn es heißt: Tue Rechnung von deinem Haushalten! ich nicht sagen darf: Herr, ich habe das Pfund, so du mir anvertraut, in Berlin vergraben. – Da ich Euer Exzellenz stets als einen wahrheitsliebenden Mann gekannt und geschätzt habe, so habe ich auch keinen Anstand genommen, die Wahrheit freimütig zu schreiben, und ich werde sie auch im Notfall öffentlich bekennen, um mich vor der Welt ebenso zu rechtfertigen, als ich vor mir selbst gerechtfertigt bin." (S. 141 f.)

Ein deutlicheres Plädoyer für die gänzliche Autonomie des Künstlers, der sich nur sich selbst und der Menschheit gegenüber verpflichtet sieht, ist kaum denkbar.

Ebenso deutlich ist, daß diese Argumentation nur möglich war auf der Basis genauer Lektüre von KANTS 1790 erschienener *„Kritik der Urteilskraft"*. CARSTENS war durch seinen engen Freund FERNOW mit Kantschem

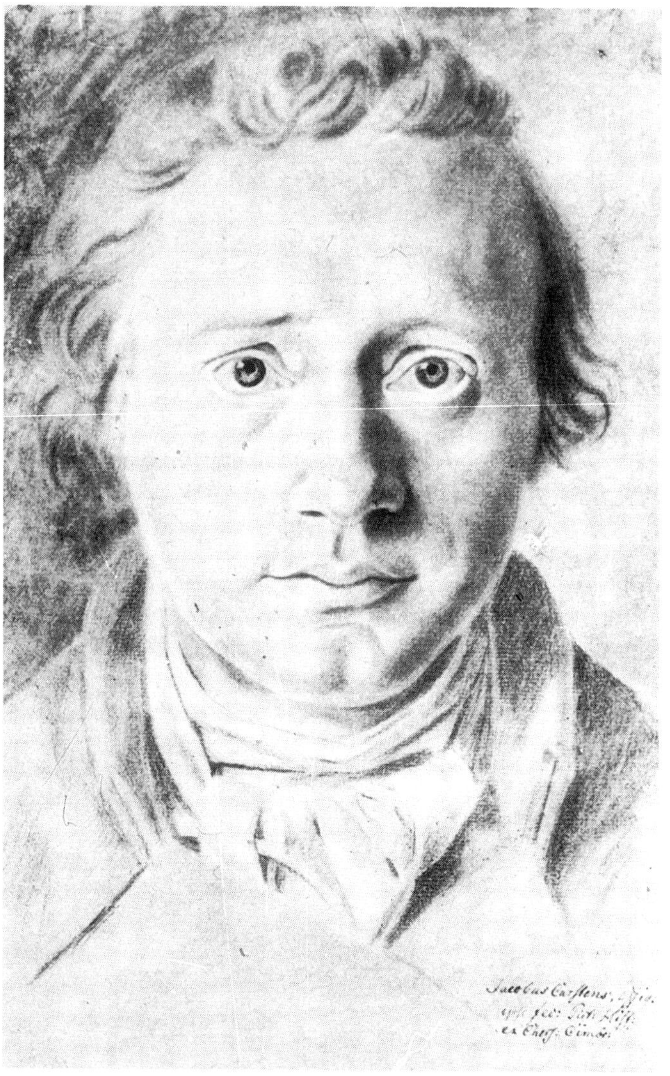

Abb. 16: Asmus Jakob Carstens: Selbstbildnis. Farbige Kreidezeichnung. Um 1785. Hamburg, Kunsthalle. Es scheint kein Zufall, daß gerade Carstens den Dürerschen „geheiligten" Typus des Frontalbildnisses wählt. Er zeugt von dem Absolutheitsanspruch des Künstlers

Gedankengut vertraut gemacht worden. FERNOW hielt im Winter 1794/95 in Rom für die deutschen Künstler „Vorlesungen über die Kunst nach Kantschen Prinzipien". Sein Ziel war es, die Künstler von der Notwendigkeit einer erneuten theoretischen Fundierung ihrer Kunst und ihres Selbstverständnisses zu überzeugen. Er propagierte ein idealistisches Konzept auf der Basis Kantschen Denkens, das die einseitige Verpflichtung der Kunst auf Naturnachahmung zurückweist:

> „In dem idealistischen Werke ist nichts der wirklichen Natur Nachgeahmtes, oder in dem Karakter derselben Gebildetes vorhanden, sondern es ist durch die Kunst ganz und von Grund aus neu organisirt."[13]

Die Kunst, nicht die Natur, gibt das Gesetz der Gestaltung. KANT rechtfertigt zweck- und sinnfreie Gebilde ausdrücklich:

> „Freie Zeichnungen, ohne Absicht ineinandergeschlungene Züge [...] bedeuten nichts, hängen von keinem bestimmten Begriffe ab und gefallen doch."[14]

Doch nach KANT ist auch der Geschmack des Betrachters, das Betrachterurteil, autonom:

> „Der Geschmack macht auf Autonomie Anspruch. Fremde Urteile zum Bestimmungsgrunde des seinigen zu machen, wäre Heteronomie" (§ 32, S. 195).

Vor KANT hatte die Autonomie von Kunst und Kunsturteil der auch CARSTENS aus Berlin gut bekannte Karl Philipp MORITZ wie folgt formuliert:

> „Das Schöne will eben sowohl bloß um sein selbst willen betrachtet und empfunden, als hervorgebracht seyn."[15]

Hier zeichnet sich ein entscheidendes Dilemma ab. Wenn der Künstler, die Kunst, die Kunstmittel und die Kunstformen autonom sind, aber auch der Betrachter Anspruch auf ein autonomes Urteil über Kunst erhebt, wie soll dann noch die Kommunikation zwischen Kunstwerk und Rezipienten vonstatten gehen, wie soll sich das Publikum beim Fehlen einer gemeinsamen objektiven Basis über Kunst verständigen? Die Kunst, theoretisch nun für alle da, scheint sich gleich wieder zu verflüchtigen. Der Bezugspunkt der Kunst, so hatte CARSTENS es formuliert, ist nicht die existierende Gesellschaft, sondern die Menschheit, das ideale Abstrakt der Gesellschaft. In diesem Punkt folgt CARSTENS der von SCHILLER 1794 entwickelten Vorstellung von der ästhetischen Erziehung des Menschengeschlechts. Bei SCHILLER handelt es sich um eine Art ethischer Rechtfertigung des Künstlers und seiner Tätigkeit. Nachdem er die politische Lösung der gesellschaftlichen Probleme in der Französischen Revolution als gescheitert, die angestrebte Gleichheit als nicht erreicht ansehen mußte, setzte er seine Hoffnung auf die Kunst. Sie sollte die Utopie einer idealen, unentfremdeten, von natürlicher Gleichheit getragenen Gesellschaft entwerfen. Er hoffte, daß angesichts dieser Kunstutopien die bestehende Gesellschaft gebessert werden könnte. Die Autonomie des Künstlers und der Kunst erfährt hier eine besondere Wendung. Der Künstler ist autonom insofern, als er als einziger, gleichsam als Seher, einer Ahnung vom zukünftigen Aussehen der Welt in Kunstbildern Ausdruck geben kann. Die Kunst ist autonom insofern, als sie zweckfrei ist, keinem gegenwärtigen Interesse dient:

> „Jedes Kunstwerk, jedes Werk der Schönheit ist ein Ganzes, und so lange es den Künstler beschäftigt, ist es sein eigener einziger Zweck."[16]

Es haftet dieser Utopie etwas Verzweifeltes an. Sie scheint nur aus der besonderen historischen Situation zu erklären zu sein; denn auch SCHILLER mußte klar sein, daß die Kunst in Wirklichkeit die ihr zugedachte Funktion nicht erfüllen konnte, daß sie den ihr in der Theorie zugewiesenen Stellenwert in der Praxis auch nicht annähernd beanspruchen konnte. Dennoch hat diese Utopie etwas Faszinierendes an sich, da sie im Bewußtsein ihrer Unmöglichkeit aufrechterhalten wird. Doch gilt es auch festzustellen: Obwohl diese Utopie sich einer bestimmten historischen Situation verdankt, bleibt sie letztlich unpolitisch. Im offiziellen bürgerlichen Kunstbetrieb der Folgezeit verkommt dieses Konzept; aus dem Vorschein eines zukünftigen politischen Idealzustandes in der Kunst wird Kunst als schöner Schein zur Verdeckung der gegenwärtigen politischen Realität. Mit MORITZ, KANT oder SCHILLER, in den 1790er Jahren, ist ein Punkt erreicht, an dem man zum ersten Mal die volle Tragweite eines Konzeptes von der Autonomie der Kunst, des Künstlers und des Kunstbetrachters begreift. Für die Kunst zeichnet sich der Verlust ihrer Gegenstände ab, die Künstler laufen Gefahr, ihren Ort in der Gesellschaft zu verlieren, und der Kunstbetrachter droht vor der Kunst sprachlos zu werden. Es ist damit die Situation der Moderne beschrieben, in der die Kunst abstrakt, der Künstler Außenseiter wird und für den Betrachter jede Gewißheit über das Wesen der Kunst schwindet.

Der erfahrbare Sinn autonomer Formen

Das abschließende Beispiel mag zeigen, daß die Kunst in den 1790er Jahren durchaus auch in der Lage war, den freigesetzten, als autonom erkannten Formen zu neuer, niegekannter Kunstsprache, zu neuen Inhalten zu verhelfen. So wie zweihundert Jahre zuvor die Karikatur eine neue Kunstsprache schuf, die neue Inhalte zu vermitteln hatte, so gelang es vor allem dem Spanier GOYA jetzt in einem ähnlich dialektischen Verfahren durch Abweichung vom Naturvorbild und der tradierten Kunstnorm zu Gegenstandsbereichen vorzustoßen, die zuvor noch kaum im Bewußtsein gewesen waren. In seinen graphischen Serien, in Sonderheit den *„Caprichos"*, vermochte er die Dimension des Unbewußten anschaulich werden zu lassen, die Realität des Irrealen vorzuführen. Er fand Bilder für Traumängste, für Triebwünsche, für die Bewegungen des Innenlebens, und umgekehrt begriff er die realen Ereignisse des alltäglichen politisch-sozialen Lebens als aberwitzig, unglaublich, absurd und machte dies anschaulich. Wenn er sich, wie er in einer Ankündigung zu seinen *„Caprichos"* schrieb, genötigt sah, Formen und Gebärden vorzuführen, die bisher nur im menschlichen Geist existierten, und dies ganz folgerichtig unter bewußtem Verzicht auf Naturnachahmung tat, dann zeugt dies von der Einsicht in die Notwendigkeit einer neuen Bildersprache. Die neuen Formen und Gebärden sind, sosehr sie die Erscheinungswelt als Ausgangsmaterial nehmen und sosehr sie sich der Verfahren der Kunsttradition zur Darstellung der Erscheinungswelt bedienen, autonom insofern, als sie über die bloße Gegenstandsdarstellung hinaus selbst Ausdrucksträger sind. Sie sind dies als Flächenzeichen im Rahmen einer Flächenkomposition. GOYA geht dabei von wahrnehmungspsychologischen Grunderfahrungen aus: Formen korrespondieren miteinander, prallen aufeinander, sie streben auf oder fallen ab, sie verhaken sich, sie fliehen auseinander, sie lasten aufeinander, sie schweben frei im Raum. In der Organisation verschiedener derartiger Formen entsteht ein bestimmter emotionaler Eindruck: das Formgebilde kann uns ängstigen oder fröhlich machen, es löst psychische Reaktionen aus. Bei GOYA korrespondieren Formabsicht und Bildthema in extremem Maße. Die Form erst fördert die eigentliche psychische Dimension des dargestellten Gegenstandes zutage.

Überprüfen wir das Gesagte am Beispiel: *„Capricho 4"* stellt ein garstiges Kind dar *(Abb. 17)*. Der überlieferte Kommentar zu dem Blatt deutet die Darstellung moralisch aus: wenn man Kinder vernachlässigt, sie machen läßt, was sie wollen, dann werden sie launisch, unausstehlich, faul, unnütz, nie erwachsen: wie das gezeigte garstige Kind. Wie so oft bei GOYA gibt der Kommentar einen Praxisbezug, den die gegenständliche Erscheinung im Grunde genommen verweigert. Denn simple Moral, eine praktische Erziehungsanweisung ist von dem Gegenstand in seiner Erscheinung nicht abzuziehen, dafür ist die Darstellung viel zu beängstigend.

Was allerdings im einzelnen dargestellt ist, das ist schwer zu sagen. Im Vordergrund sehen wir das garstige, viel zu groß geratene Kind, das extrem, fast in einem 45-Grad-Winkel, zur linken Seite geneigt ist und dennoch nicht umzufallen scheint. Es hat die klobigen Arme hochgenommen, die Hände sind verkrampft ans Kinn gelegt, ein Finger ist in den verzerrten Mund gesteckt, das sehr große Gesicht mit den weitaufgerissenen, auf den Betrachter starrenden Augen wirkt alt, steht in seltsamem Kontrast zum Kinderkleid und zum vom Gürtel hängenden Spielzeug. Hinter dem Kind, von ihm halb verdeckt, erscheint eine andere, wohl erwachsene Figur, in Gegenrichtung geneigt; sie scheint an zwei über die Schulter gelegten Stricken etwas zu ziehen. Man könnte den

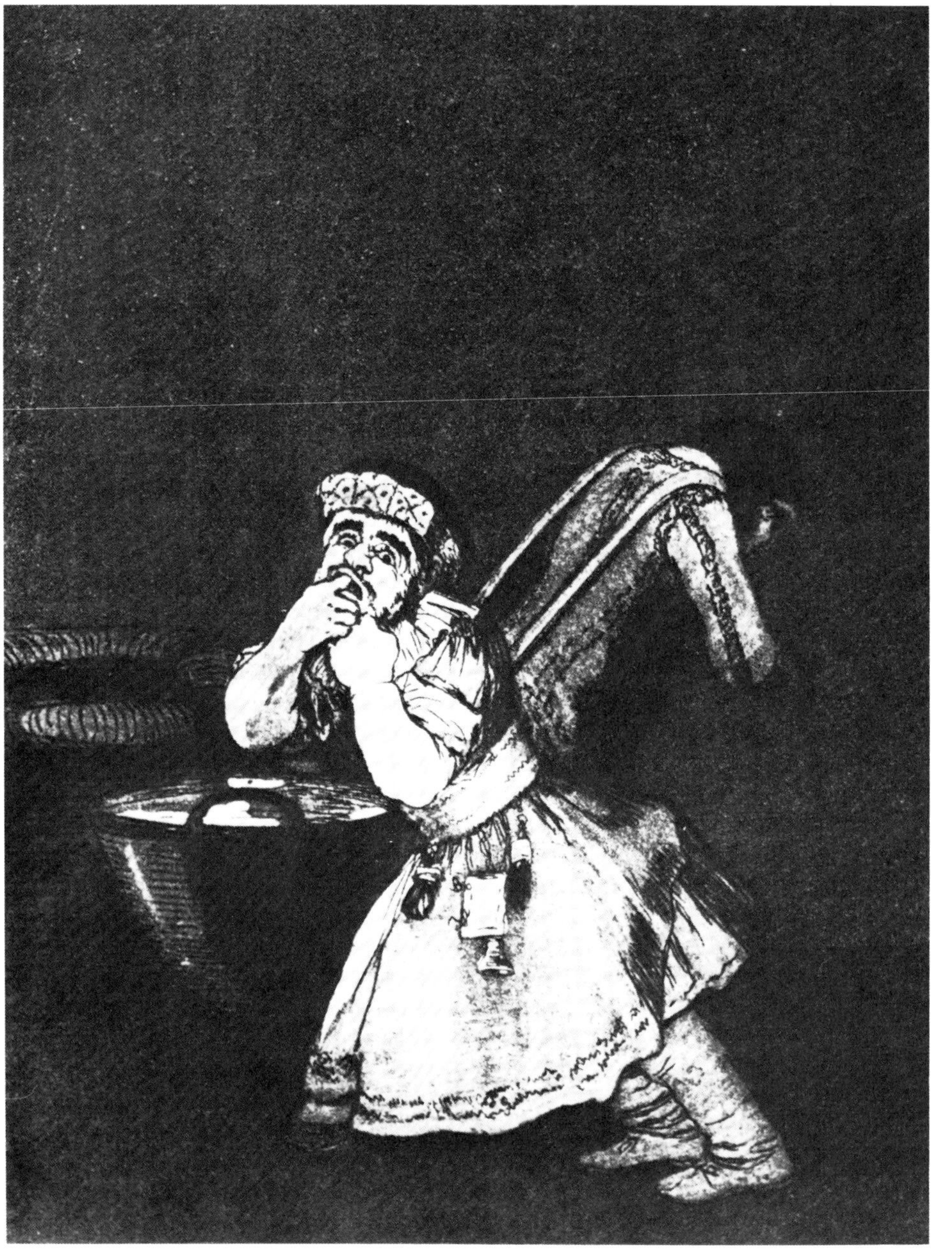

El de la rollona

Abb. 17: Francisco Goya: Capricho Nr. 4: El de la rollona (Der vom Kindermädchen). Radierung mit Aquatinta. 1799

Eindruck gewinnen – und offenbar ist auf das Erzielen dieses Eindrucks auch Wert gelegt –, daß diese Figur das Kind, das sich dagegen sträubt, zieht und so in der Schräglage hält. Doch das kann nicht sein – die zweite Figur ist räumlich um einiges hinter dem Kind zu denken. Sie scheint sich noch hinter einem überdimensionalen Breitopf zu befinden, auf den sich nun wieder das Kind mit seinem Ellenbogen zu stützen scheint, optisch so in seiner seltsamen Schräglage festgehalten. Aber auch das ist in Wirklichkeit unmöglich: der Topf befindet sich eindeutig hinter dem Kind. Optisch wird die Verankerung des Ganzen, die gewaltsamen Stillstand zu bewirken scheint, durch die in gleichem Winkel sich vollziehende Neigung der beiden Figuren erreicht. Der obere Rand des Topfes bildet dazu die Waagerechte. Der Schnittpunkt dieser drei Bewegungsrichtungen liegt genau im Ellenbogen des extrem hellen linken Armes des Kindes. Die Beleuchtung ist höchst sonderbar: Kopfschmuck, Gesicht und die beiden entblößten Unterarme des Kindes sowie der Rock der zweiten Person zeigen verschiedene Abstufungen von Grau, alles andere verschwindet im Dunkel. Dreiviertel des ganzen Blattes überzieht dieses Dunkel, das auf den Personen lastet und in deutlichem Gegensatz zu den wenigen Helligkeitswerten steht.

Das, was der englische Reproduktionsstich des 18. Jahrhunderts an graphisch-technischen Möglichkeiten erobert hatte, das wird hier am Ende des Jahrhunderts systematisch in seinen Ausdrucksqualitäten zur Anwendung gebracht. Die Dunkelpartien liefert die Aquatintatechnik, die Detailzeichnung besorgt die Radierung. Der beunruhigende Eindruck des Ganzen entsteht dadurch, daß die Beziehung der sichtbaren Gegenstände zueinander völlig unklar bleibt, andererseits diese Gegenstände formal sehr eng verzahnt sind. Doch reicht diese Beobachtung zur Erklärung des Eindruckes noch nicht aus. Entscheidend ist, daß wir durch die formale Verklammerung die Gegenstände in Beziehungen zu sehen vermeinen, die sie in Wirklichkeit nicht haben können. Es zeigen sich ständig Ableseschwierigkeiten. Wir machen Seherfahrungen, die sich sofort wieder als unmöglich erweisen. Wir lesen Dinge zusammen, die nicht zusammengehören; wir trennen anderes, das zu ein und demselben Körper gehört. Körper- und Raumerfahrungen sind außerordentlich verunsichert, wir finden uns nicht mehr zurecht. Und diese optisch erfahrene Verunsicherung projizieren wir unmittelbar auf den gezeigten Gegenstand. Also nicht mehr das garstige Kind als abschreckendes Beispiel für Erziehungsversäumnisse ist das eigentliche Thema, sondern die Ausdrucksqualität des gesamten Blattes; sie gilt es zu bestimmen. Sie ist so vorherrschend, daß ein traditionelles Thema – und sei es auf den ersten Blick auch dargestellt – dahinter verschwindet. Das hängt damit zusammen, daß die Kunst des Blattes, die autonome Wirkung der Kunstmittel unsere Wahrnehmung bestimmen und ein etwa vorgegebenes Thema verändern. Das transformierte Thema ließe sich hier etwa bestimmen als: „besinnungsloses Widerstreben". Erst diese Transformation des Konventionellen legt die Dimension des Psychischen frei. Nur so werden die von GOYA im Geiste gesehenen Formen und Gebärden auch anschaulich, wird die Realität des Irrealen sichtbar. Die einzelne Linie ist zugleich gegenstandsbezeichnend wie auch Ausdrucksträger im Rahmen autonomer Formgebilde, sie gewinnt Doppelfunktion.

Der Künstler als Handwerker, bei Hofe, als Außenseiter

Die Geschichte der Autonomie der Kunst bildet sicher keinen geradlinigen Entwicklungsprozeß; man wird aber sagen können, daß die Möglichkeiten autonomer Kunst schrittweise in der Ausformung der jeweiligen historischen Stufe zutage treten. Von einschneidender Bedeutung für diese Geschichte ist die grundsätzlich neue soziale Stellung des Künstlers um 1500 und um 1800: Aus dem Handwerkerkünstler wird der (nur theoretisch) freie Hofkünstler, aus dem Hofkünstler wird der Künstleraußenseiter der bürgerlichen Gesellschaft. Die Theoretisierung der Kunst bringt schrittweise ein Bewußtsein für die nur ihr eigenen medialen Möglichkeiten.

Die hier vorgeführte Geschichte ist auch eine Geschichte des Verständnisses der Zeichnung. Sie führt von der Interpretation der Zeichnung als unmittelbarem Ausdruck des künstlerischen Geistes bis zur Entdeckung der Ausdrucksqualitäten der autonomen gezeichneten Figuration, oder anders ausgedrückt: von der Aufwertung der Handzeichnung bis zur Entdeckung des Zeichencharakters der autonomen Zeichnung.

Der folgende Beitrag zeigt, welche Konsequenzen sich am Beginn des 20. Jahrhunderts ergaben, als man den Prozeß der Autonomsetzung der Kunst folgerichtig zu Ende dachte. Wenn es nur auf die Kunst an der Kunst ankam, verschwand jede Verbindlichkeit der Inhalte, es konnte jeder greifbare Kontakt der Kunst zur sozialen Wirklichkeit verlorengehen. Gänzliche Abstraktion als extremes Ziel des Autonomisierungsprozesses und Wiedereinsetzung des allerdings verfremdeten Gegenstandes unter bewußtem Kunstverzicht ereignen sich geradezu logischerweise gleichzeitig am Beginn des 20. Jahrhunderts.

9. Vom Tafelbild zur Objektkunst: Kritik der „reinen Malerei"

Herbert Molderings

Jeder Museumsbesucher ist heute daran gewöhnt, in einer Kunstausstellung nicht nur Gemälde und Skulpturen, sondern auch Maschinenteile, zusammengepreßte Autokarosserien, Schneebesen und Zementblöcke vorzufinden. Sie sind meist Bestandteile größerer Ensembles, in denen Dinge zusammengebracht worden sind, die in der Alltagswelt sonst nur getrennt vorkommen. Sucht man in den Titeln eine Erklärung für diese Konstrukte, wird die Erwartung meist enttäuscht: Die Benennungen sind nicht weniger verschlüsselt als die Objekte selbst.

Der sogenannte gesunde Menschenverstand hilft in dieser Lage nicht weiter. Die Gegenstände sind zu etwas anderem da als zum Gebrauch in Haushalt, Fabrik oder Werkstatt. Sie sind zu Rätseln geworden, zu Bildern, nicht mehr in gemalter oder in Stein gehauener Form, sondern im Material des täglichen Lebens.

Die Kunstwissenschaft hat für diese Erscheinung den Begriff „Objektkunst" geprägt. Das Wort bezeichnet grundlegende Veränderungen auf dem Gebiet der künstlerischen Arbeit. Um zu verstehen, welche gesellschaftlichen und ästhetischen Entwicklungen die „Objektkunst" hervorgebracht haben, müssen wir zu ihrem geschichtlichen Ursprung zurückkehren: also in die Jahre unmittelbar vor Ausbruch des Ersten Weltkrieges.

Zur Entwicklung der modernen Malerei in Paris um 1910

Wir gehen von den neuen geschichtlichen Voraussetzungen für die künstlerische Arbeit aus, die mit der Erfindung der Fotografie entstanden waren. Die Fotografie untergrub ein seit der Renaissance bestehendes Grundprinzip der Malerei: die vollendende Mimesis, die Nachahmung der Natur, die zugleich Verbesserung und Vollendung der Natur war, eine Darstellungsweise, in der die Welt nicht nur in ihren äußeren Erscheinungsformen abgebildet, sondern zugleich aufgezeigt wurde, welchen Sinn das Abgebildete im Ganzen der Natur und im menschlichen Leben hatte. Die Mechanik des Fotografierens spaltete das Abbilden von der Sinngebung. Sie reduzierte den ehemals komplizierten geistig-handwerklichen Vorgang, sich von der Welt „ein Bild zu machen", auf einen gedankenlosen Handgriff.

Gegen diese Entwicklung suchten die Künstler die Erkenntnisfunktion des Bildes zu bewahren, indem sie seine Struktur von Grund auf veränderten. Das geschah zu Anfang des 20. Jahrhunderts am entschiedensten in der Malerei des Kubismus, die wir als wichtige Vermittlungsstufe für den Übergang vom Tafelbild zur Objektkunst beschreiben können. Die Pioniere der kubistischen Malerei: Pablo PICASSO, Georges BRAQUE, Fernand LÉGER und Juan GRIS, machten deutlich, daß die Malerei ein Mittel anschauender Erkenntnis nur unter der Bedingung bleiben konnte, daß sie sich von der einfachen Nachahmung der Natur loslöste. Sie schufen mit ihren Gemälden nicht mehr Abbilder, sondern selbständige Bilder: „tableaux-objets", Bild-Gegenstände, zeichenhafte Konstrukte, die aus realen Objekten, gegenständlichen Andeutungen und verhältnismäßig autonomen malerischen Formen aufgebaut waren. Objekte, die nicht Kopien waren, sondern in der Welt der Dinge den gleichen Rang und Platz einnahmen wie die Naturdinge.

Kubismus

Die Realität malen, wie man sie kennt, sie nicht malen, wie man sie sieht – das bedeutete, eine zeitliche Dimension in das statische Medium des Tafelbildes einzuführen. Denn anders als das mechanische fotografische Abbild ist das subjektive Bild keine Momentaufnahme, sondern eine Durchdringung und Überlagerung von zahllosen Einzelbildern. Es ist eine Synthese aus Sehen und Wissen, unmittelbarer Anschauung und Erinnerung. Die Absicht, diesem subjektiven Bild gerecht zu werden, führte zur Zerstörung der Zentralperspektive, eines Darstellungsverfahrens, das an einen einzigen, starren Standpunkt gebunden ist.

Die Kubisten zeichneten in ihren Gemälden ein und denselben Gegenstand oft von mehreren Blickpunkten aus. Das ging zusammen mit einer Auflösung der geschlossenen Umrißlinie des Gegenstandes. Dargestellt wurde nicht mehr die gesamte äußere Erscheinung, wie sie sich auf der Netzhaut abbildet, sondern eine Abstraktion der wesentlichen Formen, die sich dem Gedächtnis einprägen.

Beide Verfahren, die Technik der beweglichen Perspektive und die Methode der Formenanalyse, erschweren das Wiedererkennen. Diese Gemälde erfordern eine Betrachtungsweise, bei der das Sehen nichts fertig Gegebenes ist, sondern ein aktiver, konstruierender Vorgang. Die einzelnen im Bilde wiedergegebenen Details, die wechselseitigen Ansichten, die gemalten und die als reale Materialien eingeklebten Bruchstücke der Realität sind vom Betrachter gleichsam erst zu einem Bild zusammenzusetzen. So entsteht vor einem kubistischen Gemälde das endgültige Bild der dargestellten Szene erst im Blick und im Bewußtsein des Betrachters. Die neue Malerei zielte auf die Realität der inneren Vorstellung, die sich nicht oder nur teilweise an die äußeren Ansichten der Dinge hält.

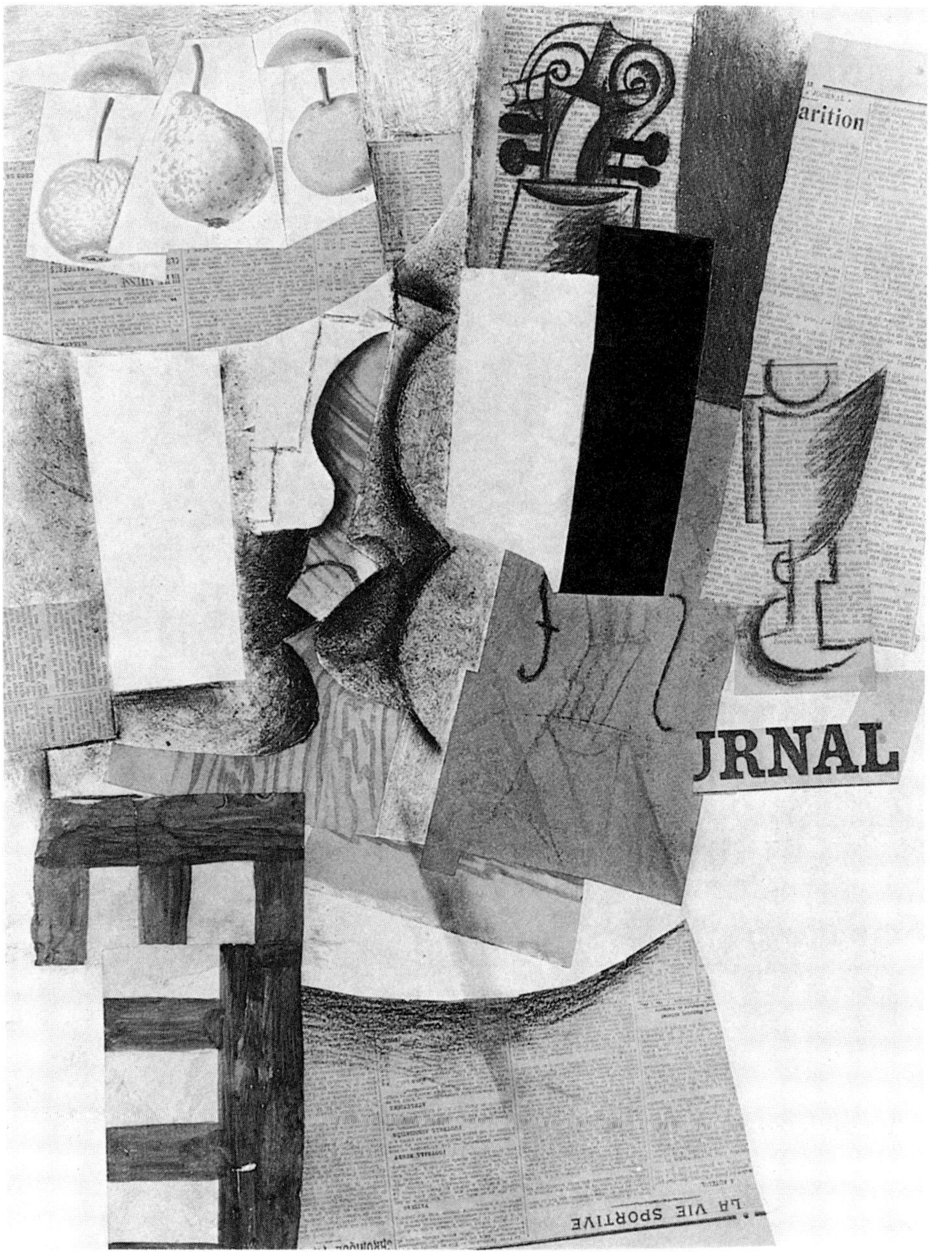

Abb. 1: Pablo Picasso: Stilleben mit Violine und Früchten. 1913. Collage und Kohle auf Papier. Philadelphia, Philadelphia Museum of Art (Sammlung A. E. Gallatin)

Der Kubismus hat zweifellos die radikalste Umwälzung auf dem Gebiet der Malerei in diesem Jahrhundert mit sich gebracht. Dennoch stellte er nicht alle Bereiche der künstlerischen Überlieferung in Frage: Das Darstellungsmittel selbst, das Tafelbild als traditionelles Ausdrucksmittel, blieb unangetastet.

Marcel DUCHAMP blieb es vorbehalten, die neuen ästhetischen Anschauungen zu ihren äußersten Schlußfolgerungen zu treiben: Wenn das Ziel der Kunst nicht mehr darin bestand, das Bedürfnis nach Illusion zu befriedigen, sondern darin, Bilder zu erfinden, um die Erkenntnis des Menschen zu erweitern, dann gab es keinen Grund, am Gemälde festzuhalten. Man konnte eine anschauende Erkenntnis auch auf direktem Wege, durch an den Dingen selbst vorgenommene Veränderungen, hervorrufen. Ein Grundsatz der Kubisten lautete: Jedes Bild muß als Objekt empfunden werden, als „tableau-objet". Jedes Objekt kann als Bild begriffen werden, kehrte DUCHAMP die eben erst gewonnene Erkenntnis um und machte sie zur Grundlage einer historischen Erneuerung der künstlerischen Ausdrucksmittel.

Futurismus

DUCHAMP war 1904 als Siebzehnjähriger in die Pariser Künstlerkolonie am Montmartre gekommen. Den Kubismus lernte er im Jahr 1911 kennen, im Kreise von Künstlern, die damit begannen, die kubistische Methode zu vulgarisieren. Albert GLEIZES und Jean METZINGER waren die Wortführer dieser Künstlergruppe. Jeden Sonntagnachmittag trafen sie sich mit LÉGER und LE FAUCONNIER im Atelier von Jacques VILLON, dem älteren Bruder von Marcel, um die geistigen Grundlagen der neuen Kunst zu diskutieren. Auch DELAUNAY, PICABIA und KUPKA sowie die Schriftsteller APOLLINAIRE, COCTEAU und Maurice RAYNAL kamen dazu.

DUCHAMP teilte die Auffassung der Kubisten vom Bild als Erfindung, als Konstruktion. Er übernahm ihre trockene, formanalytische Technik, um sie auf die Darstellung eines Ideenkomplexes anzuwenden, der allerdings eher dem Geist des Futurismus entsprach.

Der Futurismus war eine seit 1909 vor allem in Italien sich entwickelnde künstlerische Strömung, die ihre Themen und Ausdrucksformen in der Dynamik der Technik und der Erlebnisweise der modernen Großstadt suchte. Wie die Bilder des Futurismus haben DUCHAMPS Gemälde aus den Jahren 1911 und 1912 sämtlich die Idee der Bewegung zum Inhalt.

„An die Einführung einer Bewegung, der tatsächlichen Bewegung, in ein Kunstwerk, daran hatte noch niemand gedacht", so erläuterte DUCHAMP die Struktur seines berühmt gewordenen Aktgemäldes *„Nu descendant un escalier"* (Akt, eine Treppe hinabsteigend) *(Abb. 2)*. „Die Futuristen und ich planten es zur gleichen Zeit [...] es lag irgendwie in der Luft wegen der Erfindung des Films, des Kinos [...] besonders fesselte mich die Idee, die Bewegung einer die Treppe hinabsteigenden Aktfigur darzustellen und weiterhin an den statischen Bildmitteln festzuhalten."[1]

DUCHAMP veranschaulicht den Bewegungsablauf des Treppensteigens als Einheit unendlich vieler Teilbewegungen. Die einzelnen arretierten Bewegungspositionen der Figur sind auf ein Gewirr sich auffächernder Linienbündel reduziert, deren Gesamtanordnung eine bildparallele Diagonalbewegung von oben links nach unten rechts ergibt. Innerhalb dieser vorherrschenden Richtung wird durch halbkreisförmige Linienschwünge der Eindruck einer rotierenden Bewegung der Detailformen hervorgerufen. Diese Darstellungsmethode war keine Erfindung DUCHAMPS. Sie basierte auf den Ergebnissen der wissenschaftlichen *Chronofotografie,* die der französische Mediziner Étienne-Jules MAREY in zahlreichen Lehrbüchern seit 1890 veröffentlicht hatte *(Abb. 3)*.[2]

MAREY benutzte seit 1882 die Momentfotografie, um physiologische Bewegungsabläufe zu analysieren. Er hatte einen „Chronophotographe" genannten Apparat entwickelt, der es möglich machte, auf einer einzigen Platte eine Vielzahl von Phasen eines sich bewegenden Körpers zu fixieren. In dem Gemälde *„Akt, eine Treppe hinabsteigend"* ergänzte DUCHAMP die Form der chronofotografischen Phasenzerlegung durch eine Art Röntgenaufnahme der inneren Gelenke. Die Röntgenfotografie war 1895 erfunden worden. DUCHAMP war ohne Zweifel gut mit ihr vertraut. Einer seiner engsten Freunde in Paris, Ferdinand TRIBOUT, war Mediziner und um 1910 einer der Pioniere auf dem Gebiet der Röntgenfotografie in Frankreich.

In der Auseinandersetzung mit den neuen Formen der wissenschaftlichen Fotografie mußte DUCHAMP auf den offensichtlichen Widerspruch zwischen den Möglichkeiten der Technik und den seit Jahrhunderten nur wenig

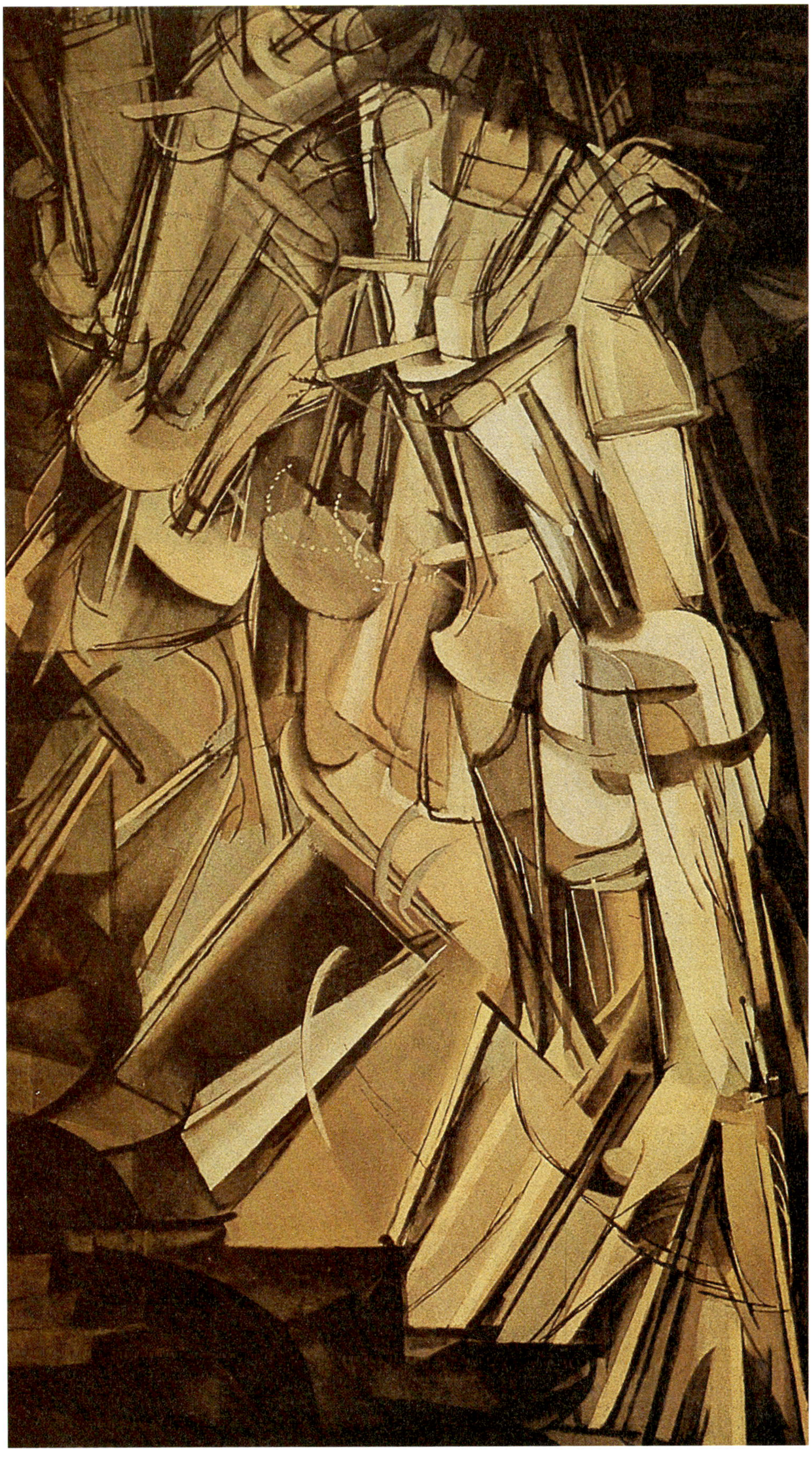

Abb. 2: Marcel Duchamp: Akt, eine Treppe hinabsteigend, Nr. II. 1912. Philadelphia, Philadelphia Museum of Art (Sammlung Louise und Walter Arensberg)

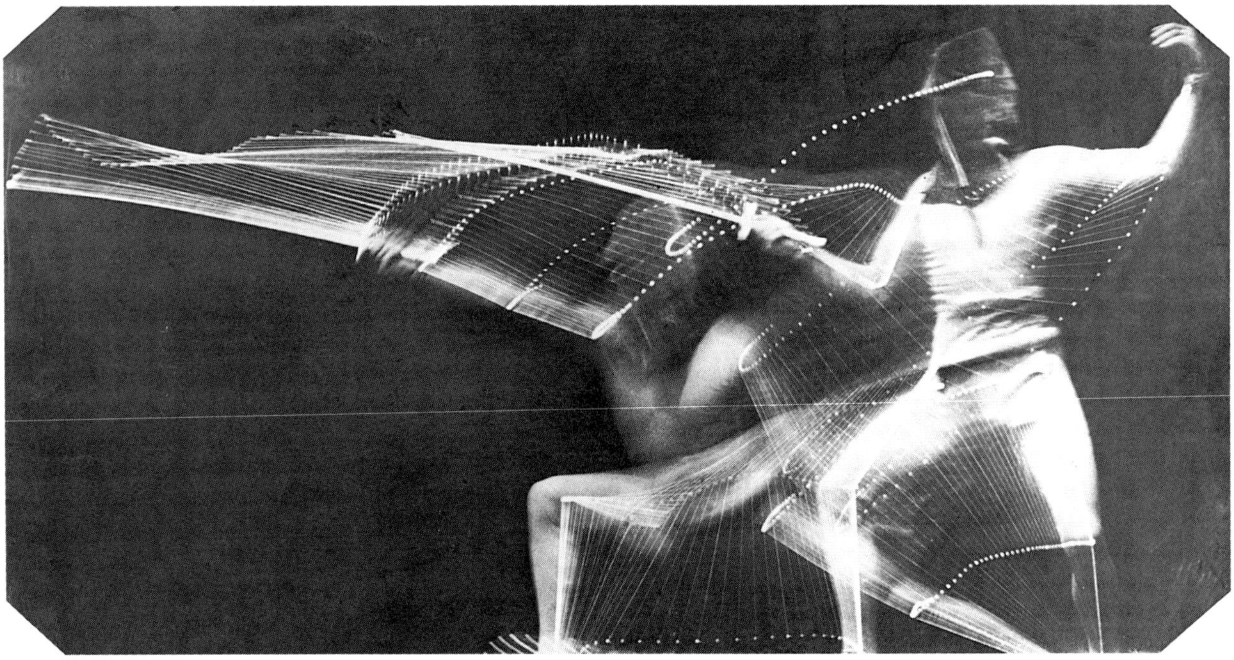

Abb. 3: Étienne-Jules Marey: Chronofotografie eines Fechters. Um 1890

veränderten Mitteln der Malerei stoßen. Das malerische Handwerk befand sich seit langem nicht mehr auf der historischen Höhe der Naturbeobachtung, die jetzt ganz von der technischen Erweiterung der Wahrnehmung bestimmt wurde. Den Apparaten MAREYS und RÖNTGENS zeigte sich eine Natur, die sich dem bloßen Auge für immer verborgen hätte. Die Voraussetzung für eine naiv-spontane Naturbetrachtung und Naturdarstellung, auf welche sich die Einheit von Wissenschaft und Kunst gründete, die in der Renaissance und da bei LEONARDO ihren vollkommensten Ausdruck gefunden hatte, war nicht mehr gegeben. Seit der Mitte des 19. Jahrhunderts verband sich der Wissenschaftler mit dem Fotografen, nicht länger mit dem Künstler.

DUCHAMP rief 1913 mit der Übertragung der chronofotografischen Effekte in die Malerei einen Skandal auf der „Internationalen Ausstellung moderner Kunst", der sogenannten „Armory-Show", in New York hervor. Paradoxerweise nahm dieser Skandal seinen Ausgangspunkt beim scheinbar mangelnden „Realismus" des Bildes. Zum gleichen Zeitpunkt war das Pariser Institut Marey längst zum Hochgeschwindigkeitskinematografen als dem angemesseneren Instrument der Naturbeobachtung übergegangen. Nichts macht deutlicher, wie sehr inzwischen die Bereiche des handwerklich-künstlerischen und des technisch-wissenschaftlichen Bildes im gesellschaftlichen Leben getrennt waren.

Die Beschäftigung mit den Theorien und Bildverfahren der modernen Naturwissenschaften brachte DUCHAMP auf Distanz zum Tafelbild, zum Gemälde überhaupt. Gemessen an dem qualitativ neuen wissenschaftlichen Welt-Bild schienen ihm die Möglichkeiten, über das Gemälde die Augen der Menschen für etwas Neues zu öffnen, belanglos zu sein. Die kubistische Erneuerung der Malerei beeindruckte ihn nur ein Jahr lang. Er kritisierte an ihr, daß sie in ihrer Ablehnung der traditionellen Ästhetik nicht weit genug ginge. Für ihn war die kubistische Malerei letztlich auch nur eine neue Variante von „retinaler Malerei", von Netzhautmalerei, da sie sich noch zu sehr mit der Reproduktion optischer statt mit der Erfindung rein geistiger Tatbestände befaßte. Eine solche Kunst war seiner Überzeugung nach angesichts der technischen Bildverfahren geschichtlich überholt.

Fauvismus und „reine Malerei"

Die Konzeption der Malerei als Ausdruck des Gefühls, wie sie zur gleichen Zeit Henri MATISSE *(Abb. 4)* und der Fauvismus vertraten, lehnte er als zu subjektiv ab. Der Fauvismus versuchte, mittels reiner, durch ungewohnte Kontrastwirkungen gesteigerter Farben eine spontane Übersetzung von Empfindungen im Gemälde zu erreichen. Gegen diese Auffassung erklärte DUCHAMP 1915: „Wir müssen in der Kunst neue Werte schaffen, wissenschaftliche und nicht sentimentale."[3]

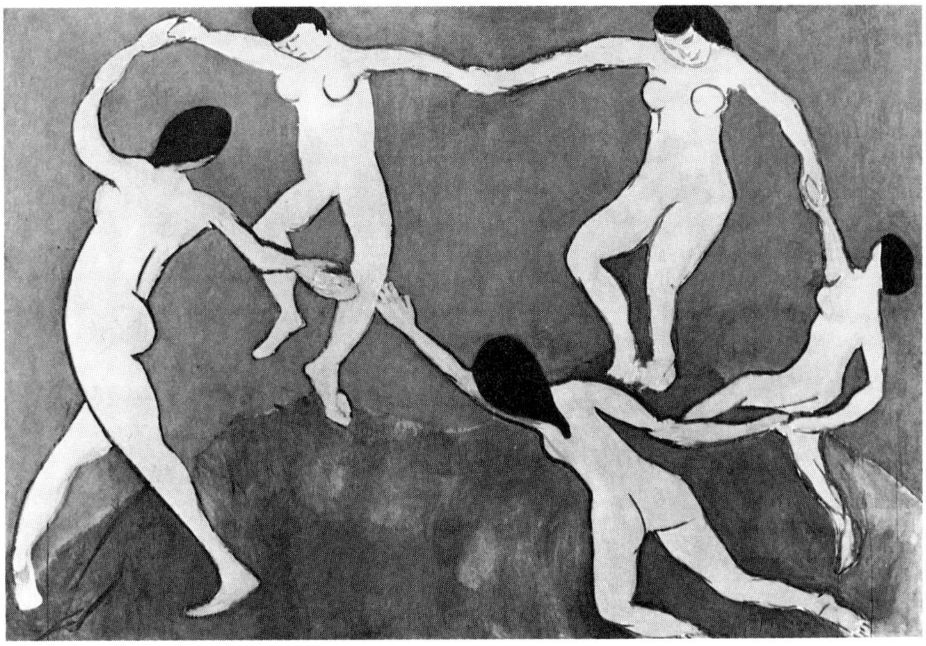

Abb. 4: Henri Matisse: Der Tanz. 1909. New York, Museum of Modern Art

Auch der Versuch einiger Künstler, dem Überfluß an fotografisch-filmischen Bildern mit einer Askese, mit der Reduktion der Wirklichkeit auf Rhythmen von Linien, Formen und Farben, zu antworten, überzeugte ihn nicht. Für diese dritte Tendenz in der damaligen Pariser Malerei hatte der Dichter Guillaume APOLLINAIRE den Begriff „peinture pure" („reine Malerei") eingeführt.

In seinem 1913 erschienenen Buch „*Die Maler des Kubismus*" schrieb APOLLINAIRE: „Viele neue Maler malen nur Bilder, auf denen kein eigentliches Sujet zu sehen ist. Und die Titel, die man in den Katalogen findet, spielen dann die gleiche Rolle wie Namen, die Menschen bezeichnen, ohne sie zu charakterisieren [...] Wenn diese Maler auch noch die Natur beobachten, so ahmen sie sie doch nicht mehr nach und vermeiden sorgfältig die Darstellung beobachteter und durch Studium rekonstruierter natürlicher Szenen. Die Ähnlichkeit hat keinerlei Bedeutung mehr, denn alles opfert der Maler den Wahrheiten, den Notwendigkeiten einer höheren Natur, die er voraussetzt, ohne sie zu entdecken. Das Sujet zählt nicht mehr, oder wenn es noch zählt, so doch nur wenig [...] Man bewegt sich derart auf eine völlig neue Kunst zu, die für die Malerei das gleiche bedeuten wird, was man bisher schon als Funktion der Musik gegenüber der Literatur angesehen hat. Sie wird reine Malerei sein, ebenso wie die Musik reine Literatur ist."[4]

Das Gemälde „*Amorpha – Fugue à deux Couleurs*" („Amorpha – Fuge für zwei Farben") des in Paris lebenden tschechischen Malers Frank KUPKA ist beispielhaft für diese Tendenz zur „reinen Malerei" *(Abb. 5)*. Das 2,11 × 2,20 Meter große Ölgemälde war in der Ausstellung des Herbstsalons 1912 zu sehen. Es ist das erste in Paris ausgestellte rein abstrakte Gemälde. Auf dem Bild ist kein erkennbarer Gegenstand dargestellt. In einem freien spielerischen Rhythmus entfalten sich schwingende Bewegungsbahnen aus rot-blauen Farbflächen und verschmelzen mit dem weiß-schwarzen Grund. Der Gegenstand, das Sujet, ist nur der Ausgangspunkt des Gemäldes; „es zählt nur noch wenig", wie der französische Dichter und Kritiker APOLLINAIRE schrieb. Obwohl APOLLINAIRES Charakterisierung der „reinen Malerei", die er am vollkommensten in der Tendenz des „orphischen Kubismus" verwirklicht sieht, von KUPKAS Gemälden aus dem Jahr 1912 inspiriert zu sein scheint, findet KUPKA in „*Les peintres cubistes*" keine Erwähnung. Über die Gründe dieses Schweigens gibt es bislang nur Vermutungen.[5]

Eine genaue Betrachtung der über fünfzig Vorstudien zu dem Gemälde macht deutlich, daß KUPKA in ihm die Bewegungskurven eines mit einem rot-blauen Ball spielenden Mädchens mit den Umlaufbahnen von Planeten zusammengebracht hat.[6] Angestrebt wird ein Bild, das nicht abbildend ist, das keine perspektivische Illusion eines Gegenstandes außerhalb seiner selbst erzeugt. Das Gemälde setzt sich nur aus den formalen Gegebenheiten der Fläche zusammen. Die Komposition aus Farben, Linien und Flächen soll im Betrachter die Empfindung einer rhythmischen Bewegung wachrufen, und zwar nicht der Bewegung eines bestimmten Gegenstandes, sondern das Gefühl von Rhythmus und Bewegung an sich. KUPKA erklärte 1913 einem Journalisten zu diesem Gemälde: „Ich glaube, daß ich eine Fuge mit Farben erschaffen kann, wie Bach sie mit Tönen komponiert hat."[7]

KUPKA ist neben DELAUNAY, KANDINSKY, MALEWITSCH und MONDRIAN einer der Begründer der abstrakten Malerei.

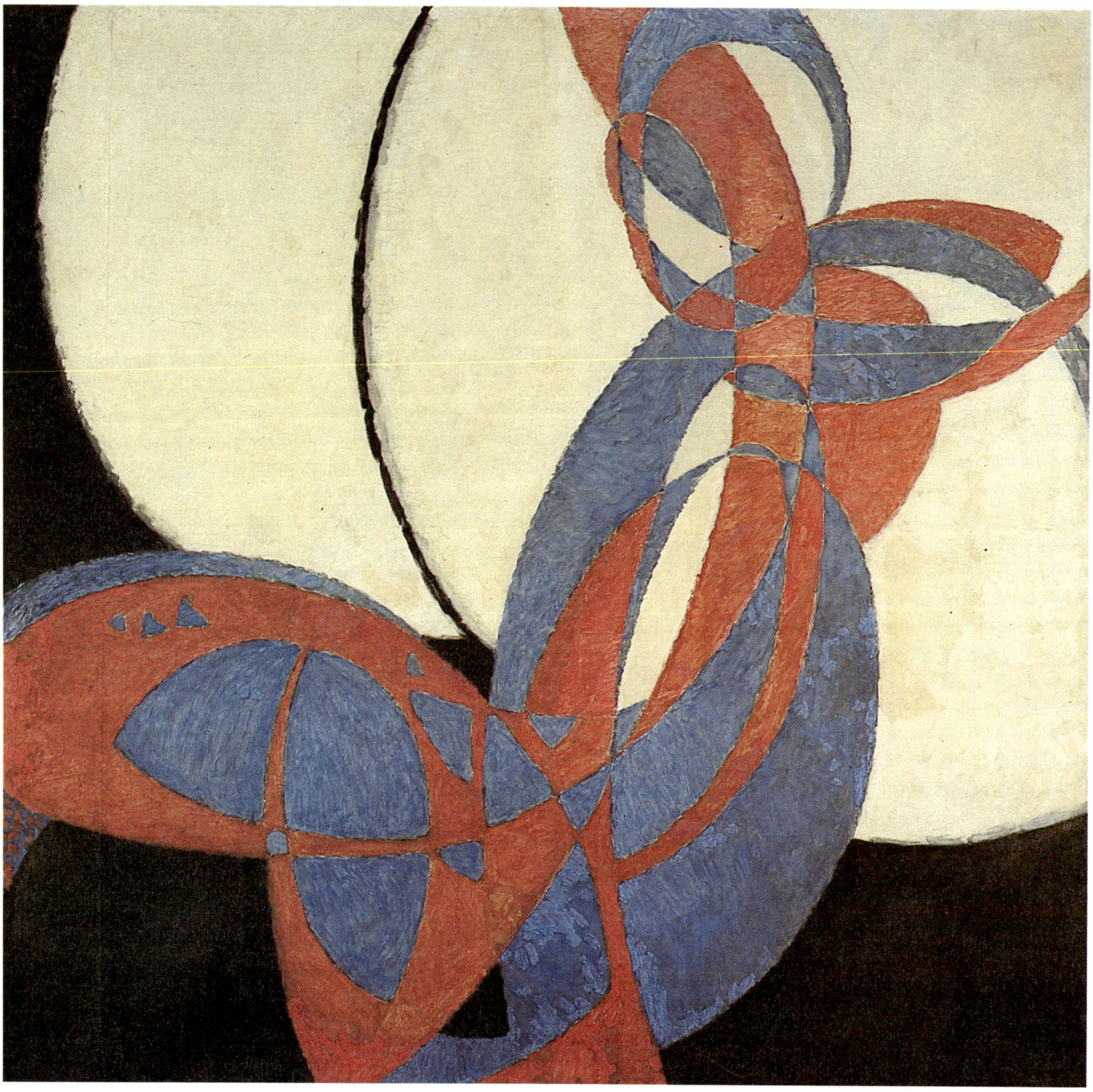

Abb. 5: Frank Kupka: Amorpha – Fuge für zwei Farben. 1912. Prag, Nationalgalerie

Während APOLLINAIRE diese neue Orientierung begrüßte, sah DUCHAMP in ihr die Gefahr des Abgleitens der Avantgarde in eine versöhnliche dekorative Kunst. Die geistige Situation der nichtoffiziellen Malerei um 1912 hat DUCHAMP im Rückblick so charakterisiert:

„Die Malerei, die mich umgab, war völlig retinal. Vergiß das Anekdotische, vergiß die Begeisterung für ein Thema – das war die allgemeine Vorstellung. Konzentriere dich nur auf das, was ins Auge dringt [...] Seinerzeit hielt man es nicht für angebracht, ein Gemälde anders zu bezeichnen als Landschaft, Stilleben, Porträt oder einfach Nummer soundso [...] Man dachte an nichts anderes als an den physischen Aspekt der Malerei. Keine Idee von Freiheit wurde gelehrt, nicht der geringste philosophische Gedanke diskutiert. Meines Erachtens sollte die Kunst eine andere Richtung einschlagen: mehr zu einem intellektuellen als zu einem tierischen Ausdruck. Ich bin angewidert von der Redensart ‚bête comme un peintre', stupide wie ein Maler [...] Ich war an Ideen interessiert, nicht nur an visuellen Produkten. Ich wollte die Malerei wieder in den Dienst des Geistes stellen."[8]

In dem Augenblick, als die fortschrittliche Pariser Kunstkritik die Erneuerung der Malerei im Kubismus feierte, zog DUCHAMP es vor, ein Objekt aus einer Fahrradfelge und einem Küchenschemel zu montieren und Modelle für neue Längenmaße nach dem Zufallsprinzip zu erfinden.

Die Objektkunst Marcel Duchamps

Seit dem Impressionismus waren Naturwissenschaft und Technik die einzigen Gebiete gewesen, welche die Avantgarde noch in einer gemeinsamen geschichtlichen Perspektive mit ihrer Klasse verbanden. Es war die Perspektive des „Progrès": die Begeisterung für die Fortschritte in der Naturbeherrschung, ungeachtet aller Rückschritte im Organismus der Gesellschaft. In dem Zusammenhang tauchten die Brückenbauten, Eisenbahnen, Dampfschiffe, Fabriken und das großstädtische Leben in den Bildern der impressionistischen Maler auf. Als DUCHAMP sich um 1910 den Naturwissenschaften zuwandte, hatten dort tiefgreifende Veränderungen stattgefunden. Während die neuen Erfindungen in der Öffentlichkeit Euphorie und Selbstzufriedenheit verbreiteten, traf DUCHAMP in den Wissenschaften selbst auf Skepsis und Unsicherheit.

Von Ende 1912 bis Mai 1914 arbeitete er als Bibliotheksgehilfe an der Pariser Bibliothèque Sainte-Geneviève. Er hat diese Zeit ausgiebig zum Studium neuerer mathematischer und physikalischer Literatur genutzt. Das zeigen deutlich seine hinterlassenen Schriften.[9]

Wichtiger jedoch als naturwissenschaftliche Einzelerkenntnisse waren für DUCHAMPS geistige Entwicklung die wissenschaftlich-philosophischen Schriften, die der bekannte französische Mathematiker und Physiker Henri POINCARÉ im ersten Jahrzehnt des Jahrhunderts veröffentlicht hatte: *„Wissenschaft und Hypothese"* (1902), *„Der Wert der Wissenschaft"* (1905) und *„Wissenschaft und Methode"* (1908).

In diesen Büchern beschrieb POINCARÉ in allgemeinverständlicher Sprache die jüngsten Entdeckungen in der Physik und die Konsequenzen, die sich aus ihnen für das physikalische Weltbild ergaben. Die Entdeckung der Röntgenstrahlen (1895), der Erscheinungen der Radioaktivität (1896) und besonders des Elektrons (1897) und seiner Bewegungsgesetze hatten die Grundlagen der klassischen Mechanik NEWTONS, die man bis dahin für absolut unveränderlich gehalten hatte, erschüttert. Alle Ansichten über die Materie, ihren Aufbau und ihre Bewegung mußten einer Revision unterzogen werden. Die Physik war in ein Entwicklungsstadium getreten, das POINCARÉ als „allgemeinen Zusammenbruch der Prinzipien", als „Periode des Zweifels" und „ernste Krise" der Wissenschaft charakterisierte. Das Wesen dieser Krise bestand nicht allein in der Zerstörung der alten physikalischen Gesetze und Axiome, sondern in dem grundsätzlichen Zweifel an der Möglichkeit objektiver, wissenschaftlicher Erkenntnis. Der Materialismus, der den Naturwissenschaften des 19. Jahrhunderts zugrunde gelegen hatte, wurde durch die Philosophie des Idealismus und Agnostizismus ersetzt.

„Besteht die Harmonie, die die menschliche Intelligenz in der Natur zu entdecken glaubt, auch außerhalb dieser Intelligenz?", fragt POINCARÉ eingangs seines Buches *„Der Wert der Wissenschaft"*. Seine Antwort ist kategorisch: „Nein, zweifellos ist eine Wirklichkeit, die vom Geist, der sie begreift, sie sieht oder fühlt, vollständig unabhängig ist, eine Unmöglichkeit. Wenn wirklich eine derartige äußere Welt bestände, sie wäre uns für alle Zeiten unzugänglich. Das aber, was wir objektive Wirklichkeit nennen, ist, wenn man es recht überlegt, das, was vielen denkenden Wesen gemein ist oder was allen gemein sein könnte."[10]

Für POINCARÉ sind die in den Naturwissenschaften formulierten Naturgesetze reine Symbole, Konventionen, die sich der Mensch der „Bequemlichkeit halber" schafft. „Nicht die Natur drängt uns die Begriffe von Raum und Zeit auf, sondern wir drängen sie der Natur auf, weil wir sie bequem finden" (S. 4). „Alle diese Regeln, alle diese Definitionen sind nur die Früchte eines unbewußten Opportunismus" (S. 42/43). Die mathematischen und physikalischen Lehrsätze können daher nicht den Anspruch erheben, wahr zu sein. „Was die Wissenschaft erreichen kann, sind nicht die Dinge selbst, sondern es sind einzig die Beziehungen zwischen den Dingen; außerhalb dieser Beziehungen gibt es keine erkennbare Wirklichkeit."[11] Es ist die alte Unterscheidung KANTS zwischen dem Ding in der Erscheinung und dem für den Menschen unerkennbaren Ding an sich, die hier in neuer Beschreibung wieder auftaucht. „Alles, was nicht Gedanke ist, ist das reine Nichts", resümiert POINCARÉ seinen Standpunkt.[12]

Physikalische Grundprinzipien wie die Dreidimensionalität des Raumes, das Gesetz der Schwerkraft, den Satz von der Erhaltung der Energie betrachtet POINCARÉ als reine Bewußtseinsprodukte, willkürliche Festsetzungen, die auch anders formuliert werden könnten. In der Physik, besonders der theoretischen Physik, war die erkenntnistheoretische Verwirrung so groß, daß man von einer „Physik für Gläubige" gesprochen hat.

Die Philosophie des Agnostizismus, die in den modernen Naturwissenschaften vorherrschend wurde: also gerade dort, wo die Masse der Menschen sichere Erkenntnisse vermutete, wurde zum Mittelpunkt der neuen Kunst DUCHAMPS. Gestützt auf die Argumentation eines der bedeutendsten Mathematiker und Physiker seiner Zeit, setzte er sich zum Ziel, das Vertrauen in das wissenschaftlich-funktionale Denken zu unterminieren. Farbtube, Leinwand und Pinsel betrachtete er als für diesen Zweck hoffnungslos veraltete Instrumente. Sie schienen ihm dem modernen Denken und der künstlerischen Herausforderung einer immer komplizierter werdenden Wirklichkeit nicht mehr angemessen.

Um die Phantasie des Betrachters gegen die Überzeugungskraft der naturwissenschaftlichen Logik und einer funktionierenden Technik in Bewegung bringen zu können, mußte DUCHAMP eine Methode erfinden, die sich selbst wissenschaftlich gab und in nichts dem ähnlich war, was man bisher als Kunst kannte. „Kann man Werke schaffen, die nicht ‚Kunst' sind?", fragt DUCHAMP in einer Notiz aus dem Jahr 1913.[13] Seine Antwort waren alltägliche Gebrauchsgegenstände, die er ihrer Funktion entfremdete und in Anschauungsmodelle einer rätselhaften Pseudowissenschaft verwandelte. Die Kunstwerke, die so entstanden, waren ihrer Erscheinung nach das gerade Gegenteil von dem, was damals unter Kunst verstanden wurde. Unpersönlichkeit, „Gefühls"- und „Ausdruckslosigkeit" waren ihre äußeren Kennzeichen.

„Ich kam auf die Idee, daß das Leben interessanter wäre, wenn man die Gesetze der Physik und Chemie ein wenig lockern würde." So formulierte DUCHAMP rückblickend sein „Programm". „Letzten Endes müssen wir diese sogenannten Gesetze der Wissenschaft akzeptieren, weil sie das Leben bequemer machen, aber das heißt überhaupt nichts, was ihre *Gültigkeit* anbetrifft. Vielleicht ist eben alles nur eine Täuschung. Wir mögen uns selber so gern, wir glauben, wir seien kleine Götter auf Erden – ich habe darüber meine Zweifel, das ist alles! Das Wort ‚Gesetz' ist wider meine Prinzipien. Die Wissenschaft ist offensichtlich ein geschlossener Kreislauf, aber alle fünfzig Jahre oder so wird ein neues ‚Gesetz' entdeckt, das alles verändert. Ich sah eben nicht ein, weshalb wir vor der Wissenschaft eine solche Ehrfurcht haben sollten, und deshalb mußte ich eine andere Form der Erklärung, eine Art Pseudoerklärung liefern. Im großen und ganzen bin ich ein Pseudo, das ist mein Charakteristikum. Ich konnte die Ernsthaftigkeit des Lebens nie ausstehen, wenn aber das Ernste mit Humor getönt ist, ergibt das eine hübschere Färbung."[14]

„Heitere Wissenschaft"

DUCHAMP begründete seine „heitere Wissenschaft" 1913/14 mit der Einführung einer neuen Längeneinheit: *„3 Stoppages Étalon" (Abb. 6).* Der Titel ist eine Worterfindung DUCHAMPS, die im Französischen nichts Präzises benennt. Darin werden zwei Begriffe aus ganz entfernten Erfahrungsbereichen zusammengezogen. „Le Stoppage" bezeichnet das Kunststopfen, und ein „Étalon" ist ein „Normal", der Prototyp einer physikalischen Maßeinheit. „Le mètre étalon" beispielsweise ist der französische Ausdruck für das in Paris aufbewahrte „Normal-" oder „Urmeter". Die Wortkombination „3 Stoppages Étalon" läßt ein irritierendes und humorvolles Assoziationsfeld entstehen, in dem sich der Gedanke an das Ausbessern, Flicken und Stopfen mit der Idee von der Normen setzenden Tätigkeit des Physikers vereint. Um das Non-Sens-Element des Originaltitels zu bewahren, schlage ich die Übersetzung „3 Kunststopf-Faden Längennormal" vor.

„Stoppages" steht im Plural. Die wörtliche Übersetzung müßte also „3 Kunststopf-Fäden ..." lauten. Der „Faden" bezeichnet im Deutschen jedoch nicht nur ein Material zum Stopfen, sondern ebenso ein altes deutsches Längenmaß („3 Faden tief"). Um diese Doppelbedeutung zu erhalten, bleibt das Wort hier in der Mehrzahl ungebeugt.[15]

Die Fabrikationsidee zu diesem Werk ist in DUCHAMPS 1934 veröffentlichten Notizen festgehalten. Dort heißt es:

„Wenn ein horizontaler gerader Faden von einem Meter Länge aus einem Meter Höhe auf eine horizontale Ebene herunterfällt, sich nach seinem Belieben verändert und eine neue Figur der Längeneinheit ergibt – 3 Exemplare, unter nahezu ähnlichen Bedingungen erhalten, sind in ihrem gegenseitigen Verhältnis betrachtet, eine annähernde Rekonstitution der Längeneinheit."[16]

DUCHAMP wiederholte das Pseudo-Experiment dreimal, klebte die Fäden so, wie sie gefallen waren, auf Leinwand und montierte sie auf drei schmale Glasstreifen. Um das so entstandene neue Längenmaß – er nannte es „das verminderte Meter" – bei Konstruktionszeichnungen verwenden zu können, schnitt er hölzerne Lineale mit dem Profil der Fadenkurven. Das Ganze arrangierte er sorgfältig in einer Kiste, ähnlich dem Platin-Urmeter, das im Internationalen Büro für Maße und Gewichte in Sèvres bei Paris aufbewahrt wurde.

Die *„3 Kunststopf-Faden Längennormal"* erscheinen auf den ersten Blick als die bare Sinnlosigkeit oder allenfalls wie ein feiner Spott auf den Ehrgeiz des Wissenschaftlers. Doch hatte Henri POINCARÉ in seiner Abhandlung *„Wissenschaft und Hypothese"* nicht ebenso geschrieben, daß es unvernünftig sei, zu fragen, „ob das metrische System richtig oder falsch ist"?[17] Über die in der Physik verwendeten Normalmaße (Étalons) und die Möglichkeit, ihren Wahrheitsgehalt experimentell zu überprüfen, schrieb er: „Die Erfahrung leitet uns in dieser Wahl [der Wahl der jeweiligen Normalmaße, auf die die Erscheinungen der Natur bezogen werden], zwingt sie uns aber nicht auf; sie läßt uns nicht erkennen, welche Geometrie die richtigste ist, wohl aber, welche die bequemste ist" (S. 73).

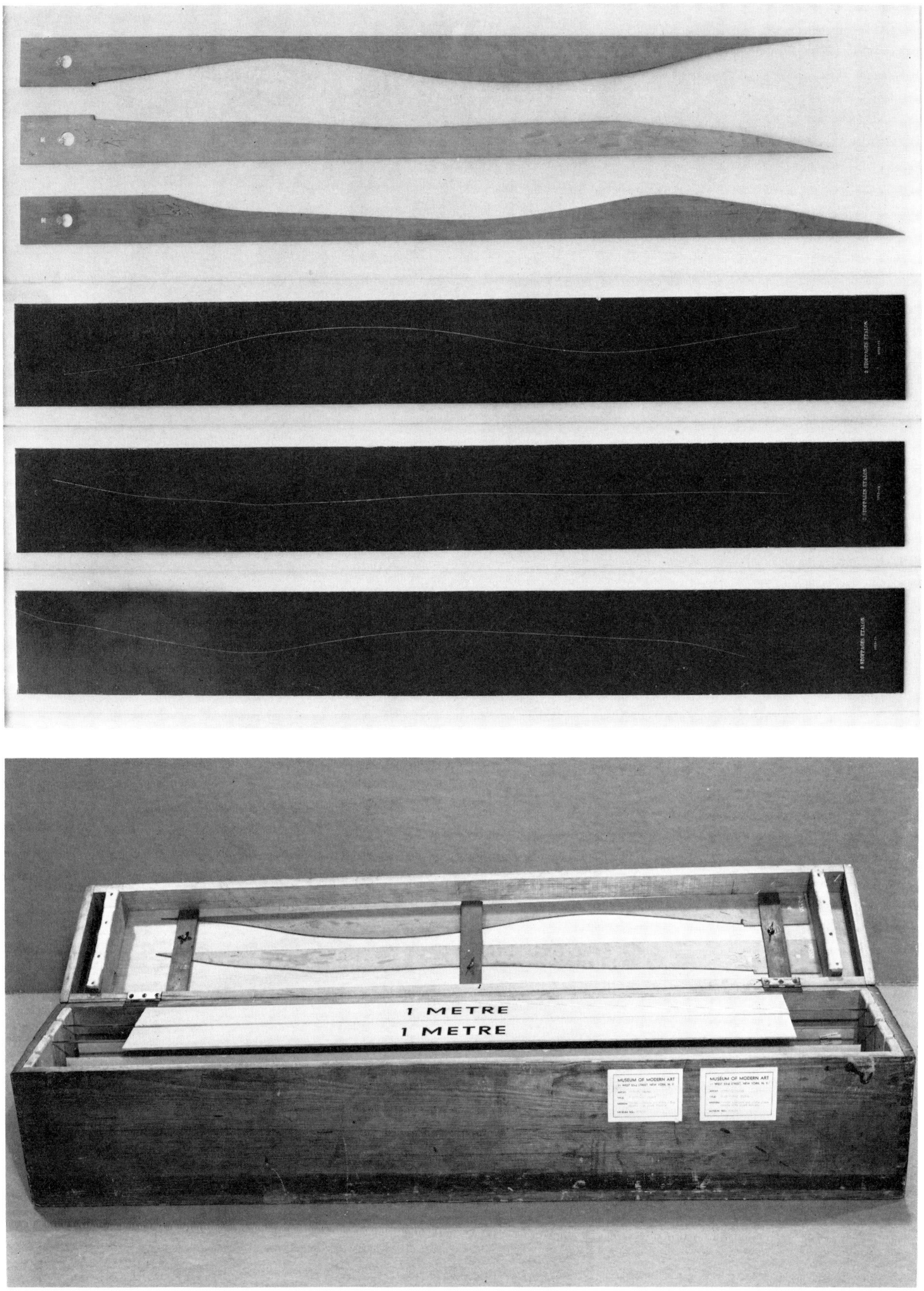

Abb. 6: Marcel Duchamp: 3 Stoppages Étalon – 3 Kunststopf-Faden Längennormal. 1913/14. New York, Museum of Modern Art (Stiftung Katherine S. Dreier)

In POINCARÉS Lehrbuch konnte DUCHAMP nicht nur auf den Gedanken von der Relativität jeden Maßstabes stoßen, sondern hier fand er möglicherweise auch die Anregung zur konkreten künstlerischen Form, in der er diese Idee veranschaulicht hat: zum Fadenexperiment. In dem Kapitel „Die klassische Mechanik" spricht POINCARÉ in einem vier Seiten langen Abschnitt über eine „Schule des Fadens". Diese Schule versuche „alles auf die Betrachtung gewisser materieller Systeme von sehr geringer Masse zurückzuführen, Systeme also, deren idealer Typus der masselose Faden ist" (S. 109).

POINCARÉ beschreibt dann einen für die „Schule des Fadens" charakteristischen Versuch. Wir zitieren aus diesem Zusammenhang zwei Passagen, die DUCHAMP möglicherweise zu seinem „Experiment" inspiriert haben:

„Man unterwirft einen Körper der gleichzeitigen Einwirkung von mehreren identischen, gleichmäßig gespannten Fäden, und man sucht durch das Experiment festzustellen, bei welcher Lage aller dieser Fäden der Körper im Gleichgewicht bleibt. Man hat dann eine experimentelle Prüfung der Regel von der Zusammensetzung der Kräfte" (S. 110).

Nach weiteren Versuchsbeschreibungen faßt POINCARÉ die Experimente der „Schule des Fadens" in einer erkenntnistheoretischen Überlegung zusammen: „Wir sehen beim Beginn unseres Weges ein sehr spezielles und ziemlich rohes Experiment, am Ende aber ein ganz allgemeines und vollkommen genaues Gesetz, das wir für absolut gewiß halten. Diese Gewißheit haben einzig und allein wir demselben sozusagen freiwillig beigelegt, indem wir es als durch Übereinkommen festgelegt ansehen." (S. 112)

In den *„3 Kunststopf-Faden Längennormal"* von 1913/14 radikalisiert DUCHAMP die von POINCARÉ vorgetragene These, daß die naturwissenschaftlichen Gesetze und Prinzipien rein subjektive Übereinkünfte seien, zu der Schlußfolgerung, daß nicht Gesetzmäßigkeit, sondern allein der Zufall die Naturprozesse bestimme.

Dieses erste von DUCHAMPS anti-malerischen Werken ist ein Denkbild des Skeptizismus. Indem diese Philosophie das menschliche Bewußtsein absolut von der Natur trennt („Alles, was nicht Gedanke ist, ist das reine Nichts", POINCARÉ), führt sie zwangsläufig zum Subjektivismus, das heißt zur Leugnung jedes objektiven, unabhängig vom menschlichen Denken existierenden Maßes oder Modells, dem sich unsere relative Erkenntnis nähert. Es gibt keine Notwendigkeit, keinen objektiven Zusammenhang in Natur und Gesellschaft, lautet der Grundsatz des Subjektivismus. Wissenschaftliches Denken wäre dieser Theorie gemäß nichts als eine menschliche Anmaßung, bestenfalls eine Selbsttäuschung.

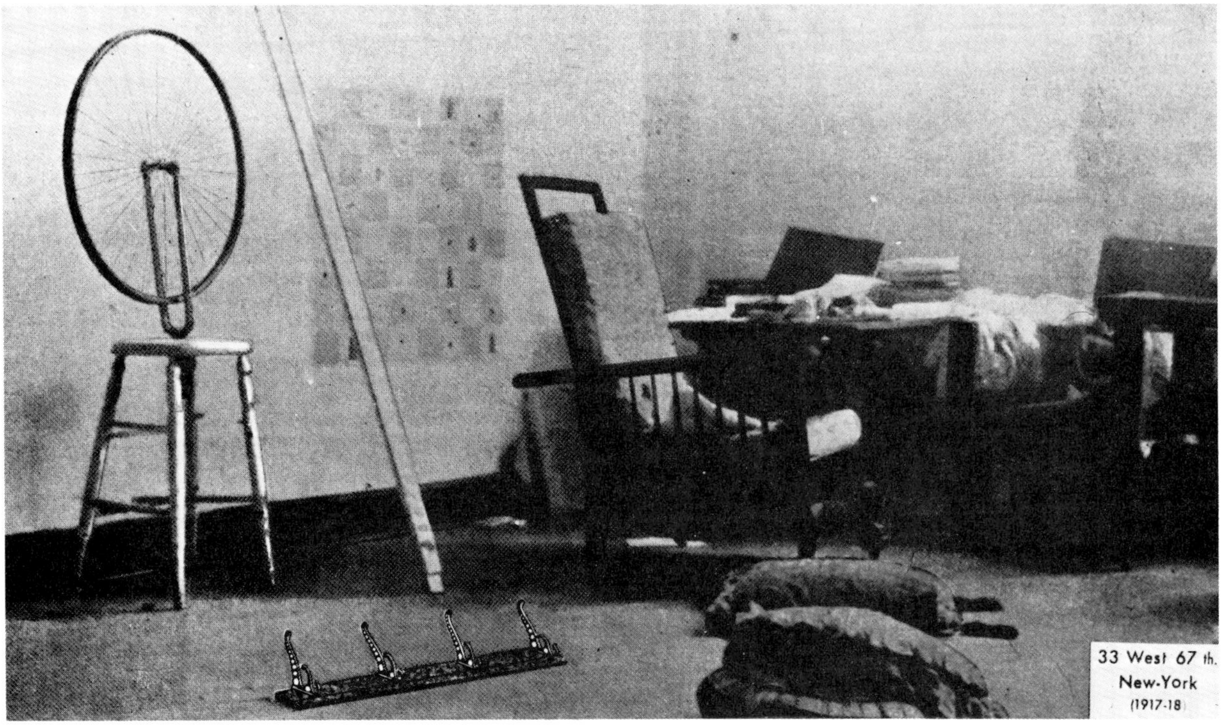

Abb. 7: Marcel Duchamp: Das Atelier in New York. 33 West 67th Street. Vorn halblinks: „Trébuchet". 1917/18. Fotografie aus der „Schachtel-im-Koffer", 1941

Die *„3 Kunststopf-Faden Längennormal"* versinnbildlichen den Zufall als das grundlegende Prinzip in DUCHAMPS Vorstellung vom menschlichen Leben. In zahlreichen Arbeiten nach 1913/14 hat er die Schablonen als Zeichenhilfe benutzt. „Der reine Zufall", so erklärte er Jahrzehnte später, „interessierte mich als Mittel, um gegen die logische Realität anzugehen."[18]

1917 nagelte DUCHAMP eine Garderobe auf den Fußboden seines Ateliers und gab ihr den Namen *„Trébuchet"* (Falle, Präzisionswaage, auch: Scheinopfer beim Schach). Mit diesem Objekt stellte er das Prinzip der Schwerkraft und die Idee einer absoluten räumlichen Ordnung auf den Kopf *(Abb. 7)*.

Mit Ideenassoziationen über die Lage der Dinge im Raum scheinen die meisten Ready-mades in DUCHAMPS New Yorker Atelier in den Jahren 1917/18 verknüpft zu sein. Wiederholt ließ er die Installation einiger Ready-mades in seinem Atelier fotografieren. Auf einem dieser Fotos erkennt man den oberen Aufsatz eines Kleiderständers, der an einem Faden von der Decke herabhängt. Dieses Ready-made hat weder einen Titel noch eine Inschrift gehabt *(Abb. 8)*.

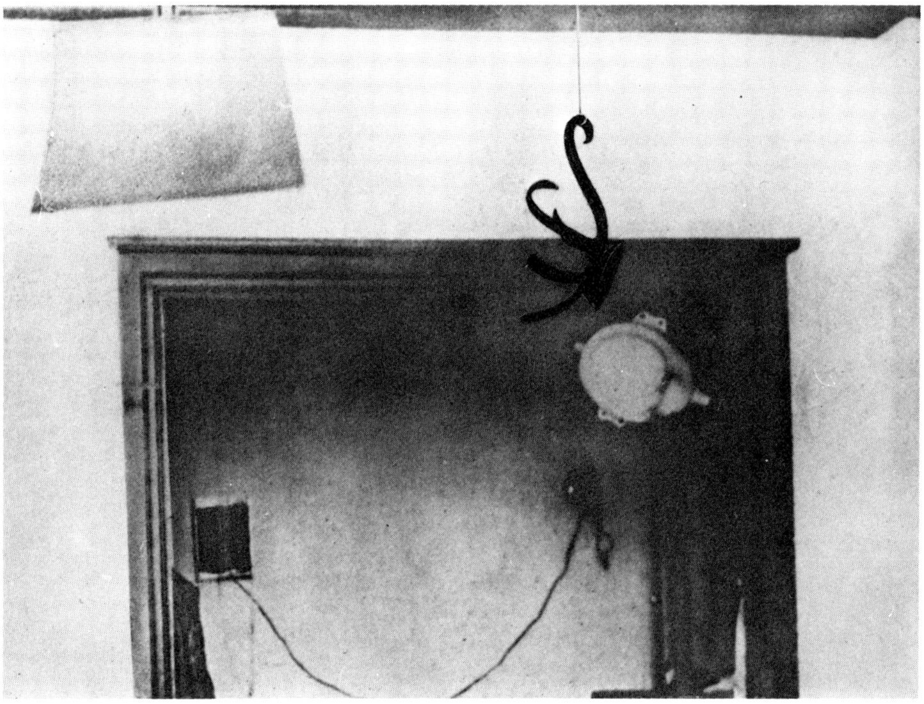

Abb. 8: Marcel Duchamp: Ready-made. New York 1917. Fotografie aus der „Schachtel-im-Koffer", 1941

Auf dem Etikett, das DUCHAMP neben der Reproduktion des Objekts in der sogenannten „Schachtel-im-Koffer" von 1941 angebracht hat, heißt es: „Ready-made, New York 1917". Das Original ist verlorengegangen. Die Galerie SCHWARZ in Mailand hat 1964 acht Repliken davon aufgelegt. – Bei der „Schachtel-im-Koffer" handelt es sich um eine von DUCHAMP erstellte Gesamtausgabe seiner Werke in Form eines kleinen Koffers mit Miniaturrepliken und Reproduktionen, eine Art tragbares Museum.

Die Huthaken des Kleiderständers sind das Gegenstück zu der auf den Boden genagelten Garderobe. Die beiden Alltagsgegenstände sind in entgegengesetzter Bewegung verrückt: Die Garderobe, die gewöhnlich an der Wand befestigt ist, fällt und ist auf dem Boden fixiert. Der Kleiderständer, der auf dem Boden steht, steigt, schwebt in der Luft. Wie die Garderobe kann der Kleiderständer der Schwerkraft nicht mehr entgegenwirken und die Lage der Hüte im Raum definieren.

Nicht an ihrem gewohnten Platz ist ebenso eine Schneeschaufel mit der Aufschrift *„In Advance of the Broken Arm"* (In Vorwegnahme des gebrochenen Arms), die von der Decke herabhängt *(Abb. 9)*. Auch die Wahl einer Schneeschaufel scheint nicht willkürlich erfolgt zu sein. Denn auch sie ist ein Gegenstand, der dem Menschen die Empfindung der Schwere vermittelt. Mit einer Schneeschaufel hebt man eine Last hoch und erhält dabei ein körperliches Gefühl der Gravitation. Die Inschrift *„In Advance of the Broken Arm"* verweist auf die mit der Wahrnehmung des Gegenstandes ausgelöste Schwereempfindung. Nun schwebt die Schaufel aber unter der Zimmerdecke, außer Reichweite – die an sie gebundene Erfahrung ist gestört. Das Ergebnis ist ein alltäglicher Gebrauchsgegenstand als Bild des Paradoxen.

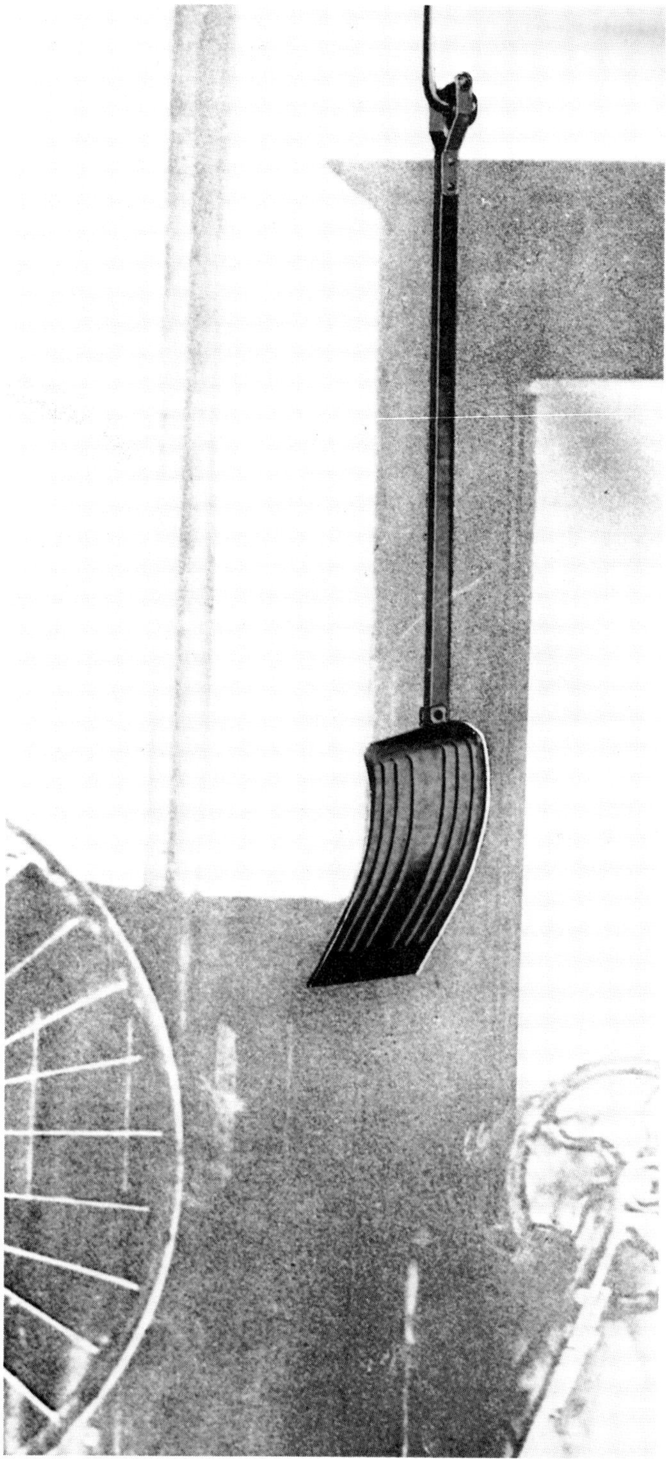

Abb. 9: Marcel Duchamp: In Advance of the Broken Arm – In Vorwegnahme des gebrochenen Arms. Ready-made. New York 1915. Fotografie aus der „Schachtel-im-Koffer", 1941

Das „Original" von 1915 ist übrigens wie im Falle der meisten Ready-mades verlorengegangen. 1945 kaufte Duchamp eine zweite Schneeschaufel für die von Katherine Dreier gegründete Sammlung moderner Kunst, die „Société Anonyme", die später der Yale University Art Gallery in New Haven vermacht wurde. 1963 ließ Ulf Linde eine Replik für das Moderne Museum in Stockholm anfertigen. Ein Jahr später brachte die Galerie Schwarz in Mailand nach Fotos der verlorenen Schaufel acht von Duchamp signierte Repliken heraus.

„Rechts, links – zweidimensionale Ebene. Oben, unten – dreidimensionaler Raum", notiert sich Duchamp zweimal auf Zetteln in der Dokumentenschachtel *„Im Infinitiv"*, die im Jahre 1966 herauskam.[19] Der zweidimensionalen Ebene ordnet er die Bestimmungen links und rechts, dem dreidimensionalen Raum die Koordinaten oben und unten zu.

„Schwere und Schwerpunkt machen horizontal und vertikal aus im dreidimensionalen Raum", schreibt er weiter. „Die Schwere wird physisch in uns nicht durch einen der fünf gewöhnlichen Sinne kommandiert. Wir führen eine Erfahrung der Schwere immer zurück auf eine imaginierte oder reale Selbsterfahrung *(autoconstatation)*, die innerlich wahrgenommen wird in der Gegend des Magens" (ebd.).

Wie Henri Poincaré führt Duchamp geometrische Definitionen auf körperliche Empfindungen zurück.

In *„Der Wert der Wissenschaft"* hatte Poincaré darauf aufmerksam gemacht, daß „wir naturgemäß alle äußeren Gegenstände auf unseren eigenen Körper beziehen; daß wir ein System von Achsen sozusagen überall mit uns herumtragen, auf das wir alle Punkte des Raumes beziehen, und daß dieses System von Achsen gleichsam unveränderlich mit unserem Körper verbunden ist. Man muß beachten, daß man strenggenommen nur von unveränderlich mit unserem Körper verbundenen Achsen sprechen könnte, wenn die verschiedenen Teile des Körpers selbst unveränderlich miteinander verbunden wären. Da dem nicht so ist, so müssen wir, ehe wir die äußeren Gegenstände auf diese imaginären Achsen beziehen, unseren Körper in der gleichen Haltung denken".[20]

Poincaré faßt in diesen Sätzen zusammen, was er drei Jahre zuvor in der Abhandlung *„Wissenschaft und Hypothese"* ausführlich entwickelt hatte. Dort hatte er dem „geometrischen Raum" einen sogenannten „Vorstellungsraum" gegenübergestellt, der aus einem „Gesichts"-, „Tast"- und „Bewegungsraum" besteht und keineswegs mit dem „geometrischen Raum" und seinen Eigenschaften identisch ist. Den wissenschaftlichen Raumbegriff leitet Poincaré aus einer Synthese von Empfindungen des Gesichts-, Tast- und „Muskelsinnes" ab. Die Zusammenfassung von körperlichen Erfahrungen zu einer Raumdefinition – er nennt diesen Vorgang eine Ideen-Assoziation – sei wie alle Ideen-Assoziationen das Resultat einer Gewohnheit:

„Diese Gewohnheit ihrerseits resultiert aus sehr zahlreichen Erfahrungen; wenn die Erziehung unserer Sinne sich in anderer Umgebung vollzogen hätte, wo wir anderen Eindrücken unterworfen wären, so würden sich ohne Zweifel ganz entgegengesetzte Gewohnheiten ausgebildet haben, und unsere Muskelempfindungen würden sich nach anderen Gesetzen assoziiert haben.“[21]

Es ist, als ob DUCHAMP diese Erziehung, zumindest experimentell, habe nachholen wollen. Auf den Fotos, die er 1917–18 anfertigen ließ, ähnelt sein Atelier einem pseudowissenschaftlichen Labor, in dem ganz andere Umweltbedingungen und Objektbeziehungen simuliert werden.

Um den Wirklichkeitsgehalt der Kategorien „oben“ und „unten“, „links“ und „rechts“ in der wissenschaftlichen Raumdefinition in Frage stellen zu können, mußte er die gewohnte körperliche Dingerfahrung stören, verlangsamen, paralysieren. Diesem ästhetischen Zweck dient die verkehrte Lage der Garderoben, Kleiderständer und Schneeschaufeln im Raum. Hier wird der Übergang vom Gemälde zur Objektkunst aus der Logik der künstlerischen Ideen DUCHAMPS unmittelbar einsichtig. Denn wie hätte er eine solche Problematik in gemalten Bildern körperlich erfahrbar machen sollen? Auf dem Gebiet der Kunst beinhaltet sinnliche Erfahrung ja nicht nur die Wahrnehmung des jeweiligen Gegenstandes, sondern immer auch die Erfahrung der Tätigkeit der Sinne selbst – eine Tatsache, der sich DUCHAMP sehr bewußt war. 1914 denkt er über das „Sehen betrachten“ *(regarder voir)* und das „Hören hören“ *(entendre entendre)* nach.

Wie im Falle der *„3 Kunststopf-Faden Längennormal“* kommt auch bei der Fabrikation der Ready-mades der Zufall ins Spiel. DUCHAMP schreibt um 1915:

„Die *Ready-mades* präzisieren, indem man sich für einen Moment der Zukunft (den und den Tag, Datum, Minute), *ein Ready-made vormerkt.* Das *Ready-made* kann hierauf (mit genügender Frist) gesucht werden. Die Hauptsache ist denn also dieser Chronometrismus, diese Momentaufnahme, wie eine Rede, die bei irgendeinem Anlaß gehalten wird, aber zu der und der Stunde. Es ist eine Art Rendezvous. – Datum, Stunde, Minute natürlich auf dem *Ready-made* eintragen, als Informationen.“ (S. 100)

Diese Notiz könnte sich auf das Ready-made des stählernen Hundekamms beziehen, auf dem eben solche Informationen verzeichnet sind. Außer der französischen Inschrift 3 OU 4 GOUTTES DE HAUTEUR N'ONT RIEN A FAIRE AVEC LA SAUVAGERIE (3 oder 4 Tropfen Höhe haben nichts mit Wildheit zu tun) sind in amerikanischer Schreibweise Datum und Uhrzeit der geistigen „Momentaufnahme“ festgehalten: FEB. 17 1916 11 A. M. (17. Febr. 1916, 11 Uhr morgens) *(Abb. 10).* Auf einer der beiden Seitenflächen ist der Name des Herstellers eingraviert: „Chas F. Bingler 166 – 6th Ave. N. Y.“ Dem Namen des Fabrikanten stellte DUCHAMP seinen Vermerk der persönlichen Aneignung zur Seite, indem er auf die Eckrücken des Kamms die Abkürzung *„M. D.“* schrieb.

„Die Idee war“, so hat DUCHAMP die Beschriftung erläutert, „etwas darauf zu schreiben, das nichts mit Hunden oder mit Kämmen zu tun hatte. Etwas möglichst Unsinniges *(nonsensical).* Es ist nicht leicht, unsinnig zu sein, weil unsinnige Dinge sich sehr oft als sinnvoll herausstellen.“ (S. 191)

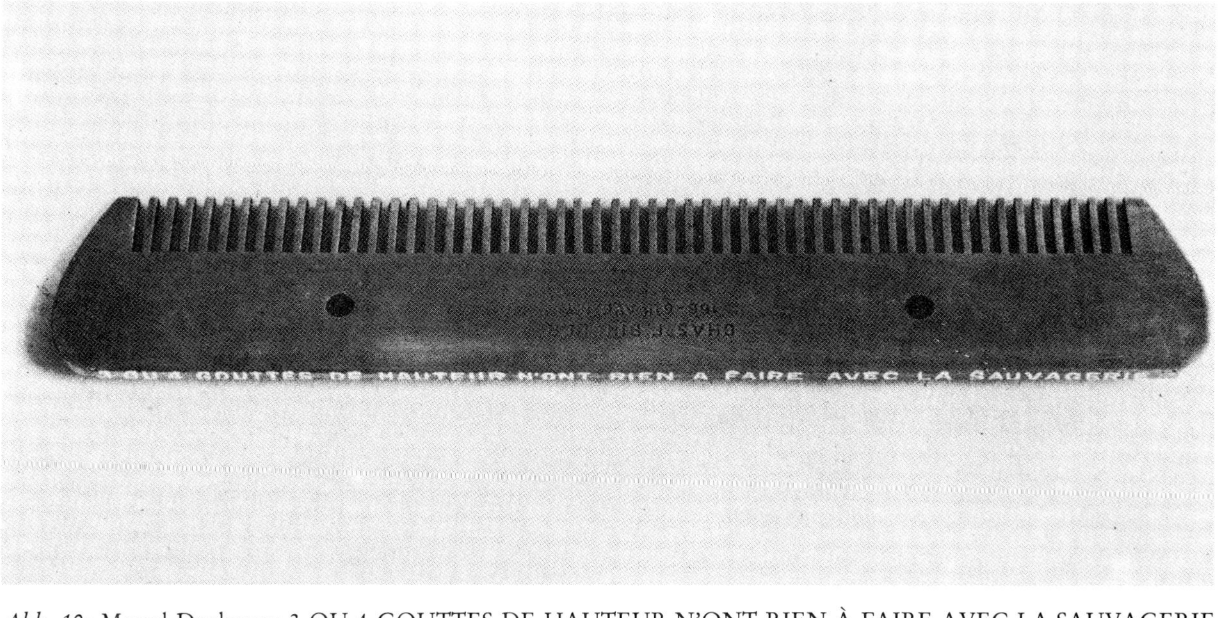

Abb. 10: Marcel Duchamp: 3 OU 4 GOUTTES DE HAUTEUR N'ONT RIEN À FAIRE AVEC LA SAUVAGERIE – 3 oder 4 Tropfen Höhe haben nichts mit Wildheit zu tun. Ready-made. 1916. Philadelphia, Philadelphia Museum of Art (Sammlung Louise und Walter Arensberg)

So zufällig wie die Begegnung von Gegenstand und Gegenstandsbezeichnung scheinen auch die pseudowissenschaftlichen Spekulationen zu sein, die DUCHAMP mit dem Kamm verbunden hat. „Die Form = Raum. Die Zahl ist die mathematische Dauer“ (S. 95). „Die Kämme ordnen nach der Anzahl ihrer Zähne“, heißt es in der 1934 veröffentlichten *„Grünen Schachtel“* (S. 99).

In einem Gespräch erklärte er den Kamm als „eine Bemerkung über die Infinitesimalrechnung [...] Die Zähne eines Kammes sind im Leben wirklich keine sehr wichtige Sache. Niemand hat sich je die Mühe gemacht, den Kamm unter einem solchen Gesichtswinkel zu betrachten. Anders ausgedrückt, wenn man einen Kamm erblickt, sieht man bloß sein Haar, ob man ihn benutzt oder nicht, aber die Anzahl der Zähne des Kamms ist wirklich bedeutungslos [...] Ich war gepackt von ihrer Bedeutungslosigkeit, und so machte ich sie für mich bedeutend [...] Ich nehme an, einige Kämme haben zwanzig Zähne, andere neunundzwanzig oder achtundzwanzig, und diese Unterscheidung brachte mich auf den Gedanken, eine Klassifikation der Kämme nach der Anzahl ihrer Zähne vorzunehmen, was amüsant ist, oder zumindest eine Ironie der Bejahung *(irony of affirmation)* [...] Bei vielen Kämmen könnte auch ein Zahn abgebrochen sein und damit würde sich das Raumverhältnis zwischen zwei Zähnen ändern. Man könnte das fast mit dem Goldenen Schnitt vergleichen, wenn Sie ein unterschiedliches Längenverhältnis von Linien haben. Das ist weithergeholt, aber ich war immer sehr angezogen von dem Weithergeholten.“[22]

Während DUCHAMP mit dem Vorschlag, „die Kämme nach der Anzahl ihrer Zähne zu ordnen“, die Mathematik der unendlich kleinen Größen ironisiert, beschreibt er an anderer Stelle den Kamm als raumerzeugende geometrische Figur:

„*Rätsche.* Mit einer Art Kamm, indem man sich des Zwischenraums zwischen 2 Zähnen als Element bedient, Beziehungen festlegen zwischen den 2 äußersten Punkten des Kamms und dazwischenliegenden Punkten (durch die abgebrochenen Zähne). Diesen Kamm mit abgebrochenen Zähnen als eine proportionale Leitung auf eine andere Materie einwirken lassen, die ebenfalls aus noch kleineren Elementen zusammengesetzt ist (kleiner, damit sie diese Leitung aufnehmen kann). Zum Beispiel: mehr oder weniger dicke Bleidrähte, in einer Ebene dicht nebeneinander liegend (analog den Haaren). Hinterher den Kamm entwickeln, d. h. daß er anders als normal auf eine Ebene von Bleidrähten einwirkt (oder indem er sich in einem Punkt dreht, oder ein Kamm mit Krümmungen, d. h. der nicht flach ist oder mit Zähnen von ungleicher Länge; oder die Einwirkung dieser verschiedenen Kammodelle auf eine dichte Materie (Bleidraht), die auch nicht nur flach ist). usw. Sept. 1915.“[23]

Wie im Falle der beiden frühesten Ready-mades: Fahrrad-Rad (1913) *(Abb. 7)* und Flaschentrockner (1914) geht es auch hier um eine Dimensionsbetrachtung: Durch Rotation einer Fläche entsteht ein dreidimensionales Gebilde.[24] Beim Drehen des Kamms um eine Achse würden die Zähne eine Reihe von Kreisen beschreiben und so einen zylindrischen Raum definieren. Ein Kamm mit abgebrochenen Zähnen würde eine kompliziertere Raumfigur erzeugen. In beiden Fällen kann die Aufmerksamkeit entweder auf die durch die Zähne oder auf die durch die Abstände zwischen ihnen gebildeten Raumfiguren gerichtet werden.

DUCHAMP hat keine Rätsche aus einem Kamm gebaut. Im Februar 1916, ungefähr ein halbes Jahr nachdem er diese Gedanken niedergeschrieben hatte, kaufte er einen Hundekamm aus Stahl und bezeichnete ihn mit der Aufschrift „3 oder 4 Tropfen Höhe haben nichts mit Wildheit zu tun“. 1918 kam das Ready-made in den Besitz von DUCHAMPS Mäzen Walter ARENSBERG, von dem man annehmen darf, daß er mit der pseudowissenschaftlichen Bedeutung des Objekts vertraut war. Er war nicht nur seit 1915 mit Marcel DUCHAMP befreundet, sondern schrieb damals, zweifellos angeregt durch DUCHAMPS Praktiken, Gedichte in der Sprache des Mathematikers.[25] Mit der Sammlung Arensberg befindet sich das Ready-made heute im Philadelphia Museum of Art. Das Moderne Museum in Stockholm besitzt eine Replik des Objekts aus dem Jahr 1963. Die Galerie SCHWARZ, Mailand, ließ 1964 acht Repliken anfertigen, die DUCHAMP numerierte und signierte.

In den bisher diskutierten Objekten und Objektinstallationen ironisierte DUCHAMP jeweils besondere Seiten der wissenschaftlichen Weltanschauung: den Gedanken des Maßstabes, das Prinzip der Schwerkraft und der Dreidimensionalität des Raumes, die Infinitesimalrechnung und das Kausalitätsprinzip. Demgegenüber bringt das *„Ready-made malheureux“* (Unglückliches Ready-made) von 1919 den allgemeinen, grundsätzlichen Charakter seines antiwissenschaftlichen Skeptizismus zur Anschauung. Im April des Jahres heiratete DUCHAMPS Schwester Suzanne in Paris den Maler Jean CROTTI. Als Hochzeitsgeschenk schickte er ihr aus Buenos Aires die Anleitung zur Herstellung eines Kunstwerks:

„Das war ein Geometriebuch, das sie mit Bindfäden auf dem Balkon ihrer Wohnung in der Rue La Condamine aufhängen sollte. Der Wind sollte darin nachschlagen, sich selbst die Aufgaben auswählen, die Seiten entblättern und sie zerreißen. Suzanne hat ein kleines Bild davon gemalt: *Ready-made malheureux de Marcel* (Marcels unglückliches Ready-made), das ist alles, was davon übrig blieb, weil der Wind das Buch wirklich zerfetzte. Dabei hatte mich die Unterscheidung von glücklichem und unglücklichem *Ready-made* amüsiert, und der Regen, der Wind, die fliegenden Seiten – das schien mir ein amüsanter Einfall zu sein.“[26]

Außer Suzanne DUCHAMPS Gemälde ist das Ready-made in einem Foto dokumentiert, das DUCHAMP in der *„Schachtel-im-Koffer“* abgebildet hat.[27] Die in dem aufgeschlagenen Buch sichtbaren geometrischen Figuren sind von Hand nachgezeichnet und ergänzt worden, so daß unübersehbar wurde, daß es sich um ein Geometriebuch

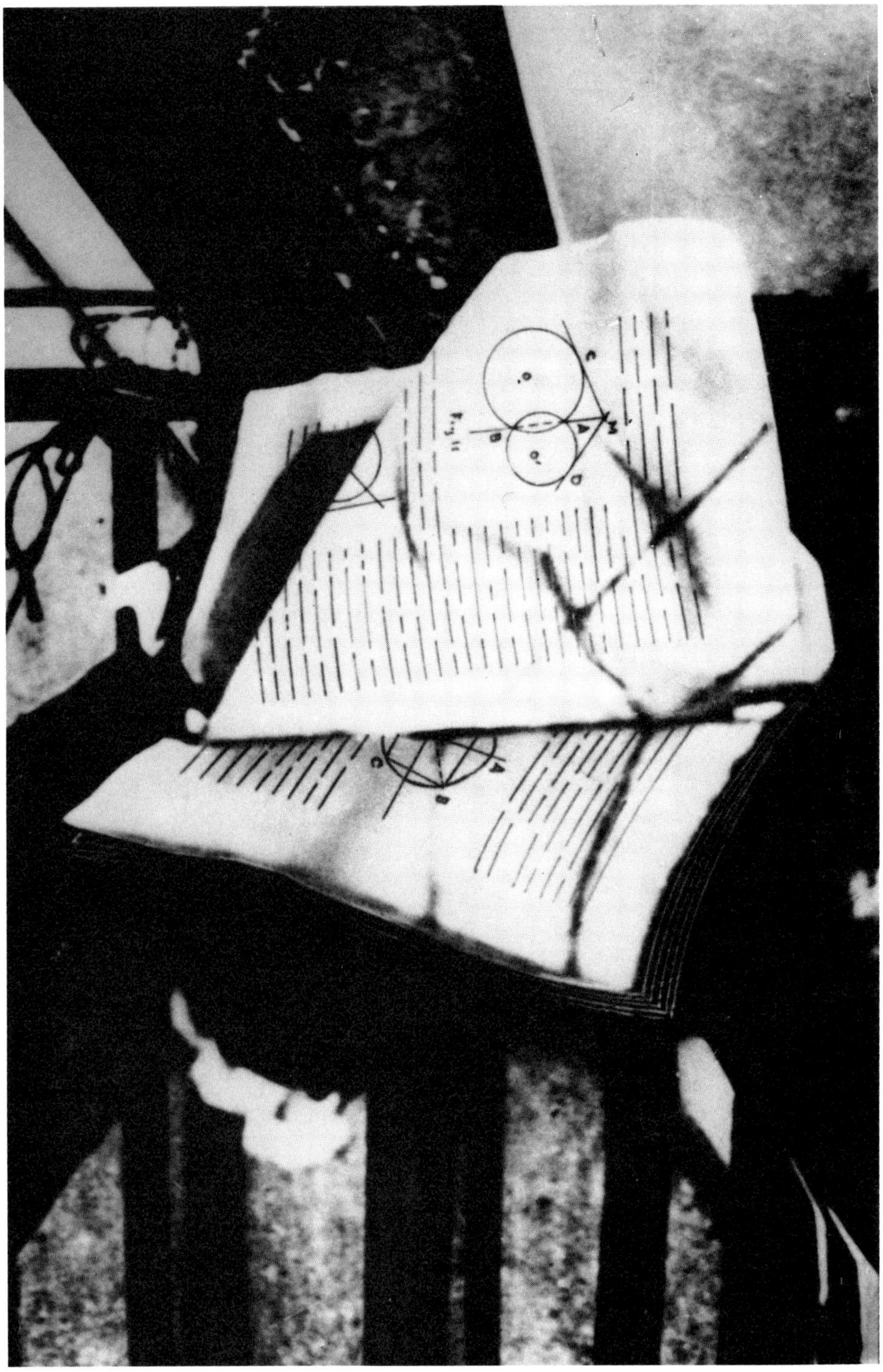

Abb. 11: Marcel Duchamp: Ready-made malheureux – Unglückliches Ready-made (Leitfaden der Geometrie). Paris 1919. Fotografie aus der „Schachtel-im-Koffer“, 1941

handelt. Die wissenschaftlichen Axiome haben den Wirkungen der Natur nicht standgehalten. Die Arbeit erinnert an die Thesen POINCARÉS, denen zufolge die naturwissenschaftlichen Prinzipien und Gesetze reine Symbole, bloße Konventionen seien, die sich der Mensch „der Bequemlichkeit halber“ geschaffen habe. „Nicht die Natur drängt uns die Begriffe von Raum und Zeit auf, sondern wir drängen sie der Natur auf, weil wir sie bequem finden“, lautete einer der markantesten Sätze in *„Der Wert der Wissenschaft“*.[28] „Es gibt keine Lösung, weil es kein Problem gibt“, radikalisierte DUCHAMP die in dieser Behauptung enthaltene erkenntnistheoretische Idee. „Probleme sind Erfindungen des Geistes. Sie sind unsinnig.“[29] Unverhüllter ist der Standpunkt des subjektiven Idealismus selten formuliert worden.

„Anti-Kunst"

Die Ready-mades verspotteten nicht nur den Funktionalismus im Umgang mit den Dingen und dessen theoretische Begründung, die wissenschaftliche Weltanschauung. Der Spott galt ebenso „der Dürftigkeit, dem Ernst und der Eitelkeit der Kunst".[30] DUCHAMPS Arbeiten konnten als Herausforderung eines auf Sicherheiten bedachten Denkens nur wirksam werden, wenn sie nicht nur die scheinbar selbstverständlichen Gesten des Alltags, sondern ebenso alle vermeintlich absoluten und unantastbaren Vorstellungen vom Kunstwerk und von der künstlerischen Schöpfung für absurd erklärten. Das taten die Ready-mades: gewöhnliche Gegenstände, die durch kleine Veränderungen in den Rang eines Kunstwerks befördert wurden, mit Nachdruck. Sie hatten nichts mehr mit den alten künstlerischen Wahrheiten von Gestaltung, Harmonie und Handwerk zu tun.

Die Ready-mades waren so weit von allem entfernt, was man damals unter einem Kunstwerk verstand, daß eine genüßliche ästhetische Betrachtung dieser Werke ausgeschlossen war. Sie waren dazu bestimmt zu schockieren, den Betrachter aus der Selbstgefälligkeit eines routinierten Kunstbetrachtens herauszureißen. Diesen Aspekt hat man als „Anti-Kunst" bezeichnet. Er hat die inzwischen siebzigjährige Geschichte der Rezeption der Duchampschen Objektkunst weitgehend beherrscht. Die Bedeutung der Ready-mades hat man vor allem darin gesehen, daß sie eine Aggression gegen den guten Geschmack, gegen den Ästhetizismus und die Anbetung des Originals in der Kunst darstellten. Eine geistige Funktion der Objekte über diese provokatorische Seite, über die Infragestellung des allgemeinen künstlerischen Verhaltens hinaus ist nur selten diskutiert worden.

Die ikonoklastische Seite der Objektkunst DUCHAMPS wurde in seinem berühmtesten Ready-made, dem als *„Fountain"* (Springbrunnen) bezeichneten Pissoirbecken von 1917, zum Wesen der Sache *(Abb. 12)*.

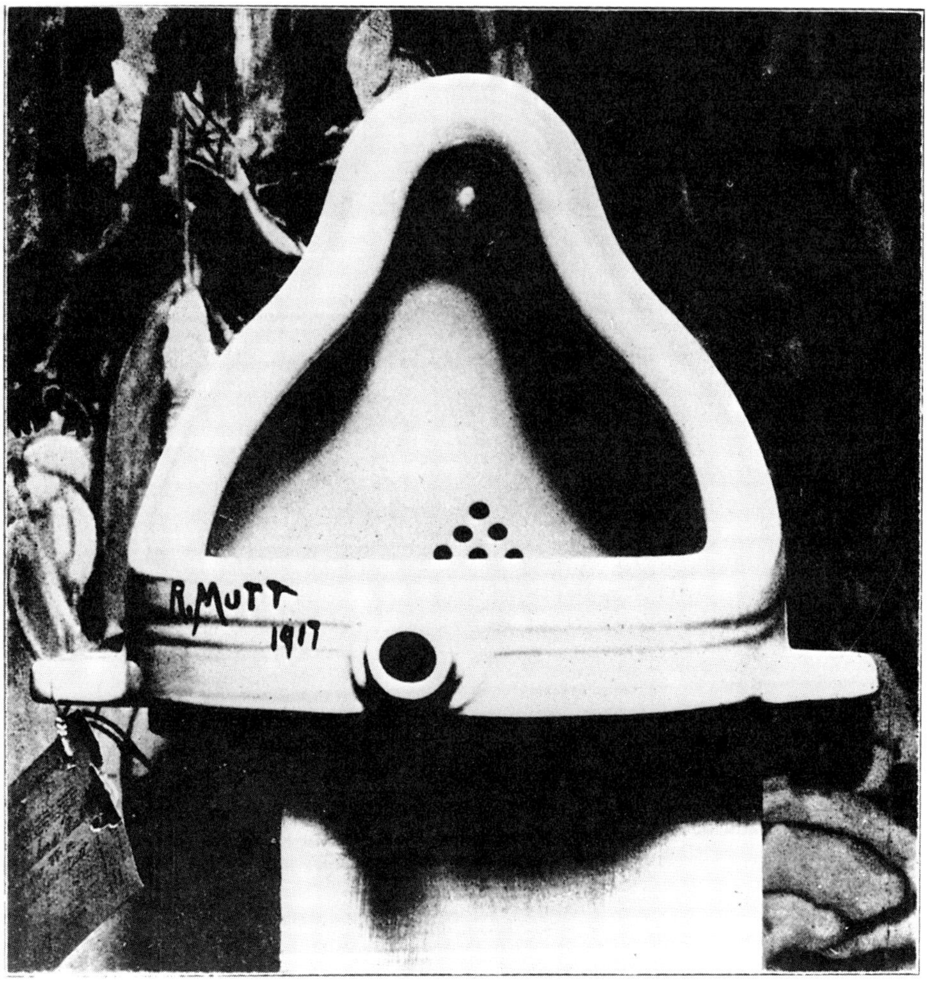

Abb. 12: Marcel Duchamp: Fountain by Richard Mutt – Springbrunnen von Richard Mutt. Ready-made. New York 1917. Fotografie von Alfred Stieglitz. Aus: The Blind Man, Nr. 2, New York 1917

Ende 1916 wurde in New York nach dem Pariser Vorbild die Society of Independent Artists (Gesellschaft unabhängiger Künstler) gegründet. Ihre Hauptaufgabe war die Veranstaltung einer jährlichen Ausstellung, in der, anders als in den von der staatlichen Akademie organisierten Ausstellungen, alle Mitglieder ihre Werke zeigen durften, ohne sie vorher einer Jury zur Beurteilung vorgelegt zu haben.

DUCHAMP, Gründungs- und Vorstandsmitglied der neuen Künstlervereinigung, war an der Durchsetzung des juryfreien Prinzips maßgeblich beteiligt. Bei der ersten Jahresausstellung (1917) stellte er dieses Prinzip auf die Probe: Er reichte seinen Ausstellungsbeitrag unter einem Pseudonym ein. Es war ein gewöhnliches Pissoirbekken, das er bei „Mott Works“, einer Firma für sanitäre Anlagen, gekauft und mit „R. Mutt 1917“ signiert hatte. Ein überliefertes Foto zeigt, wie er sich die Präsentation des Objekts gedacht hatte. Der *„Springbrunnen“* sollte nicht vertikal, sondern funktionsentfremdet um 90° Grad gekippt auf einen Sockel gestellt werden, und zwar so hoch, daß der Betrachter dazu gezwungen wurde, zu der Pissoirschüssel aufzublicken.

Die für den Aufbau der Ausstellung verantwortliche Kommission der „Unabhängigen“ verhinderte die Ausstellung des Ready-mades, indem sie es einfach verschwinden ließ. Daraufhin trat DUCHAMP aus der Künstlervereinigung aus und erhob in der von ihm, Beatrice WOOD und Henri-Pierre ROCHÉ herausgegebenen Zeitschrift *The Blind Man* öffentlich Protest:

„Es heißt, daß jeder Künstler, der seine sechs Dollar bezahlt hat, ausstellen darf“, lautete der Kommentar im Editorial der Mai-Ausgabe. „Herr Richard Mutt schickte einen Springbrunnen ein. Seine Einsendung verschwand ohne jede Diskussion und wurde niemals ausgestellt. Womit begründete man die Zurückweisung von Herrn Mutts Springbrunnen? 1. Die einen behaupten, er sei unmoralisch, vulgär. 2. Die anderen sagen, er sei ein Plagiat, ein einfaches Klempnerstück. Doch Herrn Mutts Springbrunnen ist nicht unmoralisch, das ist eine absurde Behauptung, er ist nicht unmoralischer als eine Badewanne. Er ist ein Installationsgegenstand, den man täglich in den Auslagen der Klempner sehen kann. Ob Herr Mutt den Springbrunnen mit seinen eigenen Händen hergestellt hat oder nicht, ist unwichtig. Er hat ihn AUSGEWÄHLT. Er hat einen gewöhnlichen Artikel genommen und so aufgestellt, daß seine nützliche Bedeutung hinter dem neuen Titel und unter dem neuen Gesichtspunkt verschwand – er hat einen neuen Gedanken für diesen Gegenstand geschaffen. Von Klempnerei zu sprechen, ist absurd. Die einzigen Kunstwerke, die Amerika hervorgebracht hat, sind seine sanitären Anlagen und seine Brücken.“[31]

Mit dieser Aktion erweist sich DUCHAMP als ein Begründer der Tendenz der zeitgenössischen Kunst, die in Bloßlegung und Denunziation der Strukturen des modernen Kunstbetriebs ihr wichtigstes Anliegen sieht. In der Affäre Richard Mutt kam die provokatorische Seite der Ready-mades zu ihrer äußersten Entfaltung. Eingesetzt als „eine Form, die die Möglichkeit verneinte, Kunst zu definieren“,[32] lieferte das Pissoirbecken dem Künstler, was dem politischen Anarchisten die Bombe war: ein Instrument zur Sprengung der verlogenen Kulturfassade der Bourgeoisie (in diesem Fall der eigenen Kollegen).

Die künstlerische Entwicklung seit den späten fünfziger Jahren: *Neo-Dada, Pop Art* und *Nouveau Réalisme,* hat diese Waffe entschärft. Im Blick des amerikanischen Künstlers Robert RAUSCHENBERG war das Fahrrad-Rad „eine der schönsten Skulpturen“ des 20. Jahrhunderts.[33] Der englische Pop-Maler Richard HAMILTON verstand den Flaschentrockner als Inbegriff der symmetrischen Schönheit der industriellen Massenware.[34] Aus der ehemaligen „Anti-Kunst“ waren Objekte des ästhetischen Genusses geworden. Der Dadaist Hans RICHTER hat diesen Funktionswandel der Ready-mades 1964 so beschrieben:

„Es ist eine, aus dada-surrealistischen Erfahrungen uminterpretierte Romantik geworden, in der man die Dinge gemütlich betrachten kann. Aus der bedingungslosen Empörung ist eine bedingungslose Anpassung geworden, in der Duchamps Schaufeln, Flaschentrockner und Pissoir in Ruhe ästhetisch bewertet werden können [...] genau das, was Duchamp vor vierzig Jahren voller Hohn persiflierte. Das Anti ist zum Ruhekissen geworden, auf dem sich Spießer und Kunstsammler gemütlich zurücklehnen [...] *Fountain* ist längst das Paradestück zahlreicher Ausstellungen geworden und hing Ende der fünfziger Jahre in der Dada-Ausstellung bei Sidney Janis in New York über der Eingangstür zum großen Saal, durch die alle hindurch mußten [...] gefüllt mit Geranien. Von Schock keine Spur mehr.“[35]

Objektkunst und Warenwelt

Wir haben die philosophisch-skeptizistische Dimension und die „anti-künstlerische“ Funktion der Ready-mades DUCHAMPS betrachtet. Wenden wir uns nun den empirischen Quellen seiner Werke zu: der großstädtischen Welt der Waren.

Die soziale Randstellung der Avantgardekunst seit etwa der Mitte des 19. Jahrhunderts hatte ihren eigenen geschichtlichen Typus des Künstlers hervorgebracht: den „Beobachter, Philosophen, den Flaneur“, wie

BAUDELAIRE ihn bezeichnet hat.[36] Seiner einst praktischen Aufgaben im gesellschaftlichen Leben beraubt, wurde der Künstler zu einem passiven Beobachter und bloßen Kommentator des Lebens. Man hat ihn einmal mit einer Daguerreotypie, einer Fotografie, verglichen, in deren sensibilisierter Schicht sich die flüchtigen Eindrücke und unmerklichen Erfahrungen der Menge abzeichnen:

„Nicht jedem ist es gegeben, unbefangen und doch erfahren zu flanieren", schrieb Victor FOURNEL 1855 in *„Ce qu'on voit dans les rues de Paris"*. „Ein solcher Mann ist eine wandelnde, mit Empfindung ausgestattete Daguerreotypie, die die feinsten Spuren sichert und den Gang der Dinge abbildet mit all ihren wechselnden Spiegelungen: die Bewegung der Stadt, die vielfältige Physiognomie der öffentlichen Meinung, der Überzeugungen, der Abneigungen und Sympathien der Menge."[37]

Auf einem seiner zahlreichen Streifzüge durch das Labyrinth der New Yorker Straßen begegnete DUCHAMP in einer Schaufensterwerbung für Anstreicherfarben der Erinnerung an seinen Pariser Freund APOLLINAIRE, den Verfasser von *„Le flâneur des deux rives"*. Den Firmennamen „Sapolin Enamel" mit den Blicken buchstabierend, fand er das Ready-made *„Apolinère Enameled"* – Andenken an einen Freund in der Begegnung mit einem Werbekarton.

„Die Straße", so schrieb Walter BENJAMIN über die Dichtung BAUDELAIRES, „wird zur Wohnung für den Flaneur, der zwischen Häuserfronten so wie der Bürger zwischen seinen vier Wänden zu Hause ist. Ihm sind die glänzenden emaillierten Firmenschilder so gut und besser ein Wandschmuck wie im Salon dem Bürger ein Ölgemälde; Mauern sind das Schreibpult, gegen das er seinen Notizblock stemmt, Zeitungskioske sind seine Bibliotheken und die Caféterrassen Erker, von denen aus er nach getaner Arbeit auf sein Hauswesen heruntersieht."[38]

„Apolinère Enameled" – ein sogenanntes „korrigiertes Ready-made" – entstand 1916/17 *(Abb. 13)*. Es handelt sich um eine 24 × 34 cm große Reklametafel aus Karton mit einem daraufgesetzten Bett aus Zinkblech. Die Aufschrift „Sapolin Enamel" (Sapolin Lackfarben) veränderte DUCHAMP in das Wortspiel: *„Apolinère Enameled"* (Lackierter Apollinaire). Spricht man „Apollinaire" mit amerikanischem Akzent aus, klingt der Name des Dichters wie „A Pole in Air" (Ein Pfosten in der Luft). Apollinaire ist also das Bett, das auf dem Werbebild lackiert wird und dessen Pfosten deutlich in der Luft schweben. „A Pole in Air" bedeutet ebenso „Ein Pole in der Luft".[39] Auch das wiederum ist APOLLINAIRE, denn er war polnischer Abstammung: sein eigentlicher Name lautete Guillaume Apollinaire Kostrowitzki.

Auf den unteren Bildrand setzte DUCHAMP Signatur und Datierung: *[from] Marcel Duchamp 1916 1917* und einen Non-Sens-Satz: *Any act red by her ten or epergne, New York, USA*. Diesen Satz erfand er, indem er einige Buchstaben des Herstellernamens auswechselte. Wörtlich übersetzt bedeutet die Inschrift etwa: „Jede rote Akte durch ihr zehn oder Tafelaufsatz". Einer der ersten Interpreten dieses Werks, Ulf LINDE, liest den Satz als „Any

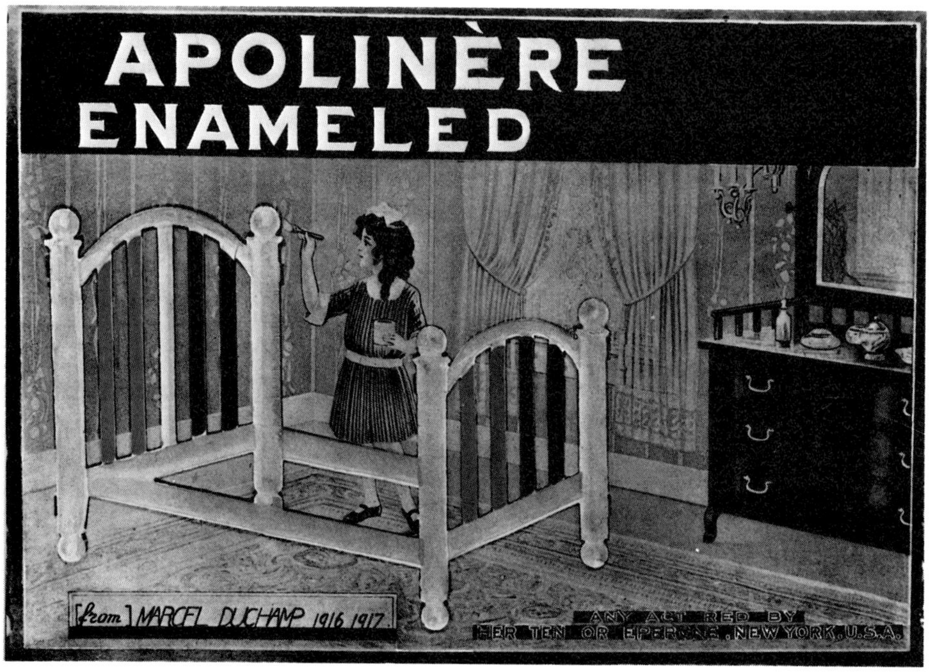

Abb. 13: Marcel Duchamp: Apolinère enameled – Lackierter Apollinaire. Korrigiertes Ready-made. New York 1916/17. Fotografie aus der „Schachtel-im-Koffer", 1941

act read by her tenor" (Jede Akte von ihrem Tenor gelesen) und erkennt in dem selten gebrauchten englischen Wort „epergne" [i'pə:n] – Tafelaufsatz – eine klangliche Verwandtschaft mit dem französischen „est peigné" (ist gekämmt).[40] Diese Klangnähe wäre nach LINDE die Verbindung zu der von DUCHAMP hinzugefügten Spiegelung der Haare des Mädchens im Spiegelaufsatz der Kommode. Mehr noch ähnelt das Klangbild von „epergne" jedoch dem französischen „est peint" (ist gemalt). Das Mädchen auf dem Werbekarton ist damit beschäftigt zu malen, genauer gesagt: anzustreichen. (Auch in der deutschen Sprache bezeichnet das Verb „malen" sowohl die Tätigkeit des Kunstmalers als auch die des Anstreichers.) APOLLINAIRE war der Autor des Buches *„Les peintres cubistes"* (Die Maler des Kubismus), in dem er die Theorie der „reinen Malerei" (der *peinture pure*) vorgebracht hatte, jene Idee einer „Malerei um der Malerei willen", die DUCHAMP zeitlebens als geistloses Anstreichen verabscheut hat. Hinzu kommt die Tatsache, daß *„Les peintres cubistes"* die einzige Würdigung der Kunst DUCHAMPS enthielt, die bis dahin in Paris erschienen war. Das Kapitel über ihn endet mit dem merkwürdigen Satz: „Vielleicht wird es einem derart von ästhetischen Vorurteilen befreiten, derart um Energie bemühten Künstler wie Marcel Duchamp vorbehalten bleiben, Kunst und Volk wieder miteinander zu versöhnen."[41] Das ist sicher nicht eingetreten, doch war die Absicht, die künstlerischen Ausdrucksmittel mit der modernen alltäglichen Wahrnehmung in Einklang zu bringen, eine der Triebkräfte DUCHAMPS zum Bruch mit dem Tafelbild und zur Erfindung der Objektkunst.

In der Erfahrung der großstädtischen Warenwelt kann man den empirischen (nicht philosophischen) Ursprung der Ästhetik des Zu-Falls finden, die DUCHAMP zeitlebens höher als jede Kausalität schätzte. Nicht die literarischen Salons, sondern die Boulevards von Paris und die Avenuen von New York waren die Quellen seiner Phantasie. Kaminhauben von den Dächern, Ladensymbole und Hausplaketten verwandelte er in Denkbilder seiner individuellen Ikonografie. Die unerwarteten Kombinationen, die aus Reklame-Appellen, Bruchstücken von Inschriften und aus den willkürlichen Begegnungen der Dinge in den Schaufenstern dem Spaziergänger zufallen, bildeten die Erfahrungsgrundlage, auf die DUCHAMPS Wort- und Dingspiele zurückgriffen. BAUDELAIRE, MALLARMÉ und an erster Stelle sein Freund Guillaume APOLLINAIRE hatten ihm den Weg dorthin gezeigt. Wie für APOLLINAIRE waren auch für DUCHAMP die bisher nicht beachteten, „bedeutungslosen" Ausdrucksformen die wirklich modernen in der Kunst; denn sie entsprachen der massenhaften, alltäglichen Erlebnisweise der Menschen. Die „schönen Künste", Malerei und Skulptur, begriff er als Relikte einer vergangenen Epoche. Modern war für ihn alles das, was der Bourgeois als geschmacklos verwarf, modern war vor allem das an das Zufällige geknüpfte Überraschungsmoment.

In vielen Gebrauchsgegenständen und Warenarrangements der modernen Stadt könnte man eine Art unfreiwillige Objektkunst entdecken. Sie wahrzunehmen hängt von dem schöpferischen Ereignis des Zusammentreffens und der spontanen Erkenntnis ab. Den Prozeß des Übergangs von Nicht-Sinn in Sinn auf der Stufe absichtsloser Gedanken kann ein anderes „korrigiertes Ready-made", aus dem Jahre 1914, verdeutlichen. In einem Laden für Malereibedarf hatte DUCHAMP drei Reproduktionen eines trivialen Aquarells in der Art der Winterbilder in einem Kalender gekauft. In den Hintergrund der Landschaft setzte er zwei Farbtupfer, ein Rot und ein Grün, „... so ähnelte sie einer Apotheke. Das war die Art Vergnügungen, die mir Spaß machte".[42] Er schrieb auf die Reproduktion den Titel *Pharmacie* und signierte das Blatt als sein eigenes Werk *(Abb. 14)*. Die Ergänzung des Bildes kam aus der Erinnerung an die Lichter in den Fenstern der normannischen Apotheken, die nach Einbruch der Dunkelheit die Blicke der Passanten auf sich ziehen sollten.

„Zumal abends, wenn die Lampe angezündet ist", heißt es in FLAUBERTS Roman *„Madame Bovary"*, „und die roten und grünen Glasgefäße, die sein Schaufenster verschönern, ihr farbiges Licht weit hinaus auf den Boden werfen, kann man durch sie hindurch den Schatten des Apothekers wie in bengalischer Beleuchtung über sein Pult gebeugt sitzen sehen."[43]

Die Verknüpfung der Winterlandschaft mit dem Gedanken „Apotheke" hat man auf den Einfluß der Gedichte Jules LAFORGUES zurückgeführt.[44] Daß die Werke des 1887 verstorbenen Dichters in der geistigen Entwicklung DUCHAMPS eine Rolle gespielt haben, belegen nicht nur seine diesbezüglichen Aussagen in Interviews, sondern auch drei Entwürfe für Illustrationen zu Gedichten LAFORGUES aus dem Jahr 1911. LAFORGUES Gedichtband *„Derniers vers"* beginnt mit dem Gedicht *„L'hiver qui vient"* (Der nahende Winter), in dem eine Stimmung von Monotonie und Langeweile und Gedanken an den Tod mit der Jahreszeit des Winters assoziiert werden. Das Wort „Pharmacie", das unvermittelt in einer Aufzählung von mit dem Winter verbundenen Gegenständen und Situationen auftaucht, steht in dem Gedicht für „Krankheit". Solche Gedanken mögen bei der Entstehung von DUCHAMPS *„Pharmacie"* mitgespielt haben: Was der Zeichner des Massendrucks als Bild einer schönen Winterlandschaft gedacht hatte, verwandelt DUCHAMP über den Titel und die zwei Farbtupfer ins Gegenteil, in einen Ausdruck von Melancholie, Einsamkeit und Krankheit.

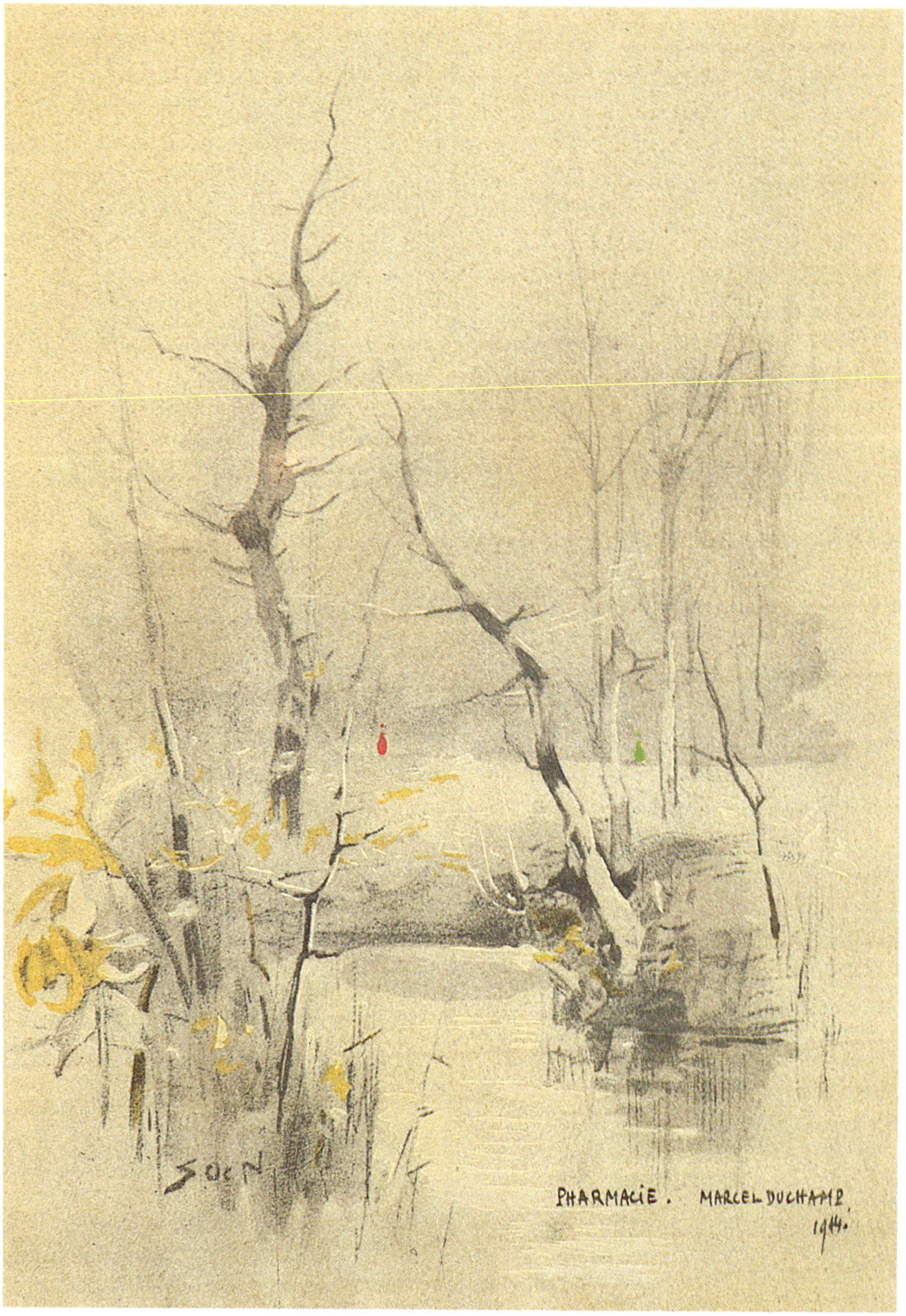

Abb. 14: Marcel Duchamp: Pharmacie – Apotheke. Ready-made. Rouen 1914. Fotografie aus der „Schachtel-im-Koffer“, 1941

In demselben Jahr 1914 arbeitet DUCHAMP an einem Glasbild mit dem Titel *„Friedhof der Uniformen und Livreen“*, in dessen literarischem Entwurf er das „träge Leben, [...] das ständige Hin und Zurück auf den Prellbock, das monotone Schwungrad, die Ramschware Leben“ [45] beklagt – Gefühle, die LAFORGUE in dem genannten Gedicht in eine Winterlandschaft gespiegelt hatte.

Was für den akademischen Künstler die Museen, waren für den Flaneur die Schaufenster. Aus ihnen übertrug sich das Wahrnehmungsverhalten im Warenkapitalismus in die Kunst. DUCHAMP ist der erste Maler der Moderne, der die Erfahrung der Welt aus dem trivialen Blickwinkel des Flaneurs auf der Ebene der künstlerischen Ausdrucksmittel reflektiert. Er nimmt sie nicht mehr nur zum Ausgangspunkt einer Änderung des Gegenstandes, wie wir es von den impressionistischen Gemälden der Boulevards und Cafés kennen, sondern entwickelt aus ihr eine vollkommene Ablehnung des Gemäldes als einem zeitgemäßen Ausdrucksmittel. Während in Deutschland August MACKE Bilder von Passanten malte, die in die Betrachtung von Schaufensterauslagen versunken sind, entnahm DUCHAMP sein Bild direkt dem Schaufenster selbst: Ein Reklameschild für Glasurfarben, dessen Aufschrift er leicht veränderte, so daß die Darstellung eines anstreichenden Mädchens zum ironischen Kommentar der „reinen Malerei" wurde.

Spätestens ab 1913 datiert DUCHAMPS bewußte Auseinandersetzung mit den Spiegelungen im Schaufensterglas. In jenem Jahr notierte er folgende Überlegungen:

„Das Problem der Schaufenster.
Das Verhör der Schaufenster über sich ergehen lassen.
Der Anspruch des Schaufensters.
Das Schaufenster, Beweis der Existenz der Außenwelt.
Wer sich dem Verhör der Schaufenster unterzieht, spricht seine eigene Verurteilung aus. Die Wahl ist tatsächlich ein hin und zurück. Gemäß dem Verlangen der Schaufenster, als unvermeidliche Antwort auf sie, kommt es zur Fixierung der Wahl. Nicht starrsinnig, weil absurd, den durch die Fensterscheibe vollzogenen Koitus mit einem oder mehreren Gegenständen in der Auslage verheimlichen. Die Strafe besteht darin, die Scheibe einzuschlagen und Wut und Bedauern zu empfinden, sobald der Besitz konsumiert ist. Q. E. D." (S. 125)

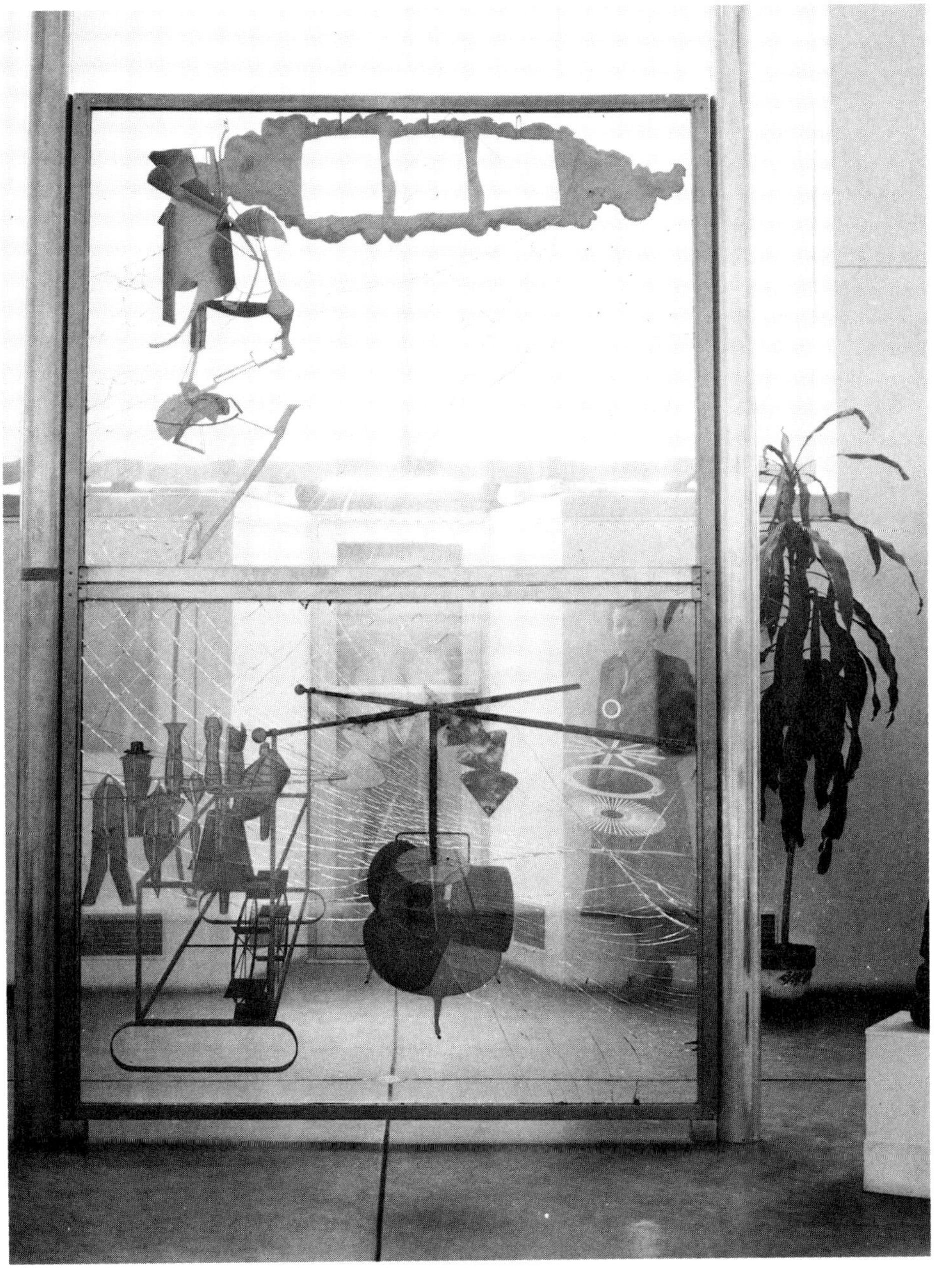

Abb. 15: Marcel Duchamp: La Mariée mise à nu par ses Célibataires, même – Die Braut von ihren Junggesellen nackt entblößt, sogar. New York 1915–1923. Philadelphia, Philadelphia Museum of Art (Stiftung Katherine S. Dreier)

Die aktive, beherrschende Kraft in diesem Dialog zwischen Schaufenster und Betrachter erkannte Duchamp eindeutig der Ware zu. Der Betrachter überläßt sich ihren Reizen. Duchamp beschreibt im Schaufensterbummler den Voyeur, der die reale, sinnliche Aneignung der ausgestellten Bedürfnisse als Enttäuschung und ihre Befriedigung im bloßen Anschauen als real empfindet. Die Glasscheibe, aufreizendes Symbol der Trennung des Menschen vom Gegenstand seines Verlangens, bedeutet für den Voyeur Bedingung und Aufrechterhaltung seines Vergnügens.

Im Schaufenster eines Süßwarengeschäfts entdeckte Duchamp eine Schokoladenmühle, die ihn zu seinem ersten Maschinenbild inspirierte. Aus den Warenauslagen stammten die Ready-mades. (Schaufenster-)Glas diente ihm als Zeichenfläche für sein wichtigstes Einzelwerk: *„La Mariée mise à nu par ses Célibataires, même“* (Die Braut von ihren Junggesellen nackt entblößt, sogar), in dem der kunstsinnige Betrachter, auf der Suche nach der Botschaft des Künstlers, bei einer wechselnden Einstellung des Blicks unverhofft sich selbst beim Betrachten zuschaut *(Abb. 15)*.

Es war eine Huldigung an seine geheime Akademie, als Duchamp 1945 zum Erscheinen von Bretons *„Arcane 17“* gemeinsam mit Matta, Breton und Isabelle Waldberg ein Schaufenster der New Yorker Buchhandlung Gotham Book Mart dekorierte *(Abb. 16)*. Sein Beitrag war eine „kopflose“ weibliche Schaufensterpuppe, die eine Ausgabe von Bretons Buch in Händen hielt. An ihrem Oberschenkel saß ein Wasserhahn, für den eine kleine Karte im Hintergrund mit der Aufschrift *Lazy Hardware* (Träge Eisenwaren) eine Erklärung bereithielt. Sie leitete zu einem seiner zahlreichen Wortspiele hin, die Breton fünf Jahre zuvor in der *„Anthologie de l'humour noir“* (Anthologie des schwarzen Humors) veröffentlicht hatte. Der Wasserhahn spielt darin die Rolle eines akustischen Spiegels, und erneut verweist Duchamp dabei auf das wechselseitige Verhältnis der Wahrnehmung: „Von unseren Artikeln an träger Eisenware empfehlen wir einen Wasserhahn, der zu tropfen aufhört, wenn man ihm nicht mehr zuhört.“[46] Die erotische Grundlage von Duchamps Wahrnehmungstheorie ist in diesem Bild deutlich.

In allen diesen Arbeiten stößt man zugleich auf eine zweite, „metaphorische“ Schicht der Bedeutung. Das Vergnügen des Voyeurs, das Duchamp im Schaufensterbummel aufspürte, begriff er als Beispiel für die gesamte Situation der zeitgenössischen Kultur. In immer neuen Formen hat er diesen Sachverhalt verarbeitet.

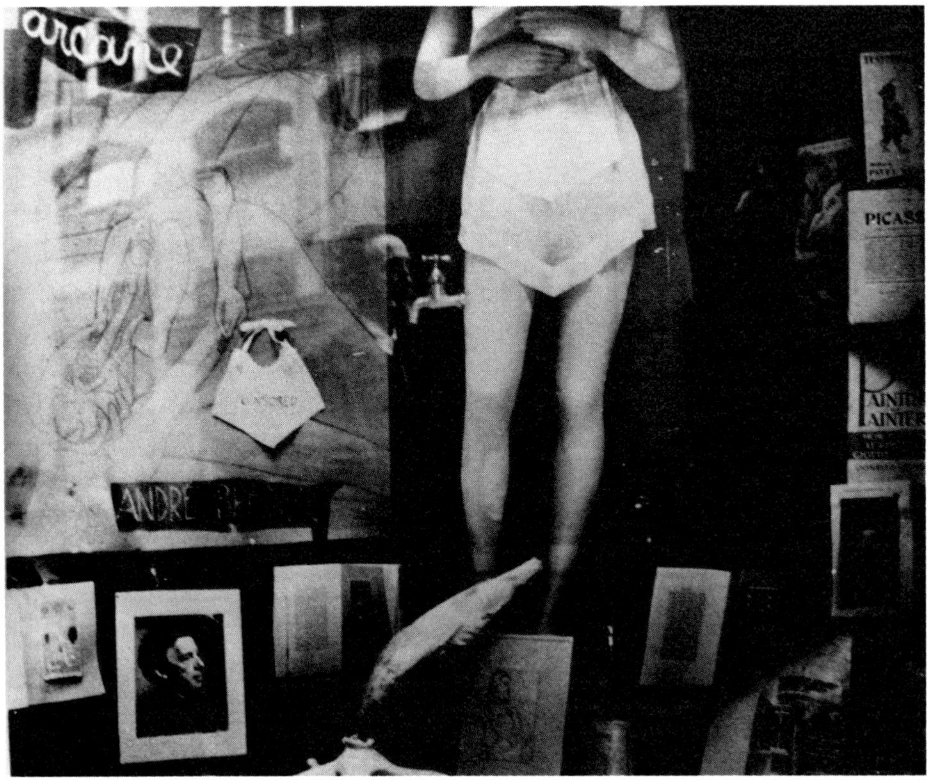

Abb. 16: Schaufenster Gotham Book Mart. New York 1945

Weniger direkt, aber um so zynischer formulierte dasselbe Thema schon ein Glaskonstrukt von 1918, dessen Titel den Betrachter dazu auffordert: *„A regarder (l'autre côté du verre) d'un œil, de près, pendant presque une heure"* (Mit einem Auge [die andere Seite des Glases] fast eine Stunde lang aus der Nähe zu betrachten) *(Abb. 17)*.

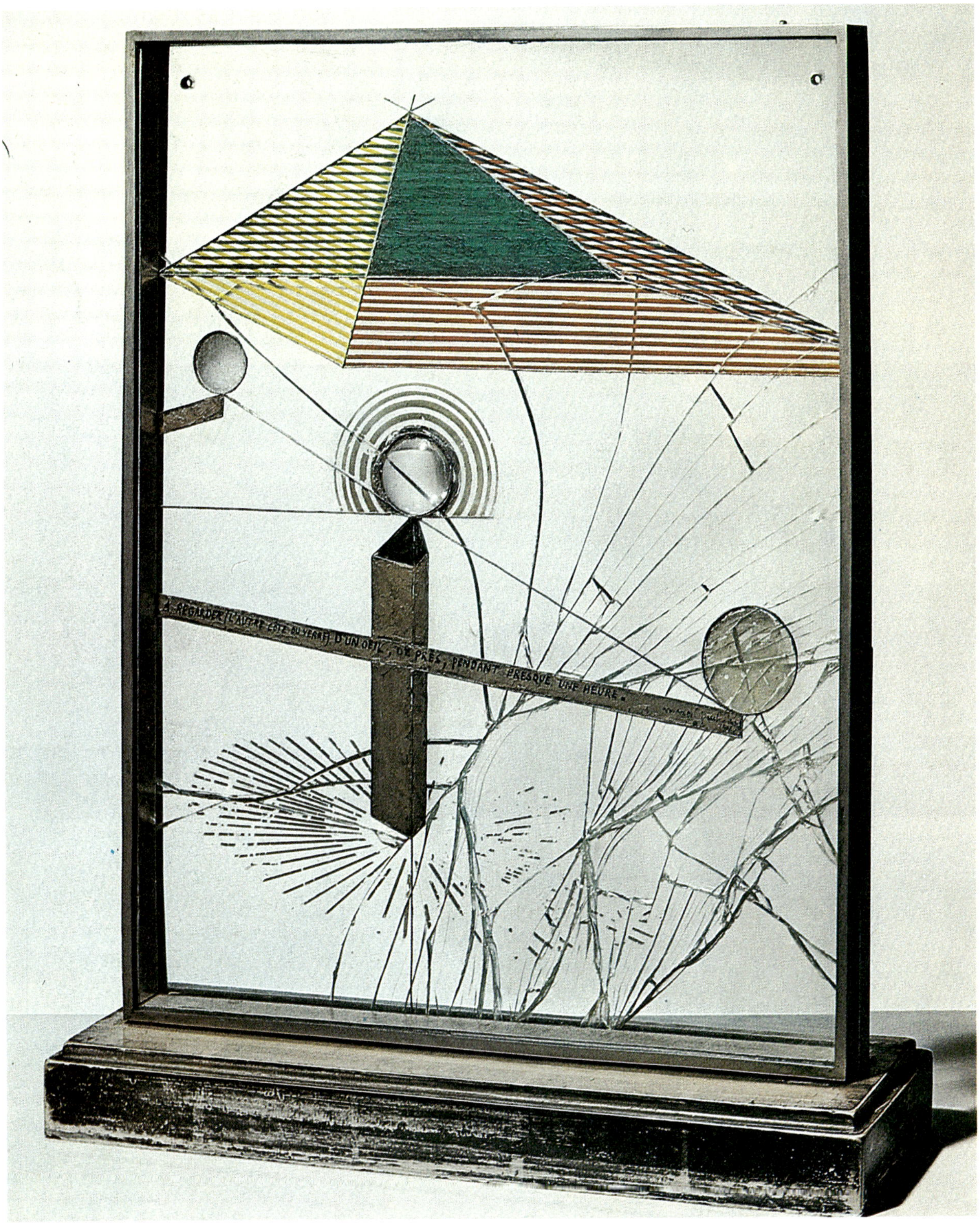

Abb. 17: Marcel Duchamp: A regarder (l'autre côté du verre) d'un œil, de près, pendant presque une heure – Mit einem Auge (die andere Seite des Glases) fast eine Stunde lang aus der Nähe zu betrachten. Glaskonstrukt. 1918. New York, Museum of Modern Art (Stiftung Katherine S. Dreier)

Der voyeuristische Blick auf den künstlerischen Außenseiter ist Inhalt der 1942 entstandenen Fotocollage *„A la manière de Delvaux"* (In der Art Delvaux'), die eine sich im Spiegel betrachtende nackte Frau aus der Schlüssellochperspektive zeigt *(Abb. 18)*. Unter dem Bild der Kommentar: *Le Péché Originel* (Die Erbsünde).

In der New Yorker Ausstellung „First Papers of Surrealism", für deren Katalog er die „Delvaux"-Collage entworfen hatte, ließ er vor den Bildern 16 Meilen Schießbaumwolle verspannen, um dem Besucher seine Rolle als Eindringling deutlich zu machen. Es scheint, als habe DUCHAMP mit dieser Inszenierung einen Vorschlag BRETONS aufgenommen, mit dem er die Ausstellung gemeinsam organisierte.

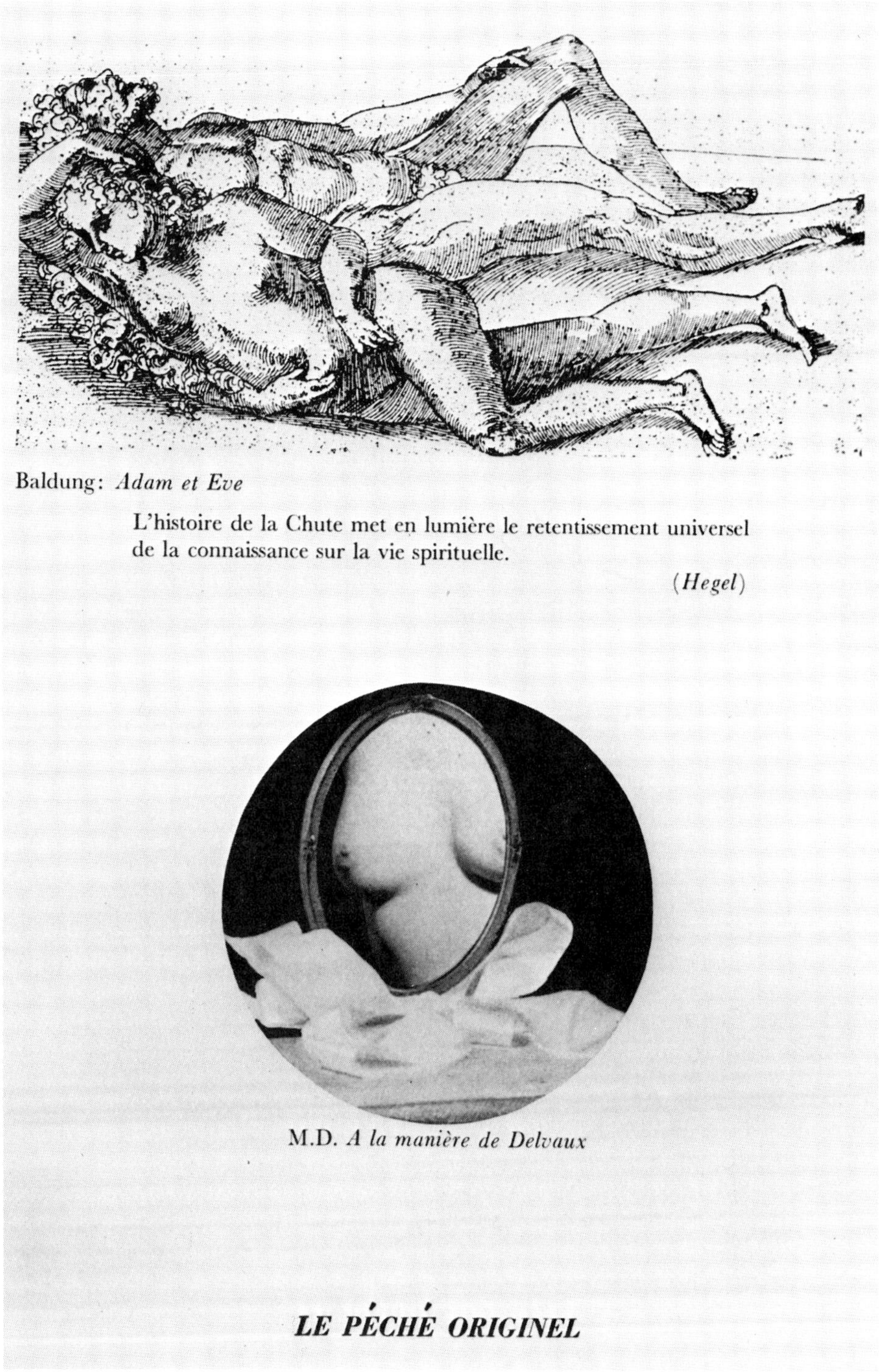

Abb. 18: Marcel Duchamp: A la manière de Delvaux – In der Art Delvaux'. New York 1942. Seite aus „First Papers of Surrealism", New York 1942

„Vor allem muß man die Zustimmung der breiten Öffentlichkeit fliehen“, hatte BRETON im *„Zweiten Manifest des Surrealismus“* (1929) geschrieben. „Das Publikum muß unbedingt daran gehindert werden, *einzutreten,* will man Mißverständnisse vermeiden. Ich füge hinzu: man muß es mittels eines Systems von Herausforderungen und Provokationen gereizt am Eingang stehen lassen.“[47] In dieser Frage stimmte DUCHAMP mit BRETON überein.

Schon 1938, in der ersten „Internationalen Ausstellung des Surrealismus“ in der Pariser Galerie des Beaux-Arts hatte er eine Provokation des Publikums installiert, indem er den Ausstellungsraum verdunkeln ließ und als einzige Lichtquelle ein elektrisches Feuerbecken aufstellte, in das Staub aus Kohlensäcken, die an der Decke aufgehängt waren, herunterrieselte *(Abb. 19).*

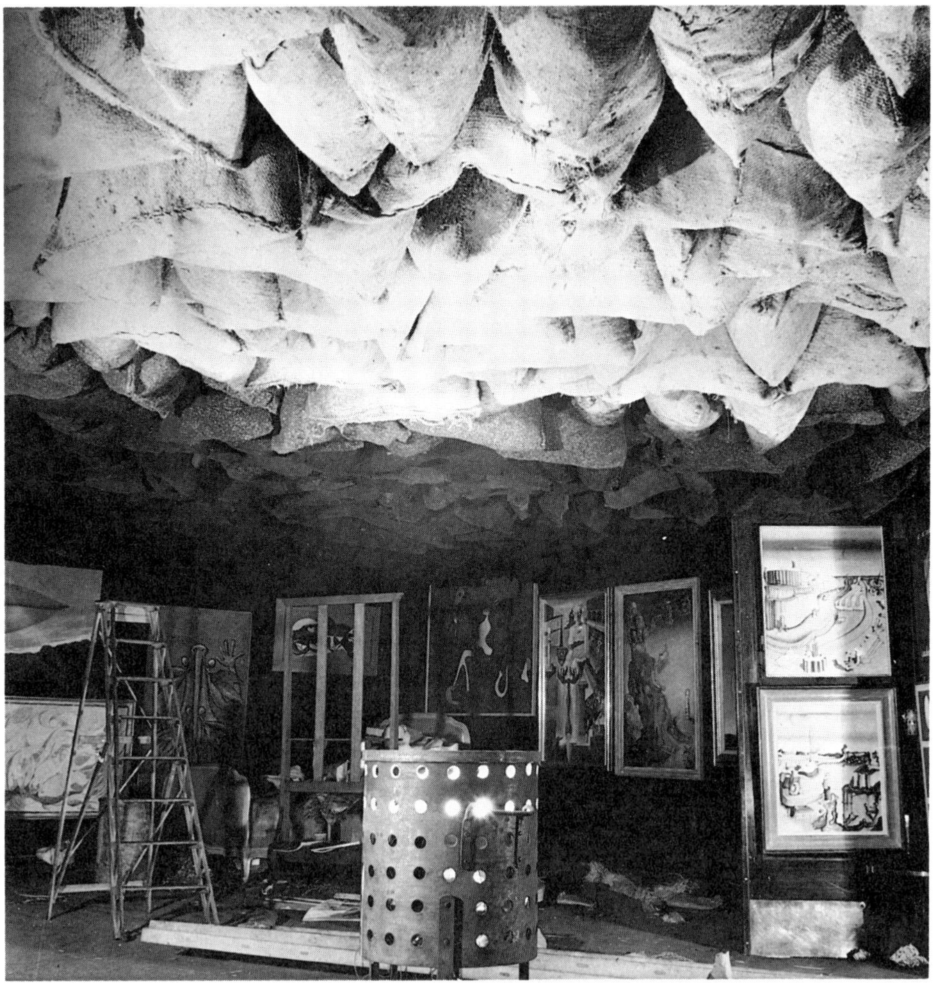

Abb. 19: Marcel Duchamp: Installation in der „Internationalen Ausstellung des Surrealismus“. Paris, Galerie des Beaux-Arts. Januar/Februar 1938

Die Notausgänge hatte er durch Drehtüren verstellt, die als Hängefläche für die Gemälde dienten. Die widersprüchliche Verbindung, die zwischen radikaler Avantgarde und ihrem Publikum bestand, die heimliche Verachtung, die man füreinander empfand, ist damals selten deutlicher demonstriert worden.

1920/21 entwarf DUCHAMP ein Fensterobjekt, in dem er den Renaissance-Gedanken vom Bild als einem Fenster zur Außenwelt parodierte: In *„La Bagarre d'Austerlitz“* (Die Schlägerei von Austerlitz) verspricht der Titel ein Schlachtengemälde. Doch statt vor einer bemalten (oder Kino-) Leinwand steht der Betrachter vor frisch eingesetzten Fensterscheiben, auf denen die weißen Markierungen des Glasers noch zu sehen sind: Vorsicht Glas![48]

In einem zweiten Objekt demonstriert DUCHAMP die widersprüchliche Psychologie, die allen Ab-Bildern zugrunde liegt. Im Fenstermodell *„Fresh Widow“* (Frische Witwe) *(Abb. 21)* bestehen die Scheiben nicht aus Glas, sondern aus undurchdringlichem schwarzen Leder.[49] Der Blick nach draußen ist verwehrt (verwitwet). Der Lust

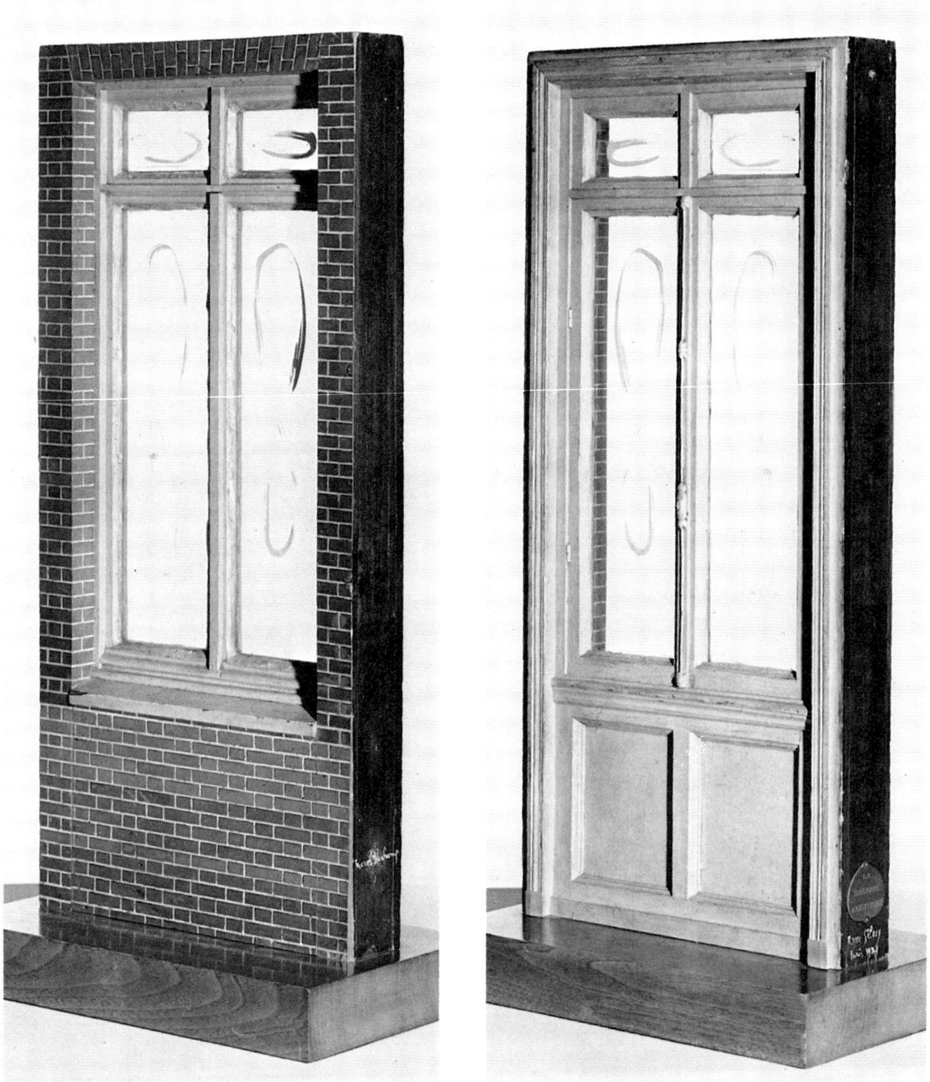

Abb. 20: Marcel Duchamp: La Bagarre d'Austerlitz – Die Schlägerei von Austerlitz. Vorder- und Rückseite. Paris 1921. Stuttgart, Staatsgalerie

am Zusehen folgt unweigerlich die Frustration über die Abwesenheit der Dinge, wonach die Darstellung das Bedürfnis geweckt hat. In der Welt der Massenmedien wurde diese Selbstentfremdung der sinnlichen Erfahrung in einem Maße verschärft, daß sie ins Bewußtsein drang.

Die Aufgabe des Künstlers

„Früher war die Farbe des Malers immer ein Mittel zum Zweck, ob nun der Zweck religiös, politisch, sozial, dekorativ oder romantisch war", erklärte DUCHAMP in einem Interview mit der amerikanischen Kunstkritikerin Katharine KUH (1962). „Jetzt ist sie zu einem Selbstzweck geworden. Das ist ein weit wichtigeres Problem, als zu wissen, ob die Kunst figurativ ist oder nicht".[50] DUCHAMP stellte sich gegen eine Kunst um der Kunst willen, unabhängig davon, ob diese Kunst sich in gegenständlichen oder in abstrakten Formen ausdrückte. Entscheidend für seine Konzeption der künstlerischen Arbeit war der Gedanke, daß die Malerei, die Skulptur oder jede andere künstlerische Technik als ein Ausdrucksmittel und nicht als ein Endziel zu betrachten sei. Er wandte sich gegen eine Kunsttheorie und Kunstpraxis, welche die lebendige Beziehung und Wechselwirkung zwischen der religiösen oder philosophischen, der abbildenden und der ästhetischen Dimension in einem Kunstwerk aufspalteten und die einzelnen Bestandteile in starren und unversöhnlichen Gegensätzen einander gegenüberstellten.

Während die Mehrzahl seiner Kollegen um 1910 damit befaßt war, die Malerei von allem „Anekdotischen“ zu trennen und auf rein ästhetische Belange zu reduzieren, erinnerte Duchamp an die vor-moderne Tradition einer Kunst, die immer religiös, philosophisch oder literarisch gewesen war.

In einem Gespräch mit Alain Jouffroy im Jahr 1964 betonte er den Unterschied zwischen einer Malerei, welche die Farbe nur dazu benutzt, um einen Netzhauteindruck zu erregen, und einer solchen, die nicht an der Retina haltmachte, sondern „die Farbtube als ein Sprungbrett benutzte, um viel weiter zu gelangen. Das war der Fall bei den religiösen Malern der Renaissance. Die Farbtube interessierte sie nicht. Ihr Interesse war es, ihre Idee von Gott auszudrücken [...] Ohne das wiederholen zu wollen, war es doch diese Idee, die mich beherrschte: daß die ‚reine Malerei‘ als Ziel an sich uninteressant ist.“[51]

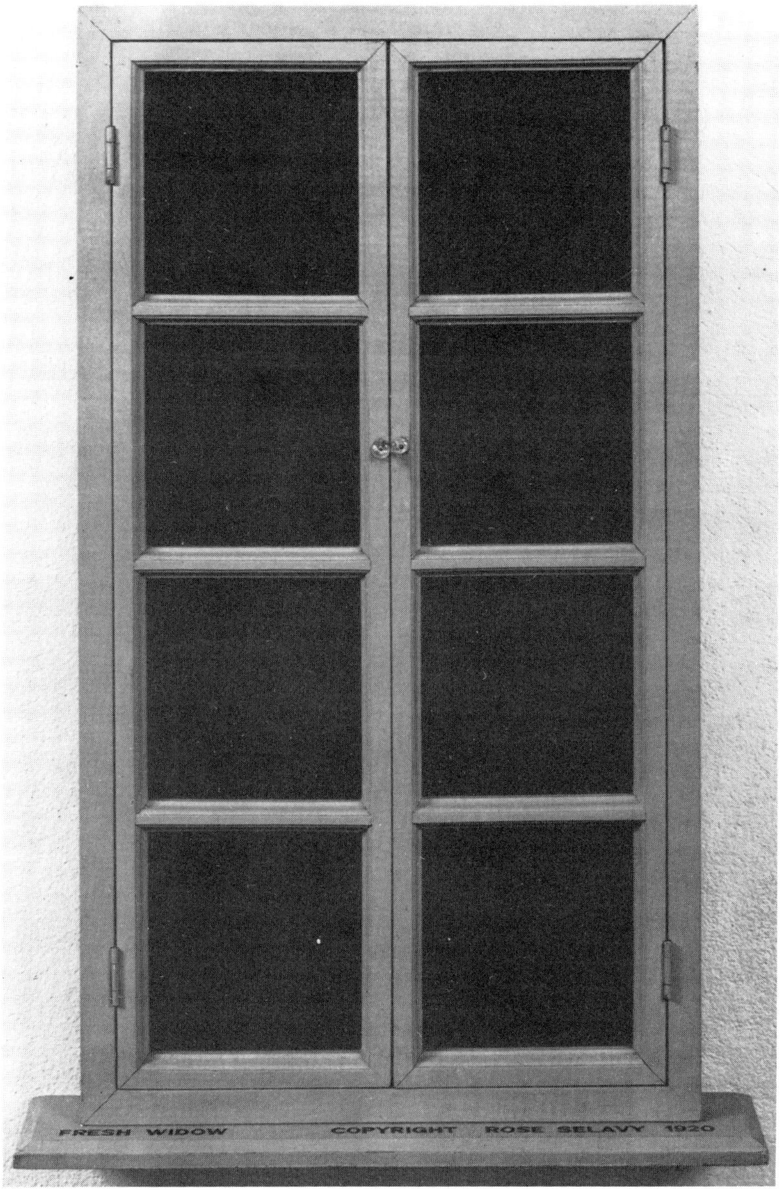

Abb. 21: Marcel Duchamp: Fresh Widow – Frische Witwe. New York 1920. New York, Museum of Modern Art (Stiftung Katherine S. Dreier)

Duchamps Bruch mit Malerei und Skulptur, die Erfindung der Glaskonstrukte, der Ready-mades und anderer Formen der Objektkunst im Jahr 1913 sind der Versuch, diese Tradition in einem völlig veränderten geistigen Klima zu erneuern: in einem a-religiösen, vom wissenschaftlichen, das heißt in erster Linie vom positivistischen Denken bestimmten Kontext. Duchamps Objekte sind Denkfiguren. Die Readymades sind Bilder der Außerkraftsetzung des alltäglichen Funktionalismus, der ohne ein geradezu körperliches Vertrauen in die Wahrheit der naturwissenschaftlichen Erkenntnis unmöglich wäre.

Dem Ziel der Störung und Lähmung des funktionalen Denkens dient die verkehrte Lage der Gegenstände im Raum: Die Schneeschaufel schwebt in der Luft, die Garderobe hängt am Fußboden. Die funktionale Verrücktheit wird gesteigert durch die Hinzufügung „falscher Titel“, die in Form von Wortspielen und Widersinnigem die Wahrnehmung der Gegenstände in ein neues Assoziationsfeld führen: „Trébuchet“ – „Falle, Präzisionswaage oder Scheinopfer“ für eine Garderobe, „3 oder 4 Tropfen Höhe haben nichts mit Wildheit zu tun“ als Legende zu einem Kamm, „L.H.O.O.Q.“ (Elle a chaud au cul – Sie ist läufig) als Bezeichnung der „Mona Lisa“. Die Gegenstände und die Wörter bedeuten nicht mehr das, was sie zu bedeuten scheinen oder was sie immer bedeutet haben. Nichts bleibt von dieser Relativierung ausgenommen, auch nicht und gerade nicht die herkömmlichen Kunstbegriffe.

Duchamp verstand den Künstler als „eine Art Missionar“ und dessen Tätigkeit als die letzte Spur der Religion im Zeitalter der Wissenschaft.[52] Das ideale Museum definierte er als „Sanktuarium esoterischen Charakters“,[53] und das Leben des Künstlers verglich er mit dem eines Mönchs: „Es ist eine Art Priesterweihe.“[54] Als Dreiundsiebzigjähriger, bei einer Ansprache vor einem Symposion an der Universität Hofstra, hat er sich zum ersten Mal theoretisch zur Aufgabe des Künstlers in der Gesellschaft geäußert:

„Der Künstler spielt in der modernen Gesellschaft eine viel wichtigere Rolle als die eines Handwerkers oder eines Hofnarren. Er sieht sich mit einer Welt konfrontiert, die auf einem brutalen Materialismus beruht, in der alles in bezug auf den materiellen Wohlstand bewertet wird und in der die Religion, die viel an Terrain verloren hat, nicht mehr die große Spenderin geistiger Werte ist. Heutzutage ist der Künstler ein merkwürdiges Reservoir an para-spirituellen Werten in absoluter Opposition zum alltäglichen Funktionalismus, für den die Wissenschaft die Huldigung einer blinden Bewunderung empfängt."

DUCHAMP empfiehlt dem Künstler, an die Universität zu gehen, um sich einerseits über die letzten Ergebnisse „des sogenannten materiellen Fortschritts auf dem laufenden zu halten" und andererseits „eine Kenntnis der großen geistigen Traditionen zu erwerben, mit denen selbst die Religion den Kontakt verloren zu haben scheint". Durch diese Ausbildung, so seine Überzeugung, wird der Künstler über die angemessenen Werkzeuge verfügen, „um sich im Rahmen geistiger Werte durch den Kanal eines Ich-Kults der materialistischen Lage der Dinge zu widersetzen. Ich glaube, der Künstler hat heute mehr denn je diese para-religiöse Mission zu erfüllen: die Flamme einer inneren Vision lebendig zu erhalten, deren getreueste Übersetzung für den Laien das Kunstwerk zu sein scheint."[55]

Welches aber sind die „spirituellen Werte", die DUCHAMPS Werke verkünden? Es ist das Meta-Physische schlechthin, das religiöse Gefühl in seiner abstraktesten Gestalt, als Akt des Auflösens allen positiven Wissens in Nicht-Wissen, in Glauben, ohne daß sich ein Hinweis darauf fände, woran zu glauben ist. Es scheint, daß die Philosophie des Skeptizismus und Agnostizismus ohne Zugeständnisse an die religiöse Weltanschauung nicht auskommt. Die geistige Funktion seiner Kunst charakterisierte DUCHAMP sehr präzise, als er sie wie eine Tätigkeitsform beschrieb, „durch die allein der Mensch das animalische Stadium überwinden kann, denn die Kunst ist ein Ausweg in Regionen, wo weder Zeit noch Raum herrschen. Leben ist glauben. Das zumindest ist es, was ich glaube."[56] In den Ready-mades löst DUCHAMP den praktisch-industriellen Sinn der Gegenstände in Un-Sinn auf und beläßt es bei der so geschaffenen Unentschiedenheit. „Stets spielt Magie hinein", so erläuterte er einmal seine Objekte, „die Verfremdung des Gegenstands erzeugt immer einen rätselhaften Zauber."[57] Als ästhetische Erfahrung soll sie dem Menschen zurückgeben, was er im Zerfall der Religiosität verloren hat.

10. Der ästhetische Mensch

Gert Mattenklott

In allen Hochkulturen tritt das Ästhetische in der speziellen Form von Kunstproduktion auf, für die auf einem gewissen Niveau der Arbeitsteilung und Professionalisierung meist Berufskünstler zuständig sind; daneben zeigt es sich aber auch in der Gestaltung des Alltags von jedermann, angefangen beim Körperbild (Haartracht, Schminke, Kleidung) über das Wohnen (Architektur und Einrichtung, Benutzungsweise) bis zur Lebensführung (Unterscheidung zwischen privaten und öffentlichen Formen der Kleidung, des Auftretens; Eßkultur, Feste). Um diese zweite Form, die Ästhetisierung des Lebens, geht es hier, und zwar um eine radikalisierte Variante: den Ästhetizismus.

Unter diesen Begriff faßt man einen besonders leidenschaftlichen Umgang mit dem Ästhetischen, der das gewöhnliche Gefallen an schönen Menschen, Dingen und Ausdrucksformen weit übersteigt. Seine wichtigsten Merkmale sind eine Opposition gegen die Einengung des Ästhetischen auf die Künste (Forderung ihrer „Entgrenzung"), oft sogar als Polemik gegen die Künste vorgetragen; vor allem aber die Überzeugung, daß von der Ästhetik das persönliche wie das gesellschaftliche Wohlergehen entscheidend bestimmt werden.

Zur Vorgeschichte des ästhetischen Menschen

Die Erhebung des ästhetischen Maßstabs zu einer wesentlichen Lebensnorm ist kein Phänomen der Moderne. Die Spätkulturen der Alten Welt hatten dafür bereits mit der Konzentration von Macht und Reichtum im Besitz kleiner Herrschaftseliten die wichtigsten äußeren Voraussetzungen geschaffen; auch die inneren schienen nicht auf sich warten zu lassen. Hedonismus und Epikurismus heißen die einflußreichsten philosophischen Lehren des Hellenismus, in deren Vorstellungen von einem glückseligen Erdenleben der Lust am Schönen hohe Bedeutung zukam – mit welchem Ergebnis bezeugt die Prachtentfaltung jener Zeit in allen ästhetisch erschließbaren Bereichen, vom Wohnluxus bis zur Bäderkultur, von der Kleidung bis zur Gestaltung von Festen. In welchem Ausmaß aber auch das Alltagsleben des antiken Stadtbürgertums in den letzten drei Jahrhunderten v. Chr. von einer stark entfalteten und reich differenzierten ästhetischen Kultur überformt war, haben erst die Ausgrabungen Pompejis ans Licht gebracht, deren bis heute wichtigste Funde über das gesamte 19. Jahrhundert hinweg geborgen wurden. So ergräbt sich das vorige Jahrhundert, das den „ästhetischen Menschen" als einen charakteristischen Typus zumal seiner Großstädte hervorbringt, zur selben Zeit eine entsprechende Tradition. Zusammen mit den ebenfalls wesentlich im 19. Jahrhundert entdeckten etruskischen und kretischen Funden haben die aus Pompeji Einfluß auf die historische und theoretische Phantasie sowie auf die künstlerische Formensprache der Kultur des „ästhetischen Menschen" gehabt. Andererseits hat dessen spätzeitliches Ästhetisierungsbedürfnis jenen Geschmackswandel erst ermöglicht, der die wichtigste Bedingung eines anhaltenden archäologischen Interesses an der ästhetischen Kultur der Alten Welt war, unabhängig von Schatzgräberei oder der kunsthistorischen Forschung im engeren Sinne.

Auch die in nachantiker Zeit bedeutendste Universalierung ästhetischer Prinzipien weit über den engeren Kunstbereich hinaus, die der Renaissance, ist im späten 19. Jahrhundert, unter anderem durch die kulturhistorischen Forschungen Jacob Burckhardts, als Vorbildkultur neu entdeckt worden – auch sie von weitreichendem Einfluß auf Kunst, Literatur und Philosophie des Ästhetizismus, in welchem Begriff sich geistesgeschichtlich jene verschiedenen Kräfte bündeln lassen, von denen die Physiognomie des „ästhetischen Menschen" geprägt ist. Der „principe" (Fürst) oberitalienischer Stadtstaaten des 15. und 16. Jahrhunderts – als Idealgestalt alles zugleich: Regierungs- und Lebenskünstler, Philosoph, Artist und wissenschaftlich gebildet – schien für das späte 19. Jahrhundert dem Wunschbild einer Verschränkung von Kunst und Leben, ja der Aufhebung der Grenze zwischen beiden nahegekommen zu sein.

Merkmale des Ästhetizismus im 19. Jahrhundert

Würde man die Betrachtung auf die kunstphilosophischen und kunstpolitischen Programme beschränken, so könnte also leicht der Eindruck einer Jahrhunderte, gar zwei Jahrtausende überbrückenden Kontinuität von Ästhetisierungstendenzen entstehen: als würde der „ästhetische Mensch" eine geschichtsenthobene Wunschvorstellung schönen Lebens verkörpern. Ein Argument vor allem steht aber einer derartig abstrakten Auffassung entgegen: Die Bedeutung der scheinbar gleichen Ideen hat sich zum 19. Jahrhundert hin völlig verkehrt. Das tritt besonders kraß am Verhältnis der ästhetischen Programmatik zu den jeweils gesellschaftsbestimmenden Kräften zutage.

Opposition und Ohnmacht

Die Ästhetisierung des Menschenbildes der Spätantike und Renaissance ist machtgeschützt, wie denn auch die Geschichte der einzelnen Künste erheblich durch den Anspruch der herrschenden Klassen und Schichten auf die ästhetische Auskleidung und Verschalung ihrer Bühne, auf die kunstvolle Inszenierung ihrer Auftritte mitbestimmt ist. Im Gegensatz dazu wird die Erhebung der Kunst zur Lebensreligion seit dem 19. Jahrhundert von einer ästhetischen Opposition gefordert, deren wichtigste soziale Eigenschaft ihre gesellschaftliche Machtlosigkeit ist. In den Beispielen der Alten Welt und ihrer „Wiederaufnahme" in der Renaissance an die Repräsentationskultur bzw. den Luxuskonsum von Machteliten gebunden, ist die Idee des „ästhetischen Menschen" seit dem 19. Jahrhundert eine Provokation von gesellschaftlich an den Rand gedrängten oder sich im sezessionistischen Protest abspaltenden Schichten, die für ihre reale Ohnmacht Entschädigung und Kompensation, Trost und Ersatz, Rückzugspositionen und Angriffsstellungen suchen.

Die Phänomenologie des „ästhetischen Menschen" findet ihren Gegenstand also weder in der repräsentativen Kultur der herrschenden Schichten noch in den Massenkulturen. Sie zielt vielmehr auf eine individualistisch geprägte, an ästhetische Ausdrucksformen gebundene und häufig theoretisch reflektierte Protestform von Außenseitern in den kapitalistisch organisierten, in ihrer Industrialisierung begriffenen Gesellschaften Westeuropas und Nordamerikas seit dem 19. Jahrhundert. Sie ist in diesem Rahmen international und folgt in der Art ihrer Entstehung und in der Intensität ihrer Ausprägung der charakteristischen Verlaufsform und Erscheinungsweise derartiger Bewegungen seit der Aufklärung, das heißt mit deutlichem Vorsprung der weitestentwickelten Länder England und Frankreich und mit entsprechender Phasenverschiebung und nationalen Modifikationen in Deutschland, Italien und in weiteren Ländern Westeuropas, noch später in der östlichen Hälfte. Der Internationalismus der ästhetischen Opposition, durch persönliche, künstlerisch-wirkungsgeschichtliche und theoretische Verbindungen gefestigt, macht sich in der globalen Ähnlichkeit der symbolsprachlichen Formen bemerkbar; er ist aber auch für sich bereits ein bestimmter Inhalt. Denn je entschiedener die europäischen Nationen – zumal mit dem Eintritt in die imperialistische Phase ihrer Entwicklung gegen Ende des 19. Jahrhunderts – ihre Konkurrenz untereinander verschärften, desto provozierender mußte eine ästhetische Kultur sein, welche die internationale Verwandtschaft der Großstädte höher stellte als den nationalen Egoismus.

Die großstädtische Existenzform

Wie mehrdeutig sich nämlich auch immer die Wortführer des Ästhetizismus zur Großstadt gestellt haben, Städter sind sie doch alle – zumindest jedenfalls durch die Stadt gebannt und noch in der leidenschaftlichen Ablehnung, wie etwa NIETZSCHE sie ausgesprochen hat, auf ihr Bild fixiert. Denn in den Städten geschieht all das und konzentriert sich, wogegen der ästhetische Mensch opponiert: das Auslöschen des Individuellen im Anonymen und Massenhaften, sei es der Arbeit, der Liebe oder des Konsums. In den Städten konnte man sich den Aufstieg der neuen Machthaber und den Preis dieses Aufstiegs vor Augen führen, das Massenelend. Hier ließ sich erfahren, was Proletarisierung bedeuten konnte: die Vernichtung der bürgerlichen Existenz, den sozialen Tod. Die großen Metropolen boten dergestalt den Anblick, vor dem die ästhetisch wahrnehmende und ausdrucksfähige Intelligenz in fasziniertem Ekel verharrte: ein fauler Fisch, schaurig-schön in phosphoreszierendem Licht.

Schließlich ist in den Städten des 19. Jahrhunderts neben dem sozialen Tod auch der biologische Massentod durch seuchenhaft auftretende Krankheiten klinisch noch nicht neutralisiert: Cholera und Diphtherie, Typhus, Syphilis und Tuberkulose heißen die epidemischen Statthalter einer immer gegenwärtigen Todesdrohung. Sie wirkt um so schauriger, als die metaphysischen Tröstungen der Religionen ihre Kraft einbüßen.

Katastrophisch genug bedrohen Alter und Tod den Großstädter aber auch ohne derartig dramatische Zusammenbrüche des urbanen Immunsystems. In den Arbeitsprozessen, die in der Stadt vorherrschen, verliert die Arbeitskraft mit dem biologischen Alterungsprozeß rapide an Wert bis zur völligen Nichtigkeit. In der Privatsphäre kann diese Entwertung nicht mehr aufgewogen werden, im Gegenteil. Die Stadtwohnungen sind selbst für ein bloßes Überleben der Alten im Familienkreis zu klein. Um so höher steigt Jugendlichkeit im Kurs, die in den Städten auch erotisch schwer zu kompensieren ist. Man muß diese Angst vor Alter und Tod im Blick behalten, wenn man das Pathos verstehen will, das die Selbstinszenierungen des „ästhetischen Menschen" vom Auftreten der ersten Dandys an umgibt; man muß es um so mehr, als diese selbst den bedrohlichen Auflösungserscheinungen des städtischen Lebens entschieden den Rücken zukehrten. Das Stilisationsprinzip der Moden und Wohnungseinrichtungen, der Lebensführung, der Ansichten ist das von Exklusivität. Die hohe

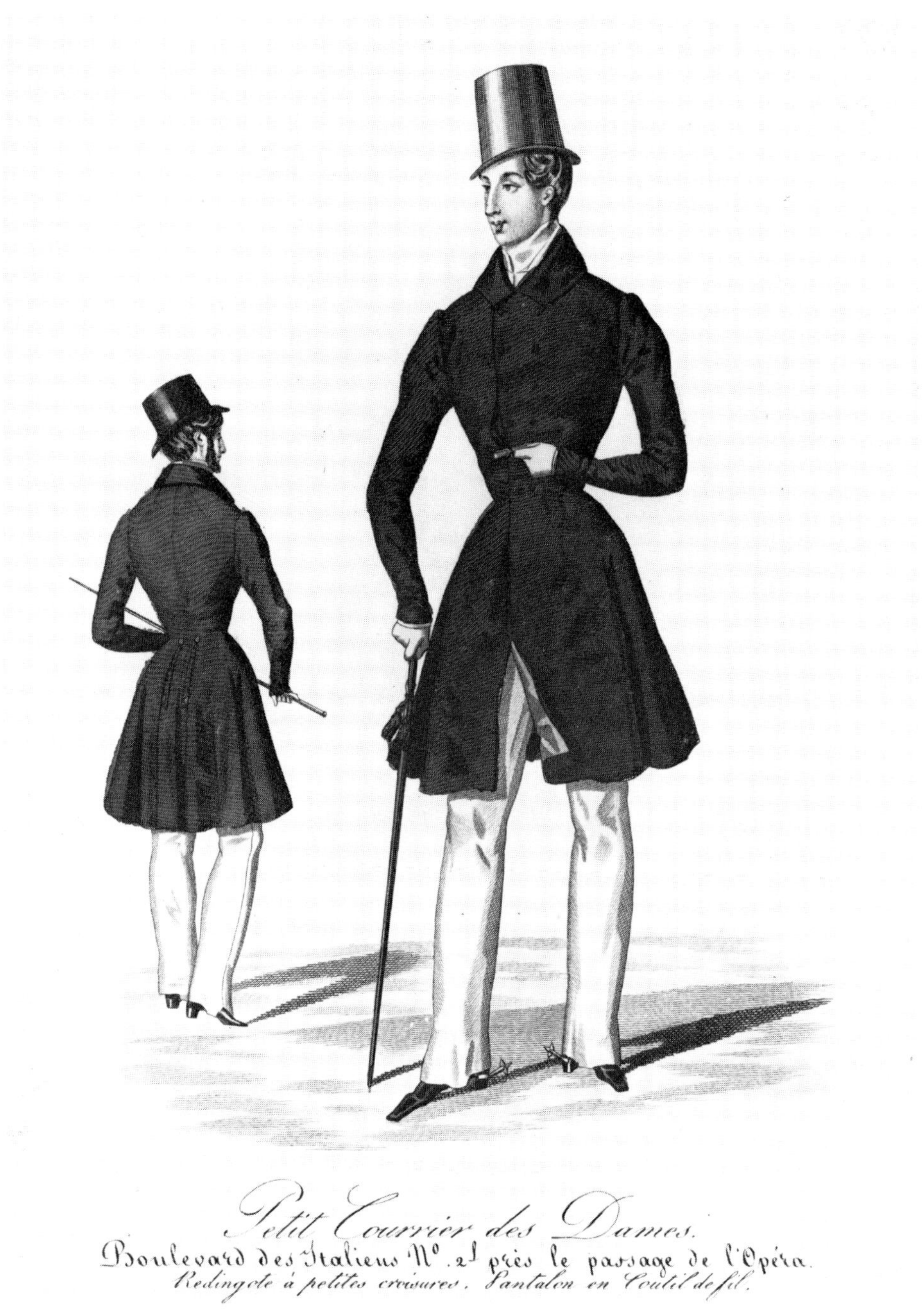

Abb. 1: Brauner Redingote mit weißen Steghosen für den eleganten Pariser der Saison 1833. Modekupfer

Anspruchshaltung des Ästhetizismus beruht aber darauf, daß diese Exklusivität – ehe sie einen sozialen Inhalt erhält – Ausschluß des Alterns und des Todes meint. Das artistische Prinzip will die Gewalt der Zeit brechen. Unter der Devise von Künstlichkeit wird eine eigene Zeit verkündet: die der Moden.

Die Extravaganzen der Mode

Freilich verbindet sich dieser Revolte gegen die Herrschaft der biologischen und historischen Zeit sogleich auch ein Protest gegen eine bestimmte Zeitgenossenschaft, die banale des Kaufmanns. Der phantastische Aufzug BYRONS, D'ORSAYS oder BARBEY D'AUREVILLYS, der in seiner Schrift *„Du dandysme et de Georges Brummel“* (1845) den als „Beau“ gefeierten Modehelden Londons vom Anfang des 19. Jahrhunderts, George BRUMMELL (1778–1840), zum Erfinder einer intellektuellen Strategie stilisiert hatte, war zeitentrückt in jeder Hinsicht. Die sorgfältig aufeinander abgestimmten Ensembles von Fräcken aus kostbaren Stoffen in raffinierten Schnitten, kunstvoll gebundenen Krawatten und eigenwilligsten Accessoires umgaben den Träger wie gut gedichtete Futterale, die vor der Berührung mit der Außenwelt bewahrten. Handschuhe und eine Maske aus Creme und Schminke ergänzten diese zweite Haut, die nicht welken, höchstens knittern oder unmodern werden konnte.

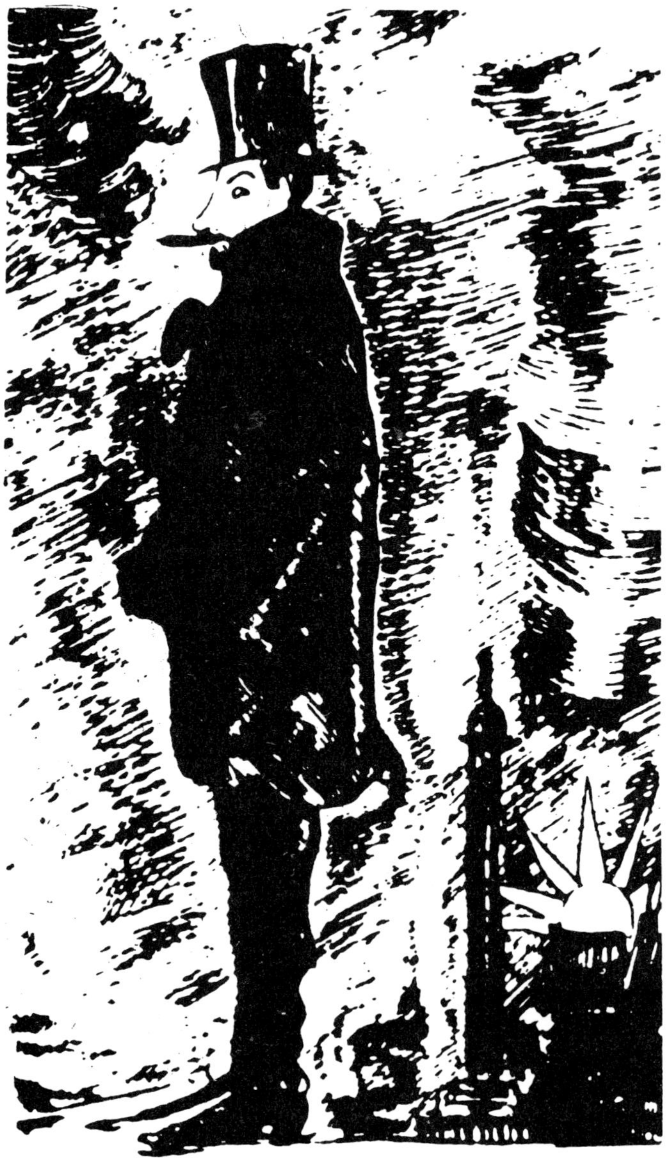

Abb. 2: Charles Baudelaire: Selbstporträt als Rauschgiftsüchtiger im „Leichenbitter“-Schwarz

Zugleich richtete sich die Empörung BARBEYS aber gegen die Auflösung der Formen durch die kaufmännischen Emporkömmlinge, deren Pragmatismus das Lässige und Bequeme, das Sportliche und das Praktische begünstigte. Die Moden BRUMMELLS und die seines Bewunderers BARBEY D'AUREVILLY waren dagegen äußerst unpraktisch, ja ihre Erlesenheit war hauptsächlich ein anderer Begriff für ihre Dysfunktionalität: eine Kleidung, so empfindlich in Material, Schnitt und Farbe, daß ihre Träger sich am besten nur langsam bewegten, wenn überhaupt; ungeeignet für jede denkbare bürgerliche Profession, wie denn auch nicht der Beruf die Kleidung, sondern diese die allenfalls zumutbare Tätigkeit bestimmen sollte. Moden dieser Art hatte es auch früher schon gegeben: für die oberen, nicht oder wenig arbeitenden Schichten und für Frauen. Neu ist, daß sie nun von jungen, arbeitsfähigen Männern in der Fülle ihrer Kräfte getragen werden, von Hasardeuren, wie dem Prinzenfreund BRUMMELL, der sein Geld verspielte, England 1816 verlassen mußte und umkam wie ein Hund; von Bohemiens wie BAUDELAIRE, der mit Vorliebe Schwarz trug, zeitweilig aber seine Toiletten auch für nur einmalige Auftritte entwarf, im übrigen auch ein Alkoholiker und Schuldenmacher; von Walter PATER, einem wissenschaftlichen Universitätsangestellten von sonst unauffälligem Lebenswandel in jeder anderen Hinsicht, ausgenommen die Extravaganzen seiner Selbstinszenierung.

Von einer „Re-Feudalisierung“, einem sehnsüchtigen, nicht standesgemäßen Rückzug in historisch überlebte Formen, läßt sich insofern nicht gut sprechen; eher von Verweichlichung und Feminisierung, welche Vorhaltungen denn auch diese Hingabe an die theatralisch-unpraktischen Moden das gesamte 19. Jahrhundert über und darüber hinaus begleitet haben – eine Polemik, die ihren Gegenstand in der Tatsache findet, daß die Verkunstung des Lebens vor den scheinbar unumstößlichen natürlichen Gegebenheiten des Geschlechts keineswegs haltmacht.

Stets waren die Moden auch erotische, gar sexuelle Stimulantien. An der Sexualität wird hier aber polemisch alles Funktionale übergangen – jedenfalls soweit es sich auf die biologische Reproduktion bezieht: ein Begehren ohne zweckbestimmte Richtung, eine Form ohne Anspielung auf das Geschlechtsdrama. Hier liegt der Grund für die

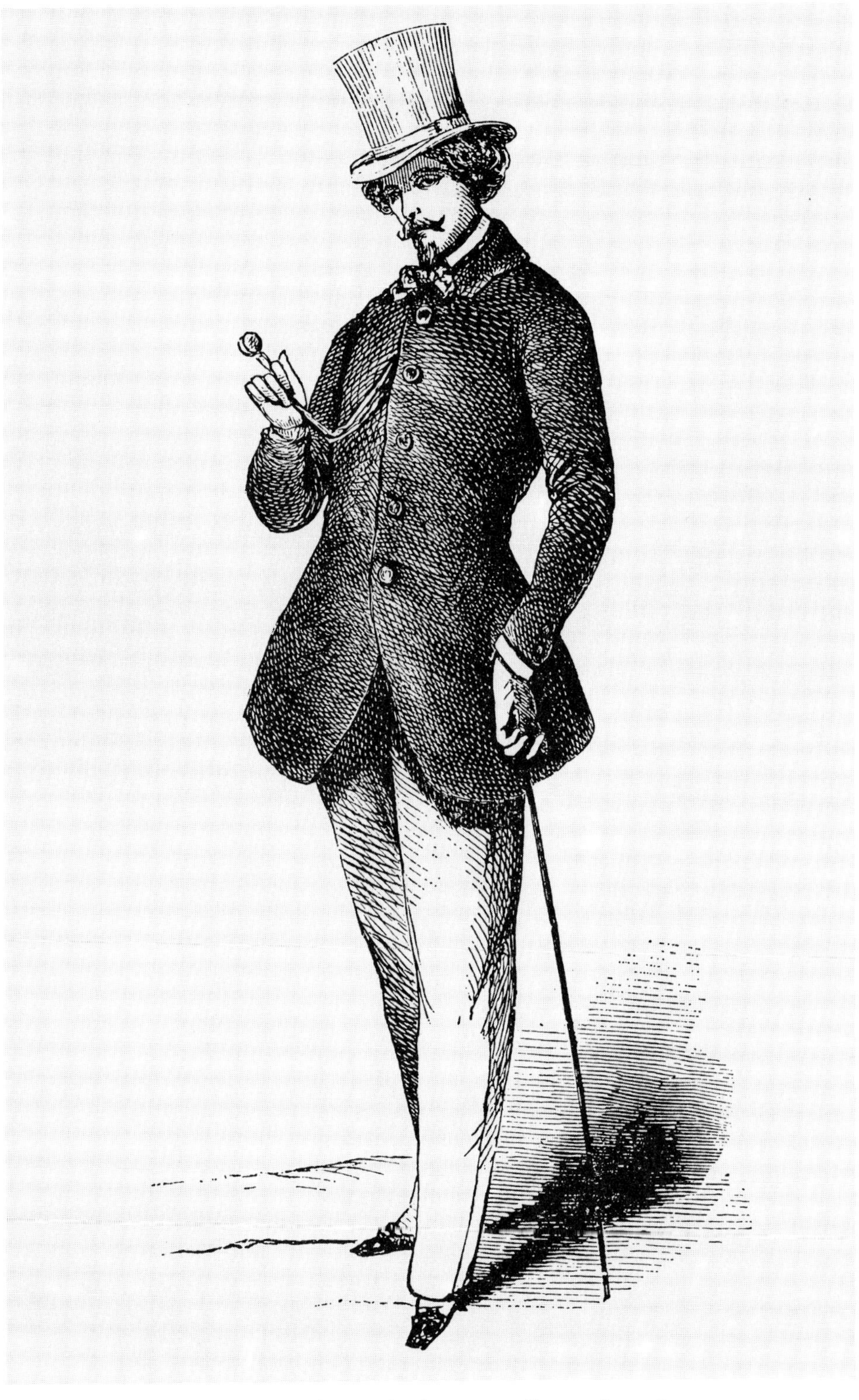

Abb. 3: „Ein typischer Dandy". Holzschnitt aus „Illustrated London News", 1850

enge Verschränkung der Geschichte sexueller Umkehrung in ihrer feminisierten Variante mit der des „ästhetischen Menschen", wie sie anläßlich des Homosexualitätsprozesses gegen Oscar WILDE (1895) gerichtskundig wurde. Die maskulinen Geschlechtskonturen sind in den Moden dieses Milieus erweicht, und der Narzißmus darf sich moralisch unzensiert in den theatralischsten Selbstinszenierungen zeigen. Zur Kultfigur wird der androgyne Jüngling erhoben, nicht nur im George-Kreis. Daß er nicht altern darf, ohne die Ausstrahlung seiner zeitentrückten Vollkommenheit einzubüßen, läßt ihn zum tragischen Heros des Ästhetizismus werden: unfruchtbar und todgeweiht.

Hier ist der Ort zu einer Bemerkung über die komplizierte Rolle der Frauen in der ästhetischen Opposition. Keine Frage, daß der weibliche Anteil an derartig sezessionistischen Abspaltungen machtloser Randgruppen-Intelligenz hoch war und immer wieder hoch ist. Wäre – statt der Kunstauffassung – die Soziologie des Ästhetizismus das Thema dieser Darstellung, so müßte für das 19. Jahrhundert etwa der „Salon der Damen" breiten Raum einnehmen: der Versuch gebildeter Frauen, häufig Jüdinnen, ihrer individuellen Emanzipation aus patriarchalischen Verhältnissen eine gesellig-mondäne Szene zu geben. In ihren meist großbürgerlich geprägten Gesellschaften war das bürgerliche Klassengefüge für einige Stunden zugunsten einer ästhetisch-intellektuellen Stände-Ordnung verabschiedet: wer Esprit und Phantasie besaß, stand in der Hierarchie zuoberst; wer die Lust am Neuen befriedigen konnte, begab sich außer Konkurrenz; wer sich moralisch unabhängig zeigte,

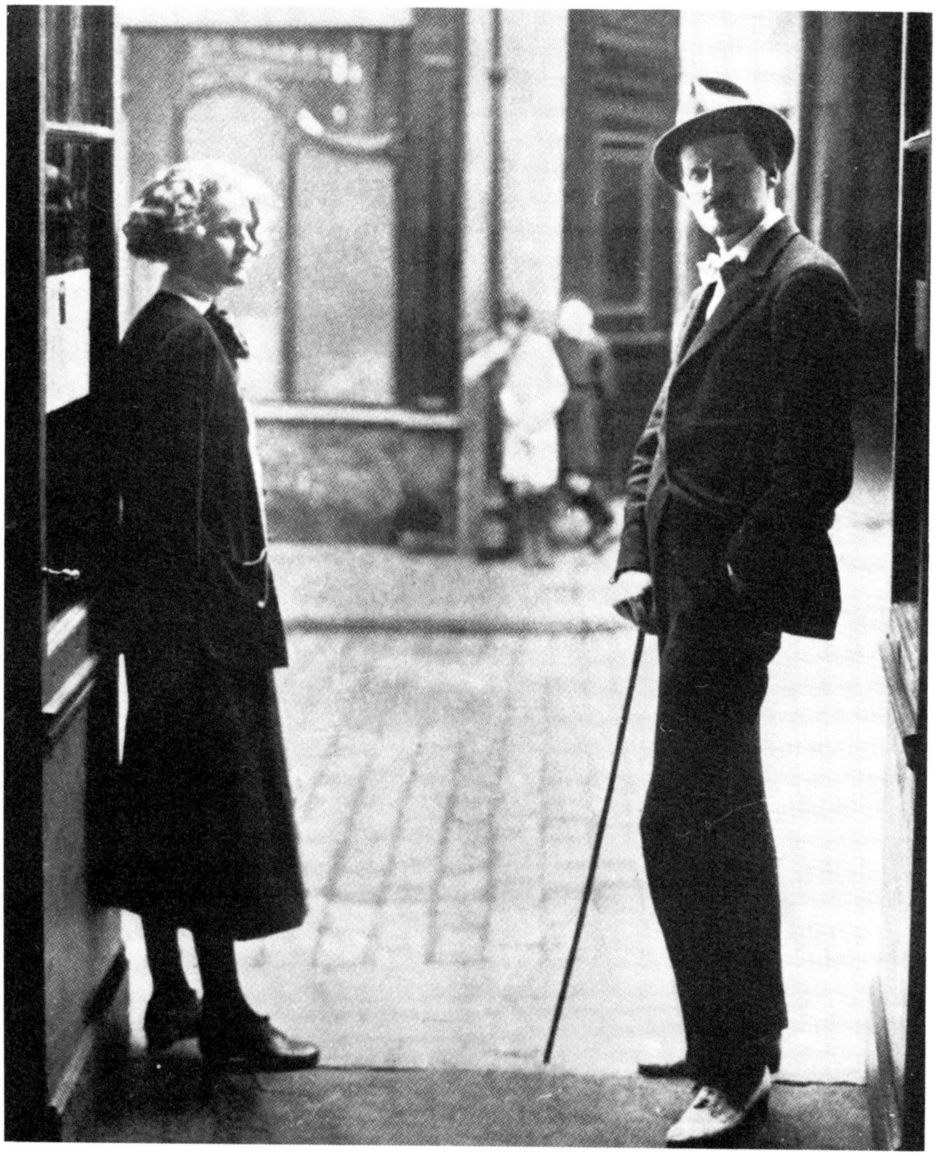

Abb. 4: Sylvia Beach und der irische Dichter James Joyce (1882–1941) im Eingang der „Shakespeare & Company", der Bibliothek der S. Beach. Um 1920. Haltung, Kleidung und Accessoires von Joyce zitieren die Dandy-Mode von 1850

durfte auf Nachsicht für gewisse Schwächen seines Geschlechts rechnen – dies letztere galt natürlich für die Frauen. Nina DE VILLARD in Paris – von der VERLAINE schwärmte –, Rahel LEVIN in Deutschland führten solche Salons im 19., Sylvia BEACH und Peggy GUGGENHEIM im 20. Jahrhundert. Die soziologische Bedeutung solcher Salons als von gleichsam institutionalisierten Freiräumen im gesellschaftlich normativ kontrollierten Bereich steht in krassem Mißverhältnis zur ästhetischen. Frauen konzipieren hier den Rahmen, die Inhalte bestimmen die Männer; Frauen sind die geheimnisvollen Mittelpunkte, ihre Namen erhalten sie von Männern; Sirenen sind sie, Musen und Medusen, stets Personal in der Ökonomie des männlichen Wunschhaushalts.

Ausnahmen wie Paula MODERSOHN-BECKER oder Klara WESTHOFF (die Frau RILKES), Franziska VON REVENTLOW oder Else LASKER-SCHÜLER verdeutlichen das Problem: Frauen, die zu „tragischen Existenzen" werden, weil sie keine Rollen übernehmen können, die in den ästhetischen Mythen der patriarchalischen Gesellschaft vorgebildet sind: nicht geschlechtslos androgyne Engel und keine Femmes fatales, Undinen weder noch Tribaden. Die ästhetische Opposition ist ein Programm von Männern. Eine Bewegung mit Visionen,

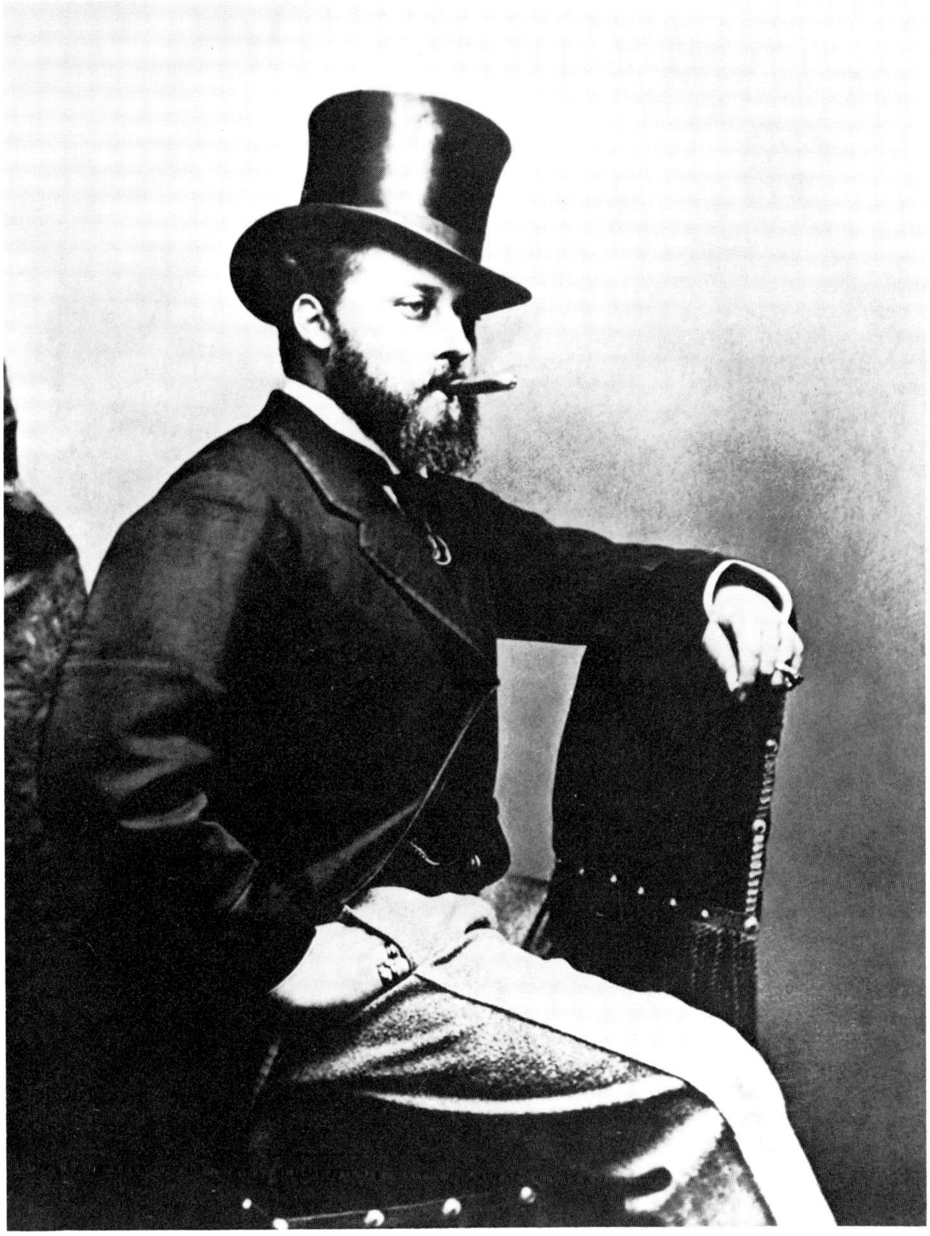

Abb. 5: Eduard VII. (1841–1910), englischer König. Foto 1875. Mit George Brummell, dem Freund Georgs IV., hatte der Dandyismus starken Einfluß auf die englische Aristokratie gewonnen. Eduard VII. (hier noch als Prince of Wales) prägte bis nach 1900 die englische Herrenmode durch eine Verbindung von sportlich-lässigem Understatement mit gepflegter Eleganz

Programmen, Manifesten. Frauen mußten Salome, Messalina oder Herodias sein wollen, Lysistrata oder Rosa von Lima, wenn sie mitspielen wollten. Eine wirkliche Chance erhalten sie insofern erst mit der Entmythologisierung des Ästhetizismus in der Gegenwart: wenn die unausgesprochenen Bedeutungen wichtig werden, die Oppositionen ohne Namen.

Daß der ästhetische Absolutismus heillos ist, weil er die Macht der deprimierenden Wirklichkeit nicht gebrochen, sondern nur verneint hat, dieses Wissen verschafft sich indirekt in der Leichenblässe Ausdruck, die wie Firnis den Mode-Aufwand der ästhetizistischen Kultur überzieht. In den Toiletten BRUMMELLS, BARBEY D'AUREVILLYS, PATERS oder WILDES hat er die mildere Form einer immerhin malerischen oder üppigen Sterilität. Wer diese Hemden, Lackschuhe oder zartfarbenen Pantalons trägt, den wird man nicht, der wird selbst nichts berühren dürfen, ohne daß die Schönheit sich auflöst. Düsterer ist die Variante, die Charles BAUDELAIRE im Salon von 1846 vorstellt, indem er den eigenen Charme der nach der Juli-Revolution in Frankreich modisch gewordenen Grau- und Schwarz-Töne kommentiert:

„Ist das nicht der Anzug, wie ihn unsere Epoche braucht; denn sie leidet und trägt noch auf ihren schwarzen, mageren Schultern das Symbol einer ewigen Traurigkeit. Der schwarze Anzug und der Gehrock haben ja nicht nur als Ausdruck der allgemeinen Gleichheit ihre politische Schönheit – sie haben auch eine poetische, und zwar als Ausdruck der öffentlichen Geistesverfassung, dargestellt in einer unabsehbaren Prozession von Leichenbittern – politischen Leichenbittern, erotischen Leichenbittern, privaten Leichenbittern. Irgendeine Beisetzung feiern wir alle – Die durchgehend gleiche Livree von Trostlosigkeit beweist die Gleichheit ... Und haben die Falten im Stoff, die Grimassen schneiden und sich wie Schlangen um erstorbenes Fleisch legen, nicht ihren verborgenen Reiz?“[1]

In den Zeiten der nachrevolutionären Reaktion, so hat Walter BENJAMIN in seiner Baudelaire-Arbeit diese Äußerung gedeutet, ist der freiwillige Tod eine heroische Handlung. Die Umzüge der modisch überspannten Trauergemeinde fänden zu Ehren dieser einzigen der Moderne noch verbliebenen leidenschaftlichen Tat statt. Das kämpferische Gegenstück zu BAUDELAIRES Dandyismus hat BENJAMIN in den fünfzehn Jahre späteren *„Vernünftigen Gedanken über die jetzige Mode“* (1861) eines deutschen Demokraten, des Philosophen Friedrich Theodor VISCHER, entdeckt, der in den farblosen, schlaffen Trachten der Zeit das Gegenbild zu seiner eigenen Parole sieht: „Farbe bekennen!“[2]

Das Prinzip des Dandyismus ist das einer artistischen Übersteigerung von Tendenzen der Wirklichkeit selbst, die dergestalt in den Schaufenstern ausgestellt und durch die Straßen wie über einen Laufsteg geführt werden: die Entmutigung der vitalen Lebenskräfte als Sterilität und Perversion, die Erstickung aller individuellen Freiheitsimpulse als Hinfälligkeit und Todeslust, die Degradierung der Wünsche zu Reflexen auf Warenangebote als Folgsamkeit gegenüber dem Diktat des Modischen.

Der Anarchismus des Einzelnen und Einzigen

Der Gestus der Mode ist stets gebieterisch. Der „letzte Schrei“ – das ist immer auch das letzte Wort in einem Streit, das so temperamentvoll gesprochen wird, als wollte es jede Widerrede bereits in der Absicht ersticken – mit einer gleichsam moralischen Autorität. Sie muß den Mangel an Logik ausgleichen, die für die Erfindung und Durchsetzung von Moden kein Argument bereithält. So zeigt sich auch in der Mode, einer der wichtigsten Branchen der dandyistischen Opposition, die Nähe des „ästhetischen Menschen“ zum Anarchismus. Dessen klassischen deutschen Verfechter, den Berliner Max STIRNER (eigentlich Johann Kaspar SCHMIDT), einen Zeitgenossen von MARX und ENGELS, hat man andererseits einen Dandy genannt – mit Recht. Exzentrisch war er nicht im Sinne exotischer Extravaganz – wie so mancher seiner Genossen aus der individual-anarchistischen Bohème –, vielmehr ganz im Gegenteil einer höchst gepflegten Unauffälligkeit. Es war eine konspirative Gesinnung ganz besonderer Art. Temperamentsausbrüche sind von STIRNER, der immer korrekt, „einfach, aber stets mit peinlicher Sorgfalt und Sauberkeit gekleidet“ war,[3] nicht überliefert. Feinde hat er nicht gehabt, Freunde auch nicht. Er scheint selbst die Nähe von Leidenschaften mit Empfindlichkeit gemieden zu haben. Einem Freunde hat er erzählt, seine Frau habe sich ihm unbewußt einmal entblößt gezeigt bei Nacht. Danach habe er sie nicht mehr berühren können. Mit äußerster Diskretion ist er auch mit seinem eigenen Körperbild umgegangen: kein gemaltes Porträt, keine Photographie ist überliefert, selbst Handschriften kaum.

Die absolute Entfernung von allem, was ihn versklaven könnte, war sein philosophisches Glaubensbekenntnis, „sein Sach auf Nichts zu stellen“ seine erklärte Absicht. Noch mit dem Philosophieren selbst wollte er nach den Prinzipien ästhetischer, und das heißt hier einer von allen besonderen Inhalten unabhängigen, auf die reine Form des Gegensatzes zurückgezogenen Opposition verfahren. Die Umwelt sieht er durch eine Überproduktion herrschsüchtiger Gedanken verschandelt. Sie denkend zu erfrischen ist aussichtslos. Daraus folgt bei ihm:

„Ich aber sage, nur die Gedankenlosigkeit rettet mich wirklich vor den Gedanken. Nicht das Denken, sondern meine Gedankenlosigkeit oder ich, der Undenkbare, Unbegreifliche, befreie mich aus der Besessenheit."[4]

Solche Sätze sind ein Vorspiel der radikalen Ideologiekritik NIETZSCHES, des wichtigsten Gewährsmanns der Kultur des Ästhetizismus um die Wende des 20. Jahrhunderts und danach.

STIRNERS Ich gibt es nur noch seiner ästhetischen Form nach, und noch an dieser will er alles tilgen, worauf auch nur im entferntesten noch der Verdacht einer Abhängigkeit von Inhalten fallen könnte. Wogegen STIRNERS Ich opponiert, will es sich nicht vorschreiben lassen. So nimmt es lieber die Monotonie des „Ich ist Ich" in Kauf als die auch bloß ästhetische Abhängigkeit von dem, was sein Ich verneint.

Auch in dieser Form neigt der ästhetische Rigorismus zu einer puristischen Ausgestaltung des eigenen Lebensraumes, hier freilich mit einem für andere kaum noch wahrnehmbaren Resultat. Die Inszenierung des „ästhetischen Menschen" benötigt nicht notwendig die aufwendigen Requisiten, den kostbaren Pomp und die grellen Effekte, von denen HUYSMANS und WILDE so beeindruckt waren. Wie im Wechsel der Moden, so kann auch hier dem Ausstattungszauber eine Ausnüchterung ästhetischer Formstrenge folgen, eine Demonstration der Unabhängigkeit und „Eigenheit" des Ich, wie STIRNER sie in seinem einzigen Buch feierte, das er schrieb: *„Der Einzige und sein Eigentum"* (1845).

Auf den „ästhetischen Menschen" als Dandy trifft einschränkungslos zu, was Georg SIMMEL in seiner philosophischen Psychologie der Mode über eine Strategie besonders sensibler Naturen ausgeführt hat, die sich dem Modenwechsel anonymisierender Verkleidungen um so bereitwilliger hingeben, als sie entschlossen sind, die eigene Seele als Hort der „résistance" fest zu verriegeln:

„Diese Bedeutung der Mode nun ist es, die gerade von feinen und eigenartigen Menschen aufgenommen wird, indem sie sie als eine Art Maske benutzen. Der blinde Gehorsam gegen die Normen der Allgemeinheit in allem Äußerlichen ist ihnen gerade das bewußte und gewollte Mittel, ihr persönliches Empfinden und ihren Geschmack zu reservieren, den sie eben wirklich ganz für sich haben wollen, so für sich, daß sie ihn nicht in die Erscheinung treten lassen wollen, die allen zugänglich wäre. So ist es gerade eine feine Scham und Scheu, durch die Besonderheit des äußeren Auftretens vielleicht eine Besonderheit des innerlichsten Wesens zu verraten, was manche Naturen in das verhüllende Nivellement der Mode flüchten läßt. Damit ist ein Triumph der Seele über die Gegebenheit des Daseins erreicht, der wenigstens der Form nach zu den höchsten und feinsten gehört: daß nämlich der Feind selbst in einen Diener verwandelt wird, daß gerade dasjenige, was die Persönlichkeit zu vergewaltigen schien, freiwillig ergriffen wird, weil die nivellierende Vergewaltigung hier derartig auf die äußeren Schichten des Lebens zu schieben ist, daß sie einen Schleier und Schutz für alles Innere und nun um so Befreitere abgibt. Der Kampf zwischen dem Sozialen und dem Individuellen schlichtet sich hier, indem die Schichten für beides sich trennen. Dies entspricht genau der Trivialität der Äußerung und Unterhaltung, durch die sehr sensible und schamhafte Menschen oft über die individuelle Seele hinter dieser Äußerung zu täuschen wissen."[5]

Dies alles ist nicht mehr nur über den historischen, den im engeren Sinne romantischen Dandy des 19. Jahrhunderts gesagt. Vielmehr hat der von SIMMEL entworfene bzw. in Berlin um 1910 entdeckte Ästheten-Typ den „romantischen Antikapitalismus" (LUKÁCS), der noch um die Jahrhundertwende die ästhetische Kultur des Jugendstils prägte, überlebt. Die Voraussetzung dafür war die ebenfalls von SIMMEL ausführlich beschriebene völlige Ablösung des Modischen von allen Inhalten, damit ineins aber auch ihre mögliche Ausdehnung auf schlechthin alle Bereiche des physischen und spirituellen Lebens: von der Kleidung und Lebensführung auf Kunst, Wissenschaft und Religion. Bis um die Jahrhundertwende führten in den großen Moden noch bestimmte Inhalte als Zitate ein geisterhaftes Leben, so die Verklärung der Natur im Jugendstil, der die sozial, wissenschaftlich und philosophisch auseinanderfallende Welt des *Fin de siècle* durch einen Überwurf von Pflanzenornamentik zusammenhalten wollte. Derartig bekenntnishaft-weltanschauliche Momente, die dann auch im zeitgenössischen Denken – hier bei HAECKEL und BÖLSCHE – ihre Erläuterung fanden, verschwinden beim Eintritt in die versachlichte Welt des 20. Jahrhunderts. Gewiß, die modische Zitierkunst plündert die Arsenale der Formengeschichte wie eh und je, doch geht mit der historischen Bildung auch die Möglichkeit verloren, mit den Zitaten ganz bestimmte Inhalte wieder wachzurufen, selbst wenn es das Bedürfnis geben sollte. Es schwindet aber mit der Einbuße an Überzeugungskraft der alten Vorbilder. Welche Bedeutungen noch an den Mode-Zitaten haften oder auf sie übertragen werden, wird im wesentlichen privat. SIMMEL spricht in diesem Zusammenhang von der „völligen Gleichgültigkeit gegen die sachlichen Normen des Lebens" (S. 29).

Die Neutralisierung der Kunst

Hier muß nun von einem weiteren Zug in der Physiognomie des „ästhetischen Menschen“ in unserem Jahrhundert die Rede sein, der bis dahin verborgen geblieben war oder sich nur gelegentlich geäußert hatte: die zunehmende Neutralisierung der Kunst, die als Ausdrucksträger für die Kultur des Ästhetizismus sogar ganz gleichgültig werden kann. In der Tat, der „ästhetische Mensch“ des 20. Jahrhunderts ist mühelos ohne die Künste denkbar; mehr noch: er gerät zu ihnen in ein gespanntes, wenn nicht negatives Verhältnis. Für das Programm der Ästhetisierung des Lebens, wie Oscar WILDE es in seinen essayistischen Schriften vertreten hatte, barg die Kunst noch den Schatz des Nachahmenswerten – einen Jungbrunnen, in dem sich das alt gewordene Leben erneuern sollte. Ihre Charaktere, Farben und Formen hat er als eine musterbuchähnliche Sammlung verstanden, die unmittelbar ins Leben übertragbar sein sollte. Das war bei ihm schon nicht ohne eine banalisierende Veränderung

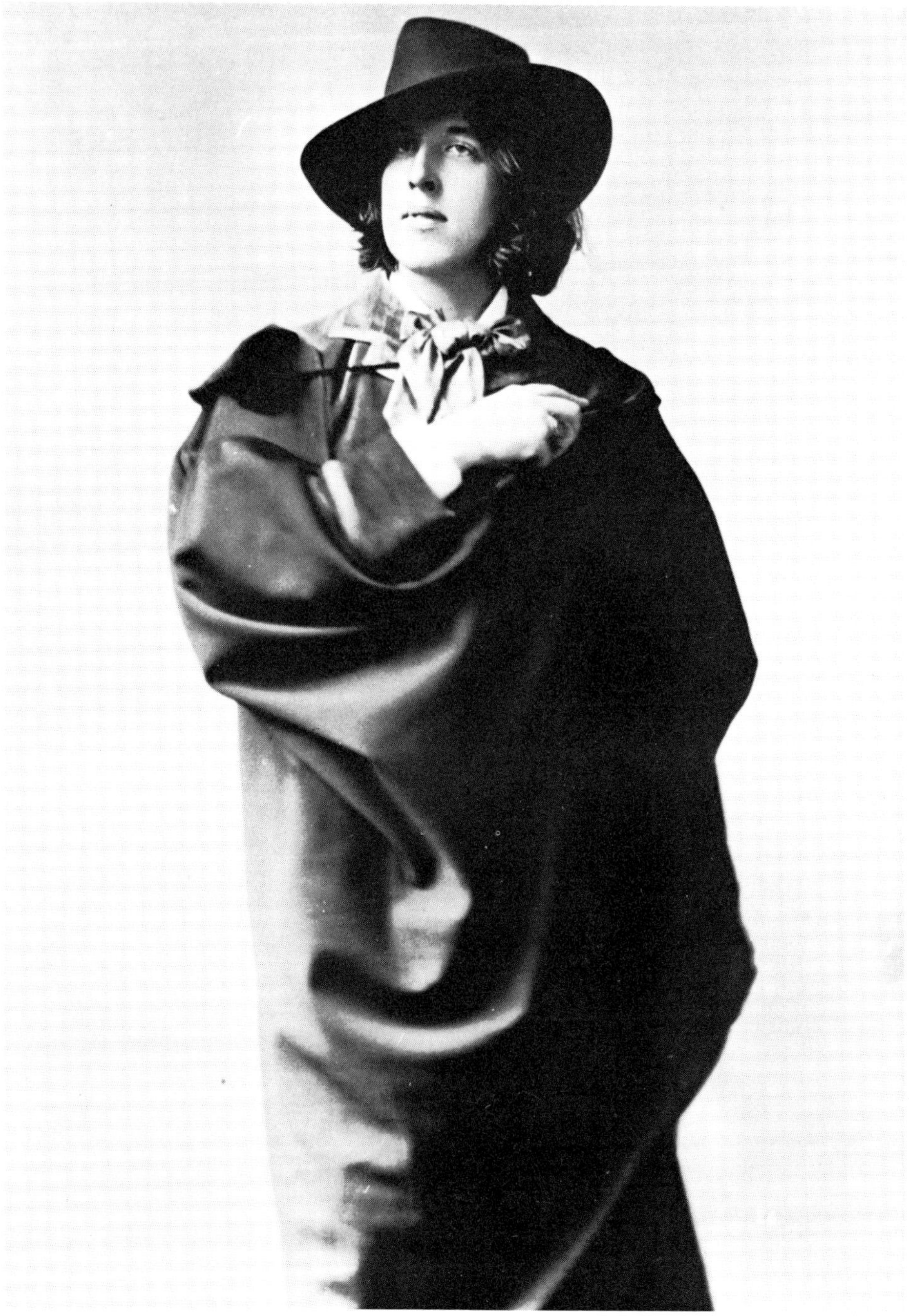

Abb. 6: Oscar Wilde, Porträtfoto mit Hut. Um 1885. Wilde bildet mit seinen malerischen Aufzügen das gerade Gegenstück zu Stirners ästhetischer Formstrenge

der Kunst abgegangen, die dem Leben abborgte, was ihr später entnommen werden sollte, um es zu verlebendigen. Die Kunst mußte zuvor schon dem Leben angeglichen werden, um im nachhinein als dessen Vorbild ausgegeben werden zu können.

Ein Roman wie *„Das Bildnis des Dorian Gray"* (The Picture of Dorian Gray, 1890/91) bleibt denn auch mit seinen plakativen Devisen, grellen Effekten und in seiner technischen Kunstlosigkeit beträchtlich unter dem artistischen Niveau, das im zeitgenössischen Roman etwa durch die großen Werke des Französischen Realismus oder durch DOSTOJEWSKI und JACOBSEN markiert war.

Die Professionalisierung und Spezialisierung der Künstler, in anderen Bereichen eher noch weiter getrieben als im Roman dieser Jahre, begünstigten eine Kunstentwicklung, deren Produkte für eine modische Ausbeutung äußerst ungeeignet waren. Die hermetische Verskunst des Symbolismus, die abstrakte Malerei, die atonale Kompositionstechnik entzogen sich der Kopierbarkeit, wie sie die Voraussetzung jedes modischen Trends ist. Während die künstlerischen Avantgarden also noch eine äußerste Anstrengung unternahmen, um die Produktivität der individuellen Einbildungskraft gegen den ästhetischen Massenkonsum zu immunisieren, drängten die jeder Mode eigenen egalisierenden Tendenzen die ästhetische Opposition zu einer weiter ausgreifenden Kollektivierung, die zwangsläufig in einer Frontbildung zwischen der avanciertesten Kunstproduktion dieses Jahrhunderts und den vergröbernden, dilettantischen und frivolen Verkunstungen resultierte. Im dramatischen Frühwerk VON HOFMANNSTHALS (*„Gestern"*, 1891; *„Der Tod des Tizian"*, 1892) ist dieser Gegensatz ausgesprochen.

Opposition und Konvention

Bisher stand hier vorwiegend das Oppositionelle am Ästhetizismus im Vordergrund. Die Geschichte des „ästhetischen Menschen" wird aber – ähnlich wie die der Mode – erst verständlich, wenn man das Komplement dieser Tendenz erkennt: das Bedürfnis nach kollektiver Geborgenheit und Loyalität, Überwindung der privaten Einsamkeit und Entlastung der persönlichen Verantwortung durch eine allgemeine Konvention. Noch einmal leiht Georg SIMMELS Mode-Essay für das Begreifen dieser Einheit des Gegenläufigen die Worte: Die Mode ist für ihn nötig, weil sie die Egalisierungs- *und* Individualisierungstriebe des Menschen zugleich zum Ausdruck bringt:

„Sie ist Nachahmung eines gegebenen Musters und genügt damit dem Bedürfnis nach sozialer Anlehnung, sie führt den Einzelnen auf die Bahn, die Alle gehen, sie gibt ein Allgemeines, das das Verhalten jedes Einzelnen zu einem bloßen Beispiel macht. Nicht weniger aber befriedigt sie das Unterschiedsbedürfnis, die Tendenz auf Differenzierung, Abwechslung, Sich-abheben. Und dies letztere gelingt ihr einerseits durch den Wechsel der Inhalte, der die Mode von heute individuell prägt gegenüber der von gestern und von morgen, es gelingt ihr noch energischer dadurch, daß Moden immer Klassenmoden sind, daß die Moden der höheren Schicht sich von der der tieferen unterscheiden und in dem Augenblick verlassen werden, in dem diese letztere sie sich anzueignen beginnt. So ist die Mode nichts anderes als eine besondere unter den vielen Lebensformen, durch die man die Tendenz nach sozialer Egalisierung mit der nach individueller Unterschiedenheit und Abwechslung in einem einheitlichen Tun zusammenführt." (S. 27f.)

Was hier speziell der Mode gilt, ist ohne weiteres auf die Funktionsweise der ästhetischen Kultur insgesamt übertragbar. Es zeigt sich dabei, daß die formale Soziologie SIMMELS, die gesellschaftliche Verhältnisse mit den Augen eines Ingenieurs betrachtet, der die Mechanik einer Maschine ergründen will, zum funktional bestimmten Formalismus der Großstadtästhetik dieses Jahrhunderts eine besondere Nähe hat. Tatsächlich war die Berliner Lehrtätigkeit SIMMELS Teil einer stark ästhetisch interessierten, im gehobenen Bürgertum angesiedelten Reflexionskultur, welche die Ausstellungen von bedeutenden Galeristen wie CASSIRER und FLECHTHEIM mit derselben Neugier kommentierte wie den Radsport, Boxkämpfe, die Tanzkultur oder die Agitationen der politischen Parteien.

Denn darin gerade hatte sich das ästhetisierende Räsonnement zu bewähren, daß seine Betrachtungsweise universell anwendbar war. Erst diese Universalität gewährleistet die Gemeindebildung über nationale Grenzen, Berufs- und Generationsschranken hinweg. Sollte der Ästhetizismus auch in diesem Jahrhundert noch die Doppelfunktion erfüllen, die SIMMEL an der Mode thematisiert, sezessionistisch und kollektivierend zugleich zu wirken, so mußte er sich von den Künsten zugunsten einer allgemeinen und stärker abstrahierenden ästhetischen Haltung verabschieden. Fast gleichzeitig und im wesentlichen unabhängig voneinander vollzieht sich dieser Prozeß bei D'ANNUNZIO in Italien und im deutschen George-Kreis. Er ist beispielhaft für eine Tendenz zur strukturalen Wahrnehmung, die sich in immer neuen Schüben bis heute Geltung verschafft hat. In ihr überlebt der „ästhetische Mensch" den historischen Verfall des Schönheitskults.

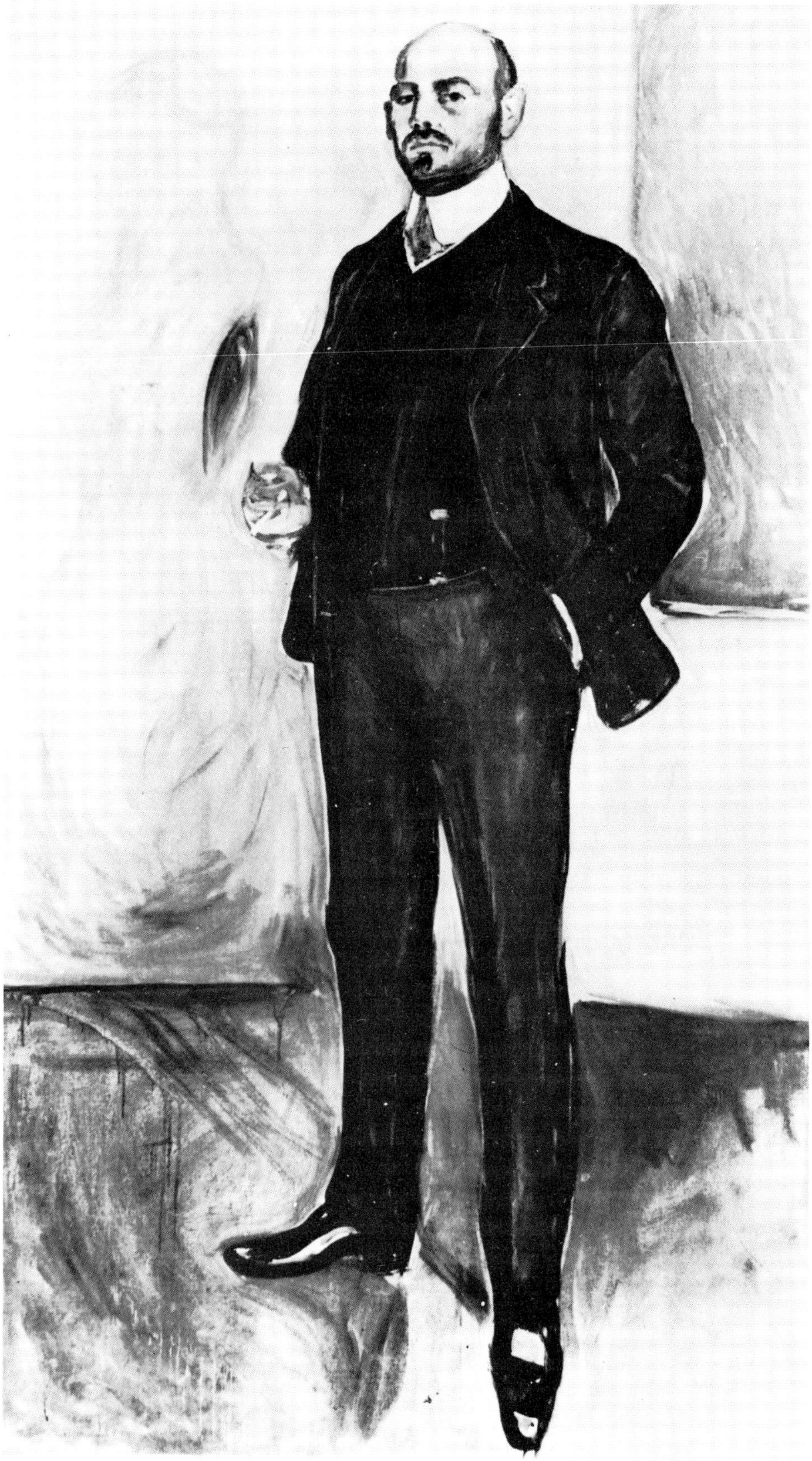

Abb. 7: Walther Rathenau (1867–1922), Industrieller und Politiker der Weimarer Republik, auf einem Gemälde von Edvard Munch. 1907. Rathenau vertrat in Kleidung und Lebensart den Typus des überkorrekten, neusachlichen Dandy, der in seinem ästhetischen Erscheinungsbild gegen die wilhelminische Prachtentfaltung die Tradition preußischer Kargheit und Selbstdisziplin aufruft

Der Ästhetizismus am Beispiel von D'Annunzio und dem George-Kreis

Die anspruchsvollsten Wortführer des italienischen und deutschen Ästhetizismus, D'ANNUNZIO und GEORGE, überschreiten die Grenzen der Kunst ins Leben in einer verwandten Haltung als verweltlichte Mönche und vergeistigte Streiter. Priesterlich und militant ist ihr Auftreten, um die ästhetische Haltung mit Autorität auszustatten.

• Gabriele D'ANNUNZIO wurde 1863 in Pescara geboren und betätigte sich als Dichter, Sammler, Erotologe, Kriegsheld und vor allem Lebenskünstler im anspruchsvollsten Wortsinn. Seine Lebenszeit umgreift stilgeschichtlich so gewichtige Epochen wie den Naturalismus, Symbolismus und Futurismus. Der 1938 Gestorbene hat an ihnen allen teilgehabt bzw. sie durch seine eigene Handschrift in zahlreichen Gedicht- und Erzählungsbänden, Romanen und Dramen mitgeprägt. Diese Anpassungs- und Wandlungsfähigkeit war ohne künstlerischen Selbstverlust nur möglich durch einen unbedingten Gestaltungswillen, dessen Felder zu gleichen Teilen Leben und Kunst waren. Den Bauern von Ortona, die ihn ins Parlament wählen sollten, hat er zugerufen:

„Das Geschick Italiens ist untrennbar von den Schicksalen des Schönen, dessen Mutter Italien ist. Lateinischer Geist wird nicht anders seine Vorherrschaft in der Welt zurückgewinnen als unter der Bedingung, daß der Kult des ungebrochenen Willens wiederhergestellt wird...“[6]

Die stilistischen Ausdrucksmöglichkeiten der Künste hat D'ANNUNZIO diesem selbstherrlichen Willen untergeordnet und sie für den Bau seines Lebenswerkes instrumentalisiert, dem der Alternde mit einem gewaltigen Siegesmal am Gardasee ein symbolisches Denkmal gesetzt hat. Dieses Mal – es erinnert an die Einnahme Fiumes durch Freischärler unter der Führung des Nationalkonservativen D'ANNUNZIO im Jahre 1919 – ist Teil einer Residenz, die zugleich Alterswohnsitz des Künstlers und nationale Weihestätte sein sollte. D'ANNUNZIO, mit MUSSOLINI befreundet, hat der gesamten Anlage den Namen „Il Vittoriale degli Italiani“ gegeben und sie dem italienischen Staat geschenkt. Die Schenkungsurkunde des „Vittoriale“ im Wortlaut von 1937 führt dazu aus:

„Alles hier ist von meinem Stil gezeichnet in dem Sinne, den ich meinem Stil verleihen will. Meine Liebe für Italien, mein Erinnerungskult, mein Streben nach Heldentum, meine Voraussicht auf das Vaterland der Zukunft, werden hier offenbar in der Suche nach Form, in Harmonie und Dissonanz der Farben. Beginnen hier nicht die Reliquien unseres Krieges neu zu bluten? Reden und singen hier nicht die überlebenden Steine unserer ruhmreichen Städte? Jedes einzelne Bruchstück ist hier gefaßt als eine seltene Gemme. Der große tragische Bug der ‚Puglia‘ hat hier seinen Ehrenplatz auf dem Hügel, nicht anders als im Oratorium der blutverklebte Fetzen des getöteten Führers der Infanteristen. Hier sind auch meine Bücher aufgestellt, die nicht verstauben sollen, sondern leben, und die an Zahl und Wert vielleicht die Bibliothek jedes andern Forschers und Entdeckers übertreffen. Denn alles ist hier Form meines Geistes, ein Aspekt meiner Seele, ein Beweis meiner feurigen Hingabe. Der Tod wird meinen Leichnam dem wehrhaften Lande Italien geben, und gleichermaßen soll mir zugestanden sein, das Edelste meines Lebens hiermit Italien darzureichen.“[7]

Dem gigantischen Werk der Selbstverklärung, über dessen Bau der Künstler hinwegstarb, liegt das Ideal einer Verschmelzung von Künstler- und Heldenleben zugrunde, wobei sich D'ANNUNZIO zeitlebens auf die Renaissance als zugleich politische und ästhetische Tradition berufen hat. Um Kunst und Leben derart einander annähern zu können, müssen beide ihre Selbständigkeit verlieren, die hier als ein Fluch moderner Fehlentwicklung gesehen wird. Ästhetisierung des Lebens und Vitalisierung der Kunst heißen demnach die Parolen, unter denen D'ANNUNZIO die Fusion beider zum Gesamtkunstwerk betrieben hat. WAGNER und NIETZSCHE sind dabei seine Gewährsmänner. Ästhetisierung des Lebens – das heißt: Beugung des Lebens unter die Formgesetze der Kunst, die seinen zerfließenden Bewegungen Halt geben sollen. Das Leben soll so vollendet geführt werden, daß seine Gestalten auch immer Ausstellungsstücke ewiger Schönheit sein können.

Tatsächlich hat D'ANNUNZIO die eigenen Lebensumstände wie ein Sammler inszeniert und ihre Erinnerungswerte geplant. Ein Sentimentalist des Lebens also, der die Geliebten mit gleicher Leidenschaft sammelte wie militärische Feldzeichen, religiöse Reliquien, Kunstwerke, Bücher oder orientalische Stoffe. Den Reichtum des Lebens hat er spiegeln wollen in einer möglichst weiten Vielfalt von eigenen „Seelenzuständen“, künstlerisch ausgestalteten Rollen, denen er in seiner nationalen Weihestätte jeweils eigene Räume zugewiesen hat: Als welterlösenden Märtyrer feiert er sich im „Zimmer des Aussätzigen“, dessen Requisiten unter anderem eine Statue des heiligen Sebastian und Bombenhülsen sind – Anspielungen auf den Opfertod des Märtyrers in der Nachfolge Christi und die Heldentaten im nationalen Krieg; im „Korrespondenzzimmer“ überhöht er das eigene Schreiberleben durch das Symbol einer roten abgehackten Hand. Ob das ein Zeichen für das selbstvergossene Blut ist, mit dem der Künstler schreibt, oder Erinnerung an die Auffassung des Künstlers als eines Verstümmelten, der

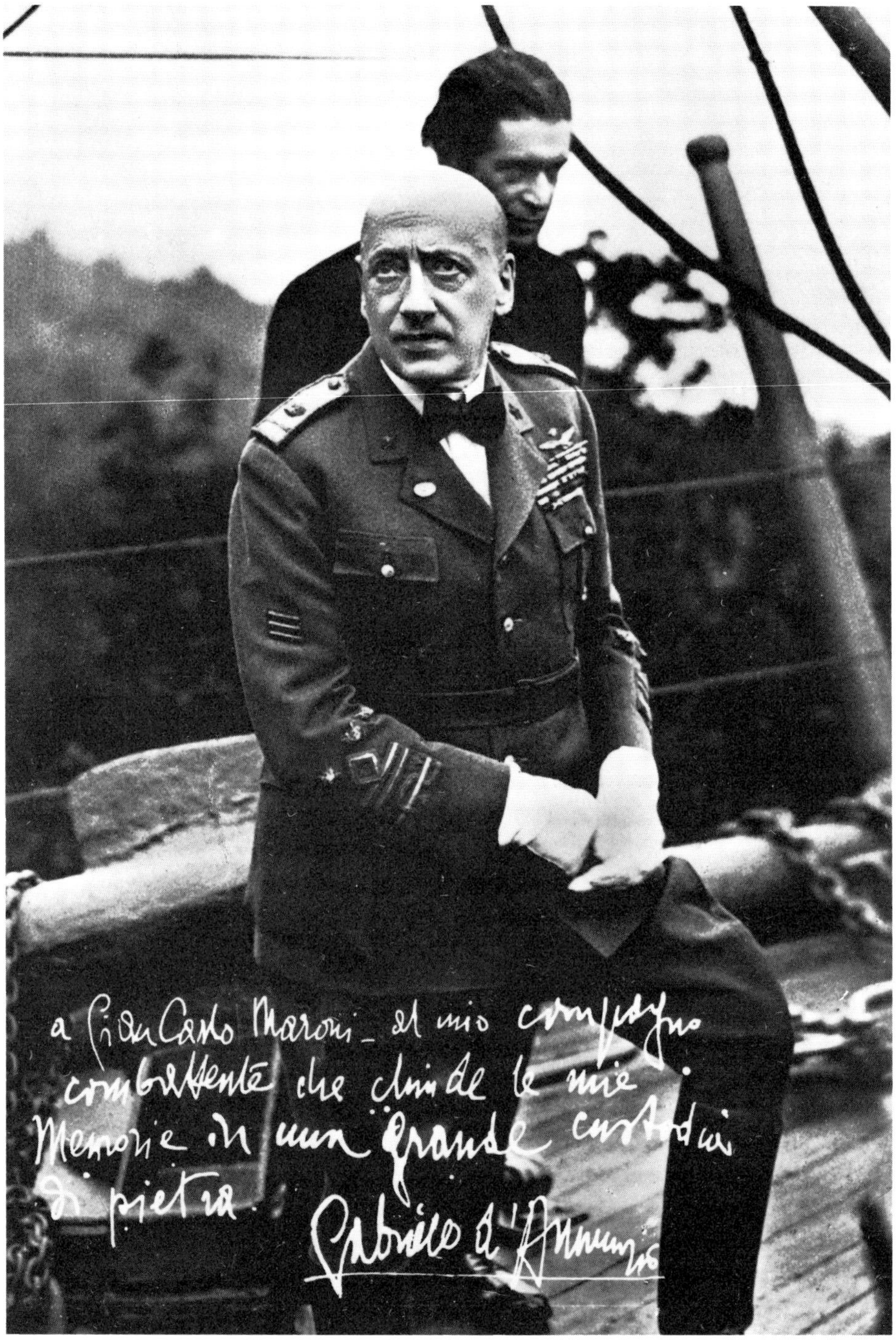

Abb. 8: Gabriele D'Annunzio mit seinem Architekten Maroni an Bord seines Kampfbootes „Puglia" im Park „Il Vittoriale degli Italiani". Fotokarte mit eigenhändiger Widmung D'Annunzios an Maroni

mit den eigenen Gliedern büßt, daß er die Menschheit schreibend erlöst – die genaue Interpretation ist hier wie in den anderen Räumen der Residenz weniger erheblich als die Absicht D'ANNUNZIOS, keine Lebensfunktion gelten zu lassen, ohne sie in einen bedeutungsschweren ästhetisch-kultischen Zusammenhang zu stellen. Dessen vages, historisch und kulturell eklektizistisch assoziiertes Bedeutungsgemenge ist charakteristisch für eine Gesinnung, die alle Inhalte, gleich ob religiöse, politische oder philosophisch-moralische, einem Kunstwillen unterordnet, der sich zutraut, alles Lebensnötige aus sich selbst hervorzubringen: Religion und Politik, Moral und Philosophie.

• Der 1868 in Büdesheim geborene Stefan GEORGE ist der bedeutendste Vertreter des internationalen Symbolismus, an dem er vor allem mit seinen vor 1900 veröffentlichten Versbänden teilhatte (u. a. *„Algabal"*,

1892; *„Das Jahr der Seele"*, 1897; *„Der Teppich des Lebens und die Lieder von Traum und Tod mit einem Vorspiel"*, 1900/01). Den ästhetischen Provinzialismus der deutschen Kunstszene hat dieser Dichter, kunsttheoretische Programmatiker und lebensphilosophische Erzieher abgestreift, indem er sein Leben als intellektueller Nomade führte: berufslos reisend zwischen den geistigen Hauptstädten Europas, ein Professionalist des Schreibens auf dem höchsten Anspruchsniveau von Bildung und Kunstverstand; ein wortgewandter und geschickter Propagandist der eigenen Ästhetik in Zeitschriften (*Blätter für die Kunst,* 1892–1913; mittelbar im *Jahrbuch für die geistige Bewegung,* 1910–1912); ein pädagogischer Menschenbildner schließlich, der die erotischen Freundschaftsbünde junger Intellektueller zu ungewöhnlicher Produktivität aktivierte. Wie Rudolf KASSNER, Franz BLEI und Hugo VON HOFMANNSTHAL hat er die Kunstlehren der englischen und französischen *l'art-pour-l'art-Bewegung* als Interpret und Übersetzer in den deutschen Sprachbereich vermittelt, mit besonderer Neigung zur romanisch-italienischen Literatur.

Nach der Jahrhundertwende vollziehen GEORGE und sein Kreis – in dem die Dichter immer weniger, die Philologen und Historiker immer mehr werden – eine Abkehr von der ausschließlichen Konzentration auf die Erneuerung der Kunst. In dem Gedichtzyklus *„Der siebente Ring"* (1907) verkündet GEORGE dann die neue Tendenz: eine Ästhetisierung des Lebens durch eine Reihe unbedingter Oppositionen. Zum reinen Gegenbild verklärt er einen der Jünglinge aus dem Kreis, den jung gestorbenen „Maximin". Als Erotiker der „Liebe, die ihren Namen nicht nennen darf" (Oscar WILDE), ist GEORGE poetisch und kunstprogrammatisch ein Artist des Negativen, dessen exklusive Verschwiegenheit mehr aussagt als das gesetzte Wort; ein Künstler des Aussparens, dessen Werke und Lebenstätigkeiten Denkmäler großer Verneinungen sind. Das ästhetisch-gesellschaftliche Programm dieses Mannes und seines Kreises sah vor, möglichst weiten Abstand zu halten von allem, was die Welt des Bürgers ausmacht: dem Talmiglanz des späten Wilhelminismus; dem Bildungsphilistertum, der gekauften Kultur des Parvenüs, dem Geschäfts- und Kaufmannsleben, dem Verfall der geistigen Ständeordnung im nivellierenden Feuilleton.

In Heidelberg, Basel, München und Berlin, in Kreisen mit wechselnder Zusammensetzung, brachte GEORGE seine Bestrebungen einer geistigen und ästhetischen „Staats"-bildung zur Geltung: bald in der Bindung an das Münchener Bohème-Milieu der „Kosmiker" um KLAGES, SCHULER und WOLFSKEHL, bald im Kreis von Philologen und Historikern im Umkreis der Heidelberger und der Berliner Universität wie GUNDOLF, KOMMERELL und HELLINGRATH, SALIN und KANTOROWICZ, WOLTERS und BREYSIG. – Ehrungen durch die Nationalsozialisten entzog sich GEORGE nach Minusio (bei Locarno), wo er 1933 starb.

Die Hingabe an jede Offenbarung des Schönen

Als Hugo VON HOFMANNSTHAL 1893 seine deutschen Leser mit Gabriele D'ANNUNZIO bekannt macht, porträtiert er ihn als einen Mann der Stunde: „Heute scheinen zwei Dinge modern zu sein: die Analyse des Lebens und die Flucht aus dem Leben [...] Modern ist die instinktmäßige, fast somnambule Hingabe an jede Offenbarung des Schönen."[8] Es ist dieser wirklichkeitsabgewandte Schönheitskult, der D'ANNUNZIO in den Augen seines österreichischen Bewunderers in jene „zwei- bis dreitausend Menschen" einreiht – Entwurzelte und Einsame alle –, die „in den großen europäischen Städten verstreut" sind:

> „Sie fühlen sich mit schmerzlicher Deutlichkeit als Menschen von heute; sie verstehen sich untereinander, und das Privilegium dieser geistigen Freimaurerei ist fast das einzige, was sie im guten Sinne vor den übrigen voraushaben. Aber aus dem Rotwelsch, in dem sie einander ihre Seltsamkeiten, ihre besonderen Sehnsüchte und ihre besondere Empfindsamkeit erzählen, entnimmt die Geschichte das Merkwort der Epoche." (S. 175)

Bei HOFMANNSTHAL wie bei Stefan GEORGE, dem zweiten Vermittler D'ANNUNZIOS für den deutschsprachigen Bereich, tritt der „dilettante di sensazioni", der „Dilettant des Gefühlsmäßigen", als den Benedetto CROCE seinen effektbewußten Landsmann mit Geringschätzung charakterisiert, hinter dem versierten Handwerker der Formbeherrschung zurück, für GEORGE eine vorbildliche Eigenschaft südlicher Künstler. GEORGE, der auch Gedichte D'ANNUNZIOS übersetzt hat, schätzt dessen Härte und Sprödigkeit, seinen Griff nach dem Unbedingten durch die Formkraft metallischer Verse. Dagegen trifft SWINBURNE und ROSSETTI – allgemein die Präraffaeliten –, HUYSMANS und WILDE aus dem George-Kreis leise Verachtung: Frömmler und Sensationalisten, Opportunisten gegenüber dem Geschmack der Massen.

Entscheidend für die Aufnahme des Italieners in die Gemeinde des europäischen Ästhetizismus sind aber letztlich weniger einzelne Merkmale seiner Kunst – zu HOFMANNSTHALS zwei- bis dreitausend Erwählten gehören ja Künstler nur unter anderen, im Kreis GEORGES bleibt dieser selbst bald der einzige Künstler –, den Ausschlag gibt ein gewisser Habitus, genauer noch: die gemeinsame Faszination durch das Habituelle.

Habitus und Struktur als Krisentherapie

Hier ist es erforderlich, diesem Begriff noch einige theoretische Bedeutungen zuzuführen, die er im gewöhnlichen Verständnis des Wortes nicht hat.

Pierre BOURDIEU, der den Habitus-Begriff in seiner *„Soziologie der symbolischen Formen"* entwickelt hat, kommt zu der folgenden verallgemeinernden Feststellung:

„In einer Gesellschaft, in der eine Schule das Monopol der Vermittlung von Bildung innehat, finden die geheimen Verwandtschaften, das einigende Band der menschlichen Werke (und zugleich der Lebensführung und des Denkens) ihren prinzipiellen Nexus in der Institution der Schule, fällt dieser doch die Funktion zu, bewußt (oder zum Teil auch unbewußt) Unbewußtes zu übermitteln oder, genauer gesagt, Individuen hervorzubringen, die mit diesem System der unbewußten (oder tiefvergrabenen) Schemata ausgerüstet sind, in dem ihre Bildung bzw. ihr Habitus wurzelt; kurz, die ausdrückliche Funktion der Schule besteht darin, das kollektive Erbe in ein sowohl individuelles als auch kollektives Unbewußtes zu verwandeln [...]"[9]

Sowenig nun auch jene habitusprägende Schule als eine Art „inneres Reich" des kulturellen Imperiums anzusehen sei, so unbezweifelbar würden doch durch ihre Logik Geist und Inhalt derartiger Kulturen geprägt und verwandelt. Was in der ethnologischen Theorie von DURKHEIM und MAUSS die „primitiven Formen der Klassifikation" leisten; was in Noam CHOMSKYS *„Generativer Grammatik"* im voraus verinnerlichte Grundmuster bewirken, obliegt hier dem Habitus als einer Sammlung von Schemata, die dem individuellen Zugriff der einzelnen Menschen weitgehend entzogen ist: ein Zusammenspiel von Regeln, einem Code gleich, durch deren innere Tendenz auf den verschiedensten kulturellen Schauplätzen gleiche, mindestens vergleichbare Formen hervorgebracht werden, beispielsweise beim Bau einer Kathedrale, der Komposition einer Messe, einer philosophischen oder politischen Betrachtung. In jeder scholastischen Gestalt ist der Habitus eine vorbewußte – ins Unbewußte abgesunkene – Form der kulturellen Aneignung, deren Tauglichkeit für die Übertragung von Einzelimpulsen in kollektives Handeln eben von diesem unbewußten Status abhängt.

Es liegt nun freilich auf der Hand, daß der Habitusbegriff auf ästhetische Ensembles des 20. Jahrhunderts nur mit Schwierigkeiten Anwendung finden kann. Für das Mittelalter beispielsweise impliziert der Begriff die Selbstreproduktion eines Systems nach nur einem Muster ohne die Störung durch konkurrierende Schulen; mit einem modernen Ausdruck gesprochen: es gibt nur diesen immergleichen Schauplatz logisch gleichartiger und epochal gleichzeitiger kultureller Handlungen. Statt dessen wird hier der Habitus-Begriff der Kunstsoziologie aus den ersten Jahrzehnten dieses Jahrhunderts unter dem Gesichtspunkt aufgegriffen, daß er eine Habitus-Sehnsucht der ästhetischen Intelligenz anzeigt (der GEORGE und sein Kreis sowie D'ANNUNZIO zu künstlerischem, PANOFSKY, SIMMEL, MAUSS, CHOMSKY und ihre derzeitigen Schüler zu kunstsoziologischem und -philosophischem Ausdruck verholfen haben), die in den vielfältigen künstlerischen, philosophischen und Lebenshaltungs-Moden des „ästhetischen Menschen" stilprägend ist.

Diese Sehnsucht nach einem kollektiven kulturellen Unbewußten beruht auf der Faszination durch allgemein akzeptierte „objektive Intentionen", subjektunabhängige Bedeutungsstrukturen, die über den individuellen – sei's moralischen, sei's ästhetischen – Impuls so erhaben sind, daß sie dessen Inhalte (etwa im Sinne einer Reinigung) bestimmen können. Mächtig ist diese „objektive Intention" in den Beschreibungen der genannten Theoretiker nicht bestimmter Inhalte wegen (etwa durch die Teilhabe an einer religiösen oder politischen Idee – Konfession oder Klasse), sondern als kulturelle Organisationsform formalster Art: als verinnerlichte Struktur, generative Grammatik, kollektives Unbewußtes usw. Diese Struktur erzeugt aber im Verlauf eines Umschlagens von Formgestalt in Inhalte die individuellen Verhaltensweisen, Anschauungen, ethischen Orientierungen.

Die These, die in diesem Beitrag vertreten wird, besagt, daß sich dieses strukturale Denken, das bis in die unmittelbare Gegenwart höchst einflußreich ist, in der Formgesinnung des internationalen Ästhetizismus vorbereitet hat; anders gewendet: daß die ästhetische Opposition nach dem Verlust ihrer Orientierung an den Künsten Zuflucht bei einer formalisierenden Wahrnehmungs- und Denkform sucht, die seit den zwanziger Jahren als strukturalistischer Impuls auch in den Humanwissenschaften methodenprägend wirkt. Bereits bei den Wortführern des Ästhetizismus am Anfang des 20. Jahrhunderts wird programmatisch die Geltung „objektiver Intentionen“ mit der Empfehlung von Formen gefordert, die axiomatisch gelten sollen und scheinbar mit größerem Recht, als sie von allen parteiischen Inhalten, etwa konservativ-klerikalen oder antisemitischen, sozialistischen oder faschistischen, unabhängig sind. Dieser Absolutismus der Formgesinnung ist von der inhaltsfeindlichen Ästhetik etwa des älteren Symbolismus vor 1900 darin unterschieden, daß er schon früh bewußt als Zuchtmittel der Schul- und Gruppendisziplin zur Anwendung kam, also mit einem erheblich weiteren Anwendungsgebiet als dem der Künste. An den Formen wird nicht ein bestimmter gestaltgewordener Inhalt bewundert, sondern ihnen als Formen wird zugetraut und zugemutet, daß sie gewisse Inhalte hervorbringen. Reverenz wird nicht dieser oder jener Struktur erwiesen, sondern dem Strukturellen; Respekt nicht einem speziellen Habitus bezeugt, sondern dem Habituellen.

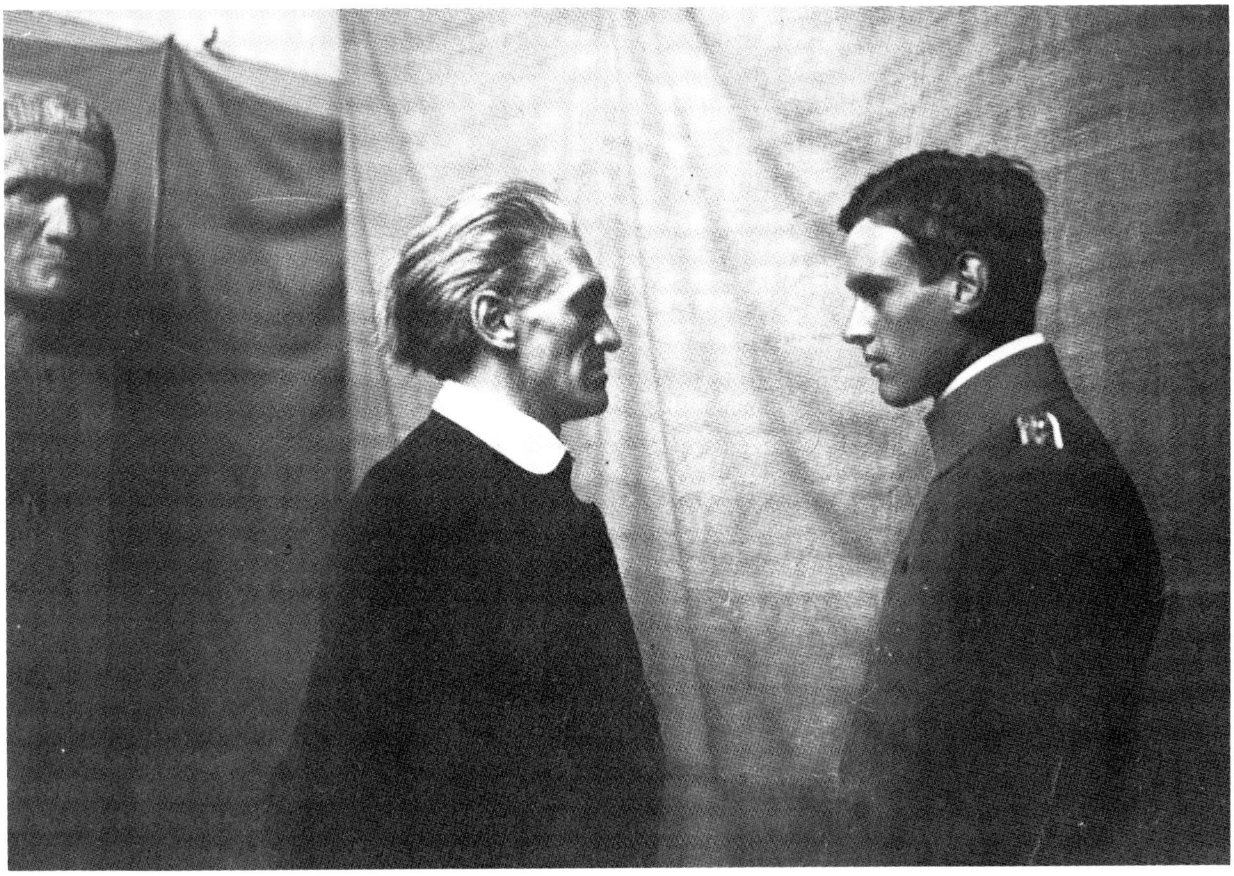

Abb. 9: Stefan George und Erich Boehringer im Atelier von Ludwig Thormaehlen, Neue Ansbacher Straße, in Berlin. George liebte das Atelier wegen der zeltartigen Verkleidung mit hellblauen Tüchern. Im Kreis hieß der Raum „Pompeianum“

In den älteren Polemiken gegen den George-Kreis wird häufig das Epigonale kritisiert, in den Angriffen auf D'ANNUNZIO der Plagiatsvorwurf erhoben. An beiden sind immer wieder auch die diffuse Breite des ideologischen Argumentationsspektrums von rechts nach links und die fast beliebige Teilhabe an allen möglichen zeitgenössischen ästhetischen und moralischen Doktrinen bemerkt worden. Bei D'ANNUNZIO reicht sie ästhetisch vom Naturalismus zum Futurismus, politisch über alle Spielarten nationalrevolutionärer Vorstellungen; im George-Kreis vom Symbolismus zur Neuen Sachlichkeit und im politischen Denken vom Messianismus bis zur Konservativen Revolution und zum Faschismus. Der Streit um die jeweils vorherrschende Tendenz ist so unergiebig (und ist mit so zweifelhafter Gewißheit entscheidbar), weil er verkennt, daß allemal das Prinzipielle wichtiger ist als der jeweilige Inhalt: Gebundenheit über einzelne Bindungen geht; Gestaltung über die Gestalten; Erinnerung über das Erinnerte; Tradition über Tradiertes – ein Sentimentalismus in der Sehnsucht nach einem Allgemeinen.

„Es waren [...] in der hauptsache das gemeinsame vorgehen, die gemeinsame haltung, der gemeinsame glaube, was die leidenschaften erweckte", so kommentieren voll Genugtuung 1911 die Herausgeber das gegnerische Echo auf den 1. Jahrgang des *Jahrbuchs für die geistige Bewegung* – der wichtigsten Programmzeitschrift des George-Kreises.[10] Die demonstrative Kollektivität in der Beugung unter einen Stil als die Staatsform des Habituellen ist – wie formal und unbestimmt auch immer – das schwerste Gewicht in einer Intelligenzkrise, zu deren Symptomen Egoismus und Atomisierung gehören.

Nichts Wirkliches zu akzeptieren, ohne es der eigenen Formkraft zu unterwerfen – als müßte die Welt, um Aufnahme in den Bilderatlas des „ästhetischen Menschen" finden zu können, erst gerastert werden – hat D'ANNUNZIO sich vorgenommen, um das Auseinanderbrechen der Realität in den unendlichen Differenzierungsprozessen der Moderne zu verhindern. Nichts Fremdes zu dulden, was nicht durch Wiederholung im eigenen Hirn reproduziert worden wäre, ist seine Devise im „*Libro Segreto*", und er glaubt, sie so subjektivistisch formulieren zu können, weil die formgebende Rasterung seines Hirns das Allgemeine herstellt – Struktur:

„Ich bin eine Struktur, eine Substanz; und ich kann alle architektonischen und mimischen Erscheinungsformen der Materie annehmen. Ich lege die Sprache aus, die Zeichen und Ziffern, nicht von außen, sondern aus ihrem Innern."[11]

Einkehr in die ästhetische Struktur ist für ihn wie für GEORGE Rückbeugung in den Ursprung. Ebenfalls im „*Libro Segreto*" hat er die Passage des Wirklichen durch die formgebenden Kanäle seiner intellektuellen Wahrnehmung im Sinne einer mystischen Nähe der eigenen strukturbildenden Energien zur Weltstruktur gedeutet. Bei GEORGE mag dem die frühe Phantasie einer Rückkehr in eine zu erschließende bzw. zu rekonstruierende romanische Ursprache entsprechen, in deren reinem Haus die verschlissenen empirischen Sprachen allenfalls als Spolien des Gedenkens vermauert wären.

Struktur und Habitus als Krisentherapie – auf diese Formel vielleicht läßt sich die Strategie bringen, die darauf zielt, mit ästhetischen Mitteln ein kulturelles Unbewußtes gleichsam synthetisch zu erzeugen.

„Noch über dem Vaterland steht die Kunst" – das Verhältnis des Ästhetizismus zur Politik

Aus der Ideengeschichte des „ästhetischen Menschen" ist das bedingungslose Selbsthelfertum nicht wegzudenken, jene Entschlossenheit, aus der als verderbt, korrumpiert oder lethargisch empfundenen Gesellschaft auszubrechen und Gemeinschaft nur mit ähnlich Entschiedenen zu suchen. Immer wieder steht dieser anarchische Impuls auch mit einer Bereitschaft zu mystischer Erfahrung in Verbindung. So ist die Denkfigur, in der bei D'ANNUNZIO die Gebärde des „Reinen-Tisch-Machens" gegenüber der verworfenen Gegenwart, strukturierender Gestaltungswille und die mystische Eröffnung der „Weltstruktur" stehen, bereits bei Walter PATER vorgebildet. Für ihn war die „Visionsfähigkeit" (die Empfänglichkeit für die Wahrnehmung des Absoluten) an die ästhetische Läuterung durch Ausschluß der Verunreinigungen geknüpft, die in der verdorbenen Gegenwart die Sinne trüben. Freilich hatte PATER für sich selbst die Konsequenz einer fast klösterlichen Lebensform gezogen, die ihm für die Kultivierung seiner ästhetischen Vermögen die besten Voraussetzungen zu bieten schien, während D'ANNUNZIO sehr früh schon auf die Verwirklichung seiner ästhetischen Visionen in großen Taten aus ist. Wiederum ist aber auch für den „Helden von Fiume" die Tat nicht letzter Zweck, sondern selbst nur wieder Ausstellungsmaterial in den Prachtsälen der Erinnerung, wie er sie in seiner Villa, im „Vittoriale degli Italiani", am Gardasee eingerichtet hat.

In einem Spannungsverhältnis stehen auch im Ästhetizismus des George-Kreises eine lebensphilosophische Tendenz, die auf Verlebendigung drängt, und eine Neigung zur Kontemplation des Schönen im Geist der Künste und Wissenschaften. Diese Opposition tritt dort auch als Konkurrenz zwischen NIETZSCHE und PLATON auf – jener als Wortführer des anarchisch-individualistischen Immoralismus, dieser als Visionär der Ideen und Lehrer einer philosophierenden Gemeinschaft. An den über zwei Dutzend im George-Kreis entstandenen Platon-Studien, die zwischen dem Sog der dionysischen Lebensphilosophie des Hier und Jetzt und der Sehnsucht nach Beruhigung in der hellenisch-romanischen Bildungswelt eine Balance herstellen wollen, läßt sich diese Ambivalenz des „ästhetischen Menschen" auf höchstem Niveau studieren.[12]

Wie stark im Ästhetizismus des 20. Jahrhunderts das Mißtrauen gegenüber den archaischen Ursprungsmächten chaotischer Auflösung und Todeslust war, läßt die Haltung des George-Kreises der Musik gegenüber erkennen. Sie wird ausdrücklich aus der Welt der reinen Formen verbannt und als Narkotikum und „vorzeichen des untergangs" verabscheut. WAGNER im Ohr, macht Karl WOLFSKEHL ihr im *Jahrbuch für die geistige Bewegung* (1912) den Prozeß:

„Die süssigkeit und schwermut, aber auch die wucht und inbrunst des nicht kosmisch gebundenen lebens, sein wogendes, schweifendes, die unersättlichkeit des von den formenden kräften verlassenen stofflichen, das hylehaft dämmernde, brodelnde, schwankende, alles müde, auflösungswillige, alles was nach untergang und aufgang gierig ist: das chaos wird offenbar in der musik, findet im musiker ein verwandtes chaos."[13]

Diesseits der Barrikaden, mit denen sich der George-Kreis den Zugang zur entfesselnden Musik blockierte, häuft er Bücherschätze. Die Buchkultur weitet er ästhetisch zur Welt. Leidenschaftliche Bücher-Menschen wie der jüdische Gelehrte und Sammler Karl WOLFSKEHL bestimmen ihren Horizont; schönheitstrunkene, zugleich ins Mittelalter wie die Renaissance verliebte Künstler, wie der Berliner Melchior LECHTER, besorgen die Ausstattung; denn wer in diesem geistigen Universum Platz finden soll, bestimmt GEORGE in Beratung mit einigen bedeutenden, zum Kreis gehörenden Philologen, die künstlerisch ausgestattete Prachtausgaben großer Dichter als Musterbücher schönen Lebens drucken lassen: DANTE und SHAKESPEARE, GOETHE, JEAN PAUL und HÖLDERLIN, BAUDELAIRE und die Autoren des internationalen Symbolismus.

Mit diesem Schatz empfahlen sich 1933 tonangebende Mitglieder des George-Kreises den „Nationalsozialisten" als Parteigänger. Sie hatten die Vorstellung, daß ihre Ideen von politischem Führertum, einer geistigen Stände-Ordnung und ihre Großstadt-Verachtung eine ausreichend breite Grundlage für eine Zusammenarbeit wären. „Gemeinnutz geht vor Eigennutz" soll Berthold SCHENK VON STAUFFENBERG 1944 bei der Vernehmung nach dem Attentat auf HITLER die Devise genannt haben, unter der viele Georgianer zu HITLER gestoßen waren. Sie wurden zunächst begeistert aufgenommen, selbst bei den höchsten Funktionären des Regimes. Bei der Universitätsfeier zur Gründung des „Dritten Reichs" wurde GEORGES Gedicht *„An die Toten"* aus dem Gedichtzyklus *„Das Neue Reich"* rezitiert.

Schon 1935 hatte sich allerdings die Unverträglichkeit erwiesen. Danach gibt es keine positiven offiziellen Äußerungen mehr. Der George-Kreis galt nun als intellektualistisch und kosmopolitisch, mit einem Wort: als „verjudet". Im Hinblick auf die in WOLFSKEHLS Musik-Kritik verachtete „Untergangslust" ist ein Vorwurf besonders charakteristisch: der Kreis sei „untragisch". In der Tat: in Opposition bleibt der „ästhetische Mensch" prinzipiell auch gegenüber dem Faschismus; eine ohnmächtige Opposition gewiß, aber, nach einer kurzen Phase der Irritation, eine beständige. Gerade die entschlossene Austreibung aller Inhalte aus der wesentlich nur noch habituell bestimmten ästhetischen Gesinnung erwies sich als brauchbare Immunisierungsstrategie gegen eine Politik, die das Ästhetische zur Dekoration ihrer Zwecke einsetzte. Keine der Barbareien der Faschisten, die nicht unter Berufung auf heilige Grundsätze der klassisch-humanistischen Tradition begangen worden wäre – um so ohnmächtiger die Opposition im selben Namen. Das Ausweichen in eine ästhetische Opposition reiner Negativität kam dem Auslöschen einer Adresse gleich, an welche die Faschisten hätten appellieren können.

Daß die ästhetizistische Intelligenz – von Ausnahmen abgesehen – nicht ohne weiteres in den faschistischen Staat zu integrieren sein würde, ja daß ihre Überempfindlichkeit nicht nur gegen diese oder jene Ideologie, sondern gegen das Ideologische diese Integration auf lange Sicht aussichtslos erscheinen ließ, hat der wichtigste Historiker des Ästhetizismus dieser Zeit, der Faschist Karl Justus OBENAUER, schnell und klar erkannt, schneller sogar als manche Künstler wie BENN und JÜNGER. In seinem geistes- und problemgeschichtlichen Werk über *„Die Problematik des ästhetischen Menschen in der deutschen Literatur"*, abgeschlossen in der Begeisterung des Augenblicks 1933, charakterisiert der Verfasser den George-Kreis als eine „letzte fragwürdigste Form ästhetischer Religion, die uns nicht hilft, und von der keine echte Erneuerung des Menschen, der Gemeinschaften, der Welt ausgehen konnte".[14] Die „Epoche des neuromantischen Ästhetizismus" sei mit der Verkündung des faschistischen Staates erledigt:

„Die politische, d. i. die nationalsoziale, nicht die ästhetische Erziehung steht heute im Vordergrund; ja ihr kommt der Primat zu, und indem sie das Hauptgewicht auf sittliche Werte, auf das neue Ethos der Arbeit, auf Charakterbildung und intelligente Willensschulung legt, die allein ein härteres, zu heroischen Opfern bereites Geschlecht ermöglichen, wird auch die Pathologie des ästhetischen Typen mehr und mehr verschwinden, diese Kulturkrankheit, die aus einer Überbildung entwurzelt-subjektiver Phantasie, passiven Einfühlungsvermögens und verfeinerter Sinnlichkeit entstand." (ebd.)

OBENAUER plädiert dann für den Dienst der Künste für die Politik. Daß die Beschränkung auf ästhetische Bildung und Opposition ein vernünftiges politisches Verhalten war und gegenwärtig sein kann, muß gewiß bestritten werden; zugleich aber auch, daß der Ästhetizismus in der hier skizzierten Gestalt mit der politischen Ästhetik des Terrors der Faschisten in Zusammenhang steht. Der ergibt sich erst mit der Beugung des Ästhetischen unter den Primat der Politik.

Sind nicht BARRÈS und D'ANNUNZIO, MARINETTI und JÜNGER Gegenbeispiele? Nur in sehr eingeschränktem Sinn. Denn selbst D'ANNUNZIO, der in diesem Spektrum sich für die Politik der Faschisten am weitesten geöffnet hat, wäre so weit nie gegangen, ihr ein Recht an jener individuellen Produktivität zuzugestehen, die er altmodisch Geist nannte. Eben diesem Geist, der seinem Inhalt nach in letzter Instanz nihilistisch und der Form nach ästhetisch war, wollte er seinerseits die größtmögliche politische Wirkung verschaffen, daher sein Bündnis mit MUSSOLINI; eine Verbindung, in welcher jeder im anderen ein Werkzeug des eigenen, hier politischen, dort ästhetischen Absolutismus sah. Weder D'ANNUNZIO noch einer der anderen Genannten hat die politischen Klassenziele des Faschismus an die erste Stelle gesetzt; alle hatten sie allerdings zumindest zeitweise die törichte Vorstellung vom Faschismus als dem grandiosen Projekt für ein Gesamtkunstwerk. „Noch über dem Vaterland steht die Kunst"[15] – die Devise D'ANNUNZIOS könnte für sie alle gelten.

Neuere Entwicklungen des Ästhetizismus

Die historische Untersuchung – so lassen sich an dieser Stelle einige Gesichtspunkte zusammenfassend hervorheben – zeigt die Ideenwelt des „ästhetischen Menschen" und dessen Oppositionen als eine Konstellation unterschiedlichster und zum Teil divergierender Vorstellungen. Sie enthält Versuche, dem Leben der Industriegüterproduktion und der Talmi-Individualitäten einen persönlichen Stil durch künstlerische Gestaltung aufzuprägen (PATER, MORRIS, RUSKIN, HUYSMANS und der internationale Jugendstil, die Kunstgewerbebewegung); nur zum Teil hierzu im Widerspruch umfaßt sie Reinigungs- und Austreibungsrituale, in denen eine gewisse Struktur und formale Funktionen zu alles regulierenden (ästhetischen) Normen werden, um den Dienst der Kunst an einer ihr fremden ökonomischen und gesellschaftlichen Praxis zu verweigern (PATER, der Typ des „unscheinbaren" Dandy, A. LOOS, G. SIMMEL, Tendenzen bei D'ANNUNZIO und im George-Kreis); zu ihrer theoretischen Tradition zählen PLATON als Philosoph einer Kunstmetaphysik und einer Staatsphilosophie ästhetischer Nüchternheit, andererseits aber auch NIETZSCHE als radikaler Ideologiekritiker, Dionysiker und Interpret des Lebens im Sinne eines tragischen Mythos. In ihrer Typologie finden wir die Intellektuellen-Moden seit dem späten 18. Jahrhundert: die Stutzer, Dandys, Flaneure, Snobs und Bohemiens in einem breiten ästhetischen Spektrum, das von der korrekten Anpassung und Nivellierung ästhetischen Ausdrucks (z.B. STIRNER) bis zu exzentrischen Provokationen durch Luxus oder Feminisierung reicht (WILDE).

Gegenwärtig häufen sich die Symptome für eine neue Konjunktur des ästhetischen Menschen. In verschiedenen, vorwiegend durch strukturalistisches Wahrnehmen und Denken bestimmten ästhetischen und philosophischen Trends der Gegenwart erhält seine historische Parole neuen Glanz: NIETZSCHES Wort, daß die „Welt nur als ästhetisches Phänomen gerechtfertigt" sei. Ein weiteres Indiz ist die praktische und theoretische Aktualität des Modischen.

Historisch und gegenwärtig richtet sich diese ästhetische Opposition unter anderem auch gegen den moralischen Ernst der Aufklärungskultur. In deren Tradition, von Friedrich SCHILLER bis Ernst BLOCH, fällt das schöne Leben erst einer utopischen Gesellschaft zu. Inzwischen hält der schöne Schein der Kunstwerke seine Idee lebendig. In der ersten Hälfte des 19. Jahrhunderts bereits hatte der geschichtsphilosophische Optimismus der idealistischen Philosophie an Überzeugungskraft eingebüßt, so daß in seinem Schatten die Impulse revoltierender Ungeduld stark wurden. Zugleich und in geistesgeschichtlicher Verschränkung mit dem Anarchismus gewinnen Bilder des ästhetischen Menschen, der auf unverzügliche Verwirklichung drängt, Kontur: Vorgriffe auf das schöne Leben, ohne die Einrichtung des guten Lebens abzuwarten. Die ästhetische Selbsterlösungsstrategie gerät hier bereits in ein gespanntes Verhältnis zur autonomen Kunst, der sie Flucht aus der Wirklichkeit in Selbstgenügsamkeit vorwirft, und zur Politik, mit der sie konkurriert und auf deren Sinnangebote sie im 19. Jahrhundert mit anarchischer Freiheitsphilosophie geantwortet hat, wie sie ihr heute mit Nihilismus entgegentritt.

Die aktuellen Erben des „ästhetischen Menschen" sind die modebewußten Angehörigen der internationalen urbanen Subkulturen in Ost und West mit ihren Strategien der Entgrenzung von Kunst und Leben. Die historische Opposition aber zur autonomen Kunst einerseits und andererseits zur politischen Instrumentalisierung des Ästhetischen zeigt sich derzeit an den Fronten: dort zur Philosophie der Kunstautonomie Theodor W. ADORNOS und seiner Schüler – hier der Beugung der Kunst unter den Primat der Politik, wie sie im sozialistischen deutschen Staat praktiziert wird.

11. Die ästhetische Ausstattung des Lebens

Tilmann Buddensieg

unter Mitarbeit von Dieter C. Schütz

Wenn, in einer einengenden Umschreibung eines Satzes von Thomas MANN, von der „ästhetischen Ausstattung des Lebens" gesprochen wird, so soll dieser Begriff des Ästhetischen in seinem weitesten Sinne verstanden werden: als bewußt geformte Gestaltung von Gebrauchsgegenständen – angefangen bei der Fabrikarchitektur über das Einzelhaus bis hin zur Innenausstattung der Wohnungen. Wir meinen mit „ästhetisch" also keineswegs ausschließlich die traditionellen Formen der künstlerischen Produktion im Sinne des Tafelbildes, des plastischen Kunstwerks oder auch der hohen Formen der traditionellen Baukunst, also nicht einen ausgesonderten Bereich hoher Kunst, sondern Objekte, deren äußere Form und damit ästhetische Gestaltung einem jeweils verschiedenen Geflecht aus *Nutzform, Zierform* und *Zweckform* zu verdanken ist.

Die eigentliche Grundlage einer Veränderung unseres Lebens, die bis in die Ausstattung unserer Innenräume reicht, sind die Neuerungen im Bereich der Fabrikarchitektur, der dortigen Arbeitsprozesse und der Produkte der Industrie. Dieser Tatbestand wird nur verständlich durch eine geschichtliche Betrachtung der eigentlichen Instrumente der Industrie, nämlich der Fabriken und ihrer Architektur. Nicht von ungefähr findet die Epoche der Reformbewegungen in der Architektur, der Wohnungsausstattung und der Gestaltung der Gebrauchsgegenstände nach mehr als hundert Jahren Entwicklung ihren vorläufigen Endpunkt in dem Satz von LE CORBUSIER: „Die Wohnung – eine Maschine". Und nicht von ungefähr sieht das Bauhaus in Weimar seine Hauptaufgabe in der Entwicklung von Prototypen für die industrielle Gestaltung. Damit schließt sich eine geschichtliche Entwicklung von dem Ende der Manufakturen und dem Widerstand des Handwerks im 19. Jahrhundert gegen die „Schundware" der Massenproduktion der Industrie bis zur mühseligen und etappenreichen Anerkennung der industriellen Produktionsbedingungen um 1900 als den unabweisbaren und zugleich produktiv benutzbaren Voraussetzungen für die Formgestaltung unserer Lebenswelt.

Von der Architektur als Baukunst zum Ingenieurbau als Konstruktion

Wir werden uns in diesem Beitrag Objekten zuwenden, die auf den ersten Blick das Thema der ästhetischen Funktion von Kunst zu sprengen scheinen. Gemeint sind die Fabrikbauten und die von ihnen ausgehenden Tendenzen zur Stadtplanung, ja zur umfassenden Gestaltung von Leben und Umwelt aller mit einer Fabrik verbundenen Menschen. Wenn wir hier an diese größten Vorhaben des „Design" anknüpfen, dann geschieht das aufgrund der historischen Einsicht, daß die neuen, bis zu uns reichenden Gestaltungsweisen zuerst an Nutzbauten, dann an Maschinen und erst zuletzt an den Produkten selbst aufgetreten sind, daß die Entwicklung vom großen zum kleinen Maßstab aber eine kontinuierliche war. Wir können hier freilich nur einige beispielgebende Höhepunkte der Entwicklung herausgreifen.

Das Pariser Getreidemagazin François-Joseph Bélangers

„Ma foy", rief NAPOLEON vor seinen Gardeoffizieren aus, als er im Mai 1812 zu Pferde den Neubau der Getreidehalle in Paris besichtigte, „c'est magnifique!": „Meiner Treu, das ist großartig!". Was hat die Bewunderung NAPOLEONS für diesen 1808 von François-Joseph BÉLANGER als Getreidemagazin errichteten

Kuppelbau hervorgerufen? Nicht etwa eine der traditionellen Bauaufgaben, die seit den ägyptischen Pyramiden das Staunen der Zeitgenossen und der Nachwelt, den Stolz oder den Neid der Bauherren entzündeten: kein Tempel, keine Kirche, keine Residenz des Herrschers, kein Palast einer Führungselite, kein Grabmonument oder Denkmal – die Bewunderung NAPOLEONS galt einem Nutzbau, einem Getreidemagazin, einem Bautyp also, von dem es genügend Beispiele in der römischen und in der nachantiken Architektur gab, der aber bis dahin nie die Entwicklung der Baukunst bestimmt hatte. Die Pariser Getreidehalle war ein Ingenieurbau; die Eisenkonstruktion seiner Kuppel hatte kein Vorbild in der Vergangenheit, sollte aber eine unabsehbare Zukunft haben. Die Errichtung der Kuppel in den traditionellen Baumaterialien Stein, Holz und Ziegel wurde sorgfältig erwogen, dem Eisen aber schließlich aus Kosten- und Konstruktionsgründen der Vorzug gegeben *(Abb. 1).*

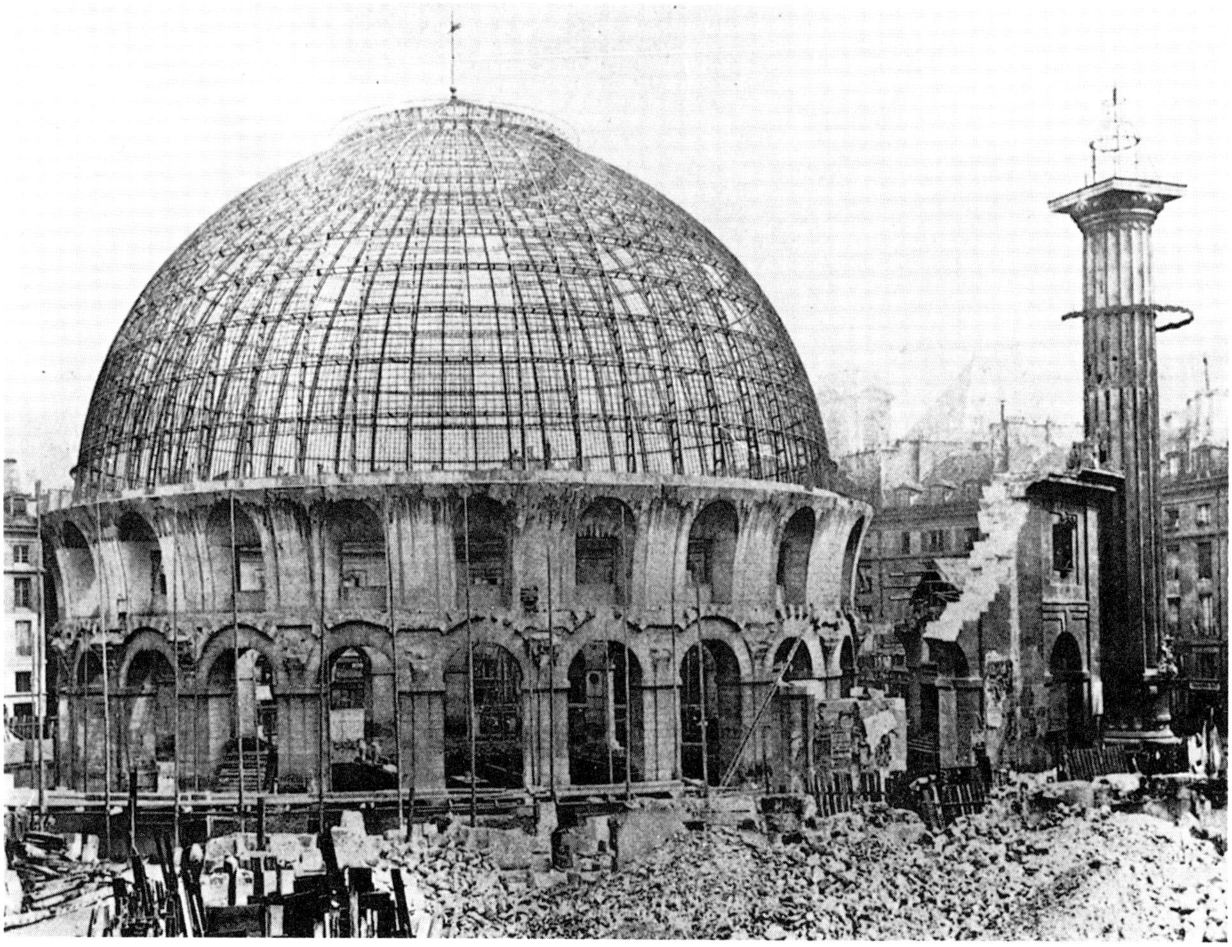

Abb. 1: Paris, Getreidemagazin von François-Joseph Bélanger. 1808. Photo von 1888, während der Umbauarbeiten

Der Macht seiner Wirkung, die der Mächtigste seiner Zeit instinktiv erahnte, lag einer der beherrschenden Begriffe des 19. Jahrhunderts zugrunde: der des Fortschritts. BÉLANGER war sich dieser Tatsache in zweifacher Weise bewußt. Als „Bélanger-Coupole“, der „Kuppel-Bélanger“, grüßte er seinen befreundeten Kollegen, den „artiste-architecte“, den „Künstler-Architekten“ FONTAINE. Damit wies er stolz auf einen der hier erörterten Grundkonflikte in der Architekturgeschichte des 19. Jahrhunderts hin, den zwischen dem Architekten als Baukünstler und dem Ingenieur als Konstrukteur. Und BÉLANGER ließ keinen Zweifel, auf wessen Seite er den Fortschritt sah.

BÉLANGER erregte nicht nur die Bewunderung NAPOLEONS. Er selbst sah die Kühnheit seines Bauunternehmens, vor allem dessen neue Dimensionen, in direkter Parallele „zu den Taten der Armeen des unsterblichen Bonaparte“. Auch sie hätten Gefahren und Widerstände überwunden. Zu dieser nationalpolitischen Selbsteinschätzung paßte, daß er die Dimensionen und die Qualität seiner Eisenkuppel den älteren englischen Eisenkonstruktionen für weit überlegen hielt.[1] Von den Italienern war bei ihm nur in der Vergangenheitsform, von den Deutschen überhaupt noch nicht die Rede. Erst nach SCHINKELS Englandreise 1826 begann in der deutschen

Architektur der lange Prozeß der Rezeption englischer und französischer Vorbilder, der nach fast hundert Jahren zur Turbinenhalle der AEG von Peter BEHRENS führen sollte. Diese wird uns später noch ausführlich beschäftigen.

Das hier einleitend genannte Beispiel der Pariser Getreidehalle sollte einen Strang in dem großen Veränderungsprozeß veranschaulichen, der von der herkömmlichen Handwerks- und Zünftekultur – die für die Ausstattung des Lebens einer kleinen Oberschicht sorgte – bis zur radikal neuen Welt der umfassenden Industrialisierung reicht. Der Übergang von der traditionellen humanistischen, an der Antike orientierten Baukunst in die Ingenieurkonstruktion ist neben den veränderten Produktionsbedingungen der Ausstattungsgegenstände des täglichen Lebens das Eigentliche dieses Wandels. Es veränderten sich jedoch nicht nur die Produktionsbedingungen aus der handwerklichen Manufaktur in die maschinelle Produktion, sondern im Zusammenhang damit veränderte sich auch die Marktsituation. Nunmehr wurden weiteste Kreise zunächst der bürgerlichen Bevölkerung und dann immer größere Teile der Arbeiterschaft für die industrielle Massenproduktion der Ausstattungsgegenstände und Gebrauchsgeräte des täglichen Lebens erreichbar.

Ruhm und Leistung der Baukunst beruhten im Urteil der Nachwelt seit jeher auf der besonderen Größe der Räume und Spannweite von Kuppeln und Gewölben sowie auf der Dauerhaftigkeit und Kühnheit der Konstruktion. Die Kuppel der Pariser Getreidehalle ist von einer solchen außergewöhnlichen Größe und Spannweite. Daher liegt es nahe, sie in Beziehung mit den großen Zentralbauten der Vergangenheit, vor allem mit dem bis zur Neuzeit unerreichten Kuppelbau des antiken Pantheon in Rom *(Abb. 4)*, zu setzen. Der Vergleich vollzieht sich jedoch auf einer ganz neuen Ebene: ein Ingenieurwerk ersetzt einen Architektenbau; das traditionelle Haustein-, Ziegel-, Mörtelguß- oder Holzgewölbe weicht der rechnerisch kalkulierten, vorfabrizierten Eisenkonstruktion; das außerordentlich teuere und zeitraubende Mauerwerk dem billigeren, schnell montierbaren verglasten Gerüst. Diese neue Konstruktion blieb nicht kostspieligen Repräsentationsbauten der Machteliten vorbehalten, sondern wurde bald nach der Errichtung der Getreidehalle auf eine Fülle neuer und veränderter alter Bauaufgaben übertragen, die das beginnende Zeitalter der Industrie bereithielt und für die sich die traditionelle Baukunst zunehmend als unzureichend erwies.

Zu denken ist hier vor allem an die großen Bahnhofshallen des 19. Jahrhunderts, von denen sich zahlreiche Beispiele bis heute erhalten haben: in London, Paris, Antwerpen, Amsterdam, Köln oder Frankfurt *(Abb. 2)*.

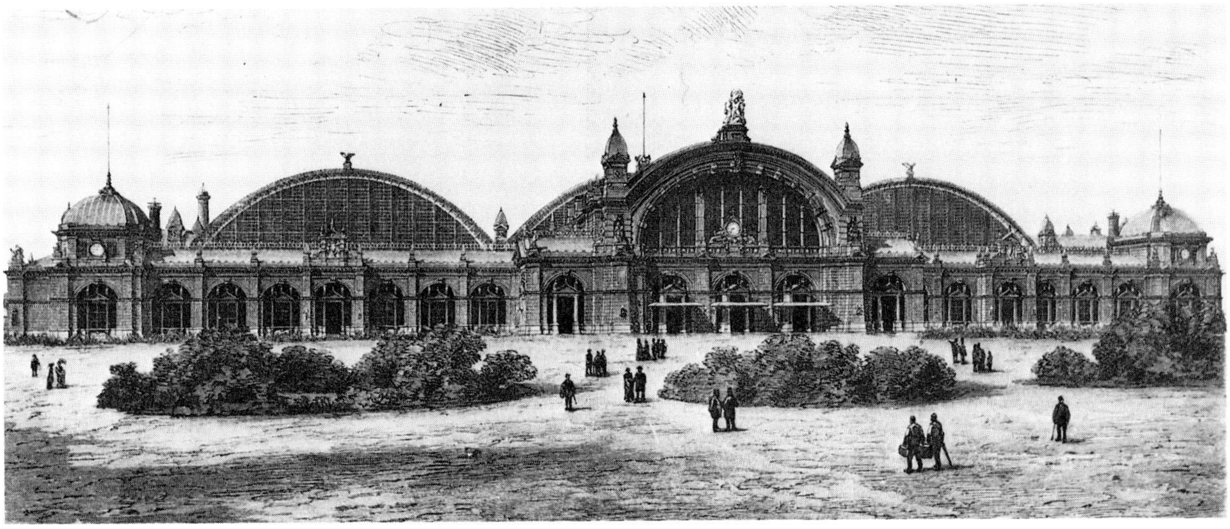

Abb. 2: Frankfurt/Main, Hauptbahnhof von Eggert und Schwedler. 1880

Zu erwähnen sind neben den Hallenbauten der Bahnhöfe, auf die wir noch zurückkommen werden, eine Anzahl riesiger Kuppelbauten in der Nachfolge der Pariser Getreidehalle: Die Frankfurter Messehalle von Friedrich VON THIERSCH etwa, 1907–1909 entstanden, ist allgemein zugänglich und ein eindrucksvolles Beispiel für die Kunst des Ingenieurs, die Möglichkeiten der neuen Baumaterialien für riesige Räume auszunutzen, die viele Tausende von Menschen unter einem Dach vereinen *(Abb. 3)*. Heute allerdings wirkt sie im Vergleich zu den angrenzenden Neubauten von O. M. UNGERS geradezu objekthaft zierlich. Zu nennen wäre hier auch die Stahlbetonkonstruktion der Jahrhunderthalle in Breslau von Max BERG aus dem Jahre 1913.

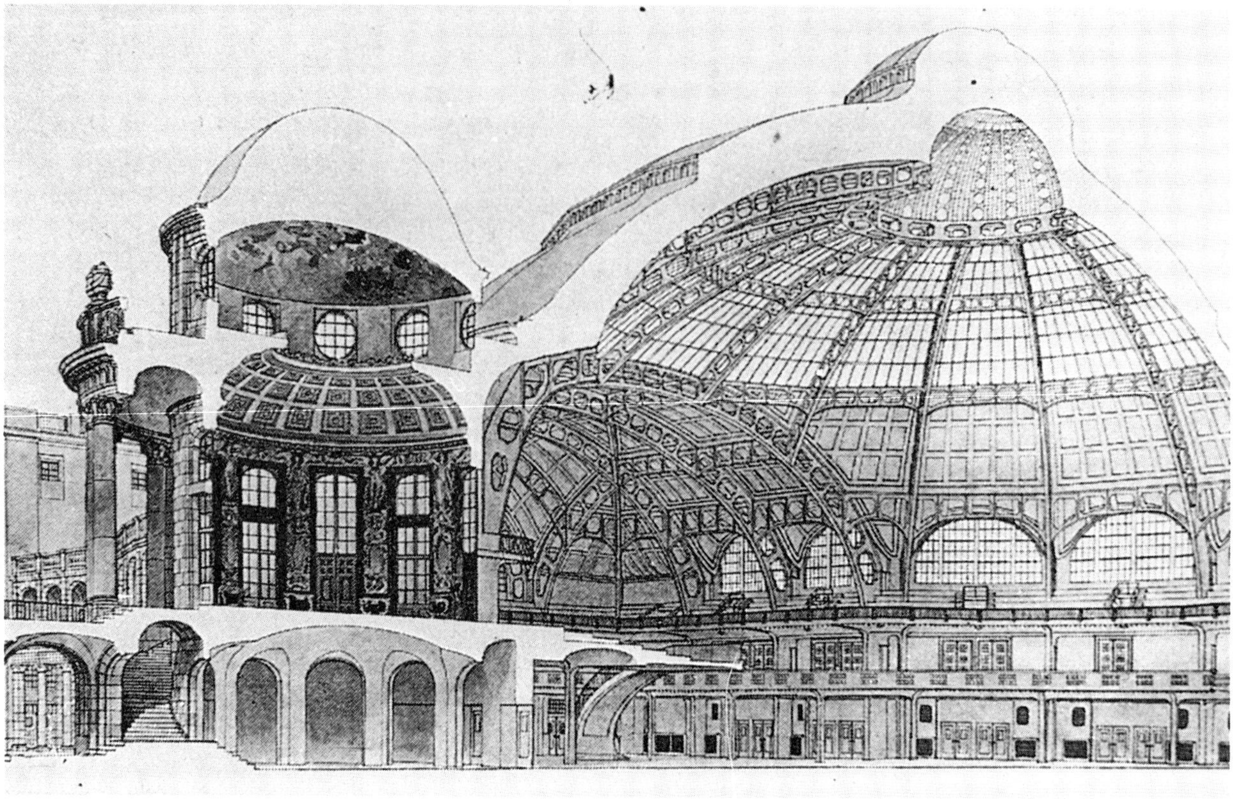

Abb. 3: Frankfurt/Main, Messehalle von Friedrich von Thiersch. 1907–1909

Diese Kuppeln übertrafen mühelos die Spannweite ihrer illustren antiken Vorbilder, ohne deren zum Teil fünf Meter dicken Wände mit komplizierten Bogenkonstruktionen zur Entlastung des Gewölbeschubes nötig zu haben. Alle Konstruktionselemente dieser Bauten waren sorgfältig versteckt, ja verheimlicht hinter einer bloß dekorativen Marmorhaut. Die neuen Kuppeln besaßen außerdem die filigrane Durchsichtigkeit der vieleckigen Chöre gotischer Kathedralen, ohne der aufwendigen Hilfskonstruktion ihres nach außen verlegten Strebesystems zu bedürfen.

Die gewichtslos erscheinende Riesenwölbung des römischen Pantheon *(Abb. 4)* oder der Hagia Sophia wurde ermöglicht durch ein unsichtbares, in der marmorverkleideten Mauer oder in Seitenkapellen und Nebenkuppeln verborgenes System von Ableitungen und Verlagerungen der Kuppellast. Auch die Kuppelbauten der Renaissance, wie BRUNELLESCHIS Florentiner Domkuppel, MICHELANGELOS Kuppel des Petersdomes in Rom, und des Barock, ja noch die Kuppel des Kapitols in Washington, beruhen auf zwei räumlich und formal auseinandertretenden Schalen: der allein von innen sichtbaren Innenkuppel und der für die Konstruktion unerläßlichen zweiten, darüberliegenden Kuppel, die die Außenerscheinung prägt. Die Doppelung der Schalen selbst wird nirgends anschaulich. Gotische Architektur schuf die gewichtslos scheinenden farbigen Glaswände ihrer Kathedralen durch die vollständige Trennung von Innen und Außen. In allen gotischen Kathedralen steht der nahezu mauerlosen Hochschiffwand das, besonders in Chartres, mächtig aufgetürmte Mauerwerk der äußeren Strebepfeiler gegenüber.

Der französische Architekturhistoriker und Denkmalpfleger Eugène VIOLLET-LE-DUC (1814–1879) verteidigte die kalkulierte Rationalität dieser künstlerischen Zielsetzung der Gotik nicht nur als geschichtliche Leistung, sondern wollte sie mit dem Ingenieurbau seiner Zeit, der zweiten Hälfte des 19. Jahrhunderts, in Beziehung setzen. Der Dresdener Architekt Gottfried SEMPER (1803–1879) jedoch unterwarf dieses Konstruktionsprinzip der gotischen Architektur einer Kritik, die nicht geschichtliche Gerechtigkeit versuchte, sondern die Brauchbarkeit der Gotik für Gegenwart und Zukunft in Frage stellte. Ihm schien die Zielsetzung einer schwerelosen Wirkung der Architektur im Innenraum unter der Bedingung ihrer in diesem Inneren unsichtbaren, formal also folgenlosen Hilfskonstruktion der Strebepfeiler außen eine verwerfliche Lüge.

Ein gotischer Bau, sagte SEMPER, „läßt nicht nur das Auge unbefriedigt, dort wo der Seitenschub der Gewölberippen wahrnehmbar wird, nämlich in dem Innern der überwölbten Räume, wo die äußeren Gegenstreben nicht sichtbar sind und

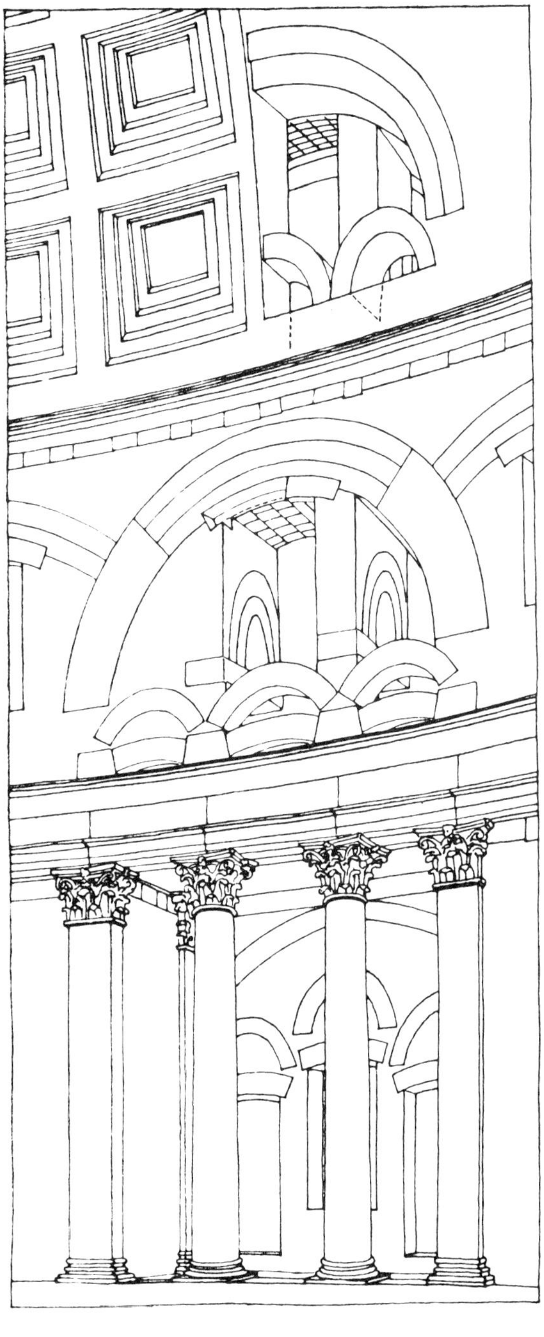

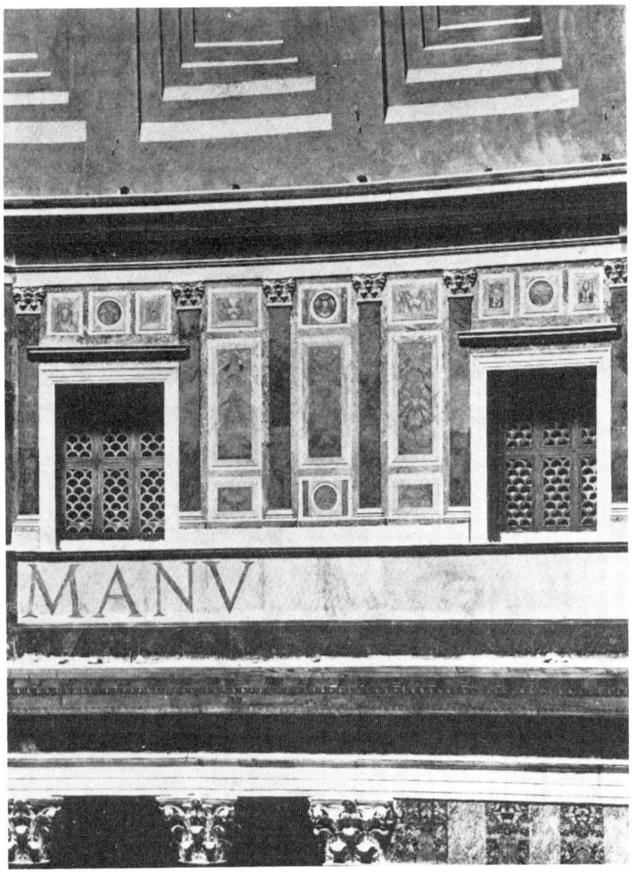

Abb. 4: Pantheon in Rom. Um 120 n. Chr. Links eine Zeichnung des struktiven Systems der Entlastungsbögen. Die rechte Abbildung zeigt in einem Ausschnitt die Kassetten der Kuppel und die Marmorverkleidung der Wand, hinter denen sich diese statische Konstruktion völlig verbirgt

jedes unbefangene Auge sich [...] geängstigt fühlen muß; er verletzt das ästhetische Gefühl auch äußerlich durch übermächtiges rein technisches Pfeiler- und Schwibbogenwerk, das gegen etwas wirkt, was äußerlich gar nicht gesehen wird und in formaler Beziehung daher auch gar nicht existiert."[2]

Er befürwortet damit eine Identität von Innen und Außen, eine Wahrhaftigkeit von Konstruktion und formaler Erscheinung, welche die Architektur im 19. und 20. Jahrhundert bis zur unmittelbaren Gegenwart beherrschen sollte.

Die Turbinenhalle der AEG von Peter Behrens in Berlin

In der Turbinenhalle der AEG in Berlin, die Peter BEHRENS 1909 errichtete,[3] scheint das Ideal SEMPERS fünfzig Jahre später erreicht: die mächtigen Stahlträger der Halle stehen zur Hälfte innen und zur Hälfte außen, die Glaswände und ihr Rahmensystem sind innen und außen gleich *(Abb. 5)*. Nur in der Fassade zur Huttenstraße hin bricht der alte Konflikt zwischen Architektursprache in der Fassade und konstruktiver Erscheinung im Inneren wieder auf: statt die Stahl- und Glashaut der Seitenwände auch konsequent in der Schmalseite, also der Fassade,

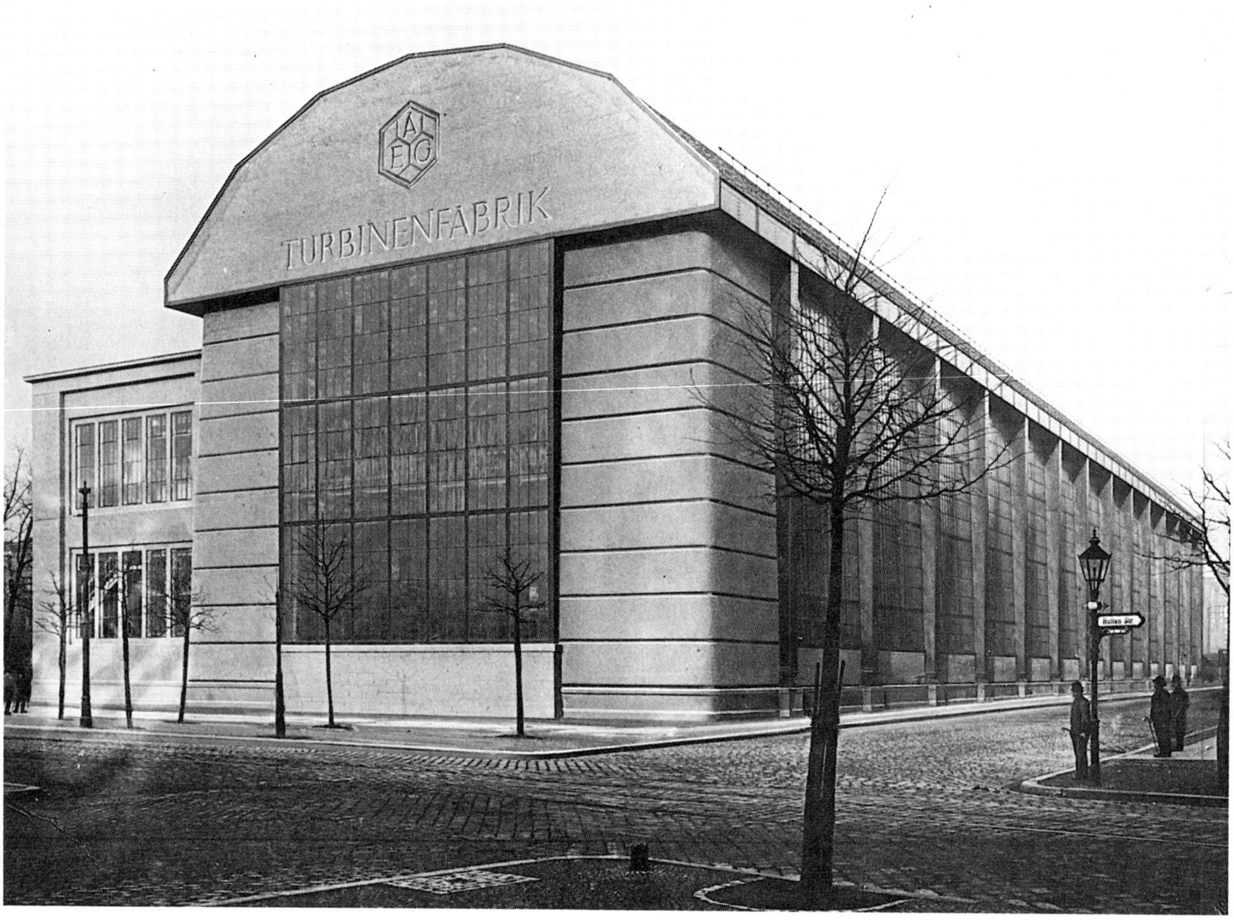

Abb. 5: Berlin, AEG-Turbinenfabrik von Peter Behrens. 1909

fortzusetzen, rahmte BEHRENS die Ecken mit dünnwandigen, aber mächtig wirkenden Pfeilern aus Zementquadern. Sie scheinen das gleichfalls dünnwandige, siebenfach gebrochene Tympanon mit dem Firmennamen zu tragen. BEHRENS meinte offenbar, neben den „geschichtslosen" rein technischen Baumaterialien der Turbinenhalle auf einen architektonischen „Ausdruck" der kollektiven Arbeitsleistung und auf die stolze Selbstdarstellung der AEG nicht verzichten zu dürfen.

BEHRENS steht hier sehr ungewollt in der Tradition einer gespaltenen Beziehung zwischen Architektur und Ingenieurbau, für die man beispielhaft auf den Frankfurter Hauptbahnhof von Hermann EGGERT von 1880 hinweisen kann: eine üppige, mit reichem Figurenschmuck verzierte, mit den traditionellen Prachtmotiven der Bogenportale, Seitenflügel und gewölbten Wandelhallen ausgestattete Fassade wendet sich zur Stadt hin. Buchstäblich hinter ihrem Rücken, „von vorne" völlig unsichtbar, für die Schauseite folgenlos und ohne Übergang, schließt sich daran die riesige filigrane Halle aus Glas und Eisen von dem renommierten Bauingenieur SCHWEDLER an. Repräsentative Prachtentfaltung mit den bewährten Mitteln der historischen Architektur hier – reiner Zweckbau dort.

Der Betriebsingenieur für die AEG-Turbinenhalle, Oskar LASCHE, meinte im Januar 1910, vor allem wohl im Hinblick auf die Schauseite an der Huttenstraße, der Bau sei „in seinen wuchtigen äußeren Formen ein Abbild der gewaltigen Arbeit, die im Inneren des Gebäudes geleistet wird". Der am Bau gleichfalls beteiligte Bauingenieur Karl BERNHARD formulierte 1911 jedoch eine deutliche Kritik. Sie sei hier zitiert, weil sie vor allem den Behrens-Schüler Walter GROPIUS in seinen Fagus-Werken in Alfeld an der Leine von 1911, auf die wir noch zurückkommen werden, zu einem entscheidenden Schritt über BEHRENS hinaus anregte:

„Jedermann sieht den Giebel, der aus dünner Eisenbetonhaut vor der Eisenkonstruktion ausgebildet ist, als einen wuchtigen Betonbau an: zwei Eckpfeiler mit hohem Giebelfelde." Das sei „ein Rückfall in gewisse künstlerische Bestrebungen, bei großen Ingenieurwerken die Bauart durch Verkleidung zu verschleiern [...] die Glaseisenfront an der Berlichingenstraße ist dagegen echt und ein unantastbares Kunstwerk des Eisenbaus, ein künstlerischer Gewinn, was bei der Giebelfront bezweifelt werden muß." Letztere kritisiert BERNHARD „aus Gründen künstlerischer Wahrheit".[4]

Bei der AEG-Turbinenfabrik handelt es sich nicht allein um das Zeugnis der Zusammenarbeit bei einem Bauprojekt, sondern um einen architekturgeschichtlich bedeutsamen Sachverhalt: Es ist die wiedergewonnene Vorrangstellung der formgestaltenden Prinzipien in der Konzeption eines Ingenieurbaus. Dieser Anspruch konnte gelingen; er erhielt seine Berechtigung durch den Verzicht des Baukünstlers, die pragmatischen Anforderungen an einen Fabrikbau mit einem der architektonischen Stile der Vergangenheit zu verkleiden. Die AEG-Architekten SCHWECHTEN und KRAAZ hatten der wenig älteren Stanzerei und Metallgießerei aus den Jahren 1900/1901 falschen gotischen Charakter übergestülpt *(Abb. 6).*

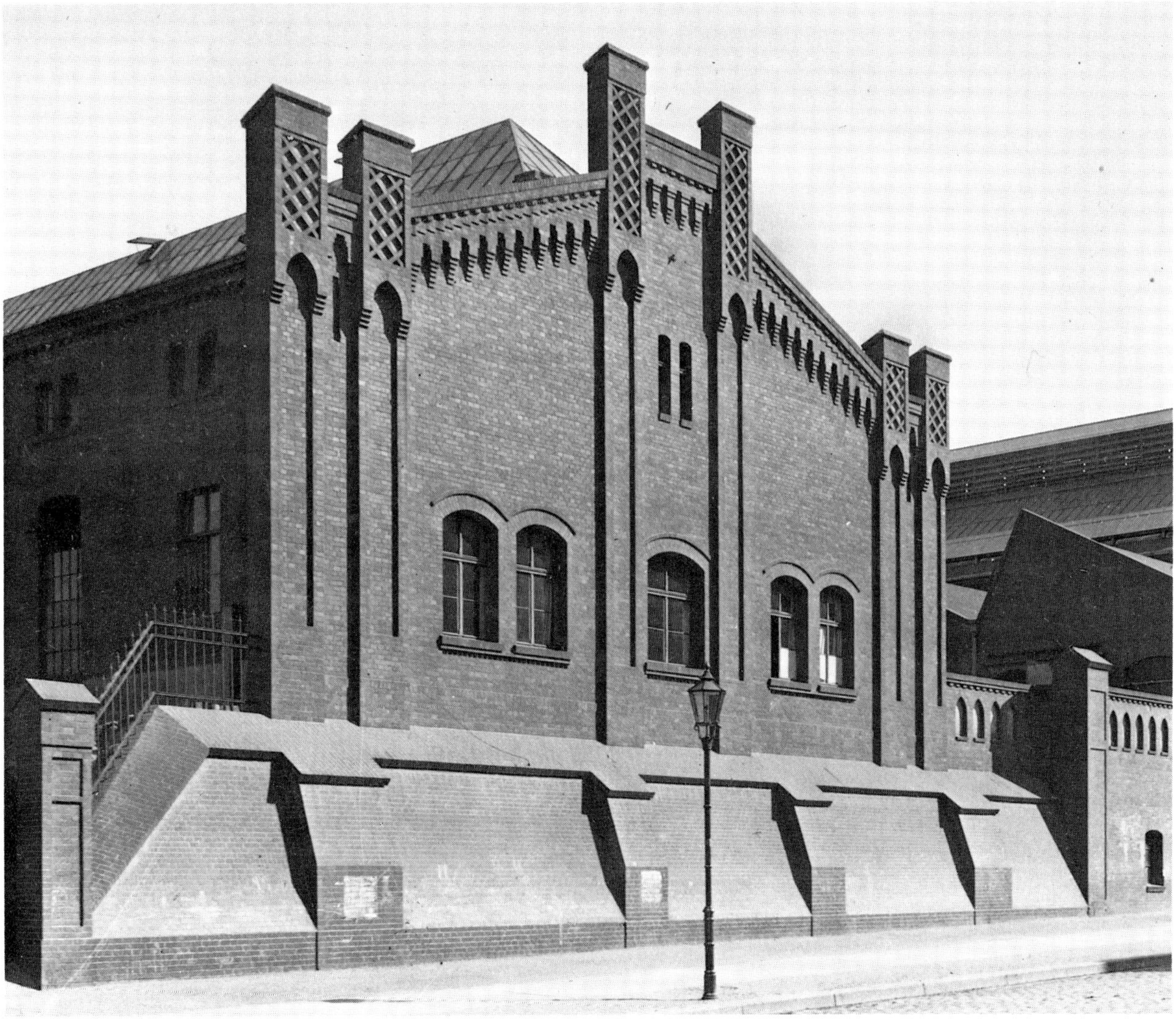

Abb. 6: Berlin, AEG-Stanzerei an der Voltastraße von Schwechten und Kraaz. 1900/1901

Doch betrachten wir nun Entstehung und Form der Turbinenhalle genauer. In der damals außerordentlich kurzen Zeit von 6 Monaten ist der riesige, 25 Meter hohe und breite, zunächst 123 Meter, dann 207 Meter lange Bau im Oktober 1909 fertiggestellt worden. Die Planungsarbeiten des Architekten BEHRENS, des seinerzeit berühmten Bauingenieurs Karl BERNHARD und des Betriebsingenieurs Oskar LASCHE, einer Autorität auf dem Gebiet des Turbinenbaues, sind aber schon seit September 1908 bezeugt. Diese vermutlich nie wieder praktizierte Zusammenarbeit war von einem erstaunlichen Umstand beherrscht: Der bautechnische Laie BEHRENS hatte die eigentliche Leitung der künstlerischen Baupläne, der Ingenieur BERNHARD hatte die Aufgabe, die Formvorstellungen von BEHRENS mit den technischen Anforderungen in Übereinstimmung zu bringen, ihnen „die Konstruktion anzupassen" (BERNHARD).

BEHRENS beschreibt diese Sachlage mit genau gewählten Worten im März 1910: „Mit dem Entwurf sowohl für die architektonische äußere Silhouette als auch für die innere Raumgestaltung bin ich von der AEG beauftragt worden; soweit die konstruktive Idee für die raumbildnerische Erscheinung von Wichtigkeit war, ist sie nach meinen Angaben ausgeführt worden. Die konstruktive Durchführung der so entstandenen Idee war in die Hand des bekannten Ingenieurs Bernhard gelegt [...] Mit größtem Verständnis für alle künstlerischen Gesichtspunkte und anerkennenswerter technischer Erfindungsgabe, alle gestellten Aufgaben zu lösen, hat Bernhard die konstruktiven Zeichnungen und die dazu nötigen Berechnungen ausgeführt."

Der Sachverstand des Ingenieurs verliert seinen ausschließlichen Selbstwert und wird zum „Verständnis für alle künstlerischen Gesichtspunkte" abgeschwächt. Die „technische Erfindungsgabe" wird auf die Fähigkeit bezogen, die „raumbildnerische Erscheinung", die BEHRENS wollte, zu verwirklichen. BEHRENS wollte stattdessen aus der bedingungslosen Anerkennung „des praktischen Nutzens" zu einer „Vollendung der Form" gelangen. Der „innere Organismus eines industriellen Zwecken dienenden Gebäudes" sollte einer „formalen Klärung" unterworfen werden, in der das Arbeitsergebnis der rechnerischen Kalkulation des Ingenieurs in eine sichtbare Form überführt würde.

Dieses sehr abstrakt klingende Verfahren läßt sich an der Gestaltung der Turbinenhalle ablesen. Die „industriellen Zwecke" verlangten für den Bau von Großmaschinen einen großen Einheitsraum sowie Krananlagen, die große Lasten schnell innerhalb des Montageprozesses bewegten. Der hierfür vom Ingenieur errechneten statisch zureichenden Konstruktion hat BEHRENS einen anschaulichen Ausdruck verliehen. Die Trennung von durchfensterter Füllwand und tragenden Stützen ist durch die Einwärtsneigung der Wand verdeutlicht worden. Dadurch lösen sich die Stützen von ihrer im Sockel freigestellten Basis zunehmend aus dieser Wand und tragen das vorkragende, schattenwerfende „Gebälk" des Daches. Die gleichmäßige Abfolge dieser Stützen steigert sich zu einem mächtigen Rhythmus, der an griechische Säulen und gotische Bündelpfeiler erinnert, ohne diese zu kopieren.

Diese Erinnerung gelingt aber ausschließlich mit den zeitgenössischen Mitteln der Industrie. So erscheint die machtvolle Reihung gleicher Elemente als sichtbare Analogie zu einer der zentralen Erscheinungen des

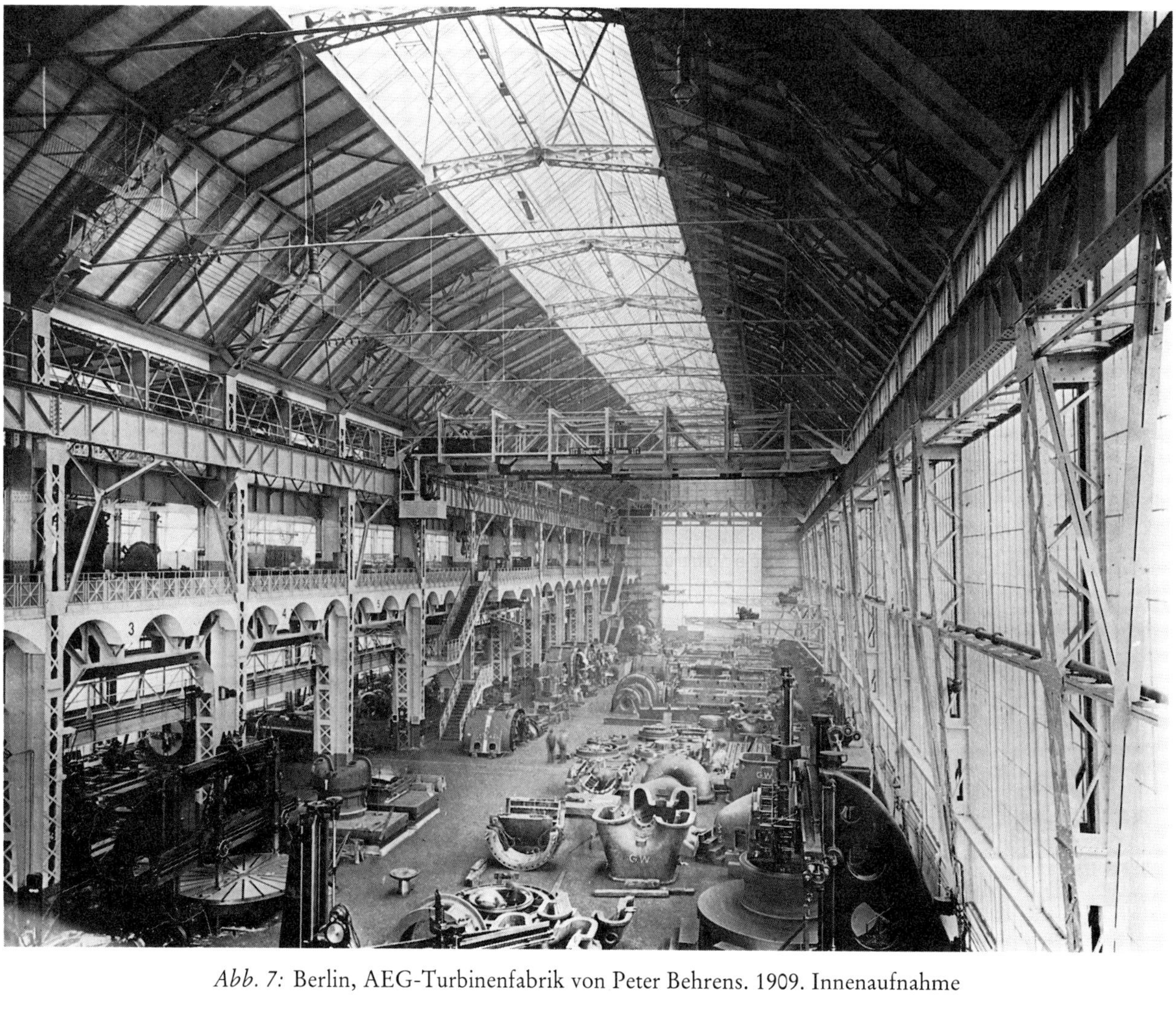

Abb. 7: Berlin, AEG-Turbinenfabrik von Peter Behrens. 1909. Innenaufnahme

technischen Arbeitsprozesses. Die buchstäblich herausragende Sichtbarkeit der vollwandigen Vertikalstützen am Außenbau ist aus formalen Gründen über die vom Ingenieur kalkulierte statische Notwendigkeit hinaus betont: statt eines dünnlich-durchsichtigen Stahlgerüstes des Ingenieurs verlangt BEHRENS glatte Wandflächen und undurchbrochene, nur darum rhythmisch wirksame Vertikalstützen. Diese Substantialität der Stützen „erklärt" dem Auge auch deren Arbeitsleistung: Sie tragen nicht nur das Dach, sondern dienen auch als Widerlager für die mächtigen Arbeitsinstrumente im Inneren: zwei Laufkräne mit je 50 Tonnen Tragkraft, Konsol- und Schwenkkräne *(Abb. 7)*. So beruht die anschauliche Wahrheit dieses Baues auf seinem vierfachen Ausdrucksvermögen: die Füllwände sind die schwerelose, lichtspendende Hülle eines riesigen Montageraumes; dieser wird, gleich den Rippen eines Blattes, von Trägern durchzogen, die Füllwände und Dach tragen. Buchstäblich als Werkzeug greifen die Vertikalstützen in den Arbeitsprozeß ein: sie sind die Widerlager der Kräne. Die Verwendung der industriell produzierten Materialien Beton, Glas und Eisen weckt den Vergleich mit den industriellen Produktionsprozessen in der Halle. Die Rückführung der architektonischen Formen auf wenige, völlig schmucklose Grundelemente, wie das vielfach zusammengefügte kleine Rechteckfenster und die rhythmische Reihe der 14 die Glaswand durchschneidenden Vertikalstützen, sucht die formale Analogie zu der Rationalität der Technik. Richard HAMANN hat diesen Sachverhalt auf diese Formel gebracht: „Konstruktive Kunst an der Fabrik und konstruktive Arbeit in der Fabrik, rationelle Schöpfung und rationelle Produktion finden zusammen."[5]

In der Fassade schließlich darf man den selbstbewußten, nicht mehr in vorindustrielle Baukonventionen verhüllten Ausdruck kollektiver Arbeitsleistung der Fabrik erkennen. Als eine neue gesellschaftliche Macht tritt sie mit einer neuen Formensprache in den öffentlichen Raum der Straße, mit dem gleichen Anspruch wie die traditionellen Repräsentationsbauten der Gesellschaft. Glas, Eisen und Beton sind die Elemente dieser neuen Sprache – Materialien, die nicht natürlich gewachsen und geschichtlich vermittelt sind.

Von der Industrieform zur Lebensreform

Die Ingenieurarchitektur, die man als bloß dienende Leistung betrachten könnte, hat in Wirklichkeit eine eigene Ästhetik, eigene Kategorien und Normen der Gestaltung hervorgebracht, die nicht minder verpflichtend, ja diktatorisch sind als die alten Leitsätze der klassischen Ästhetik, etwa nach dem Vorrang der Schönheit, der Harmonie, des menschlichen Maßstabs. Materialgerechtigkeit, Modernität der Materialien und Konstruktionsprinzipien, Ehrlichkeit der Konstruktion, das heißt klare Einsicht in die verwandten Mittel und Techniken, bedingungslose Anpassung der Gebäude an ihren Zweck – dies sind einige der schon genannten Kriterien. Man darf nun nicht meinen, damit wäre der gestalterische Spielraum dieser Architektur gleich Null – die Turbinenhalle der AEG zeigt, daß auch unter dem Gesetz funktionalen Bauens die Ausdrucks- und Gestaltungsqualitäten gerade der Details nicht zu kurz kommen. Die neue Ästhetik des industriellen Zeitalters verlangte wie jedes neue, selbstgewisse Programm nach mehr Gestaltungsmaterial, als ihr unmittelbar zugewiesen wurde.

Das Beispiel AEG

Die Behrenssche Arbeit für die AEG weitete sich zu einem utopischen Modell für die räumliche und formale Organisation der Arbeitswelt der Industriegesellschaft aus. BEHRENS hat NIETZSCHES Ruf zur „Umformung der Welt, um es in ihr aushalten zu können"[6] sehr ernst genommen: In den wohlgestalteten Fabriken wurden vielfach von BEHRENS entworfene Produkte wie Bogenlampen, Ventilatoren, Uhren, Heizgeräte und Wasserkessel *(Abb. 8)* hergestellt, in von BEHRENS graphisch gestalteten Broschüren veröffentlicht und in von BEHRENS entworfenen Läden verkauft. Deren „anmutige" Formvereinfachung und nach denselben geometrischen Prinzipien entworfene Erscheinung sollten die AEG-Arbeiter von der ermüdenden Produktion billiger industrieller Massenwaren erlösen und den Begriff sinnvoller Arbeit in wohlgestalteten, lichtdurchfluteten Räumen mit Leben erfüllen. Das ausgedehnte Programm des Werkswohnungsbaues der AEG vor dem Ersten Weltkrieg sollte schließlich auch das Privatleben der AEG-Mitarbeiter in einen klassendurchlässigen Kreislauf der Lebenswelt eines solchen „Sozialwesens" der Großindustrie einbeziehen.

In der von BEHRENS entworfenen AEG-Werksiedlung in der Fontanestraße 10 bis 18 in Berlin-Oberschöneweide wohnten die Arbeiter Lackner und Janischewski neben dem Elektromonteur Pietrowsky, dem Kaufmann

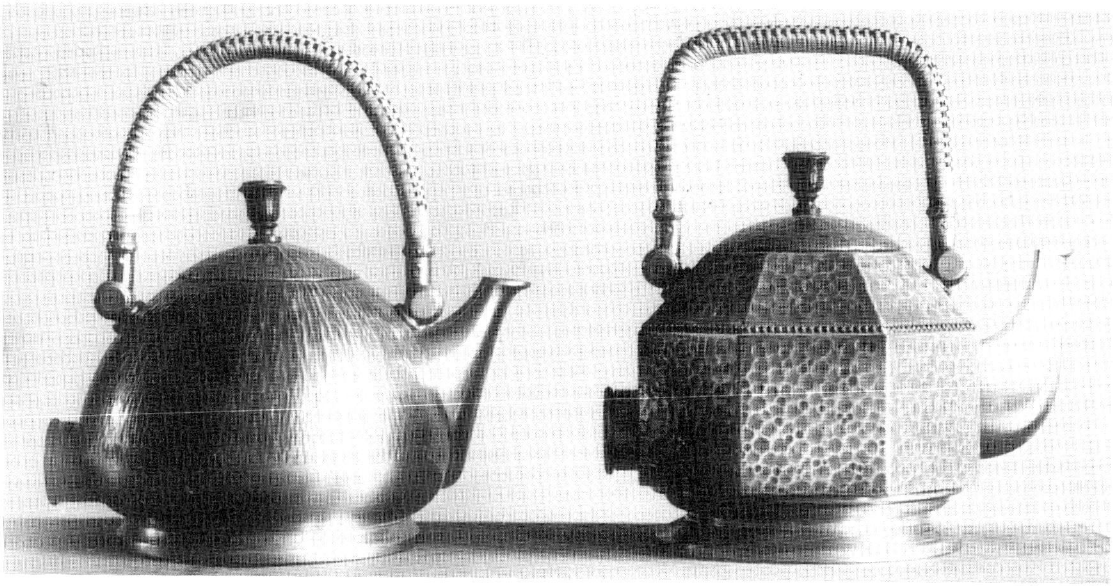

Abb. 8: Peter Behrens, elektrische Wasserkessel, 1909

Schulze, dem Kunstmaler Frisch, dem Diplomingenieur Fliedner und dem Fabrikdirektor Stein. Der junge Schweizer Architekt Jeanneret, später als LE CORBUSIER einer der großen Architekten des 20. Jahrhunderts, sprach 1912 von dem „Volk der 150000 Seelen, das von der AEG sein Brot erhofft".[7] Dies läßt an die Vorstellungen von Walther RATHENAU, dem späteren AEG-Präsidenten, denken, der „von der quasi-staatlichen Struktur der neuen großindustriellen Gebilde" überzeugt war:

„Die Verwaltung einer Großunternehmung übertrifft an Arbeitsumfang [...] die Regierung eines Kleinstaates von heute" und „die Großunternehmung ist heute ein der Gesamtheit angehöriger Faktor, der [...] öffentlichen Interessen dienstbar gemacht worden ist."[8]

Es ist das bleibende Verdienst Emil und Walther RATHENAUS, durch BEHRENS dieser aus heutiger Sicht ferngerückten Utopie einer Führungsrolle der Industrie in der modernen Gesellschaft ihr Formgesicht aufgeprägt und durch seine künstlerische Sprachgebung ihre kulturelle Rechtfertigung ermöglicht zu haben – ein deutsches Gesamtkunstwerk einer deutschen Industriekultur.

Die Diskussion unter den Beteiligten des AEG-Projektes war heftig und widersprüchlich. Walther RATHENAU war zutiefst von dieser neuen Führungsrolle der Industrie überzeugt; denn die alte Elite, der Adel, hatte keine „Stütze in der mechanistischen Gesellschaft". Er dachte an die buchstäbliche Besitznahme der alten Lebensformen des preußischen Adels und ihrer klassizistisch-spartanischen Kultur durch die neuen Machthaber der Industrie. So buchstäblich ist seine Erwerbung des Hohenzollern-Schlosses Freienwalde in der Mark zu verstehen. Er verfolgte die Bemühungen von BEHRENS, NAUMANN, OSTHAUS und dem Werkbund, den Gehäusen und Produkten des Industriezeitalters einen angemessenen, neuen Formenausdruck zu verleihen, mit Mißtrauen. Nimmermüde verteidigte er die vollkommene Zweckfreiheit der Kunst, die er nur als „hohe Kunst", verkörpert in der Musik, gelten lassen wollte. Alle Versuche, den „Massenkram der Zweckgewerbe" künstlerischen Gestaltungsprinzipien zu unterwerfen, betrachtete er als „unerhörten Mißbrauch". Jede rationale Planung, jedes „Zweckdenken" ziehe die Kunst „in Staub und Lärm der Alltäglichkeit".

An einen Freund schrieb Walther RATHENAU 1905: „So sehr ich die Kunst verehre und die Geschäfte respektiere, so sind mir die Grenzgebiete beider verhaßt und verdächtig." Auch die Architektur wie die gewerblichen Künste waren ihm „unrettbar vernichtet durch die Mechanisierung der Produktion".

So finden wir unter dem gleichen Dache der AEG eine bewegte Diskussion über den Funktionswandel der Künste, über Wesen, Grenzen und Dimensionen der Gestaltungsmöglichkeiten des Menschen: hier die extremste Subjektivität eines abgehobenen Begriffs der Kunst, die es vor der modernen Welt der Mechanisierung zu schützen galt, dort der kolossale Versuch, diese Welt der Mechanisierung als eine künstlerisch geformte, rational gestaltete und ästhetisch geordnete zu bewältigen, „... um es in ihr auszuhalten".

Das Beispiel England

England ist das Land, in dem sich bereits im 18. Jahrhundert für Industriebauten eine ausschließliche „Utilitäts"-Architektur durchsetzte, die aus kompromißlos verfolgten Kosten- und Funktionsgründen auf jeden Bezug zu überlieferten Baukonventionen verzichtet. Es ist dies der erste Schritt der Architektur aus der Hierarchie der Baukunst heraus, der ungewollt eine eigene und bis dahin unbekannte Ästhetik des Nutzbaues hervorbrachte. Es war SCHINKEL, der sie nach seinen Englanderfahrungen *(Abb. 9)* in eine erweiterte Architektursprache der Neuzeit einzugliedern vermochte und sie damit dem Spektrum der Baukunst einverleibte.

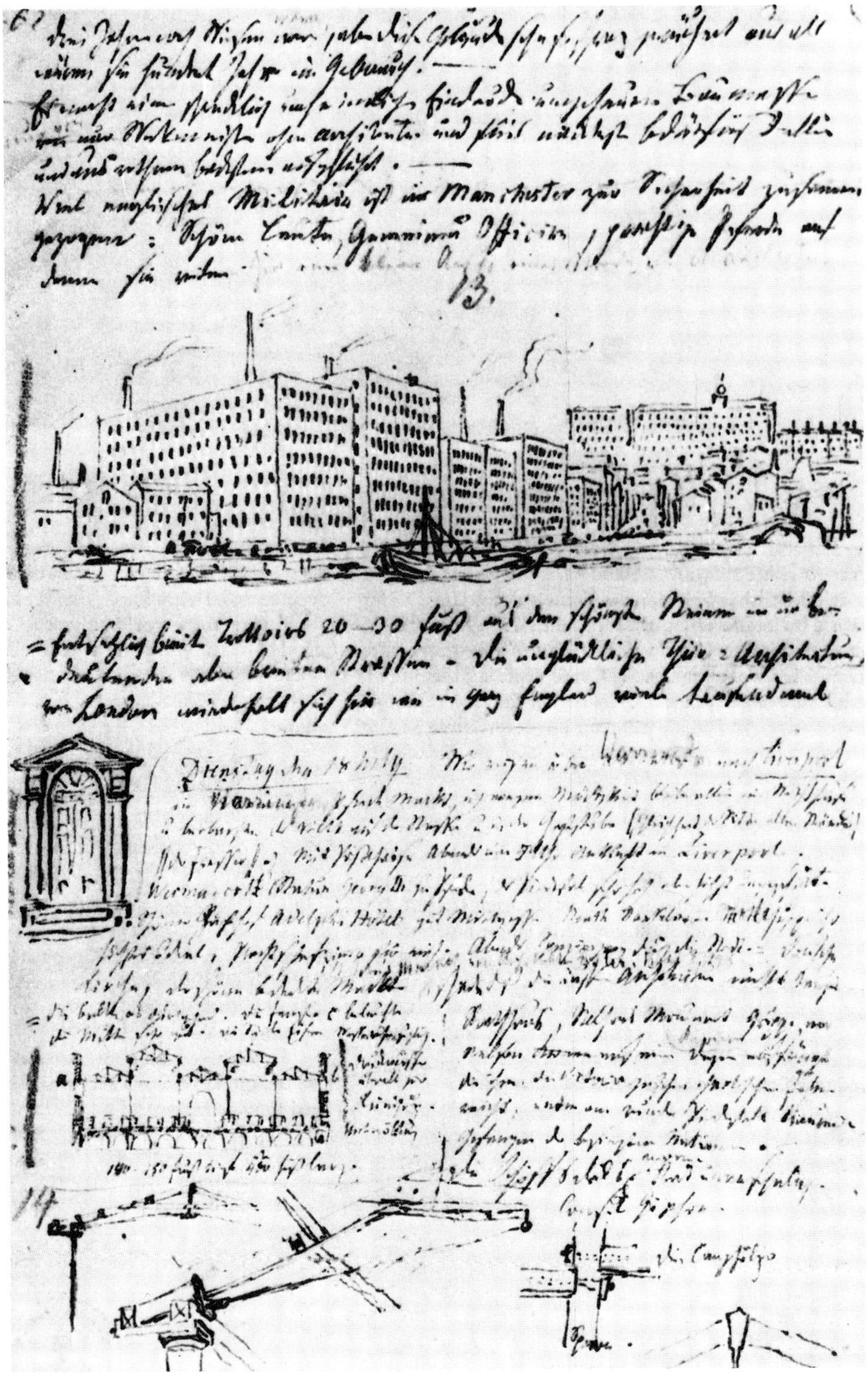

Abb. 9: Karl Friedrich Schinkel, Blatt aus dem Tagebuch der Englandreise. 1826. Oben: Skizze von Fabriken in Manchester, unten: Skizzen von der Markthalle und deren Dachkonstruktion in Liverpool

Worum es hier geht, mag die Beschreibung verdeutlichen, die James ELMES 1827 von den damals jüngsten Neubauten geliefert hat. Die auch von SCHINKEL beschriebene eiserne Southwarkbridge von 1814 rühmt er als „ebenso elegant in ihrer Form wie wissenschaftlich in ihrer Konstruktion". Eleganz der Form also gleichgesetzt mit Rationalität der Konstruktion – das sollte der Inbegriff der architektonischen Avantgarde bis heute bleiben. Erstaunlicher noch ist ELMES' Beschreibung der Londoner Gaswerke *(Abb. 10):*

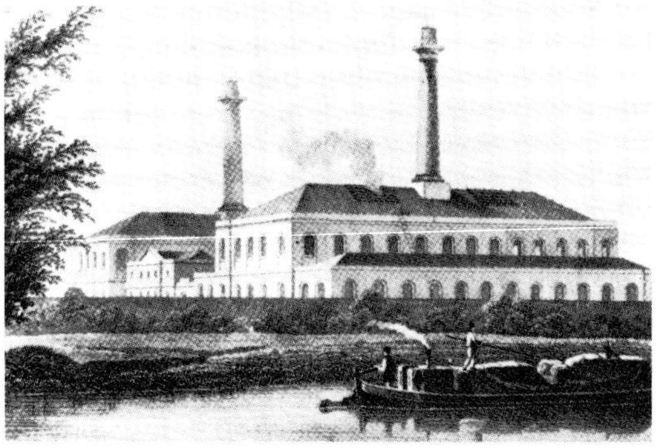

Abb. 10: London, Gaswerke am Regents Canal. Nach Elmes, Improvements ..., 1827

„Sie stellen eine ungeheure Gebäudeanhäufung dar – und haben ein erstaunliches Maß an architektonischer Schönheit, die von der ihnen innewohnenden Mächtigkeit herrührt, der Einfachheit ihrer Bestandteile und der eindrucksvollen Großartigkeit der beiden säulenförmigen hohen Schornsteine, die die Dächer überragen. Die Komposition der Hauptfront ist wohlgefällig, obwohl sie von der allgemein anerkannten Bestimmung der Komposition abweicht: Ihre Mitte ist niedriger als die Seiten. Allerdings ist dies ausgeglichen durch einen leicht vorspringenden Mittelteil mit einem Ziergiebel. Die flankierenden Seiten zeigen beide eine Folge von halbkreisförmig abgeschlossenen Fenstern in jedem Stockwerk, die – wie die Arkaden eines antiken Aquädukts – durch die Wiederholung einer Anzahl von einfachen Teilen gefallen, die als einzelne keine Wirkung hervorbringen würden."[9]

Die mittelenglischen Industriezentren um Manchester, Dudley, Leeds oder Sheffield zeigten dem tief betroffenen preußischen Baumeister SCHINKEL im Jahre 1826 dagegen eine weit abgesunkene „Un"-Architektur: „Es macht einem schrecklich unheimliche Eindrücke, ungeheure Baumassen von nur Werkmeistern ohne Architectur und für's nackteste Bedürfnis allein und aus rotem Backstein aufgeführt."[10]

Das Beispiel Krupp

In Deutschland hat nur Alfred KRUPP das englische Vorbild, das er auf seiner Englandreise von 1838 kennengelernt hatte, in großem Stile umgesetzt, und zwar sowohl in seiner Gußstahlfabrik in Essen als auch in seiner „Villa Hügel".[11] Gestalterische Bemühungen von humanistisch gebildeten Architekten waren ihm besonders bei Fabrikbauten verhaßt. Fabriken sollten „billigst herzustellen" und nichts als „Schirm gegen Wind und Wetter" sein. Diese Verweigerung eines Gestaltungswillens in der Industriearchitektur führte notwendig auch zu dem Verzicht auf eine Einbeziehung der Gußstahlfabrik KRUPPS in die Stadt Essen *(Abb. 11)*. Die Fabrik entwickelte sich wie „naturwüchsig" ins Gigantische, über die kleinformigen Proportionen der historischen Stadt hinaus. Alfred KRUPPS Fürsorge für groß geplante Arbeitersiedlungen ließ allerdings das Elend englischer Proletarierwohnungen nicht aufkommen. In England waren der Klassengegensatz zwischen Arm und Reich schärfer und die Kluft zwischen Arbeiter-Hütte und Unternehmer-Palast noch tiefer.

Gegen diesen Konflikt wandten sich sozialkritische Reformer durchaus unterschiedlicher politischer Zielsetzung, wie der Verfechter des neugotischen Stils Augustus Welby PUGIN (klerikal), der Kunstkritiker John RUSKIN (liberal-humanitär) und der Gewerbereformer William MORRIS (frühsozialistisch), in leidenschaftlicher Polemik. Das gemeinsame Ziel war die Rückkehr, ja die Umkehr in die heile Welt vorindustrieller Lebensformen, handwerklicher Produktionsmethoden und eines mittelalterlichen Ausstattungsstils.

In den vergleichslosen Dimensionen seiner „Villa Hügel" reproduzierte Alfred KRUPP diese englischen Beispiele des Riesenschrittes von der ärmlichen Hütte zum Palast *(Abb. 12)*. Das einfache Haus seiner entbehrungsreichen Jugend aber stand immer als Ansporn zu sozialem Aufstieg, theoretisch für jeden möglich, sichtbar auf dem Werksgelände *(Abb. 13)*. „Mach's nach" steht auf einem Blatt zum 25jährigen Jubiläum Alfred KRUPPS als Alleininhaber von 1873, mit Blick auf Stammhaus und Hügel.

Die Villa Hügel ist für unseren Zusammenhang von besonderem Interesse, weil Alfred KRUPP, anders als SCHINKEL und vor allem seine Unternehmerkollegen BORSIG und SIEMENS, gänzlich auf die Usurpation vorindustrieller architektonischer Repräsentationsformen verzichtete. Er hätte sein Haus gern gegen den

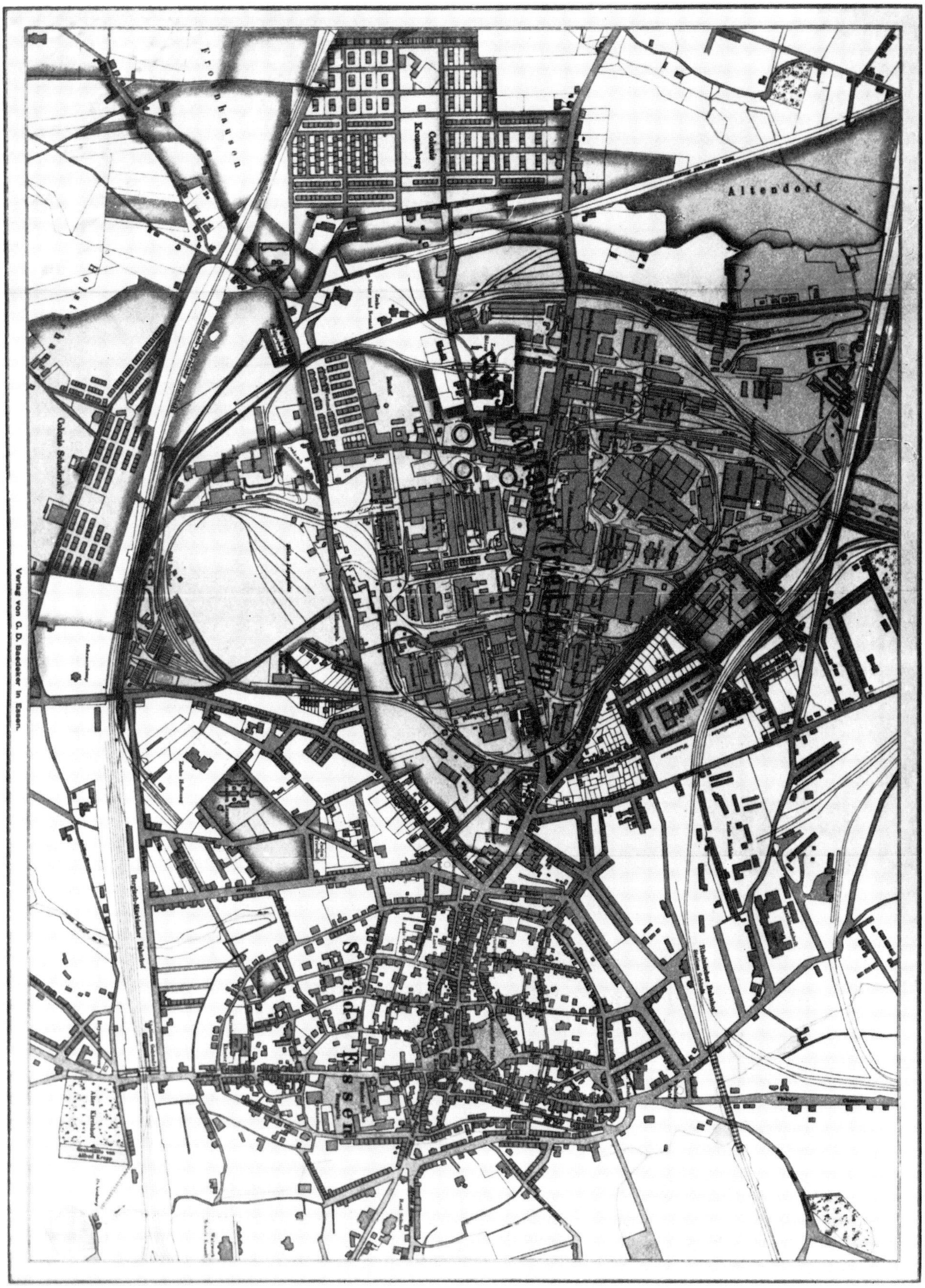

Abb. 11: Die Gußstahlfabrik Friedrich Krupp und ihre Arbeitersiedlungen. Daneben die kleine historische Stadt Essen, 1889. 1893 umfaßte die Gußstahlfabrik 189 ha, zur gleichen Zeit das Grundstück der Villa Hügel 175 ha. Diese beiden ungefähr gleich großen Areale machten zusammen etwa das Achtfache der historischen Stadt Essen aus

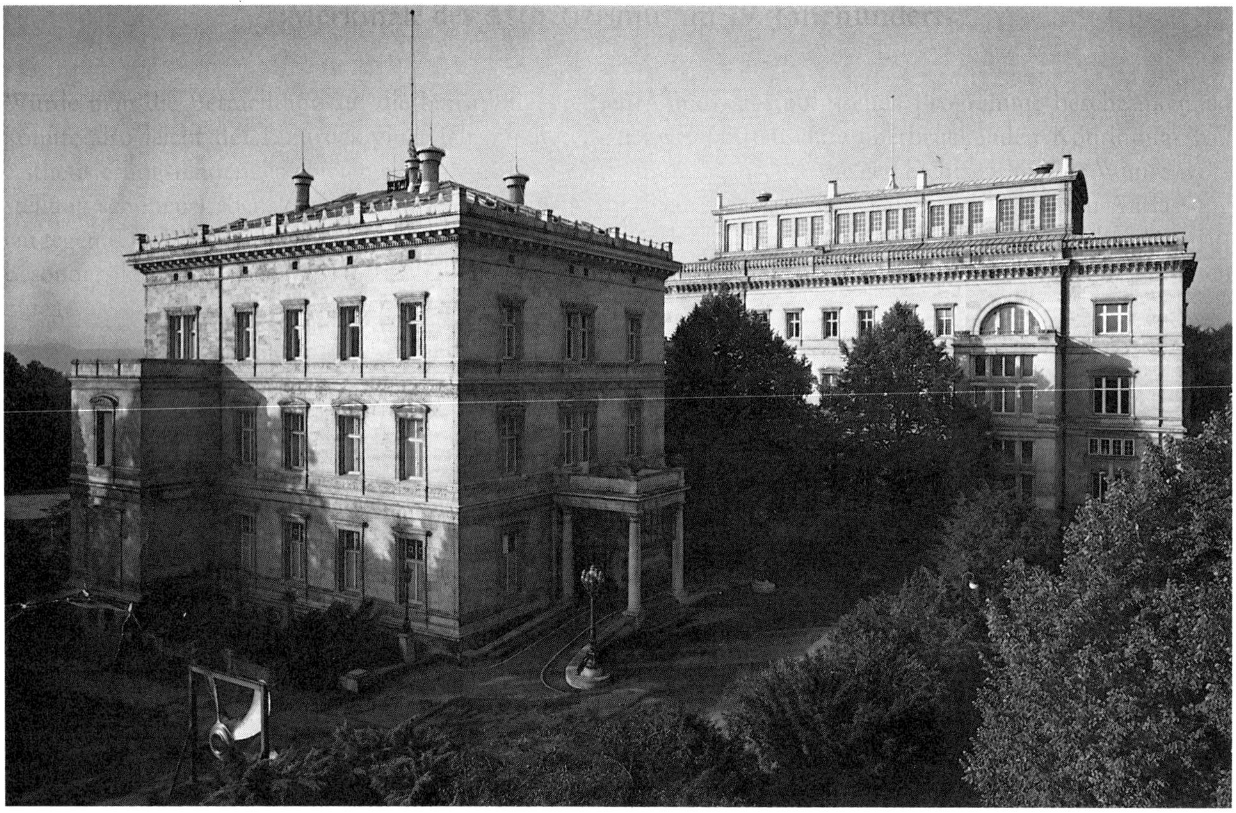

Abb. 12: Essen, Villa Hügel (rechts) und ehemaliges Gästehaus (links) des Großindustriellen Alfred Krupp. 1870/1872

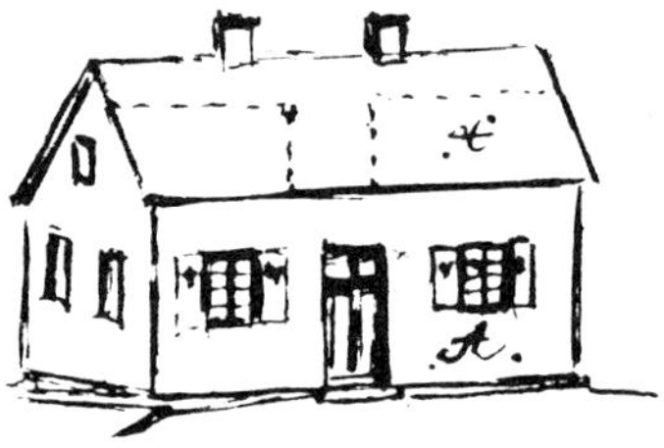

Abb. 13: Das Elternhaus von Alfred Krupp in seiner eigenen Zeichnung von 1872

Widerstand seiner Architekten als eine perfekt funktionierende, dank neuartiger Ventilations- und Heizungssysteme komfortable und regulierbare Wohnmaschine konstruiert. Der „erste Vorzug" des Hauses sollten nicht eine reiche Innenausstattung, kostbarer Skulpturenschmuck, ein repräsentatives Portal, sondern sollte „die Ventilation" sein. Die Möbel stammten zumeist aus seinen älteren Wohnungen oder wurden in Einrichtungshäusern mittlerer Klasse gekauft. Insgesamt bleibt an der ursprünglichen Ausstattung des Hauses die Selbstsicherheit einer Ingenieur- und Unternehmermentalität imponierend, die auf geschichtliche Rückgriffe und auf Selbstversicherung durch Ausstattungsformen vergangener Machtrepräsentation verzichtete. Alfred KRUPPS Darstellung einer selbstbewußten „industriebürgerlichen" Lebenseinstellung verkörperte die Wunschvorstellungen einer wachsenden Zahl der arbeitenden Bevölkerung quer durch deren klassengebundene Schichtungen.

Die Villa Hügel war der Inbegriff des glanzvollen Lebenserfolges eines „einfachen Mannes" aus kleinsten Anfängen. An ihr konnten die Tugenden der Beharrlichkeit, des Fleißes, der Aufopferung für das Werk abgelesen werden. Der Verzicht auf jeden Ausstattungsluxus sprach für persönliche Bescheidenheit und Sparsamkeit des Bauherrn – die Größe und Repräsentanz der Villa sollte man auf das Wohl und den Nutzen des Werkes und seiner treuen, das heißt nicht-sozialdemokratischen Mitarbeiter beziehen. So wurde Alfred KRUPP neben Unternehmern wie August BORSIG oder Werner SIEMENS zu einem sozialen Vorbild, unabhängig von den Rangprivilegien der alten Machteliten oder den verinnerlichten Wertvorstellungen des humanistisch fundierten Bildungsbürgertums.

Das Beispiel Borsig und Siemens

August BORSIG (1804–1854), der nicht weniger erfolgreiche Aufsteiger aus der Breslauer Zimmermannswerkstatt, verfolgte eine durchaus andere Strategie des Einstiegs in die Führungsschicht Berlins und Preußens. Er beauftragte im Gegensatz zu Alfred KRUPP einen der führenden Architekten der Schinkel-Schule, August STRACK, und den bedeutendsten deutschen Gartenarchitekten des 19. Jahrhunderts, Peter Joseph LENNÉ, mit der Errichtung der Fabrikbauten seiner „Eisengießerei und Maschinenbauanstalt zu Berlin" (ab 1847/49) und seiner Moabiter Villa (ab 1842). Er gab damit der zu volkswirtschaftlicher und städtebaulicher Bedeutung und gesellschaftlicher Macht aufgestiegenen neuen Industrie das alte Recht einer sichtbaren öffentlichen Ausstattung und Selbstdarstellung in den bewährten Formen der Architektursprache, skulpturaler und bildzyklischer Abbildung sowie öffentlich zugänglicher Parkanlagen. August BORSIGS Moabiter Villa und der Berliner Stadtpalast des Sohnes Albert BORSIG beanspruchen, fern der Kruppschen Verweigerungshaltung, den üppigen Prunk der klerikalen und feudalen Führungsschichten der italienischen Hochrenaissance.

Auch Werner VON SIEMENS (1816–1892) stattete sein zunehmend öffentliche Aufmerksamkeit und Bewunderung erlangendes Fabrikantenleben ab 1874 mit einem umfänglichen Stadtpalast in Berlin-Charlottenburg aus, den der Architekt Richard LUCAE für ihn entwarf. Der Stadtpalast spielt das ganze Repertoire einer Fabrikantenvilla durch. Er war ausgezeichnet durch Gewächshäuser, Arkaden, Pavillons, Wintergärten, Weinhaus, Hühnerställe und einen Tanzsaal, in dem der Hausherr am 1. März 1879 seine Gäste, unter diesen MOMMSEN, HELMHOLTZ und VIRCHOW, mit dem ersten elektrischen Licht in einer Privatwohnung in Berlin empfing – die Lampen ahmten Kronleuchter für Kerzenlicht nach *(Abb. 14)*.

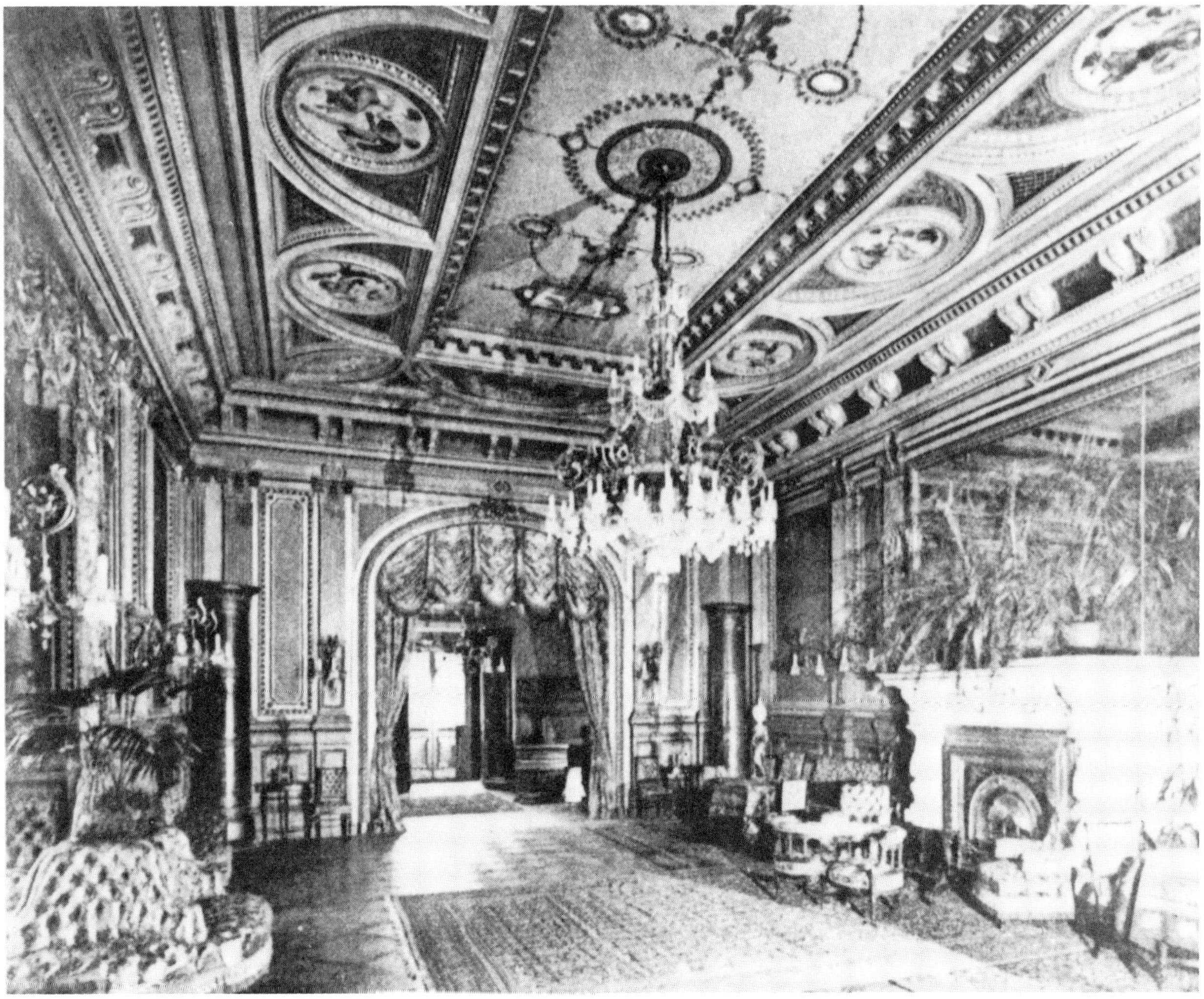

Abb. 14: Berlin, ehemalige Villa Siemens, Tanzsaal (Ausstattung verändert)

Die technische Neuerung der Elektrizität, eine Revolution größten Ausmaßes, fand langsam, erst dreißig Jahre nach SIEMENS' Kronleuchter, in den Bogenlampen der AEG von Peter BEHRENS einen adäquaten Formausdruck. Die berufliche Tätigkeit und die häusliche Lebenswelt von Werner VON SIEMENS fanden nicht zu einer im

Lebensstil sichtbaren Einheit. Es ist nur folgerichtig, wenn eine jüngere Generation von Künstlern den Bruch zwischen Neo-Renaissance zu Hause und drahtloser Telegraphie im Beruf unerträglich fand und nach der umfassenden Einheit einer modernen Ausstattung des Lebens suchte.

Das Beispiel Werkbund

Bevor wir genauer auf den Werkbund eingehen, also auf die Organisation, die sich die Gestaltung der Gehäuse und Produkte des Industriezeitalters zur Aufgabe machte, wollen wir uns vergegenwärtigen, wie die Ausstattung des Lebens in den vorangegangenen Jahrzehnten ausgesehen hatte, das heißt, wogegen der Werkbund sich wandte.

Der alles beherrschende Stil im späten 19. Jahrhundert war der Historismus. Während bahnbrechende Erfindungen die Bereiche von Industrie und Technik revolutionierten, war die gesamte künstlerische Lebensausstattung von einer stark restaurativen Ästhetisierung geprägt, die sich vor allem in der Einrichtung der Wohnungen widerspiegelte. Schon seit den 30er Jahren des vergangenen Jahrhunderts lösten historisierende Tendenzen die durch stilistische Schlichtheit gekennzeichneten bürgerlich orientierten Biedermeierformen ab. Alle historischen Stile der abendländischen Baukunst werden wieder aufgegriffen: „Neugotik", „Neurenaissance", „Neubarock", „Zweites Rokoko" oder „Später Klassizismus" sind die Stile, mit denen man sich umgab. Die in Deutschland für den Möbelbau besonders geschätzte „Neugotik" und „Neurenaissance" sollten die Anknüpfung an alte Handwerkstraditionen vorspiegeln *(Abb. 15)*. Bei der Herstellung bediente man sich jedoch

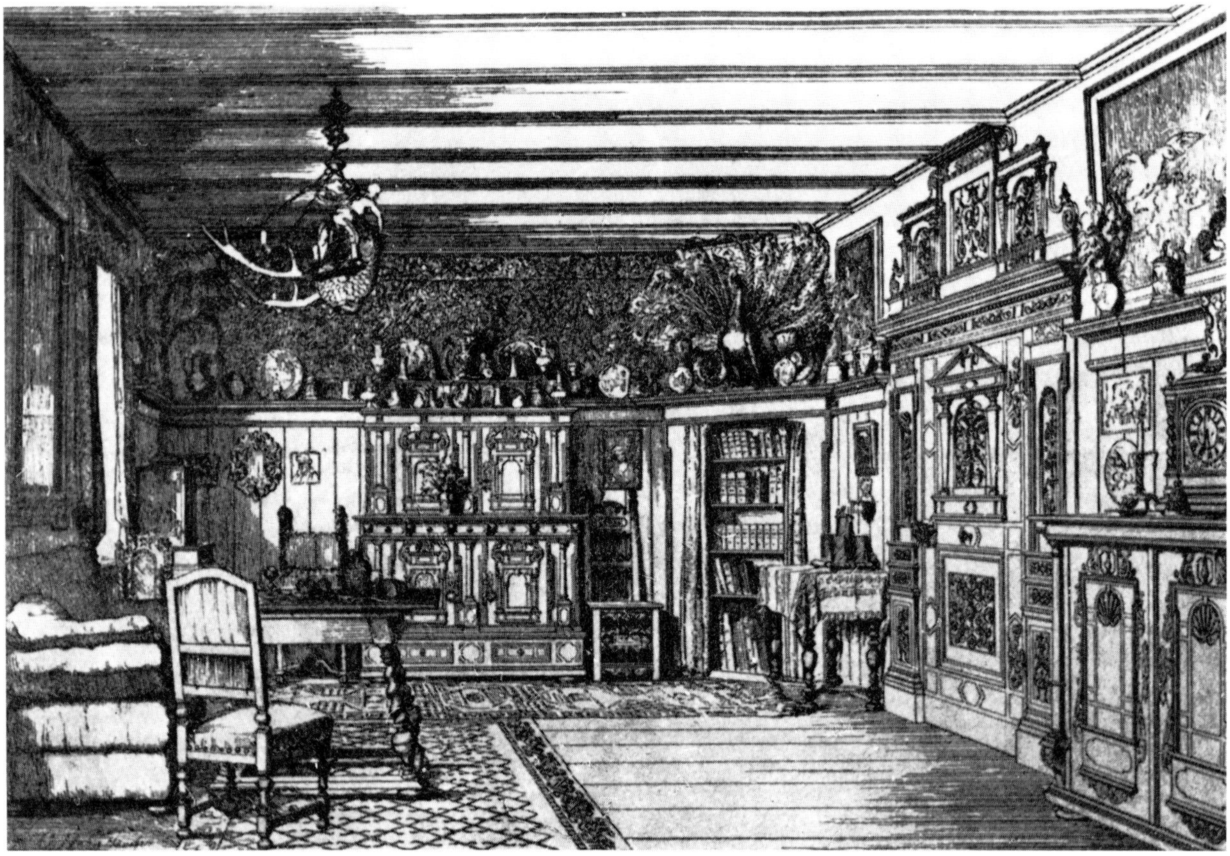

Abb. 15: Herrenzimmer im Stil der Neu-Renaissance. Um 1880

seit der 2. Hälfte des Jahrhunderts zunehmend der Maschine. Schmückendes Beiwerk wurde billig in Serie produziert und steigerte das Erscheinungsbild der Möbel ins Prunkhaft-Überladene. Die Ausstattung privater und öffentlicher Räume mit „gotischen" oder „Renaissance"-Sitzmöbeln, Schränken und sonstigen Gebrauchs- und Dekorationsstücken sollte nach dem Willen der Programmatiker, etwa der Neugotik, ein Gegenbild zur als häßlich und bedrohlich empfundenen Welt der industriellen Produktion schaffen. Daß dies für breite Bevölkerungsschichten nur bezahlbar war, wenn die Ausstattung ihrerseits industriell produziert wurde, ist das Dilemma des Historismus: er verkündete eine Selbsttäuschung. Der Widerspruch zwischen vorgespiegelter Handwerksleistung und industrieller Fertigung wurde zum Charakteristikum historistischer Möbel.

Dokument 1: Der Stil des Historismus

„Alles mußte alt aussehen, die Schränke, die Stühle, die Tapeten, die Vorhänge. Um eine altertümlich gemütliche Stimmung zu erwecken, wurden die Fenster aus Butzenscheiben gemacht und dann noch mit dunklen Gardinen verhängt. Auf alle Schränke wurden Gläser und Vasen gestellt, die Wände bedeckten sich mit alten Tellern. Sogar an der Sofalehne wurde ein Bort für altdeutsche Krüge angebracht, und wenn der Vetter vom Lande auf den Ehrenplatz genötigt wurde, fielen sie ihm auf den Kopf.

Überhaupt konnte man sich am Tage in diesen Zimmern nur mit äußerster Vorsicht bewegen, denn sie waren ganz dunkel und standen voll wie ein Möbelmagazin. Dazu hatten alle Möbel soviel altdeutsche Ecken und Kanten und soviel scharfe Ornamente an den unwahrscheinlichsten Stellen, daß der uneingeweihte Besuch mit Knochenhautentzündungen nach Hause ging. Wer seine kleinen Kinder, die zu den Möbeln passende schöne altdeutsche Namen erhielten, wirklich lieb hatte, ließ sie nicht ohne Aufsicht hinein, denn sie pflegten mit zerschundenen Händen und zerstoßenen Köpfen herauszukommen. Es war eine merkwürdige Zeit. Wozu ein Tisch oder ein Stuhl ursprünglich auf der Welt gewesen war, schien vergessen. Die Sofas warfen ab wie bockende Pferde, und wer sich auf einen Stuhl niederließ, sah nicht mehr aus wie ein Mensch, sondern wie ein Haufen Unglück."

Alfred Lichtwark: Makartbouquet und Blumenstrauß [Ders.: Die Grundlagen der künstlerischen Bildung. 6]. München 1894, S. 19f.

Während der Industriearbeiter sich ein Paneelsofa anschaffte und in seine Wohnküche stellte, gab der Industrielle und glückliche Besitzer eines Schlosses in den Bergen oder im deutschen Osten beim Möbellieferanten sein Jagdzimmer in Auftrag. Dabei wurden die Gegenstände häufig in ihrer realen Funktion eingeschränkt: Der Wohnzimmerschrank war zu hoch, als daß er in seinem oberen Bereich wirklich noch erreichbar gewesen wäre; seine Größe diente nicht der Möglichkeit, eine Fülle von Geräten unterzubringen, sondern dem Repräsentationsbedürfnis seines Besitzers und dem Wunsch, den Lebensstil einer höheren Gesellschaftsschicht zu kopieren *(Abb. 16).* Die Geweihverzierung der Deckenlampe, die einem Herrenzimmer zu weltmännischem Gepräge verhelfen sollte, war wenig geeignet, ihre Leuchtkraft zu fördern *(Abb. 15).* Gegen diese „Stilmaskerade" und gegen die billige schlechte Massenproduktion wandte sich frühzeitig der 1907 gegründete Deutsche Werkbund. Dem Deutschen Werkbund gelang es, seit 1907 eine Gemeinschaft der entwerfenden Künstler mit der Industrie, den Kaufleuten und dem Gewerbe im Kampf gegen den Historismus und für die Formfindung eines Zeitstils des 20. Jahrhunderts ins Leben zu rufen.

Wir haben am Beispiel der AEG gesehen, wie hier alle Lebensbereiche nicht nur der Mitarbeiter, sondern über die Gebrauchsgeräte auch die Kunden zu Ausdrucksträgern eines unverwechselbaren industriebürgerlichen Zeitstils des 20. Jahrhunderts werden konnten. Als Vereinigung der Künstler, Kunsthandwerker, Industriellen, Kaufleute und Theoretiker versuchte der Werkbund, ein ähnliches Programm im nationalen Maßstab durchzusetzen. Nicht geringe Widerstände wurden ihm dabei entgegengestellt. Erneut zeigte sich, daß sich die Funktion gerade von Gebrauchsgegenständen nicht im Funktionieren erschöpft, sondern in hohem Maß an Normvorstellungen gebunden ist. Die „Ausstattung des Lebens" muß nicht (nur) tauglich und haltbar sein, sondern auch dem Geschmack bestimmter Bevölkerungsschichten entsprechen.

Seit dem Werkbund bemühen sich die Künstler, „klassenlose" Gebrauchsgegenstände zu entwerfen. Der Werkbund leistete aufklärerische und erzieherische Arbeit in Vorträgen, Publikationen und dann vor allem durch die Werkbund-Ausstellung 1914 in Köln: Gute Gebrauchsware sollte nach den Vorstellungen der Werkbund-Mitglieder, die sich zum Zweck der „Veredelung der gewerblichen Arbeit im Zusammenwirken von Kunst, Industrie und Handwerk"[12] zusammengeschlossen hatten, nicht mehr nur einer privilegierten Käuferschicht vorbehalten sein, sondern mit Hilfe der Maschine in preiswerter Qualität allgemein zugänglich gemacht werden.

Dokument 2: Die Bedeutung des Kunstgewerbes, 1907

„Die künstlerische Bedeutung des Kunstgewerbes ist in Deutschland aller Welt klar geworden durch eine Dokumentation ersten Ranges, die sich in diesem Sommer abgespielt hat. Soeben haben sich die Pforten der III. Deutschen Kunstgewerbe-Ausstellung in Dresden geschlossen, die aller Welt bekannt gemacht hat, auf welchem Standpunkt das deutsche Kunstgewerbe heute steht. Es ist daher vielleicht angezeigt, diesen Standpunkt in ein paar kurzen Worten zu skizzieren.

Das, was jedem Betrachter in Dresden zuerst auffallen mußte, war, daß alles was ausgestellt wurde, von der kleinen Kunststickerei bis zum ausgestatteten Zimmer, eine eigene künstlerische Sprache redete. Diese Sprache hat mit der des alten Kunstgewerbes, wie wir es in den achtziger und

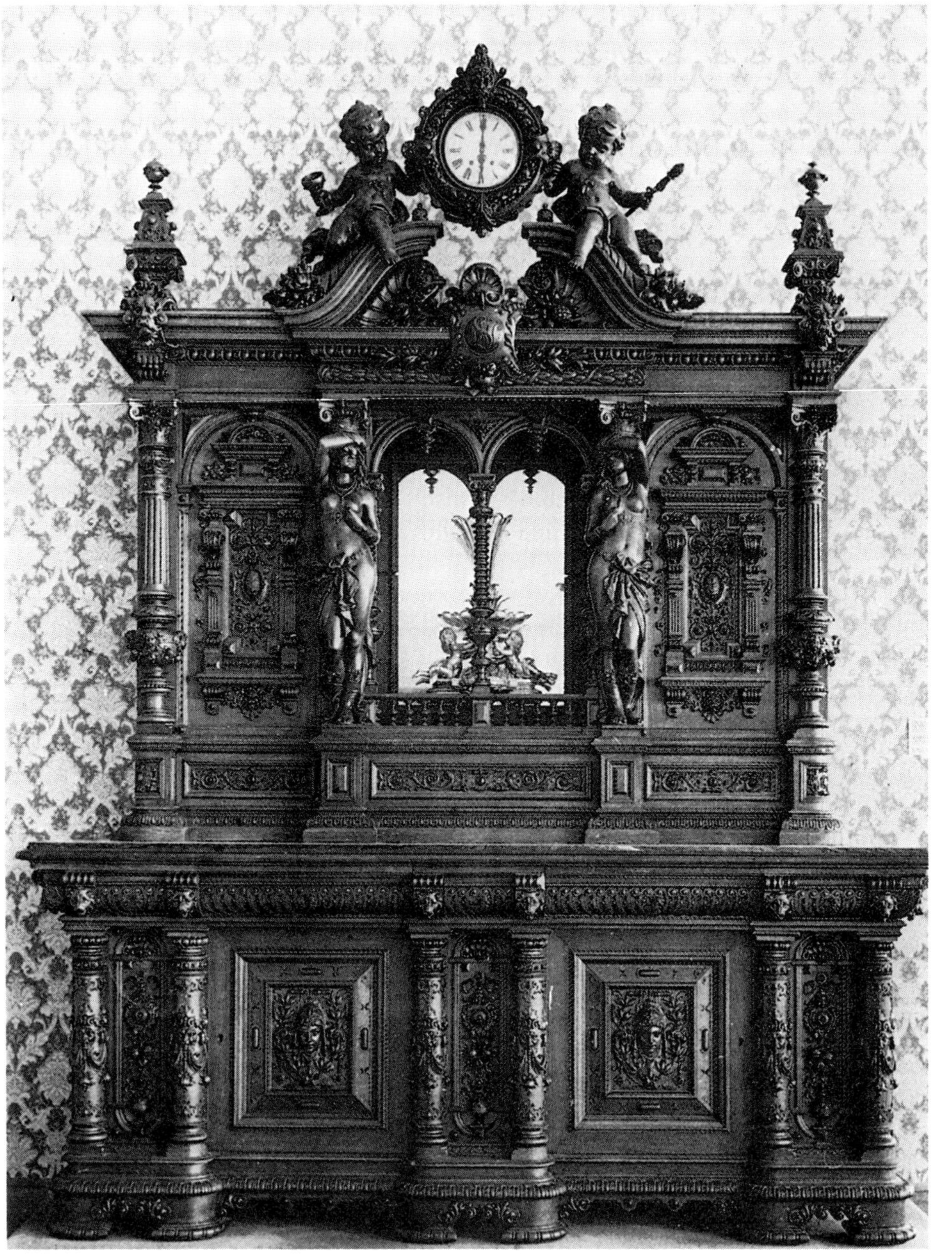

Abb. 16: Büfett im Stile der Neu-Renaissance. Um 1880

neunziger Jahren blühen sahen, nichts mehr gemein. Eine grundsätzliche Änderung des Zieles ist eingetreten. Die Verwendung der Äußerlichkeiten der alten Kunststile ist von der Tagesordnung abgesetzt, man bestrebt sich, eine neue, eigene, selbständige, künstlerische Sprache zu reden. Das ist das Auffallendste an den Erzeugnissen des modernen Kunstgewerbes. Und in diesem Schritte, die ausgetretenen Geleise der letzten Jahrzehnte zu verlassen, die sich in Filtration und Widerfiltration der historischen Kunst ergingen, ist gewiß eine Großtat des modernen Kunstgewerbes zu erblicken.

So sehr aber auch diese Außenseite der Sache in die Augen fällt, so liegen doch die eigentlichen Triebkräfte der modernen kunstgewerblichen Bewegung nicht ausschließlich oder auch nur vorwiegend in der Gestaltung in neuen, von der historischen Kunst nicht gekannten Formen. Sie sind vielmehr in einer völligen Sinnesänderung zu erblicken, die gegenüber dem kunstgewerblichen Bilden der achtziger und neunziger Jahre eingetreten ist. Damals gestaltete man in Verliebtheit in die alte Kunst. Diese Verliebtheit war gerade so weit entwickelt, um den innigen Wunsch hervorzurufen, ebensolche Werke, wie die alte Kunst sie darbot, zu schaffen. Dieses ‚ebensolche' bezog sich aber auf die äußere Erscheinungsform der alten Kunstwerke. Und man vergaß dabei, daß diese Erscheinungsform nur ein Ausdruck der in jenen Zeiten tätig gewesenen inneren Einflüsse sein konnte. Man vergaß, daß diese alten Gegenstände eben gerade deshalb so vollendet waren, weil sie eine markante Form der damaligen Bedingungen in geistiger, materieller und sozialer Beziehung war. Man kam nicht auf den Gedanken, daß die geistigen, materiellen und sozialen Bedingungen unserer Zeit total andere geworden waren und daß man daher, indem man die äußere Erscheinungsform alter Handwerkserzeugnisse imitierte, eigentlich Falsifikate in die Welt setzte. In der Tat beweist der rasche Wechsel der Stilmoden der zweiten Hälfte des 19. Jahrhunderts, in welcher

geringen Beziehung die äußere Form der neugeschaffenen Erzeugnisse zu dem Zeitgeist stand. Man könnte das Kleid dieser Stilerzeugnisse mit Maskeradenkostümen vergleichen, die man nur einen Abend trägt und nach Belieben wechselt [...]
Will man also den Bedingungen der Zeit gerecht werden, so ist es zunächst nötig, den Einzelbedingungen jedes Gegenstandes gerecht zu werden. Und so bildete es von vornherein den Hauptinhalt des modernen Kunstgewerbes, sich den Zweck eines jeden Gegenstandes zunächst einmal recht deutlich klarzumachen und die Form logisch aus dem Zweck zu entwickeln. Sobald aber der Sinn nur einmal von der äußerlichen Nachahmung der alten Kunst abgelenkt war, sobald die Realität erfaßt war, gesellten sich sogleich noch andere notwendige Forderungen hinzu. Jedes Material stellt für die Bearbeitung seine besonderen Bedingungen. Stein erfordert andere Dimensionen und andere Formen als Holz, Holz wieder andere als Metall, und von den Metallen Schmiedeeisen andere als Silber. Zu der Gestaltung nach dem Zweck kam also die Gestaltung nach dem Charakter des Materials, und mit der Rücksicht auf das Material war gleichzeitig die Rücksicht auf die dem Material entsprechende Konstruktion gegeben. Zweck, Material und Fügung geben dem modernen Kunstgewerbler die einzigen Direktiven, die er befolgt [...]
Die Bildung nach historischen Reminiszenzen brachte beinahe mit Notwendigkeit eine Verletzung dieser drei Grundsätze mit sich [...] Surrogate und Imitation feierten ihre Triumphe. Holz wurde in gepreßter Steinpappe imitiert, Stein in Stuck, wenn nicht in Zinkblech, Bronze in Zinnguß. Man hatte alles Gefühl für die einfachsten Regeln des Anstandes in dieser Beziehung verloren. Und weshalb? Vorwiegend deshalb, weil man in die äußere Form vernarrt war und sie infolge jener historischen Sentimentalität über alles liebte. Über die Auffassung jener Jahrzehnte sind heute zwar die Anhänger des modernen Kunstgewerbes hinweg, nicht aber die Allgemeinheit. Publikum und niederes Gewerbe sind noch durchaus in ihr befangen. Das beweist z. B. deutlich der deutsche Stubenmaler, der es als höchsten Gipfel seiner Kunst betrachtet, Pappe oder Mauerputz wie Nußbaumholz anzustreichen oder eine Zinkbadewanne mit Malerei zu überziehen, die täuschend Marmor imitiert [...]

Leider beherrscht diese auf gesellschaftlicher Prätension beruhende Ausstattung der Wohnräume des Hauses unsere ganze deutsche Gegenwart, und eine mit Imitationen und Surrogaten arbeitende Kunstindustrie liefert das Material dazu. Und hier ist der Punkt, gegen den das moderne Kunstgewerbe ankämpft und ankämpft bis aufs Messer. Hier sind noch Berge zu stürmen und Festungsmauern einzureißen. Wird das Ziel erreicht werden? Diese Frage zu beantworten ist heute schwer. Aber eins ist klar: das Kunstgewerbe hat hier eine erzieherische Aufgabe von eminenter Bedeutung vor sich. Und es überschreitet hier bereits die Grenzen, die ihm nach populärer Auffassung zugeschrieben werden, es wird mehr als Kunstgewerbe, es wird ein kulturelles Erziehungsmittel."

Dieser Vortrag, der den scharfen Protest des „Fachverbandes für die wirtschaftlichen Interessen des Kunstgewerbes" hervorrief, wurde zum unmittelbaren Anlaß für die Gründung des Werkbundes.

Hermann MUTHESIUS: Die Bedeutung des Kunstgewerbes: Vortrag, Handelshochschule Berlin, 1907. In: Wend FISCHER: Zwischen Kunst und Industrie. Der Deutsche Werkbund. München 1975, S. 40–44.

In diesem Sinne hatte Karl SCHMIDT bereits 1898 mit seinen „Dresdener Werkstätten für Handwerkskunst" zu arbeiten begonnen. 1903 zeigte er in der Ausstellung „Heirat und Hausrat" erstmalig Wohnungseinrichtungen für eine breite Käuferschicht, denen Künstlerentwürfe zugrunde lagen. Auch auf der Dritten Deutschen Kunstgewerbeausstellung in Dresden 1906 präsentierten die Werkstätten Wohnungseinrichtungen für Mittel- und Arbeiterstand nach Entwürfen von Richard RIEMERSCHMID (1868–1957), die durch ihre Funktionalität und Materialgerechtigkeit beispielhaft waren. Die Dresdner Ausstellung können wir als einen Wendepunkt ansprechen: Hier zeigte sich die Loslösung vom Jugendstil, der zwar die Abkehr vom Historismus gebracht hatte, der aber wegen seiner individuellen, formalästhetischen Ausprägung den neuen Produktionsprozessen nicht angemessen war und an den wirtschaftlichen Gegebenheiten des Marktes scheiterte.[13]

Oberster Grundsatz des Werkbundes war die Qualitätsarbeit. Dieser Begriff zielte nicht allein auf die ästhetische Bewertung des Materials: der Werkbund erweiterte ihn auf Herstellung und Vertrieb. Damit bezog er – im Gegensatz zu den Kunstgewerbeverbänden des 19. Jahrhunderts – Überlegungen zur Wirtschaftlichkeit in das Produkt guter Gebrauchsware mit ein. Während sich in England um 1850 die von William MORRIS und John RUSKIN ausgehende *Arts-and-Crafts-Bewegung*, die zu den ideengeschichtlichen Voraussetzungen des Werkbundes gehört, entschieden von den maschinellen Fertigungsmethoden distanzierte, sah dieser in der Maschinenproduktion die eigentliche Herausforderung an die Gestaltungskräfte der Zeit.

Dokument 3: Fabrikware hat eigenen Stil

„Das Deutsche Warenbuch (W. B.) will dem Hausbedarf mustergültige Massenware bieten und dadurch einen bedeutsamen Einfluß auf die allgemeine Kultur gewinnen. Die gute Ware fördert ein Volk nicht nur wirtschaftlich, auch sittlich und künstlerisch. Jeder Besitz wirkt auf die Familie, als die Zelle der Gesellschaft, Gutes oder Böses schaffend. Wir erfahren aus den Dingen der häuslichen Umgebung und des alltäglichen Gebrauches fördernde und hemmende Eindrücke, niedere und hohe Stimmungen, Auffassungen und Gewohnheiten, die unbewußt unser Leben beeinflussen und prägen.
Unser Ziel ist ein bilderreiches Preisverzeichnis der brauchbarsten, gediegensten und schönsten Massenware der Gegenwart, eine stets sich erweiternde und steigernde Sammlung des Besten, das auf diesem Gebiet erreichbar ist: durch die Verwendung guter Werkstoffe, verlässigste

Arbeit und zweckmäßigste Formgebung; eine Formgebung, die auch hohen Geschmacksansprüchen zu genügen vermag, ja hierin etwas Allgemeingültiges, Zeitloses erstrebt wie die Zwecke, denen sie dient.
Die Gewähr für den Inhalt des Deutschen Warenbuches übernimmt ein Ausschuß, dem hervorragende Künstler und Sachverständige angehören. Das rein Kunstgewerbliche wurde nicht aufgenommen, d.h. jene Ware, die eine persönliche, künstlerische Leistung bietet. Ausgeschlossen wurden auch jene Massenartikel, die durch die Art ihres Schmuckes einen künstlerischen Eindruck erwecken wollen. Es geschah dies, um unsere Forderungen und ihre Erfüllung möglichst klar aufzuzeigen. Diese decken sich übrigens mit den besten der uns erhaltenen Handwerksarbeiten vergangener Zeiten. Meist sind nur die Prunkstücke auf uns gekommen; deshalb hält sie der Laie für das Durchschnittsgebilde alten Hausrates. Der vollendete Hausrat war stets einfach, aber gediegen in Stoff und Arbeit, edel und charakteristisch in der Form. Dadurch hatte und hat er etwas Zeitloses.
Je mehr uns die Maschine zum Werkzeug wird, desto schneller werden wir die ihrer Arbeit anhaftende Kühle und Gleichmäßigkeit überwinden; je tiefer wir den Sinn der besten Überlieferung verstehen und weiterführen, desto höher treiben wir den Durchschnitt der Massenware, desto mehr verbreitet sich mit ihrer Hilfe der Sinn für edle sachliche Formen und gute Farben, desto verfeinerter wird der allgemeine Geschmack. Es wachsen die Ansprüche des ganzen Volkes; es ersteht eine neue, kultivierte Häuslichkeit.“

Josef Popp: Einführung in das Deutsche Warenbuch, 1916. Hrsg. von der Dürerbund-Werkbund Genossenschaft, Hellerau. In: Zwischen Kunst und Industrie. Der Deutsche Werkbund. München 1975, S. 116–119.

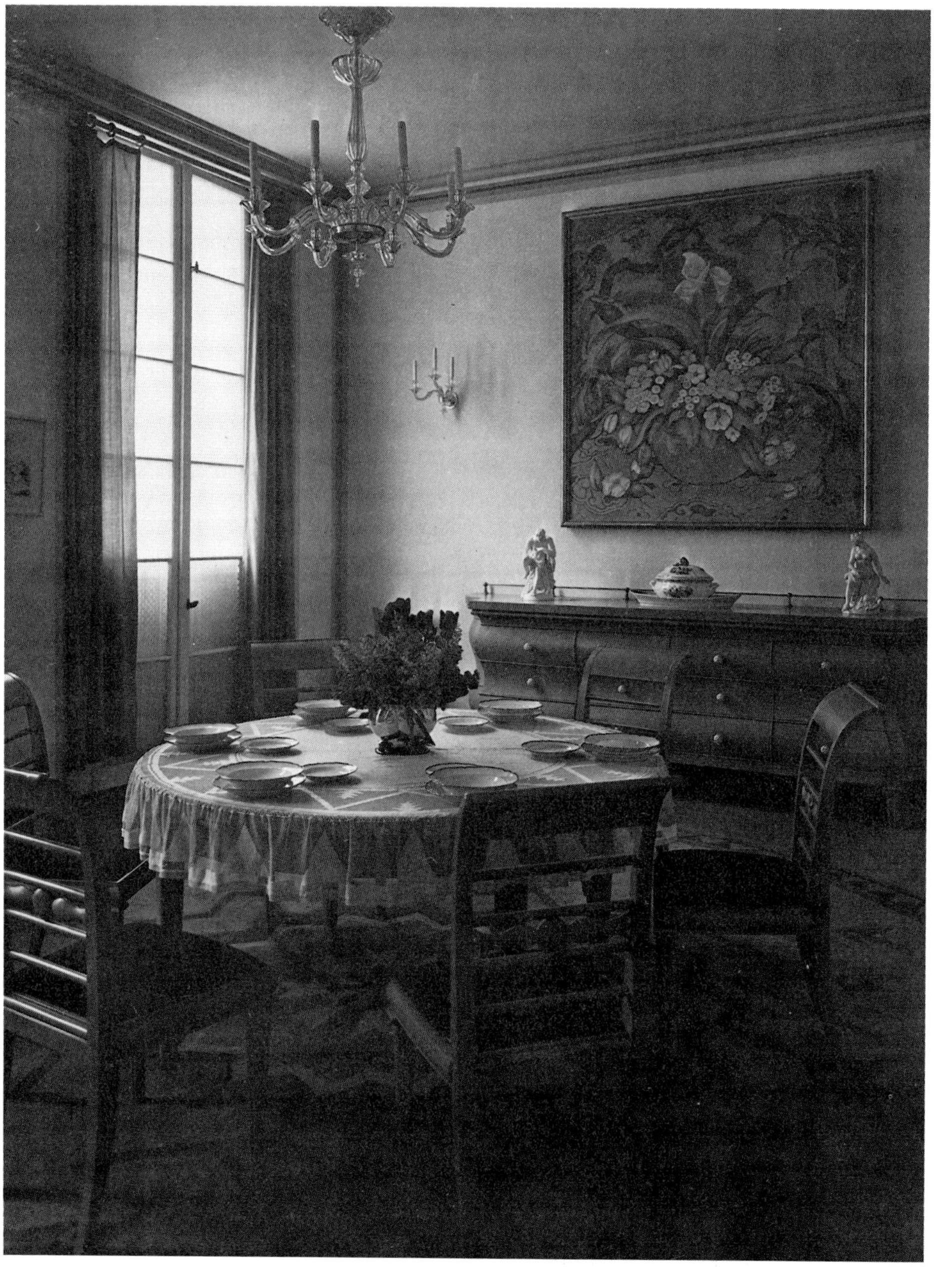

Abb. 17: Bruno Paul, Speisezimmer für das „Gelbe Haus“ in Berlin. 1906. Ausführung: Hermann Gerson, Berlin

Bruno PAUL präsentierte auf der Werkbund-Ausstellung in Köln 1914 ein Speisezimmer, dessen Möbel sparsamen Dekor aufwiesen.[14] Leichtigkeit und Eleganz beziehen sie aus ihrem formalen Aufbau. Wenn dies auch ein Innenraum für den großbürgerlichen Bedarf war, so gab die Raumgestaltung dennoch ein gutes Beispiel für bürgerliche Einrichtungen. Die Formen sind einfach und doch ästhetisch überzeugend. Der Raum ist so gestaltet, daß seine Funktion eindeutig ist. Er ist offen, lichtdurchflutet und befreit vom Plüsch des 19. Jahrhunderts. Dieser Raum konnte in funktionaler und ästhetischer Hinsicht als Vorbild gelten; allerdings verhinderten die hohen Herstellungskosten eine serielle Produktion *(Abb. 17).*

Das Beispiel Bauhaus

Das vom Behrens-Schüler Walter GROPIUS 1919 in Weimar gegründete Bauhaus hat versucht, die Realisierung einer zeitgenössischen Formensprache aus einer so unwiederholbaren Zufälligkeit wie dem Mäzenatentum von Männern wie Emil und Walther RATHENAU zu befreien. Es sollten hier Prototypen von Gebrauchsgütern, Ausstattungsgegenstände des Lebens, Wohnungen, Häuser, Stadtmodelle entwickelt werden, die universale Gültigkeit beanspruchten. Das war zugleich mehr und weniger als die Formgebung aller Teile eines Großunternehmens, die „Verschmelzung" von Produkten und Produzenten, Wohnung und Fabrik zu einem „Gesamtkörper", die BEHRENS für die AEG geschaffen hatte.

Dokument 4: Programm des Staatlichen Bauhauses in Weimar, 1919

„Das Bauhaus erstrebt die Sammlung alles künstlerischen Schaffens zur Einheit, die Wiedervereinigung aller werkkünstlerischen Disziplinen – Bildhauerei, Malerei, Kunstgewerbe und Handwerk – zu einer neuen Baukunst als deren unablösliche Bestandteile. Das letzte, wenn auch ferne Ziel des Bauhauses ist das Einheitskunstwerk – der große Bau –, in dem es keine Grenze gibt zwischen monumentaler und dekorativer Kunst.

Das Bauhaus will Architekten, Maler und Bildhauer aller Grade je nach ihren Fähigkeiten zu tüchtigen Handwerkern oder selbständig schaffenden Künstlern erziehen und eine Arbeitsgemeinschaft führender und werdender Werkkünstler gründen, die Bauwerke in ihrer Gesamtheit – Rohbau, Ausbau, Ausschmückung und Einrichtung – aus gleichgeartetem Geist heraus einheitlich zu gestalten weiß.

Grundsätze des Bauhauses

Kunst entsteht oberhalb aller Methoden, sie ist an sich nicht lehrbar, wohl aber das Handwerk. Architekten, Maler, Bildhauer sind Handwerker im Ursinn des Wortes, deshalb wird als unerläßliche Grundlage für alles bildnerische Schaffen die gründliche handwerkliche Ausbildung aller Studierenden in Werkstätten und auf Probier- und Werkplätzen gefordert. Die eigenen Werkstätten sollen allmählich ausgebaut, mit fremden Werkstätten Lehrverträge abgeschlossen werden. Die Schule ist die Dienerin der Werkstatt, sie wird eines Tages in ihr aufgehen. Deshalb nicht Lehrer und Schüler im Bauhaus, sondern Meister, Gesellen und Lehrlinge [...]

Das Endziel aller bildnerischen Tätigkeit ist der Bau! Ihn zu schmücken war einst die vornehmste Aufgabe der bildenden Künste, sie waren unablösliche Bestandteile der großen Baukunst. Heute stehen sie in selbstgenügsamer Eigenheit, aus der sie erst wieder erlöst werden können durch bewußtes Mit- und Ineinanderwirken aller Werkleute untereinander. Architekten, Maler und Bildhauer müssen die vielgliedrige Gestalt des Baues in seiner Gesamtheit und in seinen Teilen wieder kennen und begreifen lernen, dann werden sich von selbst ihre Werke wieder mit architektonischem Geiste füllen, den sie in der Salonkunst verloren.

Die alten Kunstschulen vermochten diese Einheit nicht zu erzeugen, wie sollten sie auch, da Kunst nicht lehrbar ist. Sie müssen wieder in der Werkstatt aufgehen. Diese nur zeichnende und malende Welt der Musterzeichner und Kunstgewerbler muß endlich wieder eine bauende werden. Wenn der junge Mensch, der Liebe zur bildnerischen Tätigkeit in sich verspürt, wieder wie einst seine Bahn damit beginnt, ein Handwerk zu erlernen, so bleibt der unproduktive ‚Künstler' künftig nicht mehr zu unvollkommener Kunstübung verdammt, denn seine Fertigkeit bleibt nun dem Handwerk erhalten, wo er Vortreffliches zu leisten vermag.

Architekten, Bildhauer, Maler, wir alle müssen zum Handwerk zurück! Denn es gibt keine ‚Kunst von Beruf'. Es gibt keinen Wesensunterschied zwischen dem Künstler und dem Handwerker. Der Künstler ist eine Steigerung des Handwerkers. Gnade des Himmels läßt in seltenen Lichtmomenten, die jenseits seines Wollens stehen, unbewußt Kunst aus dem Werk seiner Hand erblühen, die Grundlage des Werkmäßigen aber ist unerläßlich für jeden Künstler. Dort ist der Urquell des schöpferischen Gestaltens.

Bilden wir also eine neue Zunft der Handwerker ohne die klassentrennende Anmaßung, die eine hochmütige Mauer zwischen Handwerkern und Künstlern errichten wollte! Wollen, erdenken, erschaffen wir gemeinsam den neuen Bau der Zukunft, der alles in einer Gestalt sein wird: Architektur und Plastik und Malerei, der aus Millionen Händen der Handwerker einst gen Himmel steigen wird als kristallenes Sinnbild eines neuen kommenden Glaubens.

Walter Gropius"

Aus: Karl-Heinz HÜTER: Das Bauhaus in Weimar. Studie zur gesellschaftspolitischen Geschichte einer deutschen Kunstschule. Berlin (Ost) [2]1976, S. 207f.

Fabrikbau

Wir wollen erst den Fabrikbau, also die großen Gehäuse, und dann die kleinen Produkte des Designs betrachten. Das erste epochale Hauptwerk von Walter GROPIUS, zusammen mit Adolf MEYER entworfen, ist die Schuhleistenfabrik Fagus für Karl BENSCHEIDT in Alfeld/Leine von 1911 *(Abb. 18)*. Sie ist ohne die direkte Auseinandersetzung mit der AEG-Turbinenhalle, die GROPIUS aus der Endphase der Entwurfsarbeit im Atelier BEHRENS' vertraut war, nicht denkbar. Was durchaus den Charakter eines Ablösungsversuchs des genialen Schülers von dem übermächtigen Lehrer trägt, wird zu einem architekturgeschichtlich folgenreichen Schritt: die Herauslösung der Vertikalträger aus der zurückgeneigten Wand der Turbinenhalle wird von GROPIUS ins Gegenteil gewendet. Die Vertikalstützen liegen hier vertieft, in derselben Ebene wie der Sockel, zwischen breiten, leicht vorstehenden Fensterbahnen und erscheinen so wie schmale Mauerbänder, die den Sockel mit dem vorstehenden Dachgesims verbinden. Noch sind diese zur Negativform veränderten Stützen in der Vorderfront sichtbar, noch teilen sie als Einschnitt die Fensterwand in Bahnen, wie in der Wand der Turbinenfabrik, doch hat sich die Gewichtung der einzelnen Teile und der Formenausdruck in ihr Gegenteil verkehrt: Die Fensterbahnen und die breiten Geschoßbänder sind der buchstäblich „prominente" Teil der Wand. Er liegt bündig mit dem Dachgesims und dessen Inschrift, wirkt somit als eigentlich tragender Teil, während die zurückgesetzten Vertikalständer nur als formale Teilung der Wand erscheinen. Sie stützen optisch weder die Geschosse, die sie durchschneiden, noch tragen sie das „Dach" und das „Gebälk", hinter dem sie durchzugleiten scheinen.

Die Kritik durch GROPIUS an der Wandstruktur der Turbinenhalle macht deutlich, wie sich BEHRENS in Material und funktionaler Logik des Industriezeitalters den Säulenreihen griechischer Tempel anzunähern vermochte. GROPIUS dagegen beendete die Suche nach immer neuer Vergleichsfähigkeit zu den großen Schöpfungen der abendländischen Architektur – Säulenreihe, Kuppel oder Basilika. Er kritisiert BEHRENS mit einer neuen

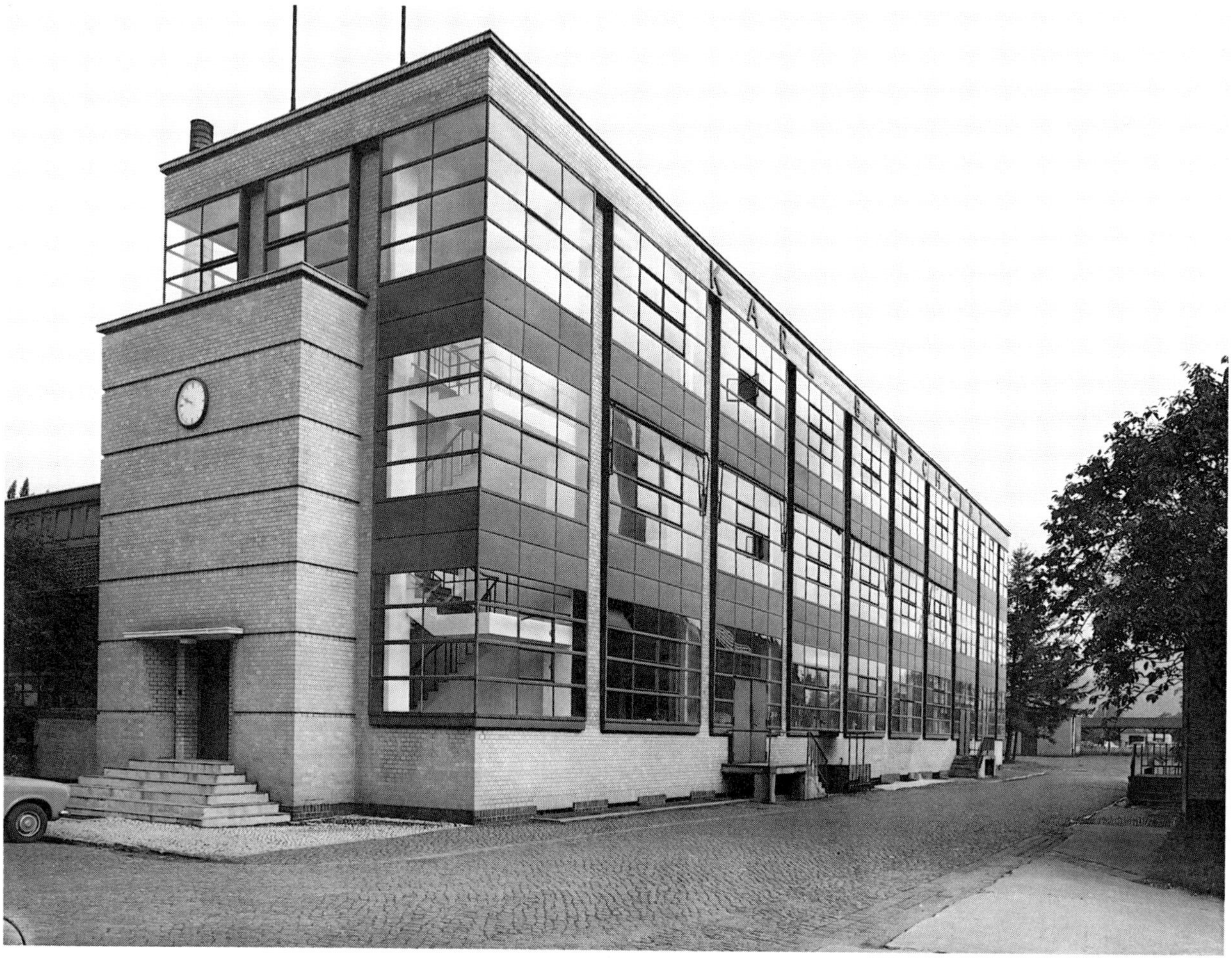

Abb. 18: Alfeld/Leine, Schuhleistenfabrik Fagus von Walter Gropius. 1911

Beziehung der Teile eines Baues zueinander: Die statisch entlastete Glaswand wird Außenhaut, und die tragenden Stützen beginnen in das Innere des Gebäudes zurückzutreten.

In der Modellfabrik der Kölner Werkbund-Ausstellung von 1914 ging GROPIUS noch einen Schritt weiter *(Abb. 19)*. Zwischen Sockel und Dachgeschoß des Verwaltungsgebäudes spannte er eine einheitliche Glaswand als durchsichtigen Vorhang, deutlich vor und abgelöst von Trägern. Diese werden nicht mehr in der Wandfläche ausgestellt, wie in der Turbinenhalle, auch nicht zur zurückgedrängten Negativform, wie in der Fagusfabrik, sondern ganz aus der Wand herausgelöst und innen frei aufgestellt. Es sind die neuen statischen Anforderungen an lichterfüllte Montagehallen (Turbinenfabrik der AEG) und die zum übergroßen Schaufenster ausgedehnten Glasfassaden der Warenhäuser (Kaufhaus Tietz, von SEHRING, 1899/1900, in Berlin) gewesen, in denen sich das Ende der gemauerten Wand und das Ende der Fenster als Mauerdurchbrüche anzeigten.

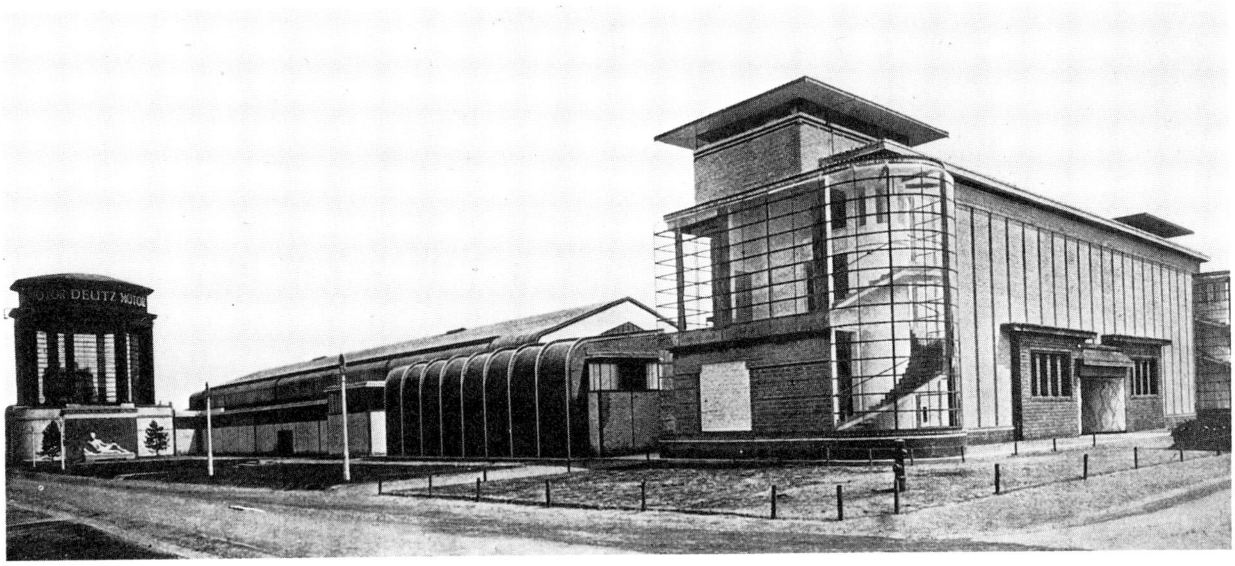

Abb. 19: Walter Gropius, Modellfabrik der Kölner Werkbundausstellung. 1914

Der junge LE CORBUSIER definierte mit seinem „Domino"-System *(Abb. 20)* die Folgen dieser radikalen Neukonzeption der Wand und der statischen Struktur der Baukunst in fünf Tatbeständen:

1. Die „Piloten" (Stützen): Der Bau steht auf Beton- und Stahlstützen und hebt sich vom Boden ab.
2. Der Dachgarten: Er ermöglicht ein rasches Abfließen des Wassers in die Mitte des Hauses. Gleichbleibende Feuchtigkeit fördert Pflanzenwuchs. Die Dachterrasse dient als Solarium.
3. Der offene Grundriß: Das Stützensystem ermöglicht eine freie Einteilung der Innenräume nach den individuellen Bedürfnissen der Bewohner.
4. „La fenêtre en longueur": Die traditionelle Wand-Fenster-Aufteilung wird durch beliebig lange horizontale Fensterbänder abgelöst.
5. Die offene Fassade: Sie ist die Konsequenz der vorgenannten Punkte. Die Komposition aus offenen und geschlossenen Flächen ist möglich. Die Öffnungen können nach Wunsch verteilt werden.

LE CORBUSIERS Konzept eröffnet eine neue Freiheit des Bauens von statischen und materiellen Fesseln, von der „bleiernen Last" der geschichtlichen Überlieferung, ein Leben in Licht, Luft und Sonne – „befreites Wohnen".[15]

Die beiden Nietzsche-Leser BEHRENS und LE CORBUSIER vollzogen „die große Ablösung" der Gegenwart von einer nur noch als lähmender Nachteil empfundenen „Historie":[16]

BEHRENS ging es um den genauen Formenausdruck eines Zeitstiles des Industriezeitalters in der Nachfolge und Fortsetzung der unverwechselbaren Epochenstile der Architekturgeschichte.

LE CORBUSIER suchte statt dessen in der Geschichte der Architektur nur Zeugnisse und Beweise für den gleichen Geist des gegenwärtigen Zeitalters der Maschine. So kam er zu den kühnen Vergleichen eines Ford-Automobiles mit dem Parthenon in Athen. In beiden sah er ursprüngliche Entwürfe des Geistes des jeweiligen Zeitalters.

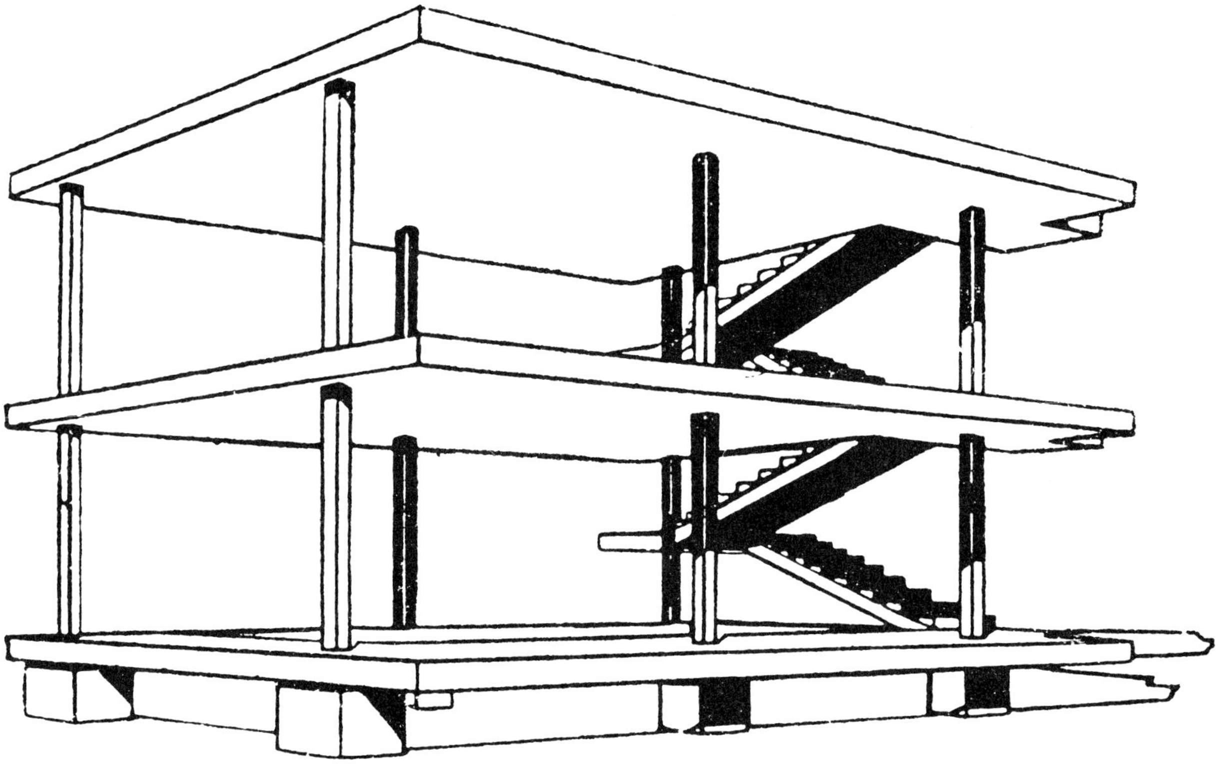

Abb. 20: Le Corbusier, Haustyp „Domino". 1914

Daneben schien die Formen- und Stilnachahmung des 19. Jahrhunderts zur falschen Maskerade des Historismus geraten zu sein. In dieser liegt für die Generation der zwischen 1860 und 1880 geborenen Architekten das eigentliche Schreckbild. Im Falle Le Corbusiers und der deutschen Architekten des „Neuen Bauens" der 20er Jahre zeigt das Trauma von der Geschichte als Last feindselige Züge gegen die neuzeitliche Großstadt, die ihre Form vor allem dem 19. Jahrhundert verdankte. Alle Großstadtplanungen dieser Architekten gehen von dem vollständigen Ersatz und dem erhofften Abriß der historischen Stadt aus. In dem Freiraum sollten locker gruppierte Glastürme oder Wohnzeilen stehen: „Mort à la Rue-Corridor!" rief Le Corbusier 1929 aus, „Tod der Straßenschlucht!", und er meinte damit die historische Stadt, die sich in nichts dauerhafter niedergeschlagen hatte als in ihrem Straßen- und Wege-System.

Mies van der Rohe zeichnete seine kristallenen Glaskathedralen, die er für stets erfolglose Wettbewerbsentwürfe seit 1919 gestaltete, immer vor dem düsteren Hintergrund und im pathetischen Kontrast zu der Stadt des 19. Jahrhunderts (Berlin: Alexanderplatz, Friedrichstraße) und wollte damit rationale zeitgenössische Ordnungselemente in die Anarchie der historischen Stadt einfügen. Er rechnete anders als Le Corbusier mit der Fortsetzung und der punktuellen Veränderung der historischen Stadt, als deren Fortschritt, aber nicht als deren vollständigem Ersatz.

Nach 1945 war die Utopie der Zerstörung der Großstädte in Deutschland grausame Wirklichkeit geworden, nirgends gründlicher als in Berlin. Damit war der herbeigesehnte freigemachte Raum geschaffen, in dem die alternden Protagonisten des „Neuen Bauens" ihre nie realisierten Utopien einer Stadt des 20. Jahrhunderts errichten zu können hofften. Max Taut, Hans Scharoun und Le Corbusier entwarfen eine Stadt als gigantischen Schrebergarten, grenzenlos aufgelockert und durchgrünt, mit Schnellstraßentrassen, welche die sauber getrennten Wohn- und Arbeitsviertel der Stadt verbinden sollten. Die wenigen Reste der historischen Stadt, die den Feuersturm des Zusammenbruchs 1945 überlebt hatten, waren abgerissen oder verstümmelt worden, wie der Anhalter Bahnhof, der Reichstag, das Stadtschloß und die Schinkelsche Bauakademie. Oder sie hätten abgerissen werden sollen, wie das Charlottenburger Schloß und das Berlin-Museum. Das fragmentierte historische Zentrum Berlins wäre nach den Plänen von Le Corbusier als Fußgängerzone zur Betrachtung historischer Vergangenheit, als Open-air-Museum, freigegeben worden.[17]

Der „Brecher [...] – das aber ist der Schaffende" – diesen Satz aus der Vorrede von Nietzsches *„Also sprach Zarathustra"* hatte sich der junge Le Corbusier in seinem (erhaltenen) Exemplar unterstrichen.

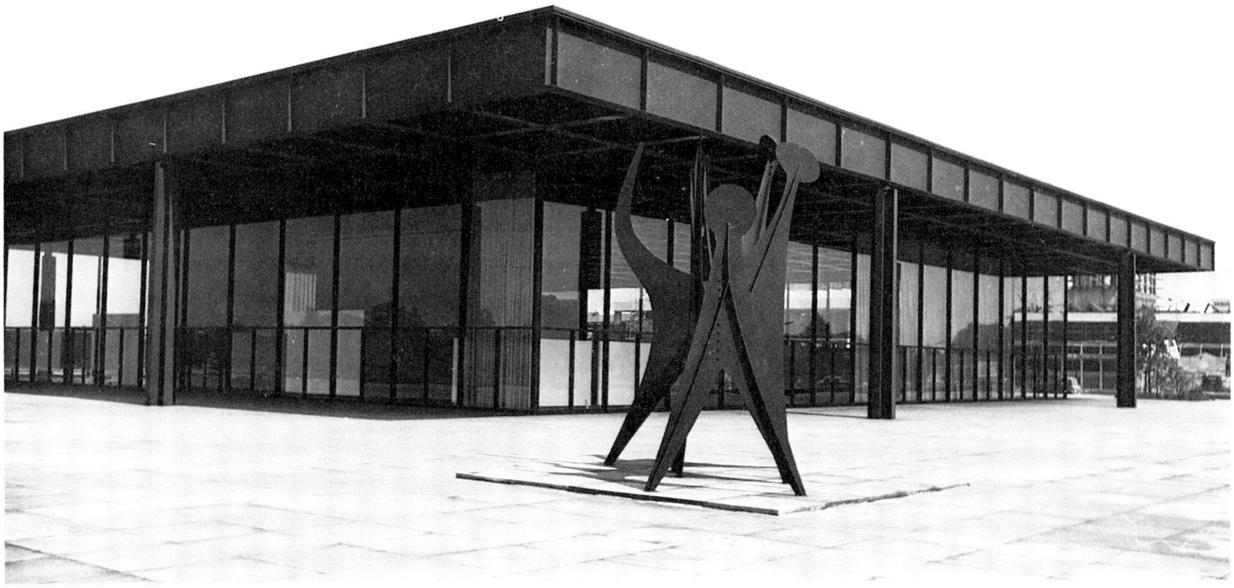

Abb. 21: Berlin, Neue Nationalgalerie von Ludwig Mies van der Rohe. 1963–1968

Ein Meisterwerk wie die Berliner Neue Nationalgalerie von MIES VAN DER ROHE *(Abb. 21)* wäre im Zusammenhang einer unzerstörten Potsdamer Straße und eines intakten Tiergartenviertels gewiß noch dramatischer in seiner Schönheit erschienen als in dem heutigen Stilleben von Architekturmonumenten.

Die gegenwärtige Architekturdiskussion hat sich von den späten Positionen der alten Meister des Neuen Bauens weit entfernt, bemüht sich um vorsichtige Rekonstruktion der wenigen geschichtlichen Reste, nicht als Nachahmung, sondern als Erinnerung: von der Geschichte als drückender Last auf den Schultern zur Geschichte als Boden unter den Füßen...

Inneneinrichtung – Design

Erst das Bauhaus konnte in eigenen Werkstätten entwickelte Möbel produzieren, wie wir sie in den Meisterhäusern von 1925 sehen können. Die Möbel scheinen von ihrer Rolle als Dekorations- und Ausstattungsstücke einer bürgerlichen Wohnung, von ihrem repräsentativen Charakter befreit. Sie sollen in erster Linie funktional, aber dennoch formschön sein.

Der Blick in einen Wohnraum verdeutlicht die Funktion des Mobiliars. An die Stelle des Sofas sind Liegen mit Kissen gerückt. Sachlich konstruierte Stahlrohrstühle und -sessel, von Marcel BREUER, dem Leiter der Möbelabteilung des Bauhauses, entworfen, haben den Platz schwerer Sitzmöbelgarnituren eingenommen *(Abb. 22)*. Die raumdurchlässige Konstruktion des vernickelten Stahlrohrs fügt sich schwerelos in die offenen Wohnräume.

Dokument 5: Logische Formen gesetzmäßiger Inhalte

„als ich vor zwei jahren meinen ersten stahlklubsessel fertig sah, dachte ich, daß dieses stück unter meinen sämtlichen arbeiten mir am meisten kritik einbringen würde. es ist in seiner äußeren erscheinung sowie im materialausdruck am extremsten; es ist am wenigsten künstlerisch, am meisten logisch, am wenigsten ‚wohnlich', am meisten maschinenmäßig. das gegenteil des erwarteten trat ein. das interesse modernistischer und nichtmodernistischer kreise zeigte mir deutlich die umstellung der zeitgesinnung, die umstellung vom launischen zum gesetzmäßigen. wir haben nicht mehr das bedürfnis, auf kosten der wirklichkeit phantastische, doch bald überlebte schnörkel des geschmacks, oder des stils (auch des ‚modernen') zu schaffen, oder zu verehren. wir wissen, daß die wirklichkeit unerschöpflich phantastisch ist, dazu noch unumgänglich, notwendig. da wir den ewigen wechsel der willkürlichen formen, farben, der stile satt sind, suchen wir die eindeutigen, logischen formen gesetzmäßiger inhalte.

diese arbeit ist rücksichtslos; sie verachtet die tradition und die gewohnheit. man hört den einwand gegen die stahlmöbel, sie seien kalt, krankenhausmäßig, sie erinnerten an einen operationsstuhl. diese begriffe verblühen von heute auf morgen – sie sind produkte der gewohnheit – durch eine andere gewohnheit bald vernichtet. gegen den gewohnheitswechsel menschlicher äußerungen stehen jedoch die mächtigen bewegungen der physischen und psychischen mensch-

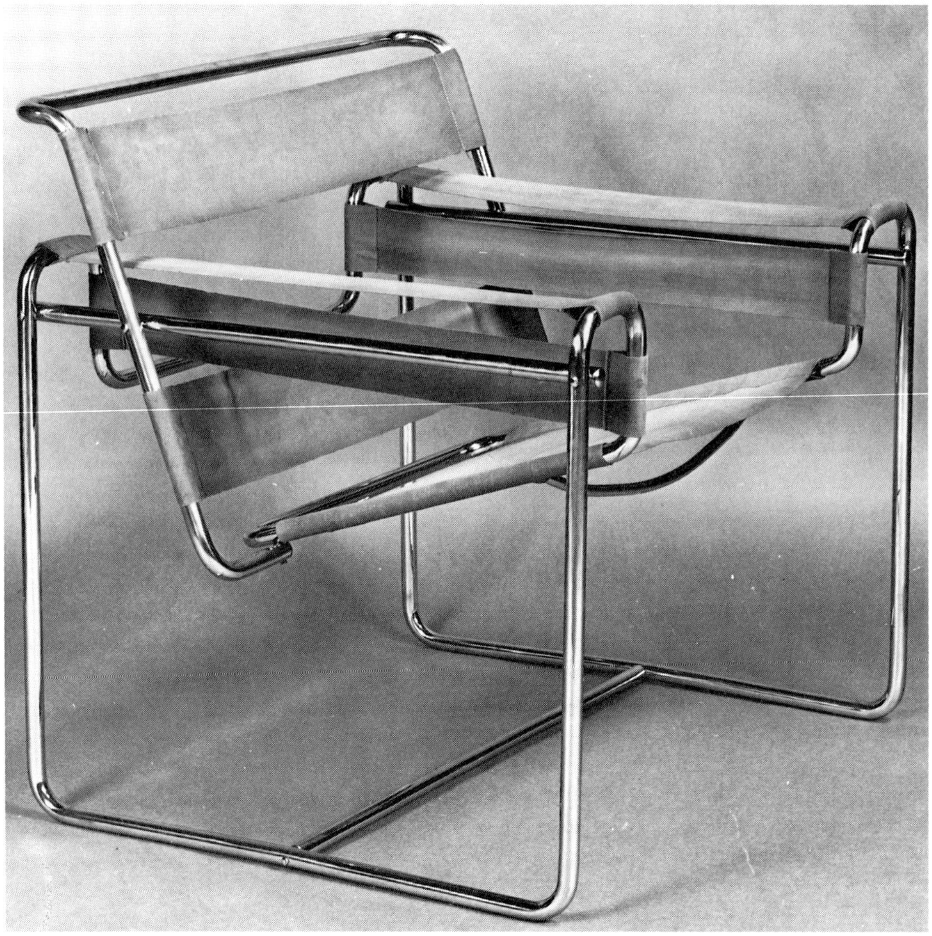

Abb. 22: Marcel Breuer, Stahlrohrsessel. 1925/1926

lichen entwicklung. die triebfeder dieser entwicklung, die grundelemente des jeweiligen zustandes bilden die gesetze der aktuellen arbeit.
ich greife nun ein spezialgebiet der heutigen produktion heraus: die metallrohrmöbel. die ersten versuche nahm ich mit duralumin vor. doch wegen des hohen preises dieses materials ging ich zur verwendung von präzisionsstahlrohr über.
stahl ist leichter als holz. dieses paradox läßt sich ohne weiteres erklären, wenn man die statischen eigenschaften der beiden materialien mit in betracht zieht. schon flußstahl hat beim neunfachen gewicht, je nach beanspruchungsart, die 13- bis 100fache festigkeit von buchenholz. außerdem: der stahl, ein annähernd homogenes material, ist viel eher in besonders widerstandsfähige formen (querschnitte: z.b. rohr) zu bringen, als das durch seine faserung und ungleichmäßige beschaffenheit in seinen mechanischen eigenschaften beschränkte holz.
grundsätzlich wird also ein geschickt konstruiertes stahlgestell bedeutend größeren statischen ansprüchen entsprechen als ein gleichgeschicktes holzgestell, das heißt, bei den gleichen statischen beanspruchungen bedeutend leichter sein. ein aus hochwertigem stahlrohr (einem äußerst elastischen material) konstruiertes sitzgestell, an notwendigen stellen mit straffgespanntem stoff versehen, ergibt also eine leichte, vollkommen in sich federnde sitzgelegenheit, welche die bequemlichkeit des gepolsterten sitzmöbels hat, mit dem unterschied, daß sie mehrfach leichter, handlicher und hygienischer, also mehrfach praktischer im gebrauch ist. auch die mit holzflächen kombinierten gestelle sind leicht, handlich und haltbar.
die strenge normung der elemente – die verwendung derselben elemente bei den verschiedenen möbelsorten –, ihre zerlegbarkeit in zweidimensionale teile (über 50 stück klubsessel sind in ein m^3 verpackbar: wirtschaftlichkeit des transports), und die volle berücksichtigung der betriebstechnischen, fabrikatorischen forderungen ergaben nun den sozialen maßstab, den von den breitesten massen bezahlbaren preis, ohne den mich die ganze arbeit nicht besonders befriedigt hätte."

Marcel Breuer: metallmöbel. „Innenräume". Stuttgart, 1928. In: Zwischen Kunst und Industrie. Der Deutsche Werkbund. München 1975, S. 236f.

Der stark sozialdemokratisch bestimmte Zeitstil der „Weimarer" Republik drang tiefer und breiter in die alltäglichen Gebrauchsgegenstände großer Teile der Bevölkerung ein, als das eine allzu ausschließliche Betrachtung der „hohen Kunst" der Zeit deutlich machen kann. Die Weimarer Einheitlichkeit in der Ausstattung und Formgebung aller Lebensäußerungen beruhte, trotz breiter Opposition von den Extremen, anfälliger politischer Existenz und schwierigster Wirtschaftslage, auf dem Bekenntnis zur Modernität der technischen Welt und ihren

Möglichkeiten der massenhaften Verbreitung schöner und guter Gebrauchsgegenstände für alle Schichten der Bevölkerung. Hier war Paul KLEES Hoffnung von 1919 erfüllt: „... wir würden die Ergebnisse unserer Erfindertätigkeit dem Volkskörper zuleiten können. Diese neue Kunst könnte dann ins Handwerk eindringen und eine große Blüte hervorbringen“[18] – sie hat es sichtbar getan bei der Gebrauchskeramik der Zeit um 1930. Es verwirklichte sich hier ein utopisch scheinender Tatbestand: Die meisten Produkte der Steingutindustrie waren gut und preiswert. 1930 war der Porzellanersatz Steingut das formal überlegene und zeitgenössische Produkt, zum halben Preis des Porzellans mit seinen „abgelegten Formen alter Stile“.[19] Damit war ein seltener Sieg für die materielle und formale Qualität eines billigen Massenproduktes errungen. Mit den Entwürfen von HENNIG, PETRI, FRIEDLAENDER, GRETSCH und WAGENFELD suchte die Porzellanindustrie den modernen Stil des Steinguts aufzugreifen. Der Qualitätsbegriff der Steingutgeschirre war befreit von seiner Bindung an das Luxusprodukt, das Einzelstück, die Handarbeit, den Künstlerentwurf, die Stilkopie. Er galt für „Dinge des Gebrauchs“, die „neben den technischen Erzeugnissen“ der Zeit „bestehen“ konnten, weil sie selbst technische Erzeugnisse waren und in engem Zusammenhang mit der technischen Form des Neuen Bauens standen *(Abb. 23).*

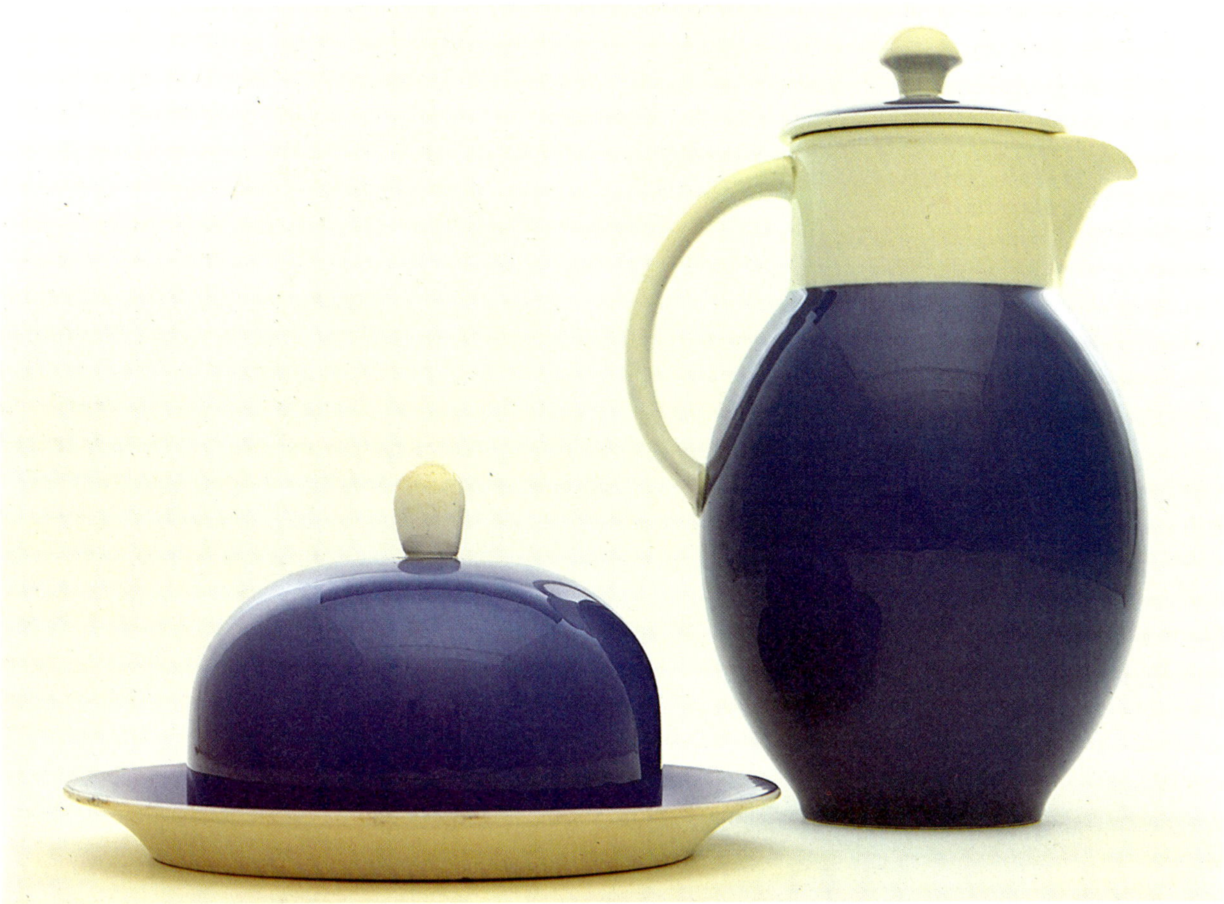

Abb. 23: Hermann Gretsch: „Kugelform“. Villeroy & Boch. 1930

Die bewundernswerte Einheitlichkeit des Weimarer Stiles, wahrlich nicht nur in seiner Keramik, erfährt ihre unverwechselbare Schärfe durch das plötzliche Ende seiner Gesamtheit, seine Vernichtung oder das heimliche Weiterleben seiner Fragmente durch die erzwungene Diktatur einer reaktionären Unterströmung konservativen Designs durch den Nationalsozialismus nach 1933. Mit dem erzwungenen Austausch der Personen verschwanden auch die geometrischen Dekore der Keramik, der Stoffe, der Tapeten und Teppiche. Es verschwanden das Stahlrohr von BREUER und MIES, die farbige Architektur von Bruno TAUT, die Buchkunst des Bauhauses, dessen moderner Stil der Werbung und Photographie, abstrakte Malerei und Plastik. Das war nun abgelehnt als modisch und geschäftstüchtig, konstruktiv und rational, großstädtisch und international, kalt und anonym, kommunistisch und jüdisch, abartig und undeutsch. Neben wenigen Reservaten des Überlebens verbreitete sich der Dorfstil in der Architektur, meist falsches, die Maschinenarbeit nur leugnendes Handwerk, gemalte Blumen, Naturstein, deutsches Holz und steiles Dach.

Bauhaus-Müdigkeit und „Radikales Design"

Die gegenwärtige Bauhaus-Müdigkeit, der wachsende Widerstand gegen utopische Modelle zur „Lösung" sozialer und humaner Probleme mit Hilfe der „Ordnung" der gesamten Lebenssphäre haben auch bei den unerschütterlichen Freunden der Modernität ihren Grund in den neueren Erfahrungen mit der Entwicklung technischer Medien, die für die Meister am Bauhaus noch gänzlich unvorhersehbar waren. Der Begriff der Perfektion der Technik hat für uns heute viel von seiner Humanität im Sinne der Lebenshilfe für das Individuum, der Bequemlichkeit und des Komforts verloren. Industrieller Fortschritt und Technik sind mit Ängsten vor totalitären Systemen, deren technologischen und elektronischen Überwachungsmöglichkeiten, den Ängsten vor unsichtbaren Kontrollen und anonymen Instanzen besetzt. Es entwickelt sich eine Widerstandskraft gegen alle künstlerischen und umweltgestalterischen Modelle, die hier einseitige Bündnisse bevorzugen. Die Rückbesinnung auf den einzelnen geschichtlichen Gegenstand, eine geschichtliche Perspektive, soll nun die individuelle Selbstbehauptung gegen die Anonymität der technischen Welt ermöglichen.

Das Mailänder Programm

Seit den 60er Jahren setzt eine Gruppe italienischer Architekten und Designer der Anonymisierung von ursprünglich zutiefst humanen Prinzipien der Bauhausideologie qualifizierten Widerstand entgegen. Interessant an dieser Bewegung des „Mailänder radikalen Designs" ist der Umstand, daß wir es hier nicht etwa mit einer nostalgischen Verweigerung gegenüber der technischen Welt seit dem Beginn der Industrialisierung zu tun haben. Diese Künstler wissen vielmehr die Materialien und Produktionsmethoden der Technik, insbesondere ihre

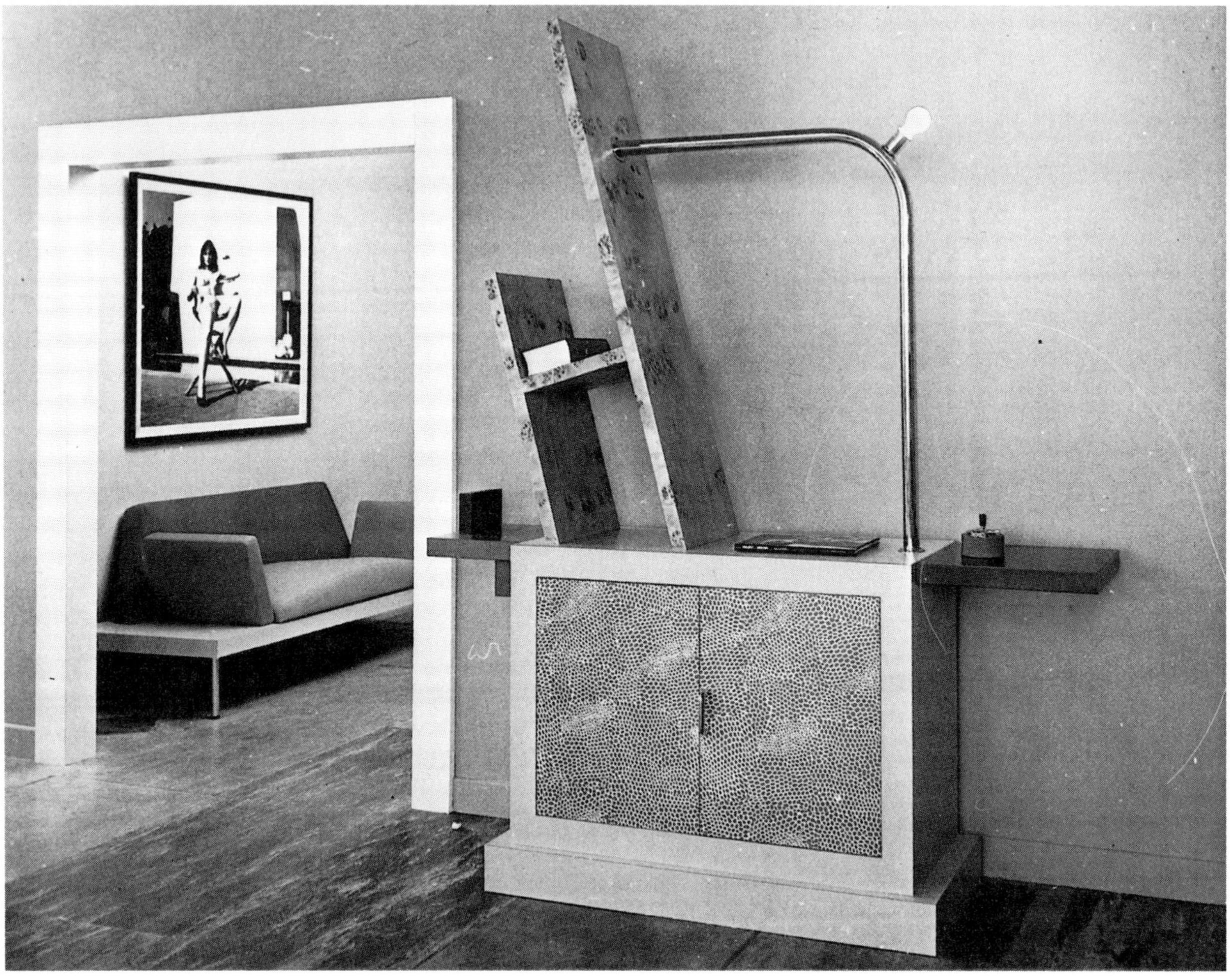

Abb. 24: Zwei Objekte des Mailänder Radikalen Designs: Bücherregal „Beverly" von Sottsass *(rechts)*, Sofa von Zanini *(links)*. 1981

Kunststoffe und ihre an die Pop-Art erinnernden grellen Farben, zu nutzen. Sie entwerfen ihre Objekte allerdings nicht als Bausteine für eine allumfassende Utopie. Sie wollen im Gegenteil dem Individuum zur Selbsterfahrung in der Freundschaft mit den Objekten verhelfen, die bewußt das anonyme, das mühelose Funktionieren auf Schalterdruck und die unsichtbaren technischen Abläufe manchmal sogar verweigern. Mit Hilfe eines irritierenden Designs kritisieren sie die etwa vom Bauhaus betonte humane Identität von Technik und Formgestaltung für die Gegenwart als fragwürdige Fiktion *(Abb. 24).*

Lampen von dem Mailänder Künstler Ettore SOTTSASS lösen sich aus der Anonymität der heutigen Massenfabrikation heraus. Sie nehmen entweder die Qualität von Skulpturen, und damit von individuellen Kunstwerken, an oder aber sie versuchen, bis hin zur Gebrauchsverweigerung, die kalte Selbstverständlichkeit der Technik bewußt zu machen. Bereits im Jahre 1972 hat SOTTSASS formuliert:

„Das Konterdesign ist Verdruß oder besser noch Überdruß, vielleicht auch Hoffnungslosigkeit oder vielleicht sich lustig machen oder vielleicht nur das Ergebnis des Wissens um das, was in Worten und Taten um das Design geschieht.“[20]

Somit ist das Konterdesign nicht irgendeine Stilmode, sondern eine Form gegenständlicher Bewußtmachung, daß die „Welt der Mechanisierung“ (W. RATHENAU) Gefahren für die Lebenswelt des Menschen birgt.

Das verbindende Prinzip dieses höchst individuellen Protestes der zornigen Mailänder Designer ist einfach zu benennen: phantasievoll spielen sie mit dem grauen Funktionalismus. Sie verweigern sich einer internationalen Gleichheit der Form und des Stils und sehen in der Auflösung der vom Bauhaus kommenden Modelle, in der bewußten Vereinzelung, in dem „Widerstandspotential“ des einzelnen Dinges für möglichst viele Einzelne ihr eigentliches Ziel: Denn es ist der „Künstler“, der „alle Einzelnen gegen die Gesamtheit vertritt“, die „Kunst“ ist „ein Mittel zur Ermöglichung vieler Einzelner“ (NIETZSCHE).

Zur Identität von Kunst und Industrie

Eine allgemein verbindliche Ästhetisierung der gesamten dinglichen Lebenssphäre, die zugleich den sozialen Bedürfnissen der gesamten Gesellschaft entspräche, eine geglückte Identität von Kunst und Industrie scheint der Gegenwart nicht mehr universal denkbar. Der Glaube an den Fortschritt als Weg zur Perfektion und die Hoffnung auf die ästhetische Erziehbarkeit des Menschengeschlechtes scheinen sich verflüchtigt zu haben. Das zwingt die Kunst, sich auf eine ihr ureigene Funktion subjektiver ästhetischer Erfahrung zu besinnen: individuelles Menschenleben erträglich, erfüllt und bewußt zu machen. Glücklich wäre schon zu nennen, wer nur zu fragen hätte, ob er diese Erfahrung der „hohen“ und „zweckfreien“ Kunst verdankte, „guten, vollkommenen Dingen“ des täglichen Gebrauchs zur Ausstattung seines Lebens *oder* der Sixtinischen Madonna *und* dem Stahlrohrstuhl.

12. Kunst für alle – Bilder im Volk

Wolfgang Brückner

Unser akademisch geprägter Begriff von „Kunst“ schließt heute zumindest dem Wort nach „Volkskunst“ mit ein. Im gegenwärtigen Jahrzehnt der nostalgischen Wiederentdeckungen und der alternativen Hoffnungen blüht das Geschäft mit allem, was sich aufs Bäuerliche beruft oder dafür gehalten werden kann. Hinterglasbilder zum Beispiel seien das Volkslied der Malerei, so hat man schon vor 70 Jahren mit deren neuer Wertschätzung formuliert. Es waren expressionistische Künstler der damaligen Moderne, die hier naturhafte Quellen ihres eigenen Kunstwollens zu finden glaubten. Dagegen wurde die im 19. Jahrhundert industriell möglich gewordene Popularisierung von Galerie-Kunst-Geschmack zu Kitsch erklärt und davon abgesetzt – entsprechend den verklärten Vorstellungen von einstigem Landleben und angeblich kulturellem Verfall durch die großstädtische Zivilisation.

Ein halbes Jahrhundert historischer Forschung hat gelehrt, immer deutlicher zu erkennen, daß die Kunst für jedermann in alter Zeit keineswegs ein Produkt besonderer Kreativität von einzelnen in einer heilen Welt naiver Unberührtheit war. Vielmehr schließt die so verrufene Jedermannskunst im Zeitalter der beginnenden Massengesellschaft direkt daran an: „Populär“ sind beide gewesen; erst für uns hat die eine „Folklore“-Qualität erhalten und die andere den Schimpf der „Trivialität“ erfahren. Ländliches Möbel, religiöse Schnitzereien, alltägliche Gebrauchskeramik, volkstümlicher Wandschmuck und druckgraphische Gedenkpapiere füllen heute Heimatmuseen und ermöglichen dem Antiquitätenhandel ein einträgliches Breitenangebot. Das meiste davon stammt aus dem 18. und 19. Jahrhundert, besonders aber aus der kurzen Zeitspanne zwischen etwa 1750 und 1850, dem europäischen Jahrhundert der eigentlichen „Volkskunst“ im engeren Sinne.

Hersteller, Vertreiber und Benutzer sind weder allein noch vornehmlich unter Bauern zu suchen, wenn auch weitgehend auf dem platten Lande, nämlich – wie wir heute sagen würden – besonders in ärmeren Entwicklungsregionen, die zum Teil manufakturell und für den Export produzierten. Die Sozial- und Wirtschaftsgeschichte spricht für jene Epoche von der „Protoindustrialisierung“. Diese bildet den wirtschaftlichen Hintergrund einer sich aufspaltenden Kunstproduktion für unterschiedliche Bevölkerungsschichten: 1. eine sich absondernde Hofkunstorganisation, 2. die Auflösung des zünftisch gebundenen städtischen Handwerks, jedenfalls dessen Niedergang durch das Auftreten ländlicher Konkurrenz, und 3. die Herausbildung von Massenkunstangeboten hausgewerblicher Herstellung für breite Bevölkerungsschichten über einen weitverzweigten Hausier- und Markt-Handel mit Hilfe von lagerhaltenden Verlegern und Wiederverkäufern, deren Verteilungssystem noch die Bilder- und Einrichtungsfabriken des späten 19. Jahrhunderts erfolgreich nutzen konnten.

Die Stileigentümlichkeiten und Motivvorlieben dieser Dekorationskunst lassen sich als Ergebnisse sowohl der Gebrauchsfunktionen der Gegenstände als auch ihrer Herstellungstechniken erweisen. Sie spiegeln aber in der Regel ebenso deutlich den historischen Zusammenhang mit den allgemeinen Geschmackstendenzen und Ornamentmoden ihrer jeweiligen Zeit, auch wenn Vereinfachungen als Folge von Abschleifprozessen der Mengenherstellung uns heute wie „Abstraktionswollen“ erscheinen. Die Bedeutungsgehalte solcher Art volkstümlicher Bildnereien sind keine Geheimnisse uralter Sinnbilder, sondern sie stehen im religiösen Lebenszusammenhang der konfessionell geprägten Kulturvarianten der frühen Neuzeit und beziehen ihre Wirkung bis auf den heutigen Tag direkt aus den Vorbildwelten der Oberschicht.

Wir werden sehen, daß vieles davon Routine bestimmter Produktionsvorgänge war oder bewußtes Billigangebot in Nachahmung von Vorbildgütern mit gesellschaftlichem Statuscharakter. Die Gebrauchsfunktion von Kunst als Luxusgut des Alltags läßt sich im Lebensbereich breiter Bevölkerungsschichten besonders gut studieren. Das ist keine von der Erlebnisebene der Hochkunst grundsätzlich abgehobene Existenzweise, wie gerne angenommen wird. Die Subkultur des kleinen Mannes funktioniert nach denselben Gesetzen wie die übrige Welt.

Volkskunsttheorie

Die Entdeckung der „Volkskunst“ vollzog sich in den letzten drei Jahrzehnten des 19. Jahrhunderts im Rahmen der Kunstgewerbebewegung, die dem zeitgenössischen Handwerk aufhelfen und der aufblühenden Industrie Designvorlagen liefern wollte und deshalb im Zusammenhang der Weltausstellungen auf den Plan trat.

Wegweisende Gedanken für unseren Zusammenhang entwickelte Gottfried SEMPER: „*Wissenschaft, Industrie und Kunst. Vorschläge zur Anregung nationalen Kunstgefühles*“ (Braunschweig 1852) im Anschluß an die allererste der Weltausstellungen, in London, 1851. Seitdem kamen Zweck- und Materialgerechtigkeit volkstümlicher Zierformen bei Holzarbeiten und Textilien in den Blick. Auf der Weltausstellung in Wien 1873 präsentierte man schon eine eigene Abteilung für die „nationale Hausindustrie“, wie das Jakob FALKE im Jahr zuvor (in: *Gewerbehalle. Organ für den Fortschritt in allen Zweigen der Kunst-Industrie* 10 [1872], Nr. 1) genannt hatte.[1] Ihm folgte im Anschluß an die Ausstellung österreichischer Hausindustrie in Wien 1890 das Büchlein von Alois RIEGL „*Volkskunst, Hausfleiß und Hausindustrie*“ (Berlin 1894) mit dem Versuch, historische Entwicklungsstufen entsprechend der zeitgenössischen Volkswirtschaftslehre abzustecken. Volkskunst sei häusliche Urproduktion, Hausfleiß die Eigenbedarfsleistung und Hausindustrie die damalige Heimarbeit einer dezentralisierten Fabrik, das Verlagssystem von kapitalkräftigen Wiederverkäufern: „primäre Hausindustrie“ genannt als Nebenbeschäftigung zu landwirtschaftlicher Tätigkeit, „sekundäre Hausindustrie“ geheißen als ausschließliche Erwerbsquelle.

Mit dem Beginn der Sammeltätigkeit und der Entwicklung erster Volkskunde-Museen ab 1889 (Berlin: „Museum für deutsche Volkstrachten und Erzeugnisse des Hausgewerbes“) verselbständigten sich schnell der neue Begriff „Volkskunst“ und die damit gemeinte Sache. Einen solchen Prozeß faßt man meist sehr genau, wenn man die zeitgenössischen Konversationslexika zu Rate zieht. Was wann, und wie, dort erstmals notiert wird, besitzt gerade für uns heute einen hohen Informationswert, weil es damals für ein breiteres Publikum Dinge erläutert, die offensichtlich aktuell geworden waren. In der 6. Auflage von „Meyers Konversationslexikon“ findet sich 1909 erstmals ein Artikel „Volkskunst“:

„Volkskunst, ursprünglich die Kennzeichnung einer Bewegung der 1890er Jahre, welche die breitern Volksschichten für die Werke angewandter Kunst empfänglich zu machen suchte. Das Wort tauchte zuerst in der Zeitschrift ‚Der Kunstwart‘ auf, fand dann durch einzelne Tendenzschriften weitere Verbreitung und wird heute zumeist in dem Sinn einer heimatlichen, bodenständigen Kunst angewandt, die wieder Anschluß an die bäuerliche und bürgerliche Überlieferung sucht (s. Heimatkunst). Im engeren Sinne deckt es sich auch mit Bauernkunst (Bauerngeschirr, Bauernschmuck, -Stickerei, -Weberei etc.); doch bildet diese nur einen in ihren Werken allerdings scharf charakterisierten Teil der Volkskunst“. Der Schlußsatz des Artikels lautet: „Die großen volkskundlichen Sammlungen, in rascher Folge in den Städten entstanden (Altona, Berlin, Bremen, Dresden, Flensburg, Hamburg, Kiel, Lübeck, München, Nürnberg, Kopenhagen, Stockholm, Prag, Wien), trugen weiterhin dazu bei, die Volkskunst als einen beachtenswerten Faktor aller Kunststrebungen einzustellen.“

Zeitlich parallel zu diesen Notizen verlief kurz vor dem Ersten Weltkrieg die Entdeckung von „Volkskunst“ durch junge Künstler der modernen Malerei, voran Wassily KANDINSKY, damals in Murnau am Staffelsee.

L. G. BUCHHEIM schreibt in seinem Buch „*Der Blaue Reiter und die Neue Künstlerbewegung München*“: „Die Hinterglasbilder mit religiösen Motiven, die er in den Bauernstuben um Murnau aufspürte, waren ihm durch ihre intensiv die Farbe zum Ausdruck gläubiger Inbrunst nutzende Einfachheit zum bestürzenden Erlebnis geworden und hatten ihm die heimische Ikonenkunst, die ‚Farbträume der Jugend‘, wieder vor das geistige Auge gerückt. Kandinsky bemalte nun auch selbst kleine Glastafeln und machte sie zu kostbaren Gebilden, in denen östliche Religiosität und Verinnerlichung des Gefühls aus russischem Blutserbe sich mit modernem Formempfinden mischen.“ KANDINSKY selbst formuliert in seinen „*Essays über Kunst und Künstler*“: „Meine Idee war also, daß der Unterschied zwischen der ‚offiziellen‘ Kunst und der ‚ethnographischen‘ Kunst keine Lebensberechtigung hatte; daß die verderbliche Gewohnheit, unter den verschiedenen äußerlichen Formen nicht die innere organische Wurzel der Kunst als allgemeinen zu sehen, zum totalen Verlust der Wechselbeziehung zwischen Kunst und dem Leben der menschlichen Gesellschaft führen konnte.“[2]

Gabriele MÜNTER antwortete auf die Frage nach den eingefaßten flachen Zonen leuchtender Farbe in ihren Bildern: „Was mich betrifft, so lernte ich diese Technik von Kandinsky, aber gleichzeitig auch von den bunten Hinterglasbildern der bayerischen Bauern in der Murnauer Gegend, die seit Jahrhunderten so malten.“[3]

Solche neuen Wertschätzungen muß man konfrontieren mit künstlerischen Meinungen aus dem 19. Jahrhundert. Der Schriftsteller Ludwig STEUB schrieb 1846 und hat dies 1871 wiederholt:

„Ganz abscheulich sind jene, in den Dorfwirtshäusern nicht seltenen Glasbilder, auf welchen die Gewänder der Heiligen mittels roter und blauer Kleckse, die Züge aber durch schwarze Linien ganz irokesenartig dargestellt werden. Ich habe vergessen, zu fragen, woher diese schrecklichen Bilder stammen… Ein gebildeter Curat, der nur einmal den Apoll von Belvedere gesehen hätte, der sollte seine ganze Energie daran setzen, um diese scheußlichen Popanzen zerschmettern zu lassen.“[4]

1917 aber formulierte Max PICARD in seinem Buch „*Expressionistische Bauernmalerei*“ (das bis 1922 drei Auflagen erlebte):

„Die reproduzierten Bilder sind Hinterglasmalereien: Auf die Hinterseite des Glases wurden zwischen die Konturen dünne Lackfarben aufgetragen oder Ölfarben, die man mit einer Lackschicht überdeckte. Manchmal wurden die Konturen gummiert und dann mit Metallgold ausgefüllt. Die ältesten Bilder erscheinen wie einem Spiegel aufgemalt, weil die Hintergründe mit Quecksilber ausgelegt sind. Bauern, die im Sommer Zäune und Häuser anstrichen, haben im Winter diese Bilder gemalt. In Oberbayern, in Franken, in Südbaden lebt heute noch hie und da einer, der das kann, was vor hundert Jahren mancher im Dorfe gekonnt hat und alle gefühlt haben und was sich darum an keinen Namen gehalten hat. Die Hinterglasbilder sind das Volkslied in der Geschichte der Malerei."[5]

Was hier zur Herstellung gesagt wird, hat mit der sozialen Realität nichts zu tun, aber es spiegelt einen damals schon über hundert Jahre alten Volksbegriff, der ganz auf das Bäuerliche eingeengt erscheint. Gottfried HERDER hatte in den siebziger Jahren des 18. Jahrhunderts zunächst noch von „Nationalgesängen" gesprochen und dann erst die englische Ausdrucksweise „popular songs" in „Volkslieder" übersetzt. Mit dem neuen Begriff entstand eine neu zu definierende Sache. „Fund und Erfindung" gingen Hand in Hand. Das Auffinden erwies sich zugleich als ein Neubestimmen, weil der Volksbegriff eine hypothetische Rekonstruktion war. Nicht Volk als Bevölkerung, eher schon als Sprachnation, ganz und gar nicht jedoch als Unterschicht, wurde jenes romantische Volk für den Quellboden zur Erneuerung der Kultur aus seinen naturhaften Wurzeln gehalten. In London erfand man daraufhin 1846 aus zwei alten englischen Wörtern ebenfalls den neuen Begriff der Folklore und kennzeichnete dadurch „folk" als das eigentliche Volk der neuen Volkswissenschaften oder europäischen Ethnographien.

Man glaubte das Volk von einer kreativen Kollektivgeistigkeit getragen, von der Volksseele. Das Schöpferische, aus dem Volkskunst als etwas Organisches erwüchse, schien mithin anonym, „an keinen Namen gebunden". Alois RIEGL schied darum vom „Kunstwollen" der Hochkunst das Gewordensein der Volkskunst. Arnold HAUSER hat 1958 in seiner *„Philosophie der Kunstgeschichte"* bezeichnenderweise einem der modernen stilanalytischen Methodik gewidmeten Kapitel „Kunstgeschichte ohne Namen", ein großes Kapitel „Kunstgeschichte nach Bildungsschichten, Volkskunst und volkstümliche Kunst" folgen lassen und dabei zu unserem Fragenkomplex angemerkt:

„Es ist merkwürdig, daß Riegl, der die wirtschaftliche Bedingtheit der Volkskunst nicht nur erkennt und würdigt, sondern wohl auch übertreibt, die soziologische Eigenart dieser Kunst verkennt und am romantischen Dogma der Einheitlichkeit des Volksgeistes festhält, indem er betont, daß die Volkskunst ‚eine Summe von traditionellen Kunstformen' sei, ‚die sämtlichen Angehörigen des Volkes eigen sind', und ‚nicht bloß einer bestimmten Gesellschaftsklasse etwa den Besitzenden angehören'. Riegls ökonomische Einsichten blieben offenbar ohne jeden Einfluß auf seine soziologischen Vorstellungen. Er erkannte nicht, daß eine Erscheinung wie die Volkskunst eine soziale Differenzierung voraussetzt und mit dem Begriff einer einheitlichen, die ganze Nation umfassenden Kultur der seelischen Haltung unvereinbar ist. Von einer Volkskunst kann nur die Rede sein, wo klassen- und bildungsmäßige Unterschiede bestehen. Dort, wo es keine gesellschaftliche und geistige Elite gibt, ist es einfach sinnlos, den Begriff der Volkskunst einzuführen, denn diese hat nur im Gegensatz zur Kunst von nichtvolksmäßigen Bildungsschichten und Bildungszentren eine logische Bedeutung. Volkskunst ist keine Gemeinschaftskunst, sondern, ebenso wie die Kunst der Oberschicht, eine Klassen- und Standeskunst."[6]

Kunst für das Volk kann dennoch von verschiedenen Seiten her stammen. Jedesmal ist der Konsument als Bezugspunkt dabei ein nicht fortzudenkender, weil mitgestaltender Faktor; denn es wird auf ihn zu produziert. Darum erscheint vieles davon den jeweils zeitgenössischen Kunsttheorien als trivial, das heißt als unangemessen im Sinne der jeweiligen Stilkunstdoktrin. Selbst die „Trivialkunstforschung" unserer Tage, die sich vornehmlich dem 19. Jahrhundert zuwendet, geht von einem solchen Wertungsstandpunkt aus, weil diese Betrachtungsweise rein werk-orientiert ist, so, als handele es sich um Objekte im menschenleeren Raum des imaginären Museums. Gegenwärtige Volkskunstforschung bedient sich darum lieber der Begriffe „populär" und „folkloristisch", wobei ersteres „volkstümlich" im Sinne von „in weiten Bevölkerungsschichten verbreitet" meint und letzteres den volkstümelnden Rückgriff auf angebliches Bauerndekor im gegenwärtigen Kunstgewerbe benennt.

Hinterglasmalerei

An der Geschichte der volkstümlichen Hinterglasmalerei läßt sich besonders gut zeigen, wie abwegig zunächst die Meinungen der modernen Wiederentdecker über diese gar nicht so alte Kunst waren und wie unterschiedlich der tatsächliche Herstellerkreis jener populären Bilder gewesen ist – haben diese doch jedenfalls nichts mit Bauern- und Sonntagsmalerei zu tun, sondern stellen zielstrebige Warenproduktion auf der Grundlage sehr verschiedener Bedingungen und Möglichkeiten dar. Dabei war allen Herstellern dreierlei gemeinsam:

- die Rohstoffvoraussetzungen, nämlich genügend Tafelglas,
- eine modische Aktualität des Werkstoffes Glas in der kunst- und wirtschaftsgeschichtlichen Entwicklung der Zeit sowie
- funktionierende Vertriebsorganisationen zum Fernverkauf größerer Produktionsmengen eines zwar handlichen, aber zerbrechlichen Luxusartikels.

Dies alles war allein in Mitteleuropa seit Beginn des 18. Jahrhunderts gegeben, und daher hat sich hier und nirgendwo sonst auf der Welt diese Form der Hinterglasmalerei kleiner Formate ausgebildet. Alle weiter entfernten Herstellungsgebiete wie Rumänien, Spanien oder China sind davon direkt oder indirekt abhängig und ihre Werkstätten darum später, zum Teil erst im Verlaufe des 19. Jahrhunderts, entstanden.

Hinterglasmalerei vermochte nur als eigenständiges Gewerbe zu existieren. Es entwickelte sich darum entweder an Orten vorhandener Glasherstellung, also in den waldreichen Hüttenregionen der Mittelgebirge um die heutige Tschechoslowakei herum, in den bayerisch-böhmischen, schlesisch-böhmischen und oberösterreichisch-böhmischen Gebieten beiderseits der jeweiligen Landesgrenzen (die in der Regel von der gleichen deutschsprachigen Bevölkerung bewohnt waren), oder dort, wo die handwerklichen Voraussetzungen für die Mengenherstellung besonders günstig waren, nämlich an Orten, die ohnehin schon vergleichbares „Kunstgewerbe" des einfachen und gehobenen Bedarfs in Serien und auf Lager produzierten, wie der mitteleuropäische Kunsthandelsvorort Augsburg oder die ländlichen Gewerbeorte an Kunsthandelsstraßen, wie Murnau, oder frühe Hausgewerbezentren, wie Oberammergau und die Rötenbacher Uhrenschildmaler im südlichen Schwarzwald.

Man spricht darum einerseits von „hüttengewerblicher" (oder besser: hüttennaher) und andererseits von „malerhandwerklicher" Produktion. Das aber sind lediglich grobe Zuordnungshinweise und keine neuen Erkenntniskategorien. Sie lassen vielmehr die unterschiedlichen Stilausprägungen und Schulentwicklungen verständlich werden, zumal hier durch den Konkurrenzkampf auf dem Markt zum Teil wechselseitige Artikelbeeinflussungen stattgefunden haben. Es kann also keineswegs von einer der Werkgattung eigenen künstlerischen Entwicklung gesprochen werden. Erst durch die genaue Erforschung der gesellschaftlichen und wirtschaftlichen Voraussetzungen wie Bedingungen des Entstehens und Verkaufens bestimmter Kunstprodukte sehr unterschiedlicher handwerklicher Qualität werden deren Gebrauchs- und Kunstwert in damaliger Zeit offenbar.

Aufgabe des Historikers ist es, zunächst dieser Epochenwirklichkeit oder Lebensrealität der Vergangenheit genauer auf die Spur zu kommen. Die Geschichte des menschlichen Geistes und seiner Verwirklichungen in Kunstwerken läßt sich nicht von den Menschen als gruppengebundenen Akteuren lösen. Darum stellt die Erforschung von Kunstpopularisierung und Bilderkonsum in breiteren Schichten der Bevölkerung für die Neuzeit ein wichtiges Korrektiv zur gängigen Kunstbetrachtung „nach Meistern" mit repräsentativen Auftragsarbeiten dar. Unterhalb dieser „Höchstleistungsnorm" ist die Skala der Produktionsmöglichkeiten und entsprechender Gestaltungsweisen ungewöhnlich breit. Man hat sich, wie schon gesagt, allzu vereinfachend damit geholfen, am Ende der Skala die Volkskunst als einen positiven Gegenpol zu konstruieren. Dazwischen lägen dann die Epigonen der großen Künstler, die provinziellen Nachahmungen der epochalen Neuerungen, der Kitsch für die vielen in der Popularisierung und schließlich das stümperhafte Unvermögen der untersten Handwerksgarnitur. Erst in „der" Volkskunst komme das eigentlich Künstlerische wieder zu sich selbst und sei darum ebenbürtig der großen Kunst der Einzelnen. Wie sehr solche Meinung ideologisches Konstrukt ist, belegt die inzwischen gut erforschte Geschichte der volkstümlichen Hinterglasmalerei.

Malerhandwerkliche Hinterglasbilder lassen sich stilistisch an zwei Merkmalen gut erkennen: Sie sind in Richtung auf realistische Darstellungsart angelegt und bestehen vom technisch-handwerklichen Malduktus her aus klar erkennbaren Pinsel-Setzungen, während die zu Vereinfachung und damit zur Abstraktion neigende, fast schablonierende Malweise des plakativen Einfärbens von Umrißflächen eine Folge der Herstellung durch Laien ohne Fachausbildung und Maltradition ist. Das aber stellt nur die Extrem- oder Idealpositionen dar: Auf der einen Seite etwa der Augsburger Meister und seine Gesellen um die Mitte des 18. Jahrhunderts – die zwar bestimmte Vorlagen biblischer oder galanter Szenen oft wiederholen und in größerer Stückzahl „auf Lager" malten –, und auf der anderen Seite etwa die 20 Familienwerkstätten im böhmischen Buchers und dem benachbarten oberösterreichischen Sandl, aus denen zwischen 1852 und 1864 schätzungsweise 385000 (!) Hinterglasbilder hervorgegangen sind. Ersteres ist natürlich deutlich erkennbare bürgerliche Stilkunst, letzteres der reine Typus von Volkskunst, der dazu geführt hat, daß in Österreich-Ungarn der Begriff „Sandlbild" mit Hinterglasmalerei gleichbedeutend wurde *(Abb. 1)*.

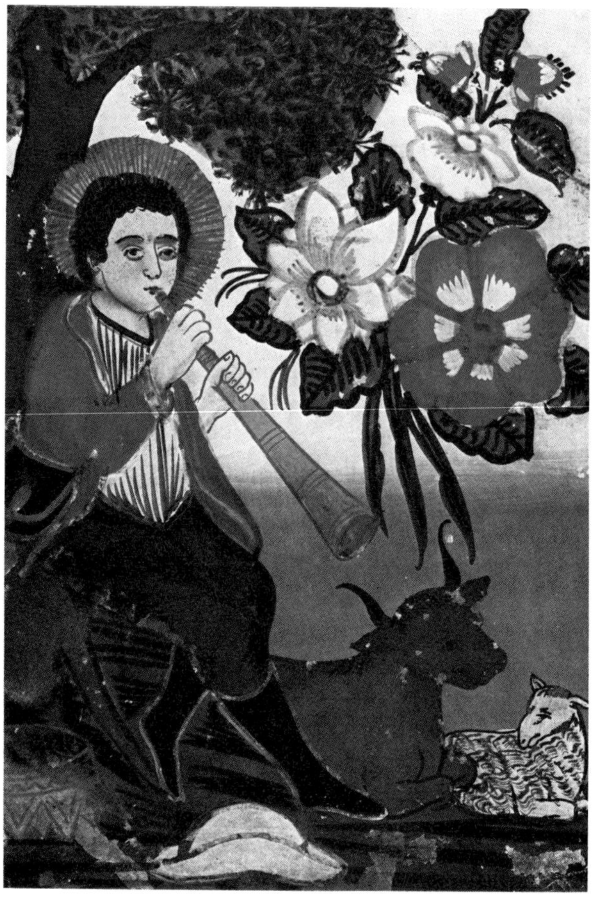

Abb. 1: Der heilige Königssohn Wendelin als Viehhirte im bäuerlichen Hinterglasbild aus Sandl

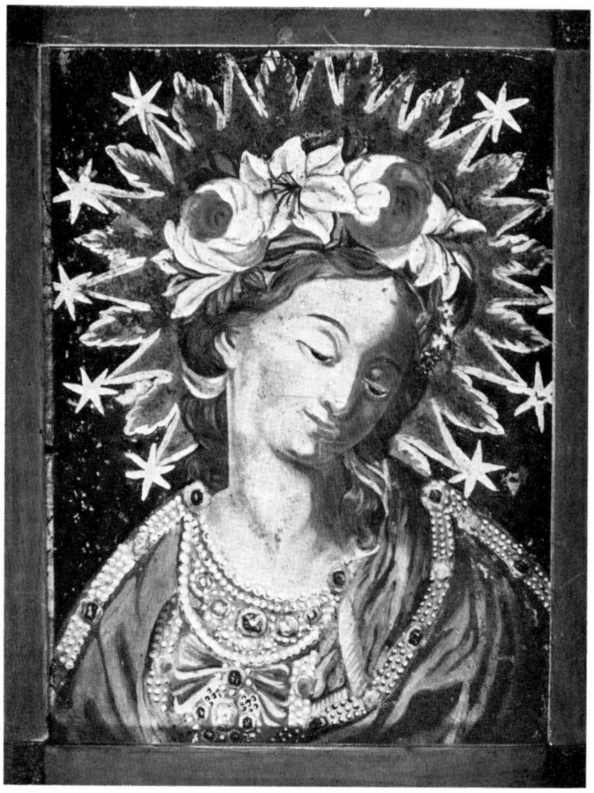

Abb. 2: Schöne Maria von Wessobrunn in malerhandwerklichem Hinterglasbild

Oberammergauer und Staffelseer Hinterglasbilder hingegen sind zwar in vielen Exemplaren deutlich als malerhandwerklich fabriziert erkennbar, aber die Konkurrenz zum Massenangebot der Böhmerwald-Produktion hat zu Artikelangleichungen, das heißt zu bestimmten Typisierungen, geführt, die ähnliche, wenn auch zum Teil sorgfältigere Schnellverfahren des Malens erforderten *(Abb. 2).* Man nennt die Produkte heute darum „Typenbilder“, weil regionaltypische Bildgestaltungen, etwa das sogenannte Kartuschbild (Heilige in ovalen Fonds), zu eingeführten Markenartikeln geworden sind.

Volkstümliche Ware für ein ländliches oder klein- und vorstädtisches Publikum konnte jedoch auch von nicht-zünftigen Malern außerhalb Augsburgs stammen, wo nicht die strengen Zunftregeln der Arbeitsteilung, der auf den sozialen Besitzstand abzielenden Gesellenbeschränkung und der meisterlichen Geschäftsausübung galten, sondern wo sich Fachleute aus dem überbesetzten Stadthandwerk auf dem Lande das Risiko des ungesicherten Marktanteils zunutze machten, indem sie freier, und das heißt natürlich auch unter dem von der Zunft geforderten Standard, produzierten, sich also dem Hausierangebot der Massenhersteller ein wenig annäherten. Das konnte aus den verschiedensten Gründen notwendig sein.

Schon im 18. Jahrhundert malten zum Beispiel in Winklarn in der Oberpfalz auch Kirchenhandwerker hinter Glas, die im Sommer Altäre ausbesserten, Kreuzwegstationen errichteten, Schnitzereien farbig faßten und ähnliches, mithin in einer weiteren Region unterwegs waren. Wenn diese Arbeit im Winter ruhte, fertigten sie Hinterglasbilder sorgfältiger Machart, aber in der volkstümlichen Geschmacksmanier oder Gebrauchsweise, die auf Wallfahrtsmärkten absetzbar waren. Im Wallfahrtsort Neukirchen bei Heilig Blut an der tschechischen Grenze, wo ohnehin Hersteller von Devotionalien ihr Auskommen fanden, entstand so eine eigene „Malerschule“. Mit dem Einsetzen der Aufklärung und den Vorboten der Säkularisation durch die schrittweise Besteuerung geistlichen Gutes zu Ende des 18. Jahrhunderts gingen die kirchlichen Aufträge so rapide zurück, daß ein darauf eingerichtetes Handwerk zu darben begann und sich nach anderen Erwerbsquellen umsehen mußte.

Der niederbayerische Maler Anton Scheitler zu Eggenfelden im Rottal klagte 1775 über die schlechten Zeiten. Die Kirchen seien verarmt, die übrigen Arbeiten bestünden bloß aus Kleinigkeiten, die größtenteils „von denen in der Nähe vorhandenen mehr als zehn Pfuschern“ (= Nicht-Zünftigen) verfertigt würden. „Das Malen auf Glas scheint noch die einträglichste Arbeit zu sein“, und dies wolle ihm nun der Glaser am Ort streitig machen, um ihn damit „auf den Bettelstab zu bringen“. Man darf bei den beiden Konkurrenten durchaus auch an unterschiedliche Bildtypen denken, doch der Zwang zur Annäherung wird hier besonders deutlich.

Das verweist auf „Doppelhändigkeit" oder „Zweisprachigkeit" der Handwerker, die für verschiedene Ansprüche auf unterschiedlichen Stilebenen produzieren konnten. Das gilt etwa für Schwarzwälder Hinterglasmaler in der Mitte des 19. Jahrhunderts, aus deren Werkstätten sowohl regelrechte Staatsporträts des badischen Großherzogs in großer Menge, aber von bürgerlichem Gebrauchskunstanspruch kamen als auch die üblichen Massenprodukte sogenannter Volkskunst für den Herrgottswinkel der Landbevölkerung zwischen Bodensee und Main, verhökert von einheimischen Hausierern.

Das Hausierwesen war die Vertriebsgrundlage für jegliche Massenproduktion. Was nützte die Flachglashütte in der Nähe, von der man die preiswertesten Sorten beziehen konnte. Es bedurfte zusätzlich einer zumindest primitiven Rahmentischlerei für die genormten Bildgrößen aus lediglich an der Vorderseite mit Rußfarbe einzuschwärzenden Rippleisten. Aber ein Ausstoß von solcher Billigware mußte auch an den Mann gebracht werden, und dies schafften auf Dauer nur lagerhaltende Grossisten mit weltweiten Beziehungen, nämlich die Verleger. Sie erst konnten von bestimmten Stapelplätzen aus, zum Beispiel rhein- und donauabwärts, wandernde Einzelhändler auf Tour setzen, die wiederum aus eingeführten Hausiererlandschaften und Wanderhändlerorten stammten und sich mit der entsprechenden Kundschaft auskannten, weil sie vergleichbare Bilderartikel und Devotionalien schon immer gehandelt hatten. Hierzu zählen die deutschstämmigen Gottscheer aus Slowenien, die welschen Tiroler als Druckgraphik-Kolporteure, die Schwarzwälder, Pfälzer und Odenwälder Höker mit den verschiedensten Warenangeboten.

Am Beispiel eines Krainer Wanderhändlers läßt sich gut zeigen, wie dessen Handelsverbindungen den Anstoß für ein böhmisches Hinterglasbildzentrum abgegeben haben. Die im 19. Jahrhundert so erfolgreich produzierende Werkstatt in Außergefild im Böhmerwald geht direkt auf den Gottscheer Hausierer Michael aus dem Oberkrainer Ort Verderb zurück. Sein Sohn Johann Verderber (1793–1870) hat die Werkstatt des Vaters, der 1792 durch Heirat in Außergefild hängengeblieben war und 1818–1826 als „Bildermaler" genannt wird, in vielfältiger verwandtschaftlicher und kaufmännischer Beziehung zum benachbarten bayerischen Grenzort Raimundsreuth mit seiner älteren Hinterglasbildmalerei mindestens so berühmt gemacht wie diese sein Vorbilddorf bei einer bischöflich-passauischen Glashüttengründung des 18. Jahrhunderts.

Die Lokalforschung im Bayerischen Wald konnte bislang 8 Glashüttenstandorte mit 23 Malergemeinden für die Zeit zwischen etwa 1720 und 1835 miteinander in Verbindung setzen. Die Hauptproduktionsepoche umfaßt allerdings nur das Jahrhundert zwischen 1780 und 1880. Was darüber hinausreicht, ist malerhandwerklich in einem neueren Sinne, nämlich die Produktion von einzelnen Dorfmalern und Feierabend-Naiven, aber immer noch, im Bayerischen Wald zumindest, für ein Publikum der alten Art. Das Ende der hausgewerblichen Massenherstellung von Hinterglasbildern brachten die ab 1850/60 gezielt als Wandschmuck entworfenen schablonenkolorierten Lithographien. Sie wurden ab 1870/80 als Chromolithographien oder Öldrucke konkurrenzlos billig und wohlfeil auf den Markt geworfen und über die gleichen Händler vertrieben, die einst die Hinterglasbilder verhökert hatten.

Möbelmalerei

Die Blüte der ländlichen Möbelmalerei stammt ebenfalls aus dem 18. und 19. Jahrhundert, und dies hat wiederum etwas mit den sozialen Umschichtungen auf dem Lande und im Handwerk zu tun. Verbraucher und Hersteller, Konsumenten und Produzenten, sind stets wechselseitig aufeinander bezogen. Nur wo es Käufer gibt, haben auch die Anbieter eine Chance.

Die deutlichere Ausprägung einer Eigenkultur durch zeichenhafte Abgrenzungen – nach außen zum Beispiel in einer besonderen lokalen Gruppenkleidung (Tracht) und innerhalb der jeweiligen Siedlungsgemeinschaft durch vorzeigbare Statussymbole der häuslichen Ausstattung – verweist auf einen bestimmten Grad von wirtschaftlichem Wohlstand und persönlicher Unabhängigkeit, wie das erst am Ende der „alten Zeit" in weiten Teilen Mitteleuropas möglich geworden ist. Die für die Entstehung sogenannter Dorfkultur im Verständnis unseres heutigen Bewußtseins entscheidende Umbruchszeit ist im allgemeinen erst das 18. Jahrhundert. Diese Entwicklung läuft parallel zu den Daten der Wirtschafts- und Sozialgeschichte, nach denen sich die mittelalterlichen Strukturen persönlicher Abhängigkeit auf dem Lande erst hier endgültig auflösten, um dann rechtlich zu Beginn des 19. Jahrhunderts in der sogenannten Bauernbefreiung oder Grundablösung ganz zu verschwinden. Auch das grundsätzlich andere Wirtschaften unseres Industriezeitalters kündigte sich schon in einer Phase sogenannter

Vor- und Protoindustrialisierungen im 18. Jahrhundert an. Das städtische Zunfthandwerk konnte die Produktversorgung für eine wachsende Bevölkerung allein nicht mehr gewährleisten und begann sich auf rein stadtbürgerliche Bedürfnisse einzurichten. Andererseits entwickelte sich eine auf Verbrauch ausgerichtete Konsumgesellschaft zunächst vor allem im Bereich des Essens und Trinkens, und so entstand eine Luxusindustrie für an sich unnötige Dinge, deren Erzeugnisse vornehmlich aus hausgewerblicher Massenproduktion stammten.

Nur vor diesem gesamtgeschichtlichen Hintergrund kann verständlich werden, warum die Zeit von etwa 1750 bis 1850 die eigentliche Volkskunstepoche darstellt. Zuvor gab es nur lokale und regionale Ansätze für derartige Breitenentwicklungen und danach nur noch zeituntypische Überbleibsel in sogenannten Reliktgebieten, Rückzugslandschaften minderer Entwicklungsstufe, die von der modernen Industrialisierung erst in unserem Jahrhundert voll erfaßt worden sind. Seit dem 18. Jahrhundert begann ein stürmischer Differenzierungsprozeß auf allen Gebieten, der im politisch zersplitterten Mitteleuropa sehr unterschiedlich und mit entsprechenden Zeitverschiebungen verlief und darum zu einer Vielzahl landschaftlicher Besonderheiten geführt hat. Natürlich kennen wir aus unseren Museen charakteristische Stücke dekorativen ländlichen Möbels schon seit dem 17. Jahrhundert, doch erst zu Ende des 18. Jahrhunderts läßt sich in vollem Ausmaß registrieren, was wir heute Bauernmalerei nennen.

Torsten GEBHARD stellt für Süddeutschland fest: „Es ist fast überflüssig zu erwähnen, daß der Schrank, dessen Entwicklung man in bürgerlichen und höfischen Schichten seit dem Spätmittelalter geradezu lückenlos verfolgen kann, erst ganz allmählich im 17. und 18. Jahrhundert die dörflichen Haushaltungen erobert hat. Auch sollte man sich immer vor Augen halten, daß das Bauernhaus bis nach 1760 möbelarm gewesen ist.“[7]

Danach aber kennen wir Gegenden, in denen für großbäuerliche Repräsentationsräume ganze Stubenensembles angefertigt worden sind. Neben dem traditionellen rauchlosen Wohnraum Süddeutschlands entwickelte sich im Obergeschoß der Häuser der Ausstattungstyp „Hohe Stube“ (Oberösterreich) mit Schrank, Bett, Truhen, dem besonderen Heiratsgut der Braut, das zuvor auf dem Kammerwagen beim Einzug öffentlich vorgeführt worden war und damit Status, nämlich sozialen Geltungsanspruch, verdeutlichte. Aus den norddeutschen Küstengebieten kennen wir hingegen die „kalte Pracht“ zusätzlicher Sommerstuben. Die kleinbäuerliche wie unterbäuerliche Schicht der Landbevölkerung hatte an derartigen Entwicklungen insofern Anteil, als sie diesen Vorbildern in geringeren Einzelstücken und dekorierten Alltagsmöbeln folgen konnte, wie zum Beispiel mit den altarartigen Küchenschränken oder Almern in Franken.

Am gesteigerten Möbelbedarf und der entsprechend ausgedehnten Möbelherstellung für alle Kreise der Bevölkerung und jeden Geldbeutel läßt sich nochmals gut verdeutlichen, wie wichtig es ist zu wissen, auf welcher Produktionsgrundlage bestimmte Gattungen und deren formale Besonderheiten entstanden sind. Für die Hochkunstentwicklung haben sich dieses Problems in letzter Zeit die Wirtschaftshistoriker angenommen und am Beispiel der Möbelherstellung des 18. Jahrhunderts die Entstehung einer eigenständigen Hofkunst dargetan. Michael STÜRMER konnte in mehreren Studien zeigen, warum städtische Schreinerzünfte aufgrund ihrer veralteten Organisationsformen nicht in der Lage waren, die kunstpolitischen Repräsentationsbedürfnisse der absolutistischen Fürstenhöfe zu befriedigen, und weshalb diese ein unternehmerisch frei agierendes und über Landesgrenzen hinweg produzierendes Kunsthandwerk förderten und – auf anderen Gebieten – entsprechend staatlich subventionierte Manufakturen errichteten.[8]

Zur Verdeutlichung sei nochmals auf unser Beispiel der Glasveredelung kurz zurückgekommen. Die Ausstattung des riesigen Baues der Würzburger Residenz mit Prunkspiegeln ab 1730, hinterglasdekorierten Spiegelmöbeln und schließlich mit der Einrichtung des berühmten Spiegelkabinetts 1741–1745 konnte nur aufgrund der schon um 1700 mit Hilfe französischer Spezialisten erfolgten Errichtung der Lohrer Spiegelglashütte gelingen.

In einem damaligen Entwicklungsland trieb die Regierung damit zugleich Wirtschaftsförderung, und zwar außerhalb der bisherigen Wirtschaftsformen, der Handwerksstrukturen. Die genannten Aufgaben ließen sich sowenig allein vom heimischen Handwerk erfinden und ausführen wie heutige Baugroßprojekte in Klein- oder Mittelstädten unseres Landes oder gar in der Dritten Welt. Die technischen, künstlerischen und finanziellen Aufgaben überstiegen auch damals die wirtschaftliche Potenz und das „Know-how“ der ansässigen Werkstätten.

Außer- und unterhalb der Kunstwerkstätten und Manufakturen für höfische Erzeugnisse sowie des städtischen Zunfthandwerks bildeten sich auf dem Lande ganz unterschiedliche Fertigungsmöglichkeiten für bestimmte

Produkte aus. Im Bereich der Möbelherstellung gab es – soweit wir heute sehen – mindestens 4 grob voneinander absetzbare Organisationsformen mit entsprechend verschieden gearteten Erzeugnissen:

1. Nicht-zunftgebundene Landtischlerei, aber von hohem technischen Qualitätsstandard, konnte im Umkreis größerer Städte einen eigenen Markt besonderer Artikel entwickeln und damit sogar auf die Stadt zurückwirken – wie das im Umkreis von Hamburg geschehen ist: Die hochstehende Vierländer Intarsienkunst auf altarartigen Möbelformen brachte einen aufwendigen „Volkskunst"-Stil für ein wohlhabendes Publikum hervor. Sie fand ihren Höhepunkt in prunkendem Kirchengestühl um 1800 und vermochte bis um 1860 weiterzuleben. In der Oberlausitz hingegen nutzten im pietistischen Herrnhut die dort ansässig gewordenen Mährischen Brüder die Marktchancen ihrer genossenschaftlichen Produktionsweise gegenüber dem Handwerk der umliegenden Städte, indem sie ganz gezielt in mehreren Richtungen und auf verschiedenen Gebieten aktiv wurden: Im Bereich der Schreinerei fertigten sie einerseits teure Kunsttischlerarbeiten und andererseits altarartig konstruierte und bunt bemalte „Bauernmöbel", von denen sich zwischen 1729 und 1793 datierte Stücke heute noch nachweisen lassen. In unserem Jahrhundert wieder hochgeschätzt, wurden sie zu ihrer Zeit im 18. von der exportpolitisch denkenden Gewerbeliteratur als „gemeine Stücke aus schlechtem Holze" abgewertet.

2. Am anderen Ende der Skala von Landhandwerk gab es in ärmeren Gebieten wie dem hinteren Odenwald Schreinerwerkstätten, die nicht bloß einen weiteren Umkreis mit primitiven Gebrauchsmöbeln versorgten, sondern zum Teil „auf Stör" arbeiteten (das heißt beim Besteller selbst), etwa zur Herrichtung einer Aussteuer. Der Bauer lieferte sogar das Holz, und so konnten zwei Mann in seiner Scheune mit einfachsten Mitteln und Werkzeugen Kisten und Kasten fertigen. Dazu bildeten sie in der ersten Hälfte des 19. Jahrhunderts eine naive Dekorationsmalerei mit zum Teil billigsten Natur- und Erdfarben aus.

3. Ganz anders sahen die routiniert mit stilisierten Blumenschalen verzierten kleinen, leichten Truhen aus, die in der gleichen Gegend zu finden sind, aber aus der zweiten Hälfte des 19. Jahrhunderts aus Thüringen und Oberfranken stammen. Sie wurden über die Märkte vertrieben und werden darum heute bisweilen als Flößertruhen bezeichnet. Das genau erforschte Musterbeispiel derartiger Serienproduktionen von bestimmten Möbeln und ihrem Verkauf flußabwärts über weite Gebiete hinweg ist das Tölzer Kistlerhandwerk in Oberbayern *(Abb. 3)*. Für die Möbelmalerei sind dabei die heute so bekannten Tölzer Kästen (Schränke) besonders wichtig *(Abb. 4 und 5)*, aber auf den Jahrmärkten von München bis Landshut boten die acht Tölzer Werkstätten der letzten Jahrzehnte des 18. und der 1. Hälfte des 19. Jahrhunderts neben Stühlen und Tischen viele Kleinmöbel in großer Menge an. Neben den einfachen Serienmöbeln fertigten die Tölzer jedoch auch aufwendiger bemalte Stücke mit Furnierimitationen, die dennoch ganz dem Erscheinungsbild des „Bauernbarock" verpflichtet blieben, das heißt, wir haben auch innerhalb der lokalen Tradition nicht so sehr Werkstätten und Meister zu unterscheiden, sondern – wie überall im Geschäftsleben – bewußt produzierte Preisgruppen.

4. Kunst hat zwar etwas mit Können zu tun, aber im Alltag des Lebens vornehmlich mit dem gezielten Einsatz eines stufenreichen Könnens für vorgegebene Zwecke und Finanzierungsmöglichkeiten. Das bekamen zu Beginn des 19. Jahrhunderts besonders jene Handwerker auf dem Lande zu spüren, die in Süddeutschland durch die Säkularisation die einstigen Kloster- und Kirchenaufträge verloren, aber von ihrem Können und ihrer Erfahrung her als Schreiner, Schnitzer und Faßmaler auf die Ausführung von Standeskunstentwürfen spezialisiert waren. Bei ihnen nun brachliegende Arbeitskapazitäten drängten auf neue Märkte, und so wurden sie mit jenem stilistisch zeitverzögerten Bauernbarock unter der Landbevölkerung erfolgreich, der die alten Vorbilder frei kopierend in schlichtere Materialien umsetzte und mit Farbwirkungen ausglich, was einst an Sakristeischränken edle Hölzer und Elfenbein leisten mußten. Besondere Beispiele hierfür sind die Werkstätten zwischen Isar und Inn mit ihren heute im Handel so geschätzten Schränken, die zum Teil noch um 1850 „Fassaden" wie Altäre des 18. Jahrhunderts besitzen.

Auch in Norddeutschland läßt sich noch im 19. Jahrhundert unterschiedlichstes Möbel aus einer Hand oder ein und derselben Werkstatt nachweisen. Im Oldenburgischen arbeiteten die gleichen Landtischler für alle Schichten der sozial sehr differenzierten Bevölkerung, vom adeligen Beamten bis zum abhängigen Landarbeiter, dem Heuerling im Miet- oder Pachtverhältnis. Auch hier durften die nichtorganisierten Landtischler schon im 18. Jahrhundert die großen Märkte beschicken.

Daß man in Zeiten schlechter Auftragslage auch auf dem Lande sein Zunftrecht gegen Konkurrenz zu wahren suchte, soll nochmals der schon zitierte niederbayerische Freskomaler Anton SCHEITLER belegen, von dem wir oben gehört hatten, daß er 1775 Beschwerde über die allein noch einträgliche Malerei hinter Glas führte, die er

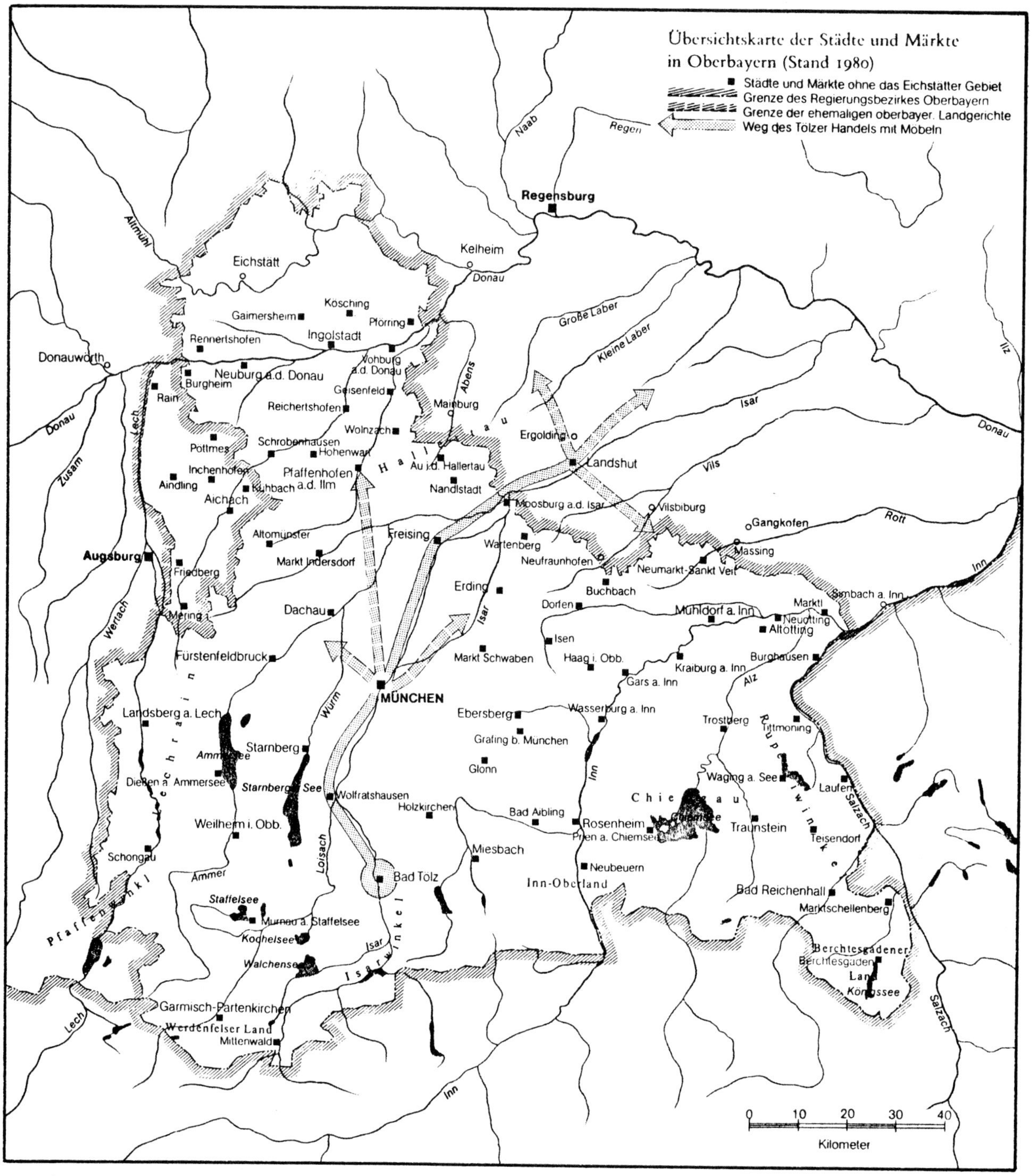

Abb. 3: Karte mit den Verkaufswegen von Tölzer Möbeln

Aus: Torsten GEBHARD: Oberbayerische Bauernmöbel. München 1982, S. 8.

nach eigenen Angaben allerdings „an unterschiedliche Klöster und Pfarrhöfe in Menge gemacht" hatte. Als um diese Zeit eine Schreinerswitwe ihre Söhne in der Gastwirtschaft in Eggenfelden „Maikrüge" und Figuren in Ölfarbe an die Wände malen ließ, verklagte SCHEITLER sie mit Erfolg.[9] Der Landschreiner als Maler ist uns ansonsten eine geläufige Erscheinung. Von ihm und nicht von „den" Bauern selbst stammen zu großen Teilen die Malereien der Votivtafeln in den süddeutschen Wallfahrtskirchen.

Maikrüge waren typische Malmotive von Schreinern für die Auszier von Türfeldern an Schränken und Frontseiten der Truhen *(Abb. 6)*. Auch hier wird wiederum der Zusammenhang mit der kirchlichen Vorbildkunst deutlich. Künstliche Sträuße in großen Metallvasen waren zum Teil Altarschmuck, oft jedoch ein zweites Mal

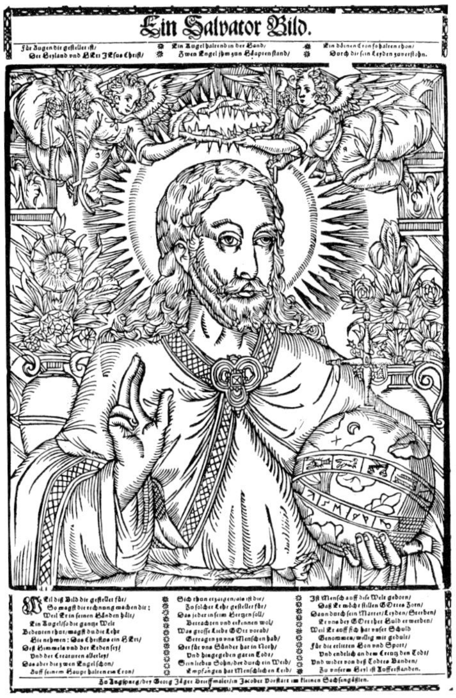

(a) Salvator, Holzschnitt von Georg Jäger, Augsburg. Um 1580. London, British Museum

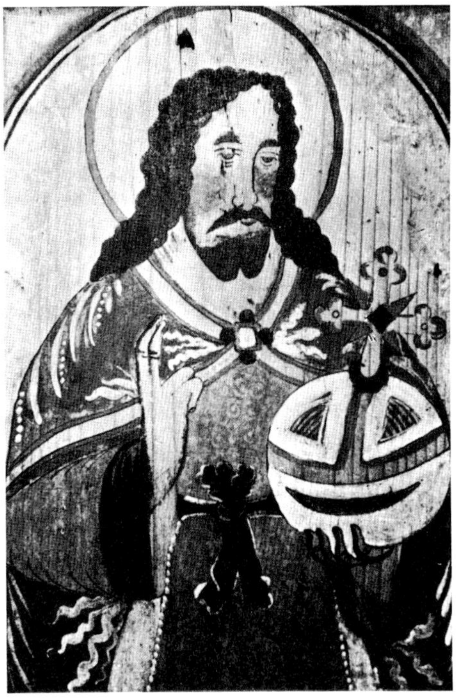

(b) Salvator auf einem Tölzer Schrank aus der Mitte des 17. Jahrhunderts. Bad Tölz, Heimatmuseum

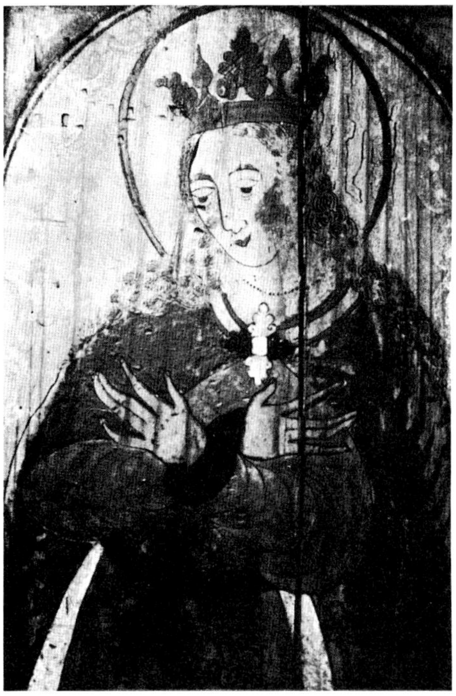

(c) Jungfrau Maria auf einem Tölzer Schrank, Mitte des 17. Jahrhunderts. Gegenstück zu (b). Bad Tölz, Heimatmuseum

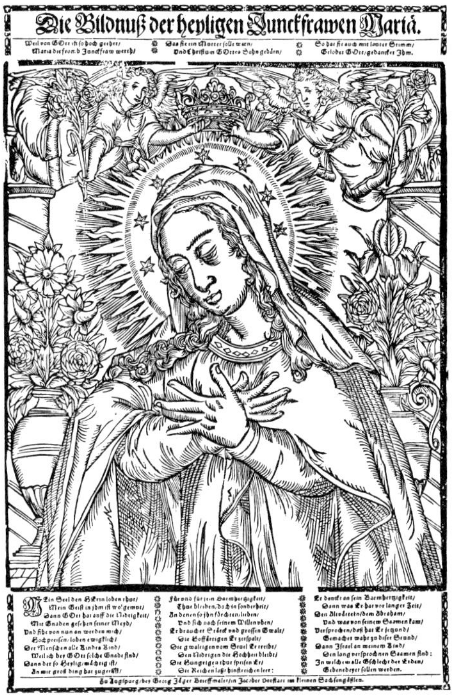

(d) Jungfrau Maria, Holzschnitt von Georg Jäger, Augsburg. Um 1580. Gegenstück zu (a). London, British Museum

Abb. 4: Motiveinflüsse in der Tölzer Schrankmalerei

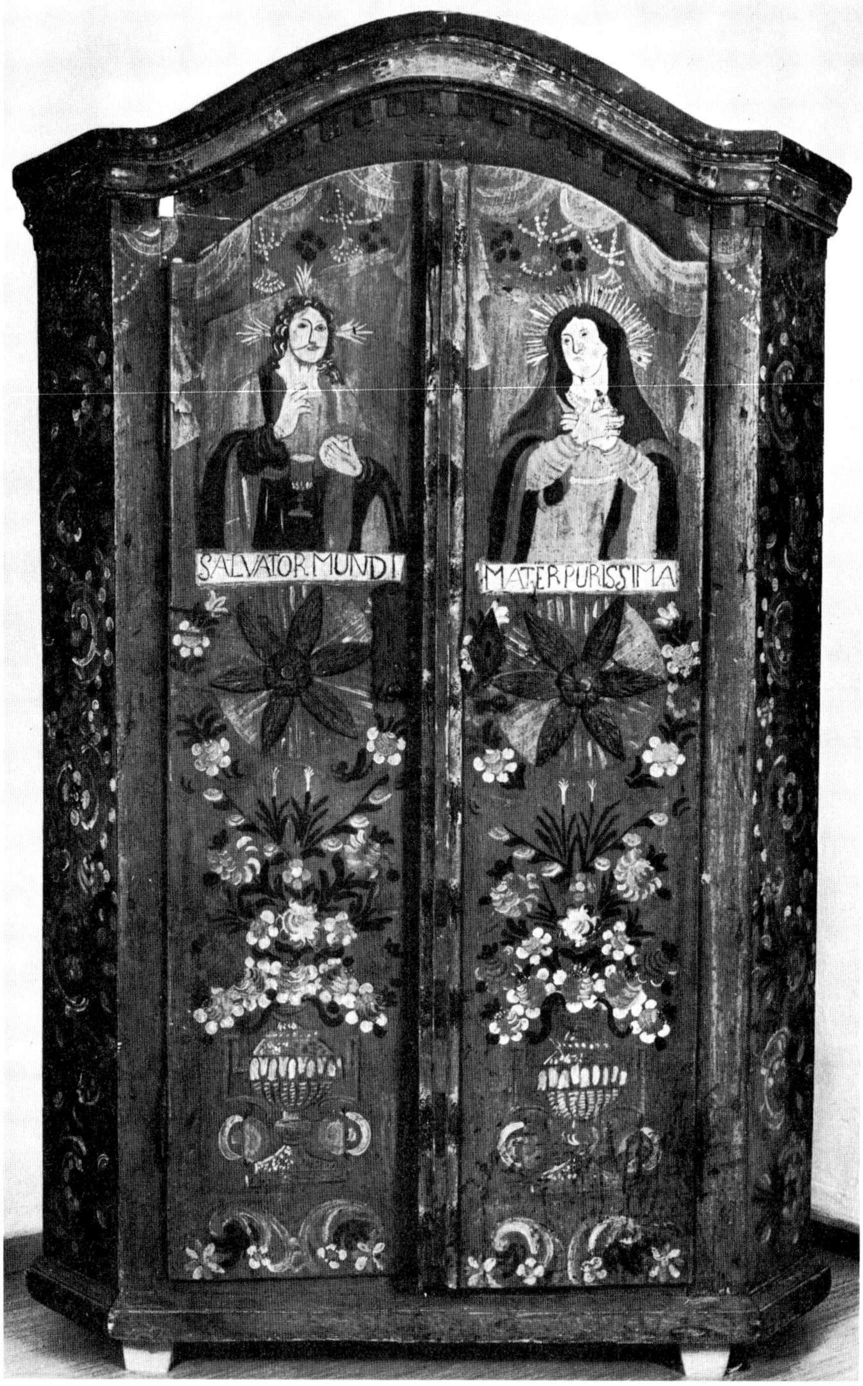

Abb. 5: Zweitüriger Tölzer Kasten aus der Werkstatt eines Figurenmalers. Gegen 1840

stilisiert durch Umsetzungen in Reliefschnitzereien. An den sich wandelnden Kunstgebilden der „Straußenmacher“ – von klösterlichen Nonnenarbeiten bis zu Nebenerwerbserzeugnissen für das ländliche Begräbniswesen durch Schullehrer, Seifensieder oder Buchbinder – läßt sich zeigen, wie das allgemeine Geschmacksempfinden gerade auf derartige Requisiten von Kult und Brauch durchschlagen konnte. Die Übernahme in die Möbelmalerei erfolgte im Zuge der Vorliebe flächenfüllender Blumenornamentik in allen Bereichen der „typischen“ Volkskunst des „eigentlichen“ Volkskunststiles im Jahrhundert seiner Hauptepoche. Am gemalten Maikrug könnte man noch eingehender die Gestaltungselemente solcher Volkskunst darlegen: schematisierende Anordnung in kleinflächigen Gliederungen, unrealistische Motivformulierung durch Unräumlichkeit und Stilisierungen mit Hilfe von Vereinfachungen bis zur zeichenhaften Formel und zur generellen Ornamentalisierung.

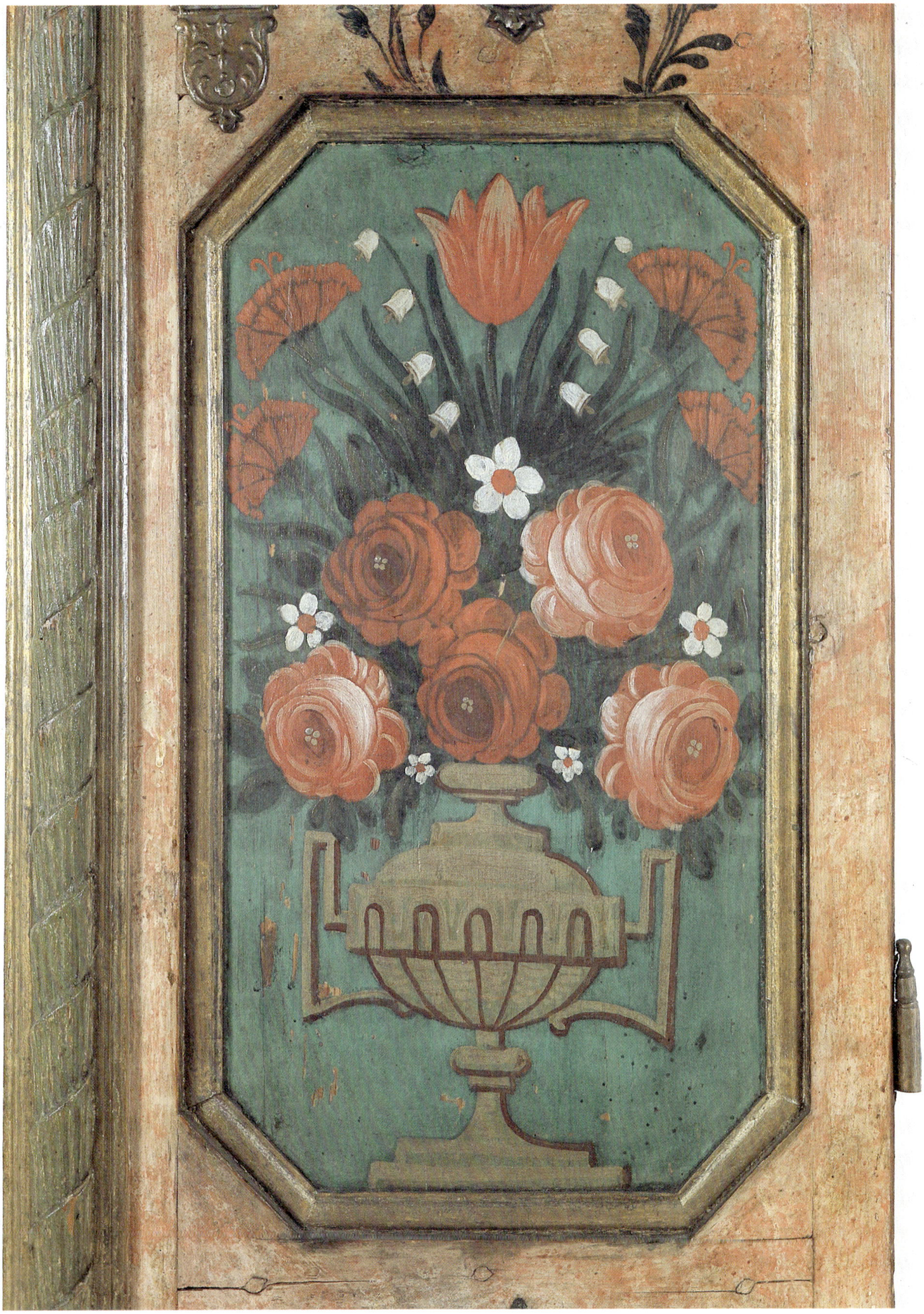

Abb. 6: Schrankfüllung mit „Maikrug“ (stilisierte Vase mit Blumenstrauß). Von zweitürigem Schrank aus dem Leitzachtal/Oberbayern. 1813. München, Bayerisches Nationalmuseum

Volkstümliche Schnitzerei

Wenn man Urlaubsreisende mit Folklore-Shop- und Christkindlmarkt-Erfahrungen befragte, was sie mit den Stichwörtern „Volkskunst“ und „Schnitzerei“ verbinden, dann würden möglicherweise drei ganz verschiedene Bereiche genannt werden: erzgebirgische Spielwaren und Weihnachtsnippes, Oberammergauer Kruzifixe und Krippenfiguren, polnische Kleinplastiken in Serien und Gruppen. Auch oder gerade der im Sehen Ungeschulte und von speziellem Vorwissen Unbelastete wird sich kaum Rechenschaft darüber geben, warum er diese so verschiedenen Objekte dem Begriff „Volkskunst“ zugeordnet hat. Es ist die genannte Reiseerfahrung – ob nun tatsächlich selbst erlebt oder über die Medien vermittelt. Die im Bewußtsein gegenwärtigen Dinge gehören zu den festen Versatzstücken und gestanzten Erkennungszeichen der Waren- und Touristikwerbung für Jahreszeitenkampagnen und Fernwehkauf. Sie entsprechen den heutigen Allerweltsgattungen „Osterhase“ und „Weihnachtsmann“ und sind zu Markensignets für bestimmte Länder und Landschaften gewordene Volkskunstartikel.

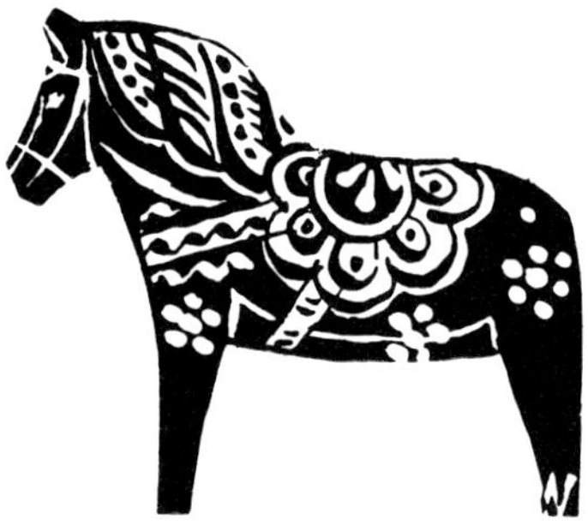

Abb. 7: Dalarna-Pferdchen

Das rote Holzpferd mit dem bunten Blumenornament auf dem Rücken wirbt heute in aller Welt für Schweden und ist im Lande selbst zu einer Art nationalem Symbol geworden *(Abb. 7)*. Es wird in Kaufhäusern in allen Größen, vom winzigen Spielzeug bis zum zentnerschweren, ein Meter hohen Schaufensterstück, angeboten. Das „Urpferdchen“ dazu aus der schwedischen Provinz Dalarna steht im Nordischen Museum, Stockholm zwischen einer Sammlung unscheinbaren primitiven Holzspielzeugs, weder farblich noch der ornamentalen Verzierung nach dem jetzigen „Dalarnahäst“ wirklich vergleichbar. An diesem Beispiel begreift man leicht, was die Volkskundeforschung heute mit „Folklorisierung“ meint. Sie hängt eng zusammen mit dem kulturellen Erfahrungsmuster „Binnen-Exotik“. Dieser Fachbegriff möchte andeuten, daß heute sogenannt Bäuerliches der älteren Volkskultur nur in den überbelichteten Partien besonders auffallender Andersartigkeit wahrgenommen wird und deshalb vergleichbar den Exotismen anderer Kontinente entsprechend „konsumiert“ werden kann – als eines der vielen Unterhaltungsangebote der modernen Kulturindustrie.

Darum erhalten auch bestimmte Souvenir-Erzeugnisse den Charakter von eingetragenen Markenzeichen mancher Gegenden. Diese Erscheinung besitzt Tradition und hat etwas mit dem „Verkauf“ der Landesart und mit der anhaltend verkaufswirksamen „Verpackung“ nach Landesart zu tun. Von den „folkloristischen“ Verkaufsgewohnheiten der wandernden Tiroler schon im 18. Jahrhundert war oben mehrfach die Rede. Wir werden auf das Hausgewerbe für Holzprodukte in den Alpenländern noch näher eingehen. Auf den Weltausstellungen der 2. Hälfte des 19. Jahrhunderts vermochten sich in Europa nur die drei führenden Industrienationen England, Frankreich und Deutschland ins rechte Licht des technischen Fortschritts zu setzen. Damalige „Entwicklungsländer“ wie Schweden und Österreich-Ungarn stellten sich – wie heutigentags etwa Thailand 1958 in Brüssel mit einer kleinen Pagode – durch „Ethnographische Dörfer“ dar, in denen ländliche Hausgewerbeerzeugnisse vorgeführt wurden, und dies waren zugleich die direkten Anstöße zur Errichtung von Freilichtmuseen vom Ende des vorigen Jahrhunderts an. Aber schon im 18. Jahrhundert spielte Landesart oder ländliche Besonderheit eine verkaufsfördernde Rolle und konnte darum auch umgekehrt ihre Erhaltung, wenn nicht gar ihre bewußte Ausprägung stark beeinflussen. Ein gutes Beispiel ist die besondere Entwicklung der ländlichen Frauentracht vor Hamburg, die nicht von ungefähr auch heute noch der Margarinewerbung dient. „Exotische“ Volkskulturelemente mit tendenziell folkloristischer Funktion vermochten also in Stadtnähe besonders gut zu gedeihen.

In Stadtferne hingegen liegen die Zentren der Hausindustrie. Sie waren an das Vorhandensein von Rohstoffen gebunden, setzten billige Arbeitskräfte voraus und bildeten entweder deren einzige Erwerbsquelle oder zumindest eine notwendig zusätzliche, vielleicht auch nur saisonale. So konnten in Nordwestdeutschland aus Heuerlingen dann Weber werden und im Erzgebirge aus Bergknappen vor allem Schnitzer. Bei der Holzschnitzerei haben wir es in der Regel mit abgelegenen, waldreichen Gebirgsgegenden zu tun, doch können die Erzeugnisse so grundverschieden aussehen wie das heutige Angebot aus dem Erzgebirge oder das aus Oberammergau, und dies nicht nur, weil wir heute zwei grundverschiedene Artikel vor uns sehen: einerseits Leuchter *(Abb. 8)* und andererseits Kruzifixe *(Abb. 9)*. Die Gestaltung der Kruzifixe ist seit dem vorigen Jahrhundert von der staatlich geförderten Schnitzschule bestimmt, die „zeitgemäße“ Kunstgewerbeprodukte anregen möchte, während die inzwischen ebenfalls geschmacksgenormten Folklore-Formen der Erzeugnisse aus dem Erzgebirge etwas stilisiert haben, was im Herstellungsvorgang der rationalisierten Massenproduktion mit Hilfe von Drehbankrohlingen schon lange angelegt war.

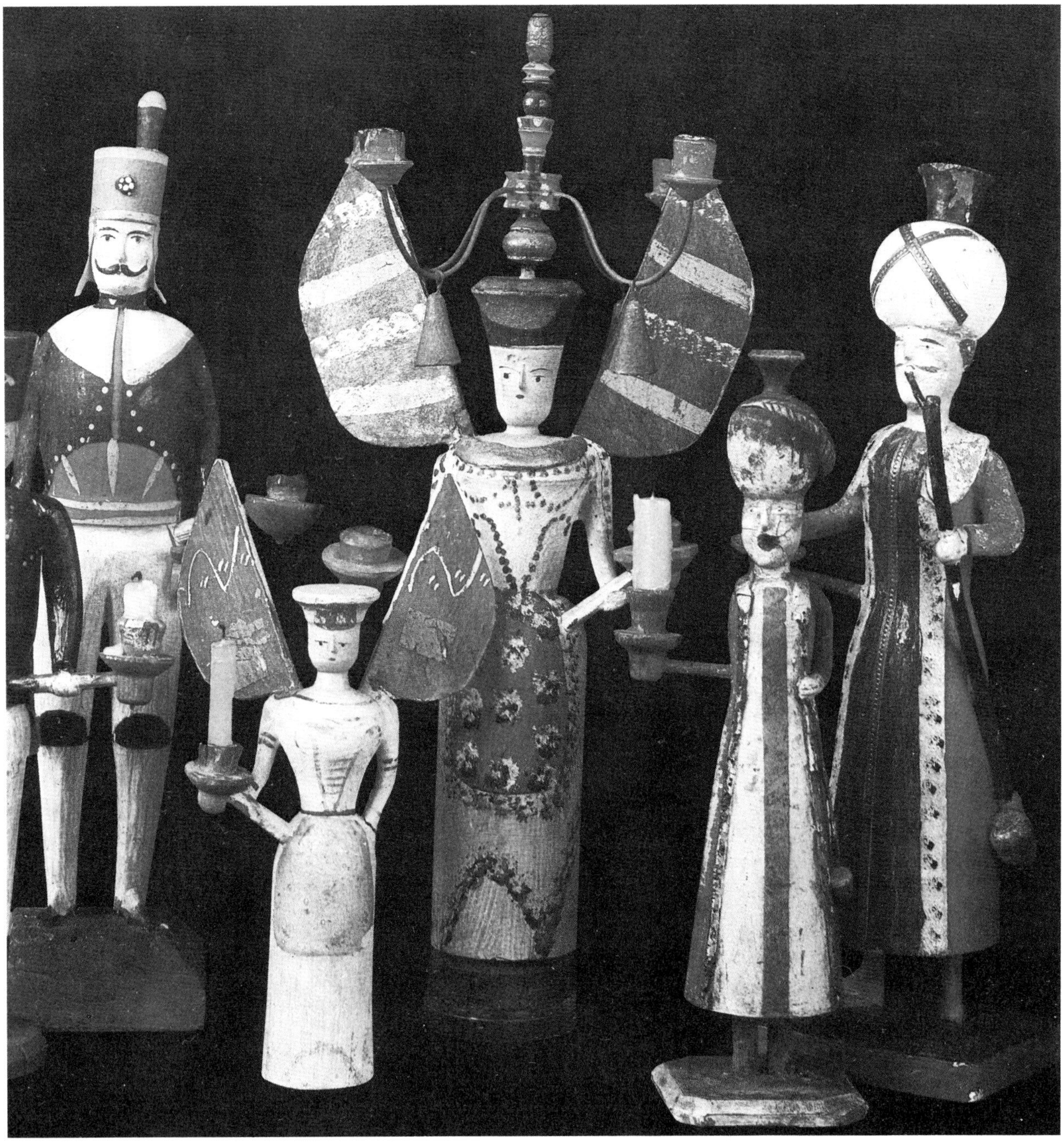

Abb. 8: Erzgebirgische Weihnachtsleuchter

Und wie steht es mit der „urigen" Polenschnitzerei? Sie ist bei uns im letzten Jahrzehnt durch große Ausstellungen und die Aufmerksamkeit der Medien bekannt geworden. Museen sammeln sie zu Recht für internationale Abteilungen zur Naiven-Kunst; denn sie sind weniger Zeugnisse von Volkskultur der Vergangenheit oder der Gegenwart als vielmehr Belegstücke für Aspekte des allgemeinen Zeitgeistes in unserem Jahrhundert. Sie werden zumeist von Außenseitern der untersten Sozialschicht auf Anregung einer staatlichen Verkaufsorganisation hergestellt und allein von einem bestimmten Intellektuellen-Publikum besonders geschätzt, kaum aber vom Volk, nämlich der polnischen Bevölkerung. Dennoch sind diese Stücke in vieler Hinsicht aufschlußreiche Studienobjekte. Für unseren Zusammenhang muß jedoch festgehalten werden, daß ihr Entstehungsprozeß – übrigens völlig vergleichbar der jugoslawischen Hinterglasmalerei unserer Tage – in der alten europäischen Volkskultur in keiner Weise auch nur denkbar war. Diese Produkte sind typische Erscheinungen moderner Kulturindustrie, auch wenn sie tatsächlich von einfachen Menschen stammen.

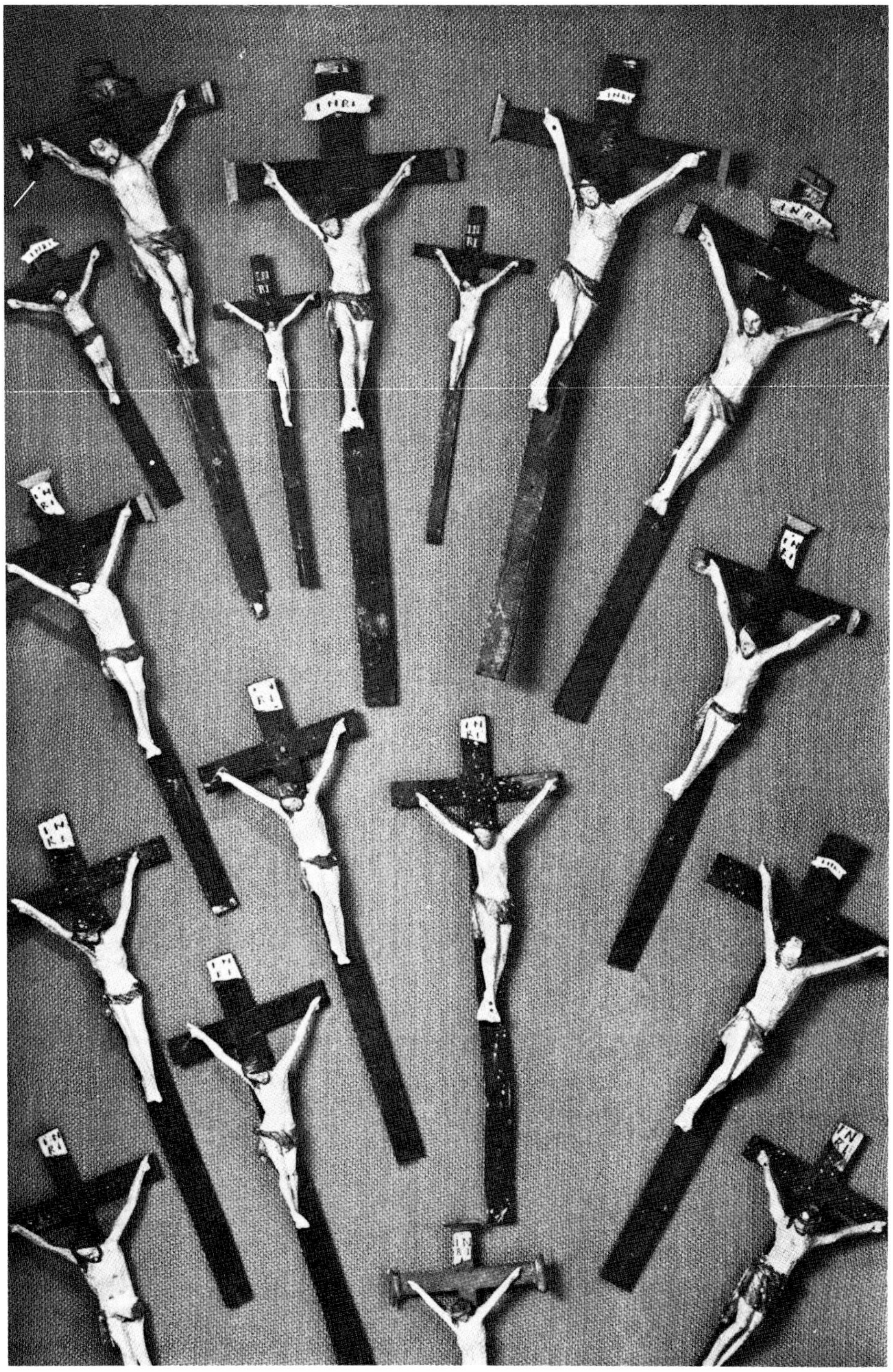

Abb. 9: Oberammergauer Wandkreuze, bis zu 1 Meter Länge

Diese keineswegs kulturkritisch wertende, sondern kulturanalytische Einschätzung gesteuerter Kreativitätsweckung besagt nicht, es gebe heute nicht den einzelnen volkstümlichen Schnitzer auf dem Lande oder habe ihn nicht früher schon gegeben. Aber diese sind und waren in der Regel keine Vereinzelten, sondern stehen und standen in Traditionszusammenhängen meist religiöser Gebrauchskunst, was übrigens bei den Polen gegen alle behördlichen Vorlieben zumindest bei der Motivwahl unverkennbar durchschlägt *(Abb. 10)*. Es gibt eben kein voraussetzungslos existierendes Schaffen etwa für ein privat bleibendes, individualkünstlerisches Lebenswerk.

Reinhard HALLER konnte vor kurzem die Ergebnisse seiner flächendeckenden Erkundungen und historischen Studien im Bayerischen Wald unter dem bezeichnenden Titel *„Herrgotten und Heilige"* veröffentlichen. Damit ist nicht nur eine in der

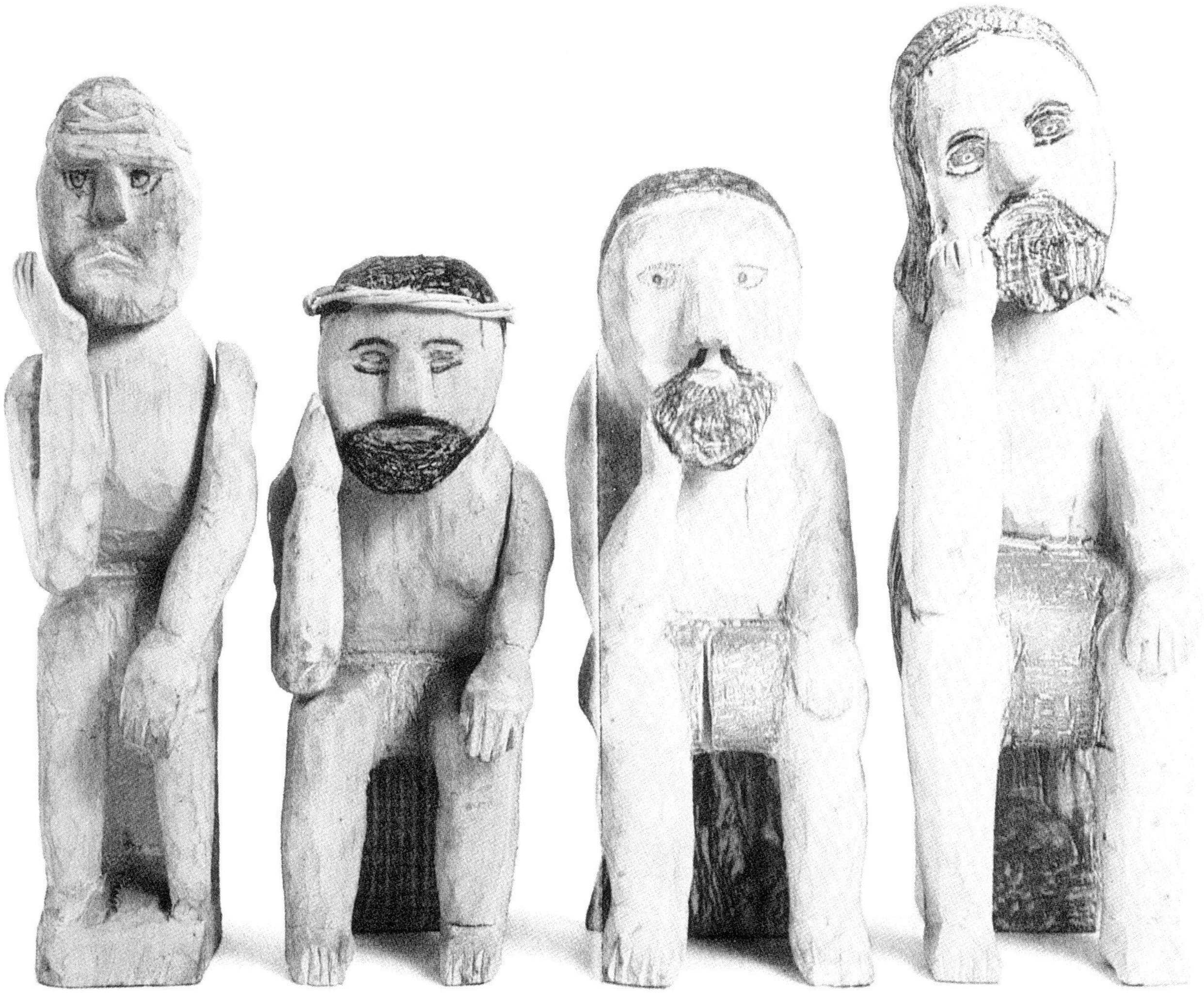

Abb. 10: „Christus im Elend". Polnische Naiven-Schnitzerei unserer Jahrzehnte

Literatur bislang unbekannte Schnitzerlandschaft aufgearbeitet, sondern erstmals versucht worden, die Schnitzer selbst benennbar zu machen. Der Autor vermag rund 550 Namen, mit Lebensdaten, vornehmlich für das 19. und 20. Jahrhundert aufzuführen, woraus sich die Zahl der anonymen erahnen läßt, und er unterscheidet dabei zwischen Hausfleißschnitzern, Nebenerwerbsschnitzern, Vollerwerbsschnitzern, die wiederum unterteilt werden in ungelernte und ausgebildete sowie handwerkliche Schnitzer der Gegenwart und sogenannte Industrieschnitzer der neuesten Andenkenwelle.

Ebenso vermag er das keineswegs einsträngige Vertriebssystem zu durchleuchten und belegt sowohl den Werkstattverkauf, Markthandel und das Hausiererwesen wie den Direktexport größerer Warensendungen und auch die Niederlassungen der späteren Schnitzschulen von Gewerbevereinen in der zweiten Hälfte des vorigen Jahrhunderts. Dies wird zugleich im Zusammenhang der Konkurrenz aus anderen Landschaften und der späteren Devotionalienindustrie in Gußeisen und Porzellan gesehen. Vor diesem Hintergrund kann dann bei einer allen gemeinsamen religiösen Bilderwelt einheitlicher Gebrauchstypen vergleichend unterschieden werden zwischen vielen Stufen der naiven oder routinierten Gestaltung im Stilisierungsprozeß von Volkskunst.[10]

Aufs ganze gesehen unterscheidet sich dieses Erscheinungsbild doch ziemlich von dem der Ausstellungskataloge und Bildbände mit den üblichen Werbebeiworten „schöne alte Bauern-...", wo dann vielleicht nur die guterhaltenen und geschickt gefaßten figürlichen Kleinplastiken profaner Motivik aus den herausragenden Werkstätten der Hausindustriezentren Berchtesgaden, Oberammergau, Grödnertal oder aus der Rhön und dem Thüringer Wald vorgeführt werden. Diese Sammlerstücke besitzen von ihren Vorlagen her und ihrem einstigen Verkaufsziel sehr viel stärker zeitgebundene Merkmale. Die Schnitzereien der Waldler wirken hingegen zeitloser, weil zugleich unspezifisch von der formalen Gestaltung her, und sie sind darum den einfachen Schnitzereien in anderen europäischen Regionen unmittelbar zu vergleichen. Darin gibt es keine landschaftlichen Ausprägungen etwa in dem Sinne, wie man früher gemeint hat, daß selbst in Deutschland sogenannt stammesgebundene

Eigenarten sichtbar werden könnten. Dies sind letztlich biologische und nicht historische Denkkategorien. Nicht angeborene Sinnesarten oder vererbte Kunstfertigkeiten führen zu Regionalstilen, sondern die soziokulturellen Entwicklungsbedingungen des jeweiligen und je anderen geschichtlichen Wandels.

Imagerie und Luxuspapier

„Imagerie" heißt auf deutsch Bilderdruckerei, benennt also die Offizin, die Druckerwerkstatt als Reproduktionsanstalt. In Frankreich ist der Begriff zugleich Fachbezeichnung für die dort hergestellte populäre Druckgraphik geworden und hat sich international als übergreifende Kennzeichnung eines durch die Jahrhunderte nicht einheitlichen Gebrauchsartikels durchgesetzt. „Imagerie populaire" bezieht sich dabei in einem engeren Sinne vornehmlich auf die volkstümlichen Massenbilddrucke der Neuzeit für den Hausgebrauch der kleinen Leute in Stadt und Land. Im 19. Jahrhundert konzentrierte sich die Massenproduktion auf Ostfrankreich. Das deutschsprachige Mitteleuropa wurde um diese Zeit besonders von dem zweisprachig produzierenden Weißenburg im Elsaß beliefert und besaß eigene Zentren in Nürnberg und Neuruppin *(Abb. 11)*, während die große Zeit des Augsburger Kunsthandwerks und damit auch des Kupferstichs seit den napoleonischen Kriegen und der Kontinentalsperre vorbei war.

Der uns in Deutschland heute geläufige Begriff „Bilderbogen" entstammt erst dem frühen 19. Jahrhundert und meint die einseitig bedruckten fliegenden Blätter für Kinder, ein mit dem bürgerlichen Zeitalter neu entdecktes Käuferpublikum. Für den ländlichen Haushalt beider Konfessionen herrschten jedoch weiterhin die religiösen Blätter vor. „Heiligendrucke" hieß darum die gesamte Gattung der volkstümlichen Graphik in vielen europäischen Sprachen. Die evangelischen Skandinavier nannten sie zwar „Kistebilder", vom Aufbewahrungsort in den Truhendeckeln her, aber die Inhalte waren ebenfalls in der Mehrzahl religiös, jedenfalls moralisierend, sittlich belehrend.

Über die Druckgraphik ist seit dem Spätmittelalter jegliche Bildvermittlung aus der Oberschicht in breitere Kreise der Bevölkerung verlaufen. Fast nichts an populären Motiven läßt sich ohne direkte oder indirekte graphische Vorlagen denken. Mit den kommunikationstheoretischen Fragen der auf diesem Wege erfolgten Vermittlung von Welt-Anschauung befaßt sich die volkskundliche Forschung zumeist außerhalb des Problems „Volkskunst"; denn hier handelt es sich um Kunst für das Volk, wenngleich es darunter zu allen Zeiten primitive Billigangebote gegeben hat, bei denen auch die formale Gestalt den gleichen Vereinfachungen folgte wie im Bereich der übrigen Dekorationskünste. Dies wurde unterstützt durch teilweise Beibehaltung des Holzschnitts bis an die Schwelle des 18. Jahrhunderts heran mit teilweiser Umkopierung von Holzstöcken des 16. Jahrhunderts, und dies auch optisch verstärkt durch grelle und undifferenzierte Kolorierung mit Hilfe von groben Schablonen. Während im Augsburg des 17. Jahrhunderts unkolorierte Kupferstiche für das stadtbürgerliche Publikum gängig waren, stellten zumindest die katholischen „Briefmaler", also Bilddrucker, sogenannte Bauernbriefe im bunten Holzschnitt her.

Trotz des völligen Abreißens der handwerklichen Holzschnitttradition haben noch zu Beginn des 19. Jahrhunderts die genannten neuen Bilderbogenverleger im französischen Epinal oder im brandenburgischen Neuruppin bis zur Einführung der Lithographie um 1830/40 Holzschnitte anfertigen lassen – was zu einem unverkennbar naiven Volkskunststil führen mußte.

In den zwanziger Jahren unseres Jahrhunderts hat man versucht, den Vereinfachungsprozeß von Umsetzungen Augsburger Kupferstiche des 18. Jahrhunderts in russische Holzschnittbilderbogen *(Lubki)* des 19. Jahrhunderts als einen Weg von bürgerlicher Standeskunst zu wahrer Volkskunst von eigener Qualität zu beschreiben. Dies wendete sich gegen die These vom „gesunkenen Kulturgut", daß nämlich – wie zu allen Zeiten beobachtbar und schon um 1900 an antiken Münzprägungen, mittelalterlichen Minnekästchen und elsässischen Brettstuhllehnen nachgewiesen – entstellende Verformungsprozesse auf dem Wege der Motivübernahme durch weniger Geschulte in der Massenproduktion geschehen. Man kann sich das leicht am Beispiel der Darstellung von Mariazell im Hinterglasbild und ihrer graphischen Vorlagen mit entsprechenden Bilderreihen verdeutlichen *(Abb. 12)*. Allerdings muß man sich klarmachen, daß man nicht davon sprechen kann, wie einst geschehen, hier komme künstlerisches Volksschaffen zu sich selbst, es eigne sich Fremdes in neuen Formen an, und mithin handele es sich um einen schöpferischen Vorgang.

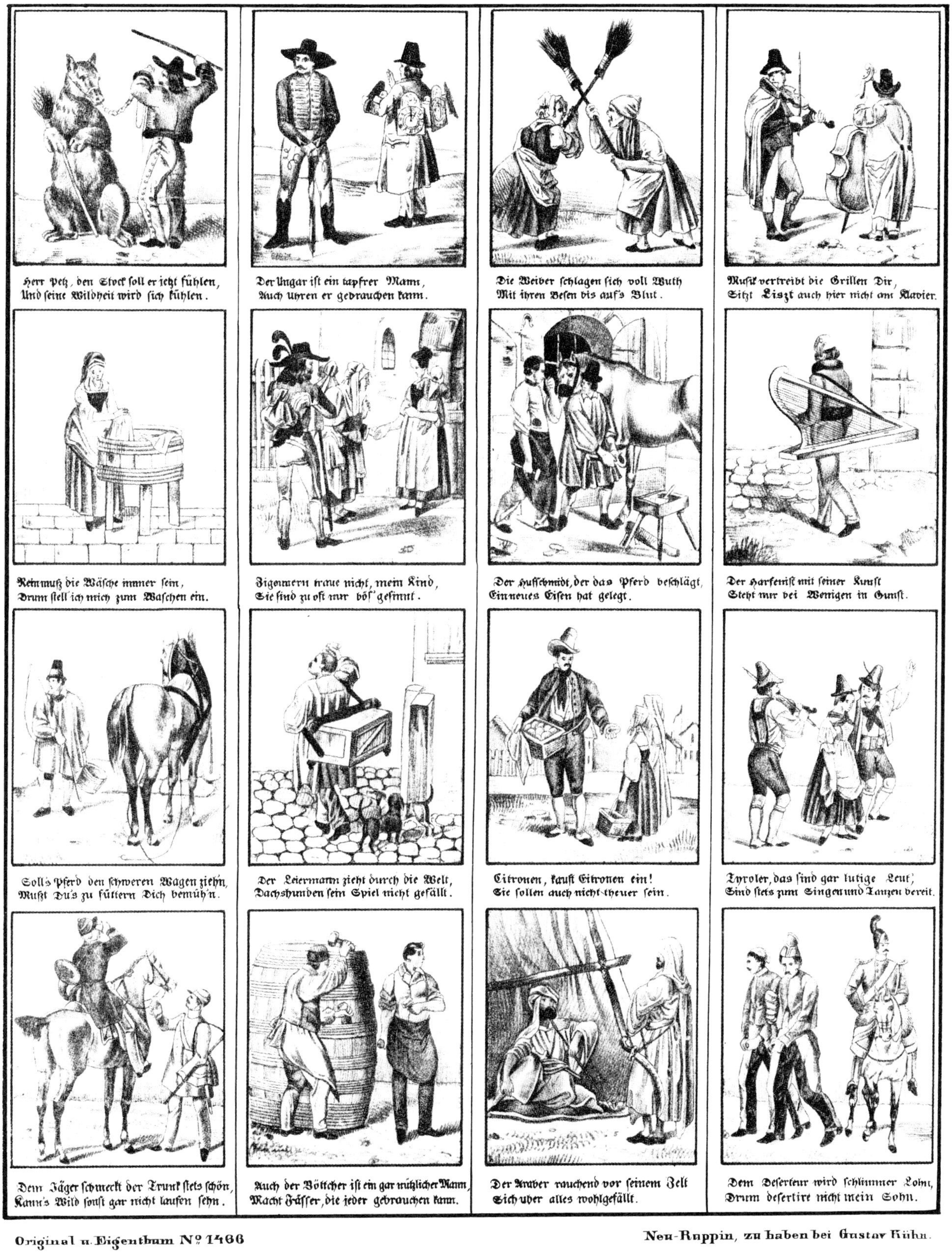

Abb. 11: Lithographischer Bilderbogen Nr. 1466 von der Firma Gustav Kühn aus Neu-Ruppin in Brandenburg. Um 1840/45

Schon aus dem 19. Jahrhundert stammt die Erkenntnis der Volksliedforschung (wo der Begriff des „Zersingens" oberschichtlicher Individualdichtung zu Gemeinschaftsgut geprägt worden ist), das Volk produziere nicht, sondern re-produziere. Man stellte allerdings auch hier dieser Rezeptionsthese die Produktionstheorie gegenüber. Sie besagt, aufs Volkslied bezogen, statt negativ zu bewertendem Zersingen müsse man positiv zu

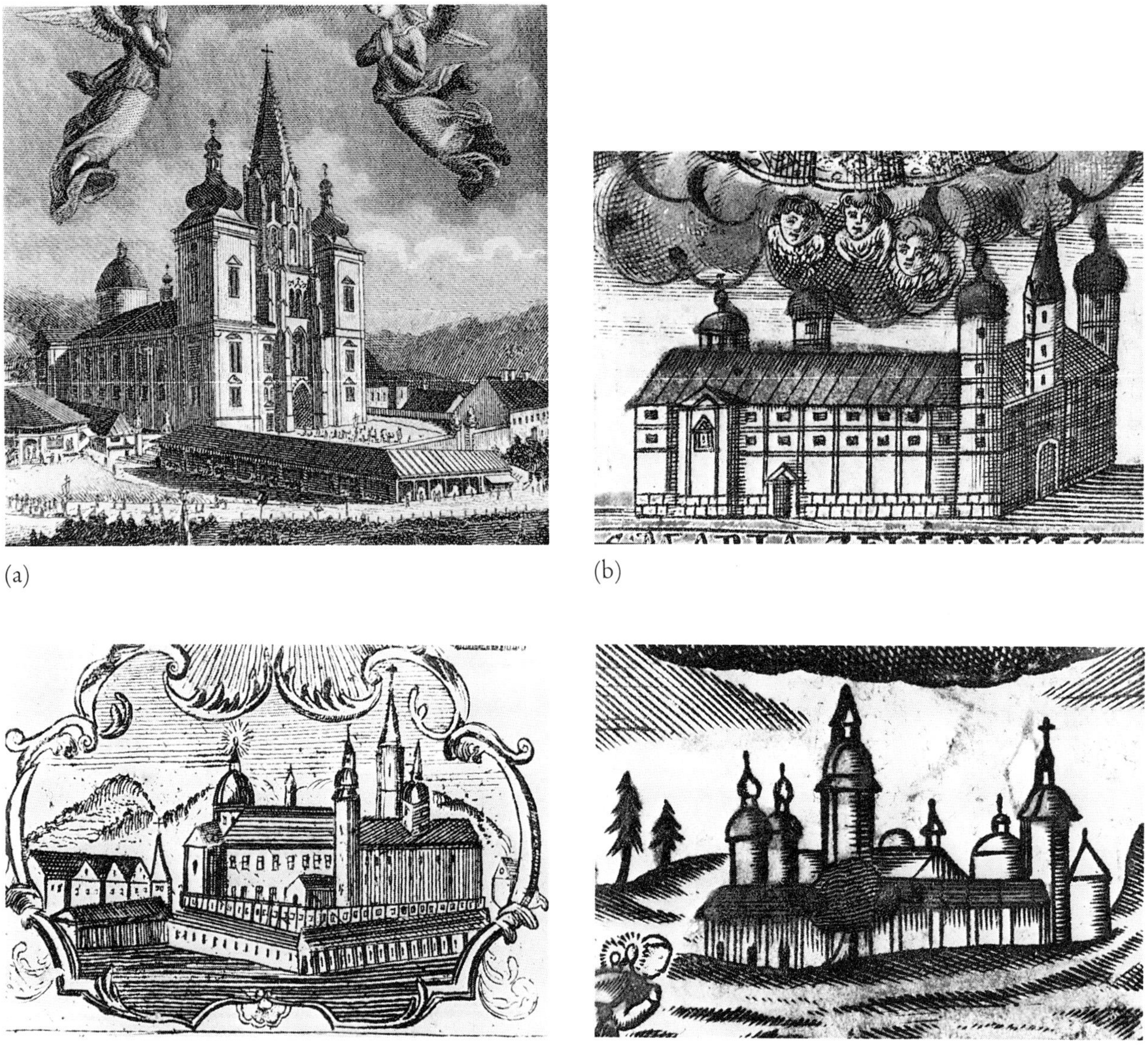

(a) (b) (c) (d)

Abb. 12: Vier Ausschnitte aus Andachtszetteln von Mariazell mit sich verändernder Wiedergabe der charakteristischen Kirchensilhouette. (a) zeigt das Motiv auf einem Kupferstich, (b–d) zeigen die Veränderungen, welche die Vorlage erfuhr. Die als Umrißzeichnung gestaltete Malunterlage, der Riß, war nicht die eigentliche Vorlage. Sie stellte vielmehr die Vereinfachung einer Druckgraphik dar – in unserem Falle eines städtischen Kupferstichs (a). Man kann die Veränderungen des gezeigten Mariazeller Gnadenbildes über der charakteristischen Wallfahrtskirche genauer verfolgen: Es handelt sich teils um vereinfachte Wiedergaben, schließlich um regelrechte Verballhornungen oder – wenn man mit den Expressionisten empfinden will – um Abstraktionen bis hin zur formelhaften Zeichengestalt

betrachtendes Um- und Zurechtsingen als einen aktiven Aufnahmeprozeß verstehen. Übertragen auf die Umsetzungen im Bereich der populären Druckgraphik, ist darum gefolgert worden, der „schalen Rezeptivität" (also meist mißverstandener Wiedergaben) in der Lehre vom gesunkenen Kulturgut müsse die „planvolle Produktivität" gegenübergestellt werden, wobei zu unterscheiden sei zwischen handwerklicher Drittklassigkeit von reproduzierten Hochkunstvorlagen und dem völligen Anderssein wirklicher Volkskunstaneignungen. Es gebe einen „substantiellen Gegensatz von Standeskunst und Massenkunst".[11]

In diese Formulierung des Jahres 1926 ist der damals in der Kulturkritik aktuelle Reizbegriff „Massenkunst" bewußt eingebracht worden, und zwar als positive Klassenbezeichnung im Sinne des Sozialismus. Er ersetzt zwar den romantischen Volksbegriff, übernimmt von ihm aber zugleich das Kreativitätsdogma. Es läßt sich gleichermaßen nicht übersehen, wie stark hinter den Belegreihen der Produktivitätstheorie in den zwanziger Jahren die neue Sehweise der expressionistischen Gegenwartskunst steht, für die der primitive Holzschnitt zur Offenbarung geworden war. Wir müssen uns heute wieder einen nüchterneren Blick angewöhnen, um der jeweils geschichtlichen Wirklichkeit gerecht werden zu können. Es kann kein Zweifel daran bestehen, daß die sozial bedingten technischen Herstellungsprozesse die formale Erscheinung der verschiedenen Kunstgebilde vorrangig geprägt haben. Aber dies bleibt nur die eine, gern verabsolutierte Seite des Gesamtvorganges von Bilderkonsum und Bildkommunikation. Verbraucher und Gebrauch der Dinge sind davon nicht loszulösen – weshalb wir uns genauso stark für den im weitesten Sinne funktionalen Lebenszusammenhang zu interessieren haben. Deshalb geht es auch nicht an – wie früher geschehen –, Volkskultur mit dem Einsetzen der industriellen Massenproduktion enden zu lassen und die im Volke weiterhin genauso selbstverständlich benutzten Realien als Fabrikware in Museum und Forschung auszuklammern. Auf diesem Gebiet ist auf volkskundlicher Seite in den letzten zwanzig Jahren mit zunehmender Intensität gearbeitet worden. Forschungsprogramme, Ausstellungen und Arbeitskreise der Fachleute haben das Feld gesichtet; eine rege Sammeltätigkeit ist in Gang gekommen und hat zumindest schon die Magazine der kulturgeschichtlichen Museen erreicht. Seit neuestem wird der gesamte große Bereich des maschinenproduzierten Angebots an Gebrauchsgraphik von 1860–1930 nach dem zeitgenössischen Branchenstichwort „Luxuspapiere“ benannt. Die „Papier-/Pappwarenindustrie“ bezeichnete damit sowohl die neuen veredelten Papiersorten als auch die Erzeugnisse für den gehobenen Alltagsgebrauch. Voraussetzungen waren die lithographische Farbpresse, das maschinelle Prägen von Figur und Ornament, das Ausschlagen von Stanzspitzen *(Abb. 13)* und die verschiedenen Applikationstechniken.

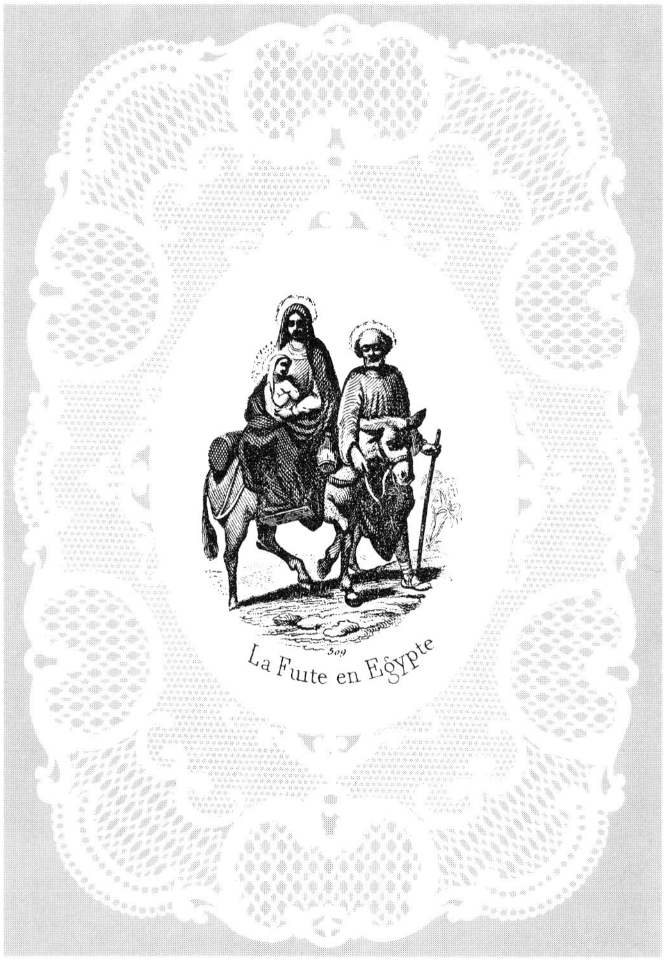

Abb. 13: Flucht nach Ägypten. Stahlstich mit Stanzspitze. 19. Jahrhundert

Voraussetzung war aber auch die bürgerliche Feierwelt und ihr Erinnerungswesen in Andenken, Gratulationspapieren und Glückwunschkarten. Das meiste davon schlug bis aufs Land und so in alle Kreise der Bevölkerung durch, zumal hohen Produktionszahlen große Verkaufsziffern entsprechen müssen: neue Formen der Haussegen, des Wandschmucks und der Andachtsbilder zumal als Personalpapiere wie Kommunions- und Konfirmationszeugnisse, Missionsandenken und Sterbebildchen; besonders beliebt die Kindertotenbilder im Prägedruck der Jahrhundertmitte, als die hohe Kindersterblichkeit noch nicht durch die Zwangsimpfungen drastisch eingedämmt war. Solches Totengedenken fand nach 1860 in der Photographie direkte Fortsetzung auch als Zimmerschmuck. Persönliche Erinnerungsmale an Verstorbene wurden auf dem Lande erst im 19. Jahrhundert geläufig. Auch die Totenbretter Ostbayerns gehören hierher und nicht in Urzeitzusammenhänge.

Wandschmuck

Schon der Begriff weist auf moderne Gewohnheiten. Einzelbilder haben früher im Alltag der kleinen Leute keine Schmuckfunktionen besessen. Sie sind deswegen auch nicht Repräsentationsstücke, sondern religiöse Gebrauchsgegenstände gewesen. Von den erst im 19. Jahrhundert hinzukommenden Stubenbildern mit Andenken- und Erinnerungsfunktion war soeben die Rede. Noch jünger ist das in erster Linie die leere Wand schmückende und darum optisch aufwendig gerahmte Bild. Es stammt vom Glaser oder Möbelhändler und stellt somit ein

Ausstattungsstück des Mobiliars dar. „Sofabild" hieß ein gebräuchlicher Ausdruck der Käufer, „Schlafzimmerbild" war ein Fachausdruck der Bilderfabriken. Diese nannten sich in der 2. Hälfte des vorigen Jahrhunderts „Lithographische Kunstanstalten".

Sie sind aus Verlagsdruckereien hervorgegangen, die zunächst wie Bilderbogen-Imagerien produzierten, sich aber auf den Halbbogenartikel „Bilder zum Rahmen" spezialisierten. So nannte die Weißenburger Firma Wentzel ihre Heiligendarstellungen im Gegensatz zu den kleinfeldrigen Kinderbögen oder den reißerischen Bildzeitungseinblättern. Diese fliegenden Seiten auf immer dünner werdendem Maschinenpapier eigneten sich allenfalls noch weiterhin zum Einkleben in Möbel, nicht aber zum Rahmen und Aufhängen an Wänden, wofür nur steifere Bögen in Frage kamen. Damit erst war dem Hinterglasbild Konkurrenz zu machen. Technische Voraussetzungen bildeten die Lithographie, der Prägedruck und weiterentwickelte Kolorieranstalten mit Hunderten von billigen Arbeitskräften, meist Frauen und Jugendlichen, bis schließlich die lithographische Schnellpresse für den Mehrfarbendruck ab 1869 auch diese Arbeitsgänge übernahm.

Hinzu trat eine neue thematische Vorbilderwelt aus der englischen und französischen Genregraphik der bürgerlichen Raumausstattung. Somit überkreuzten sich hier zwei Entwicklungslinien süddeutsch-katholisch-ländlicher Traditionen und norddeutsch-evangelisch-städtischen Fortschritts. Dieselben Fabriken lieferten in der einen Richtung noch um die Jahrhundertwende über die bewährten Handelswege der alpinen Hausierer die Bilder für den Herrgottswinkel und stellten gleichzeitig in nicht geringerer Zahl rührselige Motive und Bilderfolgen gesunkenen Kunstgeschmacks der Oberschicht für ein breites Publikum her. Das eigentliche Wohn- und Schlafzimmerbild entstand erst zu Beginn unseres Jahrhunderts *(Abb. 14)*, als es einerseits technisch möglich wurde, entsprechende Großformate zu drucken, und es andererseits dafür Bedürfnisse in weiten Kreisen gab, nämlich im Zusammenhang des kleinbürgerlichen und ländlichen Abklatsches der großbürgerlichen Salons seit dem Ende des 19. Jahrhunderts in der „guten Stube", mit dem besagten Sofa als Ehrenplatz für Besucher, und in der Entwicklung der schlichten Schlafkammern mit hintereinander geordneten Betten zu Vorzeigeräumen mit Doppelbett, Paradekissen und langem Querformat-Bildmöbel im zweiten Jahrzehnt unseres Jahrhunderts.

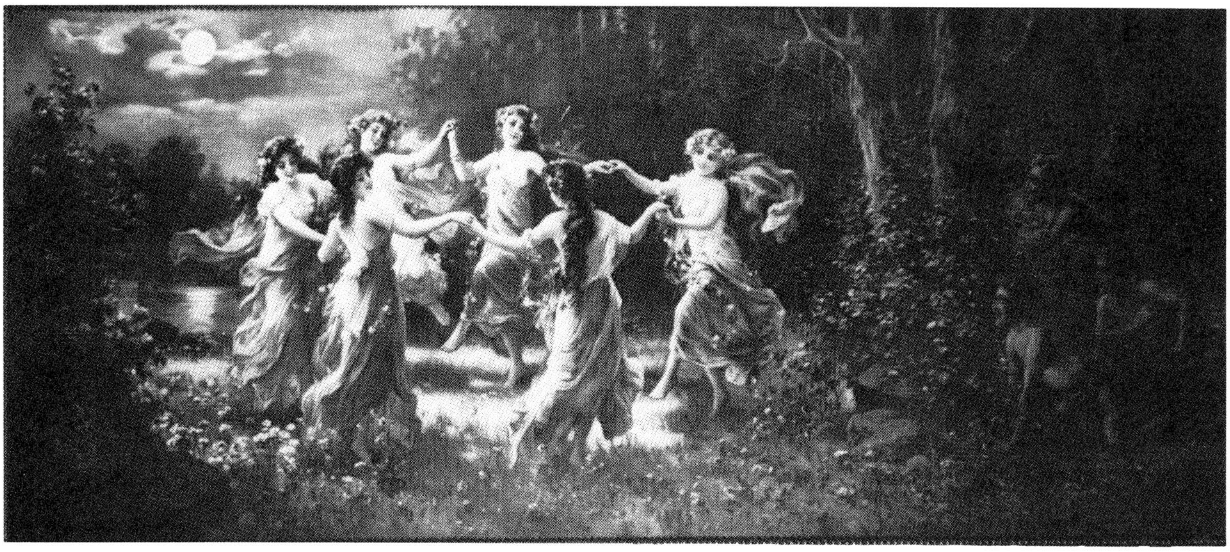

Abb. 14: „Elfenreigen", nach dem Wiener Künstler H. Zatzka, 1914. Dresdner Farbdruck, seit 1925

Der Weg zu diesem Entwicklungsendpunkt begann um 1840/50 mit schablonenkolorierten Lithographien von Heiligen in rahmenden Blumenkränzen, gefolgt von Prägedrucken in Goldbronze mit blauen Farbandrucken auf weißglänzenden Kartons. Der besondere Wandbildcharakter wurde bald in Stahlstich- und Foto-Imitationen durch gefirnißte lithographische Drucke betont sowie durch wechselnde Moden von Passepartout-Effekten mit schwarzgestrichenen Umrahmungen, Bordürenaufprägungen und dergleichen. Dies alles entfiel mit der Chromolithographie, die als glatter „Öldruck" ein Originalgemälde vorzutäuschen suchte, für das nun eine eigene Rahmenindustrie Zulieferer der Glaser werden konnte. Zuvor waren vornehmlich Buchbinder die Bilderarrangeure in Stadt und Land gewesen.

Die Chromolithographie führte mit der gleichzeitigen Erfindung der Bildpostkarte in den siebziger Jahren des vorigen Jahrhunderts deren Siegeszug als Sammel-, Andenken- und Glückwunschartikel herauf. In einer besonderen Blütezeit zwischen 1890 und 1920 setzte sich das damals für alle Presseerzeugnisse so viel praktischere neue Hochdruckverfahren der chemigraphischen Vierfarbenautotypie im farbigen Bildpostkartendruck nur in geringem Maße durch. Das in gesonderten Flachdruckverfahren außerhalb der Buch- und Zeitungsdruckereien in lithographischen Anstalten zu druckende Bild war und blieb ein selbständiges Gebilde und konnte darum weniger als Illustration eingesetzt werden. Das Massenprodukt der Lithographie brachte somit zwangsläufig den Wandschmuck hervor und eroberte alte wie neue Kleinbild-Massenartikel, nämlich Andachtsbild *(Abb. 15)* und Bildpostkarte. Daß bei diesem Prozeß technische und gesellschaftliche Entwicklungen parallel verlaufen, ist kein Zufall der Geschichte, sondern eine Konsequenz des industriellen Zeitalters und der darin verwirklichten Kunst für jedermann.

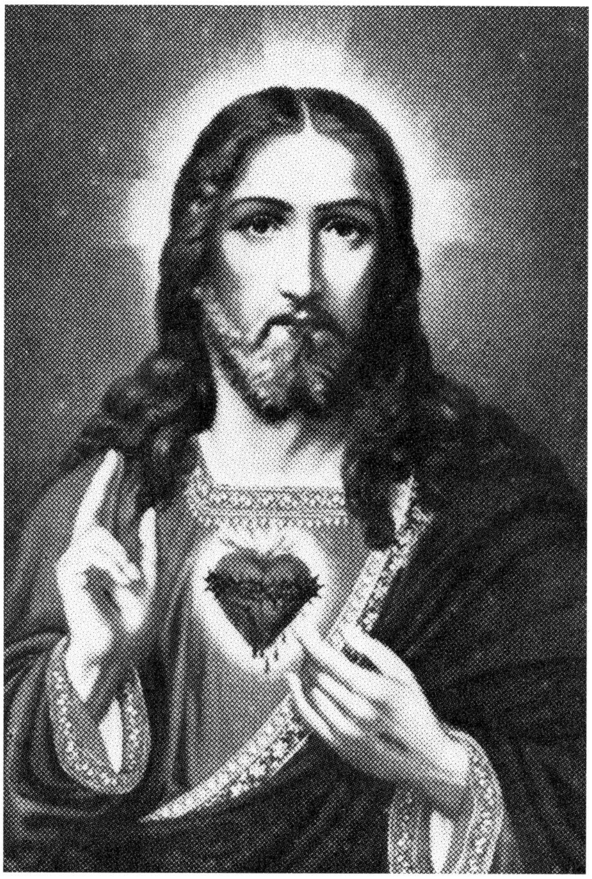

Abb. 15: Herz Jesu. Lithographie, Stichimitation. Nach 1890

Bilder im Volk – Kunst für alle

Es dürfte hinreichend klargeworden sein, warum der Titel dieses Beitrages nicht etwa „Volkskunst und Massenkunst" lautet, sondern „Kunst" und „Bild" in Gebrauchszusammenhänge stellt. Um sich einer geschichtlichen Erscheinung angemessen zu nähern, ist es immer nützlich, zunächst die mit Vorverständnissen belasteten Begriffe und Schlagworte aus dem Spiel zu lassen. Sie führen nämlich ohne Wissen von ihrer Herkunft und ihrem wechselnden Gebrauch nicht bloß zu Mißverständnissen, sondern sie tragen meist überholte theoretische Aussagen über die gemeinte Sache weiter. Sie bilden selbst schon ein Stück Interpretation. Auch oder gerade „Kunst" und „Volk" unterliegen solchen Denkmustern – wie aber erst „Volkskunst", „Massenkunst" und „Trivialkunst"!

Unsere Fragen lauten daher nicht: Was ist Volkskunst, oder gibt es Volkskunst? Wir sind dagegen von der Erfahrung ausgegangen, daß es in den letzten zweihundert bis dreihundert Jahren ohne Zweifel „Bilder im Volke" und in zunehmendem Maße in unserem technischen Zeitalter „Kunst für alle" gegeben hat. Diese „Jedermannskunst" pflegt als Reproduktionserzeugnis vom Standpunkt einer „Hoch-" oder „Elitenkunst" aus abgewertet zu werden, doch dies ist in unserem Zusammenhang nur insoweit wichtig, als von daher die angeblich schöpferische Ursprünglichkeit „wahrer Volkskunst" mit Wertungskategorien der modernen Individual- oder Künstler-Kunst gemessen wird: Handarbeit steht gegen Maschinenwerk. Es ist das gängige Schema aller abendländischen Kulturkritik.

Das aber sind hier nicht unsere Probleme. Wir wollten zunächst einmal wissen, was sich in dem genannten Zeitraum seit dem 18. Jahrhundert an technischem, wirtschaftlichem und sozialem Wandel abgespielt hat, durch deren Bedingungen und Möglichkeiten weite Kreise der Bevölkerung an einer sich stetig steigernden Bilder- und Gebrauchsgüterproduktion teilhaben konnten. Unter dieser Fragestellung an die Dinge herangegangen, erweist sich der Weg stilgeschichtlicher Analyse von „Volkskunstwerken" bald als trügerisch. Hier sind nämlich in erster Linie nicht künstlerische Einzelpersönlichkeiten mit einem individuellen Werk auszumachen; vielmehr müssen Herstellungszusammenhänge erforscht werden, innerhalb derer dann erst nach „Schulen" oder vielleicht gar „Händen" geschieden werden kann. Auch dies geschieht jedoch nicht, um die Schar der Künstlernamen zu erweitern, sondern um die Lokalisierung bestimmter Gattungen von Bildprodukten zu erreichen, allerdings auch, um der älteren Volkstumstheorie entgegenzuwirken, die an das namenlose Kollektiv einer schöpferischen Volksseele glaubte.

III. DIE POLITISCHE FUNKTION VON KUNST

Kunst hat zu allen Zeiten im Dienste der Politik gestanden; sie hat die Funktion übernommen, vor der städtischen oder staatlichen Öffentlichkeit Herrschaftsrechte oder -ansprüche bildhaft anschaulich werden zu lassen. Jedoch erst seit der Neuzeit ist das Politische als selbständige Sphäre sozialen Handelns begriffen worden, kann es seit MACHIAVELLI unabhängig von Religion und Moral gedacht werden. Erst seit dieser Zeit entwickelt sich das Bewußtsein von der Notwendigkeit der bewußten ästhetischen Durchgestaltung des Herrschaftsraumes. Zuvor suchte sich Macht, etwa in Herrschaftsarchitektur, geradezu naturwüchsig Ausdruck, dienten die gestalteten Teile der Öffentlichkeit ganz praktisch-politischen Zwecken. Mit der Aussonderung der ästhetischen Sphäre tritt das Politische in der Kunst in abgeleiteter, vermittelter Form auf, ist unter dem Mantel des Ästhetischen in seinen eigentlichen Zwecken erst freizulegen. Sosehr die Kunst für das Politische Verklärungsdienste zu leisten hatte, sosehr konnten in ihr andererseits auch bildhaft Ideale aufgehoben sein, die sehr im Widerspruch zur politischen Praxis standen. Dieses Potential stand der politischen Aktivierung offen und wurde spätestens seit der Französischen Revolution auch genutzt.

Der Übergang von praktisch-politischem Gebrauch zu ästhetischer Durchgestaltung läßt sich an der Geschichte des Platzes besonders gut greifen. Wie in Kapitel I, wo wir von der Kathedrale als Gesamtorganismus zum Altar als Kern der Kirche vorangeschritten sind, so werden wir auch hier vom Großen zum Kleinen gehen: Platz, Rathaus und Denkmal in ihrer politischen Funktion werden bedacht. Neben der ästhetischen Durchgestaltung des städtischen Herrschaftsraumes steht die des landschaftlichen, sei es von der Stadt oder vom ländlichen Schloß aus. Der politische Blick des Städters auf das Land führt zur Entdeckung der Landschaft als ästhetischem Gegenstand. Die Organisation der höfischen Gesellschaft spiegelt sich im Schloßbau und Schloßgarten. An der Geschichte des gestalteten Gartens läßt sich aber auch im Übergang zum „natürlichen" englischen Garten der Verlust der zentralen, auf strengen Ordnungsprinzipien basierenden höfischen Gestaltungskraft demonstrieren.

Neben der Gestaltung des Herrschaftsraumes ist in einem Kapitel zur politischen Funktion von Kunst die politische Programmatik der Bilder zu behandeln. Die zwei zentralen Formen des politischen Bildes sind vorzuführen: das Bild als Herrschaft legitimierender und als Herrschaft kritisierender Funktionsträger. Jeweils ist zu fragen, inwieweit das Bild diese Funktionen noch in der Gegenwart übernehmen kann.

Mehrere Beiträge dieses Kapitels widmen sich in weiten Teilen dem problematischen Verhältnis von Kunst und Politik in den entstehenden Nationalstaaten; diesem Zeitraum gilt deswegen unser besonderes Augenmerk, weil er das Aussehen der Städte bis in die unmittelbare Gegenwart hinein entscheidend bestimmt hat. Die für den Nationalstaat zentralen und typischen Bau- und Kunstaufgaben (Rathaus, Denkmal), die propagierten Stile sind zu untersuchen, um schließlich die Planung der Städte bis in die Gegenwart verfolgen zu können. Dabei wird deutlich werden, wie schwer der Gegenwart eine Verbildlichung des Politischen fällt, wie sehr die Stadt unter dem Druck wirtschaftspolitischer Interessen ihre erfaßbare Gestalt verliert.

13. Der Platz als politisches Gesamtkunstwerk

Franz-Joachim Verspohl

Der Beitrag behandelt – stellvertretend für Platzanlagen überhaupt – die Gestaltungsgeschichte der Piazza della Signoria in Florenz. Eine derartige Einschränkung und die Wahl dieses Ensembles werfen mehrere Fragen auf: Was berechtigt dazu, einen Platz als „Gesamtkunstwerk" vorzustellen, dessen bauliche Gestaltung sich über Jahrhunderte hinzog und der sich keinem einheitlichen künstlerischen Plan verdankt? Was erlaubt die Übertragung der Verbindung „politisches Gesamtkunstwerk" auf ein Gebilde, das nicht ausdrücklich aus dieser Absicht geboren wurde?

Der Begriff „Gesamtkunstwerk" stammt aus künstlerischen Überlegungen im 19. Jahrhundert, die sich der Spezialisierung der einzelnen Kunstgattungen und Medien gegenübersahen und die sich die Vereinigung der Künste zu harmonischer Universalität vorstellten. Die künstlerischen Pläne und Entwürfe sollten als Vorgaben für eine bessere Zukunft Geltung haben – eine Funktion, die Kunstwerke früherer Epochen offenbar naturwüchsig und unmittelbar erfüllten; sie waren enger in den gesellschaftlichen Alltag eingebunden. In der Tat läßt sich bei allen Entscheidungen über Gestaltungs- und Ausgestaltungsfragen der Piazza della Signoria kein unbedingtes Auseinanderfallen von politischen und künstlerischen Argumenten feststellen. Die die Piazza rahmenden Bauten und die den Platz schmückenden Skulpturen ordnen sich nicht nur politischen Funktionen zu, sondern verdanken ihren künstlerischen Gehalt auch wesentlich politischer Absicht. Gerade an der Gestaltungsgeschichte der Piazza vom 14. bis zum 16. Jahrhundert läßt sich zeigen, daß sich in diesem Zeitraum Politik und Kultur offensichtlicher überlagern als heute; sie sind weitgehend ungeschieden, so daß eine Aussonderung des Ästhetischen aus dem Politischen fragwürdig wird.

Das bauliche Ensemble der Piazza della Signoria

Wir beginnen die Untersuchung der politischen Funktion von Kunst mit der Piazza della Signoria in Florenz. Wir haben sie als Beispiel gewählt, weil es in dieser oberitalienischen Stadt wesentlich früher als in Mitteleuropa eine von der Kirche deutlich getrennte politische Obrigkeit gab und weil der Platz verschiedene künstlerische Ausdrucksformen wie Stadtplanung, Architektur und Plastik zu einem Gesamtkunstwerk vereint.

Florenz war gegen Ende des 12. Jahrhunderts eine Stadt mit engen und dunklen Gassen *(Abb. 1)*. Der Marktplatz (mercato vecchio) war die einzige größere unbebaute Freifläche. Doch wurde er nicht städtebaulich als abgegrenzter, von Bebauung mehr oder weniger eingeschlossener Freiraum verstanden. Diese Idee nahm erst gegen Ende des 13. Jahrhunderts in Florenz Gestalt an. Sie verdankte sich der Aktivität der großen Volksorden, die sich in den Städten ansiedelten und vor ihren Kirchen Predigtplätze anlegten. Diesen Vorstellungen folgte schließlich auch die Kommune von Florenz. Vorbildcharakter dürfte die Piazza Santa Maria Novella gehabt haben, die man 1287 vor der Kirche abzustecken begann. Schon der zwischen 1246 und 1278 errichtete Bau dieser Dominikanerkirche führte den bis dahin in Florenz noch ungenutzten gotischen Monumentalstil ein, der dann das Anspruchsniveau für den Domneubau und Santa Croce setzte. Sowohl Santa Maria Novella als auch Santa Croce lagen bei Baubeginn außerhalb der Mauern der Stadt, so daß hier großzügiger mit den Freiflächen verfahren werden konnte, die als Predigtplätze, als Märkte und später auch für Feste genutzt wurden und deren Ausgestaltung vom 13. bis zum 17. Jahrhundert ein Dauerthema in der Stadt war.

Die Stadt ließ gegen Ende des 13. Jahrhunderts zwischen dem Baptisterium und der Domfassade einen Freiraum schaffen, der mit gutem Recht „Platz" genannt werden kann. Daß hier die Staatsleitung von Florenz federführend eingriff und nicht der Bischof, erklärt sich aus der schon im 12. Jahrhundert eingeleiteten Übernahme der

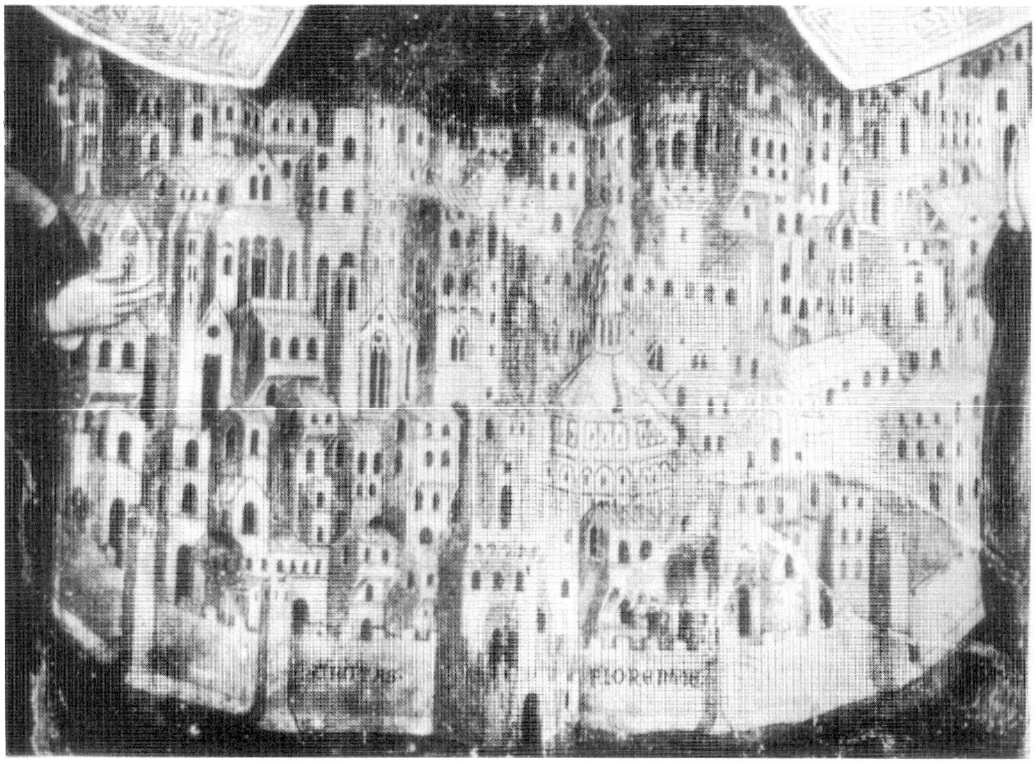

Abb. 1: Anonym: Madonna della Misericordia, Fresko. Florenz, Loggia del Bigallo, Detail: Stadtansicht von Florenz. 14. Jahrhundert

weltlichen Verwaltung der hauptsächlichen Kirchengebäude durch die Kommune. Seit 1331 war die Dombauverwaltung an die Zunft der Wollehersteller und Wollehändler übergeben. Doch blieb die Kommunalverwaltung immer Oberherrin und hatte ihre Befugnisse an die Wollzunft nur übertragen, wie sie es schon früher mit der Tuchhändlerzunft für das Baptisterium geregelt hatte. Die Baubehörden waren demnach kommunale Institutionen.[1] Derartige Verträge verdeutlichen den hohen Grad der Verweltlichung des florentinischen Stadtgefüges um 1300. Das Gesicht der Stadt wird nun von ihren Handwerkern und Händlern geprägt, die aus der engen und dunklen Gemeinde eine offene und großzügig angelegte Kommune machen. Ihr Interesse zielte auf offenen Handel und freizügigen Warenverkehr, dem die engen städtischen Strukturen, die Rivalität der Adelsfamilien und die eingeschränkten Kommunikationsformen im Wege standen. Zunächst konnten sich die Bürger als wirtschaftlicher Faktor in der Stadt etablieren und zum Teil auch die Verwaltung übernehmen; doch der Adel bildete gleichsam einen Staat im Staate mit eigener Finanz- und Zollhoheit. Diese soziale Schicht beeinflußte letztlich auch alle Entscheidungen über den Rechtsstatus der Stadt im damaligen Geflecht der internationalen Politik. Erst der Einstieg in das Geldgeschäft auf der Basis der Handwerke und des Handels sicherte dem Bürgertum eine überregionale Einflußmöglichkeit. Zu Anfang des 14. Jahrhunderts betrieben etwa 80 Banken mit riesigen Einlagen ihre internationalen Geschäfte, indem sie Päpsten, Königen und Fürsten Geld ausborgten und sich dafür neben hohen Zinsen auch Handelsprivilegien, Schutzzölle und Rohstoffmärkte ausbedingen konnten. Mit dieser keineswegs immer sicheren Rückdeckung setzten im Jahre 1250 die Bürger von Florenz eine neue Stadtverfassung und Stadtverwaltung durch. Die unter dem Titel „Eidgenossenschaften der Bürger“ bekanntgewordenen Regelungen sind der Versuch, die Sicherung und Verwaltung der Stadt zu vereinheitlichen. Die Bürgerschaft entzog den Adeligen das alleinige Verteidigungs- und Kriegsrecht der Stadt und überwies es an 20 Nachbarschaftsverbände, denen ein Bannerträger vorstand. Die Zünfte und Kaufmannschaften gaben für diese Einteilung der Bürgerschaft ihren korporativen Einfluß auf, den sie jetzt über die Nachbarschaftsverbände geltend machen konnten. Verwaltung, Heer, Finanzwesen und Rechtsordnung wurden einer Regierung von 12 Ältesten als oberstem beschlußfassenden Organ anvertraut. Ein Hauptmann des Volkes wurde als Kontrollinstanz zur Gesetzeseinhaltung berufen und hatte bei Gesetzesverstößen das Volk zu versammeln, je nach Anlaß bewaffnet oder unbewaffnet. Wenngleich mit dieser Verfassung keineswegs die sozialen und politischen Unterschiede in der Stadt verschwanden, so verstärkt sie doch die Tendenzen, die zu einer offenen Stadtstruktur führen und damit entschiedener die Trennung öffentlicher Räume von privaten begünstigen *(Abb. 2)*.

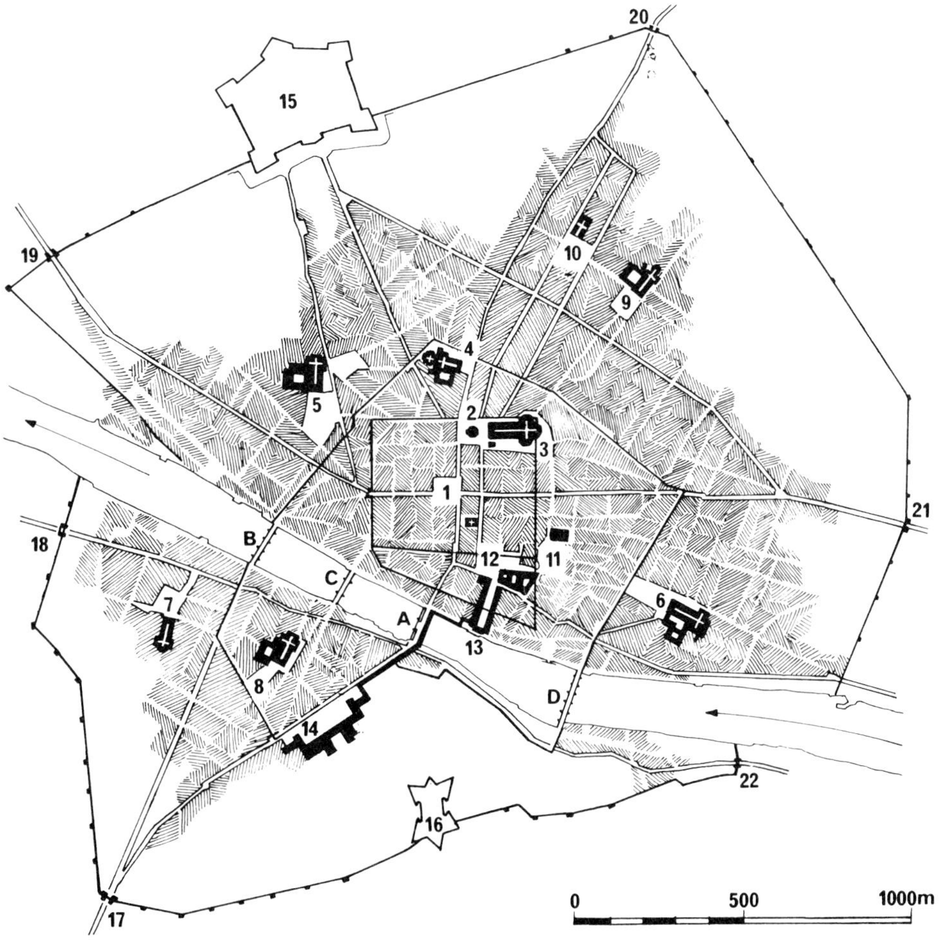

1 Mercato Vecchio 2 Baptisterium 3 Dom 4 San Lorenzo 5 Santa Maria Novella 6 Santa Croce 7 S. Maria del Carmine 8 Santo Spirito 9 SS. Annunziata 10 San Marco 11 Bargello 12 Palazzo Vecchio 13 Uffizien 14 Palazzo Pitti 15 Fortezza di Basso 16 Fortezza di Alto 17 Porta Romana 18 Porta San Frediano 19 Porta Prato 20 Porta San Gallo 21 Porta S. Croce 22 Porta San Niccolo A Ponte Vecchio B Ponte alla Carraia C Ponte S. Trinità D Ponte alle Grazie

Abb. 2: Florenz und seine 3 (4) Mauerkreise, nach Wolfgang Braunfels

Parallel mit der Herausbildung einer republikanischen Verfassung geht die Gestaltung des städtischen Verwaltungszentrums einher. Da die Verfassung des Jahres 1293 die Stellung der Vorsteher *(Prioren)* begünstigt, lag es auf der Hand, sie in einem repräsentativen Gebäude unterzubringen. Die Lage des Palazzo de'Signori wurde nach seiner Nähe zu anderen Institutionen der Kommune gewählt: der Münze (Zecca), der Zunftkirche San Piero Scheraggio, der einflußreichen Reichsabtei der Benediktiner (Badia), dem Palazzo del Podestà. Der Palazzo de'Signori diente den Prioren als Amts- und Wohnsitz. Das Verfassungsrecht der Bürger: die Versammlung im Parlament, konnte hier nicht wahrgenommen werden. Derartige Zusammenkünfte fanden in kirchlichen Einrichtungen wie dem Dom oder auf der Piazza Santa Maria Novella statt.

Der Palazzo de'Signori

Seinen heutigen Namen, Palazzo vecchio (alter Palast), erhielt das Rathaus von Florenz erst, nachdem die MEDICI es als Wohnsitz aufgaben und in den von ihnen erworbenen Palazzo Pitti umzogen, also nach 1550. Dessenungeachtet blieb er immer das politische Wahrzeichen der Stadt. Dies hängt nicht allein mit seiner ehrwürdigen Tradition zusammen, sondern ergibt sich entscheidend auch aus seiner Lage im Stadtgefüge: Er bildet den Kernbereich des politischen und sozialen Lebens der Stadt *(Abb. 3)*.

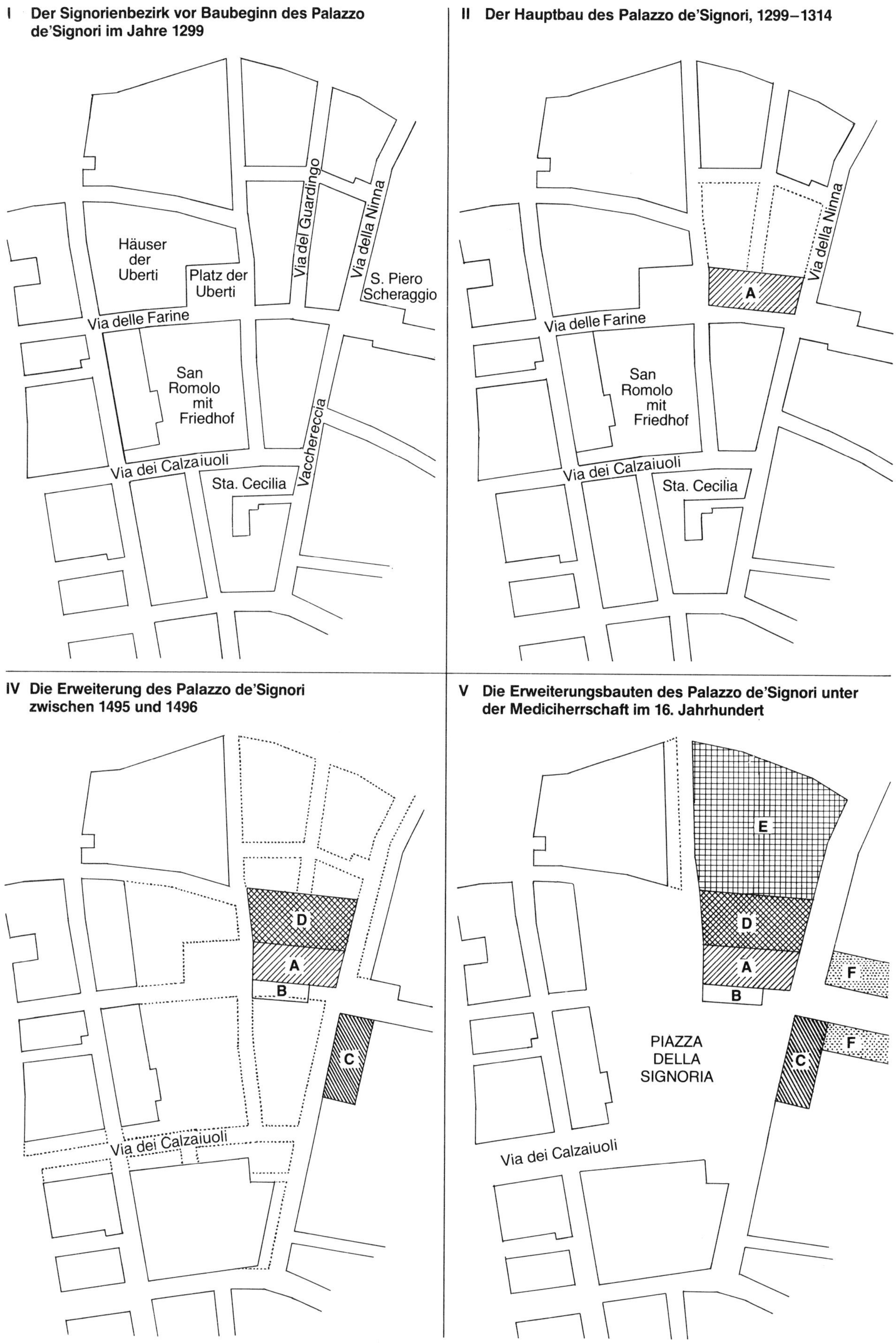

Abb. 3: Die Entwicklung des Signorienbezirkes

III Die Entstehung der Freiflächen um den Palazzo de'Signori mit dem Bau der Loggia de'Signori, 1376–1382

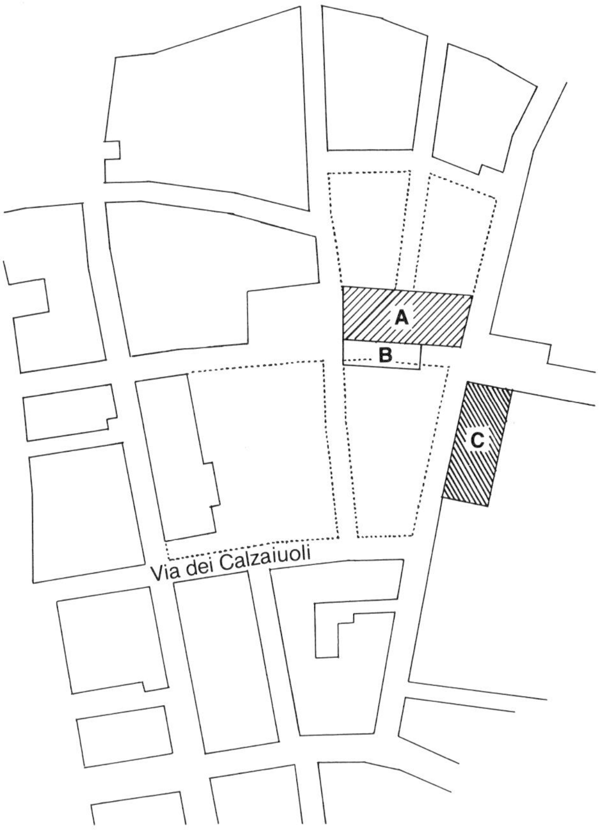

VI Die Standorte der skulpturalen Werke auf der Piazza della Signoria und in der Loggia de'Signori

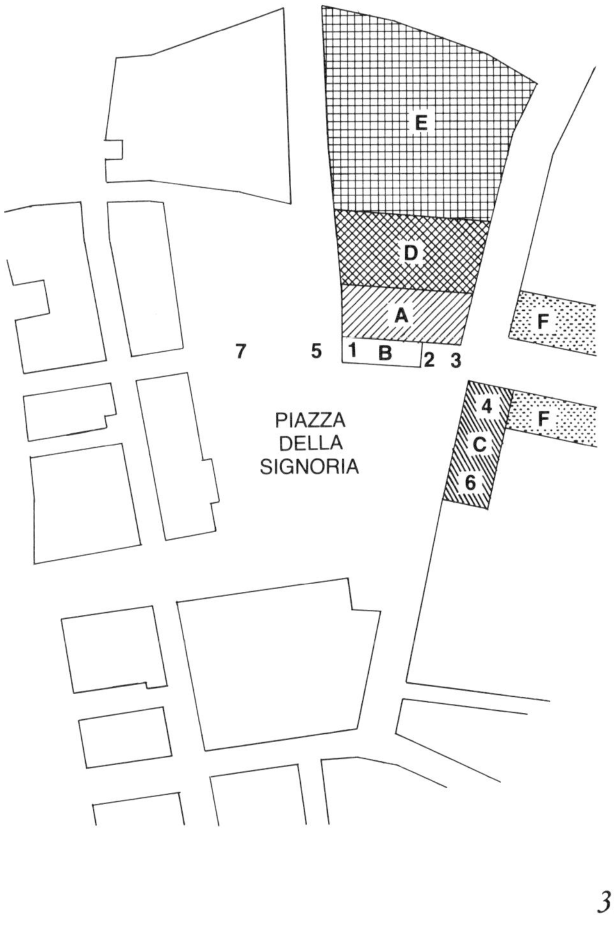

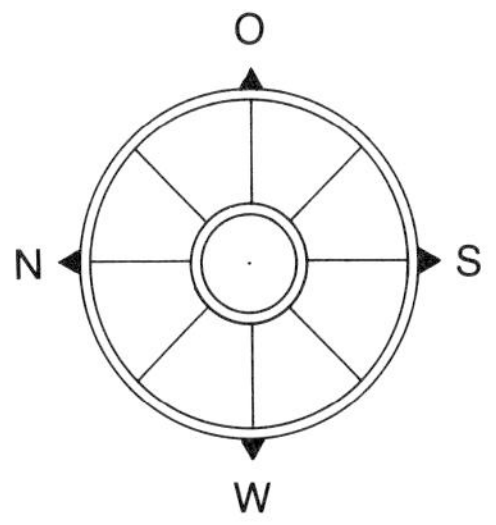

I Der Signorienbezirk vor Baubeginn des Palazzo de'Signori im Jahre 1299

II Der Hauptbau des Palazzo de'Signori, 1299–1314

- **A** Der Palazzo de'Signori: Die schmale Nordfassade ist die Schauseite des Palazzo. Der westliche Teil der Via del Guardingo wird aufgelöst.

III Die Entstehung der Freiflächen um den Palazzo de'Signori mit dem Bau der Loggia de'Signori, 1376–1382

- **A** Palazzo
- **B** Rednertribüne
  1323 aus Holz, 1349 aus Steinmaterial errichtet.
- **C** Loggia

IV Die Erweiterung des Palazzo de'Signori zwischen 1495 und 1496

- **A** Palazzo
- **B** Rednertribüne
- **C** Loggia
- **D** Ausbau des großen Ratssaales

V Die Erweiterungsbauten des Palazzo de'Signori unter der Mediciherrschaft im 16. Jahrhundert

- **A** Palazzo
- **B** Rednertribüne
- **C** Loggia
- **D** Großer Ratssaal, jetzt: herzogliche Audienzhalle
- **E** Ausbau des Palazzo zwischen 1549 und 1555 sowie 1588 – 1592
- **F** Uffizienflügel, Bau zwischen 1560 und 1580

VI Die Standorte der skulpturalen Werke auf der Piazza della Signoria und in der Loggia de'Signori

- **A** Palazzo
- **B** Rednertribüne
- **C** Loggia
- **D** Großer Ratssaal, jetzt: herzogliche Audienzhalle
- **E** Ausbau des Palazzo zwischen 1549 und 1555 sowie 1588 – 1592
- **F** Uffizienflügel, Bau zwischen 1560 und 1580

1. Marzocco-Löwe
2. Judith des Donatello, aufgestellt 1495. 1504 wird das Standbild der Judith durch Michelangelos David ersetzt.
   Die Judith wandert in der Folgezeit an verschiedene Standorte unter der Loggia; später steht sie zwischen dem Marzocco-Löwen und dem David.
   Derzeit ist sie im Innern des Palazzo de'Signori aufgestellt
3. Herkules und Cacus von Baccio Bandinelli, 1534 aufgestellt
4. Perseus des Benvenuto Cellini, 1554 in der Loggia enthüllt
5. Neptun-Brunnen des Bartolomeo Ammanati, 1575 vollendet
6. Sabinerinnenraub des Giovanni da Bologna, 1583 in der Loggia aufgestellt
7. Reiterstandbild Cosimos I. von Giovanni da Bologna, 1594 plaziert

Original: Franz-Joachim Verspohl

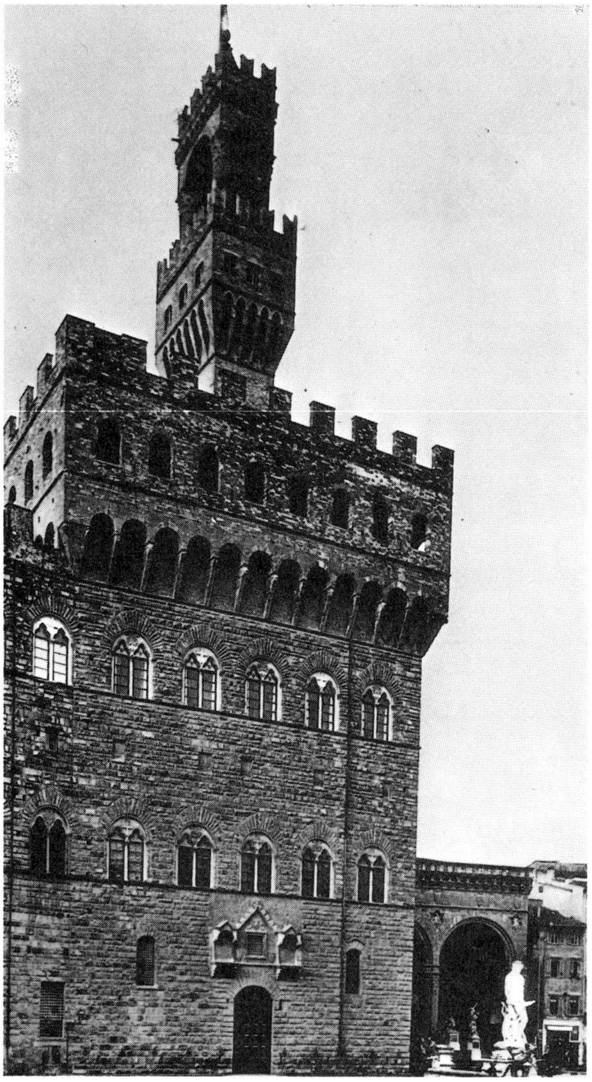

Abb. 4: Nordfassade des Palazzo de'Signori

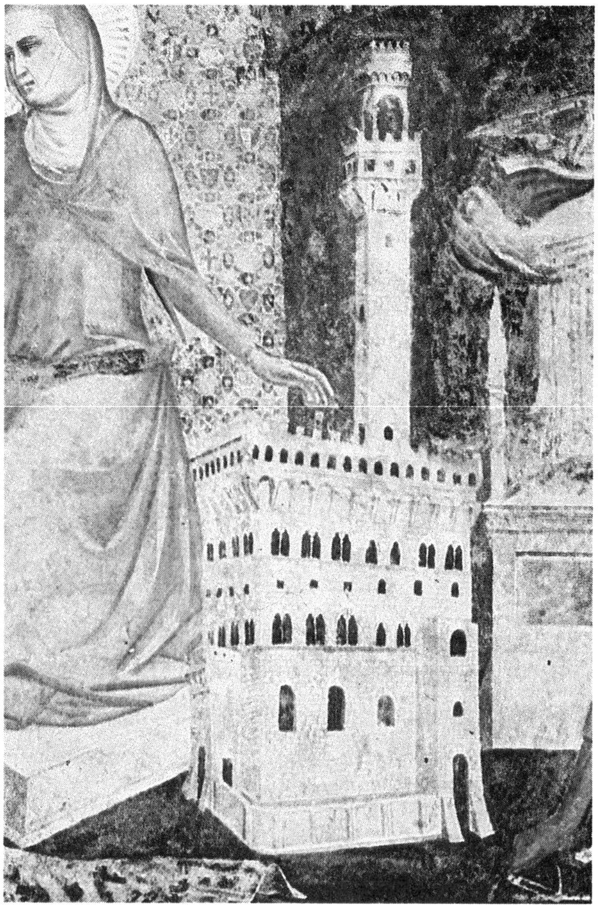

Abb. 5: Anonym: Fresko mit ungedeuteter Historienmalerei von einem Tabernakel des Florentiner Gefängnisses. Detail mit Palazzo de'Signori. Um 1350. Florenz, Palazzo de'Signori

Der Baukörper, der ab 1299 entsteht, war als freistehender architektonischer Würfel angelegt. Alle vier Seiten wurden als eigenständige Fassaden angesehen. Die Aufrißgliederung der Außenwände zeigt jeweils eine besondere Struktur, die sich von der inneren Raumordnung her ergibt.[2] Bis zur Mitte des 14. Jahrhunderts hatte allenfalls die schmale Nordfassade eine betonte Rolle *(Abb. 4 und 5).* Denn hier lag ein zentrierter Eingang, waren die Fenster symmetrisch angelegt, gab es einen kleinen Vorplatz. Diese Seite des Palazzo verdeutlichte die Funktion des vorderen Teiles im Innern als Saalbau, der sich an die Tradition der oberitalienischen Kommunalbauten anlehnt. Diese wiederum haben ihre Wurzel in den Palastbauten der mittelalterlichen Königspfalzen. Der ab 1308 aufgestockte Turm des Palazzo gehört zum Hofteil hinter dem zweigeschossigen Saalbau. Der Turm gab schon damals der Westfront ein Gewicht als zweiter Hauptansicht, da hier ein Eingang zum Innenhof lag. Erst mit dem Bau der Loggia wird diese Fassade die eigentliche Schauwand des Palazzo. Die Verlagerung der Hauptschauseite an die Westfassade mit Turm verdankt sich also weniger einer Veränderung der innenräumlichen Konzeption des Palazzo als vielmehr der Funktion des Ensembles mit Loggia und Piazza. Schon mit der Errichtung einer hölzernen Rednertribüne an der Nordwestecke des Palazzo im Jahre 1323 zeichnet sich diese Umorientierung ab. Die Asymmetrie der Westwand, die im Untergeschoß durch das weit rechts liegende Portal und den Turm hervorgerufen wird, ist bewußt in Kauf genommen, ja genutzt, um eine erweiterte Raumwirkung aus nordwestlicher Sicht auf das Architekturensemble zu erzielen. Denn die Südseite des Palazzo und die Frontseite der Loggia liegen auf einer Fluchtlinie *(Abb. 6).* Beide Bauten stehen nicht im rechten Winkel zueinander. Dadurch richtet sich das Ensemble auf Portal und Turm aus – eine Wirkung, die später noch durch die Aufstellung der Skulpturen links und rechts des Portals verstärkt werden wird. Diese Tendenz wird auch dadurch praktisch unterstützt, daß ab 1380 das Nordportal vermauert ist. Die Anlage des Platzensembles hat folglich auch

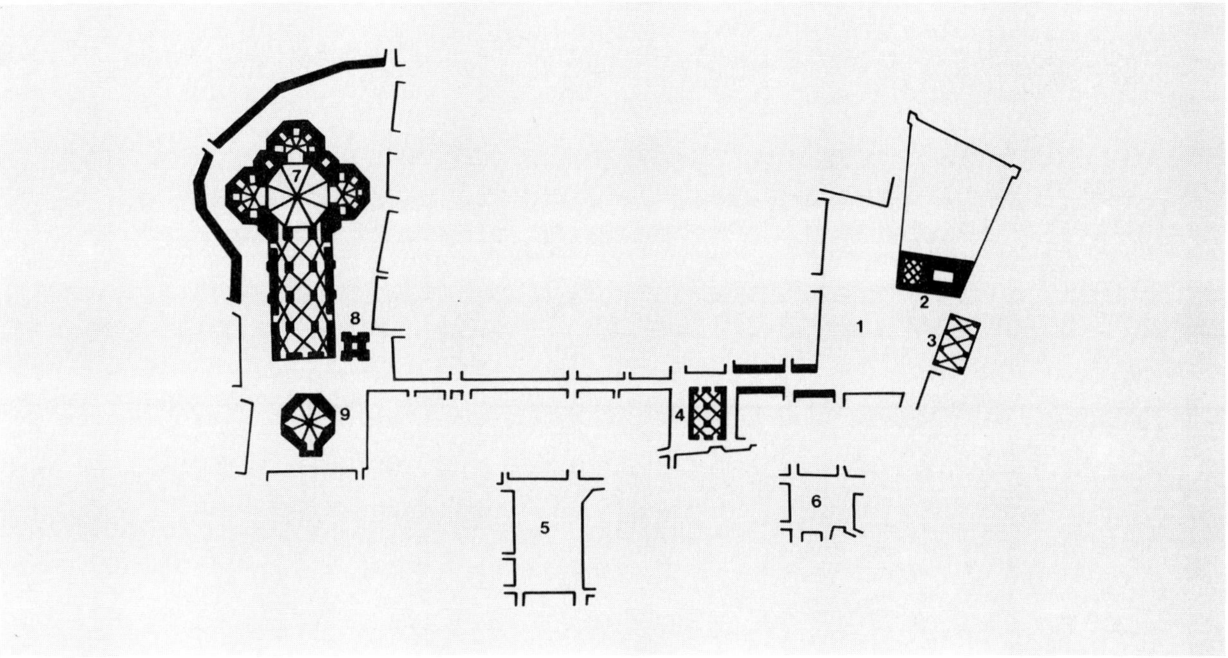

Abb. 6: Die monumentale Achse von Florenz im 14. Jahrhundert. Plan nach Wolfgang Braunfels. Rechts die Piazza della Signoria (1) mit Palazzo (2) und Loggia (3) in der Mitte, unterhalb der Straßenachse die Verkaufshalle und Andachtsstätte von Or San Michele (4) und der alte (5) und der neue (6) Markt; links der Dombezirk mit Dom (7), Glockenturm (8) und Baptisterium (9)

Auswirkungen auf die Nutzung des Palastinneren. Es wird jetzt über den südlichen Hof erschlossen. Dennoch bleibt für die Raumwirkung der Piazza immer auch die Nordfassade des Palazzo wichtig. Alle Darstellungen der Piazza erfassen sie mit, um die plastische Wirkung des Baukörpers und vor allem die Mächtigkeit der vorragenden Wehrgalerie zu betonen, die eine Verbindung aus Laufgang und Zinnenkranz ist. Sie erfüllt in Verbindung mit dem Turm den Auftrag der Nah- wie Fernverteidigung. Diese Wehrgalerie war in ihrer Zeit wehrtechnisch die modernste.[3] Gleichzeitig hat sie jedoch einen symbolischen Wert: Der festungsartige Gesamtcharakter des Palazzo macht ihn als „potentielles Instrument der Macht" zugleich zum „anschaulichen Bild der Macht". Der Bau erhält „Bildmächtigkeit". Da die wehrtechnischen Formen des Palazzo denen der florentinischen Stadtmauer entsprechen, kann man sagen: „Der Palast vertritt die Stadt."[4] Diese symbolische Bedeutung tritt vollends im Turm zutage. Seine Höhe und die Bekrönung, deren Spitzdach ehedem vergoldet war, sind in diesem Ausmaß selbst aus wehrtechnischen Gründen der Fernbeobachtung nicht erforderlich. Da die Einrichtung dieses Turmes mit der Abtragung der Familientürme einhergeht, kann hier auf den Gesamtvertretungsanspruch der Kommune in Kriegsfragen geschlossen werden. Hinzu kommt, daß der tabernakelartige Aufbau und die Installierung einer Glocke, beide Hoheitszeichen der Kirche, andeuten, „daß etwas von der politischen Souveränität der Kirche in die Hand der freien Kommune übergegangen war".[5] An Bau und Ausstattung des Palazzo de'Signori halten sich demnach praktische und symbolische Ansprüche im Gleichgewicht: Als materieller Funktionsträger bedingen Form und Ausstattung des Bauwerks dessen ideelle Funktionsträgerschaft und umgekehrt.

Die Loggia de'Signori

Die Vorsteher, die den Platz vor und um den Palazzo zunächst nur gelegentlich genutzt hatten, wollten ihn dauerhaft und institutionell für Staatsakte verwenden, nachdem ihnen Gualtiero di Brienne demonstriert hatte, wie sich durch öffentliche Veranstaltungen die Gunst des Volkes gewinnen läßt. Die hölzerne Ringhiera von 1323 wurde 1349 durch eine massive steinerne ersetzt *(Abb. 5)*. In der Folgezeit faßten die Prioren nicht nur Beschlüsse zur Pflasterung des Geländes, sondern auch zur Anlage einer repräsentativen Loggia. Als überdachte Bogenhalle sollte sie Staatsakte und Feierlichkeiten überhöhen *(Abb. 7)*. Ihr Bau setzt jedoch voraus, daß nicht mehr die schmale Nordseite des Palazzo de'Signori die Schauseite des Rathauses abgab, sondern die langgestreckte Westseite mit Glockenturm. Mit dem ersten Beschluß über den Bau der Loggia am 21. November 1356 hatte sich diese Auffassung durchgesetzt. Der Plan zum Bau der Loggia schien jedoch nicht auf uneingeschränkte Zustimmung der Florentiner zu stoßen; denn der Chronist Matteo Villani berichtet von einem Meinungsbild,

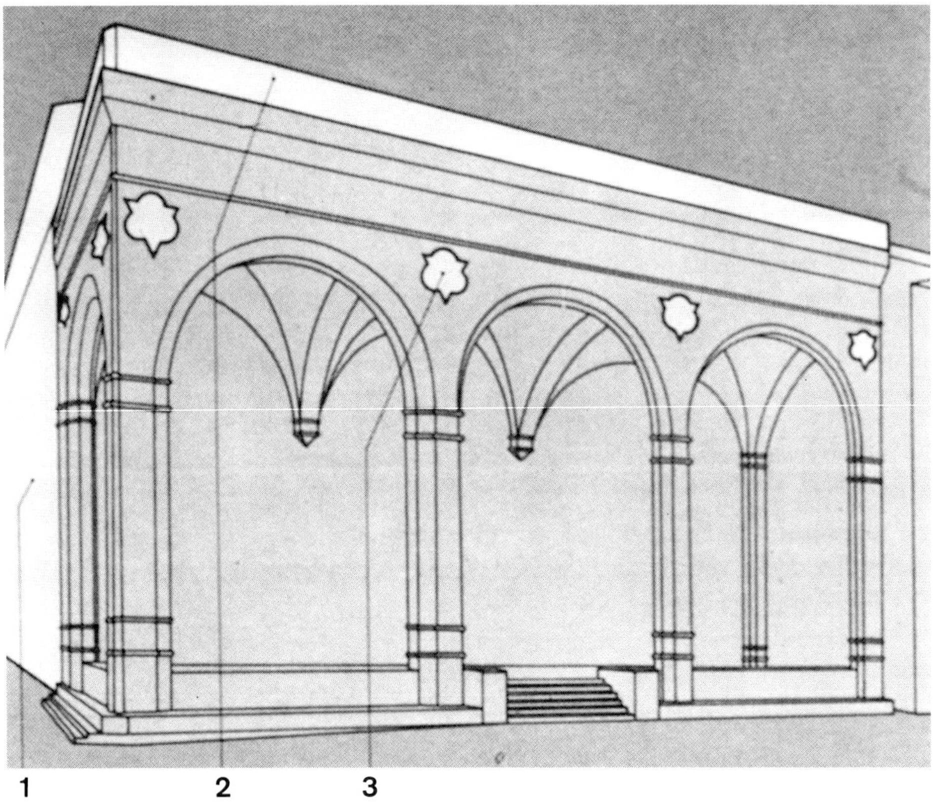

Abb. 7: Schema der Loggia de'Signori: 1 Uffizien, 2 Balustrade, 3 Dreipässe mit den Reliefs der Tugenden

nachdem eine Loggia sich eines Tyrannen würdig erweise, nicht aber dem Volk gezieme.[6] Dennoch ist die Loggia seit 1376 im Bau und kann am 1. November 1382 mit der feierlichen Amtseinführung der neuen Signoria in Betrieb genommen werden.

In drei mächtigen Halbkreisbögen öffnet sich die Halle nach Norden, im Süden schließt sie mit einer glatten Wand ab. Die Schmalseite nach Osten ist ebenfalls durch einen hohen Bogen geöffnet, während die gegenüberliegende Wand wiederum geschlossen ist. Der prospektartige Eindruck der Loggia erhöht sich durch den Gebäudeabschluß, die Attika. An der Breitseite des Bauwerks sind hoch oben in den Zwickeln die Reliefs der weltlichen Tugenden eingelassen: von rechts nach links sieht man die Darstellungen von Stärke, Mäßigung, Gerechtigkeit und Klugheit; an der östlichen Schmalseite haben die christlichen Tugenden, Glaube, Hoffnung und Liebe, Platz gefunden. Mit dieser Aufteilung der Tugenden und der Darstellung der weltlichen Tugenden an der Hauptschauseite der Loggia wird der gesamte Platz nicht mehr unter die Vorherrschaft der Theologie gestellt. Den Platz beherrscht vielmehr die „civitas terrena“ (die irdische Gemeinde), in der Politik als „eigenständige Form sozialen Handelns“ verstanden. In Florenz ist mit dieser Ausstattung der Loggia deutlich der Vorrang des politischen Kalküls gegenüber religiösen Normen betont.

Die Loggia steht in der Tradition von Familienhallen, die vornehme Familien in der Nähe ihrer Paläste für Familienfeste und als Monumente der Familienehre errichteten. So wie diese Bauten sollte auch die Loggia de'Signori der Ausweis für ganz Florenz sein:

„Loggien, d.h. offene Hallen, waren damals ganz gewöhnlich. Jede vornehme Familie besaß gleichsam als Zeichen der Nobilität eine Loggia neben ihren Palästen und Thürmen [...] Auch die Kommune wollte für ihre große Familie, die Bürgerschaft, eine Loggia besitzen, die sowohl für die öffentlichen Festlichkeiten und Staatsaktionen wie für private Angelegenheiten der Bürger einen geeigneten, bedeckten Raum darbot.“[7]

Der Architekt und Theoretiker Leone Battista ALBERTI hatte in seinen 1451/52 vollendeten „De re aedificatoria libri X“ (Zehn Bücher der Architektur, zuerst 1485 in Florenz publiziert), über Loggien gesagt:

„Für das Forum wird es ein Schmuck sein, wenn eine elegante Säulenhalle da ist, in der die Eltern sitzen und ihre Mittagsruhe halten oder untereinander ihren Besuch empfangen können. Dazu kommt, daß die auf den geräumigen Plätzen spielende und wetteifernde Jugend durch die Gegenwart der Väter von jeder Unschicklichkeit und Possenreißerei mutwilliger junger Leute abgehalten wird.“[8]

Es ist zu fragen, ob diese Auffassung ALBERTIS schon 1356, als mit der Planung der Loggia in Florenz begonnen wurde, für den Bau maßgebend war. Zweifellos läßt sich diese Idee aber aus einem Fresko ablesen, das aus den 80er Jahren des 15. Jahrhunderts stammt.

Der Maler Domenico GHIRLANDAIO hat eine der genauesten überlieferten Darstellungen von Loggia und Piazza im 15. Jahrhundert gegeben *(Abb. 8 und 9)*. Die Vedute ist Teil eines Freskos, das er im Bogenfeld der Stirnwand der Sassetti-Kapelle in Santa Trinità zwischen 1483 und 1486 ausgeführt hat. Der Auftraggeber des Malers, Francesco SASSETTI, dessen Grabmal sich in der Kapelle befindet, hat diesen Ort rundum mit Szenen aus dem Leben seines Namenspatrons ausschmücken lassen.[9]

Während die Mehrzahl der Szenen sich schnell als Begebenheiten aus dem Leben des heiligen Franziskus deuten läßt, würde selbst ein kunsthistorisch allgemein gebildeter Zuschauer unvorbereitet in Domenicos Fresko an der zentralen Stelle der Stirnwand alles eher suchen als eine Szene aus dem Heiligenleben. Der Zuschauer denkt zunächst, daß eine kirchliche Festlichkeit abgemalt sei, die sich auf der Piazza della Signoria zutrug und die durch die Anwesenheit eines Papstes eine besondere Würdigung erhielt. Denn daß die Piazza von Florenz dargestellt ist, steht außer Zweifel, da im Hintergrund links der Palazzo de'Signori mit der Ringhiera und als Fluchtpunkt in der Mitte die Loggia de'Signori erkennbar sind. Die Mittelszene des Freskos ist jedoch geschickt vom Hintergrund abgesetzt. Unter einer durch Pilaster gebildeten und durch Bögen angedeuteten Renaissancehalle, wie es sie auf der Piazza nicht gibt, bestätigt Papst HONORIUS III. die Ordensregeln des heiligen Franziskus inmitten des Kardinalskollegiums – ein Ereignis, das nicht in Florenz stattfand. Diese Szene wiederum flankieren im Vordergrund des Freskos zwei Figurengruppen, deren rechter sich eine weitere über eine Kellertreppe nähert. Unschwer sind die Dargestellten als Mitglieder der besitzenden florentinischen Kaufmannsaristokratie der 80er Jahre des 15. Jahrhunderts zu erkennen, zu der Francesco SASSETTI als Geschäftsteilhaber der Medici-Firma in Lyon gehörte.

Francesco SASSETTI hat sich selbst auf der rechten Seite mit seinem Sohn Federigo, der noch ein Knabe ist, seinem älteren Bruder Bartolomeo und Lorenzo DE' MEDICI darstellen lassen, während seine drei älteren Söhne Teodoro, Cosimo und Galeazzo auf der gegenüberliegenden Seite stehen. Auf der Treppe werden drei weitere Erwachsene und drei Kinder sichtbar. Voran geht der Humanist, Dichter und Erzieher der Söhne des Lorenzo DE' MEDICI, Angelo POLIZIANO. Ihm folgen die drei Zöglinge Piero, Giovanni und Giuliano DE' MEDICI. Schließlich begleiten der Domherr und Hausgeistliche der MEDICI, Matteo FRANCO, und der Dichter des Ritterepos *„Morgante"*, Luigi PULCI, den Zug. Diese Versammlung historischer Personen im Vordergrund und das rahmende Szenarium der Piazza im Hintergrund, zwischen die sich die geschichtlich weit zurückliegende Szene aus dem Leben des heiligen Franziskus schiebt, bilden einen exakt zentralperspektivisch konstruierten Raum, so daß sie als logische Einheit zu sehen sind. Die heilige Szene im Mittelgrund wird zum „Ausstattungsstück" der Selbstdarstellung der florentinischen Kaufmannsaristokratie des späten 15. Jahrhunderts.

Gleichzeitig verdeutlicht das Fresko die These, daß im bürgerlichen Florenz des 15. Jahrhunderts die Vorherrschaft des Politischen vor dem Religiösen als selbstverständlich galt. Wie eine Klammer umgreifen die Szenerie der Piazza und die Versammlung der Florentiner im Vordergrund das kirchliche Ereignis. Die Bögen der Loggia della Signoria bilden den Fluchtpunkt des Bildes. Hier erscheint aber keine das Thema überhöhende Szenerie. Im Gegenteil: Man sieht in und vor der leeren Loggia und auf dem Platz vor der Ringhiera spielende Kinder, Gruppen gestikulierender, miteinander redender Erwachsener sowie laufende Jugendliche.
Auch eine zielgerichtet die Handlungen übersteigernde ikonographische Zusatzausstattung ist in dem Platzensemble nicht zu entdecken. Links an der Nordwestecke des Palazzo steht wie seit langem der vergoldete Löwe, der Marzocco, das Wappentier von Florenz; in den sichtbaren Bogenzwickeln der Loggia erkennt man die Tugenden der Mäßigung und Gerechtigkeit.

Diese offene Szenerie bestätigt eingangs angestellte Überlegungen: Das florentinische Lebensgefühl und der Kunststil des 15. Jahrhunderts lassen sich nur in der Zusammenschau erfassen. Politisches und Ästhetisches bilden eine naturwüchsige Einheit und sind ungeschieden.[10] In der Vedute sind die Menschengruppen zu finden, für die ALBERTI die Loggien zu bauen vorschlägt.

Doch wurde dieser Anspruch um 1356 nicht allgemein mit der politischen Praxis in Florenz in Verbindung gebracht. Sicher ist, daß eingefleischten Stadtrepublikanern das Bauunternehmen zu „signorenhaft" und „grandenmäßig" erschien, fielen doch in diese Zeit nicht nur Auseinandersetzungen zwischen Ober- und Mittelschicht, sondern auch der Aufstand der Wollarbeiter von 1378. In dieser Zeit tiefgreifender Klassenkämpfe mußte es in der Tat als Ausdruck der Macht erscheinen, wenn die Signoria die Loggia bauen ließ. Ungeachtet oder vielleicht auch gerade wegen der sozialen Konflikte erfolgte 1374 die zweite Beschlußfassung über ihren Bau. 1376 bezeichnete sie eine Urkunde als „angefangen". Am 1. November 1382 kann sie feierlich mit der Amtseinführung der neuen Signoria in Dienst genommen werden.

Das Hauptmerkmal der Loggia sind ihre weiten und hohen Rundbögen, hinter denen sich ein im Vergleich zur Höhe und Breite verhältnismäßig schmaler Tiefenraum öffnet, der durch eine glatte Wand mit Sitzbank abgeschlossen wird. Die den drei Bögen im Inneren entsprechenden Gewölbe ruhen zur Schauseite hin auf Pfeilern mit reich ornamentierten Kapitellen, an der Wandseite auf Konsolen. Die sparsame Ausstattung des Innenraumes lenkte damals den Blick zwangsläufig auf die Wandkonsolen, die als Auflager der Gurtbögen

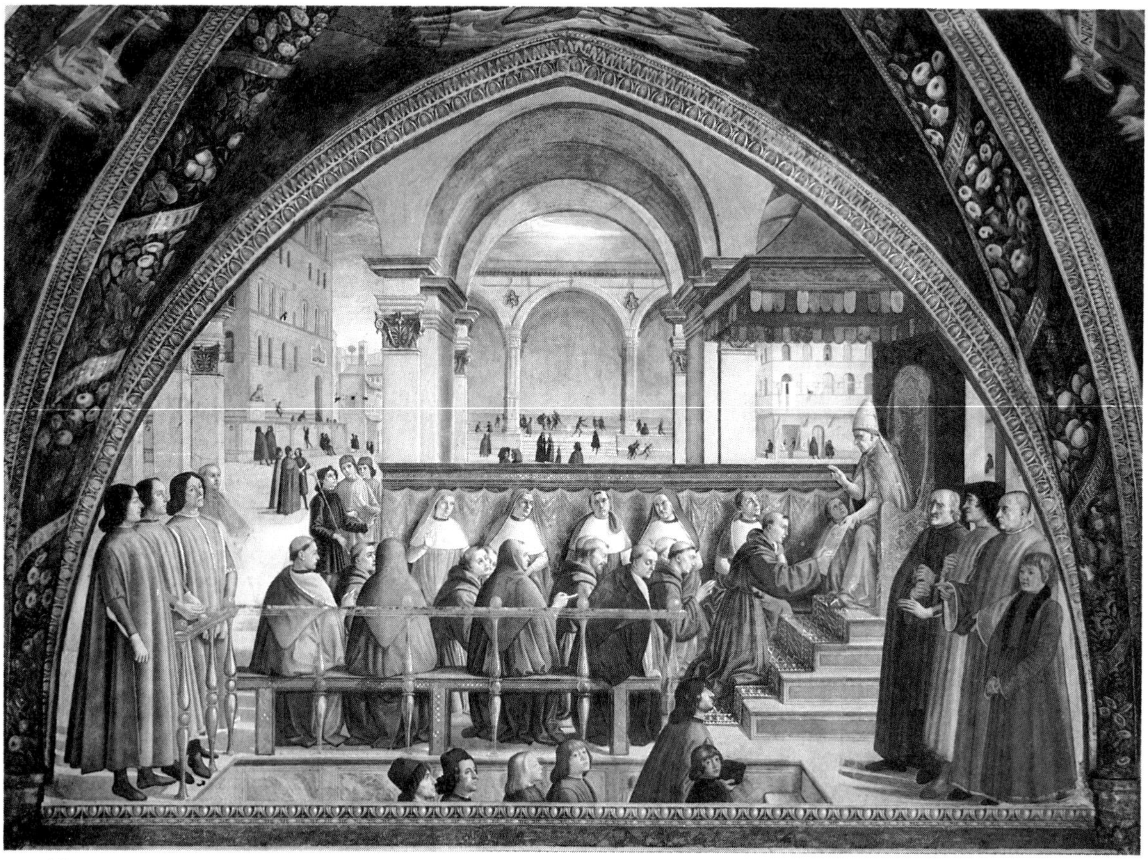

Abb. 8: Domenico Ghirlandaio: Die Bestätigung der franziskanischen Ordensregel durch Papst Honorius III. Fresko. Etwa 1483/86. Florenz, Santa Trinità, Sassetti-Kapelle

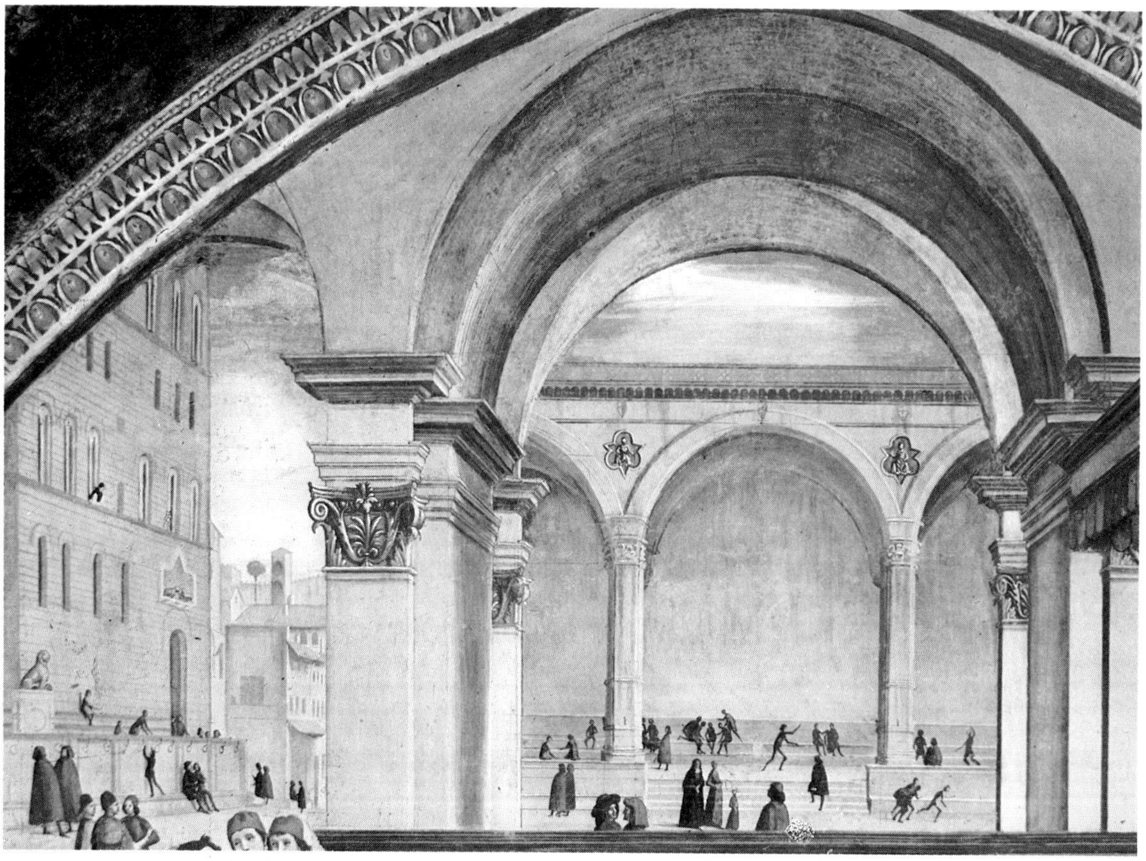

Abb. 9: Domenico Ghirlandaio: Die Bestätigung der franziskanischen Ordensregel durch Papst Honorius III. (Ausschnitt aus Abbildung 8)

zwischen den drei Jochen dienen. Diese beiden Konsolen sind figurativ gestaltet und stellen jeweils Personen vor: Zwei Putten flankieren einen Mann und eine Frau. Offensichtlich sind es Ehepaare, von denen das an der rechten (westlichen) Konsole im Stile der Mode von 1350 gekleidet ist[11] und das der linken (östlichen) antike Gewänder trägt. Klein, aber an bautechnologisch entscheidender Stelle angebracht, deuten diese Paare auf die Funktion der Loggia als Ort der Familie und der ideellen florentinischen Gesamtfamilie in dem Sinne, wie es auch ALBERTI beschreibt. Im Vergleich mit den Figurenkonsolen wirken die verstreut an den Pfeilern angebrachten Löwenstatuetten als Beiwerk. Sie spielen auf das florentinische Wappentier an, das auf der Piazza im „Marzocco" verkörpert ist. Gleichzeitig rufen sie ins Gedächtnis, daß die Florentiner bis zur Machtübernahme der MEDICI hinter dem Palazzo de' Priori ein Löwengehege hielten, in dem die Sinnbilder „trotziger" bürgerlicher Unabhängigkeit lebend besichtigt werden konnten. Im Gegensatz zur sparsam kleinteiligen Dekoration der Loggia im Inneren wirkt die der Schauseite monumentaler, wenngleich sie nicht weniger verhalten ist. In der Attika-Zone sind die Wappen der Republik auf reliefartig modellierten Schilden aufgemalt. In den Zwickeln befinden sich in Dreipässen die Hochreliefs der schon erwähnten Tugenden Stärke, Mäßigung, Gerechtigkeit und Klugheit. Die drei christlichen Tugenden, Glaube, Hoffnung und Liebe, sind an die östliche Schmalseite plaziert.

Die die Gesamtheit der Tugenden spaltende Anordnung an der Loggia wirft ein Licht auf die Gewichtung, die ihnen im politischen Leben der Stadt zugewiesen wird. Oberste Richtschnur des staatlichen Handelns sind die weltlichen, die Kardinaltugenden und nicht mehr die christlichen Tugenden. Während im Turm und im Tabernakel des Palazzo noch die Aneignung kirchlicher Hoheitsformen den Übergang der Macht von der Kirche an den Stadtstaat bekundet, setzt hier die Kommune äußerst selbstbewußt neue Normen. Die Loggia ist sichtbarer Ausdruck der Verweltlichung des politischen Lebens, Zeichen einer Gesellschaft, die nicht mehr ausschließlich jenseitsbezogen denkt und handelt.

Die prospektartige Weite der Loggia de'Signori antwortet auf die breitgelagerte Geschlossenheit des Palazzo. Beide zusammen gesehen, verdeutlichen die Möglichkeiten der florentinischen Politik, die einmal vor der Öffentlichkeit verborgen, hinter den Mauern, dann aber unter den Arkaden sichtbar praktiziert werden kann. Da beide Bauten in den Veduten immer zusammengesehen werden, kann man schließen, daß beide Formen der Politik als sich ergänzend und bedingend gewertet wurden.

Die Uffizien

In den Jahren 1560–1580 wurden an der Straße, die zwischen Loggia und Palazzo beginnt und nach Süden bis zum Arno-Ufer führt, die Uffizien gebaut. In den zwei langgestreckten, einander gegenüberliegenden Gebäuden, die am südlichen Ende durch einen Arkadenbau mit hochliegender Loggia verbunden sind, sollten alle Büros (Uffizi) des Magistrats untergebracht werden. Den Entwurf besorgte der auch als Kunsthistoriograph berühmt gewordene Giorgio VASARI.

Mit diesem Bau wird die Einheit von Palazzo und Loggia empfindlich beeinträchtigt. Die beiden Uffizienflügel vereinheitlichen einen ehemals unregelmäßig bebauten Straßenzug, der nicht unmittelbar zur Piazza della Signoria gehörte, wenngleich die der östlichen Schmalseite der Loggia gegenüberliegende Kirche San Piero Scheraggio symbolisch durch die Öffnung der Loggia und die angebrachten christlichen Tugenden mit dem Platz verbunden war. Doch die einheitlich streng gegliederte Fassadenarchitektur der Uffizien, die dicht an den Palazzo anschließt und die Loggia überschneidet, erzeugt eine starke Bewegungsrichtung. Die hohen, eng gegenüberstehenden Fassadenflügel der Uffizien lassen den Durchgang zwischen Palazzo und Loggia zu einer Schlucht mit Sogwirkung zum Arkadenbau am südlichen Ende, der Arcata di collegamento, werden *(Abb. 10)*. Lag vorher der Brennpunkt der Piazza della Signoria im Portal des Palazzo, so liegt er nun im Zwischenraum beider Bauten. Giorgio VASARI gibt mit dieser Anlage ein glänzendes Beispiel seiner Fähigkeit, die republikanische Aussage des Ensembles zu verwandeln.

Wie im ehemaligen großen Ratssaal, der zur herzoglichen Audienzhalle umgestaltet wurde, gelang es ihm auch auf der Piazza, den republikanischen Prospekt in ein absolutistisches, in der Tiefenwirkung übersteigertes Szenarium zu verwandeln. COSIMO I., der von MICHELANGELO eine Zeichnung für den Magistratsbau der Uffizien wünschte, soll von diesem zur Antwort bekommen haben, er solle nur die Loggia weiterführen und die gesamte Piazza della Signoria mit Arkaden umgeben. Nach VASARI habe der Herzog diesen Plan nicht in Angriff genommen, da er zu hohe Kosten verursacht hätte.[12] In Wirklichkeit dürften es inhaltliche Gründe gewesen sein, die ihn von MICHELANGELOS Projekt abhielten. Denn dieser griff, wie häufig auf Anfragen der Medici-Herzöge, zu einer List, zur List eines Republikaners, der die alte Idee der Piazza retten wollte.

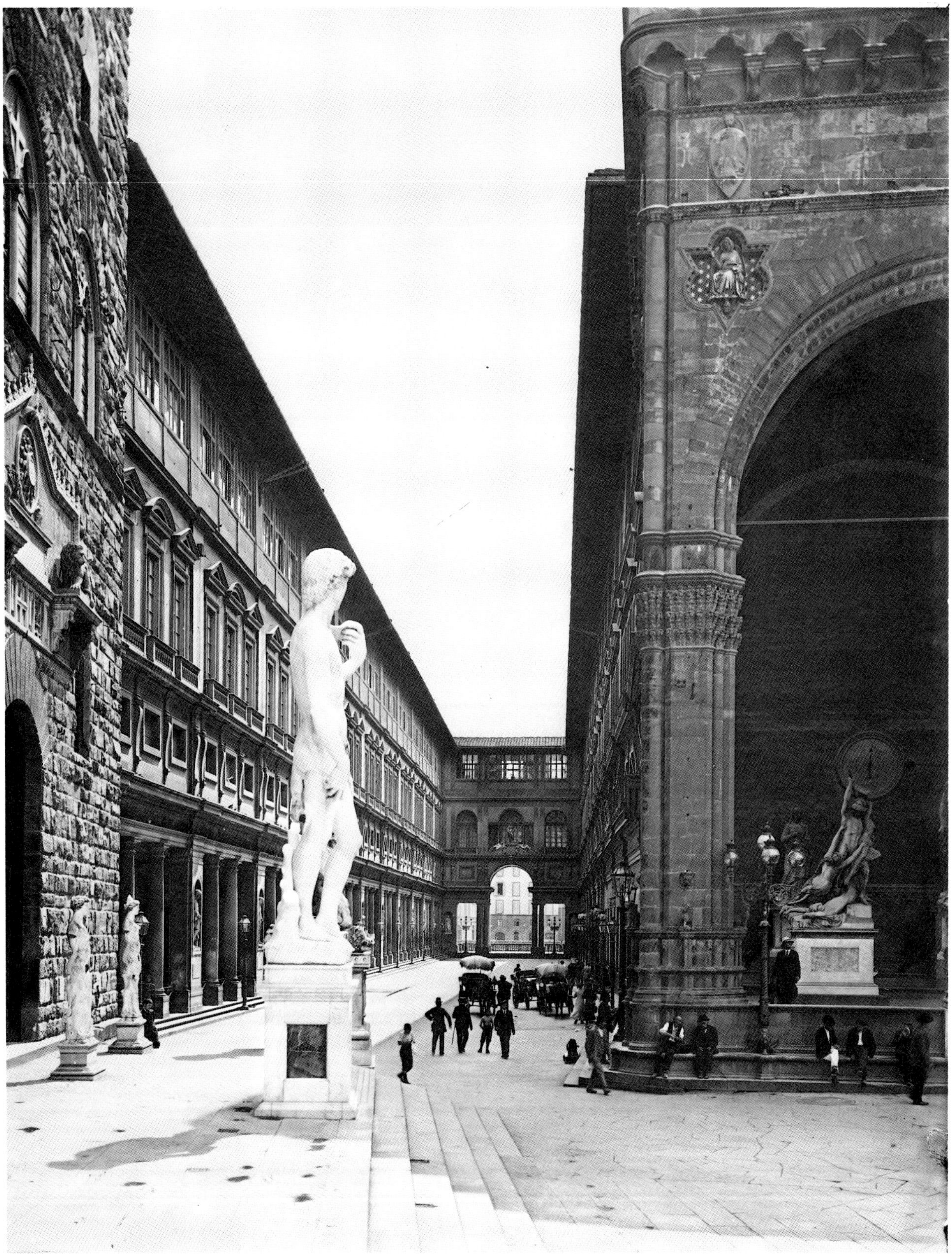

Abb. 10: Florenz, Uffizien. Am Ende die Arcata di collegamento *(Abb. 19)*

Die Skulpturen der Piazza della Signoria

Im 1. Abschnitt haben wir die Geschichte der Piazza della Signoria bis ins 14. Jahrhundert verfolgt. Der Platz, der nach und nach um den Palazzo de'Signori entstand, entwickelte sich mit dem Bau der Loggia de'Signori schnell zum politischen und kulturellen Mittelpunkt von Florenz. Die Funktion eines Marktplatzes hatte er nie. Die Gestaltung der Piazza dokumentierte den Übergang der Stadt von der Adelsherrschaft zur republikanischen Regierung und die Selbständigkeit der städtischen Obrigkeit gegenüber der Kirche. Sichtbarer Ausdruck für einen weiteren Funktionswechsel des Platzes ist dessen Figurenprogramm, das Herzog COSIMO I. und sein Nachfolger FRANCESCO I. zwischen 1545 und 1594 durchsetzen.

Die praktisch-politische Ausstattung der Entstehungszeit

Die zunächst sparsame Ausstattung von Platz und ihn umgebenden Bauten bis 1495 ergab sich fast naturwüchsig. Um die Mitte des 14. Jahrhunderts schmückten vier sitzende Löwen aus vergoldetem Sandstein die vier Ecken des Palazzo de'Signori. Sie betonten die Allansichtigkeit des Bauwerkes und zugleich die Macht der Kommunalverwaltung. Das Reliefprogramm der Loggia beschrieb die Art der städtischen Macht, die Methode der politischen Verwaltung. Der skulpturale Schmuck wandte sich weniger an die Schaulust als vielmehr an die Bereitschaft der Bürger, die Prinzipien der in Florenz bevorzugten Formen der politischen Praxis zu erinnern und umzusetzen. Die „wenigen und dabei großartigen Motive" des Ensembles – so Jacob BURCKHARDT – waren für Auge und Sinn die „einzig wohltuenden", ohne sie vollends zu vereinnahmen.[13]

Die in die architektonischen Großformen des Platzes wie in die dekorativen Kleinformen eingegangenen Bedürfnisse und Vorstellungen sind so offen formuliert, daß sie als endlicher Handlungsspielraum erscheinen, in dem die Beteiligten beliebig – sei es kritisierend, revoltierend, umstürzlerisch, sei es versöhnlich – miteinander umgehen können. Die ästhetische Erscheinung des gesamten Ensembles diente nicht als Fluchtpunkt, sondern als Ort realer und umsetzbarer Erfahrung.

Das Idealbild des republikanischen Menschen

Gegen Ende des 15. Jahrhunderts änderte sich die politische Lage der Stadt: Einerseits wurde die Idee der Republik radikalisiert, andererseits drängten überregionale politische Interessengruppen auf einen absolutistisch regierten Flächenstaat. Unter der geistigen Führerschaft des Mönches Girolamo SAVONAROLA (bis 1498) und unter der Staatsleitung des Piero SODERINI (1502–1512) wollte die Republik durch die Aufstellung von Skulpturen das Idealbild des republikanischen Menschen propagieren.

Donatellos „Judith"

Das erste Bildwerk, das aufgestellt wurde, war die von DONATELLO gefertigte „Judith", die bis dahin im Hause der MEDICI gestanden hatte *(Abb. 11)*. In ihrer Aneignung durch die Signoria enthüllt sich die Absicht, welche die MEDICI mit der Auftragsvergabe der Judith-Statue gehabt hatten: Die Figur fand ihren neuen Platz zwischen dem Eingang des Palazzo della Signoria und der Rednertribüne, mit der Inschrift:

Dies Beispiel öffentlichen Heiles errichteten die Bürger 1495

Diese Inschrift betont, daß die Judith des Alten Testaments, als sie den assyrischen Feldherrn Holofernes tötete, zum Wohle des gesamten Staates handelte und daß sie darin Vorbild sein sollte. Im Hause der MEDICI aufgestellt, bedeutete die Skulptur die Aneignung dieser Ansprüche durch eine Familie.[14]

Die Überführung der Skulptur vor den Palazzo de'Signori macht also deutlich, daß die demokratische Regierungsgewalt wieder zum Palazzo zurückverlagert ist und hier ordnungsgemäß und im Sinne des Gemeinwesens ausgeübt wird. Gleichzeitig jedoch wird Judith als Vorbild des Vorgehens gegen Tyrannenwillkür hingestellt. Die politischen Handlungsanweisungen, die bisher in den an der Loggia angebrachten Tugenden Stärke, Mäßigung, Gerechtigkeit und Klugheit eher allgemein formuliert waren, werden hier für den Extremfall

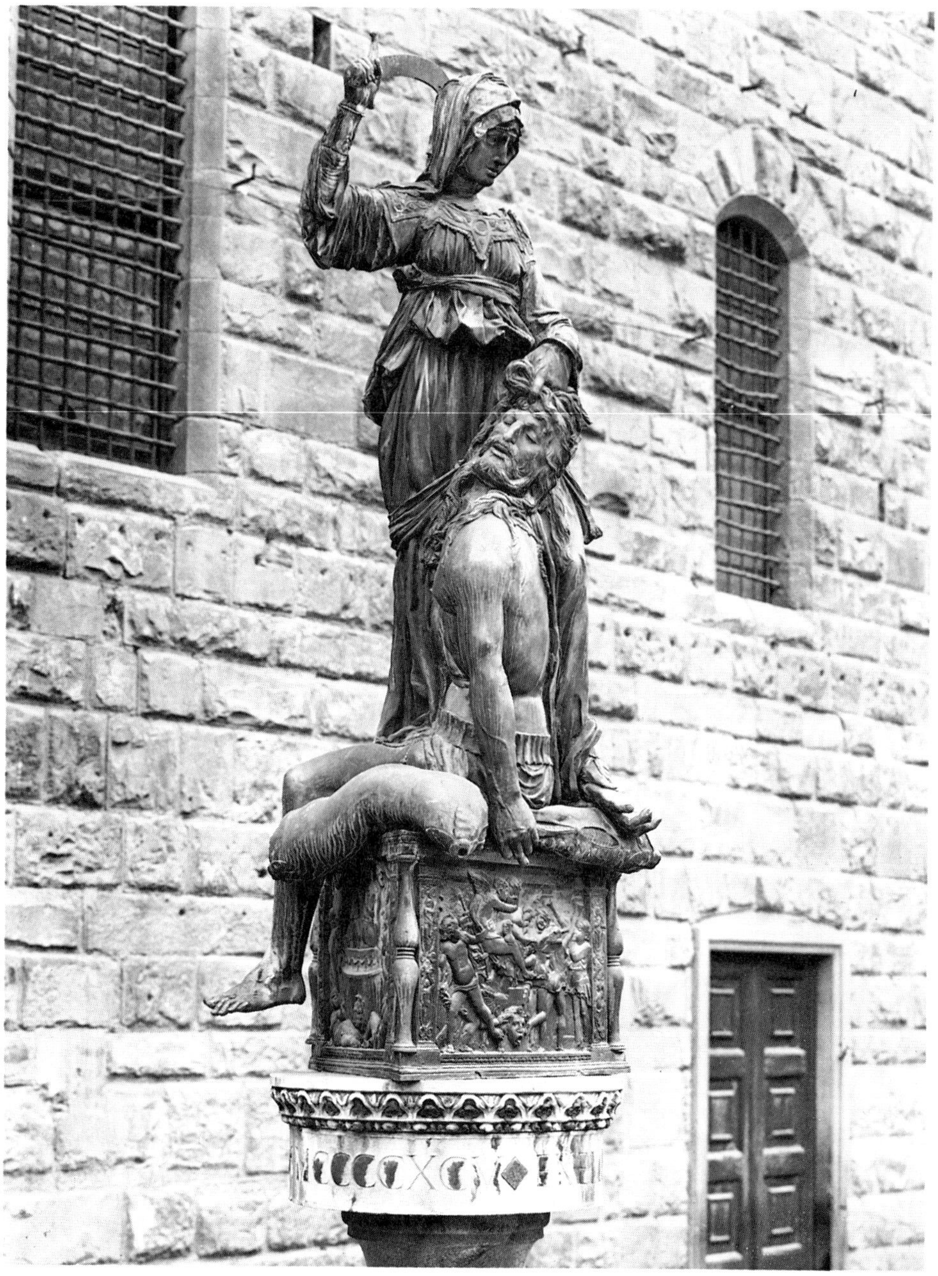

Abb. 11: Donatello: Judith. Florenz, Palazzo de'Signori

spezifiziert. Dies läßt indirekt darauf schließen, wie bedroht sich die 1494 erneuerte Republik fühlte. Zu befürchten war ja nicht allein die gewaltsame Wiederkehr Pieros DE' MEDICI, sondern auch die Machtaneignung durch antirepublikanische Gruppen und die Invasion ausländischer Truppen. Erst aus der inneren Unsicherheit heraus kommt es also zu einer programmatischen, skulpturalen Ausgestaltung der Piazza. Das, was einmal selbstverständlich war, bedurfte jetzt der ausdrücklichen Betonung.

Dem Streit zwischen den Befürwortern einer Demokratisierung der Verfassung und einer autoritären Staatslenkung fiel schließlich 1498 der Mann zum Opfer, der, wenn auch religiös motiviert, für eine breite Beteiligung der Bürger an der Machtausübung eingetreten war: der Dominikanermönch Girolamo SAVONAROLA. Er wollte als wortgewaltiger und vielgehörter Prediger ein tugendhaft erneuertes Florenz, und hatte die Aufstellung der Judith vor dem Palazzo de'Signori mitveranlaßt. 1498 wurde er auf der Piazza hingerichtet – als Opfer des allgemeinen politischen Kalküls, das immer häufiger durch den Rechtfertigungsdruck gegenüber den zentralistisch verwalteten Territorialstaaten eingeengt wurde *(Abb. 12)*.

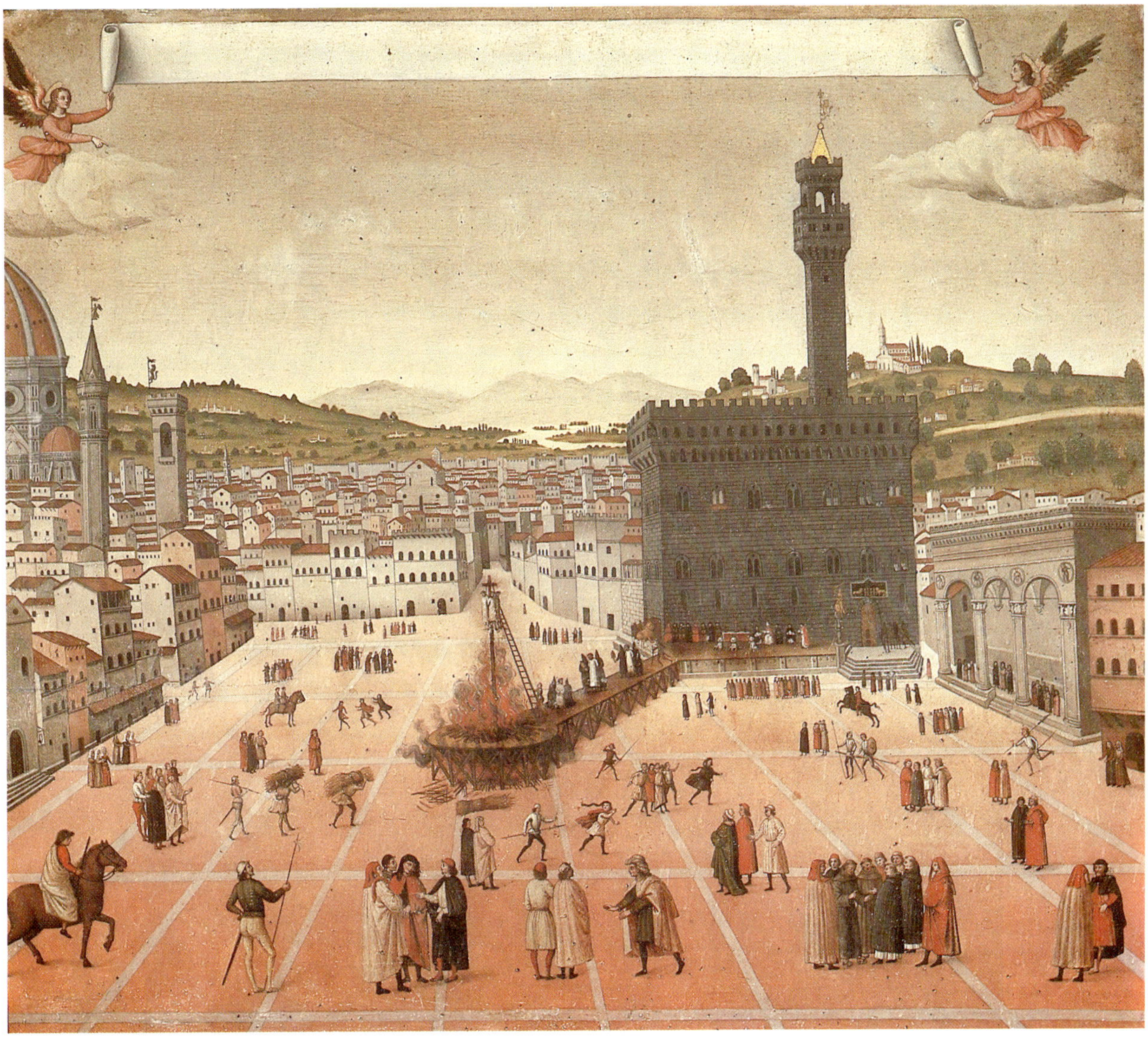

Abb. 12: Anonym: Hinrichtung Savonarolas. Anfang 16. Jahrhundert. Florenz, Museo di San Marco

Das Bildwerk der *„Judith"* unterstützte in seiner Stellung die unter SAVONAROLA betriebene Politik, die staatlichen Entscheidungen auf möglichst breiter Beteiligungsbasis der Bürger zu fällen. Das Standbild vermittelte zwischen dem Innenraum des Palazzo und dem Außenraum, der Piazza, als möglichem Versammlungsort des Parlamentes, für das wenig später der Saalanbau östlich des Palazzo bezugsfertig war.

Michelangelos „David"

1504 wurde die Judith-Skulptur des DONATELLO durch die monumentale David-Statue des MICHELANGELO ersetzt *(Abb. 13 und 14)*. Anders als die *„Judith"* verbildlicht der *„David"* nicht die Reaktion auf den extremsten Angriff auf die Republik, sondern beständiges Verhalten in der Republik. MICHELANGELO hat den jugendlichen David nicht als Sieger über den Riesen Goliath dargestellt. Vielmehr deuten die offene Beinstellung, die spannungsvolle Vielfalt des Muskelspiels, der wie in einer plötzlichen Bewegung seitlich gedrehte Kopf auf innere Konzentration und lassen sich als Versuch der Wiedergabe eines flexiblen, reaktionsschnellen Menschen lesen, dessen die Republik bedarf. David ist hier nicht mehr derjenige, der stellvertretend für alle sein Volk befreit, sondern er ist das Modell des aufmerksamen Republikaners.

Daß die Symbolfigur der *Republik* mit der Aufstellung des *„David"* ein Mann wird, hat nicht zuletzt geschlechtsspezifische Gründe. Mit der Entfernung der Judith – dies wird 1504 auch eindeutig betont – schreibt die florentinische Republik die

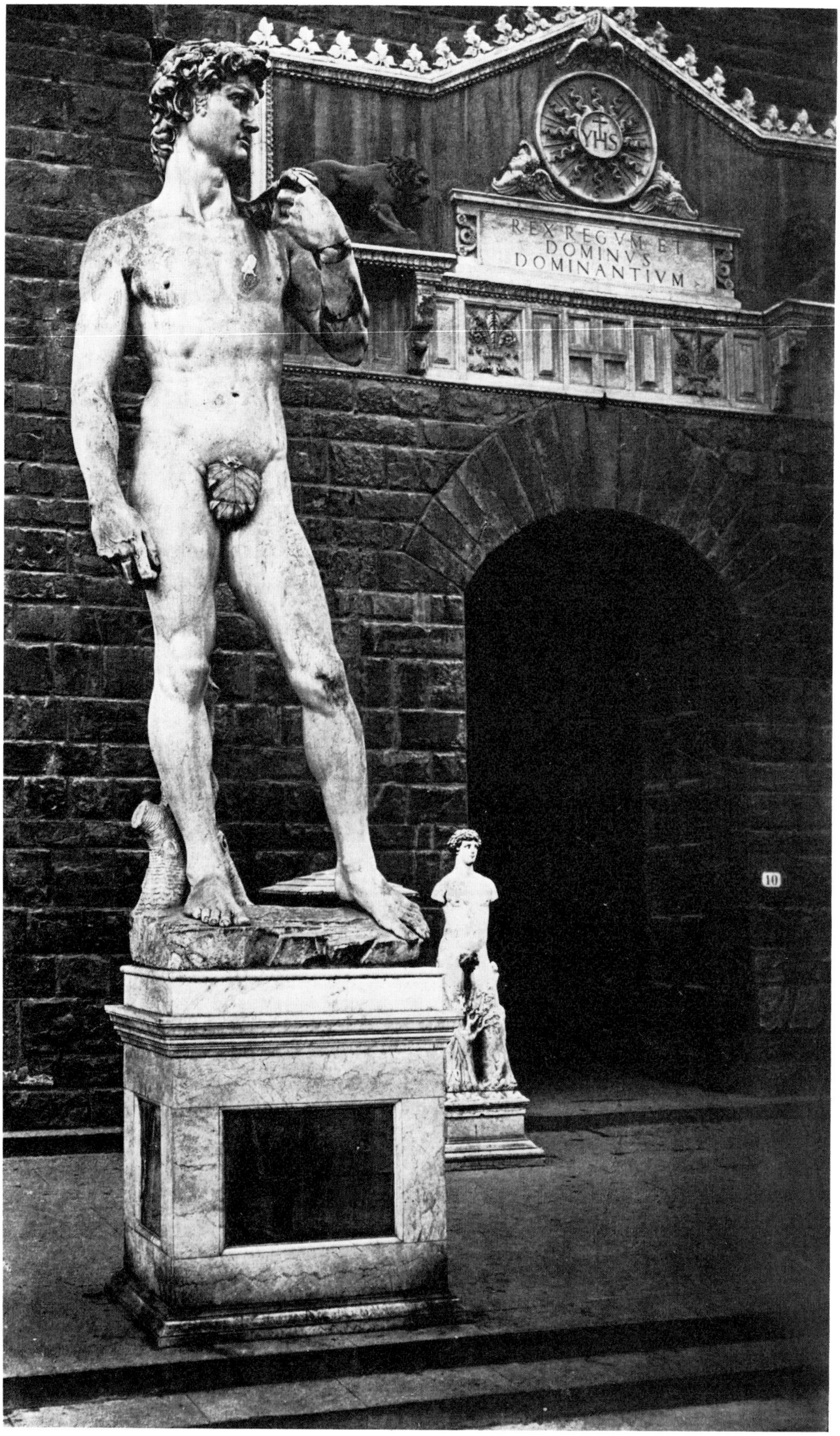

Abb. 13: Michelangelo: David. Florenz, Piazza della Signoria, Haupteingang des Palazzo de'Signori

gesellschaftliche Arbeitsteilung zwischen Mann und Frau fest. Die Frau wird endgültig zur Herrin des Hauses, der Mann zum Beherrscher der Angelegenheiten der Republik.

Mit der Aufstellung der Plastik neben dem Portal des Palazzo war weniger die Absicht verknüpft, einen Anfang mit der skulpturalen Ausschmückung der Piazza della Signoria zu machen, als vielmehr den Blick auf den Eingang des Rathauses zu lenken und die eher unscheinbare Öffnung zu betonen. Im Gegensatz zur heutigen Aufstellung der Kopie stand das Original, wie die *„Judith"* DONATELLOS, bis zum Abbruch der Rednertribüne näher vor der Palazzo-Wand. Erst die Kopie wurde bei ihrer Errichtung im frühen 20. Jahrhundert auf eine Fluchtlinie mit BANDINELLIS *„Herkules und Cacus"* gestellt.[15] Der *„David"* MICHELANGELOS war demnach viel stärker an die Wand des Palazzo gebunden und entfaltete sich weniger autonom gegenüber der Architektur. Mit Hilfe des neben dem Eingang aufgestellten *„David"* MICHELANGELOS wurde gewissermaßen das Tor des Palazzo de'Signori geöffnet. Denn die Skulptur sollte die Distanz zwischen Drinnen und Draußen aufheben und die geschlossene Sockelzone des Palazzo symbolisch auflösen.

Diese Funktion ergab sich auch daraus, daß die Signoria dem Palazzo de'Signori neue Aufgaben zuwies. Schon 1495 war an der östlichen Langseite des Palazzo mit dem Anbau eines großen Saales begonnen worden, der die Vertreter des neueingerichteten Großen Rates aufnehmen konnte. Dieser Rat, der, wie es damals hieß, von nun an der wahre Herr von Florenz sein sollte, bestand aus allen Bürgern, die entweder selbst oder deren Vater, Großvater oder Urgroßvater Inhaber eines der höheren Ämter gewesen waren. Überstieg diese Zahl der ratsfähigen Bürger die Menge von 1500, so sollte sie durch Los in drei Teile geteilt werden, die abwechselnd sechs Monate die Beschlüsse faßten. Das Rathaus wird durch diese Regelung auch praktisch-politisch zum öffentlichen Bauwerk.

Am 25. Februar 1496 konnte der große Ratssaal, obwohl noch nicht vollständig ausgestattet, in Betrieb genommen werden. Der Vielzahl der Ratsmitglieder, die nun durch das Portal des Palazzo schritten, dürfte der 1504 aufgestellte *„David"* als Muster vorbildlichen Verhaltens und kluger Umsicht erschienen sein. Mit gleicher Absicht dürfte er auch den Bürgersoldaten, die sich zu Musterungen auf der Piazza versammelten, vorgestellt worden sein. Die Figur des nackten Jünglings, dem jedes Herrschaftsgebaren fehlt und dem keine irdische Instanz einen Befehl erteilt, wird damit mehrfach als Symbol des mündigen Bürgers bestätigt.

MICHELANGELOS Skulptur steht auch zur außenpolitischen Entwicklung der Jahre 1500 bis 1512 in enger Verbindung. Die Republik war damals den massivsten Anfeindungen ausgesetzt. Dem Papst wie dem Kaiser wurde sie von den aus Florenz geflohenen Gegnern als ärgste Bedrohung der Ordnung hingestellt, so daß die Stadt ständig um das Überleben kämpfte. Um der militärischen Bedrohung vorzubeugen, entwickelte der Staatssekretär und Berater der florentinischen Regierung, Niccolò MACHIAVELLI, die Idee des Volksheeres, das aus Bürgersoldaten bestehen sollte und jederzeit zu den Waffen zu rufen war. Er knüpfte mit dieser Konzeption an die Pläne frühhumanistischer Politiker und Denker in Florenz an und hatte die Vorbilder der großen Volksheere in Frankreich und Spanien sowie die schweizerischen Freischärler vor Augen. Die Idee der Miliz war freilich in Florenz nicht unumstritten. Denn derjenige, der sich ein Heer schuf, konnte damit auch gleichzeitig zum inneren Machtfaktor werden. Die Opposition des Staatsoberhauptes Piero SODERINI war daher zu beschwichtigen und davon zu überzeugen, daß die Aufstellung des Bürgerheeres ausschließlich der Verteidigung der Republik diene. MICHELANGELOS *„David"* sollte unter anderem auch diese Botschaft vermitteln. Darüber hinaus stellte er jedoch jenes republikanische Ideal des Menschen vor, der sich entschließt, aus freien Stücken zu handeln, und keinen Herrn außer Gott über sich duldet.

In diesem Zusammenhang hat die Skulptur einen weiteren Bezug zum Portal des Palazzo. Seit alters her trug es den Namen „Christusportal". Bei feierlichen Prozessionen war in dem Portal in der Regel ein Christusaltar hergerichtet. Während der letzten florentinischen Republik, zwischen 1527 und 1530, veranlaßte der Staatsmann Niccolò CAPPONI 1529 über der Tür die Inschrift „Jesus Christus, Rex Florentini Populi S. P. Decreto electus" – nach einem Ausspruch SAVONAROLAS, der Christus zum einzigen Herrn über Florenz erklärt hatte: „Jesus Christus, König des florentinischen Volkes, gewählt durch Beschluß". 1551 ließ COSIMO I. diese Inschrift ersetzen durch die heute noch vorhandene: „Rex regum et Dominus dominantium". Diese unter dem Christusmonogramm im Strahlenkranz stehende Inschrift macht Jesus zum „König der Könige und Herrn der Herrscher". In der Lesart der Republik war David derjenige, der sich von Befehl und Waffen seines Herrn Saul frei macht und in eigener Entscheidung und mit eigenen Waffen kämpft. Durch die Umschrift wird David zum Befehlsempfänger des Herrschers von Gottes Gnaden.

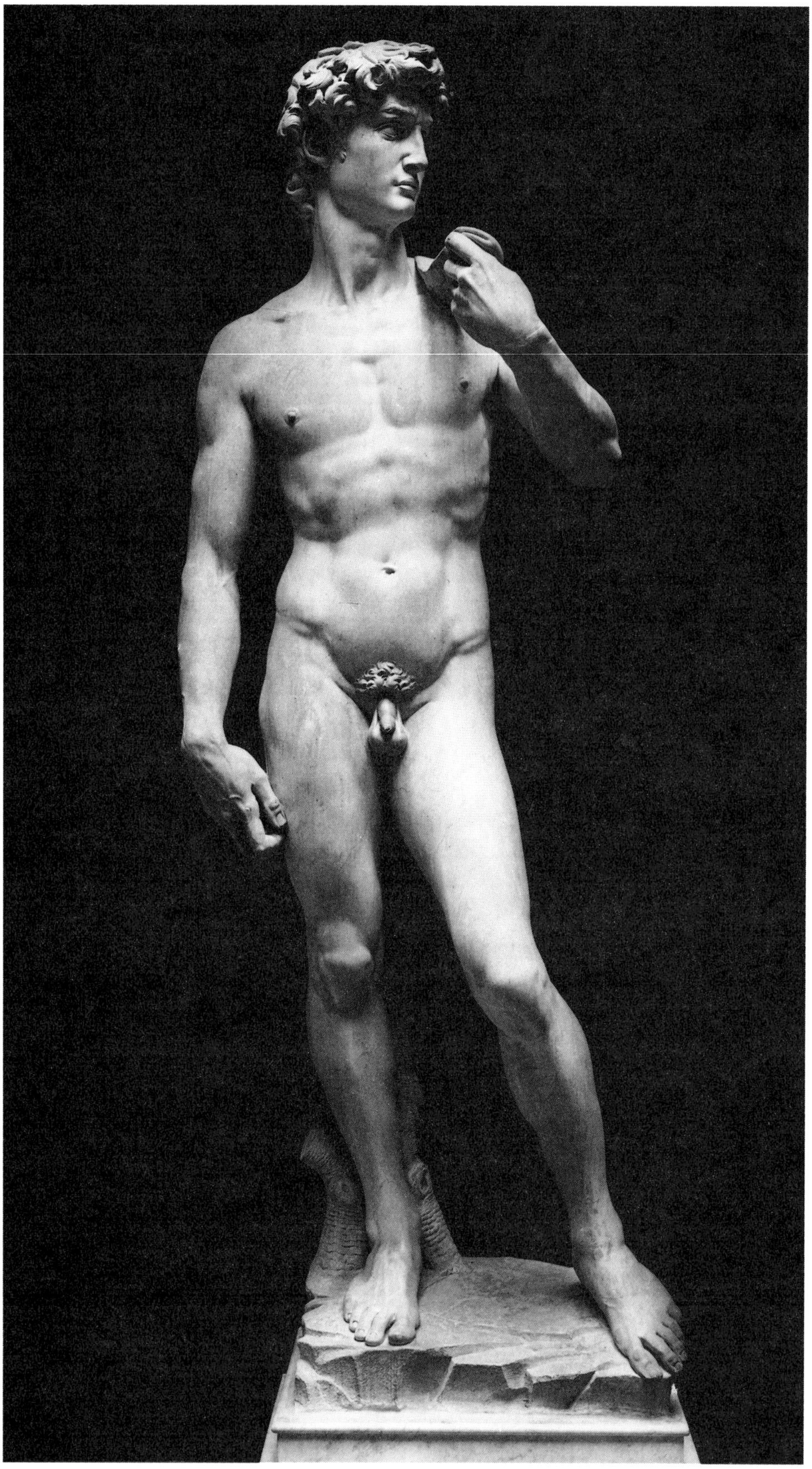

Abb. 14: Michelangelo: David. Marmor. Florenz, Galleria dell'Accademia

Der scheinbar nebensächliche Tatbestand der Sinnsetzung und Sinnumwandlung am Portal verdeutlicht den engen Bezugsrahmen von Form und Symbol in der republikanischen Zeit und den engen Spielraum der späteren Herzöge von Florenz. Jenen Spielraum zu durchbrechen, fiel um so schwerer, als MICHELANGELOS Skulptur des *„David"* einen beispiellosen Ruhm besaß. Der Künstler hatte sie aus einem Block geschlagen, an dem sich zuvor schon andere versucht hatten. Der Block lag seit langem in der Bauhütte des Domes. Aus der horizontalen Lagerung des länglichen Steines kann man schließen, daß der spätmittelalterliche Bildhauer den flach liegenden Marmor von oben in die Tiefe bearbeitet hat. Da Blöcke dieser Größe schwer zu beschaffen waren, setzte man besonders im 15. und 16. Jahrhundert den Ehrgeiz daran, derartig vorgearbeitete Stücke kunstfertig zu meistern, ohne Ergänzungen vornehmen zu müssen.

MICHELANGELO erkannte, daß der liegende Block nur an der Oberseite intensiv bearbeitet war und ließ ihn deshalb, wie der Chronist VASARI ausdrücklich berichtet, aufrichten. Dabei muß er festgestellt haben, daß bei Umkehrung der Seiten durchaus eine qualitätvolle Skulptur zu gestalten sei. Er machte folglich die ehemalige Rückseite zur Vorderseite der neuen Gestalt. Betrachtet man den *„David"* von der Seite, ist leicht erkennbar, daß die gehöhten Teile des Körpers, Knie und linke Hand, bis zum Rand des ehemaligen Steinblocks reichen, während auf der Rückseite viel Material verschenkt wurde.[16] Da man um MICHELANGELOS Ökonomie der Steinbearbeitung weiß, dürfte er diese Materialverschwendung nicht verursacht haben. MICHELANGELOS Leistung bestand auch hier in einer List, die seine Skulptur um so bewundernswerter machte. Seine Arbeitsweise wurde sprichwörtlich und ging sogar in die politische Theorie MACHIAVELLIS ein. Unzweifelhaft wird hier auch deutlich, wie eng künstlerischer und politischer Gehalt aneinander gekoppelt sind und für die Renaissance ungeschieden zusammengehören.

Die Legitimation mediceischer Macht

Im Jahre 1512 erzwangen die MEDICI mit Hilfe ausländischer Interventionstruppen ihre Rückkehr nach Florenz und leiteten das Ende der Republik ein. MICHELANGELOS *„David"*, die Verkörperung des wachsamen Republikaners, mußte ihnen ein Dorn im Auge sein. Die besondere Rolle und der besondere Ruhm des *„David"* machten es ihnen jedoch unmöglich, die Skulptur wegschaffen oder gar zerstören zu lassen. Es mußte daher das Ziel ihrer Kunstpolitik sein, diese Idealgestalt der Republik mit anderen Mitteln zu entwerten. Dabei kam es gelegen, daß bereits die Regierung der Republik die Anschaffung einer weiteren Skulptur geplant hatte, die als Pendantstück zum David aufgestellt werden sollte. 1508 hatte man MICHELANGELO den Auftrag erteilt, eine Herkulesfigur zu schaffen; Herkules war, wie David, eine wichtige Symbolfigur der Stadt Florenz. MICHELANGELO hatte diesen Auftrag bis 1512 wegen anderer Verpflichtungen nicht ausführen können. Nun lag es nahe, daß die MEDICI sich der Beschaffung der Skulptur annahmen und sie in ihrem Sinne gestalten ließen.

Baccio Bandinellis „Herkules und Cacus"

1534 war es soweit: Gegenüber dem *„David"* von MICHELANGELO wurde ein Bildwerk mit Herkulesmotiv aufgestellt *(Abb. 15)*. Sein Schöpfer war Baccio BANDINELLI, ein getreuer Gefolgsmann der MEDICI, deren Abkömmling Alessandro den Florentinern 1532 von KARL V. als Herzog aufgezwungen wurde. Da Alessandro DE'MEDICI sich persönlich für dieses Werk starkgemacht hatte, wurde es mit seiner brutalen Herrschaft identifiziert. Bei der Enthüllung des Standbildes erntete es überwiegend Spott und Hohn, nicht nur, weil die Leistung BANDINELLIS sich nicht mit der MICHELANGELOS messen konnte, sondern auch, weil hier die politischen Interessen des Herzogs so offen zum Ausdruck kamen.

Die Skulpturengruppe stellt Herkules in dem Moment dar, in dem er den Riesen Cacus ergreift. Der Sage nach hauste dieser in einer Höhle, stahl der Bevölkerung das Vieh und tötete in räuberischer Absicht die vorbeiziehenden Wanderer. Herkules erschlug ihn deshalb mit seiner Keule. Im Standbild jedoch hält Herkules den Cacus – so beschreibt es auch Giorgio VASARI – wie einen Gefangenen. In dem Motiv sahen sich die Florentiner als Unterworfene, die von ihrem neuen Herzog im Würgegriff gehalten werden. Umgekehrt identifizierte sich Alessandro mit dem Werk. VASARI schreibt in einer kurzen Notiz:

„Weil aber mit Epigrammen und Satiren auf die Skulptur jedes billige Maß überschritten wurde, ließ Herzog Alessandro, der die Herabwürdigung eines öffentlichen Werkes nicht dulden wollte, einige ins Gefängnis werfen, welche ungescheut öffentliche Sonette anhefteten, wodurch alsbald den Spöttern der Mund gestopft wurde."[17]

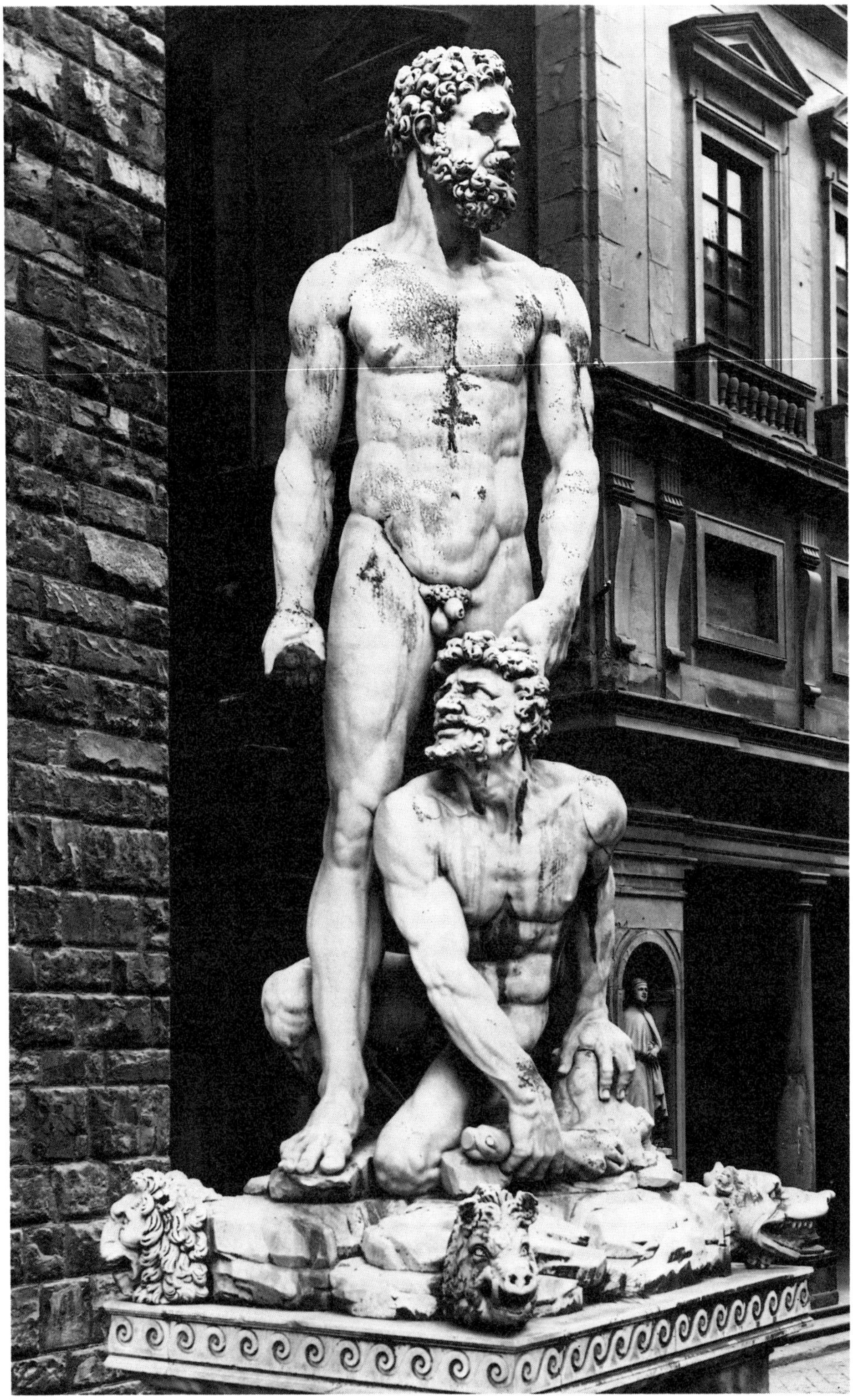

Abb. 15: Baccio Bandinelli: Herkules und Cacus. Marmor. Florenz, Piazza della Signoria

Auf der Piazza della Signoria stand nun erstmals ein Bildwerk, das ganz offen Herrschaft rechtfertigen sollte.

Baccio BANDINELLIS *„Herkules und Cacus"*-Gruppe reagiert in vielen formalen Aspekten auf den *„David"* MICHELANGELOS, doch versucht BANDINELLI ihn zu überbieten. Der Figurensockel wird im Gegensatz zu dem des *„David"* reicher ornamentiert und mit einer Inschrift versehen, die Fußplatte mündet an den Ecken in allegorische Tierdarstellungen. Das verhaltene Bewegungsmotiv beim *„David"* wird im *„Herkules"* zu äußerer Spannung gesteigert. Im Gegensatz zu MICHELANGELOS vollkommener Durchgestaltung von Figur und

Oberfläche zerfällt bei BANDINELLI diese Kraft – eine Tatsache, die dem Vorwurf einer gewissen Brutalisierung der Formauffassung Berechtigung gibt. Entscheidend ist, daß BANDINELLI seine Gruppe weiter von der Wand des Palazzo abrückt. Dadurch wird nicht nur der *„David"* optisch verkleinert, sondern vielmehr auch der Anspruch eines Pendantstückes aufgegeben. BANDINELLIS Skulpturengruppe bezieht sich weniger auf das Portal des Palazzo als vielmehr auf den Zwischenraum zwischen Palazzo und Loggia. Sie versucht, einen neuen Brennpunkt festzulegen. Die Versetzung der Kopie des *„David"* im frühen 20. Jahrhundert auf die Fluchtlinie des *„Herkules"* bringt zwar die Figur wieder zu ihrem Recht, hat jedoch ihren alten Zusammenhang mit dem Portal zerstört.

Benvenuto Cellinis „Perseus"

Die Schmähungen, die BANDINELLI und sein Werk und damit auch die MEDICI von den Florentinern ernteten, mögen COSIMO I. mitveranlaßt haben, der Piazza ein weiteres Bildwerk zu geben. Er konnte den aus Frankreich zurückgekehrten Benvenuto CELLINI dafür gewinnen, eine Bronzegruppe für die Loggia zu arbeiten.

In einer zuvor beendeten Bildnisbüste des Herzogs erscheint dieser in einer Paraderüstung, auf deren Brustpanzer das Haupt der Medusa prangt – jener mythologischen Gestalt, deren scheußlicher Anblick die Menschen zu Stein werden läßt. Das Haupt der Medusa hält auch der jetzt neu für die Piazza geschaffene *„Perseus"* in Händen, den CELLINI über ihren Leichnam triumphieren läßt *(Abb. 16)*. Die gemeinsame Motivik von Bildnisbüste und Standbild stellt eine unmittelbare Beziehung zum Auftraggeber her: *„Perseus"* ist COSIMO I., der dem Heroen entsprechende Herrscher, der seine Feinde mit Hilfe der Götter besiegt.

Das Monument macht eine Szene des Perseusmythos zum Hauptereignis, die bis zu diesem Zeitpunkt als Vorgeschichte der Befreiung der Andromeda eine untergeordnete Rolle gespielt hatte. Diese Szene ist nun in den Sockel gerutscht, über dem in vier Nischen die Eltern des Perseus (Zeus und Danae) sowie seine Helfer (Minerva und Hermes) stehen. Der Mythologie zufolge soll Perseus die befreite Andromeda geheiratet haben, so daß das Programm der Gruppe nicht nur als Machtsymbol (Sieg COSIMOS I. über seine Gegner) gelesen werden kann, sondern auch als abstammungsgeschichtliches Symbol verstanden werden muß. Die Perseus-Mythologie wurde damals sehr oft auf Wäschetruhen, welche die Aussteuer bargen und zur Hochzeit überreicht wurden, illustriert. Da mit COSIMO I. die Herzogswürde erblich wird, ist diese Anspielung der Perseus-Gruppe sicherlich gesehen worden.

Bezieht man noch mit ein, daß die Skulptur zur Ehre der Familie MEDICI in der Loggia de'Signori Aufstellung fand, wird deutlich: Hier besetzt eine Familie die ideell für alle florentinischen Familien gebaute Loggia. Die *„Judith"* DONATELLOS, ja auch ein Auftragswerk der MEDICI, kam nun als Pendantstück zum *„Perseus"* in die rechte (westliche) Arkade der Loggia: Damit war die Loggia für die Selbstdarstellung der mediceischen Familie vereinnahmt.

CELLINIS *„Perseus"* wurde am 27. April 1554, dem Jahrestag der Einsetzung der MEDICI in ihr Herzogtum und des Inkrafttretens der neuen Verfassung, enthüllt. Offensichtlich fürchtete COSIMO I. ähnliche Schimpftiraden gegen CELLINIS Werk, wie sie BANDINELLIS *„Herkules"* erfahren hatte. CELLINI schildert jedoch in seiner Autobiographie, wie die Menschenmassen sich vor dem Werk versammelten und „wetteiferten, das Beste davon zu sprechen. Der Herzog stand an einem niedern Fenster des Palastes, das über der Türe war, und so vernahm er, halb verborgen, alles was man sagte. Als er nun einige Stunden zugehört hatte, stand er mit soviel Zufriedenheit und Lebhaftigkeit auf."[18]

Die ästhetische Erscheinung des *„Perseus"* hatte offenbar ihr Ziel erreicht. Der schöne Schein ließ die Vereinnahmung der Loggia, äußeres Zeichen der mediceischen Machtentfaltung, vergessen machen.

Bartolomeo Ammannatis „Neptun-Brunnen" und Giovanni da Bolognas „Reiterstandbild Cosimos I."

Im Jahre 1555 unterwarf Herzog COSIMO I., nach fünfjährigem Krieg, die Stadt Siena und machte sich so zum uneingeschränkten Herrn der Toskana. Er ließ die Seehäfen ausbauen, um sein Herzogtum auch als Seemacht vorzustellen. Die neu hinzugewonnene militärische Stärke wurde in Florenz mit der Aufstellung neuer Bildwerke auf der Piazza della Signoria demonstriert.

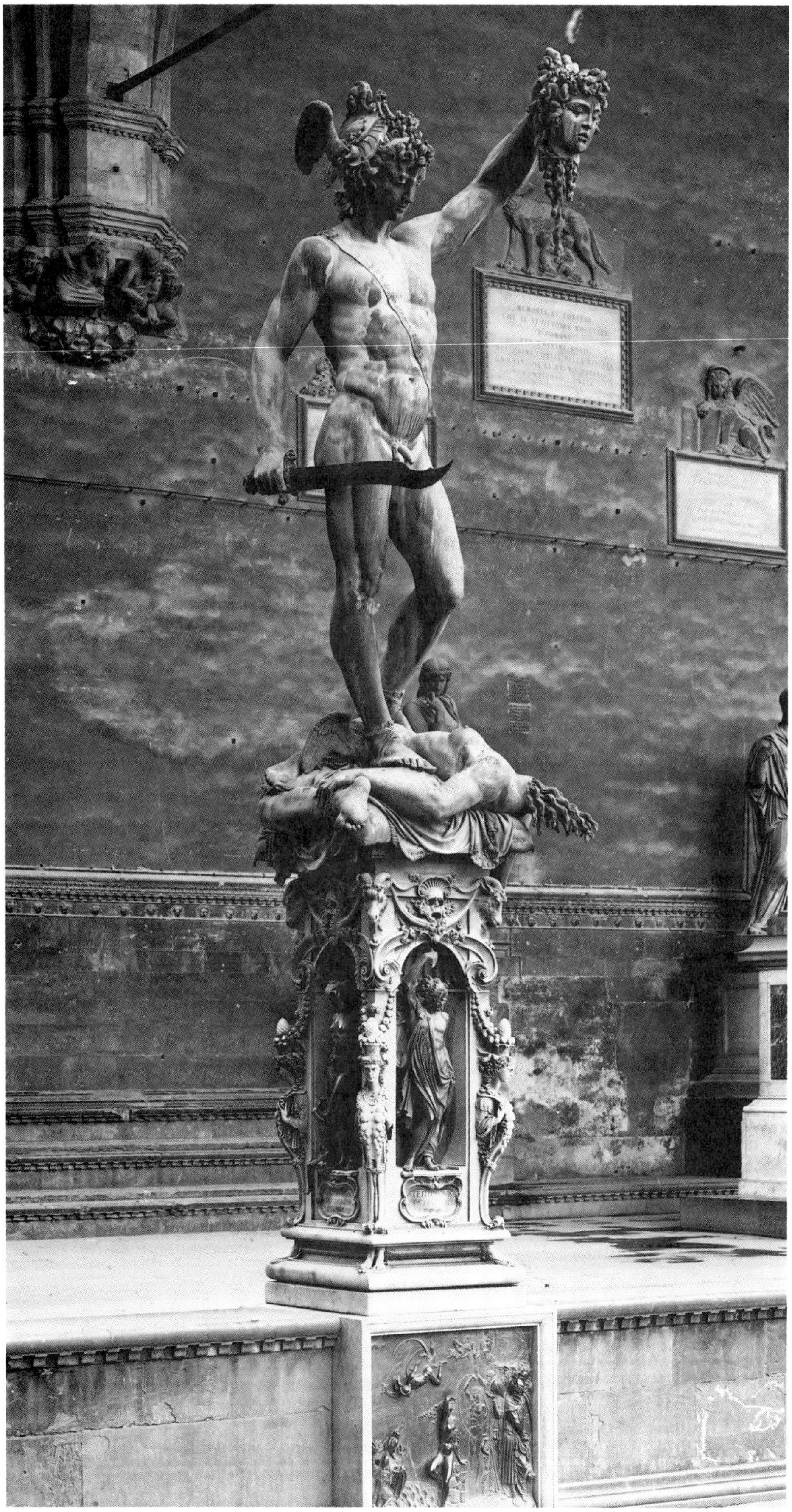

Abb. 16: Benvenuto Cellini: Perseus. Bronze. Florenz, Loggia de'Signori

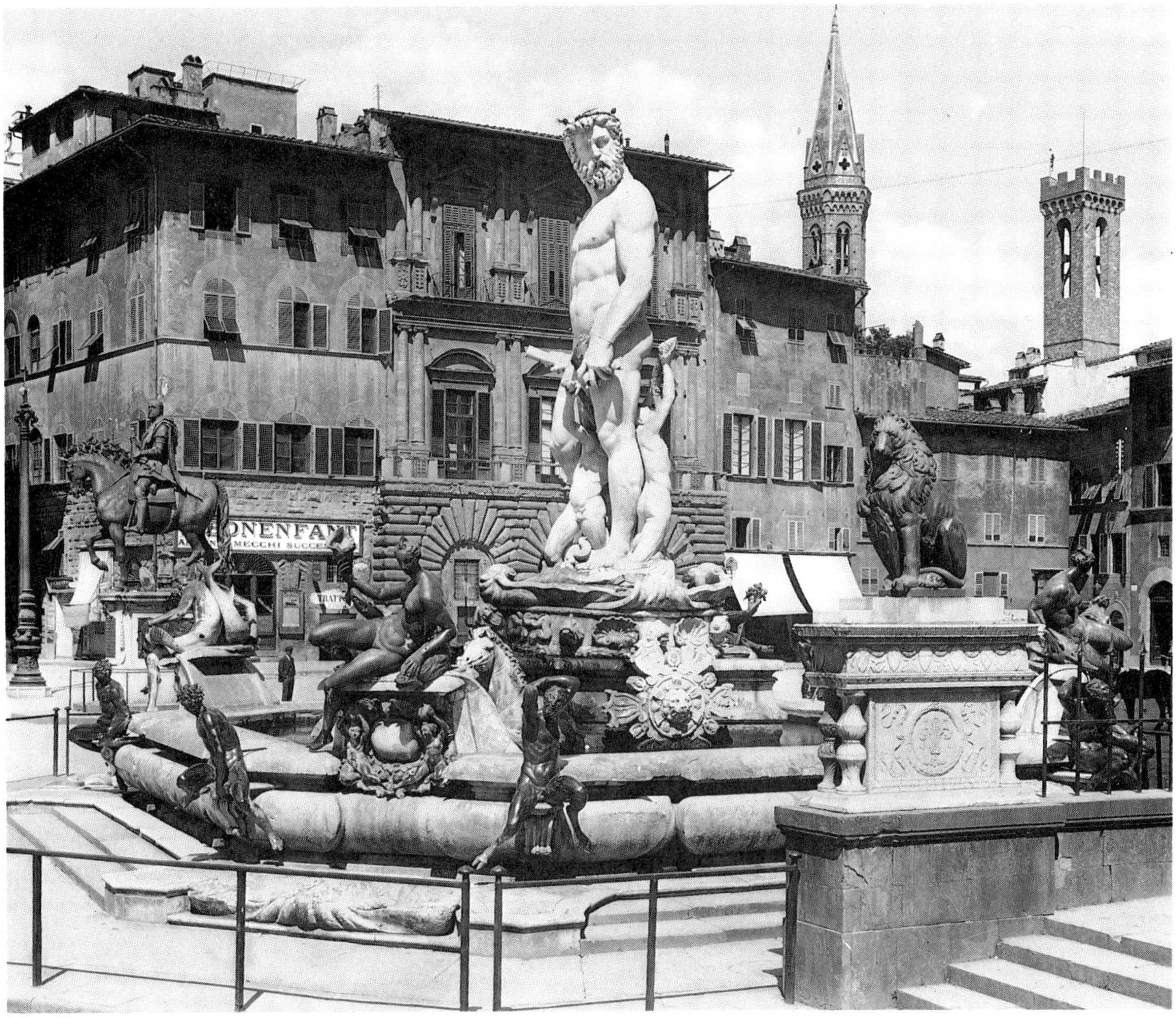

Abb. 17: Bartolomeo Ammannati: Neptun-Brunnen. Florenz, Piazza della Signoria

Mit dem Brunnen, dessen Planungs- und Ausführungsgeschichte mit einem Wettbewerb 1560 begann und der 1575 vollendet war, wurde die klassisch-statische Strenge des Platzes zerstört *(Abb. 17).* Der vielteilige, auf drei Ebenen angeordnete und von Wasser umspielte Brunnen wurde zum reinen Schauobjekt, das die ehemalige repräsentative Funktion der L-förmigen Piazza aufhob. An die Nordwestecke des Palazzo stoßend und die Ringhiera verdeckend, entwertete der Brunnen ein weiteres Instrument republikanischer Praxis.

Die Funktion des 1594 aufgestellten Reiterstandbildes COSIMOS I. *(Abb. 18)* ließe sich mit einer prägnanten Formulierung umschreiben: „Dem Platz wird die Freiheit genommen, das Denkmal hat sie."[19] Durch die Fortführung der Figurenreihe über die nördliche Fluchtlinie des Palazzo de'Signori hinaus wird der L-förmige Platz endgültig gespalten. Die von Bauten umstandene Freifläche existiert nicht mehr für den Gebrauch, sie existiert für die Anschauung der Skulptur.

Die die Piazza rahmenden Bauten werden in den Dienst der Skulptur gestellt. Hielten sich bis in das 16. Jahrhundert hinein Großform (Architektur) und Kleinform (Dekor/Skulptur) die Waage, bedingten sie einander, so zähmt nun die herrscherliche Plastik ihr Umfeld. Die Reihung der Skulpturen vor der Westfassade und die Verlängerung dieser Reihe über die Nordseite des Palazzo hinaus schaffen einen „Statuenspalier", der „optisch die Masse der Rathausarchitektur" und der Loggia de'Signori zurückdrängt. Durch ihn bestimmt sich der Blick über die Piazza, der vom Reiterstandbild COSIMOS I. zwangsläufig in die Uffizienschlucht einmündet, wo er sich auf die Arcata di collegamento, den Verbindungstrakt der beiden Uffizienflügel, festgelegt. Auch hier erscheint der Herzog COSIMO I. zwischen den Darstellungen der Strenge *(rigore)* und Billigkeit *(equità) (Abb. 19).* Ausgangspunkt wie Endpunkt des Blickes ist über die suggestive Tiefenerschließung der Fürst.

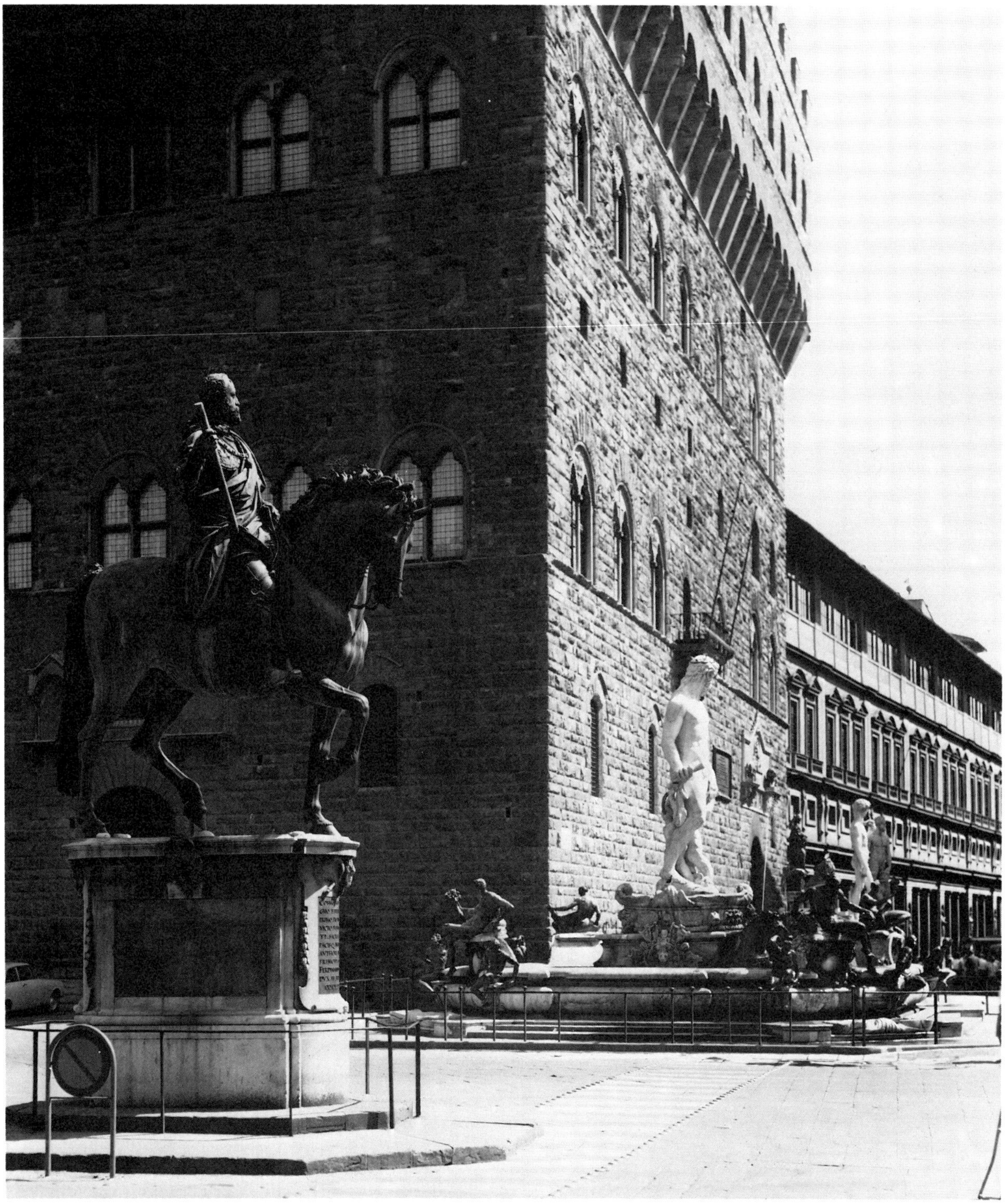

Abb. 18: Giovanni da Bologna: Reiterstandbild Cosimos I. Florenz, Piazza della Signoria

Auf einer der Reliefplatten des Sockels des Reitermonumentes ist die Huldigung der Stadt Florenz an den Herzog dargestellt: Der Fürst erscheint nicht nur leiblich präsent, sondern auch als Bild seiner selbst in einer hoch angebrachten Büste. Die Verdoppelung des Herrschers betont seine Allgegenwärtigkeit und die Botschaft, daß er Ausgangspunkt und Ziel jedes Blickes, jeder Handlung ist. Selbstverständlich schaut der Untertan zum Herzog hinauf, während dieser auf ihn herabsieht. So verhält es sich nicht nur im Bilde der Huldigung auf der Reliefplatte, sondern auch in der Wirklichkeit. Von den Loggien der Uffizien, der Terrasse der Loggia dei Lanzi, wo die MEDICI einen Garten anlegen lassen, kann der fürstliche Blick in viele Richtungen gehen. Inmitten der Stadt und über ihr hatte der Herzog alles im Blick und damit auch im Griff – zumal ihm eine Geheimpolizei zur Seite stand.

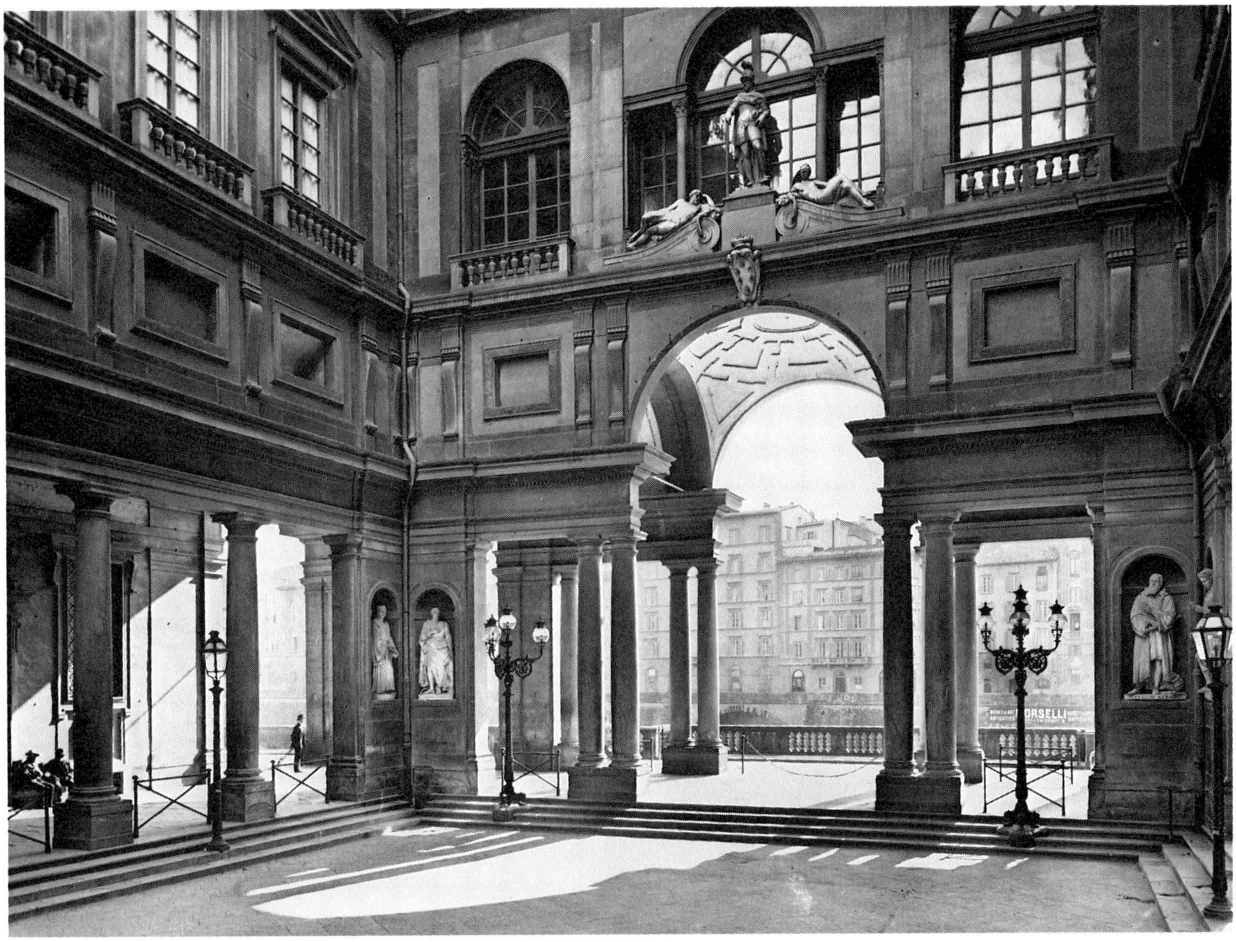

Abb. 19: Florenz, Uffizien, Arcata di collegamento mit Figur Cosimos I. über dem Torbogen

Die Veduten der Piazza della Signoria

Die auf den Besucher abzielende Wirkung des Platzes, die sich mit der Erweiterung der Figurenprogramme ergibt, wurde durch die bildlichen Wiedergaben *(Veduten)* in Stichen, Fresken, Gemälden und Einlegearbeiten zum Muster erhoben. Bei Figurenaufstellungen auf der Piazza wurde jeweils durch Stiche dieser Blick progagiert.

Im Vergleich mit den Veduten des 15. Jahrhunderts wirken die Bauten nun wie Kulissenarchitektur, Hintergrund für die Skulptur. Die Architektur ist ihrer ursprünglichen Funktion, Ort praktisch-politischer Aktivitäten zu sein, enthoben; ihre Funktion verengt sich auf die Unterstützung des Schauwertes der Skulptur. Als Beispiel sei hier die Edelstein-Einlegearbeit von Bernardino GAFURRI und Jacques BILLIVERT *(Abb. 20)* angeführt.

Hinter der szenisch-musealen Präsentation der Elemente des Platzes verbirgt sich jedoch ein hochgradig politischer Zweck: der der fürstlichen Repräsentation. War die Piazza bis 1512 (dem Jahr des Endes der Republik) Ort und Ausdruck der florentinischen Gesamtgesellschaft, so ist sie jetzt Repräsentant einer Familie. Dies wird sie um so mehr in dem Augenblick, in dem die fürstliche Familie nicht mehr unmittelbar neben der Piazza im Palazzo wohnt, sondern in den von ihr erworbenen und erweiterten Palazzo Pitti jenseits des Arno übersiedelt. Von diesem Zeitpunkt an erhält der Palazzo de'Signori seinen heutigen Namen: Palazzo vecchio. In den Bezeichnungen von Palazzo wie Loggia lebt nicht mehr die republikanische Vorgeschichte fort, sondern die Geschichte der herzöglichen Vereinnahmung. Die Ausstattung der Piazza hat ihre Früchte gezeitigt.

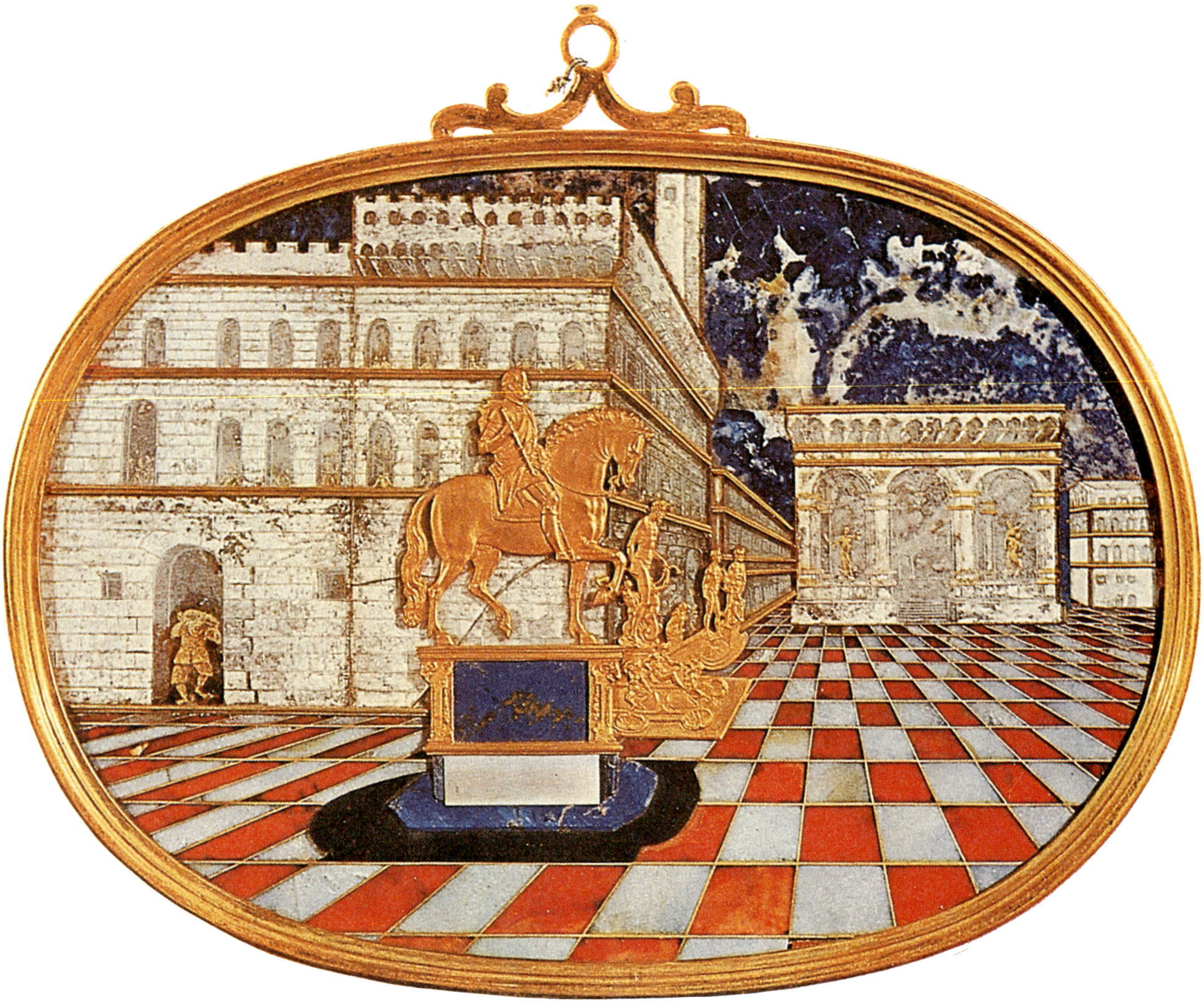

Abb. 20: Bernardino Gafurri / Jacques Billivert: Ovales Medaillon mit Perspektivansicht der Piazza vom Reiterstandbild Cosimos I. aus. Nach 1589. Florenz, Museo degli Argenti

Die Piazza del Campidoglio – ein Gegenstück zur Piazza della Signoria

Nun könnte aus der Tatsache, daß die fürstliche Piazza in Florenz ein reines Schaubild ist, geschlossen werden, derartige Platzanlagen seien grundsätzlich Ausdruck von Unterdrückung und Unfreiheit. Das Gegenstück liefert jedoch der Künstler, der COSIMO I. de'Medici riet, die Piazza della Signoria insgesamt mit Loggien zu umgeben, und der damit als gebürtiger Florentiner deren republikanischen Gehalt retten will: Die Rede ist von MICHELANGELO und dem Kapitolsplatz in Rom *(Abb. 21)*, dessen Entwürfe bis auf das Jahr 1537 zurückdatieren[20] und der erst in der Mitte des 17. Jahrhunderts seine heutige Form erhielt. Der Platz öffnet sich nicht zum römisch-antiken Forum, sondern zu dem Teil Roms, der in Mittelalter und früher Neuzeit Hauptsiedlungsgebiet war. Frontal erstreckt sich der Senatorenpalast, flankiert rechts vom Palast der Konservatoren, der Exekutivbehörde, der 1561 begonnen wurde. Der gegenüberliegende Palazzo nuovo wurde erst im 17. Jahrhundert errichtet. Die Treppe mit zwei Rampen am Senatorenpalast, die kolossalen Pilaster aller Bauten, der trapezförmige Grundriß und das in einem vertieften Oval mit ornamentalem Stern stehende Reiterstandbild des MARK AUREL geben dem Platz einen erhabenen Charakter. Die monumentalen Formen lassen weniger an ein lokales Verwaltungszentrum als an ein „Heiligtum" mit universaler Geltung denken.[21] In der Tat klaffen Anspruch und Wirklichkeit dieses Platzensembles weit auseinander. Ehemals Schaltstelle römischer Weltpolitik, war das Kapitol unter päpstlicher Herrschaft dem Vatikan nachgeordnet. Durch seine Freitreppe und den Turm läßt sich der Senatorenpalast jedoch mit den Kommunalpalästen der toskanischen Stadtrepubliken in Verbindung bringen und opponiert durch diese Zitate gegen die päpstliche Vereinnahmung.

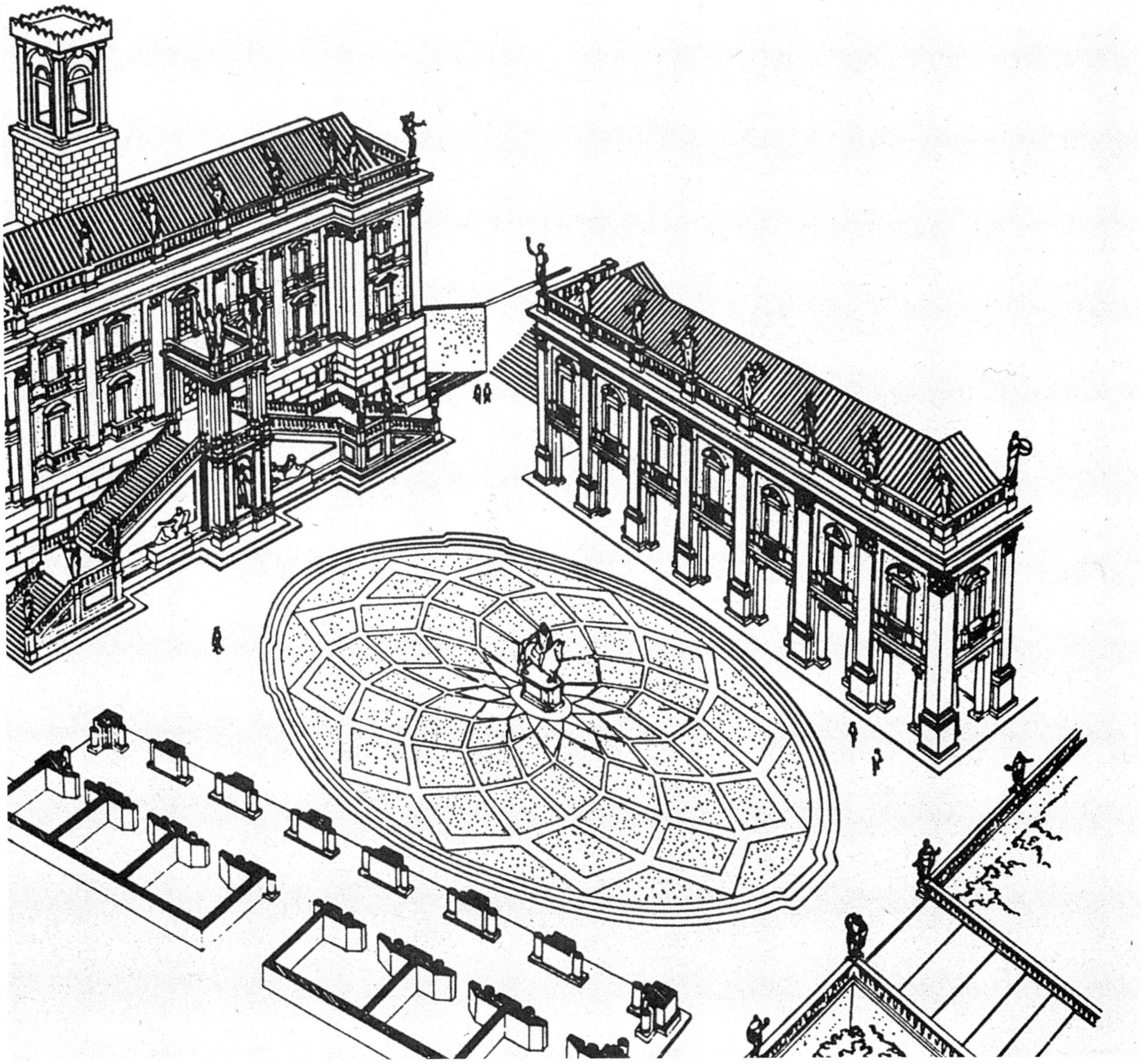

Abb. 21: Rom, Piazza del Campidoglio. Das Projekt Michelangelos in der Rekonstruktion von Ackerman, nach dem Stich von Dupérac. Planung des Platzes ab 1539

Ähnlich verhält es sich mit den aufgestellten Skulpturen. Hatte Papst PAUL III., der Initiator des Kapitolsentwurfs, die „Beziehung des Statuenprogramms auf seine Person als Nachfolger des römischen Kaisertums" vorgesehen, so setzten die Konservatoren stärker auf die „Repräsentanz republikanisch-städtischer Sinnbilder". Die auf der Balustrade des Platzes aufgestellten „*Dioskuren*" und „*Trophäen des Marius*" verkörperten für das damalige Stadtbürgertum von Rom republikanische Freiheitsideale.[22] Auch die Aufstellung des Reiterstandbildes des MARK AUREL verstärkte weniger die Absicht einer päpstlichen Machtdemonstration als die des ehrenden Gedächtnisses eines Herrschers als Beispiel der Tugendhaftigkeit. Durch die isolierende Aufstellung im Ovalring erscheint MARK AUREL nur „als er selbst" und liefert damit weder ein „Rechtssymbol für die weltliche Herrschaft der Kirche" noch ein „heimliches Wunschbild Pauls III."; MICHELANGELOS Kapitolsplan verfolgte eine „historisch-antiquarische Fiktion", die das Kapitol nicht zeigte, „wie es dereinst einmal war, aber doch so, wie es hätte sein können" [23]

Mit seinem durch das Papsttum geduldeten Ausbau verkörpert das Ensemble die Sehnsucht des römischen Volkes nach freier politischer Selbstverwaltung mit überregionalem Anspruch, wie er sich in Niccolò MACHIAVELLIS Schriften niederschlägt. Wie dieser Landsmann MICHELANGELOS den Traum eines geeinten, freien und von äußeren Mächten unabhängigen Italien in seinen Schriften träumt, so träumt ihn der freiwillig im Exil lebende MICHELANGELO in der Piazza del Campidoglio. Der Geist seines Standbildes des florentinischen „*David*" lebt im römischen Kapitolsplatz fort.

14. Das Rathaus

Jürgen Paul

Das historische Rathaus ist noch heute Stolz und Wahrzeichen vieler Städte. Seine reiche architektonische Gestalt und prunkvolle Innenausstattung gelten auch heute noch als Ausdruck der geschichtlichen Bedeutung einer Stadt. Heute würde die öffentliche Meinung bei einem Rathausneubau den repräsentativen Aufwand, wie ihn die historischen Rathäuser zeigen, kaum hinnehmen. Und dies nicht nur wegen der damit verbundenen Kosten, sondern aus allgemeineren Gründen – nämlich weil wir in der modernen Demokratie einer sichtbar-konkreten Repräsentation des Staates mit Skepsis gegenüberstehen, sie nur in zurückhaltenden Grenzen wünschen.

Wir empfinden den Staat in erster Linie als ein System, als eine abstrakte funktionale Macht und politische Ordnung, in der wir – das Volk – zwar verfassungsrechtlich der „Souverän" sind, mit der wir uns in unserem allgemeinen politischen Bewußtsein daher identifizieren, in der wir uns aber im täglichen Leben als die „Beherrschten" fühlen, die einer mehr oder weniger anonymen Kraft gegenüberstehen. Je höher die politische Ebene, je weiter sie von unserem täglichen Leben entfernt ist, desto abstrakter empfinden wir sie. Zwar ist auf kommunaler Ebene auch unsere Identifikation mit dem Staat noch unmittelbarer als auf Landes- oder Bundesebene; dennoch gilt die Distanz auch hier. Und daher empfinden wir heute auch ein Rathaus mehr oder weniger nur als ein Bürogebäude der öffentlichen Hand, das mit unserem täglichen Leben nicht viel zu tun hat und in dem sich der Einzelne nur sehr bedingt repräsentiert sieht.

Um die Bedeutung des Rathauses in einem mittelalterlichen Gemeinwesen und seine Funktion als Ort der Repräsentation zu verstehen, muß man sich vor Augen führen, daß die Stadt des Mittelalters und der frühen Neuzeit ein geschlossenes, vollständiges und mehr oder weniger autonomes Staatswesen war, dabei aber sehr viel überschaubarer, konkreter und personenbezogener in seinem Aufbau als das heutige. Die mittelalterliche Stadtgemeinde verstand sich als eine Eidgenossenschaft, als solidarisches Gemeinwesen. Jedenfalls war dies das Ideal, aus dem sich die „Kommune" in der Tradition der Interessen- und Schutzgemeinschaften von Kaufleuten und Handwerkern, also der Hansen, Gilden und Zünfte, entwickelt und verfassungsrechtlich konstituiert hatte. Die städtische Kommune war idealtypisch eine Genossenschaft aller freien Bürger der Stadt, die aus sich heraus ein repräsentatives Organ für Recht und Ordnung wählte: den Rat.

Der Rat der Stadt war der Gesamtheit der Bürgerschaft durch Schwur verpflichtet und verantwortlich. Er war ein öffentliches Organ: seine Beratungen und Beschlüsse waren öffentlich. Der Ort dafür war das Rathaus; es war nicht nur ein öffentliches Gebäude, es war Ausdruck des Prinzips der Öffentlichkeit des Staates. Vieles davon hat sich zwar im verfassungsrechtlichen Status und in der politischen Symbolik des modernen demokratischen Staates erhalten, aber in der täglichen Praxis des politischen Lebens ist dieser öffentliche Charakter viel weniger spürbar als in der Stadtgemeinde des Mittelalters. Sie war nicht nur viel kleiner, ihr Leben stützte sich auch viel weniger auf theoretische Grundlagen, sondern viel mehr auf Gewohnheit und konkrete Vereinbarung, als dies im modernen Staat der Fall ist.

Der Rat der Stadt war politisches Organ und Organ der Rechtsprechung. Idee und Praxis der Gewaltenteilung, wie sie die moderne Staatslehre zum Grundprinzip der Demokratie erhoben hat, gab es im Mittelalter nicht. Auch die Rechtsprechung fand in der Öffentlichkeit statt: in oder vor den Kirchengebäuden, vor allem aber – seitdem es diese gab – in den Rathäusern. Das Rathaus war also ein Gebäude der Öffentlichkeit, aber nicht nur, weil es der zentrale Ort des politischen und rechtlichen Lebens, sondern auch weil es ein integraler Bestandteil des Wirtschaftslebens war.

Rathäuser des Mittelalters

Die kunsthistorische Bedeutung, welche die Bauaufgabe des Rathauses für die Geschichte der europäischen Architektur des späten Mittelalters und der frühen Neuzeit besitzt, besteht vor allem aber auch in der vielfältigen Verwandlung, die dieser Bautypus sowohl im Laufe seiner Entwicklungsgeschichte als auch bei der Beeinflussung durch die regionalen Bautraditionen erfahren hat.

Funktionen und Standorte

Das Rathaus war im Mittelalter städtebaulich und funktional engstens mit dem Wirtschaftsleben des Marktes verbunden. Die Märkte bildeten als Ort des Warenaustausches die Keimzellen der mittelalterlichen Stadtentwicklung. Auf ihnen vollzog sich das gesamte Wirtschaftsleben, vom Fernhandel bis zum täglichen Bedarf. Die Marktrechte, vor allem die Privilegien zur Abhaltung von großen Jahrmärkten (Messen), waren die wichtigsten politischen Voraussetzungen für die wirtschaftliche Entwicklung, für das Wachstum und damit auch für die politische Bedeutung einer Stadt. Auf dem Platz und um ihn herum entstanden Baulichkeiten für das Marktleben – hölzerne Buden, Lauben und Hallen (Schrannen oder Scharren genannt) –, für den Verkauf und die Gemeinschaftseinrichtungen: Fleisch-, Fisch- und Brotbänke, die Stadtwaage und anderes mehr. Der Markt war Gerichtsort. Hier standen der Pranger oder die Staupsäule. Die Marktplätze waren darüber hinaus in vielfältiger Weise Orte des öffentlichen und geselligen Lebens. Hier fanden die Volksversammlungen der sich politisch formierenden Bürgerschaft ebenso statt wie festliche Veranstaltungen aus religiösem oder weltlichem Anlaß. Aus dieser Vielfalt des Lebens auf dem Marktplatz entstand das Rathaus als ein Vielzweckgebäude, das die Leitung und die zentralen Einrichtungen des öffentlichen Lebens der bürgerlichen Stadt unter einem Dach vereinte. Es war Versammlungsort des Rates, Gerichtsstätte, Markthalle und Festhaus – damit war es Sitz der zentralen politischen, rechtlichen, wirtschaftlichen und gesellschaftlichen Institutionen.

Die städtebauliche Stellung des Rathauses ist von der vorgegebenen Situation des Marktplatzes abhängig. In den oberitalienischen Städten entstanden um 1200 die ersten Rathausbauten. In vielen dieser Städte, deren Wirtschaftsleben seit der Römerzeit niemals ganz unterbrochen war, spielte sich das Marktleben noch immer auf dem weiten Platz des alten römischen Forums ab. Hier stehen die Rathäuser daher oft am Rand weiter Platzflächen, oder sie stehen mitten auf diesen Plätzen. In den älteren Städten West- und Süddeutschlands mit den straßenartig langgezogenen Märkten waren die Rathäuser dagegen in die Bürgerhausreihen der Randbebauung eingegliedert: Häufig sind dabei nur mehrere bestehende Bürgerhäuser zusammengefaßt und umgebaut worden.

Anders ist es in den niederländischen, nord-, mittel- und ostdeutschen Städten, wo schon bei der Stadtgründung weitflächige Marktplätze angelegt wurden.

Zum erstenmal geschah dies wohl bei der Anlage der 1154 durch Heinrich den Löwen neu gegründeten Stadt *Lübeck*. Am Rande der Grundstückszeilen wurde eine große, rechteckige Fläche für den Markt ausgegrenzt. Neben dem Markt, doch getrennt durch einen gewissen Abstand, den der Friedhof einnahm, war in diesem geplanten Stadtgrundriß der Platz für die Pfarrkirche. Später wurden zwischen Marktfläche und Kirche das städtische Kaufhaus und das Rathaus errichtet. Die Kirche wurde durch einen Neubau von gewaltiger Größe ersetzt, Kauf- und Rathaus zusammengefaßt und vergrößert. So rückten Kirche und Rathaus nahe aneinander, und von der Freifläche des Marktplatzes aus gesehen bildete sich ein großartiges architektonisches Ensemble.

Dieselbe Situation ergab sich in vielen anderen Städten mit gleicher Anlage und Entwicklung. Das großartigste Beispiel ist die Baugruppe von Rathaus und Nikolaikirche in *Stralsund*. Der weite quadratische Marktplatz wird an einer Seite von der im 15. Jahrhundert errichteten Schauwand des Rathauses – die mit ihren reichgestalteten Maßwerköffnungen und spitzen Türmchen den dahinterliegenden Bau und die umliegenden Häuser weit überragt – und der aus dem Hintergrund sich erhebenden mächtigen Baumasse und kubischen Zweiturmfront der Stadtkirche Sankt Nikolai beherrscht *(Abb. 1)*.

In den im Laufe des 13. Jahrhunderts planmäßig angelegten Städten im östlichen Mitteleuropa wurde das Rathaus nicht an den Rand, sondern in die Mitte der großen quadratischen Marktplätze gestellt. Die deutschen Bezeichnungen „Ring“ (für den Marktplatz) und „Rathaus“ sind in die polnische Sprache eingegangen („rynek“ und „ratusz“).

Das umfangreichste erhaltene Beispiel dafür ist der Große Ring in *Breslau*, der bei der Neugründung der Stadt nach dem Mongolensturm 1241 angelegt wurde *(Abb. 2)*. Der weite, von Giebelhäusern umstandene Platz ist auf seiner inneren Fläche von Gebäuden bestanden, die lange parallele Reihen bilden. Es sind dies die im Laufe der Jahrhunderte durch Steinbauten

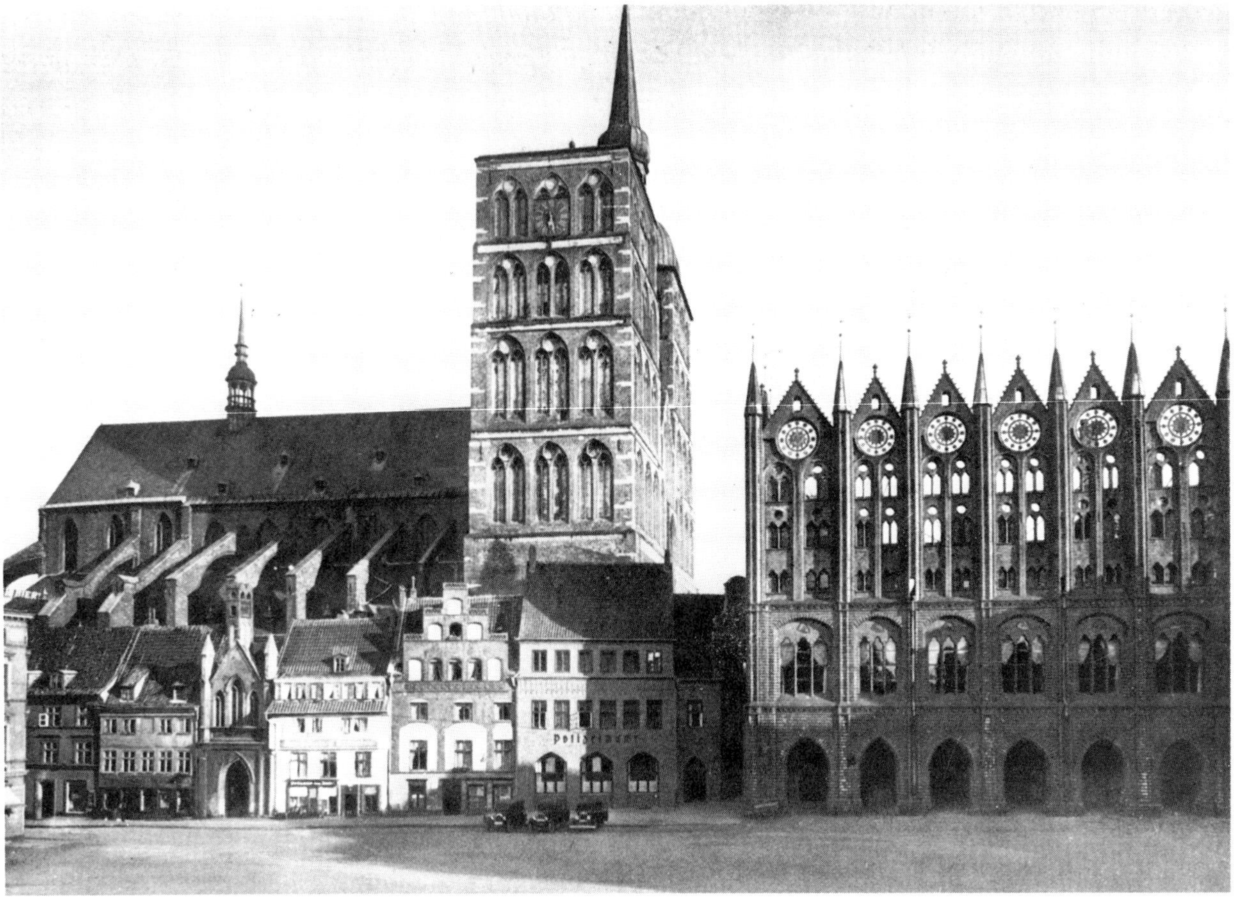

Abb. 1: Stralsund, Alter Markt mit Rathaus und Nikolaikirche. 14./15. Jahrhundert

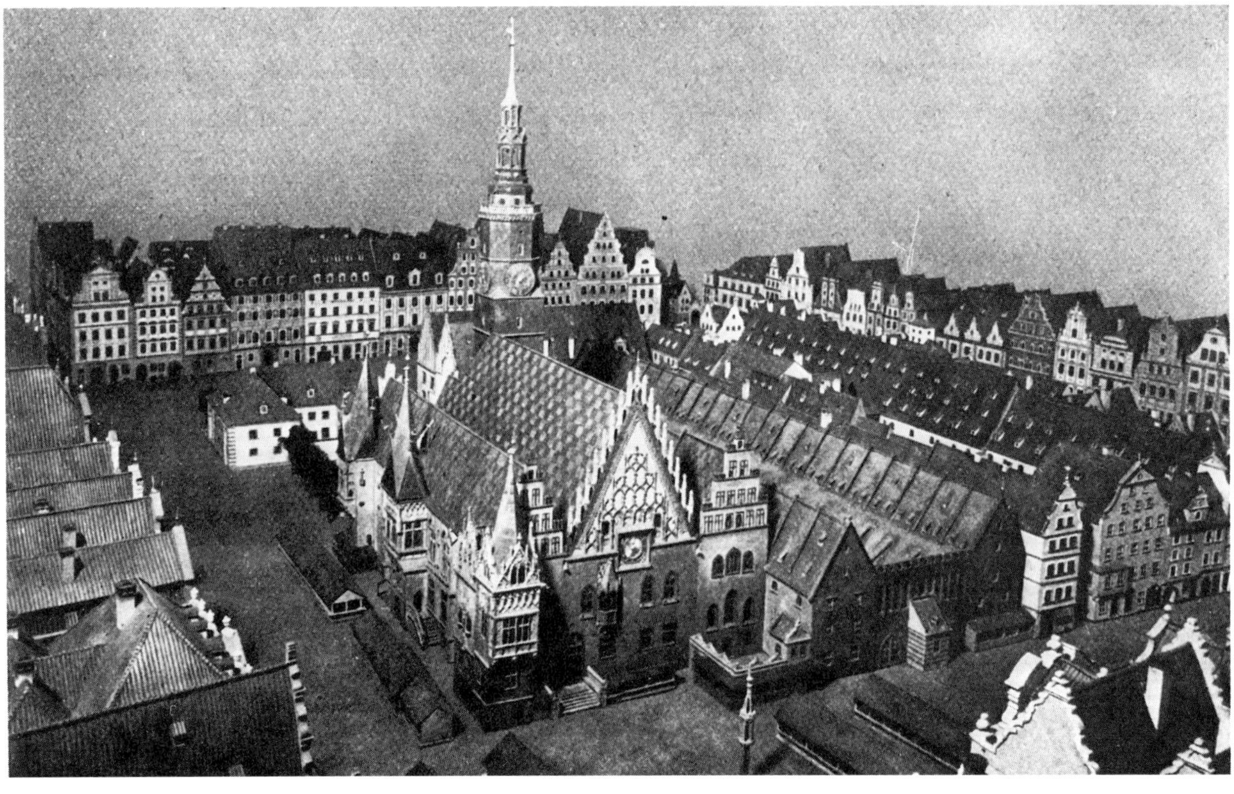

Abb. 2: Breslau, Großer Ring mit Rathaus und den parallelen Marktgängen. Rekonstruktionsmodell des Zustandes um 1650

ersetzten, ursprünglich jedoch hölzernen Verkaufshallen der Kaufleute und Handwerker: lange Gänge mit aneinandergereihten Verkaufslokalen. Erst nachträglich kam das Rathaus hinzu. Zuerst war es ein kleiner Bau des 14. Jahrhunderts, der dann im Lauf des 15. Jahrhunderts in mehreren Etappen immer wieder erweitert und bereichert wurde und einen hohen Turm erhielt. Das große zusammenhängende Ensemble von Rathaus und parallelen Schrannengängen auf dem Großen Ring in Breslau ist noch heute das anschaulichste Beispiel einer mittelalterlichen Marktanlage.

Doch der funktionale Zusammenhang von Markt und Rathaus verlor im späten Mittelalter, vor allem in den großen Städten, an Bedeutung. Die Schaffung neuer politischer Körperschaften und Ämter machte das Rathaus mehr und mehr ausschließlich zu einem Ort der politischen und rechtlichen Verwaltung und der sich ausweitenden staatlichen und öffentlichen Repräsentation.

So entstanden zuerst in Italien Rathausbauten, die in keinem räumlichen Zusammenhang mit dem Markt stehen. Zum Beispiel wurde der Palazzo de'Signori, das Rathaus der neuen, von den Zünften getragenen Stadtregierung in *Florenz*, 1299 weitab vom alten Marktplatz mitten in einem eng bebauten Wohnviertel errichtet. Zwar wurde ein Platz davor geschaffen und im Laufe des 14. und 15. Jahrhunderts stetig erweitert, doch hatte dieser Platz keine Funktion im täglichen Leben, sondern er war ein feiertäglicher, zeremonieller Raum für politische Repräsentation und Festlichkeit. (Im vorangegangenen Beitrag 13 sind die Entstehung dieses Platzes und seine Ausstattung mit Zeichen der politischen Repräsentation beschrieben worden.)

Als städtebauliche Anlage noch anspruchsvoller ist das Ensemble von Platz und Rathaus in *Siena*. Als die Sienesen in Konkurrenz zu Florenz, gleichzeitig mit dem dortigen Palazzo de'Signori, ein neues Rathaus, ihren Palazzo Pubblico, planten, sollte dieses einen großen feierlichen Platz vor sich haben. Es erforderte beträchtliche Ingenieurleistungen, um die gemauerten Unterkonstruktionen für eine Platzfläche über dem steil abfallenden Gelände zu schaffen. Auch der berühmte, wie ein Amphitheater halbrund angelegte und nach innen leicht abfallende Campo in Siena, an dessen unterer Seite sich wie die Bühnenarchitektur des Theaters das Rathaus erhebt, ist niemals ein Marktplatz gewesen, sondern ein zeremonieller Repräsentationsplatz.

Bautypen

Am Beispiel des Rathauses von *Bremen* läßt sich zeigen, daß der Grundtypus des Rathauses ein quergestellter Rechteckbau mit zwei übereinanderliegenden Hallen ist *(Abb. 3)*. Die untere diente den Marktfunktionen, die obere den politischen und repräsentativen Funktionen und war auch zumeist über eine eigene Außentreppe zu erreichen. Dieser Typus wurde vom Palas der kaiserlichen, fürstlichen und bischöflichen Pfalzen übernommen. Dieser sogenannte „Saalgeschoßbau" blieb im Prinzip bis zum Ende des 16. Jahrhunderts für den Rathausbau grundlegend.

Doch der Grundtypus des einfachen Saalgeschoßbaus erfuhr in der Architekturgeschichte des Rathauses Veränderungen und Erweiterungen. Diese Veränderungen des Typus lassen sich auf zwei hauptsächliche Gründe zurückführen: die Notwendigkeit der Erweiterung aufgrund der Zunahme der Funktionen und die Abwandlungen des Grundtypus unter dem Einfluß regionaler Bautraditionen und der städtebaulichen Tradition.

Zuerst in den freien Stadtrepubliken Italiens kam es schon seit der Mitte des 13. Jahrhunderts zu einer raschen Komplizierung der politischen Struktur und einer Zunahme der Institutionen. Die politischen Machtkämpfe der verschiedenen wirtschaftlichen Gruppen und sozialen Schichten bewirkten, daß in vielen Städten, besonders in Mittelitalien, mehrere Stadtparlamente und Bürgermeister nebeneinander regierten. Der Podestà, der ehemalige kaiserliche Vogt und dann von der Bürgerschaft gewählte Bürgermeister der frühesten freien Ratsverfassung, war der Vertreter der oberen Schicht der Magnaten: der alten Adelsfamilien und Großkaufleute. Der Capitano del Popolo, der „Volkskapitän", war der Repräsentant des breiten Mittelstandes der Händler und Handwerker. Hinzu kamen die aus den Zünften rekrutierten Regierungsgremien der Anziani (Ältesten) oder Priori (Vorsteher). Trotz einzelner Unterschiede in den Städten, gab es immer wieder neue Ratsgremien nebeneinander, die sich gegenseitig kontrollierten, oft auch bekämpften oder behinderten. Die Amtsträger waren während ihrer Amtszeit verpflichtet, im Rathaus zu wohnen, um Beeinflussung, Bestechung und Wahrnehmung von Privatinteressen zu vermeiden. Dafür waren ebenso zusätzliche Räume notwendig wie fur die vielen neuen kleinen Ämter und Behörden, die im Rathaus untergebracht werden mußten.

In den deutschen und niederländischen Städten hat es dieses Nebeneinander mehrerer Stadtregierungen nicht gegeben. Hier hatte jede Gemeinde daher immer nur *ein* Rathaus. Doch viele Städte, vor allem in Norddeutschland, waren nicht zu einem einheitlichen Rechtsbezirk zusammengefaßt, sondern bestanden aus mehreren voneinander unabhängigen Gemeinden, die jede ihren eigenen Markt, ihre eigene Pfarrkirche und auch ihre eigene

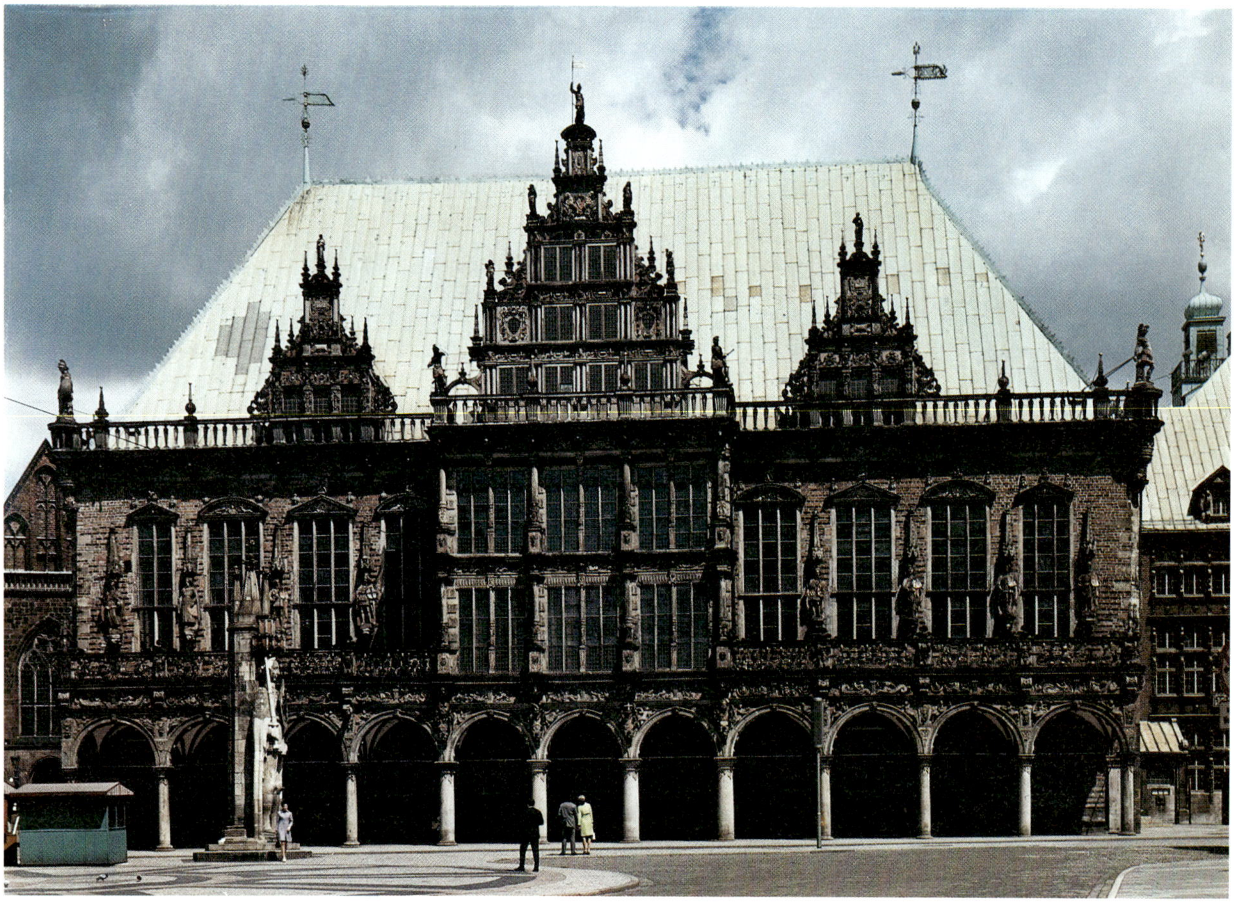

Abb. 3: Bremen, Rathaus. Ansicht des Gesamtbaus von Südwesten über den Marktplatz, mit Rolandsfigur. 1405–1410. Umgestaltung ab 1595

Stadtregierung mit Rat, Bürgermeister und Rathaus hatten. So setzte sich zum Beispiel das mittelalterliche Braunschweig, damals eine der größten Städte in Deutschland, aus fünf unabhängigen Stadtgemeinden zusammen, und hatte deshalb auch fünf Rathäuser.

Doch auch in den Städten nördlich der Alpen vermehrte sich die Zahl der Ämter im Laufe der Jahrhunderte stetig – und damit der Raumbedarf. Am wichtigsten aber war, daß im Lauf des 14. Jahrhunderts neben dem Großen Rat, dem eigentlichen alten kollektiven Staatsorgan der freien Kommune, ein Kleiner Rat gebildet wurde; er war eine Art Ausschuß, der nicht mehr öffentlich tagte und sich bald zum eigentlichen Exekutivorgan der Stadtregierung entwickelte. Für ihn wurde in den Rathäusern ein kleiner Sitzungssaal eingerichtet oder hinzugebaut, der wegen der politischen Bedeutung des Kleinen Rates der wichtigste und häufig aufgrund seiner prächtigen Ausstattung auch der repräsentativste Raum des Rathauses war.

Für die stetig vermehrten Funktionen entstand ein Raumbedarf, für den der einfache Saalgeschoßbau mit seinen zwei großen Hallen nicht mehr genügen konnte. Die Kunstgeschichte der Rathausarchitektur besteht daher vor allem in der Entwicklung von immer wieder anderen Formen der Erweiterung, Veränderung und von Neuformulierungen des alten Rathaus-Grundtypus des zweigeschossigen Saalgeschoßbaus. Und diese Veränderungen, Erweiterungen und Neuformulierungen standen nicht nur unter der Notwendigkeit des gewachsenen Raumbedarfs, sondern auch unter dem Zeichen des gestiegenen Bedürfnisses nach repräsentativem Anspruch, sowohl in der architektonischen Form als auch in der Ausstattung der Rathäuser, als Ausdruck des politischen und gesellschaftlichen Selbstbewußtseins der jeweiligen Stadt und ihrer führenden Bevölkerungsschicht der reichen Kaufleute und Handwerker.

In zunehmendem Maße wurde der bildhafte Ausdruck der architektonischen Gestalt und ihrer Einzelformen gesteigert. Dabei wirkten die regionalen Bautraditionen, sowohl des Baumaterials als auch der Wohnhaustypologie und des Kirchenbaus, ein und trugen wesentlich zur Entwicklung des großen Variationsreichtums der Rathausarchitekturen der Spätgotik und der Renaissance in den Städten Italiens und Mitteleuropas bei.

Ober- und Mittelitalien

Schon im 13. Jahrhundert wurden in den wirtschaftlich blühenden und politisch mächtigen Städten Oberitaliens Rathäuser gebaut, bei denen sich eine Erweiterung des einfachen Grundtypus feststellen läßt. Um die vermehrten Ratsgremien unterzubringen und Raum für die Amtswohnungen zu schaffen, wurden gleich mehrere Saalgeschoßbauten im Zusammenhang errichtet und, zumeist um einen inneren Hof herum, zu geschlossenen Drei- oder Vierflügelanlagen zusammengelegt.

Ein Beispiel dafür ist der Palazzo della Ragione, das Rathaus von *Verona*. Das Luftbild zeigt eine im Winkel zwischen den beiden Marktplätzen gelegene Anlage mit vier fast gleich gestalteten Flügeln *(Abb. 4)*. Über große Durchfahrten ist der Innenhof mit den Plätzen verbunden, und das Marktleben erstreckte sich in den Innenbereich und die Erdgeschoßhallen hinein. Überragt war der burgenhaft wirkende Komplex von zwei Türmen, von denen der eine allerdings in neuerer Zeit gekappt wurde. Die Türme waren ursprünglich Familien- oder Geschlechtertürme. Sie gehörten zu Wohnhäusern stadtadeliger Familien, deren Prestigesymbol sie gewesen waren. Das Bürgertum der Kaufleute und Handwerker hatte diese alte feudale Oberschicht entmachtet. Das Machtsymbol wurde als symbolisches Zeichen der neuen kommunalen Macht der Bürgerrepublik übernommen. Zwei dieser Türme wurden in den 1218 begonnenen Rathausbau einbezogen.

Diese geschlossenen Mehrflügelanlagen sind charakteristisch für viele Städte in der Poebene. Sie bildeten einen eigenen Rechtsbezirk in der Stadt, eine „Immunität", in dem es beispielsweise verboten war, Waffen zu tragen. Die Höfe dienten auch als Versammlungsstätte, wo sich die Schwurgemeinschaft der freien Bürger zusammenfand, um abzustimmen, um dem Amtseid des Bürgermeisters beizuwohnen und um Ratsbeschlüsse und Gerichtsurteile zu hören. In vielen Städten – vor allem der Lombardei – heißen diese Rathausanlagen mit ihren Innenhöfen „Broletto".

Dies ist abgeleitet von dem lateinischen Wort „brolium", italienisch „brolio", deutsch „Brühl", der Bezeichnung für einen gartenartigen, eingefriedeten Bezirk. In solchen Bezirken, meist dem Garten des Bischofs, wurden in der Frühzeit der

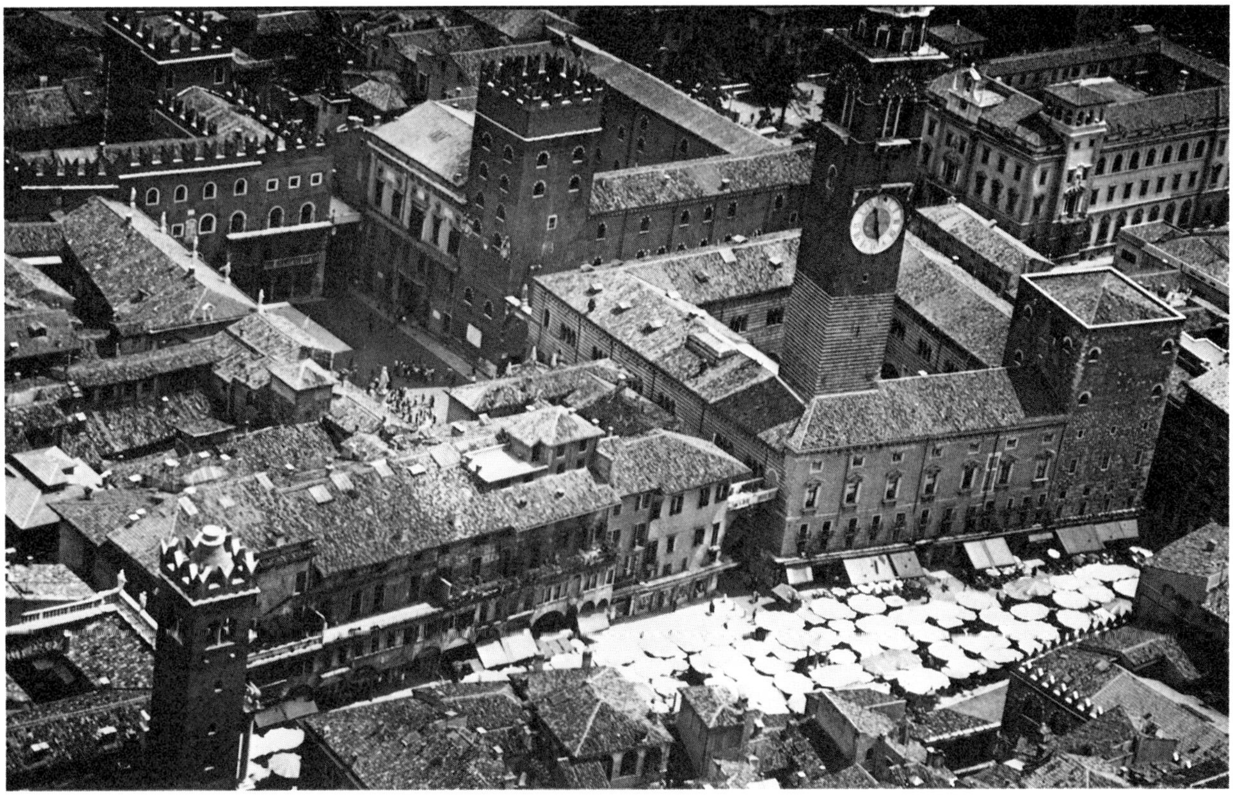

Abb. 4: Verona, Luftbild auf Piazza d'Erbe und Palazzo della Ragione, erbaut um 1200

Stadtfreiheit die Volksversammlungen und Gerichtsverhandlungen abgehalten. Mit dem Wort ging auch die Erinnerung an diese alte demokratische Tradition auf das Rathaus über.

Im Prinzip war aber in diesen mehrteiligen Rathauskomplexen der oberitalienischen Broletti der architektonische Grundtypus des zweigeschossigen Saalbaus gewahrt. Er war nur vergrößert und multipliziert worden. In den großen Städten Mittelitaliens aber, die erst mit einer gewissen zeitlichen Verschiebung gegenüber den oberitalienischen Städten ihren wirtschaftlichen und politischen Höhepunkt erreichten und in denen daher die große Zeit der Rathausbauten erst etwas später einsetzte, wurden im 14. Jahrhundert Kommunalpaläste errichtet, deren architektonische Gestalt sich von dieser Grundform des breitgelagerten Saalbaus weit entfernt und dem Typus Rathaus ganz andere bildhafte Formen gibt.

Das Rathaus von *Piacenza,* der Palazzo Comunale, ist ein weiteres Beispiel dafür, wie in Oberitalien der Saalgeschoßtypus vergrößert wurde *(Abb. 5).* Der Gesamtplan ist eine regelmäßige vierflügelige Anlage um einen Innenhof. Im architektonischen Aufbau zeigt sich aber eine deutliche hierarchische Unterscheidung zwischen dem breiten, hohen Vorderhaus und den schmaleren und niedrigeren Flügelbauten, die sich auf seiner Rückseite anschlossen. Das Vorderhaus ist als das eigentliche Rathaus herausgehoben. Sein architektonischer Aufbau ist noch ganz der des traditionellen Saalgeschoßbaus: zweigeschossiger Aufbau, allseitig geöffnete Halle im unteren Geschoß und ein einziger großer Saal im Obergeschoß. Der Palazzo Comunale von Piacenza wurde 1281 gebaut. Er ist damit eines der spätesten Rathäuser in den oberitalienischen Städten und eines der prächtigsten. Im Vergleich zu den Rathäusern des frühen 13. Jahrhunderts ist der Anspruch, mit dem die Architektur hier auftritt, gewaltig gesteigert: alle architektonischen Elemente sind größer, mächtiger und reicher, als man es bisher gesehen hatte. Die aus eckigen Pfeilern und einfach gestuften Spitzbögen bestehenden Arkaden, durch die sich das gequaderte Erdgeschoß nach außen öffnet, wirken vor allem durch ihre Schlichtheit und Größe. Über die Fenster des backsteinernen Obergeschosses aber ist ein üppiger dekorativer Reichtum ausgebreitet. Die weitausladenden, mehrfach profilierten rundbogigen Rahmungen berühren sich und ergeben so einen durchgehenden Fries. In sie sind gekuppelte, das heißt aus mehreren aneinandergereihten Bogen bestehende Fenster eingestellt, über denen ein großes flaches Bogenfeld bleibt, das mit geometrischen Ziegelmustern gefüllt ist. Zwei der Fenster sind noch enger unterteilt und noch reicher dekoriert und setzen dadurch asymmetrische und aus der Funktion nicht zu erklärende Akzente. Auch der Zinnenkranz, dieses wehrhafte Symbol, ist zu einer dekorativen Form geworden. Mit seinen erhöhten Türmchen wirkt der Kranz der schwalbenschwanzförmig

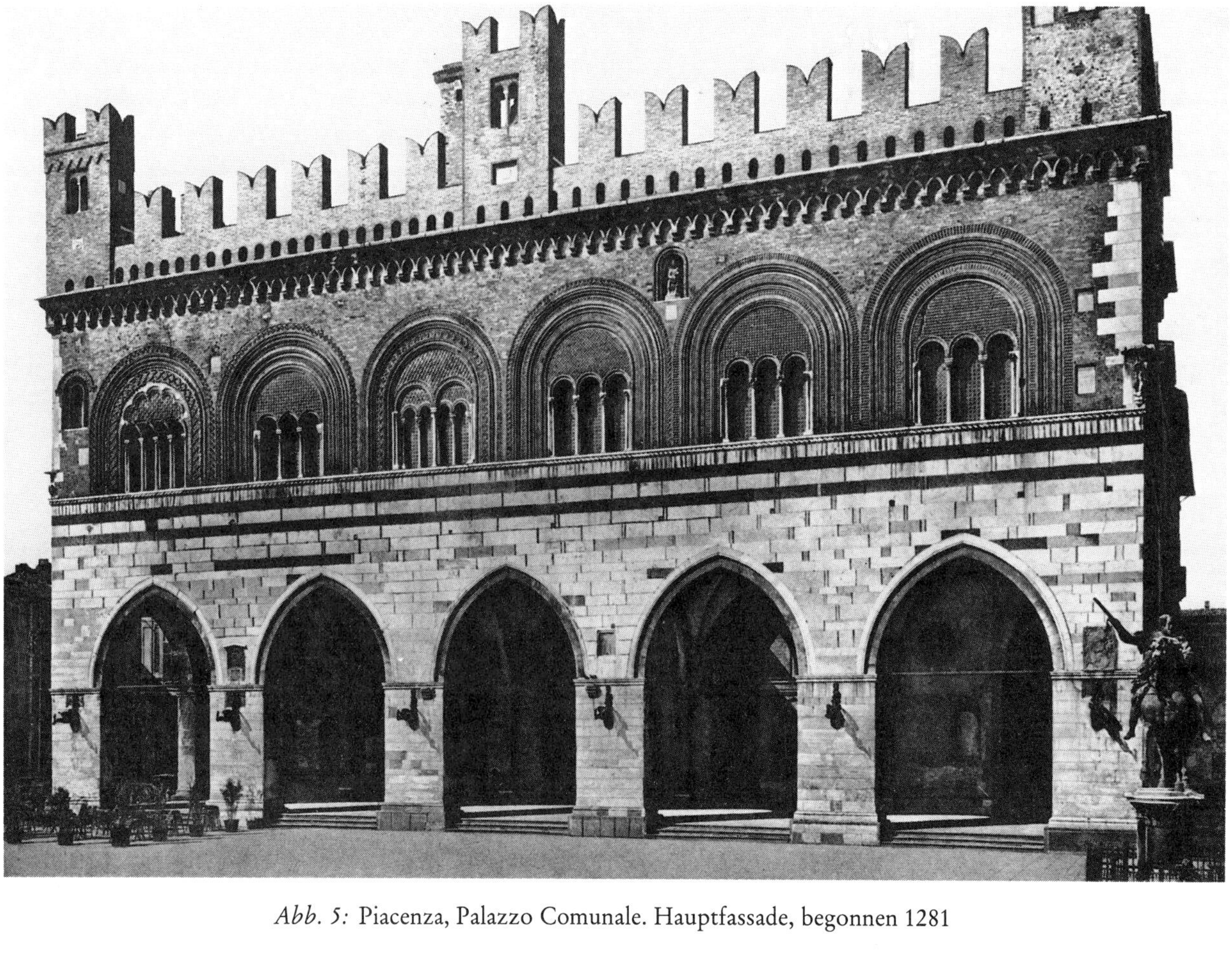

Abb. 5: Piacenza, Palazzo Comunale. Hauptfassade, begonnen 1281

gekerbten Zinnen wie die zeichenhaft abgekürzte Darstellung einer Festungs- oder Stadtmauer, die als Bekrönung des gewaltigen Rathausbaus über den niedrigen Dächern der Stadt stand und schon von weitem den Machtanspruch der freien Stadt demonstrierte.

In Piacenza wird der Palazzo Comunale traditionell „Il Gotico", der Gotische, genannt. Und in der Tat fällt sein Erbauungsjahr, 1281, in eine Zeit, in der nicht nur in Frankreich schon seit über hundert Jahren der gotische Stil herrschte, sondern in der auch in Italien diese neuen Formen im Kirchenbau Anwendung gefunden hatten. Doch gotisch ist an dem Rathaus von Piacenza eigentlich nichts außer den Spitzbogen der Arkaden. Seine Formen sind vielmehr romanisch, und es sind romanische Formen mit besonderen Eigenschaften, die charakteristisch sind für die regionale Tradition der Backsteinarchitektur in der Poebene. Dazu gehören die großen, unter einem weit ausladenden Rundbogen zusammengefaßten Gruppenfenster ebenso wie die gekerbten Zinnen. Das war ein weltliches Formenvokabular, das schon lange seine eigene Tradition und seine eigenen, vom Kirchenbau ganz unabhängigen Gestaltungsmöglichkeiten besaß. Die spezifisch repräsentativen Formen des Profanbaus – die großen reich ornamentierten Fenstergruppen, die Bogenarkaden der Halle, die Zinnen – stellten also diesen Repräsentationsbau des Bürgertums in die Tradition der feudalen Herrschaftsarchitekturen, die dem damaligen Stadtbewohner in Gestalt der Bischofspfalzen neben dem Dom vor Augen standen. Und: den Anspruch zu demonstrieren, der mit der Übernahme dieser feudalen Bauformen verbunden war, und den repräsentativen Charakter der Vorbilder durch Steigerung der Dimensionen und des formalen Aufwandes zu äußerstem dekorativen Reichtum noch zu überbieten, war den Bürgern wichtiger als die neuen, aus Frankreich importierten Formen der gotischen Sakralarchitektur.

Vergleichen wir aber nun den Palazzo Comunale von Piacenza mit den beiden Hauptwerken der Rathausarchitektur in Mittelitalien, dem Palazzo Pubblico in Siena und dem Palazzo de'Signori in Florenz, dann bemerken wir eine radikale Änderung der typologischen Form. Beide Bauten sind um 1300 erbaut worden (Siena 1297–um 1310, Florenz 1299–um 1320), als die große Zeit des Rathausbaus in Oberitalien bereits vorüber war. Nichts erinnert in der äußeren Erscheinung dieser beiden Bauten an die breitgelagerte Gestalt des traditionellen Saalgeschoßbaus, wie sie noch der Palazzo Comunale von Piacenza zeigte.

• Der Palazzo Pubblico in *Siena* weist zwar eine weit in die Breite gezogene Front auf, deren Seitenteile in leichtem Winkel nach vorn geknickt sind und wie mit einer Geste der offenen Arme den ähnlich einem Amphitheater abfallenden halbrunden Platz des „Campo" aufzufangen scheinen, aber diese breite Front hat in der Mitte einen kräftigen vertikalen Akzent, der noch stärker wirkte, bevor im 17. Jahrhundert die Seitenflügel um ein zweites Obergeschoß im alten Stil erhöht wurden *(Abb. 6)*.

Zuerst hat das Sieneser Rathaus nur aus diesem Mittelblock bestanden, der im Unterschied zum traditionellen breitgelagerten Saalgeschoßbau turmartig in die Höhe strebt. Er besteht nicht aus zwei, sondern vier Geschossen. Das Erdgeschoß aus hellen Kalksteinquadern öffnet sich mit vier schlichten Bögen (zwei von ihnen wurden später als Eingänge geschlossen) in nebeneinander liegende Amtslokale; Marktfunktionen hatte das Rathaus nicht mehr. Darüber liegen zwei Säle, die man an der Fassade an gleichmäßig angeordneten mehrteiligen Fenstern erkennt; einer von ihnen wurde für Sitzungen benutzt, der andere diente als Wohnung für die Ratsherren. Darüber aber erhebt sich noch ein Geschoß; es ist niedriger und geschlossener. Während die Fenster der darunterliegenden Saalgeschosse sich weit öffnen und mit den vielen schlanken Säulchen und den hohen Spitzbogen der Front eine helle Festlichkeit verleihen, sind die Fenster hier kleiner und enger. Dies verleiht dem Obergeschoß eine gewisse kopflastige Schwere. Und die rundbogige Form der Fenster wirkt zudem im Vergleich zu den Spitzbogen darunter geradezu altertümlich. Das war auch beabsichtigt: Dieser Kopf des hohen Baublocks sollte als Bild einer altertümlichen Festung, von Zinnen und seitlichen Turmabkürzungen bekrönt, symbolisches Zeichen sein.

Wieder handelt es sich um die Übernahme eines traditionellen Bautypus. Doch es ist nicht der breitgelagerte Saalgeschoßbau der feudalen, fürstlichen Pfalz, sondern das hohe, schlanke steinerne Turmhaus des alten feudalen Stadtadels, also der Schicht der kaiserlichen und bischöflichen Ministerialen, deren Führungsanspruch vom Bürgertum gebrochen und abgelöst worden war. Und mit seinem romanisch-altertümlichen Kopfgeschoß erinnerte das Rathaus den damaligen Bürger an die Kastelle des Landadels, die auf den Hügeln und Bergen der Umgebung standen.

Erst nachträglich, wenn auch nur wenig später – nämlich bis etwa 1310 –, wurden die beiden seitlichen Flügel hinzugefügt, um zusätzlichen Ämtern und Gremien Raum zu geben, doch der trutzige turmartige Block dominierte weiterhin. Um 1330 bis 1348 errichtete man neben dem neuen Rathaus einen Turm. In seiner asymmetrischen Stellung, und fast unverbunden mit dem eigentlichen Rathausbau, erscheint er als selbständige Form, deren Wirkung als bildhaftes Zeichen noch verstärkt wird durch die überproportionale Höhe.

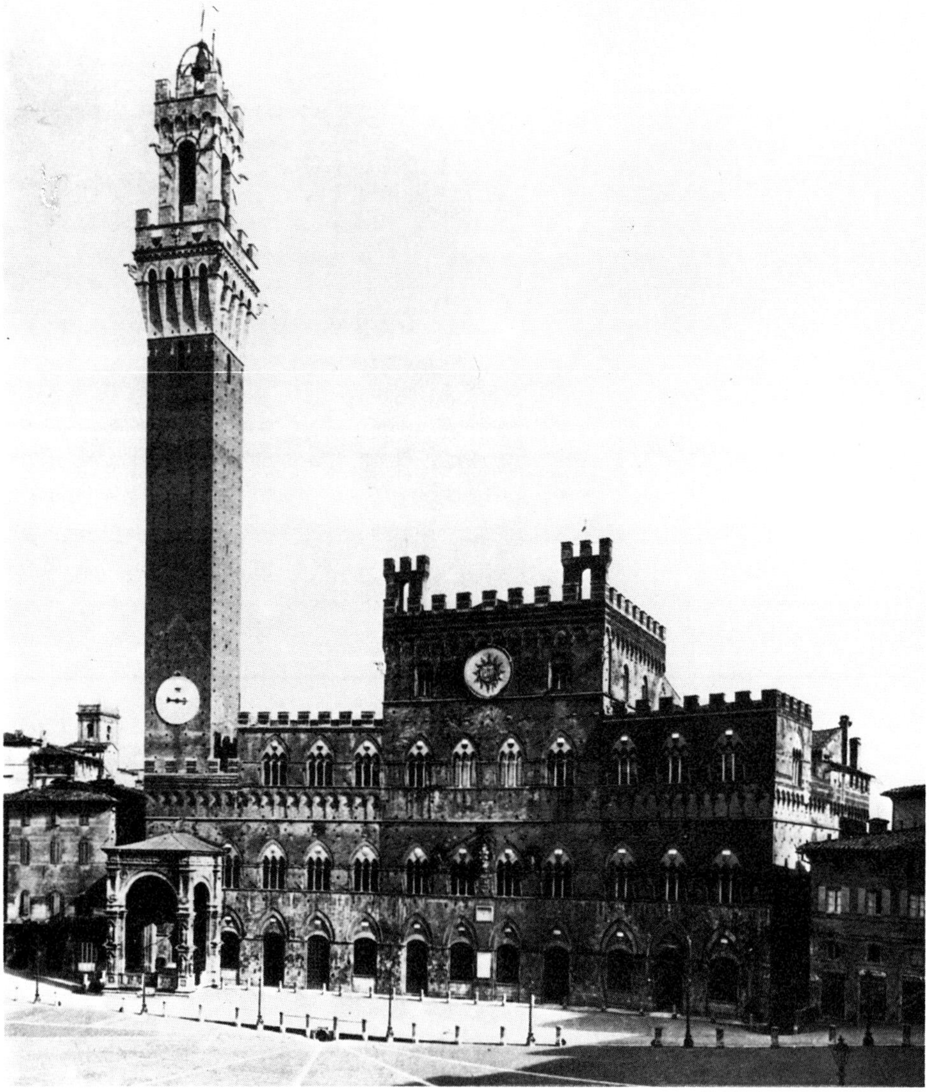

Abb. 6: Siena, Palazzo Pubblico. Hauptfassade, begonnen 1297. Ansicht von der Piazza del Campo

Ursprünglich sollte das Rathaus in Siena keinen Turm haben. Daß nun doch einer gebaut wurde, hatte seinen Grund darin, daß inzwischen der Palazzo de'Signori in Florenz, der mächtigsten Rivalin Sienas, vollendet war – und zwar mit einem hohen, die Stadt weit überragenden Turm. Daß der Florentiner Turm das Vorbild für den in Siena war, zeigt ein Vergleich sofort. Doch während er beim Florentiner Palast auf dem Baukörper aufsitzt, mußte man ihn in Siena neben das fertige Rathaus stellen, und da das Rathaus tief unter den Dächern der auf steilen Hügelrücken gelegenen Stadt steht, mußte man den Turm, um die gleiche dominierende Wirkung wie in Florenz zu erzielen, zu überdimensionierter Höhe hinaufführen. Er besteht hauptsächlich aus einem fast endlos erscheinenden Schaft aus rotem Ziegelmauerwerk, auf dem dann ganz oben – wie ein Korb – ein hinauskragender Zinnenkranz sitzt, über dem ein schlanker und zierlicher Baldachin aufragt. Hier, in schwindelnder Höhe über dem Platz und den Dächern der Stadt, hängt die Stadtglocke – ein wichtiges symbolisches Zeichen der Stadtfreiheit. Die Tatsache, daß der kühne Turm des Florentiner Rathauses die Sienesen dazu veranlaßte, ihrem Rathaus einen ähnlichen, aber noch kühneren Turm hinzuzufügen, zeigt, welche Prestigebedeutung die Rathausbauten hatten – nicht nur als Zeichen des politischen Machtanspruchs der freien Stadtrepublik innerhalb der feudalen Ordnung, sondern auch in der Macht-Konkurrenz der Städte untereinander.

• Es gibt wohl keinen anderen unter den mittelalterlichen Rathausbauten, der diese symbolische Geste der Machtdarstellung mit solch eindringlicher Bildhaftigkeit vorführt wie der Palazzo de'Signori in *Florenz;* sein Äußeres wirkt wie ein uneinnehmbares Kastell *(Abb. 7).*

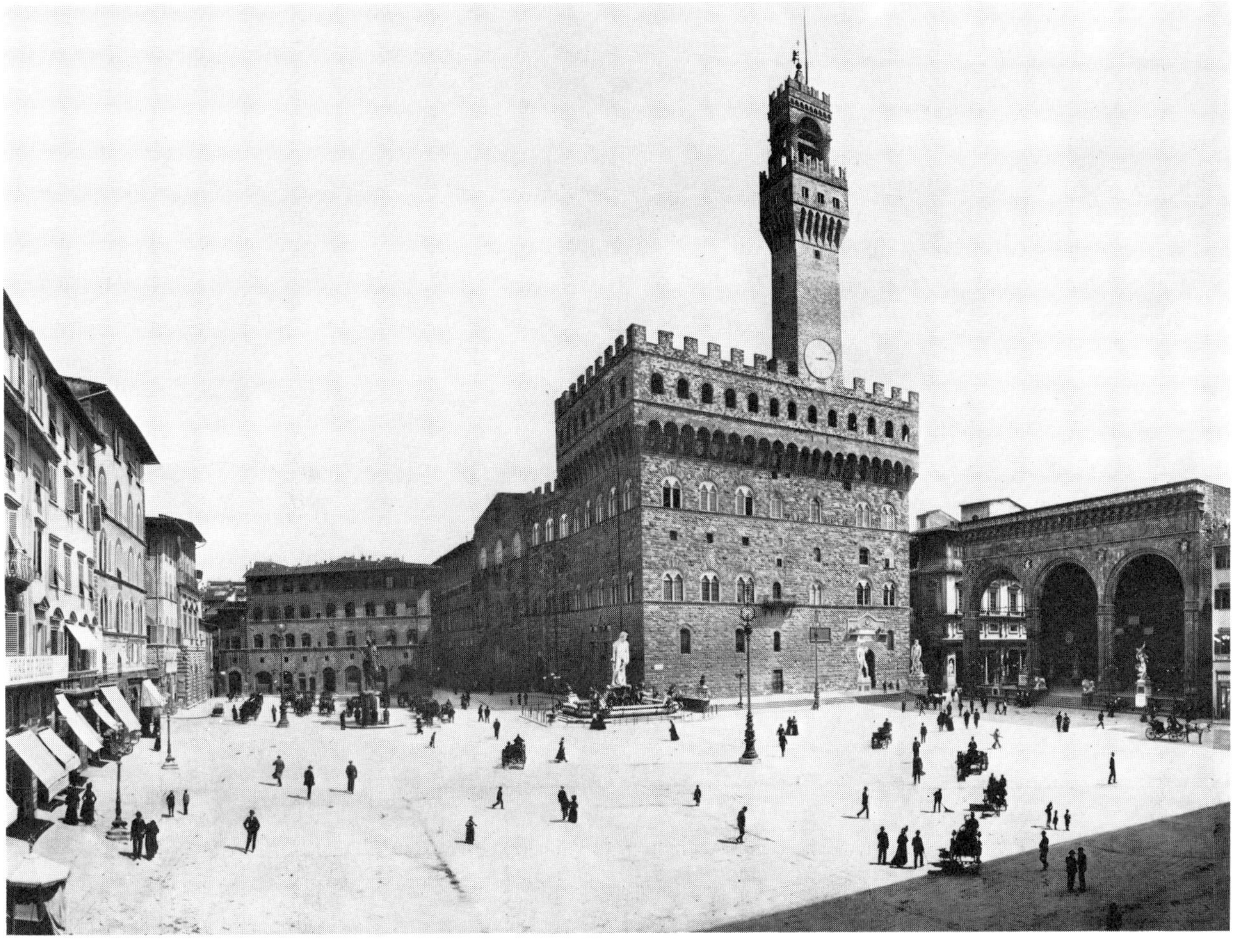

Abb. 7: Florenz, Piazza della Signoria

Sein Baukörper ist kubisch und geschlossen. Seine rauhe Haut aus Buckelquadern gibt den Eindruck eines durch und durch massiven Körpers. Die Fenster sind recht klein. Im unteren Teil sind sie schmal wie hineingeschnittene Schlitze. Über dem Block erhebt sich ein Aufsatz, der weit über die darunterliegende Mauerflucht hinausragt; nicht nur ein Zinnenkranz allein, wie er auf Rathausbauten üblich war, sondern ein Wehrgang wie auf einer Festung oder einer Stadtmauer. Aus dem Wehrgang wächst ein schlanker Turm heraus. Bis an den äußersten Rand vorgeschoben, scheint er in kühner Balance über dem Baukörper zu schweben. Der glatte Schaft trägt ebenfalls einen Wehrgang, und dieser wiederum einen säulengetragenen Baldachin, der von Zinnen bekrönt ist.

Überall Wehrgänge und Zinnen, geschlossene Mauern, Buckelquaderwerk wie an einer Burg – und doch war dieses Rathaus keine Burg. Seine kriegerische Gestalt ist nicht seine Funktion, sondern sie ist Bild – eine symbolische Form, die Machtanspruch, Wehrwillen und politisches Selbstbewußtsein der Stadt als Ganzes darstellte. An diesem hochaufgerichteten trotzigen Bau erinnert erst recht nichts mehr an die breite, behäbige und offene architektonische Form des traditionellen Saalgeschoßbaus. Die würfelförmige geschlossene Gestalt verrät nicht, daß sich in diesem kompakten Baukörper ein vielteiliges Raumprogramm befindet.

Der traditionelle Architekturtypus des Saalgeschosses ist dennoch auch in diesem Bau enthalten: Der linke Teil des Blockes umschließt drei große Säle übereinander: unten Waffenkammer und Steueramt, darüber der Ratssaal und oben der Wohnsaal für die Ratsherren. Der andere Teil des Baukörpers hat im Inneren einen Hof, der unten mit Arkaden, darüber mit drei Geschossen kleiner Amtsstuben umgeben ist. Es ist also der durch zwei Flügel um einen Innenhof erweiterte Saalgeschoßbau, wie im Palazzo Comunale in Piacenza. Aber im Unterschied zu diesem, wo der große Saaltrakt als der eigentliche die Funktionen des Rathauses darstellende Bautypus betont ist, wird er hier im Florentiner Palazzo de'Signori zu einer ganz anderen, hoch aufgerichteten und festungshaft geschlossenen Bildform verschmolzen.

Auch wenn der Palazzo de'Signori wie eine Burg aussieht, kommt seine kompakte, hochaufgerichtete Baugestalt nicht aus dem Burgen-, sondern aus dem regionalen Hausbau. Es war, wie in Siena, der Typus des toskanischen Turmhauses. Solche Häuser auf schmalem Grundriß mit manchmal vier und mehr Geschossen, oft von noch höheren und schlankeren Türmen überragt, waren die Häuser der alten städtischen Adelsschicht in Mittelitalien.

Sowohl der Palazzo de'Signori in Florenz als auch der Mittelteil des Palazzo Pubblico in Siena verwendeten diesen Typus, steigerten ihn allerdings in Größe, aber auch in bildhafter Ausstattung. Doch hier unterscheiden sich die beiden Rathäuser von Florenz und Siena. Und dies hat nun wiederum zu tun mit der Verschiedenheit der Hausbautradition in den beiden Städten, den lokalen Baumaterialien und den besonderen Formen. Der goldgelbe Sandstein, aus dem der Florentiner Palast besteht, die rauhe Maueroberfläche, der geschlossene Baucharakter, die kleinen Fenster mit den flachen Segment- oder Rundbögen, die mit Quadern ausstrahlenden überfangenden Entlastungsbögen – das sind typisch florentinische Formen. Der leuchtendrote Backstein im Wechsel mit hellgrauem glatten Kalksteinquaderwerk, der geöffnete Baucharakter, die großen, mit dünnen Säulchen feingliedrig unterteilten Fenster mit den überhöhten Spitzbogen – das sind typisch sienesische Formen. Der Florentiner Palast hat einen eher düsteren, „romanischen", der Sieneser einen heiteren, „gotischen" Charakter. Und in der Tat war der Einfluß der Gotik aus Frankreich – auch in der Malerei und in der Skulptur – in Siena sehr viel stärker als in Florenz.

Bleibt noch die Frage, wer diese neuartigen, ja, wie man zumindest im Fall des Florentiner Palazzo de'Signori sagen kann: genialen Neuformulierungen des Bautypus „Rathaus" konzipiert hat. Man muß dabei einen kurzen Blick auf den Baubetrieb jener Zeit werfen. Wir wissen von der Organisation der großen Bauhütten der französischen Kathedralen, diesen vielseitigen Großbetrieben. Ihnen stand ein Leiter vor, gewissermaßen ein Chefarchitekt, der die Planung machte und den Bauvorgang bestimmte, ohne daß er allerdings jedes Detail selbst entwarf. Für die vielen Bauaufgaben der Stadt, die großen Pfarrkirchen, die Rathäuser und andere kommunale Gebäude, die Stadtmauern und Stadttore, bedurfte man ebenfalls einer festen Bauhütte. Anfänglich hatte man sich der erfahrenen Bautrupps aus nahegelegenen Klöstern, besonders der Zisterzienser, bedient, für den Bau der großen Stadtpfarrkirchen auch der nächstgelegenen bischöflichen Dombauhütte. Bald aber wurden städtische Bauhöfe eingerichtet, die für alle kommunalen Bauaufgaben zuständig waren. In manchen Städten hatte die Bürgerschaft den Bau des Domes – der damit bischöfliche und Hauptpfarrkirche der Stadt zugleich wurde – finanziell und organisatorisch übernommen. Dadurch war auch die Dombauhütte zu einer städtischen Einrichtung geworden, die außer für den Dombau für viele andere – zumindest die bedeutenden, repräsentativen – Bauaufgaben der Stadt tätig war. Der Dombaumeister wurde damit zum obersten Stadtarchitekten, und eine so wichtige Bauaufgabe wie die des Rathauses fiel natürlich in seine Zuständigkeit. In Florenz hatte zur Zeit der Planung des Palazzo de'Signori ARNOLFO di Cambio diese Funktion inne, in Siena GIOVANNI PISANO. Beide waren Bildhauer, beide kamen aus derselben Schule des NICOLA PISANO in Pisa, beide waren vertraut mit der französischen Kunst der Gotik. Mit großer Sicherheit geht die Konzeption des Palazzo de'Signori in Florenz auf ARNOLFO di Cambio, und mit ziemlicher Sicherheit die des Palazzo Pubblico in Siena auf GIOVANNI PISANO zurück. Daß beide Rathausbauten aber so verschieden sind in ihrem Baucharakter und ihren Formen, verdeutlicht, wie stark und wichtig die Kraft der lokalen Bautradition war, der sich der entwerfende Architekt selbstverständlich unterordnete.

Die Eigenarten der lokalen mittelalterlichen Bautraditionen mit ihren besonderen Materialien und Formen, die nicht nur in Florenz und Siena, sondern ebenso in Perugia oder Orvieto, in Pisa oder Lucca, in Genua oder Venedig noch heute die historischen Stadtbilder bestimmen, und die in diesen und vielen anderen Städten Italiens immer wieder andere Ausprägungen auch im Rathausbau hervorbrachten, wurden seit dem 15. Jahrhundert mit dem Siegeszug der Renaissance durch die zur Gesetzmäßigkeit erhobenen Architekturformen der klassischen Antike im Repräsentationsbau überlagert und allmählich verdrängt.

Allerdings hat das Rathaus in die Architekturtypologie der Renaissance Eingang gefunden. Als die mächtige Florentiner Kaufmannsfamilie der MEDICI sich um 1430 einen großen Privatpalast bauen ließ, diente ihr der Palazzo de'Signori als Vorbild. Die repräsentative Architekturform der Gemeinschaft wurde von ihr für die private Repräsentation, für die Darstellung ihrer gesellschaftlichen und politischen Macht beansprucht. Der Palazzo Medici wurde typenschöpferisch für den großen Wohnpalast der Renaissance. Und der an der Fassade ablesbare räumliche Aufbau mit einem geschlossenen schweren Erdgeschoß, dem ersten Obergeschoß: dem „Piano Nobile", mit den repräsentativen Räumen darüber, und einem etwas niedrigeren Wohngeschoß noch darüber – abgeschlossen durch ein ausladendes Kranzgesims, hinter dem sich das Dach verbirgt –, ist verbindlich geblieben auch im Schloßbau des Barock und noch bis zu den Fassaden des gehobenen Mietwohnungsbaus des späten 19. Jahrhunderts.

Norddeutschland und die Niederlande

Die Architektur der italienischen Rathäuser des Mittelalters behielt immer einen ausgesprochen weltlichen Charakter. Elemente der kirchlichen Architektur fanden kaum in sie Eingang. Anders war das im Rathausbau nördlich der Alpen. Hier hatte es, als man mit den Rathausbauten begann, nicht schon eine so bedeutende Tradition des weltlichen Repräsentationsbaus gegeben. Um bildhaft bedeutsame Formen zu finden, mußte man sich am Kirchenbau orientieren. Besonders in Norddeutschland und den Niederlanden, wo die Städte im 14. und 15. Jahrhundert durch den blühenden Handel über das Meer und die großen West-Ost-Fernhandelswege reich und mächtig geworden waren, stattete man die Rathausbauten mit den hoheitlichen Elementen der gotischen Sakralarchitektur aus.

Das Rathaus der Altstadt in *Braunschweig* war zuerst im 13. Jahrhundert als sehr schlichter zweigeschossiger, rechteckiger Saalbau errichtet worden. 1393–1396 baute man, um den zusätzlichen Raumbedarf für neue Ämter zu decken, einen Flügel im rechten Winkel an. Gleichzeitig wurde dem alten Bau eine zweigeschossige Laube vorgesetzt, die in den gleichen Formen 1447–1468 auch dem Erweiterungsflügel vorgeblendet wurde. Die so entstandene übereck gestellte Bauform bildete nun zusammen mit der gegenüberliegenden Stadtpfarrkirche Sankt Martini eine architektonische Gruppe, die den weiten Marktplatz räumlich abschließt *(Abb. 8)*. Die Entsprechung zur Pfarrkirche wird ganz konkret dadurch hergestellt, daß die Gestaltung der Rathauslaube sich direkt auf den Kirchenbau bezieht: Der architektonische Aufbau der Laube entspricht der Jochreihe der äußeren Langhauswand der gotischen Hallenkirche in Braunschweig: die Bögen sind zwischen hervortretende Strebepfeiler eingespannt, sie gipfeln in hohen Wimpergen, deren einzelne parallele Dächer an das höhere Hauptdach stoßen wie die Seitenschiffdächer der Kirche an das große Mittelschiffsdach. Wie an einer Kirche sieht man an den Strebepfeilern Figuren unter Baldachinen und sind die Wimperge mit Krabben und Kreuzblumen geschmückt. Am stärksten wirken die reichen Maßwerkfüllungen als sakrales Hoheitsmotiv: nämlich wie große Kirchenfenster. Um sie ihrem weltlichen Zweck, nämlich dem einer offenen zweigeschossigen Laube, anzupassen, auf deren oberer Galerie sich die Ratsherren dem versammelten Volk zeigten und von der aus die Ratsbeschlüsse verkündet wurden, ist das dichte dekorative Gitter der Maßwerke geschickt von einem großen Rundbogen unterfangen.

Andere Rathäuser zeigen dagegen einen schmalen, hochragenden Giebel, der, mit sakralen Formen geschmückt, als prunkvolle Schauwand erscheint; es ist jedoch offensichtlich, daß der Grundtypus hier ein anderer ist: nämlich der traditionelle Typus des mittelalterlichen Wohnhauses. Es ist das mit dem Giebel der Schmalseite zur Straße stehende, sich weit in die Tiefe erstreckende norddeutsche Dielenhaus.

Wie in Braunschweig bildet auch der gotische Rathausgiebel von *Münster* eine nachträgliche Erweiterung und Aufwertung eines zuerst bescheidenen älteren Baus *(Abb. 9)*. Um 1250 hatten die Bürger an dem langgestreckten Prinzipalmarkt ein Rathaus errichtet, und zwar unmittelbar gegenüber dem Haupttor zum großen Hof des Bischofs, ihres Stadtherrn. In der zweiten Hälfte des 14. Jahrhunderts, als die politische Macht längst an die Bürgerschaft übergegangen war, wurde dieses Rathaus erweitert und mit dem prächtigen Giebel versehen. Es reihte sich damit in die Folge der dicht nebeneinanderstehenden Wohnhäuser ein, die den langgestreckten Prinzipalmarkt auf beiden Seiten säumen, überragte aber deren damals noch bescheidene Giebel bei weitem an Höhe und überbot sie durch die prunkvolle architektonische Gestaltung und den dekorativen Schmuck.

Genau besehen ist das Münsteraner Rathaus eine Kombination aus norddeutschem Dielenhaus und Saalgeschoßbau. Das norddeutsche Dielenhaus baut sich auf aus der zu ebener Erde gelegenen hohen Diele, dem großen Vielzweck-, Wohn- und Arbeitsraum der Familie, mit emporenartig eingehängten Kammern, und dem verhältnismäßig tief ansetzenden hohen Dach mit seinen mehrgeschossigen Speichern. Das Münsteraner Rathaus besteht in seinem unteren Teil aus einem Saalgeschoßbau: hinter einer offenen Laube liegt eine Erdgeschoßhalle, darüber, im Obergeschoß, der große Rats- und Festsaal. Erst darüber erhebt sich der Giebel mit drei Speichergeschossen als eine Schauwand, die das dahinterliegende Dach weit übersteigt. Seine Grundform ist sehr einfach, nämlich die des Treppen- oder Staffelgiebels. Diese Grundform wird durch die Sakralbauformen nicht verwandelt, sondern bereichert. Das Hauptgewicht der repräsentativen Gestaltung liegt in der Zone des Saalgeschosses. Über den schlichten, tief ansetzenden Arkaden der Erdgeschoßlaube wirkt die Pracht der reichgegliederten und ornamental umrahmten Maßwerkfenster noch stärker. Der eigentliche Giebel bleibt dagegen eher schlicht. Der repräsentative Reichtum der Formen entfaltet sich an seinem Rande und auf seiner Spitze. Es ist vor allem die „aufgelöste“ Silhouette, die wirken soll. Die die Giebelfläche von oben nach unten gliedernden Streben wachsen über seinen Rand hinaus in hohe, schlanke und von Figuren bekrönte Fialtürmchen. Die geschwungenen Maßwerkbrücken auf den unteren beiden Stufen sind erst im 15. Jahrhundert hinzugefügt worden und mindern etwas die Wirkung der zwei transparenten Maßwerkfenster, die mit ihren Wimpergen hinaufragen zu dem steinernen Schrein mit der Figurengruppe der Krönung Mariens, in welcher der Aufbau der Schauwand gipfelt.

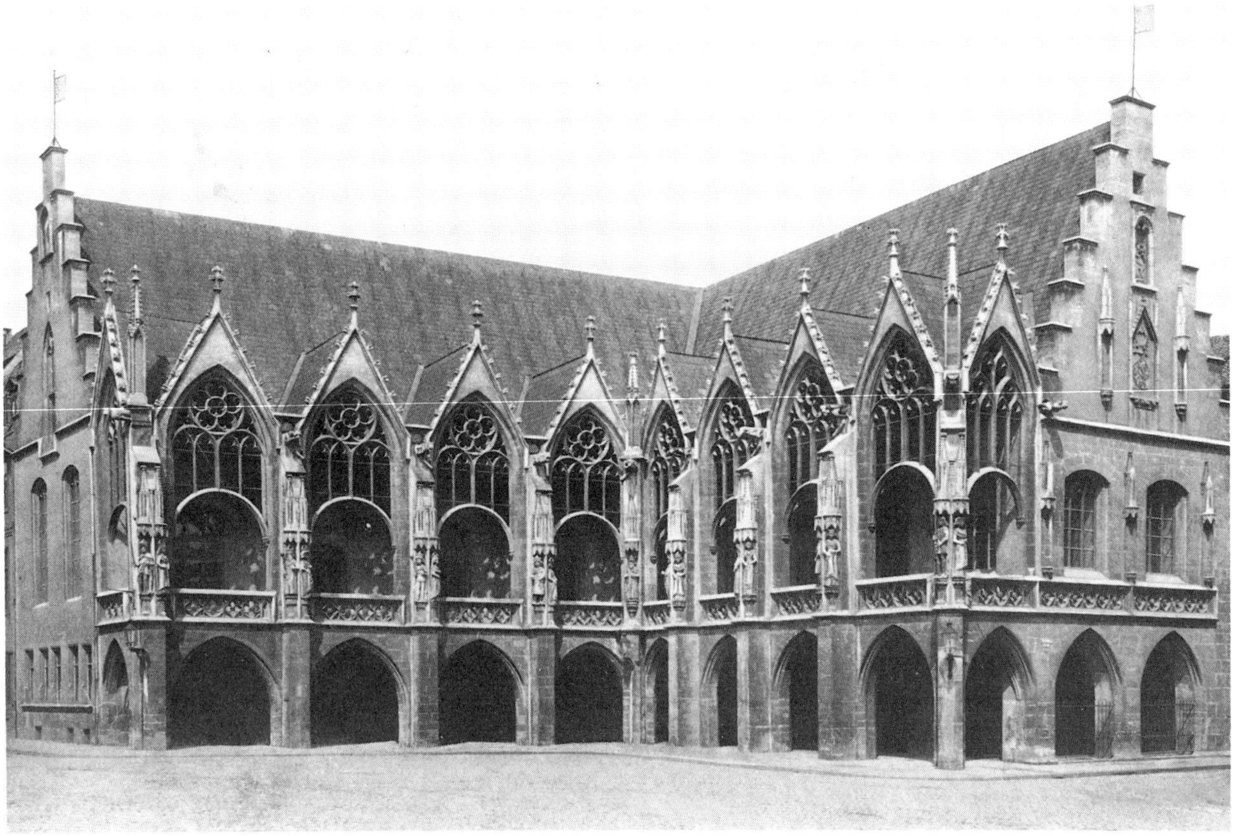

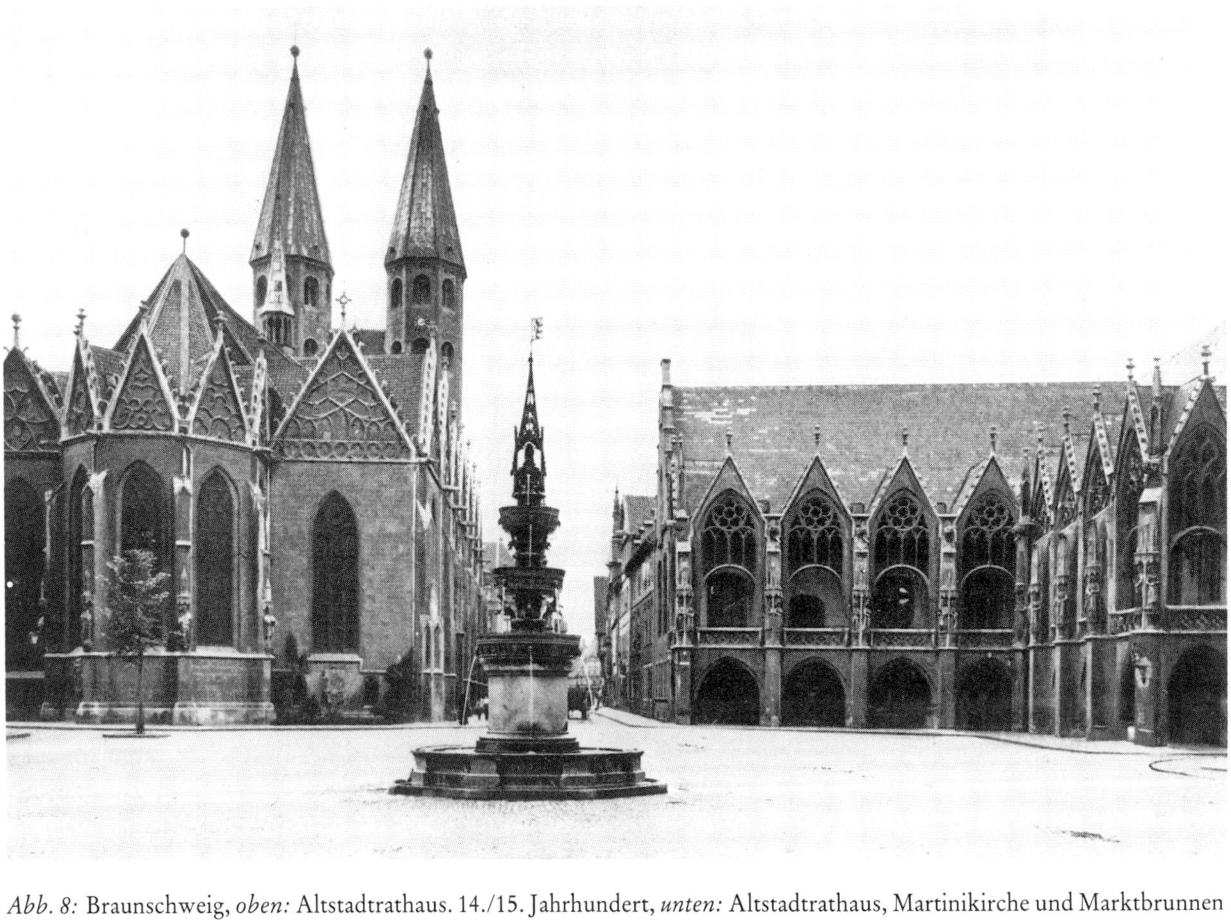

Abb. 8: Braunschweig, *oben:* Altstadtrathaus. 14./15. Jahrhundert, *unten:* Altstadtrathaus, Martinikirche und Marktbrunnen

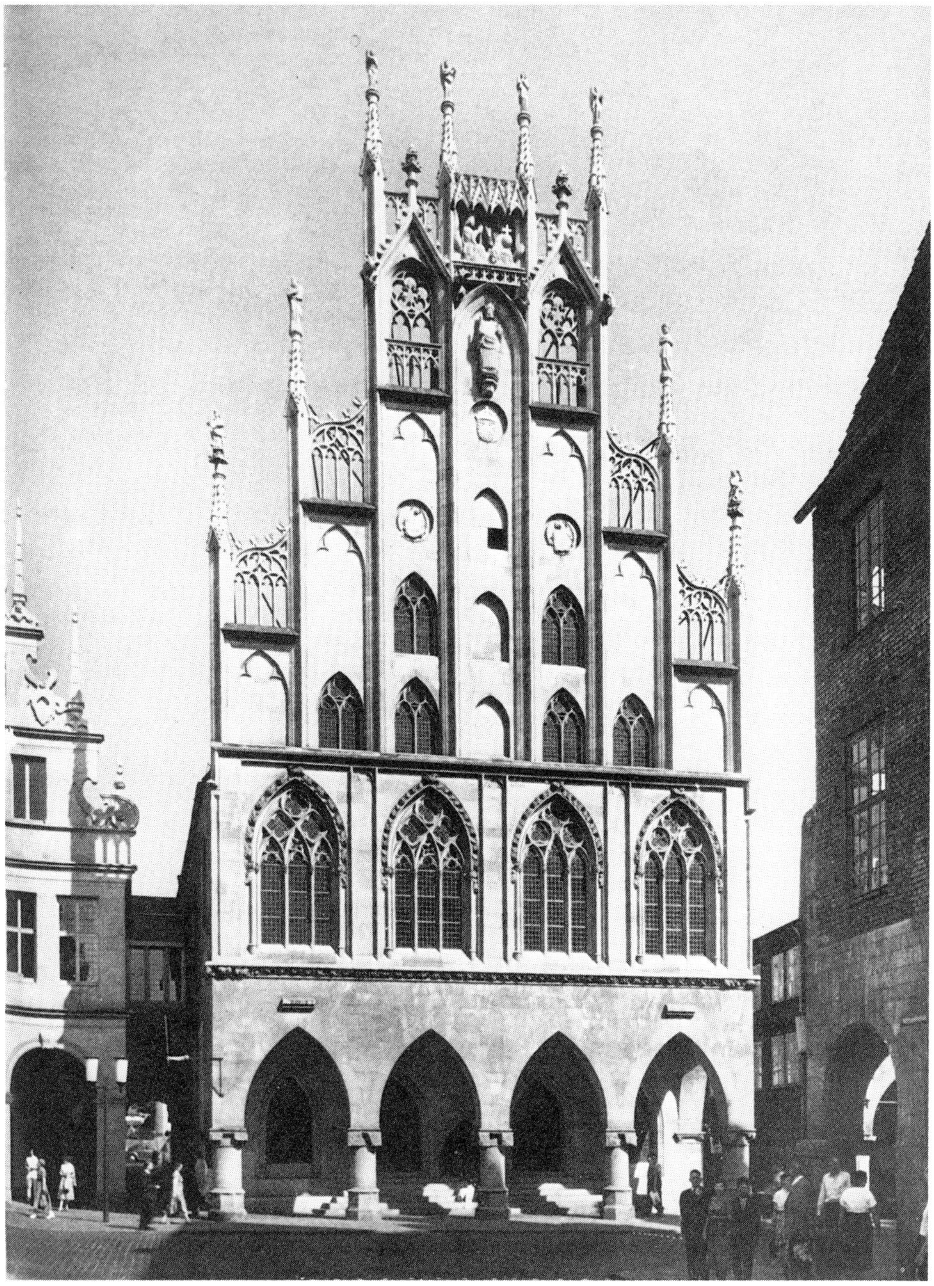

Abb. 9: Münster/Westfalen, Rathaus. Marktgiebel. Ende des 14. Jahrhunderts (nach Zerstörung im Zweiten Weltkrieg rekonstruiert)

Die gotischen Architekturformen des Münsteraner Rathausgiebels haben nichts Handwerklich-Provinzielles. Sie waren ganz auf der Höhe der stilistischen Entwicklung, und sie zeigen auch deutlich ihre Herkunft: vom größten und modernsten damals im Bau befindlichen gotischen Kirchenbau Deutschlands, dem Kölner Dom. Kam der Entwurf zu diesem Prunkgiebel, der einen damals einzigartigen, ja unerhörten Maßstab für den repräsentativen Anspruch eines bürgerlichen Rathauses setzte, aus der Kölner Dombauhütte? Wir wissen es nicht, aber ausgeschlossen ist es nicht. Jedenfalls ist der Münsteraner Rathausgiebel zum Muster für zahllose gotische Treppengiebel in Norddeutschland geworden.

So war der Münsteraner Giebel beispielsweise das Vorbild für die Fassade des Rathauses in *Tangermünde* an der Elbe, nördlich von Magdeburg *(Abb. 10)*. Aber er war es nur noch indirekt. Denn die Sakralisierung der Form geht am Tangermünder Rathaus noch weit über die des Münsteraner Rathauses hinaus.

Um 1420 wurde hier einem älteren Rathaus, das wohl nur ein schlichter Fachwerkbau war, ein Vorbau angefügt, der im Inneren zwei gewölbte Hallen übereinander enthält. Das Äußere zeigt über zwei eher schlichten Geschossen einen Giebel von

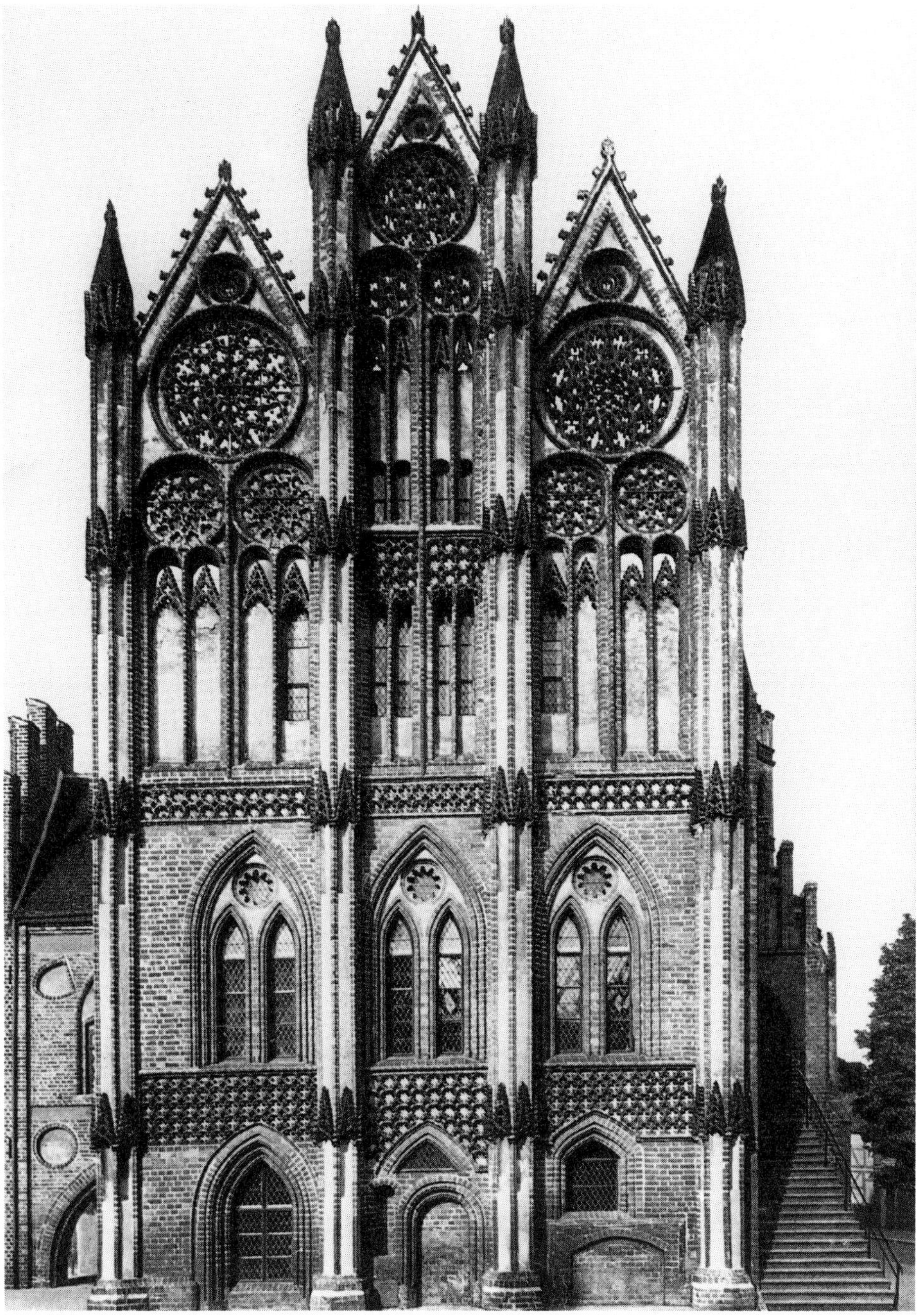

Abb. 10: Tangermünde, Rathaus. Schauwand, erbaut um 1430 von Hinrich Brunsberg aus Stettin

großem Formenreichtum. (Die ehemals offenen Bogen des Erdgeschosses sind heute verändert: Anstelle der spitzbogigen Fenster des Obergeschosses muß man sich ursprünglich große rechteckige Fenster vorstellen.) Im Unterschied zu Münster ist die abgetreppte Umrißform des Hausgiebels völlig aufgegeben worden. Statt dessen sehen wir eine Schauwand, die das Dach nicht nur weit übersteigt, sondern auch dessen schräge Linie völlig verneint, und die Gestalt einer gewissermaßen frei in die Luft ragenden Kirchenfassade hat.

Das Tangermünder Rathaus steht mitten im Kerngebiet der märkischen Backsteingotik, deren Merkmal die höchst phantasiereiche und virtuose Umsetzung von gotischen kleinteiligen skulpturalen Formen aus Haustein in das sprödere Material des Ziegels ist. Und so sehen wir an dem Tangermünder Rathausgiebel, wie alle gotischen Gliederungs- und Dekorationsformen – das überreiche Maßwerk, die Wimperge und Profile – eine eigentümliche und doch sehr reizvolle lineare und flächige Abstraktheit annehmen, die von dem Farbenwechsel der roten Ziegel- und der weißen Putzflächen noch unterstrichen wird. Das Vorbild für die Schauwand des Tangermünder Rathauses stammt in der Tat von einem Kirchenbau: es waren die Langhauskapellen der Katharinenkirche in Brandenburg an der Havel, die mit solchen feingliedrigen Schauwänden geziert sind.

Ihr Architekt, Hinrich BRUNSBERG aus Stettin, der Hauptmeister dessen, was die Kunstgeschichte den „Reichen Stil der Backsteingotik" nennt, war wahrscheinlich auch der Baumeister des Rathauses in Tangermünde. Und es ist interessant, daß sich eine kleine Stadt nun einen bedeutenden Baumeister von außerhalb holte, um ihrem Rathausneubau das höchste Maß an künstlerischem Anspruch zu garantieren.

Das Tangermünder Rathaus ist wegen seiner herrlichen Schaufront eines der schönsten spätmittelalterlichen Rathäuser. Doch es ist ein kleiner Bau. Gleichzeitig entstanden in den großen Handelsstädten immer umfangreichere Rathausneubauten, so das *Bremer Rathaus*, von 1406–1410 *(Abb. 11)*. Die architektonische Form des Äußeren zeigt die stark vergrößerte einfache typologische Grundform des zweigeschossigen Saalbaus, bereichert mit aus dem Kirchenbau übernommenen Elementen (Maßwerkfenster, Figuren mit Baldachinen). Vielerorts wurden bestehende Rathäuser zu immer größeren Komplexen erweitert und in ihrer äußeren architektonischen Gestalt und inneren Ausstattung bereichert. Charakteristisch für die Zunahme des repräsentativen Anspruchs am Ende des 16. Jahrhunderts sind etwa der Umbau und die neue Fassadengestaltung des Bremer Rathauses in den Formen der niederländischen Renaissance *(Abb. 3)*. Doch können die vielen individuellen architektonischen Lösungen, die bei derartigen Erweiterungen entstanden sind, hier nicht vorgeführt werden. Zwei Beispiele wurden schon in anderem Zusammenhang gezeigt: das *Stralsunder Rathaus*,

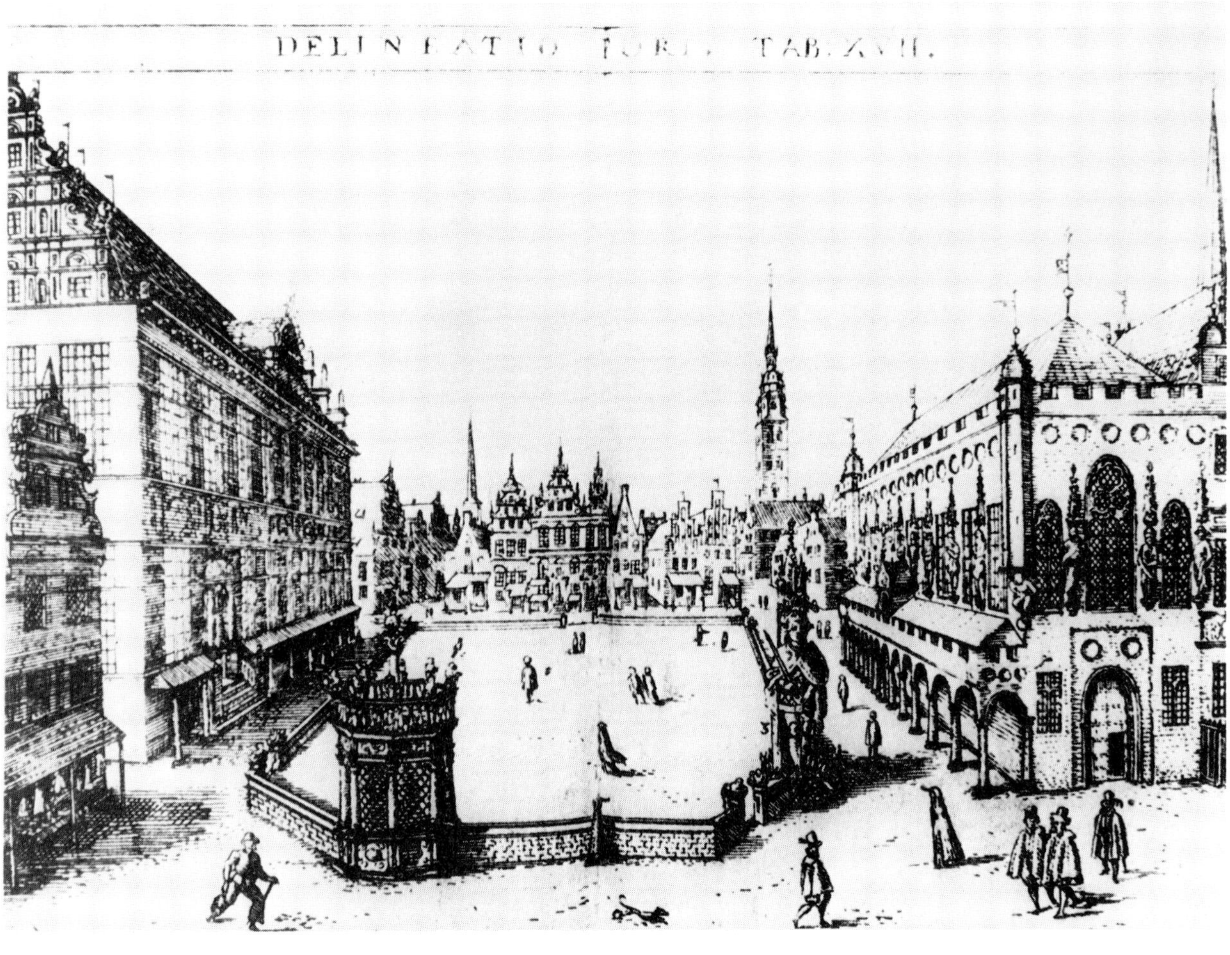

Abb. 11: Bremen, Marktplatz. Kupferstich aus: Wilhelm Dillich, Urbis Bremae Typus et Chronicon, 1604

Auf dem Kupferstich sieht man rechts das Rathaus noch im Zustand der Erbauungszeit von 1406–1410, also vor dem 1595 begonnenen Renaissance-Umbau. Ganz zuverlässig ist die Darstellung jedoch nicht. Beispielsweise sind die gotischen Maßwerkfenster und das Portal rundbogig statt spitzbogig wiedergegeben. Am rechten Bildrand ist gerade noch die das Rathaus überragende Turmspitze der Ratskirche Unserer Lieben Frauen zu sehen. Der Marktplatz war mit einer niedrigen Mauer umfriedet, innerhalb deren die Verkaufsfläche lag und an der die Rolandsfigur und das kleine vergitterte Renaissance-Häuschen des *Kaak* standen. Dieser war der Pranger, in dem Missetäter zur Schande und zum Gespött ausgestellt wurden. Das große Gebäude auf der linken Seite ist der *Schütting*, das Versammlungs-, Amts- und Gasthaus der reichen Kaufmannsgilde, erbaut 1537–1539 und 1594 durch LÜDER von Bentheim mit einer prächtigen Fassade zum Markt versehen. An den Bürgerhäusern im Hintergrund ist der Unterschied der schlichteren gotischen und der größeren und reicheren Renaissance-Fassaden deutlich zu erkennen.

dessen zwei langgestreckten parallelen Häusern in der ersten Hälfte des 15. Jahrhunderts eine riesige transparente Schauwand vorgesetzt wurde – nach dem Vorbild des noch größeren, über viele Jahrhunderte immer wieder vergrößerten Rathauses von Lübeck – *(Abb. 1)*, und das *Breslauer Rathaus*, das aus einem bescheidenen Bau des frühen 14. Jahrhunderts bis zum Ende des 15. Jahrhunderts zu einem großen Komplex unter drei parallelen Dächern mit prächtigen Giebeln, Erkern und einem Turm erweitert wurde *(Abb. 2)*. Auch vom Breslauer Rathaus weiß man, daß die Stadt sich von weither einen bedeutenden Baumeister und Steinmetzen holte – Paul Preusse, der an der Albrechtsburg in Meißen gearbeitet und in der Regensburger Dombauhütte seine Ausbildung erhalten hatte.

Ihre Höhepunkte aber erreichte die Rathausarchitektur der Spätgotik in den alten *niederländischen Städten*. Schon im 14. Jahrhundert hatte der gewaltige wirtschaftliche Aufschwung dieser Städte auf der Grundlage der Herstellung und des Handels mit Textilien, dem wichtigsten Fertigprodukt des mittelalterlichen Wirtschaftslebens, begonnen. Die Städte waren sehr stark gewachsen, und mit gewachsen war auch ihr Prestigebedarf. Dieser äußerte sich unter anderem in riesigen Rathausneubauten, auf denen nun die ganze Formenfülle der dekorativen Spätgotik ausgebreitet wurde. Die Rathäuser von Brügge, Löwen, Gent, Oudenaarde, Middelburg und vielen anderen Städten im heutigen Belgien und Holland gehören zu den bedeutendsten Leistungen der europäischen Profanarchitektur des Mittelalters.

Als Beispiel sei hier das Rathaus von *Brüssel* betrachtet, das 1402 begonnen wurde *(Abb. 12)*. Es ist ein Bau von gewaltiger Größe, überragt von einem übermäßig hohen, schlanken Turm, der in einer steilen durchbrochenen Spitze endet, dessen Aussehen den Betrachter sofort an einen Kathedralturm denken läßt. Auch der überreiche Schmuck mit Figuren unter Baldachinen, die dichtgereiht die ganze Fassade überziehen, gibt diesem Rathaus einen sakralen Zug, der alles bisher Betrachtete übersteigt. Doch beim näheren Hinsehen stellt man fest, daß der Bau sich aus einer Mischung von sakralen und profanen Elementen zusammensetzt.

Der riesige, querrechteckige Baukörper, in dem natürlich der alte Prototyp des Saalgeschoßbaus steckt – auch wenn er hier nicht nur zwei, sondern drei Geschosse hat –, prunkt an den Außenmauern mit Blendmaßwerkbögen und Figuren unter Baldachinen wie eine Kathedralfassade. Doch er zeigt auch ebenso deutlich die dem repräsentativen Profanbau eigenen symbolischen Elemente aus der Festungsarchitektur: Ein Kranz von Zinnen bildet die Mauerkrone und umschließt den ganzen Baukörper wie ein festes Band. Und an den vier Gebäudeecken steigen runde Türme auf, die wie die Wachttürme einer Burg den Zinnenkranz und das hohe Dach überragen. Wohnhausformen haben an dem Gesamtbild einen nicht unwesentlichen Anteil: über beiden Schmalfronten erheben sich, gerahmt von den Festungstürmen, Stufengiebel, die denen der zeitgleichen vornehmen Wohnhäuser ähneln. Und diese Giebel sind ein gutes Stück hinter die Flucht der Mauer und des Zinnenkranzes zurückgesetzt, um als eigenständiges, in sich vollständiges Bildelement wirken zu können.

Das Brüsseler Rathaus macht auf den ersten Blick einen sehr einheitlichen Eindruck. Es fällt jedoch auf, daß die Fassade asymmetrisch ist, daß der große Turm nicht in der Mitte steht. In der Tat ist das Rathaus das Ergebnis mehrerer Bauetappen. Es bestand zuerst nur aus dem linken Flügel, der 1402 begonnen wurde und sich gegen einen schon aus dem 14. Jahrhundert stammenden Turm lehnte. Man erkennt ihn in dem eckigen Unterbau des heutigen hohen Turmes. Solche schlichten eckigen Türme hatten als Stadttürme in Flandern schon seit dem 13. Jahrhundert eine Tradition. Sie heißen „Belfrid" – ein Wort, das dem deutschen Wort „Bergfried" entspricht –, und tatsächlich haben sie ihre Vorbilder im Burgenbau. Von den Bürgerstädten als Typus für den Stadtturm übernommen, hatten sie also eine den Rathaustürmen in Italien, wie dem des Palazzo de'Signori in Florenz, vergleichbare symbolische Bedeutung. Beginnend 1444 wurde dann das Brüsseler Rathaus um den kürzeren, rechten Flügel erweitert und ab 1449 dann der 114 Meter hoch aufsteigende Turmaufbau errichtet. Erst damals erhielt der ganze Bau seine reiche Gliederung und den Statuenschmuck.

Der Turmaufbau hat nun aber seine Vorbilder ganz und gar in der Kirchenarchitektur. Der Übergang vom quadratischen Querschnitt in ein Achteck, die Auflösung des Baukörpers in ein transparentes Gerüst von Maßwerköffnungen, der steile durchbrochene Helm: dies alles bezieht sich auf die Typologie der Türme der hochgotischen Kathedralen Frankreichs. Ein Kirchturm als Rathausturm – das war ein ungeheurer Anspruch: Turm und Figurenschmuck der Fassade erhoben das bürgerliche Rathaus gewissermaßen zu einer weltlichen Kathedrale.

Auffallend ist aber die im Vergleich zur hochgotischen Turmlösung, etwa des Freiburger Münsters, geradezu unproportional in die Höhe gestreckte Form. Dreimal setzt das schlanke Achteck mit einem neuen Abschnitt an, bevor es schließlich in den spitzen Helm übergeht. Nicht nur die sakrale Form, sondern ebenso die alles überragende, alles überbietende Höhe waren ein Mittel, dem bürgerlichen Ehrgeiz ein sichtbares Zeichen zu setzen.

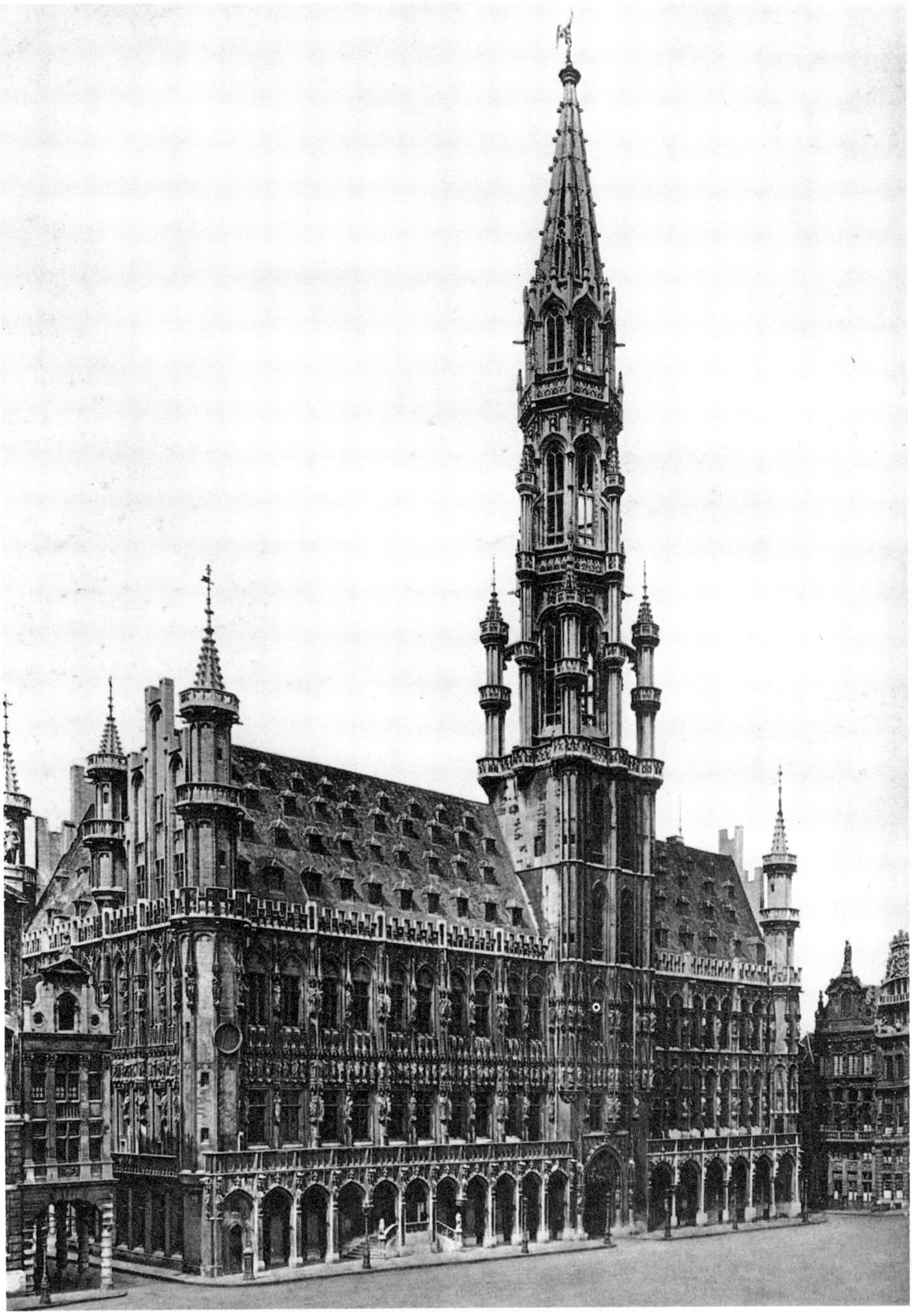

Abb. 12: Brüssel, Rathaus, begonnen 1402. Turmaufbau von Jan van Ruysbroek, begonnen 1449

Süddeutschland

Im Vergleich zu den niederländischen und norddeutschen Rathäusern der Spätgotik sind die gleichzeitigen Rathausbauten in Süddeutschland, Österreich und der Schweiz verhältnismäßig bescheiden, sowohl was die Größe als auch was den Aufwand an repräsentativer Gestaltung anbetrifft. In vielen süddeutschen Städten blieb die Stadtverwaltung lange Zeit in angemieteten oder angekauften Wohnhäusern, die für die neuen Zwecke umgebaut und erweitert wurden. Selbst eine so große und reiche Handelsstadt wie Frankfurt am Main hat sich niemals ein neues Rathaus gebaut. Der „Römer", das historische Frankfurter Rathaus mit seiner bekannten Dreigiebelfront, ist ein Komplex, der aus dem Umbau von elf Bürgerhäusern entstanden ist, der mit dem Erwerb des Hauses „Zum Römer" im Jahre 1402 begonnen hatte. Diese Nutzungstradition von Wohnhäusern für die Zwecke der Stadtverwaltung führte dazu, daß auch die Neubauten von Rathäusern in den süddeutschen Städten einen stärkeren Wohnhauscharakter haben als die norddeutschen und niederländischen Rathausbauten. Ein anderer Grund dafür ist aber auch, daß die meisten Rathausneubauten im Süden erst aus dem ganz späten 15. und dem 16. Jahrhundert stammen, einer Zeit also, in der profane Repräsentation sich nicht mehr sakraler Formen bediente.

Die enge Bindung an die Wohnhaustradition, auch die starke Einbindung in die engere Bebauung der kleineren Marktplätze und in die Hausreihen, führte zu einer großen Vielfalt in den architektonischen Erscheinungsformen süddeutscher, schweizerischer und österreichischer Rathäuser.

Als Beispiel eines der kleineren Rathäuser sei hier das von *Michelstadt* im Odenwald gezeigt *(Abb. 13)*. Es ist ein Fachwerkbau von 1484. Auch in den Gebieten mit reiner Fachwerkbebauung waren in den größeren Städten die Rathäuser – wie ja auch die Kirchen – in der Regel aus Stein gebaut, das heißt, sie waren anspruchsvoller und dauerhafter, weil feuerfester, als die Wohnbauten aus Fachwerk. Doch in vielen kleineren Städten begnügte man sich mit dem Fachwerkbau der einheimischen Zimmerleute und versuchte ihm so viel wie möglich an repräsentativem Anspruch abzugewinnen. Das Michelstädter ist auch unter den Fachwerk-Rathäusern eines der kleinsten. Sein Holzgerüst in der alten Konstruktionsform des fränkisch-mitteloberdeutschen Fachwerks: mit kräftigen, weit auseinander stehenden Ständern, die durch lange, mehrfach gebündelte schräge Streben versteift sind, ist ohne jeden Schmuck. Mit der offenen Markthalle unten und dem großen Ratssaal darüber spiegelt dieses kleine Rathaus noch den alten Typus des Saalgeschoßbaus wider. Das schmale Grundstück zwischen dem engen

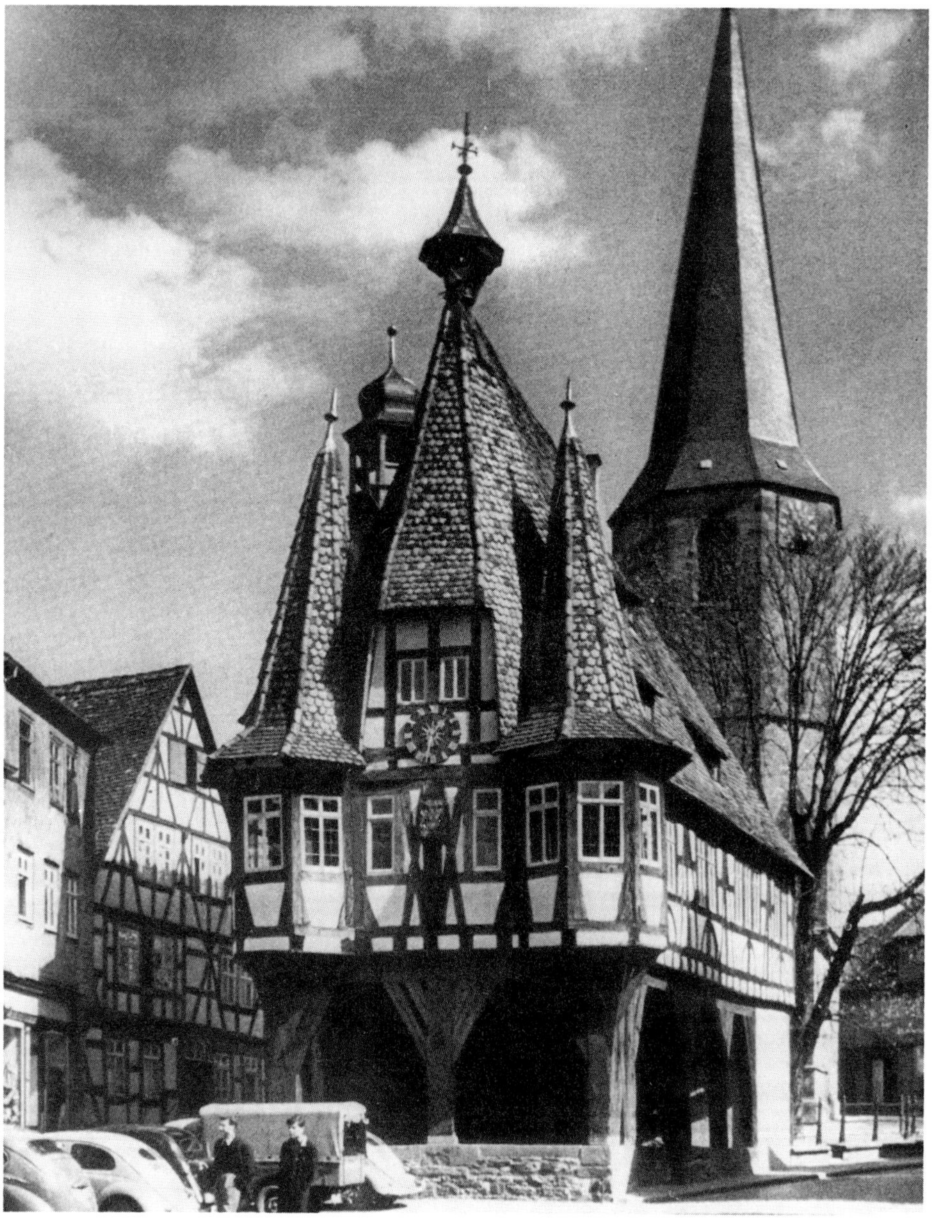

Abb. 13: Michelstadt im Odenwald, Rathaus. 1484

Marktplatz und der Pfarrkirche bedingte einen trapezförmigen Grundriß. Aber man wollte wenigstens der dem Platz zugekehrten, schmalen Seite eine aufwendigere Gestaltung geben. So hat man zwei flankierende Erker an die Ecken gehängt, deren spitze Helme zusammen mit dem eng zusammengefalteten Hauptdach so etwas wie eine Dreiturmgruppe im kleinen ergeben, die beim Blick vom Marktplatz aus durch den dahinter erscheinenden Glockenturm der Kirche noch gesteigert wird.

Rathäuser der Renaissance

Im 16. Jahrhundert erreicht der architektonische Ehrgeiz der mittelalterlichen Bürgerstädte seinen Höhepunkt und bald danach auch sein Ende. Das Rathaus war längst nicht mehr der einzige weltliche Bau, in dem sich das Bürgertum repräsentierte, sondern der repräsentative Anspruch war auf viele andere, ja mehr oder weniger alle öffentlichen Bauaufgaben ausgeweitet worden. Wirtschaftliche, technische und soziale Zweckbauten wie Kornspeicher, Mühlen und Spitäler, die Stadtbefestigung mit ihren Toren und Türmen, die Brücken und die

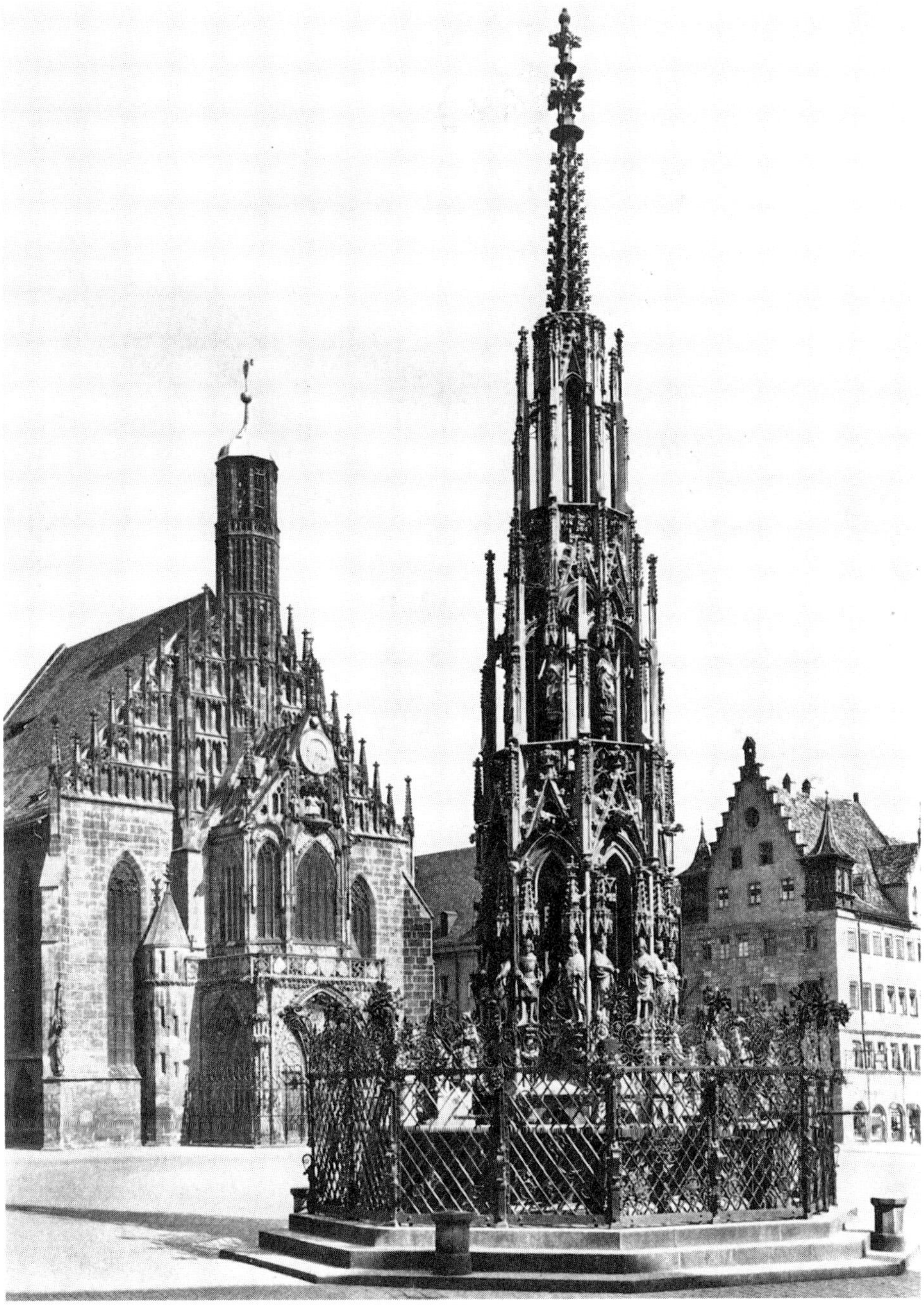

Abb. 14: Nürnberg, Schöner Brunnen. 1385–1396

Pflasterung der wichtigsten Straßen und Plätze – alles wurde über seinen praktischen Zweck hinaus architektonisch und dekorativ gestaltet. Eine besondere Rolle spielten dabei die Brunnen, also – um es im Sinne des Zweckes auszudrücken – die öffentlichen Wasserstellen. Mindestens der Hauptbrunnen auf dem Markt wurde in allen Städten mit äußerstem künstlerischen Aufwand gestaltet und zum Träger bildlicher Darstellungen gemacht. Eines der schönsten – und auch der frühesten – Beispiele ist der um 1390 errichtete und schon damals so genannte „Schöne Brunnen“ auf dem Markt in Nürnberg, dessen Architektur die Gestalt einer gotischen Turmspitze hat und der insgesamt 80 Figuren trug *(Abb. 14)*.

Doch auch die privaten Wohnhäuser nahmen mehr und mehr teil an der repräsentativen Gestalt der Stadt. Die reichen Bürger ließen die Fassaden ihrer Häuser aufwendig dekorieren oder neue prächtig gestaltete Fronten vor die alten Häuser setzen. So entstanden die geschmückten Platz- und Straßenfronten, die – obwohl so viele davon im Zweiten Weltkrieg zerstört wurden – noch immer unsere Vorstellung von der Schönheit einer Stadt so stark mitprägen. Die Stadt am Ausgang des Mittelalters war nicht nur ein Gebilde und Instrument des Zwecks, sie war auch ein Bild, welches das Selbstbewußtsein des Reichtums und der politischen Macht der Stadt ausdrückte. Und dies wiederzugeben war der Sinn der vielen Stadtansichten, die damals als eine neue Gattung der bildlichen Darstellung entstanden.

Die wirtschaftliche Kraft und politische Macht der Städte

In Italien hatte die demokratische Regierungsform der Stadtrepubliken schon seit dem 14. Jahrhundert dadurch, daß immer neue Gruppen an der Macht teilnehmen wollten und sich durch immer neue Kontrollorgane gegenseitig blockierten, ihre Funktionsfähigkeit verloren, und einzelne reiche Familien oder Einzelpersonen hatten die Macht übernommen – zuerst in Oberitalien, bald auch in Mittelitalien. In Florenz waren es die MEDICI, die schließlich die Alleinherrschaft behielten, und so wurde – nachdem die alte republikanische Verfassung lange nur noch formal bestehen geblieben war – der Palazzo de'Signori, das alte Rathaus der Zunftregierung, 1537 Wohnpalast des COSIMO de' Medici, der sich 1569 vom Papst als Großherzog von Toskana, als fürstlicher Herrscher, bestätigen ließ. Und der Palazzo Pubblico von Siena wurde 1555, als die Stadt von den MEDICI erobert wurde und ihre Selbständigkeit verlor, zum Sitz des Gouverneurs von Florenz degradiert.

In Deutschland erhielt sich die politische Selbständigkeit der Städte noch länger. Aber die wirtschaftliche Kraft vor allem der kleinen und mittleren Städte sank. Der Handel, und damit die Wirtschaftsmacht und Finanzkraft, konzentrierte sich auf wenige große Städte, bis auch den meisten von ihnen im Gefolge der Wirren und der politischen Umwälzungen des Dreißigjährigen Kriegs die Kraft ausging.

Die beiden großen Finanz- und Wirtschaftszentren des 16. und 17. Jahrhunderts in Süddeutschland waren Nürnberg und Augsburg. Beide Städte bauten sich um 1600 große neue Rathäuser. Das Augsburger, eines der bedeutendsten und spätesten Beispiele in der Entwicklung der Rathausarchitektur seit dem Mittelalter, sei hier betrachtet:

In *Augsburg*, dank seiner Lage an einer der wichtigsten alten Handelsstraßen über die Alpen wirtschaftlich aufs engste mit Italien verbunden, hatte sich am frühesten in Deutschland die neue Kapitalwirtschaft entwickelt, für die stellvertretend die Namen der Bankier- und Unternehmerfamilien der FUGGER und WELSER stehen. Die Stadt hatte im 15. und 16. Jahrhundert unermeßliche Reichtümer angesammelt und war zu einer der volkreichsten Städte angewachsen. Es gab ein Rathaus aus dem 14. Jahrhundert, das im 15. Jahrhundert mehrfach erweitert und aufwendig umgebaut wurde. Obwohl also das bestehende Rathaus durchaus nicht unansehnlich war, wurde 1614 beschlossen, es durch einen Neubau zu ersetzen. Ein wichtiges Anliegen dabei war, daß der Augsburger Rat aus einem besonderen Grund einen großen und prächtigen Saal haben wollte: Lange Zeit war die Stadt bevorzugter Ort für die Abhaltung der Reichstage gewesen – was nicht nur politisches Prestige, sondern auch mancherlei wirtschaftliche Vorteile gebracht hatte. Nachdem diese Rolle an Regensburg übergegangen war, hoffte man durch das Angebot eines modernen und prachtvollen Tagungsortes dieses Privileg wieder an sich ziehen zu können – eine Erwartung, die allerdings enttäuscht wurde.

1615–1620 wurde das neue Rathaus in Augsburg nach den Plänen des Stadtbaumeisters Elias HOLL errichtet *(Abb. 15)*, und es ist eines der bedeutendsten Bauwerke der Renaissance in Deutschland geworden. Das Augsburger Rathaus unterscheidet sich auf den ersten Blick grundsätzlich von den früheren deutschen

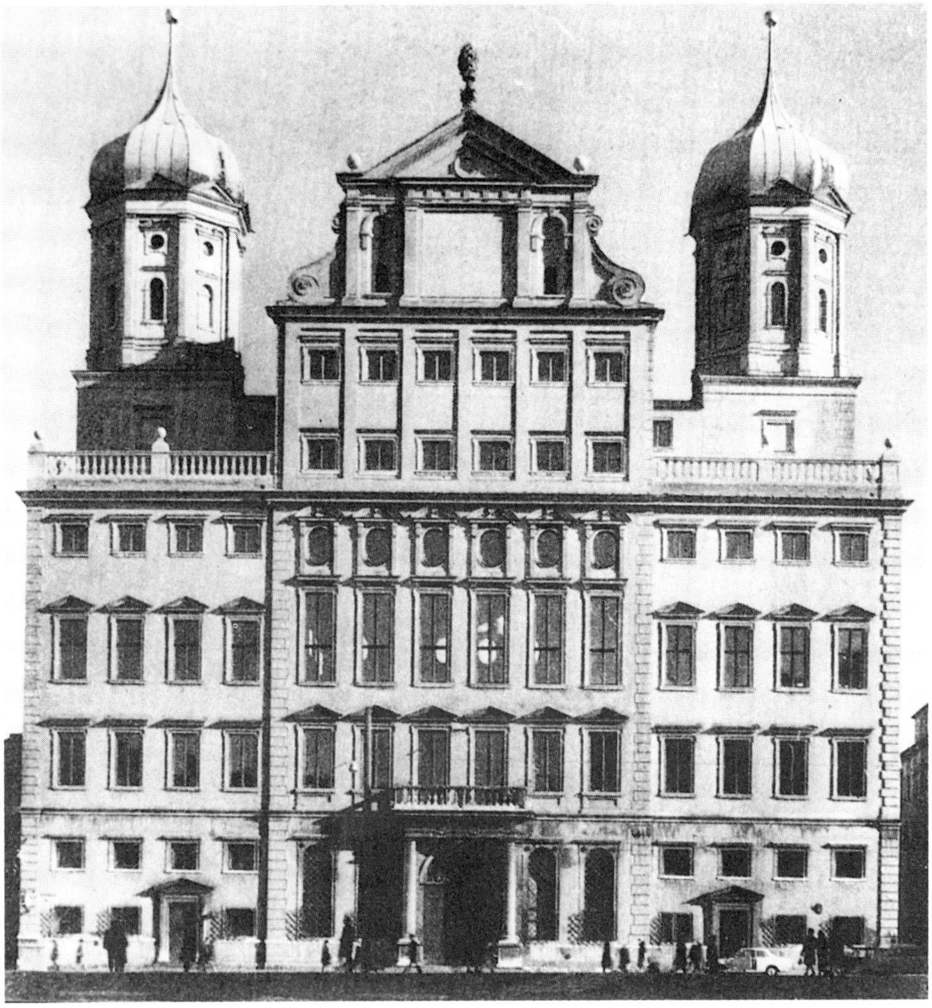

Abb. 15: Augsburg, Rathaus, erbaut 1615–1620 von Elias Holl

Rathäusern. Als erstes fällt die einfache, klare Form auf. Als Volumen betrachtet, besteht die Gesamtform aus einem kubischen Block auf querrechteckigem Grundriß, auf dem ein Mittelteil, wie das Mittelschiff einer Basilika, mit zwei flankierenden Türmen aufsitzt. Doch die Gliederung durch Rücksprünge und Fensterordnungen läßt den Baukörper wie aus einzelnen, klarumrissenen Elementen zusammengesetzt erscheinen. Die räumliche Struktur des Inneren wird dadurch am Außenbau sichtbar.

Der Mittelteil enthält das traditionelle Raumprogramm des Rathauses; ihn füllen drei durch das ganze Gebäude reichende übereinanderliegende Hallen: eine gewölbte Halle im Erdgeschoß, ein erstes Obergeschoß mit einer Wandelhalle und zuoberst der riesige Hauptsaal. Risalitartig vorgezogen und die niedrigeren Flanken überragend, tritt er aus dem Komplex als traditioneller Saalgeschoßbau in der Form eines riesenhaft vergrößerten Giebelhauses hervor. Die beiden Türme enthalten die Treppenhäuser. Bleiben noch die wie in die Winkel hineingeschobenen kubischen Eckteile. Sie enthalten im ersten Obergeschoß die eigentlichen Amtsräume, darüber aber (auf der Höhe des großen „Goldenen Saales") vier „Fürstenzimmer" – prächtig ausgestattete Säle, die als Nebenräume für die erhofften Reichstage gedacht waren.

Im Vergleich zu den malerisch gruppierten spätgotischen Rathäusern erscheint der Außenbau des Augsburger Rathauses streng und nüchtern. Seine architektonische Gestalt wirkt repräsentativ nicht durch malerischen Reichtum, sondern durch die Strenge seines klaren, übersichtlichen Aufbaus. Die Formen sind die der italienischen Renaissance: scharfgeschnittene Profile teilen die glatten Flächen in große Abschnitte. Die hochrechteckigen Fenster sind durch vorspringende Gesimse oder Dreiecksgiebel herausgehoben. Elias Holl war 1600 in Venedig gewesen und hatte dort die neue Renaissance-Architektur studiert. Die Komposition der Fassade seines Augsburger Rathauses – durch dichtstehende große Fenster geöffneter Mittelteil, flankiert von massiveren geschlossenen Seitenteilen – zitiert den traditionellen Aufbau venezianischer Paläste, doch in den Formen der modernen Renaissance. Aber Elias Holl griff auch auf die bildliche Ausstattung der Architektur mit Elementen des Sakralbaus, wie sie in der deutschen Rathaustradition üblich gewesen war, zurück – doch wiederum in den modernen Stilformen der Renaissance. Der Mittelteil des Augsburger Rathauses wird von einem antiken Giebel bekrönt, von dem spiralförmige Architekturglieder *(Voluten)* – wie an einer Kirchenfassade der italienischen Renaissance – nach unten überleiten. Erst während der Bauarbeiten, nämlich 1618, setzte Elias HOLL gegen den Augsburger Rat durch, dem fast vollendeten Gebäude zwei Türme aufsetzen zu können. Auch diese Türme sind moderne Formen. Ihre kuppelgekrönte Gestalt hat mit der Typologie des gotischen Kirchturms nichts mehr zu tun. Doch sie verleihen dem Rathaus im Zusammenklang mit dem großen Dach des Mittelbaues ein kirchliches Aussehen. HOLL sagte selbst, er habe die Türme hinzugefügt, um dem Bau wie der ganzen Stadt ein „heroisches" Aussehen zu geben. Er wollte, daß das politische Wahrzeichen der Stadt an der Fernwirkung der Kirchtürme teilhatte, ja sie noch überbot. Und so ist es geworden: die beiden Türme und das große Dach zwischen ihnen bestimmen noch heute die Silhouette Augsburgs *(Abb. 16)*.

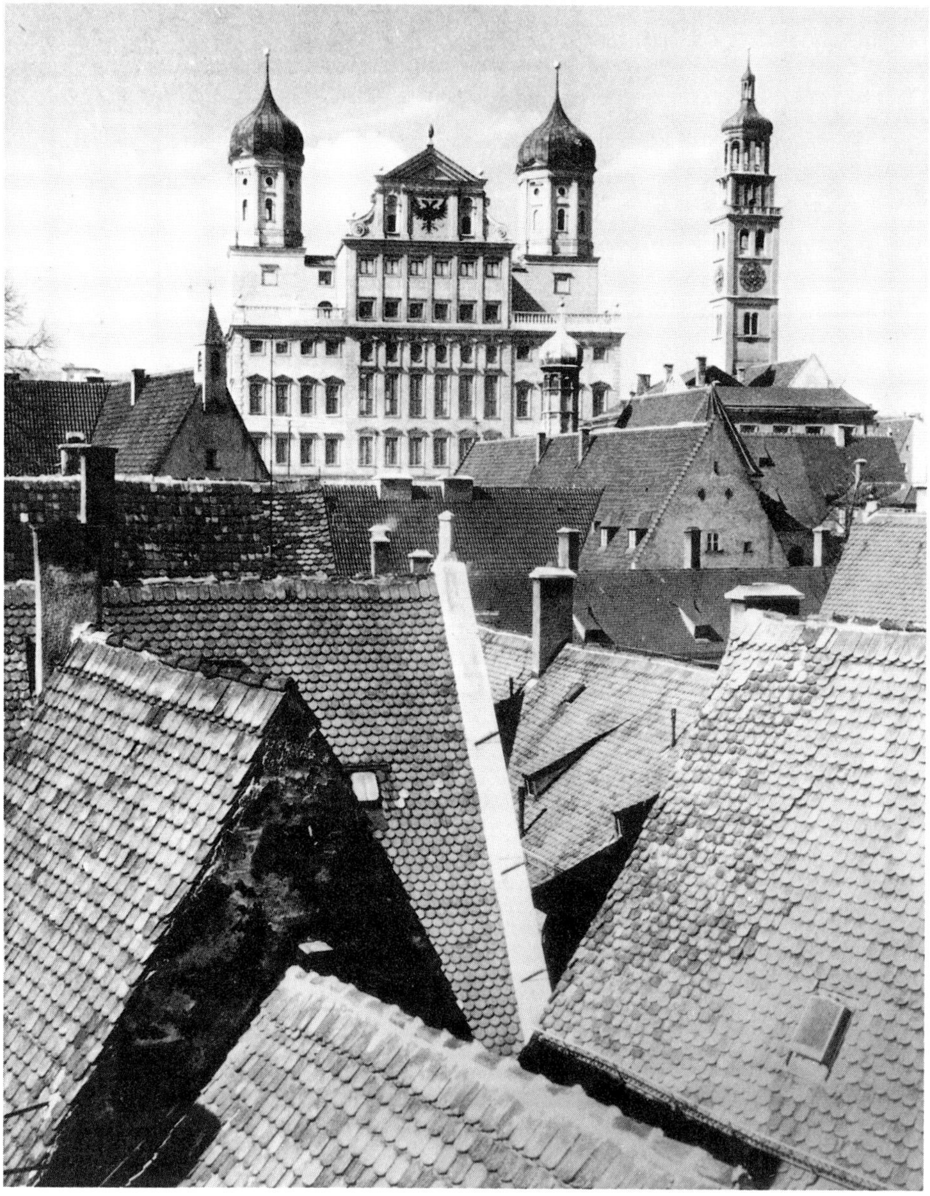

Abb. 16: Augsburg, Rathaus. Blick über die Dächer der Stadt

Das Augsburger Rathaus setzte ein großartiges Schlußwort in der aus dem Mittelalter kommenden Bautradition des Rathauses. Als das Augsburger Rathaus vollendet wurde, hatte jener Krieg bereits begonnen, dessen dreißigjährige Dauer das Wirtschaftsleben in Deutschland ruinierte und auch den meisten Städten das Rückgrat ihrer politischen Machtstellung brach. Seitdem sind bis zur Mitte des 19. Jahrhunderts in Deutschland keine größeren Rathäuser mehr gebaut worden.

Für Holland hatte dagegen der Abschluß des Dreißigjährigen Krieges die Freiheit von Spanien gebracht, die politische Unabhängigkeit vom Reich garantiert und damit die Grundlage gefestigt, auf welcher der wirtschaftliche Wohlstand seiner Handelsstädte beruhte. *Amsterdam* hatte die führende Position unter allen Handelsstädten Europas übernommen, und in Amsterdam begann man 1648 einen ehrgeizigen Rathausneubau, der nicht nur das Selbstbewußtsein dieser neureichen Stadt darstellen sollte, sondern auch ausdrücklich als Denkmal für den Westfälischen Friedensschluß gemeint war. Schon 7 Jahre später – 1655 – war der gewaltige Bau vollendet *(Abb. 17).*

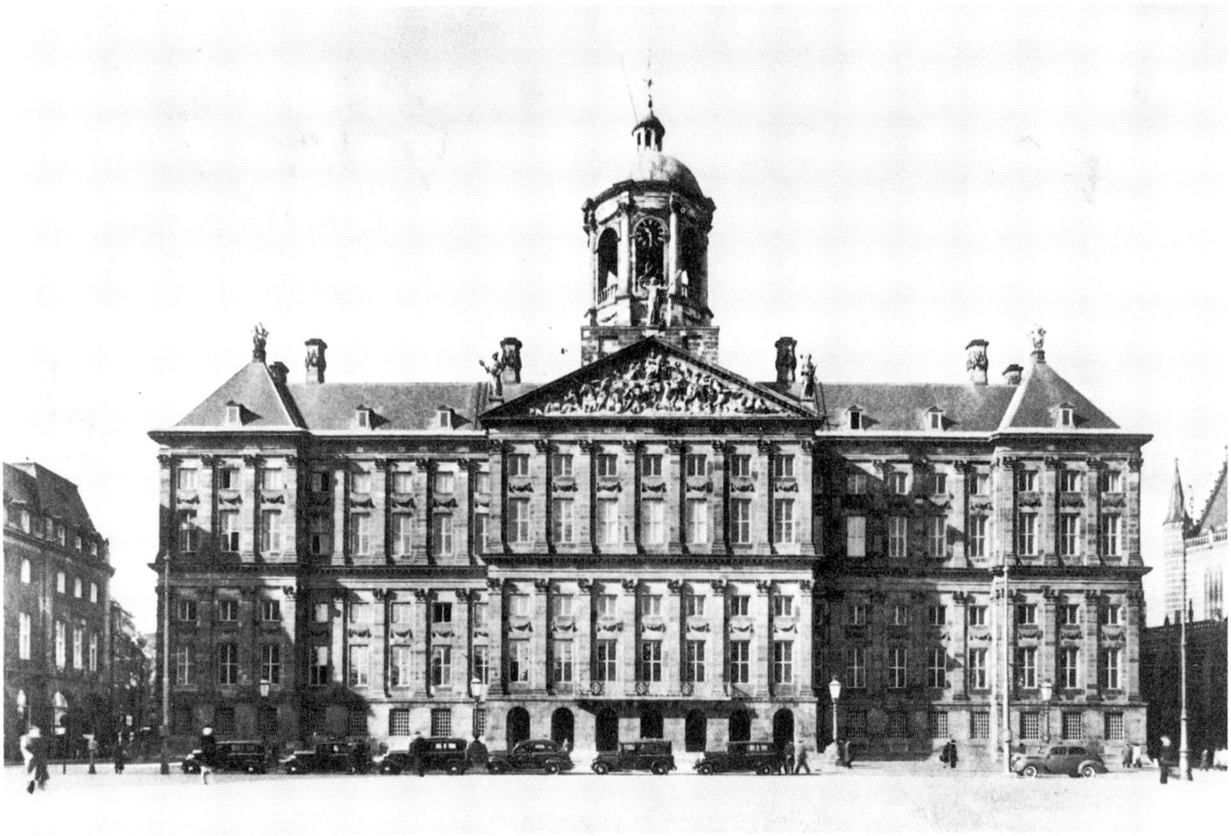

Abb. 17: Amsterdam, Rathaus (jetzt Königliches Palais), erbaut 1648–1655 von Jacob van Campen

Man wollte in Amsterdam nicht nur das Äußerste an Größe und Aufwand für das neue Rathaus, man wollte auch das Modernste an Architektur. Während Elias HOLLS Augsburger Bau einen genialen Kompromiß eingegangen war zwischen den modernen Prinzipien der italienischen Renaissancearchitektur (klarer, kubischer Aufbau, klar ablesbare geometrische Proportionierung, antike Einzelformen) und der typologischen Bildform des mittelalterlichen Rathauses (Hervorhebung des Saalgeschoßbaus, Bezug zur Form der einheimischen Wohnhaustradition), brach Jacob van CAMPEN, der Architekt des Amsterdamer Rathauses, fast vollständig mit der alten Rathaustypologie. Nur noch entfernt erinnert der breitgelagerte Bau mit seinem aufgesetzten Kuppelturm an die spätgotischen Rathäuser der alten Niederlande, wie etwa das Brüsseler.

Die Komposition der Fassade mit ihrem breiten, von einem flachen Tempelgiebel abgedeckten Mittelrisalit und den beiden rahmenden, im Dach pavillonartig herausgehobenen Eckrisaliten hat ihr eigentliches Vorbild im französischen Schloßbau. Das Bemühen um äußerste Systematisierung sowohl der Komposition des Baukörpers als auch der Gliederung – eine regelmäßige Kolossal-Ordnung von Pilastern und Öffnungen, gleichförmig in zwei Reihen, umzieht den ganzen Bau – richtet sich nach den Prinzipien der italienischen Architekturtheorie, insbesondere von Andrea PALLADIO und seinem Schüler Vincenzo SCAMOZZI. Die klassizistische Strenge verleiht dem Bau eine Nüchternheit, die in diametralem Gegensatz steht zu der malerischen Formenvielfalt und Dekorationsfreudigkeit der niederländischen Architektur der Spätgotik und der spezifisch niederländischen Renaissance.

Innenausstattung und Bildprogramme

Die strenge Regelmäßigkeit des Äußeren verrät nichts mehr über die räumliche Ordnung im Inneren des Amsterdamer Rathauses. Auch der Grundriß und innere Aufbau ist streng durchsystematisiert und folgt mit seinen an langen Korridoren aufgereihten Räumen nicht mehr der alten Bautradition des Rathauses, sondern der neuen des Schloßbaus. Der riesige Saal hatte zwar noch den Titel „Burgerzaal". Aber hier fanden keine Ratssitzungen mehr statt, sondern er war ein Raum ausschließlich für zeremonielle Anlässe, wie der Festsaal eines fürstlichen Schlosses.

Wie gesagt, waren die politischen Funktionen in den Stadtregierungen längst an kleine Gremien und einzelne Amtspersonen übergegangen. Auch in den alten Rathäusern hatten die wenigen Sitzungen des Großen Rates nur noch zeremoniellen Charakter. Die politischen Entscheidungen fielen in der Ratsstube. Der Große Ratssaal war in erster Linie nur noch Fest- und Repräsentationsraum der Stadt. Was sich dort abspielte, zeigt die Darstellung aus der Zeit um 1620/25, die einen zeremoniellen Tanz von Mitgliedern der Nürnberger Patriziergeschlechter im dortigen großen Ratssaal wiedergibt *(Abb. 18).*

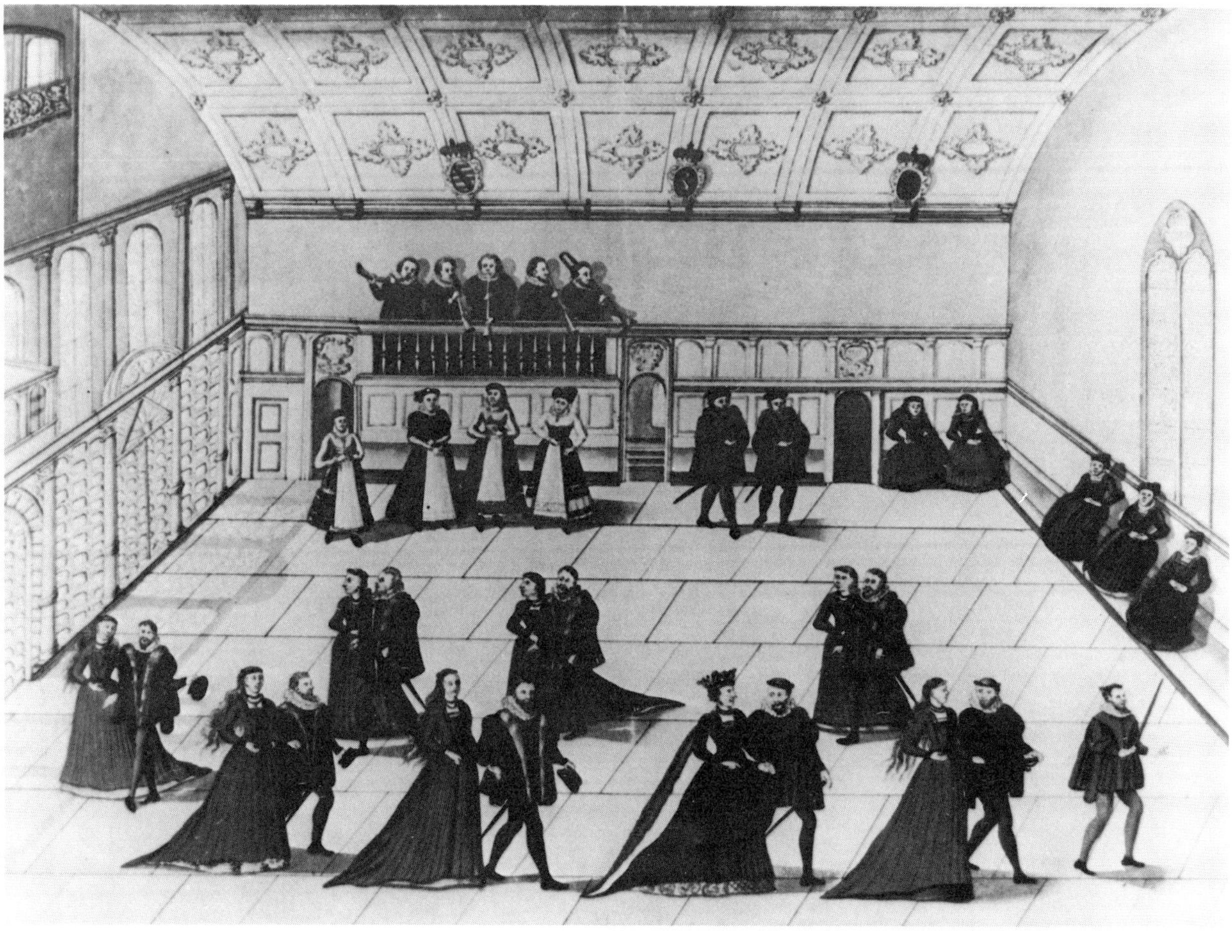

Abb. 18: Nürnberg, Tanz von Mitgliedern Nürnberger Patriziergeschlechter im Großen Rathaussaal. Aquarellierte Zeichnung um 1620/25. Germanisches Nationalmuseum, Nürnberg

Auch das Augsburger Rathaus, so bürgerlich nüchtern seine äußere Erscheinung ist, eiferte in seiner Innenausstattung dem fürstlichen Vorbild nach. Der „Goldene Saal" konnte es in Größe und Prunk mit jedem damaligen Schloßsaal aufnehmen. Der Stich des 18. Jahrhunderts zeigt den „Goldenen Saal" des Augsburger Rathauses während einer Festveranstaltung *(Abb. 19).* Und die modische Aufmachung der Festversammlung zeigt, wie sich die bürgerliche Oberschicht nun auch in ihrer Lebensform dem Ideal höfischer Repräsentation angepaßt hatte. Die überreiche Ausstattung des Saales weist kein Stückchen Fläche auf, das nicht mit Bildern und Ornamenten geschmückt ist. Elias Holl hatte diese Ausstattung (die, im Zweiten Weltkrieg zerstört, zur Zeit originalgetreu rekonstruiert wird) nicht entworfen; dafür war der Stadtmaler Matthias Kager zuständig. Sein Vorbild war die

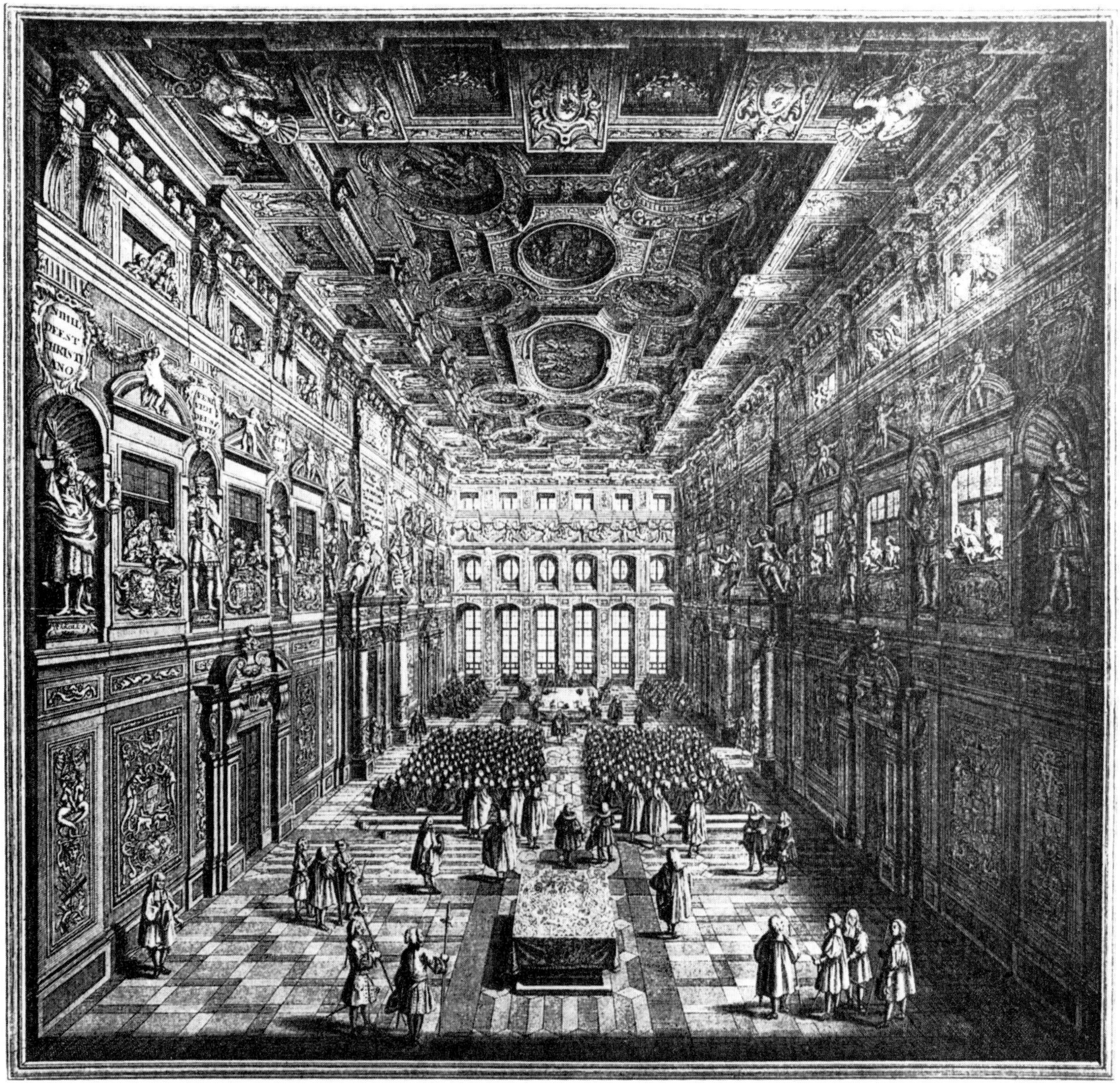

Abb. 19: Augsburg, Rathaus, Goldener Saal. Stich von Salomon Kleiner, 1732. Innenausstattung von Matthias Kager u.a., vollendet 1620

Innenausstattung des Dogenpalastes in Venedig aus dem 16. Jahrhundert. Er entwarf die schwere hölzerne, in vertiefte Felder eingeteilte Decke *(Kassettendecke)*, die hölzerne Architektur der Portale, die Freskenmalereien an den Wänden und den aus verschiedenfarbigem Marmor eingelegten Fußboden. Doch für das thematische Programm der Bilder gab es eine eigene Kommission, angeführt von zwei hochgebildeten Mitgliedern der mächtigen Bankiersfamilie der WELSER, die sich aber wiederum von einem gelehrten Münchner Jesuitenpater beraten ließen. An den Wänden sind in Fresko die Standbilder von römischen und auf der gegenüberliegenden Wand von deutschen Kaisern gemalt – aber so, als ob sie plastische Figuren wären. In die Decke sind Gemälde eingelassen, für die der Münchner Hofmaler Peter CANDID die Entwürfe lieferte. Sie zeigen in figurenreichen Darstellungen im Mittelbild eine Allegorie der Weisheit, in zwei flankierenden Rundbildern Allegorien des Staatswesens und der Kriegskunst, und in weiteren Rundbildern Allegorien von Tugenden. An den Wänden und Portalen finden sich weitere allegorische Figuren, Helden der Antike und des Alten Testaments, eine Fülle von Emblemen, und überall stehen lateinische und griechische Inschriften. Es ist ein Darstellungsprogramm, das ein hohes Maß an humanistischer Bildung verlangte und das der normale Bürger natürlich nicht mehr verstehen konnte. Das Oberthema des Programms ist die politische Allegorie der in Frieden und Krieg von Weisheit, Tugend und rechtmäßiger Herrschaft regierten Welt. Das Hauptthema sind die Kaiserbilder. Die Auswahl der deutschen Kaiser, von dem damals regierenden FERDINAND II. bis zurück zu KARL dem Großen, war eine Huldigung an die kaiserliche Macht. Die Gegenüberstellung mit den römischen Kaisern war ein Verweis auf den weltlichen Anspruch der Erneuerung des römischen Imperiums im deutschen Kaisertum, dem damals bereits ohnmächtigen Garanten der Unabhängigkeit der Freien Reichsstadt.

Die Kaiserbilder als politisches Symbol der Souveränität der freien Bürgerstadt waren ein traditionelles Bildthema in Rathäusern. Hier wäre auf die Statuen des Kaisers und der Sieben Kurfürsten an der Fassade des gotischen Bremer Rathauses hinzuweisen. Auch die politische Allegorie der Herrschaft von Weisheit und Tugendhaftigkeit, wie sie an der Decke des Goldenen Saales zu sehen war, geht auf lange Darstellungstraditionen in den Rathäusern zurück. Die Ratssäle und Ratsstuben mittelalterlicher Rathäuser waren voll von plastischen und gemalten Bildern, die den Bürgermeister und die Ratsherren in vielfältiger Weise an ihre Pflicht mahnten, weise und gerecht zu handeln, tugendhaft und unbestechlich zu sein. Der Unterschied zum Bildprogramm des Augsburger Goldenen Saales der Renaissance ist, daß dies im Mittelalter ohne den Ehrgeiz eines systematischen ikonographischen Zusammenhangs vorgeführt wurde.

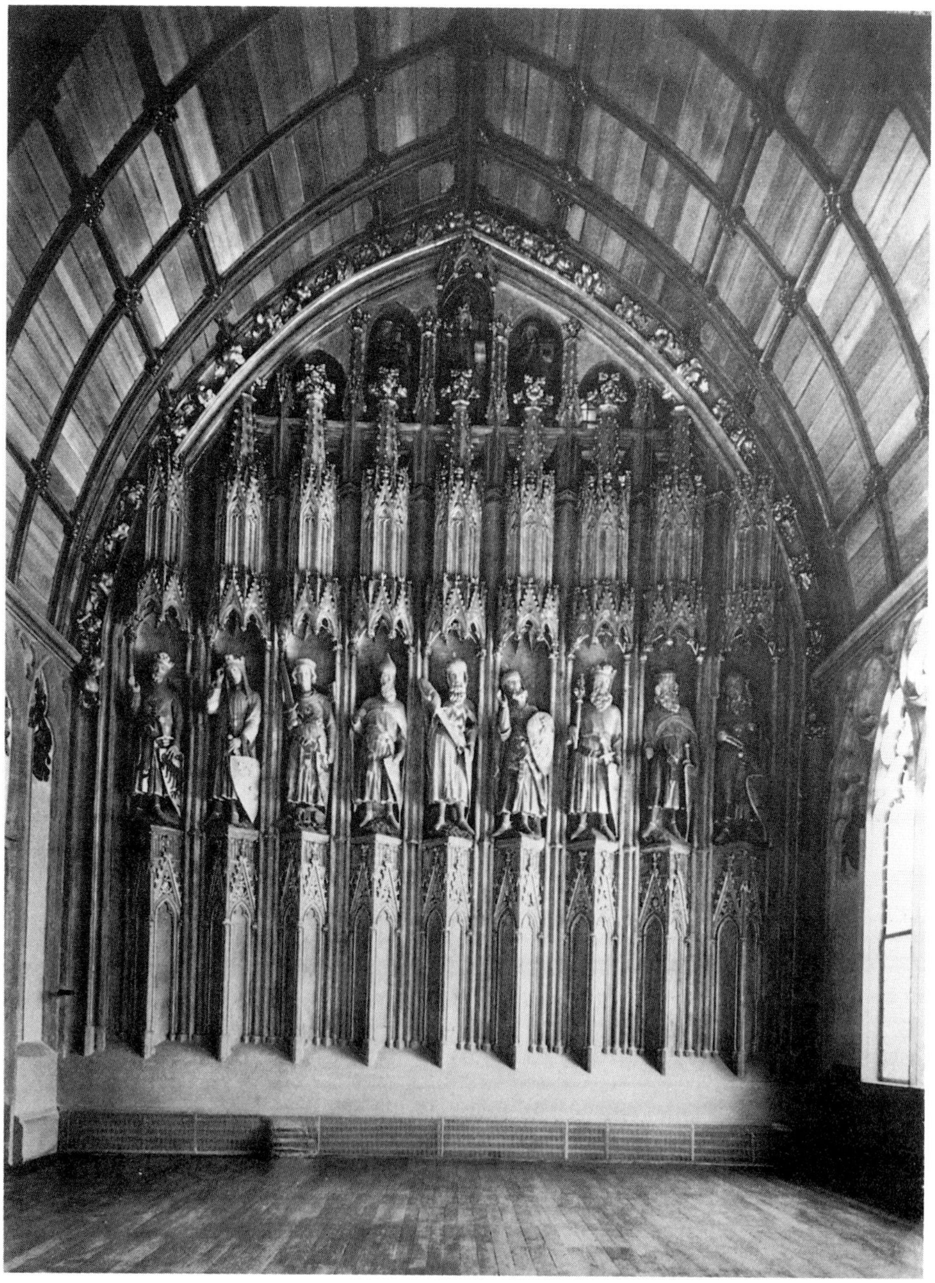

Abb. 20: Köln, Rathaus, Hansasaal. Statuen der Neun Guten Helden, nach 1356

Veranschaulicht war dies dort sowohl in religiösen und weltlichen Themen, in allegorisch-verschlüsselter wie auch in handfest-anschaulicher Weise, mit gebildeten Inhalten ebenso wie mit populären, geläufigen Sinnbildern.

Eines der beliebtesten Themen findet sich zum Beispiel im sogenannten *Hansasaal,* dem Ratssaal des Kölner Rathauses aus der 2. Hälfte des 14. Jahrhunderts *(Abb. 20).* Hier stehen an der Wand, wie gotische Kirchenfiguren auf Pfeilern und unter Baldachinen, die Statuen der Neun Guten Helden. Diese Gestalten aus Sage und Geschichte, jeweils drei Vertreter aus der heidnischen Welt (Hektor, Alexander der Große und Caesar), drei aus der jüdischen Welt (Josua, König David und Judas Makkabäus) und drei aus der christlichen Welt (König Artus, Karl der Große und Gottfried von Bouillon). Seit dem 14. Jahrhundert wurden sie, zuerst in Frankreich, als Idealgestalten ritterlicher Tugend und nun von den Bürgern als Vertreter des Rechts verehrt. Sie waren in fast jedem Rathaus oder an anderer herausragender Stelle in der Stadt vertreten, etwa auch am erwähnten Schönen Brunnen in Nürnberg.

Die Neun Guten Helden waren ein volkstümliches Thema, das jeder Bürger im Mittelalter kannte. Die Mahnung zur Weisheit in der Herrschaft und Gerechtigkeit im Gericht wurde auch in religiösen Themen dargestellt. Häufig finden sich Bilder des Jüngsten Gerichts in Ratssälen, noch häufiger Darstellungen der biblischen Erzählung vom weisen Urteil König Salomos. Es konnte aber schon im Mittelalter auch in so hochgebildeter allegorischer Weise vorgeführt werden, wie es die Wandbilder des Guten und Schlechten Regiments im Palazzo Pubblico in Siena tun, von denen in den Beiträgen 16 und 17 des näheren die Rede sein wird (vgl. S. 393–397, 420ff.).

Am häufigsten und sicher auch am beliebtesten aber waren solche konkret-handfesten Themen wie die Gerichtsdarstellung von 1519, die sich ehemals über der Tür der *Ratsstube im Nürnberger Rathaus* befunden hat und heute im Germanischen Nationalmuseum aufbewahrt wird *(Abb. 21):* In der Mitte sitzt hier der Richter auf einem großen Greifen, dem Symboltier der Wachsamkeit, und hält die Waage der Gerechtigkeit und den Richterstab. Zu seiner Linken steht ein reicher Mann, der selbstbewußt in den Geldbeutel greift, um den Richter zu bestechen. Ihm gegenüber steht mit gebeugten Knien ein Armer, der mit flehenden Händen zum Richter aufblickt, und der Richter wendet sich ihm und nicht dem Reichen zu. Ein kleiner Engel steht beschützend hinter dem armen Mann, während man sich hinter dem Reichen eine heute verlorene Teufelsfigur vorstellen muß. Die Moral dieser Darstellung ist deutlich genug.

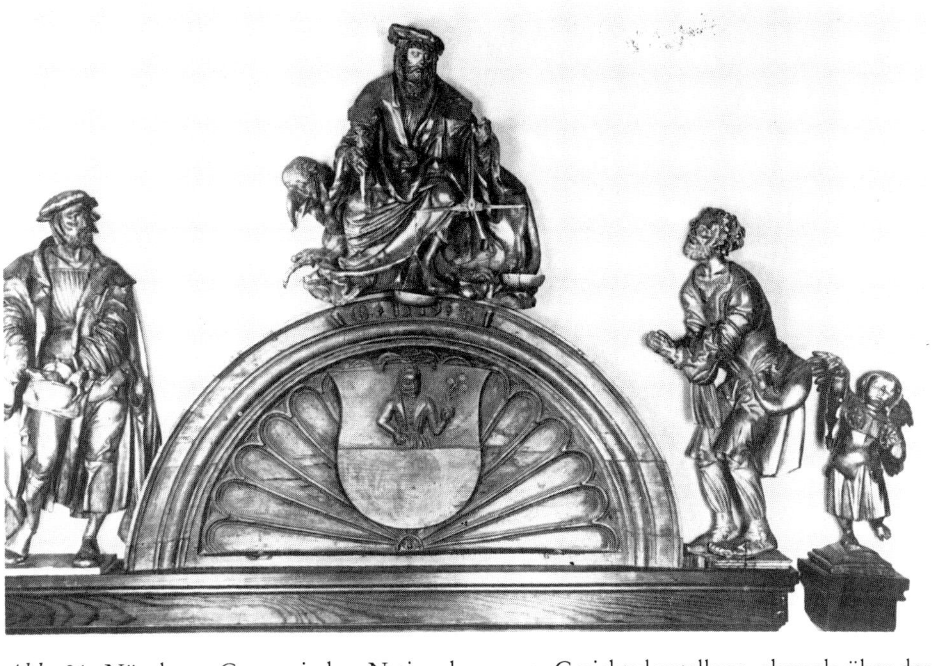

Abb. 21: Nürnberg, Germanisches Nationalmuseum. Gerichtsdarstellung, ehemals über der Tür der Ratsstube des Rathauses, Hans Schwarz zugeschrieben. 1519

Rathäuser des 19. und 20. Jahrhunderts

An den Beispielen von Augsburg und Amsterdam ist gezeigt worden, wie die über vierhundertjährige Tradition des Rathausbaus zu Ende ging, wie die bedeutendste bürgerliche Architekturform und ihr spezifischer Charakter als politischer Ausdruck des Selbstbewußtseins der freien Stadt schließlich im 17. Jahrhundert in der alles überlagernden höfischen Kultur verschwanden, wie sie als Architekturform aufging in der Typologie des fürstlichen Schloßbaus. Als die Städte im 19. Jahrhundert in manchen Ländern wenn auch nicht ihre staatliche Unabhängigkeit, so doch immerhin ein großes Maß an Selbstverwaltung zurückerhielten, wurde das Rathaus aber wieder zu einer wichtigen Bauaufgabe.

Berufung auf die Tradition der mittelalterlichen Stadtrepublik

Seit der Mitte des vergangenen Jahrhunderts entstanden, besonders in den Großstädten Deutschlands, neue Rathäuser. Sie wurden vor allem notwendig, um den gewaltig angewachsenen Behördenapparat der modernen Stadtverwaltung unterzubringen. Aber sie waren auch – wie die mittelalterlichen Rathäuser – Sitz eines Stadtparlaments, also politischer Ort einer neuen bzw. wiederhergestellten bürgerlichen Selbstverwaltung der Städte. Und in dieser Funktion waren die neuen Rathäuser wiederum eine Bauaufgabe mit politischer Bedeutung, Ort und Mittel der politischen Repräsentation.

Man hat damals lange darum gerungen, welches dafür die gültige architektonische Form sei. Im allgemeinen setzte die monumentale Repräsentationsarchitektur den Bautypus des barocken Schlosses fort: den Typus der symmetrisch komponierten und gegliederten Anlage aus drei Flügeln um einen offenen Ehrenhof oder vier Flügeln um einen geschlossenen Innenhof, im dreigeschossigen Aufbau aus schwerem Sockelgeschoß, reich gegliedertem und weit geöffnetem Hauptgeschoß *(Belle Etage)* und niedrigerem Obergeschoß, abgeschlossen durch das ausladende, alles zusammenfassende Gesims. Ein Turm gehörte nicht zu diesem Bautypus.

Doch gerade das Rathaus sollte sich von diesem Allerweltstypus für monumentale Architektur unterscheiden. Es sollte zwar auch monumental und repräsentativ-anspruchsvoll sein, aber seine Repräsentation nicht höfisch-fürstlich, sondern städtisch-bürgerlich ausdrücken. In den vielen Architekturwettbewerben, die seit der Mitte des 19. Jahrhunderts für die Projekte neuer Rathäuser veranstaltet wurden, setzte sich eine spezifische Rathausarchitektur durch, die auf den mittelalterlichen Rathaustypus zurückgriff – und zwar, um dem Bedürfnis nach architektonischer Prachtentfaltung und dekorativem Reichtum zu entsprechen, auf das Vorbild der großen spätgotischen Rathäuser der alten Niederlande (von denen das Brüsseler Rathaus als Beispiel hier behandelt worden ist).

Als eines der größten und aufwendigsten dieser neuen Rathäuser des 19. Jahrhunderts soll hier das von *Wien* vorgeführt werden *(Abb. 22)*. Es wurde in den Jahren 1868–1883 von dem Architekten Friedrich von Schmidt erbaut. Die Fassadenansicht zeigt deutlich das Vorbild des spätgotischen Rathauses von Brüssel: den breitgelagerten Baukörper unter einem weitgezogenen hohen Dach, den schlanken, hoch hinaufragenden Turm in der Mitte mit einer filigranhaft aufgelösten Kirchturmspitze, die gotischen Formen der Erdgeschoßarkaden und der großen Maßwerkfenster. Aber die Fassadenansicht zeigt auch, daß dieses „spätgotische" Rathaus nur ein Teil der gesamten Anlage ist. Das Problem war, daß das außergewöhnlich große Raumprogramm eines neuen Großstadtrathauses in dem historischen Typus nicht unterzubringen war. Für die Hunderte von Behördenräumen und Sitzungszimmern war ein Bauvolumen notwendig, das auch die großen Dimensionen der historischen niederländischen Rathäuser gesprengt hätte, und für das die Anordnung von langen Raumfluchten an geraden Korridoren, wie sie der Schloßbautypus aufweist, viel geeigneter war als der Saalgeschoßbau des historischen Rathauses. Und so ist das Wiener Rathaus als Gesamtanlage auch ein riesiger Vierflügelbau mit mehreren Innenflügeln, zwischen denen sieben Innenhöfe liegen. Das mittelalterlich-niederländische Rathaus ist wie ein großes Zitat in die Mitte des Fassadenflügels hineingestellt und durch seine Türme, das breitgezogene Dach und die Fassadengliederung wie ein Bild aus dem Gesamtkomplex herausgehoben. Die seitlichen Flügel ordnen sich nicht nur in Höhe und Fassadengestaltung unter, sondern sie geben durch die Pavillondächer an den Ecken auch einen anderen Verweis auf die historische Architekturtypologie: nämlich auf den französischen barocken Schloßbau.

In dieser Architektur wird also ein Unterschied, ja ein Gegensatz zwischen einer funktionalen und einer bildlichen typologischen Form nicht nur in Kauf genommen, sondern sogar deutlich gezeigt: der Unterschied zwischen dem Funktionstypus des modernen Verwaltungsbaus der Gesamtanlage und dem Bildtypus des mittelalterlichen Rathauses im Mittelteil der Hauptfront. Die Gesamtanlage zeigt die Erfüllung des gegebenen Zwecks, allerdings in einer aufwendigen, repräsentativen Form, nämlich der des Schloßbaus. Das große mittelalterliche Rathauszitat war dagegen ein politisches Manifest: es besagte, daß die moderne Großstadt für ihr Bürgertum und dessen kommunale Selbstverwaltung die Tradition der mittelalterlichen Stadtrepublik beanspruchte, sich als Fortführer der bürgerlichen Kultur der alten freien Städte empfand. In der modernen Architektur hat man solchen Bauten des

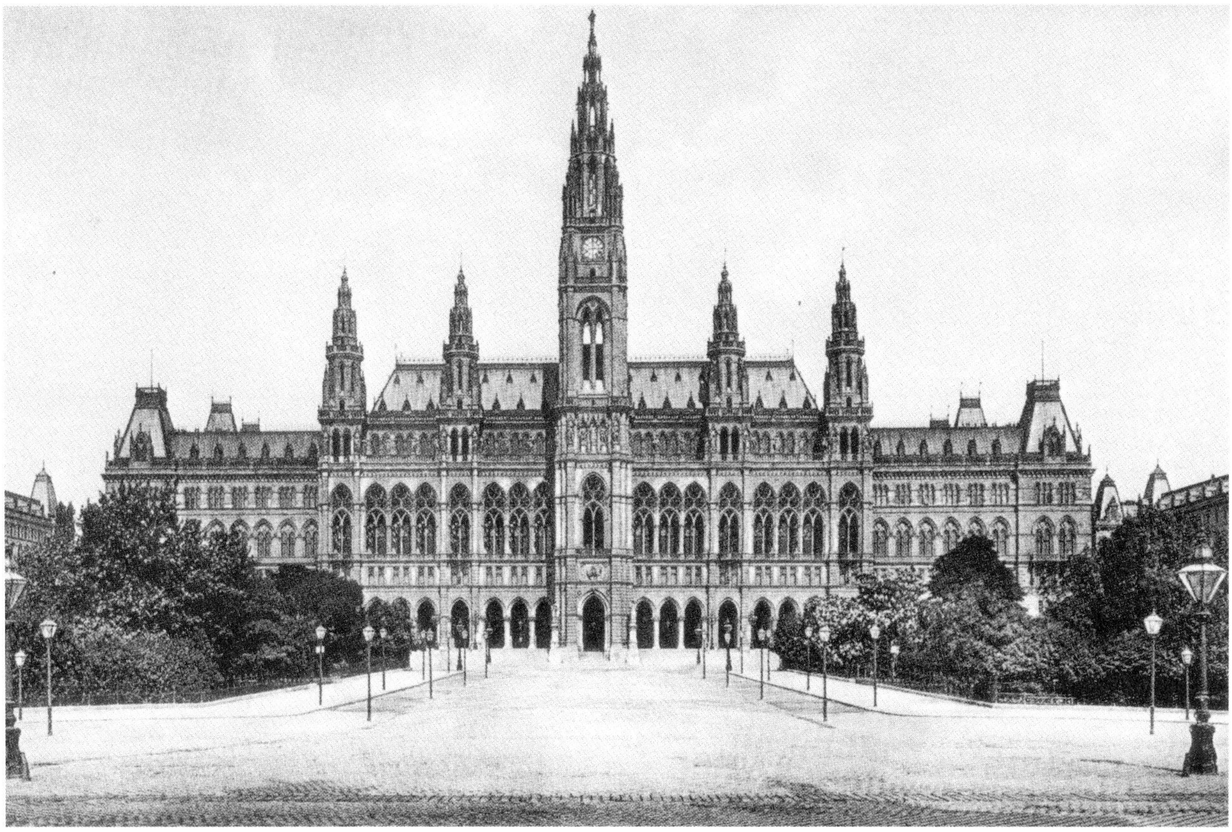

Abb. 22: Wien, Rathaus. 1868–1883

späten 19. Jahrhunderts zum Vorwurf gemacht, sie wollten etwas darstellen, was sie gar nicht sind, daß also ihr repräsentativer Anspruch eine Lüge sei – die beispielsweise im Fall des Rathauses von Wien darüber hinwegzutäuschen versuche, daß ein modernes Rathaus mit dem der mittelalterlichen Stadt gar nichts mehr gemein hat.

Die Neudefinition der kulturellen Aufgaben

Die moderne Bewegung im 20. Jahrhundert hat den Historismus des 19. Jahrhunderts mit Leidenschaft als Kulturpessimismus, als kulturelles Versagen, als Lüge vor der Geschichte und Flucht in die Vergangenheit abgelehnt. Die Schaffung einer neuen Kultur forderte jetzt die radikale Abkehr von der Geschichte und die Neudefinition aller Aufgaben, der zivilisatorischen wie der kulturellen, aus ihren elementaren Grundlagen. Für die Baukunst bedeutete das: Architektur kann nur das Bild ihrer selbst sein, ihrer Funktion und ihrer Technik. Für das Rathaus als Bauaufgabe bedeutete dies: es ist ein Bürogebäude – und so kann es nur so gebaut werden und aussehen wie jedes andere Bürogebäude.

Die moderne Form des großstädtischen Bürogebäudes ist die des Hochhauses. Von den vielen Bürohochhaus-Rathäusern, die vor allem in den sechziger Jahren entstanden, soll hier das Civic Center von *Chikago* gezeigt werden *(Abb. 23)*. Erbaut wurde es 1965 nach dem Entwurf der Architektenfirmen C. F. Murphy Associates und Skidmore, Owings & Merrill. Es ist eine Konstruktion aus einem Stahlskelett mit braun getöntem spiegelnden Glas. Alles an diesem Bau, seiner Konstruktion, seinem Material, seiner Gestalt, ist programmatische Vereinfachung, totale Reduktion auf Grundformen. „Die Form folgt der Funktion" – dieser Leitsatz der modernen Architektur fordert den konsequenten Verzicht auf alle bildhafte Architekturtypologie der Geschichte. Er besagt, daß ein Bauwerk nur das als Form zeigen darf, was es tatsächlich in praktischer, räumlich-technischer Nutzung zu erfüllen hat und was dafür an konstruktiven Mitteln notwendig ist. Dieses ist auch seine Ästhetik: die stereometrische Grundform des Würfels, der Kubus, ist die rationellste, einfachste und damit auch reinste Architekturform; und die reinste, weil rationellste Konstruktionsform ist die eines tragenden Skeletts aus

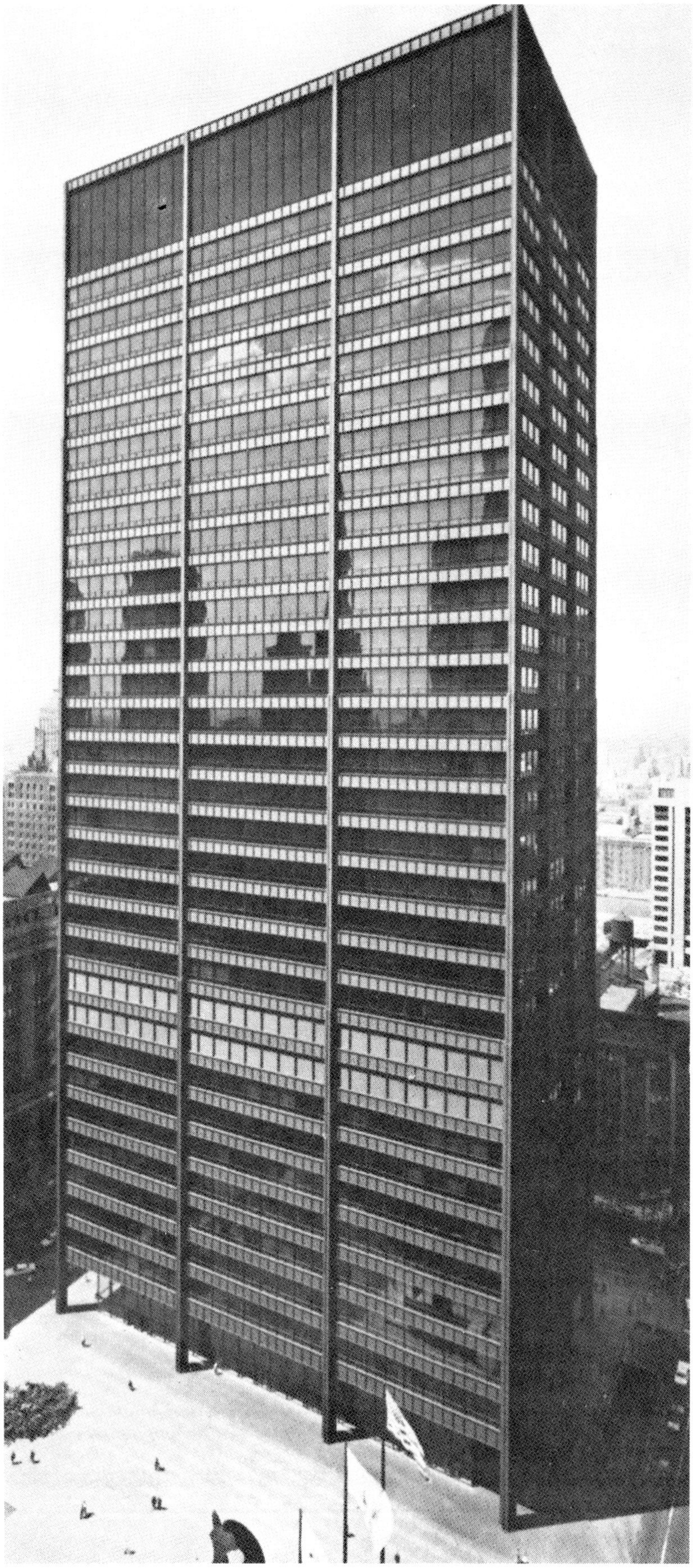

Abb. 23: Chikago, Civic Center. 1965

Stahl mit möglichst weiten Stützenabständen, zwischen denen keine Wände notwendig sind, sondern nur die Klimahülle des Glases.

Der Prototyp dieser kubisch-elementaristischen Hochhausform stammt von dem deutschen, 1938 nach USA emigrierten Architekten Ludwig Mies van der Rohe. Der Kubus aus Stahl und Glas wurde damals, als er 1948 zum erstenmal verwirklicht wurde, als die Erfüllung des Strebens nach einer „reinen Architektur" empfunden, einer Architektur, die aus den Grundlagen von Funktion und Technik eine Ästhetik der Grundgesetze der reinen Form schafft. Und seitdem ist dieser Typ weltweit und in unendlicher Zahl wiederholt worden – konsequent nach dem Prinzip, daß gleiche Aufgaben gleiche Lösungen erfordern. In diesem Fall ist dieses Hochhaus ein Rathaus. Und da Rathäuser politische Gebäude sind, hat auch das Rathaus als Bürohochhaus eine politische Aussage: nämlich die, daß in der hochtechnisierten modernen Zivilisation die Arbeitsteilung ausschließlich eine Frage der technischen Funktion und der Wirtschaftlichkeit, nicht eine Frage der ideellen Bedeutung ist.

Inzwischen hat sich das geändert. Die Zivilisationskritik an einer durch Technik und Wirtschaft normierten Gesellschaft, die Kritik an der Entindividualisierung und Abstraktheit moderner Architekturen und Städte, haben die Aufgabe wieder ins Bewußtsein gerückt, mit Architektur nicht nur technische Funktionen zu erfüllen, sondern etwas darzustellen, sie als Bild zu formen, das etwas in anschaulicher Weise ausdrückt.

Ein Beispiel für dieses neue Verständnis von Architektur ist das 1968 vollendete Rathaus von *Boston* in den USA. Dieses Rathaus ist eine neue Rathausarchitektur, in der versucht wird, der abstrakten Elementar-

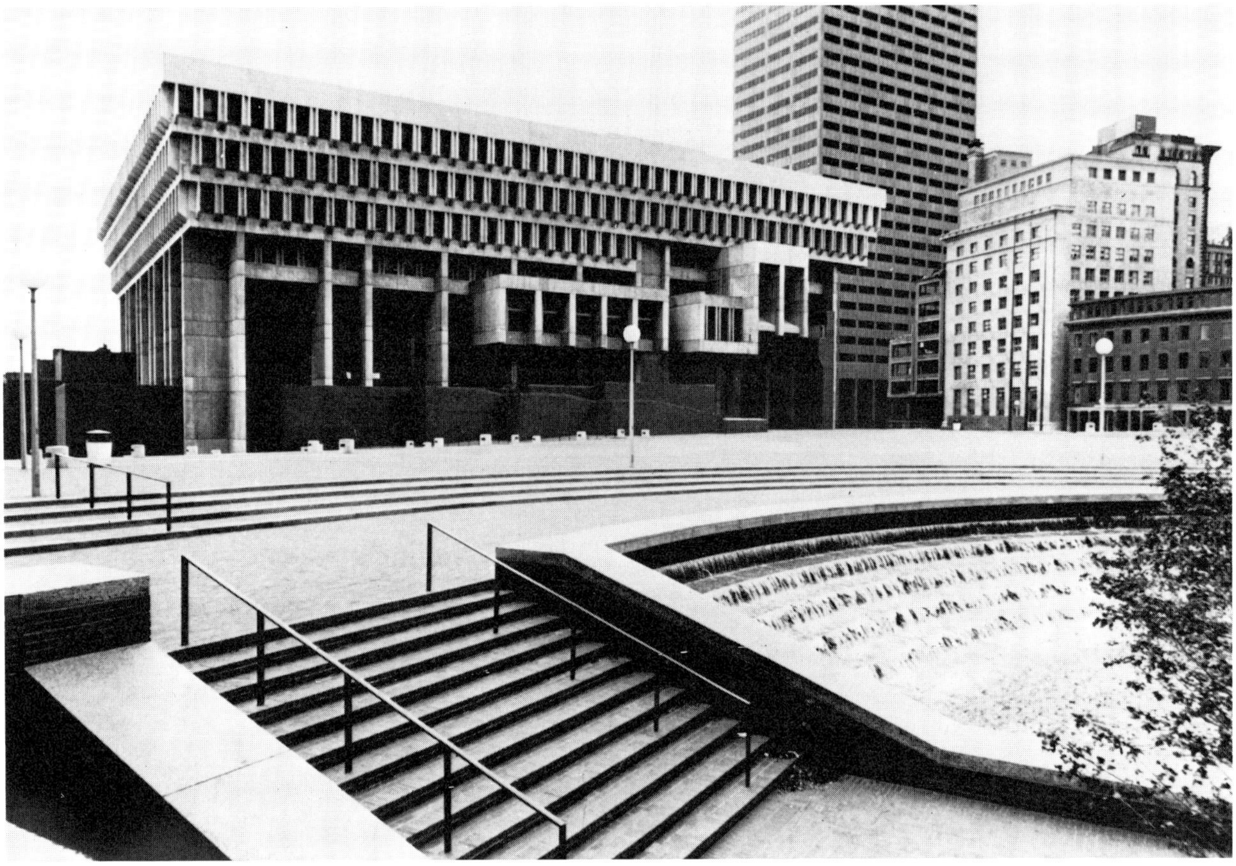

Abb. 24: Boston, Rathaus, Gesamtansicht. 1962–1968

typologie des Funktionalismus wieder eine individuelle, zeichenhafte Form entgegenzusetzen, doch ohne dafür, wie es das 19. Jahrhundert tat, auf historische Vorbilder zurückzugreifen *(Abb. 24)*.

Die Architektur des Bostoner Rathauses ist aus zwei Teilen zusammengesetzt: Ein Unterbau, der aus weit auseinanderstehenden scheibenförmigen Pfeilern gebildet ist, zwischen denen kastenartige Gebilde hervortreten, trägt einen breitgelagerten Aufsatz, dessen drei nach vorn gestufte Geschosse von dichtstehenden Lamellen gleichmäßig gegliedert werden. Durch den Unterbau zieht sich eine an allen Seiten zum Platz geöffnete Passage, an der alle Behörden mit Publikumsverkehr liegen, ein öffentlicher Raum also, der den Hallen der mittelalterlichen Rathäuser vergleichbar ist. Im oberen Teil befinden sich die Amtszimmer und repräsentativen Räume.

Diese Architektur erinnert in nichts an die historische Bauform des Rathauses, ja sie hat überhaupt keine Ähnlichkeit mit traditionellen Architekturtypen. Die Architektur des Bostoner Rathauses bedient sich nicht – wie das Rathaus von Wien – konkreter Bildformen, die an etwas anderes anspielen und erinnern. Sie ist ein abstraktes Formgebilde, gewissermaßen eine große gegenstandslose Skulptur. Ihre bildliche Form ist die Darstellung des elementaren Verhältnisses von Tragen und Lasten durch die Betonung des Gegensatzes einer vertikalen, tragenden und leichten Struktur im Unterbau und einer horizontalen, lastenden und schweren Struktur in dem Aufsatz.

Diese stark plastische, ungewohnte Form verleiht dem Gebäude Individualität und hebt es ab von der unindividuellen glatten, genormten Architektur der es umgebenden Hochhäuser. Aber diese individuellen Züge sind keine konkreten Bildformen, die dieses Gebäude spezifisch als Rathaus kennzeichnen. Dies ist vielleicht nicht mehr möglich, weil ein Rathaus heute zwar immer noch eine besondere Bedeutung hat, aber nicht mehr die Funktion im täglichen Leben, die Stellung im öffentlichen und politischen Leben, und damit nicht mehr die ideelle Bedeutung besitzt, die es in einer mittelalterlichen Stadt besaß.

In der Frage, wie solche Bildformen heute aussehen sollen, ob sie sich an der Geschichte orientieren dürfen oder nicht – darüber besteht heillose Uneinigkeit. Und am schwierigsten ist diese Frage bei politischer Architektur zu beantworten. Die langjährigen Debatten über die Pläne zu neuen Regierungsbauten in Bonn zeigen dies. Denn: Wie könnte heute ein Rathausneubau aussehen, der nicht nur schön und individuell ist, sondern der seine politische Bedeutung bildlich anschaulich ausdrückt, ohne sich in den Schutz der Bautradition des historischen Rathauses zu flüchten?

15. Das französische Schloß

Brigitte Walbe

Das Schloß in der heutigen Zeit ist, in Demokratien und sozialistischen Volksrepubliken gleichermaßen, ein Anachronismus: Zwar kann es Regierungssitz eines Landes sein, wie zum Beispiel der Hradschin in Prag oder der Kreml in Moskau – aber zumeist hat das Schloß eine touristische oder museale Funktion. In den konstitutionellen Monarchien, wie zum Beispiel in Schweden, Dänemark, England, Holland oder Belgien, ist das Schloß Eigentum und Wohnhaus der königlichen Familie, doch ohne politische Funktion; es hat höchstens noch, wie der Buckingham Palace in London, einen national-emotionalen Wert bewahrt.

Im folgenden wollen wir die Geschichte des französischen Schlosses vorstellen; wir wollen nachweisen, daß unterschiedliche politische Verhältnisse die Veränderung der Schloßarchitektur bedingen konnten, daß Architektur und Kriegführen dieselbe Funktion hatten, nämlich, politische Vorstellungen und Ziele durchzusetzen. Uns geht es in diesem Beitrag also darum, das französische Schloß in seiner politischen Funktion zu untersuchen. Wir wollen aufzeigen, daß es nicht nur ein Ort der Verschwendung und des Luxus war, sondern einer politischen Notwendigkeit entsprang. Die Geschichte des Schloßbaus lehrt, daß das Schloß ein integraler Bestandteil der politischen Wirklichkeit war, daß es nicht nur Machtansprüche eines absoluten Herrschers demonstrierte, sondern selbst politische Funktion hatte.

An unserem Hauptbeispiel, dem unter Ludwig XIV. erbauten Schloß von Versailles, soll gezeigt werden, daß es nicht nur ein Kunstwerk mit politischer Funktion, sondern vor allem ein politisches Bauwerk in künstlerischer Gestalt war. Versailles ist also nicht nur als Widerspiegelung der Politik, sondern es ist selbst als eine politische Wirklichkeit zu begreifen. Macht und Machtanspruch Frankreichs in der 2. Hälfte des 17. Jahrhunderts innerhalb Europas lassen sich nicht nur an außenpolitischen Erfolgen, an gewonnenen Kriegen, an Erweiterungen des französischen Territoriums ablesen, sondern darüber hinaus auch am Schloßbau von Versailles.

Zur politischen Funktion von Architektur

Spätestens seit den fünfziger Jahren dieses Jahrhunderts hat die Kunstgeschichte zur Deutung von Architektur einen eigenen Forschungszweig entwickelt: die Architektur-Ikonologie. Vor allem zieht sie literarische Quellen heran, um zu zeigen, daß auch die Architektur in erstaunlichem Maße programmatisch abbildender Natur sein kann: auch Architektur kann darstellen, verbildlichen, versinnbildlichen. So kann sie durchaus auch politische Inhalte zur Anschauung bringen, indem sie etwa bewußt andere historische Architektur, andere Bautypen zitiert, um an deren Bedeutungstradition teilzuhaben, oder indem sie mit Vorbedacht an einen bestimmten, mit einer vorherrschenden Bedeutung besetzten Stil anknüpft.

Kein Zweifel, an und in Architektur dargestellte Bildprogramme können über die politischen Absichten des Bauherrn etwas aussagen – das ist geradezu der Normalfall. Sie können zur Deutung auch der Architektur selbst herangezogen werden; dennoch hat die Kunstgeschichte es bisher weitgehend verabsäumt, nach der direkten politischen Funktion von Architektur zu fragen, nach der gesellschaftspolitischen Nutzung von Architektur und nach der Lenkung dieser Nutzung durch die Architektur. Architektur kann in bestimmter politischer Absicht gebaut werden, politische Verlaufs- und Verkehrsformen prägen, selbst Politik machen und politisch sein.

Gerade die Geschichte des Schloßbaus lehrt, daß das Schloß wesentlicher Bestandteil der politischen Wirklichkeit ist, gestalterisch auf sie einwirkt. Das Schloß bildet nicht nur ab, demonstriert nicht nur Machtansprüche, sondern hat selbst politische Funktion. Ein Wandel in dieser Funktion und Funktionsnutzung verändert das Aussehen des Schloßbaus. Wir müssen es „in Aktion" sehen, um zu begreifen, was und wofür es ist.

Funktionswandel kann die Anwendung bestimmter Stil- und Typentraditionen nahelegen. Individuelle Künstler, individuelle Vorlieben des Bauherrn prägen natürlich das Erscheinungsbild der Architektur; die Entscheidungsmöglichkeiten sind schier unbegrenzt – aber sie sind es nur im Rahmen bestimmter Funktionen, und diese Funktionen prägen eben auch die individuelle Erscheinung. Daß etwa die Louvrefassade im 17. Jahrhundert nicht – wie zeitweilig geplant – in den Barockformen eines italienischen Architekten gebaut wurde, mag sich auch den Intrigen französischer Konkurrenten verdanken. Nur: Wie sie schließlich gebaut wurde, das ist auch und nicht zuletzt das Ergebnis komplexer Funktionsbestimmung politisch-ästhetischer Natur. Man kann zudem sagen, die Geschichte dieser Fassade ist in ihren Funktionen aufgehoben.

Von der mittelalterlichen Burg zum Schloß

Am Anfang des französischen wie jedes anderen Schloßbaus in Europa stand die mittelalterliche Burg, an der wir feststellen können, daß der Aspekt des Wehrhaften vor dem des Wohnens wichtig war.

Als Beispiel einer solchen mittelalterlichen Burg wählen wir den Louvre *(Abb. 1)*. Damals bei ihrer Gründung, 1190, lag diese Burg noch am Stadtrand von Paris. Wie alle Burgen in Europa ist auch der Louvre in erster Linie aus wehrtechnischen Gründen erbaut worden. Der französische König war durch politische Umstände gezwungen,

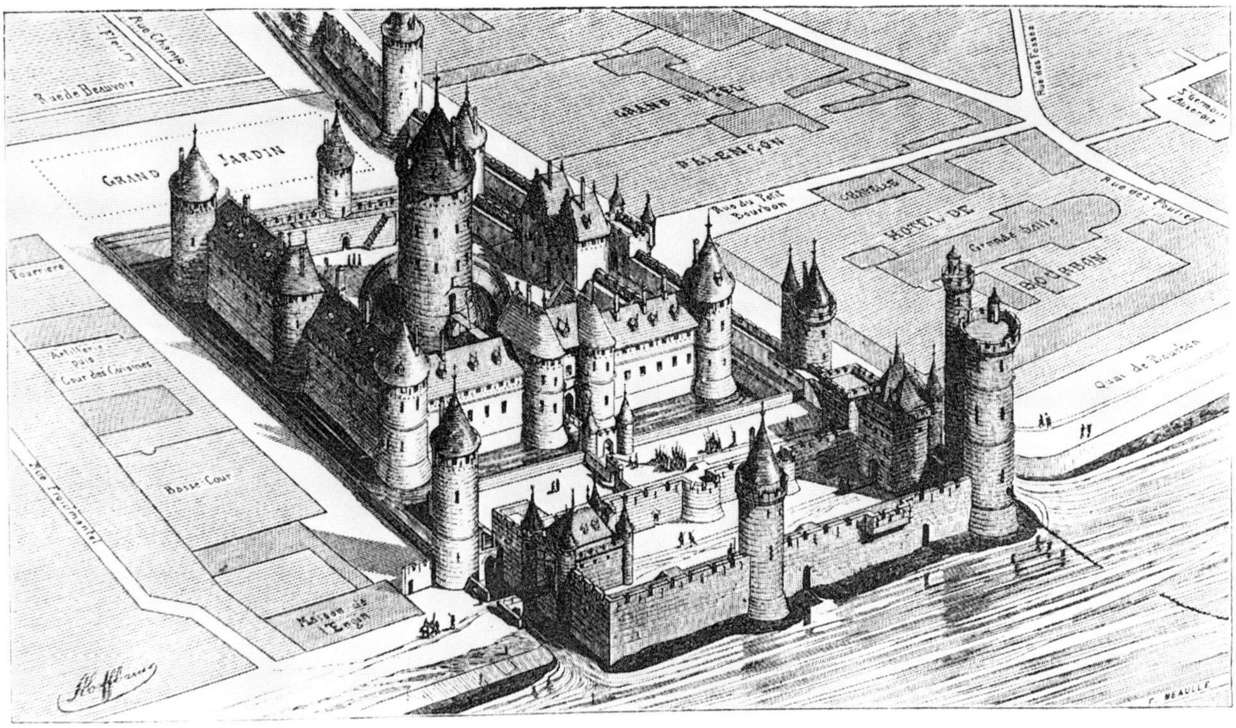

Abb. 1: Der mittelalterliche Louvre

sich hinter Wallgräben, Zugbrücken, Festungsmauern und Verteidigungstürme zurückzuziehen, um sich vor Überfällen und Angriffen seiner eigenen Vasallen des Umlandes, aber auch der Bewohner der Stadt Paris zu schützen. Die Burg sollte aber auch durch ihre Architektur Macht, Sicherheit und Überlegenheit des Burgherren zum Ausdruck bringen. Sie war also einerseits ein Hort der Sicherheit, zum anderen aber auch ein Ort der Macht als Ausgangspunkt kriegerischer Eroberungen zur Mehrung des eigenen Reichtums und Ansehens.

Der französische König zog bis zum 16. Jahrhundert mit seinem Hofstaat im Land umher, das heißt, er war durch Kriege, innen-, außenpolitische und wirtschaftliche Gegebenheiten dazu genötigt. So ließ er in vielen Gegenden Burgen errichten oder fand Aufnahme in Festungen befreundeter Adeliger. Wenn wir allein an den Hundertjährigen Krieg zwischen England und Frankreich im 14. und 15. Jahrhundert denken, der zumeist auf französischem Boden ausgetragen wurde, so wissen wir, wie umfangreich die von Engländern eroberten und besetzten französischen Gebiete waren. Erst nach Rückgewinnung des französischen Territoriums, nach der Stabilisierung der Macht im eigenen Lande, nach einer Änderung der Formen der Kriegführung konnte der französische König daran gehen, Schlösser zu bauen, die nicht mehr ausschließlich der Verteidigung, sondern mehr und mehr dem Wohnen dienten.

Die erste bewußte Ausformung eines Schlosses geschieht aus einem neuen Welt- und Naturverständnis zu Beginn der Neuzeit. Die Burg wird zum Schloß. Von der Renaissance bis ins 19. Jahrhundert hinein bildet das Schloß die Leitform der gesamten Architektur – so wie die Kathedrale für das Mittelalter. Im Schloß ist eine grundsätzlich andere Auffassung geltend gemacht als in der Burg: die rein militärische Funktion tritt in den Hintergrund, das Schloß wird ein Wohn- und Repräsentationsbau, der zwar noch wehrhaft sein kann, doch ist der Befestigungscharakter nicht mehr notwendig, sondern aus ästhetisch-traditionellen Gründen gewählt worden. Während das architektonische Symbol der Burg der fast fensterlose Turm ist, herrscht beim Schloß das reich gefensterte Wohnhaus vor.

Wie die Burgarchitektur ist auch die Schloßarchitektur eine Demonstration der Macht – die sich jetzt nicht mehr nur an der Unbezwingbarkeit der Festung beweist, sondern an der Größe, der künstlerischen Ausdrucksform und der geradezu nach außen gekehrten, offenen Architektur. Müßte man die Entwicklung von der mittelalterlichen Burg zum französischen Schloß in Versailles im 17. Jahrhundert mit einem einzigen Satz beschreiben, so könnte man sagen: Es ist eine Entwicklung vom militärischen Nutzbau zum politischen Repräsentationsbau, eine Entwicklung auch, in der die künstlerische Erscheinung und Durchgestaltung des Bauwerks zunehmend an Bedeutung gewonnen haben.

Chambord

Franz I., König von Frankreich, ließ Chambord im Loiretal 1519 zwar als Jagdschloß bauen, aber es war zugleich Residenz *(Abb. 2)*. Anders als in Italien, wo die Mächtigen in der Stadt residierten und sich für ihr persönliches Vergnügen, für Jagd und Erholung, eine Villa auf dem Lande errichten ließen, waren die vielen Schlösser der französischen Könige, ob Lustschloß oder Landsitz, zugleich auch immer die Regierungssitze Frankreichs.

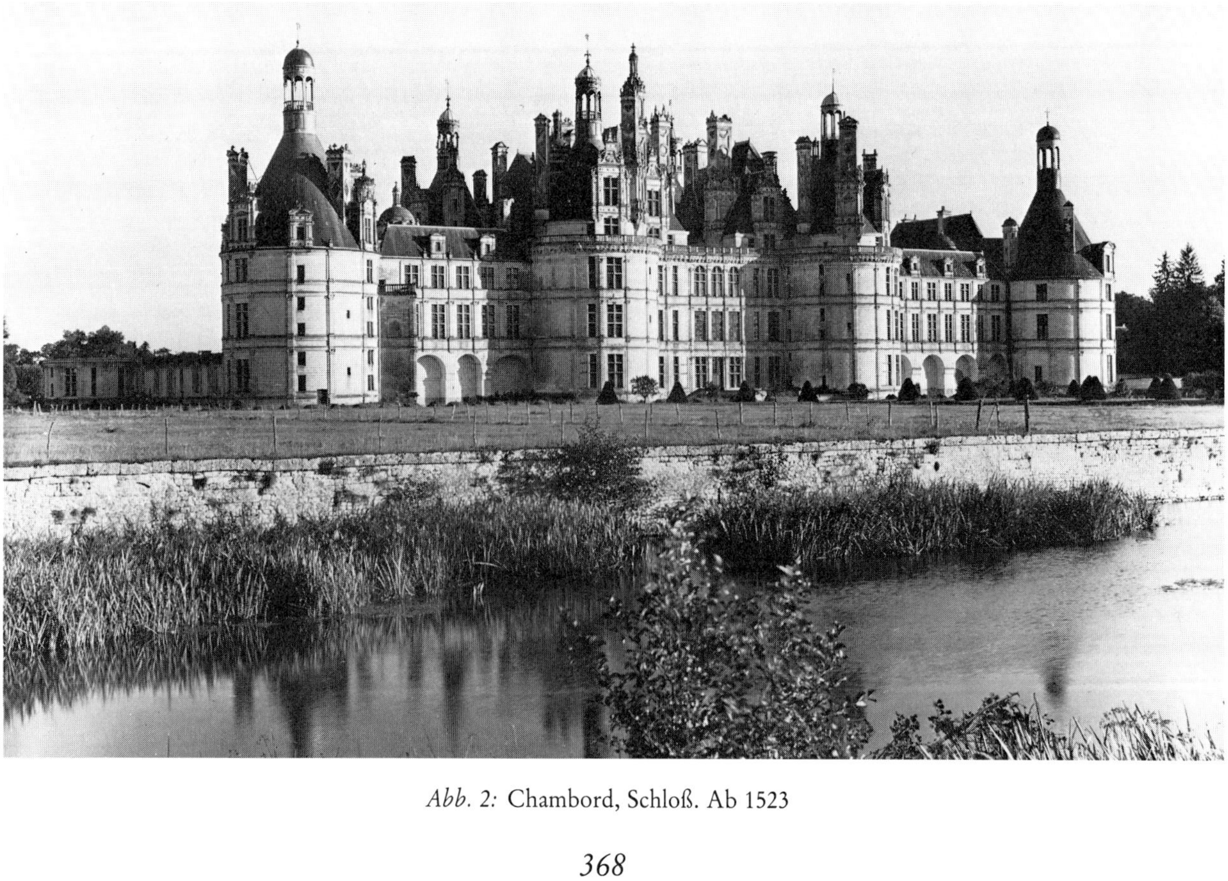

Abb. 2: Chambord, Schloß. Ab 1523

Chambord galt zu allen Zeiten als ungewöhnliche Einzelleistung innerhalb der französischen Architektur der Renaissance. Es ist im Gegensatz zu Versailles, das während zweihundert Jahren in ganz Europa vorbildhaft war, in späteren Bauten so gut wie nicht nachgeahmt worden.

In der Dichtung ist der Einfluß der Architektur Chambords wirksam geworden. Wenn zum Beispiel RABELAIS die utopische Abtei Thélème beschreibt, so hat er Chambord vor Augen.[1] Kaiser KARL V., der 1539 lediglich ein noch immer unvollendetes Schloß Chambord sah, bezeichnete es trotzdem als „Inbegriff dessen, was menschliche Kunst hervorzubringen vermag",[2] und Seigneur de BRANTÔME hätte Chambord am liebsten zu den Weltwundern gezählt; er schwärmt, „es ist etwas Großartiges, wenn Kunst die Natur übertrifft", und er ist sicher, daß „das große [...] Werk mehr besagt als die römischen Bauten von einst".[3] In der Tradition der Ästhetik des 16. Jahrhunderts betont er damit, daß dieses Kunstwerk die Natur und die Werke der Antike übertrifft – die beiden Wertmaßstäbe, an denen sich Künstler und Auftraggeber in der damaligen Zeit gemessen haben.

Betrachten wir das Schloß Chambord, das FRANZ I. vollendet nicht mehr erlebte und das er insgesamt nur kurze Zeit bewohnte, so fällt zunächst einmal sein Burgcharakter auf: der untere Teil des Schlosses mit seinen Eckbastionen mutet wie ein Festungsring an, über dem sich dann die obere, die Dachregion erhebt wie eine mittelalterliche Stadt, mit einer unendlichen Vielzahl von unterschiedlichen Dachformen, Turmhelmen und Türmchen, Kaminen und auf das Hauptgesims aufgesetzten Dachgauben. Man weiß, daß der italienische Baumeister Domenico da CORTONA an dem Entwurf des Schlosses beteiligt war. Dieser Domenico begleitete als Schüler seinen Meister Giuliano da SANGALLO nach Frankreich. Giuliano hatte für Lorenzo de'MEDICI die berühmte Villa Poggio a Caiano bei Florenz gebaut. Er kehrte nach Italien an den Florentiner Hof zurück, während sein Schüler in Frankreich blieb. Der italienische Einfluß auf die Architektur Chambords ist also nachweisbar, obwohl er am Grundriß – einem quadratischen Mittelblock um den Treppenturm herum mit vier großen Ecktürmen und mit in Eckbastionen endenden äußeren Flügeln – nicht ablesbar ist *(Abb. 3).* Dieser steht noch ganz in der Tradition der französischen mittelalterlichen Burg.

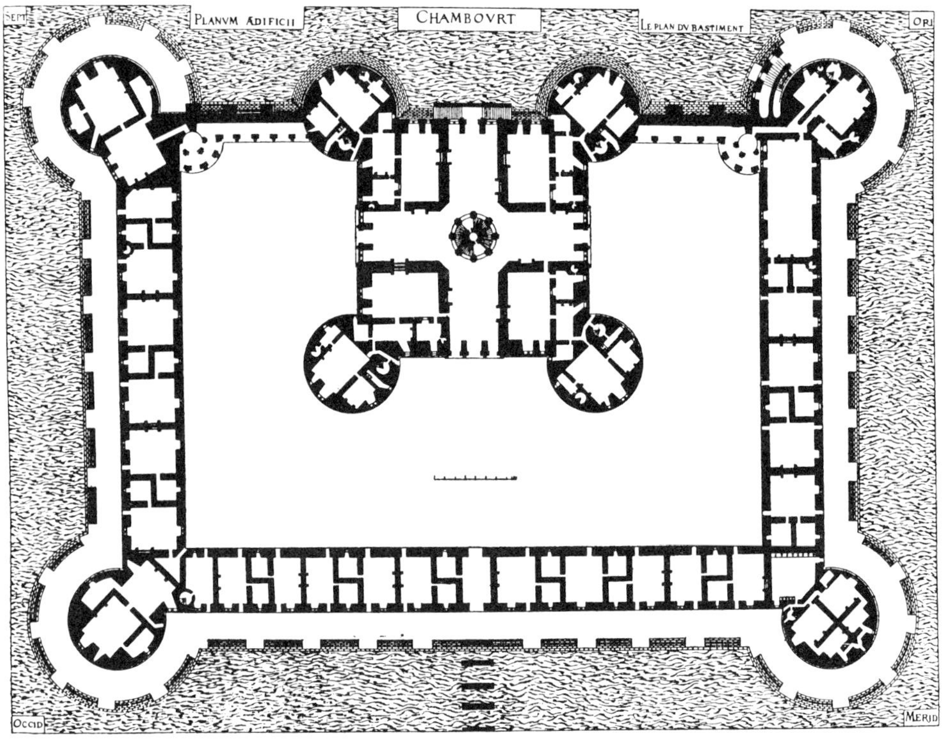

Abb. 3: Chambord, Schloß. Grundriß

Neu jedoch für Frankreichs Architektur ist am Außenbau die aus Italien übernommene Ordnung der Renaissance. Diese Ordnung, welche die gesamte Architektur bis weit in das 19. Jahrhundert sowohl innen als auch außen bestimmt, setzt sich aus zwei Elementen zusammen: zum einen aus tragenden Architekturteilen, die sowohl aus Halbsäulen als auch flachen Wandpfeilern *(Pilastern)* bestehen können, zum anderen aus getragenen Architekturteilen, die meistens aus mehrfach gestuften Horizontalbändern, dem „Gebälk", gebildet sind. In Chambord sehen wir also drei übereinanderstehende Pilasterordnungen, deren Gebälke die weit ausgreifende Architektur zusammenbinden. Während die Eckbastionen wenig durchfenstert sind, zeichnen sich die Wandtrakte durch eine dichte Reihung von Arkadenöffnungen unten und darüberliegende Sprossenfenster aus. Diese Ordnungsarchitektur steht in Widerspruch zu der bereits charakterisierten Erscheinungsform der Dachzone. Im Inneren erkennen wir erstmals eine Raumeinteilung in Suiten (hintereinander angeordnete Räume), aus der sich später das für Frankreich typische *Appartement-System* entwickelt, das wir in Versailles noch kennenlernen werden.

Chambord ist trotz seiner erkennbaren wehrhaften Elemente aber das erste wirkliche Schloß in Frankreich: Alle Räume öffnen sich mit großen Fenstern nach außen hin, selbst die Ecktürme enthalten reizvoll angeordnete Zimmer; das Schloß könnte gegen Angriffe nicht verteidigt werden, denn es liegt weitläufig und offen da, die wehrhaften Elemente haben keine praktische Funktion mehr.

Die Übernahme italienischer Kunst und Kultur in Chambord, die sich in Architektur und bildender Kunst ganz unterschiedlicher Art äußert, bedeutet im rein ästhetischen Bereich eine bedeutende künstlerische Innovation. Schon während des ganzen 15. Jahrhunderts ist Italien zwar die führende Kulturnation Europas, aber politisch gesehen das am stärksten zerrissene Gebiet, bestehend aus Klein- und Stadtstaaten. Immer wieder erheben sowohl der deutsche Kaiser als auch der König von Frankreich Ansprüche auf italienische Gebiete, die in vier Feldzügen der Franzosen unter FRANZ I. gegen KARL V. und seine Landsknechte geltend gemacht werden. Diese Ansprüche haben sich letztlich nicht verwirklichen lassen. In der italianisierenden Architektur von Chambord kommt die Absicht FRANZ' I. zum Ausdruck, seine außenpolitischen Erfolge darzustellen, seine Mißerfolge aber zu verschleiern. Das Ziel, die Kaiserkrone zu erringen und Frankreichs Territorium um italienische Gebiete zu erweitern, wird in der fast utopisch wirkenden Architektur Chambords in eine künstlerische Höchstleistung gebracht. Architektur könnte hier also als Beweis oder als Ersatz politischer Macht, als deren Demonstration und Repräsentation gelten.

Fontainebleau

Es stellt sich hier die Frage, weshalb die architektonischen Neuerungen nicht zuerst in Paris, der Hauptstadt des französischen Königreichs, verwirklicht wurden. Paris als Residenzstadt des französischen Königs spielte über Jahrhunderte eine problematische Rolle. Die Könige wußten sehr wohl um die Tradition der mittelalterlichen Residenz in der größten Stadt des Landes, des Louvre, aber sie trauten der Pariser Bürgerschaft nicht: die Stadt sei dem König nicht ergeben genug, sie werde es niemals einem König sein, war die Erklärung.

FRANZ I. ließ nicht nur Chambord bauen, sondern auch viele Schlösser in der Ile-de-France, also im Umland von Paris. Fontainebleau war auch für ihn, wie für fast alle französischen Könige vom 12. Jahrhundert bis zu NAPOLEON, ein beliebter Aufenthaltsort, ein gutes Jagdgebiet und immerhin in der Nähe von Paris gelegen.

Man hat Fontainebleau das Versailles FRANZ' I. genannt, obwohl es keinen größeren Gegensatz geben kann als zwischen der klar kalkulierten, logischen Absolutheit der Residenz des Sonnenkönigs LUDWIG XIV. und dem „Durcheinander" der malerisch verteilten Baugruppen von Fontainebleau, deren Silhouette von ferne wie eine ganze Stadt aussieht. Aber FRANZ I. schuf in Fontainebleau wie LUDWIG XIV. in Versailles ein Zentrum eines für Frankreich neuen höfischen Lebens, für das in Fontainebleau ganze Kolonien italienischer Künstler einen glanzvollen und prächtigen Rahmen herrichteten. Unter den italienischen Künstlern, die FRANZ I. an seinen Hof lud, war der berühmteste gewiß LEONARDO da Vinci (der auch nicht weit von Chambord, in Amboise, einem französischen Königsschloß an der Loire, starb). Die „Schule von Fontainebleau" zeichnet ein gegenseitiges Geben und Nehmen zwischen italienischer Renaissance und französischem traditionellen Formgefühl aus. Ihr Stil wird zur Grundlage für die Entwicklung der neueren französischen Kunst. Aber sie „entfaltet" sich nur im Inneren des Schlosses von Fontainebleau; die Architektur ist zu sehr „Gemisch", von Maurermeistern und nicht von Architekten-Künstlern geschaffen.

Die neuartige Ausstattung zeigt sich dagegen besonders in der großen Galerie FRANZ' I., die unter Rosso FIORENTINO 1533 begonnen wurde *(Abb. 4)*. Sie erhielt das hohe Lob des Florentiner Kunstkritikers und Künstlers Giorgio VASARI, der FRANZ I. bescheinigte, „ein neues Rom geschaffen" zu haben.[4] Der architektonische Bautyp der Galerie war zwar in Italien schon bekannt, aber erst in ihrer Funktion als Zentrum des höfischen und politischen Lebens in Fontainebleau – und nicht mehr nur als Verbindungsarchitektur zwischen zwei Gebäudekomplexen – kann sie sich für die europäische Schloßarchitektur durchsetzen.

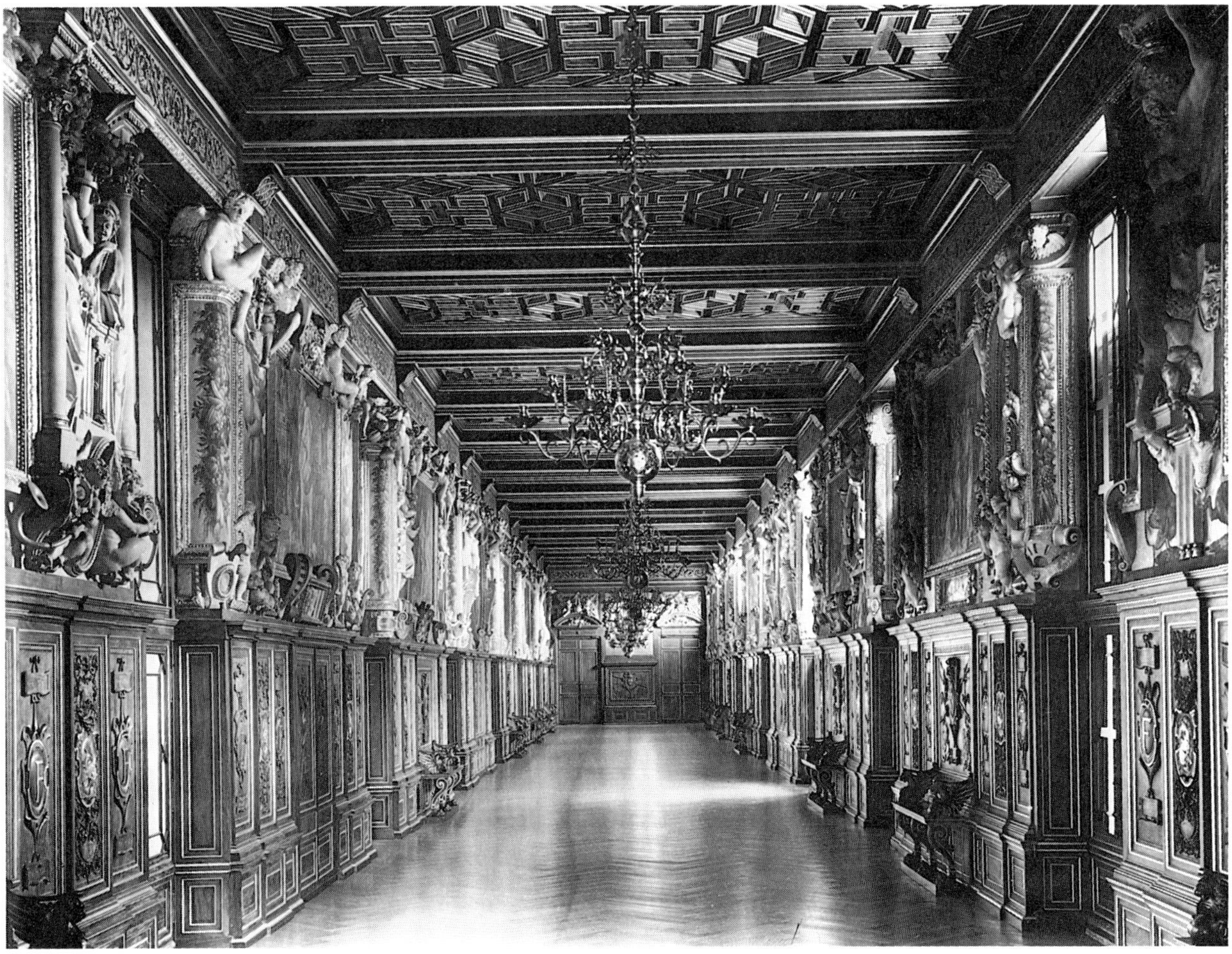

Abb. 4: Fontainebleau, Schloß, Galerie Franz' I., Innenansicht von Westen

Die Dekorationen, bestehend aus Malerei, Stuck in Reliefs und fast vollplastischen Figuren und Vertäfelungen, waren völlig neu für Frankreich. Bisher hatte man die Schlösser für den ständig umherreisenden Hof nur zum jeweiligen Aufenthalt des Königs mit Tapisserien und wenigen Möbeln – die zum Reisegepäck gehörten – ausgestattet.

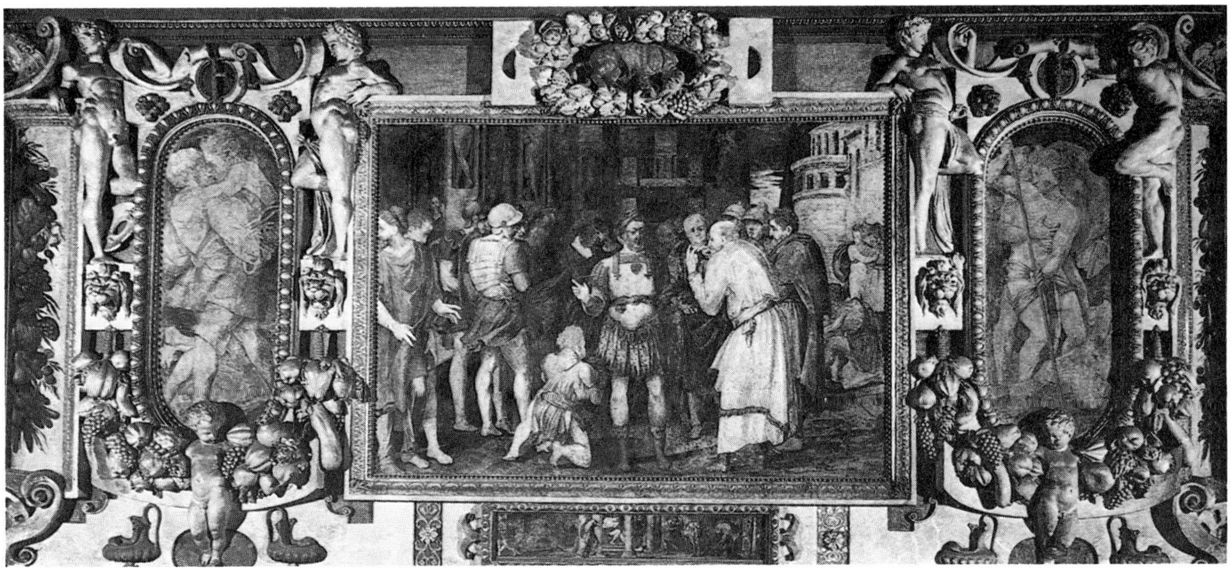

Abb. 5: Fontainebleau, Schloß, Galerie Franz' I., Südwand, Darstellung der „Einheit des Staates"

Der Urheber des inhaltlichen Programms dieser Innenausstattung der Galerie, der Ikonographie also, ist nicht bekannt, doch wird man wohl davon ausgehen können, daß FRANZ I. selbst entscheidenden Einfluß darauf genommen hat: Dargestellt sehen wir die allegorische Verherrlichung des Königs und seiner Regentschaft, die in Parallele gesetzt wird zu Themen der antiken Mythologie und Geschichte. In einem Gemälde ist König FRANZ I. mit idealisierten Gesichtszügen in der Gestalt eines antiken Imperators gezeigt, mit Lorbeerkranz, umgeben von Philosophen, Kriegsleuten und zivilen Würdenträgern, vor einem antikisierenden architektonischen Hintergrund *(Abb. 5).* Der König, die zentrale Figur der ganzen Komposition, hält einen Granatapfel in der linken Hand, das Symbol der Eintracht. Die Vermutung, daß es sich um einen Verweis auf VERCINGETORIX handelt, der mit seinem Aufstand gegen CAESAR als erster die gallischen Stämme einte, liegt nahe.

Vielleicht kann man die Ikonographie der Ausschmückung der Galerie FRANZ' I. in Fontainebleau dahingehend interpretieren, daß der König nach der verlorenen Schlacht bei Pavia und seiner Gefangenschaft in Spanien durch KARL V. (1525/26) sein vergebliches Bemühen, mächtigster Herrscher Europas zu werden, auch hier durch künstlerische Ausdrucksformen anspruchsvollster Inhalte auszugleichen suchte.

Der Louvre

FRANZ I. fühlte sich durch Versprechen, die er immer wieder gegeben hatte, gezwungen, in die Hauptstadt Paris zu gehen – es war vor allem eine Art Wiedergutmachung, weil die Stadt Paris seinen Freikauf aus der Gefangenschaft in Madrid bezahlt hatte. Er gedachte aber nicht dort zu leben und zu residieren, sondern er ließ den Louvre bauen, um sozusagen auch bei seiner Abwesenheit seine Anwesenheit zu betonen.

FRANZ I. ließ den Donjon, den mittelalterlichen zentralen Burgturm, abreißen und eine Vierflügelanlage um einen Innenhof errichten *(Abb. 6).* Was in Chambord noch als Auseinandersetzung von Alt und Modern, von

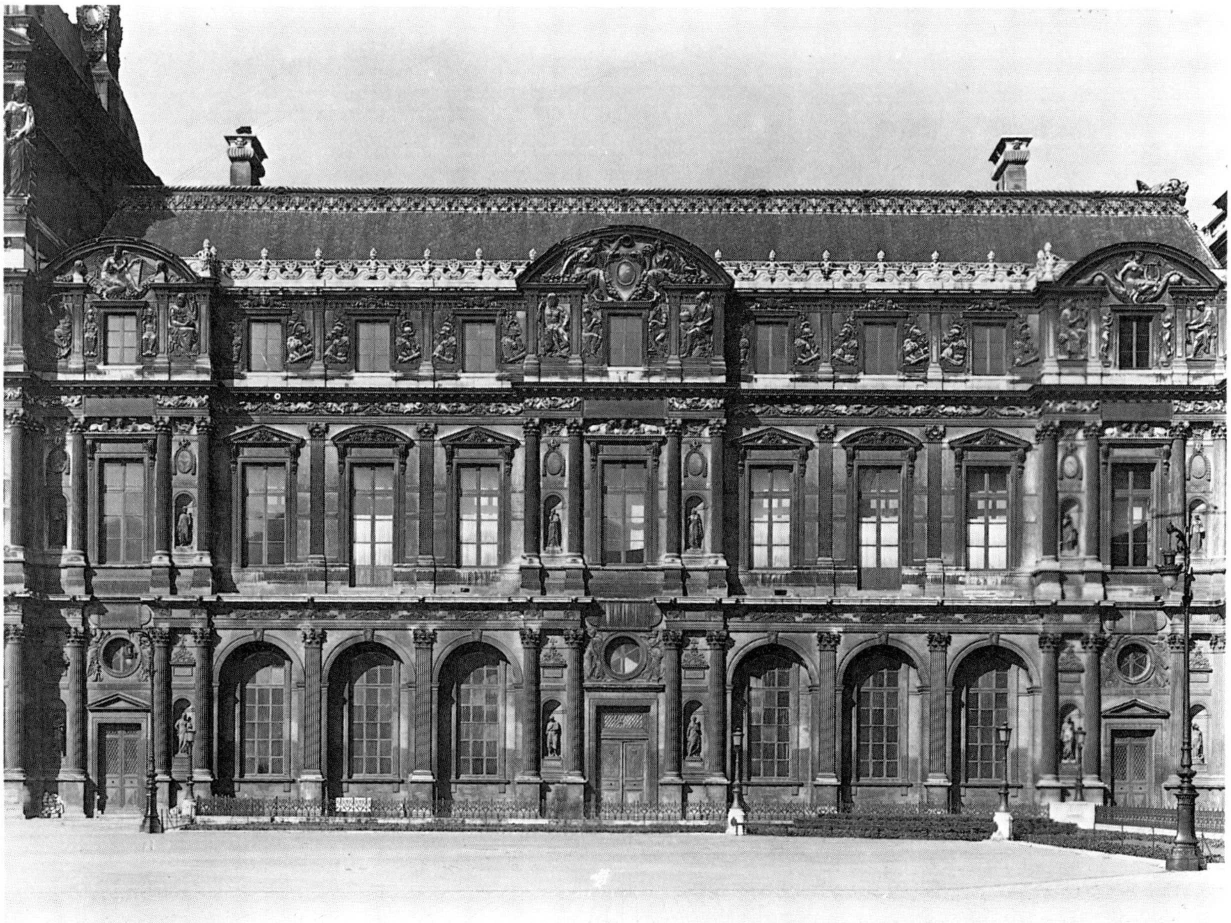

Abb. 6: Paris, Louvre, Hof (Cour carrée), nördliche Hälfte des Westflügels, Fassade von Pierre Lescot

überkommener mittelalterlicher französischer Architektur mit neuen, renaissancistischen Architekturelementen erscheint, ist im Louvre durch den völligen Sieg des Modernen, des Neuen über das Alte, verdrängt.

Androuet du CERCEAU, durch dessen Architekturzeichnungen französischer Schlösser des 16. Jahrhunderts wir auch von Schlössern noch Kenntnis haben, die nicht mehr bestehen, beschrieb 1576 die 1546 von Pierre LESCOT begonnene Louvre-Innenhoffassade in seinen *„Plus excellents Bâtiments de France"* als „...derart bereichert mit Säulen, Friesen, Architraven und allen Arten von Architektur, mit Symmetrie und Schönheit so herausragend, daß man ihresgleichen in ganz Europa kaum finden wird".[5]

Auf den Wandflächen werden die zweigeschossig übereinanderstehenden großen Fenster von Pilastern gerahmt, nach jeweils drei Fensterachsen treten Risalite hervor, in denen im Untergeschoß je eine Tür und darüber ein Fenster mit Figurennischen eingefaßt sind, die ihrerseits von Dreiviertelsäulen begleitet werden. Die Fenster im Sockelgeschoß sind arkadenartig halbrund überhöht, im Obergeschoß mit abwechselnd Dreiecks- und Segmentgiebeln bekrönt. Den oberen Abschluß bildet das reich ornamentierte Attikageschoß, über dem das Dach steil aufsteigt.

Am Louvre wurde nach dem Tode FRANZ' I., 1547, unter allen nachfolgenden Königen weitergebaut; es entstanden – zur selben Zeit, um 1555 – die berühmte Treppe HEINRICHS II., der große Festsaal mit der Orchesterloge des Bildhauers Jean GOUJON und der Thronsaal.

Schon 1559 starb FRANZ' I. Sohn und Nachfolger, HEINRICH II., dessen Witwe, Katharina von MEDICI, für ihre drei Söhne FRANZ II., KARL IX. und HEINRICH III. die Bauarbeiten am Louvre bis zum Beginn der Religionskriege fortführen ließ. Für sich selbst ließ sie als Witwensitz ein eigenes Schloß errichten: die *Tuilerien* – uns heute nur noch durch den Garten desselben Namens im Herzen von Paris bekannt. Der Name rührt von den ehemals außerhalb von Paris gelegenen Ziegeleien her. Für die heutige Gestalt des Louvre und die gesamte Raumplanung dieses Gebiets ist der Bau des Tuilerienschlosses insofern bedeutsam, als die 500 Meter Entfernung zwischen dem ehemaligen Louvre und dem Tuilerienschloß den Plan hervorriefen, beide Schlösser baulich miteinander zu vereinigen. Das Tuilerienschloß hat gewiß mit seiner beachtlichen Breitenausdehnung und seinen sich dahinter weit erstreckenden Gartenanlagen auch die Dimensionen der späteren Schloßanlage von Versailles vorweggenommen.

HEINRICH IV., der erste Bourbonen-König, der nach 30 Jahre dauernden Religionskriegen am Ende des 16. Jahrhunderts die Herrschaft übernahm (und der auch als einziger französischer König – nach einem Attentat – im Louvre starb), ließ beide Schlösser durch eine lange Galerie entlang der Seine miteinander verbinden *(Abb. 7)*.

Am weiteren Aus- und Umbau des Louvre ließ auch seine Witwe, Maria von MEDICI, arbeiten, während sie sich selbst das Palais de Luxembourg auf dem anderen, dem linken Seineufer bauen ließ. Den Architekten schickte sie nach Florenz, ihrer Geburtsstadt, um Pläne des Palazzo Pitti anzufertigen. Nach diesen Plänen wurde nicht nur die Architektur entworfen, sondern auch – ähnlich dem Boboli-Garten des Palazzo Pitti – der Jardin de Luxembourg um das Schloß herum angelegt. LUDWIG XIII., Sohn HEINRICHS IV. und Marias von MEDICI, erweiterte den Louvre ab 1624 erheblich und ließ durch den Architekten LE VAU ein ganzes Quartier mit Wohnhäusern abreißen, um Platz für die weitläufige Stadtfront des Louvre entlang der Rue de Rivoli zu schaffen.

Die größte Auseinandersetzung über Architekturgestaltung in Frankreich gab es gewiß in den 60er Jahren des 17. Jahrhunderts, als man daran ging, dem Louvre eine Fassade, eine Schauseite, zu errichten. Ort und Stelle waren festgelegt: die große Fassade sollte im Osten des Louvre sein, und das sicher nicht nur, weil inzwischen die Ost-West-Ausdehnung des gesamten Gebäudekomplexes vorgegeben war, sondern vor allem, weil eine Fassade einen Adressaten haben muß, dem sie sich zuwendet, auf den sie ausgerichtet ist. Im Osten lag die Stadt; dort wohnten die meisten Menschen im damaligen Paris; dort lagen das Rathaus, das Zentrum der Stadtverwaltung, und die Adelspalais, zum Beispiel an der Place des Vosges und an der Place Dauphine; und genau Stadt und Adel gegenüber galt es, seinen Anspruch als absolutistischer Herrscher – zu dem sich LUDWIG XIV. bei seiner Regentschaftsübernahme 1661 gemacht hatte – deutlich zu zeigen.

Es gibt Pläne französischer Architekten für die Gestaltung dieser Louvre-Ostfassade, aber LUDWIG XIV., der bei allen Bauvorhaben in jeder Phase entscheidenden Einfluß nahm – wir werden das noch deutlicher bei seinem größten Bau, dem Schloß von Versailles, sehen –, ließ einen Wettbewerb ausschreiben und lud dazu gezielt Lorenzo BERNINI, den berühmten römischen Architekten, ein.
Von Italien ausgehend, hatten sich nämlich im Zuge der Gegenreformation ab Ende des 16. Jahrhunderts die Ausdrucksformen des Barock durchgesetzt, in dem vor allem die katholische Kirche, an der Spitze der Papst in

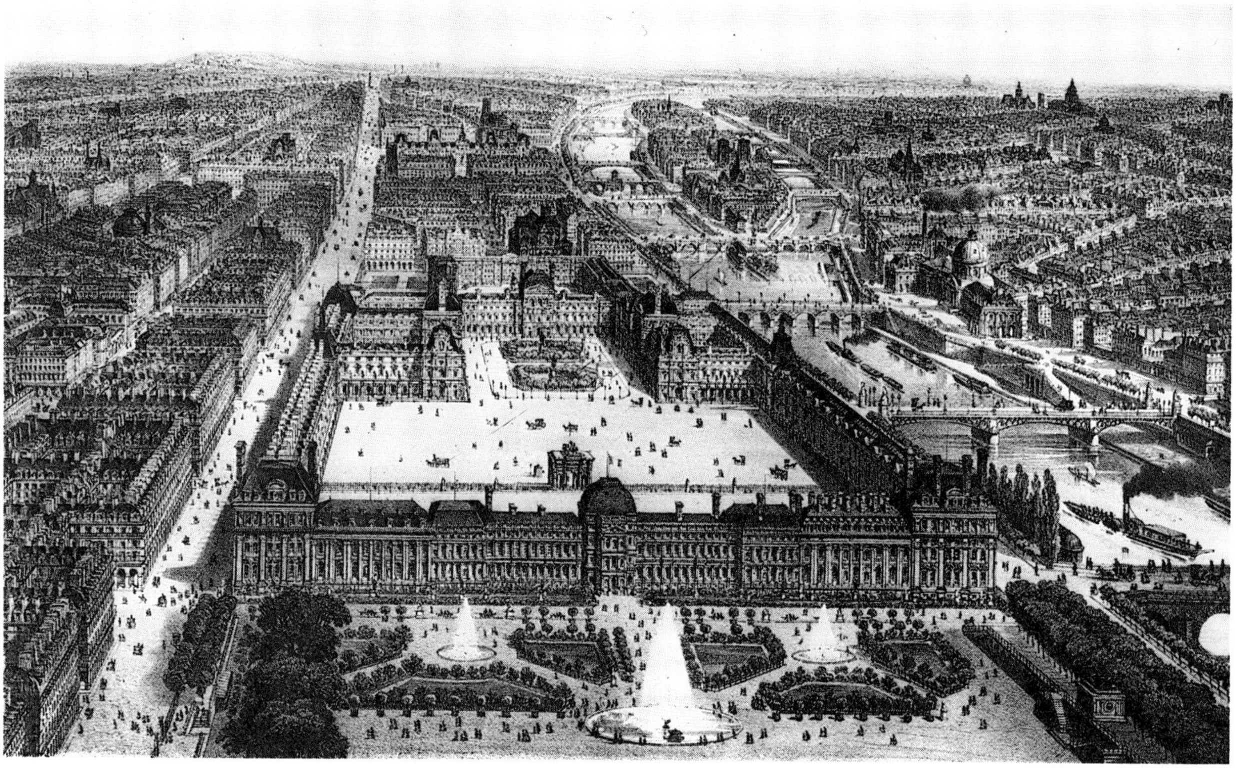

Abb. 7: Paris, Tuilerienschloß und Louvre aus der Vogelperspektive. Lithographie von Charles Fichot, 1837

Rom, ihre Macht und ihren alleinigen Herrschaftsanspruch darstellte. Lorenzo BERNINI hatte in Rom unter anderem den Petersplatz gestaltet. Um die vorgelegten Entwürfe zur Louvre-Fassade entbrannte nun eine Diskussion, die erst durch eine Art Schiedsgericht, dem der Architekt LE VAU, der französische Hofmaler und Dekorateur Charles LE BRUN, der Arzt und Architekt Claude PERRAULT, der Finanz- und spätere Bauminister COLBERT und LUDWIG XIV. angehörten, beendet wurde.

Der eigentlich ausführende Architekt ist nicht eindeutig benennbar. Durch französische Bauforschung am Louvre im 20. Jahrhundert nahegelegt, kann man wohl davon ausgehen, daß sowohl LE VAU als auch PERRAULT bis 1670 an der Fassade bauten. Genau weiß man nur, daß der Entwurf BERNINIS abgelehnt wurde. Und das ist das kunsthistorisch und politisch entscheidende Moment. In Frankreich war eine römische Barockfassade nicht

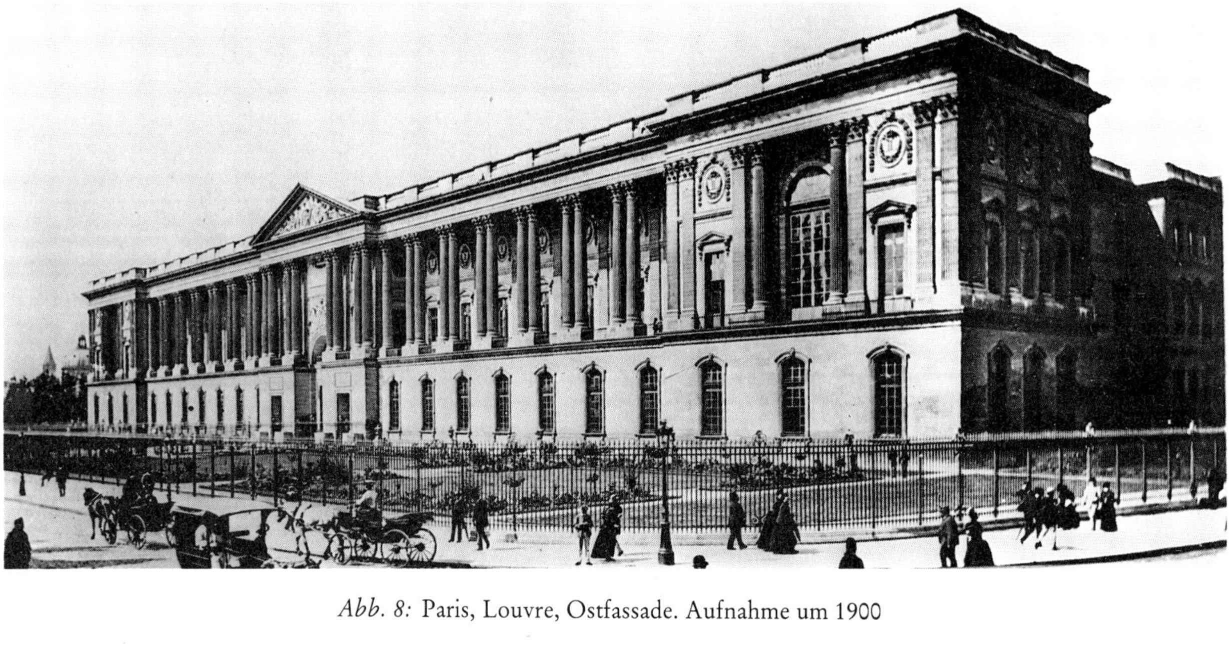

Abb. 8: Paris, Louvre, Ostfassade. Aufnahme um 1900

erwünscht. Vielmehr versuchte man, einen nationalen Monumentalstil mit zwar aus Italien stammenden Elementen zu entwickeln, der aber im Unterschied zu den illusionistisch-emotional erscheinenden Ausdrucksformen des römischen Barock jedoch stärker von Symmetrie, Strenge und Rationalität geprägt war. Es ist eine Architektur, die in der Kunstgeschichte als „Style classique" bezeichnet wird.

Die Louvre-Fassade gibt sich als eine gewaltige Schauwand zu erkennen mit einem schmucklosen sockelartigen Untergeschoß, über dem sich das zurückgesetzte Hauptgeschoß mit gedoppelten Säulen davor machtvoll erhebt *(Abb. 8)*. Während die vorspringenden Eckrisalite das römische Triumphbogenmotiv aufnehmen, ist der ebenfalls vorspringende Mittelrisalit als Tempelfassade charakterisiert. Das flache Dach – das erste dieser Art in Frankreich – verschwindet hinter der umlaufenden bekrönenden Balustrade.

Vaux-le-Vicomte

Bevor wir uns der größten Bauaufgabe LUDWIGS XIV., dem Schloß von Versailles, zuwenden, betrachten wir noch ein weiteres Beispiel französischer Schloßbaukunst, das unmittelbar auf Versailles gewirkt hat: Die Übernahme der Regierung durch LUDWIG XIV. fiel zusammen mit dem damals wohl größten gesellschaftlichen Ereignis, der Einweihung des Schlosses von Vaux-le-Vicomte *(Abb. 9)*.

Bauherr war der Parlamentspräsident Nicolas FOUQUET, Günstling MAZARINS, der ab 1653 als Finanzminister Frankreichs Gelegenheit hatte, sich schamlos auf Staatskosten zu bereichern und diesen neuen Reichtum auf eine gewiß nicht kluge, weil nur dem König zustehende Art und Weise präsentierte, die alles bis dahin Bekannte übertreffen sollte.

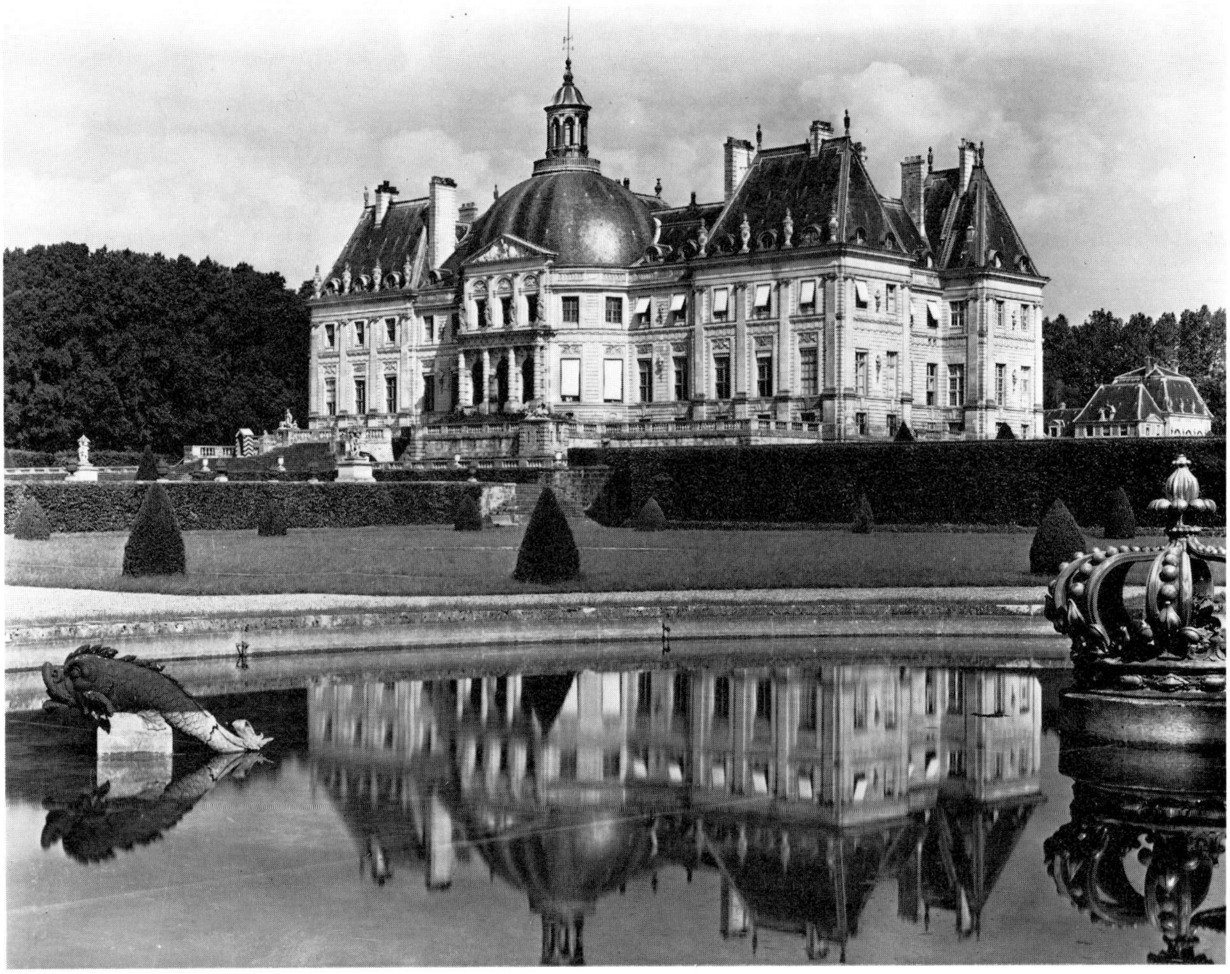

Abb. 9: Vaux-le-Vicomte, Schloß. 1657–1661

So ließ er ab 1655 vom Architekten Louis LE VAU ein Schloß planen und bauen, vom Gartenarchitekten André LE NÔTRE einen Park anlegen, der ganz neue Dimensionen erhalten sollte, und für die Innenausstattung konnte er Charles LE BRUN gewinnen. Es arbeitete also ein Dreigespann der besten Künstler Frankreichs zusammen, das in Vaux-le-Vicomte innerhalb von wenigen Jahren ein neues Modell des französischen Schloßbaus schuf. Zeitweise waren bis zu 18000 Arbeiter beschäftigt. LE BRUN gründete in Vaux eigens ein Atelier für die Herstellung der Tapisserien als königliche Manufaktur der Gobelins, das später – nach Paris überführt – eine wichtige Rolle für die künstlerische und handwerkliche Entwicklung des ganzen Landes haben sollte.

Die Angaben über die Kosten des gesamten Schlosses mit Park und Innenausstattungen schwanken; man kann wohl davon ausgehen, daß die gewaltige Summe von 10 Millionen Franken noch überschritten wurde.

Am 17. August 1661 lud FOUQUET zur Einweihung ein, vor allen anderen den König und die Königin. Die Pracht des massivgoldenen Services für den König, die 120 Dutzend Silberservices, der Pomp des Essens an 80 Tafeln und 30 Büfetts, das grandiose Schauspiel von 1200 Kaskaden, Fontänen und anderen Wasserspielen, von Feuerwerk, Balletten, einer Komödie von und mit MOLIÈRE und seiner Truppe im Park irritierten den König derart, daß er nur mit Mühe von seiner Mutter davon abgehalten werden konnte, FOUQUET sofort verhaften zu lassen. Der König verzichtete auf die Übernachtung in eigens dafür eingerichteten königlichen Schlafzimmern und reiste noch in der Nacht nach Fontainebleau, seinem damaligen Wohnsitz, zurück. FOUQUET hatte zu hoch gespielt und verloren – denn schon drei Wochen später wurde er verhaftet und ins Gefängnis gebracht, das er zeit seines Lebens nicht mehr verlassen sollte.

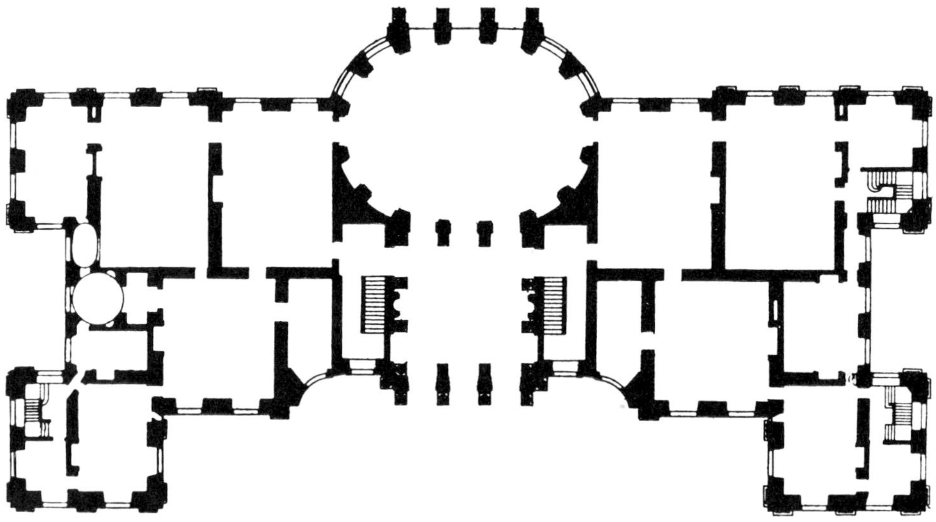

Abb. 10: Vaux-le-Vicomte, Schloß. Grundriß

In Vaux-le-Vicomte wird zum ersten Mal in Frankreich eine vollkommene Einheit von Architektur, Landschaftsgestaltung und bildender Kunst erreicht. Obwohl auch diese Schloßarchitektur noch, wie eine Burg, von Wasser umgeben ist, ihre vier Ecken turmartig betont sind und die Dächer, hoch und steil, an ein Adelspalais zu Beginn des 17. Jahrhunderts erinnern, sind doch der moderne Haustein anstelle des Ziegelsteins, die gesamten Proportionen der Architektur, die – ganz auf den Landschaftsrahmen bezogen – auf Fernwirkung berechnet sind, die großen, zwei Geschosse zusammenfassenden Pilaster an den Eckpavillons neue, erstmals verwirklichte Vorstellungen von Architektur.

Auf ein repräsentatives Treppenhaus wurde verzichtet, statt dessen konstruierte LE VAU an das Vestibül anschließend in der Mittelachse des Schlosses einen querovalen Kuppelsaal, eine „Salle à l'Italienne", die sich durch beide Geschosse erstreckt und sich zum Garten hin in drei Arkaden öffnet *(Abb. 10)*. Leicht erhöht gelegen, wie auf einer Insel inmitten des künstlichen Bassins, kann man vom Ehrenhof seitlich am Schloß vorbei in den Park sehen: Die Perspektiven einer geometrisch geordneten Landschaft bestimmen von nun an die Vorstellungen von französischer Gartenkunst.

Das Schloß von Versailles als Symbol des Absolutismus

Wir haben die Entwicklung von der mittelalterlichen Burg bis zum französischen Schloß verfolgt und beschäftigen uns nun im zweiten Teil unseres Beitrages ausführlich mit dem Schloß von Versailles, dessen Architektur als sinnfälliger Ausdruck des absolutistischen Systems zu verstehen ist.

LUDWIG XIV. zog nach dem Tode MAZARINS 1661 die Alleinherrschaft an sich. Zwar machte er COLBERT zu seinem höchsten Minister, nämlich der Finanzen und des Bauwesens, beanspruchte aber für sich ausschließlich das Recht auf Prachtentfaltung, auf Machtdemonstration und Machtausübung durch Architektur und bildende Kunst. Die drei Schöpfer von Vaux-le-Vicomte wurden beauftragt, Versailles zu errichten, damit es Vaux-le-Vicomte übertreffe.

Die Voraussetzungen

Vorhanden war in Versailles ein 1624 von LUDWIG XIII. erbautes Jagdschloß *(Abb. 11)*, das auch noch die Erinnerung an mittelalterliche Befestigungsanlagen wachruft: von Wallgräben umzogen, war es eine Anlage auf

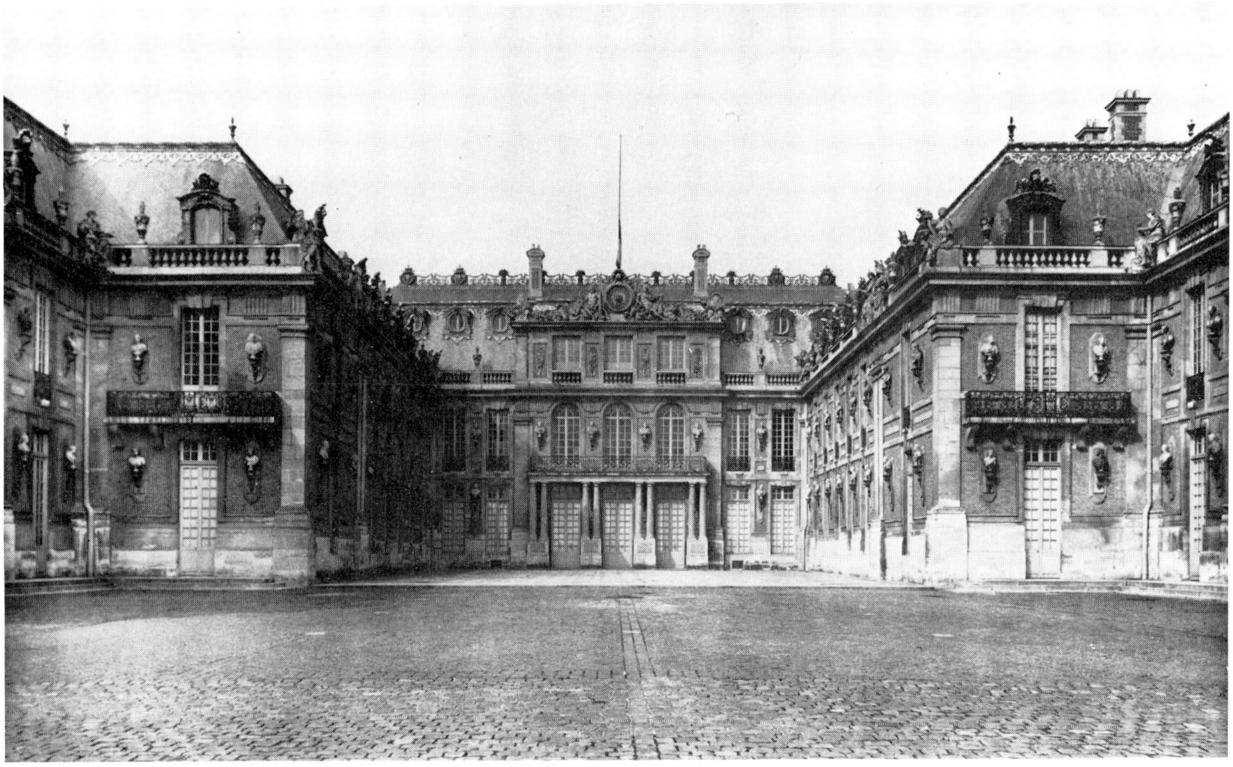

Abb. 11: Versailles, Schloß, Fassade zur Stadt hin. 1624, ab 1669 erweitert und ausgebaut

quadratischem Grundriß mit Eingang im Osten, zur Stadt hin, deren drei Flügel sich um die heutige Cour de Marbre, den Marmorhof *(Abb. 12)*, gruppierten und deren Ecken durch Pavillons betont waren.

Die besondere Zuneigung LUDWIGS XIV. zu diesem Ort verstanden Zeitgenossen nicht. So berichtete SAINT-SIMON, der Herzog, Höfling und Offizier des Königs, in seinen Memoiren, Versailles sei „der traurigste und reizloseste von allen Orten ..., ohne Ausblick, ohne Wald, ohne Wasser, ohne guten Boden, weil dort alles loser Sand oder Sumpf ist, ohne Luft natürlich, die dort nicht gut sein kann“.[6]

Umfassende, alle bis dahin gesetzten Maßstäbe überschreitende Arbeiten an Erdbewegungen, Bepflanzungen und Wasserversorgung waren zu leisten. Die Bauzeiten erstreckten sich über Jahrzehnte, die technische Leistung der Trockenlegung des sumpfigen Geländes, die Versetzung ganzer Wälder aus der Ile-de-France und der Normandie sowie die Erdarbeiten für den Park und die Hofanlagen waren überragend. Bis zu 36 000 Menschen arbeiteten am

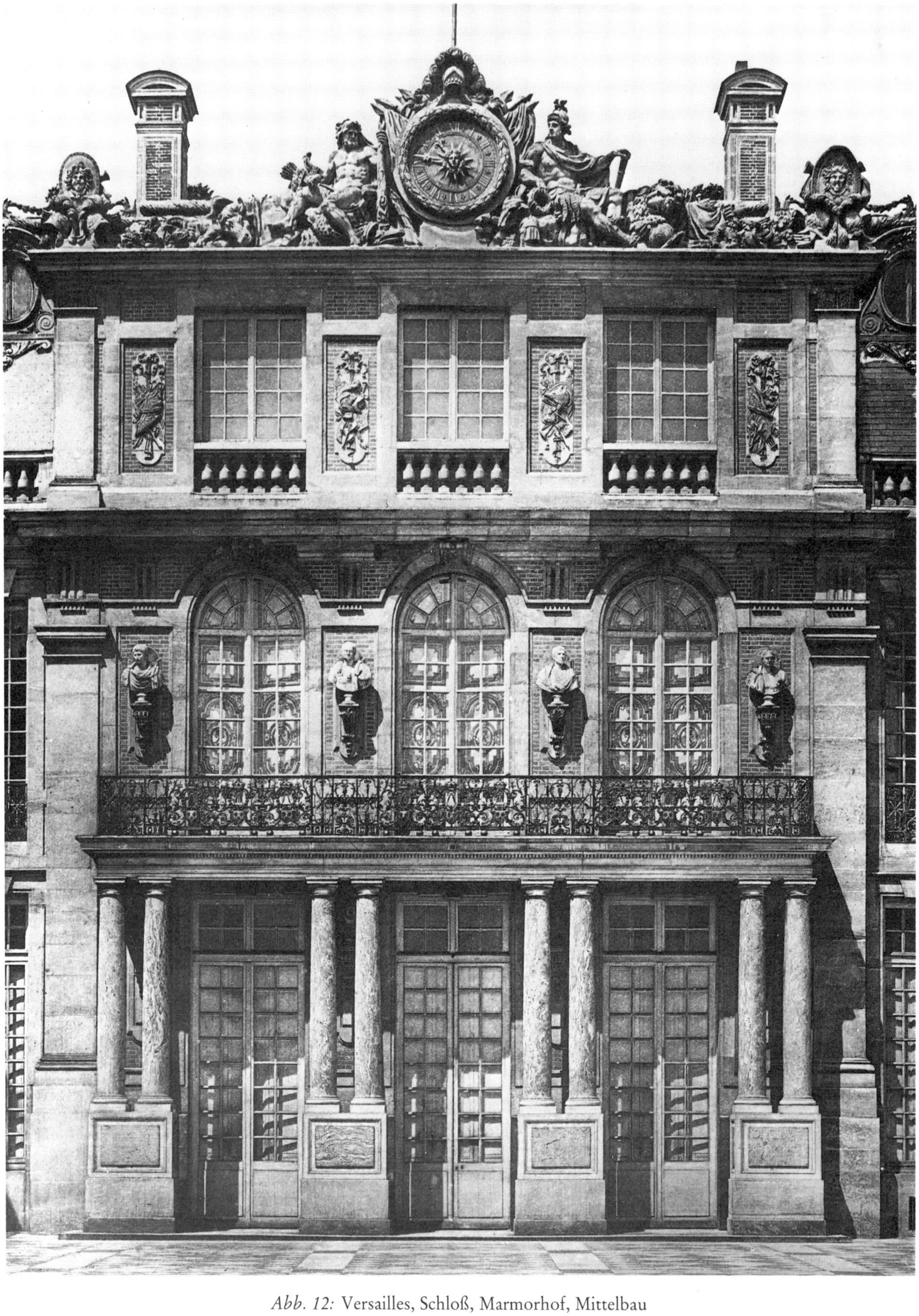

Abb. 12: Versailles, Schloß, Marmorhof, Mittelbau

Schloß- und Parkbau in Versailles, sogar französische Truppen wurden dazu herangezogen. Dieses Werk des Königs verschlang gewaltige Summen: 1669 waren es 5 Millionen, nochmals über 6 Millionen schon 1670 und bereits 1671 gar 20 Millionen Franken.

Sarkastisch kommentierte SAINT-SIMON, daß der König den ehrgeizigen und eigentlich wahnsinnigen Plan, das Schloß und den Park von Versailles, wie wir sie heute kennen, deshalb erfolgreich zu Ende geführt hat, weil „er tyrannisch über die Natur verfügte und sie der Macht der Kunst und des Geldes unterwarf" (S. 19).

Doch war für LUDWIG XIV. Versailles eine politische Notwendigkeit, keine private Bauwut oder plötzliche Laune; für ihn bedeutete der Schloßbau einen wesentlichen Bestandteil seiner absolutistischen Machtpolitik. Der König führte Kriege gegen den äußeren Feind, und er baute Versailles, immer größer und prächtiger, wie wir noch sehen werden, sozusagen gegen den inneren Feind – und das war für ihn der Adel Frankreichs. In seiner Jugend hatte er den Aufstand des Adels während der Fronde von 1649–1652 miterlebt. Damals versuchte der Adel, sich gegen die Steuerpolitik zu stellen und dem Königshaus die Macht zu entreißen, die durch LUDWIGS Mutter, ANNA von Österreich, und den unpopulären Kardinal MAZARIN nach dem Tode LUDWIGS XIII. bestimmt wurde. Für LUDWIG, der die Flucht in jungen Jahren miterlebt hatte, stand von da an fest, niemals in Paris zu residieren und den Adel jeglicher Teilhabe an der Macht zu berauben.

Die Baugeschichte

In Versailles wurden zunächst die Pferdeställe und zwei Flügel als Wirtschaftsgebäude für Küche und Personal von LE VAU errichtet, um damit auch gleichzeitig einen Ehrenhof, die Cour Royale, zu schaffen. Die Fassaden des bestehenbleibenden alten Schlosses aus roten Ziegeln und grauem Haustein mit hohen Dächern wurden in Anlehnung an Vaux-le-Vicomte mit römischen Kaiserbüsten, mit Balkonen, dekorativen Dachfenstergiebeln und einem vergoldeten First geschmückt. LE NÔTRE begann mit der Gartenanlage im Westen des Schlosses in einem das alte Schloß weit übergreifenden Ausmaß; diese erste Anlage enthielt aber im Grundkonzept schon alle wesentlichen Elemente des späteren Gartens. Er ließ Dörfer abreißen, um Platz für lange Kanäle zu schaffen, auf denen ganze Flotten von Vergnügungsschiffen unterhalten wurden.

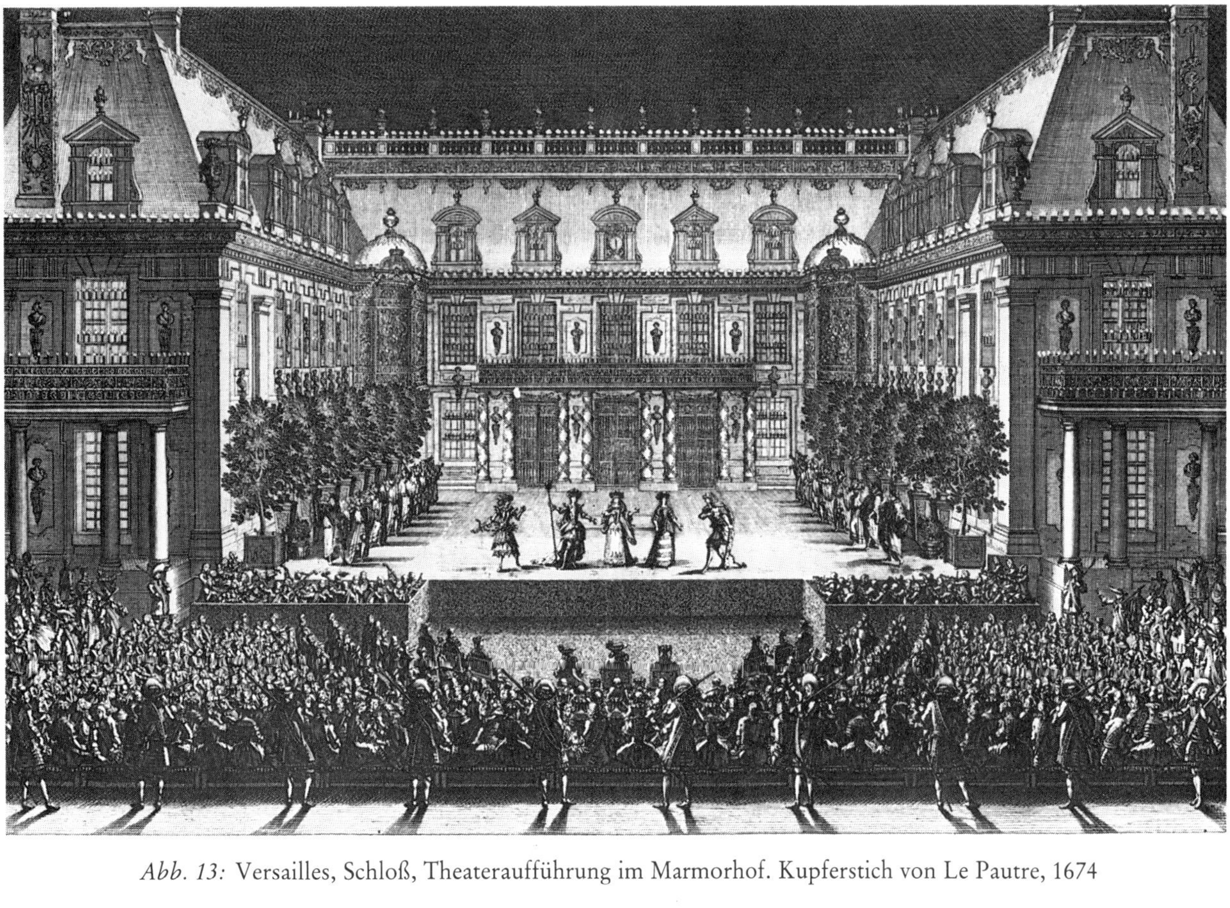

Abb. 13: Versailles, Schloß, Theateraufführung im Marmorhof. Kupferstich von Le Pautre, 1674

So konnte bereits 1666 das hochberühmte dreitägige Fest der „Plaisirs de l'Isle enchantée“ zu Ehren der Mademoiselle de LA VALLIÈRE, einer der Geliebten des Königs, stattfinden, mit vielen großartigen Veranstaltungen, unter anderem der Uraufführung des „*Tartuffe*“ von MOLIÈRE, in der Cour de Marbre (vgl. *Abb. 13*).

Ein Jahr später, noch während der Eroberungskriege gegen Spanien und die spanischen Niederlande, ließ der König 1667 durch LE VAU den Ausbau des Schlosses zur Residenz planen und gleich nach dem für Frankreich erfolgreichen Frieden von Aachen, 1668, beginnen (vgl. *Abb. 14*). Dieses Ereignis war wiederum Anlaß für ein

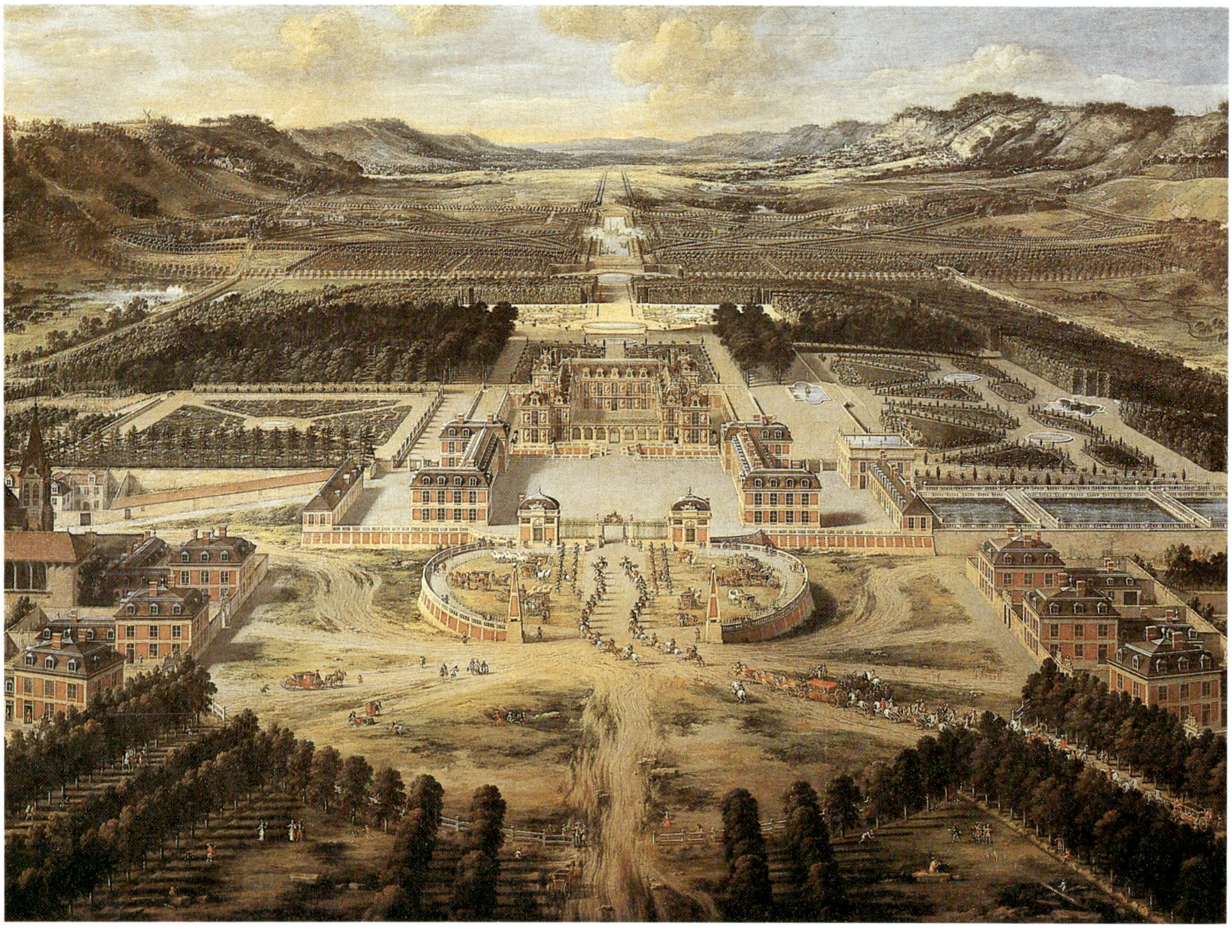

Abb. 14: Pierre Patel: Versailles aus der Vogelperspektive. Gemälde, 1668. Versailles, Musée National

gewaltiges Fest. Der Ausbau des Schlosses war zunächst nur geplant, „um dort einige Tage mit dem Staatsrat bequem logieren zu können“, so LUDWIGS XIV. Anweisungen. Um den alten Bau herum wurde eine Dreiflügelanlage gebaut, mit einem hohen Sockelgeschoß zum Garten hin, darüber mit einer breiten Terrasse vor der Gartenseite des Altbaus, die von zwei mächtigen Pavillons flankiert wurde. Zur Hofseite hin wurden die Wirtschaftsgebäude aufgestockt und deren Zusammenschluß mit den Schloßflügeln begonnen. Bereits an diesem Bau gab es zwei unterschiedlich gestaltete Schauseiten: Während die Hoffassade – ganz in der Tradition der Pariser Adelspaläste von überschaubaren Dimensionen – mit Ziegelmauerwerk und hohen Dächern gestaltet ist, zeigt die Gartenfassade der ersten Bauphase „klassische“ Formen, welche die Diskussion der 1660er Jahre um die Louvre-Ostfassade voraussetzten (vgl. *Abb. 15*).

Nach dem Tode LE VAUS, 1670, übernahm Jules HARDOUIN MANSART die Bauplanung und Bauausführung in Versailles. Er konnte sich für diese höchst bedeutende Aufgabe das Vertrauen des Königs sichern, unter anderem durch die Errichtung des Schlosses Clagny, das er in der Nähe von Paris für die Mätresse LUDWIGS XIV., Madame de MONTESPAN, und die gemeinsamen acht Kinder baute.

Der Friede von Nimwegen, 1678, mit seinen Gewinnen für Frankreich ermutigte LUDWIG XIV. zum weiteren, endgültigen Ausbau seiner Residenz in einer Größe, die in Paris nie möglich gewesen wäre. Des Königs Plan, den

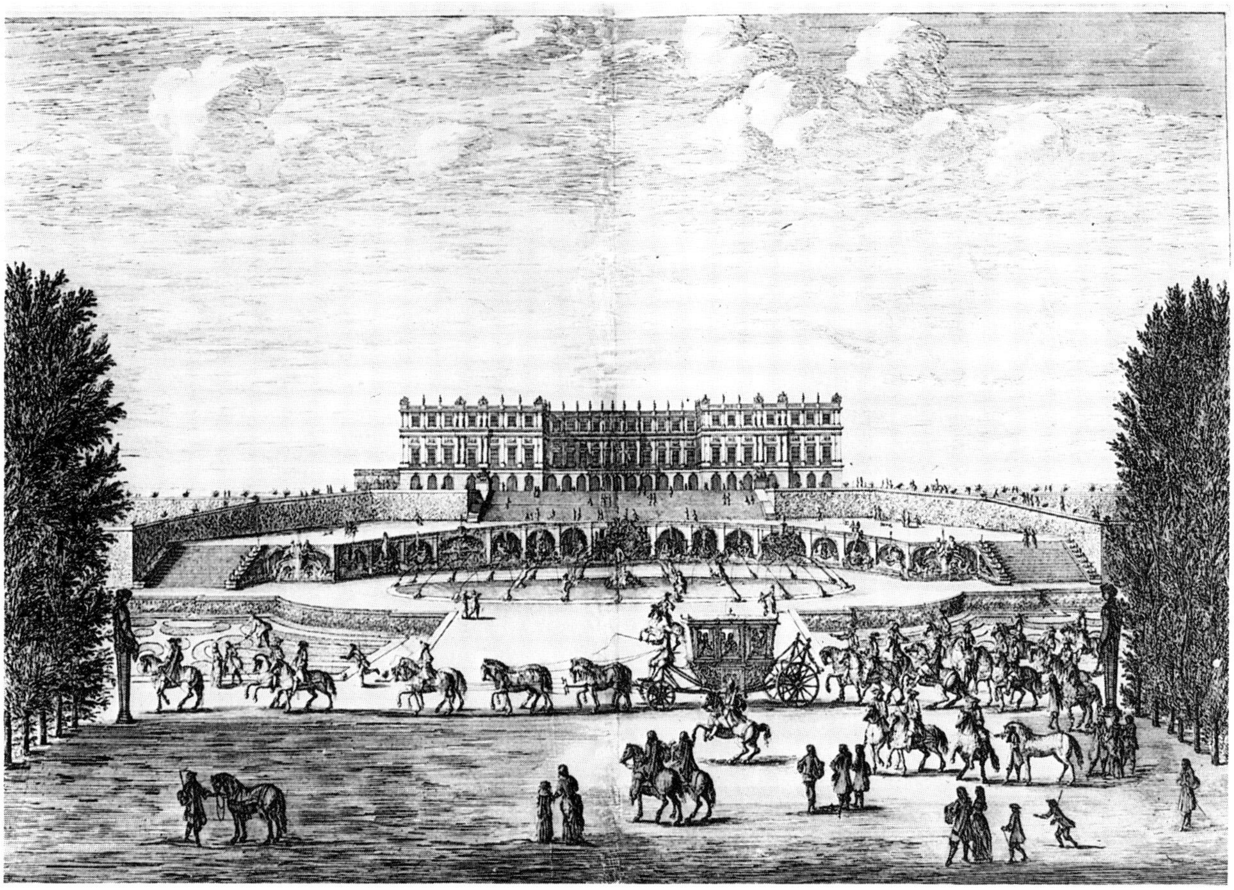

Abb. 15: Versailles, Schloß, Gartenfront. Stich von I. Silvestre, 1674

gesamten Hof und die Regierung, vor allem den Adel, in das Schloß von Versailles zu verlegen, hatte wohl schon zu jener Zeit bestanden, auch wenn der Umzug erst 1682 erfolgte: Die gewaltigen Flügelbauten im Norden und Süden des Schlosses ergänzten den Wohnraum um weit über hundert Appartements, und zwar für die Prinzen auf der südlichen und den französischen Hochadel auf der nördlichen Seite. Dadurch entstand zur Gartenseite hin eine Fassade von 680 Meter Gesamtlänge. MANSART entfernte die Le Vausche Terrasse und deren Eckpavillons und baute statt dessen die lange Galerie, den wichtigsten Repräsentationsbau des Schlosses. Im Zusammenhang damit entstand die heutige Gartenfassade mit ihren rundbogigen Arkaden in Hausteinmauerwerk, die den Sockel bilden, mit dem Hauptgeschoß darüber, das durch seine Pilastergliederung an den Wänden und seine Säulenordnung an den Risaliten bestimmt wird. Darüber erhebt sich das Mezzaningeschoß als durchgehende Attikazone mit nach oben abschließender Balustrade, die, von Trophäen und großen Vasen geschmückt, das flache Dach verbirgt (vgl. *Abb. 16*).

Die politische Aussage der Gesamtanlage

Man kann davon ausgehen, daß die Gestaltung der Gartenseite nicht zufällig anders als die der Hofseite ausfiel, sondern bewußt von der repräsentativen Großform der Architektur beherrscht werden sollte. In Versailles ist die Gartenseite nämlich die Hauptseite, die eigentlich wichtige Fassade. Der König hatte den Hof nach Versailles verlegt, um jeden Adeligen stets in seiner Nähe und somit unter seiner Kontrolle zu haben. LUDWIGS Erinnerung an die Fronde ließ ihn nie vergessen, daß es galt, den Adel abhängig und ohne politische Macht und Einfluß zu halten, was nur in Versailles durch das Hofzeremoniell und die absolute Alleinherrschaft des Königs möglich schien. Die große, machtvolle Geste der Gartenseite ist also gleichsam eine in Architektur umgesetzte innenpolitische Entscheidung.

Die Fassade an der Hofseite – zur Stadt hin, zum Bürger gewendet *(Abb. 11)* – macht uns mit ihren fast bürgerlich anmutenden architektonischen Kleinformen deutlich, daß der König die Bürger durch ein merkantilistisches

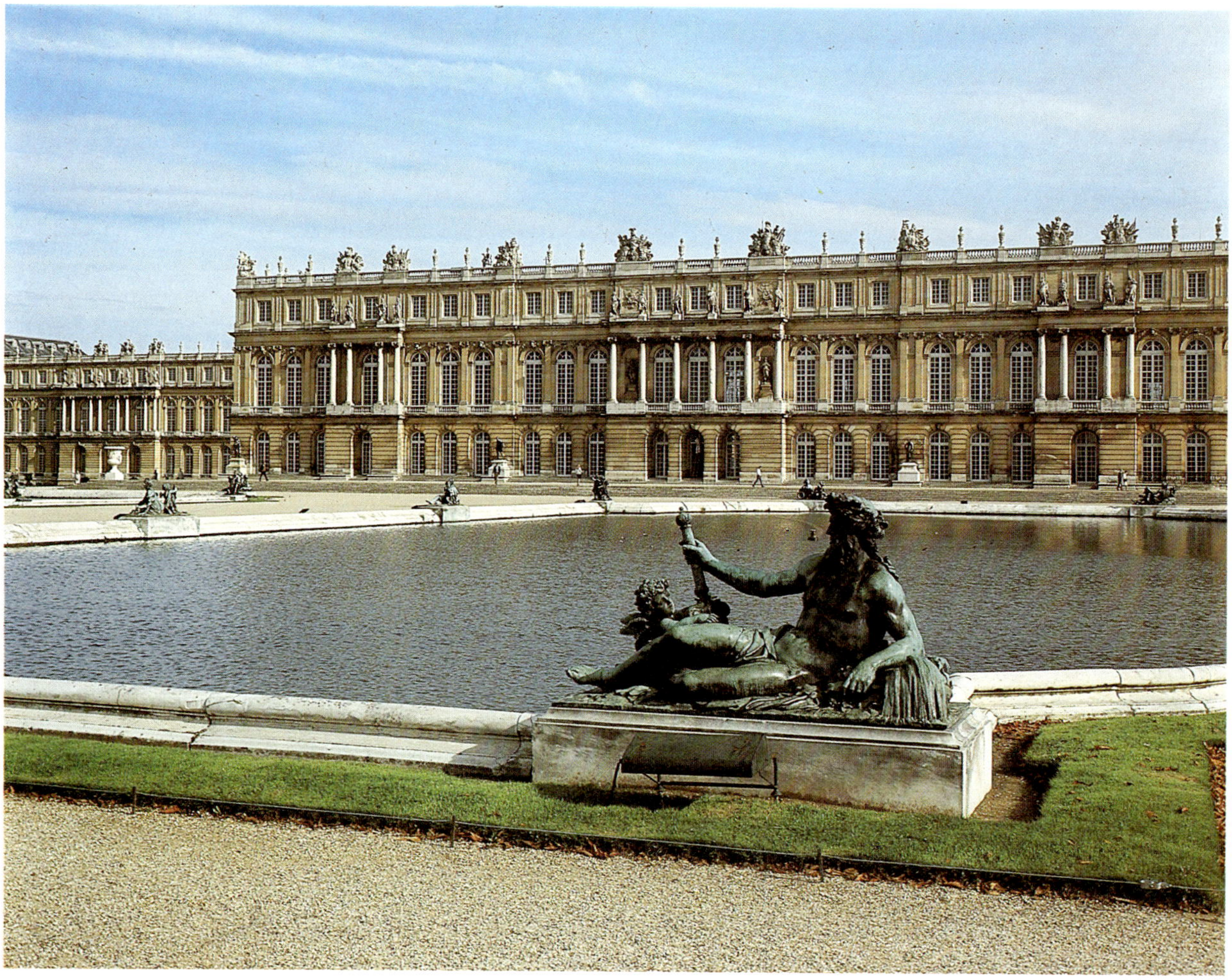

Abb. 16: Versailles, Schloß, Fassade zum Garten hin. 1624, ab 1669 erweitert und ausgebaut

Wirtschaftssystem befrieden konnte, sie also seine Verbündeten waren, die er zwar für Kriegführung und Bauaktivität ausbeutete, die er aber nicht durch das Imponiergehabe der großen Ausmaße und die Säulenordnungen der Gartenfassade gleichsam in die Schranken verweisen mußte.

Die Platz- und Schloßanlage zur Stadt hin beginnt mit den die Mittelachse flankierenden beiden Bauten der Marställe, deren tief einschwingende Fassaden den Vorplatz des Schlosses, die Place d'Armes, zur Stadt hin abschließen. Es folgt der ansteigende Hof, die Cour des Ministres, der von den zweigeschossigen Wirtschafts- und Ministergebäuden begleitet wird – die heute allerdings aufgrund späterer, aus dem Ende des 18. Jahrhunderts stammender Veränderungen ein anderes Aussehen haben als zur Zeit LUDWIGS XIV. *(Abb. 17).*

Die Cour des Ministres mündet in die Cour Royale und von hier in den sich weiter verengenden Marmorhof, die Cour de Marbre, in der man schließlich das Zentrum des Schlosses vor sich hat. Unter der Uhr – die übrigens nicht lief, sondern die Todesstunde des vorhergehenden Königs anzeigte –, betont durch drei Achsen, flankiert durch zwei Kolossalpilaster, mit einer Portikus von vier Doppelsäulen und drei halbrund überhöhten Fenstern darüber, lag das Schlafzimmer des Königs *(Abb. 18).* Von hier aus wurde durch seinen Tagesablauf das gesamte Leben am Hof bestimmt. Das Aufstehen und das Schlafengehen LUDWIGS XIV. wurden zu zentralen Bestandteilen des Hofzeremoniells, an denen Gunst und Ungnade des Königs ablesbar waren; denn die Tatsache des Dabeiseins, die Übernahme von gering anmutenden Ämtern wie Kerzehalten, In-die-Kleidung-Helfen oder Hutreichen verliehen den Höflingen Ansehen und Bedeutung in der Adelshierarchie, wenn auch weder politische Macht noch entscheidenden Einfluß. Man muß sich vergegenwärtigen, daß am Hof LUDWIGS XIV. in Versailles bis zu 20000 Menschen lebten – unter notgedrungen engen, zum Teil unwürdigen Bedingungen, in totaler Abhängigkeit vom König. Der Eindruck, den Versailles damals auf auswärtige Besucher machte, muß – was die Fülle angeht – ungefähr dem entsprochen haben, den ein heutiger Tourist zur Hauptreisezeit in Schloß und Park von Versailles erfährt.

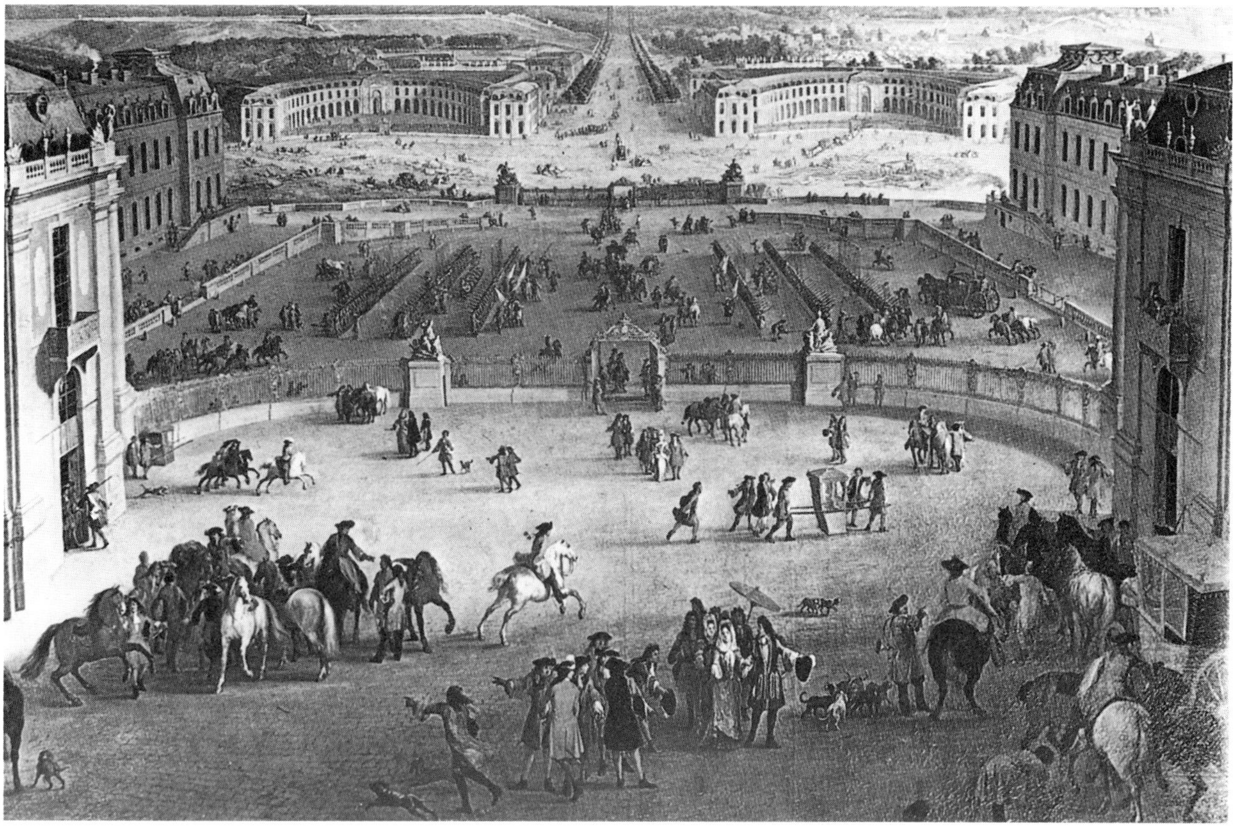

Abb. 17: Versailles, Schloß, Blick aus dem Schlafzimmer des Königs Ludwig XIV. Nach einem Gemälde von Jean Baptiste Martin, 1690. Ausschnitt

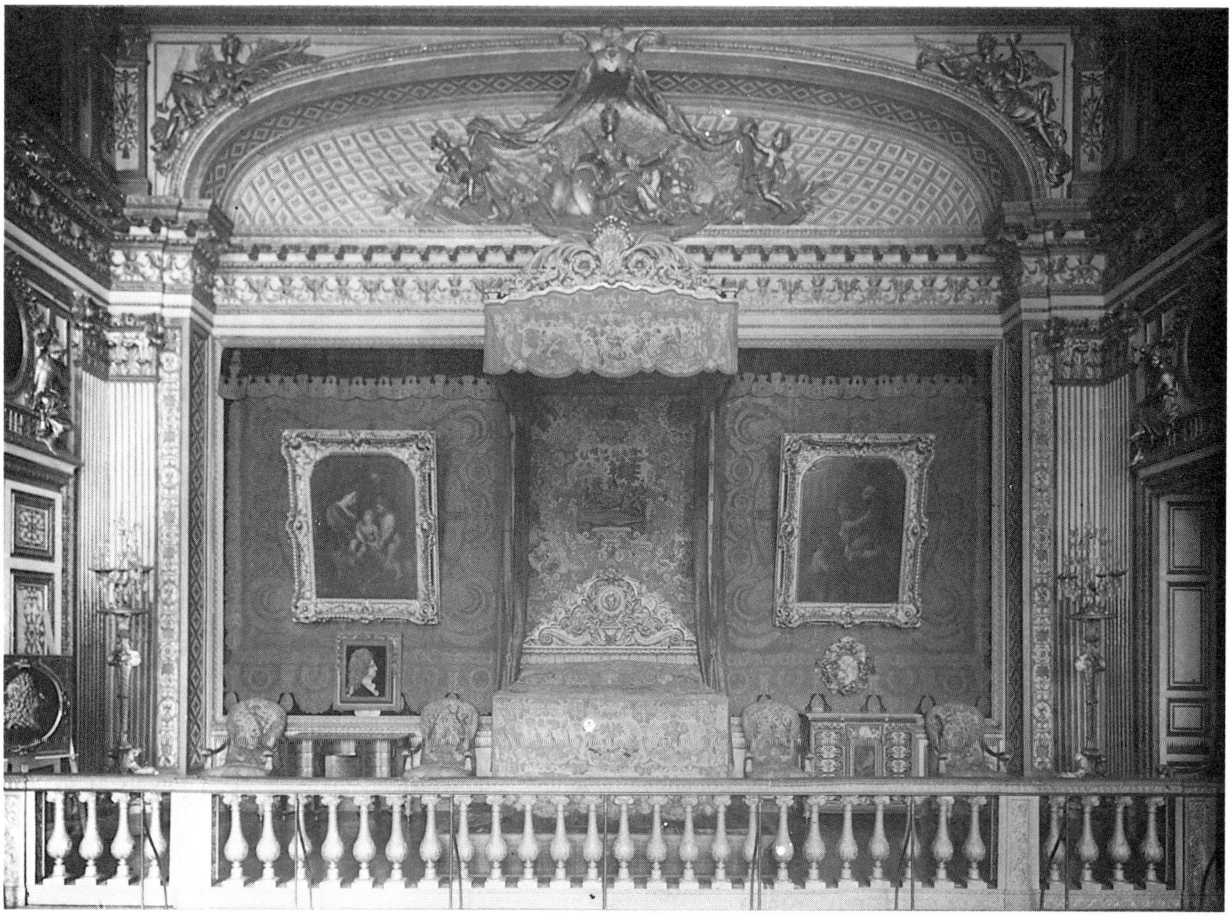

Abb. 18: Versailles, Schloß, Schlafzimmer des Königs Ludwig XIV.

Die gesamte *Innenausstattung* des Schlosses an Skulpturen, Malerei und Dekoration sowie der Skulpturenreichtum des Parks waren einem einzigen Programm unterworfen: Sie dienten der Verherrlichung des Königs, der Überhöhung seiner Person und seiner Taten durch Allegorien und Symbole. LUDWIG XIV. wurde in Versailles zum Sonnengott, zu Jupiter und Herkules, vor allem aber zu Apoll. Es wurde ein höchst anspruchsvolles Raumprogramm der Repräsentation entwickelt *(Abb. 19)*.

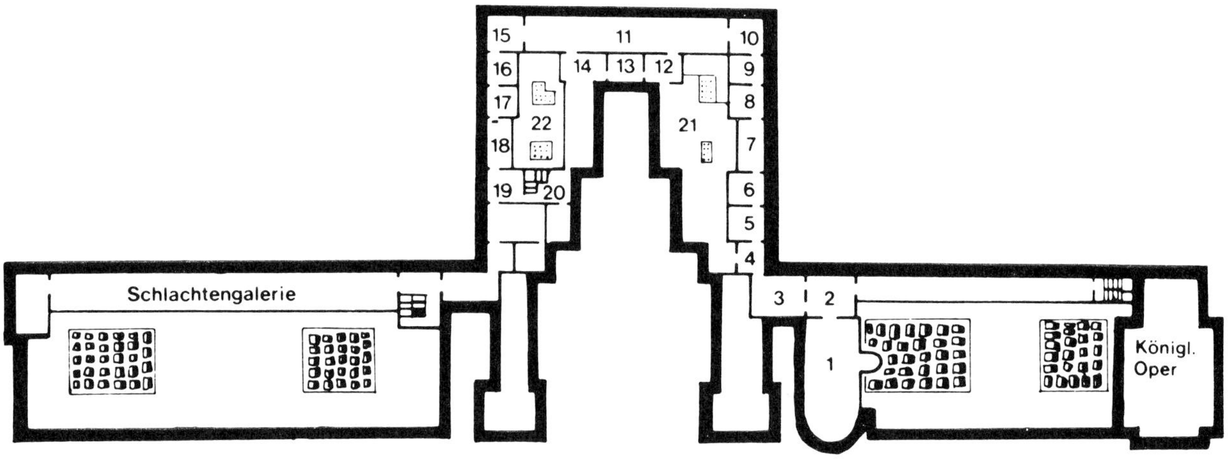

Abb. 19: Versailles, Schloß, erste Etage, schematische Darstellung der Raumverteilung

1 Chapelle Royale 2 Vestibule 3 Salon d'Hercule 4 Salon de l'Abondance 5 Salon de Vénus 6 Salon de Diane 7 Salon de Mars 8 Salon de Mercure 9 Salon d'Apollon 10 Salon de la Guerre 11 Grande Galerie 12 Cabinet du Roi (Chambre du Conseil) 13 La Chambre du Roi 14 L'Antichambre du Roi 15 Salon de la Paix 16 La Chambre de la Reine 17 Salon de la Reine 18 L'Antichambre de la Reine 19 Salon de Marbre 20 Escalier de la Reine 21 Cabinets intérieurs du Roi 22 Cabinets intérieurs de la Reine

Der Neubau der großen, 70 Meter langen Galerie mit großen Fenstern und großen Spiegeln gegenüber, das großartigste repräsentative Zentrum des Schlosses zum Garten hin mit den sie seitlich einrahmenden Sälen des Krieges im Norden und des Friedens im Süden, hatte die ursprüngliche Raumplanung erheblich verändert *(Abb. 20)*. Parallel zur Haupttreppe im Nordtrakt, der „Gesandtentreppe", die im 18. Jahrhundert unter LUDWIG XV. wieder abgerissen wurde, entstand die Treppe der Königin im Südtrakt. Von hier aus erschlossen sich im nördlichen Teil die kleinen und großen Appartements des Königs, im südlichen die der Königin. Die offiziellen Appartements betritt man heute durch eine recht prosaische Vorhalle mit einer Treppe und gelangt durch den Herkulessaal in eine Reihe von hintereinanderliegenden prachtvollen Räumen, die bei offenen Türen an der Fensterseite und gleichmäßigem Lichteinfall von derselben Seite eine lange Perspektivenflucht ergeben. In diesen Sälen wurden allabendlich bei unterhaltender, festlicher Musik alle Arten von Spielen gespielt, um sich die Zeit zu vertreiben und in der Nähe des Königs zu sein; die Saalflucht gab aber auch den langen Weg offizieller Besucher und Abgesandter ausländischer Regierungen vor, die dann am südlichen Ende der Galerie vom König auf seinem kostbaren Thron huldvoll empfangen wurden.

Zur letzten Bauphase – das letzte große Bauvorhaben des Königs überhaupt – gehörte die *Hofkapelle (Abb. 21)*, 1697 begonnen, aber erst 1710 geweiht, deren Ausmaße sich kaum in die Architektur der Schloßflügel einfügen *(Abb. 22)*. Das Innere der Kirche folgt dem Vorbild der doppelgeschossigen Palastkapelle, deren Obergeschoß, dem König vorbehalten, auf der Höhe seiner Appartements liegt und durch diese direkt betreten werden kann. Gegenüber dem Altar, am anderen, westlichen Ende der Kapelle also, hoch über dem Priester kniend, wohnte LUDWIG XIV. der täglichen Messe bei. Die Architektur im Inneren der Kirche, die dem HL. LUDWIG, dem bedeutendsten mittelalterlichen Vorgänger auf dem französischen Thron, geweiht ist, stellt eine Besonderheit innerhalb der architektonischen Ausstattung des Schlosses dar: nicht farbiger Marmor, sondern weißer Stein prägt ihr Aussehen, dessen Eleganz und Leichtigkeit durch steile Proportion, schlanke kannelierte (gerillte) Säulen korinthischer Ordnung und viel Licht, das durch hohe Fenster hereinströmt, noch verstärkt werden. Der Eindruck königlicher Macht und Repräsentanz schlug sich sogar während der Messe nieder, wenn nämlich im unteren Geschoß die Höflinge zum König gewendet, das heißt mit dem Rücken zum Altar und zum Priester, an ihr teilnahmen.

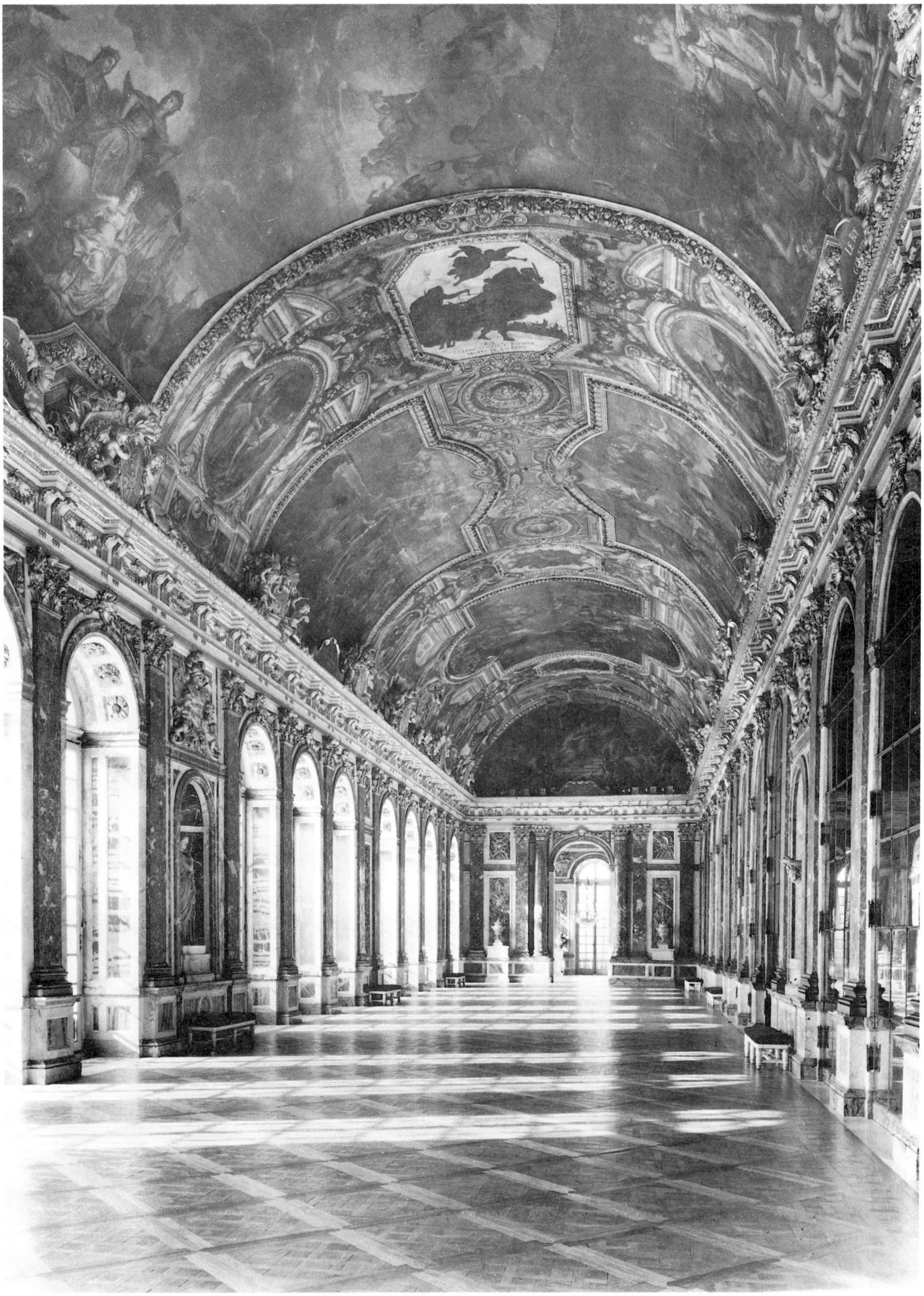

Abb. 20: Versailles, Schloß, Große Galerie (Spiegelgalerie), von Süden

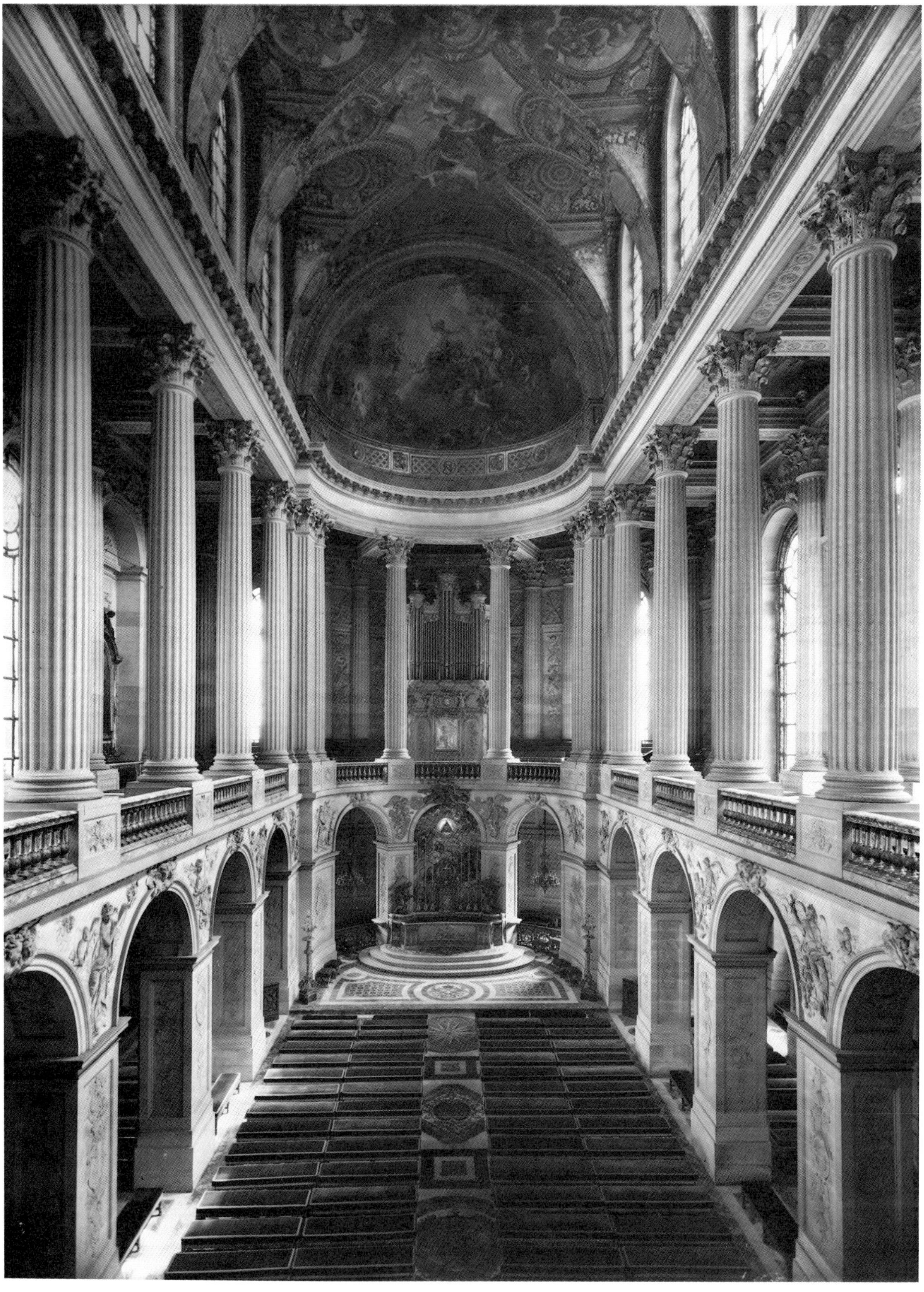

Abb. 21: Versailles, Schloß, Hofkapelle, innen, Blick von der Königsempore im Westen. 1697 begonnen, 1710 geweiht

Funktionsverlust durch veränderte politische Verhältnisse

Der Strenge des Protokolls, des Zeremoniells, das der König selbst aufgestellt hatte und das sein eigenes Leben und Wohnen im Schloß von Versailles zu einer dauernden öffentlichen Repräsentanz werden ließ, versuchte er sich ab den neunziger Jahren bis zu seinem Tode, 1715, immer häufiger zu entziehen. Außenpolitisch ging damit einher, daß die Erfolge, Eroberungen und günstigen Friedensverträge der Frühzeit in Mißerfolge, Territoriumsverlust und Einbußen an Einfluß in Europa umschlugen.

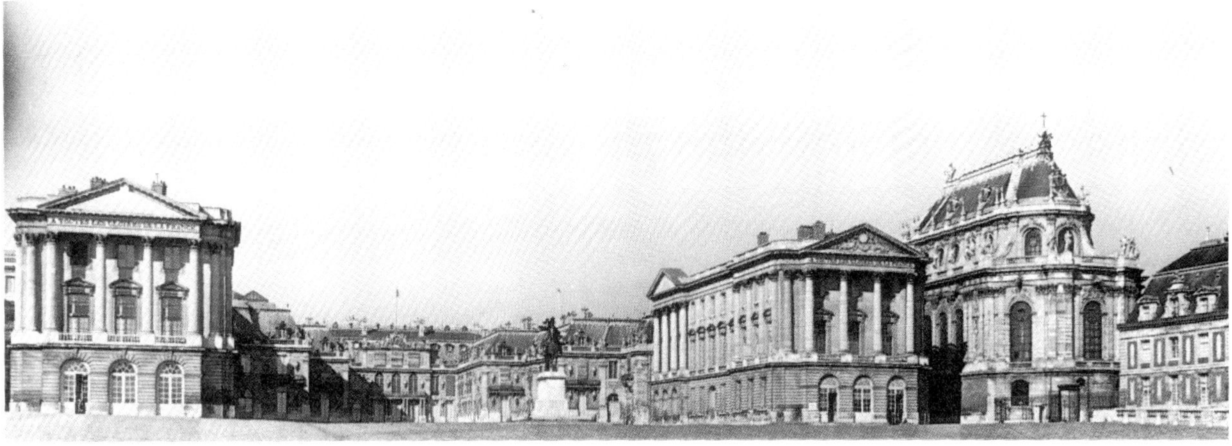

Abb. 22: Versailles, Schloß, Gesamtansicht von der Stadt aus, mit Hofkapelle im Südosten der Anlage

Als Rückzugsorte dienten ihm mehrere kleine Schlösser im Park von Versailles, zum Beispiel Trianon und Marly. Paris betrat der König zwischen 1700 und 1715 nur noch viermal.

Zusammenfassend sollte hier nochmals deutlich werden, daß die Architektur von Versailles für den König eine politische Notwendigkeit, ein Bestandteil seiner Politik war.

LUDWIG XIV. brachte dies auch klar zum Ausdruck, als er auf dem Sterbebett seinem fünfjährigen Urenkel und Nachfolger empfiehlt: „Du wirst einmal ein großer König werden. Aber tue es mir nicht gleich, sondern lasse die Finger vom Bauen und vom Kriegführen [...] Denke an Deine Aufgabe und an Deine Verpflichtungen gegenüber Gott, achte darauf, daß Deine Untertanen ihn ehren. Laß Dich gut beraten und handle entsprechend, versuche das Los Deines Volkes zu bessern, wie ich es unglücklicherweise nie tun konnte. Mein liebes Kind, ich gebe Dir von ganzem Herzen meinen Segen."

Nach dem Ableben des Königs mußte zunächst ein Regent die Regierung für den noch unmündigen LUDWIG XV. übernehmen – was von Paris aus geschah und Versailles für sieben Jahre verwaisen ließ. Erst in den zwanziger Jahren des 18. Jahrhunderts zog LUDWIG XV. wieder mit dem gesamten Hofstaat nach Versailles, das er vielfach umbauen ließ. Die Ratschläge seines Vorgängers beherzigte LUDWIG XV. keineswegs, er führte Kriege und liebte das Bauen über alle Maßen. Die Umbauten im Schloß von Versailles dienten in erster Linie der Trennung von öffentlicher, politischer Funktion und privater Rückzugsmöglichkeit. LUDWIG XV. ließ kleine intime Appartements einrichten und neu ausstatten, in denen er auf individuelle private Weise mit nur wenigen Vertrauten lebte, selber kochte und sich gelöst und heiter fühlte, wie Zeitgenossen berichten. Der Etikette und den offiziellen Verpflichtungen kam der König zurückhaltend und verschlossen nur zu bestimmten, festgesetzten kurzen Zeiten des Tages nach.

Die Flucht aus dem Hofzeremoniell und dann wiederum aus dem Schloß von Versailles fand ihren Endpunkt unter LUDWIG XVI. und MARIE ANTOINETTE, die sich nach Hameau im Park von Versailles zurückziehen – einem imitierten Bauernhof, in dem man zwar die Vergnügungen des Landlebens unter dem hier gewiß falsch verstandenen Motto „Zurück zur Natur" nachlebte, nicht aber dessen Arbeitslast zu tragen hatte.

Erst im späten 18. Jahrhundert wurde sich das Bürgertum, durch die Erfolge des merkantilistischen Wirtschaftssystems erstarkt, seiner politischen Rechte und Möglichkeiten bewußt und beendete die brüchig gewordene Monarchie in Frankreich, indem es die selbstgewählte Flucht des Königs aus Versailles in eine Vertreibung umwandelte: König und Hofstaat wurden gezwungen, nach Paris zurückzukehren, wo sie schließlich ihren Untergang fanden.

Die Auflösung der Einheit von politischer Funktion und Architektur

Werfen wir einen Blick auf die weitere Entwicklung des Schloßbaus, so können wir Folgendes feststellen: Alles, was im Schloß des 17. Jahrhunderts unter einem Dach vereinigt war, begann sich Ende des 18. und besonders im 19. Jahrhundert zu verselbständigen.

Wir konnten beobachten, daß schon im Versailles LUDWIGS XIV. in der Spätphase die Schloßkirche nicht, wie sonst üblich, in die Schloßarchitektur integriert war, sondern sich als ein selbständiger Baukörper hervorhob. Bereits am Ende des 18. Jahrhunderts hatten sich wichtige Funktionsbereiche des Schlosses vom Schloßbau freigemacht: so wurden das Hoftheater zum Nationaltheater; die höfischen Kunstsammlungen, die Galerien zu öffentlichen Museen; der Schloßpark zum Bürgerpark und die Ministerialflügel des Schlosses zu Regierungsgebäuden. Die Dezentralisierung der Macht durch die Abschaffung der absoluten Monarchie, die Einführung der Gewaltenteilung in exekutive und legislative Mächte spiegeln sich somit auch in der Architektur wider.

Für diese neuen politischen Verhältnisse und Aufgaben mußten also neue architektonische Formen geschaffen oder alte umfunktioniert werden. Man weiß, daß sich Parlamente und Ministerien in ehemaligen Palais etablierten, aber wichtiger für unseren Zusammenhang ist die Tatsache, daß sich bis weit ins 20. Jahrhundert hinein neu geschaffene Regierungsgebäude schloßähnliches Aussehen bewahrt haben. Hierfür kann als ein bezeichnendes Beispiel HITLERS Neue Reichskanzlei in Berlin angeführt werden, in der bewußt Zitate des Schlosses des 17. Jahrhunderts aufgenommen wurden *(Abb. 23)*.

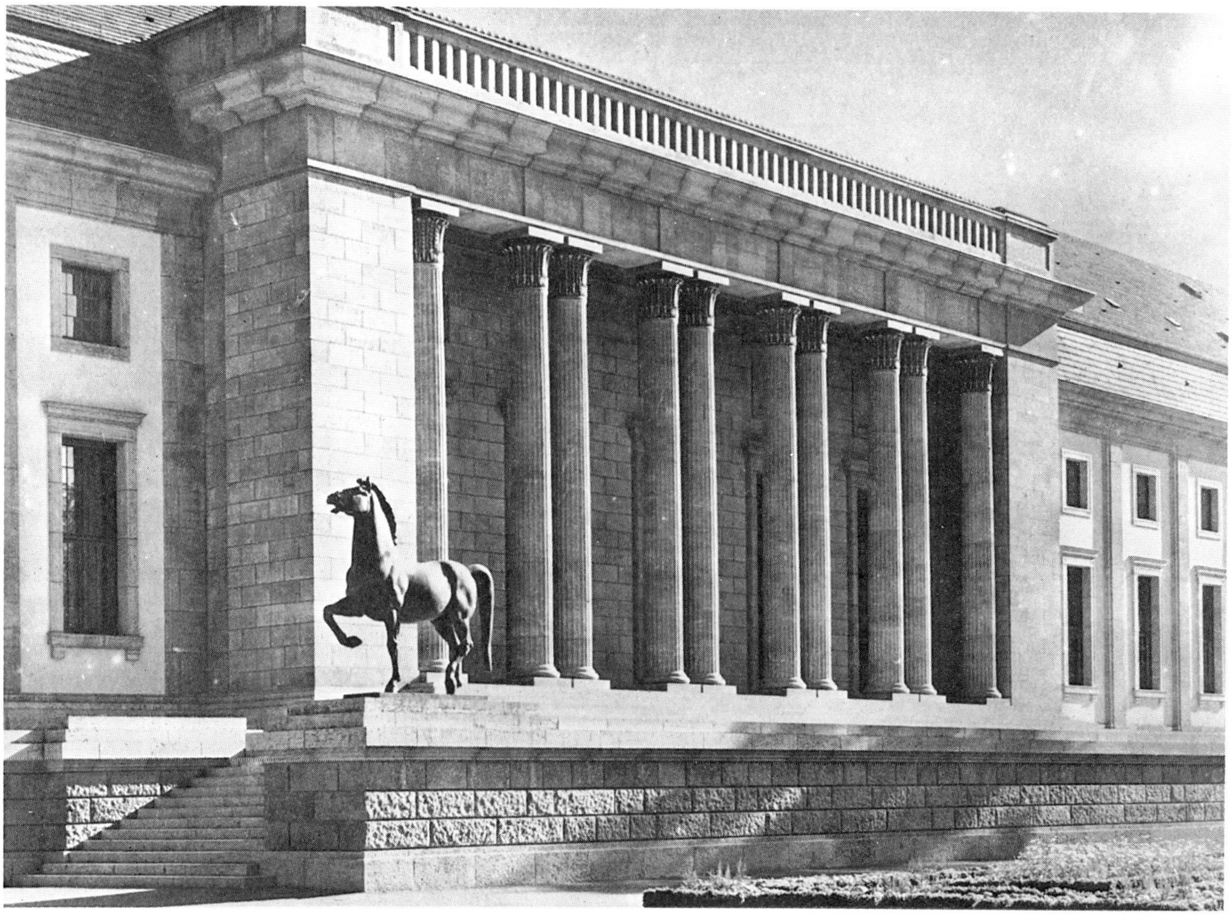

Abb. 23: Berlin, Neue Reichskanzlei. 1939

Die Einheit von politischer Funktion und Architektur, von privatem und öffentlichem Leben des Herrschers im Schloßbau der Renaissance und des Barock ist aufgehoben. Das Schloß wird seit dem Ende des 18. Jahrhunderts mehr und mehr zum rein privaten Wohnhaus; es hat seine öffentlich-politische Funktion verloren und wird nach der Auflösung des Königtums nicht selten zum Museum. So ist aus dem französischen Königsschloß Versailles heute eines der größten Nationalmuseen der Welt geworden.

Abschließend sei noch eine Betrachtung über die Nachfolge und Rezeption des Schlosses von Versailles angestellt:

LUDWIG XIV. konnte seine Vorherrschaftsansprüche in Europa nicht dauerhaft verwirklichen. Aber die französische Kunst, die französische Konversation und Lebensart hatten Europa erobert. In diesem Rahmen kam dem Schloßbau von Versailles geradezu eine sinnbildliche Bedeutung zu, war doch das Schloß als Zentrum der Macht auch Inbegriff aller Repräsentation, derer sie zu ihrer Ausübung bedurfte.

Die Gründung der Académie d'Architecture 1671 schuf auch die theoretischen Grundlagen der neuen offiziellen französischen Kunst. In ihren Sitzungsberichten wurde das Verhältnis zur Kunst der Antike, zur italienischen Kunst der Renaissance und des Barock und zu den Künstlern des eigenen Landes geklärt.

Die Fachliteratur hat zwar immer wieder darauf hingewiesen, daß Versailles zum Schlüsselbau der gesamten europäischen Schloßbaukunst geworden ist, doch kann man bei näherer Betrachtung feststellen, daß Versailles nicht direkt kopiert worden ist, sondern daß nur bestimmte Einzelformen und Einzelfunktionen von Schloß und Garten von Versailles übernommen worden sind. Versailles, das das Werk eines absoluten Herrschers war, dem eine Unzahl von ökonomischen und politischen Machtinstrumenten zur Verfügung stand, konnte aufgrund der politischen Struktur des damaligen übrigen Europas als Ganzes nicht nachgebaut werden. Selbst die größten Schlösser Europas, wie Schönbrunn in Österreich, Mannheim in Deutschland und Caserta in Italien, unterscheiden sich von Versailles aufs deutlichste. Es gibt zwar Einzelübernahmen, etwa in dem kleinen Arolsen in Hessen, wo die Pferdeställe, oder in Dresden, wo die Hofkirche in Anlehnung an Versailles gebaut worden sind, aber die eigentliche, gleichsam fast wörtliche Nachbildung findet erst am Ende des 19. Jahrhunderts im Schloß von Herrenchiemsee statt, das sich König LUDWIG II. von Bayern als politisch ohnmächtiger Herrscher auf einer Insel im bayerischen Chiemsee als Rückzugsmöglichkeit hatte errichten lassen. Hier waren Architektur und Zeremoniell nicht mehr der Rahmen politischer Praxis, sondern bloßes Spiel als Selbstzweck, das nur notdürftig die Realitätsferne und den Anachronismus königlichen Schaugepränges verdeckte.

16. Landschaft und Landschaftsgarten

Matthias Eberle / Adrian von Buttlar

Darstellungen der äußeren, der freien Natur gibt es seit alters her. Naturformen wie Steine, Sträucher, Bäume oder Blumen kennen wir bereits aus der Kunst des alten Ägypten. Meist erscheinen sie dort in stilisierten Abkürzungen, oft nur Zeichen für den gemeinten Gegenstand. Breite Szenerien von Bergen, Gewässern, Hainen, freiem Land sind uns aus vielen römischen Villen bekannt. Es sind Ausblicke auf das goldene Zeitalter oder das gesegnete Arkadien, nicht aber das Porträt eines bestimmten Landstrichs.

Im späten Mittelalter mehren sich Naturdarstellungen im Bildhintergrund. Das vorn ablaufende biblische Geschehen erhält durch die Einbettung in Bekanntes und Vertrautes einen höheren Grad an Wirklichkeit und Glaubwürdigkeit, der Hintergrund durch dieses Geschehen Bedeutung und Sinn. Doch so wirklichkeitsgetreu auch viele Einzelheiten in solchen Darstellungen sind, so haben sie doch nicht den Charakter des Porträts eines bestimmten, unverwechselbaren Stückes der äußeren Natur. Und sollte dies dann doch einmal der Fall sein, wird sie nicht um ihrer selbst willen dargestellt, sondern als Bühne, als Kulisse für ein weitaus bedeutungsvolleres Geschehen. Erst wenn die Natur im Teil, im Ausschnitt, als in sich geschlossenes, porträtgenaues Ganzes dargestellt wird, kann man von einer „Landschaft" sprechen. Auf dem Wege zur Landschaft macht die Darstellung der äußeren Natur verschiedene Wandlungen in ihrer Funktion durch. Wir beschränken uns hierbei auf die politische Funktion solcher Bilder. In unserem ersten Beispiel, den berühmten Fresken des Ambrogio LORENZETTI *(Abb. 1–3)* in Siena aus den Jahren 1338/39, dient das Bild des Landes als Korrektiv politischen Handelns, das heißt, die Bilder zeigen, ob im Staate richtig oder falsch regiert wird. Die Folgen der Regierung sind am Zustand des Landes unmittelbar abzulesen. In unserem zweiten Beispiel, einem Kalenderblatt aus dem Stundenbuch des Duc de BERRY *(Abb. 4)* vom Beginn des 15. Jahrhunderts, dient das Bild des Landes der Bestätigung einer Lebens- und Herrschaftsform. Es verschafft dem Beschauer, dem Herzog, die Vorstellung einer heilen, einer vollkommenen aristokratischen Welt.

In beiden Fällen kann man aber von einer eigentlichen „Landschaft" noch nicht sprechen, da beide Darstellungen nicht in der räumlichen und zeitlichen Einheit des individuellen Augenblicks konstruiert sind. Erst dieser macht den Naturausschnitt zur Landschaft. In der Landschaft, wie etwa DÜRER *(Abb. 5–8)* sie kurz vor 1500 aquarelliert, tritt sich das Individuum angesichts der äußeren Natur dann selbst gegenüber. Das Landschaftsbild wird zum Medium der Selbstreflexion und der Sinnsuche. Die Geschichte des Begriffs, die wir kurz streifen werden, läßt diese Entwicklung deutlich werden. In dieser Entwicklung spiegelt sich auch ein tiefgreifender sozialer Prozeß, der die Gesellschaft des Abendlandes bis auf den heutigen Tag prägt. Dieser Prozeß bringt schließlich den Schöpfer der Landschaft hervor, das selbständige bürgerliche Individuum, das sich auch die künstlerischen Mittel erst erarbeiten muß, mit deren Hilfe es seinen „Augenblick" auf die Natur zur Landschaft gestaltet.

Der zweite Teil unseres Beitrags befaßt sich mit dem künstlerisch gestaltenden Eingriff in die Natur, mit der Gartenkunst. Beim Stichwort „Garten" denken wir heute an unsere modernen Hausgärten, allenfalls an die großen Gartenbauausstellungen. Historisch gesehen war der Garten immer ein Wunschbild der Welt und zugleich Rekonstruktion des ersten aller Gärten: des Paradieses. Das Bild des Paradieses wandelte sich im Laufe der Geschichte unter dem Einfluß neuer ökonomischer, politischer, philosophischer, naturwissenschaftlicher und nicht zuletzt künstlerischer Erfahrungen. Naturerfahrung und Naturgefühl gewannen in den künstlerischen Schöpfungen der Gartenkunst des 16. bis 19. Jahrhunderts als Modell einer umfassenden Schöpfungsordnung jeweils neu Gültigkeit.

Voraussetzung für die Entstehung der neueren Gartenkunst war die Abspaltung des Ziergartens vom reinen Nutzgarten im späten Mittelalter auf der Basis der feudalen Lebensordnung. Es bedurfte der Freistellung größerer

Flächen von der ökonomischen Nutzung, um mit den Mitteln der Natur ideale Natur darstellen zu können. Seit der Renaissance entwickelte sich der Beruf des Kunstgärtners, der neben seinem botanischen Gartenhandwerk auch die höheren Wissenschaften und Künste wie Mathematik, Geometrie, Perspektive und Architektur, schließlich Malerei und Literatur kennen mußte. Denn mit ihnen mußte sich das Gartenhandwerk verbinden, um selbst zu einer „bildenden" Kunst aufzusteigen.

Seit dem Mittelalter war die Darstellung des Paradieses – und damit die Grundform des Gartens – von geometrischen Vorstellungen geprägt. Die Anbindung und Ausrichtung auf die Architektur in den italienischen Villengärten der Renaissance führte auch im Norden bald zu einem streng formalisierten Gartenstil, der in den barocken Schloßgärten des späten 17. und frühen 18. Jahrhunderts seinen Höhepunkt erreichte. Dagegen richtete sich die „Gartenrevolution" des 18. Jahrhunderts, die der reglementierten Natur des Barockgartens den neuen, naturnachahmenden Landschaftsgarten als Ausdruck einer aufgeklärten und freiheitlichen Ordnung entgegenstellte.

Zur frühen Geschichte der Landschaftsmalerei

Was ist eine Landschaft? Schlägt man in den großen Lexika nach, fallen die Antworten auf diese Frage verwirrend vielfältig aus. Man spricht von Naturlandschaften, von Verkehrs-, Industrie- und Stadtlandschaften, von Kunstlandschaften und schließlich auch von der gemalten oder fotografierten Landschaft als Bild. Reine Landschaften, so heißt es, gebe es kaum noch, es sei denn im Hochgebirge, in den Wüstengebieten Afrikas und Asiens, in der Antarktis. In einer reinen Naturlandschaft tritt also allein die Natur als die Kraft auf, die durch geologische Faltung, Pflanzenkleid und Klima eine besondere, sich von anderen Regionen charakteristisch unterscheidende Einheit herstellt. Bei Verkehrs-, Industrie- und Stadtlandschaften hingegen erscheint der Mensch als entscheidender Faktor der Gestaltung. Das, was er herstellt und produziert, verleiht einer Region ihr charakteristisches Aussehen, das sie von anderen unterscheidet. Das gleiche gilt von Kunstlandschaften. Auch ihr Gesicht wird vom Menschen geprägt, durch bestimmte Formen des Bauens, der Kunstausübung, des Stils, durch die künstlerische Tradition einer Gegend, die sie von anderen abhebt. Fassen wir alle diese Bestimmungen zusammen, so kann man sagen:

Die Natur und der Mensch prägen in unterschiedlicher Gewichtung das Bild einer Region. Eine solche Region, die sich in ihrer Eigenart von anderen unterscheidet, nennen wir eine Landschaft.

Neben dieser Bestimmung des Begriffs bietet uns die Alltagssprache noch eine andere an: Wir nennen auch den Ausschnitt, den der individuelle Blick auf die Erdoberfläche erfaßt und für bildwürdig erklärt, eine Landschaft. Der Entschluß des Malers, dieses Stück der Natur zu malen, der Druck auf den Auslöser des Fotoapparates definieren einen Teil der Erdoberfläche als Landschaft. Hier sind die Unterscheidungsmerkmale also nicht historischer, geologischer, botanischer oder kunsthistorischer Art, sondern höchst subjektiv. Was der einzelne als Landschaft wahrnimmt, fotografiert, malt, beschreibt, bestimmt sich durch ihn.

In der Landschaft als Region besonderer Eigenart ist der Mensch als handelndes und produzierendes Wesen enthalten. Die ästhetische Landschaft hingegen ist das Ergebnis eines Gegenübertretens, eines Gegenüberstehens. In einer Region, die Historiker oder Geographen eine Landschaft nennen, kann der Einzelne viele Landschaften seiner Wahl entdecken. In dieser Bedeutung ist uns der Begriff heute besonders vertraut, doch hat es ihn keineswegs immer gegeben. Im deutschen Sprachgebrauch begegnen wir ihm erstmals um das Jahr 1500. Zu den ersten, die ihn verwenden, gehören Hans SACHS und Albrecht DÜRER, dem wir auch die ersten aquarellierten Landschaften verdanken. Sie stammen zum Teil aus der näheren Umgebung seiner Heimatstadt Nürnberg, aus dem zur Stadt gehörigen Territorium, das damals ebenfalls die Bezeichnung „Landschaft" trug. Gemeint war damit das Herrschaftsgebiet der Stadt, das Staatsgebiet der freien Reichsstadt – also das, was man heute im Falle der Stadtstaaten Bremen und Hamburg „Land" nennen würde. „Landschaft" hieß zu DÜRERS Zeiten also zunächst ein Rechts- und Herrschaftsgebiet, das seine besondere Beschaffenheit in erster Linie durch Herrschafts- und Rechtsformen erhielt. In dieser „Landschaft" der Stadt Nürnberg zeichnete er Landschaften seiner Wahl. Er grenzte also aus dem Staatsgebiet für sich Stellen aus, die ihm besonders schön, wichtig und bedeutsam erschienen. Der Staatsbürger und der malende Privatmann fallen also in seiner Person auseinander. Damit ist nun auch historisch die Geburtsstunde der Landschaftsmalerei beschrieben, die genau diese Trennung voraussetzt.

Mehr noch: Landschaftswahrnehmung und Landschaftsdarstellung setzten das Bewußtsein dieser Trennung voraus. Landschaft im modernen Sinne setzt den Menschen als ein seiner selbst bewußtes Individuum voraus, das sich auch in der Betrachtung der Natur von übergreifenden Ordnungsvorstellungen frei gemacht hat und im Blick auf Natur seine eigene ästhetische Ordnung verwirklicht.

In der deutschen Literatur begegnen wir diesem Vorgang – wie gesagt – zuerst bei Hans SACHS, der erzählt, wie eine Frau ihn auf einen Turm führt und ihm die Umgebung zeigt:

„Nach dem ließ sie mich sehen/in die ferr und in die nehen/berg, tal und finstren welder, stett, dörfer und baufelder/obstgerten und weinperg/allerlei gut mülwerk/darunter auch ein stat."[1]

Diesen Blick, also das, was er von dem Turme aus sieht, nennt Hans SACHS eine Landschaft, seine Landschaft.

Die Begriffsgeschichte des Wortes „Landschaft" beschreibt die historischen und sozialen Veränderungen, die diesem Prozeß zugrunde liegen, mit aller wünschenswerten Deutlichkeit. In diesem Zusammenhang ist es zunächst unerläßlich, auf die Bedeutung des Begriffes „Natur" einzugehen; denn Landschaft ist ja jeweils ein Teil der Natur. Natur und Nation haben denselben Wortstamm: lat. *natus:* „geboren". Natur meinte also ursprünglich alles Hervorgebrachte überhaupt, die äußere, physische Natur, also die Erde, den Himmel, die Tiere und Pflanzen wie auch die Menschen. Und alles, was die verschiedenen Teile der Schöpfung untereinander verband, die Gesetze, nach denen das Leben der Tiere und Menschen ablief, erschien ebenfalls als Natur. So faßte der Begriff die äußere Natur und den gesellschaftlich lebenden, auf die Natur einwirkenden Menschen in eins. Das althochdeutsche *lantscaft* bezeichnete daher sowohl die äußere Beschaffenheit eines Landes als auch das Volk, den Stamm, der dieses Land bewohnte und ihm seine Eigenart verlieh. *Lantscaft* ist demnach Landessitte und Landesbeschaffenheit, und zur Landessitte gehören Bau- und Rechtsformen, Religion und Gebräuche – also alles, was Natur und die Menschen untereinander verbindet. Daher hieß der Gerichtsausschuß einer Landgemeinde, der die hier gültige Rechtsordnung vertrat und repräsentierte, ebenfalls *lantscaft;* sie regelt und ordnet die Angelegenheiten ihres Landes.

Im hohen Mittelalter, also etwa im Laufe des 13. Jahrhunderts, ändert sich diese Bedeutung. Mit der zunehmenden Feudalisierung wachsen das Gewicht und der Einfluß des Landesherren, also des Grundbesitzers. Er entscheidet nun die Belange des Volkes, doch nicht, wie alte Quellen sagen, ohne die Hilfe der *lantscaft,* die nun zur ständischen Repräsentativvertretung auf den Landtagen wird. Ständische Repräsentativvertretungen, das heißt Klerus, Bürger und Ritter, raten dem Fürsten oder Grafen, pochen ihm gegenüber auf ihre Rechte, versuchen diese durchzusetzen oder zu behalten. Das Landvolk, also das, was früher als Ganzes „Landschaft" hieß, ist kaum noch auf den Landtagen, also im Repräsentativorgan „Landschaft", enthalten. Das Volk, vornehmlich der Bauer, sinkt in der Leibeigenschaft zu einem Bestandteil des Bodens, des Landes herab, weshalb es in einer Chronik des frühen 16. Jahrhunderts denn auch heißt: „Die lantschaft daselbst isset nit Brodt, sondern Reiss, Fisch und Nuss."[2] Landschaft ist hier das Landvolk, das in allem seinem Herrn untersteht, es gehört zu seinem Boden wie die Frucht, die er trägt, wie das Vieh, das auf ihm weidet.

In all den bisher genannten Bedeutungen des Begriffs spielt die Naturwüchsigkeit der Verhältnisse eine entscheidende Rolle. Landschaft war als Ganzes von Natur aus da, das Repräsentativorgan „Landschaft" vertrat natürliche, gewachsene Rechtsverhältnisse und Gesetze, das zum Bestandteil des Bodens herabgesunkene Landvolk lebt ebenfalls von und mit der Natur und mit dieser in Einheit. Sein soziales und politisches Schicksal ist ihm ebenfalls Natur. All dies ändert sich mit dem Aufblühen der Städte, des Handwerks, des Handels; denn der Städter lebt nun nicht mehr in und von der Natur, sondern von seinem Gewerbe. Er steht also schon durch seine Existenzform der Natur gegenüber, ganz im Unterschied zum Bauern oder zum Grundherren. Will der Städter also erfahren, was an seiner Existenz noch Natur ist, dann muß er das erst ermitteln. Da Landschaft immer eine Verbindung aus Natur und Mensch meinte, wird sie dem Stadtbürger zum Medium und Mittel eines ästhetischen Verhältnisses zur Natur. Aus naturwüchsigen Zuständen ist er weitgehend herausgefallen; eine direkte, unmittelbare Beziehung zur Natur hat er seiner Lebensform wegen nicht mehr: In der ästhetischen Schau auf Natur erlebt er sich selbst wieder als natürliches, das heißt als fühlendes, empfindendes Wesen und sucht in ihr nach den verlorenen Grundlagen seiner Existenz. Dies scheint er vornehmlich dann zu tun, wenn ihm die städtische Umgebung, die sozialen oder politischen Verhältnisse, unter denen er lebt, zu eng werden, wenn ihm die ideologischen oder religiösen Grundlagen seines Selbstverständnisses fragwürdig erscheinen. So erklärt es sich denn auch wohl, daß zur Zeit der Reformation in Deutschland so viele religiöse Motive vor Natur, vor Landschaftshintergründen gemalt werden. Das, was innerhalb der Institution Kirche unsicher und fragwürdig geworden ist, gewinnt Glaubwürdigkeit in und vor der Natur. Dieses Beispiel macht uns klar, daß das, was in und vor der Natur gesucht wird, immer auch mit dem gesellschaftlichen Leben im weitesten Sinne zu tun hat: in der Natur, im Medium der Landschaftswahrnehmung oder Landschaftsdarstellung wird immer auch das Gegenbild zum eigenen Leben gesucht.

In der klassischen deutschen Literatur gibt es dafür viele charakteristische Beispiele. So heißt es etwa in SCHILLERS Gedicht *„Der Spaziergang":*

„Sey mir gegrüßt mein Berg mit dem röthlich strahlenden Gipfel,
Sey mir Sonne gegrüßt, die ihn so lieblich bescheint,
Dich auch grüß ich belebte Flur, euch säuselnde Linden,
Und den fröhlichen Chor, der auf den Aesten sich wiegt,
Ruhige Bläue dich auch, die unermeßlich sich ausgießt
Um das braune Gebirg, über den grünenden Wald,
Auch um mich, der endlich entflohn des Zimmers Gefängniß
Und dem engen Gespräch freudig sich rettet zu dir, [...]"[3]

Hier ist es die bürgerliche Enge, die den Dichter aufs Land hinaus treibt und dort Freiheit und Glück erleben läßt.

Wenn GOETHES Werther seiner bürgerlichen Herkunft wegen aus einer adeligen Gesellschaft hinauskomplimentiert wird, dann sind es die Standesunterschiede, die ihn in der Natur die Bestätigung seines Ich suchen lassen: „Ich strich mich sacht aus der vornehmen Gesellschaft, ging, setzte mich in ein Kabriolett und fuhr nach M.., dort vom Hügel die Sonne untergehen zu sehen und dabei in meinem Homer den herrlichen Gesang zu lesen, wie Ulyß von dem trefflichen Schweinehirten bewirtet wird. Das war alles gut."[4] Der verkannte Edle, der von Adeligen nicht als ihresgleichen anerkannt wird, findet in der Landschaftsschau Trost wie der unerkannte Odysseus Hilfe beim einfachen Volk.

Doch in die Landschaftswahrnehmung und in das Landschaftsbild gehen nicht nur gesellschaftliche Zustände ein, nicht nur politische Zielvorstellungen, persönliche Gefühle und die jeweiligen Theorien und Ideen über Wesen und Beschaffenheit der Natur und des Menschen, sondern auch Formen der Darstellungen, welche die Tradition bereitstellt. Auch wir sagen vor diesem oder jenem Stück der Natur, das wir als Landschaft wahrnehmen, es sehe aus wie gemalt. Und je nach Kenntnis der Vorlagen fügen wir hinzu, es sehe aus wie eine holländische Landschaft des 17. Jahrhunderts, wie eine Kitschpostkarte oder wie das Schlußbild eines Hollywoodfilms. Unsere Naturwahrnehmung ist also nicht frei von bereits vorhandenen Bildern, die ihrerseits Natur darstellen und unsere Wahrnehmung entscheidend beeinflussen. Welcher Maler nun wann und wie von Bildern beeinflußt wurde, das ist ein zentrales Thema der Kunstgeschichte, die den Weg nachzuzeichnen versucht, auf dem solche Bilder von einem Künstler zum anderen gelangen.

Die Einheit von Stadt und Land in der Darstellung der „Civitas" Siena des Ambrogio Lorenzetti (1338/39)

Ein gutes Beispiel für das spätmittelalterliche Verständnis von Landschaft bieten die Fresken des Ambrogio LORENZETTI im Palazzo Pubblico, dem Rathaus von Siena *(Abb. 1).* Sie stellen nicht nur einfach den Stadtstaat Siena vor, sondern auch das Gesetz, unter dem er steht und regiert werden muß, um nicht im Chaos zu versinken.

Drei Fresken sind es insgesamt. An der Stirnwand des Beratungssaales, welche die Ratsherren bei ihren Zusammenkünften vor Augen hatten, steht die Allegorie des „guten Regiments". An der rechten Längswand sind dessen Folgen zu studieren, die Folgen der guten Regierung für Stadt und Land. Diesem Bilde gegenüber befindet sich auf der anderen Längswand die Allegorie des „schlechten Regiments" mit dessen Folgen für den Staat. Die Mitglieder des Rates haben also immer vor Augen, welche Folgen gute oder schlechte Entscheidungen für den ihnen anvertrauten Staat haben, die Darstellung von Stadt und Land in unterschiedlichen Zuständen wird zum Korrektiv, zum empirisch belegbaren Beispiel der Folgen ihres Handelns.

In der Allegorie des „Guten Regiments", auf das wir uns hier beschränken, thront rechts von der Mitte die Verkörperung des Staates, die Civitas. Über ihrem Haupt schweben die drei göttlichen Tugenden Hoffnung, Nächstenliebe und Glaube/Treue. Flankiert wird die Figur der Civitas von den vier Kardinaltugenden Tapferkeit, Klugheit, Mäßigkeit, Gerechtigkeit, zu denen noch zwei weitere treten, nämlich Friede und Hochherzigkeit. Zu den Füßen dieser Gruppe knien rechts zwei blonde Ritter, die der Civitas ihre Burgen übergeben, rechts neben ihnen überwältigte, gefesselte Räuber, oder feindliche Söldner, bewacht

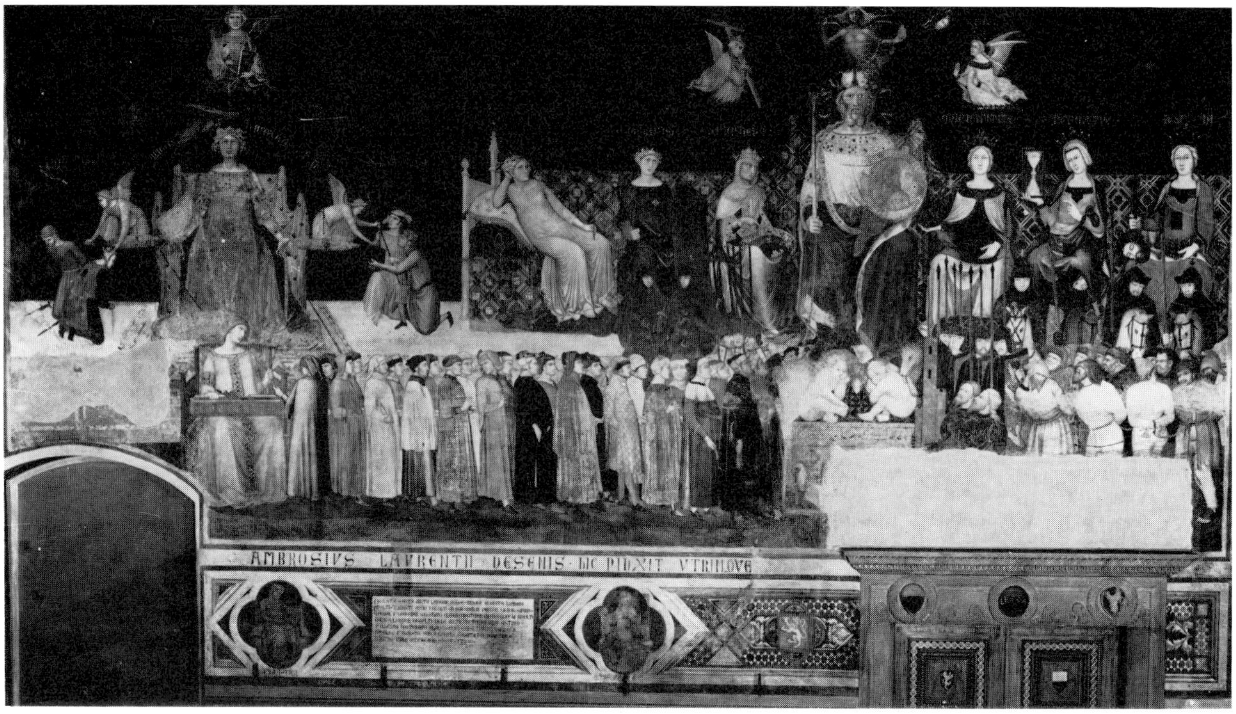

Abb. 1: Ambrogio Lorenzetti: Allegorie des „Guten Regiments". Fresko. 1338–1339. Siena, Palazzo Pubblico

von geharnischten Reitern der Stadt, die draußen auf dem Land für Ordnung und Sicherheit sorgen. Links reihen sich die vierundzwanzig Mitglieder des Rates auf, die Träger der weltlichen Macht im Staate Siena.

Der letzte Mann dieses Zuges, ganz links außen, steht unter dem Thron der Iustitia. Sie ist eine weibliche Figur, die auf gleicher Höhe mit der Civitas steht. Sie richtet den Blick nach oben, als wolle sie in sich hineinhorchen. Sie verkörpert eine höhere, über dem Gesetz stehende Gerechtigkeit. Über ihrem Haupt schwebt „sapientia", die Weisheit, die in der linken Hand ein Buch, in der rechten eine Waage hält. Die beiden Schalen dieser Waage hängen an den Seiten der Iustitia herunter und werden von den Daumen ihrer Hände im Gleichgewicht gehalten. In der linken Schale erhebt sich die Personifikation des distributiven, also des Lohn und Strafe verteilenden Rechts, in der rechten Schale steht das kommutative Recht, das dem einen Bürger die Waffen, dem anderen den Handel zuweist.

Von beiden Waagschalen führt ein Seil zu einer dritten thronenden Figur nach unten: der Concordia, der Eintracht. Auf ihrem Schoß hält sie den Hobel, der die Unterschiede einebnet, und sie gibt die beiden Seile, die sich in ihrer rechten Hand zu einem einzigen Tau vereinen, an die Ratsmitglieder weiter. Durch deren Hände läuft es weiter bis zur rechten Faust der Civitas, die das Szepter trägt. Die Aussage der Allegorie ist also eindeutig: es liegt in den Händen des Rates, ob im Staat das Gleichgewicht zwischen Recht und Macht erhalten bleibt, ob die Aufgaben und Pflichten sinnvoll unter den Bürgern verteilt werden, ob Vergehen und Aufruhr bestraft, Verdienst belohnt wird, ob im Lande Ruhe herrscht, Weisheit und Tugend im rechten Verhältnis stehen.

Wie sich dieser in der Allegorie entworfene ideale innere Zustand des Staates in der Praxis ausnimmt, zeigt das daneben, an der Längswand liegende Fresko *(Abb. 2 und 3)*. Vom Zentrum der Stadt aus, dem Platz vor dem Rathaus, den die Ratsmitglieder von eben diesem Saal aus sehen können, entrollt sich das Panorama der Stadtrepublik. Die in der Mitte des Bildes sichtbare Stadtmauer, die den Blick zuerst nach rechts aufs Land hinausführt und dann wieder zur Stadt zurückwendet, ist nur eine Trennwand zwischen zwei aufeinander bezogenen und voneinander abhängigen Teilen eines Ganzen. Dieses Ganze ist der Staat, der Stadtstaat Siena. Die Stadt hat in diesem Gefüge zweifellos das bestimmende Übergewicht, was sinnfällig wird an der „Securitas" (Sicherheit) mit dem Galgen, die über dem Stadttor schwebt. Sie ist die Allegorie der städtischen Gerichtsbarkeit über das Land, dessen Straßen sie von Räubern und Wegelagerern säubert. Die Herrschaft der Stadt über das umliegende Land wird weiterhin daran deutlich, daß in ihrer Mitte der Markt liegt, auf dem all das ausgetauscht wird, was das Land hervorbringt. Die Bauern bringen auf ihren Eseln Feuerholz und Getreide oder treiben ihr Vieh zum Verkauf. Zeigt sich hier die ökonomische Herrschaft der Stadt über das Land, dann ist ihre militärische Herrschaft daran abzulesen, daß der Adel stadtsässig ist, auf den Straßen der Stadt und draußen zur Jagd reitet und ihm die im Lande liegenden Burgen und Festungen der Stadt untertan sind, was schon auf der Allegorie zu sehen war.

Daß die Folgen des „guten" und des „schlechten" Regiments einander gegenübergestellt werden, sagt, daß es nicht der Standort des Malers, nicht seine Stimmungen oder Empfindungen sind, die Aussehen und Wirkung des

Landes auf den Betrachter bestimmen, sondern der objektive Zustand des Staates. Die Verfassung, das Handeln des Rates verleihen dem Land sein Gesicht. Zweck des Bildes ist es also nicht, eine gefühlsbetonte, innere Übereinstimmung zwischen Mensch und Natur herzustellen, sondern Belehrung und Mahnung, Aufforderung zum richtigen, vernünftigen, mit dem Gesetz in Einklang stehenden politischen Handeln. Der Maler gibt also kein persönliches Stimmungsbild, sondern einen objektiven Idealzustand wieder.

Es wurde nun nachgewiesen, daß in die Allegorie des „guten Regiments" die Staatslehre des ARISTOTELES eingegangen ist.[5] Gleiches läßt sich auch von der Darstellung des Landes sagen. Für ihn ist das Land die äußere Bedingung für die Verwirklichung des Staates. Um den besten Staat zu garantieren, bedarf es einer besonderen Beschaffenheit und Ordnung des Landes. Es muß zunächst alle lebensnotwendigen Erzeugnisse hervorbringen können. Auf LORENZETTIS Fresko sieht man um die Stadt herum Wald, auf den Feldern wird gepflügt, geerntet und gedroschen und wieder gesät, man sieht Schwein, Schaf und Rind, es gibt Wein- und Obstgärten. Zur wirtschaftlichen Autarkie gehört für ARISTOTELES aber auch, daß die Stadt „sowohl in bezug auf See- wie auf die Landverbindung gut gelegen sein" muß. Davon zeugen hier die Handelsstraße, die die Stadt mit dem Meer verbindet, und der kleine Hafen Talamone an dessen Ufer. Schließlich fordert ARISTOTELES, die Stadt müsse gut zu verteidigen sein, etwa durch erhöhte Lage und starke Mauern, und es müsse „leicht von ihr aus zur Verteidigung gegen einfallende Feinde nach allen Punkten des Landes hin und umgekehrt Hilfe gebracht werden können". Auch diese Bedingung ist auf LORENZETTIS Fresko erfüllt: Wie die erhöht liegende Stadt durch ihre Mauern, so ist das Land durch die Hügel- und Gebirgskette sowie die hochgelegenen Kastelle geschützt. Die überragende Bedeutung der Straße, die so augenfällig betont ist, hebt auch ARISTOTELES mit dem Satz hervor, der Stadt müßten „von allen Seiten her die Erzeugnisse an Feldfrucht sowie an Holz, und was das Land sonst etwa an Hilfsquellen für den Betrieb darbietet, zugeführt werden können".[6] Über die Bauern, die dies alles in die Stadt bringen, haben wir schon gesprochen. Auch in der Stadt selbst werden alle notwendigen Gewerbe betrieben, die zur Verwirklichung des besten Staates notwendig sind.

Sowenig es hier also eine Trennung von Stadt und Land gibt – aus der ja erst die Landschaft herauswächst –, sowenig kann man die einzelnen Figuren als Individuen bestimmen, welche ja die Voraussetzung der Landschaftswahrnehmung sind. An der einzelnen Figur interessiert den Maler hier nicht ihre Individualität, sondern ihre Stellung im Staatswesen, ihr Rang in der Staatsordnung. So sind die Magistratsbeamten etwas stärker individualisiert als alle anderen Figuren, doch auch sie zeigen deutlich typisierte, allen gemeinsame Züge. Die Soldaten der Allegorie sind gar nur gelegentlich durch einen Bart oder Schnurrbart unterschieden. Auf der Darstellung des Landes und der Stadt sind die typischen Unterschiede zwischen Bauern, Handwerkern und Adeligen besonders deutlich herausgearbeitet, und in einigen Fällen kann man Reste der mittelalterlichen Bedeutungsperspektive feststellen: Wichtige Figuren sind größer als weniger wichtige.

Ähnlich wie die Menschen, die Elemente der Gesellschaft, werden auch die Elemente von Stadt und Land nicht individuell, sondern typisierend dargestellt. Keines der Stadthäuser ist individuell herausgestellt. Die Hügel des Landes erscheinen gleichfalls sehr einheitlich, weil sie aus einem zugrundeliegenden Hügeltypus entwickelt sind. Gleiches gilt von den Bäumen, den Weingärten und Feldern. LORENZETTI verfügt also über ein bestimmtes Repertoire von Typen, die er durch Unterschiede in der Größe, in Verbindung mit anderen und mit Hilfe verschiedener Attribute unterschiedlich abwandelt. So kennzeichnet sich das Ganze als etwas Objektives, das der subjektiven Schau eigentlich nicht bedarf. Nicht der Maler schafft die Landschaft – sie existiert unabhängig von ihm als politisch und geographisch festgelegtes Gebilde.

LORENZETTI malte diese Darstellung denn auch nicht aus eigenem Antrieb, sondern im Auftrag des Rates der Stadt. Dieser Rat, der sich aus Angehörigen der ersten Familien der Stadt zusammensetzt, ist stolz auf den erreichten Zustand. Doch in diesen Stolz muß sich die Angst mischen, ob dieser Zustand auf Dauer erhalten werden könne. Gefährdet war er durch eine Tyrannis von oben, durch einen Volksaufstand von unten. Im Jahre 1338/39 wurden die Fresken gemalt, vier Jahre später kam es in Florenz nach Aufständen zu einem Umsturz, 1347 siegte und scheiterte der Volkstribun COLA DI RIENZO in Rom. Für die herrschenden Kreise der italienischen Stadtrepubliken war es demnach ein schwieriges und gefährliches Geschäft, das verbindende Tau richtig zu bedienen. Die beiden Zustände des Staates, welche die Fresken zeigen, sind Anleitung und Mahnung für den richtigen Gebrauch der anvertrauten Macht, die in Übereinstimmung mit dem göttlichen Gesetz, mit den himmlischen Tugenden und der über allem schwebenden Sapientia, der Weisheit, gehalten werden muß. Das Bild des Landes dient der Überprüfung der Politik, es stellt einen Zustand des Staates, keine Landschaft im modernen Sinne dar.

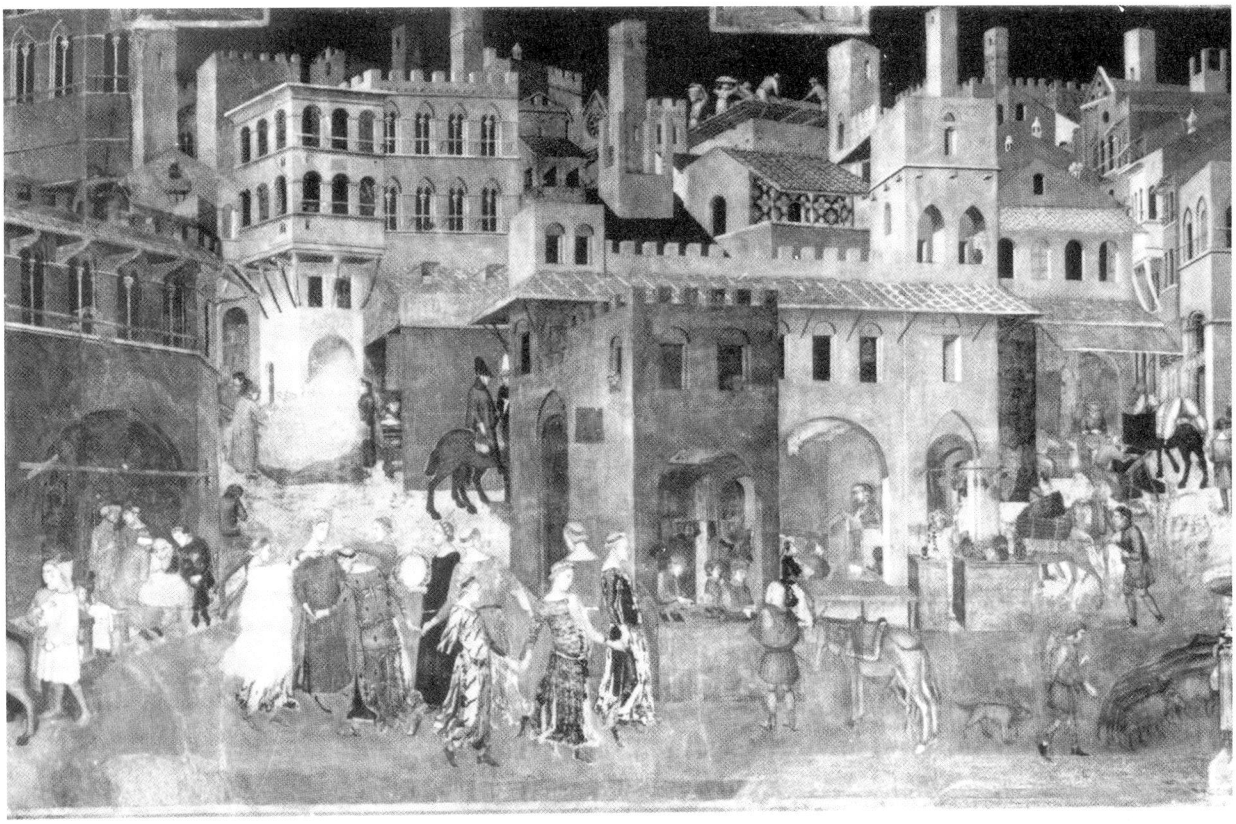

Abb. 2: Ambrogio Lorenzetti: Allegorie des „Guten Regiments". Das Gute Regiment in der Stadt (Ausschnitt)

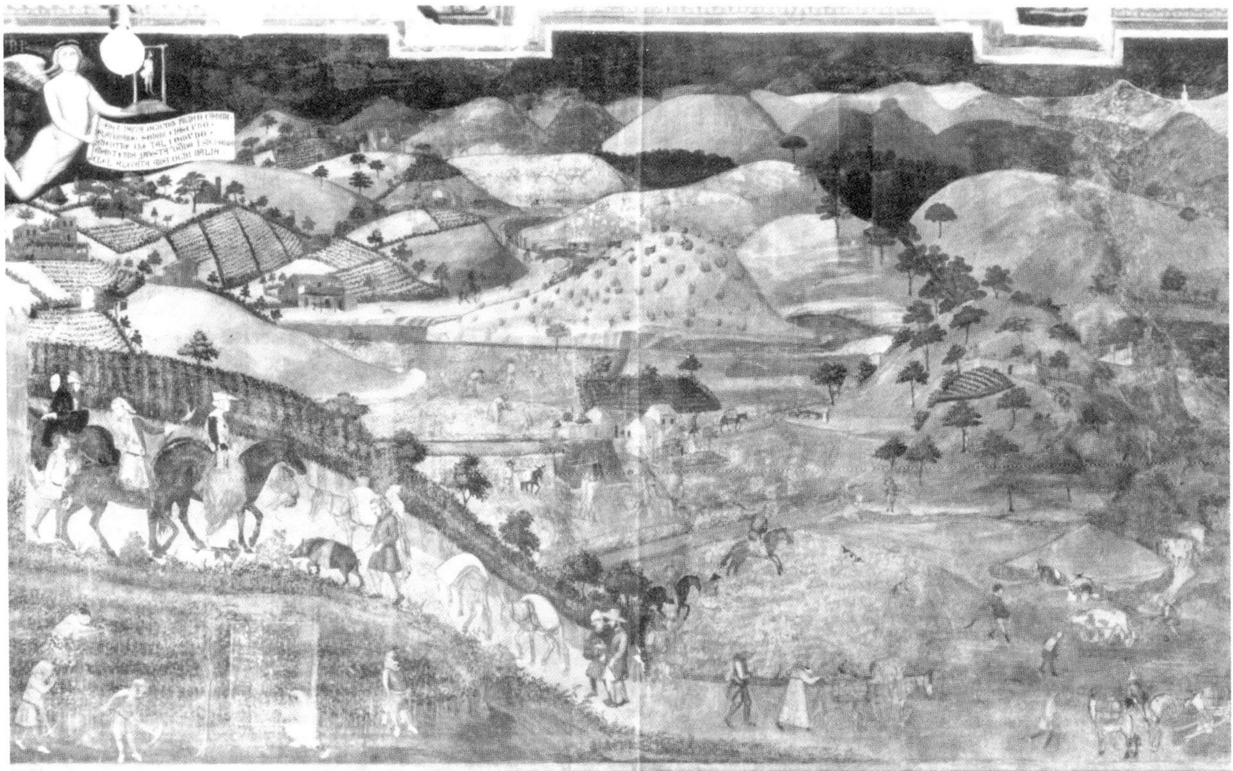

Abb. 3: Ambrogio Lorenzetti: Allegorie des „Guten Regiments". Das Gute Regiment auf dem Lande (Ausschnitt)

Der Beschauer, den diese Fresken voraussetzen, ist also einer, der im Grunde noch an ein religiös begründetes allgemeines göttliches Gesetz glaubt. Nachdenkend muß er nach Mitteln und Wegen suchen, dieses Gesetz in politische Praxis umzusetzen. Zu dem göttlichen Gesetz tritt die Staatslehre der Antike als ein in allem vorbildliches Modell, dessen idealtypisches Muster das republikanische Rom abgibt. In der Allegorie verweisen auf dieses Muster die zu Füßen der Civitas liegenden Zwillinge Ascius und Senius, Söhne des Remus, die wie ihr Vater und dessen Bruder Romulus der Sage nach von einer Wölfin gesäugt wurden. Siena, angeblich von SENIUS gegründet, beruft sich damit auf eine ähnlich alte, ähnlich ehrwürdige Geschichte wie Rom. Wie auch andere Stadtrepubliken im Italien des 14. Jahrhunderts, etwa Florenz, ist Siena „al modo di Roma" organisiert, also nach dem Muster Roms. Über dem Stadttor sieht man daher auch die römische Wölfin ins Land schauen. Dieser Rückgriff auf die Antike zeigt letztlich dasselbe Bemühen um die Bestimmung einer eben nicht mehr ganz selbstverständlichen und gleichsam naturwüchsigen Ordnung des Gemeinwesens, wie dies auch die Einbeziehung des Landes, der äußeren Natur als Demonstrationsfeld und Korrektiv dieser Konstruktion belegt.

Der Herzog Jean de Berry als Subjekt des Landes: Der Monat Oktober im Stundenbuch „Très riches heures" der Brüder Limburg (1410–1416)

Etwa drei Menschenalter später – man rechnete damals rund dreißig Jahre für eine Generation – entstand unser nächstes Beispiel. Es stammt aus einem „Stundenbuch", das drei aus Flandern stammende Brüder, die Brüder LIMBURG, einem großen französischen Feudalherren, dem Duc de Berry, ausmalten *(Abb. 4)*.

Ein Stundenbuch diente dem privaten Gebrauch; es enthielt, mönchischem Vorbild folgend, Gebete und Texte, die an bestimmten Stunden des Tages gelesen werden sollten. So regelte und begleitete das Stundenbuch den Tagesablauf des gläubigen Privatmannes wie die Glocke und das Brevier den des Klosterbruders. An den Anfang dieser Stundenbücher wurde gerne ein Kalendarium mit Bildern der zwölf Monate des Jahres gestellt. Um diese zu charakterisieren, zeigte man die traditionellen Arbeiten des jeweiligen Monats, also im März das Pflügen, im Juni das Heuen, im September die Weinernte. Der Betrachter oder Leser des Stundenbuches sah also eine Welt vor sich, die nach bestimmten Regeln und Gesetzen im Zyklus der Arbeiten und der Ereignisse des Kirchenjahres ablief. Unter den Monatsbildern des Kalendariums fallen besonders zwei durch ihre bemerkenswerte Modernität und Qualität auf: der Oktober und der Dezember. Unser Beispiel ist die Darstellung des Oktober, die wohl als eine der letzten in diesem Buche entstanden ist. Da die Brüder LIMBURG um das Jahr 1416 einer Epidemie zum Opfer gefallen sein dürften, kann man die Entstehungszeit des Bildes wohl kurz vor diesem Datum ansetzen. JEAN de Berry, ihr hochgestellter Auftraggeber, starb ebenfalls im Jahre 1416 und konnte daher die Vollendung seines prächtigsten und schönsten Stundenbuches nicht mehr erleben.

Er besaß indes nicht nur eines. Im Verzeichnis seines Nachlasses findet man 15 Stundenbücher aufgelistet, 6 kostbare Meßbücher, 38 ausgeschmückte Ritterromane, 14 Bibeln und 18 Psalter. Er sammelte Tafelbilder und Wandteppiche, besaß die wohl umfangreichste und prächtigste Juwelensammlung seiner Zeit, hielt sich eine Menagerie exotischer Tiere und hortete seltene Reliquien. JEAN de Berry war also ein leidenschaftlicher Sammler alles Kostbaren, Seltenen, Prächtigen und Teuren. Als Schreine seiner großen Sammlung ließ er eine ganze Reihe von alten Schlössern und Burgen umbauen oder neue errichten. Wie eine Perlenkette zogen sich diese Prunkschlösser durch seine Besitzungen im Herzen Frankreichs, die im Norden und Osten etwa von der Loire begrenzt wurden. Er war einer der mächtigsten und reichsten Herren seiner Zeit. Als dritter Sohn JOHANNS II., des Guten, der von 1350 bis 1364 König von Frankreich war, gehörte er zur königlichen Familie. König KARL V. war sein Bruder, dessen Nachfolger, KARL VI., sein Neffe. In der Politik spielte er keine große und auch keine glückliche Rolle.

In Frankreich herrschten damals unruhige und blutige Zeiten: man war in einen ständigen Krieg mit England verwickelt, der immer wieder aufflackerte und den man später den Hundertjährigen nennen sollte. Das Kriegsglück schwankte hin und her, Aufstände verwüsteten das Land, plündernde Söldner zogen umher, das Land hungerte und darbte in weiten Teilen. Dazu kam der zunehmende Konflikt mit den aufstrebenden Städten und ihrem regen Bürgertum, das immer wieder versuchte, die Vormundschaft des Adels abzuschütteln. In dieser wirren Zeit entfaltete JEAN de Berry seine reiche Sammlertätigkeit, sein großes Bauprogramm; in dieser Zeit beschäftigte er die besten Künstler und unterhielt einen glänzenden Hofstaat. Sein Aufwand drückte vor allem die Bauern so sehr, daß sein Neffe KARL VI. höchstpersönlich deren Beschwerden nachging und sich von ihrer rücksichtslosen Ausplünderung durch seinen kunstbesessenen Onkel überzeugte. JEAN de Berrys Sammelleiden-

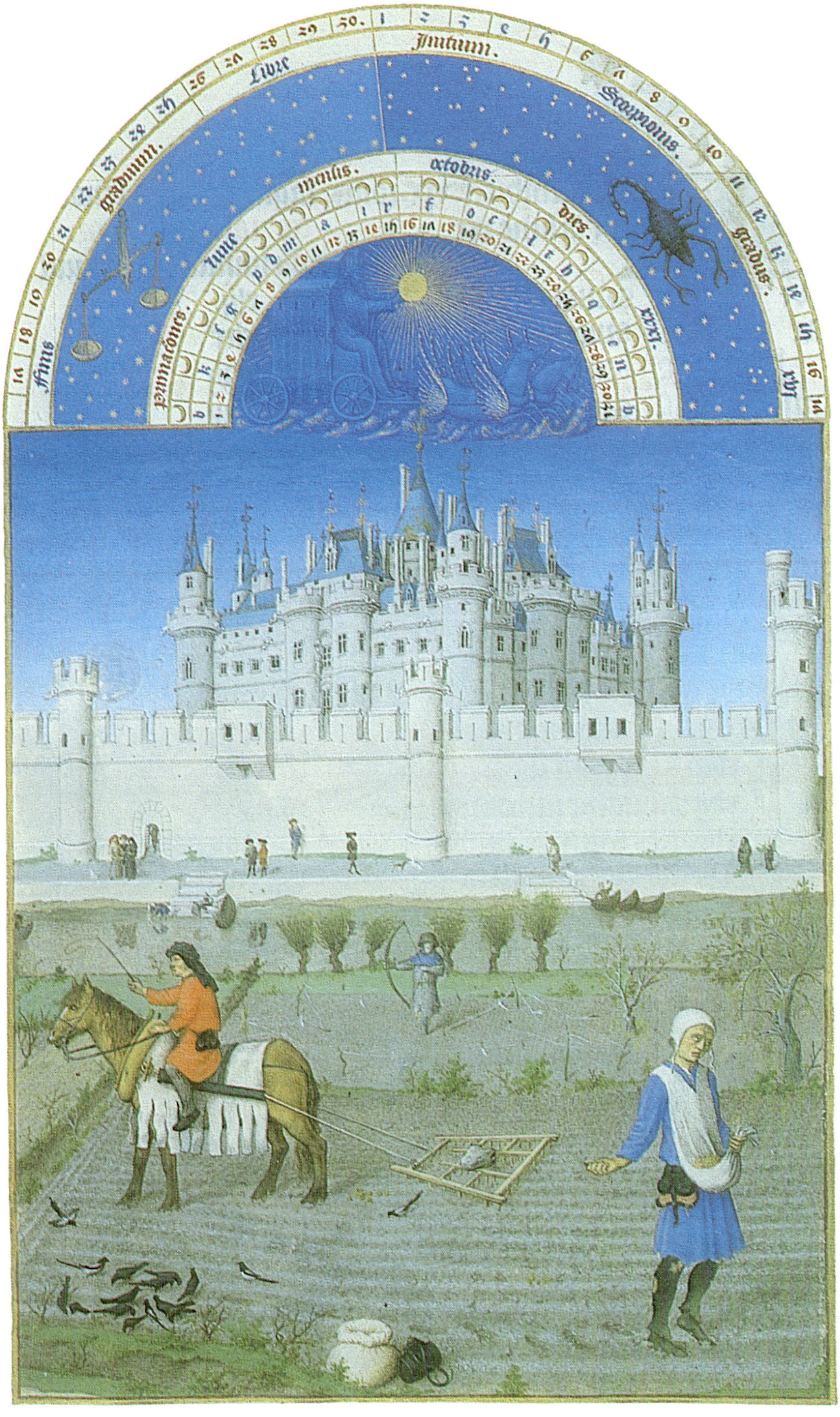

Abb. 4: Brüder Limburg: Winteraussaat am Ufer der Seine, im Hintergrund der Louvre. Oktoberblatt aus „Les très riches heures du Duc de Berry". Um 1416. Chantilly, Musée Condé

schaft hatte vielleicht persönliche Gründe. Von der Thronfolge war er ausgeschlossen; er mußte sich und seinen Standesgenossen beweisen, daß er dennoch ein großer Herr war. Ganz sicher aber hat seine Prunkliebe auch soziale Ursachen. Der Adel mußte sich sichtbar von dem langsam emporsteigenden Stadtbürgertum abheben, mußte es ihm zuvortun.

Blickt man nun auf die Monatsbilder seines Stundenbuches, der *„Très riches heures"*, also der „sehr reichen, erfüllten Stunden" des Duc de Berry, dann entfaltet sich vor den Augen des Beschauers eine prächtige, friedliche, aristokratische Welt, die nichts von der Unruhe der Zeit, nichts von Krieg und Bürgerkrieg, nichts auch von der Bedrohung erkennen läßt, der diese Welt von seiten der Städte ausgesetzt war. Die Stadt kommt in den *„Très riches heures"* nicht vor – womit wir bereits einen kategorialen Unterschied zu den Fresken des Ambrogio LORENZETTI beschrieben haben. Im Zentrum dieser Darstellungen steht immer ein Schloß, eines der schönen Schlösser des Herzogs, die sich über seine Besitzungen verteilten und zwischen denen er hin und her zog. Seinen Hofstaat, seine Sammlungen, seine Künstler führte er mit. Auf diesen Wegen haben die Brüder LIMBURG alle die Schlösser selbst gesehen und studiert, die sie ihrem Herren in sein befriedetes schönes, von seinen Bauern bearbeitetes Land malten.

Was sie malten, war also noch keine Landschaft – die vertrat, repräsentierte, war der Herzog selbst. Er hieß nicht nur Berry, er war dieses Herzogtum in höchsteigener Person – so, wie Friedrich SCHILLER in seiner *„Jungfrau von Orleans"*, die kurz nach Berrys Tod Frankreichs Geschicke wendete, den Herzog von Burgund als „Burgund" auftreten läßt. Was die Brüder LIMBURG malten, war der Blick auf ein vollkommenes, im aristokratischen Sinne ideales Land, dessen Zentrum der Herzog beziehungsweise eine seiner Burgen ist. Im Dienste dieses Herren stehen die Maler, die Bauern auf den Feldern; diesem Herren gehört jedes Haus, jedes Feld, jeder Baum, jedes Stück Holz aus den Wäldern, jedes Schaf und jede Kuh. Was seine Herrschaft bedroht, beunruhigt oder in Frage stellt, kommt auf diesen Bildern nicht vor.

Eine Ausnahme, könnte man meinen, bildet eben das Bild des Oktober. Gesehen ist es vom Pariser Stadtschloß des Duc de Berry, dem Hôtel de Nesle. Der Blick geht über ein Feld, auf dem die Bauern die Arbeiten des Oktober verrichten: Säen und Eggen. Er geht weiter über einen Arm der Seine, streift Wäscherinnen und Spaziergänger, stößt sich an der Mauer um den alten Louvre und bleibt schließlich an diesem selbst hängen. Was man im Hintergrund dieser Darstellung sieht, ist also ein Teil der Stadt Paris, doch gleichzeitig mehr. Es ist weniger die Stadt, sondern das Zentrum Frankreichs, das Königsschloß, der Sitz der königlichen Familie, deren Teil JEAN de Berry selbst auch ist. Vor diesem Schloß bestellen seine Bauern seine Felder, nichts erinnert daran, daß Pariser Bürger 1407 das Hôtel de Nesle stürmten und plünderten, daß JEAN de Berry 1413 vor einem neuerlichen Aufstand Schutz im Kloster Notre-Dame suchen mußte. Die Brüder LIMBURG zeigen ihrem Auftraggeber statt dessen einen Ausschnitt aus einer wohlgeordneten Welt.

Dieser Ausschnitt indessen ist wesentlich enger gefaßt als der, den Ambrogio LORENZETTI malte. Der Sienese entwickelte ein breites Panorama, in dem der Standort des einzelnen Betrachters noch keine bestimmende Rolle spielte. Im Fresko des *„Guten Regiments in Stadt und Land"* geht das Licht, das beide erhellt, vom Zentrum der Stadt, vom Platz vor dem Rathaus, aus. Auf diesem Platze laufen auch alle Flucht- und Verkürzungslinien zusammen. Im Bilde des Oktober gibt es zwar auch noch eine Blickachse, die an überindividuelle Ordnungssysteme erinnert: man sieht von einem Teil des feudalen Frankreich, dem Hôtel de Nesle, auf das Zentrum dieses Reiches, den Louvre. Doch im Unterschied zu LORENZETTIS Fresko ist dieser Blick stärker und entschiedener als individueller Augenblick konstruiert. Das ist räumlich und zeitlich gemeint. Das Auge erfaßt, was es von einem bestimmten Standort in einem bestimmten Moment überblicken kann. Deshalb ist der Moment zeitlich genau festgelegt, der Blickwinkel verengt. Beides trifft für das Fresko nicht zu.

Besonders deutlich wird dies bei der Beschreibung der Tätigkeiten auf dem Felde. Bei LORENZETTI sah man fast alle Arbeiten, die sich in Wirklichkeit über das ganze Jahr erstrecken, auf einmal. Hier sieht man nur die Arbeiten des Oktober. Die Pflugschar ist vorübergegangen, ihr folgt der Sämann. Über die frische Saat stürzen sich hungrige Vögel, bevor der Reiter mit seiner beschwerten Egge Körner und Erdreich vermischen kann. Weiter hinten steht die Puppe eines Bogenschützen als Vogelscheuche. So geht ein Arbeitsvorgang aus dem anderen hervor, einer löst den anderen ab. Gleichzeitig wird das Bild dadurch nach hinten immer ruhiger. Hinter dem Bogenschützen steht eine Reihe von Kopfweiden am Ufer, kleinwinzig promenieren die Bürger, und dann steht die Zeit im Schloß plötzlich still. Durch einen ewig blauen Himmel ragt seine Spitze empor, dorthin, wo der Sonnengott Helios mit seinem Wagen durch die Sternbilder des Tierkreises zieht. Und so wie Helios vor dem Firmament, den wechselnden Bildern des Sternenhimmels, Sinnbild des Immergleichen ist, so ist es das Schloß für die Arbeiten auf dem Felde.

Damit wird das Leben, das Jahr JEAN de Berrys, in einen überindividuellen, über den „Augenblick" hinausweisenden Zyklus hineingestellt. Weil diese Ordnung als bestehend angenommen wird, siegt sie letztlich über den individuellen „Augenblick", der sich hier als Wahrnehmungsprinzip der Zukunft ankündigt. Der Sämann wird in der nächsten Minute aus dem Bilde heraustreten, der Reiter wird ihm folgen, die Spaziergänger werden ihre Position verändern. Nur der bestellte Acker und das Schloß werden so bleiben, wie man sie auch jetzt schon sieht – sie stehen gleichsam außerhalb des Moments.

Doch im Schloß kommt nicht nur die Zeit zum Stillstand, es ist auch Begrenzung und Zentrum der räumlichen Konstruktion. Die wichtigste Tiefenschräge des Bildes, die links außen ansetzende Grenzmarkierung des Ackers, läuft direkt auf den Hauptturm des Louvre zu, der seinerseits genau die geometrische Mitte des Bildes angibt. Von der rechten Bildhälfte wird dieser Turm durch die schräggestellten Fußabdrücke des Sämanns anvisiert; Schuhe und Schurz dieser Figur betonen ebenfalls diese Linie. Auf den Turm zu führt die rechte Treppe aus dem Fluß heraus, und auf ihn weisen die in einer Linie stehenden Bäume auf dem Acker. So wird der Turm des Louvre Mittelpunkt, Mittelachse einer Linearkonstruktion, die nicht nur einem glaubhaften Blickwinkel, sondern schon fast einer zentralperspektivischen Konstruktion entspricht.

Doch das Zentrum dieser Konstruktion hat der Maler noch nicht selbst gewählt und gesetzt. Es ist ihm durch die Stellung, den Blick, den Rang seines Auftraggebers vorgegeben. Als Angestellter in dessen Hofhaltung, als „Kammerdiener" des Herzogs, als der er und seine Brüder in den Listen JEAN de Berrys geführt werden, ist er selbst auch Teil dieser feudalen Welt, die sein Herr repräsentiert. Noch ist er kein selbständiger Handwerker, der sich selbst seine Stellung in der Welt ermitteln muß. Andererseits ist er aber auch nicht mehr ein zünftisch gebundener Maler, wie sein Vorgänger LORENZETTI, der gleichzeitig Mitglied einer sich selbst verwaltenden Stadtrepublik war. Als Angestellte des Hofstaates stehen die Brüder LIMBURG also genau zwischen dem zünftisch gebundenen Künstler des Mittelalters und dem selbständigen Künstler, wie wir ihm etwa in der Person Albrecht DÜRERS begegnen. Doch weist das System, mit dessen Hilfe er seinen Blick auf die Welt gestaltet, mit dem er seine Wahrnehmungen ordnet und im Bilde konstruiert, bereits teilweise über die ihm gesetzte Ordnung hinaus. Denn es geht hier ja nicht mehr darum, das Land um ein Schloß herum anzudeuten, sondern darum, jeden einzelnen Gegenstand in einen empirisch überprüfbaren, im Sinne der Augenblickswahrnehmung überzeugenden Zusammenhang mit anderen zu bringen. Mit der teilweisen Gestaltung des „Augenblicks" aber beginnt sich der Künstler als Individuum anzukündigen. Wieder drei Menschenalter später entstehen dann die ersten „Landschaften" als gestaltete Augenblicke eines Einzelnen auf die Natur.

Natur als Stätte von Bedrohung und Offenbarung, Landschaft in der Funktion der Selbstreflexion: Dürers Landschaftsaquarelle der Jahre 1494–1497

Rund 80 Jahre nach den Stundenbuchillustrationen der Brüder LIMBURG aquarellierte der junge DÜRER die ersten neuzeitlichen Landschaften *(Abb. 5–8)*. Aller Wahrscheinlichkeit nach tat er dies nicht nur, um für spätere Stiche oder Gemälde geeignete Vorlagen zu haben, sondern auch, um für sich die unmittelbare Präsenz der Natur, ihre neuartig und beunruhigend erfahrene sinnliche Gegenständlichkeit und Wirkung zu bestimmen. Bei einigen dieser Blätter hat man den Eindruck, als seien sie in ganz kurzer Zeit entstanden, als habe der Maler schnell den Eindruck festhalten wollen, den ein bestimmtes Motiv auf ihn machte. So stellen die frühen Naturstudien wohl auch den Versuch DÜRERS dar, sich der gegenständlichen Umwelt gegenüber seiner Identität zu vergewissern.

Die frühen Stiche und Holzschnitte DÜRERS – die ja alle keine reinen Landschaften, wohl aber Handlungen und Ereignisse im Freien, also vor den Mauern, darstellen – bieten Hinweise dafür, wie die offene Natur erlebt wurde. Art und Ablauf der Ereignisse können darüber Auskunft geben, welche Probleme sich bei der Begegnung des zeitgenössischen Betrachters mit Natur abzeichneten.

Der Kupferstich *„Madonna mit Meerkatze"*, entstanden vermutlich 1498/99, zeigt im Hintergrund einen Weiher, der in ein kleines Flüßchen übergeht *(Abb. 5)*.

An den Ufern des Flusses in weiter Ferne eine Stadt. Inmitten des Stauwassers liegt eine kleine Insel, auf der ein zierliches zweigeschossiges Häuschen mit einem spitzen gotischen Giebeldach steht. Das Untergeschoß ist fensterlos, erst im oberen Stockwerk, das sich an zwei Seiten leicht über das erste schiebt und es so überragt, erblickt man zwei kleine rechteckige Öffnungen. Um das Häuschen zieht sich ein von Brettern umzäunter Garten. Bäume stehen in der nächsten Nachbarschaft, unter denen zwei vom Wind geneigte Weiden auszumachen sind. Mit seinem geschlossenen Erdgeschoß, dem vorspringenden

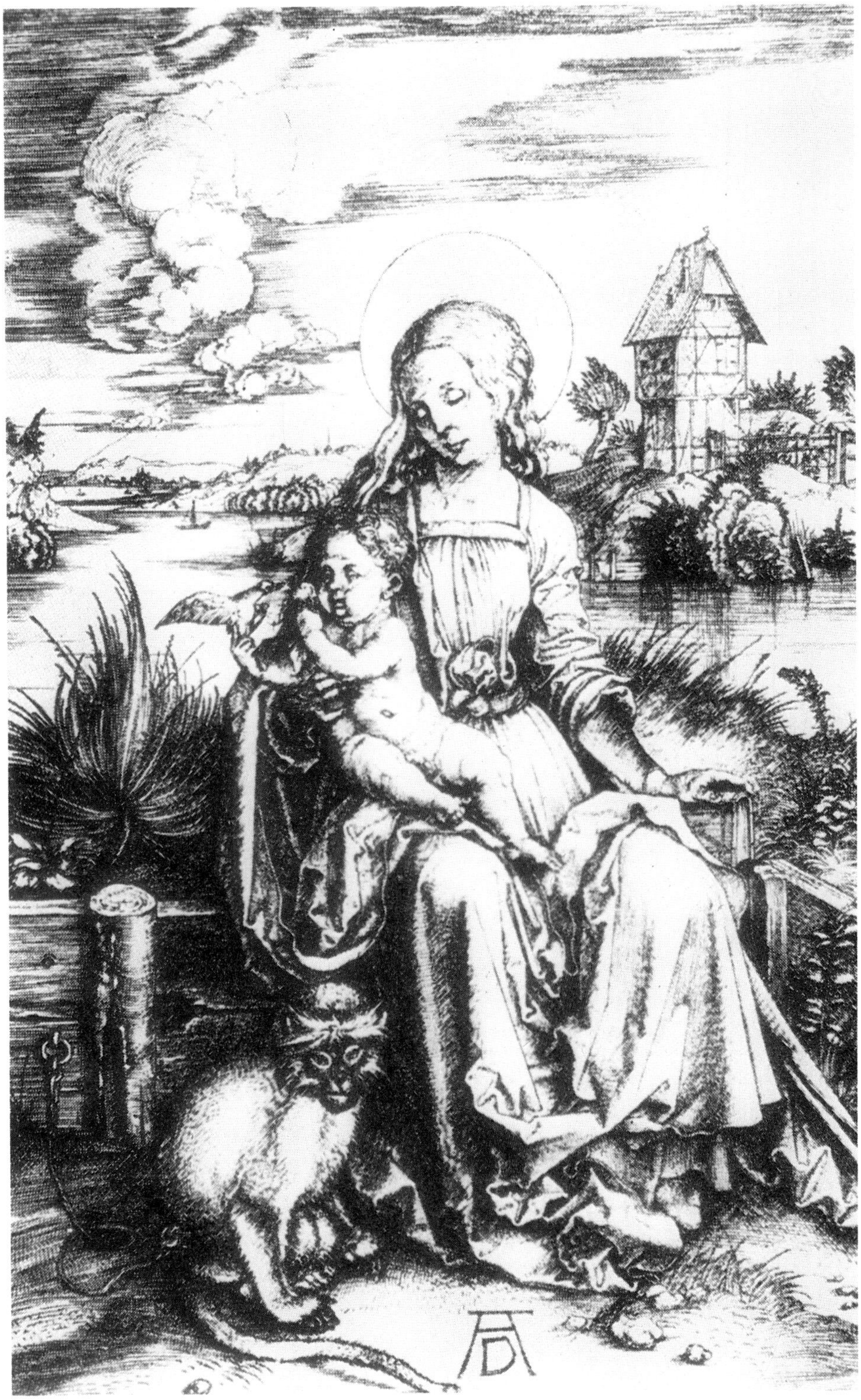

Abb. 5: Albrecht Dürer: Madonna mit Meerkatze. Kupferstich. Um 1498/99

ersten Stockwerk, der geschützten Lage auf der Insel, dem Zaun, wirkt das Häuschen wie ein festes Haus, das aufrecht gegen den steten Wind und die ziehenden Wolkenberge steht.
Im Vordergrund der Darstellung sitzt die Gottesmutter auf einer abgestützten Rasenbank, die nach hinten steil zum Stauwasser abfällt, sich nach vorne, zum Betrachter hin, zu einem umfriedeten Bezirk, einem „hortus conclusus", öffnet. Auf dem Schoß hält sie ihr Kind, zu ihren Füßen kauert angekettet eine Meerkatze. Wie der Affe überhaupt ein Zerrbild des Menschen abgibt und als solches aufgefaßt wurde, ist die Meerkatze hier wahrscheinlich ein Symbol menschlichen Lasters und der Torheit.

Die Verbindung zwischen Vorder- und Hintergrund ist nun leicht herzustellen. Figuren und Umgebung sind deutlich aufeinander bezogen: Wie das Häuschen menschliches Leben schützt, so die Mutter das Kind. Beide stehen in einem umfriedeten Bezirk, dessen Sicherheit einerseits mit Hilfe der Naturkräfte erreicht, andererseits gegen sie ertrotzt wird. Gegen Wind und Zeit steht das Haus, durch das Wasser wird es geschützt und steht somit sicher im Raum. Wie also die Lage des Hauses es vor den Unbilden der Natur und den Widrigkeiten der Welt bewahrt, so wehren der Garten und das bezwungene Böse alle Gefahr von Mutter und Kind ab. Vorder- und Hintergrund sind also in sich widersprüchliche, selbständige Einheiten, eben weil jede für sich ihren Widerspruch austrägt und somit eine Ganzheit bildet. Darüber hinaus aber kommentieren und erläutern sie einander. Die Figuren verdeutlichen die Naturstimmung, diese wiederum drückt Wesen und Befindlichkeit der heiligen Personen aus. So werden Göttliches und Natürliches, Tradiertes und Alltäglich-Bekanntes aufeinander bezogen, das eine gibt dem anderen allgemeineren und damit verbindlicheren Charakter für den Beschauer. Wenn man nun im Verhältnis der Mutter zum Kind und zu ihrer unmittelbaren Umgebung ähnliche Beziehungen vorfindet wie im Motiv des Hintergrundes, dann ist damit gesagt, daß in der Natur Göttliches zu erfahren, im Göttlichen Natürliches zu ahnen ist. In der Natur außerhalb der Stadt beginnt sich das Wesen des Göttlichen zu offenbaren.

Der Unterschied zwischen den Darstellungen DÜRERS auf der einen, dem „guten Regiment" des Ambrogio LORENZETTI und den Stundenbuchillustrationen der Brüder LIMBURG auf der anderen Seite ist nicht zu übersehen. Auf DÜRERS Land fehlen nicht nur die arbeitenden Bauern, die den Bürger eigentlich mit Natur verbinden, es fehlen auch die Zeichen einer übergreifenden, inhaltlich bestimmten politischen Ordnung, welche Subjekt, Natur und Gesellschaft in einem übergreifenden System vereinen. Auf DÜRERS Blättern schwebt keine Securitas mit dem Galgen über dem Land, die Schlösser und Burgen können nicht mehr als seine Zentren angesprochen werden, selbst die Stadt ist, sofern sie im Hintergrund erscheint, in erster Linie kontrastierende Kulisse. Es ist hier der individuelle Blick, der die äußere Natur auf den Betrachter bezieht, es ist die Reflexion und das Werk des Künstlers, der, stellvertretend für die Gesellschaft, der Natur Ordnung und Sinn gibt, es sind nicht mehr die Sinnbilder und Zeichen gesellschaftlicher Ordnung, nicht mehr die Vorgänge und Ergebnisse gesellschaftlicher Arbeit, als deren Teil und Träger sich der Betrachter früher verstand.

Damit ist aber auch bereits die besondere Form bürgerlicher Naturaneignung beschrieben, wie sie sich bei DÜRER darstellt. Das private bürgerliche Subjekt, wie es von DÜRERS Stichen, Holzschnitten und Zeichnungen vorausgesetzt wird, begreift Natur mit ihm als nicht durch Arbeit oder politisches Handeln, sondern durch Reflexion und ästhetische Betrachtung verbunden. Natur wird bei DÜRER zum Spiegelbild des inneren Widerspruchs im bürgerlichen Subjekt, indem sie einerseits freie Natur, Land außerhalb der Mauern, ist, meist ohne bestellte Felder, Äcker und Gehöfte, andererseits den gesellschaftlichen Bereich nicht ganz ausklammert, weil Burgen, Schlösser, Städte, feste Häuser eben noch keine romantischen Versatzstücke abgeben, sondern immer noch einem je bestimmten gesellschaftlichen Macht- und Rechtsverhältnis angehören. Die intensive Beschäftigung und Auseinandersetzung mit Werken BELLINIS etwa, nicht zuletzt wohl mit den Zeichnungen LEONARDOS, führten DÜRER zu neuer Auswahl und Sicht der Landschaftsausschnitte.

Die ersten Landschafts-Aquarelle DÜRERS zeigen vor allem Orte, die innerhalb des Bannkreises der Stadt Nürnberg lagen. Man darf sich aber auch grundsätzlich DÜRERS „Reisen und Wanderungen nicht zu romantisch vorstellen. Weiter ausgedehnte Studienwanderungen in die fränkische Landschaft sind zwar schon vermutet worden, lassen sich aber nicht belegen, sind auch unwahrscheinlich in einer Zeit, da jede Reise beschwerlich und allzeit auch gefährlich war."[7]

Noch innerhalb des Wehrsystems der Stadt Nürnberg, wenn auch bereits außerhalb der Mauern, liegt die *„Drahtziehmühle" (Abb. 6).*

In einem späteren Blatt, nach der italienischen Reise, nahm DÜRER dasselbe Motiv noch einmal auf: in der *„Weidenmühle" (Abb. 7).* Vergleicht man beide Bilder, dann kann man feststellen, wie DÜRER sich im zweiten nicht mehr um die genaue Wiedergabe der Örtlichkeit, der Bauten und ihrer Umgebung bemüht, sondern eine intime und persönliche Wirkung erzielen, den Gegenstand auf sich und seine Stimmung beziehen will. Er erreicht dies, indem er auf einen hochgelegenen Blickpunkt, also die Überschau, verzichtet und das Motiv von ebener Erde aus aufnimmt. Außerdem bezieht er die Tageszeit mit ein: in der *„Weidenmühle"* ist die Sonne gerade im Sinken, und er studiert genau die Wirkung des Lichtes auf dem Wasser und den Dächern.

Stellenweise wird, ganz im Gegensatz zur *„Drahtziehmühle"*, die exakte Binnenzeichnung des Gegenstandes zugunsten der Lichtbrechungen auf ihm aufgegeben. Schließlich treten die einzelnen Gegenstände durch die

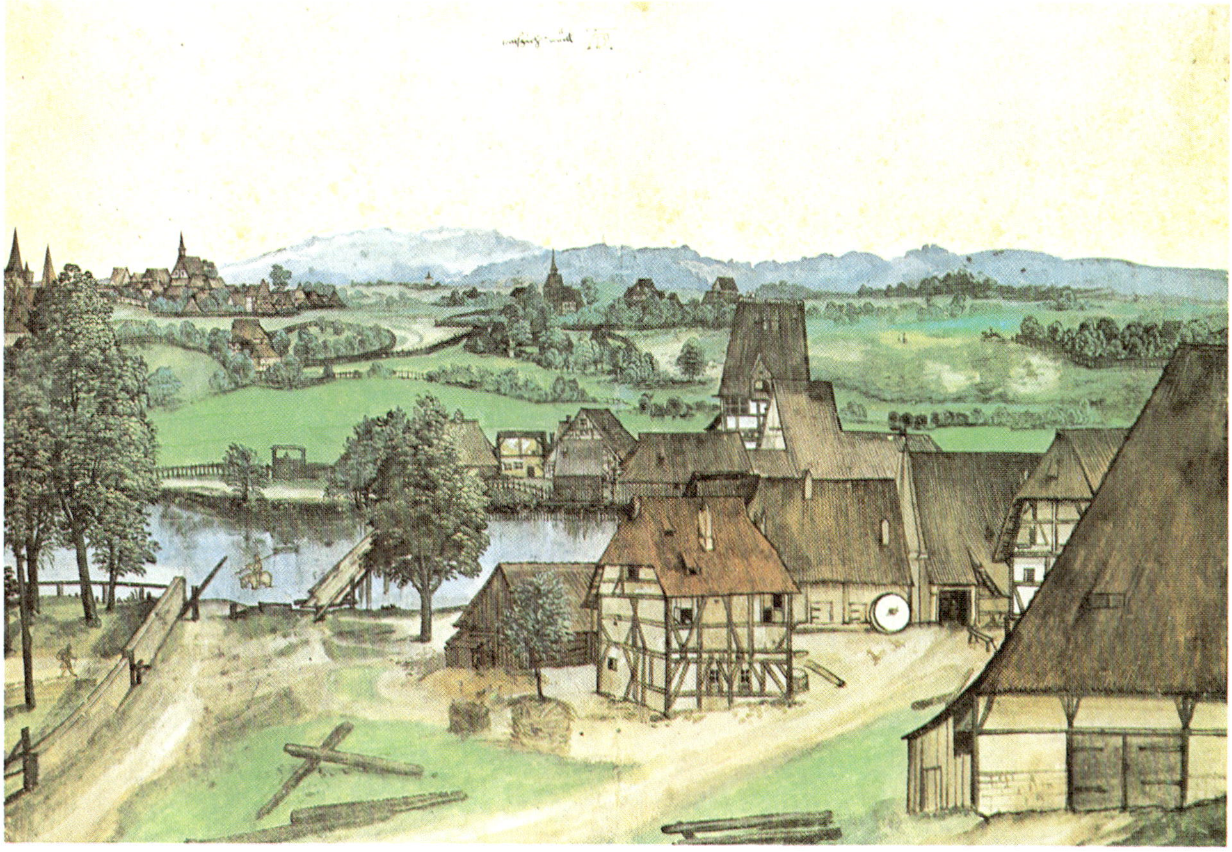

Abb. 6: Albrecht Dürer: Drahtziehmühle. 1490 oder 1494. Aquarell- und Deckfarben. Berlin, Staatliche Museen Preußischer Kulturbesitz, Kupferstichkabinett

Veränderung des Blickpunkts und die Betonung der atmosphärischen Stimmung in ein intimeres Verhältnis zueinander. In der frühen Studie ist die Verbindung der Anlage mit der ganzen Umgebung gezeigt, später fällt diese fort und die Hütten und Häuser stünden gleichsam allein, rückten sie nun nicht enger zusammen, gruppierten sie sich nicht um die Büsche in der Mitte des Flusses und würden sie nicht durch die zierliche Brücke miteinander verbunden. Wie die Brücke sie untereinander verbindet und das ruhig fließende Wasser überspannt, damit gleichzeitig das trennende Element überwindet, tritt rechts am Bildrand ein mächtiger Baum zur Häusergruppe heran, der sie gegen das von Osten aufziehende Dunkel abgrenzt. So bilden die Brücke eine innere Verspannung, der Baum eine äußere Sicherung für eine Örtlichkeit, über die sich die Nacht zu senken beginnt. Gerade dieses widersprüchliche Verhältnis zwischen Verfließen und Festigkeit, zwischen Sonnenlicht und Dunkel ist es wohl, welches die innere Spannung und Harmonie der Studie ausmacht, in der die Stimmung des Malers selbst zum Ausgleich drängt.

Noch deutlicher wird dieses Verhältnis von Offenheit und Geschlossenheit, Spannung und Ruhe in dem etwa gleichzeitig entstandenen *„Weiherhäuschen"* (1496/97) *(Abb. 8).* In der Beschreibung der *„Madonna mit Meerkatze"* wurde das Häuschen auf der Insel als festes Haus dargestellt, was es in der Tat war. Es war jedem Nürnberger Bürger bekannt als das unterhalb der Drahtziehmühle an der Pegnitz gelegene Angersche Weiherhäuschen. Es stand noch im Jahre 1615, als es der Nürnberger Stecher Peter Isselburg in einem Kupferstich festhielt, und brannte erst während des Dreißigjährigen Krieges ab. Der zeitgenössische Spaziergänger muß auch um seine Eigenschaft als festes Haus gewußt haben, denn „Weiherhäuser nannte man damals [d.h. in Nürnberg] kleine Landhäuser, die durch ihre Lage mitten im Wasser Sicherheit boten und in Kriegszeiten auch vom Rathe der Stadt in Anspruch genommen wurden, um Söldner hineinzulegen".[8] In Friedenszeiten diente es als Fischerhäuschen.

Auch dieses Motiv nahm Dürer in der Abenddämmerung. Wie bei der *„Weidenmühle"* liegt auch hier der Horizont verhältnismäßig tief, wie dort ziehen auch hier dunkel gefärbte Wolkenfinger der aufsteigenden Nacht über den Himmel. Durch den niedrigen Blickpunkt und die Betonung des sinkenden Tages wird auch dieses

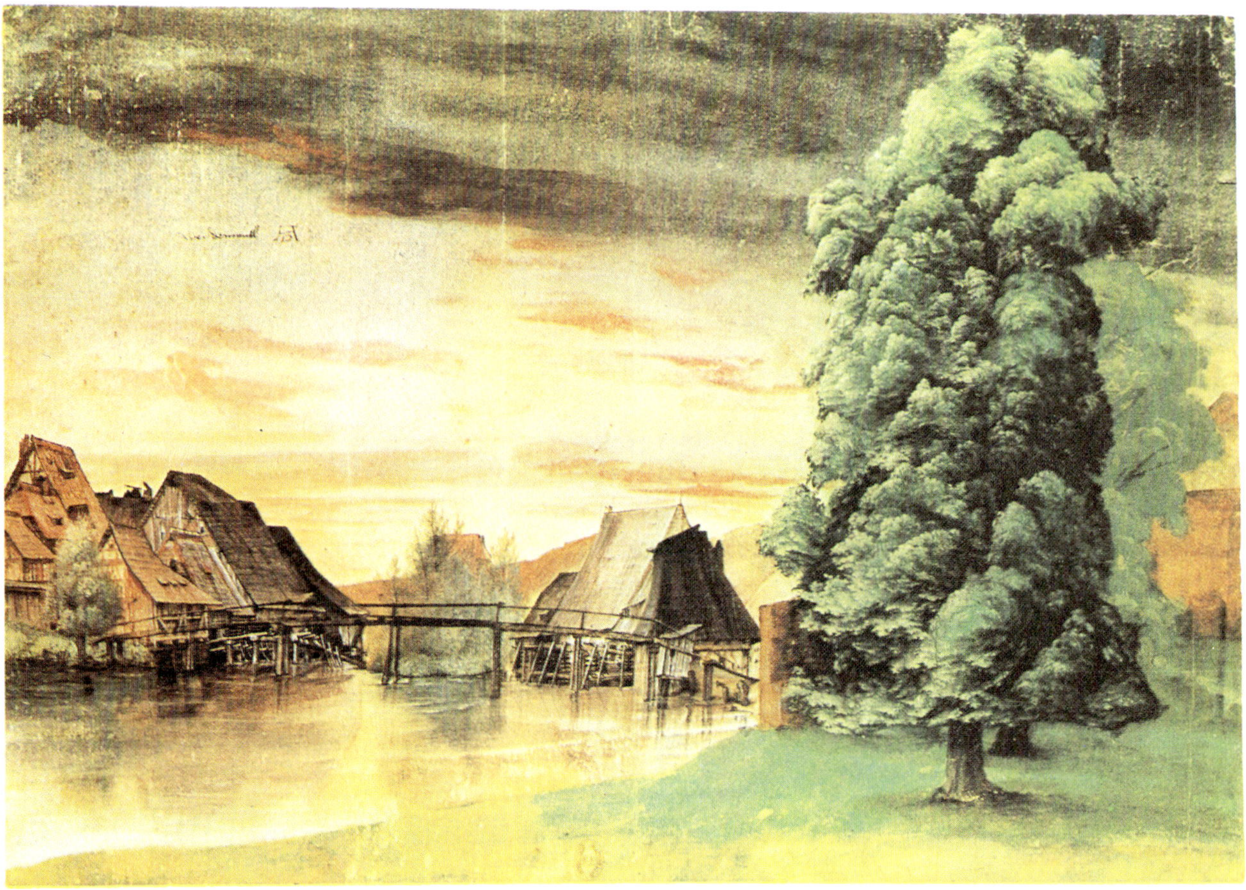

Abb. 7: Albrecht Dürer: Weidenmühle. 1499/1500. Aquarell. Paris, Louvre

Motiv aus dem Zusammenhang, in den es eigentlich gehört, herausgenommen und ganz auf den Betrachter bezogen. Die Stadt, die im Hintergrund der *„Madonna mit Meerkatze“* erscheint, ist hier unter den Horizont gerückt, der helle Tag, an dem Boote das Wasser kreuzen, ist dem Abend gewichen, Figuren fehlen ganz. Es existiert auf dem Aquarell kein anderer Zusammenhang der einzelnen Körper und Erscheinungen als eben der, den der Maler für sich herstellt. Sein „Augenblick“ stiftet die Einheit von Zeit und Raum, in der das Motiv erscheint.

Diese Einheit ist, wie auch in der *„Weidenmühle“*, in sich widersprüchlich. Man sieht einerseits offenes Land, Himmel und Wasserspiegel scheinen ineinanderzufließen, nach beiden Seiten hin öffnet sich der Ausblick. Andererseits werden auch hier ein ruhender Pol und eine innere Verspannung der Teile eingebaut. Zwar ist hier keine feste und schützende Grenze nach außen hin notwendig, weil das Motiv eine eigene feste Mitte, nämlich das Häuschen, aufweist. Der etwas künstlich hinzugesetzt wirkende Baum der *„Weidenmühle“* wird hier durch das Haus inmitten des Weihers mehr als ersetzt. Der Blick kann sich nicht in der Weite verlieren, das Haus fängt ihn auf. Inmitten des Weihers gelegen, gewährt es, ähnlich der zusammengedrängten Häusergruppe, sicheren Raum und damit auch Schutz gegen die Zeit, die in Gestalt der aufziehenden Nacht Dunkelheit ausbreitet, als Wind Strandgras und Weidenbäume biegt und als Fäulnis die vorn ins Ufer gerammten Pflöcke angreift. Es wehrt damit ein Gefühl der Gefährdung und Unsicherheit ab, das angesichts der räumlichen Weite und des Wirkens von Natur und Zeit entstehen könnte. Ähnlich wie in der *„Weidenmühle“* ist aber auch hier eine starke innere Verspannung der Teile zu finden. Wie dort die Brücke die einzelnen Häuser untereinander verbindet und für den Betrachter am Ufer als erreichbar erscheinen läßt, verspricht hier das auf der Sandbank liegende Boot Zutritt zur Insel. So werden Ufer und Haus, Betrachter und sicherer Ort miteinander vermittelt. Das Boot verdeutlicht Distanz und zugleich Verbindung, übernimmt also gegenständlich und konkret die Funktion, die das Grasbüschel in der rechten unteren Ecke des Bildes optisch erfüllt. Dieses stiftet eine optische Beziehung zwischen den Körpern, das Boot eine wirkliche.

Wie sehr die Einheit der Darstellung für den Betrachter nicht von sich aus gegeben ist – wie etwa auf den Monatsblättern des Stundenbuches des JEAN de Berry –, zeigt auch die Konstruktion. Die senkrechte Mittelachse,

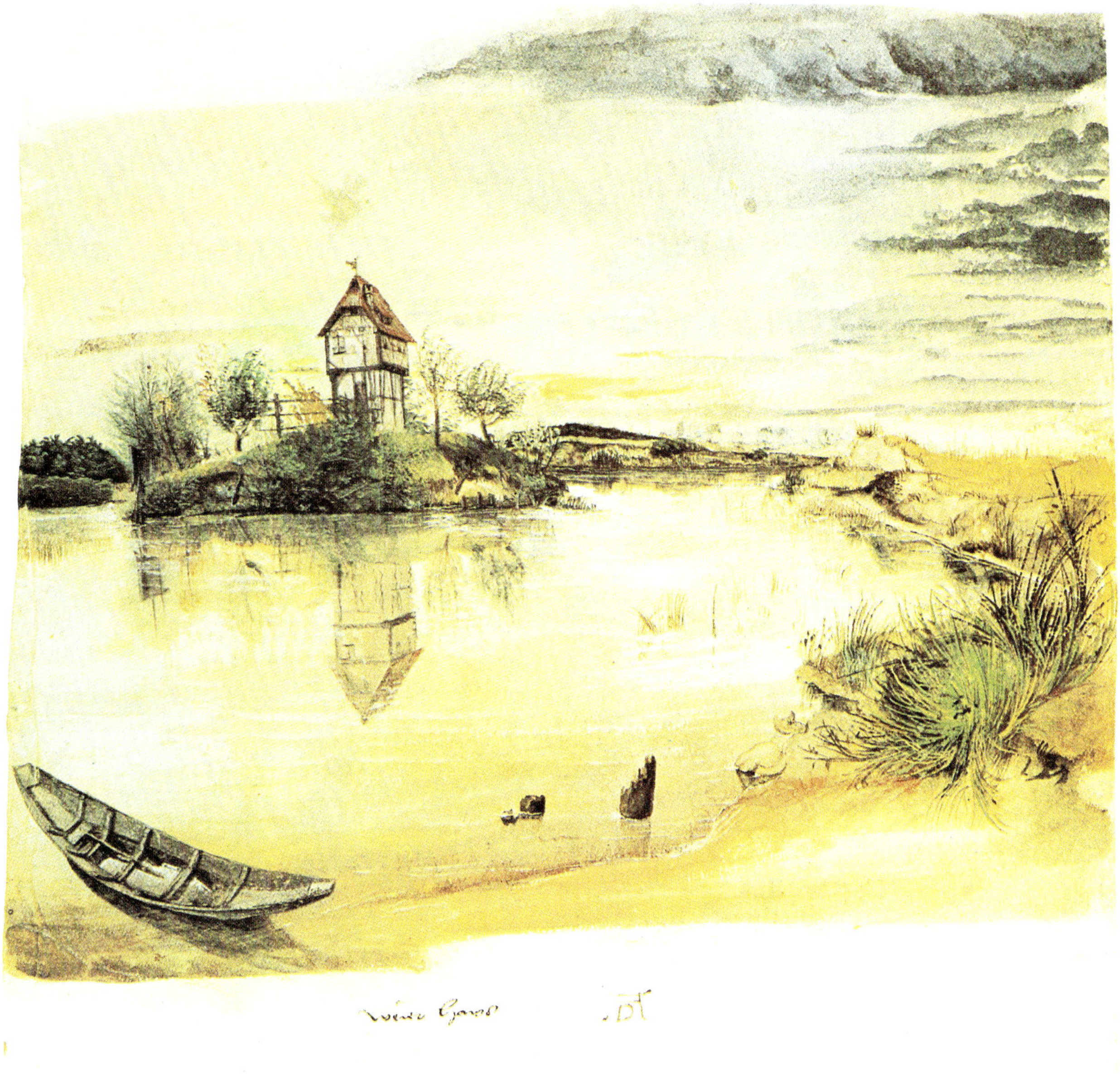

Abb. 8: Albrecht Dürer: Weiherhäuschen. 1497. Aquarell. London, National Gallery

auf welcher der Fluchtpunkt zu suchen wäre, läuft durch die beiden Pfahlstümpfe im Vordergrund. Wo sie den Horizont schneidet, findet sich kein fester Bezugspunkt. Dieser Bezugspunkt liegt etwas weiter links, im Haus, das seinerseits durch die Schrägstellung den Blick wieder zur Mitte hin lenkt. Da diese aber leer bleibt, muß der Blick wieder zum Haus zurück, zum Boot, zum Ufer. Die eigentliche, inhaltliche Mitte muß also aus der Beziehung der einzelnen Körper zueinander vom Betrachter ermittelt werden. Insofern setzt das Blatt einen reflektierenden und reflektierten Betrachter voraus, der die Widersprüche und Gegensätze der Konstruktion ebenso mit sich zu vereinen hat wie die vermutlich einander widerstreitenden Gefühle und Empfindungen. Er muß sich draußen in der freien Natur einen Ort suchen, an dem er sich selbst finden kann. An diesem Ort findet er freilich keine eindeutigen Setzungen mehr vor, sondern er wird sich seine Mitte aus der Naturbetrachtung und deren Reflexion selbst setzen müssen. Die tatsächliche, reale Örtlichkeit ist nur Anlaß und Anreger, den eigenen geistigen und inneren Standort zu ermitteln.

Mit diesem Gestaltungsprinzip wird DÜRER nun in der Tat zum Vater der neuzeitlichen Landschaft. Mit ihm wird Natur zu einem Ort der Selbstoffenbarung des Menschen, hier lernt er sich erst richtig kennen. Was DÜRER aber von späteren Landschaftsmalern unterscheidet, wäre, daß er erstens seinen inneren Widerspruch vor der Natur nur höchst privat austrägt. Seine Landschaftsaquarelle entstehen ohne Auftrag und ohne die Absicht, sie zu verkaufen. Wahrscheinlich hätte er für sie auch nur sehr schwer einen Markt gefunden. Zweitens trägt er, eben aufgrund seiner starken Bindung an die Gesellschaft, seinen inneren Widerspruch vor und an einem Motiv aus, das seiner unmittelbaren Lebensumgebung angehört.

Zur Entwicklung des Landschaftsgartens

Die Entwicklung der Gartenkunst läßt sich in kunsthistorischen Stilbegriffen wie Barock, Rokoko, Klassizismus und Romantik nur unzureichend charakterisieren. Die zur linearen Stilabfolge vereinfachten Wandlungen von Form, Struktur und Ikonographie verweisen vielmehr auf den Funktionswandel des Gartenkunstwerks.

Funktionswandel bedeutet zunächst, daß Gärten zu unterschiedlichen Zeiten für unterschiedliche Besitzer, Auftraggeber und Benutzer angelegt wurden und entsprechend verschiedenen Zwecken und Bedürfnissen dienten. Funktionswandel meint darüber hinaus, daß die künstlerisch gestaltete Idealnatur des Gartens sich wandelnde Leitbilder kosmischer und gesellschaftlicher „Ordnung" verkörpert. Unter diesem übergreifenden Aspekt bedeutet die Ablösung des barocken Gartenstils durch den naturnachahmenden Landschaftsgarten tatsächlich eine „Gartenrevolution".

Der Barockgarten

Der Barockgarten zeichnet sich durch strenge Symmetrie der Gesamtanlage und durch die weitgehende Geometrisierung der Naturform aus, die man durch stetes Beschneiden den Elementarformen der Architektur (Heckenwände, Arkaden, Pyramiden u.a.) anglich. Die formalen Grundmuster wurzeln in der italienischen Gartenkunst der Renaissance. In Frankreich wurde der formale Stil um die Mitte des 17. Jahrhunderts durch den Gartenkünstler André LE NÔTRE (1613–1700) zum charakteristischen Typus des barocken Schloßparks weiterentwickelt. LE NÔTRES bekannteste Schöpfung, die für LUDWIG XIV. entworfenen Anlagen von Versailles, diente den meisten europäischen Fürstenhöfen bis weit ins 18. Jahrhundert hinein als Vorbild.

Anhand des Planes von Versailles *(Abb. 9)* lassen sich leicht die wichtigsten Gestaltungselemente des Barockgartens verdeutlichen: Stadt und Park bilden ein einheitliches, symmetrisches Ordnungsgefüge aus Straßen bzw. Baumalleen, Bassins, dem großen Kanalkreuz, aus Sternplätzen *(Étoiles)*, Freiräumen und bebauten bzw. bepflanzten Karrees *(Bosketts)*. Immer ist das Schloß das Zentrum der Gartenanlage. Die Blickachsen und Alleen greifen über die Parkgrenzen hinaus und unterwerfen sich den freien Landschaftsraum. Sie symbolisieren den Machtanspruch, der vom Zentrum (dem König, Fürsten oder Feudalherrn) über das Land ausstrahlt. Die Natur ist der Geometrie und Architektur untergeordnet.

Die inneren Gartenanlagen *(Jardins)* staffeln sich, vom erhöhten Blickpunkt der Prunkräume des Hauptgeschosses aus gesehen, symmetrisch in die Tiefe. Auf die Zone der ornamentalen Flächenbeete mit ihren farbenfrohen Blumenarabesken *(Parterres)* und den spiegelnden Wasserflächen der Bassins folgt die Zone der kunstreich gegliederten und prunkvoll „möblierten" Waldstücke *(Bosketts)*. Diese nach dem Prinzip der Mannigfaltigkeit angelegten Innenräume mit ihren Statuengruppen und vielfältigen Wasserspielen *(Wassertreppen, Wasser-Theater)* tragen zum Teil architektonische Bezeichnungen *(Salle, Galerie)* und waren Schauplatz zahlreicher höfischer Lustbarkeiten.

Verglichen mit Gartenschöpfungen von LE NÔTRES Vorgängern, etwa Jacques BOYCEAUS Jardin du Luxembourg (ab 1612), oder seinen eigenen Anlagen für die Pariser Tuilerien (ab 1649) und in Vaux-le-Vicomte (ab 1656), zeigt die sich über Jahrzehnte erstreckende Ausgestaltung von Versailles eine zunehmende Vereinheitlichung und Differenzierung der kompositionellen Ordnung. Der Rationalismus dieser künstlichen „Natur" macht Versailles zum Symbol mathematisch-kosmischer Gesetzlichkeit und hierarchischer Staats- und Gesellschaftsordnung im Zeitalter des Absolutismus, zum „Garten des Königs" schlechthin. Dieser Funktion entsprach die Rezeptionsweise: Der „Garten des Königs" war die offizielle Bühne höfischer Repräsentation und allegorischer Selbstdarstellung des Sonnenkönigtums. Der Hofstaat bewegte sich in diesem formalisierten Rahmen nach den strengen Regeln der Etikette. In der Ikonographie des Statuenschmucks (Gleichsetzung des Königs mit dem Sonnengott und Kunstbeschützer Apoll) und im theatralischen Rollenspiel der Feste fand das Selbstverständnis des Herrschers seine allegorische Überhöhung.

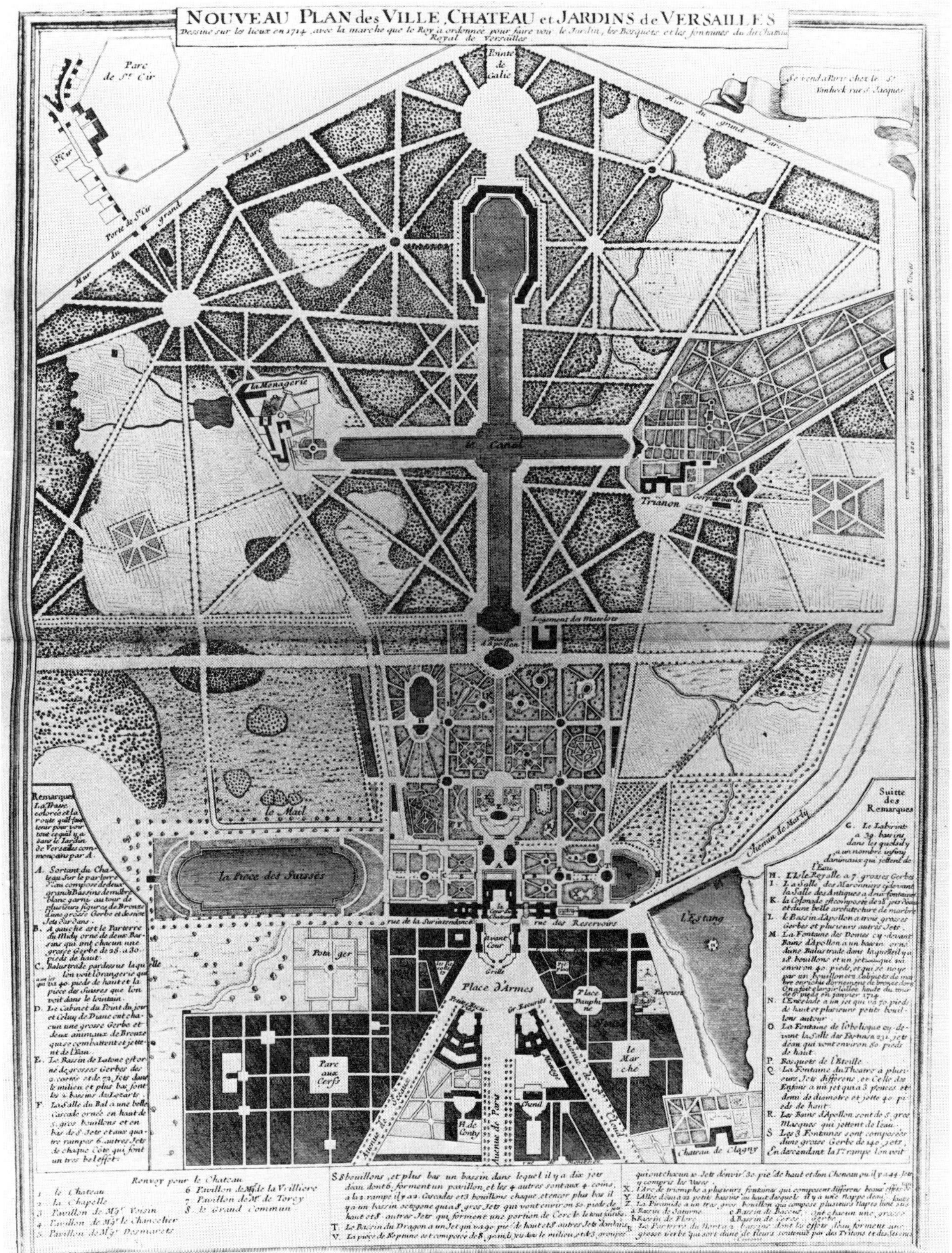

Abb. 9: Versailles, Plan der Gesamtanlage. Stich nach dem Plan von Jean le Pautre. 1714. Die Stadt Versailles wird fächerförmig von drei Straßenzügen durchschnitten, die vor dem ersten Schloßhof zusammentreffen. Die Richtung des mittleren dieser drei Straßenzüge setzt sich jenseits des Schlosses, in der Wegeordnung des dahinterliegenden Parks, bis zum Horizont fort. Die erstaunliche Länge und auch die besondere Breite der Straßen und Plätze vor dem Schloß und auch im Park hinter dem Schloß dokumentieren den absoluten Anspruch eines Inhabers von Macht, der keinen Widerstand zu dulden gewillt war und die Welt nach seiner Vorstellung zu gestalten suchte. Wir gewinnen einen Eindruck von einem Absolutismus, der Erde, Natur und Menschen unterwerfen und in eine strenge Ordnung bringen wollte

Die „Gartenrevolution"

Während nach dem Vorbild von Versailles die großen Barockparks wie Nymphenburg, Schleißheim, Hampton Court, Schönbrunn und Peterhof gestaltet wurden, war in England die „Gartenrevolution" schon in vollem Gange. Dort war das 17. Jahrhundert vom Bürgerkrieg und dem Kampf gegen die Positionen des Absolutismus geprägt gewesen. Die liberale Ethik der Natur- und Moralphilosophie und die Freiheitsidee des Konstitutionalismus gewannen in den aufgeklärten Kreisen des englischen Bürgertums und des neureichen Landadels im 18. Jahrhundert überragende Bedeutung und beeinflußten die Aufklärungsbewegung auf dem Kontinent nachhaltig. Mit der Freiheitsforderung verbanden sich ein neues Naturverständnis und die Entwicklung eines neuen Gartenstils auf der Basis freier Naturformen. Die Kritik an der „vergewaltigten Natur" im französischen „Garten des Königs" wurde 1709 von dem Philosophen SHAFTESBURY als Angriff auf das despotische Regime des Absolutismus formuliert. Wo Freiheit aus dem Naturrecht begründet wurde, konnte unverfälschte Natur zum Freiheitssymbol werden: Der „Garten der Freiheit" wurden dem „Garten des Königs" als liberales Modell einer natur- und vernunftgemäßen Ordnung entgegengestellt.

Diese polare und politische Interpretation der Gartenstile findet sich in zahllosen literarischen Quellen bis weit ins 19. Jahrhundert hinein. So dichtete etwa James THOMSON in seinem Polit-Epos *„Liberty"* (Freiheit) 1736 über Versailles: „Verhasste Formen! die, dem Auge aufgezwungen, das ganze Zeitalter verwirren, verrohen und korrumpieren."[9]

Im gleichen Sinne hat der Maler Wilhelm VON KOBELL (1766–1854) um 1800 Schloß Nymphenburg bei München mit seinen barocken Gartenanlagen als „garstigen Versaillesschen Bankert" bezeichnet.[10] Um so mehr war man von der moralisch-sittlichen Wirkung schöner Naturbilder des Landschaftsgartens überzeugt: „Wohl möglich ist es also, daß, indem der politische Reformer vergebens daran arbeitet, eine Revolution in der Denkart der Menschen zu würken, unvermerkt die schöne Gartenkunst eine gänzliche Reform in den Gesinnungen und in den Vorstellungen der Menschen würken wird", schrieb 1797 der Publizist August HENNINGS in der Bremer Zeitschrift *Genius der Zeit.*[11]

Der Landschaftsgarten (auch: englischer Garten) präsentiert ideale Natur in dreidimensionalen begehbaren „Bildern", die aus freien Naturelementen komponiert und auf den Blickwinkel des Parkwanderers berechnet waren. An die Stelle der architektonischen und geometrischen Reglementierung der Natur trat die Komposition der Parkbilder nach den Gesetzen der Landschaftsmalerei (Staffelung in Bildgründe, Diagonalkomposition, Farbperspektive in der Pflanzenwahl, rahmende Repoussoirs am „Bildrand", Akzentuierung der Gartenszene durch Staffagearchitektur wie Tempel, Brücken, Ruinen usw.). Die Bildmotive des Landschaftsgartens waren in der Tradition der Naturpoesie seit der Antike vorgeprägt und durch die idealisierende Landschaftsmalerei des 17. Jahrhunderts – vor allem durch CLAUDE Lorrain – typisiert und verbreitet worden. In den Denkmälern großer Männer der Geschichte und in den Staffagebauten, die Bauwerke aller Länder und Zeiten nachahmten und vor allem auf die Bildwirkung der Fassade berechnet waren, sollten historische Assoziationen an jene historischen Epochen und Taten beschworen werden, auf die sich das freiheitliche Denken berufen zu können glaubte: das republikanische Rom, das Mittelalter Englands mit der Magna Charta, Griechenland als Wiege der Demokratie.

Anders als im Barockgarten ist im Landschaftsgarten die Rezeption des Parkbetrachters auf gefühlsmäßige Einstimmung, literarische, historische und kunsthistorische Bildung berechnet. Die Parkbilder sollen Stimmungswerte und Assoziationen auslösen. Der Mensch bewegt sich nicht als Mitspieler auf der Bühne des Hofzeremoniells, sondern steht reflektierend den wechselnden „Bildern" idealer Natur gegenüber. Der Spaziergang als moralisch-ästhetisches Naturerlebnis kam erst in den ersten Jahrzehnten des 18. Jahrhunderts in Mode. Die Wegführung und Abfolge kontrastierender Parkbilder sind der neuen Bewegungs- und Rezeptionsweise angepaßt.

Der Prozeß der Ablösung des barocken Gartenstils durch eine neue, naturnachahmende Ordnungsform wurde nicht auf einem Landsitz und von einem Künstler vollzogen. Die „Gartenrevolution" war vielmehr eine breite Bewegung, die auf den Landsitzen und Villen der oppositionellen Landaristokratie und ihrer geistigen Vorkämpfer verwirklicht wurde und sich in vielen kleinen Schritten vollzog. Die Rezeption des Landschaftsgartens auf dem Kontinent und seine Demokratisierung im neuen Typus des Volksparks bedingten weitere Stilwandlungen.

Diese Entwicklung soll an den folgenden Beispielen und Texten detaillierter aufgezeigt werden:

Das Vorbild des königlichen Gartens von Versailles war auf dem Kontinent und auch in England bald von den Fürsten und vom Adel nachgeahmt worden. So auch auf dem Landsitz Wanstead *(Abb. 10)* der Handelsmagnaten CHILD bei London, dessen Türme man am Horizont erkennen kann.

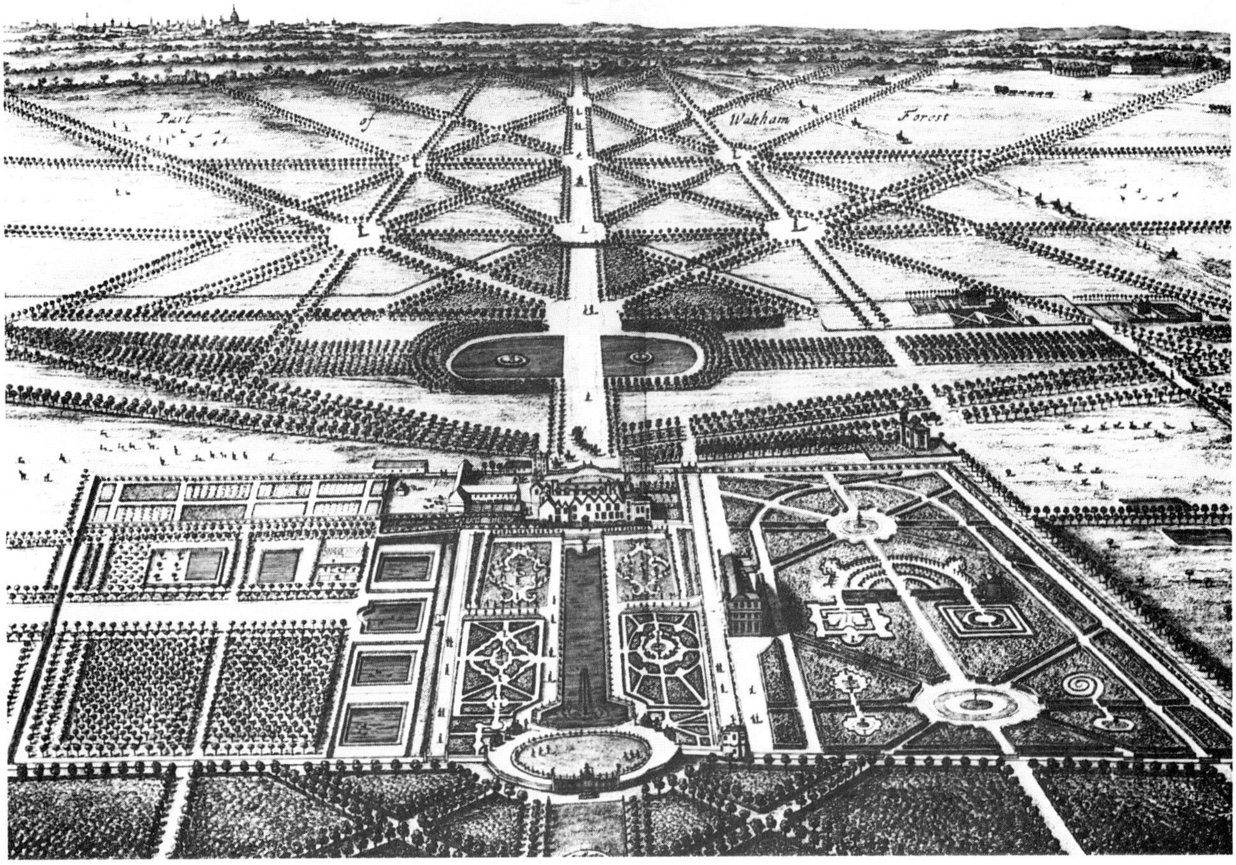

Abb. 10: Der Landsitz Wanstead/Essex aus der Vogelperspektive. Aus: J. Kip / L. Knyff: Britannia Illustrata, London 1707

Die Vogelperspektive zeigt die Ende des 17. Jahrhunderts angelegten Gärten mit den übergreifenden, den gesamten Landschaftsraum auf das Herrenhaus zentrierenden Alleen. Ähnlich wie in Versailles wird die auf das Herrenhaus zulaufende Hauptachse durch einen Kanal fortgesetzt. Aufgrund holländischen Einflusses ist in den englischen Barockgärten die hierarchische Anordnung der Gartenteile nicht so stark ausgeprägt wie in Frankreich. Die Boskettenzone ist beispielsweise rechts des Herrenhauses gelegen, während die Parterres beidseitig des Kanals angeordnet sind.

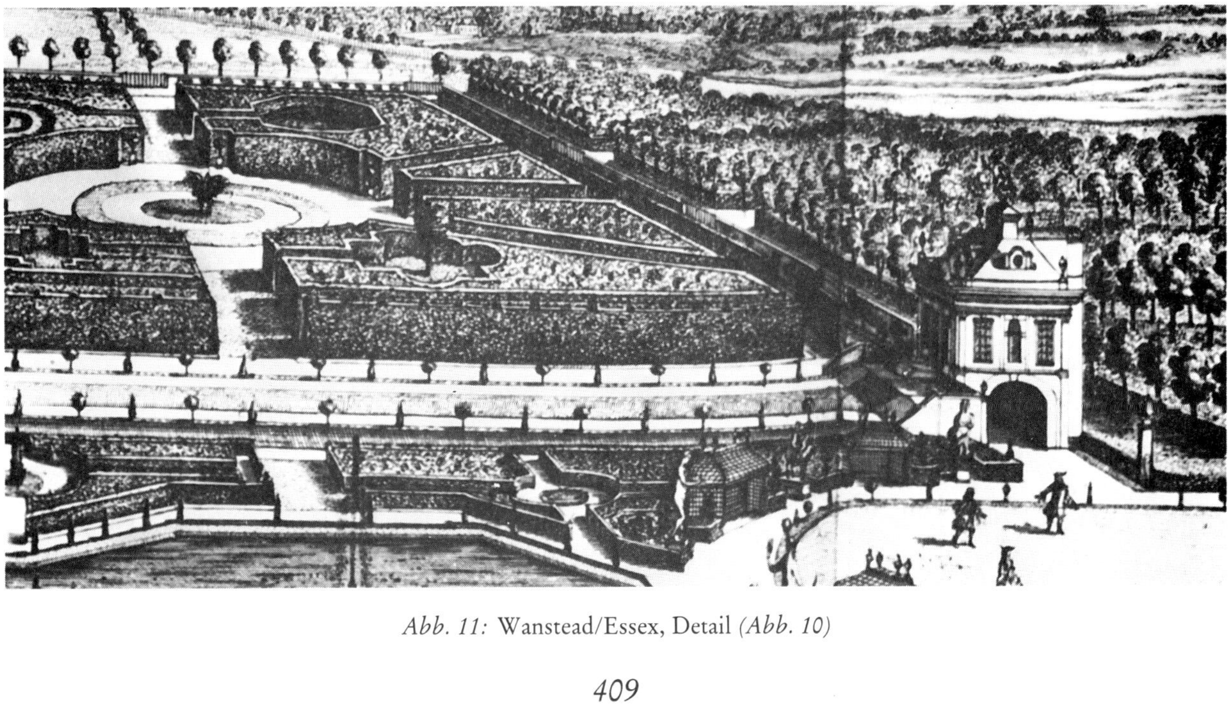

Abb. 11: Wanstead/Essex, Detail *(Abb. 10)*

Der Ausschnitt in *Abbildung 11* zeigt den Blick quer über das Kopfende des Kanals auf die Boskettpartie mit den geschnittenen Heckenmauern. In das grüne Dickicht sind die geometrischen Raumkompartimente eingeschnitten. Die Hecken mußten ständig beschnitten werden, um den architektonischen Charakter zu bewahren. Der barocke Park bleibt deshalb dem Wechsel der Jahreszeiten gegenüber fast neutral, während der Landschaftsgarten in seinen Pflanzungen sorgsam auf den jahreszeitlichen Rhythmus der Natur berechnet ist. Anders als in Versailles zeigen die Bosketts keine kunstvolle Möblierung. In ihrer Mitte steht jeweils ein freiwachsender Baum, der gleichsam wie auf einer Bühne zur Schau gestellt wird – ein erstes Symptom einer neuen Naturauffassung.

Was bedeutet Nachahmung der Natur, wenn doch ein Garten immer ein Gebilde der Kunst bleibt? Es war keineswegs einfach, die traditionelle geometrisch-tektonische Grundform durch eine „natürliche" Ordnungsform zu ersetzen. Natürliche Ordnung bedeutete anfangs nicht viel mehr als die Negation der barocken Ordnungskategorien, wie unser folgendes Beispiel zeigt:

1728 veröffentlichte der Architekt und Landschaftsgärtner Batty LANGLEY seine *„Neuen Prinzipien der Gartenkunst"* (New Principles of Gardening). Der Idealentwurf eines großen Parks auf Tafel XIV *(Abb. 12)* zeigt den mißglückten Versuch, freie Naturformen in die überkommene geometrische Struktur einzuführen. Die übertrieben geschlängelten Wege auf der Insel links sind ebenso „unnatürlich" wie das starre Netzwerk der Alleen. Die amöbenartigen Teichformen nehmen weder Bezug auf das vorgegebene Terrain noch auf die Alleen, die einfach überschnitten werden.

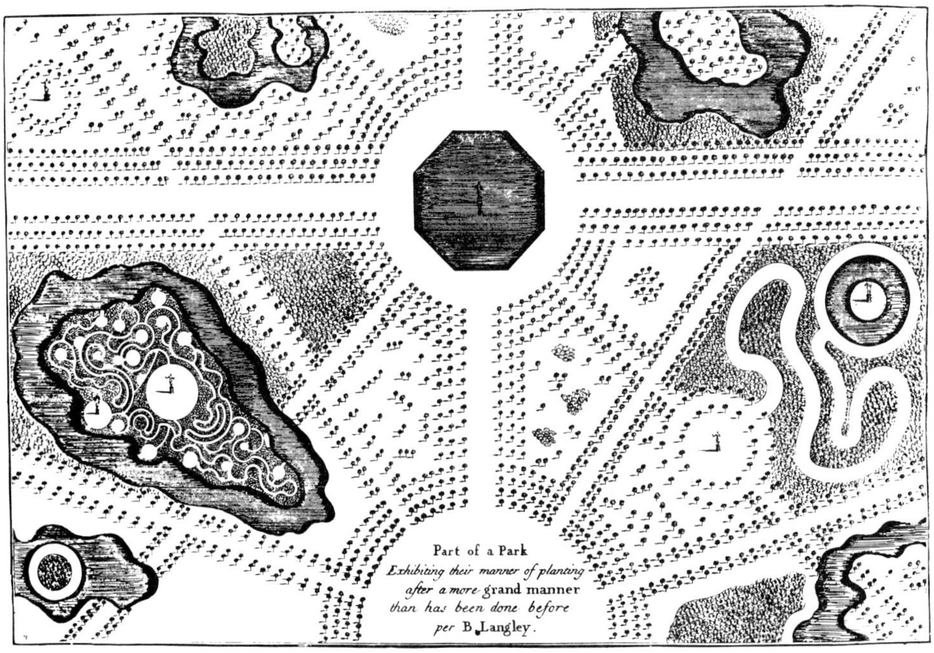

Abb. 12: Gartenentwurf von Batty Langley. Aus: New Principles of Gardening, London 1728

Einen ersten und weit gerühmten „natürlichen" Garten legte der Dichter Alexander POPE bei seiner Villa Twickenham an der Themse, westlich von London, ab 1716 an *(Abb. 13)*.

Etwa gleichzeitig mit POPE begann dessen Freund Lord BURLINGTON mit der Anlage eines Gartens in Chiswick bei London *(Abb. 14)*, in dem er 1725 nach eigenen Plänen seine Villa Chiswick-House errichtete.

Chiswick ist der erste Garten mit einer solchen Fülle von Miniaturarchitekturen. Lord BURLINGTON war Architekturdilettant und entwarf seine Bauten selbst, nach Vorbildern des italienischen Renaissancearchitekten Andrea PALLADIO (1508–1580). Sein Park sollte an die oberitalienische Villenlandschaft zwischen Vicenza und Venedig erinnern. Deshalb nannte er den natürlich geformten Wassergraben, der nun den traditionellen Kanal ersetzt, „Brenta". Brenta heißt jener Fluß im Veneto, an dessen Ufer sich PALLADIOS Villen erheben. Bald dienten die Staffagegebäude der Erweckung historischer Erinnerungen und unterschiedlicher Stimmungen.

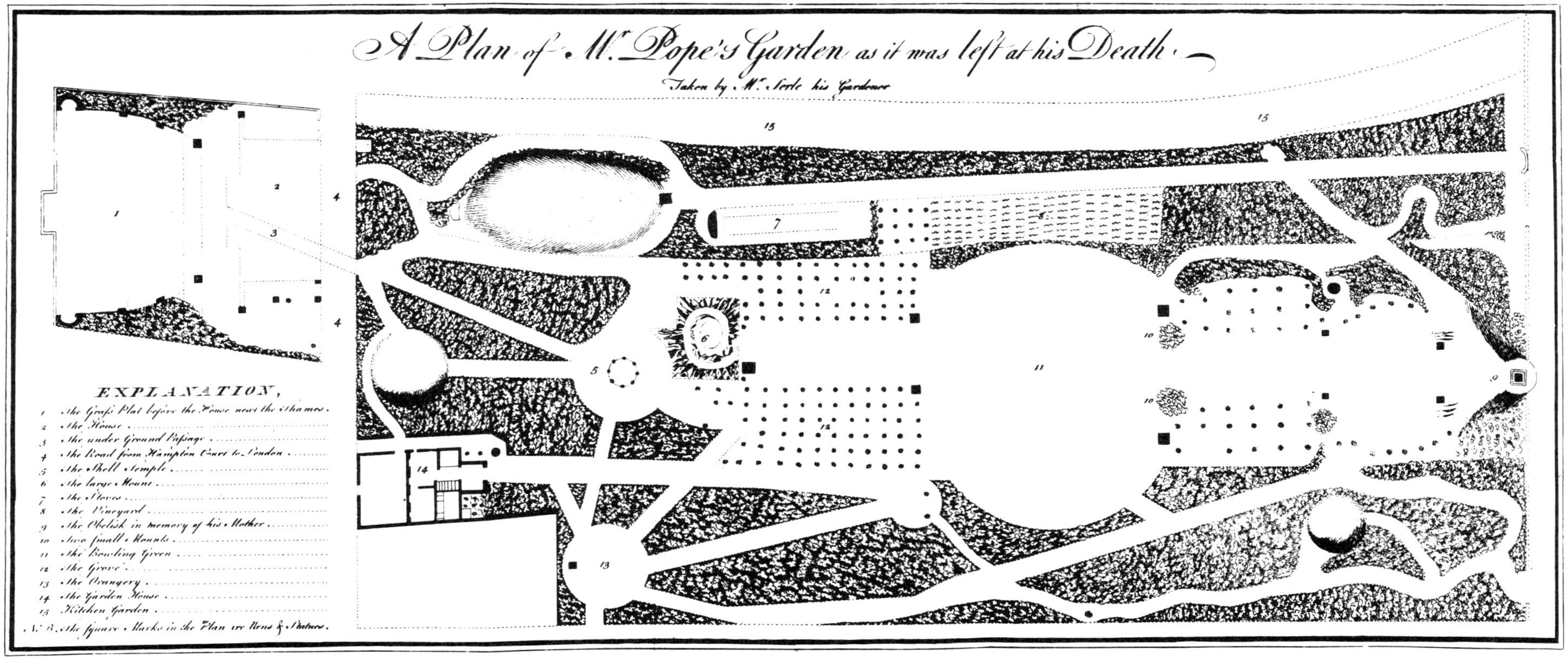

Abb. 13: „A Plan of Mr. Pope's Garden as it was left at his death". Plan von Alexander Popes Garten in Twickenham von John Serle, seinem Gärtner, 1745

Der Grundplan zeigt, daß die Gartenform noch aus dem französischen Boskett entwickelt wurde. Büsche und Bäume sind noch als Masse gekennzeichnet, aus der Wege und Freiräume ausgespart scheinen. Die Symmetrie der Raumform ist jedoch stark gelockert. Die Pflanzen wurden nicht mehr beschnitten. Die Villa (2) war zur Themse gerichtet, zu der eine Rasenfläche hinabging (1). Ein unterirdischer Tunnel in Form einer Grotte (3) führte unter der Landstraße nach Hampton Court (4) hindurch in den eigentlichen Garten und mündete auf einen Muscheltempel (5). Daneben ein kleiner Aussichtsberg (6). Mehrere Denkmäler antiker Dichter und berühmter Zeitgenossen waren als Blickfänge *(Points de Vue)* in den Freiraum eingestreut. Sie sind der Natur untergeordnet und haben somit keine beherrschende Funktion mehr.

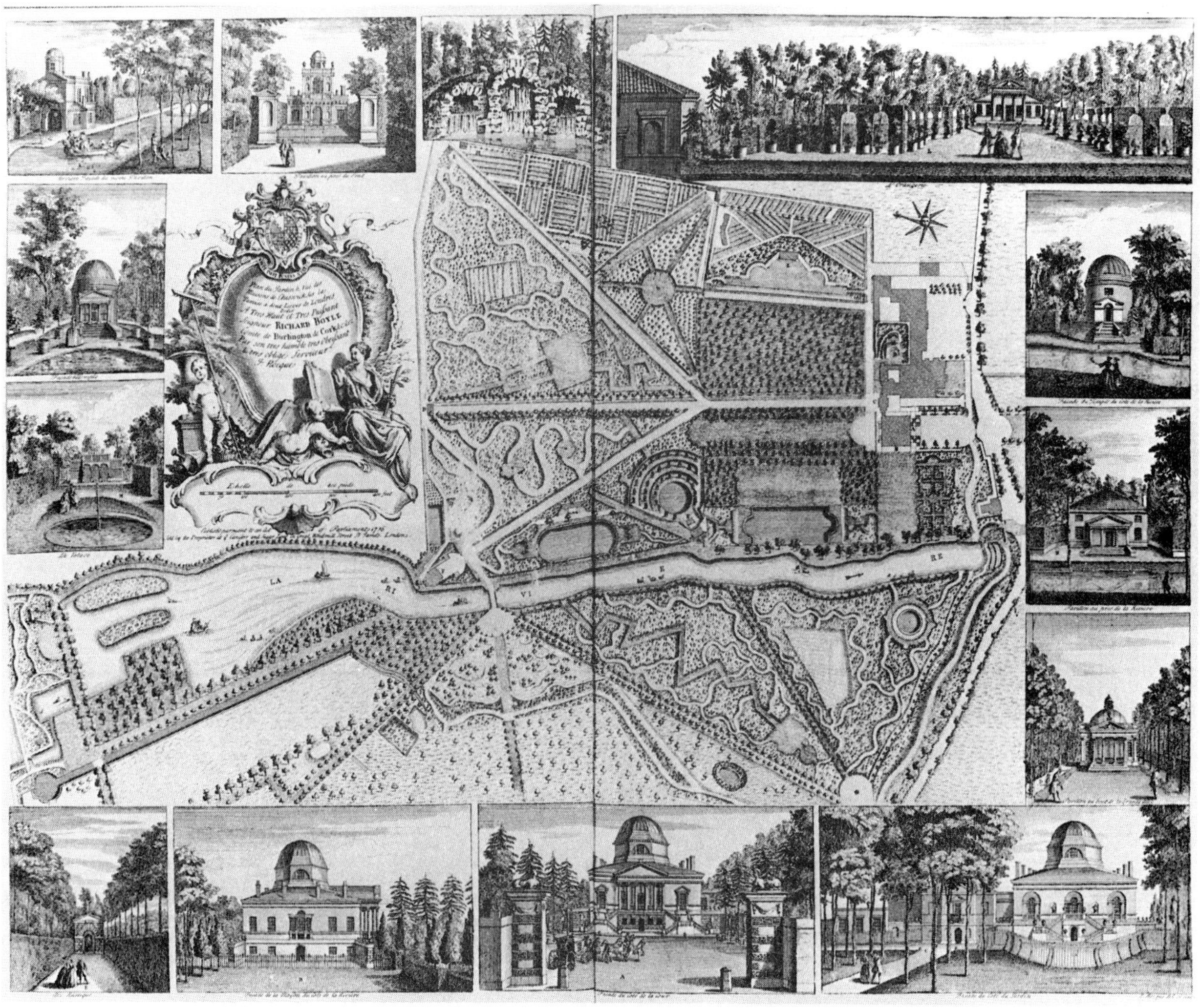

Abb. 14: Lord Burlingtons Garten in Chiswick. Plan und Randveduten von John Rocque. Aus: Vitruvius Britannicus, Bd. IV, 1, London 1739. Der Stich zeigt den Plan der Anlage und zahlreiche kleinere Veduten mit den verschiedenen Staffagegebäuden, die in den Gartenpartien verstreut waren. Im Uhrzeigersinn: Badehaus, Grotte, Orangerie, Pantheon (Rückansicht), Pavillon am Fluß, Pavillon am Ende der Hauptallee, drei Ansichten der Villa, Inigo-Jones-Portal, Vogelhaus, Pantheontempel von vorne. Sie bildeten die Hauptattraktion kleiner in sich geschlossener Gartenszenen, die sich dem Parkbesucher auf überraschende Weise öffneten

In den Gartengebäuden entsteht zuerst der Stilpluralismus, der im 19. Jahrhundert auf die Monumentalarchitektur übergreift. Im Extremfall waren die Staffagen, die nach malerischen Gesichtspunkten angeordnet wurden, nurmehr zweidimensionale Scheinfassaden.

Man erkennt im Plan noch formale Relikte der italienischen und französischen Gartenkunst, geometrisch geformte Bassins, gerade Baumalleen und Sternplätze, halbhohe geschnittene Hecken, daneben aber auch natürlich geschlängelte Pfade, frei wachsende Bäume und die geschwungenen Uferlinien der „Brenta". Es gibt keine symmetrisch-gliedernde Ordnung des Gesamtbereichs mehr. Statt dessen erscheint der Garten aufgelöst in einzelne selbständige Kompartimente mit unterschiedlicher Binnengestaltung. Die Architektur beherrscht nicht mehr die Natur; die Hauptallee mit der französischen „Patte d'oie" strahlt nicht mehr von der Villa aus, sondern verläuft seitlich und endet jeweils in einer Kleinarchitektur.

Der Maler William Kent, ein Freund Burlingtons, war an der Gestaltung von Chiswick beteiligt. In Stowe schuf Kent um 1733 in der Partie der „Elysischen Gefilde" den ersten rein malerischen Landschaftsgarten. Er verbannte die letzten Relikte der Geometrie und schloß die bisher isolierten Einzelszenen in einer fortlaufenden Bildfolge aus völlig freien Naturformen zusammen. Der Schritt zur malerischen Stilbildung bedeutet den eigentlichen Durchbruch der Landschaftsgartenidee zu einer eigenständigen Kunstform.

Die auf KENTS Umgestaltung von Stowe folgende Stilphase ist durch William SHENSTONES Mustergut „The Leasowes“ *(Abb. 15)* repräsentiert. SHENSTONE gehörte wie Alexander POPE und James THOMSON zu jenen englischen Naturdichtern, die den Landschaftsgarten stark beeinflußten. Sie schlossen an die antiken Dichter an.

Nach dem Vorbild des HORAZ, der in den Sabiner Bergen bei Rom ein Landgut besaß, schuf SHENSTONE seine Zierfarm *(ornamental farm)*. Landwirtschaft und ideale Natur, Schönheit und Ökonomie, sollten in diesem Typus verbunden werden. Auf dem genau programmierten Rundgang traf man auf zahlreiche Denkmäler antiker und moderner Dichter, deren Verse das Naturerlebnis des Betrachters einstimmen sollten. Die um 1740 aufkommenden illustrierten Gartenführer erläuterten den Parkbesuchern die Bedeutung der Parkszenen.

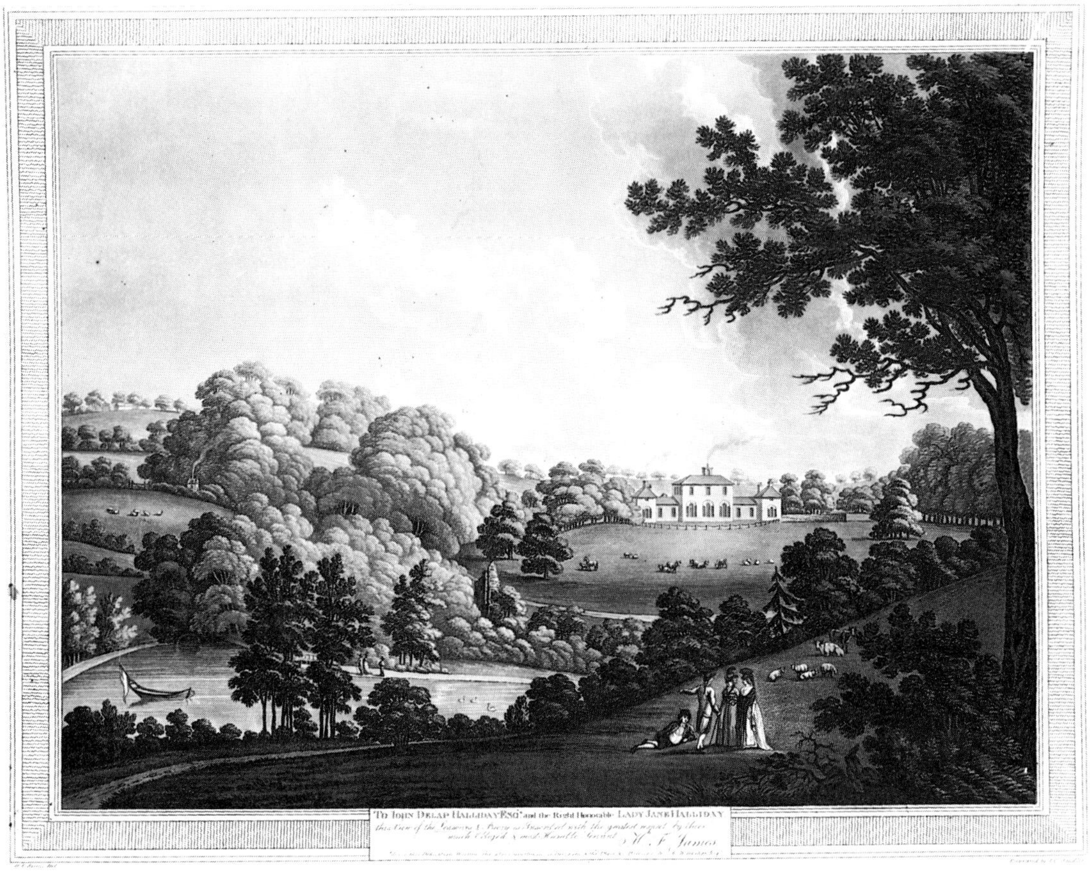

Abb. 15: Ansicht des Landgutes „The Leasowes“. Aquatinta von James und Stadler. Etwa 1790/1800.

Im Vordergrund die Anhöhe mit der Baumgruppe als Repoussoir am rechten Bildrand, im Mittelgrund der See mit Kahn und Brücke sowie die malerische Ruine einer gotischen Kapelle; zum Hintergrund überleitend die diagonal gestaffelten Baumkronen zur Linken und die offene, bis an das Landhaus heranreichende Wiese *(lawn)*. Das Landhaus ist nun in die Mitte des Parks gerückt und selbst Bildstaffage geworden

Die Ansicht von Park und Landhaus zeigt die Komposition der freien Naturformen in deutlich unterscheidbaren Bildgründen nach den Regeln der Landschaftsmalerei. Die weidenden Tiere verweisen auf die ökonomische Funktion der „ornamental farm“, die Parkbesucher im Vordergrund zeigen in ihrer Haltung ein ästhetisch-betrachtendes Verhältnis zur Natur.

Die italienischen Ideallandschaften des in Rom tätigen Franzosen CLAUDE Lorrain (1600–1682) hatten entscheidenden Einfluß auf das ideale Naturbild des Landschaftsgartens, dessen Bedeutung oft an die Vorstellung von der Antike als dem „Goldenen Zeitalter“ anknüpfte. So kam es zur Nachbildung bekannter Gemälde CLAUDES, die damals in England begehrte Sammelobjekte waren.

Die Natur im Landschaftsgarten verkörpert somit ein bereits in Kunst und Geschichte reflektiertes Idealbild, das beim gebildeten Betrachter Erinnerungen an den antiken *Arkadienmythos* und die malerischen Ruinen der

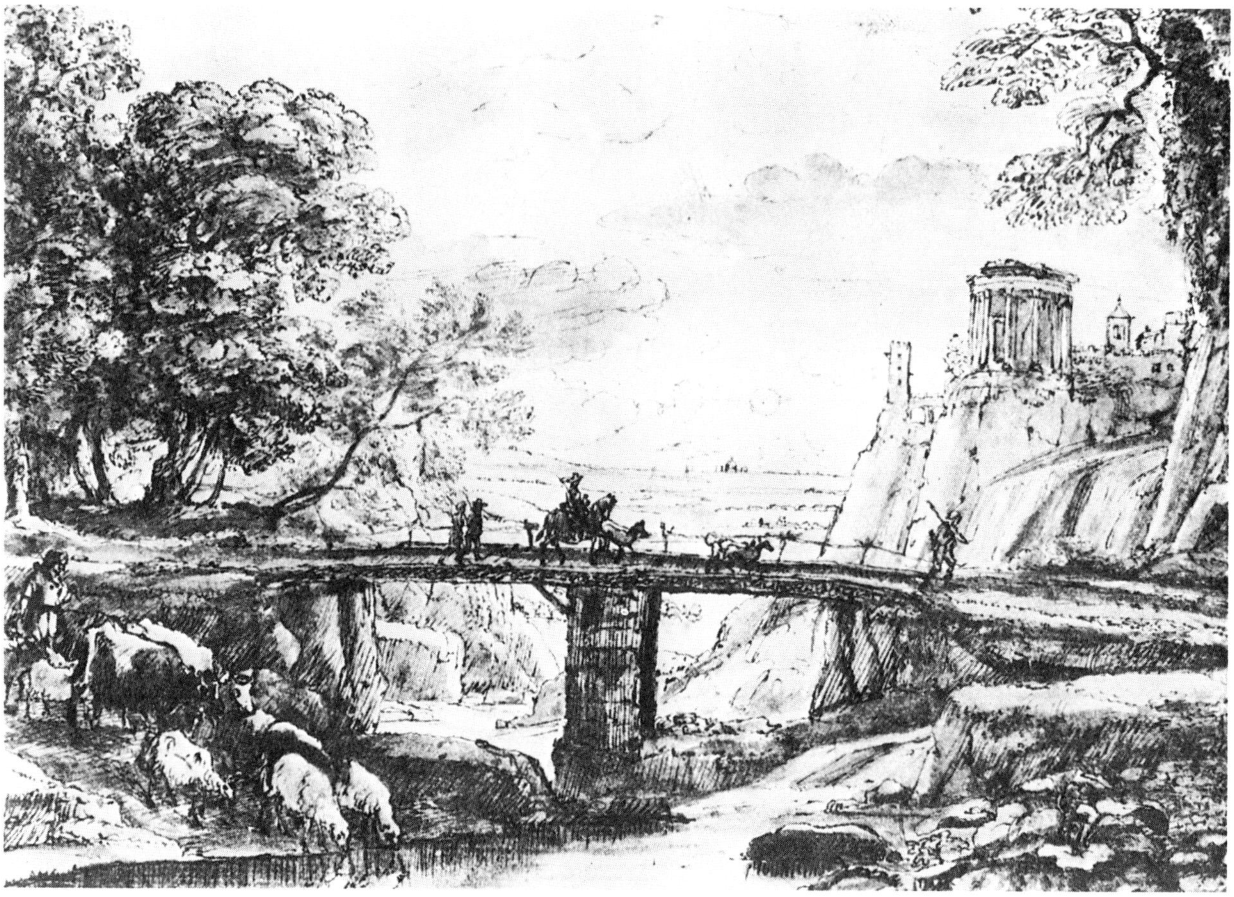

Abb. 16: Claude Lorrain: Idealansicht von Tivoli bei Rom mit der Ruine des Sibyllentempels. Tuschzeichnung aus seinem Skizzenbuch „Liber Veritatis", Nr. 67. 1642

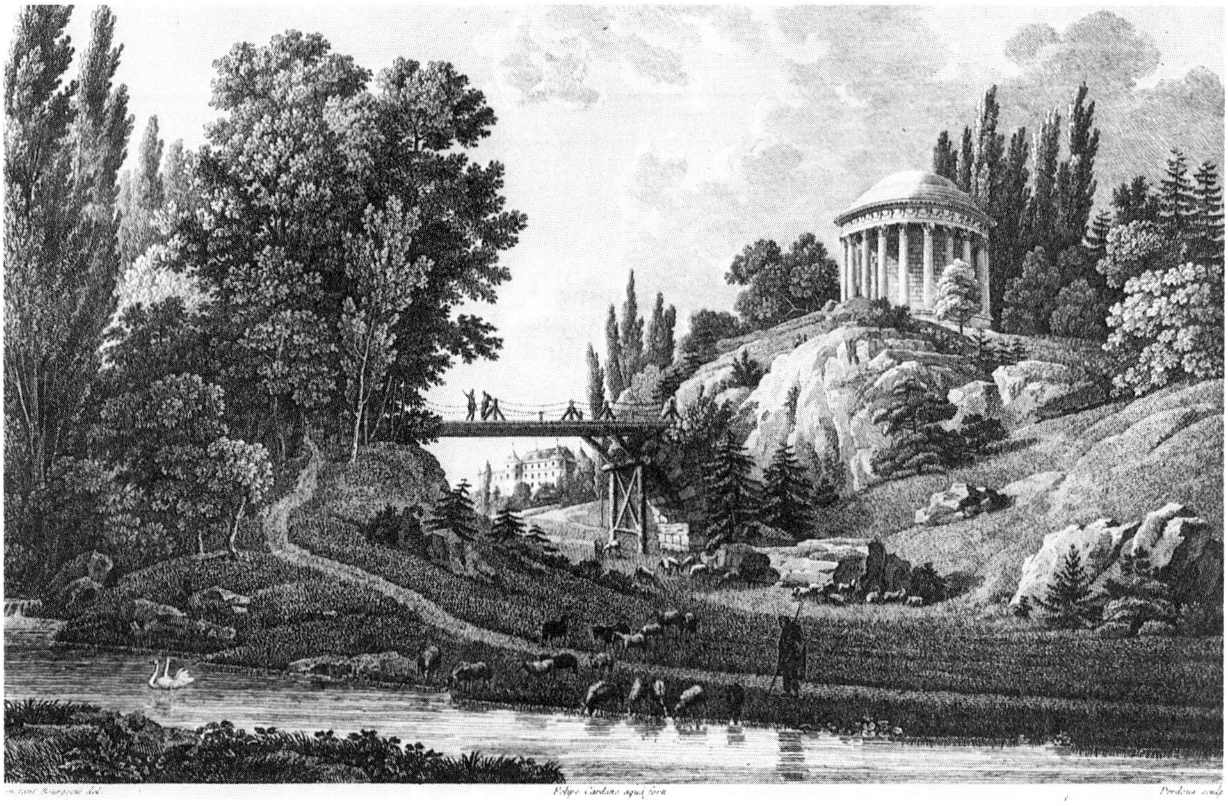

Abb. 17: Ansicht des Landschaftsgartens Méréville (Dep. Essonne). Stich nach einem Gemälde von Hubert Robert. Aus: Alexandre de Laborde: Description des Nouveaux Jardins de la France. Paris 1808

römischen Campagna wachrufen und Assoziationen republikanischer Freiheit erwecken sollte. Zugleich aber wurden die kunstgeschichtlichen Vorbilder der Szenen – etwa die Gemälde CLAUDES – mitreflektiert. Man erging sich bei den Spaziergängen in langen Diskussionen über die Schönheit der Farben und des Lichts, über Komposition und Naturnähe seiner Bilder und verglich sie mit ihrer dreidimensionalen Umsetzung in die „Wirklichkeit". Ein Kunstwerk sei um so schöner, je mehr es die Natur nachahme, die Natur aber, je mehr sie einem Kunstwerk ähnele, hatte schon 1712 Joseph ADDISON in seinem berühmten Aufsatz *„Über die Freuden der Einbildungskraft"* (Upon the pleasures of imagination) geschrieben.

CLAUDES Vorbild gilt auch für den Import des Landschaftsgartens im vorrevolutionären Frankreich. Den Landschaftsgarten Méréville legte bezeichnenderweise wiederum ein Maler an, Hubert ROBERT (1733–1808), der durch seine phantastischen Ruinendarstellungen berühmt wurde. Der Auftraggeber war der Hofbankier König LUDWIGS XVI. Eindeutig kann man erkennen, daß CLAUDES Darstellung von Tivoli in ROBERTS Gartenbild nachgebaut wurde *(Abb. 16 und 17)*. Der ruinenhafte Sibyllentempel wurde dabei wieder in seinen antiken Originalzustand zurückversetzt.

In Deutschland fand der Landschaftsgarten etwa seit 1760 begeisterte Nachahmung. Da häufig in den deutschen Kleinstaaten noch das System des Ancien régime herrschte, trat die Freiheitsidee der Gartenrevolution bisweilen in den Hintergrund. Um so stärker entwickelte sich in der Epoche der Empfindsamkeit (etwa 1770–1790) unter dem Einfluß der Literatur eine verinnerlichte Naturrezeption: Das Landschaftsbild wurde in erster Linie Träger und Spiegel empfindsamer Stimmungen. Eine Abbildung aus der berühmtesten deutschen Garten-Publikation, C. C. L. HIRSCHFELDS (1742–1792) *„Theorie der Gartenkunst"*, zeigt beispielhaft den einsamen und empfindsamen Betrachter einer Parkszene bei Mondschein vor dem Denkmal des gerade verstorbenen Kunsttheoretikers J. G. SULZER *(Abb. 18)*. Die empfindsame Rezeptionsweise zeigt sich in seiner Haltung mit dem in die Hand aufgestützten Kopf. Das Ziel der empfindsamen Gartenkunst war die moralische Erbauung des Betrachters, weniger durch rationale Reflexion und historische Assoziation als durch seelische Rührung.

Eine Grundregel bei der Anlage von Landschaftsgärten seit Alexander POPES Gedicht *„Epistel an Burlington"* (1731) war es, immer vom spezifischen Charakter des vorgegebenen Terrains, dem „Genius loci", auszugehen.

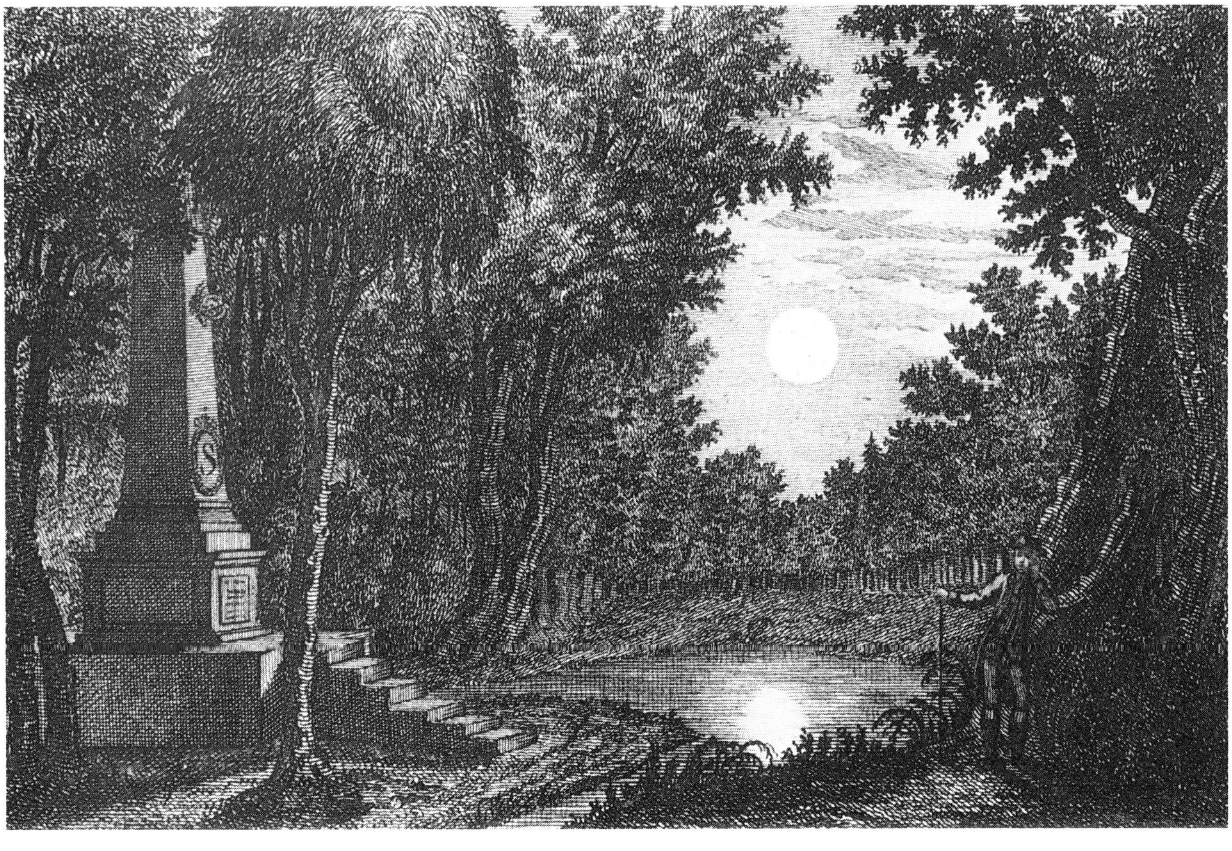

Abb. 18: Empfindsame Gartenszene. Aus: C. C. L. Hirschfeld: Theorie der Gartenkunst. 5 Bde. Leipzig 1779–1785

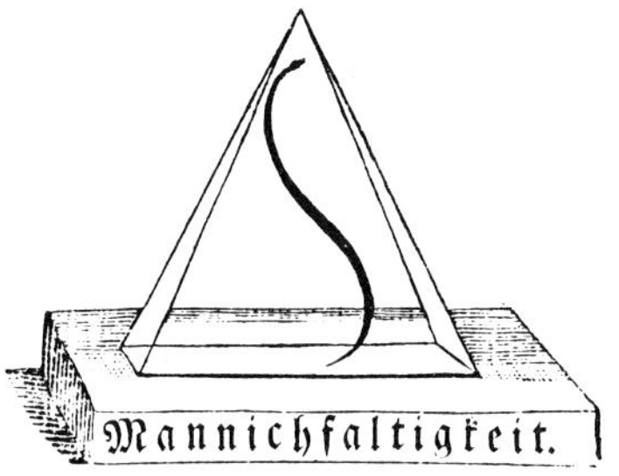

Abb. 19: „Mannichfaltigkeit“ oder die Schönheitslinie, nach Hogarth, 1754

Wie diese Regel mehr und mehr befolgt wurde, kann man besonders an der Anlage der Gartenwege erkennen. Zunächst wurde die schnurgerade barocke Achse durch ebenso unnatürlich geschlängelte Wegformen ersetzt. In den Gestaltungen Lancelot („Capability“) BROWNS herrschte die sanft geschwungene „Schönheitslinie“ vor, die der Maler William HOGARTH aus empirischen Beobachtungen als Inbegriff einer naturkonformen Bewegung bezeichnet hatte *(Abb. 19)*. Sie ist das genaue Gegenteil mathematischer Konstruktion, gerade weil sich kein Punkt bestimmen läßt, in dem sich ihre Richtung ändert (so Friedrich VON SCHILLER).[12] Gleichwohl erscheint die Schönheitslinie noch immer als eine standardisierbare Grundform.

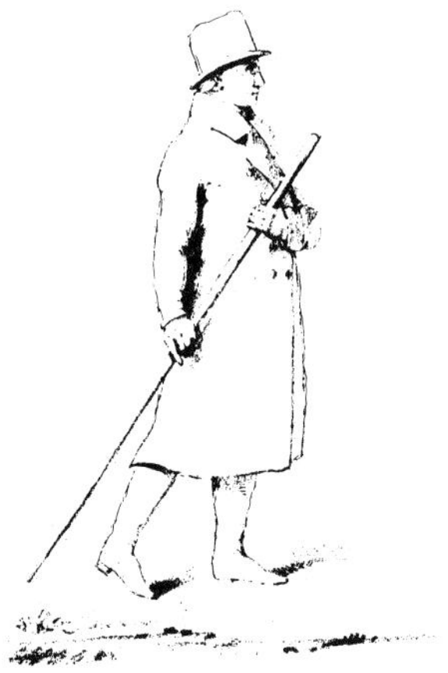

Abb. 20: Friedrich Ludwig von Sckell

Der bayerische Hofgartenintendant Friedrich Ludwig VON SCKELL (1753–1823) ließ sich in dem von ihm verfaßten Traktat über die Gartenkunst mit einem hölzernen Stecken abbilden, der ihm als Zeichenstab bei der Anlage der Wege im Englischen Garten in München diente *(Abb. 20)*.[13] SCKELL „beging“ das für den Park vorgesehene Terrain und überließ sich dabei (angeblich) ganz seinem Landschaftsgefühl und den Gegebenheiten des „Genius loci“. Der auf diese Weise gezeichnete Wegverlauf wurde dann von den begleitenden Gärtnern abgesteckt.

Der Volkspark

Die privaten Landschaftsgärten bei Villen, Landsitzen und Schlössern des aufgeklärten Adels und Großbürgertums in England, Frankreich und Deutschland waren seit der Mitte des 18. Jahrhunderts zumeist einer begrenzten Öffentlichkeit nach vorheriger Anmeldung zugänglich. Das zeigt sich nicht zuletzt daran, daß nun mit Stichen illustrierte Gartenführer erschienen, in denen die Gartenszenen abgebildet und erläutert waren. William SHENSTONE beispielsweise führte die Fremden selbst auf dem Rundgang durch seine Zierfarm „The Leasowes“ und war höchst verärgert, wenn unangemeldete Besucher die Parkszenen in der falschen Reihenfolge absolvierten.

Ein neuerlicher Funktionswandel in der Gartenkunst vollzog sich gegen Ende des 18. Jahrhunderts mit der Einführung öffentlicher Volksparks. In London wurden zwar die königlichen Parks tagsüber der Öffentlichkeit zugänglich gemacht, aber sie blieben Besitz der Krone und sind bis heute mit abschließbaren Gittern umgeben. Der erste Volkspark, der von Anfang an als solcher geplant wurde, war der Englische Garten in München (1789), ein weiterer entstand 1824 in Magdeburg. Ab der Mitte des 19. Jahrhunderts wurden in ganz Europa und in Amerika große Stadtparks angelegt. Die Demokratisierung der Landschaftsgartenidee entsprang neuen Bedürfnissen nach Begegnung, Erholung, Sport und Spiel. Der Volkspark sollte als öffentlicher Freiraum allen Schichten der rasch wachsenden Großstädte offenstehen:

„Die verschiedenen Stände gewinnen, indem sie sich hier mehr einander nähern, auf der einen Seite an anständiger Sittsamkeit [...] und auf der anderen an herablassender Freundlichkeit“, schrieb 1785 der deutsche Gartentheoretiker HIRSCHFELD, und er fügte hinzu, die Anlage solcher Parks auf Staatskosten sei Aufgabe einer „gesunden Staatskunst“.[14]

Solche neuen Funktionen bedingten im Laufe des 19. Jahrhunderts weitere Wandlungen des Gartenstils. Eine Steigerung der Maßstäblichkeit und eine Differenzierung des Wegenetzes zum Fahren, Reiten, Spazierengehen und Verweilen waren vonnöten, Sport- und Spielplätze, Gastwirtschaften und andere Vergnügungsetablissements mußten in die Planung integriert werden. Parallel zum Historismus in der Baukunst kam es auch in der Gartenkunst zunehmend zur Integration historischer Gartenformen, etwa von Elementen des Renaissance- und Barockgartens. Wegen des Rückgriffs auf Stilformen des formalen Gartens, die in den Landschaftsgarten eingebettet und von diesem gleichsam gerahmt wurden, sprach man in der zweiten Jahrhunderthälfte von Gärten im „gemischten Stil“.

Eine Voraussetzung für die eben skizzierte Entwicklung des Volksparks im 19. Jahrhundert war die „Demokratisierung“ der Wahrnehmungsweise und der Bildbedeutungen und Bildprogramme. Es galt, auf die historisch-ästhetischen Assoziationsfelder der Gartenbilder weitgehend zu verzichten, wenn der Park wirklich zu allen

Schichten sprechen sollte. Die sorgsam arrangierten Naturszenen sollten vielmehr unmittelbar und allgemeinverständlich auf die Seele des Parkwanderers einwirken. Entsprechend wurden die Parkdenkmäler monumentalisiert und im Geiste des aufgeklärten Absolutismus auf patriotische und allgemeinverbindliche Werte ausgerichtet; sie stellten etwa Ereignisse, Taten und Leistungen der Vergangenheit zur Stärkung des Nationalbewußtseins dar.

Der Englische Garten in München, den Kurfürst KARL THEODOR 1789 auf Anraten des fortschrittlichen Ministers Graf RUMFORD anlegen ließ, zeigte nach den Umgestaltungen der Jahre 1804–1811 SCKELLS „klassischen" Landschaftsgartenstil *(Abb. 21).* Er zeichnet sich durch eine ausgewogene Folge großräumig

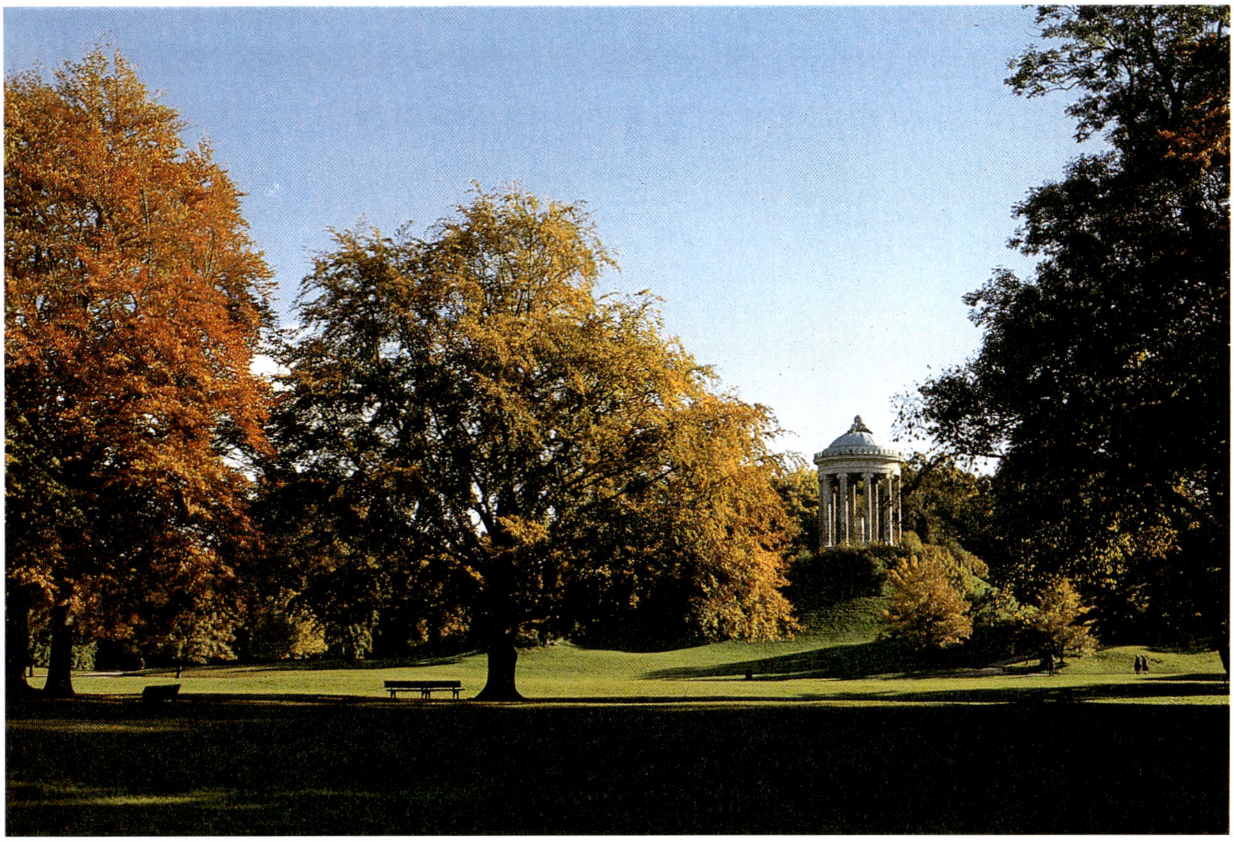

Abb. 21: München, Englischer Garten, Blick auf den Monopteros-Tempel von 1833

ineinandergleitender Naturbilder aus, in denen Natur „in ihrem festlichen Gewande" (SCKELL) erscheinen sollte *(Abb. 22).* Von BROWN, den er während seines Studiums in England 1773–76 kennengelernt hatte, übernahm er die offenen und welligen Wiesengründe *(undulating ground),* die Idee des Gürtelweges *(belt-walk),* die großzügige helle Wasserfläche des stehenden Gewässers (Kleinhesseloher See) und die charakteristischen Baumgruppen *(clumps).* Alles Kleinliche und Überraschende in der Wegführung und Szenenfolge aus der ersten Gestaltungsphase des Parks wurde nun beseitigt. Charakteristisch ist, daß SCKELL exotische Staffagen ablehnte und sich gegen jeden oberflächlichen Täuschungseffekt, wie etwa nur zum Schein angelegte Brücken, wandte. Er plante monumentale klassische Tempel, zum Beispiel einen Ruhmestempel der Wittelsbacher-Dynastie, und ein „Denkmal der großen vaterländischen Ereignisse". Als Synthese des „Gartens des Königs" und des „Gartens der Freiheit" sollte der Volkspark als öffentliche Institution die aufbrechenden Spannungen zwischen den Ständen abbauen helfen.

Die in der 2. Hälfte des 19. Jahrhunderts entstandenen Stadtparks, auf die wir hier nicht näher eingehen können, stellen große, vor allem auch stadtplanerische Leistungen dar. Aber die darstellende Funktion der Gartennatur im Sinne des idealistischen Bildbegriffs trat in ihnen zunehmend hinter sozialhygienische Forderungen zurück: Der Landschaftsgarten verkümmerte allmählich zum „Stadtgrün".

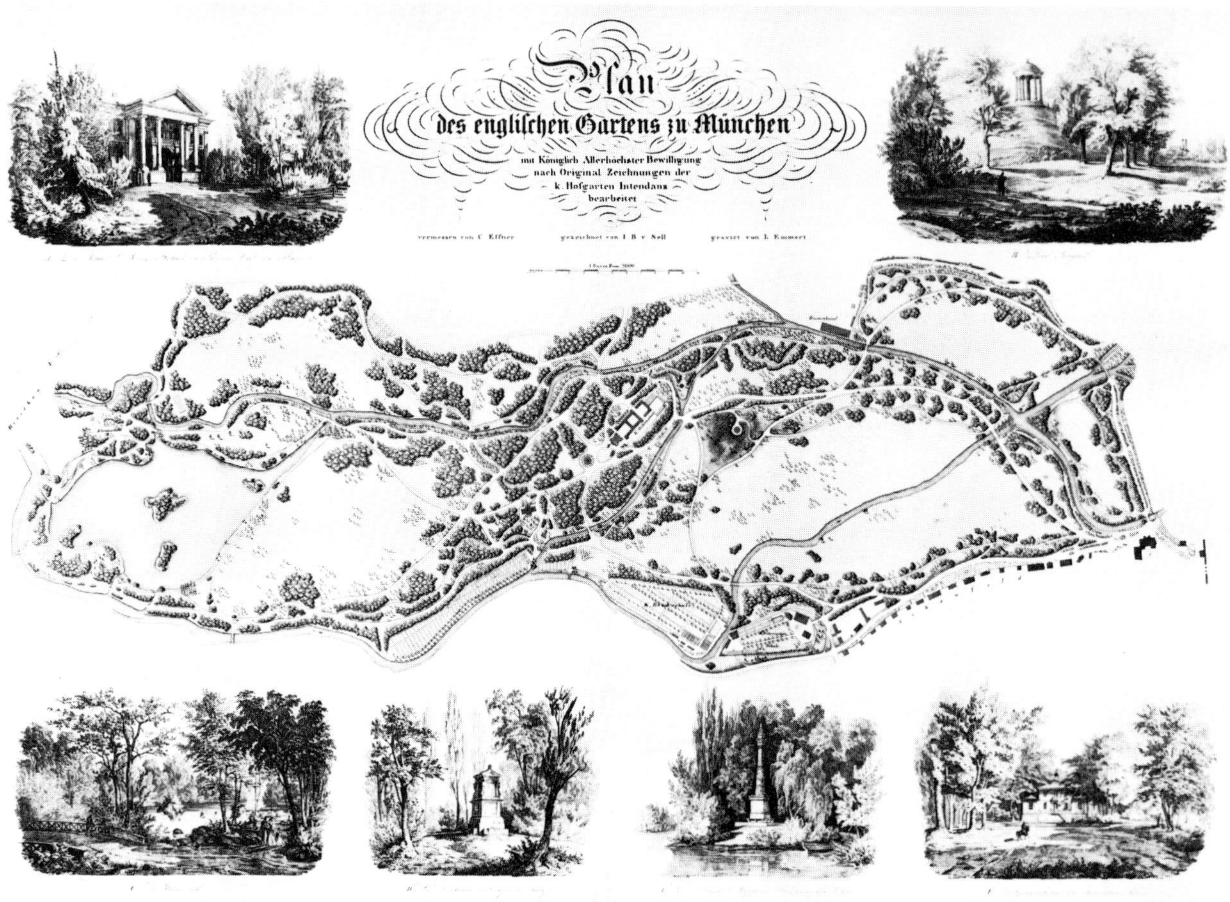

Abb. 22: Der Englische Garten in München. Plan mit Randveduten von I. B. von Sell. Um 1840

Der Garten als offener Aktionsraum

Mit überraschender Deutlichkeit hat sich gezeigt, in welchem Ausmaß „Stilwandel" in der Gartenkunst als Folge ihres Funktionswandels verstanden werden kann. Wir hatten gesehen, daß Le Nôtre die formalen Elemente des Renaissancegartens aufnahm und in einer neuen, hierarchischen Struktur zum Barockgarten weiterentwickelte, der genau den Funktionen eines Hofes im Zeitalter des Absolutismus entsprach und zugleich die rationale Ordnungsidee der Epoche symbolisierte und allegorisch überhöhte. Auf den englischen Landsitzen entstand dann die Antithese des „privaten" Landschaftsgartens als Modell eines liberalen Natur- und Gesellschaftsbildes. Unter den Vorzeichen des aufgeklärten Absolutismus wurde dieser Gartentypus seit dem Ende des 18. Jahrhunderts demokratisiert.

Blickt man auf die Gegenwart, so war zum Beispiel mit dem bewußten Anknüpfen an die offenen Formen des Landschaftsgartens in den Münchner Olympiaanlagen (1972) die Darstellung Nachkriegsdeutschlands als „tolerantes, freiheitliches Land" beabsichtigt. Anders aber als im 18. Jahrhundert soll Natur sich nicht mehr zu idealen „Bildern" verfestigen, die dem Betrachter Standort, Distanz und eine festgelegte Idee vermitteln, sondern einen offenen Aktionsraum bilden, in dem – wie der Planer der Anlagen schrieb – die Nutzungen „weitgehend vom Besucher selbst bestimmt werden". Dies entspricht einem gewandelten Freiheitsverständnis, das Sinn subjektiv zu setzen beansprucht und hinter dem neue naturwissenschaftliche, ökologische und soziale Erfahrungen stehen.

17. Das Bild als Herrschaftsbestätigung

Martin Warnke

Dieser Beitrag behandelt Bedingungen, unter denen das Bild politisch eingesetzt werden konnte, sowie die Wandlungen, denen dieser Einsatz im Laufe des Spätmittelalters unterworfen war. Zwar gab es immer Politik und insofern auch immer eine politische Funktion des Bildes, doch erst im Spätmittelalter und in der Neuzeit gewinnt die Politik gegenüber der Kirche einen Charakter, durch den sie zu einem eigenwertigen Feld des Handelns wird. Im Mittelalter war sie grundsätzlich durch religiös-theologische Vorgaben und Ziele bestimmt. Im Gefolge der Konfessionskämpfe befreit sie sich aber als eine gegenüber Religion und Moral unabhängige Form sozialen Handelns. An LORENZETTIS Fresko im Rathaus von Siena, auf dem die politischen Tugenden stark in den Vordergrund gerückt sind, während die theologischen Tugenden nur noch am Rande zitiert werden, läßt sich das zunehmende Eigengewicht des Politischen ablesen, das dann MACHIAVELLI später systematisch faßt. Auch an anderen bildlichen Zeugnissen läßt sich verdeutlichen, daß Politik als eine Technik des Machterwerbs und der Machtsicherung verstanden wird.

Diese Verselbständigung des Politischen kann sich öffentlich nicht so darstellen, wie sie praktiziert wird: Nach außen muß sie sich zumindest auch moralisch ausweisen; auch müssen Loyalität und Vertrauen der Untertanen den weltlichen Instanzen zugeführt werden – was allein durch das Herausstellen höherer Norm- und Zielvorstellungen des politischen Handelns bewirkt werden kann. Hier gewinnt auch die Kunst eine unabdingbare Funktion. Wie zuvor die Kirche glauben auch die Regierungen und Herrschaftsträger, daß das Volk eher über die Augen als über das Wort zu beeindrucken und zu überzeugen ist. Deshalb der gewaltige Aufwand für die visuelle Inszenierung politischer Repräsentanz. Je weniger sich die Politik tatsächlich von moralischen und religiösen Gründen und Werten bestimmt weiß, um so mehr obliegt es den Künsten, eine solche moralische oder religiöse Fundierung vor Augen zu stellen. So geschieht es, daß Herrscherfamilien als Heilige Familien dargestellt werden, daß Könige sich als heiliger Georg, als Herkules oder Jupiter „verkleiden“ lassen. Insoweit auch steht die Kunst im Dienste einer scheinhaften, trügerischen Werteproduktion. Es gibt jedoch auch Anzeichen dafür, daß seitens der Untertanen eine solche Verkleidung, eine Überhöhung des Faktischen, erwartet und verlangt wurde: Es war die einzige Möglichkeit, wenn auch scheinhaft, Wertvorstellungen gegenüber einer nackten Machtpolitik aufrechtzuerhalten. Insoweit äußern sich in den vergöttlichenden Bildwerken und Lobgedichten auch allgemeinere Bedürfnisse nach einer moralisch begründbaren Form politischen Handelns. Vielleicht darf man sagen, daß diese auch deshalb überlebt haben, weil sie jahrhundertelang als Fiktionen vorgetragen worden waren.

Diese perspektivische Funktion der alten normativen Fiktionen erledigt sich mit der Französischen Revolution. Die Normen und Werte, die vor der Französischen Revolution, im Ancien régime, immer nur zum Schein vorgestellt wurden, werden jetzt Verfassungswirklichkeit, grundsätzlich einklagbar. Damit verliert die Kunst ihre wesentliche politische Funktion; wo sie betont politisch wird, begegnet man ihr eher mit Skepsis. Grundsätzlich scheidet die Kunst aus den Staatsdiensten aus; sie kann jetzt autonom werden, das heißt ein eigenes System ästhetischer Normen und Erfahrungen ausbilden – das sie eher in Opposition zu gegebenen Normen und Wertvorstellungen bringt. Das Ausscheiden der bildenden Künstler aus den Staatsdiensten heißt nicht, daß die modernen Demokratien ohne Bilder auskommen. Die Kluft zwischen Verfassung und Wirklichkeit erfordert nach wie vor Überhöhungsleistungen zugunsten konkurrierender Parteien, die mit weltanschaulichen, konfessionellen und moralischen Ansprüchen antreten. Doch diese Wertleistungen können in den modernen Massendemokratien nicht mehr von Künstlern erbracht werden, die auf handwerklicher Grundlage Einzelwerke herstellen. Wohl aber übernehmen die visuellen Massenmedien zum Teil die Funktionen, die im Ancien régime noch den bildenden Künsten vorbehalten waren.

Die Ausgliederung politischen Handelns aus den christlichen und ethischen Normensystemen

Kunst hat zu allen Zeiten im Dienste der Politik gestanden; sie hat die Funktion übernommen, vor der städtischen oder staatlichen Öffentlichkeit Herrschaftsrechte oder -ansprüche bildhaft anschaulich werden zu lassen. Jedoch erst seit der Neuzeit ist das Politische als selbständige Sphäre sozialen Handelns begriffen worden, kann es seit MACHIAVELLI unabhängig von Religion und Moral gedacht werden.

Die Entwicklung innerweltlicher Ziel- und Handlungsnormen

In Siena, einer der mächtigen italienischen Handelsrepubliken des Mittelalters, wurde in den Jahren 1338/1340 der Sitzungsraum des höchsten städtischen Regierungsorgans, des „Neunerrates“, von dem Maler Ambrogio LORENZETTI mit einem großen Fresko geschmückt, das uns Auskunft darüber geben kann, wie man gegen Ende des Mittelalters das politische Handeln beurteilte (vgl. S. 393–397).[1]

Das Gesamtprogramm der Wandmalereien stellt die Grundsätze und die Folgen einer Guten Regierung denen einer Schlechten Regierung gegenüber. Das politische Handeln wird also von normativen Prinzipien aus beurteilt: Es kann gute und schlechte Regierungen geben, beide zeitigen entsprechende Folgen für das Zusammenleben der Menschen.

Welche Prinzipien aber sind es, denen eine gute Regierung Folge zu leisten hat? Das Fresko stellt diese Prinzipien in Form von Personifikationen vor, das heißt, es zeigt ideelle Werte und Normen als lebendige menschliche Wesen verkörpert, die je nach dem Stellenwert und Gewicht, das man ihnen beimißt, groß oder klein, würdig oder herrschaftlich erscheinen. LORENZETTI setzt die Personifikationen dieser Prinzipien auf eine lange Bank, deren Rückenlehne er in der Mitte jedoch erhöht, um der wichtigsten und größten Figur einen Thronsitz zu geben: Es ist eine mächtige, furchterregende Gestalt, mit Szepter und Weltkugel, eine Mischung von byzantinischer Herrscher- und christlicher Gottesvorstellung. Diese beherrschende Figur verkörpert das wichtigste Ziel politischen Handelns: das allgemeine Wohl, den „Bene Comune“. Um dieses Leitziel politischen Handelns zu erreichen, sind Fähigkeiten oder Tugenden vonnöten, die rechts und links der Hauptfigur sitzen: ganz links lässig in ein Kissen gelehnt die *Pax,* also die Tugend, Frieden zu halten und zu stiften; dann die *Fortitudo,* also die Tugend, mit Stärke, Tapferkeit und Mut ein politisches Ziel zu vertreten und zu verteidigen; ihr folgt *Prudentia,* die Tugend der Weisheit, Klugheit und Umsicht. Rechts der Hauptfigur sitzen die Tugenden der *Magnanimitas,* also der Fähigkeit zu Großherzigkeit; der *Temperantia,* der Fähigkeit zu Mäßigung, und schließlich *Justitia,* der Fähigkeit zu Gerechtigkeit. Da die Gerechtigkeit nicht nur eine persönliche Tugend und Fähigkeit, sondern eine gesatzte Ordnung und eine objektive Institution ist, wird sie links etwas abseits der Bank noch einmal eigens herausgehoben: die Geltung des Rechtes ist die Grundlage bürgerlichen Handelns, deshalb geht von *Justitia* ein einigendes Band aus, das zu ihren Füßen von *Concordia,* der Eintracht, ergriffen und an eine Gruppe von Ratsherren weitergegeben wird, die es wie in einer Prozession dem höchsten Ziel, dem Gemeinwohl, darbringen; auf der gleichen Ebene unterhalb der Tugendbank werden von rechts Gefangene dem Gemeinwohl zugeführt; es sind Rechtsbrecher oder Rebellen, die dem Normensystem jetzt neu unterstellt werden. In einem eigenen Feld wird in einem großen Landschaftspanorama der Segen geschildert, den eine Regierung, die alle aufgezählten Tugenden berücksichtigt, für Stadt und Land bedeutet: In der Stadt blüht das Gewerbe, die Menschen tanzen, feiern und arbeiten; auf dem Lande blühen die Felder, holen die Bauern die Ernte ein und können die wohlhabenden Städter frei zur Jagd ausreiten (vgl. S. 396).
Das Freskenprogramm entfaltet ein in sich schlüssiges Konzept politischen Handelns: Dieses dient einem höheren Ziel, welches das „allgemeine Wohl“ heißt und das hier als ein konfliktfreies Handeln und Wandeln veranschaulicht und vorgestellt wird, als eine einträgliche wirtschaftliche Austauschbeziehung zwischen Stadt und Land. Dieses höchste Ziel kann nur verwirklicht werden, wenn Regierende und Regierte bestimmte Regeln und Normen befolgen, wenn sie friedvoll, mutig, weise, freigebig, maßvoll und vor allem gerecht sind.

In einem weiteren (schlecht erhaltenen) Fresko schildert LORENZETTI, was geschieht, wenn nicht das Gemeinwohl, sondern tyrannische Eigensucht das politische Handeln bestimmt: Neben dem Dämon der Tyrannis thronen dann Grausamkeit, Verrat, Betrug, Zwietracht und Krieg; das Recht liegt gefesselt zu Boden, Stadt und Land sind ungepflegt und stehen sich waffenklirrend gegenüber. Irdischer Frieden und irdisches Glück als Ziele des politischen Handelns gedeihen nur, wenn eine Reihe ethischer Grundwerte Geltung gewinnen, welche die bösen Eigenschaften der menschlichen Natur außer Kraft setzen.

Der gedankliche Gehalt des Programms der Sieneser Fresken von Ambrogio LORENZETTI nimmt die Ergebnisse der Entwicklung politischer Theorien auf, die von Philosophen und Theologen erarbeitet worden waren.[2] Das Gemeinwohl war schon von ARISTOTELES als Ziel des politischen Handelns bestimmt worden. Während PLATON die Verwirklichung der Gerechtigkeit, die von der Philosophie zu definieren ist, von der Politik erwartete, hat ARISTOTELES von ihr die Verwirklichung nicht einer vorab definierten Idee, sondern der den Menschen innewohnenden Befähigung zu tugendhaftem Handeln verlangt. Dieses tugendhafte Handeln sucht die

Erfüllung einer in der menschlichen Natur angelegten Zielbestimmung, die einen Zustand ohne materielle und geistige Zwänge, den Zustand der Glückseligkeit *(eudaimonia)*, erstrebt; der gute Herrscher wird den Staat so leiten, daß sich diese Form des Gemeinwohls, in der das in den Menschen angelegte Gute zur Entfaltung kommen kann, verwirklicht.

Die christliche Theologie konnte mit solchen innerweltlichen Wohlfahrtsprogrammen wenig anfangen. Da nach ihr der Mensch allemal sündig ist, kann er im Diesseits nicht zu einer Glückseligkeit kommen; das irdische Leben ist eine Durchgangsstation, eine notwendige Vorbereitungsphase zum Leben im Jenseits, in der allein die Gerechtigkeit Gottes sich verwirklicht. Diese Abwertung des politischen Handelns im Diesseits geriet unter Druck, je mehr eine aufblühende städtische Wirtschaft und eine ausgreifende herrschaftliche Staatsbildung es notwendig erscheinen ließen, der Dynamik der diesseitigen Verhältnisse ein Eigenrecht zuzubilligen. Die wieder zugänglich gewordenen Schriften des ARISTOTELES gewannen unter diesen Umständen seit dem 13. Jahrhundert wieder an Aktualität. THOMAS von Aquin hat deshalb die Aristotelischen Lehren aufgegriffen und mit der christlichen Lehre zu vereinbaren gesucht. THOMAS erkennt an, daß das diesseitige Leben ein eigenes Gewicht beanspruchen kann, das eigene Regeln des Handelns erfordert; er gesteht zu, daß der Mensch auch ein gesellschaftliches Wesen ist, das für diese Form seines Seins eigenständige Werte und Normen entwickelt. THOMAS spricht erstmals von einer „politica scientia", von einem politischen Wissen, das den zwischenmenschlichen Verkehr regeln kann, und er hat als erster auch einen „Fürstenspiegel" geschrieben, in dem den Herrschern dieser Welt Leitsätze an die Hand gegeben werden. Mit ARISTOTELES bestimmt THOMAS das „Gemeine Wohl" als das Ziel fürstlicher Herrschaft. Den Einklang mit der überlieferten christlichen Lehre, die das Diesseits als ein sinnvolles Tätigkeitsfeld ausgeklammert wissen wollte, stellt THOMAS so her, daß er eine Rangfolge der Zwecke aufstellt: Das tugendgemäße, gesellschaftliche Leben im Diesseits ist ein Zweck geringeren Grades, dem als „höchstes Ziel" die himmlische Glückseligkeit übergeordnet bleibt; diesem höchsten Ziel hat der Mensch letztlich zuzustreben, und es ist die Pflicht einer „politica christiana", eines christlichen Regimentes, die Menschen dazu anzuhalten, „die himmlische Glückseligkeit zu erstreben"; dazu muß der Herrscher selbst in einem christlichen Sinne tugendhaft sein, damit seine Herrschaft die Herrschaft Gottes in dieser Welt spiegeln könne.

Das Fresko des Ambrogio LORENZETTI spiegelt recht genau diesen Stand der Entwicklung des politischen Bewußtseins. Um die Personifikation des Hauptzieles diesseitigen politischen Handelns, um das groß herausgestellte „Gemeinwohl", versammeln sich die Tugenden, die schon nach ARISTOTELES notwendig sind, um das höchste Ziel eines glücklichen Gemeinwesens zu erreichen. Darunter befinden sich auch die christlichen Kardinaltugenden der Gerechtigkeit, Tapferkeit, Weisheit und Mäßigkeit – die hier einem innerweltlichen Handlungsziel zugeordnet sind, von dem sich auch die 24 Ratsherren leiten lassen; in dem großen Landschaftsbild ist das Ergebnis eines solchen innerweltlichen Handelns als allgemeine Wohlfahrt dargestellt.

Man könnte den Eindruck haben, der Sieneser Stadtrat habe, als er das große Freskoprogramm ausarbeitete, die neue politische Lehre des THOMAS von Aquin berücksichtigt, ohne auch dessen Wertbestimmung, wonach die irdische Glückseligkeit der himmlischen nachzustehen habe, zu beherzigen. Denn das Wandbild ist beherrscht von weltlichen Handlungsnormen: Als Hauptfiguren treten das Gemeinwohl und das Recht groß hervor, ihnen zugeordnet sind die zivilen Tugenden; mit dem Zuge der Ratsherren und dem Einschreiten der Ordnungskräfte, welche die Rechtsbrecher vorführen, sowie mit dem großen Landschaftspanorama, das den Alltag in und um Siena zeigt, werden jene abstrakten Tugendbegriffe unmittelbar in ein gegenwärtiges, weltlich-praktisches Handeln umgesetzt. Dieser Eindruck ist von den anschaulichen Gegebenheiten zwar nahegelegt – aber doch nicht ganz zutreffend. Denn über den Häuptern der Tugenden, die das zivile Leben regeln sollen, schweben Gestalten, die an das religiöse Jenseitsziel erinnern: Genau über dem Haupte des Gemeinwohls schwebt eine Engelsfigur, die inschriftlich als *Caritas*, als Mildtätigkeit und Liebe, ausgewiesen ist; sie hält einen Pfeil und ein brennendes Herz in Händen, womit gemeint ist, daß die Liebe zu den Menschen auf die Liebe zu Gott hinführen soll. Rechts neben ihr schwebt *Spes*, die Hoffnung, die unmittelbar in das Antlitz Gottes blickt, womit gesagt sein will, daß menschliche Erwartungen sich letztlich doch auf die Herrschaft Gottes richten; ebenso verweist die Figur der *Fides*, des Glaubens, links über der sitzenden *Prudentia*, durch das Kreuz über ihren Schultern darauf, daß Christus das Kreuz auf sich genommen hat, damit die Menschen das Himmelreich erreichen können. Über der thronenden *Justitia* ganz links aber schwebt die göttliche *Sapientia*, die Weisheit, welche sich somit als eine letzte Instanz anbietet, die dem Menschen erst im Jenseits das ihm zukommende Recht zuteil werden lassen wird.

Es ist durchaus so, daß auch in diesem Rathausfresko von 1339 der christlichen Lehre Genüge getan wird, die den Vorrang des Heilszieles gegenüber allen Weltzielen behauptet – insofern hält sich das Programm streng an die Werthierarchie, die THOMAS von Aquin gesetzt hatte. Dennoch läßt sich von der anschaulichen Gewichtung im Fresko her schließen, daß die politische Handlungssphäre ein großes Eigengewicht gegenüber der religiöshimmlischen Sphäre gewonnen hat. Die Erinnerung an die himmlischen Zielwerte ist gleichsam nur noch eine Pflichtleistung; man zitiert sie noch, ohne ihnen aber einen prägenden Vorrang zu geben. Das politische Leben in der reichen Stadt, die Notwendigkeit, die neue Dynamik dieses Wirtschafts- und Handelslebens mit seinen sozialen und außenpolitischen Folgewirkungen in den Griff zu bekommen, drängt die überlieferte kirchliche Jenseitsforderung an den Rand und befördert die Entwicklung innerweltlicher politischer Ziel- und Handlungsnormen.

Politik als Herrschaftstechnik

Etwa dreißig Jahre später, um 1370, hat der französische König Charles V. sich von einem Gelehrten seiner Umgebung, von Nicolas d'Oresme, die Hauptschriften des Aristoteles übersetzen und auch mit Bildern illustrieren lassen.[3] Zu diesen Illustrationen gehört auch eine Darstellung der guten und schlechten Regierungsformen, wie sie Aristoteles in seiner *„Politik"* ausführlich analysiert hatte *(Abb. 1).* Auf einer Doppelseite der Handschrift werden jeweils drei Regierungsformen in ihrer guten und in ihrer schlechten Ausprägung gegenübergestellt.

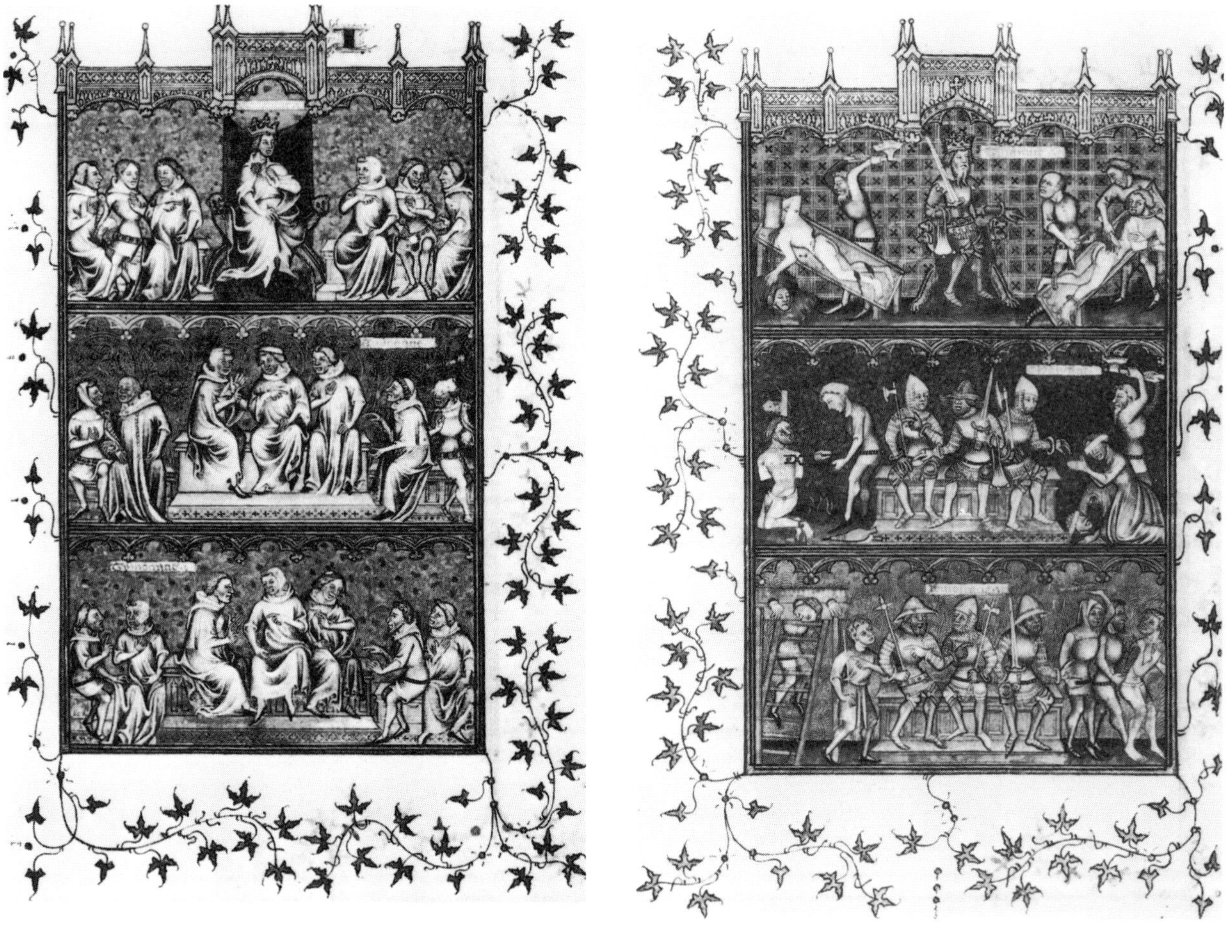

Abb. 1: Die Guten und Schlechten Regierungsformen. Miniaturen zur Übersetzung von Aristoteles' „Politik" durch Nicolas d'Oresme. Nach 1372. Brüssel, Bibliothèque Royale Albert I. *Links:* Monarchie, Aristokratie und Timokratie (Königsherrschaft, Adelsherrschaft, Geldherrschaft). *Rechts:* Tyrannei, Oligarchie und Demokratie (Gewaltherrschaft, Klassenherrschaft, Volksherrschaft)

An der Spitze der Guten Regierungen steht die *Monarchie,* die für Aristoteles die beste aller Regierungsformen war (*Abb. 1,* links oben): In der Mitte sitzt auf einem Baldachinthron der König, zu seiner Linken und Rechten sieht man Ratgeber aus verschiedenen Ständen, die miteinander diskutieren und dem aufmerksamen König ihre Ratschlüsse mitteilen. Als die Verkehrung dieses Regierungssystems erscheint auf der Gegenseite oben die *Tyrannei* eines Einzelnen: Der Tyrann sitzt schwerbewaffnet auf seinem Stuhl; zu seiner Linken und Rechten foltern und morden seine Schergen die Untertanen. Ein guter König ist also ein solcher, der aufgrund des Rates der Standesvertreter entscheidet.

In der mittleren Bildebene, links, werden die positiven und negativen Formen der zweitbesten Regierungsform gezeigt, der *Aristokratie.* In ihrer positiven Form sind drei Männer als Staatslenker herausgehoben; das Kollegium diskutiert lebhaft, so daß die seitlich sitzenden Untertanen oder Standesvertreter sich deutlicher bemerkbar machen müssen, wenn sie Gehör finden wollen. Die Perversion dieser Aristokratie zur *Oligarchie,* rechts, zeigt unverhohlen, daß hier das Recht des Stärkeren gilt: Das schwerbewaffnete Kollegium zeigt sich zerstritten und läßt willkürlich foltern und hinrichten.
Die untere Bildebene, links, zeigt nicht, wie es von ARISTOTELES' Text her vorgegeben war, die *Politie,* also eine oligarchische Demokratie, sondern die *Timokratie,* eine Vermögensherrschaft der Reichen und der Geldbesitzer, womit eine im 14. Jahrhundert aktuell gewordene politische Bewegung angesprochen ist, durch die in den Städten die reichen Kaufleute das alte Patriziat allenthalben zu verdrängen suchten. In der positiven Form dieses timokratischen Regierungssystems sitzt ein Ratskollegium von drei Personen, die – anders als bei der Aristokratie – sowohl miteinander als aber auch mit den seitlich sitzenden Untertanen das Gespräch suchen. Als Perversion dieser Herrschaft der Reichen wird unser heutiges Regierungsideal angesehen: die *Demokratie.* Es ist vielleicht die früheste Verbildlichung dieser Regierungsform, und es ist zugleich eine Karikatur – wie denn bis zum heutigen Tage diese Regierungsform der Demokratie in Bildern eher karikiert als gepriesen wird. Nach ARISTOTELES ist die Demokratie deshalb eine Perversion der Politie, weil in dieser wenigstens nur zum Vorteil der Reichen, in der Demokratie aber zum Vorteil der meisten, also der Armen, regiert wird. Allerdings ist nach ARISTOTELES die Demokratie doch unter allen pervertierten Regierungsformen noch die erträglichste, und so scheint es auch der Illustrator um 1370 zu sehen: Er zeigt zwar auch hier ein schwer bewaffnetes Regierungskollegium mit verrohtem Aussehen, aber ihr Vorgehen ist doch um eine Spur milder als das des Tyrannen und das der Oligarchie, denn rechts wird ein halb entkleideter Bürger zwar verprügelt und vertrieben, doch nicht gleich geköpft; und links hängt zwar ein anderer Untertan im Würgebock, aber der Scherge wendet sich, so als habe er Gewissensbisse, an die Regenten zurück, um sie auf die Folgen ihres Befehls hinzuweisen.[4]

Vergleicht man die Illustrationen mit den Ausführungen des ARISTOTELES, so fällt auf, daß dem politischen Herrschaftsmechanismus um 1370 Eigenschaften abverlangt werden, die bei ihm noch nicht im Vordergrund standen. Der Illustrator unterscheidet die Regierungsformen im wesentlichen nach ihrer Bereitschaft, mit den Untertanen Kontakt und Konsultationen aufzunehmen. Was den König vom Tyrannen unterscheidet, ist die Fähigkeit, Berater und Standesvertreter zu hören; die Güte der jeweiligen Regierungsformen richtet sich nach ihrer Gesprächsfähigkeit mit den Regierten. Richtiges Regieren, so scheint es, ist der richtige Umgang mit den Untertanen.

Die Illustrationen geben darüber hinaus keinerlei Ziele und Normen an; es fehlt jegliche Rücksicht auch auf das Aristotelische politische Handlungsziel, das allgemeine Wohl, oder auch auf eine christliche Heilsvorstellung. Diese im Sieneser Fresko noch herausgestellten übergeordneten Normen und Ziele sind hier ausgelassen; es fehlt jede ethische oder religiöse Grundlegung. Wenn sie auch im Rahmen einer Handschriftenillustration nicht erforderlich war, so zeigt das Beispiel doch, daß ein politisches Handeln denkbar wurde, das sich von allen ethischen und religiösen Normvorgaben unabhängig wußte. Das Politikverständnis, das hier bildlich umgesetzt wurde, versteht das politische Handeln als eine Form der übereinstimmenden Willensbildung zwischen Regenten und Regierten, nicht mehr als eine Form der Verwirklichung übergeordneter Werte; anders ausgedrückt: Politik erscheint als eine Technik des Machterwerbs, der einem durch geschickten Umgang mit anderen Menschen zufällt.

Was hier in einer entlegenen Miniatur eher unbewußt formuliert sein mag, ist dann etwa hundert Jahre später in den Schriften MACHIAVELLIS ausdrücklich und programmatisch entwickelt worden: Politik erscheint als Herrschafts- oder Machttechnik, die ihr Ziel in sich hat und nicht mehr moralischen oder religiösen Normen unterliegt; eher dienen auch diese noch der Untermauerung politischer Macht. Die politische Sphäre befreit sich von den außerpolitischen Normvorgaben; ihren Zweck findet sie in der Erhaltung staatlicher Macht, und sie funktioniert entsprechend als *Staatsräson.*[5]

Nachdem LUTHER dann die alte Zweireichelehre von einem geistlichen und einem weltlichen Reich in dem Sinne weitergetrieben hatte, daß er dem weltlichen Regiment eine Eigenständigkeit zubilligte, sofern es nur die persönlichen Glaubens- und Gewissensbedürfnisse unberührt ließ, konnte sich die weltliche Obrigkeit als eine autonome Instanz ausbilden, die eigenen Gesetzen gehorcht. Die Religionskriege vor allem in Frankreich haben dann bei den Humanisten das Bedürfnis nach einer religiös unparteiischen staatlichen Gewalt verstärkt: Um den inneren Frieden zu sichern, mußten die Glaubenssachen vom politischen Bereich isoliert, als private Angelegenheit den Einzelmenschen überlassen und dem Staat die Vollmacht übertragen werden, die weltlichen Dinge auch nach rein weltlichen Normen zu regeln. Diese Neutralisierung des Politischen hat im 17. Jahrhundert nach den Erfahrungen des englischen Bürgerkrieges in der Staatstheorie von Thomas HOBBES eine weitere Grundlegung erfahren und im absolutistischen Staat auch durch den Aufbau einer staatlichen Bürokratie und Polizei Gestalt angenommen.

Die Idee der Staatsräson

Das leitende Prinzip dieser autonomisierten politischen Sphäre: die Staatsräson, hat schon verhältnismäßig früh auch eine Verbildlichung erfahren. Eines der wichtigen Handbücher, das Künstlern und Auftraggebern für die visuellen Umsetzungen ihrer Absichten noch lange nützlich war, die *„Iconologia"* des Cesare Ripa,[6] hat in seiner zweiten Auflage von 1603 auch eine Personifikation der Idee von der Staatsräson angeboten *(Abb. 2):*

Sie solle eine Frau sein, so erläutert der Kommentar, die Waffen trage, weil derjenige, der sich der Staatsräson bediene, unter allen Umständen herrschen wolle – sei es mit Hilfe von Waffen oder mit anderen Mitteln. Das Kleid der Frau solle mit Augen und Ohren übersät sein, weil die Staatsräson ihre Ziele durch ständige Beobachtung erreichen müsse. Die Frau hält eine Rute, weil diese ein Zeichen jeglicher Form von Herrschaft sei; zu ihren Füßen entblättert sich der Mohn, weil die Staaträson nichts aufkommen läßt, was ihren Zielen im Wege steht; ein Löwe ist ihr beigegeben, weil der Herrscher, der sich der Staatsräson bedient, allen anderen überlegen sein und zur Erhaltung des Staates Wachsamkeit und Kraft walten lassen müsse. Das Buch mit der Aufschrift „IUS" (Recht) liege am Boden, weil die Staatsräson manchmal das Zivilrecht hintanstellen müsse, und zwar nicht nur um der staatlichen Macht willen, sondern auch der „pùbblica utilità", dem allgemeinen Nutzen, zuliebe.

DI CESARE RIPA.

Leone, à piedi del quale ſia vn libro poſpoſto da parte, con l'inſcrittione IVS.

RAGIONE DI STATO.

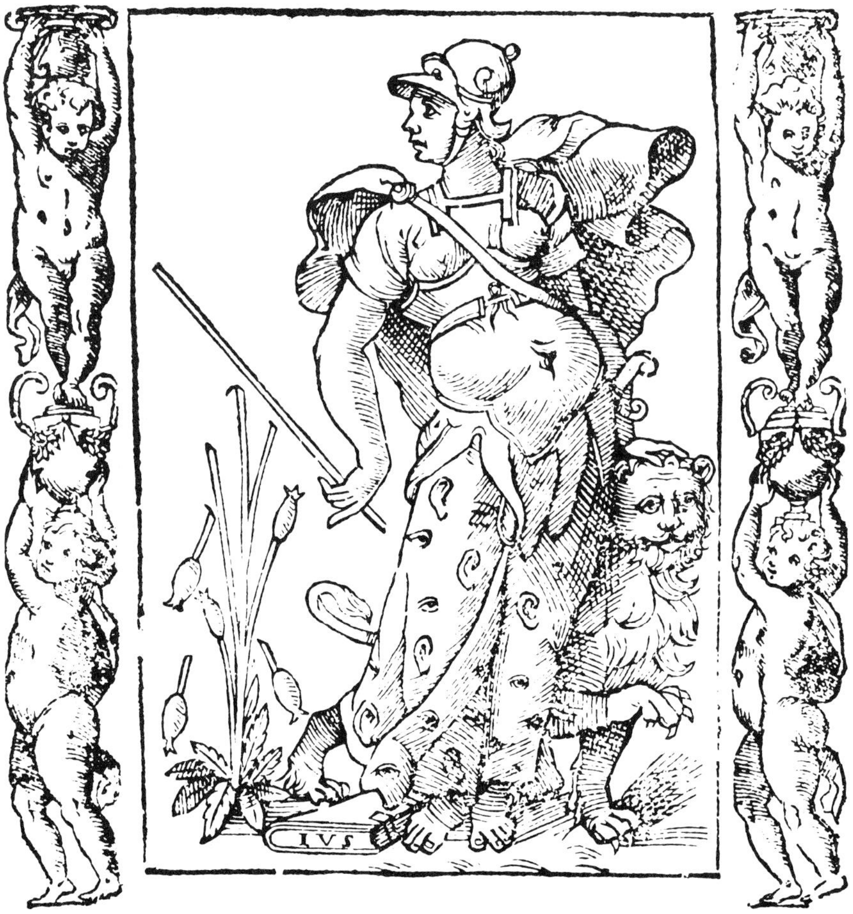

Si dipinge armata, per dimoſtrare l'huomo che ſi ſerue di tal ragione, vuole quando foſſero le forze il tutto dominare cô l'arme, ò altro mezzo.

Si rappreſenta con la veſte di colore torchino conteſta d'occhi, e d'orecchie, per ſignificare la geloſia, che tiene del ſuo dominio, che per tutto vuol hauer occhi, & orecchie di ſpie, per poter meglio guidare i ſuoi diſegni, & gl'altrui troncare.

Abb. 2: Cesare Ripa: „Ragione di Stato" (Staatsräson). Iconologia, Rom 1603, S. 427

Die Erhaltung des inneren Friedens zum allgemeinen Nutzen rechtfertigt also auch eine gelegentliche Mißachtung des gesatzten Rechts; die politische Nützlichkeit folgt einer eigengesetzlichen Notwendigkeit. Hier ist eine Auffassung von der Politik ins Bild gebracht, die alle Abhängigkeit von religiösen oder moralischen Normsystemen abgeworfen hat und nur noch den staatlichen Interessen dient. Ihre leitenden Tugenden und Prinzipien sind nicht mehr das allgemeine Glück, die Entfaltung der Mildtätigkeit, der Gerechtigkeit oder die himmlische Glückseligkeit, sondern allein die Stärke, die Macht und die Schlauheit oder Klugheit, welche den staatlichen Institutionen und deren Trägern die Herrschaft garantieren und erhalten.

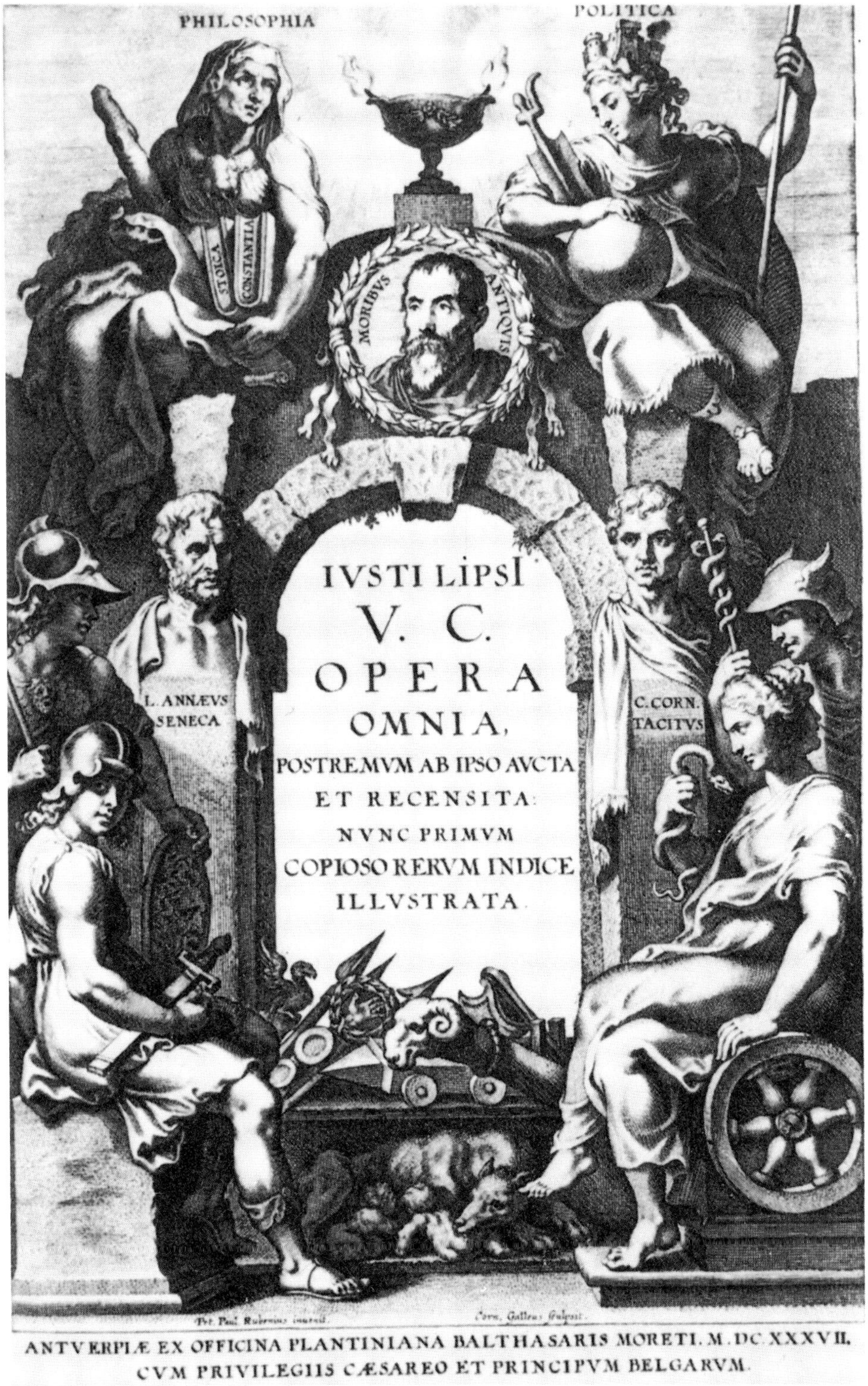

Abb. 3: Peter Paul Rubens: Titelblatt zu Justus Lipsius' „Opera Omnia". Antwerpen (Officina Plantiniana) 1637

Ein Titelblatt, das einer der politisch erfahrensten Künstler, Peter Paul RUBENS, im Jahre 1637 für die Buchausgabe der Gesamtwerke des Justus LIPSIUS gezeichnet hat, kann uns den neuen Stellenwert, den das politische Handeln gegenüber anderen Normensystemen gewonnen hatte, nochmals verdeutlichen *(Abb. 3)*.[7] Das Bildnis des Justus LIPSIUS ist in einem Medaillon am Scheitel eines unfertigen Torbogens angebracht. Der Zustand des Torbogens wird so erklärt, daß mit ihm der Staat gemeint sei, den es mit Hilfe der politischen Theorie noch zu vollenden gelte. Justus LIPSIUS war einer der theoretischen Miterbauer des souveränen absolutistischen Staates. RUBENS hat die wesentlichen Elemente dieser theoretischen Fundierung im Titelblatt sichtbar gemacht: Oben auf dem Bogen sitzen links und rechts oberhalb des Bildnismedaillons und neben einer Doppelflamme Philosophie und Politik als weibliche Gestalten. Die Gegenüberstellung ist nicht als Gegensatz gemeint – so, als verfolgten philosophische und politische Theorie auseinanderstrebende Ziele –, vielmehr vereinen sie sich zu einer politischen Philosophie, die politisches Handeln und philosophisches Verhalten aufeinander beziehbar macht.

Die Gestalt der Philosophie, eine ältere Frau, hat eine eher hingebungsvolle, folgsame Haltung, die durch die Inschrift auf dem von ihr gehaltenen Buch bekräftigt wird: sie empfiehlt eine „stoica constantia", also eine stoische Duldsamkeit und Standhaftigkeit gegenüber allen Fährnissen des Lebens; politisch ausgedrückt, bedeutete diese Standhaftigkeit Gehorsam oder wenigstens ein Erdulden der politischen Zustände mit jenem Gleichmut und jener Gemütsruhe, die SENECA gelehrt hatte, dessen Büste vor dem Torbogen aufgestellt ist; die stoische *Constantia* konnte Klugheit und Tapferkeit miteinschließen, denn die von ihr vermittelte Standhaftigkeit ergibt sich aus der Einsicht in die Gleichgültigkeit der irdischen Belange. Diese Haltungen werden unten durch die stehende *Athena* und die sitzende Kriegsgöttin *Bellona* vertreten. Während also auf der linken Seite des Torbogens philosophische Einsichten an den Untertanen oder Staatsbürger gerichtet werden, sind auf der rechten Seite entsprechende Leitsätze auf die Politiker, die Herrscher, gemünzt: Die Politik ist eine jüngere, selbstbewußte Frau, die die Regierungsattribute der Weltkugel, des Szepters und des Ruders zu handhaben versteht. Die Grundsätze ihres Handelns bezieht sie aus den Schriften des TACITUS, dessen Büste rechts vor dem Torbogen aufgestellt ist; er hatte kühl und illusionslos die Verstellungs- und Machtpraktiken der römischen Kaiserzeit geschildert. Da die Politik nicht die königliche Krone auf dem Haupt, sondern die Mauerkrone als Sinnbild der „potestas", der Macht, trägt, darf man schließen, daß sie ihr Politikverständnis weniger im Sinne einer königlichen Amtsautorität als im Sinne einer Technik der Machterhaltung und -sicherung aufgefaßt wissen möchte. Die dazu notwendige Tugend ist die Klugheit und Schlauheit, die unten im Vordergrund dieser Bildhälfte sitzt und deren Doppelgesicht auch eine Fähigkeit zur Doppelbödigkeit nahezulegen scheint. Hinter ihr steht Merkur, der Gott der Diplomaten und Kaufleute, der die Erhaltung politischer Macht auch dem Verhandlungsgeschick anheimgibt.

Die Philosophie, die hier dem Staatsbürger eine gelassene Disziplin nahelegt, und die Politik, die hier dem Regenten eine kluge Handhabung des politischen Instrumentariums empfiehlt, bilden ein Handlungskonzept für eine autonome politische Sphäre: Nirgends ist ein höheres religiöses oder moralisches Ziel vorgegeben, kein übergeordneter Wert leitet das politische Handeln und Verhalten; vielmehr wirkt alles zusammen, um ein funktionierendes, sich selbst begründendes politisches System zu gewährleisten.

Der Einsatz der Kunst zur Stützung der autonom gewordenen politischen Sphäre

Es ist bekannt, daß in der politischen Praxis die italienischen Stadttyrannen der Renaissance, daß selbst Päpste, und daß die absolutistischen Monarchien wie das Frankreich RICHELIEUS und MAZARINS die Kriterien des Machterwerbs, der Staatsräson, über alle anderen Maßstäbe und Rücksichten gestellt haben. Doch diese oft skrupellose und prinzipienlose Praxis haben uns zumeist erst die Historiker aus den Akten der Archive erschlossen; schwerlich wird man einen Herrscher finden, der öffentlich von sich verkündet hätte, ihm gälten die Religion und die Moral nichts, seine persönliche Machtsicherung dagegen alles. Auch die politischen Theoretiker, welche die Technik der politischen Herrschaft analysierten und somit öffentlich machten, durften sich selten einer allgemeinen Anerkennung erfreuen. Mochten die skrupellosen Empfehlungen des MACHIAVELLI auch insgeheim manchem Staatsmann nützlich und auf den Leib geschrieben sein, so war doch dieser Autor öffentlich einer der meistgeschmähten und -verleugneten politischen Autoren aller Zeiten. Auch die Humanisten, die im Frankreich der Bürgerkriege für einen überparteilichen Staat plädierten, wurden als Atheisten beschimpft, weil sie die Politik von den religiösen Normen befreien wollten. Es ist nicht bekannt, daß ein Staatsmann sich die Personifikation der Staatsräson, wie sie Cesare RIPA vorgeschlagen hatte, öffentlich zugelegt oder angeeignet und damit bekannt hätte, daß das Machtinteresse die einzige Richtschnur seines Handelns gewesen wäre.

Es ist vielmehr umgekehrt: Je mehr die Politik sich in der Praxis als eine eigengesetzliche Sphäre begreift, die unabhängig von allen ethischen und religiösen Normen gehandhabt wird, um so stärker wird die Notwendigkeit, sie nach außen als Ausfluß jener Normen zu begreifen. Eine immer und zunehmend aufmerksame und kritische Öffentlichkeit hätte nie geduldet, daß ein Fürst sich offen etwa zu machiavellistischen Prinzipien bekannt hätte. Die Vorstellungen, daß ein staatliches Amt höheren, moralisch begründeten Zielen zu dienen, und daß ein König sein Amt von Gottes Gnaden verliehen bekommen und entsprechend zu verwalten habe, waren bei den Untertanen zu fest verankert, als daß sie hätten übergangen werden können. Solche Vorstellungen, die das politische Amt an höhere Normen binden, waren nicht nur Restformen des Glaubens, an denen ein unmündiges Volk festhielt, sondern sie waren auch die einzigen Mittel, über welche die Untertanen wenigstens ideell ihre Fürsten zur Berücksichtigung allgemeinerer Bedürfnisse zwangen. Ein Fürst, der nicht öffentlich zeigte, daß er sich vor Gott und der allgemeinen Moral verantwortlich wußte, hätte wohl kaum die Chance gehabt, Steuern und Abgaben, Kriegsdienste und Loyalitätsbekundungen entgegennehmen zu können. In dem gleichen Maße also, in dem sich Politik zu einer eigenständigen Form sozialen Handelns entwickelt, ist sie auf eine nicht-politische Begründung und Rechtfertigung ihres Handelns angewiesen; je weniger sich das politische Handeln tatsächlich an moralischen oder religiösen Normen orientiert, um so mehr wächst der Bedarf nach ebensolchen Sinn- und Zielbestimmungen des politischen Handelns vor der Öffentlichkeit. Der Begriff, der diese Wechselbeziehung im Ancien régime bezeichnet, heißt „Reputation" und „Fama": Wie MACHIAVELLI, so hat auch etwa RICHELIEU immer wieder darauf hingewiesen, daß für eine Regierung die Fama, der Ruf oder das „Ansehen", wichtiger sei als alles andere: Sie konnte tun, was sie wollte, wenn sie nur darauf achtete, daß ihr Ruf, ihre Fama, nach außen den allgemeinen Erwartungen und Normen entsprach.[8] Mochten in Wahrheit Schein und Sein auseinanderklaffen, so mußte doch nach außen die Politik als die Erfüllung gültiger Normen und als deren Garant in Erscheinung treten. Dem Schein nach mußten die höheren Zielbestimmungen politischen Handelns in Geltung bleiben.

Der neuzeitliche Fürstenstaat verfügte über mehrere Mittel, der Fama nachzuhelfen und sich als Träger moralischer und religiöser Normen zu präsentieren: Zeitungen, Flugblätter, Lobeshymnen oder Opern und Schauspiele konnten dafür eingesetzt werden. Zu diesen Mitteln gehörten jedoch in besonderem Maße auch die bildenden Künste: sie stellten ein von den Gottesdiensten her geläufiges Medium dar, sie stellten den Sinnen eine Fiktion dauerhaft vor Augen.

Zwei Beispielgruppen sollen verdeutlichen, in welcher Weise den politisch Handelnden über die Kunst außerpolitische Normen zugesprochen wurden:

Christliche Normen

In der ersten Gruppe werden Fürsten christliche Eigenschaften zugeschrieben. Diese unmittelbare Verwertung religiöser Normen für die Darstellung herrscherlicher Familien überblendet das politische Geschäft durch nichtpolitische Normen. Die Kunst schafft eine Fiktion, der man entnehmen soll, daß die herrschende Familie den altüberlieferten christlichen Ansprüchen gerecht wird.

• Im Palazzo der MEDICI in Florenz befindet sich eine fast 2 Meter hohe und fast 1,5 Meter breite Holztafel, auf der eine Szene gemalt ist, die sich sogleich als eine „sacra conversazione", als jener außerordentlich verbreitete Typus der Madonna mit Heiligen, zu erkennen gibt *(Abb. 4)*.

In der Mitte sitzt Maria mit dem Kind, hinter ihr die heilige Anna, vor ihnen am Boden der heilige Johannes. Diese Gruppe der Anna Selbdritt ist umringt von den Heiligen Cosmas und Damian links und den Heiligen Georg und Flavian rechts; links hat sich die heilige Katharina dazugesetzt. Sieht man in diesem Bild eine religiöse Szene, die 1575 vielleicht von einem Maler namens Giovanni Maria BUTTERI gemalt wurde, so reiht sie sich ein in Hunderte ähnlicher Kompositionen, wie sie auf den Altären italienischer Kirchen seit dem 15. Jahrhundert geläufig waren. In dieses so geläufige Schema religiöser Heiligendarstellung sind jedoch zeitgenössische Personen hineingestellt, die der herrschenden Familie der MEDICI angehören. Vor den Heiligenscheinen erscheinen wohlbekannte Gesichter; in die Kleider der Heiligen sind zeitgenössische Personen aus der herrschenden Familie der toskanischen Großherzöge hineingeschlüpft: Die Rolle des heiligen Cosmas nimmt der Großherzog Cosimo Medici ein, der ein Jahr zuvor verstorben war; hinter ihm tritt der Kardinal Ferdinand Medici als heiliger Damian auf; der heilige Georg ist der regierende Großherzog, Francesco I., hinter ihm erscheint als heiliger Flavian Paolo Giordano ORSINI, der soeben die Isabella Medici geheiratet hat, welche als heilige Katharina sitzen darf. Es war noch nicht lange her, da in dieser Medicifamilie ein großer Streit mit mehreren Morden im Gefolge ausgebrochen war – einer der vielen innerfamiliären Machtkämpfe der Renaissance.

Deshalb hat man gemeint, man müsse das Bild als ein Sühnebild deuten, durch das die Herrscherfamilie sich der Öffentlichkeit als reuefähige Familie vorstelle. Drastisch ausgedrückt erscheint hier eine Familie, die auf anderen sozialen Ebenen als Verbrecherfamilie dastehen würde, als eine Heilige Familie. Politische Akteure verkleiden sich als Heilige und erkennen zur Öffentlichkeit hin die Verbindlichkeit der christlichen Normen auch für das politische Handeln an.[9]

• Daß diese Verkleidungstechnik nicht vereinzelt war, kann ein Bild aus der gleichen Zeit zeigen, das Engelhard de PEE zugeschrieben wird und in München entstanden ist *(Abb. 5)*. Auch hier erkennen wir sogleich eine religiöse Szene: die Darstellung Christi im Tempel. Doch auch hier hat man die Personen als zeitgeschichtliche Mitglieder der Familie der WITTELSBACHER eindeutig ausmachen können.

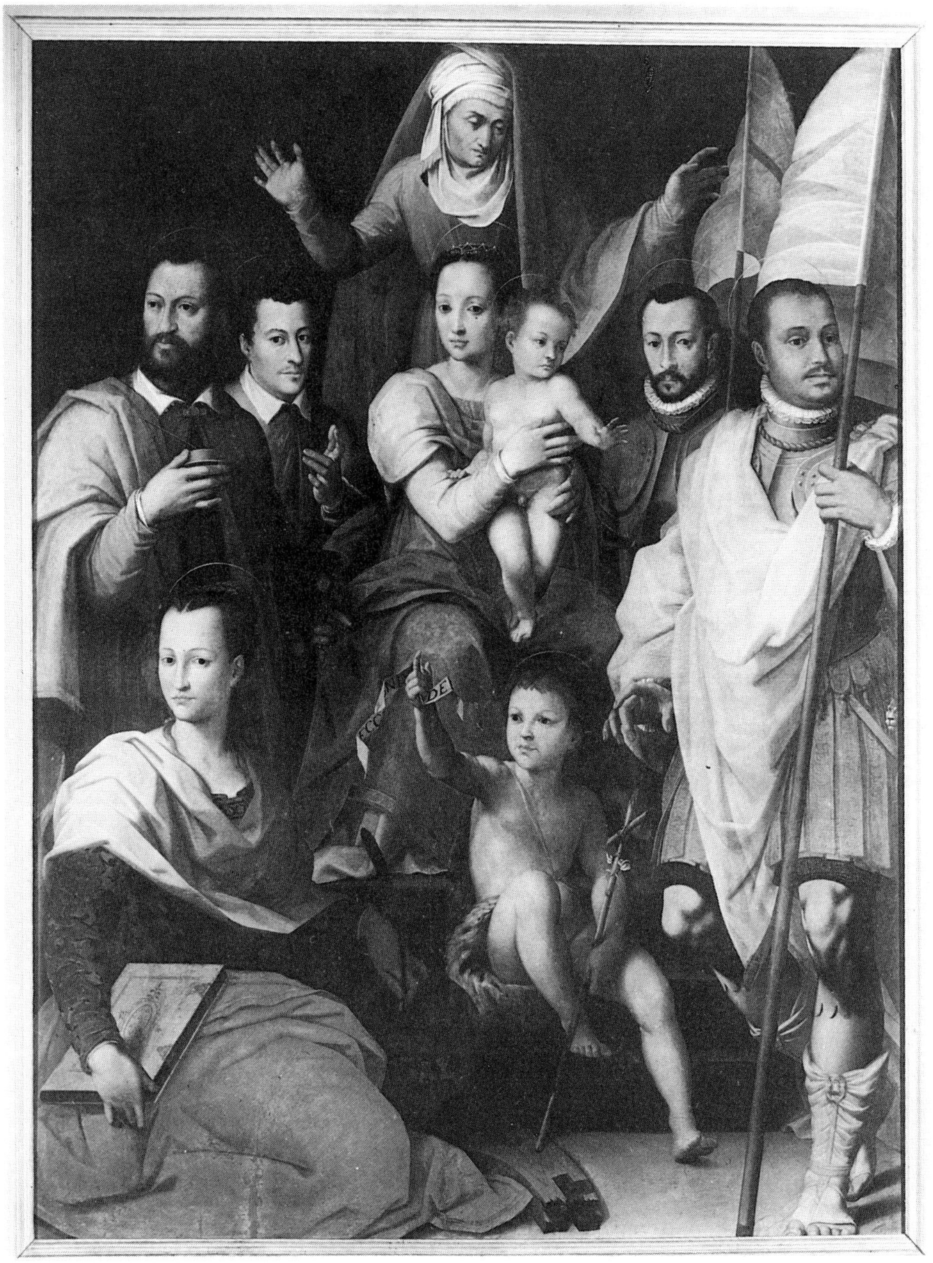

Abb. 4: Giovanni Maria Butteri zugeschrieben: Familienmitglieder der Medici als Heilige um die Madonna versammelt. 1575. Florenz, Galleria degli Uffizi

Die Maria ist in Wahrheit Renata von Wittelsbach: sie präsentiert den von der Großmutter Anna gehaltenen Sohn Maximilian dem Hohenpriester Ernst, der später Erzbischof von Köln werden wird. Als Prophetin Hanna erscheint die Urgroßmutter Jakobäa Maria. Als Zuschauer treten von hinten der Großvater Albrecht V. und der Vater Wilhelm hinzu, der seine Frisur noch etwas auf einen Christusschnitt hin verändert hat. Rechts der Oheim Ferdinand. In der Bibel war die Geschichte eigentlich so erzählt, daß nicht so sehr der Hohepriester die Hauptfigur abgab, sondern daß die Heilige Familie auf dem Weg zum Tempel unverhofft und überfallartig von Simeon und dann auch von der alten Hanna aufgehalten wird, weil sie Christus in dem Jungen erkannten.

Dieser Zwischenfall ist hier ganz zugunsten der Zeremonie vor dem Hohenpriester ausgeklammert, so daß man schließen darf, daß die Wittelsbacher Familie Wert darauf legte, als Erfüller des Gesetzes – das vom Hohenpriester verkörpert wird – zu erscheinen, und weniger von bloß zufällig im Tempel lagernden Alten auf ihre Heilsträchtigkeit hingewiesen werden wollte. Die Wittelsbacher wollten sich offensichtlich als gegenreformatorisch kirchen- und gesetzestreue Familie gesehen wissen.[10]

• Der Maler J. G. Cuyp hat den Statthalter der nördlichen Niederlande nach der Befreiung der Stadt s'Hertogenbosch von den Spaniern, 1630, als David verkleidet dargestellt *(Abb. 6):* Damit wird bekundet, daß

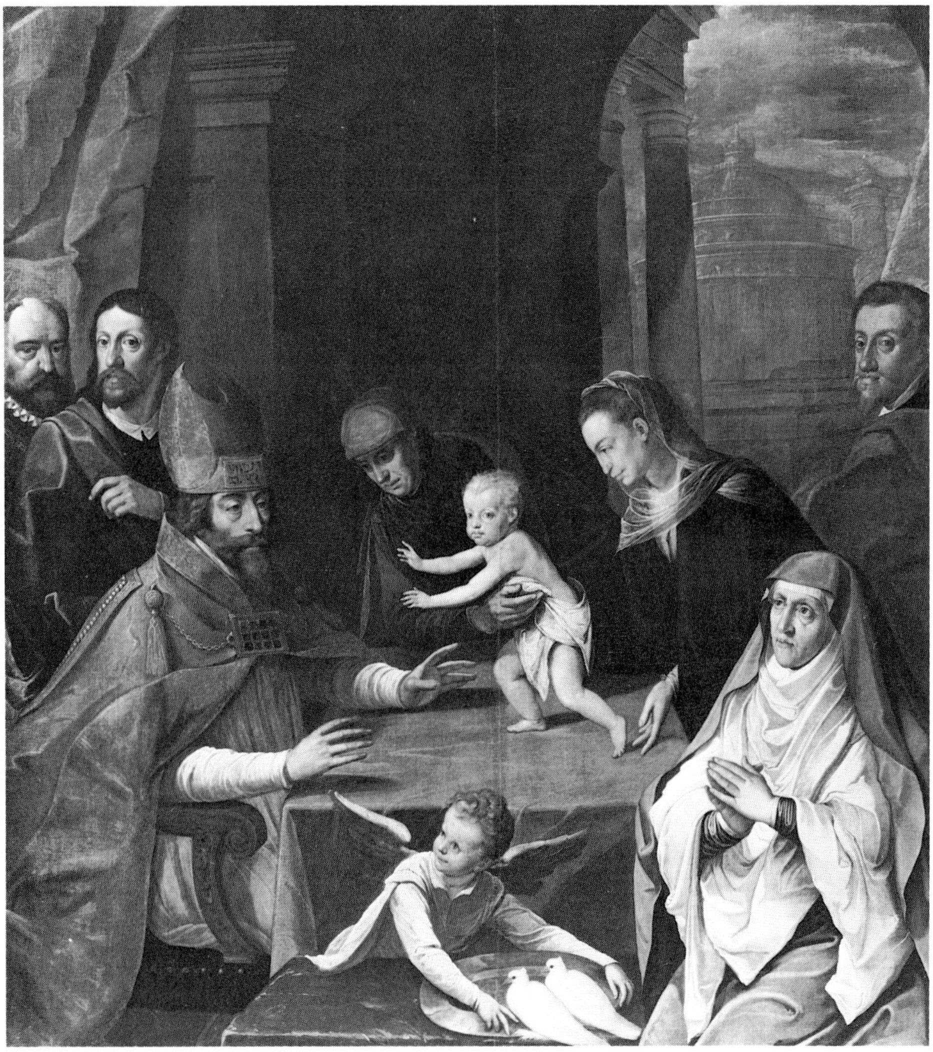

Abb. 5: Engelhard de Pee zugeschrieben: Familienbild der Wittelsbacher als Darstellung im Tempel. Um 1575–1585. München, Bayerische Staatsgemäldesammlungen

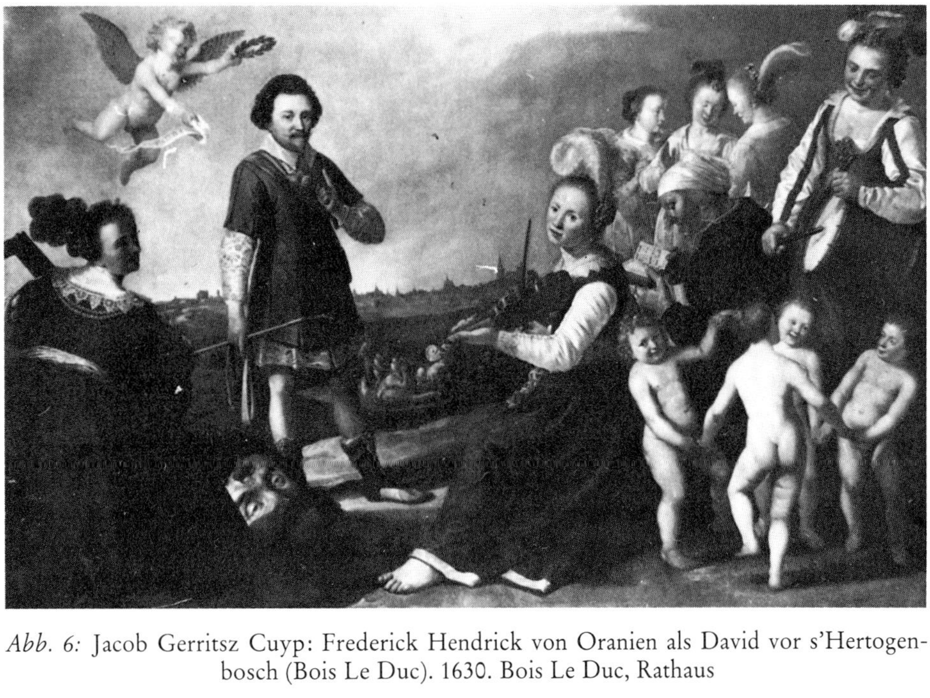

Abb. 6: Jacob Gerritsz Cuyp: Frederick Hendrick von Oranien als David vor s'Hertogenbosch (Bois Le Duc). 1630. Bois Le Duc, Rathaus

Gott auf seiten der kleinen Niederlande im Kampf gegen die Großmacht Spanien steht, so, wie er David gegen den Philister Goliath beigestanden hat. Der Statthalter vertritt im Kampf gegen Spanien nicht etwa wirtschaftliche Interessen der Republik, sondern er vertritt Gottes Interessen.

• Ähnlich muß man einen anonymen Stich deuten, der um 1745 den Krieg zwischen Preußen und Österreich in eine alttestamentarische Szene umsetzt *(Abb. 7):* Hier ist das große Österreich der David und Preußen der heidnische Koloß Goliath.[11]

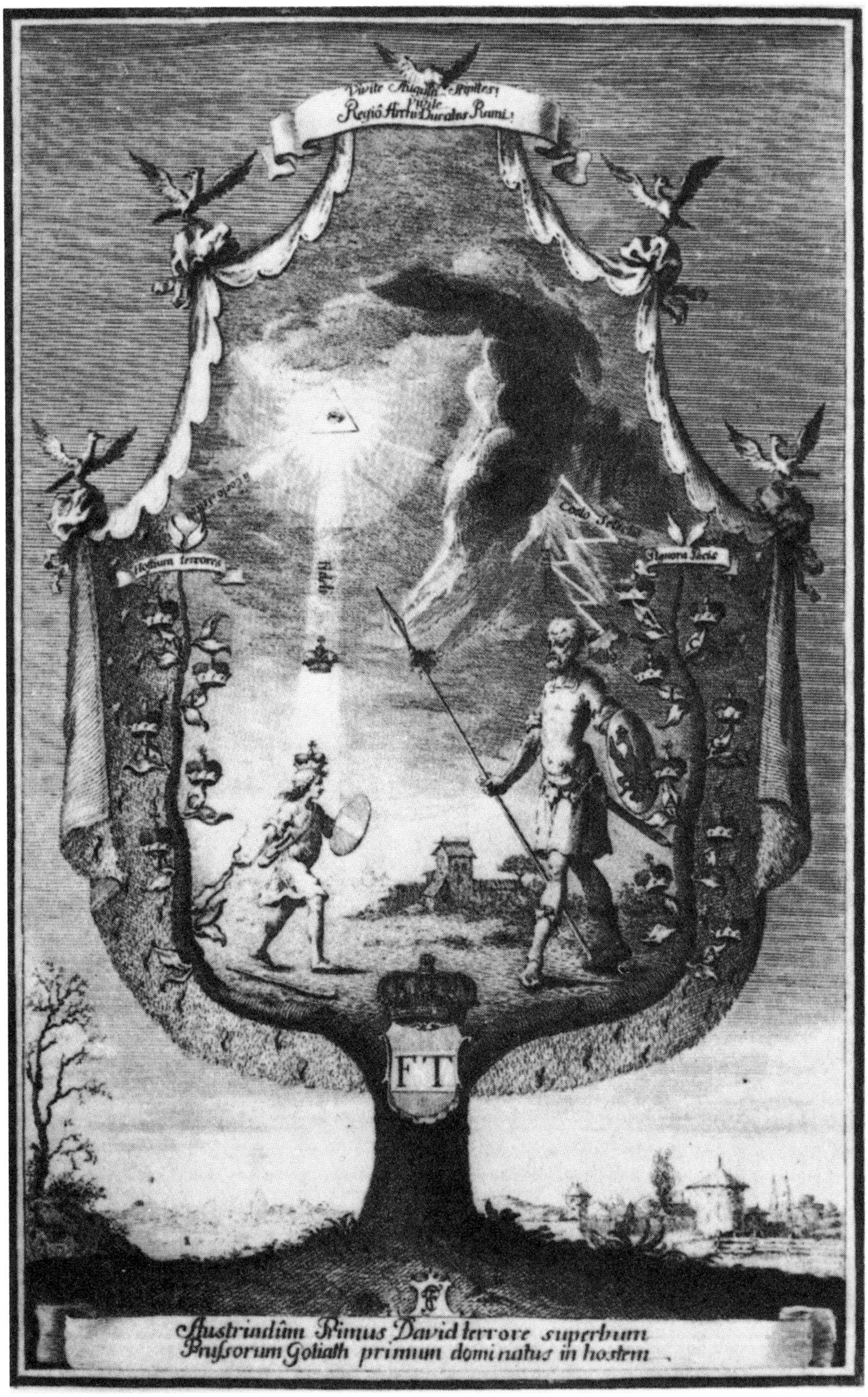

Abb. 7: Anonym: Österreich als David im Kampf gegen Preußen als Goliath. Kupferstich. Wien, Historisches Museum der Stadt Wien

Der Welt werden also machtpolitische Auseinandersetzungen im Gewand einer religiösen Ketzerbekämpfung vorgestellt. Die Politik beansprucht einen Wertkodex, der ihre wirkliche Praxis überhöhen soll.

Ethische Normen

In der zweiten Gruppe werden Fürsten weltlich-moralische Werte zugewiesen. Gerade das mythologische Normensystem bot hier vielfältige Identifikationsmöglichkeiten.

• In erster Linie waren es Vorstellungen, in denen *Herkules* eine Rolle spielt. Durch die Kette seiner Taten galt er seit altersher als schwer arbeitender, allein seinen Kräften und Tugenden vertrauender Mensch, der die Aufgaben und Gefahren, die das Leben stellen kann, unerschrocken angeht. Bürgerliche Stadtrepubliken wie Florenz konnten ihn in ihr Siegel aufnehmen, weil man in ihm auch einen Freiheitshelden verehrte, der alle Feinde und Tyrannen dieser Welt besiegt hatte. Sehr zahlreich sind die Beispiele dafür, daß sich Fürsten diese in Herkules verkörperten ethischen Normvorstellungen zugelegt haben.

– Um 1595 hat Johan SADELER einen Stich herausgebracht, auf dem der Prinz MAXIMILIAN I. von Bayern als „Herkules am Scheidewege" sich entschließen muß, ob er den Verlockungen einer schönen Frau nach rechts in eine bequeme Wiesenlandschaft oder ob er den Mahnungen der gestrengen Tugend, die nur steile Wege anbieten kann, folgen will *(Abb. 8)*. Herkules hat sich natürlich für den dornigen Tugendweg entschieden, und so will es auch der bayerische Prinz tun, zumal die Götter im Himmel ihm Minerva zu Hilfe entsandt haben. Man kann sagen, daß der Prinz sich mit der Herkulesrolle so etwas wie ein bürgerliches Leistungsethos andichten läßt.[12]

– Der französische König HEINRICH IV. wurde um 1602 in einem Buch, in dem seine Dekrete gegen den Finanzschlendrian im Staat veröffentlicht wurden, als Herkules darge-

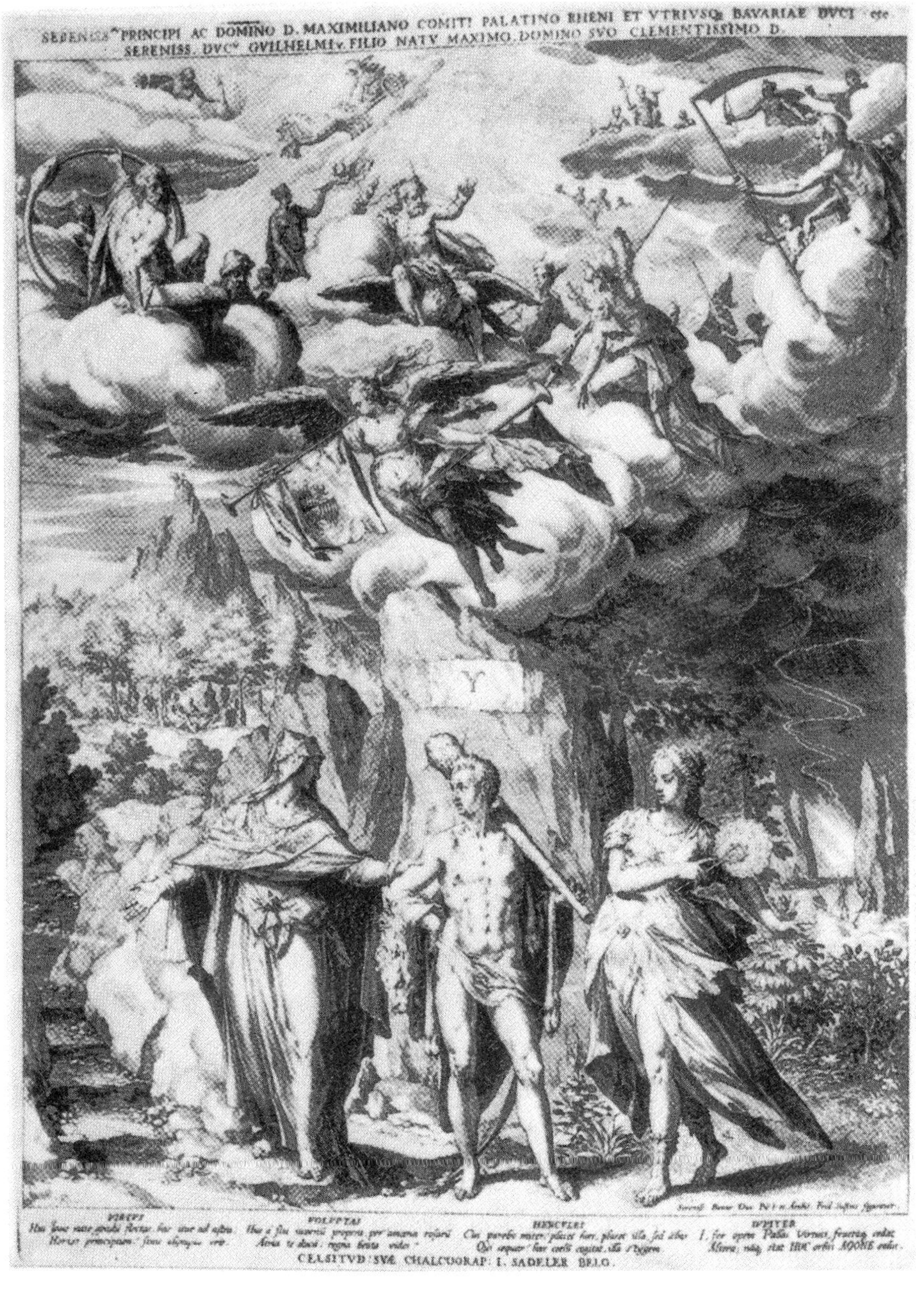

Abb. 8: Johan Sadeler, nach einer Zeichnung von Friedrich Sustris: Der Erbprinz Maximilian von Bayern als Herkules am Scheidewege. Kupferstich. Um 1595. München, Staatliche Graphische Sammlung

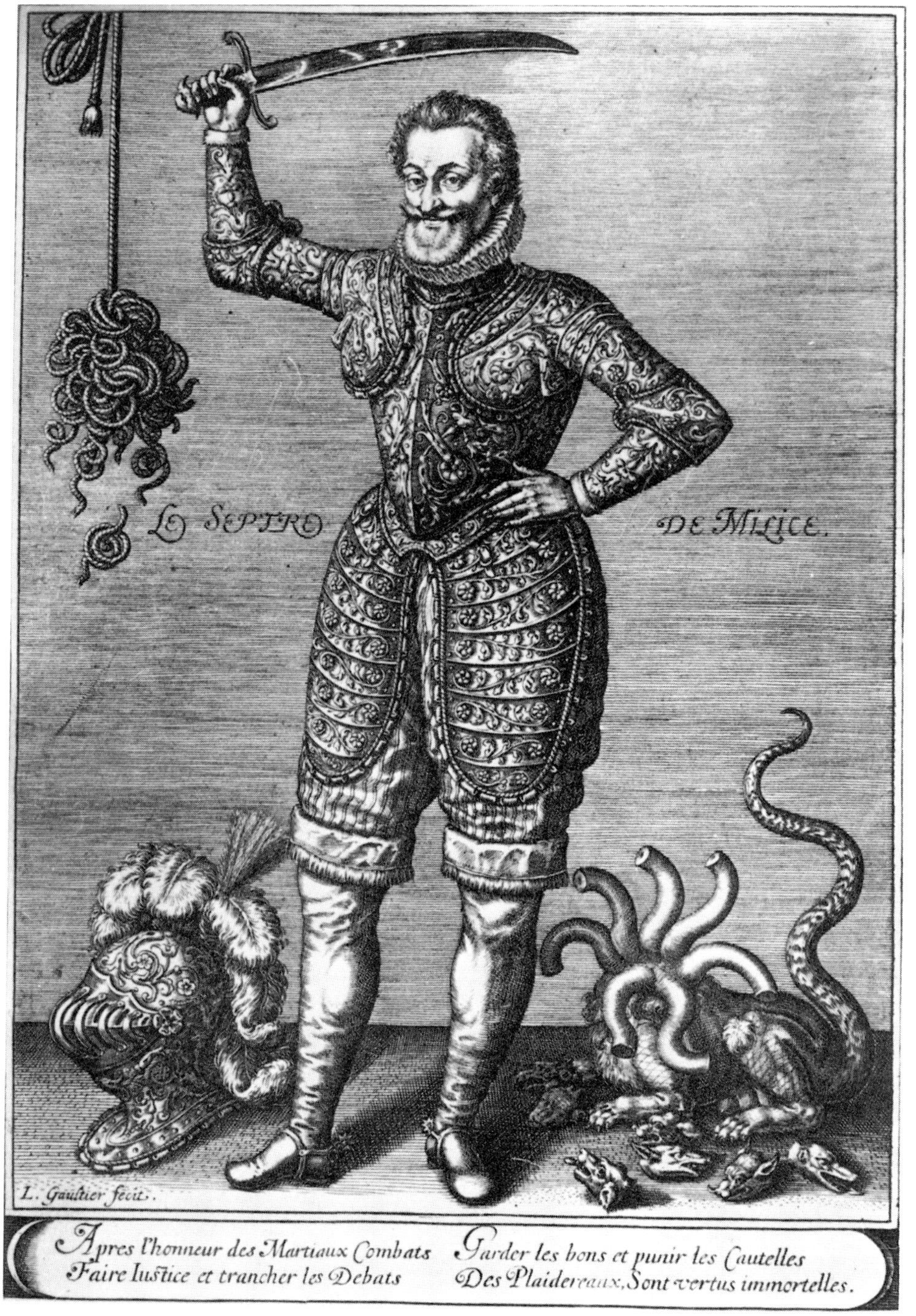

Abb. 9: Léonard Gaultier: König Heinrich IV. als Herkules. Stich in: Luat Ange Capel: Maxime, Preuves, Articles, Replique et Ofres ... Paris 1602

stellt, der mit einem Schwerthieb die vielköpfige Schlange niederstreckt *(Abb. 9)*. Auch dieses Beispiel zeigt, daß mit der Herkulesrolle der Fürst sich bürgerlich-humanistische Ordnungsvorstellungen anzueignen verspricht.[13]

• Fürsten können aber auch als Salomo, als Christus, ja als Gott erscheinen; Verkleidungen als Jupiter, Mars oder Theseus waren durchaus üblich. Gerne wurden auch historische Größen als Rollenangebote genutzt: Herrscher wie LUDWIG XIV. ließen sich als ALEXANDER darstellen; CAESAR war eine beliebte Rolle: So hat man das berühmte Reiterbildnis KARLS V. von TIZIAN als Anspielung auf CAESARS Überschreitung des Rubikon gedeutet, neuerdings ist aber auch der heilige Georg als Bezug dieses Reiterbildnisses genannt worden *(Abb. 10)*. Es gab auch das alte Bild, daß ein Fürst sein Volk wie sein Pferd zu lenken verstehen müsse – eine Vorstellung, die an die des Fürsten als des Hirten seiner Schafe erinnert. Auch Gegenstände und Vorgänge der Natur konnten zur Überhöhung des Fürsten ins Bild kommen: der Fürst als Sonne, als Fels, als Turm oder als Steuermann im Sturm.

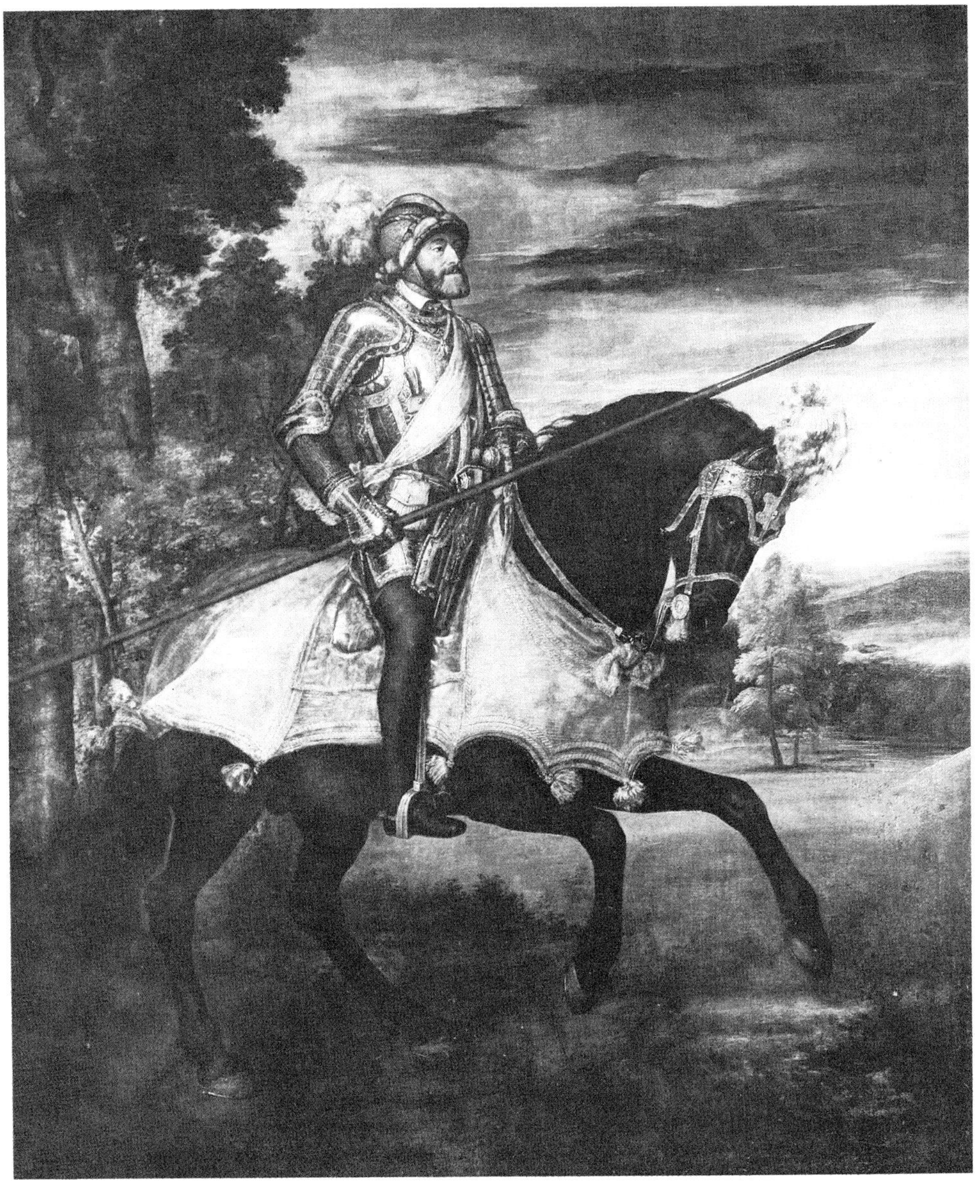

Abb. 10: Tizian: Reiterbildnis Kaiser Karls V. an der Elbe in der Schlacht zu Mühlberg. 1548. Madrid, Prado

Rechtfertigungszwang

Es ist nicht leicht, sich ein zutreffendes Urteil über diese Sinnproduktion, an der alle Künste über Jahrhunderte hin beteiligt waren, zu bilden. Geläufig ist eine allgemeine Verurteilung dieser Scheinwelt von Werten, welche die wirkliche politische Praxis verschleiert und in trügerischer Absicht überhöht. Andererseits fallen die Beliebtheit und Volkstümlichkeit dieser Verkleidungsaktionen auf; kaum eine Stadt hat, wenn der Fürst sie besuchte, darauf verzichtet, solche Verkleidungen zu bestellen und den Fürsten als Perseus, als Herkules, als heiligen Georg oder als KARL den Großen zu begrüßen und zu feiern. Man kann dies als untertänige Schmeichelei, aber auch – wie gesagt – als die einzige verbliebene Form ansehen, in der den Mächtigen noch die Berücksichtigung bestimmter Ideale vorgetragen werden konnte. Und daß die Fürsten selbst es nötig hatten, sich ständig in neuen Rollen, in Normkostümen, zu zeigen, kann ja auch heißen, daß sie sich doch unter Rechtfertigungszwang fühlten; daß sie der Öffentlichkeit wenigstens scheinhaft noch Zugeständnisse an eine Moral oder an eine religiöse Verpflichtung leisten mußten. Gewiß gab es immer auch eine Kritik an dieser Form der Überhöhung; so hat der Puritaner R. WRIGHT es als Götzendienst bezeichnet, daß man die englische Königin ELISABETH I. zur Göttin erklärte.

Aber es gibt auch Gegenbeispiele: Als man nach der Schlacht von Lepanto, 1571, zu Ehren des Feldherren JUAN d'Austria ein weitläufiges mythologisches Programm vorführen wollte, in dem er sich gespiegelt sehen konnte, wurde Kritik an dieser Form des Lobes laut. Die Befürworter des Programms jedoch verteidigten, daß JUAN etwa als Herkules erscheinen sollte; denn es sei keine Anmaßung, „da ja alle figürlichen Darstellungen, die als Vorbild dessen dienen, was der Herr Don Juan zu tun hat, nicht sagen, daß Seine Exzellenz das Gleiche [wie Herkules] bereits vollbracht hat, sondern daß jene Figur nur hergestellt wird, um ihn zu dem zu verpflichten, was er zu vollbringen hat".[14] Hier ist ausgesprochen, daß man seitens der Untertanen die Verkleidung eines Herrschers als Wertträger auch so verstehen konnte, daß dem Fürsten Normerwartungen vorgestellt wurden, deren Einlösung man von ihm fordern oder erhoffen konnte.

In diesem Verständnis stellt die Schaffung dieser Wertvorstellungen eine Art öffentliche Kontrolle oder eine Art Wunsch- oder Forderungskatalog dar, den der Fürst sich selbst verpflichtend vorgibt oder den man ihm seitens der Öffentlichkeit oder Untertanenschaft als mahnende Verpflichtung aufgibt. Es ist jedenfalls noch nicht ausgemacht, daß es richtig ist, die Überlegenheit des heutigen kritischen Verstandes zu bekräftigen, indem wir jene fiktive Sinnproduktion als verlogenen Schein bloßstellen, dem die unmündigen Untertanen skrupelloser Fürsten hilflos zum Opfer gefallen seien. Aus historischer Sicht ist wenigstens soviel festzuhalten, daß mit jener scheinhaften künstlerischen Sinnproduktion ein Schatz an Normen und Werten wach und am Leben geblieben ist, der unter bestimmten geschichtlichen Umständen, die dies ermöglichten, abrufbar war. Die Französische Revolution war eine solche geschichtliche Situation, in der die ganze Skala der Scheinwerte, wie sie seit Jahrhunderten in Kunstwerken vor Augen gestellt waren, als neue Normen und Zielwerte für das politische Handeln auch praktisch bedeutsam werden konnte.

Die Unterstellung der Politik unter ethische Normen

Im Jahre 1791 erschien ein umfängliches Handbuch zur *„Iconologie"* von H. F. GRAVELOT und C.-N. COCHIN, in dem bildliche Darstellungen von Ideen und Begriffen vorgeschlagen und kommentiert werden. Wie bei Cesare RIPA *(Abb. 2)* erscheint auch in dieser „Iconologie" ein Vorschlag, wie man die Politik im Bilde wiedergeben könne; die Vorstellung darüber wich allerdings von derjenigen, die seit RIPA geherrscht hatte, völlig ab:

„Politik ist ein Teil der Moral. Sie ist die Kunst, die Staaten zu lenken, den Gesetzen und dem Eigentum Geltung zu verschaffen; die Sitten zu schützen, die Talente zu fördern und die Tugenden zu belohnen. – Die kluge Politik besteht weniger darin, Eroberungen zu machen, als die Völker glücklich zu machen. Deshalb stellt man sie mit den Zügen einer schönen Frau dar, deren Haltung edel und streng ist. Sie stützt sich auf ein Steuerruder, das von Symbolen der Weisheit, der Klugheit und Stärke umgeben ist. Eine Hand ist über dem Altar des Vaterlandes gestützt, die andere zerreißt die Symbole derjenigen Laster, welche sich dem öffentlichen Wohl widersetzen, das durch das Fruchthorn des Überflusses bezeichnet ist. Hinter dem Altar steht eine Pyramide, auf der die Bildnisse der Wohltäter der Menschheit angebracht sind.
Wenn man aber die schlechte Politik malen will, dann stellt man eine Frau ganz verhüllt dar; unter ihrem Mantel entdeckt man die Attribute der Falschheit, der Verstellung, und der Perfidie [...] Zu Füßen dieser listigen Politik liegen Fäden, von Blumen verdeckte Fallen und eine Rolle, auf der der Name Machiavelli zu lesen steht, sowie die bekannte Devise: ‚Wer sich nicht zu verstellen versteht, der versteht nicht zu regieren'."[15]

In dieser Beschreibung kommt ein Politikverständnis zur Geltung, das demjenigen des RIPA oder demjenigen, das RUBENS im Titelblatt für LIPSIUS wiedergegeben hatte, völlig entgegengesetzt ist. Gleich der erste Satz verweigert der Politik entschieden die Freiheit gegenüber ethischen Werten, indem sie als Teil der Ethik, der Moral bezeichnet wird – wie schon bei ARISTOTELES. Sodann gerät Politik geradezu zu einer Dienerin aller bürgerlichen Wertvorstellungen: sie soll das Recht schützen, Tugend fördern; sie soll Staaten nicht erobern, also nicht Machtpolitik sein, sondern den Völkern Glück bringen; sie bedient sich dabei der alten, auch christlichen Werte wie Weisheit, Klugheit und Stärke, die auch dazu dienen, die Widerstände gegen die allgemeine Wohlfahrtspolitik zu beseitigen. Eine scharfe Abfuhr wird allen jenen Eigenschaften erteilt, die im Ancien régime Politik zum Selbstzweck und die ethischen Werte nur noch zu Scheinwerten machten: Verstellung, Verkleidung, Hinterhältigkeit, Trughaftigkeit, die allenthalben Fallstricke auslegten und deren Patron MACHIAVELLI gewesen war. Alle die Werte, die von der politischen Sphäre ausgelagert waren, die lange nur im Scheine fortlebten, während das reale politische Handeln eigenen Techniken folgte, sind ihr jetzt wieder zurückgegeben: Politik wird wieder ein wertbestimmtes Handeln. Die Französische Revolution hat im Anschluß an die amerikanische Revolution diesen Werten eine verbindliche Form gegeben, indem sie sie in einer Verfassung niederlegte und damit als Recht festschrieb und einklagbar machte.

Ein Stich Charles MONNETS von 1789 hatte schon zwei Jahre zuvor diese Funktion der Verfassung ins Bild gebracht: Neben dem Altar des Vaterlandes führt die Vernunft als Frauengestalt einen Löwen an der Leine *(Abb. 11)*. Wie in RIPAS Vorschlag für die Staatsräson bedeutet der Löwe auch hier herrschaftliche Gewalt, doch diese wird nicht mehr von der Staatsvernunft, sondern von der allgemeinen moralischen Vernunft gezähmt und geleitet.

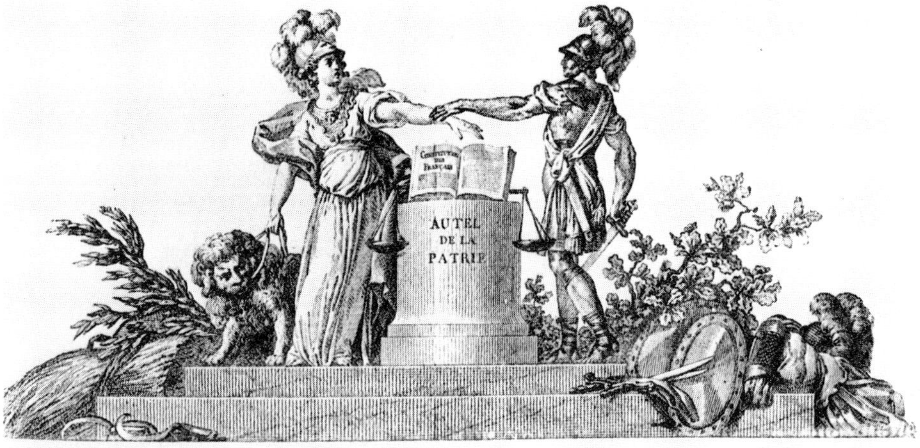

« La Raison, ayant mis un frein à la Force, fait jurer au Pouvoir exécutif d'être soumis aux lois. »

Abb. 11: Charles Monnet: Vernunft zwingt die staatliche Exekutivgewalt zum Schwur auf die Französische Verfassung. Kupferstich. 1789. Rechts des Altars steht die Kraft, die diese Vernunft praktisch werden läßt, die Exekutivgewalt als kriegerischer Mann; doch Vernunft zwingt ihn, über dem Altar des Vaterlandes auf die Verfassung, die „Constitution Française", zu schwören; durch die Waage wird diese Verfassung als Hort des Rechts und der Gerechtigkeit definiert. Damit ist ein bürgerliches Grundprinzip, das Recht und die Gerechtigkeit, – wie schon auf dem Sieneser Fresko des Ambrogio Lorenzetti – wieder in den Mittelpunkt des politischen Lebens gerückt; es ist jetzt ein geschriebenes Recht, das von der staatlichen Gewalt geschützt und garantiert wird; es ist auch nicht mehr durch ein göttliches Recht im Jenseits in seiner Gültigkeit eingeschränkt, sondern eine Instanz in der Welt, auf die auch ein Eid abgelegt werden kann

Dieses hier zum Durchbruch gekommene Politikverständnis gilt auch noch heute. Politik, die reine Machtpolitik ist, ist noch immer verrufen. In den westlichen Demokratien sind Werte nicht nur in der Verfassung verankert, sondern bestimmen auch die Programme der Parteien. Diese verstehen sich nicht nur als nackte Interessenparteien; neben den Grundwerten der Verfassung vertreten sie auch konkurrierende moralische, weltanschauliche oder auch religiöse Wertvorstellungen. Machtausübung geschieht im Namen dieser ethischen Werte; das höchste Regierungsamt ist eingerichtet und gehalten, dem Gemeinwohl zu dienen.

Von der Scheinwelt der Kunst in die politische Praxis

Nachdem oder insoweit der ganze Moralkodex, den die politischen Instanzen im Ancien régime als Fiktionswerte außer sich gesetzt hatten, im Gefolge der Französischen Revolution in die Verfassungen und dann auch in die Parteiprogramme eingeht, erledigt sich die Funktion der Kunst, jenen Kodex als Schein vor Augen zu stellen. Nachdem die Wunschwerte von der abgehobenen Sprachebene der bildlichen Allegorien und Verkleidungen in die einklagbare Sprache der Gesetze, Verfassungen und Verordnungen übergehen, kann sich die Kunst von der Aufgabe der scheinhaften Sinnproduktion entlassen fühlen. Die Bürger blicken jetzt im Zorn auf die Zeiten zurück, da die Kunst ihnen die politische Wirklichkeit durch sinnliche Scheinwerte verschleierte:

„Republikanische Künstler", so heißt es in einem Aufruf zu Beginn der Französischen Revolution, „zu lange Zeit haben die prostituierten Künste dem Despotismus gedient, sie nannten sich ‚Freie Künste', obwohl das Siegel des Sklaventums auf all ihre Erzeugnisse geprägt war. Unter dem republikanischen Regime werden sie ihre Freiheit wiedergewinnen und ihre frühere Niedrigkeit sühnen. Früher korrumpierten sie die öffentliche Meinung, heute helfen sie ihrer geistig-moralischen Gesundung; mehr als sie dem Despotismus je gegeben haben, wird ihre ganze Kraft nun der Freiheit gehören."[16]

Es ist richtig, daß die Künstler für die Revolution massenhaft Bilder mit hochtönenden Allegorien der Freiheit und der Republik geliefert haben, und es war ein alter Hofkünstler, Jacques-Louis DAVID, der die Feste der

Revolution organisierte, durch die das Volk sich die neuen, konkret gewordenen Werte aneignen, körperlich einüben und aufnehmen sollte. Merkwürdig aber ist, daß uns die emphatischen Bildproklamationen der Revolution oft hohler und substanzloser erscheinen als gerade die Scheinproduktionen im Ancien régime; wenn das Grundrecht der Freiheit in der Verfassung steht, dann erscheint es überflüssig oder auch verdächtig, wenn sie als pathetische Frau mit großer Gebärde daherkommen muß. Im Grunde hatte die Kunst als Produzentin von bestätigenden Scheinwerten ausgedient.

Als im Jahre 1848 der bayerische König LUDWIG I. dem Druck der bürgerlichen Öffentlichkeit nachgibt und das Angebot einer bürgerlichen Verfassung unterbreitet, da tut er es in einer Proklamation, die er mit einer üppigen Randverzierung versehen läßt *(Abb. 12):* In einem gotischen Rahmenwerk erscheinen neben dem Bildnis des Königs bürgerliche Köpfe, die links „Pressefreiheit" und rechts „Öffentlichkeit" bedeuten sollen. Neben dem Proklamationstext selbst erscheint links als Gewandstatue die Figur des Kartographen und Entdeckers aus Nürnberg, Martin BEHAIM, der den „Fortschritt" vertreten soll; rechts aber steht als Gewandstatue Albrecht DÜRER, der die „Deutsche Einheit" bedeuten soll.[17] Bemerkenswert ist, daß man für die Begriffe, die eine neue politische Welt begründen sollen, keine bildliche Personifikation erfindet, sondern historische Bildnisse zitiert; daß man also nicht in eine allegorische Scheinwirklichkeit ausweicht, sondern sich an historische Persönlichkeiten hält. Daß ein Künstler wie Albrecht DÜRER die „Deutsche Einheit" vertritt, möchte man so verstehen, daß für dieses politische Wunsch- und Fernziel am ehesten ein phantasiebegabter Maler zuständig ist. Letztlich aber belegen die Randbilder für die Schrifttafel mit dem Verfassungsversprechen, daß der Buchstabe, die Satzungen, die künstlerische Umsetzung von Wertvorstellungen verdrängt haben; daß die Kunst hier allenfalls noch zu verzieren, nicht aber zu repräsentieren hat. Der alte Künstler kann auf den Sockel gehoben, für seine alten Fiktionserzeugnisse können Museen eingerichtet werden.

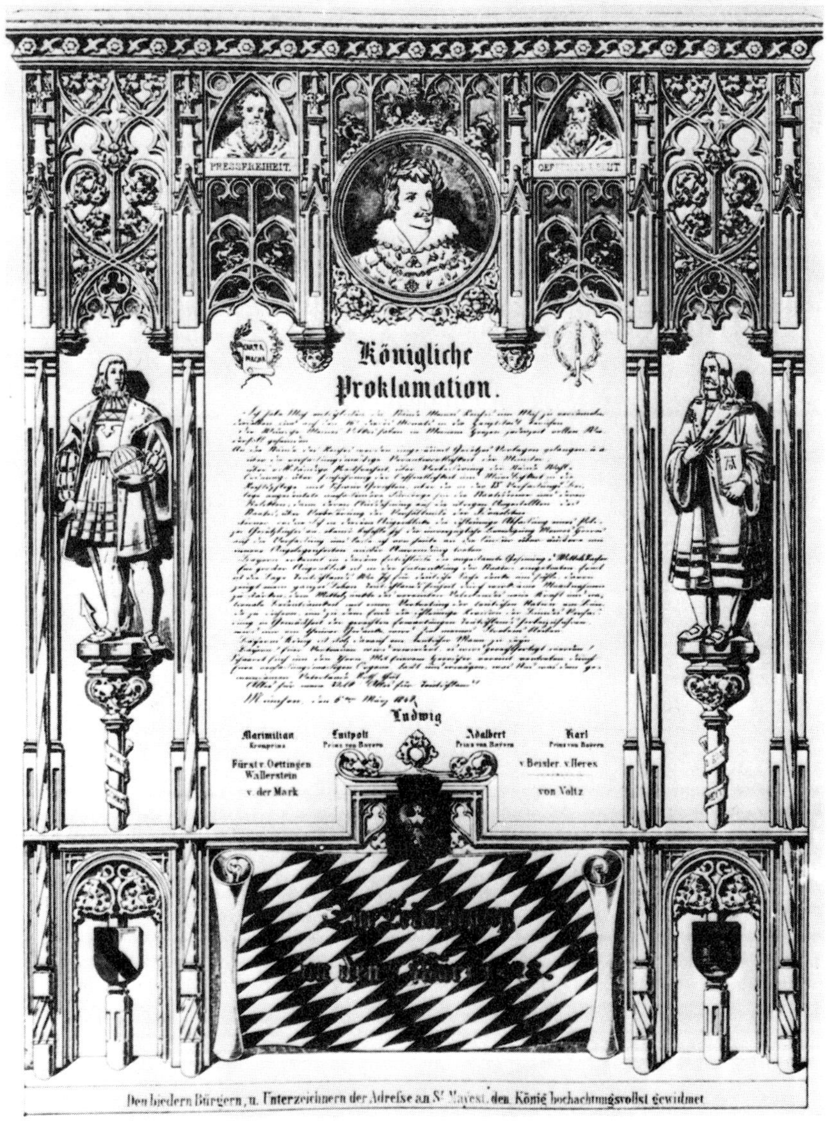

Abb. 12: Unbekannter Zeichner: Proklamation König Ludwigs I. von Bayern mit dem Angebot einer bürgerlichen Verfassung. Lithographie. 1848

Eine Bildsatire aus dem gleichen Jahr 1848 kann das drastisch verdeutlichen: Sie zeigt die absolutistischen Könige Europas, die eine Pille – die Verfassung – verabreicht bekommen, die sie mit Krämpfen herunterwürgen müssen *(Abb. 13):* Sie haben die alten Fiktionen, in die sie sich jahrhundertelang verkleideten und die sie vorspiegelten, jetzt buchstäblich zu schlucken; die Kunst kann ihnen dabei nicht mehr dienlich sein. Die aufblühende Gattung der Bildsatire kann andeuten, welchen Weg die Kunst in Zukunft gehen wird: den der Verweigerung. Die Künstler ziehen sich zurück auf sich selbst, vereinsamen oder entwickeln ein eigenes, künstlerisches Problemfeld, das sich gegen alle geltenden gesell-

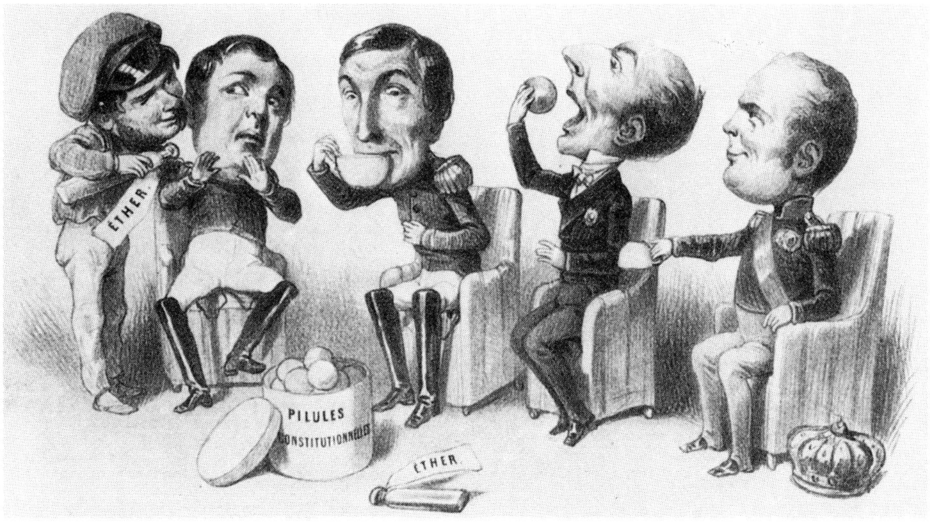

Abb. 13: Anonyme Karikatur: Die absolutistischen Könige müssen die Pille der Konstitution schlucken. Lithographie. 1848

schaftlichen Wertsysteme sperrt, sie ausdrücklich oder unausdrücklich verneint; es ist, als verfolge die Kunst seither kritisch den Prozeß der Verwirklichung jener alten fiktiven Werte, die sie einmal im Dienste einer moralisch wertfrei gesetzten Politik scheinhaft vor Augen gestellt hatte.

Der Verlust der politischen Vorbildfunktion

Die politische Wirklichkeit des Verfassungsstaates konnte jedoch die alten Künstler auch schon aus technischen Gründen nicht mehr recht brauchen. Wenn zumal im demokratischen Staat die Parteien mit ihren Werteprogrammen um die Stimmen der Wähler werben müssen; wenn eine Regierung ihre Politik „verkaufen", der Öffentlichkeit plausibel machen will; wenn eine politische Willensbildung die Masse der Wähler erreichen soll – dann braucht die Politik wirksamere Mittel, als sie der Maler mit seiner Leinwand und Palette, der Bildhauer mit seinen Steinblöcken und Meißeln zur Verfügung stellen können. Noch immer, und mehr denn je, bedienen sich die Parteien und Regierungen der Bildproduktion, wiewohl auch die Redegewalt eine zentrale Eigenschaft des Politikers zu sein hat. Doch wie der Redner inszeniert wird, welches Aussehen er hat, wie er „ausstrahlt", welches „Image" er hat, wie er auf Plakaten, Versammlungen und vor allem im Fernsehen in Szene gesetzt wird: all dies wird noch immer durch visuelle Präsentationstechniken geleistet. Diese jedoch liegen längst nicht mehr in den Händen von Künstlern, sondern es sind die Photographen, die Film- und Fernsehregisseure, die Cutter und Moderatoren, die heute die bildliche Umsetzung politischer Werte besorgen. Sie produzieren keine Allegorien mehr, sie verkleiden die Machtträger nicht mehr als Herkulesse und die Politikerfamilien als Heilige Familien; diese Technik einer rein fiktiven Werteübertragung, die den Politiker als mythischen oder christlichen Heros zeigt, lebt nur noch in der Karikatur fort. Sie ist hinfällig geworden, nachdem christliche Wertvorgaben in die Parteiprogramme geschrieben sind und der mündige Bürger durch ein Kreuz auf dem Stimmzettel darüber entscheiden kann, ob er sie glaubwürdig vertreten sieht oder nicht. Dennoch ist die visuelle Präsentation einer Politik noch immer so wichtig, daß man von der gegenwärtigen Demokratie als von einer „Mediokratie" gesprochen hat. Doch die Verschönerungsleistungen, die Schmeicheleien und Verkleidungen, die dafür noch immer für notwendig erachtet werden, erbringen – wie gesagt – nicht mehr Künstler, sondern „Imagepfleger". Die Künstler haben sich in ein autonomes Revier, in ein selbstverantwortetes „System Kunst", zurückgezogen und beobachten von dort aus kritisch, was ihre Nachfolger in den neuen Massenmedien in den Funktionen, die sie einst selbst innehatten, betreiben.

18. Das Bild als Herrschaftskritik

Konrad Hoffmann

Politische Bildsatire gilt weithin als ein Randbereich der Kunst und als ästhetisch eher uninteressanter Gebrauchsartikel. Eine solche Einschätzung verkennt jedoch die besondere Rolle dieser Gattung. Sozialpsychologisch war die Bildsatire ein wesentlicher Faktor der öffentlichen Meinungsbildung in der gesamten Entfaltungsgeschichte der bürgerlichen Gesellschaft. Und ästhetisch haben die Gestaltungsprinzipien der Bildsatire und der späteren Karikatur entscheidend zu den künstlerischen Stilrichtungen unseres Jahrhunderts beigetragen. Man nutzte über lange Zeit die Möglichkeiten der satirischen Bildersprache zu gesellschaftlicher Erziehung und politischer Propaganda. Moral und Politik sind die Felder der Satire. Das vorgefundene Umfeld sollte auf bestimmte neue Normen und Ziele verpflichtet werden – es war Überzeugungsarbeit zu leisten. Über Jahrhunderte fiel dabei dem Bild, und hier besonders der Bildsatire, eine überaus wichtige Rolle zu.

Die Sprache der Bildsatire zielt einerseits darauf, unmittelbar verständliche Situationsschilderungen zu liefern. Figuren und Handlungsschemata sollen sich dem Betrachter unverwechselbar einprägen. Dazu bedarf es einer klaren, einfachen, sich an die alltäglichen Erfahrungen des Betrachters wendenden Bildersprache. Andererseits sind die Inhalte der Bildsatire politisch nicht selten höchst brisant. Die neuen Wahrheiten sind dann nur indirekt, verschlüsselt auszusprechen. Dazu bedient sich die Bildsatire der Allegorie und der Wortkommentierung. Zum einen nutzt sie dafür den überlieferten allegorischen Apparat zumeist religiöser Kunst, zum anderen sucht sie nach einfachen bildlichen Analogien für Namen und Begriffe. So ist ihre Sprache zugleich realistisch abbildend wie auch eine eigenständige Zeichenkonvention. Je schlagkräftiger jedoch ihre Zeichen sind, desto eher werden sie in den verfügbaren Argumentationsschatz ihrer Zeit übergehen. Das Zeichen kann zum unmittelbar verständlichen Kürzel für vielschichtige Zusammenhänge werden; mit ihm ist es möglich, plakativ und treffend zu argumentieren. Insofern kann die Bildsatire als Instrument politischer Pädagogik den Kämpfen um Sicherung und Umverteilung von Herrschaft besonders gut dienen.

Ihre erste und kaum wieder erreichte Blüte hatte die Bildsatire in den religionspolitischen Kämpfen der Reformationszeit. Hier entwickelte sie ein Instrumentarium der bildlichen Argumentation, das im Grundsatz bis heute Gültigkeit hat. Besonders in Zeiten politischer Unruhen und Umbrüche hatte die Bildsatire Hochkonjunktur: nach der Reformationszeit, im Dreißigjährigen Krieg, im holländischen Freiheitskampf im 17. Jahrhundert, in der Phase der Industrialisierung in England, in der Französischen Revolution oder der Revolution von 1848 in Deutschland, aber auch in der antisemitischen Karikatur des Nationalsozialismus. Ihre einschneidendste Veränderung und Erweiterung als Gattung erfuhr sie im englischen 18. Jahrhundert, als sie eine Synthese mit der Karikatur einging. Seit diesem Zeitpunkt gibt es auch in der Bildsatire die Karikatur des individuellen Porträts; aus dieser Synthese entstand die moderne Zeitungskarikatur.

Wenn in diesem Beitrag unser besonderes Augenmerk der Reformationszeit gilt, so nicht nur, weil bereits hier das Repertoire der Bildsatire weitgehend ausgebildet ist, sondern weil gerade die Entstehungsgeschichte der Gattung ihre Formen, Argumentationsweisen und Grundsätze, vor allem aber auch deren Herkunft, besonders deutlich machen kann.

Zur Entstehung der politischen Bildsatire

Die Entstehung der politischen Bildsatire ist entscheidend an die technischen Vervielfältigungsmöglichkeiten mit Buchdruck und Holzschnitt gebunden. Mit ihrer Hilfe wurde es möglich, ein breites Publikum mit Bildern zu erreichen; diese Bilder wiederum konnten der Befestigung oder aber der Korrektur von Herrschaft dienen.

Historisch handelt es sich dabei zunächst um die Kritik an der geistlichen Herrschaft. Auf diesem Wege hoffte man die weltliche Macht zu stabilisieren. In diesem Prozeß, der Reformation, beginnt die Entflechtung der bisherigen Durchdringung von geistlicher und weltlicher Herrschaft. Die politische Satire begleitet und unterstützt diesen Prozeß, indem sie Motive und Vorstellungen der verbreiteten geistlichen Tradition auf die konkreten Verhältnisse der Gegenwart überträgt. Man näherte sich der Wirklichkeit des Benutzers auch, indem man an seine Kenntnisse der kirchlichen Vorgänge und der Bibel anknüpfte. Daneben erreichte man Breitenwirkung besonders dadurch, daß man den Bildern eine konkrete, ja derbe Charakterisierung des Alltäglichen zugrunde legte.

Spottbild auf Mönche

Wir wollen uns den Sachverhalt an einem Beispiel des Klerikerspotts aus der Zeit vor der Reformation deutlich machen. Ein Holzschnitt des späten 15. Jahrhunderts zeigt einen von der Mahlzeit erschöpften Abt, der sich – in einem übergroßen Backenknochen als Schlitten – von Klosterfrauen über einen zugefrorenen See ziehen läßt *(Abb. 1)*.

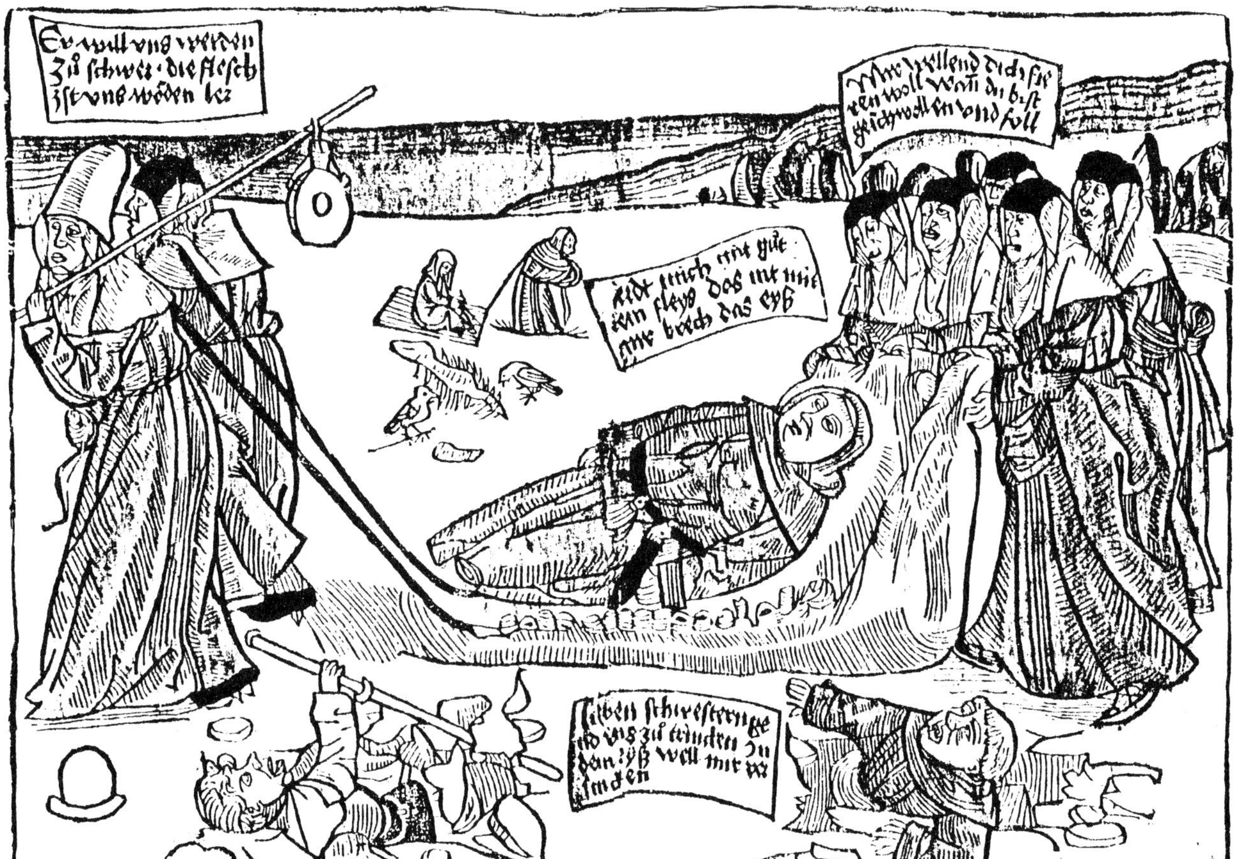

Abb. 1: Spottbild auf Mönche. Einblattholzschnitt. 15. Jahrhundert. Wien, Albertina

Diese Darstellung folgt zum einen einer geläufigen Thementradition, in der die Laster der Mönche dargestellt wurden: ihnen wurden Völlerei, Trunksucht und Unkeuschheit vorgeworfen. Die hauptsächliche Kritik des Mittelalters am Klerus bestand darin, daß ihm ein allzu großer Widerspruch zwischen dem Anspruch des geistlichen Amtes und seiner ausschweifenden Lebensweise vorgehalten wurde. Diese Kritik drang in Ansätzen auch in Form von Parodien und Drolerien in die Ausstattung der Kirchen und die Illustration der Bücher ein, die für den Gottesdienst benutzt wurden. In diesem Sinne ist in dem Holzschnitt auch das paradoxe Hauptmotiv des Backenknochens zu verstehen, mit dem die Gefräßigkeit der Mönche verhöhnt wird. Im Unterschied zu früheren Mönchssatiren ist diese Darstellung allerdings sehr viel realistischer. Die Komposition rechnet räumlich-anschaulich mit der alltäglich-praktischen Wahrnehmung, der Schwere des „vollen“ Abtes auf der Eisdecke, und wählt zeitlich-psychologisch einen „fruchtbaren" Moment, die Erwartung nämlich, daß die Hauptgruppe gleich in das Wasser einbrechen wird – wie in der Beischrift formuliert und in den Begleitern vor Augen gestellt wird. Ihr spöttischer Dialog und karikierter Gesichts- und Körperausdruck unterstützen das ironische Spiel mit dem Durst und der Gefahr, ihn im Eiswasser stillen zu müssen.

Hier allerdings beruht der Appell an den Betrachter nicht nur in der Erfassung der Wirklichkeitssituation, die sich aus Wort und Bild zusammen abzeichnet. Über die Lesefähigkeit hinaus setzt der Künstler nämlich beim Beschauer die Kenntnis der Bibel voraus: Das Hauptmotiv, der übersteigerte Kinnbackenknochen, bezieht die Szene auf ein bedeutsames biblisches Vorbild. Nach *Richter 15, 16–20* konnte Simson nach dem Kampf gegen die Philister Gott für die Hilfe und Befreiung aus Feindeshand danken:

> Damals sagte Simson: Mit dem Kinnbacken eines Esels habe ich sie gründlich verprügelt; mit einem Eselskinnbacken habe ich tausend Männer erschlagen. Als er das gesagt hatte, warf er den Kinnbacken weg; daher nannte man den Ort Ramat Lehi (Kinnbackenhöhle). Weil er großen Durst hatte, rief er zum Herrn und sagte: Du hast deinem Knecht diesen großen Sieg verliehen; jetzt aber soll ich vor Durst sterben und den Unbeschnittenen in die Hände fallen. Da spaltete Gott die Höhle von Lehi, und es kam Wasser daraus hervor, so daß Simson trinken konnte. Seine Lebensgeister kehrten zurück, und er lebte wieder auf. Deshalb nennt man die Quelle bei Lehi bis zum heutigen Tag „Quelle des Rufers". Simson war zur Zeit der Philister zwanzig Jahre lang Richter in Israel.

In unserem Holzschnitt ist der Kinnbacken auf einen zeitgenössischen Kirchenfürsten bezogen. Die Trunksucht des Abtes wird gerade dadurch bloßgestellt, daß der Kinnbacken den Betrachter auf das Beispiel des alttestamentlichen Helden zurückverweist: Ließ Gott dem erschöpften Kämpfer in der Wüste Wasser aus seiner Waffe hervorsprudeln, so bricht der verkommene Kleriker auf dem Kinnbacken in das Wasser ein. Als aktuelle Umsetzung einer alttestamentlichen Figur ist die Verhöhnung des Abtes letztlich typologisch zu verstehen. So wie nach der christlichen Lehre Ereignisse des Alten Testamentes prophetisch auf das Heilsgeschehen des Neuen Testamentes verweisen, so verweist hier die Anspielung auf das Alte Testament auch noch in der Parodie auf den eigentlichen Sinn christlichen Wirkens. Die Geläufigkeit und Übertragbarkeit des biblischen Modells werden beim Benutzer vorausgesetzt, ja der Erfolg der Satire hängt wesentlich von seiner kombinatorischen Aktivität ab.

In unserem Falle war die Bibelstelle zudem sprichwörtlich verfügbar. So erschien noch 1649 bei dem schwedischen Friedensbankett in Nürnberg der Kinnbacken Simsons, „mit welchem er als einem instrumento belli die Philister erleget und mit desselben Springquelle unverhofft erquicket worden".[1] Aus dem Kinnbacken spritzte beim Festmahl Rosenwasser. Damit war ein weiteres Moment der Steigerung gegeben; denn wie Simson sich als siegreicher Gotteskämpfer verstand, so verstanden sich die Evangelischen bei Abschluß des Dreißigjährigen Krieges ebenfalls als christliche Krieger.

Als Gemeinsamkeit zwischen Simson und dem Kleriker ist in der Satire des 15. Jahrhunderts zudem das Moment des Unverhofften miteinkalkuliert, hier das plötzliche Einbrechen ins Wasser. Und nur von der Kenntnis des biblischen Vorbildes her erschließt sich ein weiterer Punkt des Vergleichs. Bei Simson ist die Rede von dem Kinnbacken eines Esels. Der Betrachter konnte den Knochen entsprechend als Eselsschlitten auffassen und den Abt im Sinne eines verbreiteten Sprichwortes begreifen: als den Esel, der auf das Eis geht, wenn es ihm zu wohl wird.

Das betrachtete Blatt ist ein besonders zugespitztes Beispiel für den Rätselcharakter, in dem hier Wirklichkeitsbild und geistliches Zitat als Herausforderung und Aktivierung des Benutzers überlagert erscheinen. In dieser Hinsicht ist es übertragbar auf allgemeine Bereiche der Satire mit ihrer vom Künstler berechneten „Überdeterminierung" der Aussage. Als Kritik von Herrschaft zeigt das Bild die Bemühungen, die in der Zeit vor der Reformation unternommen wurden, um die klerikalen Lebensformen moralisch zu erneuern. Es ist kunsthistorisch interessant, wie hier Gegenstände der alltäglichen Gebrauchswelt als Verweise durchsichtig gemacht werden. Die Ausweitung der Realitätsabbildung, wie sie in der niederländischen Malerei des 15. Jahrhunderts erfolgt, arbeitet wesentlich mit solch aufschließender Mehrdeutigkeit der Einzeldinge.[2]

Unser Beispiel verdeutlicht zudem, wie sich in der Gestaltung eines einzelnen Werks – das hier gerade seines „durchschnittlichen" Kunstwertes wegen besonders aufschlußreich ist – die verschiedenen Funktionen durchdringen: die Mobilisierung der religiösen Bildgewohnheit, der typologischen Auslegung, bedient sich der „naturalistischen" abbildenden Formpräzisierung als eines Mittels der öffentlichen Erziehung. Das Aufzeigen kirchlicher Laster soll das stadtbürgerliche Publikum durch ein Gegenbild auf eigene Arbeits- und Tugendnormen verpflichten.

Sebastian Brants „Narrenschiff“

Das sicherlich berühmteste Werk, das es sich in erster Linie zur Aufgabe macht, diese stadtbürgerlichen Tugend- und Arbeitsnormen herauszustellen, ist Sebastian BRANTS *„Narrenschiff“*, zuerst 1494 erschienen.[3] Die Bedeutung des Buches hat man darin gesehen, daß es den Beginn der „spezifisch bürgerlichen Literatur“ markiert.[4] Zudem hat man aus der „klassischen“ Bildformung des „bürgerlich-städtischen Geistes“ seine „phänomenartige Wirkung“ erklärt.[5] Daher gilt das Werk weithin als kulturgeschichtliche Quelle und umfassender Zeitspiegel. Es ist thematisch sehr breit angelegt und umfaßt sowohl alltägliche Situationsmuster als auch vermeintlich allgemein-menschliche Züge gleichermaßen: Trinken, Borgen, Spielen, Wünschen, weltliche Güter, Reichtum, Macht, Ehre, Studieren, Zorn, Wollust, Neid und anderes. Daß die zeitgenössische Lebenswirklichkeit einer spätmittelalterlichen Stadt hier in ihrer ganzen Breite gezeigt wird, begründete den Ruhm des *„Narrenschiffs“*.

BRANT versteht den „Narren“ nicht als gesellschaftlichen Außenseiter (Kranken, Irren), sondern als Verkörperung des Zeitgenossen. Ihm hält er die bestehenden Verhältnisse im Warnspiegel vor, um so zu ihrer Verbesserung aufzufordern. Um den Holzschnitten eine breite öffentliche Wirkung zu ermöglichen, war die genaue Wiedergabe der zeitgenössischen Lebenssphäre entscheidend wichtig. Dabei ist der „Narr“ oft nur schwach durch seine Narrenkappe gekennzeichnet. Sie ist als kurzer Hinweis auf die Bedeutungsdimension der Szene in die sonst vertraute Umgebung des Betrachters eingesetzt. Von der angestrebten Aussage her ist der Narr jedoch als kritische Instanz zur Durchleuchtung eben dieser sozialen Wirklichkeit zu verstehen. BRANTS Zielsetzung ist die Narrensatire als Mittel menschlicher Selbsterkenntnis. Er nutzt dafür den Augenschein der gegebenen Situation, um dessen satirische Aufschlüsselung und damit auch Aufhebung es ihm eigentlich geht. Die Bilder sind also nicht trotz, sondern gerade wegen der leitmotivischen Narrenkappe realistisch. Sie decken dadurch den Schein des Sichtbaren auf und zeigen das für BRANT Falsche und Schlechte gerade im Gewohnten und Vertrauten. Das Wechselverhältnis von Zustandsschilderung und menschlicher Selbsterkenntnis, „Narrheit“ und „Weisheit“, Blindheit und Erleuchtung durchzieht seine Texte und bestimmt zugleich die Rollenzuweisung an Wort und Bild mit. Schon im Titel der Vorrede wird die Zielsetzung des Werkes umschrieben als „verachtung und straff der narheyt, blintheyt, yrrsal und dorheit“.

Entsprechend zieht sich durch den Text der Hinweis auf Falschheit, Lüge, Betrug, Täuschung und Schein, womit BRANT die dringliche Umkehr des Betrachters von den gewohnten Verhältnissen, den skeptischen Abstand vom geläufigen Erscheinungsbild seiner sozialen Umwelt bewirken will, einer zunehmend durch Druckerzeugnisse mitgeprägten Umwelt. In der „Vorrede“ – und nur hier – spricht er von den Bildern, die er „hier gemacht“ habe, damit in ihnen die Schriftverächter und die Unkundigen ihr Wesen erkennen könnten. BRANT hat dabei weder sich selbst als Bildkünstler noch sein Publikum als leseunkundig verstanden; vielmehr richtet er sich an ein gebildetes Laienpublikum, im Unterschied zu den für die Schrifterklärung traditionell zuständigen Geistlichen, die sich gerade an den Ungebildeten wenden. Er stellt in der „Vorrede“ sein Werk den neuerdings im Druck verbreiteten Ausgaben religiöser Schriften gegenüber. Zu diesen bemerkt er: „daß niemand bessert sich davon: Ja, Schrift und Lehre sind veracht't, Es lebt die Welt in finstrer Nacht und tut in Sünden blind verharren.“ Und eben hierauf bezieht er kontrastierend seine eigene Publikation des *„Narrenschiffs“*. In offensichtlicher Ironie nimmt hier die Formulierung: „Wär jemand, der die Schrift veracht't, Oder einer, der sie nicht könnt lesen, Der sieht im Bilde wohl sein Wesen“ die eingangs erhobene Zeitklage auf: „Ja, Schrift und Lehre sind veracht't“. In deutlich umkehrender Anspielung auf die berühmte Unterscheidung GREGORS des Großen zwischen Wort und Bild für die religiöse Verkündigung der Gotteserkenntnis an Leser und des Lesens Unkundige empfiehlt BRANT die Bilder als Mittel der Selbsterkenntnis den von ihm eindringlich gegeißelten „Verächtern der Schrift“ – gleichfalls ironisch. Denn im Bild erkennt der „Schriftverächter“ und „Unkundige“ „sein Wesen“ als Narr leicht an der durchgängigen Schellenkappe, während er zur Entschlüsselung der Bildaussage sofort wieder auf die Lektüre der begleitenden Schrift angewiesen war.

Das Narrenschiff stellt allein schon mit seinem überwältigenden Erfolg einen beachtenswerten Faktor in der Sozialgeschichte des 16. und 17. Jahrhunderts dar. Daneben hat BRANT in einer ausgedehnten Produktion illustrierter Flugblätter Wort und Bild wirkungsbewußt verschränkt und in der gesellschaftlichen und politischen Meinungsbildung des Stadtbürgertums zur öffentlichen Stützung der Position Kaiser MAXIMILIANS stark eingesetzt. Das *„Narrenschiff“* galt in der Forschung lange geradezu als redaktionelle Zusammenfassung solcher „Fliegenden Blätter“. In jedem Fall aber hängt es mit BRANTS politischer Publizistik funktional und thematisch vielfältig zusammen: durch den Bezug der behandelten Probleme zur sozialpsychologischen, wirtschaftlichen und reichspolitischen Situation seiner Zeitgenossen in der städtischen Alltagskultur.

Entgegen der kirchlichen Tradition, in der das Bild allein dazu diente, um die Heilstatsachen zu vermitteln, wendet sich das *„Narrenschiff“* an die „Öffentlichkeit“ des städtischen Laienpublikums, versucht vor allem auf das nicht-kirchliche Leben einzuwirken. Bei aller rückwärts gewandten Weltschau des „konservativen Humanisten“ trägt BRANTS Arbeit als politischer Publizist diesen Bedingungen und den veränderten Entwicklungen seiner sozialen Umwelt Rechnung. Zugleich bezeugt seine funktionale Nutzung der Bildsatire hierbei das Interesse, das Schauverlangen der Zeitgenossen mit Belehrung, Unterhaltung und „Motivation“ zur Stabilisierung des mit der Zeitkritik angestrebten Wertsystems zu befriedigen und zu steuern.

In Kapitel 56 des *„Narrenschiffes“*, betitelt „Vom Ende der Gewalt“, entwirft Sebastian BRANT eine allgemeine Zeitdeutung. Zur Stärkung der bestehenden Herrschaftsverhältnisse zielt seine Mahnung hier auf das Vergänglichkeitsbewußtsein der Amtsträger. Ein langer Beispielkatalog verblendeter, überheblicher und gescheiterter Machthaber aus Mythos, Bibel und alter Geschichte ist in das Schema der Weltreiche gebunden und mündet in den Wunsch, das Römische Reich möge sich unter Gottes Schutz zur Weltherrschaft entfalten. Die Kritik an der Vermessenheit des Menschen unterstreicht die Geltung der göttlichen Weltordnung. Auch die Herrscher sind durch die Bußpredigt des „Memento mori“ (Gedenke des Todes) betroffen. Das Kapitel „Vom Ende der Gewalt“ macht so Gebrauch von der universellen Ständesatire des „Totentanzes“. Als Illustration verwendet BRANT dazu den Holzschnitt vom 37. Kapitel: „Von Glückes Zufall“, wieder *(Abb. 2)*. Das Glücksrad ist mit närrischen Mischwesen aus Mensch und Tier besetzt – in Kapitel 56 wird als Beispiel NEBUKADNEZAR erwähnt: „Nach Gottes Macht hatt er Begier und ward verwandelt in ein Tier“. Die aus den Wolken reichende Hand Gottes dreht das Rad; von ihm fällt ein Narr kopfüber in ein offenes Grab – eine Verbindung von Zeichen und Wirklichkeit ähnlich dem zuerst betrachteten Beispiel des Abtes auf dem „Schlitten“.

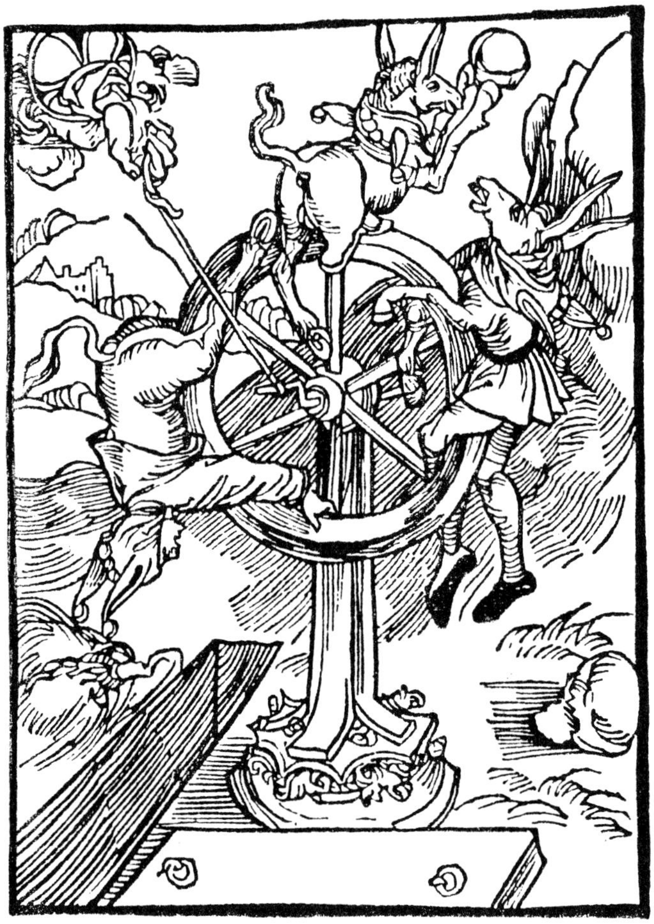

Abb. 2: Illustration zum 37. Kapitel, „Von Glückes Zufall“, aus Sebastian Brants „Narrenschiff“

Die Hinfälligkeit politischer Herrschaft vor einer als absolut erachteten Instanz: Tod, Fortuna oder Gott, wird angesichts der Sterblichkeit der Herrschenden wie der Untertanen offenbar. Der Verweis auf ein Jenseits kann dabei gerade auch zur Rechtfertigung der gegenwärtigen sozialen Lage benutzt werden. Das Leiden unter ungerechter Herrschaft qualifiziert den Einzelnen zu „ewiger Belohnung“.

Wir wollen zu diesem zentralen Themenbereich weitere Gestaltungen des Glücksrads vor und in der Reformation betrachten. Ein Einblattholzschnitt des 3. Viertels des 15. Jahrhunderts greift die Motivik auf, bringt aber eine abweichende Verbindung des Fortunarads mit der Tiersatire *(Abb. 3)*. Die Personifikation der „Geduld“ hält hierbei mit verbundenen Augen das Schicksalsrad vor sich. Der Papst als „Fuchs Reinhart“ thront in Herrscherpose auf dem Rad zwischen einem Dominikaner-Wolf (domini canes: Hunde des Herrn; Hund–Wolf) und einem Franziskaner(Barfüßer)-Bären. In den Beischriften wird der Reineke-Papst seiner weltlichen Herrschaft ebenso bezichtigt wie die Ordensvertreter der Habsucht. Zusammen mit Hoffart und Neid, die daneben in den beiden Reiterfiguren auf dem Rad verkörpert sind, unterdrückt und verrät die mörderische „Falschheit“ (mit Sichel, auf der Speiche links) des gegenwärtigen Weltregiments die in ihrem Elend klagend vorgeführten Tugenden der

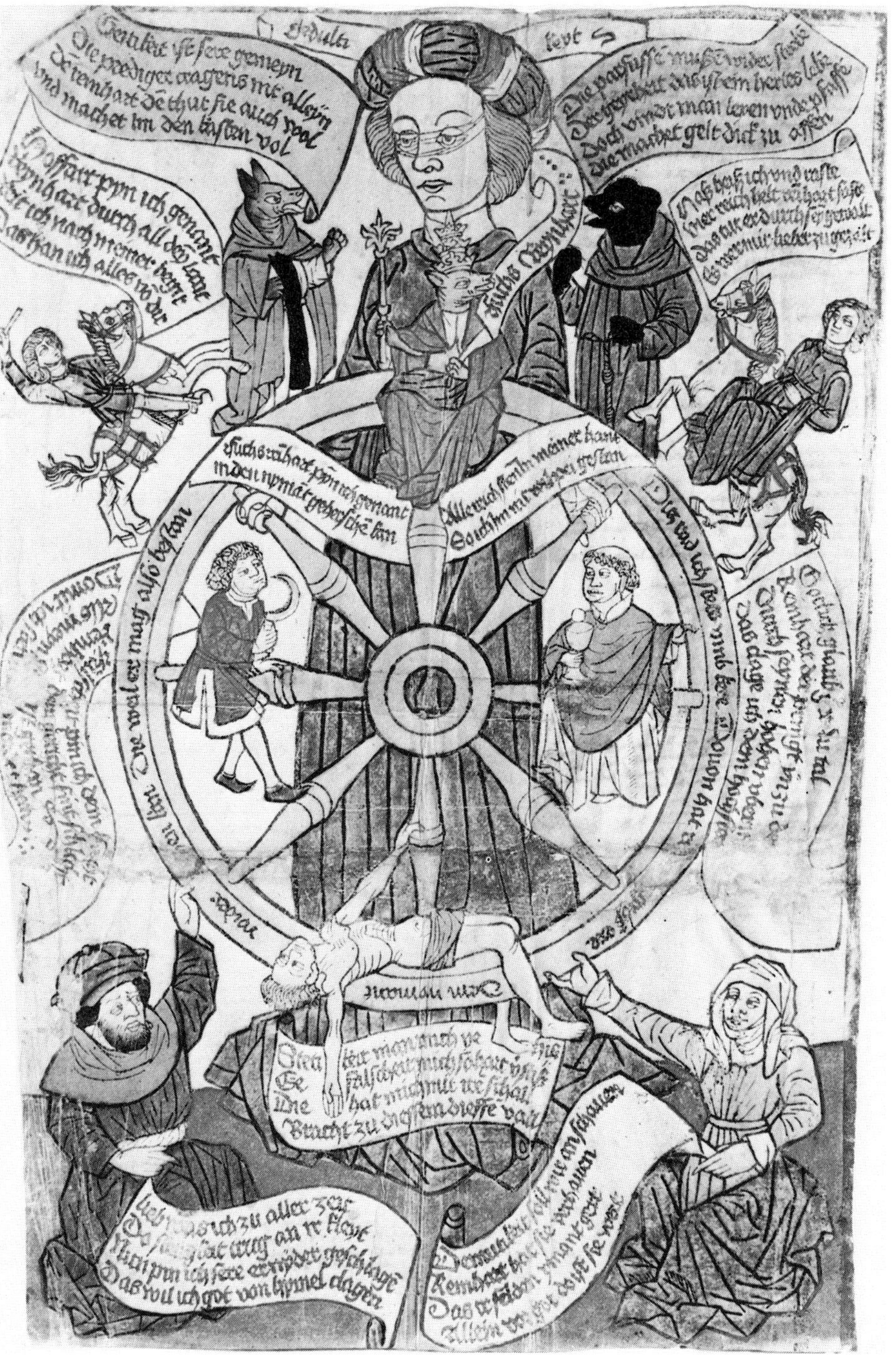

Abb. 3: Das Rad der Geduld. Einblattholzschnitt. 3. Viertel des 15. Jahrhunderts. Wien, Albertina

Stetigkeit (fast unbekleidet liegender Mann unter dem Rad), der Glaubenstreue (Priester mit Kelch), der Liebe und Demut.

Die in der beherrschenden Stellung der Geduld zusammengefaßte Aussage des Blattes wendet die biblische Verheißung, daß „Geduld und Glaube der Heiligen" *(Apk 13,10)* den verfolgten Menschen ein Überdauern bis zur Vernichtung ihrer Unterdrücker ermöglichen, auf die gegenwärtige Lage der Kirche an. Der Bezug auf die Herrschaft des Antichrist, wie sie in der „Geheimen Offenbarung" geschildert ist, wird in dem Bildaufbau nicht anschaulich gemacht. Glaubenszuversicht und Geduld im ungerechten Zustand der gegenwärtigen Welt umschreiben einen religiösen Trost für die Unterdrückten – und den Aufruf zur moralischen Reform der Herrschaftsträger. Darin entspricht das Blatt der an die Obrigkeit gerichteten Darstellung „Vom Ende der Gewalt" im Narrenschiff.

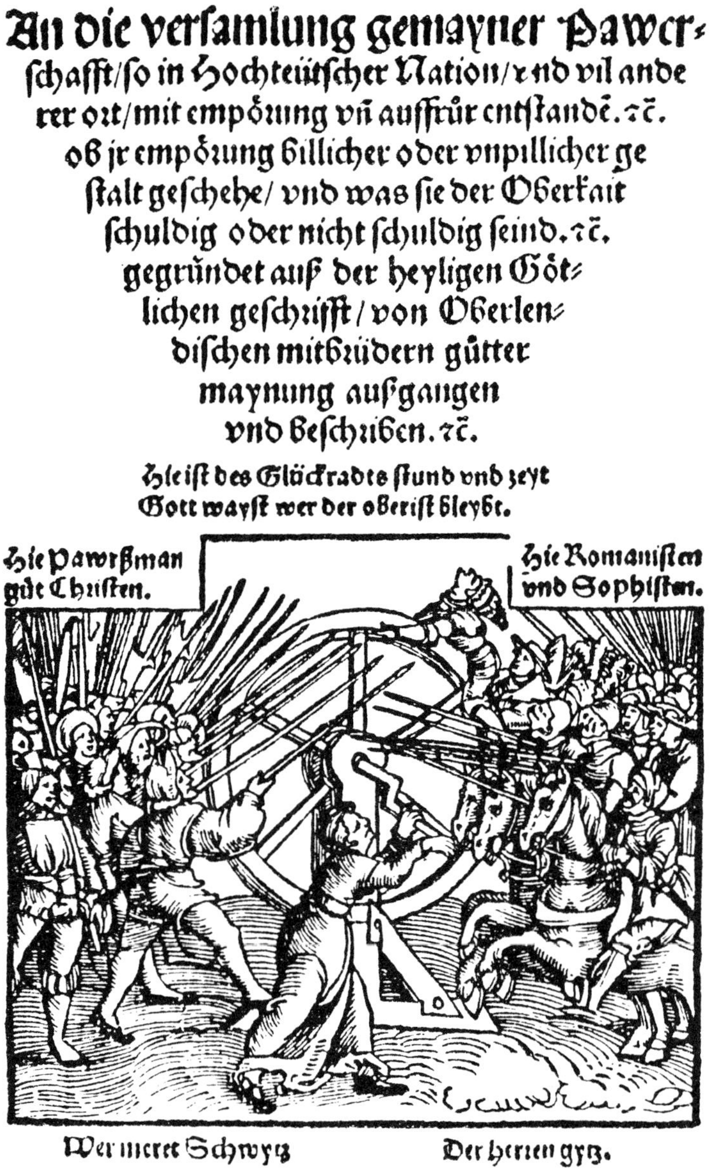

Abb. 4: „Hie Pawrßman gut Christen", „Hie Romanisten und Sophisten". Flugschrift 1525

Demgegenüber nutzt eine Flugschrift auf dem Höhepunkt des Bauernkrieges im Mai 1525 das Glücksrad als Titelbild, um die Hoffnungen des evangelischen gemeinen Mannes im Kampf gegen die kirchliche Herrschaft vor Augen zu führen. Fortuna dreht das Rad zwischen den Kriegstruppen „Hie Pawrßman gut Christen" (Infanterie) und „Hie Romanisten und Sophisten" (Kavallerie) *(Abb. 4).* Auf das Rad geflochten wie im Strafvollzug erscheint der Papst. Auch hier finden wir einerseits die göttliche Fügung als höchste Autorität: „Hier ist des Glücksrads Stund und Zeyt, Gott weyst wer der oberist bleybt", andererseits die direkte zeitgeschichtliche Berufung auf das Vorbild der republikanischen Schweiz (in der Unterschrift „Wer meret Schwytz – Der herren gytz").[6] Die reformatorische Bildpropaganda hat diese Spannung zwischen dem Absolutismus des verborgenen Gottes und der menschlichen Herrschaftspraxis in der Kritik am Papsttum zugespitzt. Diesen unmittelbar tagespolitischen Bezug der reformatorischen Bildsatire gilt es im folgenden herauszuarbeiten.

Herrschaftskritik und Reformationspropaganda

Seit den Ablaßthesen und verstärkt seit seinem Auftreten vor dem Wormser Reichstag führte LUTHERS Angriff auf die Kirche zu einer entscheidenden politischen und gesellschaftlichen Auseinandersetzung in Deutschland. Entsprechend stieg das aktive Interesse an den allgemeinen Fragen der Zeit bei weiten Volksschichten, vor allem dem Stadtbürgertum. Zugleich verstärkte sich das Bedürfnis nach informierender, bekenntnishafter und mobilisierender Äußerung einer öffentlichen Meinung. Von den städtischen Zentren dieser Zeit aus – vor allem von Basel, Augsburg, Nürnberg, Straßburg, Wittenberg und Erfurt – kamen geistliche und nichtgeistliche Autoren und Künstler diesem Bedürfnis entgegen und fanden für ihre Arbeiten bei den großen Verlags- oder Druckhäusern und vielen handwerklichen Werkstätten, bei Buchmalern und Formschneidern bereitwillige Aufnahme. In rascher Folge und mit aktuellem Situationsbezug veröffentlichten sie eine Flut von Einblattdrucken und Broschüren, sogenannte Flugschriften und Flugblätter. Bei der Ausbreitung der Reformation griffen mündliche, schriftliche und bildliche Formen der Vermittlung in neuartiger Weise ineinander.

Am deutlichsten ist die zahlenmäßige Veränderung bei den Druckerzeugnissen zu fassen. Seit der Ablösung des Lateinischen durch die deutsche Sprache ist die Entwicklung durch die anwachsende Zahl der Titel und die Erhöhung der Auflagenzahlen gekennzeichnet. So wurden zu Beginn des 16. Jahrhunderts im Jahr durchschnittlich 40 deutsche Titel gedruckt, wogegen sich für 1519 schon mindestens 111 und für 1523 sogar mindestens 498 Titel nachweisen lassen. Diese Zahlen umfassen alle Erscheinungsformen des Tagesschrifttums.[7]

Im Rahmen der damaligen Gebrauchsliteratur waren dies vornehmlich Flugschriften und Flugblätter. Es wurde ein breites Spektrum literarischer Gattungen, Muster und Stilmittel benutzt: neben Predigten besonders Prosadialoge in Gesprächsbüchlein, Briefe, Sendschreiben, Spruchgedichte und politische Lieder.

Bei der Meinungsbildung und Verständigung innerhalb der reformatorischen Bewegung sind die wichtigsten Literaturformen, Flugschrift und Flugblatt, nach der Gebrauchssituation zu einem großen Teil aus mündlicher Vermittlung hervorgegangen und haben auf diese wieder zurückgewirkt.[8] Predigt und Lied stehen dabei nur stellvertretend für den weitverzweigten Bereich dieser Kommunikation in geselligem Gespräch und öffentlicher Disputation an den verschiedensten Treffpunkten im städtischen Alltagsleben, im Gasthaus und beim Kirchgang, auf Marktplatz und Straße, bei der Arbeit gleicherweise wie durch Ausruf und Verkündigung von Rathaus und Kanzel. Die Lektüre des Tagesschrifttums beschränkte sich daher keinesfalls auf stilles Lesen durch Einzelne, sondern war weitgehend Vorlesen und forderte die inhaltliche Diskussion in größeren Zuhörergruppen. Diese zeitgenössische Verwendung wird in den Veröffentlichungen selbst mehrfach angesprochen.

Mit der Massenproduktion der Gebrauchsliteratur, der Verwendung der Volkssprache, der Verschränkung zwischen gedrucktem und gesprochenem Wort hängt der andere große Wirkungsfaktor der Reformationspropaganda vielfältig zusammen – das Bild. Ja, innerhalb der reformatorischen Öffentlichkeit und für das Verständnis der neuen Lehre beim gemeinen Mann spielten die Illustration des Titelblattes und vor allem der graphische Bestandteil eines Flugblattes, die Bebilderung durch Holzschnitte, eine entscheidende Rolle. Die visuelle Erfassung des im Text ausgeführten Gedankens durch Betrachten und „Lesen" des Bildes war bei einer wesentlich breiteren Bevölkerungsschicht eingeübt als das Lesen von Texten. (Lesen konnten höchstens 5% der Bevölkerung.) Die meisten Menschen waren im Lesen auch verschlüsselter Bildzeichen in der Kirche unterwiesen worden. Mit der Wendung an den gemeinen Mann aber unterstützte das Bild als situationsbezogenes Kampfmittel der Massenkunst in der Reformationsphase von 1517–1525 eine negative Charakterisierung dieser alten Kirche selber.

Der Einsatz von Bildzeichen wurde im Zusammenspiel von Sprechen, Hören, Schauen, Lesen, Streitgespräch und Handeln zu einem wesentlichen Instrument der reformatorischen Propaganda. Schlagwort und „Schlagbild" ergänzten sich in der Breitenwirkung auf den gemeinen Mann. Aus der aktuellen Frontstellung der evangelischen zur römischen Kirche erklärt es sich, daß Kritik und Selbstdarstellung zugleich in gegensätzlichen Bildkonzepten vorgetragen wurden. Mit schematisch vereinfachten Gegenüberstellungen konnte das Verhältnis zwischen altem und neuem Glauben propagandistisch wirksam vermittelt werden. Die Bilderfindungen nahmen in vielerlei Weise Rücksicht auf die Erwartungen des gemeinen Mannes: mit der Darstellung der gegenwärtigen Auseinandersetzungen im biblischen Gleichnis, durch die Nutzung mittelalterlicher und aktuell geläufiger Vorlagen, bei der Aufnahme bildhafter Vorstellungen und Zeichen aus der Laienfrömmigkeit und der Volkskultur. Darin traf sich der Motivkreis der „Verkehrten Welt", des Narren und des Karnevals, mit der breit verwendeten Bildtechnik der Satire.

Væ væ væ habitantibus in terra.
APOCALYPSIS VIII
Cuncta in quibus ſpiraculum vitæ eſt, mortua ſunt.
GENESIS VII

Moriatur ſacerdos magnus.
IOSVE XX
Et epiſcopatum eius accipiat alter.
PSALMISTA CVIII

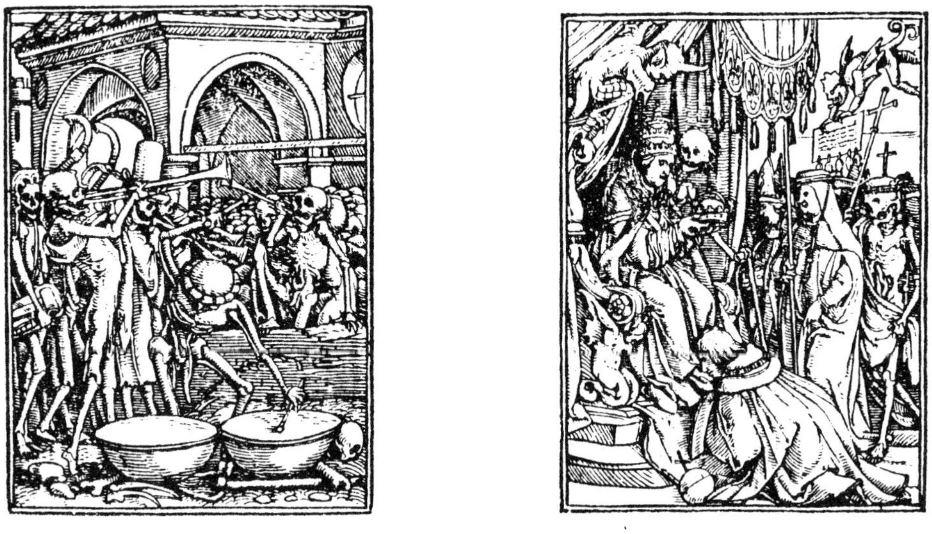

Abb. 5: Hans Holbein der Jüngere: „Bilder des Todes", Lyon 1538

Dabei traten die zentralen theologischen Gehalte der evangelischen Lehre zunächst zurück hinter der erhöhenden Darstellung LUTHERS als Leitfigur und als Gegenspieler zum Papst, dem zum Antichristen gefaßten Feindbild. Als Teufel oder Antichrist übernimmt der Papst hier die Rolle der widergöttlichen Gewalt. Die propagandistische Aktualisierung dieses christlichen Gegensatzes von Gott und Teufel stellt dem Bildbenutzer in Aussicht, im Kampf gegen die alte Kirche seine eigene Teufelsangst zu bannen. Heilsgeschichte wird gegenwärtig gesetzt; mit deren bildhafter Konkretisierung ziehen die reformatorischen Strategen in der zeitgeschichtlichen Auseinandersetzung die wirksamste Folgerung aus dem Angebot, das die traditionelle Typologie bereitstellte.

In der breiten Darstellung des Alltäglichen, das als religiös durchdrungen verstanden wurde, und durch die Auffassung vom ungewissen Einbruch des Todes ins Leben weicht etwa auch Hans HOLBEINS des Jüngeren Folge der *„Bilder des Todes“* von den Totentanz-Zyklen des 15. Jahrhunderts ab *(Abb. 5)*. Die Serie insgesamt ist durch die gesteigerte Annäherung der Darstellungen an das Erscheinungsbild der unmittelbaren Umgebung gekennzeichnet. „Genreszenen“ werden zum Ort des möglichen Erscheinens des Todes. Den Papst ereilt der Tod hier in einer Szene, in der er seine weltliche Macht beweist, nämlich bei der Krönung des Kaisers. Nach dem Vorbild der entsprechenden Szene aus CRANACHS *„Passional Christi und Antichristi“* ist sie gekoppelt mit dem Fußkuß des Kaisers vor dem Papst, wobei zudem der fliegende Teufel mit dem Ablaßbrief die reformatorische Tendenz verstärkt. Die theologische Aussage des Antichrist-Mythos wird dem umworbenen Zeitgenossen durch die drastische Steigerung der abbildenden Leistung nahegebracht – sie hat einen sowohl realistischen als auch fiktiv-grotesken Charakter.

Kritik am Ablaßwesen

In der kritischen Situation der frühen Reformation, als die lutherische Bewegung unter entschiedenem Erfolgsdruck stand, war die Bildsatire ein wichtiges propagandistisches Mittel. Sie war vor allem Satire auf geistliche Herrschaft, auf das Papsttum und die Bischofshöfe. Sie diente der Stabilisierung weltlicher Macht, der Macht der protestantischen Landesfürsten. Zu der Entlastung des Bürgers gehörte wesentlich die Abwehr kirchlicher Geldforderungen im *Ablaß*.

Theologisch setzte die Lehre der mittelalterlichen Kirche die Unterscheidung der Sündenschuld von der Sündenstrafe voraus. Während die Sündenschuld durch die Absolution im Beichtsakrament vergeben wird, soll die Sündenstrafe durch eigene Bußleistungen abgegolten werden. Der „Ablaß“ galt als Ersatz dieser Leistungen. Dabei sollte der Papst über das Recht verfügen, aus dem „Heilsschatz“ der Kirche die Verdienste Christi und der Heiligen einem Menschen zukommen zu lassen, um so vor Gott einen Ersatz für dessen erlassene Bußleistung zu erwirken. Mit der Einführung von Geldbußen löste sich der Ablaß zunehmend von der Beichte und ließ sich zugleich auf alle zeitlichen Sündenstrafen übertragen und damit fürbittweise auch bereits Verstorbenen zuwenden, um den Aufenthalt der erretteten Seelen im Fegefeuer, ihrem angeblichen Läuterungsort, abzukürzen oder zu vermeiden.

LUTHERS Kritik in seinem *„Sermon von Ablass und Gnade“* setzt an dieser Ausdehnung des Ablasses auf die Sündenstrafen ein. Er trifft damit Entwicklungen, die zur Vermehrung des Ablasses als kirchlicher Sondersteuer und bei zunehmender Ablaßhoheit der Landesfürsten praktisch zur Finanzierung territorialer Gemeinschaftsaufgaben wie Krieg oder Brückenbau geführt hatten. Auf die Verwendung der Ablaßgelder als Einnahmequelle geistlicher wie weltlicher Herrschaft hat sich die Kritik auch im publizistischen Fortgang des Ablaßstreites nach 1517 gerichtet. Im anhaltenden Meinungskampf gegen den Ablaß greift die reformatorische Seite häufig auf biblische und altkirchliche Ausgangspunkte zurück. Zwei Beispiele können uns das Bild des Kampfes gegen den Ablaß vorführen:

- Ein Flugblatt von etwa 1530 nutzt das spätmittelalterliche Andachtsbild des auf dem Altar inmitten seiner Leidenswerkzeuge erscheinenden Schmerzensmannes – ein Typus, der vor allem als Vision Papst GREGORS des Großen in der frühen Graphik mit Ablaßgebeten weit verbreitet war – zugleich zu einer Attacke auf Papst und Ablaß *(Abb. 6)*. Der siebenköpfige Drache der Apokalypse (Kap. 13) wird mit einem Papstkopf zwischen je zwei Kardinälen, Bischöfen und Mönchen an Stelle Christi gezeigt. Eine große Geldtruhe, unter welcher der Teufel liegt, dient als Altar mit Ewigem Licht. Mit dem Vorhängeschloß der Geldtruhe verbindet der Betrachter das päpstliche Wappen der gekreuzten Petrusschlüssel. Inmitten der Waffen Christi hängt am Kreuz ein übergroßer Ablaßbrief mit der Aufschrift „Umb gelt ein sack vol ablas“. Der Illustrator wendet hierin eine Paulinische Bildvorstellung von der Erlösungstat Christi gegen den Papst als Antichrist:

Das sibenhabtig Pabstier Offenbarung Johannis Tessaloni. 2.Cap.

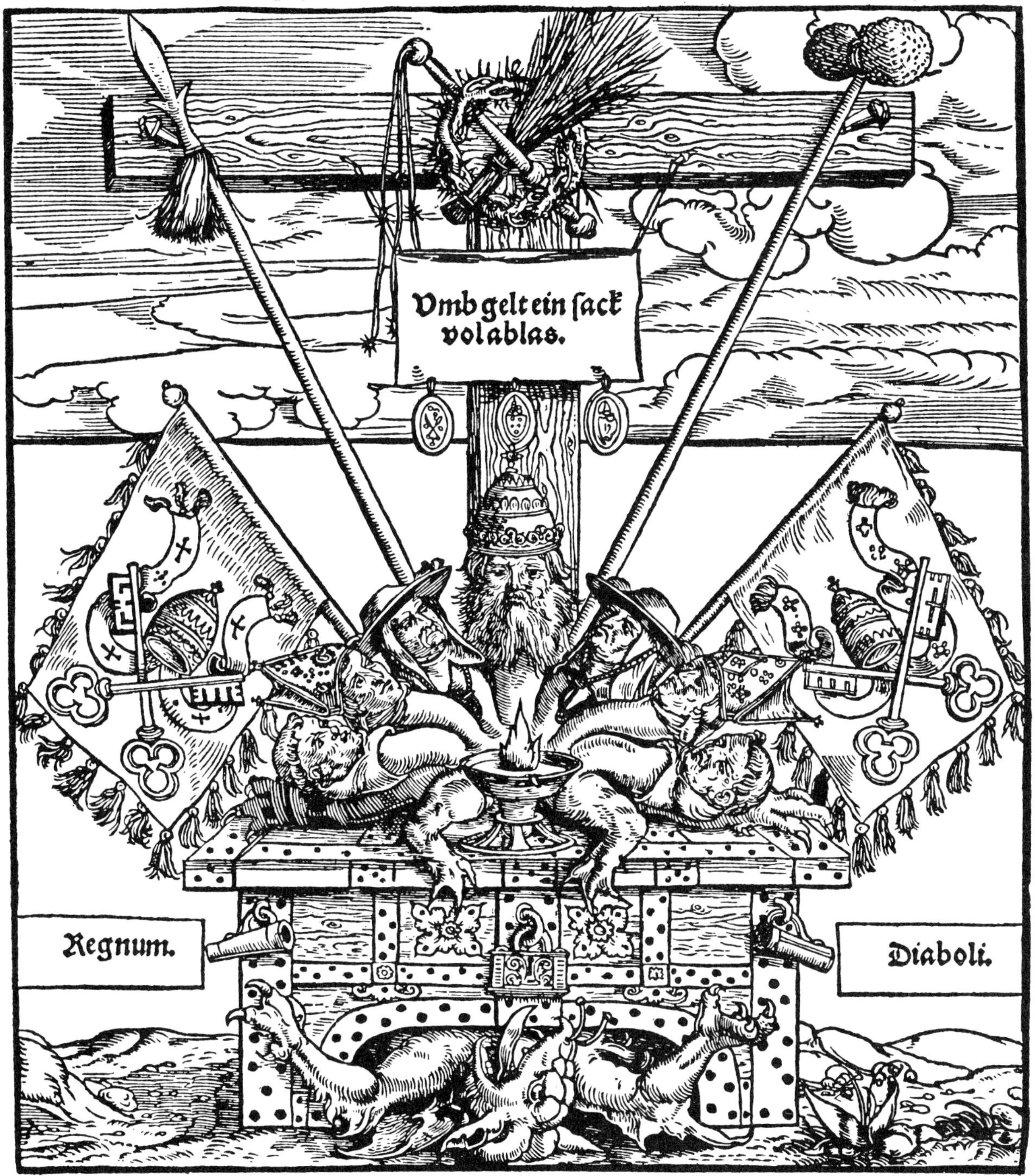

Schawet an das siben hewbtig tier
Gantz eben der gstalt vnd manier
Wie Johannes geschen hat
Ein tier an des meres gestat
Das hat siben vngeleicher haubt
Eben wie diß pabstier gelaubt
Die waren all gekrünt bedewt
Die blatten der gaistlichen lewt
Das thier das het auch zehen horen
Deüt der gaistlig gwalt vñ rumoren
Das thier trüg Gottes lesterung

Bedeüt jr verfürische zung
Das thier was aim pardel geleich
Bedeüt des Bapst mordische reich
Das auch hinricht durch tiranney
Alles was jm entgegen sey
Auch so hat das thier peren füß
Deüt das das Euangeli süß
Ist von dem bastum vndertretten
Verschart/verdecket vñ zerknetten
Das thier het auch ains löwen mund
Bedeüt deß bapstum weiten schlund

Den doch gar nie erfüllen thetten
Aples/pallium noch annatten
Bann/opfer/peicht/stiffe zů Gotsdienst
Land vnd leüt Künigreich rent vñ zinst
Das es alles hat in sich verschlunden
Das thier entpfieng ain tödlich wunden
Deüt das Doctor Martin hat gschriben
Das bapstum tödlich wund gebieben
Mit dem otten des Herren mund
Gott geb das es gar gee zů grund
Amen.

Abb. 6: Anonym: Das siebenhäuptige Papsttier. Flugblatt. Text: Hans Sachs. Um 1530

„Er hat den Schuldschein, der gegen uns sprach, durchgestrichen und seine Forderungen, die uns anklagten, aufgehoben. Er hat ihn dadurch getilgt, daß er ihn an das Kreuz geheftet hat. Die Fürsten und Gewalten hat er entwaffnet und öffentlich zur Schau gestellt; durch Christus hat er über sie triumphiert." (Brief an die Kolosser, 2,14f.)

Die Darstellung, die auch in Drucken ohne Text bzw. als Buchillustration bezeugt ist, weist mit dem bärtigen Papstkopf und dem Mediciwappen auf CLEMENS VII. (1523–1534).

• Die Kritik an der Ablaßverwendung formuliert Hans Sebald BEHAMS Flugblattillustration 1524: *„Von der Höllenfahrt des Papstes"* mit Blick auf einen anderen Schwerpunkt *(Abb. 7)*. BEHAM läßt den Papst prunkvoll in die Hölle einziehen, deren aufwendige Architektur die künstlerische Repräsentation im zeitgenössischen Rom parodiert. Papst JULIUS II. hatte zur Finanzierung des Neubaus der Peterskirche 1507 einen neuen Ablaß ausgeschrieben, der erstmals nicht nur in einzelnen Ländern, sondern in der ganzen Christenheit verkündet werden sollte, um auf diese Weise auch der universellen Bedeutung des Gotteshauses über dem Petrusgrab Rechnung zu tragen. Die tempelähnliche Kirchen- oder Palastanlage der Hölle ist in BEHAMS Komposition das Reiseziel der klerikalen Hierarchie, die sich im Triumphwagen um einen Fastnachts- oder Maibaum mit aufgehängten Papstbullen und Ablaßbriefen schart. Das mittelalterliche Bild des reitenden Papstes, das traditionell die weltliche Herrschaft der Kirche betonte, ist hier vom Nürnberger Faschingsbrauch, dem Schembartlauf, satirisch überlagert, bei dem eine „Hölle" durch die Stadt gezogen wurde. Das Blatt verspottet damit drastisch die kirchlichen Versprechungen, mit Hilfe von Ablässen der Sündenstrafe zu entgehen, und stellt die Höllenfahrt der alten Kirche gegen die Höllenfahrt Christi, die nach der reformatorischen Lehre die zentrale Erlösungstat des erniedrigten Gottessohnes ist. Von ihr hatte LUTHER 1517 in seinen beiden letzten Ablaßthesen zusammenfassend geschrieben:

„Ermahnen soll man die Christen, daß sie ihrem Haupt Christus durch Strafen, Tod und Hölle hindurch zu folgen trachten, und so lieber durch viel Trübsal in den Himmel einzugehen, als durch unerschütterte Sorglosigkeit ihrer Sache sicher zu sein."[9]

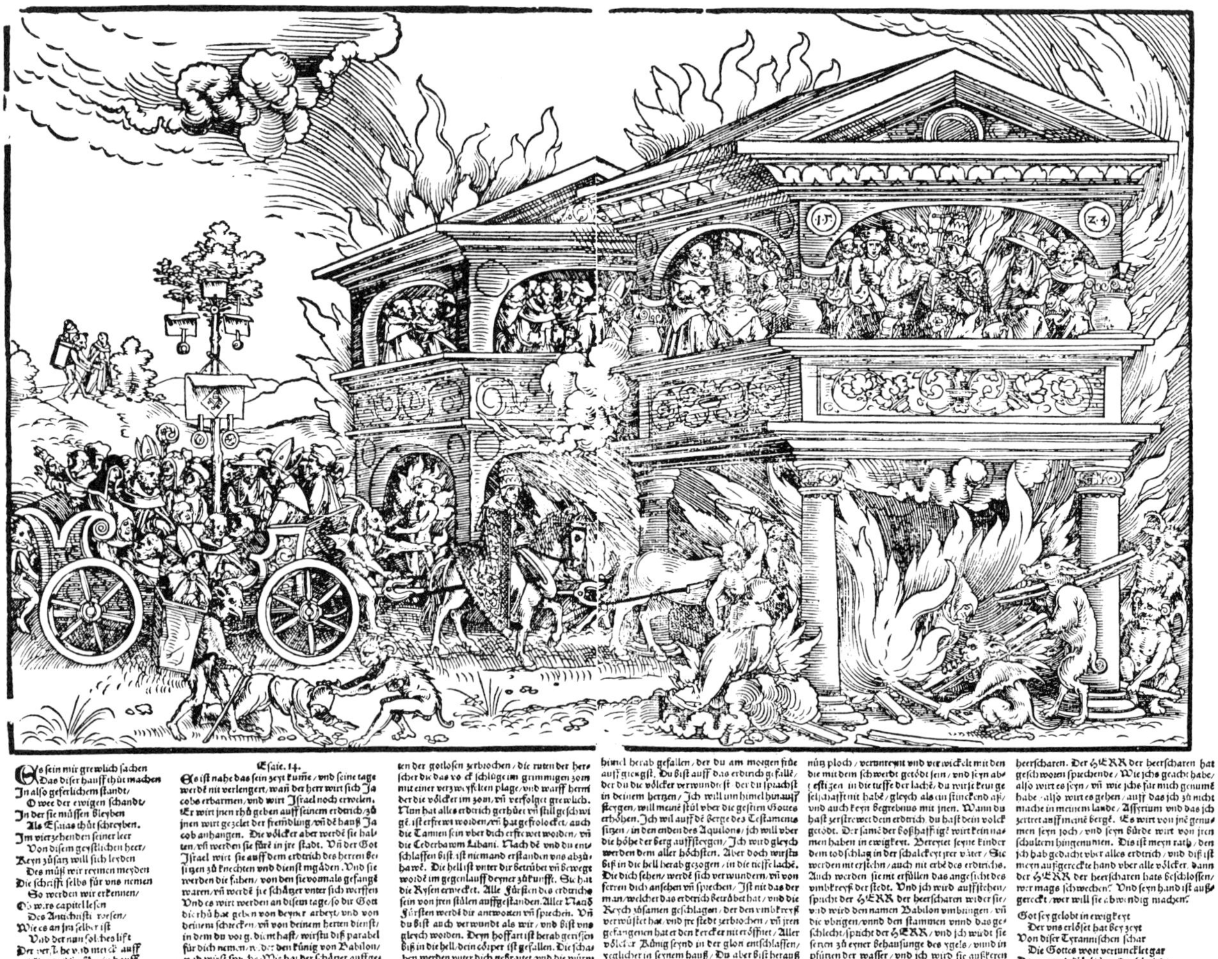

Abb. 7: Hans Sebald Beham: Von der Höllenfahrt des Papstes. Flugblatt. 1524

Die unter das Bild gesetzte Vision des Propheten Jesaja aus dem 14. Kapitel behandelt die göttliche Rache an den Unterdrückern des auserwählten Volkes. Das biblische Modell wird durch die einleitenden Verse auf die gegenwärtige Unterdrückung der „Evangelischen" durch den „Antichrist" und sein „geystlich heer" bezogen.

Die typisierende Ständesatire

In der reformatorischen Bildsatire gibt es gelegentlich die Darstellung individueller Porträts, aber die Gesichtszüge sind nicht im Sinne neuzeitlicher Karikatur übertrieben oder verzerrt; das Porträt hat rein abbildende Funktion, man will den Dargestellten erkennen können. Bei weitem jedoch überwiegen typisierende Darstellungen, die Standesvertreter oder Vertreter von Institutionen (Bauer, Bürger oder Mönchs- bzw. Papsttum) charakterisieren sollen.

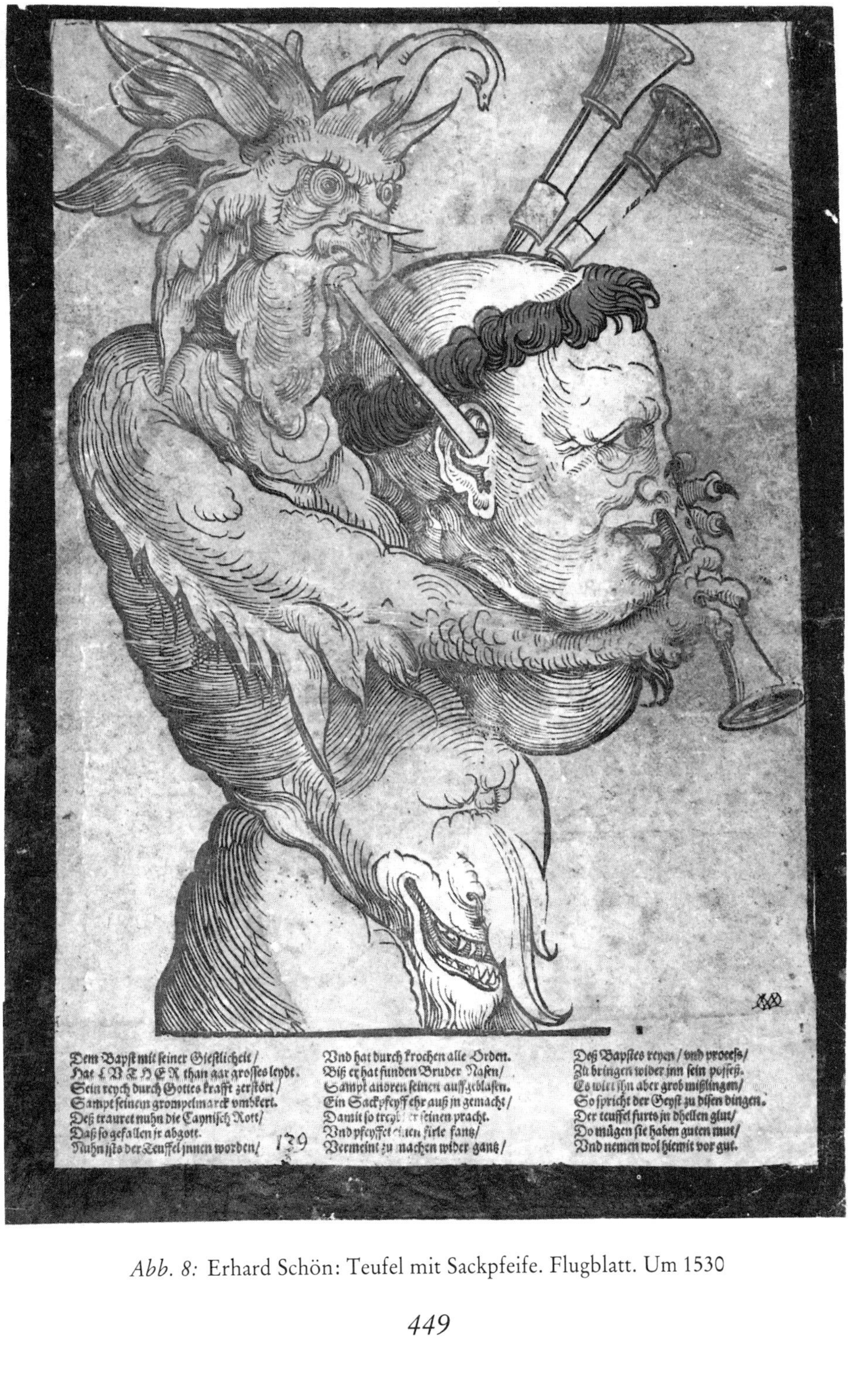

Abb. 8: Erhard Schön: Teufel mit Sackpfeife. Flugblatt. Um 1530

Erhard SCHÖNS Flugblatt *„Teufel mit Sackpfeife“* um 1530 wurde in kulturgeschichtlichen Darstellungen des Reformationszeitalters unzählige Male als eindrucksvolle Frühform physiognomischer Karikatur wiedergegeben *(Abb. 8)*. Dabei galt sie aber bezeichnenderweise ebenso als Verspottung des altkirchlichen Mönchswesens wie auch als „beste und bösartigste Luther-Karikatur“.[10]

Die antirömische Zielrichtung der Satire ergibt sich nicht nur aus der Person des Künstlers Erhard SCHÖN, der sich mit vielen Arbeiten maßgeblich an der Bildpropaganda für die Reformation beteiligte, sondern auch aus der Beischrift. Der Teufel erwähnt im Gothaer Exemplar hier „vil fabel trewm und Fanthasey“, die er „vor zeytten“ aus solchen „Pfeiffen“ pfiff. Er beklagt damit einen vergangenen Zustand, von dem er aber im Vertrauen auf die menschliche Schwäche hofft, daß er bald wieder eintrete. In der bildlichen und literarischen Motivgeschichte war der Dudelsack zumeist der Welt von Rausch, Begierden und Leidenschaften zugeordnet worden. Nach der dabei überwiegenden moralisch negativen Bewertung greift die Polemik beider Glaubensseiten das Musikinstrument früh auf für die Darstellung des Teufels oder Mönchs. Erhard SCHÖN steigert die Wirkung des Motivs dadurch, daß er das Instrument selbst als Mönchskopf ausgestaltet und über die zähnefletschende Maske des Teufelsbauches setzt und so die Verschlingung von Mönch und Teufel zu einem einzigen zweiköpfigen Monstrum vorgibt. Aus LUTHERS persönlicher Erfahrung der Wirklichkeit dämonischer Gewalten wird der Teufel zum allgegenwärtigen Instrument des Bösen, das den Geistlichen zu ökonomischer und politischer Ausnutzung seines Amtes zu verführen sucht. Seit der Konfessionsspaltung steckt der Teufel im Detail – im Alltag der politischen Bildsatire.

Die Ausbreitung der Herrschaftskritik in der politischen Bildsatire ist historisch nur zu verstehen, wenn man sich die Bildauffassung der Reformation und ihre allgemeinen Konsequenzen für die Kunstpraxis klarmacht.

Reformation und Bild

Das Thema „Reformation und Bild“ löst im allgemeinen Bewußtsein häufig die Vorstellung einer negativen Bilanz aus. Erinnerungen an das alttestamentliche Bilderverbot kommen da zusammen mit Nachrichten über Bilderstürme in der reformierten Kirche (vgl. Beitrag 4). Zumal aus kunstgeschichtlicher Sicht gilt daher die Reformation weithin vor allem als verantwortlich für das Ende der altkirchlichen Bilder- und Schmuckfreudigkeit, als Ursache für den Entzug künstlerischer Arbeitsaufträge und als auslösendes Moment für den Einbruch einer frostig-sinnenfeindlichen Askese.

Man beruft sich dafür gern auf die verzweifelte Klage des alternden ERASMUS von Rotterdam: „Ubicumque regnat Lutheranismus ibi litterarum est interitus“ („Wo das Luthertum herrscht, gehen die Künste zugrunde“). Die einseitige Bevorzugung des Wortes soll demnach besonders im deutschsprachigen Kulturgebiet zu einem verhängnisvollen und nachhaltigen Verfall künstlerischer Produktivität geführt haben.

Am zugespitztesten hat so der bekannte Philosoph und Soziologe Alexander RÜSTOW, nach einem anderen Wort des ERASMUS, von der „Lutherana tragoedia artis“, der Tragödie für die Kunst durch das Luthertum, gesprochen.[11] Anläßlich der großen Ausstellung zu Hans BALDUNG GRIEN in Karlsruhe 1959 musterte er entsprechend die altdeutsche Kunst und arbeitete einen angeblich unbestreitbaren Abstieg bei allen bekannten Künstlern heraus. DÜRER habe zwar selbst in seinem Spätwerk, der Münchener Tafel der *„Vier Apostel“* (1526), durch die angestückte Beischrift auch bereits das Wort dem Bild-Zeichen übergeordnet und so der bildenden Kunst im Bereich des Religiösen einen tödlichen Stoß versetzt. Sein früher Tod im Jahre 1528 habe ihm jedoch das tragische Schicksal von Künstlern wie GRÜNEWALD, CRANACH, HOLBEIN und BALDUNG erspart, nämlich „in der kühlen Luft der Wortgläubigkeit eines bilderfeindlichen Protestantismus sich selbst überleben zu müssen“: GRÜNEWALD habe zuletzt nur noch zurückgezogen, traurig und künstlerisch unfruchtbar gelebt; HOLBEIN sei mit seiner ungebrochenen Produktivität vor dem Konfessionshader in die weltliche Bildnismalerei (und auf Empfehlung des ERASMUS von Rotterdam an Thomas MORUS nach England) ausgewichen, verrate aber im Erstarren zu eisiger Kälte und Schärfe, die seine Werke ausstrahlten, nachdrücklich die negative Wirkung der Reformation; bei CRANACH schließlich sei der gleiche Abstieg als Zug ins Hausbackene unverkennbar.

Diese Skizze ist in vieler Hinsicht aufschlußreich als Ausgangspunkt für unsere Frage nach dem Verhältnis von Reformation und Bild. RÜSTOWS Beitrag zeigt zunächst, daß er unter „Bild“ Kunst im heutigen Sinn versteht und ästhetisch bewertet. In den Auseinandersetzungen der Reformation jedoch ging es um das Bild – genauer die Gottes-, besonders die Christusdarstellung – als einen religiösen Gebrauchsgegenstand.

Sodann beklagt RÜSTOW, daß sich der Schwerpunkt von kirchlicher zu weltlicher Bildproduktion verlagerte, spricht von Zertrümmerung der altkirchlichen bilderfreudigen Tradition und spielt damit ERASMUS von Rotterdam gleichsam als objektive Wahrheitsinstanz gegen LUTHER und seine Auflösung der „Una Sancta“ aus.

RÜSTOW steht in der „abendländischen" Tendenz der kulturpolitischen Diskussion nach dem Zweiten Weltkrieg und versteht so den historischen Prozeß der Ablösung des Mittelalters als „Verlust der Mitte" (im Gefolge von Hans SEDLMAYRS Buch von 1948).

Demgegenüber hatte 1916 Georg DEHIO eine „Krise der deutschen Kunst im 16. Jahrhundert" festgestellt, sie aber im wilhelminischen Nationalismus des Ersten Weltkriegs nicht mit dem Einschnitt der Reformation begründet, sondern mit einem Verlust der Eigenständigkeit der deutschen Künstler gegenüber der aus Italien importierten Renaissance.[12]

Übereinstimmend betonen beide Autoren aber einen Qualitätsverfall der deutschen Kunst seit dem 2. Drittel des 16. Jahrhunderts. In der Tradition der ästhetischen und geschichtsphilosophischen Spekulation des Idealismus verstehen sie dies weitreichend als Übergang der schöpferischen Führungsrolle von den Bildkünsten auf die Literatur und die Musik. Überspitzt und verkürzt ausgedrückt: ohne den durch die Renaissance bzw. Reformation bedingten Zusammenbruch der bildenden Kunst kein GOETHE und kein BACH als höchster Ausdruck des „Volksgeistes".

Im Hinblick auf den künstlerischen Rang werden solche Urteile mit subjektiver Eindringlichkeit emotional gewendet: RÜSTOW bezeichnet den durch die Reformation bewirkten Verfall der Kunst als einen „katastrophalen Umschlag des geistigen Klimas von warm zu kalt, von Sommer zu Winter". Ästhetische Normen dieser Art waren in der Kunstgeschichte des frühen 20. Jahrhunderts mit der Ausbildung einer entwicklungsgeschichtlichen Betrachtungsweise grundsätzlich ausgeschaltet worden.

Alois RIEGL, der Wiener Kunsthistoriker der Jahrhundertwende, hatte gegen die klassizistische Lehre die bis dahin verachteten Epochen der Spätantike und des Barock zu Ansehen gebracht und mit der Kategorie der „Verfallszeiten" insgesamt aufgeräumt; für ihn bedeutete jede künstlerische Hinterlassenschaft „vom Standpunkte universalhistorischer Betrachtung der Gesamtkunstentwicklung einen Fortschritt und nichts als Fortschritt"; ein Kunstwerk könne sich „nur mit dem beschränkten Maßstabe der modernen Kritik beurteilt als Verfall darstellen, den es tatsächlich in der Geschichte nicht gibt".[13] Eine derart differenzierende Wahrnehmung sieht seitdem am Spätwerk HOLBEINS, CRANACHS und BALDUNGS nicht den Verfall irgendeiner Blüte, sondern – mit RIEGLS Ausdruck – ein verändertes „Kunstwollen" und spricht stilgeschichtlich hier etwa von „Manierismus".

Mit diesem Kriterium der Qualität hängt nun eng die Frage der Quantität zusammen. Und hier ist die Tatsache unbestreitbar, daß ab etwa 1525–30 der Umfang der künstlerischen Produktion auffällig nachläßt. Als Erklärung dafür spielen neben der direkten Einwirkung der reformatorischen Bilderpraxis mehrere Faktoren in der Diskussion eine Rolle: hingewiesen wird auf politische, wirtschaftliche und soziale Gründe für den Rückgang an Aufträgen in einer Periode, in der künstlerische Arbeit noch überwiegend bei größeren Werken an einen Mäzen gebunden und der Künstler zumeist noch als Handwerker organisiert war. Dies betrifft besonders die Situation Deutschlands im späteren 16. Jahrhundert; zudem bleibt bei allgemeiner Betrachtung der anschließende Einschnitt des Dreißigjährigen Krieges mitzuberücksichtigen.

Von daher ist die Frage nach „Reformation und Bild" insgesamt abzuwandeln nach den besonderen Bedingungen, unter denen sich sowohl der Protestantismus als auch die Kunstübung in einer Nation, Landschaft, Bekenntnisgruppe oder gesellschaftlichen Schicht jeweils historisch konkret entwickelten. Wegen der vielfältigen Verflechtungen der Umstände läßt sich die Reformation also keinesfalls pauschal als Tragödie für die Kunstentwicklung hinstellen. Dies belegt nicht nur die häufige direkte Einwirkung protestantischer Religiosität auf die Gestaltung von Bildthemen (zu denken ist etwa an die Ikonographie des Alten Testaments, an die Abendmahlsdarstellung oder die ausgesprochen häufig dargestellte Allegorie von Gesetz und Gnade).

Schon allein der Hinweis auf die große Entfaltung künstlerischer Möglichkeiten im protestantischen Holland des 17. Jahrhunderts, besonders auf die Rolle REMBRANDTS als Gestalters reformatorischer Glaubenshaltung, widerspricht der Rüstowschen These. In Holland ergänzen die republikanische Staatsform und der international ausgedehnte Handel als politische und ökonomische Voraussetzungen die durch die Konfession gegebenen Voraussetzungen entscheidend. Nur so konnte es zu einer Kunstblüte kommen. Man muß sich klarmachen, daß dies in einem Land geschah, in dem der Calvinismus den kirchlichen Bildgebrauch bekanntlich grundsätzlich ablehnte, der weltliche Bildgebrauch dadurch jedoch in nie gekanntem Maße zunahm.

Die Bilderlehren

Was nun die zu Grunde liegenden Bilderlehren anbetrifft, so kann man – über die unmittelbare Zeitsituation und Umgebung LUTHERS hinaus – erst recht nicht von einer „Lutherana tragoedia artis" sprechen. In der Kirche des späten Mittelalters formulierten Bilder nicht nur die verschiedenen Erlösungsvorstellungen, sondern waren selbst weithin zu Mitteln religiöser Heilsvergewisserung geworden. Indem man ein Bild stiftete, glaubte man ein gutes Werk zu verrichten. Daraus entwickelte sich einer der verbreitetsten Wege, um sich Gott und den heiligen Fürbittern zu empfehlen. Allerdings diente das religiöse Bild durch die Anbringung des eigenen Bildnisses oft auch dazu, das gesellschaftliche Ansehen des Stifters zu erhöhen. Der kirchliche Rahmen der religiösen Leistung und die Verbreitung der Privatfrömmigkeit förderten so am Vorabend der Reformation die künstlerische Produktion in besonderem Maße.

LUTHER hat sich von Anbeginn gegen das Heilsvertrauen auf Bilder gewendet. Dies war der eigentliche Kernpunkt seiner Auffassung. Er lehnte die überkommene Erwartung ab, sich Verdienste vor Gott erwerben zu können, indem man Bilder stiftete. Beim Gottesdienst hielt er Bilder für entbehrlich; vor allem sah er die Gefahr in den damit verbundenen verschiedenartigen Formen der Bildverehrung, wie sie auch im Ablaß und überhaupt in der viel verbreiteten Wundergläubigkeit zum Ausdruck kam. Nach seinem Verständnis von Glauben und Kult kam es ihm auf ein geistliches Leben aus dem Wort Gottes an. Dies bedeutete besonders, bei den Bildern das religiöse „Leistungsdenken" auszuschließen. LUTHER mußte seine Haltung in der Frage der Bilder aber nicht nur der alten Kirche gegenüber durchsetzen, sondern auf der anderen Seite auch bereits früh gegen andere Vorkämpfer der Reformation behaupten, gegen KARLSTADT und vor allem ZWINGLI, deren Bilderverdammung und -bekämpfung sehr viel weiter gingen.

In KARLSTADTS Flugschrift *„Von Abtuhung der Bilder und daß kein Bettler unter den Christen sein soll"* etwa wird die Ablehnung der Bilder, als Werkzeugen des Götzendienstes, streng biblisch mit dem Hinweis auf die Zehn Gebote begründet.[14] Unter Berufung auf das Erste Gebot formuliert er seine Hauptthesen, die Anfang 1522 in Wittenberg als direkte Aufforderung zum Bildersturm gesehen wurden.

Auf die Nachricht von den Wittenberger Unruhen hin kehrte LUTHER am 6. März 1522 gegen den Willen seines Landesherren, des sächsischen Kurfürsten FRIEDRICH der Weise, dorthin zurück. Mit einer Folge von acht Predigten, die er in der Woche nach dem Sonntag „Invocavit" hielt, trat er der von KARLSTADT ausgelösten Bewegung entgegen. Die vierte Predigt, vom 12. März, galt der Bilderfrage, und dieser „Sermon von den Bildnissen" fand die mit Abstand größte Verbreitung, auch in Einzeldrucken. Er hatte in lutherischen Kreisen kanonische Geltung. Wie KARLSTADT, den er nicht namentlich nennt, verurteilt LUTHER hier zwar die altkirchliche Werkfrömmigkeit beim Stiften und Verehren von Bildern, die davon ausging, durch das Stiften von Bildern Sündenvergebung und Heilsgewißheit zu erlangen. Im Gegensatz zu KARLSTADT verteidigt er jedoch die Benutzung von Bildern zur Gedächtnisübung und zur Vermittlung frommer Vorstellungen. Vor allem aber lehnt er ihre gewaltsame Beseitigung entschieden ab; denn in Wittenberg sei die Bildanbetung längst überwunden und die blindwütige Zerstörung der überkommenen Bildwerke daher in keiner Weise gerechtfertigt.

Die Selbstverantwortlichkeit des Betrachters

LUTHER sieht die Funktion der Bilder darin, „zum ansehen, zum zeugnis, zum gedechtnis, zum zeychen" zu dienen.[15] Der entscheidende Punkt seiner Überlegungen betrifft die Selbstverantwortlichkeit des Menschen im Umgang mit den Bildern. Und diese Aussage unterstreicht der Reformator wirkungsvoll mit drastischen Vergleichsbeispielen. So schreibt er im April 1522, wenige Wochen nach der Fastenpredigt zur Frage der Anbetung:

„Findet man doch wohl, die Wein und Brot, Gold und Silber mißbrauchen und für Abgott haben, wie Paulus sagt: Quorum Deus venter est. Sollt man darum alle Bäuche, Gold und Wein erstechen und schänden? So müßt man auch Sonne, Mond und Sterne vom Himmel reissen, denn sie sind in der Schrift ja hart verboten anzubeten als kein anderes. Ja man müßte auch keine Überkeit [Obrigkeit], weder Vater noch Mutter, leben lassen, denn man dieselben mit Kniebeugen ehret gleich als Gott selber und oft mehr sie fürchtet und liebt denn Gott selber."

In der Predigt hatte er den Gedanken so formuliert: „Der Wein und die Weiber bringen manchen in Jammer und Herzeleid, wollen wir darum den Wein verschütten und die Weiber umbringen?", und 1525 malt er die Konsequenzen der Bilderfeindlichkeit extrem aus: „Dann dürfte man auch keine Münzen mit Bildern schlagen, dürfte in kein Wasser, in keinen Spiegel schauen, ja man müsste den Leuten die Augen ausstechen."

Den zentralen Gesichtspunkt, nicht den Bildern, sondern dem Betrachter die Verantwortung zu geben, betont gleichzeitig Dürer in der Vorrede zu seiner Lehrschrift von der *„Unterweisung der Messung“;* er führt an, daß Bilder nicht von sich aus zum „afterglauben“ verführen, wie ja auch ein „frommer“ Mann nicht dadurch zum Mord angestiftet werde, daß „er ein Waffen an seiner Seiten trägt“.[16]

Ein satirisches Flugblatt zeigt in gleicher Tendenz Bilderstürmer, die sich an den „Ölgötzen“ vergreifen und an ihnen als Sündenböcken ihr eigenes moralisches Fehlverhalten rächen: „Und yetzund wil uns mancher fressen der doch sein selbst so gar vergessen“. Die *„Klagrede der armen verfolgten Götzen“* kommentiert der Holzschnitt *(Abb. 9)* in der Darstellung eines betont reich gekleideten Bürgersmanns, dessen üppiger Lebenswandel durch zwei ihn begleitende Frauen und seinen Geld- und Weinvorrat anschaulich gemacht wird: ihm ragt ein übergroßer Balken aus dem Auge, nach dem biblischen Bildwort: „Warum siehst du den Splitter im Auge deines Bruders, aber den Balken in deinem Auge bemerkst du nicht?“ (Mt 7, 3 bzw. Lk 6, 42).

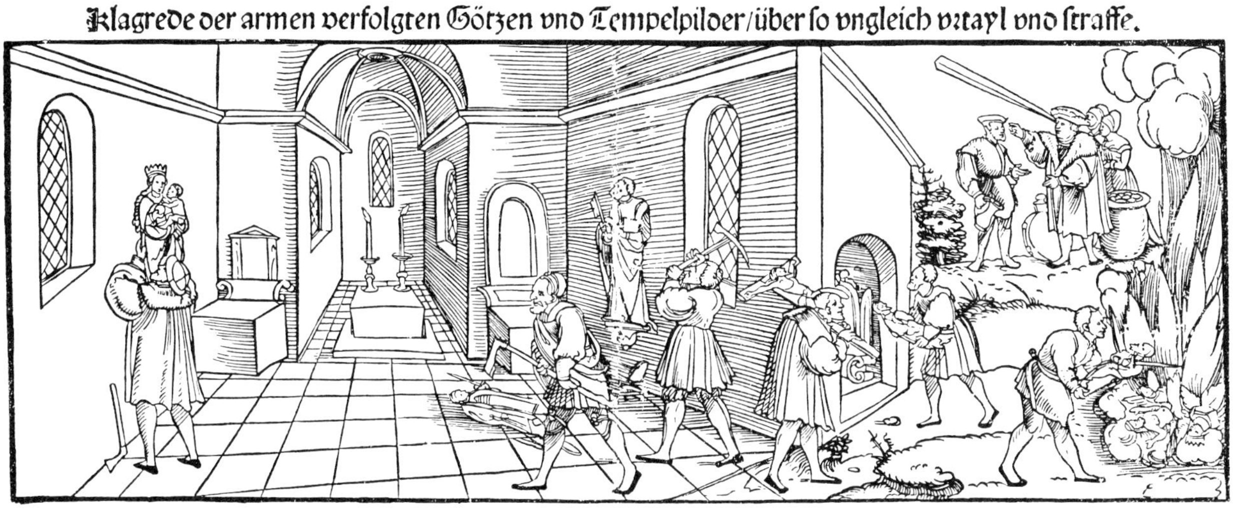

Abb. 9: Erhard Schön: Klagrede der armen verfolgten Götzen. Flugblatt. 1529

Luther faßte die Selbstverantwortung des Einzelnen im Umgang mit Bildern als Bewährung „christlicher Freiheit“ auf: Bilder sollen Menschen nicht beherrschen, weder im Sinne einer Institution, der „käuflichen Kirche“, noch als Triebwünsche des Betrachters. Diese beiden Aspekte wurden damals in den Angriffen gegen die römische Kirche zusammengesehen. So in der berühmten Flugschrift *„Neu-Karsthans“* (1521), in welcher der Bauer im Dialog mit dem Ritter Franz von Sickingen den kirchlichen Ausstattungsluxus als Verschwendung und Herrschaftsprunk ablehnt und zugleich von den Altarbildern bekennt, sie brächten „auch oft böse Gedanken in anschauwung der fräulichen bildungen auf den altaren, dann kein bulerin mag sich üppiclicher oder unschamhaftiklicher becleiden oder zieren dann sie iezund die muter Gottes, sant Barbaram, Katharinam und andere heiligen formieren“.[17]

Die künstlerischen Folgen

Der Abbau des Kultes und die neuartige öffentlich-propagandistische Nutzung der Bilder gingen gleichermaßen aus der reformatorischen Kritik an der alten Kirche hervor. Zugleich aber trägt die Konzeption des Bildes, wie sie von Luther entwickelt wird, der damals veränderten Kunstpraxis selbst, besonders etwa der eines Dürer, Rechnung. Luther wertet Bilder theologisch gesprochen als neutral und gesteht ihnen so einen Eigenbereich zu, in dem sie selbständige Wirkungsmöglichkeiten und didaktische Mittel entwickeln konnten. Luthers Auffassung ergänzt sich mit den gewandelten Vorstellungen und Entfaltungsmöglichkeiten künstlerischer Arbeit auf der Grundlage der empirischen wie mathematisch-theoretischen Wissenschaften (Proportion, Anatomie, Perspektive). Sie geht zusammen mit der Definition des Bildes als geometrischer wie literarisch-intellektueller Konstruktion.

Wenn Dürers *„Unterweisung der Messung“* (1525) nicht zufällig an Luthers Wittenberger Bilderpredigt anklang, so verrät sich darin die historische Position der Reformation: sie eröffnet dem Bild einen relativen

Eigenraum im Hinblick auf den Einsatz der Mittel wie auch auf den Gebrauch und löst es aus der kirchlichen Rolle als Vermittler guter oder böser Jenseitskräfte. Wie die theoretische Begründung der Kunstpraxis so kennzeichnet die Reformation einen Schritt der Rationalisierung in die Neuzeit. Daher ist die Bedeutung der Reformation für die Vorgeschichte des modernen Kunstverständnisses nicht zu unterschätzen, auch wenn dieses selbst die Reformation zu einer Tragödie für die Kunst erklärt hat. Das Mißverständnis mag sich von daher erklären, daß modernes Kunstverständnis von einem autonomen Bereich der Kunst ausgeht, in dem die Kunst ihre Gegenstandsbereiche und deren Auffassung selbst bestimmt, während LUTHER das Bild im wesentlichen als bloß hinweisendes Zeichen versteht, das heißt, die visuelle Gestalt als Mitteilung von etwas außer ihr Liegendem faßt und daher oft auch direkt mit dem begleitenden Wort verbindet – in Allegorien theologischer Lehren ebenso wie in der propagandistischen Bildpublizistik. Langfristig kommt dieses Bildverständnis auch ohne jede äußerliche Koppelung mit Beischriften oder Texten aus. In der niederländischen Kunst des 17. Jahrhunderts wird nach Zielsetzungen der protestantischen Ethik ein übergreifendes Bild der Wirklichkeit ohne jede literarische Didaktik entfaltet. Allerdings verzichtet diese Kunst nicht auf die Nutzung überlieferter Zeichenbedeutung, auf eine Sprache der Bilder, wie sie sich in der Emblematik verdichtet hat. Dem realen Gegenstand wird so eine über seine bloße Dingbedeutung hinausgehende verweisende Dimension zugesprochen.

Schon LUTHER hat teil an der optischen Orientierung der Wahrnehmung, die man für das 16. Jahrhundert als einen besonderen Zug herausgearbeitet hat. LUTHER geht von einer eindringlichen, ja unwillkürlichen und lebhaften Vorstellungskraft des Menschen aus und formuliert so in realistischer Selbstbeobachtung:

„Denn ich wolle oder wolle nicht, wenn ich Christum höre, so entwirft sich ynn meym hertzen eyn mans bilde das am creutze henget, Ist nu nicht sunde, sondern gut, das ich Christus bilde ym hertzen habe, warumb sollts sunde seyn, wenn ichs ym augen habe? Syntemal das hertze mehr gillt, denn die augen und weniger soll mit sunden befleckt seyn denn die augen, als das da ist der recht sitz und wonunge Gottes.“[18]

LUTHER sah die Heilsgeschichte geradezu als Folge sinnbildlicher Vorwürfe und konnte das Innere im Äußeren, den göttlichen Verweis im sinnfälligen Zeichen entdecken: im Baum der Erkenntnis des Guten und Bösen im Paradies, in den Fellen der Stammeltern, in der Arche Noah, im Regenbogen, in der Beschneidung, der Himmelsleiter Jakobs, der Feuer- und Wolkensäule, der ehernen Schlange, in den Cherubim über der Bundeslade, im Ephod (den zwölf Steinen auf dem Brustschild des Hohenpriesters), im Fell Gideons. In der anschaulichen Vorstellung einzelner sprechender Dinge und Situationen läßt sich die Betrachtungsweise LUTHERS, „vom Äusseren zum Inneren“, durchaus neben die Emblematik, die literarisch-graphische Sinnbildkunst, stellen.

Die positiven künstlerischen Folgen der Reformation erschöpfen sich nicht in ihrer Wirkung auf die bisher erwähnten kunstgeschichtlichen Bereiche der satirischen Bildpropaganda im Konfessionskampf und die niederländische Malerei des 17. Jahrhunderts. Man kann vielmehr in einem sehr viel weiteren und generelleren Sinne von reformatorischem Einfluß auf die Kunst sprechen. Vor kurzem machte eine breit angelegte Ausstellung der Hamburger Kunsthalle unter dem Titel „Luther und die Folgen für die Kunst“ derartige Auswirkungen bewußt. Sie reichten bis hin zur Vorstellung von der sinnbildlichen Erschließung der umgebenden Natur aus christlicher Heilserwartung, wie sie der romantischen Landschaftsmalerei eines Philipp Otto RUNGE und Caspar David FRIEDRICH mit zugrunde liegt, und selbst bis zu den Anstößen, die auf die Entwicklung der gegenstandslosen Malerei eines MONDRIAN und KANDINSKY ausgingen.[19] Die Funktionsverlagerung religiöser Überlieferung in direkt weltliche Aufgaben bezeichnet die weitestreichenden Folgen der Reformation für die Kunst: Mit der Umsetzung sakraler in profane Aussagemöglichkeiten erschließt sie dem zu Selbstverantwortung motivierten Betrachter neuzeitliche Welterfahrung durch bildnerische Verwandlung des Augenscheins. Jacob BURCKHARDT spricht in seinen „*Weltgeschichtlichen Betrachtungen*“ einmal von der stilprägenden Kraft religiöser Kunsttraditionen für weltliche Aufgaben:

„Enorm ist aber der Wert des Gleichartigen in der Kunst für die Bildung des Stils; es enthält die Aufforderung, im Längstdargestellten ewig jung und neu zu sein und dennoch dem Heiligtum gemäss und monumental, woher es denn kommt, dass die tausendmal dargestellten Madonnen und Kreuzabnahmen nicht das Müdeste, sondern das Beste in der ganzen Blütezeit sind. Keine profane Aufgabe gewährt von ferne diesen Vorteil. An ihnen, die eo ipso stets wechseln, würde sich nie ein Stil gebildet haben; die jetzige profane Kunst lebt mit davon, dass es heilige Stile gegeben hat und noch gibt; man kann sagen, dass ohne Giotto Jan Steen anders und vermutlich geringer wäre.“[20]

Über vielfältige Austauschbeziehungen dieser Art zwischen religiösem und weltlichem Bereich hat die Reformation, besonders im deutschen und niederländischen Raum, im Bildverständnis und Bildgebrauch einen langfristigen Modernisierungsprozeß begleitet und unterstützt. Ebenso aber blieb, LUTHER zum Trotz, ganz außerhalb von Konfessionen und Lehren daneben magisches Bildverständnis erhalten – im Alltag heute noch etwa in der Verwendung von Christophorus-Figuren zu entdecken, die man als Amulett in so manchem Auto findet.

Zum Funktionswandel der heutigen Bildsatire

Wir wollen uns abschließend fragen: Was ist in der Geschichte der Gattung „Bildsatire" gleichgeblieben, und was hat sich hier zwischen Reformation und Gegenwart geändert?

Die politische Bildsatire war im reformatorischen Konfessionskampf besonders durch *ein* Mittel geprägt: die Konfrontation einer göttlichen Norm, vor allem in der Person des leidenden Christus, mit der Wirklichkeit des zeitgenössischen Umfeldes. Das Urbild Christus diente den Evangelischen – so etwa in CRANACHS *„Passional Christi und Antichristi"* – dazu, die weltliche Macht der römischen Kirche als „Reich des Bösen" zu entlarven. Die aufgerissene Kluft zwischen Evangelium und aktueller Kirchensituation eröffnete einen Abgrund, vor dem sich das neu formierte Glaubenslager dem geängstigten Betrachter als Retter anbieten konnte. Die satirische Antithese war somit ein propagandistisches Instrument der Didaktik und Missionierung. In der Machtkonkurrenz zwischen katholischem und protestantischem „Gottesreich" wurde sie gezielt eingesetzt.

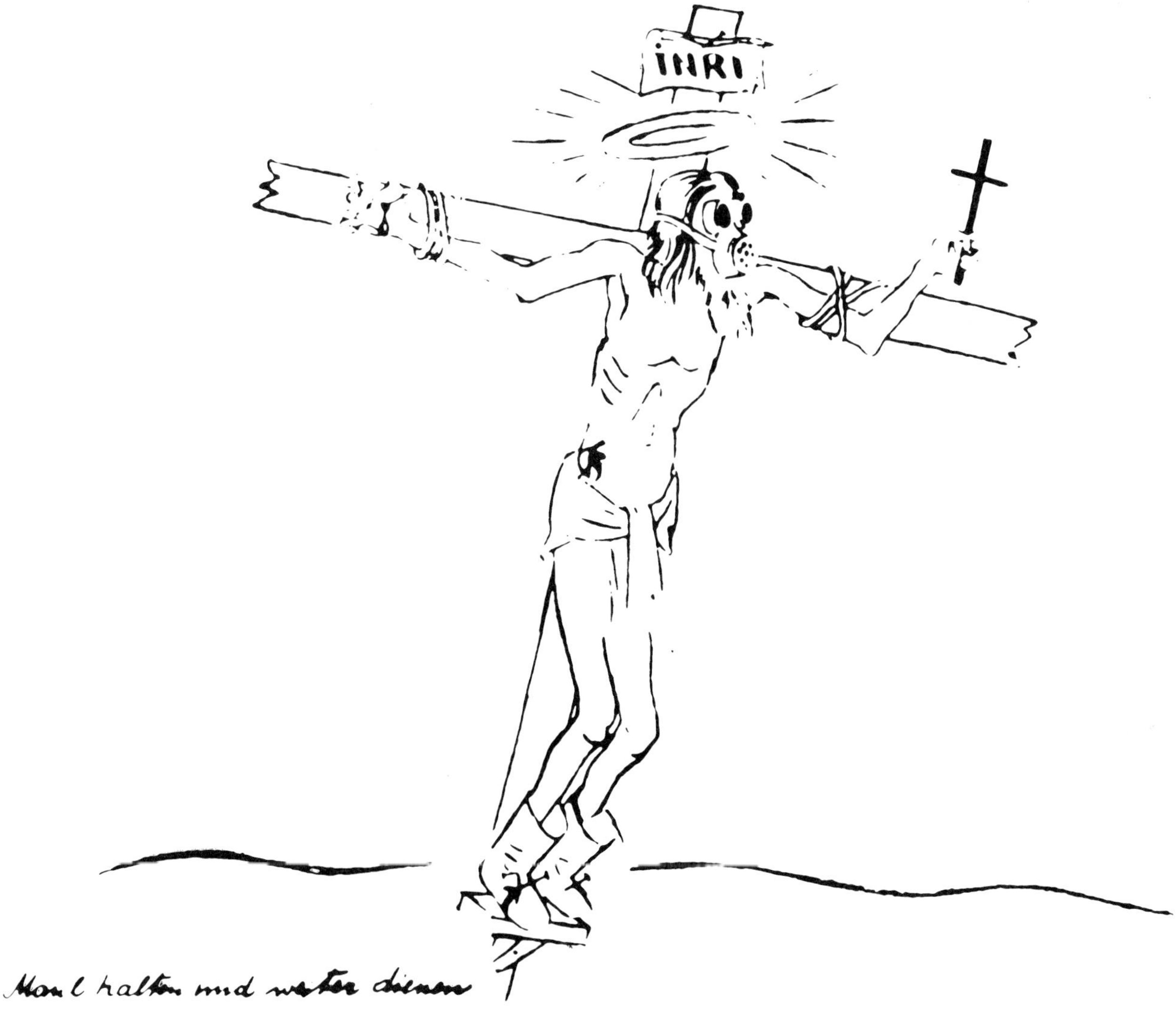

Abb. 10: George Grosz: Christus mit Gasmaske. Mappe „Hintergrund", 1927, Blatt 10

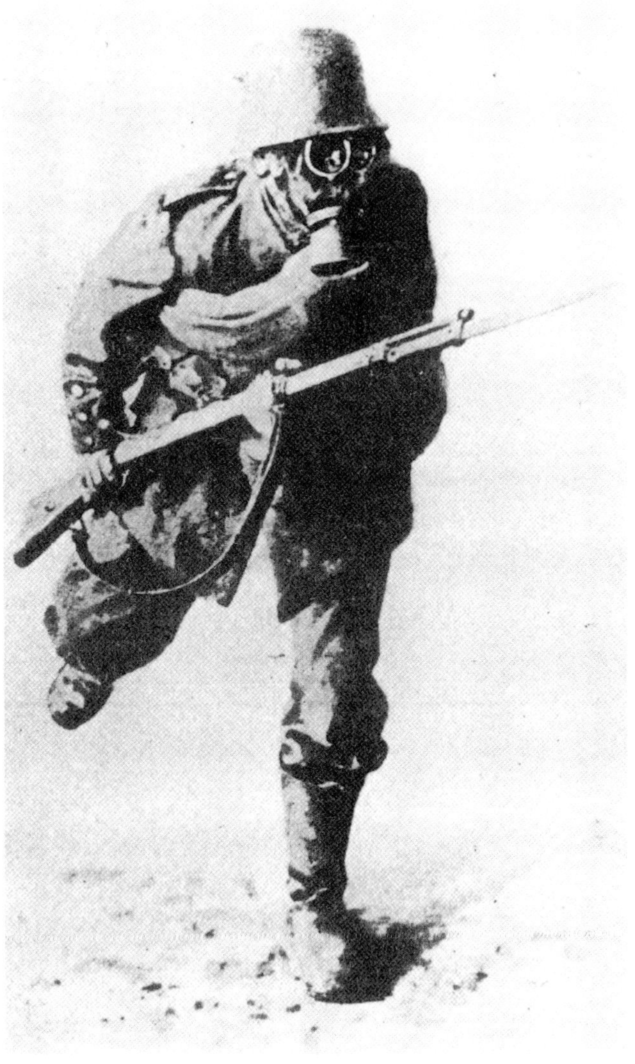

Abb. 11: „Das ‚Ebenbild Gottes' mit Gasmaske". Foto aus Ernst Friedrichs „Krieg dem Kriege", 1924

Wir hatten uns zudem klargemacht, wie damit auch auf die Arbeitsmoral des Bildpublikums eingewirkt wurde. Erziehungsziele im religiösen und im wirtschaftlichen Verhalten verfolgte die satirische Bildpresse durchgängig.

Demgegenüber bezieht sich etwa George GROSZ in seinen bildlichen Attacken gleichermaßen auf Kirche und Staat. Gerade vor der jahrhundertelangen Verflechtung kirchlicher und politischer Interessen und Einrichtungen erklärt sich die Breitenwirkung seines Angriffs, der als gotteslästerliche Majestätsbeleidigung in der jungen Republik begriffen werden konnte. Christus mit der Gasmaske war eben keine kirchlich vermittelbare Instanz mehr. Die etablierte metaphysische Grundlage der zentralen gesellschaftlichen Institutionen war damit in Frage gestellt. Diese Distanz gegenüber dem kirchlichen Anspruch auf Heilsvertretung macht die Gottesbilder der Vergangenheit für GROSZ und für heutige Karikaturisten neu verfügbar. GROSZ' *„Christus mit Gasmaske"* bezieht das Passionsthema auf den Soldaten *(Abb. 10)*, wie er in Ernst FRIEDRICHS Foto-Mahnbuch *„Krieg dem Kriege"* (1924) als „Das ‚Ebenbild Gottes' mit Gasmaske" gezeigt worden war *(Abb. 11)*.[21] Ähnlich sind Collagen der gegenwärtigen politischen Bildsatire angelegt.

Von grundsätzlich außerkirchlichen Positionen her wird heute religiöse Praxis als Stützfaktor politischer Aggression offengelegt und angegriffen. Darin liegt der Funktionswandel der Gattung „Bildsatire" und ihrer Herrschaftskritik gegenüber Spätmittelalter und Reformation, in denen sie ausgeprägt worden ist.

19. Das Denkmal

Hans-Ernst Mittig

Erinnerungswerte haften an jedem Kunstwerk, besonders an „Baudenkmälern", Gegenständen der „Denkmalpflege"; im engeren Sinne wird unter Denkmal jedoch ein Kunstwerk verstanden, dem schon bei seiner Entstehung die Hauptfunktion beigelegt wurde, an Personen oder Ereignisse zu erinnern. Inschriften, Werbeschriften aus der Entstehungszeit und die am Denkmal gehaltenen Reden zeigen, daß die Erinnerung eine Lehre, eine Verpflichtung begründen soll. So schrieb Ernst VON BANDEL 1835, daß er das Denkmal für Hermann den Cherusker „dem deutschen Volke als Mahnzeichen zur Einigkeit, die ganz verloren [...] scheine, errichten wolle". Geschichtliches wird als Argument im Prozeß politischer Meinungsbildung benutzt. Gesellschaftsgeschichte bestimmte die Entwicklung des Denkmals: dargestellt werden zu können, war zunächst Privileg von Herrschern und Feldherren, erst im 19. Jahrhundert setzte das Bürgertum Leitfiguren wie LUTHER und DÜRER durch, erst um 1900 wurden Leute aus dem „Volk" denkmalwürdig. Und auch mit ihrer Nachgeschichte erweisen sich die Denkmäler als Beispiele des Geschichtsbezugs von Kunst: bei der Entstehung oft umstritten, von der Kunstwissenschaft lange pauschal abgewertet, wecken sie seit den sechziger Jahren breites Interesse einer Kunstwissenschaft, die von den Werken nicht apolitische Weltferne verlangt, sondern die wirklichen Ziele und Inhalte ermitteln – und wo nötig kritisieren – will.

Das Denkmal und seine politische Funktion

Das Wort „Denkmal" benennt ein künstlerisches Erinnerungszeichen, aber es kommt darüber hinaus in verschiedensten Zusammenhängen vor. Die Frage nach seiner Bedeutung führt zur Entdeckung politischer Funktionsbestimmungen.

Zum Begriff des Denkmals

„Denkmal" heißen nicht nur aufgesockelte Standbilder bedeutender Personen, sondern auch Erinnerungsbauten wie die Befreiungshalle bei Kelheim (1836–1863 von Friedrich VON GAERTNER und Leo VON KLENZE) *(Abb. 1)*. „Denkmal", genauer dann „Kunstdenkmal", dient zugleich als Sammelbegriff für ortsfeste erhaltungswürdige Kunstwerke. „Denkmal" in diesem Sinne sind Objekte der „Denkmalpflege", des Kunstschutzes. Wieder anders wird der Begriff auf Werke bezogen, die überhaupt nicht als unbewegliche Kunstgebilde auf öffentlichen Straßen und Plätzen stehen: Erinnerungsbücher (z.B. Bruno GARLEPPS „Bismarck-Denkmal für das deutsche Volk", 1913), Sammlungen historischer Quellentexte (z.B. „Monumenta Germaniae Historica", seit 1820), Gesamtwerke von Dichtern („Ein Denkmal hat sich Goethe selbst gesetzt", Heinrich HEINE 1820).

Wie ein Begriff bei einer solchen Vielfalt von Anwendungsfällen abgegrenzt und unterteilt wird, ist eine Zweckfrage. Dem Zweck, Spezifisches über Geschichte und Problematik einer Gattung neuzeitlicher Kunstwerke zu sagen, dient die Eingrenzung eines „Denkmals im engeren Sinne". Darunter wird allgemein ein in der Öffentlichkeit errichtetes und für die Dauer bestimmtes Kunstwerk verstanden, das an Personen oder Ereignisse erinnern soll, dem also schon bei seiner Entstehung die Funktion zugedacht ist, zu erinnern. Zwar hat jedes Kunstwerk Erinnerungswerte, schon indem es seine eigene Entstehung und damit oft einen bemerkenswerten Denk- und Arbeitsprozeß bezeugt. Dem Denkmal jedoch geben seine Urheber absichtlich Erinnerungsfunktion. Dies sprechen oft die Inschriften aus, teils in Widmungsformeln wie „...den Gefallenen zum Gedaechtniß..." am Kreuzbergdenkmal in Berlin (das 1818 bis 1821 unter Leitung Karl Friedrich SCHINKELS zur Erinnerung an

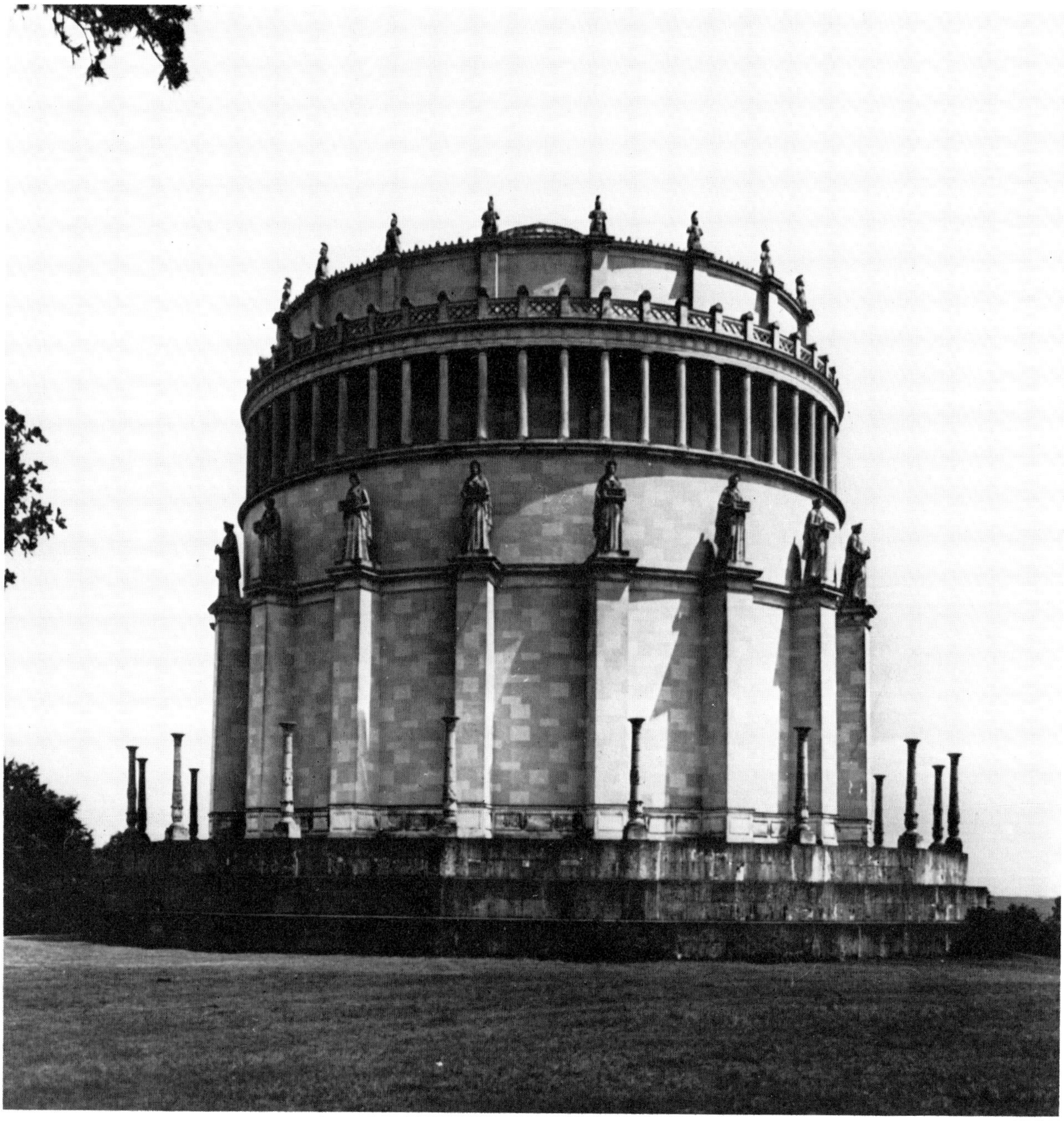

Abb. 1: Friedrich Gaertner / Leo von Klenze: Befreiungshalle bei Kelheim. 1837–1863

die Befreiungskriege errichtet wurde), teils als Nachruf: „...Der Dank liess ihre Heldennahmen nicht verhallen...“ an einem 1816 eingeweihten Denkmal entsprechenden Themas in Spandau,[1] teils beschwörend wie in der eben genannten Befreiungshalle bei Kelheim: „Moechten die Teutschen nie vergessen was den Befreiungskampf nothwendig machte und wodurch sie gesiegt.“ Solche Bezugnahme auf ein historisches Geschehen unterscheidet das Denkmal von der „dekorativen Plastik“, die vielfach in seiner Nachbarschaft auftritt, beispielsweise Tiere darstellt, Begriffe personifiziert („Die Nacht“) oder mythische Gestalten vergegenwärtigt („Amazone“).

Die Bezugnahme auf vergangene Ereignisse wird nicht selten dadurch unterstützt, daß echte Beute- oder Erinnerungsstücke zum Bestandteil größerer Arrangements gemacht werden. Vor allem alte Kanonen begegnen nicht nur frei aufgestellt, sondern sie flankieren oder durchsetzen viele Denkmäler, lieferten auch das Material für Siegesdenkmäler, die so selbst transformierte Trophäen wurden. Wenn ein von Moskau bis Berlin gerollter Panzerwagen, ein Versorgungsflugzeug der „Luftbrücke“ öffentlich zur Erinnerung aufgestellt wurden, mag man unterscheiden, ob durch Aufsockelung oder andere Gestaltungsmaßnahmen der Anspruch erhoben wurde, ein Kunstwerk zu schaffen, und nur in diesem Falle von „Denkmal im engeren Sinne" sprechen.

Oft wurden Gebäude oder ganze Gebäudekomplexe, an denen geschichtliche Erinnerungen haften, später wiederhergestellt, nunmehr ausdrücklich der Erinnerung geweiht, mit Inschriften versehen, durch Bildzyklen oder plastische Erinnerungszeichen umgestaltet. Die Kaiserpfalz in Goslar, die aus dem 11. Jahrhundert stammt, wurde 1871 bis 1897 wiederhergestellt und ausgemalt *(Abb. 2)*. Das Konzentrationslager Dachau wurde seit Ende der fünfziger Jahre zum Teil rekonstruiert, durch ein Museum und ein Mahnmal zur Gedenkstätte ausgebaut.

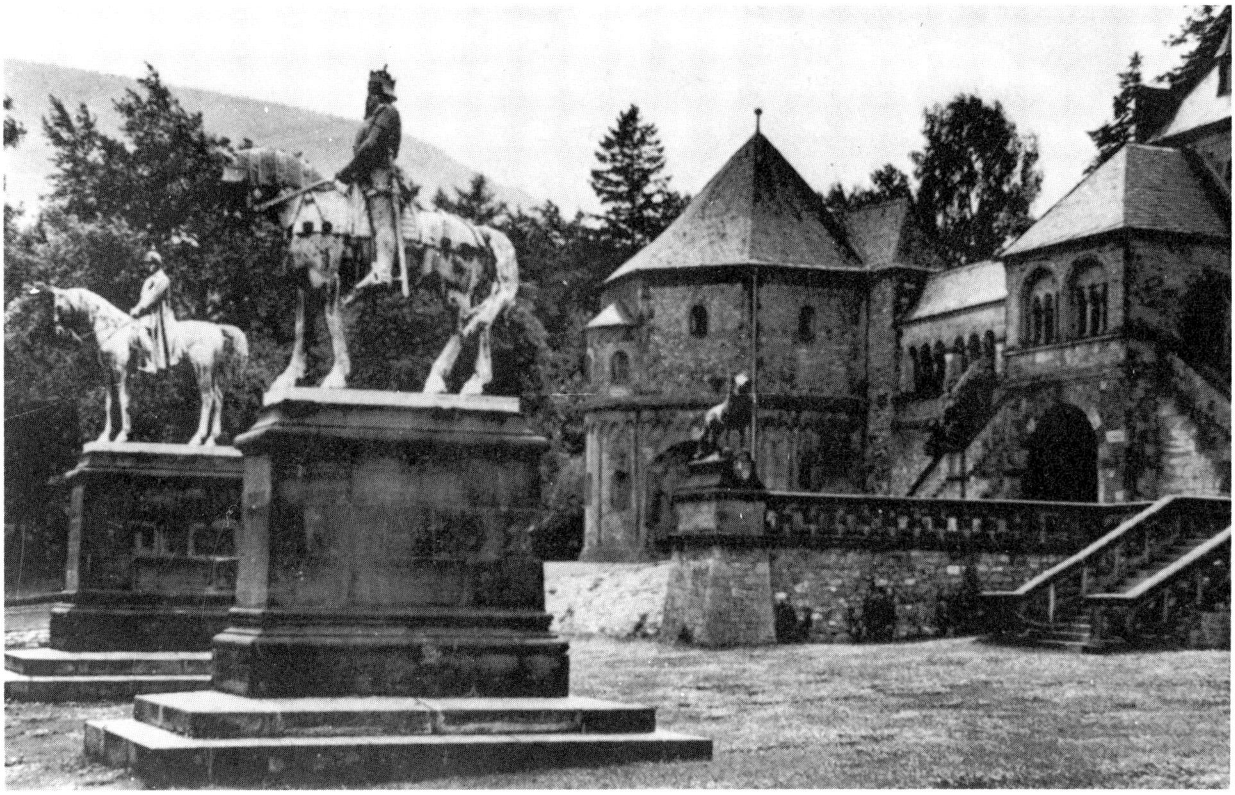

Abb. 2: Goslar, Kaiserpfalz. Kernbau. 11. Jahrhundert. Umbau 1871–1897. Standbilder 1892–1902. *Rechts:* Kaiser Friedrich Barbarossa, von Robert Toberentz, *links:* Kaiser Wilhelm I., von Walter Schott

Solche Anlagen sind komplexe Denkmäler: komplex durch die Verbindung von realer Hinterlassenschaft und künstlerischer Verarbeitung, auch durch die Verknüpfung verschiedener Kunstgattungen und Informationsmittel. Oft sind sie Grenzfälle zum „Kunstdenkmal" im Sinne der Denkmalpflege, also einem Objekt, das zwar Erinnerung vermittelt, dem aber nicht von Anfang an eine solche Hauptfunktion gegeben war. Die Auseinandersetzung mit komplexen Denkmalanlagen wird erleichtert, wenn zunächst solche Denkmäler bearbeitet wurden, deren anfängliche, beabsichtigte und hauptsächliche Funktion das Erinnern ist.

Wo das Erinnern nur eine Wirkung unter anderen sein soll, ist der Bereich des „Denkmals" verlassen, aber zugleich wird erkennbar, wie viele andere Medien ein Erinnern in den Alltag tragen sollen: so die Benennungen von Straßen (z. B. „Clay-Allee"), Gebäuden (z. B. „Amerika-Gedenkbibliothek"), Stadtteilen („Gropiusstadt") und Städten („Karl-Marx-Stadt").

Bei Gedenktafeln wird zu fragen sein, ob sie selbständige Werke mit künstlerischem Anspruch sind oder ob sie nur als Bestandteile von Gebäuden erscheinen. Dieses Kriterium ermöglicht auch eine Abgrenzung des Denkmals gegen die „Bauplastik", selbst wo diese Erinnerungen vermitteln soll.

Künstlerische Grabmäler auf öffentlichen Friedhöfen werden zwar manchmal Denkmäler oder Monumente genannt, aber von der Kunstwissenschaft als eigene – ältere – Gattung angesehen. Vom Denkmal unterscheidet sie ihre Bindung an den Bestattungsort, in der Regel auch ihr privater Charakter.

Zur gesellschaftlichen Aufgabe des Denkmals

Erst weitergehende, öffentlich erhobene Ansprüche jedoch können erklären, daß in den letzten zweihundert Jahren Tausende von meist aufwendigen Denkmälern entstanden sind. Wozu dieses Bemühen um Erinnerung? Oft sagen es Inschriften. Am Kreuzbergdenkmal in Berlin *(Abb. 3)* steht:

„Der Koenig dem Volke
das auf seinen Ruf hochherzig
Gut und Blut dem Vater
lande darbrachte den Gefal
lenen zum Gedaechtniß den
Lebenden zur Anerken
nung den künftigen Geschlech
tern zur Nacheiferung"

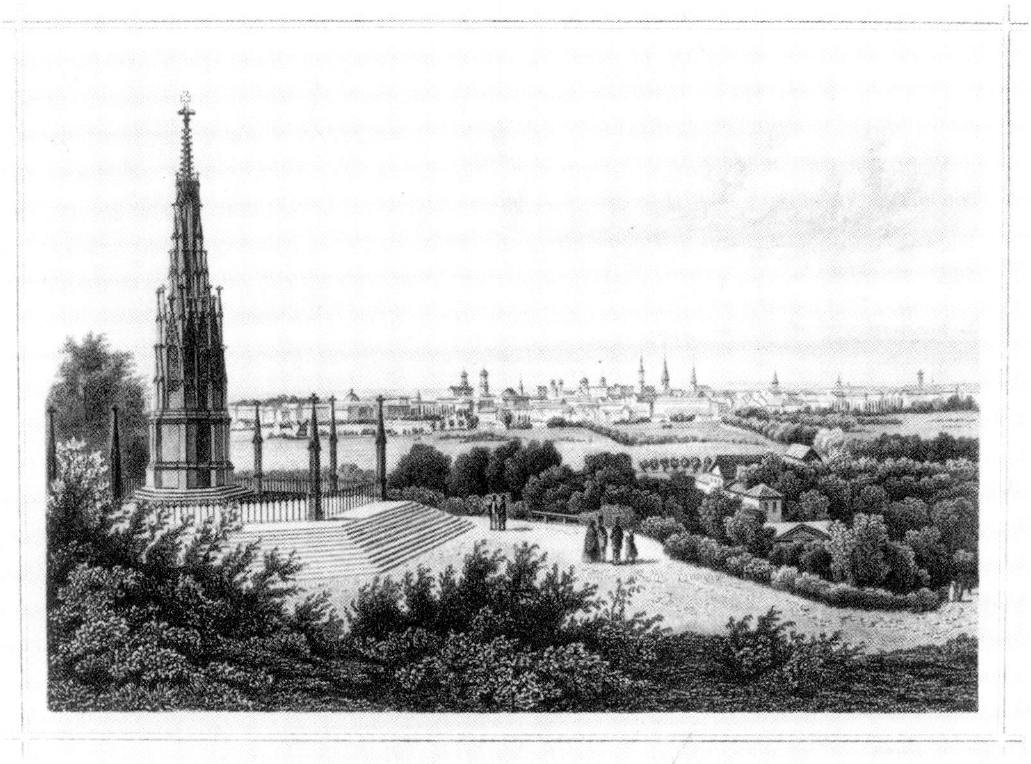

Abb. 3: Berlin, Kreuzberg mit Nationaldenkmal und Blick auf Berlin. Zeichnung von Würbs, in Stahl gestochen von J. Poppel. 1855

Aufrufe, die eine Forderung erheben, waren auch bei Grundsteinlegung und Einweihung von Denkmälern üblich; so nannte der preußische König das Kreuzbergdenkmal 1818 „eine ehrende Erinnerung für die muthigen Streiter der großen Zeit, und eine ernste Mahnung an die Jugend des Volkes, ihnen nachzueifern in Tapferkeit und treuer Liebe für König und Vaterland".[2]

Beide Texte zeigen, daß das in Erinnerung gebrachte Geschehen als Begründung dieses Appells dient. Der Grundgedanke ist, daß Geschichtliches ununterbrochen weiterwirke und daß aus dem Bewußtsein dieser Wirkung Verpflichtungen abzuleiten seien. Das ist eine Auffassung von der Bedeutung des Historischen, die sich erst im späten 18. und besonders im 19. Jahrhundert entwickelt hat.[3]

Vorerst sei eine Folgerung für die Begriffsbestimmung des Denkmals im engeren Sinne festgehalten: Das Denkmal ist ein in der Öffentlichkeit errichtetes und für die Dauer bestimmtes selbständiges Kunstwerk, das an Personen oder Ereignisse erinnern und aus dieser Erinnerung einen Anspruch seiner Urheber, eine Lehre oder einen Appell an die Gesellschaft ableiten und historisch begründen soll.

Beim Blick auf aufwendige Siegesmäler leuchtet dies ein; daß es auch für die Denkmäler von Denkern und Künstlern gilt, deren Leistung fern von Militärischem und Politischem zu liegen scheint, wird durch neuere Forschungen belegt. Unmittelbare Aufforderungen zur Nacheiferung sind hier seltener. Sie könnten sich bei einem Künstlerdenkmal auch nicht sinnvoll darauf richten, die Allgemeinheit zu entsprechendem Modellieren oder Komponieren aufzurufen; doch finden sich in den die Denkmäler begleitenden Texten immer wieder Hinweise darauf, daß den Verewigten allgemeinere Vorbildqualitäten zugeschrieben werden. Ein 1828 entworfener Sockel des Nürnberger Dürer-Denkmals sollte mit vier Löwen als „Sinnbilder[n] deutscher Kraft und Ausdauer" verziert werden. Unabhängig von verdeutlichenden Worten oder Allegorien sprachen die „bürgerlichen" Denkmäler des 19. Jahrhunderts, indem sie Leistungen statt durch Geburt erworbene Würden hervorhoben. Sie machten damit einen Gedanken geltend, dessen politische Bedeutung erst rekonstruiert werden muß. Daß nicht die Geburt, sondern das Verdienst zähle, war eines der Grundelemente bürgerlicher Lebensauffassung, und es war zugleich eines der Grundargumente gegen das auf Erbgang beruhende feudale Herrschaftssystem. Die Künstler, Dichter, Wissenschaftler, Unternehmer und nicht zuletzt Politiker, denen im 19. Jahrhundert so viele Denkmäler errichtet wurden, rechtfertigten im ganzen die politischen Grundwertungen ihrer Urheber. Dies erschien nötig, weil in den meisten europäischen Staaten ein Machtkampf zwischen den politisch noch herrschenden Feudalmächten und dem immer stärker werdenden Bürgertum schwelte. Nur vereinzelt brach er

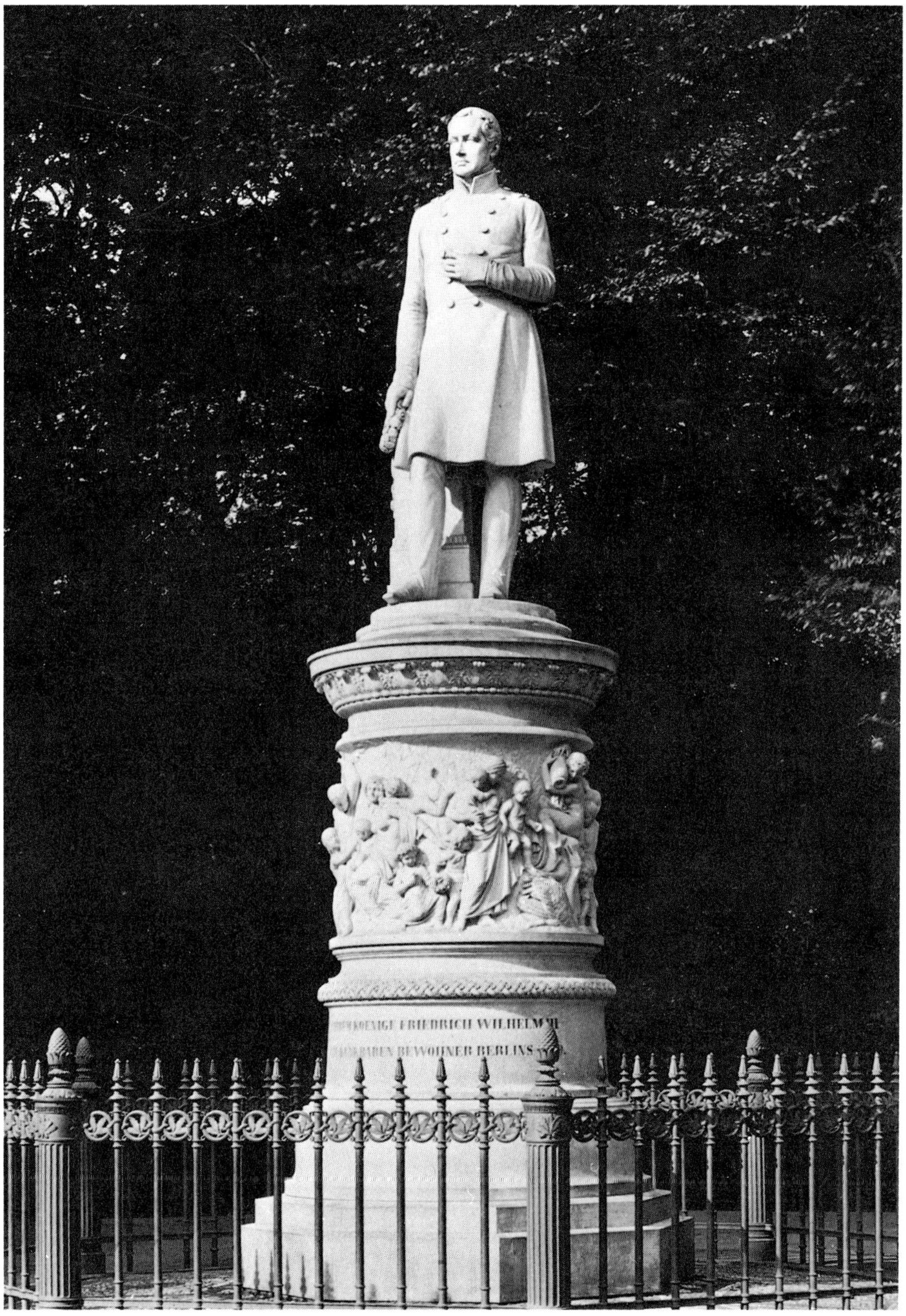

Abb. 4: Berlin, Denkmal König Friedrich Wilhelms III. Bildhauer: Friedrich Drake. Errichtet 1841–1849

– um 1830 und um 1847/49 – gewaltsam auf; täglich ausgetragen wurde er im Ringen um die Besetzung militärischer, politischer und administrativer Stellen, um die Organisation von Heer und Schule, die Reglementierung öffentlicher Veranstaltungen. Der Kampf wurde mit administrativen und wirtschaftlichen Machtmitteln geführt. Zum Beispiel drohte auf Grund der Karlsbader Beschlüsse (1819) Lehrern die Entlassung, wenn sie durch ihren Unterricht die „Grundlagen der bestehenden Staatseinrichtungen" in Frage stellten; in Preußen war es zeitweise verboten, aktuelle Ereignisse im Unterricht zu erwähnen.

Beide Seiten kämpften zugleich argumentativ. Ein Mittel dazu waren die Denkmäler. Sie häufen sich, „seitdem der Absolutismus durch demokratische Regierungsformen verdrängt worden ist, seit die Fürsten trotzig Ahnenbilder ihrer Geschlechter dem Bürger vor Augen stellen und die Bürger diese Herausforderung durch die Denkmalverherrlichung ihrer politischen und geistigen Führer erwidern".[4] Diese Ausgangslage differenzierte sich in fesselnder Weise, wenn dynastische Denkmäler gleichzeitig als Dank an das Volk auftraten wie beim Kreuzbergdenkmal (seine eben zitierte Inschrift geht bereits auf den Verdienstgedanken ein) oder wenn ein bürgerliches Denkmalkomitee die gefühlvoll-private Darstellung eines Fürsten betrieb – wie beim Denkmal FRIEDRICH WILHELMS III. im Berliner Tiergarten, das 1849 enthüllt wurde (Bildhauer Friedrich DRAKE) *(Abb. 4)*.

Ein wortloses, bildliches Argumentieren kann sich in der Haltung und der Tracht der Figuren, der Wahl begleitender Sinnbilder, selbst in heute unauffälligen Nuancen des Ornaments zeigen. Schon deshalb ist die gesellschaftliche Aufgabe der Denkmäler nicht nur ein Thema der Geschichtswissenschaft. Erst wenn die Kunstwissenschaft sich an der Untersuchung der Denkmäler beteiligt, erreicht die Erkenntnis die *Ebene des Anschaulichen.* Diese Ebene ist von den Praktikern der Politik stets benutzt worden: schon in politischen Reden wurde und wird immer wieder nach möglichst anschaulichen Wendungen gesucht, die politische Kommunikation hat sich stets in sichtbaren Zeremonien vollzogen oder dargestellt, und in weit höherem Maße, als früher eingesehen wurde, ist Politisches in Kunstwerke eingegangen. Nähert sich die Kunstwissenschaft deshalb der Geschichtswissenschaft, so bestätigt sich zugleich ihre besondere Möglichkeit, die Umsetzung geschichtlicher Inhalte in Form zu bestimmen, Formen deutlicher zum Sprechen zu bringen. Das gilt vor allem für die Erforschung des Denkmals. Die neueren kunstgeschichtlichen Ansätze dazu bekamen starken Rückhalt aus der Geschichtswissenschaft.[5]

Zur Entstehungsgeschichte des Denkmals

Die Funktion, welche die Denkmäler als Medien des Meinungskampfes hatten, spiegelt sich in der Art und Weise ihres Zustandekommens. Die Herrscherfamilien konnten sich bei der Errichtung von Denkmälern der vorhandenen Regierungs- und Verwaltungsorgane bedienen. Das bürgerliche Denkmal ist das Werk von Komitees, die sich um freiwillige Mitglieder und Beiträge bemühten. Sie warben in Wort und Schrift für die Denkmäler, damit diese für das Bürgertum werben konnten.

Diese Gegenüberstellung der typischen Entstehungsprozesse differenziert sich, wenn bei der Entwicklung desselben Denkmals rivalisierende Kräfte aufeinandertrafen. Fürsten haben bürgerliche „Denkmalkampagnen" verschiedentlich durch Verbote behindert, aber auch durch Zuschüsse beeinflußt; bürgerliche Anteile an der Errichtung von Herrscherdenkmälern wurden zum Ausdruck des jeweils bestehenden Klassenkompromisses und sind in vielen Denkmalinschriften erwähnt, zum Beispiel an dem 1835 eingeweihten Denkmal für den ersten König von Bayern:

MAX. IOSEPHO	Maximilian Joseph,
REGI BAVARIAE	dem König Bayerns, [widmen dieses Denkmal]
CIVES MONACENSES	die Münchner Bürger
MDCCCXXIV	1824

Das 1826 bis 1840 entstandene Dürer-Standbild in Nürnberg geht zwar auf eine Initiative des bayerischen Königs LUDWIG I. zurück, aber bei näherem Hinsehen bestätigt es, in welche Rivalitäten die Künstler der Vergangenheit verwickelt wurden: mit dem erzenen Standbild wollte der König zwei bürgerliche Dürer-Ehrungen übertreffen: den 1826 „an Deutschlands Künstler ergangene[n] Aufruf, Albrecht Dürer durch Anlegung eines Stammbuches Achtung zu bezeigen..." (LUDWIG I.), ein „Dürer-Denkmal aus Papier", wie ein Autor es nannte,[6] und einen Dürer-Brunnen von 1821 – hier zeigt sich auch die Vergleichbarkeit der Funktion von Denkmälern und anderen Formen ehrender Erinnerung. In den Auseinandersetzungen darüber, ob das neue Denkmal auf der Nürnberger

Burg oder auf einem Platz der Stadt aufgestellt werden solle, empörten sich republikanisch Gesonnene über das Argument, allein der Platz auf der Kaiserburg sei des Standbildes eines Königs würdig – einer von vielen Hinweisen, daß der Ort eines Denkmals in seine Aussage und seinen Anspruch einbezogen war.

Die Standortfrage war jedoch zunächst eine Frage der Befugnis. Eine Eigenart des Mediums „Denkmal" war und ist, daß sein Gebrauch nicht nur die Verfügung über erhebliche Geldmittel voraussetzt, sondern ebenso die über öffentlichen Grund und Boden. Es war deshalb hoch geeignet für die politische Kommunikation gesellschaftlicher Gruppen, die sich in einer Machtbalance befanden und ihr Verhältnis von einem Kompromiß zum nächsten weiterentwickelten. Das nötige Grundstück konnte oft durch Schenkung erlangt werden. Die entsprechende Erklärung der Fürstlich Lippischen Rentkammer über den Standort des Hermannsdenkmals im Teutoburger Wald (1835–1875) von Joseph Ernst VON BANDEL ist als fürstlicher Gnadenakt formuliert: „Mit Serenissimi gnädigster Genehmigung wird nunmehr auch seitens der Kammer der für das Denkmal und die dazu nötigen Anlagen erforderliche Platz [...] zur Disposition des Vereins verstellt [bereitgestellt]."[7] Kurz darauf verbot die Lippische Regierung, daß eine Grundsteinfeier veranstaltet werde: sie befürchtete republikanische Kundgebungen, wie sie beim Hambacher Fest vorgekommen waren. Die Feier wurde 1841 nachgeholt.

Diese und andere Einzelheiten aus der Entstehungsgeschichte des Hermannsdenkmals zeigen, wie innerhalb einer „Denkmalkampagne" bürgerliche und dynastische Interessen aufeinandertreffen konnten. Die Einigung der deutschen „Stämme", zu welcher der monumentale Hinweis auf die Taten HERMANNS des Cheruskers aufrufen sollte, war Ziel einer bürgerlich-demokratischen Bewegung; er figurierte als Volksheld. Aber indem HERMANN das Leitbild des großen Einzelnen verkörperte, blieb er zugleich monarchischen Ausdeutungen zugänglich; er wurde bei der Schließung des Grundsteingewölbes, 1841, für die Harmonie von Fürst und Volk in Anspruch genommen, bei der Einweihung, 1875, als Vorläufer Kaiser WILHELMS I. aktualisiert.

Das Denkmal im Funktionszusammenhang

Die Verknüpfung des Hermannsdenkmals mit widersprüchlichen politischen Interessen wird bis heute durch die dortigen Inschriften belegt. Um so näher liegt die Frage, wo dabei das „Künstlerische" bleibt oder wie sich die politische Funktion der Denkmäler zu anderen Funktionen verhält, die Kunstwerke kennzeichnen.

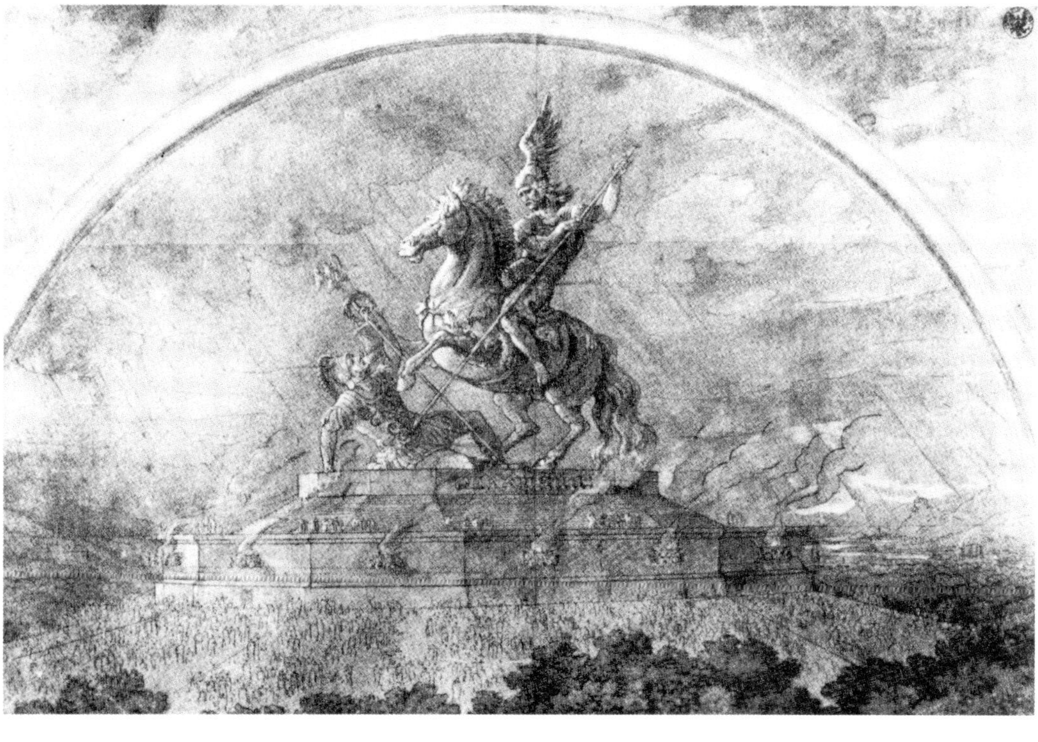

Abb. 5: Karl Friedrich Schinkel: Entwurf für einen Theatervorhang zu August von Kotzebues „Hermann und Thusnelde". 1819. Berlin, Schinkelmuseum

Religiöse Motive

Denkmäler sind weltliche Kunstwerke, auf diesseitige Ziele gerichtet. Die „Unsterblichkeit“ von Denkmalhelden ist auf Ruhm gegründet, nicht auf Erlösung im christlichen Sinne. Das zeigen Inschriften und Motive des neuzeitlichen Denkmals, das sich im 15. Jahrhundert aus dem Grabmal entwickelte und sich von ihm löste. Das Denkmal gehört zu den Werkgattungen, die das Religiöse als zentralen Inhalt der Kunst zurückdrängten. Trotzdem sind an Denkmälern noch im 19. und 20. Jahrhundert Motive anzutreffen, die ursprünglich religiöse Bedeutung hatten; fromme Worte durchziehen Rede und Lied am Denkmal. Immer wieder wurde das „Vaterland“ als „heilig“ bezeichnet, 1909 Hermann am Denkmal als „starker Gotteskrieger“ besungen. Geschichte und Erscheinung des Hermannsdenkmals kommen dem jedoch nicht entgegen. SCHINKEL hatte 1819 für die Uraufführung des Dramas *„Hermann und Thusnelde“* von August VON KOTZEBUE einen Theatervorhang entworfen, der die Vision eines Hermannsdenkmals von ungeheurer Größe vor Augen stellte *(Abb. 5)*. Der Reiter, der mit der Lanze einen gestürzten Römer durchbohrt, erinnert an den berittenen heiligen Georg im Kampf mit dem Drachen, hat aber profane, antike Vorbilder.[8] Als SCHINKEL zwei Jahrzehnte später vom Berliner Hermannsdenkmal-Verein und wahrscheinlich von Angehörigen der preußischen Königsfamilie aufgefordert wurde, einen Alternativentwurf zum Hermannsdenkmal vorzulegen, vermied er Anklänge an einen christlichen Ritterheiligen. Die vorgeschlagene Figur eines stehenden Hermann, der sich triumphierend/ausruhend auf Schwert und Beutestücke stützt, steht in der Tradition antiker Plastik *(Abb. 6)*. Auch die Vorlagen der durch

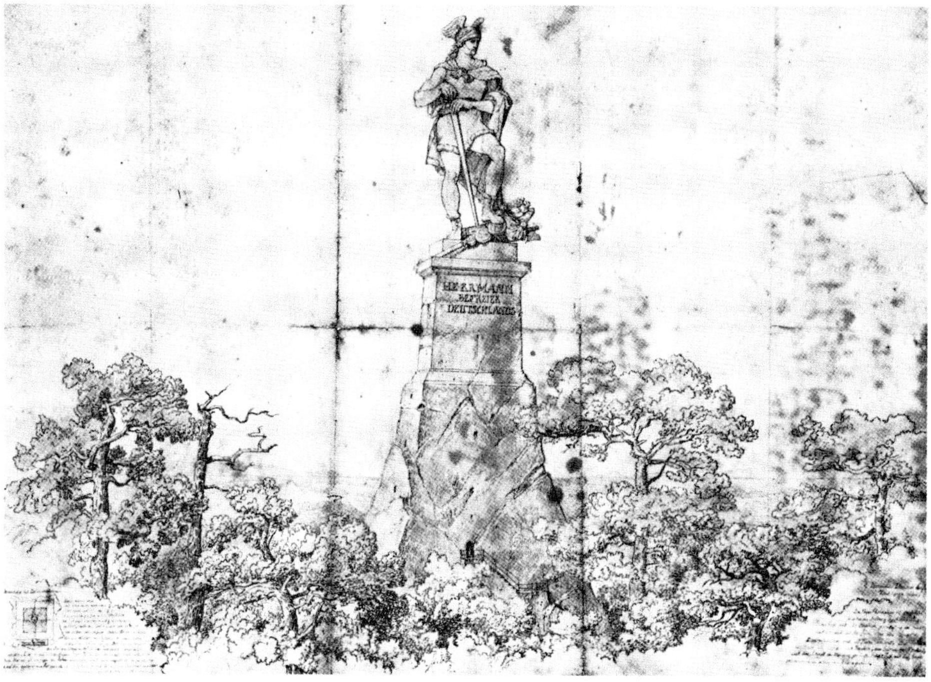

Abb. 6: Karl Friedrich Schinkel: Entwurf zum Hermannsdenkmal bei Detmold. 1839. Detmold, Staatsarchiv

BANDEL entworfenen Hermannsfigur sind heidnisch-weltlich: er ließ sich von Johann Jakob ANTHONIS Herkules-Statue anregen, die seit 1713/17 die Gartenanlagen von Schloß Wilhelmshöhe bei Kassel überragte und ihrerseits Nachbildung einer kolossalen antiken Figur, des Herakles Farnese (in Neapel), ist *(Abb. 7)*.

Ästhetische Ansprüche

Der Vergleich mit dieser im 19. Jahrhundert berühmten Statue wird nicht dadurch abgeschnitten, daß BANDEL anstelle idealischer Nacktheit germanische Zeittracht anstrebte und die eher ruhende Stellung des Herkules mit dem Hauptmotiv der „Schwerterhebung“ verband. Der Vergleich unterstützt die Aussage BANDELS, nach der das Denkmal „Hermanns That, seine Schwerterhebung [...], im plastischen Momente hinstellen“, aber auch das weitere Wirken nach dem Siege symbolisieren sollte: „er blieb aber in Deutschlands Grenzen in Ruhe ordnend,

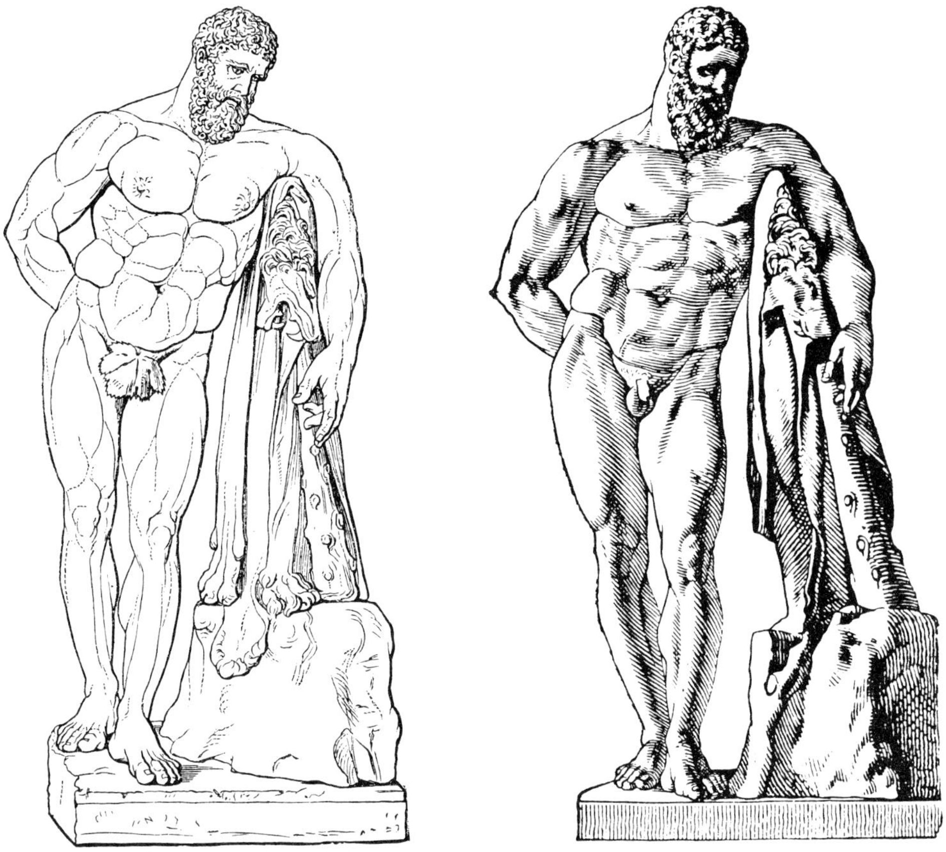

Abb. 7: Herakles Farnese, 3,17 m hohe Wiederholung einer Statue des Lysippos aus der 2. Hälfte des 4. Jahrhunderts v. Chr. Neapel, Museo Nazionale. Anonyme Holzstiche des 19. Jahrhunderts

doch immer zum Schlagen bereit". Herkules als bis heute populärste Symbolfigur für Stärke war insoweit sinnvoll zitiert.

Ein solches Zitat konnte noch mehr bedeuten: den Versuch, das eigene Werk an der Würde einer antiken Statue teilhaben zu lassen, die unabhängig von ihren ursprünglichen Zusammenhängen als musterhaft galt. Hält BANDELS Hermann aber dem Vergleich mit dem Herakles Farnese stand? Nein, wenn die Normen angelegt werden, welche die Kunstkritik längst aus der Vorbildlichkeit der Antike und der „Natur" ableitete; in diesem Sinne hat BANDELS Figur erhebliche „Fehler". Die Darstellung der Muskulatur ist zum Teil anatomisch falsch. Dies widerspricht seinen eigenen Forderungen nach Naturstudium und Naturrichtigkeit. Die Rückseite der Figur ist vernachlässigt, der Rückenumriß, den sie dem Hauptzugangsweg bietet, zerfällt in Ausbauchungen, der Schwertarm entwickelt sich nicht aus der Schulter, obgleich BANDEL gewollt hatte, daß sein „Gedanke lebendig und von allen Seiten sich möglichst klar zeige".[9] Aus diesem Blickwinkel scheint auch das ganze Standbild etwas nach rechts zu kippen *(Abb. 8).*

Diese „Fehler" sind Abweichungen von gerade damals allgemein anerkannten Kunstnormen, die BANDEL selbst ausdrücklich akzeptiert hatte. Dennoch wurde die ausgeführte Hermannsfigur überwiegend gelobt, BANDEL zu den bedeutenden Bildhauern des 19. Jahrhunderts gezählt. Der politische Anspruch, der „vaterländische" Gehalt des Denkmals scheinen es gegen ästhetisch ansetzende Kunstkritik abgeschirmt zu haben. Aber nicht nur die Konjunktur des Hermannsthemas und des großen nationalen Denkmals kamen dem im akademischen Sinne schwachen Kunstwerk zugute, sondern auch die Nachrichten von BANDEL, „diesem beharrlichen, ehrenfesten, aechtdeutschen Manne, dem Erbauer des Denkmals!"[10] Die durch viele Denkmalschriften geschaffene Publizität wird hier als ein Wirkungsfaktor greifbar, der die Eindrücklichkeit des Werkes selbst überhöht und zum Teil ersetzt.

Ob es bei dieser Erklärung bleiben kann, hängt von der Einschätzung eines auffallenden Gegenbeispiels ab. Ein „vaterländisches" Werk war auch die „Germania" auf dem Niederwald *(Abb. 9),* und doch wurde dieses Denkmal des Deutsch-Französischen Krieges (1870–1871) und der Reichsgründung alsbald scharf kritisiert und immer

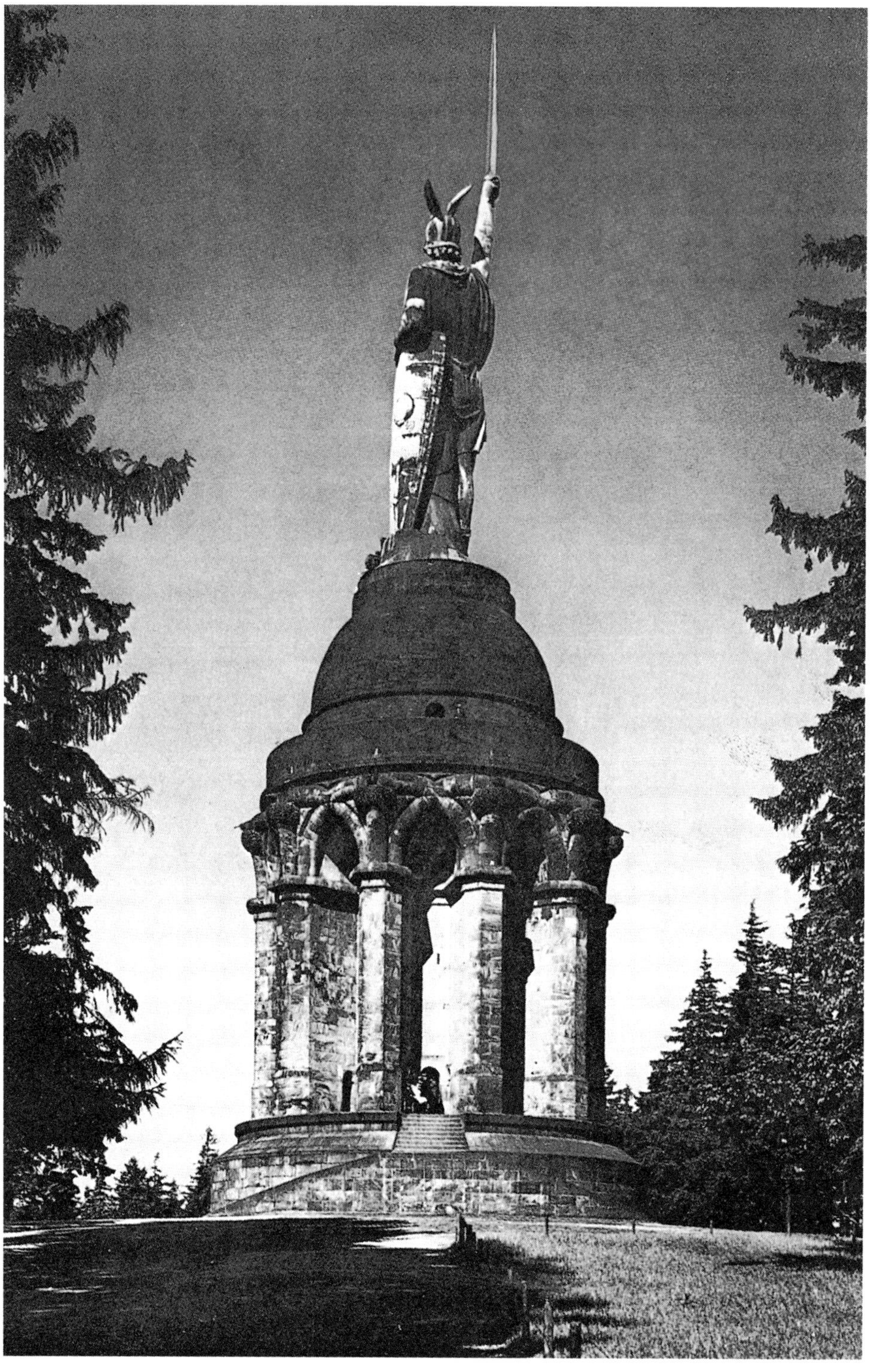

Abb. 8: Hermannsdenkmal bei Detmold. 1835–1875 von Joseph Ernst von Bandel. Ansicht vom Zugangsweg und Platz der Einweihungsfeier

wieder hinter das Hermannsdenkmal zurückgesetzt. Daß dieses größeren Eindruck machte, künstlerische Schwächen übersehen ließ, scheint an der Wahl des Themas zu liegen: Hermann war eine bereits bekannte Größe, ein Mann wie fast alle gewohnten Denkmalfiguren; seine Darstellung kam derselben „Denk"gewohnheit entgegen, die auch den Ausdruck „Vaterland" bis heute am Leben hält. Demgegenüber war die „Germania" zwar nicht als Motiv, aber als populäre Identifikationsfigur neu, sie blieb eine bloße Ergänzung der männlich stilisierten Leitbilder des wilhelminischen Kaiserreichs. BISMARCK, der selbst zu einem solchen Leitbild aufstieg, sagte 1890 über das Niederwalddenkmal:

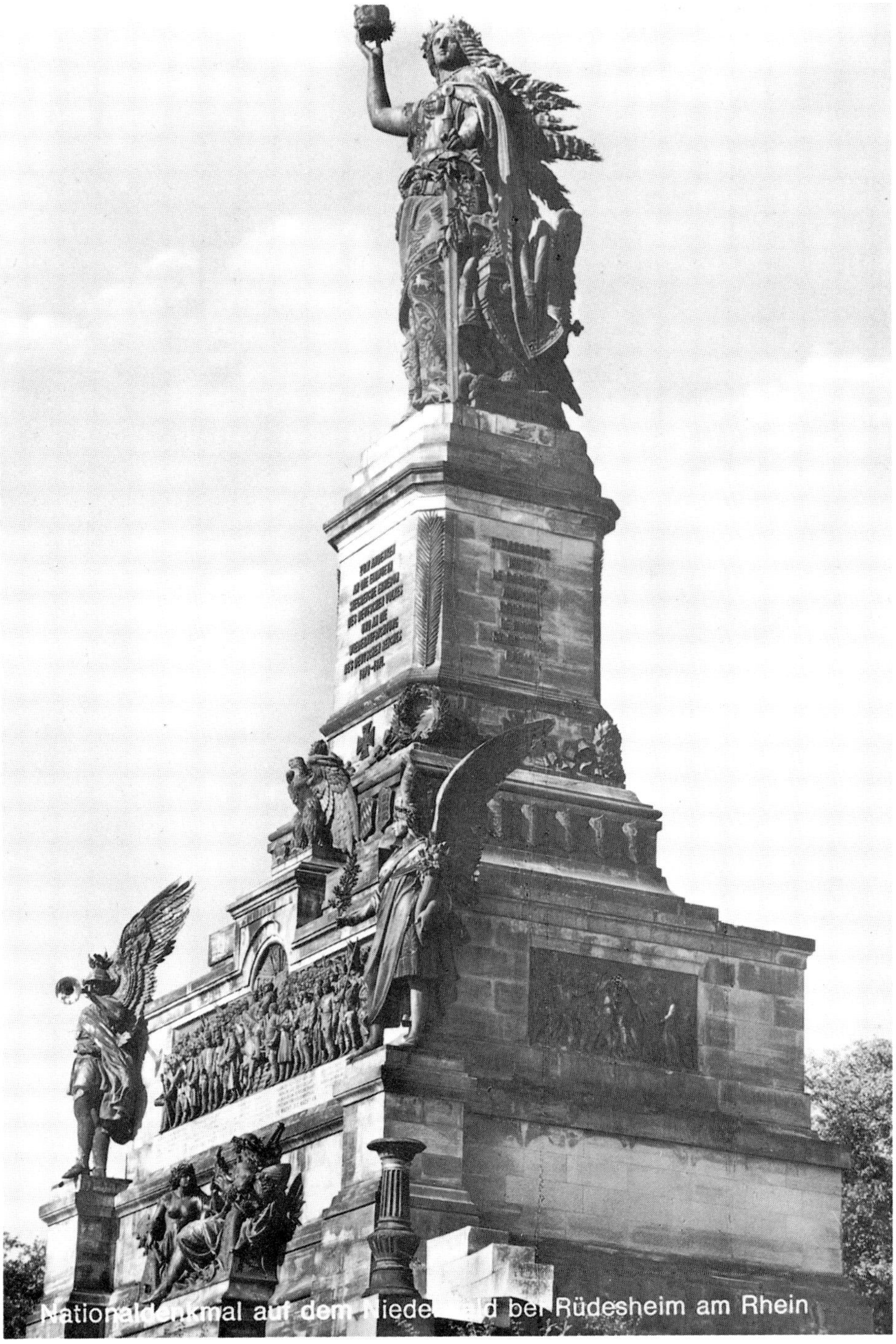

Abb. 9: Johannes Schilling / Karl Weisbach: Denkmal auf dem Niederwald. 1871–1883. Werkstein und Bronze

„Die Figur der Germania finde ich nicht passend. Ein weibliches Wesen mit dem Schwert in dieser herausfordernden Stellung ist etwas Unnatürliches. Jeder Offizier wird dies mit mir empfinden. Es hätte besser eine männliche Figur dort hingepaßt, ein Landsknecht oder einer der alten deutschen Kaiser ...“[11]

Abbilder und Idealbilder

Hier kommt eine abbildende Funktion des Denkmals ins Blickfeld. Im Hermannsdenkmal, weit deutlicher aber noch in den Denkmälern insgesamt, spiegelt sich eine Gesellschaft, die dem Mann die besseren Möglichkeiten zur Selbstverwirklichung und damit zum Ausprägen von Individualität bietet. Deshalb war die überwältigende

Mehrzahl der Persönlichkeitsdenkmäler Männern zu widmen, und unter anderem deshalb sind begleitende Allegorien wie „Stärke", „Fantasie", „Lyrische Dichtung" grundsätzlich durch weibliche Figuren dargestellt: bei der Verbildlichung allgemeiner Begriffe sollte der Hinweis auf die Individualität eines unverwechselbaren Menschen vermieden werden.[12] Eine nur schmückende Rolle der Frauen zeigt sich sehr deutlich in den Zeremonien der Grundstein- und Einweihungsfeiern.

Unter „Abbilden" wird im allgemeinen die Wiedergabe äußerer Wirklichkeit verstanden. Insoweit haben die Denkmäler als „erinnernde" Kunstwerke eine spezifische Wirkung gehabt. Nicht das Hermannsdenkmal, aber eine Vielzahl anderer Persönlichkeitsdenkmäler überliefert auch das wirkliche Aussehen der Dargestellten. Die Denkmalbildhauer gingen in der Regel von Porträts aus der Lebenszeit des Dargestellten, manchmal von Totenmasken aus. Sie arbeiteten diese Bildquellen um: weil ein Denkmal auf besondere Aufmerksamkeit rechnen konnte und zu einer besonderen künstlerischen Anstrengung anregte; weil ein aus größerer Entfernung zu betrachtendes Porträt markanteres Herausarbeiten der Züge nahelegte; weil schließlich die Denkmalbildhauer im Porträt auch ihre Auffassung von Werk und Bedeutung des Dargestellten ausdrückten, und zwar im Unterschied zum Anspruch eines Privatporträts die Bedeutung für alle Menschen. Die daraus entstehende besondere „Überhöhung" unterscheidet Denkmaldarstellungen von getreuen Porträts. Die bis heute fortwirkende Macht der Denkmäler zeigt sich nun darin, daß sie unsere Vorstellung vom Aussehen etwa SCHILLERS oder BEETHOVENS stärker bestimmen als die Abbilder, die zeitgenössische Porträtisten geschaffen hatten. Die Beethoven-Denkmäler HÄHNELS in Bonn (1840–1845) *(Abb. 10)* und ZUMBUSCHS in Wien (1873–1880) *(Abb. 18)* sind jedoch nicht ohne Quellenwert: gerade sie belegen Auffassungen von BEETHOVEN und, allgemeiner, vom Künstler. Sie zeigen, daß BEETHOVEN erst am Ende des 19. Jahrhunderts zu einem „Titanen" stilisiert wurde, der sich aus allen historischen Bindungen zu lösen schien und schließlich durch eine Art Kultbild gewürdigt wurde (Sitzstatue von Max KLINGER, um 1886 bis gegen 1902) *(Abb. 11)*.

Zweifelhafte Belehrungen

Es sind dies nicht immer Interpretationen, zu denen sich nur einzelne Bildhauer durchgerungen hätten, sondern Einschätzungen herrschender Gruppen, die dem Publikum vermittelt werden sollten. Das ist besonders deutlich an der Geschichte der Bismarck-Denkmäler, einem frühen Beispiel für bewußten Aufbau eines Image.[13] Direkter und harmloser zeigt sich belehrende Absicht in Inschriften wie „SCHELLING/DER/GROSSE PHILOSOPH" an der Vorderseite eines 1861 enthüllten Denkmals in München. Hauptbeispiel solcher Verbindung von Ehren und Belehren blieb die „Walhalla" bei Regensburg, das erste ausgeführte deutsche „Nationaldenkmal", ein Ehrentempel (geplant seit 1807, ausgeführt 1830 bis 1842 von Leo VON KLENZE) *(Abb. 12)*, mit den Büsten großer „Teutscher". Ihr Besuch sollte historisch-politisch bilden, „teutscher" machen. Mit dieser erklärten Zielsetzung kam Kronprinz LUDWIG von Bayern einem Gedanken nahe, der auch zu dem philosophischen Rückhalt der deutschen Einigungsbewegung beitrug. Die Verfassung einer menschlichen Gemeinschaft als „Kulturnation" sollte nicht nur den von LUDWIG begrüßten Staatenbund, sondern eine Staatsgründung fundieren und fordern können.

Die didaktische Funktion der deutschen Nationaldenkmäler zeigte sich später in ihrem Verbund mit dem Medium „Schulbuch". Besonders das Hermannsdenkmal mit seinem anschaulichen, wenn auch erfundenen Erzbild einer geschichtlichen Gestalt gehörte zur üblichen Schulbuchillustration. Die Denkmäler selbst treten manchmal wie amtliche (aber nicht verläßliche) Geschichtsdarstellungen auf. Dies ist am Beispiel der „preußischen Legende" erkennbar, nach der die Volkserhebung gegen die französische Fremdherrschaft vom preußischen König ausgegangen sei. Diesen falschen Eindruck erweckt die oben wiedergegebene Inschrift des Kreuzbergdenkmals. Die entsprechende am Hermannsdenkmal enthält eine andere Undeutlichkeit; ihre Wiedergabe in Jubiläumsschriften zum Hermannsdenkmal täuscht stets von neuem darüber, daß in der dort erwähnten Völkerschlacht bei Leipzig (1813) auch Deutsche gegen Deutsche zogen:

„Nur weil deutsches Volk verwelscht und durch Uneinigkeit machtlos geworden war, konnte Napoleon Bonaparte, Kaiser der Franzosen, mit Hilfe Deutscher Deutsche unterjochen; da endlich 1813 scharten sich um das von Preußen erhobene Schwert alle [!] deutschen Stämme, ihrem Vaterlande aus Schmach die Freiheit erkämpfend."

Die Form der Denkmäler unterstützte solche Irreführung oder ließ sie zu. An dem 1833 errichteten Obelisken auf dem Karolinenplatz in München steht: „Den dreyssig tausend/Bayern/die im russischen/Kriege/den Tod fanden" – „Auch sie starben/für/des Vaterlandes/Befreyung" – obgleich diese Soldaten als Angehörige des Napoleoni-

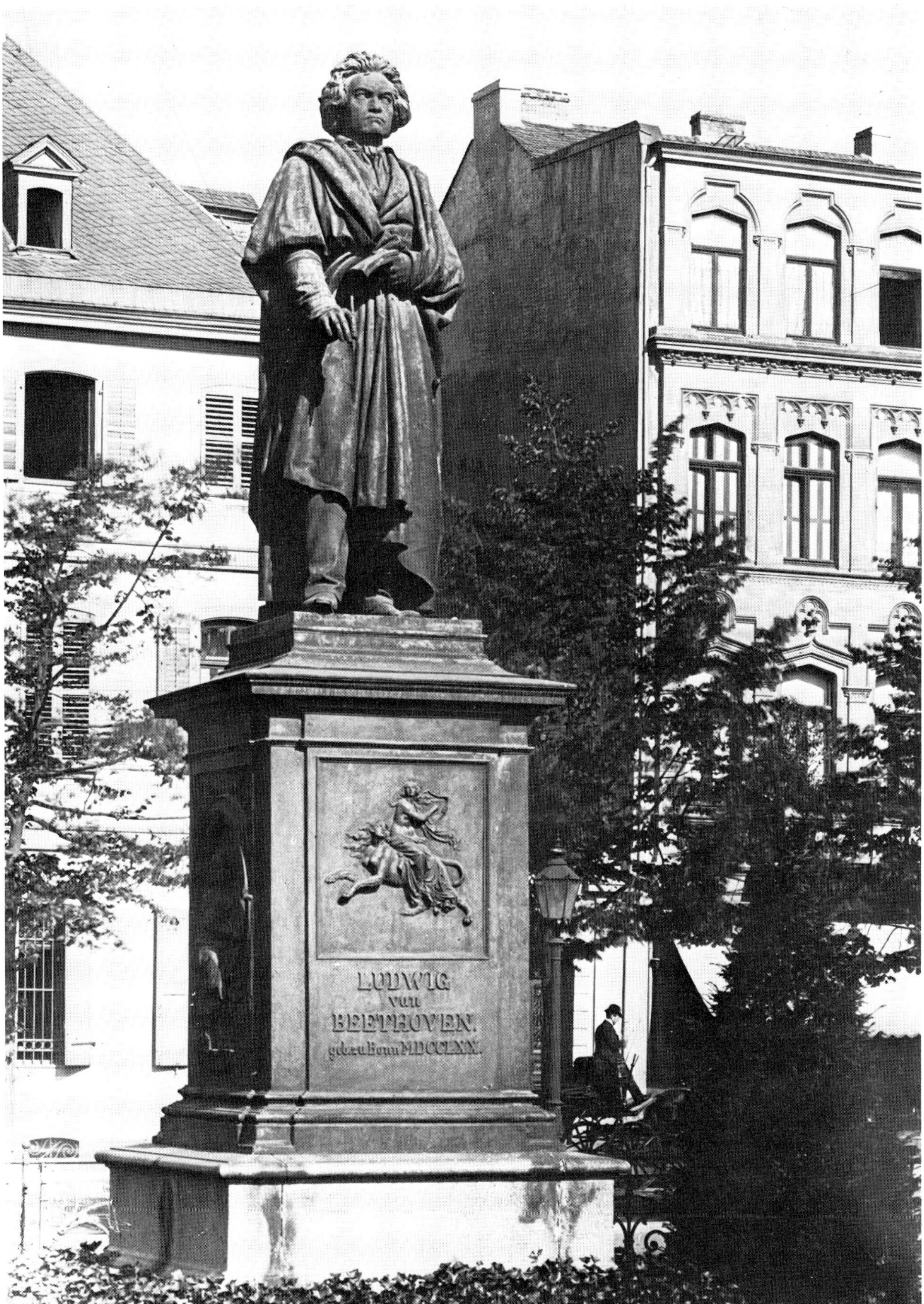

Abb. 10: Ernst Julius Hähnel: Beethoven-Denkmal in Bonn. 1840–1845

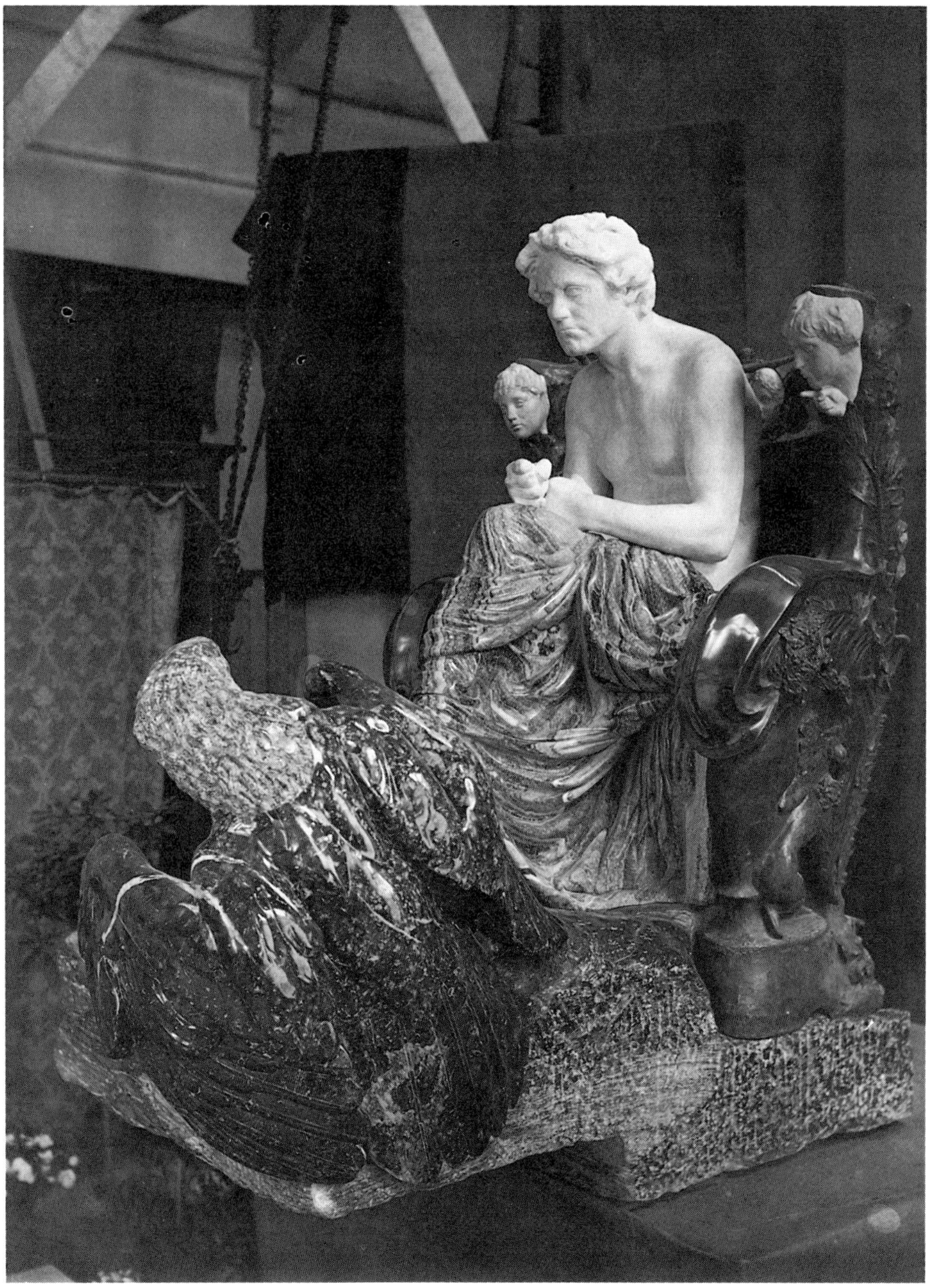

Abb. 11: Max Klinger: Beethoven. Um 1886–gegen 1902. Leipzig, Museum der bildenden Künste

schen Heeres umgekommen waren. Von Zusammenhängen und Einzelheiten abstrahiert das lapidare Motiv: ein Obelisk ohne figürliche Darstellungen. Der Entwerfer, Leo VON KLENZE, hatte dem Kronprinzen 1818 die Wahl dieser Denkmalform mit den Worten empfohlen: „Das Monument selbst ist ganz symbolisch, welches wohl die einzige Art war, alles und doch nicht zu viel zu sagen."[14]

Eine didaktische Funktion der Denkmäler ist in den vielen Überlegungen vorausgesetzt, die dem Publikum, seiner Aufnahmefähigkeit und Aufnahmebereitschaft gewidmet wurden. Das „Kunstblatt", ein Medium auch der Denkmalkritik, berichtete 1822 von der Aufnahme, die das Denkmal König GEORGS III. in London gefunden hatte. Dort war es für lächerlich erklärt worden, den König „im Costume eines Römischen Imperators und mit mythologischen Figuren umgeben darzustellen, anstatt ihn seinem Zeitalter und der Nation, welcher er angehört, angemessen und eben dadurch allgemein verständlich abzubilden. Es sey eine Thorheit, [...] zu dem Volke, für welches das Monument bestimmt ist, gleichsam in einer fremden Sprache zu reden."[15] Nicht zufällig wechselte ja die Sprache der Inschriften allmählich von Latein zur Landessprache. Im Jahre 1845 erschien eine Kritik an dem 1840 enthüllten Gutenberg-Denkmal in Straßburg (von Pierre Jean DAVID D'ANGERS): Franz KUGLER tadelte an

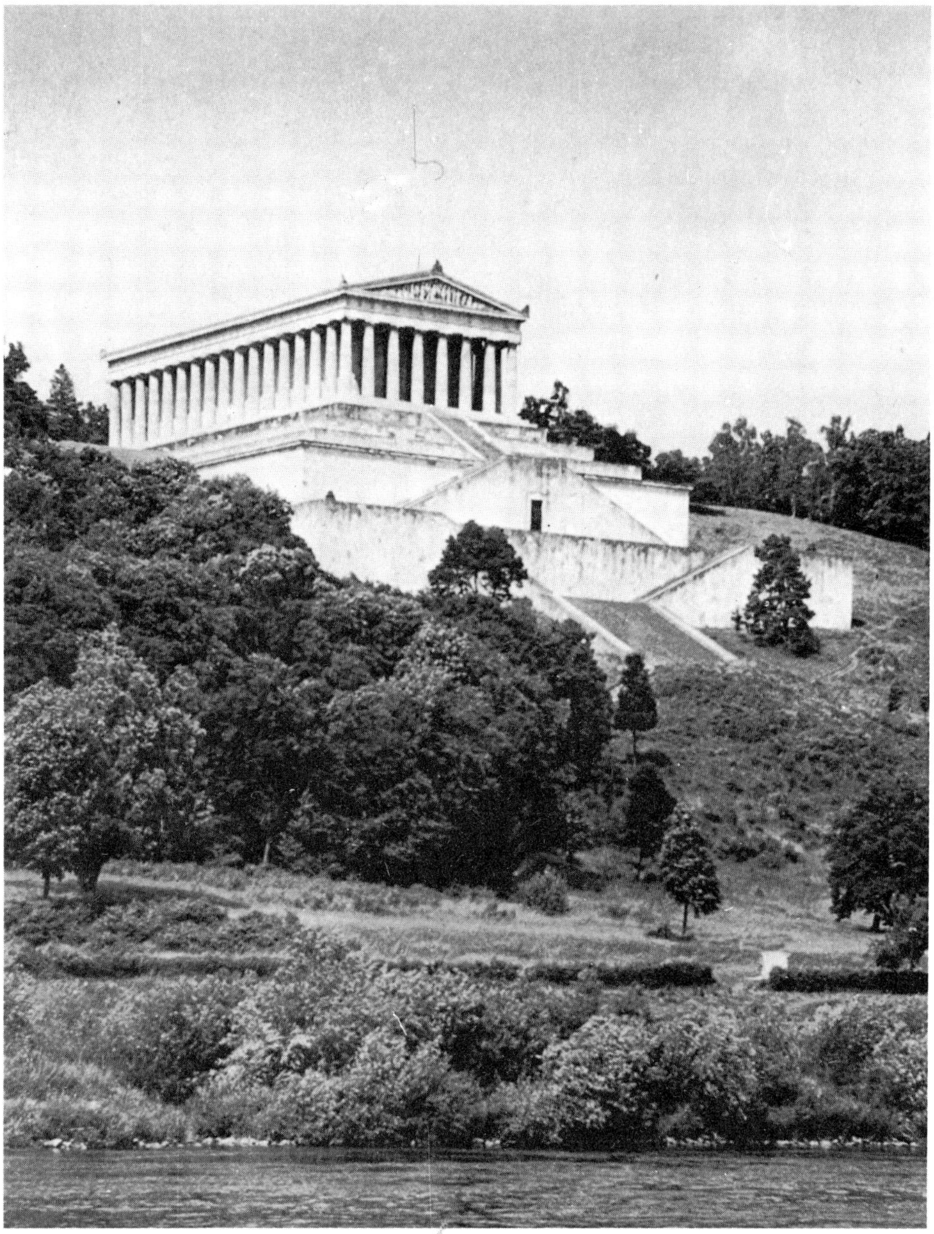

Abb. 12: Walhalla bei Regensburg. Ausgeführt 1830–1842. Architekt: Leo von Klenze

den Reliefs – die das Lehren selbst nachdrücklich zu ihrem Thema machen –, sie seien unverständlich wie Hieroglyphen.[16] Im Kunstblatt 1858 kritisierte er an Christian Daniel RAUCHS Berliner Blücher-Denkmal (1819 bis 1828) *(Abb. 13)* „die Neigung zu einer gelehrt-allegorisierenden Darstellungsweise". An denselben Reliefs hatte GOETHE 1828 die Wahl des Zeitkostüms statt antikischer Gewandung bemängelt, aber eingeräumt, „wie sehr eine solche Darstellung der Denkweise des Volkes gemäß sei".[17]

Hier kündigt sich schon die Mischung von Herablassung und Resignation an, mit der Arthur SCHOPENHAUER um die Mitte des 19. Jahrhunderts eine „Hierarchie der Urtheile" beschrieb, „auf der die Möglichkeit des festen und endlich weit reichenden Ruhmes beruht. Für die unterste Klasse, der die Verdienste eines großen Geistes ganz unzugänglich sind, ist am Ende bloß das Monument, als welches in ihr, durch einen sinnlichen Eindruck, eine dumpfe Ahndung davon erregt".[18] SCHEFFLER sah den Denkmalhelden an Handwerker, Soldaten und Zeitungsleser gewandt, seinen Sockel an andere Schichten: „Am Sockel liebt es dann die Bildung, wenn oben die Alltagslogik befriedigt ist, ideale Allegorien zu entziffern."[19] Der Autor erkannte, daß das Denkmal auch ein Mittel zur Selbstbestätigung des gebildeten Bürgertums war.

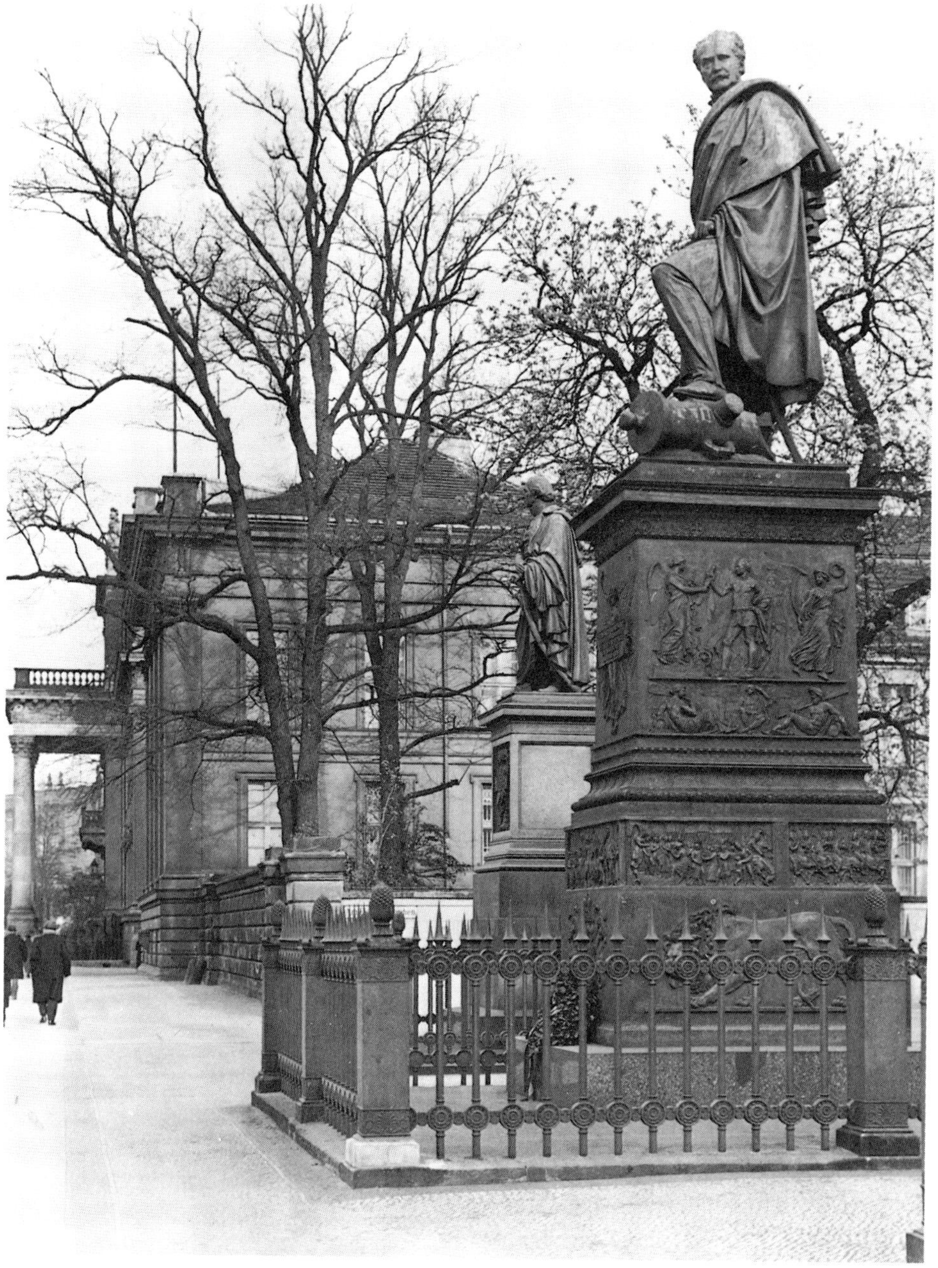

Abb. 13: Berlin, Standbild des Generals Gebhard Leberecht Fürst Blücher von Wahlstatt. Aufgestellt 1826 an der Südseite der Straße Unter den Linden. Bildhauer: Christian Daniel Rauch. Foto um 1930

Die verschiedenen Zielgruppen des Denkmals haben seine didaktischen Ansprüche auf verschiedene Weise abgewehrt. Die „Gebildeten" entwickelten ein Kunstverständnis, nach dem sich Künstlerisches und Belehrendes als Gegensätze gegenüberstehen.[20] SCHEFFLER zeigte auch dies gerade an der „Denkmalmanie": „Der Gedanke des Strassendenkmals ist nicht ein Produkt von Kunsterwägungen, sondern von pädagogischen Tendenzen im Dienste irgend welcher Parteien."[21] Die hier beispielhaft sichtbare Abneigung ließ das Denkmal auf lange Zeit aus dem Kreis der Werkgattungen verschwinden, die von der Kunstkritik für voll genommen wurden.

Auch die „unterste Klasse" (SCHOPENHAUER), die „Masse" (SCHEFFLER) wehrte sich gegen den belehrenden Anspruch der Denkmäler. Ihrer Autorität wurden ironische Erklärungen und Spitznamen entgegengesetzt. Solcher Denkmalspott ist hinter manchem literarisch festgehaltenen Einwand berufsmäßiger Kunstkritiker zu erkennen und entsteht noch neu.

Zerstörung und Gegendidaktik

Abwehr gegen den Anspruch der Denkmäler ging häufig über heftige Kritik hinaus, konnte bis zur Zerstörung oder Demontage führen.

Denkmalbeschädigung

Einschneidend zeigt sich eine Frontenbildung zwischen den Denkmalsetzern und dem Volk auf der Straße darin, daß Denkmäler immer wieder beschädigt wurden, daß Vorkehrungen gegen solche Beschädigungen in ihre Erscheinungsweise eingingen: am Kreuzbergdenkmal wurde 1820 bis 1821 ein Wächterwohnhaus errichtet. Auch die Denkmäler des Bürgertums wurden mit Gittern umfriedet, die meist nur durch ältere Abbildungen überliefert sind: Distanzierung der Betrachter war zugleich Schutzmaßnahme und Mittel, die „monumentale" Wirkung zu steigern. Als weiterer Schutz wurde die Tabuisierung des Kunstwerks, die Verurteilung des Vandalismus, ins Feld geführt.

Als 1889 in Zürich die Einweihung des Denkmals für den Eisenbahnunternehmer Alfred ESCHER (Bildhauer Richard KISSLING) bevorstand, sah der Zentralausschuß der Zürcher Werktätigen Grund zu betonen, „daß sich die Hände der zielbewußten organisierten Arbeiter nicht zu einer Zerstörung des Denkmals hergeben werden. Im Volke lebt noch mehr Sinn für Kunst, als man anzunehmen scheint, und ist uns das Denkmal als Verherrlichung eines Volksunterdrückers verhaßt, so ist uns dasselbe andrerseits als Kunstwerk heilig."[22]

Die Front zwischen den Denkmalsetzern und Denkmalhütern einerseits, den Urhebern kleiner und großer Beschädigungen andererseits ist heute deutlicher als je zuvor: in Berlin-West werden Denkmäler des 19. Jahrhunderts bereits planmäßig aus der Öffentlichkeit in Depots zurückgezogen. Die bedauerliche Zerstörung von Kunst im öffentlichen Raum trifft andere Werke ebenso wie Denkmäler. Die ihr zugrundeliegende Feindseligkeit jedoch ist seit langem gerade durch Denkmäler herausgefordert worden. Besonders in den großen Denkmalunternehmungen des wilhelminischen Kaiserreichs war ein Bündnis zwischen Monarchie, Groß- und Bildungsbürgertum sichtbar geworden, das das „einfache Volk" trotz aller Beteuerungen in der Rolle eines bloßen Adressaten statt eines Miturhebers festhielt; dies ist auch im Arrangement der Einweihungsfeiern zu erkennen.

Es wurde schon hervorgehoben, daß das Denkmal die Verfügung über öffentlichen Grund und Boden und über ungewöhnlich große finanzielle Mittel voraussetzte. Deshalb mußte es selbst da, wo es ansprechende Elemente aufnahm, als ein Medium der Besitzenden und der Obrigkeit ins Bewußtsein eingehen, das sich die Benachteiligten und Besitzlosen nicht zu eigen machen konnten. Ziel der alltäglichen Zerstörungen und Beschädigungen sind aber Gegenstände, die nicht als Eigentum aller erkannt oder anerkannt werden.

Daß das Denkmal Inbegriff eines solchen Gegenstandes ist, spiegelt sich in einem Satz von GRASSKAMPS Vortrag *„Warum wird Kunst im Außenraum zerstört?"*. Er nennt als eine Ursache die Arroganz, mit der manches Werk der modernen Kunst ohne Bezug auf Nutzung und Besiedelung seines Platzes aufgestellt werde; ein solches Kunstwerk werde unterschwellig als „Denkmal" der kulturellen Alleinherrschaft des Bildungsbürgertums gedeutet.[23]

Denkmaldemontage

Wo in den letzten zweihundert Jahren politische und kulturelle Herrschaftsverhältnisse zusammenbrachen, wurden meist ganze Gruppen von Denkmälern gestürzt oder abgetragen. Bezweckt wurden Abfuhr angestauten Zorns, Verdeutlichung von Umsturz und Entschlossenheit. Es zeichnete sich aber auch als möglich ab, Aufklärung an die Stelle von bloßer Zerstörung zu setzen.

Aus dem Jahr 1918 berichtete ein Korrespondent von der methodischen Demontage und Archivierung eines Zarendenkmals in Moskau: „Man sieht von weitem ein enthauptetes Denkmal, das Denkmal eines Enthaupteten. Die Arbeiter haben begonnen, die schwere Figur waidgerecht zu zerlegen. Siehe da, sie ist hohl. Stück für Stück nimmt man herab. Neben dem glänzenden Sockel liegt bereits der Kopf des Zaren mit der klaffenden Krone, die in roher Arbeit die Muster eines mit Edelsteinen besetzten Gewebes zeigt, auf dem zerstampften Rasen. Der Kopf und die Krone bilden ein hohles Ganzes, das einen leichten Blechton gibt, wenn man mit dem Fingerknöchel daran schlägt [...] In dem Hohlraum der Krone haben Vögel genistet. Dicke helle Patinaflecken sitzen auf dem Metall, wie aus einer Farbentube hingestrichen. An den Wangen schimmert durch die schwärzliche Metallhaut das vom Flaschenzug blankgescheuerte sonnige Kupfer [den Berichterstatter beschäftigt, daß plötzlich die dem Denkmal eigentümliche Distanz entfallen ist]. Die Züge der Figur sind ausdruckslos, dennoch erinnern sie mit der stumpfen Nase und dem gut frisierten Vollbart an die bekannten Bilder Alexanders III. und seines Sohnes Nikolai. Auf dem Rasen liegen bereits die Arme mit den Seiten des Rumpfes, die gewaltigen, aus Manschetten hervorlangenden Hände mit

den Reichsinsignien [...] Der Abbruch der Zarendenkmäler im kommunistischen Rußland geschieht ja nach dem Willen der Volkskommissare. Mit dem steifen, zeremoniellen, überlebensgroßen Denkmal Alexanders III. in Moskau geht irgendein künstlerischer Wert nicht verloren. Außerdem verspricht das Kommissariat für Volksaufklärung in ganz Rußland Ersatz durch andere Denkmäler. Wartet nur, ihr werdet sie bald zu sehen bekommen! Zarendenkmäler haben nach der Geschichtsauffassung der Räteregierung nur dann einen didaktischen Sinn, wenn sie in aller Öffentlichkeit beseitigt werden ...“[24]
Einem Anschauungsunterricht in Geschichte sollte die anschließend begonnene „Monumentalpropaganda“ gleichkommen; die neuen Denkmäler, die der zitierte Bericht ankündigt, sollten „großen Vertretern Rußlands und der Welt, insbesondere solchen, die sich vor der Revolution verdient gemacht haben“ – unter ihnen BEETHOVEN und HEINE – gewidmet werden. „Die Denkmäler werden an Sonntagen enthüllt werden. Die Enthüllung wird von einer Ansprache auf die betreffende Persönlichkeit begleitet werden, zuweilen von einer Verlesung von Auszügen aus ihren Werken und natürlich von Musik. Zur Teilnahme werden die Arbeiter, die Kultur- und Bildungsorganisationen sowie alle Lehranstalten eingeladen werden. Am Abend desselben Tages wird in irgendeinem der großen Theater ein Schauspiel oder Konzert stattfinden, das der zu ehrenden Persönlichkeit gewidmet ist. Auf dem Piedestal des Denkmals werden eine kurze Biographie und einzelne Aussprüche des dargestellten Großen aufgezeichnet werden. Solche Denkmäler werden Wallfahrtsstätten neuer Art für Exkursionsteilnehmer, Schüler usw. abgeben.“[25]

Abbau und Neuerrichtung von Denkmälern stellen sich nach den Plänen LENINS und Anatoli LUNATSCHARSKIS als didaktische Schritte dar. Erstmals zeichnete sich die Bereitschaft ab, Denkmäler einer überwundenen Herrschaft nach planvoller Demontage zu erhalten und als ideologiegeschichtliches Anschauungsmaterial zu nutzen: ein Fortschritt gegenüber dem Sturz der Königsdenkmäler in der Französischen Revolution (Dekret der Nationalversammlung vom 14. August 1792) und dem Sturz der „kaiserlichen Säule“ auf der Place Vendôme *(Abb. 14)* unter der Pariser Commune (Befehl des Gemeinderats von Paris vom 13. Mai 1871).[26] Eine differenzierende Geschichte der Denkmalzerstörungen müßte unter anderem ihren Gehalt an Gegendidaktik vergleichen.

Denkmaltypen im 19. Jahrhundert

In einem ersten Abschnitt über Begriff und politische Funktion des Denkmals, einem zweiten über seine weiteren Hauptfunktionen war es weder möglich, ein System der Denkmalformen noch eine chronologische Reihenfolge der Beispiele mitzuliefern. Deshalb sei jetzt eine kurze Übersicht über die hauptsächlichen Typen des Denkmals gegeben und mit Hinweisen auf ihre Erscheinungsfolge verbunden.

Figürliche Denkmäler der Dynastie und des Bürgertums

Eine Hauptgruppe sind *figürliche Denkmäler,* die einzelne Persönlichkeiten aus Herrscherhäusern oder später dem Bürgertum würdigend herausstellen.

Unter diesen figürlichen Denkmälern ragen die *Reiterstandbilder* hervor. Ihr Traditionsbezug reichte in die antike Herrschersymbolik zurück (Standbild des Kaisers MARK AUREL, seit 1538 mit einem neuen Sockel von MICHELANGELO auf dem Kapitol in Rom; vgl. S. 333). Aufgegriffen und weitervermittelt wurde das Motiv des freistehenden Reiterdenkmals seit DONATELLOS Standbild des Heerführers GATTAMELATA in Padua (1445/46 bis 1453). LEONARDOS Modell für ein Denkmal Francesco SFORZAS in Mailand (1499 zerstört) bereitete die Ehrung eines Heerführers vor, der sich zum Herrscher aufgeworfen hatte. Am Beginn des 19. Jahrhunderts war die Tradition des herrscherlichen Reiterstandbildes ungebrochen (Statue Kaiser JOSEPHS II. in Wien, 1795–1807, von Franz Anton ZAUNER). Durch besondere Größe und reiche Sockelplastik sticht das Berliner Denkmal für „Friedrich den Großen“ (1839–1851, von Christian Daniel RAUCH) *(Abb. 15)* hervor.[27] Am Ende des Jahrhunderts wurde dieser Typ ins Kolossale gesteigert (Deutsches Eck in Koblenz mit Standbild Kaiser WILHELMS I., 1894–1897, von Bruno SCHMITZ und Emil HUNDRIESER).

Zweiter Grundtyp des dynastischen Denkmals war das *Thronbild*, das eher Harmonie mit den Untertanen als Macht über sie demonstrierte (Denkmal für König MAX I. JOSEPH in München, 1823/26–1835, von Christian Daniel RAUCH) oder die Machtgebärde der Reiterbilder an die Sockelplastik abgab (Denkmal für Kaiserin MARIA THERESIA in Wien, 1873–1888, von Kaspar VON ZUMBUSCH) *(Abb. 16).*

Das bescheidenere Motiv der stehenden Figur bot sich als Typus der frühen bürgerlichen Denkmäler an. Auch solche *Standfiguren* sind mit der antiken Tradition durch einzelne Werke seit der Renaissance verbunden; aus dem

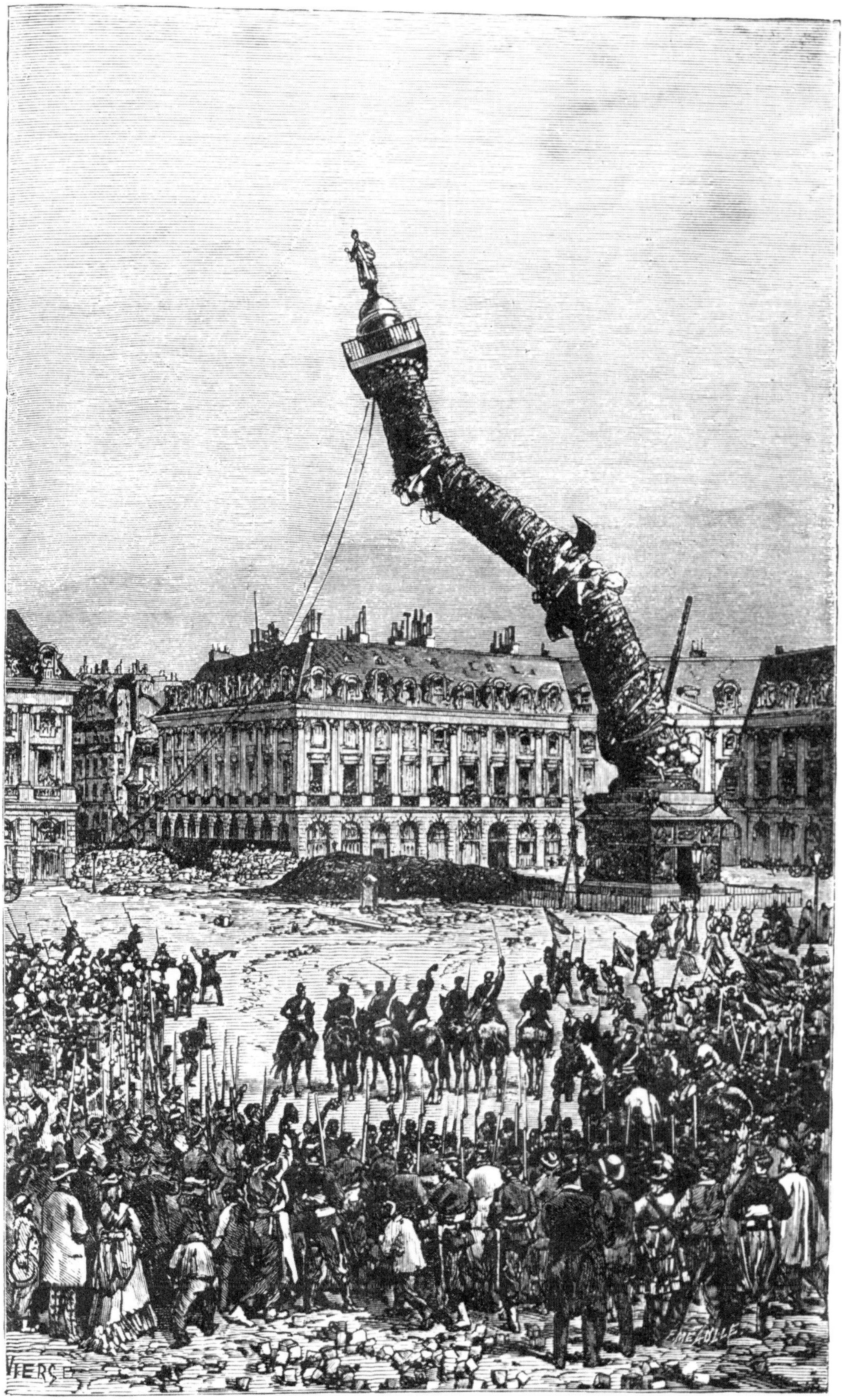

Abb. 14: Zerstörung der „kaiserlichen Säule" auf der Place Vendôme am 16. Mai 1871. Stich nach einer Zeichnung von Daniel Vierge in Victor Hugos 1872 erschienenem Werk „L'année terrible". Berlin, Privatsammlung

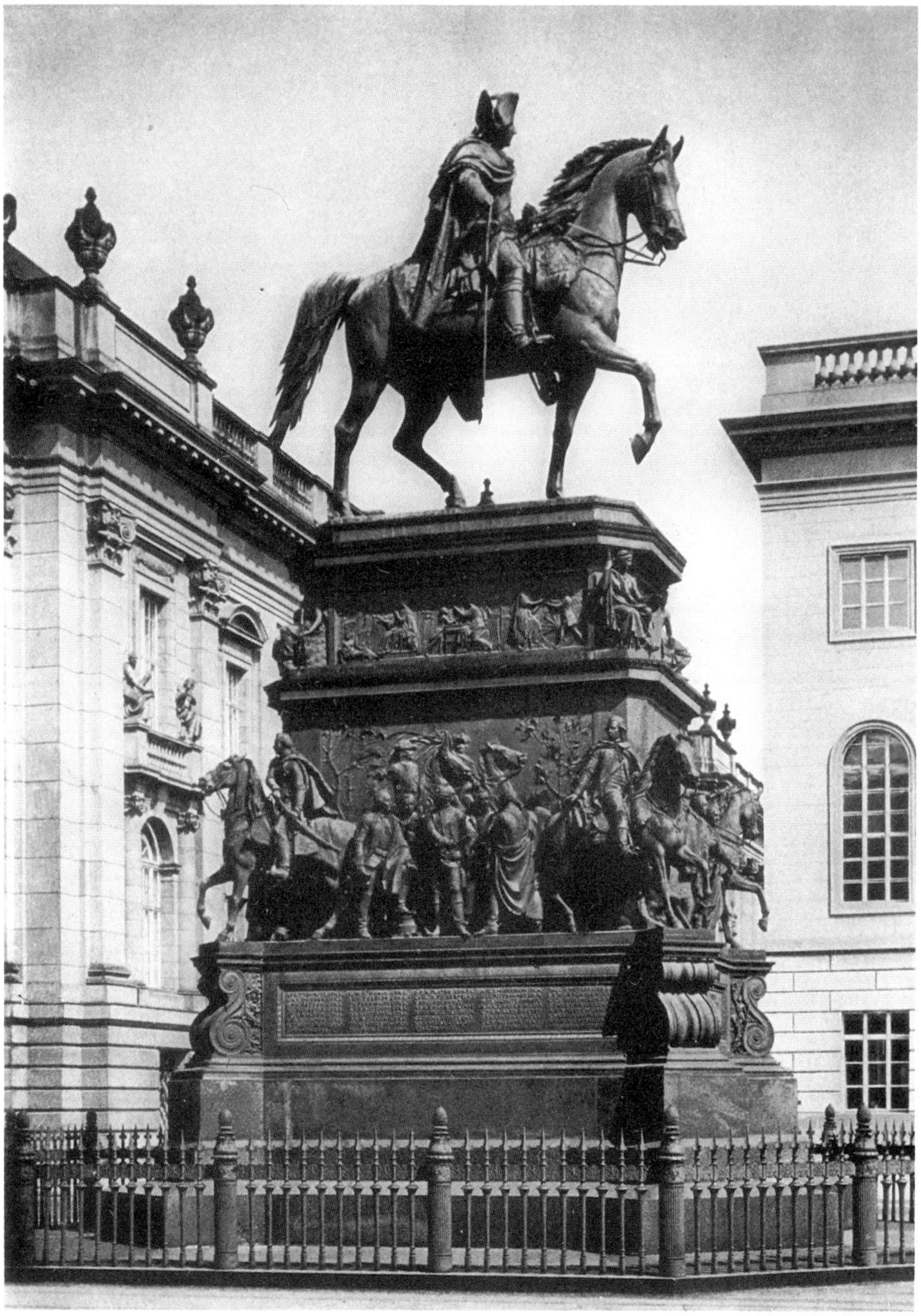

Abb. 15: Berlin, Denkmal für König Friedrich II. von Preußen. 1839–1851, von Christian Daniel Rauch

Jahre 1499 stammt ein Entwurf für ein Vergil-Standbild in Mantua (Umkreis Andrea MANTEGNAS), 1631 wurde in Rotterdam eine hölzerne Bildsäule des Gelehrten ERASMUS von Rotterdam durch ein steinernes Denkmal ersetzt (Bildhauer Hendrik DE KEYZER). In Berlin erhielten Heerführer des Siebenjährigen Krieges seit 1769 einfache Standbilder; damit blieb – auf Anordnung des preußischen Königs – der hierarchische Abstand zum Reiterbild gewahrt. Mit RAUCHS Nürnberger „Dürer“ (1826–1840) wurde erstmals in Deutschland „die passive öffentliche Denkmalfähigkeit von Civilpersonen proklamirt“.[28] 1821 war Johann Gottfried SCHADOWS Luther-Denkmal in Wittenberg eingeweiht worden. Der von SCHINKEL entworfene Baldachin, der – auf Anordnung des preußischen Königs – die Statue überfängt, wurde als Einschränkung ihres Anspruchs verstanden: das Stehen unter freiem Himmel auf öffentlichem Platz sollte Privileg bleiben.

In der Entwicklungsgeschichte dieses häufigsten Denkmaltyps spielte die Ausgestaltung des Sockels mit Reliefs oder vollplastischen Assistenzfiguren eine Rolle, die im Text schon einige Male angesprochen worden ist.

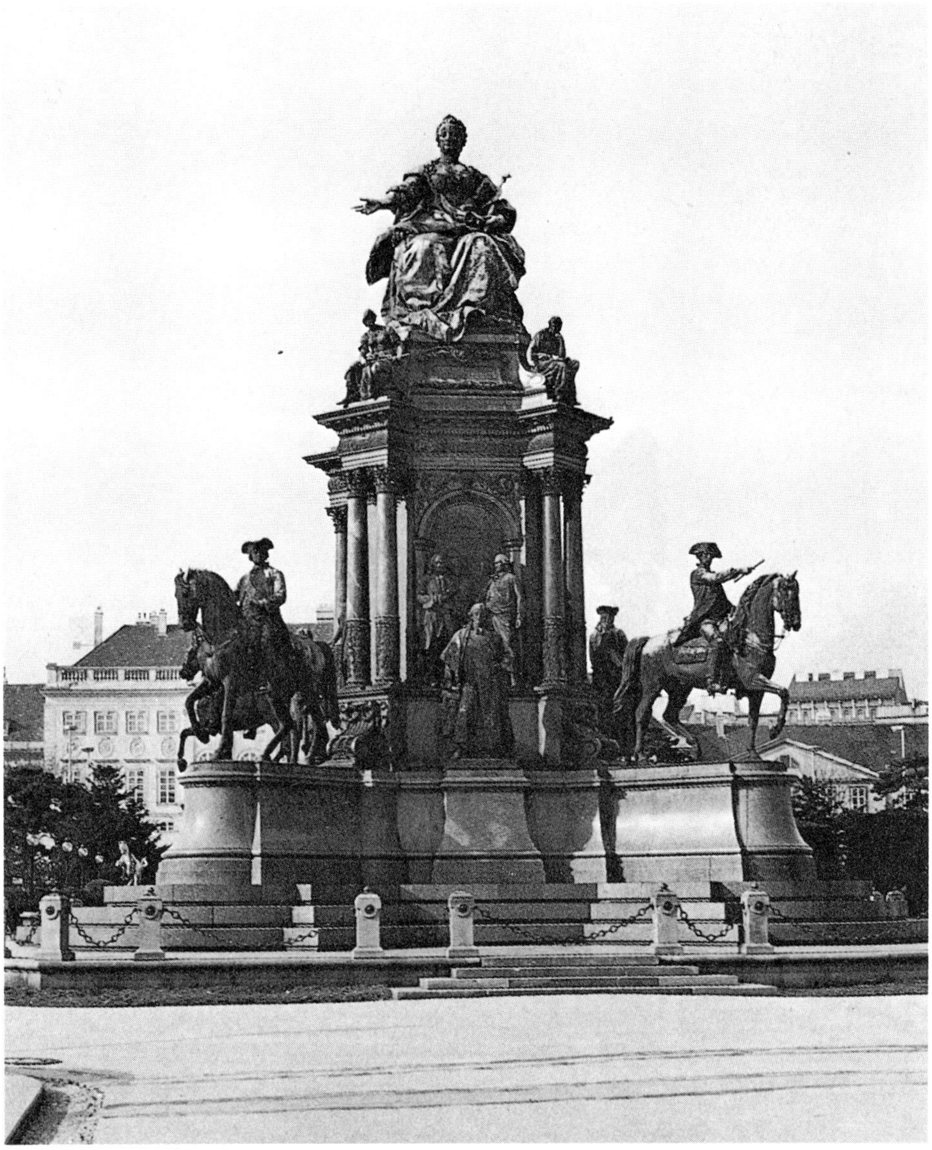

Abb. 16: Wien, Maria-Theresia-Denkmal. 1873–1888 von Kaspar von Zumbusch

Eindrucksvoll sind die schwierigen Versuche, die gefeierten Werke und Eigenschaften, auf die es doch ankam, durch neu erfundene oder neu bearbeitete Sinnbilder zu verdeutlichen. Beispiele sind die Verbildlichungen von Musikgattungen oder von „Fantasie" (Beethoven-Denkmal in Bonn von Ernst Julius HÄHNEL, 1840–1845; ähnlich am Schubert-Denkmal in Wien von Carl KUNDMANN, 1867–1872). Immer wieder und besonders um die Jahrhundertmitte wurde statt dessen versucht, ohne solchen Sockelschmuck auszukommen, die Physiognomie, Gestalt und Gestik der Figur – bei Ernst RIETSCHELS Weimarer Denkmal (1852–1857) für GOETHE und SCHILLER der Figuren *(Abb. 17)* – alles sagen zu lassen; dafür lieferte die subtile Körpersprache älterer Plastik Grundlagen, die Denkmalkritik Stichworte: 1878 wandte sich SCHASLER gegen die „mit allegorisierendem Figurenschmuck überladenen Postamente [...]", die „hinsichtlich ihres kompositionellen Beiwerks, das meist ein besonderes, gelehrtes Studium erfordert, dem Volke unverständlich bleiben".[29]

Der mehr mit sich ringende als thronende BEETHOVEN des schon zitierten Wiener Denkmals ist ein Beispiel dafür, wie das Sitzmotiv, zugleich auch der vollplastisch geschmückte hohe Sockel als ehemals privilegierte Formen für das bürgerliche Denkmal beansprucht wurden *(Abb. 18)*.

Quer zu den hier skizzierten Entwicklungen bestand eine Rangordnung verschiedener Denkmalformen. Bücher, die den Denkmalbestand einzelner Städte übersichtlich zusammenstellen,[30] machen deutlich, daß sich Aufwand und Formenwahl von sehr bedeutenden Personen zu weniger hoch eingeschätzten abstuften. Die Sparten des

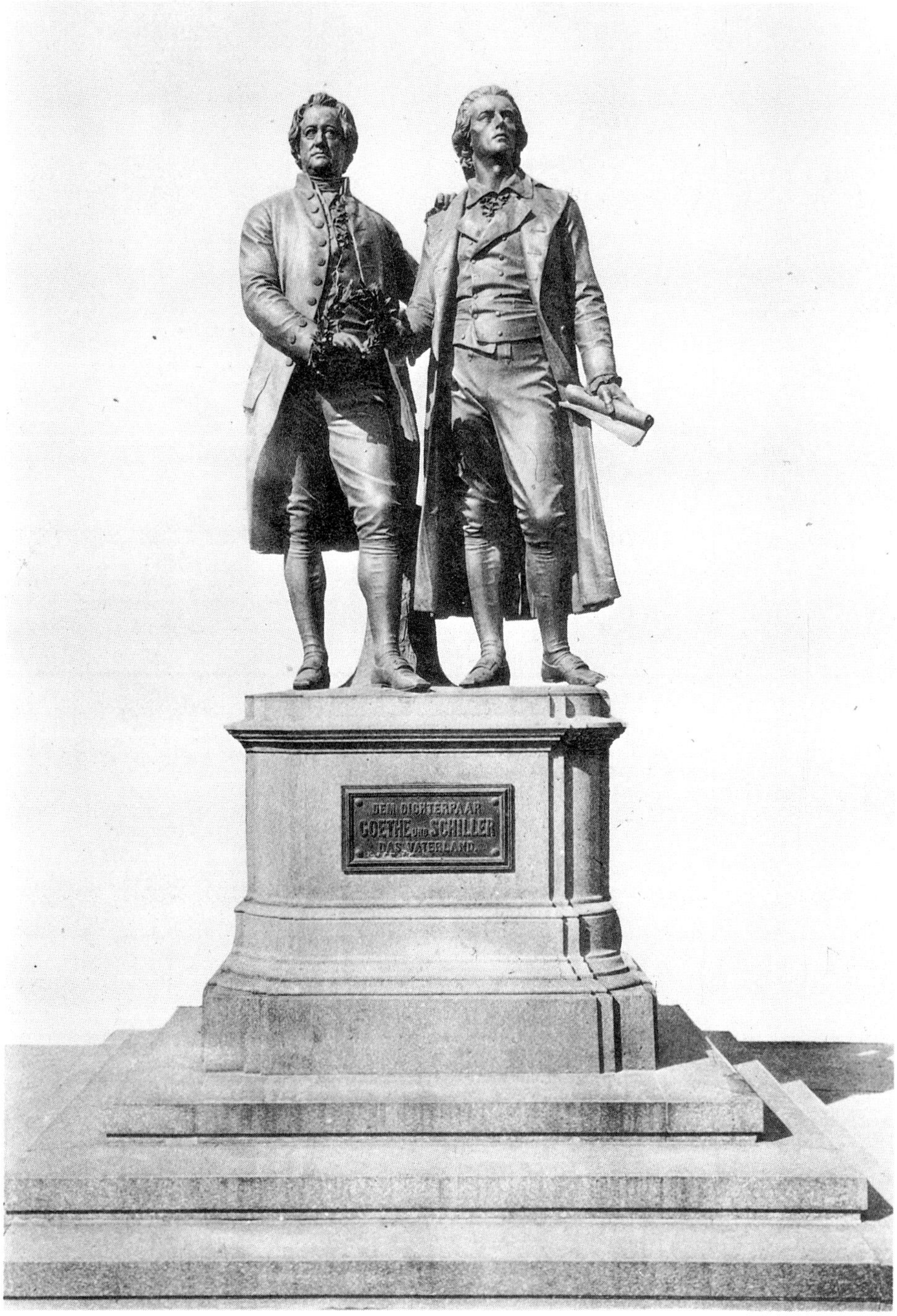

Abb. 17: Weimar, Denkmal für Goethe und Schiller. 1852–1857 von Ernst Rietschel

Porträts staffelten sich von der vollrunden Statue über die Büste bis zum Medaillon; Reichtum des Beiwerks, zuallererst aber die Abmessungen des Denkmals waren weitere Mittel, um die Denkmalhelden einer Stadt in eine Rangordnung zu bringen.

Architektonische Denkmäler, insbesondere deutsche Nationaldenkmäler

Während sich die figürlichen Denkmäler des 19. Jahrhunderts im allgemeinen nach Typen gruppieren lassen, bieten die deutschen Nationaldenkmäler ein formal uneinheitliches Bild. Das Hermannsdenkmal, das Niederwalddenkmal und das Kaiser-Wilhelm-Denkmal am „Deutschen Eck" hielten noch – mit ungleichem architektonischen Aufwand – an der Grundform der aufgesockelten Figur fest; vorher schon hatte die 1842 eingeweihte

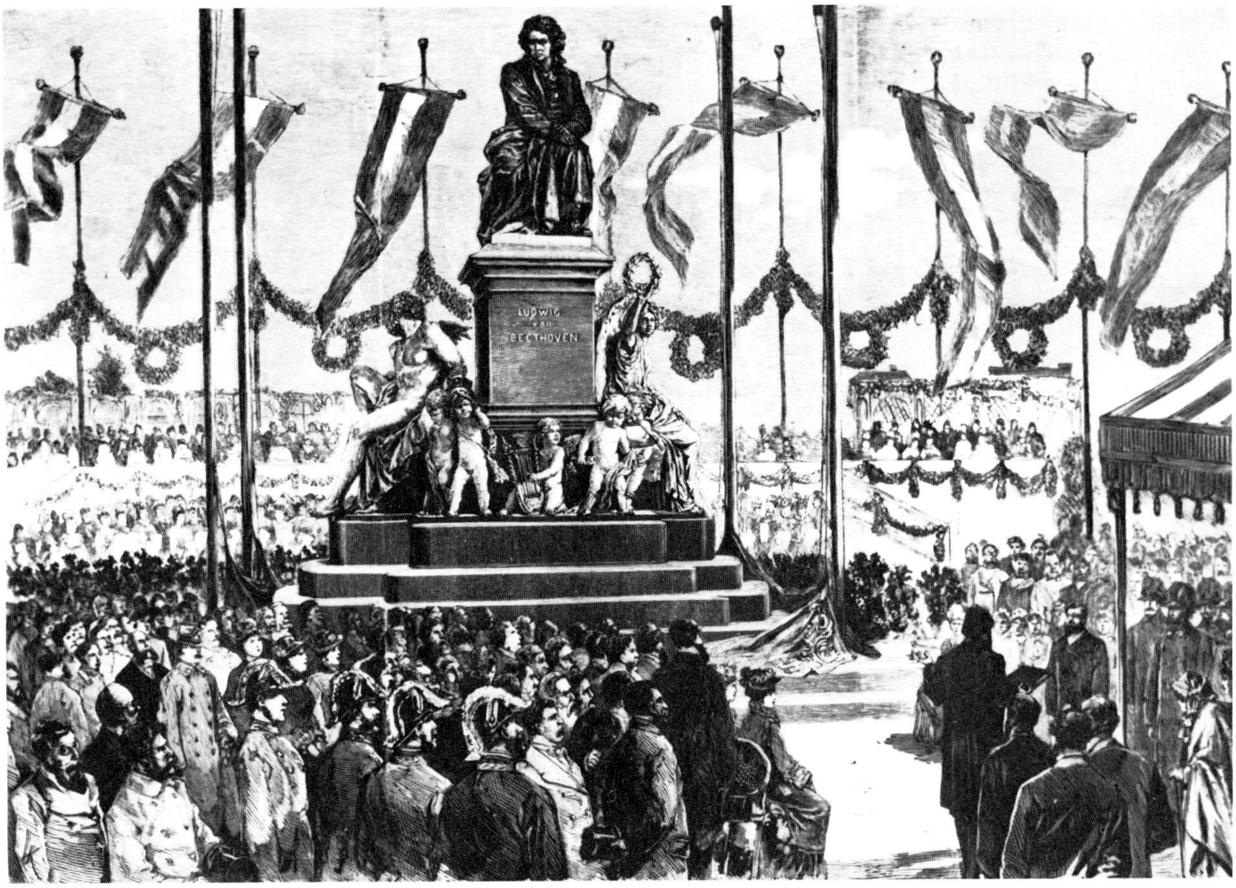

Abb. 18: Enthüllung von Kaspar von Zumbuschs Beethoven-Denkmal in Wien. 1880. Illustrationsholzschnitt

„Walhalla" bei Regensburg die Formen eines griechischen Tempels auf die deutsch-nationale Bauaufgabe übertragen, die 1842 bis 1863 ausgeführte Befreiungshalle bei Kelheim knüpfte an Motive des Pantheons in Rom an. Die Großdenkmäler des wilhelminischen Kaiserreichs – abgebildet erscheint hier das Völkerschlachtdenkmal *(Abb. 19)* – sind überwiegend architektonisch, mit einem starken Anteil an Plastik. Jedes dieser Denkmäler sollte als einmalig erscheinen, die Hauptmotive sollten sich nicht wiederholen.

Diese Großdenkmäler prägten also keine typische Gesamtform, aber es entwickelte sich eine typische Lage außerhalb der Stadt, wo möglich auf Anhöhen. Seit der „Walhalla" ist dieser *Anti-Urbanismus* (NIPPERDEY) als Mittel verstanden worden, die durch das Nationaldenkmal ausgelöste Besinnung zu fördern. Dieser Gedanke spielte noch bei der Standortwahl für ein „Reichsehrenmal" des Ersten Weltkrieges bei Bad Berka in Thüringen mit, dessen Ausführung 1934 aufgegeben wurde. Gleichzeitig war jetzt Nähe zu großen Reisestrecken erwünscht. Die Entwicklung des Reisewesens läßt heute einen zahlenmäßig geringen Teil der Denkmäler, die Großdenkmäler in landschaftlich herausragender Lage, einen Markt finden.[31]

Die Rolle der *Plastik* am und im architektonischen Denkmal wurde zu Ende des 19. Jahrhunderts auf eine andere Ebene verlagert, als eine nationalistische Denkmalbewegung Deutschland mit Bismarck-Türmen übersäte (Wettbewerb der deutschen Studentenschaft, 1898); als Meister dieses Denkmaltyps galt Wilhelm KREIS (der die Hermannsdenkmal-Anlage 1909 durch Freitreppe und Bandel-Denkmal ergänzte). Das Turmdenkmal ist ein Haupttyp des architektonischen Denkmals und doch zugleich ein Grenzfall, weil hier die Ausbildung von Innenräumen keine erhebliche Rolle spielte, das Ganze sich damit einem plastischen Zeichen annäherte. Schon vorher hatte es nichtfigürliche, aber eher zeichenhafte als architektonische Denkmäler gegeben: zu ihren Leitmotiven gehörten der (antike) Obelisk und das (mittelalterliche) Hochkreuz, namentlich am Kreuzbergdenkmal.

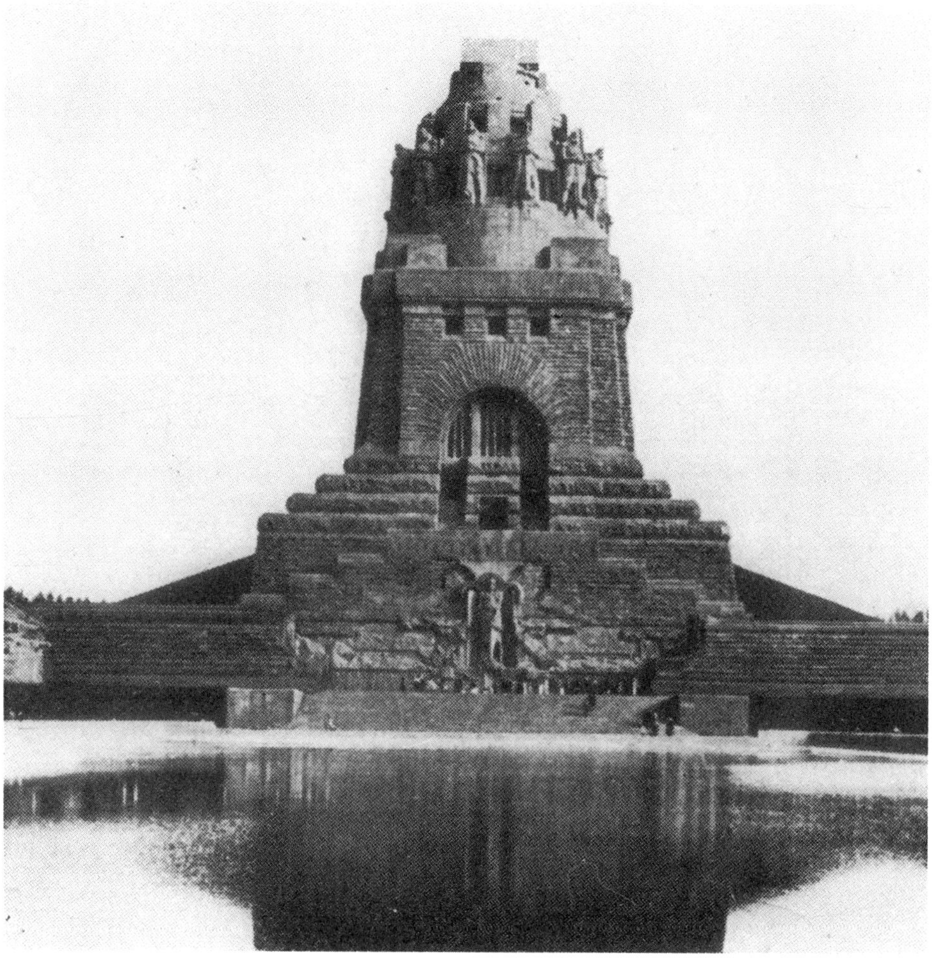

Abb. 19: Leipzig, Völkerschlachtdenkmal. 1898–1913. Architekten: Bruno Schmitz und Clemens Thieme, Bildhauer: Christian Behrens und Franz Metzner

Vergleich zu anderen Ländern

Dieser Überblick über einige Hauptbeispiele beschränkte sich, soweit die Entwicklung im 19. Jahrhundert skizziert wurde, auf das deutsche Sprachgebiet. Besonders die Entwicklung des figürlichen Denkmals verlief in den Ländern Europas vergleichbar und hinterließ bis heute Ähnlichkeiten im Denkmalbestand der größeren Städte. Stärker sind die Abweichungen im Bereich der großen nationalen Denkmäler. Den deutschen vergleichbar im Aufwand, nicht in Typ und historischen Voraussetzungen, ist zum Beispiel das Armeedenkmal „Arc de Triomphe" in Paris (1806–1836, von Jean François CHALGRIN u. a.).

In Frankreich wurde die Typik des Denkmals erstmals in Frage gestellt. Auguste RODIN schlug – vergeblich – vor, seine Bronzegruppe der *„Bürger von Calais"* (1884–1886) ohne Sockel vor dem Rathaus dieser Stadt aufzustellen, damit sich ihre Bewohner mit diesen Helden tiefer zusammengehörig fühlen sollten. RODINS *„Balzac"* (1891 bis 1898) wies die Würdeformeln in Haltung und Beiwerk der Denkmalstatue radikal ab; erst 1939 wurde dieses Werk in Paris öffentlich aufgestellt.

Denkmäler im 20. Jahrhundert

Fast alle eben genannten Grundtypen des Denkmals sind auch im 20. Jahrhundert weiter angewandt worden. Selbst Reiterdenkmäler kommen noch vor; insbesondere die stehende Figur als Grundtyp des Individualdenkmals läßt sich bis heute belegen. Die kolossalen architektonischen Nationaldenkmäler des 19. Jahrhunderts sollten noch in den 1940er Jahren faschistische Nachfolger erhalten, die von Wilhelm KREIS entworfenen Kriegerdenkmäler an den Endpunkten der Feldzüge.[32]

Entstehung und Problematik des abstrakten Denkmals

Etwa seit der Jahrhundertwende hatten sich jedoch Wandlungen in der Denkmalpraxis abgezeichnet. Als Hauptsymptom ist die Entwicklung des abstrakten Denkmals hervorzuheben. Die Neuerungen im 20. Jahrhundert lassen sich zunächst formal zusammenfassen. Figurendenkmal (namentlich die einfache Standfigur), Denkmalzeichen (häufig Pfeiler und Obelisk) und Denkmalarchitektur (besonders der Turm) wurden abstrahierend abgewandelt. Gleichzeitig wurden neue Motive aus der Malerei und der Plastik in die Denkmalkunst eingeführt: Walter GROPIUS' Weimarer Denkmal für die Opfer des Kapp-Putsches *(Abb. 20)* oder Ludwig MIES VAN DER ROHES Denkmal für Rosa LUXEMBURG und Karl LIEBKNECHT in Berlin (1926) spiegeln Formerfindungen des Kubismus und des Stijl.

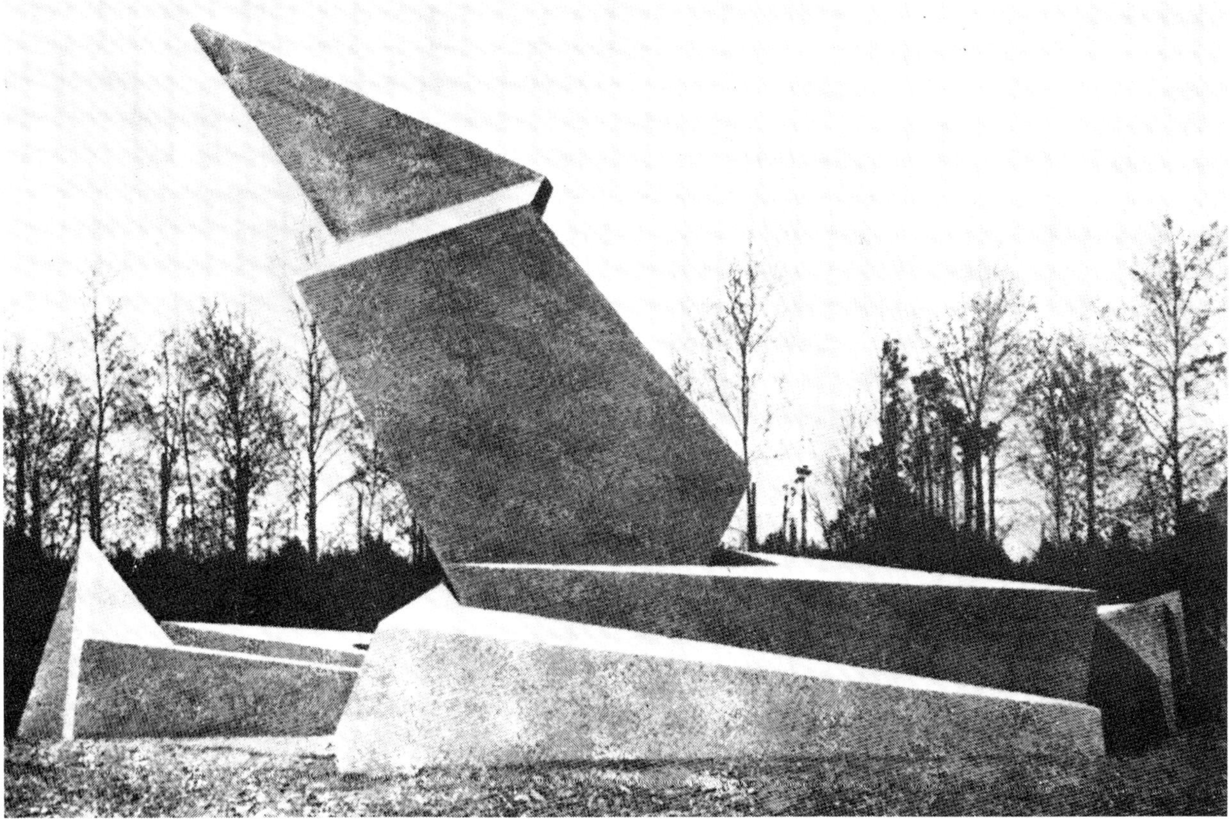

Abb. 20: Walter Gropius: Denkmal für die Märzgefallenen (Opfer des Kapp-Putsches) in Weimar. 1921–1922. Beton. Von der Urheberschaft her lassen sich proletarische Denkmäler da ausmachen, wo die Machtverhältnisse es Arbeitern erlaubten, über öffentlichen Grund und genügende Mittel zu verfügen. Gewerkschaften waren die Träger des ersten derartigen Denkmals in Deutschland: des Denkmals für die Opfer des Kapp-Putsches. Es wurde 1921 von Walter Gropius entworfen, am 1. Mai 1922 in Weimar eingeweiht. Es erinnert daran, daß Arbeiter durch Generalstreik und bewaffnete Gegenwehr im März 1920 einen rechtsradikalen Putsch gegen die Weimarer Republik vereitelt hatten

So klare Denkmaltypen wie „Standfigur auf Sockel" oder „Steinplatte mit Porträtmedaillon" gibt es im Bereich des abstrakten Denkmals nicht, aber manchmal zeichnen sich doch Motivketten ab:

In dem Wettbewerb um den Entwurf für ein Luftbrücken-Denkmal in Berlin wurde 1950 die Zeichnung eines parabolischen Bogens aus Beton eingereicht, der dieses Lufttransportunternehmen optisch symbolisieren sollte, wie es das Wort „Luftbrücke" sprachlich tat.[33] Vergleichbar ist dieser Entwurf dem 1951 ausgeführten von Eduard LUDWIG, der als Ansatz eines nach Westen gerichteten Brückenbogens verstanden werden kann *(Abb. 21)*.

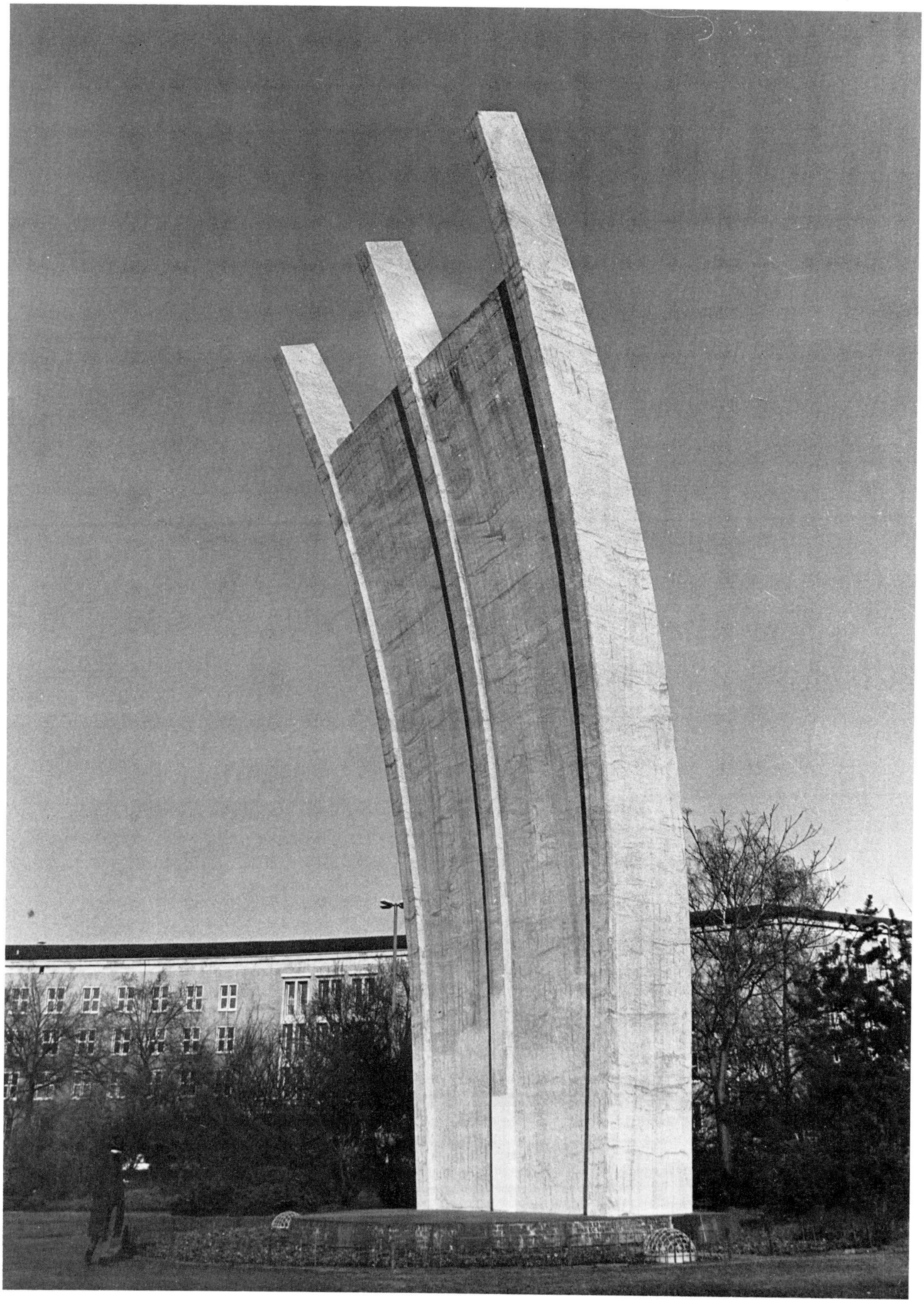

Abb. 21: Eduard Ludwig: Luftbrücken-Denkmal in Berlin. 1951

Angeregt wurde der Parabel-Entwurf möglicherweise durch Eero SAARINENS 1947/48 entworfenes „Jefferson National Expansion Memorial“ *(Abb. 22).*

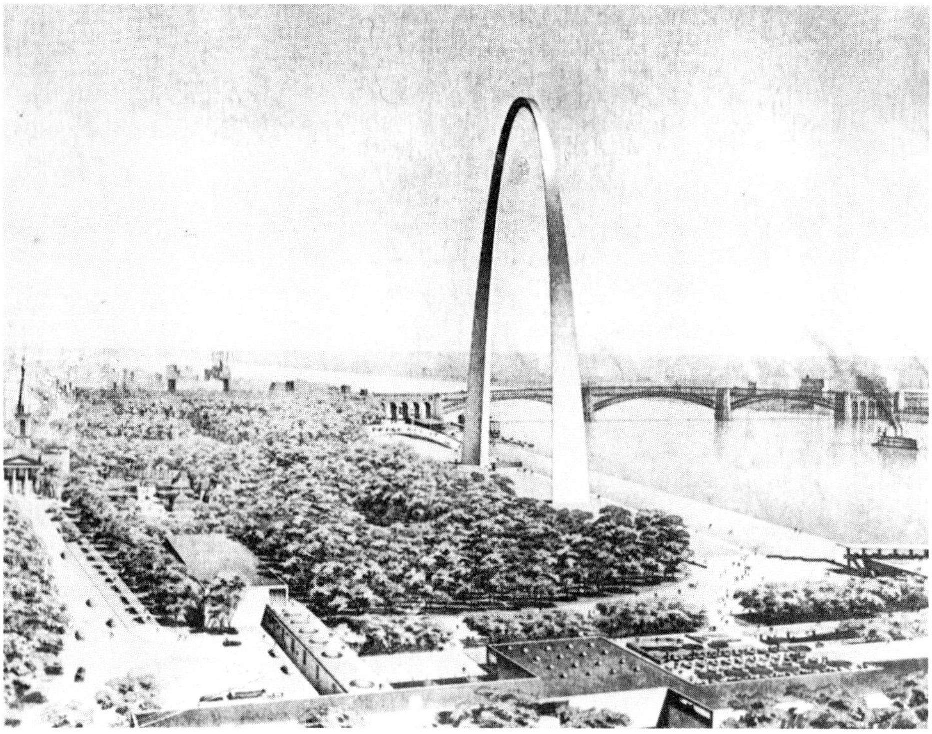

Abb. 22: Eero Saarinen: Entwurf für das Jefferson National Expansion Memorial in St. Louis, Missouri, 1947–1964

Dieses Erinnerungsmal für den amerikanischen Präsidenten JEFFERSON und die „Westward Expansion“, die Landnahme westlich des Mississippi, wurde in St. Louis/Missouri 1959 bis 1964 errichtet: ein mit Stahl verkleideter Bogen von Dreikantquerschnitt, der parabelähnlich zu einer Höhe von 180 Meter aufsteigt. Das Denkmal wiederholt in wesentlichen Elementen einen Bogen, mit dem 1942 ein Jubiläum der italienischen Faschisten gefeiert worden war.[34] Der Bogen ist also als ein Motiv zu erkennen, das einige abstrakte Denkmäler verbindet, aber seine Bedeutung schwankt; es gibt keine Tradition, die seine Verständlichkeit für das Publikum unterstützte. Dieses Hauptproblem des abstrakten Denkmals schien beim Luftbrückendenkmal in Berlin gelöst. Es läßt sich lösen, wenn das Thema des abstrakten Zeichens noch allgemein bekannt ist, weil andere Medien die Erinnerung wachhalten. Hierbei zeigte sich allerdings eine neue Gefahr: indem das abstrakte Denkmal selbst keine Information über das Erinnerte verbildlicht, läßt es Raum für beliebige Interpretationen und Mystifikationen, überhöht und bestätigt sie. So auch das Denkmal am Mississippi: der Landnahmefeldzug nach Westen seit dem beginnenden 19. Jahrhundert, nach einem Lexikon „gekennzeichnet durch Landgier, Gewalt, Grausamkeit und Vertragsbrüche“[35], ist zwar Thema des Denkmals, aber in dessen Form nicht reflektiert, sondern in der Andeutung eines offenen Tores verklärt.[36]

Ein solches Abstrahieren von der wirklichen Geschichte ist – trotz des Gleichklangs der Bezeichnungen – nicht erst seit der Einführung abstrakter Zeichen möglich. Die Konfrontation dessen, was über die Kriege des 19. Jahrhunderts bekannt ist, mit ihrer Verarbeitung in Denkmälern ergibt bereits ein vergleichbares Bild: die bevorzugt dargestellte militärische Außenseite des Krieges verdeckte die politischen Zielsetzungen und ökonomischen Ursachen, das Bild der Einzelperson schob sich vor das Leiden der Massen, ein Personifizieren von Begriffen wie „Germania“ oder „Borussia“ verklärte die Ergebnisse. So sehr also das abstrakte Denkmal in seiner Form vom traditionellen Denkmal absticht, so nahe bleibt es seiner Möglichkeit, Geschichte der Reflexion zu entziehen.

Darüber darf nicht die progressive Frühphase des abstrakten Denkmals vergessen werden, für die als Grenzfall auch Vladimir TATLINS Entwurf eines „Turms der Dritten Internationale“ (1919/20) angeführt werden kann *(Abb. 23).* Zunächst war das abstrakte Denkmal paradoxerweise der Wirklichkeit besonders nahegekommen,

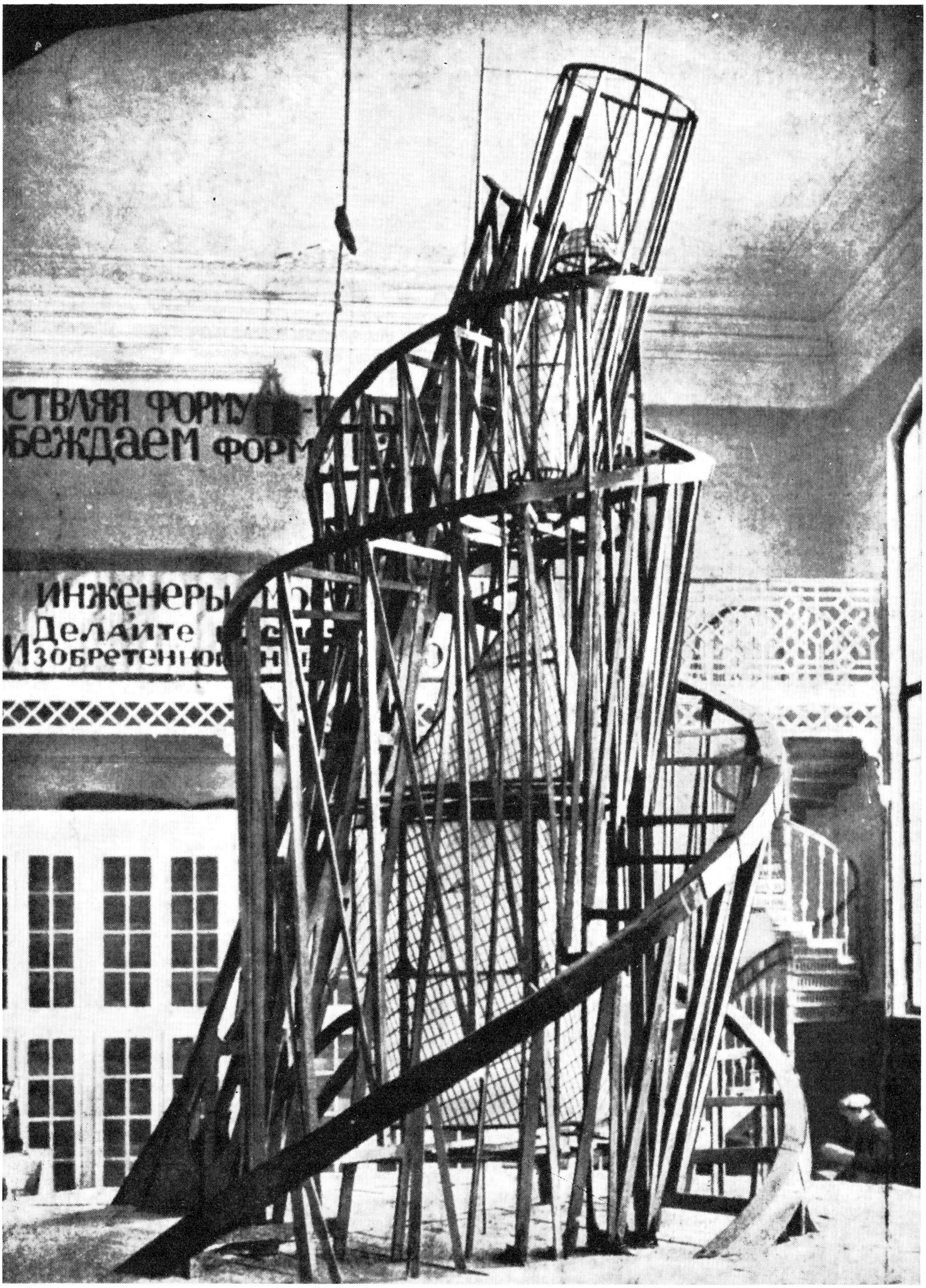

Abb. 23: Vladimir Tatlin: Modell für einen 400 Meter hohen Turm der III. Internationale. 1919/20. Vorgesehenes Material: Eisen (Gerüst) und Glas (bewegliche Körper im Inneren)

indem es einen Widerspruch gegen die bis dahin allein üblichen Denkmalformen vortrug und so zum Ausdruck der dort verdrängten Inhalte wurde: der Industriearbeit, des inneren politischen Kampfes, des Massentodes im Kriege.

Denkmäler der jüngsten Zeit

Neueste Denkmäler opponieren wiederum gegen die Abstraktion, die sich in der öffentlichen Plastik der westlichen Länder fester behauptet als in anderen Kunstgattungen.

Beispiel eines gegenständlichen, figürlichen Denkmals ist das neue Heinrich-Heine-Denkmal in Hamburg (1982, von Waldemar OTTO) *(Abb. 24).* Seine Entstehungsgeschichte macht zunächst darauf aufmerksam, welch große Bedeutung als Bestandteil von Denkmälern auch heute die Inschrift haben kann. Die Neue Hamburger Heine-Gesellschaft hatte ein Heine-Denkmal gegenüber dem Denkmal für das Hamburger Regiment Nr. 76 errichtet sehen wollen. Dieses von den damaligen Rechtsparteien 1932 durchgesetzte, in den ersten Jahren des nationalsozialistischen Regimes ausgeführte Kriegerdenkmal Richard KUÖHLS trägt die Inschrift: „Deutschland muß leben/und wenn wir sterben müssen." Dem sollte das neue Heine-Denkmal das Zitat entgegensetzen: „Denk' ich an Deutschland in der Nacht..." Diese Anfangsworte des Gedichts *„Nachtgedanken"*, das die verzweifelte Sorge HEINES um Deutschland ausdrückte, waren bereits 1950 vergeblich als Gegeninschrift des Hermannsdenkmals vorgeschlagen worden.

Eine Inschrifttafel des 1982 auf dem Rathausmarkt in Hamburg aufgestellten Heine-Denkmals erinnert daran, daß ein unter dem nationalsozialistischen Regime zerstörtes Denkmal (1914 gegossen, 1926 aufgestellt, Bildhauer Hugo LEDERER) nachgeschaffen werden sollte. Die Anknüpfung an den traditionellen Denkmaltyp der aufgesockelten stehenden Figur ist zu einem aufklärenden Geschichtszitat genutzt worden: das Denkmal greift in seine eigene Vorgeschichte zurück, indem es im ganzen das von den Nationalsozialisten zerstörte nachbildet. Die neuerliche Aufsockelung ist der deutlichste Widerspruch gegen den Denkmalsturz, den das Relief der Rückseite darstellt. Die nachdenklich-bewegliche Haltung der neuen Heine-Figur zeigt aber, daß diese Geschichte nicht verneint werden soll, sondern verarbeitet werden muß, weil sie mehr ist als nur Denkmalgeschichte. Auch das Relief der Vorderseite zeigt mit der Bücherverbrennung am 10. Mai 1933 mehr als nur Literaturgeschichte. Die Inschrift der rechten Seitentafel erinnert daran, daß HEINE weniger als Literat denn als „braver Soldat" im „Befreiungskrieg der Menschheit" geehrt werden wollte. Sie schärft die Aufmerksamkeit für die leidenden, aber nicht resignierten Züge der Standfigur.

Auf Grund anderer Vorbedingungen und Konflikte entwickelte Bert GERRESHEIM seit 1978 für Düsseldorf ein ebenfalls figürliches Heine-Denkmal *(Abb. 25).* Der Denkmalsockel ist in einen Bezirk verwandelt, den der Betrachter betreten kann; ohne Distanz soll er zwischen Bruchstücken der vergrößerten und überzeichneten Totenmaske stehen – einem „Vexiergesicht" in Bronze, von dem sich Gesichtspartien teilweise zu lösen, zu sinken oder aufzusteigen scheinen.[37] Das Ziel des Bildhauers, verfestigte Denkmalsvorstellungen aufzubrechen statt sie nur abzulehnen, HEINE als „Ärgernis" in die Gegenwart ragen zu lassen, wäre mit einem abstrakten Denkmal heute nicht zu erreichen.

Die inhaltliche Alternative zwischen abstrakten und figürlichen Denkmalformen zeigte sich 1984 besonders scharf bei dem Wettbewerb für eine Gedenkstätte im Gelände des ehemaligen Prinz-Albrecht-Palais in Berlin. Auf diesem Gelände hatte sich bis 1945 „das Verwaltungszentrum des nationalsozialistischen Terror-Regimes über Deutschland und die im Krieg besetzten Länder"[38] befunden; nach der Abräumung der Gebäude lag das Gelände ungenutzt, erst seit kurzem erinnerte eine Papptafel: „Hier befanden sich die Folterzellen der Geheimen Staatspolizei."

Unter 194 Einsendungen gewann den Dritten Preis ein Entwurf, der die Ausdrucksmöglichkeiten des abstrakten Denkmals noch einmal aktiviert, Raumhaltigkeit der Skulptur zur Emotionalisierung einsetzt:

„Zwei abgetreppte Stahlplatten von 44 m Höhe, parallel in 5 m Abstand einen Graben begrenzend. Der Besucher wird zwischen den Stahlwänden über eine Rampe geführt und blickt in die ortlose Tiefe: eine schockierende, a-historische und ins Monumentale übersetzte abstrakte Skulptur."[39]

Im Gebiet des Prinz-Albrecht-Palais hatte sich Faschismus auch als höchstes Stadium der Bürokratie offenbart. Darauf gründete sich Alfred HRDLICKAS Vorschlag, eine immer wieder benannte Figur jetzt bildlich zu fassen,

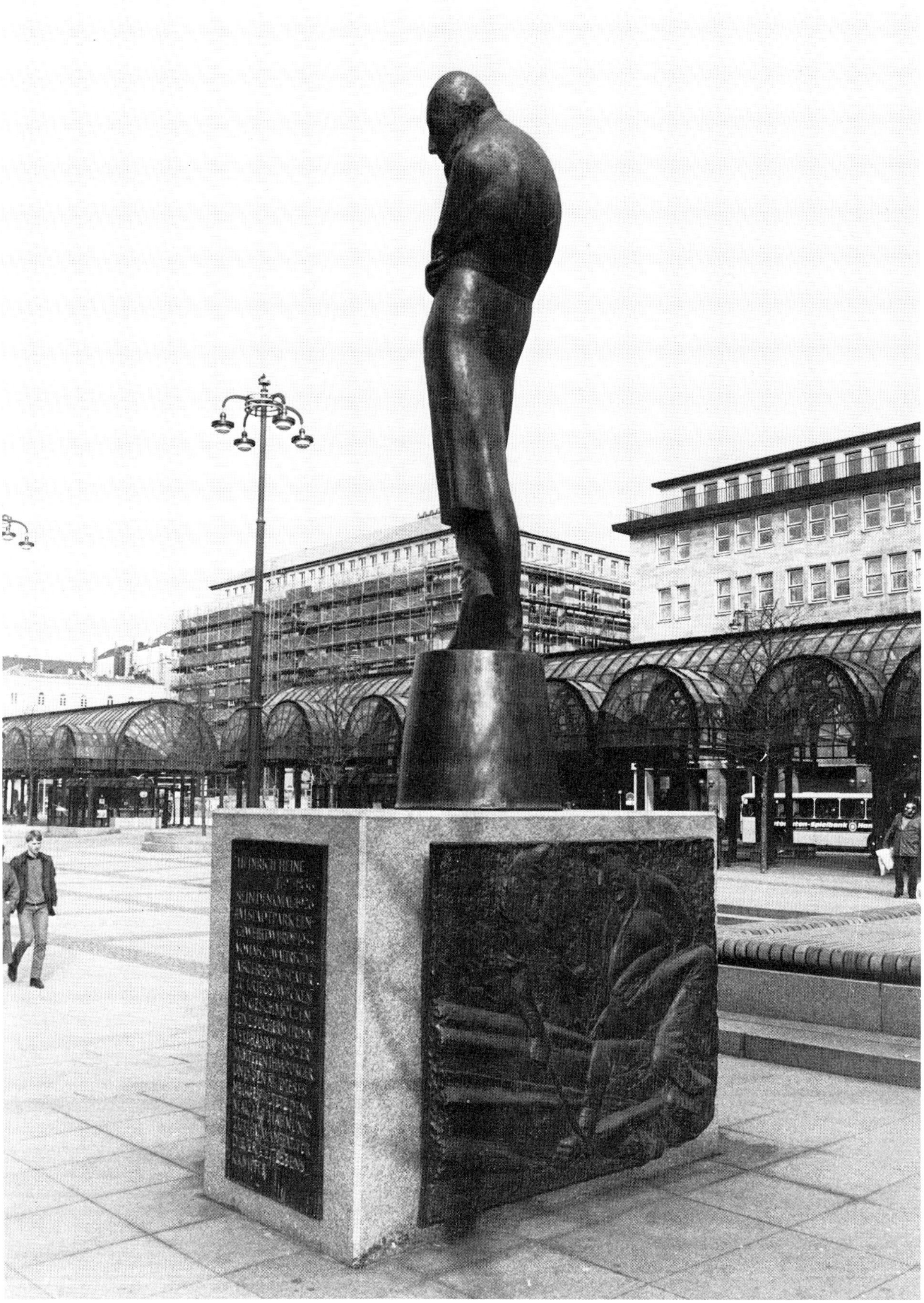

Abb. 24: Waldemar Otto: Heine-Denkmal auf dem Rathausmarkt in Hamburg. 1982

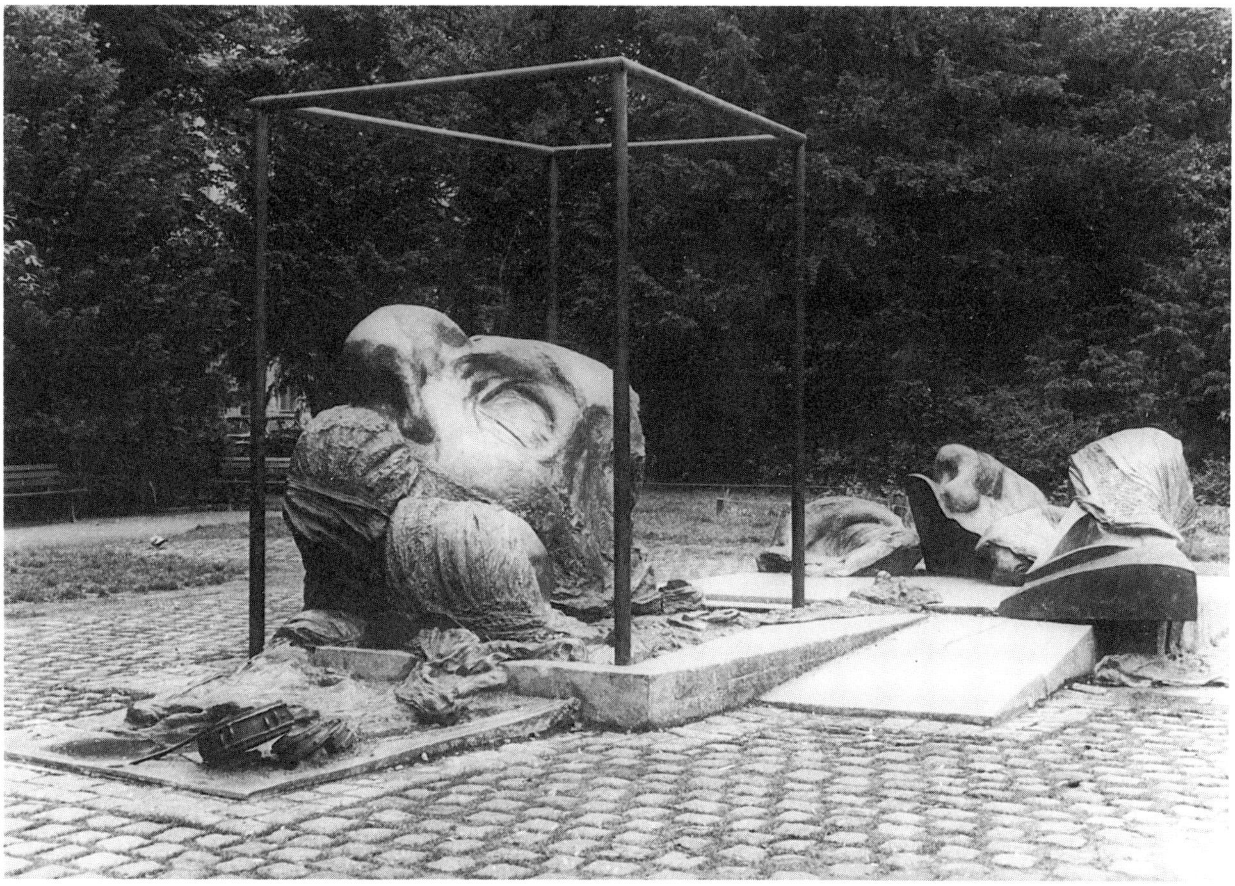

Abb. 25: Bert Gerresheim: Denkmal für Heinrich Heine in Düsseldorf. 1978–1981

„am Ort des verbrecherischen Organisationszentrums" die Tätigkeit des „Schreibtischmörders" als raumfüllende Bronzeszenerie in einer Amtsstube aus Sandstein (den Hofwänden des ehemaligen Palais Prinz Albrecht entsprechend) darzustellen und weitere „Erlebnisfelder" anzuschließen. Das Ausgangstor sollte als Computerchip gestaltet werden: „denn auf diesem Gelände ist Abstraktion ein wiederholtes Verbrechen."[40] HRDLICKAS offensiver Entwurf wurde in einer sonst sehr überlegten Kritik mit besonderer Schärfe, als „nur peinlich", angegriffen.[41]

Der mit dem Ersten Preis ausgezeichnete Entwurf von Jürgen WENZEL und Nikolaus LANG ist ein neues Beispiel dafür, daß die geprägten Typen des Denkmals möglichst gemieden werden, wo Folter und Massenmord unter dem Nationalsozialismus Denkmalthema wurden *(Abb. 26).* Als Hain und als Raum zum „Begehen und Begreifen" hat die entworfene Gedenkstätte zwar viele Vorstufen in der Denkmaltradition, aber sie sagt jeder Art von „Mal" ab: vorgesehen ist ein Raster militärisch ausgerichteter Bäume; der Boden soll vollständig mit eisernen Platten bedeckt werden, die den Grundriß der abgerissenen Gebäude bezeichnen und „Anordnungen, Deportationsbefehle, Todesurteile, Hinrichtungsbekanntmachungen"[42] wiedergeben. Auch dies würde an verbrecherische Verwaltungstätigkeit erinnern. Der Entwurf geht gleichzeitig auf die Verdrängungsprozesse ein, die sich in der jahrzehntelangen Verwilderung des Geländes und seiner wechselnden Verplanung zeigen. Der Wettbewerb für eine Gedenkstätte war erst zustandegekommen, nachdem die Stätte der geschleiften Bauwerke und der verdrängten Erinnerung[13] in das Gebiet der Internationalen Bauausstellung einbezogen worden war, so daß die Aufmerksamkeit für ihre Geschichte geweckt werden konnte und ein Entschluß darüber gefaßt werden mußte, ob die Grundstücke wie beliebige andere verwertet werden sollten. Die Scheu, die dies verbot, ist in dem preisgekrönten Entwurf umgesetzt und begründet worden. Die Eisenplatten, die den Boden versiegeln sollen, drücken nach der Absicht der Einsender seine „Unverwertbarkeit" aus: hier dürfe kein neuer Bau entstehen. Auch andere Entwürfe verteidigen vor allem den Ort, sollen „ihn von allen stadtplanerischen Überlegungen [...] emanzipieren"; „[...] nur leerer Raum wird diesem Ort gerecht."[44]

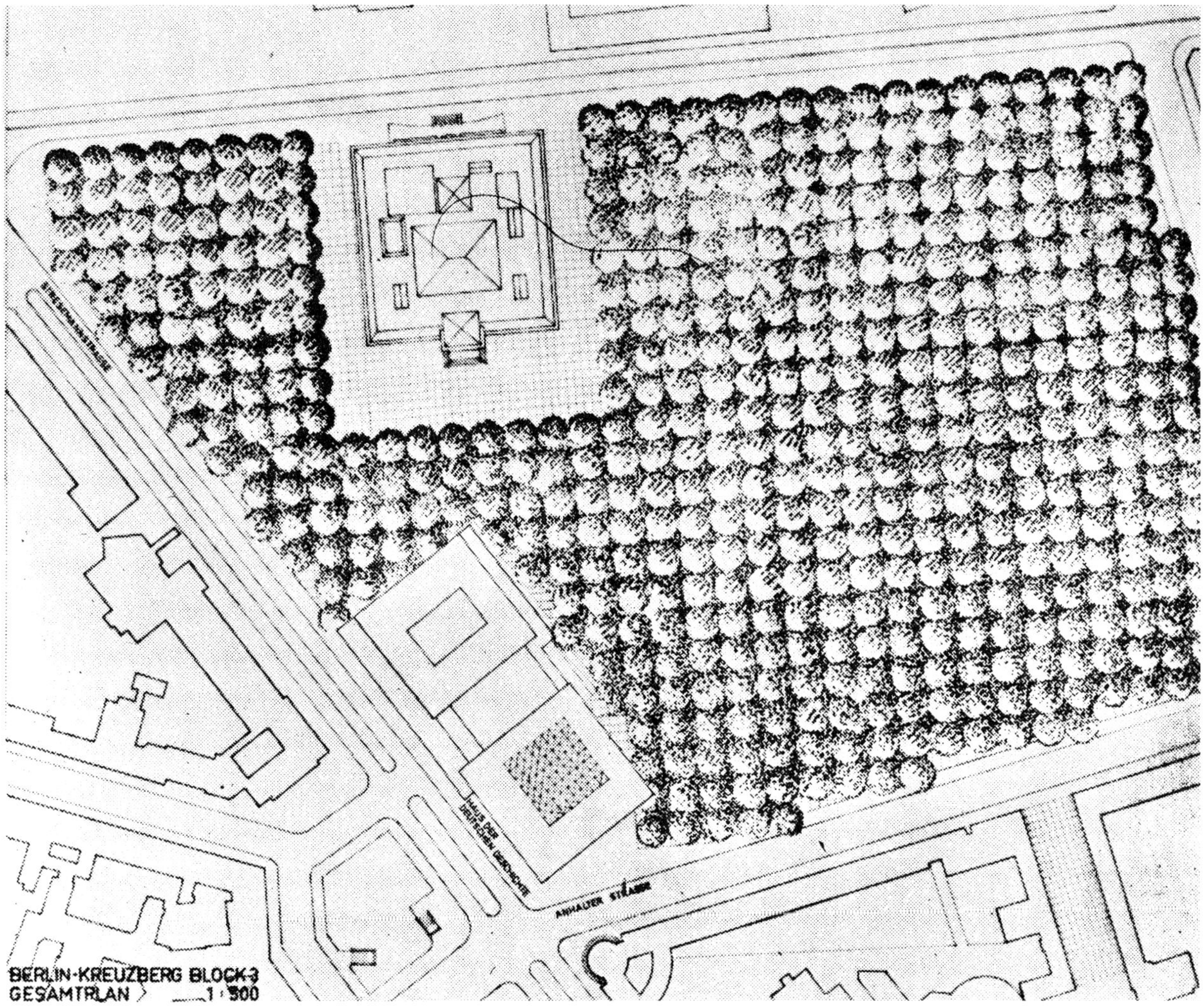

Abb. 26: Jürgen Wenzel / Nikolaus Lang: Wettbewerbs-Entwurf einer Gedenkstätte für die Opfer des nationalsozialistischen Regimes im Gebiet des ehemaligen Prinz-Albrecht-Palais, Berlin. 1984

An den Orten der Propaganda wie der ehemaligen Ost-West-Achse und dem ehemaligen Reichssportfeld stört kein von Deutschen gesetztes Erinnerungszeichen die gleichmäßig fortgesetzte Nutzung. Wenigstens an den Tatorten wird noch eine Pflicht zum Gedenken sichtbar gemacht. Selbst dies ist nur zu erreichen, indem das Denkmal eine zweischneidige Rolle behält: es gilt weiter als unentbehrlich, wo eine Pflicht zum Gedenken anerkannt werden muß, aber es reicht nicht hin, um die Konsequenzen aus Erinnertem zu ziehen.

Die Bedeutung des Denkmals im gesellschaftlichen Meinungsbildungsprozeß

Der Beitrag erarbeitete folgende Begriffsbestimmung des Denkmals: Das Denkmal ist ein in der Öffentlichkeit errichtetes und für die Dauer bestimmtes Kunstwerk, das an Personen oder Ereignisse erinnern und aus dieser Erinnerung einen Anspruch seiner Urheber, eine Lehre oder einen Appell an die Gesellschaft ableiten und historisch begründen soll. Die einzelnen Abschnitte des vorangehenden Textes lassen sich als Erläuterungen dieser Merkmale verstehen.

Die *politische Funktion* des Denkmals liegt in der genannten Zielbestimmung. Sie kann nicht nur darin bestehen, daß der Vertreter einer bestimmten politischen Einstellung geehrt oder ein Ereignis von allgemein bekannter politischer Bedeutung in Erinnerung gebracht wird, sondern bei näherer Untersuchung des gesellschaftlichen

Meinungszusammenhanges erweisen sich auch allgemeinere Aussagen als politisch bedeutungsvoll: so vor allem der im bürgerlichen Denkmal betonte „Verdienstgedanke". Die politische Funktion eignet in aller Regel schon der „Denkmalkampagne", dem Entstehungsprozeß, der das geplante und schließlich vollendete Denkmal mit einer Fülle sprachlicher und bildlicher Kommunikation umgibt.

Unter den weiteren Funktionen, die das Denkmal mit anderen Werkgattungen teilt, fällt besonders die *didaktische Funktion* auf. Lehren und Lernen begegnen als Selbstorientierung der seinerzeit aufsteigenden Gesellschaftsschichten; aber da das Denkmal ein besonders aufwendiges Medium ist, wurde es häufig dazu benutzt, einem von der Mitwirkung ausgeschlossenen Publikum herrschaftskonforme Geschichtsinterpretation, zuweilen Geschichtsfälschung vor Augen zu stellen.

Die dadurch ausgelösten Aggressionen sind viele Male durch organisierte oder vereinzelte *Denkmalzerstörung* sichtbar geworden – die Fälle reichen vom spontanen Angriff bis zur didaktisch gemeinten Demontage.

Eine in der Begriffsbestimmung berücksichtigte Lehre von den *Denkmaltypen* kann zunächst Denkmäler für Personen von solchen für Ereignisse unterscheiden, aber diese beiden Inhalte des Erinnerns verschränken sich vielfältig. Eine formale Systematisierung der Denkmäler konnte einige Grundtypen herausarbeiten – besonders das Reiterbild, die thronende oder stehende Figur auf erhebendem und erläuterndem Sockel. Sie kann aber auch darauf aufmerksam machen, daß anspruchsvollere Denkmäler sehr oft aus Elementen verschiedener Denkmaltypen zusammengesetzt wurden; Architektur wurde oft als Basis plastischer Elemente und – insgesamt zunehmend – als wichtigstes Wirkungsmittel eingesetzt.

Fast alle älteren Grundtypen werden auch heute noch angewandt, obgleich seit den 1920er Jahren *abstrakte Denkmäler* das Ende des Denkmalbegriffs anzuzeigen scheinen. Verschiedenste, oft absichtlich von Traditionen abweichende Denkmäler bleiben aber mit Problemen verknüpft, die bereits in der Blütezeit des Denkmals im 19. Jahrhundert offenlagen. Das Denkmal kann den komplizierten Ablauf geschichtlicher Prozesse weder durch Abbilden von Personen oder Ereignissen noch durch Symbolisierung wirklich nachzeichnen. Dieser Mangel kann zu einem Mittel der Irreführung oder Ablenkung gemacht werden. Selbst wo dies nicht geschieht, ist die kritische Frage zu stellen, ob das Denkmal beim Begreifen von Vergangenem hilft oder ob es als Ersatz für rationale Auseinandersetzung dient.

20. Architektur und Nationalbewußtsein

Harold Hammer-Schenk

Der Gedanke, in der Architektur durch Formen, Stile oder Material etwas darzustellen, das als Gemeinsames eines Volkes erkennbar wird, scheint uns heute fernzuliegen. Aus der Geschichte entnehmen wir mehr oder weniger deutliche Vorstellungen von großen Repräsentationsbauten, die als nationale Monumente gelten oder früher einmal dafür galten. Weitbekannte Einzelbauten, wie etwa der Kölner Dom, oder auch berühmte Stadtanlagen, wie Nürnberg oder Lübeck, werden seit Jahrhunderten auch als nationale Monumente gefeiert.

In vielen kleinen Bereichen des Alltags werden wir auf scheinbar nationale Zusammenhänge in der Architektur hingewiesen. Wem sind nicht schon in Prospekten das typisch bretonische Ferienhaus, das Hotel in oberbayerischer oder andalusischer Bauweise angeboten worden? Das typische Bauernhaus des Schwarzwaldes oder Norddeutschlands beschreibt jeder Reiseführer. Nicht nur formale Eigenschaften verbinden sich mit solchen Charakteristiken – nein, wir interpretieren sie, und sie werden für uns inhaltlich bedeutungsvoll aufbereitet. Bodenständigkeit, Heimatverbundenheit, Geborgenheit gehören zu den häufig genannten Eigenschaften. Die regionale Gebundenheit von Formen und ganzen Bauten sichert anscheinend Vertrautheit, führt oder soll zu Identifikation führen.

Doch Nationalbewußtsein scheint das noch nicht zu sein. Das muß mehr umfassen: größere Leistungen wohl, die nicht nur in regionaler Beschränktheit Bedeutung erreichen. Für die Begründung von Nationalbewußtsein könnte man die folgenden Bedingungen voraussetzen: Die Bauten müssen typische Eigenschaften besitzen; sie müssen Eigenschaften aufweisen, die viele Menschen akzeptieren; sie müssen die Gesamtheit, die Nation, trotz aller Vielschichtigkeit, wiedererkennbar als solche darstellen; es muß sich um Leistungen handeln, die in der Erfindung, in der materiellen Qualität das Herkömmlich-Gewohnte übersteigen, ohne aus dem Rahmen von Konventionen zu fallen; alle diese Eigenschaften müssen von einer führenden gesellschaftlichen Schicht anerkannt werden.

Einzelne Zeitabschnitte, in denen ein solches Nationalbewußtsein zu erkennen ist, werden an Beispielen aus der Zeit vom 16. Jahrhundert bis zum Ersten Weltkrieg vorgestellt.

Nationalbewußtsein und Nationalstolz in der Architektur des 16.–18. Jahrhunderts

Die Übernahme antiker Architekturelemente bzw. auf antiker Grundlage gewonnener Neuerungen, wie sie in Italien seit der ersten Hälfte des 15. Jahrhunderts angewandt wurden, bedeutete nördlich der Alpen, besonders in Deutschland, keinen Bruch mit der eigenen Vergangenheit.

Renaissance als Zier

Antike Elemente werden hier seit etwa 1520 in der Gestalt von Säulen, Giebeln und horizontalen, mehrfach profilierten Gesimsen zur Geschoßteilung verwendet. Begleitet wird diese Praxis von einer ständig wachsenden Reihe von theoretischen Erörterungen über die Architektur der Antike. Die „Säulenbücher" enthalten neben beschreibenden Texten auch Tabellen über die Proportionierung von Säulen und vor allem eine größere Zahl von

Abbildungen, die jeweils verschiedene Varianten der oben bereits erwähnten Bauteile vorstellen. Die antiken Säulenordnungen, „toskanisch“, „dorisch“, „ionisch“, „korinthisch“ und „komposit“, bilden dabei die Grundlagen *(Abb. 1)*.

Sowohl die Baupraxis als auch diese Anleitungen machen deutlich, daß in diesem Zeitraum bis etwa 1620/30 die antiken Säulenordnungen im Sinne einer Zierform verstanden wurden. Dieses Verständnis der Neuerungen machte es möglich, alte Bauten mit modernen Errungenschaften zu verzieren, den alten Kern also bestehen zu lassen, bzw. bei Neubauten die überkommenen Vorstellungen von der Grundstruktur heimischer Architektur beizubehalten und nur in der Ausstattung des ornamentalen Schmucks die neuen Elemente anzuwenden. Die Gesamterscheinung der Gebäude, die konstruktiven Teile, die Grundrißlösungen blieben weitgehend die alten. Die Stadtbilder im Erlebnisbereich von Stadtsilhouette, Straßenansichten und Dachlandschaften behielten in einem hohen Maß die gewohnte Struktur.

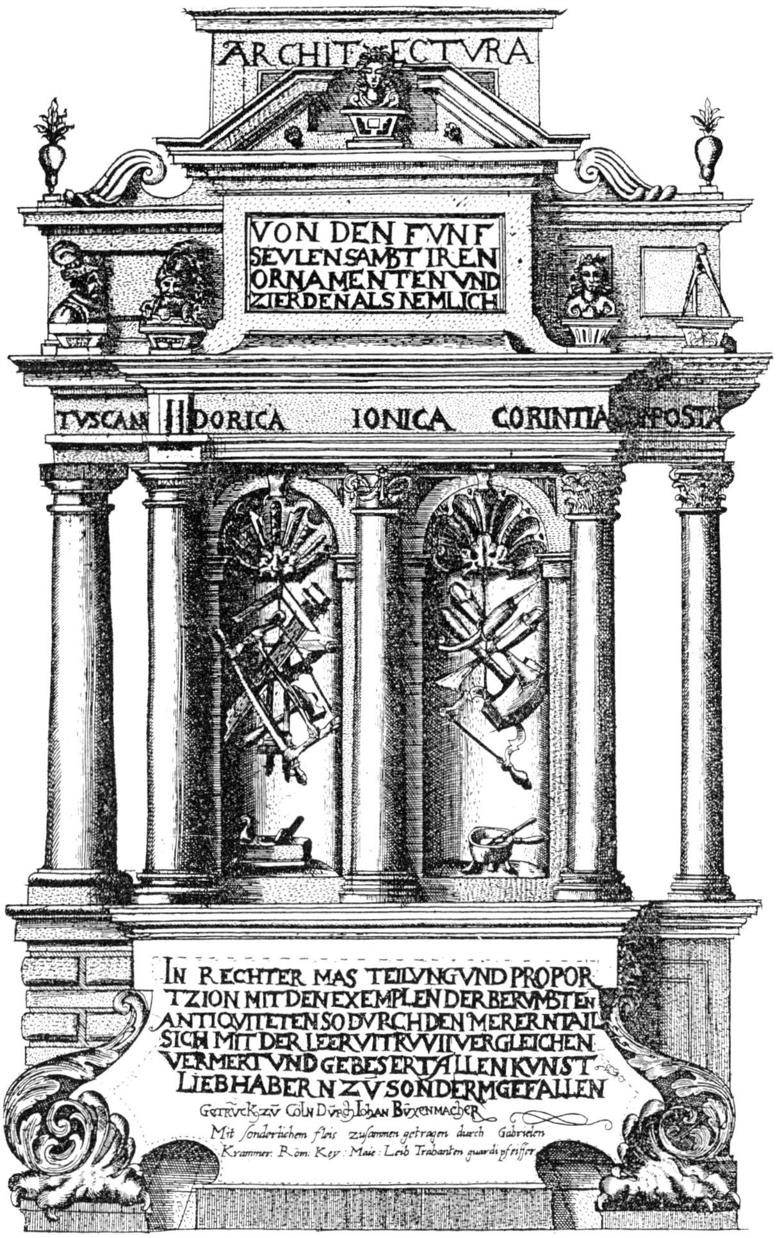

Abb. 1: Die fünf Säulenordnungen, nach G. Krammer, 1610. Auf dem Titelblatt dieses typischen Säulenbuchs der Zeit um 1600 sind die fünf antiken Säulen in ihren verschiedenen Proportionen und mit den unterschiedlichen Kapitellen, Architraven und Friesen zu einem Pavillon zusammengestellt (was in der gebauten Architektur nicht vorkommt). Die Säulenordnungen sind von links nach rechts: Toskanisch (breit, fast plumpe Proportion), dorisch (schlanker, differenzierteres Kapitell), ionisch (Kapitell aus Einrollungen, Voluten), korinthisch (Kapitell aus einem Blätterkelch), komposit (sehr schlank, Kapitell aus Blätterkelch und Voluten)

Gabriel Krammer: Architectura. Von den fünf Seulen sambt iren Ornamenten und Zierden. Köln o. J. [1610].

Das *Gewandhaus in Braunschweig* kann diesen Vorgang, der scheinbar eine so starke Wendung zur antiken Architektur darstellt, verdeutlichen. Das Kauf- und Lagerhaus der Gewandschneider in Braunschweig bestand aus einem langgestreckten Gebäudekomplex des 13. und 14. Jahrhunderts, dessen Schmalseiten, auf der West- und Ostseite, an Straßen lagen. In den Jahren 1590/91 wurde vor den Bau des 14. Jahrhunderts an der Ostseite eine Fassade aus vier Vollgeschossen und vier Giebelgeschossen gelegt. Die neuen Elemente sind klar erkennbar. Die vertikale Gliederung der Fassade erfolgt durch eine Übereinanderstellung von vier Säulenordnungen nach italienischem Muster, das hier allerdings stark von niederländischen Erfindungen beeinflußt ist *(Abb. 2)*.

Die Fassade ist gekennzeichnet durch die betonte horizontale Teilung der Gesimse und die betonte Symmetrie zu einer Mittelachse. Auffallend ist auch die Brüstung in der Mitte des ersten Obergeschosses mit ihren Füllungen aus spätgotischem Fischblasen-Maßwerk. An dieser prominenten Stelle, in fast bildhafter Deutlichkeit, stellt diese Form eine besonders augenfällige Bindung an die heimische Architektur dar. Der Giebel behält in der

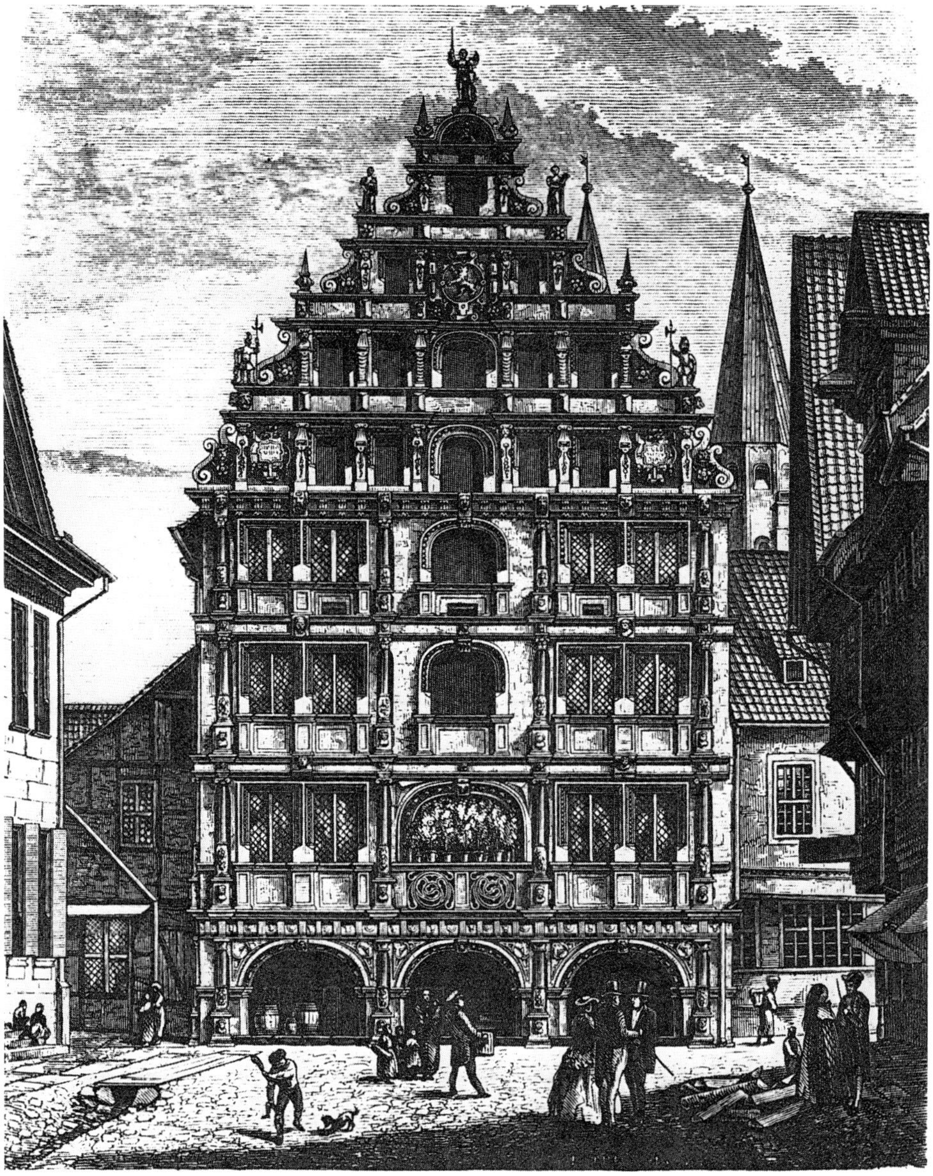

Abb. 2: Braunschweig, Gewandhaus mit der Fassade von 1590/91. Kauf- und Lagerhaus der Tuchhändler. Bau des 13. und 14. Jahrhunderts, dem an der Ostseite 1590/91 eine Fassade in der hier gezeigten Form vorgesetzt wurde. Beispiel für die Anwendung der antiken Formen als Zier. Man beachte die gotische Maßwerkbrüstung aus „Fischblasenformen". Zu sehen ist, daß die Rundbögen des Erdgeschosses und die paarweise angeordneten Fenster der Obergeschosse jeweils von Säulen nach antikem Vorbild gerahmt sind. Am Giebel springen die einzelnen Geschosse zurück, so daß im obersten nur noch für *ein* Fenster Raum bleibt. Die treppenartigen Rücksprünge an den äußeren Giebelkanten werden durch eingerollte Ornamentbänder, durch Statuen und pyramidenartige Aufsätze gefüllt, wodurch – im Gegensatz zum spätgotischen Staffelgiebel – die einzelnen Treppen verschliffen werden, also kaum noch in Erscheinung treten. Hier wie beim Bremer Rathaus, über das wir im 14. Beitrag gesprochen haben, wurden einem älteren Bau Renaissance-Schmuckelemente hinzugefügt. Für Jahrzehnte stellt die Übernahme antikisierender Formen nicht die Verwendung einer fremden Architektur dar, sondern bedeutet Ausgestaltung, Optimierung angestammter, heimischer Bauformen mit moderner Zier

Grundstruktur die Gestalt der älteren Treppung bei; die einzelnen Stufen werden allerdings durch Voluten und Rollwerk verschliffen und dienen als Podeste für Figuren und pyramidenförmige Aufsätze. Die Eigenschaft einer Zierfassade wird natürlich ganz besonders dadurch deutlich, daß die Geschoßteilung der Fassade und auch die Achsen des unteren Laubenganges nicht mit den Stockwerksteilungen bzw. den Eingängen der dahinter liegenden gotischen Bauteile übereinstimmen. Das heißt: zu Gunsten einer Symmetrisierung und Proportionierung nach neuen Vorstellungen wurde eine organische Verbindung mit dem Baukörper nicht herbeigeführt.

In Braunschweig bot das um 1592 errichtete Gebäude der *Martinischule* mit der klaren horizontalen Gliederung durch Gesimse und Fensterbänder mit unterbrechenden Fensternischen ein wesentlich italienischeres Bild, in dem zum Teil die Schmuckformen in einem strukturellen Zusammenhang mit dem Gesamtbau standen *(Abb. 3)*.

Derartige Bauten, die sehr deutlich – bis hin zu kopierenden Übernahmen – auf italienische Vorbilder zurückgehen, sind nicht so häufig wie die Beispiele im Stil des Gewandhauses in Braunschweig. Die Residenzen in Landshut (um 1540) und München (um 1600) und die Rathäuser in Augsburg (um 1615) und Nürnberg (um 1620) wären hier als bekannteste Beispiele zu nennen.

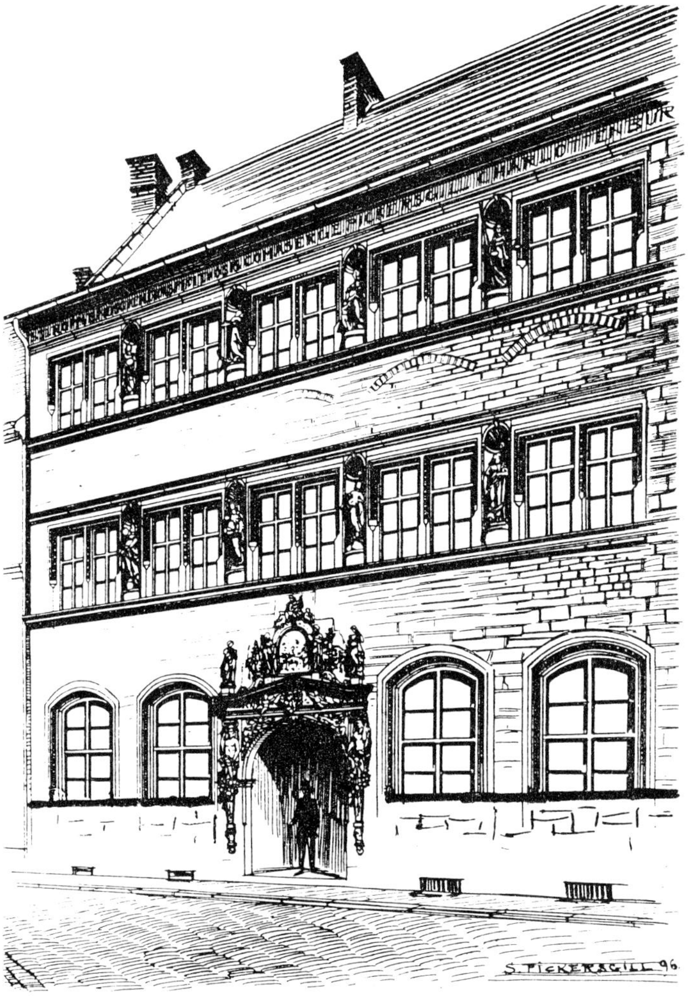

Abb. 3: Braunschweig, Martinischule (Gymnasium). Um 1592

Die Theorie von einer deutschen Renaissancearchitektur

Wie stark die Architekten und ganz sicher auch die Bauherren im 16. und 17. Jahrhundert von der hervorragenden Stellung der italienischen Architektur überzeugt waren, und wie intensiv dabei die Bindungen an die herkömmliche, heimische Bauweise blieben, sollen kurz einige Zitate und Beispiele aus der Architekturtheorie verdeutlichen.

1547 begründet der Nürnberger Arzt RIVIUS seine Übersetzung der Werke des römischen Architekturschriftstellers VITRUV einerseits mit dem Rang der zu vermittelnden Architektur der Antike und andererseits mit dem Wunsch, die ohnehin schon auf einem hohen Niveau befindliche deutsche Architektur noch zu verbessern. Er schreibt in der Widmung seines *„Vitruvius Teutsch"*:

„[...] das allein durch mangel der tranßlation/ oder verteuschung/ dise herlichen Bücher und kostbarlicher Schatz/ den Teuschen Künstneren noch bißher unbekant/ verborgen und unverstendig bliben. Dieweil aber auch diser Zeit/ in welcher alle künst/ und scharpffsinnige erfindung/ von tag zu tag/ je höher gebracht werden/ von sovil herlichen/ trefflichen Ingenien/ Teuscher Nation/ dadurch die selbig allen andren außlendischen Nationen/ nit allein Conferirt [vergleichbar ist]/ sonder auch dieselbigen/ in hohem verstandt/ weit übertreffen mag/ solcher nutzlichen/ [...] arbeit und mühe/ noch keiner [...] hat unternemen wöllen."[1]

Nationalstolz ist hier zu beobachten – aber in dem Sinne, daß es hervorragenden Künstlern selbstverständlich zusteht, sich neue Ideen vertraut zu machen.

In sehr ähnlicher Weise reagiert, fast hundert Jahre später, Joseph FURTTENBACH, einer der wichtigsten Architekturtheoretiker des 17. Jahrhunderts. Sein Verhältnis zur Antike und zur italienischen Architektur verdeutlicht besonders gut die Verbindung von Text und Abbildungen in seinen Werken. 1628 schreibt er in seiner *„Architectura civilis"* mit geradezu begeisterten Worten, die für die zeitgenössische Einschätzung typisch sind, von der italienischen Architektur:

„[...] Ich komme zu den Italianern/ der Edlen Römer Nachkommen. Dieselbe haben in folgenden zeiten wolgemelte Kunst Architecturae Civilis also ins gemein mit Lust und Liebe begriffen/ und bey sich behalten/ daß sie dieselbe nicht allein noch heutigs Tags in offentlichen Academien oder Kunstschulen fovirn [fördern]/ sondern sie producirn auch herrliche Sachen in das Werck selbsten/ [...] Sintemahlen es ja Weltkündig/ das in Italia die allerköstlichste/ Kunstreicheste/ Würlichste und Stärckeste Gebäw/ alß irgend anderstwo in gantz Europa zusehen/ gefunden werden."[2]

Nach dieser Vorrede, in der die italienische Architektur als Vorbild gepriesen wird, folgen Vorschläge für Neubauten auf eben dieser Grundlage. Hier sei das Beispiel eines aufwendigen bürgerlichen Wohnhauses herausgegriffen, das dem fürstlichen Palast folgt und von FURTTENBACH so vorgestellt wird:

„Damit aber die privat Personen/ und der Author selbert/ hierinnen nit gar außgeschlossen werden/ sonder sie der civilischen Architectur in ihrem Standt/ und so weit als etwan die Kräfften deß Beutels füglich zu thun vermögen/ auch geniessen. So hab ich beede/ so wol die Italianische/ also nit weniger die teutsche Sitten und Gewonheiten zusammen getragen/ darauß ein solche composition gemacht/ daß dieselbige verhoffentlich sich ohne nutzen nit verlieren/ sonder in unserm löblichen Teutschland/ guten/ und langwirigen bestand/ beneben ergötzlichkeit dem jenigen/ der es zubewohnen hat/ geben solle/ [..].“[3] *(Abb. 4)*

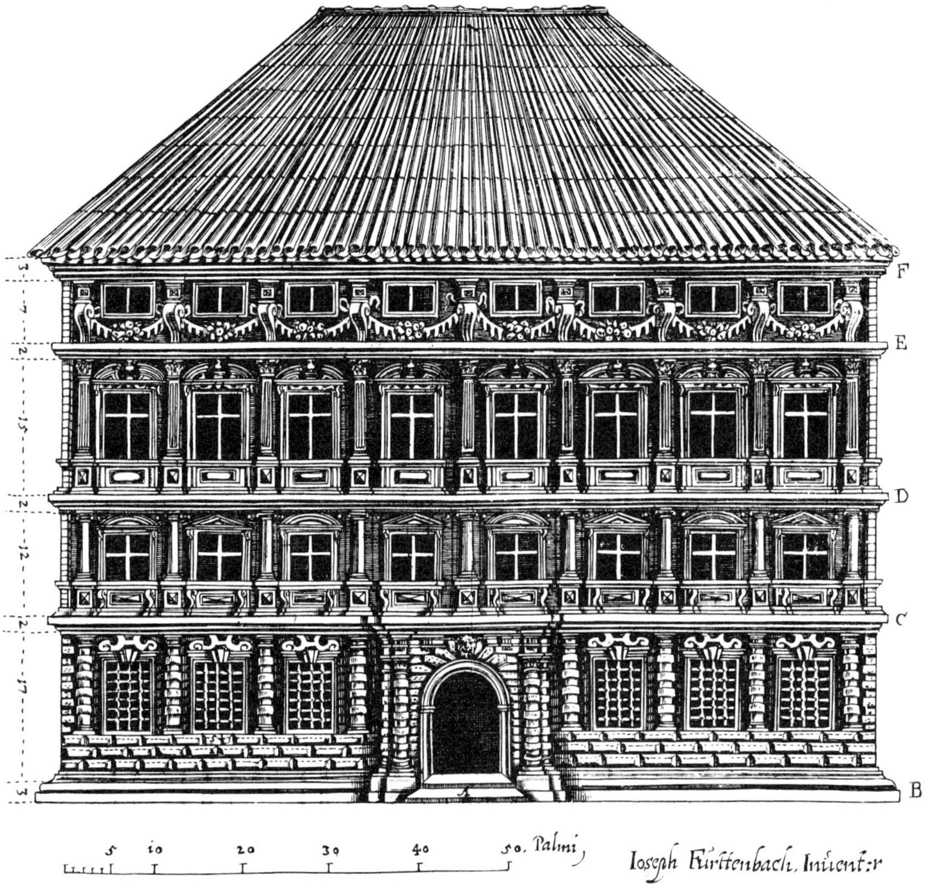

Abb. 4: Joseph Furttenbach: Entwurf eines bürgerlichen Wohnhauses. 1628

Der Fassadenentwurf zeigt einen Aufbau nach herkömmlicher italienischer Vorstellung mit einem durch starke Quader betonten Erdgeschoß in dorischer Säulenordnung, auf das in den Obergeschossen in jeweils feinerer Ausführung ionische und korinthische Ordnungen folgen. Die von FURTTENBACH im Text angesprochenen deutschen Sitten und Gewohnheiten sind im dekorativen Bereich nicht zu beobachten. Er weist auch darauf hin, daß diese sich je nach klimatischen Verhältnissen im Bereich der Raumhöhe, der Öffnung oder Schließung von Hofarkaden, der Größe der Fenster und im Feinheitsgrad der Ornamentik auswirken müßten. Das heißt aber, daß er für den konstruktiv-planerischen Teil seines Entwurfs praktische Gesichtspunkte in Anspruch nimmt, die mit den deutschen Verhältnissen begründet werden, während der dekorative Bestand eindeutig dem italienischen Muster folgt. Der Gedanke einer bloßen Zier schwebt hier immer noch in der Argumentationsweise, kann aber nicht mehr so stark zur Wirkung kommen; denn FURTTENBACH plant sein Haus als Einheit von Grundriß, Fassade und Aufriß, wie die beigegebenen Grundrisse deutlich machen, auf die er sehr viel Wert legt.

Wie nationalbewußt in scheinbar völlig italienischer Hülle gearbeitet wurde, verdeutlicht FURTTENBACHS *„Architectura recreationis“* von 1640, in der die Motive einer Italienverehrung und einer gleichzeitigen nationalen Bauweise eng verschränkt auftauchen:

„[...] in bedenckung das die alte Römer doch am meisten Wissenschafft in der Architectura Civili von altem her gehabt/ von welchen es ihre Nachkömbling/ nemblich die Italianer erlernet haben/ und fortan so continuirlich [...] exerciren/ daß wol darfür zuhalten ist/ das jetziger Zeit einige andere Nation in dergleichen Gebäwen ihnen nit vorgehn werde [...]
Damit aber der Liebhaber der Architecturae Civilis genugsamb begreiffe/ das auch ein guter Theil von ob angedeuten Italianischen wol fundirten Terminis könne genommen/ dasselbige unserer auch löblichen Teutschen Nation (welche sonsten in gar vil andern Künsten/ und scharpffem Verstand vor den Italianer weit den Vorzug haben) zu gutem möge gebraucht werden/ So habe ich mir an jetzo fürgenommen/ noch ein andern Fürstlichen Pallast/ [...]/ auff die Teutsche Manier/ ja nach derselben Landsart mit seinen wol bedürfftigen Stuben/ [...] zu ordiniren [anordnen, einrichten]/ auch denselbigen [...]/ mit seinen angenemen delectirenden Zieraden auß zurüsten/ der gänzlichen Zuversicht/ er werde sich neben den Italianischen Gebäwen auch noch wol derffen sehen lassen."[4] *(Abb. 5)*

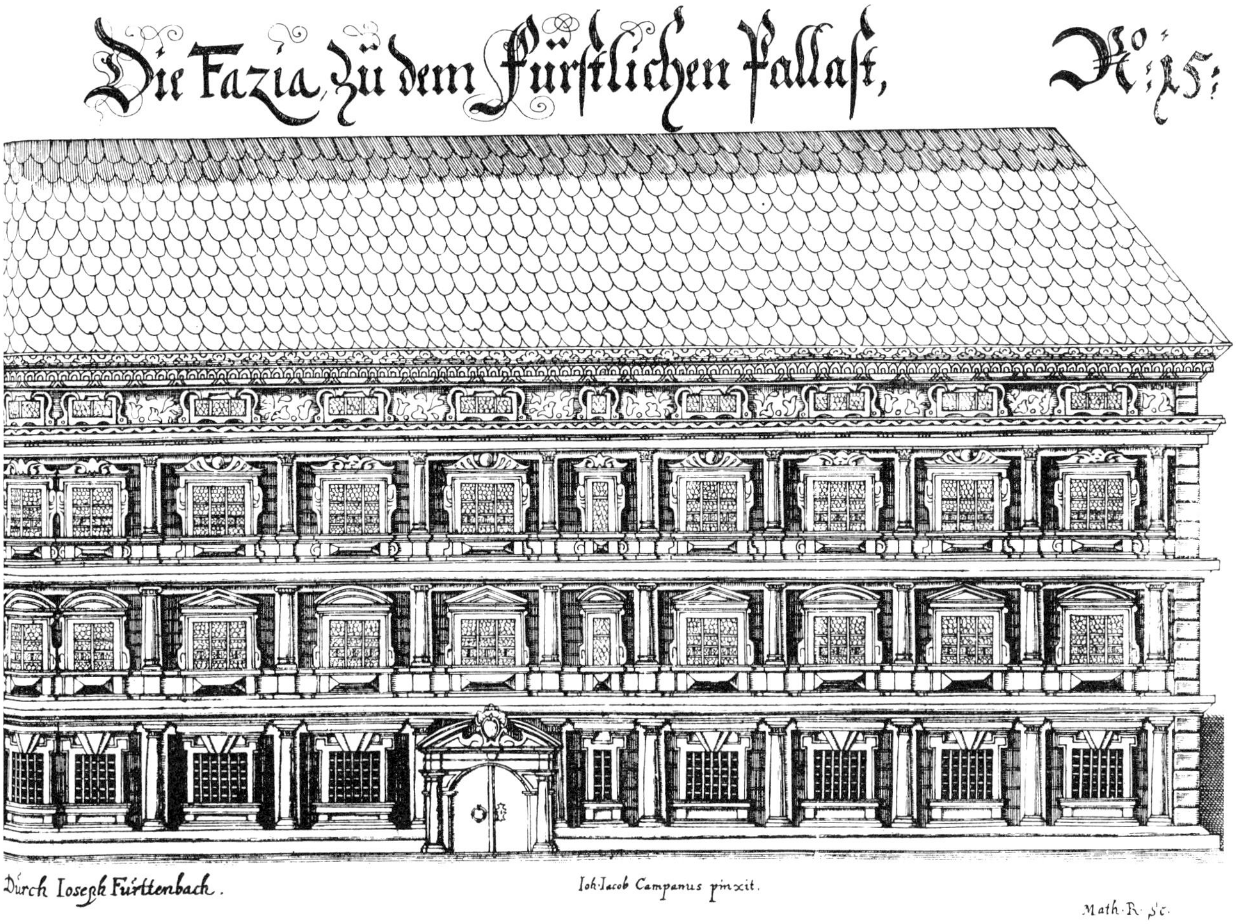

Abb. 5: Joseph Furttenbach: Entwurf eines Palastes. 1640

Was an diesem Text und auch an dem vorgestellten Entwurf aufmerken läßt, ist die intensive Betonung eines nationalen Weges in der Architektur, der italienische Vorbilder nicht ausschließt, aber besonders in der praktischen Anpassung an die deutschen Lebensbedürfnisse und an das rauhere Klima einen wesentlichen Teil der Leistung sieht. Wie stark dieser Aspekt wirkt, läßt der Fassadenriß erkennen. Die Geschosse sind sehr niedrig gehalten, die Säulen wurden deshalb stark verkürzt, das Dach ist sehr hoch und steil, aus Gründen einer besseren Belichtung sind die Fenster dicht an dicht gestellt.

Obwohl die Traufständigkeit einer Hauptfassade keineswegs ausschließlich eine eigentümlich italienische Form ist, wendet FURTTENBACH sie an und erreicht damit einen deutlichen Unterschied zu giebelständigen Bürgerhäusern und zu den viel stärker heimisch wirkenden Schloßbauten der Zeit um 1560/80, die mit Giebelfronten und Zwerchgiebeln ausgestattet waren und nur durch die antikisierende Zier den Anschluß an die Moderne suchten, wie wir es ja auch beim bürgerlichen Gewandhaus in Braunschweig gesehen haben. Trotz dieser Hinweise bleibt auch FURTTENBACH in diesem Entwurf dem Gedanken der Zier sehr nahe; denn er schlägt vor, die in der Zeichnung so aufwendig wirkende Säulendekoration nicht als Teil eines auch statisch bedingten, also tragenden Gerüsts zu sehen, sondern sie aus Ersparnisgründen aufzumalen.

Der Bruch mit der Tradition

In den hier besprochenen Bauten bzw. Entwürfen und Theorien wird deutlich, daß das nationale Selbstverständnis kaum von einem Unterlegenheitsgefühl der modernen italienischen Architektur gegenüber geprägt scheint. Dort, wo die neuen Formen übernommen werden, sei es als Zier, sei es auch in einem architektonischen Verständnis, bleibt das Bewußtsein von einer eigenen Leistung ungeschmälert.

Man erkennt nach wie vor eine eigene Bauweise, die lebenspraktisch, auch klimatisch begründet wird. Die Aufnahme italienischer und letztlich antiker Bauformen wird als berechtigter Anschluß an die Moderne aufgefaßt, begründet auch im Geschichtsverständnis, das zwischen – in unserem Sprachgebrauch – Mittelalter und Jetztzeit keinen Bruch sieht.

Der Bruch tritt erst in der zweiten Hälfte des 17. Jahrhunderts auf; in Joachim VON SANDRARTS *„Teutscher Academie"* von 1675 war die Abneigung gegen die nun als veraltet geltenden mittelalterlichen Formen ausgedrückt. Dieses neue Verständnis sei, am Beispiel der gotischen Architektur, in der Kurzdefinition eines Lexikons des frühen 18. Jahrhunderts verdeutlicht:

„Ordo Gothicus, eine Gothische Ordnung, Wird genennet, welche von der Proportion und den Zierrathen der Griechischen Ordnungen abweichet und viel ungereimtes in sich enthält, so von verständigen Baumeistern nimmermehr kan gebilliget werden."[5]

Mittelalter ist jetzt die dunkle Zeit, die im Bereich der Architektur durch die neuen Formen auf antiker Grundlage als überholt angesehen wird. Ein Nationalbewußtsein bzw. ein Nationalstolz wird nur noch ganz selten an herkömmlichen Bauformen orientiert. Die Antike ist die alleinige Grundlage – und man eignet sie sich in einer so intensiven Weise an, daß auch die Mittlerrolle Italiens etwas in den Hintergrund tritt. Das Selbstbewußtsein des barocken Architekten in Deutschland speist sich aus dem virtuosen Umgang mit den antiken Formen im Sinne einer eigenständigen Gestaltung, die nun ihrerseits in Wettbewerb tritt mit gleichzeitigen Neuerfindungen in anderen Ländern, losgelöst von nationalen Formen der Vergangenheit.

Die Wertung der eigenständigen Leistung im Sinne eines Wettkampfes verdeutlicht die Einschätzung der Festdekorationen in Form von Triumphbögen, die Johann Bernhard FISCHER VON ERLACH im Jahr 1690 für den Einzug des Königs und späteren Kaisers JOSEPH I. in Wien entworfen hatte. Die beiden in Konkurrenz zu einem in Italien arbeitenden Künstler errichteten Ehrenbögen wertete der Lehrer JOSEPHS I. als Sieg der deutschen Kunst:

„[...] die von [dem] Teutschen, welcher nicht die Wort, sondern das Werck wollte reden lassen, aufgerichteten zwey Ehren-Porten waren dermaßen prächtig, Kunst- und Zierreich, daß sowohl Außländer als Teutsche sich darob höchlichst verwunderten; aber dem fremden Werck solche üble Titul und Nahmen gaben, die sich hieher zu setzen keines Weegs schicken. Und dieses war ein schöner Triumph- und Ehren-Tag [...] an welchem auch die Teutsche Kunst und Geschicklichkeit wider die Hochachtung der Außländer in den Gemüthern aller Zuschauer einen sehr herrlichen Sieg erhalten hat."[6]

Derartige Lobpreisungen sind nicht selten; in unserem Zusammenhang soll auch nur darauf hingewiesen werden, daß hier nicht ein Werk vorliegt, das den Anspruch erhob, durch traditionelle Bauweise, durch Übernahme eines vergangenen Stils Bedeutung zu haben. Nein, hier liegt das Übliche für diese Zeit vor: in einem über nationale Grenzen hinausreichenden Verständnis von Zeitstil und Geschmackskultur werden die Werke an baukünstlerischen Kriterien gemessen und treten innerhalb dieser Maßstäbe in einen nationalen Wettbewerb. Die Gebäude können dann zum Gegenstand von Nationalstolz werden, der wiederum Teil eines Nationalbewußtseins ist.

Die Suche nach nationalen Ausdrucksformen

Einige Architekten und Bauherren gaben sich jedoch mit dieser Entwicklung, die nationale Ausdrucksmittel zu verschleifen drohte, nicht zufrieden. Sie wollten aus der allgemeinen antiken Grundlage der Architektur heraus, also innerhalb des Systems der Säulenordnungen, eine nationale Ausdrucksweise gewinnen. Architektur sollte Teil einer nationalen Sprache werden, somit sollte ein nationaler Charakter von einem Gebäude ablesbar sein. Kurze Verweise auf diese Bemühungen in Frankreich, Deutschland und – als später Ausläufer – den USA sollen diese Tendenz verdeutlichen.

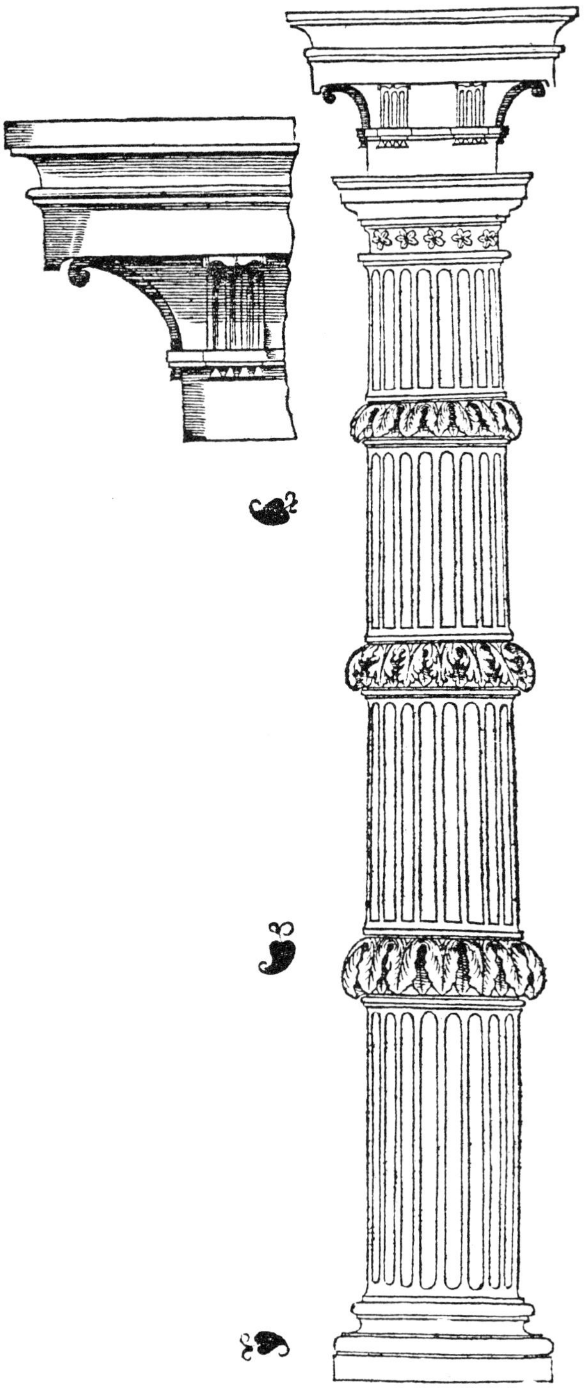

Abb. 6: (a) Philibert de l'Orme: Entwurf für die dorische Säule des französischen Systems. 1568

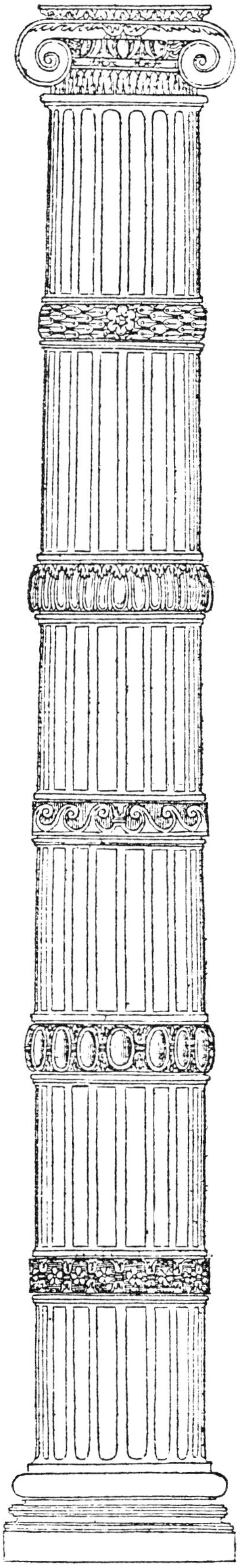

(b) Philibert de l'Orme: Entwurf für die ionische Säule des französischen Systems. 1568

Frankreich

Im Gegensatz zur Architekturentwicklung in Deutschland kann man in Frankreich in der ersten Hälfte des 16. Jahrhunderts ein sehr deutliches Bewußtsein von einem Neuanfang feststellen. Die erste Übersetzung des Architekturwerkes von VITRUV ins Französische (1547) legt im Nachwort den Neubeginn auf die Berufung des italienischen Architekten und Theoretikers Sebastiano SERLIO fest, der 1541 die Arbeiten am Schloß in Fontainebleau fortsetzen sollte. Dieser Zeitpunkt bleibt Bestandteil der französischen Architekturgeschichtsschreibung; von ihm an datiert noch PERRAULT in seinem Vitruv-Kommentar von 1683 den Neubeginn auf antiker Grundlage und erwähnt – wie Jacques-François BLONDEL in seiner umfangreichen Architekturgeschichte Frankreichs von 1752 – das bis dahin bedauerlicherweise feststellbare Alleininteresse des französischen Adels an Kriegen, Jagden und Burgenbauten. Auch Philibert DE L'ORME, Architekt und Theoretiker, erwähnt dieses entscheidende Datum, geht aber vorsichtiger mit der Vergangenheit um. In seinem Architekturtraktat von 1568 widmet er mehrere Seiten der gotischen Architektur, gibt auch Hinweise auf die Konstruktion von Kreuzrippengewölben und verweist an mehreren Stellen darauf, daß diese Architektur früher, also wohl bis in den Anfang des 16. Jahrhunderts hinein, gebaut worden sei. Aber, so schreibt er, „heute arbeiten diejenigen, die etwas Kenntnis von der wahren Architektur haben, nicht mehr nach dieser Gewölbeart, die von den Bauhandwerkern ‚die französische Art' genannt wird [...]".[7]

DE L'ORME scheint in einem gewissen Zwiespalt zu stecken: einerseits macht er deutlich, daß heute nur noch die Handwerker von der „französischen Art" des Bauens sprächen, die Baumeister und er selbst diesen Stil aber nicht mehr anwendeten, andererseits gibt er genaue Konstruktionsanweisungen für gotisierende Gewölbe. Offenkundig fällt es ihm nicht ganz leicht, eine Architektur aufzugeben, die zu seiner Zeit noch als national bezeichnet wird.

Vielleicht ist der im folgenden kurz zu charakterisierende Versuch, ein neues, französisches Säulensystem zu schaffen, als eine Art Kompensation zu verstehen, als ein Neuanfang, nicht nur in der hoch verehrten antikisierenden Architektur, sondern auch in der nationalen Bauweise. DE L'ORME begründet seinen Versuch der Schaffung einer französischen Säulenordnung bzw. verschiedener solcher Ordnungen *(Abb. 6)* ausgesprochen selbstbewußt, wenn er darauf hinweist, daß ja auch die Griechen, die Latiner und die Römer solche Ordnungen erfunden hätten. Aber auch ein bautechnisches Argument findet er: da es in Frankreich keinen geeigneten Stein gäbe, um die Schäfte der Säulen aus *einem* Stück herzustellen, müsse man die Säulen aus kleineren Teilen zusammensetzen. Dieser Zwang der Natur ergibt die Begründung für die Neuerfindung, selbstverständlich auf antiker Grundlage. An den Stellen, an denen die einzelnen Säulentrommeln zusammenstoßen, sieht er Pflanzenornamente in ringförmiger Anordnung vor, welche die Lagerfugen verdecken sollten. Für die Ornamentik seiner neuen Architektur, die über die Ausschmückung der Säulen hinausgehen soll, fordert er Elemente, die einen Bezug zu Frankreich erkennen lassen, wie die Lilie und andere Wappen-Zeichen des französischen Adels. Ja, für bestimmte Verbindungen von Säulen will er sogar gotische Erfindungen zulassen: „à la mode Françoise" – „so wie die Bauhandwerker sie nennen" fügt er allerdings hinzu, um nicht mit seiner neuen Ordnung in Konflikt zu kommen. Das Ergebnis wird dann „ein überaus schönes französisches Werk sein".[8]

DE L'ORMES Entwicklung eines nationalen Säulensystems wirkt angesichts der Baupraxis weniger bedeutend – die Säulen wurden in der zweiten Hälfte des 16. Jahrhunderts zum Gegenstand vielfältiger Formen der Ausschmükkung. Wichtig bleibt allerdings, daß er innerhalb des Rahmens antiker Proportionsvorstellungen eine überindividuelle Bedeutung, eine nationale Charakteristik zu schaffen versucht.

Die Anwendung dieses Säulensystems am Palast der KATHARINA von Medici in Paris, dem Palais des Tuileries, sicherte DE L'ORME hohes Ansehen und stellte ihn noch hundert Jahre später als Begründer einer neuen Architektur den besten italienischen Architekten gleich. PERRAULT, der diese Wertung vornimmt, erwähnt aber die nationale Säulenordnung nicht, sondern sieht nur die Einführung der italienischen Architektur und das qualitative Überflügeln der Italiener als nationale Leistung.

Trotz aller Erfolge der französischen Architektur in der Weiterentwicklung auf antiker Grundlage scheint die zunehmende Konzentration auf eine Politik der nationalen Größe auch die Architektur unter LUDWIG XIV. in einem sehr speziellen Sinn beeinflußt zu haben. Die Pläne, die Hofseiten des Louvre um ein drittes Vollgeschoß zu erhöhen, veranlaßten den Finanzminister COLBERT, im Jahre 1671 einen Wettbewerb auszuschreiben, in dem eine neue, eine französische Säulenordnung als Ergänzung der bisher gebräuchlichen fünf Ordnungen gefunden werden sollte. Sie sollte im obersten Geschoß des Louvre gleichsam die Krönung eines seit der Antike andauernden Ringens um die Architektur darstellen. DE L'ORMES Bemühungen erstreckten sich noch auf eine ornamentale Ausstattung aller fünf bekannten Säulenordnungen im Sinne eines nationalen Bezugs. Jetzt wird etwas anderes geplant: die fünf alten Ordnungen will man unangetastet lassen; sie sollen weiterhin die Grundlage bilden, auf der als Endpunkt die neue, sechste, die französische Ordnung stehen sollte. Eine große Zahl von Entwürfen gingen ein, auch aus dem Ausland, vor allem Italien.

Hier soll nur ein Beispiel gezeigt werden, um die Grundstruktur dieser Erfindungen zu charakterisieren: Der Entwurf des Architekten COTTART geht von der „compositen" Ordnung aus, die er im Sinne einer bildhaften Architektursprache abwandelt: An Stelle der Akanthusblätter antiker Kapitelle setzt er Hähne als Verweis auf den gallischen Hahn; den zentralen Platz der Blüte nimmt ein Kopf mit Strahlenkranz ein – Zeichen für die Sonne und damit symbolischer Hinweis auf LUDWIG XIV.; die Lilien des oberen Architravstreifens dienen als Anspielung auf das französische Königtum im allgemeinen *(Abb. 7)*.

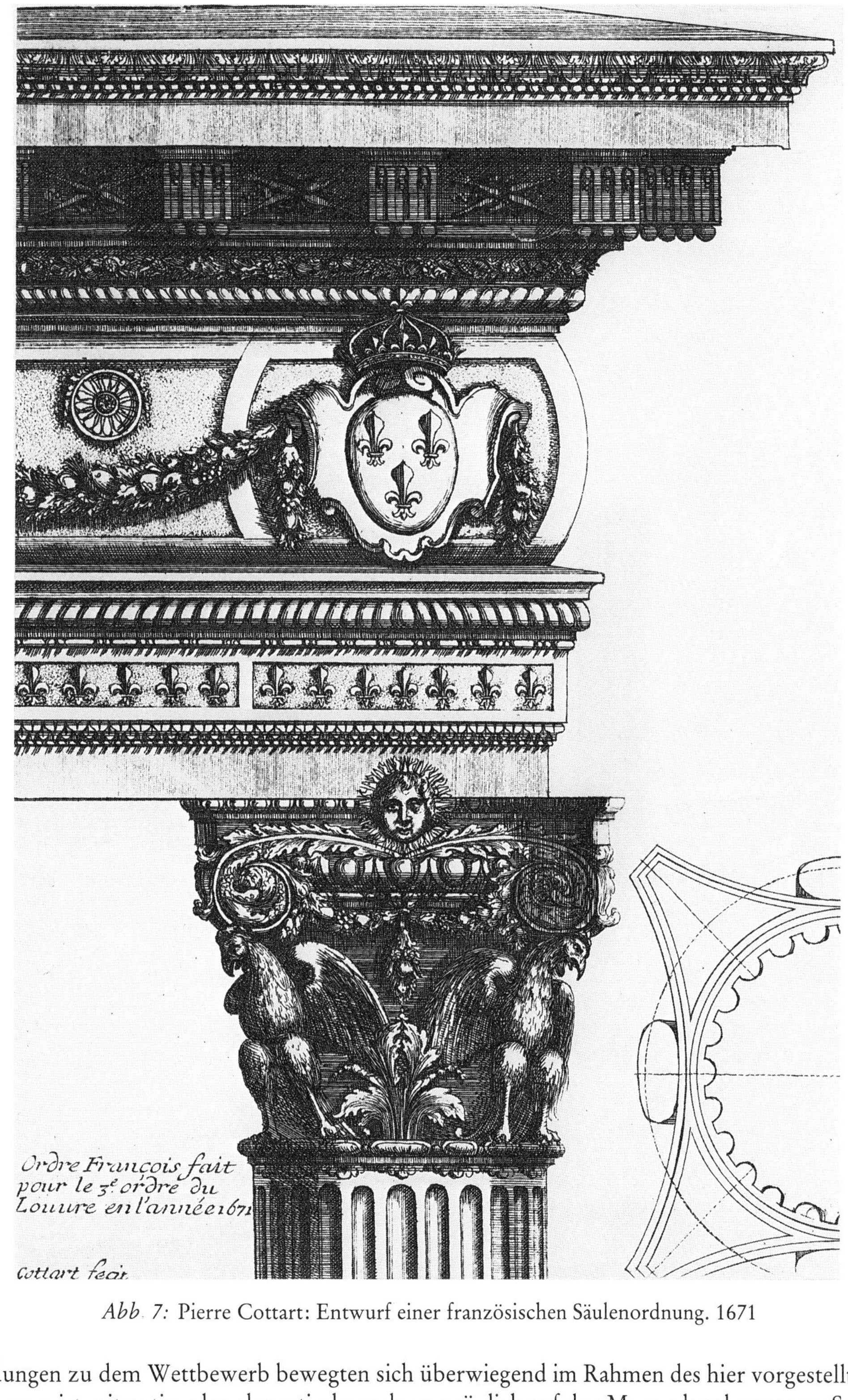

Abb. 7: Pierre Cottart: Entwurf einer französischen Säulenordnung. 1671

Die Einsendungen zu dem Wettbewerb bewegten sich überwiegend im Rahmen des hier vorgestellten Kapitells, arbeiteten also meist mit nationaler, dynastischer oder persönlich auf den Monarchen bezogener Symbolik. Die letztlich als verfehlt eingestuften Bemühungen lassen sich am besten in den kritischen Worten des Direktors der (im Jahre des Wettbewerbs gegründeten) „Académie Royale d'Architecture", François BLONDEL, umreißen:

„Denn obgleich man im Namen des Königs die fähigsten Männer unseres Jahrhunderts einlud, an der Erfindung dieser sechsten Ordnung, die man ‚Französische Ordnung' nennen sollte, zu arbeiten, und obwohl man hohe Preise ausgesetzt hatte

[...] ist doch der größte Teil [der Zeichnungen] voller Extravaganzen und gotischer Hirngespinste oder flauester Anspielungen. Der Rest, der noch am annehmbarsten zu sein scheint, kann in den Bereich [...] gerechnet werden, den man geeignetsterweise unbestimmte komposite oder italienische Ordnung nennt, die alles das umfaßt, was man an antiken Beispielen findet und das nicht ganz mit den vier Säulenordnungen übereingeht, von denen uns Vitruv die Regeln überliefert hat [...]." BLONDEL betont ausdrücklich, daß er keine Einwände gegen eine neue Ordnung auf Grundlage dieser kompositen habe, „vorausgesetzt [...] daß man sich auf keinen Fall verirrt und daß man durchaus nicht gewisse allgemeine Regeln verläßt, in denen die Römer ihre Erfindungen immer gehalten haben und damit das schöne Verhältnis von Höhe und Durchmesser der Säulen, der Basen, der Kapitelle [...] bewahrten."[9]

Die Suche nach einer Säulenordnung, die am Louvre über der korinthischen im Erdgeschoß und der kompositen im Obergeschoß stehen sollte, konnte durch mehr oder weniger symbolische Erfindungen zu keinem befriedigenden Ergebnis führen. Hierzu war die Architekturtheorie bereits viel zu stark von Ideen eines architektonischen Wohlverhaltens bestimmt, das fast ausschließlich an antiken Vorbildern orientiert war und nur in der absoluten Beachtung der aus den antiken Denkmälern abgeleiteten Regeln und ihrer immer feinsinnigeren Anwendung einen Weg sah, einen Weg auch zu immer höherem nationalen Ansehen der französischen Architektur. Anwendung fand die nationale Ordnung des Wettbewerbs von 1671 nur (nach Entwürfen Charles LE BRUNS) in der Spiegelgalerie in Versailles.

Deutschland

Die 1671 in Frankreich gefundenen Lösungen haben in verschiedenen Ländern die Architekten nicht ruhen lassen, nun ihrerseits Versuche anzustellen, nationale Säulenordnungen zu erfinden.

In Deutschland hat sich vor allem der Theoretiker Leonhard Christoph STURM in verschiedenen Schriften seit 1696 mit einer neuen, sechsten Ordnung, die er die „deutsche" nannte, beschäftigt. Die oben zitierten grundsätzlichen Zweifel BLONDELS an der Machbarkeit weist er zurück und vertritt die Meinung, daß auf der Grundlage VITRUVS (selbstverständlich ohne Anspielungen auf mittelalterliche Traditionen) und wenn man das Problem nicht nur von der sprechenden Ausschmückung des Kapitells angehe, eine solche Ordnung durchaus zu erfinden sei:

„Vielleicht lassen dadurch einige Teutsche Baumeister/deren etliche jetziger Zeit keinem Ausländer etwas schuldig bleiben/ sich anlocken/auf diese Erfindung/wenn ich sie nicht völlig solte zu Ende bringen/noch weiter zugedencken/weil daraus unserm Vaterland Ruhm und Ergötzung/grosser Herren Gebäuden aber ein seltenes Ansehen erwachsen könte."

Ausgehend von den französischen Entwürfen, die vielfach die korinthische Ordnung als Vorbild gewählt hatten, versucht er innerhalb der Ordnungen für die neue, deutsche einen Platz zu finden, der, über eine direkte Symbolik hinausgehend, eine allgemeine Charakteristik der ganzen Nation bedeuten sollte:

„Gesetzt aber/ daß die Franzosen so glücklich gewesen wären/ etwas noch zärtlichers als die Corinthische Ordnung auszufinden/ so glaube doch/ daß die edelmüthigen Teutschen dieselbe darum zu beneiden keine Ursache haben würden/ gestalt [weil] mir eine so geschmückte Ordnung gegen der angebohrnen Helden-art eines so forchtbaren Volckes viel zu wollüstig schiene/ ja ich schaue öffters die Römische Ordnung [Komposite] wegen ihrer ernsthafften Zärtlichkeit mit mehr Verwunderung/ als mit Vergnügung die Corinthische an/ u. düncket mich/ sie bilde noch der alten Römer herrliche Lebens-Art vor/ welche in allen ihren Thun die Zärtlichkeit mit dem Ansehen vermählten/ [...]; Also haben die grossen Römer ihre eigene Ordnung stärcker und weniger gezieret gelassen/ [...] Ziehen wir nun ferner den Ursprung und den grauen Ruhm der Teutschen in Betrachtung/ und stellen eine Vergleichung an zwischen ihren und der alten Römer Gemüthern/ so dürfften wir wohl sagen/ daß nichts schicklichers seyn könne/ als wenn man eine Teutsche Ordnung auszufinden wüste/ die noch stärcker und ernsthafter als die Römische aussehe/ indessen aber an Zierde und Pracht die Ionische noch mercklich übertreff."[10] *(Abb. 8)*

STURM erkennt der Säule also bestimmte Charaktereigenschaften zu, wie das andere Theoretiker auch schon immer getan haben. Diese Eigenschaften können persönliche Züge eines Auftraggebers betreffen oder, wie in diesem Fall, Ausdrucksmittel für eine nationale Kennzeichnung sein. Von Vorstellungen der historischen Stellung der Römer und gegenwärtigen Anschauungen über die Ausdruckskraft und Schicklichkeit von Architektursprache kommt STURM zu dem Schluß, daß die deutsche Ordnung etwa in der Mitte der anderen Ordnungen stehen müsse. Das heißt: die dorische und toskanische Ordnung erscheinen ihm zu kräftig-urtümlich, die korinthische als zu verweichlicht-zart; die von den Römern angeblich bevorzugte komposite findet er etwas kräftiger, läßt jedoch deutlich werden, daß eine gewisse Dekadenz römischer Lebensauffassung diese Ordnung als Vorbild für die deutsche als nicht ganz geeignet erscheinen läßt.

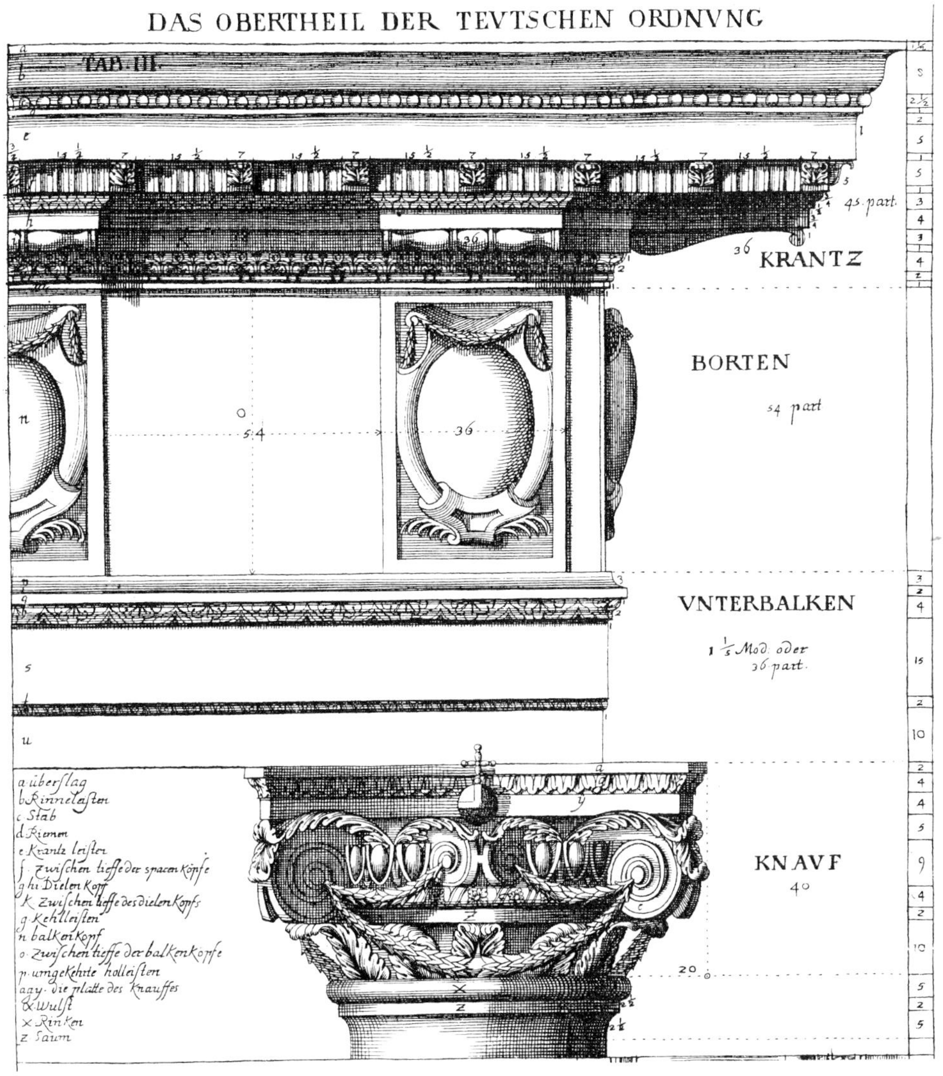

Abb. 8: Leonhard Christoph Sturm: Entwurf einer deutschen Säulenordnung. 1708

Mithin sieht er die Stellung der deutschen Ordnung an vierter Stelle in der Reihenfolge, nach der ionischen und vor der kompositen Ordnung. Diese Stellung soll durch eine entsprechende Ausgestaltung erkennbar werden. Vor allem sollen die Proportionen, also besonders das Verhältnis von Säulendurchmesser zur Länge, die Stellung charakterisieren: eine kräftige, jedoch nicht zu gedrungene Säule müsse entstehen. Dieser Proportionierung unterzieht er alle Teile der Architektur. Entgegen seinen vielfachen Vorbehalten gegen eine direkt sprechende Ausgestaltung des Kapitells schlägt er letztlich doch vor, die griechischen Akanthusblätter durch Eichenlaub zu ersetzen (in der Zeichnung nicht durchgeführt) und an Stelle der mittleren Blüte den Reichsapfel zu setzen.

STURM entwickelte also ein wohldurchdachtes Gesamtsystem für die Architektur – vor allem fürstlicher Gebäude –, durch das ein Nationalcharakter erkennbar und der Ausdruck eines eigenständigen Nationalbewußtseins deutlich werden sollten. Seine Entwürfe, auf die er sehr stolz war und die er sogar nach Paris an die Akademie einsandte, waren zwar weit bekannt und wurden auch diskutiert, kamen jedoch nur in wenigen Beispielen zur Anwendung.
Den nationalen Anspruch gibt STURM selbst in den späteren Ausarbeitungen dieser Ordnung auf, nennt sie nur noch „neue Ordnung“ und stellt ihren Einsatz, was den Nationalcharakter anbelangt, völlig frei; das heißt, er überläßt sie gleichsam der Baupraxis und erwartet, daß das Land oder der Fürst, der sie vorrangig anwenden wird, ihr dann auch einen Namen geben könne. Mithin geht auch sein Bemühen, trotz eines ausgeprägten Nationalbewußtseins, in einem allgemeinen Begriff von architektonischer Qualität auf, die unabhängig von individueller Symbolik ist.

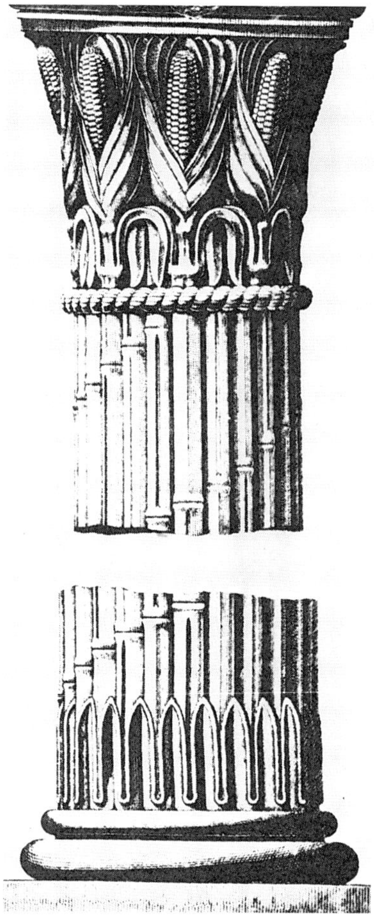

Abb. 9: Benjamin Latrobe: Entwurf für eine amerikanische Säulenordnung. 1809

Vereinigte Staaten von Amerika

Einen späten Versuch einer nationalen Repräsentation mit diesen Mitteln stellen die Kapitelle dar, die der Architekt LATROBE 1809 für das Capitol in Washington entwarf, um den wichtigsten repräsentativen Bau des neuen Staates auszuzeichnen *(Abb. 9)*. Anstelle herkömmlicher Ornamente verwandte er Blüten und Blätter von Tabakpflanzen, Baumwollstauden und Mais, also der wichtigsten landwirtschaftlichen Produkte zumindest der Südstaaten. In der Anwendung wurden bei der „Mais-Ordnung" auch die Säulenschäfte in Form von gebündelten Maispflanzen ausgestaltet. Diese neuen Schmuckformen, eine eigene architektonische Ordnung war nicht angestrebt, fanden auch nur in weniger wichtigen Teilen des Gebäudes Anwendung. Die intensive Ausrichtung des frühen Staatsbewußtseins in den USA an europäisch-antiken Vorstellungen entwickelte ein architektonisches Nationalbewußtsein vorrangig in Form einer strengen Antikennachahmung, in der solche Säulen nur den Charakter belangloser nationaler Anspielungen haben konnten.

Nationalbewußtsein in der 1. Hälfte des 19. Jahrhunderts

Die Antike als fast unanfechtbare Grundlage auch jeglicher nationaler Strömungen in der Architektur bleibt Kennzeichen der Entwicklung bis ins ausgehende 18. Jahrhundert. Die Beschäftigung mit der Sprache und Literatur der eigenen Vergangenheit während des gesamten 18. Jahrhunderts schafft schließlich auch in der Architektur einen Ausgangspunkt, von dem aus das Mittelalter, und zwar zunächst nur der eine Ausschnitt: die Gotik, eine neue Bewertung erfährt.

Romantische und politische Vorstellungen

Für die Herausbildung einer nationalen Identifikation mit diesem Teil mittelalterlicher Architektur waren verschiedene Momente wichtig. Zu ihnen gehörte die Vorstellung von jeweils überragenden Einzelpersönlichkeiten, die als Baumeister die großen Werke geschaffen hätten – Künstlerpersönlichkeiten, die gewissermaßen gleichrangig vor der Geschichte neben den Helden der politischen Tat, also Kaisern, Königen und Bischöfen, stehen konnten. Die Entdeckung dieser Architektur und ihrer Qualitäten vollzog sich zunächst an den großen Kirchenbauten, so daß der Stil gleichsam „die Ideen und Geheimnisse des Christenthums" vermittelte, wie SCHLEGEL es 1806 formulierte.[11] Damit war eine enge Verbindung zur Religion hergestellt, die als wichtige nationale Klammer innerhalb der einzelnen deutschen Staaten angesehen wurde.

Das Bild vom hohen Mittelalter wurde in einer Zeit des Umbruchs, wie sie die Jahre nach der Französischen Revolution darstellten, als politisch stabil, künstlerisch fruchtbar, von nationaler Einigkeit bestimmt gezeichnet. Das sich ausdehnende Frankreich, die direkte Bedrohung, schließlich die Besetzung unter NAPOLEON, förderten die Suche nach einem nationalen Konsens, der in der idealisierten, zum Teil auch romantisch verklärten Geschichtsauffassung vom Mittelalter als gemeinsamer Grundlage aller deutschen Staaten einen Kristallisationskern fand.

Nationalbewußtsein in der Architektur dieser Jahre bedeutete neben der Entdeckung der eigenen Vergangenheit in den Baudenkmälern schließlich auch den Versuch, durch Neubauten die Qualitäten dieser Vergangenheit für die Gegenwart fruchtbar zu machen. Wichtiger Fixpunkt dieser Entwicklung ist der *Kölner Dom,* der in seinem fragmentarischen Zustand als nichtvollendete Kathedrale des Mittelalters religiöse, politische, romantische und nationale Gefühle und Gedanken anregte. Die Vollendung des Kölner Domes erhielt nach der Niederlage

NAPOLEONS bei Leipzig den Charakter einer nationalen Aufgabe im Sinne eines Denkmals, das die Einigkeit der deutschen Nation im Kampf und als Zukunftsvision darstellen sollte. Eine Kirche, eine gotische Kirche, sollte damit am Ende der Befreiungskriege, am Beginn einer angeblich neuen Epoche zu einem nationalen Denkmal werden. Der Weiterbau begann erst 1842 und dauerte bis 1880; die Vorstellungen von einer einigenden Funktion des Domes als Gemeinschaftsaufgabe aller Deutschen setzten sich nicht durch. 1818 deutete Georg MOLLER, der die alten Pläne des Kölner Doms gefunden hatte, die neuen Ziele einer Vollendung bereits an:

„In diesem Sinne müsste die Vollendung [...] als das Werk einer weisen und grossen Regierung den Geist derselben für Religion und Nationalruhm herrlich aussprechen und beurkunden und eine nicht zu berechnende Wirkung auf Belebung der Religiosität und des Gemeinsinns hervorbringen [...] Endlich wäre dieses Werk [...] das erhabenste Monument des Fürsten, welcher es vollendete. Nichts könnte demnach mehr geeignet seyn, es kräftig auszusprechen, dass diese schönen Provinzen [...] ein dauernder Bestandtheil des Königreichs bleiben sollen, als wenn hier an den Ufern des Rheins das herrlichste Denkmal des preußischen Herrscherhauses prangete?“[12]

Religion und Fürstenhuldigung zur Anbindung der neu gewonnenen Rheinlande an Preußen ersetzen jetzt die nationalen Ziele. Das finanzielle und politische Patronat übernahm der preußische König; dies und die bildliche Ausstattung der Domumgebung mit preußischen Denkmälern nehmen dem Dom den allgemeindeutschen Bezug zu Gunsten einer stärkeren Betonung der preußisch-dynastischen und monarchischen Interpretation. Trotz des politischen Fehlschlages knüpften sich an die gotische Architektur für Jahrzehnte die Gedanken von christlich-nationaler Baukunst.

Einzelstaatliches „Nationalbewußtsein“

So wie der Kölner Dom im Westen Denkmal des Sieges über NAPOLEON unter preußischer Führung sein sollte, so wurde in Berlin ein *preußischer Nationaldom* geplant. Nicht als Übernahme eines bestehenden Baues, sondern als neu zu errichtende große Kirche war dieses protestantische Gegenstück zum Kölner Dom gedacht.

Karl Friedrich SCHINKEL entwarf 1814/15 in mehreren Zeichnungen und in zwei Denkschriften ein Konzept für den Nationaldom, der vorrangig den preußischen Anteil an der Niederwerfung NAPOLEONS feiern sollte, jedoch auch Bezüge enthielt, die auf übergreifende Vorstellungen von einem deutschen Gesamtstaat schließen lassen. SCHINKELS Nationaldom sollte Kirche und Denkmal zugleich sein – Funktionen, welche die Lage im Westen der Stadt, auf dem Potsdamer Platz, auszudrücken hatte. Die Entfernung vom Stadtkern verleiht dem Neubau den Charakter einer Wallfahrtskirche, zu der an den hohen nationalen Feiertagen gepilgert werden sollte; den Denkmalcharakter betonte der hohe Unterbau, der eine Gruft für die Gefallenen enthalten sollte und die eigentliche Kirche gleichsam auf einen Sockel hob, so daß sie in freier Umgebung weithin sichtbar blieb und doch „dem gemeinen alltäglichen Treiben der Menschen“ entrückt war *(Abb. 10)*. SCHINKEL bzw. der König hatten sich für den gotischen Stil entschieden:

„Ein Denkmal dieser Art muß groß und würdig sein, denn die Ehre der ganzen Nation bei der Nachwelt hängt daran. Seine Majestät haben das Würdigste dazu erwählt, – eine Kirche in dem ergreifenden Styl altdeutscher Bauart [...]“[13]

SCHINKEL sieht in der Wahl des gotischen Stils vor allem den religiösen Bezug des Nationaldoms; er nennt den Stil zwar auch „vaterländisch“, verbindet ihn aber mit den mittelalterlichen Kirchen, besonders dem Straßburger Münster, das er auch für die skulpturale Ausstattung im Sinne eines „historischen Monuments“ als Vorbild wählt. Das heißt: er plante, in Höhe der Fensterzone um das gesamte Gebäude an den Strebepfeilern „die ganze frühere vaterländische Geschichte in ihren Hauptzügen [...] in Kunstwerken dem Volke anschaulich“ zu machen.

Diese geschichtlich-belehrende Funktion des Gebäudes stellt sich SCHINKEL als Abfolge von Statuen des „erlauchten Fürstenstammes“ vor. Für SCHINKELS historisches Denken ist wichtig, daß er mit den Statuen der alten Herrscher und dem Baustil an die Vergangenheit anknüpft, daß er aber die gegenwärtigen Könige ebenfalls abbilden und vor allem Nischen für die Herrscher der zukünftigen Jahrhunderte frei lassen will, „um daran die Geschichte fortzusetzen“. In dem Jahrhunderte dauernden Bauprozeß (er strebt auch die architektonische Vollendung nicht unbedingt an) sieht er die eigentliche Verbindung zum Mittelalter.[14]

Zudem hofft SCHINKEL, daß, bedingt durch die lange Bauzeit, eine nationale Bautradition sowohl in handwerklichem Sinne als auch in der Grundauffassung vom Bauen gebildet werden könnte. Es handelt sich hier um nicht sehr deutlich ausgesprochene Gedanken, die auch nicht unbedingt an den gotischen Stil gebunden sind; vielmehr muß SCHINKELS Auffassung eher mit seiner sehr viel früheren Würdigung des Mailänder Domes in

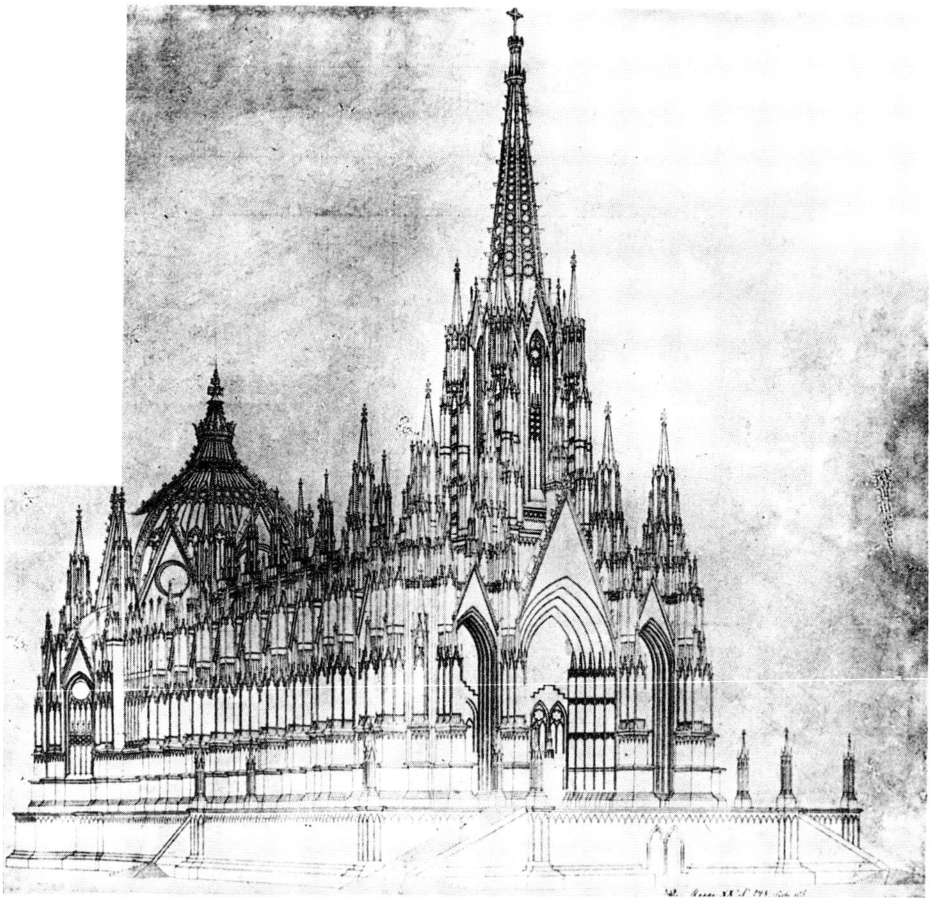

Abb. 10: Karl Friedrich Schinkel: Entwurf für einen Nationaldom. 1814/15

Verbindung gebracht werden, den er nicht, wie vielfach mißverstanden, wegen seines gotischen Stils hoch einschätzte. Er sah bei seinem Besuch 1804 in Mailand am Dom vielmehr eine absolute Harmonie sowohl der einzelnen Teile in ihren Proportionen als auch in ihrer handwerklichen Qualität; er war begeistert von der vollkommenen Anpassung des Materials an den Zweck, die mit keinerlei „Blendwerk" arbeite. In diesen Eigenschaften, nicht im Stil, sieht er die gotische Architektur durchaus gleichrangig mit der griechischen. Aus diesen Bezügen heraus ist auch zu verstehen, daß SCHINKELS Entwürfe für den Nationaldom nicht einer einheitlichen Stilstufe mittelalterlicher Gotik folgen, ja nicht einmal ausschließlich deutschen Vorbildern. Was er beabsichtigt, allerdings unter nationalen Aspekten, ist eine Synthese des gotischen Stils auf Grund von Qualitätsvorstellungen, die an der antiken Architektur orientiert waren.

Bei aller Befrachtung der Gotik mit nationalen Ansprüchen, die sie auch in den folgenden Jahrzehnten beibehielt, muß zumindest für die 1. Hälfte des 19. Jahrhunderts festgestellt werden, daß sie noch nicht den Alleinvertretungsanspruch auf nationale Verbundenheit geltend machen kann. Die Gotik wird noch in ein klassizistisches Harmonieverständnis eingebunden, das ihr in diesen Jahrzehnten eine Gleichrangigkeit mit der antiken Architektur sichert, aber nicht die Vorrangstellung. Andererseits bleibt bis über die Mitte des Jahrhunderts hinaus die klassizistische Architektur auch für national bedeutsame Bauaufgaben angemessen. Ja, gerade die Verehrung, die der Antike entgegengebracht wurde, sowie die zurückgehende Anwendung heben sie jetzt besonders heraus.

Die *Walhalla* bei Regensburg wurde als dorischer Tempel errichtet, der ausdrücklich mit Bezug auf einen nationalen Zusammenhalt geplant und als Gedenkbau an die Niederwerfung NAPOLEONS ausgeführt und 1842 eingeweiht wurde *(Abb. 11)*.

Der Dom als Denkmal der Befreiungskriege wurde nicht ausgeführt; die Planungen für eine vergleichbar große Kirche – den Neubau eines protestantischen Domes, der gleichzeitig die Funktionen einer hohenzollerischen Hofkirche übernehmen sollte – zogen sich noch über Jahrzehnte hin. Die Abkehr von der Idee einer Denkmalkirche in Erinnerung an ein alle deutschen Staaten betreffendes Ereignis zu Gunsten einer preußisch-

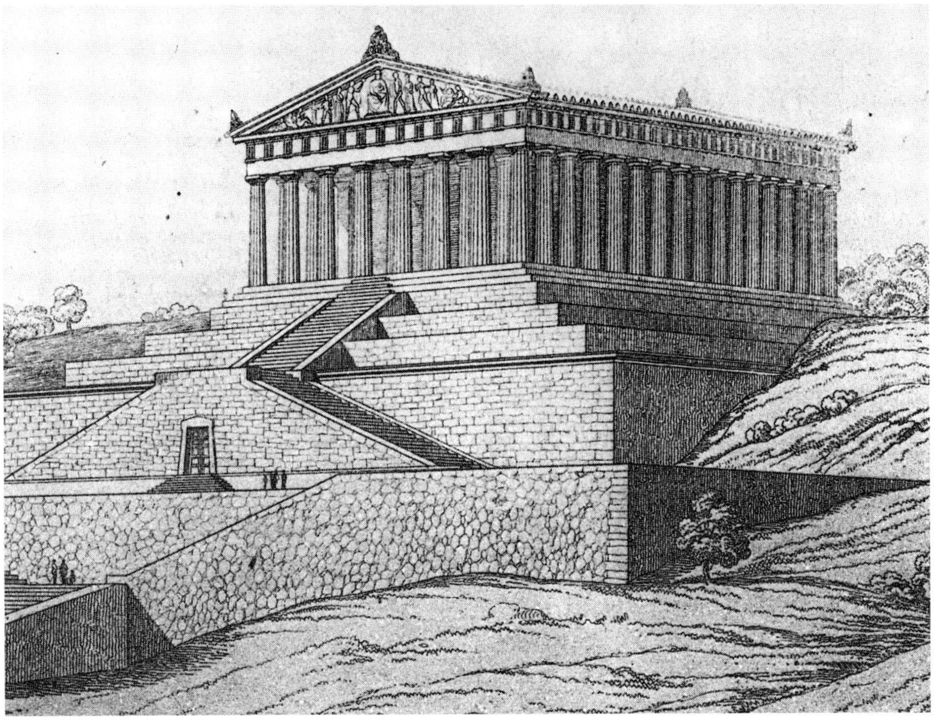

Abb. 11: Nationaldenkmal Walhalla. 1842. Architekt: Leo von Klenze

dynastischen Lösung, die eingebunden war in die reaktionäre Politik nach 1815, hat vorausahnend der Maler Caspar David FRIEDRICH schon 1814 (vor SCHINKELS Planungen) gesehen, als er an Ernst Moritz ARNDT, der ein Denkmal der Befreiungskriege gefordert hatte, schrieb:

„Ich wundere mich keineswegs, daß keine Denkmäler errichtet werden, weder die, so die große Sache des Volkes bezeichnen, noch die hochherzigen Taten einzelner deutscher Männer. Solange wir Fürstenknechte bleiben, wird auch nie etwas Großes der Art geschehen. Wo das Volk keine Stimme hat, wird dem Volk auch nicht erlaubt, sich zu fühlen und zu ehren."[15]

Das Element eines demokratischen Wunschbildes, das in der Gotikverehrung der ersten beiden Jahrzehnte des 19. Jahrhunderts zu beobachten war, wurde sehr nachhaltig überlagert, ja verdrängt von dem nationalen, auch stark christlich beeinflußten Anspruch der Neugotik. Sie wurde in einer fast verbissen geführten Auseinandersetzung das ganze Jahrhundert hindurch zum einzig wahren christlich-nationalen Stil erklärt. In vielen Baugattungen, besonders im Kirchenbau beider Konfessionen, konnte dieser Anspruch auch durchgesetzt werden.

Nationalbewußtsein nach der Reichsgründung (1871)

Die staatliche Zersplitterung Deutschlands bis zur Gründung des Deutschen Reiches im Jahre 1871 war auch in der Architektur durchaus nicht nur ein trennendes Faktum, sondern überaus anregend für die Herausbildung eines Nationalbewußtseins. Selbst regional gebundene Bauaufgaben wie der Nationaldom in Berlin, wie die Walhalla oder der Kölner Dom enthielten, bei unterschiedlichster Interessenlage der Beteiligten, immer eine ausgeprägte Komponente nationalstaatlicher Vorstellungen. Einzelbauten oder Stile sollten Ausdruck eines nationalen Zusammenschlusses werden, den die Fürsten in der politischen Organisation nicht zuwege bringen wollten.

Historisches Denken

Die Gründung des Reiches bedurfte, um einen Zusammenschluß zu gewährleisten, vorrangig politischer Mittel, nicht so sehr kultureller Anstrengungen, da auf diesen Gebieten eine Gemeinsamkeit bzw. das Bewußtsein davon nie verlorengegangen waren. Dennoch weckte die Reichsgründung auch hier den Wunsch nach einer einheitlichen Ausdrucksweise.

In der Architektur stand dem allerdings die Entwicklung der vergangenen Jahrzehnte entgegen. Nicht im Sinne einer nationalen Gleichgültigkeit oder der Herausbildung kleinstaatlicher Sonderbewegungen waren die Schwierigkeiten zu deuten, sondern die Probleme lagen in der geschichtstheoretischen Grundlage des Denkens und Handelns. Der Historismus als Auffassung von der Geschichte nicht nur als Vorbild, sondern vor allem als methodische Anleitung zur beweglichen, rationalen Umgangsweise hatte auch in der Architektur die Vielfalt der Ausdrucksmöglichkeiten zunehmend gesteigert. Das analytische, auf Verbesserung ausgerichtete Denken fand für jede Bauaufgabe an ihrem jeweiligen geographischen Ort, unter Einbeziehung der Wünsche von Architekt und Bauherr, Formen, die unter diesen Bedingungen eine auffallende Verschiedenheit offenbarten.

Diese Vielfalt der Formen und Ausdrucksmöglichkeiten, die in der Stildebatte nur den vordergründigen Aspekt zeigt, wurde, bei aller Intensität der Anwendung, doch das gesamte Jahrhundert über bedauert. In allen Debatten über diese Fragen kann der Wunsch nach einem einheitlichen Stil, nach verbindlichen Formen nicht übersehen werden. Insofern war die Reichsgründung nur Auslöser für eine erneute Suche nach Einheit.

Die deutsche Renaissance als bürgerlicher Nationalstil

Die Vorstellungen fanden nicht zufällig im Bezug auf die Zeit des späten 16. und beginnenden 17. Jahrhunderts einen gemeinsamen Nenner. Das deutsche Bürgertum als hauptsächlicher Förderer einer deutschen Einheit sah in der stark bürgerlich geprägten Epoche nach der Reformation einen historischen Anknüpfungspunkt für den Neubeginn nach 1871. In einem programmatischen Vortrag faßte der Berliner Architekt Hubert STIER 1884 diese Motive zusammen:

„Es ist in der That nicht zu viel gesagt, wenn man es ausspricht, daß wir in dem Zeitraume der letzten zwei Jahrzehnte für die Geschichte unseres Volkes eine ganze Kultur-Epoche wieder neu entdeckt haben, in welcher wir mit wachsender Freude und mit berechtigtem Stolze uns nicht nur erkennen als ein reiches und eines glänzenden Wohlstandes sich erfreuendes Volk, sondern uns auch in einer bisher in diesem Umfange kaum vermutheten, alle Gebiete des Lebens umfassenden künstlerischen Thätigkeit wieder finden [...] Fast für alle Gegenstände und Einrichtungen, die unser heutiges bürgerliches Leben erfordert, hat jene Zeit Vorbilder geschaffen [...] sie hat ferner auch ihren Hervorbringungen einen bestimmten Stempel aufzudrücken vermocht, welcher dieselben von vornherein als deutsch erkennen läßt. Es ist der deutschen Renaissance unbestreitbar gelungen [...] ihrer Kunstweise in der That einen gemeinsamen nationalen Grundzug zu geben [...] Meiner Ueberzeugung nach ist es eine unbestreitbare Thatsache, daß die deutsche Renaissance das erste geschichtliche Beispiel einer Berührung und einer gegenseitigen Durchdringung der beiden großen Gegensätze der bisherigen geschichtlichen Entwicklung unserer Kunst darbietet, der Formensprache der antiken Welt und des konstruktiven Systems der mittelalterlichen [...] In der anmuthigen und behaglichen Ausbildung und Ausstattung unserer Wohnräume verdanken wir der Beschäftigung mit dieser Kunst unserer Vorfahren den eigentlich entscheidenden, einen wirklich nationalen Fortschritt. Durch sie ist auf diesem Gebiete der Begriff des deutschen Hauses als einer Besonderheit, auf die wir stolz sein können, wieder zu Ehren gebracht [...] Hier liegen gesunde Vorbilder für das so lange und so schwer vernachlässigte Kunst-Bedürfniss unserer Mittelklassen. Denn wenn die Kunst [...] nicht blos Genußgegenstand der Reichen, sondern allgemeines Volksbesitzthum sein soll, dann muß sie vor allem auch diesen einfachen Aufgaben wieder genügen lernen. Dazu gehört aber zuerst jene künstlerische Liebenswürdigkeit, Schlichtheit und jenes Maashalten, wie wir es in diesen Vorbildern wieder finden.“[16]

STIER legt deutlich die Bezugspunkte dieses Stils offen, der sogar gesellschaftspolitisch auf die Schicht des mittleren Bürgertums festgelegt wird; die Oberschicht wird auch erwähnt (worauf wir gleich zu sprechen kommen werden), die Unterschichten spielen offenkundig im Bereich nationaler Ausdrucksformen keine Rolle. Die Anwendung dieses Stils der Zeit um 1600 bezog sich vorrangig auf die Baugattungen bürgerlicher Gemeinschaft, wie Rathäuser, Gerichte, Amtshäuser, Vereinshäuser und vor allem auch den Geschäfts- und Wohnhausbau.

Zur Verdeutlichung des Gesagten sei noch auf das *Landeshaus in Danzig (Abb. 12)* verwiesen, das als Provinzialverwaltung und Landtagsgebäude im Jahr 1884 von den Architekten ENDE und BÖCKMANN errichtet worden war, in „Anschluß an die nationale Art und Weise“, wie ein zeitgenössischer Kritiker bemerkt.[17] Hier wurden, ähnlich wie bei vielen anderen Gebäuden, besonders im Wohnbau, die malerischen Qualitäten der Bauweise betont. Der Neubau ist nur scheinbar symmetrisch, wie man es eigentlich von einem öffentlichen Gebäude der Zeit forderte: an der linken Seite war noch ein leicht vorgezogener Gebäudeteil *(Risalit)* angebaut worden, der in einem Turm ausläuft. Für die Wirkung sehr wichtig ist auch die Tatsache, daß das Gebäude zur Hauptfront keine einheitliche Fluchtlinie aufweist, sondern jeder Bauteil, von rechts nach links abgestuft, jeweils ein Stück zurück oder weiter nach vorn versetzt ist, jedoch so, daß kein Teil mit dem anderen eine gleiche Linie erreicht.

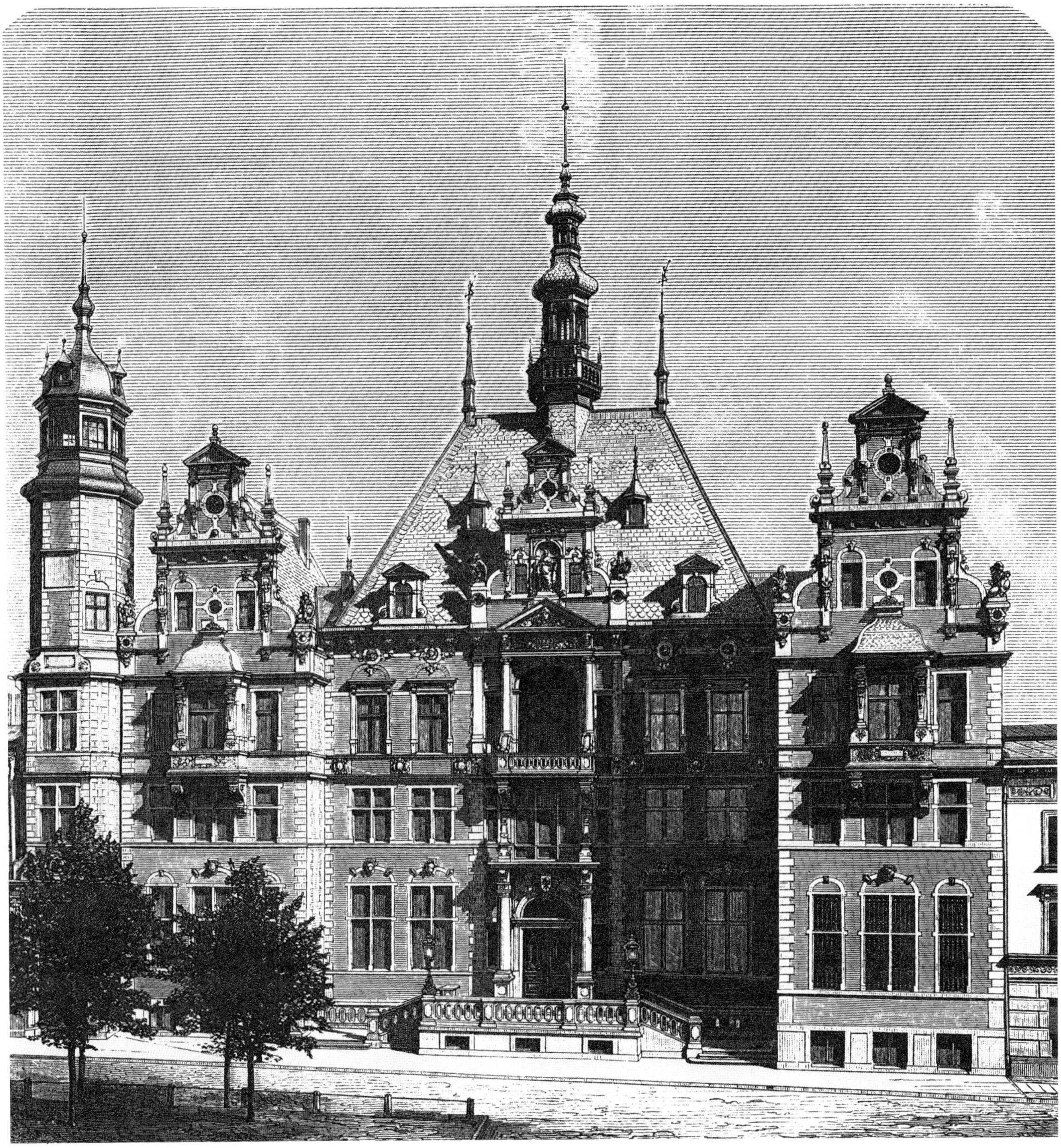

Abb. 12: Danzig, Landeshaus. 1884. Architekten: Hermann Ende und Wilhelm Böckmann

Gerade die malerische Wirkung der deutschen Renaissance, die abwechslungsreiche Silhouette, die vielen Vor- und Rücksprünge, die kleinteilige Ornamentik, die Asymmetrie der meisten Bauten erwecken aber auch Bedenken gegen den Stil als universelles Vorbild. Hier greift die oben charakterisierte Haltung des Historismus ein; kritisch wird der Stil auch nach seinen Grenzen befragt, und im Zuge des Denkens der Zeit findet man für andere Aufgaben auch andere Ausdrucksweisen. Selbst die eindeutigen Befürworter der deutschen Renaissance als nationaler Bauweise sehen Aufgaben, für die diese Zeit nicht Vorbild sein kann. STIER gibt das in seinem oben zitierten Vortrag zu:

„Mangel an jener Monumentalität, wie sie in der Geschichte der Baukunst stets für die großen Aufgaben verlangt worden ist, haftet dem Stile von jenem Ursprung her an, Mangel an jener Kraft und Fülle der Masse, an dem einfacheren aber desto gewichtiger wirkenden Bauglìede [...] Auch unsere Zeit hat diesen Mangel, trotz aller Begeisterung für die deutsche Renaissance, erkannt; denn kaum einer der zahlreichen Bewerber um das Deutsche Reichshaus [Reichstag in Berlin] hat es versucht, diesen ersten Monumentalbau des Volkes in das Gewand dieses Stils zu kleiden."[18]

Nationale Repräsentation in Formen der italienischen Renaissance

Bei allem nationalen Stolz und nationalen Ausdruckswillen in einem heimischen Baustil gibt es offenkundig Ansprüche an die Repräsentation des nationalen Bewußtseins, die mit diesen Mitteln nicht zu befriedigen sind.

Die Wirkung des Stils

Wie in vielen Städten läßt sich diese Vielschichtigkeit an fast gleichzeitig entstandenen Bauten auch in Leipzig verdeutlichen. Der Neubau einer Filiale der Reichsbank durch den Architekten Max HASAK von 1886 zeigt die unterschiedliche Wertung im Vergleich mit dem Buchhändlerhaus von 1888 auf. Dieser Bau war in seiner vielgestaltigen Gruppierung Ausdruck einer kaufmännischen, mittelständischen, deutschnationalen Auftraggeberschicht. Ganz anders die Reichsbank; sie wird von einem Architekturkritiker folgendermaßen vorgestellt:

„Der Architekt ist mit seiner Lösung der Aufgabe gerecht geworden, hier einen Bau hinzustellen, der inmitten kleinerer Verhältnisse die Macht und die Kraft des deutschen Reiches zur Anschauung bringt. Ob der Stil der italienischen Renaissance in unserer Zeit dazu gerade der berufenste ist, das mag hier unerörtert bleiben; jeder Künstler hat seine eigene Art, und wenn er aus seiner Formenwelt und seinem Können das Beste giebt, so thut er damit Recht, jedenfalls mehr Recht, als wenn er gezwungen würde, seine gewohnten Formen aus Nationalthuerei zu verhunzen.
Wie man über Stilfragen denken mag, die italienische Renaissance besitzt in ihrer Formensprache eine Kraft und Vornehmheit, die sie zur wirkungsvollen Ausführung von Palästen und öffentlichen Gebäuden auch heute noch als in hohem Grade geeignet erscheinen lässt."[19]

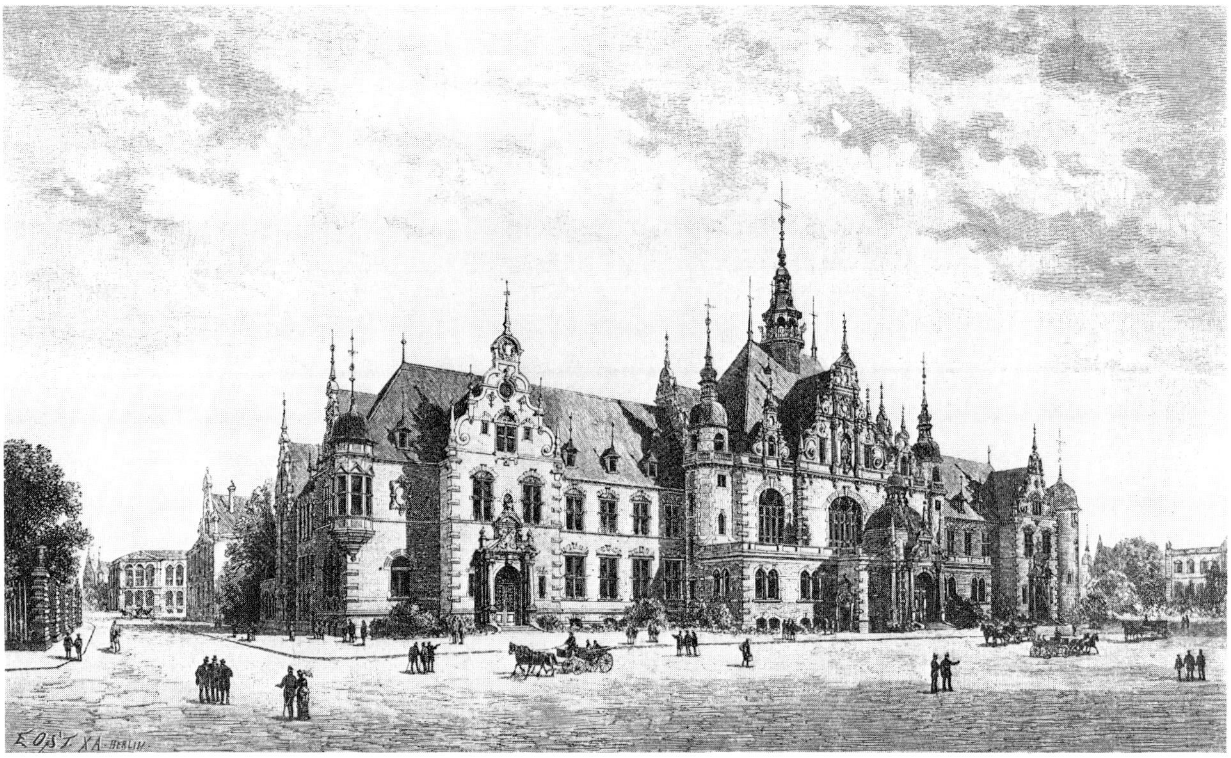

Abb. 13: Leipzig, Deutsches Buchhändlerhaus. Architekten: Kayser und Großheim. 1886–1888

Die Gegenüberstellung der beiden Bauten macht die Unterschiede deutlich *(Abb. 13 und 14)*. Das Buchhändlerhaus zeigt einen abwechslungsreichen Grundriß, der auch im aufgehenden Bestand in Form von Erkern, Zwerchhäusern, Balkonen, Vor- und Rücksprüngen, in einer vielgestaltigen Dachlandschaft und einer kleinteiligen Ornamentik zum Ausdruck kommt. Dagegen steht das Reichsbankgebäude als geschlossener Baukörper, mit einem massiven Erdgeschoß, von Säulen flankiertem Hauptportal, klarer Geschoßteilung und einem hinter weit auskragenden Gesimsen versteckten Dach. HASAK hat sich für seine Bank eigenartigerweise das Gebäude der Norddeutschen Grund-Credit-Bank in Berlin – das die Architekten des Buchhändlerhauses, KAYSER und GROSSHEIM, 1872/73 errichtet hatten – zum Vorbild genommen, ja im Äußeren fast kopiert. Anläßlich seines Neubaus der Reichsbankfiliale in Hannover (von 1894–1896), die er nach dem Muster des Leipziger Baus

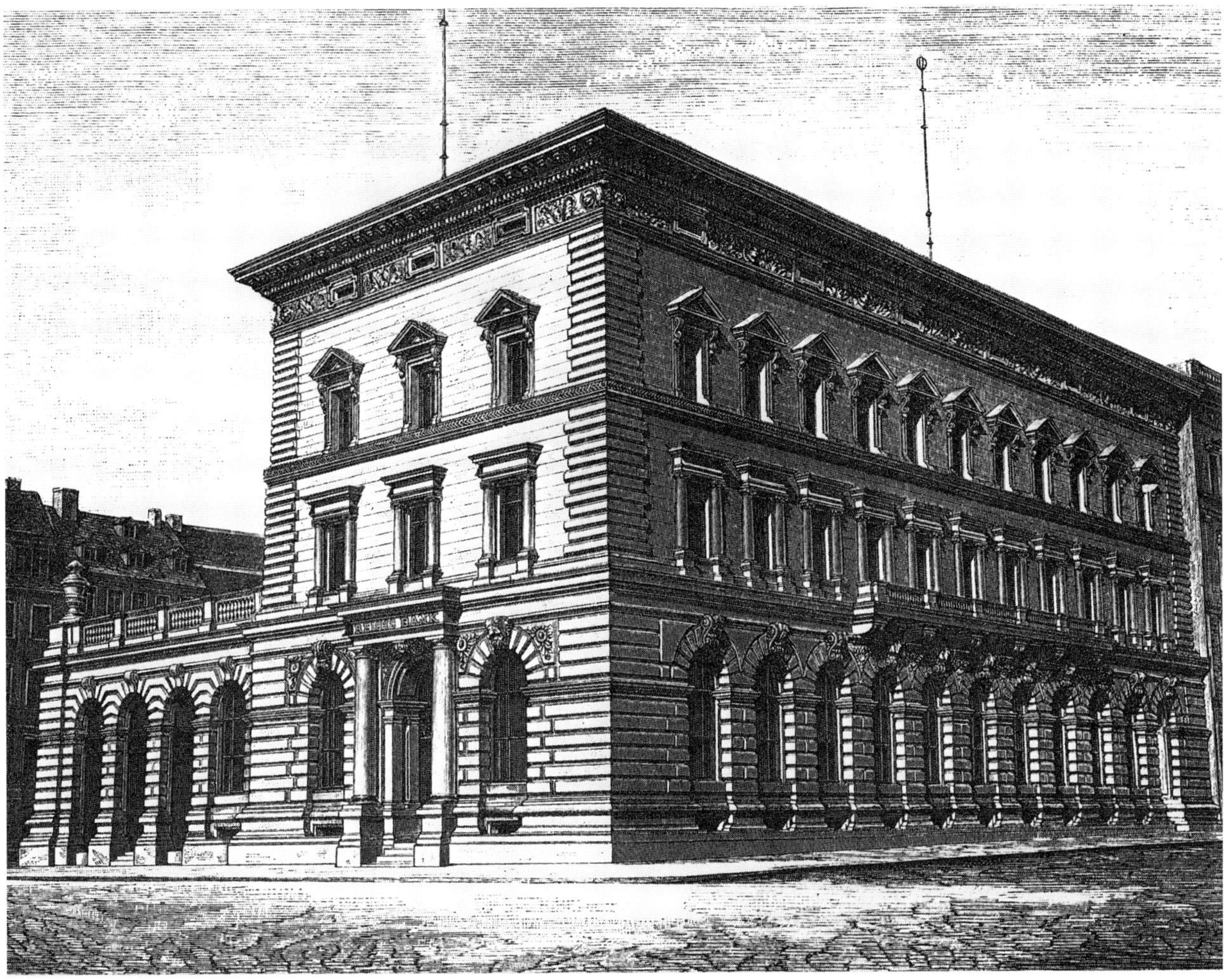

Abb. 14: Leipzig, Reichsbank. 1886. Architekt: Max Hasak

entwarf, spricht er noch einmal sehr deutlich von der „schwächlichen" Wirkung vielgestaltiger Bausilhouetten und den „kleinlich knappen Verhältnissen" vieler öffentlicher Bauten, die nach solchen Grundsätzen errichtet seien.[20]

Für Bankgebäude hatte sich seit etwa der Mitte des 19. Jahrhunderts die italienische Renaissance als bevorzugter Baustil durchgesetzt. Zumindest die großen, überregional arbeitenden Häuser und die Reichsbank bauen vielfach in diesem Stil. Er drückt offenkundig die Macht und Kraft der Institution aus und knüpft an die Tradition italienischer Bankhäuser der Renaissance an. Für die Institute der Reichsbank scheint dieser Stil also durchaus geeignet, auch innerhalb der nationalen Festlegung Ausdruckskraft zu besitzen – eine Ausdruckskraft, in der das nationale Element nicht mehr in der direkt sprechenden heimatlichen Bezüglichkeit von Architektur und Stil liegt, sondern in einer übernationalen Vorstellung von Repräsentation, die nationales Ansehen gewährleistet.

Das Haus des Deutschen Reichstags

Im Sinne einer solchen Auffassung von nationaler Repräsentation, die sich vor allem in einer gesteigerten Monumentalisierung darstellt, wird das Haus des Deutschen Reichstags 1894 fertiggestellt.

Die italienische Renaissance war der fast allgemein akzeptierte Stil dieses Großprojekts; man kann fast sagen, es bestand bei den Teilnehmern an den beiden Wettbewerben von 1872 und 1882 und bei den Preisrichtern ein Konsens über diesen Stil. Der erste Preis der zweiten Ausschreibung ging an Paul WALLOT; er hatte ihn mit einem Entwurf gewonnen, der Formen der Renaissance verwendete *(Abb. 15)*. Auf niedrigem Sockel stehen ein durch mächtige Quader betontes Erdgeschoß und darüber das Hauptgeschoß, bei dem jede Fensterachse durch eine

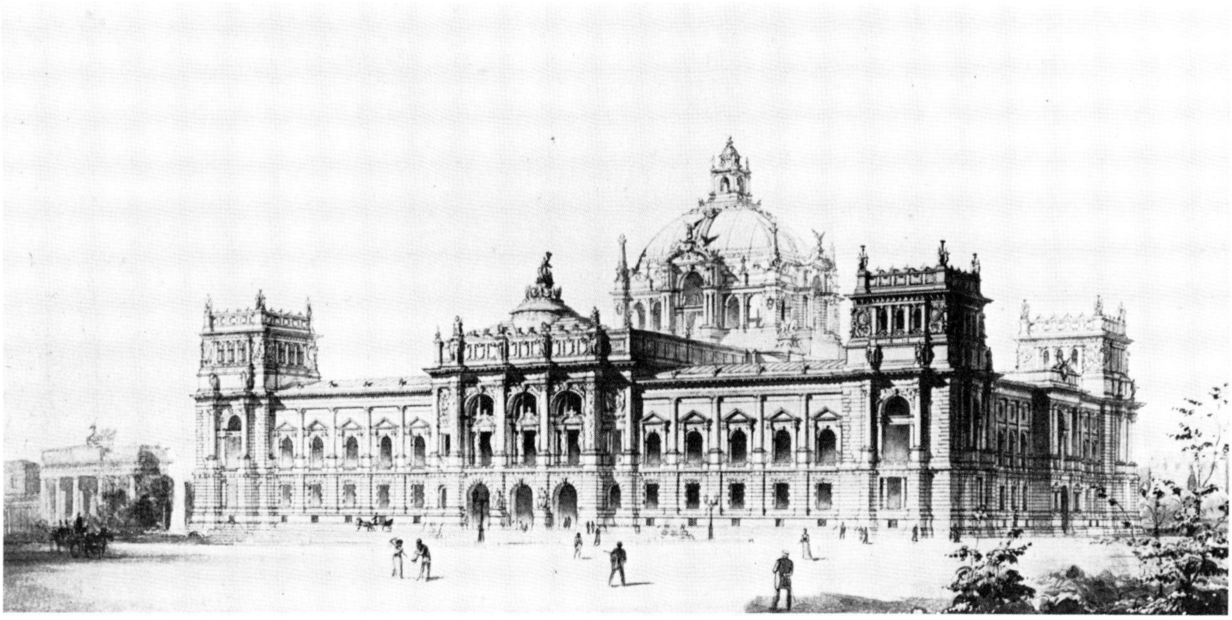

Abb. 15: Paul Wallot: Entwurf für das Haus des Deutschen Reichstages, Berlin. 1. Preis im 2. Wettbewerb. 1882

Säulenstellung betont ist; die Fenster werden durch „Tempelchen“ *(Ädikulen)* gerahmt. Die gewaltige Wirkung sollte durch einen Kuppelaufbau erreicht werden.

Die Ausführung übernimmt im Grundsätzlichen dieses Muster. Das Hauptgeschoß wird tiefer gelegt, der Sockel wird zu einem eigenen Geschoß von bedeutender Höhe, ein zweites Obergeschoß wird an der Hauptfassade eingefügt. Riesige Halbsäulen greifen nun über zwei volle Geschosse, ein Säulenportikus betont die Wirkung von Großformen. Barocke Elemente und Renaissanceformen werden somit zusammengebunden zu einer monumentalen Wirkung, die durch die freie Stellung des Gebäudes noch unterstrichen wird *(Abb. 16)*. Gewiß, der Bau sollte nicht klein, nicht kleinlich werden; schon 1872 hatte ein Kritiker gleichsam ein Siegesmonument gefordert:

„Weiter ist zu bemerken, daß der hier beabsichtigte Bau in die Zeit unserer Triumphe und Siege fällt und durch seine Erscheinung selbst eine der größten Errungenschaften dieser Erfolge, die Einigung Deutschlands, andeuten soll. Also nicht

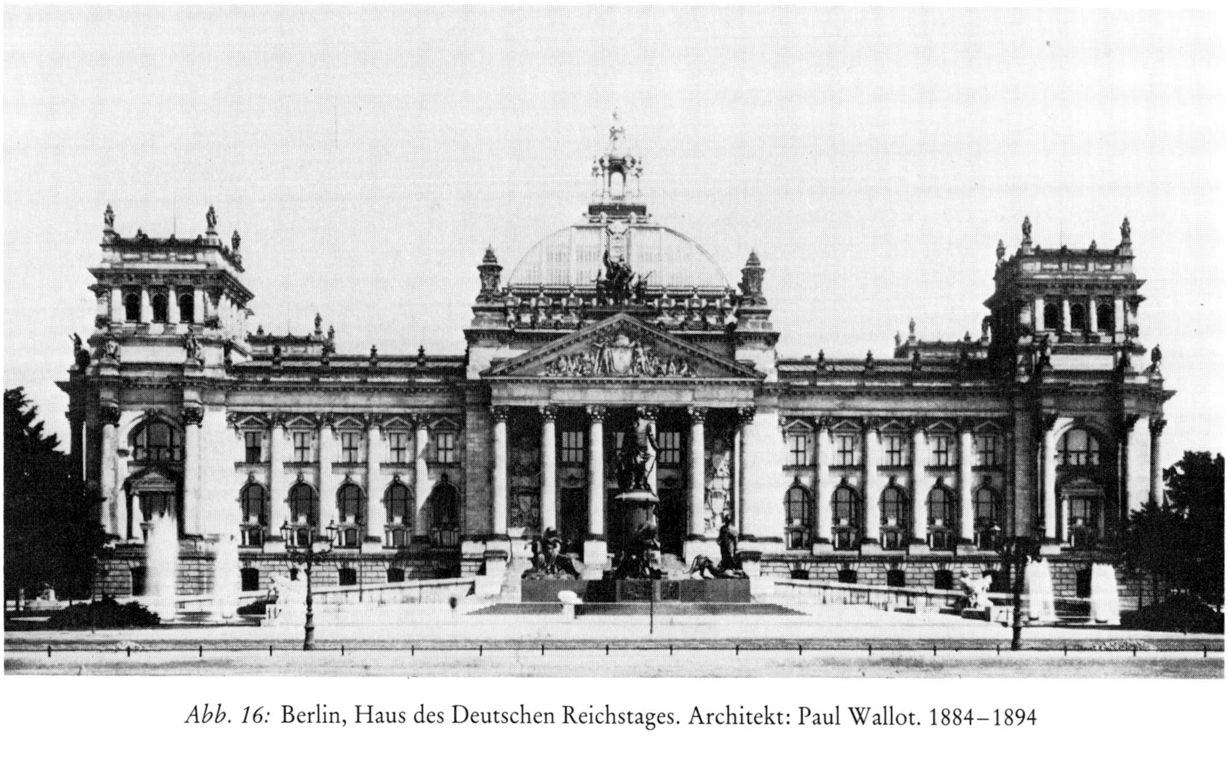

Abb. 16: Berlin, Haus des Deutschen Reichstages. Architekt: Paul Wallot. 1884–1894

jeder ernst gehaltene, einfache, klassische Stil wird uns hier genügen, sondern der Sieg und Triumph will in dem Bau selbst [...] sichtbar werden und zur Darstellung kommen. Spätere Jahrhunderte müssen noch erkennen, daß dieses Werk von einer siegreichen, im Aufstreben begriffenen, sich ihres Werthes bewußten Generation herrührt."[21]

Die städtebauliche Lage und die im Laufe der sehr langen Planungsphasen immer größer werdende Architektur entrücken den Bau in den Augen vieler Abgeordneter schließlich in eine Sphäre, in der sie in ihm gar nicht mehr die Arbeitsstelle, sondern nur noch das Monument, das Denkmal, sehen:

„So lange – zwanzig Jahre schon – warten wir dieser Fertigstellung, daß [...] wir uns im Lauf der Zeit hier eingewöhnt haben und uns sogar recht heimisch in dem Provisorium fühlen; ja, ich sollte meinen, es gebe eine ganze Anzahl von Kollegen, die jetzt schon mit geheimem Gruseln an die Uebersiedlung in den Monumentalneubau am Königsplatz denken."[22]

Je aufwendiger der Bau ausgestattet wird, desto eindeutiger nimmt er den Charakter eines nationalen Denkmals an. Selbst die finanzielle Frage scheint kein sonderliches Problem zu sein, mußte man den Bau ja nicht mit den Geldern der Steuerzahler finanzieren; denn seit dem Krieg mit Frankreich waren französische Kriegsentschädigungen zurückgestellt worden, mit denen der Bau bezahlt wurde. Somit entzieht auch dieser Punkt den Bau einem alltäglicheren Engagement.

Die Renaissance wird hier zum Ausdruck einer imperialen Machtgeste benutzt, in der sich nationale Überlegenheit ausdrückt. Angesichts dieser Entwicklung gewinnt die über mehr als ein Jahrzehnt hin geführte Opposition einiger Abgeordneter gegen diese Form von Neubau einen besonderen Stellenwert. Der Hauptsprecher einer alternativen Lösung war der Zentrums-Abgeordnete August REICHENSPERGER. Mit seinen oft formelhaft wirkenden Wortmeldungen zu Baufragen in unzähligen Reichstagsdebatten, mit seiner steten Forderung nach Verwendung des gotischen Stils, als nationaler Ausdrucksform, hat er nicht nur die konservative Position rheinisch-katholischer Neugotiker vertreten, sondern den Blick auf Architekturentwicklungen, etwa in England, gelenkt, die erst gegen Ende des Jahrhunderts allgemein anerkannt wurden. Auch seine Einlassungen gegen die Entwürfe zum Reichstagshaus enthalten wichtige Hinweise auf eine andere Form nationaler Darstellungsmittel. So wendet er sich entschieden gegen einen geschlossenen Großbau:

„Ich bin nämlich der Ansicht [...] daß wir von der ursprünglich projektirten Kolossalität des Reichstagsgebäudes abzusehen haben, daß wir etwas recht Schönes, etwas recht Zweckmäßiges bauen können, ohne daß wir ins Ungemessene die Millionen darauf verwenden. Ich bin der Ansicht, [daß] alle diejenigen Gebäude, die untergeordneten oder Nebenzwecken zu dienen haben, in einer angemessenen malerischen Gruppierung um diesen Hauptbau herum aufzurichten sind, daß mit einem Wort nicht ein eintöniger Koloß hergestellt wird, sondern eine angemessen gruppirte Architekturmasse."[23]

Was er fordert, ist ein vielfältig gestaffelter, mehrteiliger Bau, wie ihn die deutsche Renaissance kannte; REICHENSPERGER allerdings ist überzeugt, daß nur der gotische Stil eine solche Aufgabe lösen könne, der ja zudem auch noch der einzige wirklich nationale Stil sei. Er hat weder mit seinen funktionalen Argumenten für einen differenzierten Grundriß noch mit seinem Eintreten für die Gotik Erfolg. Die imposanten Formen, die wuchtige Baumasse setzen sich durch.

Das Haus des Reichsgerichts

Die weit über fünfzehn Jahre andauernde Auseinandersetzung um den Reichstag, der schließlich 1894 eingeweiht werden konnte, betraf eigentlich nur am Rande allgemeine Fragen eines nationalen Architekturbewußtseins. Längst gab es ein Einverständnis über die Gestaltung der Großbauten im Reich. Der Wettbewerb um die zweite große Bauaufgabe dieser Zeit, das Reichsgericht in Leipzig, erbrachte 1885 bei 119 Teilnehmern nur acht Entwürfe in gotischem Stil oder in Formen der deutschen Renaissance – die italienische Renaissance mit Elementen des französischen Barock war beherrschend. Das Grundschema des Großpalastes aus Mittelrisalit, langgestreckten Flügelbauten und Seitenrisaliten scheint die beste Lösung. Das den staatlichen Bauherren nahestehende *Centralblatt der Bauverwaltung* formulierte anläßlich dieses Wettbewerbs, gleichsam selbstverständlich, die repräsentativen Ansprüche:

„Und der Zufall hat es gewollt, daß sich für das Reichsgerichtsgebäude fast genau die gleichen Gesamtabmessungen als nothwendig herausstellen, welche das Berliner Reichstagshaus aufweist. Da weiterhin unsere Zeit sich über ein im großen Ganzen gleichmäßiges Gepräge, welches den bedeutenderen öffentlichen Bauwerken zu geben ist, geeinigt hat, so wird das Bild des einen und des anderen Hauses [...] der Aehnlichkeit nicht entbehren."[24]

Der siegreiche Entwurf der Architekten Ludwig HOFFMANN und Peter DYBWAD ist in der Hauptfassade stark an Paul WALLOTS erstem Reichstagsentwurf von 1882 orientiert und kopiert fast das 1884 fertiggestellte Kollegiengebäude der Universität Straßburg, eine der prestigeträchtigsten Bauaufgaben des Deutschen Reiches im wiedergewonnenen Elsaß *(Abb. 15, 17–19).*

Diese Ähnlichkeiten provozieren nicht so sehr den Vorwurf des Kopierens als vielmehr den der Langweiligkeit innerhalb der großen Bauten des Staates. Die Ausführungsplanungen laufen wie beim Reichstagshaus ab; das Reichsgericht, „welches nicht nur den Bedürfnissen des Gerichts zu genügen hat, sondern ganz besonders auch die Zeit des nationalen Aufschwungs der deutschen Nation späteren Jahrhunderten vor Augen führen soll", erhält Denkmalcharakter und bedarf deshalb der Monumentalisierung.[25] Die starke Durchfensterung des ersten Entwurfs wird zu Gunsten größerer Mauerflächen zurückgenommen, eine Giebelarchitektur auf riesigen Säulen, flankiert von zwei Türmen, kennzeichnet in der Ausführung die monumentale Hauptfront; eine riesige Kuppel bildet den zentralen Blickfang. Diese Architektur ist als nationale Ausdrucksweise erkennbar gewesen:

„Wie aus einem Gusse, durchdrungen von echt künstlerischem Geist, steht der Riesenbau [...] auf Leipziger Boden, weithin sinnig als Reichsbau verkündend, wie Macht nach außen durch das Reich, Recht nach innen durch das höchste Gericht hier wohne."[26]

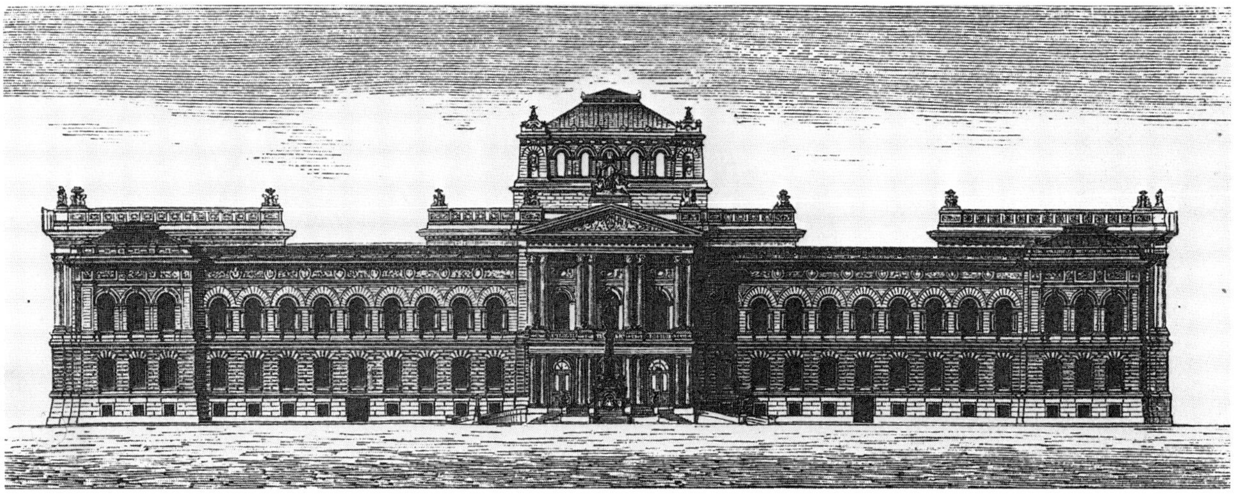

Abb. 17: Ludwig Hoffmann / Peter Dybwad: Entwurf für ein Reichsgerichtsgebäude in Leipzig. 1885

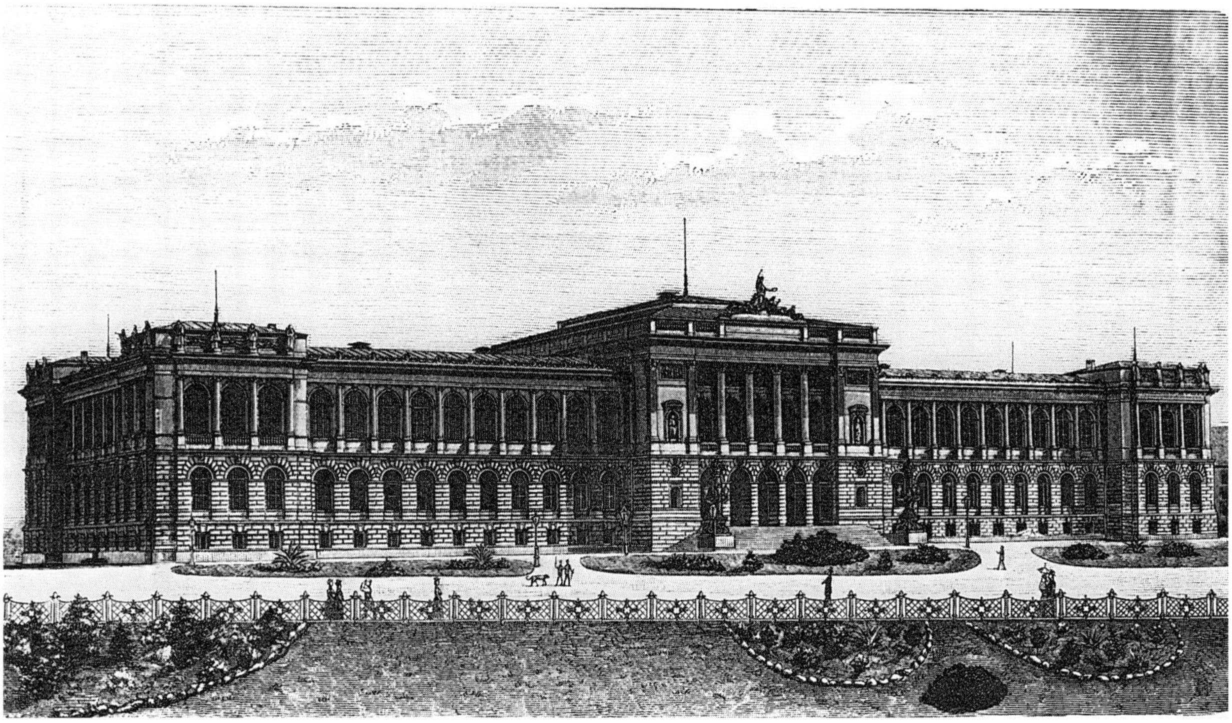

Abb. 18: Straßburg, Kollegiengebäude der Universität. 1884. Architekt: August Warth

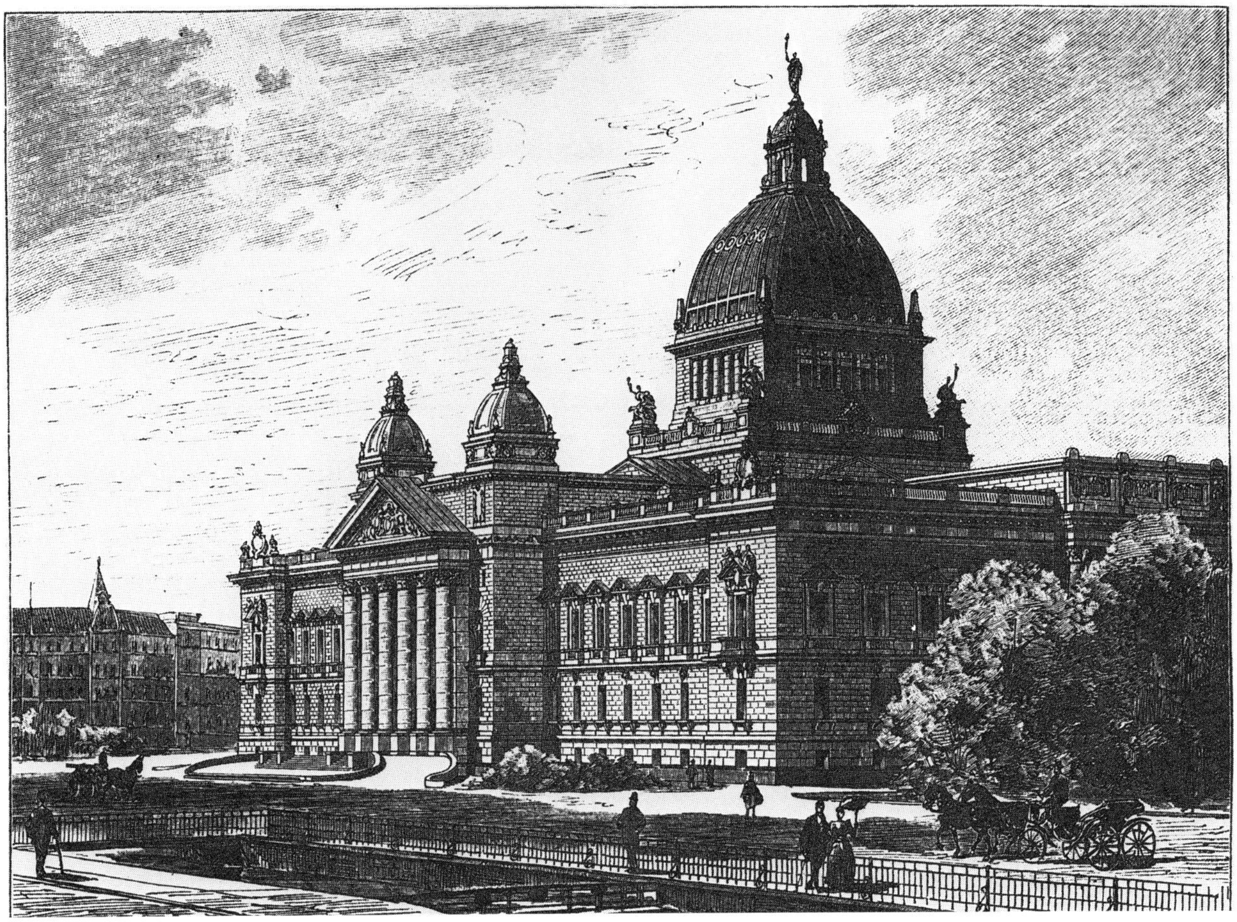

Abb. 19: Leipzig, Reichsgericht. 1895. Architekten: Ludwig Hoffmann und Peter Dybwad

Die Rolle der Moderne

„Ein berühmter Lehrer der Kunstgeschichte sagte vor einigen Jahren [...] daß Deutschland der römischen Imperatorenzeit entgegengehe [...]. Es scheint demnach besonders in baulicher Hinsicht zwischen der römischen Kultur der Kaiserzeit und unserer modernen deutschen Kultur ein Verwandtes zu bestehen, das uns auf die römische Architektur, wie sie uns durch die italienische Renaissance für unsere modernen Verhältnisse zugänglich gemacht ist, führt. Es scheint die Architektur der italienischen Renaissance [...] der moderne deutsche Baustyl werden zu wollen."[27]

In einem sehr weiten Rahmen behielt dieser Architekturkritiker recht. Doch es gab auch eine Gegenbewegung. Der Jugendstil brach in die festgefügten Vorstellungen von historischen Vorbildern, doch er blieb für eine neue nationale Baukultur nur von geringer Bedeutung; die ästhetische Verfeinerung entbehrte des nationalen Pathos und drohte in verspieltem Raffinement aufzugehen.

Aus einer gänzlich anderen Richtung kam im ersten Jahrzehnt des 20. Jahrhunderts ein Lösungsversuch. 1907 wurde der „Deutsche Werkbund" gegründet, eine Vereinigung von Industriellen, Künstlern, Politikern und Architekten. Hier hatte sich ein Teil des wohlhabenden, zum Teil liberalen Bürgertums zusammengeschlossen, das im Bewußtsein seiner finanziellen und intellektuellen Stellung eine umfassende Reform aller gewerblichen Bereiche anstrebte. Ausdruck dieser neuen Bewegung war das Botschaftsgebäude des Deutschen Reichs in St. Petersburg (Leningrad), das der Architekt Peter BEHRENS von 1911–1913 erbaut hatte *(Abb. 20)*. Die Abstraktion von herkömmlichen historischen Formen im Außenbau sicherte ihm den Anspruch auf Modernität. Der dunkelviolette Granit gewährleistet einen weithin sichtbaren Unterschied zu den überwiegend in hellen bis weißen Farben gehaltenen barocken und klassizistischen Prachtbauten Leningrads. Doch in welcher Weise wird hier die neue Form eingesetzt? „Es weht hier der strenge Preußengeist", vom „gewaltigen Ausdruck" der Pfeiler aus Granit ist die Rede, etwas „Grenadierhaftes" wird in durchaus positiver Wertung an ihnen beobachtet; das

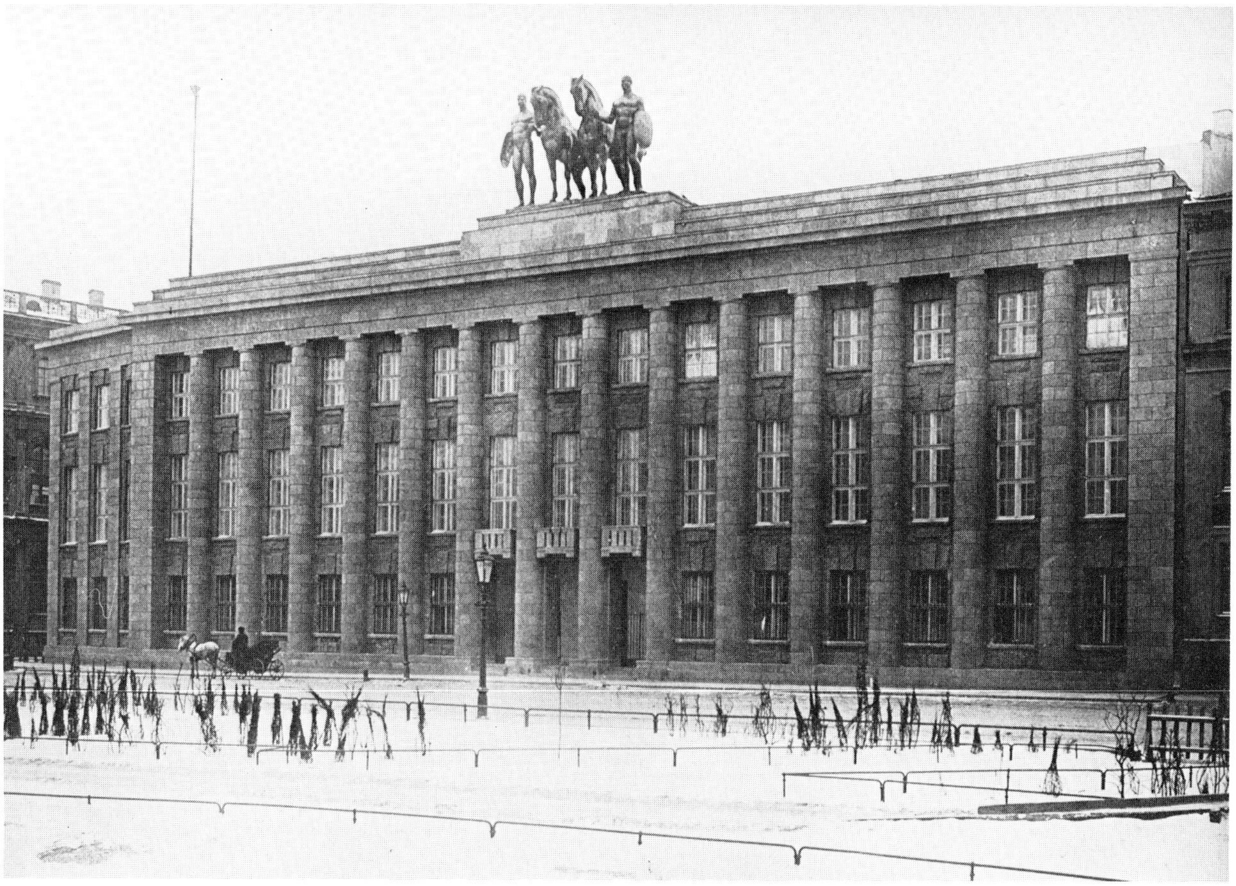

Abb. 20: St. Petersburg, Deutsche Botschaft. Architekt: Peter Behrens. 1911–1913

Auswärtige Amt hat „dem Ausland in einer nachdrücklichen Weise mit einem Hinweis auf neue nationale Gestaltungskräfte zu imponieren verstanden".[28]

Die Modernität der Außenarchitektur dieses Baues ist das getreue Abbild und das Ergebnis der Überlegungen der Architekten innerhalb des Werkbundes. Er hatte seine Ziele an ein sehr ausgeprägtes Verständnis von nationaler Überlegenheit deutscher Industrie und deutschen Kunstgewerbes gebunden. Die Reform wurde als Mittel der Produktions- und Absatzförderung auf den internationalen Märkten eingesetzt. Die Arbeiten der Werkbundmitglieder werden als Zeugnisse des neuen deutschen Stils herausgestellt, der die Überlegenheit besonders gegenüber England und Frankreich auf allen Gebieten der Gestaltung durchsetzen soll; bei großen Staatsbauten gab es allerdings innerhalb des Reichs noch keine Beispiele für diesen Stil.

„Wir haben seit wenigstens einem Jahrzehnt aus eigener Kraft geschaffen, eine Sprache wiedergewonnen, die unserer Zeit und unseres Volkstumes Ausdruck ist, viel mehr als jede stilnachahmende Architektur es sein könnte oder je gewesen ist. Wir haben das Vertrauen, daß diese unsere Kunstauffassung sich ebenso siegreich behaupten wird im Wettstreit der Völker wie die Gebilde der deutschen Technik und Industrie und deshalb bekennen wir uns auch dem Ausland gegenüber zu dieser unserer Überzeugung und rechnen darauf, daß das Recht und die Überlegenheit unserer modernen Baukunst auch dort eines Tages nicht mehr bestritten wird."[29]

In solchen Sätzen nähern sich Sprache und Inhalt den gleichzeitigen politischen Forderungen nach deutscher Weltgeltung; ja, die Forderungen an den Machtausdruck des St. Petersburger Botschaftsgebäudes und noch mehr an den der 1913 geplanten Botschaft in Washington erinnern an Äußerungen über die jeweiligen Schiffsneubauten der deutschen Marine in diesen Jahren. Die Gruppe der Rossebändiger als Krönung der Botschaft betont den Überlegenheitsanspruch des Reiches auch bildlich.

Das Verlangen nach deutscher Weltgeltung, wie es in der Aufrüstung verhängnisvoll zum Ausdruck kam, in den Leistungen der deutschen Industrie eindrucksvoll dokumentiert wurde, findet bei BEHRENS' Botschaft in St. Petersburg gerade in der Bindung an die Industrie seinen Ausdruck. Die deutliche Parallele der Grundstruktur zwischen der Botschaft und BEHRENS' Kleinmotorenfabrik für die AEG in Berlin von 1910–1913 *(Abb. 21)*

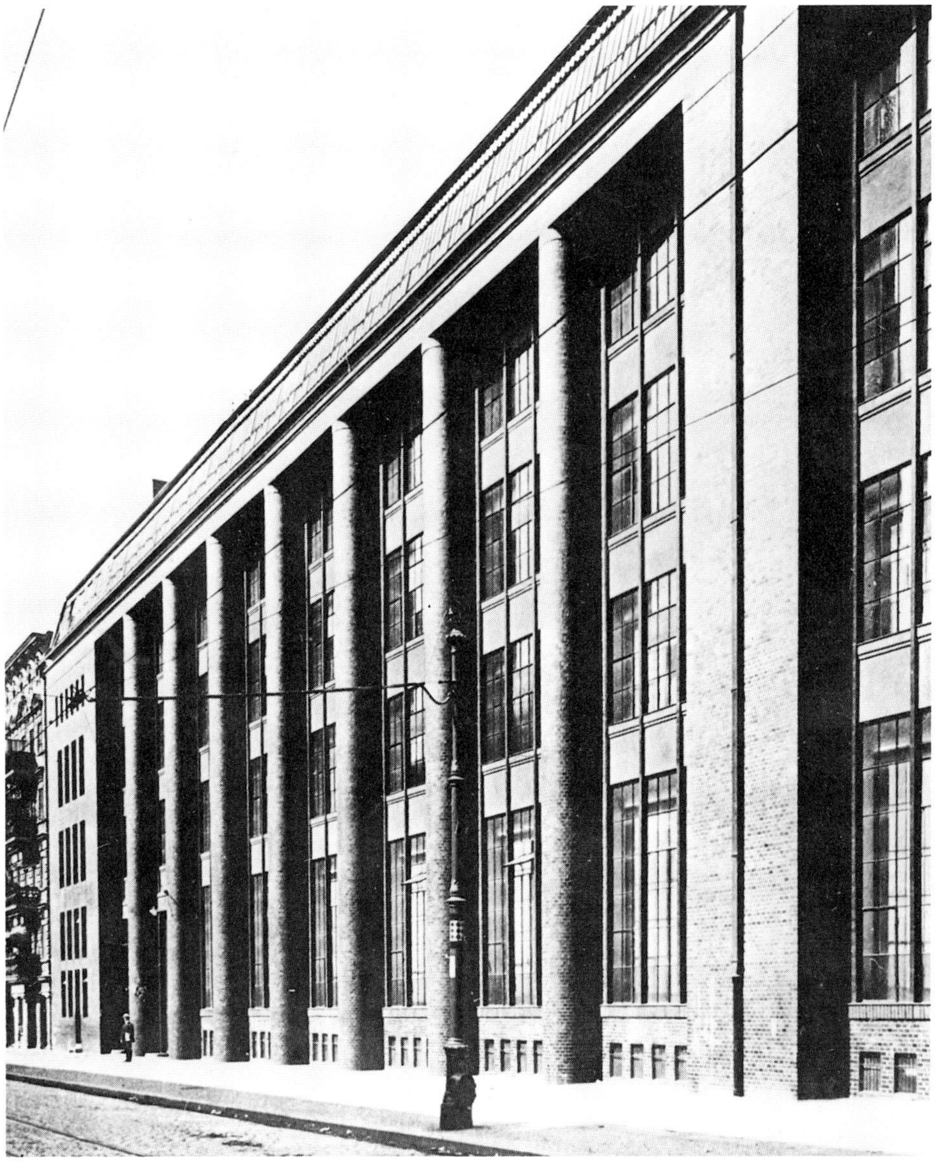

Abb. 21: Berlin, Kleinmotorenfabrik der AEG. Architekt: Peter Behrens. 1910–1913

ist bewußt herbeigeführt und kann nur als Teil dieser Vorstellungen von industriell-gewerblicher Überlegenheit und staatlicher Vormachtstellung gewertet werden – und sie wurde es zeitgenössisch auch.

Die neuere kunstgeschichtliche Forschung hat diese Angleichung von industriellen Formen und denen der staatlichen, nationalen Repräsentanz eingedenk der Vorrangstellung industrieller Kreise unmittelbar vor dem Ersten Weltkrieg als den Versuch bezeichnet, einen „industriebürgerlichen Reichsstil als Alternative zum internationalen Hofstil" einzuführen.[30]

Der Neubeginn nach dem Zweiten Weltkrieg

Die beginnende Moderne, soweit sie vom führenden Werkbund bestimmt war, kann nicht als Wendepunkt in den Vorstellungen von nationaler Architektur gewertet werden. Die formalen Mittel brechen nicht mit dem nationalen Pathos, die Motive ihrer Anwendung wandeln sich nicht, sondern passen sich voll dem vorherrschenden Drang nach imperialer Größe an.

Einen wirklichen Umschwung bringt die Niederlage nach dem Ersten Weltkrieg mit dem wirtschaftlichen Zusammenbruch. Die modernen deutschen Architekten sehen jetzt ihr Schaffen in einem internationalen

Zusammenhang, lösen sich in hohem Maße von herkömmlichen, national gebundenen Auffassungen. Die konservativen Strömungen der zwanziger Jahre, die ja gerade auch in der Architektur besonders stark gewesen waren, leiten jedoch sehr bald über zu den Großformen nationaler Darstellung in der offiziellen Architektur des Dritten Reichs.

Diese Erfahrungen, diese Formen und ihre Inhalte begründen einige Jahre nach dem Zweiten Weltkrieg in der Bundesrepublik eine weitgehende Enthaltsamkeit von Gedanken an ein nationales Bewußtsein nach herkömmlichen Mustern. Internationalisierung, Demokratisierung wurden die Schlagworte des Bauens der fünfziger Jahre.

In der DDR dagegen spielte in der Nachkriegszeit bis in die fünfziger Jahre der Gedanke an eine neue deutsche Architektur als nationales Identifikationsmoment eine bedeutende Rolle. Dort bildete der Bezug auf den Klassizismus nach der Vertreibung NAPOLEONS nationalpolitische Parallelen zu einem geplanten Neuanfang nach dem neuerlichen Sturz eines Diktators. Nationalbewußtsein in der Architektur wurde also aus der historischen Rückversicherung bei einer vorbildlichen Epoche gewonnen. Die Architektur der Bundesrepublik zog ihr nationales Bewußtsein, das ja durchaus – wenn auch versteckt – vorhanden war, in der Wiederaufbauphase aus ihrer Internationalität. Karl-Marx-Allee und Hansaviertel in Berlin sind die monumentalen Zeugen des Vorgangs *(Abb. 22 und 23).*

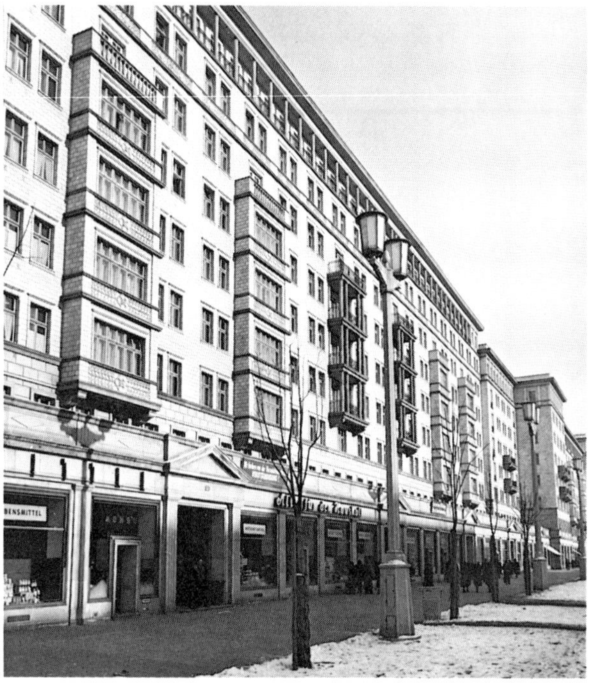

Abb. 22: Berlin (Ost), Bez. Friedrichshain. Karl-Marx-Allee. Block E-Nord. Architekt: Hanns Hopp, 1953

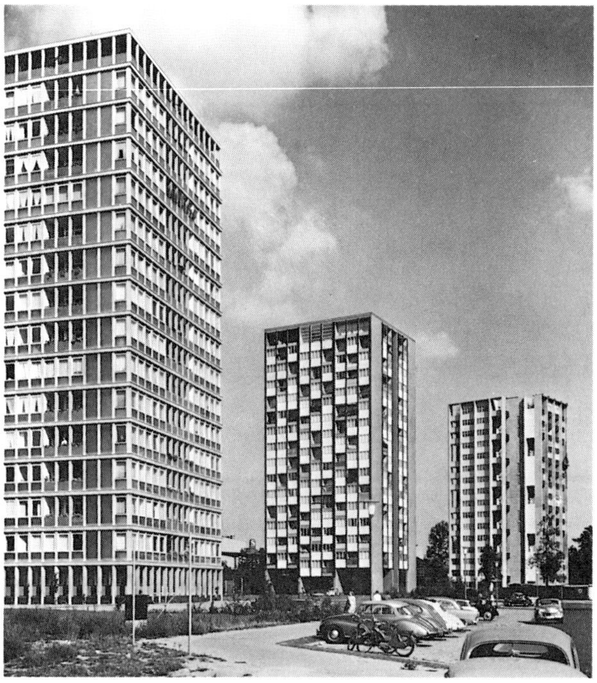

Abb. 23: Berlin (West), Bez. Tiergarten, Hansaviertel, Bartningallee. Punkthäuser. Architekten, v.l.n.r.: Gustav Hassenpflug, 1958; Raymond Lopez u. Eugène Beaudouin, 1957; Hans Schwippert, 1957

Der Wiederaufbau in der Bundesrepublik galt als nationale Leistung in der Architektur, die allerdings abgerückt ist von der direkten Ablesbarkeit nationaler Bezüge durch eine gleichsam sprechende Architektur, zu Gunsten von Qualitäten, die in allgemeinen handwerklich-baukünstlerischen und wirtschaftlichen Größen gemessen wurden.

21. Stadtplanung zwischen Kunst und Politik

Michael Hesse / Joachim Petsch

Kahlschlagsanierung, Betonsilos und Trabantenstädte, Verkehrsplanung, Eigenheimmentalität, die Aufteilung der Stadt in Funktionszonen, aber auch die Flucht in nostalgische Beliebigkeiten – alles dies zerstört fortschreitend Aussehen und Qualität unserer Städte. Die Zerstörung der Stadt und die Umweltzerstörung durch die Stadt bringen uns mehr und mehr dazu, unsere Vorstellung von dem, was Stadt ist, grundsätzlich zu überdenken. Architektur als bloße Aufgabe der Gestaltung einzelner Gebäude und Stadtplanung als bloße Reaktion auf volkswirtschaftliche Anforderungen und vermeintliche Sachzwänge reichen nicht aus, die Probleme der heutigen Stadt zu bewältigen. Wir befinden uns in einer Phase, in der wir zwar die verheerenden Folgen einer allein verkehrstechnisch bewältigten wildwüchsigen Ausdehnung unserer Städte begreifen oder um die Konsequenzen einer Verödung unserer Innenstädte wissen, in der es jedoch entschieden an Konzepten mangelt, die der seit dem 19. Jahrhundert jäh sich beschleunigenden Entwicklung gegensteuern könnten. In einer solchen Phase sollte es Aufgabe der Kunstgeschichte sein, nicht nur den Anteil der Kunst an der historischen Entwicklung der Stadt aufzuzeigen, sondern über den Zusammenhang und die wechselseitige Einflußnahme von Kunst, Politik und Ökonomie in der Geschichte der Stadt nachzudenken.

Ziel dieses Beitrags ist es, die Rolle und die Einflußmöglichkeiten architektonischer bzw. städtebaulicher Planung auf den städtischen Organismus insbesondere zu zwei Zeiten und unter zwei Staatsformen zu untersuchen: im Absolutismus des 17. und 18. Jahrhunderts und im bürgerlichen Nationalstaat des 19. und 20. Jahrhunderts. Beispielhaft werden wir die Entwicklung einiger weniger Plätze und ihren städtebaulichen und stadtgeschichtlichen Zusammenhang in Paris und Berlin verfolgen. Im absolutistischen Paris soll der Vorrang der bildhaften Funktion von Architektur, im bürgerlichen Berlin der Vorrang der privatbürgerlichen Interessen deutlich werden, der die Bildhaftigkeit städtebaulicher Komplexe mehr und mehr verdrängt und die Wahrnehmung der Stadt als gestalteten Organismus nicht länger zuläßt.

Die städtebaulichen Konzepte des Absolutismus gründen sich noch weitgehend auf die Architekturtheorie und Architekturpraxis der italienischen Renaissance. Hier wurde erstmals in nachantiker Zeit die Stadt als ein ganzheitlich zu gestaltendes Kunstwerk aufgefaßt. Ähnlich wie die neuzeitliche Malerei mit Hilfe der Zentralperspektive die „Befestigung und Systematisierung der Außenwelt" (PANOFSKY) auf den Betrachter als Bezugspunkt anstrebt, werden die öffentlichen Räume und die Stadt insgesamt durch geometrische Regelmäßigkeit und Symmetrie auf den Menschen hin geordnet. Städtebau ist also nach dieser Vorstellung – zum einen – die vorausschauende Ordnung räumlicher und baulicher Entwicklung im Bereich örtlicher Gemeinschaften. Bei der Neugestaltung gewachsener Ensembles hingegen versucht die Stadtbaukunst der Renaissance und des Barock, durch eine nachträgliche inhaltliche und formale Sinnstiftung mehr oder weniger zufällig entstandene Situationen zu bewältigen: Städtebau ist also – zum anderen – auch Kontingenzbewältigung, das heißt gestalterische Überführung vorgegebener Zufälligkeiten in ein künstlerisches Ganzes. Die Anlage und Gestaltung von Plätzen boten besonders an, der Stadt ein Gesicht zu geben, in welchem Herrschaftsansprüche und Herrschaftsverhältnisse bildhaften Ausdruck finden.

Im modernen Städtebau, der ab etwa 1850 am Beispiel Berlins verfolgt werden soll, und der durch die private Produktion der Stadt gekennzeichnet ist, steht nicht mehr die Abbildfunktion von Architektur, sondern die Schaffung der wirtschaftlich effektiven Stadt im Mittelpunkt. Sie wird vor allem durch die Anlage eines leistungsfähigen Straßennetzes und die Einrichtung von Verkehrssystemen und einer städtischen Infrastruktur erreicht. Mit der privaten Produktion der Stadt wird die Vorstellung von der Stadt als Kunstwerk aufgegeben. Zwar erfolgt Ende des 19. Jahrhunderts in der Architekturtheorie eine Wiederentdeckung der Stadt als Kunstwerk und es werden Forderungen nach der künstlerischen Gestaltung durch öffentliche Intervention erhoben, jedoch können sich umfassendere gestalterische Überlegungen in der Städtebaupraxis allenfalls in Teilbereichen durchsetzen. Auch die nationalsozialistische Ideologie des Dritten Reiches versuchte, die Vorstellung von der Stadt als Gesamtkunstwerk wiederzubeleben; sie hat der Stadt ebensowenig ihren Stempel aufdrücken können, wie es Konzepte von einzelnen Architekturschulen und Architekturrichtungen vermochten. Im Grunde genommen erweist sich die moderne, auf privatwirtschaftlicher Basis „funktionierende" Stadt bis heute gegenüber umfassender städtebaulicher Planung, gleich welcher künstlerischen Richtung oder politischen Tendenz, als widerstandsfähig.

Stadtbaukunst vom Barock bis zur Mitte des 19. Jahrhunderts – Das Beispiel Paris

Ein Buch zur Stadtbaugeschichte von Paris trägt den Untertitel „Eine Stadt als Kunstwerk".[1] Damit ist nicht eigentlich die Fülle bedeutender Kunstdenkmäler angesprochen, sondern vielmehr das Stadtbild als ein Ganzes, das diese Kunstdenkmäler einschließt, und doch als ein künstlerisches Ganzes mehr ist als die Summe seiner Teile. Schon der Begriff „Stadtbild" kann darauf hindeuten, daß Paris – wie ein Einzelwerk der traditionellen Bildenden Kunst – einen wohlausgewogenen Organismus darstellt, in dem alle Teile aufeinander und zugleich aufs Ganze bezogen sind. Paris ist nicht, wie manche Idealstädte, nach einem einzigen Plan entstanden. Das heutige Stadtbild stellt das auch weiterhin für Veränderungen durchaus offene Ergebnis eines zweitausendjährigen Prozesses mit unkontrolliertem Wachstum und systematischer Planung, regulierenden Eingriffen, Um- und Neudeutungen dar, ja selbst der historische Zufall hat bisweilen die Stadtgestalt sinnvoll mitbestimmt.

Das Stadtbild von Paris

Als PHILIPP II. AUGUST um 1200 Paris durch einen Mauerring befestigen ließ, geschah dies angesichts der äußeren Bedrohung durch den auf 20 Meilen herangerückten Herrschaftsbereich der englischen Krone, aber auch mit dem Ziel, die städtischen Massen als innenpolitischen Faktor in den Griff zu bekommen. Zugleich wurde die Stadt als ein dreiteiliges, axialsymmetrisches Gebilde definiert: Der Seine-Fluß gibt die Symmetrieachse in Ost-West-Richtung vor. Er teilt sich im Stadtgebiet und umschließt die große Stadtinsel, die „Ile de la Cité" mit dem Bischofssitz im Osten und dem Königspalast im Westen. Auf dem Nordufer liegt die halbkreisförmige Teilstadt der Handwerker und Kaufleute – „la ville". Und auf dem Südufer die ebenfalls halbkreisförmige Teilstadt der Lehrenden und Lernenden, vom 13. Jahrhundert an als „l'université" bezeichnet. Zwei Nord-Süd-Straßen, durch Brücken über die Flußarme geführt, verbinden die drei Teilstädte. Dementsprechend wurde Paris die „Stadt der drei Personen" genannt, und noch der Plan von M. MERIAN (1615) unterscheidet die Teilstädte „ville", „cité" und „université" *(Abb. 1).*

Der Merian-Plan macht zugleich deutlich, daß in der Bürgerstadt die Träger des wirtschaftlichen und kommunalen Aufschwungs wohnten, denn „la ville" bedeckt eine weit größere Grundfläche als „l'université". So war bereits um 1370 der Mauerring auf dem Nordufer weiter gefaßt worden. Diese Befestigung wurde um 1640 noch weiter nach Westen vorgetrieben, um das Tuilerien-Schloß samt Gärten einzubeziehen und neue Wohngebiete zu erschließen. Ein irrationales Element in diesem geometrisch klaren Stadtgefüge stellten die Siedlungen (fränkisch *bourg*) dar, die sich seit dem Frühmittelalter um die ehemals weit vor der Stadt – daher Namen wie St-Martin-des-Champs („auf den Feldern") oder St-Germain-des-Prés („auf den Wiesen") – gegründeten Klöster gebildet hatten. Sie waren mit der Ausdehnung von Paris zu Vorstädten („faubourgs") geworden. Auf dem Nordufer wurden die Faubourgs zum Teil bereits um 1370 durch die erweiterte Befestigung in das Stadtgebiet eingegliedert, auf dem Südufer blieben vergleichbare Maßnahmen in den Ansätzen stecken.

Ebenso wie der Bau der Mauern war der Abbruch der Befestigungsanlagen nach 1664 ein Politikum. Als Zeichen seiner inneren und äußeren Machtstellung verzichtete LUDWIG XIV. als erster europäischer Herrscher auf die Befestigung seiner Hauptstadt. Die Bollwerke – „boulevards" – wurden durch breite Prachtstraßen, die Stadttore durch Triumphbögen nach antikem Vorbild ersetzt. Die Niederlegung der Befestigungen und die Errichtung der Triumphbögen waren auch Propaganda gegen den Kaiser in Wien, einen der politischen Hauptgegner LUDWIGS XIV. Denn gerade der Kaiser konnte sich vergleichbare Maßnahmen in Wien angesichts der herandrängenden Türken nicht leisten. Erst zweihundert Jahre später ließ Kaiser FRANZ JOSEPH die Wiener Stadtbefestigungen schleifen und nach Pariser Vorbild die Ringstraße anlegen.

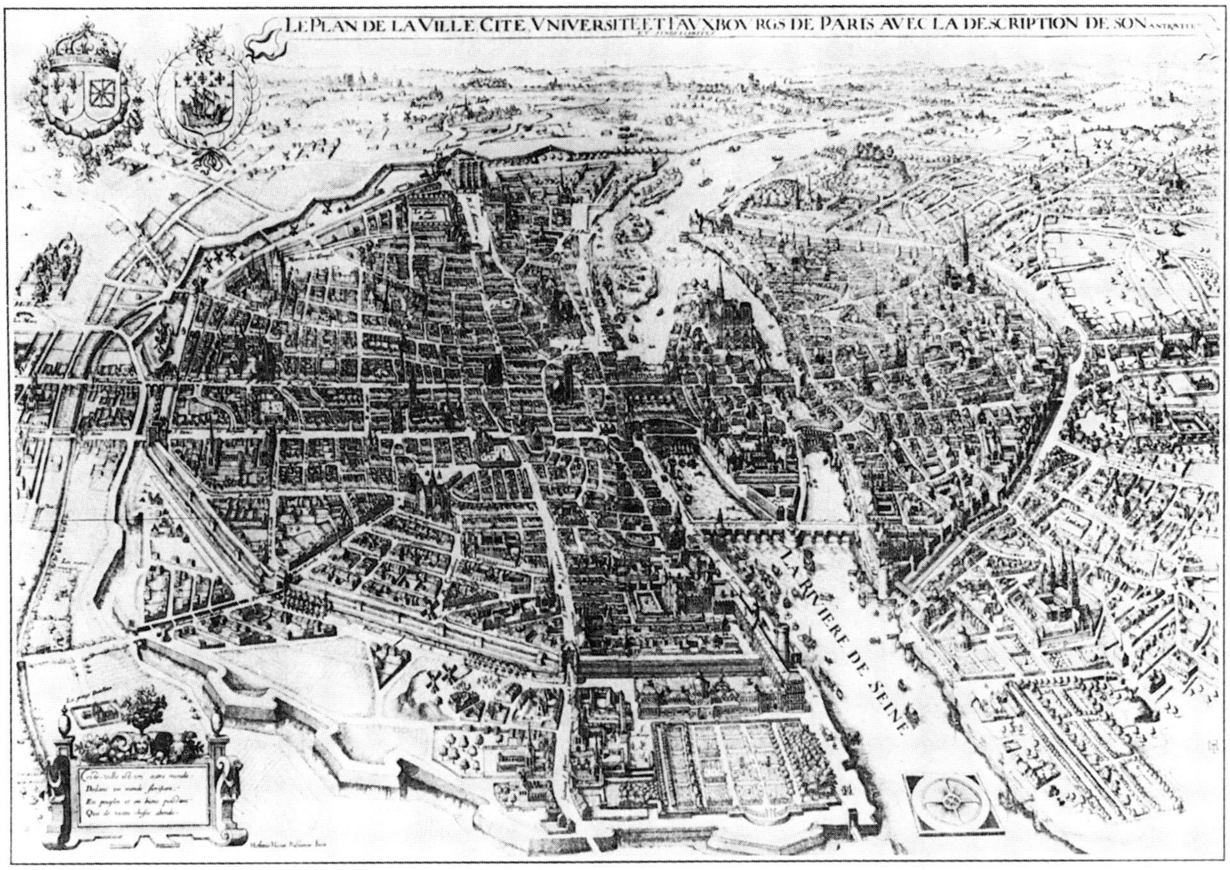

Abb. 1: Paris aus der Vogelschau. Um 1640 (nach dem Plan von M. Merian, 1615). Die Darstellung ist nach Osten *(oben)* ausgerichtet. Man sieht die dreiteilig-symmetrische Stadtgestalt. Der Seine-Fluß bildet die Symmetrieachse. Die drei Teilstädte werden in der Überschrift benannt: „la ville", die Bürgerstadt, auf dem Nordufer *(links)*; „la cité", die Inselstadt, in der Flußmitte, und „l'université", die Universitätsstadt, auf dem Südufer *(rechts)*. Noch stehen die alten Mauern: im Norden *(links)* die Stadtmauer von 1370 mit der Erweiterung nach Westen *(vorn)* um 1640; im Süden *(rechts)* der kleinere Halbring mit der Mauer von 1200. Hier liegen die ehemals befestigten Klostersiedlungen *(faubourgs)* noch vor der Stadt, wie St-Germain-des-Prés *(vorn rechts)*. An der Westspitze der Seine-Insel erkennt man den Pont-Neuf, die dreieckige Place Dauphine und das Reiterdenkmal. Am nordwestlichen Stadtrand *(halblinks oben)* ist das Viereck der Place des Vosges zu sehen. In der Bildmitte im Vordergrund der Tuilerien-Garten mit dem Tuilerien-Schloß, das durch einen langen Trakt parallel zum Flußlauf mit dem Louvre-Schloß verbunden ist

Durch die Umwandlung des mittelalterlichen Befestigungsringes in die Grands Boulevards blieb die eingangs beschriebene dreiteilige und axialsymmetrische Stadtgestalt weiterhin für das Hauptstraßensystem verbindlich. Alle späteren Mauern und Befestigungen, die dann ihrerseits zu Straßenringen geworden sind, legten sich konzentrisch um den inneren Boulevardring. Die Stadtplanung des 19. Jahrhunderts schuf in diesem Sinne selbst dort ring- bzw. halbringförmige Durchgangsstraßen, wo sich ehemals keine Mauern befunden hatten. Und noch die Ringautobahn der 1960er Jahre, der Boulevard Périphérique, ist in ihrem Verlauf durch das System konzentrischer Ringe bestimmt.

Die Stadtplanung des Barock – Königliche Platzanlagen und die große Ost-West-Achse

Architekturtheorie und Architekturpraxis der italienischen Renaissance haben erstmals die Stadt als ein ganzheitlich zu gestaltendes Kunstwerk zum Thema erhoben. Die öffentlichen Räume, Straßen und Plätze, ganze Stadtviertel, ja die Stadt insgesamt werden durch geometrische Ordnung, Regelmäßigkeit und symmetrische Anlage auf den Menschen als Bezugspunkt ausgerichtet. Die Stadtbaukunst entwickelt eine Vorliebe für Idealstädte. Bei der Neugestaltung gewachsener Ensembles versucht sie, durch eine nachträgliche inhaltliche und formalästhetische Sinnstiftung mehr oder weniger zufällig entstandene Situationen zu bewältigen.

In Paris stellt der 1512 vollendete *Pont Notre-Dame* (auf *Abb. 2* am linken Bildrand) erstmals ein ideales, einheitlich konzipiertes städtebauliches Ensemble im neuzeitlichen Sinne dar: Eine breite Brücke ist zu beiden Seiten der Fahrbahn mit je einer Reihe völlig gleichartiger Häuser bebaut. Es entsteht ein längsrechteckiger, platzähnlicher Korridor mit symmetrischer Rahmenarchitektur. Die Einheit der Anlage wurde bei Festdekorationen bisweilen noch durch triumphbogenartige Tore an den Brückenauffahrten unterstrichen. Der Pont Notre-Dame bildete die Vorstufe eines städtebaulichen Projektes, das die Dreiteiligkeit des Pariser Stadtgefüges und seine im Flußlauf vorgegebene Symmetrieachse nachdrücklich betonen und inhaltlich auf die Person des französischen Königs beziehen sollte – die Neugestaltung der westlichen Spitze der Cité-Insel durch den Pont-Neuf und die Place Dauphine.

Die Place Dauphine und der Pont-Neuf: Systematisierung des Stadtbildes und bildhafter Ausdruck der Beziehung des Herrschers zu seiner Hauptstadt

Nach 1578 schlug man an der Westseite der Seine-Insel eine neue Brücke, den „Pont-Neuf", über den Fluß. Nach dem Vorbild des Pont Notre-Dame sollte die Brücke zunächst durch Reihenhäuser begrenzt werden. König HEINRICH IV. jedoch wollte eine unbebaute Brücke und ließ um 1600 die bereits ausgeführten Kellerräume der Häuser zuschütten. 1606 war der Pont-Neuf fertiggestellt. Die Brücke *(Abb. 2)* schwingt sich unter Einbeziehung der Insel in zwei Abschnitten über die Flußarme. Im Bereich der Ile de la Cité führt die Fahrbahn an einer hoch aufgemauerten Plattform auf der Westspitze der Insel vorbei. Für die Plattform stiftete die Königin MARIA von Medici als Geschenk an die Stadt Paris 1605 ein Denkmal ihres Gatten HEINRICH IV. Es zeigt den König in Prunkrüstung zu Pferde, als siegreichen Friedensstifter, der in seine Hauptstadt Paris einzieht. Auf das Bild des Königs ist die Bebauung der Inselspitze östlich von Denkmalplattform und Brücke bezogen.

Die einheitlich gestalteten Häuser formierten einst – der dreieckigen Geländesituation folgend – die Grundrißfigur eines gleichschenkligen Dreiecks mit über die Basis hinaus verlängerten Schenkeln, eine Grundrißfigur ähnlich dem Buchstaben A. Dabei wurde über dem Grundriß des gleichschenkligen Dreiecks ein kleiner Binnenplatz ausgebildet, die Place Dauphine. Die Hauptachse des Binnenplatzes liegt im rechten Winkel zur Brückenachse und ist auf das Reiterbild ausgerichtet. Der Hauptachse entsprechend sieht die Bebauung an der Spitze und an der Basis des Platzdreiecks Durchgänge vor, so daß sowohl die Place Dauphine als auch die Straße, die parallel zur Basisseite geführt ist, axialen Sichtbezug auf das Königsdenkmal haben. Obwohl oder – besser – gerade weil sich das Denkmal nicht auf dem Binnenplatz befindet, wird der König vermöge der vorgenannten formalen Strategien zur inhaltlichen Mitte der Place Dauphine. Dem Betrachter, der auf dem dunklen Binnenplatz wie in einem Innenhof steht, erscheint das lichtumflutete Bild des heranreitenden Monarchen zwischen den rahmenden Kopfbauten des Platzes. Vor allem macht die geometrische Ordnung der Place Dauphine den Seine-Fluß als Hauptsymmetrieachse der Stadt deutlich. Die symmetrische Gestalt der Stadtinsel und die sie einbeschließende symmetrische Gestalt der dreiteiligen Gesamtstadt werden künstlerisch ausgedrückt. Gerade die symmetrische und geometrisch klare Ordnung der Gesamtstadt deutlich zu machen, ist auch die Brücke geeignet: Im rechten Winkel zur Platzachse binden die Brückenarme nicht allein symmetrisierend das Nord- und das Südufer an die Cité-Spitze, die Brückenarme sind vielmehr durch gradlinige Straßenzüge ins nördliche wie ins südliche Stadtgebiet weitergeführt. Den nördlichen Arm setzt die Rue de la Monnaie fort, mit der Südfassade der Kirche St-Eustache als abschließendem Point de vue, den südlichen Arm verlängert die Rue Dauphine, wobei hier die Porte St-Germain als Point de vue dient.

Da das Ensemble aus Place Dauphine, Brückenarmen und anschließenden Straßen zum einen auf das Denkmal als Kulminationspunkt ausgerichtet ist und zum anderen dies Ensemble samt Denkmal die latente Systematik des Stadtbildes manifest macht, ordnet sich die Stadt als ein künstlerisches Ganzes auf den Monarchen hin. Der König besetzt mit seinem Bild den städtebaulich bedeutsamsten Ort im Paris des frühen 17. Jahrhunderts, er nimmt seine Hauptstadt anschaulich in Besitz.

Die Place de France: Bildhafter Ausdruck des staatlichen Zentralismus

Wenn das Ensemble aus Place Dauphine und Pont-Neuf auf das Verhältnis des Monarchen zu seiner Hauptstadt hinweisen kann, so wird man das gleichzeitige – letztlich nicht verwirklichte – Projekt einer „Place de France" im Nordosten von Paris als Anschauungsäquivalent für das Verhältnis der Zentralgewalt zu den Provinzen verstehen müssen. Geplant war ein großer, halbkreisförmiger Platz mit einheitlicher Bebauung und acht einmündenden bzw. ausstrahlenden Radialstraßen. Diese Hauptstraßen sollten die Namen der acht Hauptprovinzen Frankreichs tragen, die sie verbindenden Nebenstraßen die Namen der übrigen Provinzen.

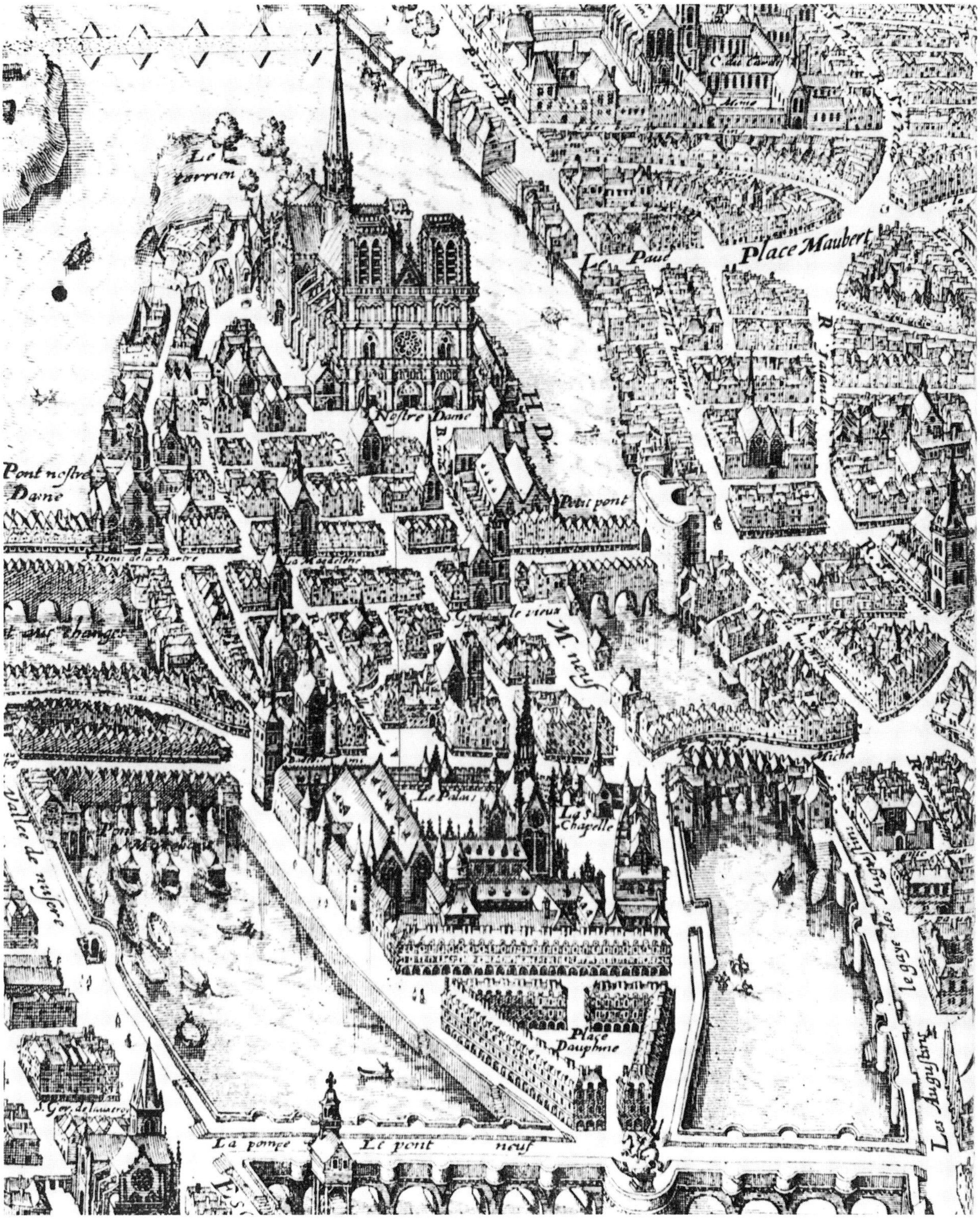

Abb. 2: Paris, Pont-Neuf, Reiterdenkmal Heinrichs IV. und Place Dauphine an der Westspitze der Ile de la Cité (Detail aus dem Merian-Plan von 1615). Links oben der Pont Notre-Dame, die einheitlich bebaute Seine-Brücke von 1512

Die Place des Vosges: Bauliche Analogie einer gemäßigten und selbstbeschränkten Monarchie

Eine Einschätzung des Selbstverständnisses der Monarchie unter Heinrich IV. ermöglicht uns ein drittes Platzprojekt dieses Herrschers, die heutige Place des Vosges und einstige Place Royale *(Abb. 3),* im frühen 17. Jahrhundert zumeist schlicht „La Place" genannt. Der König selbst hatte das Grundstück bereitgestellt und

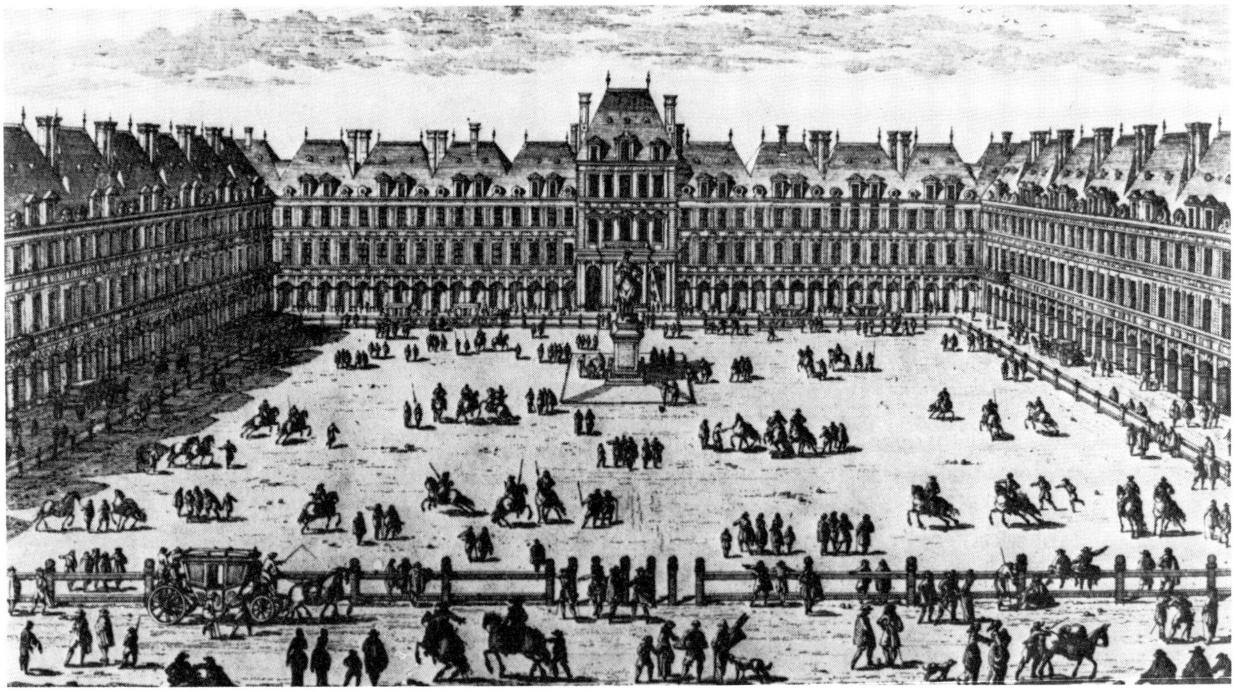

Abb. 3: Paris, Place des Vosges (ehem. „La Place", ab 1639 „Place Royale", ab 1800 „Place des Vosges"), erbaut ab 1605 unter König Henri IV., vollendet 1612 unter Louis XIII., Aufstellung des Reiterstandbildes Louis' XIII. 1639 (heutige Statue aus dem Jahre 1819). Architekt: vermutlich Louis Métezeau. Stich von Gabriel Pérelle

seit 1605 Maßnahmen für die einheitliche Bebauung des 1612 eingeweihten Platzes getroffen. Die Platzanlage ist vermutlich das Ergebnis einer gemeinschaftlichen Planung der Architekten Louis MÉTEZEAU und Jacques II Androuet DUCERCEAU, des Ingenieurs Claude CHÂTILLON sowie des Königs selbst und seines Ministers SULLY. Das Reiterdenkmal in der Platzmitte wurde erst 1639 zu Ehren König LUDWIGS XIII. aufgestellt. Unsere Überlegungen gelten hier zunächst der Platzanlage ohne Königsbild.

36 Häuser schließen eine annähernd quadratische Freifläche ein, 9 Häuser an jeder Platzseite. Daß es sich um Reihen gleich gestalteter Einzelhäuser mit jeweils 4 Fensterachsen und nicht etwa um eine durchgehende Fassadenarchitektur handelt, wird beim ersten Hinsehen vor allem am Auf und Nieder der Dächer deutlich. Und beim ersten Hinsehen fällt zudem auf, daß zwei Häuser gegenüber den übrigen ausgezeichnet sind, nämlich das jeweils mittlere Gebäude an der Nord- und an der Südseite des Platzes. Diese Bauten überragen die anderen geringfügig, sie sind 5achsig und zeigen reichere Schmuckformen. Als „Pavillon du Roy" und „Pavillon de la Reyne" waren sie für das Königspaar bestimmt, die übrigen Häuser hingegen für Familien aus dem Adel und dem gehobenen Bürgertum.

Es ist die besondere Leistung dieser Platzanlage, das kollektive und das individuelle Moment zu einem vollkommenen Ausgleich gebracht zu haben. Eine formalästhetisch äußerst geschickte Gestaltung der rahmenden Architektur gewährleistet die Kontinuität der Platzfassaden, sie erlaubt aber zugleich auch die Distinktion des Einzelhauses.

In der Sockelzone weisen die Bauten an der Platzseite einen gewölbten Laubengang auf – eine Zone, in der das Private nahezu vollständig hinter das Öffentliche zurücktritt. Ohne Unterscheidung einzelner Häuser, ohne Hinweis auf die seitlichen Hausgrenzen (denn nur ein Pfeiler der Bogenstellung dient hier jeweils zwei Häusern!) zieht sich der Laubengang um den Platz. Die Kontinuität der Platzfassaden, nicht die Distinktion des Einzelhauses, bestimmt diese Zone.

In der mittleren Fassadenzone, der Zone der beiden Obergeschosse, ist der roten Ziegelwand eine weißgelbe Sandsteingliederung aus Stuck aufgelegt, innerhalb derer die Fensterachsen durch vertikale Bänder begrenzt werden *(Abb. 4)*. Auch hier findet sich an der Grenzstelle zweier Häuser jeweils nur ein Vertikalband – für sich genommen zweifellos ein kontinuitätsstiftendes Moment. Doch begegnet beidseitig dieses Vertikalbandes jeweils ein zusätzliches, schmales Band, eine sozusagen optische Markierung der Hausgrenze – für sich genommen zweifellos ein distinktionsförderndes Moment. Aber das lebhafte Spiel der Schmuckformen in den farblich kontrastierenden Materialien verwirrt schließlich das Auge des Betrachters. Im Bereich der Nahtstelle herrscht absichtsvolle Uneindeutigkeit.

Im Ausgleich von Kontinuität und Distinktion kommt der Dachzone die Hauptaufgabe zu. Die Häuser der Place des Vosges sind mit sogenannten Krüppelwalmdächern gedeckt, eine Dachform, derer unterer Bereich einem Sattel- und deren oberer Bereich einem Walmdach gleicht. Die Dächer gehen also im unteren (satteldachähnlichen) Bereich nahtlos ineinander über und weisen die Platzbebauung als ein Kontinuum aus. Im oberen Bereich hingegen sind dieselben Dächer (walmdachähnlich) abgeschrägt, so daß sich im Dachumriß Einschnitte ergeben, die das einzelne Haus hervorheben. Besonders deutlich wird der Ausgleich von Kontinuität und Distinktion als ein Thema dieser Platzanlage an den möglichen Lesarten, die in der Gestalt scheinbar so nebensächlicher Details wie der Dachgaupen begründet sind: Es gibt sowohl runde als auch hochrechteckige Dachgaupen. Gemäß einer ersten – am 4achsigen Einzelhaus orientierten – Lesart werden je 2 rechteckige Gaupen über den beiden mittleren Fensterachsen von je 1 runden Gaupe über den beiden seitlichen Achsen flankiert. Gemäß einer zweiten – auf die Kontinuität der Platzbebauung hinweisenden – Lesart wechseln jedoch Paare von runden und Paare von rechteckigen Dachgaupen einander ab.

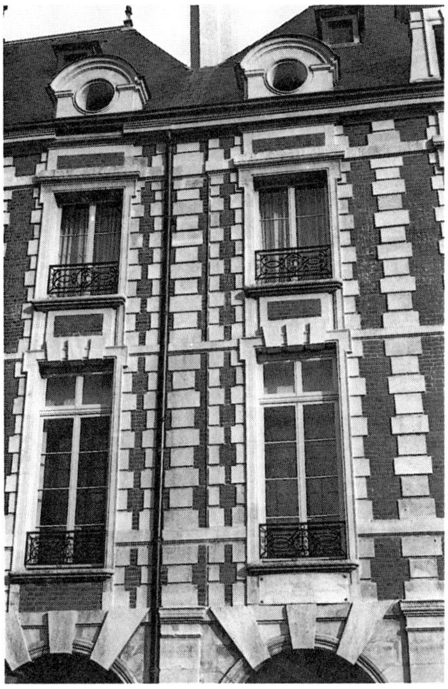

Abb. 4: Paris, Place des Vosges, Detail der Hausfassaden

Will man zur baulichen Struktur der Place des Vosges eine gesellschaftlich-politische Analogie formulieren, so wäre zu reden von einer Gemeinschaftsordnung, deren Glieder sich als Gleichberechtigte zu einem Gesamtwirken zusammenfinden, ohne dabei ihre Individualität aufzugeben.

Was nun das Verhältnis des Pavillons du Roy bzw. des Pavillons de la Reyne zu den gerade beschriebenen Häusern angeht, so ist auf die gemäßigte Hervorhebung der Bauten für das Königspaar hinzuweisen: die Arkadenzone ist höher und zudem triumphbogenähnlich ausgestaltet, die Zone der Wohngeschosse weist 5 vertikale Fensterachsen auf, Giebelbedachungen betonen die Fenster des 1. Obergeschosses, das Dach wird durch die Form des reinen Walmdaches und vor allem durch die Höhe des Hauses gänzlich isoliert. Aber dennoch folgen die Pavillons des Königs und der Königin hinsichtlich Geschoßanlage und allgemeiner Gliederung der übrigen Platzbebauung.

Um auf die gesellschaftlich-politische Analogie zurückzukommen: Zweifellos wird die Gemeinschaftsordnung, innerhalb derer sich Individuen gleichberechtigt zu einem Gesamtwirken zusammenfinden, vom Monarchen vorgegeben. Aber der Monarch fügt sich dieser Ordnung ein, wenn auch nicht als Gleicher, so doch als Erster unter Gleichen, als *Primus inter pares.*

Die – zumindest propagandistisch behauptete – maßvolle Zurückhaltung der Zentralgewalt sollte mit der Ausbildung des absolutistischen Staates schon bald aufgegeben werden. 1639 wird auf der Place des Vosges in der Mitte der quadratischen Freifläche ein Reiterdenkmal König LUDWIGS XIII. aufgestellt. Diese Maßnahme zeigt einen Funktionswandel des Platzes an: Während zuvor die Architektur selbst Bedeutungsträger war, kommt diese Aufgabe nun zuerst dem Denkmal zu. Das Denkmal degradiert die Platzbauten mitsamt den ehemals königlichen Pavillons zum architektonischen Rahmen der Huldigung an den Monarchen, der durch sein Bild gegenwärtig ist. Die „Place" König HEINRICHS IV. wird zur „Place Royale" des Frühabsolutismus und weist voraus auf die Königsplätze zu Ehren LUDWIGS XIV. und LUDWIGS XV.

Die Place des Victoires: Baulicher Rahmen der Huldigung an den absoluten Monarchen

Man kann sich kaum einen größeren Gegensatz denken als die Place des Vosges unter HEINRICH IV. und die Place des Victoires, die zu Ehren König LUDWIGS XIV. angelegt wurde.[2] Der Platz verdankt sich nun nicht mehr als gemeinschaftlich zu nutzender Stadtraum vornehmlich den Wohnbauten, sondern einem Herrscherstandbild, dessen Präsentation die Freifläche und die Platzbauten dienen *(Abb. 5).* Der Maréchal DE LA FEUILLADE hatte angesichts des für Frankreich vorteilhaften Friedens von Nijmegen durch den Bildhauer Martin DES JARDINS 1684 ein Standbild des siegreichen Königs schaffen lassen. Man sah LUDWIG XIV. im Krönungsornat, von der Personifikation der Unsterblichkeit bekränzt, die besiegten Feinde als Sklaven zu seinen Füßen. Ausschlaggebend für die Platzkonzeption ist also die Idee des Kultbildes, und tatsächlich geht die Ausführung des Denkmals der Errichtung der Platzbauten voran.

Die Platzbauten entstanden ab 1685 nach Entwürfen des Architekten Jules HARDOUIN-MANSART. Während an der Place des Vosges Einzelhäuser die Platzfläche einschließen, bildet die Bebauung der Place des Victoires eine rahmende Fassade für das

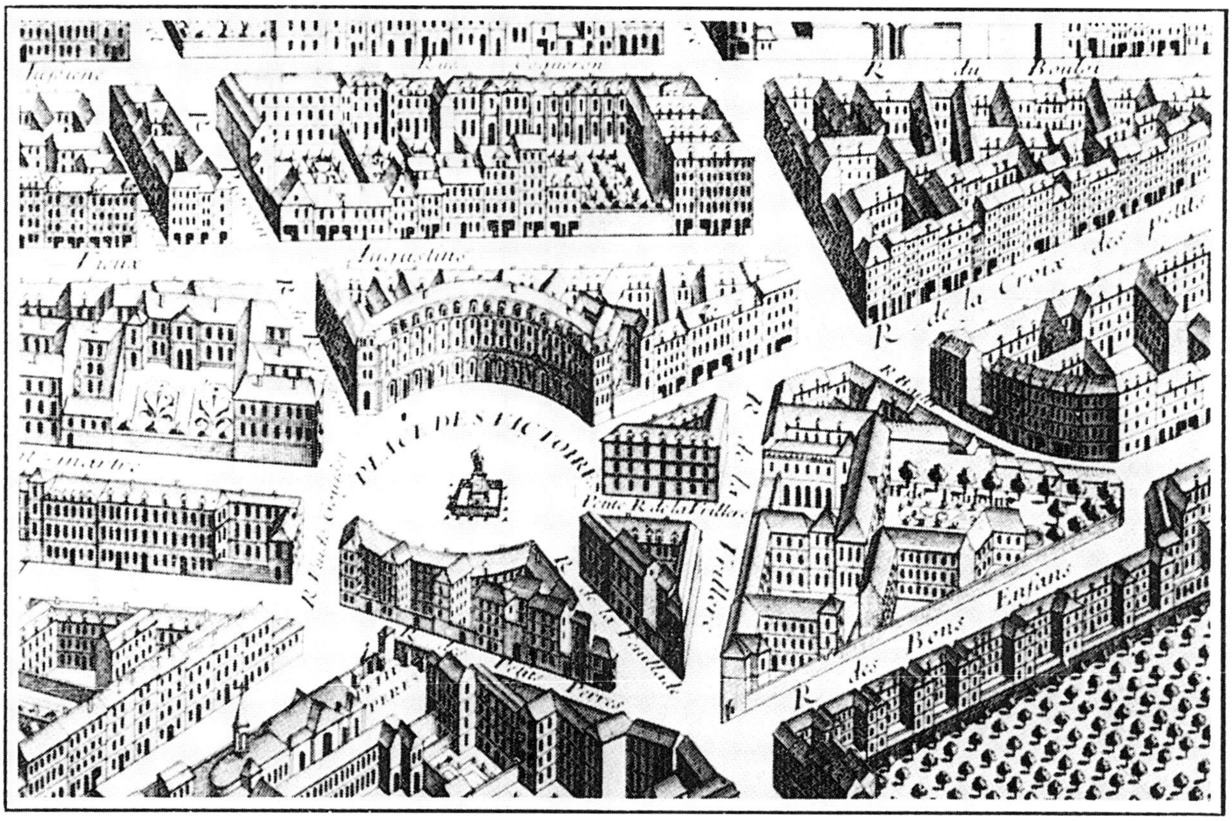

Abb. 5: Paris, Place des Victoires mit dem Standbild Ludwigs XIV. Ausschnitt aus dem sog. Plan Turgot

Denkmal des Königs. Ihre Fensterachsen sind demnach identisch, sieht man einmal vom Wechsel rund- und segmentbogiger Gaupenfenster ab. Die Abfolge immer gleicher Fensterachsen läßt keine Rückschlüsse auf die Raumnutzung hinter der Fassade zu, geschweige denn auf Gebäudegrenzen. Während sich die Place des Vosges, einem Binnenhof nicht unähnlich, dem Durchgangsverkehr entzieht, münden in die Place des Victoires sechs zum Teil verkehrsreiche Straßen und verknüpfen sie mit den angrenzenden Stadtvierteln.

Der Funktion des Platzes als Rahmen für das Kultbild kommt die Kreisform besonders entgegen. Keine andere geometrische Grundrißform läßt den Betrachter so intensiv das Zentrum erfahren. Zusätzliche formale Kunstgriffe zur Hervorhebung des Herrscherbildes sind unnötig. Die geometrische Mitte hebt das inhaltliche Zentrum nachdrücklich hervor. Dementsprechend ist die Gesamthöhe der rahmenden Fassaden so geregelt, daß das Denkmal, samt Sockel etwa 12 Meter hoch, aus der Sicht der Platzbesucher in jedem Falle die Firstlinie der Platzbauten überragte. Dem Königskult dienten ehemals noch vier Ewige Leuchten auf hohen Pylonen, zwischen deren Ecksäulen Medaillons die Taten LUDWIGS XIV. verkündeten. Die Anleihen bei den Devotionsformen der katholischen Kirche sind unverkennbar.

Ein königliches Thema schlägt auch die Gliederung der Platzfassaden selbst an. Sie folgt dem Schema der „Ordnung auf dem Podium“: Über einem durch einfache Arkaden und gebändertes Mauerwerk sparsam dekorierten Sockelgeschoß erhebt sich eine durch Säulen oder Pilaster ausgezeichnete obere Zone. Eine derartige Fassadengliederung war im späten 17. und im 18. Jahrhundert in Frankreich den königlichen Repräsentationsbauten vorbehalten, so daß man durchaus vom Motiv der „Königsfassade“ reden kann.

Die Place Vendôme: Abbild der absoluten Monarchie

Der zweite Pariser Königsplatz der Zeit LUDWIGS XIV., die „Place Louis le Grand“, heute „Place Vendôme“ *(Abb. 6)*, wurde ab etwa 1700, ebenfalls nach Entwürfen von Jules HARDOUIN-MANSART, angelegt und trug ehemals ein Reiterbild des regierenden Monarchen von François GIRARDON.[3] Für die Place Vendôme gilt sinngemäß bereits zur Place des Victoires Gesagtes: Der Denkmalsplan geht der Platzanlage voraus, ein geometrisch geordneter Platz mit einheitlicher Bebauung erstellt den Rahmen für das Herrscherbild, eine reine

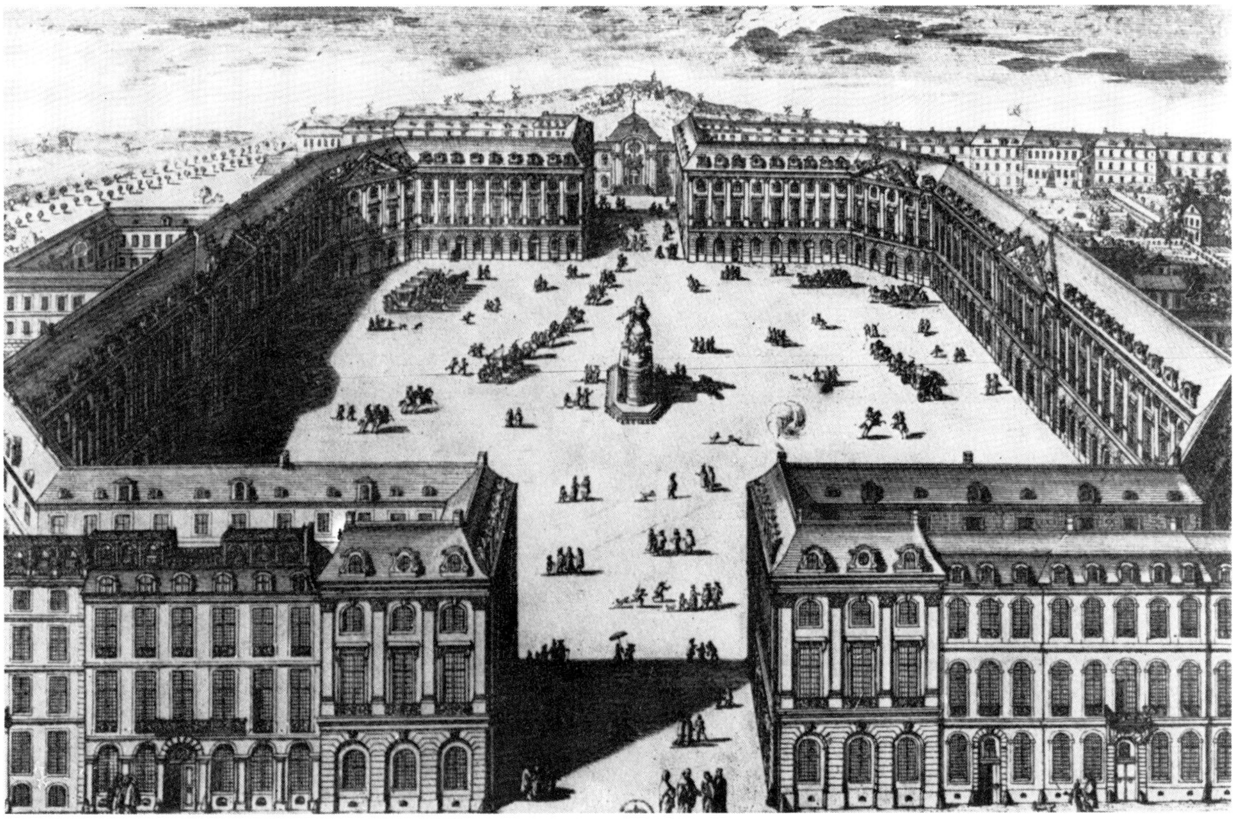

Abb. 6: Paris, Place Vendôme (ehem. „Place Louis le Grand"), erbaut ab 1698, Architekt: Jules Hardouin-Mansard. 1699. Einweihung und Aufstellung des Reiterstandbildes Ludwigs XIV. von Girardon, Fertigstellung um 1720 (Bronzesäule mit dem Standbild Napoleons I. von 1810, erneuert 1870). Stich von Gabriel Pérelle

Kulissenarchitektur ersetzt die Einzelhäuser, das Fassadenschema der Ordnung auf dem Podium unterstreicht die Widmung an den Herrscher, an keiner Stelle übertraf aus der Sicht des zu Fuß gehenden Betrachters die Firstlinie der Fassaden das Denkmal an Höhe.

Allerdings forderte bei der Place Vendôme die Grundrißfigur des längsgerichteten Achtecks im Gegensatz zur Kreisform der Place des Victoires eine zusätzliche Hervorhebung des Königsbildes durch formale Beziehungen innerhalb der Platzarchitektur *(Abb. 7)*. So deckt sich die Hauptachse des Platzes, die durch die straßenähnlichen Zugänge und die Klosterfassaden am Ende dieser Straßen bestimmt wird, mit der Längsachse des Denkmals. Und gedachte Verbindungslinien zwischen den Risaliten in der Mitte der Längsseiten wie zwischen den Risaliten in den Schrägen laufen immer durch das Denkmal. In der Grundrißgestalt der Denkmalsplattform selbst findet sich zudem die Grundrißgestalt des Platzes verkleinert wieder.

Wie die Place des Vosges unter HEINRICH IV., so verleihen auch die Königsplätze des Victoires und Vendôme unter LUDWIG XIV. durch architektonische Mittel einem politischen Programm Ausdruck. Während jedoch bei dem älteren Platz das Gesamtwirken an sich gleichberechtigter Individuen zum Thema wird, lassen die jüngeren Königsplätze Individualitäten gar nicht erst deutlich werden. Und während bei der Place des Vosges der Herrscher sich der vorgegebenen Ordnung einfügt, ist er auf den Plätzen des Victoires und Vendôme Zentrum und Ziel der Ordnung und zugleich über diese erhoben. An die Stelle der gemäßigten, von anderen Gewalten kontrollierten Monarchie des *Primus inter pares* tritt die Alleinherrschaft des Königs im Sinne des Absolutismus.

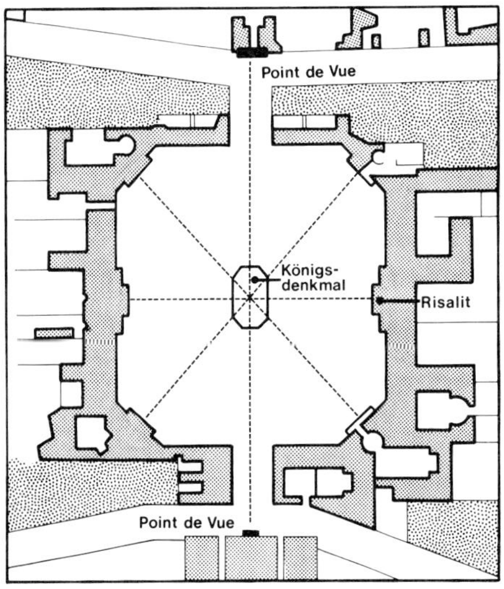

Abb. 7: Paris, Place Vendôme, Grundrißschema (gemäß dem Zustand im 18. Jahrhundert)

Die große Ost-West-Achse

Neben den Boulevards und den Königsplätzen soll hier eine dritte städtebauliche Maßnahme der absoluten Monarchie vorgestellt werden, die das Stadtbild von Paris bis in die Gegenwart nachdrücklich bestimmt: die große Achse, die auf dem Nordufer von der Stadtmitte aus immer weiter nach Westen vorgetrieben und später – durch Verknüpfung mit der östlichen Hauptausfallstraße – zur Ost-West-Achse wurde *(Abb. 8)*.

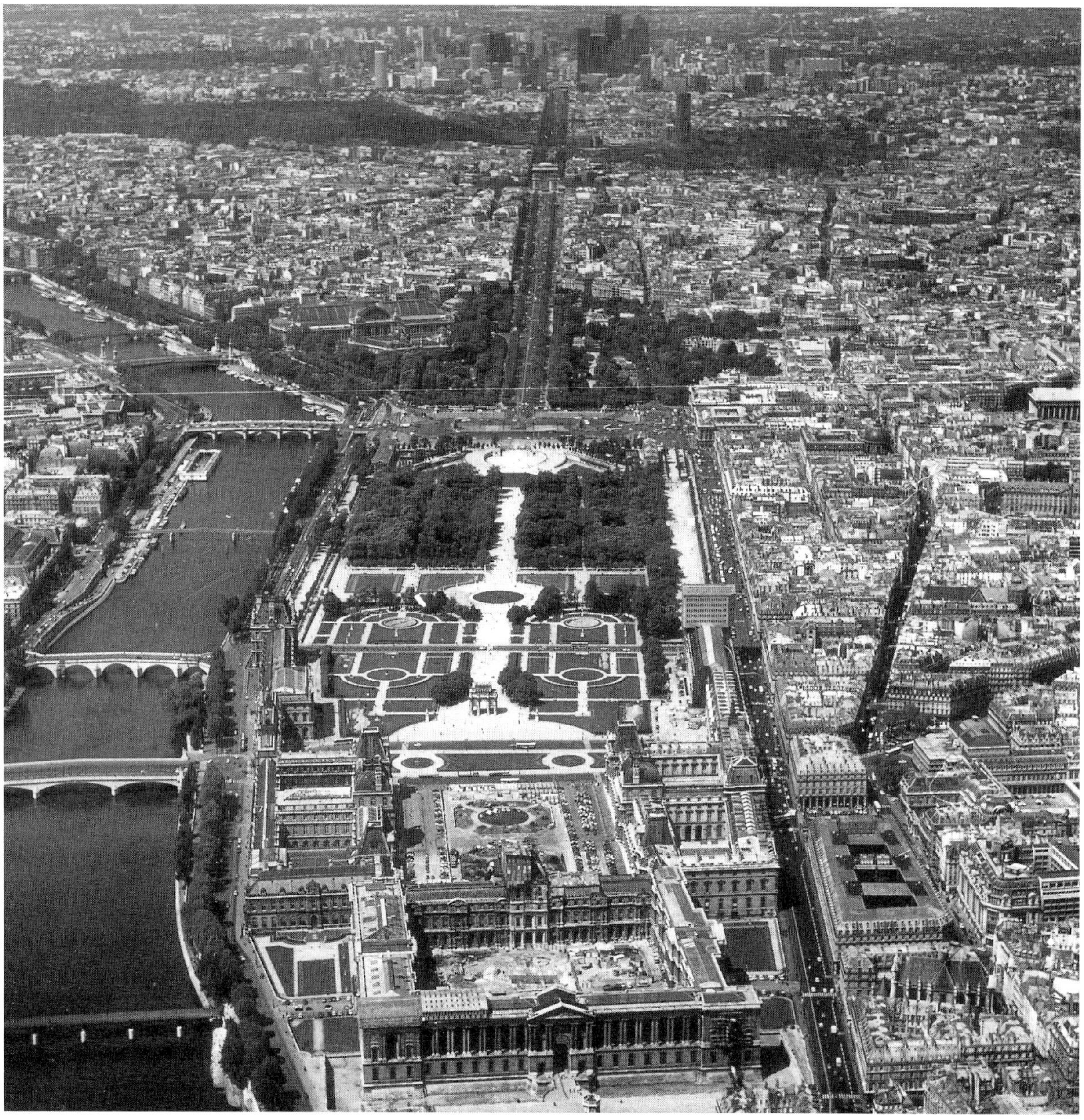

Abb. 8: Die große Ost-West-Achse. Im Vordergrund sieht man den quadratischen Hof des Louvre-Schlosses, das über lange Gebäudeflügel mit dem weiter westlich gelegenen, nicht erhaltenen Tuilerien-Schloß verbunden war. Die Lage dieses Schlosses ist in der Abbildung durch Punkte markiert. Deutlich ist der Tuilerien-Garten, einst Schloßpark, samt seiner breiten Mittelallee zu erkennen. Die so markierte Achse wird an der Place de la Concorde von einer Querachse gekreuzt. Die Querachse führt nach Süden *(links)* über den Pont de la Concorde auf die Fassade des Palais Bourbon zu, im Norden *(rechts)* trifft sie auf die Fassade der Madeleine-Kirche *(am rechten Bildrand)*. Ausgehend von der Place de la Concorde, wird die große Achse durch die Avenue des Champs-Elysées bis zur Place de l'Etoile mit dem großen Triumphbogen geführt; die Verlängerung reicht schließlich bis zu den Hochhäusern von La Défense. Parallel zur Nordseite des Louvre-Tuilerien-Komplexes verbindet die schnurgerade verlaufende Rue de Rivoli *(rechts im Vordergrund)* die Place de la Concorde mit den östlichen Stadtvierteln. Weiter nördlich *(also weiter rechts)* ist als schmale Schneise im Häusermeer die alte Ausfallstraße nach Westen, die Rue Saint-Honoré, zu erkennen

Ausgangspunkt der Achse war der Komplex der Königsschlösser Louvre und Tuilerien. Im Laufe der Jahrhunderte hatten die Könige den Louvre, einst Teil des Befestigungssystems, zum Schloß ausbauen und durch eine lange Galerie am Seine-Ufer mit dem weiter westlich gelegenen Tuilerienschloß verbinden lassen. Dieses nicht erhaltene Bauwerk erstreckte sich im rechten Winkel zum Flußlauf westlich des mittelalterlichen Stadtgebietes. Zwischen Tuilerienschloß und dem noch weiter westlich verlaufenden Wall von 1640 wurde ein regelmäßiger französischer Schloßpark angelegt, der heutige Tuilerien-Garten. Seine breite Mittelallee endete zwar faktisch am Bollwerk, wurde jedoch optisch weitergeführt, als der berühmte Gartenkünstler André LE NÔTRE um 1665 in das Waldgebiet jenseits des Bollwerks eine Schneise schlagen ließ. Diese Waldschneise zog sich nach Westen den Hügel von Chaillot hinauf bis zu einer Lichtung auf der Hügelkuppe, auf der mehrere Wege sternförmig zusammenliefen. Das Waldgebiet trug den Namen Champs-Elysées („Elysische Gefilde"), die Waldschneise hieß demnach Avenue des Champs-Elysées, die Lichtung mit dem Wegestern („Etoile") war die Vorläuferin der heutigen Place de l'Etoile. Als das bebaute Stadtgebiet sich seit dem späten 17. Jahrhundert immer weiter nach Westen ausdehnte, gab diese Achse einen Anhalt für die städtebauliche Systematisierung der neuen Viertel.

Dem Sternenplatz im Westen entsprach am Ende der Hauptausfallstraße nach Osten ebenfalls ein Sternenplatz, die Place du Thrône, heute Place de la Nation. Die Verbindung beider Sterne durch das mittelalterliche Innenstadtgebiet wurde eines der großen städtebaulichen Probleme des 19. Jahrhunderts.

Die Stadtplanung des Klassizismus

Das letzte Großprojekt der Stadtbaukunst des Ancien régime in Paris war die Place Louis XV, ein Platz zu Ehren König LUDWIGS XV., die heutige – inzwischen neu gestaltete – Place de la Concorde. In der Place de la Concorde treffen ein vergleichsweise traditionsgebundenes Platzprogramm und modernes Betrachterverhalten, eine Bauaufgabe des Absolutismus und ein der Aufklärung nahestehendes liberales Menschenbild aufeinander. In diesem Sinne könnte die Position der Platzanlage in geistes- und sozialgeschichtlicher Hinsicht im Vorfeld der Französischen Revolution bestimmt werden.

Die Place de la Concorde: Traditionelle Bauaufgabe und modernes Betrachterverhalten

Bei der Anlage der Place Louis XV *(Abb. 9)* ging es darum, die Freifläche zwischen Tuilerien-Garten im Osten, Seine-Fluß im Süden, Champs-Elysées im Westen und Boulevard im Norden zu gestalten.[4] Denn dieses Gelände war der Stadt Paris vom König für die Aufstellung eines Reiterdenkmals zur Verfügung gestellt worden. Auch hier zog also der Denkmalsplan die Anlage eines Königsplatzes nach sich.

Für das Bild des Königs zu Pferde auf einem von Personifikationen der Tugenden umgebenen Sockel – Werke der Bildhauer BOUCHARDON und PIGALLE – entwickelte der Architekt Jacques-Ange GABRIEL ab 1753 den städtebaulichen Rahmen, indem er Baugedanken aus einer Fülle von Wettbewerbsentwürfen zu einem eigenen Projekt verarbeitete. Die Place Louis XV beansprucht eine gewaltige Grundfläche, innerhalb derer die eigentliche Platzplattform als Achteck durch trockene Gräben ausgeschieden wird. Die Plattform trägt in der Mitte das Reiterbild, das von 2 Brunnen flankiert wird. Kleine Wachhäuser besetzen die Ecken der Plattform. Unterschiedlich zu den älteren Plätzen begrenzen nicht Hochbauten, sondern Gräben die Platzfläche. Und auch jenseits der Gräben finden sich Fassaden allein an einer der 4 Platzseiten – 2 palastähnliche Gebäude auf der Nordseite, die das oben beschriebene Motiv der „Königsfassade" zeigen. Auf den übrigen Seiten grenzt in regelmäßige Formen überführte Natur an den Platz: im Süden die durch Ufermauern begradigte Seine, im Osten der Tuileriengarten und im Westen die Baumreihen der Champs-Elysées. Die Konzeption eines Platzes wird mit der Place de la Concorde grundlegend verändert. Der Platz gibt alle binnenräumlichen Qualitäten auf, er wird Zentrum großer Achsen – ein urbanistisches Gefüge, das sich öffnet statt sich abzuschließen.

Wenngleich Motive der Königsplätze für LUDWIG XIV. auch hier begegnen, wie das Bild des Monarchen, der Achteck-Grundriß der Place Vendôme oder das Motiv der „Königsfassade", so stellt doch die formalästhetische Struktur des Platzes eine Neuerung dar – mit bedeutsamen Folgen für die Rolle des Betrachters. Bei aller geometrischen Grundrißsystematik macht der Betrachter der Place de la Concorde durch die Beschränkung der Hochbauten auf nur eine Platzseite, durch die weitreichende Einbeziehung der Natur mit dem Ausblick auf die Flußlandschaft und durch die Dimensionen der Platzfläche die Erfahrung relativer Weite und Freizügigkeit. Die Größe des Platzes und die sehr unterschiedlichen Begrenzungen samt ihren jeweiligen Erfahrungsqualitäten laden

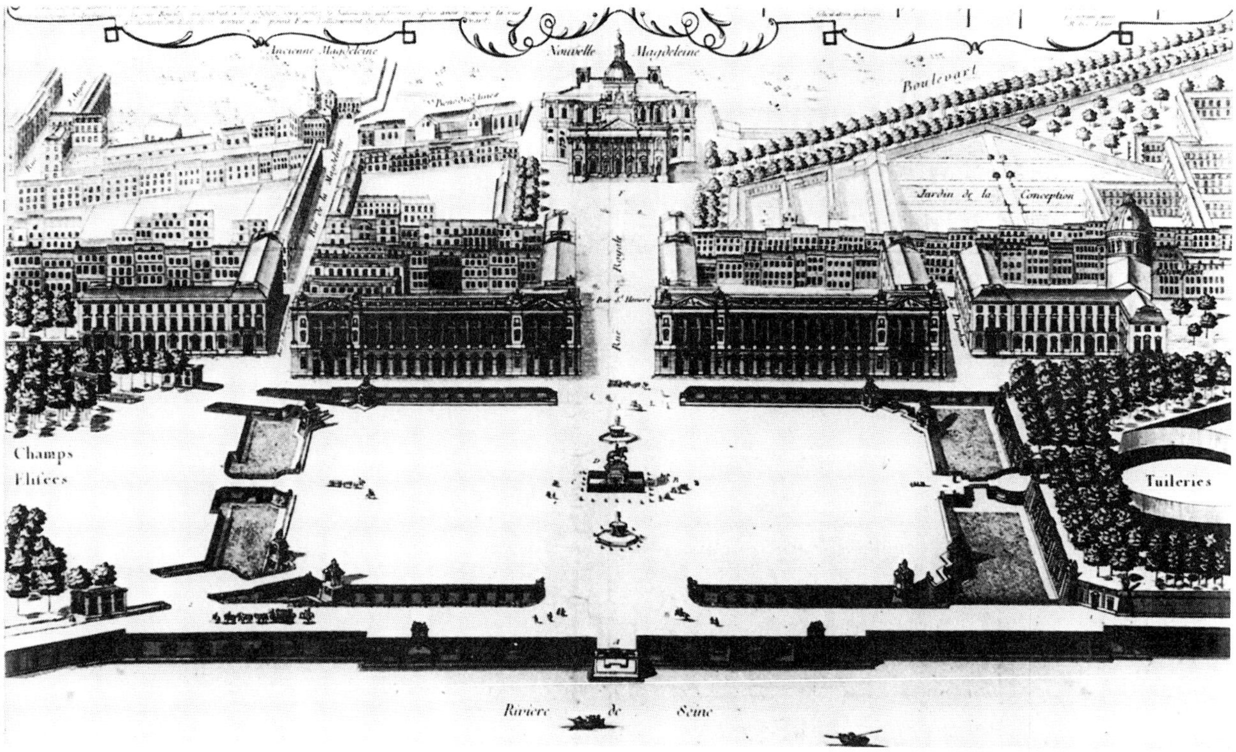

Abb. 9: Paris, Place de la Concorde (ehem. Place Louis XV). Stich von LeRouge, entsprechend dem Planungsstand um 1763

zum Promenieren ein. Der Betrachter wird gerade nicht auf einen oder einige wenige Hauptstandpunkte festgelegt. Schon die Platzplattform selbst hat den Reiter zwar als geometrischen Mittelpunkt, nicht aber als beherrschendes Zentrum.

Man beachte die bescheidenen Dimensionen des Reiters im Verhältnis zur Platzfläche, aber auch die Nebenzentren, die durch die Brunnen gegeben sind. Dementsprechend nimmt die Ausrichtung der Schrägen mit den Wachhäuschen jeweils Bezug auf die Rampen gegenüber in der Mitte der Plattform, so daß sich die Achsen von den Schrägen zu den Rampen in den Brunnen und nicht im Reiterbild treffen. Zudem zeigen Position und Gliederung der Palastfassaden an der Nordseite keinen formalen Bezug zum Standort des Reiters. So war es nur folgerichtig, wenn die Architekten des Wettbewerbs von 1753 – sehr im Unterschied zur Place des Victoires oder zur Place Vendôme – ausdrücklich von der Verpflichtung befreit waren, Statuenhöhe und Fassadenhöhe aufeinander abzustimmen.

Wesentlichen Anteil an der Freizügigkeit des Betrachters hat ferner der Umstand, daß die Place de la Concorde auf ein grundlegendes Gestaltungsmittel der traditionellen klassischen Architektur scheinbar verzichtet, nämlich auf die Verdeutlichung der Mitte eines baulichen Zusammenhanges und damit auf die Betonung der Symmetrie. Die Mitten der vier Platzseiten weisen am Platz selbst keinen formalen Kulminationseffekt auf, sie sind schlichtweg leer. Und dennoch gibt es solche die Mitte und damit die Symmetrie betonenden Kulminationseffekte. Sie liegen außerhalb des Platzes, und es ist die Aufgabe des Betrachters, sich – angeregt und aufgefordert durch die Platzgestalt – diese Kulminationseffekte promenierend zu erschließen.

Geht der Betrachter zur Mitte der Ostseite des Platzes, so sieht er durch das Tor in der Mauer des Tuileriengartens die lange Mittelallee, an deren Ende sich einstmals der hohe Mittelpavillon des Tuilerienschlosses als Point de vue und damit – bezogen auf den Platz – als Kulminationspunkt befand. Im Süden führt von der Platzmitte die erst nach 1786 realisierte Brücke über die Seine auf einen Point de vue, der durch die Fassade des Palais Bourbon gebildet wird. (Die heutige Tempelfront des Palais Bourbon wurde 1806 durch Bernard Poyet errichtet.) Im Westen öffnet sich als Mittelachse eines dreistrahligen Straßensystems die Champs-Elysées mit der schneisenartigen Avenue, die den Hügel von Chaillot hinaufführt. Dort befindet sich heute als Point de vue der Große Triumphbogen für Napoleon I. Auf der Nordseite sind die in sich symmetrischen Palastfassaden ebenfalls unverbunden und ebenfalls nicht durch einen hervorgehobenen Mittelteil zentriert. Doch diese Mittenbetonung leistet die Fassade der Madeleine-Kirche am Ende der Rue Royale, die zwischen den beiden Fassaden in den Platz mündet. Der große Kirchenbau mit seiner tempelartigen Eingangsfront rückt in der Sicht des Betrachters gleichsam in das Intervall zwischen den Platzfassaden. Die Fassaden werden verknüpft. So besitzt auch diese Platzseite einen vom Betrachter aufzuspürenden Kulminationspunkt, der die symmetrische Zuordnung der Platzfassaden unmißverständlich deutlich macht und die Gebäude zu einem hierarchisch gestaffelten Ganzen zusammenschließt.

Wenn auch an der Place de la Concorde das motivische Repertoire der traditionellen Königsplätze begegnet, so ist doch die Rolle des Betrachters neu bestimmt. Der Betrachter gewinnt größere Selbständigkeit, er wird zur Promenade angeregt, und promenierend bestimmt er die Platzgestalt wesentlich mit. Dabei erlebt er sich selbst als anschaulich denkendes Individuum. Diese aktive Rolle des Betrachters hat auch Franz KAFKA erfahren und in einer Tagebuchnotiz festgehalten: „Die Anlage der Place de la Concorde, die die Attraktionen in die Ferne schiebt, wo sie der Blick leicht findet, aber nur, wenn er sie sucht."[5]

Stadtbaugeschichte im Umfeld der Französischen Revolution

Am Vorabend der Revolution erhielt Paris noch einmal einen Mauergürtel, die Zollgrenze, deren Torhäuser Claude-Nicolas LE DOUX entwarf. Der neue Ring trug der überkommenen Stadtgestalt Rechnung, indem er sich konzentrisch zu den alten Boulevardringen verhielt, nunmehr unter vollständiger Einbeziehung der Faubourgs in das Stadtgefüge. Die Zollmauer war höchst unpopulär, und bald lief in der Stadt das Wortspiel um: „Le mur murant Paris rend Paris murmurant" (Die Mauer, die Paris ummauert, reizt Paris zum Murren). Die Große Revolution selbst hatte kaum unmittelbare Folgen für die Pariser Stadtgestalt, wohl aber mittelbare: Das Stadtplanungskonzept einer Vereinigung revolutionär gesinnter Künstler faßte 1793 verschiedene städtebauliche Vorhaben zusammen, die zum Teil noch auf die Zeit der Monarchie zurückgingen, insbesondere Vorschläge für neue Plätze und breite Straßenzüge durch die Altstadtviertel im Rahmen einer systematischen Neuordnung des gesamten Straßennetzes. Der Plan der Revolutionskünstler bildete die Grundlage für die Neugestaltung des Stadtbildes im 19. Jahrhundert. Die nötigen Freiflächen wurden durch die Enteignung vieler adeliger und kirchlicher Besitzungen und die Zerstörung der darauf befindlichen Bauten bereitgestellt.

Die Anlage der Rue de Rivoli und die städtebauliche Neugestaltung des Vendôme-Viertels unter Napoleon I.

Anfang des 19. Jahrhunderts bestand noch immer keine Verbindung zwischen den Hauptausfallstraßen nach Westen (Cours la Reine, Avenue des Champs-Elysées und Rue St-Honoré) und der Hauptausfallstraße nach Osten (Rue St-Antoine). NAPOLEON Bonaparte griff einen Gedanken der Revolutionskünstler auf, als er zu diesem Zweck nördlich von Tuileriengarten und Louvre ab 1801 eine schnurgerade Straße anlegen ließ, die Rue de Rivoli, deren Ausbau und Verbindung mit der Rue St-Antoine allerdings im Altstadtbereich ins Stocken geriet. Die Architekten PERCIER und FONTAINE entwarfen für die Häuser auf der Nordseite den Fassadenriß, auf den jeder Bauherr verpflichtet wurde.

Die Zonengliederung der Fassade und ihre Einzelformen stehen durchaus in der Pariser Bautradition. Neuartig ist die ins Unendliche gehende Wiederholung immer gleicher vertikaler Fensterachsen. Gemäß der Kunsttheorie der Zeit wird hierin die Bemühung um eine erhabene Wirkung erkannt werden müssen. Worin bestehen die strukturellen Analogien zur gesellschaftlichen und politischen Ordnung der Napoleon-Zeit? Nach der Alleinherrschaft des Absolutismus hatte die Revolution die Gleichheit aller Bürger zum Thema erhoben. NAPOLEON gelang es, Errungenschaften der Revolution zu bewahren und gleichwohl die Herrschaft eines „Starken Mannes" zu errichten. Die Rue de Rivoli versinnbildlicht zum einen in der großen Geste der einheitlich gestalteten, endlosen Straße diese Herrschaft des Starken Mannes und zum anderen in der unhierarchischen Abfolge immer gleicher Fensterachsen ein Gleichheitsprinzip, das die Gleichheit des Einzelnen als Bürger wie als Untertan einbeschließt.

Gleichzeitig mit der Anlage der Rue de Rivoli erfuhr die Place Vendôme eine formale wie inhaltliche Neudeutung *(Abb. 10)*. Der Platz verlor den Charakter eines Binnenraumes, da er an die großen Achsensysteme angeschlossen wurde, im Süden durch die Rue de Castiglione an die Rue de Rivoli und im Norden durch die Rue de la Paix an die Großen Boulevards. Das Königsbild auf der Place Vendôme hatte die Revolution gestürzt, das neue Denkmal, eine riesige Säule zur Verherrlichung NAPOLEONS und seiner Taten, ist Ausdruck eines Funktionswandels im Verhältnis von Denkmal und Platz. Der Platz wird dem Denkmal unterworfen:

> Wenn die Triumphsäule „die Dimensionen der Place Vendôme [...] wie ein überdimensioniertes militärisches Phallussymbol sprengt [...], so gewinnt sie in der übergeordneten städtebaulichen Planung, der auch die Platzanlage jetzt subsumiert wird, eine ästhetisch nachvollziehbare Bedeutung. Sie richtet sich nicht mehr an den, der den Platz begeht, sondern an den Rezipienten, der das übergeordnete urbanistische Gefüge als ‚Denkmal' des Ruhmes' wahrzunehmen bereit ist."[6]

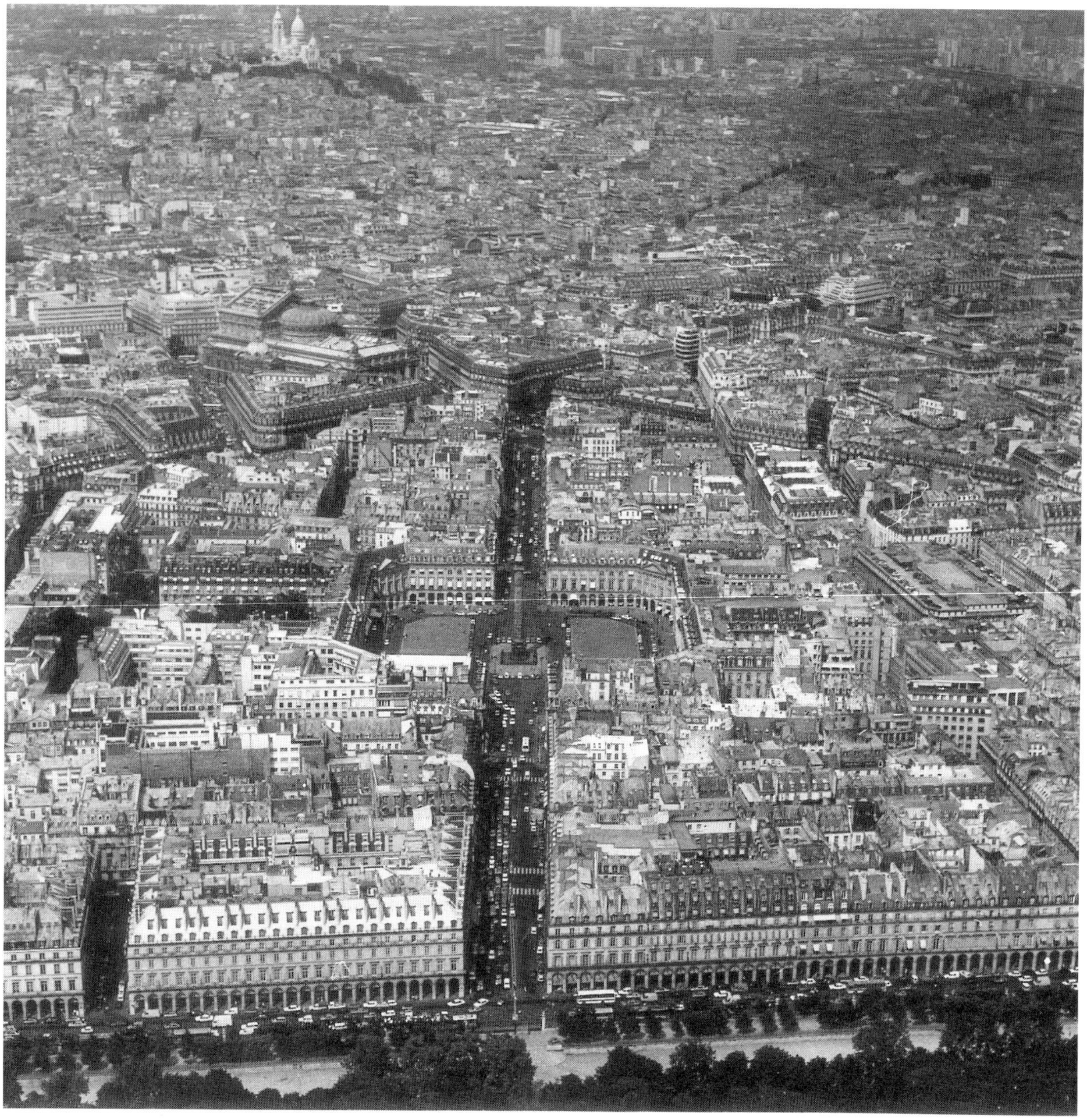

Abb. 10: Paris, Viertel um die Place Vendôme. *Vorne* ein Teilstück der Rue de Rivoli, an deren Hausfassaden sich dasselbe vertikale Gliederungsmotiv unendlich oft wiederholt. In der *Bildmitte* die Place Vendôme mit der Triumphsäule für Napoleon I. Der ehemalige Königsplatz ist nicht mehr hofähnlich geschlossen, sondern über breite Prachtstraßen mit den übrigen Wegen verbunden. Die Rue de Castiglione *(unten)* stellt den Anschluß zur Rue de Rivoli her, die Rue de la Paix *(oben)* führt zu den Grands Boulevards

Die Entpolitisierung der Place de la Concorde unter dem „Bürgerkönig"

Ihre heutige Gestalt erhielt die Place de la Concorde erst zwischen 1836 und 1846 unter dem „Bürgerkönig" LOUIS PHILIPPE vom Architekten Jacques-Ignace HITTORFF.[7] Die Große Revolution hatte die Place Louis XV. in „Place de la Révolution" umbenannt, das Königsbild zerstört und eine Statue der Freiheit errichtet. Hier stand die Guillotine, hier wurden LUDWIG XVI. und die Königin MARIE-ANTOINETTE hingerichtet, aber auch DANTON und die gemäßigten Revolutionäre, schließlich sogar ROBESPIERRE und die Vertreter der Schreckensherrschaft. Der Bürgerkönig strebte nach der wechselvollen Geschichte ein bewußt unverbindliches und unpolitisches Programm an: Der Platz erhielt endgültig seinen versöhnlichen Namen „Platz der Eintracht". Die beiden Brunnen haben Flüsse und Meere, Landwirtschaft, Industrie, Wissenschaften, Handel und Verkehr zum

Thema. Die Figuren auf den Wachhäuschen verkörpern die acht Großstädte Frankreichs. Auch der zentrale Obelisk fügt sich mit politischer Neutralität dem sozusagen biedermeierlichen Konzept ein. Denn seine altägyptischen Inschriften waren für die Zeitgenossen ohne Brisanz und Interesse, ganz im Gegensatz zur technischen Leistung der Demontage der Granitnadel in Ägypten und ihrer Wiederaufrichtung in Paris, wovon die Zeichnungen und Inschriften am Sockel berichten.[8]

Paris unter Napoleon III. und Baron Haussmann um die Mitte des 19. Jahrhunderts

Die Neuordnung der Pariser Innenstadt unter dem II. Kaiserreich – der dritte Schwerpunkt aus der Pariser Stadtbaugeschichte – knüpft an das barocke Boulevard-, Achsen- und Platzsystem an. Der Abriß historischer Substanz und die Anlage breiter Verkehrswege um die Mitte des 19. Jahrhunderts unter HAUSSMANN ebnen den Weg des modernen Paris.

Die Gestaltung der Place de l'Etoile um den großen Triumphbogen: Das Architekturdenkmal triumphiert über den Platz

Auf der Place Vendôme wurde – wie oben dargelegt – durch die Aufstellung der Triumphsäule der Platz dem Denkmal völlig unterworfen. Ähnliches gilt für die Place de l'Etoile und den großen Triumphbogen *(Abb. 11)*.

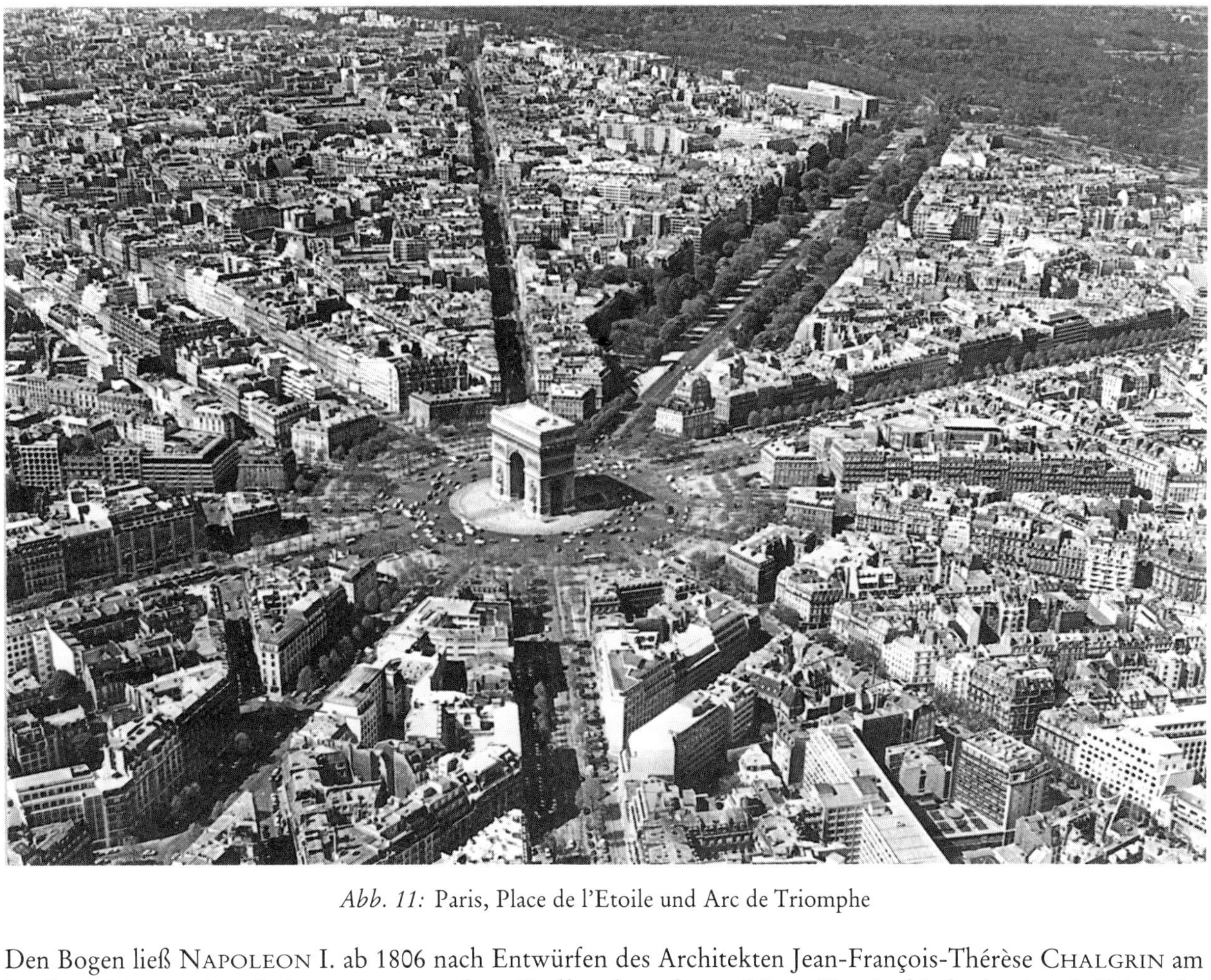

Abb. 11: Paris, Place de l'Etoile und Arc de Triomphe

Den Bogen ließ NAPOLEON I. ab 1806 nach Entwürfen des Architekten Jean-François-Thérèse CHALGRIN am Etoile errichten – damals der noch ungestaltete Treffpunkt mehrerer Wege. Der Architekt des Arc de Triomphe wählte den schlichten Typus des Eintorbogens, monumentalisierte diesen aber durch die Beschränkung aller dekorativen Details und durch gigantische Dimensionen mit etwa 50 Metern Gesamthöhe.[9] Der Triumphbogen ist nicht als Torfassade, sondern als mächtiger, auch in der Querachse von einem Bogengang durchdrungener Block konzipiert und damit ein mehransichtiges Denkmal.

Die Gestaltung der Place de l'Etoile selbst erfolgte erst unter NAPOLEON III. durch den Architekten Jacques-Ignace HITTORFF. Auch hier triumphiert – der Vendôme-Lösung grundsätzlich vergleichbar – das Denkmal über den Platz. Im ersten Entwurf von 1853 hatte HITTORFF noch in Anlehnung an die Königsplätze des 17. Jahrhunderts einen rahmenden Fassadenring vorgeschlagen, mit Durchbrüchen für die Avenuen der Champs-Elysées und der Grande Armée sowie triumphbogenartigen Toren im Verlauf der Platzfassaden für die einmündenden Nebenstraßen.[10] Doch diese aufwendige Rahmenarchitektur und erst recht das an ihr begegnende Triumphbogenmotiv hätten den großen Triumphbogen relativiert und entwertet. NAPOLEON III. aber wünschte gerade die denkmalhafte Isolierung des Arc de Triomphe. Deshalb ließ HITTORFF ab 1854 um den eigentlichen Kreisplatz mit dem großen Bogen im Zentrum einen Straßenring ziehen. An diesem Straßenring wurden in den Zwickeln zwischen den Sternstraßen vergleichsweise bescheidene Privathôtels errichtet, Bauten, die in der Nachbarschaft des gewaltigen Bogens ohne architektonisches Gewicht sind und die dem Arc de Triomphe nicht einmal ihre Eingangsseite, sondern die Gartenfassade zukehren. Der Triumphbogen steht somit auf einer weit ausgedehnten Freifläche ohne markante Binnengliederung, einer Freifläche, die sich zudem in eine Grünzone aus Platzbäumen, Gartenbäumen und Straßenbäumen ohne klare Begrenzung verliert. Der Platz, der dem Namen, dem Rang, der Verkehrsfunktion und der ästhetischen Erwartung nach Ziel- oder auch Ausgangspunkt städtebaulicher Richtungskräfte sein sollte, vermag diese Kräfte nicht eigentlich zum Thema zu machen, geschweige denn zu fassen. Er ist spannungs- und richtungslos und ohne eindeutige Grenzbestimmung – alles zugunsten der übermächtigen Wirkung des Denkmals.

Die Neugestaltung des Pariser Stadtbildes unter Napoleon III. durch Baron Haussmann: Das moderne Paris entsteht

Unter Kaiser NAPOLEON III. und Baron Georges-Eugène HAUSSMANN erlebte Paris ab der Mitte des 19. Jahrhunderts die weitestreichende Umgestaltung seines Stadtbildes. Das neue städtebauliche Gesamtkonzept und die Lösungen verschiedener Bauaufgaben wurden vorbildlich für ganz Europa und machten Paris zur „Hauptstadt des 19. Jahrhunderts".[11] Die Maßnahmen HAUSSMANNS und des Kaisers dienten zwar den Kapitalinteressen und damit der Sicherung und dem Ausbau der bürgerlichen Gesellschaft, aber auch der öffentlichen Wohlfahrt.

Paris war durch die Bevölkerungsexplosion seit dem späten 18. Jahrhundert und durch den andauernden Zuzug von Menschen aus der Provinz hoffnungslos überbevölkert. Die Choleraepidemien von 1832 und 1849 hatten die Mißstände, vor allem in den Quartieren der unteren Schichten, unmittelbar deutlich gemacht. Die Neuordnung des Stadtgebietes, die Sanierung überfüllter Wohnviertel und die Anlage von Erholungsräumen waren dringend notwendig. Hinzu kam das Verkehrsproblem: Die Industrielle Revolution und der Ausbau der Verwaltung hatten den innerstädtischen Massenverkehr verstärkt. Dem zentralistischen Charakter des französischen Staates entsprechend laufen alle Hauptstraßen auf Paris zu, ebenso alle Eisenbahnlinien, die zwischen dem ehemaligen Zollring und dem inneren Boulevardring in Kopfbahnhöfen enden. Weder diese Straßen noch die Kopfbahnhöfe waren durch angemessene Verkehrswege verbunden. Es gab noch immer keine Ost-West-Achse – die Rue de Rivoli war ja an den Altstadtvierteln gescheitert –, aber auch keine Nord-Süd-Achse; denn hier führten nach wie vor jeweils zwei schmale Straßen aus der Stadt hinaus. Zudem bildete die dicht besiedelte Seine-Insel ein unüberwindbares Verkehrshindernis. Nicht zuletzt sprachen innenpolitische Gründe für eine Neuordnung des Stadtbildes von Grund auf. Denn neben den Revolutionen von 1789, 1830 und 1848 hatten zahlreiche kleinere Revolten deutlich gemacht, daß eine Stadt mit engen, verwinkelten Straßen, Sackgassen, Hofdurchgängen und übermäßig verdichteter Bausubstanz hervorragend zum Barrikadenkampf geeignet und für die Ordnungskräfte unkontrollierbar ist.

Der Kaiser hatte in London die technischen Neuerungen einer modernen Großstadt kennengelernt. In Baron HAUSSMANN fand er einen Mann, der die Neuordnung von Paris – wiewohl persönlich integer – mit der gewünschten Rigorosität, aber auch mit künstlerischem Einfühlungsvermögen durchsetzen konnte. HAUSSMANN wurde 1853 als Präfekt des Départements Seine praktisch zum Stadtherrn von Paris, der einen fähigen und geschulten Stab aus Architekten, Ingenieuren, Stadtplanern, Gartenkünstlern und Verwaltungsfachleuten um sich zu scharen wußte. In den wenigen Jahren bis zu seinem Sturz 1870 konnte er alle wichtigen Projekte einleiten, die Paris zur modernen Großstadt formten. Die Maßnahmen HAUSSMANNS, deren Verwirklichung sich bis in die 1920er Jahre hinzog und deren Weiterführung bis heute andauert, seien hier kurz skizziert:

Eine Ringeisenbahn soll die Kopfbahnhöfe der verschiedenen auf Paris zulaufenden Eisenbahnlinien verbinden. Die Ost-West-Achse wird mit der Weiterführung der Rue de Rivoli nach Osten durch die Altstadt bis zur Rue St-Antoine vollendet. Die ausgebauten Seine-Quais unterstützen diese Verkehrsachse. Eine Nord-Süd-Achse wird neu geschaffen, mit dem Boulevard St-Michel auf dem Südufer und den Boulevards de Sébastopol und de Strasbourg auf dem Nordufer. Die Seine-Insel bildet nicht länger ein Hindernis, da die überkommene kleinteilige Bebauung zu Dreivierteln abgerissen und durch großzügige öffentliche Bauten, Straßen und Plätze ersetzt wird. So entsteht ein Achsenkreuz, um dessen Schnittpunkt sich konzentrische Verkehrsringe legen. Der innere Boulevard-Halbring der Zeit LUDWIGS XIV. auf dem Nordufer erhält mit dem Boulevard

St-Germain auf dem Südufer ein symmetrisches Gegenstück. Ein neuer äußerer Boulevardring folgt der Zollgrenze des späten 18. Jahrhunderts. Innerer und äußerer Ring und die Schnittpunkte beider Ringe mit dem Achsenkreuz sind durch ein System von Stichstraßen verbunden, so daß sich eine Vielzahl von Platzanlagen mit strahlenförmig einmündenden Straßen ergibt. In der Nähe dieser Plätze liegen, strategisch günstig, die neu erbauten Kasernen zur Unterdrückung innerer Wirren; sie konzentrieren sich besonders auf die östlichen Stadtteile, die traditionellen Arbeiterviertel. Doch ist diese militärische Funktion der Straßenzüge „lediglich die bonapartistische Ergänzung zum ansonsten primär für den kommerziellen Verkehr bestimmten Straßensystem."[12] *(Abb. 12)*

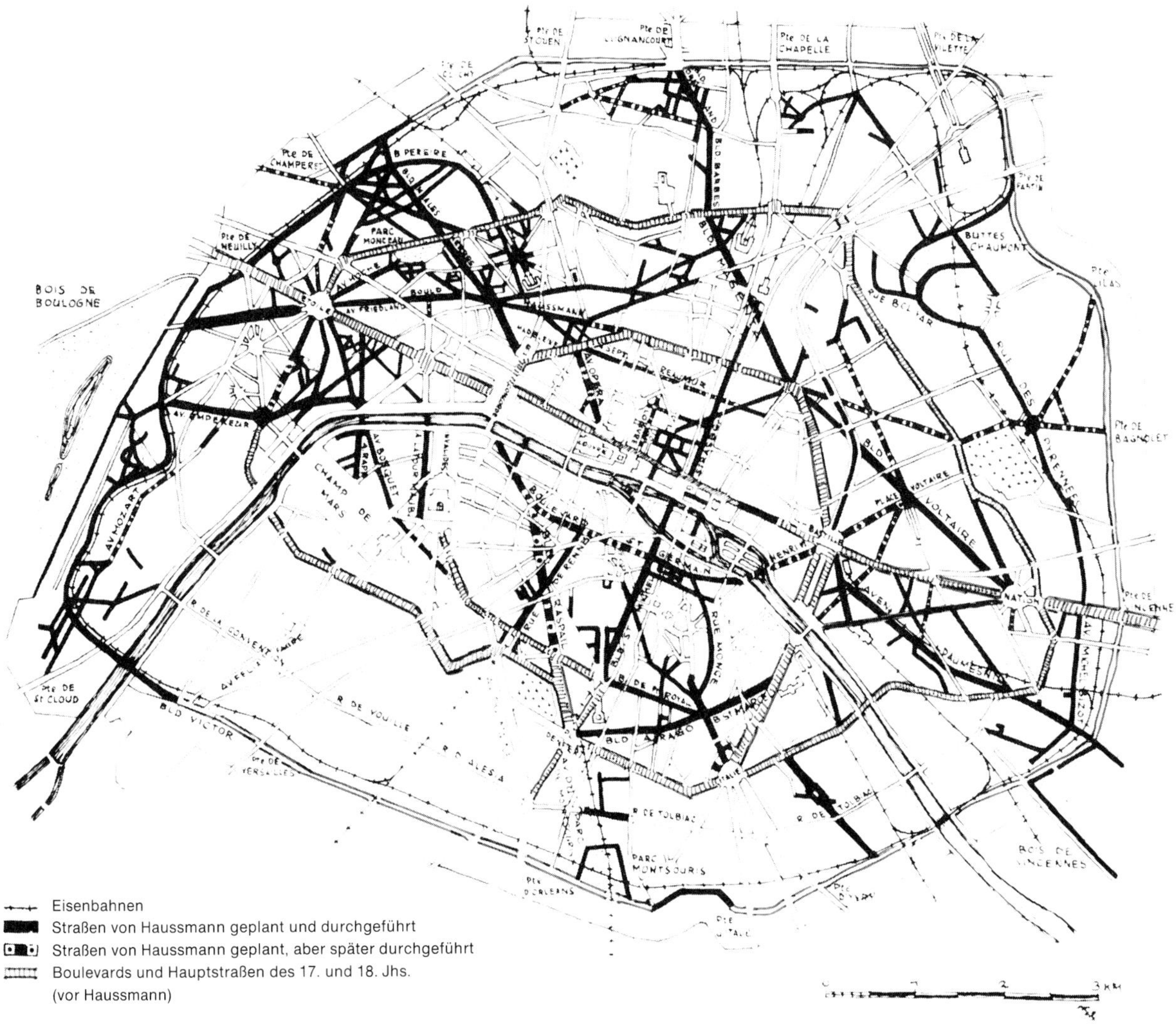

Abb. 12: Paris, System der Hauptverkehrswege mit den Planungen Haussmanns (nach Speckter 1964, Abb. 82)

Die verkehrstechnische Aufgabe der Haussmannschen Planungen zeigt sich besonders an der Ausrichtung des Straßensystems auf die Kopfbahnhöfe. Die Anbindung des Schienen- an den innerstädtischen Straßenverkehr und auch den bisweilen brutalen Einschnitt in die gewachsene Bausubstanz kann der erste unter HAUSSMANN entstandene Straßenzug, der Boulevard de Strasbourg, beispielhaft verdeutlichen. Er hat nicht nur einen Bahnhof – die Gare de l'Est – als Ausgangs- bzw. Zielpunkt, sondern ist gleichsam dessen An- und Abfahrtsschneise in die Innenstadt und „verläuft geradezu wie die Fortsetzung des Schienenstranges, mathematisch exakt, in derselben Achse liegend, nicht weniger linear"[13] *(Abb. 13)*. Die Förderung der Geschäfte der Großbourgeoisie durch ein effektives Straßensystem erweist sich an der Verdichtung der Verkehrswege im Bereich zwischen Madeleine-Kirche, Oper und Bahnhof St- Lazare. Gerade in diesem Stadtgebiet häufen sich die Geschäfte des gehobenen Bedarfs und die elegantesten Lösungen einer neuen Bauaufgabe – des Kaufhauses.

Wenn HAUSSMANN auch überkommene Bausubstanz großflächig opferte, so folgte seine Neuordnung von Paris mit dem Achsenkreuz, den Boulevardringen und den Verbindungsstraßen doch der inneren Logik des Pariser Stadtbildes ebenso wie den urbanistischen Maßnahmen der Regierungen seit dem frühen 17. Jahrhundert. Und die architektonische Tradition blieb zumindest dadurch respektiert, daß für alle neuen Plätze und Straßen jeweils

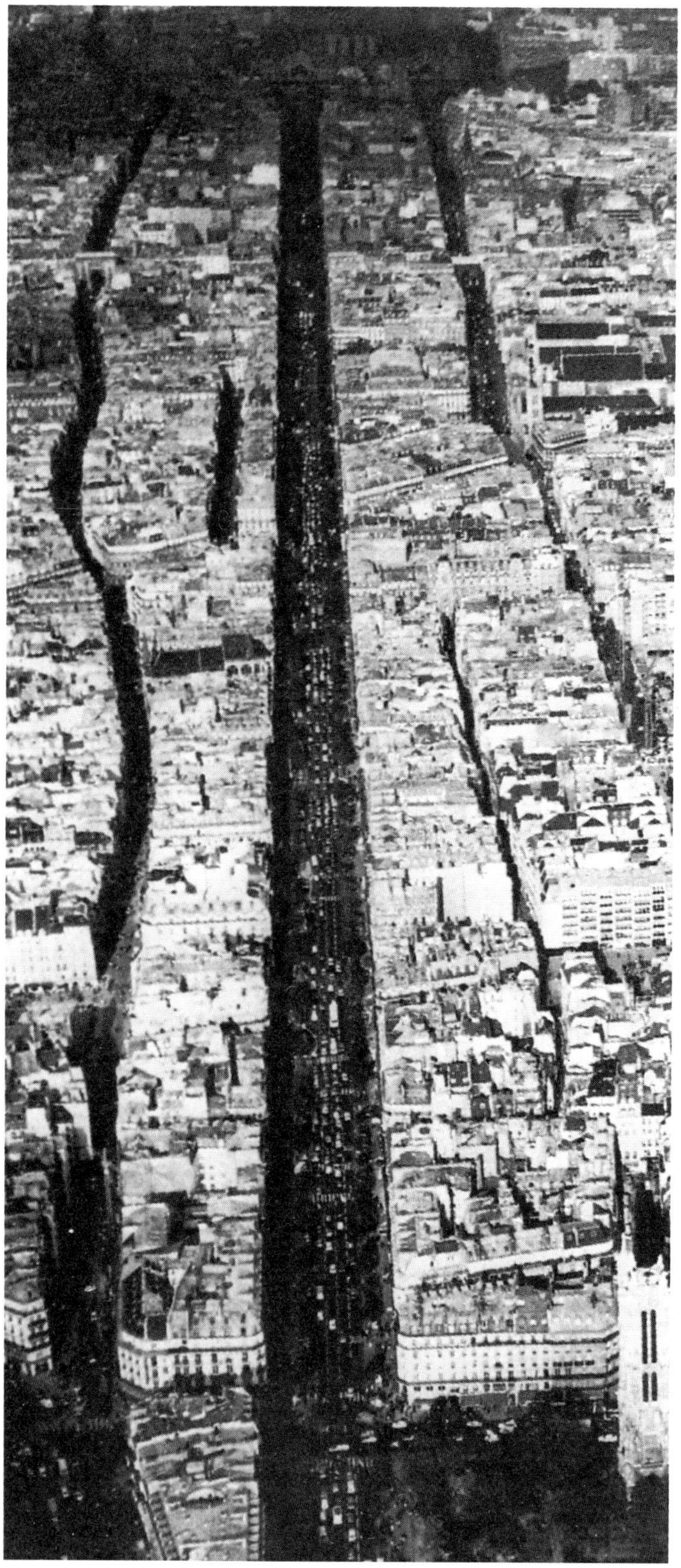

Abb. 13: Paris, Blick auf die nördlichen Ausfallstraßen der Innenstadt. *Links* und *rechts* die beiden mittelalterlichen Hauptstraßen Rue St-Denis und Rue St-Martin. Dazwischen der unter HAUSSMANN durch die überkommene Bausubstanz geführte Boulevard de Strasbourg, die Verlängerung des Boulevard de Sébastopol. Der Boulevard trifft direkt auf die Fassade des Ostbahnhofes, ist also gleichsam die Fortsetzung des Schienenstranges in die Innenstadt. Die Bahnhofsfassade *(oben)* übernimmt die Funktion des Point de vue

einheitliche Geschoßhöhen und eine allgemeine „Ordonnance" – eine Fassadengliederung gemäß den Regeln und Formen der klassischen Architektur – verbindlich waren. Zusammen mit der Einheit der Materialien sind dies die Faktoren für die noch heute erfahrbare formale Geschlossenheit des Pariser Stadtbildes.

Man hat, was die geometrische Ordnung, die großen Achsen, das Streben nach Symmetrie und die Schaffung von Blickpunkten als Merkmale der Haussmannschen Stadtplanung angeht, auf die barocke Stadtplanung des 17. und 18. Jahrhunderts als mögliches Vorbild hingewiesen. Die Übereinstimmungen sind augenfällig, aber auch die wesentlichen Unterschiede: Während im Barock das Wegesystem eine Konsequenz des repräsentativen Monumentes darstellt, ist im Paris des 19. Jahrhunderts das Monument eine Konsequenz des in erster Linie verkehrstechnisch bestimmten Wegesystems. Historische und moderne Monumente können demnach vergleichsweise beliebig als formale Bezugspunkte dienen. Und während das Barock ein hierarchisches und zentriertes – eben auf das einzelne Monument ausgerichtetes – System anstrebt, ist das Paris HAUSSMANNS ein polyfokales System, das heißt ein System mit mehreren, in etwa gleichrangigen Zentren. Gerade aber dieses polyfokale System entspricht den genannten militärischen und kommerziellen Funktionen.

Stadtentwicklung im 19. und 20. Jahrhundert – Das Beispiel Berlin, Belle-Alliance-Platz/Mehringplatz

Am Beispiel Berlins soll nun die Entwicklung des Städtebaus im 19. und 20. Jahrhundert aufgezeigt werden. Eine Berliner Platzanlage, das ehemalige „Rondel", der spätere Belle-Alliance-Platz und heutige Mehringplatz, bietet sich an, die allmähliche Ablösung des landesfürstlichen Städtebaus durch die moderne vom Bürgertum getragene Stadtplanung nachzuzeichnen und die Entwicklung bis zur Gegenwart hin zu verfolgen.

In seiner mehr als 250jährigen Geschichte erfuhr der Platz mehrmalige grundlegende Funktionsänderungen und damit verbundene

Umgestaltungsmaßnahmen, die über ihre Bedeutung für die Berliner Stadtgeschichte hinaus zugleich die einschneidenden Entwicklungsetappen des modernen Städtebaus markieren: Um 1730 auf königliche Order hin angelegt, wurde er in der ersten Hälfte des 19. Jahrhunderts – und damit in den Anfängen des modernen bürgerlichen Städtebaus – vollkommen umgestaltet. Im letzten Viertel des 19. Jahrhunderts, einer Epoche, die fast alle deutschen Städte architektonisch geprägt hat, veränderte er erneut seinen Charakter. Nachdem die Gründerzeitbebauung im Zweiten Weltkrieg den Bomben zum Opfer gefallen war, erfolgte der Wiederaufbau des Platzes zwischen 1969 und 1975 nach Planungsvorgaben, die auf dem Leitbild der verdichteten und verkehrsgerechten Stadt beruhten.

Das wechselnde Aussehen des Platzes, bedingt durch die sich verändernden wirtschaftlichen, ideologischen und ästhetischen Anforderungen, kann daher verallgemeinernd die Entwicklung des deutschen Städtebaus im 19. und 20. Jahrhundert veranschaulichen. Der landesfürstliche Stadtausbau Berlins zur modernen Residenz, der zwar im wesentlichen im 18. Jahrhundert erfolgte, aber auch noch den Anfang des 19. Jahrhunderts bestimmte – es sei verwiesen auf die zu dieser Zeit entstandenen Bauten wie das Schloß, zahlreiche Palais, Kirchen, Museen, das Brandenburger Tor –, muß in diesem Zusammenhang unberücksichtigt bleiben.

Die Anfänge des modernen bürgerlichen Städtebaus

Berlin, ehemals Hauptstadt des Kurfürstentums Brandenburg (ab 1443), dann des Königtums Preußen (ab 1701) und schließlich des Deutschen Reiches (1871–1945), entwickelte sich in der ersten Hälfte des 19. Jahrhunderts zur Industrie- und Handelsstadt; nach 1871 war sie die größte und bedeutendste Deutschlands.[14] Dieser Wandel schlug sich auch in der städtebaulichen Entwicklung nieder. Kennzeichen des modernen Städtebaus ist die private Produktion der Stadt. Sie zog eine neue räumliche Verteilung nach sich und schloß damit die Schaffung eines einheitlichen Stadtbildes endgültig aus. Die private Produktion der Stadt bestimmte zunehmend Gestaltung und Form der Städte. Darüber hinaus zerstörte sie weitgehend die mittelalterlichen und absolutistischen Stadtstrukturen. Hauptmerkmale des modernen Städtebaus sind die Zonung der Stadt, die Umwandlung der historischen Stadt in eine moderne Stadtmitte, die City, und der Vorrang der Verkehrsplanung. Sie wird zur Grundlage der neuen städtebaulichen Ordnung; denn Straßen, Schienenstränge und Bahnhöfe bilden die wesentlichen Elemente der inneren Struktur der Stadt. Dabei trennte nicht selten die Trassenführung der Eisenbahn ein Stadtquartier von dem anderen oder verlief mitten durch einzelne Stadtviertel. Auch wurden häufig schon bestehende Verkehrswege wenig berücksichtigt. So unterbrachen in Berlin die Potsdamer und die Dresdener Bahn die Schöneberger Straße, zerschnitt in Bonn die Schienenführung der Eisenbahn die Barockachse, die Stadt- und Gartenschloß miteinander verbindet. Die Schaffung der Infrastruktur wird zur Voraussetzung und zum Motor städtischen Wachstums.

Liberale Phase bis 1871/Privatisierung der Stadtplanung

Die im Allgemeinen Preußischen Landrecht von 1794 garantierte *Baufreiheit*, die in der Bauordnung von 1853 bestätigt wurde, leitete die Privatisierung der Stadtplanung ein. Die Baufreiheit bedeutete, daß die ständische Bindung des Grundeigentums aufgehoben wurde. Hatte der Grundbesitzer vorher nicht nach eigenem Gutdünken über sein Privateigentum verfügen können, so werden durch die bürgerliche Form von Eigentum jetzt Grund und Boden zur frei verkäuflichen Ware. Bis dahin hatte der Kurfürst bzw. König bestimmt, wo und wie eine Stadt angelegt oder erweitert werden sollte; nun waren es private Bauherren und Bau- und Terraingesellschaften, die Einfluß auf die räumliche Struktur der Stadt nahmen und die Stadtentwicklung bestimmten. Die neue räumliche Verteilungsstruktur wurde jetzt über die Grundstückspreise hergestellt; denn der höchstmögliche Ertrag entschied über Standort und Bauformen. Die Anpassung der historischen Stadt an die Erfordernisse der wachsenden Großstadt bedeutete einen radikalen Stadtumbau, weil ihr ein Großteil der historischen Architektur zum Opfer fiel. Zum wesentlichen Merkmal der neuen Stadtentwicklung wurde die Funktionstrennung und damit der Zerfall der Stadt in selbständige Teile *(soziale Segregation):* die industriell-fabrikmäßige Produktion verursachte die Trennung von Wohnen und Arbeiten; die historische Stadt wurde zur City umgebaut. Sie – und nicht länger das Schloß – war der neue Bezugspunkt.

Mit der Einführung der Baufreiheit in der ersten Hälfte des 19. Jahrhunderts und der damit verbundenen Privatisierung von Grund und Boden endeten die öffentliche Verfügung und die Kontrolle über den Boden weitgehend. Die einheitliche Verfügungsgewalt, die es im Absolutismus ermöglicht hatte, die Auffassung der „Stadt als Gesamtkunstwerk" zur leitenden Vorstellung des Städtebaus werden zu lassen, wurde nun auf eine Vielzahl von Individuen verteilt. Die Baufreiheit führte zum Verlust der Stadt als Kunstwerk im Sinne einer Gestaltungseinheit. Funktionelle Überlegungen bestimmten zunehmend den Städtebau – was zu der zeitgenössischen Bemerkung führte, „der Geometer habe den Stadtbaukünstler ersetzt". Die bis in die 70er Jahre vom personellen Bestand her kleinen städtischen Bauverwaltungen – auch Berlin bildete keine Ausnahme – planten nun nicht mehr in erster Linie für das städtische Gesamtgefüge, sondern beschränkten sich auf die Anlage und Verschönerung einzelner Straßen und Plätze. Von den städtebaulichen und architektonischen Vorstellungen des Absolutismus übernahm man jedoch einzelne Elemente wie das bodensparende rechtwinklige Rastersystem, den geschlossenen Baublock, an Straßen gereihte Platzfolgen, Alleen und Achsen; sie wurden lediglich bürgerlichen Bedürfnissen angepaßt. Auch fielen den überkommenen Institutionen des Obrigkeitsstaates neue wichtige Aufgaben zu: Der Polizeipräsident war für die Aufstellung von Bebauungsplänen zuständig, während die Baupolizei die Einhaltung der Bauordnungen überwachte.[15]

Die neuen Flächennutzungsstrukturen und die Ausdehnung der bebauten Flächen machten die Lösung der Verkehrsprobleme immer vordringlicher. Die Schaffung einer städtischen *Infrastruktur,* die vom Straßen- bis zum Eisenbahnnetz reichte und zugleich die Durchführung der unterirdischen Kanalisation und die Anlage von Strom-, Gas- und Wasserversorgungsleitungen mitbeinhaltete, wurde in der liberalistischen Phase weitgehend in privater Regie betrieben. Als sich nach 1871 die Unzulänglichkeit privater Initiativen erwiesen hatte und die öffentliche Intervention zur Behebung der größten Mißstände unumgänglich erschien, griff der Staat verstärkt ein. Die Unternehmen wurden verstaatlicht oder in kommunale Regie übernommen. Bebauungspläne und Fluchtliniengesetze sollten die Anlage von Straßen regeln und die Einhaltung der Baufluchtlinien sicherstellen. Die Ausweisung von rechtwinkligen Baublockrastern und die Anlage von Straßen wurden zu wesentlichen Elementen der Planungspolitik der städtischen Bauverwaltungen.

Besonderes Interesse galt den von der Stadtmitte ausgehenden Radialstraßen, den Ringstraßen und den neu anzulegenden Plätzen. Sie sollten auf „allerhöchsten Befehl" des Königs bzw. Kaisers zu repräsentativen Boulevards und Plätzen ausgestaltet werden. Auch wenn entsprechend der Preußischen Städteordnung von 1808 die Selbstverwaltung der Städte auf der unteren Ebene durch die Bürger erfolgen sollte (Stadtverordnetenversammlung/Magistrat), so gewannen mit der in Preußen 1850 erfolgten Einführung des Dreiklassenwahlrechts vor allem die Haus- und Grundbesitzer entscheidenden Einfluß auf die Stadtplanung, da sich das Stimmengewicht nach der Steuerleistung richtete. Auf diese Weise kontrollierte eine Minderheit die städtische Selbstverwaltung. Bis 1918 stellten in Berlin beispielsweise die Haus- und Grundeigentümer stets mehr als 50 Prozent der Stadtverordneten.

Um hauptstädtische Planungen zu ermöglichen, wurden für Berlin gesetzliche Sonderregelungen geschaffen: Alle Pläne mußten durch das Innenministerium und durch die Oberbaudeputation, die dem Finanzministerium unterstellt war, überprüft werden. Staatliche Auflagen oder Änderungsvorschriften scheiterten jedoch später nicht selten an den Entschädigungssummen, die mit dem Preußischen Entschädigungsgesetz von 1874 auch gesetzlich vorgeschrieben wurden.

Die aus der *Reformpolitik* des Freiherrn VOM STEIN hervorgegangenen Edikte von 1807/1811 führten für das Bürgertum die volle Gewerbefreiheit ein und brachten ihm die Abschaffung des Zunftzwanges. Die Bauern befreiten sie von der feudalen Abhängigkeit. Die Steinsche Reformpolitik förderte entscheidend die Einführung des kapitalistischen Wirtschaftssystems und die Umwandlung der ständischen Gesellschaft in eine Klassengesellschaft. Der industrielle Charakter der Warenproduktion brachte die neue, schnell anwachsende Klasse des Industrieproletariats hervor. Wichtigster Produktionszweig und damit der Bereich, der die meisten Arbeitskräfte beschäftigte, war zunächst das Textilgewerbe. Ab den 60er Jahren wurde es abgelöst durch die Maschinenbau- und die Metallindustrie, die Textilveredelung (Konfektion) und die chemische Industrie sowie die Elektroindustrie. Die Industrielle Revolution wurde zum entscheidenden Motor des sozialen Wandels und zog die Verstädterung *(Urbanisierung)* der Gesellschaft nach sich.

Berlin war erst im 18. Jahrhundert zur Großstadt geworden und verfügte 1795 über 156000 Bewohner. 1840 zählte es bereits 323000 Einwohner. Viele Zweige der materiellen Produktion siedelten sich in der ersten Hälfte des 19. Jahrhunderts in der Nähe der Arbeiterwohngebiete am Rande der historischen Kernstadt an. Bis 1910 wuchs die Einwohnerzahl auf annähernd 2 Millionen an. Stadterweiterungen und Eingemeindungen waren die unausweichliche Folge, die ihrerseits die Aufhebung der städtischen Zollgrenzen und die Niederlegung der Stadtmauern voraussetzten. Damit aber war die strenge Trennung von „drinnen" und „draußen", welche die alte Stadt gekennzeichnet hatte, die Trennung von Stadt und Land, aufgegeben worden.

Friedrichstadt/Belle-Alliance-Platz

Vor diesem historischen Hintergrund muß die Entwicklung der Platzanlage gesehen werden, an der hier beispielhaft Architektur und Städtebau des 19. und 20. Jahrhunderts behandelt werden. Wie schon ausgeführt, sollten dirigistische Maßnahmen des absolutistischen preußischen Staates entsprechend der feudalen Verfügung über Grund und Boden im 18. Jahrhundert den Ausbau Berlins zur prachtvollen Residenzstadt und zum Ort wirtschaftlichen Wachstums gewährleisten. Ab 1688 ließ der Kurfürst und spätere König FRIEDRICH I. den nördlichen Teil der Friedrichstadt im südlichen Anschluß an die Dorotheenstadt anlegen. Die Dorotheenstadt ihrerseits war nach 1668 als südwestliche Erweiterung des mittelalterlichen Stadtkerns von Berlin entstanden. Die südliche Erweiterung der Friedrichstadt erfolgte zwischen 1732 und 1738 unter seinem Sohn, dem Soldatenkönig FRIEDRICH WILHELM I., nach Plänen seines Oberbaudirektors Philipp GERLACH. Die Vororte Dorotheenstadt und Friedrichstadt wurden als repräsentative Ergänzung der Residenzstadt planmäßig und ohne Berücksichtigung von Geländeschwierigkeiten angelegt. Das Überwiegen formaler Zielsetzungen findet in dem in jeweils regelmäßige Blöcke eingeteilten Stadtgrundriß seinen Niederschlag. Die Bauordnung von 1641 hatte die Voraussetzungen für ein einheitliches architektonisches Stadtbild geschaffen; denn sie legte sogar die einheitliche Fassadengestaltung fest. Es fehlte also eine strenge Trennung zwischen öffentlichen und privaten Bauaufgaben; denn auch die Wohnhäuser sollten zum architektonischen Schmuck der Residenzstadt beitragen. Um einen Bauanreiz zu schaffen, stellte der Kurfürst den Bürgern unentgeltlich Baumaterialien zur Verfügung und gewährte darüber hinaus eine Befreiung von der Grundsteuer und von anderen Abgaben. Da die Besiedlung der Vororte trotz dieser Vergünstigungen nur schleppend in Gang kam, mußte – einem königlichen Dekret gemäß – aus jedem Haus in der Innenstadt, das von vier Familien bewohnt wurde, eine Familie in die südliche Friedrichstadt umziehen.[16]

1734 ließ FRIEDRICH WILHELM I. einen Palisadenzaun mit Toreingängen als Zollmauer um die Residenzstadt legen. Außerhalb der Zollmauer herrschte die private unregelmäßige Bebauung vor. Die an den Toren erhobene Akzisesteuer (heute würde man sie als „Verbrauchssteuer" bezeichnen) fand unter anderem für die Pflasterung von Straßen Verwendung. Um bei den schematisch angelegten neuen Stadtteilen innerhalb der Akzisemauer der Gefahr einer architektonischen Eintönigkeit vorzubeugen, wurde gleichzeitig die Anlage von Straßenachsen und Plätzen geplant. Zu den in diesen Zeitraum datierenden Platzgründungen zählt neben fünf weiteren das „Rondel", der spätere Belle-Alliance-Platz und heutige Mehringplatz.

Das „Rondel"

Ein im Märkischen Museum in Berlin erhaltenes anonymes Ölgemälde überliefert die Idealplanung für diese Platzanlage, die in dieser Form allerdings nie verwirklicht worden ist *(Abb. 14)*. Daneben ist noch ein im Jahre 1748 für die Dorotheenstadt sowie die nördliche und südliche Friedrichstadt aufgestellter Bebauungsplan erhalten, der im Ausschnitt das Rondell im Verbund des Straßensystems zeigt *(Abb 15)*. Auf diesem Plan erscheint auch die Benennung des Platzes als „Rondel" – eine Bezeichnung, die bis zur 1815 erfolgten Umbenennung in Belle-Alliance-Platz ihre Gültigkeit behalten sollte.

Das Gemälde zeigt eine ovale Platzanlage, deren Platzwände von einer zweigeschossigen Reihenhausbebauung gleicher Traufhöhe mauerartig eingefaßt werden. Durchlässe und damit Unterbrechungen im gleichförmigen Architekturrahmen, der die einheitliche Gesamtwirkung hervorruft, bilden lediglich das Tor der neuen Zollmauer (Hallesches Tor) im Süden und im Norden des Platzes drei Straßen. Es sind dies die Friedrichstraße in der Mitte, die nordwestlich verlaufende Wilhelmstraße und die in nordöstliche Richtung führende Lindenstraße. Die drei Straßen gehen fächerartig von dem Platz aus. Sie erschließen demjenigen, der durch das genau gegenüber gelegene südliche Tor der Zollmauer das Stadtgebiet betritt, den Zugang zur Stadt. Die Mitte des Platzovals nimmt ein Brunnen ein.

Bemerkenswert an der Anlage des Platzes sind seine Form und seine Ausstattung: Die Anregung zu seiner Erbauung geht mit Sicherheit, wie auch bei anderen Berliner Plätzen dieser Zeit, auf französische Vorbilder zurück. Als ein Beispiel wäre die 1685 angelegte Place des Victoires in Paris anzuführen *(Abb. 5)*. Dennoch handelt es sich keinesfalls um eine exakte Übernahme im Sinne einer Kopie; denn die ovale Form und der Brunnen in der Mitte verweisen auf römische Beispiele. Vergleiche mit der Piazza del Popolo in Rom drängen sich auf. Man könnte sogar noch weiter gehen und von Assoziationen zu römischen Amphitheatern sprechen. Der Platz betont

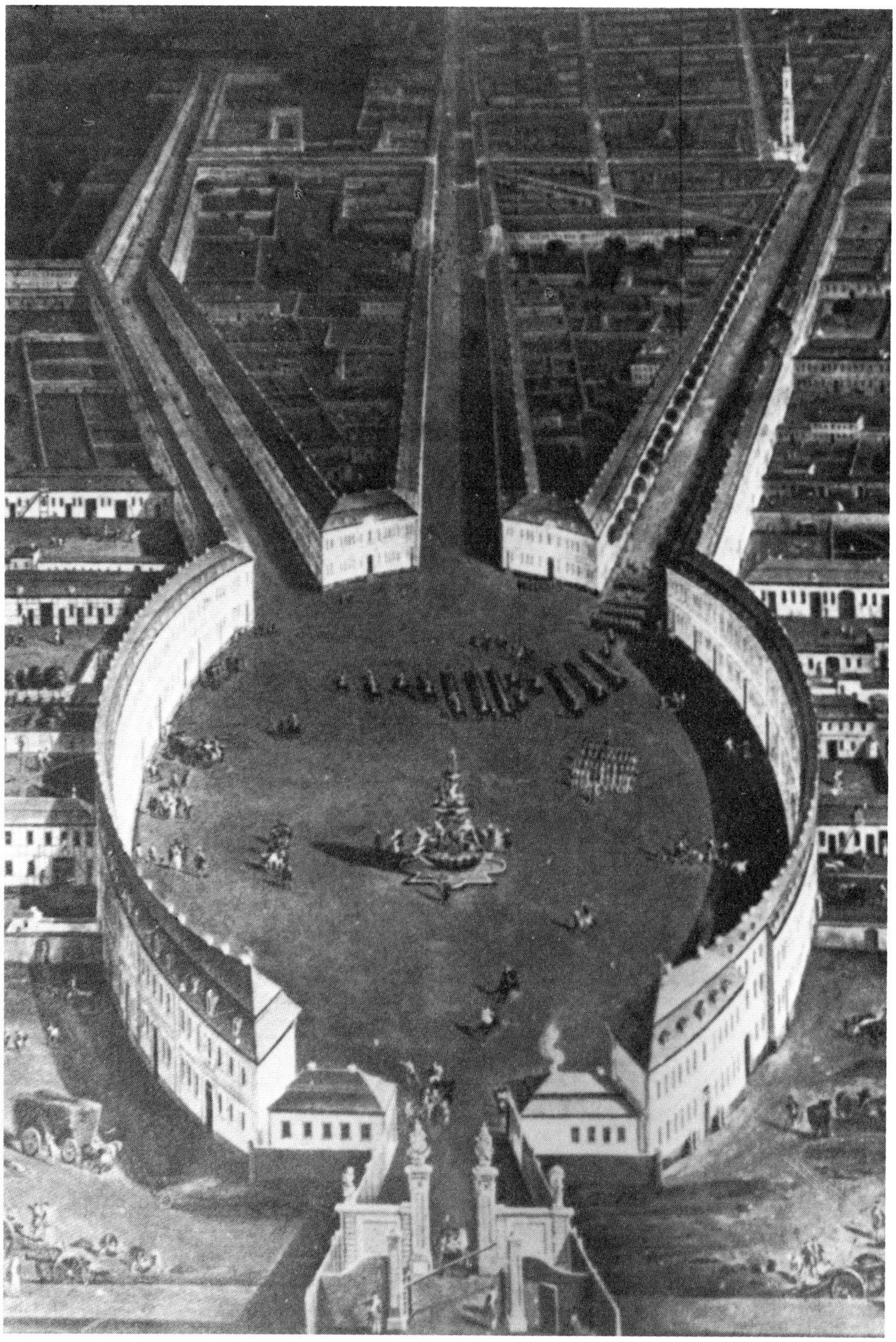

Abb. 14: Anonymer Maler: „Rondel", Berlin. Um 1732. Berlin, Märkisches Museum

zugleich das bürgerliche Element im preußischen Kurfürsten- und Königtum: Er ist nicht in erster Linie Königsplatz – daher fehlt das königliche Reiterstandbild und damit die „politische Renommiergeste" französischer Königsplätze[17] –, sondern königlicher Platz mit deutlichen bürgerlichen Elementen. Die ovale Form schwächt die Ausrichtung auf die zentrale Mitte ab. Der formale Aufwand der Architektur ist bescheiden; er beschränkt sich auf die vereinheitlichten Straßenwände. Die Platzarchitektur glich sich damit formal den übrigen Bauten dieses neuen Stadtquartiers an, die ebenfalls im „schlichten preußischen Staatsstil" gehalten waren, das heißt, schlichte, von Renaissanceformen untergliederte Fassaden mit sparsamer Ornamentik aufwiesen. Das Rondell unterschied sich daher deutlich von dem Typ eines reinen Repräsentationsplatzes, wie er beispielsweise im letzten Viertel des 18. Jahrhunderts vom Berliner Gendarmenmarkt dargestellt wird. Die einheitliche Gestaltung der Privathäuser, die durch Vorschriften genau festgelegt war, sollte zum architektonischen Ansehen der Stadt beitragen. Es sind reine Wohnbauten, die nicht der Kapitalanlage dienen. Der Platz sollte jedermann

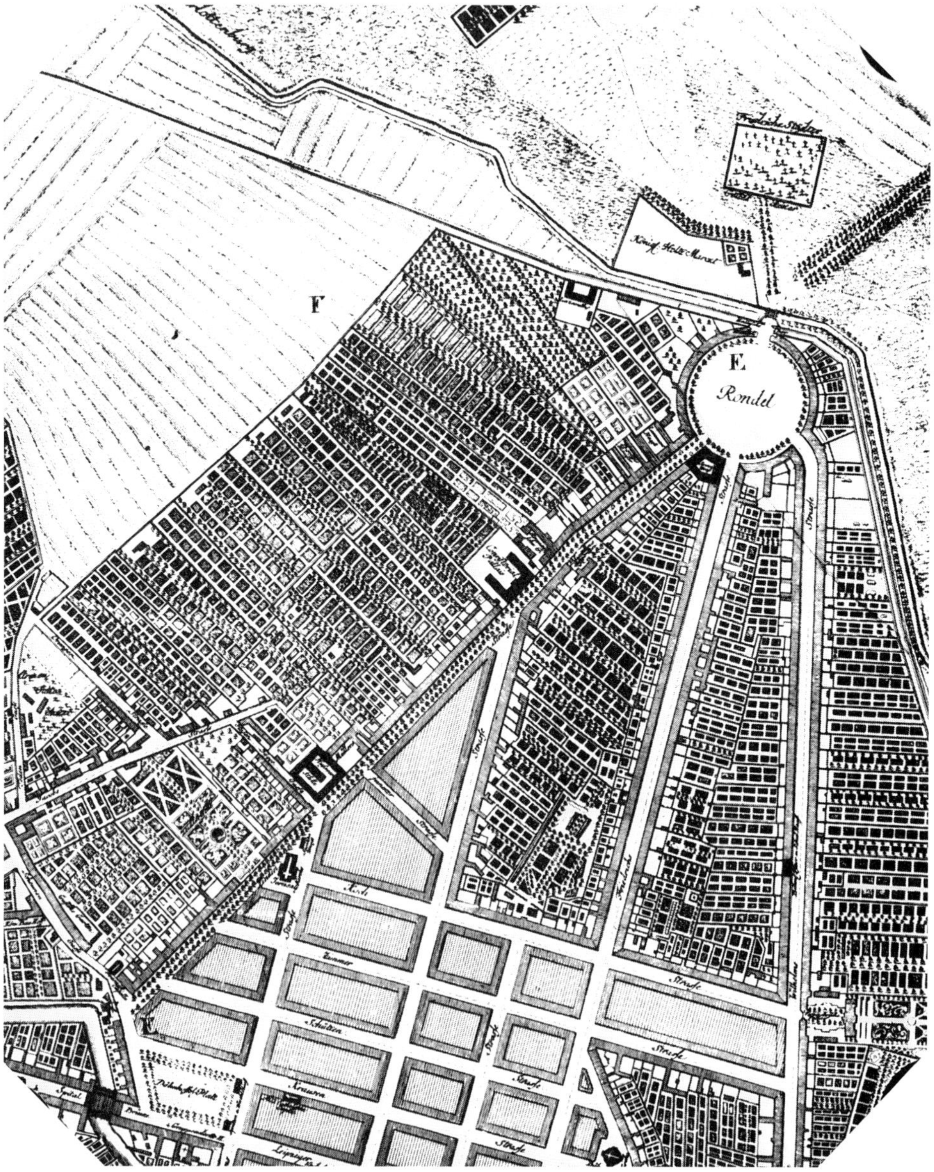

Abb. 15: Berlin, „Rondel". Ausschnitt aus einem Bebauungsplan von 1748

zugänglich sein; der Brunnen diente als Schmuck. Das sich zum Rondell hin öffnende Stadttor ist in der Form einer Gutseinfahrt, wie sie bei den preußischen Rittergütern zu finden war, gestaltet. Die Wahl dieses Motivs sollte darauf verweisen, daß nicht der König die bestimmende politische und gesellschaftliche Kraft in Preußen darstellte, sondern das Junkertum, das auf seinen Gütern lebte. Die rein ideologische Funktion des Tores und sein Bild- oder Zitatcharakter sind deutlich – denn es ließ sich nicht schließen. Die eigentliche Zollschranke, ein einfacher Schlagbaum, war dem Tor vorgelagert.

Die auf dem um 1732 datierten Gemälde *(Abb. 14)* dargestellte Idealplanung des „Rondels" mit ihrem prägnanten Grundrißmotiv der drei fächerförmig vom Platz ausgehenden Straßen ist, wie schon erwähnt, in dieser Form nie ausgeführt worden. Anders als in Paris fehlten in Berlin eine breite bürgerliche Oberschicht und der Amtsadel als Bauherren. Auf diese Weise scheiterte nicht nur die planmäßige Durchführung des „Rondels", sondern auch die der übrigen fünf vorgesehenen Plätze zu repräsentativen Anlagen. Eine Ausnahme bildet lediglich der Gendarmenmarkt, dessen einheitliche architektonische Platzgestalt allerdings erst im letzten Viertel des 18. Jahrhunderts entstand. Die ausgeführte unregelmäßige Bebauung unseres Platzes vollzog sich dagegen nach den Bedürfnissen der kleinbürgerlichen Bauherren (Handwerker und Ackerbürger). Die Fassaden, die sich am sparsamen preußischen Staatsstil, dem Klassizismus, orientierten, entsprachen zugleich den Vorstellungen der Bewohner von Zweckmäßigkeit und Sparsamkeit der Architektur. Zweigeschossigkeit war aus konstruktiven Gründen die rentabelste Bauhöhe. Hinter den Häusern befanden sich Gemüsegärten. Der Platz wurde als öffentlicher Raum, wie auch auf dem Gemälde erkennbar, vielfältig genutzt: er war Torplatz, Marktplatz, Exerzierplatz und Promenadenplatz zugleich.

Belle-Alliance-Platz

1815 erhielt das Rondell den Namen „Belle-Alliance-Platz". Diese Umbenennung nach dem Ort des entscheidenden Sieges über NAPOLEON – geläufiger ist die Bezeichnung „Schlacht von Waterloo" – ist als Ausdruck nationalen Stolzes, der aus dem gestiegenen Nationalbewußtsein des deutschen Bürgertums erwuchs, zu verstehen. Mit dieser Umbenennung ist zugleich der erste wichtige Schritt zur Verbürgerlichung des Platzes eingeleitet. Etwa zur selben Zeit veränderte sich auch seine Baustruktur. Zwischen 1820 und 1840 wechselten die meisten Häuser mehrmals ihre Besitzer. Häuser wurden zur Kapitalanlage. Um eine höhere Rendite durch zusätzliche Mietwohnungen zu erzielen, baute man die Häuser um oder stockte sie auf – was zu einer ungleichmäßigen Höhenentwicklung der Randbebauung führte *(Abb. 16).* Die Orientierung am einheitlichen

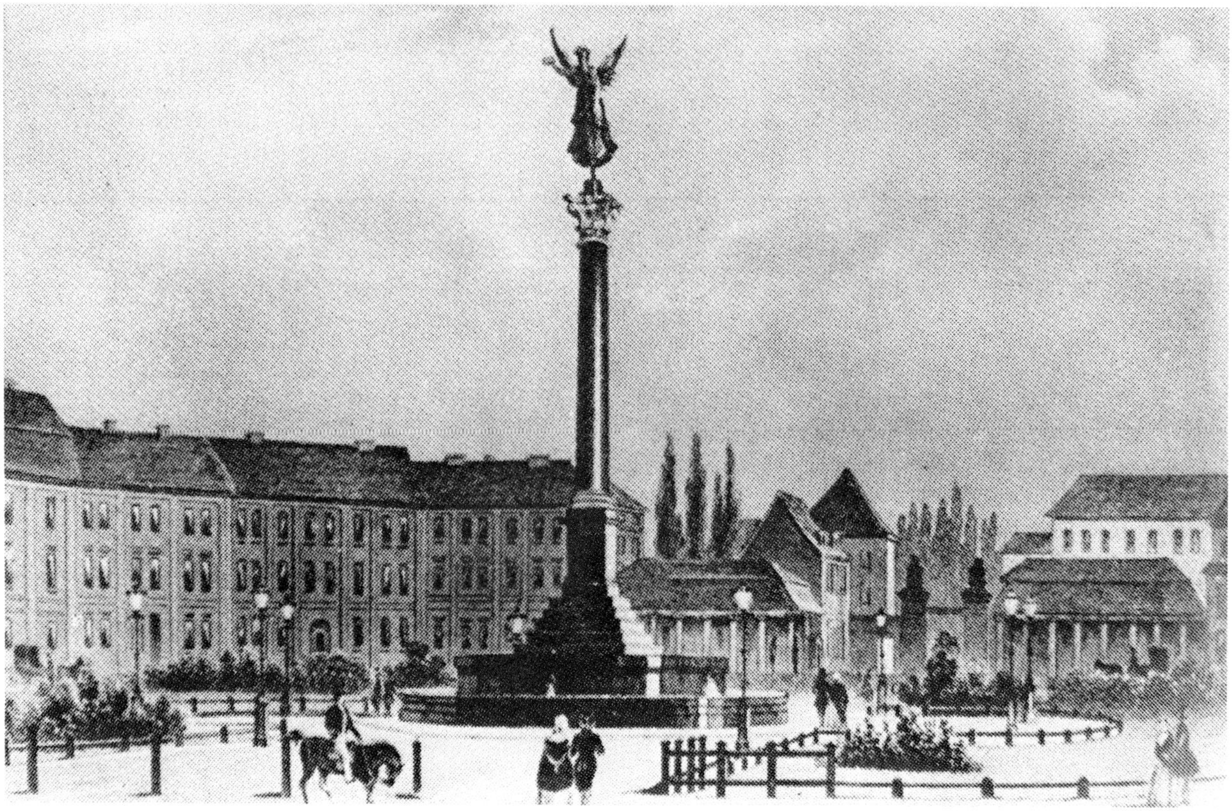

Abb. 16: Berlin, Belle-Alliance-Platz (ehem. „Rondel"). Zustand um 1850

Stadtbild war damit aufgegeben. Darüber hinaus wurden Anbauten hinzugefügt und Hinter- und Nebengebäude errichtet. Sie schoben sich unkontrolliert und unsystematisch in die Blockinnenflächen hinein und ließen diese nach und nach völlig zuwachsen. Die Friedrichstadt wurde zum gutbürgerlichen Wohnviertel. Der Anspruch der neuen Bewohner auf klassische Bildung und Geschmack führte zur Angleichung der Bürgerhäuser an die formale Tradition der klassizistischen Bürgerhäuser des 18. Jahrhunderts. Es herrschte zweckdienliche Nützlichkeit bei geringem formalen Aufwand vor.

Umgestaltung zum bürgerlichen Schmuckplatz

Die formalen Auswirkungen auf die Platzanlage ließen nicht lange auf sich warten. Mit der Verdrängung der kleinbürgerlichen Wohnbevölkerung in der ersten Hälfte des 19. Jahrhunderts erfolgte die Umgestaltung des Rondells in einen begrünten bürgerlichen Schmuckplatz nach den ästhetischen Vorstellungen und sozialen

Interessen der neuen Bewohner. Die bürgerliche Lebensform, bei der Arbeiten und Wohnen getrennt sind und das private Dasein im Mittelpunkt steht, sollte nun den Charakter des Platzes bestimmen. Nach 1839 schuf der königliche Bauinspektor Christian Gottlieb CANTIAN aus dem völlig ungegliederten Rondell mit seinen zahlreichen unterschiedlichen Funktionen einen in sich ruhenden Schmuckplatz. Der Platz wird bewußt von zwei Straßenachsen abgeschnitten, so daß er seinen Charakter als Tor- und Durchgangsplatz einbüßt. Eine Ausnahme bildet lediglich die Friedrichstraße, die als breiter gepflasterter Weg das Platzrund durchläuft.

Die auf diese Weise weitgehend von den Straßenachsen abgeschottete Platzfläche, die zunächst infolge des sumpfigen Geländeuntergrundes aufgeschüttet werden mußte, wird in ihrer Anlage bewußt auf die Mitte hin orientiert. Die gesamte Umbauung ordnet sich dem Platzmittelpunkt unter, der durch die 1843 datierte Friedenssäule mit der Siegesgöttin Viktoria, einer Bronzeskulptur von Christian Daniel RAUCH, als Bekrönung hervorgehoben wird.

In seiner Funktion ist der Platz jetzt ausschließlich darauf gerichtet, Ort des Flanierens und damit der Zerstreuung, Unterhaltung und Erholung zu sein. Hierauf verweisen vor allem die Strauchgruppen und Büsche, die dem Platz teilweise einen parkähnlichen Charakter verleihen. Er ist gedacht als Treffpunkt für alle Schichten der Gesellschaft. Von dieser Nutzungsform versprach man sich eine erzieherische Wirkung, sollten doch das gute Benehmen und die gepflegte Kleidung der Bürger für die Angehörigen unterer Gesellschaftsschichten Vorbildcharakter haben.

Der Platz in der Gründerzeit

Nach der Jahrhundertmitte deuten vereinzelte größere Neubauten jedoch eine Entwicklungstendenz an, die sich ab 1871 durchsetzt: Die Architektur wird immer bestimmender für den Platz. Sie überragt bald die Friedenssäule *(Abb. 17)*. 1867 wird die Zollmauer niedergelegt, womit die Unterscheidung zwischen „drinnen“ und „draußen“ endgültig fortfällt. Kurz darauf erfolgt auch der Abriß der Torpfeiler. Die Gründerzeit mit ihrer umfangreichen Bautätigkeit wirkte sich insbesondere auch auf Berlin aus, das zur weltstädtischen Metropole ausgebaut wurde. Ab 1871 erfaßte der Bauboom auch den Belle-Alliance-Platz: Die vorhandene Bebauung wird abgerissen. Fünfgeschossige Neubauten treten an ihre Stelle. Bei der Fassadengestaltung greift man auf historisches architektonisches Formengut zurück. Die Citybildung wirkt sich auf den Platz aus und greift allmählich auf ihn über. Die neu errichteten Torbauten und Kolonnaden dienen zusammen mit den historisierenden Fassaden der Platzarchitektur als Schaubauten zur Inszenierung der Stadt als Geschäftsstadt. Die Fassaden erfüllen gleichzeitig das Repräsentationsbedürfnis des Großbürgertums. Der Platz ändert erneut seine Funktion: Die Torbauten zeigen an, daß er jetzt in erster Linie als Durchgang und Durchfahrt zur City dient; die Architektur hat lediglich die Aufgabe, die Wege ästhetisch zu überhöhen. Die Anordnung der am Hauptweg aufgereihten Gaskandelaber unterstreicht die Gerichtetheit des Platzes zur City. Die City nimmt zunehmend auch vom Platz Besitz. Die Bedeutung des Rondells als Schmuckplatz und erlebbarer Platzraum tritt weitgehend in den Hintergrund, ebenso die Bedeutung des Denkmals – die Grünanlage wird zum Platz im Platz. Die ursprünglich enge Verbindung zwischen Platz und Architektur ist durch die Verdichtung der Architektur und ihren Anspruch auf Repräsentation weitgehend ausgelöscht worden. Der architektonische Reichtum der Fassaden dient der Veranschaulichung des sozialen Status und des Prestiges der Bewohner und zur Rückversicherung ihrer Identität. Hierzu wird keine eigene Herrschaftssymbolik ausgebildet, sondern vor allem auf historisierende Formen und Ordnungen zurückgegriffen. Die Verwendung individualistischer, miteinander konkurrierender Stilkleider ist in erster Linie zu erklären durch die Nachahmung aristokratischen Lebensstils durch die bürgerlichen Oberschichten im Wilhelminischen Deutschland und die von ihnen angestrebte und in Einzelfällen auch erreichte Nobilitierung. Neben Formen des Barock und des Klassizismus sollen vor allem die als „vaterländisch“ verstandenen Renaissancemotive auf die Macht des städtischen Bürgertums verweisen.

Die gesellschaftlichen Rang und Machtverhältnisse kommen auch in der Stockwerkshierarchie deutlich zum Ausdruck: Das erste Geschoß, die Beletage, erfährt eine besonders reiche architektonische Ausschmückung. Das hebt sie gegenüber den übrigen Geschossen hervor, die mit zunehmender Tendenz nach oben hin sparsamer ausgestattet sind. Die Einzelwohnung, die als solche deutlich an der Fassade abzulesen ist und auf den gesellschaftlichen Rang der Bewohner hinweist, bestimmt auch das Gesicht der Straße bzw. des Platzes. Einheitliche Fassadenbänder und Fassadenkleider werden also von der Akzentuierung einzelner Geschosse abgelöst und bewirken den Charakter der Privatheit der Platzanlage. Die Entflechtung und Zonung der Stadt

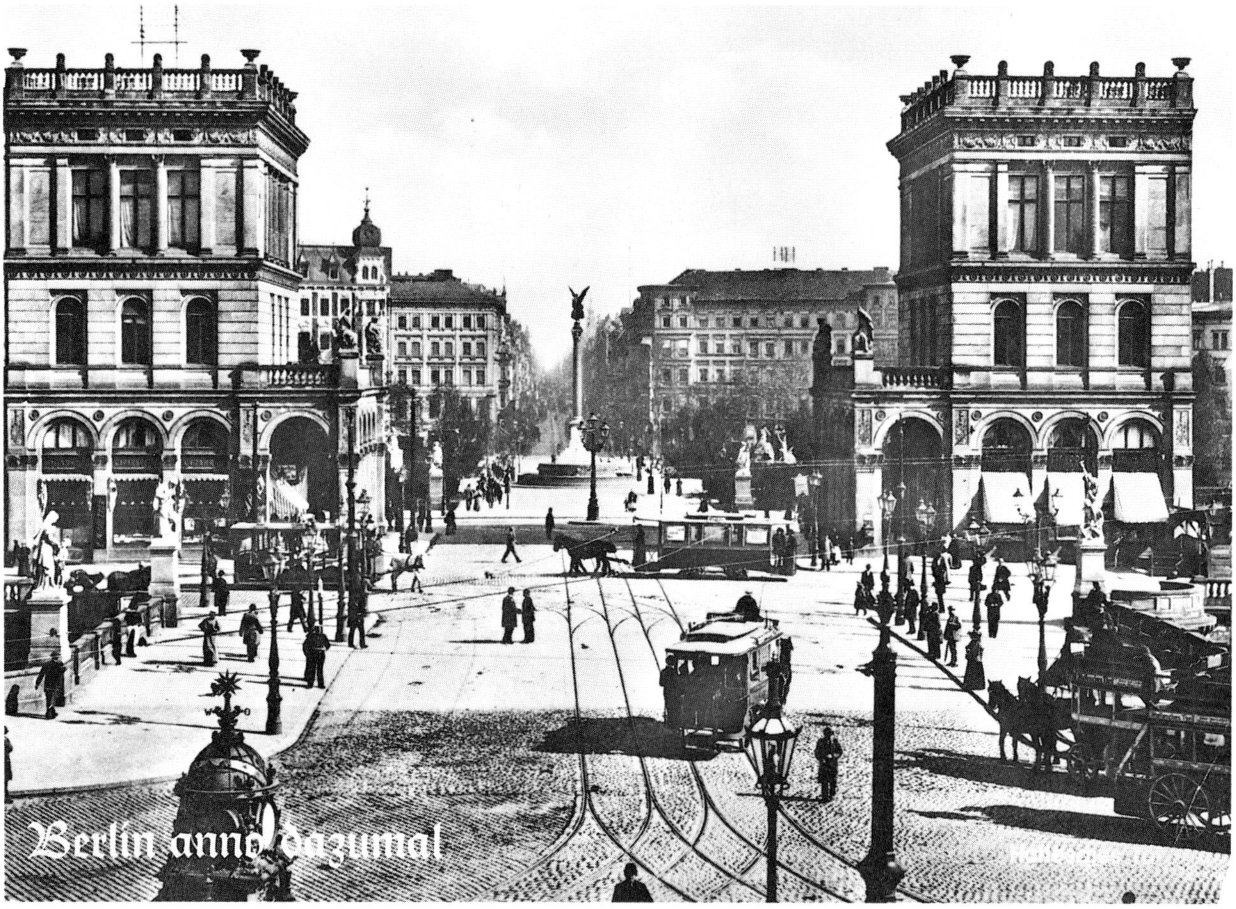

Abb. 17: Belle-Alliance-Platz. Ansicht aus dem Jahre 1895. Blick in die Friedrichstraße

brachten den Vorrang der Wegefunktion des Platzes mit sich, seine Bedeutung als Promenade und Verweilraum ist weitgehend aufgegeben. Die Betonung der privaten Hausfassaden zeigt an, daß die private Kommunikation zum gesamtgesellschaftlichen Prinzip geworden ist. Auch die Folge repräsentativer Festräume in den Einzelwohnungen und die Übernahme des Salons – seine Durchschnittsgröße betrug 60 Quadratmeter – beweisen, daß sich die großbürgerlichen Bewohner an der aristokratischen Lebensform orientierten und an die barocke Palasttradition anknüpften. Anzahl und Größe der Zimmer innerhalb der Wohnungen und der kleinere Personenkreis bei Gesellschaften richteten sich jedoch nach bürgerlichen Maßstäben.

Der Hobrecht-Plan

Mit dem Bebauungsplan von 1862 wurden Innen- und Außenstadt Berlins erstmals einer einheitlichen Planung unterstellt. Die Arbeit an dem nach seinem Verfasser, James Hobrecht, benannten Plan hatte 1858 begonnen. Er beruhte auf einem rechtwinkligen Blockrastersystem, legte Lage und Breite der wichtigsten Hauptverkehrsstraßen fest und wies Sternplätze aus. Die Detailplanung der Blöcke, denen eine Breite von 200 bis 400 Meter und eine Tiefe von 150 bis 200 Meter vorgegeben war, blieb jedoch offen. Zwar sah der Erläuterungsbericht zum Hobrecht-Plan für die ringförmig um die Stadt anzulegenden Gürtel von Wohnvierteln einen vorstädtischen Siedlungscharakter vor, jedoch wurden hier vor allem Mietskasernen errichtet, da die Ausführung der Bebauung das private Kapital übernahm. Die Wiederherstellung der öffentlichen Planung beschränkte sich also auf die Ausweisung und Anlage von Straßen, Stern- und Schmuckplätzen. Es fehlten Flächen für Gemeinschaftseinrichtungen; auch Erholungsgebiete waren nicht vorgesehen. Der Berliner Bebauungsplan diente – wie die Bebauungspläne anderer deutscher Städte zu dieser Zeit auch – in erster Linie zur Ausweisung von öffentlichen Verkehrsflächen und damit zur Reservierung von Grund und Boden für das projektierte Verkehrsnetz. Es handelt sich meist um reine Straßenpläne, bei denen auf eine Gestaltung des Stadtgrundrisses verzichtet wurde. Selbst wenn es ursprünglich anders vorgesehen war, wie im Fall des von Paul Richard Thomann 1855/56 ausgearbeiteten Stadterweiterungsplanes für Bonn, so sorgten doch die Entschädigungsansprüche der privaten Grundeigentümer dafür, daß großzügigere Planungen auf reine Straßenpläne reduziert wurden, weil aus finanziellen Gründen auf alle nicht unbedingt notwendigen Verkehrsflächen wie Plätze und andere die Stadtgestalt bestimmenden Räume verzichtet werden mußte.[18]

Die Bauordnungen von 1853 und 1887 regelten vor allem Fragen der Feuersicherheit, während das Preußische Fluchtliniengesetz von 1875 von den Gemeinden die Festlegung neuer Straßen forderte und die Straßenbreiten festschrieb. Die Bauhöhe durfte bis zu 22 Meter betragen, sofern die Straßenbreite mehr als 15 Meter betrug. Für die Größe der Binnenhöfe waren mindestens 28 Quadratmeter vorgeschrieben, damit die Feuerwehrleiter im Hof gedreht werden konnte. Die Grundstückstiefe wurde auf 56 Meter begrenzt. Damit wurde zugleich die Ausnutzung der Parzellen in die Tiefe eingeschränkt. Mit Hofwohnungen versehene Grundstücke wurden typisch für die Berliner Arbeiterwohnquartiere.[19]

Ab 1871: Öffentliche Intervention und „Funktionalität" der Stadt

Nach englischem Vorbild bemühten sich die Bauverwaltungen in der 2. Hälfte des 19. Jahrhunderts um die „Funktionalität" der Städte – was sich in der Anlage der „unterirdischen Infrastruktur" (in Berlin ab 1867 städtische Kanalisation) niederschlug. Neben dem Bau von Abwasser- und Trinkwasserleitungen und den Einrichtungen für die Energieversorgung, wie Gasleitungen, stand die Lösung der Verkehrsprobleme im Mittelpunkt. Zwischen 1838 und 1845 wurde Berlin Ausgangs- und Endpunkt von 5 großen privaten Eisenbahnlinien; bis 1875 umgaben 8 Kopf- und Fernbahnhöfe den Stadtkern. Schienen und Bahnhöfe wurden zu wesentlichen Elementen für die innere Struktur der Stadt. Um sie bildeten sich bald neue Stadtzentren. Vordringlich wurde jedoch die Lösung der innerstädtischen Verkehrsprobleme. 1873 wurde die erste private Pferdeeisenbahn eröffnet, um die Vororte mit der City zu verbinden. Sie wurde von der Ringbahn (ab 1877 im Bau) und der Stadtbahn abgelöst *(Abb. 18).* Beide wurden 1882 zusammengeschlossen und kurz darauf

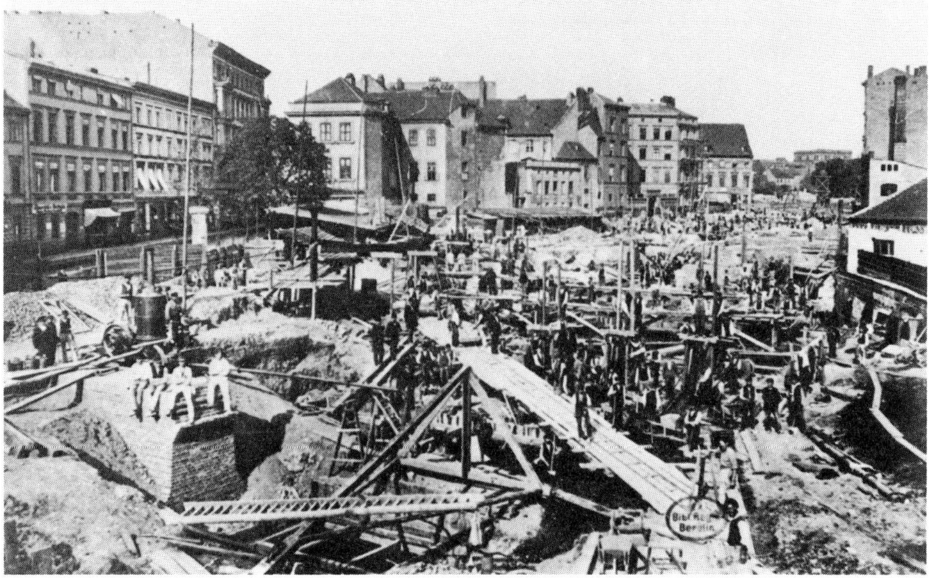

Abb. 18: Berlin, Bauplatz der Stadtbahnhaltestelle Börse, heute Marx-Engels-Platz (Neue Promenade–Zwirngraben). 1880

verstaatlicht, um die Verkehrsplanungen für die Gesamtstadt durchführen zu können. Hoch- und Untergrundbahn wurden ab 1897 gebaut; als erste Stadt der Welt erhielt Berlin 1881 eine elektrische Straßenbahn. Die neuen Verkehrsmittel beschleunigten einerseits zwar die Ausdehnung der Stadt, förderten andererseits aber die Konzentration auf die City.

Städtebau nach ästhetischen Zielsetzungen

In den 80er und 90er Jahren des 19. Jahrhunderts wurden die Klagen über den Niedergang der Stadtbaukunst immer lauter, und man forderte mit Nachdruck die Wiederherstellung der formalen städtischen Einheit. Ein neue monumentale öffentliche Baukunst und die Anlage von Prachtstraßen und Plätzen sollten den Verfall der städtischen Baukultur, dessen Ursache im Egoismus der privaten Bauherren gesehen wurde, aufhalten. Ende des 19. Jahrhunderts wurde also die Stadt als Kunstwerk wiederentdeckt. Insbesondere Städtebautheoretiker wie unter anderen Camillo SITTE und Hermann Josef STÜBBEN betonten die ästhetische Aufgabe des Städtebaus.

So verfaßte SITTE um die Jahrhundertwende eine vielbeachtete Schrift mit dem Titel: *„Der Städtebau nach seinen künstlerischen Grundsätzen"*. In dem Vorwort zu seinem Buch klagte er: „... in technischer Beziehung wurde tatsächlich viel, in künstlerischer aber fast nichts geleistet ...".[20]

Besonderes Augenmerk galt den von der Stadtmitte ausgehenden Radial- und den Ringstraßen sowie den neu anzulegenden Stern- und Schmuckplätzen. Sie sollten „auf allerhöchsten Befehl" des Kaisers zu repräsentativen Boulevards und Plätzen ausgestaltet werden. Die monumentalen öffentlichen Bauwerke im Stadtmittelpunkt, der

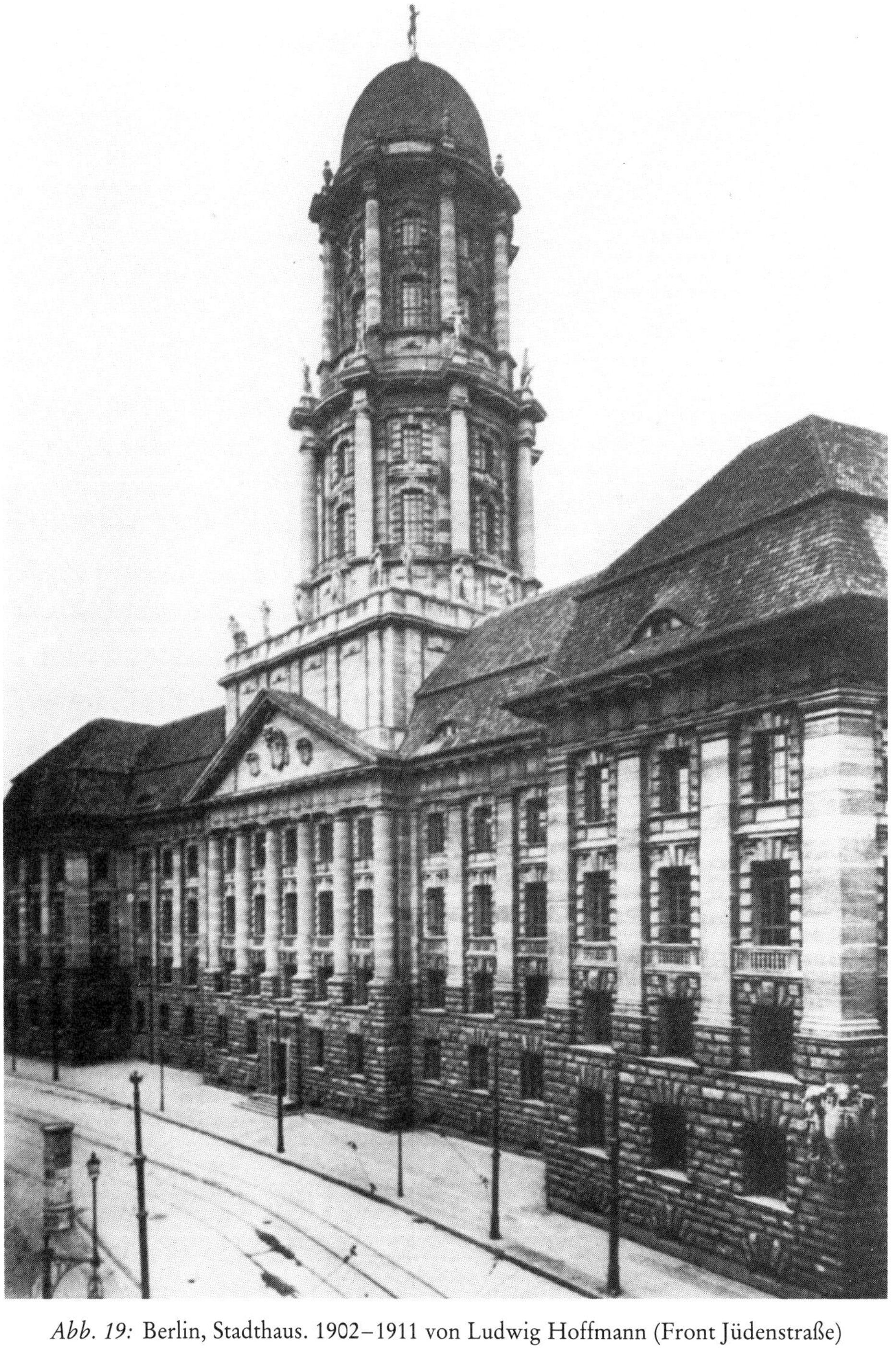

Abb. 19: Berlin, Stadthaus. 1902–1911 von Ludwig Hoffmann (Front Jüdenstraße)

City, sollten zur Inszenierung der kaiserlichen Herrschaft dienen; sie wurden Straßen und Plätzen zugeordnet. Es waren in erster Linie die Bauten des Staates (u.a. Verwaltungsbauten der Regierung, Justiz und Polizei), Postgebäude, Rathäuser, Bauten für Unterricht, Wissenschaft und Kunst, die mit ihren historisierenden Fassaden zur Versinnbildlichung und Demonstration von Ruhm, Glanz, Autorität, Würde, Macht und Stärke des Wilhelminischen Deutschland eingesetzt wurden *(Abb. 19)*. Die ab Ende des 19. Jahrhunderts bei Verwaltungsgebäuden der Wirtschaft häufig anzutreffenden Kolossalordnungen spiegeln das Prunkbedürfnis privater Bauherren wider. Der Rückgriff auf historische Stile war in erster Linie ideologisch begründet und entsprach nicht so sehr einem formalen, das heißt ästhetischen Anliegen. Die Anlage von repräsentativen Straßen und Plätzen nach Pariser Vorbild wurde zwar immer wieder gefordert, sie scheiterte jedoch weitgehend an den Entschädigungsansprüchen der privaten Grundeigentümer. Schon um 1850 befand sich fast der gesamte städtische Grund und Boden in privater Hand; das private Bauland aber, der Privatbesitz, galt für den öffentlichen Städtebau als unantastbar. Darüber hinaus fehlten die durch das Entschädigungsgesetz von 1874 festgelegten nötigen Geldmittel. Es waren vor allem die Haus- und Grundstückseigentümer, die in den Stadtverordnetenversammlungen erbitterten Widerstand gegen die Umgestaltungspläne der Bauverwaltungen leisteten.

Sozialer Städtebau

Mit dem Namen Rudolf Eberstadt verbinden sich Bestrebungen, die sich gegen Ende des 19. Jahrhunderts darum bemühten, auch soziale Aspekte in den modernen deutschen Städtebau einzubringen und damit über funktionelle und ästhetische Forderungen hinauszugehen. Zusammen mit anderen fortschrittlichen Städteplanern forderte er die vorsorgende Intervention durch staatliche Subventionierung des Wohnungsbaus für die „niederen Klassen", um so der Radikalisierung der Mietskasernenbewohner und der zunehmenden sozialdemokratischen Wählerschaft zu begegnen und die Wohnungsfrage für die schnell wachsenden Industriestädte lösen zu können. Schon 1847 war infolge der großen Wohnungsnot insbesondere der „minderbemittelten" Klassen die erste Berliner gemeinnützige Baugesellschaft gegründet worden mit dem Ziel, preisgünstige Kleinwohnungen und vor allem Eigenheime zu errichten. Man glaubte, sie seien ein Mittel, diese Schichten zum „christlichen Familienleben" anzuhalten.[21] Allerdings vermochten die gemeinnützigen Baugesellschaften bis zum Ersten Weltkrieg wegen mangelnder finanzieller Mittel nur wenige Wohnungen und Eigenheime zu erstellen. Staat und Gemeinden ignorierten die vor allem in den Städten sich ständig verschärfenden sozialen Probleme und kümmerten sich kaum um das Wohl des Proletariats.

1875 waren beispielsweise 10,2% der Berliner Bevölkerung in Kellern untergebracht, und es waren 8,4%, die sich keine eigene Wohnung leisten konnten, sondern sog. Schlafgänger waren. Teilweise teilten sogar bis zu vier Schlafgänger eine Bettstelle.

Einzelne bürgerliche und großbürgerliche Publizisten beschrieben eindrucksvoll die Wohnungsnot und die schlechten Wohnverhältnisse der Arbeiter in Berlin und forderten die Bereitstellung staatlicher Mittel für den Wohnungsbau, da die Zusammenballung so vieler Menschen in Mietskasernen zur Zerrüttung der Familien und zu sozialer Unzufriedenheit führe, und prophezeiten, der Klassenkampf sei die unvermeidbare Folge.[22]

Die Publikationen bewirkten jedoch keinerlei Änderungen in der Wohnungsbaupolitik, da nach der Meinung der den Staat bestimmenden gesellschaftlichen Kräfte jeder für sich selbst verantwortlich sei. Die Versorgung der Arbeiter mit Wohnraum blieb bis zum Ersten Weltkrieg privaten Bauherren und Bau- und Terraingesellschaften überlassen, die natürlich an einer möglichst hohen Rendite interessiert waren. Wirtschaftliche Zielsetzungen bestimmten folglich den Bau von Mietskasernen, da sie die parzellierten Grundstücke optimal auszunutzen vermochten. Bauordnungen schrieben lediglich die Höhe der Häuser, die Einhaltung der Baufluchten und die Größe der Innenhöfe vor. Eine Ausnahme bildete nur der Werkswohnungsbau einzelner, vor allem im Ruhrgebiet angesiedelter Großunternehmen. Da die Hausbesitzer – wie schon erwähnt – aufgrund des Dreiklassenwahlrechts im Stadtparlament über die absolute Mehrheit verfügten, trat bis zum Ersten Weltkrieg keine Änderung in der Wohnungsbaupolitik ein. Berlin entwickelte sich nach 1871, als es zur größten deutschen Handels- und Industriestadt aufrückte, gleichzeitig zur größten Mietskasernenstadt der Welt *(Abb. 20)*.

In den 70er Jahren wohnten 88% der Berliner Bevölkerung in Mietskasernen. Im Durchschnitt lebten 7,2 Menschen in einer Kleinwohnung ohne sanitäre Einrichtungen. Während in England im Schnitt 7,7 Personen in einem Haus wohnten, waren es in Deutschland über 70. Die Mietskasernen wurden insbesondere nach 1871, als man die großen Fabriken aus Platzgründen aus den Kernstädten auslagerte und an den noch unbesiedelten Stadträndern ansiedelte, in deren unmittelbarer Nähe, im Falle Berlins im Norden und Osten der Stadt, errichtet.

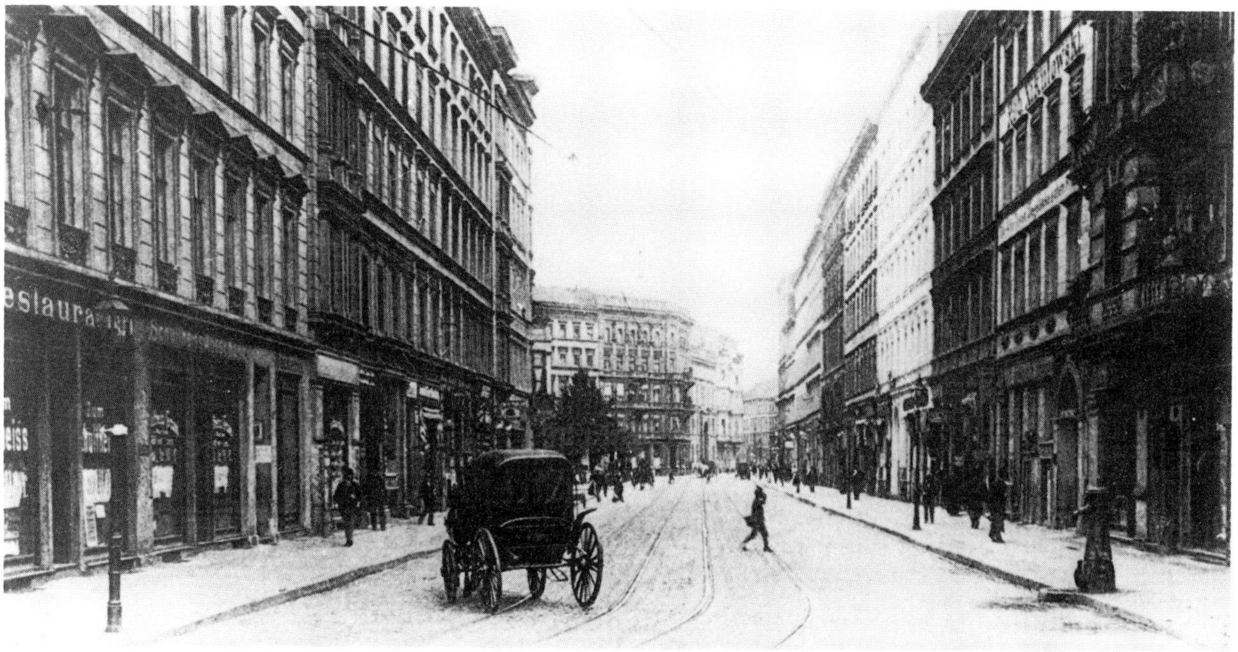

Abb. 20: Berlin-Kreuzberg (Luisenstadt), Dresdener Straße. Um 1900

Großstadtkritik/Stadtflucht

Die „Unwirtlichkeit der Städte" verursachte die stadtfeindliche Einstellung des Bürger- und Großbürgertums und führte zur Stadtflucht. In der ab 1850 einsetzenden Großstadtkritik wurde die Zerstörung der historischen Städte zwar beklagt, die Ursachen suchte man jedoch in den Städten selbst und nicht in der bestehenden Wirtschafts- und Gesellschaftsordnung, die den Boden zum bevorzugten Spekulationsobjekt hatte werden lassen und die soziale Trennung *(Segregation)* bzw. die Teilung des städtischen Raumes nach Klassen hervorgerufen hatte.[23] Die hohen Mietpreise in der historischen Kernstadt, die City-Funktionen übernahm, förderten zusätzlich die Stadtflucht vor allem des Bürgertums. Bürgertum und Großbürgertum bezogen Villen und Landhäuser in neu errichteten Vororten, so in Berlin im Westen und Südwesten (u.a. Friedenau, Wilmersdorf – Luxusviertel Westend). Sie wurden durch neue Verkehrsmittel (u.a. Vorortbahnen) an die City angeschlossen. „Wohnen im Grünen" bzw. ländliche Erholsamkeit wurden angestrebt. Die Folge war die Auflösung der Stadt von den Rändern her; die Grenzen zwischen Stadt und Land verwischten immer mehr *(Abb. 21).*

Wohnungsbau in der Weimarer Republik

Erst in der Weimarer Republik tat man mit der Einführung des sozialen Wohnungsbaus einen entscheidenden Schritt im Kampf gegen die Wohnungsnot. Die aktive Wohnungsbaupolitik des Staates wurde nötig, weil sich die Privatwirtschaft als unfähig erwiesen hatte, die „Wohnungsfrage" zu lösen. Der Staat unterstützte den sozialen Wohnungsbau der gemeinnützigen Wohnungsbaugesellschaften aus Mitteln der 1924 eingeführten Hauszinssteuer, welche die Eigentümer von Altbauten aufbringen mußten. In der Weimarer Republik wurden bis zu drei Viertel aller Neubauwohnungen staatlich subventioniert. Die neue Bauordnung von 1925 untersagte Wohnungen in Hinterhäusern. Weitere Neuerungen waren die Einführung des Mietenstopps und des Mieterschutzes. Führende Architekten des „Neuen Bauens", wie Walter GROPIUS, Bruno TAUT und Hans SCHAROUN, wurden für den Bau der großen Siedlungen des sozialen Wohnungsbaus, die am Rand der Stadt Berlin entstanden, herangezogen. Diese Siedlungen sind wichtige architektonische Zeugnisse der sozialen Baugesinnung dieser Zeit. Zu ihnen zählen die Hufeisensiedlung Britz (1925–1927) von Bruno TAUT und die Siemensstadt (1929–1931) von Walter GROPIUS und Hans SCHAROUN. Die bei ihnen vorherrschende Zeilenbauweise ist auf den Einfluß des kurz vor der Jahrhundertwende in England von Ebenezer HOWARD entwickelten Gartenstadtkonzeptes zurückzuführen. Sie erfüllte die Forderungen nach Licht, Luft und Sonne. Gleichzeitig wurden die neuen

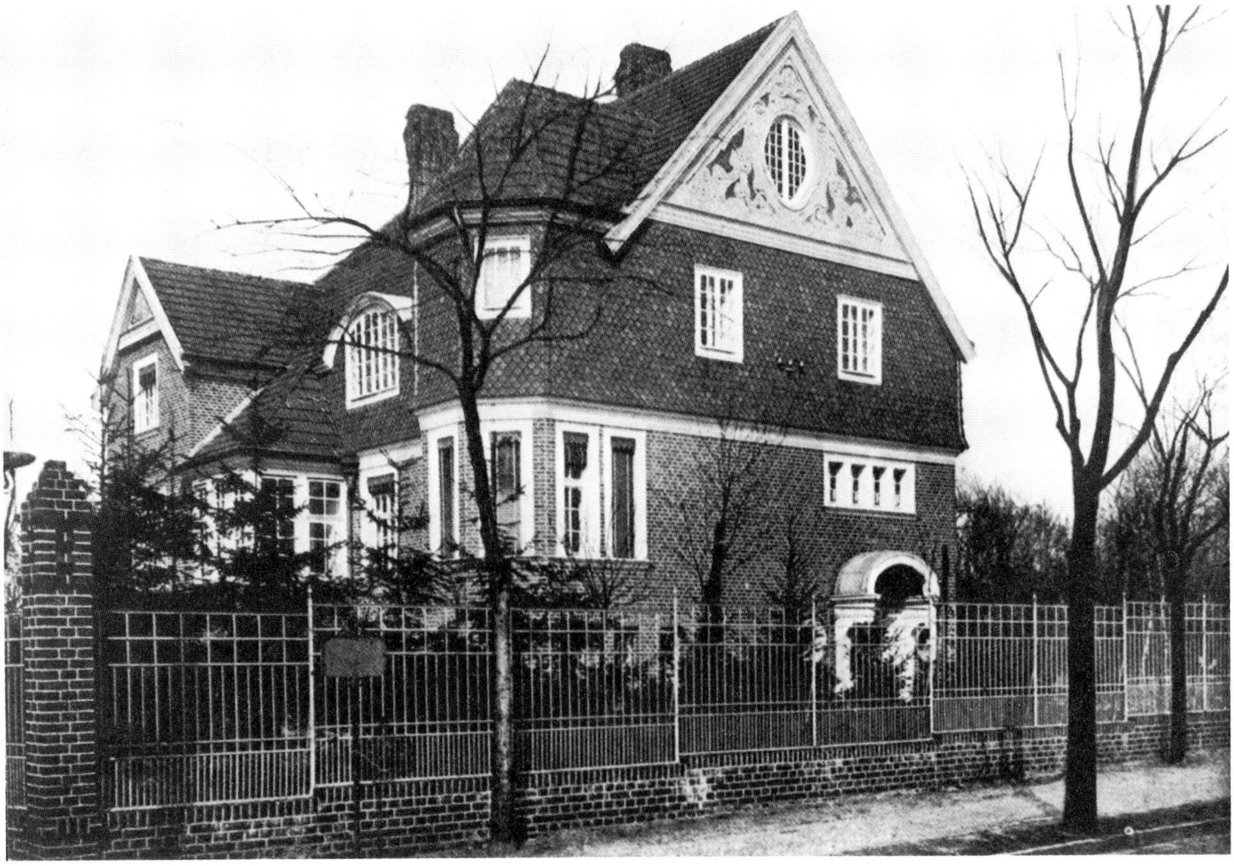

Abb. 21: Berlin, Buhrowstraße 12 (Südende). 1901–1902 von Otto Spalding und Alfred Grenander (zerstört)

industriellen Produktionsweisen und Materialien für die Architektur nutzbar gemacht. Da die Vertreter des „Neuen Bauens" die Architektur auf eine demokratisch strukturierte Gesellschaft bezogen, lehnten sie historisierende Bauformen und die dekorative Schönheit des Ornamentes ab, denn sie galten als Status-, Prestige- und Herrschaftsformen der alten Gesellschaftsordnung. Die neuen Grundformen ergaben sich einmal aus den neuen industriellen Produktionsweisen, zum anderen waren sie das Ergebnis der ästhetischen Absichten. Die neuen Formen stellten die architektonische Umsetzung der Forderungen nach Einfachheit, Sachlichkeit, Schlichtheit und Gleichheit dar. Es ist daher nur natürlich, daß das „Neue Bauen" von der späteren Massenbasis des Faschismus, dem Kleinbürgertum und der Mehrheit des Bürgertums, von Anfang an erbittert bekämpft wurde.[24]

Architektur und Stadtplanung im Dritten Reich

Die während des Dritten Reiches für Berlin geplanten und teilweise auch in Angriff genommenen Neugestaltungsmaßnahmen sparten die Friedrichstadt und damit auch den Belle-Alliance-Platz aus *(Abb. 22)*. Sie bewahrten ihr architektonisches Gesamtbild. In der Friedrichstadt entstanden lediglich vereinzelt neue Gebäude. Der einzige Großbau der südlichen Friedrichstadt war das Gauarbeitsamt; dem Neubau fielen Wohnbauten und das alte Berliner Theater zum Opfer.

Mit den Neugestaltungsmaßnahmen des Generalbauinspektors für die Reichshauptstadt Berlin, Albert SPEER, die ab 1937 einsetzten, waren monströse Um- und Neubauten im Hinblick auf eine Welthauptstadt („Germania") geplant, sollte Berlin doch mit allen verfügbaren Machtmitteln des totalitären Systems eine neue städtebauliche und architektonische Ordnung aufgeprägt werden. Städtebauliches Gerüst sollte ein Achsenkreuz sein, an dem alle Bauten und Anlagen von Staat, Partei und Wirtschaft aufgereiht werden sollten. Daneben waren Ringstraßen vorgesehen. Städtebaulichen Mittelpunkt sollte die Volkshalle mit dem Forum als Aufmarsch- und Appellplatz

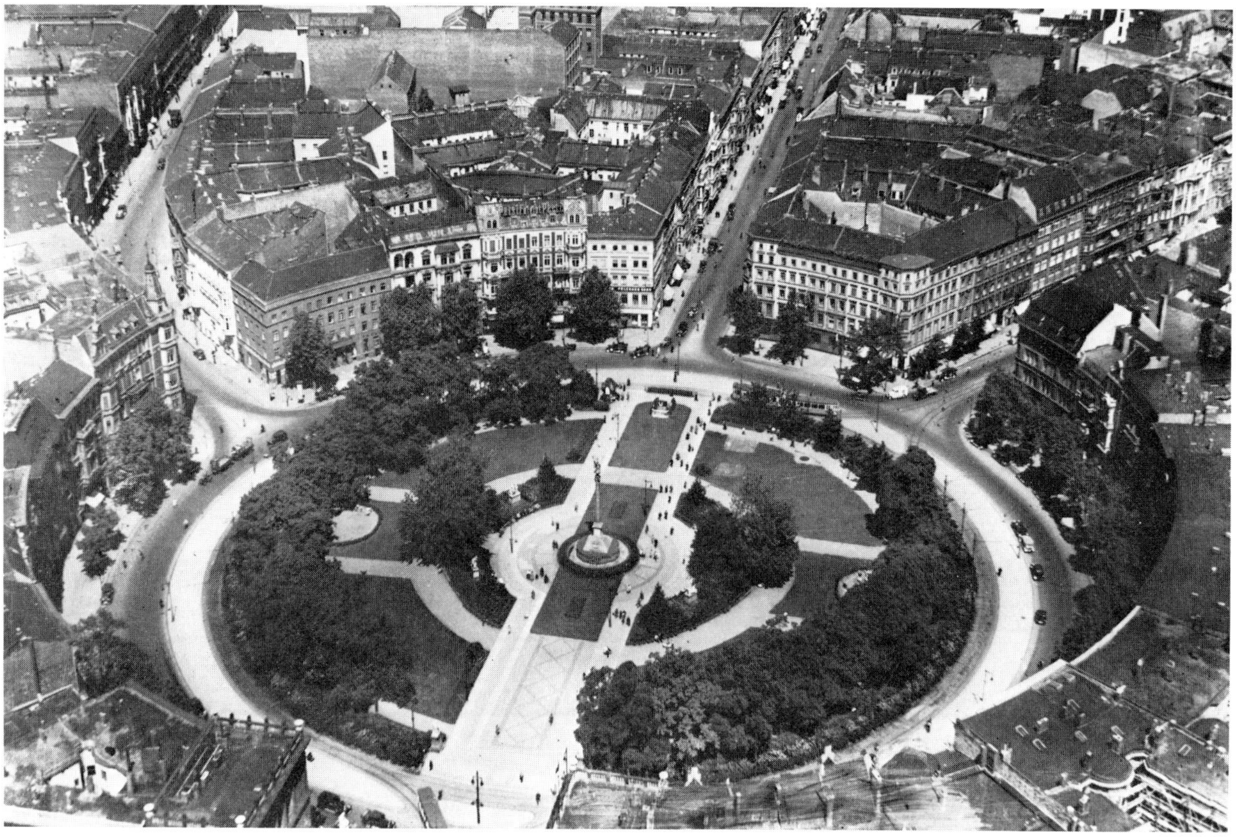

Abb. 22: Berlin, Belle-Alliance-Platz. Abriß der Wachhäuser und Torpfeiler 1879, Schaffung von Grünanlagen. Zustand 1935

bilden. Das Achsenkreuz hatte schon bei verschiedenen Entwürfen nach der Jahrhundertwende und in der Weimarer Republik für die städtebauliche Umgestaltung Berlins eine große Rolle gespielt. Ursprüngliches Vorbild waren die Achsenplanungen HAUSSMANNS für Paris. Die Bauten des Dritten Reiches mit ihrer angestrebten unverrückbaren und überzeitlichen Aura dienten der Selbstdarstellung und Lenkung des faschistischen Systems. Durch die Größe der Architektur sollte der „Volksgenosse" die Übermacht des Staates bzw. der Partei erfahren. Auch wenn die Machthaber des Dritten Reiches für ihre Architektur fast alle historischen Bauepochen bemühten – herangezogen wurde alles, was sich zur Darstellung der nationalsozialistischen Weltanschauung eignete –, so spielten doch Architekturordnungen und Architekturtypen des Absolutismus eine bevorzugte Rolle. Von hierher erklärt sich auch die Wiederentdeckung des Städtebaus als Stadtbaukunst. Dahinter stand die Idee von der Architektur und dem Städtebau als „gebauter Politik" *(Abb. 23).*

Da man die staatlichen Mittel in erster Linie für die Aufrüstung, die den absoluten Vorrang hatte, und für den Bau öffentlicher Gebäude einsetzte, wurde der soziale Wohnungsbau weitgehend privatisiert. Aus diesem Grunde ging die Anzahl der fertiggestellten Wohnungen im Dritten Reich im Vergleich zur Weimarer Republik erheblich zurück. Aus militärischen Gründen und um die individuelle Mobilität zu erhöhen, förderte man den Straßenbau, so beispielsweise den Autobahnbau.[25]

Wiederaufbau nach 1945 / Mehringplatz

Abschließend soll am Beispiel des Belle-Alliance-Platzes kurz auf die Entwicklung nach 1945 eingegangen werden: Durch Bombeneinwirkung wurden die Häuser der Platzbebauung im Zweiten Weltkrieg weitgehend zerstört, die Platzanlage dagegen blieb im großen und ganzen erhalten. Die Aufbauplanung für den 1947 in Mehringplatz umbenannten Platz – der Name erinnert an Franz MEHRING, den Publizisten, Historiker und Literaturwissenschaftler, der 1919 in Berlin starb – geht auf den Architekten Hans SCHAROUN zurück. Dieser war aus dem 1958 ausgeschriebenen Ideenwettbewerb für die Hauptstadt Berlin 1963 als Preisträger hervorgegangen.

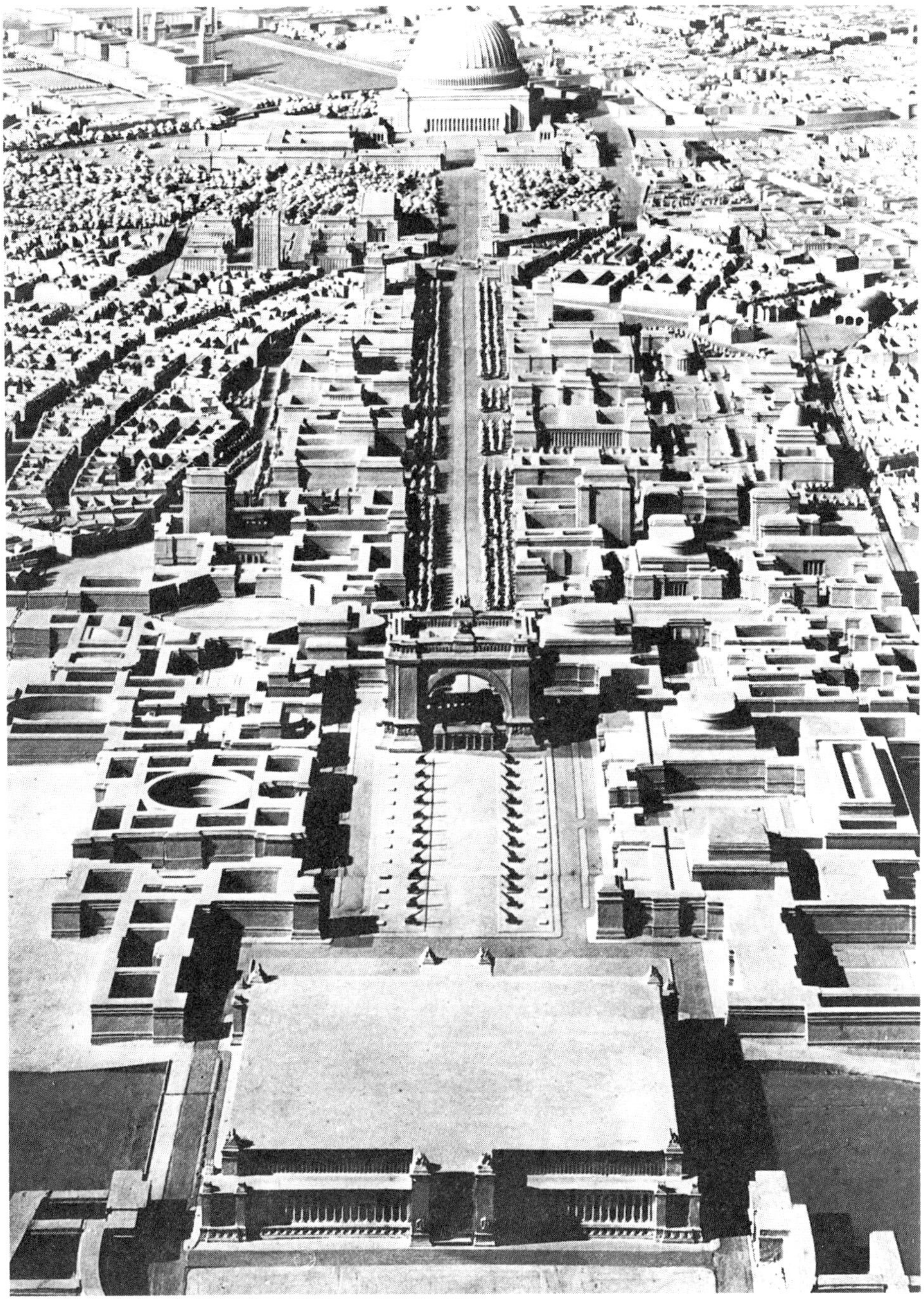

Abb. 23: Albert Speer, Modell der „Großen Achse" in Berlin (1939) mit Nord- und Südbahnhof, Triumphbogen und Kuppelhalle. An der Prachtstraße sollten öffentliche Bauten (Ministerien, Theater) und Privatbauten (Kongreßzentrum, Hotels) errichtet werden

Er hielt an der vorgegebenen kreisförmigen Platzanlage mit der Friedenssäule in der Mitte fest. Der Wiederaufbau begann 1969, er war 1975/76 beendet. Als Bauherren traten die Heinz Mosch KG und die Neue Heimat auf; die Ausführung der Neugestaltung des Mehringplatzes mit Wohn-, Büro- und Einkaufsflächen besorgte der Architekt Werner DÜTTMANN. Er folgte der im Flächennutzungsplan von 1965 ausgewiesenen Planungsdominanz zugunsten des Straßenverkehrs. Damit war ein eindeutiges Übergewicht der „Sachzwänge" gegenüber ästhetischen Überlegungen von vornherein gegeben. Begrenzt wird das Gelände im Norden von der geplanten Stadtautobahn, im Süden vom U-Bahnhof Hallesches Tor. Wilhelm- und Lindenstraße werden seitlich am Platz vorbeigeführt, womit dieser endgültig aus seiner ursprünglichen historischen räumlichen Funktion für die südliche Friedrichstadt entlassen und isoliert wird. Lediglich die Friedrichstraße mündet als Fußgängerbereich in ihn ein.

Allein die Kreisform der Platzumbauung, die – wie schon erwähnt – auf den Wettbewerbsentwurf Hans SCHAROUNS zurückgeht, erinnert noch vage an den historischen Ort; sonst sind alle historischen Bezüge radikal getilgt. Ein Foto, das den Mehringplatz 1976 zeigt *(Abb. 24)*, läßt deutlich erkennen, daß die Hochhausbebauung die isolierende Tendenz noch verstärkt, indem sie den Platz nach Norden und Osten hin optisch abschottet. Der Innenkreis ist viergeschossig, wobei das Erdgeschoß auf Stützen steht, der Außenkreis sechsgeschossig bebaut. In Richtung der projektierten Südtangente sind dann 13- bis 16geschossige und 10- bis 17geschossige Wohnblöcke vorgelagert. Obgleich auch die historistische Bebauung des 19. Jahrhunderts von wirtschaftlichen Überlegungen getragen war, so dienten die miteinander konkurrierenden Fassaden doch zusätzlich der Status- und Prestigedemonstration. Diese Anschaulichkeit der Architektur ist aufgegeben worden. Das beweist den völligen Rückzug eines Großteils der modernen Architektur aus der gesellschaftlichen Verantwortlichkeit. Die Architektur verweist nicht mehr auf die Bauherren oder auf ihre Bewohner – es ist eine beliebige Wohnanlage entstanden, die durch die Beibehaltung der überlieferten Kreisform und der Friedenssäule ihren „historischen Touch“[26] erhält. Die Friedenssäule, die wie zufällig auf der neutralen kreisförmigen Platzfläche steht, wird zur bezugslosen Traditionsinsel.

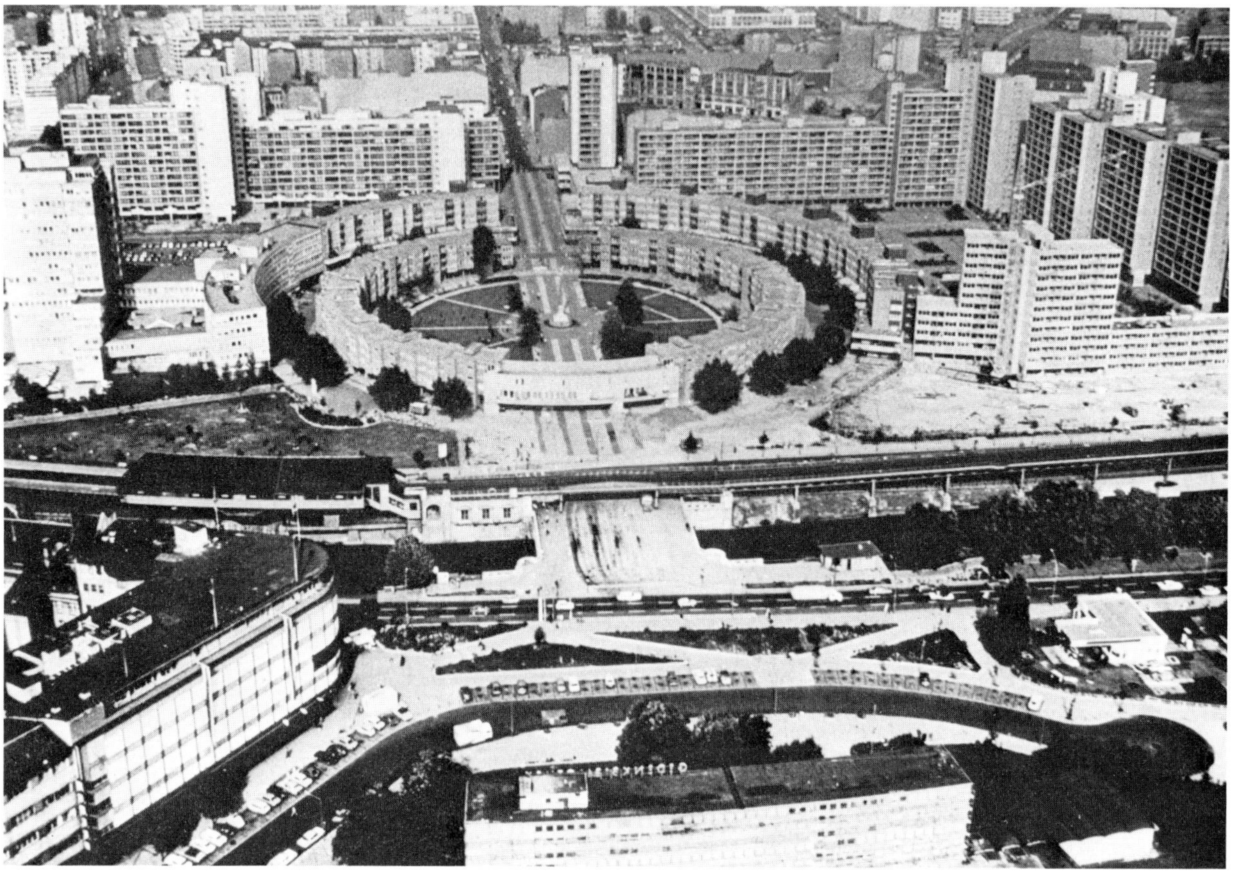

Abb. 24: Berlin, Mehringplatz (ehemals „Belle-Alliance-Platz“). Zustand 1976

Die typisierte Architektur und ihre additive Reihung sind das Ergebnis der Industrialisierung des Bauwesens und entsprechen dem nüchternen Geist bürgerlicher Kalkulation der Gegenwart; deshalb wirken einzelne hervorgehobene konstruktive Details aussageleer. Gesellschaftliche Erhöhung und Absicherung durch Kunst sind nicht mehr nötig; Anonymität, Distanz und Sachlichkeit der Architektur bestimmen den öffentlichen Raum. Architektur, Straßen und Plätze haben ihre öffentliche Funktion aufgegeben. Wohnen wird zum bloßen Beherbergen degradiert und erfüllt in erster Linie hygienische Bedürfnisse nach Licht, Luft und Sonne. Der historische Platz verkümmert zum Innenhof und zur gesetzlich vorgeschriebenen Grund- und Abstandsfläche. Aufgrund des eindimensionalen Nutzungsangebotes ermöglicht er kaum Kontakte. Rasches Überqueren und damit schnelles Sichentfernen vom Platz, „die Flucht vom Platz“, ist einziges Ziel. Die historische Erinnerung an die Bauherren, Bewohner, an den „Gebrauch“ und an die Funktion des Belle-Alliance-Platzes ist weitestgehend verdrängt.

Die kompakte Bebauung des Platzes entspricht dem aus den 60er Jahren stammenden Leitbild von der verdichteten und verkehrsgerechten Stadt. Es löste das Leitbild von der aufgelockerten bzw. entballten Stadt der 50er Jahre ab. Die Vorstellung von der verdichteten und verkehrsgerechten Stadt ist wirtschaftlich bedingt, verlangt doch der verstärkte Einsatz von Mitteln des privaten Kapitals nach einer größeren Rendite und damit nach einer höheren Verdichtung.

Tendenzen in der Architektur der Gegenwart

Selbst wenn, wie einzelne Bauvorhaben der ursprünglich für 1984 geplanten Internationalen Bauausstellung in Berlin zeigen *(Abb. 25)*, eine Aufwertung des Ästhetischen bzw. die Wiederkehr der architektonischen Form festzustellen ist, so zeichnet sich doch ohne eine grundlegende Neubestimmung des städtischen Raumes die Gefahr der bloßen Stadtkosmetik ab. Die Verwendung historischer Formen wird, da inhaltliche Bezüge sowohl zur Bauaufgabe als auch zur Stadtgeschichte weitgehend fehlen, zur Produktion reiner Versatzstücke. Die historische Architektur erhält kein neues Gewicht – im Gegenteil, sie interessiert nur soweit, wie sie der kommerziellen Verwertung nicht im Wege steht. Den Beweis liefert die häufig mit den historisierenden Neubauten verbundene Zerstörung historischer Architektur. Man glaubt, die sich auflösende Stadt der Gegenwart durch die Wiederherstellung ihrer ästhetischen Ganzheit wieder zusammenfügen zu können. Die „Krise der Stadt" erfährt lediglich eine ästhetische Bewältigung, da sich an der Nutzung der Stadt nichts Grundlegendes ändert.

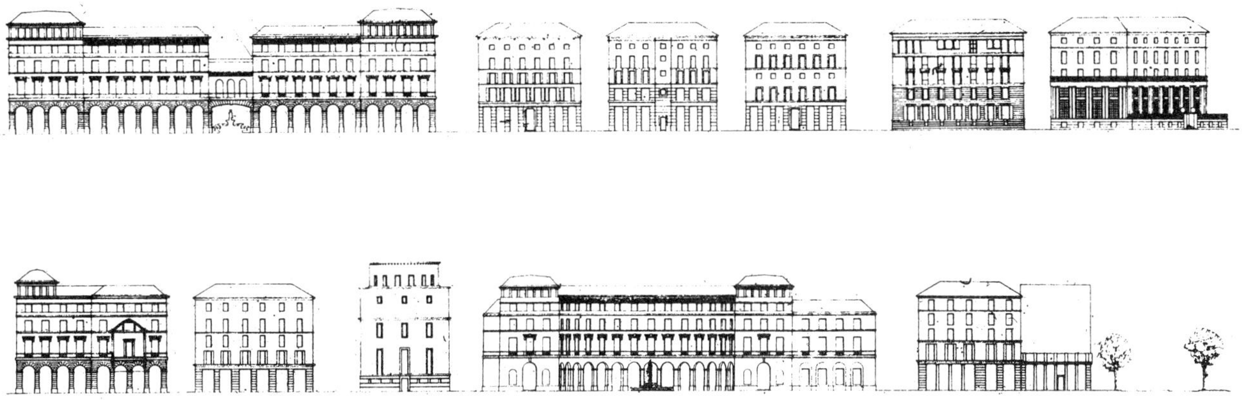

Abb. 25: Maurice Culot / Leon Krier: Wettbewerbsbeitrag zur Bebauung der Wilhelmstraße (südliche Friedrichstadt) im Rahmen der Internationalen Bauausstellung Berlin 1987. Berlin 1981. Fassadenzeichnungen. Ausschnitt

Die Stadt im Spannungsverhältnis von Kunst, Politik und Ökonomie

Der erste Teil dieses Beitrages beschäftigte sich mit der Pariser Stadtgeschichte vom Mittelalter bis zum 19. Jahrhundert, im zweiten Teil wurde die Stadtgeschichte Berlins vom 18. Jahrhundert bis zur Gegenwart verfolgt.

Für Paris erwies es sich als sinnvoll, der Stadtgestalt und ihrer schrittweisen Veränderung und Ausformung im Laufe der Geschichte nachzugehen. Die Anlage der großen Pariser Plätze, der Brücken und Straßenachsen ist bis ins 19. Jahrhundert hinein von dem Versuch gekennzeichnet, die Struktur des Stadtorganismus anschaulich werden zu lassen. Besonders an der geschichtlichen Abfolge der Plätze ließ sich verdeutlichen, daß ihre jeweilige Gestaltung der jeweiligen politischen Absicht bildhaften Ausdruck verlieh: Während die zentralen absolutistischen Plätze ihre Ausrichtung auf ein Zentrum, auf die Figur, das Standbild des absolutistischen Herrschers in der Ausgestaltung der umgebenden Architektur unmittelbar deutlich werden lassen, es hier also für den Betrachter „kein Entrinnen" gibt, lockert sich bereits im 18. Jahrhundert dieser Zusammenhang zusehends – der Platz beginnt sich dem herrscherlichen Zugriff zu entziehen. Platzarchitekturen und Straßenachsen sind nicht mehr auf den Herrscher hin entworfen, sondern nutzen das Monument als Blickfang, als dekoratives oder strukturelles

Element oder ersetzen auch das Herrschermonument durch ein neutrales Zeichen. Selbst wenn in Paris in den großen ringförmigen Boulevards und Straßenachsen die Grundstruktur der alten Stadt erhalten blieb, selbst wenn noch im 19. Jahrhundert verbindliche Geschoßzahl und verhältnismäßig einheitlicher Architekturstil der Stadt ein unverwechselbares Gepräge gaben, so ging doch auf Grund der neuen Funktionen der Stadt – Verkehrsgerechtigkeit, militärische Kontrollierbarkeit, soziales Auffangbecken für eine schnell wachsende Bevölkerung – der Bildcharakter insofern verloren, als die zentralen statischen Ordnungsbezüge von einer Vielzahl sich dynamisch auseinander entwickelnder Einzelaspekte überlagert wurden.

Die Gründe für diesen Verlust an unmittelbarer Anschaulichkeit haben wir an der Stadtgeschichte Berlins in den letzten beiden Jahrhunderten verdeutlicht. Nicht also auf die bildhafte Stadtgestalt galt es hier abzuheben, sondern auf die vielfachen Bedingungen und Voraussetzungen einer vor allem privatwirtschaftlichen Nutzung der Stadt. In nicht geringem Maße ist das Aussehen unserer Städte geprägt von wechselnden Eigentumsverhältnissen, wechselnden Nutzungsinteressen und davon beeinflußten Bodenpreisen, von Bauverordnungen, von bestehenden oder neu erfolgenden Verkehrsanbindungen – kurz, von der Frage nach der Funktionalität der Städte und ihrer Teilbereiche. Nur im jeweils vorgegebenen oder sich herausbildenden Funktionsrahmen ist architektonische Entfaltung noch möglich. Da jedoch auch innerhalb des gegebenen Funktionsrahmens die Interessen der Individuen miteinander konkurrieren, ist – allen Großstadtplanungen zum Trotz – die verwirrende Vielzahl der Aspekte vorherrschend. Eine gründerzeitliche Häuserzeile etwa variiert nicht nur von Haus zu Haus die Stilwahl, sondern nicht selten Geschoßhöhe, Geschoßzahl, Dachneigung, Dachaufbauten, Zahl, Form und Größe der Fenster. Und selbst zeitgenössischer gemeinnütziger Wohnungsbau, sei er noch so sehr der Rasterbauweise verpflichtet, bleibt fast ausnahmslos ohne gestalterischen Bezug zu seinem Umraum und zum Stadtgefüge. Mit bloß ästhetischer Kosmetik ist es da auch in Zukunft nicht getan; Funktion darf nicht gegen Ästhetik ausgespielt werden.

An der Geschichte des heutigen Mehringplatzes ließ sich der Wandel in der architektonischen Erscheinung auf Grund beständigen Funktions- und Nutzungswandels beispielhaft aufzeigen. Gerade weil er nicht zu den ganz zentralen Plätzen gehörte, deren Erscheinung mit bedeutender Architektur ein für allemal festgelegt war und respektiert wurde, war er immer erneuten Eingriffen ausgesetzt. Heute ist ihm nur die Säule in seinem Zentrum verblieben; sie ist uns allenfalls noch Anstoß dazu, seine Geschichte zu rekonstruieren. Seine Geschichte jedoch lehrt uns, daß die Frage nach dem Verhältnis von Kunst, Politik und Ökonomie zum Ausgangspunkt für Überlegungen auch gegenwärtiger und zukünftiger Stadtplanung zu nehmen ist.

IV. DIE ABBILDENDE FUNKTION VON KUNST

Die abbildende Funktion von Kunst ist sicher die primäre Funktion von Kunst überhaupt, auch wenn sie uns durch die Entwicklung neuerer, schnellerer und scheinbar genauerer Reproduktionsformen fremd geworden ist. Doch bis ins 19. Jahrhundert hinein war die Kunst die einzige Form, den gesamten Erfahrungsschatz der Menschheit bildlich festzuhalten. Das Bild unterrichtete.

Auch die didaktische, informative Funktion von Kunst hat ihre Geschichte. Kunst transportiert und lenkt Wissen und Erkenntnis entsprechend dem Stand der Erfahrung, den Bedürfnissen und jeweiligen Zwecken. Sie dokumentiert das zu einem historischen Zeitpunkt Wahrgenommene und seine Wahrnehmungsweise. Dieses Kapitel verfährt daher strikt chronologisch.

Wir beginnen mit der Darstellung des mittelalterlichen Naturverständnisses. Die Kunst liefert aus diesem Verständnis heraus nicht in erster Linie Abbilder der Erscheinungswelt, sondern Symbolbilder, die den Gegenstand in seiner verweisenden Zeichenfunktion durch schematische Kürzel hinreichend bestimmen. Dieser Modellcharakter der mittelalterlichen Naturdarstellung wird im Spätmittelalter durch einen fortschreitenden Empirismus nach und nach aufgelöst und einer abbildhafteren Darstellungsweise überantwortet. In der Frührenaissance ist eine zunehmende Verwissenschaftlichung dieses Empiriebedürfnisses festzustellen, die schließlich im 15. Jahrhundert zu wissenschaftlicher Theoriebildung führt. Das selbstbewußte Stadtbürgertum eignet sich mehr und mehr Bereiche der realen Lebenssphäre an und entwickelt Formen ihrer Darstellung. Ist die italienische Form der Eroberung der Realität stärker theoriebestimmt, so ist die niederländische, mit ihrem Höhepunkt im 17. Jahrhundert, sehr viel stärker an der ganz praktischen Wiedergabe differenzierter optischer Phänomene interessiert. Wenn schon die Kunst des holländischen 17. Jahrhunderts weite Bereiche des sozialen Lebens darstellungswürdig fand, dann macht sich die englische Kunst des 18. Jahrhunderts die Darstellung der sozialen Schichten und ihr Verhältnis zueinander über weite Strecken zum Thema, und zwar aus dem Blickwinkel bürgerlicher Vernunftmoral heraus. Nicht also vor allem das optische Phänomen, die Stofflichkeit, interessiert, sondern die Sichtweise der Dinge in ihrer sozialen Bestimmung. Aus dieser Bestandsaufnahme der sozialen Struktur kann im 19. Jahrhundert Kritik werden. Das französische 19. Jahrhundert entwickelt in Kunsttheorie und Kritik der Kunstpraxis Facetten eines Realismusbegriffes, die nicht nur bis heute Gültigkeit bewahrt, sondern auch auf historische Kunst Anwendung gefunden haben und noch finden. Die Kunst des 19. Jahrhunderts und ihre Kritik lieferten der Kunstgeschichte die Handhabe zur Bewertung historischer Kunst. Das 19. Jahrhundert begreift zuerst, daß realistische Kunst nicht auf das bloße Abbild der Erscheinungswelt zu reduzieren ist, sondern diese kritisch zu analysieren vermag. Das ist der eine Strang, der immer noch auf Beschreibung des objektiv Gegebenen zielt, wenn auch schließlich in höchst komplexer Form. Daneben setzt sich, insbesondere in der Kunst des frühen 20. Jahrhunderts, die seit der Romantik verdeckt vorhandene Überzeugung durch, daß die Welt nur noch partiell, als zerstückelt zu erfahren sei. Die neuen Medien „Fotografie“ und „Film“ verstärken dieses Bewußtsein. Die Kunst thematisiert diese Erfahrung etwa in der Zusammenfügung disparater Wirklichkeitsteile, überbietet das bloße Abbild aber auch durch Veranschaulichung etwa prozessualer Abläufe oder durch die abstrakte Darstellung technischer Strukturen. Damit scheint die Kunst ihrer unmittelbar didaktischen Funktion verlustig gegangen zu sein.

22. Natur und Kunst im Mittelalter

Norbert Schneider

Wir befassen uns in diesem Beitrag mit der abbildenden Funktion der Kunst im Hoch- und Spätmittelalter, also dem Zeitraum, der von der Festigung des Feudalsystems im 11./12. Jahrhundert bis zum 15. Jahrhundert reicht. Vorrangig sollen für uns folgende Fragen sein: Was leistete die Kunst für die erkenntnismäßige Aneignung der Natur unter den gesellschaftlichen Bedingungen des Feudalismus? Wie wurde Natur oder wurden Naturelemente in der mittelalterlichen Kunst dargestellt? Was interessierte den mittelalterlichen Künstler bzw. seinen Auftraggeber an der Natur? Welche Bildzeichen wurden entwickelt, um diese besonderen Naturvorstellungen zu veranschaulichen?

Wenn wir uns hier im wesentlichen auf den erkenntnismäßigen Wirklichkeitsbezug einschränken, so soll das nicht bedeuten, daß es kein gefühlsmäßiges oder ästhetisches Verhältnis zur Natur gegeben hätte. Es ist vielmehr ein zentrales Erkenntnisziel dieses Beitrags zu verdeutlichen, daß im Mittelalter die gefühlsmäßige und die erkenntnismäßige Seite bei der theoretischen und bildlichen Naturaneignung noch eine ungeschiedene Einheit bildeten. Daß Sinnlichkeit und Vernunft, ästhetisches und wissenschaftliches Naturverhältnis auseinanderfallen, ist ein Vorgang, der erst in der frühen Neuzeit einsetzt, in der das weitgehend magische Weltbild des Mittelalters zertrümmert wird.

Diese Einheit von Sinnlichem und Rationalem äußert sich im Mittelalter darin, daß sich die Darstellungsweisen in literatur- und wissenschaftsbezogenen Illustrationen grundsätzlich nicht unterscheiden: Die Wissenschaftsillustration kommt ohne phantastisch-mythologisches Beiwerk, ohne Allegorien nicht aus, ist im weitesten Sinne „literarisch“. Umgekehrt weisen die Illustrationen zu literarischen Texten – seien sie nun religiösen oder profanen Inhalts – ebenfalls den typisierenden, verallgemeinernden, symbolisch-kürzelhaften Stil auf, der sich in den Wissenschaftsillustrationen findet, deren Funktion es ist, elementare Natursachverhalte didaktisch-prägnant zu veranschaulichen. Für den größten Teil der mittelalterlichen Bilder ist es charakteristisch, daß sie zugleich abstrakt und konkret sind, so daß man zu Recht davon gesprochen hat, das Mittelalter habe eine Vorliebe für „Abstrakto-Konkreta“.

Die Grundlagen des mittelalterlichen Naturverhältnisses

Für die mittelalterlichen Naturtheorien läßt sich in vielen Fällen eine Tradition nachweisen, die bis in die Antike zurückreicht. Dies gilt auch für Vorstellungen, die wir, weil sie in das Reich des Aberglaubens zu gehören scheinen, eher als „primitiv“ bezeichnen würden. Das aus dem Klassizismus herrührende Klischee, daß die antike Kultur von einem rationalistisch-aufgeklärten Geist durchdrungen gewesen sei, deren Niveau das „barbarisch-finstere“ Mittelalter habe versinken lassen, bis es dann in der Renaissance, in hellem Glanze erstrahlend, wieder gehoben worden sei, bedarf einer gründlichen Korrektur.

PLATONS *„Timaios“* ist voll von okkult-mythischen Anschauungen und Allegorien. PLATON verstand sie nicht nur im bildlich-übertragenen Sinne, sondern sprach ihnen durchaus eine reale Seinssubstanz zu. Um sich einen Eindruck von der schier unendlichen Fülle uns abstrus erscheinender Naturvorstellungen der Antike zu verschaffen, genügt es, einen Blick in die *„Naturgeschichte“* (Historia naturalis) des älteren PLINIUS (23–79 n. Chr.) zu werfen, ein aus 37 Büchern bestehendes enzyklopädisches Werk, welches das gesamte Wissen des Altertums zusammenträgt und neben der vorzugsweise behandelten Zoologie, Botanik, Geographie und Medizin auch die bildende Kunst mitberücksichtigt. Hier finden sich bereits die merkwürdigen Beschreibungen des

Verhaltens der Tiere, auf denen die christlich-theologische Interpretation des „*Physiologus*" (2. Jahrhundert n. Chr.) aufbaut.

Die Forschung des 19. und 20. Jahrhunderts hat, ihren Wissenschaftsbegriff unhistorisch zur allgemeinen Norm erhebend, diesem römischen Autor fälschlich Flüchtigkeit und Nachlässigkeit vorgehalten und sich über seine Anschauungen mokiert, dabei aber übersehen, daß solche Darstellungen genau dem allgemeinen antiken Naturverhältnis entsprachen, für das ganz andere Kategorien galten, als sie das moderne Naturverständnis zugrunde legt. Für Antike und Mittelalter ist gleichermaßen eine sich aus dem unterentwickelten Stand der Produktions- und Kommunikationsverhältnisse ergebende wundergläubige Einstellung zur Natur vorauszusetzen, die bestimmte Überlieferungen und Nachrichten nicht nachprüft, sondern als autoritativ beglaubigte Theorien anerkennt. „Wunder" *(prodigia)* gehören mit zum Naturgeschehen, sie sind in seinem Begründungszusammenhang eingebettet.

Dieser Ursache-Wirkung-Zusammenhang gründet sich auf andere Voraussetzungen, als wir sie anzusetzen pflegen – wie am Beispiel der Astrologie ablesbar wird, die vom Menschen bzw. der Erde als Zentrum der Welt ausgeht und die Konstellation der Gestirne auf die Verfassung des Leibes bei der Geburt *(Nativität)* bezieht. In diesem Weltbild erscheint das ganze Universum als ein Komplex von Kraftlinien, die nicht nur als materieller Stoff, sondern auch als bewußtseinsmäßig beeinflußbare geistige Systeme begriffen werden. Handelt es sich bei der Astrologie um den fast als unabänderlich hingenommenen Einfluß äußerer Gegebenheiten auf das Individuum, so ist umgekehrt die Magie jene Form der Naturbeziehung, in der das Subjekt auf die äußere Umwelt, die nahe sowohl wie die ferne, durch geistige Kraftübertragung einzuwirken sucht.

Das antike und das mittelalterliche Weltbild können daher im weitesten Sinne als magisch bestimmt werden. Das schließt auch die mittelalterliche Theologie ein. Dem widerspricht keineswegs, daß die Kirchenväter die Magie vereinzelt verdammten. Schaut man sich die Argumentationen der Theologen näher an, so stellt man fest, daß sie selbst von denselben Denkstrukturen ausgehen, die sie verurteilen. Innerhalb desselben übergreifenden Vorstellungssystems handelt es sich lediglich um unterschiedliche Parteien, nämlich die des Christentums und die von ihm polemisch befehdete „heidnische" Position: TERTULLIAN (etwa 150–230 n. Chr.) suchte zu erweisen, daß die Dämonen anderer Religionen nichts gegen die Kraft des christlichen Glaubens auszurichten vermögen, aber diese Geister, die nach LAKTANZ (etwa 300 n. Chr.) die „ars magica", die „magische Kunst", erfunden haben, existieren für ihn wie für die anderen Kirchenväter als reale Gegner. Sie werden nicht entmythologisiert und damit zu fiktiven Größen erklärt. Im Gegenteil: AUGUSTIN (354–430 n. Chr.), der bedeutendste lateinische Kirchenschriftsteller des frühen Christentums, war ganz selbstverständlich davon überzeugt, daß die heidnischen Gottheiten als Dämonen weiterexistierten. Auch die anderen „heidnischen" Religionspraktiken – wie die Handlesekunst *(Chiromantie)*, die Kunst, aus Luft-, Wasser- oder Feuerzeichen die Zukunft bestimmen zu können *(Aero-, Hydro-* und *Pyromantie)*, oder die Kunst der Traumdeutung *(Oneiromantie)*, schließlich auch die Erforschung der Zukunft durch Beschwörung abgeschiedener Geister *(Nekromantie)* – wurden durchaus vom Christentum übernommen. Wenn diese Formen des Naturverständnisses und religiös-magischen Handlungen gelegentlich mit Polemik und scharfer Kritik bedacht wurden, so doch nur deshalb, weil sie angeblich nicht im Namen Christi vollzogen wurden, wie es beim Exorzismus, der Teufelsaustreibung durch den Priester, der Fall ist.

Bei diesen „Künsten" war die Unsicherheit ihrer Beurteilung besonders groß, stellten sie doch einen Tummelplatz konkurrierender Machtansprüche dar. Der Kirche mit ihrem Alleinvertretungsanspruch in Glaubens- und Wissensdingen konnte leicht der Rang durch „Zauberer" streitig gemacht werden, denen sich das Volk, wenn kirchliche Rituale und Interpretationen bei lebenswichtigen Fragen versagt hatten, schnell zuwandte. In der „*Legenda aurea*" des JACOBUS a Voragine (verfaßt zw. 1263 und 1272) gibt es nicht zufällig eine breitangelegte Darstellung der Bekämpfung Simons des Magiers: sie war exemplarisch auf die Ketzer gemünzt, welche die Kirche damals unbarmherzig verfolgte.

Es ist also kein Paradox, wenn man feststellt, daß die von PARACELSUS (1493–1541) später als „artes incertae" (ungewisse Künste) bezeichneten Wissenschaften und Praktiken Magie und Mantik (Wahrsagekunst) nicht deshalb von der Kirche zuweilen bekämpft wurden, weil sie ihr extrem fern gestanden hätten, sondern umgekehrt, weil es sich hier durchaus um einen Kernbestand der kirchlichen Religion handelte, deren Monopolanspruch oppositionelle religiöse Strömungen in Frage stellten. Dabei kann man verallgemeinernd sagen, daß die Magie als Praxis und geistige Form der religiösen oder quasi-religiösen Naturbeherrschung im Volk allgemein verbreitet war (die historische Forschung spricht hier von „Vulgärchristentum"). Zauberbräuche und

Denkstrukturen aus germanischer Zeit lebten namentlich in der bäuerlichen Bevölkerung in mündlicher Überlieferung ungebrochen fort. Dagegen wurde die Mantik (die Astrologie eingeschlossen) wegen ihrer geheimnisvollen Kompliziertheit, die Einweihung voraussetzte, eher von den Oberschichten als (Geheim-) Wissenschaft gepflegt.

Wir haben bisher den allgemeinen Grundcharakter des Naturverständnisses im Mittelalter skizziert, aber noch nicht dargelegt, wie dieses Wissen systematisiert und institutionell bewahrt und tradiert wurde. Wir gehen daher im folgenden auf das Wissenschaftssystem des Mittelalters ein, und zwar zunächst auf die Enzyklopädien und das System der Sieben Freien Künste und danach auf einzelne Wissenschaftssparten.

Das System des Artes liberales und die enzyklopädische Literatur des Mittelalters

„Enzyklopädie" bedeutet wörtlich: „Bildungskreis" (von griech. *enkýklios paideía*). Der Begriff stammt erst aus dem 16. Jahrhundert und benennt rückwirkend das System der *Artes liberales*, der Sieben Freien Künste. Diese waren in der Antike und im Mittelalter die Wissenschaften, denen sich der Freie widmen konnte, der sich nicht in einem herrschaftlichen Abhängigkeitsverhältnis, als Sklave oder Höriger, befand.

In den mittelalterlichen Universitäten, deren Gründungsphase in das 12. und 13. Jahrhundert fällt, wurden sie in der „Artistenfakultät" gelehrt, die der Student durchlaufen mußte, bevor er in das Spezialstudium der Theologie, Medizin oder Jurisprudenz eintreten konnte. Das Universitätswesen war allerdings regional so unterschiedlich organisiert, daß es nicht möglich ist, hier in der gebotenen Kürze die verschiedenen Lehrsysteme und Studiengänge darzustellen: In Italien gab es vom jeweiligen Magistrat getragene Stadtuniversitäten; in Frankreich dagegen „Kanzleruniversitäten", die die Ausbildung an bischöfliche Einrichtungen, Domkapitel und andere kirchliche Behörden anlehnten; eine besondere Form waren die Staatsuniversitäten (etwa Neapel, gegründet von Kaiser FRIEDRICH II.), an denen die Professoren weltliche Beamte waren. Es mag hier der Hinweis genügen, daß das in der Artistenfakultät gelehrte „Studium generale" mit den Artes liberales und der Philosophie als Grundlagenwissenschaft gleichgesetzt wurde.

Die *Sieben Freien Künste* gliederten sich in zwei aufeinander aufbauende Systeme:

1. das *Trivium*, aus den drei Disziplinen Grammatik, Rhetorik, Dialektik bzw. Logik, und
2. das *Quadrivium*, aus den vier Wissenschaften Arithmetik, Musik, Geometrie, Astronomie.

Dieses Curriculum findet sich in dieser Gliederung erstmals bei MARTIANUS CAPELLA (5. Jahrhundert n. Chr.), einem aus Karthago stammenden Schriftsteller, der zwar selbst nicht dem christlichen Glauben anhing, aber für den theologischen Lehrbetrieb des Mittelalters verbindlich wurde. Seine Schrift, die aufgrund der allegorischen Rahmenhandlung den Titel *„Hochzeit Merkurs mit der Philologie"* („De nuptiis Mercurii et Philologiae") erhielt, wurde in der Folgezeit immer wieder kommentiert, unter anderem von REMIGIUS von Auxerre (ca. 811–ca. 908), und auch in die Volkssprachen übersetzt, beispielsweise von NOTKER LABEO (11. Jahrhundert) ins Deutsche.

CASSIODOR (ca. 487–583), über vierzig Jahre Geheimsekretär am ostgotischen Hofe THEODERICHS des Großen, verfaßte um 544 seine *„Anweisungen zum theologischen und weltlichen Studium"* (Institutiones divinarum et saecularium lectionum), in denen er es eingangs bedauert, daß für das theologische Studium nicht wie für die weltlichen Wissenschaften eine Lehrüberlieferung vorliege. Er sieht es daher als seine Aufgabe an, methodische Grundlagen für die Bibelauslegung zu schaffen, die seiner Meinung nach in den Artes liberales gegeben seien: „Worum die Alten sich bemüht haben, darum wollen auch wir uns bemühen" (GARIN I, 70). Die weltlichen Wissenschaften des Altertums, wie sie MARTIANUS CAPELLA systematisierte, stehen für ihn keineswegs im Gegensatz zu den Geheimnissen der Heiligen Schrift. Sie erleichtern vielmehr den Zugang zu ihnen. Schon die Siebenzahl ist für CASSIODOR ein untrügliches Zeichen für ihre Heiligkeit, heißt es doch in *Sprüche* 9,1: „Die Weisheit hat sich selbst ein Haus gebaut. Sie hat sieben Säulen sich zurechtgehauen." Die Arithmetik wird von ihm gepriesen, weil sie die Gegenstände behandelt, die auf das Wirken Gottes verweisen, das SALOMON in *Weisheit* 11,20 mit dem Ausspruch: „Du hast alles nach Zahl, Maß und Gewicht geordnet" rühmte. Die Arithmetik ist also die Wissenschaft von den Proportionen und der Ordnung der Welt. In diesem System idealer

Verhältnisse kommt das göttliche Prinzip zum Ausdruck. Die üblen Werke des Satans sind, so CASSIODOR, nicht durch Gewicht, Maß und Zahl zusammengehalten, „denn was die Bosheit tut, ist der Gerechtigkeit zuwider".

Die Wissenschaften des Quadrivium, die es allesamt mit den Proportionen zu tun haben (die Astronomie unter anderem mit den Sphärenklängen, die Musik mit der Harmonie der Töne, die Geometrie mit den Beziehungen räumlicher Gebilde, die Arithmetik mit dem Verhältnis der Zahlen), werden von CASSIODOR als „mathematisch" bezeichnet, was lateinisch mit „doctrinalis" = „theoretisch" wiederzugeben sei. In diesen Disziplinen komme das reine Denken vollständig zur Geltung, da hier von allen zufälligen Momenten abgesehen werde und lediglich die „abstrakten Quantitäten" (CASSIODOR) betrachtet würden *(Abb. 1)*.

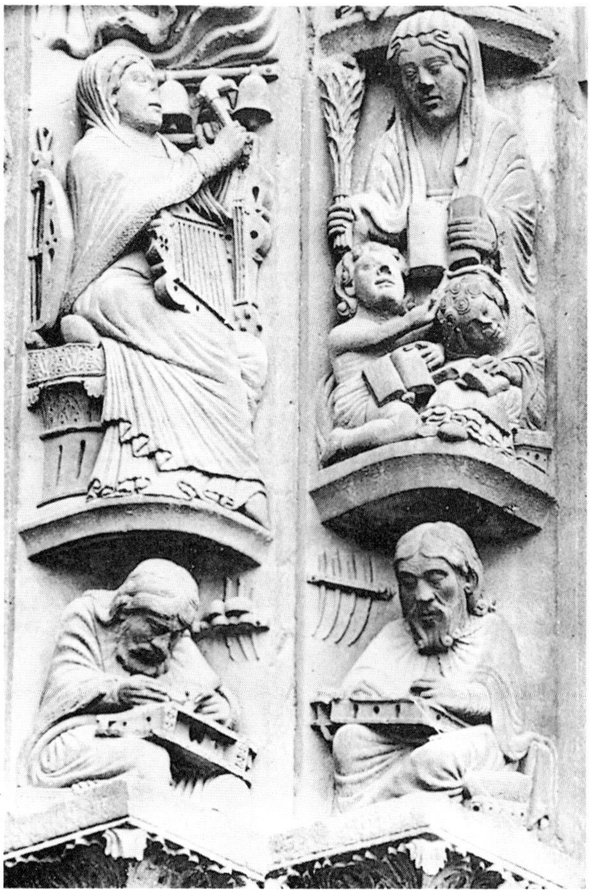

Abb. 1: Personifikationen der *Musik* und der *Grammatik*. Skulpturen von der Kathedrale in Chartres. 12. Jahrhundert. Die *Artes liberales* sind besonders seit dem 12. Jahrhundert, als die Wissenschaften mit der Systematisierung des überlieferten und neu gewonnenen Wissens in „Summen" einen großen Aufschwung nahmen, in der bildenden Kunst immer wieder gern als Allegorien oder Personifikationen dargestellt worden. Bekannt ist das Skulpturenprogramm der Kathedrale von Chartres (12. Jahrhundert), von dem wir hier als Details die *Musik* und die *Grammatik* zeigen: Die *Musik* hält auf ihren Knien einen Psalter und schlägt mit einem Hammer an eine Glocke, hinter der eine Viola zu sehen ist. Unter ihren Füßen kauert der antike Philosoph Pythagoras, von dem die Theorie der Sphärenklänge und Intervalle stammt, die in Platons *„Timaios"* nachwirkt – einer Schrift, die im Mittelalter (und zwar besonders in der Schule von Chartres) intensiv gelesen wurde. Die *Grammatik* hat als Attribut eine Rute. Zu ihren Füßen hocken zwei Schüler. Unter ihr – neben Pythagoras – sieht man mit einem Pult auf den Knien Aelius Donatus, einen Grammatiker und Rhetor, der um die Mitte des 4. Jahrhunderts n. Chr. in Rom lehrte. Er verfaßte eine für das Mittelalter kanonisch gewordene Elementargrammatik, gegen die zu verstoßen sprichwörtlich als „Donatschnitzer" beanstandet wurde

Die Klassifizierung des Quadriviums als „mathematische Wissenschaften" ist aber im Mittelalter nicht durchgängig. Der Klosterlehrer KONRAD von Hirsau (ca. 1070–1150) beispielsweise ordnet später diese Disziplinen unter die Bezeichnung „Physik" = „Naturlehre"; dagegen ist für ihn das Trivium gleichzusetzen mit der Logik allgemein („Vernunftlehre"). Wie immer auch die Benennungsvarianten aussehen mögen oder welcher Aspekt bei den verschiedenen Autoren auch besonders hervorgehoben worden sein mag: das entscheidende Merkmal der Artes liberales ist, daß sie theoretische Wissenschaften sind, ausgeübt und gelehrt von Menschen, denen die Leitung der Gesellschaft obliegt. Diese Funktion kam den Klerikern zu, die als „litterati", als mit der Schriftkultur Vertraute, die Kenntnisse von den Gesetzen der Natur und den Möglichkeiten der Naturbeherrschung entsprechend den gesellschaftlichen Bedürfnissen tradierten und vermittelten. CASSIODORS Erläuterungen lassen erkennen, daß die „weltlichen" Wissenschaften im Mittelalter stets von religiösen bzw. theologischen Vorstellungen überformt bzw. durchdrungen waren.

Wir dürfen uns also das System der Artes liberales *(Abb. 2)* nicht als ein autonomes, für sich stehendes Wissenschaftsgebäude vorstellen, wie es die heutigen Universitätswissenschaften, wenigstens vom Anspruch her, verkörpern. Das System der Freien Künste ist vielmehr überwölbt von einer theologischen Ausdeutung und Begründung aller Naturerscheinungen. Im Spätmittelalter führt die zunehmende Orientierung wissenschaftlichen Erkennens an den Prinzipien der Erfahrung und des Experiments aufgrund des gesteigerten Niveaus der Produktivkräfte dazu, daß die theologische Wirklichkeitsinterpretation sich mit den empirisch gewonnenen Erkenntnissen kaum noch vereinbaren läßt. Die Theologie gerät immer mehr in Schwierigkeiten, ein plausibles Welterklärungsmodell anzubieten.

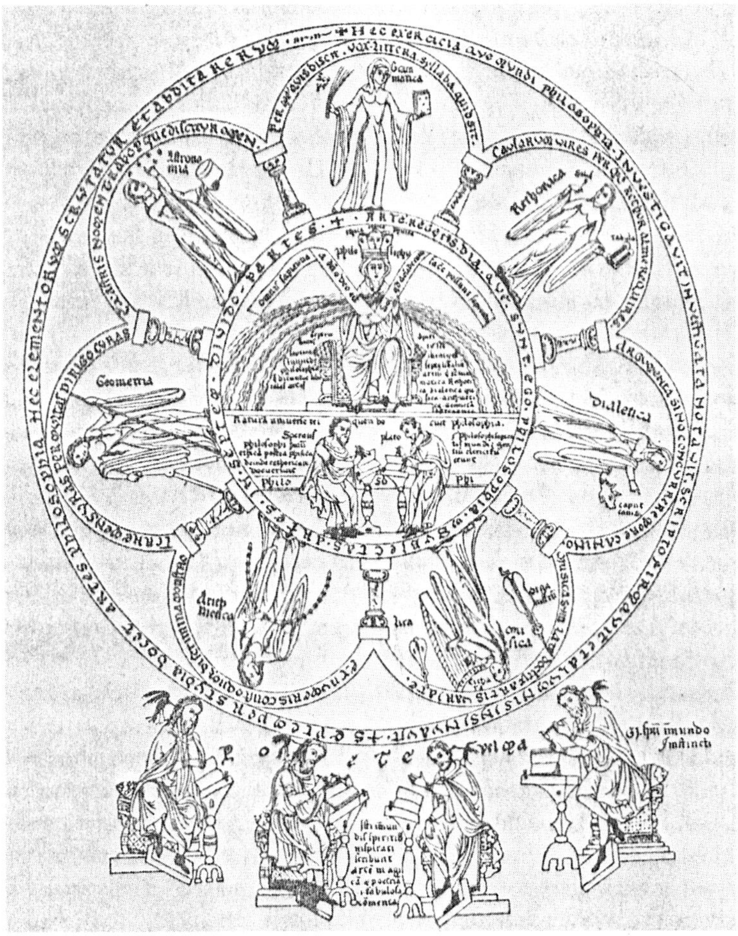

Abb. 2: Das System der Sieben Freien Künste. „Hortus deliciarum" der Herrad von Landsberg, 2. Hälfte des 12. Jahrhunderts. Diese Handschrift, die aus 324 Pergamentfolioblättern mit 636 farbigen Federzeichnungen bestand und ein Lehrbuch für junge Nonnen war, verbrannte 1870. Glücklicherweise sind von ihr Nachzeichnungen erhalten, wie von dieser an eine Fensterrosette erinnernden Darstellung der *Sieben Freien Künste.* Im mittleren Kreis sieht man thronend die Personifikation der Philosophie, durch ihre Krone als Königin der Wissenschaften ausgewiesen; unter ihr, als ihre Hauptrepräsentanten, die antiken Philosophen Sokrates und Platon. Im äußeren Kreis erkennt man (von oben beginnend nach rechts) die von Arkaden gerahmten Personifikationen der Grammatik, der Rhetorik und der Dialektik – also der Grundlagenwissenschaften des *Triviums;* weiterhin diejenigen der Musik, der Arithmetik, der Geometrie und der Astronomie, der im Lehrsystem des *Quadriviums* zusammengefaßten Naturwissenschaften. Außerhalb dieses geschlossenen Kreises (der auf die enkýklios paideía, den „Bildungskreis", hinweisen soll) sieht man Dichter und Magier, die vom unreinen Geist erfüllt sind, der durch schwarze Vögel symbolisch wiedergegeben ist, welche ihnen die „schwarze Kunst" einflüstern

Vorab jedoch gilt es, sich die theologische Sinndeutung der Welterkenntnis im Mittelalter klarzumachen. Theologische und naturwissenschaftliche Wirklichkeitserklärung sind hier untrennbar ineinander verflochten.

Theologische Sinnerschließung der Natur

Der Rückgriff auf überkommenes Wissen reichte aus, um sich in der Natur zu orientieren oder sie sich zu erklären. Es erschien kaum erforderlich, die Natur empirisch oder gar experimentell zu erkunden. Allerdings darf man sich diesen Rückgriff nicht als mechanisches Auswendiglernen von versatzstückhaft-konstanten Wissenselementen vorstellen. Vielmehr war hier eine Kombinatorik am Werk, welche die angelesenen Fundstellen aus den antiken literarischen Quellen und aus der Bibel phantasiereich zueinander in Beziehung setzte. Der Bibel kam dabei eine besondere Rolle zu: sie war als „Buch der Bücher" Wahrheit verbürgendes Zeugnis der göttlichen Offenbarung. In ihr kamen alle Begriffe und Gegenstände vor, die für die natural-wirtschaftlich organisierte Feudalgesellschaft von Interesse waren. Schließlich war ja der zivilisatorische Fortschritt von dem Kulturniveau, von dem das Alte und Neue Testament Zeugnis ablegen, zu dem der mittelalterlichen Gesellschaft verhältnismäßig gering. Es gab wenige technische Neuerungen, so daß sich die mittelalterlichen Menschen in der biblischen Welt wie in ihrer eigenen fühlten, zeitlich und räumlich kaum von ihr geschieden. Die Sachgüter und Lebensformen, von denen die Bibel berichtet oder auf die sie sich symbolisch-allegorisch bezieht, fanden sich der Substanz und Struktur nach noch bis zu einem gewissen Grade im Mittelalter. Wollte man also Aufschluß über Funktion und Bedeutung von bestimmten Kulturgütern und Gegenständen erhalten, so brauchte man nur die Bibel wie ein Orakel zu befragen. Schon früh hatte man im Mittelalter von der Bibel Verzeichnisse angelegt, in denen die Bibelstellen zu den in alphabetischer Reihenfolge angeordneten Stichwörtern verzeichnet wurden.

Ein Beispiel dafür haben wir oben schon angedeutet: CASSIODOR hätte, als er die Artes liberales pries, die Heiligkeit ihrer Siebenzahl schwerlich ohne Nachschlagen in einer solchen Bibel-Konkordanz belegen können. Unter dem Stichwort „Sieben" fand er eine Fülle von Bibelstellen, die, aus dem Zusammenhang gerissen, einen sinnspruchähnlichen Charakter erhielten, freilich auch Schwierigkeiten der Deutung verursachten.

Denn sie ließen sich, wegen der unterschiedlichen Kontexte, nicht immer sinnvoll miteinander vereinbaren. So konnte man grundsätzlich registrieren, daß in der Bibel die Begriffe, Sachverhalte und Gegenstände entweder in positiver oder in negativer Bedeutung auftauchen. Die Theologen des Mittelalters sprachen daher von einem spirituellen (geistlichen) Sinn „in bonam partem" (positiv) und „in malam partem" (negativ), nach dem sich die Fundstellen grob unterscheiden ließen. Die dualistisch einander gegenüberstehenden Bedeutungsinhalte waren gleichsam konzentrisch um die Pole des göttlichen und satanischen Prinzips gruppiert. Zum göttlichen, positiven Prinzip gehörten die Symbolbedeutungen, die sich auf Gott, Christus, das Kreuz, Maria, die Auferstehung, die Engel, die Sakramente, die Apostel, die Tugenden usw. bezogen; zum Prinzip des Bösen alle Bedeutungsbereiche, die es mit dem Teufel, den Dämonen, den Häretikern und Sündern, den Lastern usw. zu tun hatten.

Ein Beispiel: Der Löwe konnte ein Sinnbild Christi sein, entsprechend 1. Mose 49,9, wo Jakob den Juda einen jungen Löwen nennt – im Mittelalter als alttestamentlicher Vorverweis auf Christus verstanden, weil es in Offenbarung 5,5 heißt: „Weine nicht. Siehe, es hat überwunden der Löwe, der da ist vom Geschlecht Juda, die Wurzel Davids, aufzutun das Buch und brechen seine sieben Siegel." Demgegenüber konnte der Löwe auch ein Sinnbild des Satans oder der Hölle (bzw. des Höllenrachens) sein, da es doch in Psalm 22,22 heißt: „Hilf mir aus dem Rachen des Löwen ...!" Im 1. Petrusbrief (5,8) ermahnt der Apostel die Gemeinde: „Seid nüchtern und wachet; denn euer Widersacher, der Teufel, geht umher wie ein brüllender Löwe und sucht, welchen er verschlinge."

Eine wichtige mittelalterliche Sammlung von Allegorien, das heißt in dieser Weise aufgeschlüsselter Begriffe und Gegenstände, ist das umfangreiche Werk von HRABANUS MAURUS (780–856): *„Allegoriae in sacram scripturam"*. Die spirituell-symbolische Ausdeutung der Begriffe und Gegenstände unter Bezugnahme auf die Bibel erschöpfte sich aber nicht nur in der dualistischen Unterscheidung Gut–Böse, und es wäre auch falsch anzunehmen, die Theologen hätten nur die religiöse Bedeutung gesehen. Die Hermeneutik war vielmehr so angelegt, daß man zunächst den Wortsinn bzw. *historischen* Sinn, das heißt die reale Alltagsbedeutung, über welche die weltlichen Sieben Freien Künste Auskunft gaben, zur Kenntnis nahm und zu begreifen suchte. Erst danach bemühte man sich darum, den geistlichen, den spirituellen Sinn zu erschließen, und zwar auf drei Stufen: der *allegorischen* (gleichnishaft-sinnbildlichen), der *tropologischen* (moralischen) und der *anagogischen* (auf das Jenseits verweisenden).

Eine knappe Zusammenfassung dieses hermeneutischen Prinzips gibt HONORIUS von Autun (ca. 1080–1137) in seiner Darstellung: *„Über Verbannung und Heimat der Seele oder über die Künste"* (12. Kapitel): „Nachdem man die freien Künste durchlaufen hat, gelangt man zur wahren Heimat oder zur wahren Weisheit, die in der Heiligen Schrift aufleuchtet und sich in der Schau Gottes vollendet.
Nachdem man diese Künste wie Staaten gleichsam durchquert hat, gelangt man zur Heiligen Schrift als der wahren Heimat, in der eine vielförmige Weisheit regiert. Diese Schrift baut sich ein Haus, das sie mit den sieben Gaben des Heiligen Geistes wie mit sieben Säulen abstützt (Spr. 9, 1) und mit dem vierfachen Sinn, mit dem historischen, allegorischen, tropologischen und anagogischen, wie mit vier Wänden zusammenfügt: Die *Historie* ist eine tatsächliche Begebenheit wie etwa, daß Jerusalem die Stadt der Juden war, wo der Tempel des Herrn stand. Eine *Allegorie* liegt vor, wenn etwas anderes gesagt, als darunter verstanden wird, wie etwa, daß Jerusalem die Kirche ist und wir der Tempel des Herrn sind (2. Kor. 6, 16). Die *Tropologie* bedeutet die Sittlichkeit wie etwa, daß Jerusalem eine jede gläubige Seele ist, darin der Tempel das reine Herz und der Bewohner der Heilige Geist. Die *Anagogie* aber ist ein höherer Sinn, der zu Gott führt und zur künftigen Zeit, wie etwa, daß Jerusalem die überirdische Stadt ist, wo die Heiligen, vereint mit den Engeln, Gott gegenwärtig haben werden (Geh. Offb. 21 und 22)."[1]

Tabellarisch läßt sich dieses Prinzip folgendermaßen darstellen: Beispiel „Jerusalem"

3. sensus anagogicus 2. sensus tropologicus 1. sensus allegoricus	auf Bibelexegese gestützte theologische Deutung	3. himmlisches Jerusalem 2. gläubige Seele 1. Kirche
sensus litteralis oder historicus	weltlicher Sinn, Alltagsbedeutung	Jerusalem = Stadt der Juden

Hinsichtlich der Sinnerschließung der Gegenstände wäre noch auf ein weiteres, im enzyklopädischen Schrifttum des Mittelalters sehr häufig anzutreffendes Verfahren hinzuweisen, nämlich auf die *etymologische Methode*, die besonders von ISIDOR, dem Bischof von Sevilla (ca. 570–636), mit Bravour gehandhabt wurde – weshalb denn auch seine umfangreiche Enzyklopädie den Titel *„Etymologiae"* trägt. Mit der modernen philologischen

Etymologie, die die tatsächliche Herkunft der Worte sprachgeschichtlich zu rekonstruieren sucht, hat diese Methode wenig zu tun. ISIDOR und die vielen anderen mittelalterlichen Autoren gehen vielmehr so vor, daß sie das jeweils zu untersuchende Wort in seine Bestandteile zerlegen und dazu ähnlich klingende Wörter suchen, mit deren Hilfe der Sinn des Begriffs dann erschlossen wird.

1. Beispiel: „Wissenschaft und ‚Kunst': Die Wissenschaft *(disciplina)* hat ihren Namen von ‚Lernen' *(discere);* sie kann deshalb auch *scientia* genannt werden; denn *scire* (wissen) kommt von *discere* (lernen), weil keiner von uns etwas weiß, wenn er nicht lernt. Außerdem wird sie *disciplina* genannt, weil sie vollkommen *(plena)* erlernt wird ..."[2]
2. Beispiel: „Der Hase *(lepus).* Das Wort kommt von *levipes* (leichtfüßig), weil er schnell läuft ... Denn schnell ist dieses Tier, und ziemlich furchtsam."[3]

Im folgenden wollen wir anhand dreier Wissenschaftsbereiche: Zoologie, Botanik und Mineralogie, zeigen, wie allen mittelalterlichen naturwissenschaftlichen Ordnungsversuchen das Bedürfnis zugrunde liegt, Natur als von religiösem Sinn erfüllt zu begreifen. Das einzelne Naturding, die einzelne Naturerscheinung ist nur als Teilchen oder Aspekt sinngebender göttlicher Heilsordnung zu verstehen.

Zoologische Literatur

Die zoologischen Vorstellungen, die in den umfangreichen frühmittelalterlichen Enzyklopädien ISIDORS von Sevilla und des HRABANUS MAURUS zusammengetragen waren, basierten kaum auf eigenen Beobachtungen. In den meisten Fällen handelt es sich bei ihnen um Anleihen bei antiken Autoren wie PLINIUS, die teilweise leicht verändert wurden, etwa eine Modifikation durch die etymologische Interpretation erfuhren. Von der modernen Zoologie, deren Anfänge in das 18. Jahrhundert reichen, unterscheidet sich die Naturgeschichte der mittelalterlichen Lehrbücher dadurch, daß sie noch keine Klassifikation der nach einheitlichen Kategorien beschriebenen Tiere kennt. So gibt es noch keine vergleichende Anatomie zur Erfassung der Struktur des Tierleibes, der Wechselbeziehung der einzelnen Organe und ihrer Funktionen, um auf diese Weise zu einer Zusammenstellung von Kreisen, Klassen, Ordnungen, Familien, Gattungen und Arten nach hierarchischem Muster zu gelangen. Gewiß: auch die zoologischen Kapitel in den Enzyklopädien folgen bestimmten Ordnungsgesichtspunkten, denen aber ein ganz anders gelagertes Interesse zugrunde liegt. Auffallend ist dabei die Sprunghaftigkeit der Systematik.

In HILDEGARD von Bingens *„Physica"* handelt das erste Buch von den Pflanzen, das zweite von den Elementen (wozu das Meer, die Seen, der Rhein, die Donau, die Mosel usw. gehören; es wechseln hier also abstrakte und konkrete Vorstellungen), das dritte von den Bäumen, die eine eigene Kategorie bilden, also nicht unter die Pflanzen gezählt werden, das vierte von den Steinen, das fünfte von den Fischen, das sechste von den Vögeln, das siebte von den Tieren (womit im wesentlichen die Säugetiere gemeint sind), das achte von den Reptilien, das neunte schließlich von den Metallen. Hier scheint alles kunterbunt durcheinanderzugehen.

Dennoch muß festgestellt werden, daß der Bildung der Systemgruppen eine geheime Ordnung innewohnt, die weniger an den objektiven Beschaffenheiten der Naturgegenstände festgemacht ist, wie sie die modernen naturwissenschaftlichen Untersuchungsmethoden zu erschließen suchen, als an den vom magischen Weltbild beherrschten Alltagsinteressen der Menschen. Es wird also weniger gefragt: wie sind die Naturobjekte an sich strukturiert? als vielmehr: welche Bedeutung haben sie für mich, nützen oder schaden sie mir, sind sie angenehm oder gefährlich usw.? Daher der auffällig anekdotische Charakter der Tierbeschreibungen, die vorzugsweise das Verhalten der Tiere schildern.
Die zoologischen Beschreibungen wie etwa im *„Physiologus"* dienten einer theologischen Parallelisierung von Tierverhalten und menschlicher Praxis; sie enthielten also stets eine moralische Nutzanwendung. Die natürlichen Fähigkeiten bestimmter Tierarten konnten analogisch auch auf das Erkenntnisvermögen des Menschen bezogen werden.

So stellen nach HILDEGARD von Bingen die Vögel, die sich in der Luft aufhalten, die Fähigkeit des Menschen dar, „sich in seinen Gedanken vieles oft vorzusagen und zu bestimmen", sie gelten ihr also als Sinnbild für die Phantasie. Dagegen sind die Tiere, die auf der Erde herumlaufen und auf ihr wohnen, Symbole für die Gedanken des Menschen, die er zur Tat macht: „Der Löwe und ähnliche Tiere zeigen den wirkenden Menschen, der bald zur Tat wird, während der Panther und seinesgleichen auf den glühenden Wunsch, etwas zu beginnen, hinweisen."[4] Der Metapher „glühend" eignet HILDEGARD zufolge noch eine konkret vorgestellte Qualität; denn sie befragt Naturgegenstände und auch das Tierreich in Anlehnung an die antike Elementenlehre und die Säftetheorie GALENS daraufhin, ob sie warm oder kalt, trocken oder feucht seien und welche Mischungsverhältnisse *(Komplexionen)* gegebenenfalls vorliegen: „Der Löwe ist sehr warm; hätte er nicht Tieresnatur, so würde er Steine durchdringen."

Mit dem Bekanntwerden weiterer, namentlich naturwissenschaftlicher Schriften des ARISTOTELES, den die Scholastik als *den* Philosophen schlechthin feierte, erfährt das zoologische Vorstellungssystem, wie es in den enzyklopädischen Schriften ISIDORS und HRABANUS', aber auch in HILDEGARD von Bingens eigenwilliger „*Physica*" zum Ausdruck kommt, eine Überarbeitung. ARISTOTELES hatte Abhandlungen über die „Zeugung der Tiere", „Die Teile der Tiere" sowie über die „Geschichte der Tiere" hinterlassen, in denen sich ein hochgradig empirisches Interesse kundtut, das sich nicht durch konventionelle Normen beirren läßt, sondern alles zu erfassen und zu beschreiben sucht, was in Erfahrung zu bringen ist. Es heißt bei ihm beispielsweise: „Darum dürfen wir auch bei der Betrachtung der niederen Tiere nicht kindischen Widerwillen empfinden, denn in allen Dingen ist etwas Bewundernswertes: [...] in allen Dingen ist etwas Natürliches und Schönes."[5]

ALEXANDER der Große, dessen Erzieher ARISTOTELES zeitweise war, hatte seinem Lehrer alle nur erdenkliche Unterstützung zuteil werden lassen, da auf seinen Befehl hin alle Gärtner, Jäger und Fischer verpflichtet waren, ihm von seltenen Tier- und Pflanzenarten jeweils ein Exemplar zuzuschicken. Dies ermöglichte ARISTOTELES, ein weitreichendes Forschungsprogramm durchzuführen; vor allem interessierte er sich für die Embryologie und stellte sogar auf die Evolutionstheorie vorausweisende Vergleiche zwischen dem Hühnerei und dem menschlichen Embryo in verschiedenen Entwicklungsstadien an. Allerdings gelangt er nicht zu einer Klassifizierung aufgrund von körperlichen Gemeinsamkeiten. Vielmehr hielt er an der unabänderlichen Besonderheit der Typen und Arten als von Anfang an nebeneinander existierenden Geschöpfen fest. Ihre Besonderheit leitete er aus dem vornehmlich in seinen philosophischen Schriften vertretenen Grundsatz ab, daß die substantielle Form als bewirkende und zugleich zweckbestimmende Ursache einer besonderen Betätigung anzusehen ist. Die Naturkörper definiert er als Organe oder Werkzeuge der Seele, die für ihn der Ursprung und die Ursache des lebendigen Körpers ist.

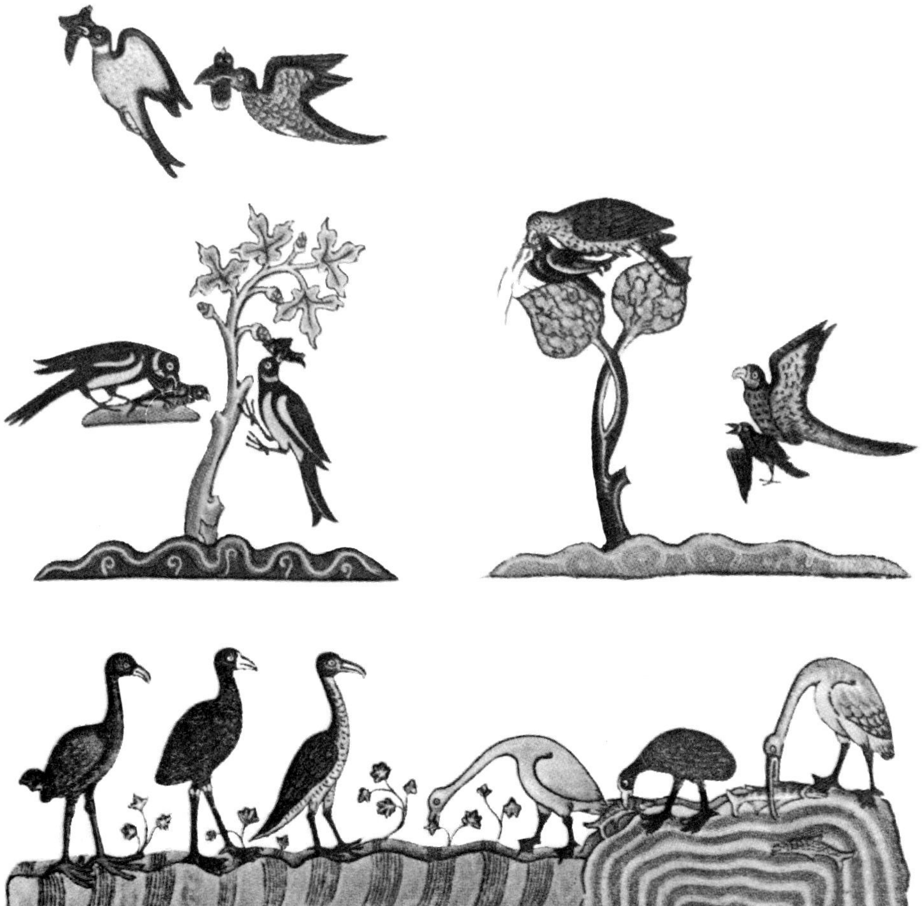

Abb. 3: Illustration aus dem Falken-Buch Friedrichs II. (Französische Übersetzung, Paris, Bibliothèque Nationale, Ms. franç. 12400 fol. 14 recto). Im dazugehörigen Text wird über das Verhalten der dargestellten Vögel berichtet. Der Autor hielt die Füße der Vögel für besonders charakteristische Merkmale der jeweiligen Arten, daher sind hier die Füße besonders groß dargestellt, und durchweg auffallend ist das Interesse am Flugverhalten

Mit den Aristotelischen und pseudoaristotelischen Schriften wurden dem Mittelalter auch Naturtheorien der Araber, vor allem von AVICENNA und AVERROËS, bekannt. Diese empirischen Ansätze wurden von ALBERTUS Magnus (1193–1280), dem im Mittelalter als einzigem Gelehrten der Beiname „der Große" und der Ehrentitel „Doctor universalis" verliehen wurden, in seinen naturwissenschaftlichen Schriften verarbeitet. So revidierte er in „Über die Lebewesen" (De animalibus) zahlreiche Irrtümer in der „Naturgeschichte" des PLINIUS und verfaßte auch Kommentare zu ARISTOTELES aufgrund eigener Naturbeobachtungen, die er auf seinen Reisen angestellt hatte.

Eine Korrektur der zoologischen Theorien des ARISTOTELES, dessen Schriften das empirische Prinzip in die Naturkunde erst eingeführt hatten, findet man ganz ausdrücklich in dem Buch über die Falkenjagd *„De arte venandi cum avibus"* des Kaisers FRIEDRICH II. von Hohenstaufen (1194–1250), das eine Fülle einzigartiger Miniaturen enthält, die KANTOROWICZ zufolge sogar vom Kaiser selbst angefertigt worden sind (was aber zu bezweifeln ist). In diesem Buch wird unter anderem dargelegt, wie man Falken fängt, sie abrichtet, sie zu sich zurücklockt, und schließlich, wie man mit ihnen andere Tiere (Kraniche, Reiher, Wasservögel, Hasen usw.) fängt. Diese Arten werden dabei sehr genau porträtiert; besonderer Wert wird auf die Darstellung der Füße der Vögel gelegt *(Abb. 3)*.

Der Stolz des Kaisers auf seine eigenen Naturbeobachtungen äußert sich in seiner berühmten Kritik an ARISTOTELES:

„Wir sind dem Aristoteles gefolgt, wo es sich schickte, aber in vielen Fällen, insbesondere, wo er von der Natur einiger Vögel schreibt, scheint er von der Wahrheit abgewichen zu sein. So konnten Wir Uns dem Fürsten der Philosophen nicht immer anschließen, da er ja selten oder nie die Jagd betrieben hat, die Wir seit je geliebt und geübt haben."[6]

Botanische Literatur

Für die Botanik des Mittelalters gilt ähnliches, was über die Zoologie gesagt wurde: Auch sie folgte noch ganz den Vorstellungen und Theorien, die bereits in der Antike entwickelt worden waren. Die wichtigsten Autoritäten bis weit ins späte Mittelalter, ja bis in die Renaissance hinein waren THEOPHRAST und DIOSCURIDES (1. Jahrhundert n. Chr.), letzterer ein kilikischer Grieche, der als Militärarzt im römischen Heer während der Regierungszeit der Kaiser CLAUDIUS und NERO lebte. DIOSCURIDES' Schrift *„De materia medica"* war eine Heilkräuterkunde. Und dieser medizinische Aspekt der Heilwirkung von Pflanzen war es, für den man sich im Mittelalter, besonders in den Klöstern (die alle mit einem Kräutergarten ausgestattet waren), interessierte. Klassifizierungsprobleme, wie sie die neuzeitliche Botanik – namentlich Carl VON LINNÉ (*„Systema Naturae"*, 1735) – beschäftigen, also nach welchen Merkmalen man die Fülle der Pflanzen systematisieren solle, nach Saat und Frucht oder nach den Blütenblättern oder, was man erst später entdeckte, nach der Geschlechtlichkeit der Pflanzen, spielten im Mittelalter so gut wie gar keine Rolle.

Für die mittelalterlichen Vorstellungen mag hier wiederum ein Text von HILDEGARD von Bingen als Beispiel angeführt werden:

„Vom wilden Lattich. Der wilde Lattich ist kalt und löscht die Lust im Menschen aus. Ein Mann, der in seinen Lenden Überfluß hat, koche wilden Lattich in Wasser und übergieße sich damit in einem heißen Bade ..."

Daneben gibt es jedoch schon vereinzelt zaghafte Ansätze zu einer präziseren Erfassung von Gestalt und Details der Pflanzen. In der Tat waren ja Schematisierungen zur Identifizierung besonderer Kräuter wenig geeignet. Hinzu kam, daß die Texte der aus der Antike überlieferten Herbarien sich auf Pflanzenarten bezogen, die nur im Mittelmeerraum heimisch waren, in den Klostergärten des Nordens aber gar nicht vorkamen. Diese verwirrenden Unstimmigkeiten verlangten nach einer Überarbeitung der Kräuterbücher.

In dem Maße, wie sich literarisch die unmittelbare Naturbeobachtung, die Empirie, als Grundlage wissenschaftlicher Erkenntnis geltend machte, veränderte sich auch die Art der Darstellung: sie berücksichtigt in der Folgezeit zunehmend die Besonderheiten. Dieses ästhetische Interesse an den Details bleibt bei den Künstlern nicht allein auf die Botanik, auf die illustrative Ausschmückung der Herbarien, beschränkt. Auch in anderen, nicht botanischen Zusammenhängen entfalten Künstler eine Vorliebe und einen Sinn für Präzision, so etwa bei der Randleistengestaltung der Gebets- und Stundenbücher – Werken der Erbauungsliteratur, die im Spätmittelalter gewaltig anschwillt. Die neue wissenschaftliche Methode der Registrierung aller Einzelheiten ist dann im

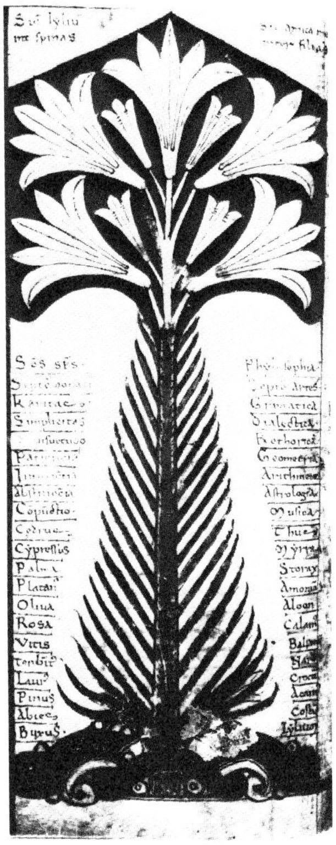

Abb. 4: „Lilie“ aus dem „Liber floridus“ des Lambert von St.-Omer. Um 1120

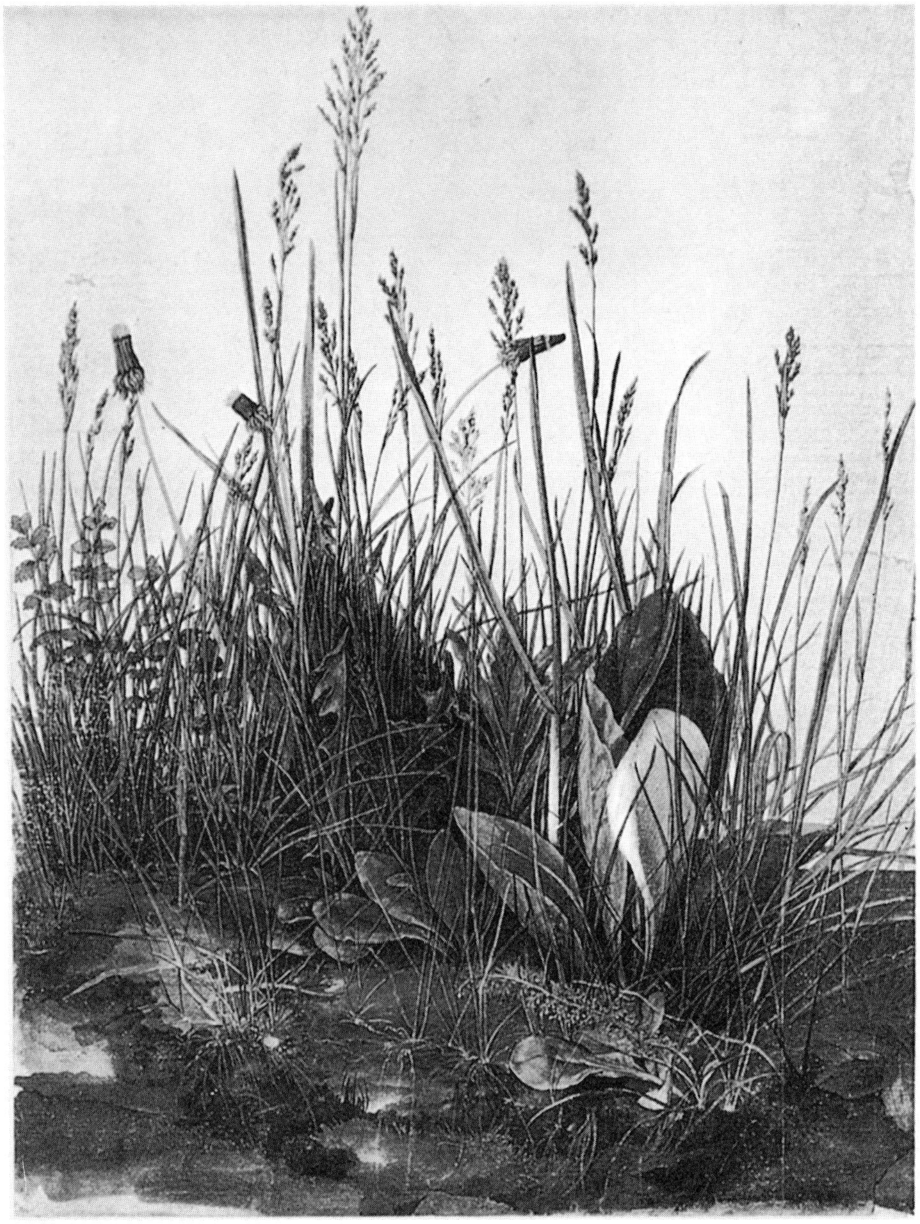

Vergleichsbeispiel: Albrecht Dürer: Das große Rasenstück. Wasser- und Deckfarben. 1503. Wien, Albertina. Im Gegensatz zu der formelhaft reduzierten Darstellung der Lilie im *„Liber floridus“* (um 1120) des Lambert von St.-Omer, die eine spirituelle Symbolik übermitteln sollte, ist Albrecht Dürers nicht ganz 400 Jahre später gemaltes *„Großes Rasenstück“* (1503), das ein Gewirr von Grashalmen, Blättern und Wiesenblumen geradezu mikroskopisch exakt in Nahansicht wiedergibt, Prinzipien empirischer Naturerkenntnis verpflichtet, für welche die unmittelbare Anschauung das entscheidende Kriterium ist. Dieser Naturausschnitt erscheint wie zufällig ausgewählt; gleichwohl sind die dargestellten Pflanzen – man hat u. a. Maßliebchen, Wasserblänke, Schafgarbe, Wegerich, Löwenzahn, Bibernelle, Knäuelgras und Wiesenhafer identifizieren können – nach medizinisch-heilkräuterkundlichen und säftetheoretischen Gesichtspunkten zusammengestellt

ausgehenden 14. und besonders im 15. Jahrhundert so zur selbstverständlichen Norm geworden, daß man die Anwendung ihrer Prinzipien auch dort erwartet, wo sie eigentlich nicht erforderlich sind, nämlich in der geistlichen Literatur, wo die Pflanzen, wie das Beispiel der Lilie bei LAMBERT von Saint-Omer lehrt *(Abb. 4)*, lediglich als Allegorien, als gleichnishafte Versinnbildlichungen von abstrakten Seelenqualitäten, dienten.

Steinliteratur

Die mittelalterliche Mineralogie ist in dem Steinbuch *(Liber lapidum)* des MARBOD, Bischof von Rennes (um 1035–1125), kanonisch zusammengefaßt worden. Wie in den Pflanzenbüchern *(Herbarien)* ist auch in den Steinbüchern *(Lapidarien)* der Aspekt des Heils – theologisch wie medizinisch verstanden – vorrangig. Die religiöse Bedeutung der Steine wurde von mittelalterlichen Autoren aus der Beschreibung des himmlischen Jerusalem in der Offenbarung des Johannes abgeleitet. Insofern ist, wer sich für die Steinsymbolik im Mittelalter interessiert, auch auf die Apokalypse-Kommentare verwiesen.[7]

Um einen anschaulichen Begriff von den mittelalterlichen Steinvorstellungen zu vermitteln, ziehen wir wieder HILDEGARD von Bingens *„Physica“* heran:

„Jeder Stein hat Feuer und Feuchtigkeit in sich. Der Teufel hat Schrecken, Haß und Verachtung gegen die Edelsteine. Sie erinnern ihn nämlich daran, daß ihr Glanz schon erschien, ehe er von der ihm von Gott verliehenen Herrlichkeit herabstürzte, und außerdem entstehen manche Edelsteine in dem Feuer, in dem er selbst seine Strafpeinen erleidet“ (Vorrede zum 4. Buch).

HILDEGARD führt dann weiter aus, daß die Edelsteine im Osten, wo allzu heftige Sonnenglut herrsche, entstehen. Wenn die Flüsse dort aufgrund von Überschwemmungen zu den glutheißen Bergen emporsteigen, würfen sie durch das Zusammentreffen mit der Hitze Schaum aus, der nach ihrem späteren Zurückweichen in ihr Bett trockne und sich zu Edelsteinen verhärte.

„Diese Berge aber, an denen so zahlreiche und so gewaltige Edelsteine entstehen, erglänzen dort wie das Tageslicht. Und also werden die Edelsteine von Feuer und Wasser erzeugt, deshalb haben sie auch Feuer, Wasser und viele Kräfte und Wirkungen in sich, so daß man sehr viel mit ihnen unternehmen kann; Dinge, die gut, ehrenvoll und dem Menschen nützlich sind, nicht aber Verführung, Unzucht, Ehebruch, Feindschaft, Mord und ähnliches, was auf Laster hinzielt und dem Menschen schädlich ist; denn die Natur der Edelsteine sucht Ehrbares und Nützliches und verabscheut Verkehrtes und Böses, so wie auch die Tugenden die Laster abschütteln und wie Laster nicht mit den Tugenden zusammenwirken können.“[8]

Zur Theorie und Praxis der Buchmalerei im Mittelalter

Nachdem wir uns die Systematik dreier Wissenschaftsbereiche deutlich gemacht und gesehen haben, wie sehr alle Wissenschaft in einem theologischen Begründungszusammenhang steht, wollen wir im abschließenden Teil darlegen, wie die Produktion von Büchern, von Wissenschaftsillustrationen in der mittelalterlichen Buchmalerei theoretisch und praktisch aussah. Wir müssen fragen, welche Traditionen, Anleitungen, Vorbilder und auch welche Arbeitsprozesse die Bildproduktion geprägt haben. Dabei wird sich zeigen, daß wir unsere landläufige Vorstellung des Verhältnisses von Künstler und Kunstwerk nicht auf das Mittelalter übertragen können.

HILDEGARD von Bingen (1098–1179), Gründerin und erste Äbtissin des Klosters auf dem Rupertsberg bei Bingen, verfaßte ihr Buch *„Scivias“* („Wisse die Wege“), das Visionen von der Schöpfung und Erlösung der Welt enthält, mit Hilfe des Mönchs VOLMAR und der Nonne RICHARDIS von Stade. Diese beiden unterstützten sie bei der bildlichen Umsetzung der sprachlich formulierten Visionen. Insgesamt zog sich der Prozeß der Niederschrift und Gestaltung des *„Liber scivias“* über zehn Jahre hin, von 1141 bis 1151. Wir ersehen daraus, daß in den mittelalterlichen Klöstern – zu dieser Zeit die hauptsächlichen Zentren der Kunstproduktion – die Klostervorsteher, die zumeist bedeutende Lehrer und Vermittler des Wissens waren, mit den in den Scriptorien tätigen Künstlern, ebenfalls Mönche oder mindestens Laienbrüder, eng zusammenarbeiteten. Die künstlerischen Zeugnisse, gleichviel ob es sich dabei um Miniaturen in den Handschriften, um kostbare Werke der Goldschmiedekunst, Emailarbeiten oder geschnitzte Elfenbeintäfelchen handelt (um nur einige wichtige Kunstaufgaben zu nennen), sind also keineswegs als „spontane“ Leistungen eines sich autonom begreifenden künstlerischen Subjekts aufzufassen. Sie entstanden vielmehr in Abstimmung mit einem Theologen, der das jeweilige Bildprogramm entwarf, das sich an Überlieferungszusammenhänge anlehnte. Das bedeutet freilich nicht, daß sich im Mittelalter künstlerische Phantasie nicht hätte ausleben können. Wie groß der Spielraum für die ästhetische Einbildungskraft im Rahmen vorgegebener Muster sein konnte, belegen zum einen die gleichsam „überschüssigen“ ornamentalen Ausschmückungen etwa der Zierleisten in Miniaturen, zum anderen die auffallenden stilistischen Unterschiede, die zwischen den einzelnen künstlerischen Zentren, also den klösterlichen Werkstätten und Schreibstuben *(Scriptorien)*, bestanden.

Georges DUBY, der französische Mittelalterhistoriker, hat darauf hingewiesen, daß das Buch im Mittelalter ein über die Wertschätzung anderer Kulturprodukte weit hinausgehendes Ansehen genoß. Ihm eignete ja eine doppelte Qualität, die es in den Augen der mittelalterlichen Menschen besonders kostbar erscheinen ließ. Einerseits diente es der Liturgie, es enthielt oft genaue Anweisungen für den Vollzug sakral-ritueller Handlungen. Somit war es selbst schon fast ein Kultgegenstand. Dabei spielte gewiß die Verehrung der Bibel als der Selbstoffenbarung Gottes eine vorbildgebende Rolle, und zwar so sehr, daß in einer Projektion die Natur, die ganze Welt metaphorisch mit einem Buch gleichgesetzt werden konnte. So heißt es bei ALANUS ab Insulis (ca. 1120–1202), einem der bedeutendsten Gelehrten des 12. Jahrhunderts:

„Omnis mundi creatura	„Die ganze Schöpfung der Welt
Quasi liber et pictura	ist für uns wie ein Buch,
Nobis est et speculum.“[9]	ein Gemälde und ein Spiegel.“

Andererseits aber hatte das Buch nicht nur eine magisch zu nennende religiöse Funktion, sondern war vor allem auch ein Instrument des Wissens, das zu pflegen und zu übermitteln sich die Klöster angelegen sein ließen. Vielen Klöstern waren Schulen angeschlossen, an denen die Artes liberales, die Philosophie und Theologie gelehrt wurden. Diese Klosterschulen hätten ihre Aufgaben ohne die Ausstattung der Abtei mit einer Bibliothek kaum wahrnehmen können. Daher war jedes Kloster bestrebt, einen ausreichenden Fundus an Büchern zu besitzen. Man lieh sich diese Werke aus und kopierte sie in den Scriptorien.

Romantische Legendenbildung hat die Kunstproduktion des Mittelalters, zumal die Buchherstellung, zu einem fröhlichen, weil gott- und kunstbegeisterten Tun stilisieren wollen. Die historischen Tatsachen lehren das Gegenteil: die Herstellung eines Buches war ein äußerst beschwerlicher und mit großen Mühen verbundener Arbeitsvorgang, der sich über einen langen Zeitraum (in der Regel mehr als ein Jahr) erstreckte *(Abb. 5)*.

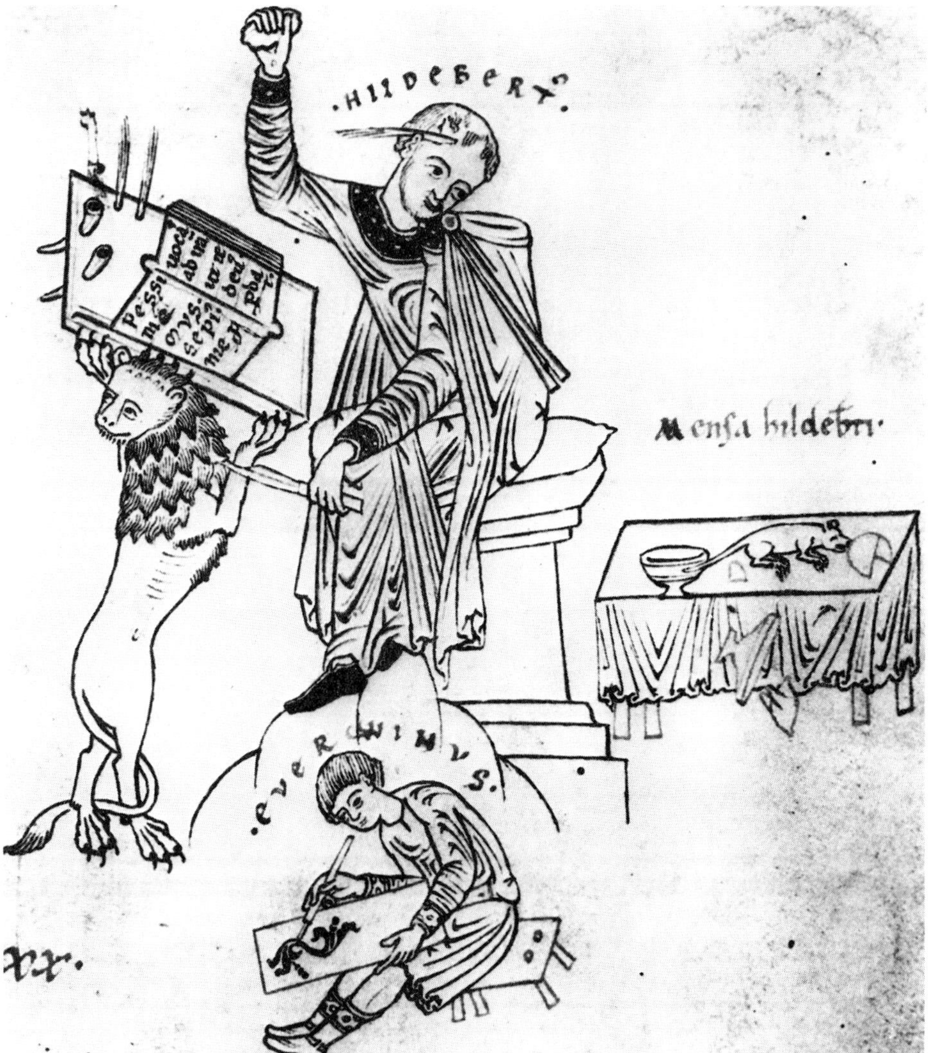

Abb. 5: Eine Szene aus dem Arbeitsleben eines Buchmalers. Illustration einer Handschrift des 12. Jahrhunderts („De civitate Dei“ von Augustinus, ca. 1140. Prag, Universitätsbibliothek, MS Kap. A XXI, fol. 133 recto). Der Illuminator Hildebert wirft einen Schwamm nach einer Maus, die auf seinem Tisch einen Käselaib anknabbert. Auf den Seiten des aufgeschlagenen Buches, das auf dem von einem Löwen gestützten Schreibpult liegt, steht zu lesen: „Pessime mus, sepi me provocas ad iram: ut te deus perdat“ (Elende Maus, wie oft hast du meinen Zorn herausgefordert: daß Gott dich verderben möge)

Die dafür aufzubringenden Kosten überstiegen – im Durchschnitt gesehen – das Jahreseinkommen eines Gemeindepfarrers. Daraus wird deutlich, daß selbst einfache Bücher Luxusgegenstände waren. Jean LECLERCQ, der Erforscher mittelalterlicher Klosterkultur, schreibt in seinem Buch *„Wissenschaft und Gottverlangen“:*

„Das Abschreiben galt als eine ausgesprochen asketische Übung [...] Die mittelalterlichen Abschreiber haben auch nicht versäumt, uns das klarzumachen: alle Muskeln des Körpers sind bei der Anstrengung der Finger gespannt, und man muß dauernd und genau aufpassen. Das war eine Tätigkeit für die Hände und zugleich für den Geist.“[10]

Die Benediktinerregel erlegte den Mönchen strenge Arbeitsprinzipien auf, die über die Organisation der Arbeit hinausgingen, die sonst im Feudalsystem bestimmend war. Mit der Askese waren eine geregelte Zeiteinteilung verbunden (was sich an den Stundengebeten ablesen läßt) und eine rationale Arbeitsteilung. Das gilt sowohl für die Bewirtschaftung der Klostergüter, für Landwirtschaft und Handwerk, als auch für die „ideologische“ Produktion, zu der der eigentliche Wissenschaftsprozeß, das Abfassen von Kommentaren, Enzyklopädien usw., ebenso gehörte wie die Herstellung der Bücher.

Wie sah nun die Arbeitsteilung in den mittelalterlichen Scriptorien aus?

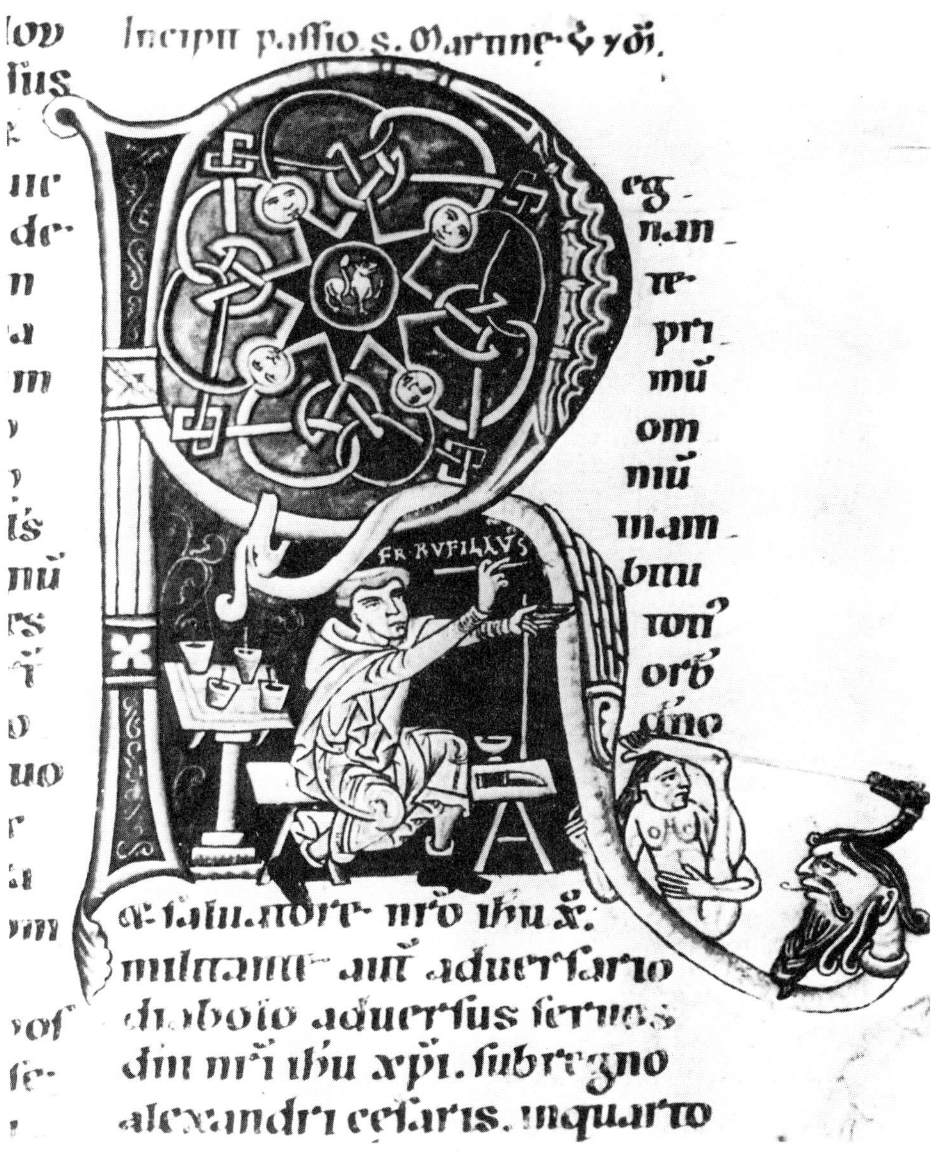

Abb. 6: Ausgeschmückte Initiale einer Handschrift des 12. Jahrhunderts (ehem. in Sigmaringen, Hofbibliothek, MS 9, fol. 244 recto). Der *Rubricator* hat sich selbst bei der Arbeit in das große R einbeschrieben. Außen, an den unteren Bogenschwung des R, lehnt sich ein exotisches Wesen: es ist ein „Sciopode“, der sich mit seinem riesigen Fuß beschatten kann. Die Sciopoden gehören nach antiker und mittelalterlicher Vorstellung zu den Völkern vom Ende der Welt

Die Koordinierung der Tätigkeiten in diesem Schreibraum, der meistens neben der Klosterbibliothek oder der Kirche lag, manchmal auch witterungsgeschützt in einem Kreuzgang, oblag einem *Armarius.* Er war dafür verantwortlich, daß ausreichend Materialien wie Pergament usw. vorhanden waren. Die Schreiber *(Scriptores),* in den Quellen auch *antiquarii* genannt, weil sie die traditionelle Schönschrift *(Kalligraphie)* beherrschen mußten, arbeiteten an Pulten in der Nähe der Fenster. Für die Ausschmückung der Initialen, der großen Anfangsbuchstaben, waren Spezialisten, die *Rubricatores,* zuständig *(Abb. 6).* Die Illustrationen – heute in der Fachliteratur unscharf mit dem Begriff „Miniaturen" wiedergegeben, denn die eigentliche Miniatur ist dem Wortsinn entsprechend auf die mit Minium, das heißt Mennigrot, gefüllte Initiale zu beziehen – wurden von den *Illuminatoren* ausgeführt. Grundsätzlich sind hier zwei Verfahren zu unterscheiden: einmal die Technik der Federzeichnung, die teilweise mit transparenten Farben laviert, also mit durchscheinenden Farben abgetönt wurde, zum anderen die aufwendigere farbliche Gestaltung, zu der auch die Auftragung eines Goldgrundes auf das Pergament gehörte. Die figurativen Elemente wurden mit Deckfarben ausgemalt. Die Herstellung der Buchdeckel, nicht selten mit Edelsteinen, Elfenbeinreliefs oder getriebenem Metallblech (Gold, Silber) ausgestattet, oblag besonderen Kunsthandwerkern.

Solch ein Scriptorium repräsentiert also einen komplexen Werkstattzusammenhang, dessen Arbeitsprinzipien (einschließlich der Arbeitsorganisation) später modellbildend für die künstlerische Produktion außerhalb der Klöster wurden.

Mittelalterliche Kunstrezeptbücher

Die Kenntnisse der Techniken und Darstellungsprinzipien wurden in den klösterlichen Kunstschulen durch die konkrete Praxis und durch mündliche Überlieferung weitervermittelt. Aber schon früh äußerte sich das Bedürfnis, diese Arbeitsanleitungen auch in Rezeptbüchern, den Malerhandbüchern, zusammenzufassen und festzuhalten.

Ein für die Erforschung der mittelalterlichen Kunstproduktion sehr wichtiges Rezeptbuch war die *„Schedula diversarum artium"* (Aufriß der verschiedenen Künste) des THEOPHILUS Presbyter, den manche mit dem Goldschmied und Mönch ROGER von Helmarshausen identifizieren, der um 1100 urkundlich erwähnt wird.

In diesem Werk werden im ersten Buch die technischen Voraussetzungen für die Malerei abgehandelt, also Farbenherstellung, Farbenauftrag und Malweise. Das zweite Buch beschreibt die Glasproduktion (wichtig für die Kenntnis technischer Verfahren bei der Herstellung von Glasfenstern), das dritte Buch schließlich befaßt sich mit anderen Zweigen des Kunsthandwerks (Metallarbeiten, Glockenguß, Elfenbeinschnitzerei usw.) sowie mit organisatorischen Fragen der Werkstatteinrichtung. Sein künstlerisches Selbstverständnis teilt Theophilus im Vorwort zum ersten Buch mit.

Er leitet sein Werk mit einer Demutsgeste ein: er, „der niedere Priester, Knecht der Knechte Gottes und des Namens eines Mönches nicht würdig", habe sich zum Ziel gesetzt, allen, die geistigem Müßiggang und Sinnenschwärmerei durch nutzbringende Beschäftigung ihrer Hände entgegenwirken wollen, ein Rezeptbuch an die Hand zu geben.

Von der Kunst hat er durchaus eine hohe Meinung: sie vermag wie die Weisheit oder Wissenschaft die Strafe des Sterbenmüssens auszugleichen, die die Erbsünde über die Menschheit gebracht habe. Denn die beständige Überlieferung der Generationen mache den Verlust der Unsterblichkeit wett. Daraus ergibt sich ein Lobpreis der „auctoritas": alle künstlerischen Fähigkeiten werden auf kollektive Vorleistungen und Errungenschaften zurückgeführt, nichts ist das Verdienst eines Einzelnen. Ruhmsucht und Neid seien daher fehl am Platze; dagegen müsse die Grundtugend eines Künstlers Demut und Dankbarkeit gegenüber den Leistungen der vielen sein, auf denen sich erst sein Werk aufbaut. THEOPHILUS weist auf den Wert, die Kostbarkeit der Materialien hin, die ein Künstler benutzt und bearbeitet. Ihre Beschaffung sei unter größten Mühen, nicht selten mit höchster Lebensgefahr auf den Fluten des Meers, von Hungersnot und Frost gequält, vonstatten gegangen.

Die Einbettung der künstlerischen Produktion in das Gefüge der Orientierungshilfen, welche die Tradition vermittelte, hängt mit den Formen der allgemeinen Produktion zusammen, die sich im Feudalismus, wir wir schon mehrfach betont haben, auf einem niedrigen Niveau bewegte. Angesichts der Schwierigkeiten der Naturbeherrschung wird die Tradition zu einem System der Entlastung von Informationshandlungen und Entscheidungsdruck,[11] das heißt hier, daß der Buchmaler nicht selbst die Natur unmittelbar studiert, an ihr lernt, aus ihr auswählt und eigenständige Verfahren ihrer Darstellung zu entwickeln hat, sondern daß er den Typen der Vorlage folgt; die Formen der Kunst entwickeln sich nicht eigentlich, sondern bleiben statisch. Erst in dem Maße, wie die allgemeine Produktion dynamisiert und damit die Produktivität und Effizienz gesteigert werden, vermitteln sich solche Arbeitskategorien auch den bildenden Künsten. Produktivität hat „Kreativität", die Fähigkeit, Neues zu ersinnen und zu schaffen, zur Voraussetzung. Dem Kreativitätsprinzip zu folgen bedeutet letztlich, sich als selbstbewußtes Individuum von den festgefügten Institutionen zu lösen. In der bildenden Kunst

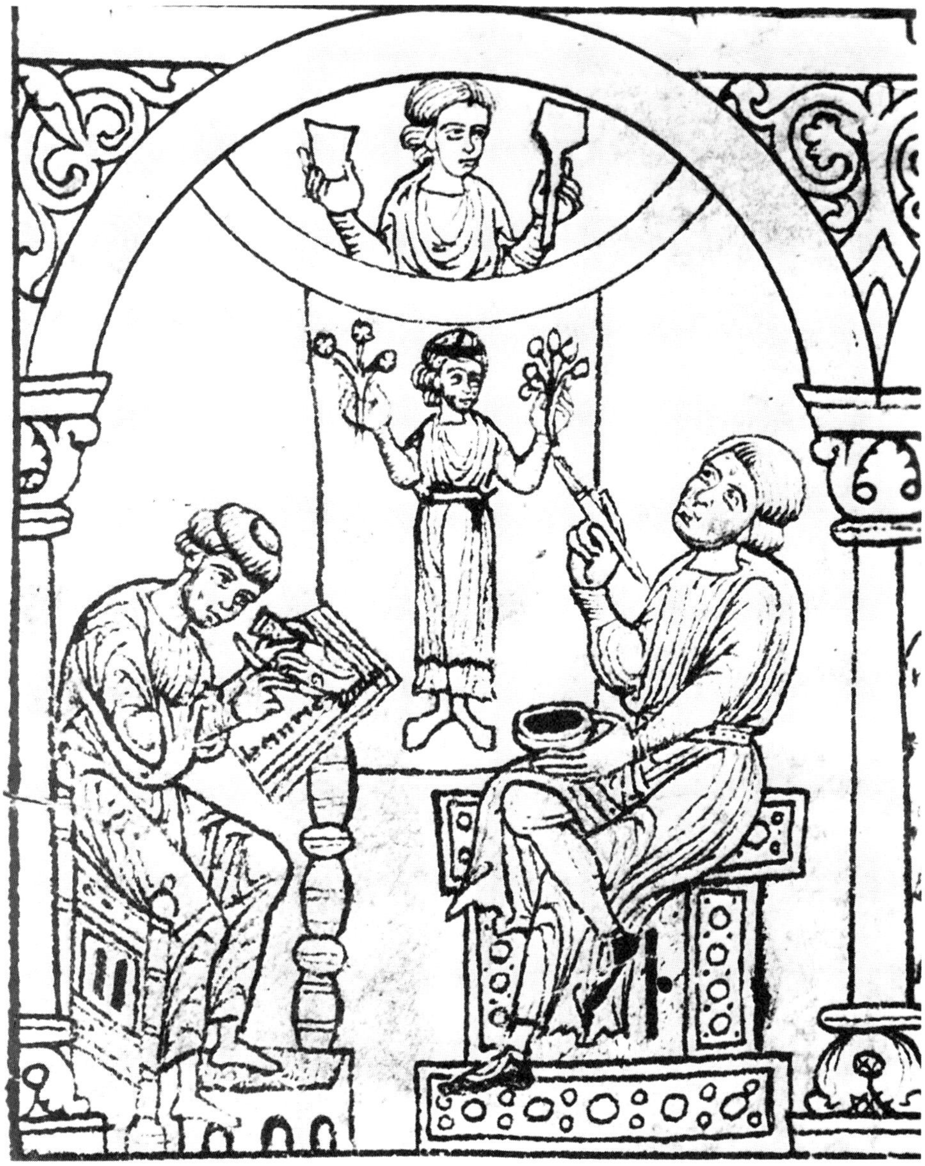

Abb. 7: Ein Freskomaler und ein Buchmaler bei der Arbeit. Zeichnung aus einem Musterbuch des frühen 13. Jahrhunderts. Wien, Nationalbibliothek, MS 507, Detail von fol. 2 verso

setzt dieser Prozeß im späten Mittelalter, und zwar zunächst in Italien und den Niederlanden, ein – in Ländern, in denen die wirtschaftliche Entwicklung, vor allem auf dem Sektor der Textilindustrie, am weitesten vorangeschritten war.

Vom Musterbuch zum Skizzenbuch

Dieser Entwicklung entspricht in der Kunst der Übergang vom mittelalterlichen Auctoritas-Prinzip zum neuzeitlichen Inventio-Prinzip, also von der Orientierung an Traditionsmustern hin zum Grundsatz der leistungsorientierten Verehrung der Erfindung und Entdeckung. Er läßt sich recht gut an der Geschichte der Musterbücher aufzeigen, die im Spätmittelalter einem entscheidenden Funktionswandel unterliegen.

Die Musterbücher *(Abb. 7)* dienten den Künstlern als Hilfsmittel: sie enthielten Vorlagen, die bestimmten, einmal verbindlich gewordenen und für bewahrenswert gehaltenen Darstellungstypen entlehnt waren. Ein wesentliches Merkmal der Musterbücher ist es also, daß die Beispiele *(exempla)* nicht auf die unmittelbare Wirklichkeitsbeobachtung Bezug nahmen, sondern auf einen davon unabhängigen Bildkanon, der sich verselbständigt hatte. Daß in der mittelalterlichen Buchmalerei, aber auch in anderen Darstellungsmedien – bis in den plastischen Bereich hinein (z.B. Kathedralskulpturen) –, die Darstellungstypen weitgehend unverändert blieben, hängt eben mit diesem ständigen Rückgriff auf die Vorlagen der Musterbücher zusammen, die nicht auf einzelne Kunstgattungen beschränkt, sondern gattungsübergreifend waren. Die Mustersammlungen, manchmal nicht nur in Buchform, sondern auch als strapazierfähige Täfelchen angelegt, waren Besitz des Werkstattverbandes (etwa einer Bauhütte), also gemeinsames Eigentum, das auch gemeinsam ergänzt wurde: Jeder, der einen wichtigen Darstellungstypus für bewahrens- und kopierenswert hielt, konnte das Musterbuch um eine Nachzeichnung nach einem Bild, einer Skulptur und dergleichen erweitern.

Besonders interessant ist das Bauhüttenbuch des VILLARD de Honnecourt, das zwischen 1230 und 1240 entstand. Es befindet sich heute in der Bibliothèque Nationale in Paris. Über VILLARD ist nicht viel bekannt. Man weiß, daß er Architekt war und wohl die Pläne für den 1257 geweihten Chor der Kollegiatskirche in St. Quentin geliefert hat. Aber schon das schließt man aus seinem Musterbuch, in das er den Chorgrundriß von Reims aufgenommen hat, nach dessen Vorbild St. Quentin angelegt wurde. Neben Reims hat VILLARD Laon, Chartres, Meaux, Lausanne und Cambrai studiert. All diese Architekturmotive der gotischen Kathedralbaukunst sind von ihm festgehalten worden – ein Zeichen dafür, daß er die neue, „moderne" Richtung der gotischen Architektur mit Interesse verfolgte und zu fördern trachtete. Insofern kann man sagen, daß sich sein Musterbuch schon etwas von dem älteren Typus der Vorlagenbücher unterscheidet (von denen nur ganz wenige erhalten sind; einige lassen sich nur rekonstruieren). Denn es orientiert sich weniger an den älteren Vorbildern, sondern sucht neuere Ansätze aufzugreifen und mit ihnen eine neue Tradition zu begründen. Aus den Texten, die VILLARD seinen Zeichnungen beigab, die er auf seinen ihn bis Ungarn führenden Reisen anfertigte, kann man schließen, daß er eine didaktische Absicht verfolgte: als Baumeister *(magister lapidum)*, der für die Aufgabenverteilung und künstlerische Kooperation zuständig war, wollte er den Werkleuten seiner Bauhütte Modelle an die Hand geben. Auf Blatt 2b sagt er (nach einer Begrüßung des Lesers bzw. Betrachters):

„... in diesem Buche kann man guten Rat finden über die große Kunst der Maurerei und die Konstruktionen des Zimmerhandwerks, und ihr werdet die Kunst des Zeichnens darin finden, die Grundzüge, so, wie die Disziplin der Geometrie sie erheischt und lehrt."[12]

Da sich das Generalthema dieses Beitrags im Rahmen des Kapitels zur abbildenden Funktion der Kunst auf das mittelalterliche Naturverständnis bezieht, werden wir im folgenden bei der Besprechung von VILLARDS Musterbuch seine Architekturzeichnungen und andere ikonographische Motive beiseite lassen und uns nur auf zwei Beispiele seiner Tierdarstellung konzentrieren. Um aber keinen falschen Eindruck von diesem Werk aufkommen zu lassen, ist es nötig zu erwähnen, daß das Buch eine Fülle höchst unterschiedlicher Motive und Themen aufgreift: neben Baurissen, Bauornamenten, einzelnen Architekturelementen findet man dort auch Konstruktionszeichnungen von Maschinen wie einem mechanischen Wassersägewerk oder einem Räderuhrwerk (übrigens handelt es sich dabei um das früheste uns bekannte!). Daneben Nachzeichnungen nach Bauplastiken, etwa Wasserspeiern in Dämonenform, nach biblischen Szenen auf Altären. Weiterhin Anleitungen, aus geometrischen Elementarformen (Dreieck, Rechteck usw.) Figuren zu entwickeln. Und dazwischen finden wir immer wieder Tier- und Pflanzenmuster. Dies alles nicht in schöner Ordnung nach Sachgebieten aneinandergereiht, sondern kunterbunt durcheinander, sprunghaft, so wie es sich nach und nach bei seinen Reisen bot und worauf sich sein Interesse gerade richtete.

Auf Blatt 47 und 48 hat VILLARD einen Löwen dargestellt, einmal eine Zähmungsszene, zum andern eine Frontalabbildung dieses Tieres *(Abb. 8)*. Zur ersten Zeichnung schreibt VILLARD Folgendes:

„Der Löwe. Ich will Euch von der Unterweisung des Löwen erzählen. Der, welcher den Löwen abrichtet, (der) hat zwei Hunde. Wenn er den Löwen irgend etwas machen lassen will, so befiehlt er es ihm. Wenn der Löwe brummt, (so) schlägt er diese seine Hunde. Wenn er sieht, wie die Hunde geschlagen werden, befällt den Löwen große Furcht davor. Sein Mut schwindet und er tut, was man ihm befiehlt. Davon, wenn er in Wut geraten ist, spreche ich nicht; denn alsdann würde er um niemandes willen weder Gutes noch Böses tun. (Und) Ihr sollt (wohl) wissen, daß dieser Löwe nach dem Leben gezeichnet ist" (...„fut contrefais al vif" heißt es im Original).[13]

Hans R. HAHNLOSER, der das Bauhüttenbuch VILLARDS ausführlich unter stilkritischen und ikonographischen Aspekten untersucht hat, geht davon aus, daß es sich in beiden Fällen um „selbsterlebte Szenen" handelt. Er schließt das daraus, daß jegliche vorbedachte Durchstilisierung fehlt, die sonst die Tierdarstellungen VILLARDS kennzeichnet. Nun ist es gewiß übertrieben anzunehmen, diese Zeichnungen seien unmittelbare „Konterfeis" oder „portraitures" (so der Ausdruck der Zeit) nach der Wirklichkeit. Wohl aber darf man voraussetzen, daß VILLARD eine Szene wie die der Löwenbändigung einmal gesehen hat; denn, wie HAHNLOSER vermerkt, einige

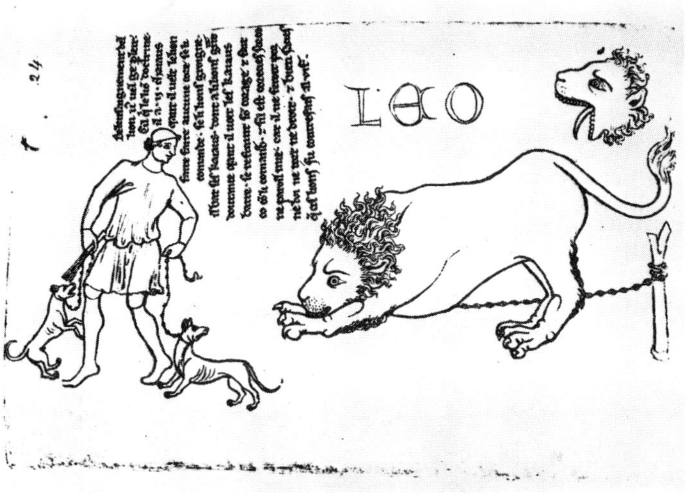

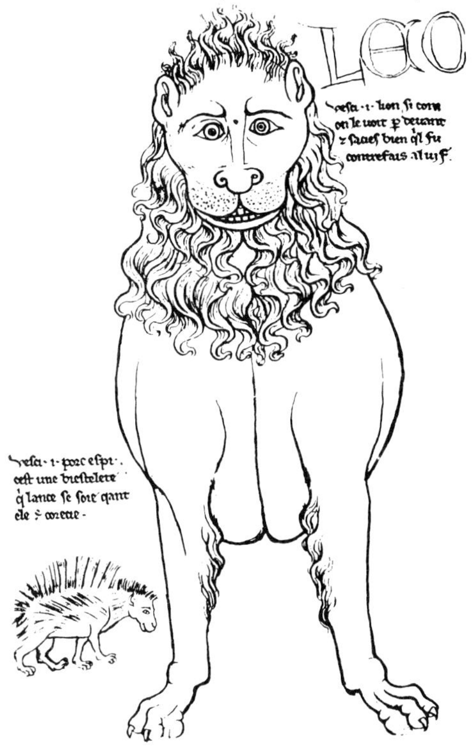

Abb. 8: Villard de Honnecourt: Darstellung zweier Löwen aus dem Bauhüttenbuch. 1230–1240. Paris, Bibliothèque Nationale, Ms. fr. 19093, fol. 47 und 48

Städte hielten sich in Zwingern die Tiere ihrer Stadtwappen. Allerdings ist das Bild nicht als Wiedergabe tatsächlicher Wirklichkeitswahrnehmung anzusehen. Das wird schon daran deutlich, daß die Beschreibung der Zähmung ein Zitat aus der naturgeschichtlichen Literatur des Mittelalters ist.[14] Wenn VILLARD selbst stolz betont, sein Bild sei „contrefais al vif“: „nach dem Leben wiedergegeben“, so hat man das so zu verstehen, daß er damit lediglich einen Hinweis auf ein Erlebnis geben will, das Anlaß zu einer Zeichnung wurde, die mit den Mitteln vorgegebener Muster, und das heißt auch: mit den Mitteln der „Geometrie“ (gemeint sind Proportionsschemata wie die Triangulatur und Zirkelschlag), unabhängig und fern von dem Naturvorbild angelegt wurde.

Dieses Entwickeln einer Zeichnung läßt sich gut verfolgen an dem zweiten Löwenbild, das dieses Tier *en face,* frontal, zeigt – ohne Hinterbeine. Dieser Löwe gleicht typusmäßig den Aquamanilen, Weihwassergefäßen in Löwenform. Wie auf der Initiale zum Evangelium des Markus, dessen Symbol der Löwe ist, in der frühmittelalterlichen, wahrscheinlich irischen Handschrift aus Echternach von 690 *(Abb. 9)* wird die Mähne des Tieres gänzlich schematisiert, in S-förmigen Lockenwellen wiedergegeben. Man kann noch deutlich erkennen, daß der Kopf aus der Kreisform entwickelt ist. Der Einstich des Zirkels und die Vorzeichnungslinie sind nicht retuschiert oder ausradiert worden. Nase und Augen, die Stirnwülste sind keineswegs „al vif“ („und wisset wohl, daß er nach dem Leben abgezeichnet wurde“, betont VILLARD auch bei dieser Zeichnung) wiedergegeben, sondern Übernahmen von Schemata der Gesichtsdarstellung beim Menschen.

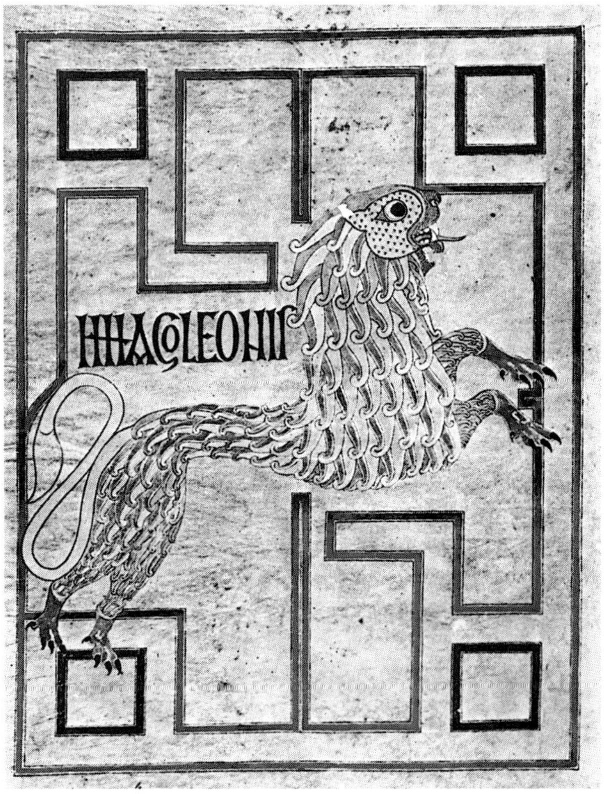

Abb. 9: Löwe. Symbol des Markus. Evangeliar aus Echternach. Um 690. Paris, Bibliothèque Nationale. Cat. 9389, fol. 75 v.

Fassen wir zusammen: Bei VILLARD ist neu zumindest der beabsichtigte Bezug seiner Darstellungen zu persönlichen Erlebnissen und Erfahrungen. Subjektive Erlebnisqualitäten spielen also bewußtseinsmäßig bei ihm schon eine große Rolle. Gleichwohl sind seine Tierzeichnungen noch nicht als Naturskizzen zu werten, sie orientieren sich vielmehr weiterhin an konstruktiven Hilfsschemata, welche die Musterbücher vermittelten.

Naturalismus in Skizzenbüchern des späten Mittelalters

Das Musterbuch des VILLARD ist das einzige Vorlagenlehrbuch, das aus dem frühen 13. Jahrhundert überliefert ist. Bis zum letzten Viertel des 14. Jahrhunderts klafft, was die Quellenlage anlangt, eine Lücke. Erst danach tauchen wieder Werke dieses Typs auf, die allerdings schon einen entscheidenden Funktionswandel des Bildes und eine Veränderung des künstlerischen Bewußtseins erkennen lassen. Diesen Übergang zu einer neuen Bildästhetik, zu einer neuen Form der Naturwiedergabe können wir beispielhaft an Bildern aus einem englischen Skizzenbuch verfolgen. Gegenständig sind hier, auf der Bildfläche übereinandergestaffelt, Tiere und Fabeltiere dargestellt *(Abb. 10)*.

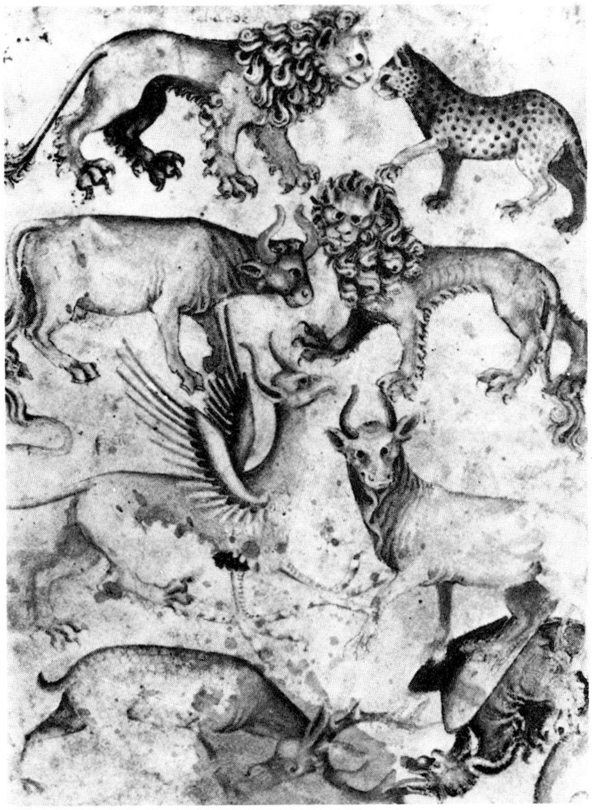

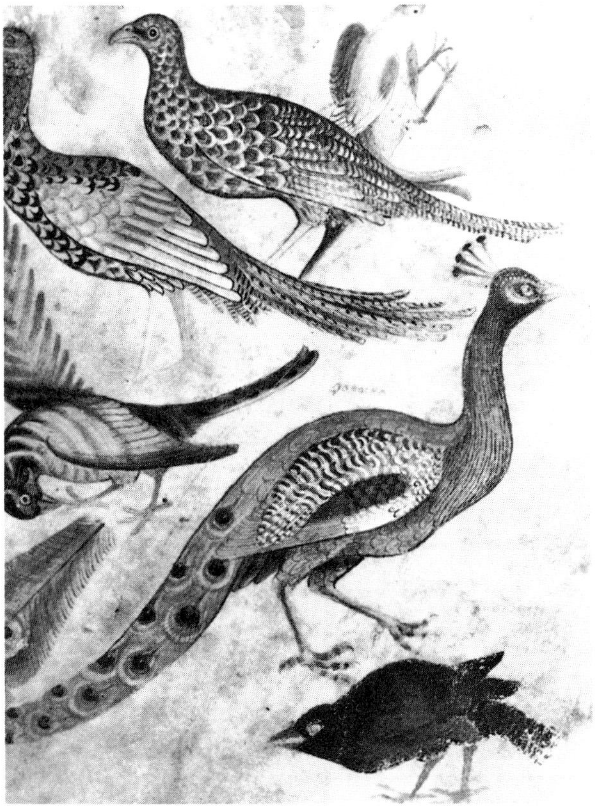

Abb. 10: Englisches Skizzenbuch. Um 1400. MS 1916, fol. 19r *(links)* und fol. 13r *(rechts)*. Cambridge, Magdalen College, Pepysian Library. Nach der Natur gezeichnete und phantastische Tiere *(links)*, Pfau, Krähe und andere Vögel *(rechts)*

Unschwer festzustellen, daß auch sie stilisiert, also mit Sicherheit nicht unmittelbar nach der Natur gezeichnet worden sind, aber sie beruhen bereits auf empirischen Naturstudien, die ihrerseits wieder typenmäßigen Mustern, etwa aus der Wappenkunde *(Heraldik)*, angenähert werden. Der Prozeß läuft hier also genau entgegengesetzt zu dem Vorgang bei VILLARD, der mit aus der Typentradition abgeleiteten Schemata meinte, die Empirie erreichen zu können. So erscheint der Löwe – im Gegensatz zu VILLARDS Darstellung – in der zoologischen Erfassung des Äußeren sehr viel weiter fortgeschritten, auch die Leopardenzeichnung berücksichtigt schon die tatsächlichen Gesichtszüge des Tieres, aber alles wird noch einmal stilisiert und ornamentalisiert (man beachte auch hier wieder die Locken der Löwenmähne). Wie sehr solche Schemata Eingang in die Auftragskunst fanden, mag Meister BERTRAM von Mindens (ca. 1340–1414/15) Szene der Erschaffung der Tiere auf dem „Grabower Altar" von 1378 verdeutlichen, wo ebenfalls diese Übereinanderstaffelung von Tieren wie in den Muster- und Skizzenbüchern anzutreffen ist *(Abb. 11)*.

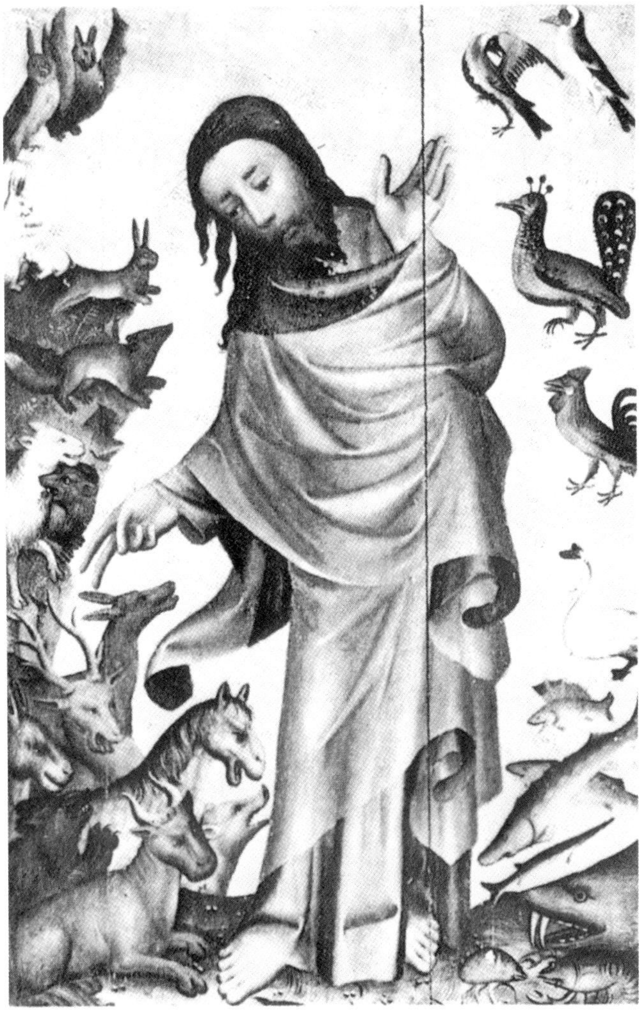

Abb. 11: Meister Bertram: Erschaffung der Tiere. 1378. Holz.
Hamburg, Kunsthalle

Auf der linken Seite gibt es den schüchternen Ansatz eines Berges oder Felsens, auf dem die Tiere sich lagern oder bewegen. Dagegen fehlt ein landschaftlicher Hintergrund rechts völlig: Fische, Schwan, Hahn, Wiedehopf und andere Vögel erscheinen wie einfach auf den neutralen Goldgrund aufgetragen.

Das Skizzenbuch der Pepysian Library (MS 1916) stammt nicht von einem einzigen Künstler, sondern enthält Zeichnungen aus verschiedenen Perioden. Joan EVANS neigt sogar dazu, den Gesamtzeitraum, innerhalb dessen an diesem Buch gearbeitet wurde, von 1280 bis 1400 anzusetzen.[15] Dem haben sich aber andere Forscher nicht angeschlossen. Sie gehen davon aus, daß lediglich das letzte Viertel des 14. und der Anfang des 15. Jahrhunderts dafür in Frage kommen. Immerhin ist deutlich, daß das eben erwähnte Blatt gewiß früher anzusetzen ist als etwa die Vogelstudien (fol. 13 r) mit dem Pfau in der Bildmitte und der Krähe am unteren Bildrand. Hier ist die Absicht des Künstlers, die konkrete Erscheinungsform der Tiere, den Charakter und die Musterung des Gefieders, ja auch das Bewegungsverhalten, einzufangen, unübersehbar. Selbst ein Detail, eine Pfauenfeder, wird noch einmal, gleichsam in mikroskopischer Vergrößerung, genau studiert.

Ähnliche Ansätze unmittelbarer Empirie mit einem Interesse an der Wiedergabe des Stofflichen, schließlich auch an der skizzenhaften Registrierung ganzer Szenen finden wir bei einem anderen Künstler dieser Zeit, bei GIOVANNINO de' Grassi. In seinem Skizzenbuch wird liebevoll, in zarter Strichelung das Fell einer Ratte porträtiert; das Tier ist noch in Seitenansicht gegeben, ebenso wie auch der Wiedehopf. Daneben zeigt sich aber schon der Versuch der Darstellung einer ganzen Tiergruppe, so etwa bei der Hundemeute, die sich gierig auf ein von ihr zu Tode gehetztes Wildschwein stürzt. Hier hat der Künstler auf die peinlich genaue Wiedergabe des Stofflichen verzichtet; das Interesse am Verhalten der Tiere war vorrangig. Deshalb beschränkte er sich im wesentlichen darauf, den Umriß der teilweise im Halbprofil gezeigten Tiere darzustellen *(Abb. 12)*.

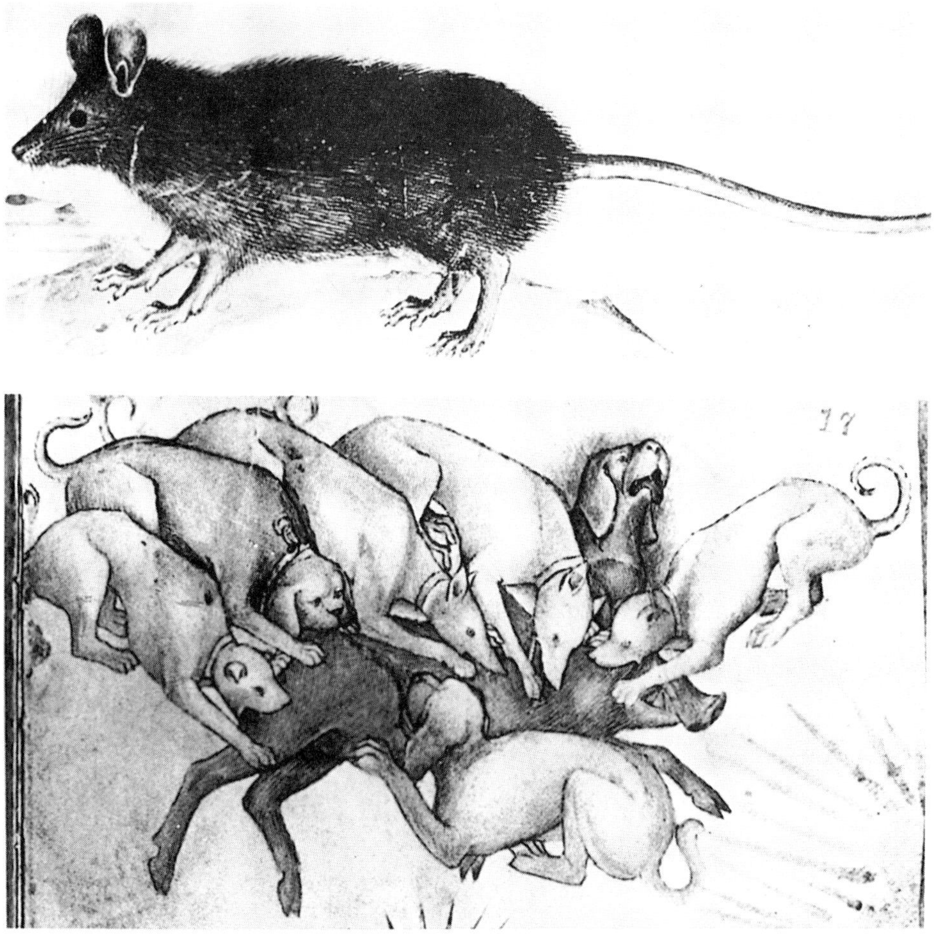

Abb. 12: Giovannino de'Grassi: Skizzenbuch. Spätes 14. Jahrhundert. Bergamo, Bibliothek. Ratte *(oben)*; Hunde greifen einen Eber an *(unten)*

Die knappen Hinweise zur Geschichte des Muster- und Skizzenbuches sollten dazu dienen, den Übergang von einer noch dem Auctoritas-Prinzip und der Orientierung an der Tradition verpflichteten Kunstübung, die von schematisierten Mustern ausgeht, zu einem die Naturwirklichkeit empirisch, das heißt in ihrer individuellen Beschaffenheit porträtierenden Verfahren zu veranschaulichen. Die Registrierung des Seheindrucks und seine künstlerische Umsetzung schließen die Forderung ein, nicht mehr die Normen und das Leitsystem der Tradition zu befolgen, sondern sich nur noch auf die eigene Anschauung zu verlassen. Auf diese Weise kommt der Faktor der künstlerischen Subjektivität immer mehr ins Spiel. Das findet sehr bald seinen Niederschlag in der kunsttheoretischen Reflexion, welche die Originalität des Künstlers, seine Entdecker- und Erfinderfähigkeit feiert. Das Suchen nach immer neuen Aspekten der Natur (was sich in der Darstellungstechnik zum Beispiel in dem ständig wachsenden Bemühen zeigt, Menschen und Tiere nicht nur im Profil, sondern sogar in der extremen Verkürzung zu präsentieren) enthält bei allem „Subjektivismus" auch einen „Objektivismus", den wir mit dem Begriff „Naturalismus" zu bezeichnen pflegen. Die Künstler des späten Mittelalters und der frühen Renaissance (15. Jahrhundert) sind mit ihren geradezu besessen betriebenen Naturstudien, welche die „Singularia", die Einzelelemente der Natur, genau einzufangen suchen und von ihnen her das Naturuniversum (z.B. die Landschaft und mit ihr den Raum) erschließen wollen, die ersten modernen Wissenschaftler. Kunst ist bei ihnen zum Modus der Naturerkenntnis schlechthin geworden.

23. Der Renaissancekünstler als Wissenschaftler

Alexander Perrig

Daß es heutzutage eine eigene wissenschaftliche Disziplin gibt, die sich allein mit der Geschichte der abendländischen Kunst befaßt, hat verschiedene Gründe. Der wichtigste Grund liegt wohl in dieser Geschichte selbst. Im 1. Viertel des 15. Jahrhunderts fingen Malerei und Plastik nämlich an – zuerst in Florenz, später in allen westlichen Zentren –, aus dem Verband der Handwerke (der „mechanischen Künste"), dem sie seit der Antike eingegliedert waren, auszuscheren, um sich dem auserlesenen Klub der „freien", theoriebestimmten Künste, den „Wissenschaften", anzuschließen. Ihre Ausübung wurde mehr und mehr als Kopfarbeit bewertet; ihren „Professoren" fiel der soziale Status der Gebildeten zu. Leben und Werke der prominenteren Künstler erschienen schließlich nicht minder denk- und erinnerungswürdig, als es bis dahin die Taten der Helden und der Herrscher waren.

Der Ausscherungsprozeß selbst ist ein sehr vielschichtiges Phänomen, dessen Ursachen bis ins 13. Jahrhundert zurückreichen. Damals (um 1265) wurde zum erstenmal die Forderung nach einer künstlerischen Ausbildungsreform laut. Sie kam bezeichnenderweise von theologischer Seite. Roger Bacon, einer der bedeutendsten Gelehrten des Franziskanerordens, empfand die Malerei seiner Zeit als den neuen didaktischen Erfordernissen nicht mehr gewachsen. Er wünschte sie sich der objektiven Realität gemäßer und sah die Erfüllung dieses Wunsches an die Bedingung geknüpft, daß die Künstler außer in den traditionellen handwerklichen Regeln auch in der Wissenschaft der Geometrie bzw. Optik („perspectiva") unterwiesen würden. Er war anscheinend nicht der einzige, der so dachte. Noch zu seinen Lebzeiten wurde das Gewünschte Wirklichkeit. Ausgehend von San Francesco in Assisi, der dem Papst unterstellten Mutterkirche des Ordens, entstand gegen Ende des Jahrhunderts ein neuartiger, von den Erkenntnissen der damaligen Optik angeregter Illusionismus, der in der 1. Hälfte des 14. Jahrhunderts zum vorherrschenden Stilmerkmal der italienischen Malerei gedieh.

Von ihm aus war es scheinbar nur ein kleiner Schritt zu dem „wissenschaftlichen" Illusionismus des 15. Jahrhunderts. Diesen Schritt zu vollziehen aber hinderte zunächst ein äußerer Umstand. Um 1350 machte sich in den Kulturmetropolen Florenz und Siena eine folgenschwere ästhetische Wende bemerkbar. Sie hing zusammen mit der dortigen Festigung der Macht des Dominikanerordens und mit dessen konservativer Einstellung zu Wesen und Aufgabe religiöser Kunst. Illusionismus wurde verpönt. An seine Stelle trat eine der Formenwelt des 13. Jahrhunderts verpflichtete „abstrakte" Begriffskunst, wie sie von den Dominikanern immer schon – wenn auch bislang nur mit örtlich beschränktem Erfolg – vorexerziert worden war.

Sie beherrschte das Feld über sechs Jahrzehnte und wurde erst zu Beginn des 15. Jahrhunderts in Frage gestellt. Damals trat in Florenz unversehens eine Künstlergruppe auf den Plan, deren Mitglieder (Brunelleschi, Ghiberti, Donatello, Masaccio, Alberti u. a.) aus dem gehobenen Bürgertum stammten und infolgedessen eine dem Handwerkerstand fremde, intellektuelle Einstellung zu ihrem Metier mitbrachten. Sie wollte ihre Kunst als eine Wissenschaft verstanden wissen und bemühte sich dementsprechend, die künstlerische Praxis auf eine umfassende theoretische Grundlage zu stellen. Hand in Hand mit der Entwicklung neuer Verfahren der Bildraum- und der Figurendarstellung (Linearperspektive!) erging der Ruf nach einer radikalen Ausbildungsreform. Der Künstler sollte künftig in allen den wissenschaftlichen Sparten bewandert sein, die, obwohl auf die gleiche Welt des Sichtbaren wie die Kunst ausgerichtet, bislang beziehungslos an dieser vorbeiexistierten. Durch die Aneignung der Optik und Geometrie, der Harmonie- und Proportionslehre, Anatomie, Physiognomik, Poesie, Geschichte und Naturwissenschaft sollte er imstande sein, den Kosmos ausschnitthaft so nachzuschaffen, als wäre er selbst der Herr über dessen Gesetze.

Das Emanzipationsproblem oder die Schwierigkeit, eine neue Kunst zu schaffen

Die in der 1. Hälfte des 14. Jahrhunderts erbrachten Leistungen auf dem Gebiet der Kunst haben das Ansehen des Künstlers in der Gesellschaft gewiß nachhaltig gehoben. Am Handwerkerstatus selbst aber änderten sie nichts. Um 1400 waren Maler und Bildhauer von den Wünschen und Ideen ihrer Auftraggeber noch genauso abhängig wie eh und je. Sie hatten auszuführen, was ihnen von Fall zu Fall vorgeschrieben war, und gingen mit jeder Abweichung vom Gesollten das Risiko von Werkzurückweisung und Zahlungseinbuße ein. Noch um 1436 sah sich Paolo UCCELLO (etwa 1397–1475) gezwungen, einen Teil seines im Florentiner Dom gemalten Reiterdenkmals für den Söldnerführer John HAWKWOOD abzuschlagen und nochmals zu malen, weil seine Auftraggeber der Meinung waren, das Ganze sei „nicht so, wie es sich geziemt, gemalt".[1]

Diese Abhängigkeit zu durchbrechen war durch bloße Verbesserung der überlieferten Darstellungsweisen nicht möglich. Die Künstler selbst mußten sich ändern. Sie mußten Gebildete werden und sich als solche Geltung verschaffen. Allein wenn es ihnen gelang, ihre Praxis auf eine umfassende Theoriegrundlage zu stellen und einer wissenschaftlichen Tätigkeit ebenbürtig zu machen, bestand für sie Aussicht, auch als Träger von Ideen ernstgenommen zu werden.

Die Intellektualisierung der handwerklichen Praxis

An einer solchen Verwissenschaftlichung der handwerklichen Praxis war zu Beginn des 15. Jahrhunderts nur eine kleine Minderheit interessiert. Sie bildete sich zur Hauptsache aus Künstlern, deren Väter oder Vorfahren aus dem städtischen Großbürgertum stammten und dem Handwerk entsprechend zurückhaltend gegenüberstanden – aus Notarssöhnen wie etwa BRUNELLESCHI, GHIBERTI oder MASACCIO, Kaufmannssöhnen wie ALBERTI oder Nachkommen ehemaliger Bankherren wie dem aus der Bardisippe entsprossenen DONATELLO. Diese Künstler standen, soweit sie ihr Maler- oder Bildhauerhandwerk berufsmäßig ausübten, unter einem doppelten Erfolgszwang: Ihre Familien mußten sie davon überzeugen, daß das von ihnen Betriebene keine bloß „mechanische", sondern eine „freie", auf Bildung beruhende und somit standesgemäße Kunst sei. Der Masse ihrer im Handwerk verwurzelten Berufskollegen dagegen (die sich mit ihrem sozialen Status zufrieden gaben und nicht einsehen mochten, wozu es eines theoretischen Wissens bedürfe, wo doch für jedes künstlerische Problem bewährte Lösungsregeln zur Verfügung standen) mußten sie beweisen, daß solches Wissen auch mehr Können und damit bessere Produkte garantiert. Von der einen wie von der anderen Seite her hatten sie es mit einem Kunst- und Künstlerbegriff zu tun, der dem ihrigen völlig entgegenstand, die bestehenden Abhängigkeiten bestätigte und jedes Aufbegehren dagegen als Störung einer gottgewollten Ordnung erscheinen ließ.

Wie schwierig es unter solchen Umständen war, die neuen Zielvorstellungen in die Praxis umzusetzen, lehrt beispielhaft die *Geschichte der Florentiner Baptisteriumstüren.* Sie beginnt im Jahre 1329. Damals faßte die steinreiche Kaufmannszunft der Tuchhändler, die Calimala, die für Verwaltung, Pflege und Verschönerung des Baptisteriums von Staats wegen zuständig war, den Beschluß, die drei Holztüren ihres Schützlings nach und nach durch reliefverzierte und vergoldete Bronzetüren zu ersetzen. Dem Beschluß folgten unverzüglich die Vorbereitungsmaßnahmen zur Fertigung der ersten, mit Szenen aus dem Johannes-Leben zu verzierenden Tür. 1338 war diese, ein Werk des in Florenz ansässigen Bildhauers und Goldschmieds Andrea PISANO, gegossen, ziseliert, vergoldet und im Südportal der Kirche eingesetzt *(Abb. 1).* Doch die Fortsetzung des Projektes ließ auf sich warten. Wirtschaftskrisen, Hungersnöte, Epidemien und soziale Umwälzungen legten die städtischen Verschönerungsinitiativen jahrzehntelang lahm. Erst 1400, in einer gänzlich veränderten Welt, besann sich die Calimala wieder auf den alten Beschluß. Aber jetzt wagte sie nicht mehr, die Dinge im Alleingang zu bestimmen. Sie rief einen öffentlichen Wettbewerb aus. Jedem Bewerber wurde die gleiche Erzmenge mit der Maßgabe ausgehändigt, daraus ein vierpaßgerahmtes Relief mit der „Opferung Isaaks" zu gießen; es war innerhalb eines Jahres abzuliefern.

Über die sieben eingereichten Reliefs hatte eine 34köpfige Jury, die wahrscheinlich aus Vertretern der Regierung, der Calimala, der städtischen Intelligenz sowie des Maler-, Bildhauer- und Goldschmiedegewerbes bestand, zu entscheiden. Ihre Entscheidung fiel einstimmig aus, und zwar zugunsten des Reliefs von GHIBERTI, des jüngsten Bewerbers *(Abb. 2).* GHIBERTIS Relief wies anscheinend alle gewünschten ökonomischen und künstlerischen Vorzüge auf. Es ist sieben Kilogramm leichter als das Relief seines Hauptkonkurrenten BRUNELLESCHI und statt aus vielen aus wenigen Einzelstücken gegossen. Außerdem entspricht seine Darstellung dem Wortlaut der Bibel

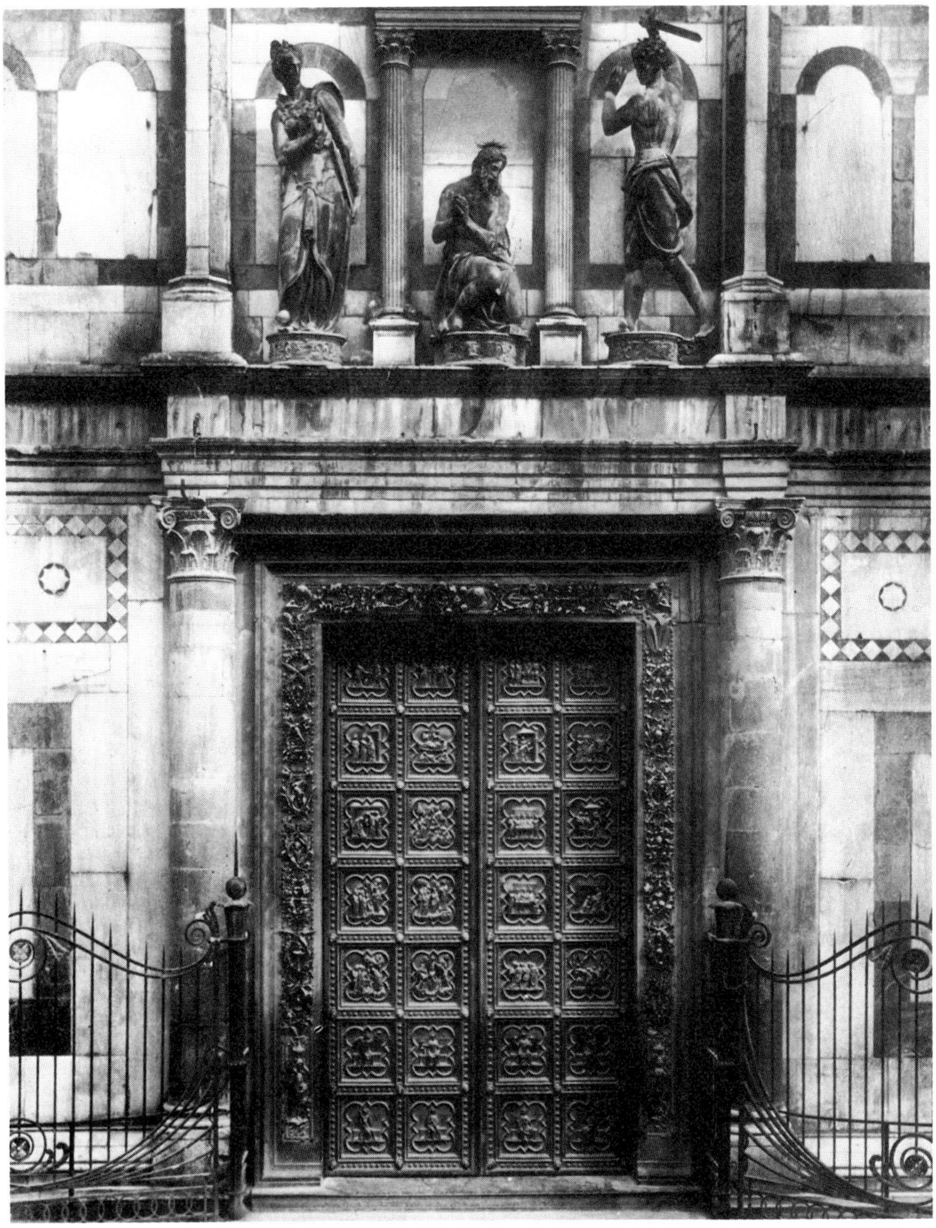

Abb. 1: Andrea Pisano: Südtür des Baptisteriums in Florenz. Bronze, vergoldet. Vollendet 1338

genauer. Selbst in der Gestaltung der Gewänder und der Nacktpartien, des Tierischen und des Pflanzlichen scheint es seiner Konkurrenz überlegen zu sein.

Mit der Frage, in welchem Verhältnis die Wettbewerbreliefs zu den Reliefs der ersten Baptisteriumstür stehen sollten, hatte sich die Jury anscheinend nicht zu befassen. Andernfalls hätte ihr auffallen müssen, daß nicht nur BRUNELLESCHIS, sondern auch GHIBERTIS Relief schlecht zu dem Rahmen paßt, für den es bestimmt ist. Sein neuer Realismus und seine neue Dynamik beschwören einen Widerspruch herauf, wie ihn die erste Tür *(Abb. 1)* nicht kennt. Dort ist die Beziehung zwischen Relief und Vierpaß problemlos. Rahmen und Gerahmtes bilden zusammen eine 28fach wiederholte rhythmisch gegliederte Einheit. Die Kreis-und-Rauten-Kombination des Rahmens lieferte dem Künstler von Mal zu Mal den geometrischen Grundstoff für die Konstruktion der darin eingehängten zeichenhaften Bühnenwelt. Sie bestimmte nicht nur das schlichte Parallelachsensystem, nach dem die Figuren gruppiert und mit den Abbreviaturen ihrer Alltagswelt in Beziehung gesetzt wurden, sondern auch das Verhältnis der Größen. Sie ist Maßstab und Behälter zugleich. Vor der spiegelglatten Fläche, die der Vierpaß umschließt, scheinen die schmalen Sockel oder Landschaftsstücke, die den Daseinsraum der heiligen Pantomimen ausmachen, frei und dennoch fest verankert zu schweben – so wie Symbole eines überschaubaren realen vor dem Symbol eines unermeßlichen gedanklichen Raumes. Demgegenüber macht GHIBERTIS Relief *(Abb. 2)* den

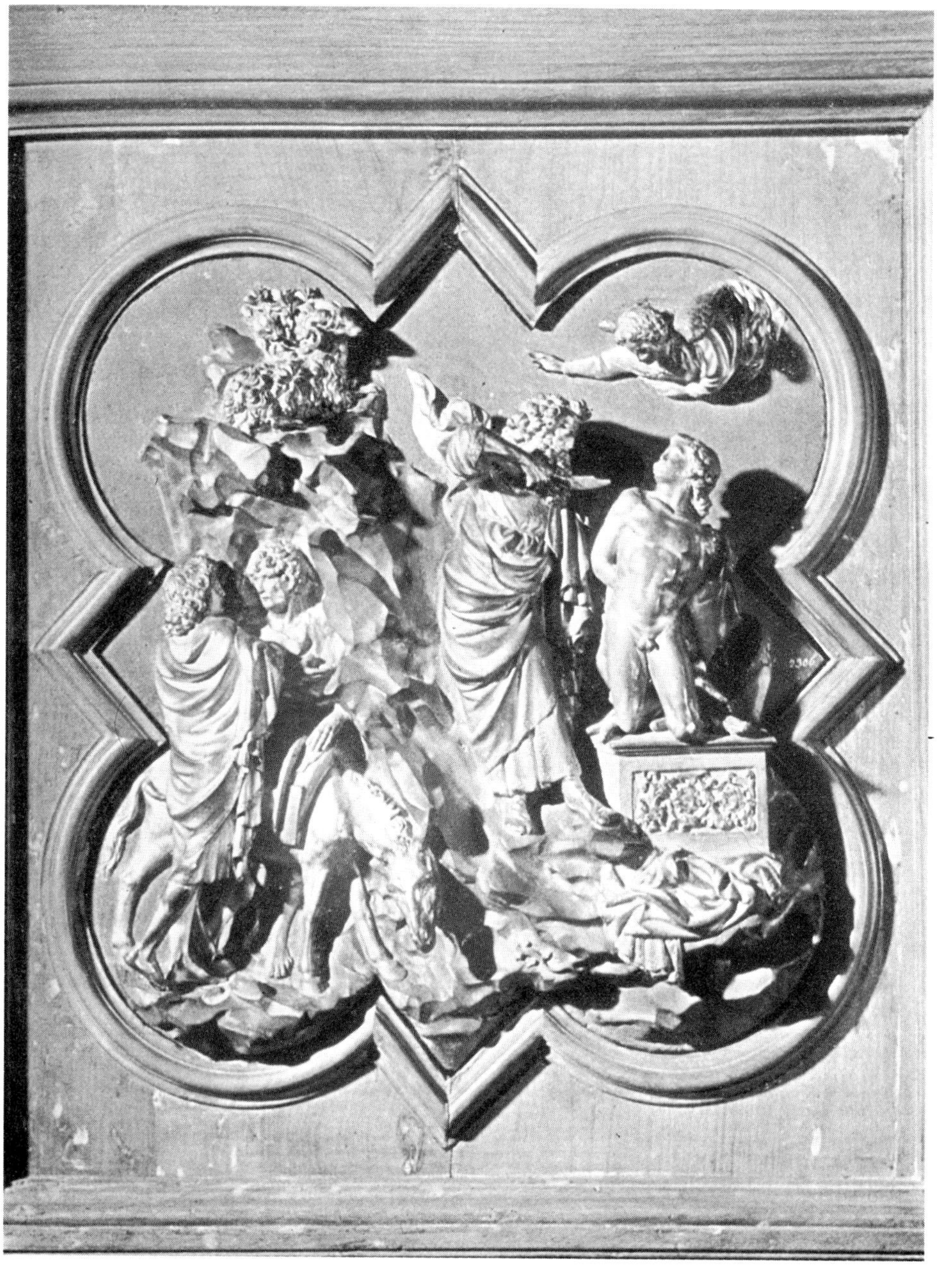

Abb. 2: Lorenzo Ghiberti: Konkurrenzrelief für die Baptisteriumstür in Florenz. Bronze, vergoldet. 1401. Florenz, Museo Nazionale

Eindruck, als wäre es in seinen Vierpaß eingezwängt und im Begriff, über dessen Rand hinauszuquellen. Seine Plastizität steht in keinem Verhältnis zur Plastik des Rahmens, seine Komposition ohne ersichtlichen Bezug zu dessen Geometrie. Bezeichnenderweise ist das Figurenformat kleiner als bei Andrea PISANO. Statt nach der halben Länge der Vierpaßdiagonalen richtet es sich nach der halben Seitenlänge eines den Vierpaß umschließenden imaginären Quadrats. Das bedeutet, daß der Vierpaß in GHIBERTIS Augen eine als bildbestimmende Grundform untaugliche und somit sinnlose Rahmenform war – ein Fossil, gerade gut genug, um der weiträumigen Bildwelt als bizarres „Portal" zu dienen.

Die Calimala scheint diesen Widerspruch zwischen Relief und Vierpaß sehr wohl gespürt zu haben. Jedenfalls sorgte sie dafür, daß sich GHIBERTI bei der Ausführung der neuen Tür *(Abb. 3)* an das von der Rahmenform abhängige Proportionssystem Andreas hielt. Der Künstler mußte nun auch seinerseits das Figurenformat nach dem großen Diagonalachsenkreuz und die Höhe der Architekturen nach der Seitenlänge der vierpaßimmanenten Raute bestimmen. Die Anpassung nützte freilich nicht viel. GHIBERTI verschärfte den Relief/Rahmen-Konflikt trotzdem, indem er den räumlichen Tiefeneffekt von Mal zu Mal gesteigert hat. Er scheint es förmlich darauf

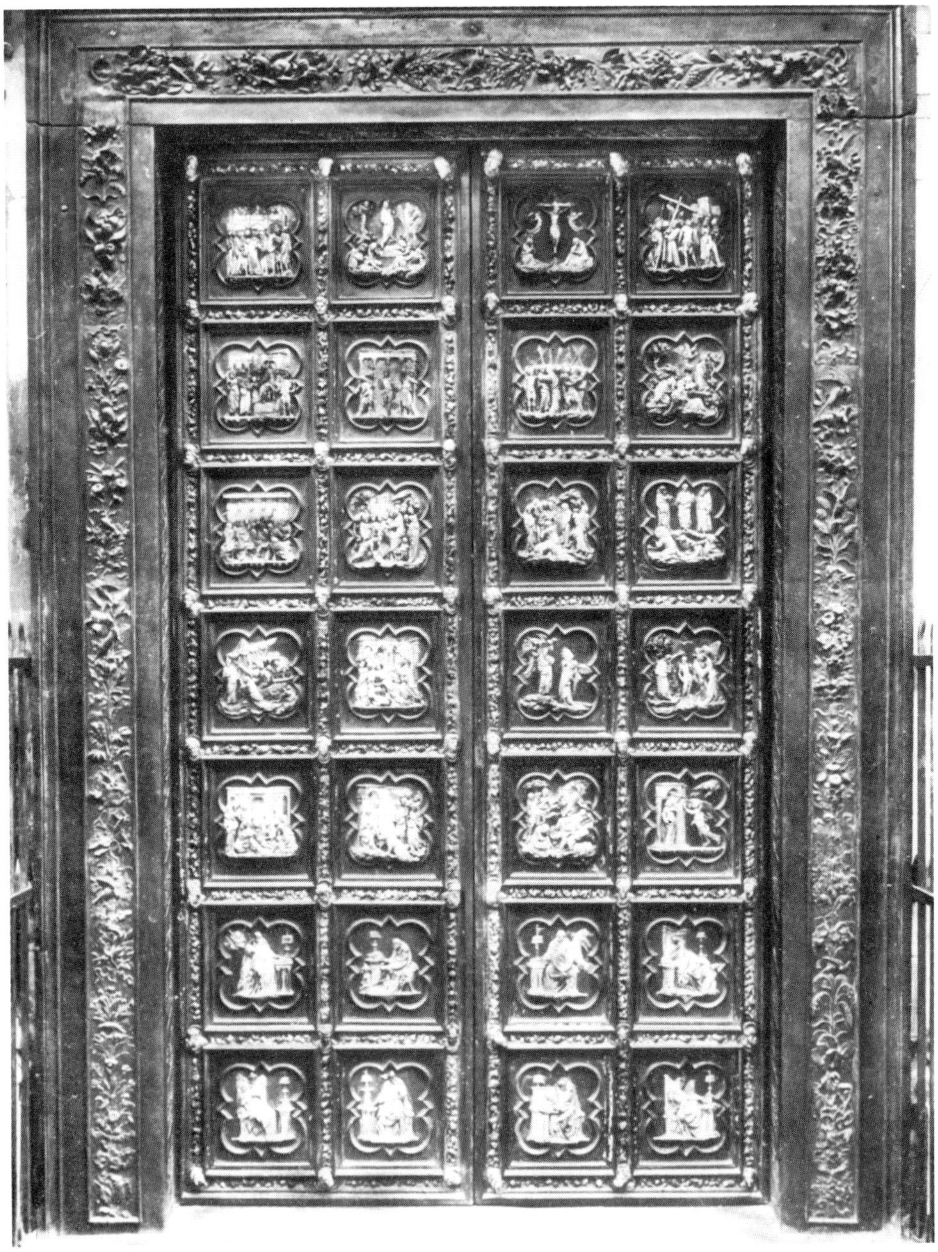

Abb. 3: Lorenzo Ghiberti: Nordtür des Baptisteriums in Florenz. Bronze, vergoldet. 1424 vollendet

angelegt zu haben, den Vierpaß als den Störenfried bloßzustellen, der die Figuren an ihrer Entfaltung hindert und jeder Szenerie das Aussehen eines in ornamentalen Zangen eingeklemmten Puppentheaters verleiht.

Als GHIBERTIS Tür im April 1424 im Hauptportal des Baptisteriums verankert war, konnte jedermann Zeuge ihrer ästhetischen Widersprüche sein. Die Calimala aber blieb vorerst bei ihrer Haltung. Sie gedachte auch der dritten Tür das 28fache Vierpaßschema aufzuzwingen. Für sie stellte der Vierpaß nicht irgendeine, sondern die einem biblischen Reliefzyklus geziemende Rahmenform dar – das Gefäß, dessen das verbildlichte Wort Gottes ebenso bedurfte wie der Edelstein der Fassung, um seinen Sinn und seine volle Wirkung entfalten zu können. Die Calimala konnte oder wollte nicht einsehen, daß die neuartige Anschaulichkeit, die GHIBERTI dem Bibelwort verlieh, ein solches Gefäß überflüssig machte, und daß es auf eine schiere Verdoppelung des Sachverhaltes hinausläuft, die konkrete Darstellung eines irdischen Raumes in das abstrakte Symbol eines solchen zu pressen. Diese Fixiertheit auf eine traditionelle Rahmenform aber war keine Eigenart der Florentiner Kaufmannszunft. Sie bestimmte das gesamte damalige Auftraggeberverhalten.

Noch um 1460 hatte sich beispielsweise PIERO della Francesca (1410/20–1492) damit auseinanderzusetzen. Auch er stand, als er von den Nonnen des Antoniusklosters in Perugia zum malerischen Eingreifen gebeten wurde, vor einem Rahmen *(Abb. 8)*, auf dessen Gestaltung er keinen Einfluß hatte ausüben können. Mit diesem Rahmen hatte es im Grunde die gleiche Bewandtnis wie mit den Vierpässen der ersten beiden Baptisteriumstüren *(Abb. 1, 3)* oder mit der illusionistischen Scheinarchitektur in Taddeo GADDIS Santa-Croce-Fresko *(Abb. 4)*. Seinesgleichen war einst erfunden worden, um symbolisches Abbild einer bestimmten räumlichen Sphäre – in diesem Falle der unsichtbaren Kirche Christi – zu sein. Taddeo GADDI und Andrea PISANO konnten ihre Bildwelt problemlos danach ausrichten, weil diese ja auch ihrerseits noch weitgehend zeichenhaft war. PIERO della Francesca aber blieb nichts anderes übrig, als sich so zu verhalten, wie sich vor ihm schon GHIBERTI verhalten hatte. Er übersah bewußt die Symbolik des ihm vom Tischler gelieferten Möbels. Er behandelte das fünfbogige Kirchenraumsymbol des Hauptgeschosses (in *Abb. 8* nicht sichtbar) wie ein dem gemalten Kastenraum vorgeblendetes Gestell und das darübergesetzte Fassadenbekrönungssymbol wie ein seltsam zugeschnittenes Fenster, durch das man in eine klassische Architekturlandschaft blickt. Er nahm, um seine eigenen Vorstellungen verwirklichen zu können, einen ästhetischen Widersinn in Kauf.

Die Emanzipation des Handwerkers zum Künstler

Das Festhalten der Auftraggeber am bestehenden Vorrang des Rahmens vor dem Gerahmten hatte, zumindest unterschwellig, auch einen sozialpolitischen Grund. Solange man dem Künstler die Entscheidung über die Rahmenform vorenthielt, hatte man ihn in seiner angestammten Rolle des bloß ausführenden Organs, das kraft seiner bezahlten Geschicklichkeit ausführte, was vom Besteller oder einem Beauftragten desselben ausgedacht war. Man konnte sich auch als *geistiger* Eigentümer des betreffenden Werkes fühlen. Denn man selbst war ja der „Erfinder", der das Darzustellende „erfand" und bestimmte, in welche Rahmenform es gegossen, gemeißelt oder gemalt werden sollte.

GHIBERTI bekam diese Auffassung noch nach Vollendung der zweiten Baptisteriumstür *(Abb. 3)* zu spüren. 1424 wandte sich die Calimala, um einer optimalen Erfindung des Reliefprogramms der dritten Tür sicher zu sein, an mehrere Humanisten, zuletzt an Lionardo BRUNI (etwa 1370–1444), den nachmaligen Staatskanzler von Florenz. Sie erhielt von ihm folgende Auskunft:

„Hochgeachtete Herren! Ich bin der Ansicht, daß die 20 Szenen, die gemäß Eurem Beschluß aus dem Alten Testament auszuwählen sind, vor allem zwei Eigenschaften haben sollten: erstens sollten sie illuster und zweitens signifikant sein. Illuster nenne ich das, was dem Auge zur Weide gereicht durch Vielfalt der Darstellung. Signifikant nenne ich das, was von erinnerungswürdiger Wichtigkeit ist. Indem ich diese beiden Eigenschaften zum Auswahlkriterium machte, habe ich nach meinem Gutdünken 20 Szenen gewählt, die ich Euch auf einem separaten Blatt verzeichnet zusende. Es wird nötig sein, daß derjenige, der die Szenen darzustellen haben wird, über jede einzelne gut informiert sei, damit er sowohl die einschlägigen Personen als auch die einschlägigen Handlungen in der richtigen Weise plaziere. Auch muß er etwas Sinn für das Gefällige haben, damit er die Szenen wohl auszuschmücken versteht. Nebst den 20 Szenen habe ich, wie Ihr aus der Beilage ersehen könnt, acht Propheten notiert. Nunmehr zweifle ich nicht mehr daran, daß dieses Werk, so wie ich es Euch entworfen habe, ganz ausgezeichnet gelingen wird. Allerdings möchte ich in der Nähe desjenigen sein, der das Ganze auszuführen haben wird, um ihm jede Bedeutung, welche die betreffende Szene auszusagen hat, begreiflich zu machen. Mit besten Empfehlungen Euer Lionardo aus Arezzo."[2]

Auf BRUNIS konservatives Programm und sein Hilfsangebot konnte die Calimala in der Folge verzichten. GHIBERTI gelang es nämlich, sie davon zu überzeugen, daß das bisherige Rahmensystem seinen Zweck nicht mehr erfülle und durch ein besseres, von ihm erfundenes *(Abb. 5)* ersetzt werden sollte. Dieser Erfolg war wohl weniger der Überzeugungskraft einer Zeichnung als vielmehr einem äußeren Umstand zu verdanken. GHIBERTI brauchte damals nicht mehr als Handwerksmeister aufzutreten. Er war in der Zwischenzeit zum Architekten geworden und damit zum offiziellen Sachverständigen in der Wissenschaft der Geometrie. Dadurch, daß ihm und BRUNELLESCHI 1420 die Oberaufsicht über den Kuppelbau des Florentiner Domes übertragen worden war, hatte er einen sozialen Status erreicht, der ihn auch in der Öffentlichkeit den Gebildeten gleichstellte. Am 2. Januar 1425 schloß die Calimala mit ihm einen neuen Vertrag ab – einen Vertrag, der in der Sozialgeschichte der europäischen Kunst einen Wendepunkt markiert. Darin wurde dem Hersteller eines bildlichen Zyklus zum erstenmal „die Erlaubnis gegeben" (GHIBERTI in seiner Selbstbiographie),[3] sein eigenes Bildprogramm und Gliederungskonzept zu verwirklichen. Ein Mann, soeben noch von einem der führenden Humanisten indirekt zum Banausen gestempelt, war in den Augen der Florentiner Kaufmannschaft unversehens zu einem Künstler geworden, dem man auch die Idee eines Werkes, also das anvertrauen konnte, was jahrhundertelang in der Verfügungsgewalt der Auftraggeber und Programmgestalter gelegen hatte.

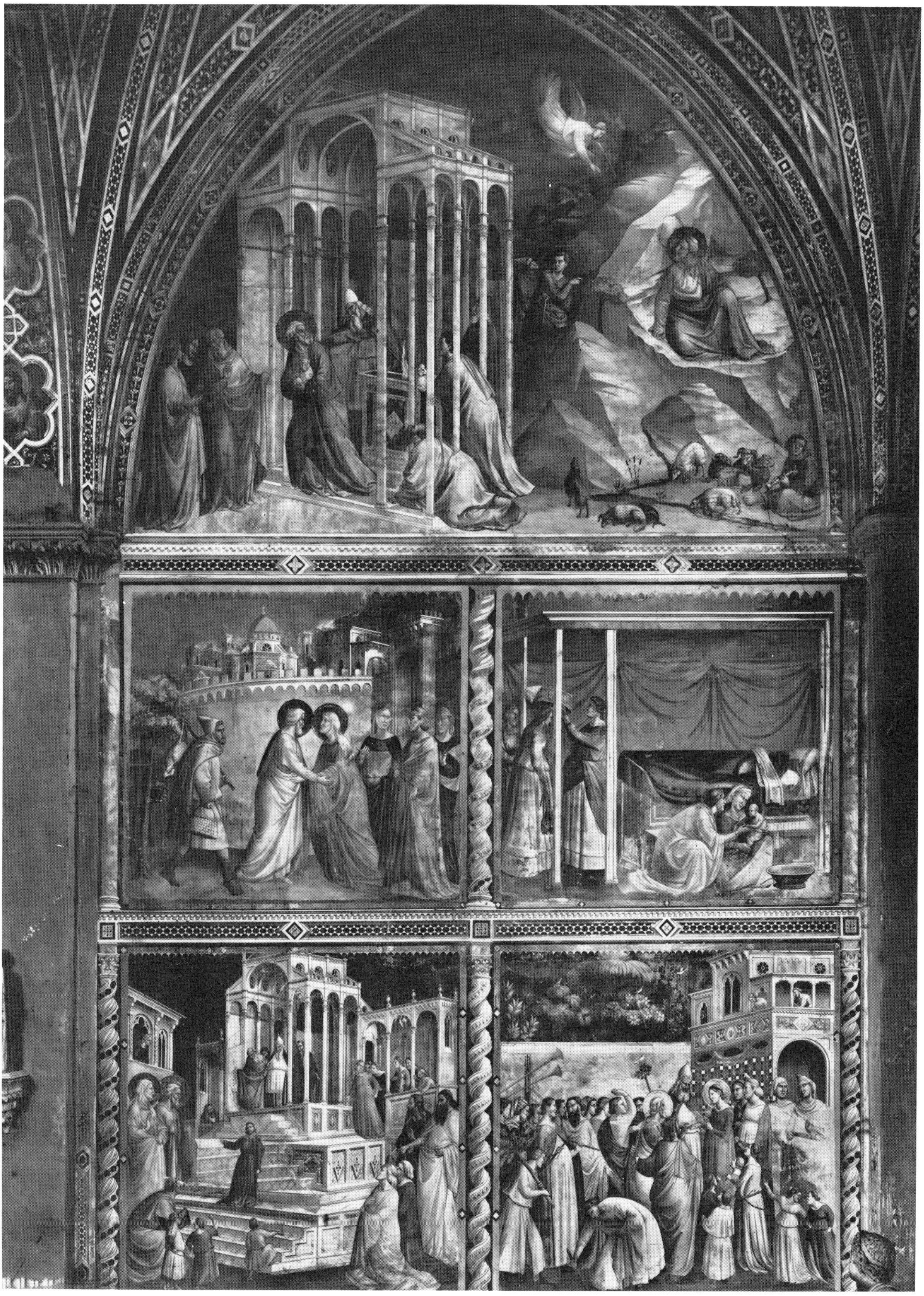

Abb. 4: Taddeo Gaddi: Marienleben. 1322–1338. Florenz, Santa Croce, Baroncelli-Kapelle

Die Befreiung vom überkommenen Rahmensystem wirkte sich aus wie ein geistiger Dammbruch. Was sich in Jahren erzwungener Auseinandersetzung mit dem als Symbolform ausgeleierten Vierpaßsystem innerlich angestaut hatte, nahm plötzlich Gestalt an *(Abb. 5)* – die Gestalt eines geschlossenen Gedankengebäudes, in dem jedes Glied seine besondere Funktion, seinen unvertauschbaren Stellenwert hat.

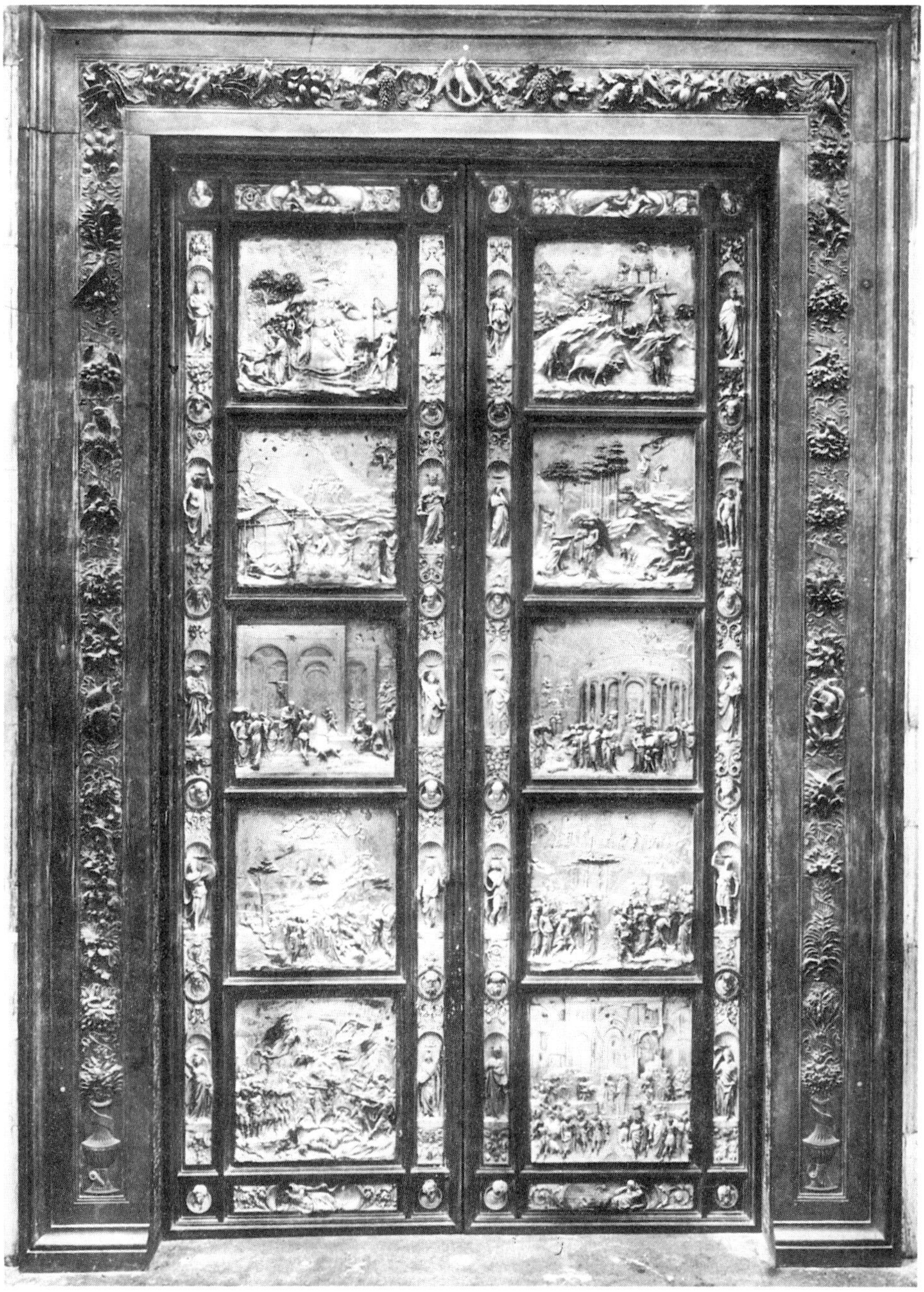

Abb. 5: Lorenzo Ghiberti: Osttür (Paradiesestür) des Baptisteriums in Florenz. Bronze, vergoldet. 1452 vollendet

Tektonisches Gerüst und Füllung sind klar unterschieden und gleichzeitig auf mannigfache Weise miteinander verschweißt. Das Gerüst, bedeutungsmäßig neutral und daher unvergoldet, gliedert sich in einen äußeren, das Ganze eines Türflügels einfassenden Rahmen und einen mit diesem oben und unten verspannten inneren, leiterartigen Rahmen, der als der eigentliche Bildträger dient. Als Zwischenraumfüllung zwischen Außen- und Innengerüst dienen schmale, rhythmisch gegliederte Reliefleisten. Sie sind durch ihre Vergoldung und durch ihre Nischenfigürchen auf die großen quadratischen Bildfelder bezogen, wirken aber zugleich – kraft der unvergoldeten Ringe, welche die mit Büsten besetzten kleinen Rundfenster einrahmen – als Glieder der Gerüstverkettung. Dieser formalen entspricht ihre inhaltliche Doppelfunktion. Sie drückt sich insbesondere in den figürlichen Größenverhältnissen aus. Die vollansichtigen Nischenstatuetten sind um ein rundes Drittel größer als die größten der Bildfelderfigürchen. Sie wirken vordergründiger, realer und gegenwärtiger als das, was sich in den Bildfeldern abspielt. Sie verhalten sich dazu wie Personen der Gegenwart zu Bildern der Vergangenheit und bringen damit ihre Propheten- und Sibyllenfunktion, Zeugen und Garanten der Wahrheit der alttestamentlichen Geschichte zu sein, direkter zum Ausdruck, als dies die (in den beiden untersten Registern angesiedelten) Propheten bzw. Kirchenväter und Evangelisten der beiden älteren Türen *(Abb. 1, 3)* tun.

Ihre schon beachtliche Größe aber wird ihrerseits – fast um das Doppelte – übertroffen durch die Figuren, die aus den Rundfenstern ihre Köpfe herausrecken. Diese Figuren bewirken – ungeachtet dessen, daß sie nur durch ihre Büsten in Erscheinung treten – eine weitere Relativierung der Realitätsgrade. Sie bilden das Realste innerhalb des Ganzen und verhalten sich zu den übrigen Gliedern der Reliefleisten ungefähr so, wie die aus ihren Fenstern guckenden Bewohner eines Hauses sich zu dessen nischen- und skulpturengeschmückter Fassade verhalten. Was mit diesem Verhältnis bezweckt ist, zeigen die beiden benachbarten Büsten im zweiten Geschoß. Es sind die Porträts von GHIBERTI und dessen Sohn und Mitarbeiter Vittorio. Als die sinnbildhaften Besitzer des Gebäudes, die den Betrachter vom *Piano nobile* herab begrüßen, weisen sie das Ganze als ihr geistiges Eigentum aus. Eine solche Veranschaulichung der geistigen Besitzansprüche wäre bei GHIBERTIS erstem Türwerk *(Abb. 3)* undenkbar gewesen. Zwar gibt es auch dort ein Selbstporträt. Aber es wirkt inmitten der in ihre kleinen Vierpässe eingezwängten Prophetenbüsten lediglich wie ein Nagelkopf unter vielen Nagelköpfen.

Innerhalb des Türganzen ist die Hauptsache der szenische Zyklus. Von ihm schreibt GHIBERTI in seiner Selbstbiographie:

„Es waren zehn Geschichten, alle dergestalt in Rahmen gesetzt, daß das Auge sie messen kann, und alle in solcher Weise wahr, daß sie aus einer gewissen Entfernung dreidimensional erscheinen. Sie haben sehr wenig Relief und auf den Flächen sieht man die näher stehenden Figuren größer und die entfernteren kleiner erscheinen, so wie es die Wirklichkeit zeigt.“[4]

In diesen Sätzen sind die wichtigen Unterschiede zur früheren Tür *(Abb. 3)* ausgesagt. Bei dieser konnte nur begrenzt so verfahren werden, „wie es die Wirklichkeit zeigt“. Denn die hintergründigen Figuren durften dort nicht kleiner als die vordergründigen sein. Beide hatten sich nach der halben Länge der Vierpaßdiagonale zu richten. Infolgedessen wirken die Szenen nur in der Nahsicht dreidimensional, „aus einer gewissen Entfernung“ betrachtet dagegen der Fläche verhaftet und insofern „unwahr“. Das Auge hat keinen Maßstab, mit dem es das Dargestellte unabhängig vom Vierpaßrahmen messen kann, und damit auch nicht die Möglichkeit, den Bildraum als eine Verlängerung des realen Daseinsraumes zu empfinden. Statt lebensgroß wirkt alles puppenhaft klein.

Dem Zuwachs an „Wahrheit“ in der Gestaltung von Bildraum und Bildinventar entspricht ein solcher an historischer Korrektheit. GHIBERTI konnte bibelgerechter als BRUNI verfahren, weil sein neues Rahmensystem ihm erlaubte, das, was in der Bibel eine erzählerische Ganzheit ausmacht, als solche darzustellen. Gegenstand des ersten Bildes *(oben links)* ist, in fünf Phasen gegliedert, die gesamte Schöpfungsgeschichte, Gegenstand des zweiten *(oben rechts)* die gesamte Geschichte von Kain und Abel. Ebenso wird in den übrigen Bildern je eine mehrere „Kapitel“ umfassende Geschichte erzählt. Wäre es nach BRUNI gegangen, hätte GHIBERTI eine isolierte Szene an die andere reihen müssen – so als wäre der Inhalt des Alten Testamentes ein in einem einzigen Buch und von einem einzigen Verfasser geschriebenes gleichförmiges Epos. Statt das Dokument eines neuen, wissenschaftlichen Anspruchs wäre die dritte, 1452 vollendete Tür Denkmal eines veralteten Kunst- und Künstlerbegriffes geworden.

Die wissenschaftliche Bildraumkonstruktion

Während sich GHIBERTI mit den letzten Vierpässen zur zweiten Baptisteriumstür *(Abb. 3)* abquälte, traf sein Kuppelbau-Amtskollege und einstiger Konkurrent BRUNELLESCHI Anstalten besonderer Art: Er hatte im Sinn, öffentlich zu beweisen, daß Flächenkunst die Vollkommenheit angewandter Mathematik erreichen kann – vorausgesetzt, sie werde mit der von ihm entwickelten Methode betrieben. Seine Beweismittel waren zwei von ihm gemalte Tafeln. Auf jeder war ein den Florentinern vertrauter städtischer Gebäudekomplex abgebildet.

Brunelleschis Mehrpunktperspektive

Im ersten Fall war der Standort eine dem Hauptportal nahe Stelle in der Mittelachse des Domes *(Fig. 1)*. Alles, was man von dieser Stelle aus, durch das geöffnete Domportal hindurch, vom Baptisterium und dessen Nachbarbauten sehen konnte, hatte BRUNELLESCHI auf der entsprechenden Tafel mit Farben festgehalten. Die Tafel selbst besaß das handliche Format von etwa 30 Zentimeter Seitenlänge und war in der Mitte vorsichtig gelocht. Sie wurde den Interessenten zusammen mit einem Spiegel ausgehändigt *(Fig. 2)*. Mit der einen Hand faßte man den Spiegel, mit der anderen die Tafel. Wenn man deren unbemalte Rückseite so vors Auge hielt, daß man durch das kleine Loch blicken konnte, und sich gleichzeitig mittels des vor die Vorderseite gehaltenen Spiegels das Gemalte widerspiegeln ließ, erhielt man den Eindruck, genau diejenige Wirklichkeit vor sich zu sehen, die man, wenn der Spiegel weggenommen wurde, real vor sich sah. Der Täuschungseffekt war um so erstaunlicher, als er sich sogar auf Bewegliches bezog. BRUNELLESCHI hatte nämlich den Himmelsbezirk auf seiner Tafel statt mit blauer Farbe mit Silberfolie belegt, so daß im Spiegelbild mit der Starrheit der Architektur der Wandel der Wolken kontrastierte. Das Abbild erschien, über alle lineare und farbige Übereinstimmung mit der Realität hinaus, auch lebendig. Die zweite Demonstration *(Fig. 3)* fand an der Mündungsstelle einer der Zugangsstraßen zum Rathausplatz statt. Die betreffende Tafel zeigte die von dort zu sehende Fläche des Platzes mit dem übereck-ansichtigen Palazzo Vecchio im Zentrum. Sie war dem Umfang des Abgebildeten entsprechend um etliches größer als die erste Tafel, und so entfiel das Spiegelexperiment. Die Prüfung der Übereinstimmung von Abbild und Wirklichkeit erfolgte unmittelbar, indem man abwechslungsweise vor die Tafel und neben sie trat. Auch in diesem Fall wurde dem Betrachter das Erlebnis einer nahtlosen Übereinkunft von abgebildeter architektonischer und tatsächlicher atmosphärischer Realität zuteil. BRUNELLESCHI hatte nämlich alles, was sich über der gemalten Architekturskyline befunden hatte, weggesägt.

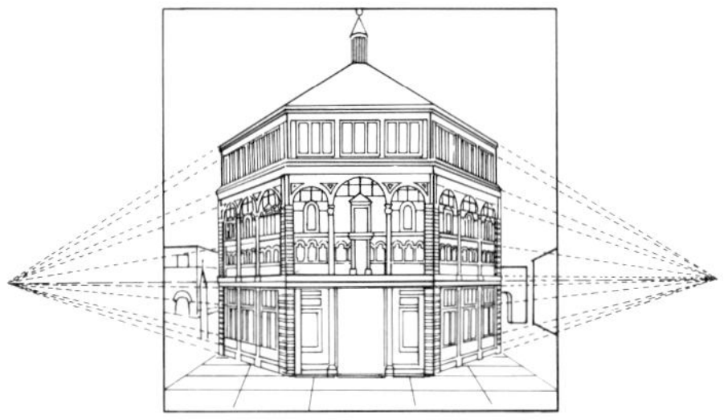

Fig. 1

Daß BRUNELLESCHI gerade das achteckige Baptisterium bzw. den übereck gesehenen Palazzo vecchio ins Zentrum seiner Demonstrationen stellte, geschah nicht allein aus Lokalpatriotismus. Es hatte auch einen didaktischen Grund. Beim Anblick der Tafeln sollte sich das Publikum jener gemalten Übereckansichten bzw. Ansichten auf Vieleckgebäude erinnern, die vorab in Franziskanerkirchen zu besichtigen waren *(Abb. 4)* und, obwohl schon beinahe ein Jahrhundert alt, noch immer zu den kühnsten bisherigen Perspektivstücken zählten. Durch diese Erinnerung sollte das Publikum gezwungen sein, die neue Darstellungsweise im Geiste mit der bisherigen zu vergleichen und daraus die Konsequenzen zu ziehen.

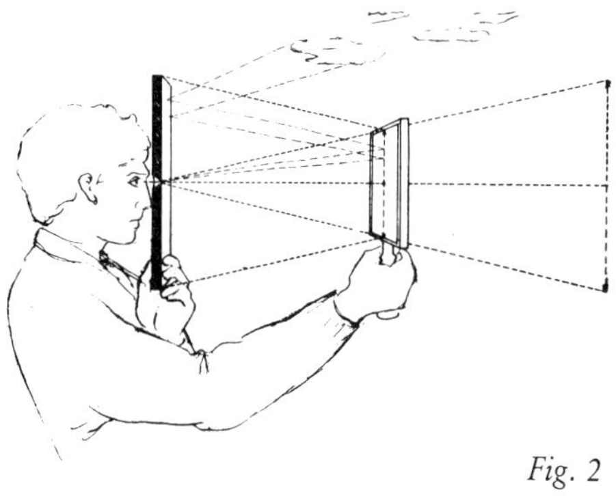

Fig. 2

Die erste Konsequenz aber war wohl die Frage, wie denn der erstaunliche Fortschritt von BRUNELLESCHIS Tafeln eigentlich zustande kam. Sie konnte auf Anhieb schwerlich beantwortet werden, da es sich in beiden Fällen um eine ihr methodisches Prinzip verschleiernde Mehrpunktperspektive mit (mindestens) zwei außerhalb des Bildgeviertes befindlichen „Fluchtpunkten" handelte. Aber die Frage setzte Überlegungen und Diskussionen in Gang. Sie wurde zur Keimzelle eines allgemeinen künstlerischen Methodenbewußtseins.

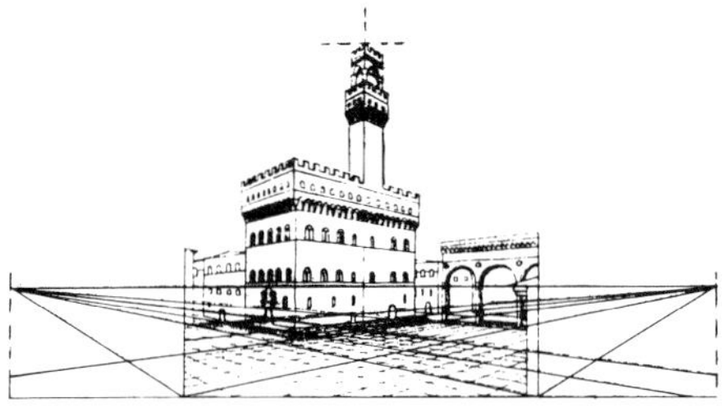

Fig. 3

Zu den ersten, die BRUNELLESCHIS Methode begriffen, gehörten wahrscheinlich die Dominikaner. Als die offiziellen Hüter der Orthodoxie, die sich selbst „Wachhunde Gottes" (Domini canes) titulierten und die dem franziskanischen Illusionismus der 1. Hälfte des 14. Jahrhunderts *(Abb. 4)* von Anfang an mit tiefem Mißtrauen begegnet waren, erkannten sie wohl auch als erste die Gefahr, die der religiösen Kunst von dieser neuen illusionistischen Methode her drohte. In der Tat ließ sich eine Mehrpunktperspektive – wie das um 1425 im Brunelleschi-Kreis entstandene Gemälde einer Christus-Szene *(Abb. 6)* beweist – schlecht mit der Forderung in

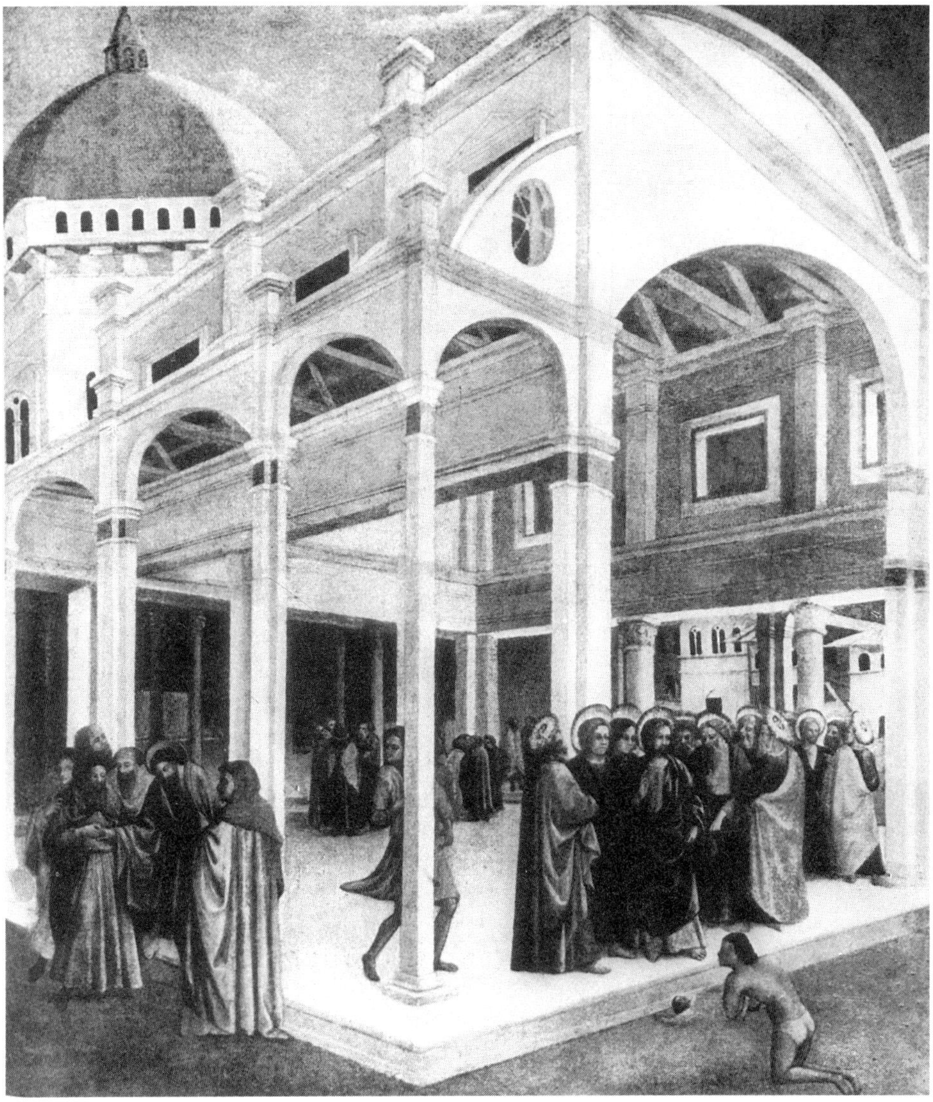

Abb. 6: Francesco d'Antonio? / Andrea di Giusto?: Christus und die Apostel im Tempel. Tempera auf Leinwand. Um 1425. Philadelphia, Philadelphia Museum of Art (John G. Johnson Collection)

Einklang bringen, Transzendentes sichtbar zu machen. Denn sie stellt die Wirklichkeit unter einem schieren Zufallsaspekt dar. Sie läßt den Betrachter den Eindruck gewinnen, zufällig des Weges gekommen und vor einer Gebäudeecke zum kurzfristigen Innehalten veranlaßt zu sein. Welches Wunder ihm daselbst auch immer begegnet – es wirkt episodisch. Die Mehrpunktperspektive wurde sofort aus den Kirchen verbannt und blieb es für die Dauer eines vollen Jahrhunderts. Das Gemälde, dessen Verfasser die Lehre von BRUNELLESCHIS zweiter Demonstrationstafel beim Wort zu nehmen versucht hatte, wurde zum einsamen Ausnahmefall.

Strozzis Einpunktperspektive

An die Stelle der Mehrpunkt- trat die zentrale Einpunkt- oder Frontalperspektive. Sie war schon in Brunelleschis Baptisteriumstafel *(Fig. 1)* angewandt worden, konnte dort aber nicht zur Geltung kommen, weil das vordergründige Achteckgebäude das entscheidende Zentrum des Hintergrundes verstellte. Ihre Bedeutung als mögliches Mittel einer Transzendenzdarstellung scheint erst der mit BRUNELLESCHI und GHIBERTI befreundete Dominikaner Alessio STROZZI – Miniaturmaler, Bildhauer, Architekt und Gelehrter in einer Person – entdeckt zu haben. Jedenfalls fand die erste monumentale Ausführung dieser „bereinigten" Perspektivform in dessen Ordenskirche Santa Maria Novella statt. Dort malte um 1425 – wahrscheinlich unter Anleitung STROZZIS – der junge MASACCIO (1401–1428) das Fresko, welches, berühmt geworden unter dem Namen „*Trinità*", noch heute wie ein Lehrstück frontalperspektivischer Konstruktion erscheint *(Abb. 7).* Es ist eines der wenigen Renaissancebilder, deren Bildwelt auf die Sicht eines realen Kirchgängers abgestimmt wurde. (Sein „Fluchtpunkt", angezeigt durch die Längsrippen des Tonnengewölbes, die seitlichen Gebälk- und Kämpferplattenprofile und Sarkophagoberkanten, befindet sich am unteren Ende des mittelaxialen Risses, der die Eingangsschwelle der gemalten Kapelle in zwei Blöcke spaltet, das heißt: ungefähr in Augenhöhe des Betrachters.) Gleichzeitig ist das Fresko eines der irritierendsten. Sein perfekter Illusionismus scheint die bisherige antiillusionistische Haltung der Dominikaner ebenso Lügen zu strafen, wie die vollkommene Übereinstimmung der vier göttlichen Gestalten mit den beiden menschlichen Stifterfiguren dem christlichen Gottesbegriff zu widersprechen scheint. Die Existenz dieses Freskos in einer der Hauptkirchen des Ordens wäre ein schwer zu lösendes Rätsel, hätten die Verfechter der Einpunktperspektive unter dem fraglichen Punkt dasselbe verstanden wie wir.

Was sie in Wirklichkeit darunter verstanden, zeigt uns Leon Battista ALBERTI (1404–1472), der erste Theoretiker der Einpunktperspektive. In seinem 1435, zuerst auf lateinisch abgefaßten Malereitraktat, von dem wir schon in den Beiträgen 6 und 8 gehört haben, definierte er das Bild als Wiedergabe eines in bestimmter Entfernung vom Auge vollzogenen Schnittes durch den Sehkegel („Sehpyramide").

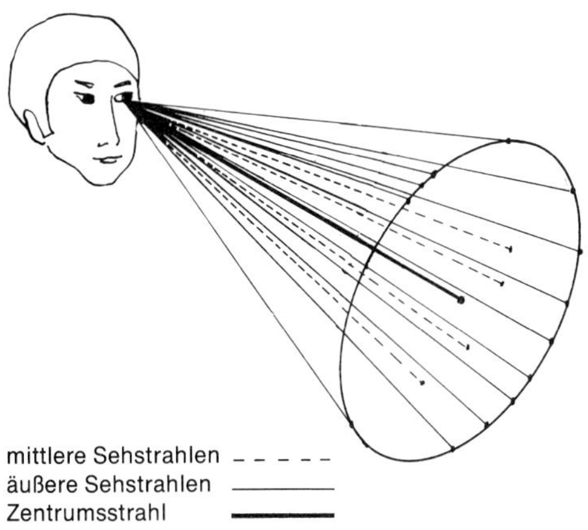

Unter dem Sehkegel stellte er sich ein im Auge zusammenlaufendes Strahlenbündel vor, dessen Bestandteile in drei Funktionskategorien zerfallen: die äußeren Sehstrahlen, die mittleren Sehstrahlen und den Zentrumsstrahl. Während die äußeren Sehstrahlen über Umriß und Größe des gesehenen Gegenstandes, die mittleren über dessen farbige Binnenstruktur informieren, besitzt der Zentrumsstrahl eine Sonderfunktion. Er ist von allen Sehstrahlen „der aktivste und stärkste", „der letzte, der das Gesehene verläßt" – kurzum „der Fürst der Sehstrahlen". Was es mit seiner fürstlichen Macht für eine Bewandtnis hat, wird offenbar, wenn ein Ding sich von seinem Betrachter entfernt. Je weiter es sich entfernt, um so geringer wird die Menge der an der einschlägigen Datenübermittlung beteiligten Sehstrahlen. Schließlich, wenn das Ding zu einem Pünktchen am Horizont einschrumpft, sind an seiner Wahrnehmung nur noch die wenigen dem Zentrumsstrahl unmittelbar anliegenden Sehstrahlen beteiligt, Umriß und Binnenstruktur infolgedessen nicht mehr auseinanderzuhalten.[5]

ALBERTI läßt es bei dieser Feststellung bewenden und stellt es dem Scharfsinn des Lesers anheim, das Experiment zu Ende zu denken. Gesetzt also, das noch sichtbare Pünktchen entferne sich weiter und weiter und werde am Ende irgendwo im Unendlichen zum unsichtbaren mathematischen Punkt. Dann würde nur noch der Zentrumsstrahl darauf bezogen sein. Er ist also derjenige Sehstrahl, der die Verbindung zwischen dem Endlichen und dem Unendlichen, dem sinnlich Erfahrbaren und dem nur dem Verstand Zugänglichen, herstellt. Als Strahl muß er von einem Sender abhängig sein. Wer aber ist dieser – das Auge oder der mathematische Punkt? ALBERTI sagt es nicht ausdrücklich. Aber die Art, wie er von den Sehstrahlen spricht, verrät ihn als Anhänger der schon von ARISTOTELES (384–322 v. Chr.) vertretenen Immissionstheorie. Er muß folglich den Punkt im Unendlichen für den Sender gehalten haben. Nun kann ein mathematischer Punkt ja bekanntlich keine Sehstrahlen senden. Tut er es dennoch, dann deswegen, weil er als Punkt im Unendlichen auch jene göttliche Absolutheit verkörpert, in der nach ALBERTIS Generationsgenossen Nicolaus CUSANUS (1401–1464) das Allergrößte identisch mit dem Allerkleinsten ist und umgekehrt.

Dieser Sehstrahlentheorie entsprach die Praxis der perspektivischen Konstruktion. Sie ist seit MASACCIOS *„Trinità" (Abb. 7)* gekennzeichnet durch eine mehr oder weniger nachdrückliche Heraushebung dessen, was seit dem 19. Jahrhundert fälschlich „Fluchtpunkt", von ALBERTI jedoch sinnvollerweise „Zentrumspunkt" genannt wird. Der Zentrumspunkt war mit dem Zentrum des Sehkegelschnittes und folglich mit der denkbaren Bildmitte identisch. In der Praxis wurde er daher fast immer, wenn nicht in das geometrische Bildzentrum selbst, so doch zumindest in die senkrechte Mittelachse des Bildes gelegt und – mittels axialsymmetrischer Gegenstandsanordnung – als ein die gesamte Bildwelt belebendes Strahlungszentrum kenntlich gemacht.

Im Falle der Verkündigungsszene von PIERO della Francescas Antonius-Altar wird er vor allem durch den seltsamen Korridor angezeigt, der die Bildtiefe zwischen Engel und Maria so abrupt aufreißt *(Abb. 8).* Mit seinem schnellen Säulen- und Gurtbogenrhythmus wirkt dieser Korridor wie ein Paradebeispiel perspektivischer Virtuosität. Er hat jedoch nichts mit „Kunst um der Kunst willen" zu tun. Vielmehr dient er als die architektonische „Gleitbahn" für den Zentrumsstrahl des verborgenen Absoluten. Als solche bildet er eines der anschaulichsten aller bis dahin erfundenen Symbole des von der göttlichen Zeugungskraft plötzlich durchdrungenen Leibes der Jungfrau Maria. Bezeichnenderweise ist der Korridor in PIEROS Bild dergestalt aus der

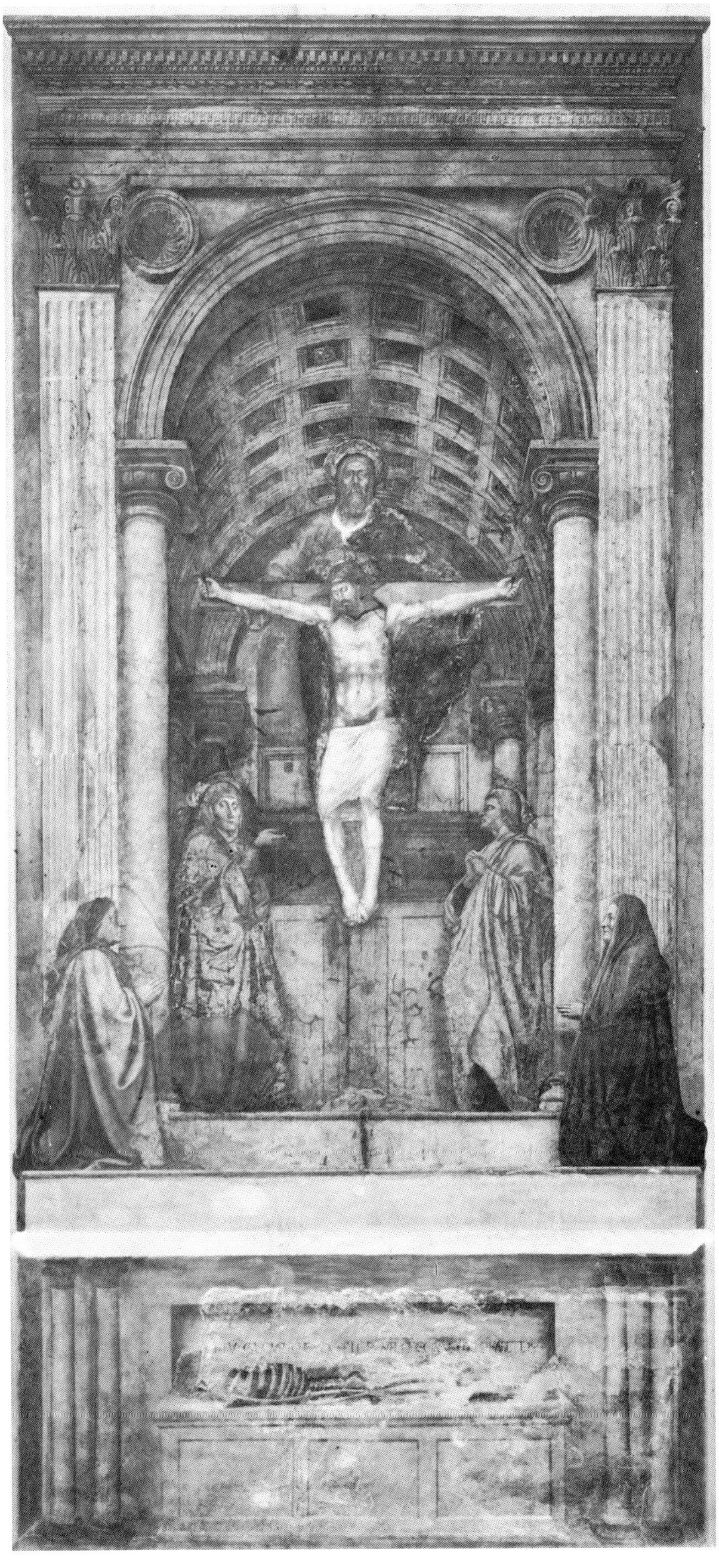

Abb. 7: Masaccio: Trinità. Fresko. Um 1425. Florenz, Santa Maria Novella

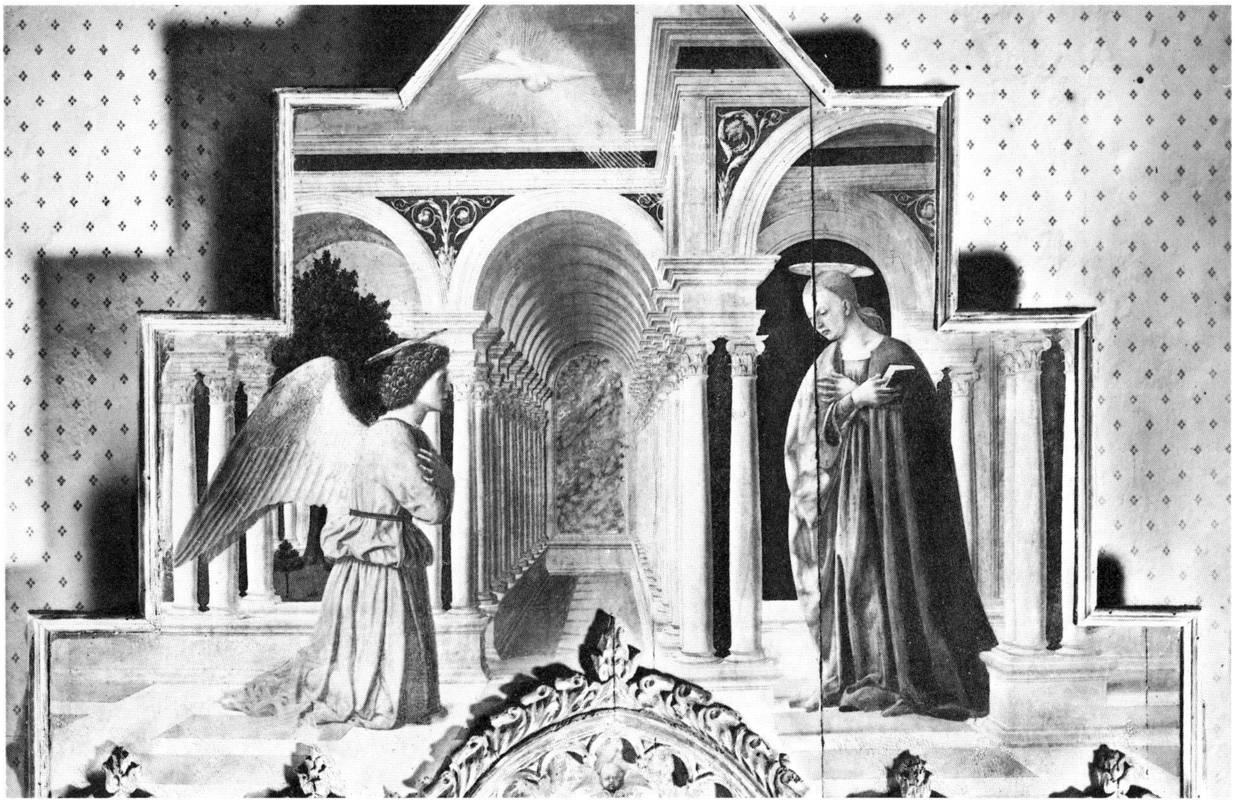

Abb. 8: Piero della Francesca: Marienpolyptychon aus dem Antoniuskloster in Perugia (Ausschnitt). Tempera auf Holz. Um 1470. Perugia, Galleria Nazionale

Bildmittelachse gerückt, daß der Zentrumspunkt (der genau in der Mittelachse liegt) innerhalb der rückwärtigen Marmorwand eine Lage einnimmt, die etwa derjenigen einer Türklinke entspricht. Damit kommt sinnbildhaft zum Ausdruck, daß der Vor-sehung auch das Unmögliche – aus einer geschlossenen Wand einen Durchlaß, das heißt eine „Tür", zu machen – möglich ist.

Das Korridormotiv wurde nicht von PIERO selbst erfunden. Es war, in verschiedener Gestalt, schon in früheren frontalperspektivischen Verkündigungsdarstellungen vorhanden. Seine Beliebtheit im 15. Jahrhundert hängt anscheinend damit zusammen, daß es die modernisierte, der neuen Perspektivideologie angepaßte Fassung eines viel älteren Motives – des „Hiatusmotives" – darstellt. Dessen klassische Formulierung ist an der Choreingangswand der von GIOTTO (1266–1337) um 1305/6 ausgemalten Arena-Kapelle in Padua zu sehen *(Abb. 9).* Daselbst erscheint beidseits des Chorbogens je ein schräggestelltes Gehäuse. Das linke ist vom Engel Gabriel, das rechte von Maria besetzt. Zwischen beiden öffnet sich eine Leere in Form der Gewölbezone des real existierenden Chorraums. Sie bildet die Kreuzungsstelle der vom Engel zu Maria gehenden Horizontal- und der von Gottvater im Himmel (gemalt über dem Chorbogen) zum Altar im Chorraum absteigenden Vertikalbewegung. Damit symbolisiert sie den Ort, wo der geheimnisvolle Eintritt des Gottessohnes aus dem Jenseits ins Diesseits geschah. Ihresgleichen lieferte den Renaissancekünstlern den Stoff, aus dem das Korridormotiv geschaffen wurde.

Als PIEROS Retabel *(Abb. 8)* noch auf dem Altar stand, für den es bestimmt war, befand sich der Zentrumspunkt seiner Verkündigungsszene mehr als zwei Meter über dem Augenniveau von Gemeinde und Priester. Er hatte zu deren Standort keine Beziehung. Das mag heute befremden. Aber es ist kein Ausnahme-, sondern der damalige Regelfall. Die überwiegende Mehrheit aller frontalperspektivisch konstruierten Gemälde des 15. und 16. Jahrhunderts – eingeschlossen LEONARDOS *„Abendmahl" (Abb. 10)* – lassen den realen Betrachterstandort unbeachtet. Sie mußten ihn ignorieren, solange man den Zentrumspunkt als Symbol des Absoluten begriff. Denn eine der üblichen Höhendifferenz zwischen Bild und Betrachter entsprechende Untersicht hätte ja in den meisten Fällen die Verlagerung des Zentrumspunktes in eine unter- und außerhalb der Bildfläche befindliche Zone bedingt und damit gerade das verhindert, was mit der Einpunktperspektive bezweckt war.

Daß der Zentrumspunkt seine Rolle als unsichtbar gegenwärtige Hauptperson nur innerhalb der Bildfläche spielen konnte, schloß eine Vielfalt von Wirkungsmöglichkeiten keineswegs aus. Die Vielfalt war lediglich durch

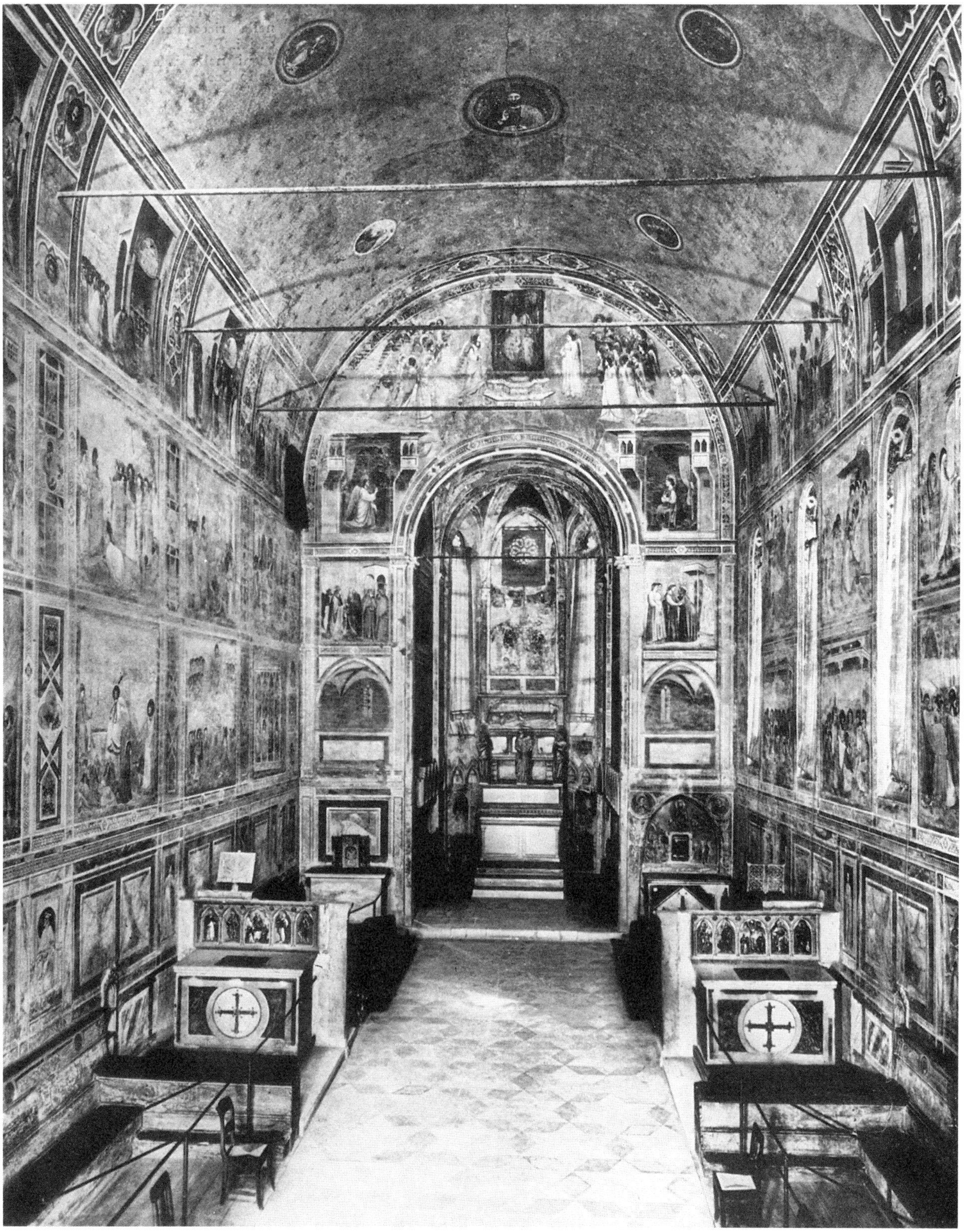

Abb. 9: Giotto di Bondone: Chorwand der Arena-Kapelle in Padua. 1303–1310

das Prinzip des „Geziemenden" *(Decorum)* begrenzt. Unziemlich wäre es gewesen, ein religiöses Bild im Körper oder gar im Gesicht eines Nicht-Heiligen zentrieren zu lassen. Es wurde niemals versucht. Stets achtete man darauf, das „Strahlungszentrum" mit einer auch ikonographisch bedeutsamen Örtlichkeit oder Person in Beziehung zu bringen. In Bildern beispielsweise, deren Hauptgegenstand die thronende Madonna ist, setzte man es häufig in deren Schoßregion. Man deutete auf diese Weise das Zeugungsmysterium an, als dessen Folge die

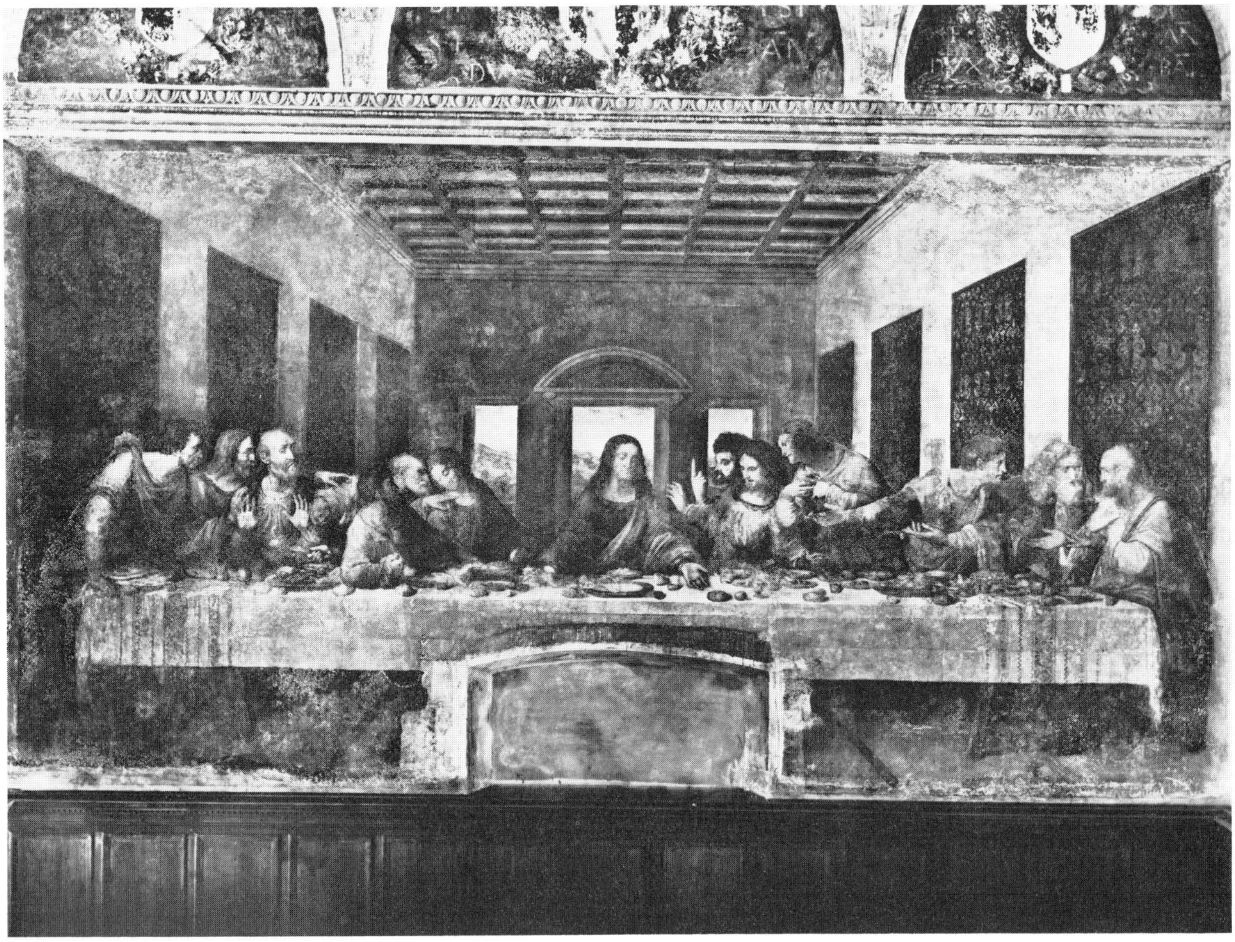

Abb. 10: Leonardo da Vinci: Abendmahl. 1495–1497. Mailand, Santa Maria delle Grazie

Jungfrau ihr göttliches Kind gebar. In Bildnissen eines einzelnen Heiligen kommt diese Schoßlage des Zentrumspunktes bezeichnenderweise nicht vor. Dort ist dessen Lage gewöhnlich durch die Nabelregion bestimmt – Zeichen dafür, daß der betreffende Mensch das Privileg genießt, in Gottes Sehkegel vollkommen aufgehoben und von dessen inspirierender Kraft gleichmäßig durchdrungen zu sein. Der Zentrumspunkt konnte aber auch im Gesicht eines Heiligen liegen und diesen damit zum Vermittler der göttlichen Vorsehung, also christus-gleich, machen. Das allerdings geziemte sich nur, wenn der Betreffende in der Eigenschaft eines Stellvertreters Christi (Priesters) auftritt und dabei den Altar bzw. die Hostie verdeckt. Es geziemte sich nicht, wenn diese Gegenstände selbst im Mittelpunkt stehen. In diesem Fall hatte der Zentrumspunkt in der Hostie zu liegen *(Abb. 11).*

Von solchen Beispielen her gesehen mutet die Zentrumspunktlage in MASACCIOS *„Trinità“ (Abb. 7)* auf den ersten Blick paradox an. Denn sie scheint allein von dem einmaligen Bedürfnis diktiert, den Betrachter zum Maßstab der Bildwelt zu machen. Schon die Tatsache jedoch, daß sich der Zentrumspunkt am Fuß der Kapelleneingangsschwelle, senkrecht unter der Abbreviatur des Golgothahügels, befindet, berichtigt diesen Eindruck. Erst recht berichtigen ihn die beiden auf dem gleichen Niveau knieenden Stifter. Sie sind die Schlüsselfiguren des Freskos. In ihrem Gebet blicken sie, statt in die Kapelle hinein, starr geradeaus, jeder in des anderen Auge. Ihre Blickachsen treffen sich und ergeben zusammen eine einzige waagerechte Linie. Diese Linie bildet die gemeinsame Basis von zwei gleich großen gleichseitigen Dreiecken – einem aufwärts gerichteten Dreieck, dessen Spitze in der Stirn Gottvaters liegt, und einem abwärts gerichteten, dessen Spitze die Mitte des unter der gemalten Altarplatte befindlichen Skelettes berührt. Jedes der beiden Dreiecke deutet an, was das Paar von seinem Standort und seinem Blickwinkel aus nicht sehen kann, worauf es in seinem Gebet jedoch innerlich ausgerichtet ist. Das obere umschreibt den Gegenstand der Andacht, das untere weist auf deren äußeren Anlaß. Beide aber machen durch ihre mit den Stifteraugen zusammenfallenden Basiseckpunkte bewußt, daß an diesem Fresko die Hauptsache gar nicht die Trinität als solche ist, sondern die Beziehung der Stifter zum Abbild der Trinität, das heißt: die Art ihrer Gottesverehrung. Es sind die Stifter, die als die eigentlich realen Wesen

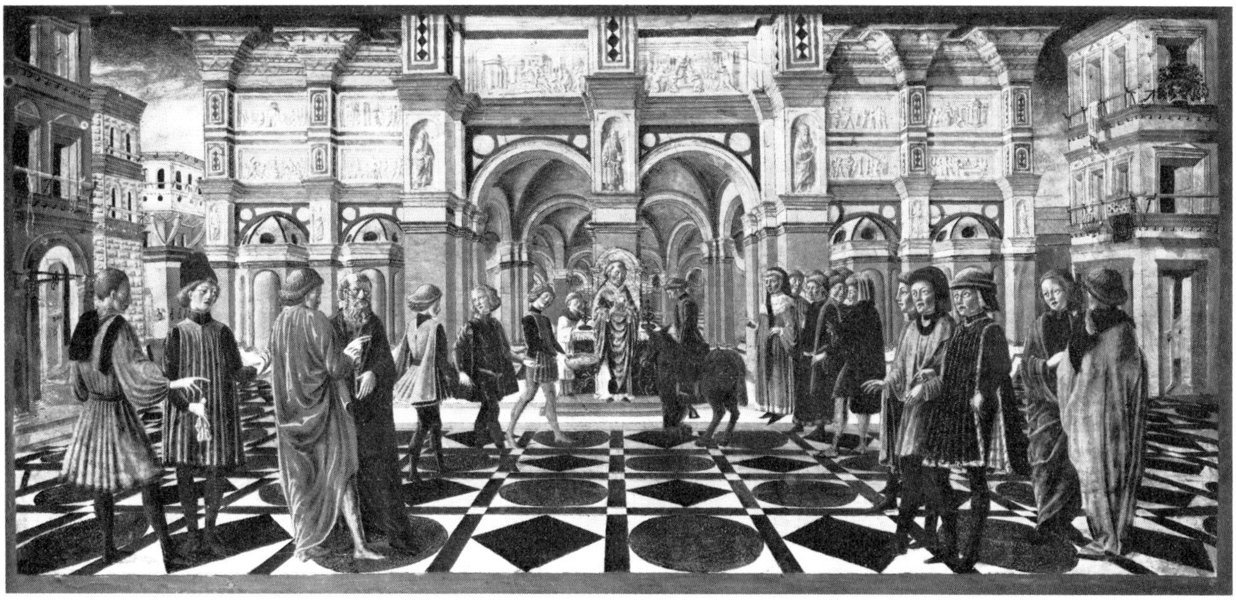

Abb. 11: Lorenzo di Pietro, gen. Il Vecchietta: Wunder des Heiligen Antonius. Tempera auf Holz. Um 1440. München, Bayerische Staatsgemäldesammlungen

erscheinen. Sie bilden das Maß, nach dem sich sowohl die Größe als auch die physische und farbige Erscheinungsweise der heiligen Gestalten in der Kapelle bestimmen. Entsprechend dieser Maßgeblichkeit erteilen sie dem Betrachter eine klare Andachts- und Glaubensanweisung. Durch das Beispiel ihres Verhaltens fordern sie ihn auf, sich beim Gedanken ans Sterben gerade nicht an das bloße Abbild Gottes zu klammern, sondern dieses, geradeaus blickend, mit dem Bild des Skelettes zusammen zu sehen und in der Zusammenschau der geheimnisvollen Beziehung zwischen Tod und Erlösung sowie zwischen der Wesenheit Gottes und der eigenen Gottebenbildlichkeit innezuwerden.

Dieser Aufforderung nachzukommen ermöglicht die Scheinarchitektur. Mittels ihrer Enge und ihrer Rationalität macht sie den Denkmalscharakter auch ihrer Inhaber bewußt. Sie zwingt förmlich dazu, diese Kapelleninhaber als Bestandteile der ihnen zugeordneten steinernen Schranke, als eine Verbindung aus der vertrauten Lettner-Kreuzigungsgruppe und dem vertrauten Gnadenstuhl zu empfinden und nach dem zu fragen, was diese gleichsam lebendige Figurenverbindung und diese steinerne Schranke verbergen. Zwischen dem Vorder- und dem Hintergründigen besteht nicht von ungefähr eine so beklemmende Spannung. Während die von der Perspektive des Tonnengewölbes getragene Bildauswärtsdynamik den Kapellenraum von der Tiefe des Hintergründigen her abzulesen verlangt, ist das Hintergründige gerade am entscheidenden Punkt verstellt. Nur wenn der Betrachter im Geradeausblick die geistige Kraft aufbringt, das Verstellende im Geist zu durchdringen, wird er irgendwo jenseits des Spaltes in der Eingangsschwelle jenes „Nichts" gewahr, von dem Nicolaus CUSANUS 1440 schrieb, daß es „in Wahrheit das unbegreiflich Größte" und als solches „das angemessenste und genaueste Maß aller Wesenheiten" sei.[6] Dann merkt er auch, daß dieses „Nichts" durch seine Position am Fuß der Kapelle die Bedeutung sowohl des Grund-legenden als auch derjenigen Macht hat, welche zur Todesstunde Christi – laut Matthäus 27,51 – die Felsen sich zu spalten gebot.

In der Theorie wurde die Linearperspektive schlicht als eine angewandte Optik begriffen. Das ist sie auch, aber in der Praxis war sie noch mehr – eine Synthese aus angewandter Naturwissenschaft und Theologie. Denn in ihrer wichtigsten Form, der „Zentralperspektive", entsprach sie dem naturwissenschaftlichen Raum- und dem theologischen Gottesbegriff. Sie machte es möglich, das Augenfällige gleichzeitig so, wie es (im Idealfall) erscheint, und wie es von einem Christen begriffen werden sollte, darzustellen – als eine von der unsichtbaren Allgegenwart Gottes allseits abhängige, nach Zahl und Maß dem Menschen (Betrachter) zuhanden geschaffene Realität. Man brauchte dieser Neuerung wegen nichts Vertrautes aufzugeben – weder das traditionelle Greisenbildnis Gottvaters noch die Taube des Heiligen Geistes oder die Sitzbänke im Himmel. Im Gegenteil: man konnte solche Dinge in aller Unbefangenheit weiterverwenden und dabei sogar in einer Weise vermenschlichen *(Abb. 7)*, die noch um 1400 als höchst anstößig empfunden worden wäre. Denn mit dem „Strahlungszentrum" besaß man das wirksame Ausgleichsmittel gegen eine Verweltlichung. Mit ihm wurde jedes vermenschlichte Gottesbild in die Rolle eines Gleichnisses oder einer Metapher verwiesen.

Die wissenschaftliche Form der Landschaftsdarstellung

Die Linearperspektive wurde aus naheliegenden Gründen an architektonischen Räumen erprobt. In deren kristallischer Geometrie kam ihre Symbolik am besten zur Geltung. Doch nicht jedes Darstellungsthema ließ den Rückgriff auf Lineal und Zirkel zu. Gegenstände wie „Vertreibung aus dem Paradies", „Johannes (oder Hieronymus) in der Wüste", „Flucht nach Ägypten", „Taufe Christi", „Georgs Kampf mit dem Drachen" oder „Stigmatisation des Hl. Franz" forderten die Verbildlichung anderer, zivilisationsfreier Räume. Das entsprechende Gestaltungsproblem war schwierig und um so ernster zu nehmen, als Historien der genannten Art seit dem 14. Jahrhundert in wachsender Zahl auch Haupt- oder Begleitgegenstand von Altarbildern wurden und damit an prominentester Stelle vor die Öffentlichkeit traten. An sich hätte das Problem auch in Italien auf die nächstliegende Weise gelöst werden können, so, wie man das im 15. Jahrhundert in den Niederlanden oder in Deutschland tat.

Dort nahm man sich – wie das 1444 datierte Altarbild von Konrad Witz (1400/10–1445/6) als ein Beispiel zeigt – einen realen Naturausschnitt (hier ist es die südwestliche Genferseeregion) zum Modell, um ihn, so stilisiert, dem betreffenden Bild einzuverleiben *(Abb. 12)*. Ein solches Verfahren widerstrebte indes dem wissenschaftlichen Anspruch der italienischen Künstler. Was diese suchten, war, im Abbild einer Realität auch deren formendes Prinzip sichtbar zu machen. Sie waren sich durchaus bewußt, daß dessen Erfassung Sache des Verstandes, nicht der Anschauung war. Aber da der Verstand nun einmal mehr galt als die Sinne, hatten sie keine Bedenken, der

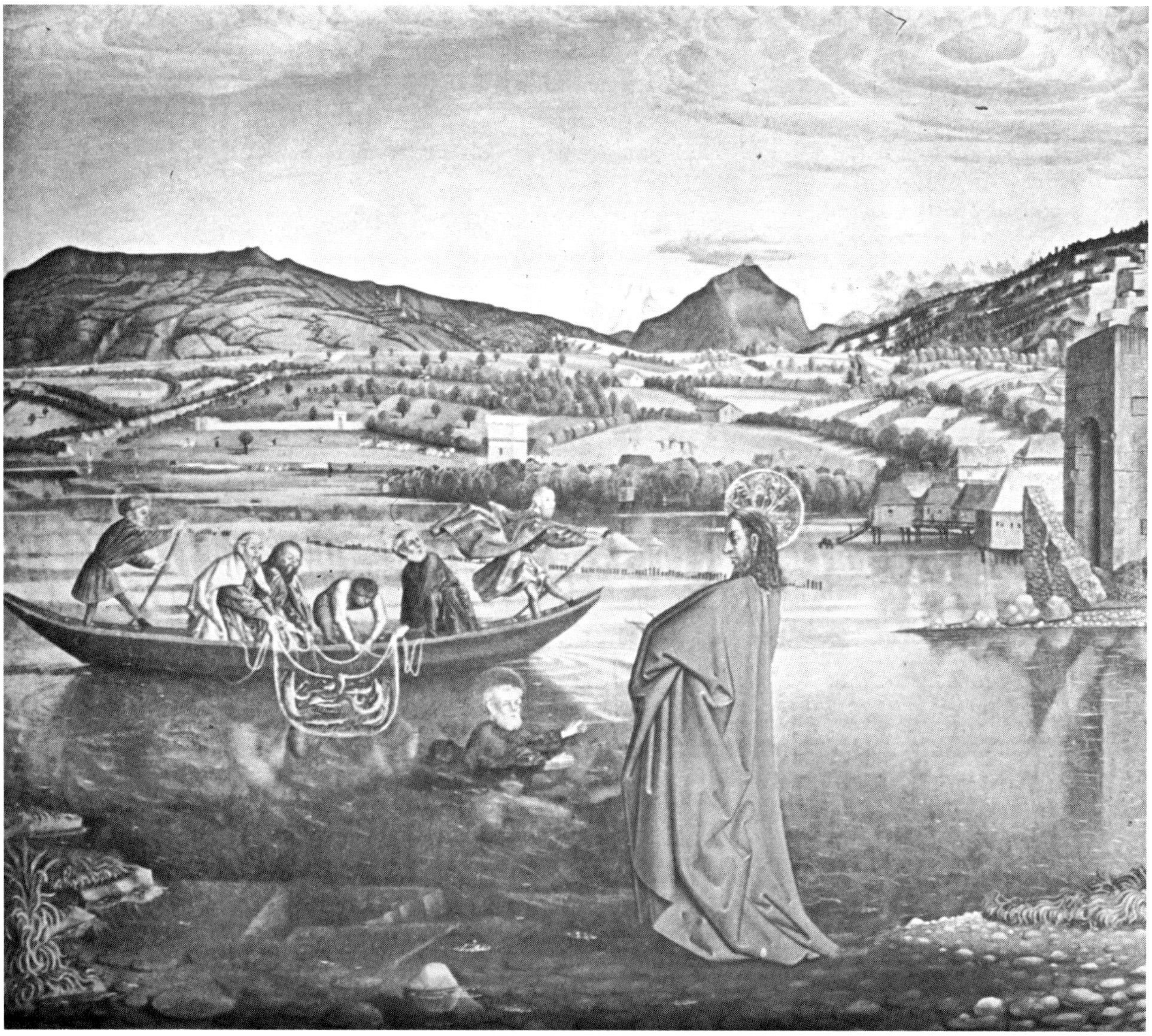

Abb. 12: Konrad Witz: „Der wunderbare Fischzug", von einem Petrusaltar. 1444. Genf, Musée d'Art et d'Histoire

Wahrscheinlichkeit einer naturwissenschaftlichen Theorie größeres Gewicht beizumessen als der Wahrheit des subjektiven Augenscheins. Ihre Landschaften konnten infolgedessen – mitten in einer Epoche des neuen Naturbewußtseins – zum Künstlichsten von allem werden, was jemals auf diesem Sektor produziert worden ist.

Der Widerspruch zwischen wissenschaftlicher Theorie und Anschauung

Paradoxerweise setzt die Entwicklung mit zwei Fresken ein, die, in der 1. Hälfte des 14. Jahrhunderts für das Rathaus von Siena gemalt, die Ehre beanspruchen können, die ersten erhaltenen Landschaftsveduten zu sein. Das eine Fresko *(Abb. 13)* ist um 1330 entstanden und stammt von Simone Martini (1280/5–1344). Es gehört zu einer – nur fragmentarisch überlieferten – Serie von monumentalen bildlichen Erwerbsurkunden, deren

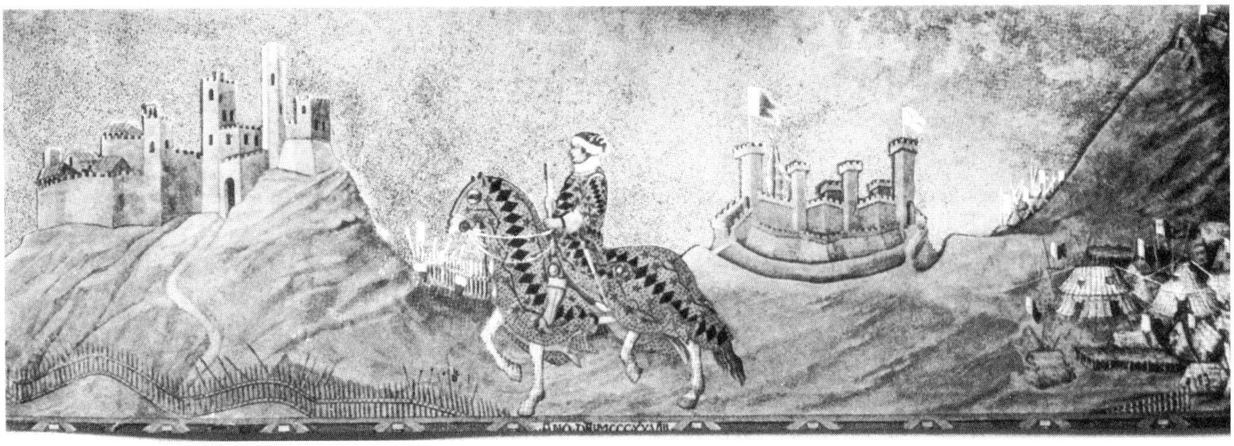

Abb. 13: Simone Martini: Das belagerte Montemassi und Guido Riccio da Fogliano. Fresko. 1328. Siena, Palazzo Pubblico

Gegenstand die von Siena einverleibten Territorien – im vorliegenden Fall das Städtchen Montemassi und sein Umland – sind. Der Ausführung des Freskos ging – wohl unmittelbar nach der Einnahme des Städtchens (1328) – eine Geländebesichtigung seitens des Malers voraus. Die gemalte Hügelsilhouette entspricht daher in ihren Grundzügen der realen. Sie ist dieser gegenüber lediglich durch Straffung der Längen und Vergrößerung der Gefälle verfremdet. Diese Verfremdung aber hat den gleichen Zweck wie die totale Enthäutung der Oberflächenrealität. Beides stellt klar, daß Montemassi nicht seiner Äcker und Ölbäume wegen, sondern wegen seiner geographischen Lage und der daraus resultierenden strategischen Bedeutung erobert worden und daß der Eroberung die übliche Verwüstung seiner Felder vorausgegangen war.

Das zweite, acht Jahre später begonnene Fresko stammt von Simones Schüler Ambrogio Lorenzetti (vgl. S. 393–397). Es ist Teil eines größeren Freskos und stellt die Auswirkungen des „Guten Regimentes" auf das sienesische Landgebiet dar. Zum Montemassi-Fresko verhält es sich wie der absolute Kontrast. Anstelle einer eintönig-kahlen Untersicht zeigt es eine bunte Übersichtlandschaft, anstelle eines verwitterten Miniaturgebirges eine Versammlung wohlgerundeter fruchtbarer Hügel. Das einzige, was die beiden Fresken äußerlich miteinander verbindet, ist der dargestellte Erdboden. Dieser erscheint in beiden Fällen in der zeitgemäßen Form einer harten lehmigen Kruste. Er ist Teil eines großen Geschöpfes (der „Erde"), auf dem kleinere Geschöpfe sitzen. Im einen Fall sind die „Setzlinge" das Städtchen Montemassi sowie die Zelte und das Kastell der Belagerer, im anderen Fall sind es nebst Gebäuden und Brücken die Hecken, Bäume, Weinreben und Ähren.

Der Unterschied zwischen den beiden „Porträts" ist um so erstaunlicher, als deren Bezugsobjekte geologisch gleichartige Landschaften sind. Auf den ersten Blick sieht es so aus, als wäre Ambrogios Porträt insgesamt realistischer als dasjenige Simones. In der Tat ist es realistischer – aber lediglich in bezug auf die farbige Struktur, die Bepflanzung und die Weichheit der einzelnen Hügelprofile, nicht in bezug auf das Gelände als solches. Das Gelände widerspricht der geologischen Realität in doppelter Hinsicht: erstens durch die stereotyp blasenartige Grundform seiner Hügel und zweitens durch die Gleichheit der Talsohlenniveaus. Es gleicht einer von regelmäßigen Kuppen durchwachsenen waagerechten Ebene, in der die Flüsse mangels Gefälles zu stehenden Gewässern werden. Demgegenüber weisen die Erhebungen in der Montemassi-Landschaft stark voneinander abweichende Profile auf, und die Senken und Mulden sind auf merklich verschiedenen Niveaus gelegen. Beides entspricht dem tatsächlichen Relief der Region genauer als in der Landschaft Ambrogios. Der Unterschied zwischen den beiden Porträts läuft somit auf eine unterschiedliche Weise, verschiedene Aspekte der gleichen Realität zu deuten, hinaus. Offenbar legte jeder der beiden Künstler seinem Konzept ein anderes Vorstellungsmodell zugrunde. Während Simone vom Modell einer unregelmäßig verformten Gebirgsmasse ausging, orientierte sich Ambrogio am Modell eines regelmäßig gebuckelten Plateaus.

Aufgrund unseres traditionellen Renaissancebegriffes sollte man erwarten, daß diese beiden Vorstellungsmodelle spätestens zu Beginn des 15. Jahrhunderts entweder aufgegeben oder aber im Sinne einer Anpassung an die landschaftliche Realität verändert worden wären. Das Gegenteil ist der Fall. Beide wurden zu Standardklischees, die eine unvoreingenommene Sicht der Wirklichkeit eher vereitelt als gefördert haben. Sie wirken weltfremd im Vergleich zu dem, was dem Württemberger Konrad WITZ 1444 mit seiner Genferseelandschaft *(Abb. 12)* gelang. Diese Weltfremdheit aber hat nichts mit der Naivität zu tun, die man den betreffenden Künstlern so gern unterstellt. Sie ist Ausdruck einer wissenschaftlichen Haltung. Sie setzt die Überzeugung voraus, daß die beiden Modelle das „Wesen" der Landschaft reiner verkörpern, als dies wirkliche Landschaften tun.

Der Einfluß der mittelalterlichen Bergentstehungstheorien

Was es mit diesem „Wesen" für eine Bewandtnis hat, verdeutlicht die von dem Sienesen GIOVANNI di Paolo († 1482) um 1445 gemalte Predellentafel mit der Erschaffung der Welt *(Abb. 14)*. Sie zeigt die erschaffene Welt als

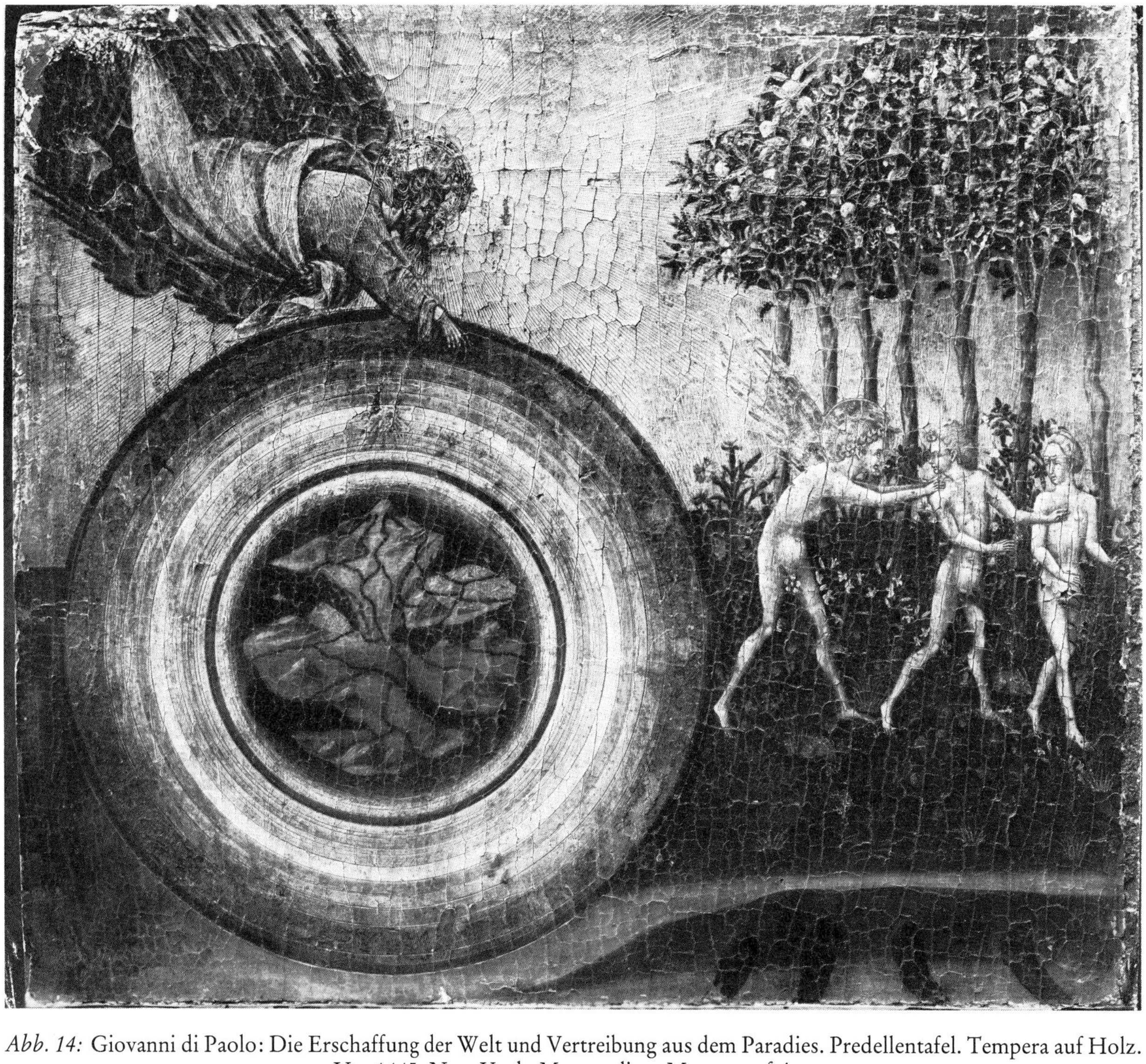

Abb. 14: Giovanni di Paolo: Die Erschaffung der Welt und Vertreibung aus dem Paradies. Predellentafel. Tempera auf Holz. Um 1445. New York, Metropolitan Museum of Art

gewaltige, durch ein System von konzentrischen Kreisbändern (den Planeten- und Fixsternsphären) gegliederte Scheibe. In deren Zentrum liegt, wie eine von der Ozeanmasse rings umflossene Riesenamöbe, die Erde. Ihre größtenteils platte Oberfläche ist durchzogen von Geäder aus Flüssen und an bestimmten, vorwiegend küstennahen Stellen von kegelförmigen Bergen besetzt. Diese Berge treten in zwei unterschiedlich gefärbten Spielarten auf. Die einen sind, wie die Hauptmasse des Erdplateaus, ockerfarben und scheinen aus Lehm zu bestehen. Die anderen sind grau und, wie der unterste Steilküstenstreifen, anscheinend als harte Steinmassen gedacht. Merkwürdigerweise stehen weder die Stein- noch die Lehmberge zu den Flußläufen in einer inneren Beziehung. Die einzige Ausnahme bildet das Lehmgebirge zuoberst. Es ist als das größte gekennzeichnet und stellt – da „oben" in der damaligen Kartographie gewöhnlich „Osten" bedeutet – vermutlich das Paradies dar, das dem Mittelalter als die höchste und östlichste Erhebung auf Erden und gleichzeitig als der Quellort von vier riesenhaften Flüssen galt. Von seiner Gipfelregion scheint das gesamte Flußgeäder auszugehen. Als die große Ausnahme bestätigt es, was für GIOVANNI anscheinend die Regel darstellte: daß die meisten Berge im Inneren wasserlos seien. Giovannis Regelvorstellung aber entspricht derjenigen der mittelalterlichen Naturwissenschaft. In deren Bergentstehungstheorien spielen das Wasser und die Flüsse eine auffallend untergeordnete Rolle.

Als die entscheidenden Bergbildungsfaktoren galten einerseits die unterirdischen Winde und andererseits die unterirdischen Feuer: Die ersteren können – so dachten, gestützt auf antike Autoritäten, die mittelalterlichen Naturphilosophen – die Erdrinde stellenweise aufblähen und so kleinere Lehmberge und Hügel entstehen lassen (Luftblasentheorem). Die letzteren wurden für die Entstehung der zackigen Steingebirge haftbar gemacht (Flammentheorem). – In Italien bestimmten die beiden Theoreme die künstlerische Vorstellung bis weit ins 15. Jahrhundert *(Abb. 15–18)*. Ihre Kenntnis ist unumgänglich, will man das Aussehen der betreffenden Landschaftsdarstellungen verstehen.

Mit der Wirkung der Winde hatte sich unter anderem der Dominikaner ALBERTUS MAGNUS (etwa 1200–1280) befaßt, dessen Autorität auch das nachmittelalterliche Denken weithin bestimmte.

„Die Berge" – schreibt er in seinem Traktat über die Ursachen der Elementareigenschaften – „entstehen im allgemeinen und wesentlichen durch Erdbeben, und zwar dort, wo die Oberfläche fest und kompakt ist und nicht zerrissen werden kann. Dann nämlich hebt der stark komprimierte und bewegte [erdinnere] Wind jene Stelle in die Höhe und schafft Berge. Und weil Erdbeben häufig neben dem Meer und neben Gewässern stattfinden, die manche Erdporen verschließen, damit nicht der im Inneren der Erde eingeschlossene Erddampf entweiche, deshalb stehen neben dem Meer und neben den Gewässern sehr häufig die höchsten Berge."[7]

Über die äußere und innere Beschaffenheit der so entstandenen Berge scheinen sich die mittelalterlichen Naturphilosophen und ihre antiken Vorläufer kaum ausgelassen zu haben. Auch ALBERTS Zeitgenosse RISTORO von Arezzo, auf den sich unter

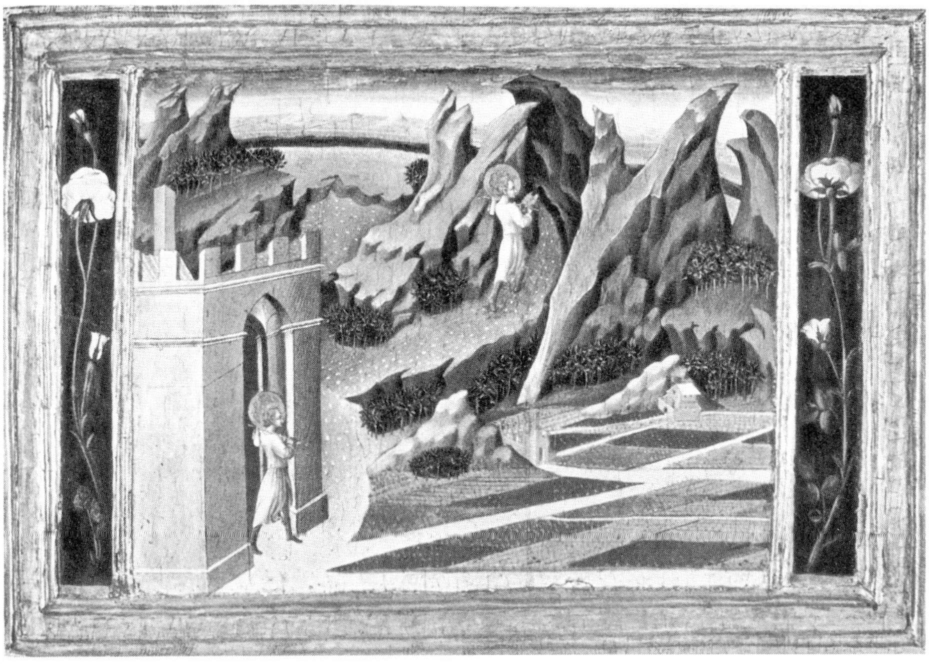

Abb. 15: Giovanni di Paolo: Hl. Johannes d. T. geht in die Wüste. Predellentafel. Tempera auf Holz. 1454. London, National Gallery

anderen DANTE (1265–1321) berief, war hauptsächlich daran, *daß* „die Kraft, die das Erdbeben verursacht [...] die Erde auch aufblasen und auf diese Weise einen Berg entstehen lassen" kann, interessiert. Immerhin scheint er darüber, *wie* ein durch Aufblasen entstandener Berg aussieht, eine konkrete Vorstellung besessen zu haben. Er fühlte sich nämlich veranlaßt, die wichtigste Implikation des Luftblasentheorems vor Ort zu testen.

„Wir bestiegen einst" – schreibt er in seiner um 1250 verfaßten „*Composizione del mondo*" – „so einen Berg. Und während des Aufstiegs stampften wir absichtlich mit unseren Füßen auf den Boden. Da dröhnte und widerhallte es, wie wenn es im Inneren hohl und locker wäre."[8]

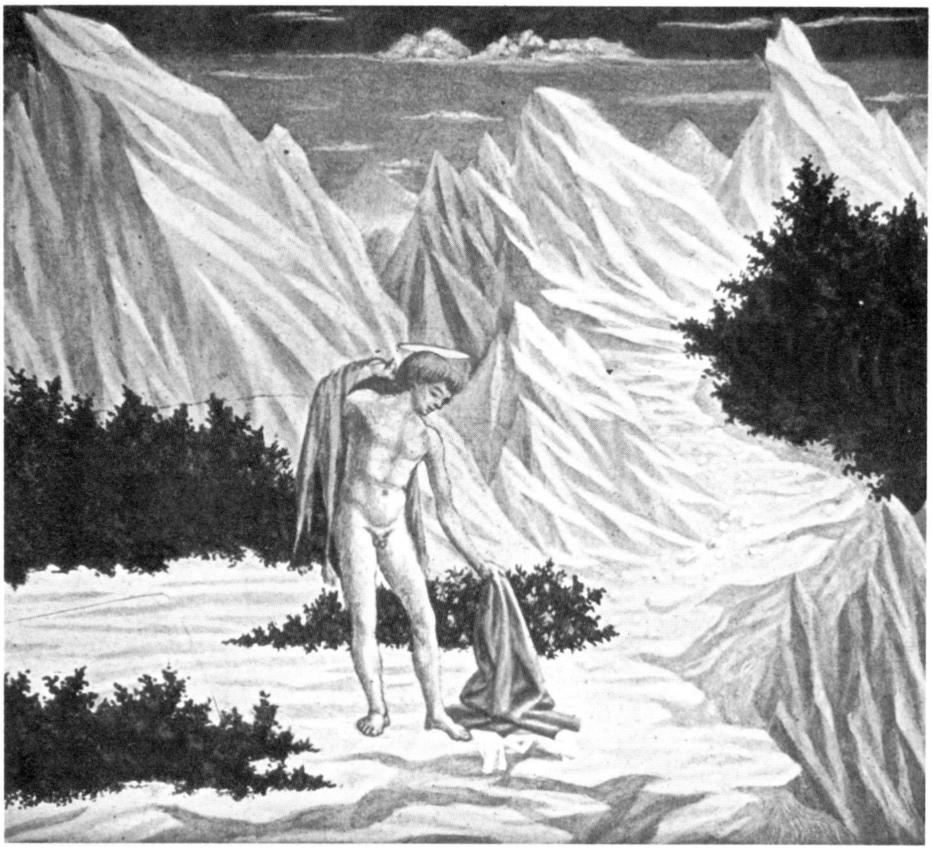

Abb. 16: Domenico Veneziano: Johannes in der Wüste. Predellentafel. Tempera auf Holz. Um 1442–1448. Washington, National Gallery of Art (Samuel H. Kress Collection)

Ein solches Widerhallen und Dröhnen käme bei entsprechendem Stampfen wohl auch aus der bewachsenen Erdkuppel heraus, die in Paolo UCCELLOS Georgstafel *(Abb. 18)* dem Hintergrund der schiefen Ackerlandebene entwächst. Denn daß diese Kuppel als innen hohl zu denken ist, beweist ihr kahles Gegenstück im Vordergrund, das dem Drachen zur Behausung gereicht. Es hat – wie alle damaligen italienischen Drachen-, Geburts- oder Büßerhöhlen – den Charakter eines wissenschaftlichen Erdblasenquerschnitts, der den Betrachter über die Binnenstruktur auch der übrigen, noch intakten Hügel belehrt.

Die mit dem Luftblasentheorem in Verbindung zu bringenden Berge *(Abb. 15:* Vordergrundhöcker; *Abb. 18)* gehören ausnahmslos in die Kategorie der Hügel und der Hügelchen. Sie scheinen aus einer Materie zu bestehen, die nach luftgetrocknetem Lehm aussieht, und neigen zur Halbkugel- oder stumpfen Kegelform. Mit alledem aber unterscheiden sie sich von dem, was man damals unter großen Bergen verstand. Solche erscheinen beispielsweise auf einer Predellentafel von Domenico VENEZIANO *(Abb. 16)* und einer Musterbuchzeichnung Jacopo BELLINIS *(Abb. 17)*. Sie sind beide um die Jahrhundertmitte entstanden und nach dem Gebirgsmassenmodell konstruiert. Ihre Vergleichbarkeit mit der Montemassi-Landschaft *(Abb. 13)* ist damit freilich nicht erschöpft. Sie erstreckt sich auch auf die geologische Binnenstruktur. Wie in der Montemassi-Landschaft so scheinen die Berge auch hier aus einer härteren Materie als die luftgetrockneten Lehmhügel zu bestehen. Außerdem weisen sie asymmetrische Verwitterungsprofile auf. Sie sind – wie in der Montemassi-Landschaft – von Bändern durchsetzt, die entweder von links nach rechts oder von rechts nach links aufsteigen und in den Gipfelregionen einen spiraligen Verlauf besitzen. Der Verdacht, daß hinter dem Bergmassenmodell ein anderes Theorem als hinter dem gebuckelten Plateaumodell, nämlich das Feuer- oder Flammentheorem steckt, drängt sich auf.

Eine der eindrücklichsten Formulierungen dieses Theorems stammt von dem berühmten jüdischen Neuplatoniker PHILO von Alexandrien (etwa 25 v. Chr.–50 n. Chr.). Sie findet sich in dessen – im 14. und 15. Jahrhundert mehrfach abgeschriebenem – Traktat „*Über die Ewigkeit der Welt*":

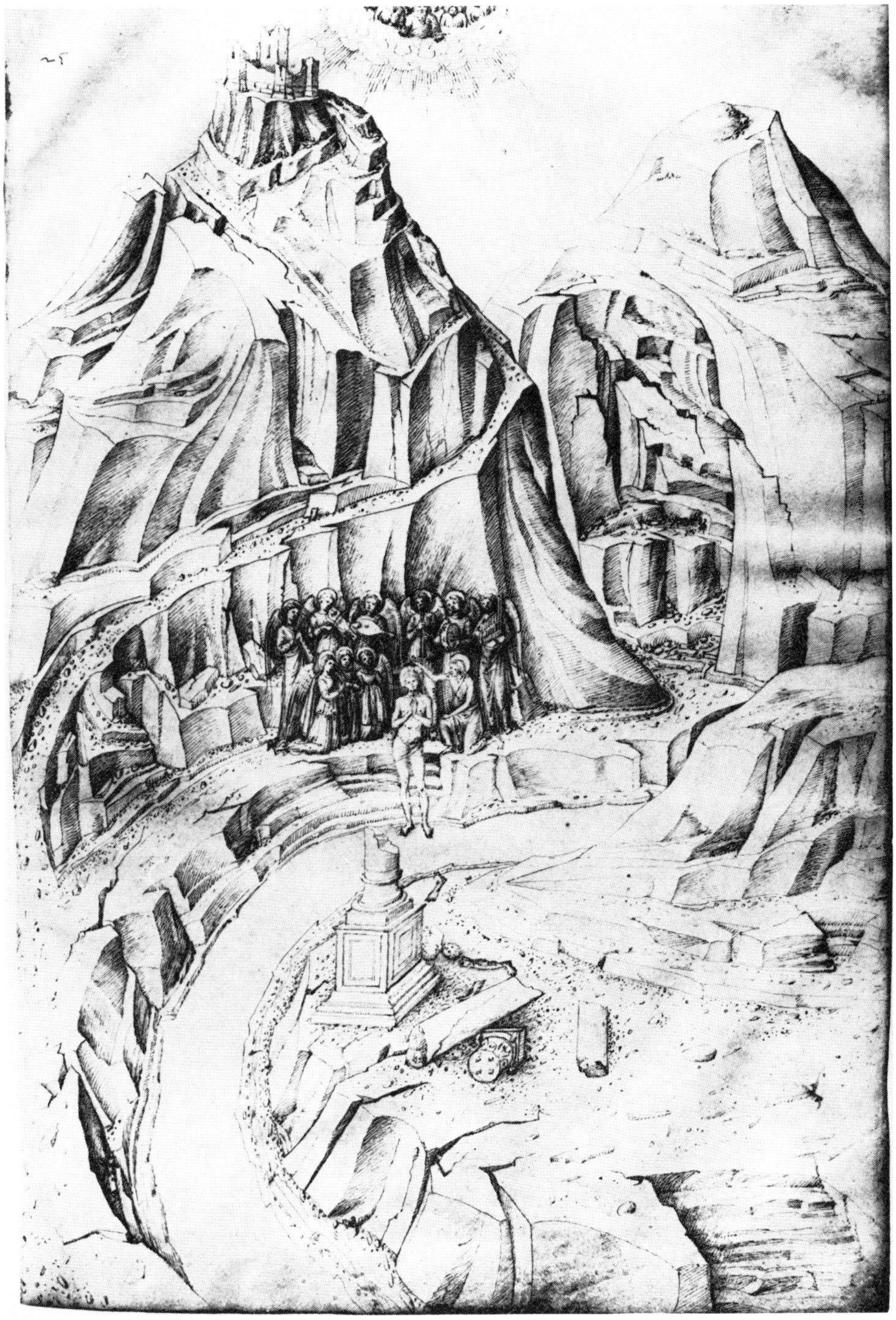

Abb. 17: Jacopo Bellini: Taufe Christi. Feder und Tinte. Pariser Skizzenbuch, fol. 24a. Mitte des 15. Jahrhunderts

„Wenn das in der Erde eingeschlossene feurige Element in die Höhe getrieben wird durch die natürliche Kraft des Feuers, so drängt es zu dem ihm gemäßen Ort [gemeint: nach oben] und reißt dabei, sooft es eine Stelle zur Entfaltung seines Hauches findet, so viel von der Erdmaterie mit sich, als es vermag. Doch wenn es bei der äußeren Oberfläche ankommt, bewegt es sich langsamer. Die Erdmaterie, gezwungen, es über eine weite Strecke hin zu begleiten, türmt sich hoch auf, zieht sich zuoberst zusammen und endet schließlich in einer scharfen Spitze, indem sie die Gestalt der Flamme nachahmt.“[9]

Daß die steinernen Flammenprodukte ihrerseits hohl seien, sagt PHILO nicht. Er hielt es wohl für selbstverständlich. Dafür betont er ihre große Wetterfestigkeit. In ihr sah er geradezu einen Beweis für den immerwährenden Bestand der Erde. Dieses Festigkeitsaxiom scheint denn auch der Grund zu sein, weswegen uns die Künstler des 14. und 15. Jahrhunderts fast immer nur dann Einblick in das Innere feuergehärteter Berge gewähren, wenn es den ewigen Höllenpfuhl zu zeigen galt. Eine Ausnahme machte Jacopo BELLINI. In seiner Musterbuchzeichnung der *„Taufe Christi“ (Abb. 17)* kontrastieren die beiden gigantischen versteinerten Flammen miteinander auf ähnliche Art, wie das die beiden Lehmhügel in UCCELLOS Georgsbild *(Abb. 18)* tun. Während die linke Flamme intakt ist, erscheint die rechte dergestalt aufgerissen, daß sie ihre gesamte Hohlkörperstruktur

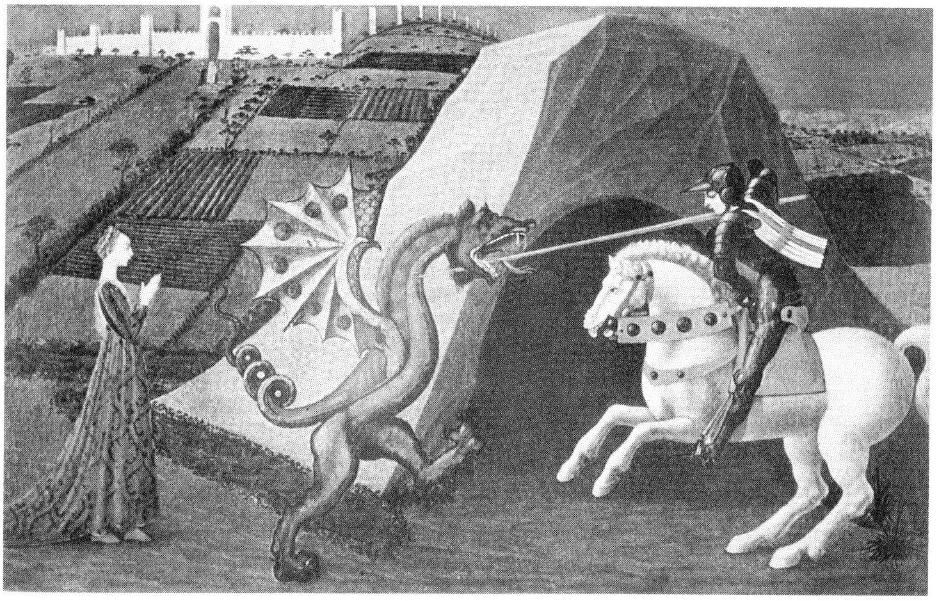

Abb. 18: Paolo Uccello: Hl. Georg. Tempera auf Holz. Paris, Musée Jacquemart-André. Mitte des 15. Jahrhunderts

offenbart. Der Zweck dieses Kontrastes hängt mit der Themenstellung zusammen. Jacopo wollte die Taufe des Gottessohnes als das Ereignis darstellen, mit dem sich die große Zeitenwende – die Ablösung des Alten Bundes durch den Neuen Bund – vollzog. Er brauchte hierzu eine bildliche Metapher und fand sie in der Zweiheit eines bereits zerfallenen und eines noch jungen, vom Feuer erst „kürzlich" emporgehobenen und gehärteten Berges. Das war gewiß eine sinnreiche Erfindung. Sie mußte jedoch in Konflikt mit der vom Thema geforderten Jordanvorstellung geraten. Der Jordan ist ein Fluß, und Flüsse kommen zwar erfahrungsgemäß aus den Bergen, aber nicht aus solchen, die theoriegemäß hohl sind und durch unterirdische Luft- und Feuerpressionen entstanden. Der Konflikt war an sich keineswegs neu. Er hatte schon Jacopos Vorgängern zu schaffen gemacht. Allerdings vermochten diese ihn stets zu verbergen, indem sie den Ursprung ihrer Bäche geflissentlich hinter Gebüsch oder Hügeln versteckten *(Abb. 16)*. Für ein Versteck dieser Art aber war der Zwillingskoloß, der in Jacopos Zeichnung direkt hinter den kahlen Jordanufern aufragt, denkbar wenig geeignet. Der Künstler mußte Farbe bekennen. Er ließ die Taufe in einem Bachbett geschehen, das irgendwie von den Spalten des aufgerissenen Berges ausgeht, doch im übrigen so trocken ist wie Gestein in der Wüste.

Um 1460 waren die inneren Widersprüche, in die das Luftblasen- und Flammentheorem die Künstler hineinmanövriert hatten, allerorts unübersehbar. Sie forderten zu einer plausibleren Lösung des Problems der Landschaftsdarstellung förmlich heraus. Einer der ersten Künstler, die auf die Herausforderung reagierten, war Jacopos Freund und Schwiegersohn Andrea MANTEGNA (1431–1506). Sein kleines Predellenbild der *„Anbetung der Könige"* zeigt ein Gelände, das keinem der bisherigen Modelle gleicht und weder mit dem Luftblasen- noch mit dem Flammentheorem verknüpft werden kann *(Abb. 19)*.

Das Gelände hat nicht die Form einer Pflanzstätte vollansichtiger Berge oder Hügel, sondern eines nahsichtigen Gebirgsausschnittes, zwischen dessen Hauptklippen ein Stück hügeligen Hintergrundes erscheint und vordergründig eine abschüssige gewundene Steinrampe vermittelt. Sein Gestein besteht aus einer ganz anderen Substanz als jener glasartigen, mit Schleifkanten und gelegentlichen Sprüngen versehenen Schmelzmasse, die seit der Montemassi-Landschaft *(Abb. 13)* die Gebirge kennzeichnet. Es stellt sich als ein echtes Gefüge aus Platten und Blöcken dar, zwischen dessen Ritzen sich vitale Sprengkörper in Form von Gewächsen eingenistet haben.

Die große vordergründige Hauptklippe ist der Behälter einer Höhle. Diese Höhle, in deren Öffnung Maria mit dem Christuskind sitzt, dient als der Blickfang des Bildes und als das Ziel der Prozession, die auf der Rampe daherkommt. Sie hat keine Ähnlichkeit mehr mit jenen regelmäßig gerundeten, dem Tageslicht voll zugänglichen Lehmnischen, vor denen bis dahin der Anbetungsgegenstand der Drei Könige gesessen oder in denen ein frommer Büßer auf den Knien gelegen hatte. Sie besitzt das Aussehen eines dunklen Ganges von unbestimmbarer Erstreckung. Sie ist eine echte, gemäß der Wahrheit des Augenscheines gebildete Höhle.

Die Wahrheit des Augenscheines belehrte MANTEGNA über die Unhaltbarkeit des Luftblasen- und Flammentheorems. Aber sie machte ihn deswegen nicht wissenschaftsfeindlich. Im Gegenteil: sie führte ihn auf die Spur jenes uralten Wasseradertheorems, welchem zufolge die Flüsse einem unterirdischen, direkt mit dem Ozean

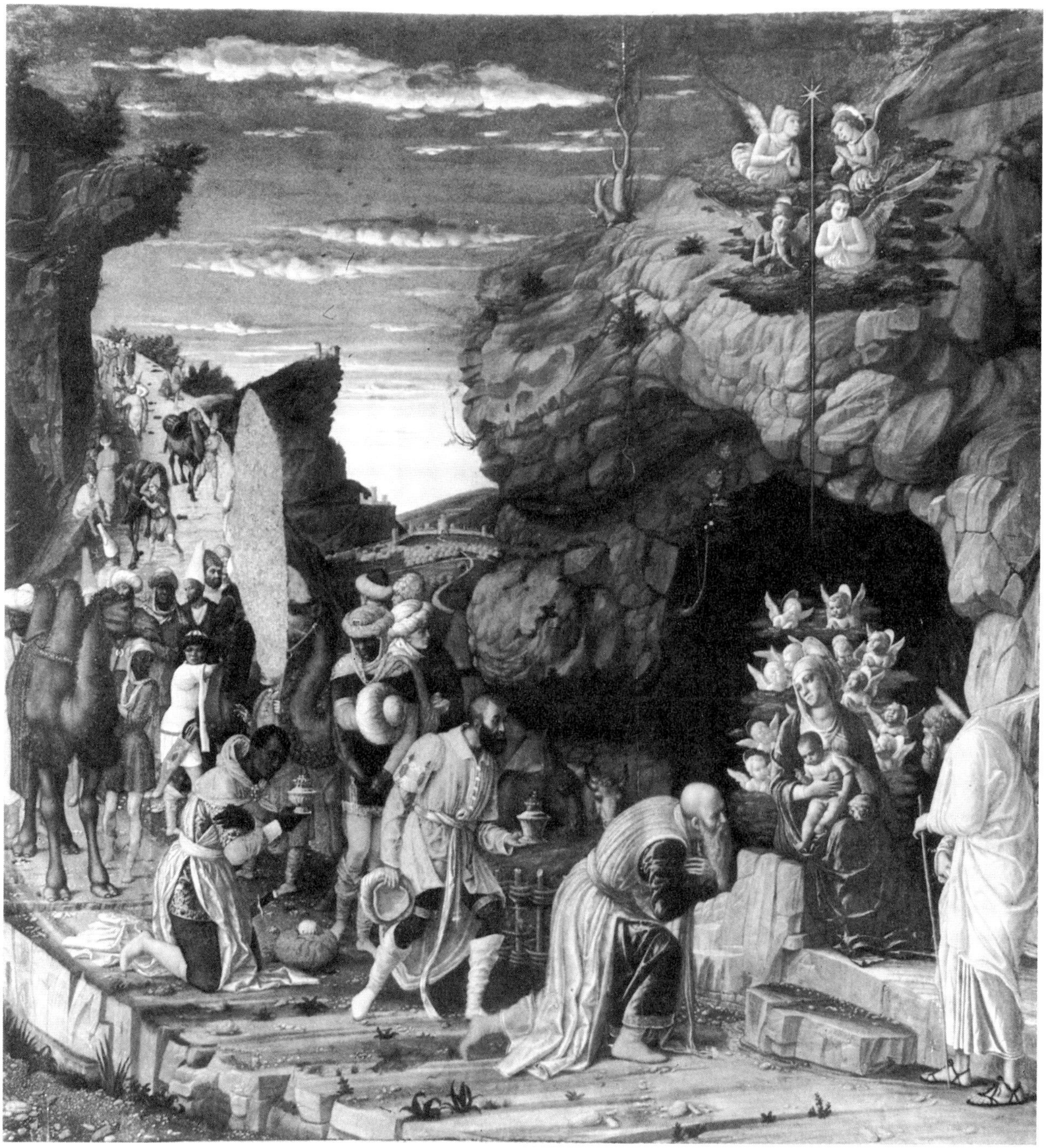

Abb. 19: Andrea Mantegna: Anbetung der Könige. Predellentafel. Um 1460. Florenz, Uffizien

kommunizierenden Adersystem entstammen. Dieses schon HOMER bekannte Theorem spielte, wo immer es um die Frage nach der Herkunft großer Flüsse ging, bis ins 17. Jahrhundert hinein die Rolle eines sakrosankten wissenschaftlichen Erklärungsmodells.[10] Es war MANTEGNA, der dieses Theorem als Künstler entdeckte und für die Kunst verfügbar machte. Seine neuartige Höhle ist nichts anderes als der bildhafte Ausdruck dieser Entdeckung. Sie versteht sich als eine vor Zeiten geplatzte Wasserader, die nicht mehr funktioniert. Im Umkreis ihres Eingangs liegen Kieselsteine und Muscheln verstreut – Meeresablagerungen, die einstmals im Wasser des unterirdischen Flusses mitgeschleppt und vom Adermund ausgespuckt wurden. Sie sind nicht die einzigen Spuren der vormaligen Flußtätigkeit. Zu ihnen gesellen sich die Spuren, welche die Flußtätigkeit im Felsen selbst hinterließ. Der die Höhle rahmende Fels erscheint kleinteiliger zerbrochen als alle übrigen Felsstücke im Bild. Er zeigt damit an, daß er in einer fernen Vergangenheit einer gewaltigen Erschütterung ausgesetzt war – jener Erschütterung, die eintrat, als die Ader platzte und die Höhle entstand.

MANTEGNAS Höhle ist neuartig auch in ideologischer Hinsicht. Im Unterschied zu den bisherigen Lehmhügelhöhlen, die, bedeutungsmäßig neutral, Heilige so gut wie Drachen *(Abb. 18)* beherbergen können, hat sie die positive Bedeutung eines religiösen Symbols: sie dient dazu, das Mysterium der Menschwerdung Gottes sinnfällig zu machen. Ihr einstiges Wasser ist – infolge Verstopfung der Arterie – versiegt. Die Stelle des Flusses nimmt der Gottessohn, das Wesen aus dem Jenseits, ein, dessen Geburt sich analog der Flußgeburt vollzog. Wie der Fluß, obwohl vom verborgenen Ozean stammend, als Süßwasserstrom dem Schoß der Erde entsprang, so trat der Gottessohn, obwohl im Unendlichen gezeugt, durch den Schoß einer irdischen Mutter ins Diesseits hinein. Er verkörpert die „süße", übernatürliche Quelle, welche die natürliche ersetzt und den Drei Königen nach lange durchwanderter Durststrecke schließlich zur Labung gereicht.

MANTEGNAS wissenschaftlicher Höhlenbegriff erwies sich als überaus zukunftsträchtig. Gerade weil er statt einer Bergganzheit (einem aufgebrochenen Hohlhügel) einen bestimmten Bergteil (die Mündungsstelle der unterirdischen Flußader) darstellt, machte er es möglich, ein ganzes Gebirge sich durch eine einzelne Höhle bzw. durch einen damit besetzten kleinen Gebirgsausschnitt vertreten zu lassen. Damit aber war zum erstenmal auch eine wirklichkeitsangemessene lückenlose Fortsetzung zwischen Gebirge und Hügelland darstellbar geworden. Mit den bisherigen Mitteln war sie das nicht, da das Bergmasse- und das gebuckelte Plateaumodell ihrer theoretischen Schwierigkeiten wegen auf keinen gemeinsamen geologischen Nenner gebracht werden konnten. MANTEGNAS Vorgänger hatten eine gleichzeitige Darstellung von Berg- und Hügelland denn auch gar nicht erst versucht – es sei denn, sie wären vom Thema her dazu gezwungen worden.

Was im Fall eines solchen Zwanges herauskommen mußte, veranschaulicht die 1454 von Giovanni di PAOLO gemalte Tafel mit dem *„Gang des Hl. Johannes in die Wüste" (Abb. 15)*. Ihre Raumstruktur ist geradezu abartig, obwohl oder gerade weil die einzelnen Landschaftsstücke präzise der damaligen wissenschaftlichen Vorstellungsweise entsprechen. Giovanni konnte sich die Zivilisation, welcher der junge Täufer den Rücken zukehren sollte, nur als das Land, wo die weichen Lehmhügel sprießen, die Wüste nur als zerborstene, scharfgezackte Flammenbergwildnis vorstellen. Zur Verbildlichung des Lehmhügellandes stand ihm das übersichtige gebuckelte Plateaumodell, zur Verbildlichung der Flammenbergwildnis das untersichtige Bergmassemodell zur Verfügung. Beide Modelle mußten auf gut Glück aneinandergestückt werden. Das sind Gebirgsausschnitt und Hügelland zwar auch bei MANTEGNA. Aber nichtsdestoweniger bilden sie hier eine organische Einheit – einfach deswegen, weil das wirkliche Verhältnis umgekehrt und der vordergründige Gebirgsausschnitt zum Durchblick auf das hintergründige Hügelland gemacht wurde. Bergmasse- und gebuckeltes Plateaumodell sind aufgehoben in einem neuen Modell. Man könnte dieses als das „Repoussoir-Modell" bezeichnen.

Das Repoussoir-Modell

Das Repoussoir-Modell wurde zu einem der praktikabelsten und wirkungsvollsten aller Vorstellungsmodelle in der Geschichte der Landschaftsgestaltung. Von ihm ging unter anderen der 21jährige LEONARDO aus, als er seine berühmte *„Arnolandschaft" (Abb. 20)* zu zeichnen begann. Diese Landschaft, die dem handschriftlichen Vermerk zufolge am 5. August 1473 vollendet worden ist, trägt ihren offiziellen Titel zu Unrecht. Sie hat – von dem Hitze anzeigenden Flimmern der Bäume abgesehen – wenig mit der hochsommerlichen Wirklichkeit des Arnotales gemein und läßt sich darin auch nirgendwo lokalisieren. Tatsächlich ist sie – wie schon ihre widersprüchliche Perspektive beweist – im gleichen Sinne Konstrukt wie die Landschaft MANTEGNAS *(Abb. 19)*. Daß sie lebendiger wirkt, liegt an ihrer „Hauptfigur" – dem Wasser. Das Wasser ist hier zum ersten Mal als das Element dargestellt, das die Erdoberfläche hier und jetzt formt und durch seine zerstörerische und zugleich aufbauende Tätigkeit deren Geschichte bestimmt. Die zerstörerische Tätigkeit erscheint als die Hauptsache. Sie ist engstens mit dem gebirgigen Ursprung gekoppelt – der Höhle, die sich direkt unter dem Kamm der großen vordergründigen Klippe befindet. Der aus diesem hochgelegenen Adermund schießende Bach scheint im Begriff, den Klippenfelsen senkrecht zu zersägen, nachdem er zuvor schon einen Teil des Geländes zum Kessel ausgelaugt und sich von dort eine Schlucht genagt hat, die seiner gestauten Masse mitsamt dem Geröll den Abfluß in das breite Stromtal ermöglicht. Das Stromtal bringt die befruchtende Tätigkeit des Wassers zur Geltung. Mit seinen beackerten Schwemmlandgebieten und dem sanft abfallenden Saum seiner Horizonthügel zeigt es, was aus dem Prozeß der allmählichen Gebirgsabtragung geworden ist und weiterhin wird. Es vertritt eine jüngere Erdgeschichtsphase als das vordergründige Schlucht- und Kesselgelände und deutet damit auf dessen eigene Zukunft. Seine Anwesenheit ist gleichsam der Beweis, daß die Unterhöhlung und der schließliche Zusammenbruch des mächtigen Kastellfelsens am Rande der Schlucht, der jetzt das Stromtal beherrscht, nur eine Frage der Zeit sind.

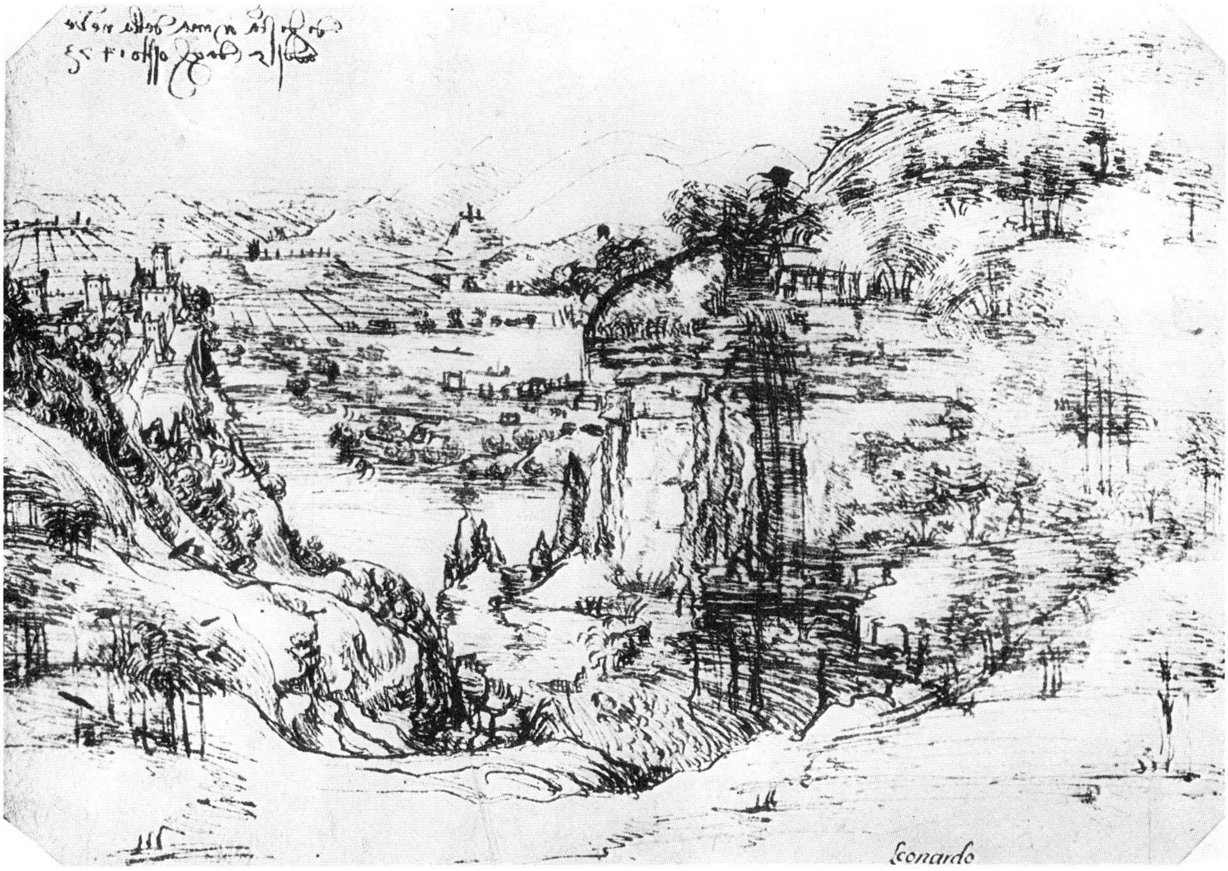

Abb. 20: Leonardo da Vinci: „Arnolandschaft". Feder und Tinte. Dat. 5. 8. 1473. Florenz, Uffizien, Nr. 8P

Mit dem Wasseradertheorem hat sich LEONARDO auch später immer wieder intensiv auseinandergesetzt – schriftlich, zeichnerisch und in Gemälden. So ist das Theorem von entscheidendem Einfluß etwa für den Landschaftshintergrund der *„Anna Selbdritt" (Abb. 21)* gewesen.

Der gelehrte Künstler – eine neue Gottheit

Künstler sind von Hause aus keine Wissenschaftler. Wenn sie es vom 15. Jahrhundert an gelegentlich wurden, dann bestimmt nicht deswegen, weil sie ihre Vorbilder statt in den Musterbüchern in der Wirklichkeit selbst gesucht und ihre Kunst auf die unmittelbare Naturbeobachtung gegründet haben. Wiedergabe unmittelbar beobachteter Wirklichkeitsausschnitte hat es schließlich immer schon dann und wann gegeben, ohne daß sich deswegen etwas am Handwerkerstatus des betreffenden Künstlers geändert hätte. Zu Wissenschaftlern wurden die Künstler in dem Maße, wie sie ihr Handwerk auf Theorie abstellten. Die Theorie wies ihnen den Weg zur Rekonstruktion dessen, was sich hinter den beobachtbaren Einzelphänomenen an wesenhaften Grundstrukturen verbirgt. Sie machte es möglich, die Wahrheit des schieren Augenscheines in die Wahrheit des wissenschaftlichen Begriffs zu verklären.

Länger als ein Jahrtausend zählten im christlichen Abendland Malerei und Plastik zu den „servilen" Künsten – wie die Schmiede-, Schuhmacher- oder Kochkunst. Ihre vornehmste Aufgabe bestand darin, der Laienbelehrung dienliche bildliche „Wort-für-Wort-Übersetzungen" geheiligter Textausschnitte zu liefern. Von ihren Produzenten wurden Beherrschung der Materialien und Techniken sowie Kenntnis der einschlägigen Typenmuster erwartet.

Seit dem ausgehenden 13. Jahrhundert begann sich diese Situation zu ändern. Ein selbstbewußt gewordenes städtisches Bürgertum verlangte nach Erweiterung und Aktualisierung der traditionellen Darstellungsinhalte und damit nach neuen Darstellungsweisen. Aus den formelhaften „Übersetzungen" wurden bildliche „Kommentare",

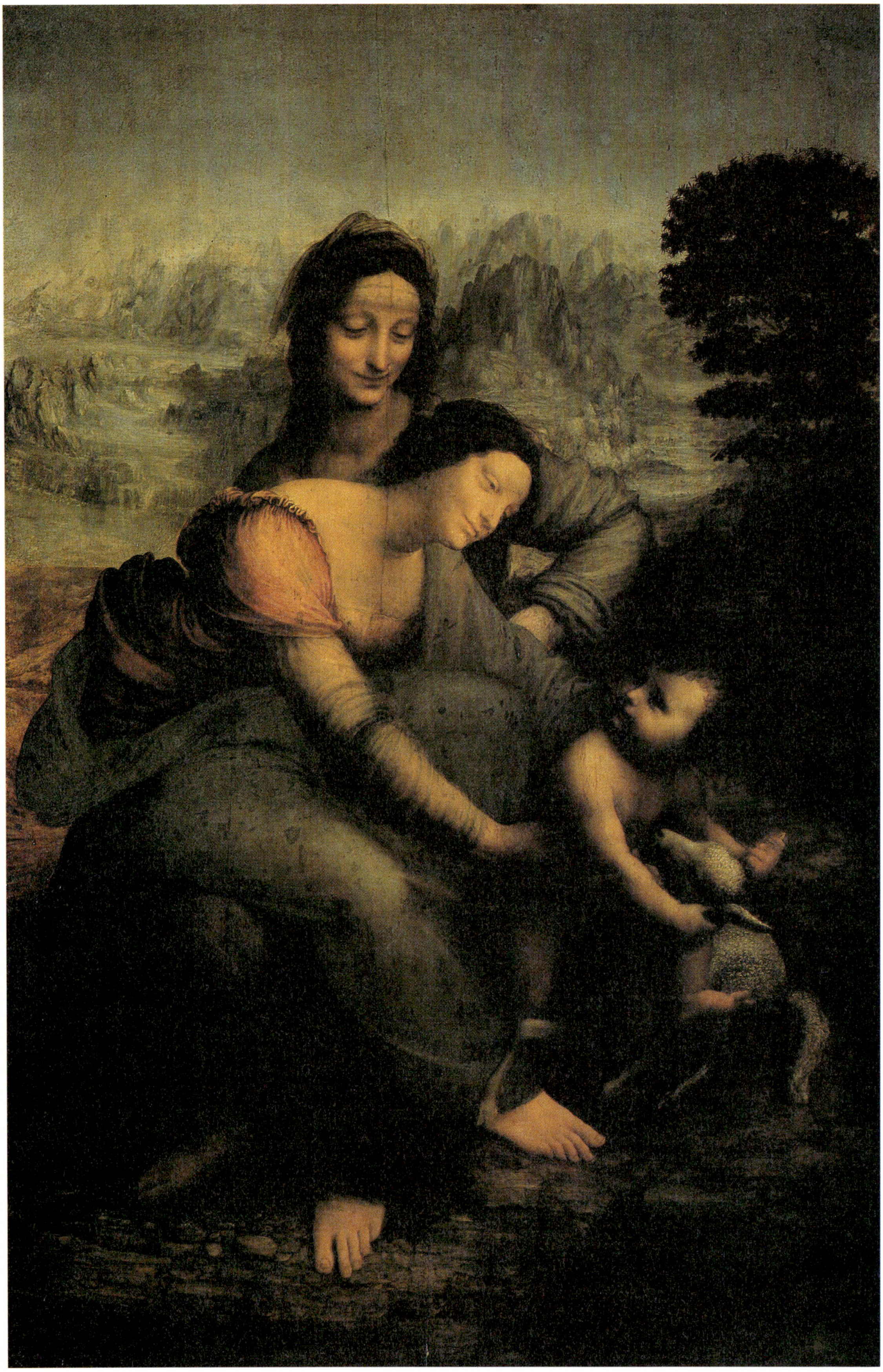

Abb. 21: Leonardo da Vinci: Anna Selbdritt. 1510. Paris, Louvre

Darstellungen, die von einer subjektiven Ausdeutung auch der Textimplikationen ausgingen und als Ausschnitte einer idealen, vereinfacht dargestellten Alltagswirklichkeit empfunden werden konnten. Der eigenständigen Kreativität der Produzenten war unversehens ein Freiraum geöffnet. Er wurde anfänglich dazu genutzt, neue Kompositionsmethoden zu entwickeln und die Anschaulichkeit des Dargestellten durch dessen konsequente Verräumlichung und Dynamisierung zu steigern. Seit dem ersten Viertel des 15. Jahrhunderts jedoch gesellten sich zu diesen aus intensiver Beobachtung genährten Praktiken mehr und mehr Versuche, die Kunst auf eine umfassende Theoriegrundlage zu stellen und damit zu einer angewandten Wissenschaft zu machen. Die Künstler wurden zu Forschern. Sie entdeckten die Linear- und später die Farbperspektive und sahen sich plötzlich imstande, auf ihren Tafeln oder Reliefs die perfekte Illusion architektonischer und landschaftlicher Räume zu erzeugen. Sie erforschten die Gesetze, die hinter den Effekten von Harmonie und Schönheit zu stecken scheinen, und machten ihre Kunst zur Konkurrentin der wissenschaftlichen Musiktheorie. Sie spürten dem Aufbau des menschlichen Körpers und den Funktionsweisen seiner inneren Apparaturen, den Prozessen der Erdoberflächenbildung und des Pflanzenwachstums, den Veränderungen des Lichts und der Atmosphäre nach und gewannen dadurch die Mittel, mikro- und makrokosmische Erscheinungs- und Verhaltensweisen in einer bis dahin nie gesehenen Naturgemäßheit wiederzugeben. Um 1500 hatten sie ihr Fernziel erreicht. Der Künstler besaß das Ansehen und weitgehend auch die Bildung des Gelehrten. Er konnte sich als eine neue Gottheit feiern lassen, der man die authentische Rekonstruktion der göttlichen Schöpfung zutraute.

24. Die holländische Kunst des 17. Jahrhunderts

Reinhart Schleier

Die holländische Kunst des 17. Jahrhunderts steht im Mittelpunkt dieses Beitrags. Auf *Florenz* und die übrigen italienischen Zentren der Früh- und Hochrenaissance folgt hier nun *Amsterdam* als Metropole unter den Städten der sieben nordniederländischen Provinzen. Die nächsten beiden Beiträge haben zwei weitere Weltstädte zum Thema – das *London* des 18. Jahrhunderts und das *Paris* des 19. Jahrhunderts. Die vier Stationen lassen erkennen, wie sehr Neuerungen und Problemstellungen der abbildenden Funktionen von Kunst in den zu ihrer Zeit jeweils führenden Wirtschafts- und Kulturzentren formuliert wurden.

Mit dem Entwicklungsschub der italienischen Kunst des 15. Jahrhunderts – vor allem in ihren theoretischen Grundlagen – waren die Innovationen der altniederländischen Malerei zeitlich parallel gegangen, die sich technisch und künstlerisch auf die beschreibende Wiedergabe der sichtbaren Welt in einer bis dahin unbekannten Dichte richteten. Das wissenschaftliche Instrumentarium der Theoretiker von ALBERTI bis LEONARDO und DÜRER – im 16. Jahrhundert international vermittelt – verschmolz in der holländischen Malerei und Graphik des 17. Jahrhunderts mit den bildkünstlerischen Traditionen der Altniederländer zu einer neuen Kunst.

Diese neue Kunst produzierte für die kulturellen Bedürfnisse einer städtischen, bürgerlichen Gesellschaft, die sich nach langen Jahren politischer Umbrüche aus spanisch-habsburgischer Herrschaft befreit, nationale Selbständigkeit gewonnen und im internationalen und interkontinentalen Handelsaustausch eine Spitzenrolle übernommen hatte. In der Republik der Vereinigten Niederlande fehlten weitgehend die kunstfördernden Leitinstanzen der Höfe, des Adels und vor allem der Kirche – die offizielle Reformierte Kirche hielt sich strikt an das Bildverbot in den Gotteshäusern. Aus traditionellen Auftragsbindungen entlassen, arbeiteten die Künstlerateliers für die neuen Aufgaben städtischer Repräsentation und für die private Kunstrezeption im bürgerlichen Haushalt. Sie entfalteten besondere Formen des Bildes, der Bildthemen und der Bildsprache.

Zum ersten Mal in der Geschichte der abendländischen Kunst wenden sich die Bildkünste umfassend und vielfältig der zeitgenössischen Gesellschaft zu. Sie vergegenwärtigen den ganzen Horizont von Stadt und Land mit ihren Lebensbereichen und Lebensformen in einem facettenreichen Gesamtbild. Der Breite der Themenfächerung zu einer visuellen Anatomie Hollands entspricht die Intensität des visuellen Zugriffs auf die Bildgegenstände. Sie werden nach den optischen Erkenntnissen und Erfahrungen des Jahrhunderts von Teleskop (erfunden 1609/10) und Mikroskop (erfunden 1615) wahrgenommen und dem Auge des Betrachters in einer neuen Qualität differenzierter Beschreibung vermittelt. Nur scheinbar ist die holländische Kunst des 17. Jahrhunderts mit ihrem großen Reichtum stofflicher und atmosphärischer Vergegenwärtigung eine Kunst allein für das Auge. In der Vielzahl neuer Bildthemen und Bildgattungen wird die Gegenwart holländischen Lebens nicht etwa mechanisch gespiegelt, sondern bewußt gesehen, beziehungsreich geordnet, überhöhend oder ironisch gedeutet und mit unterschiedlicher Zielsetzung gesellschaftlich interpretiert.

Die historische Situation – Holland im 17. Jahrhundert

Während in Holland in der 1. Hälfte des 17. Jahrhunderts ein beispielloser wirtschaftlicher Aufschwung einen nie gekannten Reichtum brachte, der entscheidend zur Entwicklung jener Kunst beitrug, die in diesem Beitrag vorgestellt werden soll, tobte im übrigen Mitteleuropa der Dreißigjährige Krieg.

Zwei Bildbeispiele sollen zeigen, wie unterschiedlich das Thema „Krieg" in den nördlichen Niederlanden (Holland) und in den südlichen, spanisch/habsburgisch beherrschten Niederlanden aufgefaßt und dargestellt werden konnte – und zwar sowohl in ikonographischer als auch in stilistischer Hinsicht. Dieser Vergleich wird uns zu Fragen nach den Besonderheiten der politischen und wirtschaftlichen Situation in Holland und den Wesensmerkmalen der holländischen Malerei des 17. Jahrhunderts führen.

Krieg und Frieden – zwei Bildzeugnisse

Am 12. März 1638 sandte Peter Paul RUBENS aus Antwerpen seinem Malerkollegen Justus SUSTERMANS in Florenz einen Brief, in dem er einem kurz zuvor an den Hof des Großherzogs der Toscana gelieferten Auftragsbild eine Bilderklärung nachreichte. RUBENS beschreibt das große Gemälde *„Die Folgen des Krieges"*, das sich noch heute in Florenz im Palazzo Pitti befindet, und entschlüsselt die inhaltlichen Grundzüge dieser Kriegsallegorie *(Abb. 1)*.

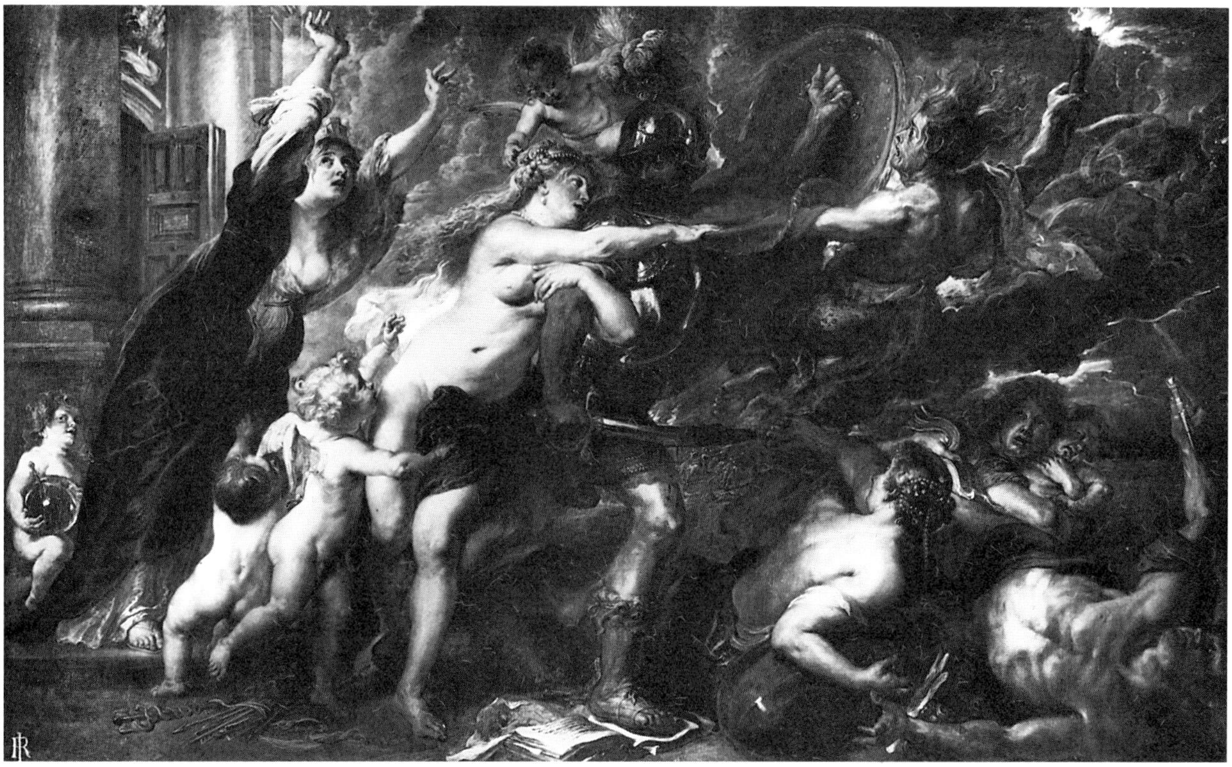

Abb. 1: Peter Paul Rubens: Die Folgen des Krieges. 1638. Florenz, Palazzo Pitti

Zugleich drückt er seine tiefe Besorgnis über den politischen Zustand des „unglücklichen Europa" aus, welches „schon so viele Jahre lang Raub, Schmach und Elend erduldet":

„Die Hauptfigur ist Mars, welcher den geöffneten Tempel des Janus – der nach römischer Sitte in Friedenszeiten geschlossen blieb – verlassen hat und mit dem Schilde und dem bluttriefenden Schwerte den Völkern ein großes Unheil androhend, einherschreitet. Er kümmert sich wenig um Venus, seine Gebieterin, die, von ihren Amoretten und Liebesgöttern begleitet, sich abmüht, ihn mit Liebkosungen und Umarmungen zurück zu halten. Auf der anderen Bildseite wird Mars vorwärtsgezogen von der Furie Alekto, die eine Fackel in der Hand hält. Daneben Ungeheuer, welche Pest und Hunger, die untrennbaren Begleiter des Krieges, bedeuten. Auf dem Boden liegt rücklings hingestreckt ein Weib mit einer zerbrochenen Laute, welche die mit der Zwietracht unvereinbare Harmonie bezeichnet, ebenso auch eine Mutter mit ihrem Kind im Arm, welche anzeigt, daß die Fruchtbarkeit, die Zeugung und die elterliche Liebe durch den Krieg, der alles zerstört und vernichtet, verkehrt werden. Ferner sieht man einen Baumeister auf den Rücken gestürzt, mit seinen Instrumenten in der Hand, um auszudrücken, daß dasjenige, was in Friedenszeiten zu Nutzen und Zierde der Städte erbaut ist, durch die Gewalt der Waffen in Ruinen stürzt und zugrunde geht. Ich glaube, wenn ich mich recht entsinne, daß Sie am Boden unter den Füßen des Mars noch ein Buch finden sowie eine Zeichnung auf Papier, um anzudeuten, daß Mars die Wissenschaft und alles übrige Schöne mit Füßen tritt. Es muß auch noch ein Bündel von Pfeilen da sein, deren Band, das sie früher zusammenhielt, aufgelöst ist, während sie vereint als das Sinnbild der Eintracht angesehen werden, so wie der Schlangenstab und der Olivenzweig als Symbole des Friedens, die danebenliegend von mir angebracht sind. Jene schmerzdunkle Frau aber, schwarz gekleidet und mit zerrissenem Schleier und all ihrer Edelsteine und ihres Schmuckes beraubt, ist das unglückliche Europa, welches schon so viele Jahre lang Raub, Schmach und Elend erduldet, die für jedweden so tief spürbar sind, daß es nicht nötig ist, sie näher anzugeben. Ihr Symbol ist der Globus, der von einem kleinen Engel oder Genius getragen wird, mit dem Kreuz darüber, das die christliche Welt bedeutet."[1]

Von links her entrollt sich die Gruppe mit drängenden Bewegungsschüben, die das Bildfeld zu sprengen drohen. Die Klagefigur der Europa, die verschlungene Gruppe von Mars und Venus mit ihren Putten, die Mars zum Krieg zwingende Furie mit der Fackel, schließlich die zu Boden gedrückten Opfer verbinden sich in wilden, strudelnden Diagonalketten zu einem auf hoher Spannung gehaltenen Bildrelief.

Im Jahrzehnt vor RUBENS' Kriegsallegorie, in den 1620er Jahren, hat Hendrik TER BRUGGHEN, in Utrecht tätig, sein Bild vom *„Schlafenden Mars"* geschaffen, das dort jetzt im Centraal Museum aufbewahrt wird *(Abb. 2)*. Ein Krieger in kostbarer, metallisch aufleuchtender Rüstung aus Harnisch, federgeschmücktem Helm und großem Schwert in der gesenkten Linken stützt im Schlaf den Kopf in die angewinkelte Rechte auf eine Trommel. Nah und groß ist der Soldat ins Bild gerückt – eine Sitzfigur, im Schlummer entspannt und gelöst, doch zugleich in ihren Energien so gesammelt, als könne sie jederzeit aufwachen und sich erheben.

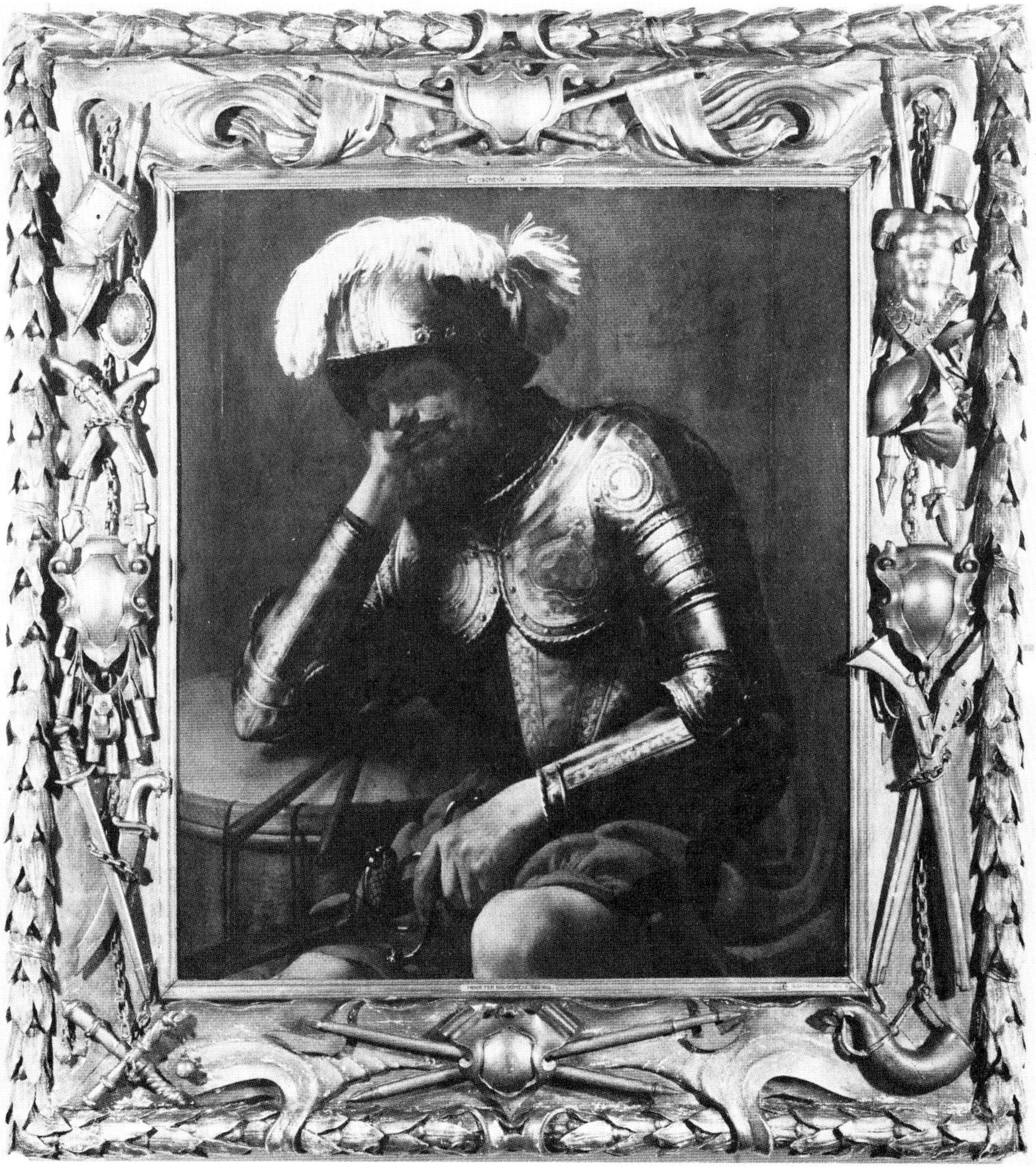

Abb. 2: Hendrik Ter Brugghen: Schlafender Mars. Um 1625. Utrecht, Centraal Museum

Vielleicht wurde TER BRUGGHENS Gemälde für einen unbekannten Utrechter Auftraggeber ausgeführt oder für den Amsterdamer Kaufmann, Kunstsammler und Kunsthändler Marten KRETZER. 1650 kündigte die Zeitung *Amsterdamsche Courant* den Verkauf von KRETZERS Kunstsammlung zusammen mit dem Hinweis auf den zugehörigen Versteigerungskatalog an. Für diesen wohl hat Lambert van den BOS viele der ausgebotenen Werke beschrieben, auch TER BRUGGHENS Bild in diesem Gedicht:

> „Schläfst du, Mars, so kühn und fromm,
> Einst so feurig in der Schlacht,
> Ter Brugge sagt, schläfst du
> Oder schlafe ich und ist's ein Traum?
> Ja, Mars schläft, das ist gewiß,
> vielleicht um sich wieder zu erheben ..."[2]

Der Dichter sieht und interpretiert die Figur als Darstellung des antiken Kriegsgottes. Auf Mars verweisen auch die vor 1658 entstandenen Zeilen von Jan VOS mit dem Bild- und Gedichttitel „Auf das Gemälde, in dem Mars auf einer Trommel schläft":

> „Meinen Kameraden:
> Ruhe, Kameraden, Ruhe! Zu laut sind Eure Worte –
> Mars, der Kriegsgott, ist hier in Schlaf gefallen;
> Denn er ist trunken, doch noch nicht satt vom Blut,
> Und wenn Ihr ihn weckt, wird er das Schlachtschwert ziehen!
> So rührt nicht an der Trommel, daß sie seine Ruhe nicht stört –
> Denn wenn Krieg erwacht, entschläft jedes Recht."[3]

Auch in der Druckgraphik der Zeit tritt das Motiv des schlafenden Soldaten in der Deutung als Mars auf, etwa in einem vor 1630 publizierten Stich mit der Unterschrift:

> „Mars schläft, im Schlaf noch höher gelobt,
> Er schlafe fort und fort zum allgemeinen Wohl."[4]

Der wohl gegen 1650 – vielleicht für die Versteigerung – gefertigte Holzrahmen mit seinem reichen Schnitzwerk unterstreicht im dargestellten Kriegsgerät die zeitgenössische Interpretation von TER BRUGGHENS Gemälde als einer Mars-Allegorie mit pazifistischen Akzenten: möge der Krieg für immer ruhen, sein Gott im Schlummer verharren, dann wird Frieden sein und das Land gedeihen – so die Botschaft des Bildes. Aus Utrechter Sicht der 1620er Jahre und aus Amsterdamer Perspektive um 1650 gab es aktuellen Anlaß, in einer Bildallegorie friedenssichernde Politik programmatisch einzufordern.

Im Sommer 1627 hielt sich RUBENS in geheimdiplomatischer Mission in Holland auf, auch in Utrecht – vielleicht hat er dort TER BRUGGHENS Bild gesehen. Der Antwerpener Meister und sein Utrechter Malerkollege standen sich in ihrer politischen Einschätzung und in ihrer Hoffnung auf Frieden sicher nahe, doch vermitteln ihre gemalten Mars-Allegorien unterschiedliche Ansätze:

- RUBENS entwirft sein Bildprogramm für den Florentiner Großherzog aus dem Blickwinkel Antwerpens und der südniederländischen Provinzen. Zielrichtung und Thema ist die politische Lage Europas im Kräftespiel der Mächte während des Dreißigjährigen Krieges. Seine Sprache mit ihrem hohen Pathos orientiert sich trotz ihrer offenen Stellungnahme an den Normen höfisch-diplomatischer Bildallegorie.

- TER BRUGGHEN – ob nun im Auftrag aus Utrecht oder Amsterdam – formuliert das Kriegs- und Friedensthema aus der Position einer relativen politischen Sicherheit der sieben nordniederländischen Provinzen und bezieht sich auf interne Interessenlagen zwischen den holländischen Stadtregenten und dem Statthalter in Den Haag. Er kleidet Friedenswunsch und -hoffnung in die neue holländische Bildsprache: so könnte ein Wachoffizier aussehen, der eben eingenickt ist, so das Licht auf den Metallreliefs der Rüstung spiegelnd aufscheinen. Sein Auftraggeber konnte in der Einfachheit des Motivs und im Reichtum seiner ästhetischen Bearbeitung zugleich die politische Dimension reflektiert und ausgesprochen finden.

Die Republik der Vereinigten Niederlande

Die Geschichte von TER BRUGGHENS *„Schlafendem Mars“* verbindet sich in zweifacher Hinsicht mit der Geschichte der Republik der Vereinigten Niederlande.

Als TER BRUGGHEN an dem *„Schlafenden Mars“* arbeitete (die Datierungen in der Forschung schwanken um mehrere Jahre), war eine wichtige Phase der politischen Festigung abgeschlossen: der „Bestand“, der 12jährige Waffenstillstand, der 1609 in Utrecht zwischen den Generalstaaten und der spanischen Krone geschlossen wurde. PHILIPP III. und Erzherzog ALBERT erkannten darin die Souveränität der niederländischen Republik an: der Status quo war vertraglich festgelegt.

Zuvor hatte sich in mehreren Schritten die Loslösung der nördlichen Provinzen Holland, Seeland, Geldern, Utrecht, Friesland, Groningen und Overijssel vollzogen. Nach dem ersten Aufstand, 1565/66, dessen Schwerpunkt in Flandern und Brabant lag, hatten Holland und Seeland sich 1572 im zweiten Aufstand behaupten und durchsetzen können. 1579 bildeten sich in der Utrechter Union die Vereinigten Niederlande. 1581 erklärten sie ihre Unabhängigkeit, die 1596 von England und Frankreich, im Bündnis mit den Generalstaaten gegen Spanien, völkerrechtlich anerkannt wurde. Bis gegen 1600 war der territoriale Bestand der neuen Niederlande im wesentlichen gesichert, ihr Kernbereich von da an nicht mehr gefährdet.

Als TER BRUGGHENS Bild 1650 versteigert und von Lambert van den BOS in pazifistischer Grundhaltung literarisch gewürdigt wurde, lag der Friedensschluß von Münster zwei Jahre zurück. Die sieben Provinzen unter Führung Hollands mit Amsterdam als Metropole standen auf dem Höhepunkt ihrer langen historischen Emanzipation aus spanischer Abhängigkeit.

„Die europäische Machtstellung der Niederlande war vielleicht niemals so bedeutend wie damals, als sie am 30. Januar 1648 in Münster den spanischen und niederländischen Sonderfrieden als den ersten in der Reihe der westfälischen Friedensschlüsse dieses Jahres unterzeichnen konnten. Sie diktierten ihre Bedingungen, spielten gleichzeitig Vermittler zwischen Frankreich und Spanien und wurden von allen in Münster versammelten Mächten hoch geachtet, wenn nicht umworben. Der Friedensschluß mit Spanien erhielt sein europäisches Gewicht für die Niederlande nicht allein durch die erfolgreiche Beendigung des 80jährigen Ringens mit der bis dahin führenden abendländischen Macht, sondern zugleich durch die Tatsache, daß damit ‚vor dem feierlichen Forum der damaligen Staatengesellschaft und in einer Zeit, die vorwiegend ganz anders orientiert war, eine Welt des Allgemein-Besten ihre Bestätigung erhielt, deren Entfaltung ohne Zweifel einen großen Augenblick in der europäischen Geistes- und Kulturgeschichte darstellt‘ (Poelhekke).“[5]

Zur Einweihung des neuen Amsterdamer Rathauses 1655 (vgl. S. 357) wurde eine Erinnerungsmedaille geprägt. Ihre Vorderseite zeigt den monumentalen Bau Jacob van CAMPENS. Über dem Rathausplatz, auf dem sich die Bürger Amsterdams versammelt haben, schwebt wie ein Schirmherr Merkur als Gott des Handels und der Freiheit – Symbol (wie die Ausstattung des Rathauses selbst) für die Wirtschaftsblüte der Stadt und des Landes. Der Bau markiert den Höhepunkt der 80jährigen Entwicklung, die das wirtschaftliche Süd-Nord-Gefälle innerhalb der 17 niederländischen Provinzen (des heutigen Belgien und Holland) umgekehrt hatte in ein Nord-Süd-Gefälle mit Amsterdam als Erbin des einstigen Welthandelszentrums Antwerpen.

Diese Entwicklung wurde durch eine Reihe von Faktoren bestimmt:

- durch die religiösen Konflikte in den Niederlanden als Folge gegenreformatorischer Politik der spanischen Krone;
- durch Autonomieansprüche der niederländischen Städte und Provinzen gegenüber der spanischen Zentralverwaltung;
- durch die geopolitische Lage Spaniens und der spanischen Niederlande im Kräfteverhältnis mit Frankreich und England;
- durch militärpolitische Fehlentscheidungen, etwa den spanischen Versuch einer Invasion Englands, der im Untergang der Armada endete (1588) und den Aufstieg Hollands zur führenden Seemacht beförderte;
- durch die Dauerblockade der Schelde seit 1585, des Atlantikzugangs für den Hafen Antwerpens;
- durch Hollands natürliche Randlage auf dem europäischen Kontinent und seinen ungehinderten, vielgliedrigen Atlantikzugang.

Das wirtschaftliche Wohlergehen der holländischen Bürger und eine geschickte, an den Interessen der Kommunen anknüpfende politische Führung waren die notwendigen Bedingungen für die Blüte der Malerei und ihre vielfältige Auffächerung und Spezialisierung. Daher ist es sinnvoll, sich die wirtschaftlichen und politischen Strukturen der nördlichen Niederlande zu vergegenwärtigen.

Immigration und Städtewachstum

In den frühen 1620er Jahren zählte Amsterdam als größte Stadt der Provinz Holland etwa 120000, das nur 20 Kilometer westlich gelegene Haarlem mehr als 40000 Einwohner. Über 670000 Menschen lebten zu dieser Zeit in der Provinz, davon mehr als die Hälfte in Städten. Gut hundert Jahre zuvor, 1514, waren es nur 275000 – Daten, an denen sich der Umfang der demographischen Umgewichtung ablesen läßt. Deutlicher noch sprechen Zahlen für Leiden, nur 30 Kilometer von Haarlem entfernt: innerhalb von etwa zwei Generationen, zwischen 1570 und 1640, hatte sich die Stadtbevölkerung mehr als verfünffacht – von 12000 auf 65000. Holland als Spitzenreiterin der sieben nördlichen Provinzen bildete eine dichte Städtelandschaft, ein Städtenetz mit gewaltiger Wirtschaftskraft. Die demographische und ökonomische Entfaltung Hollands im 17. Jahrhundert bedeutet den Abschluß einer jahrhundertelangen Entwicklung im Territorium des heutigen Belgien und Holland.

„Das eigentlich Besondere an der Entwicklung der Niederlande zu einem der führenden Städteländer [...] liegt in der Aufeinanderfolge immer neuer stadtzeugender Impulse. Während es in der deutschen Stadtgeschichte nur zwei große stadtschöpferische Perioden gegeben hat, das Hochmittelalter und das 19./20. Jahrhundert, und dazwischen nur Sonderschöpfungen wie die Festungs- und Residenzstädte entstanden sind, ging in den Niederlanden dieser Prozeß dank der hier aufeinandertreffenden politischen, gewerblichen und Welthandelsenergien, wenn auch in ständiger Verlagerung, ohne Unterbrechung bis ins 17. Jahrhundert weiter: die anfangs führende Gruppe der Maasstädte mußte seit etwa 1100 die Führung an die seitdem politisch, gewerblich und im Handel begünstigten flämischen Städte abtreten; diesen folgten die brabantischen mit Einschluß von Antwerpen, das sich seit dem 15. Jahrhundert zur Handelsmetropole des Okzidents aufschwang, um dann im 17. Jahrhundert diese Rolle an Amsterdam abzutreten, von dem Vondel, der in Köln geborene Sproß einer Antwerpener Täuferfamilie, den Ausspruch hat tun können, es sei der wahre Mittelpunkt, um den die ganze übrige Welt herumgebaut sei. Immer neue Teile der Niederlande wurden bei diesem Prozeß von der städtischen Lebensform erfaßt.“[6]

Tausende von Familien zogen seit dem Ausbruch der politischen und religiösen Konflikte 1565/66, besonders nach dem Fall Antwerpens 1585, aus Brabant und Flandern in den Norden – ein Immigrantenstrom, der den Vereinigten Niederlanden entscheidende wirtschaftliche, wissenschaftliche, technische und kulturelle Impulse vermittelte. Qualifizierte Fachleute aus Handel, Bankgeschäft, Gewerbe, Handwerk, Wissenschaft und Kunst brachten ihr berufliches Können mit, aber auch Produktionsmittel und – vor allem – ihr Kapital:

Zwei Drittel der Buchverleger, -drucker und -händler in Holland kamen aus dem Süden, viele aus dem Medienzentrum Antwerpen. Leiden verdankte seinen Bevölkerungsanstieg auch dem Zuzug von Unternehmern und Facharbeitern der Textilbranche aus den älteren südniederländischen Tuchzentren: zwischen 1584 und 1620 stieg die Textilproduktion um etwa das Vierfache. Leiden wuchs sich zur Textilmetropole von europäischer Bedeutung aus, auch im Grad der Industrialisierung nur mit der Seidenstadt Lyon vergleichbar. Die Manufakturen waren um ständige technische Verbesserungen bemüht und, auf dem Höhepunkt, mit einer Palette von gut hundert Produkten unterschiedlicher Preisniveaus im Angebot auf den internationalen Märkten. Zwei Drittel der Lehrer und Hochschullehrer in Leiden, der ersten holländischen Universitätsstadt (ab 1575), waren Immigranten. Als 1602 in Amsterdam die erste der beiden Überseegesellschaften, die Ostindische Kompanie, gegründet wurde, brachten Investoren aus dem Süden 40% des Gründungskapitals auf.

Die Zuwanderung von Eliten aus Antwerpen oder Brüssel sicherte den Transfer von Know-how aus Hochfinanz und Verwaltung, Überseehandel und Technik nach Amsterdam und Haarlem, Leiden und Rotterdam.

Wirtschaftsblüte

Der Aufstieg Hollands zum frühkapitalistischen Musterland hatte viele Gründe. Einige Hauptfaktoren lassen sich hervorheben:

- Basis des Wirtschaftsaufschwungs war der traditionelle Ostseehandel. Holländische Schiffseigner und Reeder konnten ihn ausweiten und weitgehend monopolisieren. Der lebenswichtige Import von Getreide aus dem Baltikum nach Mittel- und Südeuropa – auch nach Spanien – wurde in Amsterdams Kontoren abgewickelt.
- Von Antwerpen verlagerten sich der internationale Geldverkehr und der internationale Warenverkehr nach Amsterdam, das mit der Bank (1609) und der Börse (1611) moderne Lenkungsinstrumente bereitstellte. Amsterdam stieg zum europäischen Stapelplatz auf, zur Drehscheibe von Import und Export.
- In Konkurrenz mit Spanien und Portugal eröffneten zunächst Privatinitiativen – die „Erste Schiffahrt“ – den Fernverkehr nach Asien, der 1602 in der Ostindischen Kompanie organisatorisch zusammengefaßt wurde. 1621 kam die Westindische Kompanie für den Überseehandel mit Amerika hinzu.
- Kapitalinvestitionen und -spekulationen erfaßten weiteste Bereiche der Binnenwirtschaft.

Grundlegend für die Ausweitung der Handelsströme in Europa, nach Ostasien und Amerika waren die Innovationskraft und der Unternehmersinn in der einheimischen Industrie und im Gewerbe. Dabei verzahnten und mischten sich Erfordernisse des Fernhandels mit dem Versuch bestmöglicher Nutzung eigener natürlicher und gewerblicher Ressourcen, die in exportfähige Produkte umzusetzen waren.

Um ein Beispiel zu geben: allein um den Seeverkehr gruppierten sich zahlreiche Geschäftsbereiche. Der technologische Vorsprung im Schiffbau – vor allem die Konstruktion leicht manövrierbarer Segelschiffe mit kleineren Crews als sonst erforderlich – ermöglichte niedrigere Frachtraten, steigerte die eigene Konkurrenzfähigkeit, erweiterte die Kapazitäten und führte zu monopolartiger Stellung der holländischen Werftindustrie in Europa. Ihr arbeiteten zahlreiche Zuliefergewerbe zu – vom Segelmacher über den Feinmechaniker nautischer Instrumente bis hin zum Bierhändler. Bier war in der Überseefahrt, aber auch an Land – wegen oft schlechter Trinkwasserqualität – ein Grundlebensmittel. Rotterdams Brauereien waren berühmt, Haarlem besaß 1628 etwa 50 Braubetriebe, die gerade auch für den Export arbeiteten. Für den stark nachfragenden Baumarkt – Amsterdam etwa erlebte zwischen 1586 und 1658 vier Stadterweiterungen – produzierten nordholländische Ziegeleien; sie lieferten ihre Baumaterialien aber auch als Ballastfracht an die Ostseeanrainer. Auch der traditionelle Heringsfang war exportorientiert. 80% der Fangquote wurden ausgeführt, ein großer Teil davon wiederum ins Baltikum.

Während anderswo in Mitteleuropa der Dreißigjährige Krieg Landwirtschaft, Handel und Gewerbe zerrüttete, erlebte Holland ein beispielloses Wirtschaftswachstum.

Die innere Verfassung Hollands

Wie Venedig und die Schweizer Kantone war die Republik oligarchisch verfaßt. Etwa 2000 Regenten – jeweils aus den regierungsfähigen Patrizierfamilien in die Vertretungen zugewählt (kooptiert) – entschieden über die Geschicke des Landes; 700 Regenten gab es in der Provinz Holland. Sie sandten ihre Vertreter in die Stadträte, in die sieben Provinzstaaten und in die Generalstaaten und behielten auf allen politischen Ebenen durch Rückkoppelung an die Basisgremien die Kontrolle.

„Daß sich der Bund der sieben Nordprovinzen als politisch lebens- und aktionsfähig erwies, verdankte er 1. dem tatsächlichen Übergewicht des führenden nordniederländischen Einzelstaates: Holland, dessen oberster Beamter, der Landesadvokat oder später Ratspensionär, de facto die Rolle des leitenden Ministers der Generalstaaten spielen konnte, 2. der Konzentrierung der militärischen Macht der Union in der Hand der Statthalter. Die Amsterdamer Regenten und die vornehmlich im Haag residierenden Oranier waren die beiden Pole, nach denen sich nunmehr die politischen Energien im ganzen Lande vornehmlich ausrichteten und deren spannungsreiches Zueinander die Geschicke der Republik bestimmte.“[7]

Anders als in anderen Ländern Europas, in denen feudalistische oder frühabsolutistische Regierungsformen vorherrschten, wurden in Holland Wirtschaft und Politik weitgehend vom Stadtbürgertum bestimmt.

Calvinismus und Bilderverbot

Seit der Union von Utrecht (1579) war in den Vereinigten Provinzen der Calvinismus die offizielle Glaubensgemeinschaft. Das von CALVIN ausgesprochene Bilderverbot und die Verbannung der Bildkünste aus den Gotteshäusern setzte die Reformierte Kirche in der Republik der Vereinigten Niederlande konsequent durch. Freilich ist die holländische Gesellschaft auch im religiösen Bereich durch Pluralismus, eine verhältnismäßig große Liberalität und eine pragmatisch umgesetzte Toleranz gekennzeichnet. In Rotterdam etwa bestanden im Jahr 1622 allein 10 Glaubensgemeinschaften nebeneinander.

„Neben der Reformierten Kirche, der einzigen offiziell anerkannten Kirche, erhielten im Laufe des 17. Jahrhunderts de facto Remonstranten und Katholiken, Taufgesinnte und Lutheraner Freiheit des Gottesdienstes, sofern sie ihn in Gebäuden hielten, die nicht als Kirche zu erkennen waren. Die strengen Calvinisten konnten nie die Mehrheit der Bevölkerung für sich gewinnen, mochte auch auf die Dauer die Mehrheit der Bevölkerung zur offiziellen Kirche zählen. Charakteristisch für die Niederlande im 17. Jahrhundert ist darum auch nicht ein calvinistisches Gepräge, sondern die große Mannigfaltigkeit der Konfessionen mit einer klar erkennbaren calvinistischen Dominanz.“[8]

Der Einfluß des Calvinismus auf die Wirtschafts- und Gesellschaftsform im frühkapitalistischen Holland ist in der Forschung nicht von der Sache her umstritten, wohl aber in der Frage, in welchem Maße bestimmend dieser Einfluß war. Dies gilt auch in der Frage der Folgen des Bilderverbots für die holländische Kunst. Der quantitative Anstieg ihrer Produktion und ihre Rezeption im bürgerlichen Haushalt, in der Bildersammlung, gelten in weiten Bereichen auch für die südlichen, unter gegenreformatorischer Kirchenpolitik stehenden Niederlande. In Antwerpen, nicht in Holland, ist im frühen 17. Jahrhundert der Typus der „Gemalten Galerie“ entstanden, dort auch entfalteten sich die neuen Bildgattungen, wenn auch in anderer ästhetischer Durchformung als in Holland.

Aspekte der holländischen Kunstproduktion im 17. Jahrhundert

Die *„Folgen des Krieges"* von RUBENS *(Abb. 1)* und der *„Schlafende Mars"* von TER BRUGGHEN *(Abb. 2)* sind Friedensbilder, formuliert jeweils aus der Sicht der spanischen und der Vereinigten Niederlande. Nicht nur das Thema – hier der Aufbruch des Kriegsgottes, dort sein Schlummer – unterscheidet die beiden Gemälde, sondern auch die künstlerische Bearbeitung des Themas:

- RUBENS stattet sein Bild mythologisch-allegorisch aus, spricht mit hohem Pathos, entfaltet vor dem Betrachter einen dynamischen Bewegungsablauf – ein *Historienbild,* dessen Figurenanordnung nicht einmal in einer Theaterinszenierung Wirklichkeit werden könnte.
- TER BRUGGHEN kleidet seine Friedensbotschaft in das einfache Motiv nur einer Figur. Mars sitzt als schlafender, kostbar gerüsteter Soldat greifbar nahe da – ein *Genrebild,* das so als wirklich, als real gedacht und gesehen werden kann.

Überspitzt gesagt: RUBENS' *„Folgen des Krieges"* steht in der zwei Jahrhunderte alten Tradition der Bildauffassung, die mit L. B. ALBERTIS Forderungen an die Malerei als „istoria" einsetzt. TER BRUGGHENS *„Schlafender Mars"* steht am Beginn der holländischen Malerei, die ihre Inhalte in einer neuen Kunstform vermittelt. Diese Alternative bleibt bis ins 19. Jahrhundert eine Wahlmöglichkeit innerhalb der Bildkunst.

Vielfalt – das Nebeneinander alter und neuer Bildformen

Die *Abbildungen 3 bis 5* zeigen eine Vergleichsreihe, die das Problem deutlich machen kann. Die drei Werke sind in Haarlem in den Jahren um 1615 entstanden:

- In der Tradition der Historienmalerei steht Hendrik GOLTZIUS (1558–1617) mit seiner Darstellung von *„Venus und Adonis"* aus dem Jahr 1614 *(Abb. 3).* GOLTZIUS interpretiert das mythologische Thema einer

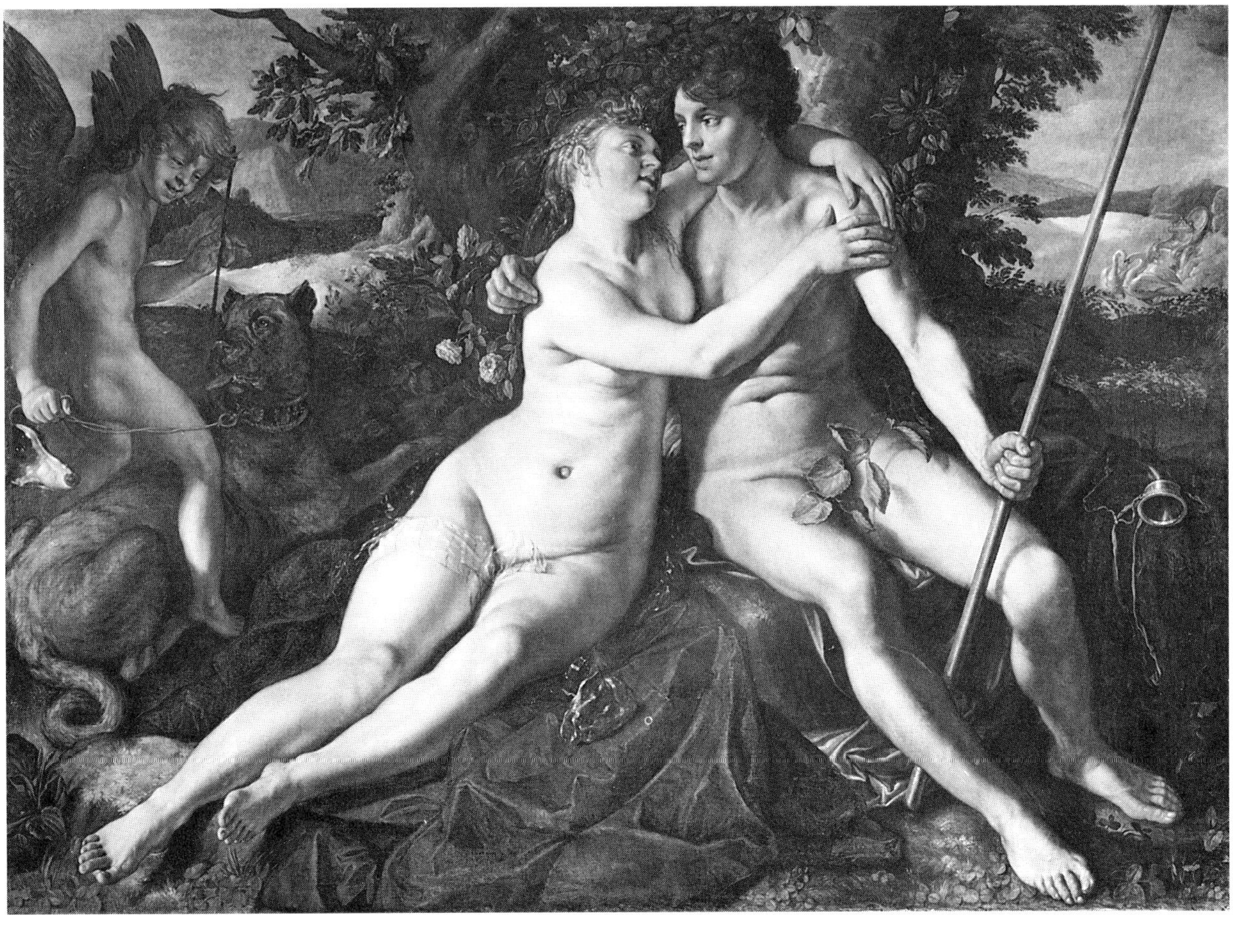

Abb. 3: Hendrik Goltzius: Venus und Adonis. 1614. München, Bayerische Staatsgemäldesammlungen

Götterliebschaft im großen Figurenbild vor einer Landschaft. Die Sitzgruppe der beiden Akte, im Licht weich modelliert, ist einem Dreieck einbeschrieben; weit durchspannen die Körper der Göttin und des Jägers das Bildfeld. Adonis beginnt, sich aus der liebevollen Umarmung der Venus zu lösen: er wird trotz der Warnung der Göttin zur Jagd aufbrechen und den Tod finden. Links spielt Amor mit einer großen liegenden Dogge. Der Knabe möchte auf dem Hund reiten, doch das Tier rührt sich nicht. Nur scheinbar ist dies ein Nebenmotiv; denn Amor ergänzt die Hauptgruppe zu einer Dreier-Konstellation. Der Kopf der Venus liegt genau in der Mittelachse. Venus bildet das Zentrum, auf sie sind Amor und Adonis bezogen. GOLTZIUS – an der Antike geschult, akademisch orientiert, gelehrt und gelehrsam: ein *pictor doctus* – folgt hier den mythologischen Auslegungen seines Haarlemer Malerkollegen Karel van MANDER (1548–1606). Der Kunsttheoretiker van MANDER deutet das Adonis-Thema als Beispiel für das unbedachte Ausschlagen von Warnungen. Das Motiv des Hundes mit dem Amor-Knaben läßt sich als Beispiel für die bedachte Anleitung und Lenkung des Schülers durch den Lehrer verstehen. Ein positives und ein negatives Beispiel moralischer Belehrung sind gedanklich in das Historienbild eingearbeitet.

• Willem BUYTEWECHS Radierung *„Lucelle und Ascagnes“* von 1616 illustriert eine Szene des gleichnamigen Theaterstücks von Gerbrand Adriaensz BREDERO (1585–1618) *(Abb. 4)*: der Koch „Lekkerbeetje“ (Lecker-

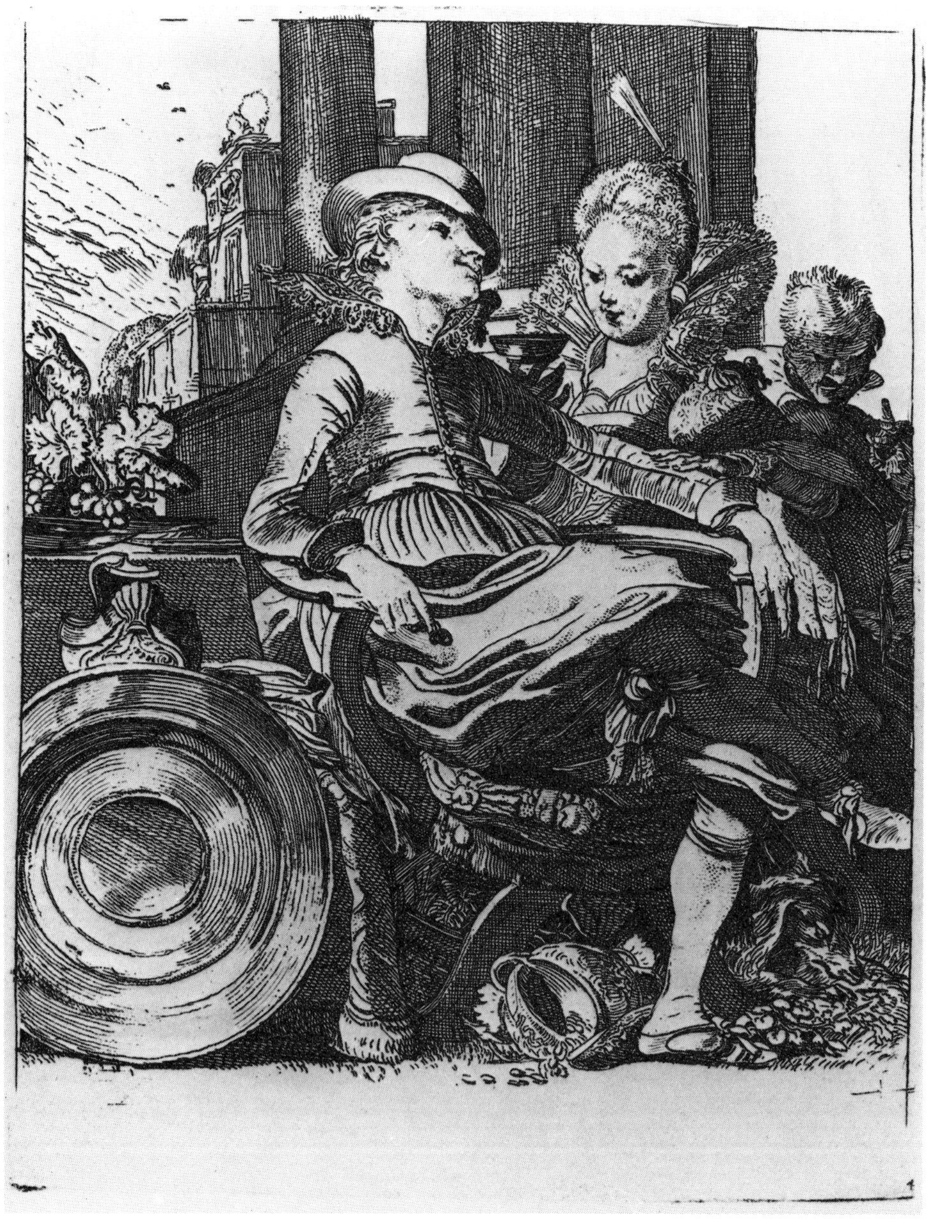

Abb. 4: Willem Buytewech: Lucelle und Ascagnes. Radierung. 1616

bissen) belauscht hinten Lucelle in dem Augenblick, da sie dem polnischen Prinzen Ascagnes ihre Liebe erklärt; weil ein Nebenbuhler – der „Baron van Duytsland" – die Verbindung durchkreuzen will, kommt Gift ins Spiel, doch endet alles glücklich mit den Hochzeitsvorbereitungen. Vor einer Gartenarchitektur zeigt sich das elegante Paar, reich und *à la mode* gekleidet, in lässigem Sitzmotiv der jugendliche Geliebte, aufgeputzt die reiche Lucelle – eine Szene, die aus der literarischen Vorlage abgeleitet ist und sich zugleich von ihr entfernt: Die Szene kann als Thema für sich – wie „Der Tod und das Liebespaar" aus der Tradition der Totentänze – verstanden werden, als Genre-Thema, das die Nichtigkeit allzu diesseitig-weltlichen Luxuslebens beschreibt.

• Ein Jahr später, 1617, zeichnete BUYTEWECH das Innere einer geräumigen Stube *(Abb. 5)*. Zwei Frauen sitzen bei Handarbeiten vor dem offenen Kaminfeuer, neben sich die Kleinkinder in einer Korbwiege links und im zurückliegenden Alkoven. Stück für Stück beschreibt der Zeichner den Hausrat, reiht Motiv an Motiv. Atmosphärisch gefiltert, vermittelt das Blatt eindringlich die Stimmung feierabendlicher Ruhe und versunkener

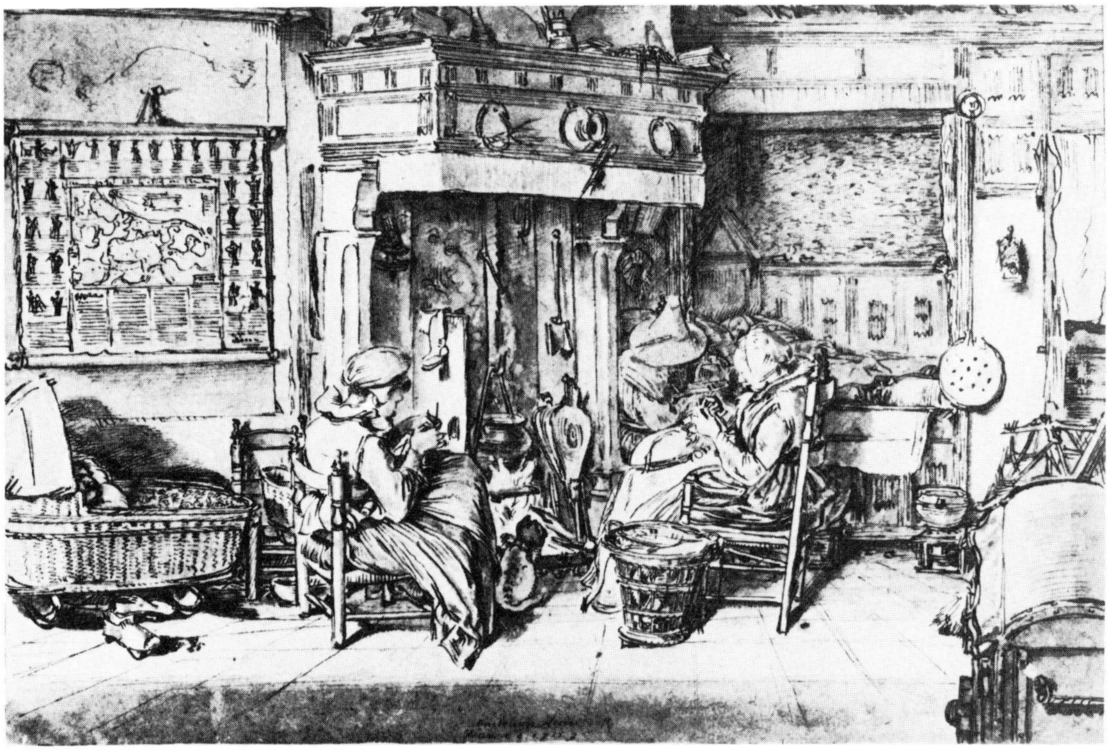

Abb. 5: Willem Buytewech: Frauen am Kamin. Lavierte Federzeichnung. 1617. Hamburg, Kunsthalle

Tätigkeit der Familie – ein konzentriertes Bild häuslichen Lebens. Links erfaßt das Licht die große Landkarte mit den 17 niederländischen Provinzen, sie zeigt die Weite der Außenwelt, die Dimension der Ferne. BUYTEWECH verschränkt so die häusliche Existenz, das Innenleben der Familie mit dem Außenleben in den Weiten der Niederlande.

Die drei Beispiele vertreten drei unterschiedliche Bildmedien: Malerei, Druckgraphik und Handzeichnung. Sie können hier vorweg anschaulich und bewußt machen, daß sich das Bildangebot in Holland nicht auf die Malerei beschränkt, sondern weiter ausgreift. Gerade die Graphik als ausgearbeitete Zeichnung oder als Bilddruck übernimmt wichtige Funktionen im Bereich visueller Information und künstlerischer Neuerungen.

Die drei Beispiele formulieren jedes für sich eine bestimmte Tiefenschicht von Bedeutungen und lösen entsprechend ihrem Thema eine bestimmte Stilhaltung oder Stiltendenz ein:

GOLTZIUS gibt mit seinem *Gemälde* das Beispiel einer klassischen Bilderfindung, der „invenzione" einer „istoria" (L. B. ALBERTI), in die anschaulich und anspruchsvoll belehrende, durch die Kunsttheorie vermittelte Reflexionen eingearbeitet sind.

BUYTEWECHS *Radierung* steht halbwegs zwischen Literatur-Illustration einer bestimmten Theaterszene und einem selbständigen Bildthema, das sich in Haarlem als „Fröhliche Gesellschaft" etabliert und die Doppelbödigkeit eleganter Feste jugendlicher Stutzer teils offenlegt, teils ihre Existenz überhöht.

BUYTEWECHS bildmäßig geschlossene – deshalb auch signierte und datierte – *Zeichnung* ist ein Gründungswerk für dieses Bildthema häuslicher Tätigkeit. In den Jahren nach 1617 wird es in der holländischen Malerei immer wieder aufgenommen, durchgespielt, variiert – als ein Ausschnitt aus dem weiten Spektrum von Themen, in denen die Gegenwart holländischen Lebens wahr- und aufgenommen wird.

Die Thematik und Stilhaltung, wie man sie in BUYTEWECHS Interieur-Zeichnung findet, werden weite Bereiche der holländischen Bildproduktion erfassen und den Gesamteindruck dieser Kunst nachhaltig prägen. Doch bleiben viele kulturelle Zonen und Ebenen, auch gerade religiöse Nischen, weiterhin besetzt durch Bildbedürfnisse und Bildangebote, die der Tradition der Historienmalerei und der italienischen Renaissance mit ihren Bildbegriffen verpflichtet bleiben. Das Großprojekt des Amsterdamer Rathausneubaus etwa steht in dieser Tradition, was Stillage und Themenwahl der Bildprogramme angeht. Vielfach vergeben städtische Instanzen und Gremien Aufträge für Historienbilder, deren Themen dann auf die Verwaltungsfunktionen der Räume eingestellt werden – für Gerichtssäle etwa Gerechtigkeitsbilder, die mit Beispielen aus der antiken oder nationalen Geschichte gerechtes oder ungerechtes Urteilen vor Augen führen. 1648, nach dem Friedensschluß von Münster, vergab die Stadt Leiden für das Gildehaus der Tuchmacher den Auftrag über drei Historienbilder mit den Themen „Leiden lädt die Tuchwirkerei in die Stadt ein", „Der Kriegsgott Mars zerstört die Freiheit und vernichtet das Gewerbe" und „Leiden wird von Minerva gekrönt". Kontinuierlich wird klassische Historienmalerei in den Residenz- und Schloßausstattungen und in den Kunstsammlungen der Statthalter und ihres Hofkreises gepflegt. Auch einflußreiche Sammlerkreise in den Städten fördern diese Themenrichtung, die klassizistisch geprägt ist oder neue, aktualisierte Ausdrucksformen sucht.

Man hat die Wichtigkeit klassischer Historienmalerei auch für Holland lange unterschätzt, sie für untypisch gehalten, für nur in den südlichen Niederlanden beheimatet, und man hat REMBRANDT als die eine große, zudem in der Auffassung gänzlich von der Klassik abweichende Ausnahme gesehen. Das Bild gilt es zu korrigieren. Historie hat auch in Holland ihren Stellenwert gehabt: zum einen im staatlichen und im offiziell-städtischen Rahmen, zum anderen aber auch beim gebildeten bürgerlichen Sammler. Richtig allerdings ist auch, daß die Darstellungen des holländischen Lebens und der holländischen Landschaft bald den größten Teil der Kunstproduktion ausmachten, sich einen breiten Markt eroberten, sich sehr viel eher der Identifikation anboten als Historienbilder – ein breites Nebeneinander der Gattungen und Bildtypen mit unterschiedlichen Wirkungsbereichen und Funktionen.

Die neuen Bildthemen – eine visuelle Anatomie Hollands

„Es ist lauter Holland" – so hat Jacob BURCKHARDT den Gegenstandsbereich der holländischen Malerei, insbesondere der Genremalerei, genannt. Die Künstler und ihr Publikum wenden sich in einem Umfang und mit einer Intensität den Dingen, Vorgängen und Zuständen ihrer eigenen zeitgenössischen realen Welt zu, wie dies nie zuvor eine Kunst versucht oder geleistet hat.

Ein vollständiger Katalog aller Bildthemen des 17. Jahrhunderts hätte ein überaus weitgreifendes und zugleich mikroskopisch-kleinteiliges Gliederungssystem zugrunde zu legen – er ist bislang auch nur für einzelne Themengruppen oder Bildgattungen erarbeitet worden. Aus wechselnden Perspektiven, von immer neu ansetzenden Standorten erforschen die Künstler die Vielfalt der Erscheinungen ihres Landes, ihrer Landschaften, Dörfer, Städte, Straßen, Plätze, Häuser und Stuben.

Von einem „Gründungswerk" im Sinne einer Neuprägung wie BUYTEWECHS Zeichnung aus dem Jahr 1617 verzweigt sich das einmal angeschlagene und exemplarisch formulierte Thema in ein vielteiliges Geäst verwandter Themenformulierungen. Noch eine volle Generation später kann Gerard TER BORCH in seinem Bilderpaar *(Abb. 6 und 7)* den Grundgedanken neu fassen, die Tätigkeit der Hausfrau, ihre Aufgaben in der Sorge für den Nachwuchs und im Zugewinn zum Haushalt, motivisch verdichten.

Allein im Bereich des Haushaltes mit seinen Innen- und Außenseiten, den tausend tages- und jahreszeitlich bedingten Geschäften und Verrichtungen, bietet sich ein weites Feld nun erstmals bildwürdiger Gegenstände. Vielfältig werden die Tätigkeiten in Küche, Keller, Kammer durchgespielt: Mägde nach dem Einkauf auf dem Markt, beim Rupfen von Geflügel, am Herd, bei Putz und Pflege des Hausrats. Ebenso vielfältig wie häusliche Geschäftigkeit wird häusliche Muße thematisch aufgefächert: Entspannung bei Lektüre oder Musik, Plausch in

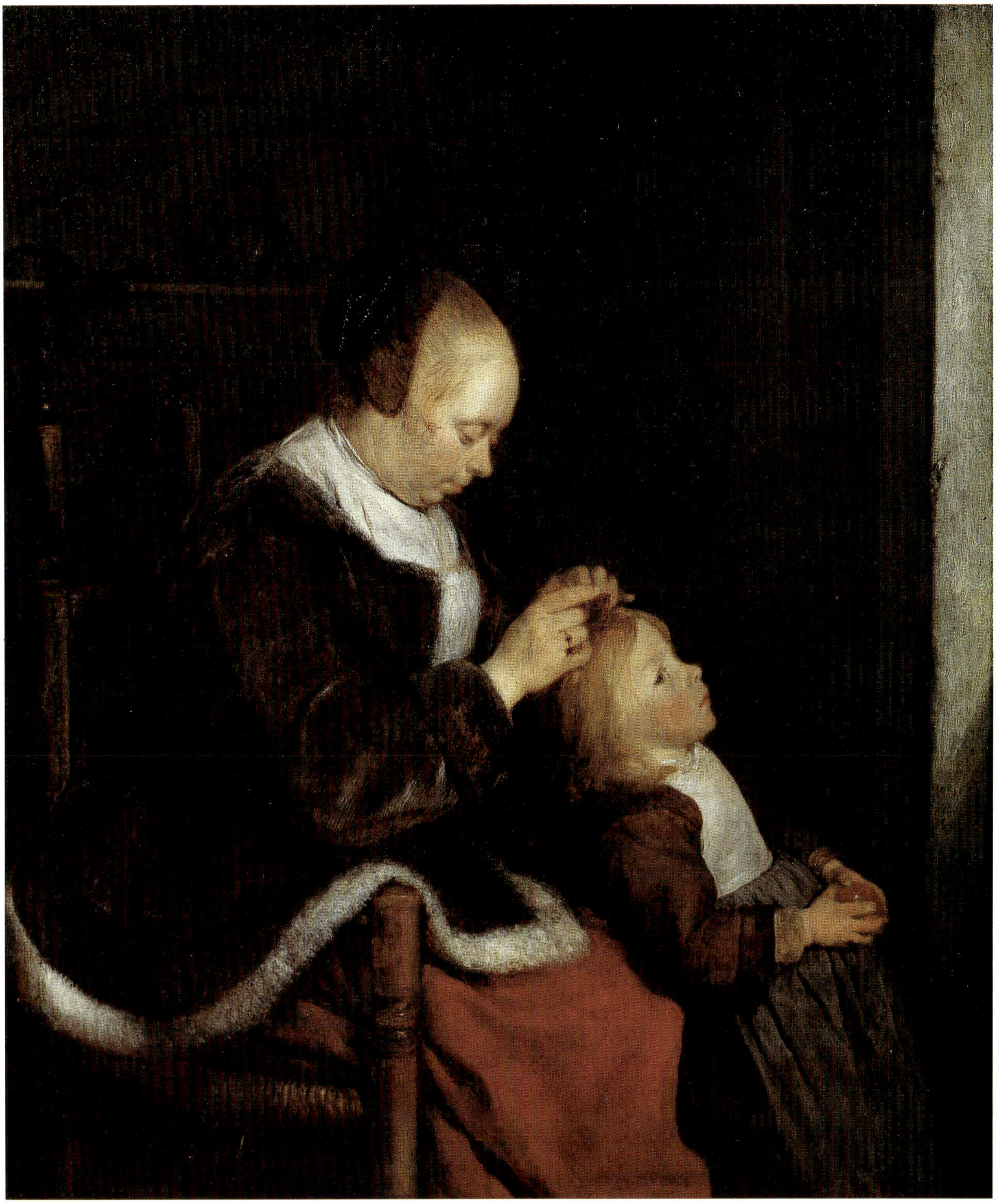

Abb. 6: Gerard Ter Borch: Eine Mutter, die ihr Kind kämmt. Um 1652/1653. Den Haag, Mauritshuis

der Stube und Konversation im Salon, Imbiß und Mahlzeit, Umtrunk und Gelage, Kartenspiel und Rauchvergnügen.

Die vielen öffentlichen und privaten Räume der Entspannung und des Vergnügens, der Belustigungen und Festlichkeiten stellt die holländische Malerei in immer neuen Themenmischungen vor Augen, mal drastisch, keck und komisch, mal still und versonnen. Ihnen treten die Bereiche tätigen Wirkens gegenüber, das in den Phasen des Wirtschaftsaufschwungs das tägliche Leben vor allem in der 1. Hälfte des 17. Jahrhunderts durchdrungen und geprägt hat. Arbeit als Thema der Kunst hatte eine alte Tradition. In den Fassadenprogrammen der gotischen

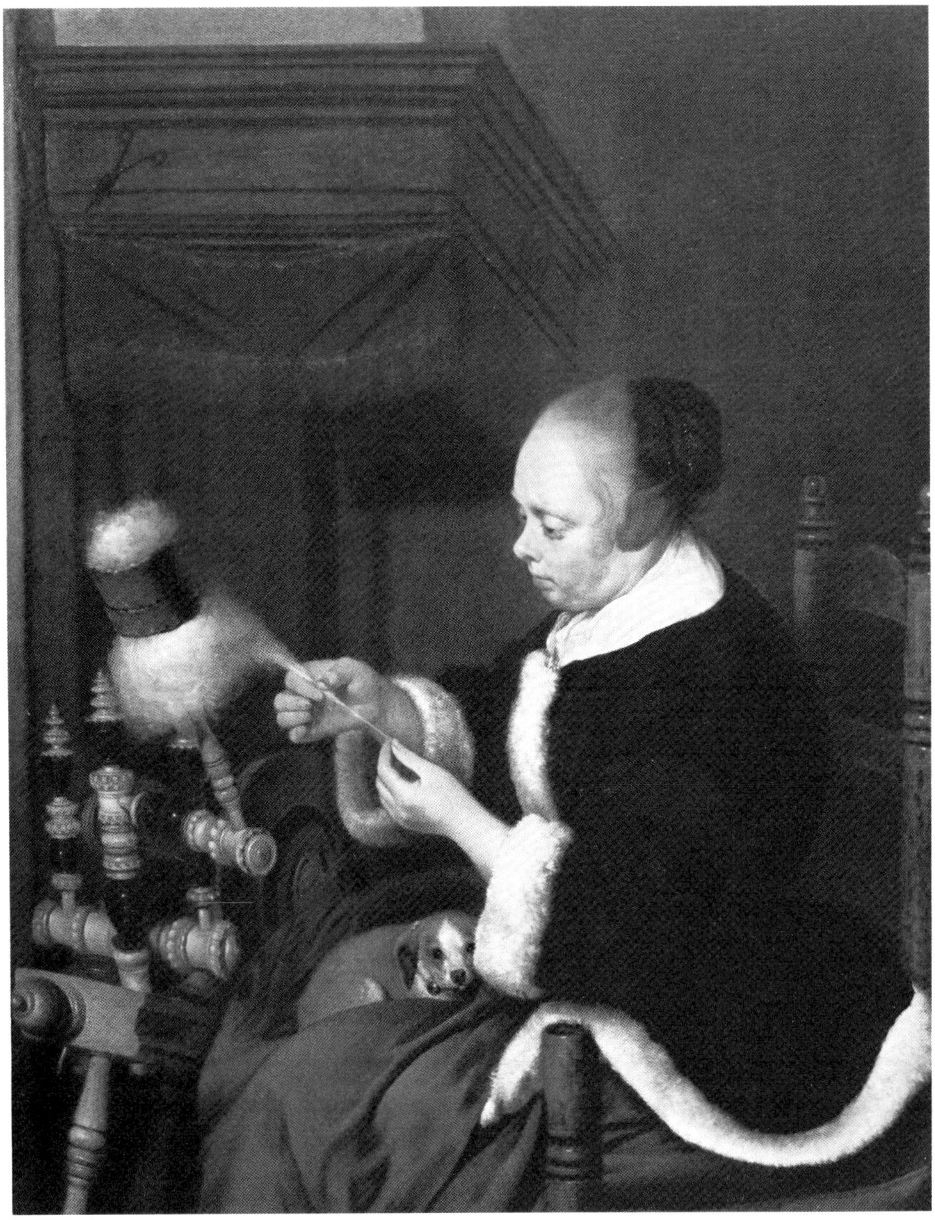

Abb. 7: Gerard Ter Borch: Frau am Spinnrocken. Um 1652/53. Öl auf Holz. Rotterdam, Museum Boymans-van Beuningen

Kathedralen etwa vergegenwärtigte sie den Jahreswandel in der Folge der Monatstätigkeiten in Stadt und Land. Vergleichbar stellen im 16. Jahrhundert Bildserien der Jahreszeiten, der Fünf Sinne oder der Elemente menschliche Arbeit in enzyklopädischem Zusammenhang dar: der Bauer vertritt dann das Element Erde, der Fischer das Element Wasser. Die holländische Malerei des 17. Jahrhunderts löst sich zunehmend aus solchen tradierten gedanklichen Zuweisungen und Funktionsbindungen. Die Arbeitswelt der Handwerker – der Weber und Schneider, der Schmiede und Zimmerleute, der Scherenschleifer und Flickschuster – wird nun Gegenstand der Staffeleibilder, die in den bürgerlichen Kunsthaushalt eintreten. Praktisch alle Berufsfelder werden bildwürdig. Am Ende des Jahrhunderts, 1694, publizierten Jan und Caspar LUYKEN in Amsterdam unter dem Titel *„Het Menselijk Bedrijf"* (Das menschliche Gewerbe) ein illustriertes Buch mit Kupferstichen von 100 Berufen: dazu gehören, neben den Basisgewerben, der Diamantenschleifer und der Uhrmacher, der Schreib- und der Fechtmeister, der Letterngießer und der Kammacher, auch der Maler und der Kunsthändler.

Menschliche Arbeit ist als wichtiger Aspekt in die künstlerisch anspruchsvolle *„Ansicht von Haarlem"* von Jacob van RUISDAEL *(Abb. 8)* thematisch eingelagert. Die wirtschaftliche Basis Haarlems – das Bleichen der Rohleinwand – wird ästhetisch reizvoll eingebracht. Das Motiv der Bleichwiesen lädt zur Reflexion darüber ein, was die Stadt sei. Sie gipfelt im Silhouettenbild der „Grote Kerk". Sie lebt von der Region, von der

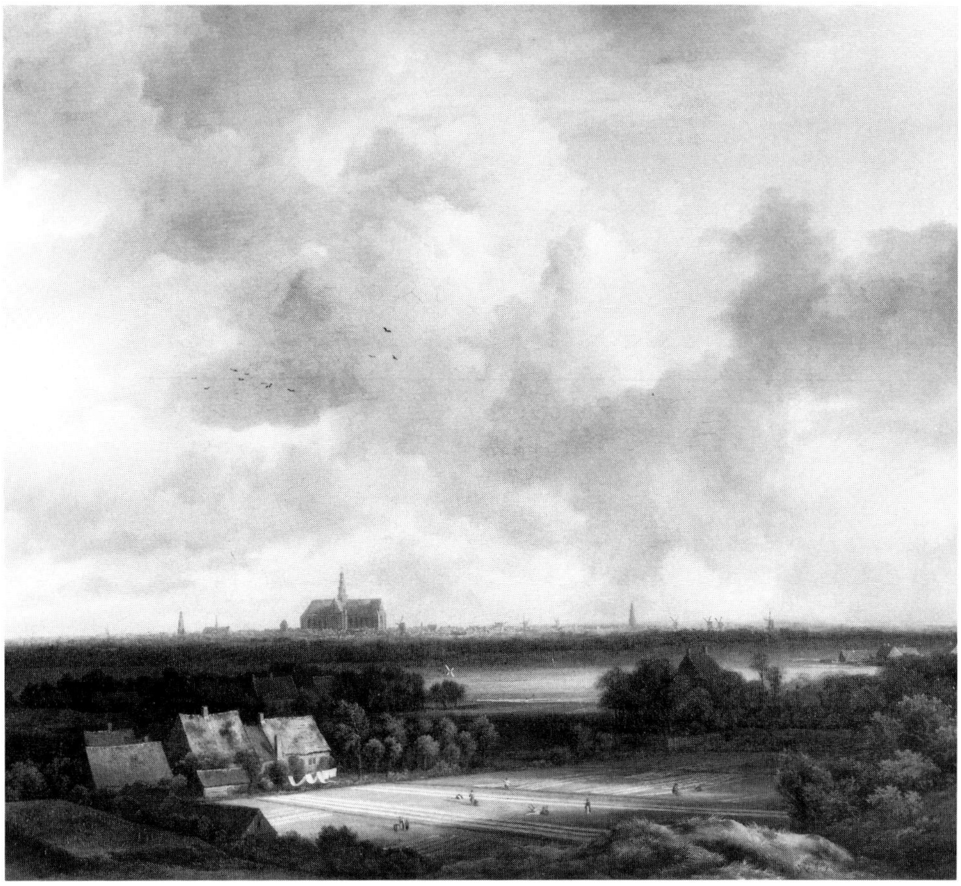

Abb. 8: Jacob van Ruisdael: Ansicht von Haarlem. Um 1670/1675. Den Haag, Mauritshuis

Landwirtschaft, von den Möglichkeiten gewerblicher Nutzung des Landes. Sie ist in die Region eingebettet und strahlt durch ihre Gewerbe- und Handelstätigkeit auf die Region aus. Daß sich das Motiv der Bleiche zugleich nach Art christlicher Tugendlehre – etwa mit dem Satz: „Sie [die Bleiche] lehret uns die Seele sauber und weiß machen" – verbinden und kommentieren ließ, erweiterte und erhöhte beim zeitgenössischen Betrachter den Bildsinn: die Bleiche verweist auf die Tugendhaftigkeit der Stadt und ihrer Bürger, auf die Ehrbarkeit Haarlemer Handels und Wandels.

In unzählbaren Gemälden nimmt die Malerei die holländische Landschaft in den Blick. Sie entwirft – wie RUISDAEL – in grandioser Motivverdichtung und Motivdifferenzierung ein Lob auf Stadt und Region oder zeigt die Alltagsseite Hollands mit seinen Weiden und Dünen, Seen und Kanälen.

Die Holländer des 17. Jahrhunderts kennen ihr Land. Sie investieren kleinere oder große Summen in die umfangreichen Polderprojekte, mit denen für die wachsende Stadtbevölkerung landwirtschaftliche Nutzfläche gewonnen wird – zwischen 1590 und 1655 über 100000 Hektar. Sie finanzieren das Kanalnetz, das für rasche Personen- und Güterbeförderung sorgt und ständig ausgebaut wird. Zumal im holländischen Kernbereich verbindet ein dichtes Verkehrssystem zu Wasser und zu Lande die Städte miteinander. Täglich verkehren zehn Linienschiffe zwischen Leiden und Haarlem. Zehntausende benutzen jeden Monat die Fährkähne zwischen Haarlem und Amsterdam. Nicht nur vom Boot aus, auch aus der Kutsche nimmt man Landschaft wahr. Man fährt an die Küste, wenn die Heringsflotten anlanden. Der Nutzen der Region, der Wandel der Kulturlandschaft, auch ihre Gefährdung durch das Meer schärfen die Wahrnehmung. Die Stadtgrenzen gehen unmittelbar in Landzonen über. REMBRANDT studiert in vielen Zeichnungen das ländliche Weichbild Amsterdams, in Studien, wie sie viele Landschaftsmaler aufnehmen und, kompositorisch verdichtet, in ihre Gemälde umsetzen.

Die holländische Bildkunst vergegenwärtigt die Bereiche des Hauses und des Haushalts, der Mußeorte und der Arbeitsfelder, der Stadt, des Landes und der See. Ihr Themenspektrum ergibt eine visuelle Anatomie Hollands und des holländischen Lebens. Dabei sind deutlich Überhöhungen und Beschönigungen erkennbar, soziale Konfliktthemen bleiben vielfach ausgespart, das gesellschaftliche Panorama erscheint korrigiert und gefiltert. Darin wird die Perspektive sichtbar, aus der eine bürgerliche Kunst für ein bürgerliches Publikum die Realität wahrnimmt und aufnimmt. Freilich ist dies eine Perspektive, die der Realität des Sozialen und der Erscheinungsrealität ein bisher nicht gekanntes Recht im Bilde einräumt *(Abb. 9 und 10)*.

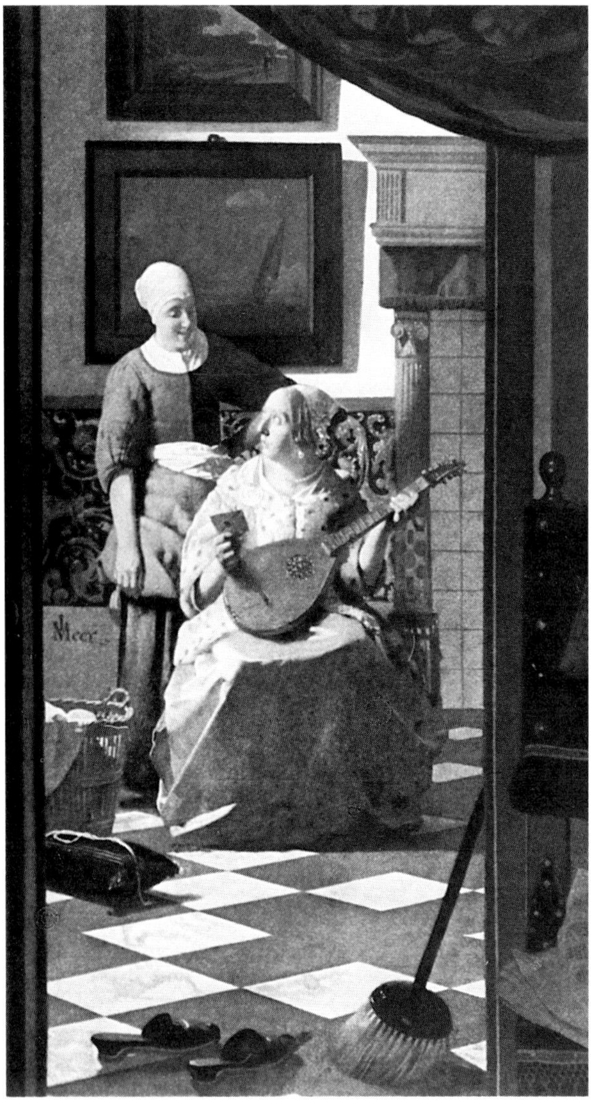

Abb. 9: Jan Vermeer van Delft: Der Liebesbrief. 1667. Amsterdam, Rijksmuseum (Ausschnitt)

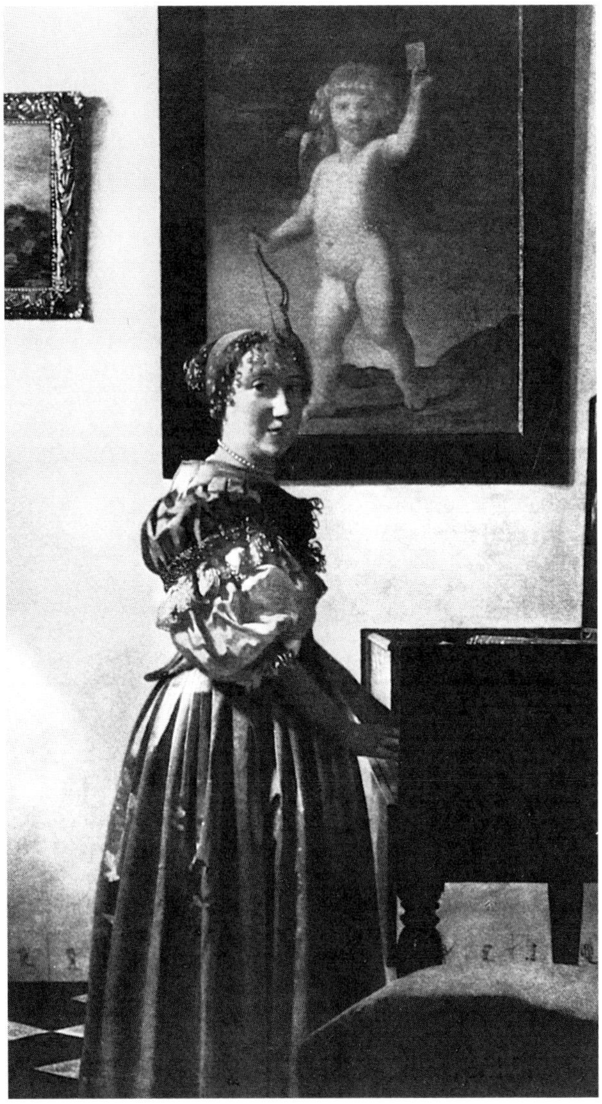

Abb. 10: Jan Vermeer van Delft: Dame am Spinett. Um 1670. London, National Gallery (Ausschnitt)

Die holländische Fachmalerei – Spezialisierung der Künstler

Um die fast unermeßliche Zahl der holländischen Bildthemen zu klassifizieren, folgt die Kunstgeschichte einem System der älteren Kunsttheorie, dem System der Bildgattungen, der Genera (von lat. *genus:* „Art, Gattung"). Die Rhetorik und die Dichtungstheorie kennen seit der Antike die Genera dicendi, die Arten zu reden und zu schreiben. Die Genera unterscheiden sich nach Aufgabe und Zielsetzung, nach Inhalt und Thema und nach Sprach- und Stilformen. Seit dem 15. Jahrhundert – seit L. B. Alberti – übernimmt die Kunsttheorie auch die Gattungslehre – vor allem ab dem 16. Jahrhundert in den Kunstakademien und ihrem Umfeld. Sie stellt entsprechend eine Rangfolge der Bildgattungen fest: das Historienbild mit Themen aus Bibel, Mythologie oder heroischer Geschichte im obersten Rang, dann folgen die Allegorie mit literarisch-moralischen Themen *(Abb. 19)* und das Porträt *(Abb. 14)*. In den unteren Rängen stehen die neuen Bildgattungen: die Landschaft *(Abb. 8, 13)*, das Stilleben *(Abb. 20)*, das Genre. Diese Klassifizierung kann auch heute noch recht erfolgreich arbeiten: so gibt es kunsthistorische Darstellungen zur holländischen Genremalerei, zum Stilleben oder zur Marinemalerei.

Doch bringt diese Klassifizierung auch ihre Schwierigkeiten mit sich. Ist Ruisdaels Gemälde eine Stadtansicht Haarlems oder eine Landschaft im städtischen Umfeld? Ist es eine Panoramalandschaft nach Art einer topographisch genauen kartographischen Aufnahme, einer Landkarte, oder ein Bild von Hollands weiten Ebenen mit dem unermeßlichen Himmel und den stets wechselnden Wolkenbildern? Für beide Alternativen hat die Forschung zustimmende Antworten gegeben.

Was aber ist eine Stadtansicht? Näherten wir uns, das Vorland durchquerend, Haarlem bis vor die Stadttore und malten, was wir sähen – wir hätten ein Stadtporträt, eine *Stadtansicht.* Auf dem Hauptmarkt die Große Kirche Sankt Bavo zeichnend, hätten wir ein *Architekturbild.* Hielten wir vom selben Standort mit der Kirche im Hintergrund eine Gruppe Kinder, um einen Pfannekuchenbäcker lärmend, fest – es wäre eine *Genreszene.* Vom Kirchenportal aus ins Innere von Sankt Bavo blickend, nähmen wir ein *Kircheninterieur* auf. Wolfgang STECHOW hat das allgemeine Problem auf die Begriffe gebracht: der Landschaft *(landscape)* müßten die Stadtschaft *(cityscape)* und die Seeschaft *(seascape)* entsprechen, also Vedute und Seestück (Marine) – doch offensichtlich versagen die Begriffe vor den differenzierten Tatbeständen der Malerei.[9]
Eine Stadtansicht ist das Porträt einer Stadt. Was kann in der holländischen Malerei ein Porträt sein? Zunächst das Bildnis eines Menschen, etwa eines einflußreichen Mannes, oder einer Gruppe von Menschen in bestimmter Funktion. Man kann ein Rathaus oder die Stadtwaage porträtieren – in einem Architekturbild; einen Preisochsen oder einen gestrandeten Wal – in einem Tierstück; eine bestimmte Seeschlacht – in einem Historienbild, das zugleich ein Seestück und ein Schiffsporträt wäre. Man kann die Gold- und Silbergeräte eines reichen Patriziers in dessen Auftrag porträtieren – und hätte die Untergattung des Prunkstillebens vor sich. Ein Maler wie Gerard TER BORCH läßt seine Stiefmutter und seinen Halbbruder Modell stehen *(Abb. 6)* und malt ein Genrebild. Frans HALS malt den Geschmack *(Gustus)* – einen der Fünf Sinne – oder die Freuden des Trinkens in der Bildform und Bildstruktur eines Porträts *(Abb. 15):* ein Genre-Porträt, wie man diese Verschränkung zweier Gattungen nennt, oder doch das Porträt eines Patriziers mit den offenen Ausdrucksmomenten in Mimik und Gestik, mit denen sich Patrizier als Offiziere in Schützenstücken geben können?
Sichtlich offen sind die Grenzen zwischen den Gattungen, werden Verschränkungen und Überblendungen gesucht. Man folgt noch nicht einem strikten Themenschema oder Themenkanon – vorerst, bis zum letzten Drittel des 17. Jahrhunderts: dann bildet sich auch die holländische Malerei nach akademischen Mustern aus. Neue Themen entwickeln sich in der Frühzeit gleichsam wildwüchsig aus älteren Vorgaben heraus, vielfach aus dem Motivbereich der Druckgraphik, die etwa das Bauerngenre und die Marinemalerei vorbereitet und für die Landschaftsdarstellung eine wichtige Rolle spielt. Die Nachfrage des Publikums, die Innovationskraft des Künstlers und die Faszination, die von einer Neuerung ausgeht, führen zu neuen Spielarten, Spezialformen, Gattungsverschränkungen und Untergattungen. Zu ihnen gehören RUISDAELS „Haarlempjes", wie der Kunsthandel diese Haarlem-Bilder nennt, in denen der Maler die Stadt bei wechselnden Standorten, Wetterlagen und Beleuchtungssituationen aufnimmt; ein „ontbijtje" etwa bezeichnet ein Stilleben als Frühstückstisch, ein „bordeeltje" meint schlicht und direkt eine Genreszene im Bordell. Solche Bezeichnungen benennen enger oder weiter gefaßte Bildthemen, -typen und -arten: diese fächern sich seit dem frühen 17. Jahrhundert zu einem breiten Spektrum auf. Die Kunstproduktion in Malerei und Graphik steigert – parallel mit dem Bevölkerungsanstieg in den Städten – sprunghaft ihre Zahlen. Die Künstler in Haarlem oder Leiden zählen nicht mehr nach Dutzenden, wie noch im 16. Jahrhundert, sondern nach Hunderten, die Gemälde, Zeichnungen, Bilddrucke und illustrierten Bücher nach Tausenden und Zehntausenden. Nie zuvor – und selten danach, sieht man von der Moderne mit ihren Massenmedien ab – sah sich ein so begrenzter Publikumskreis (in ganz Holland lebten um 1650 so viele Menschen wie heute in Hamburg) einer solchen Bilderflut gegenüber.

Die Steigerung der Quantitäten zog das Problem serieller Produktion nach sich – im ökonomischen Regelkreis von Angebot und Nachfrage, Preis und Qualität. Das Problem der Reihe *(Serialität)* löste die Kunstszene mit der Spezialisierung der Ateliers und mit der Entwicklung neuer, rationeller Arbeitsverfahren: Jan van GOYEN, einer der bedeutendsten holländischen Landschaftsspezialisten, hat Bilder und Zeichnungen durchaus „vom Band" produziert. Die Konkurrenz führte zu Qualitätssteigerungen im handwerklich-technischen Können und individueller, von Nachbarateliers unterscheidbarer Bildsprache. Zugleich kommt es zu Normierungen – äußerlich etwa in den Bildformaten und Bilderrahmen – und Angleichungen: ein holländisches Bild, so wird vielfach festgestellt, ist technisch so gut wie das andere, keines wirklich schlecht.

Spezialisierung und Gattungsvielfalt wirken aufeinander ein. Wie sich die Berufsfelder in der frühkapitalistischen, arbeitsteiligen holländischen Gesellschaft insgesamt differenzieren, differenzieren sich die Malerateliers zur spezialisierten Fachmalerei. Frans HALS *(Abb. 15)* war nur in der Frühzeit im Genre, dann ausschließlich im Porträtfach tätig. Pieter CLAESZ malte allein Stilleben *(Abb. 20).* RUISDAEL war Landschafter, TER BORCH Porträt- und Genremaler *(Abb. 6, 11)*, Thomas de KEYSER auf Porträts spezialisiert *(Abb. 14).* VERMEER *(Abb. 9, 10)* wechselte von der Historie zum Genre. Überall gelten Ausnahmen: VERMEER hat einige der eindrucksvollsten holländischen Stadtbilder geschaffen – als Veduten und Straßenporträts. Wir können von einer Gattungsvielfalt, nicht von einer Gattungssystematik mit strikten Rangverhältnissen sprechen. Das Bildangebot wurde nicht durch eine normative Gattungstheorie bestimmt, sondern durch Marktnachfrage geregelt.

Bildstrukturen

Holländische Malerei „ist eine Malerei, die eine gesetzte Hand beweist und andauernde Arbeit", formuliert 1875 Eugène Fromentin (1820–1876), Maler, Reisender und Kunstschriftsteller, einer der französischen Autoren, die seit der Mitte des 19. Jahrhunderts die malerischen Qualitäten, die *peinture* der holländischen Künstler entdecken.[10] Man könnte fortfahren, sich auf eigene und vieler Autoren und Museumsbesucher Erfahrung berufend: holländische Malerei ist solide, handwerklich ehrlich, technisch sorgfältig, in jedem Detail kontrolliert.

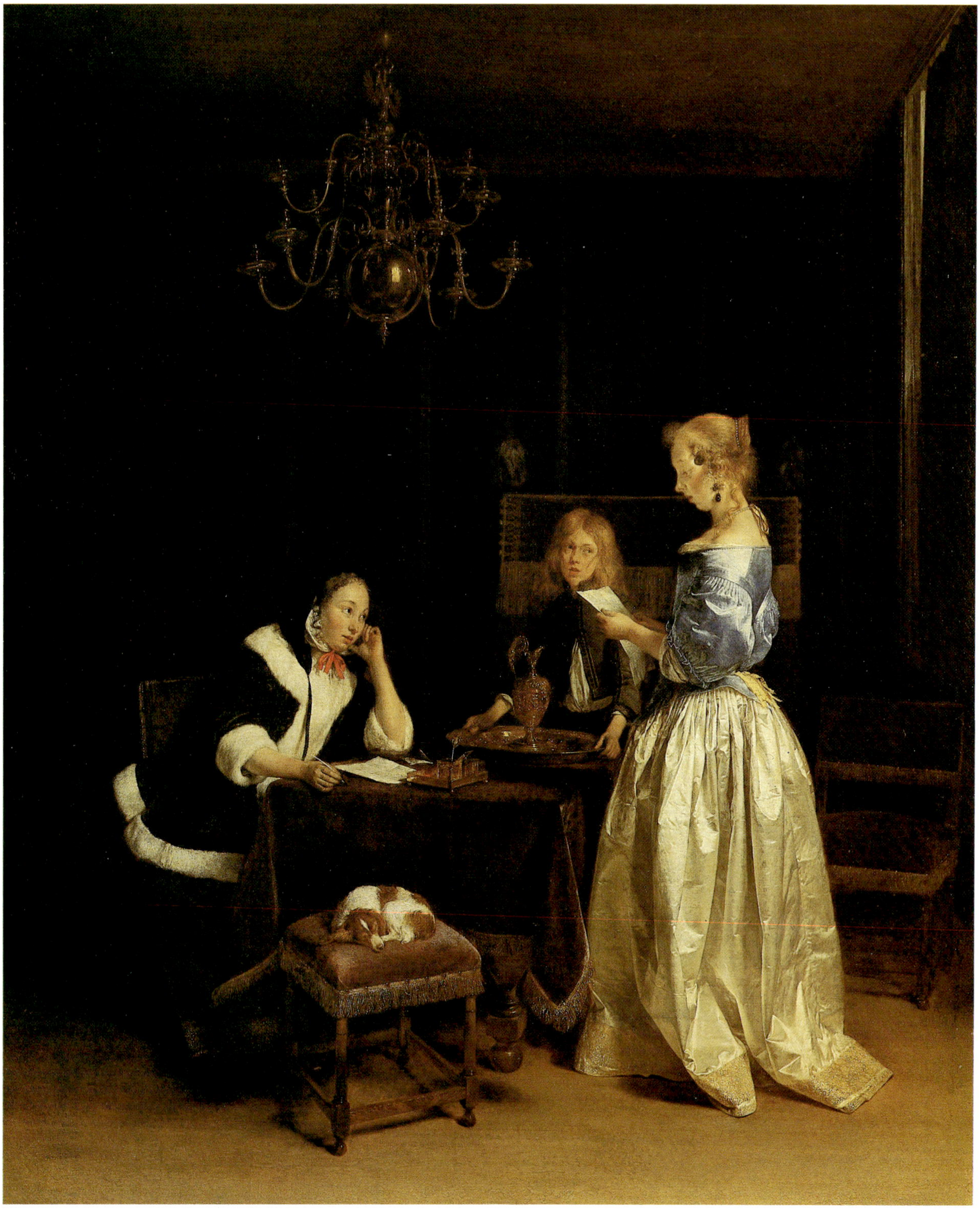

Abb. 11: Gerard Ter Borch: Der Brief. Um 1660. London, Buckingham Palace

Moderne Bildmedien hätten in einer idealen Konkurrenz zwischen dem unbewegten Bild eines TER BORCH und dem bewegten Bild des Films einen schweren Stand – auch wenn sich die Kamera auf eine nach Art des Ter Borchschen *„Briefs" (Abb. 11)* arrangierte Gruppe richtete. TER BORCHS *„Brief"* mag hier als Beispiel für die „Fijnschilderij", die Feinmalerei, stehen, die zuallererst den Ruhm der hollänischen Malerei international begründete. Die technische Perfektion, die lupenscharfe Präzision der Ausführung, die das Faltenrelief auf kleinstem Format detailreicher wiederzugeben scheint, als man es an einer lebensgroßen Gewandfigur wahrnehmen zu können glaubt: diese mikroskopische Genauigkeit verdankt die holländische Malerei auch einer zwei Jahrhunderte langen Tradition. Ohne die Präsenz niederländischer Werke des 15. und 16. Jahrhunderts und ohne das Studium der van EYCK, van der WEYDEN, MEMLING, GEERTGEN tot SINT JANS, HEEMSKERCK und vieler anderer ist der starke Impuls, den die Fijnschilders, die Feinmaler, der holländischen Malerei und ihren Abbildungstechniken vermitteln, nicht denkbar. TER BORCHS *„Brief" (Abb. 11)* und Jan van EYCKS *„Madonna des Kanzlers Rolin" (Abb. 12)* lassen sich unter dem Rahmenthema vergleichen: reich und kostbar gekleidete

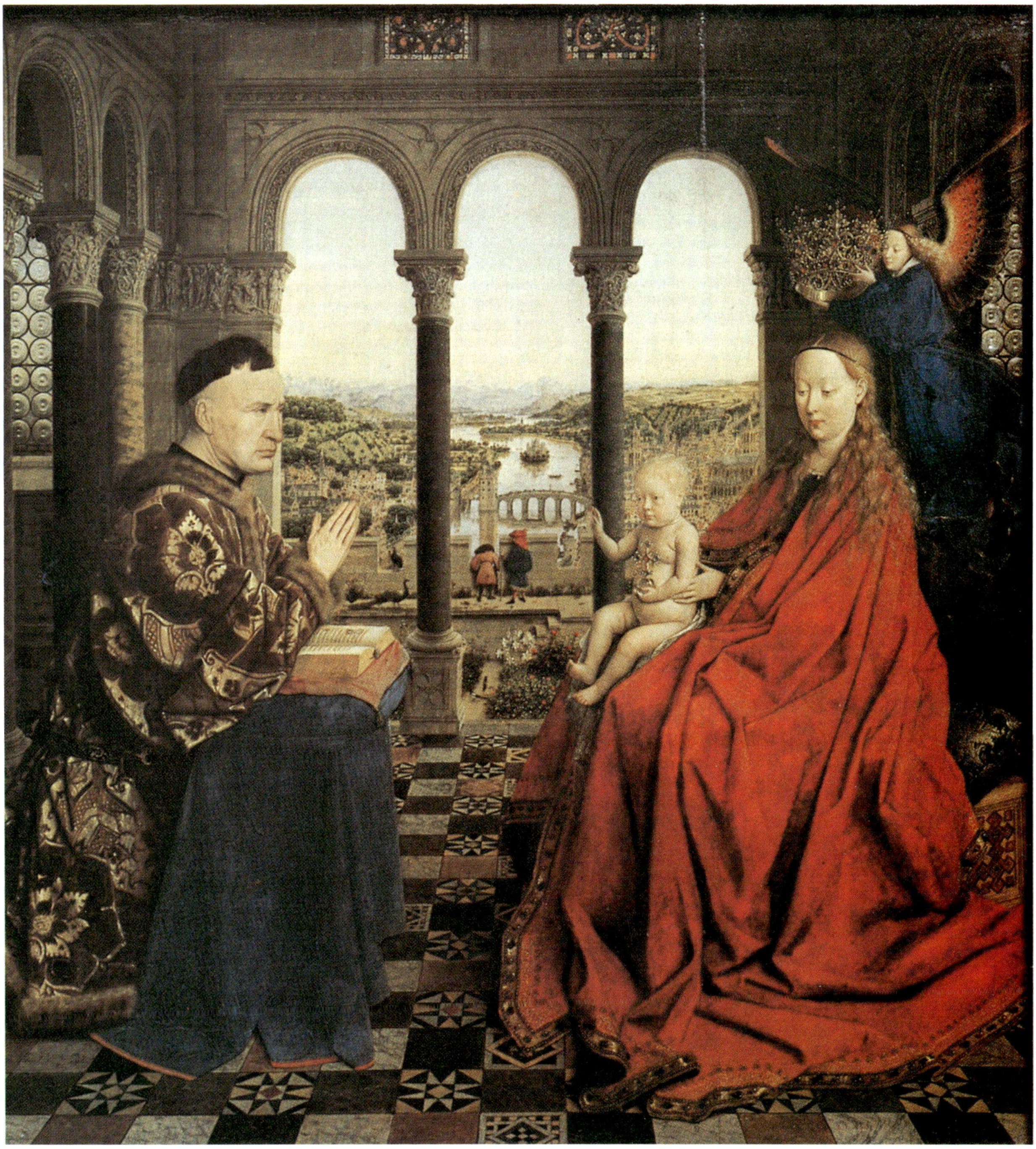

Abb. 12: Jan van Eyck: Madonna des Kanzlers Rolin. Um 1435. Paris, Louvre

Figuren, in einem Innenraum einander gegenüber gruppiert. Man sieht sehr rasch die Verwandtschaft: die kristallene Dichte der Bildoberfläche und die haarfeine stoffliche Charakterisierung von Brokatstickerei und Atlasseide, Goldkrone und Messingleuchter. Man sieht auch die Unterschiede: van EYCK läßt das Licht sanft, gleichmäßig und fast schattenlos auf und zwischen den Gegenständen aufscheinen. TER BORCH dagegen führt eine fast dramatische Lichtregie, bringt scharfe Akzente ein, läßt die Sonne in der Atlasseide aufgleißen und kontrastiert die Dreiergruppe gegen den dunklen Grund. Verhalten sich bei van EYCK Stifter und Madonna in einem statischen Gegenüber, so dynamisiert TER BORCH seine äußerlich eher unbewegte Gruppe.

Im Vergleich mit van EYCK wird deutlich, in welchem Maße Bilder des 17. Jahrhunderts, deren Personal fast ohne Handlung, ruhig und abgeschlossen in der Stille des Innenraums verharrt, durch Kontraste in optischer Bewegung gehalten werden: etwa bei VERMEER durch die jäh aufreißende Raumtiefe *(Abb. 9)* oder durch den lebhaften Wechsel von Licht- und Schattenpartien *(Abb. 10)*.

RUISDAELS *„Ansicht von Haarlem"* *(Abb. 8)* wäre, wenn man klassifizieren will, ebenfalls der Feinmalerei zuzuordnen. FROMENTIN hat den Aufbau dieses Bildes eindrucksvoll nachvollzogen:

„Er hat das unermessliche Gewölbe betrachtet, das sich über Land und Meer als die wirkliche, dichte, feste Decke seiner Bilder rundet. Er beugt sie, breitet sie aus, misst sie ab, er bestimmt ihre Valeur im Vergleich zu den zerstreuten Lichtern, die über den Erdhorizont ausgesät sind; er nuanciert die grossen Oberflächen, modelliert und gestaltet sie, mit einem Worte, als einen Teil, dem das vornehmste Interesse zukommt. Er offenbart darin eine Linienführung, welche die des dargestellten Gegenstandes fortsetzt; er verteilt darin die Farbenflecke, lässt aus diesem Himmel das Licht herabgleiten und bringt es nur da an, wo es notwendig ist. Dieses grosse Auge, das allem Lebendigen offen entgegenblickt, dieses Auge, das an die Höhe und Weite der Dinge gewöhnt ist, wandert beständig vom Boden zum Zenith, beobachtet niemals einen Gegenstand, ohne den entsprechenden Punkt der Atmosphäre zu betrachten und durchläuft so, ohne das Geringste ausser acht zu lassen, den Kreis des Gesichtsfeldes. Weit entfernt, sich in Analysen zu verlieren, ist es vielmehr beharrlich bestrebt, zu verbinden und zusammenzufassen. Das, was die Natur verstreut, konzentriert es zu einer Gesamtheit von Linien, Farben, Valeurs und Wirkungen."[11]

1651 hat REMBRANDT aus ähnlich weiter Distanz und in panoramaartiger Bildanlage die Umgebung Haarlems mit der fernen Stadtsilhouette links am Horizont aufgenommen und in eine Radierung umgesetzt *(Abb. 13)*.

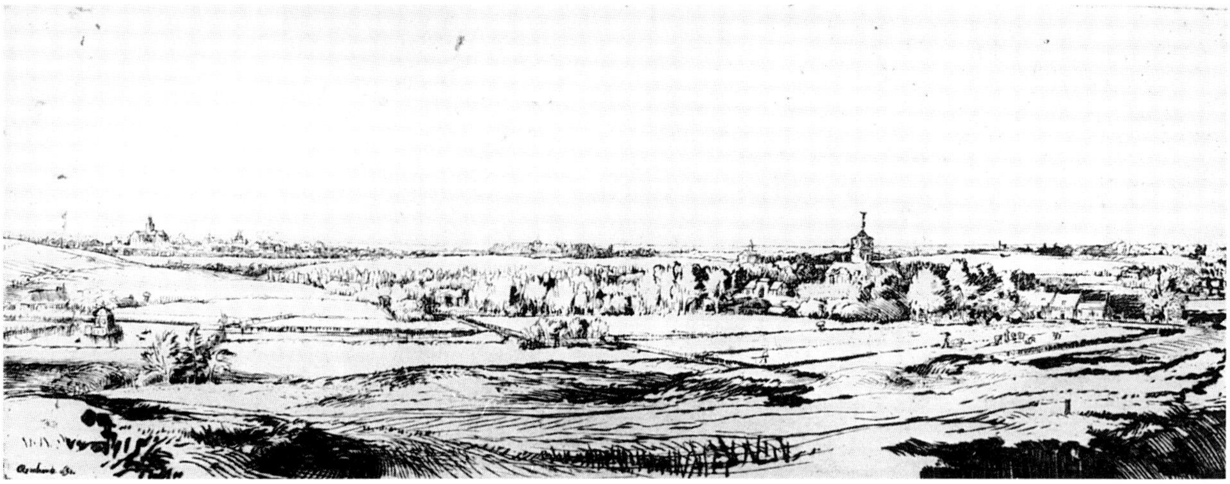

Abb. 13: Rembrandt: Ansicht von Haarlem. Radierung. 1651

Auch hier sind die Bildmotive, die Landschaftszonen mit ihren Übergängen, die Akzente ausgewogen und in Balance gehalten. Doch erscheint das Landschaftsbild nicht fest und stabil, sondern wie in Fluß, in Bewegung gehalten. Die Vordergrundpartien, kräftig und frei angelegt, verschwimmen fast – man sieht in die Landschaft wie aus einem fahrenden Zug.

REMBRANDT vertritt in diesem Blatt eine Gegenposition zu RUISDAEL. Nicht auf weitgehend tektonische Struktur und Festigkeit der Bilddetails, sondern auf offene Oberflächenstruktur und pulsierende Bewegung der Einzelmotive zielt der künstlerische Ansatz – ein Ansatz, der sich schon früh im 17. Jahrhundert ausprägt und zur Feinmalerei eine Alternative bildet.

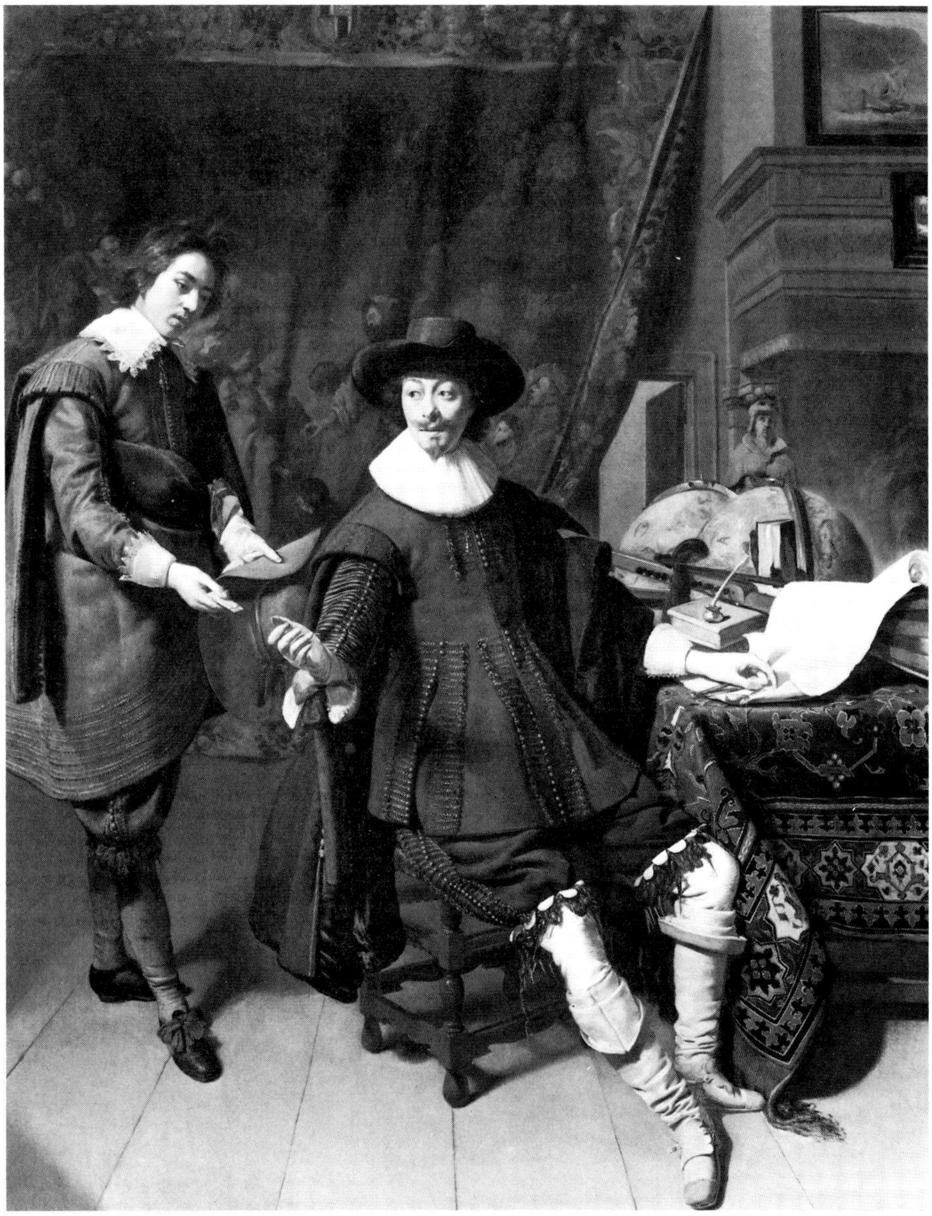

Abb. 14: Thomas de Keyser: Porträt des Constantijn Huygens. 1627. London, National Gallery

Fast gleichzeitig, um 1627, sind das Bildnis des Constantijn Huygens von Thomas de KEYSER *(Abb. 14)* und der *„Fröhliche Trinker"* *(Abb. 15)* – vielleicht auch ein Porträt – von Frans HALS entstanden: das eine ein offizielles, repräsentatives Porträt des Politikers, Gelehrten und Kunstmäzens mit hohem thematischen Anspruch und zeremoniellem Ernst, das andere auf direkte Wendung zum Betrachter angelegt, sich öffnend und in spontaner mimischer und gestischer Reaktion auf ein Gegenüber eingestellt.

Bei de KEYSER bestimmen der dicht geschlossene Farbkörper, die porzellanglatte Oberflächenwirkung, die gleichmäßig genaue Detailbehandlung auch des Beiwerks und des Hintergrundes den Bildcharakter. Dazu ganz im Gegensatz die Malweise von Frans HALS, von FROMENTIN treffend charakterisiert (an einem farblich reicheren Gruppenbildnis entwickelt, aber auch auf die Einzelfigur übertragbar):

„Die Ausführung selbst ist ganz ausserordentlich; dicke und fliessende Paste, fest und voll, fettig und zart, je nach Bedarf; freie, geschickte, geschmeidige, kühne Mache, niemals unbesonnen, niemals unbedeutend. Jedes Ding ist seinem Interesse, seiner eigentümlichen Natur und seinem Werte gemäss behandelt. In dem einen Detail fühlt man den Fleiss, ein anderes wieder ist kaum berührt. Die Seidenstickereien sind flach, die Spitzen leicht, der Atlas spiegelnd, das Seidenzeug matt, der Samt absorbierend; all das ohne Kleinlichkeit, ohne kleinliche Absicht. Ein rasches Gefühl für die Substanz der Dinge, jedes Mass ohne den geringsten Fehler; die Kunst, genau zu sein, ohne zuviel zu erklären, alles mit einem halben Worte verständlich zu machen, nichts auszulassen, aber alles Unnütze beiseite zu schieben; hurtiger, lebhafter und genauer Farbenauftrag; das rechte

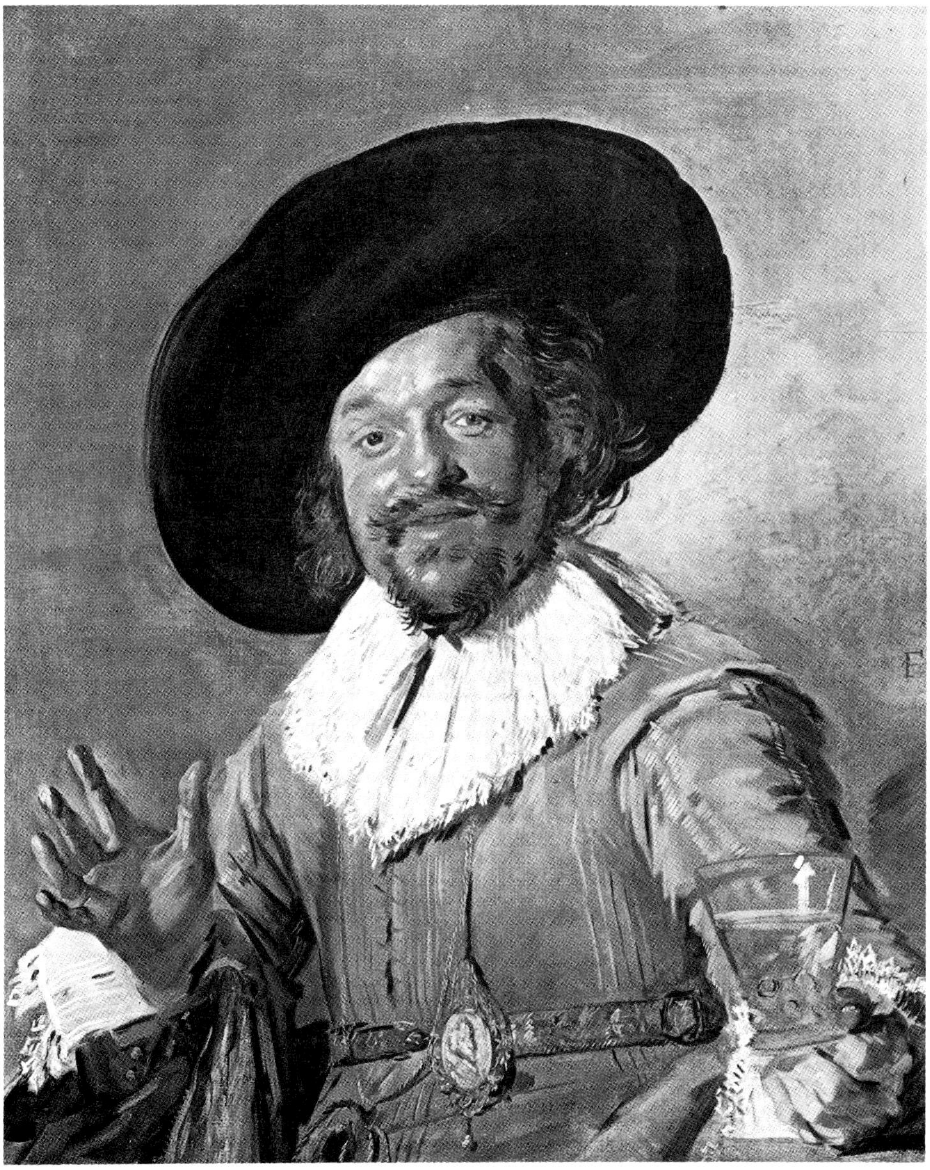

Abb. 15: Frans Hals: Der fröhliche Trinker. Um 1627/28. Amsterdam, Rijksmuseum

Wort, und nichts als das rechte Wort, auf den ersten Anhieb gefunden und niemals durch Überladung verkünstelt; kein Ungestüm, nichts Überflüssiges; der Geschmack von van Dyck, die technische Geschicklichkeit von Velasquez, mit den hundertfachen Schwierigkeiten einer unendlich reichern Palette; denn anstatt sich auf drei Töne zu beschränken, gibt sie eine vollständige Sammlung aller bekannten Töne, – so zeigen sich, im Glanze seiner Erfahrung und seiner Begeisterung, die fast einzigartigen Qualitäten dieses trefflichen Malers."[12]

Die offene, spontane Handschrift, der freie Duktus, hier – die porengenaue, den Farbkörper zu schimmerndem Emailglanz schließende Faktur dort: beide Verfahren geben das Spektrum an, in dem sich malerisch die Aneignung der sichtbaren Realität bewegt. Im Porträtfach und in der Historienmalerei mag der Ansatz de Keysers eher konservativ eingestellte, auf tradierte Normen achtende Auftraggeber angesprochen haben: Constantijn Huygens gibt in der kulturellen Sphäre des Statthalters in Den Haag den Ton an. Die Oberflächenwirkung bei Frans Hals, in dessen Bildern der Malprozeß in seiner Spontaneität bewußt sichtbar bleibt, mag den offenen Kommunikationsformen Haarlemer Bürger entsprochen haben, die sich ihrer Erfolge in Handel und Gewerbe sicher waren und sich mit Dynamik und Witz, Selbstbewußtsein und einem Schuß Selbstironie darzustellen wußten.

In beiden Malweisen wird eine hohe Sensibilität für stoffliche Wirkungen sichtbar. Die Auftraggeber und Käufer in Haarlem, Leiden oder Amsterdam waren als Tuchwirker, Färber, Textilkaufleute im Umgang mit Stoffen geschult. In Ruisdaels und Rembrandts Haarlem-Bildern ist das Textilgewerbe ein wichtiger Teilaspekt und

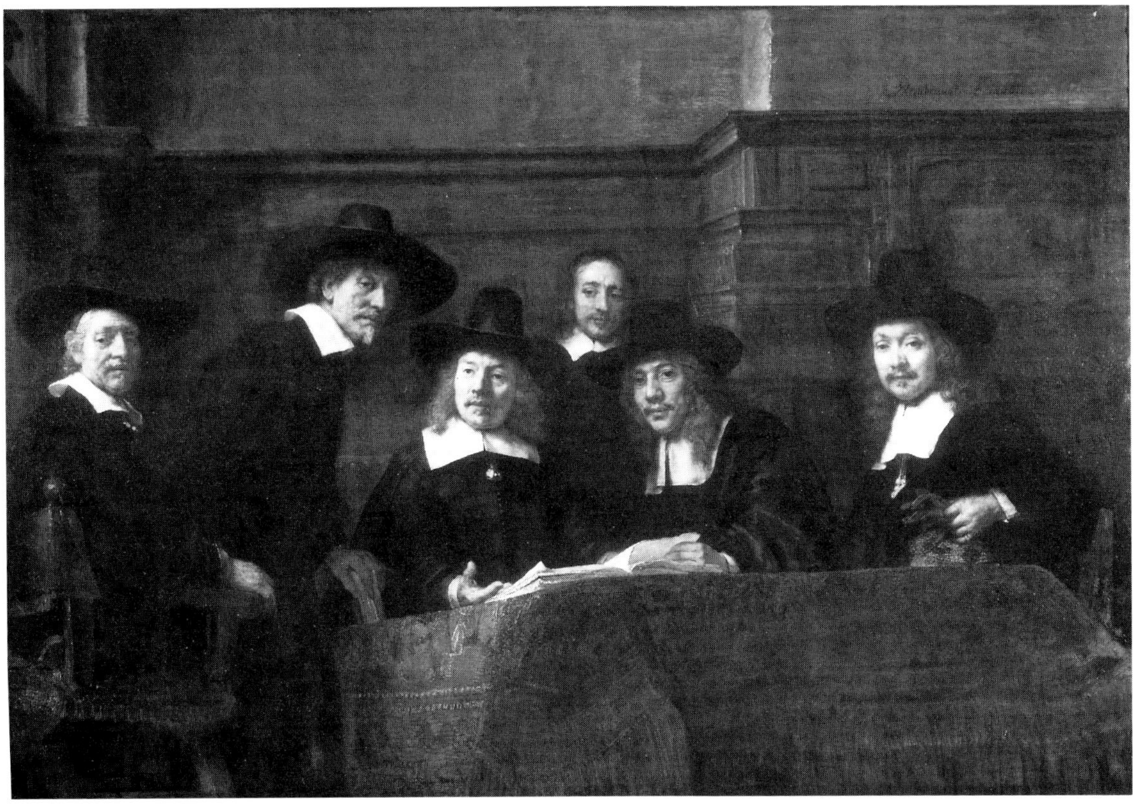

Abb. 16: Rembrandt: Die Staalmeesters. 1662. Amsterdam, Rijksmuseum

Motivbereich. REMBRANDTS *„Staalmeesters"* *(Abb. 16)* zeigt die Prüfungskommission der Amsterdamer Tuchmachergilde bei der Arbeit: der Qualitätskontrolle von Stoffen nach bestimmten Kriterien. Man hatte das differenzierte Auge, auch den Tastsinn, für die Qualität eines Gewebes, einer Stickerei oder eines Pelzes. Man war angesichts eines de KEYSER, HALS oder TER BORCH offen für die Qualitäten einer malerischen Textur, die man als Textur sehen mochte und als malerische Delikatesse.

Viel wissen wir nicht über die zeitgenössische Rezeption holländischer Malerei, aber wir können schließen, daß die unterschiedlichsten Darstellungsweisen nebeneinander bestehen konnten, sofern sie ihren jeweiligen Zweck erfüllten: Erfahrung und Selbstverständnis anschaulich werden zu lassen.

Kunst und Publikum

Ist die Volkswirtschaft Hollands im 17. Jahrhundert ganz auf den internationalen Warenaustausch, auf Weiterverarbeitungs- und Veredelungsgewerbe und auf Export eingestellt, so produzieren die Malerateliers weitgehend für den Binnenmarkt, für den kulturellen Konsum im eigenen Land. Im europäischen Vergleich besetzt Holland als Kulturlandschaft eine neue soziale Position. Kommen etwa in Frankreich dem zentralistischen Hof, in England dem Adel, in Italien den kirchlichen Institutionen leitende Auftraggeberfunktionen zu, so nehmen in Holland das untere und mittlere Bürgertum und vor allem das Patriziat die Stellung eines normenstiftenden Kunstpublikums ein.

Die kulturelle Ausstrahlung des Haager Hofes war begrenzt. Die Städte dominierten: mit der Vergabe von Aufträgen durch die Kommunen und durch soziale Institutionen einerseits, durch die breite Sammeltätigkeit ihrer Bürger andererseits. In den Historienbildern für die Rathäuser, in den Gruppenbildern der Gildevorstände oder der Waisenhausstiftungen, der Altenheime und anderer Einrichtungen städtischer Sozialfürsorge eröffneten sich neue Bereiche bürgerlicher Repräsentation und neue Bildaufgaben *(Abb. 16)*. Vor allem tritt das Gemälde in den privaten bürgerlichen Haushalt als Teil der Ausstattung ein. Man sammelt für den eigenen kulturellen Bedarf.

Der bürgerliche Wohlstand äußert sich repräsentativ – und sicherlich auf unterschiedlichen sozialen Niveaus – in der Wohnkultur der Innenräume. Solide, kunstvolle Tischlerarbeit in Mobiliar und Täfelung, Goldtapeten und gewirkte Vorhänge, Kachelböden und Tischteppiche bilden den ästhetischen Rahmen. Die Gemälde stehen in nachbarschaftlicher Konkurrenz mit attraktiven Luxusgütern, mit geschliffenen Gläsern und Goldschmiedegeräten, mit Keramikvasen und Elfenbeinarbeiten, mit exotischen, kostbar gefaßten Sammlerobjekten *(Abb. 20)*, mit Tafelgerät und feinmechanischen, wissenschaftlichen Geräten, mit Globen *(Abb. 14)* und Landkarten.

Ein lebhafter Kunsthandel – zuerst laienhaft von publikumsintensiven Berufen, dann professionell von Kunsthändlern betrieben – vermittelt zwischen den Ateliers und den Käufern. Ausländische Reisende zeigen sich erstaunt, in welchem Umfang auch einfache Bürger und Bauern wie selbstverständlich mit Kunstwerken umgehen. Der Kunstbesitz in den Stadthäusern umfaßt Dutzende, oft Hunderte von Gemälden. Niederländische Puppenhäuser des 17. Jahrhunderts – an ihnen lernen höhere Töchter die Kunst der Haushaltsführung – zeigen im Wohnbereich eine mit gerahmten, originalen Miniaturgemälden vollgehängte Bildergalerie. In vielen gemalten Interieurs sieht man Gemälde als Wandschmuck *(Abb. 9, 10)*. Auch wenn ihnen als Bildern im Bild sprechende, bedeutungsstiftende Funktionen zuwachsen, bleiben sie Zeugnisse für die Allgegenwart von Bildkunst im bürgerlichen Haushalt. Der Bestimmungsort der Bilder – die begrenzten Wandflächen in den eher kleinräumigen Bürgerhäusern – schränkte die Freiheit der Formatwahl ein. Auf kleine und mittlere Formate werden die Holztafeln und Leinwände der Gemälde normiert. Jedes größere Bild läßt auf anspruchsvollere Auftragsfunktionen schließen. Die zeitgenössischen Quellen zeigen, in welchem Umfang mit Gemälden gehandelt wurde. Das Kunstwerk, in dem Kapital angelegt wird, ist Teil der allgemeinen Warenzirkulation, berechenbar nach Wert und Preis. Diese Qualität teilt sich der ästhetischen Struktur mit: das Kunstwerk ist nicht mehr auf die Funktion *eines* Standorts und Rezipientenkreises begrenzt, es findet in jedem Haushalt seinen Platz und seinen Liebhaber, ist einer allgemeinen Wertschätzung zugänglich.

Die „Haarlempjes“ von RUISDAEL verteilen sich auf verschiedene bürgerliche Kunstsammlungen. Der Funktionswandel, der sich in der holländischen Kunst vollzogen hat, läßt sich im Vergleich mit Landschaftsdarstellungen zeigen, in denen sehr ähnliche Inhalte ästhetisch reflektiert sind. Ambrogio LORENZETTIS *„Buon Governo“* (vgl. S. 396) und der Brüder LIMBURG Oktoberblatt aus den *„Très Riches Heures“* (vgl. S. 398) thematisieren wie RUISDAELS oder REMBRANDTS Haarlem-Ansichten das Verhältnis von Land und Stadt – ihre wirtschaftlichen und sozialen Wechselwirkungen und Abhängigkeiten – in der Konkretheit der Beschreibung und mit jeweils unterschiedlichen ästhetischen Überhöhungen. LORENZETTIS Fresko steht ortsgebunden im Zentrum kommunaler Selbstverwaltung und stadtbürgerlicher Selbstidentifikation. Das herzogliche Stundenbuch – als Kunstwerk und Wertgegenstand kostbarstes Einzelstück – dient höfischer Reflexion über die Aufgaben des Landesherrn in seinem Territorium. Die holländischen Haarlem-Bilder, verbreitet in mehreren Varianten oder als druckgraphisches Blatt vervielfältigt, eröffnen den bürgerlichen Sammlern unterschiedliche Rezeptionsmöglichkeiten. Der eine mag die Kunstfertigkeit der Naturnachahmung schätzen, der andere schlicht die Erinnerung an seine Geburtsstadt vor Augen haben, ein dritter auf einen Gewinn beim Weiterverkauf eines RUISDAEL oder REMBRANDT hoffen, der vierte schließlich sich – wie in ein kleines, profanes, bürgerliches Andachtsbild – in die ästhetischen und inhaltlichen Dimensionen des Kunstwerks hineindenken und in ihm die eigene Existenz als holländischer Bürger gespiegelt gedeutet finden.

Das holländische Bild wird durch viele Außenfunktionen bestimmt und läßt seinerseits unterschiedliche Nutzungsfunktionen und Annäherungsformen zu. Seine Komplexität antwortet auf die Komplexität bürgerlicher Kunstrezeption. Dadurch daß es nicht auf bestimmte übergeordnete Bedeutungsbereiche festgelegt ist, steht es individueller Rezeption offen. Sein vorherrschender Abbildcharakter läßt eine weite und freie Interpretation zu.

Eine wesentliche Qualität holländischer Kunst sieht Jacob BURCKHARDT darin, daß sie den Betrachter an ihrer Welt „mitleben macht“. Holländische Kunst entwickelt neue Formen der Kommunikation mit dem Betrachter. Entgegen gleichzeitigen Strategien gegenreformatorischer Bildrhetorik, die den Betrachter durch optische Überredung festzulegen sucht, halten holländische Bilder die Kontakte mit dem Rezipienten offen. Sie legen nicht fest, sondern lassen Frei- und Spielräume für unterschiedliche Deutungen. Sie erlauben zugleich Annäherung und Distanzierung. Diese offene Struktur entspricht der Vielschichtigkeit des Bildangebots und des Bildgebrauchs.

Die Formen dieser Art des „Mitlebenmachens“ variieren. Sie lassen sich am besten in solchen Motiven zeigen, die den Betrachter direkt ansprechen: durch gestische Zuwendung, Blickkontakt und mimische Ansprache. Der sogenannte *„Fröhliche Trinker“* von Frans HALS *(Abb. 15)* etwa ist ganz auf ein Gegenüber eingestellt und zeigt sich im Augenblick einer bestimmten Bewegungsphase, in der alles im Bild zu offener Frontalität zusammenwirkt. Vermeer *(Abb. 10)* läßt seine Dame am Spinett aus der Profilstellung den Kopf wenden und den Blickkontakt mit dem Betrachter finden. Diese Wendung wird durch räumliche Stellung der Figur zwischen dem Stuhl vorne und dem großen Bild hinten verstärkt, dessen nackter, ausschreitender Amorknabe dem Betrachter einen Brief entgegenhält. Auch wo Vermeer *(Abb. 9)* den Blick in das Interieur durch einen dunklen Vorraum mit gerafftem Vorhang erschwert und das Bildpersonal aufeinander bezieht, also keinen direkten Kontakt zum Betrachter schafft, fühlt man sich – nach Art der „Schlüssellochperspektive" – in das Bild hineingezogen. „Liest" man die *Abbildungen 9, 10* und *15* hintereinander in dieser Reihenfolge, ergibt sich eine Bildfolge unterschiedlich intensiver Annäherung.

Rembrandts *„Staalmeesters"* *(Abb. 16)* zeigt die Gruppe der Kommissionsmitglieder im Augenblick ihrer Reaktion auf einen Vorgang, der sich auf Betrachterseite vollzieht. Welcher Art dieser Vorgang ist, bleibt ungeklärt und offen für rätselnde Interpretation. Entscheidend ist, daß die Bildperspektive ganz auf den Betrachter und dessen Standort eingestellt ist und alle Bildmotive direkt oder indirekt auf dessen Wahrnehmung hin organisiert sind: das Bild macht den Betrachter zur Instanz und zum Adressaten. Auch klassische Historienmalerei mag den Betrachter ins Bild einführen, aber er weiß immer, daß das, was sich dort abspielt, nicht seine Welt ist, in idealer Distanz zu ihm verbleibt. Hier wird er aufgefordert, Anteil zu nehmen, weil das, was er sieht, im weiteren Sinne seiner eigenen realen Sphäre entstammt.

Die Interpretation holländischer Kunst des 17. Jahrhunderts

Man kann in der aktuellen Forschungssituation drei grundlegende Ansätze zur Interpretation holländischer Kunst des 17. Jahrhunderts unterscheiden, drei Interpretations-Schwerpunkte. Jeder für sich trifft wesentliche Aspekte und ein bestimmtes Gegenstandsspektrum im Problembereich abbildender Funktionen holländischer Bildkunst. Jeder dieser Schwerpunkte hat einen wissenschaftshistorischen Hintergrund und verfügt über historisch fundiertes Quellen- und Belegmaterial. Auch wenn gelegentlich um einer methodischen Klärung willen einseitig argumentiert wird, beziehen sich die drei Schwerpunkte direkt oder indirekt auch auf die Erkenntnismöglichkeiten der jeweils benachbarten Schwerpunkte.

Gesellschaft und Nation im Spiegel der Bildkunst

Der *kulturhistorische Ansatz* erkennt die holländische Malerei des 17. Jahrhunderts als „große kunstgeschichtliche und kulturgeschichtliche Erscheinung", als „merkwürdig einheitliche Kunst", die „wesentlich das Leben der holländischen Nation samt deren Schauplatz zu Land und Meer und der ganzen äußern Umgebung" darstellt.[13] Jeder holländische Maler, stellt Jacob Burckhardt 1874 fest, „ist ein Herold des großen nationalen Besitzes nach irgend einer besonderen Seite hin". Die Fragen, die der kulturhistorische Ansatz entwickelt, zielen denn auch vor allem auf die gemeinsamen, allgemeinen Bedingungsfaktoren. „Welches war die ökonomische Basis des belgischen Genrebildes; sind es Fürsten und Große? Oder auch Bürger? Die Frage ist von Wichtigkeit. In Holland ist es jedenfalls der Bürgerstand, der reiche sowohl als der bloß wohlhabende."[14] „Was hat dieses wohlhabende und gebildete Bürgertum von der Kunst verlangt, was ist die soziale und ästhetische Funktion dieser Kunst gewesen?"[15] Burckhardt etwa hat in drei Vorträgen *„Über die niederländische Genremalerei"* das Thema in erster Linie nach Aufgaben und Bildgattungen bzw. Untergattungen gegliedert, den Künstlerpersönlichkeiten den zweiten Rang zugewiesen. In einem Panoramablick auf den europäischen Kontext der Malerei des 17. Jahrhunderts formuliert er:

„Man hatte in der außerordentlich gesteigerten Mitteilung durch die Schrift, in der Literatur, ein Medium des Gedankens gebrauchen gelernt, welches auch für das Höchste, was die Zeit bewegte, genügen konnte. Nach dieser Seite hin strömten nun die Kräfte, welche früher die Kunst teils ausgeübt, teils als Ergänzung des Lebens von den Ausübenden verlangt hatten, indes die scharfe Verstandesrichtung der Zeit auch der noch in Übung gebliebenen Kunst die rechte Lust des Schaffens verkümmerte. Für Deutschland kam außerdem der provisorische Zustand der äußern Spannung hinzu, welcher bald in den großen letzten Entscheidungskrieg überging, den Europa auf deutschem Boden ausfocht. Was aber die Kunst bei jenen Umständen noch immer werden konnte, zeigt auf glänzende Weise das kleine Holland. Hier, wo der Protestantismus in seiner schärfsten Form zur Macht gelangt war, wo mitten in den Gefahren eines äußerlich gewährlosen Zustandes der Geist der neuen Zeit in Forschen, Wagen und Wissen einen Sieg nach dem andern errang, hier entstand eine Blüte der Malerei, welche man den größten Leistungen dieses Jahrhunderts immer als ein mit besonderer Waage zu wägendes Ganzes zur Seite stellen muß. Diese

Malerei gibt eine unmittelbare Wirklichkeit, wie sie der scharfe Verstand verlangt, aber sie zeigt auch, wieviel innere Schöpferkraft zugrunde liegen muß, um auch nur das Unmittelbare auf die rechte Weise zu fassen, um den Geist in der Natur zu deuten und künstlerisch festzuhalten."[16]

Wiederum in drei Vorträgen hat Johan HUIZINGA 1932 die *„Holländische Kultur des 17. Jahrhunderts"* dargestellt. Er fragt nach den „Kulturproduzenten" und „Kulturkonsumenten" im gesellschaftlichen Zusammenhang, zeigt den Einfluß von Institutionen auf Bildung und Kunst und diskutiert die Grenzen holländischer Kunst.

„Man kann nicht ohne weiteres den Kreis der Kulturproduzenten mit einer intellektuellen Klasse identifizieren. Dann fiele ja für das niederländische 17. Jahrhundert gerade unser höchster Ruhm aus dem Rahmen heraus, denn die holländischen Maler sind nur in beschränktem Maße sogenannte Intellektuelle gewesen. Jedenfalls nimmt einerseits die analphabete Volksmasse, die damals noch fast alle Bauern, Seeleute und Fischer umfaßte, andererseits der Landadel auf seinen abgelegenen Schlössern, wo er höchstens rezeptiv am nationalen Kulturprozeß beteiligt ist, an der Kultur*produktion* nicht teil. Diese beiden extremen sozialen Seiten verlieren auch die mittelalterliche Volkskultur von Sang und Tanz und Sprichwort mehr und mehr und sind für ihre geistige Diät fast ausschließlich auf die Predigt angewiesen. Zwischen diesen beiden Äußersten liegt das breite Feld, wo die nationale Kultur wächst. Es ist also wieder überwiegend städtisch, aber nicht aristokratisch. Es umschließt mit dem gebildeten Patriziertum die Vertreter der gelehrten Berufe, Juristen, Ärzte, Prediger, und außerdem noch eine breite und wichtige Schicht eines Mittelstandes, der sich am kulturellen Gesellschaftsleben zu beteiligen pflegt." [...]

„Um 1600 gibt es nun im jungen Holland zwei gesellschaftliche Formen, denen eine besondere Bedeutung für das Kulturleben zukommt, nämlich die Schützengesellschaft und die Rhetorikerkammer. Beide stammen aus der mittelalterlichen Vergangenheit, die eine mit sehr alten Wurzeln, die andere ziemlich jung. Sie wurden auch nach 1600 noch eifrig weitergepflegt. Wie auf wirtschaftlichem und politischem Gebiet war man auch kulturell konservativ. Gerade dieser Konservatismus hat bewirkt, daß hier eine Brücke zwischen dem aufkommenden Patriziat und dem mittleren Bürgertum fortbestehen konnte und dadurch eine Kommunikation der sich wirtschaftlich mehr und mehr trennenden Schichten. Diese Verbindung aber hat während des ganzen Zeitalters eine Art kultureller Homogenität bedingt, welche einer scharfen Klassenbildung im Wege stand. In der Kammer und im Schützenhaus, dem ‚Doelen', begegneten sich der Kleinhändler und der Großkaufmann, dort bekamen alle ihre dichterische Erziehung."[17]

„Die soziale und ästhetische Funktion im bürgerlichen Milieu hat diese Malerei in den Maßen ihres Rahmens wie in der Flucht der Phantasie beschränkt. Keine erneute katholische Kirchenkunst eröffnete hier den Malern das Feld einer Rubensschen Tätigkeit. Damit verschloß sich ihnen gewissermaßen der große Stil des Jahrhunderts selber. An Stelle der Steigerung des Solennellen [Feierlichen] und des starken Ausdrucks eines konkreten Sinngehaltes traten die intime Suggestion und das Verträumte. Von all den wesentlichen Stileigenschaften des Barock: die majestätische Strenge, die prachtvolle Würde, die große theatralische Gebärde, der laute Akzent, – von all dem hielt die bürgerliche Gestaltung des Staates und der Kultur den holländischen Maler ab. Inmitten ihrer Zeit nimmt die holländische Malerei wesentlich eine Ausnahmestellung ein."[18]

Die neuere kunsthistorische Forschung hat für zahlreiche Spezialgebiete Quellenmaterial beigebracht, das in die Interpretation auch des einzelnen Kunstwerks einbezogen werden kann und von den Arbeitsbedingungen der Künstler bis zu Geschmacksnormen bestimmter Käufergruppen reicht. Die Mechanismen des Marktes, die Geschichte der Gilden, die Bildungsvoraussetzungen der einzelnen Künstler, Auftragsumstände und technikgeschichtliche Voraussetzungen werden erforscht. Damit entsteht ein immer differenzierteres Bild des kultur- und sozialgeschichtlichen Zusammenhangs, in dem jedes holländische Kunstwerk des 17. Jahrhunderts zu sehen ist.

Die Kunst des Beschreibens – das Auge sieht nur das Sichtbare

Daß das Auge nur das Sichtbare sehe und Bedeutung nur in dem beheimatet sei, was das Auge wahrnehme, liegt als Kernthese dem *wahrnehmungsorientierten Ansatz* zugrunde. 1781 notiert Sir Joshua REYNOLDS auf einer Reise nach Flandern und Holland: „Zwei schöne Bilder von Terburg; die weiße Atlasseide bemerkenswert gut gemalt. Er unterließ es selten, ein Stück weiße Seide in seine Bilder aufzunehmen."[19] Die lakonische Tagebuchnotiz – eine neben vielen – rührt aus der Wahrnehmungserfahrung des englischen Malers her, daß das Verdienst der holländischen Maler allein in der Wahrheit der Wiedergabe beruhe, die sich der Beschreibung durch das Wort entziehe. „Nur an das Auge wenden sich die Maler dieser Schule."[20] „Obiecti veritas" – Wahrheit der Wiedergabe – war der Begriff, mit dem Constantijn HUYGENS das Stilleben von Johannes TORRENTIUS *(Abb. 17)* gekennzeichnet und gelobt hatte – ein Begriff, der auf die objektive Erkenntnisleistung einer neuen, naturwissenschaftlich fundierten holländischen Malerei zielte.

Ein knappes Jahrhundert nach REYNOLDS, 1875, bereist Eugène FROMENTIN Flandern und Holland und publiziert seine umfangreichen Notizen über die holländischen Maler. Mehrfach zieht er die Summe aus seinen eindringlichen Analysen und Beschreibungen.

„Es ist eine Malerei, die Aufmerksamkeit und Ordnung zeigt, die eine gesetzte Hand beweist und andauernde Arbeit, die eine vollkommene Andacht voraussetzt und sie auch denen einflösst, die sie studieren. Der Geist hat sich gesammelt, um sie zu

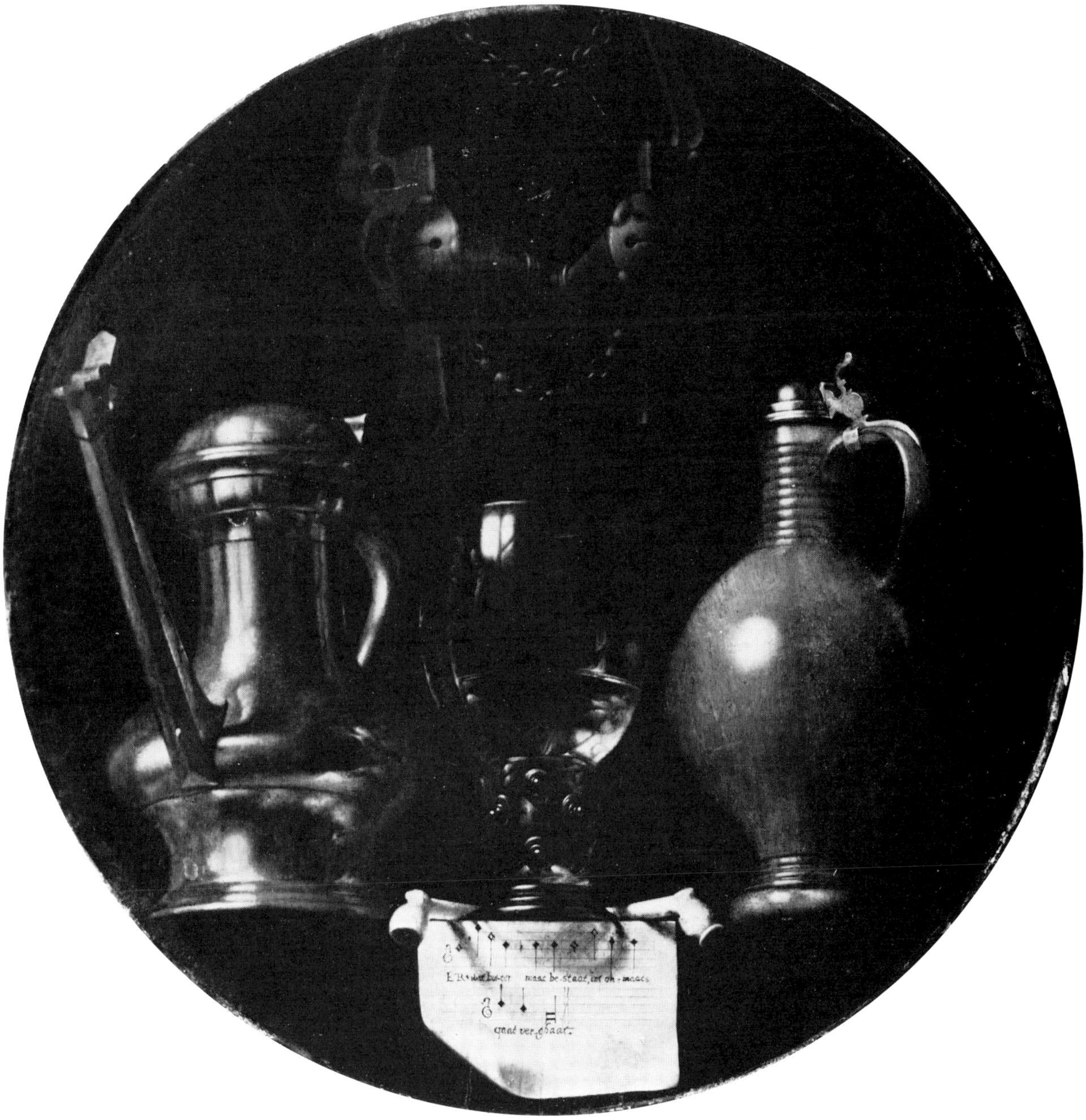

Abb. 17: Torrentius (Jan Simonsz van der Beeck): Emblematisches Stilleben. 1614. Amsterdam, Rijksmuseum

konzipieren; der Geist sammelt sich, um sie zu verstehen. Man kann leicht erkennen, wie die äusseren Gegenstände auf das Auge des Malers wirken, und wie sein Auge auf sein Gehirn wirkt.“ [...]
„Ein Wort kann den eigenartigen Reiz dieser unbefangenen Wissenschaft, dieser Erfahrung ohne Pose, das unstreitige Verdienst und den wahren Stil dieser gesunden Köpfe zusammenfassen: man sieht unter ihnen stärkere oder schwächere Maler; aber man entdeckt keinen einzigen Pedanten. Was ihre Palette betrifft, so ist sie so viel wert wie ihre Zeichnung; ist nicht mehr und nicht weniger wert, und daher rührt die vollkommene Einheitlichkeit ihrer Methode. Alle holländischen Maler malen auf gleiche Art, und niemand malte und malt je wie sie.“[21]

Die Begriffe „unbefangene Wissenschaft“ und „Erfahrung ohne Pose“ sind in Kontrast gesetzt mit unterschiedlichen Dimensionen der Historienmalerei.

Denn „man ist überall sonst pathetisch, rührend, interessant, überraschend, belehrend – nur nicht in der holländischen Schule. Und die Schule, die sich am ausschliesslichsten mit der wirklichen Welt beschäftigt hat, scheint diejenige von allen zu sein, die ihren geistigen Nutzen am meisten verkannt hat; und dann scheint die Schule, die sich vor allen anderen am leidenschaftlichsten dem Studium des Malerischen gewidmet hat, weniger als irgendeine andere die darin fliessenden lebendigen Quellen gesehen zu haben.

Welchen Grund hat ein holländischer Maler, um ein Bild zu malen? Gar keinen; und man beachte, dass man ihn niemals danach fragt. Ein Bauer mit weinroter Nase blickt uns mit seinem grossen Auge an und zeigt uns lachend alle Zähne, während er einen Bratspiess wendet: wenn die Sache gut gemalt ist, so hat sie ihren Wert."[22]

In dieser drastischen Formulierung konzentriert sich anschaulich eine Annäherungsform, die allein in der ästhetischen Haut des Kunstwerks, in den Oberflächen der Faktur, in dem, was dem Auge wahrnehmbar erscheint, den Gegenstand des Interesses findet. FROMENTIN steht auf dem Höhepunkt einer Kunstkritik des „l'art pour l'art": er sucht Anstoß und Wirkung der holländischen Kunst allein in den Gesetzen und Existenzformen der Kunst. Er trennt damit die Kunstwerke radikal von den Wurzeln ihrer historischen, sozialen und kommunikativen Bedingungen und Wirkungsmöglichkeiten, die der kulturhistorische Ansatz zu rekonstruieren und in die Interpretation einzuholen versucht.

FROMENTINS Buch hat eine breite internationale Aufnahme erfahren und Generationen von Kunsthistorikern beeindruckt und beeinflußt – auch, weil seine analytischen Beschreibungen, mit den Begriffen der Ateliersprache des Malers gesättigt, höchst angemessen die optischen Strukturen und Qualitäten und damit wichtige Aspekte des Realitätscharakters holländischer Kunst erschließen.

Die Bildstrukturen der holländischen Malerei, insbesondere die porengenaue Oberflächenbeschreibung ihrer „Fijnschilderij", mußte zum Vergleich mit den experimentellen und theoretischen Erkenntniszielen der Naturwissenschaften des 17. Jahrhunderts führen. Im Jahrhundert der Optik und der Meßtechnik, das neben Thermometer und Barometer, Luftpumpe und Pendeluhr schon an seinem Beginn das Teleskop (1609/10) und das Mikroskop (1615) hervorbrachte, sind die Bildkünste vielfach auf die Wissenschaften und ihre Bereiche visueller Untersuchung verwiesen. Wie der Kartographie arbeiten die Künstler jenen Disziplinen zu, die auf optischer Analyse und auf optischer Vermittlung der Befunde beruhen: der Medizin oder Biologie, der Mineralogie oder Geographie, auch der beschreibenden Völkerkunde, der Ethnographie. Maler begleiten Expeditionen in die neuen Überseekolonien und nehmen exotische Fauna, Flora, Landschaft und Bewohner im Bild auf. Die Künstler beschäftigen sich mit dem seit dem 15. Jahrhundert verfeinerten Instrumentarium von Optik und Perspektive, laborieren mit Lupe, Linse und Camera obscura, entwerfen in Guckkästen optisch überraschende Miniatur-Interieurs und übertragen illusionistische Verfahren der Renaissance in kleinformatige Augentäuschungen („Trompe l'œils", „bedriegertjes"), in denen die Grenzen zwischen der Realität des Bildes und der Realität seines Hängungsortes verwischt werden.

Von REYNOLDS und FROMENTIN ausgehend, hat zuletzt die amerikanische Kunsthistorikerin Svetlana ALPERS in ihrer wahrnehmungshistorischen Studie zur holländischen Malerei mit dem programmatischen Titel *„The Art of Describing"* (Die Kunst des Beschreibens) die Zusammenhänge zwischen Theorie und Praxis der Naturwissenschaften und der holländischen Kunst ergebnisreich dargestellt:

„Die Holländer zeigen ihre Bilder eher als Beschreibung der gesehenen Welt denn als Darstellung bedeutsamer menschlicher Handlungen. Bereits entwickelte Traditionen von Bildlichkeit und Handwerkskunst, die durch die neue Experimentalwissenschaft und Technologie breit bestärkt wurden, bestätigten Bilder als Wege neuer und sicherer Kenntnis der Welt. Eine Anzahl von Charakteristika der Bilder scheint davon abzuhängen: das häufige Fehlen eines Betrachterstandorts, so als käme zuerst die Welt (wohin wir als Betrachter gestellt sind, ist als Frage schwer zu beantworten, wenn wir eine Panoramalandschaft von Ruisdael sehen); ein Spiel mit starken Größenkontrasten (wenn der Mensch nicht den Maßstab liefert, kann ein riesiges Rind geistreich-amüsant abgesetzt werden gegen einen winzigen, fernen Kirchturm); das Fehlen eines vorgegebenen Rahmens (die in holländischen Gemälden beschriebene Welt scheint oft von den Bildgrenzen abgeschnitten zu sein oder scheint, umgekehrt, über die Bildgrenzen hinaus sich auszudehnen, als wäre der Rahmen etwas Nachträgliches und nicht ein vorgegebener, bestimmender Bildfaktor); ein enormer Sinn für das Bild als Oberfläche (wie ein Spiegel oder eine Landkarte, aber nicht wie ein Fenster), auf der Wörter zusammen mit Gegenständen wiedergegeben oder eingeschrieben werden können; ein Bestehen auf der handwerklichen Kunst der Wiedergabe (üppig entfaltet bei [dem Stillebenmaler] Willem Kalf, der wiederholt das Porzellan, Silber oder Glas des Kunsthandwerkers wie ein Kunsthandwerker malerisch ausführt zusammen mit Zitronen, wie sie die Natur selbst hervorbringt)."[23]

Indem Svetlana ALPERS' Untersuchungen sich ausdrücklich ganz auf empirisch ermittel- und wahrnehmbare Erscheinungen konzentrieren, verengt sich der Blick des Betrachters zur eindimensionalen, nur auf die sichtbare Oberfläche gerichteten Projektion: die inhaltliche Funktion der denkenden Wahrnehmung wird ausgeblendet, Bedeutung geleugnet.

„Viele Wissenschaftler, die sich mit holländischer Kunst beschäftigen, sehen die Vorstellung vom holländischen Realismus als eine Erfindung des 19. Jahrhunderts. In der Folge der Entdeckung, daß eine Vielzahl von Motiven in holländischen Gemälden in Beziehung stehen zu den mit Motti und Texten verbundenen Bildern in den beliebten Emblembüchern der Zeit, haben Ikonographie-Forscher den Schluß gezogen, daß der holländische Realismus nur ein Scheinrealismus sei. Weit entfernt davon, die ‚reale' Welt zu beschreiben, so ihr Argument, sind solche Gemälde ins Bild umgesetzte Abstraktionen, die moralische Lektionen lehren und sie unter reizvollen Oberflächen verbergen. Glaube *nicht,* was Du siehst, sei die Botschaft holländischer Kunstwerke. Aber vielleicht ist diese ‚durchdringende Ansicht von Kunst' (‚transparent view of art', Richard Wollheim) nirgendwo weniger angemessen. Denn nord- und westeuropäische Bilder (northern images) verkleiden Bedeutung nicht oder verbergen sie unter der Oberfläche, sondern zeigen eher, daß Bedeutung ihrer eigentlichen Natur nach in dem beheimatet ist, was das Auge aufnehmen kann – wie trügerisch das immer sein mag."[24]

Demnach beschränkte sich die augentäuschende – mit Hilfe der Camera obscura gefundene – Motivpräsentation im Stilleben des Johannes TORRENTIUS *(Abb. 17)* auf das dem Auge Zugängliche und Wahrnehmbare, dürfte die Textzeile auf dem Notenblatt („Was ohne Maß besteht, im Unmaß schlimm vergeht") lediglich als Bildzeichen, nicht als Titel und Erklärung gesehen werden. Sie eröffnet aber gerade die Bedeutungsdimension in zwei Richtungen: in die moralische Ermahnung zu Triebzügelung und maßvoller Lebensführung und in die Reflexion über das Messen und Maßfinden als naturwissenschaftliche und ästhetische Aufgabe.

Offenbar ist das Austreiben des Sinnes aus holländischen Bildern ebenso falsch wie die Absolutsetzung des über den augenfälligen Bildbestand hinausweisenden Sinnes. Zu beschreiben wäre, wie durch den augenfälligen Bestand die Möglichkeit zusätzlicher Sinngebung eröffnet wird und wie sich schließlich Wahrnehmung und Sinngebung in der Darstellungsform verschränken. Insofern war es ausgesprochen wichtig, daß in dem Buch von Svetlana ALPERS auf die in den Bildern wiedergegebene Erscheinungsrealität als Ausgangspunkt aller weiteren Betrachtung und Interpretation hingewiesen wurde.

Das Bild als Sinnbild

„Warum wird Sinnbildkunst – so mag ein jeder fragen –
hoch über andre Kunst mit Lob emporgetragen?
Ich sag's – der Geist spielt dort in sonderlichen Runden,
so sinnreich, wie ich's nirgend sonst gefunden."

Diesen Vierzeiler von Adriaen van de VENNE (1623) hat sich 1976 die Amsterdamer Ausstellung „Tot Lering en Vermaak"/„Zur Belehrung und zum Vergnügen" (ein im 17. Jahrhundert verbreitetes Wort) zum Leitmotto gewählt und dem Einleitungsessay des Utrechter Ikonologen und Kunsttheoretikers Eddy de JONGH wie den Kernsatz eines Emblems vorangestellt.[25] Der Katalog zur Ausstellung liest sich fast wie ein modernes wissenschaftliches Emblembuch. Die Mittel und Formen des *Emblems* findet man im 20. Jahrhundert gelegentlich in der Anzeigenwerbung oder im politischen Plakat (etwa bei John HEARTFIELD oder Klaus STAECK): unter einem Leitsatz *(Lemma, Motto)* wird ein verschlüsseltes Bild *(Icon, Pictura)* in einer Erklärung *(Epigramm)* aufgelöst und interpretiert. Die drei Bestandteile des Emblems erhellen sich wechselseitig unter der aktiven Teilnahme des Lesers und Betrachters, dem in dieser, während des 16. und 17. Jahrhunderts verbreiteten, Wort und Bild verbindenden Literaturform eine Belehrung, eine Lebensweisheit oder eine moralische Ermahnung übermittelt wird.

Die Grundthese des *ikonologischen Ansatzes* zur Interpretation holländischer Kunst des 17. Jahrhunderts ist, daß sich im Kunstwerk nicht nur abbildet, was das Auge auf der Bildoberfläche wahrnimmt, sondern daß sich unter der Haut des Sichtbaren Bedeutungen und Sinnschichten verbergen, die mitgesehen, mitgelesen, mitgedacht werden müssen – etwa so, wie sich beim Lesen und Sehen eines Emblems überraschende Sinnbezüge einstellen. Gegen die ikonologische Interpretation wendet sich Svetlana ALPERS in der oben zitierten Passage – in einer gewiß polemischen Überspitzung, die freilich die wissenschaftliche Diskussion belebt (und im übrigen nicht weit entfernt ist von Kommunikationsformen des 17. Jahrhunderts: da räsonieren und streiten die Holländer in Tausenden von Zeitungen, Flugblättern, Pamphleten – bei großer, nirgendwo sonst in Europa zugestandener Freiheit des Wortes – über Gott und die Welt).

Natürlich liegt es nahe, Verbindungen der Bildkünste nicht nur mit den Techniken und Experimentierformen der Naturwissenschaften zu sehen, sondern ebenso mit den Disziplinen, die wir heute als Geisteswissenschaften bezeichnen. Nicht nur Historienbilder, auch die neuen Bildgattungen lagern in ihre Motivgruppen oft Gedanken, Kategorien und Bedeutungen aus Literatur, Theologie oder Philosophie ein. Stilleben etwa lassen ihre Betrachter über Tod und Vergänglichkeit nachdenken, über Tugenden und Laster, Überfluß und rechtes Maß, Wissenschaft und Kunst. Literarische, theologische und philosophische Inhalte oder die Dimension sozialer Bedeutungen stellt die holländische Malerei ihren Betrachtern nun in der Regel nicht als einen Text vor Augen, den man eindeutig zielgerichtet zu lesen und zu denken hätte. Sie gibt Hinweise und Anregungen, löst Assoziationen aus und stützt Gedankenbrücken. Vor allem vermittelt sie in der Bildstruktur selbst Deutungsmöglichkeiten, die der Betrachter unterschiedlich äußern kann. Die Bilder rechnen mit aktiver, intelligenter Rezeption. Sie stehen konstruktiver Anteilnahme offen.

Wenn TER BORCH junge Damen in elegantem Milieu beim Studium einer Briefschaft zeigt und die kostbaren Seidenkleider, Pelzjacken und Schmuckgehänge ästhetisch überhöht und zur schönheitlichen Wirkung koketten Müßigganges steigert *(Abb. 11)*, liegt die Assoziation nicht weit, hier gehe es um Liebe – aber um welche Form der Liebe? Wenn bei VERMEER eine junge Frau im Sonntagsputz den Betrachter – schelmisch? – anblickt und in die Tasten des Spinetts greift *(Abb. 10)*, fragt man sich: welchen Akkord schlägt sie an? Ist nicht die Musik die Begleiterin der Liebe? Amor selbst tritt ja auf: das Bild im Bild zeigt den kleinen, nackten Liebesgott als Briefträger, und dieses Motiv zeigt auch die Emblematik der Zeit. Amor, so weiß man, trifft zuverlässig jeden mit seinem Pfeil. Was bedeutet es aber, daß Amor und die junge Frau beide den Betrachter – oder die Betrachterin – so offensichtlich fixieren? Wiederum bei VERMEER *(Abb. 9)* verknüpft sich die Musik mit einer Briefschaft – hier ist die Magd die Briefbotin. Wieder spricht ein Bild im Bild und verdeckt oder öffnet den Bildsinn. Hinter der Botin hängt ein Marinebild, ein Seestück – und andere Bilder, vor allem aber Embleme, sagen, die Liebe sei so gefährlich wie die Seefahrt. Doch wem gilt die Botschaft, und wie lautet sie genau?

Die ikonologische Forschung kann für die Rolle des Betrachters beim Auflösen solcher Fragen zeitgenössische Stimmen zitieren:

„Die Vorliebe für das Herauslesen eines tieferen Sinnes aus gewöhnlichen Dingen, wozu natürlich auch die Bibel anregte; das Vergnügen, das man aus Verschleierung und Doppeldeutigkeit gewann; das Spielen mit dem Rätselhaften – wir begegnen ihm unaufhörlich im 17. Jahrhundert. [Der Dichter Jacob] Cats (1577–1660) spricht in diesem Zusammenhang von ‚angenehmer Dunkelheit', die für einen Großteil des 17. Jahrhunderts als ästhetische Kategorie galt. ‚Die Erfahrung lehrt uns, daß viele Dinge von besserer Art sind, wenn sie nicht vollkommen deutlich erkennbar sind, sondern uns etwas bemäntelt und verschattet begegnen' – so Jacob Cats, der in vieler Beziehung maßgebend für die Auffassungen des 17. Jahrhunderts ist."[26]

„Daß man im 17. Jahrhundert ein und dieselbe Darstellung verschieden beurteilen konnte, lesen wir bei Johan de Brune d. J. (1616–1649) und bei dem volkstümlichen flämischen Schriftsteller Pater Adriaen Poirters (1605–1674). Bei beiden diskutiert eine Gruppe von Menschen über ein Bild, das von de Brune vielsagend ‚Stummer Sinnspruch' genannt wird: Dargestellt ist ein Hund, ein beliebtes Symbol der Treue, mit einem Totenschädel unter seiner Pfote. Die Diskussion führt zu gegensätzlichen Auslegungen – ‚Treue, die tot ist', oder ‚Treue, die nicht stirbt', oder ‚ein treuer Liebender tritt den Tod mit Füßen'. Solche Vieldeutigkeit spekulierte auf das ästhetische Vergnügen, das der Betrachter des 17. Jahrhunderts allgemein an der Doppelsinnigkeit erlebte. Ein anderes der sogenannten Apophthegmata (Scherzreden) von Johan de Brune ist nicht weniger erhellend; die ‚geistvolle Doppelsinnigkeit' dieses Textes muß typisch gewesen sein für den im 17. Jahrhundert geschätzten Humor, der sich dicht anschließt an jene Doppelsinnigkeit, die zum Wesen vieler Genrestücke des 17. Jahrhunderts gehört. Johan de Brune schreibt: ‚Ein Soldat, der seine Zunge viel besser zu nutzen verstand als seine Hände, geriet einst in eine Gesellschaft, wo er eine Frau mit zwei oder drei ihrer Töchter traf. Um seinen Vorwitz zu beweisen, sagte er, für jede Jungfrau, die man ihm in diesem Zimmer zeigen könne, wolle er einen Dukaten geben; da sagte die Mutter, daß sie ihm zumindest eine zeigen könne. Der Soldat fragte, welche es sei? ‚Euer Degen', sagte die Frau (weil er seine ‚Waffe' noch nie benutzt hatte). ‚Dieses Wortspiel ist höchst artig und kann von jedermann verstanden werden in seiner geistvollen Doppelsinnigkeit ...', so kommentiert de Brune seine Anekdote, und sicherlich werden viele seiner Zeitgenossen diese Wertschätzung geteilt haben. Über die Wirkung des ‚Doppelbödigen' wird übrigens mehrfach mit großer Hochachtung gesprochen. Jacob Cats, der in der Vorrede zu seinem ‚Spieghel van den ouden en nieuwen tijt' (Spiegel der alten und neuen Zeit) von 1632 auf Sprichworte eingeht, hat ihre Mehrdeutigkeit als Gebot bezeichnet. Er wünscht, daß Sprichworte ‚ganz biegsam und dehnbar seien zu vielerlei Zwecken von verschiedenster Art, zum großen Vergnügen von Hörern und Lesern; sie müssen sich einfühlsam umkehren lassen und zu anderen Bedeutungen auslegbar sein'."[27]

Die Ikonologie hat mit dem Italiener Cesare RIPA einen Namensgeber, der unter dem Titel *„Iconologia"* eine seit 1593 weit verbreitete Bildkunde veröffentlichte. Sie gab den Künstlern in Hunderten von Beispielen Vorschläge an die Hand, wie man bestimmte Begriffe durch Attribute und ähnliches im Bild darstellen kann – die Fünf Sinne ebenso wie die Jahreszeiten oder Themen wie Dankbarkeit, Gerechtigkeit oder Vergänglichkeit (vgl. S. 424). Dabei kann eine Sache als Attribut für sehr unterschiedliche Begriffe dienen – schon das Attribut hat also jene Doppel- oder Mehrdeutigkeit, von der CATS oder de BRUNE sprechen.

Die Emblembücher, RIPAS *„Iconologia"*, Spruchsammlungen und viele weitere literarische Quellen bildeten neben den Bildtraditionen einen breiten Fundus, aus dem holländische Künstler Anregungen bezogen. Zwei recht gegensätzliche Beispiele, die ihre Bildform aus der Literatur schöpfen, die literarischen Motive verarbeiten und mit dem gewonnenen Bild ihrerseits als Quelle für weitere Anregungen dienen können, zeigen die *Abbildungen 18 und 19:*

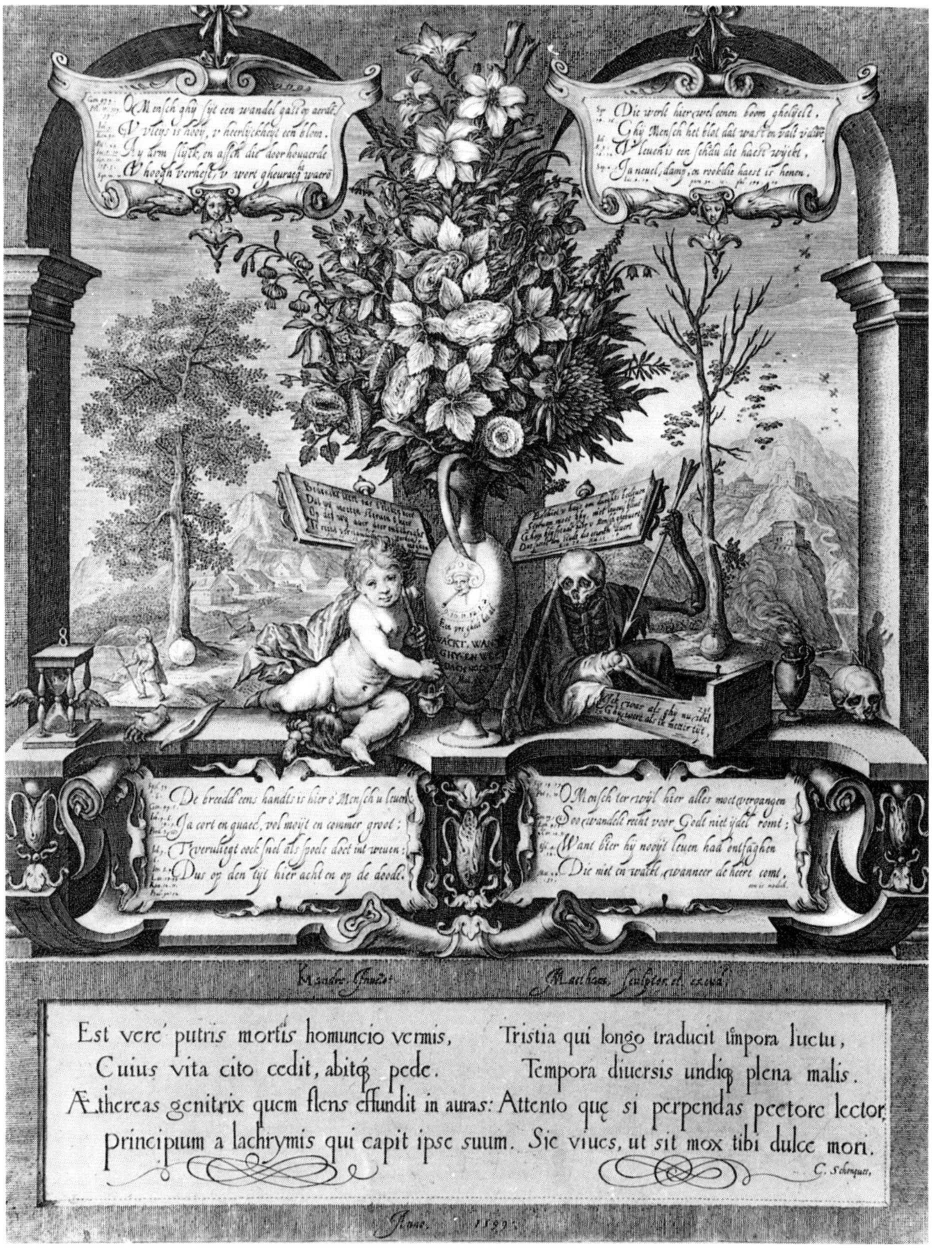

Abb. 18: Jacob Matham nach Karel van Mander: Vanitas. Kupferstich. 1599

• Nach einem Entwurf von Karel van MANDER hat der Graphiker Jacob MATHAM einen – auf Verbreitung angelegten – Stich *(Abb. 18)* veröffentlicht, der unter einem Doppelbogen einen ganzen Motiv- und Bibelzitatenkatalog zum Thema der Vergänglichkeit des Lebens *(vanitas)* versammelt: Sanduhr und Blumenvase, Öllampe und Totenkopf.

• Dem ernsten Thema – einer Art illustrierter Predigt über den Tod – kontrastiert die kleine, drollige Szene des Stillebenmalers Jan Jansz. van de VELDE aus einer umfangreichen Reihe von Zeichnungen *(Abb. 19)*: sie setzt in witziger Kombinatorik das Motto „Licht hert" = Lichtherz = Leichtherz = Leichtsinn in ein Bild- und Wortspiel um. Zwischen gemalter Predigt und Scherzbild bewegt sich das inhaltliche Spektrum bedeutungs- und sinnerfüllter holländischer Malerei und Graphik.[28]

Die Allegorie *„Die Folgen des Krieges"* von RUBENS *(Abb. 1)* muß man dem Inhalt nach so lesen, wie der Künstler sie beschrieben hat. TER BRUGGHENS schlafenden Offizier *(Abb. 2)* kann man als schlafenden Offizier verstehen oder – wie die zeitgenössischen Gedichte – als „Schlafenden Mars". Die holländische Kunst verdeckt und verhüllt meist den Bildsinn und läßt unterschiedliche Deutungen zu – so wie die Vielschichtigkeit der Bildstruktur allgemein eine vielschichtige Rezeption ermöglicht.

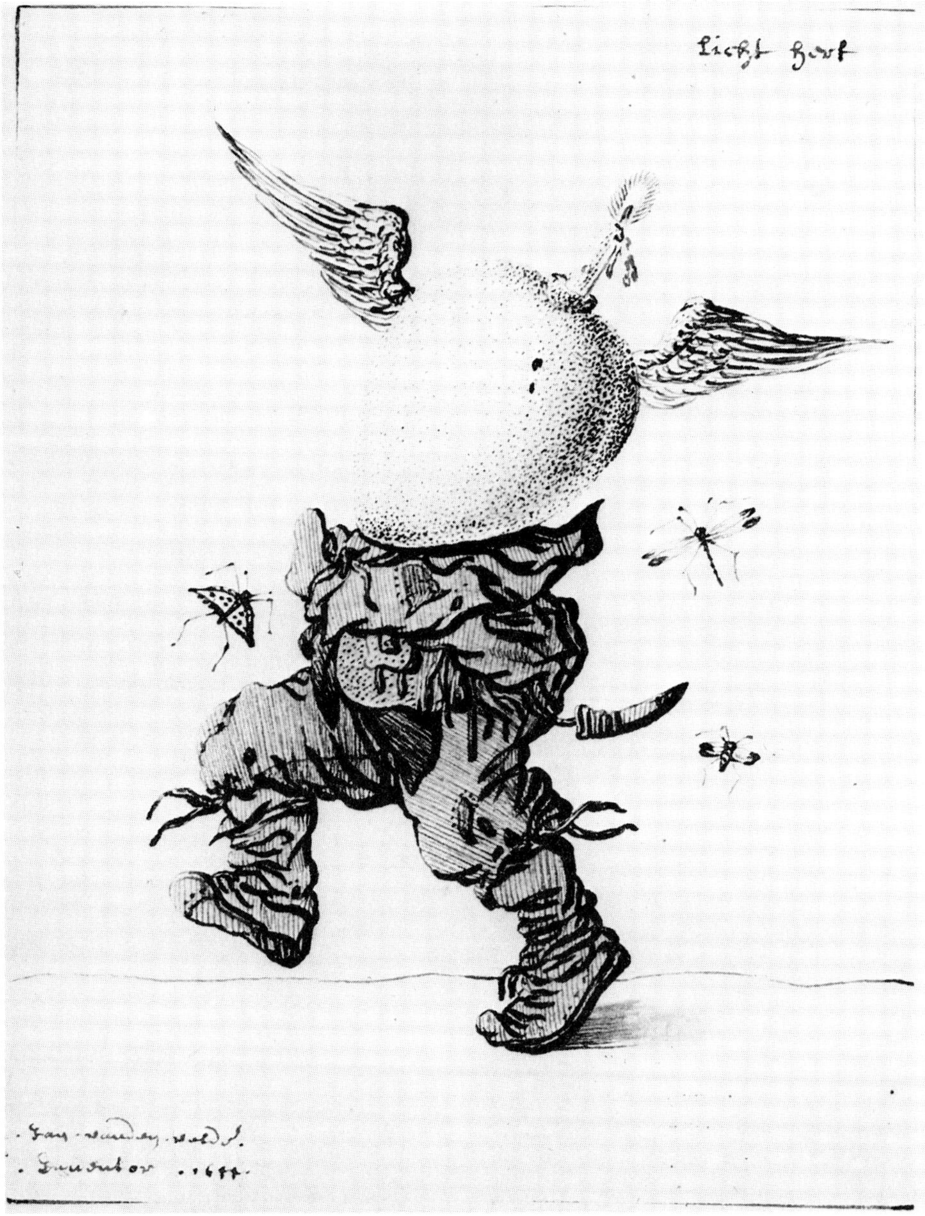

Abb. 19: Jan Jansz. van de Velde: Licht hert. Lavierte Federzeichnung. 1644. Privatsammlung

Pieter Claesz' „Vanitas"-Stilleben als Interpretationsbeispiel

Die Methoden der drei genannten Forschungsschwerpunkte können jeweils dazu neigen, sich von den Methoden und Ergebnissen der benachbarten Schwerpunkte abzukapseln. In Wahrheit jedoch entfalten alle drei Ansätze erst im Zusammenwirken ihre Aussagekraft.

Kurze Hinweise auf ein letztes Bildbeispiel *(Abb. 20)* sollen das deutlich machen. Zu dem Gemälde des Haarlemer Stilleben-Spezialisten Pieter CLAESZ aus dem Jahr 1634 haben sich keine zeitgenössischen Quellen erhalten, die – wie bei RUBENS *(Abb. 1)* oder TER BRUGGHEN *(Abb. 2)* – die Entstehungsumstände oder den Bildsinn erklären helfen könnten.

• An diesem Beispiel *(Abb. 20)* hätte der *wahrnehmungsorientierte Ansatz* zu zeigen, mit welchen malerischen Mitteln die Gegenstände beschrieben und optisch erschlossen werden: wie sich die Silberfassung des Nautiluspokals mit ihrem Metallglanz von der Transparenz und den Glanzlichtern im Glas des Römers unterscheidet; wie der Oberflächenbefund von Ton, Papier, Tuch, Gold, Knochen oder Leder getroffen, farblich individuell charak-

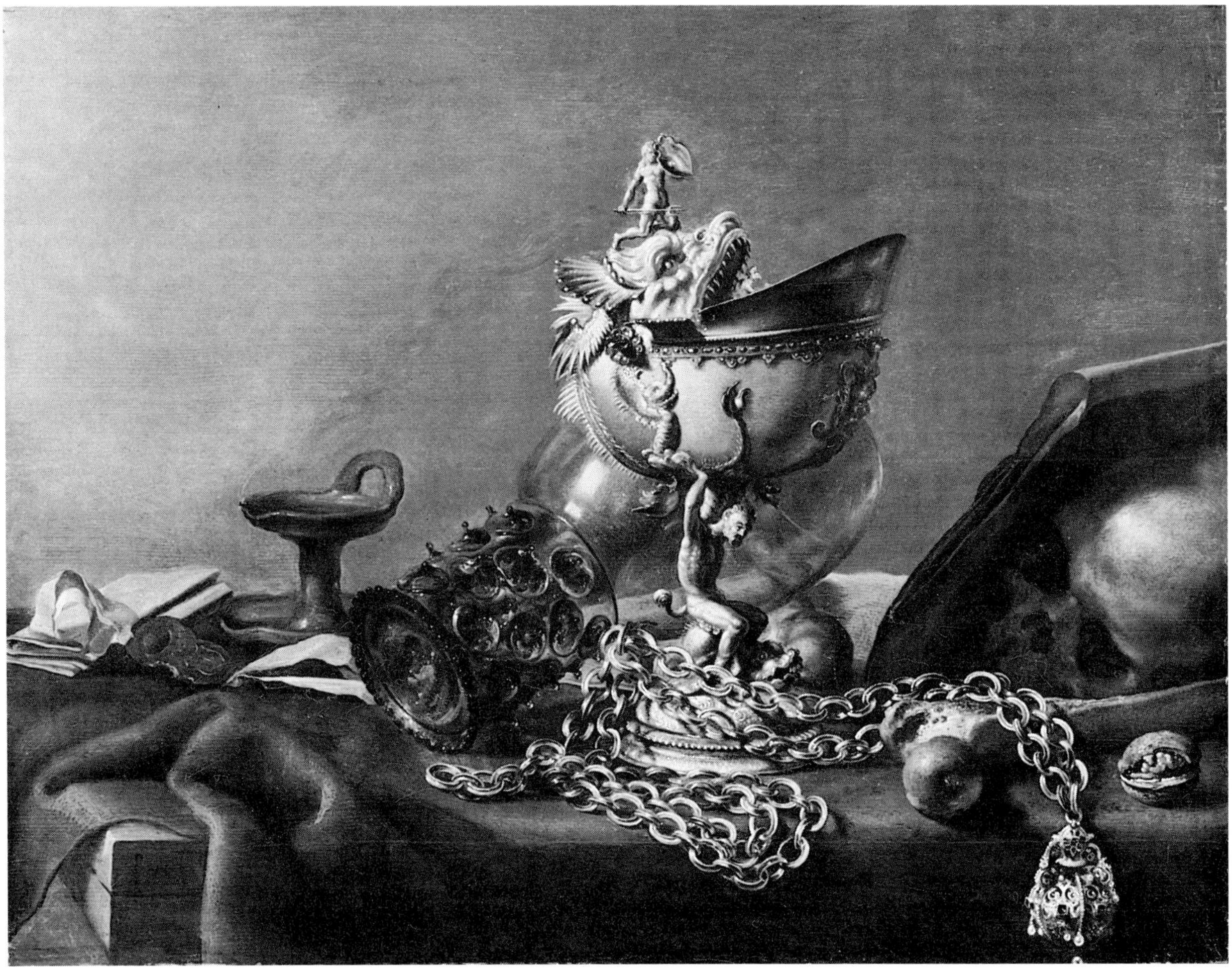

Abb. 20: Pieter Claesz: Vanitas-Stilleben. 1634. Münster, Westfälisches Landesmuseum für Kunst und Kulturgeschichte

terisiert oder atmosphärisch gefiltert ist; wie weit offengelegt oder eher verunklärt jedes Objekt erscheint; durch welche Motivüberlagerungen und -überschneidungen der Seh- und Tastsinn des Betrachters gereizt werden. Zu fragen ist, welchen Grad perspektivischer Logik der Maler einsetzt, und ob er sich optischer Hilfsmittel, etwa der Camera obscura, und mit welcher Zielsetzung, bedient; ob der einzelne Gegenstand wie ein Porträt erscheint: der Nautiluspokal gibt sehr genau ein noch heute erhaltenes Gerät aus dem Jahr 1596 wieder; ob die Motivgruppe insgesamt wie eine Porträtgruppe auf einem Tisch im Atelier gestellt und aufgenommen wurde – und, da dies sein kann, welchen bildkünstlerischen Absichten der Maler dabei folgte. Denn kunstvoll wirken in diesem Stilleben Gliederungen zusammen: der Gipfel in der Bildmitte, das fächerartige Ansteigen und Abfallen von links nach rechts oder die diagonalen Impulse in Flächen- und Raumdisposition. Man bemerkt in der Bildordnung als ein durchgehendes Moment etwas absichtsvoll Unordentliches, Instabiles. Zieht man andere Werke dieses Malers zum Vergleich heran, zeigt sich, daß er Stilleben ganz anders gruppieren und bauen kann, daß die Bildstruktur dann fest und klar erscheint. Man kann fragen: hängt der Charakter des Instabilen mit dem Thema zusammen, das Luxusgeräte in Nachbarschaft mit einem Totenkopf und Knochen zeigt oder eine Öllampe, die gerade mit blaß verwehendem Rauch erlischt – Bildmotive, die auch nach unseren Seh- und Denkgewohnheiten mit Reichtum und Vergänglichkeit in Verbindung gebracht werden.

• Hier geht der wahrnehmungsorientierte Ansatz (der sich auf die wahrnehmungshistorische Stellung dieses Stillebens weiter einlassen müßte) über in den *ikonologischen Ansatz*. Er fragt nach den Bedeutungen, die um 1634 in Haarlem mit den Bildgegenständen verbunden werden konnten. Man weiß, daß eine erlöschende Öllampe auf die Flüchtigkeit der Zeit und die Vergänglichkeit aller Dinge, auf *Vanitas*, verweist, daß Knochen und Totenkopf an den Tod erinnern (vgl. *Abb. 18*). Eine aufgeknackte Nuß konnte als Symbol für den Kreuzestod Christi verstanden werden, „in seiner Passion mußte die menschliche Natur Christi zerbrechen, um die göttliche zu enthüllen".[29] Wenn Nuß und Schädel so dicht beieinander liegen, kann man dann nicht an Adam denken, der so oft in Kreuzigungsdarstellungen als Gerippe oder Totenkopf zu Füßen des Kreuzes gezeigt wird? Was bedeutet die Figur des antiken Meergottes Neptun, der den Pokal bekrönt? Im Maul des Meerungeheuers sieht man ein winziges, betendes Figürchen: es ist Jonas, der aus dem Wal steigt und mit seiner Auferstehung auf die Auferstehung Christi vorausweist. Eröffnet die Nachbarschaft von antiker Mythologie und Altem Testament einen besonderen Sinn?

Aus den sicheren und möglichen Bedeutungen der Dinge im Bild und aus ihrer Zuordnung zueinander entsteht ein Kontext, den man lesen – oder besser: sehen – und in seiner Dialektik sehend überdenken kann. Der Kontext der Bedeutungen bereichert, was man wahrnimmt. Man erkennt etwa die wogende Bewegung und die Instabilität im Bild, das Flüchtige des Lampenrauchs und der Lichtreflexe nun auch inhaltlich als bedeutungsvoll.

Die ikonologische Analyse hätte im Vergleich mit Werken von CLAESZ und anderen holländischen Stillebenmalern zu prüfen, ob diese Motivverbindung öfter anzutreffen ist, ob sie weit verbreitet und allgemein verständlich war oder sich aus der Ausstattung des Vanitas-Stillebens heraushebt, das besonders in der Universitätsstadt Leiden und in Haarlem als Untergattung entsteht und dort gepflegt wird. Ist dies also ein Bild aus der Routineproduktion von CLAESZ? Oder spricht nicht der Nautiluspokal – vielleicht ein Sammler- oder Erbstück – für ein Auftragswerk mit besonderen formalen und inhaltlichen Akzenten? Wer war der Auftraggeber: ein Theologe, ein Gelehrter, ein reicher Kaufmann? Was wollte und konnte ein Auftraggeber in dieser Motivgruppe und ihrer komplexen ästhetischen Gestaltung ausgedrückt sehen, was an sozialer Identifikation auffinden? Diskutierte er, und mit welchen Begriffen, im Freundeskreis von Hochschulkollegen oder Gildebrüdern über Sein und Schein von Reichtum, über Vergänglichkeit und Erlösung, über Kunst und Erkenntnis?

• Die ikonologische Analyse reicht hier weit hinein in das Fragenfeld, das der *kulturhistorische Ansatz* entwickelt. Wie nehmen bürgerliche Eliten als Kunstkonsumenten teil an der neuen ästhetischen Modellierung alter humanistischer Inhalte und theologischer Denkmuster? In welchem Maße befördern sie selbst als Rezipienten durch Aufträge oder Marktnachfrage die künstlerische Thematisierung neuer gesellschaftlicher Bedürfnisse und Bewußtseinsinhalte? Welche Interessen tragen sie an die Kunstproduktion heran?

Der Besitzer mag in seinem Nautiluspokal ein besonders kostbares Gerät gesehen haben, in dem die Schöpferkraft der Natur und die Kunstfertigkeit der menschlichen Hand eine wunderbare Verbindung eingehen. Er konnte sich in der Silberarbeit an die Herkunft des Edelmetalls aus den amerikanischen Minen, in dem schimmernden Perlmutt der Muschel an die Weite des Meeres erinnert fühlen. Gehörte er vielleicht zu den mit dem gewinnträchtigen Überseehandel verbundenen Berufsgruppen, den Investoren oder Schiffsspekulanten?

Diese Frage mag selbst als Spekulation erscheinen. Doch führt sie noch einmal den Blick zurück auf den anschaulichen Charakter des Stillebens und auf das mögliche Bedeutungsspektrum des Pokals. Seine drei Hauptmotive zeigen: die glückliche Rettung des Jonas nach drei Tage und drei Nächte währender Seefahrt im Bauch des Wales; den Meergott Neptun in dem Augenblick, da er den Winden gebietet, nicht länger die See aufzuwühlen; die Nautilusmuschel, die – wie die Emblematik lehrt – die Sicherheit der Seefahrt auch bei ungünstigen Umständen verkörpern und überdies die Weisheit als Lenkerin des Seeverkehrs, des Gemeinwohls und des Staates darstellen kann. Über alle Vanitasmotive in diesem holländischen Stilleben von Pieter CLAESZ erhebt sich das Nautilus-Schiff mit Neptun und Jonas wie über die Wogen des Meeres – ein Symbol der Erlösung und, weiter ausgreifend auf die niederländische Gegenwart des Jahres 1634, ein Symbol der Sicherheit und Weisheit eines seefahrenden Volkes und seines Staatswesens.

25. Die englische Kunst des 18. Jahrhunderts

Werner Busch

Die Ansichten eines gebildeten Engländers des 18. Jahrhunderts sind weitgehend geprägt von einem Vernunftdenken in der Tradition NEWTONS und John LOCKES. Wissenschaft, Moral, vor allem auch Religion sind erst einmal schlicht vernünftig, folgen nachweisbaren, objektiven Vernunftprinzipien. Der Mensch, der nach diesen Prinzipien erzogen wird und ihnen folgt, wird notwendig ein erfolgreiches und nützliches Mitglied der Gesellschaft werden, jeder an seinem Platz: als Armer, Bürger oder Adliger. Verbesserungen und Veränderungen sind nur im Rahmen des gegebenen gesellschaftlichen Gefüges denkbar, hier allerdings notwendig. Individueller Aufstieg ist möglich, ja wünschenswert, solange die Grenzen der sozialen Herkunft nicht grundsätzlich überschritten werden. Dieser moralische Pragmatismus ist die ideologische Basis für die Entstehung einer bürgerlichen Kultur in der 1. Hälfte des 18. Jahrhunderts in England. Er bringt eine bildende Kunst hervor, die idealtypisch durch einen Künstler verkörpert wird: William HOGARTH (1697–1764). Wie kein Künstler vor ihm schildert er alle Bereiche des gesellschaftlichen Lebens seiner Zeit. Dabei läßt er sich von der Auffassung des Dichters und Journalisten ADDISON tragen, der schon zu Beginn des Jahrhunderts klipp und klar festgestellt hatte, daß die Kunst nicht einer absoluten Norm, sondern dem gesunden Menschenverstand und dem Geschmack der jeweiligen Zeit zu folgen habe. Praktische Wirksamkeit, und darauf kommt es nach diesem Konzept an, erlangt die Kunst nur, wenn sie einerseits bestimmten Bedürfnissen entgegenkommt, wenn sie Erfahrungen, Meinungen bestätigt, exemplarisch sichtbar werden läßt, und wenn sie andererseits Verstöße gegen die gemeinsam für richtig gehaltene Vernunftmoral geißelt, wo sie sie auffindet. Auf diese Weise läßt die Kunst die gesamte soziale Wirklichkeit sichtbar werden. Jeder Gegenstand hat im Bild sein Recht, wenn er zur Erhellung der zu schildernden Zustände beiträgt, er mag noch so häßlich oder nebensächlich, nach klassischen Kunstkriterien unpassend oder überflüssig sein. Nach der Jahrhundertmitte, mit Beginn der Industriellen Revolution, reicht diese plane Vernunftmoral nicht mehr hin, um den radikalen ökonomischen und sozialen Wandel zu rechtfertigen. Die Umwälzungen der Besitzverhältnisse und Wirtschaftsformen, das sich grundlegend wandelnde Verhältnis von Stadt und Land, von Hauptstadt und industriell erschlossener Provinz, hatten notwendig auch Rückwirkungen auf die Kunst. Die Provinz artikulierte eigene kulturelle Normen, die in ein Spannungsverhältnis zu den Normen der kulturell dominierenden Schichten der Hauptstadt traten.
Andererseits waren die Künstler nach wie vor, was Ausbildung und Absatzchancen ihrer Werke anging, auf die City angewiesen. Resultat einer langjährigen Auseinandersetzung über den weiteren Gang der Kunst war die 1768 erfolgende Gründung der „Royal Academy“, die in Theorie und Praxis versuchte, Anschluß an die kontinentale Hochkunst zu gewinnen: im Grunde genommen ein anachronistisches Unterfangen, denn klassisch-idealistische Hochkunst konnte, betrachtet unter aufgeklärt-wahrnehmungsästhetischem Aspekt, nur unglaubwürdig wirken. Und so häufen sich die Belege dafür, daß das Konzept klassischer Kunst kritisch oder satirisch reflektiert sowie Wirklichkeitserfahrung und Wirklichkeitssicht in der Kunst thematisiert werden.

Im Folgenden sind der Wandel von der 1. zur 2. Jahrhunderthälfte ebenso zu verfolgen wie die Auseinandersetzungen um eine adäquate Form der Wirklichkeitsdarstellung.

Die historischen Gründe eines radikalen Kunstwandels

Die englische Kunst des 18. Jahrhunderts entstand fast aus dem Nichts. In der Tat gibt es so gut wie keine originäre englische Malerei des 17. Jahrhunderts. Künstler, Bilder und Geschmack wurden importiert. RUBENS und noch mehr van DYCK setzten die Norm vor allem für das höfische Porträt. Anthonis van DYCK, von 1632 bis zu seinem Tode, 1641, Hofmaler CHARLES' I. in London, warf noch am Beginn des 18. Jahrhunderts einen überlebensgroßen Schatten, der auf so gut wie jeden englischen Porträtkünstler fiel. Das flämische Vorbild war auch für die Auffassung der englischen Historienmalerei wirksam, erhielt hier jedoch Konkurrenz durch die klassisch italienische Kunst; RAFFAELS berühmte Kartons befanden sich ebenfalls seit der Regierungszeit CHARLES' I. in England, aber auch die italienische Barockmalerei stand in hohem Ansehen. Englische Reisende auf ihrer Grand Tour kauften noch das ganze 18. Jahrhundert hindurch alles Italienische, das Bedeutung hatte, von der Renaissance bis zur zeitgenössischen Gegenwart.

Für englische Künstler des 18. Jahrhunderts war es ungemein schwer, sich von dieser vom Adel getragenen Geschmacksnorm zu lösen. Der Lösungsprozeß soll hier verfolgt werden, der Reihe nach für die Bildgattungen *Porträt, Historienmalerei, Genre, Spezialgattungen, Landschaft* und *Karikatur.* Es ist ein Prozeß der Verbürgerlichung der Kunst, der im letzten Drittel des Jahrhunderts durch die Gründung einer englischen Akademie wieder aufgefangen werden sollte. Bis zu diesem Punkt, der Auseinandersetzung zwischen Akademikern, die auf eine im Grunde genommen überholte Norm verpflichtet werden sollten, und Nichtakademikern, die einen sehr viel direkteren Wirklichkeitszugriff vertraten, wollen wir unsere Untersuchung führen. Die, vereinfacht gesagt, romantischen Neuansätze am Ende des Jahrhunderts, die wir etwa mit Namen wie FÜSSLI, BLAKE oder TURNER verbinden, wollen wir hier nicht mehr verfolgen. Uns interessiert also vor allem der Strang der englischen Kunst des 18. Jahrhunderts, der in verschiedenen Formen einem möglichst getreuen Abbild existierender Wirklichkeit verpflichtet ist. Der Zugriff fällt von Künstler zu Künstler, von Gattung zu Gattung verschieden aus; er ändert sich entschieden von der 1. zur 2. Hälfte des Jahrhunderts, aber in einem stimmen alle diese Ansätze überein: sie sind antiklassisch und antiakademisch, selbst wenn sie sich schließlich im Rahmen der Akademie aufspüren lassen. Sie wenden sich gegen eine einseitige Verpflichtung auf eine nun schon mehrhundertjährige Kunsttradition, selbst wenn sie sich produktiv mit ihr auseinandersetzen. Sie sind „realistisch", nicht „idealistisch".

Die historischen Gründe für diesen radikalen Kunstwandel im englischen 18. Jahrhundert sind leicht zu benennen. Die „Glorious Revolution" von 1688 hatte nicht nur der katholischen Stuart-Herrschaft ein Ende gesetzt, sondern England eine im wesentlichen bis heute gültige Staatsform beschert: die konstitutionelle Monarchie. Die Macht des Königs war entschieden eingeschränkt zugunsten des Landadels und der Londoner City. Die Theorie der Gewaltenteilung in Legislative und Exekutive wurde bereits 1689 von John LOCKE formuliert, die Besitzrechte des einzelnen Bürgers wurden gesichert. Kein Zweifel, die Adelsherrschaft bestand fort, aber auch der Adel wurde fortschreitend auf die Wirtschaftsprinzipien des Handelsbürgertums verpflichtet. Diese Wirtschaftsprinzipien wurden in der 1. Hälfte des Jahrhunderts von einer Moral getragen, welche die bestehende Gesellschaftsstruktur nicht nur voraussetzte, sondern noch zu verfestigen suchte; sie diente unter anderem einer verhältnismäßig strengen Platzzuweisung innerhalb der Gesellschaftsschichtung. Sicher, der Lehrling konnte es zum Meister bringen, der Meister zum Gildevorstand, der Gildevorstand im Idealfall zum Lord Mayor, zum städtischen Bürgermeister – diese Form des Aufstiegs wurde als erstrebenswert angesehen. Er hatte Schritt für Schritt in den Bahnen bestehender Strukturen zu verlaufen, er berührte keine bestehenden Privilegien und Besitzverhältnisse. Diese Moral, seit Beginn des Jahrhunderts in zahlreichen Wochenschriften, Lehrlingsbrevieren und nicht zuletzt in bildender Kunst und Literatur zur Norm erhoben, die den Fleißigen mit Erfolg belohnt, den Faulen zugrunde gehen läßt, reicht nach der Jahrhundertmitte jedoch nicht mehr aus, den schnellen Strukturwandel in Wirtschaft und Gesellschaft normativ zu unterfüttern. Die Industrielle Revolution, ab den sechziger Jahren in allen Bereichen spürbar, der eine Umschichtung im Landbesitz aufgrund entschieden geänderter Bewirtschaftungsformen entspricht, bringt die statischen Strukturen der 1. Hälfte des Jahrhunderts binnen kurzem durcheinander. Wenn der Barbier in wenigen Jahren zum reichsten Fabrikbesitzer werden konnte, wenn andererseits der kleinere jahrhundertealte Landbesitz plötzlich verkauft werden mußte, wenn schließlich der verarmte Land- oder Fabrikarbeiter nicht die geringste Chance zur Verbesserung seines Zustandes sah, dann reichte eine bloß pragmatische Moral nicht hin, dann brauchten beispielsweise die unteren Klassen Tröstung etwa in Form missionarischer Religion. Derartig systematisch erzeugter Religionsenthusiasmus diente, wie wir selbst in konservativer Geschichtsschreibung lesen können, vor allem sozialer Disziplinierung. Sosehr das Schulsystem der Methodisten für erste Schulausbildung der Kinder der Armen sorgte – es verschrieb sich zugleich, wie Daniel DEFOE es genannt hat, dem großen Gesetz der Unterordnung. Religiösem Enthusiasmus mit Ventilfunktion auf seiten der Armen entsprach am anderen Ende der Skala auf seiten derer, die sich die Haare pudern (wie der Historiker des 18. Jahrhunderts, Edward GIBBON, sagt), eine hochgradige religiöse Toleranz, ein Deismus, der in der Konsequenz in Gott allenfalls noch ein ursächliches, aber gänzlich weltfernes Bewegungsprinzip sah. Diese Aufgeklärten glaubten an die irdische Möglichkeit zur Vervollkommnung des Menschen, an Fortschritt und wissenschaftlich-technische Machbarkeit in der Nachfolge NEWTONS und John LOCKES. In ihrem Haushalt gewannen Kunst und Kultur erneut einen anderen Stellenwert. Diesem kulturellen Funktionswandel wollen wir uns jetzt in der praktischen Entwicklung der einzelnen Kunstgattungen zuwenden. Der Vorrang gebührt der englischsten Gattung überhaupt, dem Porträt.

Das Porträt

Kein Zweifel, der weitaus größte Teil der englischen Kunst des 18. Jahrhunderts ist Porträtmalerei. Anhand von sieben Beispielen wollen wir die Geschichte des Porträts im 18. Jahrhundert verfolgen. Es ist ein Weg vom höfischen zum bürgerlichen, vom idealistischen zum realistischen, vom offiziellen zum privaten Porträt, der auch durch die Gründung der Royal Academy im Jahre 1768 nicht eigentlich aufzuhalten war, wenn auch im folgenden die realistisch abbildende Tradition besonders betont werden soll.

Sir Peter Lely und die frivole Öffentlichkeit im Rollenporträt des 17. Jahrhunderts

LELY, Nachfolger van DYCKS im Amt des Hofmalers, ist – was nicht wundernimmt – kein gebürtiger Engländer, sondern Holländer. Er vertritt die englische Porträtmalerei bis 1680. Sein Nachfolger, immer noch in LELYS bzw. van DYCKS Bahnen wandelnd, wird Sir Godfrey KNELLER, ein in Holland ausgebildeter gebürtiger Deutscher. Er beherrscht die Porträtszene für vierzig Jahre, bis etwa 1720. Realistischer zwar als LELY und am Ende seines Lebens neuen Auffassungen gelegentlich offen, ist er doch einer zu Ende gehenden großen Tradition zuzuordnen. Als Beispiel für dieses ungebrochene van Dyck-Erbe wollen wir allein ein Porträt LELYS betrachten *(Abb. 1)*.

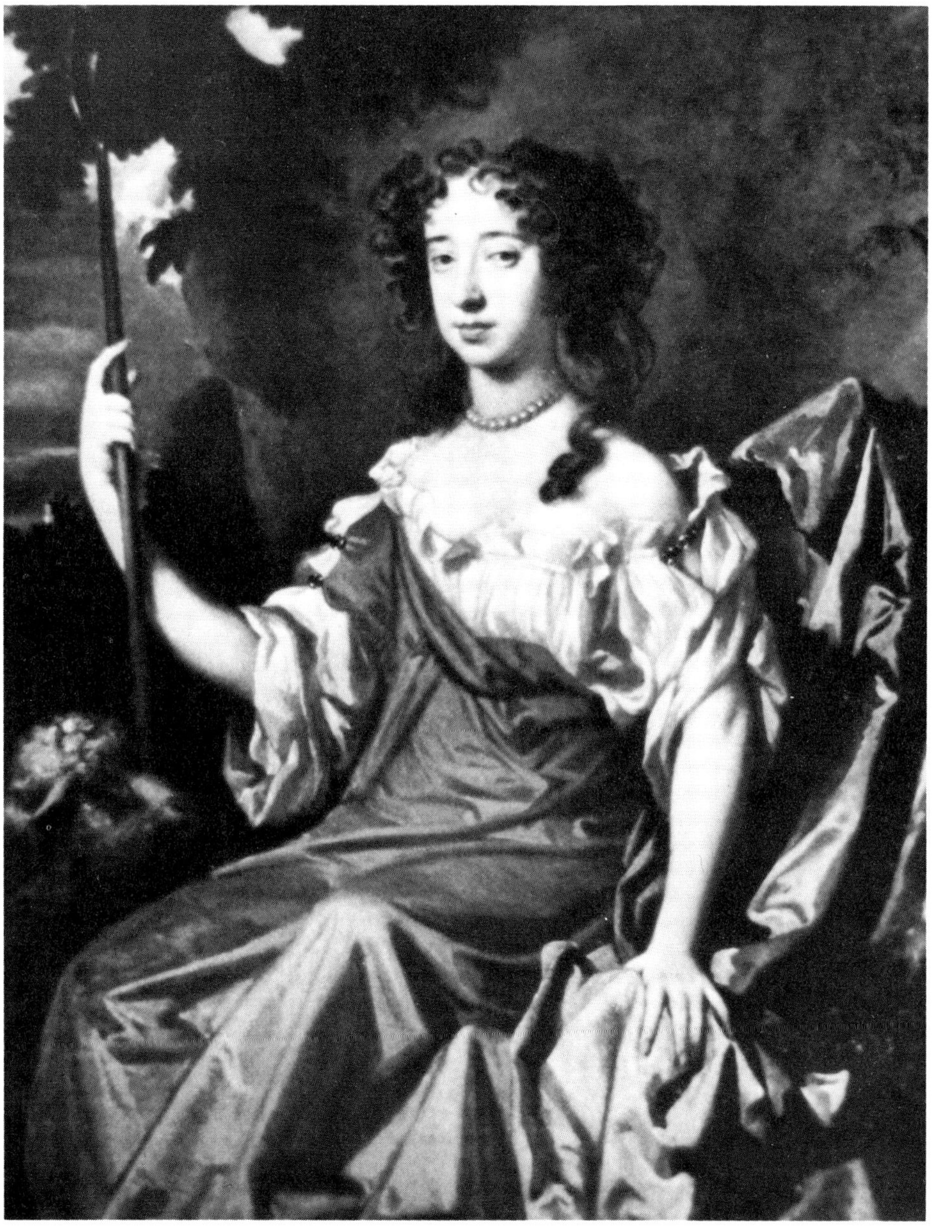

Abb. 1: Peter Lely: Nell Gwynn als Schäferin. Um 1675. Englischer Privatbesitz

LELYS Spezialität waren gelegentlich durchaus zweideutige weibliche Rollenporträts. Die Duchess of CLEVELAND etwa, die Mätresse CHARLES' II., ließ sich in erotischer Pose als reuige Magdalena, heilige Katharina oder Barbara darstellen. Als Maria mit Kind kam sie gar zu Altarehren, wie Horace WALPOLE im fortgeschrittenen 18. Jahrhundert entrüstet berichtet. Doch auch als Juno, die gestrenge, züchtige Gattin des Jupiter, erscheint sie eher frivol. Schon Alexander POPE mokiert sich am Beginn des 18. Jahrhunderts in Epistle II seiner „*Moral Essays*"darüber, wie viele Verwandlungen ein und dieselbe „Nymphe" im Bilde durchmachen kann: Schäferin aus diesem oder jenem literarischen Epos soll sie sein, reuige Magdalena, heilige Cäcilia oder gar nackte Leda mit Schwan.[1] Sehr viel Individualität wird diesen Damen auf den Bildern nicht gegönnt, der Schein ist wichtiger als das Sein. Der Typus, das Schönheits- oder Kunstideal, triumphiert entschieden über die reale Erscheinung. Der eleganten Attitüde entspricht der elegante Malstil, den rauschenden, aber summarisch angegebenen Faltenbahnen entspricht die im Ton stimmige, erst recht summarische Landschaftswiedergabe.

Sir Godfrey Kneller und die private Attitüde im Künstlerporträt

Die Kritik an dieser gepflegten, aber oberflächlichen Malweise setzt früh im 18. Jahrhundert ein. Der Prozeß, der sich nun entwickelt, ist der einer zunehmenden Privatisierung und Individualisierung des Porträts.

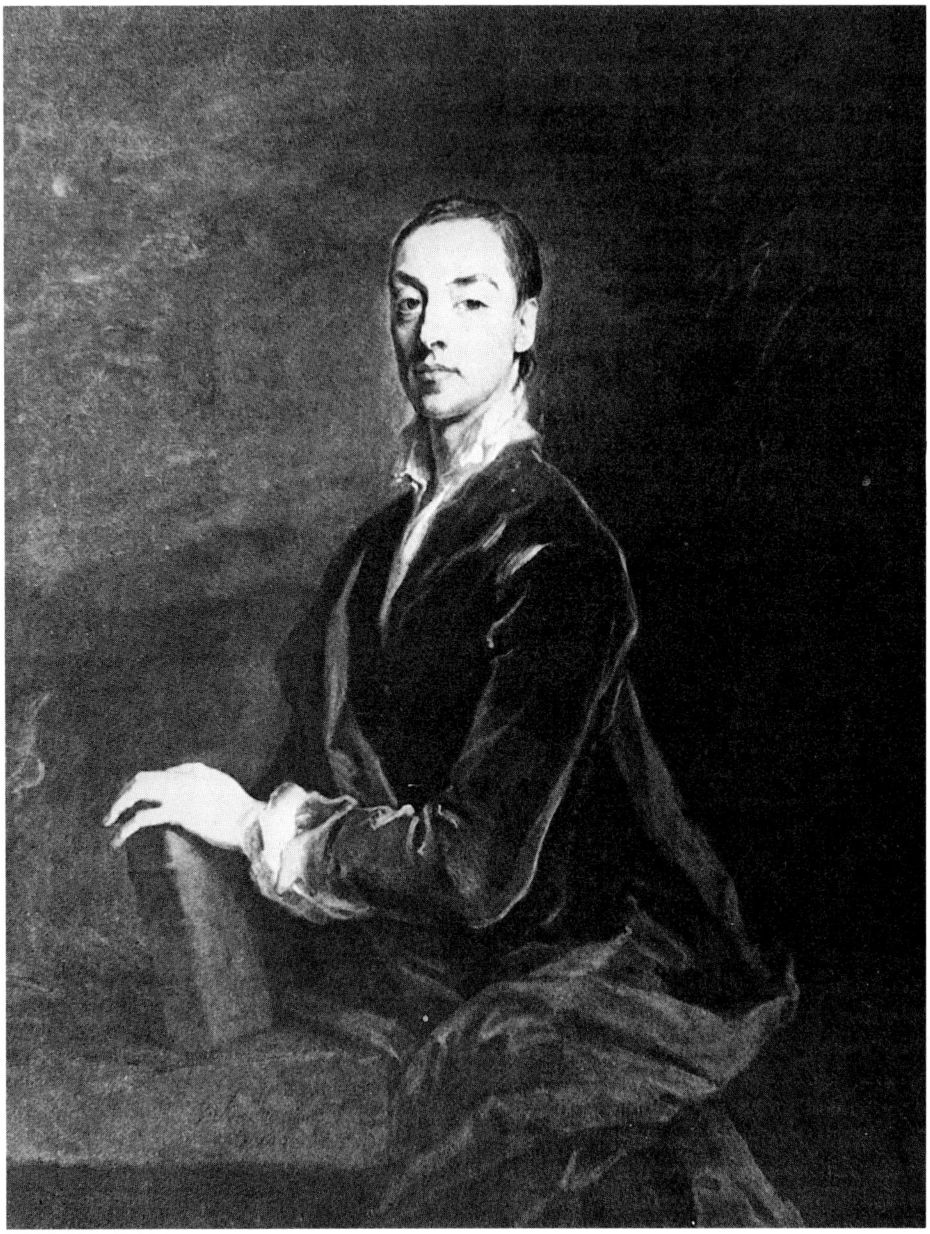

Abb. 2: Godfrey Kneller: Porträt des Dichters und Diplomaten Matthew Prior. 1700. Cambridge, The Master and Fellows of Trinity College

Dabei – und das würde einmal eine gesonderte Untersuchung verdienen – scheint es so zu sein, daß Individualität sich zuerst im Künstler- bzw. Dichterporträt verkörpert findet. Kunstmachen wird ganz offensichtlich als ein nicht öffentlicher, sondern eher privater Akt begriffen. So erscheint der Künstler im 18. Jahrhundert früh ohne Perücke, häufig mit Hauskappe, im bequemen häuslichen Untergewand. So malt schon KNELLER den Dichter und Diplomaten Matthew PRIOR *(Abb. 2)* im Jahre 1700 zwar maßlos arrogant und mit genialisch angehobener Braue, aber ebenso auffällig mit äußerst kurzen Haaren und offenem Hemd. Angenommene Attitüde, der das hingeworfene Gewand korrespondiert, und reale Erscheinungsform gehen hier eine erstaunliche Synthese ein.

Das „Conversation Piece" als formalisierte Privatheit

In den zwanziger Jahren führte der Franzose Philippe MERCIER, aus der Schule WATTEAUS stammend, einen neuen Porträttypus in England ein, der bis in die vierziger Jahre ungemeinen Erfolg hatte, das „Conversation Piece", das Konversationsstück. Wie der Name sagt, handelt es sich um einen eher informellen Gruppenporträttypus. Familien mit Gästen im Gespräch beim Tee oder Spiel, in Gärten oder Salons werden auf verhältnismäßig kleinen Bildern dargestellt. Englische Künstler ergriffen diesen Typus mit Vergnügen, unter ihnen war William HOGARTH *(Abb. 3)*, der begriff, daß „diese Bildart [...] der Phantasie freieren Lauf als das gewöhnliche Porträt"[2] ließ. Adel und gehobene Mittelklasse gleichermaßen fanden sich in diesem Bildtypus angemessen wiedergegeben. Nicht so sehr auf das individuelle Porträt kam es an, im Gegenteil, die Gesichter und Figuren sind äußerst formalisiert, typisiert, schon dem kleinen Format entsprechend. Aber die Familien sind auch nicht in großer Robe zum Porträt angetreten, um Rang und Namen in repräsentativer Form zur Anschauung zu bringen, sondern bei aller Steifheit im Figürlichen geben sie sich unkonventionell, besonders die Kinder dürfen tun, was ihnen Spaß

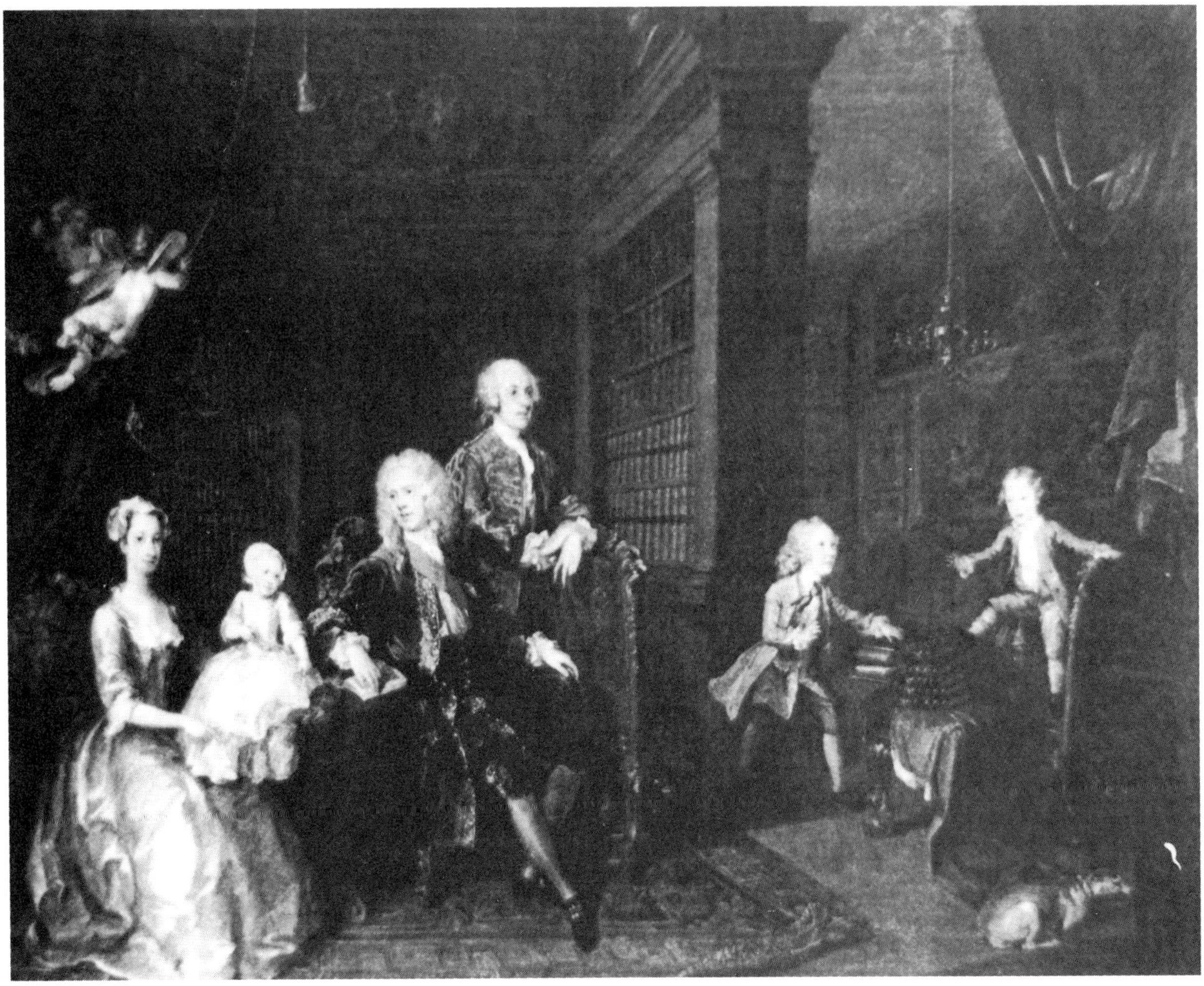

Abb. 3: William Hogarth: The Cholmondeley Family. 1732. The Marquess of Cholmondeley

macht. Man ist entspannt und freut sich des kultivierten Lebens. Da stoßen Kinder ein Kartenhaus, einen Bücherstapel um, ein Hund jagt den anderen, da fällt etwas herunter – in der Tat kommt es auf die Darstellung des in der klassischen Kunst verpönten transitorischen Momentes an. Das kleine erzählerische Detail zeigt bereits an, daß auf Dauer der formalisierte Typus des einzelnen Porträts von dem Bedürfnis nach realer, abgebildeter Individualität aufgezehrt werden wird. Spätestens 1742 auf HOGARTHS großartigem Bildnis der Graham-Kinder *(Abb. 4)* ist dieser Punkt erreicht.

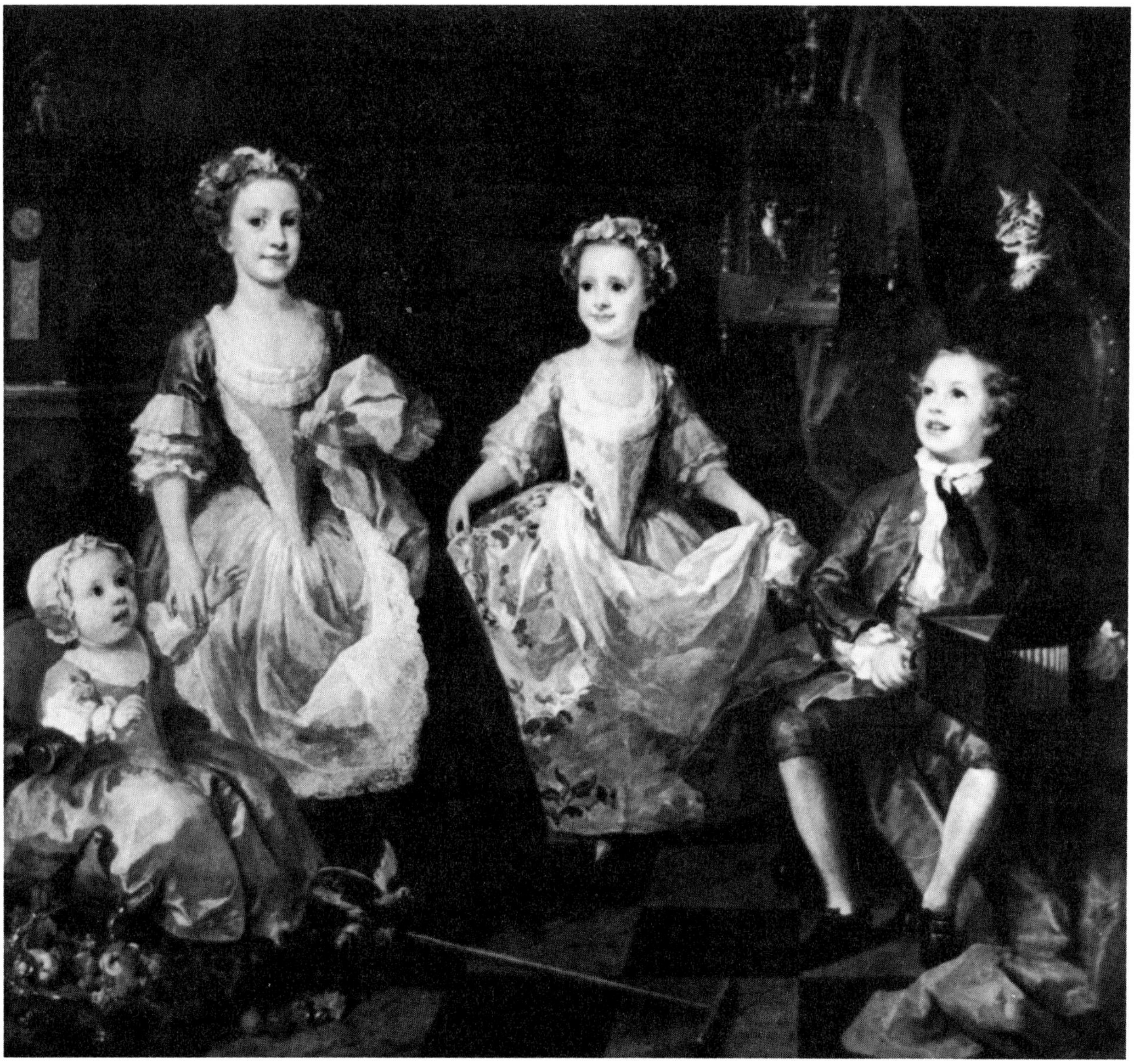

Abb. 4: William Hogarth: The Graham Children. 1742. London, The Tate Gallery

Louis-François Roubiliacs Händel-Statue und die öffentliche Privatheit

Die Forderung nach Darstellung der Individualität äußert sich auch als Kritik an der Idealisierung des Porträts. Der Dichter John GAY, ganz auf HOGARTHS Linie, lieferte in seiner 18. Fabel eine Parodie auf die schmeichlerische Idealisierung des Malers beim Porträtieren. Die Fabel ist betitelt: „Der Maler, der Niemandem und Jedermann einen Gefallen tat." Erst malt der Maler realistisch, was er sieht – und geht pleite: „Er traf den Charakter, die Züge, die Miene / So ähnlich, daß das Leben selbst anwesend war." Doch dann beginnt er seinen Modellen zu schmeicheln, hat unmittelbar Erfolg und kann seine Preise erhöhen. Sein Verfahren ist einfach, den männlichen Porträts legt er den Typus Apoll, den weiblichen den der Venus zugrunde: „Wer immer ihm Porträt saß, er bediente sich dieser Idealfiguren, / Jedes Gesicht korrigierte er entsprechend, / Und jeder garstigen Kreatur hauchte er klassischen Geist ein."[3]

Das klassische Porträt scheint seine Daseinsberechtigung zu verlieren. 1738, als GAY den zweiten Band seiner Fabeln veröffentlichte, errichtete der in England lebende französische Bildhauer Louis-François ROUBILIAC das zentrale Monument bürgerlichen englischen Porträtverständnisses: seine Händelstatue in Vauxhall Gardens, dem Londoner Vergnügungspark *(Abb. 5)*. Ein Franzose also verhilft mit dem Bildnis eines deutschen Musikers den

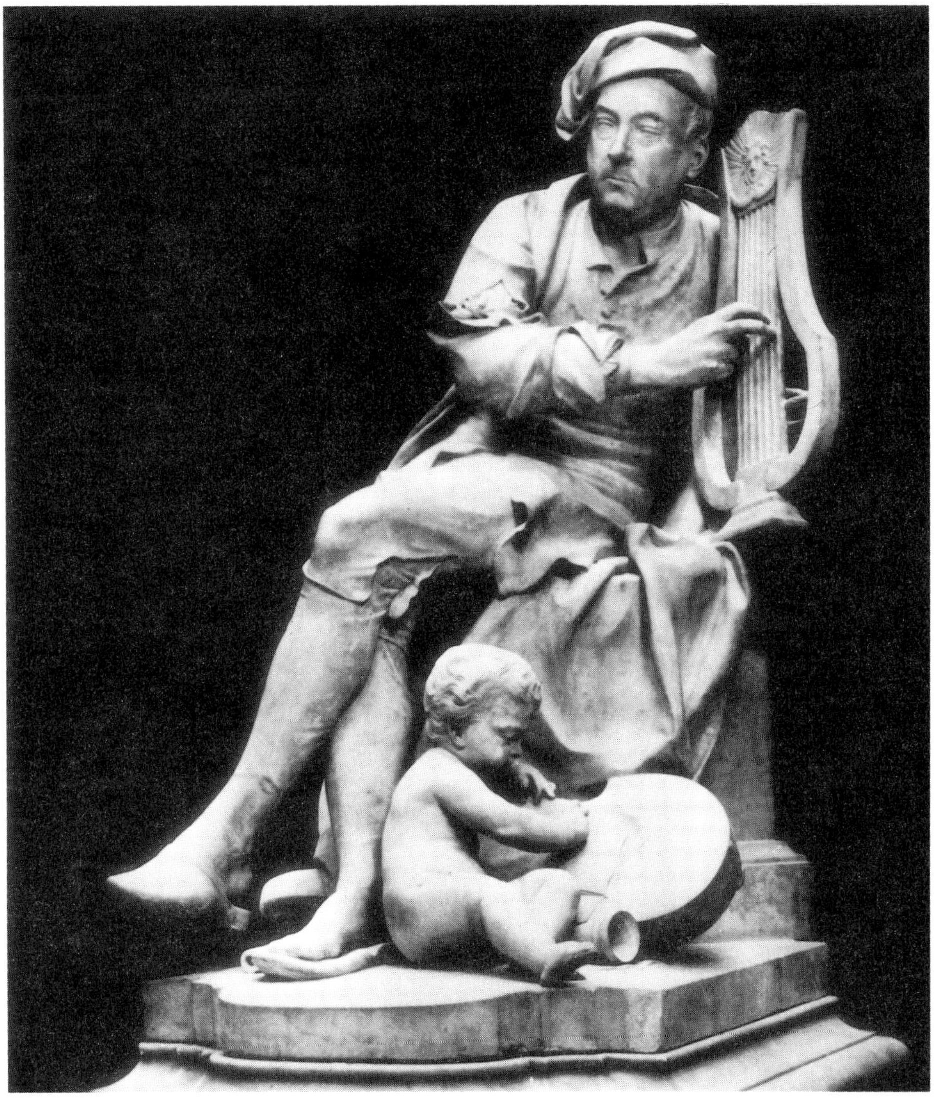

Abb. 5: Louis-François Roubiliac: Händel-Statue. 1738. London, Victoria and Albert Museum

Engländern zu einem Identifikationsobjekt. ROUBILIAC war eng mit HOGARTH befreundet, hat auch dessen Büste modelliert; beide sahen in dem populären Freizeitpark ein ideales Betätigungsfeld für bürgerliche Kunst. Von einem klassischen öffentlichen Denkmal hat das Händelmonument nicht viel an sich; nicht distanzierender Imposanz sehen wir uns gegenüber, sondern HÄNDEL bietet sich uns geradezu vertraut dar: Er klimpert bequem auf einer Leier vor sich hin, sein Hausrock ist verrutscht, die Knöpfe sind halb geöffnet, die Beine hat er übergeschlagen, mit bloßem Strumpf steht er gar auf einem seiner Pantoffeln. Wir wollen nicht verschweigen, daß HÄNDEL immer noch im Typus eines – nun allerdings bürgerlichen – Apolls erscheint, daß ROUBILIAC sich des klassisch-allegorischen Apparates bedient, den tradierten Typus des Genialen wählt, auch nicht, daß er das informelle Skulpturenporträt aus Frankreich kannte, dennoch bleibt sein Bildnis in seiner unverstellten Direktheit, auch gerade an dem Ort, für den es gedacht war, überraschend. Zu diesem Zeitpunkt ist ihm nur

HOGARTHS 1740 datiertes Ganzfigurenporträt des Captain CORAM *(Abb. 6)*, des Gründers des Findelhauses, an die Seite zu stellen.

Auch hier finden wir durchaus die Benutzung des klassischen Porträtapparates: Säule, geraffter Vorhang, Blick aufs Meer, die Ansammlung von charakteristischen Attributen – aber auch hier ist die Unmittelbarkeit der Erscheinung verblüffend.

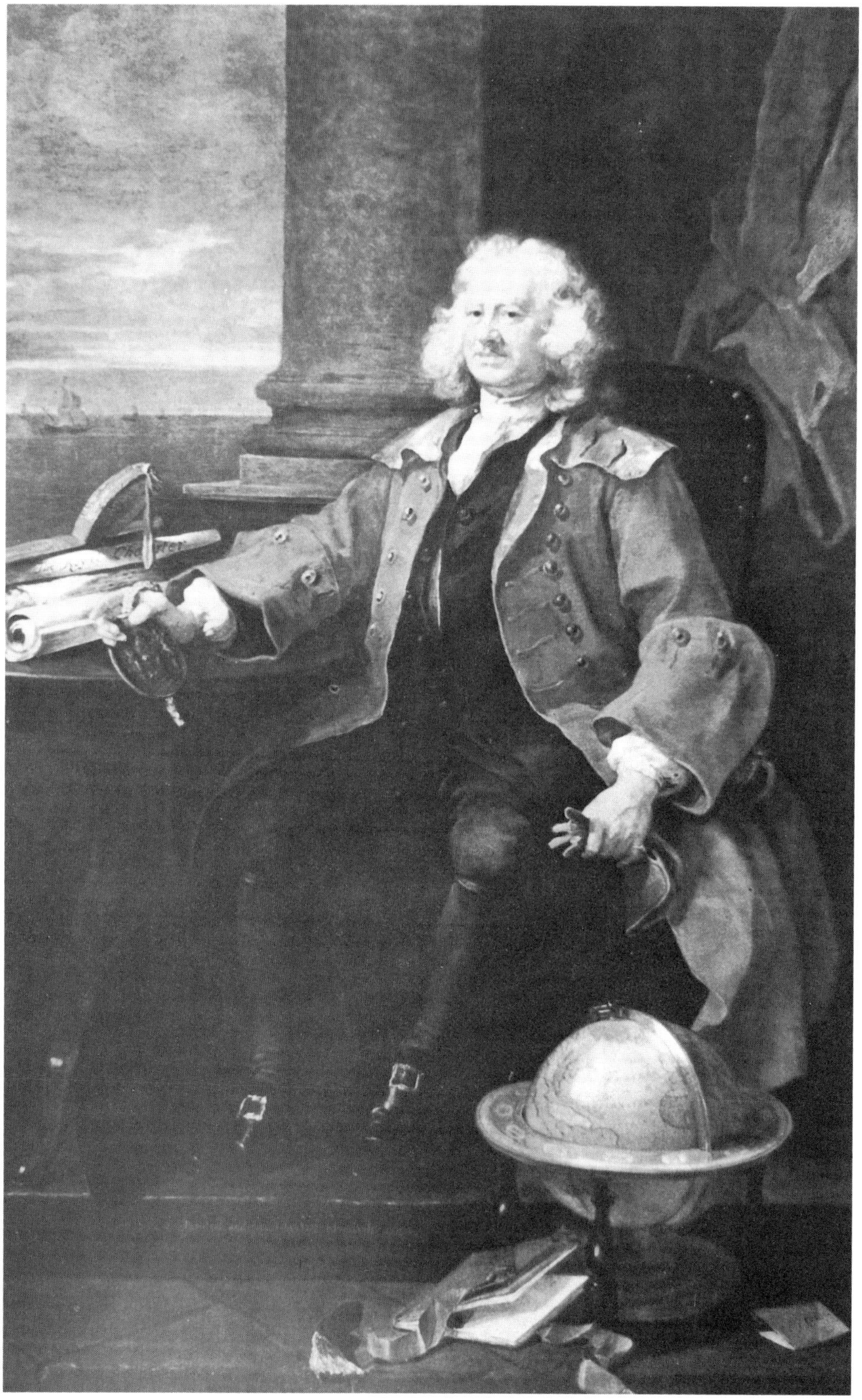

Abb. 6: William Hogarth: Captain Thomas Coram. 1740. London, The Thomas Coram Foundation for Children (Foundling Hospital)

William Hogarths „Simon Lord Lovat“ – der öffentliche negative Held

Einen Schilling kostete HOGARTHS Porträtradierung des berühmt-berüchtigten politischen Verschwörers Simon Lord LOVAT von 1746 *(Abb. 7)*.

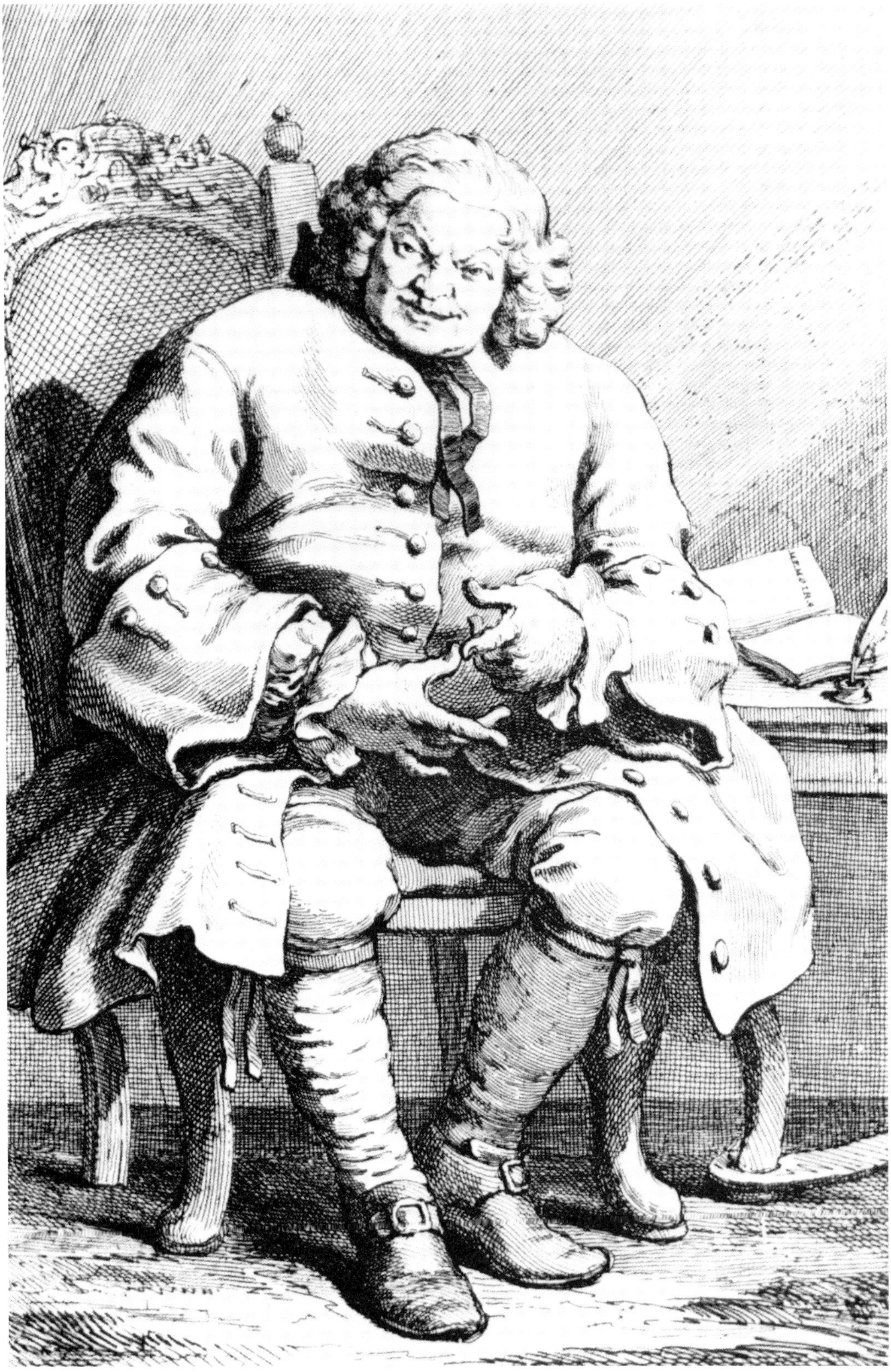

Abb. 7: William Hogarth: Simon Lord Lovat. 1746

10000 Stück waren im Nu verkauft. Die Radierung spielte die Rolle, die heute ein Pressefoto hat. Die Menge wollte sehen, wie er aussah, von dem man so viel wußte. Natürlich kannte man seine Geschichte auch nur aus der Presse, die tagtäglich von dem Fall berichtete. HOGARTH lieferte die Anschauung. Er reiste dem prominenten Gefangenen auf seinem Transport nach London entgegen und hatte sein Bildnis bei seinem Eintreffen im Tower schon parat. Die Druckpresse stand Tag und Nacht nicht still. Details waren bei der Wiedergabe nicht gefragt. Der feiste, trotz seines Alters ungebeugte Klotz sitzt uns direkt gegenüber; er wendet den Blick nicht, zeigt uns sein Selbstverständnis. Man ahnt, er wird erhobenen Hauptes zum Galgen schreiten.

Auch verfeinerte Linienführung eines sorgsam in die Platte gegrabenen Kupferstiches war hier nicht vonnöten, sondern die direkt in den Plattengrund gezeichneten ungekünstelten Linien der Radierung, die der Erscheinung nichts von ihrer unmittelbaren Präsenz nahmen. Vieles war an diesem Vorgang neu: die Rolle der Presse, die lustvolle Teilhabe der Öffentlichkeit an einem öffentlichen Vorgang, die Rolle des Künstlers als Dokumentaristen. Die Öffentlichkeit als Medium der Kunst war entdeckt.

Sir Joshua Reynolds' „Geschwister Parker" – die Nobilitierung des bürgerlichen Porträts

Nach der Jahrhundertmitte begann sich eine englische Kunstöffentlichkeit zu bilden. HOGARTHS verschiedene Versuche, eine national-englische Kunst zu etablieren, indem er ihr vor allem in Sozialinstitutionen Raum verschaffte, zielten auf eine Öffentlichkeit, der soziale Reformen im Rahmen des Bestehenden unmittelbares Bedürfnis waren. Seine Kunst versuchte, hier Handlungsanweisungen zu geben; sie formulierte ein Programm, das unterhalb klassischer Kunst und oberhalb bloß volkstümlicher Gebrauchskunst in der Mittelklasse zu moralischer Wirkung kommen sollte. Mit den drastischen Umwälzungen im Gefolge der Industriellen Revolution begann ein solches Programm seinen historischen Ort zu verlieren, wie HOGARTH am Ende seines Lebens schmerzlich erfahren mußte.

Für die Kunstöffentlichkeit stellte sich als Fernziel ganz gegen seine Absichten die Gründung einer klassischen Akademie heraus. Sir Joshua REYNOLDS wurde 1768 ihr erster Präsident; er forderte in seinen Akademievorlesungen ein klassisches Hochkunstkonzept, das im Grunde zu diesem Zeitpunkt bereits anachronistische Züge trug. Nach wie vor war für ihn klassische Historie nach italienischem Vorbild die höchste Form der Kunst; aber aus der englischen Tradition heraus mußte ihm die Aufwertung der traditionell niedrig eingestuften Porträtmalerei am Herzen liegen. Noch dazu war er selbst fast ausschließlich Porträtmaler. Ein „composite style" sollte die Nobilitierung dieser Gattung leisten: ein Stil, der die Porträtkunst an den Gedankenflügen der Historie teilhaben lassen sollte.[4]

Wie ist das zu denken? REYNOLDS verwendete ein Verfahren, das bereits eine Art kunsthistorischen Sehens voraussetzte. Er unterlegte eine ganze Reihe seiner Porträts mit bestimmten in der klassischen Kunsttradition spezifischen Themen vorbehaltenen Bildschemata. Der Betrachter, der unter einem Porträt ein solches Schema entdeckt, kann den traditionellen Sinn des Schemas an seiner neuen Verwendung messen. Horace WALPOLE hat 1771 dieses Verfahren REYNOLDS' als Verfahren eines bewußt eingesetzten „wit", eines besonderen Witzes, der dem Betrachter herauszufinden aufgegeben ist, bezeichnet: er besteht vor allem darin, daß die alte Bedeutung des Schemas in der neuen Verwendung auf den Kopf gestellt wird.

Ein Beispiel: 1781 malte REYNOLDS *„John Parker, later 1st Earl of Morley, and Theresa Parker" (Abb. 8)*, die Geschwister Parker:[5]

Die beiden Kinder sitzen in einer Landschaft auf einer Rasenbank und schauen den Betrachter direkt an. Der Junge ist der Aktive; er umfaßt schützend seine Schwester in Brusthöhe; dazu hat er seinen Oberkörper ihr zugewandt, das linke Bein in weiter Schrittstellung so vorgesetzt, daß es das Kleid des ruhig mit gefalteten Händen dasitzenden Mädchens überschneidet. Dieses Schema, bestehend aus Motiven des Brustumgreifens und des zum Partner ausgestellten Beines, kennzeichnet nun ein klassisches biblisches Thema, das REYNOLDS etwa aus Nachstichen zu RAFFAELS Loggienfresken im Vatikan wohl vertraut war, das Thema: Abimelech belauscht Isaak und Rebekka beim Austausch von Zärtlichkeiten (Gen 26, 7–11).

Um zu begreifen, worauf REYNOLDS zielt, muß man sich die biblische Geschichte deutlich machen. Isaak und Rebekka, Mann und Frau, waren an den Hof Abimelechs gezogen und hatten sich dort, um vor Verfolgung sicher zu sein, als Bruder und Schwester ausgegeben. Abimelech belauscht sie, erkennt, daß sie Mann und Frau sind und

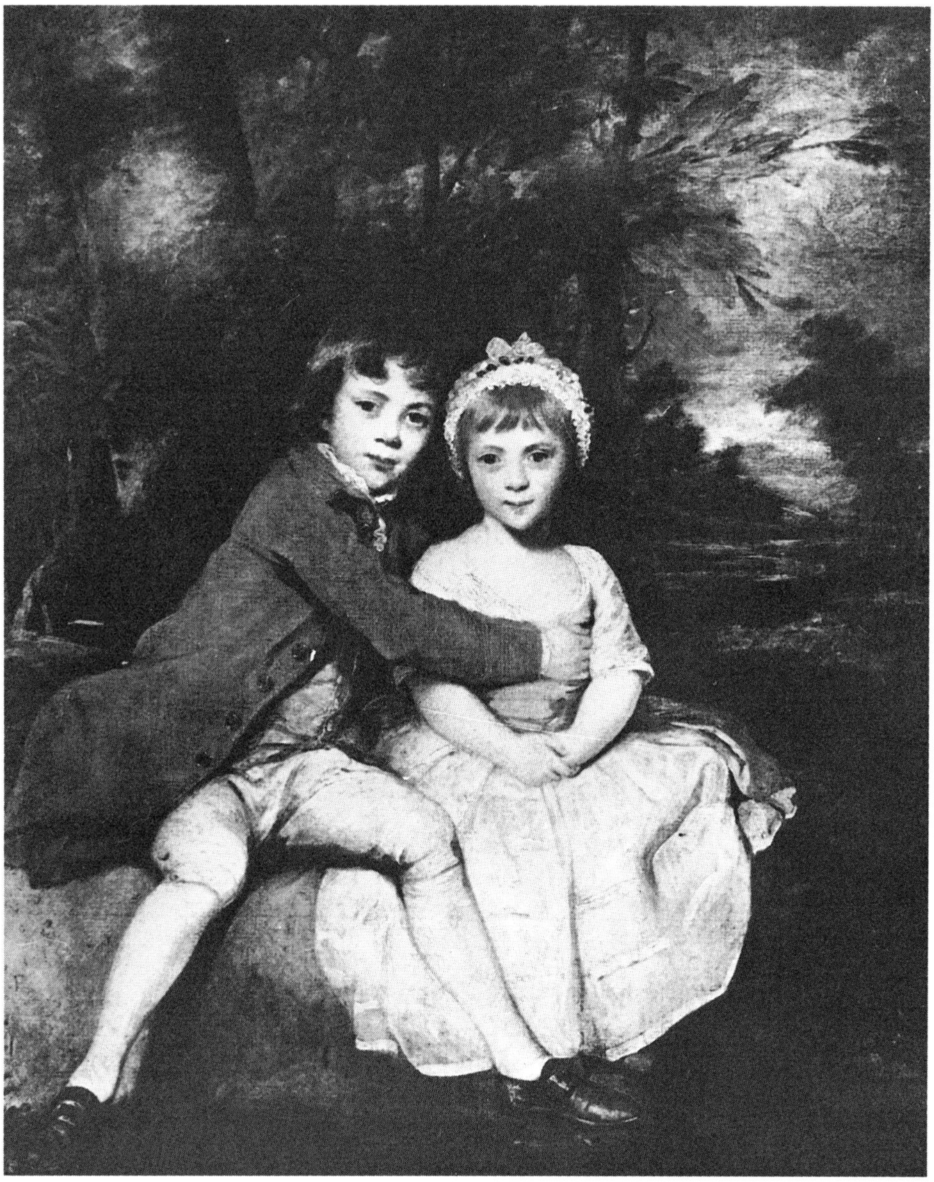

Abb. 8: Joshua Reynolds: Master and Miss Parker. 1781. Saltram, The National Trust

bürgt schließlich trotz der Täuschung für ihre Sicherheit. Isaak und Rebekka spielen Bruder und Schwester, sind aber Mann und Frau – Master und Miss Parker spielen Mann und Frau: Isaak und Rebekka, sind aber Bruder und Schwester. Möchte man jetzt noch annehmen, daß REYNOLDS wußte, daß REMBRANDTS berühmte *„Judenbraut"*, die ebenfalls dieses Schema zeigt, ein Rollenporträt darstellt, in dem die Brautleute die Rolle von Isaak und Rebekka einnehmen, dann erwiese sich das Reynoldssche Verfahren in der Tat als hochgradig raffiniert. Entscheidend ist, und das konnte ihn nur kunsthistorisches Sehen lehren, daß er Form und Inhalt gegeneinander ausspielt. Dieses Spiel mit den Form- und Bedeutungsebenen ist sehr typisch für die englische Kunst des 18. Jahrhunderts. Es wird uns noch mehrfach begegnen und scheint Zeichen für zweierlei zu sein: Zum einen zeigt es das Bedürfnis englischer Künstler, ihre Kunst, wenigstens vom intellektuellen Rang her, an die kontinentale Hochkunst anzugleichen, obwohl klassische Historie im englischen Kulturbewußtsein nicht annähernd den Rang innehatte wie in der italienischen oder französischen Tradition. Man wich auf das Porträt und, wie weiter unten zu zeigen sein wird, auf das aus, was man „Genre" zu nennen pflegt. Auch hier unterlegte man die Erscheinungsform mit verstecktem Formsinn. Für dieses Verfahren gab es zum anderen im 18. Jahrhundert eine ästhetische Rechtfertigung. Man begriff, daß alle Wahrnehmung relativ ist, nicht also eine absolute, klassische Norm eine gleiche Reaktion beim Betrachter auslöst, sondern im Gegenteil jedes Kunstwerk individueller Rezeption ausgesetzt ist. Der Künstler mußte begreifen, daß das, was er tat, mit zeitbedingtem, funktionsbedingtem und eben auch individualpsychologisch bedingtem Rezeptionswandel zu rechnen hatte. Die Wirkungspsychologen und Wirkungsästhetiker des 18. Jahrhunderts begannen, den Wirkprozeß des Kunstwerkes selbst zu untersuchen. Es wurde schnell deutlich, daß etwa das Enträtseln von Versecktem im Bilde dem Betrachter ein besonderes Vergnügen zu bereiten und die erste Wirkung des ästhetischen Gegenstandes noch zu steigern vermochte; es konnte auch zu Gedankenverbindungen führen und den Betrachter zu eigener Phantasieleistung anregen. Unter diesem Aspekt wird REYNOLDS' Versteckspielen vielleicht verständlicher. Die Möglichkeit jedoch, derartige Rätsel zu lösen, stand nicht mehr allein dem Adel offen; der kunsthistorisch gebildete Bürger konnte gleichermaßen daran teilhaben. Ja es scheint sogar so, als habe gerade er am Nachweis seiner bildungsbürgerlichen Möglichkeiten besonderes Vergnügen gehabt. Der dargestellte Master John Parker etwa stammt aus reicher aufstrebender Bürgerfamilie, er wurde später der 1. Earl of Morley.

Joseph Wright of Derbys „Arkwright" – der lebende Beweis für wirtschaftlichen Erfolg

Doch neben der akademischen Tradition behauptet sich vor allem in der Provinz auch eine wesentlich realistischere Kunstauffassung, deren Funktion es war, schlicht das so getreu wie möglich abzubilden, was war. Selbstbewußt wollten die erfolgreichen Bürger, Unternehmer, Industriellen oder auch aufgeklärten Privatgelehrten sich ein Bild von ihrer wirklichen Erscheinung machen können. Keine Falte, Narbe oder Warze galt es zu verschweigen; denn so, wie sie waren, und nicht anders, waren sie zu Erfolg gekommen – ohne ererbten Rang und Namen; sie sind „selfmade", haben für ihre Bildung selbst gesorgt, brauchen die verfeinerte City nicht unbedingt.

ARKWRIGHT, den WRIGHT of Derby 1790 malt *(Abb. 9)*, war Barbier gewesen, ins Industriegebiet gezogen, hatte sich ein wenig Geld geliehen, um experimentieren zu können, hatte zweimal die Webmaschinen mit eigenen Erfindungen entschieden verbessert, war schnell zu Erfolg gekommen, hatte sich von seinen Geldgebern losgekauft und schließlich ein Baumwollfabrikimperium aufgebaut – nun läßt er sich malen, das Kernstück seiner Erfindung wie ein Abzeichen auf einem schmucklosen Tischchen neben sich – eine wahrlich nicht schöne, aber imposante Erscheinung, breitbeinig, mit mächtigem pot-belly, wie die Engländer sagen, einem drallen Schmerbauch. Verdammt noch mal, er kann ihn sich leisten, oder etwa nicht? WRIGHTS Bild wird ihm wirklich gerecht. So genau, wie die Maschine wiedergegeben ist, die sich auf dem blanken Tisch spiegelt, so lebensnah erscheint ARKWRIGHT; wenn er aufsteht, dann sprengt er das Bild, und aufstehen tut er, wann er will. Doch seltsam, je länger wir sein Bildnis betrachten, um so mehr sehen wir auch, daß er neben aller Poltrigkeit und Erfolgsorientiertheit auch sensibel ist. Essen wird er gut und reichlich, sicher, aber über das Leben nachgedacht hat er offenbar auch. Unbedingt sympathisch ist er uns sicherlich nicht, aber man kommt, schaut man ihn an, im wörtlichen und übertragenen Sinne nicht an ihm vorbei.

Historie

Historie, nach klassischen Vorstellungen die höchste Form der Kunst, war in England ohne Voraussetzungen. Ihr Stellenwert verbesserte sich auch im 18. Jahrhundert nicht grundlegend. Zwar hatten einige englische Künstler Anteil am internationalen Neoklassizismus der 2. Hälfte des 18. Jahrhunderts, zwar propagierte auch die Akademie die Historie und versuchte selbst der Handel in England, große Unternehmungen zur Förderung der nationalen Historie in Gang zu bringen – dennoch blieb die englische Vorliebe für Porträt und, später, Landschaft erhalten. In einem Punkt jedoch war die englische Historienmalerei neuartig: sie widmete sich dem Problem zeitgenössischer Geschichte. Dies wollen wir an zwei Beispielen zeigen.

James Thornhills „Landung Georgs I." – Historienmalerei und historisch-faktische Treue

Auch beim Historienbild lebte man vor allem von italienischem Import. Der englische Adel wußte um die Bedeutung der Historienmalerei in der Rangordnung der Künste, aber ganz offensichtlich traute man den Möglichkeiten der einheimischen Künstler nicht recht. Einzig nennenswerte Ausnahme am Beginn des 18. Jahrhunderts war der Hofmaler Sir James THORNHILL. Er folgte italienischen und französischen Vorbildern, bekam große, nicht selten politisch-programmatische Freskoaufträge, unter ihnen die „Painted Hall" in Greenwich und die Kuppel der St.-Pauls-Kathedrale, war gar Unterhausabgeordneter der Whigs und ein

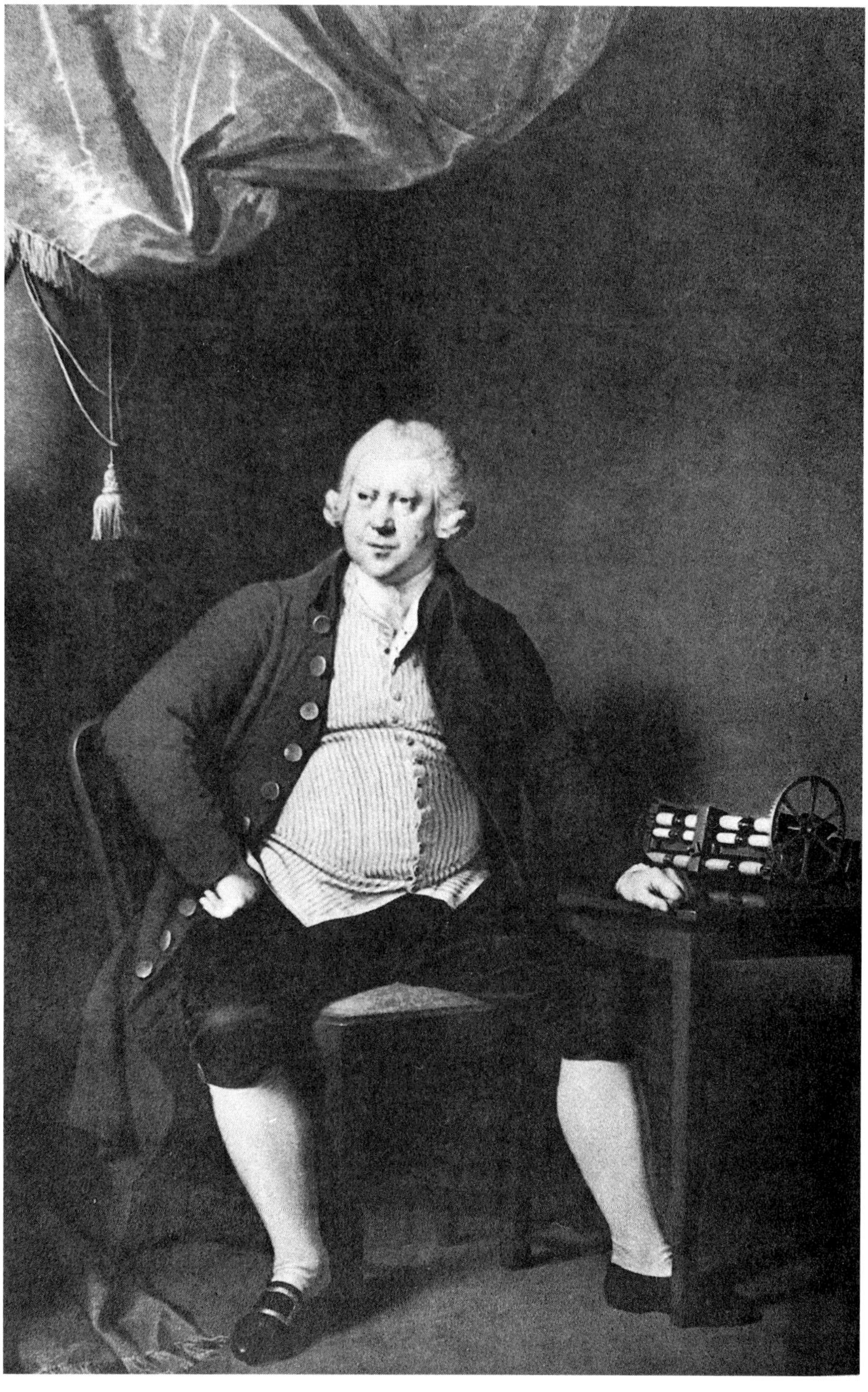

Abb. 9: Joseph Wright of Derby: Sir Richard Arkwright. 1789/90. Sammlung Col. Peter Arkwright

hochangesehener Mann. Sein Stil war ein schwerer Barock des 17. Jahrhunderts, seine Figurensprache schulte er an RAFFAELS Kartons in Hampton Court, den großen Teppichentwürfen mit Darstellungen aus der Apostelgeschichte. THORNHILL war also ein klassisch ausgebildeter und gebildeter Künstler. Dennoch kamen ihm bei der Ausmalung in Greenwich gewisse Zweifel an den klassischen Gesetzen der Historienmalerei. Er plante, die Landung König GEORGS I. in England im Jahre 1714 zu malen. Auf einer Entwurfszeichnung *(Abb. 10)* für dieses Fresko notierte er seine Überlegungen zur Frage der historischen Richtigkeit in der Darstellung.[6] Er fragte sich immerhin, ob er nicht verpflichtet sei, das Ereignis der Landung so darzustellen, wie es sich wirklich zugetragen habe, mit genau den Personen, die dabei tatsächlich anwesend gewesen, in eben der Aufmachung, in der sie im

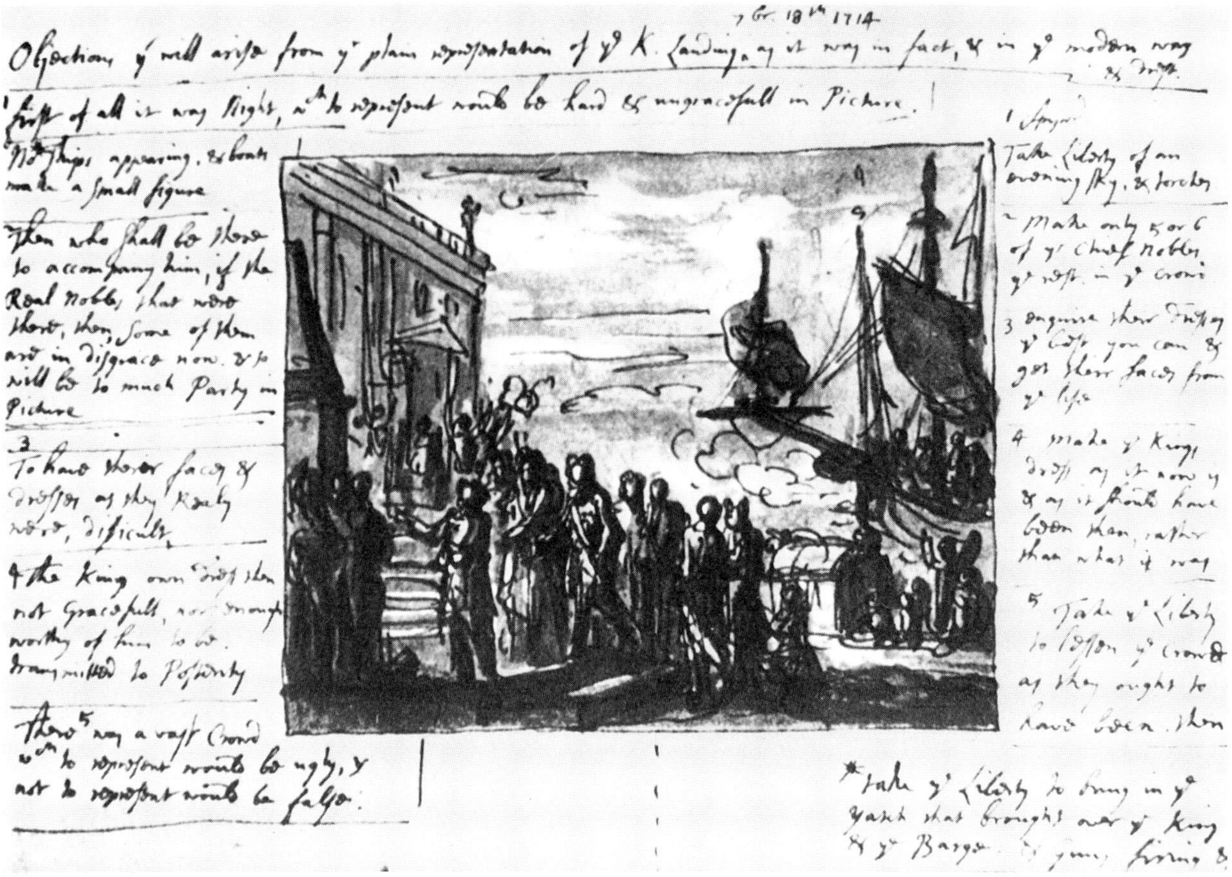

Abb. 10: James Thornhill: Die Landung Georgs I. in Greenwich. Entwurfszeichnung mit Randkommentaren. Um 1720. London, British Museum

Augenblick der Landung erschienen seien. Zugunsten eines Kompromisses zwischen historischer Wahrheit und künstlerischer Norm verwirft er diese realistisch abbildende Darstellungsweise und notiert die Einwände, die dagegen sprechen:

„Von den Fürstlichkeiten und Adligen, die damals zugegen waren, sind einige jetzt in Ungnade [...] Die Kleider so zu haben, wie sie wirklich waren, ist schwierig [...] des Königs eigene Kleidung war damals nicht anziehend [...] Es gab ein großes Gedränge, das darzustellen häßlich wäre, aber nicht darzustellen falsch." Die abgedroschene traditionelle Allegorisierung eines solchen Augenblicks will er allerdings auch nicht unternehmen, und so entschließt er sich, verhältnismäßig frei zu verfahren: „Nur 5 oder 6 von den wichtigsten Adelspersonen zu malen, ihre Kleidung zu erfragen [...] ihre Gesichter nach dem Leben aufzunehmen, des Königs Kleider zu malen, wie sie jetzt sind und damals hätten sein sollen, das Gedränge zu verringern wie es damals hätte sein müssen."[7]

Das zweimalige „hätte sein sollen" bzw. „hätte sein müssen" verweist auf die literarische, höhere Wahrheit zu Lasten der bloß historischen Richtigkeit. Insofern bleibt THORNHILL konventionell. Aber die bloße Tatsache, daß ihm das Problem der historischen Wahrheit bewußt ist, verdeutlicht den sich abzeichnenden Wandel in der Auffassung vom Historienbild. Von da an ist das Problem nicht mehr aus der Welt zu schaffen, es schlägt sich vor allem bis weit ins 19. Jahrhundert hinein in ungezählten Debatten über das angemessene Kostüm im Denkmal nieder:[8] Soll der Dargestellte Idealkostüm oder zeitgenössische, historisch richtige Kleidung tragen, soll er überzeitlich oder als Geschichtsbeispiel erscheinen, soll er, und das steht letztlich dahinter, einer absoluten (adligen) oder einer relativen (bürgerlichen) Norm entsprechen? HOGARTH, sosehr er seinen Schwiegervater THORNHILL verehrte, hätte sich für die reale Zeitgenossenschaft des Dargestellten entschieden. Selbst klassische oder biblische Themen mußten sich bei ihm tagespolitische Aktualisierung und funktionale Anbindung gefallen lassen.

Als er 1746 die wichtigsten englischen Künstler dazu gewann, dem Findelhaus, einer der großen aus rein privatbürgerlicher Initiative entstandenen Sozialeinrichtungen, Gemälde zur Ausstattung zu schenken und damit die erste öffentliche, ständig zugängliche Kunstausstellung Englands schuf, wollte er auch auf Historienbilder nicht verzichten. Aber, so argumentierte er, sie müßten vom Thema her einen unmittelbaren Bezug zu ihrem

Erscheinungsort im Findelhaus haben, dort eine sinnvolle Funktion erfüllen. Was er meinte, zeigte er in seinem eigenen Historienbildbeitrag für das Findelhaus: *„Moses wird der Tochter des Pharao gebracht"* – womit die Findelgeschichte des ausgesetzten Moses zu einem glücklichen Ende geführt wird. Mit einem solchen Thema richtet sich die Historie an zeitgenössisch-bürgerlich-menschliches Gefühl und appellierte nicht an überzeitliche klassische Größe.

Benjamin Wests „Death of General Wolfe" – die Nobilitierung des bürgerlichen Heldens der Geschichte

Das Problem der Geschichtstreue blieb auch nach der Gründung der englischen Akademie im Jahre 1768 bestehen, sosehr sich deren erster Präsident, Sir Joshua Reynolds, in Wort und künstlerischer Tat bemühte, klassische Historien- und Kunstauffassung wiederzubeleben bzw. auf den nüchternen englischen Boden zu verpflanzen. 1771 brachte Benjamin West auf der Akademieausstellung sein Gemälde *„Death of General Wolfe"* *(Abb. 11)* heraus; es erregte weites Aufsehen; Scharen von Patrioten pilgerten täglich zu diesem nationalen Identifikationsbild. Der Nachstich nach dem Bilde brachte binnen kürzester Zeit die ungewöhnlich hohe Summe von 15000 Pfund ein.

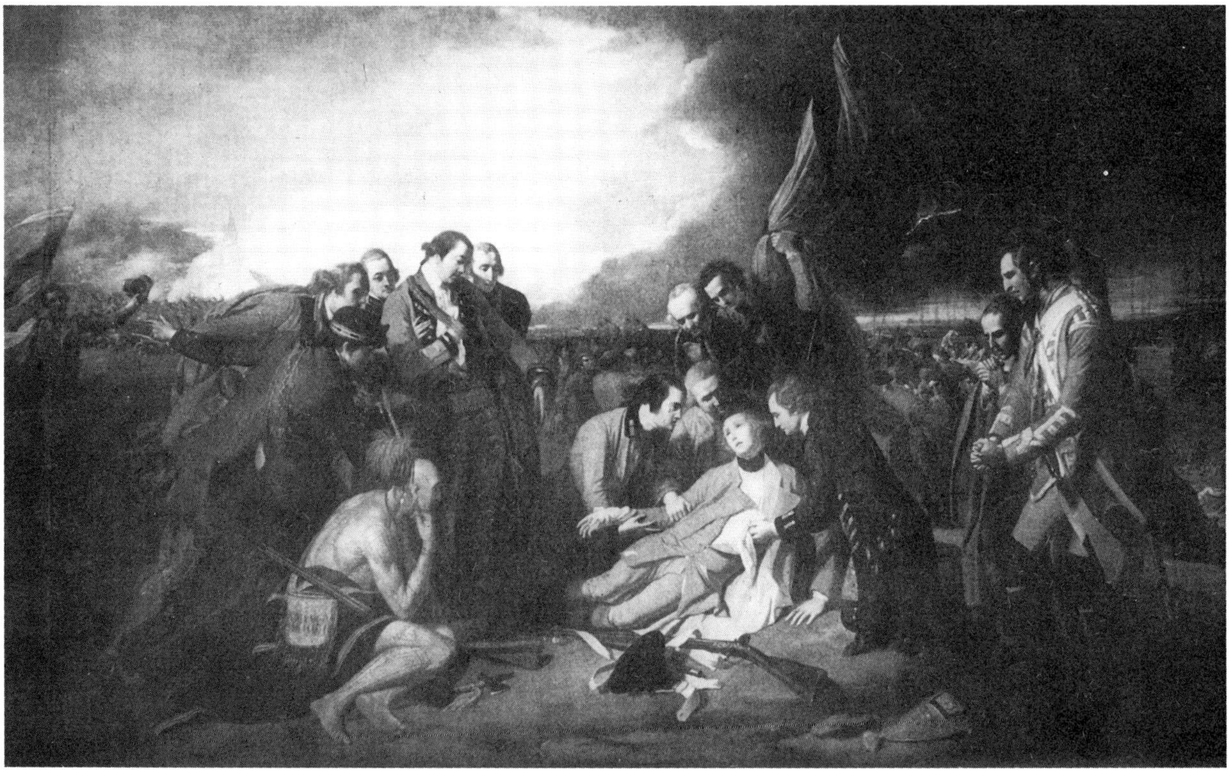

Abb. 11: Benjamin West: Death of General Wolfe. 1771. London, Kensington Palace

Was löste diesen Sturm der Begeisterung aus? Offenbar zum einen das Thema, zum anderen seine Behandlung: General Wolfe war 1759 bei der siegreichen Schlacht um Quebec gefallen. Von West dargestellt ist der Augenblick, in dem Wolfe im Tode die Nachricht vom siegreichen Ausgang der Schlacht erhält – das Thema ist also der Opfertod fürs triumphierende Vaterland. 1771 war für das Gemälde ein günstiger Zeitpunkt. Der Siebenjährige Krieg war beendet; der französische Druck auf die englischen Siedler in Nordamerika schien endgultig genommen. Zudem sympathisierten große Teile der englischen Öffentlichkeit mit den Unabhängigkeitsbestrebungen der Kolonisten; West selbst war gebürtiger Amerikaner. Zum Bruch mit dem Mutterland war es jedoch noch nicht gekommen. So verstand man Wolfes Heldentod als zugleich für Freiheit und Vaterland geleistet.

Das andere ist die Art der Darstellung: das Bild strahlt einerseits ein barockes Pathos aus, andererseits ist es eine Mischung aus historisch Genauem und Fremdländischem. Der trauernde Cherokee-Indianer sorgt für das exotische Lokalkolorit, der Held im zeitgenössischen Gewand für die historische Glaubwürdigkeit. Die Anekdote will es, daß REYNOLDS sich im Atelier von WEST angesichts des Bildes von der Berechtigung der Zeitgenossenschaft des Dargestellten hat überzeugen lassen.

Nun war WEST durchaus akademischer KÜNSTLER, er wird REYNOLDS' Nachfolger als Akademiedirektor, und so fragt es sich, wie erfüllt er, trotz der unmittelbaren historischen Nähe und Wirklichkeit des Dargestellten, den idealen Anspruch des Klassischen? Anders ausgedrückt: wie macht er das scheinbar bloß Abbildende zu Kunst im herkömmlichen Verständnis? WEST greift, um dieses zu erreichen, auf ein Verfahren zurück, das in anderer Form und mit anderer Zielsetzung HOGARTH vor ihm benutzt hat und das wir bereits von REYNOLDS als Verfahren zur Nobilitierung des Porträts kennen: er unterlegt das zeitgenössische Thema mit einem klassischen Hochkunstschema. Er greift, wie andere vor und nach ihm, zur höchsten christlichen Würdeformel der Kunst überhaupt, zum Typus der „Beweinung Christi". Wie Johannes und die Marien um Christus, so scharen sich die umstehenden Soldaten um WOLFE, der ganz in der Pose des sterbenden Christus erscheint, wie sie in England aus der van Dyck-Tradition *(Abb. 12)* nur zu vertraut war: der Körper in elegantem Schwung, der linke Arm im

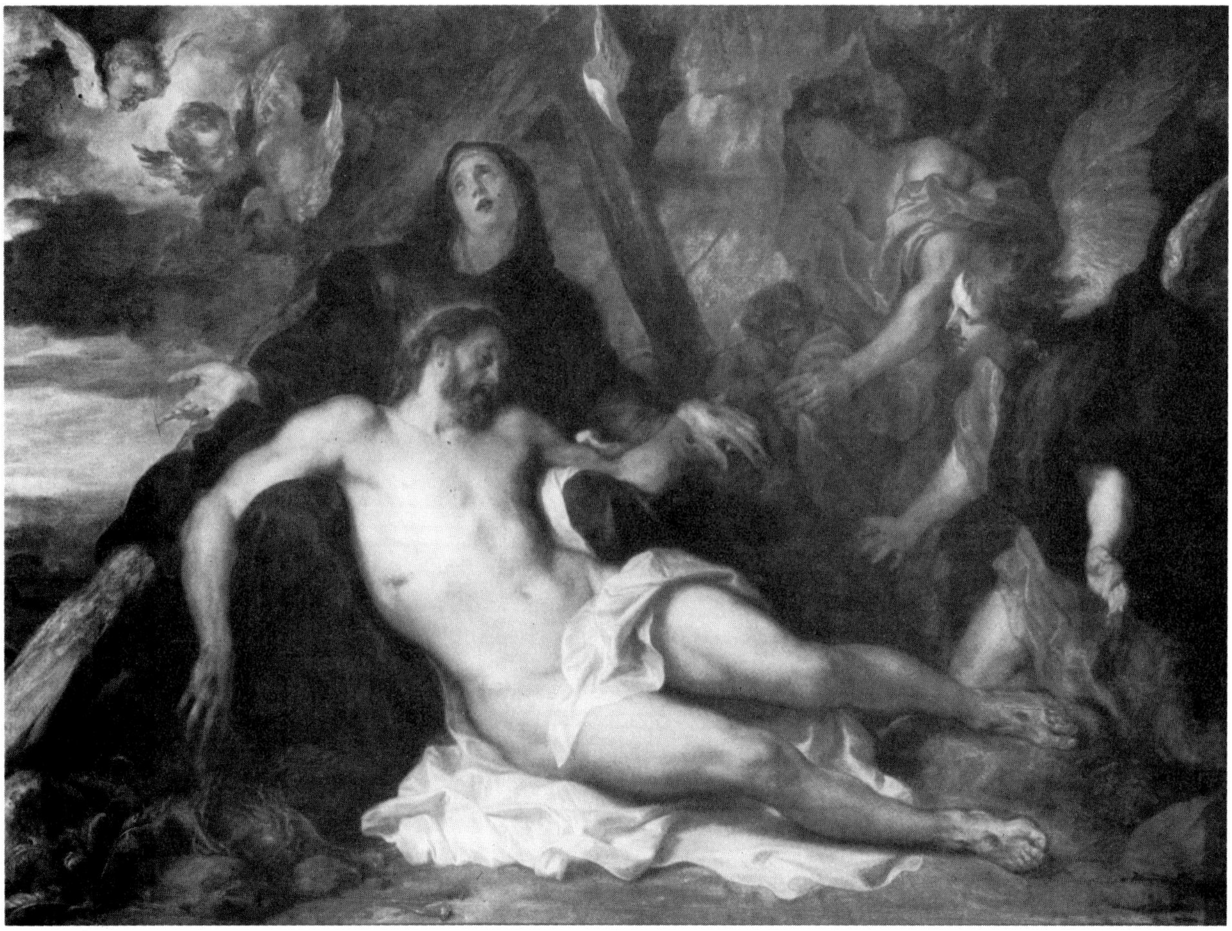

Abb. 12: Anthonis van Dyck: Toter Christus. 1634. München, Alte Pinakothek

Bogen herabhängend, der rechte gestützt, den Blick verklärt gen Himmel gewendet, der nach der Schlacht aufreißt und einen neuen Tag verkündet; in der barocken Tradition ist hier der Erscheinungsort Gottes. Kein Zweifel, so wie Christus für die Menschheit, so ist WOLFE fürs Vaterland gestorben. Er wird zum nationalen Märtyrer in der Nachfolge Christi. Das hat man in der Zeit durchaus gesehen. Die Aneignung dieses Typus geht nicht nur bis zu DAVIDS Gemälde des berühmten Revolutionsmärtyrers MARAT (1793), sondern er hat selbst noch im 20. Jahrhundert bei Künstlern wie PICASSO, BECKMANN oder KOKOSCHKA Nachfolge gefunden. Geschichtliches und Überzeitliches verschränken sich, damit der Kunst ihre ideale Dimension gerettet werden kann.

Das Genre

Nach klassischen Vorstellungen ist das, was wir als „Genre" bezeichnen, in der Rangfolge der Kunstgattungen niedrig einzustufen. Im England des 18. Jahrhunderts können wir den Prozeß der Aufwertung dieses Niederen, das durch realistische direkte Wiedergabe des Alltäglichen gekennzeichnet ist, verfolgen. Es ist das Ziel, zwischen dem Hohen und dem Volkstümlich-Platten eine mittlere, bürgerliche Kunstform zu schaffen, die über das bloß Dokumentarische hinaus einerseits moralisch oder sozial wirksam werden, andererseits unter Bezugnahme auf die klassische Kunsttradition die eigenen Kunstansprüche beweisen will. Der Hauptvertreter dieser Kunstrichtung ist William HOGARTH, an ihm und am Beispiel eines Künstlers der 2. Hälfte des 18. Jahrhunderts sei diese neue Kunstauffassung veranschaulicht.

William Hogarth und die Aufwertung des Belanglos-Alltäglichen zum zentralen Moralexempel

Auch in diesem Kapitel können wir den entscheidenden Funktionswandel einer Gattung verfolgen. In diesem Falle werden die klassischen Werte vollends auf den Kopf gestellt. Vom Begriff her muß man allerdings vorsichtig sein. Der Begriff „Genre" ist eine Prägung des 19. Jahrhunderts als Bezeichnung für die Darstellung harmloser, anekdotischer Milieuschilderungen aus dem bäuerlichen, volkstümlichen oder bürgerlichen Bereich. „Reines" Genre als anspruchlose, scheinbar auf nichts außer sich verweisende Darstellung bloßer Gegenständlich- und Zuständlichkeit gab es vor dem 19. Jahrhundert nicht. Derartige Darstellungen des Alltäglichen waren zuvor durchaus direkt funktionsgebunden. In der Kunstgeschichte wird zur Zeit eine große Debatte darüber geführt, welche Bedeutung, welchen Sinn denn die holländischen „Genredarstellungen" des 17. Jahrhunderts hätten (vgl. dazu den vorangehenden Beitrag). Wenn die Debatte auch noch nicht abgeschlossen ist, so läßt sich doch das Folgende sagen.

Vor allem zwei Formen der Sinngebung dieser Darstellungen lassen sich scheiden:

- Zum einen können sie mit Hilfe der Emblematik hochgradig moralisch oder auch kunsttheoretisch argumentieren: Die abgeschilderten Gegenstände erhalten also in ihrem Bildzusammenhang zusätzlichen, verweisenden Sinn; dadurch gewinnen sie beispielhafte Bedeutung.
- Zum anderen können derartige Bilder, wenn sie bewußt im niederen, volkstümlichen oder bäuerischen Bereich angesiedelt sind, nach einem an den antiken Lehren der Rhetorik, der Dichtung und des Theaters geschulten Verständnis der Sphäre des Komischen zugeschlagen werden. Damit dienen sie nicht etwa nur dem Vergnügen, sondern der sozialen Distinktion: man amüsiert sich über das Niedere, Ordinäre im Bewußtsein der eigenen sozialen und kulturellen Überlegenheit. So ist in diesem Bereich auch manches erlaubt, das in der ernsteren Kunst keine Berechtigung hat. Da wird geprügelt und geliebt; da säuft man und verrichtet ungeniert seine Notdurft; die Dargestellten sind nicht wohlanständig, sondern lassen sich gehen. Es dürfte deutlich sein, daß hier der Kunst ein weiter Bereich gesellschaftlicher Wirklichkeit offenstand, ja daß hier im Komischen das Realistische überhaupt seinen Ort hatte. Der Prozeß, der sich im englischen 18. Jahrhundert abspielt, ist der einer Aufwertung dieses ursprünglich niederen Realistischen.

William HOGARTH, der Hauptbefürworter dieser Aufwertung, möchte ein neues, mittleres Genre zwischen dem Hohen und dem Niederen ansiedeln mit von ihm so genannten „modern moral subjects" (zeitgenössischen Moralthemen). Das scheint auf den ersten Blick nicht sonderlich revolutionär (denn die Kategorien „hoch", „mittel", „tief" stammen bereits aus der antiken Rhetoriklehre), doch muß man sich die Folgen eines solchen Vorganges klarmachen. Das Hohe nämlich wird auf den Rang des Mittleren herab-, das Niedere auf den Rang des Mittleren heraufgezogen: beide Formen der Kunst werden vom Mittleren aufgesogen und verlieren ihre Daseinsberechtigung. Adlige Hochkunst und populäre Volkskunst werden von einer für alles Soziale die Norm gebenden bürgerlichen Kunst ersetzt. Das ist in der Tat revolutionär. Jahrhundertealte Kunstgesetze werden außer Kraft gesetzt. Kein Wunder, daß HOGARTH von Zeitgenossen, welche die adlige Hochkunstnorm vertraten, wie etwa Horace WALPOLE, dem Sohn des Premierministers Sir Robert WALPOLE, gezielt herabgesetzt wurde. Seine Werke wurden der Karikatur zugeschlagen, künstlerischer Erfolg wurde ihm allein in der volkstümlichen Graphik zugesprochen; seinen Gemälden dagegen wurde jeglicher künstlerische Wert abgesprochen.

Analysieren wir HOGARTHS Verfahren im einzelnen, wie es sich besonders in seinen moralischen Bilderzyklen *(Abb. 13)* zeigt. Bei diesen „Lebensläufen" ist auf die ungemeine Detailvielfalt hinzuweisen, die bis zu diesem Zeitpunkt gänzlich unerreichte Präzision in der sozialen Festlegung alles Dargestellten. Nicht nur die Umgebung ist stimmig, sondern auch Mimik und Gestik des Personals entsprechen genau der jeweiligen sozialen Zugehörigkeit bzw. dem sozialen Anspruch. So hat alles seinen Sinn im sozialen Zusammenhang. Dennoch gilt es auch festzuhalten, daß die Bedeutung der Gegenstände und ihre Sinnbezüge untereinander ungemein vielfältig sind und sich auf den verschiedensten Ebenen abspielen, daß ihre Bedeutung dadurch mehrdeutig wird. Man weiß

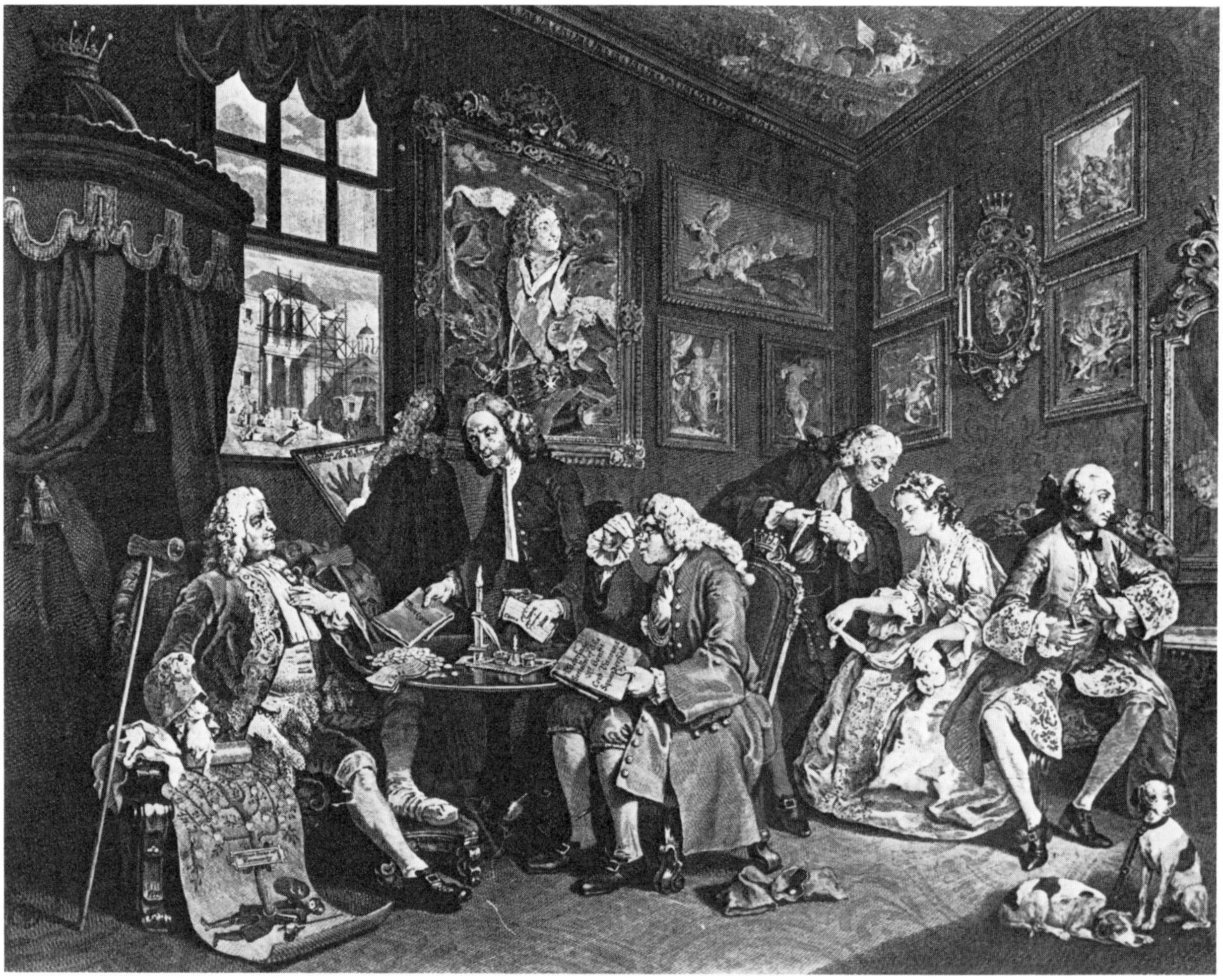

Abb. 13: Gérard Scotin nach William Hogarth: Marriage à la Mode, Szene 1: Der Heiratskontrakt. 1745

schließlich nicht mehr, auf welcher Ebene man ein solches Blatt lesen soll. Ist es von der Tendenz her moralisch, sozialkritisch, sozialreformerisch, bloß abbildend-neutral, ist es ein Lehrstück in Kunsttheorie, vertritt es eine neue Ästhetik, kritisiert es eine alte? Jede Lesweise scheint doch ihre Berechtigung zu haben. Daß diese Mehrdeutigkeit erfahren wurde, ist aus den Einsichten der Wirkungsästhetik der Zeit heraus verständlich zu machen. Wenn man begreift, daß alle Rezeption relativ ist, der eine dies, der andere das, ja man selbst einmal dies und zu anderer Gelegenheit und Gestimmtheit einmal jenes sieht, dann scheint die Möglichkeit einer verbindlichen objektiven Kunstsprache ein für allemal in Frage gestellt. Für den Künstler lag es unter diesen Voraussetzungen nahe, in seinem Kunstwerk auf den verschiedensten Ebenen zu argumentieren. Es ist ein seltsames Paradox: in dem Augenblick, in dem der Künstler die Erscheinungssphäre in ihrer sozialen Bedingtheit so genau wie nie zuvor schildert, geht ihm zugleich die Eindeutigkeit der Bildersprache verloren.

Betrachten wir unter dieser Prämisse nun Szene 8 *(Abb. 14)*, das Ende der Geschichte vom Rake, vom Liederlichen; er stirbt im Irrenhaus an einer Verletzung, die er sich selbst beigebracht hat.[9] Seine getreue Geliebte, die er so schmählich mit Kind hat sitzenlassen, kniet neben ihm und trocknet sich die Tränen ab. Der hinter dem

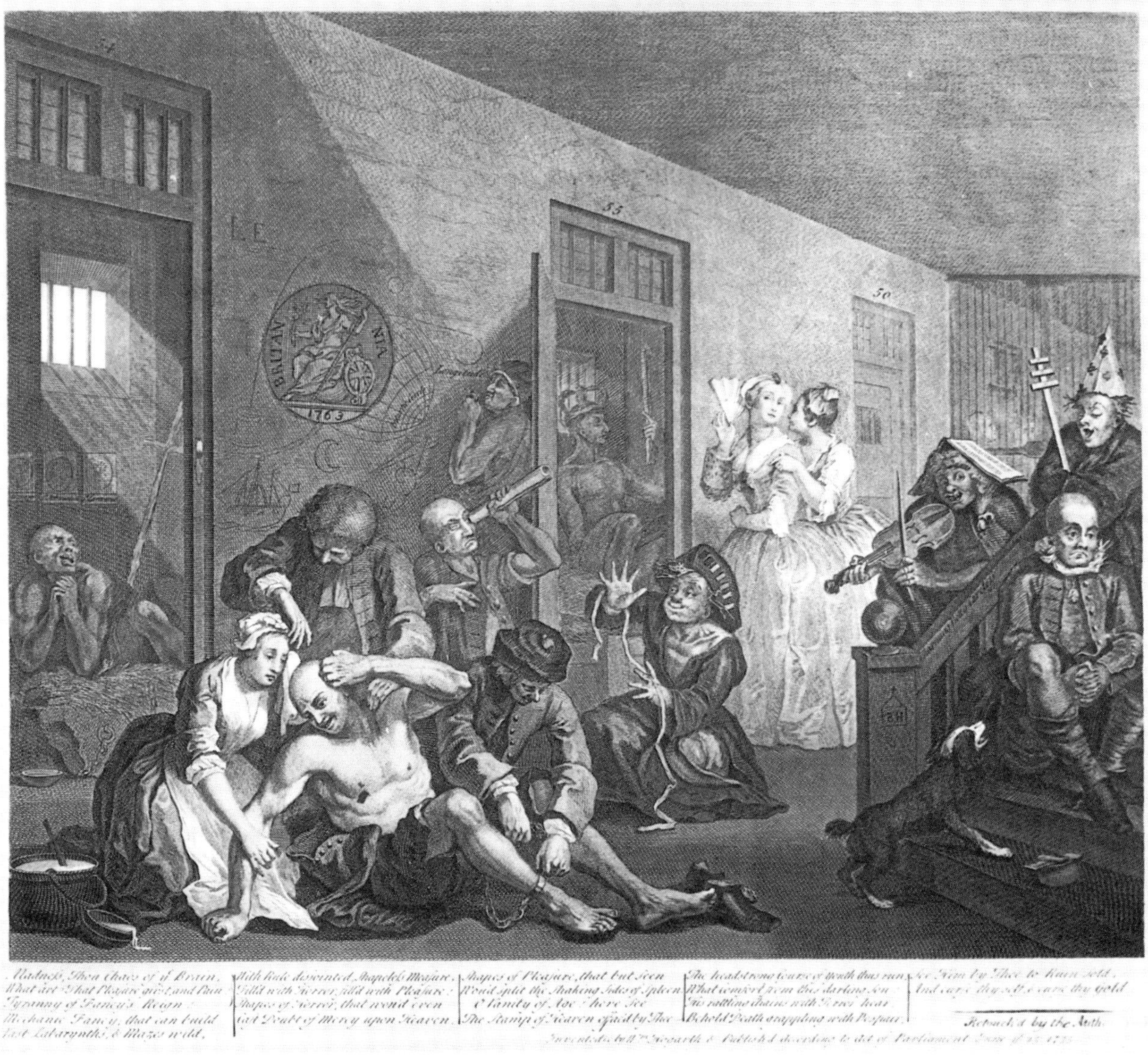

Abb. 14: William Hogarth: A Rake's Progress. Szene 8: Der sterbende Rake im Irrenhaus. 1735. Radierung

Rake stehende Priester versucht sie vom Sterbenden abzuhalten, ein Wärter löst dessen Fußketten. Um diese Hauptgruppe herum wogt das absurde Leben des Irrenhauses. Wir blicken links und rechts vom Rake in offene Zellen, in denen ein religiöser und ein politischer Fanatiker zu sehen sind, vor der Zelle des letzteren gibt ein irrer Schneider seinen seltsamen Kommentar zur Hauptgruppe ab. Schräg hinter ihm tauchen zwei feine Damen im Irrenhaus auf, die dem unsäglichen Sonntagsbrauch der Engländer der Zeit nachgehen, für Sixpence einen Irrenhausbesuch zum bloßen Vergnügen zu machen. Rechts bei einer Treppe hocken drei Irre, die LICHTENBERG, HOGARTHS Kommentator vom Ende des Jahrhunderts, sehr schön als eine Art Verkörperung der Kardinaltugenden Glaube, Liebe, Hoffnung bezeichnet hat. Den unglücklich Liebenden vorn kann in seinem Wahn selbst das Gebell eines Hundes nicht mehr erreichen.

Man weiß, daß HOGARTH hier wie andernorts sorgfältige Krankenstudien getrieben hat, und in der Tat gibt es vor ihm nicht eine Darstellung, die den Wahnsinn mit derartig erschreckender Wirklichkeit eingefangen hätte. Wieder also läßt sich eine ausgeprägte Abbildungsgenauigkeit feststellen. Dennoch erschöpft sich die Graphik nicht darin. Auch HOGARTH, wie WEST und REYNOLDS nach ihm, ist es darum zu tun, den Kunstcharakter des bloß Naturgetreuen, Alltäglich-Zeitgenössischen hervorzuheben. Die Gruppe des Rake, kein Zweifel, folgt in der Anlage bis in Einzelheiten einer „Beweinung Christi" *(Abb. 15).* Der Rake nimmt die Pose des toten Christus ein, ihm fehlt selbst die Seitenwunde nicht; seine Geliebte ist die trauernde Maria; der sich um sie kümmernde Priester schlüpft in die Rolle des Maria tröstenden Johannes; der die Fußketten lösende Wärter schließlich hat den Part der Maria Magdalena übernommen, die in der Passionsgeschichte die Füße Christi liebkost. Selbst der bei der

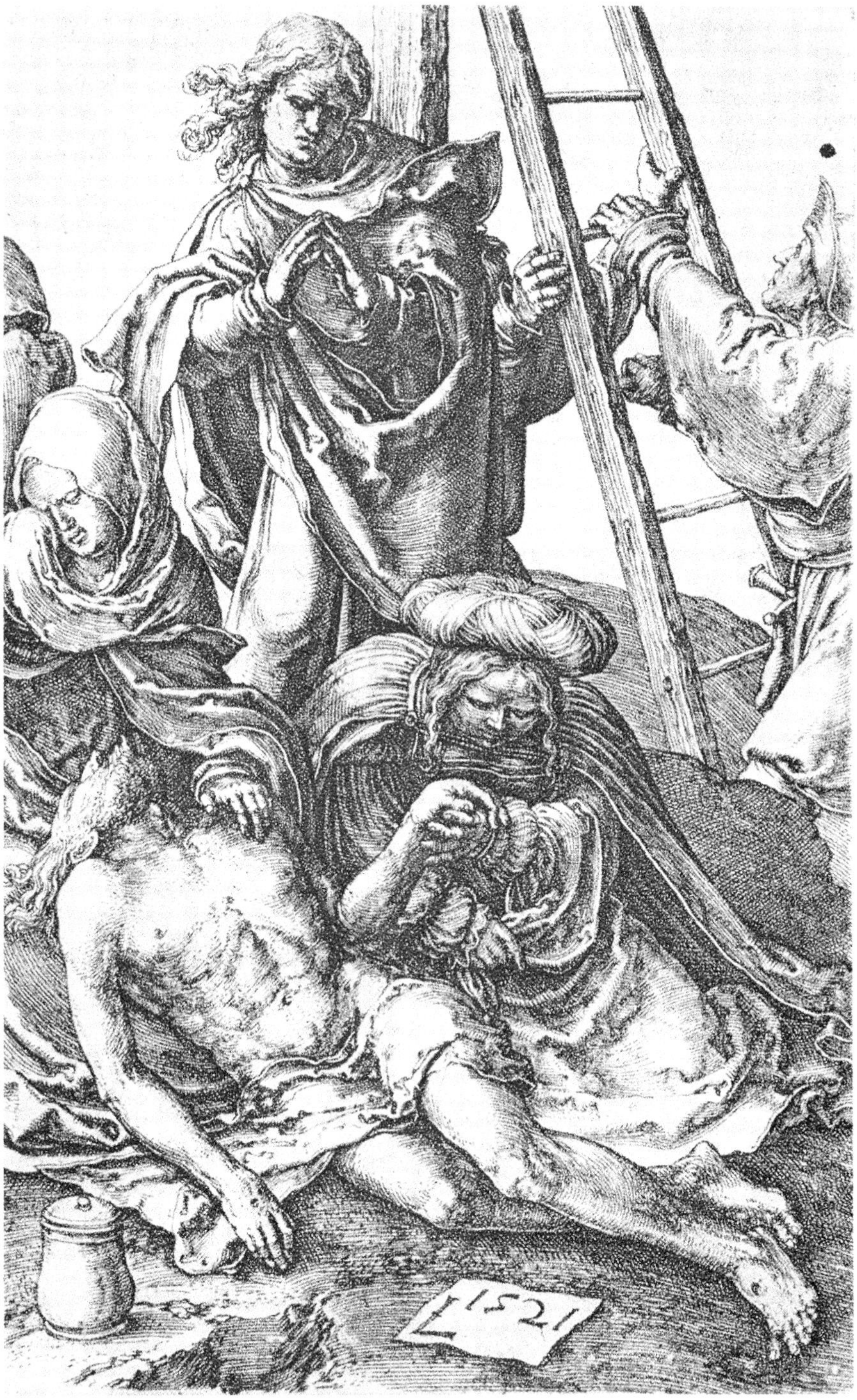

Abb. 15: Lucas van Leyden: Beweinung Christi. 1521. Kupferstich aus der Kleinen Passion

Beweinung Christi oft auftauchende Salbtopf fehlt nicht – ein Suppentopf, der zur Linken die dreieckförmige Hauptgruppe abschließt, tritt an seine Stelle. Doch die Übernahmen aus dem zentralsten aller christlichen Bildtypen gehen weiter; denn der religiöse und der politische Fanatiker in den Zellen links und rechts von der Sterbegruppe vertreten den guten und den bösen Schächer, die rechts und links von Christus gekreuzigt waren. HOGARTH geht bei ihrer Charakterisierung gar in letzte ikonographische Details; denn in der Bildtradition der Kreuzigungsszene sind dem guten Schächer rechts von Christus die Sonne und dem bösen Schächer links von Christus der Mond zugeordnet. Entsprechend fällt in die Zelle des religiösen Irren das helle Tageslicht, während der vermeintliche irdische Herrscher nur von schwachem Lichtschein getroffen wird. Auf einen ganzen Golgathahügel ist also im Irrenhaus verwiesen.

Unabweisbar stellt sich die Frage, ob denn der Hinweis ausreicht, HOGARTH habe seine Szene durch die Verwendung dieses klassischen Bildschemas bloß künstlerisch „veredeln" wollen. Haben wir hier nicht eine ausgeprägt gotteslästerliche Vorgehensweise vor uns? Der gänzlich verdorbene Rake schließlich tritt an die Stelle von Christus, das Irrenhaus wird Ort des tiefsten christlichen Mysteriums. Nun könnte man es sich verhältnismäßig einfach machen, um die Szene christlich zu retten. Die Vorstellung von der Welt als Irrenhaus ist auch dem 18. Jahrhundert geläufig – und sind nicht Schächer ausgezogen, um Christus zu fangen wie einen Mörder, und hat sich nicht Christus hingegeben für den Elendesten von uns, sind wir nicht alle schuldig und auf die Gnade des Herrn angewiesen? Ist nicht das Irrenhaus mit dem Wahn der Welt durchaus ein Ort, der auf das Heil angewiesen ist? Und könnte HOGARTH in dieser verkehrten Welt nicht auch gerade mit den beiden lüsternen Besucherinnen auf die Perversion eines der Werke der Barmherzigkeit hinweisen, auf das Werk, Kranke und Elende zu besuchen? Damit hielte er der Gesellschaft den Spiegel vor, sähe sie das Heiligste in den Dreck ziehen, sähe den Irren als den eigentlichen Heiligen, den Normalen als den eigentlich Entarteten. Es ist durchaus möglich, daß HOGARTH dies gemeint hat. Doch, um dieses zu verdeutlichen, hätte ein einzelner Hinweis genügt, hier dagegen wird geradezu christliche Bildersprache durchgespielt. Zudem sehen wir HOGARTH dieses Verfahren in zahlreichen anderen Graphiken ebenfalls verwenden; so gut wie alle wichtige Graphik scheint bei ihm, mehr oder weniger deutlich erkennbar und bis heute in seinem Umfang auch noch kaum wirklich erkannt, mit christlichen Schemata unterlegt. Wir möchten behaupten, daß HOGARTH weniger am Problem christlicher Kunst in der Gegenwart interessiert war als vielmehr am Problem der Kunstsprache überhaupt. Tradierte christliche Kunst, so können wir bei ihm lesen, sei in der Gegenwart schlicht „out of date", es bestehe kein Bedarf danach.[10] Er schreibt dies nicht aus Unglauben, sondern aus der Einsicht heraus, daß mit Hilfe der christlichen Argumentationsschemata offenbar in der Gegenwart zur Besserung der Menschheit nichts mehr zu erreichen sei. Das Jüngste Gericht hat in der Gegenwart offenbar seinen Schrecken verloren; das mag man bedauern oder nicht, scheint er uns sagen zu wollen, es ist halt so. Der Galgen auf Tyburn allerdings, das Fleet-Gefängnis, das Irrenhaus Bridewell – sie alle schrecken in der Gegenwart; die reale Rechtsprechung, und mag sie noch so korrupt sein, löst Angst und Schrecken aus. Deswegen wohl HOGARTHS geradezu verzweifeltes Sichklammern an das, was ist, seine lebenslangen sozialreformerischen Kampagnen.

Seine Zusammenarbeit mit Henry FIELDING, insbesondere in der Kampagne gegen den dramatischen Ginmißbrauch, der ganze Stadtteile ruinierte, veranlaßte sein Gegensatzpaar *„Beer Street"* und *„Gin Lane"* von 1750/51 *(Abb. 16 und 17)*. Es ist hier nicht der Ort zu zeigen, daß es sich bei diesen Darstellungen, wie auch jüngste Forschung übersehen hat, wohl um nichts anderes als ein weltliches Jüngstes Gericht handelt, bei dem die „Beer Street" das Reich der Seligen, die „Gin Lane" das Höllenreich der Verdammten zeigt. Das Jüngste Gericht als Versatzstück christlicher Moraldidaktik also hat seinen Schrecken verloren und damit auch seine traditionelle Darstellung ihren Sinn, nicht aber das wirkliche Jüngste Gericht, wenn auf Erden, in der Realität, der letzte Tag anzubrechen scheint. Vier Jahre später – und man wird mit dem Erdbeben von Lissabon eine neue irdische Metapher für das Jüngste Gericht haben.

Ein dramatischer Vorgang spielt sich hier also in der Kunst ab – und um ein Kunstproblem handelt es sich in der Tat für HOGARTH in allererster Linie. Die Norm der Hochkunst lehnt er ab; die Inhalte und Begründungsmuster dieser Hochkunst, die vor allem christliche Kunst war, verwirft er; doch die Kunst an dieser Kunst versucht er zu retten. Die Anwendungsbereiche von RAFFAELS Kunst sind seiner Meinung nach ein für allemal überholt, das lehre die Erfahrung der Gegenwart – was ihn nicht hindert, die Kunstform RAFFAELS nach wie vor zu bewundern. Sie gilt es für die Gegenwart und die Zukunft zu bewahren, sie schlägt sich nieder in unüberbietbaren, in Jahrhunderten von Kunstausübung gefundenen absoluten Formen, Formschemata. Sie sind ihres Inhaltes zu entleeren und mit neuen, der Gegenwart angemessenen Inhalten zu füllen. Unter dem Mantel überholter Sprachregelung sucht er nach der unvergänglichen Ursprache der Kunst, um sie für sich und die Gegenwart in Dienst zu nehmen, um ihr neues Leben einzuhauchen. Dramatisch ist dieser Vorgang insofern, als es sich um ein gewagtes Spiel handelt. Denn Form und Inhalt drohen endgültig auseinanderzubrechen. Wenn, wie wir gesagt haben, das 18. Jahrhundert die Relativität aller Wahrnehmungs- und Wirkweise von Kunst begreift, dann sind nicht nur eine absolute Ursprache und die Suche nach ihr eine Fiktion, sondern die neuen Inhalte bleiben ihr auch gänzlich äußerlich, sind theoretisch beliebig austauschbar. Was bleibt – und das ist verkürzt gesagt das Problem der Moderne –, ist die gänzlich subjektive, schließlich gegenstandslose Kunstsprache des individuellen Künstlers. HOGARTH scheint also auf dem besten Wege gewesen zu sein, die Tragik des modernen Künstlerschicksals zu entdecken. Noch einmal: in dem Augenblick, als der Künstler in bis dahin ungekanntem Maße die reale soziale Wirklichkeit abzubilden in der Lage ist, wird die Wahrheit dieses Abgebildeten höchst fragwürdig.

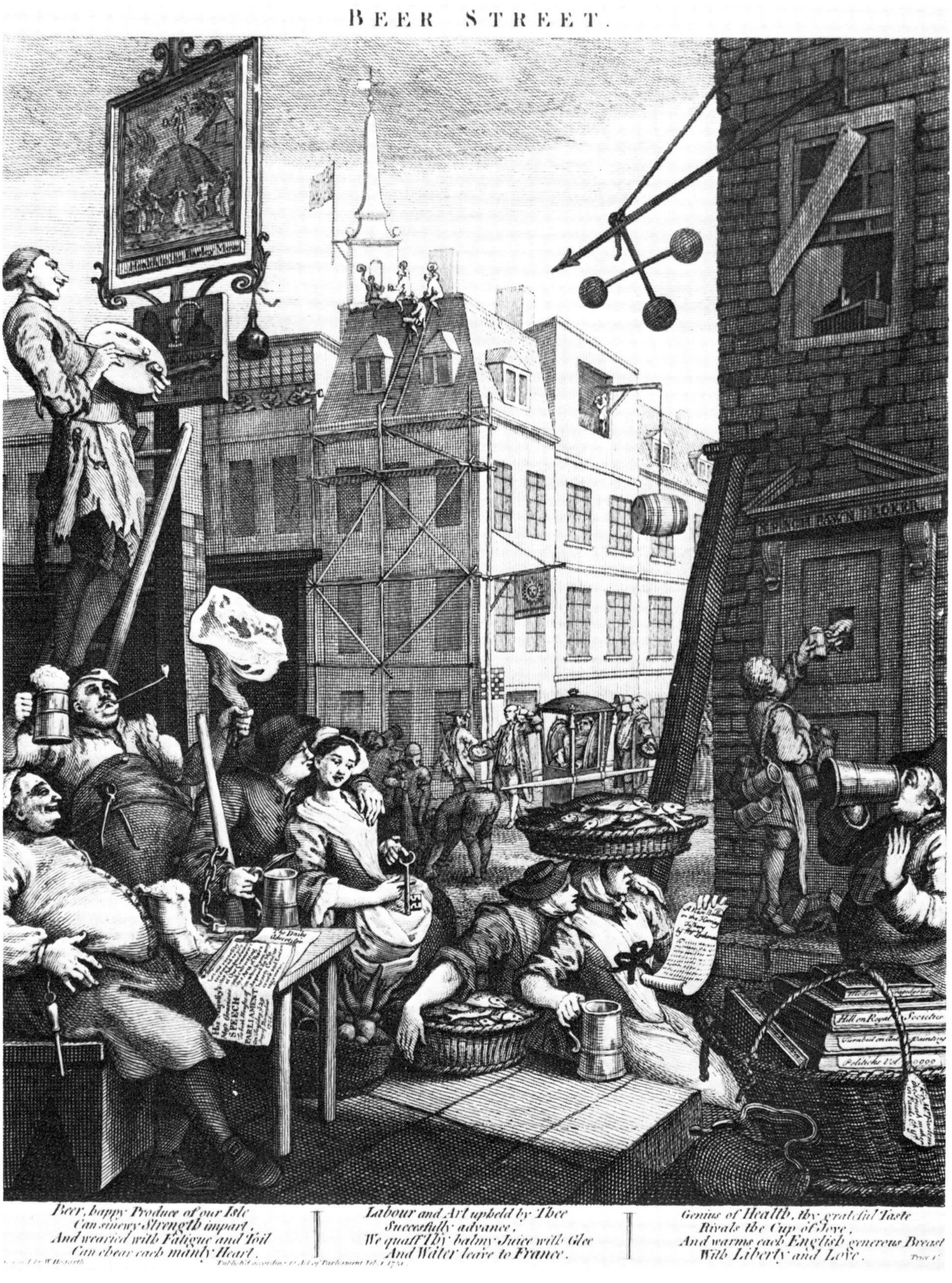

Abb. 16: William Hogarth: Beer Street. 1750/1751

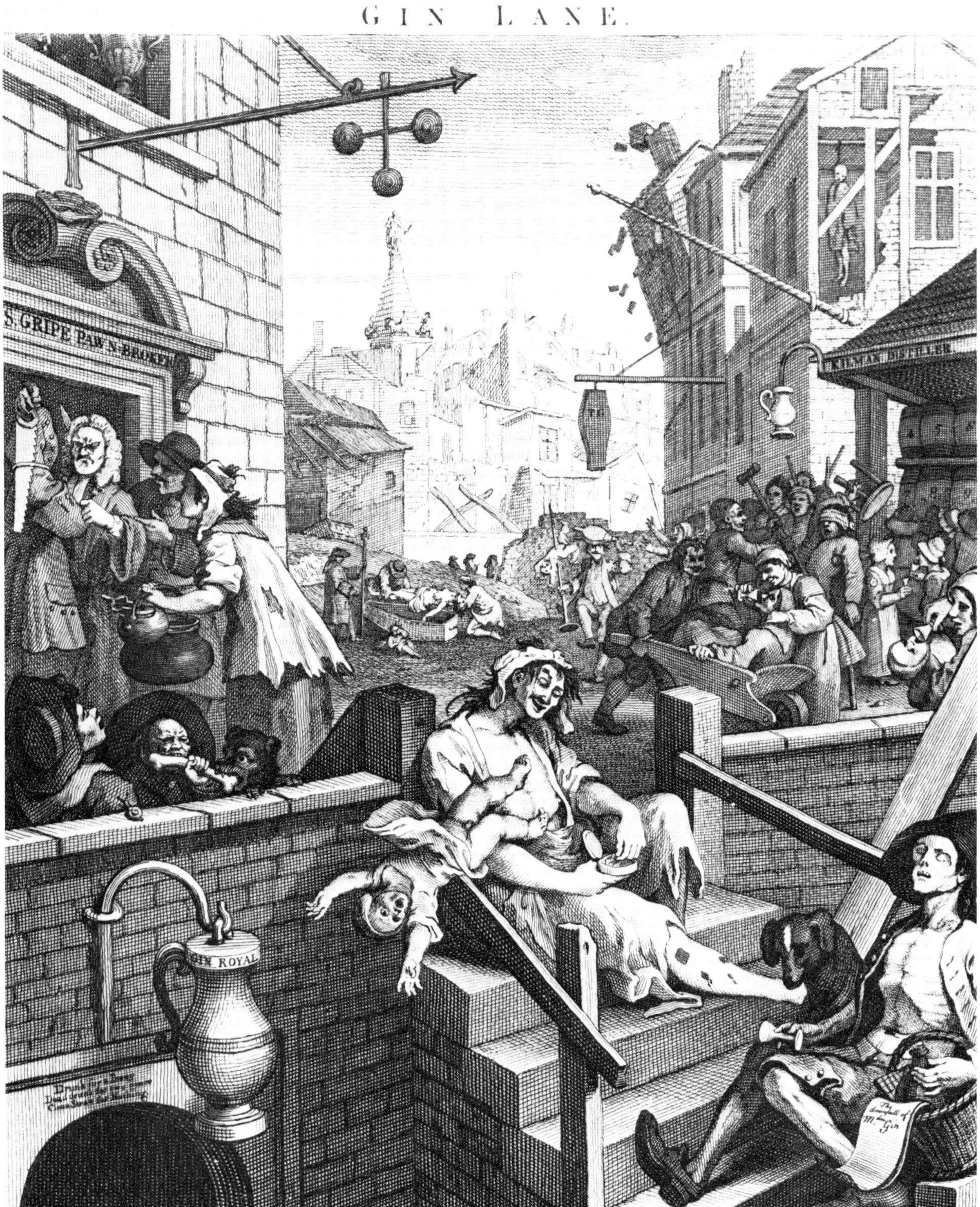

Abb. 17: William Hogarth: Gin Lane. 1750

Joseph Wright of Derbys „Experiment mit der Luftpumpe" und das formale Problem der Abbildung mit wissenschaftlicher Genauigkeit

Wir wollen das Abbildproblem noch einen Schritt weiter treiben. WRIGHT of Derbys Luftpumpenbild ist die peinlich genaue Wiedergabe eines technischen Experimentes – trotz der dramatischen nächtlichen Inszenierung *(Abb. 18)*. Er hat die technischen Instrumente im Detail studiert und war über ihre praktische Funktion genauestens unterrichtet. Ganz offensichtlich hat er zeitgenössische wissenschaftliche Literatur mit zugehörigem Abbildungsapparat genutzt, nicht nur für dieses Bild.[11] Das Thema des Bildes: „Zuschauer verfolgen eine Demonstration" müßte, selbst wenn es in dieser Form neu ist, nach klassischen Kriterien dem, was wir als Genre bezeichnet haben, zugeordnet werden. Es soll hier nicht verfolgt werden, wie WRIGHT das nach herkömmlichem Verständnis niedere Thema nobilitiert, dem Range eines Hochkunstwerkes angleicht. Es ließe sich zeigen. Es soll hier nur darauf verwiesen werden, daß WRIGHT die Gefahr, das Bild durch absolute Detailgenauigkeit auseinanderfallen zu lassen, dadurch bannt, daß er ihm ein strenges Formkonstrukt unterlegt.

Gegen alle klassische Regel hat das Bild eine deutlich betonte zentrale Vertikalachse, die es mitsamt seinem dargestellten dramatischen Augenblick fest verankert. Die in eine elliptische Form eingeschlossenen Lichtbereiche werden halbiert von einer Achse, auf der, von oben nach unten gelesen, zuerst die Fingerspitzen der linken Hand des Experimentierenden liegen, die das für das Experiment allentscheidende Ventil halten; als nächstes folgt der Kopf des Vogels, an dessen Reaktionen im luftleeren Glasbehälter der Versuch anschaulich wird, darunter sitzt, wie ein Zeichen im Zentrum des Ganzen, die weisende Hand des Vaters der beiden irritierten Kinder, und schließlich erkennen wir darunter auf dem Tisch hinter dem trüben Glasbehälter die verdeckte Lichtquelle des Ganzen – eine hell leuchtende Kerze, die einen milchig-fahlen Schein auf die Szene wirft. Hand des Experimentators und durchstrahlter Flüssigkeitsbehälter machen den höchsten und niedrigsten Punkt der Lichtellipse aus. Diese höchst ungewöhnliche Verstrebung des Bildes macht einerseits die Detailgenauigkeit erträglich (weil sie allem einen abstrakt-geometrischen Ort gibt), sie ist andererseits auf erstaunliche Art und Weise dem dargestellten Augenblick, dem Höhepunkt des Versuchs, angemessen. Der gewissen formalen Erstarrung des Bildes entspricht das kurzfristige atemlose Innehalten aller am Experiment Beteiligten, die sich gebannt fragen, überlebt der Vogel das durch Pumpen erzielte Vakuum im Glasbehälter oder läßt der Experimentator die Luft zu spät wieder in den Glaskörper.[12]

Im folgenden Kapitel werden wir den Prozeß der formalen Abstraktion bei einem noch sehr viel extremeren Beispiel weiter verfolgen.

Spezialgattungen

Gattungsspezialisten, die sich nicht der Historie widmeten, galten traditionell als Künstler zweiter Klasse. Im England des 18. Jahrhunderts emanzipierten sich diese Spezialisten. Gerade auf ihrem jeweiligen engen Feld gelingt es ihnen insbesondere durch fortschreitende Wiedergabegenauigkeit auf Grund wissenschaftlicher Analyse der Natur und ihrer Erscheinungen, die engen Gattungsgrenzen aufzuheben.

Joseph Wright of Derbys „Candlelight Pictures" – bloße Naturnachahmung?

In einem Kapitel „Spezialgattungen" hätte im Grunde genommen auch WRIGHT of Derby mit seinem „Luftpumpenexperiment" seinen Platz. Seinen Zeitgenossen nämlich galt er, trotz seiner zahlreichen Porträts, vor allem als Spezialist für „Candlelight Pictures", Kerzenscheinbilder also *(Abb. 19)*. WRIGHT folgt in diesem Genre eng einer niederländischen Gattungstradition. Die sogenannten niederländischen Caravaggisten insbesondere in der Schule von Utrecht am Beginn des 17. Jahrhunderts waren Spezialisten für realistische Nachtszenen mit schlaglichtartiger künstlicher Beleuchtung; sie selbst hielten sich eng an das Vorbild des Italieners CARAVAGGIO. Sowohl CARAVAGGIO als auch die niederländische Kunst allgemein wurden auf Grund ihres Realismus als bloßer, nicht idealisierender Naturnachahmung von der klassisch-akademischen Theorie niedrig eingestuft.

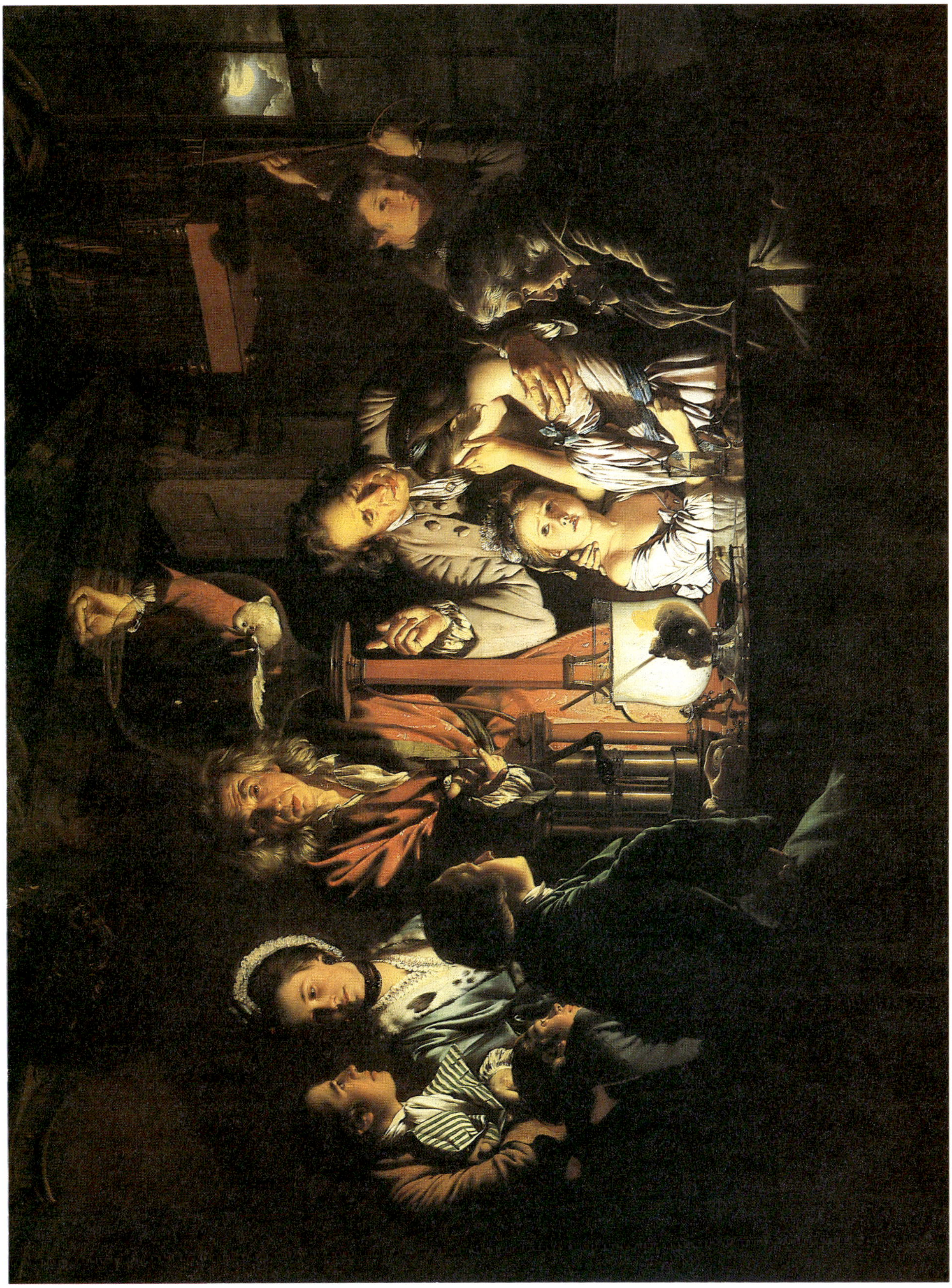

Abb. 18: Joseph Wright of Derby: Das Experiment mit der Luftpumpe. 1768. London, Tate Gallery

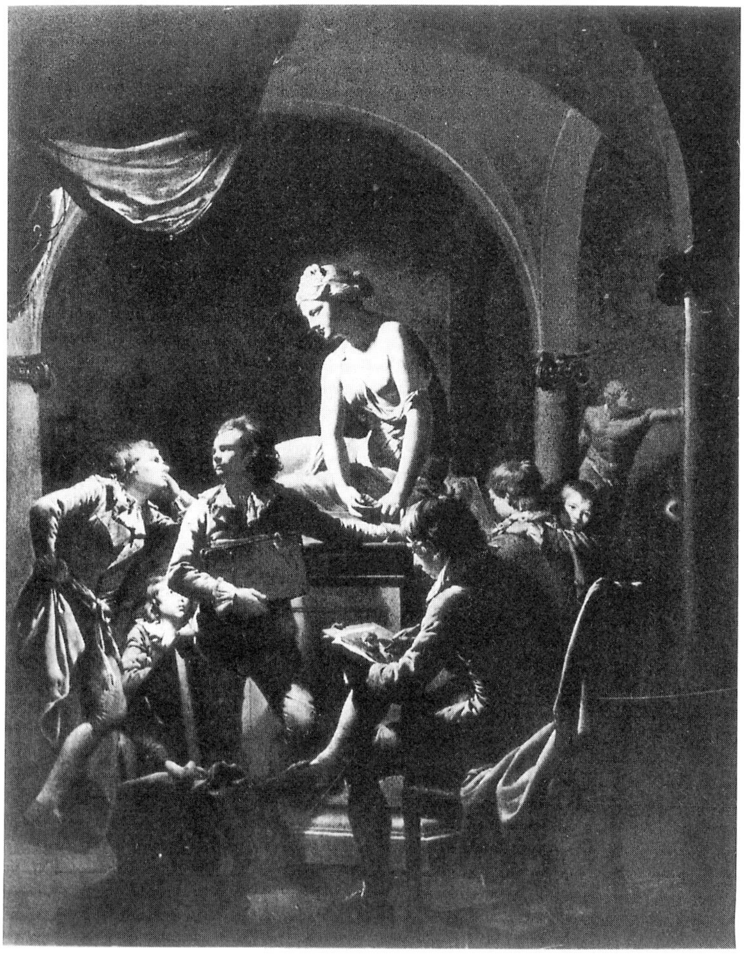

Abb. 19: Joseph Wright of Derby: An Academy by Lamplight. Um 1768/69. New Haven, Yale Center for British Art

George Stubbs' „Hambletonian" – die Emanzipation des Gattungsspezialisten

Diese Einschätzung traf sowohl WRIGHT of Derby wie auch den anderen Gattungsspezialisten, mit dem wir uns in diesem Kapitel beschäftigen wollen, George STUBBS. Er galt der Öffentlichkeit als reiner Pferdemaler. Er hatte zwar als Spezialist seinen Markt, blieb aber weit unter dem Rang eines akademischen Historienmalers.

Für beide waren die sechziger Jahre die erfolgreichste Zeit; die Bildung der englischen Kunstszene war noch nicht abgeschlossen, die Akademie erst in ihrer Gründungsphase, aber eine neue Interessenten- und Käuferschicht bereits vorhanden. Nun wäre es falsch, in der Kunst der beiden, wie im Falle HOGARTHS, einseitig Kunst der bürgerlichen Mittelklasse zu sehen. STUBBS' Pferdebilder wurden von sportbegeistertem höchsten Adel gekauft, reichen jungen Großgrundbesitzern, die sich etwa in dem in den fünfziger Jahren gegründeten Jockey Club zusammenfanden. Diese Adelsgeneration war nicht mehr mit dem zufrieden, was die traditionellen Pferdemaler lieferten, ihr Geschmack war ausgesprochen „sophisticated", und eine Zeitlang konnte STUBBS diesem „verfeinerten" Anspruch genügen. Erst das Normendiktat der Akademie setzte diesem Erfolg ein Ende.

Beide Künstler stammten aus der im Zuge der Industriellen Revolution aufstrebenden Provinz. Und es sind diese aus der Provinz stammenden Künstler, die sich zuerst an den Normen der Hauptstadt London rieben, die, und dafür ist STUBBS das überzeugendste Beispiel, ihren Realismus nicht zu idealisieren, sondern wissenschaftlich zu begründen suchten. Daß auch sie auf das Problem stießen, daß der extreme Realismusanspruch den Kunstcharakter ihrer Darstellungen aufzusaugen drohte, ist im folgenden zu zeigen.

Betrachten wir zuerst eine der Vorlagezeichnungen für STUBBS' 1766 veröffentlichtes Traktat zur Anatomie des Pferdes *(Abb. 20)*.

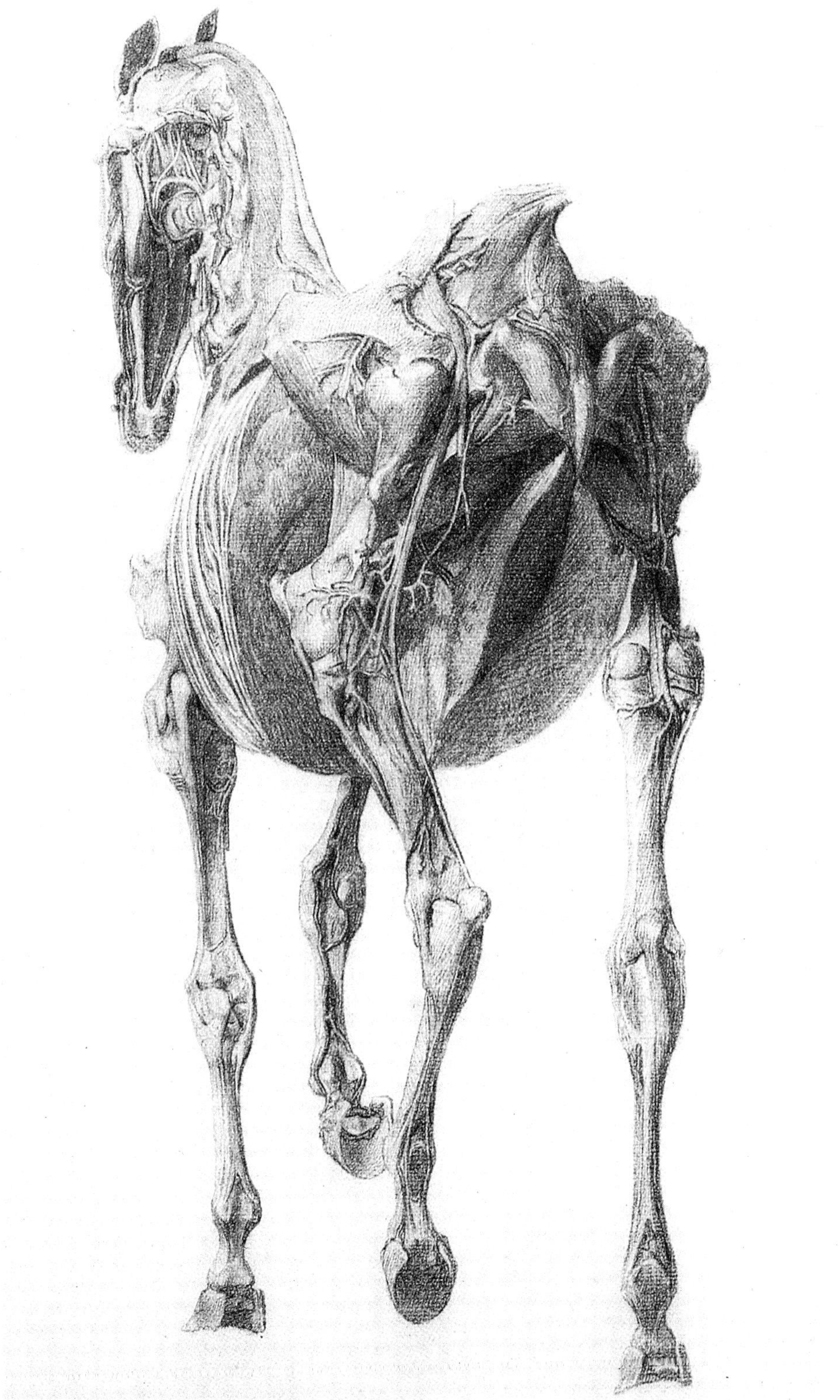

Abb. 20: George Stubbs: Entwurfszeichnung für seinen Traktat „The Anatomy of the Horse“. London 1766, Taf. 15. London, Royal Academy of Arts

STUBBS war von frühester Zeit an mit Anatomie befaßt; in Liverpool, York und Hull, seinen ersten Lebensstationen, nahm er nicht nur an anatomischen Demonstrationen teil, sondern lernte selbst Sezieren und Präparieren. 1751 lieferte er die Illustrationen zu einem Traktat über Geburtshilfe, dafür hatte er in York am Krankenhaus gearbeitet und bereits in Anatomie unterrichtet. Ab 1756 konnte er sich offenbar mit adliger Unterstützung sechzehn Monate lang auf dem Lande dem Studium der Pferdeanatomie widmen, wieder sezierte und präparierte er selbst, baute Vorrichtungen zum Aufhängen der Pferde und trieb genaueste Studien am schrittweise bis zum Skelett sezierten Pferdekörper. Kein Künstler seit LEONARDO ist mit derartigem wissenschaftlichen Anspruch an die Kunst herangegangen. 1758 konnte er in London keinen professionellen Stecher für seine Studien finden, und so wurde das Traktat mit STUBBS' eigenem ausführlichen wissenschaftlichen Text erst 1766, nachdem er ab 1760 mit seinen Pferdebildern in London ausgesprochenen Erfolg hatte, veröffentlicht. Eine Sequenz zeigt das Pferd im Trab von hinten; aus dieser Folge ist unsere Abbildung ausgewählt. Das Außerordentliche an diesen Zeichnungen ist nicht nur die bis dahin nicht erreichte wissenschaftliche Genauigkeit in der Wiedergabe der Details, sondern die auf Grund der differenzierten Zeichnung erzielte Lebendigkeit des toten Pferdekörpers. Es handelt sich also nicht um geläufige anatomische Demonstrationstafeln, bei denen es um die bloße eindeutige Kennzeichnung des gezeigten Körperteils geht – erreicht durch scharfe Umrißzeichnung –, sondern die Teile werden in ihrer Lebensfunktion bildlich anschaulich; trotz der fortgeschrittenen Sektion bleibt der Gesamtorganismus bildlich, sinnlich erfahrbar. Überspitzt ausgedrückt: bis zum Skelett scheint das Pferd zu traben.

Diese seltsame Qualität der Lebendigkeit des Toten auf der Grundlage von wissenschaftlicher Genauigkeit und ihrer Umsetzung in Kunstsprache ist nun erstaunlicherweise der wichtigste Wesenszug aller Kunst von STUBBS. Wie ist das zu verstehen? Die vollständige Hingabe an die Erscheinungswirklichkeit, das Sichvertiefen in die kleinsten Strukturmerkmale von Körperlichkeit führt bei der Wiedergabe zu einem doppelten Effekt: Einerseits zu einer geradezu erschreckenden Wahrhaftigkeit des Abgebildeten, andererseits zu einer völligen Stillegung – alles Gezeigte wirkt wie im Augenblick erstarrt.

Betrachten wir *„Hambletonian" (Abb. 21)* unter diesem Aspekt. Das uns irritierend nahe gerückte, noch dazu in leichter Untersicht gesehene Pferd füllt nahezu die gesamte Bildfläche, die immerhin rund 2,10 Meter × 3,70 Meter mißt. Bestandteil des schmalen Vordergrundstreifens sind auch Trainer und Stallbursche, beide ernst auf den Betrachter schauend; die tiefliegende Landschaft, das Turfgelände von Newmarket, ist bloßer Hintergrund.

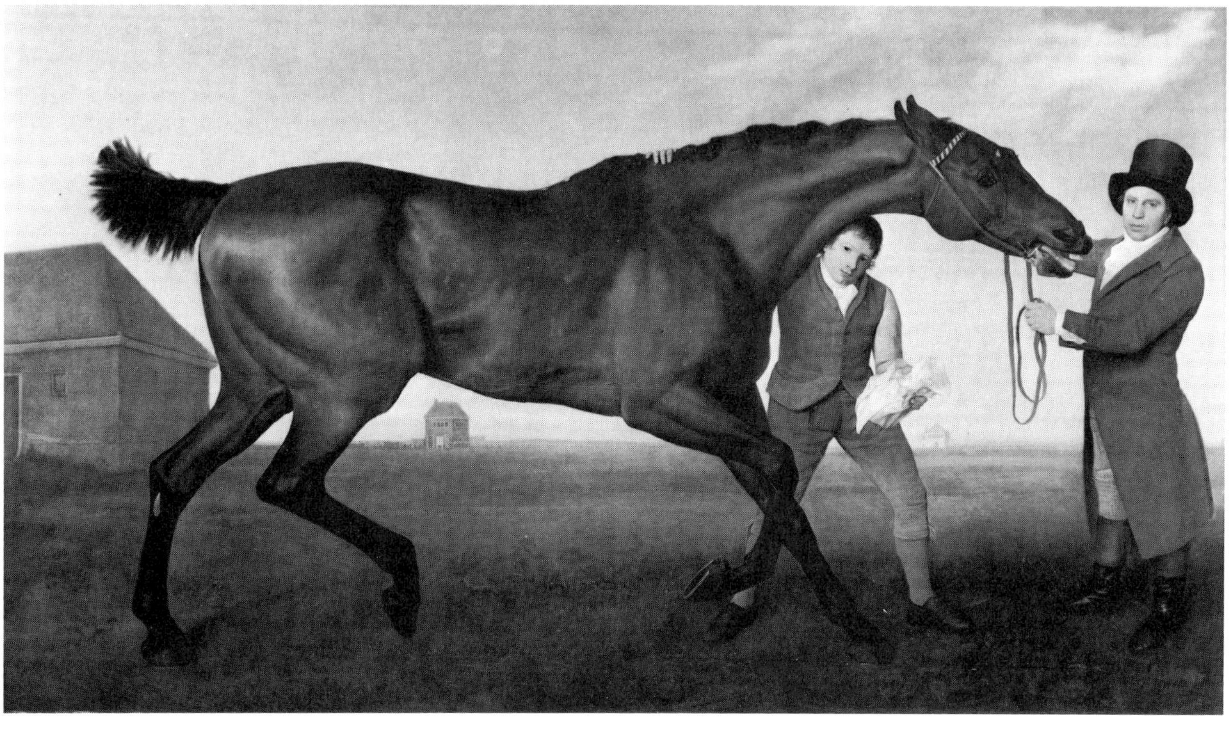

Abb. 21: George Stubbs: Hambletonian being rubbed down, with a trainer and a stable-lad. 1799. Mount Stewart, National Trust

Der Maler befand sich in einem Dilemma: Einerseits sollte er ein Porträt von Hambletonian, dem berühmten Rennpferd, liefern, sein Aussehen für die Nachwelt überliefern – das forderte STUBBS' anatomisches Auge. Andererseits aber sollte Hambletonian nach seinem größten Rennen festgehalten werden. Er hatte seinen stärksten Widersacher auf den letzten Metern um halbe Kopfeslänge geschlagen, sein Reiter hatte ihn, das Letzte aus ihm herausholend, ins Ziel gepeitscht; Hambletonian war anschließend so erschöpft, daß er nie wieder erfolgreich Rennen laufen konnte. Das in der Tat war eine Geschichte nach dem Herzen des englischen Adels.

Was für ein Ereignisbild hätte ein anderer Maler daraus gemacht! Die tosende Menge, die den Sieg feiert, das dramatisch zusammenbrechende Pferd, das Entsetzen in den Augen der Nahestehenden und ähnliches mehr. Nichts davon bei STUBBS, allein die kreatürliche Existenz des Pferdes, ebenso die reale Präsenz von Stallbursche und Trainer sind gegeben. Die Geschichte wird uns verweigert – was nur folgerichtig ist; denn die unmittelbare Anwesenheit der Dinge, ihre gleiche materielle Berechtigung zehrt alles Erzählerische, über das So-sein der Gegenstände Hinausgehende auf.

In der Geschichte der Kunst sind wir wiederum an einem heiklen Punkt angelangt. Wahrnehmungsgeschichtlich ist die Stufe vor der Photographie erreicht. Das Bild in seiner Realitätsforderung droht in seine Teile zu zerfallen. STUBBS scheint sich dieser Tatsache wohl bewußt gewesen zu sein; denn er bindet seine Darstellung in ein abstraktes Form- und Kompositionsgerüst von großer Strenge.[13]

Dazu gehören ausgeprägte Formentsprechungen – der Rückenkontur des Trainers etwa entspricht dem Kontur des Pferdehinterteils, die Höhe des Pferdeschwanzes der Höhe des Zylinders; ferner die strikte Anwendung des Goldenen Schnittes, dessen senkrechte Achse durch den Schnittpunkt von rechtem Bein des Stallknechtes und gehobenem Vorderbein des Pferdes gebildet wird und dessen Waagerechte von der Achsel des ausgestreckten Armes des Trainers über den unteren Rand des Pferdekinnbackens, die Nasenspitze des Burschen zum farblich und formal hervorgehobenen Halsansatz des Pferdes verlaufen. Genau hier liegt auch der Schnittpunkt der Linien des Goldenen Schnittes.

Diese Verankerung in einem abstrakten, aber ästhetisch wirksamen Liniensystem, das auf anderen Bildern STUBBS' noch wesentlich ausgeprägter ist und für das wir eigentlich erst heute, nach den Erfahrungen der gegenstandslosen Kunst, sensibilisiert sind, ist STUBBS' Antwort auf den das Bild sprengenden Realitätsanspruch. So bildet er zwar ab, was ist, ordnet das Abgebildete aber auf der Fläche so an, daß es einem absoluten Formanspruch gehorcht. Das Ergebnis aus absolutem Realitätsanspruch, auf den ein ebenso absoluter Formanspruch antwortet, ist ein gesteigerter Realismus, eine Art Hyperrealismus.

Eines bleibt nachzutragen: bürgerlich ist dieser Realismus insofern, als er die völlige Gleichberechtigung alles Erscheinenden verfügt. Hat man je in der Kunst zuvor (sieht man vielleicht von HOGARTHS Bildnis seiner fünf Dienstboten ab) die individuelle Würde von zwei Abhängigen, hier des Stallknechtes und des noch dazu zwergenhaften und mit seinem riesigen Zylinder eigentlich lächerlich wirkenden Trainers, in ihrer sozialen Existenz derartig unausweichlich dargestellt gefunden? Und auch das Dilemma der bürgerlichen Gesellschaft scheint sich abzuzeichnen: völlige Gleichberechtigung führt zugleich zu völliger individueller Vereinzelung. Auf STUBBS' Bildern ist jeder für sich geradezu handgreiflich anwesend, aber miteinander haben seine Personen nichts zu tun: sie kommunizieren nicht.

Im Grunde genommen gibt es für eine derartige Darstellungsart das Gattungsproblem nicht mehr. Realismus- und Formanspruch werden so vorherrschend, daß sie eine Gattungszuordnung nicht mehr zulassen. Akademisches Beharren auf der Gattungshierarchie kennzeichnet noch weite Strecken des 19. Jahrhunderts. Zweifellos ist es jedoch ein Anachronismus; denn der gesellschaftlich bedingte Wandel in der Wahrnehmungsweise hatte die Funktion der Bilder ein für allemal verändert. Spätestens die Romantik hat dies begriffen und in Theorie und Praxis die Gattungsunterscheidungen abzuschaffen gesucht.

Landschaft

Am Ende des 18. Jahrhunderts beginnt die englische Landschaftsmalerei sogar die Porträtkunst in den Schatten zu stellen. Selbst wenn sich englische Landschaftsmaler das ganze 18. Jahrhundert hindurch mit der klassischen Landschaftstradition insbesondere eines CLAUDE Lorrain auseinandergesetzt haben, so ist doch auch in der Gattung „Landschaft" ein Prozeß fortschreitender Naturtreue in der Wiedergabe zu verfolgen. Einen seltenen Höhepunkt in dieser Hinsicht bilden die unmittelbar vor der Natur aufgenommenen Ölskizzen von Thomas

JONES, die durch eine erstaunliche Beschränkung im Gegenständlichen und durch die Bevorzugung eines radikalen Bildausschnittes gekennzeichnet sind. Damit stellt sich das Problem der künstlerischen Bewältigung einer Verpflichtung auf extreme Wiedergabegenauigkeit verstärkt; es sei in zwei Schritten verfolgt.

Richard Wilson – der Kompromiß zwischen klassischer Landschaftsauffassung und unmittelbarer Naturerfahrung

Die Spannung zwischen Realismus- und Formanspruch, die wir bei WRIGHT of Derby und sehr viel intensiver noch bei STUBBS vorgefunden haben, wäre auch einfacher zu benennen als die außerordentliche Spannung von Natur und Kunst. Diese Spannung bezeichnet der Engländer im 18. Jahrhundert mit dem Begriff „pittoresk". Im Zusammenhang mit der Landschaftsmalerei ist daraus eine ganze Theorie des „picturesque" geworden. Ihr Hauptvertreter war William GILPIN. Der Theorie nach zeichnet sich eine „pittoreske" Landschaft dadurch aus, daß sie einerseits äußerst naturgetreu ist, andererseits aber einen höchst malerisch anmutenden Naturausschnitt oder Naturanblick zum Thema wählt. „Höchst malerisch" heißt dabei: extrem in seiner formalen Erscheinung. In der Praxis der Landschaftsmalerei, die bewußt dieser Pittoresk-Theorie folgte, sind die Ergebnisse gelegentlich schnell banal geworden. Man überbot sich, zackige, riesige Felsen, gewaltige Wasserfälle oder schwindelerregende, düstere Schluchten zu malen. Das Pittoreske verkam zu einem bestimmten Motivrepertoire. Sehr viel interessanter – und wegweisend für die Moderne – sind die Künstler, die sich nicht vornahmen, ein Bild im pittoresken Typus zu malen,[14] sondern bei denen die pittoreske Spannung zwischen Kunst und Natur, zwischen formaler Strenge und wissenschaftlicher Genauigkeit in der Wiedergabe der Erscheinungswirklichkeit, Ergebnis künstlerischer Notwendigkeit war – wie bei WRIGHT und stärker bei STUBBS und wie auch bei dem gleich zu behandelnden Landschaftsmaler Thomas JONES.

JONES war Schüler eines der wichtigsten Landschaftsmaler des englischen 18. Jahrhunderts, Richard WILSON, gewesen. WILSON hatte sich in den Jahren 1750 bis 1757 in Rom und Neapel zum Landschaftsmaler ausgebildet,

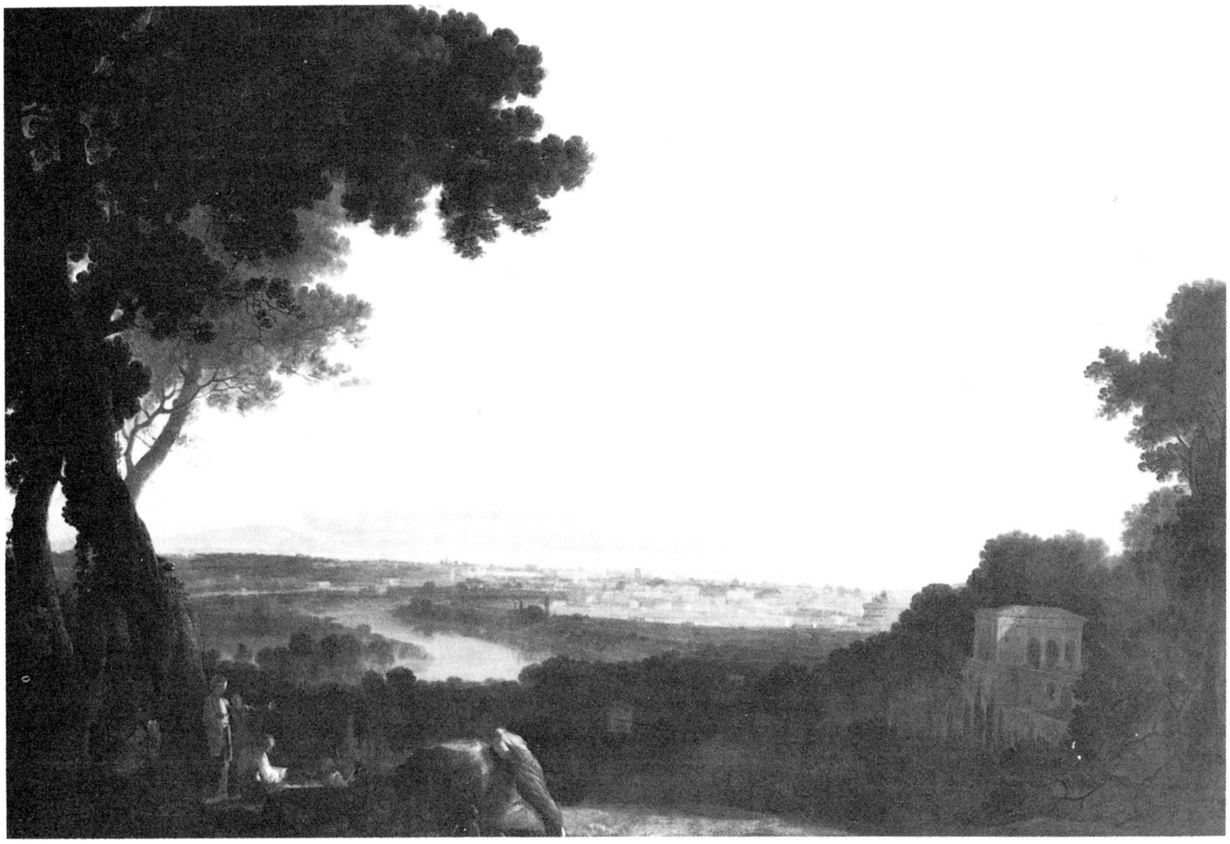

Abb. 22: Richard Wilson: Ansicht von Rom, von der Villa Madama aus. 1753. New Haven, Yale Center for British Art (Paul Mellon Collection)

ermuntert durch den erfolgreichen französischen Landschaftsmaler Claude-Joseph VERNET und orientiert am allgegenwärtigen Vorbild CLAUDE Lorrain. WILSON lernte schnell die Claudeschen Kompositionsprinzipien für die Landschaft, wie sie der Franzose hundert Jahre früher entwickelt hatte: er lernte die Form der seitlichen Rahmung; auch das oft von CLAUDE verwendete Motiv des zentralen Baumes, der zwei Landschaftsausblicke eröffnet; er lernte die Rolle der nahsichtigen Staffagezone einzuschätzen oder die Anwendung des Gegenlichtes, das die Blätter der Bäume zu durchstrahlen scheint, vor allem aber lernte er von CLAUDE, aber auch bei VERNET, seine Bilder in eine bestimmte atmosphärische Erscheinung einzutauchen *(Abb. 22).*

Wie bei den genannten Vorbildern gab es auch bei ihm sich ergänzende Pendants, die je ein Motiv in Morgenlicht, eines in Abendstimmung betteten: das eine Mal in den Gegenständen eher verschwommen, das andere Mal schärfer umrissen. Er verwandelte sich den Typus der Claudeschen Landschaft in erstaunlichem Maße an. Im Spätwerk wurde seine Palette heller, die Malweise unter dem Einfluß zeitgenössischer venezianischer Landschaftsmalerei duftiger. In einem Punkte jedoch hatte sich WILSON auch schon zuvor deutlich von CLAUDE Lorrain unterschieden, und in diesem Unterschied ist sein eigentlicher Beitrag zur Geschichte der Landschaftsmalerei zu sehen. Zwar sind auch bei CLAUDE gelegentlich genau bestimmbare Örtlichkeiten dargestellt, aber im Werkprozeß wird die Nähe zur wirklich vorhandenen Landschaft immer mehr gelöscht und einem bestimmten Typus, einem bestimmten Ton, der allgemeinen Komposition geopfert. Bei WILSON dagegen bleibt die Nähe zum unmittelbar erfahrenen Natureindruck in seinen überzeugendsten Italienlandschaften erhalten. Wenn CLAUDE stärker an typischen Lichteffekten auf gleichförmig hingetupftem Blattwerk interessiert ist, so beginnt WILSON sich auf den einzelnen Baum zu konzentrieren. Der konventionelle Kompositionstypus gibt ihm das Bildschema, gefüllt wird es jedoch mit stärker an der realen Erscheinung orientierten Detailbeobachtungen. Die Gewichte beginnen sich erst zu verschieben, noch ist die Gattung konventionsbestimmt – aber es zeichnen sich neue Möglichkeiten ab. Die unmittelbar vor der Natur aufgenommene Landschaft ist für sich noch nicht bildwürdig, sie ist noch nicht öffentlich anerkannte Bildform. Die in ihr gemachten Beobachtungen beginnen sich jedoch ins offizielle Bild zu schleichen.

Bei WILSONS Schüler Thomas JONES befreit sich die Bildform zwar auch noch nicht endgültig; aber aus heutiger Sicht müssen wir sagen, daß seine inoffiziellen Naturstudien, seine Landschaftsölskizzen, seine offiziellen Bilder an Qualität, Modernität und malerischer Behandlung bei weitem übertreffen.[15]

Thomas Jones' „Mauer in Neapel" und die Darstellung der individuellen, subjektiven Momenterfahrung

In diesen Bildern, die JONES allein für sich selbst machte und nicht an die Öffentlichkeit gelangen ließ, ist das Problem der pittoresken Spannung in außergewöhnlichem und in seiner Zeit in der Landschaft nicht wieder erreichtem Maße dargestellt. Zudem ist das Problem der individuellen, subjektiven und fragmentarischen Wahrnehmung geradezu radikal zugespitzt. Das Bild soll, das ist seine neue Funktion, dieser radikalen Position Ausdruck geben. Die erstaunlichsten Produkte dieser neuen Sicht entstanden am Beginn der 1780er Jahre in Neapel.

JONES war nach Neapel ausgewichen, weil er in Rom nicht genügend Aufträge fand; doch auch in Neapel war ihm nicht mehr Erfolg beschieden. Da er finanziell verhältnismäßig unabhängig war – er stammte aus einer wohlhabenderen Landbesitzerfamilie –, konnte er sich neben seinen wenigen offiziellen Aufträgen dem privaten Studium widmen. Geradezu systematisch hat er in Neapel seine ganz individuelle Situation in kleinen Ölbildern festgehalten. Er wechselte seinen Wohnsitz verhältnismäßig oft, und jedesmal malte er sein neues unmittelbares Umfeld von seiner jeweiligen Behausung aus. Aus allen Fenstern nahm er das auf, was er sah – es mochte noch so anspruchslos, der Ausblick nach klassischen Kunstkriterien noch so wenig bildwürdig sein. Er wollte seine augenblickliche individuelle Situation für spätere Erinnerung festhalten. Dabei muß ihm schnell das Problem des radikalen Bildausschnittes deutlich geworden sein.

So sah er im Mai 1782 aus seinem kleinen Atelierraum, den er in einem Konvent, der sogenannten Cappella Vecchia, gemietet hatte, aus dem einzigen Fenster auf die rückwärtigen Mauern und Anbauten der Cappella Nuova *(Abb. 23).* Im Grunde genommen war ihm der Ausblick durch diese Gemäuer verstellt, JONES aber macht sie zum Thema. Was kann ihn daran gereizt haben? Dreierlei wäre zu nennen:

- Das Bild ist Dokument seiner augenblicklichen Situation; später werden ihm beim Anblick dieser Aussicht nicht nur seine objektive Situation von damals einfallen, sondern auch seine subjektiven Gefühle in dieser Situation.

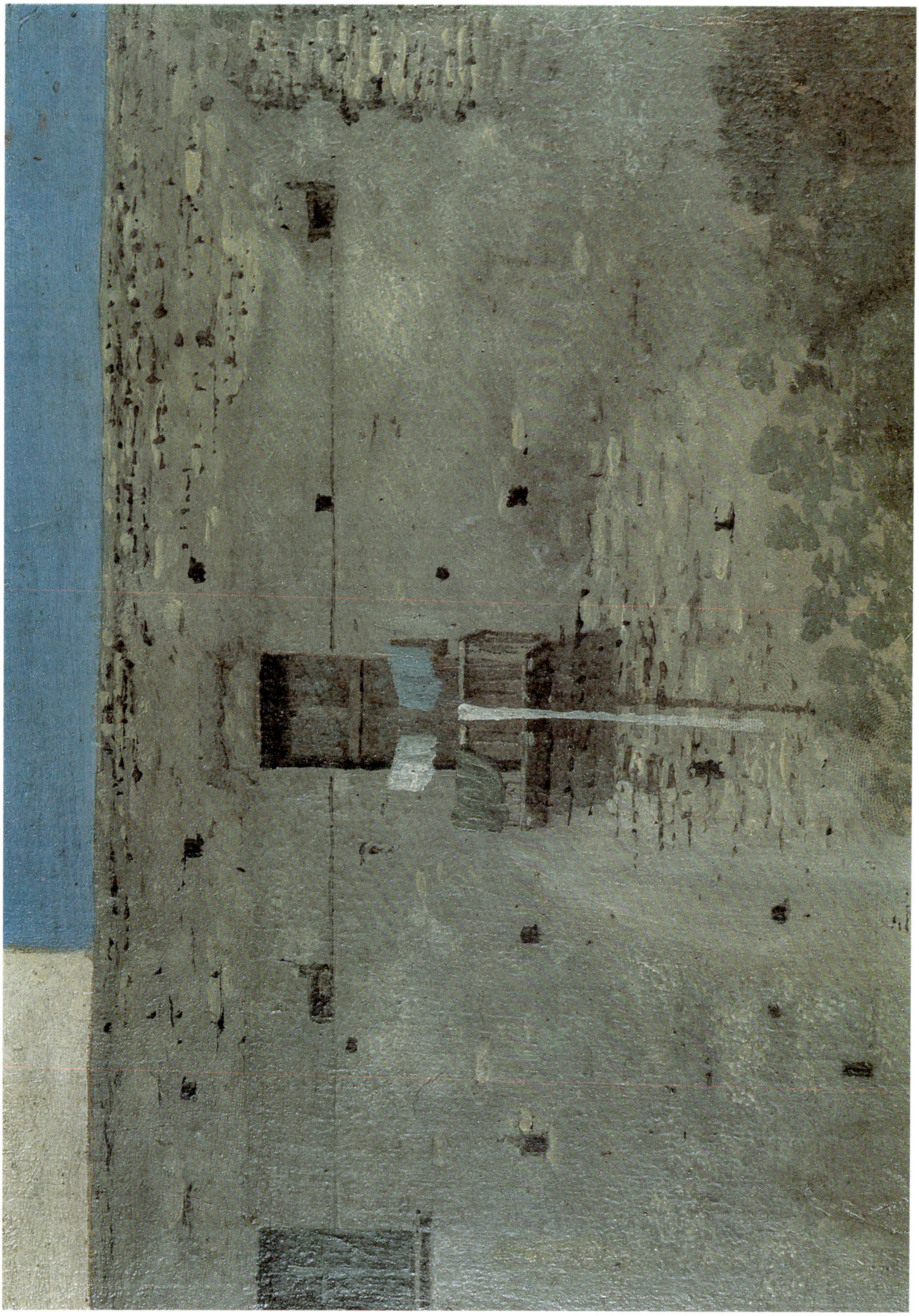

Abb. 23: Thomas Jones: Mauer in Neapel. 1782. Englischer Privatbesitz

• Der gegenständliche bzw. atmosphärische Eindruck, so bruchstückhaft er ist, wird genauestens festgehalten.

Das gelingt trotz der skizzenhaften Malweise in ganz erstaunlichem Maße. Man betrachte nur, wie die Spuren der Zeit sich in die zur Hauswand umfunktionierte Mauer gefressen haben: hier sieht man den Putz abblättern, dort die Fugen späterer Aufmauerung, und schließlich neben dem kleinen angeklebten Wäschebalkon sieht man die Spuren des jahrelang von dort hinabgegossenen Waschwassers; man ahnt geradezu, wie die Hausfrau in immer gleicher Bewegung ihren Eimer geleert hat.

• Das formale Problem drängt sich bei diesem gegenständlichen Nichts fast selbstverständlich in den Vordergrund.

Einfache Waagerechte und Senkrechte überwiegen, ihnen zugeordnet sind ebenso einfache Farb- und Formentsprechungen. Die Wäschestücke sind ockerweiß, blau und grün. Diesen im Zentrum angeordneten Farben folgen, das Bild oben und unten rahmend, das ockerweiße Wandstück oben links, der blaue schmale Himmelsstreifen daneben und das unbestimmbare Grün am Boden. Der hellsten Partie oben links entspricht die dunkelste unten rechts. Die Balkontür ist durchaus klassischen Bildgesetzen folgend leicht aus der Mitte nach links verschoben, aber ihr rechter Rand liegt genau auf der Mittelachse. Der Balkon selbst dagegen mit seinem Gitter ist leicht in die untere Bildhälfte verschoben, sein oberer Abschluß jedoch liegt genau auf der horizontalen Mittelachse.

Wir könnten noch eine Reihe derartiger Beobachtungen treffen, fest steht, daß das Bild in ganz ungewöhnlichem Maße auf der Bildfläche verankert ist und daß wir diese Verankerung auch unmittelbar wahrnehmen, selbst wenn wir ihre Angelpunkte nicht sofort genau benennen können. Der atmosphärische Eindruck ist völlig stimmig; die gegenständliche Belanglosigkeit wird formal überzeugend aufgefangen. Wieder also haben wir eine äußerste Spannung zwischen Abbildgenauigkeit und formaler Künstlichkeit. Unsere Wahrnehmungsweise ist also eine doppelte: der Eindruck des Gegenständlichen ist zugleich ein Eindruck von etwas gänzlich Abstraktem. Die Kunst ist immer noch gegenständliche, atmosphärische Illusion, aber zugleich wird ihr Kunstcharakter offenbar.

Karikatur

Bis zur Mitte des 18. Jahrhunderts ist Karikatur eine nichtöffentliche Kunstform privater Künstlerbelustigung und künstlerisches Experimentierfeld. Sie ist strenggenommen auf das Porträt des einzelnen Menschen beschränkt. Im 18. Jahrhundert gewinnt sie Öffentlichkeit, wird druckgraphisch reproduziert und tritt in szenischen Zusammenhängen auf. Damit kann sie politisch und sozial wirksam werden. Ihre Hauptvertreter sind GILLRAY und ROWLANDSON; von beiden soll hier je eine Graphik untersucht werden. Es wird gezeigt, daß sich auch bei ihnen, deren Kunst doch so sehr an die tagespolitische Realität gebunden zu sein scheint, die Frage des Kunstcharakters ihrer Werke mit Dringlichkeit stellt.

James Gillray – die politische Realität als Absurdität

Die beiden größten Karikaturisten des 18. Jahrhunderts, vielleicht die beiden größten Karikaturisten in der Geschichte der szenischen druckgraphischen Karikatur überhaupt, Thomas ROWLANDSON und James GILLRAY, haben einen gemeinsamen, in seiner Bedeutung gar nicht zu überschätzenden Ausgangspunkt. Beide wollten „ernsthafte" Künstler werden, beide studierten an der Royal Academy in London. ROWLANDSON begann konventionell als Bildnis- und Landschaftsmaler, GILLRAY zeichnete von vornherein auch Karikaturen. ROWLANDSON betrieb in erster Linie Gesellschaftssatire, GILLRAY vor allem politische Karikatur. Bei ROWLANDSON ist das Problem des Widerspruchs von Kunst und Leben häufig selbst Bildthema, bei GILLRAY wird zwar das Mißverhältnis von hehrem politischen Anspruch und banaler Wirklichkeit aufgezeigt, aber das Problem von Kunst und Leben ist auch bei ihm, wie wir sehen werden, unterschwellig immer vorhanden. Man hat bis zum heutigen Tag auch noch nicht einmal annähernd erkannt, in welchem Maße beide Künstler sich mit der klassischen Kunsttradition und ihrer Bedeutung in der Gegenwart auseinandersetzten. Man könnte sagen, sie setzen sich so fortwährend mit ihrer eigenen akademischen Vergangenheit auseinander. Beide hatten sich von der Akademie, ihren Zielen, Normen und Idealen in der Überzeugung losgesagt, daß die dort betriebene Kunst im Leben, in der Wirklichkeit keinerlei Berechtigung, keinen Sinn mehr habe, daß die Tradition, der die Akademie verpflichtet war, tot sei. Für beide war dies eine ungemein schmerzliche Erfahrung; denn sie bedeutete nichts anderes, als daß das, wonach sie eigentlich strebten: nach Verwirklichung in absoluter Kunst, in der Gegenwart nicht mehr möglich sei. Ihre Karikaturen kann man verstehen als geradezu verzweifelte Reaktion auf diese entmutigende Einsicht. In der Karikatur überdachten sie das Problem des Endes der Kunst in der Gegenwart.

Gillray gilt in der Karikaturgeschichte zu Recht als der große antifranzösische Polemiker der Revolutionszeit und der Napoleonischen Ära. Von Napoleon heißt es, er habe Gillrays Karikaturen mehr gefürchtet als die gesamte englische Politik. In der Tat hat wohl selten die Karikatur wieder eine derartige Schlagkraft erreicht wie in Gillrays mit entlarvender Schärfe und Überzeichnung vorgetragenen, auch vom Stil her gänzlich unverkennbaren Radierungen. Doch sollte man sich mit dieser Feststellung nicht zufriedengeben.

Betrachten wir eine vom Anlaß her eigentlich harmlose Karikatur Gillrays, betitelt *„Der Marsch zur Bank"* *(Abb. 24),* von 1787. Dargestellt ist der allabendliche Aufmarsch der Schutzgarde der Bank of England. Seit den Gordon Riots, den Volksaufständen von 1780, gab es diese Schutzwache. Sie war der Londoner City, wie jede

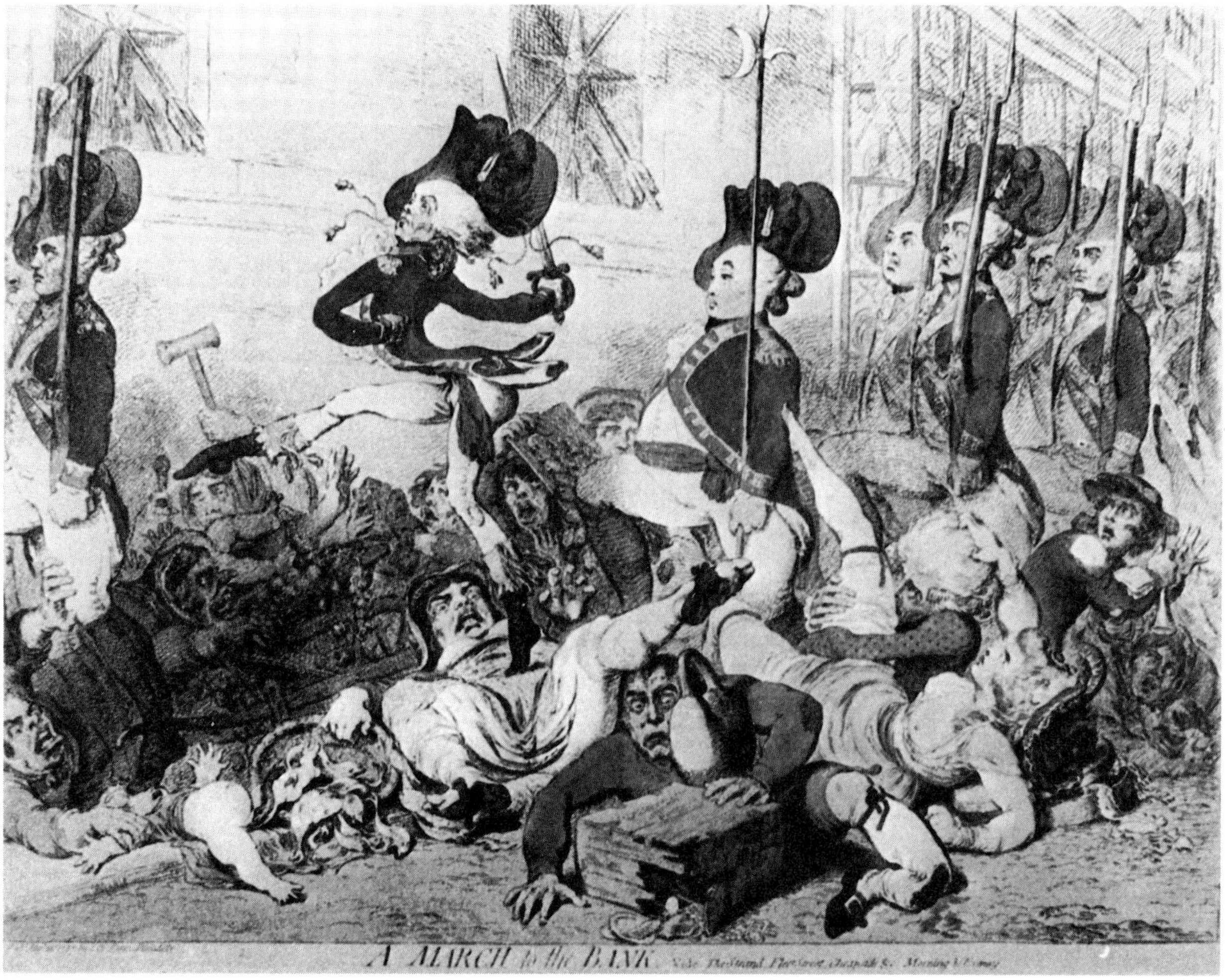

Abb. 24: James Gillray: Der Marsch zur Bank. 1787. Radierung

militärische Ansammlung, hochgradig verhaßt. Wir brauchen uns nur daran zu erinnern, daß die Engländer selbst in die Bill of Rights das Verbot stehender Heere aufgenommen hatten. Militär galt ihnen als notwendiges Übel gegen Feinde von außen; man wollte aber nicht selbst davon bedroht werden, man wollte es nicht einmal sehen. Gillray gibt dieser ausgeprägten Abneigung in seiner Graphik höchst drastischen Ausdruck; er sieht die Wache äußerst brutal über die Londoner Bevölkerung hinwegmarschieren. Wie eine Walze zerdrückt die Garde, was ihr in den Weg kommt. Unter anderem führte Gillrays Graphik dazu, daß der Garde der kriegerische Aufmarsch verboten wurde, und sie höchst brav im Gänsemarsch in die Bank einziehen mußte. So absurd Gillrays Darstellung auch ist, sie hat auch etwas entsetzlich Beklemmendes. Der sein Taktschwert schwingende Offizier ist eine wahnsinnige Paraphe des den Leib verzerrenden Stechschritts, seine dumpfen oder fanatischen Gefolgsleute wecken unmittelbar die Abneigung gegen diese Art von Menschendressur. Schlimmer noch sind die panischen Opfer in ihren grotesken Verformungen. Vorn in der Mitte schaut uns ein schier in den Boden getrampelter Lastenträger mit entsetzlich verdrehtem, gebrochenen Bein voller Wahn unmittelbar ins Auge. Ohnehin sehen wir den Marsch der Garde aus der Perspektive der Niedergewalzten. Am schlimmsten zu ertragen ist jedoch das

Motiv vorn links. Ein Gardist stößt gerade mit Schwung seinen linken Fuß aus dem Gesicht eines nackten Babys ab, vergeblich sucht ein verzweifelt Schreiender den Gardisten wegzuschieben, der merkt es noch nicht einmal. Doch damit nicht genug: der Korb der Fischfrau, auf deren Bauch der Offizier seinen seltsamen Tanz aufführt, hat sich ergossen, ein Aal scheint dem unglücklichen Kind auch noch ins Geschlecht zu beißen. Man kann diese Gruppe kaum anschauen, es bleibt einem schier das Herz stehen. Das Absurde gewinnt eine erschreckende Realität.

Und dieses Motiv nun ist zweifellos GILLRAYS Übersetzung eines klassischen Kunstmotivs in eigene Sprache. Es stammt aus Nicolas POUSSINS Bild des *„Kindermordes zu Bethlehem“ (Abb. 25)* vom Ende der 1620er Jahre: POUSSIN verringerte das traditionell vielfigurige dramatische Geschehen auf wenige, äußerst klassische Figuren. Hat man sich ein wenig eingesehen, so wird man feststellen, daß nicht nur das Motiv mit dem niedergetrampelten

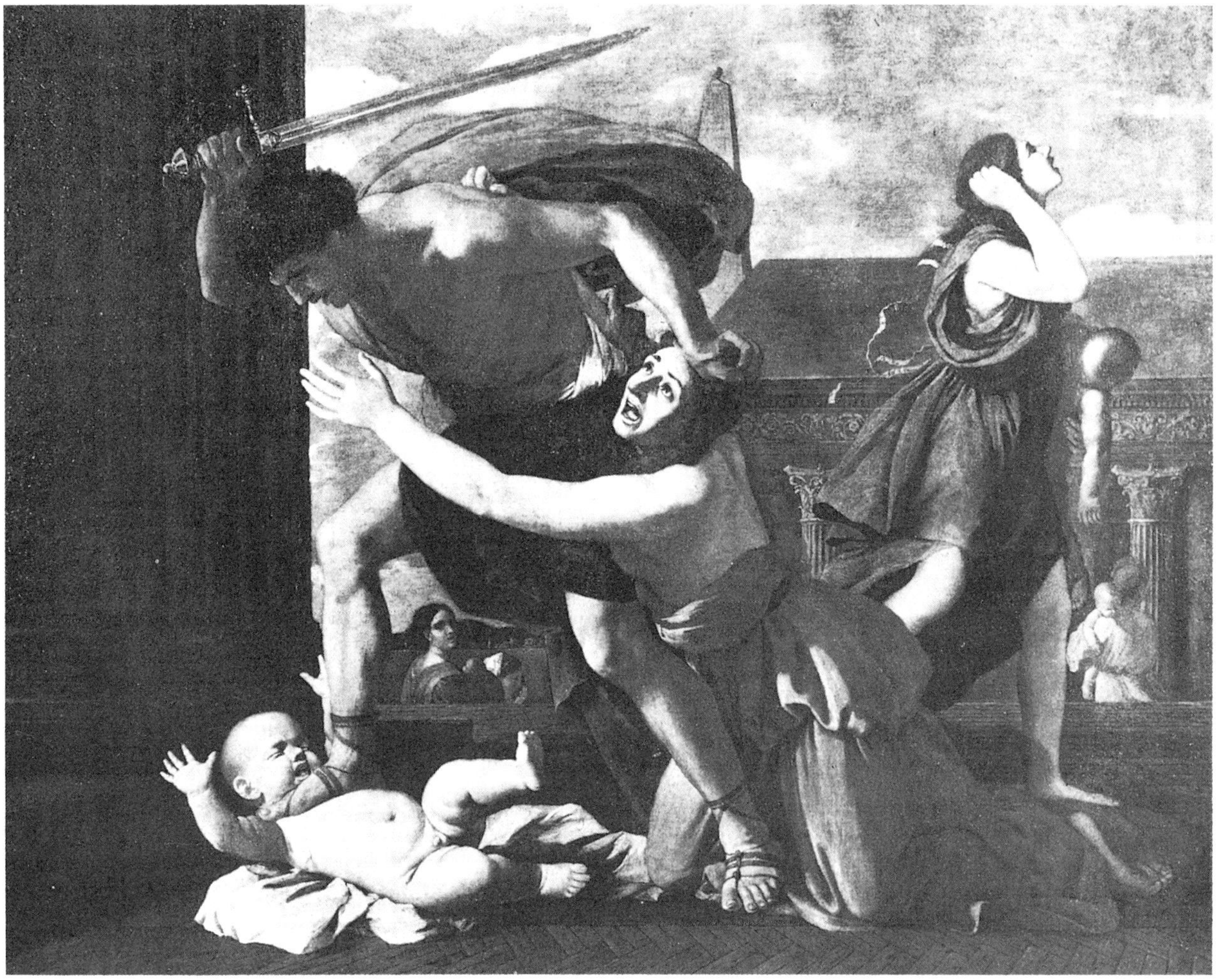

Abb. 25: Nicolas Poussin: Kindermord zu Bethlehem. 1628/30. Chantilly, Musée Condé

Kind sich bei POUSSIN vorgebildet findet, sondern daß etwa auch die Gesichtszüge der verzweifelten Mutter Pate für den Schreienden ganz links bei GILLRAY gestanden haben; selbst der mit dem Schwert ausholende Scherge mag eine erste Anregung für GILLRAYS schwertschwingenden Tambourmajor gewesen sein. Wir wollen hier nicht verfolgen, inwieweit ihn andere Bilder POUSSINS beeinflußt haben, sondern nur darauf hinweisen, wie sich das Motiv des niedergetrampelten Kindes durch seine Anwendung bei GILLRAY verändert hat. Das Seltsame ist nämlich, daß wir POUSSINS Darstellung nicht annähernd so entsetzlich finden wie GILLRAYS. Die klassische Formensprache, das schönheitliche Pathos auch noch beim Entsetzlichen hebt das Schockierende auf; wir genießen ohne Probleme jeglichen klassischen Mord und Totschlag. Das eben hat GILLRAY begriffen. Er verneint in der Anwendung die klassische Form des Motivs und gibt ihm in der grotesken Überzeichnung das Schockierende zurück. Dazu wäre die bloß realistische Darstellung nicht in der Lage gewesen. Das, was etwa bei STUBBS auseinanderzufallen drohte: Form und Inhalt, Kunst und Leben, das wird hier überraschenderweise in der antiklassischen Karikaturform zusammengebracht – auf Kosten realistischer Abbildung. Auf einer anderen Stufe allerdings ist damit das eigentlich Reale bezeichnet. Der folgende Beitrag wird diese beiden Formen des Realen als das bloß Abgebildete und das eigentlich Realistische definieren.

Thomas Rowlandson – Kunst als unzureichende Ersatzbefriedigung für Leben

Betrachten wir zum Schluß eine Karikatur von Thomas ROWLANDSON, welche die zumindest in der Kunst unaufhebbare Spannung zwischen Kunst und Leben zum Thema hat. Sie trägt den Titel *„The Life Class" (Abb. 26)* – gemeint ist die Klasse also, in der das Studium nach dem lebenden nackten Modell betrieben wird. Das Thema hat in der italienischen, französischen oder niederländischen Kunst eine feste Tradition, doch ROWLANDSON

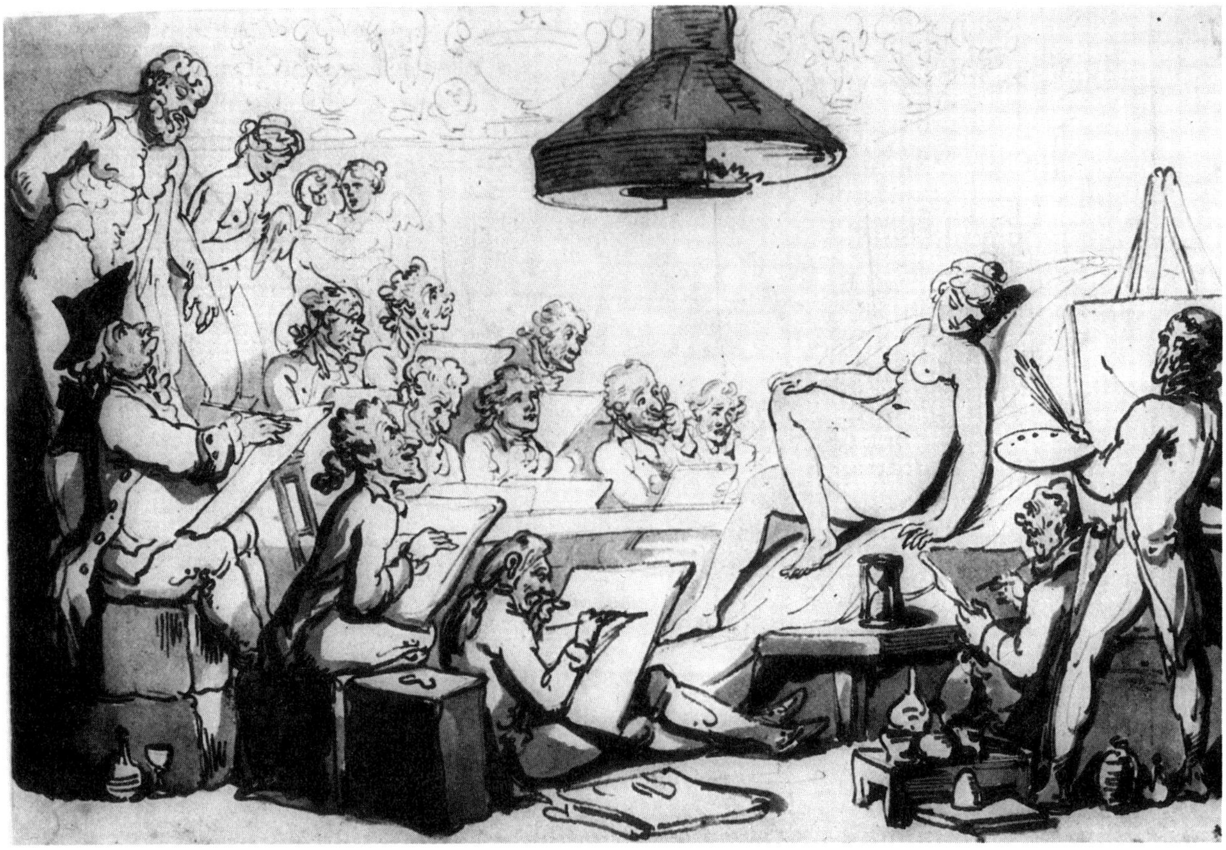

Abb. 26: Thomas Rowlandson: The Life Class. San Marino/Los Angeles, Henry E. Huntington Library and Art Gallery

spitzt es in ungewöhnlicher Weise zu. Er läßt sich um ein schönes nacktes weibliches Modell eine Gruppe von häßlichen, garstigen älteren Männern versammeln – mit der einen Ausnahme eines hübschen jungen Mannes, der als einziger nicht damit beschäftigt ist, das lüsterne Geschehen aufs Papier zu bannen, sondern das Modell mit ungeteilter Zuneigung – eben ohne seine Kunst zu verfolgen – betrachtet. Er ist das Pendant der Schönen, ihr Gegenspieler jedoch ist der fette Alte ganz links, der ROWLANDSONS *„Comparative Anatomy"* von 1821 entsprungen zu sein scheint, einem drastischen Kompendium mit Mensch-Tier-Vergleichen. Seine borstige Nase ist genau auf einer Ebene mit der schlanken Nase der Schönen, aber er schaut sie nicht an; offenbar läßt er sich zudem von den antiken Skulpturen anregen. Der Herkules Farnese scheint etwas abfällig seine Zeichenversuche zu kommentieren. Die Mediceische Venus schaut einem seiner Kollegen über die Schulter; allein Amor und Psyche sind mit sich beschäftigt, ähnlich wie der schmucke Jüngling es sich vielleicht mit der nackten Schönen erhofft.

Wir wollen nicht über ROWLANDSONS Gleichung von Schönheit und Jugend bzw. Häßlichkeit und Alter sprechen, auch nicht von seiner Gegenüberstellung von absoluter Schönheit und absoluter Häßlichkeit,[16] sondern nur auf das Spiel mit den Realitätsebenen hinweisen. Vier Ebenen sind zu scheiden:

- die Natur: das Leben, die reale Schöne und ihr Verehrer,
- die Kunst: die unbelebte Antike,
- die Umsetzung des Lebens in Kunst: die garstigen Alten, denen die Lebensqualität des Schönen bereits abhanden gekommen ist, die sich mit dem Ersatz in der Kunst zufriedengeben müssen,
- der Künstler: er überdenkt all dies in der Karikatur, einer Antikunstform.

In der Kunst plädiert ROWLANDSON gegen die Kunst und für das Leben – ein in der Tat fast verzweifelter Akt, der anzeigt, welch problematischen Platz, welch problematische Funktion die abbildende Kunst am Ende des Jahrhunderts und am Beginn des neuen im Leben, in der gesellschaftlichen Realität hat. Die Realität des Lebens scheint nur noch in der Karikatur erfahrbar; sie hat einen unmittelbaren Bezug zum Leben, zielt auf Soziales und ist zugleich eine höchst künstliche Form der Kunst – eine Reflexionsform, welche die Möglichkeiten und Grenzen der Kunst bedenkt.

Abbild und Abstraktion

Wir haben in diesem Beitrag eine kurzgefaßte Geschichte der abbildenden Funktion der englischen Kunst des 18. Jahrhunderts versucht. Wir haben diese Geschichte an einzelnen Gattungen verfolgt, ihren Wandel insbesondere von der 1. Hälfte zur 2. Hälfte des Jahrhunderts aufgezeigt. Dabei dürfte am Beispiel HOGARTHS deutlich geworden sein, daß die Abbildproblematik sich schon früh im Jahrhundert stellte. Die Problematik bestand darin, daß die hochgradige, auch die soziale Ebene umfassende Abbildgenauigkeit eine, wie man sagen könnte, Demokratisierung des Sujets, eine Gleichberechtigung alles Gegenständlichen, mit sich brachte, die schließlich die thematische Eindeutigkeit der Mitteilung aufhob. Das Bewußtsein von der Relativität der dargestellten Bezüge und das Bewußtsein von der Relativität aller individuellen Wahrnehmung brachten ein Bewußtsein von der Fragwürdigkeit der Kunstsprache selbst hervor. Die Selbstverständlichkeit einer mehrhundertjährigen Kunstsprache ging verloren. Die Künstler mußten sich fragen, wie übermittelt Form denn überhaupt Inhalt, welche Mechanismen sind dabei wirksam? Wie kommt es, daß ein und dasselbe Gebilde verschieden lesbar ist? In der Folge untersuchten die Künstler die überkommene Kunstsprache, hofften jenseits ihrer gebräuchlichen thematischen Verwendung auf grundsätzliche Formgesetze zu stoßen und versuchten die freigelegten Formgebilde mit zeitgemäßem Inhalt zu füllen. Sie standen also einerseits nicht mehr bruchlos in einer andauernden Tradition, sondern begannen die geschichtliche Bedingtheit dieser Tradition zu durchdenken. Andererseits suchten sie nach einer absoluten Formensprache, entwickelten eine ausgesprochene Empfindlichkeit für den Kunstcharakter ihrer Darstellungen. Form und Inhalt traten auseinander. Die Künstler der 2. Hälfte des Jahrhunderts haben auf diese Erfahrung reagiert. Kunst und Leben fanden nicht mehr problemlos, nicht mehr in idealer Gestaltung zusammen. Von nun an war die pittoreske Spannung von Kunst und Leben das Thema. Die Kunst entwickelte abstrakte strenge Gestaltungsprinzipien, die das nur noch bruchstückhaft wahrgenommene und dargestellte Leben in eine Kunstform zwangen. Die Künstlichkeit der Kunst wurde offenbar. Und auch die Realität der Dinge schien jenseits ihrer bloßen Erscheinung zu suchen zu sein.

Wenn wir in den drei vorangegangenen Beiträgen den Prozeß der schrittweisen Eroberung der Erscheinungswirklichkeit durch die Kunst verfolgt, wenn wir gesehen haben, wie der einzelne Künstler seinen Entwurf von der Welt auf objektive Darstellungsgesetze zu gründen sucht, wie er sich Körper, Raum und Atmosphäre in der künstlerischen Abbildung erobert, so haben wir in dieser Einheit darauf hingewiesen, daß Kunst und Leben am Punkte ihrer größten Annäherung wieder auseinanderzutreten scheinen. Die beiden das Kapitel zur abbildenden Funktion abschließenden Beiträge werden zu zeigen versuchen, wie die neue Erfahrung von der Künstlichkeit der Kunst einerseits die Künstler dazu führen kann, die Verfassung der Realität kritisch zu analysieren, und andererseits dazu, die Einsicht in die verlorene Ganzheit von Kunst und Leben in Kunstbildern zeichenhaft anschaulich werden zu lassen.

26. Realismus

Klaus Herding

Die kunsttheoretischen Bestimmungen von Realismus wurden im wesentlichen in der Realismusdebatte des 19. Jahrhunderts entwickelt, und zwar vorwiegend anhand von Werken der Malerei. Ausgehend von der damaligen Kunstkritik, teilweise auch von der Kunstliteratur des 17. Jahrhunderts, hat die Kunstgeschichte als Fach diese Bestimmungen übernommen und auf ältere Kunst übertragen. Aus beiden Quellen wurden in unserem Jahrhundert vor allem Künstler angeregt, ihre eigenen Werke als „realistisch" zu bezeichnen. Inzwischen sind über fünfzig Spielarten realistischer Kunst benannt worden. Die ihnen zugrunde liegenden Realismusvorstellungen lassen sich jedoch auf vier Gesichtspunkte zurückführen:

(1) Realismus als möglichst getreues Abbild der wahrgenommenen Wirklichkeitsausschnitte (Widerspiegelung),

(2) Realismus als eine zwar abbildende, aber ungewohnte und neuartige Darstellung von Wirklichkeit (Erschütterung tradierter Form),

(3) Realismus als Wiedergabe vorher nicht darstellungswürdiger „niederer" Bereiche (Aufwertung und Egalisierung des Gegenstandes),

(4) Realismus als zeichenhafte Zusammenfassung und Fortführung der Wirklichkeit über das sichtbar Vorgegebene hinaus (Abstraktion unter teilweisem Verzicht auf abbildende Wirklichkeitserfahrung).

Wie die Bestimmungen (1) und (4) zeigen, können realistische Kunstwerke in ganz unterschiedlichen Formen, zum Beispiel konkret und abstrakt, auftreten; daraus folgt, daß Realismus nicht allein aus der Form definiert werden und schon gar nicht an *eine* feststehende Form gebunden sein kann. Wie aus den Bestimmungen (2) und (3) hervorgeht, können realistische Werke oft kritisch oder provozierend wirken, in Krisenzeiten auch unmittelbar politisch eingesetzt werden; sie lassen sich darum aber nicht etwa auf ihre inhaltliche Aussage reduzieren.

Realismus als übergeschichtlich gültiges Prinzip meint in der Regel die künstlerische Orientierung an Gegenstandserfahrungen. Daher wird Gegenständlichkeit in realistischer Kunst als ein Mittel genutzt, Realität zu befragen und in Frage zu stellen. Realismus ist also nicht gleichbedeutend mit der Absicht, den gewählten Wirklichkeitsausschnitt im Medium der Kunst zu „verdoppeln"; für Kulturen, die auf ein hohes Maß an Verdoppelung der Wirklichkeit durch Kunst angewiesen sind, ist der Begriff sogar sinnlos, ebenso für Zeiträume und Kulturkreise, in denen um die Fähigkeit „getreuer" Naturwiedergabe gerungen wird und andere künstlerische Ziele gar nicht benannt werden können. Von Realismus wird daher im folgenden nur gesprochen, wo die Möglichkeit aufscheint, ein „realistisches" von einem anders gelagerten Erkenntnisinteresse zu unterscheiden und „realistische" Ausdrucksformen zu erproben oder zu verwerfen. Realismus setzt also voraus, daß wenigstens in Ansätzen eine Wahl zwischen unterschiedlichen Kunstpraktiken und theoretischen Zielvorstellungen getroffen werden kann.

Abgrenzung von Begriffsinhalten außerhalb der bildenden Kunst

Der Begriff „Realismus" tritt im Alltagsleben, aber auch in Kunst und Wissenschaft, in den unterschiedlichsten Zusammenhängen auf; er kann auf die Steuerung von Handlungsimpulsen wie auf erkenntnistheoretische Grundlagen abzielen. Mit je verschiedener Sinngebung ist von Realismus in Fächern wie Musik-, Theater- und Rechtswissenschaft, Psychologie und Pädagogik die Rede. Im folgenden werden unter den zahllosen Bedeutungsvarianten diejenigen hervorgehoben, die für die bildende Kunst von Belang sind. Der auf Kunst bezogene

Realismusbegriff ist wenigstens von drei anderen Gebieten mitgeformt und abzugrenzen: von der Politik, von der Philosophie, von Literatur und Literaturwissenschaft.

Politik

Hinsichtlich der politischen Sphäre können wir von unseren Gegenwartserfahrungen ausgehen. Zwar lassen sich über den von Ludwig VON ROCHAU geprägten Begriff der „Realpolitik"[1] Vorstellungen von politischem Realismus bis zu BISMARCK und darüber hinaus bis zur Mitte des vorigen Jahrhunderts zurückverfolgen, wo ein „realistisches" Handeln gegen die erfolglosen „idealistischen" Bestrebungen der Revolution von 1848/49 gesetzt wurde.

Aber wir finden dieses Argumentationsmuster, kaum verändert, in heutigen Zeitungen wieder. Wenn etwa in der *Frankfurter Allgemeinen Zeitung* „mehr Realismus im Nord-Süd-Dialog" festgestellt wird, so wird dies damit begründet, daß „die radikalen Forderungen früherer [...] Konferenzen" nachzulassen scheinen; aber eben dadurch wird – in den Augen des Reporters – der Fortgang des Gesprächs ermöglicht. Eine „Wende zum hochschulpolitischen Realismus" wird im Abschiednehmen von utopischen Entwicklungen erkannt; zugleich soll diese Wende aber die künftige Funktionsfähigkeit sichern. Ein „Neuer Realismus" wird darin gesehen, daß britische Arbeiter sich mit niedrigen Lohnzuwachsraten zufriedengeben und von weiter gespannten Hoffnungen Abschied nehmen; eben diese Verzichtsleistung aber soll den wirtschaftlichen Aufschwung ermöglichen.[2]

An diesen Beispielen fällt auf, daß Realismus mit nüchterner Einsicht in das jeweils als möglich Erachtete gleichgesetzt wird. Obenan steht das Ziel, sich nicht auf Illusionen einzulassen – wobei Illusion und Utopie ineins gesetzt und gemeinsam abgelehnt werden. Die Angst vor (möglicherweise übertriebenen) Hoffnungen, das Ausweichen vor allem Ungewöhnlichen und Überraschenden, die Wahrung eines mittleren Erwartungshorizonts werden mit dem Lob „realistischen Verhaltens" belegt. Ein solches Begriffsverständnis läßt sich in dem Stichwort „Pragmatismus" zusammenfassen.

Aber mit dieser pragmatischen Struktur tritt uns zugleich eine zweite, eher zurückgedrängte Dimension des Begriffs entgegen, seine *appellative Struktur:* Wir werden aufgefordert, in einem bestimmten Sinne zu handeln, auf ein Ziel zuzugehen. Nüchternheit, Sinn für das Naheliegende und die Aufforderung, in einem ganz bestimmten Sinne zu handeln, sind Qualitäten, die auch das Verständnis von Realismus im Bereich bildender Kunst bestimmen. Im Grunde sind mit beiden Strukturen Konventionen des „gesunden Menschenverstands" angesprochen, die Realismus geradezu in die Nähe der ersten Kardinaltugend, der Besonnenheit, rücken. Ihr fallen in der politischen Definition des Wortes alle weiter gehenden Vorstellungsbereiche, etwa Traum und Phantasie, zum Opfer. Wir lassen zunächst offen, wieweit auch dies für künstlerischen Realismus gilt.

Philosophie

Eng sind die Verbindungen zwischen künstlerischen und philosophischen Realismusvorstellungen. 1861 hielt es der Maler Gustave COURBET beispielsweise für notwendig, seinen Realismusbegriff von dem der scholastischen Philosophie abzuheben.[3] Er bezog sich damit auf einen Streit, der im Spätmittelalter über die Frage geführt wurde, welche Art von Realität den allgemeinen Begriffen (Universalien) zuzusprechen sei. „Realismus" bezeichnete hier die Auffassung, daß Gott, Himmel usw. ein reales Wesen zukomme und diese Begriffe nicht etwa bloße Namen für unfaßbare Erscheinungen darstellten, wie es eine andere, neuere Richtung, der Nominalismus, vertrat.[4] Nach heutigen Begriffen ist dieses Verständnis von Realismus eine Form des *Idealismus.*

Dieser Begriff ist in der neueren Philosophie der entscheidende Gegenbegriff zu Realismus, so zum Beispiel in den Schriften von Thomas REID, dem „Philosophen des gesunden Menschenverstandes", oder in Immanuel KANTS *„Kritik der Urteilskraft"* (1790). Realismus meint hier die Ablehnung der (idealistischen) Theorie von einer höheren Realität, im Vergleich zu der das Leben nur den „niederen" Realitätsgrad eines Traumes habe. Diese Ablehnung „höherer" Realitätsschichten kommt der Einstellung realistischer Künstler im 19. Jahrhundert nahe, die der Überwelt keinerlei Existenz zubilligten, weil man sie nicht wahrnehmen könne; COURBET wollte deshalb keine Engel malen. Diese positivistische Auffassung dürfte den Künstlern des Realismus durch COMTE und PROUDHON nahegebracht worden sein.[5]

Im Hinblick auf die Debatten über Realismus in bildender Kunst ist festzuhalten, daß der philosophische Realismusbegriff stets innerhalb einer erkenntnistheoretischen Auseinandersetzung auftritt und daher stets durch einen Gegenbegriff in Schach gehalten wird.

Literatur

Mit dieser philosophischen Diskussion verknüpft sich der Begriff des Realismus in der Literatur. Realismus wird hier, ähnlich wie im Bereich der bildenden Kunst, als epochenübergreifendes Prinzip und zugleich als Epochenbegriff verstanden. Neben einer „Epoche des Realismus" (1830–1880) sind realistische Tendenzen in der mittelalterlichen wie in der gesamten neuzeitlichen Literatur einschließlich des 20. Jahrhunderts erkannt worden.[6] Der Ausdruck selbst kommt, auf Literatur bezogen, im beginnenden 19. Jahrhundert auf. Auf die kunsthistorischen Bedeutungsschichten hat sich vor allem die im literarischen Realismusbegriff enthaltene *Naturvorstellung* ausgewirkt. Ausgangspunkt dafür ist die Zivilisationskritik ROUSSEAUS, in der zum Beispiel die natürliche Lebensart der Schweizer Bauern gerühmt wird, oder, wie es in einer Schrift über *„Wege zum ‚Realismus'"* heißt: „Milch zu trinken, eine Hütte zu bewohnen und Kohl zu pflanzen, werden in der zweiten Hälfte des 18. Jahrhunderts zu Statussymbolen für die moralische Integrität."[7] So wird das Einfache, Natürliche, auch als Methode des Schreibens, zur Voraussetzung für den literarischen Realismusbegriff. Eine *Lebensauffassung* drückt sich zunächst darin aus.

GOETHE, der (1811) von seinem „angeborenen Realismus" spricht, beschreibt einen „naturfesten Bauernjungen, [...] der die gespensterhaftesten Abenteuer mit realistischer Gemüthsruhe besteht"; er bezeichnet überhaupt „die Kinder als die [...] unbestechbarsten Realisten" und sieht speziell bei den Deutschen eine Verbindung von „naiv und realistisch".[8]
SCHILLER dagegen, heißt es 1827, sei „nicht realistisch gewesen. Habe er doch nicht einmal die Schweiz besucht." Deutlich wird die Beziehung zur ungezähmten Natur in der Wortverbindung „cruder Realismus" oder in der Beurteilung von SCHILLERS Totenklage, an der GOETHE (schon 1797) den „ächten realistisch humoristischen Charakter" rühmt, „der wilden Naturen [...] so wohl ansteht".

Das Beharren auf Naturhaftigkeit ist für die Realismusdebatte in der bildenden Kunst deshalb so wesentlich, weil Realismus damit über bloße Natur*nachahmung* weit hinausgehoben wird und sich mit dem Begriff der *Wahrheit* verbindet: „Das Ideelle nur unter der Form des Phantastischen, Realismus dagegen [...] Wahrheit des Daseyns, der Welt", notiert GOETHE einmal.[9]

Folgenreich ist auch GOETHES Verwendung des Realismusbegriffs im Sinne einer Darstellungsform. So ist von einem „didaktischen Realismus" bei Hans SACHS die Rede, oder von einer „realistisch objectiven Erklärungsart" in der eigenen Farbenlehre; eine „realistische Behandlung" der Achilleis wird 1798 gefordert. Selbst GOETHES *negative Bestimmungen vom Realismus* sind zukunftsweisend; sie nehmen Urteile der späteren Kunstkritik vorweg, etwa wenn (1826) von dem „gemeinsten niederträchtigen Realismus" die Rede ist oder (1831) Klage geführt wird, „daß die Politik und der Realismus jegliche schöne Literatur und Kunst töteten".[10] Dies berührt sich mit der Ablehnung „höherer Wirklichkeit", die wir aus der philosophischen Debatte schon kennen. Zwar ist in der Literaturwissenschaft auch von einem „poetischen Realismus" die Rede[11], aber im Kern zielt die literarische Bestimmung von Realismus auf eine von nüchterner Erfahrung bestimmte *prosaische Art der Wirklichkeitsverarbeitung* ab. In diesem Sinne kann SCHILLER schreiben:

„Will man also dem Realisten Gerechtigkeit widerfahren lassen, so muß man ihn nach dem ganzen Zusammenhang seines Lebens richten [...] Das Gemeine, ja selbst das Niedrige im Denken und Handeln kann er verzeihen [...]; der Idealist hingegen ist ein geschworener Feind alles Kleinlichen und Platten [...] Jener beweist sich als Menschenfreund, ohne eben einen sehr hohen Begriff von den Menschen und der Menschheit zu haben; dieser denkt von der Menschheit so groß, daß er darüber in Gefahr kommt, die Menschen zu verachten. Der Realist für sich allein würde den Kreis der Menschheit nie über die Grenzen der Sinnenwelt hinaus erweitert [...] haben; alles Absolute der Menschheit ist ihm nur eine schöne Schimäre [...] Aber der Idealist für sich allein würde ebensowenig die sinnlichen Kräfte kultiviert und den Menschen als Naturwesen ausgebildet haben [...]; für das Ganze nur, für die Ewigkeit will er säen und pflanzen [...]"[12]

SCHILLERS Annäherung an das „Niedrige" und gleichzeitig „Menschenfreundliche" des Realisten weist bereits entschieden voraus auf die Debatte um Realismus in der bildenden Kunst; zugleich bereitet sich in diesem klassischen Abwägen der beiden Positionen, deren keine „für sich allein" genügt, auch schon der Eklektizismus des 19. Jahrhunderts vor, das man überhaupt das eklektische nennen kann.[13]

Eine weitere Auseinandersetzung – die in Frankreich mit DIDEROT einsetzt – kreist um die Frage der *Naturnachahmung*. Diese Debatte, oft unter dem Stichwort „Realismus" behandelt, zielt im Grunde eher auf Naturalismus ab.[14] Für die Realismusfrage ist sie nur insoweit von Bedeutung, als durch das Beharren auf Naturwahrheit gerade das Gegenteil provoziert wird, nämlich eine Trennung von Natur und Wahrheit. Mit anderen Worten: Die Nachahmungsdiskussion fördert die Unterscheidung zwischen Naturwahrheit als getreuer Wiedergabe und als Prinzip kritischer Reflexion von Wirklichkeit. Die Aufmerksamkeit hierfür setzt in der Literatur früher ein als in der bildenden Kunst, und zwar unter dem Vorzeichen der Romantik als der

Beförderungsinstanz subjektiver Wahrheit. Schon Mitte der 1820er Jahre werden in Frankreich erstmals *Wahrheit und Realismus* miteinander verknüpft. Ganz im Sinne von GOETHES Äußerung über „Realismus als Wahrheit des Daseyns" heißt es im *„Mercure du 19e siècle"*:

„Jene literarische Doktrin, die tagtäglich an Boden gewinnt und zu einer getreuen Nachahmung nicht der Kunstwerke, sondern der Originalwerke der Natur selbst führen könnte, dürfte sehr wohl Realismus genannt werden; einige Anzeichen sprechen dafür, daß dies die vorherrschende Literatur im 19. Jahrhundert werden könnte, die Literatur der Wahrheit."[15]

Aber auch hier wird „Wahrheit" noch ganz „altmodisch" mit „Naturwahrheit" gleichgesetzt.[16] Erst bei Victor HUGO und Heinrich HEINE wird mit der Aufwertung des Grotesken eine neue Ebene erreicht,[17] zu der dann COURBET mit seinem Hang zum Drastischen das bildkünstlerische Gegenstück liefern wird. Was dadurch erreicht ist, hat man „Verschärfung des Faktizitätscharakters der Natur" genannt;[18] es geht also um die Zuspitzung aller Wahrnehmung auf den Wesenskern der Dinge. Zusehends nahm diese verschärfte Wahrnehmung der Alltagswirklichkeit den Anspruch in sich auf, den früher die „höhere" Wirklichkeit der Himmelssphäre innehatte. Theodor FONTANE hat dieser neuen Totalität Ausdruck verliehen, wenn er (1853) – auf Literatur bezogen – schrieb: „Der Realismus in der Kunst ist so alt als die Kunst selbst, ja noch mehr: *er ist die Kunst.*"[19] Kehrseite dieses Totalitätsanspruchs ist die Tatsache, daß sich die Vorstellung, was Realismus eigentlich sei, von nun an immer mehr in ein Gemisch gegensätzlicher Erscheinungen auflöste, so daß man im späteren 19. und 20. Jahrhundert nur noch von Realismen in der Mehrzahl reden kann.

In voller Schärfe ist der literarische *Realismusstreit* erst unter dem Eindruck des 1934 verfügten Sozialistischen Realismus entbrannt. Während im letzten Drittel des 19. Jahrhunderts von „idealistischen" Kritikern Angriffe gegen die „Tendenzliteratur" des Realismus (und Naturalismus) geführt worden waren, kam es nun zu Auseinandersetzungen innerhalb derer, die sich selbst als Realisten verstanden.[20] Dabei ging es weniger um die Frage einer offenen oder verdeckten Parteinahme als vielmehr um das Problem, ob die aus der Vergangenheit gewonnenen Kriterien ausreichten, um die für die Gegenwart gültigen Ausdrucksformen festzulegen. Nichts anderes als die Wandlungsfähigkeit des Begriffsinhalts steht in der Brecht-Lukács-Debatte, die hier als Beispiel genügen muß, zur Diskussion.[21] BRECHT wandte sich gegen die bloße Übernahme von Formen BALZACS oder TOLSTOIS und forderte ausdrücklich die Zulassung aller Experimente einschließlich derer von KAFKA und JOYCE.[22] Seine Formel, „realistisch heißt: [...] das Moment der Entwicklung betonend, konkret und das Abstrahieren ermöglichend",[23] rückte vordem kaum bemerkte Dimensionen ins Bewußtsein, die sich als konkrete Abstraktionsleistungen auch in einzelnen Werken niederschlugen. Für die bildende Kunst ist darüber hinaus BRECHTS Unterscheidung von realistisch und realitätsgetreu bedeutsam:

„Realismus ist auch nicht etwa gleichbedeutend mit Ausschaltung der Phantasie und der Erfindung. Der ‚Don Quichote' des Cervantes ist ein realistisches Werk, da er die Überholtheit des Rittertums und des ritterlichen Geistes zeigt, und doch haben niemals Ritter gegen Windmühlen gekämpft."[24]

Weder eine phantastische Einkleidung noch eine kafkaeske Verfremdung können somit für BRECHT eine realistische Intention wirklich gefährden. Innerhalb der literarischen Diskussion erweist sich diese Position wohl bis heute als die freieste und umfassendste.

Aus den hier zusammengetragenen Beispielen ergibt sich: Im *politisch-praktischen Kontext* wird Realismus als eine in die Nähe gerichtete Aufmerksamkeit, eine mit Vorsicht gepaarte Nüchternheit definiert, die zielbestimmt vorgeht, ein phantasievolles Vorausdenken jedoch ausschließt. Im Alltag überwiegt der pragmatische Begriffsinhalt gegenüber dem appellativen.

In der *philosophischen Theorie* wird mit dem Begriff „Realismus" die Frage nach den Realitätsgraden von Welt und Überwelt gestellt. Unterschiedliche Wirklichkeitsschichten werden dadurch benennbar. In den Gegenbegriffen Realismus und Idealismus werden grundsätzlich widerstreitende Wertvorstellungen angesprochen.

In der *Literatur* werden mit dem Realismusbegriff zunächst Natur- und Alltagsvorstellungen transportiert und aufgewertet. Eine prosaische Art der Wirklichkeitsverarbeitung rückt mit dem realistischen Wahrheitsanspruch in den Vordergrund; zugleich kommt, schon im frühen 19. Jahrhundert, eine soziale Dimension zum Vorschein. Im 20. Jahrhundert werden Entwicklungs- und Abstraktionsfähigkeit realistischen Schreibens betont. Damit tritt die Differenz zwischen Realismus und bloßer Widerspiegelung der Wirklichkeit schärfer hervor.

Abgrenzung von Idealismus und Naturalismus innerhalb der bildenden Kunst

Als Epochen und Fächer übergreifendes Prinzip ist Realismus nur im Vergleich mit außerkünstlerischen Vorstellungswelten zu definieren. Wesentliche Begriffsinhalte finden wir dort vorgeprägt, andere werden völlig ausgespart. Diese für die Eigenleistung bildender Kunst spezifischen Bedeutungsfelder erfassen wir durch die Abgrenzung des Realismusbegriffs von künstlerischen Gegenpositionen, vor allem von Idealismus und Naturalismus.

Begriff und Sache

Bei jedem Definitionsversuch gilt es, systematisch und historisch zugleich vorzugehen und zwischen Begriff und Sache zu trennen. Eine Sache kann unabhängig davon existieren, ob sie schon mit einem angemessenen Begriff bedacht ist; Künstler können Realisten oder Naturalisten sein, ohne sich so zu nennen. So kam der Realismusbegriff, bezogen auf bildende Kunst, erst im 19. Jahrhundert auf und wurde im 20. Jahrhundert auf eine historisch begrenzte Epoche (maximal 1830–1880) angewandt. Trotzdem spricht man von Realismus auch in bezug auf ältere Kunst, und solange die Bedeutungsverschiebungen solcher Begriffe bedacht werden, ist gegen eine Rückprojektion, die sich des Projizierens bewußt ist, nichts einzuwenden.

Häufig werden bestimmte Erscheinungen antiker Kunst „realistisch“ genannt; unter anderem hat man das vermehrte Bedürfnis nach Sinnlichkeit und Illusion im Übergang von der griechischen Spätklassik zum Frühhellenismus, die „bewußt gewordene Distanz zwischen Abbild und Realität“, als Bedingung für Realismus in der antiken Skulptur verstanden; LYSIPP wurde als Realist bezeichnet.[25] Dieser Realismusbegriff ist mit dem in der modernen Kunstgeschichte üblichen jedoch nicht identisch, da – jedenfalls in hellenistischer Bildhauerei – „gesellschaftliche Wirklichkeit [...] nicht kritisch wiedergegeben, sondern im Gegenteil manipulativ verfälscht wurde“; daher ist in diesem Zusammenhang neuerdings von Naturalismus die Rede.[26] Oft werden spätmittelalterliche Malerei und Plastik zwischen van EYCK und MEMLING als realistisch bezeichnet, und auch im Blick auf die Kunst der Neuzeit, vor allem die holländische Malerei des 17. Jahrhunderts, ist von Realismus die Rede.[27]

Aus diesem umfassenden Gebrauch des Begriffs „Realismus“ erklärt es sich, daß alle Versuche zur Einführung „verbindlicher“ Gebrauchsanweisungen oder zur Einhaltung zeitlicher Grenzen gescheitert sind[28] – zu Recht, denn derartige Grenzziehungen verkennen die Existenz anthropologischer und kultureller Konstanten. Als unbrauchbar erwiesen hat sich ferner der Begriffsraster aus „äußeren“ und „inneren“ Wahrheiten, „idealistischem“ und „realistischem“ Naturalismus usw., mit dem Georg SCHMIDT die Geschichtlichkeit künstlerischer Wirklichkeitsbewältigung zu verdrängen suchte.[29]

Verdeutlichen wir das Definitionsproblem im Vorfeld der Begriffsanalyse an einem konkreten Beispiel: Ein Bild wie GIOVANNI di Paolos *„Vertreibung aus dem Paradies“* (um 1445) – wir kennen das Werk schon aus Beitrag 23 – scheint von vornherein alle eindeutigen Begriffe in Frage zu stellen *(Abb. 1)*. Es ist unmöglich, dieses Bild als idealistisch, als realistisch oder als naturalistisch zu bezeichnen. Dennoch lassen sich Elemente aller drei Begriffsinhalte darin finden.

Die linke Hälfte zeigt eine außerhalb jeder Erfahrung liegende „ideale“ Zone, nämlich Gottvater, schwebend und von Engeln umgeben über einer Weltscheibe *(mappa mundi)* innerhalb konzentrischer Kreise, welche die Sphärenharmonie ausdrücken sollen. Die rechte Hälfte mit der Vertreibungsszene bietet sich dagegen als eine „reale“ Zone dar, in der sich die Figuren innerhalb einer konkret definierbaren Landschaft bewegen; darunter quellen, zeichenhaft schematisiert, die vier Paradiesströme aus der aufbrechenden Erde hervor. Der Maler suggeriert, die Szene rechts lasse sich erfahren, die Szene links nur erdenken (wenngleich Weltkarte und Gottvater in Annäherung an erlebbare Wirklichkeit dargestellt sind und rechts die Paradiesströme, wie auch der Goldhintergrund, der beide Hälften hinterfängt, keinerlei Erfahrung entsprechen).

Zweifellos weist dieses Bild zweierlei Gestaltungsweisen auf, indem die linke Hälfte eher in verklärender, die andere eher in beobachtender Weise gegeben ist. Gerade ein Gemälde, in dem mehrere Methoden der Wirklichkeitsverarbeitung zusammenkommen, zeigt aber, wie wenig ein Kunstwerk als bloße Übersetzung von Begriffsinhalten verstanden werden darf. Aus dem Bildkontext allein können wir jedenfalls nicht entscheiden, ob eine solche Darstellung „idealistisch“ zu nennen ist (was die Absicht der Verklärung voraussetzen würde), ob sie „naturalistisch“ oder gar „realistisch“ genannt werden kann – solange das Bestreben, einen Sachverhalt möglichst naturgetreu wiederzugeben, obenan steht und die Fähigkeit zur Nachahmung noch ausweitungsbedürftig ist.

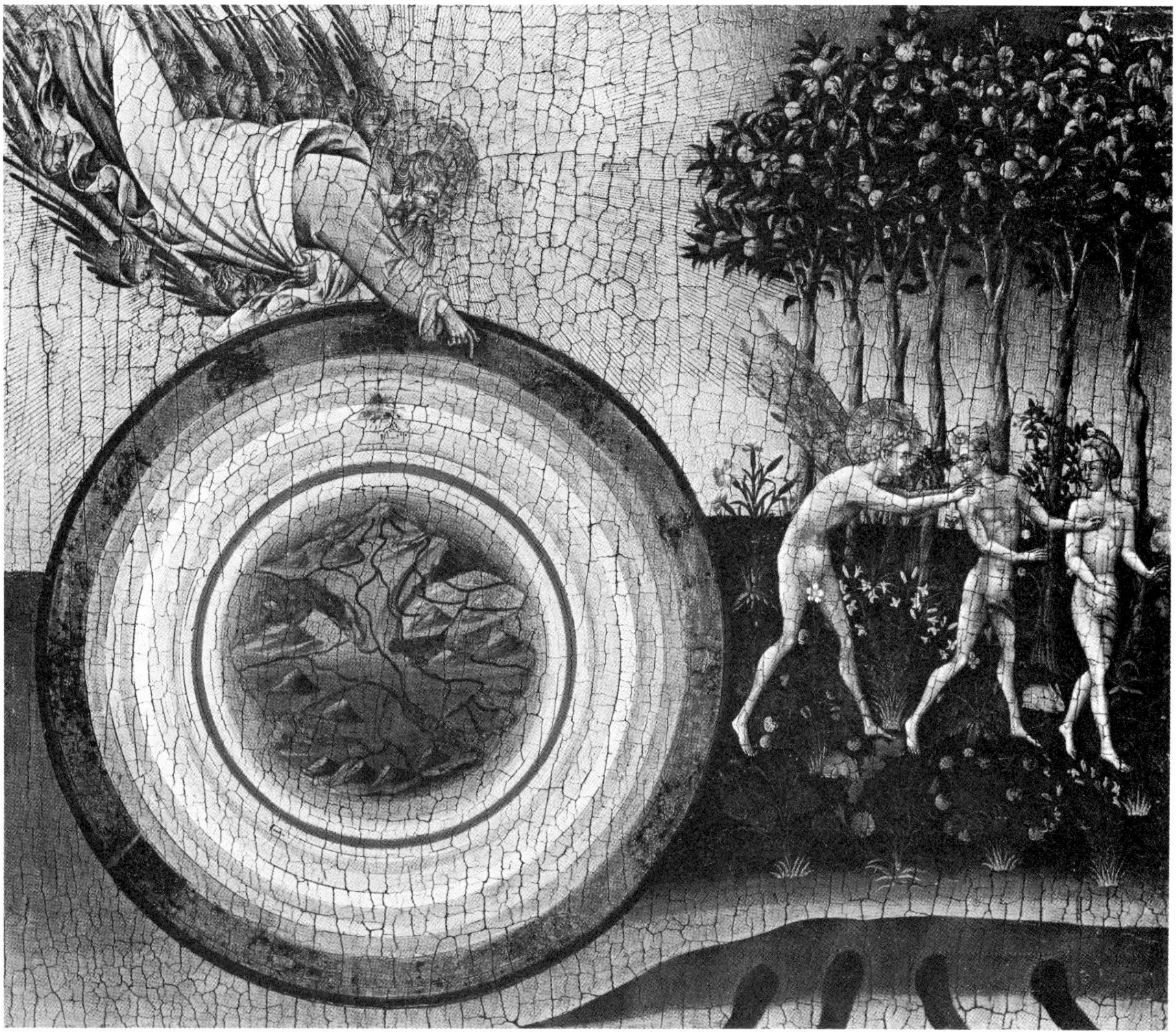

Abb. 1: Giovanni di Paolo: Die Erschaffung der Welt und Vertreibung aus dem Paradies. Predellentafel. Tempera auf Holz. Um 1445. New York, Metropolitan Museum of Art

Die bloße Annäherung an Wirklichkeit ist also noch nicht mit Realismus, die Abwendung vom Erscheinungsbild noch nicht mit Idealismus gleichzusetzen. Es liegt vielmehr nahe, für die Zeit der Suche nach „richtiger“ (im europäischen Kulturkreis: zentralperspektivischer) Realitätswiedergabe auf den Begriff des Realismus ganz zu verzichten. Die Kunstgeschichte ist jedoch anders verfahren. Sie hat zwei Arten mittelalterlicher Kunst als realistisch bezeichnet:

- einerseits Werke, die einen Wirklichkeitsausschnitt besonders eindringlich hervorheben (z.B. die Wunden Christi in sogenannten Pestkruzifixen oder in Pietà-Gruppen),[30] ohne mit dieser Benennung die Frage anatomischer Treue anzusprechen,
- andererseits Werke, welche der späteren Naturbeherrschung durch täuschende Nachahmung des Vorbilds vorauseilen (z.B. anatomisch getreue Aktdarstellungen, Stoffe, Interieurs); hier war für die Benennung entscheidend, daß der Unterschied zum Vorbild tendenziell zum Verschwinden gebracht ist.[31]

Ganz gegensätzliche Qualitäten werden demnach als realistisch bewertet, im ersten Falle eine überraschende Expressivität, im anderen eine vorher unbekannte Art von Sachgerechtigkeit. Hier wie dort handelt es sich um eine ausschnitthafte Sicht isolierter Werkqualitäten; bezeichnenderweise wurde für die Falten- oder Ausdruckstreue bestimmter spätgotischer Werke die Bezeichnung „Detailrealismus“ geprägt. Solche Wortschöpfungen lassen auf die Existenz eines volleren Begriffsverständnisses schließen, das hier reduziert angewandt ist. Wenden wir uns nach diesen Vorbehalten nun spätgotischen Werken zu.

Zur realistischen Kunst im Spätmittelalter

Was ist bei Nicolaus GERHAERT, bei Adam KRAFT oder gar bei Tilman RIEMENSCHNEIDER, dessen Werk oft als Inbegriff des spätgotischen Realismus hingestellt wird,[32] eigentlich realistisch? Meist steht dieser Ausdruck für „naturgetreu"; allenfalls bezeichnet er eine Steigerung im Sinne eindringlicher Vergegenwärtigung. Die neuere Forschung hat sich deshalb ganz von dieser Charakterisierung gelöst; sie sieht schon in der Kunst um 1400 ganz andere Qualitäten, nämlich eine Verbindung von Abstraktion und Naturalismus.[33] Im Blick auf RIEMENSCHNEIDER wird neuerdings von „naturalistischer Detaillierung" oder von „Verlebendigung im naturalistischen Sinne" gesprochen.[34] Anläßlich des Wiblinger Altars heißt es etwa:

> „Mit dem monochromen Altar [...] findet eine Abkehr von illusionistisch vergegenwärtigender Wiedergabe und eine Hinwendung zu abstrakter Darstellungsform statt. Nicht mehr war angestrebt, die Heiligen in die Wirklichkeit [...] zu versetzen: es sollte deutlich werden, daß die Darstellungen Jenseitiges zu erfassen suchten."[35]

Eine „Abkehr vom Realismus" wird heute also bei RIEMENSCHNEIDER beobachtet, und von einer „abstrakten Formensprache" ist auch bei Michael PACHER die Rede.[36]

Der weiteren Klärung mag wiederum ein Werkbeispiel dienen: Tilman RIEMENSCHNEIDERS *„Schlafender Petrus"* aus dem Ölbergrelief des Rothenburger Heiligblutaltars von 1501/5 *(Abb. 2)*.

Mantel, Hände, Kopf und Fuß dieser Gestalt sind wie Chiffren, als Stütze unserer Realitätserinnerung, montagehaft zusammengefügt, das Ganze (in der Abfolge Bein, Rücken, Haupt und linker Arm) ist mehrfach rechtwinklig gebrochen, was sich als Grundform im Verhältnis der Arme zueinander wiederholt.

Als Schlüsselform ist der hochrechteckige Zusammenschluß auf dem Oberschenkel noch einmal angedeutet – in einer Weise, wie sich in Wirklichkeit kaum eine Falte brechen kann; ein weithin abstraktes Schema herrscht also. Nicht anders sind die Gebirgsbrocken ringsum verteilt, zeichenhafte Indizien für Berge und Wiesen, ohne nachvollziehbare Größenverhältnisse oder Distanzen. Als realitätsgetreu, mithin als „naturalistisch", können wir allenfalls die Knollennase Petri und die Hände mit ihren hervortretenden Adern verstehen. Keinesfalls läßt sich die Figur „idealistisch" nennen; aber das hilft kaum weiter, denn gerade innerhalb einer idealistischen Gesamtkonzeption kann Petrus nicht idealisiert sein; er schläft ja und sein Versagen kann nur die Idealität Christi steigern helfen. Als „realistisch" wiederum ist Petrus nicht zu bezeichnen; alle Energie der Realitätsannäherung ist durch die Faltengebung ins Dekorative gebrochen.

Anders die wenige Jahre früher entstandene Selbstdarstellung des Bildhauers Adam KRAFT als Trägerfigur am Sakramentshaus von Sankt Lorenz in Nürnberg *(Abb. 3)*.

Motivisch ist diese Skulptur in nichts mit der RIEMENSCHNEIDERS vergleichbar, und daß wir es hier mit einer angespannt wachen Haltung zu tun haben, kann nicht etwa als ein „realistisches Plus" gegen RIEMENSCHNEIDER gewendet werden. Es geht vielmehr um ein unterschiedliches Verhältnis zur Realität. KRAFTS Figur besticht durch äußerste Formökonomie. Nirgends verselbständigt sich das Gewand; wo sich der Arbeitskittel in Falten legt, werden daraus keine bizarren Eigenformen entwickelt. Alles konzentriert sich auf Arme und Gesicht, auf einen imaginären Arbeitsvorgang: Die Arme wie zu einer Zange geformt, den Holzklöpfel[37] in der Rechten, den Blick beobachtend auf einen Punkt gerichtet, stellt sich KRAFT dar, als wolle er prüfen, ob an einer (vor ihm zu denkenden) Skulptur alles „sitzt". Weder auf detailfreudige Nachbildung noch auf ein abstrahierendes Oberflächenmuster ist die Figur angelegt, sondern auf einen akuten Augenblick, dem alles andere zum Opfer fällt. Die (vorher schon übliche) Verbindung von Alltag und Sakralsphäre wird mit diesem Werk entscheidend vorangetrieben; denn nicht beiläufig (als bloße Applikationsfigur) ist die Gestalt des Künstlers eingeführt, vielmehr ist sie zu einer (wenn auch dienenden) Hauptfigur aufgewertet. Realität wird zwar abgebildet, aber in einer so konzentrierten Form, daß mehr entsteht als nur ein Abbild. Damit sind wesentliche Elemente dessen benannt, was später begrifflich als Realismus definiert werden sollte. Eine ungeschichtliche Form der Rückprojektion wäre es jedoch, wollte man hier schon von „Diesseitigkeit" oder von „Materialismus" im Sinne einer Entwertung der religiösen Sphäre sprechen.[38]

Will man die – in der Forschung noch offene – Frage eines künstlerischen Realismus im Mittelalter auf eine Formel bringen, so mag dazu vielleicht am ehesten eine Parabel in Umberto ECOS Roman *„Der Name der Rose"* dienen:

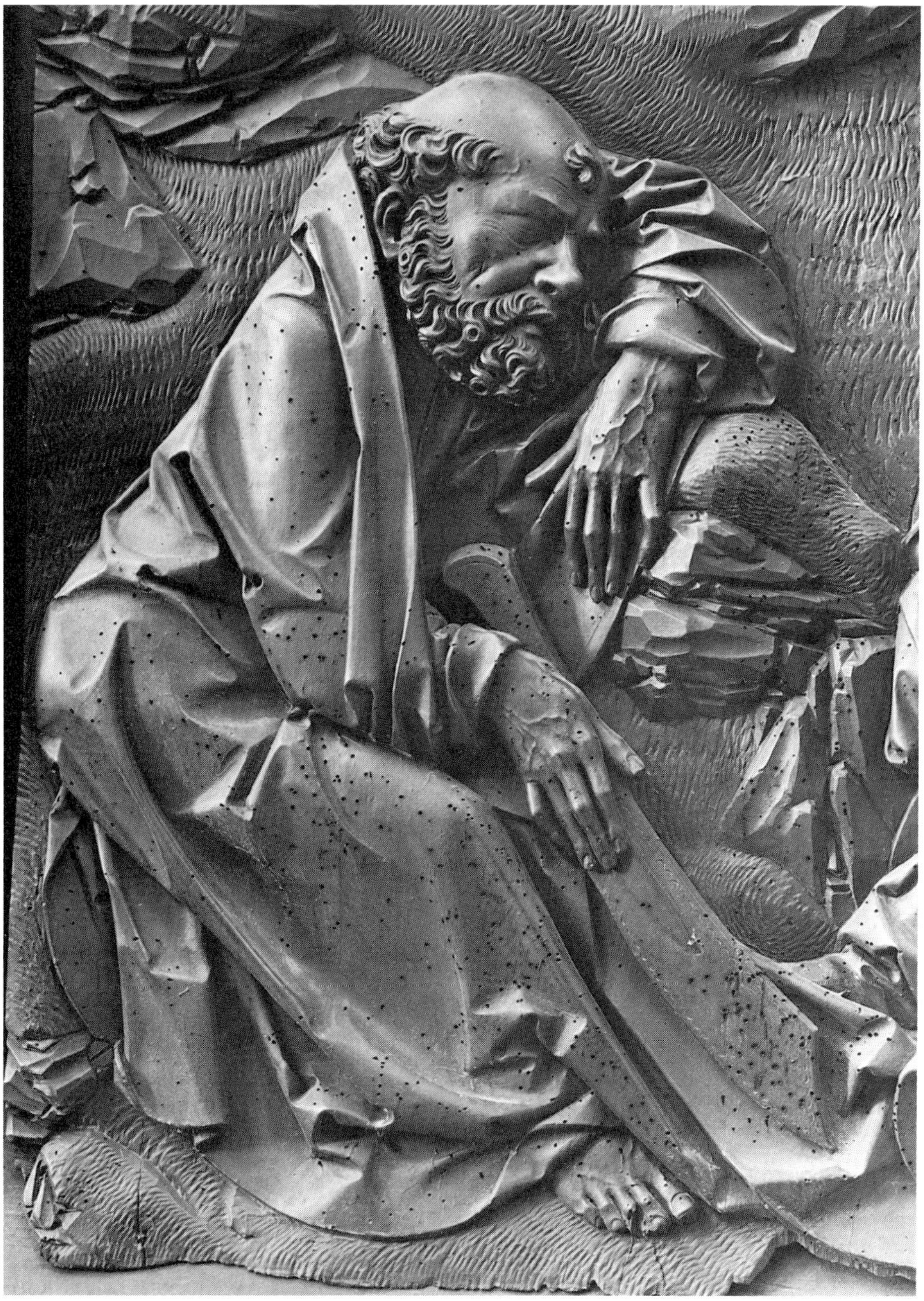

Abb. 2: Tilman Riemenschneider: Heiligblutaltar. Innenseite des rechten Seitenflügels: Christus am Ölberg. Detail: Schlafender Petrus. Lindenholzrelief. 1501/5. Rothenburg o.T., Evangelisch-Lutherische Pfarrkirche St. Jakob

Beim Eintritt in das zu besuchende Benediktinerkloster nennt der Held des Romans, William, einer Schar aufgeregter Mönche den Namen und das Aussehen des soeben durchgegangenen Rappen des Abtes, ohne dieses Pferd je gesehen zu haben. William trifft den Sachverhalt, indem er eine Idealbeschreibung liefert und sie mit eigenen Beobachtungen stützt. Die Mönche müssen seine Beschreibung für authentisch halten, da sie gewohnt sind, Autoritäten und Normen, „Zeichen von Zeichen", mehr zu vertrauen als ihren eigenen Sinnen. Gegen diese Tradition setzt William die „Wahrnehmung des Einmaligen", den „Zugang zu den Dingen selbst".[39]

Was hier aneinandergerät, sind zweierlei Wahrheitsbegriffe. Aus der Befolgung der von den „auctoritates" übermittelten Normen (Zeichen) entspringt der Idealismus der Mönche, aus der Umnutzung dieser Tradition und der selbständigen Beobachtung der Realität Williams Realismus. Realismus in diesem Sinn setzt Wirklichkeitsanalyse voraus, führt aber nicht zur Fixierung an ein Erscheinungsbild, sondern mündet umgekehrt in die Erfahrung, daß vorgegebene Norm und eigene Wahrnehmung auseinanderklaffen.

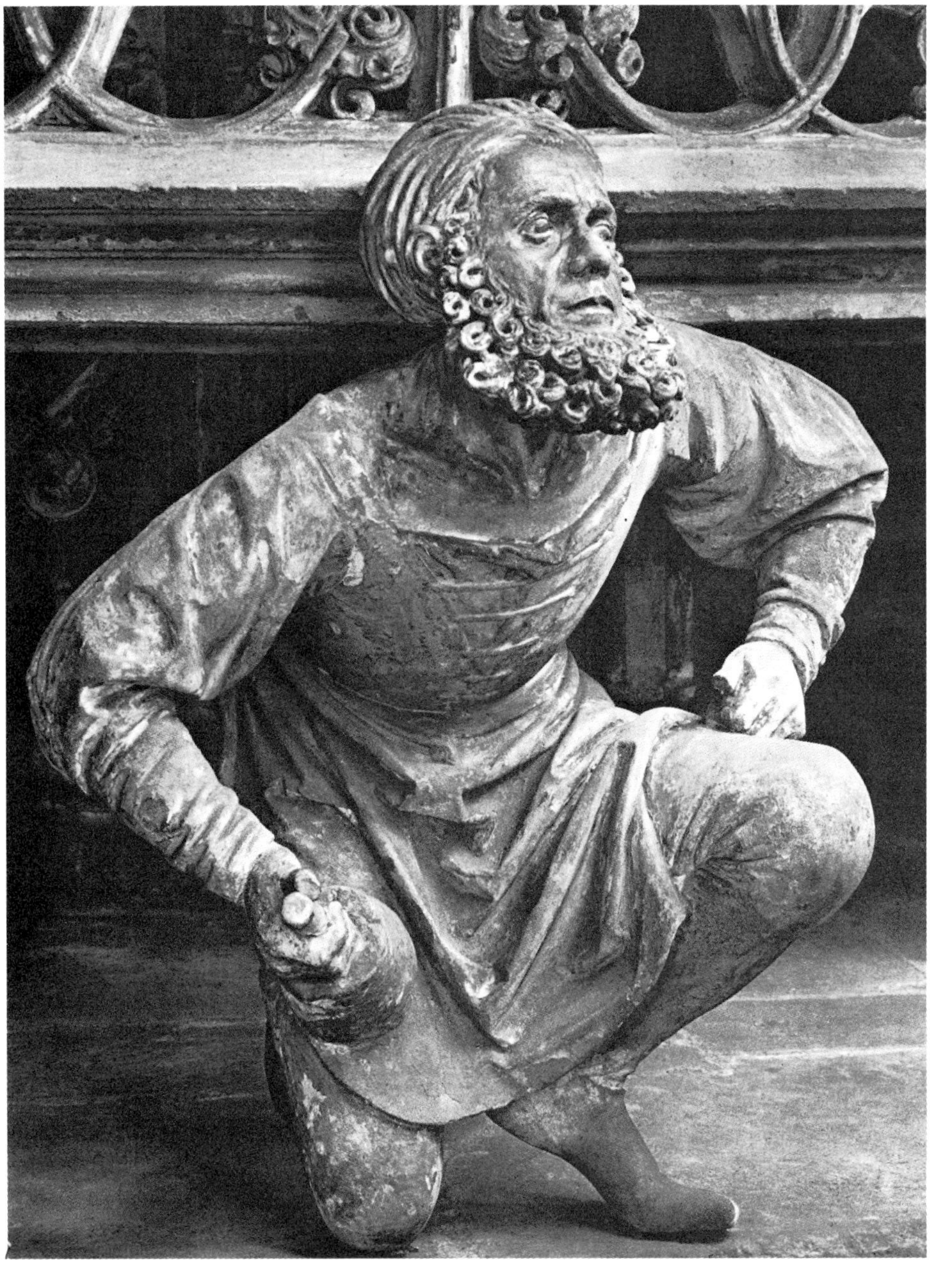

Abb. 3: Adam Kraft: Selbstbildnis als Trägerfigur. Sandstein. 1493–1496. Nürnberg, St. Lorenz, Sakramentshaus

Zur Polarisierung der Künste im 17. Jahrhundert

Vom Ursprung und der höchsten Erfüllung des Begriffs, das heißt vom 19. Jahrhundert her gesehen, liegt nichts so nahe wie die Rückprojektion des Realismusbegriffs auf das beginnende 17. Jahrhundert. Denn die moderne Polarisierung der Künste hat hier ihren Ursprung. Seitdem die damals bestehenden Kunstakademien Idealvorschriften aufstellten und zur allgemeinen Grundlage der Kunstproduktion erhoben, bildeten sich Gegenströmungen aus, die sogar ihrerseits von Akademien gefördert werden konnten. Eine solche Situation ergab sich beispielsweise in Rom am Ende des 16. Jahrhunderts mit der Akademie des Federico ZUCCARI und der künstlerischen Reaktion CARAVAGGIOS hierauf.

Die vielfältigen Ursachen dieser Polarisierung (bedingt durch den humanistischen Neuplatonismus einerseits und das Streben der katholischen Kirche nach einer massenwirksameren Kunst andererseits) stehen hier nicht zur Debatte, wohl aber ihre überraschenden Wirkungen. Die „Wahrheit" der bildenden Kunst konnte nun in einen offenen Gegensatz zu ihrer „Schönheit" geraten, während vorher beides, als Ausstrahlung Gottes verstanden, aneinander gebunden war. CARAVAGGIOS Malerei verstieß gegen den herrschenden Schönheitskanon, und zwar nicht nur gegen den Begriff der „äußeren" Schönheit, das heißt gegen die Vorschrift vollkommener Körperproportionen, sondern auch gegen den der „inneren" Schönheit, womit die Vollkommenheit des geistigen Ausdrucks gemeint war.[40] Dieser Regelverstoß wurde durch die gewaltsame „Wahrheit" seiner Körper- und Rauminszenierungen nicht gerade gemildert.

In den Künstlerbiographien jener Zeit wird das Absonderliche und Anstößige von CARAVAGGIOS Malerei stets mit einem „Mangel an Auswahl" begründet.[41] Nun traf CARAVAGGIO freilich in jedem seiner Bilder eine Auswahl; schon seine bisweilen gewaltsame Einseitigkeit – also eben das, was man ihm zum Vorwurf machte – weist darauf hin. Aber die Akademien verstanden anderes unter Auswahl, nämlich die Bevorzugung des jeweils schönsten Naturvorbilds und dessen Veredelung gemäß einer dem Künstler innewohnenden „Idee der vollkommenen Schönheit". Dieses aus der Hochrenaissance übernommene Prinzip war grundlegend für Federico ZUCCARIS akademische Praxis wie auch für seine zusammenfassende Schrift *„L'Idea de'pittori, scultori ed architetti"* von 1607. Das Prinzip der Auswahl als Garant der *Schönheit* galt aber nicht allein. Es war vielmehr zu vermitteln mit dem Prinzip der getreuen Naturnachahmung als dem Garanten der *Wahrheit:*

„Und weil so gut wie alle natürlichen Geschöpfe etwas Unvollkommenes an sich haben [...] müssen Maler und Bildhauer eine gute Kenntnis von Gliederung und Symmetrie des menschlichen Körpers erwerben und von diesem Körper die schönsten und anmutigsten Teile auswählen, um aus ihnen eine ganz und gar hervorragende Figur zu formen, die zugleich die Natur in ihren schönsten und vollkommensten Werken nachahmt."[42]

Die Widersprüchlichkeit dieser Forderung liegt offen zutage; sie ist von ZUCCARI auch nicht aufgelöst worden: einerseits Auswahl aufgrund eines von den konkreten Einzeldingen unabhängigen Begriffs der Vollkommenheit, andererseits aber doch kein Verzicht auf Nachahmung der realen Natur. Damit war die Polarisierung schon programmiert, und es war nur folgerichtig, daß nun auch in der Praxis gegen das eine oder das andere dieser Prinzipien verstoßen wurde.

Die Frage, wie weit die Auswahl zu treiben sei, ob beispielsweise das Häßliche gar nicht oder doch als Folge des „Widerstreits der Materie"[43] vorkommen dürfe, ob es, wenn überhaupt, in jeder Gattung oder nur in beiläufigen Genrebildern erlaubt sei – dieser Akademiestreit um das *Idealschöne* währte über zwei Jahrhunderte. Obwohl CARAVAGGIO nach damaliger Terminologie unter die „Naturalisten" gerechnet wurde,[44] wurden gegen sein Werk grundsätzlich die gleichen Vorwürfe erhoben, wie sie dann die Realisten des 19. Jahrhunderts über sich ergehen lassen mußten. So schreibt CARAVAGGIOS Biograph BELLORI:

„Das Beste entging ihm, weil es nicht in ihm lag; er besaß weder Erfindungsgabe (invenzione) noch Würde (decoro) noch die Fähigkeit zu entwerfen (disegno) noch irgendein Wissen (scienza) um die Malerei, und entzog man seinen Augen das Modell, blieben Hand und Geist leer."[45]

Nicht anders wurde später COURBET Phantasie- und Würdelosigkeit vorgeworfen, und seine Formel: „Im Kern bedeutet Realismus die Ablehnung des Ideals"[46] kann geradezu als ein Schlußstrich unter die Auseinandersetzungen des 17. Jahrhunderts begriffen werden. Auch wenn COURBETS Freund PROUDHON zur Verteidigung realistischer Malerei schrieb: „Das Ideal – das ist alles in der Kunst",[47] dann bedeutet das nichts anderes als den umgekehrten Versuch, den alten Akademiestreit durch Ausweitung (Entgrenzung) des Idealbegriffs zu lösen.

Versuchen wir, die Auswirkungen dieser Auseinandersetzung auf die künstlerische Praxis an einigen Beispielen zu erläutern. Worin zeigt sich in CARAVAGGIOS *„Bekehrung des Saulus" (Abb. 4)* der „Mangel an Auswahl", der nichtideale Impuls? Wenn ein anderer zeitgenössischer Künstler, F. SALVIATI, das gleiche Thema behandelt, so führt er auf weiter Bühne ein Drama auf, das selbst die Elemente in Aufruhr versetzt *(Abb. 5).*

Mit großem Aufwand wird das Wunderbare des Vorgangs verdeutlicht. Ein Strahl scheint Saulus zu durchbohren, allenthalben zuckt es aus den Wolken hervor. Bestürzte Gesten, flehende Blicke überall; die Pferde bäumen sich, die Soldaten suchen Schutz. Es sind Leiber, die an der Antike geschult sind, nach damaligem Wissen historisch getreu gekleidet. Insgesamt bei aller Dramatik ein distanziertes Gegenüber, ein entlegener Vorgang.

Beides bricht CARAVAGGIO auf, die historische und die räumliche Distanz; an die Stelle des repräsentativ-idealen und des objektiv-naturgetreuen Charakters tritt die auf Betroffenheit des Betrachters zielende „Nahaufnahme", welche den Vorgang gleichsam vernichtet (weshalb BELLORI behauptet, das Sujet sei „ohne Handlung" dargestellt; nicht anders urteilte dann DELACROIX über COURBETS *„Ringer"*).[48] Knapp in der Wiedergabe der

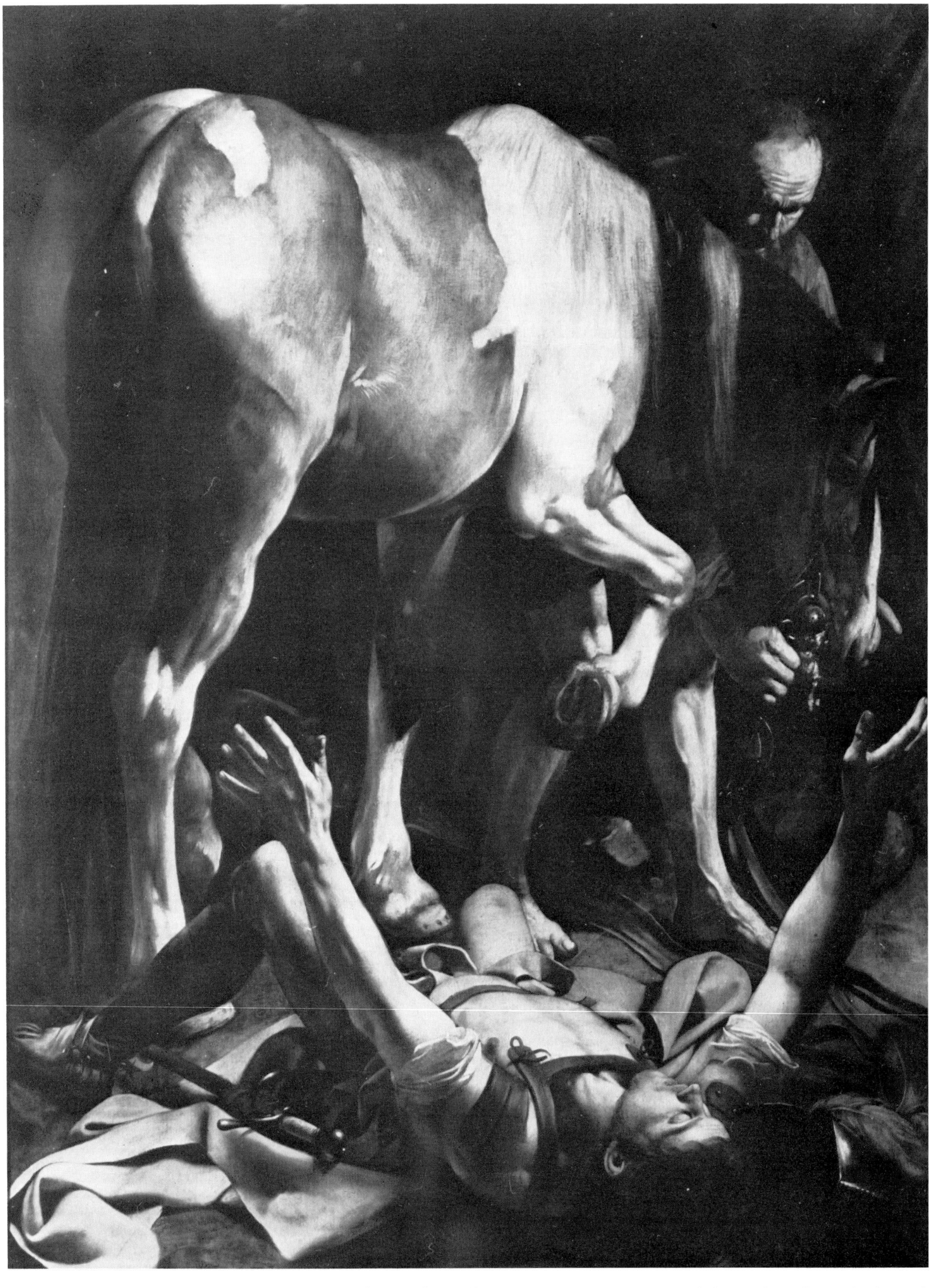

Abb. 4: Michelangelo da Caravaggio: Die Bekehrung des Saulus. 1600. Rom, Santa Maria del Popolo. Alles Irdische und Überirdische ist wie in einer Momentaufnahme eingefangen, ohne Zwischenraum aneinandergedrängt, auf einen einzigen Punkt konzentriert. Einer idealistischen Auffassung widerspricht dies ebenso wie die Tatsache, daß nicht einer Himmelserscheinung, sondern dem Pferd das größte Bildgewicht zukommt. Trotz dieser vielfachen Umkehrung der Tradition enthält das Gemälde aber keinerlei Kritik an der Kirche oder am Glaubensinhalt des Vorgangs

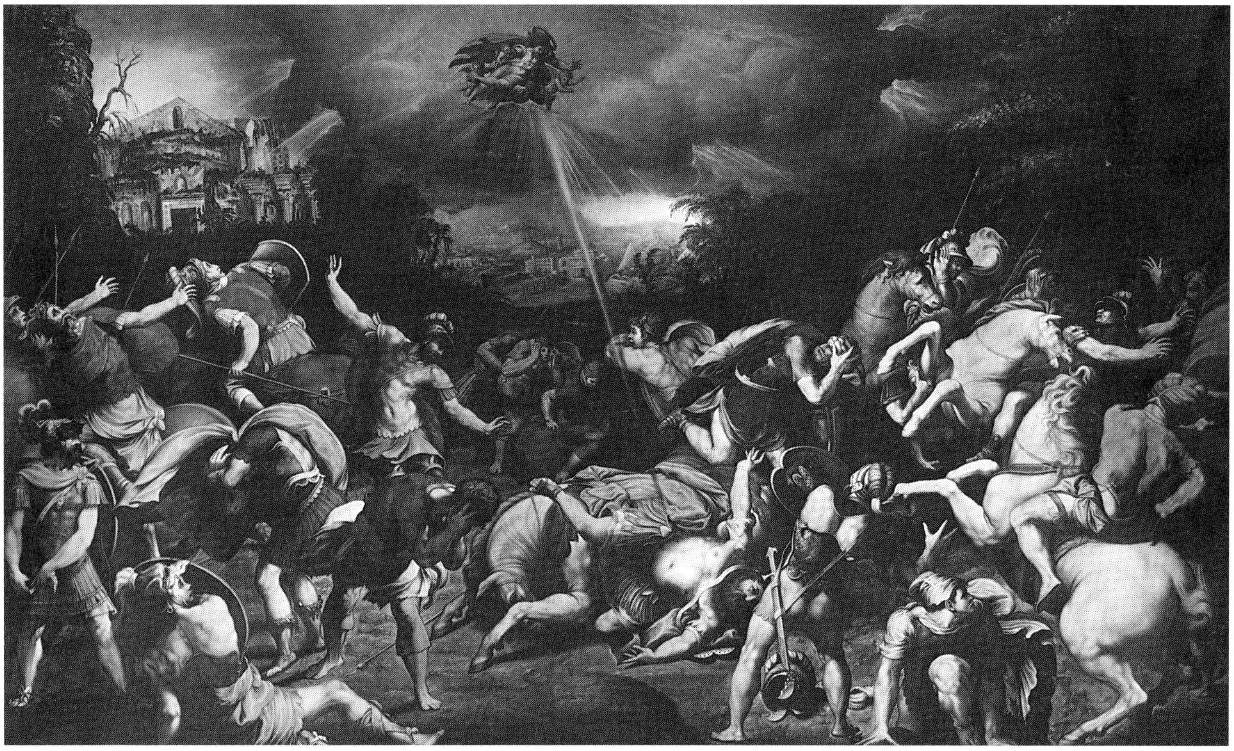

Abb. 5: F. Salviati: Die Bekehrung des Saulus. 1564–1566. Rom, Galleria Doria-Pamfili

Umstände, steigert CARAVAGGIO das Erlebnis der plötzlich einbrechenden Gnade; gerade durch die Gewöhnlichkeit der zentralen Gestalt, die nicht mehr die Hauptfigur ist, wird das Ungewöhnliche offengelegt.

Wie provozierend dieses Verfahren war, wird deutlicher, wenn wir CARAVAGGIOS Gegenstück, die *„Kreuzigung Petri" (Abb. 6),* hinzunehmen. Nie ist eine Kreuzaufrichtung so krude, so sehr „von unten" dargestellt worden. Mehrere Vorgänge sind zusammengezogen: Der Blick richtet sich zunächst auf Haupt und Oberkörper Petri, der sich ein letztes Mal aufzulehnen scheint, während drei Arbeiter den Kreuzesstamm schon in die Erde senken und hochzustemmen beginnen. Der Blick des Apostels führt aus dem Bild heraus, aber nicht zum Himmel empor. Eher scheint des Märtyrers Interesse, wie das der Arbeiter, dem technischen Vorgang zu gelten. Auch das Licht entfaltet keine überirdische Leuchtkraft; gleichmäßig fällt es auf „edle" und „unedle" Teile der Komposition, selbst auf Petri Fußsohlen und die beschmutzten Sohlen des knieenden Arbeiters. Von den Zeitgenossen wurde dieser Umstand wieder und wieder hervorgehoben, denn damit ließ sich der moralische Vorwurf, „daß Caravaggio sich nur in Kneipen herumtreibe",[49] in einen ästhetischen wenden: „Übertrieben" sei seine Naturbeobachtung, auf „vulgäre Körper ohne Schönheit", auf „nichtige Dinge", auf „Schmutz und Unförmigkeit" gerichtet, „finster und eintönig" sei seine Farbe – nicht anders wurde später COURBETS „schmutzige" Malerei beurteilt.[50]

Als glückliche Alternative galt die Malerei des Annibale CARRACCI, der „Naturtreue wieder mit Schönheit zu verbinden verstand".[51] Halten wir uns CARRACCIS Neapler *„Pietà"* vor Augen *(Abb. 7),* sehen wir freilich, daß es mit der Naturtreue bei ihm zweifelhaft bestellt war: wir haben eine trauernde Matrone von sensibler würdiger Gestalt vor uns, und einen Christus, dessen Leib im Gegensatz zu dem des Petrus von CARAVAGGIO alle Anzeichen von Vollkommenheit aufweist: nach dem Beispiel antiker Heroen ist er athletisch geformt und edel im Ausdruck. Im Verständnis der akademischen Kunsttradition haben wir es hier mit einer idealen Auffassung zu tun. Für solche Werke steht später, seit Mitte des 19. Jahrhunderts, der Ausdruck „Idealismus" ein.

An dieser Stelle zeigt sich: Die Praxis geht über das damals von der Theorie Erfaßte hinaus. Denn CARAVAGGIOS Entidealisierung führt durchaus nicht zu einer stärkeren Nachahmung der Natur, sie führt vielmehr auf dem Wege der Reduktion und Kontraktion gleichsam durch naturalistische Lösungen hindurch. Dieses „Hindurch" gilt noch für COURBET und scheint sich erst in den Realismen des 20. Jahrhunderts allmählich zu verlieren.
Am Beispiel von CARAVAGGIOS Formerneuerung wird deutlich: Im Grunde ist die Geschichte des Realismus die Geschichte der Loslösung von der Banalität des Nur-Nachahmenden ohne Rückfall in die Unverbindlichkeit des Nur-Erfundenen.

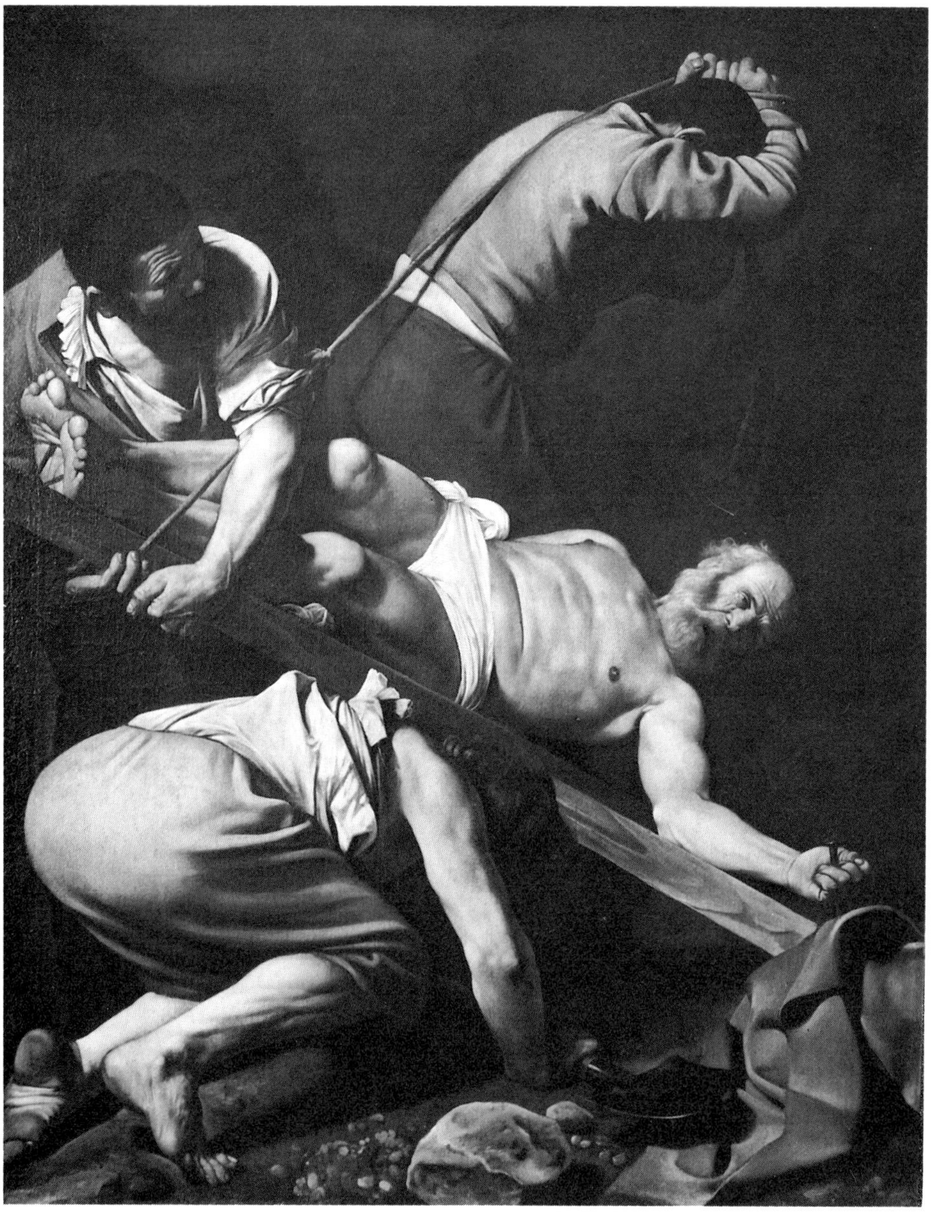

Abb. 6: Michelangelo da Caravaggio: Die Kreuzigung Petri. 1600/1. Rom, Santa Maria del Popolo

Indessen ist noch eine weitere Dimension zu benennen. Der seit langem festgestellte urchristlich-evangelische Zug in CARAVAGGIOS Werk, die Aufwertung von Armut, Alltag und Leben des gewöhnlichen Volkes unter dem Einfluß der römischen Oratorianer, eines Ordenzusammenschlusses von Priestern und Laien, verrät ein soziales Bewußtsein, das nicht nur im Sinne einer motivischen Vorgabe, sondern als Form das Werk bestimmt (wobei diese Tendenz sogar den Ansichten des Künstlers zum Trotz durchbrechen kann[52]). Ähnliches wird heute bei GEORGES de la Tour bemerkt; sein Eintreten für die damals zahlreichen blinden Straßensänger geht bei ihm mit einer antiklassischen neuen Bildform einher, und auch bei den Holländern und Spaniern des 17. Jahrhunderts läßt sich Vergleichbares nachweisen.[53] Damit rückt die „révolution réaliste du XVIIe siècle" noch näher als früher angenommen an den politisch und moralisch engagierten Realismus des 19. Jahrhunderts heran.[54]

Es sind nun genügend Elemente zusammengetragen, um eine erste systematische Annäherung an die Begriffsinhalte zu versuchen. Unter einem realistischen Kunstwerk können wir, ausgehend von CARAVAGGIO, eine figurative Darstellung verstehen, die ihren Stoff in einer gegenwartsnahen, jedermann aufgrund eigener Erfahrung zugänglichen Weise gestaltet (was ein mehrschichtiges, durch ikonographisches Vorwissen geprägtes Verständnis nicht ausschließt). Im Gegensatz zu idealistischer Kunst wird ein realistisches Werk in der Absicht gefertigt, eine unmittelbare Schilderung des Lebens zu geben; an die Stelle einer Auswahl nach dem Gesichtspunkt der

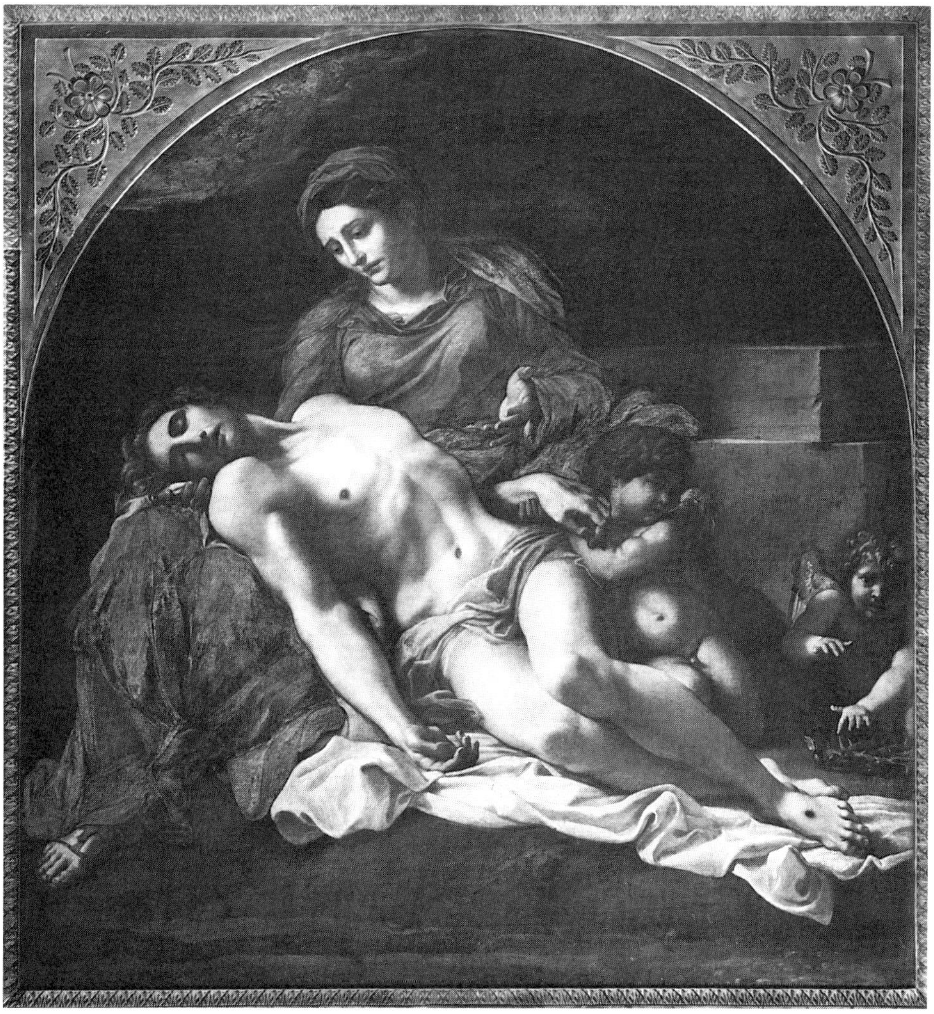

Abb. 7: Annibale Carracci: Pietà. Um 1599/1600. Neapel, Pinacoteca Nazionale

Vollkommenheit oder Harmonie tritt eine Auswahl nach dem Gesichtspunkt des Charakteristischen und Treffenden, wobei gewöhnliche oder auch abstoßende Momente nicht ausgespart werden. Dagegen werden Überweltbereiche, auch bei mythologischen oder religiösen Themen, entweder der Erfahrungswelt angenähert oder aber auf ein Minimum an Zeichen beschränkt.

Ein Vorgang kann zugunsten einer Steigerung des emotionalen Effekts distanzlos nahegerückt sein; Angaben über Zeit und Ort können stark reduziert sein, mit dem Ziel, den „Kern" einer Sache möglichst unverhüllt und eindringlich wiederzugeben. Einem realistischen Künstler geht es also nicht so sehr um die Nachahmung der Natur, das heißt der äußeren Realität, als vielmehr um deren Verdichtung. Die Essenz des Realen soll sich offenbaren. Wir verstehen unter einem realistischen Kunstwerk somit auch eine Darstellung, die dem „Niederen" nicht nur im Gegenstand (Schmutz, Alltag, Armut), sondern auch in der Form (z.B. durch Verzicht auf hierarchische Abstufung, auf reine Farben) den Vorzug gibt. Eindringlichkeit und Alltagseinfärbung können den Aspekt der Wirklichkeitstreue auch mit einem moralisch oder sozial begründeten Anspruch auf Wahrheit verknüpfen. Die Verarbeitung des Gewöhnlichen ohne Umkehrung ins Gefällige, Pittoreske oder Verniedlichende schließt prinzipiell auch die Umwertung von Normen und Verhaltensweisen oder die Abwertung von gesellschaftlich sanktionierten Größen und Institutionen nicht aus.

Dagegen verstehen wir – immer vom 17. Jahrhundert ausgehend – unter einer naturalistischen Darstellung ein Kunstwerk, das die gegenständliche Wirklichkeit gleichsam objektiv, ohne Wertung, das heißt so neutral und gleichmäßig wie möglich, widerspiegelt. Im Gegensatz zur Eigenwilligkeit des Künstlers, der realistisch arbeitet, kann Naturalismus geradezu als Verzichtsleistung des künstlerischen Subjekts auf Selbstdarstellung begriffen werden. Indem der naturalistisch arbeitende Künstler seinen Gegenstand weder verklären noch in eine bestimmte Richtung lenken oder gar verzerren will, begibt er sich auch der Möglichkeit, Widerspruch gegen ästhetische oder soziale Normen einzulegen. Seine Themen setzen in der Regel wenig ikonographisches Vorwissen voraus, denn er arbeitet „nach dem Leben", nicht „aus dem Geist", wie die Formel der Holländer hierfür lautete. In naturalistischen Kunstwerken werden die praktischen Anweisungen des akademischen Lehrbetriebs, etwa hinsichtlich der Raum- und Luftperspektive, gemeinhin befolgt. Mit einer schönen oder gefälligen Malweise werden jedoch keine ethischen oder ästhetischen Maßstäbe für andere aufgestellt: Das naturalistische Kunstwerk erhebt keinen Ausschließlichkeitsanspruch; seine Wahrheit besteht in der Wahrscheinlichkeit der Wiedergabe.[55] Da Verdichtung und Steigerung in aller Regel nicht beabsichtigt sind, gibt ein naturalistisches Werk weniger einen Ereignishöhepunkt als vielmehr einen Zustand wieder. Wo also zuständliches Dasein ausgebreitet ist, können wir von Naturalismus reden; wo Ziele propagiert werden, haben wir es – je nach dem Inhalt dieser Ziele – mit idealistischen oder realistischen Werken zu tun. Die neutrale Exaktheit einer naturalistischen Darstellung kann den Betrachter daran hindern, sich mit einem solchen Werk zu identifizieren oder daran Anstoß zu nehmen; die Zurückhaltung des Künstlers in der Bewertung seines Sujets gibt dem Betrachter andererseits größere Freiheit, in einem solchen Werk auch seine eigenen Maximen und Wertvorstellungen wiederzufinden.

Realismus als kunstgeschichtlicher Epochenbegriff

Polemisch formulierend, hat ein Autor der Gegenwart den epochenübergreifenden Begriff des Realismus als „Ausdruck marxistischer Orthodoxie" bezeichnet.[56] Deutlicher kann man die Fakten kaum auf den Kopf stellen, waren es doch bürgerliche Kunstkritiker und Kunsthistoriker, welche den Realismusbegriff auf alle möglichen Zeiten projiziert haben. Aber zugleich ist Realismus in den Handbüchern der Kunstgeschichte als Ausdruck einer

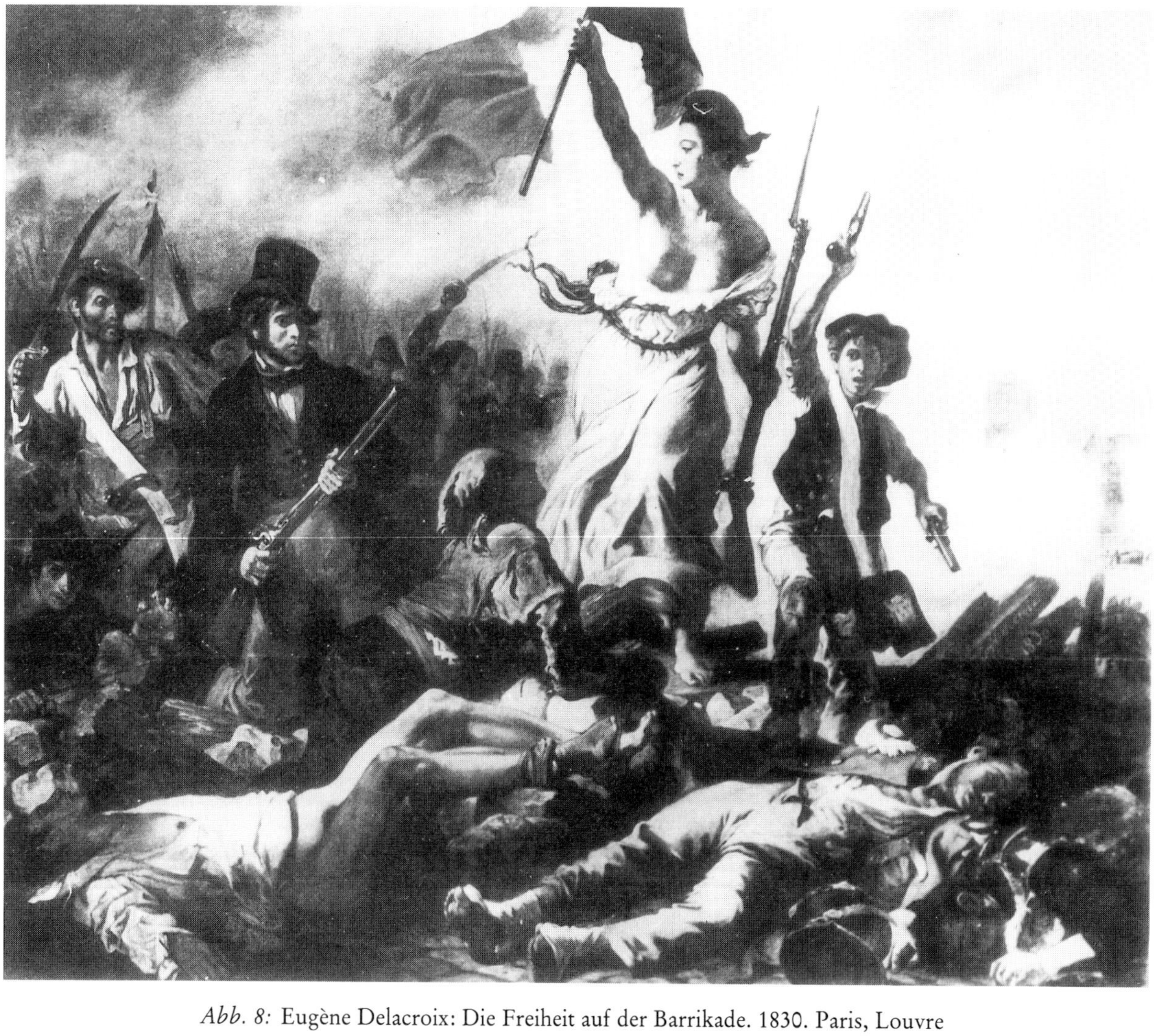

Abb. 8: Eugène Delacroix: Die Freiheit auf der Barrikade. 1830. Paris, Louvre

historisch auf die Jahre zwischen 1830 und 1880 und geographisch auf West- und Mitteleuropa eingegrenzten Kunstauffassung festgeschrieben. Daran zu rütteln hat, schon aus pragmatischen Gründen, ebensowenig Sinn wie umgekehrt eine Eingrenzung auf diese Epoche zu fordern. Man muß also mit der Mehrdeutigkeit des Begriffs leben.

Der Realismusstreit in Frankreich

Der zeitlich bestimmte Bedeutungsinhalt ist indes keineswegs eindeutiger zu fassen als die bisher erarbeiteten Konstanten: Es gab innerhalb dieses Zeitraums außerordentlich unterschiedliche Werke, die sämtlich mit dem Etikett „realistisch“ belegt wurden; die romantische Malerei in Frankreich zum Beispiel wurde im wesentlichen mit denselben Ausdrücken angegriffen wie zwanzig Jahre später die realistische.[57]

DELACROIX' *„Die Freiheit auf der Barrikade“* von 1830 *(Abb. 8)* wurde ebenso wie später COURBETS *„Begräbnis von Ornans“* von 1849/50 *(Abb. 12)* als trivial, häßlich und niedrig kritisiert.[58] Gegenbild zu DELACROIX' *„Freiheit“* und Inbegriff idealistischer Malerei war damals Léopold ROBERTS *„Ankunft der Schnitter in den Pontinischen Sümpfen“* (ebenfalls 1830 entstanden) *(Abb. 9)*. 1865 galt dieses Gemälde als Gegenstück zu

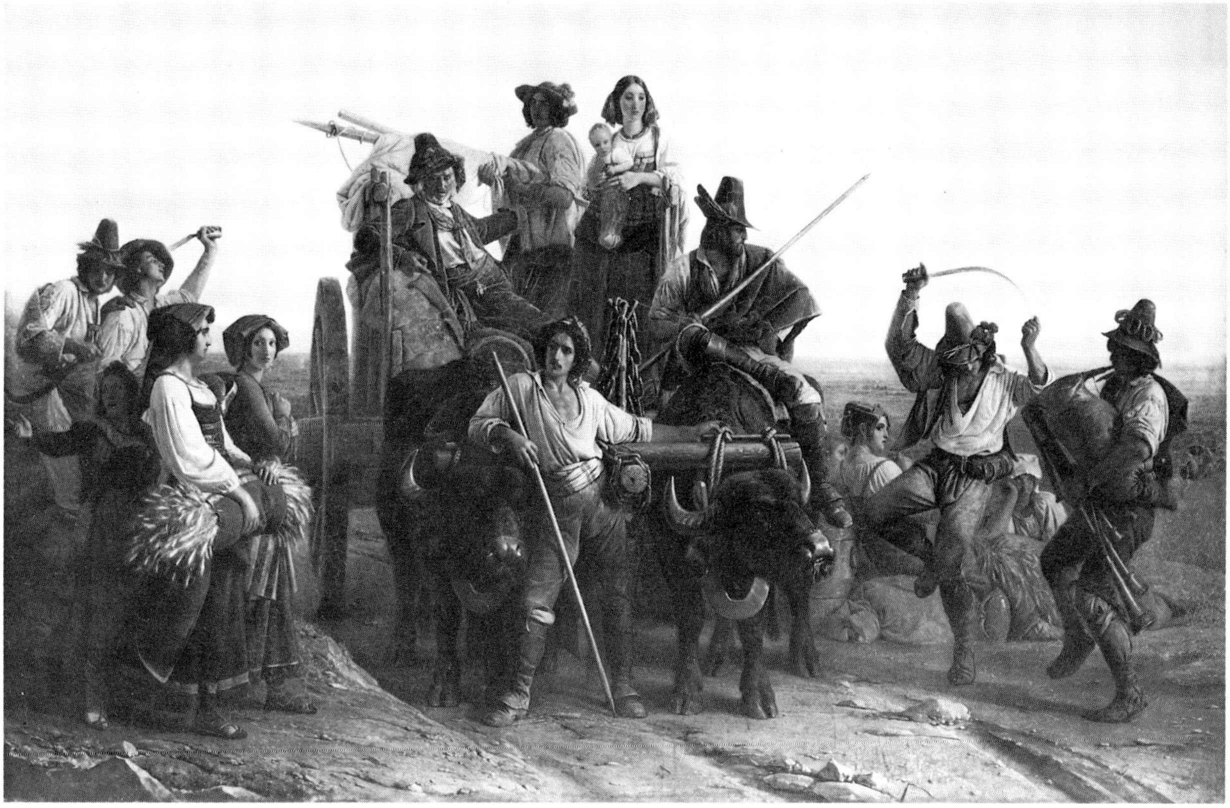

Abb. 9: Léopold Robert: Die Ankunft der Schnitter in den Pontinischen Sümpfen. 1830. Paris, Louvre

COURBETS *„Bauern von Flagey auf der Rückkehr vom Markt“ (Abb. 10)*.[59] 1831 urteilte die Kritik: „Der eine [Robert] veredelt die menschliche Natur, der andere [Delacroix] hat offenbar die Aufgabe, sie auf ihren niedrigsten Ausdruck zu reduzieren [...]“[60] Hieß es 1831: „Die Romantiker [...] fielen ins Triviale und suchten ausdrücklich das Häßliche“, so 1851, COURBETS Realismus sei eine „Verherrlichung vulgärer Häßlichkeit“.[61]

Diese Übereinstimmung ist keineswegs verwunderlich, war doch der „Gegner“ in der ganzen ersten Jahrhunderthälfte die an den Akademien gelehrte idealistische Kunst. Entscheidender ist die Frage, warum dieser Idealismus so heftig bekämpft werden mußte. Zunächst sahen Romantiker und Realisten in idealistischer Malerei und Skulptur die Ausdrucksform des französischen Staatsklassizismus, die noch immer die offizielle Kunstpolitik prägte, das heißt anders denkenden Künstlern repräsentative Aufträge entzog. Darum der so berechtigte und politisch bedeutsame Rückzug in eine Kunst um ihrer selbst willen *(l'art pour l'art)*, eine Art trotziger Widerstand,

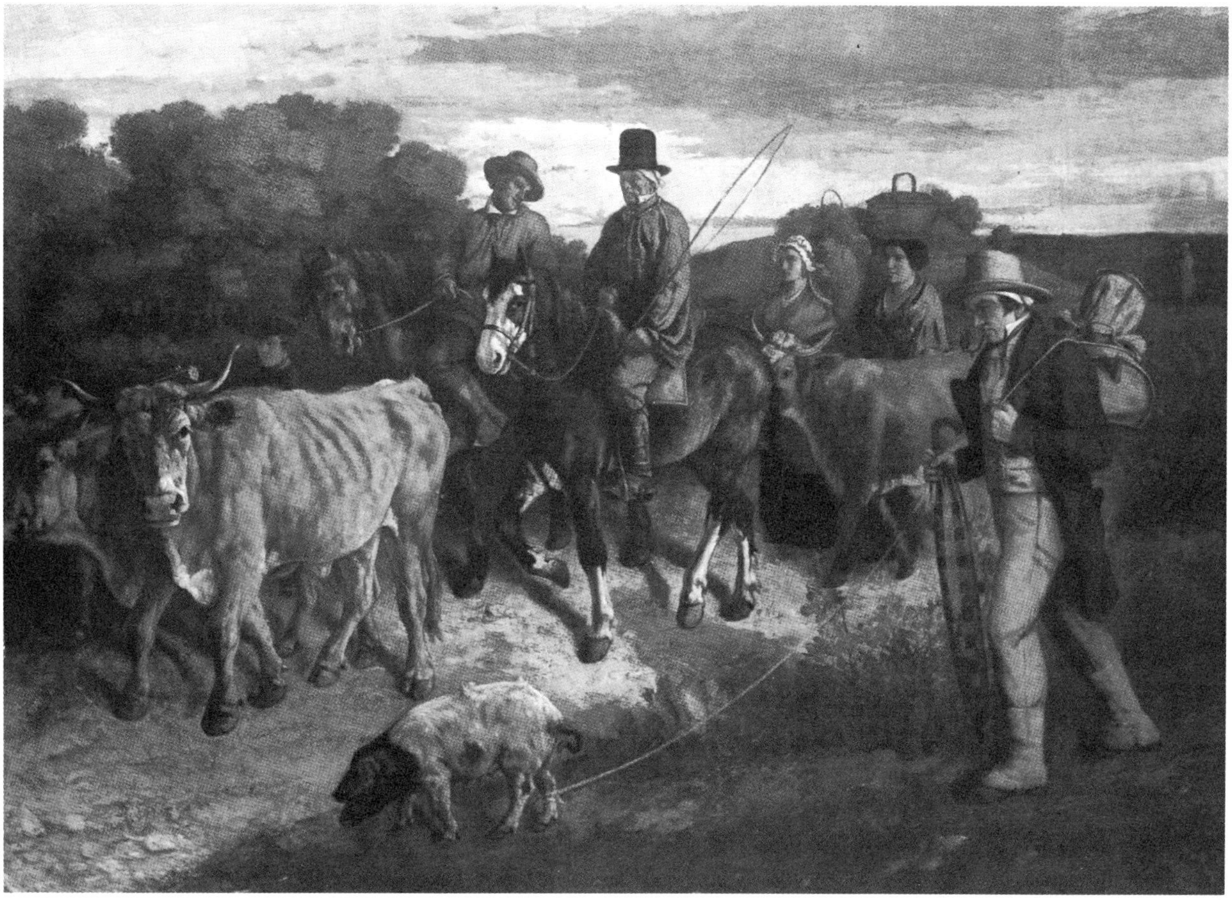

Abb. 10: Gustave Courbet: Die Bauern von Flagey auf der Rückkehr vom Markt. 1850/55. Besançon, Musée des Beaux-Arts

der bisher völlig verkannt wurde. Aus ihr ging der Realismus hervor und schließlich die sogenannte „reine Kunst" *(art pur)* – nicht im Sinne einer Abfolge, sondern aufgrund einer ähnlichen Gegnerschaft zur offiziellen Kunst.

„Ideal" bedeutete im abwertenden Verständnis dieser Künstler: Einebnung aller Widersprüche, Unterwerfung unter die vorherrschenden Konventionen und die Wünsche der Finanzaristokratie. Diese Abwertung des Ideals wurde um 1830 durch eine Reihe von Bild-Bedürfnissen verstärkt, die (mit Ausnahme von Delacroix' *„Freiheit"*) weder von der klassizistischen noch von der romantischen Kunst gestillt wurden – ein Bedürfnis nach sachlicher und zeitgemäßer Darstellung der Gegenwart, nach umfassender und gleichberechtigter Zulassung aller Gegenstände und schließlich nach „Lebendigkeit", was die am schwersten zu erfüllende Forderung war.[62]

Delacroix' *„Freiheit"* ist unter dem Blickwinkel dieser Forderungen ein entscheidender Schrittmacher realistischer Kunst; das Bild realisiert die Forderungen nach „contemporanéité" (Zeitgenossenschaft), „réalité ordinaire" (gewöhnlicher Realität) und „vie" (Leben). Emile Deschamps hatte dafür eine Formel geprägt, die dann, von Daumier übernommen, zum Schlagwort der Epoche wurde: „Il faut être de son temps" (Man muß mit seiner Epoche leben).[63] Aber diese Formel erfüllte sich nicht in der Einlösung der Forderung nach zeitgenössischen Themen. Gefordert war eine zeitgenössische Form – und dieser Forderung genügte auch Delacroix' Bild noch nicht. Seine *„Freiheit"* stellt eine Allegorie, also keine reale Gestalt, dar, aber realistisch wäre auch eine solche nur dann, wenn sie so alltäglich aufträte wie etwa Courbets Atelier-Modell *(Abb. 11)*. Davon kann keine Rede sein. Delacroix poetisiert,[64] Courbet nicht.

Was aber war mit der Forderung nach „Leben" oder „lebendiger Kunst" gemeint, mit der noch Courbets realistisches Manifest von 1855 endet? Offenbar nichts anderes als: Anverwandlung der Bildwelt an die eigene Erlebniswelt und deren emotionale Qualitäten. Ein Mittel dazu war die Wahl heimatlicher Gegenstände; diese allein konnten eine gefühlsmäßige Identifizierung leisten. So wurden die (literarisch schon um 1800 wiederentdeckten) französischen Provinzlandschaften in den 1830er Jahren zu einem beliebten Gegenstand realistischer Malerei – 1838 ist in diesem Sinne erstmals von einem „paysage réaliste" (einer realistischen Landschaft) die

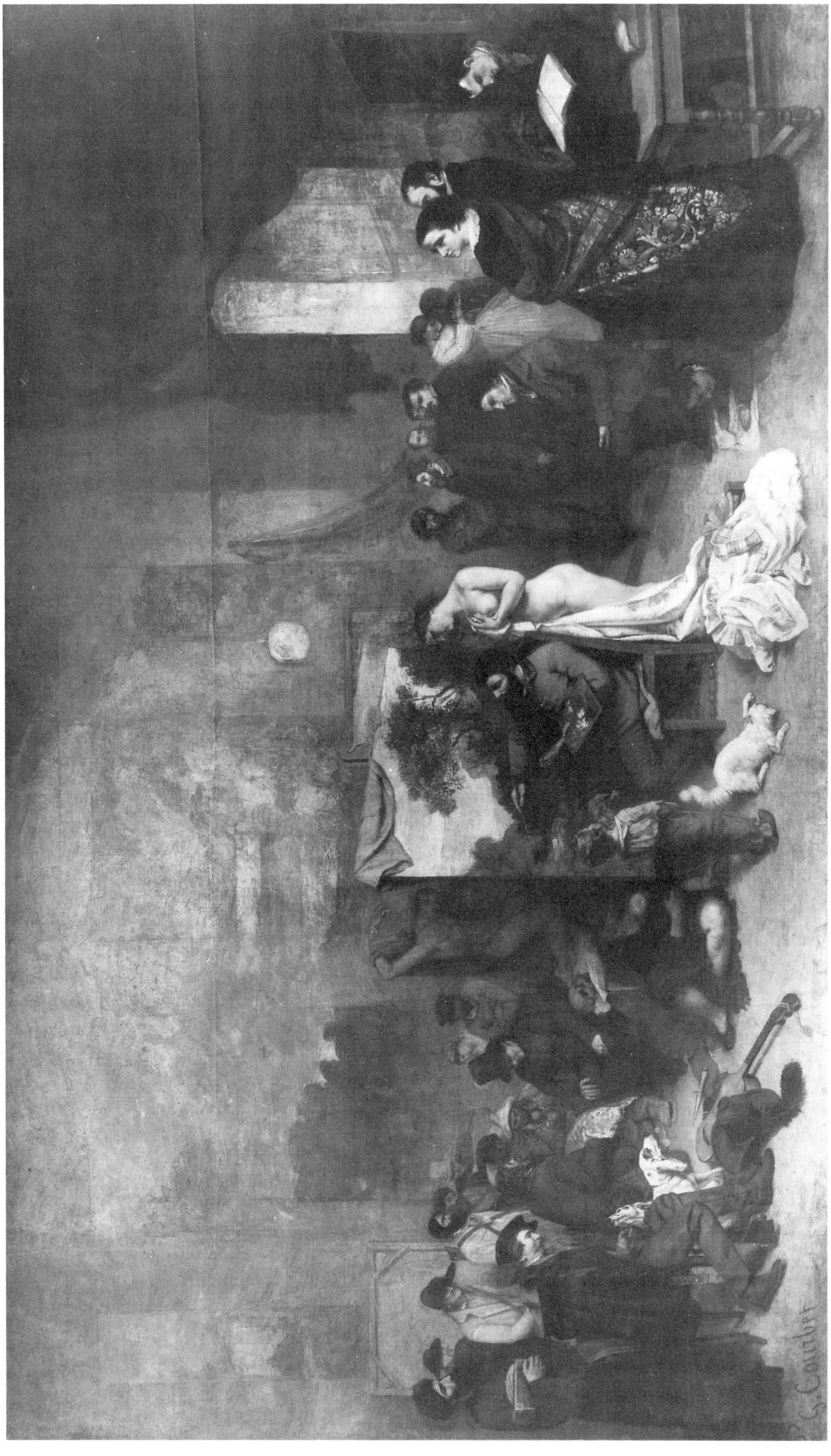

Abb. 11: Gustave Courbet: Das Atelier. 1854/55. Paris, Louvre

Rede.[65] Neben dieser Aufwertung der Region war ein weiteres Mittel der Verlebendigung die Verbindung zur Volkskunst. Auch in dieser Hinsicht haben Romantik und Realismus eine gemeinsame Basis. Aber anders als in Deutschland diente der Rückgriff auf Volkskunst nicht der Etablierung einer biedermeierlichen Heimatmalerei. Wie aus der regionalistischen Kunst Bild-Zeichen des Widerstands gegen die Zentralgewalt werden konnten,[66] so konnte die Benutzung volkstümlicher Drucke und revolutionärer Flugblätter, die ja seit dem 16. Jahrhundert potentielle Protestträger waren, ein neues politisches Bewußtsein fördern.[67]

Erst die Gesamtheit dieser Elemente – „Leben“ über die Wiederbelebung von Regionalismus und Volkskunst, unvoreingenommene Akzeptanz der gegenwärtigen Wirklichkeit, und die Berücksichtigung der trivialen Seiten der Realität – führte im Verlauf der 1840er Jahre zu realistischer Kunst im epochengebundenen Verständnis des Wortes.

Auf bildende Kunst bezogen, kommt der Begriff des Realismus, soweit heute bekannt, in Frankreich erst 1835 auf. Ob es aber damals schon realistische Kunst gab, ist eine andere Frage. Der Kritiker PLANCHE, der den Ausdruck zuerst anwendet, schreibt:

„Im Bereich der (künstlerischen) Erfindung führt der Realismus geradewegs zur Vernichtung des Stils. Versteht man ihn als eine punktuelle und vorübergehende Reaktion gegen den Niedergang konventioneller Formen, so kann er nützlich sein; aber er ist bestenfalls ein Mittel – wer nicht über den Realismus hinauskommt, verkennt vollkommen das wahre Ziel der Erfindung.“[68]

Eine Theorie realistischer Kunst (worunter damals fast ausschließlich die Malerei verstanden wurde) ist damals in Frankreich nicht entwickelt worden. Die von BOUVIER und WEINBERG untersuchten Aussagen in der Tagespresse wären überfordert, wollte man sie so interpretieren, aber selbst COURBETS Freund und Mentor CHAMPFLEURY, der immer als Theoretiker des Realismus genannt wird, hat sich im Grunde nur in anspielungsreichen Sinnsprüchen geäußert.[69] Es bleibt also nichts anderes übrig, als aus Kritik und Gegenkritik das Grundsätzliche abzuleiten. Insgesamt lassen sich fünf Aspekte unterscheiden: das Verhältnis zur Natur, zur Geschichte, zur Gegenwart, zur Zukunft und zur eigenen Person.

Was zunächst auffällt, ist die Allgegenwart des Ausdrucks „Natur“. Realismus wird zuallererst als Naturmalerei betrachtet – Natur nicht nur im Sinne von Landschaft, sondern als naturgemäße Wiedergabe aller sicht- und tastbaren Dinge. Allerdings schob sich die Gattung „Landschaft“ in den Vordergrund, da sie weniger von Ideal-Vorschriften belastet war als die repräsentative Bildnis- oder Historienmalerei. Dieser vieldeutige Naturbegriff wird nun ständig umkreist und dadurch immer genauer bestimmt: Es geht um die Natur, „so wie sie ist, ohne Verfälschung und Verzierung“, um die „rauhe und armselige Natur der Felder und Berge“, es geht „eher um die kräftige als um die verführerische Seite der Natur“, um „das Gegenteil zum Ideal, nämlich die Auswahl und Wiedergabe der vulgären oder häßlichen Seiten der Natur“.[70] Oft wird auch das *Verfahren* mit dem Naturbegriff belegt: es gehe den Realisten, heißt es, „um ein gewissenhaftes Studium, um eine aufmerksame Erforschung der Natur“, um „Wahrheit, Treue, Ehrlichkeit“.[71] Damit wird Naturtreue zu einem ethischen Begriff; Realismus rückt in die Nähe einer philosophischen Weltanschauung. So kommt es auch bald zur Bildung einer realistischen Schule. 1844 bezeichnete GAUTIER erstmals zwei Gemälde von Adolphe LELEUX, bretonische Holzfäller und Straßenarbeiter darstellend, als Bilder der „realistischen Schule“.[72] Obgleich „ganz ohne Brisanz“, forderten diese Werke wegen ihres „positivistischen“, letzten Endes „materialistischen“ Charakters die Kritik der „Idealisten“ heraus.[73] „Kunst ist Idealismus“ wurde zehn Jahre später, auf dem Höhepunkt des Realismusstreits, solchen Künstlern entgegengehalten.[74]

Wir kommen damit zu einer anderen, Ethik und Ästhetik noch stärker verklammernden Schicht von Kriterien: Von einem „antipoetischen Realismus“ ist 1847 die Rede, von „einer Art brutalen Protests gegen die alten Traditionen“, von der „Ächtung der Schönheit bis hin zur Vernachlässigung der materiellen Ausführung und der technischen Seite der Kunst“.[75] Diese Loslösung von poetischen Traditionen wird 1859, zu einer Zeit, da der Höhepunkt des Streits schon überschritten war, polemisch so bekräftigt:

„In seiner *Poetik* behandelt Aristoteles die darstellenden Künste unter dreierlei Aspekten: er spricht von der Übertreibung im Guten, von der getreuen Wiedergabe und von der Übertreibung im Schlechten – mit anderen Worten, er spricht von Ideal, Wahrheit und Realismus.“[76]

Erst also wo realistische Kunst sich von Naturtreue löst, wird sie „gefährlich“ – erst da wird sie wahrhaft innovativ! Wir bemerken ferner, daß hier sowohl das Ideal, mithin die Auswahl des Besten, als auch die Opposition dagegen, nämlich die realistische Aufdeckung des Häßlichen, angegriffen werden. Propagiert wird das „Juste milieu" in der Kunst, ein möglichst unauffälliger Naturalismus (was nicht verhindert, daß die naturalistische Malerei von seiten der Idealisten Schläge erhielt, die den Realisten zugedacht waren).

Den Befürwortern des Realismus ging es freilich um andere Dinge. CHAMPFLEURY kann hier für alle anderen stehen. Ihm war es um die exakte Schilderung der „Sitten der eigenen Epoche" zu tun.[77] Realismus war für ihn durchaus nicht Nachahmung der Wirklichkeit, sondern Vorgriff auf eine zu entwickelnde Ästhetik des Alltags. Ein Politikum sah er darin nicht, eher eine Frage der sittlichen Erneuerung. Der Realismus der Gegenwart schien ihm ein Mittel, zur „Offenheit und Ehrlichkeit" der Flamen, Holländer und Spanier des 17. Jahrhunderts zurückzukehren, die er ihrerseits als Realisten bezeichnete.[78] Doch nicht minder bedeutsam waren für ihn Karikaturen und Flugblätter, die ja in ihrer „holzschnittartig verkürzten" Form alles andere als naturgetreu sind. Die realistische Trennung zwischen „Wahrheit" und „Natur" hatte für CHAMPFLEURY also nichts Subversives an sich, sondern bedeutete für ihn nur, die eigene Epoche in tieferen, ursprünglicheren, zeichenhaft-primitiven Kulturschichten zu verankern. Realismus begriff er somit als eine besonders geschichtsbezogene Kunst – sie nahm den verwaisten Platz der offiziellen Historienmalerei ein. Die Besprechung des Begräbnisbildes *(Abb. 12)* verdeutlicht dies:

„Das Vaterland ist in Gefahr! ruft der ‚Constitutionnel' anläßlich des Bildes von Courbet. Und sogleich eilen alle Neugierigen von Paris zum Ort der Gefahr [...] Lauthals rufen sie, Courbet sei der Sohn der demokratischen Republik von 1848; sie möchten dem Apoll vom Belvedere einen Trauerflor umhängen, sie schlagen vor, den Antikensaal zu schließen. Würde man auf sie hören, so müßten die Mitglieder des Instituts [...] stolz erhobenen Hauptes sterben, niedergetrampelt von den schmutzigen Holzschuhen der realistischen Rohlinge [...] [In Wirklichkeit] handelt es sich um das HISTORISCHE Bild eines Begräbnisses in Ornans. Liebevoll führt uns der Maler das Leben einer Kleinstadt auf dieser beispiellosen Riesenleinwand vor [...] Aber nicht die Größe des Bildes interessiert mich [...] Die Spanier [...] haben Bettler, arme Schlucker, Krüppel in derselben Körpergröße gemalt wie die Granden und Infanten von Spanien; die Familienfeste, bei denen man singt und den Dudelsack spielt, sich vom Tisch erhebt, wenn die Verdauung beschwerlich ist, sind in Lebensgröße gemalt [...] Alle Leute sind überrascht von der Schlichtheit dieses Gemäldes, das dem Anblick jener naiven, von einem unbeholfenen Messer in Holz geschnitzten Stiche [...] gleicht. Die Wirkung ist dieselbe, weil die Ausführung ebenso schlicht ist. Die hohe Kunst findet denselben Ton wie die naive Kunst [...]"[79]

CHAMPFLEURYS Beharren auf Ursprünglichkeit entspricht durchaus nicht der historistischen Losung „Geschichte allein ist zeitgemäß".[80] Entscheidend ist die Annahme, daß eine realistische Kunst, welche die Sitten der Gegenwart eindringlich widerspiegeln soll, einer stärkeren Verankerung bedürfe als nur der in Tagesfragen, und daß diese Verankerung nur in der Wiederbelebung einer sinnlichen Geschichtserfahrung „von unten" bestehen könne. Diese Erneuerung kann für CHAMPFLEURY allein der Künstler leisten, der als *Zeuge* der Gegenwart die Aufgabe hat, die zeitgenössische Kultur für die Nachwelt zu überliefern. Gleichwohl war aber CHAMPFLEURY (und mit ihm der größte Teil des Bürgertums) ein Gegner jedweder Instrumentalisierung der Kunst für politische Ziele; daher auch der spätere Bruch mit COURBET.[81]

Wenden wir uns abschließend der Position COURBETS selbst zu, in der sich die fünf genannten Gesichtspunkte (Natur, Geschichte, Gegenwart, Zukunft und die Reflexion der eigenen Person) verklammern. COURBETS Aussagen stimmen nicht immer mit den Intentionen seiner Malerei überein, mitunter sind sie auch verworren; aber schon das ständige Ausgreifen über Kunst hinaus ist für den Begriff des Realismus sehr erhellend. Die erste Äußerung ist antiklerikal und sagt damit die künftige Ablehnung der Kirchenmalerei voraus,[82] die zweite ist antizivilisatorisch und läßt die Abwendung von akademischer Feinmalerei schon erahnen,[83] in der dritten nennt sich der Maler „Sozialist, Demokrat, Republikaner, Anhänger der Revolution und vor allem Realist".[84]

Entkleiden wir diese (kurz vor dem Staatsstreich LOUIS-NAPOLEONS niedergeschriebenen) Worte ihres zeitbedingten Pathos, so enthüllen sie, wie sehr der Begriff des Realismus damals mit der Vorstellung eines „störenden" Eingriffs ins politische Leben aufgeladen war (eine Verknüpfung, die noch im Werk von Peter WEISS lebendig war). Mag COURBETS Auffassung auch mehr durch die Rezeption seiner Werke als durch sein ursprüngliches Selbstverständnis ausgelöst worden sein – jedenfalls setzte sich seit der 1848er Revolution allgemein die Ansicht durch, realistisch betriebene Kunst sei eine soziale Tätigkeit.[85] COURBETS Leistung war es, dieser Theorie in seinen Bildern Form gegeben zu haben. Nirgends finden wir bei ihm Illustrationen zur Zeitgeschichte. Aber wir finden auch keine Beschränkung auf Genremalerei. Dadurch, daß historische Ereignisse und politische Persönlichkeiten einbezogen und im *„Atelier"* ihm selbst (als dem zum Wohle aller tätigen Künstler) zugeordnet sind, entstehen Entsprechungen zu Historienbildern, wie es sie in idealistischen Werken nicht mehr gab.

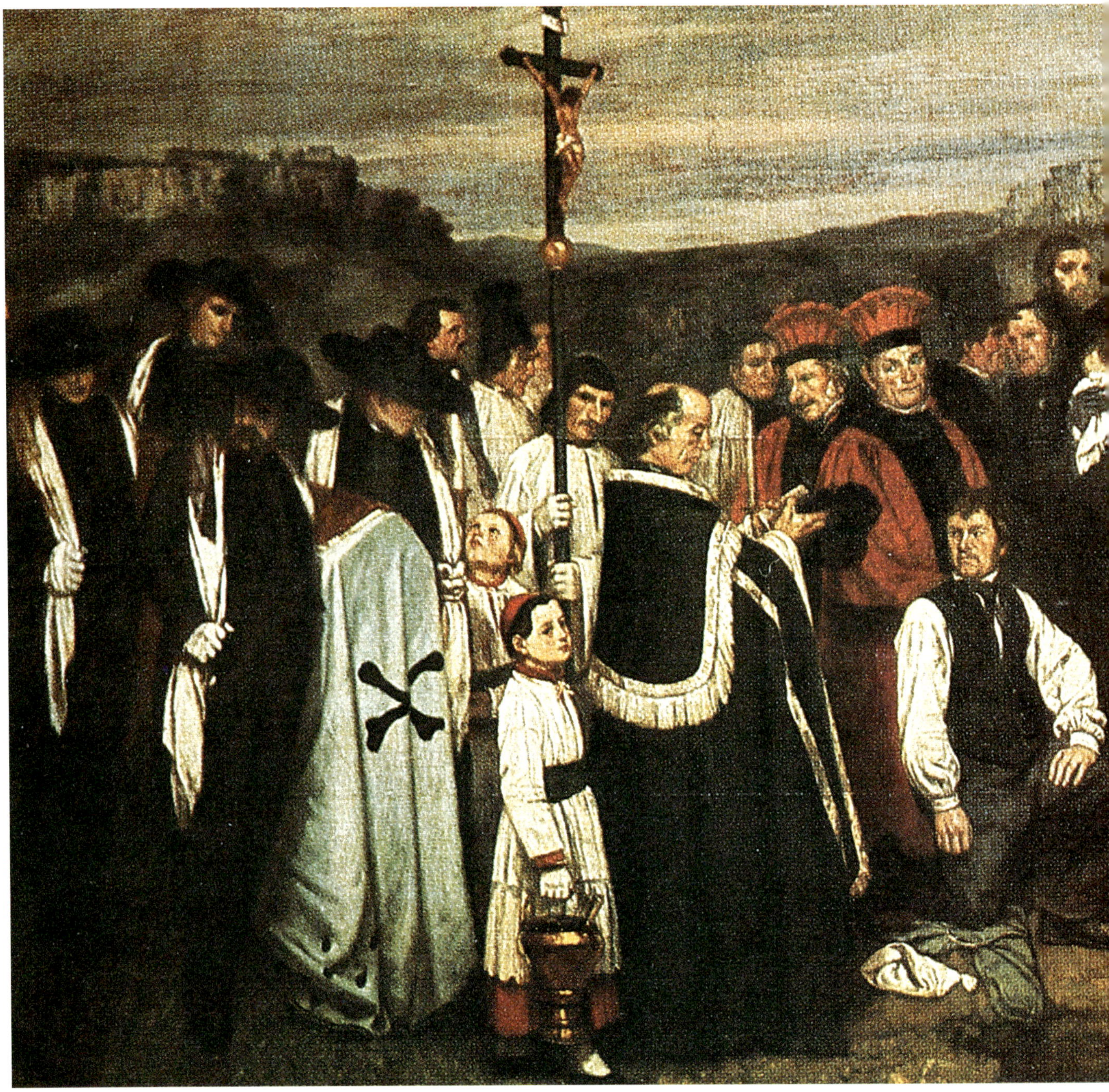

Abb. 12: Gustave Courbet: Ein Begräbnis in Ornans. 1849. Paris, Louvre. Im Louvre stellt die über drei Meter hohe, fast sieben Meter breite Leinwand heute einen Blickfang unter den Werken des 19. Jahrhunderts dar. Aber es ist auch ein Bild, an dem die Besucher rasch vorbeieilen, weil es ihnen unzugänglich bleibt, werden sie doch mit einer „geschlossenen Gesellschaft" konfrontiert. Wer bildet diese Gesellschaft? Zu sehen ist ein Trauergeleit. Mehrere Szenen sind ineinandergefügt, aneinandergestückt. Schon beim ersten Blick fällt auf, daß es keine rechte Ordnung, keine zwingende Reihenfolge der Beschreibung gibt: In der Mitte, vor dem ausgeschachteten Grab, der Totengräber; links vier Männer mit dem Sarg, dann der Mesner mit dem Kruzifix, zwei Meßdiener, der Priester und, in Rot gekleidet, zwei Laien, die man als Zeremonienmeister bezeichnen kann. Halbrechts im Vordergrund, neben einem mageren Windhund, zwei Männer in Kniebundhosen, deren einer gerade eine Handvoll Erde ins Grab werfen will – was aber erst nach Versenkung des Sarges geschieht. Dahinter, fast über die gesamte Breite des Bildes hinweg, im üblichen Schwarz, der restliche Trauerzug; von den Männern manche im Zylinder, von den Frauen einige in weißen Hauben. Unverkennbar drückt sich die Betroffenheit vieler Teilnehmer in den vorgehaltenen Taschentüchern aus. Im Hintergrund eine kahle Berglandschaft mit den senkrecht abfallenden Felsen des französischen Juragebirges, in dem Courbets Geburtsort Ornans, der Schauplatz des Geschehens, liegt. In den Erhebungen und Talsenken dieser unscheinbar graugrünen Bergwände – es ist die Alltagslandschaft der Bewohner – klingt das Auf und Ab des Zuges sachte aus. Bis auf den Verstorbenen sind sämtliche Personen inzwischen identifiziert; man weiß den Namen des Bürgermeisters, der sich in der Bildmitte aufgestellt hat, man hat unter den trauernden Frauen die Schwestern des Künstlers ausgemacht, man kennt die Veteranen im Vordergrund. Und doch sagt dies alles nur wenig über das Bild aus. Überhaupt trägt

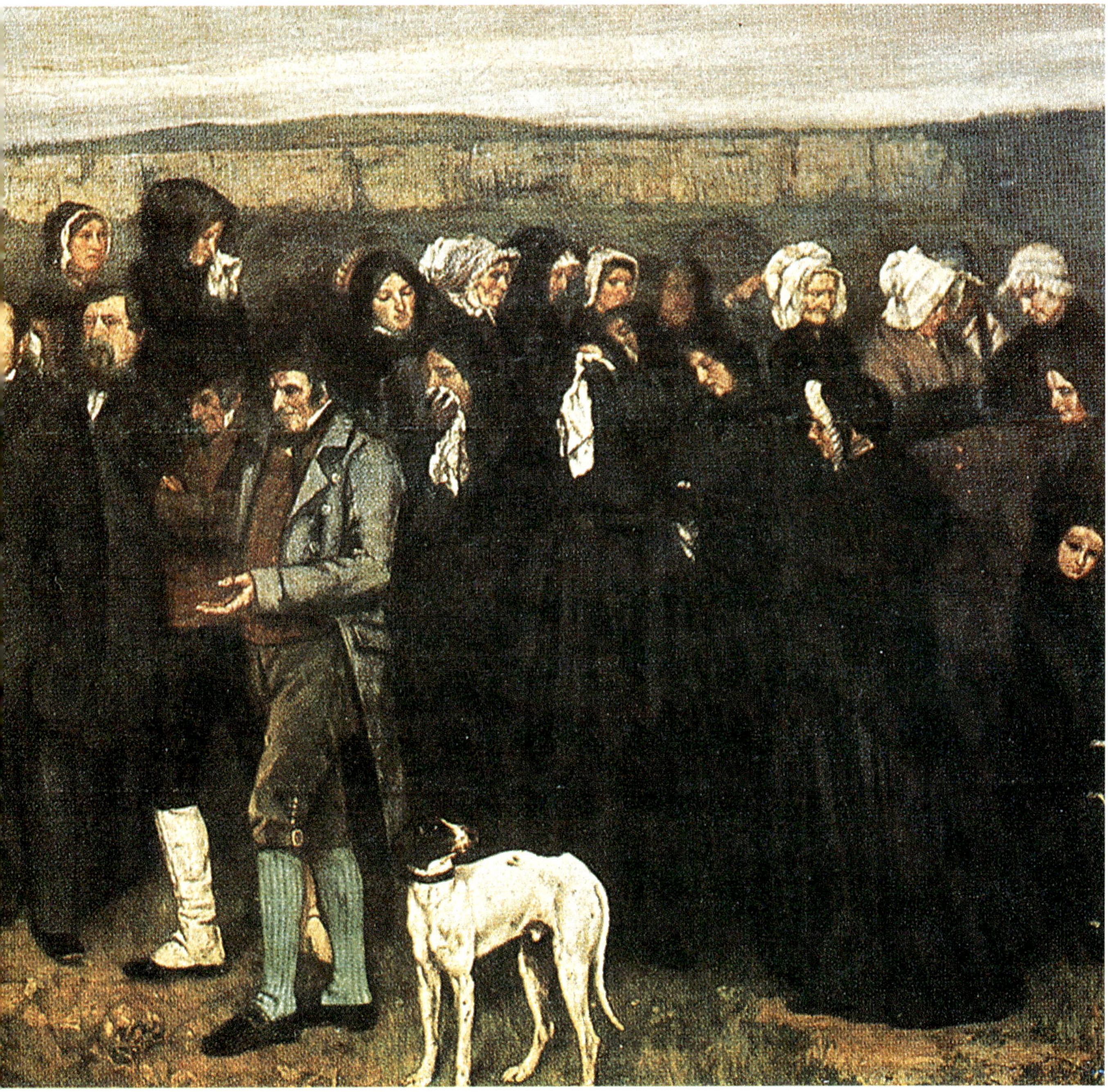

die Ikonographie, ganz im Gegensatz zu älterer Malerei, nichts Wesentliches zum Inhalt bei; im traditionellen Verständnis von Kunst könnte man dem Bild sogar jeglichen Inhalt bestreiten. Es ist nicht so wie bei flämischen Gruppenporträts des 17. Jahrhunderts, wo jedes Mitglied eines Schützenvereins sich charakteristisch und würdig dargestellt wissen wollte und sich in der Gesamtheit der Bildnisse der Zweck des Auftrags erfüllte. Es ist aber auch nicht so, daß die Personen um eines höheren Zieles willen als namenlose Masse gegeben wären, etwa um durch ihre bloße Frömmigkeit den Betrachter zur Andacht aufzurufen oder um einer überirdischen Erscheinung als Staffage zu dienen. Weder erfüllt sich der Bildsinn in den individuellen Porträts, noch gibt es einen Mittelpunkt, der dem Ganzen Bedeutung verliehe. Wer verstorben ist, bleibt uns verborgen; ausdrücklich nannte der Maler sein Bild „*Ein* Begräbnis in Ornans" – ein beliebiges Begräbnis ist also gemeint. Aber auch der Priester oder der Bürgermeister haben keine historisch denkwürdige Rolle gespielt. Und es gibt keinen anschaulichen Grund, mit den Anverwandten mehr Mitgefühl zu zeigen, als wir bei jeder beliebigen Todesanzeige eines uns Unbekannten empfinden. Das Gefühlsmoment findet im Bild eine so nachhaltige Auflösung, daß wir in dieser Hinsicht voll entlastet werden. Wenn aber schon kein besonderes Schicksal, kein historisch bedeutsames Ereignis, keine große Gestalt – haben wir dann wenigstens eine Allegorie der Vergänglichkeit vor uns oder ist das Bild zu seiner Entstehungszeit so aufgefaßt worden? Auch für eine solche Annahme gibt es keinen Anhaltspunkt. In der Bildmitte sehen wir statt einer sinnbildlich, allegorisch deutbaren Figur nur das Grabesloch, und nicht etwa eines, in das wir erschaudernd hinabblicken könnten, so daß die Gefühlsbindung des Betrachters die Ausstrahlungskraft einer pathetisch hervorgehobenen Zentralfigur ersetzen könnte. In Szene gesetzt ist lediglich der Totengräber – eine Figur, die ihren Beruf ausübt und emotional am Geschehen nicht beteiligt ist

Dieser Begriff von Realismus als „art social" ist eine der vielen Seiten des Atelierbildes, wo links die Politiker, rechts die Kunstfreunde den Maler umgeben. Wenn COURBET dieses Bild 1855 einen „Rückblick auf sieben Jahre meines Lebens" nannte, dann war jedermann klar, daß er damit eine Summe aus seinen Erfahrungen seit der Revolution von 1848 ziehen wollte. Aber unmittelbar, das heißt naturalistisch, ist davon nichts zu sehen. Die Folgen der Revolution werden durch einzelne Persönlichkeiten vermittelt, vor allem durch den Maler selbst, der inmitten der Stadt (durch das zentrale Landschaftsbild) die *Rückkehr zur Natur* verkündet. Für DELACROIX war dies der Kern von COURBETS offensivem Realismus.[86] Damit ist zweierlei gesagt: Das Bild der Natur ist mehr als nur „Landschaft", und Realismus ist im Frankreich der 1850er Jahre keine angepaßte Kunst. Für die größte Industrieausstellung des Kaiserreiches konzipiert, erweist sich gerade dieses Bild als pragmatisches Gegenstück zur herrschenden Fortschrittsideologie. Dazu gehört, daß Realismus nicht aufgeht in Gegenwärtigkeit. COURBET legte Wert darauf, historische Erfahrungen in die Schilderung des zeitgenössischen Lebens einzubeziehen. Realismus ist aber auch mehr als die mit Geschichte aufgefüllte Zuwendung zur Gegenwart. Das Atelierbild zeichnet zwar nach COURBETS eigenen Worten ein Bild der Höhen und Tiefen der gegenwärtigen Gesellschaft, aber zugleich weist es einen Weg (oder Ausweg) in die Zukunft, wofür die Natur als heilende Instanz steht. Schließlich: Realistische Kunst ist zwar soziale Kunst – so begreift der Maler im Bildzentrum seine Arbeit –, aber zugleich vereinzeln sich alle Dargestellten, was den Blick zur entfremdeten Wirklichkeit zurücklenkt und den potentiellen Triumph des Künstlers um so augenfälliger macht. Nicht nur im Gemälde, sondern auch im gleichzeitig erschienenen Manifest – dem ersten Manifest des Realismus – überwiegt dieser fünfte Aspekt, das Streben nach Individualität:

„Ich habe außerhalb jedes Systems und unvoreingenommen die Kunst der Alten und der Modernen studiert. Ich wollte weder die einen nachahmen noch die anderen kopieren; mein Denken war auch nicht auf das müßige Ziel einer Kunst um ihrer selbst willen ausgerichtet. Nein! Ich wollte ganz einfach aus der umfassenden Kenntnis der Tradition das wohlbegründete Gefühl der Unabhängigkeit meiner eigenen Individualität schöpfen."[87]

COURBETS programmatische Rede auf dem Antwerpener Künstlerkongreß von 1861 erweitert diese Perspektive zum Doppelprinzip von individueller Selbstverwirklichung und gesamtgesellschaftlichem Anspruch:

„Indem ich das Ideal ablehne mitsamt allem, was daraus folgt, gelange ich zur vollen Selbstbefreiung des Individuums bis hin zur Verwirklichung der Demokratie. Der Realismus ist seinem Wesen nach die demokratische Kunst."[88]

Selbst in der Pariser Commune sieht er nichts anderes als die Übertragung seines Individualprinzips auf den Staat: Selbstverwaltung, autonome Kantone, freie Assoziationen in ganz Frankreich einzurichten, ist sein Ziel. 1872 schildert er sich als einen Menschen, der „sich fünfundzwanzig Jahre lang konsequent in seiner Individualität behauptet hat, [...] im Einklang mit der Dezentralisierung [...]"[89] In vielen Bildern wird dieses Ziel gestaltet, das für ihn mit dem Gedanken autonomer Regionen untrennbar verknüpft war.

Die bei COURBET so lebendige Fundierung auf Natur, Geschichte, gesellschaftliche Gegenwart, und damit verbunden die Hoffnung auf Zukunft und Selbstverwirklichung, hat auf viele Künstler unserer Zeit, die sich selbst Realisten nennen, weitergewirkt.[90] In manchen Vorstellungswelten hat sich Realismus aber auch zu einer „Kunst der neuen Klasse" verengt oder zur nachahmenden Widerspiegelung der Realität zurückentwickelt.[91] Andererseits kommt im 20. Jahrhundert eine Verbindung von engagierter Volkstümlichkeit und struktureller Abstraktion zum Tragen. Bevor diese Aspekte behandelt werden, soll indes der Höhepunkt realistischer Kunst, der mit COURBET erreicht wurde, an Bildbeispielen verdeutlicht werden.

Realistische, idealistische, naturalistische Kunst im Frankreich des 19. Jahrhunderts: Bildvergleiche

Wir haben die Auffassungen der Zeitgenossen vernommen. Aber es sind Urteile, nicht Analysen. Worin also besteht der „Idealismus", der an Léopold ROBERTS *„Ankunft der Schnitter in den Pontinischen Sümpfen" (Abb. 9)* gerühmt wurde? Welche konkreten Bildqualitäten sind es, die PROUDHON veranlaßten, den *„Schnittern"* COURBETS *„Bauern von Flagey auf der Rückkehr vom Markt" (Abb. 10)* als Inbegriff des Realismus gegenüberzustellen? Auch ROBERT hat ja einen „niederen" Gegenstand gewählt; schließlich steht ein Bauernkarren und nicht etwa ein Gnadenbild im Zentrum des dreiteilig aufgebauten Gemäldes, und man sieht sogar die tiefen Furchen, die solche Wagen in den weichen Boden graben.

Aber die beiden Bäuerinnen links, von denen eine ein leichtes Garbenbündel trägt, während die andere ihren bedeutungsschweren Blick auf dem Betrachter ruhen läßt – sie sehen nicht gerade nach Arbeit aus. Sichtlich ist die eine in den Wagenlenker verliebt, einen Beau, der in der Pose eines Akademiemodells lässig den Stock führt, den er mit dem Stab eines antiken

Herrschers vertauscht zu haben scheint. Über ihm türmen sich Figuren in die Höhe, denen keinerlei inhaltlicher Höhepunkt entspricht – eine Entwertung des „Ideals“. In einem Tanz zum Dudelsack klingt die Romanze aus. Von der Ernte ist wenig, von der Arbeit nichts zu sehen, und von den Sümpfen ist nur im Titel die Rede. Ein goldgelber Abendhimmel bekräftigt die Verklärung des Vorgangs.

Von COURBETS Bauern hingegen wird nicht nur behauptet, sie befänden sich auf der Rückkehr vom Markt – sie sind es auch, der Bildform nach:

Da werden Ochsen (und nicht edle Zuchtbullen wie bei ROBERT) vorneweg getrieben, die Bauern besprechen im Reiten die Geschäfte, etwas geduckt folgen die Frauen zu Fuß, querfeldein zieht vorn ein Mann mit einem angebundenen Ferkel einher. Das Schwein, oft zur Diffamierung der Realisten eingesetzt, kommt hier ganz selbstverständlich daher; man stolpert gleichsam darüber. Ungeschönt und steif sind die Figuren gegeben; den Eindruck grauen Alltags verbreiten die Farben.

Wenn PROUDHON das Handfeste, den positivistischen „Feststellungscharakter“ des Bildes hervorhob, so erfaßte er damit zwar eine wesentliche Qualität realistischer Malerei, doch entging ihm das Verletzende, das für Leute von „gutem Geschmack“ in der Art der Inszenierung und des Farbauftrags lag: Der aufgerauhte Boden und das schüttere Laub provozierten das gehobene Publikum nicht weniger als das Schwein. Die Tendenz, eine solche Verselbständigung der Malmittel zu unterbinden, kennzeichnet idealistische und naturalistische Malerei gleichermaßen. ROBERTS *„Schnitter“* zeigen eine glatte und „störungsfreie“ Oberfläche. Ein Gemälde wie GAILLARDS *„Bildnis einer älteren Frau“ (Abb. 13)* (um 1872) wirkt auf den ersten Blick geradezu umgekehrt. Niemand wird

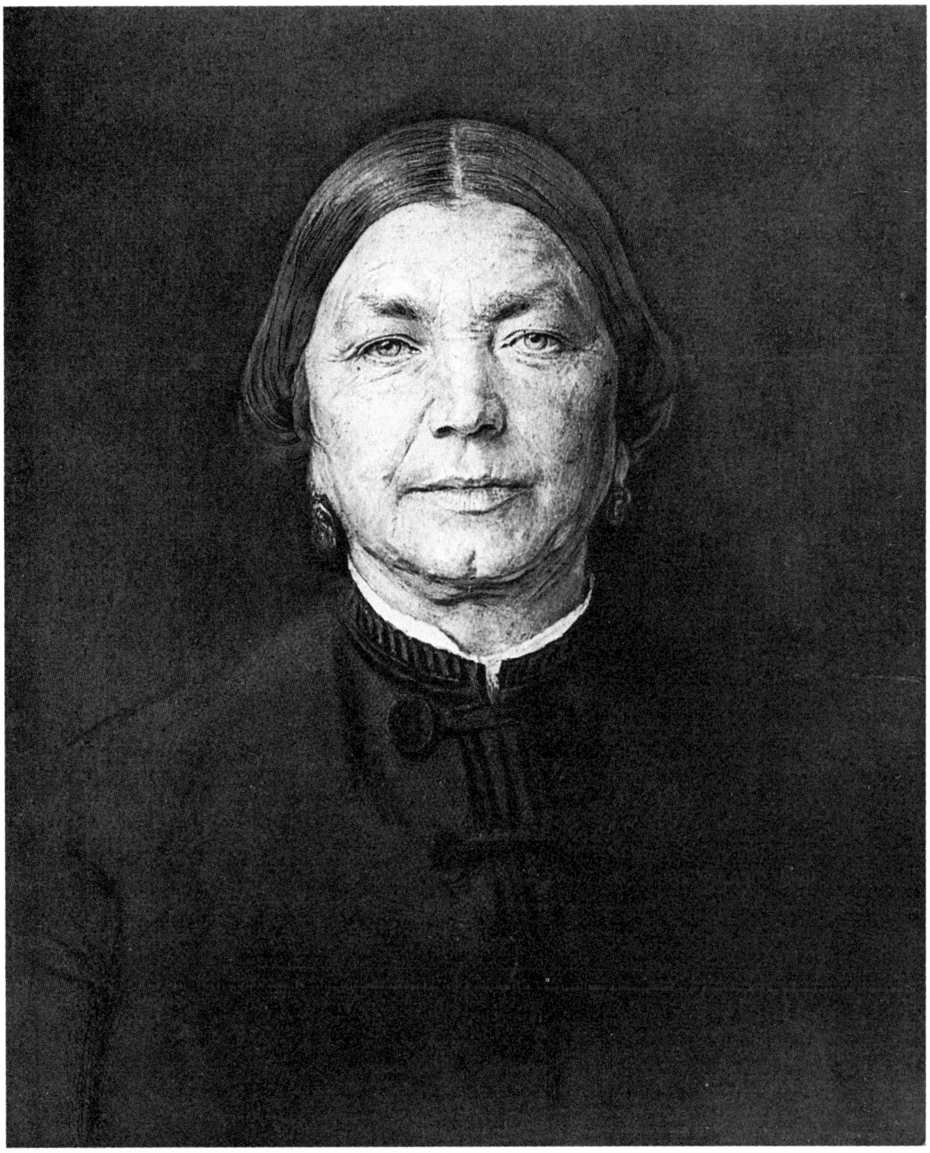

Abb. 13: Claude-Ferdinand Gaillard: Bildnis einer älteren Frau. Um 1872. Paris, Musée d'Orsay

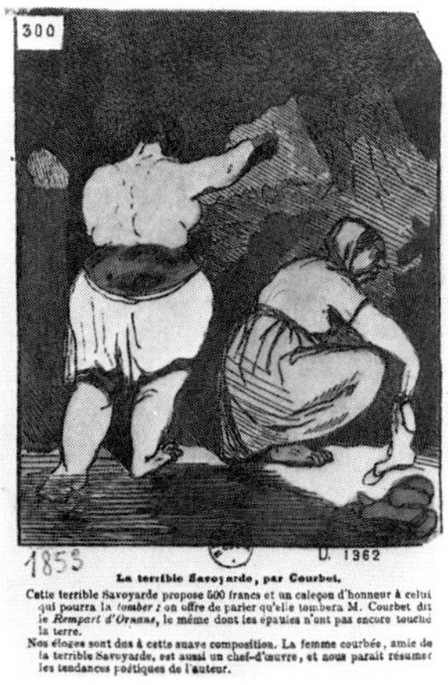

Vergleichsbeispiel: Bertall (Ch. A. Arnoux): Karikatur auf „Die Badenden“ von Courbet. Holzstich. Journal pour rire, 25. 6. 1853

dieses Porträt, in dem wir jede Falte und Runzel, ja fast wie bei einem „hyperrealistischen“ Bild der 1960er Jahre jede Pore ablesen können, idealistisch nennen. Aber wieder tritt die Malweise ganz hinter dem Gegenstand zurück. Auch für ein solches naturalistisches Kunstwerk gilt also: Der Malprozeß erlischt im Produkt.

Andere Dimensionen zeigen sich im Vergleich zwischen COURBET und INGRES. Die *„Badenden“ (Abb. 14)*, das Gegenstück zu den *„Ringern“ (Abb. 15)*, wurden ob ihrer ordinären Haltung, ihrer schmutzigen Füße, ihrer sinnlosen Gesten gerügt. Solchen Vorwürfen setzte sich INGRES' *„Quelle“ (Abb. 16)* nicht aus. Als sei sie eine Statue und das Wasser aus Kristall, berührt sie, eine „schaumgeborene Venus“, kaum den Wasserspiegel. In einer in sich zurückgenommenen Haltung, die durch Brunnenfiguren GOUJONS seit drei Jahrhunderten in Frankreich vorgeprägt war, gießt sie aus einer antikischen Vase Wasser in die Quelle, der sie entstieg und die sie zugleich auch verkörpert. Obwohl leicht verschattet, ist der Umriß doch ringsum klar zu verfolgen, und trotz des verträumten Blicks strahlt die Gestalt keine greifbare Sinnlichkeit aus. So wurde in der Akademie gezeichnet. Mit Reinheit und Ebenmaß lassen sich die hier tradierten, durch Wasser und Lilie attributiv noch einmal aufgerufenen Werte benennen.

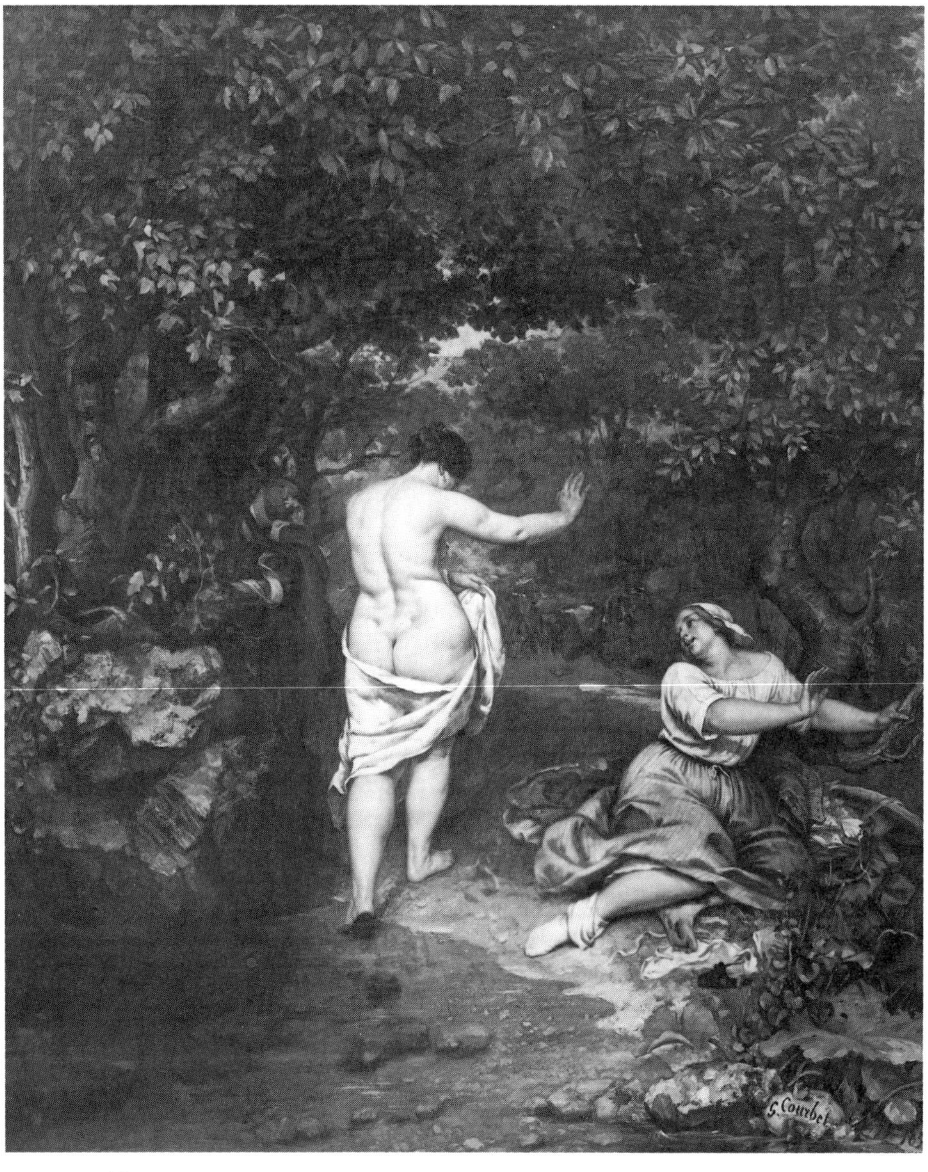

Abb. 14: Gustave Courbet: Die Badenden. 1853. Montpellier, Musée Fabre

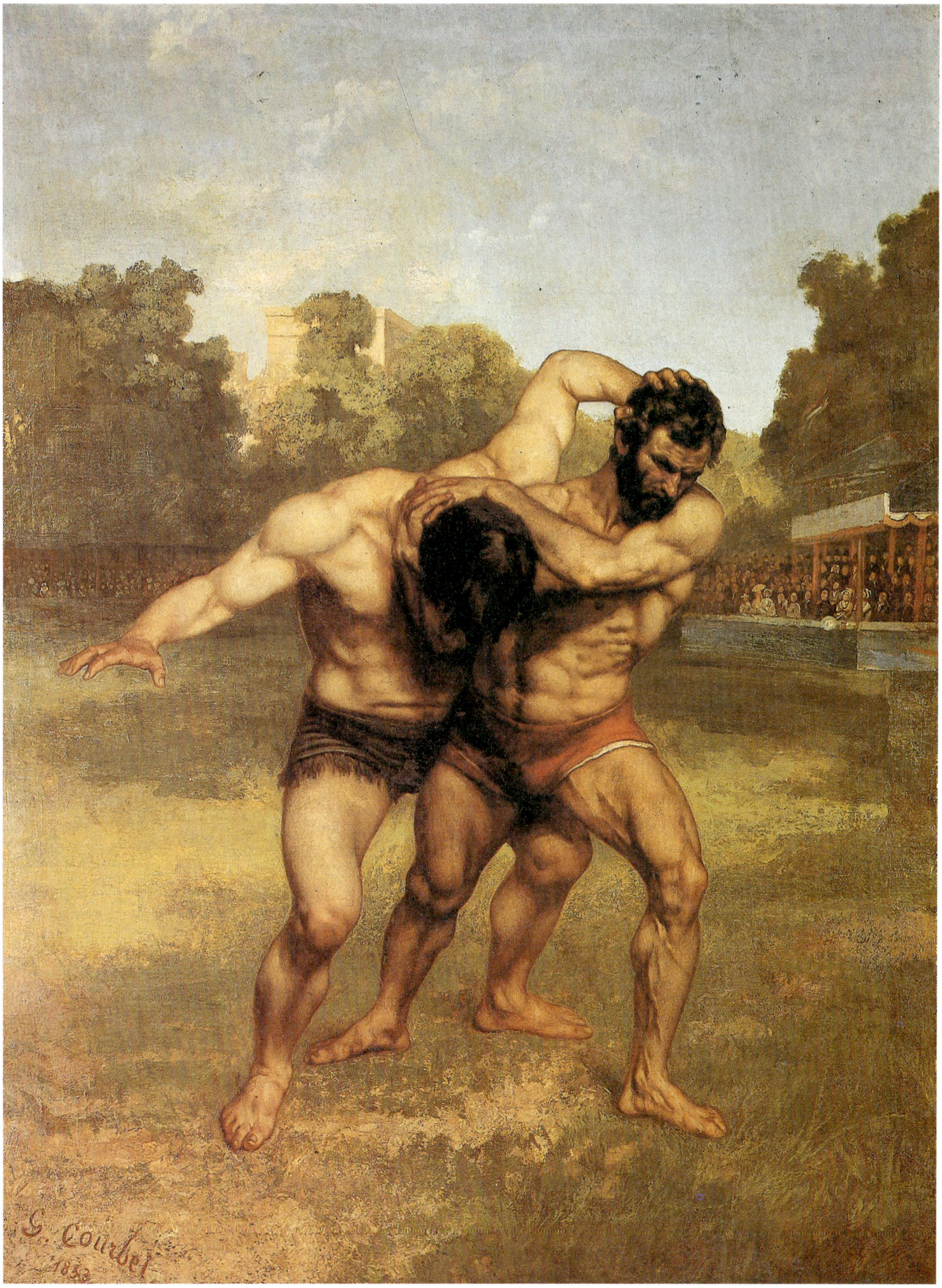

Abb. 15: Gustave Courbet: Die Ringer. 1853. Budapest, Nationalmuseum der Bildenden Künste

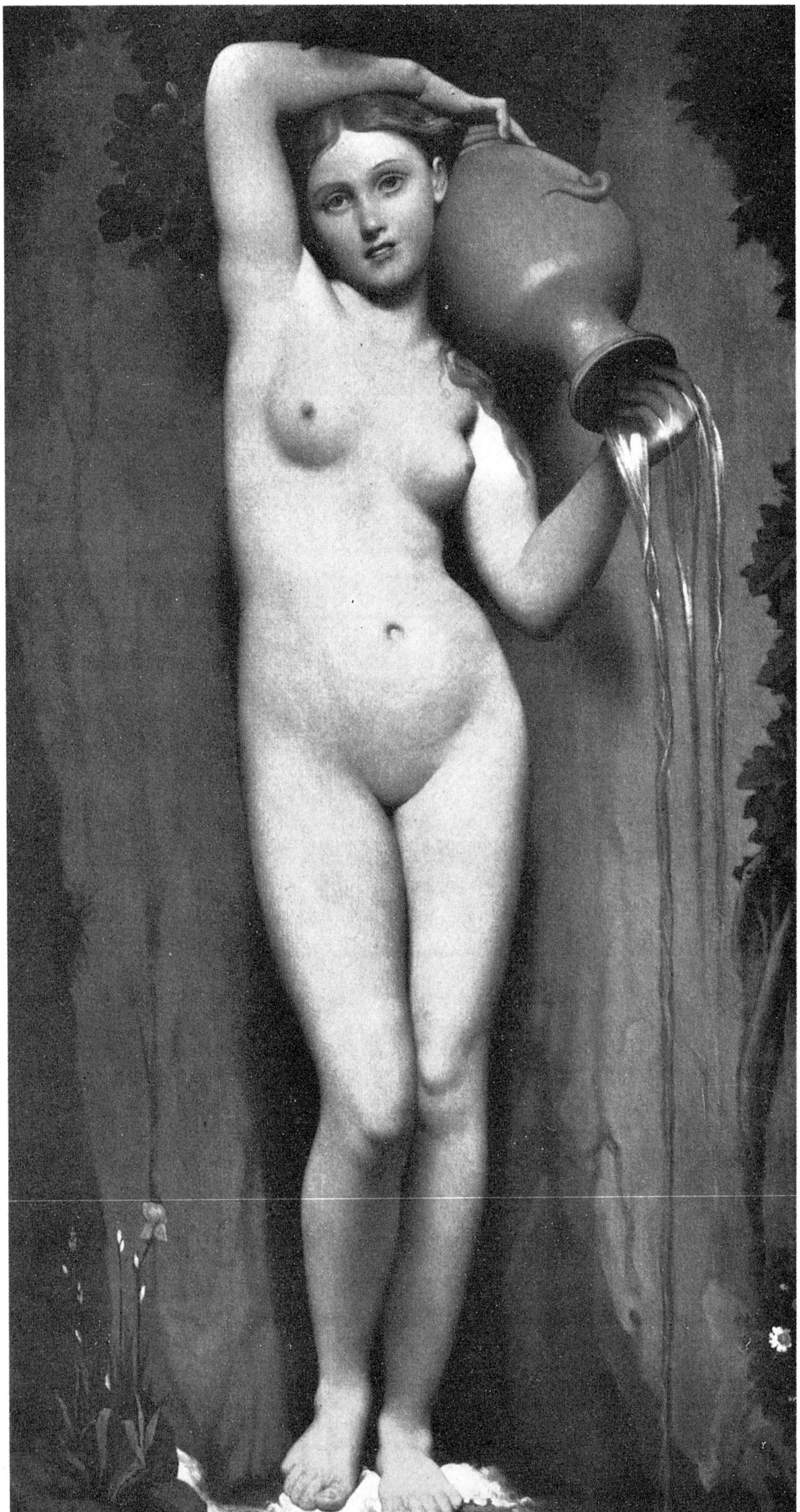

Abb. 16: Jean-Auguste-Dominique Ingres: Die Quelle. Begonnen 1820, vollendet 1856. Paris, Louvre

Zwar verrät auch COURBETS Rückenakt noch die Kenntnis akademischer Regeln, aber im Vergleich zu INGRES erscheint alles von distanzloser Willkür; kein Kanon gibt dem Künstler Halt. Die Sitzende ironisiert das geltende Schönheitsideal, indem sie sich ihrer dicken Begleiterin auch noch bewundernd zuwendet, was diese bescheiden abwehrt. Dem verklärten Christus als Gärtner und Magdalena, die sich nach der Auferstehung ihm nahte, kommen solche Gesten zu – hier dagegen können sie nur als Verhöhnung akademischer Ideale gedeutet werden. Im übrigen nehmen Figuren und Landschaft schon vitalistische Prinzipien vorweg. Bis in die Fußspitzen, könnte man sagen, erweist sich Realismus als widerborstige, aus den Fugen geratene Kunst. Wie sehr – das zeigen die zeitgenössischen Karikaturen auf das Bild. Eine von ihnen verwandelt die Badende in eine „terrible Savoyarde", das heißt im Jargon der Zeit: in eine ungeschlachte Catcherin aus der Provinz. Lobte LAMARTINE den „poetischen Gehalt" der idealisierenden Malerei von ROBERT,[92] so werden in dieser Karikatur ironisch die „poetischen Tendenzen" COURBETS gerühmt.

Mangel an Poesie oder an Phantasie war ein beliebter Vorwurf gegen realistische Kunst. Auch DAUMIER spielte damit: „Ein Realist findet immer einen noch größeren Realisten, der ihn bewundert", ist auf einem seiner Holzschnitte unter einem Bild zu lesen, das nichts als eine halb abgebrannte Kerze und eine leere Pfeife zeigt.[93] Ursprünglich Vergänglichkeitssymbole, sind diese Gegenstände bei DAUMIER nur in ihrer kruden Dinghaftigkeit dargestellt, bar jeden Sinns. Der „größere Realist", das heißt der noch phantasielosere Zeitgenosse, ist der, der dies auch noch bewundert.[94] DAUMIER wettert damit gegen jenen vordergründigen „Realismus", den wir heute Naturalismus nennen. Realist war er indessen selbst, nicht nur im Alltagssinn des Wortes, nämlich in einer skeptisch-realistischen Beurteilung der Revolution, sondern auch als Maler und Graphiker.[95]

Über COURBET hinaus sei der Blick hier nur auf zwei Werke gelenkt: auf DAUMIERS Lithographie *„Rue Transnonain" (Abb. 17)* und auf MILLETS Pastell *„Der Arbeiter im Weinberg" (Abb. 18)*. Beide Bilder verbinden ältere Pathosformeln mit dem Ausdruck zeitgenössischer Sozialkritik und politischer Anklage. Die *„Rue Transnonain"* (1834) stellt einen lakonischen Kommentar auf die brutal niedergeschlagenen Unruhen in den Pariser Arbeitervierteln dar. Wie bloßes Material, wie „Stückgut" liegen die ermordeten Leiber einer vierköpfigen Arbeiterfamilie umher, der Vater, ins Licht gerückt, von vorn gesehen und daher verkürzt wie gelegentlich der Leichnam Christi in älteren Bildern realistischer Tendenz. Trotz dieser „Sakralisierung" ist die Szene völlig zeitnah gegeben.

Man sieht: Die Familie wurde im Schlaf überrascht, die Unschuld braucht nicht plakativ beteuert zu werden. Jede heroische Geste, aber auch jede illustrative Zutat, jede Spur von den Mördern kann daher fehlen. Es genügt die Blutspur, die den Boden befleckt. Im Verzicht auf anekdotisches Beiwerk zeigt sich DAUMIERS Antinaturalismus am klarsten. Erst dadurch kommt das Engagement gegen die Staatsgewalt vollständig zum Zuge.

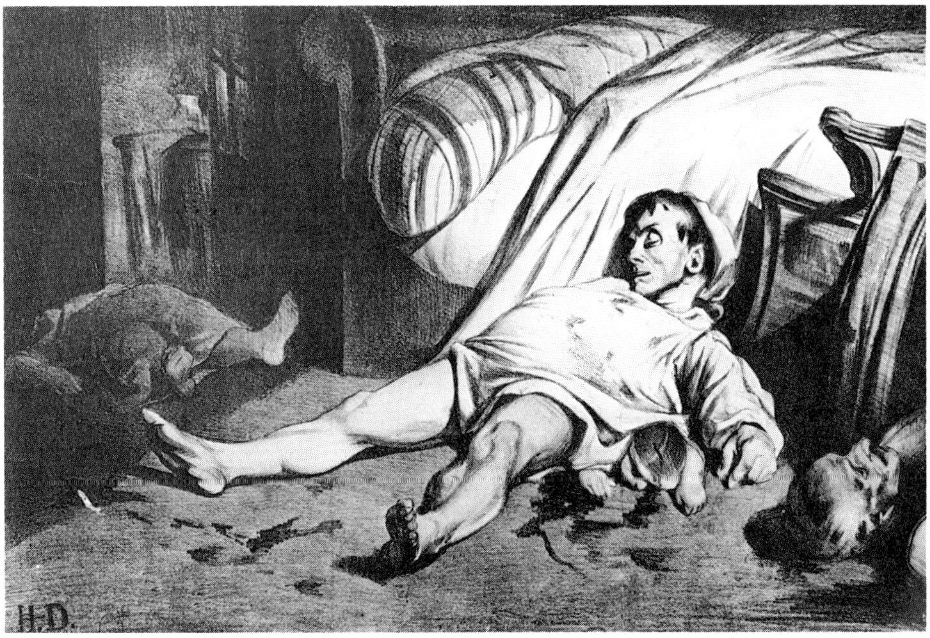

Abb. 17: Honoré Daumier: Rue Transnonain le 15 avril 1834. Lithographie. 1834. Paris, Bibliothèque Nationale, Cabinet des estampes

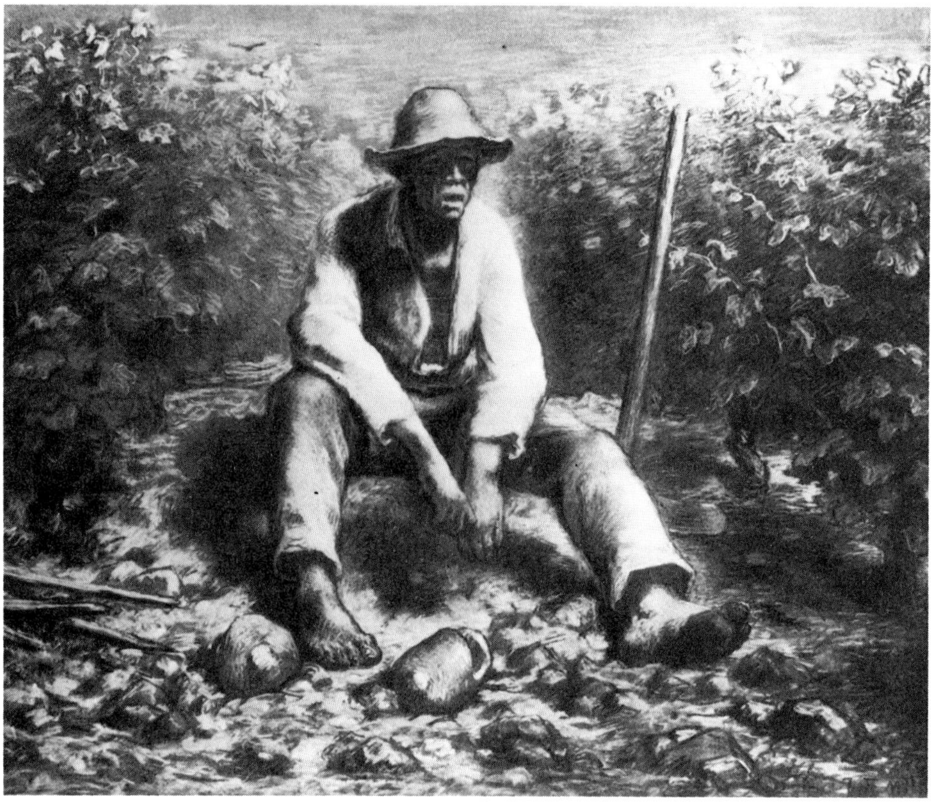

Abb. 18: Jean-François Millet: Der Arbeiter im Weinberg. Pastellkreide auf Karton. 1869/70. Den Haag, Rijksmuseum

Anders bei MILLETS *„Arbeiter im Weinberg"* (1869), den man einen aktualisierten „Christus im Elend" nennen könnte. Von der Arbeit erschöpft, starrt der Tagelöhner verzweifelnden Blicks in eine Zukunft, die ihm nichts bringen kann – ein „Arbeitstier", dessen Produktivität in fremden Diensten mißbraucht wird. Was Wunder, daß seine in der steinigen Hitze erschlafften Hände gichtig wirken. Nur ideell bleibt – weniger ihm als dem Betrachter – der Trost des Neuen Testaments, wonach der Weinberg den ungetreuen Verwaltern genommen wird und denen zufällt, die in ihm die Arbeit verrichten. Der Arbeiter ist hier der Baustein, den die Bauleute verwarfen und der nun zum Eckstein der Zukunft bestimmt ist (Matth. 21, 41 ff.).

Derartige Auslegungen waren im 19. Jahrhundert geläufig und sind auch aus Äußerungen MILLETS erschließbar – aber sie setzen das Wissen des Betrachters voraus: im Bild selbst wird diese Sinnschicht nicht ausdrücklich thematisiert. Die realistische Darstellung ist also mit einem gedanklichen Idealismus verknüpft, der auf eine Hoffnung jenseits der sicht- und greifbaren Welt abzielt.

Einmal mehr wird hier deutlich, daß es die „reine" Umsetzung des Begriffs „Realismus" im Kunstwerk nicht gibt.

Aber welche Variante wir uns auch vornehmen – jedesmal hat Realismus mit einem Erwartungsbruch oder Schock zu tun. Dieser Schock teilt sich uns nicht mehr in jedem Falle mit, doch er ist rekonstruierbar.

Das ursprünglich Anstoßerregende realistischer Kunst im Paris des 19. Jahrhunderts stellt ein karikaturhaftes Bild am klarsten vor Augen: COUTURES *„Realist" (Abb. 19)* von 1865:

Wir sehen einen Künstler, der das antike Vorbild, das er malen soll, als Sitz benutzt und statt dessen einen Schweinekopf kopiert. Die Flaschen neben ihm weisen ihn als Säufer aus, die Pfeife und der breite Hut als Bohèmien. Realisten sind Schweinemaler, ist das Fazit, das COUTURE, selbst ein eklektisch-akademischer Maler, zieht. Mit anderen Worten: Wo die Provokation fehlt, können wir nicht von Realismus reden – ein Satz, der übrigens nicht umkehrbar ist.

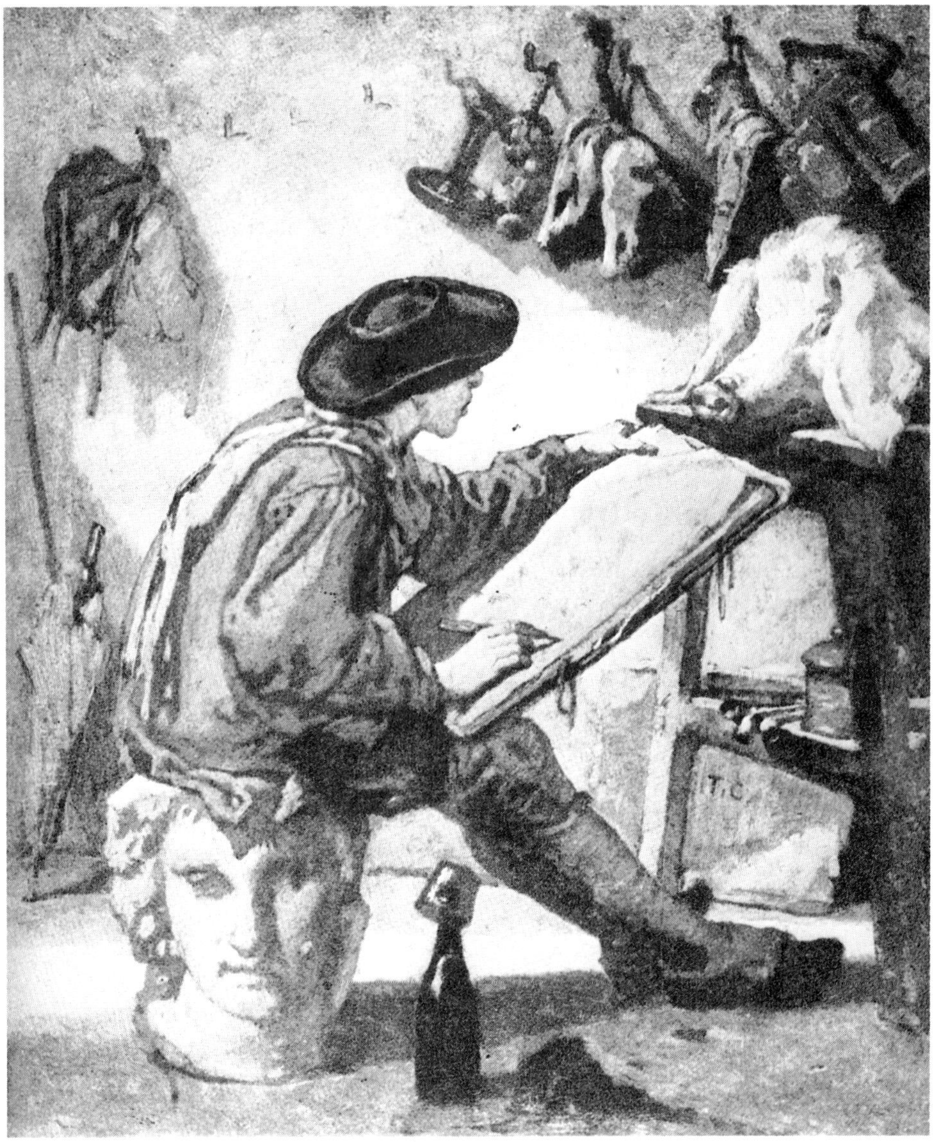

Abb. 19: Thomas Couture: Der Realist. 1865. Cork (Irland), Crawford Municipal School of Art

Zur Produktion und Rezeption realistischer Kunst außerhalb Frankreichs

Eine Erörterung über den bildkünstlerischen Realismusbegriff im 19. Jahrhundert sollte im Grunde mit Deutschland beginnen, denn hier hat sich das Verständnis von Begriff und Sache zuallererst und auch am klarsten ausgebildet; die spätere Entwicklung bleibt hinter diesen Anfängen allerdings in Theorie und Praxis zurück.

Über einen Entwurf zur Weimarer Preisaufgabe von 1801 schreibt GOETHE:

„Betrachtet man es [das Bild „Achill auf Skyros"] näher, so [...] erscheint hier alles leidenschaftlicher, bewegter und ganz realistisch."[96] Betont GOETHE hier das Pathos realistischer Kunst, so benennt er bei Werken altdeutscher Meister das „nahsichtige" Einfühlungsvermögen mit dem gleichen Ausdruck: „Albrecht Dürer förderte ein höchst inniges realistisches Anschauen, ein liebenswürdiges menschliches Mitgefühl aller gegenwärtigen Zustände."[97] An anderer Stelle heißt es: „Rembrandts Realism in Absicht auf die Gegenstände. Licht, Schatten und Haltung sind bei ihm das Ideelle."[98]

Im Nachweis realistischer Tendenzen in der niederländischen Kunst gehen GOETHE und auch Jacob BURCKHARDT den beiden französischen Kritikern THORÉ und CHAMPFLEURY voraus. 1842 schrieb BURCKHARDT vom „überstrahlenden Ruhm der realistischen van Eyckschen Schule" und übertrug diesen Begriff auch gleich auf die neuere belgische Kunst.[99] Allerdings wurden die Ausdrücke Naturalismus und Realismus nicht immer scharf geschieden. Oft ist nur das exakte Verfahren gemeint.

So urteilte GOETHE (1831) über die *„Schmalkaldener Korbverkäuferinnen"* des Gerhard VON REUTERN, dieses Bild, ein zeitgenössisches Werk, sei „ein Meisterwerk Ihres Talents, geübten Welt- und Naturblicks, technischer Fertigkeit, realistischer Darstellung der Gegenstände, dabey eines höchst sittlichen Eindringens in die Gemüthsverfassung und Stimmung bis zu den untersten Classen".[100]

Daß GOETHE den Begriff des bildkünstlerischen Realismus nur zustimmend anwenden würde, war nicht zu erwarten. Gern wertet er den Ausdruck ab, wo er ihn im Sinne bloßen Nachbildens versteht.

So etwa, wenn er VITRUV unterstellt: „Er, als ein echter Realist der Mahlerei nur die Nachbildung wirklicher Gegenstände vergönnend, tadelte diese der Einbildungskraft sich hingebenden Gebilde" [der pompejanischen Wandmalerei].[101] Mit der gleichen Begründung kann GOETHE die Möglichkeit realistischer Kunst überhaupt verwerfen: „Die echte Kunst hat einen idealen Ursprung und eine ideale Richtung, sie hat ein reales Fundament, aber sie ist nicht realistisch."[102] Unter diesem platonischen Blickwinkel kommt es dann zu konkreten Reserven. GMELINS Stiche zur Äneis etwa „geben ein trauriges Beispiel von der modernen realistischen Tendenz, welche sich hauptsächlich bei den Engländern wirksam erweist".[103] Auf englische Kunst, aber in positivem Sinne, bezieht sich auch Karl GUTZKOW, wenn er Ende 1834 über HOGARTH schreibt: „Wer verlangt, daß Ihr moralisiren sollt, wie Hogarth? wer sagt, daß seine Contraste, seine Zerrbilder, sein Trumpfen auf Häßlichkeit nachahmenswürdig ist? Niemand; aber was jeder Künstler von ihm entlehnen sollte, ist seine Besonnenheit, sein Realismus, seine Wirklichkeit, sein Mitteneintreten in den Gegenstand [...]"[104]

In GOETHES Wort von den „untersten Classen" klang die Auffüllung des Realismusbegriffs mit politischen Inhalten bereits an. Als die einzige Richtung, welche diesem Anspruch genügte, galt im Vormärz die Düsseldorfer Malerschule. Doch nun ist bereits Frankreich das Vorbild:

„In Frankreich ist die Kunst unauflöslich an die allgemeine Strömung des Nationallebens gebunden; sie steigt und fällt mit den socialen Verhältnissen. Weil diese jedoch in unaufhörlicher Metamorphose begriffen sind, so schwanken auch die Maler vom Alten zum Neuen, vom Soliden zum Scheinbaren, vom Idealen zum Realen."[105]

Diese Zeitgemäßheit wird bald als „der reinste Realismus", bald als „der edelste Naturalismus" bezeichnet.[106] Damit sind die Weichen gestellt. Unschöne Sujets werden ausdrücklich verurteilt; gefordert sind naturgetreue Formen, republikanische Motive oder Sujets aus der Alltagswelt. Darüber gelangt die deutsche Kunst in Theorie und Praxis bis hin zu MENZEL kaum hinaus.[107] Daher kann auch der Realismusbegriff kaum inhaltsstärker werden. Schon in den 1840er Jahren nimmt die Abwehr überhand:

„In unseren Tagen ist in allen höheren Dingen eher zu befürchten, daß man dem modernen Realismus, als daß man dem klassischen Idealismus zu sehr fröhne."[108] Oder – ein deutliches Plädoyer für naturalistische Feinmalerei: „Ein falscher Realismus aber ist es, beim Nachbilden eines Felsen zum Beispiel, den Farbenteig so zu kneten und zu kleistern, daß die Hand den Widerstand zu finden glaubt."[109]

Diese Polemik wirkt, als sei sie gegen COURBETS Realismus gerichtet. Die ausdrückliche Ablehnung seiner Kunst ließ denn auch nicht lange auf sich warten. Nach dem Besuch des Pariser Salons notierte Gottfried KINKEL 1851:

„Courbet schreibt als reiner Realist die Natur ab, ja er wählt nicht einmal die gesteigerte, in wirklicher Schönheit blühende Natur sich zum Modell, und so bleibt seine Kunst weit unter dem Reize, den wir tagtäglich auf Markt und Heerstraße erblicken. Von der andern Seite beginnt er aber auch nicht den Kampf gegen dieses Hausbackene und Häßliche als gegen die Folgen unserer Gesellschaft: Seine Bilder erwecken weder Zorn noch Liebe [...] Am widrigsten aber ist mir dieser Realismus auf Courbets großem Bilde geworden, das mit Figuren in Dimension historischer Bilder ein Begräbniß [...] darstellt, und zwar ein Begräbniß, in allen den barbarischen Formen unserer zivilisirten Gesellschaft [...] – das ist weder die Poesie des Volks in der Bluse und im Mieder, noch die in ihrer Art wieder reizende Eleganz der gebildeten Stadtleute. Dazu dies widerwärtige Begraben: Ein öder, wüster Kirchhof [...] Todtenköpfe und Gebein nach der ekelhaften Manier unserer ökonomischen Bauern aufgewühlt: eine ganze Welt so formlos, so langweilig und doch in ihrer Art wieder so conventionell beschränkt und exclusiv, daß sie nur unsern umstürzenden Ingrimm oder im besten Falle einen anatomirenden Spott, aber doch niemals ein wirkliches Mitgefühl herausfordert."[110]

Diese erste und wichtigste deutsche Stellungnahme zum zeitgenössischen französischen Realismus verschärfte die Abwehr. Zwar kann man im nachhinein „Kunstkämpfe" zwischen dem „Idealismus" der Nazarener und dem „Realismus" der an Zeitfragen orientierten deutschen Malerei zwischen 1840 und 1880 rekonstruieren,[111] kaum aber einen publizistischen Grundsatzstreit wie in Frankreich: dafür gab es zu wenige Verfechter der neuen Kunst. Den Höhepunkt der Polemik, der indes schon den Sieg des Neuen ahnen läßt, bildet eine Äußerung des einflußreichen Kunsthistorikers Wilhelm LÜBKE von 1885:

„Denn auf nichts anderes läuft diese Apotheose des Realismus hinaus, als die plumpe Thatsächlichkeit der Dinge auf den Thron zu heben, die höchsten Ideen aber, welche in Mythos und Geschichte, in Sage und Märchen den Geist der Dichter und der Künstler zu unsterblichen Gebilden entzündet, in die Rumpelkammer abgestandener Schemen zu werfen."[112]

Häufiger als von Realismus war in Deutschland jedoch von *Tendenzkunst* und *Naturalismus* die Rede. Mit Recht wurde unlängst festgestellt, daß zur Auflösung herkömmlicher künstlerischer Wertungen hierzulande am meisten

„die protestantische ‚Armeleutemalerei' im Zweiten Deutschen Kaiserreich" beitrug, „die biblische Themen gleichsam in die Niederungen eines ‚proletarisierten', naturalistischen Genres hinabzog".[113]

Will man mit einem einzigen Bilde die Entwicklung in Deutschland charakterisieren, so eignen sich dafür wohl am ehesten Max LIEBERMANNS *„Arbeiter im Rübenfeld"* von 1874–1876 *(Abb. 20).*

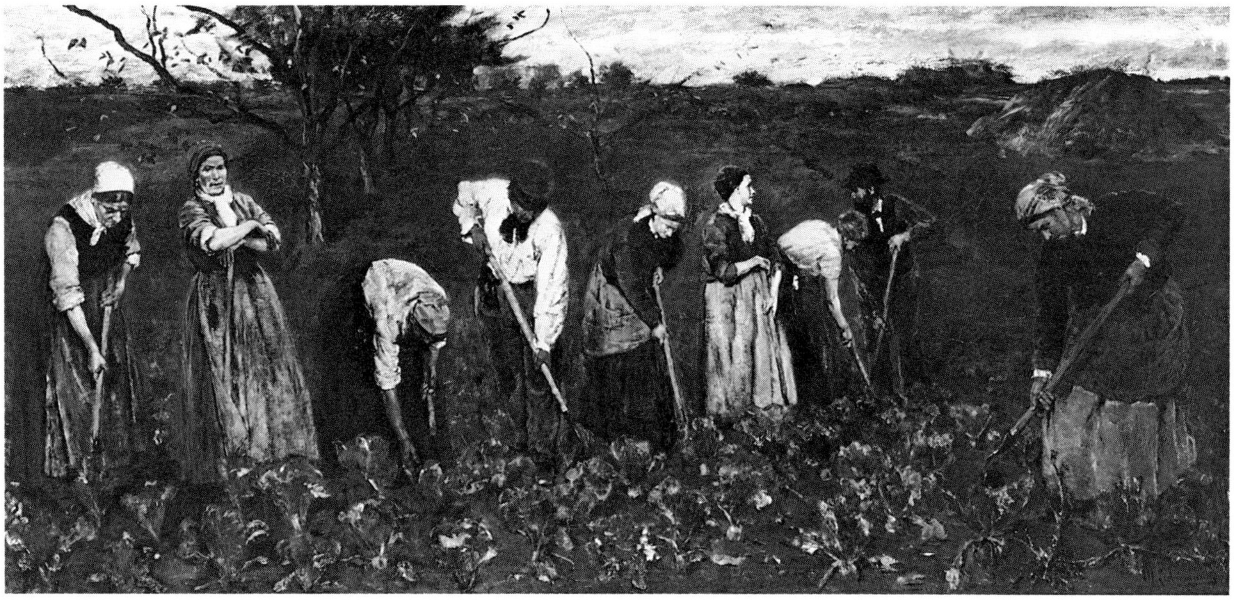

Abb. 20: Max Liebermann: Die Arbeiter im Rübenfeld. 1874–1876. Hannover, Niedersächsische Landesgalerie

Wie im Falle von COURBETS *„Begräbnis"* haben wir ein Querformat vor uns, auf dem neun Personen, zumeist Frauen, in Lebensgröße bei der Arbeit dargestellt sind. Eine der Frauen, die gerade ausruht, verkörpert das Selbstbewußtsein ihres Standes.

„Liebermann verzichtete auf malerische Gruppenbildungen und reihte die Arbeiterinnen und Arbeiter, die mit langstieligen Hacken im Rübenfeld Unkraut jäten, fast bildparallel auf. Mit dieser Komposition erreichte der Künstler eine programmatische Monumentalität. Die in schmutzigen, herben Brauntönen gehaltene Acker- und Wiesenzone mit einer zerfahrenen Baumreihe hinterfängt die Arbeiter und läßt über dem hochliegenden Horizont nur einen schmalen, trübgrauen Himmelsstreifen."[114]

Wir haben somit alles andere als ein Mitleidsbild vor uns, in dem durch sentimentale Elendsdarstellung zur Identifizierung aufgerufen würde. Vielmehr ist die mühsame Bearbeitung des kargen Bodens in eine rauhe, aufgerissene Malweise umgesetzt, so daß die Form selbst in diesem Falle zum Träger des Inhalts wird. Hierin erinnert das Bild an MILLETS *„Arbeiter im Weinberg"*. Bezeichnend für diese Art von Realismus ist aber auch die relative Zurückgebliebenheit: Die Darstellung moderner Industrieanlagen ist selten; immer noch zieht sich die „widerborstige" Kunst auf die äußere Natur zurück, und ob der Wendepunkt, den MENZELS gleichzeitiges „Eisenwalzwerk" mit sich bringt, realistisch im Sinne einer nichtkonformistischen Malerei genannt werden kann, muß an dieser Stelle offenbleiben.

Es mag verwundern, daß Belgien nicht den Schwerpunkt dieses Abschnitts bildet. Denn Belgien, Zuflucht der Exilanten aus Frankreich und Deutschland, der Staat, in dem COURBET und MILLET 1861 als die Spitzen der zeitgenössischen Kunst verehrt wurden, hat in der zweiten Jahrhunderthälfte selbst eine große Zahl von gegenwartsnahen, sozialkritischen und auch in stilistischer Hinsicht aufgeschlossenen Malern hervorgebracht, die man teilweise zu Recht als Realisten bezeichnet hat. Aber in Belgien war die Lage fast umgekehrt wie in Deutschland: Die idealistische Tradition war wesentlich schwächer, die Debatte daher weniger heftig. Und der Umweg uber die Erneuerung der Historienmalerei zögerte die Formfindung im Bereich der Alltags- und Industriesujets hinaus; den Höhepunkt bilden erst FRÉDÉRICS und MEUNIERS Werke aus den 1880er Jahren.[115]

Insgesamt kann man sagen, daß Realismus als kunstgeschichtlicher Epochenbegriff im Grunde eine Fiktion darstellt. Im vollen Wortsinn verstanden, handelt es sich um nicht mehr und nicht weniger als um einen „fruchtbaren Augenblick" in der Jahrhundertmitte, eine Umbruchsituation von allerdings außergewöhnlicher Bedeutung.

Realismen in der Kunst des 20. Jahrhunderts

Der Ausblick auf die vielfältigen Strömungen realistischer Kunst im 20. Jahrhundert, aber auch auf die Begriffsvariationen in diesem Zeitraum, könnte unter der Überschrift „Montage der Wirklichkeit in der Kunst“ stehen und verweist insofern auf den nachfolgenden Beitrag 27. Daher genügen hier einige Stichworte.

Realismus als Kunstrevolution

Durch jede realistische Kunstrichtung war mehr oder minder ein Schock, eine Veränderung von Wahrnehmungsgewohnheiten ausgelöst worden. Oft genug war nur das Motiv schockierend. Der Anteil der Form hatte sich jedoch seit COURBET verstärkt und nahm weiterhin im selben Maße zu, in dem das sozialkritische und zeitbedingte Engagement nachließ. Am Beispiel von Fernand LÉGERS *„Kartenspielern“ (Abb. 21)* läßt sich zeigen,

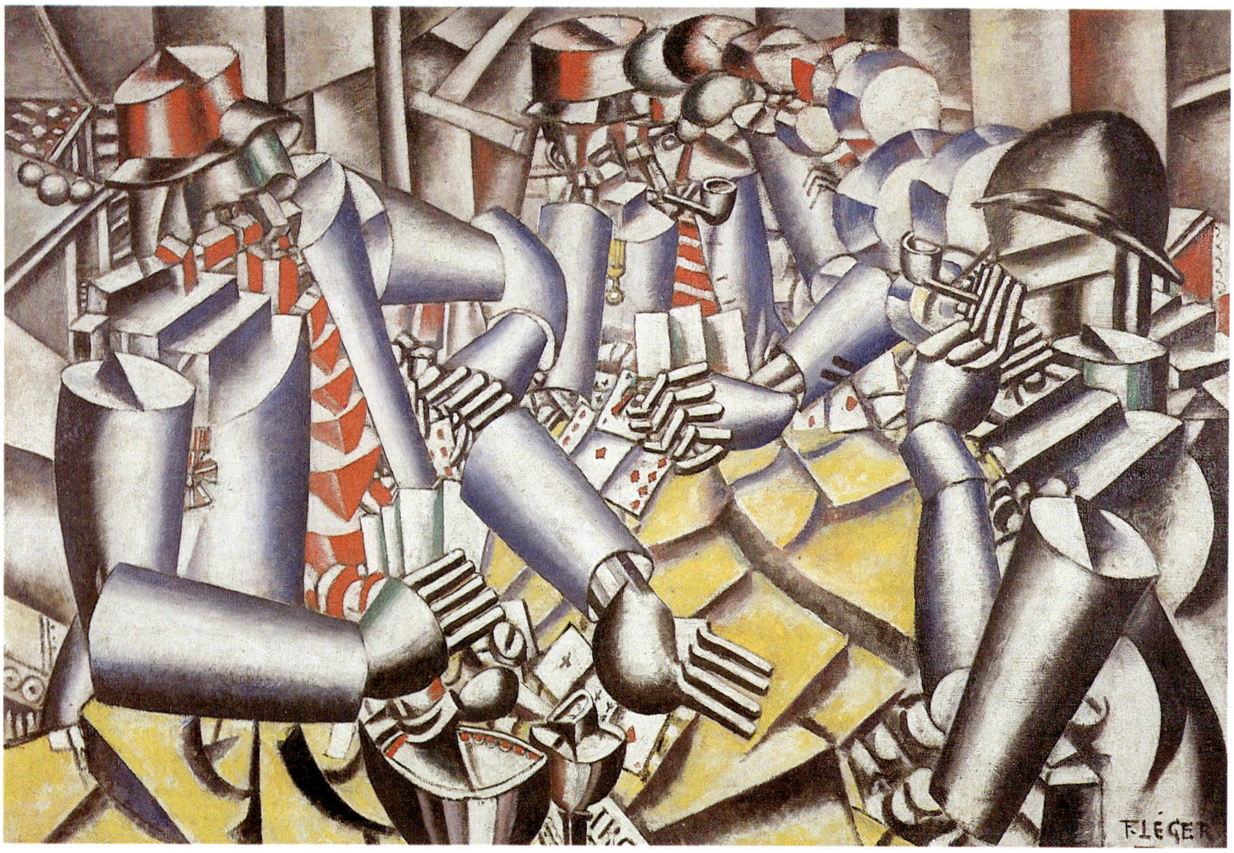

Abb. 21: Fernand Léger: Die Kartenspieler. 1917. Otterlo, Rijksmuseum Kröller-Müller

wie sehr beides ineinandergreifen kann; aber selbst bei LÉGER ist angesichts des Beharrens auf „reinen Grundformen“ nicht mehr in jedem Falle zu erkennen, wie weit es ihm um die künstlerische Verarbeitung von konkreten Gegenwartsproblemen ging. Oft wirkt die vom Künstler selbst gewählte Bezeichnung „Realismus“ wie ein Programm, auf das jene „reinen“ Formen verpflichtet wurden – die Theorie steht gleichsam neben der Kunst.

Noch viel stärker scheint dies für Naum GABO zu gelten, der als erster Bildhauer ein „realistisches Manifest“ schrieb. 1920 in Rußland verfaßt und von der Revolution geprägt, fordert es eine Kunstrevolution. Diese sollte über die – nach GABOS Auffassung – immer noch unangemessene Wirklichkeitsverarbeitung der Kubisten und Futuristen hinausführen und das spezifisch „Unerhörte“ der Gegenwart, das Phänomen der Geschwindigkeit, künstlerisch zu fassen versuchen. Man hat sich gefragt, ob der Begriff des Realismus im Titel dieses Manifests nicht nur eine Schutzvorkehrung GABOS darstellte, weil der Inhalt in völligem Gegensatz zu herkömmlichen

Auffassungen stehe – ein Irrtum, der aus einem verkürzten Realismusbegriff resultiert. Freilich argumentiert GABO anders, als wir es gewohnt sind:

„Die Sackgasse, in welche die Kunst in den letzten zwanzig Jahren geraten ist, muß überwunden werden [...] Die Versuche der Kubisten und Futuristen [...] haben nur zu neuen Enttäuschungen geführt [...] Von dem Augenblick an, wo der Futurismus erklärt hat, Raum und Zeit gehörten der Vergangenheit an, ist er der Finsternis der Abstraktionen verfallen [...] Die Realisierung unserer Wahrnehmung der Welt in den Formen von Raum und Zeit ist das einzige Ziel unserer Malerei und Bildhauerei [...] Heute wenden wir uns an Euch, an das Volk. Auf Plätzen und Straßen errichten wir unsere Werke, in der Überzeugung, daß Kunst nicht in den Elfenbeinturm gehört [...] Wir lassen die Vergangenheit hinter uns [...], die Zukunft überlassen wir den Wahrsagern, wir halten uns an den heutigen Tag.“[116]

Gegenwartsnähe, Anrufung des Volks, Beschränkung auf das in Raum und Zeit Wahrnehmbare – das alles sind Qualitäten, die seit COURBETS Begriff des „art vivant“ gefordert waren; der Rückgriff ist deutlich. Aber zugleich sind GABOS Grundbegriffe so „grundsätzlich“, daß sich, noch stärker als beim LÉGER der 30er Jahre, die Frage erhebt, ob hier nicht aller Volkstümlichkeit zuwider eine recht esoterische Kunst ins Werk gesetzt werden sollte.

Die gleiche Frage stellt sich um 1960 bei Yves KLEIN und den „Nouveaux réalistes“, die ebenfalls mit realistischen Manifesten hervortraten und doch – jedenfalls KLEIN selbst – oft ungegenständlich-idealisierende Werke schufen. Die Geschichte dieser „Kunstrevolutionen“ ist noch nicht geschrieben, aber bis jetzt scheint es, als werde da, etwa in ARMANS *„Mülleimern“ (Abb. 22)*, eine sozialkritische Haltung ästhetisiert. Das Wertvollste an dieser Kunst dürfte in ihrer spielerischen Qualität bestehen – bei Yves KLEIN selbst, aber auch bei TINGUELY, dessen Brunnen und ausrangierte Maschinen eine der produktivsten Seiten von Realismus, die sogenannte Naivität, wiederbeleben.

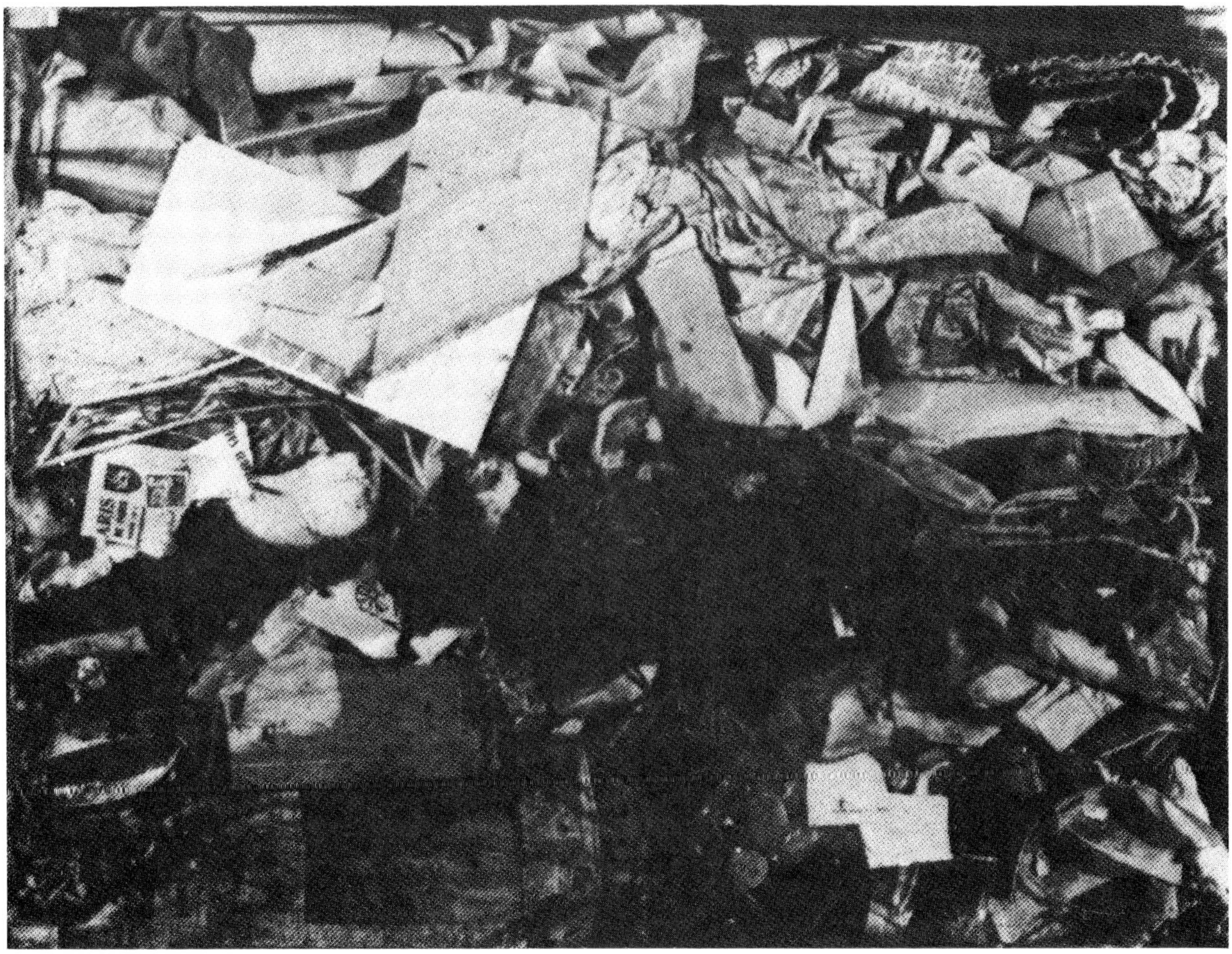

Abb. 22: Arman: Poubelle (Mülleimer). 1960. Privatsammlung

Realismus als Revolutionskunst

Dagegen erhebt realistische Kunst als Revolutionskunst den Anspruch auf einen umfassenderen Eingriff in die Realität. Die Begriffskombination selbst ist neu. 1789 war eine idealistische Tugendmalerei zur Revolutionskunst avanciert, 1848 gab es realistische Druckgraphik, aber eine realistische Revolutionsmalerei scheint erst in den Revolutionen von 1917/18 denkbar geworden zu sein. Daran erinnerte vor einigen Jahren die Ausstellung „Revolution und Realismus".[117] Wieder könnte man von LÉGER ausgehen, dessen Ziel, mit der Kunst zur Befreiung der Arbeiter beizutragen, unbezweifelbar ist. Daß aber Realismus sich nicht in Forminnovation erschöpfen muß, zeigt noch eindeutiger das Œuvre von George GROSZ und John HEARTFIELD. Über die Verklammerung von Form und revolutionärem Anspruch in realistischer Kunst äußerte BRECHT im Rückblick:

„George Grosz hat sich nicht viel weniger formale Freiheiten erlaubt als Franz Marc. Herr Hitler donnerte dagegen, daß die Pferde bei Marc nicht so sind wie in der Wirklichkeit, aber er behauptete nicht so laut, daß die Bürger bei Grosz anders sind als in Wirklichkeit. Grosz hatte sich noch einige andere Freiheiten herausgenommen."[118]

Zu diesen Freiheiten gehörten nicht nur die provozierende Anknüpfung an Pissoir-Gekritzel, sondern auch die Publikation wesentlicher Teile des Gesamtwerks in populären, politischen Zeitschriften und Büchern. Mit dieser Bindung an Massenmedien war eine weitere Aufhebung überkommener Gattungshierarchie bezweckt und erreicht. Gleiches gilt für die Fotomontagen, die John HEARTFIELD für die *Arbeiter Illustrierte Zeitung* oder für Schriften der sogenannten „Tendenzliteratur" entwarf. Solange man nicht HEARTFIELDS Montagen zum spanischen Bürgerkrieg mit PICASSOS *„Guernica"* als grundsätzlich ebenbürtig anerkennt und zueinander in Beziehung setzt, verharrt man in den Gattungshierarchien, die schon durch das *„Begräbnis von Ornans"* außer Kraft gesetzt wurden.

Ein Hauptkennzeichen der Realismen des 20. Jahrhunderts ist die Gegensätzlichkeit der Mittel. Die Erfahrung von Weltraum und Weltzeit, die Faszination durch Technik und Naturwissenschaft, gepaart mit der zunehmenden Angst vor deren praktischen Auswirkungen, das Gefühl, Bürokratien und Diktaturen ausgeliefert zu sein – all diese unmittelbar nicht mehr sicht- und greifbaren Strukturen haben bewirkt, daß die Abbildung der Wirklichkeit hinterwäldlerisch geworden ist. Daraus folgen im engagierten Realismus der Gegenwart entweder die konkretistische Überbietung der Realität oder aber die abstrahierende Abwehr von ihr zugunsten einer gedanklichen Ursachenreflexion. Umgekehrt sagt ein vordergründig „realistisches" Bild, wie es beispielsweise VESPIGNANI vom Faschismus zeichnet, wenig über faschistische Realität aus, weil der Künstler von einer altertümlich handgreiflichen Gewaltvorstellung ausgeht.[119] Daher haben gerade die Künstler der russischen Revolution, die Suprematisten (die ihre Kunst ausdrücklich als Realismus verstanden), oder die Kölner „Progressiven" zu abstrahierenden Formen gegriffen, um angesichts der „Zudringlichkeit der Realität" Gegenwartsprobleme angemessen bearbeiten zu können.[120]

Sozialistischer Realismus und Kritischer Realismus

Der sozialistische Realismus bezeichnet den Bruch mit einer experimentellen, teilweise gegenstandsfreien Kunst zugunsten der Wiederannäherung an einen unkritischen Naturalismus. Das offizielle Dokument dafür, die Rede SHDANOVS vor dem sowjetischen Schriftstellerkongreß im Jahre 1934, ist in unserem Zusammenhang allerdings nur mit Einschränkungen brauchbar: Zum einen verdeckt SHDANOVS Rede oder Erlaß, wodurch dieser administrative Eingriff bedingt war; zum andern sagt er nichts über bildende Kunst aus.[121]

Dennoch lassen sich Ursachen und Auswirkungen dieser Rede auch für die bildkünstlerische Theorie und Praxis rekonstruieren. Soweit in solchen Verordnungen noch ein Rest an Argumenten steckt, kann man sagen: im Grunde ging es bei dieser Zurücknahme experimenteller Freiheit zugunsten einer Kunst der parteilichen Staatsräson um die Frage, ob eine frei experimentierende Kunst imstande war, auf die Arbeiter zu wirken und sie auf ihrem Weg voranzubringen, oder ob zunächst die Institutionen gefestigt und die Aufnahmefähigkeit der in ihnen Arbeitenden erweitert werden mußten, bevor ihnen eine wirklich neue, auch individuell eigenständige Kunst zugemutet werden dürfe. Von PLATON bis PROUDHON haben sich staatspolitisch argumentierende Philosophen für die zweite Annahme entschieden. Wenn die Entscheidung von 1934 ebenso ausfiel, dann wurde damit indirekt auch LÉGERS Position verworfen, der es für eine Zumutung hielt, den Arbeitern noch länger eine reproduktive, historisch überholte Kunst anzubieten.[122] Innerhalb der Sowjetunion, und nach dem Zweiten Weltkrieg auch innerhalb der mit ihr verbündeten Staaten, wurde aufgrund des genannten Erlasses eine Kunst gefördert, die dem politisch als richtig erkannten Weg entsprach, eine Kunst, welche die weitere Entwicklung illustrieren und „dynamisieren" sollte. Die Folgen waren zweischneidig; zwar wurde damit theoretisch eine Wiedervereinigung von Ästhetik und Ethik geleistet, die im Realismus des 19. Jahrhunderts bereits angelegt war und PROUDHONS Auffassung entsprach, die Kunst sei ein didaktisches Instrument zur Erziehung des Volkes. Aber zugleich wurden die Ausdrucksformen reduziert und ein Grundpotential bildender Kunst, ihre Kritikfähigkeit, unterbunden. Die kritiklose Anerkennung des vorgegebenen Gesellschaftssystems war eindeutig verknüpft mit der Rückkehr zur Nachbildung des vorgegebenen Gegenstands. Am verhängnisvollsten war jedoch, daß damit auch der Gefühlsausdruck vorgeschrieben war. Denn wo die Aufgabe gestellt wurde, „die werktätigen Menschen im Geiste des Sozialismus umzuformen und zu erziehen" (so SHDANOV), da konnte kein Platz sein für Grunderfahrungen wie Angst oder Ausgeliefertsein, oder für Wunschvorstellungen, die außerhalb der Staatsideologie lagen, obwohl gerade solche Phantasien Diskussionen auslösen und sich auch zugunsten des sozialistischen Systems hätten auswirken können. So wurde eben durch die Vorschrift, „Entwicklung" darzustellen, Entwicklung verhindert.

Wer eine Kunstgeschichte des Lächelns schreiben wollte, würde dafür wohl die meisten Belege im Sozialistischen Realismus finden. Ein Beispiel: 1937 entstand EFANOVS Bild *„Eine unvergeßliche Begegnung" (Abb. 23).*[123]

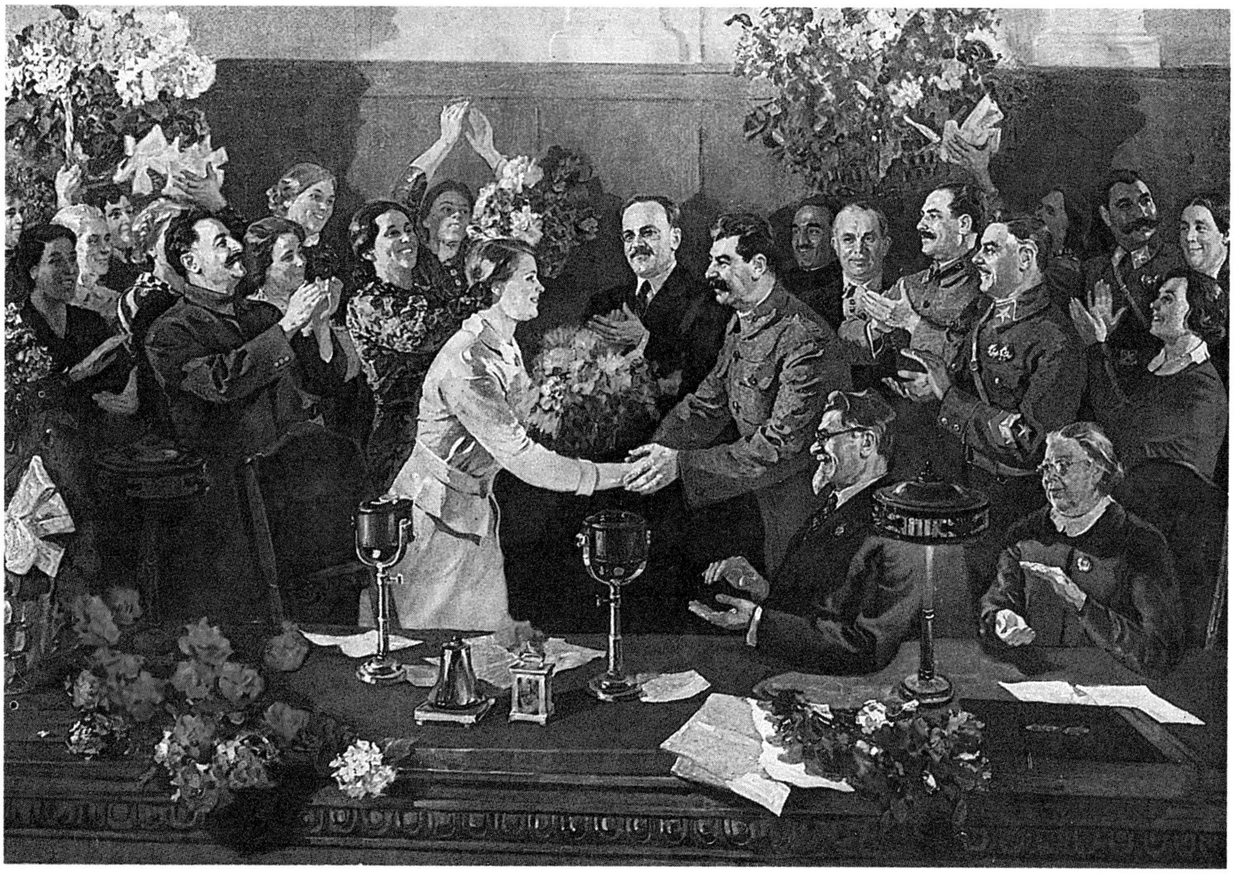

Abb. 23: V. P. Efanov: Eine unvergeßliche Begegnung (Empfang der Frauen der Aktivisten der Schwerindustrie). 1937. Unbekannten Orts

Den Frauen einer soeben ausgezeichneten „Stoßarbeiter"-Brigade werden im Rahmen einer repräsentativen Feier Orden und Blumen überreicht. Partei und Regierung der Sowjetunion, STALIN und MOLOTOW an der Spitze, gratulieren den Ausgezeichneten, als deren Vertreterin eine junge Frau ins Rampenlicht tritt, um vom Ersten Parteisekretär persönlich Glückwünsche entgegenzunehmen. Die übrigen Anwesenden klatschen Beifall und lächeln. Es geht hier darum, daß dieses Gemälde einen seit dem 17. Jahrhundert üblichen, im Künstlergruppenporträt des 19. Jahrhunderts erneuerten Bildtypus reproduziert, ohne im mindesten etwas vom 20. Jahrhundert widerzuspiegeln. Selbst die Annahme, daß eine Fotografie die Vorlage bildete, widerspräche dem nicht, denn bis hin zur abgeschnittenen Tischkante vorn (mit klassizistischem Blattstab) folgt das Gemälde überlieferten Mustern gemalter Repräsentation.

Weniger diese Zurückgebliebenheit als der *Vorrang der Belehrung* vor dem Genuß haben dem so unrealistischen Sozialistischen Realismus in der übrigen Welt eine schlechte Presse bereitet. Seit Beginn der siebziger Jahre hat sich dies in dem Maße geändert, in dem in der Kunst sozialistischer Länder auch kritische Situationen verarbeitet sind und naturalistische Glätte auch in der Form überwunden wurde. So lassen sich beispielsweise in der DDR die Maler HEISIG und GILLE stärker auf die Eigenqualitäten einer expressiven Farbgebung ein und beziehen Elemente der Montagetechnik der zwanziger Jahre ein. STELZMANN greift auf Formen von Otto DIX, MATTHEUER auf den Realismus der Neuen Sachlichkeit zurück. Wie bei COURBET können solche Rückgriffe mehr sein als bloße Wiederaufnahme; sie können Versuche darstellen, die eigenen Absichten durch anerkannte ältere Richtungen zu rechtfertigen und dadurch den eigenen Spielraum zu erweitern.[124]

Ein Beispiel hierfür bildet Wolfgang MATTHEUERS Bild *„Die Ausgezeichnete"* von 1974 *(Abb. 24).* Eine ältere Frau sitzt hinter einem langgestreckten, weißgedeckten Tisch, auf dem ein paar Tulpen liegen. Die geschlossenen Augen, die abgehärmten Züge, die herabgefallenen Arme sprechen von Müdigkeit; das straff zurückgekämmte

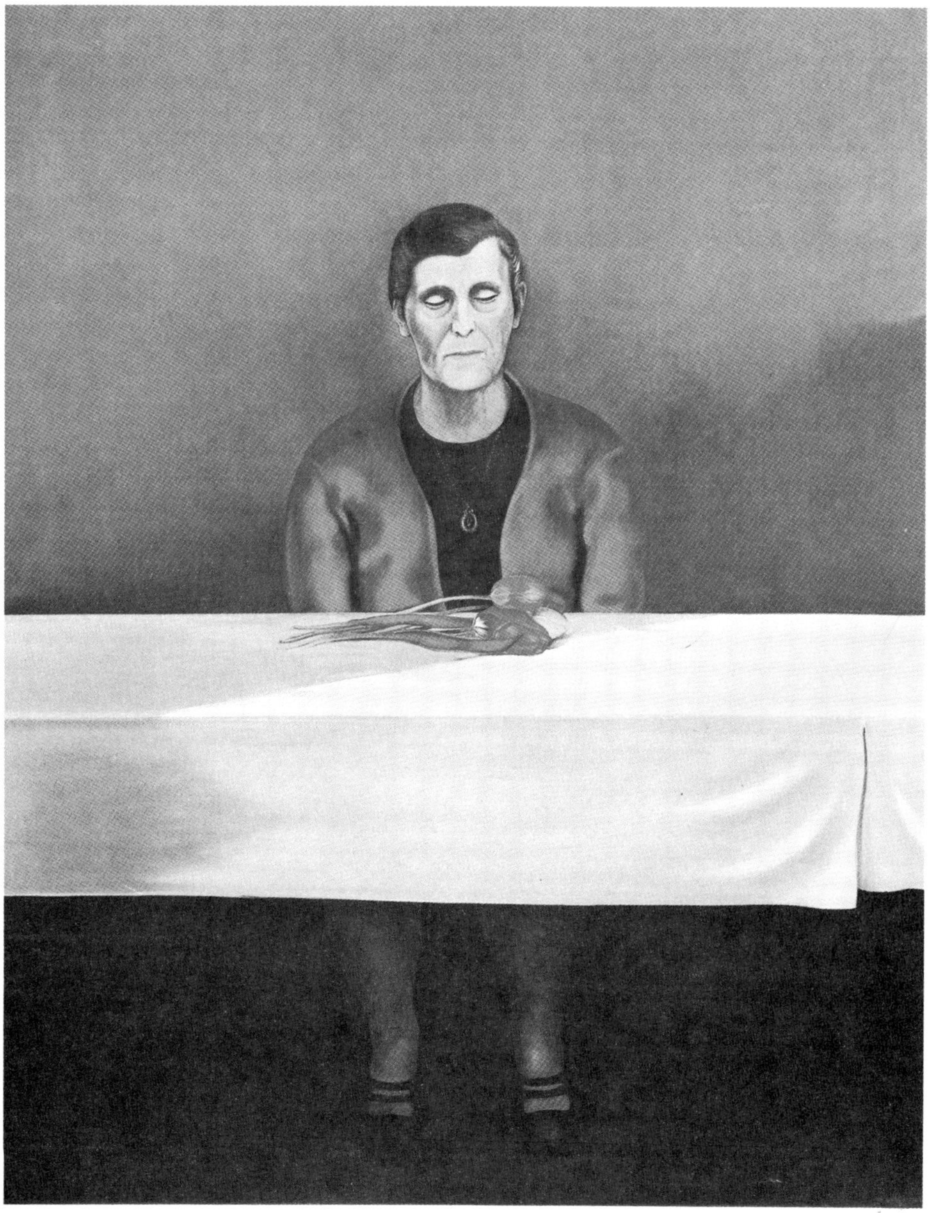

Abb. 24: Wolfgang Mattheuer: Die Ausgezeichnete. 1974. Berlin (Ost), Staatliche Museen, Nationalgalerie

graue Haar und der geschlossene Mund wirken streng; der leere Tisch, die kahle Rückwand und die völlige Abwesenheit jedweden Gegenübers lassen auf Kontaktarmut schließen.

Wozu die Schinderei? scheint als Frage im Raum zu stehen. Das Bild gibt den Einblick in die Grenzsituation tiefer Einsamkeit in einem unerwarteten Augenblick frei; es verweist die empfangene Ehrung als Problem an die Gesellschaft zurück, die sie vergab – ein realistisches Gegenstück zur „Auszeichnung" unter STALIN.

Wie schon MATTHEUERS Bild zeigt, ist der Ausdruck „Kritischer Realismus" ein unnötiger Pleonasmus;[125] wahrscheinlich entstand er in Opposition zum Sozialistischen Realismus der fünfziger Jahre. Unter der Bezeichnung „Kritischer Realismus" versteht man die seit etwa 1960 entstandenen gesellschaftskritischen Bilder West-Berliner und norddeutscher Künstler (u.a. DUWE, PETRICK, DIEHL, SORGE, WALLER, VOGELGESANG, GORELLA); die künstlerische Grundlage bilden ausdrücklich sozialkritische Werke des frühen 20. Jahrhunderts, etwa von DIX, GROSZ, HUBBUCH, KOLLWITZ, QUERNER. Dieser zweite Bezugspunkt verweist auf die Notwendigkeit, der zwischen 1950 und 1970 aufgewachsenen Generation die realistische Kunst der zwanziger Jahre erneut in Erinnerung zu rufen. In der Tat wurden Bilder der genannten Künstler während des Kalten Krieges nicht einmal im Schul- und Universitätsunterricht behandelt. Damit grenzt sich diese Richtung ab gegen Realismen, die im Grunde nur als Varianten eines naturalistischen Darstellungsmodus zu bezeichnen sind. Vom sozialkritischen Bild der zwanziger Jahre unterscheidet sich der Realismus der siebziger Jahre indessen durch die Einbeziehung surrealer Elemente und durch die Übertragung von Montagetechniken auf das Tafelbild.[126]

Fotorealismus und amerikanischer Hyperrealismus

Der letztgenannte Gesichtspunkt berührt eine medienspezifische Problematik, die mit der Krise des Tafelbildes zu tun hat. Die Frage, wie sich ein Stück Wirklichkeit durch die Umsetzung in ein anderes Medium verändert, hat sich unter dem Eindruck von Fotografie und Film im Fotorealismus und im amerikanischen Hyperrealismus (der längst nicht mehr auf die USA beschränkt ist) verselbständigt.

Gemälde, die auf der Grundlage von Fotografien entstanden sind, hat man unter der Bezeichnung „Fotorealismus" zusammengefaßt. Das Ziel solcher Malerei ist ein völlig anderes als die Nutzung fotografischer Vorlagen etwa bei DELACROIX oder COURBET. Dort dienten solche Vorlagen zur Erleichterung des Malvorgangs; sie entlasteten den Künstler von der Notwendigkeit getreuer Nachahmung, so daß die künstlerischen Absichten sich um so rascher und freier entfalten konnten. Im Fotorealismus dagegen geht es nicht um die Nutzung eines bestimmten Fotos, sondern um die maßstäbliche und materielle Überbietung des Mediums Fotografie in der Malerei und damit um eine Überhöhung jenes Mediums. Oft wirken solche Gemälde wie entfunktionalisierte Warenwerbung. Durch Herauslösung aus dem Werbungskontext geben sie uns Gelegenheit, die Wirkung funktionsgebundener Netzhautreizung durch Großfotos gleichsam im Laboratorium, als rein mediales Problem, zu überprüfen. SCHMOLL-EISENWERTH hat vorgeschlagen, solche Experimente als „Fotonaturalismus" oder als „neonaturalistischen Fotografismus" zu bezeichnen.[127] Daß es sich aber bei Künstlern wie Richard ESTES, Paul STEIGER oder Don EDDY nur um einen „chromblitzenden Vehikel-Fetischismus" handelt, also um eine Reduplikation von Wirklichkeit, die auf *einen* Gegenstand wahnhaft fixiert ist, läßt sich kaum halten. Gewiß ist das neue Phänomen von dem sozialkritischen Interesse zu trennen, das in der zweiten Hälfte des vorigen Jahrhunderts die Fotografien von Adolph SMITH oder Heinrich ZILLE bestimmte, ebensowenig aber kann das medienreflektorische Interesse der Gegenwart mit einer fetischistischen Objektunterwerfung gleichgesetzt werden.

Die Überschärfe eines GAILLARD *(Abb. 13)* überbietet Chuck CLOSE in seinen überdimensionalen fotoanalytischen Bildern, um die Wahrnehmungsveränderungen und -verfremdungen zu untersuchen, die sich bei extremer Nahsicht ergeben. Die Frage, wie weit diese *Analysen der Realitätsverformung* durch das (in Malerei versetzte) Medium der Fotografie künstlerisch innovativ sind, läßt sich heute noch nicht beantworten. Aber es ist nichts dagegen einzuwenden, daß man der künstlerischen Analyse bereits reflektierter (d.h. fotografisch aufgenommener) Realität denselben Reflexionsgrad zubilligt wie der künstlerischen Analyse der unmittelbar vorgefundenen Realität selbst. Erfolgt diese Analyse in einem widerständig-kritischen Sinn oder löst sie eine solche Wirkung aus, ist die Bezeichnung „Realismus" angebracht.

Eine Form getreuester Widerspiegelung der Realität in allen möglichen Medien, vor allem aber in räumlich-großplastischer Umgebung, existiert seit den 60er Jahren unter der Bezeichnung „Hyperrealismus". Zwei

Environments, in der Stuttgarter Staatsgalerie einander benachbart, erlauben einen abschließenden Vergleich zweier gegensätzlicher Arten von Realitätsverarbeitung. Bei Duane HANSON sitzt eine *„Putzfrau"* in natürlicher Größe und Hautfarbe, mit echtem Haar, realen Kleidungsstücken und einem wirklichen Eimer versehen, am Boden – gleichsam mitten aus der Arbeit gegriffen *(Abb. 25)*. Der Anschein von Realität ist bis zum Letzten

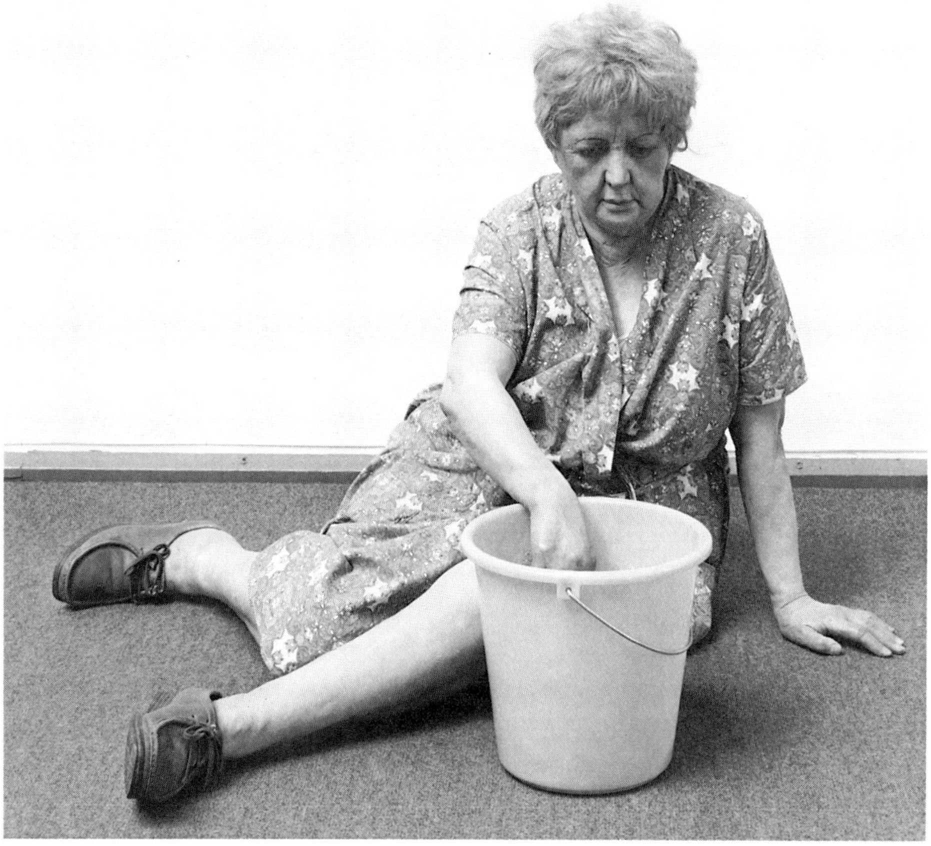

Abb. 25: Duane Hanson: Putzfrau. Polyester, Harz, Talg, Stoff, teilweise mit Ölfarbe bemalt. Um 1970. Stuttgart, Staatsgalerie (Leihgabe aus Privatbesitz)

ausgespielt; der Gestalt fehlt nichts als das Leben. So regelhaft dieser Umstand bei einem Kunstwerk ist, so schlagartig beleuchtet er hier die Tatsache, daß diese Figur mit COURBETS „art vivant" – die etwas in Gang setzen, bewegen wollte – nicht das geringste zu tun hat. Mit seiner aus Polyester, Harz und Talg gegossenen und mit realen Requisiten bestückten Form versucht der Künstler (in der Nachfolge von Wachsfigurenkabinetten und südeuropäischer Sakralplastik) einmal mehr, die Grenze zwischen Kunst und Leben zu verwischen. Wenn hier etwas schockiert, so ist es nicht der Realismus, sondern die Scheinrealität des Werks. Wir haben, trotz des „niederen" Sujets, eindeutig ein naturalistisches Kunstwerk vor uns.

Vollkommen anders strukturiert ist George SEGALS *„Mädchen, vor einer Wand sitzend" (Abb. 26)*. Zunächst einmal ist SEGAL nicht an der „täuschend echten" Gestaltung der Oberfläche interessiert. Seine Figur löst keine Verwechslung mit der Realität aus. Das Material, die vom Modell abgenommene Gipsform, bleibt in seiner Material- und Farbstruktur erhalten und hebt sich von aller Nachbildung auf das deutlichste ab. Weiß, unbekleidet, ohne jede Vorspiegelung einer Handlung sitzt die Figur da, auf rotem Stuhl, vor einem halb geöffneten Fenster mit schwarzem Hintergrund: Der Ausblick ist verwehrt. Ein Innenraum, von dem der Betrachter durch eine genau begrenzte Bodenplatte getrennt ist, wird in seiner Grundstruktur erfahrbar gemacht – exakt nachgebildet ist er nicht. Das Abstreifen alles Anekdotischen, der Verzicht auf jede Illusion fordern die Nachdenklichkeit des Betrachters heraus. Dieser hat gegenüber HANSON an Spielraum gewonnen. Dort war die Realität Ziel, hier ist sie Ausgangspunkt.

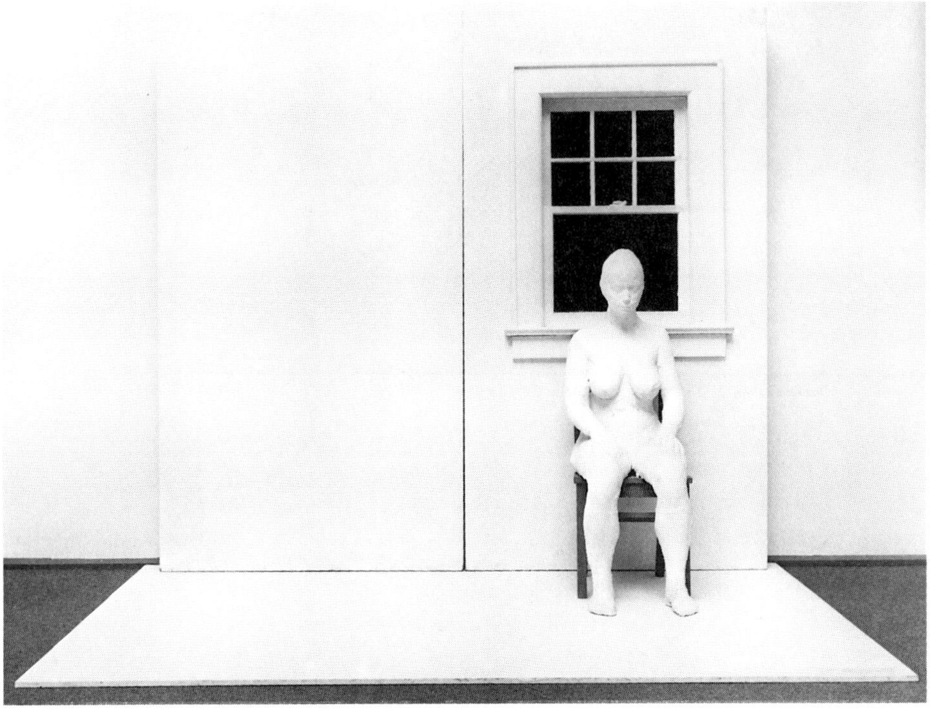

Abb. 26: George Segal: Mädchen, vor einer Wand sitzend. Gips, Holz und Glas. 1968. Stuttgart, Staatsgalerie

Ein praktikabler Realismusbegriff

Die hier versuchte Geschichte des „Realismus" hatte die Geschichte des Begriffes, seine Anwendung als Stilkategorie und als Epochenbezeichnung zu bedenken, die unterschiedlichen in der Kunstgeschichte zu verschiedenen Zeiten als „realistisch" bezeichneten künstlerischen Erscheinungsformen zu beschreiben. Nicht nur eine Vielzahl von zum Teil durchaus widersprüchlichen Bedeutungsnuancen zeigte sich im historischen Wandel, sondern es konnten durchaus auch unterschiedliche Realismuskonzepte gleichzeitig miteinander konkurrieren. Zu bestimmen war der jeweilige systematische, politische und historische Zusammenhang, aus dem Begriff und Sache stammten.

Wir hatten als durchgängige Charakteristika eines praktikablen Realismusbegriffes bestimmt: seine kritische Dimension, sei sie gegen die akademische idealistische Kunstdoktrin gerichtet, sei sie gegen bestehende politische oder soziale Verhältnisse und Normen formuliert; seine Rechtfertigung des Häßlichen, Niederen, Prosaischen und alles Natürlichen als Gegenstand der Kunst; seine über die bloße Wiedergabe der Erscheinungsrealität hinausgehende Tendenz zur Analyse alles Bestehenden, und sei es mit den Mitteln sehr weit gehender formaler Abstraktion bzw. gegenständlicher Verzerrung oder Reduktion; seine Zielgerichtetheit in gesellschaftlicher Hinsicht, sowohl als Verantwortung vor der Geschichte als auch für die Geschichte, also vor der Zukunft und für die Gegenwart; schließlich seine individuelle formerneuernde Kraft.

27. Die Montage der Wirklichkeit in der Kunst

Winfried Nerdinger

Der Versuch zu einer Täuschung des Auges und damit zur Verwischung der Grenze zwischen Kunst und Wirklichkeit führte seit dem 16. Jahrhundert zur „trompe-l'œil"-Malerei, in deren Folge auch schon wirkliche Gegenstände im Kunstwerk montiert wurden. Jeder Vergleich zwischen einer im Kunstwerk abgebildeten Wirklichkeit und dieser Wirklichkeit selbst zeigt jedoch, daß bei aller Suche nach Abbildgenauigkeit, die Realität bei der Umsetzung ins Bild immer einer notwendigen Bildordnung oder bestimmten Funktionen, denen das Bild zu dienen hat, untergeordnet und entsprechend verändert wurde.

Je mehr allerdings im Zuge der Aufklärung die Wirklichkeit nicht mehr als von Gott wohlgeordneter Kosmos, in den der Mensch mit seinen Werken eingebettet ist, sondern als Objektwelt, der das Individuum als Subjekt gegenübersteht, erfahren und behandelt wurde, desto mehr begann sich auch dieser „Realismus" in der Kunst niederzuschlagen. Die Erfindung der Photographie und die neuen Abbildungs- und Reproduktionstechniken im 19. Jahrhundert trieben eine veränderte Haltung zur Abbildung der Wirklichkeit zusätzlich voran: Einerseits wurde nun zunehmend die Bildwelt als eigenständige Wirklichkeit mit eigenen Gesetzmäßigkeiten erkannt, andererseits wurde die Realität nicht mehr in einen geordneten Bildkosmos umgeformt, sondern fand direkten Eingang ins Bild.

In diesem Beitrag verfolgen wir besonders letztere Entwicklung und zeigen auf, wie über die Konzentration auf das reine, unverfälschte Sehen der Realität im Impressionismus (MONET) die Wahrnehmung selbst zum Bildthema wurde (Kubismus). Die Auseinandersetzung mit der Art und Weise, wie wir die Wirklichkeit sehen und wie die Realität „wirklich" beschaffen ist, führte dann zur Konfrontation von gemaltem und wirklichem Gegenstand im Bild sowie zur Gestaltung von Bewegung und Gleichzeitigkeit als Grundelementen der Wahrnehmung von Wirklichkeit (Futurismus). Die Zersplitterung der Wirklichkeitserfahrung sowie die allgemeine Auflösung eines einheitlichen Weltbildes wurden durch das Erlebnis der Zerrissenheit und Sinnlosigkeit der Welt im Ersten Weltkrieg besonders intensiviert und fanden ihren Ausdruck in der Montage von Wirklichkeitsbruchstücken (Dadaismus). Diese Montage der Wirklichkeit im Bild eröffnete der Kunst des 20. Jahrhunderts völlig neue Möglichkeiten zur Auseinandersetzung mit der Realität; denn dadurch daß die Wirklichkeit nicht mehr als geschlossenes Ganzes erfahren wird, kann gerade die Montage von Bruchstücken ihrem Wesen auf verschiedenen Ebenen näherkommen.

Zur Konstruktion einer Entwicklungsgeschichte der ungegenständlichen Kunst

Der tschechische Kulturkritiker Karel TEIGE, einer der bedeutendsten Vorkämpfer für eine neue Kunst in den 20er Jahren, beschrieb in einem *„Manifest des Poetismus"*, vom Juni 1928, aus der Sicht der damaligen Avantgarde-Künstler die Entwicklung der Malerei zur ungegenständlichen, poetisch-musikalischen Kunst seiner Zeit:

„Die Malerei entstand als abbildende Dienstleistung. Die ganze Geschichte der Malerei ist Emanzipierungskampf, ein Kampf um die Freiheit und Selbständigkeit nichtutilitärer [zweckgerichteter], ästhetischer Werte, die im Verlauf der Entwicklung dieses Gewerbes langsam erwachen und erstarken. Im Mittelalter stehen sie unter der strengen Unterdrückung durch das Kirchendiktat. Durch den Spruch des nikeischen Konzils gehörte die Anordnung des Bildes unter die Kirchenpatronanz, den Künstlern gehörte nur die Kunst (d.h. die Durchführung). Fra Angelico malt den Mantel der Madonna blau, keineswegs weil er auf einer bestimmten Fläche in der Bildkomposition diese Farbe braucht, sondern weil das Kirchenreglement befiehlt, daß der Mantel der Madonna blau sein müsse. Die Malerei dolmetschte den literarischen Inhalt der Legenden, war gezwungen, a priori gegebene Themen, Embleme und Kompositionsschemata zu verwenden, war die Bibel der Analphabeten. Ende des Mittelalters mehren sich im merkantilen Italien der Renaissance die Emanzipierungsversuche der Malerei. Der erste Schlag gegen die Kunst als Gewerbe und Mönchsarbeit (l'art-l'artisanat) ist mit einer Änderung der gesellschaftlichen Position des Malers verbunden (vorher waren die Maler unbekannte Handwerker und Mönche; Karl V. hebt Tizian den Pinsel auf, der dem Meister entfallen ist) – und mit der Erfindung einer neuen Maltechnik, der Ölmalerei, die von der Architektur ungebundene, freiere, reizvollere und intimere Bilder ermöglichte, die außerhalb der Aufsicht der Kirche gestellt waren, deren universale Macht über den menschlichen Geist bereits gebrochen war. Michelangelo wagt es, eine heftige Auseinandersetzung mit Papst Julius II. zu beginnen. Dieser Konflikt, der von Vasari festgehalten wird, hat historische Durchschlagkraft: zum ersten Mal fordert der Maler für sein Schaffen eine eigene Ordnung, unabhängig von der Ordnung der Kirche. Das Auge siegt über das Gebet. Holländische Stilleben und kleine Landschaften im siebzehnten Jahrhundert sind ein gemaltes Ensemble thematisch gleichgültiger und banaler Dinge; der Gegenstand ist nicht so wichtig wie die Farb- und Formkomposition: an die Stelle, wo die Komposition Rot verlangt, wird eine Rübe gelegt, an die Stelle von Weiß ein Tischtuch oder ein Teller. Das Sujet ist Träger des Farbplans. Die Landschaftsmalerei und das Stilleben, im bürgerlichen Holland entstandene Sparten, werden Träger einer weiteren Emanzipierung der Malerei in der französischen Schule des bourgeoisen neunzehnten Jahrhunderts. Bei den Impressionisten ist das Sujet und der Gegenstand noch weniger wichtig: der neue Triumph des Sehens und des Farbdichtens. Der Impressionismus malt unter dem Vorwand des Sujets klare, leuchtende und blühende Farbnebel, die homogen im Colorit und in der Beleuchtung sind. Die Kubisten schließlich, die sich bis zum Äußersten von Sujet und seiner Abbildung (der primären utilitären Funktion der Malerei) entfernen, benützen Formen ohne alle gegenständliche Bedeutung, malen Formen und Farben nur wegen der Emotionen, die sie im Betrachter erwecken, wegen der ästhetischen, emotiven Qualitäten, nicht wegen der ikonographischen. Diese Bilder sind optisch, physisch künstliche Organismen, die im Betrachter bestimmte Empfindungen hervorrufen und die nach den Intentionen des Künstlers mittels physiologischer, sinnlicher und nervöser Wege seine Sensibilität ergreifen. Die Qualität dieses Ergriffenseins ist die Qualität des Bildes.

Zugleich mit dieser Befreiung der Kunst, die aus dem Bild einen Träger rein optischer, unliterarischer lyrischer Valeurs macht, geschah die Vervollkommnung der Photographie, Kinematographie, des Schnelldrucks und neuer photochemigraphischer Methoden, die von der Malerei die dokumentarischen, illustrativen und imitativen Funktionen übernahmen. Außerdem zeigte sich in dem Augenblick, als sich das Ideal der Malerei als reine und eigenständige Kunst ausprägte, die sich durch ein System eigener Formen verwirklicht, daß die Negerplastik, die plastische Poesie der Stämme, die von der Geschichte nicht gezwungen worden war, die menschliche, eingeborene, animalische Dichtung und Verspieltheit lange Jahrhunderte von Leibeigenenzivilisationen hindurch den Bedürfnissen des praktischen, utilitären und rationalistischen Hungers zu unterwerfen, ein Beispiel sein kann, das unglaubliche Verwunderung erregt.

In der Epoche des Kubismus verkündet Picasso, das Zeitalter der Malerei sei definitiv beendet. – Nun war es nötig, das Problem des Bildes neu zu stellen. Als Ausgangspunkt unserer Analysen und Experimente haben wir den Kubismus als System von Linien, Farben und Formen genommen, die mittels der Sicht die Sensibilität des Betrachters zu ergreifen bestimmt sind. Im Kubismus haben wir den historischen Moment festgestellt, in dem sich die ästhetische Aktivität des Sehens von der praktischen (abbildenden) trennt, um künftig ein Eigenleben zu führen.

Vom Kubismus ausgehend, haben wir das Bild als Gleichgewicht der Farben, als Farbensymphonie, als Farbengedicht definiert; als grundlegendes und konstitutives Element die Muttersprache und das Blut der Malerei; als sein ausschließliches Realisierungsmittel haben wir die Farbe gesetzt [...] Vom Kubismus ausgehend, den wir als Barriere zwischen der altertümlichen Malerei und dem neuzeitlichen Farbschaffen betrachten, eine Barriere, über die es keine Rückkehr zu den atavistischen Abbildungsmodalitäten gibt, sind wir zur definitiven Überwindung des traditionellen Tafelbildes gelangt: an seine Stelle tritt das projizierte, dynamische Lichtbild (reflektorische Spiele, Film, Feuerwerk) und das statische, photo- und typomontierte, serienerzeugte, in tausenden Exemplaren aufgelegte Buchbild; Bildpoesie – das photo- und typomontierte Buchbild, mit dem sich das Gedicht identifiziert hat; und das farbige, bewegliche, rhythmische, raumzeitliche Bild, das sich mit der Musik identifiziert."[1]

Das Manifest TEIGES hat insofern exemplarischen Charakter, als sich hier das Selbstverständnis einer neuen Kunstauffassung äußert, die sich ihre eigene Geschichte schreibt und damit natürlich auch zu rechtfertigen sucht. Die nahezu tausendjährige Geschichte der europäischen Malerei wird als linearer Prozeß einer Befreiung von Fremdbestimmung durch nichtmalerische Funktionen geschildert, an dessen Ende die funktionslose, „befreite" Kunst steht, die angeblich nichts mehr abbilden muß, sondern nur noch ihr Material und ihre Konstruktionsweise im freien Spiel vorführt. In diesem Sinne wird bis heute von Verfechtern einer abstrakten ungegenständlichen Kunst argumentiert – die damit aber nur unter einem formal-ästhetischen Aspekt gesehen wird. Auf ähnliche Weise haben sich im übrigen auch die Vertreter der modernen Architektur in den 20er Jahren eine eigene Geschichte zurechtgelegt, dahingehend, daß die reine Konstruktion und die neuen Materialien Beton, Glas, Eisen im 19. Jahrhundert im Dienste von Kunst und Stil versteckt und verkleidet wurden, nun aber befreit worden seien und ihr wahres Wesen ausdrücken könnten.

Schon im Beitrag 9 „Vom Tafelbild zur Objektkunst: Kritik der ‚reinen Malerei'" wurde auf die wesentlich komplexeren Bedeutungszusammenhänge beim Übergang vom Tafelbild zur ungegenständlichen Kunst und

Objekt-Kunst verwiesen. Im folgenden soll die Grundfrage einer sich wandelnden Auseinandersetzung mit der Wirklichkeit vor dem Hintergrund der Veränderungen im Bereich der Abbildungsmittel wie auch des Abzubildenden nochmals diskutiert werden.

Werkeinheit gegen Wirklichkeit – Wirklichkeitserfassung unter dem Blickwinkel des Bildganzen

Etwas pauschal ließe sich das herkömmliche Tafelbild als in sich abgeschlossenes Sinngefüge, als ein vom Künstler speziell nach gestalterischen Gesetzen geordneter Bildkosmos definieren. Beziehungen des Bildes zu seiner Umgebung, seinem Auftraggeber oder Rezipienten sowie seine spezifische Funktion wirken zwar immer stark in die Bildgestaltung hinein, aber trotzdem können Altarbilder oder Herrscherporträts auch aus ihrem religiösen oder politischen Kontext gelöst und heute im Museum, als eigenständige, in sich ausgewogene und abgeschlossene Gestaltungen erfaßt werden – eine Qualität, die Walter BENJAMIN als „Aura" des Kunstwerks beschrieben hat.[2] Für den Künstler war also die Erzeugung eines in sich selbst geordneten Werkes immer von höchster Bedeutung, das heißt umgekehrt, seine Sicht und Darstellungsweise der Wirklichkeit waren durch den „Werkcharakter" des zu gestaltenden Bildes bestimmt.

Mit der Erfindung der Perspektive im 15. Jahrhundert entsteht ein Konstruktionsgerüst, das nahezu automatisch eine eigene Ordnung im Bild schafft, denn – umschlossen von der Bildrahmung – eröffnet die Perspektive

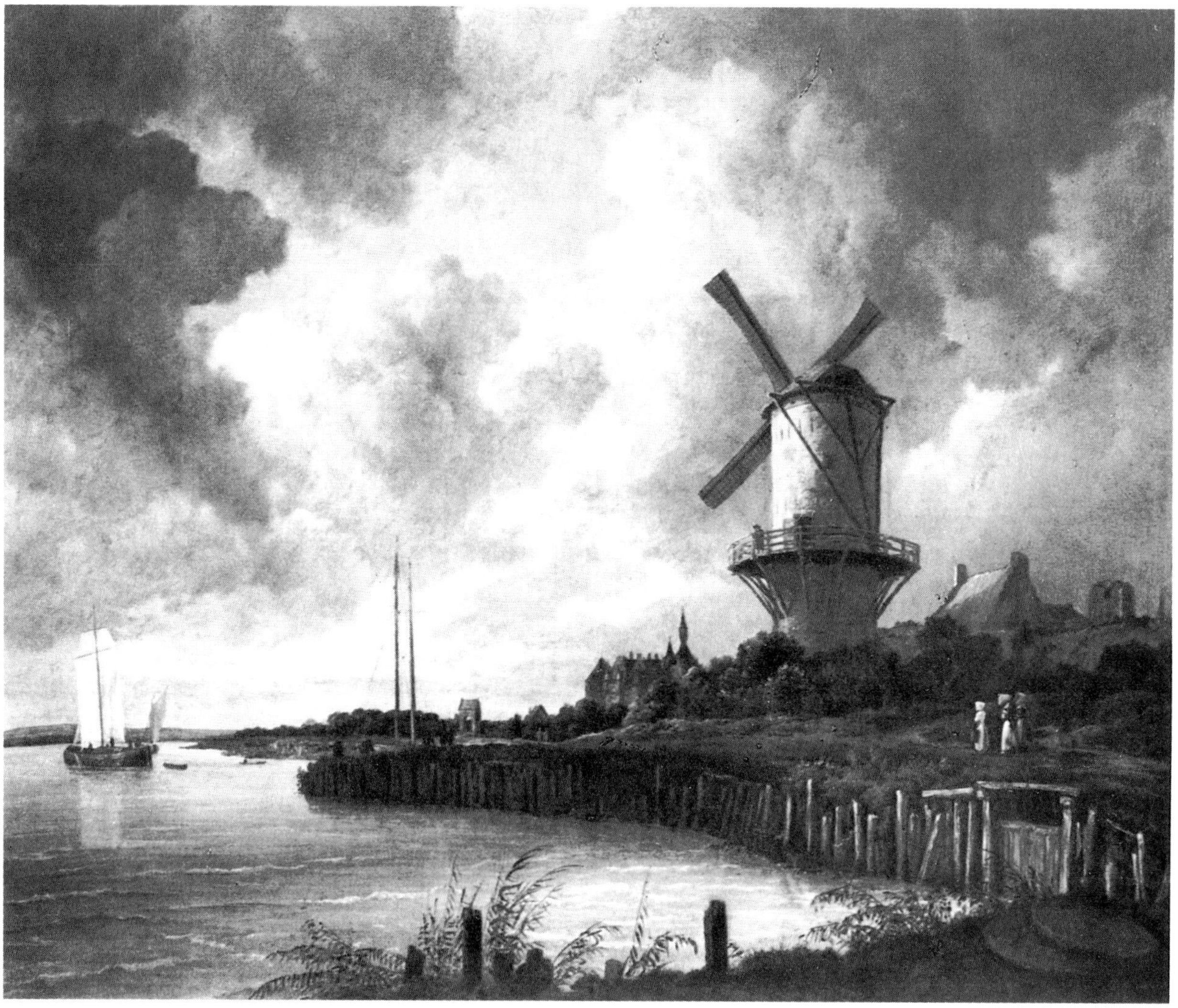

Abb. 1: Jacob van Ruisdael: Die Mühle von Wijk. Nach 1668. Amsterdam, Rijksmuseum

guckkastenartig einen illusionären Raum, in dem alle Gegenstände zwangsläufig nach einem Fluchtpunkt hin ausgerichtet sind. Dieses Verhältnis von innerer Bildordnung zur Wirklichkeit tritt mit dem Aufkommen des reinen Landschaftsbildes im 17. Jahrhundert auf eine neue Stufe; denn nun stellte sich als zentrale Aufgabe, im begrenzten Bildausschnitt den unbegrenzten und nie bildkünstlerisch geordneten Raum darzustellen. Bei dieser Auseinandersetzung mit der Wirklichkeit war die innerbildliche Ordnung für den Künstler noch derartig vorherrschend, daß die gesehene Natur weitgehend den Gesetzen des harmonischen ausgewogenen Bildaufbaus untergeordnet wurde. Gerade um den dargestellten Ausschnitt als Teil eines unendlichen Landschaftsraumes erscheinen zu lassen, bedurfte es eines besonders in sich geregelten Bildaufbaus, oder, wie es Max J. FRIEDLÄNDER ausdrückte: „Je weniger sich das gerade Sichtbare als ein in sich geschlossenes vollständiges Ganzes darbietet, um so dringlicher wird das Bedürfnis, dem Ausschnitt den Anschein der Ganzheit durch Kompositionskunst zu verleihen."[3]

Diesen Zusammenhang hat Max IMDAHL in einer Modell-Analyse von Jacob van RUISDAELS Gemälde *„Die Mühle von Wijk" (Abb. 1)* aufgewiesen: die dargestellte Situation stimmt mit der wirklichen örtlichen Begebenheit nur sehr begrenzt überein.[4] Durch ein strenges Kompositionsschema verspannte RUISDAEL jedoch die einzelnen Bildelemente nach charakteristischen Teilungsverhältnissen so miteinander, daß das wohlausgewogene Bildganze ergänzbar oder erweiterbar wirkt. Das heißt: das Gemälde erscheint einerseits als in sich geschlossene Ordnung und vermittelt andererseits den Eindruck, Ausschnitt oder Teil eines größeren, gleichermaßen geordneten Ganzen zu sein. Die auf den abgeschlossenen Werkcharakter, auf die Werkeinheit fixierte Optik des Künstlers blieb also bestimmend, die Wirklichkeitserfassung vollzog sich unter dem Blickwinkel des Bildganzen.

Die neue Sicht der Wirklichkeit – Distanzierte Betrachtung und Dominanz des Visuellen

Auch für die aufkommende Freilichtmalerei im 2. Drittel des 19. Jahrhunderts war die Bildordnung noch wichtiger als das direkte Wirklichkeitsgegenüber, aber aus dieser direkten Konfrontation des Künstlers mit der Natur erwuchs zunehmend nicht nur eine konkrete Auseinandersetzung mit der Wirklichkeit, sondern auch eine Betonung des Optisch-Visuellen vor dem Inhaltlich-Ideellen. Diese neue Sicht der Wirklichkeit aus dem Blickwinkel des distanzierten Betrachters vollzog sich gleichzeitig ähnlich im Bereich der Literatur – worauf zuerst Marcel PROUST in seiner Analyse der Romane Gustave FLAUBERTS verwies:

„Und die Revolution der Sicht [...] durch die Syntax ist vielleicht ebenso groß wie die Kants, als er das Zentrum der Erkenntnis in die menschliche Seele rückte. In [Flauberts] großen Sätzen existieren die Dinge nicht als Zubehör einer Geschichte, sondern in der Realität ihrer Erscheinung; sie sind im allgemeinen das Subjekt des Satzes, denn die Person greift nicht ein und läßt die Vision über sich ergehen: ‚Ein Dorf erschien, die Pappeln reihten sich, etc.' Und selbst wenn das Geschilderte menschlich und das Objekt bekannt ist, wird es als im Erscheinen begriffen beschrieben und nicht als willentlich hervorgebracht."[5]

Dieser *rapport d'œil,* der reine Augenbericht, entspricht bei FLAUBERT besonders der Beobachtersituation – sowohl als distanzierter Flaneur in der Großstadt als auch als ohnmächtiger Schilderer politischer Ereignisse (wie etwa der 48er Revolution in der *„Education sentimentale"*). Bezeichnenderweise glaubte der sowjetische Regisseur Sergej M. EISENSTEIN in FLAUBERTS, aber auch Charles DICKENS' Romanen geradezu filmische Techniken wie Großaufnahme, Totale oder Montage zu erkennen; er sah sogar eine Art „Überkreuzmontage in der Verflechtung von Liebesgespräch und Viehmarkt in ‚Madame Bovary'".[6]

Dieser Dominanz des Visuellen entspricht in der Malerei der Impressionismus, aber ähnlich wie FLAUBERTS distanziert-unbeteiligter *rapport d'œil* in die klare Gesamtordnung des Romans eingebaut ist, so sind auch die impressionistischen Gemälde zwar Versuche zu einer „farbigen Momentaufnahme", zu einer reinen Wiedergabe des Netzhauteindrucks, aber das Bild als Ganzes wird zunächst immer noch nach den Gesetzen eines harmonisch-abgeschlossenen Bildaufbaus entworfen. So erscheint etwa Edgar DEGAS' *„Graf Lepic mit seinen Tochtern"* wie eine gemalte zufällige Momentaufnahme einer Straßenszene: die Figuren werden von den Bildrändern abgeschnitten und streben in verschiedene Richtungen wie absichtslos auseinander, die Bildmitte ist leer *(Abb. 2).* Untersucht man jedoch die Komposition genauer, so zeigt sich, daß DEGAS den Eindruck des zufälligen Schnappschusses – von dem seine Bildidee natürlich angeregt wurde – durch einen raffinierten Bildaufbau, exakte Teilungsverhältnisse im Raum und Verspannungen der Figurenbewegungen untereinander genauestens kalkuliert hat.[7] Es handelt sich also noch keineswegs um eine rein optische Widerspiegelung der Wirklichkeit, sondern um

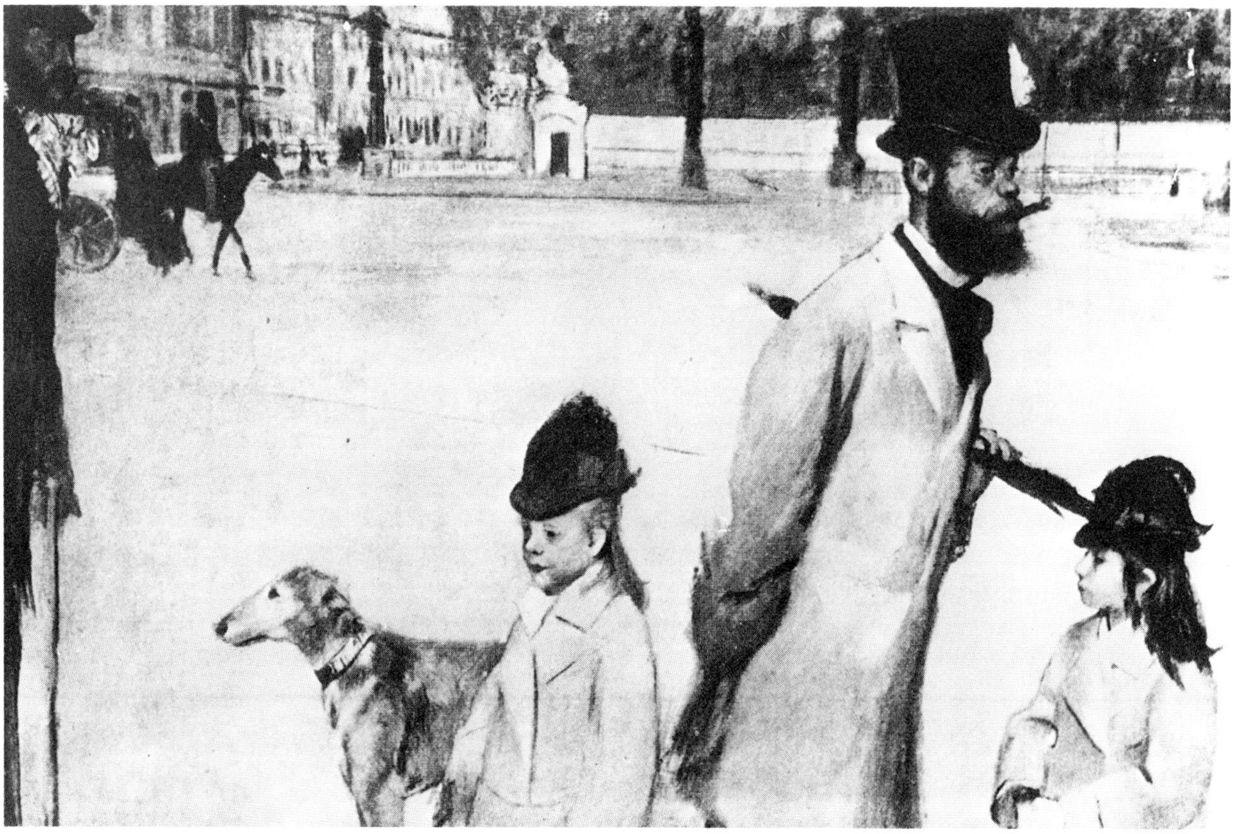

Abb. 2: Edgar Degas: Graf Lepic mit seinen Töchtern. Um 1875. Ehem. Slg. Gerstenberg, Berlin (zerstört)

eine nach innerer Bildordnung komponierte, nur scheinbare Unordnung. Den entscheidenden Schritt zur Unterordnung der Bildkomposition unter die Wirklichkeit finden wir erst bei Claude MONETS Serienbildern.

Monet – Aufgabe der Standortwahl und Auflösung der Wirklichkeit in Bildserien

Als MONET 1892 nach Rouen fuhr, hatte er vorab beschlossen, sich zum Malen gegenüber der dortigen Kathedrale einzumieten. Er unterwarf seine Bildkomposition der Kathedrale von Rouen zu verschiedenen Tageszeiten damit freiwillig und bewußt einem mehr oder weniger zufälligen Fensterausblick *(Abb. 3)*. Die Wahl, die oft tagelange Suche des richtigen Standorts, Blickwinkels oder Bildausschnitts waren bis dahin entscheidende Grundlagen, auf denen der Künstler seine Bildordnung aufbaute, mit der er seine gestalterische Ordnungskraft bewies. Indem MONET ganz offensichtlich diese Rahmenbedingungen mißachtete, zeigte er, daß es ihm auf ganz neuartige Weise nur um den optischen Eindruck und nicht um eine konstruierte, der Wirklichkeit aufgesetzte Bildordnung ging.

Natürlich zeigen seine Kathedralbilder trotzdem noch eine gewisse Komposition, wobei die Tektonik der Architektur schon von selbst strukturierend mitwirkt, aber entscheidend ist die Dominanz der rein visuellen Wirklichkeitserfassung. Konsequenterweise verliert sich bei seinen späteren Seerosen-Bildern das strukturierende Gerüst fast vollständig *(Abb. 4)*. Daß es MONET nicht mehr vorrangig um eine abgeschlossene Bildeinheit geht, zeigt sich aber auch daran, daß er die wechselnden farbigen atmosphärischen Bilder der Kathedrale oder Seerosen in einer Serie von Gemälden zu erfassen suchte.[8]

MONET meinte, er könnte letztlich unendlich viele solcher Serienbilder im wechselnden Licht der Tages- und Jahreszeiten malen. Das Gemälde hört damit auf, Ort einer exemplarischen, verdichteten Wirklichkeitserfahrung zu sein; es wird, wie die rein optisch wahrgenommene Wirklichkeit selbst, in eine Abfolge einzelner Momente oder Partikel, in eine Bildserie, zerlegt. Diese beiden Ansätze – rein visuelle Wirklichkeitserfassung und Abfolge einzelner Wirklichkeitsmomente – gehören jedoch zusammen, ja, sie entsprechen sich gegenseitig; denn für das

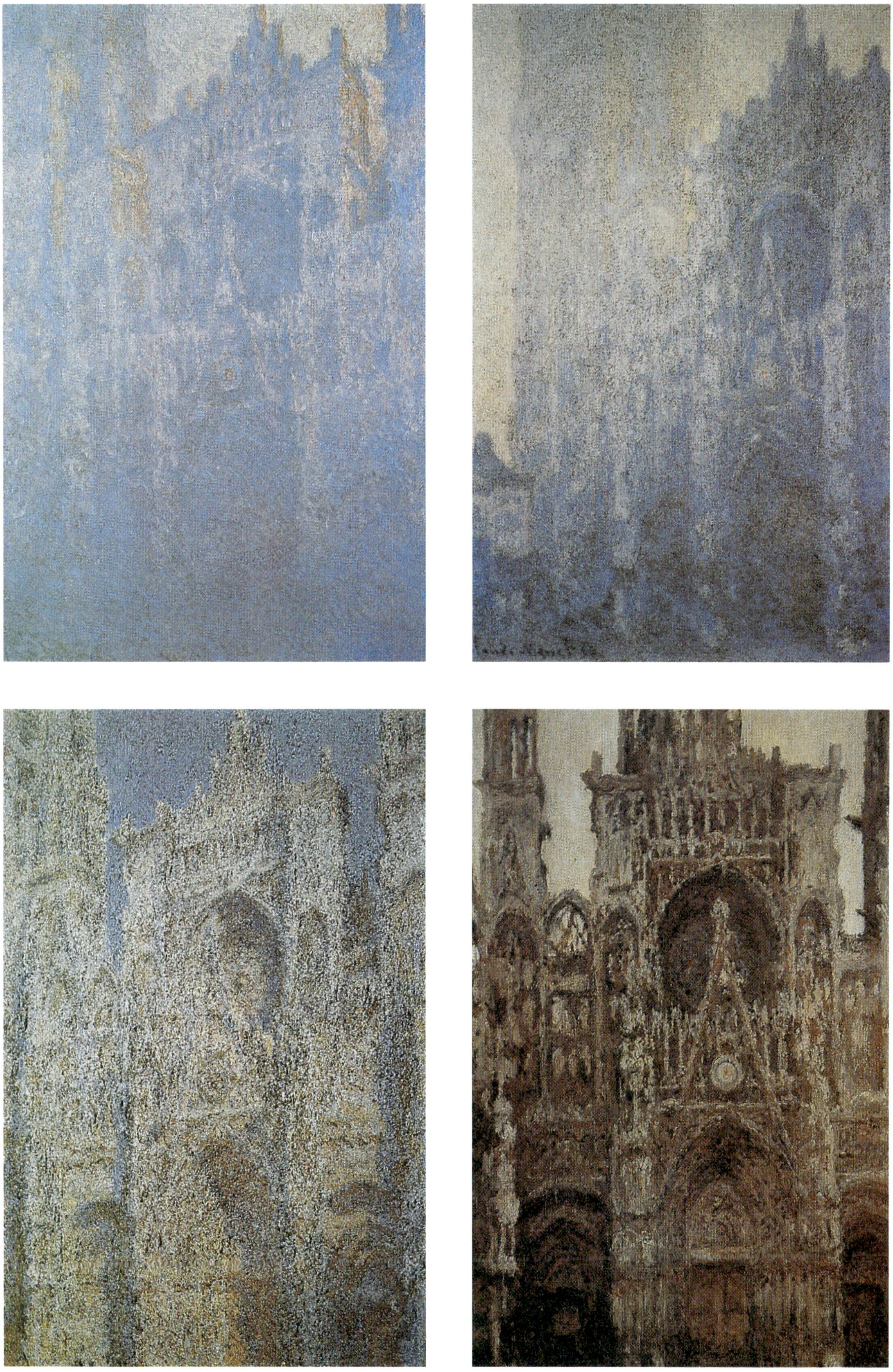

Abb. 3: Claude Monet: Die Kathedrale von Rouen zu vier verschiedenen Tageszeiten. 1892/1893. (a) Paris, Louvre. (b) Paris, Louvre. (c) Washington, National Gallery of Art. (d) Paris, Louvre

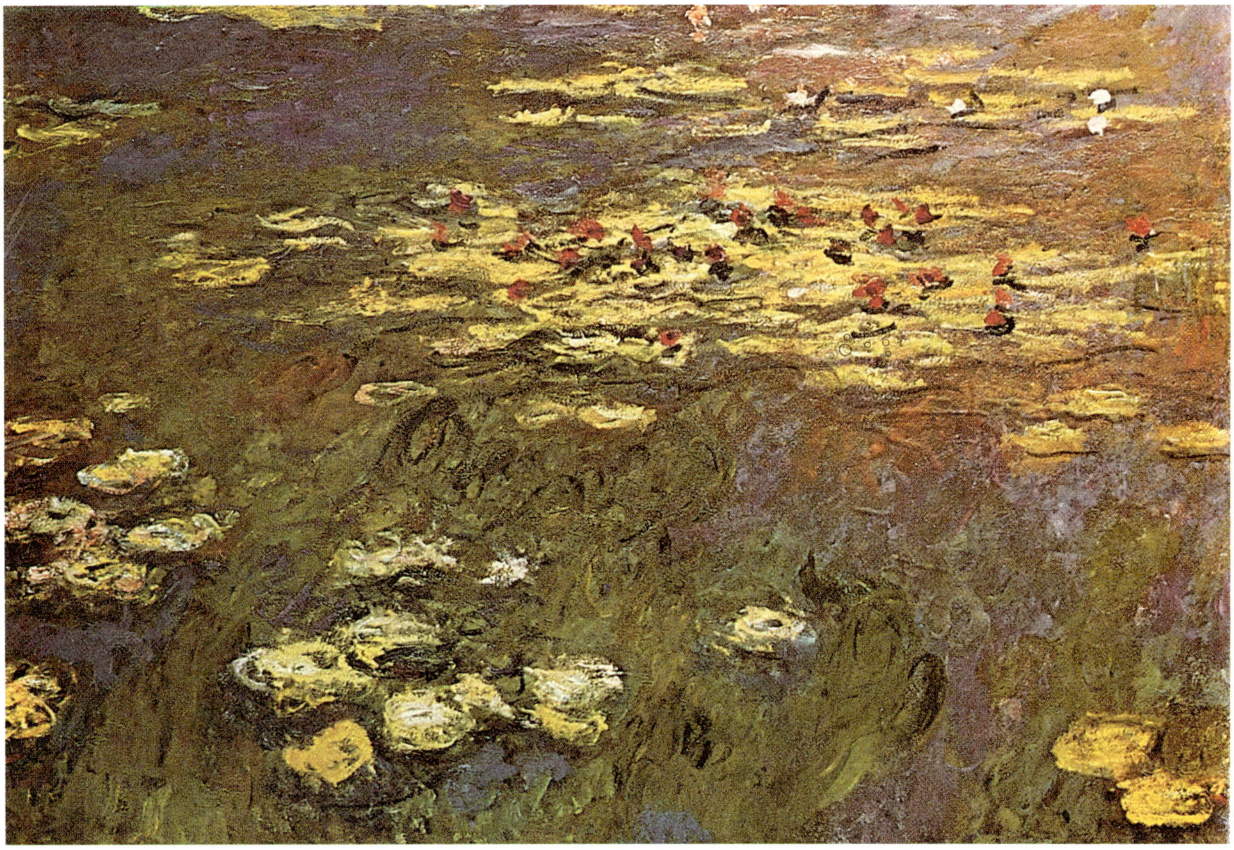

Abb. 4: Claude Monet: Seerosen. 1920. Pittsburgh, Museum of Art, Carnegie Institute

reine Auge, ohne den ordnenden Verstand, löst sich die Wirklichkeit in eine unendliche Folge wechselnder Momentbilder auf.

Diese Verflüchtigung aller Konstanten und Ordnungen, aber auch eines intellektuell faßbaren Inhalts, ist natürlich auch als Gegenposition zur völligen inhaltlichen und formalen Verhärtung der offiziellen akademischen Malerei zu sehen. Geistesgeschichtlich steht diese Auffassung in Parallele zum positivistischen Empirismus oder dem „Empiriokritizismus", der besonders in der Naturwissenschaft verbreitet war, das heißt einem Weltbild, das sich, in Kritik aller Erfahrungen, nur aus den Elementen der Empfindungen aufbaute.[9] So wie der Empiriokritizist jegliches Vorwissen, jedes Apriori, leugnete und die Welt als Abfolge von Sinneseindrücken „objektiv" zu erfassen suchte, so lehnte MONET jede rational-inhaltlich konstruierende Malweise ab: er wollte „nur Auge" sein.

Mehrere entscheidende Entwicklungen lassen sich von hier aus weiterverfolgen: Durch das Zurücktreten des Inhaltlichen gewinnt die Bildwelt an Eigenständigkeit. Besonders für Paul CÉZANNE, der aus dem Impressionismus hervorging, hatten zunehmend nur noch die rein malerischen, optischen Gesetzmäßigkeiten Bedeutung. Das Naturvorbild sollte nicht mehr kopiert, sondern durch Farben repräsentiert werden. CÉZANNE wollte eine Kunst „parallel zur Natur" schaffen, das heißt, das Bild wurde vom Vorbild getrennt und, nach seinen eigenen innerbildlichen Gesetzmäßigkeiten, als eine eigene Welt für sich „realisiert". An einem Bild wie *„Montagne Sainte-Victoire" (Abb. 5)* läßt sich dieser von CÉZANNE beschriebene Realisierungsprozeß gut verfolgen:

„Ich nehme rechts, links, hier, dort, überall diese Farbtöne, diese Nuancen, ich fixiere sie, bringe sie zueinander, sie bilden Linien, werden Gegenstände, Felder, Bäume, ohne daß ich daran denke [...] Ich denke an nichts, wenn ich male, ich sehe Farben, sie ordnen sich wie sie wollen, alles organisiert sich, die Bäume, Felder, Häuser, durch Farbflecken."[10]

Die Ablösung des Kunstwerkes von jeder Nachahmung und die Gestaltung als freie bildnerische Tätigkeit sind damit eingeleitet. Diese Grundlagen für wichtige Bereiche der Kunst des 20. Jahrhunderts sollen jedoch hier nicht weiter behandelt werden; für die Themenstellung dieses Beitrags werden zwei andere Konsequenzen aus der bei MONET beschriebenen Haltung bedeutsam:

- Der Auflösung des ehemals einheitlichen Weltbildes entspricht eine Aufgabe der Werkeinheit; der zersplitterten Wirklichkeitserfahrung entspricht eine Aufsprengung der Dingwelt im Expressionismus und Futurismus.

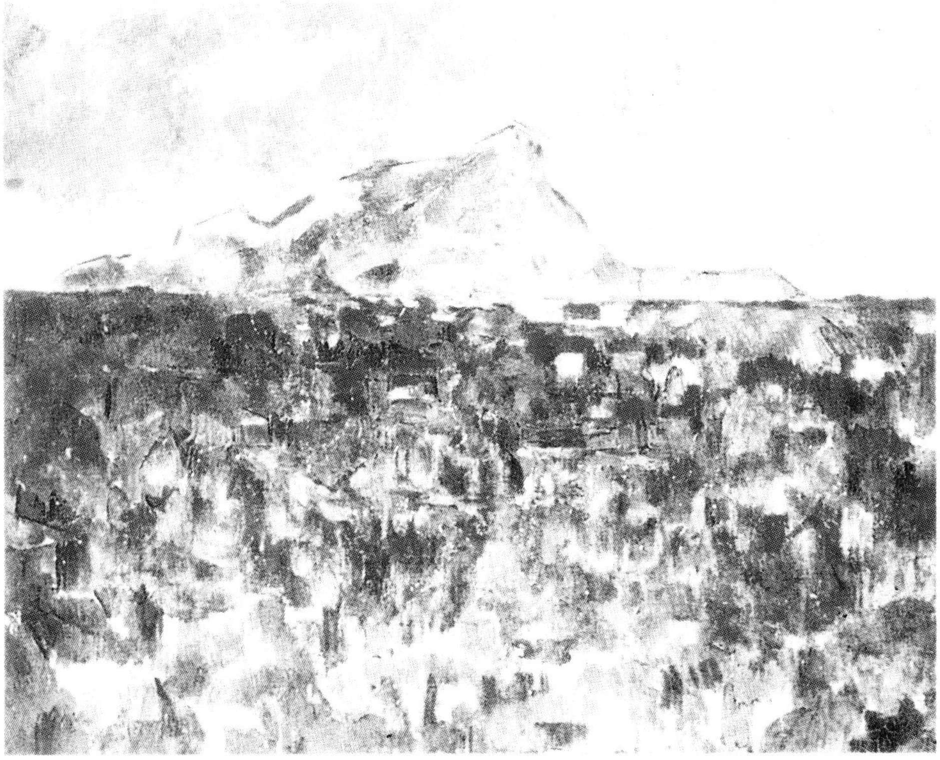

Abb. 5: Paul Cézanne: Montagne Sainte-Victoire. 1904–1906. Philadelphia, Philadelphia Museum of Art

• Durch die Konzentration auf das Sehen findet als nächste Konsequenz die Wirklichkeit selbst, zuerst als Wirklichkeitspartikel im Kubismus, Eingang in das Kunstwerk.

Die angebliche Entlastung von Abbildungsfunktionen führt also keineswegs geradlinig zur ungegenständlichen Kunst, wie Karel TEIGE und nach ihm viele andere behaupteten, sondern zuerst einmal zu einer neuen, ungeschminkten Sicht der Wirklichkeit selbst. Der revolutionäre Umsturz in der Kunst des 20. Jahrhunderts beruht gerade auch darauf, daß Aura und Werkeinheit des Kunstwerks zurücktreten und damit eine neue Sicht der Wirklichkeit möglich wurde.

Kubismus – Die Wahrnehmung der Wirklichkeit wird zum Bildthema

Die Konzentration auf das Sehen findet im Kubismus einen ersten Höhepunkt; man könnte kubistische Malerei geradezu als Thematisierung des Seh- und Wahrnehmungsvorgangs bezeichnen. Ein Bild wie Georges BRAQUES *„Frau mit Gitarre" (Abb. 6)* belegt auf den ersten Blick den fundamentalen Bruch mit jahrhundertealten Seh- und Darstellungsgewohnheiten: die Leinwand öffnet sich nicht mehr für den Betrachter nach hinten in einen perspektivisch geordneten, illusionären Raum, sondern von der festen Oberfläche der Leinwand aus wird der dargestellte Gegenstand wie eine Art Relief in Richtung auf den Betrachter entwickelt. Der entscheidende Punkt an dieser „Reliefperspektive" ist, daß damit die Blickfixierung des Betrachters aufgehoben ist. Das übliche perspektivische System ordnet und strukturiert ja nicht nur den Bildaufbau, sondern die vom Maler vorgenommene Bildordnung greift gleichsam noch aus dem Bild heraus und umfaßt sein Gegenüber; denn die Perspektive bedingt nicht nur eine einzige mögliche Blickrichtung ins Bild, sondern beruht auch auf einem fixierten Betrachterstandpunkt. Der zentralperspektivischen Konstruktion eines Bildes entspricht deshalb ein unbeweglicher und in letzter Konsequenz einäugiger Betrachter. Die Bildstruktur zwingt uns also in eine Ruhehaltung, um uns ins Bild zu versenken, dessen eigene Kunst-Ordnung anzuerkennen und aufzunehmen, und trennt uns damit von der Wirklichkeit ab.

Beim kubistischen Bild gibt es keine perspektivische Fixierung, die Einbindung des Betrachters in die Kunst-Welt ist aufgegeben; er kann den Blick über die Leinwand gleiten lassen, und an welcher Stelle er auch anhält, entsteht

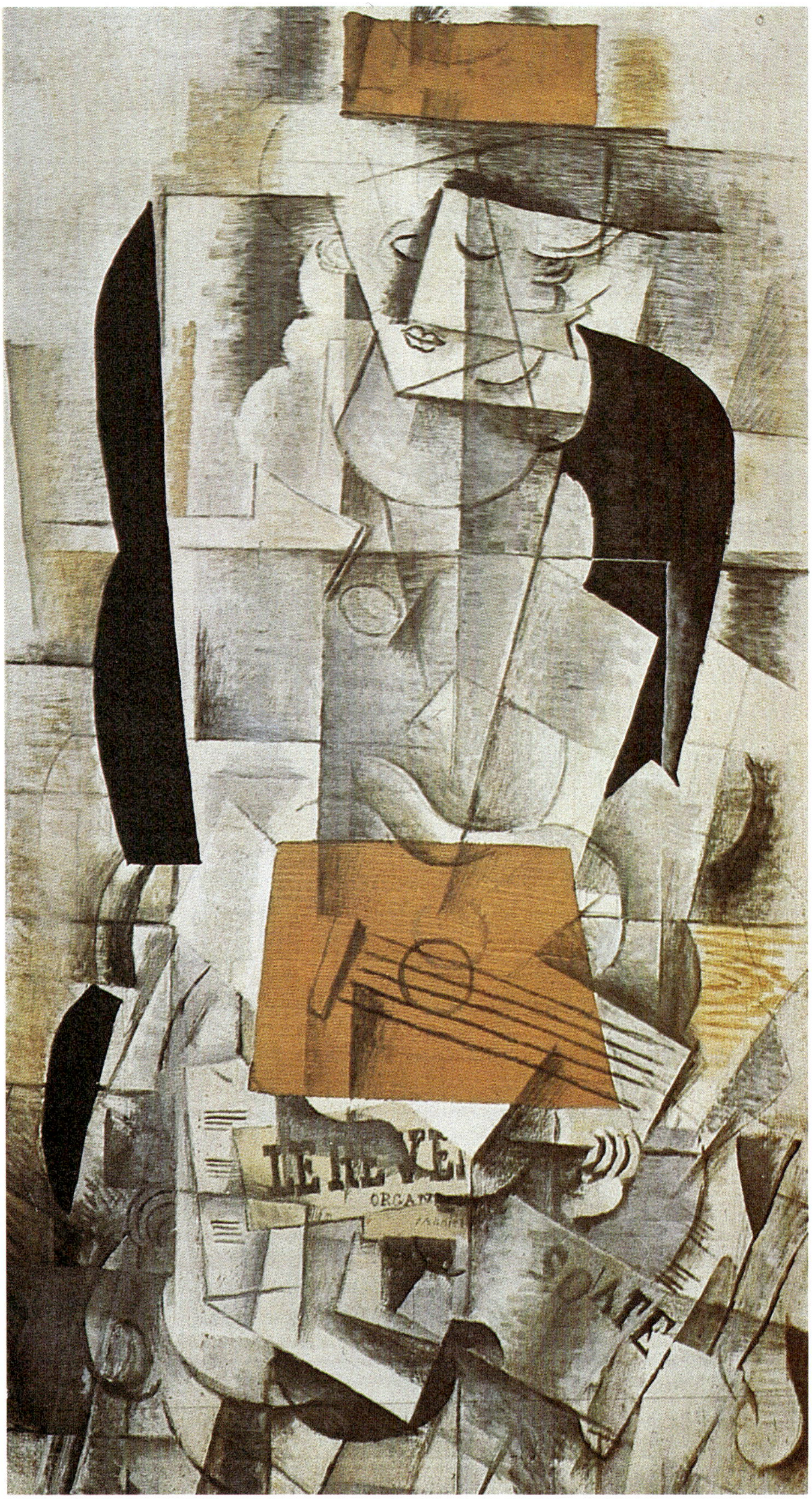

Abb. 6: Georges Braque: Frau mit Gitarre. 1913. Paris, Musée National d'Art Moderne

durch die übereinandergeschobenen Flächen und Formen ein neuer räumlicher Eindruck, der sich ständig verändert, je nachdem welche angrenzenden Flächen miteinbezogen werden: zwei übereinanderliegende Flächen treten auf einmal nach vorn, wenn eine angrenzende dunkle Fläche mitgesehen wird, oder sie springen zurück, wenn eine helle Randform in die Konfiguration hineinwirkt. Das kubistische Bild ist also in völlig neuartiger Weise auf den Sehvorgang des Betrachters hin entworfen. Während im impressionistischen Gemälde MONETS die Wirklichkeit in farbige Flecken auf der Leinwand aufgelöst wird, geht BRAQUE einen Schritt weiter, indem er die Frage stellt, wie denn aus reinen Farbflecken beim Betrachter wieder der Eindruck eines Gegenstandes entsteht; diese Bildwerdung, das heißt der gesamte Vorgang der Wahrnehmung vom Sehen bis zum Erkennen, ist Thema des Kubismus: Die Wellenlinie in der Mitte von BRAQUES *„Frau mit Gitarre"* sagt für sich noch nichts aus, ebenso der darunter befindliche Kreis. Zusammen mit den parallel verschobenen, nochmals wiederholten Formen sehen wir jedoch den plastischen Umriß einer Gitarre.

Das kubistische Gemälde ist nun natürlich weder ein naives Suchbild, bei dem ein zerlegter Gegenstand wie ein Puzzle in unserem Kopf wieder zusammengefügt werden soll, noch liefert es gar, wie oft behauptet wurde, die „Idee" eines Gegenstands (im Sinne eines Platonischen idealen Urbildes)[11] – nur weil ein Gegenstand manchmal von zwei Seiten wahrgenommen werden kann. Das kubistische Bild verweist uns auf unser eigenes Sehen, auf den Wahrnehmungsvorgang: wir sehen einfache geometrische Formen – zuerst Rechtecke oder Kreise, dann Kegel und Kuben –, und daraus wird im Zusammenspiel von Auge und Gehirn ein Körper, eine Hand oder eine Gitarre. Das Bild enthält deshalb bezeichnenderweise Elemente, an denen wir den Wahrnehmungsprozeß selbst verfolgen können und die in zeitgenössischen Büchern über Psychologie zu finden sind *(Abb. 7).* Dort wurde zum Beispiel

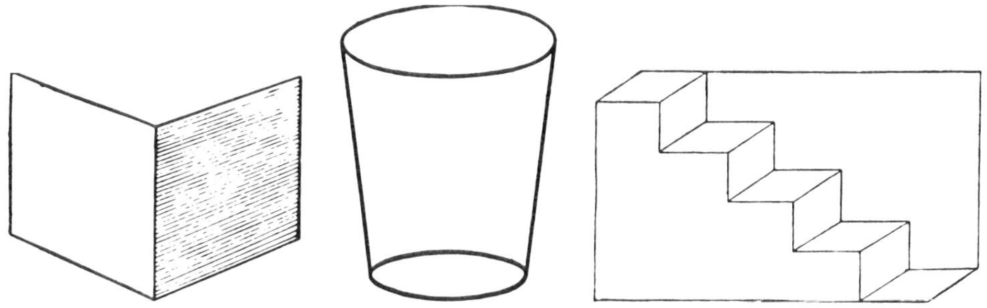

Abb. 7: Reliefperspektiven aus William James, Principles of Psychology, 1890; von links nach rechts: „Machs Visitenkarte", „Eggers Becher", „Schröders Treppe"

das räumliche Sehen durch Schemazeichnungen illustriert, an denen das Umspringen von zweidimensionalen Formen beim Betrachten in ein dreidimensionales Bild verfolgt werden kann und deren Anwendung in kubistischen Bildern von PICASSO, BRAQUE oder GRIS offensichtlich ist.[12] So wie man über das Denken nachdenken kann, findet also ein Sehen über das Sehen, eine Besinnung auf das Sehen, statt, indem das Alphabet des Sehens dem Betrachter bewußt gemacht wird.

Die Art und Weise, wie wir die Wirklichkeit sehen und die Sinneseindrücke in Objekte und Begriffe umsetzen, wird im Bild noch auf anderer Ebene vorgeführt: Im unteren Drittel des Gemäldes befindet sich ein rechteckiges Feld mit der Aufschrift: LE REVE (der Traum). Aus dem Untertitel ORGAN[E] wird aber deutlich, daß es sich um ein Bruchstück eines Zeitungstitels, nämlich LE REVEIL (das Erwachen, der Wecker), handelt. Der lesende Betrachter denkt also an „Traum" und wird durch seine Assoziation, die in seinem Kopf stattfindet und nichts mit dem wirklichen Zeitungstitel zu tun hat, genauso getäuscht wie der sehende Betrachter, der Flächen sieht, aber räumliche Gebilde wahrnimmt. Durch den Verweis auf die hinzukommende Assoziation wird also gerade der Mechanismus der Wahrnehmung offengelegt. Darüber hinaus läßt sich jedoch der Begriff „Traum" wieder mit dem Gesamtthema, als träumerische Stimmung der Gitarrenspielerin, verbinden. BRAQUE setzt sich also auf verschiedenen Ebenen mit der Wirklichkeitsaneignung auseinander.

Von besonderer Bedeutung ist dabei die trapezförmige Fläche mit brauner Holzmaserung im Bildzentrum. Zusammen mit der Kurvenlinie, dem Schalloch und den Saiten assoziiert man das Holz einer Gitarre, obwohl der Umriß der Fläche der geschwungenen Gitarrenform genau widerspricht. Ähnlich wie sich in uns beim Betrachten eines Gegenstandes in der Wirklichkeit etwa der Begriff „Baum" formt, wenn wir einen Stamm, Äste und Blätter sehen und wir ihn damit auch erst „begreifen", so entsteht beim Betrachten von BRAQUES Bild eine Gitarre. Der

Gegenstand wird also nicht mehr im Bild vom Künstler nachgeformt, das heißt durch Nachahmung abgebildet, sondern er wird durch das Aufzeigen seiner wesentlichen Elemente konstruiert. Dieses Aufzeigen der nicht mehr künstlerisch zu Abbildungszwecken überformten Wirklichkeit im Bild führt konsequenterweise zur direkten Übernahme von Wirklichkeitspartikeln ins Bild.

Von der gemalten Wirklichkeit zum Realitätsfragment im Bild

Die gemalte Holzfläche etwa verweist zwar den Betrachter auf das Holz des wirklichen Gegenstandes, sie ist aber selbst noch ganz Teil einer gemalten Bildwelt, einer vom Künstler allein geformten Werkeinheit. In Pablo PICASSOS Bild *„Gitarre und Glas“ (Abb. 8)* von 1913 ist die Wirklichkeitsnachbildung in einem illusionären Kunst-Raum endgültig aufgegeben.

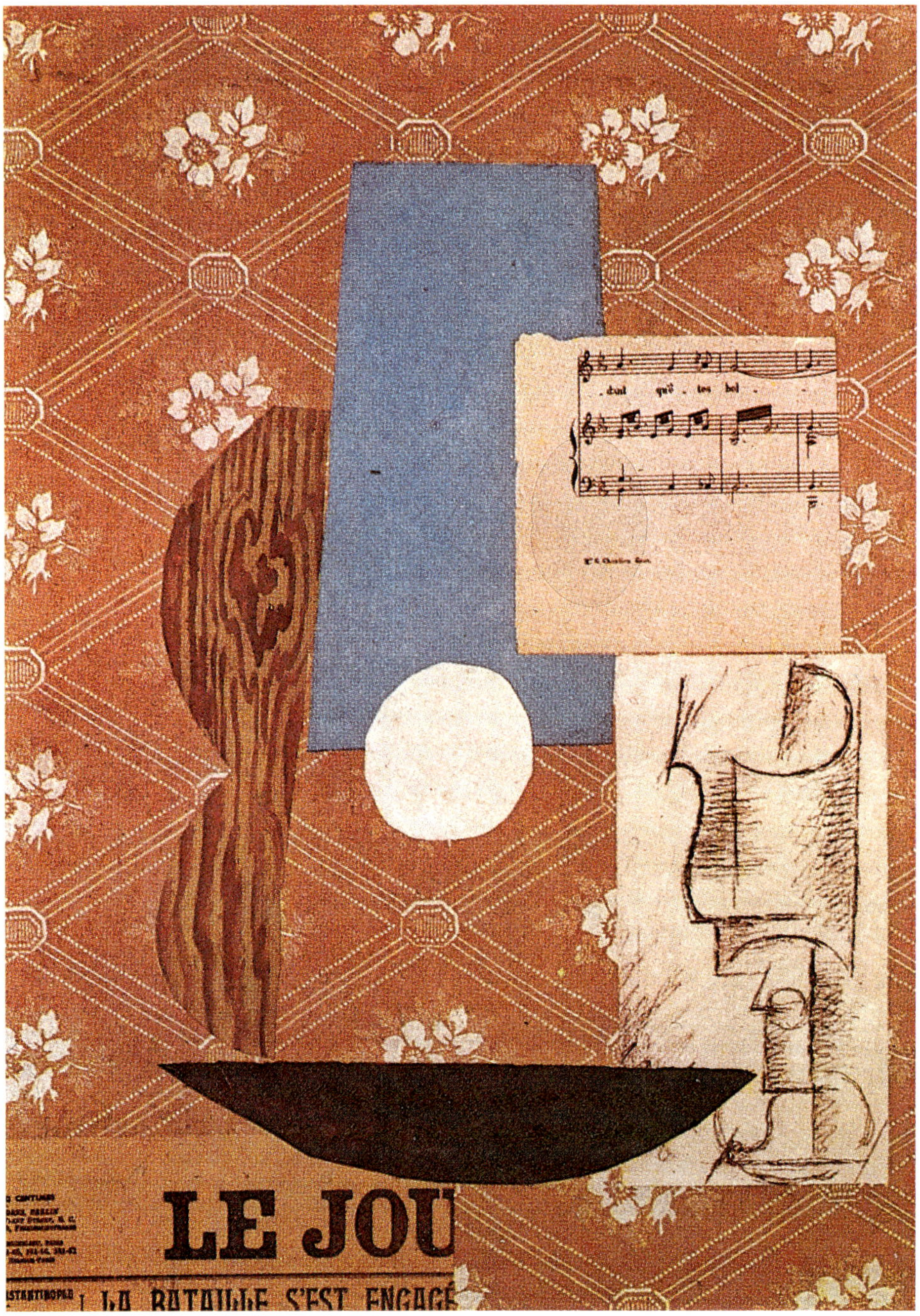

Abb. 8: Pablo Picasso: Gitarre und Glas. 1913. San Antonio (Texas), Marion Koogler McNay Art Museum

Der Bilduntergrund ist eine Originaltapete mit Rauten- und Blümchenmuster, womit der perspektivische Illusionsraum total verneint wird; denn eine Tapete liefert geradezu den Begriff einer geschlossenen Wandfläche. Auf diesen Grund klebte PICASSO ausgeschnittene Flächen aus getöntem oder mit Holzmaserung versehenem Papier („papier collé"), die wieder in der schon beschriebenen Weise im Betrachtungsprozeß das Begriffs-Bild „Gitarre" erzeugen. In genau diesem Sinne wirkt auch der aufgeklebte Teil eines gedruckten Notenblatts; ähnlich wie ein Gegenstand häufig erst aus dem Zusammenspiel von Sehen, Hören oder Riechen erkannt wird, so liefert hier das Notenblatt einen optischen Hinweis auf die akustische Funktion und komplettiert damit die übrigen Elemente wie Schalloch, Gitarrenschwung oder Holz auf einer weiteren Wirklichkeitsebene, die dem Objekt „Gitarre" zugehört, die aber in deren reiner Formnachbildung nicht erfaßt werden kann.

In einer aufgeklebten Skizze zeigt PICASSO auf der Ebene bildkünstlerischer Gestaltung am Beispiel eines nach verschiedenen Betrachterstandpunkten „zerlegten" Glases diesen Vorgang der Wirklichkeitsaneignung wieder von einer anderen Seite. Der originale Zeitungsfetzen links unten fügt in das Bild die Dimension des Alltäglichen, Wirklichen ein, die jedem Betrachter vertraut ist; jeder hat genau so eine Zeitung täglich in der Hand: das Kunstwerk ist damit keine in sich abgeschlossene Welt mehr, die Wirklichkeit ist als Wirklichkeit im Kunstwerk aufgenommen oder montiert.

Im folgenden wird „Montage" als allgemeiner Begriff für „Zusammenfügen sonst getrennter Wirklichkeitsbereiche" verwendet, ohne daß die oft erheblichen Unterschiede hinsichtlich der technischen Durchführung – von der Collage bis zum Filmschnitt – nochmals differenziert werden.

Zwar sind PICASSOS oder BRAQUES kubistische Collagebilder[13] nach den Gesetzen der Komposition in sich ausgewogene Werkeinheiten, bilden wieder einen eigenen Bildkosmos, aber die eingeklebten Wirklichkeitspartikel sprengen diese Werkeinheit gleichzeitig immer wieder auf; denn bei aller kompositorischen Einbindung bleibt etwa der Zeitungsfetzen immer ein Stück Realität, das nicht vom Künstler überformt wurde. Somit ist eine Werkeinheit geschaffen, aber diese ist in sich aus Brüchen aufgebaut – die einzelnen Fragmente stehen immer auch für sich, als Träger eigener Bedeutungszusammenhänge; die Kontinuität der Bildaussage ist zerbrochen. Das Kunstwerk wird dadurch „offen", wie Walter BENJAMIN sagt, es nimmt Bruchstücke aus der Wirklichkeit auf, die nicht schon vorab vom Künstler im Hinblick auf die Werkeinheit fixiert sind, sondern die von den verschiedenen Betrachtern immer unterschiedlich mit Realität und Bedeutung angefüllt werden können und die Kunstwerk, Betrachter und Realität miteinander verklammern.

Die Darstellung von Bewegung und Simultaneität im Zerbrechen der Form

Während also im Prozeß der Auseinandersetzung mit der Wirklichkeit im Kubismus Realitätspartikel ins Bildganze aufgenommen werden, wird im Futurismus und Expressionismus umgekehrt die Wirklichkeitsdarstellung innerhalb der Bildeinheit zersplittert.

Futurismus – Erfassung des Lebens als Bewegung und Gleichzeitigkeit

Beruhend auf der zeitgenössischen Lebensphilosophie, ist der Ausgangspunkt des Futurismus eine Betonung des Lebens als Bewegung und Simultaneität, das heißt als gleichzeitige Wahrnehmung verschiedenster Lebensäußerungen. Diese beiden Leitbegriffe lassen sich im herkömmlichen geordneten Tafelbild nicht darstellen; dessen starre Momentfixierung wird deshalb von den Futuristen aufgebrochen. Die Bewegung der Objekte wird als sich überlagernde Addition einzelner Momentaufnahmen gezeigt, während die Simultaneität als gegenseitige Durchdringung von Realitätsfragmenten erzeugt wird.

Ein typisches Beispiel dafür ist etwa Umberto BOCCIONIS Bild *„Der Lärm der Straße dringt ins Haus" (Abb. 9)* von 1911, das schon im neuartigen Bildthema die Durchdringung und gleichzeitige optische und akustische Wahrnehmung ankündigt. Man sieht die Rückenfigur einer Frau, die sich über ein Balkongitter beugt, um die Bauarbeiten auf der Straße unter ihr zu beobachten.

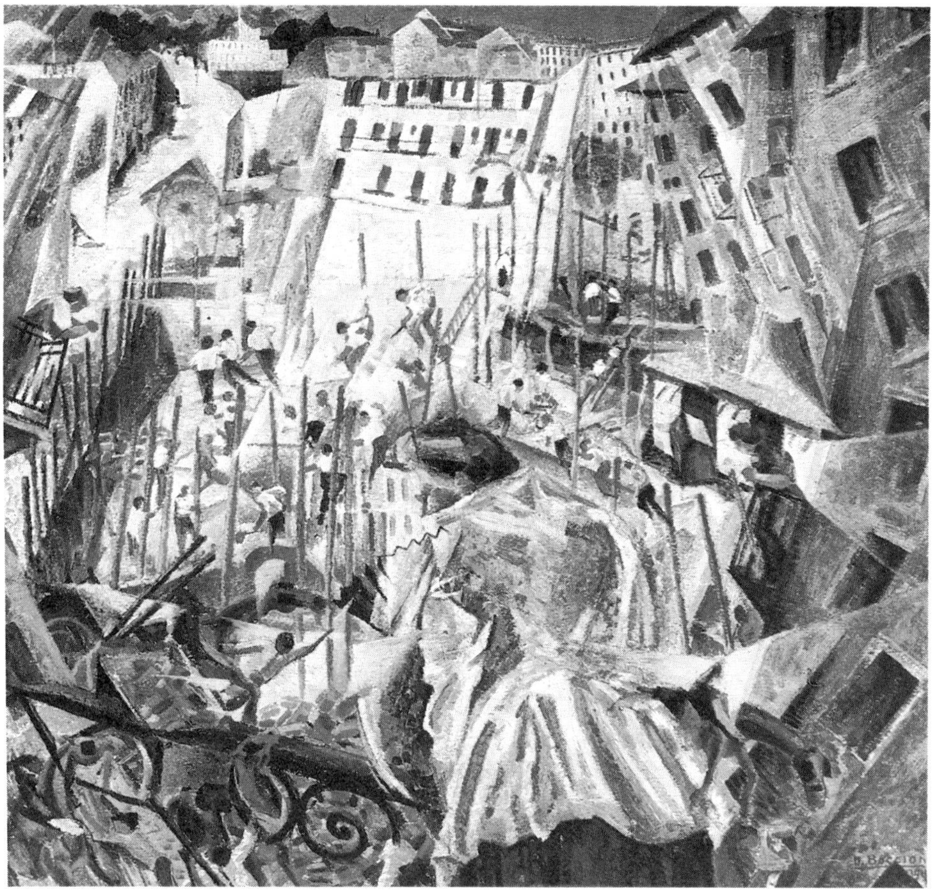

Abb. 9: Umberto Boccioni: Der Lärm der Straße dringt ins Haus. 1911. Hannover, Niedersächsisches Landesmuseum

Diese Arbeit, mit Männern, Material, Zugtieren, Geschrei und Bewegung, umwirbelt die Frau, dringt durch sie hindurch; im Sehen und Hören nimmt sie den Vorgang mit all ihren Sinnen buchstäblich in sich auf. Dieses Überschneiden und Überlagern der verschiedenen Bewegungen und Sinneseindrücke greift auch auf die umgebende Architektur aus, die Teil des Bewegungsrhythmus wird und sich zersplittert um das Gesichtsfeld der beobachtenden Frau herumlegt, so wie sich etwa an den Rändern einer kreisförmigen Linse die abgebildeten Gegenstände verbiegen und verzerren.

In einem Manifest von 1912 proklamierte Boccioni diese simultane Erfassung und Darstellung der Realität:

„Reißen wir die Figur auf und schließen wir die Umwelt in sie hinein. Wir proklamieren, daß die Umwelt als eine Welt für sich und mit eigenen Gesetzen am bildnerischen Komplex teilhaben muß; daß der Bürgersteig auf euren Tisch steigen und daß euer Kopf die Straße überqueren kann, während eure Lampe zwischen dem einen und dem anderen Haus ihr Gipsstrahlengewebe spinnt. Wir proklamieren, daß sich die ganze wahrnehmbare Welt auf uns stürzen muß, um sich mit uns zu verschmelzen und so eine Harmonie zu schaffen."[14]

Die Abbildung der Vielgestaltigkeit, Gleichzeitigkeit und Dissonanz der Wirklichkeitsphänomene wird also durch das Zerbrechen der Formen versucht, allerdings noch im Rahmen einer vom Künstler geordneten Werkeinheit.

Expressionismus – Zusammenbruch einer geordneten Welt im Bild

In Marcs Bild *„Tirol" (Abb. 10)* aus dem Jahre 1914 ist die expressionistische Suche nach Ausdruck innerer Zustände in Verbindung mit futuristischer Dynamik und Formzertrümmerung deutlich ablesbar.
Die landschaftliche Szenerie mit Bauernhäusern und umgebenden Tannen in der unteren Bildmitte wird überwältigt von einer zersplitterten Bergwelt, die sich darüber auftürmt und in deren Mitte Marc eine Madonna mit Kind stellte. In den oberen Bildecken wirken Sonne und Mond in diese endzeitliche Vision einer

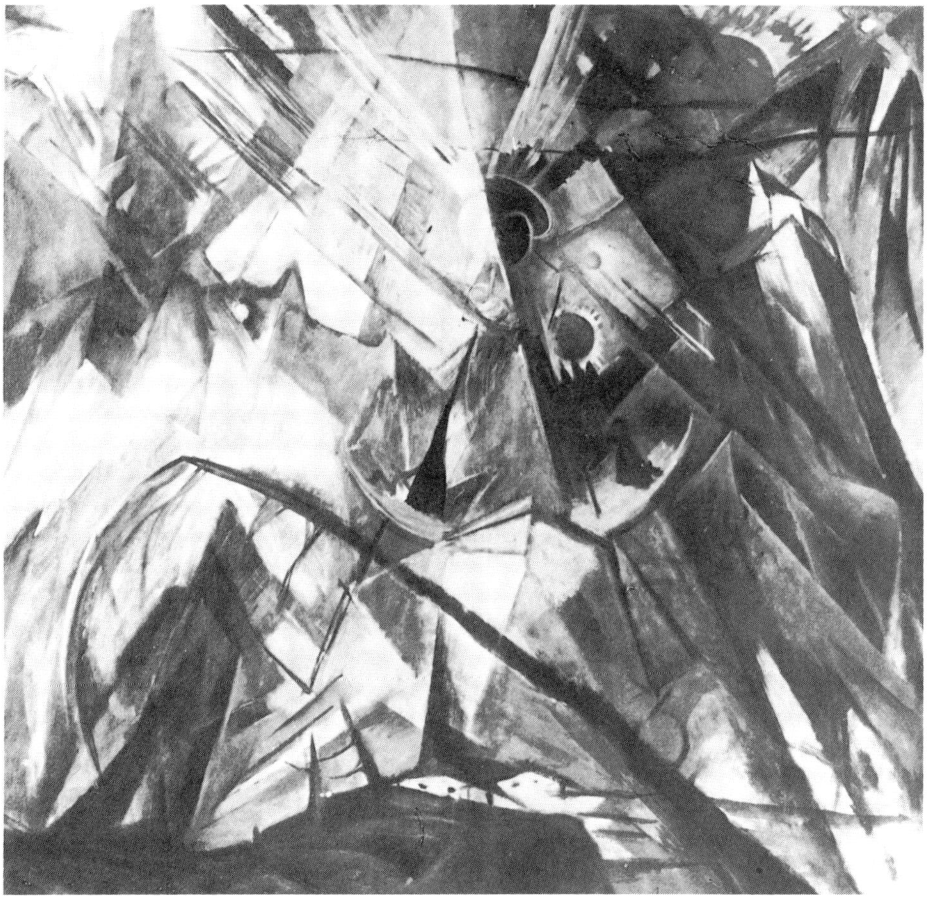

Abb. 10: Franz Marc: Tirol. 1914. München, Bayerische Staatsgemäldesammlungen

zerbrechenden Welt hinein. Ernst BLOCH sah in Bildern dieser Art eine Demonstration des Zusammenbrechens der bürgerlichen Welt:

„Expressionismus im Original war vielmehr Bildsprengung, war aufgerissene Oberfläche auch vom Original her, nämlich vom Subjekt, das gewalttätig aufriß und verschränkte [...] Echter Expressionismus [...] legte nicht nur subjektivistische Intentionen in eine weggeleugnete Materie, sondern überzog die Welt mit Krieg, montierte ihre Bruchstücke zu Fratzen, montierte in die Hohlräume vor allem Exzesse und Hoffnungen stoffhaltiger Art, archaische und utopische Bilder [...] Da ist kein Zerfall um seiner selbst willen, sondern Sturm durch diese Welt, um Platz für die Bilder einer echteren zu machen.“[15]

BLOCH wird dem Zusammenhang von Auflösung des einheitlich-harmonisierten Weltbildes und Zersplitterung der Wirklichkeitsdarstellung in der Kunst damit gerechter als jene Erklärungsversuche, die den zunehmenden Abstraktionsprozeß bei der Erklärung von Erscheinungen in der Naturwissenschaft mit den Veränderungen im Bereich der bildenden Kunst direkt vergleichend nebeneinanderstellen wollen. Die angebliche Umsetzung neuer naturwissenschaftlicher Begriffe wie „Relativitätstheorie“, „Raum-Zeit-Kontinuum“ oder „Feldtheorie“ in zeitgenössische Bildformen ist von den Wissenschaftlern weitgehend abgelehnt worden; denn das Wesen dieser Begriffe besteht gerade in ihrer „Nicht-Abbildbarkeit“. Der Zusammenhang zwischen abstrakt-formalisierter naturwissenschaftlicher Welterklärung und künstlerischer Wirklichkeitsdarstellung kann deshalb – mit Werner HEISENBERG – besser nur allgemein in einer gemeinsamen „Tendenz zur Entstaltung“[16] gesehen werden.

Das gebrochene Verhältnis zur gegenwärtigen Welt

Die seit der Romantik verdeckt vorhandene Überzeugung, daß die Welt nur noch partiell, als zerstückelt zu erfahren sei, setzt sich seit der Jahrhundertwende immer mehr durch. Die neuen Medien „Fotografie“ und „Film“ verstärken dieses Bewußtsein. Die Kunst thematisiert diese Erfahrung etwa in der Zusammenfügung disparater Wirklichkeitsteile, überbietet das bloße Abbild aber auch durch Veranschaulichung etwa prozessualer Abläufe oder durch die abstrakte Darstellung technischer Strukturen. Zudem müht sich die Kunst verstärkt um den bildnerischen Ausdruck innerer Erfahrungszustände. Angesichts des technischen Fortschrittes neigen viele Künstler dazu, die Abbildung der Erscheinungswelt aufzugeben und gegen die Gestaltung einer Erfahrungswelt auszutauschen, für die eine verbindliche Sprache noch nicht zur Verfügung steht.

Anhand verschiedener Werke soll gezeigt werden, wie vielfältig und unterschiedlich die künstlerischen Äußerungen sind, die sich in dieser zunehmend „entstalteten" Welt (HEISENBERG) Ausdruck verschaffen – seien es die spezifischen Möglichkeiten des technischen Mediums „Fotografie", die innerhalb der Malerei künstlerisch umgesetzt werden, sei es etwa eine bislang ungewohnte vielperspektivische Wirklichkeitserfassung in der Bildwelt der Montage, die dem Betrachter eine völlig neue Wahrnehmung abverlangt. Gemeinsam allerdings ist allen folgenden Beispielen, daß sie das gebrochene Verhältnis des Betrachters zur gegenwärtigen Welt zur Sprache bringen. Dieses Verhältnis von Subjekt- und Objektwahrnehmung wird von den Künstlern problematisiert und spaltet sich in der verschiedensten Weise auf.

Malerische Montage – Das zeitlich und räumlich Getrennte verbindet sich in der Bildeinheit

Das Zerbrechen der Formen im Expressionismus und das Aufsplittern der Bildwelt zur Gestaltung der Simultaneität im Futurismus bekommen durch den Ersten Weltkrieg eine neue Dimension. Der Krieg zerstörte die idealen Ordnungsprinzipien. Materialschlachten und Stellungskrieg im Schützengraben zerrütteten den Glauben an irgendeinen Sinn des Lebens; es blieb eine sinnlose, chaotische und verderbte Welt, wie sie George GROSZ in seinem Gemälde *„Widmung an Oskar Panizza" (Abb. 11)* von 1917/18 aufzeigte, das er selbst in einem Brief an einen Freund beschrieb:

„Ich male zur Zeit an einem großen Höllenbild – Schnapsgasse grotesker Tode und Verrückter, da spielt sich viel ab – der Leibhaftige reitet auf dem queren Sarg nach links ab durchs Bild, rechts übergibt sich ein Jüngling, speit er all die schönen Jugendillusionen in die Leinwand – Oskar Panizza hab ich dieses Bild gewidmet. Ein Gewimmel besessener Menschentiere – darin, daß diese Epoche destruktiv nach unten segelt, bin ich der Anschauung unverrückbar – unser beschmiertes Paradies – vielleicht aus Alkoholdämpfen entsteigt's Dir [...]"[17]

Während in BOCCIONIS Bild Simultaneität noch gleichzeitiges Geschehen an einem Ort bedeutete, das heißt die Einheit der Handlung und des Ortes noch galt, die auch sein Gemälde zusammenhielt, so vereinigte, oder besser montierte, GROSZ zeitlich und örtlich Auseinanderliegendes. Eine widerwärtige Sammlung von Figuren aus allen Lebensbereichen – vom General bis zum Totschläger, vom Priester bis zur Prostituierten – wirbelt im roten Licht einer irdischen Höllen- und Bordellszenerie durcheinander. Die Gestalten wirken alle wie ausgeschnitten und übereinander montiert, gleichsam erinnerte Bildfetzen in GROSZ' Bewußtsein, überlagert von Wunschbildern nackter Frauenleiber und Symbolfiguren wie dem Tod in der Bildmitte, oder Klerikalismus, Alkoholismus, Syphilis und Pest am linken unteren Bildrand. Die Widmung an Oskar PANIZZA ist doppelt bedeutsam; denn einerseits behandelte dieser in seinem Stück *„Das Liebeskonzil"*, das den größten Literaturskandal um 1900 in Deutschland hervorrief, den Sieges- und Todeszug der Syphilis durch die verlogene Welt des Christentums – ein Thema, das im vierten Jahr des von allerchristlichsten Kaisern und Königen proklamierten Krieges besondere Aktualität besaß –, andererseits war PANIZZA ins Irrenhaus abgeschoben worden, wo man ihn buchstäblich „verenden" ließ, während GROSZ gerade aus einer solchen „Nervenheilanstalt" entkommen war. Über den Wahnsinn dieser von GROSZ montierten Welt erhebt auch kaum mehr der später von ihm selbst gegebene Hinweis auf den Moralcharakter einer Hogarthschen „Schnapsgasse"; denn der Tod hält nicht mehr moralisierend ein Stundenglas hoch, sondern besäuft sich selbst.

Dadaistische Montage – Die zersplitterte Wirklichkeit selbst tritt an die Stelle der geordneten Werkeinheit

Die Wirklichkeit hat damit über die Montagetechnik inhaltlich und formal in bislang ungekannter Radikalität in die Malerei Eingang gefunden. Aber auch GROSZ' Bild ist noch kompositorisch als Werkeinheit, als Tafelbild und damit letztlich als autonome Gestaltung für das Museum entworfen. Diesen Widerspruch einer „systemimmanenten Revolution" – man protestiert gegen die Wirklichkeit dieser (bürgerlichen) Welt und möchte doch mit seinen Tafelbildern in deren Museen ausgestellt werden – haben für einen kurzen Augenblick einige Dadaisten nach Kriegsende aufgehoben. Die Berliner Dadaisten Raoul HAUSMANN, John HEARTFIELD, George GROSZ oder

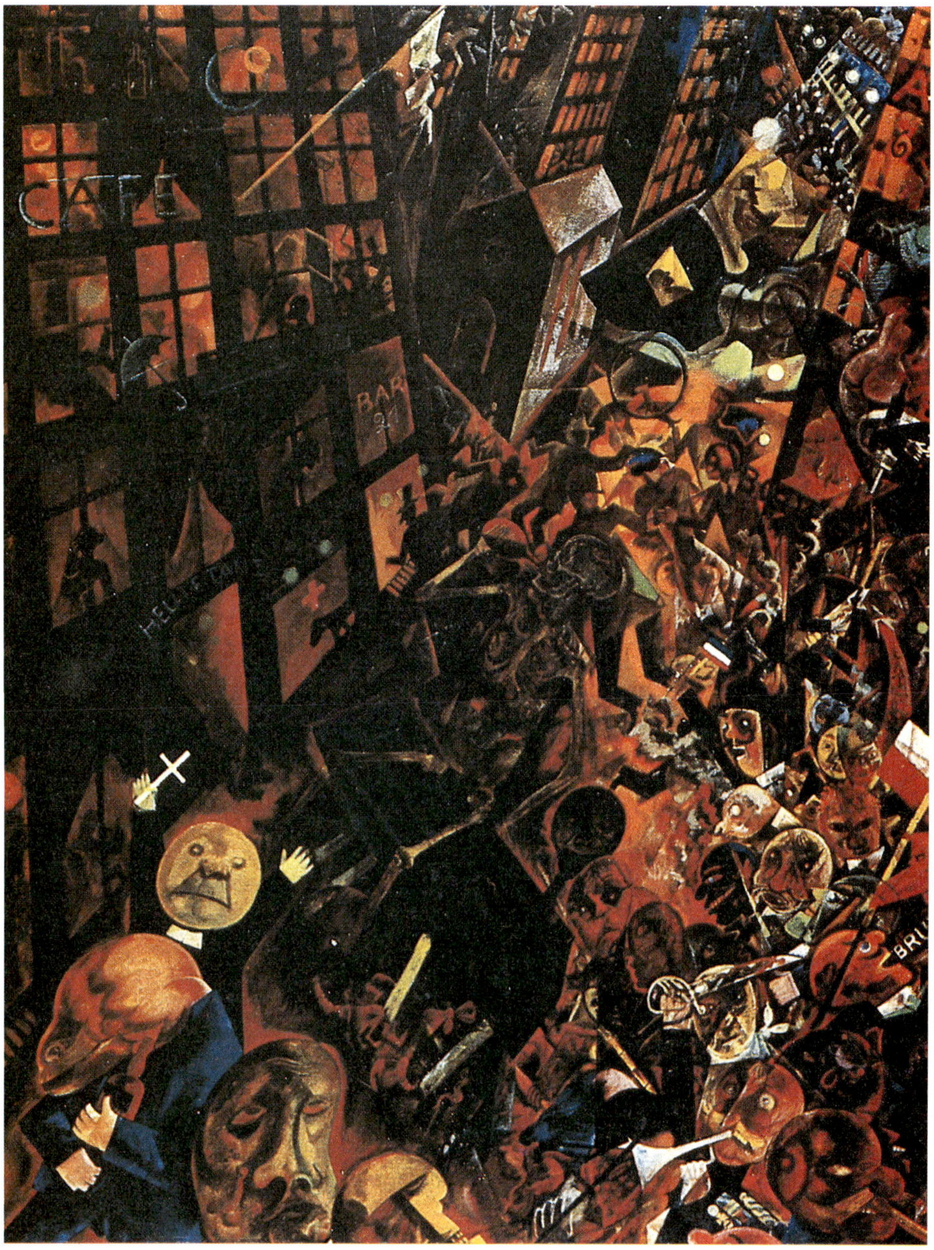

Abb. 11: George Grosz: Widmung an Oskar Panizza. 1917/18. Stuttgart, Staatsgalerie

Richard HUELSENBECK wollten nach dem Grauen des Weltkriegs nichts künstlerisch Gestaltetes mehr schaffen, das dann von den Vertretern der Welt, die sie bekämpften, wieder als Kunstwerk ästhetisch konsumiert werden konnte. Sie wollten die Zerstörung der Welt, die für den Krieg verantwortlich war, weitertreiben und verweigerten sich dem bürgerlichen Prinzip der Institutionalisierung, durch das jede neue Avantgarde, die mit dem Ziel der Erneuerung auftritt, unter einem erweiterten Kunstbegriff wieder erfaßt und für das Museum gezähmt wird. Konsequenterweise verweigerten sie deshalb jede Festlegung und hoben selbst jede Definition, was Dadaismus sei, auf: „Dada! Denn wir sind Antidadaisten!", „Gegen dies Manifest sein, heißt Dadaist sein!", „Dada ist mehr als Dada", oder „Wer gegen Dada ist, ist Dadaist". Die Wirklichkeit war den Dadaisten ein „simultanes Gewirr von Geräuschen, Farben und geistigen Rhythmen [...] das in seiner gesamten brutalen Realität übernommen wird".[18] Wieland HERZFELDE, der Bruder John HEARTFIELDS, erläuterte in einer Einführung zur „Ersten internationalen Dada-Messe" *(Abb. 12)* in Berlin 1920 die neue Haltung zur Wirklichkeit:

„Alle Kunstbestrebungen lassen sich dahin zusammenfassen, daß sie, so verschieden sie auch sind, gemeinsam die Tendenz haben, sich von der Wirklichkeit zu emanzipieren. Der Dadaismus ist die Reaktion auf alle diese Verleugnungsversuche des Tatsächlichen [...] aber der Dadaist unternimmt es nicht, etwa wieder mit dem Photographenapparat zu konkurrieren, oder

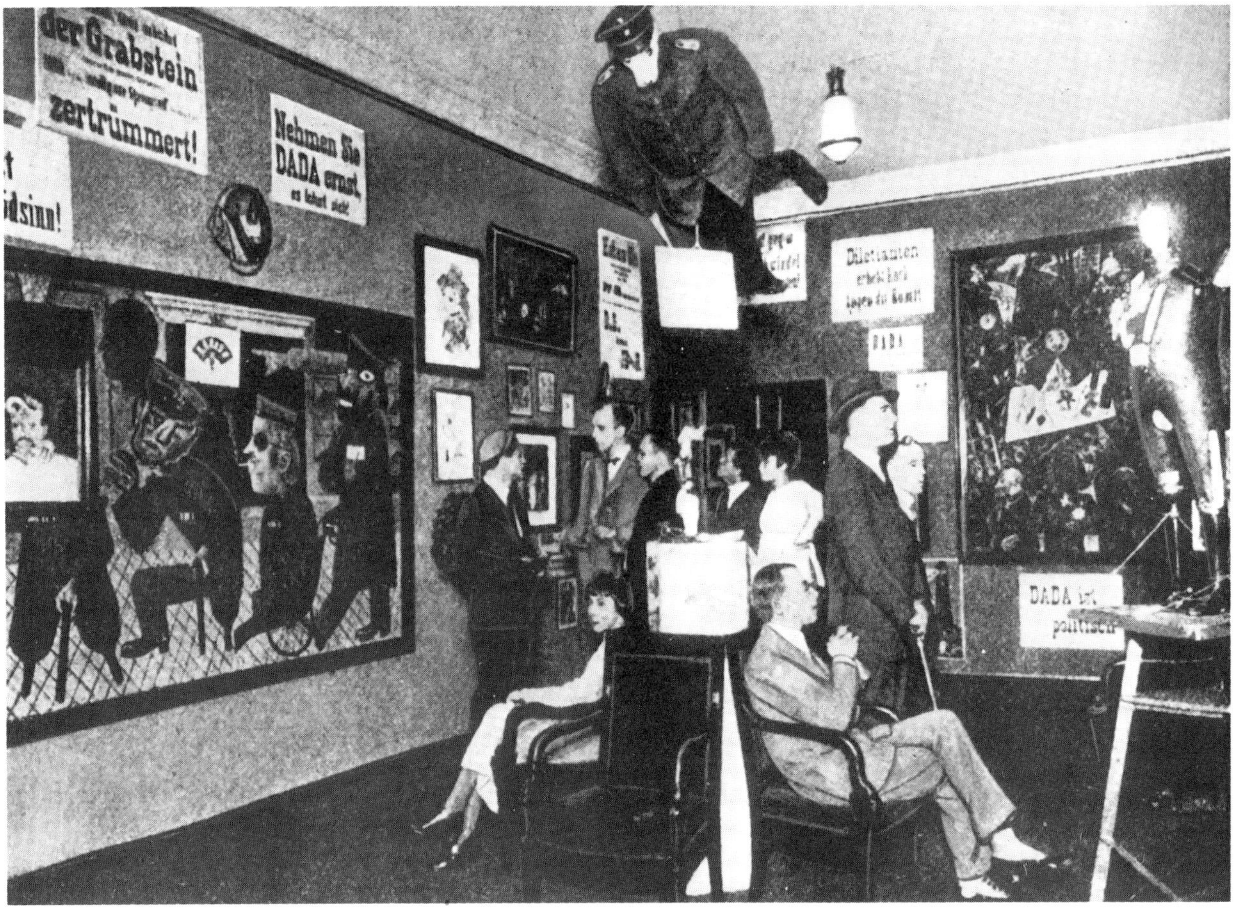

Abb. 12: Erste Internationale Dada-Messe, Berlin 1920

ihm gar eine Seele einzuhauchen, indem er (wie die Impressionisten) der schlechtesten Linse: dem menschlichen Auge den Vorzug gibt, oder (wie die Expressionisten) den Apparat umdreht und dauernd bloß die Welt im eigenen Busen darstellt.

Die Dadaisten sagen: Wenn immer Unmengen von Zeit, Liebe und Anstrengungen auf das Malen eines Körpers, einer Blume, eines Hutes, eines Schlagschattens usw. verwandt werden, so brauchen wir nur die Schere zu nehmen und uns unter den Malereien, photographischen Darstellungen all diese Dinge ausschneiden, die wir brauchen *[Abb. 13]*; handelt es sich um Dinge geringeren Umfangs, so brauchen wir auch gar nicht Darstellungen, sondern nehmen die Gegenstände selbst, z.B. Taschenmesser, Aschenbecher, Bücher, etc. Lauter Sachen, die in den Museen aller Kunst recht schön gemalt sind, aber eben doch nur gemalt.

Nun die berühmte Frage: Ja, aber der Inhalt, das Geistige? Im Laufe der Jahrhunderte hat wie auf allen Gebieten die ungleiche Verteilung der Lebens- und Entwicklungsmöglichkeiten auch auf dem Gebiete der Kunst unerhörte Verhältnisse gezeitigt: auf der einen Seite eine Clique sogenannter Könner und Leute, die teils durch jahrzehntelanges Training, teils durch Protektion, Sesselkleben, teils auch durch ererbte Spezialveranlagungen das Monopol in bezug auf alle Fragen der Kunstwertung an sich gerissen hat – während auf der anderen Seite die Menge von Menschen, deren anspruchsloses und naives Bedürfnis: die Vorstellung in sich und die Vorgänge in der Umwelt darzustellen, mitzuteilen und bauend zu verarbeiten, von jener Clique Tonangebender niedergehalten wird. Heute muß der junge Mensch, wenn er nicht auf jegliche Ausbildung und Verbreiterung seiner ursprünglichen Anlagen verzichten will, sich dem durch und durch autoritativ aufgebauten System der künstlerischen Erziehung und des künstlerischen öffentlichen Urteils unterwerfen. Die Dadaisten hingegen sagen, Bilder herstellen ist keine Wichtigkeit, wenn es aber geschieht, so soll wenigstens kein Machtstandpunkt aufgezogen werden, so soll den breiten Massen die Lust an gestaltender Beschäftigung nicht durch die fachmännische Arroganz einer hochmütigen Gilde verdorben werden. Aus diesem Grunde können die Inhalte dadaistischer Bilder und Erzeugnisse außerordentlich verschieden sein und desgleichen die Mittel. An sich ist jedes Erzeugnis dadaistisch, das unbeeinflußt, unbekümmert um öffentliche Instanzen und Wertbegriffe hergestellt wird, sofern das Darstellende illusionsfeindlich, aus dem Bedürfnis heraus arbeitet, die gegenwärtige Welt, die sich offenbar in Auflösung, in einer Metamorphose befindet, zersetzend weiterzutreiben [...] Die Dadaisten anerkennen als einziges Programm die Pflicht, zeitlich und örtlich das gegenwärtige Geschehen zum Inhalt ihrer Bilder zu machen, weswegen sie auch nicht ‚Tausend und eine Nacht' oder ‚Bilder aus Hinterindien', sondern die illustrierte Zeitung und die Leitartikel der Presse als Quell ihrer Produktion ansehen."[19]

Dieser Ansatz, jegliche Gestaltung und das heißt den subjektiv formenden Eingriff des Künstlers, aufzugeben, um die Kunst völlig ins Leben zu überführen und sie damit auch dem ästhetischen Genuß, der Versenkung in Kunst,

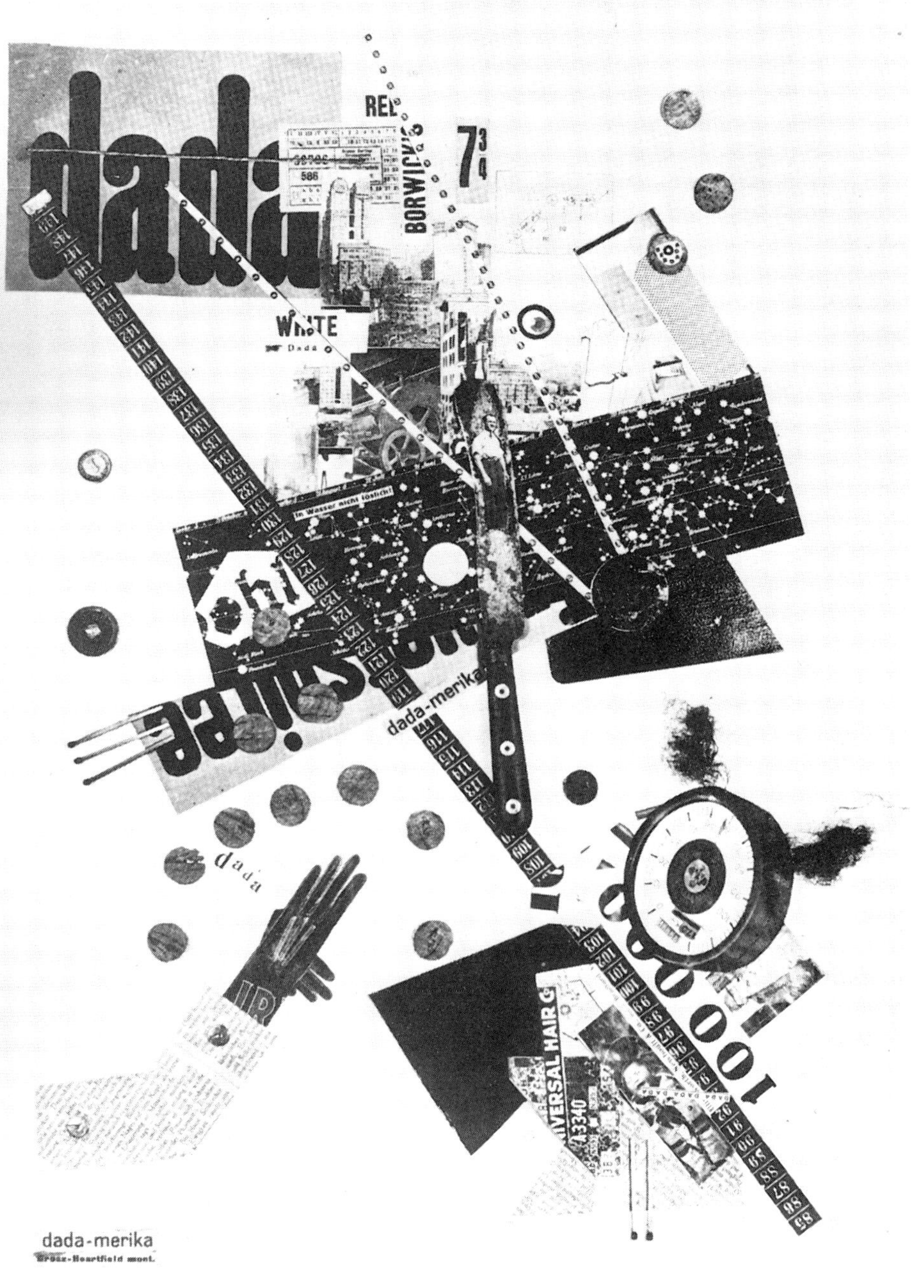

Abb. 13: George Grosz / John Heartfield: Dada-merika. 1920

zu entziehen, konnte nur kurze Zeit durchgehalten werden. Schon 1920 zerbrach die Un-Gemeinschaft der Berliner Dadaisten wieder, und es gibt eigentlich keine Beispiele für die von ihnen geforderte reine Montage der Wirklichkeit ohne künstlerische Durchgestaltung. Da auch die Dadaisten etwas aussagen wollten, und wenn es auch nur eine Negation war, benötigten sie eine wie auch immer geartete Gestaltung; denn Aussage ohne Form ist nicht möglich. Von dieser Nahtstelle der modernen Kunst, in der die Wirklichkeit für einen Moment beinahe mit der „Kunst" verschmolz – die sich bei dieser Berührung aber auflöste –, lassen sich die Richtungen weiterer Auseinandersetzungen mit der Realität aufweisen.

Leermontage – Die zerbrochene Welt wird als künstlerische Einheit inszeniert

Von Anfang an neigten einige Dadaisten dazu, in den aus Wirklichkeits- und Bedeutungszusammenhängen gelösten Fragmenten einen neuen künstlerischen Wert für sich zu sehen. Zufällige Bruchstücke aus einer sinnlosen, zersplitterten Welt wurden nach optisch-künstlerischen Kriterien geordnet und damit die Zersplitterung selbst in Kunst überführt. Hauptvertreter dieser Richtung ist Kurt Schwitters, der besonders in seinen Merz-Bildern (Bruchstück aus dem Wort Kommerz) zufällige und bedeutungslose Wirklichkeitspartikel in ein Kompositionsgefüge brachte und dieser abstrakten Gruppierung durch Übermalung den Charakter einer künstlerisch gestalteten Werkeinheit verlieh *(Abb. 14).* Schwitters beschrieb seine Arbeit selbst im *„1. Veilchenheft"* seiner Zeitschrift *Merz 21:*

„Ich verwende für die Komposition gern die Brocken des täglichen Abfalls [...] so entstanden meine Merzbilder [...] So finde ich irgendeinen Gegenstand [...] nehme ihn mit, klebe ihn an, verkleistere ihn, bemale ihn im Rhythmus der Gesamtwirkung, und eines Tages stellt es sich heraus, daß irgend eine neue Richtung geschaffen werden muß, die ganz oder teilweise über die Leiche des Gegenstandes hinweg geht. Dadurch bleiben überall Dinge, die ganz oder teilweise überschnitten sind, als deutliches Zeichen ihrer Entwertung."[20]

Diese – überspitzt ausgedrückt – Erklärung des Sinnlosen zur Kunst durch Gestaltung entwerteter Bruchstücke, die auch in der Biographie des Künstlers nur einen bedeutungslosen Zufallswert haben, fand bei den „Neodadaisten" der Nachkriegszeit, wie etwa Robert Rauschenberg, Wolf Vostell oder Daniel Spoerri, eine Fortsetzung.

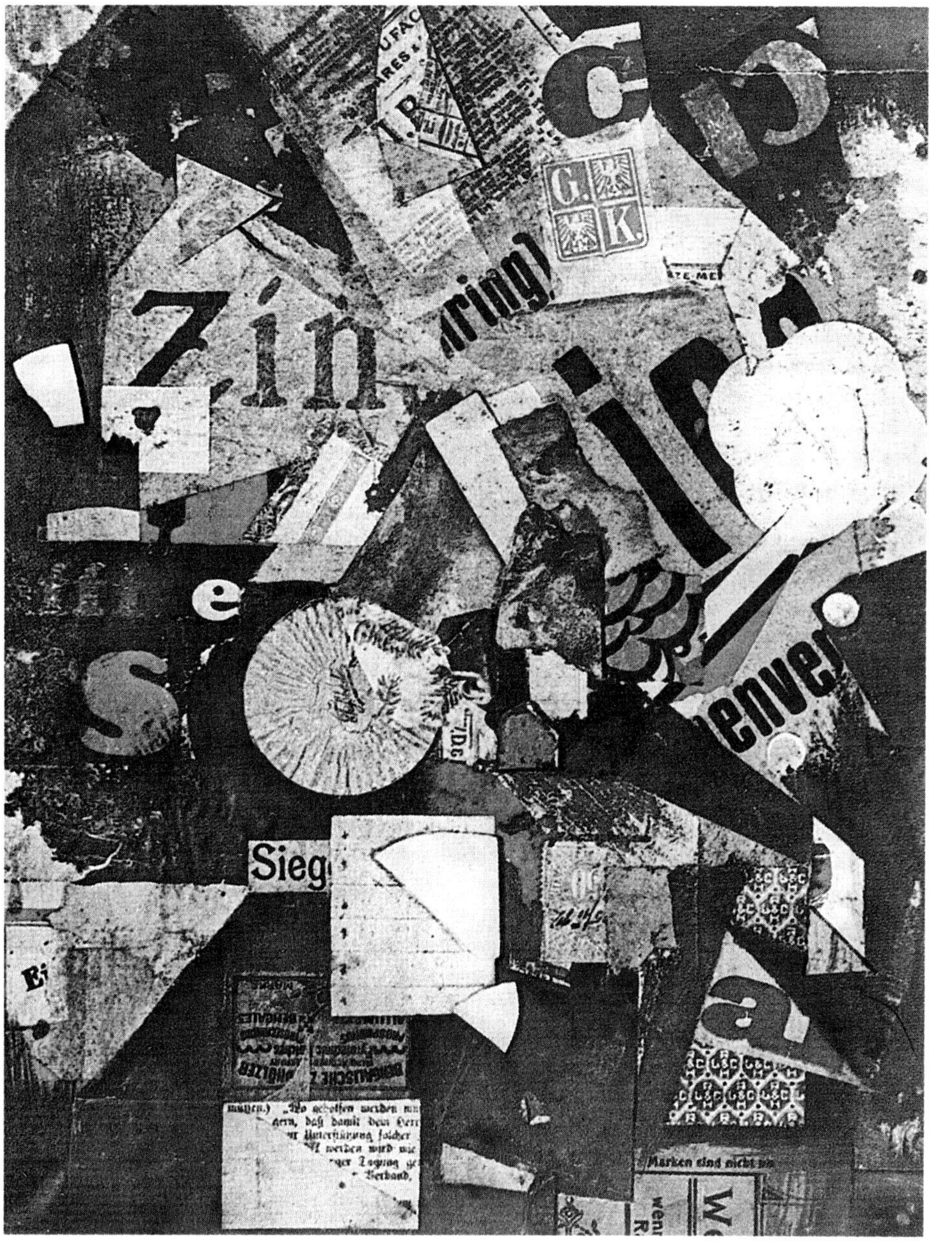

Abb. 14: Kurt Schwitters: Siegbild. 1922. Privatbesitz

Der schärfste Kritiker dieser Aus-Chaos-mach-Kunst-Haltung war schon in den 20er und 30er Jahren Ernst Bloch. Nach seiner Auffassung war durch den Einsturz der bürgerlichen Kultur ein Hohlraum entstanden, der nun durch Montage dieser Art wieder zugebaut wurde. Solche „bürgerliche Leermontage“[21] arbeitete nur mit Trümmern der alten Welt, die wieder nur zum Gebrauch in der alten Welt umfunktioniert wurden: „nur eine geschlossene Flasche: geschüttelt“. Anstatt Bild- und Wirklichkeitssprengung zum Aufbau einer neuen Welt weiter zu treiben, begnügte sich diese kunstgewerbliche Montage mit Uhrrädern oder Holzklötzen auf Ölbildern. Nach dem Zusammenbruch der Revolution in Noskes Feldzügen wurde nach Bloch auch in der Kunst wieder eine stabile Fassade hergestellt: es entstand die Malerei der Neuen Sachlichkeit, die er mit dem treffenden Bild einer „Malerei übertünchter Gräber“ charakterisierte.

Abbildmontage – Die widergespiegelte Welt wird beliebig

Während bei Schwitters und seinen Nachfolgern also eine chaotisch-zerbrochene Wirklichkeit durch Montage in Kunstwerke überführt werden soll, findet sich auch eine Art Umkehrung dieser Position: die Wirklichkeit selbst wird zur Kunst erklärt. Das Zur-Kunst-Erklären ist dabei zumeist wörtlich zu nehmen, das heißt: entweder

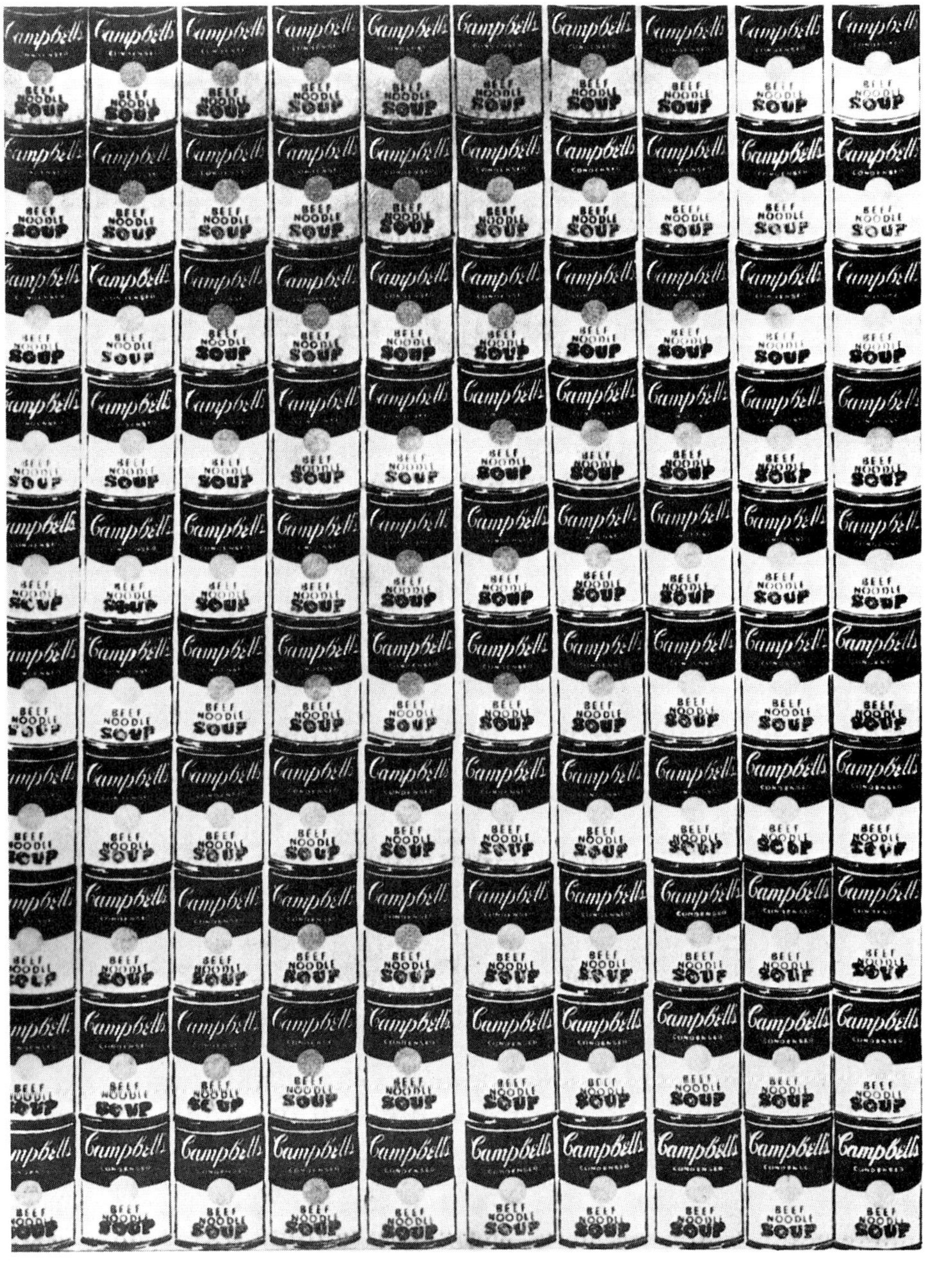

Abb. 15: Andy Warhol: 100 Campbell's soup cans. 1962

der Künstler liefert eine Erklärung dazu, wie ein von ihm übernommener, isolierter oder verfremdeter Gegenstand der Wirklichkeit zu sehen und zu verstehen ist, oder dieser Gegenstand soll vom jeweiligen Betrachter für sich mit Sinn gefüllt werden. Die „Konzept-Künstler" bis hin zu Joseph BEUYS zielen in diese Richtung. Eine besonders krasse Form solcher Auffassungen ist die reine Addition von Wirklichkeitsabbildern, wie beispielsweise Andy WARHOLS *„100 Campbell's Suppendosen" (Abb. 15)* von 1962.

Während WARHOL selbst schlichtweg alles für schön und kunstwürdig erklärt, ist in diese Fotoserie auch ein angeblicher Widerstand gegen die Warengesellschaft hineininterpretiert worden. Das Bild enthält diesen Widerstand jedoch offensichtlich nur für den, der ihn darin sehen will. Während im dadaistischen Bruch und in jeder Montage ein Moment der Reflexion über den zerbrochenen Welt- und Sinnzusammenhang enthalten sein kann, das den Betrachter zur Reflexion über diese Reflexion auffordert und ihn damit in den produktiven Prozeß einer Auseinandersetzung mit der Wirklichkeit führt – wobei nach BLOCH zwischen systemimmanenter und wirklichkeitsverändernder Montage zu unterscheiden wäre –, wird eine platte Wirklichkeitsspiegelung à la

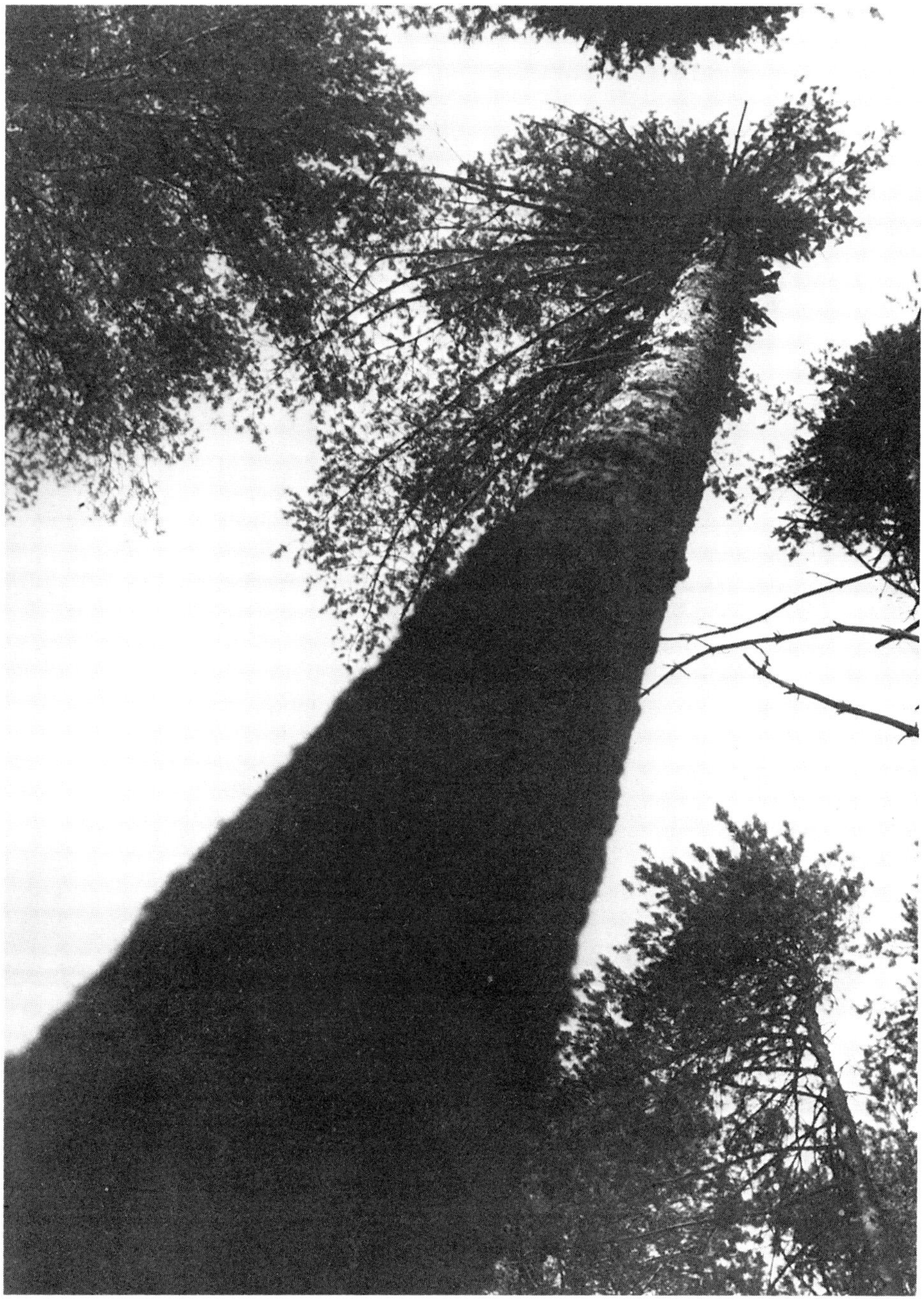

Abb. 16: Alexander Rodtschenko: Kiefer im Puschkino Wald. 1925

WARHOL letztlich „zur sinnleeren Veranstaltung, die jede Sinnsetzung zuläßt"[22] und sich in dieser totalen Beliebigkeit auch erschöpft.

Während WARHOL die Überführung der Wirklichkeit in Kunst durch das Mittel der Fotografie nur noch in einer Oberflächen-Abbildung sucht und damit scheitern muß, zielte die ursprüngliche Forderung Alexander RODTSCHENKOS nach Ablösung der Malerei durch die Fotografie *(Abb. 16)* in eine ganz andere Richtung: die Wirklichkeit soll nicht mehr vom Maler nach den bildnerischen Gesetzen der Tafelmalerei verändert werden (wodurch der Betrachter von der Realität abgetrennt und im Illusionsraum gehalten wird), sondern sowohl durch die Fotomontage authentisch erfaßt als auch durch die neue Sicht, die das Objektiv dem Künstler vermittelt, aufgeschlossen werden. Das „Kameraauge" erschließt erst durch neue Blickwinkel, Perspektiven, Verzerrungen, Nahaufnahmen, Beleuchtung oder Verfremdung bislang ungesehene Dimensionen der Realität:

„Wenn ich einen Baum von unten nach oben aufgenommen wiedergebe ähnlich einem industriellen Gegenstand, einem Schornstein, so ist das in den Augen des Spießbürgers [...] eine Revolution. Auf diese Weise erweitere ich unsere Vorstellung von gewöhnlichen, alltäglichen Gegenständen."[23]

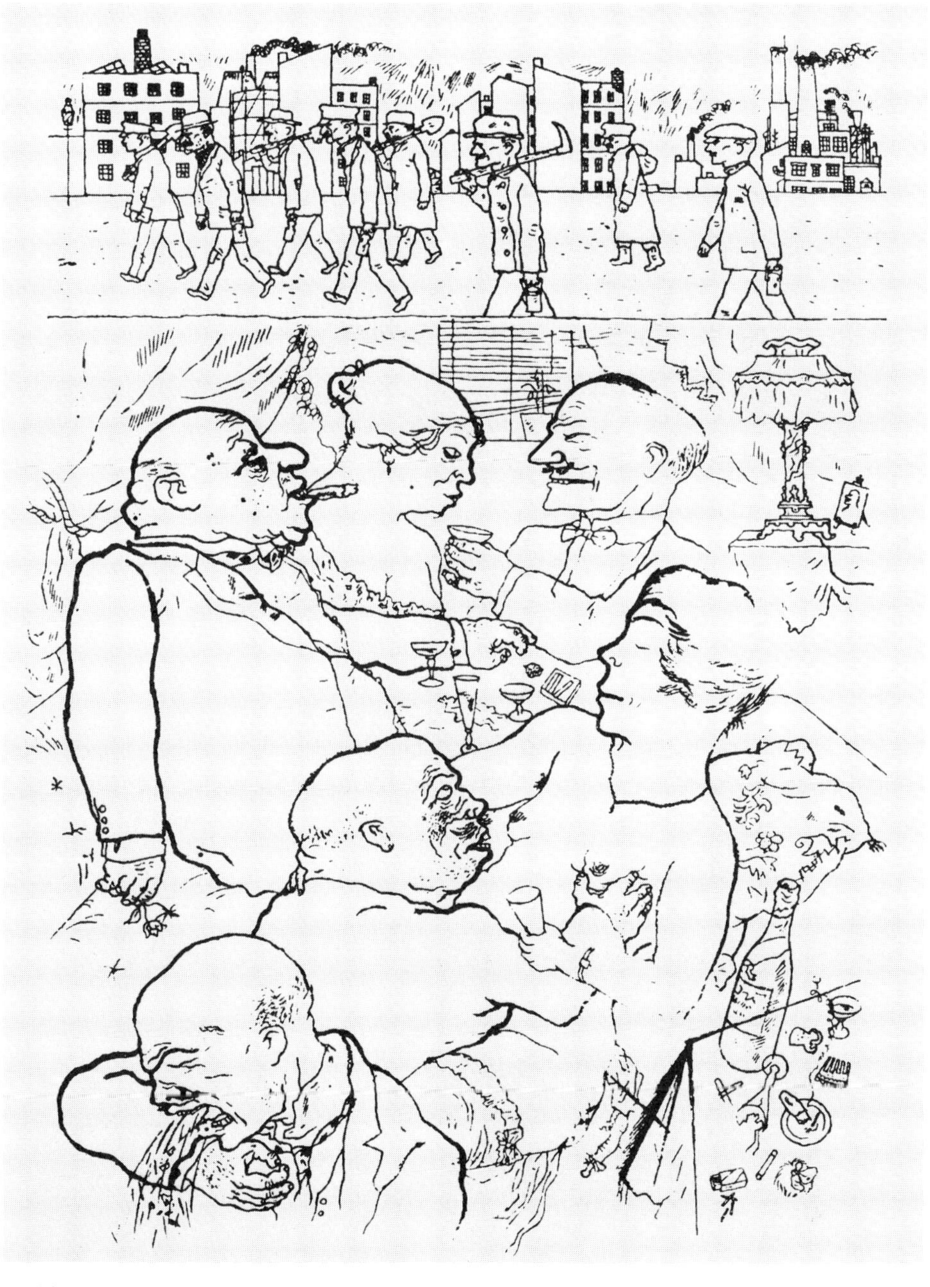

Abb. 17: George Grosz: Früh um 5 Uhr. Aus: Das Gesicht der herrschenden Klasse. 1921

Engagierte Montage – Die Kombination von Wirklichkeitsfragmenten eröffnet verdeckte Sinnzusammenhänge

An der aufgezeigten Nahtstelle von Kunst und Wirklichkeit trennten sich auch sofort die engagierten Künstler ab. Während SCHWITTERS, HAUSMANN oder Hannah HÖCH die zerbrochene Wirklichkeit wieder in die Ordnung von Kunstwerken überführten, wobei der Formbruch als Kompositionsprinzip einbezogen und inszeniert wurde, wollten GROSZ oder HEARTFIELD durch die Montage von Bruchstücken die Wirklichkeit erst aufdecken, indem aus der Konfrontation eine konkrete Aussage über diese Realität vermittelt wurde.

In GROSZ' Zeichnung *„Früh um 5 Uhr"*, aus der Serie *„Das Gesicht der herrschenden Klasse"*, wird die elende Welt der Arbeiter, die um fünf Uhr in die Fabrik ziehen, durch einen scharfen, die Figuren beschneidenden Strich konfrontiert mit der auch räumlich beherrschenden Welt ihrer Ausbeuter, die sich bis um diese Zeit amüsieren *(Abb. 17)*. Die innere Zusammengehörigkeit von zwei in der Wirklichkeit getrennten Bereichen wird hier in einer zeichnerischen Montage genauso aufgedeckt wie etwa in HEARTFIELDS Fotomontage *„Millionen stehen hinter mir"*, die auf den Zusammenhang von Kapitalismus und Faschismus verweist *(Abb. 18)*. Der größeren Authentizität des Fotos steht die schärfere Charakterisierung der Zeichnung gegenüber, künstlerischer Ansatz und inhaltliche Zielsetzung sind jedoch durchaus vergleichbar.

In der Montage, als Schnitt durch die Oberfläche der Realität, Zertrümmerung des Scheins und Aufdeckung des Wesens durch Konfrontation der Fragmente sah Ernst BLOCH als erster die Leitkategorie der modernen Kunst, die auch den Surrealismus als „gegenständliche Traum-Montage" miteinschloß.

„Jetzt springt dieser Lack und sonderbare Dinge erscheinen, die nie sichtbar waren und auch viel zu entlegen erscheinen, um sichtbar zu sein. Es entsteht, zum Beispiel, die Montage, die Kunst, die macht, daß Gegenstände, Themen, die weit voneinander entfernt liegen, plötzlich ganz nahe zusammenrücken und einander berühren und umgekehrt, daß das, was ganz nahe zusammenliegt, weit auseinandergeht in ganz entfernte Gegenden: Es tritt, wie Brecht sagt, Verfremdung ein, nicht allein aus pädagogischen Gründen, sondern im Gegenteil: die Papuakunst, die Negerplastik kann uns plötzlich viel näher stehen als Phidias, was ein großes Paradox ist. Wir sind davon betroffen, von diesen eigenartigen Gestalten, von diesen fremdartigen Größenverhältnissen in der Plastik, wo der Körper riesig ist und der Kopf zu klein, wie zum Beispiel bei den Bildern von Chirico und dann von Max Ernst, in denen ebenfalls sehr viel Montage ist. Bei Chirico sehen wir zum Beispiel ein Zimmer, ein undeutlich gestimmtes Paar am Kamin, vielleicht nach der Flucht; links eine Wand, rechts eine Wand. Aber die Wand ist gar nicht da! Auf der linken Wand ist ein Urwald mit Bestien und Schlangen, die ins Zimmer einbrechen wollen. Auf der rechten Seite eine riesige Meeresbrandung. Im Vordergrund das kleine Kaminfeuer, Urwald mit Schlangen, Brandung mit Haifischen, ein Kamin, ein normaler Stuhl aus dem 20. Jahrhundert und ein gegenwärtig, modern angezogenes, wahrscheinlich sehr schlecht gestimmtes Paar. Das ist Montage nicht nur in der Zeit, wie etwa bei den Papuas, sondern das ist etwas völlig Ungleichzeitiges, so wie eine Negerplastik, die uns gegenwärtig wird, die uns angeht und die aktuell ist."[24]

Surrealistische Montage – Aufsprengung der Dingwelt

Der Riß zwischen zwei Wirklichkeitsbereichen, durch den sich in einem schockartigen Verfremdungseffekt eine andere Wirklichkeitsebene öffnet, ist ein beliebtes Motiv surrealistischer Künstler. Die Montage völlig zufälliger Elemente erschien ihnen dabei als besonders geeignetes Mittel, die Gegenstände selbst aus ihren Sinn- und Verwertungszusammenhängen herauszureißen, um sie in ihrer ursprünglichen und nicht durch Bewußtsein oder Gesellschaft entfremdeten Form zu sehen. LAUTRÉAMONT hatte diesen Ansatz als „Zusammentreffen von Nähmaschine und Regenschirm auf einem Seziertisch" beschrieben; wenn die Dinge nicht mehr in der von uns aufgebauten Sinn-Welt kausaler Zusammenhänge stehen, wenn der „Satz vom Grund", das heißt die Basis unserer Logik, nicht mehr gilt, erfaßt uns das schon von NIETZSCHE beschriebene Grauen. Die Sinngebungen unseres Daseins brechen vor den Verknüpfungen des Zufalls zusammen, die Gegenstände selbst sind in einem „revolutionären Nihilismus" entfesselt, der die Ordnung der bürgerlichen Welt zerschlagen soll:

„Wie das Elend, nicht nur das soziale sondern genau so das architektonische, das Elend des Interieurs, die versklavten und versklavenden Dinge in revolutionären Nihilismus umschlagen, das hat vor diesen Sehern und Zeichendeutern noch niemand gewahrt."[25]

Das Aufbrechen unserer geordneten Umwelt betrieben die Surrealisten also einerseits durch die „Montage des Zufalls", andererseits durch die Montage von Bild gewordenen Zwängen, Verdrängungen, Ängsten und Abgründen inmitten einer Welt „versklavter und versklavender Dinge". Vor allem Max ERNST entwickelte eine besondere Perfektion, durch den Montage-Eingriff in vertraute Bildwelten die an der Oberfläche so heile Welt des

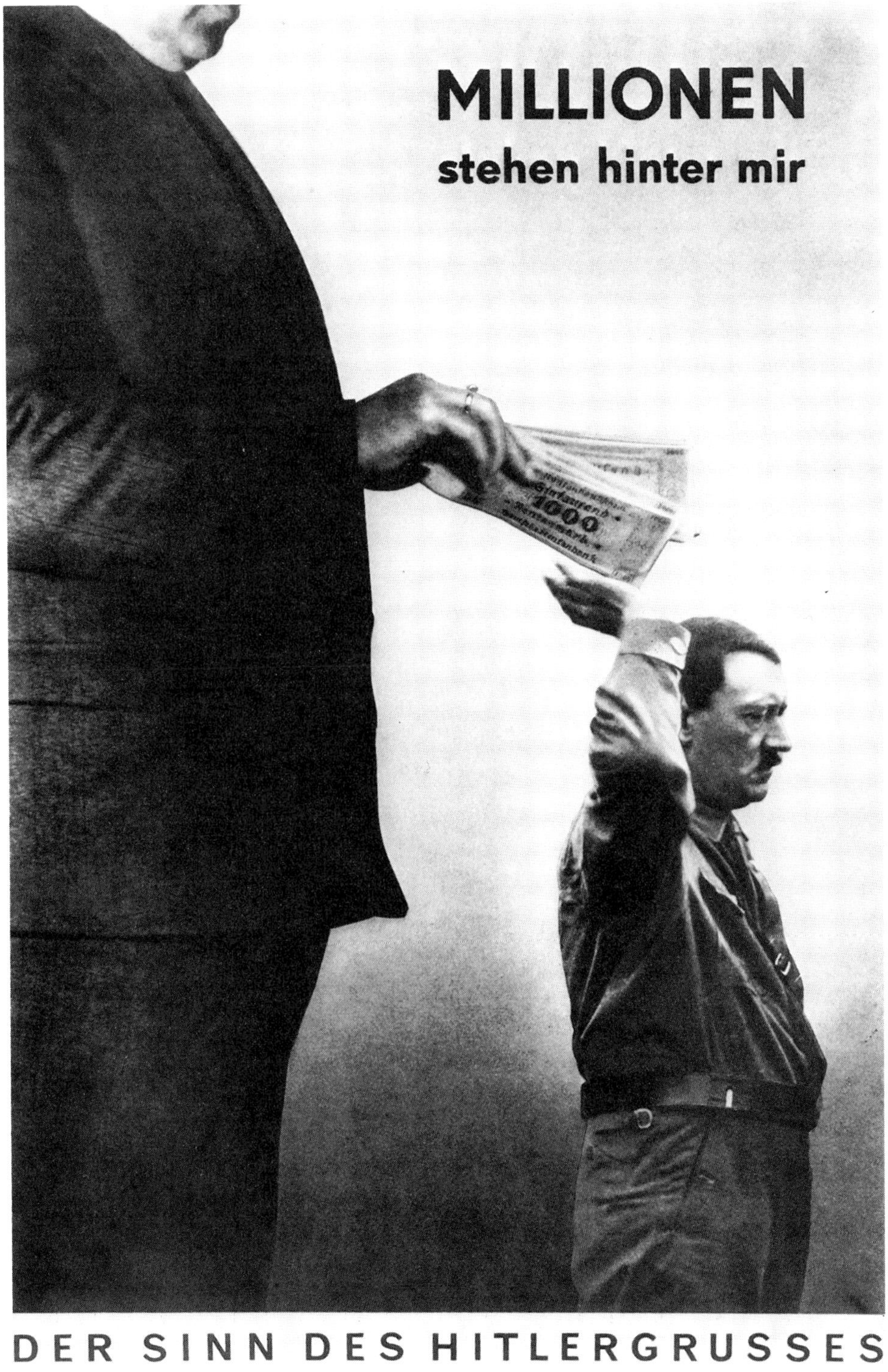

Abb. 18: John Heartfield: Millionen stehen hinter mir. Fotomontage. 1932

Bürgertums aufzureißen, um die dahinter verborgenen Triebe und Leidenschaften zu demaskieren. In der Serie „*Une semaine de bonté*" montierte er in alte Holzstichillustrationen des 19. Jahrhunderts kleine Veränderungen und verdeckte dabei die Nahtstelle des Eingriffs so präzise, daß die Szenerie völlig bruchlos erscheint – wodurch aber gerade der Schock der Verfremdung vertieft wird. Max Ernst zeigt die verborgenen Alpträume und psychischen Verstümmelungen unter dem Korsett wilhelminischer oder viktorianischer Stil- und Kostümwelten. Der psychoanalytische Ansatz, den er aus Sigmund Freuds Traumdeutung übernahm, ist zum Beispiel in der Alptraum-Szene eines Kindes (mit Erwachsenenkopf), über das sich die Mutter vampirartig beugt, während es vom Vater festgehalten wird, augenscheinlich *(Abb. 19)*. Die von Freud analysierten Strukturen des Traumes wie Verschiebung (Objekte und Zusammenhänge aus der Tagwelt werden im Traum auf andere Gegenstände

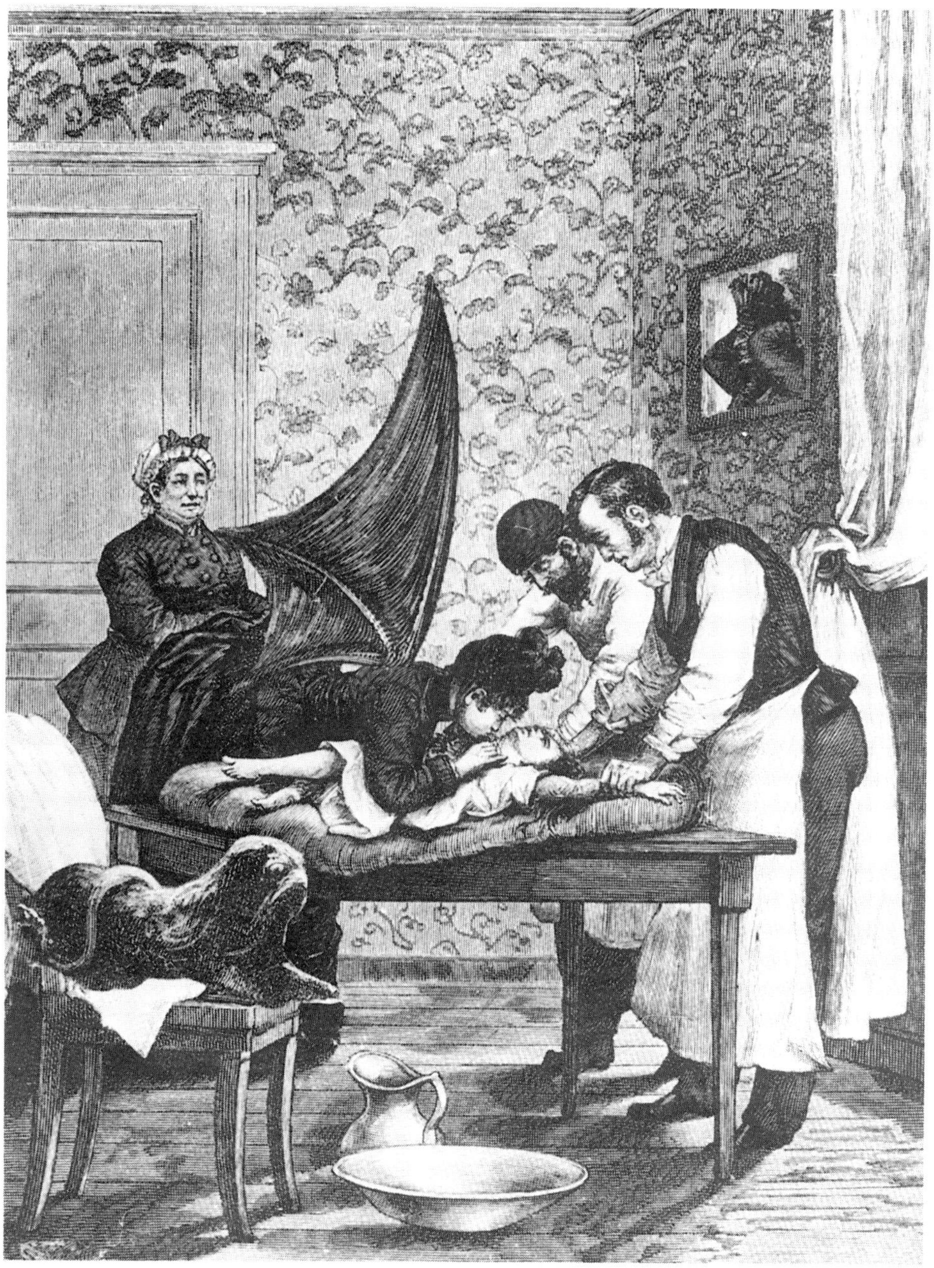

Abb. 19: Max Ernst: Collage aus: Une semaine de bonté. 1933/34

verschoben) und Verdichtung (räumlich und zeitlich weit auseinanderliegende Ereignisse können zusammengefaßt werden) sind von Max ERNST durch die verdeckte Montagetechnik in genauer visueller Entsprechung umgesetzt worden.

Montage als Leitkategorie der Modernen Kunst

In der Nachkriegszeit ist die Montage besonders von Theodor W. ADORNO geradezu als Kennzeichen der Moderne kunsttheoretisch begründet worden, wobei seine darin ausgedrückte Abneigung gegen jede Form von Totalität durch die Erfahrung des Totalitarismus im Zweiten Weltkrieg noch verstärkt worden sein dürfte:

„Schein ist die Kunst am Ende dadurch, daß sie der Suggestion von Sinn inmitten des Sinnlosen nicht zu entrinnen vermag. Kunstwerke jedoch, die den Sinn negieren, müssen in ihrer Einheit auch zerrüttet sein; das ist die Funktion der Montage, die ebenso, durch die sich hervorkehrende Disparatheit der Teile, Einheit desavouiert wie, als Formprinzip, sie auch wieder bewirkt [...] Der Schein der Kunst, durch Gestaltung der heterogenen Empirie sei sie mit dieser versöhnt, soll zerbrechen, indem das Werk buchstäbliche, scheinlose Trümmer der Empirie in sich einläßt, den Bruch einbekennt und in ästhetische Wirkung umfunktioniert [...] Das Kunstwerk will sie [die reinen Fakten] zum Sprechen bringen, indem sie selber darin sprechen. Damit beginnt Kunst den Prozeß gegen das Kunstwerk als Sinnzusammenhang. Die montierten Abfälle schlagen erstmals in der Entfaltung von Kunst dem Sinn sichtbare Narben. Das rückt die Montage in einen weit umfassenderen Zusammenhang. Alle Moderne nach dem Impressionismus, wohl auch die radikalen Manifestationen des Expressionismus, schwören dem Schein eines in der subjektiven Erfahrungseinheit, dem ‚Erlebnisstrom', gründenden Kontinuums ab. Das Gefädel, das organizistische Ineinander wird durchschnitten, der Glaube zerstört, eins füge lebendig sich zum anderen, es sei denn, daß das Ineinander so dicht und kraus wird, daß es erst recht gegen Sinn sich verdunkelt. Das ästhetische Konstruktionsprinzip, der schroffe Primat des planvollen Ganzen über die Details und ihren Zusammenhang in der Mikrostruktur bildet dazu das Komplement; der Mikrostruktur nach dürfte alle neue Kunst Montage heißen. Unverbundenes wird von der übergeordneten Instanz des Ganzen zusammengepreßt, so daß die Totalität den fehlenden Zusammenhang der Teile erzwingt und dadurch freilich aufs neue zum Schein von Sinn wird."[26]

Von diesem Ansatz kommt ADORNO konsequenterweise zur Forderung, daß jede Kunst in einer gebrochenen Welt unanschaulich, das heißt letztlich ungegenständlich-abstrakt sein müsse. Er umschreibt das Wesen solcher modernen Kunstwerke mit paradoxen Formulierungen wie „unsinnliche Anschauung" oder „Anschauung eines Unanschaulichen". Diese Übertragung der philosophischen Denkfigur „Negation einer Negation" ist jedoch am Kunstwerk – auch als Paradox – unsinnig.[27] ADORNOS Ästhetik läuft darüber hinaus Gefahr, das Zerbrechen des Sinnzusammenhanges selbst wieder zum System und damit zu einer neuen Totalität zu erheben; der „Alleinvertretungsanspruch" der abstrakten Kunst in den ersten Nachkriegsjahrzehnten belegt dies. Montage ist jedoch immer nur ein Bereich in der Funktion von Kunst, Wirklichkeit zu vermitteln, um sich mit ihr auseinanderzusetzen, und auch dieser Bereich ist, wie aufgezeigt, äußerst vielfältig und keineswegs auf Ungegenständlichkeit begrenzt.

Unter dieser Voraussetzung kann Montage, allgemein als Gestaltung mit Fragmenten verstanden, jedoch als eine Leitkategorie der Kunst seit der Romantik verfolgt werden. Dem Bewußtsein vom Verlust der Totalität, das heißt der Einheit von Mensch und Schöpfung, in der Romantik wurde das Fragment zum Ausdrucksmittel dieser Reflexion. So empfahl beispielsweise NOVALIS „die Herstellung verstümmelter Fragmente als Beweis, daß der Fond aller wirksamen Meinungen und Gedanken der Alltagswelt Fragmente sind".[28] Die fragmentarische Kunst der Romantik ist jedoch immer noch getragen vom Bewußtsein einer utopischen Einheit; das Fragment oder die sog. Partialität verweist auf dieses verlorene, aber wiederzugewinnende Ganze, es schließt also immer Reflexion mit ein. Kunst wurde deshalb auch von Friedrich SCHLEGEL geradezu als das „Kontinuum der Reflexion" definiert.

Im Laufe der weiteren Entwicklung ging zwar der Glaube an eine wiederzugewinnende Einheit zunehmend verloren, aber die mehrfach gebrochene Reflexion bei der Produktion wie Rezeption von Kunstwerken wurde zu einem Kennzeichen moderner Kunst: Indem der Künstler den Formbruch mit dem Mittel der Montage geradezu als Kompositionsprinzip inszeniert, wird diese Fragmentarisierung als Thema bewußtgemacht. Dieser Akt der Bewußtmachung zwingt aber nun den Betrachter zur Reflexion über diese Reflektiertheit, wodurch Künstler, Kunstwerk und Betrachter in ein mehrfach gebrochenes, vielschichtiges Beziehungssystem gebracht werden. Auf der Ebene von Fragment, Montage und mehrfacher Reflexion lassen sich somit nicht nur die vielschichtigen Erscheinungen der modernen Welt darstellen und erfassen, sondern es kann auch die gebrochene Beziehung zwischen sich selbst entfremdeten Menschen und zersplittertem Wirklichkeitsbild zum Ausdruck gebracht werden.

Zwei der einflußreichsten Bücher über Kunst im 20. Jahrhundert – MOHOLY-NAGY *„Vision in Motion"* und Siegfried GIEDION *„Space, Time and Architecture"* – versuchen, die neuen Entwicklungen in Technik und Naturwissenschaft (EINSTEIN), aber auch Psychologie (FREUD) und Literatur (JOYCE) mit den neuen Formen in der Kunst zu parallelisieren. So vergleicht MOHOLY-NAGY beispielsweise das Eindringen der Technik in Mikro- und Makrobereiche und die Aufsplitterung der Wirklichkeit in Fragmente und Partikel mit der Schreibtechnik von JOYCE und dem Malprinzip des Kubismus. Ähnlich zieht GIEDION eine Parallele zwischen EINSTEINS Raum-Zeit-Gleichung und der Durchdringung von Flächen in einem kubistischen Porträt von PICASSO sowie der durchsichtigen Eckkonstruktion am Bauhausgebäude von GROPIUS.

Die Wirkung technisch-naturwissenschaftlicher Veränderungen auf neue künstlerische Ausdrucksformen kann heute nicht mehr auf dieser Ebene der Parallelisierung gesehen werden, sondern es gilt, die Dialektik zu erkennen zwischen neuen Gestaltungsmitteln und einer veränderten Lebenswelt, in der die Kunst neue Funktionen und Inhalte erhält. Diese vielfältigen Möglichkeiten wurden in diesem Beitrag am Beispiel von Montagen der Wirklichkeit in der Kunst vom Kubismus bis zum Dadaismus und Surrealismus aufgezeigt.

Die Konsequenzen des funktionsgeschichtlichen Ansatzes

Zur Bewertung der Themenstellung

Werner Busch

In vier Kapiteln haben wir vier Funktionsweisen von Kunst untersucht: die religiöse, die ästhetische, die politische, die abbildende. Wir sind der Überzeugung, daß dies primäre Funktionen der Kunst sind.

Die Abfolge dieser Kapitel ergab sich für uns mit einiger Konsequenz: Wenn wir davon ausgehen, daß der traditionelle Gegenstandsbereich der Disziplin „Kunstgeschichte" die Kunst vom frühen Christentum bis zur Gegenwart ist, zudem in erster Linie die Kunst Europas (in der Frühphase unter Einbeziehung von Byzanz und in der Gegenwart unter Einbeziehung etwa der amerikanischen Kunst), für andere Kunst also andere Fächer zuständig sind, für die antike Kunst etwa die Archäologie, dann gibt es keine Frage, daß wir mit der religiösen Funktion der Kunst zu beginnen hatten; der größte Teil der Kunst unseres Gegenstandsbereiches entstammt religiösen Zusammenhängen, diente über lange Jahrhunderte fast ausschließlich der christlichen Religion. Zentrales Anliegen unserer beiden ersten Kapitel war es, den Übergang von der religiösen zur ästhetischen Funktion der Kunst zu zeigen. Ja, man kann sogar sagen, unser ganzes Bemühen kreiste um die Frage, wie bildete sich die Kunst als eigenständiger Bereich mit eigenem Selbstverständnis heraus, und welche Konsequenzen hatte das im Laufe der Geschichte für ihre unterschiedliche Indienstnahme, für ihre Funktionen.

Im zweiten Kapitel haben wir die Aussonderung der Sphäre „Kunst", ihre Institutionalisierung und Autonomisierung, verfolgt, zugleich aber auch gefragt, wie unter dieser Voraussetzung, bei dieser Leitfunktion der Kunst, alle die Bereiche menschlichen Lebens aussehen, die zwar durchaus zweckgebunden sind, aber eben auch ästhetischer Durchgestaltung offenstehen; wir haben etwa industrielles Design und volkstümliche Bilderproduktion behandelt.

Im dritten Kapitel kam es uns darauf an, deutlich zu machen, daß die in der Renaissance selbstbewußt gewordene Kunst mit der ebenfalls erst jetzt sich herauskristallisierenden eigenständigen Sphäre der Politik ein notwendiges Bündnis eingeht. Die politische Funktion der Kunst wird es, politische Ansprüche und Programmatiken anschaulich werden zu lassen. Neben der religiösen Kunst etabliert sich der davon gesonderte, gänzlich profane Aufgabenbereich „Kunst". Die Kunst bedient und bedenkt nun Kirche und Staat und kann mehr und mehr auch um ihrer selbst willen geschätzt werden.

Das vierte Kapitel, zur abbildenden Funktion von Kunst, sondert nicht einen Bereich aus, in dem die Kunst Aufgaben übernimmt, sondern widmet sich im Gang durch die gesamte Geschichte der allgemeinen Aufgabe der Kunst, die Welt, die Natur, das, was ist, darzustellen. Insofern ist das letzte Kapitel eine Art Klammer für das gesamte vorliegende Werk; denn zur Welt, zur Natur verhält sich die Kunst zu allen Zeiten, wenn auch auf unterschiedliche Art und Weise. Die Geschichte dieses sich wandelnden Verhältnisses haben wir im letzten Kapitel zu schreiben versucht. Dabei sollte deutlich geworden sein, daß im Mittelalter alle Darstellung von Welt religiösen Vorstellungen bzw. Begründungen folgt, daß erst die theoretische Selbstbewußtwerdung und Verwissenschaftlichung die Kunst in die Lage versetzten, Bildformen für die Darstellung der gesamten Erscheinungswelt zu entwerfen.

Alle Erscheinung kann nun im Entwurf des individuellen Künstlers zur Anschauung kommen. Die Kunst, die all dieses beherrscht, kann wiederum religiösen oder profanen Zwecken dienen – besser als je zuvor, da sie ihre Mittel gezielt einsetzen kann. Vor allem aber sollte auch deutlich geworden sein, daß diese fortschreitende Eroberung der Welt und des Weltlichen durch die Kunst schließlich an Grenzen gestoßen ist. Unmittelbar sind die Erfahrungen und Erkenntnisse von Welt durch die Kunst in der Gegenwart nicht mehr abzubilden: dazu sind sie zu vielschichtig und unanschaulich geworden. Diese Tatsache selbst kann die Kunst zum Thema machen, insofern Welterfahrung interpretieren. Unterrichten aber über das, was ist, kann die Kunst nicht mehr wirklich; andere Medien haben ihr diese Funktion abgenommen. Damit bestätigt das letzte Kapitel, was auch schon das zweite und dritte, zur ästhetischen und politischen Funktion, festgestellt haben: fortschreitender Autonomisierungsprozeß und fortschreitender Funktionsverlust bedingen einander. Allerdings können Kunstwerke und Künstler gereizt auf diesen Entwertungsprozeß reagieren.

Das System „Kunst" gibt es auch noch in der Gegenwart: es gibt einen Kunstmarkt, staatliche Kunstförderung, einen Museumsboom ohnegleichen – aber welche Aufgaben hat die Kunst heute? Wir lassen diese Frage am Schluß offen, wünschen der Kunst allenfalls eine Funktion im Leben. Die Funktionsgeschichte, die wir versucht haben, hat uns zeigen können, wie die Kunst aus der einseitigen Bindung an die Religion herauswuchs, sich ihrer Möglichkeiten bewußt wurde, die vielfältigsten, auch profanen Funktionen übernehmen, der ästhetischen Überhöhung dienen, aber auch mit den Mitteln der Ästhetik kritische Analyse leisten konnte, und wie sie schließlich diese Funktionen zu einem Teil wieder verlor, um in der Gegenwart – so jedenfalls scheint es unter diesem Blickwinkel – allein um sich selbst zu kreisen. Damit, so hoffen wir, ist ein Bild von der Geschichte der Kunst entworfen, das uns Einsichten eröffnet, die uns andere Erklärungsmodelle, andere Methoden, nicht in der Form hätten erschließen können. Versuchen wir dies noch einmal an der Funktionsfragestellung selbst und ihrer Verwendung in den vorangehenden Texten zu verdeutlichen.

Der Vorteil unserer Fragestellung liegt unserer Meinung nach darin begründet, daß sie viererlei bedenkt:

1. Sie fragt auf der jeweiligen historischen Stufe immer wieder neu, was ein *Bild,* ein Kunstwerk überhaupt sei.
2. Sie macht sich Gedanken über den *Ort,* an dem das Kunstwerk in Erscheinung tritt.
3. Sie fragt nach der *Rezeption* des Kunstwerkes am jeweiligen Ort.
4. Sie berücksichtigt, daß die Anforderungen, die von außen an ein Kunstwerk herangetragen werden und die sich in seiner Definition, dem Ort seines Wirksamwerdens und seiner Rezeption niederschlagen, die *Struktur* des Kunstwerkes im historischen Prozeß verändern.

Alle vier Punkte sind ausführlich in den verschiedenen Texten behandelt worden.

1: Allein drei Beiträge widmeten sich schon im Titel der Frage, was denn das *Bild,* das Kunstwerk eigentlich jeweils sei:

Beitrag 4: „Bilderkult und Bildersturm", zeigte auf, daß das Christentum von Beginn an ein gespaltenes Verhältnis zum Bild hatte: es konnte verehrungswürdiger Gegenstand sein oder in den Verdacht der Bilderanbetung *(Idolatrie)* geraten. Ist es selbst wirkmächtig, oder verweist es nur auf die Heilsgeschichte? Die Autoren des Beitrages haben gezeigt, wie etwa im 5. Jahrhundert die Kraft der Primärreliquie auf das Bild selbst übergehen, das Bild die Sache selbst werden konnte; sie machten verständlich, daß Bild und Reliquie die gleiche Funktion zu übernehmen vermochten. Die willentliche Zerstörung der Bilder bestätigt noch indirekt die von ihnen ausgehende Macht.
Beitrag 6: „Vom Altarbild zur autonomen Tafelmalerei", untersuchte die Wandlungen des Bildes vom Kult- zum Kunstgegenstand. Er sah den Prozeß entscheidend vorangetrieben durch die Entstehung des Andachtsbildes. Bilder lösen sich aus dem kirchlichen Zusammenhang und werden der individuellen Andacht überantwortet. Notwendig wandeln sich dabei die Ansprachestrategien des Bildes: es versucht direkt sinnlich auf den einzelnen Betrachter einzuwirken, fordert seine psychische Reaktion heraus. Der Künstler wird sich der Wirkungsmöglichkeiten der Kunst bewußt; das Kunstwerk kann seine Kultfunktion weitgehend abstreifen, zum autonomen Tafelbild werden.
Beitrag 9 schließlich: „Vom Tafelbild zur Objektkunst: Kritik der ‚reinen Malerei'", wies nach, daß in der Moderne das autonome Tafelbild fragwürdig wird. Die Kunst scheint mit den Mitteln der Nachahmung der Erscheinungen keine Welterklärung mehr leisten zu können. Naturwissenschaftliche Erkenntnis entzieht sich mehr und mehr der Darstellbarkeit. Aber auch die Konsequenz der Kunst aus dieser Erfahrung, nämlich sich auf sich selbst zurückzuziehen, den Verlust der Gegenstände mit der bloßen Demonstration der ihr eigenen Mittel auszugleichen, fordert Kritik durch die Künstler selbst heraus. Die Kunst muß sich Grenzerweiterungen gefallen lassen, die ihren Begriff in Frage stellen. So kann das seinem geläufigen Kontext entfremdete Objekt ohne weitere künstlerisch-handwerkliche Gestaltung zum Kunstwerk erklärt werden.

In den genannten Beiträgen ist versucht worden, diesen Wandel in der Auffassung dessen, was das Kunstwerk jeweils ist, historisch zu begründen. Dabei hat die Frage nach seiner Funktion die entscheidende Rolle gespielt. Wir dürfen an den theoretischen Satz aus unserer Einführung erinnern:

Normenwandel bringt Funktionswandel hervor, Funktionswandel verändert die Struktur des Kunstwerkes. Oder anders ausgedrückt: Gesellschaftlicher Wandel bringt gewandelte Bedürfnisse, die an ein Kunstwerk gerichtet werden, hervor; das Kunstwerk reagiert in der einen oder anderen Form auf diese neuen Anforderungen.

2: Dem *Ort,* an dem das Kunstwerk in Erscheinung tritt, haben sich ebenfalls mehrere Beiträge gewidmet, nicht nur der Beitrag 7: „Kunst wird gesammelt – Kunst kommt ins Museum", sondern etwa auch der Beitrag 5: „Monumentalmalerei in kirchlichen Innenräumen", oder die Beiträge 13 und 19: „Der Platz als politisches Gesamtkunstwerk" und „Das Denkmal", welche die Funktion der Plastik im öffentlichen Raum untersucht haben.
Wie besonders im Beitrag 7 deutlich geworden sein dürfte, kann dem Kunstwerk mit gewandelten Anforderungen, welche die Gesellschaft an es heranträgt, eine neue Erscheinungssphäre zuwachsen; auch die Gestaltung dieser Sphäre unterliegt bestimmten Normen und Konventionen. Nun kann, wie wir gesehen haben, die Gesellschaft oder ein normgebender Teil der Gesellschaft diesen Rahmen, in dem das Kunstwerk erscheint, auch organisieren, institutionell verankern: aus der fürstlichen Sammlung etwa wird das öffentliche Museum. Das Kunstwerk reagiert auf diesen neuen Kontext; es sucht sich in ihm zu behaupten, und wieder verändert es sich dadurch in der Geschichte. Aber diese Veränderung prägt auch den Ort, auch er wandelt sich. So haben wir von einer wechselseitigen Einflußnahme von Kunstwerk und Erscheinungssphäre auszugehen. Es wird noch viel Forschungsarbeit nötig sein, um zu klären, wie diese Wechselwirkung im einzelnen aussieht. Wieder dürfen wir an einen theoretischen Satz aus unserer Einführung erinnern, in dem es heißt:

Funktionsanforderungen werden zwar von außen an das Kunstwerk herangetragen, bleiben ihm aber nicht äußerlich.

Am Beispiel von REMBRANDTS *„Heiliger Familie mit Vorhang"* können wir sehen, wie das Kunstwerk sich im Zusammenhang der Sammlung zu behaupten sucht (S. 168), am Beispiel von DUCHAMPS *„The Fountain"*, wie das Kunstwerk sich gegen die Vereinnahmung in der Galerie zur Wehr setzt (S. 176, 220 f.), wie aber im Laufe der Zeit die Institution „Museum" sich auch derartige im Wortsinn sperrige Gegenstände einverleibt – nicht ohne Folgen für den anverwandelten Gegenstand.

3: Auch die *Rezeptionsfrage* ist in verschiedenen Beiträgen unter dem Aspekt der Funktion des Kunstwerkes gestellt worden. Man denke an den Beitrag 12: „Kunst für alle – Bilder im Volk", wo wir der Rezeption der Hinterglasmalerei durch die Moderne nachgegangen sind, oder an Beitrag 15: „Das französische Schloß", wo das Problem der Schauseite erörtert wurde, an Beitrag 16: „Landschaft und Landschaftsgarten", wo die Entstehung der Landschaftsgattung als subjektive Projektion des Individuums beschrieben wurde, etwa auch an Beitrag 21: „Stadtplanung zwischen Kunst und Politik", wo wir am Beispiel von Pariser Plätzen beschrieben haben, wie architektonische Struktur die Rezeption programmatisch steuern kann. Erinnern wir uns an die Begründung eines der theoretischen Sätze aus unserer Einführung. Der Satz lautete:

Der Funktionswandel des Kunstwerkes greift grundsätzlich in seine Struktur ein, betrifft Form und Inhalt, vor allem aber das Verhältnis von Form und Inhalt. Funktionswandel bringt neue Wirkformen, neue Ansprachestrategien auf seiten des Kunstwerkes hervor.

Diese Wirkformen modellieren die Rezeption. Wie aber gerade das Beispiel der Rezeption der Hinterglasmalerei durch die Moderne gelehrt hat: Rezeption kann auch Projektion sein; wir sehen etwas in einen Gegenstand hinein; der Gegenstand kommt damit in neue Rezeptionszusammenhänge, die seiner ursprünglichen Bestimmung völlig widersprechen können. Das geschieht besonders dann, wenn er seinen ursprünglichen Funktionsrahmen verlassen hat. Der Gegenstand kann damit Anlaß zu neuer Kunstproduktion werden. Zum Verständnis dieses komplizierten Prozesses ist der von uns festgestellte Zusammenhang von Norm und Funktion wichtig. Denn auch die Rezeption ist natürlich normbestimmt; wir sehen nur, wozu wir eingestellt sind. Unsere Einstellung färbt unsere Sicht.

Es sei erinnert an das in mehreren Beiträgen zur Sprache gekommene Problem der Gotikrezeption. Seit GOETHES Aufsatz *„Von deutscher Baukunst"* (1772) galt die Gotik als deutsche Baukunst, wurde positiv als deutscher Nationalstil verstanden. Unter dem Eindruck der Freiheitskriege rief GÖRRES 1814 dazu auf, den Kölner Dom als Monument nationaler Einheit zu vollenden. Wir haben gehört, welch konservative Wendung dieser Gedanke im Laufe des 19. Jahrhunderts nahm; er mußte dazu herhalten, ein mittelalterlich-ständestaatliches Ideal zu verkörpern; er diente dazu, den Führungsanspruch Preußens im Deutschen Reich zu unterstreichen. War der gotische Dom in Deutschland Inbegriff offizieller staatlicher und kirchlicher Repräsentation, so konnte die gotische Architektur im französischen 19. Jahrhundert als Baukunst des Volkes verstanden werden. Während die Gotikbeschreibung in Deutschland sich weiterhin der traditionellen Naturmetaphorik bediente, das Kirchenschiff mit einem Waldeshain verglich, so konnte die Gotik in Frankreich zum Leitbild moderner Industriearchitektur werden, als vorbildhafter Höhepunkt in der Verwendung rationaler Konstruktionsprinzipien gelten. Die Leitbildfunktion prägte Struktur und Form, aber auch die Rezeption neuzeitlicher Bauaufgaben.

4: Daß Funktionswandel die *Struktur* auch des individuellen Kunstwerkes verändert, können exemplarisch etwa die Beiträge 3: „Die gotische Kathedralfassade", und 25: „Die englische Kunst des 18. Jahrhunderts", belegen. Wenn wir in der szenischen Plastik der Kathedralfassade von Amiens, also im 13. Jahrhundert, eine ausgeprägte Neigung feststellen konnten, auch den zeitgenössischen Alltag in seiner ganzen sozialen Breite, in seiner Lebenswirklichkeit einzufangen, dann hatten wir darin nicht nur den Versuch der Kirche gesehen, dem Gläubigen christliche Moral auf verständliche Art und Weise zu vermitteln, sondern auch die notwendige Reaktion einer in ihrer Position gefährdeten Kirche, die Erwartungen des erstarkten städtischen Bürgertums zu befriedigen hatte. Nicht kunstimmanente Stilentwicklung, ein reines Kunstwollen also, brachte einen größeren Realismus hervor, sondern von außen an die Kunst herangetragene Anforderungen veränderten ihr Aussehen, erschlossen Bereiche des Darstellbaren, die vorher nicht Thema gewesen waren – und das notwendig in einer neuen Kunstsprache.
Wenn im fortgeschrittenen 18. Jahrhundert ein englischer Künstler den nach klassischen Vorstellungen völlig unattraktiven Ausblick aus seinem Fenster, zudem in radikaler Ausschnitthaftigkeit, bildwürdig werden lassen kann, dann hat sich nicht nur die Funktion des Bildes grundsätzlich geändert – indem es nun seine Aufgabe sein kann, eine subjektive Momenterfahrung für die individuelle private Erinnerung aufzubewahren –, sondern es ändert sich notwendig auch die künstlerische Struktur des Bildes ganz entschieden. Wir hatten davon gesprochen, daß dem neuen Wirklichkeitszugriff, den ein solches Bild zeigt, notwendig eine äußerste formale Abstraktion und Verankerung auf der Bildfläche entspricht, die das Bild als Bild, als formales Konstrukt auf der Fläche erfahrbar werden läßt und damit Gegenstands- und Formsehen zugleich hervortreibt. Die neue Funktion erschließt neue Gegenstandsbereiche, die neuen Gegenstandsbereiche erfordern zu ihrer Darstellung eine neue Form, die neue Form erzeugt eine neue Wahrnehmung. Zukünftige Kunstwerke werden in der einen oder anderen Form diesen neuen Strukturanforderungen Rechnung tragen.
Es dürfte auch deutlich geworden sein, daß es häufig durchaus leicht ist, dem Kunstwerk eine unmittelbar praktische Funktion zuzuschreiben. Daß ein Kunstwerk mit einem christlichen Thema religiösen Funktionen dient, ergibt sich wohl auf den ersten Blick. Doch wie es im einzelnen diese Funktionen erfüllt, und wie ihm diese besondere Form der Funktion zugewachsen ist, wie sie sich im historischen Prozeß auch wieder verändert – das ist, wie wir gesehen haben, nicht einfach zu fassen. Nicht einfach deswegen, weil wir von der individuellen Prägung des einzelnen Kunstwerkes auszugehen haben, um allgemeine Tendenzen festzustellen. Diese Spannung zwischen individueller künstlerischer Entscheidung und allgemeiner Entwicklung, die beide durch die verschiedensten historischen Faktoren bedingt sind, ist nicht nur als solche zu begreifen, sondern in ihrer jeweiligen Ausprägung im Kunstwerk anschaulich zu machen. Hier scheint uns die Kunstgeschichte in Zukunft gefordert.

Auf eine denkbare Verständnisschwierigkeit sei in diesem Zusammenhang noch einmal eingegangen. Wir haben oft vom Wandel des Kunstwerkes im historischen Prozeß gesprochen. Natürlich ändert sich das individuelle Kunstwerk in seiner materiellen Substanz nicht; wenn man auch einschränkend sagen muß, daß kaum ein Kunstwerk gänzlich in seinem ursprünglichen Bestand auf uns überkommen ist. Es ändern sich nur die Rezeption und Interpretation des individuellen Kunstwerkes, häufig genug mitbedingt durch seinen Ortswechsel. Aber wenn wir von der Änderung, dem Wandel des Kunstwerkes gesprochen haben, dann haben wir noch etwas anderes damit gemeint: Es ändert sich im historischen Prozeß die Auffassung davon, was ein Kunstwerk ist, sein Begriff, und mit ihm die Sache. Und dies bleibt, wir haben es oft betont, der Produktion des individuellen Kunstwerkes nicht äußerlich. Es schlägt sich in seiner strukturellen Bildung nieder und wird auf die eine oder andere Art und Weise in seiner Form anschaulich. Noch viel zu wenig wissen wir über den Vorgang der Kunstproduktion selbst; die Kunstgeschichte hat hier noch kaum Erklärungsmodelle vorgeschlagen.
Natürlich werden wir nicht das „Warum" jedes einzelnen Pinselstriches erklären können. Aber so, wie wir uns Gedanken machen über die Rolle der Einzelform im Gesamtorganismus des Bildes, über individuellen und zeitbedingten Stil, so müssen wir uns auch fragen: Wie haben sich im historischen Prozeß die Einstellung zum Kunstmachen und das Kunstmachen selbst verändert, ganz praktisch? Es ändert sich ja nicht nur die Auffassung dieses oder jenes Themas, diese oder jene äußerliche Funktion des Kunstwerkes – und die Art, der Vorgang, wie die Kunst praktisch gemacht wird, bliebe gleich. Mitnichten! Immer mehr begreifen wir, daß es auch eine Geschichte der Praxis gibt. Nicht nur neue Techniken und Malmittel werden erfunden, sondern selbst und gerade der körpermotorische Akt des Malens oder Zeichnens ist konventionsbestimmt und damit historischem Wandel unterliegend. Die künstlerische Ausführung als individuelle und geschichtlich bedingte Erscheinung anschaulich werden zu lassen – auch darin dürfte in Zukunft eine der Hauptaufgaben der Kunstgeschichte liegen.

Eine Funktionsgeschichte kann – und mehr sollte sie auch nicht – der Lösung derartiger Fragen vorarbeiten. Sie kann es unserer Meinung nach insofern, als sie Formbedingung und Formerscheinung des Kunstwerkes zugleich bedenkt.

Anhang

Anmerkungen · Bibliographie · Verzeichnis der Museen und Kunstdenkmäler · Verzeichnis der Personennamen · Glossar und Sachregister · Abbildungsnachweise

Anmerkungen

I. Die religiöse Funktion von Kunst

1. Die gotische Kathedrale: Gestalt und Funktion

1 Der Baubericht des Gervasius von Canterbury ist in einer deutschen Übersetzung nachzulesen in Arno Borst: Lebensformen im Mittelalter. Frankfurt/Berlin/Wien 1979, S. 219–228 (mit Kommentaren).

2 Übersetzung nach Erwin Panofsky (Hrsg.): Abbot Suger. On the Abbey Church of St.-Denis and its Art Treasures. Princeton [2]1979, „De Consecratione", S. 114.

3 Ernst H. Kantorowicz: Laudes Regiae: A Study in Liturgical Acclamations and Mediaeval Ruler Worship. With a Study of the Music of the Laudes and Musical Transcriptions by Manfred F. Bukofzer. Berkeley/Los Angeles 1958, S. 121f.

4 Wiedergegeben nach Gustave Cohen: Histoire de la mise en scène dans le théâtre religieux français du Moyen Age. Paris 1906, S. 19, 42f.

5 Wiedergegeben nach Du Cange (Charles du Fresne): Glossarium mediae et infimae latinitatis. Niort 1884, Bd. 3, S. 460ff., „festum asinorum".

6 Otto von Simson: Die gotische Kathedrale. Darmstadt [4]1982, S. 235.

7 Eugène Viollet-le-Duc: Dictionnaire raisonné de l'architecture française du XIe au XVIe siècle. Bd. IV. Paris 1868, S. 131–146, Art. *„Construction"*.

2. Wie entsteht eine gotische Kathedrale?

1 Karl Marx / Friedrich Engels: Werke (MEW). Bde. 1–32 und 2 Erg.Bde. Berlin (Ost) 1957ff.; hier Bd. 21, S. 393f.

2 Georges Duby: Le budget de l'abbaye de Cluny entre 1080 et 1155. Economie domaniale et économie monétaire. In: Annales: Economies, Sociétés, Civilisations, Bd. 7,2, 1952, S. 155–171. – Ders.: Un inventaire des profits de la seigneurerie clunisienne à la mort de Pierre le Vénérable. In: Studia Anselmiana, Bd. 40, 1956, S. 129–140. (Beide Arbeiten wiederabgedruckt in G. Duby: Hommes et structures du moyen âge. Paris/Den Haag 1973.)

3 Suger: Œuvres complètes. Hrsg. von A. Lecoy de la Marche. Paris 1867, Nachdruck Hildesheim/New York 1979. Vgl. auch Erwin Panofsky: Abbot Suger. On the Abbey Church of St.-Denis and its Art Treasures. Princeton [2]1979.

4 Martin Warnke: Bau und Überbau. Soziologie der mittelalterlichen Architektur nach den Schriftquellen. Frankfurt 1976, S. 63ff.

5 Der Text dieser Quelle abgedruckt bei Hans Reinhart: La cathédrale de Reims. Paris 1963, S. 73, Anm. 1.

6 Petrus Cantor (1110/20–1197), in Migne: Patrologia latina, Bd. 205.

7 Der lateinische Text von Raoul Glaber in Victor Mortet: Recueil de textes relatifs à l'histoire de l'architecture et à la condition des architectes en France au Moyen Age, XIe–XIIe siècle. Paris 1911, S. 4.

8 Zur Speyerer Bautechnik vgl. den Abschnitt „Bautechnik" in H. E. Kubach / W. Haas: Der Dom zu Speyer. Die Kunstdenkmäler von Rheinland-Pfalz. Bd. 5. Textband. München 1972, S. 464ff.

9 Der lateinische Text von Gervasius von Canterbury in Julius von Schlosser: Quellenbuch zur Kunstgeschichte des abendländischen Mittelalters, N.F. VII. Wien 1896, S. 252–265. – Eine neuere englische Übersetzung in Theresa G. Frisch: Gothic Art 1140–c. 1450. Sources & Documents in the History of Art Series, ed. by H.W. Janson. Englewood Cliffs, New Jersey 1971, S. 14–23. Eine deutsche Übersetzung in Arno Borst: Lebensformen im Mittelalter. Frankfurt/Berlin/Wien 1979, S. 219–228 (mit Kommentaren).

10 John James: Chartres – les constructeurs. 3 Bde. Chartres 1977–1982. – Englische Ausgabe: The Contractors of Chartres. 3 Bde. Dooralong (Australien)/ London 1979ff.

11 Zum Folgenden vgl. insbesondere die Forschungsergebnisse des Verfassers in D. Kimpel: Die Entfaltung der gotischen Baubetriebe. Ihre sozioökonomischen Grundlagen und ihre ästhetisch-künstlerischen Auswirkungen. In: Architektur des Mittelalters – Funktion und Gestalt. Hrsg. von F. Möbius / E. Schubert. Weimar 1983, S. 246–272.

12 Unter idealistisch eingestellten Autoren, die den hier angeführten Aspekten keine oder nur eine stark untergeordnete Rolle zuerkennen, etwa Hans Sedlmayr: Die Entstehung der Kathedrale. Zürich 1950, Graz [2]1976 und Otto von Simson: Die gotische Kathedrale – Beiträge zu ihrer Entstehung und Deutung. Darmstadt [4]1982 (engl. Erstausgabe New York 1956). Die Eigendynamik des Stils am deutlichsten formuliert bei Hans Jantzen: Die Gotik des Abendlandes. Köln 1962, S. 49ff. Vgl. Jean Bony: La genèse de l'architecture gothique: „Accident ou Nécessité?" *Revue de l'Art* 58/59 (1982/83), S. 9–20.

13 Martin Warnke: Bau und Überbau (s. *Anm. 4*).

4. Bilderkult und Bildersturm

1 Eine von Mythen befreite Darstellung dieses Zusammenhanges: Karl-Heinz Schwarte: Intentionen und Rechtsgrundlage der Christenverfolgung im Römischen Reich. In: „Spätantike und frühes Christentum". Ausstellungskatalog. Frankfurt 1983, S. 20–33, hier: S. 21.

2 Zuletzt zur Kunstauffassung der Urchristen: Dagmar STUTZINGER: Die Christen und die Kunst. Einleitung. In: „Spätantike" (s. *Anm. 1*), S. 223–240, hier: S. 228ff.
3 Josef ENGEMANN: Altes und Neues zu Beispielen heidnischer und christlicher Katakombenbilder im spätantiken Rom. *Jahrbuch für Antike und Christentum* 26 (1983), S. 128–151. – Ders.: Die bukolischen Darstellungen. In: „Spätantike" (s. *Anm. 1*), S. 257–259. – Hugo BRANDENBURG: Die Darstellungen maritimen Lebens. In: „Spätantike" (s. *Anm. 1*), S. 249–256.
4 Zitiert nach Theodor KLAUSER: Studien zur Entstehungsgeschichte der christlichen Kunst. *Jahrbuch für Antike und Christentum 1* (1958), S. 20–32, hier: S. 22.
5 Weiterführende Literatur bei Horst BREDEKAMP: Kunst als Medium sozialer Konflikte. Bilderkämpfe von der Spätantike bis zur Hussitenrevolution. Frankfurt 1975, S. 31ff.
6 Clark HOPKINS: The Discovery of Dura-Europos. New Haven/London 1979.
7 Zitiert nach Horst BREDEKAMP (s. *Anm. 5*), S. 35.
8 Hugo KOCH: Die altchristliche Bilderfrage nach den literarischen Quellen. Göttingen 1917, S. 46.
9 Zu den Kaisern KONSTANTIN I. und KONSTANTIN II. vgl. „Spätantike" (s. *Anm. 1*), S. 60.
10 Horst BREDEKAMP (s. *Anm. 5*), S. 23–25.
11 Ernst KITZINGER: The Cult of Images in the Age before Iconoclasm. *Dumbarton Oaks Papers 8* (1954), S. 83–151, hier: S. 121f.
12 Horst BREDEKAMP (s. *Anm. 5*), S. 26.
13 Ernst KITZINGER (s. *Anm. 11*), S. 121–127.
14 Georg OSTROGORSKY: Studien zur Geschichte des byzantinischen Bilderstreites. Amsterdam 1964, S. 30ff., 37.
15 Zusammenstellung der schriftlichen Quellen bei Christian BEUTLER: Bildwerke zwischen Antike und Christentum. Düsseldorf 1964, S. 23ff.
16 Zitiert nach BEUTLER, ebda., S. 32.
17 Klaus GUTH: Guibert von Nogent und die hochmittelalterliche Kritik an der Reliquienverehrung. Ottobeuren 1970, S. 22.
18 THEODORET von Cyrus, 5. Jahrhundert, zitiert nach Erich MEYER: Reliquie und Reliquiar im Mittelalter. In: Festschrift für Carl Georg Heise zum 28. 6. 1950. Berlin 1950, S. 55–66, hier: S. 56.
19 Christel MEIER: Gemma Spiritualis. Bd. 1. München 1977, S. 413ff.
20 Harald KELLER: Zur Entstehung der sakralen Vollskulptur in der ottonischen Zeit. In: Festschrift für Hans Jantzen. Berlin 1951, S. 71–91, hier: S. 82f. – Erich MEYER (s. *Anm. 18*), S. 58. – Vgl. die Kritik durch Hubert SCHRADE: Zur Frühgeschichte der mittelalterlichen Monumentalplastik. *Westfalen* 35 (1957), S. 33–64.
21 Harald KELLER (s. *Anm. 20*), S. 86f.
22 Entstehung und Entwicklung des Retabels waren Gegenstand kontrovers geführter Diskussionen. Zusammenfassung der Forschungsgeschichte und Rekonstruktion des vielleicht frühesten Retabels, noch dem 8. Jahrhundert zugehörig, durch Christian BEUTLER: Die Entstehung des Altaraufsatzes. München 1978.
23 Harald KELLER: Der Flügelaltar als Reliquienschrein. In: Festschrift für Carl Theodor Müller. München 1965, S. 125–144.
24 Donald L. EHRESMANN: Some Observations on the Role of Liturgy in the Early Winged Altarpiece. *The Art Bulletin* 64 (1982), S. 359–369.
25 Ebda., S. 366.
26 Wolfgang BRÜCKNER: Bildnis und Brauch. Studien zur Bildfunktion der Effigies. Berlin 1966.
27 Zitiert nach Horst BREDEKAMP: Bildpropaganda und Bildersturm in der Hussitenbewegung. *Tendenzen* 97 (1974), S. 22–29, hier: S. 24.
28 Anonym, ebda.
29 Zitiert nach Horst BREDEKAMP (s. *Anm. 5*), S. 289.
30 Ebda., S. 280.
31 Ebda., S. 303.
32 Zitiert nach Margarete STIRM: Die Bilderfrage in der Reformation. Gütersloh 1977.
33 Andreas Bodenstein gen. KARLSTADT: Von Abtuhung der Bilder, 1522. Moderne Übertragung nach Hans LIETZMANN (Hrsg.): Kleine Texte für Theologische und Philologische Vorlesungen und Übungen. Nr. 74. Bonn 1911, S. 4.
34 Ebda., S. 5.
35 „Der Mensch um 1500". Ausstellungskatalog. Berlin 1977, S. 21ff.
36 Zitiert nach LIETZMANN (s. *Anm. 33*), S. 5f.
37 Margarete STIRM (s. *Anm. 32*), S. 25f.
38 Ernst ULLMANN: Bildersturm und bildende Kunst im 16. Jahrhundert. *Hafnia. Copenhagen Papers in the History of Art* 1976, S. 55–70.
39 Louis RÉAU: Histoire du vandalisme. Bd. 1. Paris 1959, S. 93.
40 Ebda.
41 Ebda., S. 68.
42 Hubert JEDIN: Entstehung und Tragweite des Tridentiner Dekrets über die Bilderverehrung. *Theologische Quartalschrift* 116 (1935), S. 143–188, S. 405–429, hier: S. 406; vgl. Louis RÉAU (s. *Anm. 39*), S. 70.
43 Martin WARNKE: Durchbrochene Geschichte? Die Bilderstürme der Wiedertäufer in Münster 1534/1535. In: Ders. (Hrsg.): Bildersturm. Die Zerstörung des Kunstwerks. München 1973, S. 65–98.
44 Louis RÉAU (s. *Anm. 39*), S. 86.
45 Ebda., S. 78.
46 Zitiert bei Hubert JEDIN (s. *Anm. 42*), S. 405.

47 Vollständiger Text in der alten Übersetzung bei H. J. BERTHES: Das Concil von Trient für alle Länder und Völker mit den betreffenden Bullen und Verfügungen. Mainz 1847, S. 331–335. Die lateinische Fassung bei Hubert JEDIN (s. *Anm. 42*), S. 181–186; Kommentar: S. 420ff.
48 R. WHITING: Abominable Idols: Images and Image-breaking under Henry VIII. *Journal of Ecclesiastical History* 33 (1982), S. 30–47.
49 Geoffrey PARKER: Der Aufstand der Niederlande. Von der Herrschaft der Spanier zur Gründung der niederländischen Republik 1549–1609. München 1979, S. 82.
50 D. FREEDBERG: The Problem of Images in Northern Europe and its Repercussion in the Netherlands. *Hafnia* 1976, S. 25–45, hier: S. 36.
51 E. A. SAUNDERS: A Commentary on Iconoclasm in Several Print Series by Maarten van Heemskerck. *Simiolus* 10 (1979), S. 59–83, hier: S. 61.
52 Erwin PANOFSKY: Grabplastik. Köln 1964, S. 65.

5. Monumentalmalerei in kirchlichen Innenräumen

1 Otto DEMUS: Romanische Wandmalerei. München 1968, S. 140.

6. Vom Altarbild zur autonomen Tafelmalerei

1 E. B. GARRISON: Italian Romanesque Panel Painting. Florenz 1949.
2 Sixten RINGBOM: From Icon to Narrative. Åbo 1965.
3 H. VAN OS: Sienese Altar Pieces 1215–1460. Bd. I. Groningen 1984.
4 J. BRAUN: Der christliche Altar in seiner geschichtlichen Entwicklung. Freiburg 1924.
5 D. L. EHRESMANN: Some Observations on the Role of Liturgy in the Early Winged Altarpiece. *Art Bulletin* 64 (1982), S. 359–369.
6 Fr. RAPP: L'église et la vie religieuse en occident à la fin du moyen age. Paris 1971.
7 A. WECKWERTH: Der Ursprung des Bildepitaphs. *Zeitschrift für Kunstgeschichte* 20 (1957), S. 147ff.
8 K. BAUCH: Bildnisse des Jan van Eyck. In: Sitzungsberichte der Heidelberger Akademie der Wissenschaften. Jahresheft 1961/62. Heidelberg 1963, S. 96–142.

II. DIE ÄSTHETISCHE FUNKTION VON KUNST

7. Kunst wird gesammelt – Kunst kommt ins Museum

1 „Bilder nach Bildern". Katalog Landesmuseum Münster 1974, S. 252f.
2 Paillot DE MONTABERT, zitiert nach: *Gazette des Beaux-Arts* 101 (1983), S. 190.
3 Walter GRASSKAMP: Museumsgründer und Museumsstürmer. Zur Sozialgeschichte des Kunstmuseums. München 1981, S. 37.
4 Zitiert nach: Von Brutus zu Marat. Kunst im Nationalkonvent 1789–1795. Hrsg. und übersetzt von Katharina SCHEINFUSS. Dresden 1973, S. 130.
5 Zitiert nach R. SCHNEIDER: Quatremère de Quincy et son intervention dans les arts. Paris 1906, S. 184.
6 F. T. MARINETTI, zitiert nach: C. BAUMGARTH: Geschichte des Futurismus. Reinbek 1966, S. 27f.
7 G. SEVERINI, ebda., S. 192.
8 André MALRAUX: Psychologie der Kunst. Das imaginäre Museum. Reinbek 1957, S. 7.
9 Walter GRASSKAMP (s. *Anm. 3*), S. 29.
10 André MALRAUX (s. *Anm. 8*), S. 31f.
11 Ebda., S. 33.
12 Michel FOUCAULT: Language, Counter-Memory, Practice. Ithaca 1977, S. 92.
13 André MALRAUX (s. *Anm. 8*), S. 33.
14 Zitiert nach: Modern Art und Modernism: A Critical Anthology. London 1982, S. 141.
15 G. F. KOCH: Die Kunstausstellung. Berlin 1967, S. 135.
16 Zitiert nach Wolfgang KEMP: Der Anteil des Betrachters. Rezeptionsästhetische Studien zur Malerei des 19. Jahrhunderts. München 1983, S. 104f.
17 John RUSKIN: Letters from Venice 1851–1852. Hrsg. von J. L. BRADLEY. New Haven 1955, S. 121.
18 Paul VALÉRY: Über Kunst. Berlin/Frankfurt 1962, S. 54.
19 Brian O'DOHERTY: In der weißen Zelle. Anmerkungen zum Galerie-Raum. Kassel 1982, S. 8.
20 Ebda., S. 19.
21 Ebda., S. 37f.

8. Die Autonomie der Kunst

1 Leon Battista Alberti's kleinere kunsttheoretische Schriften. Hrsg. von Hubert JANITSCHEK (Quellenschriften für Kunstgeschichte, Bd. XI). Wien 1877.

2 Zitiert bei Georg HABICH: Die Medaillen der italienischen Renaissance. Stuttgart/Berlin [o.J.], S. 45.

3 Zitiert bei Renée WATKINS: L. B. Alberti's Emblem. The Winged Eye, and his Name, Leo. *Mitteilungen des Kunsthistorischen Institutes in Florenz* 9 (1960), S. 256f.

4 Dürers Schriftlicher Nachlaß. Hrsg. von K. LANGE / F. FUHSE. Halle/S. 1893, S. 221f. (hier wie auch in den folgenden Dürer-Zitaten an moderne Schreibweise angeglichen).

5 Leon Battista ALBERTI (s. *Anm. 1*), S. 100.

6 Albrecht DÜRER (s. *Anm. 4*), S. 221.

7 Leon Battista ALBERTI (s. *Anm. 1*), S. 100.

8 Giorgio VASARI: Leben der ausgezeichnetsten Maler, Bildhauer und Baumeister von Cimabue bis zum Jahre 1567. Übersetzt von Ludwig SCHORN / Ernst FÖRSTER. Neu hrsg. und eingeleitet von Julian KLIEMANN. Worms 1983.

9 MOSINI (Pseudonym für Giovanni Antonio MASSANI) in einem 1646 datierten Vorwort zu dem nur fragmentarisch erhaltenen „*Trattato*" von Giovanni Battista AGUCCHI. Übersetzt nach dem Abdruck des italienischen Originals bei Denis MAHON: Studies in Seicento Art and Theory. London 1947, S. 261f.

10 Johann Joachim WINCKELMANN: Sendschreiben über die Gedanken von der Nachahmung der griechischen Werke in der Malerey und Bildhauerkunst, 1756, zitiert nach Johann Joachim WINCKELMANN: Kunsttheoretische Schriften. Bd. 1 (Studien zur deutschen Kunstgeschichte, Bd. 330). Baden-Baden/Straßburg 1962, S. 73 (Zitat der modernen Schreibweise angeglichen).

11 Tagebuch des Herrn von Chantelou über die Reise des Cavaliere Bernini nach Frankreich. Deutsche Bearbeitung von Hans ROSE. München 1919, S. 122 (19. Aug. 1665).

12 Zitiert nach K. L. FERNOW: Carstens. Leben und Werke. Hrsg. und ergänzt von Herman RIEGEL. Hannover 1867, S. 140.

13 Carl Ludwig FERNOW: Römische Studien. Erster Theil. Zürich 1806, S. 324 (Über das Kunstschöne).

14 Immanuel KANT: Kritik der Urteilskraft. Hrsg. von G. LEHMANN. Stuttgart 1963, § 4, S. 74.

15 Karl Philipp MORITZ: Schriften zur Ästhetik und Poetik. Kritische Ausgabe. Hrsg. von Joachim SCHRIMPF (Neudrucke deutscher Literaturwerke, N.F.7). Tübingen 1962, S. 85 (Über die bildende Nachahmung des Schönen, 1788).

16 Schillers Briefe. Hrsg. von Fritz JONAS. Stuttgart u.a. (1892–96), Bd. 2, S. 265f. (Brief vom 30.3.1789 an Gottfried Körner).

9. Vom Tafelbild zur Objektkunst: Kritik der „reinen Malerei"

1 Zitiert bei Francis ROBERTS: I Propose to Strain the Laws of Physics. Interview mit Marcel DUCHAMP in *Art News*, New York, Dezember 1968, S. 46.

2 Ausführlich dazu Herbert MOLDERINGS: Film, Fotografie und ihr Einfluß auf die Malerei in Paris um 1910. Marcel Duchamp – Jacques Villon – Frank Kupka. In: Wallraf-Richartz-Jahrbuch, Bd. XXXVII. Köln 1975, S. 247ff.

3 Zitiert in *Current Opinion,* Band 59, Nr. 5, New York 1915, S. 347.

4 Guillaume APOLLINAIRE: Les peintres cubistes. Méditations ésthétiques. Paris 1913. In: Œuvres complètes de Guillaume Apollinaire. Paris 1966, S. 18f.

5 Vgl. Virginia SPATE: Orphism. The evolution of non-figurative painting in Paris 1910–1914. Oxford 1979, S. 158f., und Ausstellungskatalog „František Kupka 1871–1957", New York 1975, S. 79f.

6 Vgl. Herbert MOLDERINGS: Film, Fotografie und ihr Einfluß auf die Malerei ... (s. *Anm. 2*), S. 276ff. und Ausstellungskatalog „Kupka" (s. *Anm. 5*), S. 180ff.

7 Zitiert bei Virginia SPATE (s. *Anm. 5*), S. 130.

8 In der Reihenfolge der Zitate: Calvin TOMKINS: Ahead of the Game. Four Versions of Avantgarde. John Cage Marcel Duchamp Jean Tinguely Robert Rauschenberg. London 1968, S. 27. – Katharine KUH: Interview mit DUCHAMP in: The Artist's Voice. Talks with Seventeen Artists. New York/Evanston 1962, S. 83. – Marchand du Sel. Écrits de Marcel Duchamp. Hrsg. von Michel SANOUILLET / Y. POURPART-LIEUSSOU. Paris 1958, S. 111 und 114.

9 Vgl. Marcel DUCHAMP: Die Schriften. Bd. I. Hrsg. von Serge STAUFFER. Zürich 1981.

10 Henri POINCARÉ: La valeur de la science. Paris 1905. Zitiert nach der deutschen Ausgabe: Der Wert der Wissenschaft. Leipzig 1906, S. 7.

11 Henri POINCARÉ: La science et l'hypothèse. Paris 1902. Zitiert nach der deutschen Ausgabe: Wissenschaft und Hypothese. Leipzig ^{2}1906, S. XIV.

12 Der Wert der Wissenschaft (s. *Anm. 10*), S. 109.

13 Marcel DUCHAMP: Die Schriften (s. *Anm. 9*), S. 125.

14 In: Calvin TOMKINS: Ahead of the Game (s. *Anm. 8*), S. 36f.

15 Die auf Robert LEBEL: Marcel Duchamp, Köln 1962 und 1972 zurückgehende Übersetzung „3 Musterfäden" ist nicht korrekt. „Stopper" bedeutet neben „kunststopfen" auch „anhalten, stoppen". Der Fall des Fadens wird plötzlich angehalten, und aus diesem „Stopp" gehen die verschieden gekrümmten Linien des geraden Fadens hervor. Diese Anspielung betont STAUFFER mit der Übersetzung „3 Maßnorm Stoppagen" (s. *Anm. 9*), einer Mischung aus deutscher und französischer Sprache.

16 *„La mariée mise à nu par ses célibataires, même"*. Édition Rrose Sélavy [Selbstverlag Duchamps]. Paris 1934. 300 Exemplare einer grün überzogenen Kartonschachtel mit 94 Dokumenten (faksimilierten Texten, Notizen, Skizzen und fotografischen Reproduktionen). Im folgenden die „Grüne Schachtel" genannt. Deutsch in Marcel DUCHAMP: Die Schriften. Bd. I. Hrsg. von Serge STAUFFER. Zürich 1981. – Tatsächlich hatte DUCHAMP die Fabrikationsidee zu den *„3 Kunststopf-Faden Längennormal"* schon 1914 „veröffentlicht", in Form von drei Exemplaren einer kleinen Schachtel mit 16 fotografisch reproduzierten handschriftlichen Notizen und einer Zeichnung (vgl. Marcel DUCHAMP: Die Schriften [s. *Anm. 9*], S. 17–24).
17 Henri POINCARÉ: Wissenschaft und Hypothese (s. *Anm. 11*), S. 138.
18 Pierre CABANNE: Entretiens avec Marcel Duchamp. Paris 1966, S. 81 (Deutsche Ausgabe: Köln 1972, S. 65).
19 *„A l'Infinitif"* ist eine Schachtel mit 79 faksimilierten handschriftlichen Texten DUCHAMPS aus den Jahren 1912 bis 1920. Sie wurde 1966 von der New Yorker Galerie Cordier & Ekstrom publiziert (150 signierte und numerierte Exemplare). Deutsch in Marcel DUCHAMP: Die Schriften (s. *Anm. 9*). Das Zitat ebda., S. 146.
20 Henri POINCARÉ: Der Wert der Wissenschaft (s. *Anm. 10*), S. 60.
21 Henri POINCARÉ: Wissenschaft und Hypothese (s. *Anm. 11*), S. 58.
22 Arturo SCHWARZ: The Complete Works of Marcel Duchamp. New York ^{2}1970, S. 461.
23 Marcel DUCHAMP: Die Schriften (s. *Anm. 9*), S. 99.
24 Zu Fahrrad-Rad und Flaschentrockner vgl. Herbert MOLDERINGS: Marcel Duchamp. Parawissenschaft, das Ephemere und der Skeptizismus. Frankfurt 1983. – Jean CLAIR: Duchamp et la photographie. Paris 1977.
25 Sie erschienen unter anderem in der von Francis PICABIA herausgegebenen Zeitschrift *391*. Die Zeitschrift ist von 1917 bis 1924 nacheinander in Barcelona, New York und Paris erschienen.
26 Pierre CABANNE (s. *Anm. 18*), S. 90.
27 Das Gemälde ist in dem Ausstellungskatalog „Jean Crotti / Suzanne Duchamp: 1915–1922". Bern 1983, S. 38, abgebildet.
28 Henri POINCARÉ (s. *Anm. 10*), S. 4.
29 Zitiert nach Harriet and Sidney JANIS: Marcel Duchamp Anti-Artist. *View* V, 1. New York, März 1945, S. 24.
30 André BRETON in: Anthologie de l'humour noir (1940). Deutsche Ausgabe: München 1979, S. 442.
31 The Richard Mutt Case. *The Blind Man,* Nr. 2, New York, Mai 1917, nicht paginiert.
32 Marcel DUCHAMP in: Mario AMAYA: Pop as Art. London 1965, S. 57.
33 Zitiert in Calvin TOMKINS (s. *Anm. 8*), S. 222.
34 Ausstellungskatalog „The Almost Complete Works of Marcel Duchamp". The Tate Gallery, London 1966, S. 52.
35 Hans RICHTER: DADA – Kunst und Antikunst. Köln 1964, S. 209/210 und S. 93.
36 Charles BAUDELAIRE: Le peintre de la vie moderne. In: Œuvres complètes de Charles Baudelaire. L'art romantique. Paris 1889, S. 54.
37 2. Auflage, Paris 1867, S. 268.
38 Walter BENJAMIN: Charles Baudelaire. Frankfurt 1969, S. 37.
39 Auf dieses Wortspiel hat Thomas ZAUNSCHIRM hingewiesen in: Bereites Mädchen Ready-made. Klagenfurt 1983, S. 69.
40 Ulf LINDE in: HOPPS / LINDE / SCHWARZ: Marcel Duchamp – Ready-mades, etc. Galerie Schwarz, Mailand 1964, S. 66.
41 Guillaume APOLLINAIRE: Die Maler des Kubismus. Zürich 1956, S. 108.
42 Pierre CABANNE (s. *Anm. 18*), Paris 1966, S. 82f.
43 Gustave FLAUBERT: Madame Bovary. München 1970, S. 98.
44 Vgl. Ronald JOHNSON: Poetic Pathways to Dada: Marcel Duchamp and Jules Laforgue. *Arts Magazine,* New York, Mai 1976.
45 Marcel DUCHAMP: Die Schriften (s. *Anm. 9*), S. 63.
46 In: Anthologie des schwarzen Humors (s. *Anm. 30*), S. 444.
47 *La Révolution Surréaliste,* Nr. 12, 5. Jg., Paris, 15. Dezember 1929, S. 14. Deutsche Übersetzung in André BRETON: Die Manifeste des Surrealismus. Reinbek 1968.
48 Das Fenstermodell aus Holz und Glas, mit Ölfarbe bemalt, ist 62 × 28 cm groß.
49 Das Fenster-„Bild" hat die Maße 77 × 45 cm.
50 Zitiert nach Marcel Duchamp Ready made. 180 Aussprüche aus Interviews und Briefen von Marcel Duchamp. Zusammengetragen, ausgewählt, übersetzt von Serge STAUFFER. Zürich 1973, S. 28.
51 In: Alain JOUFFROY: Une révolution du regard. Paris 1964, S. 115.
52 Zitiert bei Dore ASHTON: Interview mit Marcel Duchamp. *Studio International,* London, Juni 1966, S. 244–247.
53 Marcel DUCHAMP: Die Schriften (s. *Anm. 9*), S. 221.
54 Zitiert bei Alexander LIBERMAN: The Artist in His Studio. London 1960, S. 57.
55 Marcel DUCHAMP: Die Schriften (s. *Anm. 9*), S. 240f.
56 Marchand du Sel (s. *Anm. 8*), S. 161.
57 Zitiert bei H. Th. FLEMING: Immer spielt Magie hinein. Interview mit Marcel Duchamp. *Die Welt,* 18. Okt. 1968, S. 7.

10. Der ästhetische Mensch

1 Charles BAUDELAIRE: De l'héroisme de la vie moderne. Salon de 1846. In: Œuvres complètes de Baudelaire. Ed. Claude PICHOIS. Paris 1961, S. 950f. Übersetzt von Walter BENJAMIN: Charles Baudelaire. Ein Lyriker im Zeitalter des Hochkapitalismus. In: W. B., Gesammelte Schriften I, 2. Hrsg. von Rolf TIEDEMANN / Hermann SCHWEPPENHÄUSER. Frankfurt 1974, S. 580.

2 Walter BENJAMIN (s. *Anm. 1*), S. 581.
3 John Henry MACKAY: Max Stirner. Sein Leben und sein Werk. Berlin ^{3}1914, S. 85.
4 Max STIRNER: Der Einzige und sein Eigentum. Leipzig 1929, S. 134.
5 Georg SIMMEL: Die Mode. In: Philosophische Kultur. Gesammelte Essais. Leipzig ^{2}1919, S. 45.
6 Gabriele D'ANNUNZIO: Rede vor Bauern in Ortona 1897. Deutsch aus: Hugo VON HOFMANNSTHAL: Die Rede Gabriele d'Annunzios. In: H. v. H.: Gesammelte Werke in zehn Einzelbänden. Reden und Aufsätze I. Frankfurt 1970, S. 598.
7 Gabriele D'ANNUNZIO: La Dimora di D'Annunzio: il Vittoriale... Palermo 1980, S. 26 (Übers. von Katharina MAIER-TROXLER in: „Der Hang zum Gesamtkunstwerk. Europäische Utopien seit 1800". Ausstellungskatalog. Frankfurt 1983, S. 236f. und S. 244).
8 Hugo VON HOFMANNSTHAL: Gabriele D'Annunzio (s. *Anm. 6*), S. 176.
9 Pierre BOURDIEU: Zur Soziologie der symbolischen Formen. Frankfurt 1970, S. 139.
10 Friedrich GUNDOLF / Friedrich WOLTERS: Editorial. *Jahrbuch für die geistige Bewegung* 2 (1911).
11 Gabriele D'ANNUNZIO: Libro Segreto. In: G. D'A.: Tutte le opere... a cura di E. Bianchetti. Milano 1939–1976, 11 Bde. Prose II, S. 846. Deutsch aus: Katharina MAIER-TROXLER: Gabriele D'Annunzio (s. *Anm. 7*), S. 236.
12 Vgl. Kurt WEIGAND: Von Nietzsche zu Platon. Wandlungen in der politischen Ethik des George-Kreises. In: Eckhard HEFTRICH / Paul Gerhard KLUSSMANN / Hans Joachim SCHRIMPF: Stefan George Kolloquium. Köln 1971, S. 67–90.
13 Karl WOLFSKEHL: Über den Geist der Musik. *Jahrbuch für die geistige Bewegung* 3 (1912), S. 22–32; zit. S. 26f.
14 Karl Justus OBENAUER: Die Problematik des ästhetischen Menschen in der deutschen Literatur. München 1933, S. 404.
15 Als Titel des ausführlichsten Aufsatzes über das „Vittoriale degli Italiani" verwendet von Monika STEINHAUSER: „Noch über dem Vaterland steht die Kunst". Gabriele D'Annunzios Vittoriale degli Italiani am Gardasee. In: Beiträge zum Problem des Stilpluralismus. Hrsg. von Werner HAGER / Norbert KNOPP. München 1977, S. 163–192 (Studien zur Kunst des 19. Jahrhunderts, Bd. 38).

11. Die ästhetische Ausstattung des Lebens

1 Weitere Literatur und Nachweise in Tilmann BUDDENSIEG: Das Alte bewahren, das Neue verwirklichen. Zur Fortschrittsproblematik im 19. Jahrhundert. In: Tilmann BUDDENSIEG / Henning ROGGE: Die Nützlichen Künste. Berlin 1981, S. 47.
2 Wolfgang HERRMANN: Gottfried Semper. Theoretischer Nachlaß an der ETH Zürich. Basel/Boston/Stuttgart 1981, S. 25.
3 Tilmann BUDDENSIEG, in Zusammenarbeit mit Henning ROGGE: Industriekultur. Peter Behrens und die AEG 1907 bis 1914. Berlin 1979.
4 Tilmann BUDDENSIEG: Industriekultur (s. *Anm. 3*), D 307ff. Hier auch BEHRENS' eigene Baubeschreibungen, D 277f.
5 Richard HAMANN: Geschichte der Kunst von der altchristlichen Zeit bis zur Gegenwart. Berlin 1933, S. 866.
6 Friedrich NIETZSCHE: Die Unschuld des Werdens (Der Nachlaß). Hrsg. von A. BAEUMLER. Leipzig 1931, S. 195.
7 Le CORBUSIER: In: Industriekultur (s. *Anm. 3*), D 314.
8 Ebda., S. 70ff., auch noch für die folgenden Zitate.
9 James ELMES: Metropolitan Improvements or London, in the Nineteenth Century etc., London 1827. Originaltext und Abbildung in: „Die Nützlichen Künste" (s. *Anm. 1*).
10 Tagebucheintragung vom 17. 7. 1826. Siehe dazu: Julius POSENER: Schinkel und die Technik. In: Die Nützlichen Künste (s. *Anm. 1*), S. 143ff. sowie den Katalog der Ausstellung „Karl Friedrich Schinkel", Hamburg 18. 11. 1982–16. 1. 1983. Berlin (Ost) 1982, S. 213ff. (G. Riemann). Der gesamte Text der Englandreise nachzulesen in Schinkels Nachlaß. Hrsg. von A. Frhr. VON WOLZOGEN. Bd. III. Berlin 1963, S. 32ff.
11 Zu Krupp als Bauherr siehe Villa Hügel. Das Wohnhaus Krupp in Essen. Hrsg. von Tilmann BUDDENSIEG. Berlin 1984 (Industriekultur, Bd. 2).
12 § 2 der Satzung des Deutschen Werkbundes von 1908. Zitiert nach Jahrbuch des Deutschen Werkbundes 1912 (Anhang). Jena 1912.
13 Vgl. T. BUDDENSIEG / A. THYM: Qualitätsarbeit statt Schundartikel. In: T. BUDDENSIEG: „Kannen, Schüsseln und Geschirre. Gebrauchskeramik als Massenprodukt in der Weimarer Republik". Ausstellungskatalog. Mailand und Berlin 1984/85 (ital. Titel: Ceramiche della Repubblica di Weimar. Milano 1984).
14 Vgl. Monika MÜLLER: Stilistische Tendenzen in der Inneneinrichtung. In: Die Deutsche Werkbundausstellung Cöln 1914. Hrsg. von Wulf HERZOGENRATH u.a. Köln 1984, S. 266–273.
15 So der Titel eines Buches von S. GIEDION, Zürich/Leipzig 1929.
16 Friedrich NIETZSCHE: Menschliches, Allzumenschliches. In: Werke in 6 Bänden. Hrsg. von Karl SCHLECHTA. Bd. 2, S. 439 und: Unzeitgemäße Betrachtungen, I, S. 238.
17 Zu diesem ganzen Problem siehe T. BUDDENSIEG: Die Maße entscheiden. Zum Stadbild der Internationalen Bauausstellung und des Neuen Bauens. In: Modelle für eine Stadt. Hrsg. von V. M. LAMPUGNANI. Berlin 1984, S. 39–48.
18 Brief Paul Klees an Kubin vom 12. 5. 1919, vgl. O. K. WERCKMEISTER: Versuche über Paul Klee. Frankfurt 1981, S. 185f.
19 N. MOUFANG: Die heutige Kulturaufgabe des Porzellans. In: Festschrift zum 25-jährigen Bestehen des „Nürnberger Bundes". Nürnberg 1926, S. 76. Dieser Text ist zitiert und im Zusammenhang besprochen in dem in *Anm. 13* genannten Katalog.
20 Zitiert nach Design ist unsichtbar. Hrsg. von Helmuth GSÖLLPOINTNER u.a. Wien 1981, S. 123.

12. Kunst für alle – Bilder im Volk

1 Zitiert nach Bernward DENEKE: Die Entdeckung der Volkskunst für das Kunstgewerbe. *Zeitschrift für Volkskunde* 60 (1964), S. 198. – Ders.: Europäische Volkskunst. In: Propyläen Kunstgeschichte, Supplementband V, Berlin 1980, S. 14.
2 Lothar-G. BUCHHEIM: Der Blaue Reiter und die „Neue Künstlervereinigung München". Feldafing 1959, S. 98. – W. KANDINSKY: Essays über Kunst und Künstler. Hrsg. von Max BILL. 1955, S. 190; beides zitiert nach Herbert SCHWEDT: Volkskunst, Kunst und Kunstgewerbe. *Zeitschrift für Volkskunde* 60 (1964), S. 212.
3 Ebda., zitiert nach Edouard RODITI: Dialoge über Kunst. 1960, S. 160.
4 Ludwig STEUB: Drei Sommer in Tirol 1846 (und 1871), zitiert nach „Hinterglasbilder aus unterfränkischen Sammlungen". Katalog von W. BRÜCKNER / H. W. MUTH / H. P. TRENSCHEL (Mainfränkische Hefte. 79). 1983, S. 7.
5 Max PICARD: Expressionistische Bauernmalerei. 1917, ^{3}1922, letzte Seite (unpaginiert).
6 Arnold HAUSER: Methoden moderner Kunstbetrachtung. 1970 (1. Aufl. als „Philosophie der Kunstgeschichte", 1958), S. 320.
7 Torsten GEBHARD: Oberbayerische Bauernmöbel. München 1982, S. 15.
8 Michael STÜRMER: Schreinerzunft und Hofhandwerk. In: „Barock in Baden-Württemberg", 1981, Kat. II, S. 267–270. – Ders.: Handwerk und höfische Kultur. Europäische Möbelkunst im 18. Jahrhundert. München 1982.
9 Fritz MARKMILLER (Hrsg.): Barockmaler in Niederbayern. Die Meister der Städte, Märkte und Hofmarken. Regensburg 1982, S. 73f.
10 Reinhard HALLER: Volkstümliche Schnitzerei. Profane Kleinplastiken aus Holz. München 1981. – Ders.: Herrgotten und Heilige. Volkstümliche Schnitzkunst in der Oberpfalz. Regensburg 1982.
11 Wilhelm FRAENGER: Deutsche Vorlagen zu russischen Volksbilderbogen des 18. Jahrhunderts. In: Vom Wesen der Volkskunst. Hrsg. von W. FRAENGER. In: Jahrbuch für historische Volkskunde 2, 1926, S. 126–173.

III. DIE POLITISCHE FUNKTION VON KUNST

13. Der Platz als politisches Gesamtkunstwerk

1 Vgl. Carl NEUMANN: Die Wahl des Platzes für Michelangelos David in Florenz im Jahr 1504. Zur Geschichte eines Maßstabproblems. *Repertorium für Kunstwissenschaft* 38 (1915), S. 9.
2 Vgl. Jürgen PAUL: Der Palazzo Vecchio in Florenz. Ursprung und Bedeutung seiner Form. Florenz 1969, S. 56.
3 Stanislaus VON MOOS: Turm und Bollwerk. Beiträge zu einer politischen Ikonographie der italienischen Renaissancearchitektur. Zürich/Freiburg i.Br. 1974, S. 28.
4 Wolfgang BRAUNFELS: Mittelalterliche Stadtbaukunst in der Toskana. Berlin 1951, S. 202.
5 VON MOOS: Turm und Bollwerk (s. *Anm. 3*), S. 29.
6 Zitiert nach Carl FREY: Die Loggia dei Lanzi zu Florenz. Eine quellenkritische Untersuchung. Berlin 1885, S. 13.
7 Carl FREY: Die Loggia dei Lanzi zu Florenz (s. *Anm. 6*), S. 12f.
8 Leon Battista ALBERTI: Zehn Bücher über die Baukunst. Deutsch von Max THEUER. Darmstadt 1975, S. 437.
9 Vgl. zur Sassettti-Kapelle: Eve BORSOOK / Johannes OFFERHAUS: Francesco Sassetti and Ghirlandaio at Santa Trinità, Florence. History and Legend in a Renaissance Chapel. Doornspijk 1981.
10 Vgl. Aby WARBURG: Bildniskunst und Florentinisches Bürgertum. In: Ders.: Gesammelte Schriften. Nendeln 1969, Bd. 1, S. 96ff.
11 Gert KREYTENBERG: Die Figurenkonsolen der Loggia dei Lanzi in Florenz. *Mitteilungen des Kunsthistorischen Instituts in Florenz* 24 (1980), S. 275.
12 Giorgio VASARI: Leben der ausgezeichnetesten Maler, Bildhauer und Baumeister. Deutsch von Ludwig SCHORN / Ernst FÖRSTER. Stuttgart/Tübingen 1832 (Reprint: Worms 1983), Bd. 1, S. 304.
13 Jacob BURCKHARDT: Der Cicerone. Eine Anleitung zum Genuß der Kunstwerke Italiens. Stuttgart 1964, S. 152.
14 Vgl. zur „Judith": Volker HERZNER: Die Judith der Medici. *Zeitschrift für Kunstgeschichte* 43 (1980), S. 139–180.
15 Kathleen WEIL-GARRIS: On Pedestals: Michelangelo's David, Bandinelli's Hercules and Cacus and the Sculpture of the Piazza della Signoria. *Römisches Jahrbuch für Kunstgeschichte* 20 (1983), S. 393. – Vgl. auch Franz-Joachim VERSPOHL: Michelangelo und Machiavelli. Der David auf der Piazza della Signoria in Florenz. In: Städel-Jahrbuch, N.F. 8 (1981), S. 204–246.
16 Die Beobachtung teilte Alexander PERRIG mit.
17 Giorgio VASARI: Leben der ausgezeichnetesten Maler, Bildhauer und Baumeister *(Anm. 12)*, Bd. 4, S. 143.
18 Benvenuto CELLINI. Übersetzt von Johann Wolfgang GOETHE. München 1963, Bd. 2, S. 133f.
19 Gisela KAPP: Thesen zur Piazza. Arbeitspapier. Stuttgart, WS 1983/84.
20 Harmen THIES: Michelangelo. Das Kapitol. München 1982, S. 129.
21 Fritz SAXL: Das Kapitol im Zeitalter der Renaissance. Ein Symbol der Idee des Imperiums. In: Martin WARNKE (Hrsg.): Politische Architektur in Europa vom Mittelalter bis heute. Repräsentation und Gemeinschaft. Köln 1984, S. 101.
22 Vgl. Tilmann BUDDENSIEG: Zum Statuenprogramm im Kapitolsplan Pauls III. *Zeitschrift für Kunstgeschichte* 32 (1969), S. 177–228, besonders S. 206–208. – Ders.: Die Statuenstiftung Sixtus' IV. im Jahre 1471. *Römisches Jahrbuch für Kunstgeschichte* 20 (1983), S. 35–73.

23 Wolfgang LIEBENWEIN: Antikes Bildrecht in Michelangelos „Area Capitolina". *Mitteilungen des Kunsthistorischen Instituts in Florenz* 28 (1984), S. 1–32, besonders S. 21 und 25.

15. Das französische Schloß

1 François RABELAIS: Gargantua und Pantagruel. Frankfurt 1982, Bd. 1, S. 170ff.
2 Wolfram PRINZ: Chambord und die Villa Rotonda in Vicenza. Berlin 1980, S. 9.
3 PIERRE DE BOURDEILLE, Seigneur de Brantôme: Œuvres complètes. Ed. Ludovic LALANNE. Paris 1867, III, S. 125.
4 Giorgio VASARI: Die Lebensbeschreibungen der berühmtesten Architekten, Bildhauer und Maler. Hrsg. von A. GOTTSCHEWSKI / G. GRONAU. Straßburg 1908. Bd. 5, S. 411.
5 Jacques Androuet du CERCEAU: Les plus excellents Bastiments de France, par... Paris 1868, Bd. 1, S. 5.
6 M. FAVERGEAT: Saint-Simon. Mémoires sur le règne de Louis XIV et la Régence. Extraits. Paris 1934, S. 19.

16. Landschaft und Landschaftsgarten

Der 1. Teil (Landschaft) wurde von Matthias EBERLE, der 2. Teil (Landschaftsgarten) von Adrian VON BUTTLAR verfaßt.

1 Hans SACHS: Werke. Hrsg. von Adalbert KELLER. Tübingen 1870, Bd. III, S. 268, Vers 22ff.
2 Zitiert nach Trübners deutsches Wörterbuch. Berlin 1943, Bd. 6, S. 360. Das Zitat stammt aus dem „Weltbuch" des Sebastian FRANK, 1534.
3 Friedrich SCHILLER: Der Spaziergang. In: Schillers Werke. Nationalausgabe. Weimar 1983, Bd. 2, Teil 1, S. 308.
4 Johann Wolfgang GOETHE: Die Leiden des jungen Werther. Brief vom 15. März, zitiert nach der Hamburger Ausgabe, Bd. 6, S. 69.
5 Nicolai RUBINSTEIN: Political Ideas in Sienese Art. The Frescoes by Ambrogio Lorenzetti and Taddeo di Bartolo in The Palazzo Pubblico. *Journal of the Warburg and Courtauld Institutes* 21 (1958), S. 179–207.
6 ARISTOTELES: Politik. Reinbek 1965, S. 238.
7 F. DRESSLER: Nürnbergisch-fränkische Landschaften bei A. Dürer. *Mitteilungen des Vereins für Geschichte der Stadt Nürnberg* 50 (1960), S. 260.
8 Moriz THANSING: A. Dürer. 2 Bde. Leipzig 1884, Bd. 1, S. 124.
9 Zitiert nach M. HADFIELD: Gardening in Britain. London 1960, S. 210. Übersetzung des Autors.
10 Vgl. A. VON BUTTLAR: Vom Landschaftsgarten zum Volkspark. Der Englische Garten in München. In: A.M. BIRKE / K. KLUXEN (Hrsg.): Viktorianisches England in deutscher Perspektive. München/New York/London/Paris 1983, S. 141.
11 A. HENNINGS: Über Baummahlerey, Garten Inschriften, Clumps und Amerikanische Anpflanzungen. In: Genius der Zeit. 10. Bd., 1. Stück. Altona 1797.
12 Friedrich SCHILLER: Kallias oder Über die Schönheit. Briefe an Gottfried Körner, 23. Februar 1793. In: Sämtliche Werke. Hrsg. von G. FRICKE / H. G. GÖPFERT. München 1967, Bd. 5, S. 423.
13 Friedrich Ludwig von SCKELL: Beiträge zur bildenden Gartenkunst. München 1818.
14 C.C.L. HIRSCHFELD: Theorie der Gartenkunst. 5 Bde. Leipzig 1779–1785, Bd. V, S. 69f.

17. Das Bild als Herrschaftsbestätigung

1 Zum politischen Inhalt der besprochenen Fresken LORENZETTIS: Nicolai RUBINSTEIN: Political Ideas in Sienese Art: The Frescoes by Ambrogio Lorenzetti and Taddeo di Bartolo in the Palazzo Pubblico. *Journal of the Warburg and Courtauld Institutes* 21 (1958), S. 179–207. – Uta FELDGES-HENNING: The Pictorial Programme of the Sala della Pace. *Journal of the Warburg and Courtauld Institutes* 35 (1972), S. 145–162.
2 Über die Entwicklung des Politik-Begriffs: Volker SELLIN: Politik. In: Geschichtliche Grundbegriffe. Hrsg. von O. BRUNNER / W. CONZE / R. KOSELLECK. Bd. 4. Stuttgart 1978, S. 789–874. Hier auch die Zitate von ARISTOTELES und THOMAS.
3 Zu den Illustrationen der Aristoteles-Übersetzung des Nicolas d'Oresme: Claire RICHTER SHERMAN: Some Visual Definitions in the Illustrations of Aristotle's „Nicomachean Ethics" and „Politics" in the French Translations of Nicole Oresme. *Art Bulletin* 59 (1977), S. 320–330.
4 Die Ausführungen über die Regierungsformen bei ARISTOTELES: Politik. Übersetzt und hrsg. von Olof GIGON. München 1984, Buch III und IV.
5 Zur Ausgliederung des Politischen und seiner Neutralisierung seit dem 16. Jahrhundert vgl. Reinhart KOSELLECK: Kritik und Krise. Ein Beitrag zur Pathogenese der bürgerlichen Welt. Freiburg/München 1959.
6 Cesare RIPA: Iconologia. Rom ^{2}1603, S. 426–428. Reprographischer Nachdruck: Hildesheim/NewYork 1970.
7 Zum Titelblatt des Rubens: Katalog „Rubens und die Graphik". Göttingen 1977, Nr. 27.
8 Zur Verbildlichung der „Fama" vgl. Hans KAUFFMANN: Fama. In: Reallexikon zur Deutschen Kunstgeschichte. Bd. VI. München 1973, Sp. 1426–1443.
9 Über das Familienbild der Medici: Katalog „Firenze e la Toscana dei Medici nell'Europa dell'Cinquecento. Palazzo Vecchio: Committenza e Collezionismo Mediceo. Florenz 1980, Nr. 572.
10 Über das Familienbild der Wittelsbacher: Katalog „Die Wittelsbacher und Bayern". München 1980, Bd. II/2, Nr. 138.

11 Vgl. Katalog „Maria Theresia und ihre Zeit". Wien 1980, Nr. 12,08.
12 Vgl. Erwin PANOFSKY: Hercules am Scheidewege. Berlin 1930, S. 116ff.
13 Vgl. Françoise BARDON: Le portrait mythologique à la cour de France sous Henri IV et Louis XIII. Paris 1974, S. 54f., 144. Der Stich wurde 1614 für ein Flugblatt wiederverwendet.
14 Die Auseinandersetzungen um JUAN de Austria zitiert R. BEER: Die Galeere des Don Juan de Austria bei Lepanto. In: Jahrbuch der Kunsthistorischen Sammlungen des Allerhöchsten Kaiserhauses. Bd. 15. 1894, S. 10ff. (das Zitat S. 12).
15 Die Textpassage übersetzt aus H. F. GRAVELOT / C.-N. COCHIN: Iconologie par Figures (1791). Genf 1972 (Reprint), Bd. IV, S. 125f. Ripas Emblem war für eine Figur an der Gartenfassade von Schloß Versailles benutzt worden (vgl. *Gazette des Beaux-Arts* 79 [1972], S. 89, fig. 84).
16 Das Zitat aus einem Aufruf des Ausschusses für Öffentliche Arbeit von 1793 bei: Von Brutus zu Marat. Kunst im Nationalkonvent 1789–1795. Hrsg. von Katharina SCHEINFUSS. Dresden 1973, S. 85.
17 Die Proklamation König LUDWIGS I., besprochen im Katalog „Dürers Gloria". Berlin 1971, S. 34f.

18. Das Bild als Herrschaftskritik

1 Albrecht SCHÖNE: Das Zeitalter des Barock. Texte und Zeugnisse. München 1963, S. 352.
2 Erwin PANOFSKY: Early Netherlandish Painting. Its Origins and Character. Cambridge/M. 1958, Bd. 1, S. 131–148.
3 Vom *„Narrenschiff"* liegen Ausgaben vor u.a. von H. J. MÄHL (Hrsg.), ins Neuhochdeutsche übersetzt von H. A. JUNGHANS, Stuttgart 1964, sowie in den „Neudrucken deutscher Literaturwerke" (Neue Folge 5) von Manfred LEMMER, Tübingen ^{2}1968.
4 Friedrich ZARNCKE in seiner Ausgabe des *„Narrenschiffs"*, Leipzig 1854 (Nachdruck: Hildesheim 1961), S. LXXVI.
5 Friedrich ZARNCKE, ebda. (s. *Anm. 4*).
6 Flugschriften des Bauernkrieges. Hrsg. von Klaus KACZEROWSKY. Hamburg 1970, S. 143ff.
7 Rolf ENGELSING: Analphabetentum und Lektüre. Zur Sozialgeschichte des Lesens in Deutschland zwischen feudaler und industrieller Gesellschaft. Stuttgart 1973, S. 32–41.
8 Robert W. SCRIBNER: For the Sake of Simple Folk. Popular Propaganda for the German Reformation. Cambridge 1981, S. 1–13.
9 G. BOTT / G. EBELING / B. MOELLER: Luther. Sein Leben in Bildern und Texten. Frankfurt 1983, S. 107.
10 Hans DOLLINGER: Lachen Streng Verboten. Die Geschichte der Deutschen im Spiegel der Karikatur. München 1972, S. 17.
11 Alexander RÜSTOW: Lutherana Tragoedia Artis. *Schweizer Monatshefte* 39 (1959), S. 891–906.
12 Georg DEHIO: Die Krise der deutschen Kunst im 16. Jahrhundert. *Archiv für Kulturgeschichte* 12 (1916), S. 1–16.
13 Alois RIEGL: Spätrömische Kunstindustrie (1901). Darmstadt ^{3}1964, S. 11.
14 Vgl. den Abdruck in dem Band „Ohn' Ablass von Rom kann man wohl selig werden". Streitschriften und Flugblätter der frühen Reformationszeit. Hrsg.: Germanisches Nationalmuseum Nürnberg. Nördlingen 1983, Nr. IX.
15 Zu LUTHERS Äußerungen vgl. Hans PREUSS: Martin Luther. Der Künstler. Gütersloh 1931, hier S. 57.
16 Albrecht DÜRER: Unterweisung der Messung (1525). Neudruck: Nördlingen ^{2}1983.
17 A. E. BERGER (Hrsg.): Die Sturmtruppen der Reformation. Flugschriften der Jahre 1520–1525 (1931). Darmstadt 1964, S. 188.
18 Hans PREUSS: Martin Luther (s. *Anm. 15*), S. 57.
19 „Luther und die Folgen für die Kunst". Ausstellungskatalog. Hrsg. von W. HOFMANN. Hamburger Kunsthalle. München 1983.
20 Jacob BURCKHARDT: Weltgeschichtliche Betrachtungen (1905). Ausgabe R. MARX. Leipzig 1928, S. 106.
21 Nachdruck: Frankfurt 1980. „Das ‚Ebenbild Gottes' mit Gasmaske" befindet sich hier auf S. 131 (und auf dem Umschlag).

19. Das Denkmal

1 Ulrich BISCHOFF: Denkmäler der Befreiungskriege in Deutschland 1813–1815. Berlin 1977, Teil I, S. 142.
2 Ebda., S. 80–81.
3 Zu ihrem Hintergrund vgl. den Artikel „Historismus" in: Brockhaus Enzyklopädie, Bd. 8, Wiesbaden 1969.
4 Karl SCHEFFLER: Moderne Baukunst. Berlin 1907, S. 128.
5 Thomas NIPPERDEY: Nationalidee und Nationaldenkmal in Deutschland im 19. Jahrhundert. *Historische Zeitschrift* 206 (1968), S. 529–585.
6 Matthias MENDE in: H.-E. MITTIG / V. PLAGEMANN (Hrsg.): Denkmäler im 19. Jahrhundert. Deutung und Kritik (Studien zur Kunst des 19. Jahrhunderts. Bd. 20). München 1972, S. 164.
7 Heinz SCHMIDT in: Ein Jahrhundert Hermannsdenkmal 1875–1975. Sonderveröffentlichungen des Naturwissenschaftlichen und Historischen Vereins für das Land Lippe. Bd. 23. Detmold 1975, S. 154.
8 Ausstellungskatalog „Berlin und die Antike". Deutsches Archäologisches Institut und Staatliche Museen Preußischer Kulturbesitz, Berlin 1979, Nr. 108.
9 Joseph Ernst VON BANDEL: Erinnerungen aus meinem Leben. Hrsg. und fortgeführt von Adolf GREGORIUS. Sonderveröffentlichungen des Naturwissenschaftlichen und Historischen Vereins für das Land Lippe, Bd. 4. Detmold 1937, S. 81–83, 185. – Ders.: Hermanns-Denkmal. Hannover 1862, S. 37, 38.

10 *Lippisches Magazin für vaterländische Cultur und Gemeinwohl* 7 (1841), Nr. 25, Spalte 437.
11 Lutz TITTEL: Das Niederwalddenkmal 1871–1883. Hildesheim 1979, S. 109.
12 Die Entwicklung dahin untersucht Cäcilia RENTMEISTER in: *Ästhetik und Kommunikation* 7 (1976), Heft 25, S. 92–113.
13 Volker PLAGEMANN in: Denkmäler im 19. Jahrhundert (s. *Anm. 6*), S. 217–247.
14 Ulrich BISCHOFF (s. *Anm. 1*), S. 290.
15 Hans-Ernst MITTIG in: Denkmäler im 19. Jahrhundert (s. *Anm. 6*), S. 286.
16 Franz KUGLER (1845) in: Ders.: Kleine Schriften und Studien zur Kunstgeschichte. 3. Teil. Stuttgart 1854, S. 535.
17 Hans-Ernst MITTIG in: Denkmäler im 19. Jahrhundert (s. *Anm. 6*), S. 284.
18 Ebda., S. 286.
19 Karl SCHEFFLER (s. *Anm. 4*), S. 130.
20 Helmut HARTWIG in: Das Museum. Lernort contra Musentempel. Sonderband der Zeitschrift *Kritische Berichte,* Gießen 1976, S. 53.
21 Karl SCHEFFLER (s. *Anm. 4*), S. 128.
22 Toni STOOSS in: *Archithese,* Heft 3, 1972, S. 38.
23 Walter GRASSKAMP in: *Kunst-Bulletin des Schweizerischen Kunstvereins* 17 (1984), Heft 4, S. 2–7.
24 Hubertus GASSNER in: *Kritische Berichte* 11 (1983), Heft 2, S. 36f.
25 Hans-Jürgen DRENGENBERG: Die sowjetische Politik auf dem Gebiet der bildenden Kunst von 1917 bis 1934 (Forschungen zur osteuropäischen Geschichte. Bd. 16). Wiesbaden 1972, S. 201, 202.
26 Louis RÉAU: Histoire du vandalisme. Paris 1959, Bd. 1, S. 231–262; Bd. 2, S. 193–197.
27 Jutta VON SIMSON: Das Berliner Denkmal für Friedrich den Großen. Berlin 1976.
28 Friedrich und Karl EGGERS: Christian Daniel Rauch. 5. Bd. Berlin 1891, S. 61.
29 Hans-Ernst MITTIG in: Denkmäler im 19. Jahrhundert (s. *Anm. 6*), S. 286.
30 Ein gutes Verzeichnis solcher denkmal-topographischen Schriften gibt SCHARF (siehe Bibliographie), S. 343–346. Wie unterschiedlich sie angelegt sein können, zeigt ein Vergleich von: August ALCKENS: Die Denkmäler und Denksteine der Stadt München. München 1936 (neu als: München in Erz und Stein. Mainburg 1973). – Gerhardt KAPNER: Die Denkmäler der Wiener Ringstraße. Wien/München 1969. – Autorenkollektiv am Kunsthistorischen Institut der Universität Heidelberg: Heidelberger Denkmäler 1788–1981. Neue Hefte zur Stadtentwicklung und Stadtgeschichte, Heft 2, Heidelberg 1982.
31 Darüber hat am Beispiel des Hermannsdenkmals eine Projektgruppe gearbeitet: Irene BELOW/Peter BÖHNING/Evelore PAREY in: Projektunterricht. Arbeitsmaterialien aus dem Bielefelder Oberstufenkolleg, Bielefeld 1980, S. 126–154. – Vgl. Jubiläumsschrift: 1875–1975. 100 Jahre Hermannsdenkmal. Detmold 1975 (die Jubiläumsschrift des örtlichen Gewerbes), S. 67–72. – Hans SCHMIDT: Das Hermannsdenkmal im Spiegel der Welt. Detmold 1975, S. 42f.
32 Meinhold LURZ in: Die Dekoration der Gewalt. Kunst und Medien im Faschismus. Gießen 1979, S. 185–197.
33 Zu seinem problematischen Kontext vgl. Ernst NOLTE: Deutschland und der Kalte Krieg. München/Zürich 1974, S. 244–248.
34 Heinz LADENDORF in: Festschrift Günther Fiensch. Gießener Beiträge zur Kunstgeschichte 1, 1970, S. 219, mit weiteren Nachweisen (S. 220).
35 Brockhaus Enzyklopädie, 19. Bd., Wiesbaden 1974, S. 469.
36 Vgl. die naiven Erläuterungen bei Allan TEMKO/Eero Saarinen, 1962 = Architekten von heute. Bd. 5. Ravensburg 1964, S. 6, 11, 29, 106f.; Eero Saarinen on his Work. New Haven/London 1962, S. 18.
37 Maria ZIMMERMANN: Denkmalstudien. Münster 1982, S. 83f., 144f., Kat.-Nr. 51.
38 Offener Wettbewerb Berlin, Südliche Friedrichstadt. Gestaltung des Geländes des ehemaligen Prinz-Albrecht-Palais. Hrsg. vom Senator für Bau- und Wohnungswesen. Berlin 1983 (Wettbewerbsausschreibung), S. 4.
39 Lore DITZEN in: *Süddeutsche Zeitung* vom 12./13. 5. 1984.
40 Entwurfsbeschreibung 053, in der Zählung und Wiedergabe des Vorprüfberichts. Berlin 1984. Koordination: Marion WILBERT.
41 Lore DITZEN in: *Süddeutsche Zeitung* (s. *Anm. 39*).
42 Ebda.
43 Alfred FABER in: *Berliner Morgenpost* vom 3. 6. 1984.
44 Entwurfsbeschreibungen 067 und 034, wie *Anm. 40.*

20. Architektur und Nationalbewußtsein

1 Gualtherus Hermenius RIVIUS: Vitruvius Teutsch. Nemlich des aller namhafftigsten und hoch erfarnesten Römischen Architecti ... Marci Vitruvii Pollionis Zehen Bücher von der Architectur. Nürnberg 1548, S. A 3v°.
2 Joseph FURTTENBACH: Architectura Civilis. Das ist Eigentliche Beschreibung wie man nach bester form ... erbawen soll. Ulm 1628, Vorwort, s.p.
3 Ebda., S. 48–49, Tafel 21.
4 Joseph FURTTENBACH: Architectura Recreationis. Das ist Von Allerhand Nutzlichen und Erfrewlichen Civilischen Gebäwen ... Augsburg 1640, S. 47–48 und Tafel 15.
5 Christian WOLFF: Mathematisches Lexicon. Leipzig 1716, Sp. 995.
6 Hans Jacob WAGNER VON WAGENFELS: Ehren-Ruff Teutschlands, der Teutschen und Ihres Reichs. Wien 1691, S. 110, hier zitiert nach Hans SEDLMAYR: Johann Bernhard Fischer von Erlach. Wien ²1976, S. 360–361.
7 Philibert DE L'ORME: Le Premier Tome de l'Architecture. Paris 1568, fol. 107 r°.

8 Ebda., fol. 220 r°. – Vgl. Anthony BLUNT: Philibert de l'Orme. London 1958.
9 François BLONDEL: Cours d'architecture. Seconde et troisième parties. Paris 1683, S. 249 u. 250.
10 Leonhard Christoph STURM: Nicolai Goldmanns vollständige Anweisung zu der Civil-Bau-Kunst. Leipzig 1708, darin: Erste Ausübung der vortreffl. u. vollst. Anweisungen der Civil-Bau-Kunst, II. Bringt eine neue und also Sechste Ordnung, ... Die Teutsche Ordnung der Bau-Kunst ..., S. 13ff., Zitate S. 13 und 14.
11 Friedrich SCHLEGEL: Briefe auf einer Reise durch die Niederlande, Rheingegenden, die Schweiz und einen Theil von Frankreich. In: Poetisches Taschenbuch für das Jahr 1806. Berlin 1806, bes. S. 331.
12 Georg MOLLER: Bemerkungen über die aufgefundene Originalzeichnung des Domes zu Koeln. Darmstadt 1818, S. 25 und 26.
13 Alfred v. WOLZOGEN: Aus Schinkels Nachlaß. Bd. 3. Berlin 1863, S. 198–199, 202 (2. Gutachten vom Januar 1815).
14 Ebda., S. 193.
15 Brief vom 12. 3. 1814. Zitiert nach Sigrid HINZ (Hrsg.): Caspar David Friedrich in Briefen und Bekenntnissen. München 1968, S. 25.
16 Hubert STIER: Die deutsche Renaissance als nationaler Stil und die Grenzen ihrer Anwendung. *Deutsche Bauzeitung* 18 (1884), S. 426ff., 435ff., bes. S. 427, 428, 435. Anzumerken ist, daß 1891/92 in Dresden für ein Geschäftshaus (sog. Victoriahaus) die weitgehende Kopie der Fassade des Braunschweiger Gewandhauses gewählt wurde; vgl. V. HELAS: Architektur in Dresden, 1800–1900. Braunschweig/Wiesbaden 1985, S. 95, 191.
17 Das neue Landeshaus der Provinz Westpreußen in Danzig. *Zentralblatt der Bauverwaltung* 5 (1885), S. 3ff.
18 Hubert STIER, 1884 (s. *Anm. 16*), S. 435.
19 Peter WALLÉ: Leipziger Neubauten. *Wochenblatt für Baukunde* 9 (1887), S. 432ff., bes. S. 472f.
20 Max HASAK: Der Neubau der Reichsbank in Hannover. *Zeitschrift für Architektur und Ingenieurwesen* (Heftausgabe) 44 (1898), Sp. 321ff., bes. Sp. 322.
21 Philipp SILVANUS: Die Ausstellung der Konkurrenz-Entwürfe zum deutschen Parlaments-Gebäude in Berlin. *Zeitschrift für Bildende Kunst* 7 (1872), S. 279ff., bes. S. 281.
22 Wortmeldung des Abgeordneten Dr. LIEBER in einer Debatte über die Fertigstellung des Reichstagshauses, in: Stenographische Berichte über die Verhandlungen des Reichstags. VIII. Legislaturperiode, I. Session 1890/91, Bd. 2, Berlin 1891, Sitzung vom 24. 1. 1891, S. 1161.
23 Wortmeldung des Abgeordneten Dr. REICHENSPERGER, in: ebda., III. Legislaturperiode, I. Session 1877, Bd. 2, Berlin 1877, Sitzung vom 24. 4. 1877, S. 733.
24 Die Preisbewerbung für Entwürfe zum Reichsgerichtshause in Leipzig I. *Zentralblatt der Bauverwaltung* 5 (1885), S. 113ff., bes. S. 113.
25 Das neue Haus des Reichsgerichtes zu Leipzig. *Deutsche Bauzeitung* 19 (1895), S. 481ff., bes. S. 482.
26 Volkmar MÜLLER: Das neue Reichsgerichtsgebäude zu Leipzig. *Illustrirte Zeitung* 105 (1895), S. 492ff., bes. S. 497.
27 Albert HOFMANN: In welchem Style sollen wir bauen? *Allgemeine Bauzeitung* 55 (1890), S. 81ff., bes. S. 89.
28 Zitate aus: Alfons PAQUET: Das neue Gebäude der deutschen Botschaft in St. Petersburg. *Illustrirte Zeitung*, Nr. 3633 vom 13. 2. 1913, S. 325ff., bes. S. 327. – Max OSBORN: Die Deutsche Botschaft in St. Petersburg. *Bauwelt* 4 (1913), H. 13, Kunstbeilage, S. 25ff., bes. S. 28. – K. Sch.: Das neue Haus der deutschen Botschaft in St. Petersburg. *Kunst und Künstler* 11 (1912/13), S. 414ff., bes. S. 420.
29 K. SCHAEFER: Das Gebäude der Kaiserlich Deutschen Botschaft in St. Petersburg. In: Der Profanbau, 1914, Teil 1, S. 309ff., bes. S. 312.
30 Tilmann BUDDENSIEG: Industriekultur. Peter Behrens und die AEG 1907–1914. Berlin 1979, S. 70.

21. Stadtplanung zwischen Kunst und Politik

Der 1. Teil (Paris) wurde von Michael HESSE, der 2. Teil (Berlin) von Joachim PETSCH verfaßt.

1 Fritz STAHL: Paris. Eine Stadt als Kunstwerk (1927). München/Wien ²1966. – Zur Stadtentwicklung von Paris seit dem Mittelalter siehe Hans SPECKTER: Paris. Städtebau von der Renaissance bis zur Neuzeit. München 1964. – Ausführliche Darstellung der Stadtbaugeschichte durch Pierre LAVEDAN: Histoire de l'urbanisme à Paris. Nouvelle histoire de Paris. Paris 1975.
2 Zur Geschichte der Place des Victoires vgl. Arthur de BOISLISLE: Notices historiques sur la Place des Victoires et la Place Vendôme. In: Mémoires de la Société de l'Histoire de Paris et de l'Ile-de-France. Bd. 15 (1888). Paris 1889, S. 1–272.
3 Zur Geschichte der Place Vendôme vgl. Arthur de BOISLISLE (s. *Anm. 2*); zum Reiterdenkmal für LOUIS XIV und zu den hier diskutierten Problemen vgl. Ulrich KELLER: Reitermonumente absolutistischer Fürsten. München/Zürich 1971, S. 47ff.
4 Zur Place de la Concorde vgl. die Monographie von Solange GRANET: La Place de la Concorde. Paris 1963; ferner den Ausstellungskatalog „De la Place Louis XV à la Place de la Concorde". Musée Carnavalet (1982). Paris 1982; zu den hier diskutierten Problemen vgl. Michael HESSE: Aufklärerische Baugedanken in der „Aufklärungsarchitektur". In: Studien zu Renaissance und Barock. Manfred Wundram zum 60. Geburtstag. Hrsg. von Michael HESSE / Max IMDAHL. Bern/Frankfurt/New York 1986, S. 197–219.
5 Zitiert nach Heinz LADENDORF: Kafka und die Kunstgeschichte II. In: Wallraf-Richartz-Jahrbuch 25, 1963, S. 227–262, Zitat S. 234.
6 Dieter KIMPEL: Paris. Führer durch die Stadtbaugeschichte. München 1982, S. 310.
7 Vgl. Solange GRANET: La Place de la Concorde (s. *Anm. 4*), S. 105ff.; ferner Karl HAMMER: Jakob Ignaz Hittorff. Ein Pariser Baumeister 1792–1867. Stuttgart 1968, S. 128ff.

8 Wolfgang KEMP: Der Obelisk auf der Place de la Concorde. *Kritische Berichte* 7 (1979), S. 18–29.
9 Zu Bogen und Platz vgl. Thomas W. GAETHGENS: Napoleons Arc de Triomphe. Göttingen 1974.
10 Zur Neugestaltung der Platzanlage vgl. Karl HAMMER: Jakob Ignaz Hittorff (s. *Anm. 7*), S. 193 ff.; zum ersten Projekt HITTORFFS siehe Uwe WESTFEHLING: J. I. Hittorffs Pläne für ein Denkmalsforum in Paris. In: Wallraf-Richartz-Jahrbuch 36 (1974), S. 273–294.
11 Walter BENJAMIN: Paris, die Hauptstadt des XIX. Jahrhunderts. In: Walter BENJAMIN: Gesammelte Schriften. Bd. 1. Hrsg. von Rolf TIEDEMANN / Hermann SCHWEPPENHÄUSER. Frankfurt 1974.
12 Wolfgang SCHIVELBUSCH: Geschichte der Eisenbahnreise. Zur Industrialisierung von Raum und Zeit im 19. Jahrhundert. Frankfurt/Berlin/Wien 1979, S. 160.
13 Ebda., S. 161.
14 Ingrid KRAU: Die Entwicklung des Industriestandortes Berlin 1870 bis 1914. In: Horant FASSBINDER: Berliner Arbeiterviertel 1800–1918 (Analysen zum Planen und Bauen. 2). Berlin 1975, S. 125 ff.
15 Albert BUFF: Bauordnung im Wandel. Historisch-politische, soziologische und technische Aspekte. München 1971.
16 Thomas BILLER / Wolfgang SCHÄCHE: Zur historischen Entwicklung der Südlichen Friedrichstadt. In: Internationaler engerer Wettbewerb Berlin. Südliche Friedrichstadt Wilhelmstraße. Internationale Bauausstellung Berlin 1987. Berlin, Mai 1981, S. 87 ff.
17 Wolfgang PEHNT: Platz-Angst und Bau-Flucht. Das gestörte Verhältnis zu Straße und Platz. *Berliner Morgenpost,* 22. 3. 1977.
18 Eine gute Übersicht über frühe Bebauungspläne und ihre Verwirklichung bzw. Nichtverwirklichung bietet der Sammelband: Gerhard FEHL / Juan RODRIGUEZ-LORES (Hrsg.): Stadterweiterungen 1800–1875. Von den Anfängen des modernen Städtebaues in Deutschland (Stadt Planung Geschichte. 2). Hamburg 1983.
19 Horant FASSBINDER: Berliner Arbeiterviertel (s. *Anm. 14*). – Rudolf SKODA: Wohnhäuser und Wohnverhältnisse der Stadtarmut, dargestellt insbesondere an der Rosenthaler Vorstadt von Berlin zwischen 1750 und 1850. Diss. Weimar 1968 (Masch.).
20 Camillo SITTE: Der Städtebau nach seinen künstlerischen Grundsätzen vermehrt um „Grossstadtgrün". Braunschweig/ Wiesbaden 1983 (Reprint der 4. Auflage von 1909), Zitat aus der Vorrede, o. S. – Hermann Josef STÜBBEN: Der Städtebau. Darmstadt 1890.
21 Victor Aimé HUBER: Die Selbsthülfe der arbeitenden Klasse durch Wirthschaftsvereine und innere Ansiedlung (1848). Hrsg. von Karl BITTEL. Esslingen 1916.
22 Rudolf EBERSTADT / Bruno MÖHRING / Richard PETERSEN: Groß-Berlin. Ein Programm der neuzeitlichen Großstadt. Berlin 1910.
23 Wilhelm Heinrich RIEHL: Die Naturgeschichte des Volkes als Grund einer deutschen Sozialpolitik. 3. Bd.: Die Familie. Stuttgart ^{9}1882.
24 Norbert HUSE: „Neues Bauen" 1918 bis 1933. Moderne Architektur in der Weimarer Republik. München 1975.
25 Joachim PETSCH: Baukunst und Stadtplanung im Dritten Reich. Herleitung, Bestandsaufnahme, Entwicklung, Nachfolge. München/Wien 1976.
26 Dieter HOFFMANN-AXTHELM: Das abreißbare Klassenbewußtsein. Gießen 1975, S. 88.

IV. DIE ABBILDENDE FUNKTION VON KUNST

22. Natur und Kunst im Mittelalter

1 Zitiert nach Eugenio GARIN: Geschichte und Dokumente der abendländischen Pädagogik. Bd. I: Mittelalter. Reinbek 1964, S. 226 f.
2 Ebda., S. 85.
3 Übersetzung vom Autor, nach J. P. MIGNE: Patrologiae cursus completus. Series Latina (im folgenden abgekürzt: Migne PL). Paris 1844 ff., Bd. 82, Sp. 427.
4 Übersetzung von Johannes BÜHLER: Schriften der hl. Hildegard von Bingen. Leipzig 1922, S. 160 f.
5 Zitiert nach Hans Joachim STÖRIG: Kleine Weltgeschichte der Wissenschaft. Bd. 1. Frankfurt 1982, S. 106.
6 Vgl. E. KANTOROWICZ: Kaiser Friedrich der Zweite. Düsseldorf ^{2}1963, S. 334.
7 Vgl. insbesondere die „Expositio in apocalypsim" von HAYMO von Auxerre (Migne PL 117, Sp. 937 ff.) oder die „Expositio" von RUPERT von Deutz (Migne PL 169, Sp. 825 ff.).
8 Übersetzung von Johannes BÜHLER: Schriften der hl. Hildegard von Bingen (s. *Anm. 4*), S. 149 ff.
9 Migne PL 210, Sp. 579 A.
10 Jean LECLERCQ: Wissenschaft und Gottverlangen. Zur Mönchstheologie des Mittelalters. Düsseldorf 1963, S. 140.
11 Vgl. Günter HARTFIEL: Wörterbuch der Soziologie. Stuttgart 1972, S. 654.
12 Hans R. HAHNLOSER: Villard de Honnecourt. Kritische Gesamtausgabe des Bauhüttenbuches ms. fr. 19093 der Pariser Nationalbibliothek. Wien 1935, S. 11.
13 Ebda., S. 144.
14 Beispielsweise nach THOMAS von Cantimpré, VINZENZ von Beauvais (Speculum naturale, lib. 19, cap. de bestiis) und ALBERTUS MAGNUS (De animalibus, 1. XII, tract. 2, cap. I, No. 107).
15 Joan EVANS: English Art V: 1307–1461. London 1949, S. 19. – Vgl. auch R. W. SCHELLER: A Survey of Medieval Model Books. Haarlem 1963, S. 112 ff. (Kat.-Nr. 16; mit Literatur).

23. Der Renaissancekünstler als Wissenschaftler

1 Giovanni Poggi: „Paolo Uccello e l'orologio di Santa Maria dei Fiori". Miscellanea di storia dell'arte in onore di I. B. Supino. Florenz 1933, S. 334 („non est pictus ut decet").
2 Richard Krautheimer / Trude Krautheimer-Hess: Lorenzo Ghiberti. Princeton, N. J. 1970, S. 372, Doc. 52.
3 Lorenzo Ghiberti: I Commentari. Hrsg. von Ottavio Morisani. Neapel 1947, S. 45 („mi fu data licenza").
4 Ebda.
5 Vgl. L. B. Alberti: Della pittura. Hrsg. von L. Mallè. Florenz 1950, S. 59–62.
6 Nikolaus von Cues: Die Kunst der Vermutung. Auswahl a. d. Schriften. Hrsg. von H. Blumenberg. Bremen 1957, S. 95.
7 Albertus Magnus: De causis proprietatum elementorum. 2. Buch, 2. Traktat, 5. Kapitel (Opera omnia, Bd. V, Teil II, Aschendorff 1980, S. 101).
8 Restoro d'Arezzo: La composizione del mondo colle sue cascioni. Hrsg. von A. Morino. Florenz 1976, S. 128.
9 Les œuvres de Philon d'Alexandrie. Hrsg. von R. Arnaldez / J. Pouilloux / C. Mondesert. Bd. 30. Paris 1969, S. 166, § 135.
10 Vgl. Alexander Perrig: Leonardo: Die Anatomie der Erde. Jb. der Hamburger Kunstsammlungen 25 (1980), S. 51–80.

24. Die holländische Kunst des 17. Jahrhunderts

1 Zitiert nach Martin Warnke: Peter Paul Rubens. Leben und Werk. Köln 1977, S. 204f.
2–4 Gedichte aus dem Ausstellungskatalog „Een schilderij centraal. De Slapende Mars van Hendrik ter Brugghen". Hrsg. von Eddy de Jongh. Utrecht, Centraal Museum. 26. Januar–16. März 1980, S. 10f. (übersetzt vom Autor).
5 Franz Petri: Die Kultur der Niederlande. Frankfurt 1972, S. 122f.
6 Ebda., S. 51.
7 Ebda., S. 122.
8 Handbuch der Europäischen Geschichte. Bd. 3: Die Entstehung des neuzeitlichen Europa. Hrsg. von Josef Engel. Stuttgart 1979, S. 684.
9 Wolfgang Stechow: Dutch Landscape Painting of the Seventeenth Century. London 1966.
10 Eugène Fromentin: Die Alten Meister. Übertragen von Ernst Ludwig Schellenberg. Weimar ^{2}1915, S. 150f.
11 Ebda., S. 207.
12 Ebda., S. 248f.
13 Jacob Burckhardt: Die Kunst der Betrachtung. Hrsg. von Henning Ritter. Köln 1984, S. 339.
14 Ebda., S. 350.
15 Johan Huizinga: Holländische Kultur des 17. Jh.s. Ihre sozialen Grundlagen und nationale Eigenart. Jena o. J., S. 44.
16 Jacob Burckhardt (s. *Anm. 13*), S. 135.
17 Johan Huizinga (s. *Anm. 15*), S. 20f.
18 Ebda., S. 45.
19 Svetlana Alpers: The Art of Describing. Dutch Art in the Seventeenth Century. Chicago 1983, S. XVII (Übers. v. Autor).
20 Ebda., S. XVIII.
21 Eugène Fromentin (s. *Anm. 10*), S. 150.
22 Ebda., S. 169.
23 Svetlana Alpers (s. *Anm. 19*), S. XXV.
24 Ebda., S. XXIV.
25 Ausstellungskatalog „Tot Lering en Vermaak". Rijksmuseum Amsterdam 1976. Einleitungsessay von Eddy de Jongh zitiert nach Ausstellungskatalog „Die Sprache der Bilder". Herzog Anton Ulrich-Museum. Braunschweig 1978, S. 11ff.
26 Ebda., S. 12.
27 Ebda., S. 15.
28 Vgl. Reinhart Schleier: Neue Zeichnungen alter Meister. Entdeckungen aus einer Barockslg. Münster 1981, S. 122ff.
29 Christian Klemm in: Ausstellungskatalog „Stilleben in Europa". Münster/Baden-Baden 1980, S. 186.

25. Die englische Kunst des 18. Jahrhunderts

1 Zu den Rollenporträts der Restaurationszeit und des frühen 18. Jahrhunderts: J. H. Hagstrum: The Sister Arts. Chicago 1958, bes. S. 144ff., 236ff.; zu späteren Rollenporträts des 18. Jahrhunderts: E. Wind: Humanitätsidee und heroisiertes Porträt in der englischen Kultur des 18. Jh.s. In: Vorträge der Bibliothek Warburg 1930/31. Leipzig/Berlin 1932, S. 217ff.
2 Zitiert in „William Hogarth". Ausstellungskatalog. The Tate Gallery. London 1971/72, S. 19.
3 Zitiert bei Hagstrum (s. *Anm. 1*), S. 144.
4 Zum „composite style" der Reynoldsschen Porträtkunst: W. Busch: Hogarths und Reynolds' Porträts des Schauspielers Garrick. *Zeitschrift für Kunstgeschichte* 47 (1984), S. 82–99.
5 Dieses Beispiel bereits behandelt bei W. Busch: Nachahmung als bürgerliches Kunstprinzip. Ikonographische Zitate bei Hogarth und in seiner Nachfolge (Studien zur Kunstgeschichte. Bd. 7). Hildesheim/New York 1977, S. 34–37.
6 Zuerst behandelt von E. Wind: The Revolution in History Painting. *Journal of the Warburg and Courtauld Institutes* 2 (1938/39), S. 116–127.

7 Zitiert nach der Übersetzung bei N. Pevsner: Das Englische in der englischen Kunst. München 1974 (zuerst engl. 1956), S. 27.

8 Hierzu vor allem H. Hohl: Sergel, Schadow und die Frage des Kostüms in der Denkmalplastik. In: „Johan Tobias Sergel". Ausstellungskatalog. Kunsthalle Hamburg. München 1975, S. 58–71.

9 Wir setzen hier unsere Diskussion des Blattes in: Busch (s. *Anm. 5*), S. 3–6, 59–65 fort.

10 William Hogarth: The Analysis of Beauty, with the rejected Passages from the Manuscript Drafts and Autobiographical Notes. Hrsg. von J. Burke. Oxford 1955, S. 195, 203; s. auch M. Kitson: Hogarth's „Apology for Painters" in: The Walpole Society XLI, London 1968, Z. 254–57. Schon 1737 hatte Hogarth über dieses Thema unter dem Pseudonym „Britophil" in: *The St. James's Evening Post,* 7.–9. Juni 1737, geschrieben.

11 Hierzu B. Nicolson: Joseph Wright of Derby. 2 Bde. London 1968, Bd. 1, bes. S. 112ff.

12 Werner Busch: Joseph Wright of Derby. Das Experiment mit der Luftpumpe (Kunst-Stück. Bd. 25). Frankfurt 1986.

13 Dies hat zuerst B. Taylor: Stubbs. London 1971, beobachtet.

14 Wenn ich recht sehe, hat nur R. Paulson: Rowlandson. A New Interpretation. London 1972, mit Erfolg die Kategorie des Pittoresken zur Interpretation von Kunstbereichen (hier die Karikatur) herangezogen, die sich nicht der Landschaft widmen.

15 Zur Ölskizze als Phänomen des späten 18. Jahrhunderts: W. Busch: Die autonome Ölskizze in der Landschaftsmalerei. Der wahr- und für wahr genommene Ausschnitt aus Zeit und Raum. *Pantheon* 41 (1983), S. 126–133; dort auch die neuere Literatur zum Thema.

16 Dazu ausführlich Paulson (s. *Anm. 14*).

26. Realismus

1 Vgl. A. L. von Rochau: Grundsätze der Realpolitik, angewendet auf die staatlichen Zustände Deutschlands. 2 Bde. Stuttgart/Heidelberg 1853–1869. – Th. S. Hamerow: Moralinfreies Handeln. Zur Entstehung des Begriffs „Realpolitik". In: R. Grimm / J. Hermand (Hrsg.): Realismustheorien. Stuttgart 1975, S. 31–47. – Eine nicht minder bedeutsame Rolle spielte der Begriff des Realismus im 19. Jahrhundert in der Wirtschaft: vgl. G. von Schmoller: Die Volkswirtschaft, die Volkswirtschaftslehre und ihre Methode (1893). In: Ders.: Über einige Grundfragen ..., 3 Teile in einem Band. Leipzig 1898.

2 Nachweise in der Reihenfolge der Zitate: *FAZ* vom 22. 8. 1984, 17. 2. 1984, 4. 11. 1981; vgl. auch K. Herding: Mimesis und Innovation. Überlegungen zum Begriff des Realismus in der bildenden Kunst. In: Zeichen und Realität. Akten des 3. Semiotischen Colloquiums. Hrsg. von K. Oehler. Tübingen 1984, Bd. 1, S. 83–113.

3 In: *Précurseur d'Anvers,* 22. 8. 1861.

4 Vgl. F. Hoffmann/ H. J. Schneider: Nominalismus. In: Historisches Wörterbuch der Philosophie. Bd. VI. Basel 1984, Sp. 874–888, mit weiterer Literatur. Brauchbare Literaturangaben zur Verwendung des Realismusbegriffs in außerkünstlerischen Zusammenhängen auch in: Brockhaus-Enzyklopädie. Bd. 15. Wiesbaden 1972, S. 485ff. – Während die Ausdrücke „nominales" (Nominalisten) und „reales" (Realisten) schon im 12. Jahrhundert vorkommen, ist der philosophische Begriff des Realismus selbst ein Produkt der Forschungsgeschichte (als solcher im 18. Jahrhundert geläufig).

5 Vgl. Pierre-Joseph Proudhon: Du principe de l'art et de sa destination sociale. Paris 1865 (fotomech. Nachdruck Farnsborough 1971).

6 Zum epochengebundenen Begriff vgl. R. Lauer (Hrsg.): Europäischer Realismus. In: Neues Handbuch der Literaturwissenschaft. Bd. 17. Wiesbaden 1980; H. Aust: Literatur des Realismus. Stuttgart 1981. – Zum epochenübergreifenden Prinzip u.a.: R. Brinkmann (Hrsg.): Begriffsbestimmung des literarischen Realismus. Wege der Forschung. Bd. CCXII. Darmstadt ^{2}1974; Grimm / Hermand (s. *Anm. 1*); St. Kohl: Realismus. Theorie und Geschichte. München 1977; J. P. Stern: Über literarischen Realismus. München 1982; C. Träger: Studien zur Realismustheorie und Methodologie der Literaturwissenschaft. Frankfurt 1972. – Speziell zum Mittelalter: J. Nanninga: Realismus in mittelalterlicher Literatur. Heidelberg 1980. – Zum 20. Jahrhundert u.a.: B. Brecht: Über Realismus [Sammelband mit Texten aus den 30er Jahren], Frankfurt 1971. – R. Jakobson: Über den Realismus in der Kunst (1921). In: J. Striedter (Hrsg.): Texte der russischen Formalisten. Bd. 1: Texte zur allgemeinen Literaturtheorie und zur Theorie der Prosa. München 1969, S. 373–391. – R.-D. Kluge: Vom kritischen zum sozialistischen Realismus. München 1973. – G. Lukács: Probleme des Realismus I–III. In: Werke. Bd. 4–6. Neuwied/Berlin 1969. – W. Mittenzwei: Marxismus und Realismus. Die Brecht-Lukács-Debatte. *Das Argument* 46 (1968), S. 12–43. – E. Pracht (und andere): Einführung in den Sozialistischen Realismus. Berlin (Ost) 1975. – H. J. Schmitt (Hrsg.): Die Expressionismusdebatte. Materialien zu einer marxistischen Realismuskonzeption. Frankfurt 1973.

7 B. Degner: Wege zum „Realismus" in der aufklärerischen Darstellung des Landlebens. *Wirkendes Wort* 18 (1968), S. 303–319, hier S. 313.

8 Nachweise in der Reihenfolge der Zitate: Weimarer Gesamtausgabe in vier Abteilungen. Weimar 1887–1912, hier 1. Abt. Bd. 28, S. 264; Bd. 42 II, S. 99f.; Bd. 29, S. 55; Bd. 42 II, S. 160.

9 Nachweise in der Reihenfolge der Zitate: Goethes Gespräche. Neu hrsg. von F. von Biedermann, Leipzig 1910, Bd. 3, S. 434; Weimarer Gesamtausgabe (s. *Anm. 8*), 1. Abt. Bd. 27, S. 309; 4. Abt. Bd. 12, S. 183; 1. Abt. Bd. 53, S. 382 (undatiert, jedenfalls nach 1786).

10 Nachweise in der Reihenfolge der Zitate: Weimarer Gesamtausgabe (s. *Anm. 8*), 1. Abt. Bd. 29, S. 83; 2. Abt. Bd. 4, S. 485; 4. Abt. Bd. 13., S. 148f.; 3. Abt. Bd. 10, S. 192; Gespräche (s. *Anm. 9*), Bd. 4, S. 394.

11 Dieser von Otto LUDWIG geprägte Begriff stellt bereits eine Synthese dar, verweist aber gerade deshalb auf das prosaische, ja anstößige Verständnis von Realismus. – Heute ist der Begriff des poetischen Realismus in der Literaturwissenschaft kontrovers: vgl. u.a.: W. PREISENDANZ: Voraussetzungen des poetischen Realismus in der deutschen Erzählkunst des 19. Jahrhunderts. In: BRINKMANN (s. *Anm. 6*), S. 453–479; H. KREUZER: Zur Theorie des deutschen Realismus zwischen Märzrevolution und Naturalismus. In: GRIMM / HERMAND (s. *Anm. 1*), S. 48–67.

12 Über naive und sentimentalische Dichtung (1795/96). In: Werke in drei Bänden. Bd. II. München 1966, S. 601–603.

13 Weitere Nachweise, vor allem zum literarischen Realismusbegriff in der deutschen Romantik, bei R. WELLEK: Der Realismusbegriff in der Literaturwissenschaft. In: BRINKMANN (s. *Anm. 6*), S. 400–433.

14 Belege bei W. NERDINGER: Zur Entstehung des Realismus-Begriffs in Frankreich und zu seiner Anwendung im Bereich der ungegenständlichen Kunst. In: Städel-Jahrbuch. N. F. 5, 1979, S. 227–246. Bedenklich ist, daß dort allzuviel Unterschiedliches unter „Realismus" subsumiert wird.

15 Originaltext in: Le Mercure du XIXe siècle, Bd. 13, 1826, 6; vgl. auch E. B. O. BORGERHOFF: Réalisme and Kindred Words: Their Use as Terms of Literary Criticism in the First Half of the Nineteenth Century. *Publications of the Modern Language Association* 53 (1938), S. 837–843, hier S. 839; ferner KOHL (s. *Anm. 6*), S. 83; NERDINGER (s. *Anm. 14*), S. 229; WELLEK (s. *Anm. 13*), S. 405; H. R. JAUSS: Literaturgeschichte als Provokation. Frankfurt 1970, S. 120. – Da es im Nachsatz heißt: „Die Romantiker werden rufen, daß man nach der Natur und nicht nach Bildern *malen* müsse", läßt sich dieser Passus wohl auf *alle* Künste beziehen.

16 JAUSS, ebda., S. 120.

17 JAUSS, ebda., S. 120ff., mit weiterer Literatur.

18 H. BLUMENBERG: „Nachahmung der Natur": Zur Vorgeschichte der Idee des schöpferischen Menschen. *Studium Generale* 10 (1957), S. 266–283, hier S. 282.

19 Sämtliche Werke. Bd. XXI/1. München 1963, S. 9.

20 MITTENZWEI (s. *Anm. 6*), S. 16.

21 Volkstümlichkeit und Realismus (1938). In: Über Realismus (s. *Anm. 6*), S. 70.

22 Ebda., S. 71. – Vgl. auch: Weite und Vielfalt realistischer Schreibweise (1938), ebd., S. 97: „Es ist gefährlich, den großen Begriff ‚Realismus' an ein paar Namen zu knüpfen, so berühmt sie auch sein mögen, und ein paar Formen zur alleinseligmachenden schöpferischen Methode zusammenzufassen [...]"; zum Abstrahierungsvermögen vgl. auch: Notizen über realistische Schreibweise (1940), ebd., S. 125 und S. 116, wo BRECHT u.a. den inneren Monolog bei JOYCE, die Dissoziation der Elemente bei DÖBLIN, die Aktualitätenmontage bei DOS PASSOS, die Verfremdung bei KAFKA als unentbehrliche Methoden realistischen Schreibens anführt.

23 Ebda., S. 48 und S. 65.

24 Notizen über realistische Schreibweise, ebda., S. 126.

25 H. PROTZMANN: Realismus und Idealität in Spätklassik und Frühhellenismus. In: Jahrbuch des Deutschen Archäologischen Instituts 92, 1977, Berlin 1978, S. 169–203, hier S. 187, 202.

26 Vgl. H.-P. LAUBSCHER: Fischer und Landleute. Studien zur hellenistischen Genreplastik. Mainz 1982, hier den Abschnitt „Das Realismusproblem" (S. 59–69), Zitat S. 61.

27 Belege bei HERDING (s. *Anm. 2*). – Vgl. auch S. ALPERS: Kunst als Beschreibung. Köln 1985.

28 J. SCHMOLL gen. EISENWERTH: Naturalismus und Realismus: Versuch zur Einführung verbindlicher Begriffe. In: Städel-Jahrbuch. N. F. 5, 1975, S. 247–266. – K. LANKHEIT: Revolution und Restauration. Baden-Baden 1965, S. 23.

29 G. SCHMIDT: Naturalismus und Realismus. Ein Beitrag zur kunstgeschichtlichen Begriffsbildung (1959), wieder abgedruckt in: Ders.: Umgang mit Kunst. Ausgewählte Schriften 1940–1963. Olten 1966, S. 27–36. – Zur Kritik an SCHMIDT vgl. auch NERDINGER (s. *Anm. 14*).

30 Beispielsweise in: „Die Parler und der Schöne Stil, 1350–1400". Ausst.-Kat. Köln 1978, Bd. 2, S. 496f.

31 Vgl. W. GRAPE: Eva und die vier Evangelisten. Gibt es realistische Kunst im Mittelalter? *tendenzen* 24 (1983), S. 143, 26–31.

32 Vgl. u.a.: „Tilman Riemenschneider. Frühe Werke". Ausst.-Kat. Würzburg 1981, S. 283f.

33 „Kunst um 1400 am Mittelrhein – ein Teil der Wirklichkeit". Ausst.-Kat. Frankfurt 1975/76. – H. BREDEKAMP: Spätgotik in Salzburg. Skulptur und Kunstgewerbe 1400–1530. *Kunstchronik* 30 (1977), S. 141–162, hier S. 148.

34 H. KROHM (Hrsg.): Zum Frühwerk von Tilman Riemenschneider. Berlin 1982, S. 11.

35 Ebda., S. 40.

36 E. BEAUCAMP in: *FAZ*, 29. 8. 1981; BREDEKAMP (s. *Anm. 33*), S. 159.

37 Trotz dieser Bezeichnung ein Werkzeug des *Stein*bildhauers: vgl. KROHM (s. *Anm. 34*), S. 80.

38 Daher bemerkt GRAPE (s. *Anm. 31*) zu Recht, daß etwa METSCHERS Realismusbegriff (Th. METSCHER: Kunst – Kultur – Humanität. Fischerhude 1982, S. 177ff.) auf das Mittelalter kaum anwendbar ist.

39 U. ECO: Der Name der Rose. Dt. Ausg.: München/Wien 1982, S. 32–40, Zitate S. 35.

40 Dieser Doppelbegriff von Schönheit begegnet z.B. bei Vincenzo DANTI; vgl. E. PANOFSKY: Idea. Ein Beitrag zur Begriffsgeschichte der älteren Kunsttheorie. Berlin ^{3}1975, Anm. 221. – Zur Schönheit als Ausstrahlung Gottes: C. RIPA: Iconologia. Rom 1603, Stichwort „Bellezza": „La Bellezza [...] non è altro [...] che un splendore che deriva della luce della faccia di Dio."

41 G. P. BELLORI: Le vite de' pittori, scultori ed architetti moderni. Rom 1672. Zit. nach der Ausgabe von 1728, S. 119: „senza elezione delle megliori forme naturali".

42 F. ZUCCARI: L'idea etc. Rom 1607, Bd. II/2, S. 109f., Urtext bei PANOFSKY (s. *Anm. 40*), Anm. 218.

43 PANOFSKY (s. *Anm. 40*), Anm. 221.

44 BELLORI (s. *Anm. 41*), S. 127: „si mostrò naturalista".

45 Ebda., S. 127.

46 Vollständig bei: K. HERDING (Hrsg.): Realismus als Widerspruch. Die Wirklichkeit in Courbets Malerei. Frankfurt [2]1984, S. 28; Originaltext bei P. COURTHION: Courbet raconté par lui-même et par ses amis. Bd. 1. Genf 1948, S. 160.
47 PROUDHON (s. *Anm. 5*), S. 42.
48 BELLORI (s. *Anm. 41*), S. 123: „senza azione"; E. DELACROIX, Journal, 15. 4. 1853. Hrsg. von A. JOUBIN. Bd. 2. Paris 1932, S. 19: „Les *Deux Lutteurs* montrent le défaut d'action..."
49 BELLORI (s. *Anm. 41*), S. 121.
50 Zu *Caravaggio:* BELLORI, ebd., S. 127f.; zu *Courbet:* K. HERDING: „Les Lutteurs détestables" – Stil- und Gesellschaftskritik in Courbets Ringerbild. In: Jahrbuch der Hamburger Kunstsammlungen 22, 1977, S. 137–174, Quellen S. 163–168.
51 BELLORI (s. *Anm. 41*), S. 128.
52 Wie ENGELS anläßlich BALZACS einmal schreibt; vgl. MARX / ENGELS: Über Kunst und Literatur. Berlin 1968, Bd. 1, S. 158.
53 Vgl. J.-Y. RIBAULT: Réalisme plastique et réalité sociale. A propos des aveugles musiciens de Georges de la Tour. *Gazette des Beaux-Arts* 126 (1984), S. 1–4.
54 Ebda., S. 2.
55 Vgl. dazu auch J. W. GOETHE: Über Wahrheit und Wahrscheinlichkeit der Kunstwerke. Hamburger Ausgabe. Bd. 12. Hamburg 1953, S. 67–73.
56 J. TRAEGER in: *FAZ*, 24. 12. 1981.
57 Nachweise bei N. HADJINICOLAOU: La lutte des classes en France dans la production d'images. Thèse de doctorat d'Etat, Paris 1980, S. 665. – Träger dieser Kunst war 1830 wie 1850 das liberale Bürgertum, um die Jahrhundertmitte allenfalls vermehrt um Teile des Kleinbürgertums, DAUMIERS primäre Adressaten. Kein Wunder also, daß man einen „Realismus in der Romantik" feststellen konnte: G. PELLISSIER: Le réalisme du romantisme. Paris 1912.
58 Belege bei HADJINICOLAOU (s. *Anm. 57*), S. 667ff.
59 PROUDHON (s. *Anm. 5*), S. 188.
60 HADJINICOLAOU (s. *Anm. 57*), S. 672 (Originaltext).
61 Ebda., S. 665; zu *Courbet:* G. RIAT: Gustave Courbet peintre. Paris 1906, S. 87.
62 Nachweise bei HADJINICOLAOU (s. *Anm. 57*), S. 559ff., 669, 673.
63 G. BOAS: Il faut être de son temps. *Journal of Aesthetics and Art Criticism* 1 (1941), S. 52–65.
64 Zu DELACROIX' Bild äußerte ein Kritiker: „Die Szene selbst ist zwar häßlich [...], aber durch den Pinsel des Malers ist sie [...] poetisch geworden."; vgl. HADJINICOLAOU (s. *Anm. 57*), S. 669.
65 So BÜRGER-THORÉ anläßlich der Malerei von Louis CABAT, Camille FLERS und Constantin TROYON; vgl. P. GRATE: Deux critiques d'art de l'époque romantique, Gustave Planche et Théophile Thoré. Stockholm 1959, S. 198.
66 Schon CHAMPFLEURY fiel auf, daß COURBETS Gebirge und Felsen wahren Festungen glichen; vgl. G. und J. LACAMBRE (Hrsg.): Champfleury. Le réalisme. Paris 1973, S. 155; K. HERDING: Egalität und Autorität in Courbets Landschaftsmalerei. In: Städel-Jahrbuch. N. F. 5, 1975, S. 159–199.
67 M. SCHAPIRO: Courbet and Popular Imagery. An Essay on Realism and Naiveté. *Journal of the Warburg and Courtauld Institutes* 4 (1940/41), S. 164–191.
68 G. PLANCHE: Histoire et philosophie de l'art, no. VI: Moralité de la poésie. *Revue des deux mondes,* 1. 2. 1835, S. 250.
69 CHAMPFLEURY: Le réalisme. Paris 1857 (Auszüge aus dieser und anderen Schriften CHAMPFLEURYS auch bei LACAMBRE [s. *Anm. 66*]). – E. BOUVIER: La bataille réaliste (1844–1857). Paris 1914 (fotomech. Nachdruck Genf 1973). – B. WEINBERG: French Realism: The Critical Reaction 1830–1870. New York 1937.
70 Nachweise in der Reihenfolge der Belege, jeweils zit. nach WEINBERG (s. *Anm. 69*), S. 98–101: A. HOUSSAYE: Histoire de la peinture flamande et hollandaise. Paris 1846, S. 162; M. de VAINES: Salon de 1847. *Revue Nouvelle,* 15. 4. 1847, S. 255; L. Clément de RIS: Le Salon. *L'Artiste,* 1. 2. 1851, S. 5f.; Ders.: Les notabilités etc. *L'Artiste,* 27. 6. 1858, S. 118.
71 L. Clément de RIS: Salon de 1853. *L'Artiste,* 1. 8. 1853, S. 6. – F. DESNOYERS: Du réalisme. *L'Artiste,* 9. 12. 1855, S. 197bis 203 (teilw. bei WEINBERG [s. *Anm. 69*], S. 121).
72 Léon ROSENTHAL: Du romantisme au réalisme. Paris 1914, S. 385.
73 Nachweise bei NERDINGER (s. *Anm. 14*), S. 231; zu den Kriterien „positivistisch" und „materialistisch" auch WEINBERG (s. *Anm. 69*), S. 101–103, 133.
74 E. L. HÔTE: De l'idéalisme et du réalisme. *L'Artiste,* 15. 7. 1854: „L'art, c'est l'idéalisme" (WEINBERG, S. 108).
75 Nachweise in der Reihenfolge der Belege, jeweils zit. nach WEINBERG (s. *Anm. 69*), S. 98–101; Ch. Calemard de LAFAYETTE: Généralités sur l'art. *L'Artiste,* 28. 2. 1847, S. 257; F. de LAGENEVAIS: Le Salon de 1849. *Revue des deux mondes,* 15. 2. 1849, S. 561; E. PERRIN: Salon de 1859, Les réalistes. *Revue européenne,* 30. 6. 1859, S. 650.
76 A. HOUSSAYE: Les peintres du laid. *L'Artiste,* 1. 11. 1859, S. 100.
77 CHAMPFLEURY: Du réalisme. Lettre à Madame Sand. *L'Artiste,* 2. 9. 1855 (LACAMBRE [s. *Anm. 66*], S. 171).
78 Daher spricht CHAMPFLEURY auch von dem „so packenden, so wahren Realismus der spanischen Malerei"; Feu Miette, fantaisies d'été. Paris 1847, S. 18 (WEINBERG [s. *Anm. 69*], S. 103).
79 CHAMPFLEURY: Le salon, in: Le messager de l'assemblée, 24.–26. 2. 1851. Dt. in: Realismus als Widerspruch (s. *Anm. 46*), S. 46–53.
80 So der Maler KAULBACH; vgl. A. TEICHLEIN: Zur Charakteristik Wilhelm von Kaulbach's. *Zeitschrift für bildende Kunst* 1876, S. 264; vollständig bei: M. BRIX / M. STEINHAUSER: „Geschichte allein ist zeitgemäß". Historismus in Deutschland. Gießen 1978, S. 272.
81 Vgl. Realismus als Widerspruch (s. *Anm. 46*), S. 67f.
82 N. MCWILLIAM: ‚Un enterrement à Paris': Courbet's Political Contacts in 1845. *Burlington Magazine* 130 (1983), S. 155–157.

83 Realismus als Widerspruch (s. *Anm. 46*), S. 23.
84 Ebda., S. 24.
85 Vgl. T. J. CLARK: Image of the People. Gustave Courbet and the 1848 Revolution. London 1973, bes. Kapitel 1: „On the social history of art". – Es wäre indessen falsch, von „politischer Kunst" zu reden (diese existiert ebensowenig wie „politische Architektur": Jedes Kunstwerk, jeder Bau kann, sofern ihm öffentliche Wirksamkeit gewährt wird, politisch genutzt werden; es handelt sich aber nicht um einen besonderen Typus).
86 DELACROIX (s. *Anm. 48*), Bd. 3, S. 269 (22. 2. 1860).
87 Realismus als Widerspruch (s. *Anm. 46*), S. 27; Originaltext bei COURTHION (s. *Anm. 46*), Bd. 2, S. 60.
88 Wie *Anm. 46*.
89 Realismus als Widerspruch (s. *Anm. 46*), S. 37. – Vgl. ebda., S. 34–36 und Städel-Jahrbuch 1975 (s. *Anm. 66*), S. 176.
90 u.a. auf FOUGERON, GORELLA, GUTTUSO, Equipo CRONICA; vgl.: „Als guter Realist muß ich alles erfinden. Internationaler Realismus heute". Ausst.-Kat. Hamburger Kunstverein 1978/79.
91 R. HIEPE: Die Kunst der neuen Klasse. Gütersloh 1973.
92 Vgl. „Léopold Robert et les peintres de l'Italie romantique". Ausst.-Kat. Neuchâtel 1983, S. 19.
93 E. FUCHS: Honoré Daumier: Holzschnitte 1833–1870. Leipzig [o.J.], Abb. 499.
94 Auf die angebliche Phantasielosigkeit der Realisten bezieht sich auch BERTALL mit seiner Karikatur „Wir bleiben beim Realismus", Abb. in: Realismus als Widerspruch (s. *Anm. 46*), S. 119; ähnlich CHAM mit dem Blatt „Ein realistischer Maler", Abb. in: Als guter Realist etc. (s. *Anm. 90*), S. 16.
95 Zu dieser Unterscheidung zwischen Realismus und Naturalismus vgl. SCHMOLL-EISENWERTH (s. *Anm. 28*); gänzlich vernachlässigt ist dieser Gegensatz hingegen in: „The Realist Tradition. French Painting and Drawing 1830–1900". Ausst.-Kat. Cleveland 1980, sowie in dem darauf fußenden Sammelband von Gabriel P. WEISBERG (Hrsg.): The European Realist Tradition. Bloomington 1982.
96 Weimarer Gesamtausgabe (s. *Anm. 8*), 1. Abt. Bd. 48, S. 19.
97 Ebda., S. 208 (Nachlaß).
98 Ebda., Bd. 49 II, S. 246 (zwischen 1818 und 1827).
99 Nachweise bei H. A. POGT: Hermann Püttmann. Miszellaneen zur Kunstkritik des Vormärz. Münster 1980, S. 47 und 163 ff., Anm. 43, 45.
100 Weimarer Gesamtausgabe (s. *Anm. 8*), 4. Abt. Bd. 48, S. 183. – Da GOETHE hier den Begriff des Realismus auf Gegenwartskunst anwandte, kann man (entgegen POGT) weder sagen, die Anwendung dieses Terminus auf bildende Kunst gehe in Deutschland auf Otto LUDWIG (1836) zurück, noch auch, sie sei, auf zeitgenössische Kunst bezogen, Hermann PÜTTMANN (1839) zu verdanken.
101 Weimarer Gesamtausgabe (s. *Anm. 8*), Bd. 49 I, S. 172.
102 Ebda., Bd. 48, S. 136.
103 Ebda., Bd. 36, S. 168 (1820).
104 G.C. LICHTENBERGS ausführliche Erklärungen Hogarthischer Kupferstiche (fortgeführt von ... K. GUTZKOW), 14. Lieferung, Göttingen 1835, S. XVI.
105 H. PÜTTMANN: Über die neuesten Kunstschöpfungen, insbesondere der Düsseldorfer Schule. In: Rheinisches Jahrbuch für Kunst und Poesie, o.J., S. 187–190; zitiert nach E. VON RADZIEWSKY: Kunstkritik im Vormärz. Dargestellt am Beispiel der Düsseldorfer Malerschule. Bochum 1983, S. 261.
106 Ebda., S. 259. – Auch in seinem Lexikonartikel „Düsseldorf" verwendet PÜTTMANN die Begriffe „der reinste Realismus" und „der edelste Naturalismus" gleichbedeutend (vgl. POGT [s. *Anm. 99*], S. 163).
107 Zur Verurteilung des Häßlichen vgl. RADZIEWSKY (s. *Anm. 105*), 115; ferner: Dies.: Menzel – ein Realist? In: „Menzel – der Beobachter". Ausst.-Kat. Hamburger Kunsthalle 1982, S. 17–30.
108 Anon., in: Kunstblatt 1839, Nr. 79, Art. Stuttgart; zit. nach POGT (s. *Anm. 99*), S. 164, Anm. 43.
109 Anon., Berliner Kunst-Ausstellung 1840, S. 43; zit. nach POGT, ebd.
110 G. KINKEL: Die bildende Kunst in den Kämpfen der Zeit, etc. *Deutsche Monatsschrift für Politik und Wissenschaft, Kunst und Leben* 2 (1851), S. 327f.
111 So zuletzt F. GROSS: Realismus in der deutschen protestantischen Bildkunst des 19. Jahrhunderts. In: Anstöße. Aus der Arbeit der Evangelischen Akademie Hofgeismar 3/4, 1983, S. 106–158, hier S. 151. – Ders.: Wahrheit und Wirklichkeit. Protestantische Bibelkunst und Realismus im weltanschaulichen Widerstreit des 19. Jahrhunderts. In: „Luther und die Folgen für die Kunst". Ausst.-Kat. Hamburger Kunsthalle 1983, S. 476–571.
112 W. LÜBKE: Nationale Kunst. *Zeitschrift für bildende Kunst* 20 (1885), S. 11.
113 GROSS: Realismus (s. *Anm. 111*), S. 139; ebda., S. 144: vier Bestimmungen des deutschen „Realismus", der jedoch zugleich als „illusionistischer Verismus" und als „oppositioneller Naturalismus" bezeichnet wird.
114 F. GROSS: Gesellschaftliche Realität im Spiegel christlicher Darstellungen 1871 bis 1914. Zur Malereigeschichte der Kaiserzeit. Diss. Hamburg 1982, S. 425.
115 Vgl. „Arbeit und Alltag. Soziale Wirklichkeit in der belgischen Kunst 1830–1914". Ausst.-Kat. Neue Gesellschaft für Bildende Kunst. Berlin 1979.
116 N. GABO (unter Beteiligung seines Bruders Antoine PEVSNER): Realistisches Manifest. Moskau 5. 8. 1920; die von N. GABO selbst ins Englische übertragene Fassung bei St. BANN: The Tradition of Constructivism. London 1974, S. 5–11.
117 Vgl. „Revolution und Realismus. Revolutionäre Kunst in Deutschland 1917 bis 1933". Ausst.-Kat. Staatliche Museen zu Berlin 1978/79.
118 BRECHT (s. *Anm. 6*), S. 41.
119 Vgl. „Renzo Vespignani. Über den Faschismus". Ausst.-Kat. NGBK und Kunstamt Kreuzberg Berlin 1976.

120 Quellen und Abbildungen zu diesem Kapitel bei NERDINGER (s. *Anm. 14*), S. 234–237; ferner: Politische Konstruktivisten. Die „Gruppe progressiver Künstler" Köln 1917–1933. Ausst.-Kat. NGBK Berlin 1975. – Das Zitat stammt von Olga ROZANOVA (in: *Supremus*, Nr. 1, 1918), hier nach: H. GASSNER / E. GILLEN (Hrsg.): Zwischen Revolutionskunst und Sozialistischem Realismus etc. Köln 1979, S. 77.
121 Wortlaut der Rede dt. bei F. J. RADDATZ: Marxismus und Literatur. Bd. 1. Reinbek 1969, S. 351.
122 „Fernand Léger". Ausst.-Kat. Staatliche Kunsthalle Berlin 1980, S. 351, 358 (Originaltext).
123 Vgl. auch: H. GASSNER / E. GILLEN: Vom Utopischen Ordnungsentwurf zur Versöhnungsideologie im ästhetischen Schein. In: G. ERLER / W. SÜSS (Hrsg.): Stalinismus. Probleme der Sowjetgesellschaft zwischen Kollektivierung und Weltkrieg. Frankfurt/New York 1982, S. 272–341, hier S. 328; ferner: B. M. NIKIFOROV: Kurzer Abriß der Geschichte der sowjetischen Malerei von 1917 bis 1945. Dresden 1953, S. 89, m. Abb.
124 Beispiele in den Katalogen der VII., VIII. und IX. Kunstausstellung der DDR, Dresden 1973, 1977/78 und 1982/83, sowie in: „Willi Sitte", Ausst.-Kat. Hamburger Kunstverein 1975; „Wolfgang Mattheuer", Ausst.-Kat. Hamburger Kunstverein 1977/78; „documenta 7", Ausst.-Kat. Kassel 1977; „40ª Biennale di Venezia", Ausst.-Kat. Venedig 1982.
125 So schon J. A. SCHMOLL gen. EISENWERTH: Realistische Malerei und Fotorealismus. *Kunstchronik* 27 (1974), S. 44–65, hier S. 49.
126 Beispiele (außer in monographischen Katalogen) in: „Prinzip Realismus". Ausst.-Kat. Amsterdam u.a.O. 1972–74; „D-Realismus. Realistische Kunst in der Bundesrepublik Deutschland". Ausst.-Kat. Kasseler Kunstverein 1977; Berlin. A Critical View, 20s – 70s, Institute of Contemporary Arts, London 1978/79; Als guter Realist etc. (s. *Anm. 90*); H.-J. KEYENBURG: Realismus. Formen der Wirklichkeitsdarstellung in der Kunst des 19. und 20. Jahrhunderts (Materialien für die Sekundarstufe II, Arbeitstexte für den Kunstunterricht). Hannover 1978; Freie und Hansestadt Hamburg, Behörde für Schule, Jugend und Berufsbildung, Amt für Schule (Hrsg.): Realismus heute (Unterrichtsmaterialien Bildende Kunst Sekundarstufe I/Sekundarstufe II). Hamburg 1979.
127 J. A. SCHMOLL gen. EISENWERTH: Naturalismus, Realismus, Fotorealismus. Versuch einer Begriffsklärung. In: „Mit Kamera, Pinsel und Spritzpistole". Ausst.-Kat. Städtische Kunsthalle Recklinghausen 1973, o. S. – Ferner: „Malerei nach Fotografie". Ausst.-Kat. Stadtmuseum München 1980; „Kunst nach Wirklichkeit. Ein neuer Realismus in Amerika und in Europa". Ausst.-Kat. Kunstverein Hannover 1973–74; P. SAGER: Neue Formen des Realismus. Köln [4]1982.

27. Die Montage der Wirklichkeit in der Kunst

1 Karel TEIGE: Liquidierung der „Kunst". Analysen, Manifeste. Frankfurt 1968, S. 88–92.
2 Walter BENJAMIN: Das Kunstwerk im Zeitalter seiner technischen Reproduzierbarkeit (1936). In: Ders.: Illuminationen. Frankfurt 1981, S. 148–184.
3 Max J. FRIEDLÄNDER: Essays über die Landschaftsmalerei und andere Bildgattungen. Den Haag/Oxford 1947. Zitat nach IMDAHL (s. *Anm. 4*).
4 Max IMDAHL: Die Mühle von Wijk. Stuttgart 1968, S. 10ff.
5 Marcel PROUST: Contre Saint-Beuve, zitiert nach Marianne KESTING: Die Diktatur der Photographie. München 1960, S. 27.
6 Sergej M. EISENSTEIN: Schriften. Bd. 1. München 1974, S. 263.
7 Max IMDAHL: Die Momentfotografie und „Le comte Lepic" von Edgar Degas. In: Festschrift für Gert von der Osten. Köln 1970.
8 Vgl. Grace SEIBERLING: Monet's Series. New York 1981.
9 Vgl. Manfred DIERSCH: Empiriokritizismus und Impressionismus. Berlin 1977.
10 Zitat nach Walter HESS: Dokumente zum Verständnis der modernen Malerei. Hamburg 1956, S. 19f.
11 Vgl. Daniel-Henry KAHNWEILER: Der Weg zum Kubismus. Stuttgart 1958.
12 Beispielsweise William JAMES: Principles of Psychology, 1890; vgl. Marianne L. TEUBER: Formvorstellungen und Kubismus oder Pablo Picasso und William James. In: Ausst.-Katalog „Kubismus". Köln 1982, S. 9–57.
13 Vgl. Herta WESCHER: Die Collage. Köln 1968.
14 Zitat nach Christa BAUMGARTH: Geschichte des Futurismus. Reinbek 1966, S. 198.
15 Ernst BLOCH: Erbschaft dieser Zeit. Frankfurt 1962, S. 224, 260.
16 Werner HEISENBERG: Schritte über Grenzen. München 1971, S. 263–274.
17 George Grosz an Otto Schmalhausen am 15.12.1917. In: George GROSZ: Briefe 1913–1959. Reinbek 1979, S. 56f.
18 Raoul HAUSMANN: Am Anfang war Dada. Gießen 1972, S. 25, 79, 83, 115; Dada-Almanach, Berlin 1920, S. 38.
19 Katalog „Erste Internationale Dada-Messe". Berlin 1920.
20 Zitat nach Werner SCHMALENBACH: Kurt Schwitters. München 1984, S. 137.
21 Ernst BLOCH (s. *Anm. 15*), S. 222f., 256.
22 Peter BÜRGER: Theorie der Avantgarde. Frankfurt 1974, S. 85.
23 Zitat nach Ute ESKILDSEN / Jan-Christopher HORAK (Hrsg.): Film und Foto der zwanziger Jahre. Stuttgart 1979, S. 186.
24 Arno MÜNSTER (Hrsg.): Tagträume vom aufrechten Gang. Sechs Interviews mit Ernst Bloch. Frankfurt 1978, S. 62.
25 Walter BENJAMIN: Der Sürrealismus. In: Ders.: Angelus Novus. Frankfurt 1966, S. 200–215, Zitat S. 204.
26 Theodor W. ADORNO: Ästhetische Theorie. Frankfurt 1970, S. 231ff.
27 Vgl. Uwe JAPP: Das Spiegelstadium der Anschauung. In: Neue Hefte für Philosophie Nr. 18/19, S. 79–102, bes. S. 96f.
28 NOVALIS: Schriften. Hrsg. von Paul KLUCKHOHN / Richard SAMUEL. Stuttgart 1960ff. Bd. 2: Das philosophische Werk, S. 593.

Bibliographie

I. Übersichten über das Gesamtgebiet der europäischen Kunst

Ernst H. GOMBRICH: Geschichte der Kunst. Völlig neu überarbeitete Ausgabe. Stuttgart/Zürich 1986.
Exemplarische Untersuchungen zu einzelnen Epochen, keine flächendeckende Abhandlung zur Kunstgeschichte, sondern eher an verschiedenen Problemstellungen orientiert.

Richard HAMANN: Geschichte der Kunst von der altchristlichen Zeit bis zur Gegenwart. Berlin 1933. Bis 1962 zahlreiche neue Auflagen in verschiedenen Verlagen (Nur in Bibliotheken).
Stellt in großen Zügen die Entwicklung der Kunst im Zusammenhang des politischen und kulturellen Wandels der Zeiten dar.

Arnold HAUSER: Sozialgeschichte der Kunst und Literatur. München ^{14}1983.
Das Werk informiert über kulturelle Epochenzusammenhänge sowie über zeitbedingte und übergreifende Besonderheiten einzelner Gattungen der Kunst und Literatur.

Propyläen Kunstgeschichte. 18 Bände. 2. Abteilung. Hrsg. von Kurt BITTEL / Jan FONTAIN / Harald KELLER / Fritz NOVOTNY / Otto VON SIMSON / Wolfgang F. VOLBACH / Stephan WAETZOLDT / Rudolf ZEITLER. Berlin 1966ff. (Auch als Sonderausgabe erhältlich.)
Die Bände enthalten umfassende, reich bebilderte Darstellungen der einzelnen Epochen und Gattungen der Kunstgeschichte.

Kunstgeschichte. Eine Einführung. Hrsg. von Hans BELTING / Heinrich DILLY / Wolfgang KEMP / Willibald SAUERLÄNDER / Martin WARNKE. Berlin 1985.
Erste umfassende Einführung in Gegenstandsbereiche und Methoden der Disziplin „Kunstgeschichte".

II. Wichtige Werke zu einzelnen Zeitabschnitten

Bauwerk und Bildwerk im Hochmittelalter. Anschauliche Beiträge zur Kultur- und Sozialgeschichte. Hrsg. von Karl CLAUSBERG / Dieter KIMPEL / Hans Joachim KUNST / Robert SUCKALE. Gießen 1981.
Die Aufsätze spiegeln den aktuellen Stand der wissenschaftlichen Diskussion über Probleme der Architektur, Plastik und Buchmalerei des 13. Jahrhunderts aus West- und Südeuropa.

Hans BELTING: Das Bild und sein Publikum im Mittelalter. Form und Funktion früher Bildtafeln der Passion. Berlin 1981.
Zur Frühgeschichte des europäischen Tafelbildes am Beispiel des Passionsbildes Jesu. Erklärung der Genese und des Wandels der Bildform aus der religiösen Funktion des Bildes. Im Rahmen der Fragestellung dieses Werkes beispielhafte Fallstudie.

Leonardo BENEVOLO: Geschichte der Architektur des 19. und 20. Jahrhunderts. Mit einem Nachtrag von Paulhans PETERS. 2 Bände. München ^{2}1982 (Originalausgabe München 1964).
Gut illustriertes Werk, in dem die wichtigsten Architekten und Bauwerke sowie die grundlegenden theoretischen und praktischen Probleme der Architekturgeschichte des 19. und 20. Jahrhunderts abgehandelt werden. Der Nachtrag umfaßt die Jahre 1960–1977.

Wilhelm VON BODE: Die Meister der holländischen und vlämischen Malerschulen. Leipzig ^{4}1923 (Nur in Bibliotheken).
Geschichte der bedeutendsten niederländischen Maler des 17. Jahrhunderts.

Georges DUBY: Die Zeit der Kathedralen. Kunst und Gesellschaft 980–1420. Frankfurt 1986.
Die Architekturgeschichte erscheint hier im Zusammenhang mit der Wirtschafts-, Sozial- und Kulturgeschichte des Mittelalters. (Die deutsche Ausgabe ist gegenüber der französischen Originalausgabe im Abbildungsteil gekürzt.)

Werner HOFMANN: Das irdische Paradies. Kunst im neunzehnten Jahrhundert. München 1960, Neuauflage 1974.
Problemgeschichtliche Darstellung der Kunst des 19. Jahrhunderts.

Winfried NERDINGER (Hrsg.): Eine Kunstgeschichte in Einzelinterpretationen. Bd. 3 und 4. München 1983/1980.
In diesen beiden, für den Unterricht an Schulen konzipierten Büchern werden einzelne Kunstwerke exemplarisch vorgestellt und an ihnen wichtige Einzelaspekte und Methoden der Kunstgeschichte vermittelt.

Erwin PANOFSKY: Die Renaissancen der europäischen Kunst. Frankfurt 1979.
Ein fast schon klassisches Werk über den Charakter der Kunst der Renaissance im Vergleich zu früheren Phasen der „Wiedergeburt" klassischer Kunst.

Otto VON SIMSON: Die gotische Kathedrale. Beiträge zu ihrer Entstehung und Bedeutung. Darmstadt [4]1982.
Die gotische Kathedrale wird im Zusammenhang der religiösen Erfahrungen und Vorstellungen der mittelalterlichen Menschen dargestellt, die im Sakralbau eine Vorahnung des Himmels zu erleben glaubten.

Martin WARNKE: Bau und Überbau. Soziologie der mittelalterlichen Architektur nach den Schriftquellen. Frankfurt 1976 (1984).
Beschreibt den Prozeß der Planung, Finanzierung und Ausführung öffentlicher Bauten.

III. Wichtige Werke zu Einzelfragen

Horst APPUHN: Einführung in die Ikonographie der mittelalterlichen Kunst in Deutschland. Darmstadt [3]1985.
Eine leicht verständliche Einführung in die Lehre von den Bildinhalten. Der Verfasser ist ein erfahrener Museumspraktiker.

John BERGER: Sehen. Das Bild der Welt in der Bilderwelt. Reinbek 1974.
Anhand von Beispielen, die aus der älteren und neueren Malerei und aus der modernen Werbephotographie genommen sind, macht BERGER anschaulich, daß Kunst keine von gesellschaftlichen Zuständen abgehobene Sache ist oder jemals war, sondern daß sie stets klar benennbare Funktionen hat.

Ernst H. GOMBRICH: Kunst und Illusion. Zur Psychologie der bildlichen Darstellung. Zürich/Stuttgart 1986.
Vermittlung verschiedener Wahrnehmungsweisen von Kunst.

Walter GRASSKAMP: Museumsgründer und Museumsstürmer. Zur Sozialgeschichte des Kunstmuseums. München 1981.
Dieses Taschenbuch gibt eine stark geraffte, aber sicher pointierte Übersicht über die Geschichte des Kunstsammelns und seiner Institutionen. Der Schwerpunkt liegt auf der Entwicklung seit 1800, doch die Vorgeschichte kommt auch in den Blick.

Ekkehard KAEMMERLING (Hrsg.): Ikonographie und Ikonologie. Theorien–Entwicklung–Probleme. Bd. 1: Bildende Kunst als Zeichensystem. Köln 1979.
Eine Sammlung wichtiger, innerhalb der letzten 50 Jahre erschienener Aufsätze der bedeutendsten Vertreter der ikonographischen Methode. Gibt einen Einblick in die Möglichkeiten und Probleme der Deutung der Kunst nach ihren Inhalten.

Ernst KRIS / Otto KURZ: Die Legende vom Künstler. Ein geschichtlicher Versuch. Frankfurt 1980.
Anschauliche Darstellung und psycho-historische Einordnung der Künstlerlegenden von der Antike an.

Udo KULTERMANN: Geschichte der Kunstgeschichte. Der Weg einer Wissenschaft. Berlin 1981.
Das Werk verfolgt die Geschichte der Kunstgeschichte anhand der Geschichte der Kunsthistoriker, die in chronologischer Reihenfolge, nach Schulen geordnet, mit ihren Hauptwerken vorgestellt werden.

Kunst-Stück. Hrsg. von Klaus HERDING. Frankfurt/Main ab 1984.
Eine neu begonnene Reihe von kurzen, reich bebilderten Monographien, in denen jeweils ein einzelnes Kunstwerk im Mittelpunkt der Betrachtung steht. Es werden Werke aus den verschiedensten Kunstgattungen und Epochen dargestellt.

Rensselaer W. LEE: Ut pictura poesis: The Humanistic Theory of Painting. New York 1967.
Klassische Studie zur Kunsttheorie der Renaissance und des Barock, vom 15. bis zum 18. Jahrhundert. Untersucht die zentralen Begriffe humanistischer Kunsttheorie, ihre Herkunft und ihren Wandel.

Erwin PANOFSKY: Sinn und Deutung in der bildenden Kunst. Köln 1975.
Enthält einige Aufsätze, die gemeinhin als beispielhaft für die Ergiebigkeit der ikonographischen Methode gelten.

Martin WARNKE (Hrsg.): Politische Architektur in Europa vom Mittelalter bis heute. Repräsentation und Gemeinschaft. Köln 1984.
Eine Sammlung bereits erschienener Abhandlungen, die anhand einzelner Objekte beispielhaft die gesellschaftliche Bedeutung öffentlicher Architektur darstellen.

Rudolf und Margot WITTKOWER: Künstler, Außenseiter der Gesellschaft. Stuttgart/Berlin 1965 (Nur in Bibliotheken).
Untersuchung zur Geschichte des Topos von der „Andersartigkeit" des Künstlers auf der Basis der Auswertung zahlloser Schriftquellen, insbesondere der Vitenliteratur. Von der Herausbildung des modernen Künstlerbegriffes in der Renaissance bis zur Konzipierung des genialen autonomen Künstlers am Ende des 18. Jahrhunderts.

IV. Bildbände

Belser Kunstbibliothek: Die Meisterwerke aus den Museen Preußischer Kulturbesitz, Berlin (Bislang 16 Bände). Stuttgart/Zürich ab 1980.
Jeder Band beschreibt und veranschaulicht eine Sammlung. Es werden sehr verschiedene Gattungen der europäischen sowie der außereuropäischen Kunstgeschichte abgehandelt.

Berühmte Maler – Leben und Werk. Künstlermonographien. Stuttgart/Zürich ab 1980.
Die 18 bislang erschienenen Bände enthalten sehr gute, teils farbige Abbildungen. Der Schwerpunkt liegt bisher auf Meistern des 19. und 20. Jahrhunderts. Weitere Bände sind geplant.

Werner HAFTMANN: Malerei im 20. Jahrhundert. Bild-Enzyklopädie. München [3]1980.
Enthält zahlreiche, zum Teil farbige Abbildungen.

V. Nachschlagewerke

Günther BINDING: Architektonische Formenlehre. Darmstadt 1980.
Eine umfangreiche, alphabetisch geordnete und durch viele Skizzen und Zeichnungen anschaulich illustrierte Zusammenstellung abendländischer Architekturformen vom 8.–19. Jahrhundert.

Werner MÜLLER / Gunther VOGEL: dtv-Atlas zur Baukunst. Tafeln und Texte. 2 Bände. München [6]1985/[5]1987.
Mit farbigen Graphiken, Übersichtskarten und Photos ausgestattetes, handliches Werk, das auf leicht faßbare Art einen Einblick in Bautypen und Bauformen verschafft; insbesondere hier Bd. 2: Baugeschichte von der Romanik bis zur Gegenwart.

Johannes JAHN: Wörterbuch der Kunst. Bearbeitet von Wolfgang HAUBENREISSER. Stuttgart [10]1983.
Alle Kunstgattungen umfassendes Nachschlagewerk, das kurz und prägnant Auskunft gibt über Künstler, Fachbegriffe und einzelne Objekte, zum Teil mit Angaben über weiterführende Literatur.

Kindlers Enzyklopädie der Kunst. Bearbeitet von Burkhard BREHM. 5 Bde. München 1983.
Sehr reich farbig bebilderte dreibändige Geschichte der Kunst, ferner ein Band Künstlerlexikon und ein Band zum Thema „Kunst und Gesellschaft“, zu Gattungen und Techniken der Kunst.

Kindlers Malereilexikon in 6 Bänden. Reprintausgabe. Köln 1977.
Reich bebildertes Werk. Enthält Angaben über einzelne Künstler sowie über die verschiedenen Perioden und Schulen der Malerei.

Lexikon der Kunst. 5 Bände. Berlin [3]1984.
Die Stichworte erfassen Künstler, Bauwerke, Orte, Kunstperioden, Kunstschulen und Fachbegriffe. Die Artikel sind gründlich ausgearbeitet, informativ und gut verständlich formuliert. Enthält sehr nützliche Angaben über weiterführende Literatur.

Ulrich THIEME / Felix BECKER: Allgemeines Lexikon der bildenden Künstler von der Antike bis zur Gegenwart. 37 Bände. Leipzig 1905–1950 (Nur in Bibliotheken).
Enthält ausführliche Angaben zu Leben und Werken der Künstler, Aufbewahrungsorten der Werke und weiterführender Literatur.

Leonie VON WILCKENS: Grundriß der abendländischen Kunstgeschichte. Stuttgart [12]1981.
Für jede Epoche der Kunstgeschichte wird eine kurze Übersicht über die wichtigsten historischen Ereignisse und die Hauptwerke der verschiedenen Kunstgattungen gegeben.

Die Kunst und der Wandel ihrer Funktion

Allgemeines zum Funktionsbegriff s. in den philosophischen Lexika unter dem Stichwort „Funktion“ (etwa: Historisches Wörterbuch der Philosophie, Bd. 2, Darmstadt 1972; Handbuch philosophischer Grundbegriffe, Studienausgabe, Bd. 2, München 1973).

Jan MUKAŘOVSKÝ: Kapitel aus der Ästhetik. Frankfurt [4]1982.
Zur ästhetischen Funktion ist allein der nicht einfache Text von MUKAŘOVSKÝ überzeugend.

Peter BÜRGER: Vermittlung–Rezeption–Funktion. Ästhetische Theorie und Methodologie der Literaturwissenschaft. Frankfurt 1979.
Das Buch äußert sich unter anderem zur Funktionsfrage in der Literaturwissenschaft. Nicht einfach zu lesen, rein theoretisch. Entwirft im letzten Kapitel die „Skizze einer Theorie des historischen Wandels der gesellschaftlichen Funktion der Literatur“.

Ders. (Hrsg.): Zum Funktionswandel der Literatur. Frankfurt 1982.
Vor allem werden Beispiele für literarischen Funktionswandel im 18. und 19. Jahrhundert vorgeführt. Zum Funktionsbegriff selbst wird nicht sehr viel gesagt.

I. Die religiöse Funktion von Kunst

1./2. Die gotische Kathedrale: Entstehung, Gestalt, Funktion

Bauwerk und Bildwerk im Hochmittelalter. Anschauliche Beiträge zur Kultur- und Sozialgeschichte. Hrsg. von Karl CLAUSBERG / Dieter KIMPEL / Hans Joachim KUNST / Robert SUCKALE. Gießen 1981.
Aufsatzsammlung zu verschiedenen, meist die Architektur des 12./13. Jahrhunderts betreffenden Themen.

Jean BONY: French Gothic Architecture of the 12th & 13th Centuries. Berkeley/Los Angeles/London 1983.
Neben Kimpel und Suckales zitiertem Buch zur gotischen Kathedrale die neueste umfassende Untersuchung zur Kathedralkunst.

Robert BRANNER: Chartres Cathedral. London 1969.
Enthält eine gut zusammengestellte Auswahl von Quellentexten und kunsthistorischen Würdigungen eines der berühmtesten Bauten.

Georg DEHIO / Gustav VON BEZOLD: Die kirchliche Baukunst des Abendlandes. 2 Text- und 5 Tafelbände. Stuttgart 1892 und 1901; Reprint Hildesheim 1969.
Obwohl bald hundert Jahre alt, ist es das beste Tafel-Werk zum Thema; es umfaßt die gesamte kirchliche Baukunst von der Spätantike bis zur Spätgotik. Für die Geschichte der älteren Epochen ist es zum Teil überholt, weniger für die Gotik.

Georges DUBY: Die Zeit der Kathedralen. Kunst und Gesellschaft 980–1420. Frankfurt 1980.
Deutsche Übersetzung einer vom Autor überarbeiteten Version seiner Texte zu drei in Genf 1966/1967 erschienenen ausgezeichneten Bildbänden. Das Buch ist interessant vor allem wegen seiner Herausarbeitung der Bedingungen für die Entstehung der neuen Baukunst. Dabei sind in erhellender Weise die wirtschaftlichen und gesellschaftlichen Komponenten, aber auch etwa die in der Veränderung der Frömmigkeit begründeten Züge der Baukunst herausgearbeitet.

„700 Jahre Elisabethkirche in Marburg, 1283–1983". Hrsg. von Hans-Peter SCHWARZ. Ausstellungskatalog. Marburg 1983.
Besonders hervorzuheben sind der 1. Band des Kataloges („Die Elisabethkirche – Architektur in der Geschichte"), der eigentliche kunsthistorische Teil, noch mehr aber das Begleitheft zur Ausstellung, für das vor allem Hans-Joachim KUNST verantwortlich zeichnet. Es ist die pädagogisch klarste und zugleich die wissenschaftlich modernste Einführung in die Gotik, gerade auch für den Anfänger, der noch keine Kenntnisse von mittelalterlicher Architektur hat.

Ernst GALL: Die gotische Baukunst in Frankreich und Deutschland. Teil 1: Die Vorstufen in Nordfrankreich von der Mitte des 11. bis gegen Ende des 12. Jahrhunderts. Braunschweig ²1955.
Das 1925 zuerst erschienene Buch (ein 2. Teil kam nie zustande) ist sicher nicht in allen Thesen zutreffend, dennoch wegen seiner Gründlichkeit und seiner breiten und lehrreichen Auswahl ein gutes Studienbuch vor allem für die Epoche der Entstehung der gotischen Architektur.

Georg GERMANN: Neugotik. Geschichte ihrer Architekturtheorie. Stuttgart 1974.
Gründliches und wichtiges Werk zur Gotikrezeption vom 18.–20. Jahrhundert und zu der daraus abgeleiteten neogotischen Baukunst, aber auch über die Wirkung auf die moderne Architekturtheorie.

Dieter KIMPEL / Robert SUCKALE: Die gotische Kathedrale in Frankreich 1130–1270. Fotos von Albert HIRMER / Irmgard ERNSTMEIER-HIRMER. München 1985.
Grundlegende Neuerscheinung, mit zahlreichen großformatigen Abbildungen.

David MACAULAY: Sie bauten eine Kathedrale. München 1977.
Ein Kinder-Sachbuch des bekannten amerikanischen Graphikers, das die derzeit beste einfache Einführung in die konstruktiven Vorgänge und Probleme gotischer Baukunst bietet; kleinere sachliche Fehler sind nicht gravierend.

Martin WARNKE: Bau und Überbau. Soziologie der mittelalterlichen Architektur nach den Schriftquellen. Frankfurt 1976 (1984).
Versuch einer nahe an den Quellen und somit der geschichtlichen Wirklichkeit verbleibenden Kunstsoziologie der mittelalterlichen Architektur.

3. Die gotische Kathedralfassade

Max DVORÁK: Idealismus und Naturalismus in der gotischen Skulptur und Malerei. In: Kunstgeschichte als Geistesgeschichte. München 1928, S. 41–147.

Dieser Beitrag beschäftigt sich kaum mit den einzelnen Werken der gotischen Skulptur. Er zeigt aber in einer sehr einprägsamen Weise, wie sich in der gotischen Bildkunst eine den religiösen Absichten dienende Idealisierung mit dem beginnenden Studium der äußeren Natur verbindet. DVORÁKS Studie entstand in der Aufbruchszeit der modernen Kunst, als Naturalismus und vergeistigende Abstraktion miteinander in Streit lagen. Diese Zeitlage hat seinen Blick für verwandte Phänomene in der Plastik und Malerei des Hochmittelalters geschärft. Sein Beitrag ist auch heute noch lesenswert als Einführung in die Probleme der gotischen Kathedralskulptur.

Hans JANTZEN: Kunst der Gotik. Klassische Kathedralen Frankreichs. Chartres, Reims, Amiens. Hamburg 1957.

Eine gut verständliche Einführung in die Phänomene der Kathedrale, ihre Bauformen, ihre Gliederung, ihre optische Erscheinung. Es enthält auch Abschnitte über die gotische Skulptur und Glasmalerei. Das Buch erhebt nicht die gleichen Ansprüche wie die Deutungen SEDLMAYRS und VON SIMSONS. Die geistigen und historischen Voraussetzungen der Kathedrale werden kaum angesprochen. JANTZEN vertraut naiv dem Augenschein, beschreibt und deutet mit dem Auge des heutigen Betrachters Architektur und Bildwelt der Kathedrale. Als eine erste Einführung noch immer empfehlenswert.

Willibald SAUERLÄNDER: Gotische Skulptur in Frankreich. München 1970.

Die wichtigen Werke der gotischen Skulptur sind hier fast vollständig abgebildet. Ein Katalog informiert über die Themen, die Form und die Zeitstellung der einzelnen Denkmäler. Zum Nacharbeiten und Verbreitern von Kenntnissen über die gotische Skulptur geeignet.

Wilhelm SCHLINK: Die Kathedralen Frankreichs. München 1978.

Ein Überblick unter ähnlichen Gesichtspunkten, wie sie Hans JANTZEN in seinem Buch entwickelt hatte. Die Durchführung dieses Überblicks bleibt jedoch mehr im Allgemeinen, bezieht aber einen größeren Kreis von beispielhaften Bauten in ihre auf die Wandgliederung und das Licht konzentrierten Betrachtungen ein. Die Skulptur wird nur kurz gestreift.

Hans SEDLMAYR: Die Entstehung der Kathedrale. Zürich ^{2}1976.

Versuch einer umfassenden Deutung der gotischen Kathedrale. Sie wird bei SEDLMAYR nicht nur als ein kunstgeschichtliches, sondern als ein religionsgeschichtliches Ereignis gedeutet. Die Kathedrale entspricht als ein Abbild des Himmlischen Jerusalem einem Wunsch nach dem schauenden Erlebnis des Religiösen. Diese Sicht der Kathedrale als Gesamtkunstwerk, welches das Heil sichtbar macht, war ein aus den Untergangsstimmungen nach dem Zweiten Weltkrieg entwickeltes Gegenbild zu dem von SEDLMAYR behaupteten „Verlust der Mitte" in der Gegenwart. Sein Buch bleibt dennoch bis heute der einzige Versuch, die Kathedrale in all ihren Erscheinungsformen zu interpretieren, und enthält viele anregende Gedanken und Beobachtungen.

Otto VON SIMSON: Die gotische Kathedrale. Beiträge zu ihrer Entstehung und Bedeutung. Darmstadt ^{4}1982.

Dem Buch liegt die englische Erstauflage von 1956 zugrunde. Es interpretiert die gotische Kathedrale als ein Abbild von kosmischen Ordnungsvorstellungen, wie sie auch in der mittelalterlichen Philosophie entfaltet sind. Es befaßt sich eingehend mit dem Gründungsbau der Gotik, der Abteikirche von Saint-Denis, und der Kathedrale von Chartres. Es führt in das geistige und historische Milieu und Klima ein, in welchem die gotischen Kathedralen entstanden sind. Die Neigung, ein kunstgeschichtliches Phänomen wie die gotische Kathedrale zu vergeistigen und zu harmonisieren, mag beim heutigen Leser Widerspruch hervorrufen. Er kann dem Buch jedoch viele interessante Informationen über das Umfeld der gotischen Kathedrale entnehmen.

Ders.: Das Mittelalter. II: Das Hohe Mittelalter. Propyläen Kunstgeschichte. Bd. 6. Berlin 1972.

Vor allem als Bilderatlas mit Kommentar sehr nützlich. In europäischem Zusammenhang sind hier die wichtigsten Bauten und Bildwerke der gotischen Kathedralen und Dome Europas abgebildet und in einem Katalog erläutert. Zur Verbreiterung der Kenntnis von Kunstwerken der europäischen Gotik ist das Studium dieses Bandes sehr zu empfehlen. Das Werk enthält neben einem einführenden Aufsatz des Herausgebers eine umfangreiche Abbildungssammlung und Dokumentation mit Kommentaren, Kurzbiographien, Bilderläuterungen und Zeichnungen zur französischen Architektur und Plastik, zur französischen Malerei, der englischen Kunst, der deutschen Architektur, zur Backsteingotik und zur deutschen Plastik und Malerei; auch die osteuropäische Architektur und Plastik, die skandinavische, die italienische und die spanische Kunst sowie das Kunsthandwerk finden Berücksichtigung.

Wilhelm VÖGE: Bildhauer des Mittelalters. Gesammelte Studien 1900–1914. Berlin 1958.

Der Band enthält Aufsätze, die zwischen 1900 und 1914 in Fachzeitschriften veröffentlicht wurden. Sie entstammen einer wissenschaftlichen Diskussion, die lange Vergangenheit ist. Unübertroffen geblieben sind die sensiblen Beschreibungen der wichtigsten Werke der französischen gotischen Skulptur. Es gibt noch immer keine in Form und Ausdruck eindringlichere Einführung der gotischen Skulptur Frankreichs als diese Beiträge aus den ästhetisch aufgeregten Jahren vor dem Ersten Weltkrieg.

Ders.: Die Anfänge des monumentalen Stils im Mittelalter. Straßburg 1894.

Eine Studie der frühen gotischen Portale aus dem 12. Jahrhundert. Sie ist für den Fachmann bestimmt, in manchen Ansichten heute überholt. Sie enthält aber geistvolle und feinfühlige Beschreibungen der frühgotischen Bildwerke, die noch heute lesenswert bleiben.

4. Bilderkult und Bildersturm

Altar, Reliquie, Bilderkult

Christian BEUTLER: Die Entstehung des Altaraufsatzes. Studien zum Grab Willibrods in Echternach. München 1979.

Eingehender, in der Fachwelt noch umstrittener Versuch, eine in Luxemburg bewahrte Reliefplatte als frühesterhaltenes, aus dem 8. Jahrhundert stammendes Altarretabel zu bestimmen. Eine Fülle religionsgeschichtlicher und historischer Quellen zur Verwendung des Altaraufsatzes im frühen Mittelalter.

Josef BRAUN: Der christliche Altar in seiner geschichtlichen Entwicklung. 2 Bde. München 1924.

Umfassende, materialreiche Darstellung der Entwicklungsgeschichte des christlichen Altares und seiner Aufbauten. Als Überblicks- und Nachschlagewerk unentbehrlich; eingehende Analysen aber will und kann die Arbeit nicht bieten.

Ders.: Die Reliquiare des christlichen Kultes und ihre Entwicklung. Freiburg i.Br. 1940.

In ähnlicher Anlage wie das Werk zum christlichen Altar eine umfassende Darstellung der verschiedenen Formen der Reliquiare und ihrer Geschichte. Darin auch ein Abschnitt über Skulpturen als Reliquienträger.

Ernst VON DOBSCHÜTZ: Christusbilder. Untersuchungen zur christlichen Legende. Leipzig 1899.

Obwohl in manchen Teilen überholt, noch immer eine grundlegende, in der Fülle der Materialzusammenstellung unübertroffene Gesamtsicht christlicher Bildlegenden vom frühen Lukasbild bis zu Wunderbildern im byzantinischen Reich.

G. HOWE (Hrsg.): Das Gottesbild im Abendland (Glaube und Forschung. 15). Witten/Berlin 1957.

Darin Aufsätze von Johannes KOLLWITZ und Hans Freiherr VON CAMPHAUSEN zur Bilderfrage bei den Urchristen, zum Aufkommen der Bilderverehrung und zur Bildtheologie des Mittelalters.

Harald KELLER: Zur Entstehung der sakralen Vollskulptur in der ottonischen Zeit. In: Festschrift für Hans Jantzen. Berlin 1951, S. 71–91.

Die These vom Zusammenspiel von Reliquie und Skulptur bei der Durchsetzung des vollplastischen sakralen Bildwerkes im Westen hier erstmals entwickelt.

Ders.: Der Flügelaltar als Reliquienschrein. In: Festschrift für Carl Theodor Müller. München 1965, S. 125–144.

Analog zur Vorstellung, daß sich die vollplastische sakrale Skulptur in Verbindung mit der Reliquienverehrung durchgesetzt habe, nun die These, daß der wandelbare Flügelaltar aus dem Reliquienschrank entstanden sei.

„Kunst um 1400 am Mittelrhein. Ein Teil der Wirklichkeit". Hrsg. von Herbert BECK. Ausstellungskatalog. Frankfurt 1975.

Darin die Interpretation des Typus der „Schönen Madonna" und ihrer kultischen Kraft als Reliquienersatz (S. 1–17; 64–86).

Erich MEYER: Reliquie und Reliquiar im Mittelalter. In: Festschrift für Carl Georg Heise zum 28. 6. 1950. Berlin 1950, S. 55–66.

Knappe, problemorientierte Diskussion des Verhältnisses von Reliquie und Bildwerk auf der Basis des Werkes von BRAUN.

Hubert SCHRADE: Zur Frühgeschichte der mittelalterlichen Monumentalplastik. *Westfalen* 35 (1957), S. 33–64.

Versuch, die Entstehung der sakralen Vollskulptur aus einem allgemein gesteigerten Bedürfnis nach sinnlicher Vergegenwärtigung überirdischer Kräfte zu deuten.

„Spätantike und frühes Christentum". Hrsg. von Herbert BECK / Peter Cornelius BOL. Ausstellungskatalog. Frankfurt 1983.

In Teil IV (S. 223ff.) eine Reihe von Aufsätzen verschiedener Autoren zur frühen christlichen Kunst und deren synkretistischem Zuschnitt sowie zum Zusammenspiel von Kaiserbild und Kultbild.

Bilderstreit und Bildersturm

Bildersturm. Die Zerstörung des Kunstwerks. Hrsg. von M. WARNKE. München 1973.

Aufsatzsammlung verschiedener Autoren zu Bilderstürmen von der Antike bis in das 20. Jahrhundert. Alle Beiträge sind vom Bestreben geprägt, die Vorstellung vom rasenden bilderstürmenden „Mob" durch eine Rekonstruktion der jeweiligen historischen Triebkräfte zu revidieren.

Horst BREDEKAMP: Kunst als Medium sozialer Konflikte. Bilderkämpfe von der Spätantike bis zur Hussitenrevolution. Frankfurt 1975.

Versuch einer zusammenfassenden Darstellung der Bilderfrage vom Urchristentum bis zum Ende des byzantinischen Ikonoklasmus sowie der hussitischen Bilderstürme unter auch sozialgeschichtlichen Gesichtspunkten.

Walter ELLIGER: Die Stellung der Alten Christen zu den Bildern in den ersten vier Jahrhunderten. Leipzig 1930.
Zusammenstellung der Äußerungen zur Bilderfrage in der frühen Kirche. Erkenntnis, daß die Theologen der ersten Jahrhunderte fast durchweg bildfeindlich eingestellt waren.

Hans-Wilhelm HAUSSIG: Byzantinische Geschichte. Stuttgart 1969.
Im Rahmen einer kurzgefaßten Geschichte des Ostreiches auch eine knappe Darstellung des byzantinischen Ikonoklasmus im 8. und 9. Jahrhundert.

„Luther und die Folgen für die Kunst". Hrsg. von Werner HOFMANN. Ausstellungskatalog. Hamburg 1983.
Darin mehrere Artikel verschiedener Autoren zum Verhältnis der Protestanten zum Bild und zur Kunst. Den ikonoklastischen Tendenzen werden die Bestrebungen gegenübergestellt, eine eigene protestantische Bildsprache zu entwickeln.

Georg OSTROGORSKY: Studien zur Geschichte des byzantinischen Bilderstreites. Amsterdam 1964.
In manchen Punkten und Sichtweisen überholte, noch immer aber grundlegende, Politik und Bildtheologie verbindende Darstellung des byzantinischen Ikonoklasmus.

Margarete STIRM: Die Bilderfrage in der Reformation. Gütersloh 1977.
Darstellung der unterschiedlichen Positionen der Reformatoren zum Bild. Schwergewicht auf LUTHER, ZWINGLI und CALVIN.

5. Monumentalmalerei in kirchlichen Innenräumen

Luciano BELLOSI: Giotto. Das Gesamtwerk. Aus dem Italienischen von B. BAUMBUSCH. München 1981.
Preiswertes, ausgezeichnetes Bildbuch zum Werke GIOTTOS mit plausiblen, für Laien eingerichteten Kommentaren zu den Farbfotos der Oberkirche in Assisi, der Arena-Kapelle in Padua und einigen florentinischen Beispielen.

Eve BORSOOK: The Mural Painters of Tuscany. From Cimabue to Andrea del Sarto. Oxford [2]1980.
Unentbehrliches Werk für die florentinische Trecentomalerei, übersichtlich gegliedert, bequem zu benutzen, mit gutem Text. Die Beispiele der italienischen Malerei aus dem Beitrag – auch die Arena-Kapelle – sind hier bebildert und kommentiert.

Otto DEMUS: Romanische Wandmalerei. München 1968.
Sehr brauchbares Kompendium romanischer europäischer Wandmalereien mit Einführung in Ikonographie, Technik, Werkstattbetrieb etc.

Dora HEINZ: Europäische Wandteppiche. I. Von den Anfängen der Bildwirkerei bis zum Ende des 16. Jahrhunderts (Bibliothek für Kunst- und Antiquitätenfreunde, Bd. 37). Braunschweig 1963.
Gut faßlich geschriebene Übersicht mit vielen Bildbeispielen.

Theodor HETZER: Giotto und seine Stellung in der europäischen Kunst. Frankfurt [2]1960.
Schon historisch gewordene, aber immer noch in Teilen gültige Interpretation GIOTTOS und seiner Werke.

Max IMDAHL: Giotto, Arenafresken. Ikonographie – Ikonologie – Ikonik (Theorie und Geschichte der Literatur und der Schönen Künste. 60). München 1980.
Die neueste, für den Laien schwierige Interpretation des „Stiles" GIOTTOS am Beispiel der Fresken der Arena-Kapelle.

Richard KRAUTHEIMER: Early Christian and Byzantine Architecture. The Pelican History of Art. Harmondsworth/Middlesex, England 1975.
Einführung in die frühchristlichen Kultarchitekturen und ihre Voraussetzungen.

Ernst KRIS / Otto KURZ: Die Legende vom Künstler. Ein geschichtlicher Versuch. Vorwort von Ernst H. GOMBRICH. Frankfurt 1980.
Wertvolle Ergänzungsliteratur zum Giottoproblem und der Legendenbildung um das Künstlergenie nach literarischen Mustern.

Millard MEISS: Painting in Florence and Siena after the Black Death. Arts, Religion, and Society in the Mid-Fourteenth Century (Harper Torchbooks. The Academic Library). New York 1968.
Immer noch in weiten Teilen gültige Darstellung vom Zusammenhang von Kunst und Gesellschaft im toskanischen 14. Jahrhundert.

Ders.: Das große Zeitalter der Freskomalerei. München 1973.
Einführung in die Freskotechnik und kurzer Kommentar zu berühmten italienischen Fresken.

Ferdinand PIPER: Einleitung in die monumentale Theologie. Eine Geschichte der christlichen Kunstarchäologie und Epigraphik. Gotha 1867. Nachdruck in: Kunstwissenschaftliche Studientexte. Hrsg. von F. PIEL. Bd. IV. Vorwort von H. BREDEKAMP. Mittenwald 1978.
Umfassende Einführung in ikonologische Probleme und die Geschichte der Kunstgeschichte.

Otto von SIMSON: Das Mittelalter. II: Das hohe Mittelalter. Propyläen Kunstgeschichte. Bd. 6. Berlin 1972.
Nachschlagewerk für die im Beitrag genannten Beispiele. Bildbuch mit kurzen Kommentaren.

F. STENTON / S. BERTRAND / G. Digby WINGFIELD / C. H. GIBBS-SMITH / J. MANN / J. L. NEVINSON / F. WORMALD: Der Wandteppich von Bayeux. Ein Hauptwerk mittelalterlicher Kunst. Köln 1957.
Umfassende Dokumentation dieses mehr als 70 m langen Bildfrieses.

6. Vom Altarbild zur autonomen Tafelmalerei

F. ANTAL: Die florentinische Malerei und ihr sozialer Hintergrund. Darmstadt 1960.
Klassische sozialgeschichtliche Studie. In Einzelheiten inzwischen korrigiert.

H. BELTING: Die Oberkirche von San Francesco in Assisi. Ihre Dekoration als Aufgabe und die Genese einer neuen Wandmalerei. Berlin 1977.
Umfassende Untersuchung der komplexen Ausmalungsgeschichte. Deutung des theologischen Programms unter zeit- und kirchengeschichtlichem Aspekt.

Ders.: Bild und Publikum im Mittelalter. Berlin 1981.
Darstellung des Wandels der Bildauffassung durch Funktionswandel.

Ders.: Giovanni Bellini: Pietà, Ikone und Bilderzählung in der venezianischen Malerei. Frankfurt 1985.
Untersuchung zu Bildtypus, Funktion und Ausdrucksdimension von BELLINIS „Pietà".

H. HAGER: Die Anfänge des italienischen Altarbildes. München 1962.
Gattungsgeschichtliche Scheidung frühitalienischer Bildtypen und ihre wechselseitige Einflußnahme.

N. HUSE: Studien zu G. Bellini. Berlin 1972.
Neuere umfassendere Arbeit zu Giovanni BELLINI.

H. KELLER: Die Entstehung des Bildnisses am Ende des Mittelalters. *Römisches Jahrbuch für Kunstgeschichte* 3 (1939), S. 227–354.
Gattungsgeschichtliche Untersuchung der verschiedenen Bildnisformen auf dem Weg zum Individualporträt.

M. MEISS: French Painting in the Time of Jean de Berry. 2 Bde. London 1967 und 1974.
Standardwerk zur frühen französischen Malerei.

E. PANOFSKY: Early Netherlandish Painting. Cambridge/Mass. 1953.
Umfassende ikonologische Studie zur frühniederländischen Kunst des 15. Jahrhunderts.

K. WEITZMANN: Die Ikone. Bildkunst der Ostkirche vom 6. bis 14. Jahrhundert. München 1978.
Die Geschichte des Tafelbildes in der Ostkirche.

II. DIE ÄSTHETISCHE FUNKTION VON KUNST

7. Kunst wird gesammelt – Kunst kommt ins Museum

Walter GRASSKAMP: Museumsgründer und Museumsstürmer. Zur Sozialgeschichte des Kunstmuseums. München 1981.
Dieses Taschenbuch gibt eine stark geraffte, aber sicher pointierte Übersicht über die Geschichte des Kunstsammelns und seiner Institutionen. Der Schwerpunkt liegt auf der Entwicklung seit 1800, doch die Vorgeschichte kommt auch in den Blick.

Wolfgang LIEBENWEIN: Die Villa Albani und die Geschichte der Kunstsammlungen. In: Forschungen zur Villa Albani. Hrsg. von H. BECK / P. C. BOL. Berlin 1982, S. 463ff. – Horst BREDEKAMP: Antikensehnsucht und Maschinenglauben. In: Ebda., S. 507ff.
Diese beiden Beiträge, an etwas entlegenem Ort erschienen, markieren in praktischer Zusammenfassung und konstruktivem Neuansatz den derzeit aktuellen Forschungsstand zu unserem Thema.

Zur Diskussion um das Museum

Museum. Lernort contra Musentempel. Hrsg. von Ellen SPICKERNAGEL / Brigitte WALBE. Gießen 1976.

Zur Architekturgeschichte des Museums

Volker PLAGEMANN: Das deutsche Kunstmuseum 1790–1870. München 1967.
Nikolaus PEVSNER: A History of Building Types. London 1976.

Zu den Folgen der Musealisierung

André MALRAUX: Psychologie der Kunst. Das imaginäre Museum. Reinbek 1957.

Zum Thema Kunstausstellung, Salon und die Folgen für die Malerei des 19. Jahrhunderts

Georg F. KOCH: Die Kunstausstellung. Berlin 1967.
Wolfgang KEMP: Der Anteil des Betrachters. Rezeptionsästhetische Studien zur Malerei des 19. Jahrhunderts. München 1983.

Zum Thema Institutionen und moderne Kunst

Brian O'DOHERTY: In der weißen Zelle. Anmerkungen zum Galerie-Raum. Kassel 1982.
Nicht im Buchhandel; erhältlich beim Fachbereich „Kunst" der Gesamthochschule Kassel, Menzelstraße 15, 3500 Kassel.

8. Die Autonomie der Kunst

Hans FREIER: Ästhetik und Autonomie. Ein Beitrag zur idealistischen Entfremdungskritik. In: Deutsches Bürgertum und literarische Intelligenz 1750–1800 (Literaturwissenschaft und Sozialwissenschaften. 3). Stuttgart 1974, S. 329–383.
Anspruchsvolle Darstellung des Autonomieproblems in der bürgerlichen Ästhetik des späten 18. Jahrhunderts; unter anderem Auseinandersetzung mit dem Sammelband von MÜLLER, BREDEKAMP, HINZ u. a.

Michael MÜLLER / Horst BREDEKAMP / Berthold HINZ u. a.: Autonomie der Kunst. Zur Genese und Kritik einer bürgerlichen Kategorie. Frankfurt 1972.
Erste kritische Geschichte des Autonomiekonzeptes in der Kunst. Einzelne Beiträge zu verschiedenen historischen Stufen. In unserem Zusammenhang besonders wichtig die Beiträge von MÜLLER, BREDEKAMP und HINZ.

Historisches Wörterbuch der Philosophie. Hrsg. von J. RITTER. Bd. 1. Basel 1971, Sp. 701–719, Stichwort: „Autonomie".
Verwendungsgeschichte des Begriffes „Autonomie" in politischer, rechtlicher, philosophischer, ästhetischer, theologischer, psychologischer, pädagogischer und soziologischer Tradition.

Zu Dürers Selbstbildnis von 1500

Fedja ANZELEWSKY: Dürer-Studien. Berlin 1983, Kap. „Das Selbstbildnis von 1500", S. 90–100.
In den Fußstapfen WUTTKES resümiert der Autor die ältere Forschung, nimmt Stellung zum Konzept der „imitatio Christi" und hebt zu Recht stärker auf die neoplatonische Tradition ab.

Dieter WUTTKE: Aby M. Warburgs Methode als Anregung und Aufgabe. Göttingen [3]1979.
Ikonologische Abhandlung. Belege aus Literatur, Theologie und Philosophie, die DÜRER aus dem ihm befreundeten Humanistenkreis kennen konnte, werden zur Deutung des Selbstbildnisses herangezogen. Besonders die Bedeutung Conrad CELTIS' für DÜRER wird betont.

Zu den Zeichnungen aus Vasaris „Libro"

Erwin PANOFSKY: Das erste Blatt aus dem „libro" Giorgio Vasaris. In: Ders.: Sinn und Deutung in der bildenden Kunst. Köln 1975, S. 192–273.
Deutet ausführlich die auch hier herangezogene „Cimabue"-Zeichnung aus VASARIS Sammlung. Formuliert zuerst die beiden Pole des Vasarischen Denkens: den historischen und den normativen. Wichtiger Beitrag zur Rezeption und Wertung vergangener Stile in der Geschichte der Kunst.

Martin WARNKE: Der Vater der Kunstgeschichte: Giorgio Vasari. In: Ders.: Künstler, Kunsthistoriker, Museen. Luzern/Frankfurt 1976, S. 16–21.

Zu VASARIS Werdegang, seiner Rolle als Kunsthistoriker. Beschreibung der Art des historischen Denkens, der Auffassung der Zeichnung, der historischen Position im Übergang von stadtrepublikanischen zu frühabsolutistischen Staatsformen.

Zur Geschichte der Karikatur vom 16.–18. Jahrhundert

Encyclopedia of World Art. Bd. 3. London 1960, Sp. 754–775, Art. „Comic Art and Caricature".

Lexikonartikel von Werner HOFMANN. Stärker begriffsgeschichtlich und kunsttheoretisch. Zusammenfassung der theoretischen Quellen. Ausführliche Literatur.

Werner HOFMANN: Die Karikatur von Leonardo bis Picasso. Wien 1956.

Einzig überzeugender kurzer Überblick in deutscher Sprache über die Geschichte der Künstlerkarikatur.

Ernst KRIS / Ernst H. GOMBRICH: The Principles of Caricature. In: Ernst KRIS: Psychoanalytic Explorations in Art. New York ²1967, S. 189–203.

Kunstpsychologische Deutung des Phänomens „Karikatur". Wichtig auch gerade für die Entstehungsphase um 1600.

Zur englischen Reproduktionsgraphik des 18. Jahrhunderts

Arthur M. HIND: A History of Engraving and Etching. New York ⁴1963.

Beste Kurzgeschichte der Druckgraphik. Technikgeschichtlich, aber auch ungezählte Daten und Fakten zu einzelnen druckgraphischen Werken. Hier von besonderem Interesse Kapitel IX: „The Tone Processes", in dem die neuen Reproduktionstechniken und Editionen des 18. Jahrhunderts beschrieben werden.

Zu Kants und Schillers Autonomiebegriff

Werner BUSCH: Akademie und Autonomie. Asmus Jakob Carstens' Auseinandersetzung mit der Berliner Akademie. In: „Berlin zwischen 1789 und 1848. Facetten einer Epoche". Ausstellungskatalog. Akademie der Künste, Berlin 1981, S. 81–92.

Zu MORITZ' und KANTS Einfluß auf das Selbstbewußtsein, aber auch auf die Kunstpraxis deutscher klassizistischer Künstler um 1800.

Ders.: Die Akademie zwischen autonomer Zeichnung und Handwerkerdesign – Zur Auffassung der Linie und der Zeichen im 18. Jahrhundert. In: Ideal und Wirklichkeit der bildenden Kunst im späten 18. Jahrhundert. Hrsg. von H. BECK / P. C. BOL / E. MAEK-GÉRARD (Frankfurter Forschungen zur Kunst. 11). Frankfurt 1984, S. 177–192.

Zum Zusammenhang von autonomer Linie und Wahrnehmungsästhetik im 18. Jahrhundert. Zum Zeichencharakter der Linie und der Entdeckung neuer künstlerischer Ausdrucksmöglichkeiten jenseits der bloßen Naturwiedergabe.

Donat de CHAPEAUROUGE: „Das Auge ist ein Herr, das Ohr ein Knecht". Der Weg von der mittelalterlichen zur abstrakten Malerei. Kap. 5: „L'art pour l'art" (Kunst um 1800). Wiesbaden 1983. S. 86–119.

Überzeugende Rückführung des l'art pour l'art-Konzeptes in der Theorie bis auf WINCKELMANN. Einschlägige Quellenzitate.

Thomas NEUMANN: Der Künstler in der bürgerlichen Gesellschaft. Entwurf einer Kunstsoziologie am Beispiel der Künstlerästhetik Friedrich Schillers (Soziologische Gegenwartsfragen. N. F. Heft 27). Stuttgart 1968.

Beste Zusammenfassung von SCHILLERS Ästhetikbegriff. Beschreibung des Widerspruches von utopischem Entwurf autonomer Kunst und dem Bewußtsein von dessen historischer Unmöglichkeit.

9. Vom Tafelbild zur Objektkunst: Kritik der „reinen Malerei"

Pierre CABANNE: Gespräche mit Marcel Duchamp. Köln 1972.

Wichtiges Quellenwerk, in dem DUCHAMP seine Aktionen, sein Werk, die Gründe für seinen Bruch mit der Malerei usw. ausführlich erläutert.

Marcel Duchamp Ready Made. 180 Aussprüche aus Interviews und Briefen von Marcel Duchamp. Zusammengetragen, ausgewählt, übersetzt von Serge STAUFFER. Zürich 1973.

Auswahl von Interview-Teilen, die in Grundzügen Ästhetik und Philosophie DUCHAMPS erkennen lassen.

Marcel DUCHAMP: Die Schriften. Bd. I. Hrsg. von Serge STAUFFER. Zürich 1981.
Übersetzung aller zu Lebzeiten DUCHAMPS veröffentlichten Schriften. Unentbehrlich für eine Analyse der geistigen Inhalte seiner Objektkunst.

Robert LEBEL: Marcel Duchamp. Köln 1972.
Grundlegende Monographie; gibt einen guten Überblick über Leben und Werk DUCHAMPS.

„Metamorphose des Dinges. Kunst und Antikunst 1910–1970". Ausstellungskatalog. Brüssel/Berlin/Basel 1971.
Überblick in großen Zügen über die Entwicklung der Kunst der Gegenwart.

Herbert MOLDERINGS: Marcel Duchamp. Parawissenschaft, das Ephemere und der Skeptizismus. Frankfurt 1983.
Essay, der die ästhetischen, wissenschaftlichen und gesellschaftlichen Voraussetzungen der Entstehung der Objektkunst im Werk DUCHAMPS beschreibt.

Hans RICHTER: DADA – Kunst und Antikunst. Köln 1964.
Der Autor, Mitglied des Züricher Dada-Kreises von 1916 bis 1920, zeichnet ein Bild der internationalen geistigen Bewegung des Dadaismus. Instruktives Buch über die dadaistische Objektkunst.

Willy ROTZLER: Objektkunst. Von Duchamp bis zur Gegenwart. Köln 1981.
Gut illustrierte Darstellung der Mannigfaltigkeit der Objektkunst im 20. Jahrhundert.

Thomas ZAUNSCHIRM: Bereites Mädchen Ready-made. Klagenfurt 1983.
Untersucht die sprachspielerische Seite der Ready-mades und ihre Beziehung zu dem Glasbild „Die Braut von ihren Junggesellen nackt entblößt, sogar".

10. Der ästhetische Mensch

Walter BENJAMIN: Charles Baudelaire. Ein Lyriker im Zeitalter des Hochkapitalismus. Zwei Fragmente. Hrsg. von Rolf TIEDEMANN. Frankfurt 1969.
BAUDELAIRE ist hier der Anlaß für ein sozial-ästhetisches Panorama der französischen Gesellschaft um 1850, in dem der Bohemien, der Dandy, der Flaneur und andere typische Figuren der Zeit gedeutet werden; die gegenwärtig einflußreichste und kulturphilosophisch anspruchsvollste Studie über das Thema in Essayform.

Der Hang zum Gesamtkunstwerk. Europäische Utopien seit 1800. Gesamtidee für Ausstellung und Buch: Harald SZEEMANN. Aarau/Frankfurt 1983.
Enthält einführende Aufsätze über die kunstphilosophischen, -politischen und -historischen Aspekte des Themas, dazu eine ausführliche Text- und Bildanthologie von Beispielen. Die theoretischen Beiträge handeln auch über die „Entgrenzung" der Kunst ins Leben; in der Anthologie geht es vorwiegend um die Aufhebung der Grenzen zwischen den Künsten.

Helmut KREUZER: Die Bohème. Beiträge zu ihrer Beschreibung. Stuttgart 1968.
Materialreiche historische und kultursoziologische Darstellung des Themas durch einen Literarhistoriker. Der Schwerpunkt liegt auf fiktionaler Literatur. Eine detailliertere philosophisch-religiöse und künstlerische Ergänzung dieser vorwiegend soziologisch, ökonomisch und politisch orientierten Typologie steht noch aus.

Otto MANN: Der moderne Dandy. Ein Kulturproblem des 19. Jahrhunderts. Berlin 1925.
Existenzphilosophische Deutung des Dandy, der als „ästhetischer Spättypus" gesehen wird. Die methodisch veraltete Studie ist wegen ihrer Hinweise auf die Tradition des ästhetischen Denkens von KIERKEGAARD dennoch wichtig.

Gert MATTENKLOTT: Bilderdienst. Ästhetische Opposition bei Beardsley und George. München 1985.
Exemplarisch vergleichende Essays zum englischen und deutschen Ästhetizismus, unter besonderer Berücksichtigung der Beziehungen zwischen Bildern und Literatur; mit Ansätzen zu einer Phänomenologie „ästhetischer Opposition".

Karl Justus OBENAUER: Die Problematik des ästhetischen Menschen in der deutschen Literatur. München 1933.
Die umfassendste Geistesgeschichte des Themas mit historischen Exkursen in die Antike, mittelalterliche und barocke Mystik und die Renaissance; ohne historisch-soziologischen Anspruch. Ein systematischer Teil (Weltanschauung, Religion, Erziehung) und ein historischer Überblick, der auf die deutsche Tradition bis zu Thomas MANN und Stefan GEORGE beschränkt ist, mündet in eine faschistische Zukunftsvision mit entsprechender Sinngebung des Ästhetischen.

Monika STEINHAUSER: „Noch über dem Vaterland steht die Kunst." Gabriele D'Annunzios Vittoriale degli Italiani am Gardasee. In: Beiträge zum Problem des Stilpluralismus. Hrsg. von Werner HAGER / Norbert KNOPP. München 1977, S. 163–192 (Studien zur Kunst des 19. Jahrhunderts, Bd. 38).
Die sachlich detailreichste und gründlichste Information über D'ANNUNZIOS „Il Vittoriale" in deutscher Sprache, die durch ihre entschiedene Polemik gegen die gesellschaftlichen und politischen Positionen dieser Variante des Ästhetizismus zur Diskussion herausfordert.

Ralph-Rainer WUTHENOW: Muse, Maske, Meduse. Europäischer Ästhetizismus. Frankfurt 1978.
Geistvoller und zitatenreicher Versuch einer Phänomenologie des Ästhetizismus in der europäischen Literaturgeschichte von BAUDELAIRE bis Heinrich MANN mit einer Deutung der theoretischen Wurzeln in der deutschen Romantik. Im Anhang: eine literarische Dokumentation.

11. Die ästhetische Ausstattung des Lebens

Reyner BANHAM: Die Revolution der Architektur. Theorie und Gestaltung im ersten Maschinenzeitalter. Hamburg 1964.
Zur Technologie der modernen Architektur.

Tilmann BUDDENSIEG: Villa Hügel. Das Wohnhaus Krupp in Essen. Berlin 1984.
Monographie der berühmtesten deutschen Unternehmervilla.

Ders. / Henning ROGGE: Die Nützlichen Künste. Berlin 1981.
Eine Vielzahl von Beiträgen (von 46 Autoren) zum Wechselverhältnis Bildende Kunst und Technik.

Diess.: Industriekultur. Peter Behrens und die AEG 1907–1914. Berlin 1979.
Gesamtdarstellung des wichtigsten und umfassendsten Design-Auftrages einer Weltfirma an einen bahnbrechenden Künstler.

Wend FISCHER (Hrsg.): Zwischen Kunst und Industrie. Der Deutsche Werkbund. München 1975.
Nützliche Dokumentation der Werkbund-Geschichte.

Sigfried GIEDION: Die Herrschaft der Mechanisierung. Frankfurt 1982.
Eine grundlegende und bahnbrechende Arbeit.

Eric J. HOBSBAWM: Die Blütezeit des Kapitals. Eine Kulturgeschichte der Jahre 1848–1875. München 1977.
Beste Sozialgeschichte der 2. Hälfte des 19. Jahrhunderts.

Karl-Heinz HÜTER: Das Bauhaus in Weimar. Studien zur gesellschaftspolitischen Geschichte einer deutschen Kunstschule. Berlin 1976.
Quellenwerk zur Geschichte des Bauhauses aus der DDR.

Francis D. KLINGENDER: Art and the Industrial Revolution. New York 1970.
Eine grundlegende und umfassende Gesamtdarstellung.

Konrad KOPP: Ein Literaturbericht über die Industriekultur. *Buch und Bibliothek* 37 (1985), S. 52–74.
Eine umfangreiche Literaturübersicht mit allen wichtigen Daten.

Thomas NIPPERDEY: Deutsche Geschichte 1800–1866. Bürgerwelt und starker Staat. München 1983.
Wichtige Darstellung des historischen Hintergrunds, unter besonderer Berücksichtigung der Sozialgeschichte.

Nikolaus PEVSNER: Wegbereiter moderner Formgebung von Morris bis Gropius. Köln 1983.
Eine grundlegende und bahnbrechende Arbeit.

Julius POSENER: Berlin auf dem Wege zu einer neuen Architektur. München 1975.
Reich dokumentiertes Gesamtbild der „Wilhelminischen" Periode der Berliner Architektur.

Gert SELLE: Ideologie und Utopie des Design. Köln 1973.
Ders.: Die Geschichte des Design in Deutschland von 1870 bis heute. Köln 1978.
Die einzigen preiswerten Gesamtdarstellungen der deutschen Design-Geschichte, unter „kulturkritischem" Blickwinkel.

Michael STÜRMER: Das ruhelose Reich. Deutschland 1866–1918. Berlin 1983.
Neueste Gesamtdarstellung der Geschichte des Kaiserreiches.

Dieter VORSTEHER: Borsig. Eisengießerei und Maschinenbauanstalt zu Berlin. Berlin 1983. (In: Industriekultur. Schriften zu Sozial- und Kulturgeschichte des Industriezeitalters. Hrsg. von T. BUDDENSIEG).
Beispiel für die kulturellen und urbanistischen Auswirkungen der Industriellen Revolution.

Karin WILHELM: Walter Gropius. Industriearchitekt. Braunschweig/Wiesbaden 1983.
Monographie über einen wichtigen Tätigkeitsbereich des Bauhausgründers.

Hans M. WINGLER: Das Bauhaus. Bramsche ^{3}1975.
Umfassende Gesamtdarstellung.

12. Kunst für alle – Bilder im Volk

Nils-Arvid BRINGÉUS: Volkstümliche Bilderkunde. München 1982.

Deutsche Ausgabe der ikonographischen und kommunikationstheoretischen Studien über „Bildlore" des angesehenen schwedischen Volkskundeprofessors.

Bernward DENEKE: Europäische Volkskunst. Frankfurt/Berlin/Wien 1980 (Propyläen Kunstgeschichte. Supplementband V).

Repräsentative europäische Übersicht, herausgegeben und eingeleitet von einem der maßgeblichen deutschen Kenner, Ltd. Museumsdirektor am Germanischen Nationalmuseum in Nürnberg, jedoch von unterschiedlichem theoretischen Reflexionsniveau in den Kurzbeiträgen der nationalen Bearbeiter.

Hermann KAISER / Helmut OTTENJANN: Museumsdorf Cloppenburg. Niedersächsisches Freilichtmuseum. Museumsführer mit Anhang zur Vor- und Nachbereitung des Museumsbesuches. Cloppenburg 1978.

Katalog des zur Zeit wissenschaftlich aktivsten deutschen Freilichtmuseums, zugleich ein Beispiel für norddeutsche Volkskulturprobleme und aktuelle Forschungsprojekte.

Lenz KRISS-RETTENBECK: Bilder und Zeichen religiösen Volksglaubens. München ²1971.

Standardwerk zur süddeutsch-katholischen Objekt- und Bilderwelt mit systematischer Verarbeitung und Abbildung Hunderter von Stücken der Spezialsammlung des Bayerischen Nationalmuseums München.

Ernst SCHLEE: Die Volkskunst in Deutschland. Ausstrahlung, Vorlagen, Quellen. München 1978.

Übersichtsbildband mit Texten von einem der wichtigsten Fachvertreter der älteren Generation, darum entsprechend werkorientiert.

Volkskunsttheorie

Bernward DENEKE / Rainer KAHSNITZ (Hrsg.): Das kunst- und kulturgeschichtliche Museum im 19. Jahrhundert. München 1977 (Studien zur Kunst des neunzehnten Jahrhunderts. 39).

Wichtige Studien zum Umfeld auch der volkskundlichen Museumsgründungen, mit weiterführender Literatur.

Alois RIEGL: Volkskunst, Hausfleiß und Hausindustrie. Mittenwald 1978 (Nachdruck der Ausgabe Berlin 1894, mit einem Nachwort von Mohammed RASSEM).

Wissenschaftsgeschichtlich bedeutungsvolle kleine Schrift, die zugleich die nationalökonomische Situation der K. K.-Monarchie und ihrer Völker spiegelt, bei denen bis zum heutigen Tage „Volkskunst" ein politischer Identifikationsfaktor geblieben ist.

Hinterglasmalerei

Reinhard HALLER: Armenseelentaferl. Hinterglasbilder aus Bayern, Österreich und Böhmen. Grafenau 1980.

Methodisch vorbildliche Spezialstudie unter Darstellung und Auswertung einzigartigen Materials.

Friedrich KNAIPP: Hinterglasbilder aus Bauern- und Bergmannsstuben des 18. und 19. Jahrhunderts. Linz ²1973.

Übersichtliche Einführung in den Forschungsstand von dem seinerzeit besten Kenner der Materie.

Gislind RITZ: Hinterglasmalerei. Geschichte – Erscheinung – Technik. München ²1975.

Repräsentativer Bildband mit reichem Material und ausführlicher Berücksichtigung der bürgerlichen Augsburger Malerei.

Möbelmalerei

Bernward DENEKE: Bauernmöbel. Ein Handbuch für Sammler. München 1983.

Auf den neuesten Stand gebrachtes, überarbeitetes und gekürztes wissenschaftliches Standardwerk als Taschenbuchausgabe.

Walter FUGER: Volkstümliche Möbel aus Altbayern. Eine Ausstellung des bayerischen Nationalmuseums im Münchner Stadtmuseum 1975.

Katalog der wichtigsten süddeutschen Ausstellung der letzten Jahre, mit neuen Forschungsergebnissen.

Torsten GEBHARD: Oberbayerische Bauernmöbel. München 1982.

Hervorragend bebilderte völlige Neuausgabe des 1936 erstmals herausgekommenen grundlegenden Werkes für die neuere Möbelforschung.

Volkstümliche Schnitzereien

Reinhard HALLER: Volkstümliche Schnitzerei. Profane Kleinplastiken aus Holz. München 1981.

Übersichtsbildband für Süddeutschland, Österreich, Südtirol und die Schweiz mit gediegenen Texten aus der Feder eines ersten Fachmannes; entsprechend dem Untertitel ohne Behandlung der hausindustriellen Gebrauchsware und im Bildteil mit nur wenigen Beispielen des Massenspielzeugs.

Ders.: Herrgotten und Heilige. Volkstümliche Schnitzkunst in der Oberpfalz. Regensburg 1982.
Wissenschaftliche Aufarbeitung einer Region aus jahrzehntelangen Studien vor Ort. Eines der wichtigsten neuen Bücher zur historischen Sachkulturforschung.

„Heiliggeistkugeln aus dem Bayerischen Wald". Ausstellungskatalog. Gäubodenmuseum, Straubing 1983.
Unscheinbarer, aber gewichtiger Katalog einer in ihrem Ergebnis interessanten Sonderausstellung.

Imagerie und Luxuspapier

Wolfgang BRÜCKNER: Populäre Druckgraphik Europas. Deutschland vom 15.–20. Jahrhundert. München ²1975.
Großformatiges Handbuch, das deshalb meist nur in Lesesälen benutzt werden kann. Wichtig an dieser 2. Auflage ist das ausführliche Register zur Erschließung des materialreichen Offizinen-Teils nach Druckorten. Umfangreiche Bibliographie.

Christa PIESKE: Das ABC des Luxuspapiers. Herstellung, Verarbeitung und Gebrauch 1860–1930. Berlin 1983 (Schriften des Museums für Deutsche Volkskunde Berlin, Bd. 9).
Lexikonartig aufgebauter Begleitband zur gleichnamigen Ausstellung mit 222 Sachartikeln zu allen einschlägigen Papierrealien, von Spezialkennern der jeweiligen Materie verfaßt.

Wandschmuck

Wolfgang BRÜCKNER: Elfenreigen – Hochzeitstraum. Die Öldruckfabrikation 1880–1940. Köln 1974.
Im Anschluß an die große Wanderausstellung „Die Bilderfabrik" entstanden und Ergebnis einer ersten Kenntnisnahme dieses niedersten Genres der Wandschmuckproduktion für kleine Leute.

Christa PIESKE: Bürgerliches Wandbild 1840–1920. Populäre Druckgraphik aus Deutschland, Frankreich und England. Göttingen ²1977.
Katalog zur Wanderausstellung der umfangreichen Spezialsammlung der Lübecker Autorin mit Anschauungsmaterial zur Vorbildwelt und Kunstpopularisierung.

III. DIE POLITISCHE FUNKTION VON KUNST

13. Der Platz als politisches Gesamtkunstwerk

Zur Geschichte und Entwicklung des politischen Denkens in Florenz

Herfried MÜNKLER: Machiavelli. Die Begründung des politischen Denkens der Neuzeit aus der Krise der Republik Florenz. Frankfurt ²1985.

Zur florentinischen Kultur- und Kunstgeschichte

Florenz. Ein Reisebuch. Frankfurt 1982.

Zur allgemeinen europäischen Stadtentwicklung

Wolfgang BRAUNFELS: Abendländische Stadtbaukunst. Herrschaftsform und Baugestalt. Köln 1976.

Zum Verhältnis von Stadt und Platz

Sigfried GIEDION: Raum, Zeit, Architektur. Die Entstehung einer neuen Tradition. Ravensburg ³1984.
Paul ZUCKER: Town and Square. From the Agora to the Village Green. New York 1959.

Zum Verhältnis von Platzanlagen und umliegenden Bauten

Stanislaus VON MOOS: Turm und Bollwerk. Beiträge zu einer politischen Ikonographie der italienischen Renaissancearchitektur. Zürich/Freiburg i. Br. 1974.

14. Das Rathaus

August GRISEBACH: Das deutsche Rathaus der Renaissance. Berlin 1907.
Typen- und Formengeschichte des Rathausbaus der Renaissance, katalogartige Zusammenstellung der Bauten.

Karl GRUBER: Das deutsche Rathaus. München 1953.
Knappere, aber aufgrund der Herstellung historischer Bezüge anschaulichste Darstellung der Geschichte des deutschen Rathausbaus.

Stan LEURS: Geschiedenis van den Vlaamsche Kunst. Antwerpen o. J.
Darstellung der Kunstgeschichte der flämisch-niederländischen Rathäuser.

Ekkehard MAI / Jürgen PAUL / Stephan WAETZOLDT (Hrsg.): Das Rathaus im Kaiserreich. Berlin 1982.
Typen- und Formengeschichte der Rathäuser des 19. Jahrhunderts in Deutschland, Darstellung der politischen Bezüge. Einzelaufsätze über die wichtigsten Bauten und ihre Ausstattung.

Cord MECKSEPER: Kleine Kunstgeschichte der deutschen Stadt im Mittelalter. Darmstadt 1982.
Die zusammenfassende Darstellung der mittelalterlichen Stadt und ihrer Architektur zeigt, in welchem Umfeld von anderen öffentlichen Bauaufgaben das Rathaus stand.

Jürgen PAUL: Die mittelalterlichen Kommunalpaläste in Italien. Diss. Freiburg/Br. 1963.
Typen- und Formengeschichte des mittelalterlichen Rathauses in Italien.

Ders.: Der Palazzo Vecchio in Florenz. Ursprung und Bedeutung seiner Form. Florenz 1969.
Untersuchung über die Herleitung und Bedeutung der architektonischen Form dieses hervorragendsten unter den mittelalterlichen Rathausbauten Italiens.

Otto STIEHL: Das deutsche Rathaus im Mittelalter. Leipzig 1905.
Die umfangreichste Untersuchung über die Entstehung und Entwicklung des Rathausbaus in Deutschland. Noch immer grundlegend, obwohl manche Thesen der typologischen Herleitung überholt sind.

15. Das französische Schloß

Anthony BLUNT: Art and Architecture in France 1500–1700. Harmondsworth ²1957.
Der Autor gibt in 8 Kapiteln einen Überblick über Architektur, Malerei und Skulptur, die historischen Hintergründe und Einflüsse, vor allem aus Italien und den Niederlanden. Er behandelt sowohl die Künstler als auch die Auftraggeber (die Könige, von FRANZ I. bis LUDWIG XIV., aber auch die bürgerlichen) mit derselben Intensität.

Norbert ELIAS: Die höfische Gesellschaft. Berlin 1969.
ELIAS arbeitet mit bewunderungswürdigen historischen Kenntnissen in anschaulichster Weise den Prozeß heraus, wie die höfische Gesellschaft bis zu ihrer Ablösung durch die bürgerliche vorbildlich und souverän sein konnte.

Der Hof Ludwigs XIV. in Augenzeugenberichten. Hrsg. von G. ZIEGLER. Düsseldorf 1965.
In Briefen, Tagebüchern und Memoiren werden die politischen Ereignisse, aber auch die Intrigen, Affären, Skandale zur Zeit LUDWIGS XIV. und seines Hofes in Versailles geschildert. Bedeutende Literaten wie MADAME DE SEVIGNÉ, Briefschreiber wie LISELOTTE von der Pfalz, die Schwägerin LUDWIGS XIV., aber auch der Herzog von SAINT-SIMON, Ludwigs Arzt, sein Beichtvater u.a. kommen in Auszügen zu Wort und führen den Leser auf sehr persönliche und direkte Weise in 54 Jahre französischer Geschichte (1661–1715) ein.

Johannes LANGNER: Das Schloß von Versailles. In: Meilensteine europäischer Kunst. Hrsg. von Erich STEINGRÄBER. München 1965.
Gesamtdarstellung der Schloßgeschichte.

Wolfram PRINZ: Chambord und die Villa Rotonda in Vicenza. Studien zur Ikonologie. Berlin 1980.
Architekturgeschichtliche Untersuchung zum Bautypus und seiner Bedeutung.

SAINT-SIMON: Erinnerungen. Der Hof Ludwigs XIV. und die Régence. Stuttgart 1982.
Der Herzog von SAINT-SIMON, der als Offizier und Höfling im Schloß von Versailles unter LUDWIG XIV. lebte, erweist sich in seinen tagebuchartig geführten Erinnerungen als kritischer und intelligenter Zeitgenosse, der dem Leser Kenntnisse von Geschichte durch detailreiche, anekdotische Schilderungen des Hoflebens von 1691–1723 vermittelt.

Martin WARNKE (Hrsg.): Politische Architektur in Europa vom Mittelalter bis heute. Repräsentation und Gemeinschaft. Köln 1984.
„Wie haben sich politische Ideen und Programme in der Tradition der europäischen Kunst dargestellt, und gibt es ein besonderes Feld der Ikonographie des Politischen?" Unter dieser allgemeinen Fragestellung beschäftigt sich die von WARNKE herausgegebene Aufsatzsammlung mit der politischen Bedeutungsdimension der Architektur.

16. Landschaft und Landschaftsgarten

Landschaft

Kenneth CLARK: Landschaft wird Kunst. Köln 1962.

Wie der Titel sagt, handelt das Buch vom Eintritt der Landschaft als selbständiger Bildgattung in den überlieferten Kanon der Malerei. CLARK versucht eine Typologie der Landschaftsmalerei aufzustellen, die er vornehmlich ideengeschichtlich ableitet: Zu bestimmten Zeiten tritt der eine oder andere Typus in den Vordergrund und beschäftigt die Künstler. Das Buch ist flüssig und leicht lesbar geschrieben, trägt durchaus zum Verständnis der Bildgattung bei, wird aber den enttäuschen, der nach einer historischen Begründung sowohl für das Entstehen des Typus als auch nach seinem Wechsel fragt.

Matthias EBERLE: Individuum und Landschaft. Gießen ^{2}1984.

Breitere Darstellung der hier nur im Ansatz gestreiften Argumentation, mit weiteren Beispielen aus dem 17. und 19. Jahrhundert.

Uta FELDGES: Landschaft als topographisches Porträt. Der Wiederbeginn der europäischen Landschaftsmalerei in Siena. Bern 1980.

Die Studie gibt einen guten Überblick über die Vorläufer und Zeitgenossen Ambrogio LORENZETTIS, zeigt, wie sich diese Schritt für Schritt die künstlerischen Mittel erarbeiten, die zur Darstellung wiedererkennbarer Gegenden und Orte führen. Besonders ausführlich behandelt werden das Fresko LORENZETTIS und dessen Übereinstimmung bzw. Nichtübereinstimmung mit der Stadt Siena und dem umliegenden Land.

Walter KOSCHATZKY: Albrecht Dürer. Die Landschaftsaquarelle. Wien/München 1971.

Eine Zusammenstellung aller Landschaftsaquarelle DÜRERS, mit Diskussion der Literatur und der schwierigen Datierungsfrage.

Millard MEISS: The Limbourgs and their Contemporaries. 2 Bde. New York 1974.

Die umfassendste Studie über die Buch- und Tafelmalerei des 15. Jahrhunderts in Frankreich; immer noch das Standardwerk für alle Fragen zu den Brüdern LIMBURG.

Götz POCHAT: Figur und Landschaft. Eine historische Interpretation der Landschaftsmalerei von der Antike bis zur Renaissance. Berlin/New York 1973.

Das Buch handelt eigentlich nicht von der Landschaftsmalerei im engeren Sinne, sondern vom Naturverhältnis verschiedener Epochen. Im Mittelpunkt steht die Frage, welche Beziehung zur Natur sich aus der Wahl bestimmter Figuren ergibt und was deren Verhalten zur Umgebung ausdrückt. Das Gewicht der Studie liegt auf der italienischen Malerei des 15. und 16. Jahrhunderts.

Joachim RITTER: Landschaft. Zur Funktion des Ästhetischen in der modernen Gesellschaft. In: Subjektivität. Sechs Aufsätze. Frankfurt 1974, S. 141–163.

RITTERS zentrale These ist, daß die ästhetische Betrachtung der Natur dort beginnt, wo das „Ganze", also der innere Zusammenhang des Kosmos und seine Beziehung zum Menschen, in der Theorie nicht mehr gewußt wird. Am Beispiel der Bergbesteigung PETRARCAS zeigt RITTER die Ablösung religiös fundierter Gewißheit durch die ästhetische Schau der Natur, die im individuell wahrgenommenen Teil eine Ahnung des Ganzen zuläßt.

Rolf WEDEWER: Landschaftsmalerei zwischen Traum und Wirklichkeit. Köln 1978.

Eine Darstellung der verschiedenen Landschaftstypen in der bildenden Kunst vor allem des 19. Jahrhunderts bis in die Gegenwart. Die zentrale Fragestellung zielt auf das Verhältnis von gesellschaftlichen Zuständen und deren Entsprechung im Naturverhältnis, wie es sich in der Landschaftsmalerei, aber auch in Dichtung und Philosophie ausdrückt.

Landschaftsgarten

Adrian VON BUTTLAR: Der Landschaftsgarten. München 1980.

Eine allgemeinverständliche Darstellung des Landschaftsgartens und seiner Entwicklung sowie seines politischen und geistesgeschichtlichen Hintergrundes, vor allem in England, Frankreich und Deutschland; mit zahlreichen Abbildungen.

Ders.: Der englische Landsitz 1715–1760. Symbol eines liberalen Weltentwurfs. Mittenwald 1982.

Eine Untersuchung zur Ikonologie und zum politisch-geistesgeschichtlichen Hintergrund des Landschaftsgartens und seiner Entstehung auf den Landsitzen der oppositionellen und liberalen Aristokratie und ihrer geistigen Vorkämpfer in England. Berücksichtigt insbesondere seine Rückwirkung auf die Architektur.

Derek CLIFFORD: Geschichte der Gartenkunst. München 1966.

Eine allgemeinverständliche Übersicht über die gesamte Geschichte der Gartenkunst von den Anfängen bis in die Neuzeit.

Siegmar GERNDT: Idealisierte Natur. Die literarische Kontroverse um den Landschaftsgarten des 18. und frühen 19. Jahrhunderts in Deutschland. Stuttgart 1981.
Eine Spezialuntersuchung zum Landschaftsgarten als Motiv in der Literatur, zugleich der Einwirkung der Literatur auf die Landschaftskunst in Deutschland. Wichtig vor allem für die Rezeptionsweise. Mit vielen seltenen Abbildungen.

Wilfried HANSMANN: Gartenkunst der Renaissance und des Barock. Köln 1983.
Eine sehr übersichtliche und gut bebilderte Darstellung der wichtigsten Beispiele des formalen Gartens von der Renaissance bis ins 18. Jahrhundert, ihrer Gestaltung und Ikonologie. Das Studium ist dadurch erleichtert, daß die einzelnen Gärten monographisch abgehandelt werden.

Dieter HENNEBO / Alfred HOFFMANN: Geschichte der deutschen Gartenkunst. 3 Bde. Hamburg 1962–65.
Eine umfangreiche Darstellung der Gartenkunst in Deutschland vom Mittelalter bis ins 19. Jahrhundert unter Berücksichtigung der internationalen Entwicklung. Sehr materialreich und vielfältig bebildert.

Dorothee NEHRING: Stadtparkanlagen in der ersten Hälfte des 19. Jahrhunderts (Geschichte des Stadtgrüns. Bd. 4). Hannover/Berlin 1979.
Eine gut bebilderte und informative Übersicht über die Entwicklung des Stadtparks im 19. Jahrhundert an Beispielen aus verschiedenen europäischen Ländern.

17. Das Bild als Herrschaftsbestätigung

Eine Einführung zu dem historischen Gesamtkomplex gibt es nicht. Bei den folgenden Titeln ist zu beachten, daß es sich teilweise um nicht-kunsthistorische Arbeiten handelt, teilweise um Spezialuntersuchungen, die außerhalb des hier erörterten Zusammenhanges liegen.

Von Angesicht zu Angesicht. Festschrift Michael Stettler zum 70. Geburtstag. Bern 1983.
Beiträge zur Porträtgeschichte.

Françoise BARDON: Le portrait mythologique à la cour de France sous Henri IV et Louis XIII. Paris 1974.
Zur mythologischen Einkleidung des französischen Herrscherporträts.

Donat de CHAPEAUROUGE: Theomorphe Porträts der Neuzeit. *Deutsche Vierteljahrsschrift für Geistesgeschichte und Literaturwissenschaft* 42 (1968), S. 262–302.
Zum ans göttliche Bildnis angeglichenen Porträttypus.

Harald KELLER: Das Nachleben des antiken Bildnisses von der Karolingerzeit bis zur Gegenwart. Freiburg/Basel 1970.
Nachweis der Kontinuität antiker Bildnistypen, Geschichte freizügiger Anverwandlung antiker Traditionen.

Reinhart KOSELLECK: Kritik und Krise. Ein Beitrag zur Pathogenese der bürgerlichen Welt. Freiburg/München 1959.
Darstellung des Zusammenhangs von Staatsentwicklung und rationalem Denken vom Absolutismus bis zur Französischen Revolution.

Harry PROSS: Politische Symbolik. Theorie und Praxis der öffentlichen Kommunikation. Stuttgart/Berlin/Köln/Mainz 1974.
Zur Funktion politischer Symbolik.

Arnold RABBOW: dtv-Lexikon politischer Symbole. München 1970.
Zuverlässige Übersicht über das schwierige Gebiet des Sinnbildgehaltes politischer Inhalte und Ideen.

Volker SELLIN: Politik. In: Geschichtliche Grundbegriffe. Hrsg. von Otto BRUNNER / Werner CONZE / Reinhart KOSELLECK. Bd. 4. Stuttgart 1979, S. 789–874.
Geschichte des Politik-Begriffes.

Stephan SKALWEIT: Das Herrscherbild des 17. Jahrhunderts. *Historische Zeitschrift* 184 (1957), S. 65–80.
Kulturgeschichtliche Untersuchung.

Michel TYVAERT: L'image du roi. Legitimité et moralité royales dans les histoires de France au XVII. siècle. *Revue d'histoire moderne et contemporaine* 21 (1974), S. 521–547.
Zur Auffassung des Herrscherporträts im französischen 17. Jahrhundert.

18. Das Bild als Herrschaftskritik

Matthew HODGART: Die Satire. München 1969.
Ein allgemeiner kulturgeschichtlicher Überblick über Themen, Techniken und Gattungen der Satire.

Werner KRÜGER: Die Karikatur als Medium der politischen Bildung. Opladen 1969.
Zur Problematik der Didaktik und Quellennutzung.

Paul LEHMANN: Die Parodie im Mittelalter. Stuttgart ²1963.
Mit ausgewählten parodistischen Texten des späteren Mittelalters.

„Martin Luther und die Reformation in Deutschland". Ausstellungskatalog. Frankfurt 1983.
Enthält in Abt. VIII: Die reformatorische Volksbewegung im Bilderkampf (S. 219–254) von Konrad HOFFMANN: Der Einsatz signifikanter Bildzeichen wurde im komplexen Zusammenspiel von Sprechen, Hören, Schauen, Lesen, Streitgespräch und Handeln zu einem wesentlichen Instrument der reformatorischen Propaganda. Schlagwort und „Schlagbild" (WARBURG) ergänzten sich in der Breitenwirkung auf den Gemeinen Mann.

Klaus MANGER: Das „Narrenschiff" („Erträge der Forschung". 186). Darmstadt 1983.
Faßt die komplexe Forschungslage zusammen, vor allem für die Germanistik.

Robert W. SCRIBNER: For the Sake of Simple Folk. Popular Propaganda for the German Reformation (Cambridge Studies in Oral and Literate Culture. 2). Cambridge 1981.
Grundlegende Forschungsarbeit und Darstellung.

19. Das Denkmal

Monika ARNDT: Die Goslarer Kaiserpfalz als Nationaldenkmal. Hildesheim 1976.
Dokumentiert und erläutert die Umwandlung eines Baudenkmals in ein komplexes Denkmal im engeren Sinne.

Denkmäler im 19. Jahrhundert. Deutung und Kritik. Hrsg. von Hans-Ernst MITTIG / Volker PLAGEMANN (Studien zur Kunst des 19. Jahrhunderts. 20). München 1972.
Zur Einführung in ausgewählte Materialkomplexe und zum Nachschlagen (Register) geeignet; Spiegelbild verschiedener kunstwissenschaftlicher Annäherungsweisen.

Hans-Jürgen DRENGENBERG: Die sowjetische Politik auf dem Gebiet der bildenden Kunst von 1917 bis 1934 (Forschungen zur osteuropäischen Geschichte. 16). Wiesbaden 1972.
Darin besonders S. 181–297 grundlegend zur „Monumentalpropaganda" als Bestandteil der frühsowjetischen Kulturpolitik.

Hubertus GASSNER: Zwei Arten, ein Denkmal zu gebrauchen. *Kritische Berichte* 11 (1983), Heft 2, S. 34–41.
Besonders anschauliche Fallstudie zu Denkmaldemontage und Denkmalveränderung im Bereich der frühsowjetischen Kulturpolitik.

Bärbel HEDINGER / Roland JAEGER / Brigitte MEISSNER / Jutta SCHÜTT / Lutz TITTEL / Hans WALDEN: Ein Kriegsdenkmal in Hamburg. Hamburg 1979.
Genaueste kunstgeschichtliche Ermittlungen als Fundament politischer Einschätzung eines Denkmals.

Ein Jahrhundert Hermannsdenkmal 1875–1975 (Sonderveröffentlichungen des Naturwissenschaftlichen und Historischen Vereins für das Land Lippe. 23). Detmold 1975.
Belegt, wie breit die Bezüge des Kulturphänomens „Denkmal" gefächert waren; informativ vor allem zu Vor- und Nachgeschichte der Hermannsdenkmal-Kampagne.

Anna Dora MIETHE: Gedenkstätten. Arbeiterbewegung/Antifaschistischer Widerstand/Aufbau des Sozialismus. Leipzig/Jena/Berlin 1974.
Ein Führer, der auch weniger aufwendige Objekte verzeichnet und dadurch die Breite neuerer Denkmalpraxis in der DDR veranschaulicht.

Hans-Ernst MITTIG: Zur Funktion erotischer Motive im Denkmal des 19. Jahrhunderts. *Kritische Berichte* 9 (1981), Heft 1/2, S. 20–34.
Ein polit-psychologischer Versuch zu deutschen Denkmälern, namentlich Künstlerdenkmälern, und ihrer zeitgenössischen Interpretation.

Thomas NIPPERDEY: Nationalidee und Nationaldenkmal in Deutschland im 19. Jahrhundert. *Historische Zeitschrift* 206 (1968), S. 529–585.
Deutsche Nationaldenkmäler aus der Sicht eines Historikers; mehr Ideologiediagnose als Ideologiekritik.

Adolf RIETH: Den Opfern der Gewalt. KZ-Opfermale der europäischen Völker. Tübingen 1968.
Erste Zusammenstellung und eindringliche Reflexion der Versuche, durch Denkmalsetzung auf NS-Verbrechen einzugehen.

Helmut SCHARF: Kleine Kunstgeschichte des deutschen Denkmals. Darmstadt 1984.
Ein Überblick, der instruktiv auf die politischen Grundlagen der Denkmalentwicklung hinweist, aber manche sachlich falsche Angabe enthält.

„Skulptur und Macht. Figurative Plastik im Deutschland der 30er und 40er Jahre". Ausstellungskatalog. Akademie der Künste. Berlin 1983.
Analysen zu Grundsätzen und Einzelbeispielen nationalsozialistischer Bildhauerei- und Denkmalpolitik.

Maria ZIMMERMANN: Denkmalstudien. Ein Beitrag zum Verständnis des Persönlichkeitsdenkmals in der Bundesrepublik Deutschland und West-Berlin nach dem Zweiten Weltkrieg. Münster 1982.
Zur neuesten Entwicklung; systematische und zum Nachschlagen als Katalog geeignete Darstellung.

20. Architektur und Nationalbewußtsein

Leonardo BENEVOLO: Geschichte der Architektur des 19. und 20. Jahrhunderts. 2 Bde. München ^{2}1982.
Überblicksdarstellung, die gesellschaftliche und architekturgeschichtliche Entwicklungen zu verbinden versucht, unter jeweils informativen Verweisen auf die Erscheinungen in Malerei und Kunstgewerbe.

Michael BRIX / Monika STEINHAUSER (Hrsg.): „Geschichte allein ist zeitgemäß". Historismus in Deutschland. Gießen 1978.
Enthält eine ausführliche Darstellung der geschichts- und kunsttheoretischen Entwicklung im 19. Jahrhundert durch die Herausgeber sowie eine Anzahl von Aufsätzen verschiedener Autoren, die vor allem die politische Funktion von Kunst an unterschiedlichsten Beispielen behandeln.

Tilmann BUDDENSIEG: Die Kaiserlich Deutsche Botschaft in Petersburg. In: Martin WARNKE (Hrsg.): Politische Architektur in Europa vom Mittelalter bis zur Gegenwart. Köln 1984, S. 374ff.
Ausführliche Beschreibung des Gebäudes und seiner Entstehungsgeschichte sowie der Wirkung in der deutschen und russischen Öffentlichkeit in der Zeit unmittelbar nach der Einweihung und in den 30er Jahren. Betonung der Modernität des Baues, besonders auch der Innenausstattung. Auch die anderen Aufsätze dieses Bandes sind gerade für das Kapitel zur politischen Funktion zu empfehlen.

Michael S. CULLEN: Der Reichstag. Die Geschichte eines Monuments. Berlin 1983.
Sehr gründliche, leicht lesbare, gut bebilderte und preiswerte Bearbeitung des schier unermeßlichen Quellenmaterials über das Reichstagsgebäude in Berlin. Unbedingt zu empfehlende Darstellung eines speziellen Bauwerks, welche die große Vielfalt von Einflüssen aufzeigt, die letztlich für die Gestalt eines Gebäudes verantwortlich sind.

Erik FORSSMAN: Säule und Ornament. Studien zum Problem des Manierismus in den nordischen Säulenbüchern und Vorlageblättern des 16. und 17. Jahrhunderts. Stockholm 1956.
Hervorragende Darstellung zur Theorie der Ausdeutung der verschiedenen Säulenordnungen, also etwa der Beimessung von Charaktereigenschaften, von religiösen oder politischen Verbindungen zu den Säulen und Dekorationssystemen.

Antonio HERNANDEZ: Grundzüge einer Ideengeschichte der französischen Architekturtheorie von 1560–1800. Diss. Basel 1965, Basel 1972.
Hervorragende Aufarbeitung des Themas.

Hermann HIPP: Studien zur „Nachgotik" des 16. und 17. Jahrhunderts in Deutschland, Böhmen, Österreich und der Schweiz. Diss. Tübingen 1974. 3 Bde. Hannover 1979.
Ausgezeichnete Darstellung nicht nur der im Titel genannten Form der Gotik, sondern ausführlichste Beschreibung und Interpretation der Theorien und Vorstellungen sowie der Bewertungen, welche die Architektur der Gotik und der Renaissance vom 16. bis ins 20. Jahrhundert erfahren haben.

Hans-Joachim KADATZ: Deutsche Renaissance-Baukunst von der frühbürgerlichen Revolution bis zum Ausgang des Dreißigjährigen Krieges. Berlin [Ost] 1983.
Umfangreiche Darstellung, nach Kunstlandschaften aufgebaut; innerhalb dieser nach Baugattungen. Sehr zahlreiche Abbildungen. Verbindet formale und künstlerische Entwicklungen mit den historischen und gesellschaftlichen Vorgängen.

Kurt MILDE: Neorenaissance in der deutschen Architektur des 19. Jahrhunderts. Dresden 1981.
Umfangreiche Darstellung aller Formen der Aufnahme von Renaissance bis zum beginnenden 20. Jahrhundert. Starke Betonung der politischen und sozialen Bedingungen; sehr ausführliche Bebilderung.

Sebastian MÜLLER: Kunst und Industrie. Ideologie und Organisation des Funktionalismus in der Architektur. München 1974.
Kritische Untersuchung der Arbeiten des Werkbundes und seiner wirtschaftlichen, politischen und sozialen Voraussetzungen.

Peter MURRAY: Architektur der Renaissance. Stuttgart 1975.
Überblicksdarstellung, die alle Länder umfaßt; informativer, leicht eingängiger Text mit sehr umfangreicher Bebilderung. Geht auf spezielle Fragen, wie die unseres Beitrages, nicht ein, man findet aber viele Beispiele beim Durchblättern.

Hartmut NIEDERWÖHRMEIER: Die deutschen Botschaftsgebäude, 1871–1945. Diss. Darmstadt 1977.
Baugeschichtliche Untersuchung.

Thomas NIPPERDEY: Nationalidee und Nationaldenkmal in Deutschland im 19. Jahrhundert. *Historische Zeitschrift* 206 (1968), S. 529–585.
Darstellung der Ideen, die zur Errichtung von Nationaldenkmälern und zum Bau von architektonischen Denkmälern führten, aus der Sicht eines Historikers. Ausgezeichnete Aufarbeitung vor allem der politischen Voraussetzungen. Die hier gezeigten Einflüsse sind weitgehend auf die großen Bauaufgaben des Staates übertragbar.

Jean Marie PÉROUSE DE MONTCLOS: L'architecture à la français. 16e, 17e, 18e siècle. Paris 1982.
Gute Darstellung der französischen Architektur des 16.–18. Jahrhunderts unter dem Aspekt nationaler Charakteristika.

Julius POSENER: Berlin auf dem Wege zu einer neuen Architektur. Das Zeitalter Wilhelms II. München 1979.
Ausführliche Darstellung vor allem auch der Strömungen, die im Kaiserreich neue Wege wiesen.

Christoph PRIGNITZ: Vaterlandsliebe und Freiheit. Deutscher Patriotismus von 1750 bis 1850. Wiesbaden 1981.
Ein ausführlicher Überblick über die literarischen, philosophischen und historischen Aspekte des Patriotismus. Gute Ergänzung zu den engeren kunstgeschichtlichen Arbeiten.

Christian SCHÄDLICH: Die Grundzüge der klassischen Architekturtheorie. Versuch einer Wertung an Hand der Schriften Leonhard Christoph Sturms. Diss. Weimar 1957.
Gründliche Darstellung der Architekturtheorie in Deutschland und Frankreich im 17. und 18. Jahrhundert.

Christoph SCHMID: Die Mittelalterrezeption des 18. Jahrhunderts zwischen Aufklärung und Romantik. Frankfurt 1979.
Literarhistorische Darstellung der Mittelalterrezeption.

Ulrich SCHULTE-WÜLWER: Die Bildenden Künste im Dienste nationaler Einigung. *Literaturwissenschaft und Sozialwissenschaft* 2 (1974), S. 273–296, 353–358.
Behandelt die „restaurative Verkehrung bürgerlich-emanzipatorischer Ansätze" am Beispiel der Nazarenerkunst, des Denkmals und der Wandmalerei im deutschen 19. Jahrhundert.

Paul ZUBEK: Leonhard Christoph Sturms deutsche Säulenordnung. *Nordelbingen* 40 (1971), S. 43–53.
Auseinandersetzung mit der mathematisch-regelhaften Baulehre des norddeutschen Klassizismus, die der Architekturtheoretiker und Baumeister STURM (1669–1719) entwickelte.

21. Stadtplanung zwischen Kunst und Politik

Wolfgang BRAUNFELS: Abendländische Stadtbaukunst. Herrschaftsform und Baugestalt. Köln 1979.
Allgemeine Einführung in die Stadtbaukunst. Nach den Funktionen der Städte (Bischofsstadt, Stadtstaat usw.) geordnet. Die wichtigsten Gestaltungsmittel der Stadtbaukunst werden am Beispiel aufgezeigt. Das Buch erhebt den Anspruch, die Baugestalt der Städte auf die jeweiligen politischen und sozialen Verhältnisse zu beziehen. Obwohl zuweilen unsystematisch und nachlässig in der Darstellung, kann das Buch doch einen ersten Überblick geben.

Leonardo BENEVOLO: Die Geschichte der Stadt. Frankfurt/New York 1983.
Allgemeine Einführung in die Geschichte der Stadt; besonderes Gewicht liegt auf den sozialen und wirtschaftlichen Aspekten des Städtebaus. Italien steht häufig zu sehr im Mittelpunkt.

Gerhard FEHL / Juan RODRIGUEZ-LORES (Hrsg.): Stadterweiterungen 1800–1875. Von den Anfängen des modernen Städtebaues in Deutschland. Hamburg 1983.
Erste systematische Darstellung der Stadterweiterungen in Deutschland 1800–1875. Alle wichtigen Aspekte werden in Einzelbeiträgen behandelt – von Bebauungsplänen bis hin zur Berliner Verkehrsplanung.

Pierre LAVEDAN: Histoire de l'urbanisme. (I) Antiquité, moyen âge. (II) Renaissance et temps moderne. (III) Epoque contemporaine. Paris 1926, 1941, 1952.
Grundlegender Überblick zur Stadtbaukunst durch den prominentesten einschlägigen Autor. In positivistischer Manier jedoch eher auf Dokumentation als auf Interpretation angelegt.

Lewis MUMFORD: Die Stadt. Geschichte und Ausblick. Köln/Berlin 1963.
Sachchronologischer und typologischer Überblick anhand von Einzelbeispielen.

Paris

Christian BEUTLER: Paris und Versailles. Stuttgart ^{2}1979.
Behandelt Geschichte, Architektur und Stadtbaukunst in Paris, zudem Skulptur, Malerei und Kunsthandwerk als Ausstattung sowie in den Museen. Als Reisehandbuch wie als Nachschlagewerk gleichermaßen geeignet.

Dieter KIMPEL: Paris. Führer durch die Stadtbaugeschichte. München 1982.
Bislang bester deutschsprachiger Überblick über die Geschichte und Stadtbaugeschichte von Paris. Weitgehende Berücksichtigung der politischen und sozialen Geschichte.

Hans SPECKTER: Paris. Städtebau von der Renaissance bis zur Neuzeit. München 1964.
Kurzgefaßter und präziser Überblick zum Städtebau von der frühen Neuzeit bis in die 1960er Jahre.

Berlin

Thomas BILLER / Wolfgang SCHÄCHE: Zur historischen Entwicklung der Südlichen Friedrichstadt. In: Internationaler engerer Wettbewerb Berlin. Südliche Friedrichstadt Wilhelmstraße. Internationale Bauausstellung Berlin 1987. Berlin, Mai 1981, S. 87ff.
Kurzer und präziser Überblick über die Geschichte der südlichen Friedrichstadt.

Eva und Helmut BÖRSCH-SUPAN / Günther KÜHNE / Hella REELFS: Berlin. Kunstdenkmäler und Museen. Stuttgart ^{2}1980.
Sehr sorgfältige und wissenschaftlich exakte Publikation (in der Form eines Inventars) über die Berliner Kunstdenkmäler. Die politische, soziale oder wirtschaftliche Geschichte wird nur am Rande gestreift.

Georg DEHIO: Handbuch der deutschen Kunstdenkmäler. Bezirke Berlin/DDR und Potsdam. Bearbeitet von der Abteilung Forschung des Instituts für Denkmalpflege. Berlin [Ost] 1983.
Gute Ergänzung zum Kunstführer von BÖRSCH-SUPAN / KÜHNE / REELFS; von gleichem Niveau.

Horant FASSBINDER: Berliner Arbeiterviertel 1800–1918. Mit einem Beitrag von Ingrid KRAU. Berlin 1975.
Überblick zur Geschichte der Berliner Mietskasernen, in dem ausführlich auf die wirtschaftlichen Ursachen eingegangen wird.

Johann Friedrich GEIST / Klaus KÜVERS: Das Berliner Mietshaus. Eine dokumentarische Geschichte der „von Wülcknitzschen Familienhäuser“ vor dem Hamburger Tor. Proletarisierung des Berliner Nordens und der Stadt im Übergang von der Residenz zur Metropole. Bd. 1: Zeitraum 1740–1862. München 1980.
Umfassender Überblick zur Bau- und Sozialgeschichte der Berliner Mietskaserne. Alle Aspekte des neuen Bautyps werden vor allem durch den Abdruck von Dokumenten erhellt.

Werner HEGEMANN: 1930. Das steinerne Berlin. Geschichte der größten Mietskasernenstadt der Welt. Berlin/Frankfurt/Wien 1963 (Erstveröffentlichung Lugano 1930).
Viele Bewertungen – wie beispielsweise die des Hobrecht-Planes – sind heute überholt. Als Überblicksdarstellung zur Geschichte Berlins ist das Buch aber aufgrund des engagierten Textes immer noch zu empfehlen.

Dieter HOFFMANN-AXTHELM: Das abreißbare Klassenbewußtsein. Gießen 1975.
Grundlegende Publikation zur Geschichte des Mehringplatzes. Die Lektüre des Buches wird leider durch die schwerverständliche Sprache erschwert.

Norbert HUSE: „Neues Bauen“ 1918 bis 1933. Moderne Architektur in der Weimarer Republik. München 1975.
Bester deutschsprachiger Überblick über die Geschichte des „Neuen Bauens“. Auch wenn das Schwergewicht auf den ästhetischen Zielsetzungen des „Neuen Bauens“ liegt, werden politische, soziale und wirtschaftliche Aspekte berücksichtigt.

Joachim PETSCH: Baukunst und Stadtplanung im Dritten Reich. Tradition / Bestandsaufnahme / Entwicklung / Nachfolge. München/Wien 1976.
Umfassender Überblick über die Architektur und den Städtebau des Dritten Reiches.

Angela SCHUMACHER: Otto Haesler und der Wohnungsbau in der Weimarer Republik. Marburg 1982.
Bislang beste Darstellung des sozialen Wohnungsbaus in der Weimarer Republik.

IV. Die abbildende Funktion von Kunst

22. Natur und Kunst im Mittelalter

Die Probleme, die in diesem Beitrag erörtert werden, gehen weit über den Rahmen einer kunstimmanenten Fragestellung hinaus. Es werden daher im Folgenden auch Titel genannt, die sich auf kulturgeschichtliche (insbesondere wissenschafts- und mentalitätsgeschichtliche) Aspekte beziehen.

Aaron J. GURJEWITSCH: Das Weltbild des mittelalterlichen Menschen. Mit einem Nachwort von Hubert MOHR. Dresden 1978 (jetzt auch München ^{3}1986).

Der Autor war früher Professor für Geschichte in Kalinin und ist jetzt Mitglied des Instituts für allgemeine Geschichte an der Akademie der Wissenschaften der UdSSR. Sein Buch ist eine der interessantesten Synthesen zur mittelalterlichen Kultur- und Bewußtseinsgeschichte. GURJEWITSCH hat eine Fülle von Forschungen aus den von ihm souverän überblickten Spezialgebieten der Literatur-, Sprach-, Kunst- und Geschichtswissenschaft verarbeitet. Sein Hauptinteresse konzentriert sich auf die mittelalterlichen Vorstellungen von Raum und Zeit. In diesem Zusammenhang erörtert er ausführlich die Naturauffassungen im Mittelalter (S. 43ff.).

Jacques LE GOFF: Kultur des europäischen Mittelalters. München/Zürich 1970. Mit 246 Abbildungen und 8 Farbtafeln, 71 Karten und Plänen.

Dieses umfangreiche Werk (875 Seiten), verfaßt von einem der führenden Vertreter der berühmten Historikerschule aus dem Umkreis der französischen Zeitschrift Annales, *untersucht einerseits die materielle Kultur (Technik und Wirtschaft), andererseits Denkmodelle, Weltbilder, Mentalitäten und Einstellungen der Menschen im Mittelalter. Es geht auch auf das Verhältnis des mittelalterlichen Menschen zur Natur ein. Das Buch eignet sich gut als Nachschlagewerk: ihm ist ein Lexikon beigegeben (S. 735–823), das Begriffe und Namen erläutert.*

Rolf SPRANDEL: Mentalitäten und Systeme. Neue Zugänge zur mittelalterlichen Geschichte. Stuttgart 1972.

Der Verfasser hat schon früh die Prinzipien der von französischen Historikern praktizierten Mentalitätsforschung aufgegriffen. In dieser Einführung in die mittelalterliche Kulturgeschichte befaßt er sich u.a. mit dem „primitiven Naturverständnis" (S. 24ff.) und mit der „Bemächtigung der Natur" (S. 57ff.). – Instruktiv ist auch sein Buch: Gesellschaft und Literatur im Mittelalter. Paderborn/München/Wien/Zürich 1982, *das ergänzend herangezogen werden kann (wichtig bes. S. 25ff.). Das Naturverhältnis wird dort S. 86ff. thematisiert. Das Buch enthält ein gut gegliedertes, 40 Seiten umfassendes Literaturverzeichnis zur mittelalterlichen Kulturgeschichte (S. 259–299).*

Zur Wissenschaftsgeschichte

Alistair C. CROMBIE: Von Augustinus bis Galilei. Die Emanzipation der Naturwissenschaft. München 1977.

Die Darstellung beruht zum Teil auf eigenen Forschungen; sie setzt aber keine besonderen Spezialkenntnisse voraus.

Eugenio GARIN: Geschichte und Dokumente der abendländischen Pädagogik. I: Mittelalter. Reinbek 1964.

Dieses Buch des italienischen Pädagogikhistorikers informiert im einleitenden Text ausführlich über Inhalte und Organisation des Erziehungssystems im Mittelalter. Im Anhang, aus dem wir zum Teil zitiert haben, sind Quellentexte aus dem mittelalterlichen Lehrbetrieb (mit deutschen Übersetzungen) abgedruckt.

Hans Joachim STÖRIG: Kleine Weltgeschichte der Wissenschaft. Bd. 1. Frankfurt 1982.

Leicht faßlicher Überblick über die Geschichte der Wissenschaften von der Antike bis zur frühen Neuzeit.

Zur mittelalterlichen Symbolik (Hermeneutik, sensus spiritualis)

Rosario ASSUNTO: Die Theorie des Schönen im Mittelalter. Köln 1963.

In gut lesbarer Form stellt der Verfasser die Probleme der mittelalterlichen Kunst- und Schönheitslehren dar. Dabei kommt er auch auf das Verhältnis von Kunst und Natur zu sprechen (z.B. S. 37ff.). Der Band enthält einen vorzüglich ausgewählten Textanhang.

Hennig BRINKMANN: Mittelalterliche Hermeneutik. Tübingen 1980.

Der Autor legt die Prinzipien der mittelalterlichen Zeichenlehre dar, die von zwei Bedeutungsebenen der Dinge ausgeht: der natürlichen und der geistlich-religiösen. In einzelnen Kapiteln werden unter anderem die Zahlen-, die Stein-, die Tier-, die Pflanzen- und die Architektursymbolik abgehandelt.

Friedrich OHLY: Schriften zur mittelalterlichen Bedeutungsforschung. Darmstadt ^{2}1983.

Wichtig in diesem Sammelband der Grundsätzliches entfaltende Aufsatz „Vom geistigen Sinn des Wortes im Mittelalter" (1958) (S. 1–31).

Zur Darstellungsmethode

Hans R. HAHNLOSER: Villard de Honnecourt. Kritische Gesamtausgabe des Bauhüttenbuches ms. fr. 19093 der Pariser Nationalbibliothek. Wien 1935.

Diese Monographie enthält sämtliche Zeichnungen des Bauhüttenbuches, die in einem Katalog ausführlich philologisch und ikonographisch erläutert werden.

Ulrike JENNI: Vom Musterbuch zum Skizzenbuch der Neuzeit. In: „Die Parler und der schöne Stil 1350–1400. Europäische Kunst unter den Luxemburgern". Ausstellungskatalog. Bd. 3. Köln 1978, S. 139–150.

Dieser Aufsatz informiert in gedrängter Form über die Geschichte und Funktion der Schema-Sammlungen und Skizzenbücher (mit Bibliographie).

Wichtige Quellentexte

Der Physiologus. Übertragen und erläutert von Otto SEEL. Zürich/München [4]1984.
HILDEGARD von Bingen: Naturkunde. Das Buch von dem inneren Wesen der verschiedenen Naturen in der Schöpfung. Nach den Quellen übersetzt und erläutert von Peter RIETHE. Salzburg [3]1980.

Aus diesen beiden Texten wurde in unserem Beitrag zitiert. Für HILDEGARD von Bingen wurde dabei die ältere Übersetzung in Johannes BÜHLER: Schriften der hl. Hildegard von Bingen, Leipzig 1922, zugrunde gelegt.

Weltliche und theologische Enzyklopädien des Mittelalters

Viele Quellentexte der Zeit in dem wichtigen Sammelwerk: J. P. MIGNE (Hrsg.): Patrologiae cursus completus. Series Latina. Paris 1844ff., 217 Bände, 4 Registerbände. (Abgekürzt: PL).

ALBERTUS MAGNUS (um 1193–1280, zeitweise Provinzial der Ordensprovinz der Dominikaner und Bischof von Regensburg, hauptsächlich Lehrer an der Universität zu Köln): Summa de creaturis (Summe über die Geschöpfe). Lateinische Ausgabe. In: Albertus Magnus: Opera omnia. Paris 1890/99, Bd. 34/35.

ALCUIN (ca. 730–804, Leiter der Hofakademie Karls des Großen): Grammatica. In: Migne PL 101, Sp. 849ff.

Ders.: Dialogus de Rhetorica et Virtutibus (Dialog über die Rhetorik und die Tugenden). In: Migne PL Bd. 101, Sp. 919–946.

ALEXANDER NECKHAM (1157–1217, Leiter der Schule von Dunstable): De naturis rerum (Über die Natur der Dinge). Lateinischer Text hrsg. von Th. WRIGHT. London 1863, Sp. 1–354.

THOMAS VON CANTIMPRÉ (oder Chantimpré, 1201–1263/80): Liber de natura rerum (bisher noch ungedruckt).

BARTHOLOMAEUS ANGLICUS (13. Jh.): De rerum proprietatibus (Über die Besonderheiten der Dinge). Nachdruck der Ausgabe von 1601: Frankfurt 1964.

CASSIODOR (1. Hälfte des 6. Jh.): Institutiones divinarum et saecularium artium. Lateinische Ausgabe von R. A. B. MYNORS. Oxford 1937. Engl. Übers.: An Introduction to Divine and Human Readings. Hrsg. von L. W. JONES. New York 1946.

HILDEGARD VON BINGEN (1098–1179, ab 1136 Vorsteherin der Nonnenkongregation auf dem Disibodenberg, später Äbtissin des Klosters auf dem Rupertsberg bei Bingen): Physica. Deutsche Übersetzung in Auswahl. In: J. BÜHLER (Hrsg.): Schriften der hl. Hildegard von Bingen. Leipzig 1922.

Dies.: Causae et Curae (Ursachen und Heilungen). Deutsche Übersetzung: Heilkunde. Hrsg. von H. SCHIPPERGES. Salzburg 1957.

Dies.: Liber Scivias seu visionum revelationum libri III (Wisse die Wege [des Herrn] oder Drei Bücher über Gesichte und Offenbarungen). Deutsche Übersetzung: Wisse die Wege, Scivias. Übersetzt von M. BÖCKELER. Berlin 1928 (Salzburg [3]1935).

HONORIUS AUGUSTODUNENSIS (ca. 1080–ca. 1137): Elucidarium sive dialogus de summa totius christianae theologiae (Elucidarium oder Dialog über die Gesamtheit der christlichen Theologie). In: Migne PL Bd. 172, Sp. 1109–1176.

Ders.: Imago mundi (Weltgeschichte). In: Migne PL Bd. 172, Sp. 115ff.

Ders.: Clavis physicae (Schlüssel zur Natur) (Auszug aus der Schrift des Johannes Scotus Eriugena, in Dialogform), bisher nicht gedruckt (siehe dazu: J. A. ENDRES: Honorius Augustodunensis, 1906).

HRABANUS MAURUS (784–856): De institutione clericorum (Über die Ausbildung der Kleriker).

Ders.: De rerum naturis seu De universo libri XXII (Über die Natur der Dinge oder Über das Universum in 22 Büchern). In: Migne PL Bd. 111, Sp. 9–614.

Ders.: Allegoriae in sacram scripturam (Allegorien nach der Heiligen Schrift). In: Migne PL Bd. 112, Sp. 849ff.

HUGO VON ST. VIKTOR (ca. 1097–1141, Leiter der Klosterschule von St. Viktor seit 1130): Didascalicon (Lehrbuch), Migne PL Bd. 176, Sp. 739–838. Deutsche Übersetzung: Das Lehrbuch. Übersetzt von A. FREUNDGEN. Paderborn 1896.

ISIDOR (570–636): Etymologiae. Lateinische Ausgabe von W. M. LINDSAY. Oxford 1911, Nachdruck 1962. Auch in: Migne PL Bd. 82, Sp. 72ff.

JOHANNES SCOTUS ERIUGENA (ca. 810–877, aus Irland, 847 Leiter der Hofschule Karls des Kahlen): De divisione naturae (Von der Einteilung der Natur). Übersetzt von L. NOACK (Philosophische Bibliothek. Bd. 86 und 87). Berlin 1870 und 1874.

KONRAD VON HIRSAU (ca. 1070–1150): Dialogus super auctores sive Didascalon (Dialog über die Autoren oder Didascalon). Lateinischer Text in: Programm des Kgl. alten Gymnasiums zu Würzburg für das Studienjahr 1888/89. Würzburg 1889. Auch: Edition von R. B. C. HUYGENS. Collection Latomus, XVIII, 1955.

MARTIANUS CAPELLA (5. Jh. n. Chr.): De nuptiis Mercurii et philologiae. Hrsg. von A. DICK. Stuttgart [2]1925.

THEOPHILUS PRESBYTER: Schedula diversarum artium. 1. Bd. Revidierter Text, Übersetzung und Appendix von Albert ILG. Nachdruck Osnabrück 1970 (Quellenschriften für Kunstgeschichte und Kunsttechnik des Mittelalters und der Renaissance. Bd. VII).

VINZENZ VON BEAUVAIS (gest. 1264, Erzieher und Bibliothekar am Hofe Ludwigs IX. von Frankreich): Speculum maius (bestehend aus Speculum naturale, doctrinale und historiale = die umfangreichste mittelalterliche Enzyklopädie, erste gedruckte Ausgabe: Straßburg 1473/76 u. ö.).

23. Der Renaissancekünstler als Wissenschaftler

Frederick ANTAL: Die florentinische Malerei und ihr sozialer Hintergrund. Darmstadt 1960.
Großangelegter Versuch, den anti-illusionistischen Stil der 2. Hälfte des 14. Jahrhunderts mit einem Wechsel der bürgerlichen Auftraggeberschicht in Florenz in Verbindung zu bringen. Durch neuere Fallstudien zum Teil widerlegt. Diese ergaben, daß die Festlegung von Gegenstand und Stil der zu malenden Bilder bis tief ins 15. Jahrhundert hinein nicht nur durch die bürgerlichen Geldgeber, sondern durch die jeweils zuständigen kirchlichen Instanzen erfolgte.

Michael BAXANDALL: Die Wirklichkeit der Bilder: Malerei und Erfahrung im Italien des 15. Jahrhunderts. Aus dem Englischen übersetzt von Hans-Günter HOLL. Frankfurt [2]1980.
Origineller, von vielseitiger Quellenkenntnis bestimmter Versuch, Stil und Vokabular von Bildern des 15. Jahrhunderts als Reflexe der Vorstellungs- und Verhaltensweisen des italienischen (florentinischen) Großbürgertums zu deuten.

Sigrid BRAUNFELS: „Der vermessene Mensch". Die Antike-Rezeption in den Wissenschaften während der Renaissance. Hrsg. von August BUCK / Klaus HEITMANN (Mitteilungen der Kommission für Humanismusforschung. X). Weinheim 1983, S. 51–74.
Knappe, auf den neuesten Forschungsergebnissen beruhende Darstellung der Proportionslehren der Renaissance.

Peter BURKE: Tradition and Innovation in Renaissance Italy. Fontana/Collins [2]1974.
Glänzende Einführung in die Sozialgeschichte der italienischen Kunst und Literatur von 1420 bis 1540.

Samuel Y. EDGERTON, Jr.: The Renaissance Rediscovery of Linear Perspective. New York/Evanston/San Francisco/London 1975.
In dieser vorzüglichen Darstellung der Geschichte der Linearperspektive werden zum erstenmal die fundamentale Rolle der mittelalterlichen Optik im allgemeinen und die Bedeutung von Roger BACONS Postulat einer künstlerischen Ausbildungsreform im besonderen angemessen berücksichtigt.

Sabine EULER-KÜNSEMÜLLER: Bildgestalt und Erzählung: Zum frühen Reliefwerk Lorenzo Ghibertis (Neue Kunstwissenschaftliche Studien. Bd. 10). Frankfurt/Bern/Cirencester (U.K.) 1980.

Die Dissertation behandelt vor allem GHIBERTIS erste Baptisteriumstür (1403–1424). Das Vierpaßrahmensystem wird darin zum erstenmal ausführlich mitberücksichtigt, allerdings unter rein formalen Gesichtspunkten.

Uta FELDGES: Landschaft als topographisches Porträt. Der Wiederbeginn der europäischen Landschaftsmalerei in Siena. Bern 1980.

Eindrückliche Darstellung der großen Neuerungen, die in der toskanischen Landschaftsdarstellung der 1. Hälfte des 14. Jahrhunderts erfolgten.

Creighton GILBERT: Peintres et menuisiers au début de la Renaissance en Italie. *Revue de l'art* (1977), S. 9–28.

Der wichtige Aufsatz zeigt anhand zahlreicher Dokumente, daß die italienischen Altarbildmaler bis über die Mitte des 15. Jahrhunderts hinaus zu den Produzenten der Retabelrahmen (Tischlern) in einer untergeordneten Beziehung standen.

Robert HERRLINGER: Geschichte der medizinischen Abbildung. Von der Antike bis um 1600. München ^{2}1967.

Standardwerk.

Richard KRAUTHEIMER / Trude KRAUTHEIMER-HESS: Lorenzo Ghiberti. Princeton, N. J. 1970, S. I–II.

Standardwerk über GHIBERTI. Das Problem des Rahmensystems der Baptisteriumstürreliefs ist allerdings ausgeklammert.

Millard MEISS: Painting in Florence and Siena after the Black Death: Arts, Religion, and Society in the Mid-Fourteenth Century. New York 1968.

Die Bedeutung des anregenden Buches liegt in der treffsicheren Charakteristik des „anti-illusionistischen" Stils und der in der 2. Hälfte des 14. Jahrhunderts in der Toskana herrschenden geistigen Strömungen. Verfehlt ist indes der Versuch, den ersteren aus einer durch die Katastrophen der vierziger Jahre provozierten weltanschaulichen Tendenzwende zu erklären. Zahlreiche, von MEISS nach 1348 datierte Bilder mit ausgesprochen anti-illusionistischer Tendenz sind nämlich – wie neuere Forschungen ergaben – höchstwahrscheinlich schon in der 1. Hälfte des 14. Jahrhunderts (und in dominikanischem Milieu) entstanden.

Erwin PANOFKSY: Die Perspektive als symbolische Form. Aufsätze zu Grundfragen der Kunstwissenschaft. Hrsg. von Hariolf OBERER / Egon VERHEYEN. Berlin 1980, S. 99–167.

Grundlegende Darstellung der Geschichte der Perspektive von der Antike bis zum 15. Jahrhundert. Nicht mehr haltbar indes der Versuch, die verschiedenartigen Raumdarstellungsformen als Ausdruck unterschiedlicher Sehweisen zu deuten.

Ders.: Die Entwicklung der Proportionslehre als Abbild der Stilentwicklung. Aufsätze zu Grundfragen der Kunstwissenschaft. Hrsg. von Hariolf OBERER / Egon VERHEYEN. Berlin 1980, S. 169–204.

Grundlegende Studie zur Geschichte der Proportionslehren.

Alexander PERRIG: Leonardo: Die Anatomie der Erde. Jahrbuch der Hamburger Kunstsammlungen 25 (1980), S. 51–80 (wiederabgedruckt als Supplement zum Ausstellungskatalog „Leonardo da Vinci – Natur und Landschaft: Naturstudien aus der Königlichen Bibliothek in Windsor Castle", Zürich/Hamburg 1983, München/New York 1983).

Versuch, die Landschaftsdarstellungen LEONARDOS (u.a. in der „Felsgrottenmadonna", der „Mona Lisa" und der „Anna Selbdritt") als Ausdrucksformen von dessen geologischen, hydrologischen und erdgeschichtlichen Vorstellungen zu erklären.

Ders.: Die theoriebedingten Landschaftsformen in der italienischen Malerei des 14. und 15. Jahrhunderts (in den Akten des Internationalen Symposions „Naturwissenschaft und Naturbeobachtung", Frankfurt, 16.–18. Juli 1984).

Der Aufsatz ist auszugsweise in unserem Beitrag wiedergegeben.

Ders.: Masaccios „Trinità" und der Sinn der Zentralperspektive. Marburger Jahrbuch für Kunstwissenschaft 21, 1986, S. 11–43.

Ausgehend von der Frage, warum das erste zentralperspektivisch konstruierte Monumentalbild (MASACCIOS Trinitätsfresko) ausgerechnet in der Dominikanerkirche Santa Maria Novella (Florenz), das heißt in der Kirche desjenigen Ordens gemalt worden ist, der den „franziskanischen" Illusionismus der 1. Hälfte des 14. Jahrhunderts strikt abgelehnt hat, versucht der Aufsatz die Bedingungen aufzuzeigen, unter denen sich BRUNELLESCHIS Erfindung der Linearperspektive im Bereich der religiösen Kunst durchzusetzen vermochte. – Der Aufsatz ist auszugsweise in unserem Beitrag wiedergegeben.

24. Die holländische Kunst des 17. Jahrhunderts

Clifford S. ACKLEY: „Printmaking in the Age of Rembrandt". Ausstellungskatalog. Boston, The Museum of Fine Arts, 1981.

Wichtigster neuerer zusammenfassender Beitrag zur holländischen Druckgraphik des 17. Jahrhunderts.

Svetlana ALPERS: The Art of Describing. Dutch Art in the Seventeenth Century. Chicago 1983. (Deutsch: Kunst als Beschreibung. Holländische Malerei des 17. Jahrhunderts, Köln 1985).

Eine originelle, sprachlich schwierige amerikanische Studie mit interessanten, zum Teil provokanten Thesen zur Deutung der holländischen Kunst unter wahrnehmungshistorischen Aspekten.

Kurt BAUCH: Der frühe Rembrandt und seine Zeit. Berlin 1960.

Rembrandt-Monographie mit wichtigen Kapiteln zur holländischen Fach- und Historienmalerei.

Wilhelm VON BODE: Die Meister der holländischen und vlämischen Malerschulen. Leipzig ^{4}1923.

Geschichte der bedeutendsten niederländischen Maler des 17. Jahrhunderts.

Christopher BROWN: Holländische Genremalerei im 17. Jahrhundert. München 1984.

Auf einer Ausstellung der Londoner National Gallery fußende Darstellung nach Themen und Themengruppen (Die Arbeitswelt, Häusliche Szenen, Erholung und Unterhaltung usw.), mit einem einleitenden Essay „Bildthemen und Sinngehalt".

Jacob BURCKHARDT: Über die niederländische Genremalerei. In: H. RITTER (Hrsg.): Jacob Burckhardt. Die Kunst der Betrachtung. Aufsätze und Vorträge zur bildenden Kunst. Köln 1984, S. 335–379.

Interessante Beobachtungen des großen Schweizer Kulturforschers aus der Vortragssammlung von 1844–1887.

„Gods, Saints & Heroes. Dutch Painting in the Age of Rembrandt". Katalog der Ausstellung in Washington, Detroit und Amsterdam 1980/81.

Mit wichtigen Beiträgen zur Historienmalerei des 17. Jahrhunderts in Holland.

Bob HAAK: Das Goldene Zeitalter der holländischen Malerei. Köln 1984.

Die umfassendste Buchveröffentlichung in deutscher Sprache zu diesem Thema, vorgelegt vom Direktor des Historischen Museums Amsterdam; arbeitet umfangreiches historisches und kunsthistorisches Faktenmaterial in die eher konventionelle, chronologisch aufgebaute Darstellung ein, die eher Daten aufreiht als interpretiert. Sie ist mit mehr als 1100 Abbildungen sehr reich illustriert.

„Von Frans Hals bis Vermeer. Meisterwerke holländischer Genremalerei". Ausstellungskatalog der Gemäldegalerie Berlin SMPK. Berlin 1984.

Großes internationales Ausstellungsunternehmen. Kompendium zur Genremalerei.

Eddy de JONGH: Zinne- en minnebeelden in de schilderkunst van de zeventiende eeuw. [o. O.] 1967.

Grundlegende ikonologische Studie zur Sinnbildlichkeit der holländischen Malerei des 17. Jahrhunderts.

Erik LARSEN: Calvinistic Economy and 17th Century Dutch Art (University of Kansas Humanistic Studies. 51). Lawrence (Kansas) 1979.

Wichtige Studie zum Zusammenhang von Calvinismus, Wirtschaftsleben und Kunstproduktion.

Eduard PLIETZSCH: Holländische und flämische Maler des 17. Jahrhunderts. Leipzig 1960.

Der Ergänzungsband von BODES „Meister der holländischen und vlämischen Malerschulen" stellt die dort nicht berücksichtigten Maler vor.

„Die Sprache der Bilder. Realität und Bedeutung in der niederländischen Malerei des 17. Jahrhunderts". Ausstellungskatalog. Herzog Anton Ulrich-Museum. Braunschweig 1978.

Ikonographische Untersuchungen der Gemälde der Braunschweiger Sammlung. Mit der deutschen Übersetzung von Eddy de JONGHS Einleitung zur Amsterdamer Ausstellung „Tot Lering en Vermaak", Amsterdam 1976.

Wolfgang STECHOW: Dutch Landscape Painting of the Seventeenth Century. London ^{2}1968.

Wichtigste zusammenfassende Darstellung der Landschaftsmalerei mit ihren zahlreichen Untergattungen.

Christian TÜMPEL: Rembrandt. Reinbek 1977.

Eine gut lesbare Monographie des Rembrandt-Spezialisten, mit interessanten Einblicken in das kulturelle Milieu Amsterdams.

25. Die englische Kunst des 17. Jahrhunderts

J. BURKE: English Art 1714–1800 (The Oxford History of English Art. Bd. 9). Oxford 1976.

Umfangreiche Gesamtdarstellung, mit theoretischem Interesse.

J. DOBAI: Die Kunstliteratur des Klassizismus und der Romantik in England. 3 Bde. Bern 1974–1977.

Ein schier unfaßbares Kompendium zur englischen Kunsttheorie. Alles, was überhaupt an Kunsttheorie und Ästhetik im englischen 18. Jahrhundert entstanden ist, ist hier referiert und mit vollständiger Bibliographie versehen – ein Steinbruch, der allerdings nicht der eigenen Lektüre enthebt.

„Zwei Jahrhunderte englische Malerei". Ausstellungskatalog. Haus der Kunst. München 1979/80.
Guter Überblick über die Breite der englischen Malerei. Stellt neben den berühmten viele hierzulande wenig bekannte Künstler vor. Bemüht sich nicht so sehr, die Eigenart der englischen Kunst zu betonen als vielmehr ihre Verflechtung mit der kontinentalen aufzuzeigen. Dieser Rettungsversuch der englischen Kunst für die europäische Malkultur führt gelegentlich zu falschen Gewichtungen.

M. D. GEORGE: London Life in the Eighteenth Century. Harmondsworth [3]1966.
Es gilt hier dasselbe wie für das Buch von TREVELYAN: immer noch ein absolutes Standardwerk. Im Gegensatz zu TREVELYAN jedoch sehr detailliert, mit einer Fülle von Fakten und von ungemeiner Quellendichte.

R. PAULSON: Emblem and Expression. Meaning in English Art of the Eighteenth Century. London 1975.

Ders.: Popular and Polite Art in the Age of Hogarth and Fielding (University of Notre-Dame. Ward-Phillips Lectures in English Language and Literature. Bd. 10). Notre Dame (Ind.)/London 1979.
Die wichtigsten Anstöße zu einer differenzierten Interpretation der englischen Kunst stammen zweifellos von dem Literaturwissenschaftler Ronald PAULSON. Seinen Ansätzen fühlen wir uns am ehesten verpflichtet. Ausgangspunkt eigentlich aller wichtigen Bücher PAULSONS ist die Zentralfigur der englischen Kunst: William HOGARTH. In der Tat ist nur von hier aus die sich im englischen 18. Jahrhundert vollziehende radikale Neubestimmung der Kunst zu verstehen.

G. M. TREVELYAN: Illustrated English Social History. Bd. 3: The Eighteenth Century. Harmondsworth [6]1968 (dt. Fassung als: Kultur- und Sittengeschichte Englands. Hamburg 1948).
Wenn auch in Teilbereichen inzwischen Korrekturen anzubringen sind, immer noch das absolute Standardwerk zur englischen Sozialgeschichte. Verfolgt die Entwicklung in großen Linien, so daß ein klares Bild der ineinandergreifenden Sozial- und Kulturbereiche entsteht.

E. K. WATERHOUSE: Painting in Britain 1530 to 1790. London 1953.
Kenntnisreiche Gesamtdarstellung aus der Pelican History of Art. WATERHOUSE darf als der *Kenner der englischen Kunst des 18. Jahrhunderts gelten.*

Ders: Three Decades of British Art 1740 to 1770. Philadelphia 1965.
Kurze, sehr lesenswerte Darstellung von Hauptströmungen der englischen Kunst zwischen 1740 und 1770. Souveräne Skizze aus der Fülle breitesten Wissens. Dringt allerdings zu eigentlich interpretatorischen Fragen nicht vor.

Hogarth als Maler von Conversation Pieces

R. EDWARDS: Early Conversation Pictures. London 1954.
M. PRAZ: Conversation Pieces. London 1971.
S. SITWELL: Conversation Pieces. London [2]1969.

Kneller

Lord KILLANIN: Sir Godfrey Kneller and his Times 1646–1723. London 1948.
J. D. STEWART: Sir Godfrey Kneller and the English Baroque Portraits. Oxford 1983.

Lely

R. B. BECKETT: Lely. London 1951.

Reynolds

E. H. GOMBRICH: Reynolds' Theory and Practice of Imitation. *The Burlington Magazine* 80 (1942), S. 40–45.
E. K. WATERHOUSE: Reynolds. London 1973.
E. WIND: Humanitätsidee und heroisiertes Porträt in der englischen Kultur des 18. Jahrhunderts. In: Vorträge der Bibliothek Warburg. Vorträge 1930/31. Leipzig 1932, S. 156–229.

Roubiliac

K. A. ESDAILE: The Life and Works of Louis François Roubiliac. London 1928.
M. WHINNEY: Sculpture in Britain 1530–1830. Harmondsworth 1964.

Thornhill

E. WIND: The Revolution of History Painting. *Journal of the Warburg and Courtauld Institutes* 2 (1938/39), S. 116–127.

Wright of Derby

B. NICOLSON: Joseph Wright of Derby. 2 Bde. London 1968.

26. Realismus

Klaus HERDING (Hrsg.): Realismus als Widerspruch. Die Wirklichkeit in Courbets Malerei. Frankfurt ^{2}1984.
Quellen und Analysen zur Kunst des französischen Realismus im 19. Jahrhundert.

Stephan KOHL: Realismus in Theorie und Geschichte. München 1977.
Allgemeiner Überblick, vorwiegend auf Literatur bezogen.

„Realismus zwischen Revolution und Reaktion 1919–1939". Ausstellungskatalog. Staatliche Kunsthalle Berlin. München 1981.
Überblick über die Entwicklung realistischer Kunst in Europa und den USA zwischen den beiden Weltkriegen.

Peter SAGER: Neue Formen des Realismus. Köln ^{4}1982.
Reiches Abbildungsmaterial zur realistischen und naturalistischen Kunst der Gegenwart.

27. Die Montage der Wirklichkeit in der Kunst

Ernst BLOCH: Erbschaft dieser Zeit (1. Aufl., Zürich 1935). Frankfurt 1962.
Beste und gedankenreichste Darstellung und Deutung der gesellschaftlichen und kulturellen Entwicklung der ersten Jahrzehnte des 20. Jahrhunderts im Hinblick auf Montage als Leitkategorie.

Lucien DÄLLENBACH / Christiaan L. HART NIBBRIG (Hrsg.): Fragment und Totalität. Frankfurt 1984.
Aufsatzsammlung mit Beispielen aus Literatur, Musik und Kunstgeschichte.

John HEARTFIELD: Der Schnitt entlang der Zeit. Dresden 1981.
Wichtige Dokumentation über HEARTFIELDS Konzeption der Montage.

Linda Dalrymple HENDERSON: The Fourth Dimension and Non-Euclidean Geometry in Modern Art. Princeton 1983.
Ausführliche Darstellung der Zusammenhänge zwischen neuen naturwissenschaftlich-mathematischen Begriffen und Erkenntnissen und der Avantgarde-Kunst 1900–1930.

Dieter HENRICH: Kunst und Kunstphilosophie der Gegenwart. In: W. ISER (Hrsg.): Immanente Ästhetik – Ästhetische Reflexion. München 1966, S. 11–32; S. 524–31.
Ausgehend von HEGEL, wird eine Kunsttheorie der Partialität, der Fragmentierung und Montage für die Moderne entwickelt.

Ansgar HILLACH: Allegorie, Bildraum, Montage. In: W. Martin LÜDKE (Hrsg.): Theorie der Avantgarde. Antworten auf Peter Bürgers Bestimmung von Kunst und bürgerlicher Gesellschaft. Frankfurt 1976, S. 105–142.
Entwickelt Walter BENJAMINS Surrealismus-Verständnis im Hinblick auf den Montage-Begriff.

Hans Heinz HOLZ: Kritische Theorie des ästhetischen Zeichens. In: Documenta 5. Kassel 1972, S. 1.1–1.86.
Kunsttheoretischer Überblick von der Romantik bis zur Documenta.

Aaron SCHARF: Art and Photography. Middlesex 1974.
Gute Zusammenstellung der Wechselwirkung von Kunst und Photographie.

Hans Jürgen SCHMITT: Die Expressionismusdebatte. Materialien zu einer marxistischen Realismuskonzeption. Frankfurt 1963.
Dokumentiert die Auseinandersetzung um die Montage zwischen Ernst BLOCH, Georg LUKÁCS und Bert BRECHT in den dreißiger Jahren.

Eckhard SIEPMANN: Montage: John Heartfield. Berlin 1977.
Wichtige Dokumente und Aufsätze nicht nur zu HEARTFIELD, sondern auch allgemein zu Bedeutung und Funktion der Montage.

Herta WESCHER: Die Collage. Köln 1968 (aktualisierte Sonderausgabe 1974).
Immer noch die umfassendste Darstellung aus kunstgeschichtlicher Sicht.

Verzeichnis der Museen und Kunstdenkmäler

Das folgende Register erfaßt die abgebildeten Werke nach Stand- bzw. Fundorten.

Verzeichnis der Personennamen

Kursive Seitenzahlen verweisen auf abgebildete Werke der betreffenden Künstler.

Glossar und Sachregister

Kursive Seitenzahlen verweisen auf Abbildungen.

Ablaßwesen: *446–449*

Absolutismus: 33, 377, 406, 408, 417f., 462, 517, 525, 527, 529, 536, 549

Acheiropoíeta (85, 129): nicht von Menschenhand gemachte Bilder, die angeblich auf übernatürliche Weise entstanden sind; nicht nur die Abdrücke Christi in Leichen- und Schweißtuch, sondern auch eine große Zahl von Bildern, die von der Natur, aus dem Wasser, aus Felsen und Bäumen usw., entspringen und wundertätige Wirkung haben. Ihre „wahre Form“ erzeugt die Formelhaftigkeit ihrer Nachbildungen in Ikonen. (Entsprechend *vera icon* (183): „wahres Abbild“.)

Akademie: s. unter *Kunst*

Allegorie (384, *393–397,* 435, 437f., 451, 454, 468, 471, 555, 558, 560, 564, 618, 633, 690): Einkleidung eines abstrakten Gedankens in eine bildhafte Darstellung: Tod als Sensenmann, Liebe als Amor usw.

Altar (1f., 4, 11, 17ff., 21, *90ff.,* 94f., 98–101, 111f., 117, 124, 128f., 130, *134–140,* 142, *144ff.,* 162, 164, 179, 286, 289, 305, 384, 427, 435, 446, 570, 572, 588, *592,* 716): nach dem lateinischen *altare* benannte tischartig erhöhte Opferstätte. Im frühen Christentum als Stätte des Abendmahls zunächst ein einfacher Tisch mit Tischplatte *(mensa)* und Stützen, dann ab 3. Jahrhundert sich steigernde Hervorhebung durch Verbindung mit Reliquien und Erhöhung, Abtreppung und Abgrenzung durch Altarschranken. Seit KONSTANTIN dem Großen teilweise durch ein auf Säulen gestütztes Dach überhöht *(Ziborium),* seit dem frühen Mittelalter zunehmend mit einem hinteren Aufsatz *(Retabel,* nach dem lateinischen *retrotabulum,* „Rückwand“) versehen, aus dem sich im Hochmittelalter der Flügelaltar entwickelt.
- Altarstaffel s. *Predella*
- Diptychon (133, 139f., *141f.*): zweiflügeliges Altarbild ohne feststehenden Mittelteil, das als Vorläufer der großen Altargemälde gilt.
- Flügelaltar/Triptychon/Polyptychon/Wandelaltar *92–95,* 100, 128, 133, *136–140,* 588, *681*

Antike: 28, 41, 47, 65, 69, 86, 107, 148, 158, 179, 183, 255, 317, 344, 357, 359, 369, 389, 397, 408, 413, 415, 464f., 474, 479, 490, 492f., 496, 498, 500, 504, 506, 518, 555ff., 561, 563, 567, 575, 595, 612, 614, 618, 636, 653, 672f., 678, 683, 685, 696, 702, 740

Appartement (-System) *(im Schloßbau):* 370, 381, 384, 387

Apsis: 108, *110ff.,* 120, 125, 127

Architektur: 9, *11–64,* 107, *110f.,* 113, 119, 125f., 153, 163, 191, 233, *253–264, 274–277,* 279, *307–318,* 323, 329, 331, *334–389,* 391, 406, *412, 417f.,* 448, *489–552,* 578, 715, 718, 726
- Architekt(enberuf) *44, 46ff.,* 51, 53, 60, 64, 254, 264, 267, 273, 276, 373f., 496, 498, 506, 508f., 513f., 522f., 525, 528–532, 549, 570, 580, 585
- architektonische Denkmäler s. *Denkmal: Denkmaltypen*
- Architekturzeichnung, Planzeichnung *47,* 51
- Fabrikarchitektur s.d.
- Ingenieurarchitektur s.d.
- Staffagearchitektur s.d.

Architrav (108, 373, 491): in der antiken Baukunst und den von ihr abhängigen Baustilen der Hauptbalken, insbesondere der auf den Säulen waagerecht aufliegende und den Oberbau tragende Balken.

Arkaden (49, 55, 60, 91, 108, 267, 317, 340f., 343, 345, 376, 381, 406, 524): Bogenstellung über Pfeilern oder Säulen. Auch Bezeichnung für einen einseitig durch Arkadenstellung geöffneten Gang (Bogengang).

Arkadien(mythos): 390, 413

Artes liberales, Sieben freie Künste (*557–560,* 566): die Disziplinen Grammatik, Rhetorik, Dialektik, Arithmetik, Geometrie, Musik, Astronomie, die nach antiker Tradition der freie Mann beherrschen soll – im Unterschied zur körperlichen Arbeit des Sklaven. Im Mittelalter wurden sie bestimmend für den Lehrplan der Schulen und Universitäten. Da die bildende Kunst nicht zu den Artes liberales gehörte, standen die Künstler ihrem gesellschaftlichen Rang nach auf derselben Stufe wie die Handwerker. Wenn die Künstler des 15. und 16. Jahrhunderts die Aufnahme der bildenden Kunst unter die Artes liberales wünschten, wollten sie also vor allem ihren eigenen sozialen Aufstieg erwirken.

Ästhetizismus, Ästhetismus (220, *233–252*): Gestaltung von Lebensform, Sozialethik, Religiosität und intimem Verhalten in erster Linie unter Schönheitsgesichtspunkten.
- ästhetische Funktion der Kunst s. unter *Funktion*
- (ästhetische) Norm 7, 252, 419

Attikageschoß (373): im 17. Jahrhundert in Frankreich entwickeltes niedriges und mit Fenstern versehenes Obergeschoß (vgl. Versailles, Gartenfassade).

Auctoritas(-Prinzip): 568f., 574

Aufklärung: 158, 234, 286, 527

Ausstellung, Kunstausstellung; Salon: 1, 162, *164–170,* 172, 176f., 204, 301; s. auch *Galerie* und *Kunst: Kunsthandlung*
- Salonbild *166ff.*

Bahnhof(shalle): 1, *255,* 533, 535, 543

Balustrade (375): aus Balustern (kleinen, untersetzten Säulchen) gebildetes Geländer an Treppen, Terrassen, Balkonen oder als Gebälkbekrönung am Dach.

Barock (106, 172, 256, 344, 373, 375, 388f., 406, 451, 511, 518–527, 534, 541, 628, 649): im 19. Jahrhundert zum Oberbegriff geworden für die gesamte Kunst des 17. und frühen 18. Jahrhunderts. Im Barock steht die in der Renaissance eingeleitete Entwicklung des Rückgriffs auf antike Formen, Proportions- und Kompositionsgesetze in Wechselwirkung mit einer Dynamik, die diese Formen und Proportionen zweckentsprechend verändert. Einzelformen, Flächen und Baukörper werden in Bewegungsabläufe eingespannt.

Basilika (54, *107–115,* 118, 120, 274, 355): Der christliche Kirchenbautypus „Basilika“ entwickelte sich aus römischen Versammlungshallen, wie Markt- oder Gerichtsbasiliken, in denen stets ein Bild des Kaisers stand (daher der Name „Basilika“, von griechisch *basileus:* „König, Herrscher“).

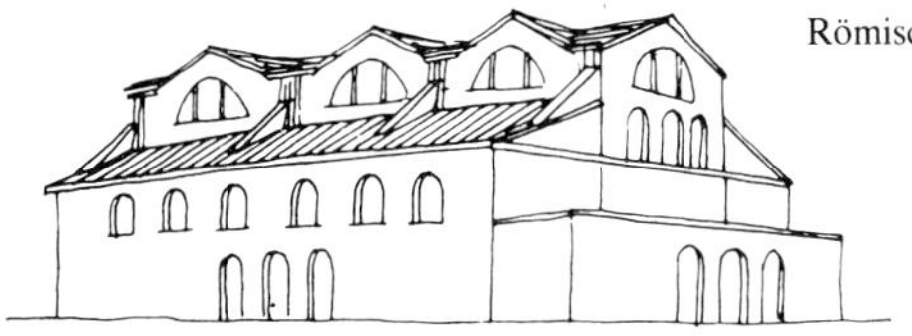

Römische Markthalle

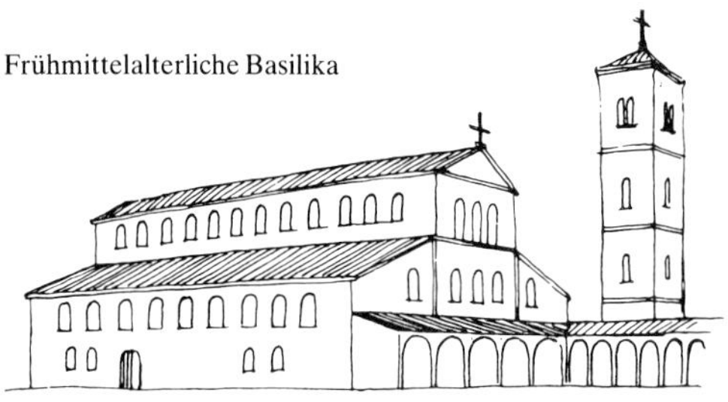

Frühmittelalterliche Basilika

Abb. aus: Tivadar ARTNER: Begegnung mit mittelalterlicher Kunst. Eine erste Einführung. Stuttgart 1968, S. 20 und 21.

Die älteste christliche Basilika, deren Gestalt uns bekannt ist, ist die unter KONSTANTIN dem Großen ab 313 errichtete römische Bischofskirche San Giovanni in Laterano. Es war ein in fünf Schiffe unterteilter, längsgerichteter Bau, dessen Mittelschiff höher und breiter war als die Seitenschiffe. In den frei hochragenden oberen Mauern des Mittelschiffes (= „Obergaden") befanden sich zahlreiche Fenster, die das Mittelschiff mit direktem Licht versorgten.

Die Mehrzahl der in den folgenden Jahrhunderten errichteten christlichen Kirchen wurde so oder ähnlich aufgebaut – meist mit drei, seltener mit fünf Schiffen. Diese Raumform wurde später von der Kunstgeschichte als architektonischer Typus „Basilika" definiert. Solche architekturtypologischen Begriffsdefinitionen waren der Spätantike und dem Mittelalter fremd.

Baufreiheit: 535f.

Bauhaus (253, *273–281*): 1919 als Zusammenlegung der ehemaligen Großherzoglichen Sächsischen Hochschule für bildende Kunst und der ehemaligen Großherzoglich Sächsischen Kunstgewerbeschule in Weimar entstanden. 1925 nach Dessau verlegt. Das Bauhaus wurde wegen seiner neuen künstlerischen Lehrmethoden und modernen Gestaltung weit über Deutschland hinaus richtungweisend. Ziele waren Klarheit, Sachlichkeit, Zweckmäßigkeit und Angleichung an Bedingungen der Technik. 1933 von den Nationalsozialisten geschlossen. Lehrer waren unter anderen: GROPIUS, MIES VAN DER ROHE, SCHLEMMER, KANDINSKY, KLEE, MOHOLY-NAGY (ab 1923), Marianne BRANDT, LINDIG, BREUER.

Bauhütte, Dombauhütte: 12, 24, 27, 30, 46, 325, 344, 350, 570

Bebauungsplan (536f., *539*, 542): verbindlicher Bauleitplan, der unter anderem die Lage sowie Art und Maß der Nutzung von Baugrundstücken in einem Baugebiet festlegt. Im 19. Jahrhundert beschränkte sich ein Bebauungsplan darauf, Fluchtlinien festzulegen, das heißt, öffentliche Verkehrsflächen in Form von Straßen und Plätzen auszuweisen und damit Grund und Boden für ein geplantes Straßennetz zu reservieren.

Beletage (frz: „schönes Stockwerk") (541): auch *étage noble* oder ital. *piano nobile* („vornehmes Stockwerk"). In mehrgeschossigen Bauten, insbesondere in Schloß- und anderen Repräsentationsbauten, das Stockwerk, das die repräsentativen Wohn- und Festräume enthält; in der Regel das erste Obergeschoß. Die Étage noble besitzt höhere Räume und wird an der Fassade durch die Auszeichnungsmotive der klassischen Architektur (z.B. durch eine Säulen- oder Pilasterstellung) kenntlich gemacht.

bene comune: s. *Gemeinwohl*

Bergentstehungstheorie: 594–600

Beton: 261, *483*, 715

Bettelorden (Mendikanten): 37, 53, 116; s. auch *Franziskaner* und *Dominikaner*

Bild

- Altarbild s. *Altar*
- Andachtsbild 128, 130, 139, 149, 157, 301, 741
- Bildepitaph *144f.*
- Bilderbogen *298f.*
- Bilderdruckerei s. *Imagerie*
- Bilderkult 80, *85–97*, 101, 106, 153
- Bildersturm, Bilderstürmer 80, 86, 97ff., *101–104*, 106, 153, 156, *452f.*; s. auch *Ikonoklasmus*
- Bild(er)verbot 82, 153, 604, 610
- Bildkritik, Kultbildkritik 80–86, *97–106*
- (Bild-)Programme, Bildsysteme der Monumentalmalerei *108–119*, 127
- Bildsatire *436ff.*, 442, 444, 446, 449f., *455f.*
- Galeriestück s. unter *Galerie*
- Glasbild s. *Hinterglasbilder; Malerei: Glasmalerei*
- Gnadenbild 129, 142, *300*
- Herrscherbild; Kaiserbild(nis), Kaiserbildopfer 80f., 84f., 359f., *426–434*, 524
- Hinterglasbilder s.d.
- Katakombenbild s. *Katakomben*
- monumentales Bild s. *Malerei: Monumentalmalerei*
- Mosaikbild s. *Mosaik*
- Predellenbild s. *Predella*
- Privatbild *(Entstehungsgeschichte) 139–149*
- Sammlerbild 128
- Stifterbild 128, 141, *144ff.*, 148, *623*
- Tafelbild s. *Malerei: Tafelmalerei*
- Tridentiner Bilddekret, Tridentinum 102f., 106
- Wandbild s. *Malerei: Wandmalerei*

Bischof: 15, 19, *31–34*, 36, 75, 77, 123, 307, 340, 345, 502

Bismarck-Türme: 479

Bogen: s. *Rundbogen; Spitzbogen*

bonum communis: s. *Gemeinwohl*

Boskett (406, 410f.): ausgegrenzter, meist viereckig geformter Hecken- und Waldbereich im barocken Park, dessen Außenseite durch Beschneiden architektonisch geformt wird, der im Inneren als Hohlraum ausgeschnitten und der wie ein Innenraum durch Wasserspiele und andere künstliche Elemente „möbliert" ist.

Botanik: 555, 563f.

Broletto: 339f.

Brunnen: 327, *329*, *353f.*, 361, 527f., 537, 539, 707

Burg: 13, 350, *367ff.*, 376f., 402

Cabinet: s. *Salle*

Candlelight Picture: *660ff.*

Chor: 13, *15*, 17f., 20, 23, 29, 33f., *39*, *41f.*, *50*, 116, 123, 256, 570

- Chorumgang 17, 23, *26*, *42f.*

Cloître: s. *Salle*

Cluniazenser: 13

Conversation Piece: 641f.

Dach:
- Dachformen (522):

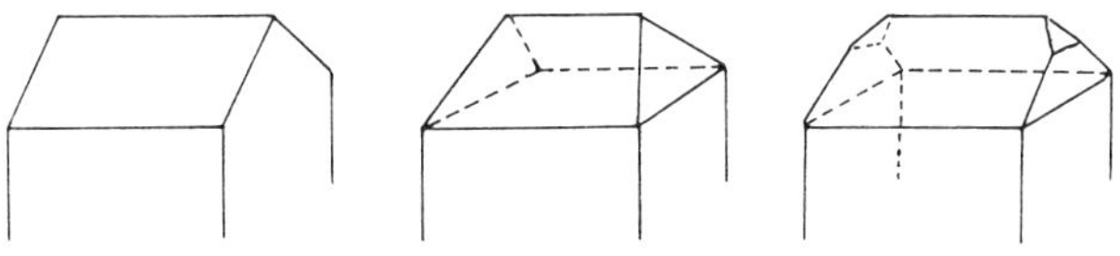

Satteldach Walmdach Krüppelwalmdach

- Dachgaupe s. *Gaupe*
- Dachtraufe s. *Traufe*

Dadaismus (714, *728–731,* 739): vermutlich vom Stammeln eines Kindes („Dada") abgeleitete Bezeichnung für eine künstlerische Bewegung, die in den Jahren nach 1916 in Europa und Amerika Verbreitung fand. Auslöser für die Gründung war die Erfahrung der mörderisch-sinnlosen Materialschlachten des Ersten Weltkrieges. Die Künstler empfanden den Widerspruch zwischen der Praxis des Lebens und der Schönheit der Kunst als unerträglich: Der Krieg zertrümmerte das Leben, und sie gingen daran, die Kunst bzw. die Kunstanschauungen zu zertrümmern. In Collagen *(724f.),* Fotomontagen (708, 735f.) und Ready-mades *(176f., 215–226,* 231), also Zusammenstellungen verschiedener vorgefundener Objekte aus unterschiedlichen Materialien zu einem Ensemble, montierten die Künstler Bruchstücke der als chaotisch empfundenen Wirklichkeit zu Gestaltungen, die das Chaos – als Chaos – verbildlichen sollten. In literarischen Zirkeln wurden Klangmontagen aus Lärm, Nonsense- und Lautgedichten aufgeführt. Die Dadaisten wollten natürlich auch schockieren; nicht Kunst, sondern Anti-Kunst machen, um die bürgerlichen, sinnentleerten Konventionen der Gesellschaft und der Kunst als solche bloßzustellen und anzuprangern. Die Hauptvertreter waren: Hans Arp (Zürich, Köln), Max Ernst (Köln), George Grosz, John Heartfield, Hannah Höch, Richard Huelsenbeck (Berlin), Kurt Schwitters (Hannover), Marcel Duchamp, Man Ray, Francis Picabia (New York).

Dalarna-Pferdchen: *294*

Dandy(ismus), Dandy-Mode (235, *237–241, 244,* 252): Der Dandy ist ein intellektueller Großstädter des 19. Jahrhunderts, der sein konsequent ästhetisch gestaltetes Auftreten demonstrativ gegen die Massenkultur, die „Amerikanisierung", das bürgerliche Geschäftsleben und gegen die polizeistaatliche Ordnung der Restaurationszeit inszeniert; mit antidemokratischer Haltung auch im 20. Jahrhundert.

Dekorum: 589

Denkmal: 4f., 65, 157, 254, 305, *329f.,* 408, 413, 417, *457–489,* 503, 520, 523ff., 529, 531f., 541, 643, 650
- abstraktes Denkmal *481–484,* 487, 489
- Denkmalbeschädigung 473
- Denkmaldemontage *473ff.*
- *Denkmaltypen im 19. Jh.:*
  - architektonische Denkmäler (insbesondere deutsche Nationaldenkmäler) *458, 466,* 468, *471, 478ff., 505*
  - Reiterstandbilder 327, *329f., 333,* 474, *476, 522,* 525
  - Standfiguren *461, 464, 467, 469, 472,* 474, *478,* 481, *485f.*
  - Thronbild 474, *477*

Design, Industriedesign: 253, 274, *277–279,* 740
- Mailänder Radikales Design *280f.*

Deutscher Werkbund (262, *268–273,* 513ff.): 1907 gegründeter Zusammenschluß von Künstlern, Handwerkern, Kaufleuten und Industriellen. Sein programmatisches Ziel war es, das Entwerfen, die Herstellung und den Vertrieb von Gebrauchsgegenständen voranzutreiben, die zugleich praktisch, funktional, schlicht, formschön und vor allem preisgünstig sein sollten. Der Werkbund organisierte Ausstellungen, die – wie die „Deutsche Werkbundausstellung" 1914 in Köln oder „Die Wohnung" 1927 in Stuttgart am Weißenhof – einer breiten Öffentlichkeit neue Modelle des Industrie-Designs und der Architektur vorstellten. Der Werkbund wurde 1934 aufgelöst und 1945 neu gegründet.

Dienst (26, 28, 42, 44, 49, 71): in der gotischen Baukunst lange, „dienende" Säule, die den Druck von Gewölberippen aufnimmt. Zu Beginn der Gotik meist als dünne röhrenartige Einzelform gebildet, seit ca. 1230 immer stärker mit dem Pfeilerkern zu einer gemeinsamen Form verschliffen. Man unterscheidet dicke „alte Dienste" und dünne „junge Dienste".

Diptychon: s. unter *Altar*

Disegno (189, 191): Zeichnung, Entwurf; in ihm äußert sich die künstlerische Idee am unmittelbarsten. Die Erfindung in der Zeichnung ist nach klassisch-idealistischer Theorie der eigentliche künstlerische Akt.

Dombauhütte: s. *Bauhütte*

Dominikaner(orden) (Predigerorden): 37, 53, 117, 138, 575, 584ff., 595

„Domino-System", Haustyp „Domino": *275f.*

Domkapitel, Kapitel: 16, 18, 22, 33–36

Druckgraphik: s. unter *Graphik*

Eingangswand *(im Kirchenbau): 112f.,* 119, 125

Eisenkonstruktion: *254f.,* 258, 261, *484,* 715

Emblem, Emblematik *(181f.,* 454, 631f., 636, 653, 715): Sinnbild, Sinnbildkunst. Ein Emblem, ursprünglich eine sinnbildliche Metallverzierung, später ein Sinnbild schlechthin, besteht in seiner vollständigen Form aus dem Motto oder der Devise, gleichsam dem „Titel" der Darstellung, der Darstellung selbst und dem Epigramm, das in dichterischer Form den Sinnbildgedanken erläutert oder neue Gedanken aus ihm ableitet.

Empiriokritizismus: 720

En-délit *(41f.,* 44): „entgegen der Bettung" senkrecht aufgestellte Steine (Orthostate); eine vor allem zwischen 1150 und 1250 geschätzte Technik.

Englische Kunst: *637–673*

Enzyklopädie: 557, 561, 567

Eselsfest: *21*

Etage noble: s. *Beletage*

Etoile (frz.: „Stern") (406, 527): kreisrunde Platzform, von der sonnenähnlich Alleen und Wege ausstrahlen; im Barockgarten und in der barocken Stadtplanung üblich.

Expressionismus (lat. *expressio:* „Ausdruck") (720, *726ff.,* 739): Richtung der bildenden Kunst, Literatur und Musik, etwa von 1910–1925. Sowohl im Selbstverständnis der Künstler als auch in der Geisteswissenschaft bleibt der Begriff umstritten. Er wird künstlerisch zumeist als Reaktion gegen die betont materielle Wirklichkeitsnachbildung (im Naturalismus) und die bloße Nachahmung äußerer Eindrücke (im Impressionismus) gebraucht. Man schreibt dem Expressionismus das Ziel zu, innerlich geschaute Wahrheiten und seelische Erfahrungen des Ich durch Sprengung der herkömmlichen künstlerischen Gestaltungsmittel auszudrücken: Verzicht auf gegenständliches Abbilden, Betonung elementarer großflächiger Farbwirkungen mit bewußt emotionaler Komponente. Begründer: Cézanne, van Gogh, Munch, Hodler und

GAUGUIN. Künstlervereinigungen: *Brücke, Fauves, Blauer Reiter.* Impulse für alle folgenden Bewegungen der eigentlichen Moderne: Futurismus, Kubismus, Surrealismus.

Fabrikarchitektur, -bau: 253, *257–261, 263, 266f., 274 bis 277, 515*

Fauvismus (nach frz. *les fauves*: „die Wilden") *(208f.)*: 1905 entstandene Malergruppe um Henri MATISSE. Das wichtigste Gestaltungsmittel in der fauvistischen Malerei ist ähnlich wie im deutschen Expressionismus die reine, durch ungewohnte Kontrastwirkungen gesteigerte Farbe, die ohne Modellierung und mit spontanem Pinselstrich aufgetragen ist, um eine möglichst direkte Übersetzung von Empfindungen im Gemälde zu erreichen.

Fensterrose: s. unter *Kathedrale*

Feudalzeitalter: 30, 32f., 36, 38, 46, 48f.

Fiale (58, 60, 64, 77, 138): schlankes, spitz auslaufendes Türmchen; als Flankierung des Wimpergs und Bekrönung von Strebepfeilern (Strebewerk) in der gotischen Architektur.

Film; Kinematografie: 553, 711, 715, *727*

Fin de siècle (frz.: „Ende des Jahrhunderts") (241): künstlerisch-literarische Bewegung um die Wende vom 19. zum 20. Jahrhundert, die in verschiedenen Stilrichtungen als gemeinsames Merkmal eine sensible Überfeinerung und melancholische Lebensabscheu aufweist.

Flächennutzungsplan (549): vorbereitender Bauleitplan, der in den Grundzügen die Art und das Maß der Nutzung aller Flächen in einem Gemeindegebiet für einen Zeitraum von 10 bis 15 Jahren darstellt (z.B. Art und Maß der Nutzung von Bauflächen, Standorte für Einrichtungen der Infrastruktur, das Netz der Hauptverkehrsstraßen sowie land- und forstwirtschaftliche Flächen).

Flaneur (221f., 224, 717): Typ des Müßiggängers in den Pariser Passagen Mitte des 19. Jahrhunderts. Das Flanieren als öffentliche Demonstration melancholischer Langeweile unter der Aufsicht der Restaurationspolizei war eine Form von ästhetischer Opposition gegen die Unproduktivität, zu der sich die zeitgenössische Intelligenz mit ihren besten Kräften verurteilt sah. Der Flaneur kultiviert die Rolle des stummen, wissenden Beobachters.

Flucht(linie, Baufluchtlinie) (536, 545): Linie, die insbesondere die Abgrenzung der Straßen und Plätze von den übrigen Flächen und vor allem von den Baugrundstücken festlegt. Durch die Fluchtlinie wurde die vordere Gebäudekante bestimmt, die entweder direkt auf die Straßengrenze fiel oder eine mehr oder weniger breite Fläche als Vorgarten frei ließ.

Flugblatt, Flugschrift: 427, 439, 441, *443–446, 448ff., 452f.*, 631, 692f.

Fotografie: 5, 204, 279, 301, 553, 709, 711, 714f., 727f., 735
- Chronofotografie 206, *208*
- Fotomontage 708, 735f.

Franziskaner (Minoriten): 37, 53, 116f.

Französische Revolution: 55, 106, 159, 176, 200, 305, 419, 434f., 438, 474, 502, 527, 529

Fresko: s. *Malerei: Wandmalerei*

Funktionsbegriff, -frage, -fragestellung, funktionsgeschichtlicher Ansatz: 1–7, 16, 49, 79, 107, 125f., 129, 142, 146, 148, 157, 201, 367, 517, 673, 740–743
- Funktionsgeschichte 3f.
- *Funktionsformen der Kunst:*
  - religiöse Funktion 6, *9–149*, 153, 162, 182, 740, 743
  - ästhetische Funktion 6f., 128, *151–303*, 740
  - politische Funktion 6, *305–552*, 740
  - abbildende Funktion 6, *553–739*
- Funktionswandel 4f., 7, 11, 16f., 367, 406, 418, 572, 626, 638, 653, 741ff.

Funktionalismus (365): Strömung in der neueren Architektur, bei der die Form von Bauwerken und Gebäudeeinrichtungen vorwiegend aus der praktisch-nützlichen Funktion abgeleitet wird.

Futurismus (161, 164, 206, 245, 249, 707, 714, 720, *725f.*, 728): Richtung der modernen Kunst, die im wesentlichen auf Italien beschränkt blieb, aber in der ganzen westlichen Welt Beachtung und Einfluß fand. In der Dichtung und in der Malerei forderten die Futuristen seit 1909 (CARRÀ, BOCCIONI, SEVERINI) eine völlige Abkehr vom Herkömmlichen. Schlagwort: „Ein Sportwagen ist schöner als die Nike von Samothrake." In der Malerei des Futurismus ist die gleichzeitige Darstellung sowohl räumlich wie zeitlich getrennter Zustände der eigenen Erlebniswelt und der Außenwelt typisch.

Galerie
- *im Gartenbau:* s. *Salle*
- *im Kirchenbau:* s. unter *Kathedrale*
- *im Schloßbau: 370–373*, 381, *384f.*, 527

Galerie *(private Kunstgalerie)*: 170, 172, 177, 742
- Galeriestück, „Gemalte Galerie" (*154ff., 166, 168*, 610): Gemälde, auf dem eine Kunst-Sammlung oder Kunst-Handlung gezeigt wird; wichtige Quelle für den zeitgenössischen Umgang mit Bildern.

Galerie (= *Museum*): s. *Museum*

Gänsefuß *(Patte d'oie)* (412): dreistrahliges Alleensystem, bei dem die Alleen in einem Punkt zusammenlaufen. Übliche Gliederungsform im Barockgarten, auch in der barocken Stadtplanung.

Garten; Park: 153, 157, 305, 330, 340, 373, 376f., 379f., 382, 384, 387, 389–391, 400, 402, *406–418*, 518
- Barockgarten 391, *406–409*, 416, 418
- Gärten im gemischten Stil 416
- „Gartenrevolution" 391, 406, *408–416*
- Landschaftsgarten (englischer Garten) 390f., 406, 408, 410, *412–418*
- Volkspark 408, *416ff.*

Gaupe (523): in das Dach eines Bauwerks eingefügtes Fenster mit eigener Bedachung.

Gebrauchsgegenstände, Dinge des täglichen Gebrauchs, Produkte: 9, 212, 253, *261f.*, 268f., 273, *278f.*

Gemeinwohl, allgemeines Wohl, bene comune, bonum communis: 116, 420f., 423, 435, 636

Genre(bild, -malerei) (166, *606*, 611, *614ff.*, *618ff.*, 627, 638, 647, *653–660*, 693): Der Begriff „Genre" wurde durch die Kunstkritik des 18. Jahrhunderts geprägt. Die Kunstwissenschaft nimmt ihn um die Mitte des 19. Jahrhunderts in ihre Fachsprache auf. Franz KUGLERS *„Handbuch der Kunstgeschichte"*, das Jacob BURCKHARDT 1848 in der zweiten Auflage überarbeitete, definiert: „Das Genre macht die Zustände des gewöhnlichen Verkehrs der Menschen zum Gegenstande der Darstellung. Die vorzüglichsten Leistungen gehören den Niederlanden an. Hier unterscheiden wir zwei Hauptrichtungen der Genremalerei. Die eine faßt die Zustände des gemeinen Lebens in ihrer derben Ungebundenheit auf, behandelt dieselben zumeist mit geistreich keckem Pinselspiel und neigt zum Komischen. Die andere Richtung hat es mit denjenigen Zuständen zu tun, in denen das Gesetz der Sitte waltet. Die Bilder werden hier mit liebevoller Sorgfalt und Genauigkeit ausgeführt."

George-Kreis: 238, 245, *247–252*

Gesamtkunstwerk: 9, 245, 262, *307–333*

Gewölbe: 24f., 28, 36, 38, 49, 62, 119, 255, 315, 498
- Kreuzrippengewölbe 16, 24, 498

Glas:
- Glasmalerei 28, 119, *123–127*
- Hinterglasbilder s.d.

Glücksrad: *442, 444*

Goldener Schnitt (665) : geometrische Teilung einer Strecke in zwei ungleiche Teile, wobei sich der kleinere Teil zum größeren verhält wie der größere zur ganzen Strecke. Zur strikten Anwendung kommt dieses Prinzip in der Kunst nicht sehr oft – Beispiele aus der Antike und der Renaissance ließen sich nennen –, dennoch ist der Punkt, an dem sich auf einem Bilde die waagerechte und senkrechte Linie im Verhältnis des Goldenen Schnittes schneiden, aufgrund ästhetischer Konvention oft ein kompositorischer Orientierungspunkt.

Gotik: 9, 11f. *(Definition),* 16f., 28, 34, 41, 44, 46, 49, 53, 73, 344, 502, 504, 511, 742
- Backsteingotik *348f.*
- gotische Bauproduktion *38–49*
- Neugotik, neugotischer Stil *259,* 264, 268, 505
- Rayonnant-Gotik *51ff.*
- Spätgotik 53, 350f., 357
- – spätgotischer Realismus 96, 680
- Verhältnis Gotik/Romanik 13

Graphik: 157, 163, *187, 191f., 196, 198, 200, 202, 236, 298, 302f., 401, 435ff., 439, 442f.,* 446, *456, 569, 571,* 604, *613,* 619, *622, 633f., 646,* 653, *655, 657ff., 669f.,* 672, *698,* 708, *735*
- Druckgraphik *237, 298ff., 302f., 401, 435ff., 439, 442f., 612f.,* 619, *622, 633, 646, 655, 658f., 670, 698*

Habitus (248ff.): eigentlich „Erscheinungsbild"; in den Symboltheorien von Erwin Panofsky (*„Gothic Architecture and Scholasticism",* 1951) und Pierre Bourdieu (*„Zur Soziologie der symbolischen Formen",* 1970) Inbegriff einer dem Künstler nicht bewußten Einstellung, die durch kollektive Kräfte des Zeitalters und der Gesellschaft (z.B. Bildung) geprägt ist. Der Habitus repräsentiert dieser Theorie zufolge das Allgemeine im einzelnen Individuum und bringt es durch dessen subjektive Praxis zur Geltung.

Hausierer, Hausierhandel: 282, 287, 302

Herbarien: 563f.

Herrscher: s. *Bild: Herrscherbild; Verkleidung*

Hinterglasbilder, Hinterglasmalerei (*282–287,* 295, 298, 302, 742): auf der Rückseite einer Glasscheibe seitenverkehrt vorgenommene Malweise. Im 16. Jahrhundert besonders bei Andachtsbildern verwendet; lebte vor allem in der „Bauernmalerei" des 18. Jahrhunderts fort; wurde im Expressionismus von Kandinsky, Marc u.a. wiederaufgenommen.

Historie(nmalerei): *605, 611,* 614, 624, 627, 629, 637f., 645, *647–652,* 660, 692f., 705

Historismus: 163, 268f., 271, 276, 363, 416, 506f.

Hobrecht-Plan: 542f.

Hochhaus: *363ff.*

Hochschiffwand(dekoration): *108–111,* 125

Holländische/niederländische Kunst: 454, *604–636*

Holzschnitt (*237,* 298, 300, 400, 402, *439, 441ff.,* 445, 453, 701): Auf eine glattgehobelte Holzplatte wird eine Zeichnung übertragen. Alle Stellen, die nicht drucken sollen, werden mit Schneidemessern und Hohleisen weggeschnitten. Es handelt sich also um ein Hochdruckverfahren: nicht die ausgehobenen Furchen, sondern die stehengebliebenen Stege geben beim Druckvorgang die Farbe auf das Papier ab. Die Technik, mit Holzmodeln auf Stoff zu drucken, wurde schon im Altertum angewendet. Gegen Ende des 14. Jahrhunderts entstanden die ersten Drucke auf Papier. Der Holzschnitt wurde im Verlaufe des 15. und frühen 16. Jahrhunderts, in Kombination mit dem Buchdruck, zu einem Medium der Volkserziehung und, während der Reformationszeit und der Bauernkriege, auch der herrschaftskritischen politischen Propaganda. Viele bedeutende Maler des 16. Jahrhunderts – so Albrecht Dürer, Lukas Cranach, Hans Baldung Grien – haben Holzschnitte geschaffen. Im 19. Jahrhundert wurde der Holzschnitt als populäres Illustrationsmedium von anderen Techniken abgelöst. Die Künstler des späten 19. und frühen 20. Jahrhunderts, vor allem die Expressionisten, brachten die künstlerische Technik des Holzschnittes zu neuem Ansehen.

Idealismus: 451, 675, 678–689, 692f., 702, 704

Idol(atrie) (741): Ein *Idol* ist ein Kultbild (meist Skulptur), in dem eine Gottheit als real anwesend erachtet wird. Ihm wird daher *Idolatrie* (Götzendienst, Bildverehrung) in verschiedenen Formen, wie Opferdarbietung, Kniefall, Fußkuß usw., entgegengebracht.

Ikone (133ff.): in der griechisch-orthodoxen Kirche das Tafelbild im Unterschied zum Wandgemälde. Die Ikone stellt meist heilige Personen dar und ist in diesem Fall Gegenstand der Verehrung.

Ikonographie, ikonographische Deutung, Ikonologie (3, 96, 102, 223, 372, 406, 632): in der Kunstgeschichte die Lehre vom Inhalt und Sinn bildlicher Darstellungen, besonders der christlichen Kunst. Seit dem 19. Jahrhundert eigenständiger, später durch Aby Warburg und Erwin Panofsky vertretener Forschungsbereich der Kunstgeschichte.

Ikonoklasmus (85f., *97–100,* 102): griechische Bezeichnung der Zerstörung der religiösen Bilder im byzantinischen Bilderstreit des 8./9. Jahrhunderts. Danach Begriff jedweder Vernichtung von Kunstwerken durch Bilderstürmer (Ikonoklasten). Er suggeriert eine oftmals falsche Vorstellung vom Ablauf der Bildvernichtung. Die Formen, in denen die Kirchen von den Bildern gereinigt wurden, reichten von revolutionär-erregten Vernichtungsaktionen bis zum ordnungsgemäßen Abhängen seitens der verantwortlichen Obrigkeit.

Illusionismus: 575, 586

Illustration: 422f., 439, 555, *562, 566,* 568

Imagerie: *298–301*

Immissionstheorie (586): eine der beiden in der antiken und mittelalterlichen Optik geläufigen Hypothesen über die Herkunft der „Sehstrahlen". Sie besagt, daß die Sehstrahlen von dem jeweils gesehenen Gegenstand ausgehen. Die gegenteilige, *Emissions-* oder *Extramissionstheorie* genannte Hypothese läßt die Sehstrahlen vom Auge ausgesendet werden.

Impressionismus (211, 714f., 717, 720, 739): Richtung der neueren Malerei, die sich im letzten Viertel des 19. Jahrhunderts in Frankreich durchsetzte. In der ersten öffentlichen Ausstellung der Impressionisten, 1874 im Atelier des Fotografen Nadar, hing Monets Bild *„Impression, soleil levant",* nach dem der Ausdruck „Impressionismus", zunächst als Spottname, geprägt wurde. Die Künstlergruppe, zu der unter anderen Monet, Manet, Degas, Renoir, Pissarro, Sisley und Bazille gehörten, hatten sich vom Akademiebetrieb abgewandt, dessen Ausbildungswesen in erster Linie das Studium der alten Meister vorschrieb. Die genannten Maler bevorzugten das Studium nach der Natur bzw. das Malen in der Natur (Freilichtmalerei). Sie versuchten, den unmittelbaren optischen Eindruck zufälliger Ausschnitte der Wirklichkeit wiederzugeben. Dabei ging es ihnen nicht darum, die Gegenstände so zu malen, wie sie ihrem Wesen nach sind, sondern so, wie sie im Augenblick des Gemaltwerdens erscheinen. Scharfe Konturen und fest begrenzte Lokalfarben werden in der farbigen Gesamterscheinung des Bildes aufgelöst. Die Maler verwendeten helle, kräftige, meist reine Farbtöne, die nicht auf der Palette gemischt, sondern auf der Leinwand so nebeneinander gesetzt wurden, daß der gewünschte Ton, allerdings erst aus einiger Entfernung, durch „optische Vermischung" im Auge des Betrachters entsteht. Die Bilder zeigen vorwiegend die heitere Seite des Stadt- und Landlebens. – In Deutschland fand der Impressionismus in den achtziger und neunziger Jahren des 19. Jahrhunderts einige bedeutende Anhänger, wie Liebermann, von Uhde, Trübner, Slevogt und Corinth.

Infrastruktur: 518, 535f., 543

Ingenieurarchitektur, -bau, -konstruktion: *253–261*

Inventio(-Prinzip): 569

Joch (frz. *travée)* (13, 23f., 49, 317): Gewölbeeinheit, zwei gegenüberliegende Wandabschnitte umgreifend; ähnelt einer Baldachinform.

Jugendstil *(art nouveau)* (241, 252, 271, 513): Stilbewegung der europäischen Kunst von etwa 1895 bis zum Ersten Weltkrieg. Der Name rührt von der ab 1896 in München erscheinenden Zeitschrift *Jugend* her. Der Jugendstil wandte sich programmatisch gegen den vorherrschenden Historismus, die Nachahmung historischer Stilarten in Kunst, Kunstgewerbe und Architektur, insbesondere in bezug auf das Ornament. Die Stileigentümlichkeiten des Jugendstils sind die Bevorzugung pflanzlicher Ornamentik und ihres Schwunges, die Betonung des flächenhaften Elementes und der durchgreifende, das heißt alle Teile eines Gegenstandes erfassende Gestaltungswille. Der Jugendstil war eine der wichtigsten Grundlagen für die moderne Kunst.

Kapelle *(als eigenständiger Bautyp): 51ff.*, 98, 101, 141

Kapitel: s. *Domkapitel*

Kapitell (13, *26ff., 44,* 65, 315, *491, 499–502*): oberster, plastisch ausladender Teil („Kopf") von Säule, Pfeiler oder Pilaster, auf dem das lastende Bauelement aufliegt.
- Knospenkapitell *26ff.*

Karikatur: *192–199,* 201, 423, *437f.,* 449f., 638, 653, *669–673,* 693, *698,* 701

Katakombenbilder, Katakombenmalerei: *82f.*

Katharer: 37, 101

Kathedrale (griech. *kathedra:* „Sitz", „Bischofsstuhl") (9, *11–30, 33–39,* 41, 43, *47–51,* 53–55, *57–66, 68–75,* 78, 92, 101, 107, 123ff., 129f., 157, 162, 185, 248, 256, 305, 344, 350, 368, 502, 558, 616, 718f.): Bischofskirche. Die deutschen Bezeichnungen „Dom" oder „Münster" decken sich nicht genau mit dem besonders in Frankreich, Spanien und England üblichen Begriff „Kathedrale", da der deutsche Sprachgebrauch nicht exakt ist – „Münster" wird auch für Stadtpfarrkirchen (wie das Ulmer Münster) verwendet, „Dom" beispielsweise auch für große Klosterkirchen (wie den Altenberger Dom).
- Bausoziologie 33–36
- Fensterrose, Rosenfenster *27,* 49, 53ff., *57f.,* 60, 62, 64, 125
- Galerie 21, 54f., 58, 60, 62; s. auch unten: *Königsgalerie*
- geistliche Theaterspiele *20f.*
- gesellschaftliche Funktion 36ff.
- Gottesdienst 17ff.
- Kathedralfassade, Fassade 17, 28, *53–79,* 350, 743
- Kathedralskulptur, Skulptur 55, 58, *63–78, 558,* 570
- Königsgalerie 35, *57,* 60, *62ff., 79*
- Kritik an den Kathedralen 37
- Nutzung für staatspolitische Zwecke 19
- Portale der Kathedralen 34, 53ff., 57f., 60, 62, 64, *68f., 73, 75, 77, 79*
- Türme der Kathedralen 36, 54, 58, 60, 62, 64

Kinematografie: s. *Film*

Klassizismus (527–530, 539, 541, 555): Kunstbegriff, dessen Kern die „Hinwendung zur Kunst der Antike" in verschiedener Ausprägung ist. Im wesentlichen werden zwei Anwendungen des Begriffes bevorzugt: 1. Der „Klassizismus" in der europäischen Architektur seit der Mitte des 16. Jahrhunderts. Ausgehend vom italienischen Architekturtheoretiker und Baumeister Andrea Palladio (1508–1580), setzte sich diese Art der Baukunst, die sich an der antiken Architektur orientierte und versuchte, den Anteil des rein Dekorativen möglichst gering zu halten, vor allem in der Fassadengestaltung auch in anderen Ländern Europas durch (Louvrefassade von Perrault, Amsterdamer Rathaus von J. van Kampen, englische Architektur, insbesondere von Inigo Jones, z. B. Whitehall in London und Wilton House). 2. Der „Klassizismus" als Stilstufe der europäischen Kunst in allen Gattungen seit dem späten 18. Jahrhundert bis etwa zur Mitte des 19. Jahrhunderts, meist *Neoklassizismus* genannt. Die Neubesinnung auf die Tugenden der antiken Kunst wurde in Deutschland vor allem von Winckelmann, Lessing und Mengs gefördert; in Frankreich vom Comte de Caylus und in England von Stuart und Revett.

Kloster: 13, 17, 32–35, 55, 129, 144, 153, 344, 399, 518, 563, 566
- Klosterkirche 14, 16, 18, *22*

Kolonnade (frz. *colonne:* „Säule") (541): Folge von Säulen mit Architrav zur Gliederung von Fassaden und Rahmung von Platzanlagen und Straßen.

Kolossalordnung (545): Säulenordnung, die mehrere Geschosse umfaßt. Die meistens zwei Geschosse an der Fassade umgreifende Kolossalordnung wirkt kraftvoll und wuchtig und war daher häufig im Barock, aber auch im Klassizismus anzutreffen (Schlüters Portal an der Südfront des Berliner Schlosses).

Kran: *44f.*

Kreuzrippengewölbe: 16, 24, 498

Krieg *(als Thema der Kunst): 604–607*

Krönung: *18ff.,* 29, 62, 64, 446

Kruzifix, Crucifixus: 94f., *130–133,* 138, 141f., 162, 294, *296*

Krypta (griech.: „verborgene Räumlichkeiten") (17, 22, 116): Ausgehend von den Grabkammern frühchristlicher Märtyrer und dem Gedächtniskult dort, entstanden im weiteren Verlauf der kirchlichen Entwicklung unterirdische Räume zu kultischen Zwecken. Sie werden in der Epoche der Gotik vernachlässigt; Neubauten werden fast nie mit ihnen ausgestattet. Der Reliquienkult wird immer mehr zum Schaukult in aller Öffentlichkeit.

Kubismus (*204ff.*, 209f., 481, 714f., *721–725*, 739): sich seit 1907 in Paris herausbildende künstlerische Strömung, welche die endgültige Abwendung der Malerei von der Nachahmung der Wirklichkeit im Sinne naturalistischer Abbildung vollzog. Die Kubisten malten nicht mehr den Netzhauteindruck, sondern das Bild der Dinge, wie es im Bewußtsein existiert. An die Stelle der zentralperspektivischen Raumillusion setzten sie die gleichzeitige Darstellung des Gegenstandes aus mehreren Blickwinkeln. Die geschlossene Umrißlinie wurde zugunsten der Hervorhebung der wichtigsten einen Gegenstand kennzeichnenden Formen aufgegeben. Ab 1912 schufen die Kubisten *tableaux-objets,* das heißt Bild-Gegenstände: es sind zeichenhafte Konstrukte, die aus realen Objekten, gegenständlichen Andeutungen und verhältnismäßig autonomen malerischen Formen aufgebaut sind. Die wichtigsten Maler des Kubismus sind Picasso (*„Les Demoiselles d'Avignon"*, 1907), Braque, Léger und Gris.

Kupferstich (298, *300, 401,* 403, *435,* 616, *633,* 645, 656): In eine polierte Kupferplatte werden mit einem Grabstichel, dem Verlauf der Linien der Zeichnung folgend, Furchen gegraben; die beidseitig entstehenden Grate werden mit einem Schabeisen geglättet. Die Druckerschwärze wird in die Furchen gestrichen und beim Druckvorgang vom angefeuchteten Papier aufgenommen. Es handelt sich also um ein Tiefdruckverfahren: nicht die stehengebliebenen Stege, sondern die ausgehobenen Furchen geben die Farbe ab. Das Verfahren des Kupferstiches wurde vermutlich im 2. Drittel des 15. Jahrhunderts in Deutschland entwickelt und verbreitete sich bald in ganz Europa. Albrecht Dürer entwickelte die Technik zu großer Meisterschaft. Seit dem späten 16. Jahrhundert wurde der Kupferstich mehr und mehr zur Reproduktion von Gemälden, aber auch zur Illustration naturwissenschaftlicher und topographischer Werke eingesetzt. – Eine Sonderform ist die *Radierung (612f., 622, 645f., 655, 670),* die im 16. Jahrhundert aufkam. Dabei wird eine Kupferplatte mit einer säurefesten, harzigen Masse überzogen, dem sog. Ätzgrund, auf dem man mit einer spitzen Nadel, der sog. Radiernadel, so zeichnet, daß das Kupfer bloßgelegt wird. Beim Übergießen mit einer Säure dringt diese in die bloßgelegten Stellen und ätzt so die Zeichnung in die Platte ein, wobei sich je nach Säure und Zeitdauer der Einwirkung die Striche tiefer oder flacher einfressen. Nach Abnahme des Ätzgrundes wird dann auf feuchtes Kupferdruckpapier gedruckt.

L'art-pour-l'art-Bewegung (247, 689): künstlerische Bewegung seit der Mitte des 19. Jahrhunderts, die von der Grundüberzeugung ausgeht, daß die Kunst losgelöst von allen anderen Funktionszusammenhängen nur für sich selbst da zu sein habe („Kunst um der Kunst willen"). Von großer Wirkung auch auf die Kunstwissenschaft durch die Ausbildung einer vorwiegend formanalytischen Betrachtungsweise.

Lettner (lat. *lectorium:* „Lesepult") (11): Abschrankung zwischen geistlichem Chor und dem Langhaus, das den Laien oder Laienbrüdern zugänglich war. Vor dem Lettner stand meist ein dem Heiligen Kreuz geweihter Altar, auf dem Lettner deshalb fast immer eine Kreuzigungsgruppe. Er war oben zu einer über Treppen zugänglichen Bühne ausgebaut und diente, wie der Name sagt, zur Lesung des Evangeliums, zuweilen auch als Predigtkanzel oder als Sängertribüne. Aufgrund eines Ediktes des Trienter Konzils wurden die Lettner in katholischen Kirchen seit dem 17. Jahrhundert zerstört.

Lithographie (Steindruck) (287, *298f., 302f., 435ff.*): druckgraphisches Vervielfältigungsverfahren, 1796/97 von Alois Senefelder entwickelt. Die Zeichnung wird mit Fettkreide auf einer porösen Kalksteinplatte ausgeführt; anschließend erfolgt eine Ätzung mit einer mineralsauren Gummiarabikumlösung. Dadurch werden die zeichnungsfreien Stellen wasseraufnahmefähig. Bei der folgenden Einfärbung mit fetter Druckfarbe nimmt nur die Zeichnung die Farbe an, nicht die feuchte bildfreie Fläche. Dies Verfahren der L. erlaubt eine schnellere Handhabung als Holzschnitt oder Kupferstich. Durch Übereinanderdrucken mehrerer Farbplatten entsteht die *Farblithographie.* – Künstlerische Verwendung vor allem in Frankreich (Daumier, Gavarni, Impressionisten), später auch im Bereich des Plakatdrucks (Toulouse-Lautrec) und der Buchillustration (Slevogt); auch in der modernen Kunst (Jugendstil, Expressionismus) verwendet.

- Genremalerei s. *Genre*
- Glasmalerei 119, *123–127*
- Hinterglasmalerei s. *Hinterglasbilder*
- Historie(nmalerei) s. d.
- Holländische/niederländische Malerei 454, *604–636*
- Katakombenmalerei s. *Katakomben*
- Landschaftsmalerei s. unter *Landschaft*
- Miniaturmalerei s. *Miniatur*
- Möbelmalerei s. unter *Möbel*
- Monumentalmalerei, monumentale Malerei *107–119*, 121
- niederländische Malerei s. o.: *Holländische Malerei*
- Porträtmalerei s. *Porträt*
- Reine Malerei s. *Peinture pure*
- Stilleben s. d.
- Tafelmalerei 9, *128–149*, *154f.*, 165, *167ff.*, 179, *182*, *184*, *186*, *193*, *204–210*, *244*, *564*, *604–636*, *683–711*, *716*, *718–722*, *724*, 735
- Wandmalerei, Fresko *107–119*, 124–127, 129, *143f.*, *308*, *312*, 315, 359, *393–397*, 399, 419ff., 423, 435, *569*, 586, *589f.*, 626, 704

Marktplatz: s. *Platz*

Maßwerk (28, 51, 95, 345, 348): abstrakt-geometrisches Bauornament der Gotik, vornehmlich der Fenster, das „gemessen", d. h. nach den Gegebenheiten der Zeit: mit dem Zirkel konstruiert ist; ursprüngliche Aufgabe des Maßwerks war die Ausgestaltung des Bogenzwickels, also der „Spitze" eines Fensters.

Mietskaserne: 545

Mineralogie: 561, 564

Miniatur(malerei): 129, *422f.*, 565, 568

Mittelalter: 1, 9, 65, 67, 69, 71, 108, 114, 123, 125, 128, 160, 176, 251, 332, *334–353*, 356, 360f., 368, 400, 408, 420, 451f., 496, 502f., 551, 554–574, 680ff., 714f., 740

Möbel: 266, *268ff.*, *272f.*, *277f.*, 280, 282, 288f., 302, 371
- Möbelmalerei *287–293*
- Tölzer Möbel (– Kasten, – Kistlerhandwerk, Schrankmalerei) *289–292*

Mode: 67, 71, *235–243*, 317

Monopteros(-Tempel) *(417)*: runder Säulentempel ohne geschlossenen Innenraum, in dessen Mitte meist eine Statue oder ein Denkstein steht. Beliebteste Form des Gartentempels im 18. Jahrhundert.

Montage
- Collage(bild) *724f.*
- Fotomontage 708, 735f.

Mosaik: 54, 107, 114, 116, *119f.*, 124–127, *185*

Museum: 1f., 4, 7, 128, 142, 153, *157–165*, 167, *170–178*, 224, 288, 295, 301, 388, 436, 535, 716, 728ff., 742
- Bezeichnung „Museum" 158
- Fürstenmuseum 159
- Heimatmuseum 282
- Museumskritik 161f.
- Museum und Sammlung 158

Musterbuch: *569–572*, 574, 601

Mutilation: *98f.*, *106*

Mysterienspiel: 20f.

Narzißmus: 238

Nationalbewußtsein: 490–516, 540

Naturverhältnis/-verständnis: 153, 156, 191, 200, 204, 209, 211, 219, 241, 369, 379, 387, 390–393, 395, 400, 402, 405f., 408, 410f., 413, 415, 417f., 432, 454, 465, 527, 555–574, 622, 628, 660, 666, 673, 677, 683, 685, 687, 692f., 696, 704f., 717, 720, 740

Naturalismus (249, 676–688, 701, 703f., 708): Wiedergabe des Naturvorbildes mit allen seinen Einzelheiten, ohne eigentliche Deutung der Wirklichkeit und ohne eine schöpferische Auseinandersetzung mit ihr. Übergänge zum *Realismus* (665, *674–714*, 743), der diese Interpretation leistet, sind fließend.

Nazarener (163): Gruppe deutscher Maler des 19. Jahrhunderts, die, auf Vorbilder wie DÜRER und den frühen RAFFAEL zurückgehend, eine „neudeutsch-religiös-patriotische Kunst" schaffen wollten. Diese sollte der blassen Akademiekunst gegenübergestellt werden. Ausgangspunkt war der Lukasbund, den OVERBECK und PFORR 1809 in Wien gründeten. 1810 übersiedelten OVERBECK und PFORR nach Rom. Zur Gruppe gehörten Künstler wie CORNELIUS, SCHADOW, SCHNORR VON CAROLSFELD und andere. Protestantische Mitglieder wurden katholisch, was zu dem Spottnamen „Nazarener" führte. Große Gemeinschaftsarbeiten sind die Ausmalungen der Casa Bartholdy in Rom (1816–17, seit 1887 Nationalgalerie Berlin [Ost]) und des Casino Massimo (ab 1819, ebenda).

Neues Bauen (276f., 279, 546f.): Architektur der 20er und 30er Jahre des 20. Jahrhunderts, die im Sinne der Grundsätze des Deutschen Werkbundes und des Bauhauses gestaltet ist.

Niederländische/holländische Kunst: 454, *604–636*

Objektkunst *(204–232)*: zu Beginn des 20. Jahrhunderts entwickeltes künstlerisches Verfahren, in dem das Tafelbild als überaltete Form abgelehnt und Alltagsgegenstände zu Sinn-Bildern der Lebenserfahrung umgestaltet werden. Die Anfänge der Objektkunst gehen auf die Experimente der Kubisten, verschiedene Materialien in ihre Gemälde einzubeziehen, zurück. Einer der bedeutendsten Initiatoren der Objektkunst war Marcel DUCHAMP mit seinen Ready-mades. Die Objektkunst hat im Verlauf ihrer Entwicklung einen Reichtum neuer Darstellungstechniken hervorgebracht, dessen Entfaltung bis heute andauert.

Park: s. *Garten*

Parterre (406, 409): flach gestaltetes teppichartiges Riesenbeet vor der Gartenseite eines barocken Schlosses, für die Draufsicht berechnet. Die Blumen sind arabeskenartig oder geometrisch-ornamental angeordnet, die Einfassung erfolgt meist mit niedrigen Buchs- oder Rasenstreifen. Zur Ausschmückung wird häufig auch farbiger Kies verwendet. Es gibt eine Reihe von verschiedenen Spezialformen, von denen das *Parterre à l'angloise* genannt sei, bei dem eine Rasenfläche ornamental gefaßt wird.

Patte d'oie: s. *Gänsefuß*

Pavillon (267, 377, 380): in der klassischen Architektur ein vorspringender Gebäudeteil, der sich im Gegensatz zum Risaliten durch ein eigenes Dach von anderen Gebäudeteilen abhebt.

Peinture pure, Reine Malerei (208ff., 223, 225, 231): von APOLLINAIRE 1912 eingeführter Begriff zur Bezeichnung einer Malerei, der das Sujet nichts mehr bedeutet, die – ähnlich wie die Musik mit Tönen – nur mit Farben, Linien und Formen Erinnerungen und Empfindungen des Betrachters wachrufen will.

Perspektive: 205, 391, 453, 591, 600, 716, 721
- Farb-Luft-Perspektive, Farbperspektive (603): verleiht dem zentralperspektivisch erschlossenen Raum Atmosphäre. Die Intensität der Farben nimmt nach hinten gemäß der immer stärkeren Brechung des Lichtes ab.

- Linearperspektive (575, 592, 603): Methode zur Darstellung dreidimensionaler Gegenstände und räumlicher Beziehungen auf einer Fläche. Sie beruht auf der Erfahrung, daß sich Gegenstände mit zunehmender Entfernung vom Auge zu verkleinern und parallele Linien und Flächen in unendlich weit entfernten „Fluchtpunkten" zusammenzulaufen scheinen, wenn sie den Horizont bzw. das Augenniveau des Betrachters erreichen. Je nachdem, ob der darzustellende Raum oder Körper frontal- oder schrägansichtig (übereck) erscheinen soll, wird die Darstellung durch einen oder mehrere „Fluchtpunkte" bestimmt. Im ersten Fall sprechen wir von „Einpunkt-", „Frontal-" oder „Zentralperspektive" *(585–591),* im zweiten von „Mehrpunkt"- oder „Übereckperspektive" *(584f.).*
- Reliefperspektive 721, *723*
- Zentralperspektive (204, 517, 591): Die konstruierte, wissenschaftliche Zentralperspektive ist eine Entwicklung des 15. Jahrhunderts. Alle in die Tiefe laufenden Linien beziehen sich auf einen Fluchtpunkt, den der Maler am Horizont ansetzt und der ihm direkt gegenüberliegt. Der mit Hilfe dieser Konstruktion erschlossene Raum ist meßbar und scheint in Übereinstimmung mit dem „natürlichen Sehen" zu stehen.

Pferdebild, Pferdemaler: *662–665*

Pietà *(98f., 687):* plastische oder gemalte Darstellung der trauernden Maria mit dem toten Christus auf dem Schoß.

Pilaster (369, 373, 376, 524): in der klassischen Architektur ein vertikales Gliederungselement, das innerhalb des Wandreliefs eine Stütze andeutet; ein gleichsam in der Wand versenkter Pfeiler, dessen Frontseite sichtbar geblieben ist. Die Pilasterordnungen entsprechen den Säulenordnungen.

pittoresk: 666f., 687

Plastik (279, 307, 323, 329, 458, 477, 479, 481, 485, 575, 578, 601, 736, 742; s. auch *Relief, Skulptur* und *Statue*): als übergreifender Begriff alle „dingliche" dreidimensionale Kunst. Es werden zwei grundlegende bildhauerische Verfahren unterschieden: Bei Stein und Holz geht der Künstler von einem Block aus, den er von außen nach innen bearbeitet. Bei Ton, Wachs, Gips und dergleichen arbeitet der Künstler von innen nach außen, indem er, von einem Kern ausgehend, Material anformt. Einmal entsteht also die Plastik durch Wegnehmen, einmal durch Hinzufügen von Material. Nach dem jeweiligen Grad von Plastizität unterscheidet man *Flach-, Halb-* und *Hochrelief,* die allesamt an die Fläche von Bildträgerplatten gebunden sind, sowie *Dreiviertel-* und *Vollplastik.*

Platz(anlage), Marktplatz: 4, 54, 305, *307–333,* 335, 337, 339, 341f., 353f., 394, 399, 463, 517, 519f., *522–545,* 548–551, 742

Polyptychon: s. *Altar*

Portikus (382): säulentragender Vorbau eines Gebäudes an der Haupteingangsseite. Die Portikus wurde in der antiken Baukunst ausgebildet und wird als Vorbau in der neueren Baukunst seit der Renaissance wieder häufig verwendet.

Porträt: 1, 5, 96, 108, 119, 128f., 135, *146–149,* 157, 162, 166, 172, 183, 192, *196ff.,* 210, 438, 449, 468, 478, 618f., *623ff., 637–649,* 652, 669, *697f.,* 739
- Gruppenporträt s. auch *Conversation Piece*
- Rollenporträt *639f.*
- Selbstporträt s. *Selbstbildnis*

Präraffaeliten (163, 247): In PATER (1839–1894) war die Variante des engelhaften, auf weiß-goldene Verklärung gerichteten Charakters begegnet, philosophisch an PLATON, in Kostüm und Dekoration antikisch bzw. an der Renaissance orientiert – eine Traditionswahl, der in England eine Gruppe von Künstlern gefolgt ist, die ihrem stilistischen Geschmack entsprechend (weil sie sich an den Vorläufern RAFFAELS orientierten) als Präraffaeliten in die Kunstgeschichte eingegangen sind. Ihre prominentesten Vertreter sind Ford Maddox BROWN, Holman HUNT, Algernon Charles SWINBURNE und Gabriel ROSSETTI, der sich nach dem größten Vorbild den Beinamen „Dante" zulegte.

Predella, Predellenbild, Predellentafel (138, *594ff., 598f.*): Ein *Predellenbild* ist ein Tafelbild als Untersatz eines Flügelaltares, querrechteckig, Höhe bis etwa ein Drittel der Gesamthöhe des Schreines. Die Predella kann auch hinter dem Bild oder dem Schnitzwerk zur Aufnahme von Reliquien geeignet sein.

Pylon (524): freistehender monumentaler Pfeiler, dessen Ecken mit Säulen oder Pilastern dekoriert sein können.

Querhaus: 13, 16, 18, 28, 42, 68f., 71, 75, 78, 110

Radierung: s. *Kupferstich*

Rasterbauweise, Blockrastersystem (536, 542, 552): Bauweise, bei der über eine zu überbauende Fläche ein Raster aus rechtwinkelig aneinanderstoßenden Feldern gelegt wird. Das Rasterfeld markiert eine Grundeinheit des konstruktiven Gefüges.

Rathaus: 157, 305, 309, 323, *334–365,* 393f., 445, 480, 493, 506, 545, 593

Ready-made (*176f., 215–226,* 231): von Marcel DUCHAMP eingeführte Bezeichnung für ein künstlerisches Objekt, das aus einem vorgefertigten oder industriell produzierten Gebrauchsgegenstand besteht, der durch zeichnerische Veränderung, räumlich-funktionale Verfremdung und/oder mit Hilfe des Titels oder einer Inschrift zu einem Denk-Bild umfunktioniert wird.

Realismus: 665, *674–714,* 743
- amerikanischer Hyperrealismus *711ff.*
- Fotorealismus 711
- Kritischer Realismus 708, 711
- Sozialistischer Realismus 677, *708–711*
- spätgotischer Realismus 96, 680

Reformation: 156, 392, 439f., 442, 446, 450–455, 506

Register (108, 110): übereinander angebrachte Reihen von narrativen (erzählenden) Wandmalereien (vgl. Rom, Alt Sankt Peter und Sankt Paul vor den Mauern).

Reine Malerei: s. *Peinture pure*

Reißboden: 47

Relief: 54, 60, 64, *67f., 73–77, 81,* 90, *106,* 314, 371, 471, 476, *577f.,* 603, 721

Reliquien (17, 35, 80, 85ff., 89f., 93, 95ff., 101, 112, 138, 741): „Überreste" (lat. *reliquiae*) von Körpern oder Körperteilen von Heiligen und Märtyrern (Primärreliquien) oder Gegenständen, die mit ihren Körpern in Berührung kamen (Sekundärreliquien). Neben der Erinnerung an die Verstorbenen erfüllen die Reliquien die Funktion, die übermenschliche, heilsbringende Kraft der Heiligen auch nach deren Tod zu bergen. Durch die Nähe zu den Reliquien kann der Gläubige teilnehmen am Heiltum, das sie verkörpern. Ihr Gnadenwert führt dazu, daß die Behälter, in denen sie bewahrt sind, die *Reliquiare,* kostbar geschmückt werden.
- Reliquiar, Reliquienschrein, Schrein 17, *86–91,* 138
- Reliquienschrank *92ff.*

Renaissance (11ff., 58, 128, 157f., 160, 163, 172, 204, 208, 231, 233f., 245, 251, 256, 325, 339, 344, 349, 353–361, 368ff., 388f., 391, 406, 426f., 451, 474, *490–502, 506–513,* 517, 519, 555, 563, 574–603, 614, 630, 638, 715, 740): Erneuerung der Baukunst und der Kunst allgemein durch Rückgriff und Wiederbelebung antiker Architekturformen und Gliederungsprinzipien. Sie werden zur Schaffung einer neuen Formensprache für zeitgenössische Bauprogramme genutzt. Charakteristisch sind klar geformte und gegliederte Baukörper mit antikisierenden Gliederungen. Man unterscheidet zwei Hauptströmungen: *Frührenaissance* (im 15. Jahrhundert in Florenz entstanden) und *Hochrenaissance* (ab 1500).
– Neu-Renaissance *268, 270*

Repoussoir(-Modell) (408, 413, *600f.*): die Tiefenwirkung verstärkendes Bildmotiv im Vordergrund, hauptsächlich in der Landschaftsmalerei; besitzt zugleich meist eine rahmende Funktion.

Retabel: s. *Altar*

Rezeption (742f.): Aufnahme eines Werkes beim Publikum. Die *Rezeptionsgeschichte* untersucht die Geschichte der Wahrnehmungsbedingungen und ihrer Auswirkungen auf die unterschiedliche Interpretation der Werke.

Rippe (14): Verstärkungsbogen eines gotischen Gewölbes, der auch als Gerüst bei der Errichtung der Gewölbe verwendet wird. Über Rippen wird der Hauptgewölbedruck auf Gewölbeanfänge und Strebepfeiler weitergeleitet. Außerdem dient die *Kreuzrippe* (frz. *ogive*) der Versteifung des Baues. Die Rippen sind in der Regel kunstvoll ausgearbeitet und bemalt. In der Mitte des Kreuzrippengewölbes sitzt der Schlußstein.
– Kreuzrippengewölbe 16, 24, 498

Risalit (ital. *risalto:* „Vorsprung") (373, 381, 506, 525): in ganzer Höhe aus der Flucht des Gebäudes hervortretender, durch Gliederung und Dekoration betonter Teil einer Fassade. Er wird als *Mittel-, Seiten-* oder *Eckrisalit* eingesetzt.

Romanik: 11ff., 15f., 46
– romanische Bauproduktion 38
– Verhältnis Gotik/Romanik 13

Romantik: 553, 665, 676, 692, 727, 739

Rose: s. *Kathedrale: Fensterrose*

Rundbogen: 12f., 28, 315, 341, 344f., 492

Saalgeschoßbau, zweigeschossiger Saalbau: 312, *337–341,* 343, 345, 349f., 352, 355, 357

Salle, Cabinet, Cloître, Galerie (406): Innenraumformen von Bosketts, analog zu den üblichen Innenraumformen der Architektur.

Salon(bild): s. unter *Ausstellung*

Sammlung: s. unter *Kunst*

Sarkophag: *90ff.*

Satire: s. unter *Bild*

Säulen(ordnung) (28, 42, 67, 91, 123, 260, 373, 375, 383, *490ff., 494–502,* 508, 512, 524, 644): architektonisches Gliederungssystem ursprünglich des griechischen Tempels, dann auch der von diesem abgeleiteten Bauformen, dessen Elemente in ihren Formen und in ihren Proportionen aufeinander abgestimmt sind. Die gebräuchlichen Ordnungen sind in der griechisch-römischen Antike entwickelt worden und haben in der neuzeitlichen Architektur seit der italienischen Renaissance Geltung. Die klassische Architektur, deren grundlegendes und wichtigstes Gestaltungsmittel sie sind, unterscheidet fünf Ordnungen: *toskanisch, dorisch, jonisch, korinthisch* und *komposit.*
– Säulenfigur, Säulenstatue 66, 71, *73*

Schallarkaden (58): im obersten Vollgeschoß eines Kirchenturms, also dicht unterhalb des Turmhelms befindliche bogenförmige Maueröffnungen, die den Schall der in diesem Geschoß aufgehängten Glocken in alle vier Himmelsrichtungen leiten. Um das Eindringen von Regen zu verhindern und das Hinausdringen des Glockenschalls dennoch zu gewährleisten, werden oft hölzerne Schallläden, Schalldächer oder schräggestellte Schallbretter angebracht.

Schloß: *73,* 121f., 144, 153, 157, 269, 276, 305, 358, 362, *366–389,* 399f., 402, 406, 416, 526f., 535

Schlußstein (25, 123): der oberste, als letzter eingesetzte Stein eines Kreuzrippengewölbes, oft durch Format oder skulpturale Gestaltung hervorgehoben.

Schnitzerei: 282, 286, *294–298*

Schöne Madonnen, Schöner Stil: *94–97*

„Schönheitslinie": *416*

Sciopode: *567*

Scriptorium: *565ff.*

Sehstrahl: *586*

Selbstbildnis, Selbstporträt: 2, *182ff.,* 186, *193, 200, 236*

shaped canvas: *173f.*

Sieben freie Künste: s. *Artes liberales*

Skizzenbuch: 569, *572ff.,* *597*

Skulptur (9, 12, 65, *77,* 80f., *86–91, 93–96, 99–102,* 125, 130, 144, 157, 160, 162, 164, 191, *197,* 204, 223, 231, 281, 307, 312, *319–330,* 333, 344, 387, *457–489,* 558, 570, *643, 680ff.,* 689; s. auch *Kathedrale: Kathedralskulptur*): Während der Begriff *Statue* vorzugsweise ganzfigurige, (annähernd) lebensgroße vollplastische Menschendarstellungen benennt, bezeichnet *Skulptur* allgemeiner auch abstrakte räumliche Gebilde.

Spaziergang: 393, 408, 415

Spitzbogen: 12, 16, 24, 341, 344

Staatsräson (Staatsinteressenlehre): *423–426,* 435, 708

Stadt: 30, 32f., 35f., 48, 116, 144, 157, 234f., 264, 276, 305, 307ff., 313, 319, 323, 329, 334f., 337–341, 343ff., 350, 354, 358, 361f., 364, 382, 392f., 395f., 399f., 402, 404, 406, 420f., 441, 463, 480, 517–552, 604, 618
– Städtebau, Stadtplanung (307, *517–552*): Im *landesfürstlichen Städtebau* wird die Stadt als Gestaltungseinheit begriffen, werden Grundriß und Aufriß der Stadt vom Stadtbaumeister einheitlich „erdacht"; die „Stadt als Kunstwerk" ist eine den landesfürstlichen Städtebau leitende Vorstellung. Der landesfürstliche Städtebau gründet auf dem feudalen Bodenrecht, und die „Stadt als Kunstwerk" wurde aus dem „Willen eines mit absoluter Machtfülle ausgestatteten Fürsten geboren" (G. Fehl). Die Regelung aller architektonischen und städtebaulichen Einzelheiten – Anlage von Straßen, die Höhe und die Gestaltung von Gebäuden – erfolgte durch Befehle und Verordnungen des Landesherren.
Im *bürgerlichen Städtebau,* der durch die private Bodenordnung gekennzeichnet ist und den landesfürstlichen Städtebau allmählich ablöst, geht die Kontrolle über den städtischen Boden verloren, weil „die Stadt als Geschäft mit dem privaten Boden und dem, was darauf gebaut wurde" (G. Fehl), betrieben wird. Die private Produktion der Stadt führt folglich zum Verlust der Einheit von Grundriß und Aufriß. Die Ausführung des durch öffentliche Planung in der zweiten Hälfte des 19. Jahrhunderts vorgegebenen städtebaulichen Rahmens übernimmt das private Kapital.

Wallfahrt: 16f., *99ff.*
Wandschmuck: 282, 287, *301ff.;* s. auch *Bild* und *Wandteppiche*
(Wand-)Teppiche (Tapisserien): *119–123,* 371, 376, 397
„Weiße Zelle“: *172f.,* 176
Werkbund: s. *Deutscher Werkbund*
Wimperg (62, 77, 138, 345, 348): frei aufragender Giebel über einem gotischen Portal oder Fenster.

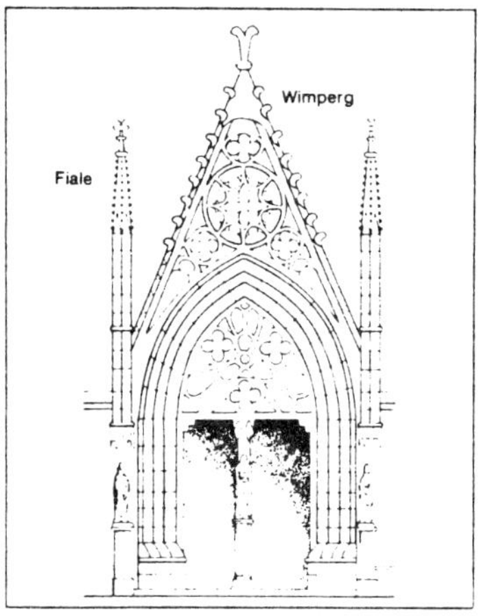

Gotisches Kirchenportal

Zeichnung, Handzeichnung (*189ff.,* 194, *196, 200,* 203, 402, *456, 569, 571,* 580, *613f.,* 619, *633f.,* 650, *735f.;* s. auch *Karikatur*): Die Handzeichnung ist eine mit Bleistift, Feder, Tusche, Kreide u.ä. auf Papier ausgeführte Zeichnung, die auch farbig oder getönt sein kann. Die Handzeichnung kann als selbständiges Kunstwerk verstanden werden und muß dann von Skizzen, Entwürfen und Vorzeichnungen unterschieden werden.
– Rätselzeichnung *194f.,* 198

Zentrumspunkt: 586, 588, 590

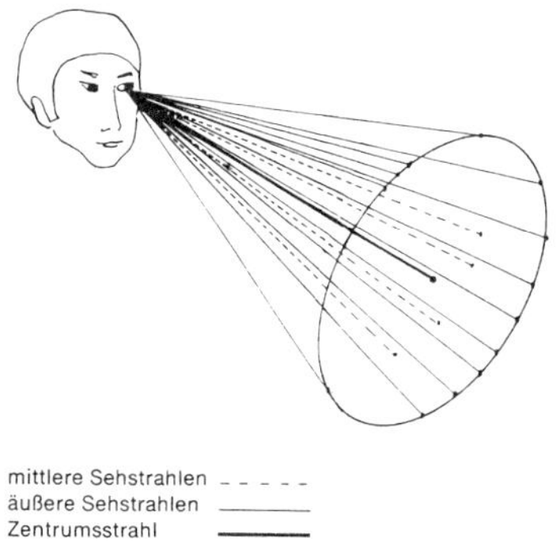

Zisterzienser(orden) (13, 17, 37, 42, 344): Mönchsorden, Zweig des Benediktinerordens. Name nach dem Stammkloster Cîteaux (lat. Cistercium) bei Dijon. Gegründet vom hl. Robert 1098. Unter Bernhard von Clairvaux große Ausbreitung des Ordens (über 2000 Klöster allein in Frankreich um das Jahr 1200). Strenge Ordensregel, gemäß der ihre Mitglieder ein Leben in äußerster Einfachheit führen sollten. Diese Vorstellungen wurden auch auf die Bauvorschriften übertragen. Technisch vorzüglich und in den Einzelheiten sorgsam ausgeführt, waren die Kirchen ohne alles Schaugepränge. Der Fassade fehlten zum Beispiel die sonst üblichen Türme. Für Deutschland war die Zisterzienserbaukunst seit Beginn des 13. Jahrhunderts als Vermittlerin burgundischen Baudenkens von Bedeutung: Es entsteht unter ihrem Einfluß eine deutsche Frühgotik (Bronnbach, Heisterbach, Bebenhausen, Arnsburg). Auch Dome und Stiftskirchen sind von der zisterziensischen Baukunst beeinflußt (Magdeburg, Bamberg, Naumburg, Offenbach am Glan, Gelnhausen).
Zoologie: 555, 561ff.

Abbildungsnachweise

Antella bei Florenz, Scala: 321
Antwerpen, Fotodienst Kunsthistorisches Museum (Rubenshuis): 154f.
Amsterdam, Rijksmuseum: 625, 629
Tivadar Artner: Begegnung mit mittelalterlicher Kunst, Stuttgart 1968: 810
Augsburg, Kunsthistorisches Institut der Universität: 409–416, 418
James Austin, Cambridge: 66, 73, 75, 76, 78

Bauausstellung Berlin GmbH: 551
Dr. Herbert Beck, Frankfurt: 92
Denise Bellon-Labin, Paris: 229
Prof. Dr. Hans Belting, München: 130 (Abb. 1a), 131, 132, 133, 134, 135, 136, 139, 142, 143, 145, 146, 147, 149
Berlin, Bildarchiv Preußischer Kulturbesitz: 235–239, 242, 244, 246, 249
Berlin, Hochschule der Künste: 465, 471, 477, 479, 480, 483, 484, 487
Berlin, Kunsthistorisches Institut der Freien Universität: 259
Berlin, Kunst und Bild: 542
Berlin, Landesbildstelle: 460, 461, 472, 516, 548
Berlin, Nationalgalerie: 463
Bildarchiv Foto Marburg: 14, 15, 23, 26, 29, 39, 42, 43, 50, 52, 61, 68, 89, 91 (Abb. 10), 93, 159, 160, 165, 171, 187, 258, 260, 262, 272, 274, 277, 278, 322, 367–369, 371, 372, 374, 375–379, 381, 383–388, 458, 469, 684
Bochum, Kunstgeschichtliches Institut der Ruhr-Universität: 519, 521, 523, 524, 525 (Abb. 7), 528, 531, 533, 534, 538, 543, 544, 546, 547, 549, 612, 613, 616, 618, 622, 624, 634
Osvaldo Böhm, Venedig: 605
Bonn, Kunsthistorisches Institut der Universität: 95, 130 (Abb. 1b), 137, 174, 180–182, 185, 186, 188, 192–194, 196, 198, 200, 202, 254–257, 263, 264, 267, 268, 270, 276, 280, 401, 403–405, 429, 459, 466, 476, 478, 577–579, 582, 585, 589, 592–596, 598, 599, 601, 639–644, 646, 647, 649–652, 654–656, 658, 659, 663, 666, 670–672, 679
Prof. Dr. Horst Bredekamp, Hamburg: 99, 100, 103–106
Bremen, Landesbildstelle: 338
Prof. Dr. Wolfgang Brückner, Würzburg: 286, 291 (Abb. 4a–c), 294, 299, 300–303
Budapest, Nationalmuseum der Bildenden Künste: 699
Prof. Dr. Tilmann Buddensieg, Bonn: 279
Prof. Dr. Adrian von Buttlar: 407, 417

E. Carli: Il Duomo di Siena. Genova 1979: 126

F. W. Deichmann: Frühchristliche Bauten und Mosaiken von Ravenna. Baden-Baden 1958: 120
O. Demus: Romanische Wandmalereien. München 1968: 115
Den Haag, Mauritshuis: 615, 617
Detmold, Staatsarchiv: 464
Dortmund, Cramers Kunstanstalt: 467
Dublin, Trinity College (Umzeichnung: U. Mechmann / B. Helmes, in: Binding / Nußbaum, 1978, S. 93): 44

Dr. Hans Eckstein, Lochham: 56
Ute Edelmann, Frankfurt: 91 (Abb. 9)
Essen, Alfred Krupp von Bohlen und Halbach-Stiftung, Foto: Wolfgang Volz: 266 (Abb. 12)
Essen, Historisches Archiv der Friedrich Krupp GmbH: 265, 266 (Abb. 13)

Willy Fleckhaus: 297
(Florenz, Anderson: 588. Rechte bei Florenz, Alinari)
Florenz, Alinari: 81, 84, 197, 320, 326, 328–330, 428, 581, 587, 588, 590, 685, 687
Florenz, Brogi: 318, 324, 331, 343
Frankfurt, Liebieghaus: 97

Torsten Gebhard: Oberbayerische Bauernmöbel. München 1982: 290
Marcel Gens, Paris: 225
L. Grodecki: Romanische Glasmalerei. Stuttgart 1977: 124

Hamburg, Kunsthalle: 166
Hamburg, Kunstgeschichtliches Seminar der Universität: 422, 424, 425, 430–433, 435–437, 681, 682, 689, 690, 697, 701–703, 709, 710
Hannover, Institut für Bau- und Kunstgeschichte der Universität: 491–495, 497, 499–502, 504, 505, 507, 508 (nach: Deutsche Bauzeitung 22, 1888), 509, 510, 512–515
Hannover, Niedersächsisches Landesmuseum: 705
Heidelberg, Kunsthistorisches Institut der Universität: 481
D. Heinz: Europäische Wandteppiche. Bd. I. Braunschweig 1963: 122
Prof. Dr. Klaus Herding, Hamburg: 691, 694f.
Prof. Dr. Michael Hesse, Bochum: 522, 525 (Abb. 6), 526, 530
Hirmer Fotoarchiv, München: 27, 69, 70, 74
Prof. Dr. Konrad Hoffmann, Tübingen: 447

Jürgen Karpinski: 295
Kassel, Staatliche Kunstsammlungen Schloß Wilhelmshöhe: 168
Prof. Dr. Wolfgang Kemp, Marburg: 167, 169, 171, 176, 177
Prof. Dr. Dieter Kimpel, Oldenburg: 40, 41
Prof. Dr. Heinrich Klotz, Marburg: 365
Köln, Rheinisches Bildarchiv: 88, 90, (142), 275
R. Krautheimer: Early Christian and Byzantine Architecture. Pelican History of Art (23). Harmondsworth 1965: 110

London, British Museum: 449
London, The Lord Chamberlain's Office (H. M. The Queen): 620
London, The National Gallery: 623
London, The Tate Gallery: 661
London, Royal Academy of Arts: 624
London, University of L., The Warburg Institute: 633

Mannheim, Bibliographisches Institut: 820 (linke Spalte)
Marburg, Kunsthistorisches Institut der Universität: 597
Leonard von Matt, Buochs/Schweiz: 83
M. Meiss: Painting in Florence after the Black Death. Princeton 1951: 117
Monika Miller: 292
Prof. Dr. Hans-Ernst Mittig, Berlin: 482, 486
Dr. Herbert Molderings, Köln: 208, 214–216, 219, 220, 222, 224, 226, 228
Ann Müchow, Aachen: 87